昆明市地方志丛书

# 滇池志

昆明市滇池管理局
昆明滇池研究会 编

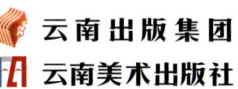
云南出版集团
云南美术出版社

图书在版编目（CIP）数据

滇池志/昆明市滇池管理局，昆明滇池研究会编
. -- 昆明：云南美术出版社，2019.12
ISBN 978-7-5489-3753-1

Ⅰ.①滇… Ⅱ.①昆… ②昆… Ⅲ.①滇池－湖泊志
Ⅳ.①K928.43

中国版本图书馆CIP数据核字（2020）第017157号

出 版 人：刘大伟

责任编辑：张湘柱　赵　婧　郑涵匀　汤　彦
责任校对：赵关荣　王飞虎　何　花　台　文　洪　娜
装帧设计：刘　梅

# 滇 池 志

**昆明市滇池管理局　昆明滇池研究会　编**

出版发行：云南出版集团　云南美术出版社
　　　　　（昆明市环城西路609号）
制版印刷：云南金伦云印实业股份有限公司
开　　本：850mm×1168mm 1/16
印　　张：92.875
印　　数：1-3000
版　　次：2019年12月第1版
印　　次：2020年10月第1次印刷
书　　号：ISBN 978-7-5489-3753-1
定　　价：560.00元

审 图 号：云S（2020）106号

# 《滇池志》编纂机构

## 顾 问

牛绍尧　晏友琼　高晓宇　程政宁　李培山　张朝辉　杨远翔　田云翔　拉玛·兴高
熊瑞丽　白家宝　杨　丽　熊　晶

## 编委会

**名誉主任：**程连元
**主　　任：**王喜良
**副 主 任：**赵学农　吴　涛
**委　　员：**（按姓氏笔画排列）

| | | | | | | | |
|---|---|---|---|---|---|---|---|
| 马文森 | 马颖生 | 马杰云 | 尹家屏 | 王　涛 | 王　斌 | 付　文 | 刘跃进 | 刘瑞华 |
| 李昆敏 | 李国春 | 李　辉 | 李　斌 | 李　彤 | 李应书 | 李文祥 | 李志杰 | 齐　江 |
| 齐超英 | 牟　辉 | 字应军 | 邱云生 | 陈　江 | 陈志强 | 陈铸武 | 张凤保 | 张　攀 |
| 苏国有 | 肖　丁 | 杜劲松 | 余仕富 | 吴朝阳 | 吴清才 | 何　燕 | 但文德 | 和丽川 |
| 杨曙文 | 杨晓林 | 徐晓梅 | 董健平 | 赵志德 | 郭增敏 | 唐运宏 | 钱春萍 | 钱　彪 |
| 高云雯 | 龚询木 | 曹　超 | 崔松云 | 储汝明 | 曾令衡 | 曾光宇 | 曾平华 | 韩亚平 |

# 编纂人员

**执行总纂：** 李国春　唐荣华

**副总纂：** 字应军　刘瑞华　徐晓梅　钱春萍　李志杰　何　燕

**编　辑：**（按姓氏笔画排）

马颖生　马杰云　王　宁　王丽华　孔庆华　冯均佖　任婷婷　汪　丽　李人士

李树堂　李瑞光　李　健　刘俐俐　朱供罗　张琨玲　何少先　何　伟　何　佳

吴清才　杜劲松　阳正伟　杨曙文　林昆霞　罗顺英　赵　峥　郭敏敏　高　军

贾云辉　韩亚平　黄育红　黄中艳　霍义强

**篇章主笔**

**自然环境：** 李国春

**社会经济：** 刘瑞华

**开发利用：** 李志杰

**保护治理：** 徐晓梅

**历史文化：** 钱春萍

**滇池管理：** 何　燕

**大 事 记：** 李国春　李人士　杨曙文　何　燕　郑　涛　张佳燕

**编纂始末：** 刘瑞华

**图片编辑：** 杨曙文

# 序　言

中共昆明市委书记　程连元

昆明市人民政府市长　王喜良

340万年前第三纪喜马拉雅山地壳运动形成的滇池，是昆明的"母亲湖"。它形似弦月，一碧万顷，波光粼粼，与峰峦叠嶂的周边环境交相辉映。清代孙髯翁"五百里滇池，奔来眼底，披襟岸帻，喜茫茫空阔无边……"的180字大观楼长联，描绘出了滇池的美景，使滇池这颗"高原明珠"闻名于世。

千百年来，滇池对滇池地区的防洪、供水、旅游、渔业及水上运输、气候调节、生态环境和人类发展起到了决定性作用。因为有滇池这一汪清水，才有昆明四围香稻、万顷晴沙、九夏芙蓉、三春杨柳；才有鱼虾畅游、百舸并济、千帆尽展；才有碧水潺潺、浣衣煮米；才有昆明四季如春的气候。自楚将庄蹻开滇建滇王国到今天高楼大厦鳞次栉比的昆明城依然与滇池水乳交融。在滇池水的孕育和支撑下，昆明城不断发展壮大，成为云南省政治、经济、文化、科技、交通中心，重要的旅游、商贸城市，西部地区重要的中心城市和滇中城市经济圈的核心，以及中国面向东亚大陆与中南半岛、南亚次大陆各国进行经济贸易往来及政治联系的陆路枢纽，是未来的区域性国际中心城市。2018年，总面积2920平方千米的滇池流域地区生产总值（GDP）达到4030.89亿元，占昆明全市地区生产总值的77.41%，占云南省地区生产总值的22.54%，是云南省、昆明市经济最发达的地区。

20世纪70年代前，滇池流域生态环境十分优越，有许多天然湿地、水生植物和水鸟，生态系统和谐、稳定，物种丰富，水体清澈，滇池水一直作为饮用水使用。20世纪80年代后，随着滇池流域人口增加和社会经济的不断发展，流域生产和生活污水排放量增加，滇池自净力逐渐减弱，致使滇池水体污染，水质富营养化速度加快，成为全国污染最重的湖泊之一。为保护滇池这颗"高原明珠"，实现滇池流域的可持续发展，在党中央、国务院的高度重视和关怀下，省委、省政府和市委、市政府采取多种措施开展滇池保护治理工作。"九五"以来，国家将滇池保护治理列为全国生态环境保护和水污染治理的标志性工程，连续4个五年计划将滇池治理纳入"三河三湖"治理重点，从政策、资金、项目、技术等方面给予强有力的支持；省委、省政府把滇池保护治理工作列为事关全省经济、社会发展的全局性大事和生态文明建设的重点工程；市委、市政府把滇池保护治理当作全市经济社会发展的首要任务和"一把手"工程，齐心协力、狠抓落实。经过近30年的不懈努力，滇池流域水环境、生态环境和水资源状况显著改善，2016年以来滇池水质持续企稳向好，2018年滇池全湖水质总体保持Ⅳ类，滇池治理看到了希望和曙光。

在漫长的历史长河中，滇池及其流域几千年的文明史，折射的是昆明经济社会发展的走向与脉络。滇池是昆明命运所系，保护治理好滇池是昆明生态文明建设的着力点和标志性工程，没有滇池的还清，就没有昆明的复兴。"滇池清，昆明兴"，是昆明各级党委、政府和全体昆明人的共识。滇池还清是昆明转方式、调结构的一面镜子，是全市广大人民群众的迫切愿望。古人云："以铜为镜，可以正衣冠；以古为镜，可以知兴替；以人为镜，可以明得失"。2015年1月19—21日，习近平总书记视察云南时强调，要像保护眼睛一样保护生态环境，在生态环境保护上一定要算大账、算长远账、算整体账、算综合账，不能因小失大，顾此失彼，寅吃卯粮、急功近利。习总书记特别指出：生态环境损害容易治理恢复难，滇池就是一个活生生的例子，这些年来花费了大量的人力、物力、财力，但效果总不那么理想；滇池本来是云南特别是昆明的一颗明珠，现在反而成了昆明市乃至云南的一块伤疤，损失实在太大了，良好的生态环境是昆明的靓丽品牌和宝贵财富，也是重要的竞争优势和发展资源。对滇池保护治理工作，习近平总书记还强调，此役甚为艰巨，一旦完成，居功至伟。

要实现滇池保护治理的目标，建设美丽昆明，我们要认真贯彻党的十九大精神，把坚持人与自然和谐共生作为基本方略。坚持"节约优先、保护优先、自然恢复为主"的方针。坚持"创新、协调、绿色、开放、共享"和"绿水青山就是金山银山"的经济发展理念，牢固树立"量水发展、以水定城"的理念，坚持按照"科学治滇、系统治滇、集约治滇、依法治滇"的治理思路，实施打赢污染防治攻坚战之滇池保护治理行动。强化源头治理、系统治理、全面治理的方针，不断提升滇池水质标准。我们还要牢固树立打攻坚战、持久战的思想准备。我们坚信，有党中央的坚强领导，有省委、省政府的倾情关怀，有全市人民的拼搏奋斗，有全社会各界朋友的大力支持，滇池的明天一定会更美好。

史述兴亡，志载盛衰；欲知滇池，必先明史。市委、市政府决定编纂出版《滇池志》，旨在为系统研究和了解滇池及其流域生态环境的自然演变、人文变迁、经济社会与城市建设发展历程、保护治理进程，展示滇池流域社会文化、物质文化、生态文明的成果，转变发展方式、调整产业结构、推进滇池流域生态文明和物质文明建设提供详尽的史料。经过编纂者们多年的辛勤笔耕、勤劳付出和精心编纂，广泛吸收众多史学家、生态学家、地质学家、气象学家和长期从事滇池治理与管理专家的宝贵意见，完成了150余万字、100余张图表、400余幅照片的《滇池志》编纂工作。该志既是一部以滇池为主体的地方生态保护志，又是一部以湖泊为脉络的湖泊史，是一部以文带图、图文并重的存史之册，一部通观全局、文约事丰的资治之书，还是一部集资政、存史、教化等为一体的大型专著。该志不仅具有较强的知识性、可读性，而且具有较强的思想性、学术性，对滇池未来治理保护和开发利用有着重要的参考价值和借鉴意义。在此表示衷心的祝贺！

《滇池志》以湖铭志，以湖铭城，传递着春城人民的希望与憧憬。以史为鉴，像保护眼睛一样保护滇池生态环境，像对待生命一样对待生态环境。希望全市各级各部门和全市各族群众在今后的滇池保护治理工作中，把《滇池志》作为必备的工具书，牢固树立"绿水青山就是金山银山"的理念，统筹山水田林湖草共同体系统治理，科学决策，努力工作，坚决打赢滇池保护治理攻坚战，让滇池这颗"高原明珠"早日重现秀美风光和迷人风采。

# 凡 例

本志以马克思列宁主义、毛泽东思想、邓小平理论、"三个代表"重要思想、科学发展观、习近平新时代中国社会主义思想为指导，坚持辩证唯物主义和历史唯物主义的立场、观点和方法，实事求是地记述滇池及滇池流域水资源开发利用、保护治理以及经济、社会、文化等发展变化情况。

一、本志记述上限始于滇池形成，下限止于2015年。为完整记录昆明市委、市政府2016年至2018年"滇池保护治理三年攻坚行动"成果，滇池水环境治理重点工作情况记述时限下延至2018年。

二、本志记述范围以滇池汇水区域范围为界，涉及昆明市五华、盘龙、官渡、西山、呈贡、晋宁、嵩明6区1县2920平方千米区域。

三、本志以述、记、志、传、录、图、表为记述体裁，以志为主体。本志采用篇、章、节、目体，全志设自然环境、社会经济、开发利用、保护治理、历史文化、滇池管理6篇，各篇相对独立。

四、本志遵循"横排门类、纵述史实、述而不论"的编纂原则。除综述、无标题简述外，只记史实，不作评论。

五、本志采用规范化语体文、记述体，以第三人称陈述句叙述，文风力求严谨、朴实、简练、流畅。

六、本志使用国家公布的规范简化汉字。时间、数字、标点符号和计量单位等的使用，均按国家相关标准执行。引用数据原则上以统计部门发布或提供的统计资料为主，业务管理数据以业务部门的统计数据为准。

七、为了书写方便和精简文字，同时照顾日常用语习惯，本志所记机构、组织、文件、会议、历史事件、政治运动和较长的专用名词，在志书中首次出现时使用全称，括注其已流行且不易产生歧义的简称。再次出现时使用简称。

八、本志中记述年代，如70年代、80年代、90年代等，均指20世纪。

九、本志坚持"生不立传"原则，择已故代表性人物立传，其余以事系人。

十、本志资料来源于滇池流域历史文献，省、市和有关部门档案以及公开发行的书刊资料等，经考证后入志，文中不再注明出处。

十一、本志图片除已署名的外，均为昆明市滇池管理局提供。

# 《滇池赋》

作者：王昇（元代白族诗人，1284—1353年）

　　晋宁之北，中庆之阳一碧万顷，渺渺茫茫。控滇阳而蘸西山，瞰龟城而吞盘江。阴风澄兮不惊，玻璃莹兮空明。晴晖澹苍凉之景，渔翁作欸乃之声。蛟鼍载出而载没，鱼龙或变而或腾。岸芷兮馥馥，汀兰兮青青。粤穷其源，合众派而为漾爰究其流，乃自西而之东。不假乎冯夷之力，不劳乎神禹之功；自混沌之肇判，经螳川而朝宗。电光之迅兮，不足以彷其急；雷声之轰兮，未足以拟其雄。此滇池气象之宏伟，难以言语而形容者也。

　　予归自于神州，寻旧庐与林丘；怀往日之壮游，泛孤艇于中流。薄雾兮乍歛，轻烟兮初收，晴光兮浴日，爽气兮横秋。川源渺兮莽苍，江山郁兮绸缪。鸿雁集于沙渚，凫鹥翔于汀州。睹景物之萧萧，纵一叶之悠悠。少焉，雪波兮凌空，霜涛兮叠重；当上下之天光，接灏气之鸿蒙。叹濯缨之靡暇，乃系缆于岩丛；发长啸于云端，寄尘迹于筇筇。探华亭之幽趣，登太华之层峰；览黔南之胜概，指八景之陈踪。碧鸡峭拔而岌嶪，金马逶迤而玲珑；玉案峨峨而耸翠，商山隐隐而攒穹。五华钟造化之秀，三市当闾阎之冲；双塔挺擎天之势，一桥横贯日之虹。千艘蚁聚于云津，万船风屯于城垠，致川陆之百物，富昆明之众民。迨我元之统治兮，极覆载而咸宾；矧云南之辽远兮，久沾被于皇恩。惟朝贡之是勤兮，犀象接迹而駪駪。如此池之趋海兮，亘昼夜之靡停。因而歌曰：万派朝宗兮海宇穹窿，神圣膺运兮车书大同。

# 《大观楼长联》

吴进东摄

五百里滇池，奔来眼底，披襟岸帻，喜茫茫空阔无边。看：东骧神骏，西翥灵仪，北走蜿蜒，南翔缟素。高人韵士何妨选胜登临。趁蟹屿螺洲，梳裹就风鬟雾鬓；更蘋天苇地，点缀些翠羽丹霞，莫孤负：四围香稻，万顷晴沙，九夏芙蓉，三春杨柳。

数千年往事，注到心头，把酒凌虚，叹滚滚英雄谁在？想：汉习楼船，唐标铁柱，宋挥玉斧，元跨革囊。伟烈丰功费尽移山心力。尽珠帘画栋，卷不及暮雨朝云；便断碣残碑，都付与苍烟落照。只赢得：几杵疏钟，半江渔火，两行秋雁，一枕清霜！

遥看西山，水天一色（唐文华摄）

# 一、滇池与昆明

　　形成于340万年前的滇池属构造湖（由地质构造运动所产生的地壳断陷、坳陷和沉陷等所形成的各种构造凹地），经盘龙江等流水长期汇集形成。

　　盘龙江源头龙潭众多，尤以白邑（古称邵甸，今滇源镇）黑龙潭为魁首，始建于明弘治年间（公元1488年）的黑龙潭寺（原称龙宫），寺内所悬挂的《盘江昭佑》匾额，是光绪十三年光绪皇帝御笔钦赐。（何燕提供）

位于滇池上游的松华坝水库（昆明市城建档案馆提供）

穿城而过的盘龙江（张平提供）

今盘龙江入湖口（昆明市城建档案馆提供）

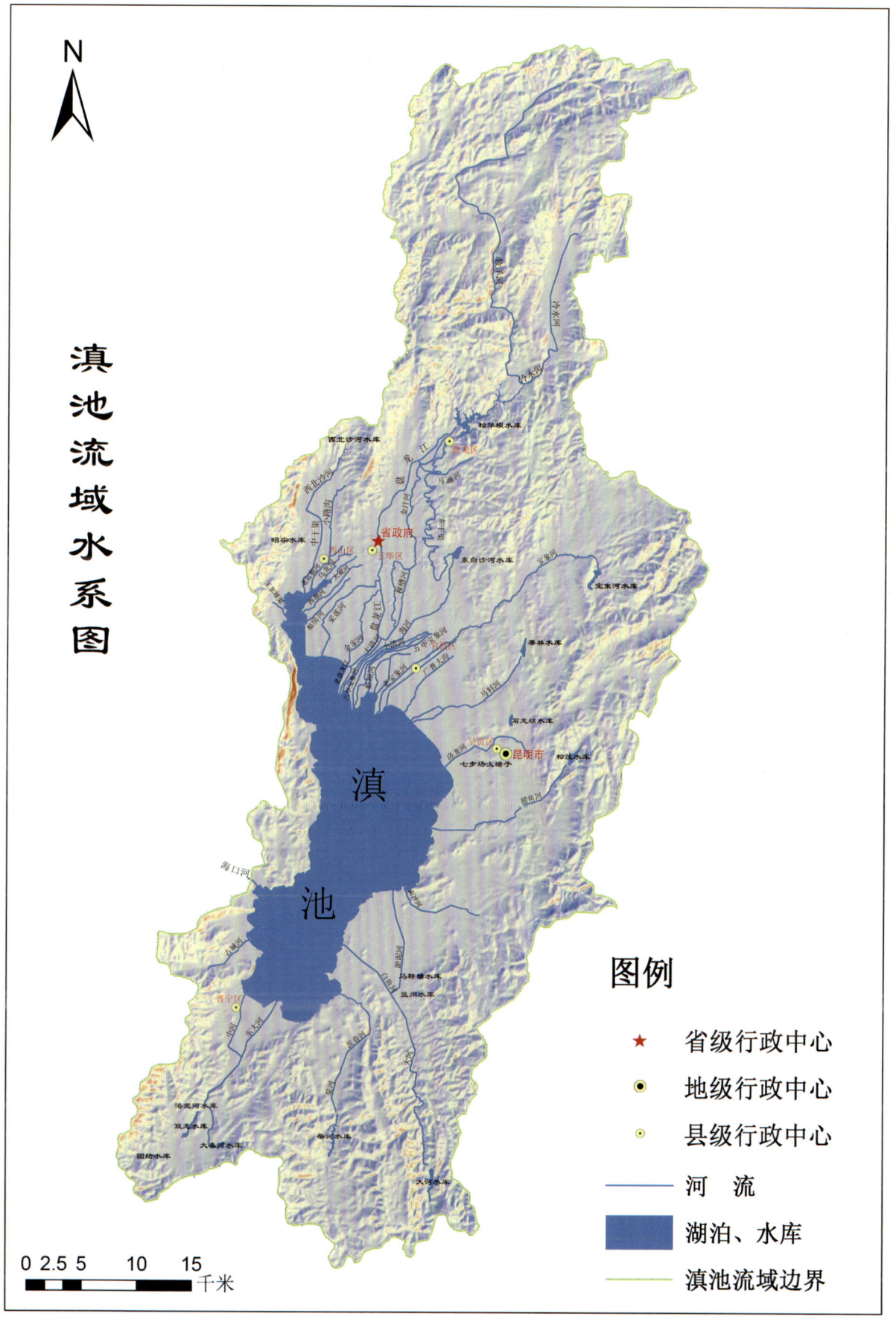

滇池流域水系图

图例

★　省级行政中心

◉　地级行政中心

◎　县级行政中心

——　河　流

■　湖泊、水库

——　滇池流域边界

0 2.5 5　10　15 千米

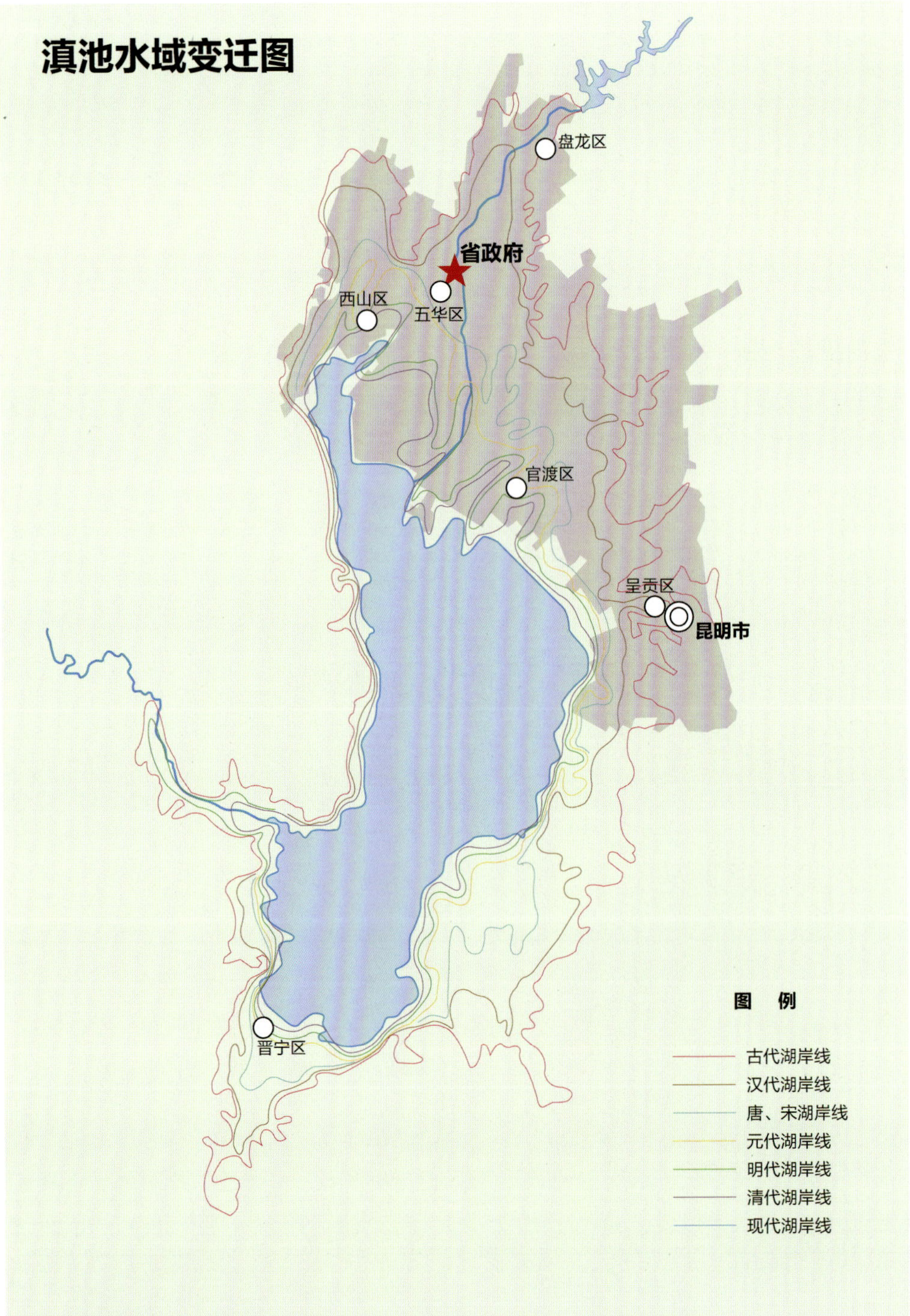

## 滇池水域变迁图

滇池水域变迁图（来源：《滇池水利志》49页）

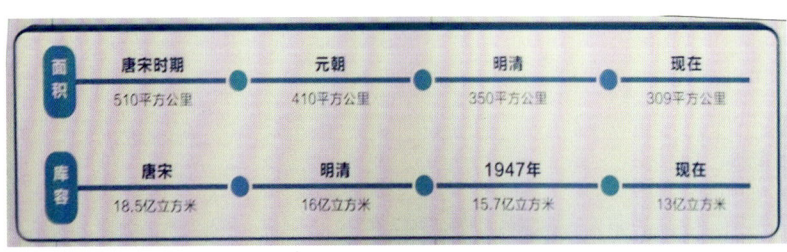

滇池面积及湖容变化情况

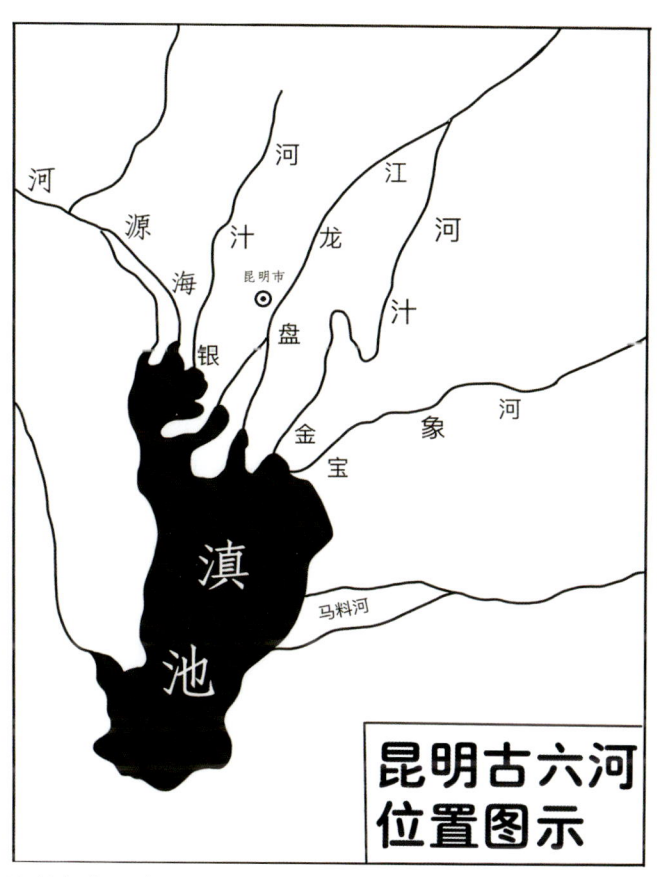

滇池流域地处三江分水岭，汇水河流水源近，流程短；湖面蒸发量大于湖面降水量，水资源十分短缺，人均水资源量不到150立方米，分别为全省、全国人均水资源量的3%、7%。（段昌群提供）

昆明古代入滇池六河示意图（王娅萌手绘）

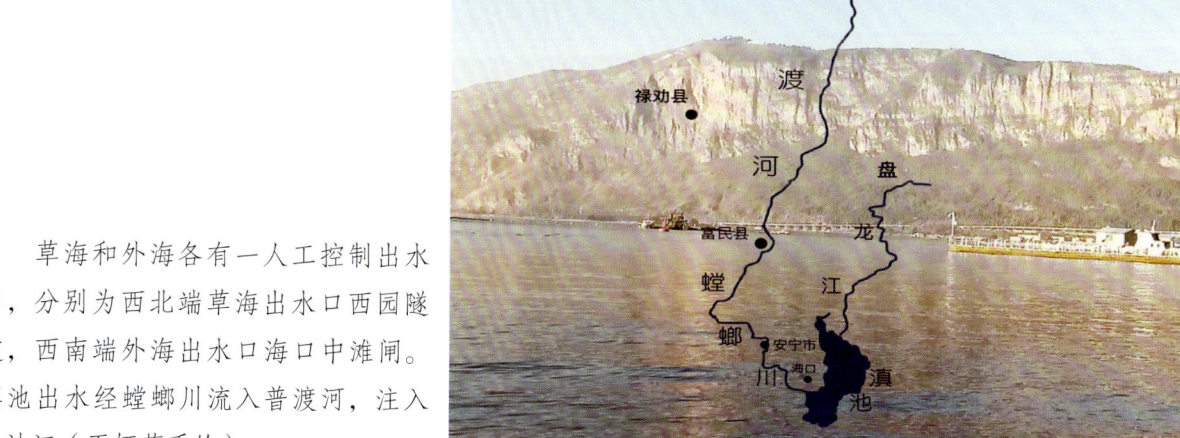

草海和外海各有一人工控制出水口，分别为西北端草海出水口西园隧道，西南端外海出水口海口中滩闸。滇池出水经螳螂川流入普渡河，注入金沙江（王娅萌手绘）

滇池是昆明生产和生活的重要水源，图为已废弃的从滇池抽水的水渠（杨曙文提供）

工业生产用水水源——昆钢高炉（杨曙文提供）

农业用水水源——原抽水渡槽（杨曙文提供）

工业生产用水水源——坐落在海口屡丰闸旁的房子为石龙坝发电厂最早的抽水机房

农业灌溉用水水源——呈贡乌龙抽水站（杨曙文提供）

原直接以滇池为水源的第五自来水厂罗家营取水厂大门（杨曙文提供）

原位于海埂的滇池第一个自来水厂（图片来源：《滇池水利志》）

位于滇池畔西山脚下的第三自来水厂取水点龙潭，1994年因蓝藻和水源问题被取缔（昆明自来水集团有限公司提供）

滇池外海水位调控枢纽——海口闸（昆明市城建档案馆提供）

滇池海口出水口全景（昆明市城建档案馆提供）

　　位于海埂的西园隧道工程之船闸、节制闸，以　　昆明西园隧道工程（隧洞），图为隧洞进水口
分隔滇池内外海水域（昆明市城建档案馆提供）

已取缔的原草海、外海网箱养鱼（图片来源：《滇池水利志》）

　　渔归

　　千舸竞发，开湖捕捞

滇池便利的航运交通

位于滇池国家级风景名胜区的海埂公园（杨曙文提供）　　海埂大坝人鸥和谐

气候调节——独特的海拔及滇池水气蒸发，造就了昆明名副其实的"春城"美誉（唐文华摄）

滇池每年平均蒸发4.4亿立方米水，泽润昆明，为缺水的昆明增添湿度

滇池滋润下的花都春城——圆通樱花潮（张平提供）

滇池草海白鹭

没有滇池就没有昆明（王正鹏摄）

# 二、滇池记忆

《史记·西南夷列传》载，战国时期，滇池周围已"耕田、有邑聚"，利用滇池上游河水、泉水灌溉（王娅萌手绘）

唐朝时期，南诏国在滇池北岸建成拓东城，开始了昆明城市发展的先河。南诏时的滇池北岸靠近今东寺街北段，当时所建的东寺塔、西寺塔都在滇池之滨，双塔倒影十分迷人。图为清末修建的东寺塔、西寺塔（方苏雅摄）

南宋时期，位于今书林街与东寺街北端的鱼课司街靠近滇池边，是一个熙熙攘攘的鱼市场，官府现场办公在此地设立了征收鱼税银子的衙门"鱼课司"，从此这里一直叫"鱼课司街"（庞宇提供）

官渡为唐宋时期拓东城在滇池边修建的水路码头。"官渡"之名，也因过往官员常从这里下船登舟而得。图为今官渡古镇（张湘柱提供）

为纪念元咸阳王、平章政事赛典赤在滇池上游建谷昌坝（今被松华坝淹没），分盘龙江水入金汁河,在滇池下游开凿海口河,治水患等仁政功德,明初西平侯沐英及昆明人民重建忠爱坊,使之与附近金马、碧鸡三坊并列,呈"品"字形状。历史上忠爱坊数次被毁,图为1999年在昆明三市街口原址恢复重建的忠爱坊（杨曙文提供）

位于昆明北部松华坝水库旁的元朝云南平章政事赛典赤·赡思丁·乌马尔雕像（李国春提供）

元朝兴建,1946年修建的被松华坝水库建设和扩容淹没的谷昌坝水库大坝,位于今松华坝水库以北7千米,今天其作为松华坝水库天然的沉沙池,依然发挥着巨大的作用

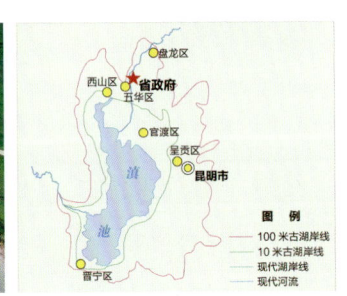

自元朝疏挖海口河后,明朝建立了海口河"岁修"、"大修"制度,历经整治海口河,滇池泄水量大,湖岸线大幅变化（来源:《滇池水利志》）

今日被高楼包围的翠湖在元代却是一个与滇池相连的湖湾（计思诚提供）

清光绪二十四年（1899）盘龙江畔（方苏雅摄）

清光绪二十五年（1900）位于北郊罗丈村外盘龙江上的霖雨桥（方苏雅摄）

清光绪二十五年（1900）位于今海口镇中滩的海口屡丰闸（方苏雅摄）

清光绪二十五年（1900）的篆塘码头（方苏雅摄）

民国时期滇池上航行的"西山轮"。该船为蒸汽明轮推进客船，由中国人开办的昆明华安机器厂自行设计和制造，出售给商人李凤祥发起筹建的云南昆湖轮船股份有限公司经营，每日由昆明至昆阳一往一返（赵云生提供）

1942 年 5 月 28 日，"飞虎队"训练时曾经有一架型号为 P-40 的战机坠入滇池，飞行员遇难。左图为当时的"飞虎队"队员及战机；右图为飞虎队队员克林顿·米兰特从西山拍摄的滇池边景色。（图片来源：资料）

50 年代西山帆影（廖可夫摄）

50 年代从观音山看滇池（杜江提供）

60 年代的大观楼（杨橙云提供）

20世纪60年代在滇池淘米洗菜

1966年7月16日，昆明市革命委员会在滇池举行纪念毛主席畅游长江10周年活动的工人方队（吕志华摄）

1969年12月28日，云南省、昆明市革委会在东风广场举行10万军民参加的"围海造田"誓师大会，决心打一场向滇池要田的歼灭战（王克恩摄）

20世纪70年代初围海造田挖山填湖场面（王克恩摄）

20世纪80年代初
滇池之滨——海埂天然
浴场（廖可夫摄）

20世纪80年代末
期的滇池之滨

20世纪80年代末期在滇池外海打鱼的渔家

20世纪80年代滇池草海搬罾的渔家

# 三、滇池保护治理

滇池流域水资源严重短缺，80年代末至90年代初昆明连续三年干旱，松华坝水库逼近死库容，在昆明即将面临断水关口，以滇池为取水水源的第五自来水厂于1990年3月31日竣工通水，缓解了昆明饮用水供水危机。图为第五自来水厂厂门（昆明自来水集团有限公司提供）

1990年，疯长的水葫芦几乎阻塞了大观河及航道

20世纪90年代一望无际的滇池草海水葫芦（张平提供）

松华坝水源保护区森林覆盖率低，水土流失严重。图为1983年的盘龙江源头梁王山（李国春提供）

滇池岸边大规模采（磷）矿、采石。图为原西山采石场

20世纪90年代，沿湖普遍存在蚕食侵占滇池的情况

占压河道，城市和乡村未经处理的污水直接排入滇池入湖河道

昆明市马街、茨坝、晋宁等工业区污水均汇入滇池。图为90年代草海畔马街工业区

80年代至90年代，许多工厂污水未经处理直排滇池。图为1990年拍摄的福保造纸厂向滇池排放污水的情况

进入滇池的河道污染严重。图为 1999 年盘龙江东岸垃圾成山

冬季大量死亡的草海水葫芦成为污染源（张平提供）

滇池入湖河口蓝藻堆积

外海北部水域污染情况

滇池大面积蓝藻爆发，图为草海老干鱼塘（左）及外海污染情况

云南省、昆明市均制定、修订一系列滇池保护法规，将滇池保护治理纳入法制轨道

1990年元月24日，昆明市政府成立昆明市滇池保护委员会及其办公室

1991年，五华、盘龙、西山、官渡、呈贡、晋宁、嵩明（县、区）相继成立了（县、区）滇池保护委员会及其滇池保护所。图为官渡区滇池保护委员会及其滇池保护所的办公地

依据修订后的《滇池保护条例》，2002年4月18日，昆明市滇池管理局成立。它既是市滇池保护委员会的常设办事机构，又是市政府主管滇池污染治理与滇池保护和行政执法的职能部门。随后，滇池流域五华、盘龙、西山、官渡、呈贡、晋宁、嵩明（县、区）均成立了县（区）滇池管理局。图为位于滇池路的昆明市滇池管理局办公楼

2004年4月23日，在昆明市滇池管理局加挂成立昆明市滇池管理综合行政执法局，执法局下设综合行政执法总队。随后，西山、官渡、呈贡、晋宁县（区）成立了滇池管理综合行政执法分局，下设滇池管理综合行政执法县（区）大队

1993年4月，云南省召开治理滇池污染现场办公会，推进了滇池治理进程

1996年9月25日，昆明市委召开加快滇池污染治理现场办公会

2003年后，昆明市滇池治理工作会议已形成常态化，每年均召开

2008年4月15日，云南省政府召开滇池环湖截污工程现场办公会，推进现代新昆明建设

2015年12月15日，云南省人民政府组织召开九大高原湖泊水污染综合防治工作暨滇池保护治理工作会议

2008年7月28日，昆明市召开"一湖两江"流域水环境治理"四全"工作动员大会，全面加快了滇池及其入湖河道水环境综合整治进程。"一湖两江"流域：滇池、长江、珠江流域；"四全"：全面截污、全面禁养、全面绿化、全面整治

敷设截污管道，收纳城市生活污水，至2015年，主城及环湖已建成5722千米市政排水管网

实施环湖截污工程，至2015年，已建成96千米环湖截污干（管）渠。图为环湖截污工程开挖土方现场。（余仕富提供）

至2015年，滇池流域建成并运行22座城镇水质净化厂和环湖截污水质净化厂，日处理污水规模达202万立方米。图为第七、第八水质净化厂（昆明滇池投资有限责任公司提供）

1991年3月投产、经扩建改建后日处理12万吨的昆明第一水质净化厂（李秋明摄）

昆明市第十水质净化厂（地埋式）

各水质净化厂运行中产生的污泥均得到减量化、无害化、稳定化、资源化处置

为提高污水处理效率，开展了主城庭院雨污分流工程

建成（地下）雨污调蓄池17座，有效地拦截、收储、转输了合流制区域的雨污合流水，发挥了错峰处理的功能和作用，既提高了污水收集处理效率和雨水利用率，也为防洪防涝贡献力量。图为海明河雨污调蓄池（昆明滇池投资有限责任公司提供）

实施昆明主城污水处理厂尾水外排及资源化利用建设工程，每天污水处理厂处理后的77.5万方尾水不再经过滇池，而是通过草海水下管道直接排往安宁，作为工业用水水源。图为尾水外排施工现场。（昆明滇池投资有限责任公司提供）

尾水外排施工现场

河道两岸截污整治。图为盘龙江中段水环境整治工程之截污干管敷设

河道清淤。图为2012年盘龙江河道清淤

河岸生态整治及绿化。图为老运粮河治理

河道保洁（杨曙文提供）

河岸拆临拆违

植树造林，涵养水源，提高滇池上游松华坝水源保护区森林覆盖率

恢复滇池面山及"五采"区植被。图为尖山磷矿绿色矿山建设（李国春提供）

2015年长虫山采区恢复工程现场（吴进东摄）

东风坝整治前南部网箱养殖情况

东风坝整治前北部水葫芦淤积。图为清除水葫芦工程现场

　　2003年5月，东风坝及老干鱼塘综合整治工程动工实施，拉开了滇池"退塘（田）还湖"序幕，3.3平方千米被分割水域减轻污染并与滇池贯通。图为整治后的东风坝水域

斗南湿地公园

实施了滇池湖滨"四退三还一护"（退塘、退田、退人、退房，实现还湖、还林、还湿地，护水）生态建设工程。图为正在拆迁的湖滨村庄

捞鱼河湿地

拆除防浪堤，使退塘（田）建设的湿地与滇池相连通。图为东大河湿地防浪堤拆除段情况（余波提供）

20 世纪 90 年代开展的底泥疏浚实验工程

底泥疏浚围堰堆场

环保型绞吸式挖泥船

　　减少内源污染，实施"以鱼控藻"行动，向滇池投放以浮游动植物（如蓝藻）为主食的鲢鱼、鳙鱼等滤食性鱼类

滇池除藻船

工作中的滇池除藻船

牛栏江—滇池补水工程之入滇水口——瀑布公园（昆明滇池投资有限责任公司提供）

滇池流域内开展节水及中水利用，缓解流域水资源不足。图为中水处理后用于绿化用水（杨曙文提供）

实施清水海引水工程，作为昆明空港和现代新昆明建设的配套工程，缓解昆明市用水紧张的矛盾。图为位于昆明市寻甸县仁德镇西的清水海（昆明清源自来水有限公司提供）

继"2258"引水工程后，实施掌鸠河引水工程，从距昆明100千米左右的禄劝县调水供昆明城市饮用水，结束了昆明喝滇池水的历史。图为掌鸠河引水工程的水源——云龙水库（吴进东摄）

1996年利用滇池治理世界银行贷款建设的西东郊垃圾填埋场。图为昆明市西郊红水塘垃圾填埋场

东郊垃圾焚烧发电厂（昆明市城市管理局提供）

空港垃圾焚烧发电厂（昆明市城市管理局提供）

建立了村收集、乡（镇）中转、县（区）处理的垃圾收集处置体系。图为新建的农村垃圾收集房及清运车

　　重视农村生活污水收集和处置，滇池流域内建成了20个集镇污水处理厂。左图为西山区团结镇污水处理厂，右图为滇源镇污水处理站

建成运行了800多个村庄生活污水收集处理设施

　　实施秸秆还田措施，既减少农业生产固体废弃物又减少农田化肥施用

　　推广平衡施肥和使用有机肥。图为晋宁县农科人员对田间堆沤池进行检查

1995年依据《滇池保护条例》（1988年）树立的"滇池水体保护范围界桩"

2004年依据修订后的《滇池保护条例》（2002年）树立的滇池水体保护区界桩

2016年依据《云南省滇池保护条例》树立的滇池一级保护区界桩

2016年首创的用于特殊地段的地埋式界桩

建立滇池治理长效投融资机制。2004年在昆明市城市排水公司的基础上组建成立国有独资公司——昆明滇池投资有限责任公司，作为昆明市滇池污染治理的投融资主体和污水处理运营主体，为滇池治理项目的顺利实施和滇池治理阶段性成果的取得提供了资金保障。图为昆明滇池投资有限责任公司办公大楼（昆明滇池投资有限责任公司提供）

自1998年10月1日起在滇池流域内实行"禁磷限磷"（禁止经销和限制使用含磷洗涤用品）。左图为公安、城管、工商、滇管等部门执法人员在市场进行执法检查。右图为官渡区滇池管理综合行政执法人员在超市进行禁磷限磷执法检查

为加强和规范城镇排水设施管理，昆明市滇池管理局加强对城镇排水设施及排水设施运营企业的监督检查，规范排水许可管理。左图为排水管理人员对排水设施进行实地检查。右图为工作人员正在对主城城镇污水处理厂污泥处置中心进行检查

为了有效控制畜禽粪便对水环境的污染，自2008年9月起，滇池一级保护区及主要河道河岸200米范围内实行畜禽"禁养"

组建市、县（区）滇池管理综合行政执法队伍，在滇池流域和主要入湖河道开展相对集中行政处罚权工作。图为滇管系统执法人员定期组织培训

变"事后执法"为"事前预防"，滇池管理综合行政执法总队专题对施工企业进行排水规范培训

执法人员与相关人员一起检查排水设施

执法人员对洗车场进行执法查处

依法拆除滇池水体保护区违法建筑

护卫滇池

负责水上执法查处的执法人员在码头集结

查处违法捕捞行为中收缴的违法捕捞渔具

强化渔政监管。为方便渔民，渔政管理人员到渔村现场办理捕捞许可证

定期向滇池增殖放流鱼苗鱼种

滇池海事及航政监管人员在滇池巡航

海事执法监管人员对滇池港口码头及船舶安全进行检查

2008年开展的"以我所能，保护母亲湖"——滇池"百、千、万"宣讲活动

20世纪90年代，五华区干部职工为治理滇池开展募捐

昆明滇池阳光艺术团开展的滇池保护宣传巡演

"保护滇池巾帼行动"启动仪式

滇池保护宣传进学校。图为昆明市滇管局工作人员到书林二小开展宣传和现场咨询活动

昆明市民踊跃参加在海埂举行的"放鱼滇池生态保护行动"（江洋摄）

# 四、滇池复苏

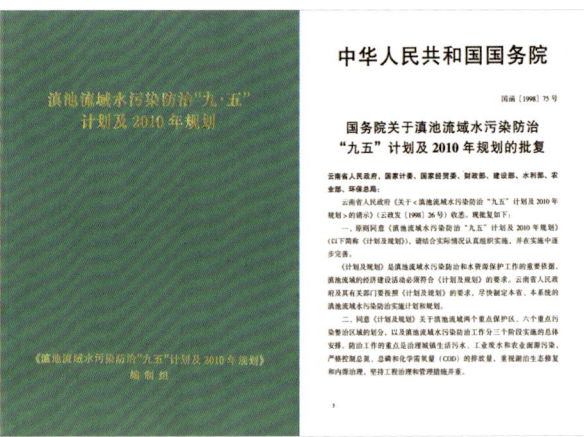

昆明市政府 1989 年出台的《滇池综合整治大纲》是滇池综合治理系统工程的"第一道工序"

从"九五"以来，国家连续 4 个五年计划将滇池纳入国家重点流域治理规划，滇池水质初步改善是坚持不懈落实规划的成果

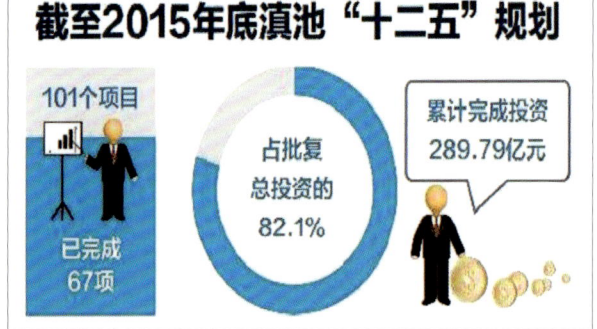

滇池水污染防治"十二五规划"完成情况

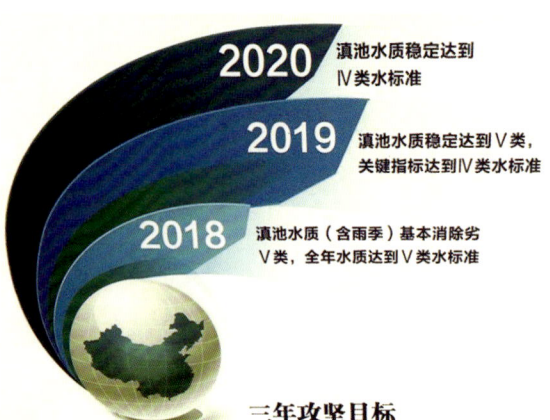

三年攻坚目标

"十三五"是滇池水污染防治关键期，全市继续把滇池治理作为（事关昆明发展全局和生态建设的）重大工程、头等大事来抓，并自 2018 年开始实施滇池水污染防治"三年攻坚"，明确目标和任务清单

滇池治理"六大工程"持续发力，综合治理初见成效

滇池综合治理思路日趋明晰

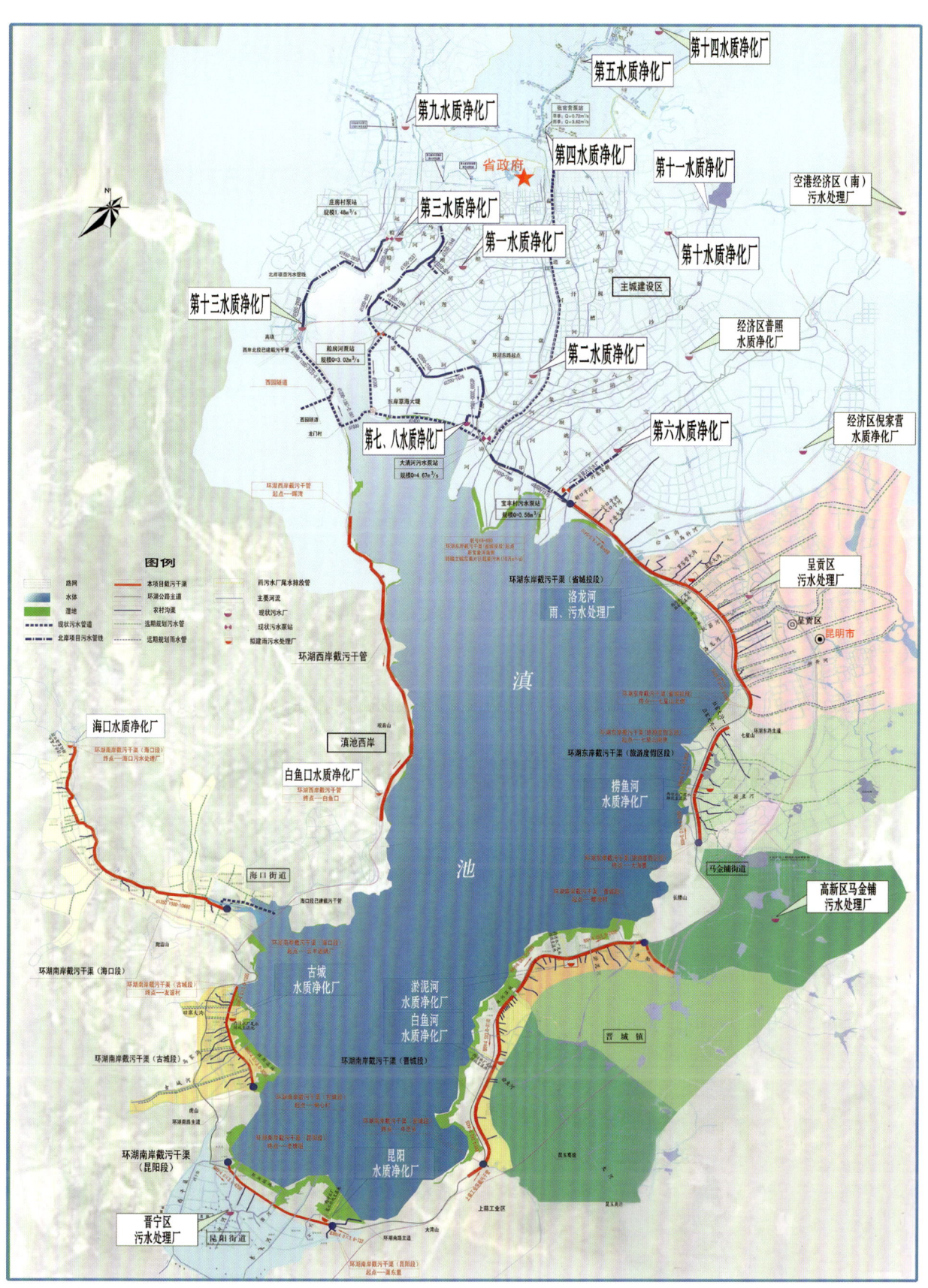

滇池流域主要污水厂分布示意图

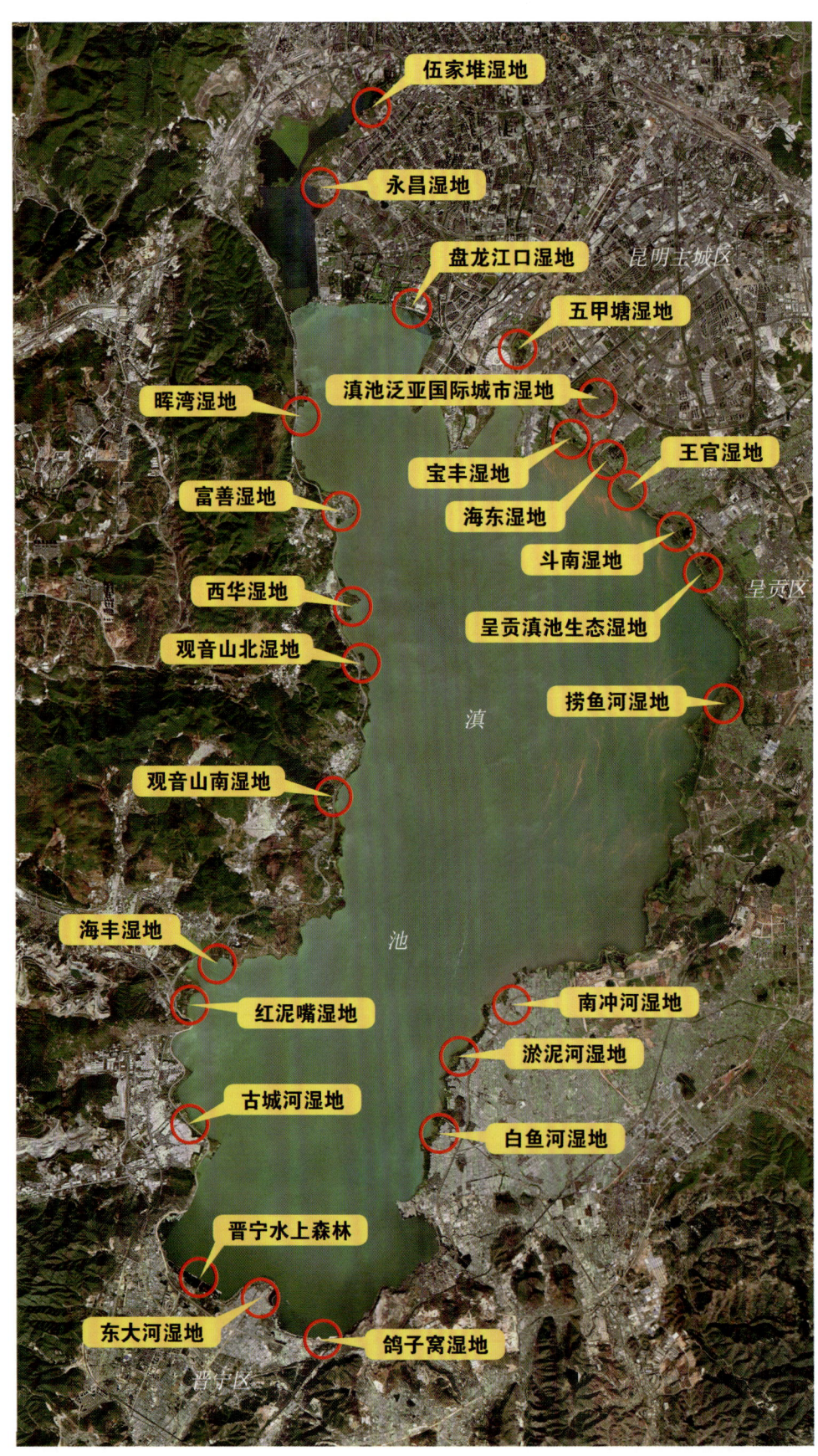

伍家堆湿地

永昌湿地

盘龙江口湿地

五甲塘湿地

昆明主城区

晖湾湿地

滇池泛亚国际城市湿地

宝丰湿地

王官湿地

海东湿地

富善湿地

斗南湿地

西华湿地

呈贡滇池生态湿地

呈贡区

观音山北湿地

捞鱼河湿地

滇

观音山南湿地

池

海丰湿地

南冲河湿地

红泥嘴湿地

淤泥河湿地

古城河湿地

白鱼河湿地

晋宁水上森林

东大河湿地

鸽子窝湿地

晋宁区

实施滇池湖滨生态修复与建设工程，滇池周边湿地连成片，形成了湖滨生态绿色屏障

湿地秋晨（吴进东摄）

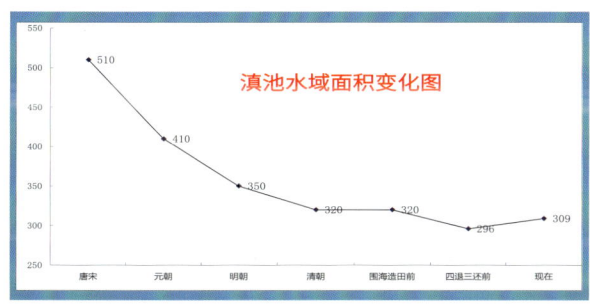

滇池湖滨"四退三还一护"工程的实施，改变了滇池水域变迁的历史，由一贯的"人进湖退"，首次实现了"湖进人退"。图为唐宋以来滇池水域面积变化图

滇池周边湿地及湿地公园成了昆明市民休闲的好去处

实施河道堵口截污整治。图为盘龙江马村桥廖家庙沟整治前后（杨曙文摄）

整治前、后的船房河

盘龙江入湖口整治前（杨曙文提供）　　　　盘龙江入湖口整治后（何燕提供）

在全国率先将"河长制"写入昆明市地方性法规《昆明河道管理条例》。为便于接受社会监督，35条入滇河道均树立了河长公示牌

滇池流域已全面建立了"四级河长五级治理"体系，滇池主要入湖河道的河长是谁，河道水质是否达标？去海埂草海大坝河长制公示屏幕一看就明了（李海曦摄）

"市民河长"随河道保洁员实地体验河道保洁工作。（吴进东摄）

"学生河长"巡河活动

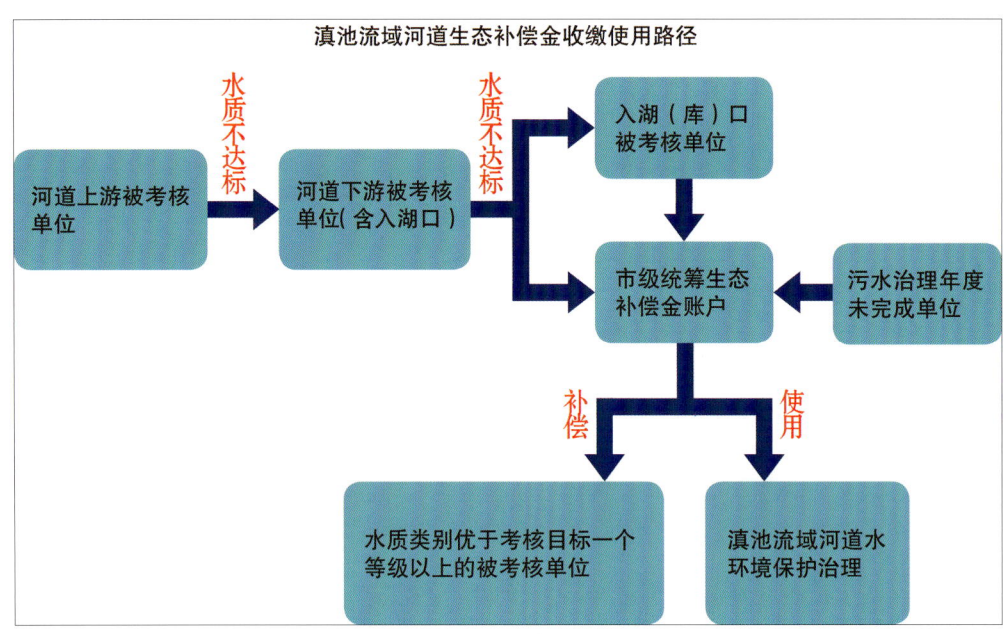

昆明市出台了《滇池流域河道生态补偿办法（试行）》及5个配套文件，2017年开展试点，于2018年在滇池流域34条河道全面实行生态补偿。图为滇池流域河道生态补偿金收缴使用路径简图

昆明市正在建设实施"智慧河道"，共建成150余座水质自动监测站和150多个高清监控点，实时监测河道水质、监管涉河违法行为，实现滇池流域智慧化管理。图为"智慧河道"建设的水质自动监测站

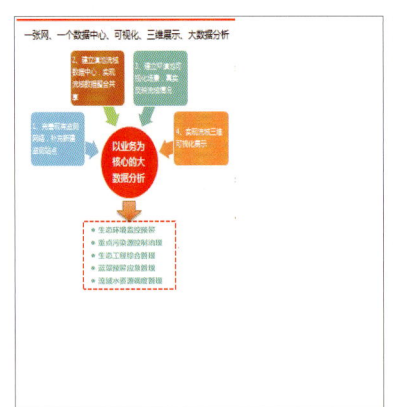
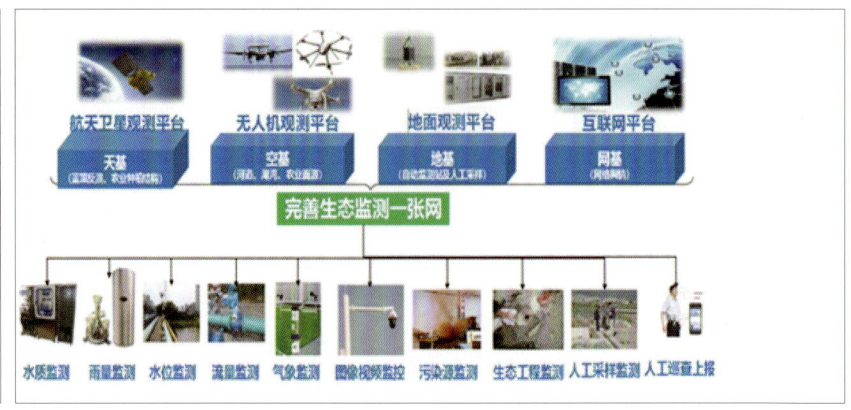

建设"智慧河道"，进一步提升河道精细化管理及综合管理水平。图为"智慧河道"主要功能示意图

牛栏江—滇池补水工程自2013年底投入运行以来，至2018年底，已累计向滇池进行生态补水28亿立方米。图为盘龙江清水通道

监测部门对滇池草海和外海国控断面进行取样和监测

图为滇池入湖河道取样　　　　　　　图为水样化验工作场景

2016年滇池水质指标首次由持续了20多年的劣Ⅴ类变为Ⅴ类。2017年滇池全湖水质类别保持为Ⅴ类。2018年持续好转为Ⅳ类，透明度不断上升，综合营养状态指数逐步降低

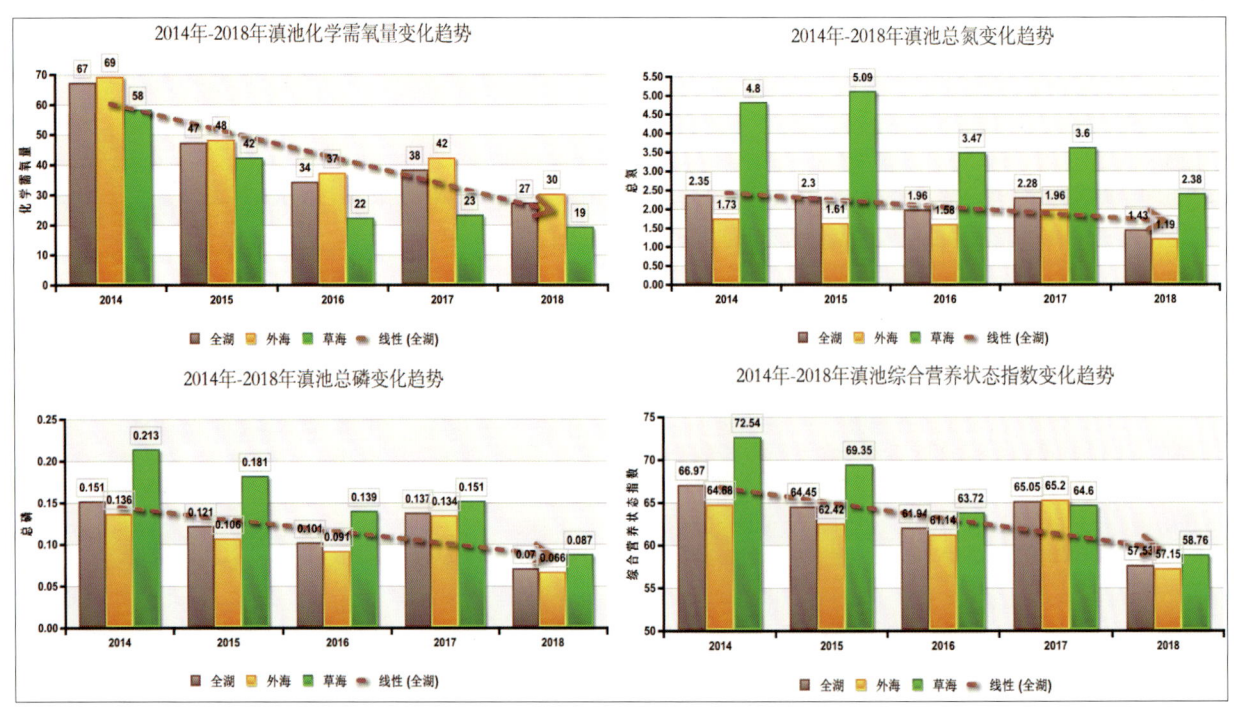

滇池治理水质改善成绩单（昆明市生态环境监控中心提供）

中华龙舟赛、龙舟世锦赛、昆明高原国际半程马拉松赛、格兰芬多国际自行车节等国内外重大赛事相继在滇池或滇池畔成功举办，均得益于滇池不断提升的水质

滇池鱼类23种　滇池湖滨鸟类138种　滇池植物种类290种

消失多年的海菜花等水生植物、金线鲃等土著鱼类，以及鸬鹚、白眉鸭等鸟类重现滇池，濒临灭绝的国家珍稀鸟类彩鹮成群出现在滇池湖滨。

滇池及其湖滨生物多样性逐步恢复

继2010年县（区）机构改革变化，2018年初强化了五华、盘龙、西山、官渡、呈贡、晋宁六区滇池管理机构，恢复成立区滇池管理局和区滇池管理综合行政执法局，实行区水务局（滇池管理局、滇池管理综合行政执法局）"三块牌子，一套班子"的管理模式（昆明市晋宁区滇池管理局提供）

　　滇池就是一面镜子，照见了滇池的昨天、今天和明天；滇池治理已成为昆明调整产业结构，转变生活方式的一面镜子。为此，昆明将"量水发展，以水定城"确定为昆明未来处理城市发展与守护滇池的"绿水青山"关系的理念

滇池的明天值得期待（龚平摄）

# 目 录

综　述

# 综 述

　　滇池流域系指滇池水系汇水的自然区域。该区域地处滇中高原，地势北高南低，由北向南倾斜，南北长114千米，东西宽25.6千米，是云南省政治、经济、文化中心和国家历史文化名城昆明所在地。2015年，滇池流域包含的区域包括昆明市的五华、盘龙、西山、官渡、呈贡、晋宁和嵩明7个县（区），总面积为2920平方千米，城区面积412平方千米。

　　滇池又名昆明湖。滇池之名的"滇"为昆明古代之部族名，是少数民族语的音译。早在2000多年前，司马迁的《史记》记录有："滇池地方三百里，旁地平，肥饶数千里。"此后东晋常璩的《华阳国志·南中志》说："有泽水，周围三百里，所出深广，下流浅狭，如倒流，故曰滇池。"主郎中仪徵阮福《滇池即滇县考》认为"滇音颠"，汉武帝元丰二年（前109）设滇池县，《汉书地理志》载："西汉武帝前滇池县本作颠县。"《说文》与《尔雅》载"颠与顶为一声之转，颠与滇又是同声同义"，故滇池又作"颠池"，意为"顶池"。"因此，昆明滇池居地高顶之故也"。所以"滇池"为山巅高顶之池。滇池地处长江、红河、珠江三大水系分水岭地带，是云南九大湖泊之首，是中国四大构造湖泊之一，又是全国排名第六的淡水湖泊，素有"高原明珠"之称。1972年7月周恩来总理视察昆明时，将她誉为"掌上明珠"。

　　滇池湖型呈南北向弓形，其弓背向东。东侧入湖各河流下游都有三角洲发育，相互连成为滇池盆地内的湖滨平原，构成滇池的绝大部分砂泥质湖岸。盘龙江下游三角洲最为发达，呈鸟足状伸入滇池，沉积砂泥质湖岸约占90%，湖岸较曲折。仅约10%湖岸为侵蚀岩岸，由石灰岩组成，位于西岸的海口以北，湖岸较平直，峭壁耸立，亦发育有湖蚀穴和湖蚀台地。2015年，滇池南北长42千米，东西宽12.5千米，平均宽8.32千米，湖岸线长163.2千米，滇池水位在1887.4米时湖面面积为309.5平方千米，平均水深5.3米，最深处（海眼）11.2米，总蓄水为15.6亿立方米。北部有一天然湖堤（海埂），将滇池分隔为南北2个水域，有"一线平分秋色"之美称。据考证，海埂到清朝中叶以后才渐渐露出水面，埂中间有人工船闸、节制闸航道相通，北为内湖，称草海，曾名西湖、积波池、青草湖，面积11平方千米；南为滇池主体，称外湖，面积298平方千米。

## 一、滇池诞生与历史演变

　　滇池诞生于地质历史上的新第三纪时期。远在燕山运动中，云南高原西山震旦纪至三叠、侏罗纪的地层隆起，褶皱和断裂形成高山和盆地，奠定了今日滇池周围的地貌雏形。后经历新构造运动，至新生代喜马拉雅山期地壳造山运动断层陷落形成地堑。滇池就是在地堑形成时集水而成的淡水外流型湖泊，距今已有340多万年的历史，是一个断陷构造湖泊。后在漫长的地质历史演变中，由于盆地四周外沿物质经水系自然搬运进入湖内沉积，使湖面不断缩小，成为当今的浅水湖泊。据考证，300万年前的古滇池湖面北起松华坝，南至晋宁的十里铺，水域面积为1260平方千米，相当于现在滇池的4倍；蓄水量为846亿立方米，相当于现滇池的54倍；水深100米，相当于现滇池平均水深的22.7倍。

据有关史料记载，滇池水系原与玉溪盆地相通，湖水从晋宁西南部的宝丰乡经玉溪市的刺桐关至西南的海口流入红河归入南海。后由于地壳上升或第四纪冰期来临，降水猛增，使河湖水面急剧抬升，湖盆被河道切穿，河流溯源侵蚀，发生河流袭夺，使滇池出水口由海口河经螳螂川、普渡河向北流接通金沙江而归入长江水系注入东海。从晚新生代到元代初年的300多万年内，自然因素使滇池水位下降了80多米，水面面积缩小700多平方千米，蓄水量减少800多亿立方米。从元代到现在700多年内，人为因素使滇池水位下降了7米多，水面面积缩小200多平方千米，蓄水量减少10多亿立方米。关于水域面积及蓄水量的历史记载：唐宋时代滇池水域面积为510平方千米，元朝为410平方千米，明代为350平方千米，清代为320平方千米。1987年，滇池水域面积为306平方千米，拆除防浪堤后面积增至309平方千米。

滇池水系北流系地壳急剧变动改变了水系的流向，使湖水大量外泄。千百年来，人类不断扩大出水口，经涸湖谋田、围湖造田，水位逐年下降，滇池水域不断退缩，湖面变小，湖水变浅。当今滇池水面面积仅为古滇池的24.7%，蓄水量为1.9%，昆明城区基本上是建筑在沉积物之上，滇池已进入老年末期，生态环境十分脆弱。

滇池入湖河流有盘龙江、宝象河、柴河、大河等大小河流35条。入湖水量中，河川径流为6.961亿立方米/年，湖面降水约2.72亿立方米/年，共计9.68亿立方米/年，地下水补给甚少。入湖水量中80%集中在每年6—10月的雨季和河流丰水期，湖面蒸发强，平均达4.5亿立方米/年。出水口建有水闸，在其调控下，出湖水量40多年平均为4.52亿立方米/年，最高年为10.02亿立方米（1966年），最少年仅0.24亿立方米（1960年）。入湖河道上游建有中型和小（一）型、小（二）型水库110座，水库对滇池水量也起着调节作用。在入湖河道中，盘龙江最长，发源于嵩明县西北的梁王山南麓，上游称牧羊河，与邵甸河（冷水河）汇合称盘龙江，由北向南流穿过城区注入滇池，全长105千米，汇水面积为847平方千米，占滇池流域2920平方千米的29%，占滇池水年交换量的42%，是滇池的主要补给水源。1995年，松华坝水库加固扩建后，盘龙江基本处于断流状态。

1996年前，滇池唯一的出水河道是海口河，流量为80立方米/秒，湖水流入螳螂川经普渡河注入金沙江，全长294千米。1993年破土动工、1996年2月16日试通水成功的西园隧道工程为滇池增加了一个40立方米/秒的防洪、泄洪的人工控制外泄隧道口，湖水经安宁市13千米的沙河流入螳螂川。海口河和西园隧道总泄洪量为120立方/秒，达到20年一遇的防洪标准，是昆明市最重要的防洪泄洪河道。

## 二、滇池与昆明

滇池及其流域是昆明繁衍发展的摇篮，是昆明经济社会发展的根基，是维护昆明城市生态系统平衡的重要自然条件。滇池除为城市生活提供生产用水外，还具有防洪调蓄、航运、观光、旅游、水产养殖和调节气候等多种功能。滇池像一座自然空调器，调节着昆明的气候，夏天吸热，冬天放热，使昆明城永远保持着"万紫千红花不谢，冬暖夏凉四时春"的春天气候，昆明"春城"的美誉由此得名。因为是春城，所以鲜花如潮，四时不绝；因为花好，更觉生机盎然，春深似海。加上昆明人民的勤劳爱美，把这块土地装扮得茂林修竹，铺锦叠绣，繁花似锦，绿草如茵，似乎美好的春天永远留在这里。

众多历史文化胜迹荟集在滇池流域这块肥美的土地上，远在更新世中期，滇池周围就有人类活动的踪迹。呈贡龙潭山曾连续发现3万年前旧石器时代古人类颅骨化石，周围有灰烬、石器。新石器时代人类已在这里定居，滇池周围发现的新石器时代的遗址多达数十处，出土陶片上的花纹图案显示了先民们美学思想的萌芽。在战国至西汉的几百年中，滇池地区各族人民创造了灿烂的青铜文化，出土的大批青铜文物具有相当高的艺术水平，青铜器上的各种图案证明当时已进入奴隶社会，并与中原和江南各地有密切的联系。

滇池流域城镇的出现是社会生产发展的结果。有了剩余产品，人们需要交换场所，因之"邑聚"也随之出现。到公元前3世纪初，楚将庄蹻带兵来到这里，"以其众王滇，变其俗以长之"（《史记·西南夷列传》），并仿内地规制在滇池沿岸"始筑苴兰城居之"，这便是最早的昆明城。唐代樊绰写的《云南志》犹称拓东"城西有汉城，土俗相传云是庄蹻故城"（《蛮书》卷六）。汉武帝元封二年（前109）设益州郡，赐"滇王之印"，今滇王金印尚存。三国时，蜀汉政权在这里设置建宁郡。唐中叶，南诏凤伽异在这里筑拓东城，称为"东都"，后称鄯阐城，唐宋之时一直是滇中繁荣的城市。拓东古幢、东西寺塔、法华寺石窟、晋宁多闻天王石刻等都是这一时期的遗物，筇竹寺、西山等名胜亦已开辟。元置云南行省，昆明是中庆路治地，昆明成为全省政治经济文化中心，马可·波罗来云南时已是一座"壮丽的大城"；松华坝及疏浚滇池海口等水利工程已开工；赛典赤墓、筇竹寺白话碑等都是元代遗物。明清沿袭旧制，经济文化都有较大的发展，郑和、兰茂、杨一清、钱南园、"杨门七子""昆华五子"等各以自己的才智为中华民族做出了贡献。规模巨大的金殿铸造，筇竹寺五百罗汉的雕塑，《滇南本草》的出版都反映了滇池流域的科学文化艺术水平。至近现代，昆明又以富于革命精神而名闻四方，人民音乐家聂耳在这里锻炼成长，王德三等大批革命志士以热血浇灌这块美丽的地方。1915年昆明首举义旗讨伐袁世凯，护国运动的浪潮打碎了他复辟称帝的美梦。在抗日战争时期，昆明成了著名的"民主堡垒"，掀起过震惊全国的"一二·一"爱国学生运动。闻一多拍案而起，怒对国民党的手枪。"边纵"的游击健儿为春城昆明的解放奋战四方。那高耸的五华山曾经做过护国军的大本营，那朴素的西南联大曾经聚集过全国学术界的精英，8年时间为国内外培育出4000多名精英，其中为中华人民共和国培育出了171位两院院士和12位"两弹一星"功臣。昆明宽广的怀抱中，贮藏着无数瑰丽的文化珍宝。

经过大自然"巧手"的亿万年精心雕琢，滇池流域形成了"灵山多秀色，空水共氤氲"的优美自然风光。紧傍昆明市区的西山、滇池，青山绿水交相辉映，滇池烟波浩渺，一碧万顷，湖水面积309平方千米，既有内湖的妩媚秀姿，又兼大海的壮阔气势。周围河道纵横，既有渔田之利、舟楫之便，又有点缀风景、调节气候之妙。湖畔青山环抱，尤以西山清秀，它绵延数十里，形成睡美人卧池之状。山中古道盘旋，曲径通幽，林木茂密，寺观隐现，风景引人入胜。

环绕滇池有亭台水榭、曲栏回转"果然一大观"的大观楼，上悬清代诗人孙髯翁的180字长联。这副长联，思想内容深刻，艺术形式完美，气魄宏大，文辞优美，是全国丰富的对联宝库中的一颗光彩夺目的明珠。大观楼西南的湖滨公园——海埂，水明沙净，是天然的浴场。海埂西侧，为林壑优美的西山著名风景区，上有华亭寺、太华寺、三清阁、龙门诸胜。龙门西南，尚有西园别墅、观音山疗养区，海口"石城"，昆阳的郑和公园，晋宁的盘龙寺，官渡的金刚塔，北走蜿蜒的虚宁寺等名胜古迹。

龙门石雕，全长100多米，石隧道、石室、佛像、匾联等全部为人工傍崖开凿而成，民间雕塑家们前后用了70多年的时间才完成这一组蔚为壮观的石雕工程。置身龙门，上仰危崖扑顶，下视万丈深渊，不由得惊心动魄，有凌空飞渡之感；入室细看那些精致的石雕，回顾悬在半空螺旋蛇行的隧道，放眼滇池，水天一色，风帆点点，全然是一幅山水画长卷，令人心旷神怡。

鸣凤山上的金殿，巍然屹立在一座古朴庄重的古城堡之中。这座高近7米、宽6米多的殿堂全系青铜铸造，结构严密，图案精美。而今顶上古铜斑驳，给人质朴、威严、凝重的感觉。

筇竹寺的五百罗汉，则是民间雕塑家黎广修和他的五六位助手通过对现实生活的观察，运用现实主义与浪漫主义相结合的方法，大胆地以各种身份的人为蓝本，用概括、提炼、夸张的艺术手法，经过7个寒暑艰辛创作（1883—1890）塑造出来的艺术群像。他们给予塑像色彩美感，赋予泥土生命；以形写神，通过各种音容笑貌、动作形态深刻细致地表现人物心理活动和性格特征，造型美、形象活，散发着浓郁的生活气息。除五百罗汉外，筇竹寺中文物尚多。进寺门有元代所植的孔雀杉2株，高大挺拔，郁郁葱葱；寺内茶花、玉兰芳香馥郁；大雄宝殿前匾联林立，既有气魄宏大之联，也有妙语如珠之对；大雄宝殿后，有藏经楼，楼后有花园，再上有僧茔，薛结苔铺，年代久远，其中有徐霞客记述过的"三僧塔"。

昆明有一种素雅、明丽、独特的美。而这些明媚多姿的风物古迹，像一颗颗璀璨的明珠，镶嵌在滇池母亲旁，使她显得更加丰容盛鬋，光彩照人。

滇池流域经济的发展及总量在云南省的经济发展中占有举足轻重的地位。1978年全市的生产总值为15.4亿元，占全省GDP的22%；1998年达到547.91亿元，占全省GDP的30.6%。2004年，昆明市生产总值达到942亿元，占全省GDP的31.82%。2015年，昆明市的生产总值达到3970亿元，而只占全市总面积13.8%的滇池流域的生产总值又占昆明全市生产总值的80.76%，占全省生产总值的28.94%。可见，滇池流域的经济发展直接关系到全市乃至全省的经济发展。

没有滇池就没有昆明。昆明从建城至今已经历1251个春秋，是屹立在祖国西南边陲的一座著名的历史文化名城。她既是璀璨的古滇文化的继承者，又是南诏、大理国文化的开拓者；既是云南各族人民的智慧结晶，又是中原文化、世界文化接轨的桥梁。自元代以来，她始终保持作为云南全省的政治、经济、文化、信息中心的地位。从清末民初直到抗日战争时期，她又接受了新文化的洗礼，实现了从物质到精神、从功能结构到艺术风貌等方面的转变。中华人民共和国成立后特别是改革开放以来，昆明城市建设已进入了新时代，一个现代化的城市正在脱颖而出。

昆明的悠久历史、风物胜迹、荟萃人文、宜人气候、经济发展和厚重的文化底蕴，无不与滇池的存在有关。无数历史事实充分证明，滇池的存在与昆明的过去、现在和将来息息相关，与昆明四季如春的气候息息相关。一句话，没有滇池就没有"天生丽质"的昆明。

滇池及其流域承载着云南省和昆明市的经济和社会发展的重任，是长江上游生态安全格局的重要组成部分，其流域中心——昆明，已成为我国面向南亚、东南亚的辐射中心，成为我国"一带一路"经济发展的重要枢纽。从而不难看出，滇池及其流域在云南省、昆明市经济社会发展中无可替代的重要作用。千百年来，滇池为滇池流域人民做出了无私的奉献，是当之无愧的"滇池母亲"。

## 三、滇池生态的整治修复

20世纪50年代以来，经历了"大跃进""文革"等政治运动，加上毁林炼钢、毁林开荒的影响，特别是70年代实施"向滇池要粮"的围湖造田，使流域内森林植被遭到严重破坏。滇池盆地森林覆盖率由新中国成立初期的40%左右下降到80年代的23%，松华坝水源涵养区的森林覆盖率由65%下降到27%，导致生态环境恶性发展，加剧了水土流失，加快了冲填滇池的进程，水土流失面积达90%以上，每年流入滇池的泥沙量和生物残留量达70万吨。1938-1983年的45年间，进入滇池的泥沙量和生物残留量达3150万吨，加上1938年以前的入湖泥沙量及生物残留量不少于5000万吨，使滇池盆地抬升47厘米，滇池面积由320平方公里缩小为300平方公里，湖滨带面积减少，滇池水的自净能力大为减弱。

随着经济和社会的发展，城镇化、工业化速度加快了，在滇池流域及滇池沿岸建起了5000多户工矿企业，特别是大力发展乡镇企业导致一些"五小"企业不断增加，每天约有42万吨有害工业污水沿入湖河道排入滇池，污染危害滇池水体。由于城市不断发展和人口的增加，生活污水的处置进程缓慢，滇池水体富营养化加剧，每年夏季蓝藻覆盖整个滇池，散发难闻的臭味，入湖河流都是黑如墨汁，昔日滇池流域绿水青山和滇池"九夏芙蓉，三春杨柳"的美景变成了历史追忆的画面。滇池及其流域的生态变化，严重制约了昆明市乃至云南省经济和社会的发展。

滇池问题，引起了党和国家领导人的关怀和各级政府的高度重视。1972年，周恩来总理来昆明视察时明确指出："昆明海拔这么高，滇池是掌上明珠，你们一定要保护好，发展工业要注意保护环境，不然污染了滇池，就会影响昆明市的建设。"1988—1989年，昆明市人大、市政府先后出台《滇池保护条例》《滇池综合整治大纲》和《松华坝水源保护区管理规定》《松华坝水源保护区综合整治纲要》，使滇池保护治理走上了法制轨道。1990年1月24日，昆明市人民政府成立了滇池保护委员会及其办公室对滇池保护与治理实施全面管理。同年8月28日，由省、市有关领导、有关部门的专家组成，由一名副市长任理事长的昆明滇池研究会成立，成为政府在滇池生态环境保护治理决策的咨询机构。1993年4月初，省、市有关部门领导和专家在调查研究的基础上完成了《滇池污染综合整治方案》，并以市政府的名义上报省政府。与此同时，为广泛筹集滇池治理资金，经省政府批准先后成立了世界银行贷款办公室和滇池治理基金委员会，开始筹集资金的工作。同年4月15—16日，省政府在海埂召开了200多人参加的滇池污染治理现场办公会，批准了《滇池污染综合整治方案》和"分流截污、防洪调蓄、优水优用、疏浚清淤、减污增容、植树造林、涵养水源、引水济昆、新辟水源"的36字综合治理的指导思想；决定投资30亿元，开展治理项目26个，用18年时间恢复滇池生态环境。据此，吹响了滇池全面治理号角，为滇池治理打开新局面奠定了良好基础。1996年末，国家把滇池纳入全国"三河三湖"重点工程治理项目。2007年6月30日，时任国务院总理的温家宝同志，在全国"三湖"座谈会议上指出"三湖治理重点在太湖，难点在滇池"，要求把治理"三湖"作为国家工程摆在更加突出、更加紧迫、更加重要的位置，科学规划、加强领导、明确责任，坚持高标准、严要求，坚定信心、坚持不懈地把"三湖"治理好。2008年后，昆明市委、市政府坚持科学发展观，把滇池治理放到突出位置，提出"要把滇池治理当作经济建设来看待、当作经济发展来投入、当作生产项目来安排、当作长效企业来开发、当作市场主体来运作、当作企业集团来管理、当作未来发展性资源来培植、当作大产业来培育"，同时按"铁腕治污、科学治水、综合治理"的要求，"强势发动、强力推进、强制规范、强行入轨"，不折不扣，保质保量完成"十一五"规划中提出的65个滇池治理项目。要求全市各部门、各单位在滇池治理与保护工作中要切实实施"114444"工作方略。即坚持"一个方针"：治湖先治水，治水先治河，治河先治污，治污先治人，治人先治官。掌握"一条规律"：着眼整个流域，面向汇水区，由面到点，由流域到水域，顺流而下，从大流域到小流域，从大范围到小范围，从大环境到小环境。把握"四条原则"：湖外河外截污杜绝增量污染源；湖内河床清淤减少存量污染源；恢复湿地，修复生态功能；外流域调水，增加水动力。做到"四个坚定不移"：坚定不移地抓"一湖两江"全面截污、全面禁养、全面绿化、全面整治"四全"工程；坚定不移地抓35条入湖河道"158"综合整治工程；坚定不移地抓退塘还湖、退田还林、退房还湿、退人护水"四退三还一护"工程；坚定不移地抓滇池环湖截污和交通、农业面源污染治理、生态修复与建设、入湖河道整治、生态清淤、外域调水及节水"六大工程"建设。落实"四个转变"：由开发、排放、单向利用向综合利用、循环利用转变；由水污染单纯治理向水生态整体优化转变；由对洪水简单截流排放向与洪水和谐相处转变；由一味依赖远距离调水向提倡水资源就地循环利用，实现零排放转变。突现"四大刚性目标"：湖外截污、湖内清淤、外域调水和生态修复。

2009年7月25日，胡锦涛视察滇池，在实地察看草海、西华湿地时指出：要按生态文明建设的要求，下大力气降低能源消耗，降低污染排放，让良好的生态环境成为云南可持续发展的宝贵资源和财富。不管怎样，滇池是昆明的母亲湖，要下决心把滇池污染治理搞得更好些更快些。2011年，中央领导同志对滇池治理做出了一系列重要批示。其大体精神是：滇池治理取得了阶段性成果，实属不易，在中央各部委的大力支持下，云南省、昆明市付出了巨大努力，可贵的是积累了湖泊流域治污的新路子。现在滇池治理已进入全面加速的新阶段，治理的目标更加清晰，建议加大支持力度，巩固成果，还滇池一湖清水，造福子孙后代；滇池水污染综合治理成果，为水污染防治提供了有益借鉴，但彻底根治污染依然任重道远，需要继续努力，继续加大支持力度；要分析总结滇池治理成果经验和不足，进一步推动昆明生态文明建设。

"一万年太久，只争朝夕"。云南省委、省政府、昆明市委、市政府以只争朝夕的精神挑起了治理滇池的历史重担。为确保滇池流域水环境综合治理各项工作高效有序推进，采取了多项过硬的保障措施。一是成立了由省人大、省政协及省政府相关部门和科研单位的领导、专家组成的云南省政府滇池水污染防治专家督导组，为滇池流域水环境综合治理的协调、督导机构，帮助解决了诸多困难，有力地推进了滇池水环境的综合治理；二是于2008年1月成立了昆明市滇池流域水环境综合治理指挥部，统筹协调滇池治理各项工作。对各项任务进行深入剖析，并分解到相关责任单位，按照市委、市政府要求，认真落实，力保高标准、高质量完成责任目标；三是市委、市政府于2008年3月27日决定实行滇池36条出入河道"河（段）长负责制"，由市级领导担任"河长"，河道流经区域的县区领导担任"段长"，对辖区河道水质目标负总责，对河道实行分段监控、管理、考核、问责，抓好河道的综合治理和管理；四是市委、市政府于2010年2月9日决定成立昆明市"一湖两江"流域水环境综合整治专家督导组，负责对"一湖两江"流域水环境综合整治工作进行督导检查、监督，帮助项目实施单位解决一些实际问题，推进各项重点工作和重点工程的顺利实施；五是为实现2010年水环境综合治理目标，市委、市政府要求县区政府（开发区管委会）及市级有关部门的领导班子和主要负责人在其职责岗位上认真实行业务工作和环境保护工作"一岗双责"制度；六是2013年昆明市委、市政府为加快国务院批准的《滇池流域水污染防治规划（2011—2015年）》最后3年的实施步伐，提出了《滇池治理三年行动方案》，投资341亿元，完成100个治理项目，成立了"滇池治理三年行动"领导小组。下设以市人大常委会主任、市政协主席和市政府分管副市长为指挥长的彻底截污、水体置换和生态修复三大任务工作推进指挥部，做到一线指挥、一线协调、一线解决问题，确保了《滇池治理三年行动方案》的顺利实施；七是创新工作机制推动滇池治理快速有序进行，重点是建立工作统筹制度、目标责任制、督导推进制度、河（段）长负责制度、专家咨询制度、项目督办制度六项工作制度。与此同时，邀请人大代表、政协委员定期视察、定期向社会公告滇池治理工作进展，主动接受社会监督；八是市委、市政府将滇池治理的各项任务列为重点督办事项，实行目标倒逼，强化督促检查，严格考核奖惩和责任追究，对完不成任务的单位和个人由市纪委、监察局按照问责规定予以严厉问责，有力推进了滇池治理各项任务的完成。上述保障措施的高效有序运转，为滇池流域水污染综合治理、攻坚克难提供了有力保障。可以说，市委、市政府在滇池治理与保护工作中已是殚精竭虑。

在党中央、国务院的关怀下，在省委、省政府的坚强领导下，昆明市委、市政府多次召开滇池污染现场办公会议，讨论、研究实施《滇池污染综合整治方案》的具体措施和工作方案。向重点污染源开刀，按照《滇池保护条例》规定，依法对滇池周围5000多户工矿企业分期分批实行了关、停、并、转、迁的强硬措施，对松华坝水库源头采取特殊政策退耕还林、工程造林；连续制定和实施了"九五""十五""十一五""十二五"滇池水污染防治规划和计划，全面开展了滇池治理工作。特别是"十一五""十二五"期间，昆明市全面推进环湖截污与环湖交通、外流域引水与节水、入湖河道整治、农业农村面源治理、生态修复与建设、生态清淤等六大工程，环湖公路已建成通车，环湖截污97千米的主干管渠和10座水质净化厂已经建成运行，全国最大的2座地埋式水质净化厂已经建成运行，累计建成排水管网3400千米，城市生活污水自净化能力达到190多万立方米，三期滇池底泥疏浚量达1517立方米，有效削减内源污染物的存量。"十二五"期间，滇池已由重度富营养化转变为中度富营养化；治理水土流失面积175平方千米，造林191.22万亩；在湖滨一级保护区内退塘、退田4.5万亩，退房145.3万平方米，搬迁人数达2.5万人；拆除防堤43.14千米，增加水面积11.51平方千米，建成5.4万亩的湖滨生态湿地11处；牛栏江—滇池补水工程正式投入运行，每年补水5.66亿立方米。

经过1996—2015年约20年的艰苦努力，完成总投资501.6亿元的滇池治理项目202个，滇池治理已取得明显成效：滇池水质恶化趋势基本得到遏制，水体景观及周边生态环境明显改善，主要入湖河道及地表饮用水源水质显著提升，滇池治理实现了"从点源治理转变为系统综合治理、从小流域治理转变为全流域治理，从末端截污治理转变为源头截污治理"三个历史性转变。与2000年相比，2015年末，滇池流域点源污染物入湖量削减44%，面源污染物削减了37%。监测结果表明，滇池入湖河道原本超标严重的砷、铅、石油类等指标已低于检出限，化学需氧量、总磷、氨氮分别下降了73.3%、78.3%、77.2%；滇池水体持续稳步改善，水质企稳向好，化学需氧量、总氮、总磷、氨氮分别下降了45%、40%、65%、58%；滇池外海富营养化状态已渐入轻度富营养化状态，治理成效显著，水体环境质量明显改善，上述成绩的取得实属不易。特别是2016—2018年，随着滇池保护治理工作的不断深入，市委、市政府提出"科学治滇、系统治滇、集约治滇、依法治滇"的思路以及实施"滇池保护治理三年攻坚行动"等一系列的措施，滇池保护治理工作取得阶段性成效，2016年全湖水质达到V类、摘掉了劣V类"帽子"，2017年水质稳定达到V类，2018年水质达到IV类，滇池流域水污染物排放总量得到有效控制，主要入湖河道水质基本消除劣V类的"三个基本"目标，全湖水质由重度富营养转变为中度富营养。

在党中央、国务院和省委、省政府的重视、关心和支持下，经过全市各族人民多年的艰苦努力，滇池的保护与治理工作取得了明显成效，但与国务院和省、市政府提出的到2020年使滇池流域污染得到有效治理，生态环境明显好转，滇池水质总体稳定达到Ⅳ类水质，力争水质达到地表水Ⅲ类标准的目标还有差距。2015年1月19—21日，习近平总书记视察云南时强调，要像保护眼睛一样保护生态环境，像对待生命一样对待生态环境，在生态环境保护上一定要算大账、算长远账、算整体账、算综合账，不能因小失大，顾此失彼，寅吃卯粮、急功近利。习总书记特别指出，生态环境损害容易治理恢复难，滇池就是一个活生生的例子，这些年来花费了大量的人力、物力、财力，但效果总不那么理想；滇池本来是云南特别是昆明的一颗明珠，现在反而成了昆明市乃至云南的一块伤疤，损失实在太大了，良好的生态环境是昆明的靓丽品牌和宝贵财富，也是重要的竞争优势发展资源。对滇池治理工作，习近平总书记还强调，此役甚为艰巨，但一旦完成居功至伟。由此可见，滇池治理任重道远，必须要有打攻坚战、持久战的思想准备。但我们相信，在习近平生态文明思想的指导下，在绿水青山就是金山银山理念的指引下，在党中央、国务院的关心支持下，在省委、省政府的坚强领导下，通过昆明全市各族人民的不懈努力，滇池的保护与治理工作一定会取得全面的胜利，美丽的滇池一定会再现昔日的秀美风采。

# 大 事 记

# 大 事 记

## 楚顷襄王时期（前298—前265）

司马迁在《史记·西南夷列传》里写到"蹻至滇池，方三百里，旁平地，肥饶数千里，……"此为"滇池"首次见诸史籍记载。

"庄蹻王滇"时，滇池周围已"耕田、有邑聚"。

## 西汉元封二年（前109）

西汉在云南设置益州郡，郡治在今晋宁区晋城。益州郡下辖24县，其中滇池县域约为当今晋宁区及呈贡区部分，谷昌县地域约为当今五华、盘龙、西山、官渡四区及呈贡区部分。

## 西汉始元六年（前81）

"益州大旱"。

## 西汉新莽年间（9—24）

西汉末期，益州郡太守文齐在滇池的东南面造起陂池，开通灌溉，垦田2000余顷。此为最早见诸史籍的滇池地区水利建设。

## 晋咸宁三年（277）

"九月，宁州大水伤稼"。当时，谷昌（昆明）、滇池（晋宁）等17个县属宁州的建宁郡。

## 唐贞元年间（785—805）

在今南坝处用土筑堰，引盘龙江水灌溉农田。

## 唐开成四年（839）

"昆州大旱"。昆州领今昆明、晋宁、安宁、宜良、昆阳等县。

## 北宋康定元年（1040）

北宋康定元年（1040，即大理国正治十四年），大理国王段素兴征调役夫疏浚金汁河与盘龙江，在盘龙江今云津桥（得胜桥）筑"云津堤"，在金汁河上修筑"春登堤"，"障其流以灌田"。

## 元至元十二年（1275）

云南平章政事赛典赤·赡思丁鉴于"滇池出口淤塞，水浸昆明城池"，"倡议修凿海口河"。赛典赤命大理等处巡行劝农使张立道，"付两千役而决之，三年有成"。又命其三儿子忽辛开海口河石龙坝，"使安流入叙，以救万顷之田亩。"

## 元至元十三年（1276）

昆明一带的农业生产有所发展，但滇池淤塞，西部常泛滥成灾，而东部缺水干旱，赛典赤倡议兴修水利。凿开海口石龙坝，疏浚螳螂江，使滇池水从海口泄出，经螳螂江入金沙江。命造上坝闸1座，将分一水归盘龙江，以入于海。复于坝桥左手，分一水沿东方高亢处筑堤七十里，造金汁河堤1条，堤宽一丈二尺为度，上二十里宽一丈六尺，造小闸10座，涵洞360座，轮序放水，由上润下，引盘龙江水灌溉农田。赛典赤任上多次在昆明地区兴修水利，松华坝便是从此时期开始修建的。

## 元朝大德八年（1304）

中庆路的昆明、呈贡、晋宁、昆阳、安宁、富民等县因大旱造成饥疫，政府采取赈恤救济。

## 明洪武十八年（1385）

疏挖海沟沼泽，形成一条长12千米的河道，源头在老龙河（今大西门外北1千米处），经潘家湾、李家地、茴香地、明家地于河尾村入滇池，作为由滇池运粮食货物至大西仓的通道，故名运粮河。

## 明景泰五年（1454）

总兵沐璘、巡抚郑容兴修滇池东北岸南坝石闸。将唐贞元年间土堰改建为石砌分水闸"视水之大小而时其纵闭"。八月动工，次年三月竣工，用工八万二千九百余人。

## 明成化十八年（1482）

巡抚吴诚奏请疏浚"三沟"。"三沟"即盘龙江、金汁河、银汁河。疏浚工程自松华坝、黑龙潭抵西南柳坝南村。"灌田数万顷"。

## 明弘治元年（1488）

云南巡抚陈金倡修海口河。自螺蛳滩起，至青鱼滩止，开挖二十余里。开水沟，疏流沙，凿石筑坝。并议定每年冬令水涸，责成昆明、呈贡、晋宁、昆阳四州县分段修挖正河、子河。从弘治元年至十八年（1488—1505），每年都有修浚，"自此遂有岁修、大修之例"。

## 明弘治五年（1492）

滇池涨水漫溢，沿岸农田受淹成灾，张泰倡导在沿湖筑堤，以防治水患。

## 明弘治九年（1496）

开始在"东西二渠"（指金汁河、银汁河）筑石堤，"东西八十余里，叠石为水门，因时泄水"。

## 明弘治十四年（1501）

大修滇池海口河。"辛酉（1501）淫雨连旬，滇池泛滥，水患滋甚，发军民夫卒数万人挖滇池海口河，遇石则焚而凿之，于是池水顿落数丈，得池旁腴田数千顷。"

## 弘治十五年（1502）

陈金为了"御灾捍患"，调动六卫军和安宁、晋宁、昆阳三州，呈贡、易门、归化、昆明4县的军卒民工2万余人，在海口河下游滩厂筑坝障水，对青鱼滩、黄泥滩、黄牛嘴、平定铺、白塔村等处的河道进行治理疏浚，对"拦水乱石，凡阻塞河流者，悉平治而尽去之"。并在海口河两岸筑旱坝15座"以拦榭两山水冲流壅塞河道之患"。经过整修，水得下泻，滇池"不复昔日之泛滥弥浸矣"，涸出土地"前后约百万有奇"，均为"膏腴沃壤"之地。工程于正月兴工，三月完工。

## 明正德四年（1509）

滇池水涨成灾，"荡析沿湖民居百余所，溺死无计"。滇池大水泛滥，淹至昆阳州沿湖，"民居房屋倾圮者百余家，男妇溺死者五六十人，撑舟入市，前所未闻"。

## 明嘉靖二十七年（1548）

大雨浃旬，滇池水溢，海口阻流，水淹昆阳州治，冲居民房屋百余所，溺死甚多。

## 明嘉靖二十八年（1549）

巡抚顾应祥、巡按林应箕兴工修浚海口河，11月动工，先修子河的分水坝，然后治理主河，从酾子河、平定铺、白沙河、白塔村、锅摆村、新村、沙锅村等处动工，筑泄水坝9座，各坝均修有水窗，使砾石漂沙不至充塞。

## 明嘉靖三十四年（1555）

挖黄泥滩，"计始汉厂以逮石龙坝，以丈箕者三千二百有余"。完工后，毁分水坝，"放流下安宁、富民，而滨海环滇者泽日出海心凸矣"。

## 明万历元年（1573）

巡抚邹应龙倡修海口河，调集夫役1.5万余人，筑坝闸水，分段兴工，开挖疏浚二十余里，花费"竹木麻器具工饬费约帑金五千有奇"。

## 明万历三年（1575）

屯田宪副罗汝芳、布政使方良曙倡导重修海口河。重点疏浚豹子山河道，使海口河水半数由豹子山下吞吐泄行，一改旧制由螺壳黄泥滩筑坝闸水，月余竣工。修浚工作分段进行，"分丈布工，论方验日，工无少旷焉"。工效显著，费用节约，"工费官饬仅四百金"，"循旧三年开挖不啻省什九矣"。

## 明万历四十六年（1618）

云南水利宪副朱芹倡导将土木结构的松华坝，改为石闸，以通蓄泄。工程始于明万历四十六年（1618），成于四十八年（1620），改称松华闸。"计费凡八百七十七两有零，工费官饬仅四百金"。

## 明天启五年（1625）

昆明、晋宁、安宁、嵩明等县大水灾。六月二十八日午时左右，盘龙江上游"烟雾弥天，雷雨腾空，浪涌数丈，沙石俱下，昆明城内外被淹，城外一片汪洋，水深七八尺，洪水涌入城内。"

## 明崇祯元年（1628）

知州唐万龄兴挖淤泥河。

## 明崇祯年间

侍御傅元献修建东自沐府鱼塘西接夏家窑大堤。大堤由夏家窑开始"南连于滇池，北抵于黄土坡，西濒于赤甲鼻山之麓，东抵会城"。过去，由赤甲鼻（今车家壁村）到昆明，要绕道黄土坡。大堤修通后，"东自沐府鱼塘，西接夏家窑，横贯湖中"。比绕道黄土坡进城缩短路程一半多。徐霞客游记中对此堤有描述。

## 清初（1649—1678）

吴三桂开新运粮河（今大观河）。舒藻《创建重建大观楼碑记》载："国朝，以吴三桂为平西王镇滇，乃由近华浦东向会城，开挖一河，计长十里有奇，曰运粮河，复于会城小西门外里许，开一塘，曰篆塘。塘之前建盖仓廒，粮船由滇海进运河，直抵篆塘，粮米入仓甚为便捷也。由是迤西州县沿海一带，官商客旅楫楫而来，帆帆而去，荟萃于篆塘，称巨津焉。"后此河道逐渐淤塞，民国时建西站，将上游填平，下游成为排污河道，全长9.5千米。

## 清雍正七年（1729）

云贵总督鄂尔泰兴工修浚海口河。经历雍正七、八两年，"所有海口河道、洱宗、普安、清水、新村等闸壅淤处所，悉已疏浚。所有老埂、牛舌滩、牛舌洲等处尽行挖出，悉已宽深。所有平定哨南新开子河一道，悉已修通"。因晋宁旧河水陡流急，阻回新河之水，故新建分水坝一座，新河水得以畅流，归入大河。还在海口河外石龙坝两岸山脚，新筑堤埂，保障河基。"所需物料、人夫、口粮、盐菜等项，合计银五千六百三十余两"。

## 清雍正八年（1730）

云贵总督鄂尔泰奏请在云南省各府、州、县同知、通判、州同、州判、经历、吏目、县丞、典史等官，加以水利职衔。"查云南府原有水利同知，昆阳海并六河以及各支河，巡查浚修是其职分，应请铸给关防，重其考成，其昆阳州为昆明下游，距省百里，同知难以兼顾，请于昆阳州添设水利州同一员，驻扎海口，常川巡察，遇有壅塞，不时疏通，设或冲塌，立即堵筑，亦请铸给关防，照设书役，以专责成。"

## 清雍正十年（1732）

议准海口河岁修经费。"昆阳海口酌定岁修银二百两，动支盐道衙门合秤银发给兴修，用则报销，不用则存贮，以备大修之用。"

## 清乾隆三年（1738）

5月　昆明大雨，山水骤发，冲决河堤，次年（1739）议准海口、昆阳改建石岸。

## 清乾隆二十九年（1764）

工部议准云南巡抚刘秉恬奏请修挖昆阳州海口河工程，使滇池附近的昆明、呈贡、晋宁、昆阳四州县环湖数万顷良田收灌溉与排洪之利。

昆明、昆阳大旱，"滇池水涸"。

## 清乾隆五十年（1785）

云南巡抚刘秉恬奏请修浚海口河，"自龙王庙至石龙坝共长二千七百七十五丈，疏挖一二尺至四五尺不等，以资宣泄。"

## 清嘉庆十年（1805）

8月初　昆明阴雨连绵，昆湖水涨，"附近低洼之处，田庐被淹，业将乏食贫民先行抚恤一月口粮。""所有昆明、呈贡、晋宁、昆阳四县，本年应征钱米，缓至来年秋后征收。"

## 清道光十六年（1836）

总督伊里布、巡抚颜伯焘倡建海口屡丰闸，并大修海口河。屡丰闸"以司代坝"。旧制大修海口河，必须先筑分水坝于川字河中，涸出河心，然后施工，工完拆坝放水。屡丰闸建成后，"积潦既去，淤田渐出，而闸座高张，屹立中流，既便役人永免筑坝，四邑之民鼓舞欢欣""爰以屡丰名其闸"。并制定沿河两岸的管理制度：一、各子河如遇决堤倒塌，准巡河乡约一面报官，一面派夫监督修筑；二、新开桃园箐子河，最易淤塞，每年春间动支所应捐岁修，以免冲决尖山箐子河之处。豹子山近马房一带山场历已封禁，只许种树，不准采石及开挖播种，以免沙石流入南河出口阻塞河道；三、三河（南河、中河、北河）附近具有丈尺两岸皆属官地，除将军庙、龙王庙后已盖房屋免议外，以后不得再盖房屋，以免大修之日无地堆放沙泥。

## 清同治十年（1871）

5月下旬　连日大雨，昼夜不停，滇池水位陡涨，进入滇池的河道，泛滥成灾。昆明城内城外及附海各州县，田谷尽淹。"滇省城内水涨至绿水河、熟皮坡、双水塘一带，皆成泽国，水与楼平，东南西三城俱进水，冲倒东门月城及城厢内外村寨民户数千所"。呈贡、晋宁、昆阳等州县亦遭水灾，"淹坏田禾民居无数""东郊沿海、望若泽国、庐舍倾圮、被灾者众"。

## 清同治十三年（1874）

云南巡抚岑毓英、粮储道韩锦云、水利同知朱伯梅等主持大修海口堤岸、闸坝、河道。

## 清光绪三年（1877）

云南粮储道崔尊彝、水利同知魏锡经等筹款重修松华坝闸，疏挖盘龙江、金汁河。对盘龙江的河道、河堤作了整修。"始修松华坝，继修军民塘堤埂长七十五丈。复建新济桥、军民闸。重修沈公闸、大渡村桥坝、白龙闸、明月桥、南坝迎仙桥、前卫营桥、梁家河桥。并挖转（篆）塘河、摆渡河。"

## 清光绪六年（1880）

昆明小西门外转塘（老篆塘），"转塘为向南水程要津，壅塞已百余年"，善后局拨款疏浚。

## 清光绪十三年（1887）

为保护盘龙江水源，光绪皇帝亲笔撰写了"盘江昭佑"四个字，赐给云南省府。后悬挂在嵩明白邑黑龙宫正殿。

## 清光绪三十一年（1905）

昆明秋季遭受特大洪灾后，冬季开始重修昆明六河，完工于三十二年（1906）七月。

## 清光绪三十四年（1908）

12月　商人张绍明呈准办轮船公司，因时局动荡，筹备艰难，直到民国元年（1912）才宣告正式成立，名滇济轮船公司。以滇池为水域官商合办，轮船名飞龙号（亦作飞轮号），蒸汽机明轮推进，马力25匹，设客座100座，载货10吨，时速15千米。

## 清宣统元年（1909）

云贵总督李经曦责令劝业道刘永祚主持官商合办，开发螳螂川石龙坝水利资源发电。在云南商务总会总理王鸿图主持下，商会反复讨论议定，组成"商办云南耀龙电灯股份有限公司"，推举刘芩舫、王鸿图为"总董"，设董事局，丁绍文为总理（后为左曰礼接任）。决定募集股本25万银圆。宣统二年（1910）七月发电厂工程正式开工，民国元年（1912）建成，为中国最早的水力发电厂。安装德国礼和洋行375匹马力水力发电机2部。初期安装电灯6000照，后增加4000照。

## 清宣统二年（1910）

**七八月间**　大雨浃旬，滇池泛滥，晋宁县沿滇池东面的河泊所、石寨、左卫、金沙、福安、西河、下石美、牛恋、小渔等堡禾田被淹8000多亩，一片汪洋，田地尽成泽国。

## 清　末

建立昆明金牛寺水位观测站。

## 民国二年（1913）

海源河水龙公司在滇池岸边兴建的电灌站竣工投产，安装德国西门子公司制造的45匹马力电机及水泵1台，灌溉积善乡至黄土坡一带农田6000余亩。后称积善村抽水站，是云南修建最早的电动抽水站。

## 民国三年（1914）

晋宁县组成安江水龙公司，在安江村海宝山脚建立钓鱼台机械提水工程，以柴作燃料，蒸汽作动力，抽取滇池水灌溉农田。1962年改建为电力抽水泵站，1973年改建为轴流泵。1987年扩建为跨乡镇的灌溉提水工程。

## 民国十一年（1922）

**8月**　云南省省长唐继尧出告示严禁军队砍伐河堤树木，告示说："近闻住在各乡军队，间有任意砍伐堤树者，实属破坏保安森林，妨碍河务前途"，"嗣后再有砍伐河堤树木情事，一经查获，定即严究不贷"。

## 民国十六年（1927）

桂秀山、范以湘盗砍盘龙江松华坝护堤柏树125棵，省实业司水利总局逮捕桂、范2人。责令桂秀山缴树价银1000圆，并判有期徒刑1年又6个月，送第一模范监狱。

商人李凤祥发起筹建云南昆湖轮船股份有限公司，由昆明华安机器厂承造轮船1只，名西山轮。民国十八年（1929）元月建成下水，轮船全长30米，载重25吨，60匹马力，设客座200座，时速15千米。此为云南省第一艘由中国工程技术人员设计，中国厂家制造的蒸汽机明轮推进客货轮。

## 民国十九年（1930）

云南省会水利局发出训令，要求在各河河堤普遍植树，并印发栽树概要、工作细则及保护简则。2月4日开始至4月底植完，每5日浇水1次。总计在金汁河、盘龙江上游、银汁河、明通河、海源河、宝象河、猓猓河等河堤植树73.3万株。

## 民国二十年（1931）

省会水利局疏挖海口河，将正河、子河及聚沙塘进行挑挖，共挖土方1.7万立方米，出工9.9万余工日，用去经费1万元（新滇币）。同时将省会各河道进行疏浚，共挑挖土方5万立方米，动用民工7.9万工日，用去经费6万元。

## 民国二十二年（1933）

昆明市属各县区，除富民、禄劝外，先是旱灾，后遭洪涝灾。因半年未降雨，耕地焦裂，小春减收，滇池水枯"为数十年所未有"。因旱灾严重，物价上涨数倍。六七月大雨滂沱，山洪暴发，各河涨水，河堤溃决，淹没农田，淹倒房屋。昆明县农田普遍受灾。

省会水利局组织民工陆续整修盘龙江、明通河、宝象河、海源河等河道。历时3年，至民国25年竣工。疏挖筑堤及改造河身，共挑挖土方8万立方米，动用民工7万名，用去经费1万元。

建螳螂川富民水位观测站。

## 民国二十三年（1934）

7月　云南省实业厅拟定《云南省会各河道防洪暂行规则》，在省内尚属首次。

年内　省会水利局和昆明市、县组织防洪队，以沿河居民中的壮丁编成防洪队伍，各区公所区长担任防洪队队长，平日训练，汛期防范。

同年建昆明盘龙江、敷润桥、螃蟹石3个水位观测站。

## 民国二十四年（1935）

5月　成立省垣附近农田水利工程处，隶属云南省经济委员会。同年，工程处兴建明家地抽水站竣工投产。装配有12英寸水机3台，共开支工程费用1.94万元。抽滇池水灌农田1380亩，每亩收水费1.5元。

10月　省水利局提出《盘龙江捞取河沙规则》，经省主席龙云批准执行。规则中规定在盘龙江捞取河沙由省招商承办，投标中标后要交租金，领取许可证方可捞取。为保护河堤，规定在护岸蜈蚣脚3尺以内不准捞取河沙。

## 民国二十五年（1936）

年内　省垣附近农田水利工程处经办的马料河抽水站竣工。当年灌田3462亩，名马料河戽水场。后经多次改建扩建沿用至今，改名为小新村抽水站。

同年　昆明各河、滇池大观楼以及螳螂川富民段建立水文站。各站设有水标尺观测水位。在此之前，滇池上下游曾先后建立水位观测站。

同年　昆明各河进行整治。宝象河下段建成新河，长540米，宽12米，深3米。疏浚旧河1200米，深0.8—1米不等。将阿依村土坝改为石闸。总计疏挖土方1.21万余立方米，用去劳动力1.34万名，经费国币2万元。将盘龙江弯曲处改直2段，一在北仓，新河长150米，宽11米，深2米；一在马村，新河长66米，宽15米。沿河淤滩挖深约4米。将两岸土堤分别填筑高厚，共计土方约6000立方米。派用民工6169名。明通河由水利局会同昆明县政府派员查勘后，分段施工。沿河挖深1米，挖宽两岸0.5—1米，派用民工2400余名。

## 民国二十六年（1937）

3月22日　轮船公司福海轮（原飞龙号）在海口遇难翻沉，船上乘客一百数十人（有称140人），仅有2人得救，银货损失约在10万元以上，是滇池历史上最大的水难事故。

全国经济委员会于12月函请云南省政府会勘川滇交通水道。

## 民国二十七年（1938）

1—4月　由全国经济委员会查勘队队长张伦官、省建设厅技正王伟等于1月由昆明起程沿滇池经普渡河、金沙江一带实地查勘。经滇境安宁、昆阳、富民、武定、禄劝、巧家、会泽、昭通、永善、绥江县入四川境，至4月3日到达重庆。查勘后编写了报告书。

冬　云南省建设厅邀请云南大学土木工程系教授邱勤宝等人，自昆明松华坝沿盘龙江上游勘测水库坝址，初步选定芹菜冲坝位，即谷昌坝水库。

年内　银汁河沿河19村共植树2467株，11月25日水利局制定省会河堤树木枯死罚则，罚则规定枯死2成者，加2倍处罚，枯死2—3成者按4倍处罚，枯死3—5成者加6倍处罚，枯死5—7成的加8倍处罚，枯死7成以上者，按10倍处罚，倍数按所死株数计算，均按补种时之市价交树苗款，以作为补种经费。

## 民国二十八年（1939）

年内　昆明市全年降雨1595.1毫米，其中，6—9月947.8毫米，尤以八九月雨量集中，两月计570.7

毫米。昆明8月各河涨水，9月26日洪水最大，城乡低地为漫水所淹。

## 民国二十九年（1940）

2—4月　省政府主席龙云到金汁河，发现河堤无树，纵有数株亦栽于无关紧要处，责令建设厅厅长张邦翰："查金汁河堤堤脚移栽有加里（桉树）或白杨树以固河堤一案，业经迭令该厅长迅速遵办，已经数年，至今一无所有，足见藐视政令，殊属不成事体，应再令该厅，限本年春季一律赶植完竣，倘要敷衍不遵，延误时令，定将负责者从严议处不贷。"张邦翰接训令后，于2月29日向龙云报告："择各河适宜地点，设立苗圃12处，解决树秧，派林务处长和省水利局先后3次在金汁河上督促植树21632株。"3月26日龙云指令建设厅"仍须饬属随时补种，加意培护，以期蔚然成林而固河堤"。4月16—26日，在银汁河堤植树4500株，在金汁河堤补种2.36万株。

## 民国三十年（1941）

4月16日　昆明市、县政府颁布《昆明市县区河道岁修工作办法》，共15条。规定昆明市区各河道岁修事项，由市政府会同水利局办理；昆明县区各河道之岁修事项由县政府会同水利局办理；有关市县区之河道，则由市县政府及水利局会同办理。

6月22日　当夜，滇池小海口附近大雨，海口河支流洪水暴发，桃树箐至中庄支沟被冲垮，将长约600米、高约4米、宽约30米的沙石泥土推入海口河中，多达2万立方米，淤沙高出河面2米左右，长达380米，海口河断流，石龙坝发电厂无水，停止发电。灾情发生后，云南建设厅调集沿湖4县民工进行疏挖，整理支沟，当土方工程已完成1/2，沥床疏通1/3时，8月19日上午又降大雨，第二次山洪将第六号至第十一号共6道跌水完全冲坏，沟渠再次被阻塞，工程被迫停工。

## 民国三十一年（1942）

4—5月　云南省建设厅根据昆湖水利委员会常务委员赵乃广、刘晋钰、金龙章等人报告的疏挖海口河一事，经建设厅转呈省政府，省政府主席龙云于4月8日批准，4月18日动工，5月3日完工，共完成开挖土方3.89万立方米，砌石方1365立方米，沙方48577立方米。动用昆明、呈贡、晋宁、昆阳4县民工179399个工日，使用经费国币467157元。

6月19日　昆湖水利工程委员会常务委员金龙章、赵乃广、刘晋钰等呈报省建设厅，请下文禁止海口豹子山沿湖山脚开采石料烧石灰、将石料渣物坠入湖内。建设厅立速上报省政府，省政府主席龙云下令：永禁在豹子山一带采石烧灰、抛渣入湖。

6月　黄土坡发现河堤树被砍37棵，系军队人员所砍，又盗卖给木行。近卫旅连长汤生荣伐堤树圆柏19节，经报告滇黔绥靖公署主任龙云后，龙云批示"有违禁令，干犯军纪"，批准暂行停职解署讯办。海源河巡水李荣见人砍树未据情详报，水利局认为疏忽之处不能辞责，应予记大过2次（折缴罚款60元）。

## 民国三十二年（1943）

2月　省建设厅水利局招商承包整修盘龙江闸墙、金汁河石岸工程，总支出国币17.21万余元。

年内　昆明全年降雨97天，比多年平均降雨天数少30%。春夏大旱，栽种失时，未按较好节令栽种的占一半以上。已栽种的缺水保苗，田亩干裂，禾苗干枯，造成城乡水荒。人民生活困难，"比户空虚，欠粮者众，逃亡之余，囹圄殆满"。

## 民国三十三年（1944）

8月　省建设厅总工程师朱光彩、顾问工程师邱勤宝、顾问冯景兰等赴盘龙江上游复勘在盘龙江修建水库的坝址，选定5处，经省主席龙云核定芹菜冲坝址。8月29日省政府决定兴建昆明盘龙江芹菜冲水库（即谷昌坝水库），开展设计工作。民国三十四年（1945）省政府通过水库工程计划及经费预算。委派水利局局长秦光华为工程处处长。3月，工程开始施工。年末，云南省政府改组。工程处处长改由龙志钧担任，并与云南大学土木工程系合作，由邱勤宝负责修改设计。在省主席卢汉主持下，继续施工。民国三十五年（1946）5月，水库工程竣工，正式命名为谷昌坝水库。共支用经费9亿余元（折合黄金4000余两）。谷昌坝高16.5米，长70米，库容221万立方米。可灌田2.2万多亩。

年内　征调昆明、呈贡、晋宁、昆阳4县民工1.1万余名，疏浚海口河，挑挖泥沙5630立方米。

同年　云南经济委员会与西南联合大学合作，设立云南省水力发电勘测队，依据世界动力会议的规定，从事勘测各河流的蕴藏水力资源。截至民国三十五年7月止，该队已经详细勘测在昆明范围内属金沙江水系的昆明滇池、安宁螳螂川、富民普渡河、禄劝掌鸠河的水力资源。

## 民国三十四年（1945）

5月9日　云南省政府主席龙云根据云南省建设厅的呈文，准予将昆湖水利工程委员会并归省水利局，继续办理昆湖水利有关事项。并函报国民政府行政院水利委员会。

8月5日　国民政府行政院水利委员会嘉奖昆湖农田水利委员会兴办水利事业有功人员杨士敏（文波）、马开诚、祁焕庭等人。杨士敏从民国二十四年（1935）即开始兴办引滇池水灌溉环湖农田工程，曾先后在昆明县属明家地、马料河、新桥等地创建灌溉场，抽滇池水灌田。水利委员会奖给杨士敏三等金色奖章1枚，马开诚、祁焕庭三等银色水利奖章各1枚。

## 民国三十五年（1946）

3月　滇池海口管理所成立，设职员3人，工人1人，属省建设厅领导，主任郭锁国，负责河道管理养护，工程维修等项工作。

1—5月　昆明市、县各河岁修工程兴工，5月底陆续完工，共计疏挖河道20余条。其中较大工程计有金汁河上段石堤工程，从庄子下游至麦地村共10处。下段自佴家湾至沐东村共12处。盘龙江石堤自新桥下游东岸起至临江里共4处；临江里第二段石堤共3处；第三段石堤1处；石砌驳岸由螺蛳湾至张家庙共11处。永畅河石堤1处。玉带河石堤2处。西坝河石堤1处。疏挖河道工程总计征派民工8.53万名。挑挖土方4.07万立方米。

## 民国三十六年（1947）

3月　海口河岁修于3月5日开工，3月15日竣工。3月20日验收，共计完成土方8777.84立方米，动用33867个工日，开支国币23700168元。各县区出动工日和完成土方量为：昆阳县8179工日，1567.53立方米；晋宁区1019工日，1019.2立方米；呈贡县9157工日，2670.86立方米；昆明县（今官渡、西山两区）8258工日，2378.43立方米；昆明市2855工日，1141.43立方米。验收后，因呈贡县出工最多，工作成绩佳，由省水利局记功1次；晋宁区出工较迟，且工作成绩亦差，给予申斥；昆明市出工虽少，但成绩达标，应予免议；安宁县未按规定交足杉松桩，差额甚巨，应予申斥，欠缴数额并饬于明年度岁修时补缴。

同月　在全省进行查勘的小型水利工程中，滇池沿湖抽水站10处。测绘工作有：建设厅与资源委员会滇中测量队合测沿湖（滇池）地形图；第一〇一测量队测绘昆明宝象河中段的陈旗营堰塘。

5月　省建设厅颁行《云南省昆明市各县河道防洪实施办法》《云南省昆明市各县防洪总队组织规程》《云南省昆明市河道限制捞取河沙规则》等单行法规。

9月　云南省建设厅成立昆明市水利工程处，张伟任处长。

12月　官渡水利协会修建的龙马抽水站（时称官渡镇抽水站）开建。该站装有12英寸抽水机3台，8英寸抽水机1台，装机总容量224千瓦，计划灌田1.2万亩。1948年3月1日，举行开机抽水典礼。同年5月全部竣工。6月云南省主席卢汉题书"天工人代"，刻石为碑。

年内　成立昆明官渡水利协会，负责修建龙马抽水站。

## 民国三十七年（1948）

12月10日　云南省建设厅水利局颁发《滇池环湖抽水工程计划纲要》，对晋宁、昆阳两县抽水工程提出：修建晋宁区茨巷河抽水工程（后改在下石美修建），设抽水机5组，电机1200匹马力，提水扬程18米，可灌溉3万亩，电力由昆湖发电厂供应；在昆阳县中和区储英舍村和海口区老街分别建立储英舍村和老街电力抽水站，电力由晋宁茨巷河抽水站和石龙坎电厂中滩输电。后因战事发展，工程未能实现。

## 1949年

3月10日　昆明灵源乡（今西山区境内）一、二级抽水站动工兴建，5月底完工。一级站安装12英寸皿型泵3台，装机容量133千瓦，灌田7000亩；二级站安装14英寸/型泵1台，装机容量55千瓦，灌田2700亩。由云南人民企业公司贷款半开银圆5.5万元修建。1950年昆明市人民政府接管，一、二级抽水站分别取名为梁家河抽水站、鸡舌尖抽水站。

## 1950年

昆明市军事管制委员会主持，成立疏挖海口河工程委员会，由省水利局、耀龙电力公司、解放军四兵团、昆明市区及昆明、呈贡、晋宁、昆阳、安宁等县和海口区人民政府等9个单位负责施工。出动军工14033工日，民工2456工日，共16489工日，用去经费192724439元（人民币旧币）。共挖除正河水下泥沙9300立方米，子河4803立方米，砌石方380立方米，石砌拦沙坝18座，乱石坝10座。为保持水土，在沿河两岸山坡荒地播种赤松（华山松）、飞松（云南松）、板栗种3491市斤，植树4231株。开支经费17465186元（人民币旧币）。立碑一块以示纪念。

## 1951年

3月27日　云南省农林厅召集会议，决定成立"1951年度海口河岁修工程委员会"，由昆明市、昆明县（今官渡、西山两区）、昆阳县、晋宁县、呈贡县及昆阳县海口区人民政府、省电业局、水利局、林业局等单位组成。4月10日动工，挖除1950年淤积在沉沙池的干土方和水下土方，新修布沙坑，修缮1950年末完工的石砌工程，培植树木。

## 1953年

1950—1953年，连续进行了海口河岁修工程。整治方针是：在治标的同时兼顾治本，修正河也修子河。把水下土方变成干地土方。把消极的疏挖工作变成积极地防沙造林水土保持工作。4年来共挖除水下沙泥19387.16立方米；干土方24249.79立方米，水草8000挑。动员民工34556工日，军工14033工日，共计48589工日，砌石1263.39立方米。支出经费617438870元（人民币旧币）。防沙造林工作，在支河上打了10座桩坝、6座乱石坝；种赤松7850千克；云南松4319.5千克；麻栗9326.5千克；核桃200千克；板栗150千克；植树171102株；育苗284514株。种植面积43218市亩，动员植树民工45516工日。支出经费114038767元（人民币旧币）。

## 1954年

由于1953—1954年春连续干旱，滇池水位下降较快，每天降落5毫米，至5月滇池水位1884.33米，为下线水位。草海较浅地区干涸。草海范围内6座抽水站（受益16850亩）大部无法抽水。滇池周围8座抽水站（受益28135亩）进水口水深100毫米。昆明市人民政府采取紧急抗旱措施，集中干部力量，大力发动群众，在清明节前挖深抽水站的进水沟，投资筹办13座活动抽水站，赶制2000张木水车供应农民进行抗旱。

## 1955年

2月28日　据省人民委员会指示，组成昆湖水利资源综合利用研究组，提出滇池水位管理方案，经省人委批准：滇池最高水位1886.10米，最低水位1884.30米。

4月　周恩来总理到昆明，站在翠柳拂堤、细沙白软的滇池湖畔，面对清澈见底，水中藻荇交横，鱼虾可捉的湖水，赞不绝口。指出"滇池是高原明珠，一定好好保护，保护滇池首先要注意源头的污染，防污治污要及早抓，防患于未然"。

9月　省人委指示省水利局、电业局、市农林局等单位组成"海口河疏挖工程筹备组"，决定疏挖海口河。施工目的是：水位在1885.20米（海防高程）以下，须以自流方式，满足发电用水，并做好支流整治及水土保持工作，防止泥沙流入正河。

## 1956年

4月17日　滇池海口河疏挖工程开工。工程至5月23日正河工程基本完成，整治各支流及水土保持等工作6月15日完成。实做工数共计：正河392972工日，子河114035工日。环湖5县区总计出民工16671人，挖除正河土方175185.93立方米；炸去河底岩石一千余立方米；子河土方1595.87立方米。新做圩工拦沙坝3道，桩坝182道，乱石坝25道，沟头防护17段，造林11560.5亩（另有绿化林6259亩），疏挖工程支出经费454533.15元，水土保持工程支出经费36914.45元。

6月　昆明市和玉溪专署（时昆阳县、晋宁县属玉溪专署）联合发出滇池鱼类繁殖保护通知，规定4—8月为滇池封湖期。取缔专捕产卵亲鱼的渔具。

8月12日　昆明市水产公司在大观楼首次向滇池投放鱼种356320尾。

12月　中国共产党云南省委员会批准《关于滇池管理的意见》。文中确定滇池下限水位1884.30米；上限水位为1886.10米。

## 1957年

年内　雨水多，海口河河岸经雨水浸蚀，倒塌严重，中滩至平地哨一段有下沉、倒塌，中兴街有50米河堤全部倒入河中，翠峰寺等多处河堤有开裂、倒塌现象。

## 1958年

2月1日　昆明最大的水库——松华坝水库动工。

8月20日　官渡区计划从大观楼外马家堆起，到呈贡县彩龙村止沿滇池修筑海堤。工程自1959年3月4日开工，从全区沿海的乡、社共抽调民工5000人，大、小木船660只，分别从马家堆至韩家村；永昌河口至渔户村；渔户村至海埂；东海堤段的大清河至六甲河嘴；六甲河嘴至小河嘴（福保塘）共修堤坝长29600米。在马房桥、新驳口、永昌河、洋干河头跃进闸建闸4座。完成土方765805立方米，石方719立方米，共用民工389620个工日，石工989个工日，普工6108个工日。筑堤围湖涸出田11200亩。

## 1959年

8月1日　昆明市最大的水库——松华坝水库建设工程竣工并举行庆功大会。建成后的水库坝高47米，顶长152米，蓄水6640万立方米，可控制盘龙江和金汁河的特大洪水。蓄水可灌10多万亩的农田。

## 1961年

7月17日　昆明市成立滇池管理委员会，下设滇池出流管理小组，分管海口闸。9月15日，海口闸管理工作由昆明电业局正式移交滇池管理委员会管理。

## 1962年

2月　滇池出流管理小组由市建委交市农林局领导。

## 1963年

12月4日　市委批准成立海口河工程委员会。由市人委副市长经竹如任主任，农林局焦德孩任副主任，建设局许兴汉、官渡区高万昌、呈贡县韩琦、晋宁县杨政、安宁县马良骥、西山区杨华为委员。下设指挥部，焦德孩任总指挥，王涤心、鲁子敬任副总指挥。主要任务是，疏挖河道，将中滩闸改为五孔机械闸。

## 1964年

1月4日　海口屡丰闸门改建工程动工，将原3号、4号、5号、6号、7号老式木枋闸改建为电动启闭钢板闸。疏挖海口河、改建海口闸两项工程5月完工，投资75万元。

1月6日　海口河整治疏挖工程开工，到4月13日结束，历时97天，实际施工84天。从环湖的官渡区、西山区、晋宁县、呈贡县、安宁县等区县调集民工3715人进行疏挖、开凿。累计用去223139工日。疏挖及开凿土石方132943立方米，工程造价为38.6万元。疏挖工程清除了1956年治理海口河后淤积的泥沙78363立方米，新开凿出螺蛳壳凝结层18565立方米、河底岩石36015立方米。在3811米长的地段把基岩凿下0.4米；在2183米长的地段挖至基岩；在2666米长的沿河地段用石料垒砌河堤。

## 1965年

年内　正式成立滇池水产管理处。开始贯彻执行《渔业生产管理暂行办法》。规定从事滇池捕鱼单位要缴纳管理费，没有捕捞证不准下湖捕鱼；捕捞证只发给国营和集体单位。

同年　永昌渔场草鱼人工繁殖成功。推翻了昆明不能人工繁殖草鱼的传统观点。市委书记亲自下渔场视察，给予鼓励。

## 1966年

1月16日　经云南省经济委员会批准：石龙坝发电厂中滩抽水站房屋133.9平方米，空地1000平方米，全部无偿调拨给滇池出流管理小组使用。

10月16日　滇池水位上涨到1886.30米，海口河出流量81.3立方米每秒，环湖农田受淹面积3万余亩。市委决定请昆明军区工程兵部队帮助爆破清除海口河河道障碍物。

10月　盘龙江整治工程开工。1967年4月上游段及城区段完工。共投劳1359387个工日（其中义务工73万个工日），经费239.6万元。

11月4日　云丰造纸厂动用民工数十人，强行拆毁滇管所住房2间、36平方米作为通道，将开挖防空洞的废土废渣大量投入南河闸上游出口处，占去滇池水面长1500米、宽20米作为码头。

## 1967年

4月26日　海口河沿岸的碧柴村、观音寺、新村、中兴街、中滩闸等处因1966年雨季塌方，阻塞河道，市工业、农业革命领导小组组织海口地区工厂发动职工义务劳动疏挖。参加劳动的有200号信箱、400号信箱、海口磷肥厂、海口磷矿、云南轴承厂、云丰造纸厂等单位，共清除土方1000多立方米。

12月　盘龙江第二期整治工程开始，扩宽下段花庄分洪闸至滇池的6.2千米河道，1968年5月完工。投劳170万个工日，经费316.29万元。整治后盘龙江泄洪能力达到100立方米/秒。

## 1968年

6月15日　滇池管理委员会决定：滇池海口闸的启闭权限由原来昆明电业局经管，改属滇池管理委员会批准、滇池出流管理小组执行。

8月　成立昆明市水产处革命领导小组，负责全市水产生产组织管理和滇池渔政管理工作。滇池水产管理处并入昆明市水产处。昆明警备区派出部队参加滇池巡海管理。

10月　盘龙江整治工程指挥部组织力量，建设盘龙江洪家村节制闸。闸3孔，每孔宽5米，高4.3米，为钢平板闸，机械启闭，过流量130立方米/秒，1970年12月完工。

年内　海口屡丰闸上镇水铜牛被盗，明、清疏浚海口碑记7块散失。1978年后陆续找回碑记4块，存于海口滇池水利管理处。

## 1969年

5月　省、市革命委员会提出向滇池要粮的决定，在滇池进行大规模的围海造田，大搞人造平原，把海埂附近的草海浅水区改造成万亩良田，建立国营农场。将2万亩草海水面填为良田。

12月中旬　从市"五七"干校抽调干部组成围海造田指挥部。

12月28日　省、市革命委员会在东风广场召开10万军民参加的"向海要田、向海要粮、向滇池进军"的围海造田誓师大会，号召"向滇池进军、向滇池要粮"。

## 1970年

1月1日　昆明市围海造田工程开始。从1000多个单位、厂矿抽调10%—40%的劳动力；抽调6000农民，动员1.5万名"红卫兵"和一部分中国人民解放军，组成3.5万人的围海造田大军。进行开山炸石，修路，修筑码头，架线接灯等施工准备工作。工程中期发展到10多万人。围海堤坝分主坝和副坝2段；主坝长2556.35米，副坝长610米，全长3166.54米。至8月11日完工，共计213天。围湖面积3万余亩，其中2万亩拨给官渡区福海、前卫、六甲3个公社耕种；1万亩由海埂"五七"农场经营。围海经费国家投资拨款3550945元（不包括参加围海造田人员工资、误餐补贴、交通费、医药费等），实际开支3413759.09元。1958—1970年，昆明大规模对滇池围湖造田，合计共缩减滇池面积3.5万亩。

3—6月　西山区、晋宁县、呈贡县先后在滇池沿岸围海造田。呈贡县3月开始，在乌龙、斗南、江尾等村，长5千米的湖岸围海造田，计划造田2000亩。1972年3月1日停工，两年共用975130个工日，总计支出工程费用142.45万元（其中包括市、县拨作补偿社队物资劳力损失款105.1万余元）。围海造田被滇池水淹没，无效益。西山区5月1日动工，1973年3月工程结束，出工7.78万人次，造田5720亩，投资430.5万元。因效益差，1983年西山区委决定退田还湖，财政局拨款40万元解决还湖后的遗留问题。晋宁县6月22日起，动用民工1600多人，开始围海造田，1972年3月停止。计划造田5.5万亩，实际造田800亩。投入407.6万多个工日，开支工程经费376万元。

## 1971年

1—5月　市革委农林组计划疏挖海口河，指派市水利工作队组织人员和滇池出流管理小组抽调人员共同配合，对海口河12千米河道进行勘测设计，5月勘测设计工作结束，拟定了疏挖工程计划（后未实施）。

7月16日　昆明地区10万军民在海埂举行集会和泅渡滇池游泳活动，"庆祝毛主席畅游长江5周年"。

## 1972年

7月6日　国务院总理周恩来来昆明，再次提出保护滇池、治理"三废"。并指示："昆明海拔这么高，滇池是掌上明珠，你们一定保护好。发展工业要注意保护环境，不然污染了滇池，就会影响昆明市的建设"。又指出："滇池的问题，螳螂川的问题要解决，不然影响昆明市的整个建设。"

## 1973年

10月13日　市革委发出《贯彻执行国务院批转水电部水利工程水费征收使用和管理试行办法的通知》。规定昆明市水费标准：粮食作物每亩1元，蔬菜2元，水浇地0.5元，工业用水每立方米0.01元，循环水0.002元，水电用水0.002元，生活用水0.005元。明确工业用水、生活用水由滇池和螳螂川取水的水费由滇池出流管理小组征收，上缴90%给市财税局，由水利主管部门调节使用。

## 1974年

2月12日　昆明市体制编制委员会、市农林局决定：将昆明市滇池管理委员会滇池出流管理小组更名成立昆明市滇池水利管理所，隶属昆明市农林局领导。所长丰玉堂，编制8名。职责是担负滇池和螳螂川的水利管理和水费征收。

8—9月　昆明地区连续降雨，至8月29日止，松华坝降雨932.6毫米，昆明降雨560毫米，海口降雨577毫米。滇池水位迅速上涨，8月29日涨至1885.76米。海埂地区全力投入防洪抢险。西山区海堤大坝出现下沉开裂。到9月7日，滇池水位上升至1886米，滇池沿岸的围垦区堤坝出现多次决堤事故。9月19日上午7点多，官渡区福海公社围海造田围堤下沉，决堤40多米，淹稻谷1200多亩。9月20日西山区围海造田大坝决堤25米，虽经抢救，但仍继续溃堤达80多米，淹没农田4000多亩。"五七"农场500多名职工住房淹在水中，围堤副坝有的下沉内滑。

10月25日　昆明市委就滇池蓄水及防洪问题提出意见上报省委。原定上限水位1886.1米，下限水位1884.3米。实践结果，上限高影响小春成长，下限低不能满足用水，要求控制在1885.6米和1884.5米为宜。省委同意并要求围海造田堤防加高到1887米。海口要疏挖，要改建平地哨闸，不能影响排洪和昆钢供水。

## 1975年

1月8日　市革委会决定，恢复昆明市滇池渔业管理委员会。

5月　市革委会召开滇池水系"七河"（盘龙江、大观河、船房河、运粮河、新河、大清河、王家堆渠）环境保护会议，要求排放污水的企事业单位清查污染物质，开展防治工作。

年内　在草海网拦培育鱼种试验成功。项目得到昆明科技大会奖励。

## 1976年

10月9日　市委农田基本建设指挥部组织市水利工作队技术人员，完成对海口河中河闸改造的勘测设计和施工设计报告。

年内　省拨给治理海口河经费20万元，又拨1977年度经费20万元。

同年　为滇池加强渔业管理，市革命委员会下发《关于加强滇池渔业管理的各项规定》。

## 1977年

3月18日　滇池海口河治理工程动工，1978年4月25日完工。新建中河闸8孔机械闸及400米毛石护岸。共用劳动力23151个工日，完成1228.74立方米的毛石护岸工程；开挖土方3530立方米；浇灌混凝土1000立方米；建盖管理所住房200平方米。工程经费开支38万元。治理工程完工后，滇池水位在上限时，每孔出流可达23.4立方米/秒，8孔出流共计187.2立方米/秒。中河、南河出流共计347立方米/秒。新村桥扩建1孔后，过水宽度可达24.5米。

## 1978年

年内　省委、省革委根据周恩来总理1972年关于螳螂川治理问题的指示，在安宁温泉召开了治理螳螂川污染的工作会议。会上确定了治理螳螂川污染的规划、方针和任务，会后成立了治理螳螂川污染的组织领导机构。

## 1979年

4月9日　南京地理研究所高礼存等，从江苏太湖引进短吻银鱼6825尾，于4月13日分别放入海埂和观音山附近的滇池水域。

5月4日　市水利局第一次在昆钢召开加强滇池出流管理会议。省电力局、昆明钢铁公司、石龙坝电厂、安宁县水电局、西山区海口公社、滇池管理所、海口水文站等单位的代表参加。会议对加强滇池出流管理工作提出具体意见。

8月14日　自即日起，滇池上游集中降大雨、暴雨，使滇池水位不断上涨，入流大于出流。造成沿岸受淹3万多亩，损失严重的8000多亩。22日，市革委防洪指挥部、市农建指挥部、市水利局联合召开海口地区防洪除险紧急会议。要求迅速清除海口河阻水障碍物，有些困难大的障碍物，请解放军工程兵协助爆破清除，加大海口河排洪量。经省委、市委同意采取紧急措施，请昆明军区派出35032部队独立营工兵支援，对大营庄水轮泵站废墩、大营庄拦鱼坝、新村桥下土墩、200号信箱拦河鱼坝、中河闸后土墩进行爆破清除。26日开始爆破，共清除了5处阻水较大障碍物及闸门前后的一切障碍，使海口河水流速加快，滇池水位由1886.1米下降16厘米。

10月17日　省革委颁发了《螳螂川水域环境保护暂行条例》。经过4年努力，到1982年治理工作已初见成效，沿岸各厂治理污染投资达1000余万元，建成"三废"处理设施68项，形成了每日处理污水11万立方米的能力。

10月下旬　市水利局决定，指派市水利勘测设计队到海口对海口河进行全面的勘测设计，完成12千米河道的纵横断面测量、设计、规划任务，提出整治方案、工程预算和勘测设计报告书。

年内　海口河顺流5.5千米地段塌方。1981年经省化学工业建设公司和滇池管理所双方研究决定，共同投资修建50米毛石支砌挡墙，共投资3.5万元，省化工公司投资1万元，滇池管理所投资2.5万元。

同年　昆明市成立水产科学研究所。

同年　在市政府召开的全市第二次环境保护工作会上，决定滇池环境治理的重点是城区和松华坝水源保护区2个面，西部工业区和螳螂川工业区2个片，盘龙江和金汁河中游沿线2条线。

## 1980年

1月23日　市水利水产局组建海口河工程指挥部，负责分期治理海口河。海口中滩北河闸为海口河出流河道之一，原为4孔石闸控制，1958年以后，逐渐填塞断流。1980年决定重新开挖恢复3孔河闸及河道，并加砌石岸保护。新设3孔机械闸控制，改建旧闸木桥为钢筋混凝土人行桥。整修工程自1980年3月份开工，1982年7月完。主要工程量为：疏挖河道580米；挖填土石方23821.64立方米；浆砌石方

4202.18立方米；干砌石方847.69立方米；建闸房151平方米；建管理房425.38平方米；安装钢闸门3道；行道桥2座。工程费用共计552276.62元。

3月24日　农业部副部长张昭视察滇池。

3月31日　昆明市革命委员会颁布了《滇池水系环境保护条例（试行）》，自5月1日起执行。条例规定凡使用滇池水系水资源，需向水利部门申请。严禁在滇池沿岸及水系上游建设污染环境的企业、事业单位。向滇池水系排污的要向环保部门领取排污证，不符合标准的实行收费。严禁围海造田。

## 1981年

2月28日　在滇池捕获一条少见的两栖动物。它体形如蜥蜴，类似娃娃鱼，身体扁平，长70多厘米，重4千克，呈深黑色，软皮，无鳞甲，长有4条腿，脚掌有趾。

3月30日　昆明市水利局同意356厂在扒齿山脚滇池边建抽水站，每昼夜取滇池水3000立方米。356厂同意按规定交纳水费。

6月　昆明市环境保护局向市政府呈交了《关于建立松华坝水库水系水源保护区的报告》，得到市政府同意并上报省政府。

8月　省政府批准正式建立"松华坝水库水系水源保护区"。以此作为昆明城市饮用水源保护区，加以特殊保护。

## 1982年

2月24日　根据省人民政府的意见，昆明市人民政府、曲靖地区行政公署联合行文颁布《松华坝水库水系水源保护区管理条例（试行）》（当时水源保护区涉及曲靖、昆明两地市）。《条例》明确了水源水质保护、管理与监测、奖励与惩罚等。为加强水源区的保护，昆明市政府决定由市环保局组织对松华坝水库水系水源保护区实施综合治理，疏挖、维修了保护区较大的6个出水龙潭。

3月20日　开展滇池调查，为保护幼鱼，取缔水老鸦（鱼鹰）195只。

4月1日　海口中滩南河闸改建续修工程开工，至12月底竣工，1983年1月20日经验收合格。工程将1号、2号、8号、9号、10号5孔木闸改建为机械闸；新建10孔新旧机械闸的闸房共685.2平方米；新建机械闸下护堤270立方米、进口护岸长60米。工程造价为384451.40元。

10月　海口河北河整修工程开工。工程疏挖河床，砌石护岸325米。

年内　兴建海口河北河闸，为3孔电动钢板闸。1983年完工。

## 1983年

4月1日　滇池水利管理所邀请用水单位协商1983年用水计划，签订了供水合同。35家使用滇池水源的用水户年用水量1.54亿立方米。至12月，抽滇池水的用户增加，签订合同用户增为43户。

6月28日　海口河整治工程开始。

8月　云南省科学技术委员会和国家城乡建设环境保护部先后将松华坝水源保护区地下水专题研

究及多学科综合考察列为部、省级重点科研项目。之后该项目正式开展,由昆明市环保局牵头组织实施,昆明师范学院(现云南师范大学)等8个单位和部门参加。

10月1日 原隶属曲靖地区的嵩明县划归昆明市。至此,滇池上游松华坝水源保护区不再跨行政区域。

## 1984年

2月27—28日 省计划委员会召开松华坝水库扩建工程可行性报告审查会,基本同意省水利勘测设计院提出的主坝加高13.7米,再建3级抽水站抽滇池水回灌5万亩农田的方案(即"松滇联合调度方案")。昆明市成立扩建松华坝工程领导小组。6月,市人民政府向省政府上报设计任务书。8月,省政府向国家计委提交扩建报告。10月,国家计委批复由省安排,设计由水电部审批。

4月21日 市编制委员会同意滇池水利管理所增加事业编制7名,增加后,该所共有事业编制15名。

8月 市委在嵩明召开会议,研究松华坝水源保护区退耕还林问题。决定阿子营区大哨等6个乡退耕还林4万亩。农业税减5年。返销粮109万市斤(市50万市斤,县59万市斤)。每年安排水土保持费14万元,一定7年不变。

9月13—21日 市水利局召开中小河流域规划会议,布置开展中小河流流域规划工作。要求凡径流面积在100平方千米以上的河流,都要逐条统计,作为规划单元,对防洪、灌溉、发电、航运、工业用水、水土保持、环保、旅游进行综合规划。除普渡河流域、南盘江流域由省水利水电厅进行规划外,其余均由各县区做出规划,由市汇总。此项工作于1987年完成。

10月16日 国家渔政总局局长来昆视察滇池渔政管理工作。

10月 六甲乡滇池自来水厂开工,1987年12月竣工。六甲乡原饮用井水、河水,因水源被污染不能饮用,1983年市人大代表提出解决六甲乡饮水提案,市政府与有关部门研究决定新建水厂,取滇池水,向33个行政村、125个单位2.2万人供水,日处理水5000吨,工程总投资262.7万元。其中,市政府5万元,区政府60万元,水利部门43.6万元,市、区城建部门35万元,群众、乡、社集资115.57万元,其他3.53万元。此为昆明第一座乡办自来水厂。

## 1985年

2月21日 市长办公会决定,由市公用事业局、水利局、农业局、官渡区共同研究扩大滇池回灌问题,按"松滇联合调度方案",在张官营、罗丈村、羊肠村建3座提水站,回灌农田2万亩,松华坝水库增加供城市用水。工程投资249万元,1990年建成。

7月16日 市政府决定,松华坝水源保护区管理委员会办公室由市环境保护局移交昆明市水利局代管。

10月9日 市政府批转市水利局、农业局、林业局联合拟订的《关于贯彻国务院〔1985〕43号文件进一步开展水土保持工作意见》。要求三四年内将25度以上坡地还林完毕。市的重点为松华坝保护区,要求各县区做好重点水库的保护,重要河流的治理。

11月11日 红嘴鸥首次进入昆明城区盘龙江。

11月 为保护沿海农田,市水利局提出沿滇池继续修筑防浪堤计划。1986—1988年3年共建防浪堤110千米。其中,晋宁完成29.865千米,西山区21.893千米,呈贡县完成15.243千米,官渡区新建和加高原海堤共32.94千米，呈贡加高原有海堤10.7千米，全部完成滇池防浪堤为110.641千米。共耗资858万元（其中国家投资约500万元）。

## 1986年

8月　草海水葫芦生长迅速并蔓延，占据了1/3草海水面，严重影响航运和网箱养鱼。

1—9月　昆明市降雨1104毫米，超过正常年景全年降雨量。滇池水位骤涨。7月下旬已将海口河中滩闸全部打开，但水位仍然上涨。8月24日滇池水位为1886米（达到上控水位），9月10日超过上控水位17厘米，造成滇池沿岸农田大面积淹没，部分低洼村庄和滇池防护堤受到严重威胁。为此，采取紧急措施，由有关单位清除海口河阻水障碍，石龙坝发电厂平地哨闸和滚龙坝闸全部打开泄洪，扩大海口河泄洪能力。

11月18日　市政府发出《关于打捞滇池水葫芦的紧急通告》，并组织人力清除打捞。

## 1987年

1月5—19日　市委市政府动员全市人民义务劳动，疏挖盘龙江中的通济河至双龙桥河床严重淤泥地段。参加劳动73162人次，疏挖和清理土方47035.8立方米，疏挖河床3.586千米。

4月10日　根据国务院1985年7月发布的《水利工程水费核订计收与管理办法》文件精神，市政府转发市水利局、市物价局关于《昆明市水利工程供水水费征收办法》。本着逐步实现按成本计费的精神拟定收费标准：水稻每亩水费2—6元，小春每亩0.5—2元，经济作物每亩4—10元，农村"四坊"加工用水每立方米1分，工业用水每立方米2分。

7月17日　市物价局、水利局、公用事业局联合通知，水利工程供应自来水的水费按每立方米2分，用湖泊、泉水的按每立方米5厘计收。水费增收部分70%上交市财政局，作水利建设经费。

8月12日　《盘龙江管理办法》正式公布实施。

9月18日　市科学技术协会、省水利学会、市水利局、市水利学会联合召开论证咨询会议，对"滇池水资源量分析""滇池流域水资源开发利用及滇池运行水位分析"两个问题进行论证。

12月　市人大常委会、市政府委托市科协、市水利局邀请有关部门、大专院校专家对滇池水资源进行论证，然后形成了《滇池水资源量及其控制运用的报告》。报告提出五级控制水位建议。其中，最高水位1886.2米，比现行上限水位提高0.2米；最低工作水位1884.3米；特枯年对策水位1884.0米；汛期限制水位1885.9米；最高洪水位1886.3米。按五级控制，滇池调节库容为5.7亿立方米（比原来提高0.61亿立方米），此意见经1988年2月市人大常委会通过，写入《滇池保护条例》。

12月17日　市科协召开滇池水生物论证会，对滇池水生生物的保护和利用进行广泛论证。

年内　为保护滇池减少污染，市政府发出通知，要求把捕捞银鱼的双机拖网都改为单机。

## 1988年

1月15日　市科协、市水利局、市滇池渔业管理委员会联合向市人大常委会上报《关于滇池水生生物保护与利用的咨询报告》，对滇池水生生物增殖保护和合理利用提出对策建议。

2月10日　市第八届人大常委会第十六次会议通过《滇池保护条例》。3月25日省第六届人大常委会第三十二次会议批准《滇池保护条例》。

2月　市人民政府做出决定，1987年、1988年每年各出5万元，将草海水葫芦的打捞清理工作包给西山区。

3月20日　市政府成立滇池综合治理领导小组，并要求水利、环保等部门提出治理方案。

6月12日　举行昆明市《滇池保护条例》宣传月新闻发布会。

6月　成立松华坝水库扩建指挥部。松华坝水库扩建工程1988年4月开始"三通一平"施工。1988年10月开始主体工程施工，用振冲方法加固主坝，1994年全部完工。完工后松华坝水库大坝坝高62米（加高14米），总库容2.19亿立方米，调节库容1.01亿立方米，成为以防洪保护市区安全，供应城市用水为主的大型水库。

7月1日　《滇池保护条例》正式颁布实施，滇池保护工作进入系统化、法制化轨道。

7月13日　召开滇池综合治理领导小组扩大会议，审议市水利部门拟制的《滇池综合整治大纲》。《滇池综合整治大纲》7月26日经市政府第二十一次常务会议通过，8月17日经市人大常委会审议同意。

12月　昆明市第一污水处理厂（兰花沟污水处理厂）动工兴建。

## 1989年

1月18日　市政府印发《滇池综合整治大纲》。《大纲》明确了综合治理的目标、任务和措施。

2月17日　松华坝水库低位隧洞引水改建工程竣工。

4月　市水利局开始兴建盘龙江三、四、五级泵站，组成梯级抽水，实现松（松华坝）—滇（滇池）联合调水工程。

4月21日　市政府决定成立市滇池保护委员会。

5月25日　市政府决定成立市滇池保护委员会。主任由分管副市长担任。

8月18日　市政府决定成立昆明市滇池保护委员会办公室筹备领导小组负责开展具体筹备组建工作。

11月16—20日　国家主席江泽民在云南考察期间视察了滇池。

12月29日　市政府印发《昆明市松华坝水源保护区管理规定》《昆明市松华坝水源保护区综合整治纲要》，依法加强对松华坝水源区的保护、管理与开发。要求由市滇保办牵头组织实施。

年内　昆明旱象严重，全年降雨793毫米，为正常年的79%。滇池水位降低，4月30日为海防高程1884.36米，5月8日下降为1884.26米。滇池沿岸县区动员群众，投入抗旱保苗工作。晋宁县下石美、新街片13座抽水站，发动群众3.2万人疏挖长5013米的进水沟，抽引滇池水，保障了灌区3.5万亩农田栽插用水。官渡区小新村抽水站疏挖输水沟长5800米，灌田21677亩。呈贡抽水646.3万立方米蓄塘，保证按节令栽插。

## 1990年

1月5日　昆明市开始实施疏挖盘龙江工程，昆明地区近万名党政军民前往工地参加劳动。工程历时12天，共3.5万人次。

1月24日　昆明市滇池保护委员会及其办公室正式成立。

2月1日　以滇池为水源的第五自来水厂一次试车投产，日供水5万吨。2月20日，为缓解严重供水不足问题，市政府召开紧急会议，决定采取有力措施提高五水厂供水量，缓解供水紧张状况。2月31日，第五自来水厂日供水量达20万吨，有效地缓解了供水紧张状况。3月，昆明市第五水厂正式投产。

2月31日　滇池水利管理所发布《滇池用水通告》，要求本年起，实行滇池取水许可制度。

3月11日　昆明第一污水处理厂通水试车。

4月18日　昆明市政府召开滇池保护委员会第一次全体委员会议。会议讨论审定《综合治理滇池的"八五"计划和十年规划（草案）》，研究滇池治理资金筹集办法及建立县（区）滇池保护机构等有关事宜。

4月　盘龙江三、四、五级泵站建成完工。根据"松滇联合调度方案"，抽滇池水沿盘龙江倒流，灌溉中下游及金汁河沿岸5万余亩农田。三级站在张官营村，安装28英寸轴流泵3台，装机容量465千瓦；四级站在罗丈村七级跌水处，安装28英寸轴流泵3台，装机容量390千瓦；五级站在金汁河老里山村，安装28英寸轴流泵2台，装机容量310千瓦。总投资800多万元。工程1989年动工，4月上旬完工，年内共抽取滇池水1811.52万立方米作农业灌溉用水。实现了"松滇"调水。缓解了城市供水紧张状况，做到优水优用。

同月　投资1237万元的官渡、西山、晋宁、呈贡四个县区修建的滇池环湖防浪堤工程完工，共建成127.3千米防浪堤。

5月11日　昆明地区1.2万多名企事业干部群众和驻昆部队指战员义务疏挖金汁河。

5月25日　联合国开发计划署驻中国办事处副代表柏思涛一行以及国家经贸部有关人员，对昆明市大观河、草海、滇池进行综合考察。

6月15日　市政府召开昆明市滇池保护委员会第一次全体委员会议。进一步明确市滇保委及其办公室的职责，研究各成员部门、县（区）1990年度的工作任务。

6月12—22日　昆明市滇保办牵头组织市滇保委有关部门对滇池沿湖县区及昆冶、云冶等一些企业贯彻执行《滇池保护条例》情况进行检查。

是月　国家环保局及国务院环境保护委员会视察组视察滇池。视察组对滇池的污染状况很忧虑，指出滇池的污染问题要由国家、省、市共同解决，并表示将要向国家有关部门积极争取，从国家的财力、物力和政策上对滇池的保护和治理给予支持。

7月7日　昆明市滇保办组织"划定滇池界限实地踏勘"工作结束。

8月16日　国务院总理在省、市领导陪同下视察滇池。

8月28日　昆明市"滇池研究会"成立。

9月25日　市滇保办、市环保局、市经委组织滇池汇水区域内的80余户省、市、县属工矿企业厂长、经理和环保技术人员实地考察污染加剧的滇池和大观河。

10月17日、27日　市滇保办、市城建局、盘龙区政府、五华区政府分2次组织盘龙区、五华区所辖各街道办事处，居委会负责人实地考察了解滇池污染和治理情况。

11月16日　昆明市政协组织部分委员和有关部门有关人员对滇池水体的污染现状进行实地考察。

11月20日　市环保局、市滇保办与昆明日报联合举办"滇池杯"征文，以此宣传滇池及滇池保护情况。

12月11日　省、市有关部门组织对松华坝水库面山8467.6亩工程造林实行现场检查验收。

12月21日　在市八届人大第三十四次常委会议期间，市人大组织全体与会委员共28人，视察了滇池和螳螂川流域的水资源保护情况，并针对滇池水质污染日益严重的状况，向市政府提出了书面的《关于常委会组成人员及有关领导视察滇池的情况及意见》。明确提出：将滇池保护列为任期目标责任制进行考核、把滇池治理项目列入"八五"计划、成立滇池基金会、进一步调整加强滇池保护委员会等意见。

12月21日　日处理5.5万吨生活污水的昆明市第一污水处理厂——兰花沟污水处理厂建成。

年内　在松华坝水源保护区完成面山造林5467亩，治理大哨乡水土流失的岩溶漏斗100个；官渡区在滇池水源区进行工程造林1371亩，荒山造林3429亩，面山造林900亩；西山区在滇池水系上游营造水源林2000亩；呈贡县沿滇池防浪堤造环湖绿化林10.7万株。

## 1991年

1月16日　昆明召开滇池环境保护会议。

1月25日　全国政协主席视察滇池。

1月30日　市第八届人大常委会第三十五次会议通过了《关于进一步贯彻实施〈滇池保护条例〉的决议》。决议要求市政府严格依法治湖；必须兑现《滇池综合整治大纲》的整治措施；将保护滇池列为任期目标责任制；广开渠道，筹集整治资金，强化滇池管理；呼吁依法成立县（区）滇管机构。

同日　市政府全市党、政、军、民、学参加了义务疏挖大观河，打捞水葫芦活动，共投劳12万人次。

3月11日　昆明市第一污水处理厂正式投入运行。

6月17日　国家主席来昆并视察滇池。

6月18—19日　昆明滇池研究会组织有关专家和科技工作者，对《滇池草海底泥疏挖的初步设想》进行深入研讨。

7月1—7日　市滇保办举行《滇池保护条例》宣传周活动。此后多年，《滇池保护条例》宣传周活动已成惯例。

7月19日　市人大常委会领导视察滇池，对打捞水葫芦以及打捞上岸而未及时处理的问题提出意见。

同日　市机构编制委员会下达成立滇池流域7县（区）滇池保护所通知。此后，盘龙、五华、西山、官渡、呈贡、晋宁、嵩明等县（区）先后组建了滇池保护和管理工作的机构。

9月6—8日　滇池取水许可制度试点工作通过验收。

## 1992年

1月1日　即日起滇池开始封湖禁渔。根据不同年度的具体情况，滇池每年的一定时期进行封湖禁渔。

2月14日　松华坝水源保护区1991年由市滇保办组织完成的1万亩工程造林通过验收。

3月3日　驻昆部队指战员义务疏挖大观河。

4月6日　国内湖泊保护与管理协作网第一次会议在昆明举行。

5月　市滇保办协调有关部门在松华坝水源保护区的白邑、阿子营2个乡建立了供煤点，落实了烤烟煤的补助，以在解决农户长期用柴烤烟的状况，减少森林砍伐。

7月10日　市人大常委会组织部分市人大代表对滇池的综合整治情况进行视察。

8月5日　市政府在松华坝水库主坝上召开松华坝水库加固扩建工程主体工程完工大会。工程完工后，水库总库容量可增加1.49亿立方米，正常蓄水量可增加4000万立方米。

8月24—28日　昆明市召开滇池保护工作会议。

11月　《松华坝水源保护区管理规定实施细则》经咨询论证，广泛听取意见，正式完成修改。

12月17日　副省长率省市有关单位的领导、专家实地视察滇池。

12月18日　市政府常务会议对《滇池治理基金筹集办法》《治理滇池集资公告》进行研究，原则通过了基金委员会人员名单。

12月　松华坝水库加固扩建工程完工，水库总库容由原来的7000万立方米增至2.19亿立方米，由中型水库变为大（二）型水库，市区防洪标准将由20年一遇洪水提高到100年一遇洪水，城市年均供水量可保证1亿吨以上。

同月　由昆明市环境科学研究所承担的"七五"国家攻关课题《典型湖泊氮磷容量及富营养化综合防治技术》子课题《滇池富营养化调查研究》成果，获昆明市科技进步二等奖。

同月　国家"八五"科技攻关计划85—908污水净化和资源化项目（85-908-02）湖泊（滇池）与地下水城市饮用水源地污染防治技术研究课题正式启动。

## 1993年

1月29日　市九届人大常委会第十九次会议通过了《昆明市人大常委会关于进一步加快治理滇池污染的决议》。决议提出：市政府从1994年起应把滇池治理资金纳入每年的财政预算，专款专用。

2月23日　市政府发布治理滇池集资公告，号召全市人民和社会各界为治理和保护滇池筹集资金、提供赞助。决定设立滇池治理基金委员会，制定《滇池治理基金筹集办法》。

3月12—19日　市九届人大三次会议期间，廖举云、董文惠等167名市人大代表向市政府提出了关于滇池治理问题的质询案。3月19日，市政府领导和市政府城建、环保等有关部门负责人到会，代表市政府作答复。

3月　在八届全国人大一次会议期间，云南代表团向大会提出了《要求将滇池污染治理列为国家重点工程的议案》，引起了中央领导和有关部门的重视。

4月13日　市政府召开滇池沿岸县（区）乡（镇）及有关单位领导参加的滇池取消机动渔船动员会。成立了领导小组和工作班子，到5月20日止，已办理取消渔船1197条并兑现补偿费，占应取消船数的88%。

4月14—15日　省政府在海埂召开治理滇池污染现场办公会，研究治理滇池污染的有关问题，确定了治理滇池的基本思路。会议决定，综合治理滇池的目标是从现在起，用18年时间，投资30亿元，分3个阶段，完成滇池流域的根本治理。整个滇池治理工作的具体实施由昆明市政府全权负责。同时，会议还要求用3年时间，完成外流域引水济昆工程可行性研究并做出方案选择，争取"九五"时期动工。

4月21日　市委、市政府召开全市干部大会，就加快治理滇池污染等工作做了动员。

5月5日　市政府召开常务会议，具体研究成立滇池管理局的有关问题，并成立了滇池管理局筹备组，具体负责筹备工作。

5月17日　省烟草公司、云南冶炼厂分别向滇池治理基金会各捐款50万元。

同日　昆明市在完成《滇池防洪保护及污水资源化一期工程勘测设计和施工方案》的基础上成立西园隧洞工程指挥部。

6月10日　由市滇保办配合，深圳中华自行车集团股份有限公司和深圳莱英达昆明商业大厦主办，云南日报社、云南电视台、《时代风采》杂志社协办的"拯救滇池"活动举行，新闻记者进行了环湖采访。

7月23日　由市滇保办组织实施的国家"八五"科技攻关课题依托工程之一——滇池草海底泥疏浚试点工程正式开工。

8月12日　国家环境保护局局长一行，视察了滇池和污水处理厂。

9月5日　市政府在松华坝主坝上召开松华坝水库加固扩建工程主体工程完工祝捷大会。

9月21日　滇池污水资源化一期工程——西园隧道工程初步设计方案通过论证，并报送省、市政府及有关部门审批。

9月21—24日　市人大组织部分常委、人大代表视察颁布实施5周年的《滇池保护条例》执行情况。

10月6日　滇池草海底泥疏浚试点工程完工，疏挖水域面积4.795万平方米，共疏挖底泥10万立方米。

10月17—18日　以全国人大环保委副主任委员杨振怀为团长的全国环境保护执法检查团云南分团对昆明市进行检查。

12月20日　滇池防洪保护及污水资源化一期工程——西园隧道工程招标开标仪式在市政府举行。

## 1994年

1月16日　西园隧道工程举行开工典礼，省、市党政军领导、驻昆部队、机关干部、群众和施工单位2000余人参加典礼，并进行义务劳动。该工程包括西园隧道（草海—外海）、水域分隔工程、沙河整治3大项目。

1月19日　滇池重金属污染的主要污染源之一的云南冶炼厂的废水达标截流工程竣工。

1月25日　昆明市九届人大常委会举行会议，听取和审议市政府关于《滇池保护条例》实施5周年情况的报告。

3月14日　中国黄河基金会副主席、香港实业家余新河先生向昆明市捐款10万港币，同时还组织福建家乡朋友捐款13.5万元人民币。

5月12日　市政府召开滇池保护委员会第二次全体委员会议，研究讨论"滇池流域县（区）政府及市属有关部门滇池综合治理目标责任"及其考核办法等事宜。

7月1日　国家计委正式批准将滇池污染治理项目为主的云南环境项目纳入中国的世行贷款项目中，并提到1996财政年度考虑。为此，昆明市政府成立昆明市滇池污染治理世界银行贷款项目领导小组和项目办公室，全面负责组织、协调和管理项目的各项工作。滇池治理项目总投资的26.1亿元（人民币），其中利用世行贷款1.38亿美元，约占世界银行贷云南项目1.5亿美元的91.9%。

同日　为集中统一管理城市排水业，加快滇池治理，理顺管理体制，市政府常务会议决定成立昆明市排水公司，隶属于市政公用局。昆明市一、二、三、四污水处理厂属该公司下属企业。

7月3日　以杰弗里·李德先生为团长的世界银行云南环境保护项目鉴别团一行考察了滇池污染情况。至年底，世行代表团已先后5次到昆明安排和检查工作，提出了5个备忘录，确定了由英国海外发展局赞助的英国沃特森公司作为云南环保项目技术咨询公司。

8月10日　为确保海埂附坝及滇池国家旅游度假区安全度汛，市政公用局组织实施了滇池草海大坝抢险加固工程。

年内　《滇池保护条例》被纳入昆明市"四五"普法教育内容。

## 1995年

4月　市滇保办、市水利局组成联合调查组对滇池沿岸侵占滇池水体的情况进行了实地调查。

6月10日　滇池水域分隔工程的控制性工程——船闸顺利拆除了上、下围堰，并一次性试水成功，比原计划提前20天完成，实现了草海—外海水域分隔。

6月24日　省委主要领导视察滇池污染治理情况。

8月11日　以松华坝水库为水源的昆明市第六自来水厂北分厂建成通水。至此，昆明城市80%的供水取之于松华坝水源。

9月20日　西园隧道全线贯通，并举行竣工典礼。时任省长按通电钮，省市主要领导参加典礼。

10月10日　国务院领导基带领中央有关部委负责人视察滇池污染治理工作。在听取市领导、市长关于滇池污染治理工作情况的详细汇报后，朱镕基指出：滇池事关昆明、云南，要以对人民、对子孙负责的态度治理滇池；围垦滇池的行为要坚决制止；草海里的网箱养鱼不要养；机帆船的污染应注意；滇池流域内的育林造林要抓紧；草海治污要从挖走污泥考虑。

10月20—21日　昆明市水利局承担的《昆明市滇池流域水资源保护规划研究》通过水利部验收。

11月6日　国际湖泊面源污染治理与管理学术研讨会在昆明召开。60多名中外专家学者参加，市长王廷琛在开幕会上致辞。

11月8日　昆明市第二污水处理厂全面竣工。该厂纳污面积28.41平方千米，服务人口50万，日处理污水量10万立方米。

11月12日　时任国务院副总理吴邦国在省委主要领导的陪同下，乘"郑和号"船视察了滇池，市委书记杨健强、市长王廷琛汇报了昆明市基本情况和滇池污染治理情况。

11月18—30日　滇池"八五"攻关课题——"滇池城市水源地面源污染控制技术""草海污染综合整治及优化生态系统研究"通过国家鉴定和验收。

12月　市滇保办完成在滇池沿岸树立418棵滇池水体保护范围界桩工作。

年内　滇池污染治理世界银行贷款工作，通过了准备期间的5次代表对项目的检查，审定了项目的内容，做出项目的评估，项目征地搬迁行动计划首获批准，同时还做出了项目环境行动计划。

## 1996年

1月11日　昆明市第二污水处理厂竣工通水、试运行。工程总投资13887.69万元。

1月19日—2月6日　滇池污染治理世界银行贷款项目通过世行评估团的预评估。3月15—30日项目通过世行评估团项目评估。

2月16日　西园隧道开闸通水。

3月26日　昆明市委召开加快滇池污染治理现场办公会。推进滇池污染治理工作。

4月　嵩明县大哨乡退耕还林的4万亩水源涵养林遭虫害，引起各有关部门重视。经省、市、县、乡半个多月的努力，有效地遏制了害虫的危害，保护了水源涵养林。

5月　滇池污染治理世界银行贷款项目贷款谈判顺利完成。

7月15—17日　第四次全国环境保护会议在北京召开。会议决定将滇池列为全国重点治理的"三河三湖"之一。

7月25日　省政府召开滇池治理重点工程现场办公会，要求抓住有利时机，加快滇池治理步伐，千方百计缩短治理时间，5年内初见成效。

8月1日　西园隧道举行首次排洪置换草海水体仪式。从8月1日至9月20日，分4次置换草海水体，总置换量达7000万立方米。

8月24日　省委主要领导视察松华坝水库。省市领导及水利厅和有关负责人随同。随后市委书记杨健强召集市有关部门，对落实省委指示问题进行研究。

9月2—6日　市人大常委会执法检查组与省人大常委会环保执法检查组一道，对昆明市贯彻执行《滇池保护条例》的情况进行检查。

9月5日　昆明市召开西园隧道首次排洪置换草海水体新闻发布会，要求继续打捞大观河、草海的水葫芦，取缔草海网箱。市水利局在组织打捞水葫芦的同时，开展了取缔草海网箱工作，至年底，共取缔网箱10060只，占网箱总数的99%。

9月13日　财政部与世行签署了《贷款协定》《开发信贷协定》；云南省与世行签署了《项目协定》。

9月18日　为贯彻第四次全国环境保护会议及《国务院关于环境保护若干问题的决定》（以下简称《决定》），昆明市政府召开办公会议，就贯彻上述问题做了具体部署，要求坚决按决定精神在9月30日前对明令取缔、关闭和停产的"五小"企业进行处理。9月25日，市委书记主持召开现场办公会，研究认真贯彻国务院《决定》精神，进一步加快滇池污染治理工作等问题。

10月10日　市滇保委、市环保局、市工商局、市技术监督局，联合向社会发布《关于推广使用无磷洗涤用品的公告》，号召滇池流域人民从1997年1月1日起自觉使用无磷洗涤用品，为治理滇池做贡献。

10月29日　昆明第三污水处理厂正式开工典礼举行。

11月25日　市政府批转市环保局《关于贯彻执行"国务院关于环境保护若干问题的决定"对污染企业进行取缔、关闭和停产处理的意见》，该意见涉及的"五小"企业有100多户。

11月26—28日　市十届人大常委会第四次会议举行。会议听取和审议了市滇保办主任张风保受市人民政府委托做关于昆明市贯彻执行《滇池保护条例》的情况报告和市人大常委会领导作昆明市执行《滇池保条例》情况的检查报告。建议市政府：第一，要下大决心，加快治理步伐，理顺管理体制，实施切实有效的管理；第二，加大宣传力度，提高市民环保意识；第三，对污染严重的企业要限期治理，并对偷排污水企业要加大处罚的力度，提高市民环保意识。

11月26日　以滇池水为水源的昆明市第六自来水厂南分厂建成通水，投入生产。

11月28日　"2258"工程南线晋宁大河、柴河水库调水济昆的引水管网施工开工典礼举行。

12月23日　市政府同意批转市滇池保护委员会上报的《滇池保护条例奖罚规定》，并于即日起正式施行。

## 1997年

1月15日　昆明市近1000人参加清理盘龙江污染物的义务劳动。

2月17—18日　国务委员、国家科委主任在昆明主持召开滇池流域水污染防治工作会议，专题研讨滇池污染治理工作，并实地考察了滇池、西园隧道、第一污水处理厂等。

3月12日　世行贷款云南环境项目（大部分为滇池污染治理项目）《信贷协定》《贷款协定》《项目协定》开始生效。标志着滇池污染治理世界银行贷款项目前期工作已圆满完成，实现了省、市政府预定的项目列入世行1996财年的目标，顺利进入了项目实施阶段。

5月13日　省长率省级有关部门领导到昆明市现场办公，听取了昆明市级有关部门负责人关于滇池治理世行、滇池北岸截污工程方案、嵩明上游水库"引水济昆"调水可行性研究等情况的汇报。

5月26日　昆明市第四（油管桥）污水处理厂建成并投入试运转。

6月28日　滇池北岸和盘龙江中段截污工程正式开工。两项工程的目标是让污水不再流入滇池外海和盘龙江，争取在'99昆明世界园艺博览会前使盘龙江水变清，使滇池水质有明显改善。

7月20日　大观河综合治理工程开工。

8月30日　国家环保局局长视察滇池治理工作。

9月22日　市政府印发通知，决定成立滇池草海底泥疏浚工程的协调领导小组和专家咨询组。领导小组下设"草海底泥疏浚工程指挥部"，负责工程具体组织实施。

11月29日　昆明市最大的污水处理厂——第三污水处理厂举行竣工典礼。该厂是世界上规模最大的采用间歇曝气好氧活性污泥污水处理工艺的污水处理厂。该厂纳污面积21.50平方千米，服务人口50万，平均日处理污水量15万吨。系省重点工程项目及治理滇池、改善昆明生态环境的骨干工程。

12月27日　盘龙江中段绿化工程开工。该工程南起双龙桥，北至油管桥，两岸边长8060米，将建成东西两岸总宽36米的道路绿化带。

## 1998年

1月10日　国家计委主任一行对滇池水质情况、滇池治污工作情况进行考察。

1月24日　昆明东、北郊污水处理厂开工，省市领导参加了开工奠基。昆明排水项目是世界银行贷款云南环保项目的重要组成部分，是治理滇池污染，改善昆明市水环境质量的重点工程。

2月10日　市滇保办及晋宁县有关部门联合举行取缔晋宁县鸽子窝采石场情况通报会。

2月18日　市委、市政府领导率领市有关部门及五华、盘龙、官渡区负责人考察了盘龙江、玉带河、大观河，对大观河调水导疏工程方案进行了研究，决定用第三污水处理厂处理后的清水使大观河迅速变清。

4月2日　投资2.5亿元的滇池草海污染底泥疏浚工程开工。省、市领导出席了开工仪式。该工程是滇池污染治理项目的重要组成部分，也是'99昆明世界园艺博览会的重要配套工程之一，一期工程总疏浚量为400万立方米。

4月6日　国家计委批准了《昆明市掌鸠河引水供水工程项目建议书》。

5月27日　市政府发布《关于在滇池流域内禁止禁销和限制使用含磷洗涤用品的通告》。

6月5日　围绕"为了地球上的生命——保护高原湖泊"这一主题，市滇保办、市环保局、市妇联联合在翠湖公园开展"保护环境、保护滇池、从我做起"及纪念《滇池保护条例》颁布实施10周年宣传活动。

7月10日　为加强《滇池保护条例》及有关环保知识的宣传普及，市滇保办、市环保局、市妇联、昆明日报联合组织开展了"妇女、家园、环境"为主题的宣传教育活动。

8月8日　滇池北岸截污工程竣工。

8月17日　市政府下发《昆明市人民政府关于对滇池保护工作给予表彰的决定》。对在滇池保护工作中成绩显著的盘龙区政府、晋宁县政府等30个先进集体和马洪苍等80名先进个人给予表彰和奖励。

9月6日　国务院正式批复同意《滇池流域水污染防治"九五"计划及2010年规划》。

9月15—16日　省政府主要领导率省、市有关部门负责人，对昆明市盘龙江综合整治、大观河综合治理、滇池草海底泥疏浚等重点工程建设工作进行检查，并现场协调解决工作中出现的问题。

9月28日　市政府召开滇池流域洗涤用品禁磷限磷动员大会。

10月1日　从即日起，滇池流域内禁止经销和限制使用含磷洗涤用品，各大、中型百货商场撤下含磷洗衣粉，代以无磷洗衣粉。同时，查处工作正式启动，市禁磷限磷联合检查协调领导小组办公室，赴滇池流域7县（区）进行大规模检查。

11月27日　全国政协副主席视察滇池综合整治情况，省委、市委、市政府主要领导陪同视察。

12月14—17日　在昆的全国、省、市3级人大代表、政协委员对《滇池保护条例》的实施情况及'99昆明世界园艺博览会筹备工作、昆明市有关工作情况进行联合视察。

12月30日　国务院副总理温家宝在国家环保总局上报的《滇池流域水污染治理情况》文件上批示："要加大工作力度，做好滇池流域水污染防治工作，创造一个优美的环境，迎接昆明世界园艺博览会的召开。"

## 1999年

1月8日　滇池污染治理领导小组办公室举行会议，研究"零点行动"（1999年4月30日前，滇池流域汇水区范围内的所有工业污染源必须达标排放，否则停产治理）等事宜。

1月19日　盘龙江综合整治工程之底泥疏浚工程开工。

1月19—27日　昆明市禁磷限磷联合检查组办公室对全市禁磷限磷工作进行第二次大规模检查。

1月27—28日　全国政协副主席一行到昆明视察滇池污染治理及环境保护情况。

1月28日　西山区面山采石场全部封停。

1月30日　大观河下段底泥疏浚工程完工。

同日　省、市环保部门派出3个监督检查组和6个现场检查组对"零点行动"公布的253户滇池流域达标排放重点考核企业进行第一次逐一检查督促。

同日　盘龙江综合整治工程之中段截污工程竣工。工程投资2800万元，对盘龙江中段（马村闸—

南坝闸）长6千米的河段全部排污口采取工程措施给予拦截。

2月2日　省环境保护局、市环境保护局联合发布《关于滇池流域排污企业限期达标排放的公告》。要求滇池流域内所有工业企业（含规模养殖场、宾馆、饭店）排放的主要污染物必须于1999年5月1日前达到国家和地方规定的排放标准。同时公布了253户重点考核企业名录，为"零点行动"做准备。

2月8日　省政府办公厅向昆明市政府、省直属各委、办、厅、局发出《关于建立〈滇池污染综合治理实施方案〉协调督办责任制的通知》，明确了工业企业污染治理、滇池草海水体旅游景观改善、世行环保贷款项目、现场监测"零点行动"等各项工作监督检查的执行负责人与督办负责人。

2月26日　盘龙江上段截污工程开工。工程投资630万元，对盘龙江上段1.8千米的排污口全部采取工程措施予以拦截。

3月1日　省、市主管部门给滇池流域253户达标排放重点考核企业中88户未达标排放的企业提出限期达标要求，并在厂（单位）门前挂出了达标排放倒计时警示牌。

3月3日　由昆明市滇池草海底泥疏挖工程指挥部《滇池蓝藻清除应急方案》通过了省、市有关部门专家和领导的论证。该方案提出了水资源调控、机械除藻为主的具体实施措施。4月6日，《方案》得到省环保局和市政府的正式批复同意。

3月15日　滇池草海底泥疏浚工程一期工程提前完工。疏挖草海面积2.88平方千米，共疏挖底泥424万立方米。使草海容量增加420万立方米。整个草海底泥疏浚工程完工后，将清除草海中污染物总磷7990吨、总氮3.96万吨及各种重金属5000吨。当时该工程是我国湖泊治理中最大的一次底泥疏浚工程。

3月26日　市政府发出了《关于对污染严重达标排放无望的企业责令停产整治搬迁的决定》，决定对污染严重、5月1日前达标排放无望的昆明造纸厂抄造生产线，呈贡下庄办事处橡胶加工厂于5月1日前分别选址搬迁和停产整治。

3月31日　滇池污染综合治理"零点行动"指挥中心启动仪式在昆明方舟大酒店举行。省、市人大领导为滇池治理倒计时揭牌。

同日　根据国务院《关于滇池水体污染防治"九五"计划及2010年规划》的批复，《昆明市1999年度地方法规和行政规章制定计划》将《滇池保护条例》的修订任务正式纳入计划。

3月末　盘龙江城区段疏浚主体工程完工，盘龙江截污工程主体工程也同期完工。

4月1日零点　滇池达标排放"零点行动"开始。省、市两个监督检查组正式对6个排污重点检查单位进行检查，一些新闻单位随行采访了突击检查活动。从此日起，对已公布的滇池流域达标排放重点考核单位进行拉网式检查。同时，开通了举报电话，24小时受理举报电话。

4月10日　国家计委将掌鸠河引水供水工程列为2000年国家重点建设项目。

同日　市政府主要领导正式与各县（区）政府、市属有关部门领导签订1999—2000年《滇池流域县（区）政府及市属有关部门滇池综合治理目标责任》，将滇池保护和治理的各项职责任务已分解落实至基层，使滇保工作统一协调、分口负责、分级管理，条块结合，各司其职、各负其责、齐抓共管。

4月14—17日　国家环保总局检查组对滇池污染治理进行检查。检查组认为：治理成效明显。

4月21—27日　昆明市禁磷限磷联合检查组办公室对全市进行了第三次大规模检查。

4月28日至5月3日　时任中共中央总书记、国家主席、中央军委主席江泽民在出席中国'99昆明世界园艺博览会开幕式活动期间，对滇池进行考察。

本月初　滇池污染世界银行贷款项目北郊、东郊污水处理厂动工。

5月1日零点　"零点行动"结束。滇池流域253户达标排放考核对象除昆明市造纸厂、呈贡县下庄橡胶加工厂、福保造纸厂、昆明市电瓷电炉厂4户企业分别由市政府责令停产治理或搬迁转产外，其余249户企业均已完成了治理任务，做到了达标排放，达标率为98.4%。

5月19日　经过3年的试运行和验收准备工作的西园隧道工程正式通过验收交付使用。

6月20—25日　昆明市委举行中心学习组学习研讨会。期间，省委书记到会并做讲话，提出了"要立足百年，总体规划，合理布局，科学管理，把昆明建成全国最美丽的城市"的要求。市委书记将历经3个月反复推敲而成的文章——《乘世博会东风，把昆明规划建设得更美好》一文，提交会议供大家研讨，引起热烈反响。指出：城市在发展，规划要不断完善，特别是要站在跨世纪的高度，立足百年，高标准，大手笔地把昆明长远发展规划思路研究好，研究规划21世纪昆明的城市发展，可以概括为"12345"的规划思路。

8月16日　国务院批准实施《昆明市城市总体规划》。规划提出切实保护和改善滇池的生态环境，在确定的城市规划区范围内，严格控制城市向滇池方向发展成为该规划的一项重要内容。滇池保护已正式纳入昆明市城市总体规划。

10月26日　中共中央纪律检查委员会领导率国家环境保护委员会领导视察滇池治理情况。

12月26日　滇池污染治理项目昆明东、西郊垃圾填埋场通过工程分项验收。该项目总投资2.3亿多元，占地1750亩，分2期完成。

# 2000年

1月26日　官南路排水管网工程正式开工。8月10日工程完工。

2月18日　全国政协副主席钱正英率全国人口资源委员会、中国工程院、水利部等单位的领导和专家视察滇池污染治理情况和昆明市污水处理情况并听取汇报。

2月25日　采莲河城区段清污分流管网改造工程开工。8月10日工程竣工并投入使用。

6月2日　省政府领导一行到昆明市考察世行贷款环保项目，并到东郊污水处理厂、东郊垃圾填埋场考察。市政府分管领导汇报了世行贷款项目情况。

8月10日　投资2.64亿元，新增供水能力17万立方米的一水厂扩建、北郊场水厂建设土建工程完成。

9月12日　昆明滇池研究会举行了第二届会员代表大会，通过新修订章程，选举产生新一届理事会和常务理事会。

9月23日　云南省政府召开现场会，对滇池、抚仙湖等九大高原湖泊治理与保护做出了全面部署。

10月23日　亚洲开发银行行长千野忠男一行5人考察滇池水质和滇池污染治理情况。

10月28日　云南省政府成立了滇池、抚仙湖等九大高原湖泊水污染防治工作领导小组及办公室。

10月29日　世界银行东亚和太平洋地区副行长塞维里诺一行考察滇池保护世界银行贷款项目的进展情况。

11月15日　投资140万元的明通河清水回补工程开工。12月16日工程竣工并正式通水。

12月12日　采莲河杨家地段清水回补工程正式开工。2001年10月31日工程竣工投入运行。

## 2001年

3月1日　云南省政府与昆明、玉溪、红河、大理、丽江等五州市行署签订了《云南省九大高原湖泊水污染防治目标责任书》。

3月28日　草海底泥继续疏浚工程正式开工，并于12月28日提前3天竣工，疏浚工程量210万立方米。

6月6—8日　全国人大常委会副委员长到昆，对滇池污染治理、松华坝水源保护区建设等项工作进行视察，对滇池污染治理提出了"开源节流，控制排放，治理污染，加强保护，科学规划，重建生态"的治理思路。

6月21日　利用国债资金实施的采莲河下游截污排洪工程开工。

7月13日　市政府召开市滇池保护委员会全体会议。会议决定，加快明通河、枧槽河、大清河、盘龙江、船房河、乌龙河、采莲河、运粮河、大观河等9条主要入湖河道清污分流整治步伐，改建现有污水处理厂及配套管网；抓好滇池草海污染底泥疏挖和农业面源污染控制；进一步强化滇池综合治理法规建设，抓紧修改完善《滇池保护条例》；动员全社会力量，真正形成全民参与、共同监督氛围。

8月9日　时任国务院副总理在国家环保总局局长呈报的报告上批示："滇池污染防治是环保的一项重点工作。几年来，滇池治理取得了一定成效，'十五'期间要进一步做好规划，明确目标和措施，加大工作力度，坚持不懈地把这项工作抓下去。"

9月5日　开始对大观河下段、海埂船闸附近区域富集蓝藻实施实验性机械清除水葫芦，打捞漂浮物。

9月10—11日　市委、市政府召开滇池污染治理工作现场会。

9月28日　市第一自来水厂改扩建项目和北郊场净水厂的建设工程分别于当日和12月20日完工投入运行。

11月12日　昆明市正式开通"12369"环保举报热线，实现了群众举报自动受理、自动处理、自动传输。

11月22—25日　国家环保总局局长率国家计委、国家环保总局有关负责人视察滇池流域水污染防治工作，听取汇报、召开座谈会。期间，省、市主要领导陪同视察并参加汇报及座谈会。

11月27日　市政府召开了滇池污染治理世行贷款项目工作会议，市项目办代表市政府与各项业主单位签订了《项目目标责任书》。该项目由13个子项目、76个采购合同组成，总投资15.73亿元。

12月18—19日　省九湖防治领导小组由省环保局长带队组成检查组，对昆明市执行滇池目标责任书的情况进行了检查。通过现场视察，听取汇报后，检查组对昆明市执行滇池治理目标责任书的情况表示满意，对存在的问题和今后的工作提出了建议和要求。

年内　制定《昆明市实施排污许可证制度工作方案》。昆明首批实施排污许可证制度的企业有260家。

同年　市委、市政府充实了滇池保护委员会的组织领导机构，市长任主任，4位副市长任副主任，各有关县区和有关部门一把手任成员。

## 2002年

1月21日　省九届人大常委会第二十六次会议审查批准了市十一届人大常委会第四次会议通过的

《昆明市人大常委会关于修改〈滇池保护条例〉的决定》。《决定》由市人大常委会公布施行。

1月22日　昆明市环境保护暨第二次滇保委全体会议召开。会议安排部署2002年工作任务，签订《2002年滇池环境保护治理目标责任书》。

同日　由21位相关知名专家组成的滇池保护委员会专家咨询组成立。

2月28日　采莲河整治工程开工建设。

同日　省政府在昆明召开九大高原湖泊水污染防治综合领导小组（以下简称"九湖防治领导小组"）会议，这是省政府调整充实该领导小组，由省长担任组长后召开的第一次会议。会议主要目的是进一步统一认识，明确思路，坚定信心，切实推进九大高原湖泊的保护和治理。省长徐荣凯出席会议并做了重要讲话。

4月15日　市滇池保护委员会举行第三次全体会议，听取《滇池流域水污染防治"十五"计划》及近期滇池治理情况汇报，讨论高海公路建设与滇池保护相关问题。

4月18日　昆明市滇池管理局（以下简称"市滇管局"）在新址举行挂牌仪式。市滇管局是在昆明市滇池保护委员会办公室基础上组建的，既是市滇池保护委员会的常设办事机构，又是市政府主管滇池污染治理与滇池保护和行政执法的职能部门。市委、市政府将滇池管理监察大队、市排水公司、市水产公司、市渔政处、西园隧道管理处、滇池水利管理处等6个单位划归滇管局管理。

5月8日　市滇管局和市环保局联合上报市政府《抓紧完成滇池流域水污染防治"十五"计划项目前期工作的实施意见》。

6月6日　市滇池污染治理工作指挥部成立。在市滇管局召开的第一次例会上，研究指挥部人员组成、工作职责，拟定2002—2005年工作方案，明确责任和工作目标，建立责任制。

7月16日　全国人大常委会委员、环资委主任委员实地察看了滇池水质及沿湖治理情况并听取汇报。

9月5日　全国人大常委会副委员长一行在省环保局局长和市人大常务委员会主任等领导 陪同下视察滇池污染治理情况。全国工商联领导人和无党派人士也参加了此次调研活动。

10月22日　掌鸠河工程首条输水隧洞顺利贯通。

11月28日　昆明市滇池保护委员会举行第四次全体会议，总结年度滇池治理工作，安排部署下一年度滇池治理工作任务。

12月　市滇管局代表市政府组成检查组对滇池流域范围内的县区及有关部门共22个责任单位履行《滇池综合治理目标责任书》的情况进行了全面考核。

## 2003年

1月2日　市滇管局与市城市排水监测站开始每月对乌龙河、大清河等17条入滇河道进行水质监测，定期进行水质分析，为滇池水污染防治工作提供科学依据。

1月3日　云南省及财政部分别签署了《信贷开发协定修改函》和《项目协定修改函》。根据世行贷款云南环境项目（昆明市世界银行贷款项目）的实施情况，增加"石林固废"等3个项目，注销硬贷款余额1948万美元，先后将贷款关账期延长至2003年12月31日和2004年12月31日。

3月12日　国务院批复《滇池流域水污染防治"十五"计划》。4月8日，市政府召开相关部门负责人会议，认真学习贯彻国务院批复精神，责成市滇管局立即制定年度治理计划，对有条件的项目立即启动。

4月27日　大观河整治工程开工建设。

5月12日　市滇管局、西山区政府联合发布《关于取缔东风坝网箱鱼的通知》。全面取缔东风坝水域内的网箱、罾架、看守棚及一些水上建（构）筑物。

5月17日　正式启动东风坝、老干鱼塘水葫芦打捞工程。该工程历时75天，打捞水葫芦2200余亩，清除淤泥32万吨，清除网箱4360个、水下丝网6300平方米、垃圾1500余吨。

同日　市滇管局组织清华大学、市环境科学研究所、市水利水电勘测设计院等单位编制《环滇池保护规划》工作完成。同时，完成了《滇池西岸、东岸、北岸生态建设项目建议书》。

5月23日　滇池国家级风景名胜区管理委员会正式成立，办公室设在市滇管局，与市滇管局合署办公。

5月29—30日　省委、省政府召开昆明城市规划与建设现场办公会，肯定了现代新昆明城市发展思路和《环滇池城镇体系规划纲要》，要求以最大的决心、全新的观念，按照"一湖四环""一湖四片"规划建设现代新昆明。会后，规划部门对《环滇池城镇体系规划纲要》进行了细化。其中，"一湖四环"规划为：环湖交通，修建全长114千米环湖公路；环湖截污，铺设101千米截污管沟；环湖生态，沿环湖公路两侧建设42平方千米滨湖生态带和42平方千米风景林区；环湖新城，以滇池为中心，构建现代新昆明城市区，规划总人口450万人，总用地面积为460平方千米。"一湖四片"规划为：以滇池为中心，北岸，改造昆明老城，着力提升综合服务功能，形成金融商贸旅游服务中心和现代新昆明城市核心区，规划总人口220万人，总用地220平方千米；东岸，新建呈贡新城，形成现代新昆明行政中心和新兴工业、科研教育园区，以花卉产业为特色的生物产业基地，现代新昆明物流中心，规划总人口95万人，总用地面积107平方千米；南岸，新建晋城—新街新城，形成组团式发展的旅游度假城，规划总人口75万人，总用地面积80平方千米。西岸，新建昆阳—海口新城，形成以矿精加工、机械制造、电子仪表为主的工业城，规划总人口60万人，总用地面积60平方千米。

6月　滇池国家级风景名胜区管理委员会办公室编制完成《昆明市滇池国家级风景名胜区实施综合整治工作计划》，并下发风景区各责任单位执行。

6月30日　昆明市第一污水处理厂全面完成改、扩建任务，通水试运行。

7月16日　中共中央政治局常委、全国政协主席视察滇池及滇池污染治理情况。

7月28日　市滇管局、市滇管局渔政处、呈贡县滇管局联合在呈贡县中心广场举行"保护滇池，建设现代新昆明"大型宣传咨询活动，200多名共青团员在广场发出"革除生活陋习，保护滇池生态，为建设现代新昆明贡献青春、智慧和力量"的倡议签名活动。

8月20日　国务院副总理视察滇池及其污染治理情况。

8月24日　北京路污水管网工程开工建设。

8月25日　国家环保总局局长视察滇池。

8月25—26日　由昆明市政府和瑞士联邦环境科学研究院共同发起举办的昆明市水环境治理可持续发展专题研讨会在昆明举行。

8月29日　省九湖防治领导小组召开第四次会议。省长、省九湖防治领导小组组长主持会议并做讲话。副省长、省九湖防治领导小组副组长代表省政府与昆明、玉溪、大理、丽江、红河5州市分别签订《2003—2005年目标责任书》。

9月1日　云南省昆明市滇池地方海事处（以下简称"滇池海事处"）正式成立。滇池海事处归市滇管局领导，市交通局管理的滇池地方海事和航务的职能调整到市滇管局滇池海事处。

9月　昆明城市规划展览馆开馆，展出了"一湖四片"现代新昆明规划等。

10月14日　盘龙江上段截污工程正式开工建设。

10月27日　环湖公路东段开工。环湖公路东段是"一湖四环"中环湖公路的重要组成部分及环湖截污的重要载体。

10月29日　市政府公布《昆明市餐饮业环境污染防治管理办法》。

11月4日　盘龙江上段截污工程招投标工作完成。该工程是昆明主城入滇池主要河道整治及末端截污治污工程的重要组成部分。工程自北二环起，沿盘龙江至松华坝坝底，沿盘龙江东、西两岸敷设管径为800—2000毫米的截污干管，管线全长17.51千米。由东西两岸截污管道及其附属设施组成，主要接纳盘龙江沿岸旱季的纯污水和雨季的雨污混合水。10日施工单位进驻现场，征地拆迁工作于11月底基本完成。

11月5日　滇池保护委员会第五次全体会议在市政府举行。会议的主题是认真贯彻落实国务院《滇池流域水污染防治"十五"计划》的批复意见精神，安排部署当前和今后一段时期的工作，进一步加快滇池污染治理进程，确保全面完成滇池流域水污染防治"十五"计划任务。

11月7日　全国人大常委会副委员长视察滇池及其污染治理情况。

11月12日　滇池西岸截污治污工程招投标工作完成。该工程是滇池环湖截污治污工程的组成部分。工程由截污管线、污水提升泵站及生态治污系统三部分组成。18日，工程全面启动滇池西岸截污治污工程，年底开工建设，2003年内完成工程投资30%。

11月17—22日　滇池北岸水环境综合治理工程通过中国国际工程咨询公司的评估。该工程是滇池污染综合治理重大工程之一，也是《滇池水污染防治"十五"计划》的重要内容，涵盖了"十五"计划污染控制中"城市源控制"主城区排水管网改造与建设、入湖河道整治、污水处理厂改扩建等5个项目，估算总投资49亿元。国家发改委已将本工程初步列入2002—2004年利用日元贷款备选项目。

11月18日　市滇管局、市水产总公司举行东风坝水葫芦打捞工程验收会，该工程通过省、市有关部门验收。

12月18日　市政府常务会议原则通过了由上海东方高圣投资顾问有限公司完成的《昆明滇池治理投资有限责任公司设立及运作实施方案》，明确将排水公司6座污水处理厂和390余千米管网、40座泵站资产全部作为出资投入滇投公司。

同日　由清华大学主持的部、省合作科技攻关《滇池面源污染控制》项目研究与示范通过专家验收鉴定。

## 2004年

1月1日　《昆明市餐饮业环境污染防治管理办法》正式施行。

2月5日　掌鸠河水源工程云龙水库大坝顺利封顶，比计划提前151天。

2月6日　国务院总理在全国人大环境与资源保护委员会《关于滇池水污染治理问题的调查报告》上批示："滇池污染严重，治理难度很大，需要一个科学的、切实可行的综合治理方案，统筹规划，认真落实。"并要求环保总局会同云南省政府研究。

2月18日　国家环保总局副局长一行,视察滇池及其污染治理情况。

2月18—20日　国家环保总局在大理举行了为期两天的全国湖泊水库污染防治工作会。市滇管局就滇池保护治理工作在会上做经验交流。

2月24日　省九湖防治领导小组召开会议,研究如何贯彻国务院对滇池治理的批示。

3月1日　云龙水库顺利下闸蓄水。

3月15日　市政府召开滇池污染治理现场办公会,认真贯彻落实温家宝总理关于滇池污染治理工作的重要批示,总结滇池治理工作经验。会议提出:要加快《滇池流域水污染防治"十五"计划》实施步伐,尽快实施退田(塘)还湖,恢复修复湖滨生态带建设的工作。

3月17日　昆明西郊排水管网工程竣工。工程包括:昌源北路污水管网,西郊压力管道,张峰、土堆两座污水提升泵站和西郊污水管网4个部分组成。西郊污水管网服务范围27.24平方千米。

3月26日　省政府领导主持召开《滇池"十五"计划》协调会,省九湖防治领导小组成员单位、市政府领导及有关部门参加了会议。

4月23日　市滇管局召开新闻通报会,宣布昆明市滇池管理综合行政执法局(以下简称"滇池综合执法局")成立。

4月27日　明通河下段截污(大清河)综合整治工程正式开工。

4月28日　枧槽河截污综合整治工程开工。

5月13日　市政府召开整治违法排污企业保障群众健康环保专项整治行动会议,查处了一批典型案例,在新闻媒体上曝光了安宁天和化工厂等10户严重违反环保法律法规的企业,将其列入全市环保专项行动挂牌督办企业名录。

5月19日　市滇管局与沿湖各县(区)和相关责任单位签订(2004年5月至2005年5月)《滇池及入湖河渠水葫芦(漂浮物)清除及水面保洁工作目标责任书》。

5月25日　市政府召开会议落实贯彻全国重点流域水污染防治工作现场会精神。

5月28日　东风坝及老干鱼塘退塘还湖综合整治二期工程正式开工。

5月31日　总投资8128万元的盘龙江上段截污治污工程竣工投入运行。

6月4日　草海生态区概念规划通过市政府常务会讨论。

6月10—11日　由中科院武汉水生物研究所承担的国家重点科技攻关项目"滇池蓝藻'水华'污染控制技术研究"课题,通过滇池水污染控制研究项目领导小组委托的验收专家组的验收。

7月14日　省委、省政府召开现代新昆明建设现场办公会。会议指出搞好滇池治理是新昆明建设的关键和前提,并对建设新昆明提出三点要求。

7月19日　市政府常务会通过了《滇池面山界定研究报告》,并确定了滇池面山范围和面山严格控制区域。

7月21日　市滇管局邀请市滇池保护委员会专家咨询组部分专家,就滇池保护治理的长期性、艰巨性和复杂性接受省、市新闻媒体专访。

7月　第一污水处理厂改、扩建设备供货和安装工程竣工并顺利投入运行,明通河泵站土建及设备安装工程完成。

8月6日　市委、市政府召开滇池污染治理工作会议。会议提出:要做好滇池面源污染控制治理和湖滨生态建设，加快滇池污染治理的步伐。对滇池沿湖4县（区）辖区范围内的15个乡（镇、街道）划分了责任区，明确县（区）长、乡（镇）长、街道办事处主任为第一责任人。决定沿湖15个乡（镇、街道）设立滇池管理所，定编定员，责任落实到人。招聘管理员，负责做好辖区内入湖河道保洁、固体废弃物清运及处理工作。

8月11—12日　部分市政协委员视察现代新昆明建设情况，视察市滇管局完成滇池污染治理项目进展情况。

8月16—19日　市人大常委会组织部分常委和人大代表对昆明市执行《滇池保护条例》的情况进行执法检查，对滇池面源污染治理、综合治理工程项目实施情况进行调查。

8月20—22日　中国国际工程咨询公司在昆明主持召开了滇池北岸水环境综合治理工程7个专题的咨询论证会。

8月22—27日　市政府考察团赴无锡考察，学习太湖治理的先进经验。

8月28日　昆明市首次尝试利用松华坝水库弃水置换草海水体。

8月31日至9月1日　市人大常委会组织部分常委和市人大代表对昆明市执行《滇池保护条例》的情况进行执法检查。分管副市长代表市政府汇报了《滇池保护条例》学习宣传贯彻执行情况，并听取反馈意见。

9月2日　市环保局和市滇管局就滇池沿湖污水排放源的监督管理，召开了加强滇池沿湖污水排放源监督管理工作会。

9月3日　国家发展和改革委员会批复《滇池北岸水环境综合治理工程项目建议书》。

同日　市委、市政府召开滇池保护治理新闻宣传报道工作专题研究会，对滇池保护治理新闻宣传提出具体要求。

9月4日　市第七水厂顺利实现了直径1.6米双管与现有城市管网并网供水，进入试运行期，日供水24万吨。

9月18日　全国政协农村面源污染防治专题调研组到昆，对第二污水处理厂、大清河入口复合湿地恢复人工湿地与河道改造治理工程、呈贡县斗南污水处理厂、呈贡县大渔乡平衡施肥示范点、晋宁县月表奶牛养殖场等地进行实地考察。

9月29日　市滇池综合执法局召开新闻通报会，就五华环卫处将粪便直接倾倒入市政排水管网一案的处理结果，向新闻媒体进行通报。

10月15日　昆明滇池投资有限责任公司成立。

同日　民革云南省委视察滇池治理情况。

10月　昆明鸟类协会在市林业局支持下对滇池的海鸥及水禽进行为期5个月的全面考察。

11月1日　滇池北岸水环境综合治理工程建设管理局、昆明滇池投资有限责任公司与工程中标方——中国市政工程中南设计研究院、国家电力公司昆明勘测设计研究院正式签订该工程可行性研究编制合同。

11月2—3日　市委、市政府领导对昆明市重点建设项目、城市管理、拆迁改造及滇池污染治理工作进行调研。对滇池污染治理工作中的重点工程进行视察。3日下午，听取市滇管局汇报滇池污染治理工作情况及存在问题。

11月6日　团市委首批招募的800多名"春城义工"齐聚滇池边，参加"以我所能，从我做起，保护母亲湖——滇池"生态监护志愿活动。

11月8—12日　瑞士苏黎世市市长艾尔玛·雷德格博一行8人参观昆明市第一、第二污水处理厂并考察滇池，听取了滇池治理情况介绍并提出宝贵建议。

11月18日　世行项目昆明西郊污水管网系统、城市排水管网工程竣工。该工程在地下埋设不同管径的排水管35千米，总投资4.31亿元。

11月29日　市滇管局在海埂体育训练基地正大门右侧，举行滇池水体保护界桩（一号界桩）重建工程启动仪式。

11月30日至12月1日　省人大常委会主要领导一行在市委、市政府及省、市有关部门领导陪同下，到晋宁、呈贡、官渡、西山检查农村卫生旱厕建设、农村垃圾收集系统、河道保洁管护及工程整治情况。

12月6日　滇池湖滨生态湿地建设详细规划招标完成开标、评标工作，清华大学中标。

12月11日　团市委、市滇管局、市环保局在呈贡县江尾村开展"春城义工公益服务"活动，组织600名义工打捞洛龙河及入湖河口垃圾、漂浮物，并开展义务植树活动。

12月20—21日　市人大组织昆明市的省人大代表视察滇池污染治理情况。

12月21日　省委宣传部、市委、市政府在兰花宾馆召开昆明市滇池治理、交通整治工作媒体恳谈会，市委主要领导在会上表示，市委、市政府将坚决落实滇池治理和交通整治的各项措施，同时，也希望全体市民的积极参与。

12月23日　市滇池综合执法局协同官渡区人民法院对杨安全在滇池水体保护区的650平方米违法建筑予以强制拆除，该案是自《滇池保护条例》颁布以来的第一起针对侵占滇池水体保护区违法行为申请法院予以强制执行的案件。

同日　市委、市政府在呈贡大渔乡中和村组织召开农村生态卫生旱厕推广普及工作会，推广晋宁县太史村、呈贡县中和村、胡家庄建设生态卫生旱厕经验，决定用6年时间，在全市农村地区推广普及生态卫生旱厕。

12月31日　西山区兰彩云106.7亩滇池湖滨生态湿地建设正式开工。

年内　第四污水处理厂荣获"全国十佳城市污水处理厂"称号，第二、第三、第五污水处理厂荣获"全国先进城市污水处理厂"称号。

同年　《滇池水葫芦收采、处置及综合利用工程可行性研究报告》《蓝藻机械清除一期工程可行性研究报告》《昆明市创建国家环保模范城市规划》《滇池流域企业水污染总量控制系统可行性研究报告〉及昆明部分县区环境保护规划等可行性研究报告》等有关滇池治理的报告完成。

同年　沿湖15个乡（镇、街道）先后成立了滇管所。

## 2005年

1月25日　国家水利部水土保持监测中心在昆明召开《滇池北岸水环境综合治理工程水土保持方案大纲》评估会，《大纲》通过会议评估。

1月29—31日　受滇池北岸水环境综合治理工程建设管理局委托，中国国际工程咨询公司在昆明主持召开了滇池北岸水环境综合治理工程可行性研究报告初步审查及技术咨询会。

1月31日　市滇管局正式开通"关爱滇池"热线电话，号码为4616000；市滇管综合执法局开通举报投诉电话，号码为4310333。

2月5日　市滇池执法局召开新闻通报会，通报昆明锦洋化工有限公司偷排有害工业废水被查处一案。

2月25日　呈贡县正式启动在全县5个乡镇推广1万亩秸秆直接还田控制滇池面源污染"榕风1号"示范项目。

3月9日　盘龙区召开工作会议，全面安排2005年全区河道整治工作。此前，该区还制定了《盘龙区河道管理实施方案》，明确河道管理的责任范围和责任人。

3月19日　市滇管局、市环保局、市总工会、团市委、市妇联、西山区滇管局、官渡区滇管局，分别在东风广场、碧鸡广场、官渡广场开展了"爱我春城，护我滇池，共建现代新昆明美好家园"大型宣传活动。

3月26日　市滇管局与2005年环球小姐云南赛区组委会在海埂公园共同举办了"保护滇池"公益宣传活动。

4月4日　上海通用五菱汽车股份有限责任公司向昆明市滇池管理综合行政执法局捐赠了价值33万元的9辆微型车，用于滇池管理综合执法。

4月16日　市滇池管理综合行政执法局依法查处在滇池草海造田侵占水体的违法行为，共取缔恢复水面4000平方米。

4月20日　以市政府主要领导为团长的昆明市政府代表团访问日本，对昆明市滇池北岸水环境综合整治工程项目进行宣传介绍，为该项目申请利用日元贷款创造了有利条件。

4月22日　昆明市滇池渔业协会成立。

5月10日　枧槽河综合整治工程新河道通水。

5月11日　受全国人大常委会的委托，省人大常委会对昆明市贯彻实施《中华人民共和国水污染防治法》和《中华人民共和国水法》的情况进行执法检查。

5月13日　市妇联、市环保局、市滇管局共同举行昆明市"保护滇池 巾帼行动"启动仪式在官渡区六甲乡小河嘴村举行。启动仪式上，小河嘴村被命名为"保护滇池 巾帼行动"模范村，丁汝等20户村民被命名为"保护滇池 巾帼行动"示范户。

5月18日　昆明滇池研究会第三次会员代表大会召开。会议选举产生了第三届滇池研究会理事会。

5月29日　市滇管局渔政管理处开始向滇池投放了100万尾高背鲫鱼鱼苗，这次投放工作将持续10天，一共将向滇池投放270万尾鱼苗。此后每年均向滇池投放鱼苗。

6月8日　西山草海控制性详细规划在昆明市多个地点进行展览，向社会公示。

6月17日　市委、市人大、市政府有关领导和市级有关部门负责人，到西山区专题听取草海生态区规划情况汇报，并召开现场办公会议。会议指出，要通过3年的努力，把草海水变清。

7月2日　利用"食藻虫"控制滇池蓝藻试验研究项目通过专家验收。

7月8日　滇池北岸水环境综合治理工程第一批拆迁工作正式启动。

7月18日　市滇池执法局，对官渡区六家乡星海村侵占滇池水体保护区的500平方米违章建筑进行了拆除。

7月19日　水利部批复了《滇池北岸水环境综合治理工程水土保持方案报告》。

8月1日　国家环保总局批复了《滇池北岸水环境综合治理工程环境影响报告书》。

8月27日　市委、市政府召开滇池治理工作会议，检查《滇池流域水污染防治"十五"计划》进展情况，全力推进计划实施。

9月6—7日 由国际水历史学会、省社科院主办，西山区人民政府、市滇管局承办的中国第一届水文化与水环境保护国际学术会议在昆明召开。来自20多个国家的100多名中外专家学者参加学术讨论。省市主要领导到会祝贺。

9月11—12日 省环保局、市滇管局、市城管局及"环滇网"共同举办了"追溯生命之源——关注保护水资源"百人骑自行车环滇活动。

9月27日 《滇中调水工程规划报告》通过专家审查。

9月28—29日 市人大组成了以常委会副主任为组长、市人大城环委及部分人大代表为成员的执法检查组，对《滇池保护条例》贯彻执行情况进行检查，并向市政府反馈意见。

9月29日 市滇管局主持召开了盘龙江城区段水体景观改善工程项目专家论证会。

9月30日 松华坝水库开闸放水。此为第二次利用松华坝水库泄洪水置换草海水体。

10月18—28日 市滇管局组成4个督察组，分赴官渡、西山、晋宁、呈贡4个县（区），对23条主要入滇河道的保洁工作情况进行督查。

10月26日 首届中国十大民间环保杰出人物评选在北京人民大会堂揭晓。昆明市"环保奇人"张正祥获得"中国十大民间环保杰出人物"荣誉称号。

10月31日 历时18个月的东风坝及老干鱼塘综合整治二期生态修复工程提前2个月完成并通过验收。该工程吹填淤泥造滩120亩，选用20种水生植物实施生态修复1平方千米。

11月1—6日 利用日元贷款昆明市滇池北岸水环境综合治理工程通过日本国际协力银行项目评估团（JBIC）预评估。

11月10—15日 市滇管局和五华、盘龙、西山、官渡4区滇管局组成9个宣传小组，分赴4个区的38个乡（镇、街道），开展滇池保护与治理进社区宣讲活动。

11月15日 市人大检查昆明市规划局工作时提出建议：要把滇池治理作为重点纳入城市总体规划，从规划入手研究治理和保护滇池，带动中水回用和建立节水型城市。

11月18日 船房河、乌龙河截污综合整治工程正式开工建设。项目由昆明滇池投资有限公司负责实施，投资3.2亿元。

12月9日 市委、市政府举行专题会议，研究决定，"十一五"期间要在恢复水城风貌上有突破，重点是盘龙江和滇池草海的综合整治。

12月27日 昆明"十一五"规划建议通过审议，明确建设现代新昆明的主要内容是建设"一湖四环、一湖四片"的山水园林城市，加快草海生态区建设，恢复滇池草海的湖光山色。

12月28日 2005年滇池流域5万亩秸秆直接还田控制农业面污染示范推广项目提前8个月通过专家组验收。

## 2006年

1月5日 市滇管局、市滇池执法局、五华区滇管局、盘龙区滇管局、驻昆77221部队及所辖区街道、社区联合组织1000人开展盘龙江中段综合整治行动。

1月6日 枧槽河综合整治工程竣工。

1月8日　西园隧洞支洞的加固防腐处理完成并通过验收。

1月10日　市滇管局、市滇池执法局、市总工会、市劳模协会组织600余名中央、省、市3级劳动模范开展盘龙江上段综合整治行动。

1月12日　市滇管局与市教育局联合开展"保护滇池，从我做起"进校园活动，共向昆明14个县区及市属重点学校发放《保护滇池从我做起——市民宣传手册》21万余册。

1月6—13日　日本国际协力银行（JBIC）评估团在北京对昆明市滇池北岸水环境综合治理工程日本政府贷款进行正式评估。

1月25日　盘龙江上段截污工程通过验收。

2月6日　市政府下发《关于加强滇池面山管理工作的实施意见》，禁止在滇池面山范围内取土、取砂。

2月8日　副市长召开草海水污染综合治理专题会议，明确由市国土资源局负责，西山区政府、官渡区政府配合，将底泥二期工程堆场所需土地进行收储，先供堆场使用，工程结束后再行开发。

2月9日　市滇管综合执法局组织300多人，开展盘龙江北辰桥至霖雨桥段综合整治行动。

2月27日　省发展和改革委员会批复《昆明市滇池北岸水环境综合治理工程可行性研究报告》。

2月28日至3月1日　由市滇管局牵头协调有关部门、邀请市人大城环委组成4个工作组，分别对19个责任单位2004—2005年度《滇池综合治理目标责任书》执行情况进行检查考核。

3月2日　省、市环保部门采取联合行动，取缔了官渡区小板桥镇七甲生猪养殖场。

3月5日　国务院在十届全国人大四次会议上做的政府工做报告中提出：要加快建设环境友好型社会，重点搞好"三河三湖"等流域污染防治工作。滇池被国家列入污染防治重点。

3月23日　官渡区滇管局率先推行的入滇河道管护承包责任制工作正式启动。包括盘龙江、清水河等9条入滇河道的日常保洁工作正式交由承包单位管护。

4月1日　东风坝及老干鱼塘综合整治二期工程通过评审。

4月25日　由市滇池渔政处牵头，市滇管综合执法总队、官渡区渔政站配合，对海埂神牛水乡、白鱼口水域附近开展突击行动，共清理取缔虾笼、"迷魂阵"100多个。

4月28日　2006年滇池湖滨无耕作水稻种植技术推广工作会在晋宁县召开。

5月9日　"九湖防治领导小组"办公室对《滇池水污染综合防治"十五"计划》实施及目标责任书执行情况进行了专项检查。

5月15—19日　日本北九州市研修调查团对昆明市滇池北岸水环境综合治理工程进行第一次调查。

5月26日　市委、市政府召开昆明市滇池污染治理工作会。会议强调：治理滇池，要加大力度，强化措施，狠抓落实，要更有效地治理滇池污染。会上，市长代表市政府与流域各县区和有关部门签订了《滇池综合治理目标责任书（2006—2007年）》。

6月8日　盘龙江中段水环境综合治理工程开工仪式在江岸小区举行。

同日　大清河截污综合整治工程竣工典礼举行。

6月23日　中国政府与日本政府签署2005年度日本政府贷款协议（即昆明市滇池北岸水环境综合治理工程日本政府贷款项目）。

6月27—28日　中机国际招标公司组织完成昆明市滇池北岸水环境综合治理工程草海、城北、城东、城东南4个片区勘察设计开标、评标工作。

7月16—18日　日本国际协力银行（JBIC）代表团到昆明进行现场踏勘。

7月17—21日　日本北九州市研修调查团到昆进行第二次调查，并举行水环境改善技术研讨会议和水环境教育研讨会议。

7月30日　国务院总理在省、市有关领导陪同下视察了滇池，听取滇池污染治理工作情况汇报。

9月9日　市滇管局开展邀请市民感受滇池活动，昆一中数十名教师作为首批市民代表乘船感受滇池，听取滇池保护与治理工作情况介绍，在"母亲湖"上度过了一个有意义的教师节。此后，市滇管局分期分批邀请各界人士乘船感受滇池，听取滇池保护与治理工作情况介绍。

9月9—11日　昆明滇池投资有限责任公司组织开展了污水处理厂开放日活动。来自书林二小的学生和西山区、官渡区的80余名春城义工参观了昆明市第一污水处理厂。

9月12—15日　昆明市滇池北岸水环境综合治理工程建设管理局邀请省内有关专家及省市相关部门的负责人，对昆明市滇池北岸水环境综合治理工程草海、城北、城东、城东南4个片区初步设计方案进行评审。

9月21日　市滇池渔政处召开了沿湖4县（区）渔政管理目标责任考评会，对沿湖县（区）渔政管理工作进行量化考核。

同日　市政协主要领导、市政协老领导、各专委会负责人和部分委员及机关妇女代表50余人乘船视察滇池，并听取滇池污染治理工作情况汇报。

9月22日　市滇管局向557位人大代表和政协委员分别寄送滇池保护与治理工作情况介绍和征求意见信。

9月25日　市长率市级有关部门及五华、盘龙、官渡、西山区负责人对滇池主要入湖河道及滇池草海污染治理工作进行调研。并在市滇管局召开滇池主要入湖河道及滇池草海污染治理工作现场办公会。

9月30日　市滇管局与市总工会、团市委、市妇联联合组织开展的"以我所能，保护母亲湖——滇池'百、千、万'宣讲活动"启动仪式暨首场宣讲活动在西山区马街街道办事处举行。宣讲活动从10月开始，至2007年1月结束。

10月9日　省发改委牵头组成20余人的滇池水污染防治工作调研组，听取昆明市滇池保护与治理工作情况汇报。

同日　市政府批准成立盘龙江中段水环境治理工程建设指挥部。

10月11日　市滇池执法局、市滇池海事处联合查处一艘底泥试验项目的作业船向滇池排放废机油恶性污染案件。

10月12日　市政府召开滇池保护委员会第六次全会，会议强调，全市各级党政组织和广大干部群众要从实现昆明经济社会全面、协调、可持续发展的高度，切实加大滇池治理力度，努力开创滇池污染治理的新局面。市政府主要领导表示，治理滇池要打持久战，既要反对"悲观论"，又要反对"速胜论"。治理关键在于方向，关键在于基础，关键在于坚持。

10月13日　由全国、省、市人大代表组成的视察组对昆明市中水使用情况进行了视察。

10月14日　市滇池执法局对在滇池水面上的180多条旅游客运船和工作船（包括公务用船和作业生产船）进行水上安全大检查，以确保滇池水面船只安全运行、避免"油污事件"的再次发生。

10月17日　国家发展和改革委员会批复《昆明市滇池北岸水环境综合治理工程利用日元贷款项目资

金申请报告》。

10月24—30日　市滇管局和市滇池执法局，对入滇25条主要河的保洁等目标责任完成情况，开展为期1周考核检查。部分市人大代表、政协委员、市民代表参加了此次检查。

11月7—9日　日本北九州市研修调查团进行第三次调查，签订研修备忘录及合同。

11月10日　从即日起，市滇管局分期分批邀请春城义工代表、城市社区居民代表、劳模代表、农村社区居民代表乘船感受滇池，并向他们作"以我所能，保护母亲湖"专场宣讲。

11月11日　滇池西岸截污治污工程竣工。

11月17日　昆明滇池投资有限责任公司与中国进出口银行在昆明签订《昆明市滇池北岸水环境综合治理工程2005年度日本政府贷款转贷协议》。滇池北岸水环境综合治理工程获得日元贷款231亿元（折合人民币16.9亿元），当天签署的首批贷款金额为127亿日元。此项目时为滇池治理投资最大的项目。

11月21日　中央电视台《焦点访谈》栏目播放了滇池油污事件节目《治污何以致污》。

11月28日　昆明市人民政府发布《关于禁止营运性燃油机动船舶在滇池水域航行和作业的通告》。自2007年1月1日零点起，禁止营运性燃油机动船舶在滇池水域航行和作业。

12月3日至2007年1月1日　市委、市政府决定由市滇管局领导率从有关部门选派的13名技术人员组成的研修考察团赴日本研修，学习日本湖泊保护与治理先进理念和技术。

12月11日　嵩明县委、县政府、市滇管局、嵩明县滇管局等6家单位在嵩明县滇源镇举行"保护滇池、关爱松华坝'6+7'活动"。活动向松华坝水源区贫困学生、巾帼行动妇女保洁员，捐赠了学习用品、保洁用具，向水源区老党员进行慰问并发放慰问金。

12月12日　省政府主要领导率省属有关部门调研昆明市滇池保护治理工作，视察船房河综合整治工程。

12月16日　省政府主要领导主持召开省政府常委会，专题研究《滇池流域水污染防治规划（2006—2007）》。

12月19日　市滇管局局长作为嘉宾到昆明人民广播电台《春城热线》栏目参加直播节目，接受记者采访，回答市民提问。

12月20—22日　市政府组织了以市滇管局牵头的4个检查组，分别对23个责任单位2006—2007年度《滇池综合治理目标责任书》执行情况进行中期检查考核。

12月26日　市总工会、团市委、市妇联与市滇管局的宣讲员代表参加昆明电视台《梅子开讲》"以我所能，保护母亲湖——滇池'百、千、万，宣讲活动"专题节目录制。

12月27日　市滇池执法局对位于高海公路以东的昆明亚洲汽水厂旁300平方米废弃建筑物进行拆除。

12月28日　历时3年，投资26.77亿元建设的高海公路建成通车。

12月31日　根据昆明市人民政府发布的《关于禁止营运性燃油机动船舶在滇池水域航行和作业的通告》，规定滇池水域内的营运燃油机动船全部按指定地点停泊，停止营运。2007年1月1日，146条营运燃油机动船已全部按指定地点停泊，停止运营。同时，143条营运燃油机动船的补偿款也全部兑现。

## 2007年

1月12日　市政协到省交通疗养院施工现场，就媒体报道的该院改扩建破坏了滇池面山及湖滨带生态环境一事进行整改督查。

同日　市滇管局联合市总工会，组织劳模代表、外来务工人员代表、工会干部350余人对盘龙江六甲乡陈家营段近2千米河道两岸的垃圾和河面漂浮物进行清理打捞。

1月16日　市滇池执法局对省交通疗养院改扩建工程擅自侵占滇池水体和湖滨带，严重破坏滇池面山行为，根据《滇池保护条例》有关规定做出处罚决定，并责令立即拆除所建构筑物，恢复滇池面山及湿地原貌。

1月16—17日　省政府分管领导对滇池水污染防治工作进行现场调研，并召开了座谈会。

1月18日　省政协人资环委组织部分省、市政协委员就省交通疗养院破坏滇池生态环境的时间听取有关部门调查、处理情况，并提出意见建议。

1月15—20日　日本国际协力银行（JBIC）评估团在昆明对昆明市滇池北岸水环境综合治理工程日本政府贷款进行补充调查评估（即二期日本政府贷款评估），提前1天签订评估备忘录。

1月24日　市政府主要领导在滇管局召开滇池保护治理工作专题会。就第六次滇保委全会确定的"六个一"工作下了军令状，要求各县区、各部门要加强协调、配合，按时间、按既定目标全力推进。

1月29日　昆明市人民检察院与市滇池北岸水环境综合治理工程建设管理局联合成立了预防职务犯罪领导小组，加大对滇池北岸工程重要环节的监督。

1月31日　昆明林滨建材制品有限公司排放废导热油至通往滇池的河道东大沟，市滇池执法局及时查处，采取应急措施，组织人员拦截打捞油污，阻止了油污污染继续扩大。

2月1日　市政府第三十七次常务会决定2007年立法突出滇池治理。

2月2日　石安公路旁云南恒威实业有限公司昆电加油站地下储油罐泄漏，污染入滇河道王家堆渠，市滇池执法局启动紧急预案，清除泄漏油污，避免油污对滇池的污染。

2月7日　省建设厅、省发改委批复《昆明市滇池北岸水环境综合治理工程草海片区初步设计》。

2月15日　举行滇池西岸湖滨生态建设项目合作签字仪式。项目内容为建设一条集绿色环保、生态旅游、观光休闲为一体的景观大道。

2月25日　省委、省政府在昆明召开滇池污染治理情况调研汇报会。会议强调，必须确立滇池治理在云南经济社会发展中的重要战略地位，进一步增强责任感、使命感和紧迫感，下最大的决心、花最大的力气，尽最大的努力，采取更加有效的措施治理滇池污染。

3月1日　市委召开第十五次常委会，专题研究对省委、省政府滇池调研汇报会精神的贯彻落实。会议要求，迅速行动，加强组织领导，明确目标和责任，突出重点，狠抓落实，严格督查考核，采取更加有效措施，加快滇池污染治理步伐。

3月6日　市人大常委会领导视察滇池，并听取滇池污染治理工作情况汇报。

3月7日　由官渡区人大、区政协、入滇沿河乡镇社区、企事业单位等多部门联合组成的义务劳动大军，对东白沙河进行了专项整治。官渡区本年度为期2个月的入滇河道专项整治行动拉开序幕。

3月8日　市滇池执法局联合市妇联共同举行了"爱护城市会客厅，共创美好家园"为主题的环保宣传活动，并组织200余巾帼代表对滇池草海大坝上的垃圾进行了清理。

3月14日　市政府分管领导带队到国家环保总局汇报滇池治理工作。

3月30日　中国政府与日本政府签署2006年度日本政府贷款协议（含昆明市滇池北岸水环境综合治理工程二期日本政府贷款）。

4月8日　省建设厅、省发展和改革委员会批复《昆明市滇池北岸水环境综合治理工程城东南片区初步设计》。

4月10日　国家环保总局《滇池流域水污染防治"十一五"规划》编制工作调研组到昆指导工作。

4月29日　滇池北岸水环境综合治理工程草海片区——草海西岸截污管B段（云南汽修一厂至庄房村污水泵站）正式开工，该工程将提高污水收集率和处理率，从根本上削减入湖污染负荷。

5月8日　省政府及市政府领导率省市有关部门赴京向国家发改委、国家环保总局汇报滇池治理工作。

5月9日　市人大常委会主任率领市人大常委会委员、市人大代表对滇池北岸水环境综合整治工程及入湖河道治理情况进行了专项视察。

5月22日　西园隧道工程管理处打开水域分隔工程节制闸，以平均24.78立方米/秒从外海调水进入草海，同时打开西园隧洞闸门以平均23.67立方米/秒排水，开始实施第一次草海"蓄清排污"工作。9月2日节制闸关闭。其间，间断进行了6次"蓄清排污"工作，共计由外海调水8487.2万立方米进入草海，由经西园隧洞排水16304.36万立方米。

6月11日　国家环保总局污染治理督查组到昆检查工作。

6月25日　省内首家面源污染控制示范村——晋宁县昆阳镇中谊村，滇池沿湖面源污染控制示范工程通过省级有关部门验收。

6月26日　市滇管局局长受市政府委托，在市第十二届人大常委会第十二次全体会议上做《昆明市人民政府关于滇池北岸水环境综合治理工程及入湖河道治理》的专项工作报告。

同日　省建设厅、省发改委分别发文批复《昆明市滇池北岸水环境综合治理工程城东片区初步设计》和《昆明市滇池北岸水环境综合治理工程城北片区初步设计》。

6月27日　省人大常委会领导一行视察了滇池湖滨生态湿地建设情况，并对滇池水污染防治工作进行调研。

6月29日　网络媒体刊发的"滇池污染严重，暴发蓝藻"新闻引起国内外高度关注，为此，市滇管局召开滇池蓝藻情况新闻通气会。

6月30日　国务院总理温家宝在江苏无锡召开太湖、巢湖、滇池治理工作座谈会上指出，要把治理"三湖"作为中国生态环境保护的标志性工程摆在更加突出、更加紧迫、更加重要的位置，科学规划、加强领导、明确责任，坚持高标准，严要求，坚定信心，坚持不懈地把"三湖"治理好。

7月2日　晋宁县东大河河口前置库示范项目启动。

7月6日　市委召开市委常委扩大会，传达贯彻国务院在"三湖"治理座谈会上的重要讲话精神，提出要把滇池治理摆在更加突出、更加紧迫、更加重要的位置，在"十一五"期间，以更大的决心、更大的魄力、更加有效的措施，切实搞好滇池治理工作。

7月11日　省政府主要领导率省市有关领导和相关部门负责人深入实地对滇池治理进行现场调研。

7月12日　为认真贯彻落实国务院"三湖"水污染治理工作座谈会精神，省政府在昆明召开滇池治理调研汇报会。会议强调，要以对人民高度负责、对历史高度负责、对子孙后代高度负责的态度，把滇池治理摆到更加重要、更加突出、更加紧迫的位置，进一步增强责任感、使命感和紧迫感，下最大的决心，花最大的功夫、尽最大的努力，全力推进滇池污染治理。

7月20日　市滇池执法局联合省人大机关160多名领导干部，在省人大常委会主要领导带领下，到盘龙江陈家营村段开展"保护滇池，从我做起"清除河道垃圾义务劳动。

7月27日　昆明滇池投资有限责任公司与中国进出口银行签订《昆明市滇池北岸水环境综合治理工程2006年度日本政府贷款转贷协议》。

7月31日　昆明市滇池北岸水环境综合治理工程草海片区——庄房村污水泵站开工建设。

8月2日　市委、市政府召开昆明市滇池治理工作专题会议。会议提出：滇池治理最重要的是截污和补水，要提高污水收集和处理能力，坚决不让污水流入滇池；在努力改善滇池水质的同时，超前谋划，从外流域引水入滇池。

8月9日　松华坝水库经过10多天泄洪，共下泄4111.35万立方米优质水经盘龙江、玉带河、西坝河、篆塘河、大观河进入滇池草海，置换草海水体。

8月10日　省委、省政府第五次现代新昆明建设调研会在昆召开。会议要求昆明市加大滇池治理步伐，近期内取得实质性进展。

同日　分管副市长代表市政府与亚洲开发银行首席水与城市防治专家西瑟瑞姆先生、新加坡公共事务对外合作局黄丽珊女士就昆明市与亚行在治理滇池环境污染的投融资项目签署了合作备忘录，决定由亚行通过知识产权转移、能力的提升和增加在昆直接投资三种方式参与滇池治理。

8月15日　国家环保总局副局长率队的专项调研组对滇池水污染防治进行调研。

8月26日　2007中国滇池水污染控制与技术专题研讨会在昆明闭幕。来自中科院、北京大学等高校、科研院所及省、市20多位专家参加研讨会。会议期间，昆明市与与会专家进行座谈，听取了专家们对滇池治理的意见和建议。

8月28日　昆明市第七污水处理厂新建设项目和改扩建的第三污水处理厂建设项目同时开工建设。

同日　市政府提请市人大常委会审议《关于在滇池流域和其他重点区域禁止挖砂取土的议案》，该议案规定，从10月1日起原则上禁止在滇池流域内及重点区域进行挖砂、采石、取土活动，禁采区面积约2321平方千米。

9月2日　国务院领导一行在省、市有关领导陪同下，参观视察官渡区五甲塘生态湿地公园，并听取了滇池治理情况汇报。

同日　市委、市政府召开滇池保护治理工作专题会，传达贯彻党中央、国务院和省委、省政府关于滇池治理的重要指示精神，研究部署"十一五"期间和今后一个时期滇池治理的主要任务，动员全市各级党政组织和广大干部群众，抓住机遇，坚定信心，不畏艰难，苦干实干，以更大的力度和更加扎实的作风抓好滇池治理工作。

9月2—3日　国家发改委领导、国家环保总局有关领导带队的调研组，对滇池水污染防治工作进行专题考察调研。

9月10日　全国政协代表团视察滇池治理工作。

9月11日　省政协利用云南企业家论坛平台，在昆明举办了"滇中调水"恳谈会，邀请各界人士就"滇中调水"的必要性、紧迫性、科学性、可行性以及开发与保护等问题展开广泛座谈。

9月18日　云南省九大高原湖泊水污染综合防治领导小组对九大高原湖泊水污染综合防治"十一五"规划实施及目标责任书的执行情况进行检查，听取了昆明市政府关于滇池、阳宗海水污染防治的情况汇报。

同日　市滇管局组织开展"以我所能，保护母亲湖——滇池'百、千、万'第二阶段宣讲活动"

宣讲员培训。宣讲活动从10月开始至12月结束。

**9月20日** 由市滇管局主持,邀请了生态、环保、工程方面的专家5人组成专家组,对富善湖滨生态建设示范项目进行工程验收,并对项目后期工作提出了完善意见。

**同日** 滇池污染底泥疏挖及处置工程项目部在昆明市西园隧道工程管理与烟台合力通环保疏浚工程有限公司和葛洲坝集团第五工程有限公司联合体举行了金家河填场围堰工程施工合同签字仪式。

**9月21日** 全国人大调研组一行调研滇池治理。

**9月26日** 全国政协代表团视察滇池治理工作。

**同日** 滇池国际专家咨询研讨会在昆召开,省市领导参加会议。

**9月26—28日** 昆明市组成以副市长带队的考察团对大理洱海水污染综合防治工作进行了考察学习。

**9月27—28日** 省政府调研组对专项资金使用情况进行调研。

**10月22日** 市滇池执法局查处云南省骨伤科中等专业学校一案。云南省骨伤科中等专业学校在滇池面山(玉案山)范围内大规模开挖山体,建设"新校区"。该项目未取得土地、规划、建设、滇管等部门批准,擅自动工,属非法建设项目。

**10月23—24日** 昆明市滇池保护与治理县(区)四级干部培训班开班。来自滇池流域县(区)、乡(镇)、村(社)、组的4级干部320人,进行集中培训。

**11月15日** 云南省九大高原湖泊水污染综合防治领导小组办公室在阳宗海召开"九湖"主任会议时提出,将进一步推广学习洱海治理保护经验,采取8项措施控制九湖入湖污染负荷,使湖泊水质保持基本稳定。

**11月20日** 昆明市十二届人大三次会议上,当选市长的坦承:滇池保护和治理是本届政府面对的最大挑战,作为市长,我决不辜负各位代表和全市人民的期望。

**11月19—21日** 市滇管局(滇保办)牵头代表市政府对2006年、2007年度市政府签订的23个目标责任单位进行终期目标检查。

**11月21日** 省委、省政府督察组对昆明20个重点项目推进情况跟踪督查。按照全市节能减排重点任务分解方案,要求到2008年底,将通过水环境综合治理、入滇河道整治、加大主城污水处理等措施,使滇池流域水污染COD(化学需氧量)排放量在2005年基础上削减4%。

**11月21—23日** 由省政协常务副主席任组长的省委、省政府节能减排督查组,先后对昆明市官渡区六甲乡陈家营村、阿拉彝族自治乡、昆明发电厂和昆明第一污水处理厂进行了检查、视察。

**11月26日** 在省十届人大常委会第三十二次会议上,省人大农工委和环资工委建议把制定《云南省滇池保护条例》纳入省人大常委会的立法计划。

**同日** 市政府办公厅发文通知:决定将昆明市滇池北岸水环境综合治理工程建设管理局与昆明滇池投资有限责任公司合并,实行两块牌子、一套人马。

**11月26日至次年2月26日** 国家审计署委托武汉特派办会同重庆、广州特派办对滇池流域水污染防治"九五""十五"规划项目(包括规划外项目)的执行情况进行审前调查。

**11月27日** 昆明市政府决定在全市首次开展污染源普查工作。除普查工业源、农业源、生活源、集中式污染治理设施4大类普查对象外,还将重点普查滇池流域污染源。

**11月28日** 为了恢复生态湿地,增强水体的自净能力,市滇管局组织拆除了呈贡县大渔乡海晏村小湾水域1245米的滇池防浪堤。

11月30日　"滇池保护与治理，我有责"主题学术研讨论坛在昆明举行，此为昆明市首届学术年会中8个专题论坛之一。该论坛设有《滇池治理保护任重道远》《滇池治理：问题分析与对策初探》《偿还滇池清水，建设昆明水源》等7个议题。

同日　滇池保护与治理学术研讨暨昆明滇池研究会三届二次理事年会召开。

12月4日　市政府召开常务会，研究落实提请市人大常委会审议通过的《关于在滇池流域和其他重点区域禁止挖砂采石取土的议案》。会议提出，从2008年起，分3期完成采区植被恢复建设，新增3.8万余亩森林。

同日　市滇池执法局邀请市人大代表、市政协委员，对本年度查处的滇池湖滨带及滇池面山的典型案件——省交通疗养院浪泥湾肖家箐面山取土，进行复查回访。

12月5日　市滇池执法局执法人员拆除了建盖在西山区积下村运粮河河堤上的110平方米的临时猪圈。

12月6日　市滇池执法局会同盘龙区滇管局拆除了建盖在金汁河迎溪村一段13间面积约560平方米的临时建筑。

12月7日　滇池主要入湖河道监测站点建设——水质水量在线监测系统建设项目初验。

12月12日　滇池水体保护区界桩重建项目验收。

12月17日　云南省政府根据土壤侵蚀现状遥感调查结果，划定水土流失重点防治区。滇池属于重点预防保护区。12月19—21日　市滇管局牵头代表市政府对2006、2007年度与市政府签订《滇池综合治理目标责任书》的23个责任单位执行情况进行终期目标检查。

12月20—23日　昆明市滇池北岸水环境综合治理工程草海片区——第三污水处理厂及泵站设备招标在北京进行开标、评标。

12月21日　省政府法制办主任主持召开《云南省滇池保护条例》立法起草领导小组第一次会议，讨论通过立法工作方案及起草的相关事宜。

同日　由市教育局、市环保局、市滇管局联合组织的"美丽春城从我做起，争做环保小卫士，伸出小手护滇池"系列活动之一电视知识竞赛在昆明教育电视台举行。

12月25日　昆明市滇池北岸水环境综合治理工程城东南片区——官宝路污水管A段（广福路至第六污水处理厂）开工。

12月29日　船房河和乌龙河截污综合治理工程全部完工并完成初验。

## 2008年

1月3日　省政府召开滇池补水——牛栏江恩格引水方案汇报会。听取中国水电顾问集团昆明勘测设计研究院汇报引水方案初步研究情况以及专家、省级相关部门、昆明市政府的意见和建议。

1月9日　省政府领导在市领导陪同下，视察昆明市全国第一次污染源普查进展情况。此次污染源普查中，昆明市初步锁定的污染源约6万个，占全省污染源普查的20%。

同日　按照《盘龙江综合整治一年行动计划》的要求，市滇池执法局会同相关部门，对北辰北路25家大小餐馆排水行为进行了集中整治。

1月11日　市政府主要领导主持召开专题会议，研究滇池污染底泥疏浚二期工程方案调整、西园隧道防腐加固及沙河修复工程、海埂生态修复项目以及盘龙江义务清淤保洁有关工作。

1月16日　位于盘龙江下游金家村段的35间约600平方米的违章建筑被顺利拆除。

1月17日　昆明市委、市政府成立以市委书记任政委、市长任指挥长的滇池流域水环境综合治理指挥部（以下简称"滇池治理指挥部"），并召开动员大会。会议提出：从现在开始，必须横下一条心，认准一条路，出重拳、施猛药、攻难点、见实效。

1月22日　国务院办公厅发出通知《关于加强重点湖泊水环境保护工作的意见》，为我国重点湖泊水环境治理划定目标和时限。通知要求，继续以太湖、巢湖、滇池为保护重点，到2010年，重点湖泊富营养化加重的趋势得到遏制，水质有所改善；到2030年，逐步恢复重点湖泊地区山清水秀的自然风貌，形成流域生态良性循环、人与自然和谐相处的宜居环境。

1月31日　省法制办下发《关于印发〈云南省滇池保护条例〉立法工作方案的通知》，牵头制定云南省地方性法规《云南省滇池保护条例》。本次立法的重点是在现行《滇池保护条例》的基础上，增加规定省级有关部门的责任和保护资金来源渠道，重点解决保护滇池资源、防治污染、改善生态环境等方面的问题，统一保护行动，动员全社会力量参与滇池保护，加大行政执法力度，确保滇池治理和保护工作有法可依。

2月16日　分管副市长接受媒体采访，从"治湖先治水，治水先治污，治污先治人，治人先治官"等8个方面谈了昆明市滇池治理的新思路。

2月18日　在全省环保局局长会议上，以盘龙江为重点的滇池入湖河流水环境综合整治工程等被列为2008年全省环保工作的重要内容。

2月26日　省领导率省发改委、省财政厅、省国土厅、省水利厅、省农业厅、省环保局等部门领导召开了滇池补水——牛栏江引水方案现场调研会。

3月7日　在全国两会期间云南代表团审议政府工作报告时，到会听取意见的国家环保总局局长表示，将从环境监测体系、生态保护补偿、水污染治理、滇池治理、人才培训等5个方面加大对云南生态环境保护的支持力度。

同日　由国家审计署驻广州、重庆、武汉特派员办事处联合组成的审计调查组进驻昆明，对滇池水污染防治工作正式开展专项审计调查。

3月12日　省政府领导调研滇池环湖截污治理工作。

3月14日　江苏洋河集团向滇池保护治理基金捐赠100万元人民币。

3月26日　昆明市滇池流域水环境综合治理指挥部组织400余人在碧鸡镇杨林港开展清理垃圾、打开防浪堤、拆除水体中危房的大型综合整治行动。

3月27日　滇池流域主要入湖河道正式明确实行综合环境控制目标"河（段）长负责制"，对滇池沿岸一级保护区农业产业结构调整实行"湖长负责制"。

同日　市滇池治理指挥部办公室召集有关县区和部门召开入滇河道义务清淤保洁活动工作分解会。

3月31日　昆明市召开滇池流域城乡一体化会议和滇池流域水环境综合治理工作会议，暨滇池流域水环境综合整治指挥部第一次全体会议，进一步贯彻落实国务院"三湖"水污染治理工作座谈会、省滇池水污染治理调研座谈会和市委九届四次全会精神，全面提速滇池流域水环境综合治理工作。

同日　昆明市中小学环境保护教育教材《滇池保护》进校园启动仪式在明通小学举行。

4月1日　市滇池治理指挥部在明通河南段举行入滇河道义务清淤活动启动仪式暨明通河义务清淤

活动。市领导及市级机关干部，盘龙、五华、西山、官渡4区人员，大中专学生，驻昆部队官兵等3300余人参加了义务清淤。

4月2日　市委主要领导调研滇池北岸工程进展情况，实地检查、督促推动环湖截污工作，并指出"环湖截污是滇池治理的关键"。

4月14日　《滇池"十一五"治理规划》通过国家环保部等部门批复。"十一五"期间，滇池项目总投资约92.27亿元。

4月15日　省政府召开滇池环湖截污工程现场办公会，检查督促滇池治理各项措施落实情况。强调，要围绕重点工程建设，按照规划确定的目标和重点，坚定不移地推进各项措施的落实，进一步加大工作力度，加快工程进度，全面推进滇池治理在建重点工程。

4月16日　大商汇"爱我滇池大行动——2008年万人共植爱心林"启动仪式在金马坊举行。

4月25—26日　省委、省政府召开牛栏江—滇池补水工程现场调研会，进一步研究论证工程方案。

5月9日　市委、市政府召开"河长、路长、湖长、片长履职动员会"。会议指出："四长"是提速滇池治理工作的关键，对滇池治理负有重要责任。

5月11日　市政府公布关于在滇池流域范围内限制畜禽养殖的公告。

5月18—24日　分管副市长率昆明市湖滨治理及入湖河道整治赴无锡培训及招商引资项目推介工作组一行80余人，前往无锡考察学习。

5月22日　全省金融工作会议提出，滇池水污染治理要走市场化，并计划成立滇池治理投资公司。

5月25日　全国人大常委会副委员长周铁农及部分全国人大代表调研滇池治理工作。

6月6日　国家开发银行领导一行实地调研滇池治理工作，参观了昆明市第三污水处理厂改扩建工程情况、船房河综合整治情况。

6月7日　省政府与国家开发银行签署有关《滇池污染治理战略合作协议》。

6月8日　昆明市政府与捷运国际投资控股（香港）有限公司就环湖南路及沿线截污、湿地建设项目签订了投资合作框架协议。项目拟采取BT（建设—移交）模式投资建设，投资总额为29.3亿。

6月24—25日　省政协联合调研组调研昆明市水污染防治工作。

6月25日　市政协主席会议听取了29条入滇池河道综合治理推进情况汇报。市政协主要领导指出，滇池保护与治理是一项长期而庞大的系统工程，需要全社会的共同支持和参与。希望政协组织和政协委员发挥优势，为滇池流域水污染防治献计出力。

6月24—30日　市滇管综合执法局组成6个执法小组对列入"河长制"治理的35条入滇河道进行专项督查。分组检查入滇河道清淤保洁和排污口情况，对河道立宗建档，为下一步河道综合治理提供依据。

6月30日　昆明市主城的6座污水处理厂水质在线监测安装工作一期工程完成。

同日　即日起，市委、市政府决定在滇池流域核心区2920平方千米范围内，实施退耕、还湿、还林和畜禽禁养、限养，到2013年全面退出滇池流域。

7月2日　市委书记、市长率市级四套班子成员对盘龙江综合整治进行巡查并召开现场会。市委书记强调，要力争年内实现盘龙江彻底变清，把盘龙江治理成为典范、示范、样板，全面带动35条入湖河道开展综合整治，推进滇池保护和治理工作。

7月3—4日　中央纪委、中央组织部、中央国家机关第一巡视组，在昆明考察环境保护和滇池治理工作，到昆明市第三污水处理厂实地调研污水处理厂运行情况。

7月4日　省政府在昆明召开《牛栏江—滇池补水工程项目建议书》咨询评估会。

7月18日　昆明市滇池流域水环境综合治理指挥部办公室下发了《关于在滇池外海开展"两退两还"的通知》，进一步明确任务，落实责任，要求各责任单位按照《滇池外海"两退两还"生态建设实施方案》所确定的工作内容、建设规模等，因地制宜，按计划完成建设任务。

7月21日　市政府主要领导就宝象河水环境治理实施方案进行实地调研。

7月22日　市滇池执法局、市城市排水管理处在金马碧鸡坊广场开展规范"七小行业"排水行为，宣传规范排水相关事宜，改善周边环境状况的综合整治活动。

7月25日　市政府举行新闻通报会宣布：将举全市之力，用一年半左右时间，在滇池、长江、珠江流域开展"全面截污、全面禁养、全面绿化、全面整治"（简称"四全"）的水环境综合治理工作。

7月28日　市委、市政府召开昆明市"一湖两江"流域水环境治理"四全"工作动员大会。

7月29—31日　市滇管局分4个检查组对五华区、盘龙区、西山区、官渡区辖区内主要入滇河道再次进行跟踪检查。

8月1日　云南省水文水资源局昆明分局加挂"昆明市水文水资源局"名称。

8月8日　省发改委组织召开昆明市滇池环湖东岸、南岸干渠截污工程可行性研究报告专家评审会，8月10日获省发改委批复。

8月14日　按照云南省政府《关于滇池流域面山绿化工作方案通知》的要求，昆明市滇池流域面山全面绿化正式启动。滇池流域11.6万亩面山将通过开展植树造林、封山育林，完成绿化造林工作。

8月15日　团市委联合市教育局、市环保局、市滇管局举行昆明市"一湖两江"青年保护行动启动仪式暨动员大会。

8月21日　省政府法制办主持召开滇池保护治理基金成立相关事项协调会。

8月22日　市委、市政府召开草海综合治理工程方案汇报会，国内13位环保、交通、地质、水利等方面的专家对滇池草海综合整治工程方案进行咨询和科学论证。

9月3日　昆明滇池投资有限责任公司与通用技术咨询顾问有限责任公司在昆明签署了滇池综合治理咨询服务框架协议。协议签署后，通用技术咨询顾问有限责任公司将为滇池治理提供专业的投融资、环境规划等方面的咨询服务。

9月4日　市委、市政府主要领导率市级四套班子成员对宝象河综合整治工作进行巡查，市委、市政府要求35条入湖河道整治要全面覆盖、不留死角、长效治理、永久保清。

9月6日　市滇管局成立局河道综合整治联系协调领导小组，将35条主要入滇河道整治工作实行"一对一"联系人制度，对口联系、协调、配合各"河长"对35条主要入湖河道的整治工作。

9月8日　省政府成立滇池水污染防治专家督导组（以下简称"省专家督导组"），督导组由16位省级老领导、专家、学者组成。省政府主要领导向督导组成员颁发了聘书。

9月10日　环境保护部召开全国重点流域水污染防治工作会议，提出，今年要重点研究制定并加快实施太湖、滇池流域水污染治理与富营养化综合控制技术及示范实施方案，将开展主要水污染物排放指标初始有偿使用和交易试点。

9月12日　昆明市政府公布《昆明市河道沿岸公共空间保护规定》和《昆明市水库沿岸公共空间保护规定》。

9月16—17日　省专家督导组在昆明集中学习，研究下一阶段滇池水污染防治督导工作。

9月20—21日　市委主要领导率相关县区及市级有关部门负责人调研滇池污染综合整治、主要入湖河道覆盖情况，并要求尽可能打开覆盖河道，下决心修复、恢复以水环境为基础的生态环境。

9月25日　昆明市与华禹产业投资基金管理公司举行滇池治理合作框架协议签约仪式，这是昆明市首次引入大型产业投资基金投资滇池治理工程、水务基础设施建设。

9月27日　市委主要领导，市委副书记、大观河"河长"率市级四套班子成员巡查大观河。市委、市政府要求：35条入湖河道条条全程湿地化、生态化、景观化、园林化，把沿河两侧建成高品质、高品位的宜居新空间。

同日　市妇联、市文明办、市发改委、市环保局、市滇管局联合召开昆明市家庭社区参与"一湖两江"整治行动推进会。

10月9日　北市区再生水供水工程建设完成，正式运行。

10月10日　省专家督导组召开滇池水污染防治工作汇报会，会议指出，昆明市紧扣生态文明建设新要求，结合昆明建设发展实际而全面实施的"六大工程"，为滇池水污染治理工作步入提速时期做出贡献。

同日　昆明市城市污水处理厂污泥处理处置项目获国家发改委批复，列入2008年外国政府贷款备选项目规划第三批计划。

10月13日　市滇池执法局召集西坝河上段92户排水户座谈，要求无证排污和不达标排放的单位和企业限期建好隔油池、沉淀池、中水处理设施。

10月14日　省政府办公厅发出通知，要求驻昆各单位积极支持昆明城市环境综合整治。

10月15日　红云集团向滇池保护治理基金捐赠1000万元。

10月16日　市委主要领导，市人大常委会主要领导率市级四套班子成员全程巡查金汁河。市委、市政府要求，一手抓被污染的河道治理，一手抓沿河居民生产生活方式的变革，市场引导力、社会参与力、法制规范力、党政推动力"四力"形成合力，下决心治理污染存量，下狠心杜绝污染增量，通过35条河道的治理，为市民开辟和创造未来居住新空间。

10月19日　环湖东路滇池旅游度假区段、省城投公司建设段、环湖南路建设段工程分别于大渔乡大海晏村、官渡区六甲街道办事处范家村、晋宁县牛恋乡三多村和晋宁县古城乡爬齿山同时启动。

10月23日　市政府领导率有关部门对松华水源区污水处理项目进展进行了重点检查。

10月28日　市委书记率市级领导第四次巡河，对盘龙江综合整治工作进行再督促、再推动、再落实。

同日　嵩明县在阿子营乡启动牧羊河沿岸侯家营至马军段湿地生态建设工程。

10月30日　市委书记，市政协主席率市级四套班子成员全程巡查新运粮河。此后，市委、市政府主要领导率各河道河长、市级四套班子成员多次对主要入滇河道调研、巡查，对综合整治工作进行督促、推动、落实。

11月4日　市滇池执法局邀请23个执法相对人共同参与，清理打捞船房河垃圾杂物，以增强企业自觉参与到治理保护滇池的社会责任感。

11月4—5日　市滇管局组织相关人员代表昆明市滇池流域水环境综合治理指挥部对西山区、官渡区、呈贡县、晋宁县、滇池旅游度假区管委会等5县（区）"两退两还"和入湖河道绿化实施情况进行了督查，并对工作中存在的问题进行了调研。

11月7日　国家环境保护部部长等领导，对滇池治理工作进行调研。表示，国家环保部将尽最大努力，支持云南省、昆明市，共同攻关，破解滇池治理这个难题。

11月14日　全国政协调研组实地调研滇池水污染综合防治工作情况。调研组提出，滇池治理要常抓不懈，全面落实责任制，切实改善滇池水质和生态环境。

11月19日　中央政治局常委、国家副主席习近平调研滇池，强调保护好生态环境，保住青山绿水是更大政绩的科学导向。

同日　市政协副主席率市政协重点提案视察组对《关于促进滇池湖滨带生态恢复与湿地建设》的提案办理情况进行视察。在实地查看和听取汇报后，视察组认为，市滇管局为促进滇池湖滨带生态恢复与湿地建设做了大量工作。对市政协重点提案高度重视，深入进行调查研究，采取措施，使提案在办理过程中得到落实。

11月19—21日　市人大常务委员会主任率在昆全国、省人大代表30余人视察昆明环境资源保护、节能减排降耗工作。

11月25—26日　省、市"两污办"举办昆明市城镇污水处理设施建设运行管理培训班。

11月27日　市委书记率市级四套班子成员全程巡查船房河。强调要按照国家领导近日考察云南的重要指示精神，把滇池治理作为昆明生态文明建设的着力点和突破口，尽快研究、全面提速滇池治理工作。

12月5日　云南省交通疗养院湖滨生态带、滇池面山修复工程验收会举行，由省、市水保、林业、环保生态专家组成专家组，对该工程进行验收。

同日　昆明滇池投资有限公司完成昆明市第五污水处理厂一期挖潜改造工程（即廖家庙大沟截污工程）、花渔沟综合整治工程、麻线沟截污整治工程、南坝村截污综合整治工程、麦溪沟截污整治工程等5项截污工程。

12月6日　由全国政协副主席带队的全国政协无党派界委员赴云南考察团到昆明，专题调研滇池治理情况。

12月7日　昆明市5个污水处理厂参加由中国城镇供水排水协会排水专业委员会举办的全国城镇污水处理厂绩效评比，全部获奖，其中，第一污水处理厂荣获"全国城镇污水处理厂十佳运营单位"称号，第一、第二、第三、第四污水处理厂分别荣获"全国城镇污水处理厂优秀运营单位"称号，第五污水处理厂荣获"全国城镇污水处理厂优秀运营单位"及"全国城镇污水处理厂技术创新先进单位"2项称号。

12月10日　昆明市主城区6座污水处理厂完成景观绿化改造工程。

12月11日　省经济委员会组织召开了云南省30户中小型企业"保护母亲湖"座谈会，与会企业签署了《保护九大高原湖泊，建设生态文明的承诺书》，并向全省工业企业发出了建设资源节约型和环境友好型社会的倡议。

12月12日　中央扩大内需促进经济增长政策落实第二十二检查组实地调研滇池治理工作。

12月15日　市滇管局组织全市滇管系统开展"阳宗海砷污染事件"讨论活动。要求各县（区）滇管局、基层单位和部门引以为戒、直面现实、举一反三，围绕监督管理责任，着力查找工作中存在的主要问题。

12月23日　省发改委、省建设厅联合组织《昆明市滇池环湖东岸干渠截污工程初步设计》评审会。《初步设计》通过评审。

12月26—28日　由市滇池流域水环境综合治理指挥部办公室牵头，召集有关部门组成了5个检查考核小组对27个责任单位的《滇池综合治理目标责任书（2008年）》执行情况进行了检查。

12月29日　西园隧洞防腐加固工程启动仪式举行。2009年2月20日正式开工。

12月30日　省委、省政府在昆明市官渡区大板桥镇上对龙村举行牛栏江—滇池补水工程建设动员会议暨工程开工仪式。牛栏江—滇池补水工程是滇池流域及周边地区的水资源综合利用工程，是滇中调水的工程规划中的近期项目。工期4年、工程总投资76.05亿元。

## 2009年

1月8日　省政府召开2009年滇池水污染防治工作会议。省政府主要领导率省专家督导组及省、市领导实地调研盘龙江综合整治、环湖截污及交通工程、宝象河入湖河口湿地建设情况。

1月10日　市级四套班子领导巡查柴河，对河道综合整治进行"期中考"。年内，市级四套班子领导先后对35条入滇河道和螳螂川进行巡查，对河道综合整治进行"期中考"。市委、市政府要求：滇池流域水环境治理要"坚持一个方针、掌握一套规律、把握四条原则、做到四个坚定不移"。至年底，35条入滇河道河水要基本变清。

2月7日　市委、市政府目督办成立督察组，对滇池流域各县（区），开展"四全"和"十个零申报"工作的专项督查。

2月13日　市滇管局组织生态、林业、水利、环保、造价等方面的专家和市级相关部门召开滇池外海湖滨生态建设工程初步设计专家评审会。

2月19—20日　省委、省政府主要领导率省级有关部门负责人调研现代新昆明建设。实地察看滇池入湖河道和流域综合整治、环湖截污及交通工程、生态修复工作成效。

2月25日　昆明市召开滇池综合治理暨城镇"两污"设施建设工作会，与相关单位签订《滇池流域水环境综合治理目标责任书》。

2月27日　省委召开全省"最有特点、最有影响、最有成效"的11件实事新闻发布会，滇池治理成为昆明入围的2件实事之一。

3月4日　市滇管综合行政执法总队在船房河边的船房村开展大规模综合执法、宣传活动，在现场开展了"以我所能，保护母亲湖——滇池"宣讲及图片展板宣传活动，并与沿河有关企业签订了《关爱滇池、保护环境承诺书》。

同日　热心市民、云天化退休职工喻纯汉老人到市滇管局向滇池保护治理基金捐赠1000元。

3月10日　昆明市与瑞士水务公司在昆签署《"湖清水秀"项目合作框架协议》。昆明市将委托瑞士水务有限责任公司为滇池治理提供技术咨询。

3月18日　西亮塘湿地公园管理有限公司与瑞士LEP规划顾问咨询公司签署合作协议，合作建设昆明滇池国际城市湿地公园。

3月15—29日　举行"春暖盘龙江——2009保护母亲河"环保公益行动。

3月25日　昆明市召开在环湖道路、环湖截污及"四退三还一护"工程建设推进动员会，市委主要领导要求工程项目有关单位及相关领导"倒排工程进度时间表"，加快工程建设进度。对工程中出现的问题，每月现场开会解决。

3月30日至4月3日 市滇池执法局组织了7个检查组分赴滇池流域各县（区），同时对35条主要入湖河道的保洁、管护、堵口查污、截污导流等情况进行全面的检查。

4月10日 市政府下达《关于开展滇池水葫芦氮磷富集与资源化技术研究示范的通知》，旨在通过人为控制种养水葫芦及生物资源化利用的研究与示范，寻求滇池内源污染的综合治理途径。

4月14日 在全国整治违法排污企业环保专项行动电视电话会议上，环境保护部主要领导肯定了昆明的"河长制"。

同日 市滇管局渔业行政执法处会同县级渔政部门及水务治安分局联合开展了为期5天的专项行动，此次行动共清理取缔大小"迷魂阵"等违法渔具3069套。

4月15日 省政府召开滇池环湖截污工程现场办公会，检查督促滇池治理各项措施落实情况。

4月26日 省委、省政府召开牛栏江—滇池补水工程现场调研会。

4月29日 8亿元滇池治理企业债券资金募集到位。这是昆明市首次通过投融资平台利用资本市场直接为滇池治理项目融资，也是云南省首次通过发行债券为治理湖泊筹措资金。

同日 市政府在金龙饭店召开"湖清水秀"滇池研究治理项目启动会议。

5月5日 西园隧洞防腐加固工程、沙河水毁修复工程通过专家组的验收，评定为合格工程。

5月14日 中国银行云南省分行与昆明滇投公司正式签署《滇池治理银企战略合作协议》，将提供40亿贷款授信，用于滇池环湖南岸截污、生态湿地建设等滇池治理项目。

5月15日 滇池水污染防治"十五"计划确定、结转到"十一五"期间实施的滇池污染底泥疏挖及处置二期工程项目正式开工建设。

同日 滇池环湖截污工程建设指挥部成立，指挥部负责组织环湖南岸干渠截污工程建设和协调整个环湖截污工程实施。

5月27日 市滇管局与西班牙阿格巴水务公司签订正式合同。西班牙王国赠予市滇管局29.8万欧元，用于实施滇池流域主要河道及污水处理厂水质、水量自动监控系统可行性研究项目。

6月1日 省专家督导组第六次联席会议在昆召开，会议提出要突出抓好6项工作，加快滇池治理步伐。

6月3日 滇池水葫芦氮磷富集与资源化利用技术研究与示范项目正式开展。该项目将借鉴江苏省农科院利用水葫芦治理太湖的经验和技术，在滇池外海西南部白山湾水域内控制性种植1000亩水葫芦，建成沼气发酵1000立方米，实现沼液还田1000亩，形成水葫芦治污与综合利用产业化运作一条龙，达到逐步改善滇池水环境的目的。

6月5日 "七彩云南"保护行动专项活动——"保护滇池，建设生态昆明"暨2009"六五"世界环境日主题宣传活动启动。市委主要领导做动员讲话，倡导人人参与环境保护，使保护滇池、建设生态昆明成为每一位市民的自觉行动。活动仪式上，10多户企业单位向治理滇池捐赠了360多万元。相关领导和广大市民在"保护滇池，建设生态昆明"横幅布标上进行了万人签名活动。环保志愿者队伍分成4个组，沿盘龙江两岸进行宣传、绿化并捡拾两岸垃圾。

6月10日 盘龙江南段河底淤泥清淤工程完成。

6月25日 经市滇池流域水环境综合治理指挥部同意，市滇管局下发了《滇池湖内湿地恢复与保护指导意见》。

6月26日 环境保护部副部长在省政府主要领导的陪同下考察滇池水污染防治和水质监测情况。

6月29日 省发改委下发文件，正式对滇池外海环湖湿地建设可行性研究报告进行了批复。

6月29—30日　国家重点流域水污染防治工作考核组到昆检查考核滇池治理工作。7月2日，考核组向省政府反馈考核滇池治理工作情况。

7月17日　《滇池湖滨"四退三还一护"生态建设工作指导意见》经市政府第一百三十一次常务会、市委第九十次常委会通过后正式出台。

7月20日　市政府主要领导及相关部门领导干部与300余名志愿者，在宝象河入湖口宝丰湿地共同种下一片"河长林"。

7月6—21日　省专家督导组主要领导，对"四退三还"工作中涉及需搬迁的9个省属和中央驻昆单位进行调研，经走访、沟通、恳谈后，对8家单位搬迁工作提出了明确的时间要求、搬迁计划和工作安排。

7月25日　中共中央总书记、国家主席、中央军委主席胡锦涛一行视察滇池，实地察看草海、西华湿地。胡锦涛指出：要按照生态文明建设的要求，下大力气降低能源消耗，降低污染排放，让良好的生态环境成为云南可持续发展的宝贵资源和财富；"不管怎样，滇池是昆明的母亲湖，要下决心把滇池污染治理搞得更好些更快些。"

7月31日　市政府办公厅下发通知，决定组建以分管副市长任组长的昆明市滇池湖滨"四退三还一护"工作协调领导小组。协调领导小组办公室设在市滇管局。

8月10日　省专家督导组调研督察昆明主城区8个污水处理厂新建和改、扩建工程建设情况。

8月12日　省政府召开滇池环湖生态建设调研现场会。省政府主要领导率省政府滇池环湖生态建设调研组，实地考察了晋宁县东大河河口湿地、西山区西华生态湿地，并在现场会上听取了省政府滇池水污染防治专家督导组工作通报和昆明市滇池环湖生态建设情况汇报。

8月31日　省专家督导组第七次联席会议举行，要求各部门按照省政府环湖生态建设现场办公会精神，各项工作有目标、有时限、有计划，坚决、扎实地推进滇池治理各项工作。

9月14日　江苏常熟虞山尚湖旅游度假区管委会向滇池保护治理基金捐赠100万元。

9月23日　受邀对入滇河道整治情况进行督查的市级老领导向市政府通报了督查情况。老领导们认为入滇河道的治理取得了明显成效，并提出注重长效机制、建立有效机制等建议。

10月14—15日　省政协主席率部分省政协委员，就滇中调水牛栏江—滇池补水和清水海引水工程实施情况进行视察。

10月16日　省专家督导组对昆明市8个省属单位及驻昆部队"退人退房"工作进行督导和检查。督导组认为，8个省属单位及驻昆部队顾全大局，有序推进"退人退房"工作。

10月17日　市政府下发《昆明市人民政府关于印发滇池湖滨"四退三还"生态建设工作指导意见的通知》。

10月29日　市第十二届人大常委会第二十八次会议审议市政府提出的《关于设立滇池高原湿地保护区》议案。议案提出：滇池高原湿地保护区分为4个区域，保护区范围约为432平方千米。

10月30日　市第十二届人大常委会第二十八次会议上通过了《昆明市人大常委会关于加强城市生态绿化隔离林带规划建设的决议》《昆明市人大常委会关于设立滇池高原湿地保护区的决议》《昆明市人大常委会关于在滇池流域划定禁止建设区的决议》《昆明市人大常委会关于整治违法排污建立健全环境监管长效机制的决议》。

11月1—3日　分管副市长率昆明市代表团参加在湖北武汉举办的第十三届世界湖泊大会暨湖泊治理成果展览会，并在"市长论坛"上做了以《保护湖泊、共商城市发展对策》为主题的演讲。

11月2—6日　环境保护部在昆明市举办了滇池、巢湖流域水环境管理专题研究班。

11月7日　云南省节能减排第三督查组调研昆明市节能减排工作。督查组认为，2009年度昆明市在节能减排工作上取得了突破性进展。工程进展创造了惊人的"昆明速度"。

11月8日　第四届中日节能环保综合论坛在北京人民大会堂举行，分管副市长代表昆明市参加论坛并与中国节能投资公司、日本日挥株式会社、日本丸红株式会社共同签署了《滇池水污染治理项目合作协议》。

11月9日　水利部领导一行考察了昆明市部分河道。称赞昆明的"河长制"是"责任到人，大有希望"。

11月23日　省政府举行《云南省滇池保护条例（草案）》听证会。

同日　昆明滇池投资有限责任公司与北京碧水源科技股份有限公司签订合同，委托对方升级改造第四污水处理厂。升级改造项目完成后，出水指标将全部达到或优于一级A标准，部分主要指标达到地表水Ⅳ类水标准。

11月28日　由昆明日报组织的"市民河长"活动正式启动。"市民河长"集体巡视了宝象河经开区段，并集体宣誓：自约自律，不做滇池的污染者；从我做起，做保护滇池的行动者。

12月1日　市政府召开滇池流域污水全面截流收集处理工作会，启动以主城区二环路内为主的城镇生活污水全面截流工程，通过加强管理和开展工程性措施，对滇池流域的工业污水、城镇生活污水和农业农村面源污水进行截流收集处理，实现城镇污水进污水处理厂、村庄污水进湿地，达到一级A标准排放的目标。

12月2日　市政协组织召开《昆明市河道管理条例（草案）》专题协商会，向政协委员征求意见。

12月3日　省政府法制办公布了《云南省滇池保护条例（草案）》听证结果，对滇池流域保护区的具体范围，即划分的3个保护区重新修改界定。

12月4日　市政府组织召开进一步加强滇池环湖生态建设工作会，结合滇池申报国家高原湿地保护规划相关工作，讨论、研究对滇池环湖公路内侧6个已批在建项目的相关处置方案。

12月28日　滇池北岸工程第一、二、四污水处理厂改造工程，第三、五、六污水处理厂改扩建工程以及第七、第八污水处理厂新建工程全部完工通水，使昆明主城污水处理能力从2008年底的58万立方米提高至2009年底的110.5万立方米。

12月29日　昆明滇池（湖泊）污染防治合作研究中心在昆明学院揭牌。该中心是昆明市人民政府为治理保护滇池(湖泊)，委托昆明学院与国内外高校、研究机构、市政府相关职能部门和企业共同合作，针对滇池治理和保护的相关问题开展合作与交流的研究平台。俊发集团和浩宏物流集团向中心捐赠130万元。

12月30日　省滇池水污染防治工作第九次联席会议在昆召开，会议对一年来昆明市政府在滇池治理上所做的大量工作给予了肯定。

## 2010年

1月4—7日　中共昆明市九届六次全体（扩大）会议召开，会议明确2010年昆明将以推进滇池流域水环境治理、完善生态环境保障机制、开展城乡环境综合治理等方面工作为重点。

1月8日 由上海玉凰生态环境工程有限公司实施的宝象河水体生物修复项目正式实施。此项目旨在为治理入滇河道提供科技示范。

1月12日 昆明市出台《滇池湖滨生态带管理维护指导意见》。明确提出，不得在湖滨生态带中进行任何开发建设。

1月18日 为实现入湖河道综合治理工作目标，市水环办下发《关于明确滇池主要入湖河道支流沟渠综合整治完成时限以及检查方式的通知》和《关于主要入湖河道支流沟渠综合整治方案以及检查工作的安排》。

2月2日 市政府主要领导率队实地检查环湖公路及环湖截污建设，并召开环湖公路暨环湖截污建设现场推进会。要求，在环湖公路和环湖截污工程中要充分发扬"二环精神"，按质、按量、安全施工，确保"两环"工程在4月30日如期完工。

同日 滇池水葫芦富集氮磷及资源化利用研究示范项目启动。

2月4日 昆明市邀请省专家督导组领导、专家共贺新春佳节。市委主要领导表示，从今年下半年开始，滇池治理将迎来里程碑、跨越式的转变，从做湖外、河外外源性增量污染的减法，转向做湖内、河内内源性存量污染的减法，进一步加快推进滇池治理进程。

2月9日 市委、市政府决定成立昆明市"一湖两江"流域水环境综合整治专家督导组。

2月17日 中组部部长调研视察滇池治理工作并强调：滇池治理已初现成效，关键是坚持下去；着力创新政策、制度，解决好违法成本低、守法成本高的问题；治理好滇池，创造湖泊综合治理的成功经验。

2月24日 市第十二届人民代表大会常务委员会第三十一次会议审议通过《昆明市河道管理条例》。

3月7日 在十一届全国人大三次会议上，国家环境保护部领导参加云南代表团讨论时表示，滇池的治理比过去有了新的进展，已经看到了成效，希望再接再厉。

3月16日 滇池生态湿地及入湖口2050亩151700株湿生乔木中山杉种植项目顺利通过初验。

3月15—18日 分管副市长带领市政府办公厅、市滇管局、市环保局、四川汉龙集团到太湖调研蓝藻资源化利用和生态恢复等工作。

3月25日 省政府召开云南省2010年滇池治理工作会议。会议要求：再接再厉、攻坚克难，确保完成滇池治理"十一五"规划目标任务。

3月26日 水利部领导带领国家防总工作组赴云南检查指导抗旱救灾，并实地察看了盘龙江整治、滇池水位运行、永昌鱼塘湿地建设、滇池底泥二期疏浚工程等滇池治理工作。

同日 省第十一届人民代表大会常务委员会第十六次会议批准《昆明市河道管理条例》。5月1日，条例正式实施。

4月1日 省专家督导组实地调研滇池治理重点工程进展情况。

4月2日 时任国务院副总理李克强对《云南省反映滇池蓝藻水华可能提前爆发》材料做出批示，要求"环保部注意指导地方加强监测，做好相关预案与处置"。

4月8日 市委、市政府召开昆明市域水环境综合治理暨滇池流域水环境综合治理指挥部第三次会议，总结上年工作，安排部署本年工作，并与各县市区、相关部门现场签订目标责任书。会议明确提出，2010年要全面实现滇池流域工业污水、城镇及农村生活污水、农业农村面源污水的全收集、全处理和达标排放。会上，正式成立昆明市"一湖两江"流域水环境综合整治专家督导组（以下简称"市专家督导组"）。

4月9日　昆明市城乡规划委员会主任办公会决定，今后，35条主要入滇河道主河段两侧道路外侧红线退河堤50米，建筑退让河道的总退距也将按此要求执行。

4月16日　市专家督导组对城区下水道淤泥疏挖情况和五华区庭院雨污分流施工情况进行督查。

4月17日　市政府分管领导实地查看五华区甸头村、沙靠村，晋宁县化乐村、月表村及西山区白草村村庄污水处理设施建设情况，听取情况汇报并召开现场会，要求滇池流域的6县区在6月底前完成270个村庄污水处理设施建设任务。

4月19日　市政府分管领导主持召开昆明市主城二环路庭院雨污分流改造及污水处理再生利用设施建设工作现场会。

4月23日　由市滇管局牵头组织的滇池流域"河道保洁周"活动正式启动。

4月24日　滇池环湖东岸干渠截污工程昆明滇池国家旅游度假区段截污干渠贯通闭合。29日，古城截污干渠东段贯通闭合。

4月28日　滇池水污染防治工作第十次联席会议召开。

4月29日　昆明市与瑞士合作的"湖清水秀"滇池研究治理项目第一阶段终期结果汇报会议召开。

4月30日　昆明市和瑞士苏黎世市正式签署"湖清水秀"滇池研究治理项目第二阶段继续合作的协议书。

5月4日　市政府分管领导主持召开市滇池主要入（出）湖河道及支流（沟渠）、牛栏江综合整治工作动员会，贯彻落实昆明市滇池流域水环境综合治理指挥部下发的《关于市级相关部门对滇池主要河道及支流（沟渠）和牛栏江综合整治工作责任的通知》，明确了市级相关部门对滇池主要河道及支流（沟渠）和牛栏江综合整治工作的职责分工以及定期巡查、月报等工作制度。

5月6日　省政府举行清水海暨城市引水调研现场会，会议提出要加快推进牛栏江—滇池补水工程前期工程进度，力争用10年时间使滇池水环境发生根本性变化。

5月7日　中日合作臭氧技术滇池水污染治理实证实验项目正式签约。该项目旨在积极探索大型湖泊水治理的技术和政策机制，为大型湖泊水治理提供示范。

5月12日　市滇池执法局召集11家涉及地铁首期工程的施工单位，对各标段分管环保工作的负责人进行培训，防止工程施工排水污染河道、滇池。

5月20日　美国《今日美国报》《纽约时报》《新闻周刊》《华盛顿邮报》《国家地理》杂志等13家主流媒体资深编辑访华团实地采访拍摄船房河、底泥疏浚二期工程柳苑堆场和永昌湿地。

5月31日　市委主要领导率相关县区及市有关部门负责人调研湿地建设，督促检查湿地建设工作推进情况。

6月2日　国务院副总理视察滇池治理工作，强调要加大生态环境保护和建设力度，推进重点区域水污染治理，使滇池这颗高原明珠早日重现光彩。

6月4日　2009云南省环境状况公报新闻发布会通报2009年云南省环境状况。截至2009年底，与上年相比，滇池外海主要指标总氮年均值呈下降趋势，总氮含量下降12.7%，水污染控制及富营养化治理关键技术与示范项目进度加快。

同日　瑞士苏黎世市市长科瑞娜·毛赫率苏黎世市政府代表团一行实地考察盘龙江整治情况。

6月7日　昆明生态文明建设工作会明确到2015年形成生态文明建设体系，把昆明建设成为集湖光山色、滇池景观、春城新姿，融人文景色和自然风光于一体的森林式、环保型、园林化、可持续发展的高原湖滨特色生态城市。

6月10日　市专家督导组对牛栏江寻甸、嵩明段企业排污及污水处理情况进行检查，要求沿岸排污不达标企业坚决关停。

6月28日至7月1日　由国家环保部污防司、住建部城建司、水利部水资源司组织的重点流域滇池水污染防治"十二五"规划编制调研组对昆明市水资源、滇池治理、污水收集处理等工作进行调研。

7月1日　市委书记率市级领导班子实地观摩、巡查、验收盘龙江及其支流沟渠综合治理。这标志着市委、市政府第二轮观摩巡查正式启动。此后，由市委市政府主要领导带队的市级领导班子对主要入滇河道进行新一轮观摩、巡查、验收。

7月12日　全国人大常委会副委员长、全国妇联主席一行实地查看滇池治理情况。

7月13日　由环保部牵头，国家发改委、水利部、国土资源部、国家林业局五部委参加组成的生态环保调研组实地调研滇池保护治理工作。

7月15日　"省九湖办"组织召开了九大高原湖泊水污染防治2010年度第二次调度会议。

7月17日　环保部有关领导实地调研滇池治理工作。

7月20日　国家发改委领导一行实地调研滇池治理工作，并对滇池治理取得的成效给予充分的肯定。

7月30日　省专家督导组和昆明市政府组织召开部分驻昆部队座谈会，协调解决昆明主城二环路内14家驻昆部队庭院雨污分流及河道周边区域再生水设施建设工作。

8月7日　国家农业面源污染防治工作调研组实地考察滇池湿地建设及农村面源污染治理情况。

8月8日　江苏省副省长率江苏省环保厅、水利厅及太湖办等，实地考察滇池底泥二期疏浚工程柳苑底泥堆场和滇池生态清淤工作。

8月9日　省委、省政府主要领导带领我省相关部门负责人，到水利部专题汇报云南水利建设工作。水利部副部长矫勇表示，继续支持滇中引水工程，力争把滇中引水纳入"十二五"规划，尽快启动实施。

8月11日　环保部领导陪同国家重大专项办领导及监督评估组现场考察滇池项目。

8月13日　由爱沙尼亚、拉脱维亚、立陶宛——波罗的海沿岸3国主流媒体负责人、资深记者和政府新闻官组成的新闻团实地考察滇池湿地建设，并了解滇池综合治理情况。

8月16日　市政府第一百六十五次常务会议讨论通过了市滇管局负责编制的《昆明市城市排水管理条例（修订草案）》及《关于对〈昆明市城市排水管理条例（修订草案）〉的说明》。《昆明市城市排水管理条例》，10月28日经市人大常委会审议通过，11月26日，经省人大常委会批准，2012年3月1日，正式实施。

8月18日　由新加坡驻成都领事馆商务副领事、新加坡凯发集团副总经理组成的新加坡考察团对昆明市庭院雨污分流设施建设、滇池污染底泥资源化利用等情况进行考察。

8月19日　市委组织部下发通知，抽调市直机关单位40名县处级非领导职务干部担任河长助理。同时并出台《河长助理管理考核办法》，对河长助理的工作职责、管理要求、工作考核作了相关规定。要求河长助理认真履行职责、大胆谏言、发挥积极作用。

8月21日　昆明市人民政府办公厅下发了《关于进一步规范滇池营运船舶管理的通知》，严格营运船舶准入标准，要求到2010年底，在严格控制滇池营运船舶总量的同时，所有进入滇池的营运性船舶必须达到"三个零排放"和"两项达标"，并实施"一次违法、永久退出市场"的制裁措施。

8月26日　滇池污染底泥疏挖及处置二期工程的主体工程通过初步验收。工程完成草海南部、大清河口、盘龙江河口共422万平方米区域的底泥疏浚施工，疏挖底泥370万立方米，共清除滇池主要污染物总氮约1.1万吨、总磷约0.5万吨。

9月6日　省专家督导组对滇池外海湖滨8家省属单位及驻昆部队搬迁工作进行现场调研，现场查看了省委机关印刷厂、团结乡云南新华印刷厂五厂、武警黄金十支队、云南省第一女子监狱、省监狱管理局农科所搬迁新址，并听取了工作汇报。

9月14日　住建部领导一行现场调研西亮塘湿地、滇池环湖截污和环湖道路工程建设情况。

9月22日　市级四套班子领导成员及市专家督导组组长，实地观摩巡查冷水河、集中检验河道综合整治成效。

9月25—26日　"省九湖办"考核组对《滇池流域水污染防治规划（2006—2010年）》执行情况进行考核。

9月26日　市政府召开"十个禁止"新闻发布会宣布：滇池流域及重点区域山体植被和水域，全面禁止挖砂、采石、取土、烧砖、毁林、开垦、放牧、填河、围湖、擅采地下水。

9月29日　市政府召开世行项目领导小组第一次会议，讨论通过了世行项目《滇池流域综合规划》任务大纲。

10月8—12日　省人大常委会环资工委围绕"水——生命之源，污染与防治"活动主题组织记者团对滇池污染治理情况进行实地采访报道。

10月27日　市专家督导组对滇池西岸新技术截污情况进行视察。督导组肯定了湿地建设的成果和蓝藻、水葫芦治理的新技术，并对是否在滇池全面推广新技术提出了意见和建议。

10月28日　昆明高新技术产业开发区二环路内庭院雨污分流改造工程通过初级验收。高新区为全市首家通过初级验收的单位。

11月1日　由市政府主办，市滇管局、团市委承办的"爱滇池，昆明青年在行动"保护母亲湖主题活动组织青年志愿者和社会各界环保志愿者围绕滇池湖滨进行保洁、环保宣传、劝阻捕鱼等活动。

11月2日　市"一湖两江"流域水环境综合治理专家督组对滇池湿地建设和"四退三还一护"安置房建设进展情况进行督察，并就已建成湿地的管理、沉水植物的处置、防浪堤如何拆除等工作提出建议。

11月4日　滇池湖滨"退人退房"两个重点搬迁项目——云南新华印刷五厂迁建项目和武警黄金第十支队搬迁项目举行开工仪式。

11月9日　省专家督导组和市"一湖两江"流域水环境综合整治专家督导组在呈贡联合召开了滇池治理重点项目检查现场会。

11月11日　省专家督导组对滇池流域截污治污工程建设情况进行督导检查并召开现场会议。督导组提出，实施好滇池流域污水收集处理设施工程是滇池治理的关键，要加大力度坚决彻底推进滇池流域截污治污工程项目建设。

11月12日　滇池水污染防治工作第十二次联席会议召开。会议提出，进一步加大工作力度，抓紧做好滇池治理"十一五"规划收尾工作。

同日　市政府召开主城二环路内庭院雨污分流工作专题会，要求市、区相关部门针对工程实施过程中暴露出的问题进行全面"回头查"，确保年内完成二环路内1868家单位（小区）庭院排水管网雨污分流的刚性目标任务。

11月14日　由市政府主办，市滇管局、春城晚报社、昆明滇池国家旅游度假区共同承办的"放鱼滇池生态保护行动2010"启动仪式举行。启动仪式主会场，社会各界代表向滇池投放鱼苗近10万尾。20日，在昆明滇池国际城市湿地分会场活动，向宝象河中投放600尾花白鲢鱼。

11月28日　中央第二地方巡视组实地考察滇池保护治理工作。

11月30日　省专家督导组对滇池外海湖滨8家省属单位及驻昆部队的搬迁进展情况进行实地调研。为各单位开展搬迁定出详细时间表，并要求这8家单位必须在明年底前完成整体搬迁。

12月1日　江西省人大常委会领导一行实地考察滇池水污染防治工作情况。

12月5日　住建部水专项"城市环境改善与饮用水安全保障"候选示范城市调研组，就昆明开展的创建工作情况进行调研。调研组初步选定老运粮河作为技术探索、技术支撑的示范河道。

12月6日　市滇管局举行滇池治理工作新闻通报会，向中央、省、市各级新闻媒体通报了"十一五"以来滇池治理工作总体情况。

12月8日　省农业厅、昆明市政府联合举行"金线鱼放流滇池"活动仪式，首次放流入湖10万尾金线鱼鱼苗。

12月7—16日　国家环保部西南督查中心对《滇池流域水污染防治规划（2006—2010年）》执行情况进行督查。

12月23日　市专家督导组再次沿牛栏江对两岸企业污水整治情况和污水处理厂建设与运行情况进行督察。

12月28日　昆明滇池水务股份有限公司挂牌成立。

12月30日　省人大常委会领导一行实地察看滇池湖滨生态建设、入湖河道综合整治、环湖截污等滇池治理工作情况。

同日　市政府在举行滇池污染底泥疏挖及处置二期疏浚工程竣工典礼暨滇池污染底泥疏挖及处置三期疏浚工程开工仪式。

## 2011年

1月7日　国家环保部对云南省2010年度及"十一五"主要污染物总量减排工作情况进行核查，期间对昆明市进行了现场核查。

1月11日　以德国联邦议员、基民盟联邦议会党团外交政策发言人、主席菲利普·米斯费尔德为团长的德国青年联盟代表团一行对滇池进行参观考察和座谈交流。

1月13日　英国前副首相普雷斯科特勋爵率欧洲商会一行8人考察滇池治理情况。

1月26日　新加坡外长杨荣文为团长的新加坡代表团一行对滇池进行参观考察。

2月11日　市委、市政府对大观河综合整治工作进行实地观摩检查。

同日　市委书记率领四套班子实地观摩巡查乌龙河、河道综合整治情况。年内，市委市政府主要领导率市四套班子领导分期分批对各入滇河道及螳螂川河道综合整治情况进行观摩巡查，开展初验"大考"。

2月28日　省政协领导率驻滇全国政协委员视察现代新昆明建设，并实地了解滇池保护治理工作情况。

3月7日　市政府召开滇池流域水污染防治"十二五"规划汇报会。省、市专家督导组的专家，针对水污染形势分析、规划思路及目标、规划任务等提出修改意见。

3月9日　市农、林、水等部门负责人及市专家督导组，对冷水河水环境综合治理工作进行了调研检查。经过近3年的努力，冷水河水质由最初的劣Ⅴ类上升为Ⅱ类以上，部分月份甚至达到了Ⅰ类水质。

3月10日　央视《今日说法》栏目播出了《老张和滇池的故事》，关注云南滇池的环保问题。

3月17日　市政府分管领导代表市政府与江苏省农科院在世纪金源大酒店签订《滇池水葫芦规模化圈养及资源化利用技术合作协议》。

3月20—23日　国家环保部会同发改委、监察部、财政部、住建部、水利部、南水北调办，对滇池重点流域水污染防治规划2010年度实施情况及"十一五"总体实施情况进行考核。国家重点流域规划考核组在经过实地查看、听取汇报和综合检测后，评价认为："滇池治理以超出前两个五年计划的投入力度和实施力度，取得了明显进展并创造出鲜活经验，走出了一条湖泊流域水污染防治的新路子，滇池治理初见成效。"

3月25日　昆明滇投与东森海润租赁有限公司开展的3亿元3年期融资租赁业务获得审批。3月31日，昆明滇池投资有限公司与东森海润租赁有限公司完成3亿元3年期融资租赁业务合同主要内容，顺利实现了资金的全额投放。为进一步拓展滇池治理融资渠道、创新融资条件等提供了新的思路。

3月26日　滇池环湖公路主体工程试通车。

4月5日　市滇管局发布2011年度滇池封湖禁渔的通告。4月6日，市滇管局举行新闻通报会，重申滇池实施常年封湖禁渔规定，对偷捕、盗捕行为展开常态化严厉打击。

4月8日　市政府在滇池水污染防治工作第十四次联席会上明确表示，到2011年底，滇池流域化学需氧量排放量要比上年消减0.5%，滇池水质要稳定达到Ⅴ类水标准。

4月23日　市政府组成全市各县（市）区相关部门负责人参加的观摩团，对滇池流域关停"五采区"植被修复情况进行现场督查，并要求在2013年12月全面完成矿山生态修复和治理工作。

5月5日　水葫芦规模化圈养启动仪式在第七污水处理厂内举行。

5月6日　云南省"十二五"滇池治理工作会举行。会议提出，"十二五"是滇池治理的攻坚期和关键期，要下更大决心，坚定不移地推进污染治理，力争取得实质性突破，使滇池湖体水质总体达到Ⅴ类。

5月14日　国家水专项办牵头组织环境保护部和住房城乡建设部会同省水污染治理专项领导小组和市政府在昆明组织召开了水污染治理专项"十二五"滇池流域协调工作会。会议部署了水专项滇池流域工作，要求确保滇池流域"十二五"项目、课题顺利启动实施，滇池治理"十二五"项目全面推进，重点突破，滇池治理取得明显成效。

同日　昆明市滇投公司与瑞士水务公司在昆明签署"湖清水秀"项目第三阶段合作协议。

5月17日　"二环路内合流制混合污水调蓄池工程"及"第九、第十污水处理厂建设工程"开工。

5月20日　昆明市"四退三还一护"及"迁村并点"项目中首个建成并移交使用的安置房建设项目——苏家村安置点保障性住房正式移交。

5月21日　市委书记率市级领导在大观河现场参加"利用水生植物做减法"的水环境治理科普课。

5月22日　市滇管局首次利用新浪"微访谈"方式与网友在线交流滇池保护治理各项工作，并对网友提出的205个问题进行了现场回复。

5月25日　市第四污水处理厂升级改造工程通过验收。

同日　省人大常委会批准2011年发行滇池等九大高原湖泊治理4.87亿元地方政府债券。

5月29日　市政府分管领导组织召开滇池治理工作现场会。

同日　昆明环保科普协会与6位"市民河长"发起"滇池关爱日"活动，40多位市民徒步15千米巡查盘龙江。

5月28日至6月2日　"省级老领导喜看昆明新变化"活动期间，上千名省级老领导现场考察生态湿地、河道综合整治等滇池治理工作。

5月31日至6月5日　省水利厅组织核查专家组对海口闸安全鉴定报告进行了书面和现场核查，并以云水河管〔2011〕21号文确认了海口闸为四类水闸的鉴定结论意见。建议择址重建。

6月8日　根据云南省发改委稽查通知要求，省、市稽查办拟派出稽查组对昆明市滇池污染治理项目、省级工业园区建设进行绩效稽查。

6月14日　市滇管局、市公安局联合发布《关于严厉打击偷捕、盗捕滇池鱼类违法行为的通告》。

6月26日　市滇管局、团市委联合主办的春城志愿者保护滇池系列活动启动，首次推出志愿者保护滇池"时间银行"等服务。

6月29日　市政府第十一次常务会议研究部署全市环保工作，决定对违法排污行为采取依法取缔、强制关停、查封没收财物、处以高额罚款等严厉查处措施，并鼓励社会公众对各种违法排污行为实行有奖举报。

7月2日　寻甸举行了"善水行动——昆明站"公益活动暨滇池源头牛栏江工业废水治理项目竣工仪式，寻甸金所工业园区工业废水实现了全收集、全处理、全净化。

7月8日　省专家督导组对第九、第十污水处理厂及昆明主城老城区18个调蓄池建设情况进行调研，并召开现场会了解相关项目的进展情况。

7月9日　市政府召开昆明主城"城中村"污水全收集处理工作新闻发布会。

7月12日　由150位全国人大代表组成的专题学习班来昆考察滇池治理情况。

7月15日　市委、市政府召开"一湖两江"流域水环境综合治理暨滇池流域"十个禁止"工作会议，专题研究、安排部署全市"一湖两江"流域水环境综合治理、滇池流域"十个禁止"、雨水污水和城乡垃圾资源化利用、园林绿化、森林城市建设及市域生态修复工作。

同日　同日 省专家督导组、市"一湖两江"水环境综合治理督导组、市政府及相关部门的领导调研滇池湖滨"四退三还一护"工作。实地察看了省女子监狱、武警黄金十支队、云南新华印刷五厂的搬迁安置情况，并召开现场工作会。

7月21日　全国人大常委会委员长对滇池治理批示：滇池治理取得阶段性成果，实属不易，国务院、云南省、昆明市付出巨大努力，可贵的是积累了湖泊流域治污的新路子。现滇池治理已进入全面加速的新阶段，并明确2015年治污的目标，建议加大支持力度，还滇池一湖清水，造福子孙后代。

同日　昆明滇池投资有限责任公司与北京碧水源科技股份有限公司在京正式签订第九、第十污水处理厂BT项目投资建设、移交及回购协议。两座采用全地埋式布置、地上为城市绿地的地埋式污水处理厂建设，在云南省乃至西南地区属首创。

7月22日　国务院副总理对滇池治理的批示：请发改委、环保部认真落实邦国同志批示精神，加大支持力度，巩固成果，继续抓好滇池治理。

7月23日　中央纪律检查委员会书记对滇池治理批示：今年2月我在云南考察时，专门考察了滇池综合治理工程，亲身感受到了滇池综合治理工作取得的显著成效，而且走出了一条滇池综合治理与昆明城市功能拓展相结合的路子，可喜可贺。望再接再厉，再经过若干年的努力，真正实现治理好、保护好滇池的目标。

7月26日　中央政治局委员、国务委员对滇池治理批示：滇池水污染综合治理取得重要阶段性成果，为水污染防治提供了有益借鉴。但彻底根治依然任重道远，望继续努力。同时请科技部和水专项小组关注和研究好的做法，并给予必要支持。

7月27日　省政府领导调研水葫芦控制性种养情况。

7月28日　省专家督导组召开滇池水污染防治工作第十五次联席会议。

7月30日　国家环境咨询委员会和环保部科学技术委员会有关领导、专家到昆明调研，市委主要领导在会上表示，将全力推进滇池治理提速增效，提前5年实现滇池治理中期目标。

7月31日　省政府召开滇池、抚仙湖保护治理"十二五"规划汇报会。就滇池治理"十一五"成果及"十二五"规划进行汇报。

7月　中央组织部部长对滇池治理批示：还滇池一湖清水者，造福昆明百姓、历史功德无量。任重道远、继续努力。

8月2日　由市滇管局拟订，并经市政府批准的《滇池渔业资源捕捞权市场化运作实施办法（试行）》正式公布施行。8月10日，滇池渔业资源特殊捕捞权出让电子竞价及签约会在泛亚产权交易中心举行，拍卖滇池七水域银鱼和虾的捕捞权。

8月3日　中央电视台《新闻联播》头条播出"滇池治理初见成效，为我国高原湖泊水污染治理走出一条新路"的新闻。

同日　600余名原市级老领导、原东川区老领导、市属及4城区县处级以上离退休老干部现场观摩环湖截污、滇池水葫芦控制性种养、中山杉种植等滇池治理工作。

8月4日　国家环境咨询委员会暨环境保护部科学技术委员会2011年暑期座谈会在抚仙湖畔召开。与会领导与专家提出，对高原湖泊水资源的保护，不能仅仅把责任放在地方政府，而是要列入国有重大专项，上升为国家战略，把生态补偿和国家财政转移支付紧密结合起来，持续加强对云南两湖泊的治理和保护力度。环保部、云南省政府等领导出席大会。

8月12日　全国政协主席对滇池治理批示：可请人资环委会同云南省政协进一步调研、总结，推广滇池治理取得的阶段性成果和经验，进一步推动昆明生态文明建设。

8月23日　省专家督导组对滇池水葫芦治理污染试验性工程项目进展情况进行实地调研。

8月29日　昆明市滇池保护治理促进会正式成立，并召开第一次会员代表大会。

8月30日　全国政协人口资源环境委员会副主任张基尧率全国政协专题调研组专门就进一步推动滇池保护治理工作展开调研。

9月1日　昆明首次对向入湖河道实施违法排污行为人实施行政拘留。

9月5日　市委、市政府邀请省专家督导组领导、专家共商滇池治理大计，全力推进滇池治理提速增效。

9月8日　中央加快转变经济发展方式监督检查工作领导小组第九检查组到昆视察滇池治理工作。

9月13日　市委书记率相关县区及市级有关部门负责人现场调研雨污水收集调蓄池规划建设情况，

要求滇池流域污水明年要实现"四全"处理。

9月14日　市委书记率相关县区及市级有关部门负责人实地调研水葫芦圈养及资源化利用情况，强调水葫芦资源化利用要形成产业。

9月15日　市滇池执法局执法人员突袭检查滇池面山私挖乱采情况，对滇池面山禁采和生态修复情况进行全面的执法检查。

9月28日　省专家督导组对滇池"四退三还"省属单位、驻昆部队搬迁及河道综合整治工作进行调研。

9月　全国政协领导在省政协、市政协领导陪同下，实地考察滇池泛亚国际城市湿地，并希望昆明要充分利用湿地的生态净化功能，控制污染，治理滇池。

10月17日　市委书记率4城区及市属相关部门负责人调研城中村污水全收集全处理情况。要求，确保年底实现主城城中村污水及流域内村庄生活污水的无死角、无盲点全面截污、全面覆盖，全收集、全处理、全达标、全利用。

10月20日　《云南省滇池保护条例（草案）》经省政府主要领导签署，作为省政府议案提请省人大常委会审议。

10月29日　国家环保部专家组一行赴昆召开滇池治理"十二五"规划咨询会。

11月1日　滇池规模化圈养水葫芦大规模采收工作正式开始。

11月22日　来自中国生物多样性保护基金会、环境保护部国家生物安全管理办公室等部门的专家、学者抵昆，与云南省的专家、学者共同研讨"紫根水葫芦的发展未来"，并作讲座。专家们认为，要进一步验证紫根水葫芦在治理蓝藻方面的功效，让其影响力更广。

11月28日　"绿色中国2011环保成就奖"大型评选活动在香港君悦酒店举行，昆明滇池治理整体工程荣获"杰出环境治理工程奖"，市政府分管领导代表昆明市政府领奖。

同日　省专家督导组对牛栏江流域（昆明段）水污染防治工作进行调研。

12月1—2日　省人大环资委领导一行到昆对制定《云南省滇池保护条例》若干立法问题进行实地调研，并召开会议。

12月3日　"2011放鱼滇池生态保护行动——记忆滇池影展"活动在昆明滇池泛亚国际城市湿地进行，现场展出了活动征集的热心市民珍藏的滇池老照片。

12月8日　省政府九大高原湖泊水污染综合防治督导组召开滇池水污染防治观摩经验交流会，昆明、玉溪、红河、大理、丽江5州市主要领导及分管领导参加。

12月7—9日　昆明市政府和瑞士专家就"湖清水秀"项目分别在北京和昆明召开项目会议。

12月16日　全国政协主席对滇池治理批示：请克强同志阅示，建议请有关部门予以支持。云南省应进一步努力，争取如期实现治理目标。

12月19日　省专家督导组调研滇池湖滨"四退三还一护"8个省属单位及驻昆部队搬迁工作进展情况。督导组要求明年内，省、市、区涉及"四退三还一护"的搬迁单位必须全部完成搬迁。

12月20日　国务院副总理对滇池治理批示：请发改委、环保部，按庆林同志批示精神，继续加大支持力度，与有关方面共同做好滇池治理与保护工作。

12月28日　省专家督导组以及市政府分管领导等昆明市相关领导对牛栏江流域（昆明段）水污染防治工作进行调研，实地查看了造成牛栏江干流寻甸段磷超标的两家磷化工企业的环境治理情况，并召开会议，要求所涉及县区从根本上解决点、面源污染，绝不能影响明年牛栏江补水滇池。

12月31日　由昆明市主城市政雨污分流排水管网工程建设指挥部配合五华、盘龙、官渡、西山区政府及高新、度假、经开区管委会开展的主城范围内391个"城中村"污水收集处理工作全面完成。

# 2012年

1月4日　市委、市政府邀请省专家督导组调研滇池水环境综合治理情况，并召开滇池治理工作调研座谈会。

1月22日　市滇管局与北京清华城市规划设计研究院、云南水利水电勘测设计研究院联合体签定《滇池流域中长期综合管理总体规划合同》。

1月30日　市委书记，盘龙江"河长"率队巡查盘龙江综合整治情况，并召开2012年滇池主要河道整治工作专题会议。省市督导组专家参加会议。会议指出滇池主要河道整治存在问题并提出要求，强调进一步推进落实"河（段）长负责制"。

同日　市长、宝象河"河长"率队实地巡查宝象河水环境综合治理工作，强调继续加大对支次河道的综合整治力度，健全完善河道综合整治长效机制。年内，各入滇河道河长分别率队对相关河道进行巡查。

2月1日至5月30日　全市境内的普渡河、牛栏江、螳螂川等多条江河将禁止所有捕捞行为。

2月7日　2011年度滇池水葫芦治污试验性工程种养的6833亩水葫芦采收处置工作全面完成。共采收水葫芦35.56万吨，提取总氮约608.1吨，总磷约156.5吨。

2月8日　省专家督导组召开滇池水污染防治工作第十七次省市联席会议，会议主要听取滇池水污染防治、牛栏江—滇池补水工程进展情况汇报，研究存在的困难和问题。

2月9日　省专家督导组对广普大沟、老宝象河、虾坝河、六甲宝象河、海河、金家河、老运粮河综合整治情况进行实地调研，并召开调研滇池主要河道现场会。会议提出，抓紧做好滇池36条入（出）湖河道综合整治工作，突出重点、难点，打好河道整治攻坚战。

2月18日　市政府分管领导召开专题会议，研究2012年滇池治理工作及项目投融资计划安排。年内，分管副市长多次召开专题会议，研究滇池治理有关问题。

2月20日　市政府第二十九次常务会议审议通过《关于进一步理顺滇池治理投融资体制机制、完善昆明滇池投资有限责任公司法人治理结构的方案》。

2月22日　省专家督导组对昆明市滇池水污染防治"十一五"结转项目进行现场调研，并召开滇池水污染防治"十一五"规划收尾四个项目现场会。年内，省专家督导组就涉及滇池污染工作进行多次调研、督导，多次召开现场会、汇报会，推进、协调滇池污染治理各项工作。

同日　市专家督导组对滇池沿岸防浪堤拆除工作进行督导。年内，市专家督导组针对不同情况对"一湖两江"流域水污染治理工作进行多次督导。

同日　由市环保局、市水务局、市滇管局等部门组成验收组，并邀请河长助理参加，对螳螂川及其支流（沟渠）综合整治工作进行专业技术验收。

3月13日　"湖清水秀"滇池研究治理项目第三阶段咨询合作圆满结束。瑞方专家对"湖清水秀"项目第一、第二及第三阶段工作成果进行归纳，形成总结报告。

3月15日　牛栏江—滇池补水工程协调领导小组召开第六次会议，分析牛栏江—滇池补水工程存在困难和问题，提出采取超常规措施推进工程建设进度，确保年底建成试通水。

同日　由市滇管局负责组织开展的滇池湖滨及入湖河道种植47万株耐水湿生乔木（中山杉）二期工作全面完成。

3月19日　市政府分管领导召开滇池治理工作务虚会，讨论牛栏江—滇池补水工程通水后，涉及河道治理、湖滨湿地建设、清水通道建设、污水处理厂建设、调蓄池建设、污水处理厂尾水外排、打造"清水通道"等滇池治理各项工作的开展和实施时序相关问题。

3月22日　国家开发银行一行实地考察滇池泛亚国际城市湿地及滇池治理情况。

3月25日　水利部领导一行，对滇池"十一五"以来治理情况进行视察。

3月26—27日　市人大常委会副主任率队对滇池外海湖滨"四退三还"、河道综合整治、污水处理厂建设情况进行实地调研，并召开滇池治理工作汇报会，听取市政府分管领导关于滇池综合治理工作情况汇报。

3月27日　亚太区域合作会议全体参会人员现场考察滇池泛亚国际城市湿地、滇池治理及昆明市污水处理相关情况。

3月31日　联合国人居署亚太总部办事处主任野田顺康和日本福冈都市研究所主任研究员唐寅博士一行3人，研究考察滇池综合治理及生态恢复、城市宜居环境建设情况。

4月10日　国家发展和改革委员会领导一行赴滇考察，实地调研滇池治理情况。

同日　环保部领导一行实地调研滇池治理情况，对滇池治理取得的各项成效给予充分肯定，并提出明确目标责任，力争在滇池治理"十二五"取得实质性突破，实现滇池流域生态环境良性循环。

4月12日　市委常委会议审议通过《关于进一步理顺滇池治理投融资体制机制、完善昆明滇池投资有限责任公司法人治理结构的方案》。

4月16日　国务院批复《重点流域水污染防治规划（2011—2015年）》。规划明确，滇池治理"十二五"的目标为：到2015年，滇池重度富营养化水平改善到中度富营养化水平，力争达到轻度富营养化水平，滇池草海湖体水质明显改善，基本达到Ⅴ类（总氮≤4.0毫克/升）；外海湖体水质基本达到Ⅳ类（总氮≤2.0毫克/升）；湖体消除由大规模水华爆发引起的水体黑臭现象；主要河流水质基本消除劣Ⅴ类。规划项目共101项，总投资420亿元。

4月20日　省环保厅召开滇池蓝藻水华情势分析会议，研究应对2012年滇池蓝藻水华暴发有效措施。

4月27日　市政府召开2012年滇池及牛栏江（昆明段）流域水环境综合治理工作会，会上提出2012年将全面启动实施《滇池流域水污染防治规划（2011—2015年）》项目。

5月5日　全国人大常委会领导视察滇池治理工作。

同日　由中组部举办的赴新加坡第十二期城市领导者专题研究班（现代城市规划与管理专题），在云南开班并进行国内阶段的预培训。专题研究班在昆明市开展"昆明市国际旅游城市建设"及"滇池治理"两个专题的现场教学。

5月11日　省政府主要领导带队调研牛栏江—滇池补水工程，并召开调研工作汇报会。在调研时强调，要全力打好牛栏江—滇池补水工程建设大决战，努力实现今年底试通水的目标任务。

5月14日　市委、市政府召开滇池治理工作视察情况汇报会。会议强调，切实加强组织领导，强化推进治理工作。省专家督导组领导参加会议。

5月14—25日　环保部西南督查中心领导一行13人会同省环保厅，对昆明市环境保护工作情况进行现场调研督查，期间对滇池污染治理及湿地保护情况进行现场调研。

5月17—18日　国家环保部领导一行赴滇考察，对滇池污染治理情况进行了现场考察。

5月23日　省专家督导组实地调研滇池外海省属单位及驻昆部队安置情况。督导组强调，有关各方面相互支持、密切配合，做好滇池外海"退人退房"搬迁安置各项工作。

6月6日　市委、市政府对玉带河截污及水环境治理工程进行竣工验收。

6月7—8日　市委书记率市级相关领导及区县政府相关领导、市级有关部门负责人调研滇池治理重点工作，实地检查环湖截污工程及其配套管网建设、滇池外海湖滨"四退三还"及防浪堤拆除工作情况，并召开工作调研汇报会。

6月13日　市长主持召开市政府第三十五次常务会议。会议研究讨论《环湖东路内官渡区、呈贡区生态建设和"四退三还"工作方案》及2012年滇池治理重点工作项目和省级补助资金安排情况等工作。

6月15日　省政府主要领导率队实地调研检查滇池水污染综合治理工作，并召开2012年省政府滇池水污染综合治理工作会。提出，切实提高滇池治理科学化水平，确保滇池治理取得实实在在成效。

同日　省、市党政军领导义务植树活动在五华区普吉街道办事处石盆寺"五采区"郊野公园举行。

6月19日　市委、市政府就滇池治理重点工作进行专题调研并召开会议。市长对相关工作做出安排部署。

6月19—21日　市政协领导率市政协部分委员、专家及市级有关部门负责人对滇池环湖湿地规划建设管理情况进行全面系统的专题调研。

6月28日　环保部2012年上半年环境与经济形势调研组一行5人，对滇池水污染防治情况进行现场考察。

7月11日　市委、市政府召开会议，专题听取草海片区保护治理和开发建设进展情况汇报。

7月17日　省政府法制办就昆明市政府在《云南省滇池保护条例》省人大审议期间提出的修改二级保护区、滇池面山概念意见，召开《云南省滇池保护条例》专题协商会。

7月18日　世行贷款项目《滇池流域中长期综合管理总体规划》召开项目启动会议。规划内容拟以滇池流域为对象、基于流域资源综合承载能力，以2010年为基准年，中期为2020年，远期为2030年的规划期，提出解决环境保护与治理，资源可持续发展利用与社会经济协调发展的思路。

7月23日　市政府第三十七次常委会议审议通过《昆明市清水海保护条例（草案）》，决定对清水海水源保护区和清水海输水工程设施保护区实行分级分类管理。

7月26—27日　省政协领导率省政协调研组在昆明调研湿地保护情况，并召开座谈会。

7月27日　全国政协领导一行应邀来昆出席第五届全球外包大会，并视察昆明市城市规划、滇池治理、湿地建设等相关情况。

4月11日至7月底　财政部驻云南省财政监察专员办对昆明市中央政府公共投资预算执行情况进行专项检查。检查的重点项目为：重点中小河流治理、污水处理设施配套管网、三河三湖及松花江水污染防治、节能技术改造、节能减排和生态建设项目、自主创新和结构调整项目等6大类中央基建投资。

8月6日　市政府召开新闻发布会，对昆明市拟征"滇池生态资源补偿费"传闻做出回应，宣布至目前还未制定滇池生态资源补偿费征收办法。

8月7—8日　省政协组织部分省政协委员、专家，到昆明市视察城市再生水利用情况，并召开座谈会。

8月14日　昆明市滇池流域水环境综合治理指挥部印发《关于成立滇池入湖河道水环境综合整治工程技术审查专家组的通知》，要求市滇管局牵头组织，对重点河道整治工程截污方案进行技术审查，以增强河道整治与城市排水管网、排水规划及其他滇池治理项目的有机衔接和协调，使河道整治方案更具有科学性、可行性和可操作性。

8月17日　省发改委组织专家及相关单位对盘龙江上段截污与昆明主城入滇池河道清污分流规槽河整治工程两个项目进行验收。

8月28日　全国人大常委会领导一行视察滇池治理情况。

9月1日　湖南省委领导率长沙市党政代表团一行，到昆学习考察滇池治理、城市规划建设、旅游产业等情况。

9月6日　省专家治督导组对阳宗海水环境保护工作、滇池外海4家省属单位及驻昆部队退人退房工作，以及水葫芦试验性工程项目进行督导调研，并召开现场会。督导组强调，要加大力度、细化方案，确保各项工作顺利推进。

9月8日　瑞士苏黎世市政府代表团对草海周边污水处理及湿地建设进行实地考察。

9月11日　省环保厅领导组织牛栏江流域水环境保护指导协调小组省级成员单位，对牛栏江流域（昆明段）2011年水环境保护工作情况进行考核。

9月17日　市政府印发《昆明市全面推行滇池流域"河道三包"责任制的实施意见》，全面落实"包治脏、包治乱、包绿化"的"河道三包"责任制，做到"河道清洁有人管、河岸绿化有人护、违法行为有人查"。

9月18日　市委、市政府主要领导现场巡查盘龙江综合整治工作，听取盘龙江景观提升改造方案和牛栏江—滇池补水出水口瀑布景观工程规划方案，并召开昆明市深化河（段）长责任制工作推进会议，强化提升河道管理水平，深入推进河（段）长责任制。

9月23日　环保部领导一行6人来昆考察，实地查看生态湿地建设情况并听取滇池治理总体情况汇报及滇池外海湖滨生态建设情况汇报。

9月25日　滇池实施开湖捕捞并举行开湖仪式，开湖捕捞期为9月25日至10月10日。此为滇池自2009年10月封湖禁渔以来首度开湖捕鱼。

9月28日　省十一届人大常委会第三十四次会议第二次全体会议表决通过了《云南省滇池保护条例》《云南省牛栏江保护条例》。其中《云南省牛栏江保护条例》于2012年12月1日起实施，《云南省滇池保护条例》于2013年1月1日起实施。

10月13日　由昆明市委、市政府主办、市委宣传部、市滇管局、昆明环保联合会、云南省滇池保护治理基金会承办的2012年首届滇池保护治理宣传月活动启动仪式暨"滇池清，昆明兴"在大观公园举行。今后，每年将一个月定为滇池保护治理宣传月，每年一个主题，深入开展滇池保护治理宣传活动。

同日　由云南滇池保护治理基金会主办、市滇管局、春城晚报社、昆明市摄影家协会承办的"见证滇池摄影大赛"颁奖仪式和"见证滇池百年照片影展"在大观公园举行。

10月17日　香港特别行政区第十一届全国人大代表视察团赴昆视察现代新昆明建设总体规划、滇池湖滨生态建设及滇池治理情况。

10月24日　省委主要领导在《滇池治理向更高水平迈进》的汇报材料上对滇池治理工作做出批示："滇池治理已取得阶段性的成效。在这关键时期，滇池防治工作领导工作只能加强，不能削弱；资金投入只能增加，不能减少；治理工程只能加快，不能放慢；把今年的工作抓得更扎实一些，为实现"十二五"目标奠定更加坚实的基础。"

10月31日　市第十三届人大常委会第十二次会议通过《废止〈滇池保护条例〉的议案》。

10月30日至11月1日　省稽察办第二稽察组到昆明市对滇池污染治理建设项目，马料河（上段）水环境综合整治工程、新宝象河水环境综合整治工程经开区段、滇池外海环湖湿地建设"四退三还"工程呈贡片区、主城老城区西南和西北片区市政排水管网及调蓄池建设进行稽察。

11月1日　市委、市政府召开24条未达标入湖河道综合整治工作推进会。会议强调，不断提高滇池治理科学化水平，调动滇池入湖河道整治工作高潮，推进滇池治理取得新的成效，确保到2015年24条未达标入湖河道全面完成水环境综合整治任务，实现"35条主要入湖河道水质达到Ⅳ类、力争达到Ⅲ类"的目标。

11月13日　市政府发布《关于严厉打击滇池流域非法猎捕收购运输出售野生鸟类行为的通告》。同日，"加强鸟类保护，维护滇池生态"主题宣传活动启动。

11月17日　由市文化广播电视体育局、市滇管局、市广播电视台承办的以"和谐、环保，高原体育休闲之都"为主题的2012年昆明环滇池高原自行车邀请赛在滇池畔举行。

11月20日　市政府召开会议，专题研究推进牛栏江—滇池补水工程出水口瀑布景观公园建设相关工作。

同日　市人大举行新闻发布会，公布《关于废止〈滇池保护条例〉的决定》，决定自《云南省滇池保护条例》2013年1月1日施行之日起同时废止《滇池保护条例》。

11月21日　市政府主要领导主持召开市政府第四十六次常务会议，审议通过《滇池治理三年行动计划》和《滇池流域水污染防治规划（2011—2015年）实施方案》。

11月26日　市委、市政府召开滇池治理专题工作会，市委主要领导在会上强调，奋力推进实施滇池治理三年行动计划，确保"十二五"期间滇池治理各项工作目标顺利实现。

11月28日　环境保护部污染防治司在昆明召开了滇池流域水污染防治会商会。中国环境监测总站介绍滇池水质情况；环境保护部环境规划院作了《滇池流域"十二五"规划目标、任务与考核指标》的专题汇报；水专项办介绍滇池主要研究成果；市政府汇报工作情况。

12月6日　云南省人大常委会召开新闻发布会，通报《云南省滇池保护条例》将于2013年1月1日起施行。

12月11日　2012年度"亚洲绿色经济政策"研修班学员实地考察滇池综合整治及源头污染控制情况。

12月11—12日　"省九湖办"召开九大高原湖泊水污染2012年度调度会议。

12月13日　市人大常委会第四视察组对政府工作报告中涉及城乡建设环境保护方面的工作下半年开展情况进行视察，期间现场考察第九、十污水处理厂建成及实现试运行情况。

12月12—16日　全国建设领域节能减排监督检查组对昆明建筑领域节能减排工作进行检查，主要包括建筑节能、城市照明、城镇污水处理、生活垃圾处理设施运行管理专项检查。

12月28日　市专家督导组对滇池沿岸防浪堤拆除工作进行调研督导。

12月30日　滇池外海水位调控枢纽（海口闸）除险加固工程开工建设。

## 2013年

1月1日　《云南省滇池保护条例》正式实施。

1月7日　省专家督导组和市专家督导组联合召开滇池治理工作现场调研工作会。会议提出，通过牛栏江—滇池补水工程、污水处理厂和环湖截污等工程的有序推进，努力达到"十二五"规划目标。

1月7—8日　省专家督导组对盘龙江清水通道、环湖截污配套项目、河道综合整治工作及滇池"十二五"规划项目进展情况进行现场调研检查。

1月11日　市政府召开会议，专题听取完善《环滇池生态湿地公园概念规划》的意见和建议。

1月16日　滇池治理三年行动计划启动暨滇池环湖截污干渠（管）及配套污水处理厂通水运行仪式在洛龙河污水处理厂举行。三年行动计划的启动标志着昆明市掀起了滇池治理工作新高潮，确保"十二五"规划目标任务全面完成。

同日　度假区、官渡区、西山区、盘龙区、晋宁县同时开工了牛栏江—滇池引水景观瀑布项目、尾水外排项目、第十一污水处理厂、滇池底泥疏浚机械化脱水、海口闸建设工程、环湖截污东岸及南岸配套管网等6个项目，总投资34亿元。

1月23日　市委、市政府举行滇池治理座谈会。强调要坚定信心、毫不动摇，下大力气、花大功夫，攻坚克难、大干三年，坚决完成"十二五"规划任务。

2月8日　市委下发《中共昆明市委昆明市人民政府关于开展滇池治理三年行动的意见》，向全市下达滇池保护治理"十二五"目标任务"集结令"，为全面推进滇池治理各项工作开展和落实奠定基础。

2月19日　市委办公厅下发《中共昆明市委办公厅昆明市人民政府办公厅关于印发滇池治理彻底截污、水体置换、生态建设三大任务工作指挥部工作方案的通知》，明确组织领导、办公地点、工作职责和重点推进项目。

2月26日　市政府组织召开昆明市2013年滇池及牛栏江（昆明段）流域水环境综合治理工作会，提出滇池和牛栏江昆明水环境综合治理要做好彻底截污、水体置换和生态建设工作，将水质提升作为工作的重中之重。市政府与晋宁县、经开区等30个单位签订了《2013年滇池及牛栏江（昆明段）流域水环境综合治理目标责任书》。

同日　滇池治理生态建设指挥部指挥长召开滇池治理生态建设指挥部调研座谈会，研究推进滇池治理生态建设工作。

2月27日　经国家发改委批准，滇投公司成功发行滇池治理12亿元企业债券。这是滇投公司自2009年成功发行8亿元企业债券以来第二次发行企业债券。

3月6日　市政府召开会议，专题研究加快牛栏江应急备用水源补给工程规划建设的有关工作。

3月8日　市政府召开滇池治理新闻宣传工作会，市政府分管领导要求：把"用多少钱、建设什么项目、发挥什么作用"，向全社会公示，让大众知晓，接受社会各界监督，作为滇池治理新闻宣传必须做到的核心工作之一。

3月13—14日　市委主要领导率队调研滇池治理彻底截污、水体置换、生态建设三大任务指挥部工作进展情况及巡查河道水环境综合整治工作。

3月14日　市委、市政府召开2013年滇池主要河道河长巡查工作会，进一步推进"河（段）长负责制"及"河道'三包'责任制"落实。

同日 36条主要入（出）湖河道河长率市级相关部门及县区负责人实地巡查河道水环境综合整治情况，并专题召开2013年滇池主要河道河长巡查工作会。

3月20日 滇池治理三大指挥部召开滇池治理三大指挥部全体工作人员会议。

3月21日 省政府主要领导在调研牛栏江—滇池补水工程时提出，各级各部门要以更加坚定的信念、更加有力的措施、更加扎实的作风，毫不松懈地抓好工程建设各项工作，争取国庆前补水工程实现通水，尽早发挥效益。

3月23日 滇投市公司与中铁上海工程有限公司，就《污水处理厂尾水外排及资源化利用建设工程（二期）BT施工总承包合同》举行签约仪式。

3月30日 经市政府批准，《滇池湖滨生态植物物种推荐名录》下发执行。

4月17日 滇池治理彻底截污指挥部指挥长召开管网工作协调推进会，研究滇池治理彻底截污指挥部管网建设相关工作。年内，该指挥部以召开会议、调研检查等各种形式，推进滇池治理彻底截污工作。

4月20日 "滇池保护治理一日游"活动正式启动。活动让市民参观滇池保护治理各项工程，零距离接触和体验滇池保护工作。本年度共开展24次游览活动。

4月24日 市政府副市长、滇池治理"三大任务"指挥部常务副指挥长召开指挥部工作组长会议，专题研究"三大任务"指挥部细化工作方案。

5月6日 市政府召开会议，专题听取牛栏江水污染防治规划《三峡库区及其上游流域水污染防治规划（2011—2015年）》、《滇池流域水污染防治规划（2011—2015年）》、《牛栏江流域（云南部分）水环境保护规划》〕项目前期或实施情况，研究推进有关工作。

5月8日 农工党中央常务副主席率农工党中央调研组一行19人调研滇池水污染综合防治工作。

5月9日 市规划局、市滇管局、滇投公司邀请北京和云南有关规划、景观、湿地等方面的专家组成以国务院资深参事任组长的专家组对《环滇池生态湿地公园规划》进行评审。

5月16日 省政府召开会议，对滇池治理工作情况进行调研。

5月17日 省环保厅会同牛栏江流域水环境保护指导协调小组省级相关部门对2012年度牛栏江水环境保护工作情况进行现场考核。

5月18日 国家发展和改革委员会、省发展和改革委员会一行20人对滇池流域水污染治理现状进行调研。

5月20日 "清水通道"河堤提升工程开工，工程计划于2013年9月20日完工。

5月29日 国务院参事葛志荣一行6人对"昆明生态文明建设"和"滇池水资源保护"2个专题进行调研。

5月30日 滇池地方海事处向符合入湖条件的69条客运船舶首次发放《滇池船舶入湖许可证》。

6月14日 省专家督导组领导在滇池治理工作会上提出，明年6月，昆明市主城10座污水处理厂处理过的达标尾水，要全部进入滇池草海，力争8月份实现所有尾水经隧道最终进入安宁螳螂川。

6月20日 苏里南国会议员安德烈·杰西卡巴率领苏里南民族民主干部考察团一行10人参观考察滇池治理工作。

同日 市政府召开会议，专题研究主城区16个调蓄池建设用地及相关法规性手续办理等问题。

6月21日 滇池治理生态建设指挥部举行滇池环湖生态经济试验区（呈贡片区）建设项目合作协议签约仪式。

同日　市政府召开会议，专题研究昆明主城区排水系统工作方案有关事项。

6月30日　牛栏江应急备用水源补给工程竣工。

7月1日　昆明市第十污水处理厂（地下式）和海明河等10座雨污调蓄池通水运行仪式举行。

7月3日　市政府办公厅下发《昆明市人民政府办公厅关于印发滇池保护治理宣传工作机制方案的通知》。该方案为创新宣传模式，形成滇池保护治理群众参与机制，营造治理滇池强大舆论氛围提供了制度保障。

7月5日　省政协举行专题协商会，围绕滇池治理问题建言献策。

7月8—10日　财政部、环保部滇池流域水污染防治绩效评估核查工作组一行4人对滇池水污染防治绩效评估进行现场核查。

7月10日　省政府主要领导在调研滇池治理工作时要求，按照既定规划，加快推进滇池治理各项重点工程建设，争取人民群众更加满意的成绩。

7月16日　"美丽云南、绿色家园"生态文明建设系列新闻发布会第一场"美丽春城、幸福昆明"主题发布会在海埂会堂举行。市领导与新闻媒体进行了沟通交流，并就记者关注的生态文明建设的有关问题作现场回答。

7月21日　市规委会审议通过了《环滇池生态圈、文化圈、旅游圈规划方案》。

7月30日　滇池阳光艺术团成立暨滇池保护治理深入群众宣传巡演活动启动。

8月1日　广普大沟水环境综合整治工程建设项目开工仪式举行。

8月2日　市政府召开会议，专题研究盘龙区河道整治工作存在的问题。

8月6日　草海商务区海珀澜庭项目暨草海时尚文化区基础设施项目开工，这是昆明城市建设从"翠湖时代"迈向"滇池时代"的重要标志性项目。

8月8日　中共中央党校教授调研滇池保护治理工作，并召开滇池保护治理工作情况座谈会。

8月10日　市政府在湖滨路举行"污水处理厂尾水外排建设工程（二期）顶管施工"启动仪式。

8月12日　省政府领导率队对滇池治理进行现场调研，并召开2013年滇池水污染综合防治工作会议。市政府领导汇报滇池治理工作情况。省政府要求，确保到2015年实现滇池草海湖体水质基本达到Ⅴ类，外海湖体水质基本达到Ⅳ类，主要入湖河流水质基本消除劣Ⅴ类，确保全面完成滇池治理"十二五"规划目标任务，让高原明珠早日重现风采。

8月14日　市政府召开专题会议，落实2013年8月12日省政府滇池水污染综合防治工作会议"要下大力气推进规划项目实施"的要求，加快推进滇池"十二五"规划项目前期工作进度。

同日　市规划建设领导小组第六次会议审议通过了《环滇池生态圈、文化圈、旅游圈（原环滇池生态湿地公园）规划》。

同日　市政府召开会议，专题研究滇池治理项目投资进展及资金筹集情况。

8月15日　昆明市"关爱山川河流，保护滇池"志愿服务活动正式启动，来自主城4区的200名志愿者代表在松华坝水库庄严宣誓。

8月17日　市政府召开会议，专题研究滇池底泥疏浚（三期）工程工作，研究解决滇池底泥疏浚（三期）工程BT合同及施工总承包合同解除事项。

8月18—23日　中国科学院生态环境研究中心联合国际水协举办的第16届国际面源污染与富营养化会议在北京召开，市滇管局参与实施的"昆明市'湖清水秀'项目"为大会的口头讨论课题之一，受到参会专家代表们的普遍关注。

8月27日　省发改委组织专家及相关单位对滇池污染底泥疏挖及处置二期工程项目进行验收。

9月3日　市政府举行环湖截污工程管理移交及委托管理签约仪式。

9月4日　6位省市人大代表对滇池湖滨生态湿地保护与管理工作进行了持证视察。

9月5日　全国人大常委会领导一行11人调研滇池治理相关工作。

9月7日　省政府及有关部门调研牛栏江—滇池补水工程建设情况，强调工程承载着治理好滇池、造福百姓的期望，各地各部门一定要再接再厉，全力冲刺，确保国庆节前补水工程实现通水。

9月9日　中国科学院东北地理研究所一行7人调研滇池湿地恢复与建设时指出，滇池环湖生态建设规模之大，在全国是前所未有的，搬迁、退田的力度也是全国最大的，是实实在在的做，非常值得别的地方借鉴学习。

9月10日　市委、市政府组织市级相关单位召开专题会议，研究草海生态湿地、滨湖路以及草海安置房外立面装修三个专项规划问题。

9月13日　市委、市政府组织市级相关单位召开滇池治理三年行动领导小组生态建设和牛栏江"清水通道"建设项目推进会议。

9月18日　市滇管局、滇池保护治理基金会联同经开区环保局启动滇池保护宣传月活动。

9月25日　牛栏江—滇池补水工程实现试通水。原中共中央政治局常委，第八、九届全国政协主席李瑞环到现场视察通水情况。省政府主要领导出席。

9月27日　省委主要领导就牛栏江—滇池补水工程完工后，如何发挥综合效益，加快打造昆明山水相映的城市风貌，推进昆明世界知名旅游城市建设进行了专题调研。

同日　省委主要领导召开盘龙江综合整治工作调研座谈会。

同日　"牛栏江—滇池补水工程"和"滇池水资源平衡"2个科学调研被评为昆明市科技进步2等奖，为滇池治理与保护提供了科学依据。

9月29日　滇投公司与省农村信用社签订《滇池治理融资项目合作协议》，省农信社分期提供100亿元的融资授信支持滇池治理。

9月30日　由昆明滇投公司实施的环湖截污东岸配套收集系统完善项目——广普大沟末端截污工程举行通水仪式举行。至10月21日，广普大沟末端截污工程，通过管网和闸门把广普大沟的污水全部拦截在滇池外，至此，35条主要入湖河道全部实现了污水不再直排滇池。

10月8日　2013年滇池保护治理宣传月活动正式启动，活动主题为"全民参与——实现滇池变清梦想"。五华区、盘龙区、官渡区、西山区、呈贡区、晋宁县，高新区、经开区、度假区在宣传月活动期间相继开展滇池保护治理宣传活动。

10月9日　"市民河长"到新宝象河、老宝象河巡河，见证河道治理变化，实地体验滇管员的日常工作。

10月10日　市政府领导及有关部门有关人员赴长沙市考察学习河道综合整治及其规划建设、景观绿化工作。

10月19日　市委、市政府领导调研晋宁水上森林公园规划建设情况并召开调研座谈会。

10月22日　市政府组织市级相关单位召开专题会议，研究加快8个滇池治理重点项目推进工作。

10月23日　市政府下发《昆明市人民政府关于深入推进滇池湖滨生态建设工作的意见》。

同日 市委市政府领导现场调研草海片区保护治理和开发建设进展情况，并召开座谈会议。

10月29日 市政府召开专题会议，研究滇池治理彻底截污工作。

同日 巢湖治理亚行项目办考察团一行9人，考察学习滇池流域水环境综合治理情况。

11月1日 环保部一行3人调研滇池治理相关工作。

11月2日 第三届"希望行动——徒步盘龙江"公益活动举行。

同日 "滇池草海红嘴鸥观测站"在滇池景观大坝揭牌。

11月5日 省专家督导组调研滇池流域8条河道整治情况，除古城河水质达标，老宝象河断流无监测结果，其他6条河水质均不达标。

11月7日 市委、市政府领导调研滇池沿岸生态建设及河道综合整治工作，并召开调研座谈会。市人大、市政协、市专家督导组领导参加调研或座谈会。会议强调，滇池治理已经到了啃硬骨头的关键阶段，必须集中优势兵力，突破重点难点，狠抓责任落实，突出抓好滇池外海一级保护区内建（构）筑物的拆除工作、河道综合整治、彻底截污3项重要工作，推动滇池治理取得新突破。

11月15日 市政府召开新闻通报会，通报盘龙江中下段清淤除障应急工程正式动工。

11月17日 市委、市政府领导率队考察学习成都市白鹭湾湿地规划建设、运营管理工作。市政府分管领导、市专家督导组组长等领导参加。

11月22日 市政府组织市级相关单位召开草海片区保护治理和开发建设领导小组第七次会议。

同日 市政府组织市级相关单位召开环湖截污东岸及南岸干渠配套收集系统完善项目工程推进会。

11月23日 2013年昆明环滇池高原自行车邀请赛在呈贡市级行政中心正式开赛，1300名自行车手参赛。

11月25日 市政府召开专题会议，研究滇池及牛栏江流域水污染防治年度考核工作。

11月27日 市人大办公厅组织省市人大代表对滇池治理相关情况进行视察。

同日 市滇管局组织滇池地方海事处、滇池渔业行政执法处、滇池水利管理处、城市排水监测站共同举行2013年滇池工程船舶水上应急救援联合演练。

11月30日 市政府召开会议，安排部署加快推进滇池"十二五"规划中部分项目前期工作。

12月10日 市人大组织昆明市的部分省人大代表对滇池治理、生态建设情况进行视察。

同日 市委书记调研滇池草海片区要求，把滇池草海片区打造为城市时尚文化区、最美城市客厅。

12月12日 市政府召开环境保护、滇池治理、城市供水、排水系统安全生产工作专题会议。

12月14日 按照市委市政府加强滇池保护治理，改善滇池生态环境，拆除滇池一级保护区范围内建（构）筑物的要求，滇池地方海事处带头拆除办公大楼。

12月20日 市委办公厅、市政府办公厅下发《中共昆明市委办公厅、昆明市人民政府办公厅关于切实贯彻落实"河（段）长责任制"进一步加强河长巡查各项工作的通知》。

12月24—26日 市政府组织市人大城环委，市政协城环委，市委、市政府目督办，市滇管局，市环保局等部门成立考核组，对晋宁县、经开区等33个责任单位的水环境治理工作完成情况进行了检查考核。

12月30日 市政府召开会议，安排部署加快推进滇池"十二五"规划中部分项目前期工作。

同日 牛栏江—滇池补水工程完工，正式向滇池通水补水。此后，每年将从金沙江支流牛栏江引水约6亿立方补给滇池。

年内 在第一、二季度国家住房和城乡建设部对全国36个大中小城镇污水处理设施建设及运行情况进行考核中，昆明市的城镇污水处理设施建设及运行情况良好，连续两个季度排名全国第二。

## 2014年

1月2日　市政府召开会议，专题研究制定《盘龙江管理办法》及《牛栏江—滇池补水用水管理办法》有关问题。

1月9日　召开2014年市委、市政府滇池治理工作会，对滇池治理工作进行现场检查、现场推进。

同日　昆明市第九污水处理厂正式通水运行。

同日　市政府、市人大常委会、市纪委领导分别带队巡查大观河、马料河、新宝象河，调研检查河道综合整治情况。

同日　市委、市政府召开滇池治理专题会议，对滇池治理工作进行现场检查、现场推进。会议要求必须以最坚决的态度、最务实的作风、最有效的举措，坚决打赢滇池治理这场硬仗，完成滇池治理"十二五"规划的阶段性目标。

1月11日　昆明第三、第七污水处理厂在2013年全国城镇污水处理厂节能减排纯净考核达标竞赛活动中，荣登全国"十佳达标单位"之列。

1月13日　市政府领导在昆明市十三届人大五次会议上提出，今年要深入实施滇池治理"三年行动计划"，完成38个治理项目、投资126亿元以上，确保国家考核的16条主要入湖河道水质达标率到70%以上。

1月22日　滇池阳光艺术团在经开区拉开了2014年度滇池保护治理宣传文艺巡演序幕。全年将开展30场宣传巡演活动。

1月24日　省专家督导组现场调研省第一女子监狱及省监狱管理局农科所迁建工作时提出，要确保今年6月30日前全面完成省第一女子监狱及省监狱管理局农科所的搬迁工作。年内，省专家督导组、市专家督导组就涉及滇池污染工作进行多次调研、督导，多次召开现场会、汇报会，推进、协调滇池污染治理各项工作。

1月26日　市政协主席带队巡查新运粮河，调研检查新运粮河河道综合整治情况。

2月12日　市委、市政府召开2014年滇池生态建设规划专项工作会议，听取盘龙江景观提升、滇池湿地公园建设等项目规划方案的汇报。会议强调，要坚定不移把滇池治理作为全市的头等大事、头号工程，坚持一手抓治理，一手抓美化，努力实现污染治理与生态文明建设双赢。

2月13日　"省九湖办"召开滇池流域水污染综合防治"十二五"规划中期评估报告审查会议。

2月17日　市政府召开昆明市2014年重点流域水环境综合治理工作会，明确了今年滇池治理的总体目标：全面推进85个项目建设，确保完成38个项目建设、完成投资126亿元；全力抓好饮用水水源地保护和主要入湖河道水质达标工作，确保水质达标率和水质优于2013年。

2月20日　市政府召开会议，专题听取海埂公园提升改造和盘龙江入湖口西岸生态湿地建设规划建设情况。

2月24日　"省九湖办"召开滇池治理相关工作研究会议，研究省政府请求国务院支持滇池保护治理工作的有关事项和滇池"十二五"规划中期评估相关调整意见。

同日　市政府召开专题会议，研究海口水泥厂搬迁和关闭工作。

2月28日 滇池治理生态建设工作指挥部召开专题会议，研究生态湿地公园建设工作实施方案及推进中存在的困难和问题，并对下一步工作进行安排和部署。

3月1日 省政府召开会议，研究滇池污染治理有关事宜。市政府领导参加会议。

3月12日 滇池治理彻底截污指挥部召开管网建设项目推进会，研究推动城市管网建设进度，落实辖区对项目需求，明确项目实施内容和开工计划。

3月17日 市委、市政府召开16条未达标入湖河道整治工作推进会，对滇池治理进行再动员、再部署、再落实。会议强调，要把加强河道整治、推进滇池治理作为党的群众路线教育实践活动的一个重要抓手，肯定成绩，找准问题，认真反思，立行立改，以更大的决心和毅力，切实抓好河道整治，坚决打赢滇池治理这场硬仗。

同日 位于滇池度假区湖滨路西侧的官渡区渔政站拆除工作全部完成，共拆除1500余平方米。

3月22日 "世界水日"和第二十七届"中国水周"宣传活动启动仪式在官渡区官渡古镇举行。"中国水周"活动的宣传主题是"加强河道管理，建设水生态文明"。

4月1日 昆明通用水务自来水有限公司打开牛栏江公园瀑布取水口闸门，正式启动牛栏江—滇池补水备用水源，分别经过昆明市第五和第一自来水厂净化处理后，供给昆明南片区和西片区。

4月8日 国家重点流域和重金属污染防治核查组考核2013年云南省实施《滇池流域水污染防治规划（2011—2015年）》等情况。

4月21日 省专家督导组调研官渡区主要入湖河道水环境综合整治工作。要求今年务必实现11条不达标河道中，有6条河道综合整治达标的目标任务。

4月28日 昆明第十二污水处理厂及泵站设备采购安装工程完成了国际竞争性招标。

4月29日 入滇河道老运粮河（西山段）河道清淤工程正式启动。

4月30日 市滇池执法局通报，通过专项联合执法行动共解救1715只野生鸟。

同日 云南省九大高原湖泊水污染综合防治领导小组办公室要求，各相关部门要采取"九大措施"，加强滇池水污染防治，防范水污染风险发生。

5月7日 市政府办公厅转发市滇管局起草的《昆明市环滇池湖滨生态区保护规定》立法工作方案，立法起草工作正式开展。

5月8日 市滇管局会同市滇投公司、市排水公司组织新华社云南分社、中新社云南分社、云南日报等中央驻滇、省市新闻媒体，对排水管网、暗河清淤工作进行现场采访报道。

5月19日 《环滇池区域文化遗产体系提升利用规划》通过了市规委2014年第二次市规划建设领导小组会议审议。

5月21日 人大常委会组织由副主任率队，部分市人大常委会委员和市人大代表参加的视察组，对滇池治理三年行动计划中截污项目的进展情况进行视察。

5月26日 环滇池的官渡王官湿地、呈贡斗南湿地、晋宁水上森林湿地生态建设项目启动。

5月28日 市政府十三届七十三次常务会审议通过《关于调整昆明市主城区公共排水设施管理运营模式的实施方案》，确定建立昆明主城区公共排水设施"一城、一头、一网"管理模式，明确主城区公共排水设施实行统一管养维护。

5月29日 滇投公司获得《国家发改委关于云南昆明滇池投资有限责任公司发行公司债券核准的批复》，这是滇投公司自2009年、2013年发行两期总额为20亿元的企业债券的基础上，成功申报发行第三期滇池治理18亿元公司债券。

6月4日　昆明市人民政府办公厅印发了《昆明市城市排水（雨水）防涝综合规划编制工作方案》，昆明市主城防涝综合规划编制工作正式启动。

6月12日　位于滇池外海一级保护区内的度假区大渔片区桑普太阳能研究所拆除启动，须拆除建筑物面积4048.96平方米，构筑物及附属设施26项。

6月16日　市政府召开专题扩大会，专题研究《滇池分级保护范围划定方案》编制的有关工作，推进滇池水环境综合整治。

同日　滇池外海水位调控枢纽（海口闸）除险加固工程闸门投入试运行。

6月18日　市委、市政府主要领导率队调研滇池河道治理和外海一级保护区建（构）筑物拆除工作，深入一线查看问题，现场会办，督促解决。

6月18—19日　昆明市37位河长牵头分别邀请省专家督导组成员，率河长助理及相关部门，对所负责河道的水环境综合整治工作进行大梳理、大巡查，查找存在问题，提出整改措施。

6月20日　市委、市政府召开2014滇池治理工作推进会。省专家督导组领导出席会议。会议听取并审议了《昆明市人民政府关于滇池治理三年行动计划中截污项目进展情况的专项工作报告》，总结分析滇池治理工作中存在的问题，安排部署下一步工作。

6月23日　《环滇池区域文化遗产体系提升利用规划》通过了市规委2014年第二次主任办公会议审议。

6月25日　市政府召开会议，专题向省人大法制委、环资委和省政府法制办汇报《滇池分级保护范围划定方案》并听取意见，进一步落实《云南省滇池保护条例》，明晰和界定滇池一、二、三级保护区具体范围和保护内容。

6月26日　市政府召开金家河河道综合整治工作现场办公会议。

7月2日　市政府召开会议，专题研究草海片区涉及的河道综合整治、城市防汛、市政雨污排水及供水管网建设，以及湖滨生态建设各有关工作。

7月5日　滇池"数字渔政"信息系统初步建成投入使用。

7月14日　市政府召开会议，专题研究云南国资水泥海口有限公司关闭、搬迁、安置有关工作。

7月16日　青海省人大常委会领导一行4人到昆明学习考察滇池立法工作经验。

8月16日　市政府召开会议，专题研究"五采区"植被修复暨郊野森林公园建设工作现场推进会。2015年昆明市将全面完成滇池流域及其他重点区域"五采区"的植被修复工作。

8月25日　瑞士水务公司专家到昆，对纳入昆明市与苏黎世市友城合作项目的《昆明市城市排水（雨水）防涝综合规划》开展为期1周的咨询服务。

8月26—27日　省政协视察组对滇池入湖河道综合治理及生态湿地建设情况进行视察。

8月27日　省人大常委会就滇池水污染防治和《云南省滇池保护条例》贯彻执行情况进行调研。

8月28日　市政府组织滇池流域各县区、相关职能部门、河长助理等研讨36条出（入）滇河道工作，确保河道监管、奖惩机制及河道"三包"责任制等工作落到实处，杜绝违法排污。

9月2日　市政府常务会议审议研究了《滇池分级保护范围划定方案》，并原则同意方案。

9月9日　市滇管局联合都市时报、云南网推出"守护滇池"一线典型人物系列报道，讲述16名河道保洁员、湿地管护员、污水处理工、船闸守护员等滇池一线守护者们的故事。

9月11日　省环保厅对滇池"十二五"规划项目完成情况及16条国考河道水质达标情况进行调研。

要求昆明市继续抓好国考断面水质监测工作，尽快梳理"十二五"规划项目，查缺补漏，为迎接国家考核提前做好准备。

9月13日　市政府分管领导与国家环境应急专家、国家水专项湖泊主题专家组顾问、中科院水生生物所原常务副所长刘永定进行座谈，探讨了滇池治理的科学性、湖泊治理考核标准体系等方面工作。

9月24日　国家林业局湿地保护管理中心领导率考察组一行对拟建国家湿地公园的晋宁县东大河湿地进行考察调研。

9月25日　由滇投公司负责建设的西坝河补水工程顺利实现通水。

10月10日　市政府召开会议，以推进新运粮河、老运粮河河道综合整治，进一步分析和梳理河道截污不彻底的问题，研究解决措施和相应管理工作。

10月11日　市政府召开专题会议，研究《昆明市"十三五"滇池水污染防治规划》的编制思路、措施及有关工作。

10月14日　2014年"我为滇池发声、我为滇池出力"滇池保护治理宣传月活动正式启动，"滇池阳光艺术团文艺巡演"深入沿湖街道（社区）开展宣传文艺演出。五华区、盘龙区、西山区、官渡区、呈贡区、晋宁县、高新区、经开区、度假区在宣传月活动期间相继开展滇池保护治理主题宣传活动。

同日　市政府召开全市污染减排工作推进会议，印发了《昆明市城镇污水处理厂（水质净化厂）污染物减排工作联动方案的通知》，以贯彻落实省长李纪恒对污染减排工作的指示要求，全力推进2014年全市污染减排工作。

10月15日　历时3年建设的云南省首家滇池流域生态文化博物馆在昆明学院开馆。通过实物、图片、影像、数字等多种形式展示滇池流域的自然生态环境演变及人文社会历史变迁。

11月6日　市委市政府主要领导率队现场调研新老运粮河、海河、广普大沟、盘龙江、王官湿地等工程建设情况后，召开了滇池保护治理工作推进会，研究部署下一步治理工作。推进会要求："统一思想认识、勇于担当责任，坚定信心决心、突破重点难点，加强组织领导、狠抓工作落实，全力做好迎接'国考'准备工作，打好滇池保护治理攻坚战，向全市人民交出一份合格的答卷。"

11月11日　市政协组织部分政协委员、专家，对环湖湿地公园等生态建设情况进行视察。

11月12日　省政府领导召开会议，专题研究滇池流域水污染防治规划实施情况考核有关事项。

11月16日　由云南省体育局、昆明市人民政府主办，市滇管局、市广电台承办的2014"七彩云南"格兰芬多国际自行车节（昆明站）暨2014年昆明环滇池高原自行车邀请赛在呈贡市级行政中心正式开赛，来自16个国家和地区的258名专业选手和748名自行车爱好者参加比赛。

11月19日　市委统战部领导带领统战系统及民主党派人士调研滇池治理。

11月24日　尾水外排二期工程正式运行，实现了大清河、第七、八污水处理厂尾水提升排入西园隧道，削减了尾水直接排放滇池外海产生的污染负荷。

11月25日　全国政协副主席万钢调研滇池治理。

同日　市滇管局代表市政府与昆明排水设施管理有限责任公司签订《昆明市主城区公共排水设施特许经营权协议》，授予昆明排水设施管理有限责任公司主城区公共排水设施管养维护的特许经营权。

11月28日　市委召开常委会，要求滇池流域各县区政府和项目责任单位积极筹措资金，加大投资完成力度，确保今年完工的32个规划项目和41个在建项目再完成投资39.01亿元，力争完成年初市委、市政府确定的滇池治理79亿元的投资任务。

12月8日　《昆明市环滇池湖滨生态区保护规定（送审稿）》上报市政府审议。

12月9日　市滇管局联合昆明新闻、春城晚报、都市时报等多家媒体对五华区、盘龙区、西山区、官渡区、呈贡区、晋宁县、经开区、度假区及市滇投公司等进行"强措施治滇池"滇池流域水环境综合整治提速专题报道。

12月30日　全省九大高原湖泊水污染综合防治工作会议召开，省委领导在会议上强调，要牢固树立绿色发展理念，增强责任感、使命感，以铁的手腕、硬的措施确保完成九湖综合治污目标任务。

12月31日　国家林业局正式批准晋宁县申报的晋宁南滇池国家湿地公园纳入国家湿地公园试点建设范围，成为滇池湖滨第一个列入国家试点建设的国家湿地公园。

# 2015年

1月11日　由市滇管局主办、昆明信息港承办的《滇池复苏》首发暨读书沙龙活动在大观公园举行。《滇池复苏》以图文并茂的方式，将滇池的前世今生进行了梳理，直视污染现实，展示滇池治理的阶段性成果，呼吁市民爱护滇池。

1月12日　省专家督导组对昆明主城区滇池流域"五采区"植被修复情况进行了现场调研。

1月13日　市委书记率队调研了湖滨路建设，要求春节前要实现湖滨路全线贯通，海埂公园免费对市民和游客开放，昆明首条慢行系统同步投入使用。

同日　市人大常委会检查组对晋宁县茨巷河水环境综合整治情况进行了检查。

1月14日　市委、市政府召开了2015年滇池流域综合治理工作会，通报了2014年滇池保护治理、滇池治理目标任务考核情况，安排部署2015年度滇池流域综合治理工作。

同日　市规划局召开专题会议，研究《昆明城市防洪总体规划修编》《昆明市城市排水（雨水）综合规划》及《滇池流域城镇水系规划》所确定的河道规划与各片区已梳理完成的控规成果的统一衔接问题。

1月17日　中国狮子联会云南七彩服务队组织的"保护海鸥，净化滇池"公益活动在海埂大坝正式启动。

1月27日　云南省滇池水污染防治工作第二十五次联席会议在昆明召开。会上，省专家督导组听取了联席会议成员关于去年滇池水污染防治工作的情况汇报，对2015年的滇池治理工作提出了新要求。督导组要求，下一步滇池治理工作要围绕"深化一个认识，攻克一个难点，办好四项工作，实现一个目标"开展，齐心协力、同心合力做好滇池治理各项工作。

2月2日　省政府成立云南省湿地保护专家委员会并召开第一次会议。

2月4日　市"一湖两江"专家督导组对海河综合整治及水质达标情况进行了调研督导。年内，省专家督导组、市专家督导组就涉及滇池污染工作进行多次调研、督导，多次召开现场会、汇报会，推进、协调滇池污染治理各项工作。

2月10日　市滇管局举行了"守护滇池"一线典型人物、2014年度滇池保护治理好新闻表彰会，对李金何、李加兴等16名2014年度"守护滇池"一线典型人物进行了表彰。

3月1日　《云南省水上交通安全管理办法》正式施行。

3月2日　昆明市委全面深化改革领导小组第五次会议审议通过《昆明市全面深化生态文明体制改

革总体实施方案》，从健全自然资产产权制度和用途管制制度、划定生态红线、实行自愿有偿使用制度和生态补偿制度、改革生态环境保护管理体制四大方面推动19类42项改革措施。

3月3日　新疆维吾尔自治区政协领导一行9人对滇池保护与治理情况进行了考察。

同日　市政府召开全市环境保护工作会。会议明确，今年将继续以滇池水环境综合治理工作为核心，加强水污染防治。

3月11日　市政府分管领导主持召开迎接滇池治理"十二五"规划2014年度国家考核工作会，部署迎接国家考核的相关工作。

3月17日　"省九湖办"召开《滇池流域水污染防治规划（2011—2015年）》2015年度迎考工作检查动员会，就迎考相关工作进行动员部署。

3月18日　市政府分管领导会见瑞中协会主席瓦格纳博士，双方就滇池治理合作、昆明芬美意香料有限公司富民新厂污水处理问题进行了商讨。

3月23—28日　环保部、住建部、水利部对云南省2014年度大气、重点流域、重金属污染防治"十二五"规划实施情况进行了考核。

3月28日　省政府召开会议，对云南省迎接国家环保部、住建部、水利部考核情况进行了汇报，并听取国家考核组考核情况的反馈。考核组对云南省推进污染防治三个专项规划（计划）实施情况给予了肯定，并要求云南省要不断深化污染防治工作，强力推进规划实施取得新进展，圆满完成"十二五"规划确定的各项目标任务。

4月9日　市政府常务会议审议通过了由滇投公司汇报的《牛栏江—滇池补水工程供水承购合同》。会议明确，授权滇投公司依法依规与省水投公司签订合同，并由滇投公司负责融资解决所需购水资金及债务偿还工作。

4月10日　市政府召开专题会议，研究推进昆明市2015年主城区河道及管网清淤除障应急工程，以及昆明主城西片、南片排水管网完善工程（二环外西山区）排水管网项目代建相关工作。

同日　环保部污染防治司一行2人赴昆，对滇池流域水污染防治规划2014年度"国考"后续工作进行指导。

4月16日　省专家督导组对滇池湖滨部分省级单位迁建工作进行现场调研，重点调研了武警黄金十支队迁建工作，并召开现场会议。

4月17日　市政府召开滇池保护治理工作座谈会，对"九五"以来的滇池治理工作进行了分析、总结和反思。

4月24日　省委、省政府召开云南省庆祝"五一"国际劳动节大会，滇投公司荣获"云南省五一劳动奖章"。

4月27日　牛栏江—草海补水通道应急工程完工。

4月29日　盘龙区法院在滇池湖畔以环境公益诉讼案件的形式，公开审理并当庭宣判了云南省首例非法捕捞水产品案，6名被告因在滇池封湖禁渔期间非法捕捞458.4公斤鱼而被以非法捕捞水产品罪定罪处罚。该案中，被告人自愿出资购买40万尾鱼苗投放到滇池，成为云南省首例采用修复机制审理的水产资源类环保案件。

4月16—30日　昆明市落实最严格水资源管理制度考核工作组对各县（区）2014年度落实最严格水资源管理制度工作进行了抽查和现场检查。

4月30日　滇投公司与省水投公司签署《牛栏江—滇池补水工程供水承购协议》。

5月1日　捞鱼河湿地建成，并正式向公众免费开放。

5月5日　牛栏江—草海补水通道应急工程通水。

5月7—11日　滇投公司将昆明市主城区城市污水处理厂污泥处理处置工程项目环评资料向市民进行了公开，共40人次到公开现场进行了查阅。

5月10日　市政府领导率队调研牛栏江—草海补水通道应急工程。要求加强滇池治理的针对性和系统性，更加注重管理，争取年内让草海水质有较大幅度改善，让人民群众真正看到效果。

同日　松华坝水源源头保护主体工程完工。

5月12日　市政府分管领导率市级相关部门赴北京向国家发展改革委、环境保护部、住房城乡建设部、日本协力银行（JBIC）及相关金融机构汇报滇池治理工作，争取国家对滇池治理的更大支持。

同日　市滇管局召开草海南部大泊口水域生态恢复工程实施领导小组工作会，研究协调草海南部大泊口水域生态恢复工程项目开展前期及招投标准备工作。

同日　市长主持召开会议，专题研究昆明滇池水务公司上市的相关工作。

5月14日　省政府领导率队对昆明市官渡区王官湿地义务植树点相关工作筹备情况进行了检查。

5月12—15日　省人大常委会组成执法检查组，由副主任卯稳国带队，对昆明市实施《中华人民共和国水污染防治法》的情况进行了执法检查。

5月15日　虾坝河改道工程正式试通水。虾坝河承担着主城区和会展中心片区的排洪任务。改道后河道最高排洪量每秒可达87.5立方米，可抵御百年一遇的洪水。

同日　省、市党政军主要领导到王官湿地举行义务植树活动。

5月16—17日　昆明市举行第二届"滇池水务杯"城镇排水行业技能竞赛，19个水质净化厂的122名基层一线员工就污水处理、污水化验监测等5个项目的理论和实操进行比拼。

5月18—19日　市政府分管领导率队赴四川省凉山州，对西昌邛海国家湿地公园建设与管理工作进行学习考察。

5月25—27日　省政协领导率调研组对昆明"争当生态文明建设排头兵"工作情况进行了专题调研，听取了滇池水环境治理工作的情况汇报。

5月27—28日　国家实行最严格水资源管理制度考核工作组赴昆，就昆明市2014年度实行最严格水资源管理制度情况进行重点抽查和现场检查。

6月2日　市滇管局就《滇池分级保护范围划定方案》进行听证。

6月5日　牛栏江—滇池补水盘龙江入口防洪工程主体完工。

6月25—26日　环保部到昆明市调研滇池流域水环境保护立法后评估工作。

6月29日　市政府召开昆明市国家节水型城市复查工作汇报会，向考核组汇报了昆明市国家节水型城市复查工作情况。

7月3日　呈贡区政府与滇投公司举行《环湖东路沿线呈贡片区土地一级开发整理委托协议》签约仪式。

7月6日　市政府领导现场调研滇池西岸度假休闲区开发建设工作情况并召开会议，研究滇池西岸湿地公园征地拆迁及建设，滇池西岸规划开发建设、土地收储、招商引资等问题。

7月9日　全国人大常委会领导一行18人到永昌湿地公园（海埂大坝）进行视察。

同日　市滇管局召开滇池外海北部蓝藻水华情况及应急处置工作通报会，通报了滇池蓝藻水华情况及应急处置工作情况，并对网络报道的"昆明滇池蓝藻暴发"等热点进行了回应。

7月12日　国家核查组对滇池2015年上半年主要污染物总量减排工作进行现场核查。

7月14日　市专家督导组调研滇池外海北部沿岸蓝藻处理处置工作。督导组指出，各相关部门要继续高度重视滇池蓝藻处理处置工作和滇池治理工作，坚持标本兼治，做好滇池蓝藻除控工作。

7月24日　省政府第四督查组对"七彩云南·古滇文化旅游名城"项目进行了实地督查。

7月27日　昆明首座"生态"污水处理系统——五华区陡坡村"生态"生活污水站投入使用，这是昆明市第一座依靠生态工艺达到净化水质目的的污水处理系统，日均污水处理能力最高可达260立方米。

7月9日　市政府召开中德水专项SINOWATER项目对接工作会议，与德方SINOWATER项目团队就改善滇池水域的水质以及水资源综合管理的发展和优化等相关事宜进行对接。

8月2日　市委书记率队对滇池保护治理和盘龙江综合整治工作进行了调研并强调，必须把滇池保护治理工作作为市委、市政府的首要任务和"一把手"工程，坚决打赢这场战役，务必全胜。

8月4日　市委书记主持召开十届市委第一百零六次常委会议，审议通过了《滇池分级保护范围划定方案（送审稿）》《昆明市"多规合一"工作方案（送审稿）》及其他议题。

8月6日　昆明市"十二五"重点建设项目——普照水质净化厂（第十二污水处理厂）工程交工验收，日处理污水量可达5万立方米。

同日　市滇管局联合都市时报开展的"一瓶滇池水，牵动昆明心"为主题的保护滇池十大公益活动正式启动。

8月6日　市滇管局组织媒体就滇池蓝藻处置情况进行了现场采访。监测数据显示，截至8月2日，中重度蓝藻水华富集时间为17天，不到上年的一半。

8月7日　"滇池"微信公众号正式开通。

8月10日　都市时报举行"全民参与，爱我滇池"万人网上签名活动，通过线上参与的方式宣传全民参与保护滇池的理念，收集保护滇池的好建议、好点子。

8月13日　市政府召开专题会议，研究滇池流域"十三五"水环境保护治理规划编制工作。

同日　市政府分管领导现场检查城市防汛工作，对珥季路南绕城下立交区、牛街庄下穿贵昆铁路、铂金大道金汁河口、漾田桥路段、迎海路排水管网运行情况进行了实地查看，并召开了现场工作会。

8月19日　市政府召开专题会议，研究向国家及省发改委申报滇池、珠江、三峡库区等3个重点流域水污染防治"十三五"建设规划项目的相关事宜。

8月20日　由市文明委主办，市滇管局、昆明广播电视台承办，团市委、各县区文明办、昆明报业集团、滇池保护治理基金协办的"关爱滇池，亲近滇池——百万市民志愿活动"正式启动。

8月25日　市政府领导主持召开市政府第九十七次常务会。会议研究了《昆明市地表水环境功能区划（2010—2012年）》。

8月29日　市政府分管领导带队调研前卫西路片区雨水淹积情况，并召开现场工作会，专题研究解决片区道路淹积水问题。

8月30日　春城晚报"滇池关爱日"活动邀约市民探访自卫村水库和红坡水库。

8月14—31日　为减轻滇池周边及下游河道防洪压力，牛栏江暂停向滇池补水。

9月3日　中科院昆明动物研究所研究员杨君兴带领的课题组在市滇管局渔业行政执法处的监督和昆明市五华区公证处的公证下，把15.39万尾滇池金线鲃苗种放归滇池。

9月9日　市滇管局、昆明日报社合办的"保护母亲湖——市民河长在行动"活动启动,向全市征集35个热爱昆明、热爱滇池、热心环保、关心滇池保护治理的社会组织、团体、机构、企业或个人,以集体的方式担任"市民河长",感受、见证河道整治带来的变化,并给滇池保护治理工作提出意见和建议。

9月13—14日　国家水专项总体组赴昆,开展滇池流域"十三五"发展战略研究调研。

9月16日　省水利厅召开新闻发布会,发布最严格水资源管理制度2014年度工作考核结果:全省16州市考核均为合格,其中昆明被评为"优秀等级",其余州市为"良好等级"和"合格等级"。

9月19日　昆明日报举办主题为"滇国故都,大美晋宁"活动,挑选75名市民走进晋宁南滇池国家湿地公园、"鸟笼村"等地,用1天时间感受晋宁山水、人文及新变化。

9月19—20日　都市时报组织50余名小记者,分批走进数字渔政监控室及龙门藻水分离站,开展实践采访活动。

9月21日至12月31日　为实施云龙水库增蓄计划,云龙水库暂停向主城供水。

9月22日　盘龙区法院环保庭巡回法庭在滇池边公开审理了张某、李某非法捕捞水产品案,对2人各判处罚金2000元。庭审结束后,2名偷捕者自愿出资1.6万元购买20万尾鲢鳙鱼苗投放进滇池,进行生态修复。

9月22—23日　由人民日报、新华社、光明日报等媒体组成的"节水中国行"报道组,对昆明市节水成效进行了实地采访报道。

9月25日　环保部主要领导率调研组到昆明调研滇池治理工作。强调,要以更清晰的认识、更统一的思想、更有力的措施,继续努力推动滇池保护治理各项工作的实施,加大保护治理力度,坚持不懈把滇池保护治理好。

9月30日　昆明市第十一水质净化厂竣工通水试运行。该厂设计日处理规模达6万立方米,出水水质按国家一级A标准排放。

同日　新运粮河、老运粮河入湖河口前置库工程开工建设。

10月1日　2015年第四届滇池保护治理宣传月活动启动。宣传月期间,开展了滇池保护志愿者招募、"市民看滇池"、系列文艺巡演、招募"市民河长"等一系列宣传活动。

10月8日　市委书记率队调研检查草海及周边水环境整治和绿色照明提升工程进展情况,并主持召开座谈会。会议强调,全市各级各部门要集中精力、聚焦草海,确保年底前实现草海水质明显提升、水体透明度得到较大改善,尽快实现草海还清,树立和展示崭新的昆明城市形象。

同日　市委、市政府下发了《滇池草海及周边水环境提升综合整治工作实施方案》。《方案》提出,11月30日前,实现草海及周边水环境提升,景观较大改善,草海湖体水质基本达到Ⅴ类水标准。

10月10日　市政府发布第88号公告《昆明市人民政府关于滇池分级保护划定范围方案的公告》,《滇池分级保护划定范围方案》正式施行。

10月12日　省政协经济委、港澳台侨和外事委组织部分省政协委员围绕"完善滇池补水,推进滇中引水工程"开展重点视察,实地查看盘龙江出口段防洪工程。

10月13日　市委目督办召开入滇河道精准治污识别建档立卡工作督查交办会,对现场督查会明确的事项落实情况进行再督查,并就制定入滇河道精准治污识别建档立卡督查工作方案进行交办。

10月14日　滇中引水工程前期工作昆明市协调领导小组办公室召开滇中引水工程环境影响评价公

众参与座谈会，征求公众对滇中引水工程建设环境影响的意见和建议。

10月15—16日　省政府污染减排第一督查组对昆明市2015年主要污染物总量减排工作进行实地督查。重点督查了昆明市第三、第六、第十水质净化厂、国电阳宗海发电有限公司和经开区（倪家营）污水处理厂，并召开了昆明市减排工作汇报及督查组意见反馈会。

10月20日　市土储中心、西山区政府与滇投公司签订《西山区王家堆片区及明朗片区（新邑村、庙村）土地一级开发整理委托合同》。

同日　中科院学部咨询项目专家组一行17人对滇池治理工作进行实地考察。

10月21日　市委领导，市政府分管领导率相关部门对滇池草海及周边水环境提升综合整治工作进行调研，并召开现场工作会。

10月22日　省委领导现场调研昆明市市容环境综合整治提升工作，滇投公司汇报《滇池草海及周边水环境提升综合整治方案》相关工作情况。

10月23日　环保部发布重点流域水污染防治专项规划2014年度考核结果，滇池流域水污染防治规划2014年度实施情况顺利通过国家考核。

10月24日　全国政协一行6人赴昆考察滇池治理情况。

10月28日　市政府召开会议，专题研究云南国资海口水泥厂关闭搬迁及维稳相关工作。

10月29日　市防汛抗旱指挥部召开专题会议，研究加强海口河管理与保护的相关事宜。

同日　常务副省长主持召开会议，专题研究昆明古滇文化旅游项目建设推进的相关事宜。

10月31日　由滇投公司负责实施的盘龙江景观综合提升示范段（洋源路至农科北路）开工建设。

11月3—6日　中德水专项SINOWATER项目德方代表访昆，开展现场调研活动，并与市政府签署了《中德水专项SINOWATER项目合作备忘录》。

11月6日　省稳增长督查组对滇池治理情况进行实地调研，重点调研了海东湿地、第七和第八水质净化厂、草海及周边水环境提升综合整治工作等情况。

11月15日　第十届中法市长圆桌会议代表一行30余人考察滇池治理情况。

同日　晋宁古滇文化旅游名城项目一期工程中的滇海古渡大码头、古滇精品湿地等项目正式对市民和游客开放。

11月17日　市人大常委会组织昆明市的全国、省人大代表对滇池及草海水环境治理情况进行视察，重点视察了捞鱼河入湖口湿地、海东湿地建设情况及第七、第八水质净化厂运行情况，并实地查看了滇池外海水质、草海及周边水环境提升综合整治工作情况。

11月27日　市政府分管领导召集会议，邀请德国LAVARIS公司，专题研究滇池蓝藻防治及草海水环境综合整治相关工作。

11月29日至12月1日　世行东亚和太平洋地区水实践发展局局长一行访问昆明，实地考察滇池治理情况，探讨《滇池流域中长期综合管理总体规划》等项目，就相关工作开展沟通与交流。

11月30日　滇投公司完成西山区王家堆片区3个村组6.8万平方米拆迁工作。

12月1日　市政府领导主持召开十三届政府第一百零三次常务会议，研究昆明主城污水处理厂污泥处理处置项目搬迁建设的有关问题。

12月3日　代市长王喜良率市政府主要领导对滇池保护治理工作进行现场调研。

12月4日　"省市联动，绿化昆明，共建春城"城市公共绿地冬季义务植树暨省市区共建"司法林"活动在呈贡区斗南湿地公园举行。此次义务植树活动由省司法厅、昆明市政府、呈贡区政府三级联动推进,昆明市滇池投资有限责任公司负责今后绿化管养。

12月9日　云南省首部聚焦滇池保护题材的公益影片《滇池牧歌》的拍摄在昆明启动。

12月11日　市政府召开会议,专题研究滇池外海西北部水体置换通道提升改造工程方案,并征求国家及省内有关水利专家的意见。

12月12日　2015年环滇池高原自行车邀请赛在昆明举行。

12月15日　省政府在昆明市召开九大高原湖泊水污染综合防治工作暨滇池保护治理工作会议。会议强调,抓好"十三五"九湖保护治理工作,带动全省水生态环境建设,向党中央、国务院和全省各族人民交出一份满意的答卷。

12月20日　第六届"放鱼滇池生态保护行动"在海埂公园鑫灿码头小广场举行,近万名滇池保护志愿者、热心市民共同将10吨约20万尾鱼苗放入滇池。从2010年发起第一届放鱼行动至今,共有80万尾鱼苗经爱心人士之手放入滇池。

12月31日　市政府举行昆明瀑布公园、盘龙江景观提升示范工程及王官、斗南、东大河湿地完工开放仪式,以及滇池外海北部水体置换通道建设工程、彩龙村安置房建设开工仪式。

# 2016年

1月8日　市政府召开专题会议,研究滇池外海北部水体置换通道优化提升改造工程方案。

同日　市政府召开专题会议,研究昆明主城北部污水处理厂及雨水收集调蓄池规划选址、项目建议实施方案。

同日　市政府召开昆明草海片区和巫家坝片区开发建设推介会,对草海、巫家坝片区内已完成收储即将公开出让的地块进行集中公开推介和宣传。

1月13日　哈尔滨市委办公厅主任一行到海东湿地参观考察滇池保护治理情况。

1月14日　市发改委召开污水处理项目招商引资座谈会。

1月19日　中国城市规划设计研究院来昆调研人员到海东湿地开展实地调研。

1月25日　市委、市政府召开滇池草海及周边水环境提升综合整治工作推进会,听取草海及周边水环境提升综合整治各项工作进展情况,研究相关重点工作。

同日　市政府召开专题会议,研究部署《滇池志》编纂工作。

2月1日　滇池西岸管委会召开专题会议,对《昆明滇池西岸度假区生态湿地(西华段、观音山北段、观音山南段)建设项目可行性研究报告》进行评审。

2月4日　市政府召开专题会议,研究《昆明市水体达标方案》编制工作。

2月5日　市政府召开专题会议,研究重点流域2016年中央专项建设基金和中央预算内资金申报工作。

2月18日　市政府主持召开专题会议,研究西山草海片区绿色照明景观亮化提升有关工作。

2月19日　厦门市发改、财政、规划、环保、园林等部门人员赴昆明市考察污水处理相关工作。

同日　市政府领导率队现场调研滇池西岸度假休闲区开发建设及环滇池规划工作。

2月23日　市政府召开昆明滇池国际会展中心项目建设现场推进会,研究滇池国际会展中心周边河道整治、水体补水及河堤环境保洁工作。

2月25日　市政府召开专题会议，研究人民路、金碧路、东风路、春雨路四条道路恢复提升工程有关工作。

2月26日　市政府召开专题会议，研究昆明空港区南污水处理厂污水处理费相关事宜。

同日　市政府召开专题会议，研究2016年城市防汛排涝工程相关工作。

2月27日　市委、市政府召开昆明市2016年滇池水污染防治暨草海治理攻坚工作推进会，安排部署2016年滇池流域水污染防治理各项工作。

2月29日　省政府滇池水污染防治专家督导组召开滇池水污染防治第二十八次联席会议，听取昆明市政府汇报滇池治理"十二五"规划项目完成情况和滇池治理2016年工作打算及需要省直各部门解决的问题。

同日　市委目督办组织召开滇池草海主要入湖河道精准治污督查考核工作通报会，通报滇池草海主要入湖河道及支流（沟渠）建立精准治污识别建档立卡签约责任机制工作落实情况。

3月4日　省委领导率省纪委监察厅和相关部门负责同志，到昆明市就滇池水资源保护治理和流域绿化工作进行调研督查。先后到牛栏江入水口，听取牛栏江—滇池补水工程调度运行、水质监测和改善水质效果分析，实地查看盘龙江景观提升及清水通道建设工作情况，到盘龙江入湖口查看水质情况。

同日　省住建厅召开座谈会，研究部署城市地下综合管廊和海绵城市建设试点城市申报的相关工作。市级相关部门参加座谈会。

3月8日　市政府召开专题会议，研究《云南省水污染防治工作方案》明确的各水质断面的监测及迎考工作。

3月9—11日　为贯彻执行《云南省滇池保护条例》，推进滇池保护治理工作，市人大常委会组织视察组，对彻底截污和环湖生态建设等6个方面的工作进行视察。

3月11日　市政府对云龙水库饮用水源区进行督查并召开现场会。

3月15日　市政府召开专题会议，研究草海（轨道公司片区）及周边水环境提升综合整治工作进展情况。

3月15—17日　省纪委对"省市联动·绿化昆明·共建春城"义务植树活动开展专项纪律检查。

3月16日　市政府召开昆明市与中国中车集团战略合作项目对接协商会议，研究落实市政府与中国中车集团签署的《开展城市和农村污水治理战略合作协议》。

3月18日　市环保局牵头召开《滇池流域水污染防治"十三五"规划》专题评审会。

同日　市节水办召开会议，研究讨论"海绵城市"建设工作方案起草相关事宜。

同日　市政府召开会议，研究飞虎大道、官渡3号路、昌宏路以及小清河绿化改造提升方案及其他有关工作。

3月18日　省调水中心召开牛栏江滇池联合调度2016年第一次会商会议，通报第一季度调水计划执行情况，研究讨论相关事宜。

3月18—23日　市"多规合一"工作领导小组办公室征求《昆明市滇池流域地区"多规合一"规划》初步方案意见，市滇池管理局提交反馈意见。

3月21日　市政府召开专题会议，研究金汁河铂金大道至王大桥段河道加固应急工程有关工作。

同日　市政府召开专题会议，研究昆明市海绵城市建设工作方案及专项规划编制有关工作。

同日　市政府召开"省市联动，绿化昆明，共建春城"植树活动工作推进会。

同日　市政府召开第一百一十一次常务会议，专题研究并讨论通过了《昆明市环滇池生态区保护规定（草案）》。决定作为政府规章，以市政府第136号令公布，自2016年6月1日起施行。

3月21—26日　上海市规划顾问组到昆明调研城市规划建设管理工作，听取滇池治理总体工作、盘龙江"清水通道"建设情况介绍。

3月22日　市政府领导率队对草海片区规划建设工作进行现场调研。

同日　市政府召开专题会议，研究西山草海片区绿色照明景观亮化提升有关工作。

同日　省环保厅召开培训会，对省九大高原湖泊环境管理系统的操作与应用进行统一培训。

3月24日　市政府召开专题会议，研究昆明市主城区重污染企业及存在重大安全隐患企业分类处置工作。

同日　市委领导元对滇池草海及周边水环境提升综合整治工作进行现场调研。

3月25日　市政府组织召开昆明市2016年环境保护工作会议，回顾总结"十二五"及2015年全市环境保护工作，安排部署"十三五"及2016年环境保护工作任务。

同日　省考核工作组到昆明市检查2015年度及"十二五"期间实行最严格水资源管理制度工作开展情况。

3月28日　市政府召开专题会议，研究滇池流域水污染防治"十三五"规划项目及2016年项目库相关情况。

3月29日　市政府领导率队对云龙水库保护管理、蓝藻水华处置、保护区面源及点源污染治理控制、污水处理厂运行情况进行现场调研，并召开现场会。

同日　德国亚琛工业大学环保专家保罗·韦姆特一行2人赴滇池考察。

3月31日　市政府召开专题会议，研究昆明市"海绵城市"建设试点示范区选址及《昆明市海绵城市建设工作方案》有关工作情况。

4月6日　市政府领导到云南省渔业科学研究所试验基地调研并召开会议。

同日　市政府召开年度滇池蓝藻处理处置专题会议。

同日　市环保局组织专家对《云龙水库水源保护区村庄污水收集处理实施方案》进行审查。

4月7日　西山区政府召开滇池治理任务及主城二环路外西、南片区排水管网建设工作协调会议。

4月9日　来昆访问的昆明市友好城市芬兰于韦斯屈莱市高科技企业代表团，考察滇池保护治理工作，就滇池水下地形勘测问题进行座谈交流。

4月11—12日　国家住建部召开座谈会，就城市黑臭水体整治海绵城市建设进行讨论和工作部署。市滇池管理局参加了此次会议。

4月11—15日　市委领导率市滇池管理局有关人员赴杭州考察学习。

4月13日　国家科技部副部长一行，到昆明考察滇池综合保护治理情况。

同日　云南行政学院组织第一期生态文明建设培训班学员，到滇池湖畔进行现场教学，了解滇池生态修复与环境治理工程，并参观昆明学院滇池流域生态文化博物馆。

4月14日　市政府召开专题会议，协调推进重大水专项"十二五"滇池项目湖泊主题各示范课题研究工作。

4月15日　市滇池管理局就滇池流域水环境治理相关政策法规及目标要求对专项纪律检查组领导进行培训。

4月17日　瑞士苏黎世政府代表团一行22人考察滇池治理情况。在座谈会上，详细讨论滇池生态环境保护及管理等内容。

4月18日　市环保局召开环境保护领域交流座谈会。

4月18—19日　市人大常委会视察组分5个工作组，对36条出入滇河道综合整治工作情况进行徒步实地视察。

4月18—20日　中国社会科学院国家金融与发展实验室和昆明市人民政府共同举办2016国家金融与发展（昆明）国际峰会，并于19日考察海东湿地和第七水质净化厂。

4月18—30日　市落实最严格水资源管理制度领导小组办公室组织对全市各县（区）最严格水资源管理制度工作开展情况进行抽查和现场检查。

4月20日　瑞士苏黎世市政府代表团一行12人及苏黎世市经贸代表团一行8人就滇池治理等工作与市领导和有关部门人员进行专题座谈。

同日　云南行政学院组织第二期生态文明建设培训班在滇池湖畔进行现场教学，了解滇池生态修复与环境治理工程，并参观昆明学院滇池流域生态文化博物馆。

4月21日　市政府召开专题会议，研究老运粮河源头混合水生物治理试验项目。

4月22日　来昆考察调研的贵阳市党政代表团到海东湿地考察滇池治理情况。

同日　市政府召开专题会议，市级有关部门和相关县（区）签订《省市联动开展"绿化昆明·共建春城"义务植树活动目标责任书》《共建方式确认书》《资金到位承诺书》。

同日　省住建厅召开城乡建设工作座谈会，对地下综合管廊、"海绵城市"建设、城市黑臭水体整治、污水管网建设、城市环卫保洁和公共厕所建设、城市园林绿化、停车场建设等工作进行分解落实，就相关城市建设工作进行安排部署。

同日　市滇池管理局召开草海片区环湖湿地与滇池西岸生态湿地建设咨询会。

4月23日　保山市人民政府代表团到海东、斗南、捞鱼、古滇王国和东大河湿地公园实地考察，了解昆明市在湿地公园建设方面的情况。

4月26日　市政府召开2016年汛期水情雨情预测和城市防汛相关工作专题会议，部署2016年城市防汛工作。

4月27日　省政府滇池水污染防治专家督导组对海河水环境综合整治工作进行现场调研。要求加强各方沟通协调，采取有效措施，尽快改变海河水质黑臭现象。

4月29日　市政府召开会议，研究部署《滇池志》编纂工作的相关事宜。

同日　省"绿化昆明·共建春城"领导小组召开会议，省级共建部门和昆明市政府及相关县区集中签订《省市联动开展"绿化昆明·共建春城"义务植树活动目标责任书》《共建方式确认书》和《资金到位承诺书》。

同日　市政府召开专题会议，研究昆明市"五网"规划及项目有关事宜。

5月4日　共青团昆明市委组织"燃亮青春，服务南博，保护滇池""五四"青年志愿服务行动主题活动，市滇池管理局开展保护滇池、节水护水宣传活动。

5月6日　市环保局召开会议，对《滇池流域蓝藻预警监测体系建设方案》进行评审。

同日　市委老干部局组织老干部乘船游览滇池，参观昆明市第十水质净化厂，感受滇池治理的进展和成效，激励广大老干部为新昆明建设发挥积极作用。

5月8—13日　市环保局牵头组织有关人员到浙江台州、温州、湖州和义乌考察，学习台州五水共治新模式及互联网+治污水新技术、温州开发推广应用的水立方综合治水APP软件、湖州村落污水处理公司化运营模式以及义乌河道网格化信息管理经验。

5月10日　来昆考察的中央党校新疆班第77期学员考察团，到海东湿地、昆明瀑布公园调研。

5月10—11日　省纪委第一检查组到昆明开展"五网"建设专项纪律检查。市滇池管理局对黑臭水体海河治理项目工作情况进行汇报。

5月11日　市政府召开2016年昆明市防汛抗旱工作电视电话会议，部署2016年防汛抗旱工作。

同日　市政府召开专题会议，研究滇池外海、草海水位调度以及外海北部工程工作。

5月12日　民盟昆明市委组织开展"五四"青年节暨民盟青年志愿者"倡导绿色生活，共同保护滇池"活动。

同日　省政府滇池水污染防治专家督导组对草海片区鱼塘（水塘）清退综合整治工作进行现场调研。

同日　市政府召开专题会议，研究翠湖水质改善及补水工程建设实施工作。

5月13日　来昆督导调研农业防汛抗旱和特色产业扶贫工作的农业部副部长余欣荣一行到海东湿地调研农业面源污染治理和湿地水生资源保护工作，到滇池实地查看滇池水质，调研滇池防汛备汛及渔政管理工作。

5月17日　省防汛抗旱指挥部召开视频会议，安排部署水库安全度汛和山洪灾害防御工作。会后市滇池管理局召开工作会议部署工作，保证沙河防汛安全及泄洪通道过流安全。

同日　昆明排水设施管理有限责任公司组织召开昆明主城老旧排水管网改造及泵站建设工程可行性研究报告专家评审会。

同日　省委党校干部教育学院组织宁夏、云南党委系统信息工作人员培训班在滇池湖畔进行现场教学，了解滇池生态修复与环境治理工程。

5月19日　市政府主要领导到草海调研，视察草海片区安置房建设、市政基础设施建设和湿地公园建设情况。

同日　云南省湿地保护发展协会召开云南滇池生态环境保护宣传教育基地项目专家评审会。

同日　昆明滇池投资有限责任公司召开会议，对昆明市第十三污水处理厂建设工程可行性研究报告进行评审。

同日　市环保局组织对《云龙水库水源保护区污水收集方案》进行审查。

5月20日　昆明滇池投资有限责任公司邀请专家对《昆明主城区供水排水调查分析咨询报告》进行评审。

同日　市城市管理综合行政执法局召开会议，研究征集的《西山草海片区景观亮化概念性规划评审方案》。

5月24日　为迎接南博会的顺利召开，市政府领导对滇池国际会展中心周边河道整治、水体补水和河堤环境保洁工作进行检查。

5月25日　市政府召开专题会议，研究草海片区规划设计方案。

同日　市滇池管理局召开专题会议，研究第四水质净化厂进水浓度和负荷率偏低等问题，确保各水质净化厂实施高压预防性试验期间污水合理调度，避免污水外溢。

5月30日—6月1日　英国议会跨党派中国事务小组代表团到海东湿地、环湖截污展览室和昆明市第七污水处理厂参观，了解滇池治污措施和所取得的成果以及国际合作需求。

5月31日　市委目督办组织召开滇池草海主要入湖河道精准治污督查考核工作通报会，通报滇池草海主要入湖河道及支流（沟渠）建立精准治污识别建档立卡签约责任机制工作落实情况。

6月1日　市城市管理综合行政执法局召开会议，对征集到的《西山草海片区景观亮化概念性规划工作方案》进行评审。

6月2日　巫家坝片区建设指挥部组织召开会议，对巫家坝城市新中心巫家坝片区中央水景观工程可行性研究报告进行评审。

6月4—5日　来昆考察的北京市延庆区党政考察团，参观滇池环湖截污展示厅，并到海东湿地和东大河湿地实地考察。

6月6日、13日、20日　昆明市副县级以上离退休干部参观考察市第七、八水质净化厂，感受滇池治理的进展和成效。

同日　云南省环境保护厅、昆明市人民政府在北京组织召开水专项"滇池水体内负荷控制与水质综合改善技术研究及工程示范"等6个课题变更审查会议。

6月7日　省国土厅调研组到昆明市进行实地考察并召开座谈会，研究滇池流域生态保护、耕地和基本农田保护工作。

6月8日　市政府召开专题会议，研究云龙水库饮用水源地蓝藻暴发应急预案相关事宜。

6月13日　市国家重大水专项滇池项目实施管理办公室组织召开中德SINOTWATER滇池流域综合管理课题交流及研讨预备会。

6月15—17日　环保部水司地表水处一行到昆明指导滇池"十三五"规划的修改事宜，到瀑布公园、水质净化厂、环湖截污展示室进行实地考察，并召开座谈会。

6月17日　市政府召开专题会议，研究滇池"十三五"规划项目前期推进工作。

6月18日　市政府组织召开"十三五"滇池蓝藻水华防控专家研讨会，对"滇池草海底泥减量控磷控藻技术试验"项目阶段性工作进行专项指导。

6月20日　市政府召开会议，分析总结上半年滇池治理、水务等方面工作推进情况及存在的问题。

同日　昆明道恒房地产开发有限公司召开会议，对草海北片区湿地（一级保护区内）建设项目的可行性研究报告进行评审。

6月21日　市"海绵城市"建设工作领导小组召开会议，研究《昆明市海绵城市建设试点区域方案》编制相关工作。

6月23日　水利部领导一行考察滇池综合保护治理情况，到滇池实地查看水质，并调研牛栏江—滇池补水工程建设及供水情况。

6月24日　市政府召开会议，分析总结普照水质净化厂配套再生水管网项目、主城区及环湖重点片区再生水处理站及配套管网工程项目和第十三污水处理厂建设工程项目的建设推进情况及存在的问题，要求抓好滇池流域水环境综合治理工作，推进滇池"十三五"规划项目建设进程。

同日　市滇池管理局召开昆明餐饮业废水隔油处理专题报告座谈会，特邀请法国环保专家Jean Faullimmel博士担任主讲。

同日　来昆访问的湄公河沿岸5国主管外交、经贸、教育、文化、水利等领域代表团参观滇池水务有限公司，考察滇池保护治理工作。

6月27日　市政府组织召开2016年昆明市城乡防汛工作会议，通报昆明市2016年以来降雨情况和防汛工作情况，分析预测当前和今后全市防汛形势，安排部署防汛工作。

同日　昆明排水设施管理有限责任公司组织召开昆明主城排水管网系统清淤除障项目实施方案评审会。

6月28日　市政府召开专题会议，研究云南省湿地保护发展协会联合选址滇池草海东风坝为公众宣传教育示范基地的相关事宜。

同日　滇池国家旅游度假区管委会组织召开会议，对《大渔海晏村保护与发展规划》方案进行讨论。

6月30日　市政府召开会议，安排部署市级机关"关爱滇池——春城志愿者在行动"活动及启动仪式相关工作。

同日　昆明滇池投资有限责任公司组织召开《新运粮河、老运粮河入湖河口前置库水体净化生态工程可行性研究报告》及《草海西岸尾水及面源污染控制工程可行性研究报告》项目评审会。

同日　市委目督办组织召开滇池草海主要入湖河道精准治污督查考核工作通报会，通报滇池草海主要入湖河道及支流（沟渠）建立精准治污识别建档立卡签约责任机制工作落实情况。

7月1日　省环保厅组织召开滇中引水工程环评审批相关工作推进会，专题研究昆明地区受退水影响及滇池治理措施等事宜。

同日　市海绵城市建设工作领导小组办公室召开会议，安排布置试点区域海绵城市建设项目梳理工作，并对相关负责人进行行业培训。

同日　市委目督办召开工作部署会，安排部署"关爱滇池·春城志愿者在行动"活动相关工作。

7月3日　"关爱滇池·春城志愿者在行动"活动正式启动，市滇池管理局组织宣传活动，各单位志愿队赴各志愿服务点开展志愿服务。

7月5日　到省委党校交流访问的老挝国家政治行政学院副院长一行现场考察滇池生态修复与环境治理工程。

7月5—6日　省政府九湖水污染综合防治专家督导组，对云龙水库水源区保护工作进行调研。

7月6—8日　中国工程院组织院士、专家团队一行到昆明市开展滇池保护与治理情况调研，乘船查看滇池外海水质、治理情况以及蓝藻防治情况。

7月6日　环保部环境与经济政策研究中心召开城市黑臭水体整治公众参与研讨会，探讨城市黑臭水体整治公众参与的现状、问题及下一步的工作方案。

同日　市政府召开专题会议，研究滇池草海大坝加固改造方案相关工作。

7月9—13日　武汉大学资源与环境科学学院学生到滇池进行调研，学习滇池保护和滇池水污染防治总体规划，了解滇池水污染防治法规、规章制定和对违规行为行政处罚情况。

7月12日　市生态文明体制改革专项小组召开2016年上半年生态文明体制改革工作推进情况集中汇报会。督查考核组对各部门相关台账资料进行考核。

同日　市水利工程造价管理站组织专家对《老运粮河源头混合水生物治理实验项目初步设计方案》进行审查。

7月13日　市政协城环委组织开展《昆明市河道管理条例（修订）》专题协商会。

同日　市政府召开专题会议，研究晋宁村庄污水收集处理方案。

同日　市住建局召开专家评审会，对王筇路、科普路再生水管网建设工程和2016年再生水管网零星工程初步设计进行评审。

7月15日　全国人大常委会执法检查组到滇对《中华人民共和国环境保护法》实施情况进行执法检查,并对生态修复与建设及环湖截污建设情况进行检查。

同日　市安委办实地检查滇池外海北部水体置换通道提升改造工程安全生产工作。

7月16日　市政府召开专题会议,听取滇池草海及周边水环境提升综合整治工作推进情况,研究部署工作。

同日　市政府举行昆明市—清华大学环境科技合作签约仪式,与清华大学正式开展滇池水污染防治科技合作,清华大学校领导及专家一行视察调研滇池治理工作。

同日　市政府召开专题会议,研究省住建厅和省环保厅针对2016年污水处理厂管网建设及黑臭水体整治工作约谈工作。

7月18日　市人大组织召开论证会,对《昆明市河道管理条例(论证稿)》做进一步修改完善。

7月19日　市"一湖两江"专家督导组对环湖截污干渠的配套设施建设及管理运行情况进行调研督导。

同日　市委领导调研滇池保护治理工作,实地查看洛龙河污水处理厂中试、海河水质及市第七水质净化厂中试情况。

7月20日　市政府召开专题会议,研究滇池、阳宗海生态保护项目设计占用耕地和基本农田等相关事宜。

7月21日　市政府召开滇池环湖湿地(公园)建设管理专题座谈会,对滇池环湖湿地建设和管理中存在的问题提出意见和建议。

7月26日　市水务局召开会议,研究"省市联动,共建春城,义务植树"活动涉及的入滇河道绿化工作。

7月28日　昆明滇池投资有限责任公司组织召开专家评审会,对昆明主城西片调蓄池工程进行评审。

7月29日　市水务局召开专家评审会,对《昆明市滇池流域入湖河道水量监测项目可行性研究报告》进行评审。

同日　市政协主要领导对正大河综合整治情况进行巡查。

同日　市住建局组织召开专家评审会,对昆明市经开区普照水质净化厂配套再生水供水管网工程初步设计进行评审。

同日　市委目督办组织召开滇池草海主要入湖河道精准治污督查考核工作通报会,通报滇池草海主要入湖河道及支流(沟渠)建立精准治污识别建档立卡签约责任机制工作落实情况。

8月2日　市政协城环委组织召开会议,对《昆明市实施云南省滇池保护条例办法(征求意见稿)》进行专题协商。

8月3日　市规划局组织召开《昆明市"十三五"城乡发展规划》和《昆明市近期建设规划(2016—2020)》征求意见会议。

同日　市政府召开座谈会,听取省政府滇池水污染防治专家督导组、市"一湖两江"流域水环境治理专家督导组对昆明市环境保护工作和滇池保护治理工作的意见和建议。

8月4日　市政府召开专题会议,研究王家堆生态湿地实施方案、第十四水质净化厂规划建设有关工作。

8月5日　市政府召开专题会议,研究《昆明市河道管理条例(修订草案)》有关工作。

8月8日　厦门市人大常委会考察团一行到海东湿地参观考察湿地建设情况。

8月11日　省环保厅组织对"十二五"水专项"滇池水体内负荷控制与水质综合改善技术研究及工程示范"和"滇池水域水资源联合调度改善湖体水质关键技术与工程示范"课题示范工程第三方监测方案的修改稿进行审查。

8月15—19日　来昆访问的世行代表团专题检查市滇池管理局世行项目并给予好评。

8月23日　市政府召开专题会议,研究《昆明市海绵城市建设专项规划》编制有关工作。

8月26日　西山区政府召开会议,对《西山区新河片区生态湿地项目实施方案》进行评审。

同日　市政府组织召开专题会议,通报分析1—8月全市"国考""省考"地表水、集中式饮用水水源地、地下水考核断面(点位)的水质情况,并对全市水污染防治工作进行安排部署。

同日　为加快推进盘龙区滇池治理"十三五"项目前期工作,盘龙区政府召开清水河水环境综合治理工程可行性研究报告专家评审会。

同日　西山区滇池流域水环境综合治理办公室召开新河片区生态湿地建设项目实施方案专家评审会议,专题研究新河片区生态湿地项目实施方案。

8月29日　市第十三届人大常委会第三十九次会议对《昆明市河道管理条例(修订草案)》《市人民政府关于滇池草海及周边水环境提升综合整治情况的专项工作报告》等进行审议。

8月30日　市住建局召开专家评审会,对公家村排水口雨污拦截调蓄净化工程和经开区倪家营水质净化厂调节池工程初步设计进行评审。

同日　市人大常委会第十三届第三十九次会议以联组会议的形式,对市人民政府关于滇池综合整治情况进行专题询问。

同日　乍得新闻代表团一行参观海东湿地,了解滇池概况、滇池周边人民生产生活现状以及滇池保护和治理情况。

8月31日　市环保局组织召开《滇池流域水环境保护治理"十三五"规划(听证稿)》和《昆明市环境保护与生态建设"十三五"规划(听证稿)》听证会。

同日　市委目督办组织召开会议,通报滇池草海主要入湖河道及支流(沟渠)建立精准治污识别建档立卡签约责任机制工作落实情况。

同日　市政府召开专题会议,研究新河社区拆迁及西坝河口防浪堤拆除后生态湿地建设工作、海埂大坝至西坝河口富藻水收集外排导流工程设计方案。

9月6日　市委目督办召开会议,研究安排滇池流域餐馆排污调研督查工作。

9月8日　市政府召开专题会议,对《中共昆明市委办公厅昆明市人民政府办公厅关于印发〈进一步加强草海及周边水环境提升综合整治工作实施方案〉的通知》(昆办通〔2016〕75号)确定的各项目标任务进行工作安排部署。

9月8—9日　市滇池管理局召开《昆明市城市排水管理条例》(修订)立法工作会议,集中讨论研究具体修订内容及条款等相关事宜。

9月13日　2016年度滇池开湖捕捞,9月13日至9月21日期间捕捞大鱼(鲤、鲫、鲢、鳙、鲌等),9月29日至10月23日期间捕捞银鱼和虾。

9月20日　市政府召开专题会议,研究环湖截污南岸配套排水管网收集完善工程晋宁委建项目推进事宜。

同日　昆明滇池投资有限责任公司召开草海及入湖河口清淤项目可行性研究报告专家评审会。

9月21日　市环境保护局召开滇池水污染防治专项规划2015年度考核结果宣传工作媒体座谈会。

9月22日　盘龙区水务局召开麦溪沟水环境综合整治工程——截污工程初步设计报告专家评审会。

同日　广东省委办公厅有关人员一行到海东湿地考察滇池治理情况。

9月22—23日　市委目督办对滇池草海主要入湖河道水环境综合整治工作进行实地调研督查。

9月24—25日　中华龙舟大赛（昆明滇池站）在海埂大坝举行。

9月26日　株洲市湘江保护和治理领导小组办公室有关人员到市滇池管理局学习滇池流域管理体制机制改革、河道保洁、黑臭水体治理及综合执法经验。

同日　市人大法制委召开会议，对《昆明市河道管理条例（修订草案）》进行论证。

9月26—29日　环保部环境与经济政策研究中心组有关人员到昆明进行黑臭水体治理社会调研并召开座谈会。

9月26—30日　昆明学院昆明滇池（湖泊）污染合作研究中心有关人员到市滇池管理局对近三年来所实施的生态文明教育开展调研。

9月27—29日　市滇池管理局组织有关人员开展生态湿地管理维护及植物资源化利用学习培训，现场考察石屏县异龙湖并开展湿地管理相关培训。

9月28日　市政府召开专题会议，研究滇池草海片区征地拆迁、退塘及生态建设有关工作。

9月29日　昆明排水设施管理有限责任公司召开昆明市公共排水设施更新改造维护零星工程实施方案专家评审会。

9月30日　省环保厅召开《滇池北岸藻源内负荷物理阻隔与富集技术示范工程变更方案》技术审查会。

同日市委目督办组织召开滇池草海主要入湖河道精准治污督查考核工作通报会，通报滇池草海主要入湖河道及支流（沟渠）建立精准治污识别建档立卡签约责任机制工作落实情况。

10月9日　市委目督办对市委《滇池保护治理工作专题会议纪要》明确的工作任务进行回访督查，实地调查滇池外源污染治理试验、滇池治理生物技术和工程技术相结合、滇池内源污染治理试验、区域系统治理试验开展情况。

10月10日　市政府召开会议，对滇池流域及牛栏江补水区（昆明段）集镇、村庄生活污水收集处理设施现状调查工作及市场化运营管理下步工作进行安排部署。

10月11日　市政府就滇池保护治理和水处理相关技术合作及课题研究工作与北京科净源有限公司进行座谈。

10月12日　市委召开专题会议，研究《昆明市滇池农业面源污染治理工作方案》相关工作。

同日　市委党校组织"昆明市第二十期中青班"全体学员到海东湿地进行现场教学。

10月13日　市委主要领导对滇池及草海环境提升整治工作进行实地调研并召开座谈会。

10月14日　滇池旅游度假区管委会召开《大渔海晏村保护与发展规划》专家评审会。

10月14—16日　北京市朝阳区政府副区长王志勉一行到昆明考察滇池治理工作情况。

10月16日　市政府分管领导率市海绵城市建设工作领导小组赴长春、西宁、兰州、银川四城市学习考察"海绵城市"建设先进经验和做法。

10月18日　市环保局召开《污水处理厂尾水外排及资源化利用建设工程环境效益评估》项目技术报

告专家评审会。

同日 市政府召开专题会议，通报分析1—9月全市"国考""省考"地表水、集中式饮用水水源地、地下水考核断面（点位）的水质情况，并对全市水污染防治工作进行安排部署。

同日 市住建局召开草海北片区市政规划环湖路（原滨湖路）工程初步设计专家评审会。

同日 省委党校干部教育学院安排干部培训班对滇池生态修复与环境治理工程进行现场教学，实地参观环湖截污展示室、海东湿地、捞鱼河湿地和昆明学院滇池流域生态文化博物馆。

10月20日 市政府召开专题会议，研究2016年滇池保护治理项目推进实施有关工作。

10月24日 市环保局召开《昆明市生态保护红线划定技术方案》专家评审会。

10月24—26日 市环保局、市环科院组织召开中德滇池流域综合管理研讨会。

10月24—28日 市委组织部和市环保局联合举办昆明市生态文明建设专题培训班，学习贯彻习近平总书记系列重要讲话和考察云南重要讲话精神。

10月25日 市重点水源区保护委员会办公室组织对云龙水库及其主要入库河流水质情况进行实地调研。

10月26日 市政府领导及有关单位对西山区草海水环境综合整治工作情况进行现场督查督办。

10月31日 市人大常委会召开第十三届人民代表大会常务委员会第四十次会议，对《昆明市河道管理条例（修订草案）》进行审议。

11月8日 省政府滇池水污染防治专家督导组对滇池环湖湿地建设及外海水环境综合整治工作进行现场调研。

11月9日 深圳市水务局到市滇池管理局学习在新排放要求下污水处理厂提标改造方面的先进经验。

同日 市滇池管理局组织召开滇池流域综合管理研究培训会。来自瑞士、美国、德国和国内相关领域专家进行专题报告，市滇管、环保、水务、规划、林业、滇投公司、水务公司、排水公司等相关部门（单位）和滇池流域相关县（区）约120人参加培训。

11月15日 市政府召开专题会议，研究度假区提出滇池流域内截污治污和生态整治工作存在的问题。

11月16日 为按《滇池草海及周边水环境提升综合整治工作实施方案》要求推进"滇池流域水环境检测网络及信息平台"项目建设，市环保局对排水监测站进行调研。

同日 省水利厅开展2016年牛栏江滇池联合调度实地调研。到西园隧道调研滇池泄水情况，乘船查看滇池保护治理情况及水质情况，到海东湿地调研湿地建设情况并观看滇池治理汇报片。

11月24日 省人大常委会法制工作委员会召开会议，专题研究《昆明市环滇池生态区保护规定》综合行政执法等方面的问题。

同日 市"一湖两江"专家督导组对滇池水葫芦打捞处置情况开展调研督导工作。

11月24—25日 市滇池管理局在国家发改委组织召开的第五届生态补偿国际研讨会上汇报了滇池治理的做法和成效。

11月25日 市委主要领导对滇池及草海环境提升整治工作进行实地调研，并到昆明市第十三水质净化厂施工现场、草海及入湖河口清淤工程底泥脱水堆场、滇池外海北部水体置换提升工程现场及草海大坝进行实地调研。

11月28日 国务院参事室领导和中央文史研究馆馆员一行在云南省进行"国情考察"调研时考察昆明市滇池治理情况。

11月30日　昆明排水设施管理有限公司召开会议，对昆明主城老旧排水管网改造及泵站建设工程—广福路（海河至珥季路）污水管新建工程跨东北沙河广福路段河道相关事宜进行研讨。

12月1日　市政府召开专题会议，分析研究滇池流域餐饮业基本现状及经济占比、环保监管、排污许可、水污染防治、相关审批流程和有关监管情况。

12月5日　共青团昆明市委组织开展了"保护滇池同护碧水蓝天——青年志愿者在行动"2016国际志愿者日社区志愿服务活动。

12月6日　官渡区水务局召开马料河水环境综合整治工程竣工验收会议。

12月7日　市政府召开专题会议，研究呈贡区部分排水管网建设有关工作（主要为呈贡新区雨污分流排水管网建设工程）。

12月8日　省政府滇池水污染防治专家督导组召开滇池水污染防治工作第二十九次联合会议，听取昆明市关于滇池治理"十三五"规划项目完成情况、滇池治理2016年工作情况和滇池草海整治工作情况，以及需要省直各部门解决问题的汇报。

同日　市水务局召开专题会议，研究翠湖公园水环境治理相关工作。

12月9日　市政府召开昆明市外城发展与生态治理座谈会，北京国际城市发展研究院对昆明生态治理，尤其是滇池等重点区域生态治理现状、问题、难点进行调研。

12月12—16日　北京市政府参事室到昆明就滇池流域生态环境治理、保护和涵养、城市湿地规划建设开展调研。

12月13—17日　市"海绵城市"建设工作领导小组办公室组织到遂宁、南宁学习考察"海绵城市"建设的有益经验和先进做法，以及"海绵城市"技术标准的执行情况。

12月14日　市政府召开专题会议，研究主城北片区排水管网完善工程（二环路外盘龙区）有关工作。

12月15日　云南民族干部学院"云南省疾病预防控制中心中层干部综合能力素质提升培训班"到市滇池管理局进行现场学习。

12月16日　市政府召开会议，研究主城南片区排水管网完善工程（二环路外度假区）、主城西片区排水管网完善工程（二环路外五华区）、主城北片区排水管网完善工程（二环路外五华区）有关工作。

12月17日　为纪念上海合作组织成立15周年而发起的"上合昆明国际马拉松赛"鸣枪开跑，比赛路线围绕高原明珠滇池进行。

12月19—20日　省住建厅、省环保厅举办2016年全省城镇生活污水处理厂减排核查培训班。

12月21日　市政府召开昆明市贯彻落实河长制工作座谈会，邀请有关河长助理、市民代表、基层单位代表参加会议，听取对推行河长制工作的意见建议。

12月23日　市政府召开专题会议，研究2017年滇池流域水环境综合治理工作目标任务。

12月27日　昆明滇池投资有限责任公司召开第十四污水处理厂建设工程厂址选址论证会。

12月28日　市政府召开专题会议，听取滇池保护治理重大建设项目设施方案汇报。

12月29日　西山区滇池西岸片区征地拆迁工作指挥部召开土地移交工作现场会，研究推进富善大咀子片区滇池虑食性鱼类生物进化示范基地移交准备工作。

同日　市政府召开专题会议，听取滇池保护治理有关重大建设项目方案编制情况。

12月30日　市政府召开昆明市黑臭水体整治工作推进会。总结、安排部署整治工作，并就城市黑臭水体整治工作作培训。

## 2017年

1月1日　第七届"昆明之美"放鱼节在海埂滇池之滨举行，近100名志愿者将510千克、约1万余尾白鲢鱼放入滇池，喜迎新年。

1月5—6日　省人大常委会法工委调研组对《云南省滇池保护条例》《云南省阳宗海保护条例》开展立法调研。

1月11日　德国驻华大使柯慕贤参观滇池，并与昆明市环保部门就SINOWATER合作项目进行交流。

1月12日　市人大常委会举行新闻发布会，公布市第十三届人大常委会第四十次会议通过、报经省第十二届人大常委会第三十一次会议批准，3月1日起施行的《昆明市河道管理条例》。《条例》明确：禁止在主要出入滇池河道利用船舶、船坞等水上设施从事餐饮、娱乐、住宿等活动，以及悬挂、晾晒有碍景观的物品，禁止在河道两侧各200米范围内规模化养殖畜禽。

1月15日　国家发展改革委基础司领导率队到海东湿地实地调研并听取汇报。

同日　内蒙古呼伦湖国家级自然保护区管理局到昆明交流学习。双方就保护区管理机制体制建设、项目建设管理、资源保护、行政执法、科研监测、宣传教育、生态旅游发展等方面工作进行了交流。

同日　晋宁滇池边的东大河湿地飞来了第一批国家二级保护鸟类彩鹮。

1月18日　宝象河水环境整治工程经开区段通过竣工验收。

1月23日　昆明日报、都市时报、春城晚报、云南信息报、新华网等媒体相继报道滇池水质由劣Ⅴ类达到Ⅴ类，是近20年来首次出现的情况。

2月3日　昆明市滇池入湖河道国考水质达标，滇池流域入湖河道将从4月20日起试行生态补偿机制。

同日　滇池湿地在"中国最美湿地"评选活动中荣获"中国最美湿地"称号。

2月10日　省政府办公厅印发《云南省生态环境监测网络建设工作方案》，全面推进全省生态环境监测网络建设，为云南省成为全国生态文明建设排头兵形成重要支撑。

同日　"保护母亲湖市民河长在行动"2017年首次活动举行，近百名市民河长及滇池管理执法人员在滇池柳林防浪堤周边清理垃圾。

2月13日　省政府明确今年要重点督查20项重大建设项目，九大高原湖泊保护治理项目完成投资48亿元，实施环湖截污、河道整治、生态清淤、农业农村面源污染防治等工程。

2月17日　省政府滇池水污染防治专家督导组调研滇池湖滨生态湿地建设工作并召开座谈会，提出要创新方式，加大力度，全力推进滇池湖滨生态湿地的规划、建设和管理。

2月27日　滇池水污染防治工作第三十次联席会议召开。会议强调，各级各部门要齐心协力，狠下功夫，确保滇池水质稳定保持在Ⅴ类，决不能反弹。

3月1日　新修订的《昆明市河道管理条例》正式实施。

3月2日　民盟昆明市委在捞鱼河湿地公园举办"行走最美滇池，倡导文明出游"健步走活动。

3月3日　财政部社保司相关领导到滇池海东湿地现场调研了解滇池治理、湿地建设等相关情况。

3月8日　滇池沿岸妇女"三八"妇女节"爱的打捞队"体验活动在滇池举行，近百名环保志愿者聚集在滇池畔同"巾帼打捞队"的姐妹们一起体验打捞水域中的杂物，共度节日。

3月10日　2012年被列入《世界自然保护联盟》的濒危物种红色名录、属于低危级别动物的白眉鸭现身晋宁湿地。这是30多年来再次在云南发现的白眉鸭。

3月16日　昆明市2017年滇池流域水环境综合治理工作会召开。会议强调，要突出"六治"（源头重治、工程整治、河长主治、标本兼治、依法严治、社会共治），以抓铁有痕的干劲，切实把滇池保护治理工作抓实抓好抓出成效。

3月17日　针对西山区气象局在滇池一级保护区的草海生态园内建设管理用房但未办理任何审批手续的行为，市滇池管理综合执法局举行了行政处罚听证会。

3月20日　全省环境保护工作会议暨九大高原湖泊水污染综合防治领导小组会议在昆明召开。会议强调，要全面落实党中央、国务院关于生态文明建设和环境保护的一系列决策部署，以实际行动深入贯彻落实习近平总书记系列重要讲话和考察云南重要讲话精神，增强"四个意识"，压实责任，不断改善环境质量，增强人民群众的获得感。

3月22日　云南省纪念第二十五届"世界水日"第三十届"中国水周"座谈会在昆明举行。提出：要突出云南特点，实现所有河湖库渠推行河长制全覆盖，到2017年底全面构建五级河长制体系，为2018年全面建立河长制创造条件。

3月27—28日　四川省内江市政府代表团到昆明市学习考察《云南省滇池保护条例》立法及滇池保护治理工作。

4月6日　昆明滇池水务股份有限公司在香港联交所主板挂牌上市，股份代码03768。标志着昆明市在投融资体制改革、生态文明建设和滇池治理方面取得重大成果。

4月7日　"美丽春城，生态昆明——我和滇池有个约"昆明市第三届中小学生环保主题诗会在新文化宫举行启动仪式。

4月8日—5月29日　"最美滇池——共治才能共享"暨第六届公益环滇徒步活动举行。总行程138千米，累计5000余人参与。

4月11日　全国人大常委会法工委到昆明市调研河长制和垃圾处理的主要做法和成效，进一步完善《中华人民共和国水污染防治法修正案（草案）》。

同日　省人大常委会专题调研昆明贯彻执行《云南省滇池保护条例》情况。调研组一行实地察看西山区龙门村藻水分离站、捞鱼河湿地、古滇文化旅游名城等滇池一、二级保护区内生态湿地项目建设情况，并召开座谈会，听取市政府、有关职能部门及企业负责人对《云南省滇池保护条例》执行情况的意见和建议。

同日　市委、市政府联合印发《关于全面深化河长制工作的意见》。要求今年内需实现市域深化河长制工作全覆盖，并全面建立"四级河长五级治理"体系，总河长、副总河长分别由党政主要领导担任，将完成六大任务、建立九大工作机制。

4月20日　市委办公厅、市政府办公厅印发《滇池流域河道生态补偿办法（试行）》。规定，滇池流域河道生态补偿工作将纳入年度目标考核管理，未达到断面水质考核标准或未完成年度污水治理任务的都要缴纳生态补偿金，补偿金将用于滇池流域河道水环境保护治理工作。

4月21日　市委办公厅、市政府办公厅印发《昆明市全面深化河长制工作实施方案》。对全面深化河长制各项工作目标任务进行细化。

4月26—27日　云南省人民政府滇池水污染防治专家督导组督查牛栏江—滇池补水工程。在实地查看工程蓄水大坝、提水泵站和输水线路，了解牛栏江上游流域塘子工业园区和七星桥断面水质情况后，召开现场座谈会。

4月27日　"保护母亲湖——'市民河长'在行动"活动与"益起行，益起动——守护河道一千米"公益活动在大观河联合开展，近百名"市民河长"代表与昆明市环境保护联合会志愿者一起，捡拾沿河垃圾，并对滇池保护治理、创建全国文明城市工作进行宣传。

4月28日　市滇池管理局、经开区在马料河公园开展"人人参与保护滇池，共推创建文明城市"宣传及环保工作者慰问活动。

5月7—9日　全国人大常委会领导率队到云南调研水污染防治与滇池保护治理工作，并于8日到捞鱼河湿地公园实地调研滇池治理情况。他强调，要坚持保护优先、预防为主、综合治理，进一步加大水污染防治工作力度，让青山常在、绿水长流。

5月10日　省委、省政府召开全省全面推行河长制电视电话会议。强调，要深入贯彻落实中央关于全面推行河长制的重大决策部署和省委、省政府具体要求，明确目标，落实责任，把全面推行河长制工作落实落细，推动全省河湖库渠管理保护工作再上新台阶。

5月11日　市委领导率队调研牛栏江引水入滇工程取水口和滇池水动力试验场时强调，要继续把滇池治理作为"一把手"工程，坚持标本兼治、综合施策，统筹抓好滇池保护治理各项工作，切实提高滇池治理的科学化水平，推动滇池水质持续向好。

5月16日　市政协召开市政协落实河长制会议。会议提出，市政协要在全面深化河长制工作中，发挥政协优势，履行好政协职能，为推动全市水环境综合治理、生态文明建设做出贡献。

5月24日　北京市水务局一行到昆明环湖截污干渠展示室考察环湖截污情况，到永昌湿地考察湿地建设情况。

6月5日　五华区环境卫生管理处、护国街道金牛街社区共同发起了"人人讲文明，保护母亲河"参与"世界环境日"活动，200余名志愿者对盘龙江油管桥至南太桥段五华区辖区内的绿化带、沿江道路上的垃圾进行清理。

6月13—25日　市滇池管理局排水监测站邀请来自瑞士的专家西蒙妮·布策尔和马库斯·安特尔对《滇池蓝藻移动式和固定式打捞及无害化处理项目孢子降磷控藻》项目进行技术指导和交流，并于20日在市滇池管理局排水监测站召开蓝藻处理与应用专题报告座谈会。

6月13日　省政府滇池水污染防治专家督导组调研昆明市深化河长制落实情况和生态补偿机制推进情况时提出，要进一步深化落实河长制，强化截污治污，千方百计确保滇池水质稳定并持续改善。

6月15日　五华区水务（滇池管理）局、五华区妇联、五华区红云街道办事处组织150名环保志愿者、巾帼志愿者和文明志愿者在月牙塘公园开展"人人参与保护滇池，共同创建文明环境"保护滇池志愿者活动。志愿者们沿盘龙江捡拾垃圾，清扫绿化带，倡导文明行为。

6月16日　省人大常委会对《云南省湿地保护条例》实施效果进行调研。

6月19日　"保护母亲湖，共创文明城"活动在盘龙江滇池入湖河口湿地公园举行，省委省政府主要领导与昆明市干部群众、志愿者代表一同参加活动。

6月21日　瑞士驻华大使馆公使一行到滇池实地考察，了解昆明苏黎世合作对滇池水质改善取得的成果。

6月21—27日　由云南湿地保护发展协会专家组成的云南省湿地资源环境状况联合调研组赴陆良紫溪湿地、晋宁南滇池国家湿地公园等地进行调研。专家组提出：要建立严格的湿地资源利用审批制度，明确各级审批权限，杜绝多头审批、越级审批、未批先用。

7月4日　南京市人大常委会农委领导带队到昆明调研《昆明市城市排水管理条例》方面的经验和做法。

7月5—7日　市滇池管理局渔业行政执法处组织工作人员在滇池观音山高海桥下放流774万尾高背鲫鱼苗，这是2017年滇池渔业资源增殖放流首批投放的鱼苗。

7月11日　盘龙区法院在昆明市公安局水上治安分局水景码头开庭审理了在滇池禁渔区使用电鱼器非法捕捞获得价值399元的渔获物15.55千克一案，当庭判决马某某和胡某某犯非法捕捞水产品罪，分别判处罚金2000元。宣判后，两名被告人向滇池投放6万尾鱼苗。

7月19日　市滇池管理局渔业行政执法处和市公安局水上治安分局于凌晨在滇池外海开展了水上联合突击执法行动，抓获了18名非法偷捕者，收缴11架橡皮筏子、8个轮胎。

7月20日　瑞士专家Simone Buetzer（西蒙妮·布策尔）博士和Markus Antener（马库斯·安特尔）在昆明市排水监测站召开蓝藻处理与应用专题报告座谈会。

7月28日　江西省景德镇市政协副主席一行前往捞鱼河湿地学习考察生态修复经验。

7月30日　市滇池管理局与团市委在捞鱼河湿地公园开展"保护母亲湖——志愿者在行动"活动。50余位"市民河长"代表与团市委志愿者一起对公园内的垃圾进行捡拾，并宣传了滇池政策、法规。

8月1日　市政府办公厅发出《关于滇池流域和西山重点保护区域采石采砂点关停和治理修复的通知》。要求《通知》下发之日起，立即停止在滇池流域和西山重点保护区域内的一切采石采砂点开采行为，今年内完成矿山证照注销、断水断电、人员撤出、设备拆除、尾矿清理等相关工作。

8月3日　水利部副部长一行到昆明市督导调研河长制落实情况。

8月4日　滇中引水工程建设动员大会在市盘龙区龙泉倒虹吸接收井工程现场举行。

8月7日　市人大常委会副主任、大清河（明通河）河长率领市人大教科文卫委员会、市教育局、市水务局、市滇管局领导巡查明通河保护和治理情况。

8月8日　国家住建部近日正式发函，同意昆明市海河黑臭水体销号，海河成为全国首批销号的黑臭水体。

8月13日　市政府与亿利资源集团签订战略合作协议，亿利资源集团将充分发挥生态流域、湖泊的治理优势积极参与滇池生态综合治理。

8月15日　市妇联在捞鱼河湿地公园开展"保护滇池，巾帼行动"志愿家庭活动，志愿者们对捞鱼河湿地公园进行环境卫生保洁，发放宣传资料，倡导绿色环保生活方式，营造保护母亲湖的良好氛围。

8月18日　昆明市全面深化河长制督察工作会议召开。会议要求，各级各部门要切实加强全市河长制督察工作，进一步压实责任，把河长制各项工作落到实处，促进全市河湖管理保护水平提升。

同日　市滇池管理局组织召开《昆明市城镇排水与污水处理条例（修订）》听证会，就加强城镇排水与污水处理的管理，保障城镇排水与污水处理设施完好和正常运行，防止城镇水污染和内涝灾害等内容听取社会各界的意见和建议。

8月21日　福建省莆田市人民政府代表团一行到昆明考察滇池水生态修复情况。

8月23—24日　"滇池流域综合管理研究"培训会在昆举行，来自国内外的10位专家进行滇池流域管理、污水治理等方面的交流培训。

8月24日　水利部国家入河排污口重点复查组对我市入河排污口整治工作情况进行检查。

8月28日　市政协主席、市级河长制副总督察、市政协河长制督察组总督察率督察组对滇池、阳宗海流域外各县（区）河渠湖库全面深化落实河长制工作情况进行专项督察。

9月3日　大观河、盘龙江、滇池周边湿地公园等水域，出现白鹭的身影。

9月19日　新疆生产建设兵团第八师石河子市党委常委、八师副师长一行到昆明市考察滇池水污染综合治理工作。

9月21日　市委、市政府召开滇池治理河长会议。会议强调，全市上下要以更加坚决的态度、更加务实的作风、更加有力的措施，全力以赴打好滇池保护治理三年攻坚战，确保滇池保护治理取得新突破。

9月21—22日　市人大常委会组织视察组对滇池流域和阳宗海流域生态环境综合治理工作开展集中视察。

9月30日　滇池开湖。由昆明市滇池管理局、云南滇池保护治理基金会、昆明报业传媒集团联合举办的首届昆明"扬帆滇池——最美开湖季"摄影大赛启动。

10月11日　市委书记接受《半月谈》专访时强调继续把滇池治理作为头等大事、"一把手"工程，统筹抓好滇池治理。

10月16日　2017年滇池第二阶段开湖开始。

10月17日　随着国际龙舟联合会第十三届世界龙舟锦标赛的开幕，完成提升改造的"升级版"草海大坝正式亮相。

10月17—25日　国际龙舟联合会第十三届世界龙舟锦标赛在昆明滇池举行。完成提升改造的"升级版"草海大坝正式亮相。

10月29日　由昆明市滇池管理局主办，晋宁区水务（滇池管理）局、官渡区水务（滇池管理）局、都市时报联合承办的2017年滇池宣传月系列活动之"保护滇池，我在参与"环滇公益骑行活动举行。300余名骑行志愿者沿着40多千米的环滇慢行系统骑行，并开展滇池保护宣传活动，倡导更多市民群众加入到滇池保护治理的队伍中来。

10月30日　市第十四届人大常委会第五次会议举行联组会议，就滇池流域生态环境综合整治情况进行专题询问。

同日　市第十四届人大常委会第五次会议审议通过《昆明市城镇排水与污水处理条例（修订草案）》（原《昆明市城市排水管理条例（修订草案）》）。

11月5日　2017云南格兰芬多国际自行车节首站比赛在昆明鸣枪开赛，优美的环湖赛道令选手们赞不绝口。

同日　由昆明市滇池管理局主办，盘龙区水务（滇池管理）局、都市时报承办的2017年滇池保护治理宣传月系列活动之"童眼看滇池"活动举行。

11月8日　盘龙区在桃源广场启动滇池保护治理宣传月活动。通过活动使广大市民从自己做起，从身边小事做起，爱护滇池，为滇池水污染综合治理营造良好的社会氛围。

同日　明通小学（北辰校区）举行2017年学生河长（试点）学校授牌暨启动仪式。

11月11日　由市滇池管理局主办，晋宁区水务（滇池管理）局、都市时报、云南玺尊龙婚礼文化产业集团、昆明滇池投资有限责任公司承办的2017年滇池保护治理宣传月之"爱·滇池"环保主题集体婚礼在晋宁南滇池国家湿地公园隆重举行。15对不同年龄、不同职业的新人齐聚滇池湖畔，通过集体婚礼这样的特殊形式，为保护滇池代言，为滇池治理发声。

11月11—12日　云南大学大象自然教育实践联合会、云南农业大学大象自然教育实践联合会的30余名成员在盘龙江开展"学生河长"巡河活动，向沿岸居民发放滇池保护治理宣传单210份。同时，开展"环滇池生态圈水生生物多样性科学保护——保护母亲河，科学放生"活动，放生金线鲃3000苗。

11月12日　2017中国自行车联赛（云南·昆明）总决赛暨2017昆明环滇池高原自行车邀请赛开赛。昆明环滇池高原自行车邀请赛自2011年创办以来，经过6年的培育和打造，已经成为昆明的高原环湖精品体育赛事，以及宣传和展示昆明城市建设与滇池治理成果的重要平台和窗口。

11月19日　来自2017年第一批学生河长（试点）学校——明通小学的同学们在家长的陪伴下，来到盘龙江边开展巡河活动。

11月20日　滇池进入封湖禁渔期。

11月20—23日　市滇池管理局城市排水监测站有关人员与法国专家伯利昂·吕克（Luc Brient）参观藻水分离站和第七、八水质净化厂等示范点，共同探讨和研究餐饮废水监测及处理工作，并召开餐饮废水监测及处理工作研讨会。

11月21日　金康园小学举行2017年学生河长（试点）学校授牌仪式。

11月22日　昌乐实验中学举行第二十九届中国"国际科学与和平周"云南站启动及环滇池生态圈生物多样性科学保护实践系列活动生态文明教育暨2017年学生河长（试点）学校授牌仪式。

11月23日　省人民政府决定，撤销省政府九大高原湖泊水污染综合防治督导组、省政府滇池水污染防治专家督导组。

11月24日　红旗小学（布新校区）举行2017年学生河长（试点）学校授牌仪式。

11月25日　市滇池管理局主办的"人人参与保护滇池"2017年市民志愿者系列活动启动仪式在海埂公园举行，来自云南大学滇池学院学生会青年志愿者协会的25名成员成为该系列活动首场活动的参与者，志愿者们向路边的行人发放滇池保护治理的宣传资料，沿着湖边清理公园中的垃圾。

11月26日　市滇池管理局主办的"人人参与保护滇池"2017年市民志愿者系列活动走进王官、斗南湿地，志愿者们向路边的行人发放滇池保护治理的宣传资料，拾捡湿地内的垃圾。

11月27日　市滇池管理局等单位联合举办的"人人参与保护滇池"2017年市民志愿者系列活动在桃源广场举行，共青团盘龙区委的25名青年志愿者沿江边步道捡拾沿途垃圾，向市民发放宣传材料。

11月28日　市滇池管理局城市排水管理处在云安会都召开规范排水行为培训会。来自昆明市房地产开发、建筑施工、餐饮、洗车等行业的54户排水代表，以及五华、盘龙、西山、官渡、呈贡、晋宁、高新、经开、度假区排水管理部门和市滇池管理局相关处室约100人参加培训。

11月30日　市委第三十九次常委会议审议通过市人大常委会党组呈报的《昆明市城镇排水与污水处理条例（修订草案）（送审稿）》。

12月1日　市滇池管理局渔业行政执法处组织工作人员在古滇码头放流10吨鲢鱼、鳙鱼鱼苗。到15日止，已向滇池放流130吨约150万尾鲢鱼、鳙鱼鱼苗。

12月4日　市政府办公厅印发《滇池保护治理"三年攻坚"行动近期重点工作方案》。明确提出，至2018年滇池水质（含雨季）基本消除劣Ⅴ类，全年水质达到Ⅴ类水标准；2017年底前西山区主要河道及主要支流必须基本消灭劣Ⅴ类水体，2018年雨季前其余各区也要基本消灭主要河道及主要支流劣Ⅴ类水体，2018年底前河道全面消灭劣Ⅴ类水体的近期滇池治理工作目标。

12月9日　盘龙公安分局龙头街派出所联合盘江社区举办了"关爱滇池——春城志愿者在行动"活动。

12月10日　来自云南大学、云南农业大学、云南昌乐实验中学、明通小学、红旗小学、金康园小学等学校的学生及家长，通过巡查盘龙江捡拾江边垃圾、劝阻不文明行为，向周边居民宣传滇池保护。

12月14日　由市滇池管理局、昆明报业传媒集团联合举办的"保护母亲湖'市民河长'在行动"系列活动之"东大河航拍活动"举行。30位市民河长代表、省摄影家协会摄影专家们齐聚晋宁东大河及晋宁南滇池国家湿地公园（即东大河湿地），巡查河道、湿地，并通过近10台航拍器从高空看河道整治成果、湿地和滇池美景。

12月17日　由市政府主办，市滇池管理局、春城晚报、滇池阳光艺术团联合承办的2017年第八届"放鱼滇池生态保护行动"在海埂公园举行。

12月22日　市第十四届人大常委会六次会议审议通过《昆明市城镇排水与污水处理条例（修订草案）》。

12月24日　2017年第八次"学生河长"巡河活动开展，明通小学、金康园小学、昌乐实验中学的同学们相聚在盘龙江河畔开展巡河活动。

12月25日　滇池流域河长会议召开。会议听取全面推行河长制工作情况汇报，研究部署下步任务，动员全市各级各部门切实把思想和行动统一到中央和省的决策部署上来，确保河长制落到实处、取得实效，推动滇池水质持续改善。

12月26日　30万尾滇池土著鱼在古滇艺海湿地被投入滇池，其中包括20万尾滇池金线鲃和10万尾云南光唇鱼。

12月31日　2017上合昆明国际马拉松开跑。作为中国海拔第一高的城市全马赛事，上合昆马赛道风景优美，是独特的高原生态跑步体验赛事。

## 2018年

1月5日　中共中央办公厅、国务院办公厅印发《关于在湖泊实施湖长制的指导意见》，并发出通知要求各地区各部门结合实际认真贯彻落实。

同日　市政府召开专题会议，研究《昆明市城市排水防涝补短板实施方案》（修编）相关工作。

1月8日　市政府召开专题会议，研究大观楼生态湿地及滇池保护宣教基地项目、滇池流域生态文明建设网格化管理有关工作。

1月12日　市滇池管理局渔业行政执法处"亮剑2017"渔政专项执法行动受到农业部表扬。

1月14日　市纪委主要领导率队巡查马料河，要求相关部门根据不同河段具体情况制定治理方案，加快防治工程的规范实施，全面落实好河长制。

1月15日　市政府召开专题会议，研究滇池流域全面禁磷洗涤剂有关工作。

1月16日　市政府召开专题会议，研究滇池保护治理"三年攻坚"重点治理河道盘龙江、海河"一河一策"编制有关工作。

同日　2017年度"守护滇池"先进表彰会暨昆明滇池阳光艺术团汇报演出在昆明新工人文化宫举行，市滇池管理局对23名"守护滇池"工作先进个人、3个"守护滇池"工作先进集体进行了表彰。

同日　盘龙区委、区政府河长集体巡河，现场查看花渔沟、盘龙江、明通河的保护和治理情况。经过巡河，河长们表示盘龙区河道治理重点应该放在支次河道、支流上，建立治理与打击相结合的多部门联动执法机制，尽快完善集体巡河机制。

1月19日　度假区实验学校"滇池"课程正式开课，校园里的"小滇池"——滇池微缩景观同步揭幕，首批10位"滇池小卫士"正式上岗。

同日　市人大常委会领导赴官渡区对老宝象河、五甲宝象河、六甲宝象河综合整治工作进行巡查。提出要进一步加快深化河长制，完善河道功能，完善整治措施，完善监督机制，倒逼工作落实。

1月22日　市滇池管理局召开草海大泊口水域石墨烯光催化水环境治理试验项目小结会议，对试验情况及效果进行总结。

1月29日　由市滇池管理局、云南滇池保护治理基金会、昆明报业传媒集团联合举办的首届昆明"扬帆滇池最美开湖季"摄影大赛落下帷幕，82组作品分别获得金银铜奖和入围奖。

1月31日　晋宁区水务（滇池管理）局与晋宁区水环境综合整治办公室组成学习考察小组，就河道垃圾清理、农村雨（污）水收集处理、滇池湿地运行管护等问题，到玉溪市九溪镇、澄江县考察学习。

2月1日　市政府召开滇池保护治理"三年攻坚"行动技术指导意见研究讨论会，市环科院对滇池保护治理"三年攻坚"行动技术指导意见编制情况进行汇报。

同日　市政府召开专题会议，研究滇池"十二五"规划未完工项目整改有关问题。

2月5日　市政府办公厅印发《滇池保护治理三年攻坚行动实施方案（2018—2020年）》《方案》明确昆明市将通过实施滇池保护治理三年攻坚行动，大力削减流域污染负荷，让滇池水更清，实现滇池保护治理取得新突破，努力把滇池打造成生态之湖、景观之湖、人文之湖。

2月6日　市委、市政府召开总河长暨滇池保护治理"三年攻坚"工作动员会。会议强调，全市各级各部门要切实把思想和行动统一到市委的决策部署上来，以更加坚决的态度、更加务实的作风、更加有力的措施坚决打赢滇池保护治理"三年攻坚"这场硬仗，确保2020年滇池水质达到Ⅳ类的目标顺利实现。会上，市委领导与市级河长签订了《2018年滇池流域河长目标责任书》。

2月8日　市委、市政府成立昆明市滇池保护治理"三年攻坚"行动指挥部，负责组织领导、统筹协调和综合考核滇池保护治理"三年攻坚"行动相关工作。

同日　市人大常委会主任巡查大观河综合整治情况，强调要按照《大观河"一河一策"方案》采取一系列整治措施，以目标为导向，扎实开展治理行动。

2月11日　昆明经济技术开发区滇池保护治理"三年攻坚"行动指挥部和昆明经济技术开发区大气污染防治工作指挥部成立，并召开滇池保护治理"三年攻坚"行动暨大气污染防治工作会。

2月12日　市政府编制完成的《昆明市农村生活污水处理技术指南》印发各县（区）、管委会参照执行。

同日　市政府召开会议，研究牛栏江干河拦沙坝建设及滇池流域水量监测站项目推进相关事宜。

2月13日　市滇池管理局组织召开滇池保护治理三年攻坚"一河一策"研究会。

2月28日　全市2018年水务工作会议召开。2017年全市完成水利工程创历史新高，水务改革发展各项工作再创佳绩，2018年完成各类水利投资61.4亿元。

同日　盘龙区召开全面深化河长制工作暨滇池保护治理"三年攻坚"工作动员会。会议通报《盘龙区滇池保护治理三年攻坚行动工作实施方案（2018—2020年）》，要求全区上下以更加务实的作风、更加有力的措施，坚决打赢滇池保护治理"三年攻坚"这场硬仗，确保2020年全区所有入滇河道及支流沟渠全年水质稳定达到Ⅳ类以上。

3月1日　捞鱼河（含梁王河）河长工作会议召开。会议安排部署2018年捞鱼河河长制工作；市政协副主席、捞鱼河（含梁王河）市级河长胡炜彤与呈贡区、高新区、度假区签订了《2018年捞鱼河河长制目标责任书》。

3月2日　市滇池管理局召开会议，传达市政府关于滇池流域河道生态补偿金补助项目安排的相关要求，对生态补偿金第一轮补助项目进行研究。

3月4—7日　市滇池流域河长制办公室召开评审会，组织专家对《滇池保护治理三年攻坚行动"一河一策"实施方案》进行第二轮评审。

3月7日　新运粮河四级河长工作会议召开，就贯彻落实市委关于总河长暨滇池保护治理"三年攻坚"工作会会议精神，进一步统一思想，紧盯目标，压实责任，全面完成新运粮河河长工作任务提出要求。会上签订《新运粮河区级河长目标责任书》。

3月9日　市人大常委会领导巡查东大河综合整治情况。提出要坚决打好滇池治理"三年攻坚战"，层层压实责任，突出工作重点，高度重视面源污染，加大工程措施、日常管护和执法力度，积极发动群众参与滇池保护治理，确保水质稳定达标。

3月12日　云南日报与湖南日报、新华日报携手邀请3省全国代表委员共话河长制，探讨交流滇池与湘江的保护治理经验。

同日　市滇池管理局召开会议，研究滇池湖滨湿地水质监测工作范围和监测点位。

3月13日　市滇池管理局渔业行政执法处联合市公安局水上治安分局滇池水上派出所、滇池海口派出所及沿湖5区渔政部门启动为期3个月（3—5月）的春季护渔行动。

3月14日　市委常委、昆明警备区司令、乌龙河市级河长率队巡查乌龙河整治工作，要求就"一河一策"进行再研究，找准片区雨污分流系统不稳定、河道淤积、沿线面源污染等问题根源，精准治污，提升水质。

3月15日　古城河河长会议召开。市政协副主席、古城河市级河长提出要切实抓好重点项目的推进落实，确保河道水质持续改善。

同日　市政府召开会议，对《昆明市滇池湖滨湿地建设与管理办法》进行修改完善。

3月16日　市滇池管理局对呈贡区和晋宁区湿地建设情况进行现场调研。

3月20日　市委常委、市委统战部部长率队巡查金家河、正大河河长制落实情况。提出各级河长必须提高政治站位，统一思想、提高认识，不折不扣完成河道"双目标"任务，全面深化河长制，实现河道治理的精准施策、精准治污。

3月21日　市滇池管理局组织召开会议，对《滇池环湖干渠（管）截污系统提效方案研究报告》进行研究。

3月23日　滇池流域河长制公示电子屏亮相草海大坝，对36条出入滇河道市、区级河长名单以及上个月河道水质等情况进行公示，让河长们接受公众监督。

3月25日　省委常委、市委书记、盘龙江河长率队对盘龙江进行现场巡查。强调要加大对盘龙江暨支流沟渠的综合整治力度，推动水质持续改善、环境持续提升，为入滇河道治理当表率、做示范。

3月26日　盘龙区委调研盘龙江支流沟渠调蓄池建设选址工作，强调要完善在线监测系统，能实时监测各水库、河道、坝塘情况。

3月27日　市委领导率队调研滇池治理工作强调，全市上下要按照"科学治理、系统治理、集约治理、依法治理"的思路，加快推进滇池保护治理"三年攻坚"行动，对入滇河道实行水质和污染负荷削减双目标控制管理，不断提高滇池保护治理科学化水平，让滇池早日重现"高原明珠"的靓丽风采。

同日　市人大常委会对盘龙区和官渡区入滇河道河长制工作情况进行督察。提出要岸上岸下齐抓、上游下游共管、治标治本共治，建立多方参与、联防联控的工作机制和共管共治的工作模式，确保入滇河道水质提升达标。

同日　滇中引水工程建设管理领导小组办公室组织召开会议，专题研究滇中引水二期工程补滇通道及对滇池治理的影响。

3月30日　市委副书记、宝象河市级河长率队对宝象河进行巡查。

同日　市委常委、市委政法委书记率队到盘龙区和官渡区湿地了解金汁河和枧槽河水环境综合治理、河长制落实等工作进展情况。提出各部门要进一步提高认识、落实责任，加强配合、各尽其责，充分调动辖区各单位和群众的力量，营造全民共治的良好氛围。

同日　市人大常委会副主任率市人大常委会河长制第三督查组督察五华区和西山区入滇河道河长制工作情况。要求要坚持"一河一策"工作方法，进一步加强协同配合，推动由单线作战向区域联合作战拓展，确保入滇河道水质持续提升达标。

3月31日　云南信息报"云信乐学"小记者深入昆明市第十水质净化厂零距离感受污水处理技术的神奇力量，深刻认识保护水资源的重要意义。

4月2日　市滇池管理局举行网络舆情与危机应对培训。人民网舆情检测室秘书长助理、旅游智库副主任芦珊作了主题为《舆情的人格化管理》的舆情管理及处置相关内容培训。

4月3日　市委领导率队对滇池保护治理"三年攻坚"行动重点工作落实情况进行调研。要求各相关部门、县（区）要加快新增调蓄池建设，尽快完成盘龙江河道及各条支流清淤工作，加大河道及周边地区清扫保洁力度，加快滇池保护治理"三年攻坚"行动各项工程建设进度。

同日　市政府召开会议，研究组建滇池保护治理"三年攻坚"行动咨询专家委员会相关事宜。

4月8日　市环境保护局发布滇池一季度水质信息。一季度滇池总体水质持续保持企稳向好的趋势，富营养化程度进一步减轻，与去年同期比较，全湖水质类别由 V 类上升为 Ⅳ 类。

4月9日　市委领导率队巡查马料河治理情况，对马料河经开区段进行实地调研，听取经开区马料河及支流沟渠整治情况的汇报。

4月10日　滇池保护治理"三年攻坚"行动指挥部办公室组织举办滇池保护治理"三年攻坚"行动技术指导培训会。

4月11日　市政府组织有关部门对海河治理情况进行巡查。要求相关各区各部门全面贯彻海河治理"一河一策"实施方案，确保海河水质长治久清。

4月12日　昆明市滇池管理局组织召开会议，研究《滇池船舶准入管理办法》文本初稿，安排落实立法相关工作。

4月16日　市人大常委会河长制第二督察组召开滇池流域（呈贡、晋宁）河长制推进落实情况督察工作会。提出要提高政治站位，进一步增强责任感和紧迫感，抓紧抓实抓细治理工作。

4月17日　昆明苏黎世友城合作暨中瑞低碳城市技术交流考察团的瑞士专家马库斯、西蒙妮一行到晋宁区实地参观"海绵城市"实施情况，交流指导低碳城市建设工作。

同日　市委目督办组织召开会议，对滇池保护治理"三年攻坚"行动2018年度重点工作目标任务推进情况及存在问题进行通报。

4月21日　由市环境保护联合会、昆明走进自然户外主办的"美丽滇池，我是行动者"第七届徒步环滇公益活动在滇池大坝举行启动仪式。

4月26日　市政府召开专题会议，研究《关于运用网格化管理开展滇池水环境治理思路的报告》相关工作。要求进一步做好滇池水污染治理，运用网格化管理手段开展滇池水环境治理。

4月28日　市政府召开专题会议，研究《昆明市滇池流域源头污水处理设施建设运行管理办法（草案）》《昆明市滇池流域调蓄池运行维护管理规定（草案）》有关事项。

5月4日　市滇池管理局组织召开滇池保护治理"三年攻坚"行动现场督察安排部署工作会，成立由局领导班子成员组成的5个督查组，要求每月至少对滇池保护治理"三年攻坚"行动工作开展2次现场检查。

5月7日　2018年中德滇池流域综合管理研讨会在昆举行，两国的专家学者就滇池保护治理等进行交流探讨。

同日　市公安局、水务局、环保局、城管局、滇管局按照滇池流域入湖河道精准治污协同联动监管工作计划，对金汁河、枧槽河进行联动执法巡查。

5月10日　市政协城乡建设环境保护委员会召开《昆明市滇池保护规划（2018—2035年）》专题协商会议，就规划编制工作进行协商议政。

5月15日　省环境保护厅、省住房和城乡建设厅在昆明市联合开展2018城市黑臭水体整治环境保护专项行动实地督察，对官渡区海河黑臭水体整治工作现场和昆明市城市黑臭水体整治工作台账进行督察，并部署安排下一步工作。

5月16日　市人民政府与清华大学在北京举行《清华大学—昆明滇池高原湖泊联合研究中心合作协议》签约仪式。"清华大学—昆明滇池高原湖泊联合研究中心"是清华大学以学校与地方政府直接合作的方式成立的全国仅有的4家研究中心之一。

5月17日　市政府召开专题会议，研究《昆明市滇池流域源头污水处理设施建设运行管理办法（草案）》《昆明市滇池流域调蓄池运行维护管理规定（草案）》。

同日　云南昆明工业学校近400名师生作为志愿者与市滇池水利管理处人员对海口河两岸的垃圾堆积物进行清扫，并向沿岸居民宣传滇池保护工作，通过实际行动倡导更多人参与到滇池保护治理行动中来。

5月18日　市政府召开专题会议，对2018年昆明市水环境质量状况进行调度分析，对水质不达标县区政府进行集中约谈。

5月21日　市政府召开昆明城市防汛排涝工作会议，通报城市防洪排涝工作开展情况，相关责任单位签订《2018年昆明城市防汛排涝责任书》。

5月22日　省住建厅、省环保厅联合召开黑臭水体整治工作进度滞后城市约谈会，通报昆明市等在黑臭水体整治工作开展中存在的突出问题，并对下一步工作提出要求。

5月23日 市政府召开昆明市黑臭水体整治工作推进会暨环境保护专项行动工作部署会,传达省黑臭水体整治工作推进会暨环境保护专项行动工作部署会精神,并提出迎检工作要求。

5月29日 市政府召开会议,专题研究滇池保护治理"三年攻坚"行动2018年目标责任书相关工作。

5月30日 滇池大坝文化景观提升工程全部完工。在大坝南北2千米坝体上建设了12组文化景观雕塑、12块十二生肖地雕、279幅春夏秋冬植物花卉主题栏杆立柱线雕以及180块展现老昆明文化和滇池景致的线刻。

同日 云南省第十三届人民代表大会常务委员会第三次会议审查批准了《昆明市城镇排水与污水处理条例》。

5月31日 市滇池管理局召开洛龙河水质污染工作推进协调会议。

6月1日 市政府召开迎接中央环境保护督察"回头看"暨云南省委省政府环境保护督察反馈意见问题整改落实工作推进会议,为中央环境保护督察"回头看"迎检工作和省委省政府反馈意见问题整改落实工作做好准备。

6月4日 省高级人民法院、昆明市中级人民法院、晋宁区人民法院联合开展"保护母亲湖我们在行动"环保普法主题活动,向滇池投放2万尾以蓝藻为食的鲢鱼,为滇池治理助力。

同日 市人大常委会召开新闻发布会,向社会发布修订后的《昆明市城镇排水与污水处理条例》(原《昆明市城市排水管理条例》),自当日起正式实施。

6月5日 中央第六环境保护督查组对云南省开展"回头看"工作动员会在昆明召开。督查组就做好督察"回头看"工作分别作了讲话,省委书记作动员讲话。

6月6日 市委领导率队对滇池保护治理"三年攻坚"相关工作进行巡查。强调要继续把滇池保护治理作为头等大事,按照"科学治滇、系统治滇、集约治滇、依法治滇"的治理思路,深入推进滇池保护治理"三年攻坚"行动计划,推动滇池水质持续改善。

6月7日 滇池金线鲃正式获农业农村部的官方认证,在水产种业发展论坛上获得农业农村部颁发的水产新品种证书,标志着滇池金线鲃有望实现规模化商业养殖。

同日 中央第六环境保护督查组一行在省委领导的陪同下督察调研滇池治理工作。

6月7—8日 昆明市召开"十二五"滇池项目"滇池入湖河道清水修复关键技术与工程示范""滇池水体内负荷控制与水质综合改善技术研究及工程示范""滇池草海水生态规模化修复关键技术与工程示范""滇池流域水资源联合调度改善湖内水质关键技术与工程示范"示范工程第三方评估会议。

6月8—9日 市委、市政府主要领导陪同中央环保督导组组长一行先后对昆明七、八水质净化厂,五华区如意苑垃圾中转站、小塑料作坊整治、破坏林地、侵占坝塘案件,海河黑臭水体,广普大沟整治情况,呈贡信息产业园区污水处理厂建设项目等进行现场督导。

6月10日 "保护滇池 盘龙河小青环保志愿行"活动在盘龙区桃园广场举行,300余名"河小青"志愿者沿着盘龙江沿河路段开展巡河、清理垃圾、环保宣传等活动。

6月13日 市滇池管理局、市水务局、市规划局就《滇池流域河道沟渠保护管理规定(征求意见稿)》举行听证会。

6月14日 国际风景园林师联合会亚非中东地区奖获奖名单公布,斗南湿地荣获"雨洪管理类杰出奖",东大河湿地荣获"野生动物、生物多样性、栖息地改善或营建类杰出奖"。

6月15日 西南林业大学地理学院被授予"环滇池生态圈生物多样性科学保护生态文明教育实践学

院"以及"2018年学生河长试点学校",成为昆明首个"学生河长"试点学校。

6月19—20日　省人大常委会副主任率队调研昆明市2017年度环境状况和环境目标完成情况。

6月22日　市政府召开专题会议,研究昆明市"五采区"治理相关工作。

6月27日　昆明市滇池渔业行政执法处启动2018滇池增殖放流工作。在滇池观音山高海桥下持续3天完成788万尾高背鲫鱼苗放流工作。

6月29日　市住房和城乡建设局召开会议,研究拟定全市黑臭水体治理工作方案,充分征求相关部门意见建议。

同日　市滇池管理局召开会议,通报省环保厅对2018年1—5月水环境质量达标滞后地区约谈情况及市政府相关工作要求,分析水质不达标原因及存在问题,部署下一步水质提升工作。

7月2日　省委领导率省政府领导班子成员和相关部门负责人,到昆明市检查指导和现场督办中央环保督查"回头看"反馈问题整改落实情况,实地调研西山区豹子山片区磷矿偷采点、尖山磷矿采场生态修复、呈贡区时代俊园雨花路片区防洪管道不畅等问题。

7月4日　市政府召开专题会议,贯彻落实省政府关于中央环境保护督察"回头看"全省边督边改工作推进会会议精神,以及研究调度中央第六环境保护督察组交办举报件。

7月9日　市委常委、市纪委书记、市监察委主任、市滇池保护治理"三年攻坚"行动办公室主任、马料河市级河长率队巡查马料河。

7月11日　市政府召开专题会议,研究"不达标水体和黑臭水体""县级以上集中式饮用水水源地""固体废物及重金属""油烟扰民和噪声污染"等4大整治行动实施方案制定工作。

7月16日　市委召开会议,通报2018年上半年河长制工作落实情况,市滇池管理局对滇池保护治理工作进行培训,市委领导安排滇池治理督查工作。

7月17日　五华区水务(滇管)局在盘龙江桃源广场桥头安装第一套救生设备亭。之后将逐步在人流量较为密集和水位较深的河道旁安装救生设备。

7月18日　市滇池管理局所属的昆明市西园隧道工程管理处、昆明市滇池水利管理处整合组建的昆明市滇池水生态管理中心正式挂牌成立。

同日　市政府召开专题会议,研究《昆明市滇池流域主要入湖河道保护管理规定》。

7月20日　盘龙区2018年滇池保护治理宣传活动在桃园广场启动。活动动员全民行动起来,巩固滇池治理成效,充分发挥社会各界力量,让保护滇池的意识深入市民心中。

7月21日　"来自长江经济带的报道"中央媒体昆明市集中采访活动在昆明举办。当天播出的《新闻联播》对滇池治理的成效和亮点进行报道。

7月25日　云南省生态环境保护大会召开。会议强调要深入学习贯彻习近平总书记生态文明思想和全国生态环境保护大会精神,切实扛起"把云南建设成为中国最美丽省份"的时代使命担当。

7月26日　市委召开牛栏江流域(昆明段)保护治理有关工作汇报会,全力推进牛栏江流域(昆明段)保护治理,推动水质持续改善。

7月27日　市滇池管理局发布《2018年度滇池开湖捕捞及封湖禁渔的通告》。

同日　省委领导率队到云天化尖山磷矿检查生态环境恢复治理工作。提出要秉承"绿水青山就是金山银山"的工作理念,加大矿山生态环境修复治理工作力度,落实责任与担当,全力建设绿色矿山。

7月30日　市人大常委会组成4个督查组,分别对滇池流域、阳宗海流域生态环境综合治理及河长制落实情况开展集中督察，全面了解和掌握河长制工作落实情况及存在的问题，提出针对性意见和建议。

8月2日　市委常委、市纪委书记、市监察委主任、市滇池保护治理"三年攻坚"行动办公室主任、马料河市级河长率队巡查马料河。

8月3日　市委、市政府召开全市生态环境保护大会。安排部署加强生态环境保护、打好污染防治攻坚战各项工作，加快把昆明打造成为生态文明建设排头兵示范城市和"美丽中国"典范城市。

8月7日　由团中央学校部、昆明市人民政府共同主办的"青春致昆明，筑梦新时代"全国大学生百支队伍暑期实践昆明行活动启动，"绿色发展"主题活动通过组织高校大学生实践团队走近滇池，徒步入滇河道，观察、记录昆明水环境，访谈滇池及入滇河道附近居民、商户、企业，集中开展滇池保护行动，宣传滇池保护、垃圾分类理念，展示滇池治理成果。

8月8日　市滇池管理局起草的《滇池湖滨湿地建设规范》和《滇池湖滨湿地监测规程》正式面向社会公开征求意见。

8月9日　市委副书记、市长、洛龙河河长率队对洛龙河水环境综合整治工作进行巡查。到经开区大新册社区八哥洞废弃果蔬垃圾倾倒点检查废弃果蔬垃圾倾倒点的清理、处置工作，在石夹子分洪闸点，查看上游七甸工业园区瑶冲河来水情况。

同日　第二届"主流媒体总编看昆明"活动媒体采风团到滇池国家旅游度假区捞鱼河湿地公园实地探访捞鱼河湿地公园在滇池治理中的作用。

8月15日　省检察院、省水利厅、省河长办召开协调推进会，就推进水资源保护、服务长江经济带发展工作进行研究和部署，要求各级各部门将进一步创新密切配合和支持机制，形成依法治水、管水、兴水的工作合力，筑牢长江上游生态安全屏障。

同日　市河长办召开会议，专题研究《云南省九大高原湖泊保护治理攻坚战作战方案》（征求意见稿）。

8月16日　市人大常委会组成3个视察组分别赴五华区、盘龙区、西山区、官渡区、呈贡区、晋宁区、高新区、经开区，对滇池流域"五采区"矿山关停及植被恢复情况进行集中视察。

8月21日　省人大常委会领导率督查组对昆明市落实滇池河（湖）长制工作情况进行督察。督查组一行前往草海大坝湿地查看了河长制公示屏，询问昆明市河长制公示情况，并乘船查看滇池水质情况。

8月23日　市政府召开专题会议，研究《昆明市滇池保护治理三年攻坚行动2018年目标任务年终考核实施细则》。

8月27日　市委常委会审议通过《昆明市全面推行湖长制工作实施方案》。明确提出要结合昆明实际，紧扣"十三五"规划，按照节水优先、保护优先、自然恢复为主方针，遵循湖泊生态治理规律，系统治理、两手发力，全面深化湖长制工作。

8月28日　由市滇池管理局、昆明报业传媒集团联合举办的"保护母亲湖——市民河长在行动"系列活动走进新建成的智慧河道监控中心，成为昆明市"智慧河道"建设市民团体首个参观探秘的点。

8月30日　昆明市第十四届人大常委会第十一次会议就滇池流域"五采区"矿山关停及植被恢复情况进行专题询问。

同日　官渡区社创公益发展中心党支部联合云翔社区及孵化基地入驻社会组织开展"保护滇池——社会组织在行动"滇池治理系列志愿活动。志愿者们对马料河和宝象河滇池入海口开展环保行动，对河道进行清理并对湖面漂浮物进行打捞，向周边群众宣传文明祭祀保护生态。

9月1日　五华区外国语实验小学启动"环滇池生态圈生物多样性科学保护实践活动——学生河长"授牌仪式，成为昆明第6所"学生河长"试点学校。

9月5日　市政府法制办公室组织召开专家论证会，对《昆明市滇池流域主要入湖河道保护管理规定（送审稿）》进行审议论证。

9月7日　市滇池管理局组织召开2018年滇池开湖捕捞及封湖禁渔工作会，对《昆明市滇池管理局关于2018年度滇池开湖捕捞及封湖禁渔的通告》进行解读，并就2018年开湖捕捞及封湖禁渔工作做了安排部署。

9月10日　市政府召开会议，专题研究滇池环湖干渠（管）截污系统提能增效近期重点工作相关推进、落实情况。

同日　市滇池管理局召开会议，传达《关于对滇池船舶办理入湖许可证的通知》，安排部署船舶入湖许可证办理相关工作。

9月15日　2018年"亲近母亲湖，发现湿地之美"环滇湿地识百草活动在斗南湿地举行，近百名家长和孩子参加此次活动。

9月17日　省政府召开会议，研究讨论《云南省九大高原湖泊保护治理攻坚战作战方案（送审稿）》。

9月18日　市滇池管理局做客春城热线，就滇池保护治理"三年攻坚"行动、"智慧河道"建设、滇池流域河道生态补偿、蓝藻治理等工作与市民进行了交流。

9月20日　市政府召开专题会议，研究将晋宁东大河湿地红线范围外施工及其他业主委托事项纳入项目审计范围的相关事宜。

9月21日　市政府召开昆明市第二次全国污染源普查入户调查动员部署会，对污染普查清查工作情况进行通报，并对入户调查工作进行安排。

同日　滇池2018年度开湖捕捞正式启动。

9月27日　省人大常委会组织部分在滇全国人大代表开展代表小组活动，专题视察滇池保护治理工作。代表们对滇池保护治理取得的成绩给予了肯定，并建议要进一步总结经验，统筹协调，整合资源，建立科学、长效的保护治理机制。

9月29日　市政府召开会议，对《牛栏江流域（昆明段）河道生态补偿办法》和《螳螂川—普渡河流域生态补偿及水质自动监测站点建设方案》进行研究。

同日　为完善水体管护体系，加强滇池及辖区河道治理工作，官渡区、空港经济区对225名区级、街道、社区河长进行了专题培训。

10月5日　中央电视台新闻频道推出的《江山如此多娇》系列报道2次聚焦昆明，直播捞鱼河湿地，带大家共同领略滇池畔的美好风景。

10月11日　市委常委、市纪委书记、市监察委主任、市滇池保护治理"三年攻坚"行动办公室主任、马料河市级河长率队巡查马料河治理情况。

10月12日　由市交通运输局主办、市滇池管理局、市公安局特警支队、市公安局水上治安分局、晋宁区交通运输局承办，有关部门协办的2018年滇池水上搜救打捞综合应急演练在古滇艺海码头举行。

10月15日　市委召开全面深化河长制工作实现"六个转变"的对策研究课题工作会议。

10月15—19日　省住房和城乡建设厅开展2018年城市黑臭水体整治环境保护专项行动督察。

10月17日　昆明市城市排水管理处召开《昆明市城镇排水与污水处理条例》宣传贯彻暨规范排水户排水行为培训会，对新修订的《昆明市城镇排水与污水处理条例》进行解读。

10月20日　昆明滇池投资有限责任公司召开会议，对滇池草海导流带加固完善工程项目可行性研究报告进行评审。

10月26日　市交通运输局召开2018年昆明市船舶污染物联合监管第一次联席会暨迎接《水十条》考核工作会议。

10月30日　市政府召开专题会议，研究调度滇池流域水环境监测有关工作。

11月1日　市委召开常务会议，审议通过《"春城志愿行，滇池明珠清"昆明"滇池卫士"志愿服务工作方案》。决定在全市范围内开展昆明"滇池卫士"志愿服务工作，打造昆明志愿服务品牌。

同日　为期40天的2018年开湖季正式落下帷幕，滇池重新进入全面封湖禁渔期。

11月2日　市政府召开专题会议，研究滇池流域河长制工作及城市黑臭水体整治工作相关事宜。

11月3日　"春城志愿行，滇池明珠清"2018年滇池保护治理宣传月活动在捞鱼河湿地公园启动，"我是滇池小卫士"主题儿童绘画作品展及绘画活动、公益环保跑、保护滇池知识有奖问答等丰富多彩的活动同时举行，呼吁市民关爱滇池、保护滇池。

11月7—30日　市创文社会志愿服务工作指挥部、市滇池管理局、昆明报业传媒集团携手举办第四届"保护母亲湖——'市民河长'在行动"系列活动，在滇池流域36条主要出入滇河道征集百个"市民河长"团队，参与河道巡查及滇池保护活动，并给保护治理工作提出建议和意见。

11月8日　市滇池管理局召开"四退三还"工作推进会，进一步梳理滇池外海环湖湿地建设项目完成情况，推进项目进程。

11月9日　市委、市政府召开全市河长制工作会议。会议强调提升全市水环境质量时间紧、任务重、难度大，全市上下要做到组织领导再加强，督导检查再严格，协调配合再强化，宣传引导再深入，为改善全市水环境质量提供坚强保障。

11月10日　2018中华龙舟大赛（昆明·滇池站）开赛，来自全国的51支龙舟队汇聚滇池草海水域展开首日争夺。

11月11日　"春城志愿行，滇池明珠清"2018年滇池保护治理宣传月滇池湿地风筝节活动在晋宁南滇池国家湿地公园举行。活动倡导更多的人亲近滇池、爱护滇池，享受滇池治理成果，参与滇池保护。

11月12日　市委办公厅、市政府办公厅印发《"春城志愿行　滇池明珠清"昆明"滇池卫士"志愿服务工作方案》。

11月15日　市住房和城乡建设局组织召开昆明市滇池流域外排水与污水处理工作会议，贯彻落实《昆明市城镇排水与污水处理条例》，加强对滇池流域外排水与污水处理工作的指导，部署有关工作任务。

11月17日　由市滇池管理局、云南滇池保护治理基金会主办，都市时报承办的"春城志愿行，滇池明珠清"2018年滇池保护治理宣传月"我是执法监督员"岗位体验活动举行，16名滇池保护志愿者亲身体验滇池渔政执法工作。

11月18日　由云南省人民政府台湾事务办公室主办的"滇台青年自行车环滇池体验营"交流活动在

昆明启动,来自滇台两地的百余名青年沿昆明滇池湖畔开启骑行之旅。

11月19日　省委常委、昆明市委书记对滇池治理工作进行随机调研。在实地查看西山区郑和路沟、度假区青苔河,官渡区姚安河、新宝象河等治理工作及水质情况后,强调全市上下要继续按照"科学治理、系统治理、集约治理、依法治理"的思路,坚持标本兼治、综合施策,全面加强黑臭水体和水质不达标断面整治力度,推动入滇河道早日还清、滇池水质持续改善。

同日　市委目督办召开专题会议,研究滇池流域面山"五采区"治理修复及违法建筑整治工作。

11月20日　市滇池管理局组织召开滇池重点区域装配式藻水分离站项目实施方案技术审查会议,对项目进行审查。

11月22日　市政协及相关专家对环湖湿地保护建设展开实地调研。提出要提高政协集体提案质量,打造精品界别提案,推进全市生态文明建设,促进滇池治理和保护。

11月23日　2018年"放鱼滇池"暨滇池土著鱼类放流生态保护行动在七彩云南·古滇名城滇海古渡大码头启动,10万尾滇池金线鲃、10万尾云南光唇鱼及10万尾鲢、鳙鱼放流滇池。

同日　启动年度第二批放流工作,从23日起到12月初,利用9天的时间完成134吨鲢鳙鱼鱼苗、鱼种的投放任务。

11月25日　市水务局组织召开会议,对《滇池防洪能力提升与北部水质改善工程规划报告》进行评审。

11月28日　市政府召开专题会议,研究《滇池流域网格化清水入滇微改造工程实施方案》。

11月29日　省人大完成对《云南省滇池保护条例》的修订,自即日起正式颁布实施。本次修订为打包修订,主要是针对中央第七环保督察组在2016年开展督察时提出的关于"《条例》部分条款缺乏可操作性"的问题,对滇池一级保护区及二级保护区限建区内经批准可以建设的项目和设施类型作了修改补充和细化明确,同时按照"过罚相当"的原则对个别处罚条款进行了调整,具体涉及修改的条款为第三十四条、第四十五条、第五十九条、第六十一条。

12月4日　省委常委、昆明市委书记调研昆明市污水处理厂污泥处理处置工作,强调要进一步创新工作思路、加大工作力度,全力推进污泥处置减量化、无害化、资源化。

12月5日　200多个省、市级机关和企(事)业单位组织开展"我为美丽添光彩"志愿服务活动。市滇池管理局志愿者在活动中发放《云南省滇池保护条例》《昆明市河道管理条例》《昆明市环滇池生态区保护规定》及"滇池禁止/适宜放生物种"宣传页、《滇池圆舞曲》光碟等宣传资料,宣传普及滇池保护治理知识,呼吁广大市民群众增强环保和文明意识,从自己做起,从小事做起,保护母亲湖。

12月6日　市政府召开专题会议,研究昆明滇池西岸片区高海公路沿线湿地生态系统规划3个湿地项目相关事宜。

同日　市滇池管理局召开会议,对《草海生态修复示范项目——外草海南部生态提升区水生植物修复示范工程实施方案》进行评审。

12月8日　云南野鸟会会员和鸟友在晋宁东大河湿地开展迁徙鸟类调查时首次在东大河湿地发现紫水鸡。

12月12日　市政府召开专题会议,研究调度滇池水环境保护治理"十三五"规划项目推进情况。

12月13日　市委召开昆明市农业面源污染治理工作调度会,强调全市各级部门要深入贯彻落实习近平生态文明思想,紧紧围绕滇池保护治理目标任务,系统谋划、综合施策、标本兼治,坚决打好全市农业面源污染防治攻坚战。

同日　市委副书记、宝象河市级河长率队对宝象河水环境综合整治工作进行巡查，勘查宝象河中段羊甫雨水箱涵，现场查看箱涵上游来水水质情况。

12月16日　"春城之变"全媒体采访活动邀请全国近百家中央、省、市主流媒体的100余名媒体记者近距离探访昆明改革发展变化。记者们纷纷表示，昆明坚持环境综合治理、文化传承等与城市发展同脉搏，走出了一条持续发展之路。

12月20日　市政府召开会议，研究《关于加快推进滇池流域农业面源污染治理工作的通知》（报审稿）。

12月21日　省委第一巡视组对昆明市开展高原湖泊保护治理机动巡视市委汇报会召开。市长表示，下步工作中，昆明将认真贯彻落实中央和省关于生态文明建设的决策部署，以落实此次巡视工作的要求为契机，以全面深化河（湖）长制为抓手，以加快实施滇池、阳宗海保护治理"十三五"规划为主线，打好滇池、阳宗海保护治理攻坚战，带领全市干部群众把滇池、阳宗海保护好、治理好。

12月22日　2018年昆明环滇池高原自行车邀请赛鸣枪开赛。该项赛事自2011年举办以来，昆明高原环滇池自行车邀请赛已经成为宣传和展示昆明城市建设和滇池治理成果的重要平台和窗口。

12月26日　由省住房城乡建设厅牵头组成省级调研工作组，对昆明市滇池保护治理工作开展调研。

12月28日　市委组织开展滇池省级河长巡河及督察，提出要坚持更高的标准，拿出更实的举措，健全长效机制，抓好河道整治，推动滇池水质持续向好。

同日　云南省牛栏江—滇池补水工程竣工验收会在昆明召开，正式宣布该项目顺利通过竣工验收。

# 第一篇 自然环境

# 简 述

　　滇池流域位于祖国西南边陲云南省昆明市的中南部，地处金沙江、南盘江、红河的分水岭地带，拥有美丽的滇池及富饶的盆地。该流域地势北高南低，由北向南倾斜，南北长114千米、东西平均宽25.6千米，是云南省政治、经济、文化中心及国家历史文化名城——昆明所在地。流域区域包括昆明市的五华、盘龙、西山、官渡、呈贡、晋宁和嵩明7个县（区），总面积为2920平方千米。2015年，昆明城区面积412平方千米。

　　滇池流域内的三台山、拱王山、梁王山3大山脉呈近北南走向，余脉进入滇池盆地，形成了孙髯大观楼长联中描绘的"东骧神骏"的金马山，"西翥灵仪"的碧鸡山，"北走蜿蜒"的长虫山，"南翔缟素"的白鹤山。全流域属金沙江水系。其中，滇池面积309平方千米，占流域面积的10.58%；盆地面积1011平方千米，占流域面积的34.62%；山区、半山区面积1600平方千米，占流域面积的54.80%。复杂多样的地貌，为全流域经济社会的发展提供了多样性的环境条件。

　　滇池流域地层发育完整，从中元古代到第四纪地层均有分布，特别是昆阳群、寒武纪、第四系等地层具有区域性、标志性、完整性的特点。古生物化石丰富，尤以昆阳的梅树村动物群、海口的澄江动物群闻名于世。丰富多彩的地质现象，像一部"史书"记载了近25亿年以来滇池流域海陆变迁和古生物、古人类的历史发展进程。多次地质构造运动造成的断裂、褶皱形成了滇池、阳宗海断陷湖泊及其周围的山川、盆地、石林、溶洞等众多地质景观。此外，还有大量科考型景观，如晋宁的梅树村震旦纪——寒武纪界限标准层型剖面、西山白鱼口的"硅化木森林"、邛竹寺附近的三叶虫化石基地、晋宁夕阳的恐龙足印化石、呈贡龙潭山的"昆明人"遗址、呈贡古生物化石博物馆、曹溪寺"三朝圣水"（珍珠泉）以及黑龙潭公园呈清、浑分明的毗邻龙潭，成为珍贵奇特的旅游资源。

　　在地质构造运动和岩浆活动作用下滇池流域生成了多种矿床，昆明地区（含滇池流域）已探明的矿产有21种。其中，金属矿7种，化工原料矿3种，建筑材料、燃料矿5种，钛铁铝土矿、磷、盐、芒硝和石英砂6种为优势矿种，储量丰富。滇池流域的金属矿、燃料矿比较稀缺，化工原料矿产有磷、盐、芒硝、石膏、黄铁矿5个矿种，其中磷、盐、芒硝为优势矿种，主要分布在西山区、晋宁县和呈贡县。建筑材料及冶金辅助原料矿产有石英砂矿、石灰岩、水泥黏土、耐火材料土等6个矿种，主要分布在滇池流域，石英砂产地多、规模较大、质地优良，为昆明市的优势矿种之一。

　　滇池流域位于云贵高原西部的亚热带气候带上，地处亚热带偏南纬度的高原，因境内有滇池的调节，故气候有其自身的特点。整个流域属于"夏无酷暑，冬无严寒"干湿季节分明的亚热带高原季风气候，一年四季温差较小，正如明朝诗人杨升庵所云："天气常如二三月，花枝不断四时春。"滇池流域南近海洋，北倚青藏高原，受大陆干暖气团和热带海洋气团的控制，形成冬干夏湿、干湿分明的季风气候，年平均降雨量为1006.5毫米，其中干季（11月至次年4月）降雨量占12%、湿季（5—10月）降雨量占88%。滇池流域的太阳能资源是全国较为丰富的地区之一，全年均可以得到充分利用，尤其冬春季阳光灿烂、日照充足，气温较高，使流域的昆明有"春城"之称，全年平均气温14.5℃，最热月平均气温19.7℃，最冷月平均气温7.4℃，气候宜人，四季如春，在全国大中城市中颇具特色，在世界上也不多见，宜发展旅游、花卉、蔬菜、水果等。

流域内植物资源丰富。有许多具有较高经济价值的低等植物，如菌类中的干巴菌、松茸、鸡枞，地衣类的树花，藻类中硅藻、螺旋藻等具有食用、药用、保健功能，有的还应用于工业、国防等，开发利用的前景广阔。有实用价值较高的高等植物，如苔藓类的回心草，蕨类的龙爪草（蕨菜）、笔管草都可以食用、药用。植物群落分布多样，其中许多是以本地区地名来命名的，如嵩明茶花，昆明樱花等。流域内分布有半湿润常绿阔叶林、暖性针叶林、暖性稀树灌丛、寒温灌丛和寒温草甸等各种类型的植物群落；在不同的地段生长有成林的或分散的国家级保护植物，如攀枝花苏铁、翠柏、油杉、红豆杉、云南樟、云南梧桐、鹅掌楸、大白花杜鹃、黄杜鹃、松子鳞和童子面山茶花。这些珍稀品种都具有滇中植物的特色，但由于人为原因，流域内已很少有大片天然植被，不少珍贵植物处于濒危状态。

流域内野生动物较多。软体动物中仅昆虫就有1887种，约占全省种类的23%，其中有危害农林和人畜健康的害虫，也有柞蚕、五倍子蚜、中华蜜蜂、大胡蜂、中华螳螂、九香虫等资源昆虫，烟蚜茧蜂、稻螟赤眼蜂、七星瓢虫等大量益虫，还有青球萝纹蛾、青凤蝶、金凤蝶等观赏昆虫。脊椎动物有526多种，约占全省的30%，其中鱼类有土著种84种、引进种26种，虹鳟、云南裂腹鱼、草鱼、银白鱼、红鳍鲌、侧剃鲃、金线鱼、光唇鱼、鲫鱼、鲤鱼等是主要的经济鱼类。两栖类有19种、爬行类有38种，常见的昭觉林蛙、牛蛙、双闭棘胸蛙为可开发的经济种类。鸟类有294种，其中，属农业益鸟的207种，占总数的70.4%；列为国家一级保护的有黑鹳、金雕2种，列入国家二级保护的有彩鹳、白琵鹭、鸳鸯、白腹锦鸡、鹦鹉等30多种，列入省级保护的有灰雁1种；一年一度还有来自西伯利亚的上万只来昆明过冬候鸟红嘴鸥在滇池周边及城区草海大坝、翠湖公园、南太桥聚集，为昆明增加了一道靓丽的自然景观。

流域内的滇池、松华坝水库2大水体是昆明市工农业生产和城市生活用水的主要水源，是昆明人民赖以生存的生命源泉。随着社会、经济的发展和城市规模的日益扩大，流域内的水资源已供不应求，昆明成了缺水城市，必须从外域调水、引水满足需求。在党中央、国务院和省委、省政府重视、支持下，昆明市委、市政府市先后实现了掌鸠河、清水海和牛栏江引水工程，使昆明的水源由单一水源变成了多元水源，除满足城市生产、生活、航运、发电、水产养殖、观光旅游用水外，还可以用清水来置换滇池水体，恢复滇池生态环境。

滇池流域优越的自然环境、丰富的自然资源，为昆明市经济、社会发展奠定了客观基础，为昆明的城市建设轨道交通、通信网络、航空事业、高铁建设、天然气引用的现代化事业提供了有力支撑，为昆明建设成为面向南亚、东南亚，"一带一路"经济发展倡议枢纽和区域性国际中心城市提供了物质基础和地域保障。

# 第一章 滇 池

## 第一节 湖名及主要特征

### 滇池的形成

滇池及其流域是昆明地区乃至云南省的政治、经济、文化中心。这块肥美的宝地形成至今大约有25亿年历史。在这漫长的时期里，它历经大海变陆地、陆地变大海的海陆变迁过程，蜕变成为今天千姿百态的地貌景观。

滇池的形成主要来自地力。约在300万年前的新生代—第三纪时期，由于受喜马拉雅山地壳造山运动的影响，在形成的南北向断裂控制下，因地壳坳陷形成断陷性质的沉积盆地，盆地中汇集大量的水形成古滇池湖。由于盆地四周外沿物质经大自然搬运进入湖内，根据对沉积物的测定，大约在250万年前，湖内原始沉积物形成，使滇池成为全国4大构造湖泊之一。

在前震旦纪时期，云南是一片大海，没有一点陆地的影子。大约在17亿年前后，地壳发生陇川运动，使得海底隆起，形成了滇中古陆核（陆地基地）东部的一个海冒地槽。在9亿年前左右，晋宁造山运动结束地槽历史，地槽沉积建造褶皱成山，出现了昆明古陆和牛首山古陆以及两古陆之间的山间盆地。在前9亿—4.1亿年震旦纪—志留纪时期，晋宁运动使滇池流域全部抬升为台地。随后滇池地区受地壳上下脉动影响，海退时出现陆地，海进时成为陆表海，海进海退交替出现，这就为滇池的出现提供了丰富水源。在前4.1亿—2.5亿年的泥盆纪—二叠纪时期，滇池流域从相对稳定的陆表海环境转化为大裂谷环境。二叠纪中后期，沿小江断裂带、普渡河断裂带地壳发生断裂，大量基性火山岩浆从地壳深部喷出，厚大火山堆积之后形成灰岩。由于灰岩在盆地底部的老层中分布较多，因此古夷平面上的岩溶地貌颇为发育，这是云南高原上最为常见的岩溶高原地貌形态。在前2.5亿—2.05亿年的中生代三叠纪时期，滇池流域结束了海陆相沉积的历史，在前2.05亿—0.65亿年的侏罗纪—白垩纪时期，滇池流域内形成了多个内陆盆地湖泊。

震旦纪至侏罗纪时期地质的不断演变，地层隆起、褶皱、断裂形成了高山和盆地，也奠定了今日的地貌雏形。此后经历长期的夷平运动，达到准平原的状态。在前7000万年的第三纪—第四纪时期，受喜马拉雅运动影响，云南地区整体抬升，局部地区形成的大大小小的山间盆地和湖泊，为人类提供了生存条件。滇池流域在老构造运动的基础上，地壳运动又趋强烈，此后又经历夷平运动。在前1200万年前后的中新世晚期到上新世时，地壳又发生了一次称为茅山运动的强烈运动，云南地区抬升不下2000米，产生了西山数十里南北走向的大断层，断层带拉长断陷形成地堑。

总之，滇池的形成，是长期的地壳内力以间隙性不等量上升，伴以断裂褶皱，外力以流水侵蚀沉积为主的内外营力相互作用、相互推进的结果，滇池盆地的东西两侧都有断层的发育，西侧的断陷对湖盆地貌的发育作用最为明显。这一盆地西侧的断层即为从北面的寻甸马街附近向南延伸的大断层的一部分。在滇池盆地的西侧，这一断层线北起海源寺，南到白鱼口，长达50千米，它切过一连串的向斜与背斜交替的波状褶曲带。这一断层线西侧的山地、断崖、深谷以及山边线颇为齐一，三角形山足面连续不断，形成一列高出现今的滇池湖面达300—600米的山地，并构成了滇池颇为平直的西侧崖带。

滇池盆地内部一直未曾有中新统的沉积地层发现，而上新统的湖河相沉积层却分布广泛，厚度也较大，这样看来，湖泊的出现可以认为不会早于中新世的末期。追溯古湖的演变过程，可以借助于湖相沉积物的分布和湖岸地貌的研究。据此，滇池在地质历史上，古湖面曾达到高出现有湖面100—150米。

据有关史料记载，滇池水系原与玉溪盆地相通，湖水是从晋宁县西南部的宝丰乡经玉溪市的刺桐关流入红河或南盘江而归入南海的。后来由于地壳上升后第四纪冰期来临，降水猛增，使河湖水面急剧上升，湖盆被河流切穿，河流溯源侵蚀，发生河流袭夺，经滇池的海口入螳螂川、普渡河向北倒流接通了金沙江而归入长江水系流入东海。滇池水系北流，地壳急剧变动，湖水大量外泄。近千年来，人类不断扩大滇池出水口，经涸湖谋田、围湖造田，水位逐年下降，水面由大变小，滇池进入晚年期。据史料测算，在距今300万年时，滇池最高水位海拔为1980米，水面面积为1260平方千米，蓄水量846亿立方米，今日的滇池与昆明城区全在昔日的滇池之底。

在这个漫长的时期内，湖泊的水位逐渐下降，湖泊的面积逐渐收缩，湖深也随之逐渐变浅。当湖泊水位无明显变化时，由于入湖河流的冲积物逐渐在湖中堆积，逐渐将湖底淤填，再加上水生生物的填充作用，湖盆逐渐被填平，湖泊也自然趋于消失。加上滇池的全部集水面积不过2920平方千米，湖面的蒸发量大于湖面降水量将近30%，且陆面蒸发量约为降水量的70%，径流系数不过0.30左右。在这种水文地理和气候环境下，显然很不利于比现在湖面积大出一倍到数倍的滇池湖面的维持。随着高原和喜马拉雅山脉的进一步升高，云南高原上的水热条件在上新世纪基本上属于湿热气候的类型，而进入更新世纪以后，随着干、湿季分明而干季较长的气候的形成，蒸发大大加强而降水有所减少，这就迫使高原上的湖泊在第四纪之初开始经历了一个逐渐干缩的过程。20世纪后，考古学家在滇池周围陆续发现了许多新石器时代的文化遗址，根据对这些遗址的研究，推测当时的滇池水位在高程1895米上下，滇池的水面积为565平方千米。据文献记载，战国晚期"滇池地方三百里，旁平地，肥饶数千里"和"耕田有邑聚"。那时滇池周围有平坦肥沃的平地，有村落散布其间。

滇池是一个断层陷落的构造湖。在燕山运动时期，云南高原经历了地层隆起、褶皱和断陷，形成高山和盆地，奠定了今日的地貌雏形。在强烈的新构造运动作用下，至晚新生代喜马拉雅运动时期，形成了西山数十千米南北走向的大断层，断层陷落形成地堑，滇池就是地堑初成时积水而成的湖泊。近千年来，人类不断扩大滇池出水口、涸湖、围湖，滇池水域已大为退缩，湖面减少，湖水变浅，今滇池水面面积仅为古滇池的24.7%，蓄水量不足古滇池的2%。

## 湖名的由来

滇池名称的由来，史说甚多，归纳起来主要有3种说法。第一种是从地理形式看，晋人常璩《华阳国志·南中志》称："滇池县，郡治，故滇国也；有泽，水周围二百里，所出深广，下流浅狭，如倒流，故曰滇池。"其后范晔《后汉书》、郦道元《水经注》等多沿袭此说。第二种是寻音考义，郎中仪徵阮福《滇池即颠县考》"滇音颠"。武帝元封二年（前109）设滇池县，《汉书·地理志》说："西汉武帝前滇池县本作滇县"。《说文》与《尔雅》载"颠与顶为一声之转，颠与滇又是同声同义"，故"滇池"又作"颠池"。"因昆明滇池居地高颠之故也"，所以"滇池"为山颠高顶之也；有的认为"滇，颠也，言最高之顶"。滇池在高原，故名；有的则说"滇"，是彝语cIle（甸），即大坝子。第三种是从民族称谓来考查，司马迁的《史记·西南夷列传》明确记载："滇"在古代是这一地区最大的部落名称，楚将庄蹻入滇后，还变服随俗称滇王。因此，可能先有滇部族，再有滇池名。揆情度理，当以后一说较妥。

滇池水源丰富，有盘龙江、海源、金汁、银汁、白沙、宝象、马料、昆阳、柴河等大小30多条河流从四周源源不断补给，其中以纵贯南北、穿越昆明城区的盘龙江为最大。相传，宋代大理国时期，堤岸遍植白色的素馨花，故又被称为"银棱河"。而它的一条分支，堤岸栽种黄色的迎春花，故称金棱河或金汁河。

滇池的出水口称"海口"，水向西北折流进螳螂川，经安宁、富民、禄劝，北入金沙江。因此，滇池属金沙江水系。滇池沿岸是云南省内最大的坝子，坡度在8度以内，可耕种的面积约770多平方千米，加上滇池水域面积约1071平方千米。这里气候温和，土壤肥沃，水网纵横，很早以前就是云南高原上的富庶之区。《史记》载："滇池地方三百里，旁平地，肥饶数千里。"

滇池水域由于湖底的逐渐淤积，出水口的不断开凿，湖面逐步缩小。新石器时代先民们傍湖生活的遗址现多已离湖岸1000—5000米。宋末元初（1254）兀良合台进军昆明时，见昆明"城际滇池，三面皆水"。约70年后，云津桥（今德胜桥）一带是著名的码头，王昇《滇池赋》曾有"千艘蚁聚于云津，万舶蜂屯于城垠"的句子。当年，在今东寺街中段距东西寺塔不远，在滇池水中可看见塔的倒影。有名鱼课司的地名，当年是靠近滇池收渔税的地方。据唐樊绰《蛮书》载："碧鸡山在昆池西岸上，与拓东城隔水相对。"可见，当时昆明城区西区的大部分土地都在水中。明末徐霞客来昆明，由赤鼻山（今马街石嘴）经夏家窑回昆明，还"遵堤行湖中，堤南北皆水洼。……盖其洼即草海之余，南连于滇池，北抵于黄土坡，西濒于赤鼻山之麓，……东行湖中，遥顾四围山色，掩映重波间。青蒲偃水，高柳漾堤，天然绝胜。"再东至"沐府渔池。又一里半，抵小西门"。由此可见，明代的西区，仍为浅水池沼，今麻园以南一带是沐府渔池，而现在的翠湖还与草海相连。由于元、明、清3朝600年间多次开挖海口，疏浚河道，使得滇池水位逐步下降，不少地方已有沧海桑田之感。

## 滇池的主要特征

*湖型特征*　滇池又名昆明湖，在滇池流域的西南侧，地处长江、红河、珠江三大水系分水岭地带，是云南九大湖泊之首，是全国四大构造湖泊之一，又是全国第六大淡水湖，属重碳酸钙镁钠型湖泊。素有"高原明珠"之称，周恩来总理将她誉为"掌上明珠"。

滇池湖型呈南北向弓形，弓背向东。东侧入湖各河流下游都有三角洲发育，相互连成为滇池盆地内的湖滨平原，构成滇池的绝大部分砂泥质湖岸。其中，尤以盘龙江下游的三角洲最为发达，呈鸟足状伸入滇池，沉积砂泥质湖岸约占90%，湖岸较曲折，仅约10%湖岸为侵蚀岩岸，由石灰岩组成。位于西岸的海口以北湖岸较平直，峭壁耸立亦发育有湖蚀穴和湖蚀台地。

滇池南北长42千米，东西宽12.5千米，平均宽8.32千米，湖岸线长163千米，水位在1887.4米时湖面面积为309平方千米，一般水深为5.7米，平均水深4.4米，最深处（海眼）11.2米，总蓄水为15.6亿立方米。北部有一天然湖堤（海埂），将滇池分隔为南北两水域，有"一线平分秋色"之美称。据考证，到清朝中叶以后海埂才渐渐露出水面，后在海埂中间建有人工船闸、节制闸使两水域航道相通。海埂北为内湖，称草海，曾名西湖、积波池、青草湖，面积8平方千米；南为滇池主体，称外湖，面积301平方千米。滇池流域属多风地带，常年主导风向为西南风，大风时水面波峰可达1.2米，波长超过10米。滇池是滇池流域海拔最低的地方，给滇池治理与保护带来较大的难度。

**入出河流特征**　滇池地处云贵高原中部长江、红河、珠江三江水系分水岭地带，有盘龙江、宝象河、柴河、大河等大小35条河流呈向心状注入湖内。入湖水量中，河川径流为6.961亿立方米/年，湖面降水约2.72亿立方米/年，共计9.68亿立方米/年，地下水补给甚少。入湖水量中80%集中在6—10月的雨季和河流丰水期，湖水蒸发快，平均达4.5亿立方米/年。出水口建有海口闸，在其调控下，出湖水量近40多年平均为4.52亿立方米/年，最高年为10.02亿立方米（1966年），最少年仅0.24亿立方米（1960年）。

入湖河道上游建有大、中型和小（一）型、小（二）型水库110座，水库对滇池水量也起着调节作用。在入湖河道中，盘龙江最长，发源于嵩明县西北的梁王山南麓，上游称牧羊河，与邵甸河（冷水河）汇合称盘龙江，由北向南流穿过昆明城区注入滇池，全长105千米，汇水面积为847平方千米，占滇池水年交换量的42%，是滇池的主要补给水源。1995年，松华坝水库加固扩建后，盘龙江基本处于断流状态。

**1988年滇池各入湖河流径流量一览表**

表1-1-1

| 名　称 | 流域面积（平方千米） | 年径流量 | |
|---|---|---|---|
| | | （$10^8$ 立方米） | （$10^4$ 立方米/平方千米·年） |
| 新　河 | 112.5 | 0.457 | 40.62 |
| 运粮河 | 14.5 | 0.054 | 37.24 |
| 宝象河、东白沙河、马料河 | 463.4 | 0.790 | 17.05 |
| 洛龙河 | 135.2 | 0.187 | 13.83 |
| 捞鱼河、梁王河、南冲河 | 280.8 | 0.479 | 17.06 |
| 大青河 | 205.2 | 0.460 | 22.42 |
| 柴　河，大　河 | 256.4 | 0.505 | 19.70 |
| 东大河 | 180.4 | 0.423 | 23.45 |
| 盘龙江 | 858.6 | 3.300 | 38.43 |
| 古城河 | 34.1 | 0.054 | 15.83 |
| 西山散流区 | 87.9 | 0.252 | 31.94 |
| （滇　池） | 300 | | |
| 合　计 | 2920 | 6.961 | |

1996年前，海口河是滇池唯一的出水河道，流量为80立方米/秒。滇池水由海口河流入螳螂川，经普渡河注入金沙江，全长294千米。1996年2月16日建成西园隧道工程并试通水成功，为滇池增加了一个40立方米/秒的防洪、泄洪的人工控制的外泄隧道，经安宁市13千米长的沙河流入螳螂川。海口河和西园隧道总泄洪量为120立方米/秒，是昆明市的最重要的防洪、泄洪河道。

　　**湖水理化特征**　滇池是低矿化度、低硬度的淡水湖，其水离子总量年平均值为327.2毫克/升，其中外湖年均值为321.5毫克/升、内湖为489.9毫克/升。滇池水的总硬度年均值为9.51德国度，其中外湖水为9.40德国度、内湖水为12.48德国度，pH平均值为8.68。

## 1988 年滇池水质一览表

表1-1-2　　　　　　　　　　　　　　　　　　　　　　　　　　　　　　　　　　　　单位：毫克/升

| 项　目 | 水温（℃） | 色度 | pH | 硬度（德国度） | 总碱度 | $K^+$ | $Na^+$ | $Ca^{2+}$ | $Mg^{2+}$ | $Cl^-$ | $SO_4^{2-}$ | $CO_3^{2-}$ | $HCO_3^-$ |
|---|---|---|---|---|---|---|---|---|---|---|---|---|---|
| 1 | 17.2 | 14.4 | 8.76 | 9.64 | 2.81 | 7.02 | 33.47 | 35.97 | 19.97 | 35.26 | 27.60 | 5.95 | 156.3 |
| 2 | 18.0 | 13.6 | 8.72 | 9.00 | 2.75 | 6.74 | 29.77 | 35.83 | 17.31 | 34.31 | 30.68 | 6.73 | 156.5 |
| 3 | 17.1 | 15 | 8.78 | 9.34 | 2.84 | 7.54 | 31.18 | 34.91 | 19.35 | 35.10 | 29.32 | 9.13 | 152.4 |
| 4 | 17.9 | 13.8 | 8.72 | 9.42 | 2.77 | 6.93 | 31.79 | 34.37 | 20.01 | 35.95 | 31.21 | 11.43 | 146.4 |
| 5 | 17.5 | 14.5 | 8.76 | 9.34 | 2.82 | 7.39 | 30.04 | 36.52 | 18.37 | 34.55 | 30.20 | 10.02 | 151.9 |
| 6 | 18.2 | 14.3 | 8.74 | 9.56 | 2.83 | 7.30 | 30.84 | 35.99 | 19.61 | 32.40 | 32.40 | 9.30 | 156.4 |
| 7 | 17.4 | 15 | 8.74 | 9.51 | 2.83 | 7.03 | 30.15 | 35.73 | 19.58 | 35.16 | 32.62 | 10.47 | 149.7 |
| 8 | 17.3 | 15.5 | 8.70 | 9.27 | 2.79 | 6.91 | 29.84 | 35.25 | 18.82 | 34.55 | 31.74 | 11.08 | 148.4 |
| 9 | 17.4 | 14.5 | 8.64 | 9.36 | 2.83 | 7.03 | 31.56 | 35.39 | 19.12 | 35.76 | 29.92 | 10.62 | 158.0 |
| 10 | 17.9 | 16.8 | 8.74 | 9.57 | 2.81 | 7.35 | 30.27 | 36.34 | 19.46 | 35.76 | 31.69 | 8.48 | 157.2 |
| 11 | 17.2 | 16.1 | 8.62 | 9.25 | 2.81 | 6.83 | 29.33 | 35.62 | 18.50 | 35.76 | 30.43 | 11.77 | 150.8 |
| 12 | 18.0 | 15.0 | 8.68 | 9.43 | 2.83 | 7.12 | 32.32 | 36.69 | 18.63 | 35.98 | 29.53 | 12.73 | 150.8 |
| 13 | 17.5 | 15.0 | 8.61 | 9.49 | 2.80 | 7.13 | 31.34 | 36.17 | 19.22 | 35.93 | 28.23 | 11.77 | 151.35 |
| 14 | 17.9 | 17.3 | 8.64 | 9.34 | 2.83 | 7.66 | 29.49 | 36.92 | 18.12 | 36.19 | 30.92 | 8.74 | 155.1 |
| 15 | 17.3 | 21.0 | 8.56 | 9.45 | 2.82 | 7.69 | 32.75 | 35.78 | 19.30 | 37.13 | 32.17 | 12.63 | 145.2 |
| 16 | 17.6 | 28.0 | 8.28 | 10.58 | 3.18 | 9.36 | 42.48 | 46.00 | 17.96 | 50.34 | 45.76 | 14.50 | 172.5 |
| 17 | 16.6 | 41.2 | 8.19 | 11.18 | 3.75 | 10.89 | 51.56 | 49.64 | 18.39 | 63.1 | 54.70 | 14.10 | 222.4 |
| 18 | 18.0 | 43.5 | 8.24 | 12.01 | 3.49 | 11.18 | 49.77 | 55.80 | 18.24 | 65.33 | 55.10 | 14.64 | 191.0 |
| 19 | 17.4 | 55.5 | 7.96 | 14.87 | 4.55 | 14.00 | 52.00 | 77.86 | 17.27 | 68.90 | 62.60 | 3.95 | 265.0 |
| 20 | 17.9 | 50.0 | 7.66 | 13.75 | 5.09 | 14.80 | 40.28 | 70.63 | 16.79 | 60.73 | 37.07 | 0.00 | 304.3 |
| 外湖均值 | 17.6 | 15.5 | 8.69 | 9.40 | 2.81 | 7.18 | 30.94 | 35.83 | 19.20 | 35.32 | 30.58 | 10.06 | 152.4 |
| 内湖均值 | 17.5 | 43.6 | 8.07 | 12.48 | 4.01 | 11.95 | 47.22 | 59.99 | 17.73 | 61.68 | 51.05 | 9.44 | 230.8 |
| 滇池均值 | 17.6 | 16.5 | 8.68 | 9.51 | 2.85 | 7.35 | 31.50 | 36.67 | 18.98 | 36.23 | 31.29 | 10.04 | 155.1 |

**滇池湖流特征** 湖流主要受河流入湖射流、风驱湖浪和外排流向的影响，总的趋势为向出水口方向流动。内湖的主流方向是由北向南、由南向北、由东向西，主要向新开凿的第二出水口（西园隧道）方向流动。外湖岸边与湖中央的水深变化较大，风生环流的特点比较明显，岸边水浅，水体易受表面风应力作用，由南向北、由水浅向水深处形成两个大环流。西边一个顺时针向旋转，东边一个逆时针向旋转，湖中央水较深处平均流向则基本由北向南。湖流的流动能增加滇池本身的自净能力。

# 第二节　水域演变

## 远古时期的滇池水域

滇池自晚新生代因喜马拉雅运动断陷形成后，在延续300余万年的时间里沉积了很厚的第三纪和第四系河湖相沉积地层。地理学家陈述彭根据沉积地层的分布和高程，认为古滇池曾经是一个范围很广、湖水很深的大湖，湖水位比现在高出100米左右；水边线至今大普吉、松华坝、大板桥、万溪冲、十里铺等地。因此，古滇池水位相当于今海拔1980米左右，如不考虑成湖后河湖相沉积地层所占据的滇池容积，用1：10000地形图可估算得古滇池水域面积约1260平方千米，蓄水量约846亿立方米。

## 旧石器时代的滇池水域

根据在呈贡龙潭山古人类遗址中发掘出的古人类颅骨化石、石器及制作石器的石料、厚达1米以上的灰烬层、熊和犀牛等10多种哺乳动物化石，可以判断龙潭山人与北京猿人是同一时期，即处于距今约40—50万年前的旧石器时代。遗址海拔约1950米，当时的滇池水位应低于此高程，估计为海拔1920米左右。按前述方法推算得旧石器时代的滇池水域面积约804平方千米，蓄水量约226亿立方米，比古滇池水位降低约60米，水面缩小456平方千米，蓄水量减少620亿立方米。

## 新石器时代的滇池水域

在今呈贡、晋宁、西山等县区考古发现了多处新石器时代（距今6000—7000年）人类遗址。这些遗址多在滇池南端，位于河湖相沉积层上的高程较低，可能是因为后期的滑坡或河湖相沉积层失水使遗址高程降低造成的；位于山丘上的高程较高，位置较稳定，是确定当时湖水的主要依据；位于河湖相沉积层上的有白塔村、后村、古城、官渡、安江、兴旺村、老街、王家墩等，其高程位于海拔1886—1891米之间，有一处（王家墩）至今还淹没在曾经围湖造田的草海中；位于山丘上的遗址有白塔山、石子河、石寨山、石碑村、渠西里、团山、海源寺等，其高程界于海拔1896—1910米之间。这些新石器时代人类遗址处都有大片螺壳堆积层，厚度从几米到10米不等，面积从几千平方米到上万平方米，其螺尾均有孔，说明这是先民敲食之遗迹。由此可见，当时滇池中的螺肉是先民充饥的食物之一。为要方便获取这种食物，先民必须近水而居，其遗址高程可以显示当时的滇池水位。据此推断，新石器时代的滇池水位在海拔1895米左右，水面面积约565平方千米，蓄水量52亿立方米。比旧石器时代水位又下降25米，水面积缩小239平方千米，蓄水量减少174亿立方米。

## 汉朝时期的滇池水域

唐代《蛮书》中记载，在今圆通山上"遍地悉是螺蛳"，即古滇池湖水活动的范围留下的遗址。而圆通山山脚高程为1900米。据此，云南大学教授方国瑜认为西汉时的谷昌县城在拓东城东十华里，约在今天的凉亭一带，凉亭高程为1906米。从《昆明市地名志》《呈贡县地名志》《晋宁县地名志》中所列出的滇池沿岸的村名、建村时代、高程等看，呈贡区的石城乡建于汉代，高程为1900.3米；化古城建于汉代，高程为1923米；晋宁县石寨山出土的"滇王之印"、青铜器等都反映了汉代以前的文化，石寨山的高程为1919米。

## 唐宋时期的滇池水域

唐代樊绰所记，隋唐初建置的昆州首邑益宁城在今西门内，即东风西路以北一带，这一带原系五华山的台地，高程约1891米。而宋代所建的鄯阐城的西城墙也在这一台地上，每逢洪水之际，滇池水可淹到城边，这说明唐宋年间滇池水域变化不大。元普祥撰《创建官渡妙湛寺碑记》载：拓东演习高望世，常乘舟至"云水沓霭"的"祸洞之乡，绳船于渡头，命之曰官渡"。云南大学方国瑜教授在《滇池水域的变迁》一文中说："拓东演习之高望世，是公元11世纪后期宋朝大理段氏封为鄯阐演习之高升祥的曾孙继任演习（大府主将）职务，这时的官渡在滇池岸上的渡口，高望世居鄯阐城，过着腐朽享乐生活，悠闲自得，经常乘舟到官渡停泊，饮酒赋诗。官渡的高程为1890米。《晋宁州志》卷四中记载："金沙渡，在城西七里村后，今游废"。晋宁县金沙村，唐宋年间为滇池的渡口，其高程为1890米，当水位处于1890米时，昆明城区南面和西面被滇池淹没，形成董家湾、螺蛳湾、潘家湾等海湾形状的水涯线，唐南诏时修建的东、西寺塔、古幢公园等全部处在高于1890米的陆地上。据此推算唐宋时期滇池的水位大约在1890米。1890米等高线所围成的滇池水域面积为510.7平方千米，滇池南北向长为49千米，东西向最长为15.5千米，湖岸线长194千米，湖容积为18.5亿立方米。

## 元朝时期的滇池水域

《晋宁州志》卷五《水利志》记载："滇池之水，唐宋以前，不惟沿池数万亩，膏腴之垠，尽没于洪波海浪之中，即城郭人民俱有荡折之患"。一年一度洪流泛滥，池旁居民受害，为根治滇池，第一次降低滇池水位的工程始于元代13世纪70年代。据赵子元撰《赛平章德政碑》记载："昆明池口塞，水及城市，大国废弃，正途雍底，公（赛典赤）命大理等处巡行劝农使张立道，付两千役而决之，三年有成"。此即疏浚海口河、降低滇池水位的工程，挖低由海口至平地哨约10千米的河床到石龙坝跌水，湖水畅流排出，湖面下降。但水位比现在要高。王昇撰《滇池赋》说："千艘蚁聚于云津，万船蜂屯于城垠，致川陆之百物，富昆明之众民"。当时滇池中的大船可沿盘龙江航行达城垣边的云津渡口。云津街在江西岸的大码头，为繁盛之区，"云津夜市"为元代昆明八景之一，鱼课司街为码头收鱼税的地方，据此推算元时水位高程约1888.5米。弥勒寺村于元代建村，初名为摆渡村，位于滇池岸边，其高程为1888.6米。安江乡为元代乌蛮族安江部属地，其高程为1888.8米。滇池水位在1888.5米时，滇池面积为410平方千米，滇池南北向长为43千米，湖岸线长为180千米，湖容积17亿立方米。

## 明朝时期的滇池水域

明代疏浚海口河的最大一次工程是明弘治十四年（1501），因海口河自元初疏浚后的200多年，淤积泥沙乱石，河床增高，阻塞滇池泄洪，湖水泛滥弥漫，淹没环湖农田，巡抚陈金率兵士和民夫数万疏浚海口河，于是池水顿落数丈。明代多次疏浚海口河，使滇池之水不至洪流弥漫。徐霞客《滇游日记》说：明崇祯戊寅（1638）来昆，从马街的石咀上船，往南游览至晋宁县的河泊所上岸。河泊所建在近岸水中的岛屿上。当时的河泊所是明军驻地，是晋宁县由水路通往外地的口岸，其高程为1888.0米。滇池沿岸的宋家营村是明初沐英部驻地，是晋宁县通往滇池的要道，其高程为1888.0米。据此，可推算明代滇池的水位为1888.0米，其水域面积为350平方千米，南北向长为42千米，湖岸线长171千米，湖容积16.8亿立方米。

## 清代时期的滇池水域

清道光十六年（1836）在海口筑屡丰闸，以闸代坝控制、调节滇池水位，致使清朝至现代的滇池水位相差不大。北京大学教授于希贤所著的《滇池地区历史地理》一书所说："海埂也就在长期的河流口外沉积和湖浪侵蚀沉船的共同作用下逐渐形成。据考察，这条海埂是到清朝中以后才渐渐露出水面的，到现在仅有二三百年的历史"。海埂的高程为1887.2米。《昆明市地名志》记载：大海晏村位于滇池东岸边，是清初部分渔民在突出于滇池内的沙洲上建村定居，其高程为1887.2米。官渡区的福海乡地处滇池之滨，建于清代，其高程为1888.0米。清代湖水退缩到大观公园，大观楼是清代康熙三十五年（1696）建造的，其高程为1887.4米。据此推算，清代时期滇池水位大约在1887.2米，滇池面积为320.3平方千米，湖岸线长为164千米，湖容积16亿立方米。

## 现代滇池水域及水资源

**水域**　1951—1979年的水文资料显示，滇池的平均水位为1886.3米，面积为299.7平方千米，库容积12.29亿立方米，湖库线长150千米。1982年12月18日，昆明市测绘处受市人大、市政府的安排施测"滇池1：10000万水下地形图"。测绘人员在300平方千米的污泥淤积很深的湖底上发现了3个"湖眼"，最大的长340米、宽160米，"湖眼"比附近的湖底深5米。在湖底水流的冲击下，湖底变浅、变得平坦，而"湖眼"在长时间的水流夹带泥沙的冲刷下为什么不被泥沙填平呢？"湖眼"是处于断裂带上，还是出水口、漏水口呢？有待查清。《滇池保护条例》规定滇池的正常高水位为1887.4米（黄海高程），据昆明市测绘处在滇池沿岸调查，滇池沿岸部分地段的防浪堤都低于1887.4米。在水位达到1887.4米时，滇池水域面积为309.5平方千米，湖容积为15.6亿立方米，湖岸线长为163.2千米，滇池南北向长40千米，最深处为"湖眼"11.2米，平均深度为4.4米。《滇池保护条例》规定了滇池的最低工作水位为1885.5米，相应的水域面积为292.5平方千米，库容积为9.9亿立方米。

自元代以后，滇池这颗璀璨的高原明珠之所以不断缩小，究其原因，一是元朝疏挖滇池出水口——海口河，元、明时期多次疏浚海口河，使水位大为降落；二是"文革"中期省、市革委会打着"向海要田、向海要粮、向滇池进军"的旗号，动员党政军民10余万人对滇池实施围湖造田3.5万亩，使滇池减少水域面积23.3平方千米，使其生态环境遭到严重破坏。在滇池流域内，由于过渡地毁林开荒，森林覆盖率急剧下降，水土流失严重，大量泥沙被带入滇池。随着城市的发展、人口的增加，滇池采水量剧增的同时，各种工业、生活废水不断排入滇池，使得滇池水质污染加重，加上滇池水域由大变小，湖底变浅，泥沙越积越厚，湖岸线不断缩短，使滇池的自然调节功能到了极限。

**水资源** 滇池流域的水资源有松华坝水库和滇池两部分。松华坝水库位于盘龙江上游，是一座兼有城市防洪、城市供水、农业灌溉等多功能的综合型水库，汇水面积为629.8平方千米，是1959年兴建的昆明市最大的中型水库，总库容为7000万立方米，最大蓄水量6557万立方米（含死库容470万立方米），1988年开始扩建成大型水库，总库容2.29亿立方米，兴利和调洪库容各占一半，是云南省水利资源利用率最高的水库。

滇池是一个具有城市供水、调节气候、防洪调蓄、净化水质、水产养殖、旅游、水上运输及发电等多功能的湖泊，汇水面积为2920平方千米，湖面为309平方千米，湖岸线为163千米，湖容为12.9亿立方米，是全国第六大淡水湖泊。滇池多年平均水面蒸发量4.5亿立方米，湖面多年平均降水量为2.72亿立方米。1997年前，海口闸多年平均出流4.07亿立方米，1997年西园隧道工程建成后，年平均泄洪2.13亿立方米，海口闸和西园隧道相加起来的排洪量可达120立方米/秒。从流域多年平均水量平衡分析，滇池流域多年平均水资源量为5.4538亿立方米，折算为径流深186.8毫米，属水资源较少地区。

滇池流域水资源还存在着连续丰水和连续枯水的周期性变化。20世纪期间，经5年年雨量滑动平均分析，出现过连续16年（1910—1926）、连续12年（1964—1976）和连续11年（1986—1997）的多水期，这一时期的年平均降水比多年平均值（1016毫米）多9.65%；出现过连续12年（1927—1939）、连续9年（1950—1959）和断续23年（1963—2013）等44年的少水期，这3段时期的平均降水量比多年平均值分别少8.6%、5.5%和20%。同时，枯水、平水或丰水、偏丰水经常交替出现，造成大旱和大涝。从14世纪的1300年至21世纪的2015年的715年中，滇池流域共出现大旱年91年，小旱年140年，平均3年一旱年、5年一小旱年、8年一大旱年；出现大洪涝年56年，平均13年左右1次。

**1775—1945年滇池流域特大洪涝灾年一览表**

表1-1-3

| 序号 | 年份 | 洪涝灾情 |
|---|---|---|
| 1 | 1775 | 昆明大水，城墙被淹塌。 |
| 2 | 1805 | 昆明大水，城外田地行舟，禾无收。 |
| 3 | 1857 | 昆明大水，水深9.5米，泛滥数十里；城外房屋全被冲毁，溺死数万人。 |
| 4 | 1871 | 旧历5—6月淫雨40余日，昆明大水，城中乘船，城没多处，毁禾田，居民无算。 |
| 5 | 1905 | 全省大水，昆明七月间水泛，附近十里，民房概被淹没，灾情奇重。 |
| 6 | 1918 | 昆明到处成泽国，年雨量1549.7毫米，比常年多50%以上。 |
| 7 | 1931 | 春夏特大旱，旱后发大洪涝。 |

续表

| 序号 | 年份 | 洪涝灾情 |
|------|------|----------|
| 8 | 1945 | 8月上、下旬，昆明大暴雨2次，城外田地大多被淹，城东穿心鼓楼一带房被淹约2天许，居民多以筏助行。年雨量为1527.2毫米，比常年多50%以上。 |

从以上资料可以看出，1918年降雨量为1549.7毫米，比常年多50%以上。8个特大洪灾年中，以1857年昆明出现的洪涝灾害最重，降雨量估计可达2000毫米左右，比正常年多一倍多，为700多年全省之极值。这年灾情惨状，晚翠轩作有如下诗句：才过兵灾又水灾，伤心白骨委蒿来；河流直涌千家血，海水空沉万古冤。磷飞月夜昏难办，鬼哭阴魂惨不开；日暮虫沙飞起处，苴兰城外尽荒原。

20世纪80年代后，随着昆明城市规模的不断扩大、经济开发区的增多，工业用水和城市生活用水剧增，原以农灌为主的松华坝水库已转成为工业和生活用水水源，以滇池为水源的提水灌溉区逐渐向北部扩展。沿湖工业均以滇池为水源，城市工业和生活用水中滇池供水的比例逐年增加，2005年达到1.095亿立方米。流域内的农田回归水、工业废水和城市生活污水直接或间接排入滇池循环使用，滇池成为流域内供水和排水循环利用主体，形成流域内供水和排水封闭循环利用格局。

昆明地区地下水资源在全省属中等水平。普渡河上游地区（富民以南）的地下水向昆明盆地排泄，嵩明阿子营、白邑一带泉水出露有117个龙潭，市区周围出露的泉水（龙潭）有200多处。昆明坝子成为地下水汇集地区，流域内孔隙水赋存面积846.5平方千米，占流域面积的29%，主要分布在盘龙江、东白沙河、宝象河、梁家河等两岸漫滩阶地一带。裂隙水赋存面积1144.2平方千米，占流域面积的39%，富水性较强至中等含水层主要分布于昆明—跑马山盆地边缘、化乐向斜，蛇山—桃园—西山等一带。岩溶水赋存面积929.3平方千米，占流域面积的32%，为流域内重要供水水源之一，在区内北、西、南边呈条带状零星分布，片状见大板桥—对龙及大龙潭—海源寺等地。流域内共有49个富水段，天然资源总量为2.73亿立方米，其中A、B、C级可采资源量为1.77亿立方米。流域内现有开采井530余口，日开采水量为22万立方米。

流域内孔隙水与地表水体联系密切，因而易受污染。据省地质水文总站调查，污染物有$NH_4^+$、$NO_2^-$、COD、$F^-$、Zn、As、Pb、酚、农药、硫化物，油类等十几种。各块段均有超标井点，占总井数的71%；污染面积达209平方千米，占孔隙水调查面积的67%。据对基岩地下水87个井泉的调查，超标井泉24个，超标物9种；污染面积20世纪60年代为12.5平方千米，70年代为15.1平方千米，80—90年代达到20平方千米，可见基岩地下水污染呈发展趋势。同时，地下水开采还存在布井过密、超采现象，导致地下水位下降、天然泉水断流、地面沉陷、建筑物开裂变形及地表水渗漏等现象。

# 第三节 水下沉积物

## 沉积作用时期

在300万年前的地质历史上划为新第三纪时期，由于受喜马拉雅造山运动的影响，在形成的南北向断裂构造控制下，因地壳坳陷，形成断陷性质的沉积盆地，盆地中汇集大量的水源，形成古滇池湖。根据对滇池沉积物的测定，大约在250万年前，湖内原始沉积物形成。后在漫长的地质历史时期中，气候温暖，湖面不断缩小，沉积作用至今仍在进行。至此，古滇池湖面退缩后，形成现今的滇池浅水湖泊。

## 沉积物成分

根据成都地矿研究所和云南省地矿局的科研资料，滇池是典型碎屑沉积型湖泊。以沉积物粒度和黏土含量可分为砾石带、砂带、粉砂带、黏土质粉砂带、粉砂质黏土带、黏土带6个带，在湖盆内呈环状分布。沉积物主要来源于河流，以悬浮搬运状态入湖沉积。沉积黏土矿物为伊利石、高岭土和绿泥石组合。生物沉积有螺壳层、介形虫层，泥炭化学沉积有蓝铁矿、菱铁矿和白铁矿。滇池现代沉积作用继续进行，有软泥黏土和有机碎屑沉积。经孢子花粉分析，发现沉积物中有化石盘星藻，说明滇池湖泊的沉积从第三纪开始即为淡水型湖相、河流沼泽相沉积。沉积物碎屑占大多数，碎屑物以河流搬运入湖为主，生物沉积次之，化学沉积很少，是典型的碎屑沉积型湖泊。

## 沉积环境

滇池为南北向延伸较长、东西向较窄的高原浅湖，湖长42千米，最宽12.5千米，平均宽8.32千米，水面积309平方千米；最大的水深11.2米（湖眼），平均水深4.4米，湖岸长163千米，湖岸发育率为3.14。滇池水通过海口和西园隧道2个出口外流，经螳螂川、普渡河注入金沙江流入东海，是外流型湖泊。

图1-1-3-1  滇池湖等深线图（成都地质矿产研究所  提供）

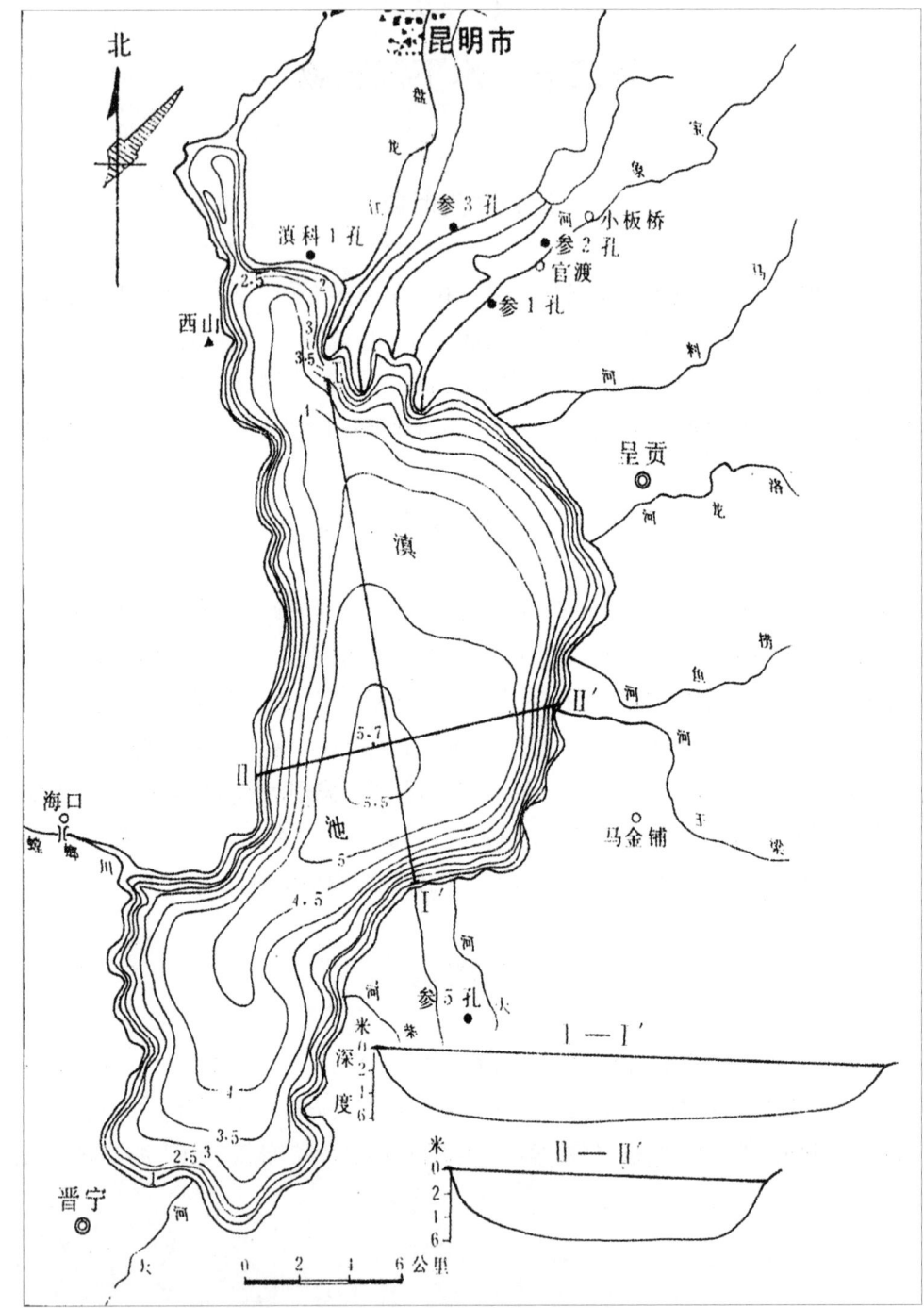

说明：1. 等深线距0.5—1米，1983年实测并参考昆明师范学院和南京地理研究所图编制；

2. 方向标出多年风向频率。

**气候环境**  滇池流域在整个第四纪时期没有冰川覆盖。滇池所处地域为亚热带高原季风气候区，终年温和。滇池湖水温度与气温相差不大，其浅水与深水因受季风的搅动，水温较接近。

**生物化学环境**  湖水属重碳酸钙镁型水，呈弱碱性（pH在7.3—8.3之间），化学沉积作用弱，富含生物为钙质富营养湖，含丰富的蓝绿藻、硅藻和轮藻等，浮游性微体动物多，有生物沉积层。

**湖水动力条件** 因水浅，沉积作用受季风引发的湖浪和湖流的影响，形成沉积物的分带性。沉积物的来源受入湖河流搬运物质的影响，也是湖泊填淤的主要物源。

## 沉积物类型

滇池湖泊为碎屑沉积型，也有生物作用影响，形成生物沉积型。湖底沉积物的分布呈环带状，反映出古滇池沉积的基本性质，同时具有现代滇池的沉积特征。根据沉积物的平均粒度、黏土含量划分为6类沉积物，总趋势是从北、东、南面向双湖心，粒径逐渐变细。

砾石带分布于湖岸线附近，沉积相为岸线砾石相，砾石平均粒径为1—5厘米，大多分布于河流入口附近的湖浪冲洗带边缘，分布不连续。海埂一带砾石带宽10余米，粒径小于2厘米；西岸冲积扇附近粒径可达4—5厘米，南岸粒径在1厘米以下。砾石的磨圆度和分选性较好，砾石间有螺壳碎屑。

砂带为现代滨岸砂带，属滨岸砂岩相，粒径小于4j（0.063毫米）、大于0.006毫米，分布在水深不到1.5米的滨湖带，基本连续。在东岸，砂分选良好，黏土含量低，多为半滚圆和次棱角状。在南部柴河口以西，砂带外侧有一小砂体分布于黏土层中，可能是柴河三角洲的外延部分。在东南岸尖山大湾主要为浅黄褐色细砂，粒径3—4j（0.125—0.063毫米），含量约95%，黏土占5%，分选好。沉积构造为平行层理或浪成砂纹交错层理，在海埂可见波痕构造（长8—10厘米、高1—1.5厘米，峰顶平化）。滨岸砂中含产腹足类螺化石，并有近代螺壳、螺屑。滨岸砂带沉积物由灰色细砂、深灰色含有机质细砂、暗灰色细砂、灰黄色细砂组成。

粉砂带主要分布于近岸带水深约2.5米以内，在滨库砂带外侧为近岸粉砂相，粒径4—6j（0.063—0.016毫米），由灰色、绿灰色粉砂组成。具砂、泥交互层，平行层理，局部为浪成砂纹交错层理。由于此带内适合水草生长，粉砂中含有较多的有机质。

黏土质粉砂带分布于湖边部，属湖盆边缘泥质相。粒径为6—8j（0.016—0.004毫米），黏土含量占25%—50%，由暗褐灰、绿灰色黏土质粉砂组成，含植物碎屑及鱼骨碎屑，泥层中含丰富的螺、介形虫壳。此带在现代湖盆边缘显环带分布，水深大致在2—4.5米范围，受湖浪和河流影响，因此砂屑还占相当比例。

粉砂质黏土带分布于滇池湖盆的中部水深3.5米处左右，属浅湖中部泥质相，是一个相对低能的沉积带，粒径约为8j（0.004毫米），基本上是悬浮质沉积，为黄褐色、褐灰色黏土，含粉砂较少，具均匀层理，少量的搅动构造与生物潜穴。沉积物显氧化色调，反映沉积时水的深度不大，可以佐证滇池湖泊是浅水湖泊。

黏土带分布面积不大，仅位于湖的两个中心处，为湖盆中部泥质相，水深4—7米，为褐灰色、灰色黏土，具水平层理，粒径大于8j（0.004毫米），是低能环境的沉积物。矿物成分以伊利石、高岭土和绿泥石为主，含少量蒙脱石—伊利石组合。在湖相黏土中，可具还原条件形成的蓝铁、菱铁矿、白铁矿、次磷钙铁矿的化学沉积物。在各种黏土、粉砂中，普遍含有蓝藻、绿藻、硅藻等藻类遗体。

北部草海水深一般小于2米，风浪作用小，属低能沉积环境，沉积为灰褐色、灰绿色的泥和粉砂，多具均匀层理，部分发育水平层理，砂和泥交互层含丰富的螺、螺口盖及介形虫生物，在沼泽化地段，有沉水植物遗体聚集形成的泥炭。

图1-1-3-2　滇池沉积物类型（成都地质矿产研究所　提供）

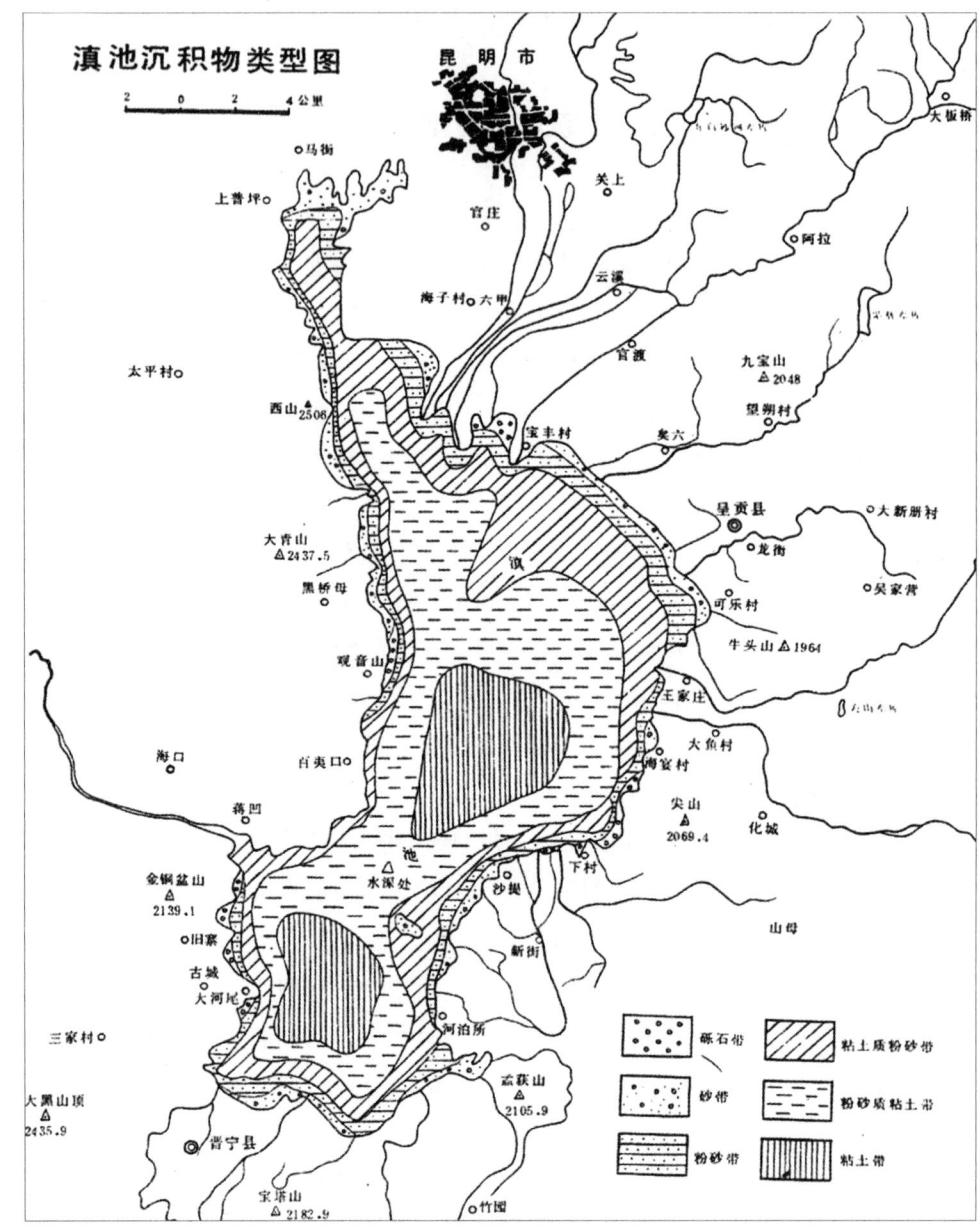

## 遥感监测

应用美国陆地卫星及中国资源卫星图像，通过3个时限（1974年、1988年、2005年）卫星图像的监测，可以清楚反映1974—2005年滇池泥质沉积的淤泥在不断扩大，受水动力作用影响，泥淤由湖盆边部向湖心发展。而泥质沉积方向由南向北，这些泥质物主要来自东部及南部，因植被减少水土流失所致。据实地调查，现代滇池的沉积作用，每年皆有一定厚度的沉积物形成，加速滇池的填淤进程。

图1-1-3-3 昆明盆地晚更新世以来沉积环境略图（成都地质矿产研究所 提供）

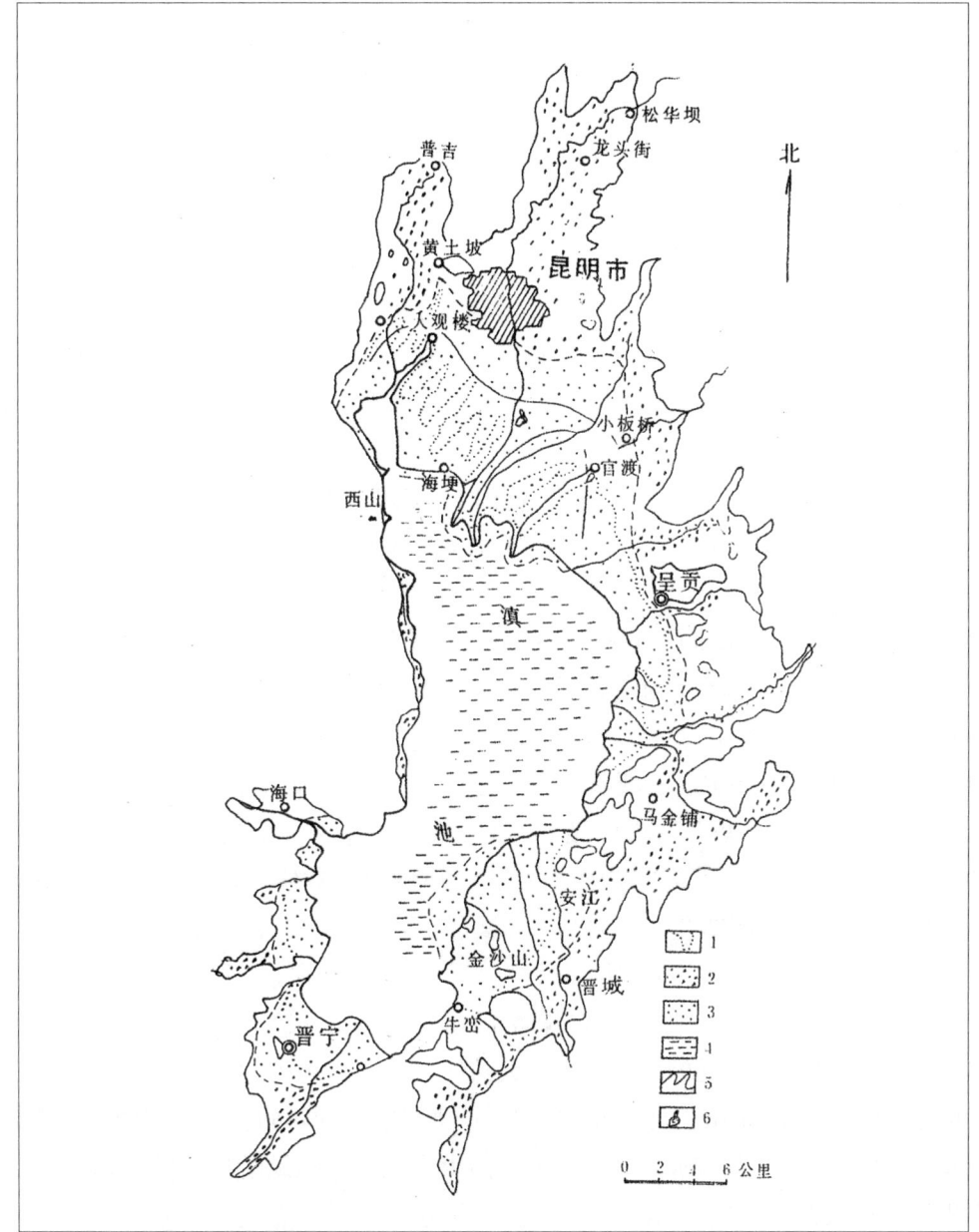

说明：1.等厚线（百米） 2.冲积环境 3.三角洲及滨湖范围 4.浅湖环境 5.近代湖面范围 6.螺壳堆

# 第四节 水生生物

滇池生态环境在人类的干预下，水质恶化程度加剧，造成了生态结构的不断改变，致使有的物种灭绝，一些物种濒临灭绝，整个湖区生态功能已处于一种极其脆弱的状态。

# 浮游植物

**种类** 滇池现有浮游植物7门16目40科64属126种。其中，绿藻门植物31属73种，占全湖总种数的58.4%；硅藻门植物13属22种，占全湖总种数的17.6%；蓝藻门植物12属17种，占全湖总种数的13.6%；其余为裸藻门3属8种、甲藻门2属3种、隐藻门2属2种、金藻门1属1种，占全湖总种数的10.4%。

**分布特征** 滇池浮游植物中绿藻门、蓝藻门、硅藻门在种类及数量上均占绝对优势，整个滇池水域均有存在。内湖以单优势属种突出，种类显著减少。其中，大观河出口和断桥的水质发黑发臭，存在微芒藻属、纤维藻属、十字藻属、囊裸藻属、裸藻属等。草海中心水域水质有所改变，出现了少量中污染带的藻类，如水华束熊藻。外湖浮游植物种类、数量均比内湖多，以蓝藻门和绿藻门居多。其中，蓝藻门10个属，绿藻门绿球藻目11个属，鼓藻目3个属。优势种主要为水华束丝藻、四角转寝、小颤藻。

**种类演变** 滇池藻类资源十分丰富，曾记载有9个门的藻类植物存在。在20世纪50—60年代调查中，共采到藻类植物8门21目39科102属186种。其中，轮藻植物门4属7种，金藻植物门2属2种，轮藻呈显著优势，清晰可见湖底遍布轮藻，水面漂浮着云南海菜花。因而，历史上也称内湖为草海、花湖。1982—1983年采集到滇池藻类植物8门21目39科81属205种及变种。与50年代和80年代初比较，滇池中藻类植物种类组成发生了明显的演变，如在内湖轮藻、金藻门已完全绝迹，即使在外湖也很难见到。过去滇池中没有的种类如束丝藻属、念珠藻属出现；在内湖鼓藻属和角星藻属已完全消失，而单角盘星藻、飞燕角甲藻都只能在外湖见到，衣藻属、微芒藻属、小环藻属成为优势种。

**藻类数量时空变化及"水华"形成状况** 在藻类数量统计中，裸藻门、蓝藻门的属种虽有所减少，但其中一些种的数量在整个藻类数量中所占的比例却增加了数倍。如梭形裸藻、小颤藻在内湖中的一定时期内其数量占全部藻类数量的50%以上；隐藻门的种类随着富营养化程度的加剧，其属种及数量也在不断增加，成为整个滇池中的常见种。

1988年8月，在外湖晖湾断面形成了由铜绿微囊藻为主的大面积"水华"，其面积达2平方千米，藻膜厚约2毫米，并向西南方向延伸至观音山、大河尾一带。1989年6月，在外湖虽无大面积的"水华"出现，但在局部水域湖滨地带有小面积的"水华"形成。1990年6月，在草海中心至晖湾断面出现由假丝微囊藻、具缘微囊藻、铜绿微囊藻形成的大面积"水华"。滇池"水华"形成均以蓝藻门植物为主，"水华"出现一般均在夏季，这与当时水温高、风小、光照充足有密切关系。

滇池内、外湖叶绿素a浓度及波动范围都具有显著的差异。内湖叶绿素a的平均值为118.48毫克/立方米（38.86毫克/立方米—282.298毫克/立方米），1988年3月出现高峰值，1989年2至4月和7月出现2个高峰值，其叶绿素a的峰值基本与同期藻类数量变动曲线峰值相对应。外湖叶绿素a的平均值为18.54毫克/立方米（10.38毫克/立方米—31.3毫克/立方米），1988年叶绿素a的高峰值出现在2月和9月，1989年叶绿素a的高峰值出现在5至6月及9月。一般来说，叶绿素a的高峰值出现在初春和夏季。

# 浮游动物

**种类** 根据1988—1989年历时21个月的调查，收集标本392个，隶属于19科，共61种。其中，原生动物6科9种、轮虫7科37种、枝角类5科12种、桡足类2目3种。轮虫种最多，占浮游动物总种类数的

60.6%；其次为枝角类，占19.8%；原生动物占14.7%；最少为桡足类占4.9%。

**数量变化** 据1957年黎尚豪等调查，滇池中浮游动物数量为140个/升—1200个/升。1982年王忠泽调查结果为，全湖中浮游动物数量平均为19302个/升，其中内湖平均为42192个/升、外湖为11563个/升。据《云南高原四湖生态问题与生态后果》显示，1982年浮游动物的数量为3500个/升—4000个/升。1988—1989年调查统计结果表明，全湖浮游动物数量平均为2492个/升，其中内湖平均为2478个/升、外湖为2507个/升。

## 底栖动物

**种类** 1988—1989年，共采到底栖动物11种。其中，寡毛类3种，水生昆虫2种，软体动物6种。由于各采样点水域生态环境的差异，底栖动物种类的组成也呈显著差异。按底栖动物分布情况可将滇池分为无大型底栖动物带（大观河出口）、寡毛带（断桥、草海中心）和摇蚊带（晖湾东、晖湾西、观音山中、大河尾）。

**数量及生物量变化** 底栖动物在内、外湖的种类组成、数量及生物量均存在明显的差异。内湖仅采到底栖动物5种，数量为80个/平方米—2974个/平方米，生物量6.29个/平方米—68.2个/平方米；而外湖采到11种，数量达656个/平方米—13136个/平方米，生物量达20.25个/平方米—171.55个/平方米。

## 水生维管束植物群落结构及演替

**种类、分布及生物量** 20世纪50年代，滇池有水生维管束植物28科44种；70年代为22科30种；80年代末（1988—1989年）仅有12科20种。其中，沉水植物12种，漂浮植物3种，挺水植物5种。全湖以狐尾藻为优势种。

滇池近百年来已处于老年型湖泊状况，但由于人为影响较弱，生态功能还具有一定承受能力。20世纪50年代，内湖水清澈见底，湖底水草丰富；外湖植被覆盖度很高，群落种类较多，但60年代以后随着富营养化的加剧，湖水理化性质发生了迅速变化。到80年代末，全湖透明度显著下降，内湖水域（如大观河出口、断桥测点）透明度仅10—20厘米，溶解氧趋于零，湖水混浊呈黑色；外湖透明度降到70厘米左右，沉水植物逐渐向湖滨浅水区迁移，有的则因透明度过低不能进行光合作用而灭绝。水深1—2米以上的大部分水域内无沉水植物存在，这种现象在内湖尤为突出。湖水浅、透明度低、溶解氧少，是造成滇池水生维管束植物沿岸分布和植物面积减少的生态因素之一；而人们对水草的采割及大量放养草鱼是滇池水生植物面积缩小的另一因素。

滇池东岸人口密集，生产活动频繁，人为影响因素突出，致使湖滨带植被遭到严重破坏。西岸、南岸尚有部分植物种类分布，其中南部的芦柴湾、大河尾、昆阳农场一带是种类较多、植被覆盖较高的水域。

80年代末，外湖水生维管束植被面积5480亩，生物量鲜重15368.5吨、干重941吨；内湖水生维管束植被面积3750亩，生物量鲜重约1.25万吨、干重656.25吨；整个滇池水生高等植物面积约9230亩，仅占滇池总面积的2.05%。

图1-1-3-4　20世纪50年代滇池水生植被群落分布图

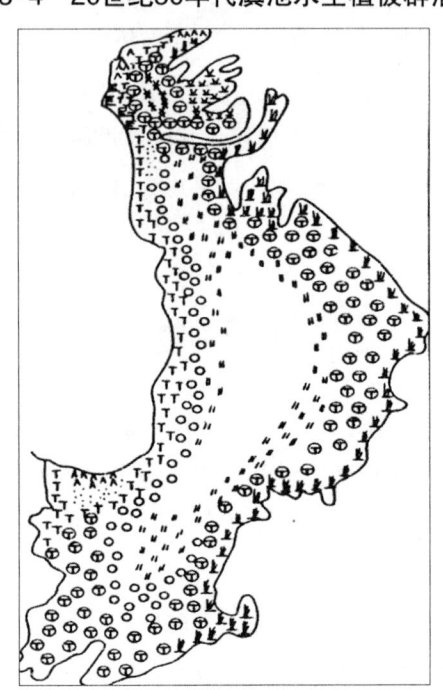

图1-1-3-5　20世纪80年代滇池水生植物群落分布图

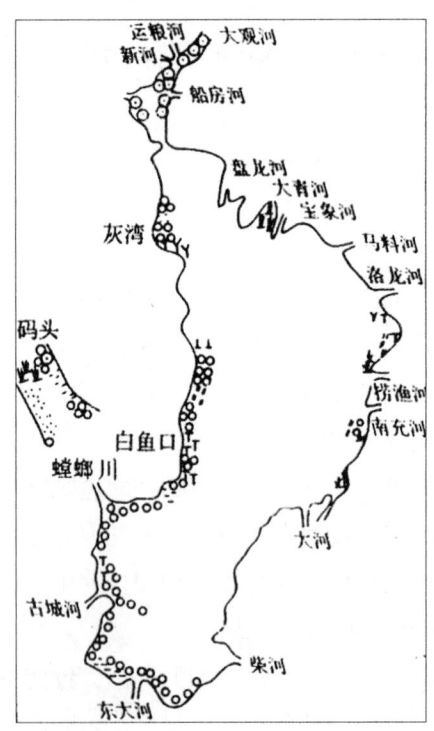

图例 ⋀ 雀稗群落　∞ 狐尾藻群落　⥾ 马来眼子菜群落　⬙ 芦苇群落　⊕ 海菜花群落　⊤ 篦齿眼子菜群落　⠿ 苦草群落　⋞ 金鱼藻群落　⋰ 微齿眼子菜　⋓ 水葱群落　O 水葫芦群落　⥿ 茨草群落　⊟ 菖蒲群落　✳ 轮藻群落　⥽ 荇草群落

**结构及演替**　20世纪50年代，滇池的水生维管束植物群落可划分为14个群落，其中特有的是云南海菜花系优势群落。但几经沧桑，海菜花群落消失，一些伴生群落也濒于灭绝，沿存11个大小不等的水生维管束植物群落。60—70年代群落种类变化较大，金鱼藻、篦齿眼子菜群落已于70年代基本消失，只有少数区域发现仍有金鱼藻、篦齿眼子菜群落少量存在。

滇池中水生维管束植物的演替是较有规律的，整个植物群落有着完整的演替系列，20世纪50年代后其演替的进程中受到人为因素的严重干扰，使自然演替系列遭到了破坏。60年代，随着富营养化加剧，水质逐年恶化，沉水植物开始减少，至70年代末大量死亡。残骸沉积加速，形成水面浮岛，到80年代初已残存无几，90年代完全灭绝。而漂浮植物——水葫芦已成为优势，占据了整个内湖。

**图1-1-3-6　滇池内湖水生植被演替系列示意图**

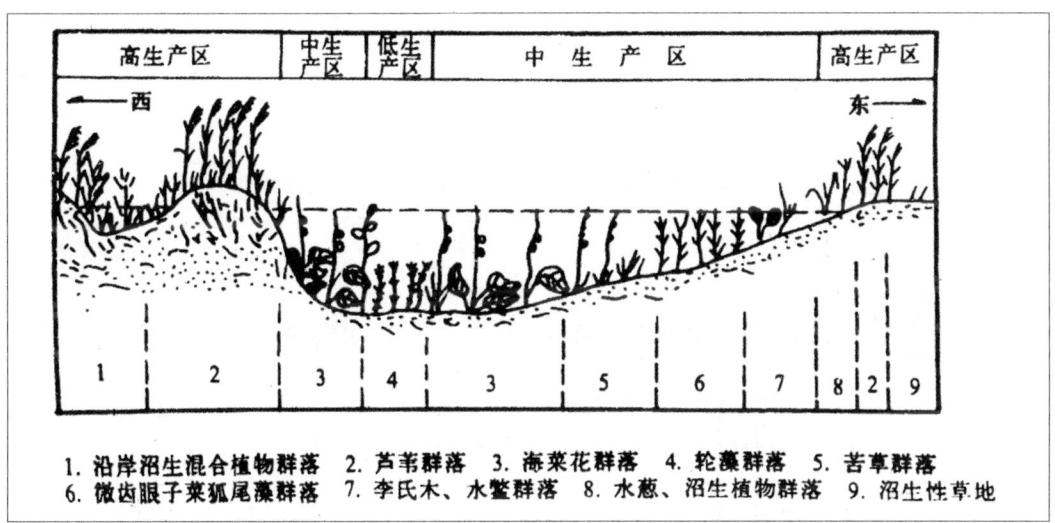

1. 沿岸沼生混合植物群落　2. 芦苇群落　3. 海菜花群落　4. 轮藻群落　5. 苦草群落
6. 微齿眼子菜狐尾藻群落　7. 李氏木、水鳖群落　8. 水葱、沼生植物群落　9. 沼生性草地

在外湖西岸带，其植物群落演替顺序为蓝藻→狐尾草群落→篦齿眼子菜群落→满江红→紫背萍群落→菖蒲→两栖蓼群落。现在的演替顺序（晖湾）为苦草群落→茨藻群落→狐尾藻群落→水芦葫→满江红群落。外湖东岸演替顺序为马来眼子菜群落→篦齿眼子菜群落→芦苇群落，明显地表现出演替系列已遭破坏，东岸现存的这些群落已处于濒临灭绝状态。

从上述滇池水生维管束植物群落的现状可看出，随着富营养化程度的加剧，一些敏感的水生植物群落已灭绝或濒于灭绝，水生植物群落已面积急剧减缩，并向浅水区迁移，水生植物群落面积向小型化发展（滇池中现只有狐尾藻群落的面积最大）。2015年，滇池水生维管束植物种类较多的水域为外湖晖湾西湖湾，为鱼的产卵区。湖湾面积为1平方千米，水生植物种类有狐尾藻、苦草、竹叶眼子菜、穿叶眼子菜、微齿眼子菜、菹草、满江红、金鱼藻、黑藻、茨藻、菱等，具有较好的生物多样性，湖湾由狐尾藻群落形成天然屏障与外面水域隔开。湖湾内水深1.5—2米，透明度高，清澈见底，藻类数量为$550 \times 10^4$个/升，Chla12.56毫克/立方米；湖湾外藻类数量为$1420 \times 10^4$个/升，Chla25.66毫克/立方米，分别高于湖湾内2.6倍和2倍。湖湾内TP为0.03毫克/升，$BOD_5$为2.10毫克/升，$COD_{cr}$44.74毫克/升；湖湾外TP为0.07毫克/升，$BOD_5$为6.6i毫克/升，$COD_{cr}$为64.04毫克/升，分别是湖湾内的2.3倍、3.1倍、1.4倍。由此表明，两个水域生态环境结构的差异，明显地反映出两种水质的优劣，因而在滇池治理的规划中应考虑对滇池中现存物种的保存、发展及利用。

图1-1-3-7 20世纪50年代滇池外湖东西岸水生植被演替系列图

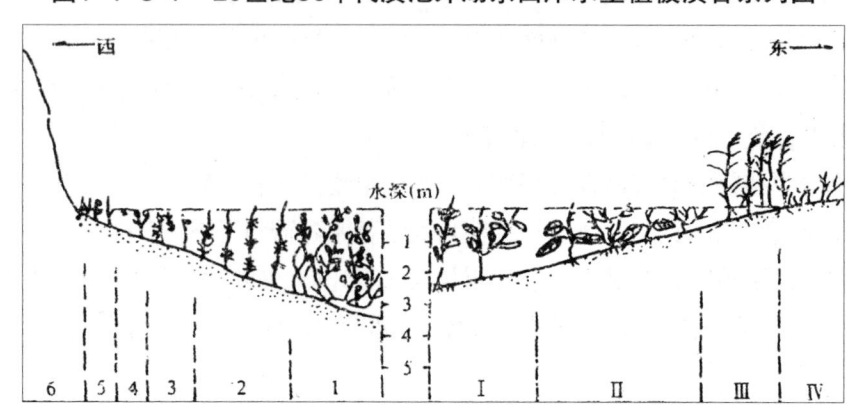

说明：西岸：1.菹草群落 2.狐尾藻群落 3.篦齿眼子菜群落 4.满江红——紫背萍槐叶萍群落

东岸：Ⅰ.马来眼子菜群落 Ⅱ.海菜花——篦齿跟子菜群落 Ⅲ.芦苇群落 Ⅳ.草地

图1-1-3-8 20世纪80年代末滇池内湖水生植被演替系列图

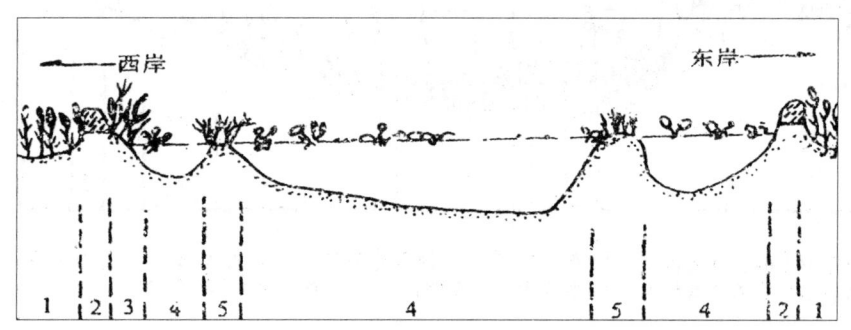

说明：1.沼泽垦区人工植被 2.垦区堤岸 3.菰荙草群落 4.水葫芦——满江红群落

5.李氏禾——雀稗群落（水面孤岛）。

图1-1-3-9 20世纪80年代末滇池外湖水生植被演替系列图

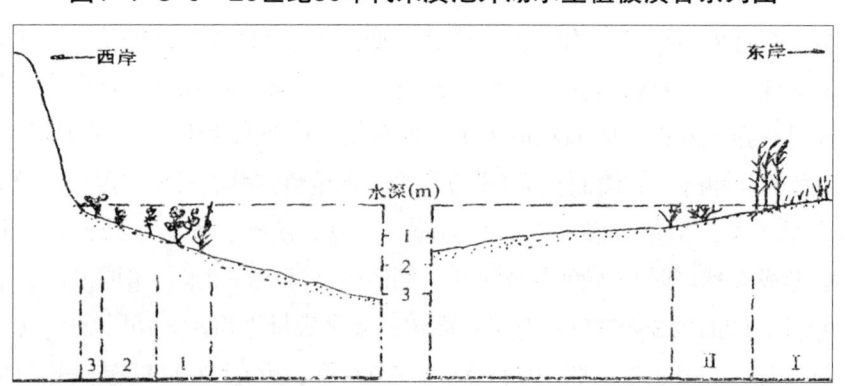

说明：1.苦草——茨草群落 2.狐尾藻群落 3.水葫芦——满江红群落

Ⅰ.芦苇草地群落 Ⅱ.篦齿眼子菜——竹叶眼子菜群藩

## 鱼类种群

　　随着滇池生态环境的变化，导致鱼类产卵、孵化场地的生态环境破坏，加之过度捕捞和鱼类种群间相互作用等因素影响，使滇池鱼类种群发生巨大变化。20世纪50年代，滇池有土著鱼种15种，占滇池鱼种的65.2%。到80年代，滇池土著鱼种仅存4种，占滇池鱼种的17.4%；肉嫩味美的金线鱼已灭绝。从滇池鱼类种群结构发展趋势看，土著鱼种濒于灭绝，外来鱼种发展成为优势种群，种群结构向"简单形"发展。

# 第二章 滇池流域

## 第一节 区位与特征

### 地理位置

滇池流域系指入滇池水系的集水自然区域。该区域地处云南省中部长江、珠江和红河三大水系分水岭地带，是云南省经济文化最发达的区域，行政区包括昆明市的五华区、盘龙区、官渡区、呈贡区、西山区、晋宁区大部及嵩明县的一部分，总面积2920平方千米（含昆明城区面积412平方千米）。

滇池流域属于滇中高原的断陷构造盆地地貌类型，沿滇东断裂带形成昆明—玉溪盆地，地层断陷形成滇池。该流域的地形呈南北向狭长地形，西有横断山脉，东临滇中高原，北靠乌蒙山、梁王山，海拔最高2825米（黄海高程，下同）；地势是四周高中间低，四周有三尖山、大五山、梁王山、猫鼻子山、大尖山、西山、长虫山等山峰围绕；水域有滇池流域；平原有滇池盆地、白邑盆地。整个地形为山地丘陵、淤积平原和滇池盆地三个层次，可概括为"七山一水两平原"，是高原明珠滇池、历史文化名城昆明的载体，南北长114千米、东西平均宽25.6千米，形状系数为0.22。

### 流域特征

**地质地貌特征** 滇池流域处于扬子准地台滇东台褶皱带西侧面昆明台褶皱上，处于著名的南北向小江断裂带与普渡河断裂带之间的峡谷地带。流域处于新生代时期进入高原期，至中新世逐渐发展为准平原，广泛发育了面状红色风化壳。

上新世晚期，区内断裂活动强烈，升降运动频繁，准平原解体，形成南北延伸、平行相间排列的断陷谷盆及块状隆起的地貌格局，从而进入高原湖盆发展阶段，早更新世至中更新世差异性断块活动加剧盆地北部抬升，南部相对下降湖面退缩，地貌发展进入河湖发展时期，剥蚀面形成，晚更新世开始，湖退继续，湖面向南迁移，河床扩大，盆地进入河谷阶段。原来北部湖区形成洪积，冲积平原，Ⅰ—Ⅳ级阶地发生，盆地内因构造部位、岩性、地质营力及地貌类型不同而发生地貌差异，形成多种溶蚀、侵蚀、剥蚀及堆积地貌类型。

**气候特征** 滇池流域属北亚热带湿润季风气候区，气候变化主要受西南季风和热带大陆气团交替控制，具有低纬度高海拔季风气候特征。积温（一年内日平均气温不低于10℃持续期间日平均气温的总和）为4200℃—4500℃，年均温14.5℃，多年平均降雨量976毫米，蒸发量1870—2120毫米，日照时数2018—2470小时，年日照率47%—56%，相对湿度73%—74%，主导风向为西南风、平均风速2.2米/秒—

3.0米/秒，全年无霜期227天。加上滇池水体对流域气候的调控，其主要特点是冬无严寒，夏无酷暑，四季如春；冬干夏湿，干湿分明；山区气候垂直差异大，谷地、坝区为中亚热带气候，低山地为北亚热带气候，中山地为南温带气候；湖滨小气候，冬暖夏凉四季变化平缓，有"万紫千红花不谢，冬暖夏凉四时春"的特点，也有"四季无寒暑，一雨变成冬"的说法。

**土壤特征**　滇池流域受山原地貌及热带季风下生物条件的影响，土壤类型复杂多样。整个流域共有7种土壤，即红壤、紫色土、水稻土、棕壤、黄棕壤、冲积土和沼泽土。其中，尤以红壤、水稻土和紫色土的分布最为广泛。本区土壤共有12个亚类、26个土属。丘陵山地的自然土壤为山原红壤和紫色土，在海拔较高处发育有红棕壤和棕壤，平原和台地主要是农业耕作土。

**水系特征**　滇池流域地处三江水系分水岭云贵高原中部，因而上游河流皆源径流短，主要有盘龙江、宝象河、新河、运粮河、马料河、大青河、洛龙河、捞鱼河、梁王河、大河、柴河、东大河等35条入湖河流，呈向心状注入湖区。其中，最大的河流是盘龙江，发源于嵩明县西北的梁王山南麓的黄龙潭，入牧羊河流经小河与甸尾河汇合后进入松华坝水库，出水库进入盘龙江，流经昆明市主城区中心地带，出城后注入滇池，长出105千米，流域面积约847平方千米，径流量为滇池来水量的42%。河流流经农田、城镇及磷矿区，带来了丰富的氮、磷等营养物质。湖水出口海口河向北经螳螂川入普渡河后汇入金沙江。

## 自然资源

滇池流域自然资源丰富，为流域的经济社会发展提供了有利条件。

**水资源**　滇池流域的主要水资源有地表水和地下水。流域内的地表水体主要有松华坝水库和滇池两部分。松华坝水库位于盘龙江上游，是一座兼有防洪、城市水源、农业灌溉多种功能的综合型水库，汇水面积629.8平方千米，库容6832万立方米，多年平均径流量为1.99亿立方米。滇池是一个具有供水、调节气候、调洪蓄水、净化水质、水产养殖、旅游、水上运输及发电等多功能的湖泊，每年灌溉农田5万亩，向城市提供工业、生活用水最高年为2.49亿立方米。流域径流量极值比为3.87—5.14，变差系数为0.44—0.45，反映出水资源年际变化不大。滇池流域地下水资源在全省属中等水平。普渡河上游地区（富民以南）的地下水向昆明盆地排泄，嵩明阿子营一带有大量泉水出露，市区周围出露的泉水（龙潭）共有300余处，昆明坝子成为地下水汇集地区。流域内孔隙水赋存面积846.5平方千米，占流域面积的29%；裂隙水赋存面积1144.2平方千米，占流域面积的39%；岩溶水赋存面积929.3平方千米，占流域总面积的32%。

**土地资源**　滇池流域的土地主要由山地、台地、河谷坝地几种类型构成，总土地面积2920平方千米，其中山地占49.36%、台地占25.48%、河谷坝地占13.62%，滇池水面占10.22%，昆明市两城区及其他占1.32%。

**植被资源**　滇池流域气候温和、雨量充沛，适宜多种植物生长。林地面积1070平方千米，为流域总面积的36.6%，主要植被以滇青冈、高山栲、元江栲等为主的常绿阔叶林及云南松林、灌丛草地、水生植被及水田植被。由于长期人为活动的破坏，森林覆盖率1950年为55%、1970年为34%、1976年为25.1%，1980年只有24%。水田植被为稻—油菜、稻—麦。旱田植被为玉米—小麦、玉米套马铃薯—小麦、玉米套苜蓿、小麦，为大小春两熟作物。

**水产资源**　在滇池水生生物资源开发利用中，渔业居首位。滇池现有湖面45万亩，这样丰富的水面资源，在全国大中城市是少有的，加上年均水温16℃、湖底浅平、水位稳定，适宜各种鱼虾和饵料生物的生长繁殖。水体的富营养化提高了生物生产力，具有丰富的饵料生物基础，供饵能力平均每亩可产鱼64.5千克，实际年均亩产20千克，拥有较大的水产品生产潜力。主要水产品为鲫鱼、鲤鱼、银鱼、虾等，占全市总产量的76%，占渔业产值的81%。

**矿产资源**　滇池流域内已探明储量的矿产有14种，矿产地41处。其中，磷矿矿产地6处，品位高、易开采，资源总储量为$14.77 \times 10^8$吨，探明储量$6.98 \times 10^8$吨。此外，建材原料、非金属矿产品种多，储量也很可观。

**旅游资源**　滇池就像一颗明珠镶嵌在群峰叠翠之中。环绕滇池已形成各具特色的风景名胜区和疗养胜地11处，滇池北面有大观楼公园、海埂旅游度假村；西山公园位于滇池西岸的千仞峭壁之上，沿湖往南建有省、市工人疗养院；滇池南滨的昆阳镇是伟大的航海家郑和的故乡。滇池已初步形成一个集山、水、园、林、石、溶洞、湖滨和人工游乐园为一体，能开展游泳、航海、钓鱼、环湖观景，觅古采风等旅游活动的大型旅游区。在滇池的外围还有金殿风景区，有珍珠泉和唐梅、宋柏、明茶的黑龙潭风景区，体现植物王国的昆明植物园，有清代泥塑珍品"五百罗汉"的筇竹寺公园，有"天下第一汤"的温泉和明代古建筑的曹溪寺等风景区，有国家、省、市级重点文物保护单位41处。1981年8月14日，经省人民政府批准建立松华坝水源保护区。该区位于昆明市东（东经25°8′—25°27′，北纬102°45′—102°59′），东西长35.5千米、南北宽26千米，面积629.8平方千米，年径流量$1.99 \times 10^8$立方米。保护区建立后，颁布了保护区管理条例，重点保护水源、植被，并开展了多学科综合考察工作。

# 第二节　地　貌

## 地貌类型

滇池流域包括滇池盆地及盆地汇水面积中水系分水岭内侧的山地，面积约2920平方千米，滇池位于群山环抱的昆明盆地之中。盆地内气候温和，雨量适宜，属亚热带气候，年均降雨量为976.3毫米，区内植被类型多样，自然景观较为丰富。

**地貌特征**　滇池流域处于扬子准地台的西部，为南北向小江断裂带与普渡河断裂带之间的夹峙地带，西有横断山脉，东连滇东高原，北靠乌蒙山、梁王山，地势由北向南逐渐降低。整个地形为山地丘陵、淤积平原和滇池水域、松华坝水域3个层次，可概括为为"七山一水两平原"，昆明主城区座落其中，海拔1900米，相对高差100—650米。其组成具有鲜明高原地貌的自然景观特点。

该流域于新生代早期进入高原期，至中新世逐渐发展为准平原，广泛发育了面状风化壳。上新世晚期，区内断裂活动强烈，升降运动频繁，准平原状高原解体，形成南北延伸、平行相间排列的断陷谷盆及块状隆起的地貌格局，进入高原湖盆发展阶段。早更新世至中更新世差异性断裂活动加剧，盆地北部抬升，南部相对下降，湖面退缩，地貌发展进入河谷发展时期，剥蚀面形成。晚更新世开始，湖退继续，湖面向南迁移，河床扩大，盆地进入河谷发展阶段，原来北面湖形成洪积、冲积平原，I—V级阶地发生，盆地内因构造部位、岩性、地质营力及地貌类型不同而发生地貌差异，形成多种溶蚀、侵蚀、剥蚀及堆积地貌类型。这些地貌景观的形成，是特定的地质构造位置及地质历史中外应力长期作用的结果。根据古生物地层的划分，岩石地层为新第三纪，同位素年龄测定值约300万年，孢子分析确定期是上新世中雅山期，古地磁年代学分属松山期。

**地貌发育** 滇池盆地属云南高原的昆明山间盆地，大地构造划分属扬子准地台。断裂构造发育，线性构造显示较多，构造线方向以南北向构造线为主，区内出露的地层，皆已褶皱，大多为背斜构造与向斜构造相伴出现，其间为冲断裂所破坏。构造地质作用对地貌的发育有明显的影响和控制作用。区内出露地层中，东部广泛分布石炭纪，组成岩石为石灰岩；二叠纪由白云质灰岩和火山岩的玄武岩，常形成溶蚀地貌与侵蚀地貌。南部以元古界昆阳群浅变质岩系、震旦纪白云岩、寒武纪砂岩页岩为主，易于形成侵蚀溶蚀地貌。西部及北部地层发育出露有震旦纪、寒武纪、奥陶系、泥盆纪、石炭纪、二叠纪、三叠纪、侏罗纪、第三纪及第四系的沉积物质，组成岩石以石灰岩、砂岩、页岩、泥岩、粉砂岩、玄武岩为主，夹有少量铝土岩、铝质页岩和黏土；在石灰岩区的局部有洞穴沉积，形成的地貌以山地地貌类型为主。中部为第四系松散岩堆积区，形成台地与湖积平原。该区内地质构造和岩石性质，对地貌发育的影响或控制作用十分明显。地质构造不同，形成的构造地貌类型也不同。后期的外营力作用，由于岩性的差异，也形成受岩性控制的地貌形态，如广布的石灰岩皆形成溶蚀地貌。

**地貌类型** 地貌类型分类的原则是根据成因、形态、相对高度及海拔高度。首先根据主要形态特征划分为中山、低山、丘陵、台地及平原等五大类型，其次再按主导外营力成因要素划分出溶蚀、侵蚀、剥蚀、冲积、洪积和湖积6类。

### 滇池流域地貌类型特征一览表

表1-2-1

| 分类系统 | | | | | | | | 面积 | |
| 分类原则 | 地貌形态 | | 成因 | 相对高度米 | 高程（米） | 物质组成 | 地貌分类 | 代号 | 平方千米 | 占总面积 % |
|---|---|---|---|---|---|---|---|---|---|---|
| 成因形态、相对高度、海拔高度 | 山地 | 中山 | 溶蚀 | 500—1000 | < 2500 | 碳酸盐岩 | 溶蚀中山 | Ⅰ-1 | 140 | 4.79 |
| | | | 侵蚀 | | | 砂页岩 | 侵蚀中山 | Ⅱ-1 | 235 | 8.05 |
| | | 低山 | 溶蚀 | 200—500 | 2000—2350 | 碳酸盐岩 | 溶蚀低山 | Ⅰ-2 | 172 | 5.89 |
| | | | 侵蚀 | | | 砂页岩、玄武岩 | 侵蚀低山 | Ⅱ-2 | 694 | 23.77 |
| | | 丘陵 | 溶蚀 | 50—200 | 1900—2100 | 碳酸盐岩 | 溶蚀丘陵 | Ⅰ-3 | 36 | 1.23 |
| | | | 侵蚀 | | | 玄武岩 | 侵蚀丘陵 | Ⅱ-3 | 290 | 9.93 |
| | | | 剥蚀 | | | 砂质黏土 | 剥蚀丘陵 | Ⅲ | 322 | 11.03 |
| | 台地 | | 洪积 | 50—100 | 1900—2000 | 砂、黏土 | 洪积台地 | Ⅳ-1 | 34 | 1.17 |
| | | | 冲积 | | 1900—1930 | 砂、砾石 | 冲积台地 | Ⅳ-2 | 249 | 8.53 |
| | 平原 | | 湖积 | < 50 | | 粉砂、黏土 | 湖积台地 | Ⅳ-3 | 448 | 15.34 |

图1-2-2-1　滇池流域遥感解译地貌类型图（云南省遥感技术应用学会提供）

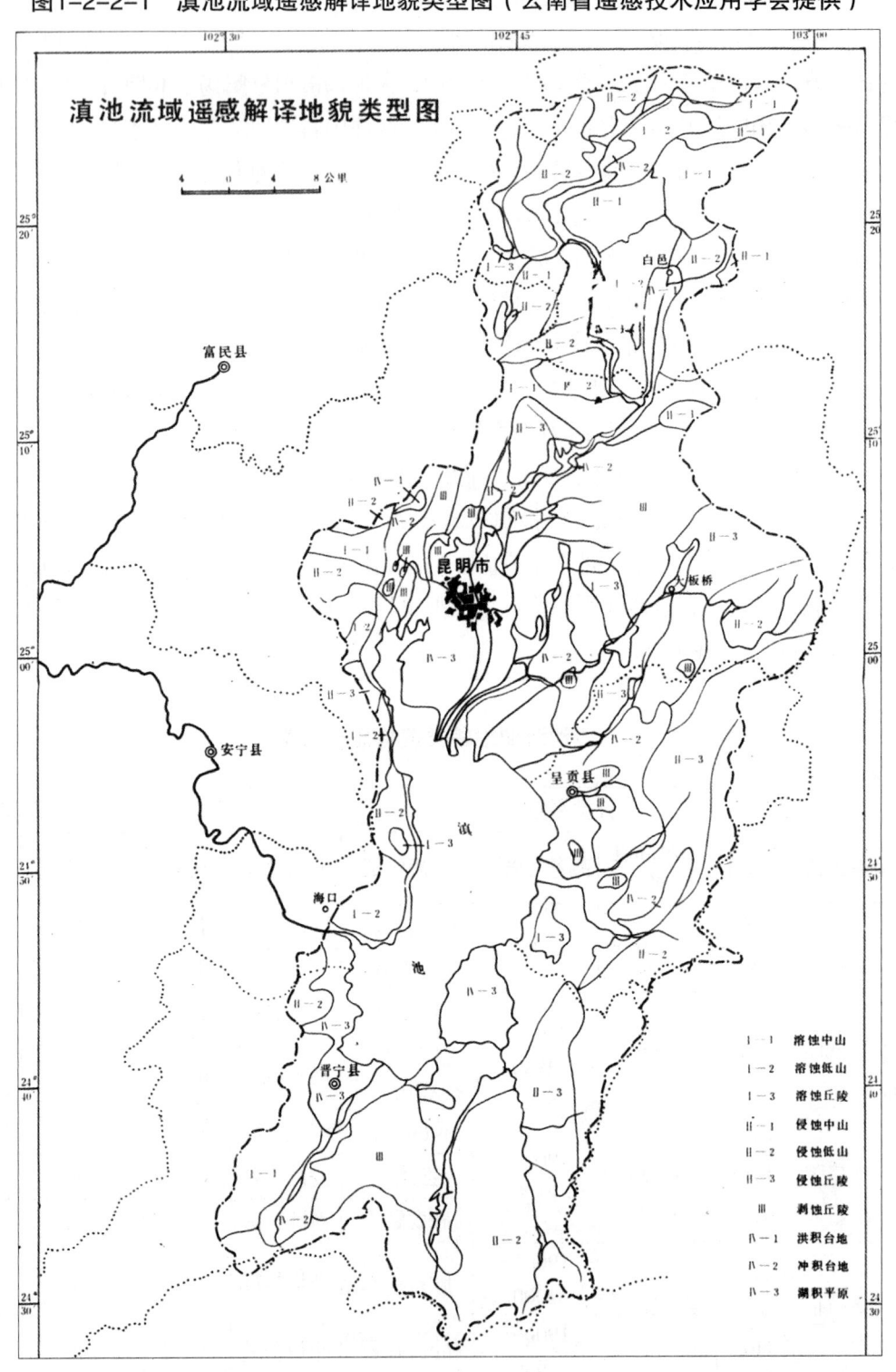

滇池流域主要河流盘龙江的地貌分溶蚀地貌、侵蚀地貌、剥蚀地貌、侵蚀堆积地貌4种类型。

　　**溶蚀地貌**　区内碳酸盐岩在盆地四周山地广泛分布，岩溶地貌形态多种多样，按形态与高度划分出中、低山地及丘陵。其中，溶蚀中山（Ⅰ-1）分布于昆明盆地东部、西部及北部，在梁王山、西山、大尖山一带，分布面积约140平方千米，海拔高度大于2500米，相对高差500—1000米；组成岩石主要为石炭纪及二叠纪碳酸盐岩；植被较少，基岩裸露，节理裂隙发育，单层厚度大，地层形状平缓，构成了岩溶发育的有利条件，具有峰丛地貌，显坎岗状峰丛地形，如西山，并有片状峰丛地形、岩溶以垂直形态为主，石柱、石芽、溶沟、溶槽密布；溶蚀洼地及漏斗少见，局部呈现水平溶洞；在区域内为中切割的中山山系，常构成河流的分水岭，如蟒蛇河和牛栏江支流的分水岭；有的构成河流的发源地，如甸尾河。溶蚀低山（Ⅰ-2）主要分布于东部大坡村、西北部老青山一带，分布面积约172平方千米，海拔高度2000—2350米，相对高差200—500米；植被少，山地基岩裸露，由泥盆纪、石炭纪及二叠纪碳酸盐岩组成，地形起伏不大，局部地段分布有小型溶蚀洼地，小石林与石芽不发育，该类型山地在北部和东北部分布面积较大，在山地中有小型谷地和溶蚀洼地，由于海拔低，易于利用，加之森林有适度采伐，造成一定量的水土流失。溶蚀丘陵（Ⅰ-3）分布面积小，约36平方千米，仅见于风景区圆通山，为缓坡状石丘，地形起伏小，海拔高度1900—1935米，相对高差50—20米；由二叠纪碳酸盐岩组成，缓坡及低洼地为残积红土覆盖。

**侵蚀地貌** 侵蚀中山（Ⅱ-1）为碎屑岩侵蚀山地，分布于北部哨新街、麦冲地，面积约235平方千米，海拔高度大于2500米，相对高差500—1000米，由寒武纪、奥陶纪砂页岩组成，岩石含泥质重，容易侵蚀，森林被砍伐，水土流失严重。侵蚀低山（Ⅱ-2）分布于筇竹寺、桃园村，为寒武纪、侏罗纪砂页岩；东部雷打坟一碗花山为玄武岩，面积为694平方千米，海拔高度2000—2350米，相对高差200—500米；卫星图像上树枝状水系发育，植被减少，水源含涵差，水土流失严重。侵蚀丘陵（Ⅱ-3）分布于西山、松华坝、蛇山西，为玄武岩，面积约290平方千米，海拔高度为1900—2100米，相对高差是50—200米；山脊较窄，呈"Ｖ"字形的沟谷发育，沟谷向上切割，侵蚀作用很强，其前缘产生崩塌现象；由于冲沟与溪流发育，雨季地表径流增多，加之植被稀少，水土流失严重，是值得关注的地貌形态。

**剥蚀地貌** 剥蚀丘陵（Ⅲ）主要分布于东部呼马山、呈贡等地，面积约320平方千米，海拔高度为1900—2100米，相对高差是50—200米，属云南高原台面之上的丘陵地貌，由寒武纪的砂岩、页岩风化后形成之砂质黏土组成，雨水冲蚀，可以形成土柱。在陆地卫星TM图像上，枝条状冲沟及水系甚为发育，森林植被少，仅个别小丘上是灌丛分布，水土流失现象普遍。

**侵蚀堆积地貌** 洪积台地（Ⅳ-1）分布于松华坝水库区以南、黑龙潭与龙头街等地，面积为34平方千米，海拔高度为1990—2000米，相对高差是50—100米，由第四纪冲、洪积和山麓堆积的砾石、粉砂组成；堆积物的韵律是前缘细后缘粗、下细上粗，间夹红土，表层普遍红土化。台面倾向盆地中心，坡度3—5度，比现代盘龙江河床高出95—105米，属于堆积地貌。冲积台地（Ⅳ-2）为冲洪积倾斜台地，属堆积地貌，分布于陈家营、关上、广卫村等地，面积为249平方千米，海拔高度为1930—1990米，相对高差50—100米，台面坡度2—5度，比现代盘龙江河床高出35—90米。据云南省水文地质监测总站调查，盘龙江沿岸可划分5级阶地。其中，Ⅰ级阶地位于盘龙江河道近岸，阶面宽120—350米，阶面平坦，高出河床0.5—3米，由砂、卵砾石组成，在罗丈村一带有断续出露；Ⅱ级阶地为第四纪全新世冲积相，卵砾石、砂、砂质黏土组成，高出Ⅰ级阶地0.5—2.5米，阶面平坦，宽50—400米，分布于松华坝—岗头村一带；Ⅲ级阶地主要为冲积、洪积物组成，上为砂质黏土、下为砾石层，高出河床5—10米，阶面宽数百米，分布于岗头村、普吉等地；Ⅳ、Ⅴ级阶地相对高度向下游降低，分布于小坝、浪口东侧，北部松华坝出露基座阶地，表明河流上游地壳上升。

图1-2-2-2　盘龙江阶地分布图

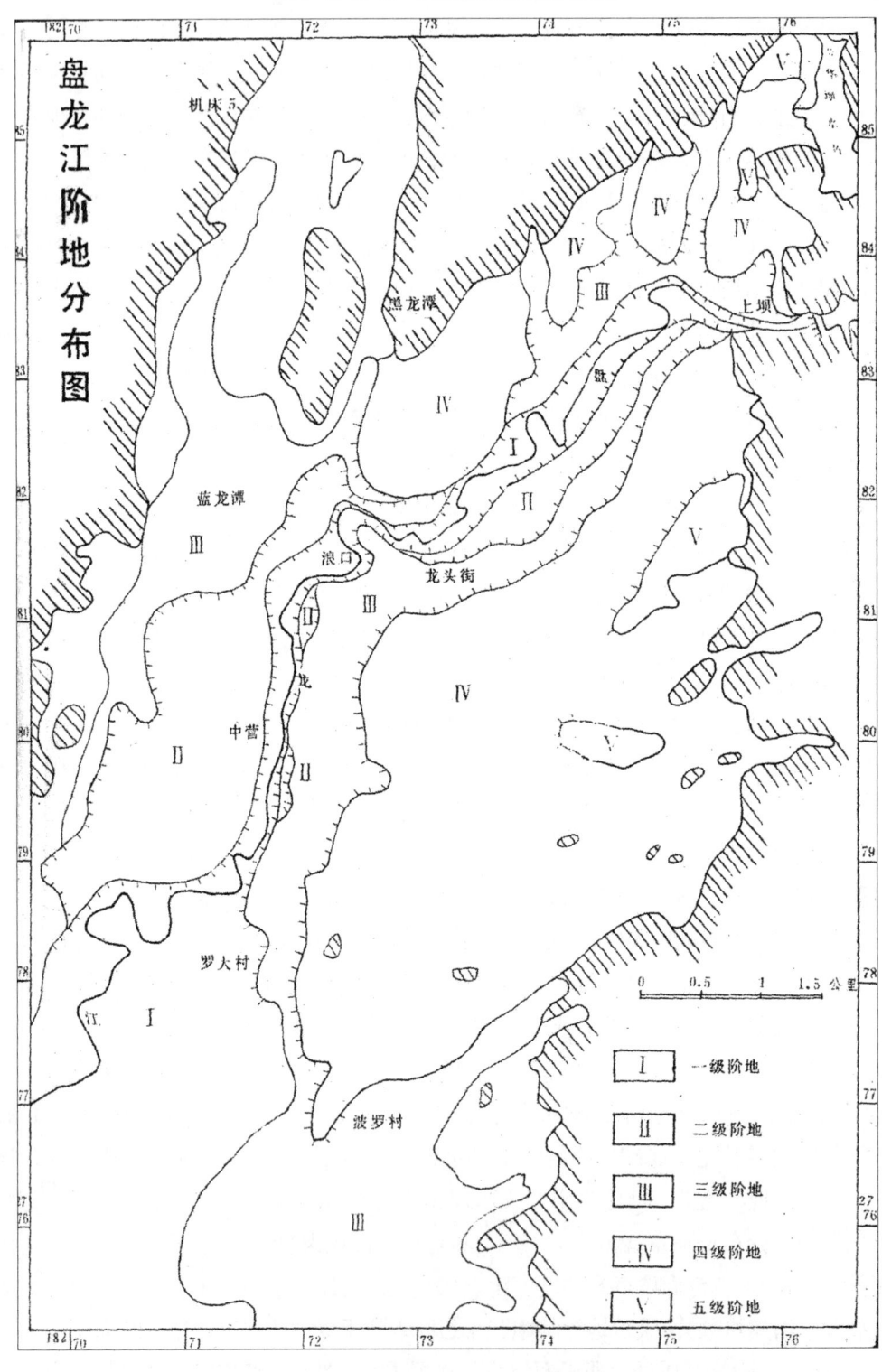

　　湖积平原（IV-3）展布于中部滇池岸边，分布面积约448平方千米，地势较平坦，由北而南，自然
坡降为1‰—2‰，由第四纪全新世湖相和湖沼相沉积之砂、砂质黏土及草煤组成，在海埂、富善村形
成湖滨砂坝，在局部低洼处有积水塘和沼泽地。

图1-2-2-3　盘龙江阶地剖面示意图

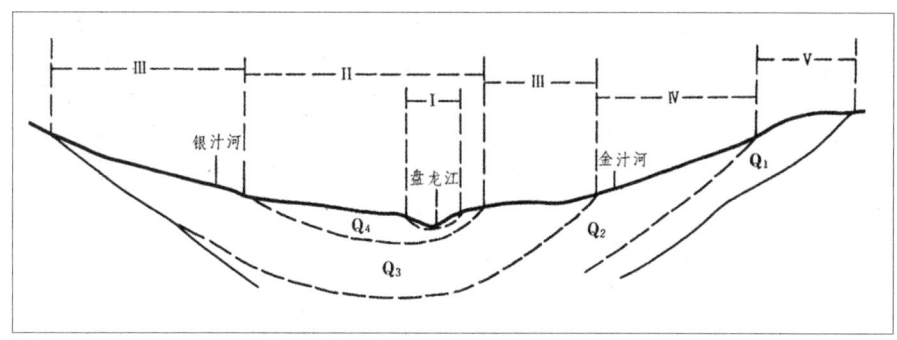

图1-2-2-4　昆明地区谷盆、隆起地貌示意图

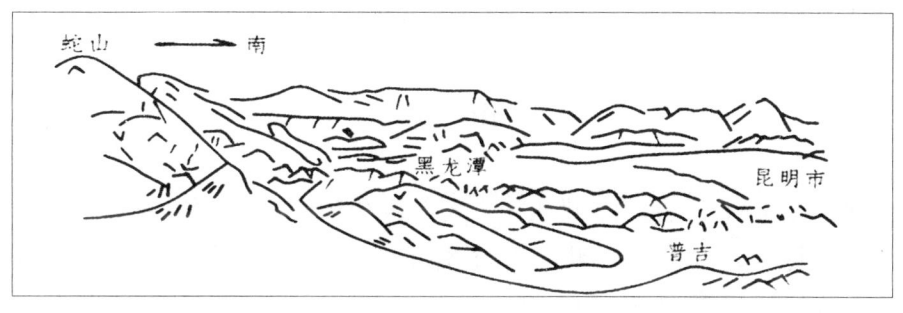

图1-2-2-5　昆明盆地冲湖积平原示意图

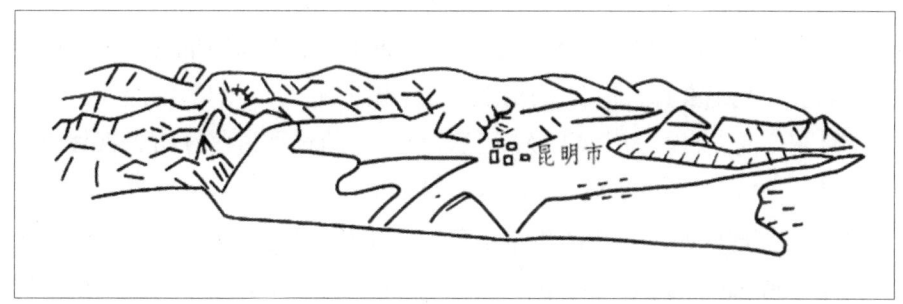

　　**地貌发展**　滇池流域地貌轮廓的展布方向早在晋宁期、澄江期地壳运动已具雏形，强烈的东西挤压，形成了南北向褶皱与断裂，这是本区域地貌发育的基础，在南部反应明显。在4.4亿—6亿年间的震旦纪、寒武纪、奥陶纪时期，本区域处于海水淹没区，沉积了碎屑岩和泥质灰岩及白云质灰岩，反映了滨、浅海沉积。4亿—4.4亿年间受地壳抬升运动，本区域隆起，没有接受沉积。2.3亿—4亿年间再次为海水淹没，局部海水时进时退，沉积了铝土页岩和大量的碳酸盐岩。在二叠纪晚期，有火山玄武岩浆喷发。自中生代（地质年代为2亿年以后），由于印支运动全面结束了本区域的海侵历史，地壳抬升，在其坳陷部分接受了紫红色粉砂岩、泥岩及页岩的沉积，是滇池流域区的古老盆地基础。之后，全区上升为陆地，长时期的进行侵蚀和剥蚀。约在300万年前的上新世晚期，受第三纪喜马拉雅山地壳运动的影响，沿南北向断裂坳陷，形成长轴呈南北向延伸、断陷谷盆及断块隆起之地貌结构。之后，地貌演化转入河湖发展时期，气候湿热，滇池开始渐渐退缩，盆地四周山地被夷平，形成准平原和残丘。原来湖积范围形成了洪积、冲积、浅湖相沉积，湖积平原向南扩展，构成了现今的地貌景观。

**地貌与水土流失**　内营力地壳的升降、外营力的侵蚀作用对地貌景观进行改造，从而影响水土的流失和保护。溶蚀地貌占本区域较大面积，由于剥蚀和侵蚀作用相对较小，碳酸盐岩不易形成沙石冲积，对水土保持有利。一些侵蚀、剥蚀地貌区，除玄武岩侵蚀山地，原有森林植被茂密，亦有较好的水土保持条件。由玄武岩组成的侵蚀低山、砂和黏土的洪积台地，易于受水流冲刷，水土流失较重。

森林植被的减少，是造成水土流失的基本因素。较为固结的碳酸盐岩，当漏斗、洼地附近的森林被砍伐，使地表径流易于向洼地集中，既影响水源补给，又加剧溶蚀作用。对于砂页岩的侵蚀和剥蚀山地，森林遭破坏，加剧了剥蚀和溯源侵蚀，使淘谷加深加长，大量表层泥沙带入河中，流进滇池。

人工开采活动可以改变原有地貌，使尾矿泥沙大量流失，如昆阳磷矿采区；毁林改地或清除植被种田，剥蚀作用强烈，造成砂土被水流带走，如牛恋乡以南台地。

全区地貌格局，为四周山地，中部平原海拔高程低，是天然的汇水地貌形态，但地域面积不大，产水量有限，滇池湖主要靠河水补给，是造成湖面逐步退缩的基本原因。

# 山　脉

滇池流域主要有梁王山及三台山、拱王山三大山脉的余脉。因受地质构造控制，山脉多呈近南北走向，自北向南由高而低逶迤数十千米。三大山脉的余脉进入滇池盆地，成为大观楼长联中形容的"东骧神骏"的金马山，"西翥灵仪"的碧鸡山，"北走蜿蜒"的蛇山，"南翔缟素"的白鹤山。

梁王山位于嵩明县西北部和寻甸县南部，呈东北—西南走向，长约25千米，宽6000—8000米，原名东葛勒山。因元末梁王设寨驻兵山顶，改称梁王山，又称大梁王山，以别于呈贡境内的梁王山。山脊线海拔在2600米以上，以西南部的大尖山最高，海拔2840米；中部的草白龙山海拔2833米。主要由石炭纪和二叠纪灰岩及二叠纪玄武岩构成，顶部石灰岩出露颇广，岩溶溶蚀漏斗、溶蚀洼地、盲谷及石芽、溶沟等岩溶地貌广泛发育。为广阔的残存高原面，有耕地和村落分布。森林植被以华山松、云南松林为主。

三台山位于普渡河谷地以西至龙川江谷地之间，北隔金沙江与四川凉山彝族自治州东南部的鲁南山地相望，向南延伸到禄劝、武定、元谋、富民、禄丰、安宁等县、市，因山地呈梯层状结构，如多级台阶，故名三台山。山地受南北走向的地质构造和水系格局的控制，形成西、中、东三列近南北走向的山地。西列分布于楚雄彝族自治州境内；中列是禄劝彝族苗族自治县的石板河—掌鸠河谷地以西、武定县勐果河谷地以东的分水岭，包括白龙会山、卧璋山、金铜盆山、老青山等；东列山地处于普渡河谷地以西与石板河—掌鸠河谷地之间，包括跑马梁子、撒永山、鲁干大山等。山地之间散布有小型盆地和宽谷，多农田、村落分布。山地北部海拔较高，向南渐降，其间河谷则南高北低。北部山地海拔多在3000米左右，以跑马梁子的风帽岭最高（3306米）；南部山峰海拔多为2500—2800米，山体处于扬子准地台的康滇古陆西部的隆起褶皱区内，地质构造和出露地层较为复杂。中列山地北段主要由中生代和第三纪的红色砂页岩构成；南段由震旦纪硅质白云岩、浅相红色碎屑岩等构成。东列由古生代石灰岩、玄武岩、砂页岩构成，局部为震旦纪碳酸盐岩、碎屑岩。山地为滇中高原北部切割较强烈的大山区，自然景观垂直差异明显。金沙江、普渡河等谷地约海拔1500米以下为干热河谷带，天然植被以干热河谷稀树灌草丛为主；海拔1500—2500米的广大山地森林植被以云南松林、华山松林为主，局部有元江栲、滇青冈、滇栲等组成的半湿性常绿阔叶林残存，农作物以玉米、水稻、小麦、马铃薯等为主，常见核桃、板栗、苹果、梨等的栽培；海拔2500—2800米残存的森林为以喜凉的石栎属树种为标志的中山湿性常绿阔叶林，农作物主要为荞麦、燕麦和马铃薯等。

拱王山位于禄劝县东北部、东川区西南部和寻甸县西北部，呈南北走向，北隔金沙江与四川境内的鲁南山相望，南至寻甸县牛街大河—洗马河谷地北侧，西临普渡河峡谷，东为小江峡谷，长约30千米，宽约15千米。因山中有巨大矿石被称为拱王而得名，亦名乌蒙雪山、绛云露山。唐德宗兴元初年（784），南诏王异牟寻自称"日东王"，僭封绛云露山为"东岳"〔云南"五岳"：东岳绛云露山，西岳高黎贡山，南岳蒙乐山（无量山），北岳玉龙雪山，中岳点苍山〕，山脊线平均海拔约3000米，多海拔4000米左右的山峰。主峰轿子山海拔4223.3米，还有马鬃岭、雪岭等高峰。在喜马拉雅构造运动中强烈抬升，东西两侧河流急剧下切形成大峡谷，相对高差达2000—3000米，磅礴险峻。北部由震旦纪的灰色含铜白云岩为主组成；中央部分主要为二叠纪玄武岩和灰岩，构成山脉的最高部分；南部主要为下寒武纪的碳酸盐岩和砂泥质沉积岩。气候垂直差异很大，两侧谷地干热，山巅寒冷，冬春积雪期长，顶部有第四纪晚更新世大理冰期的冰川遗迹。海拔3000—4000米处有冷杉林带残迹；海拔2500米以下有云南松、栎类混交林分布；河谷两侧以上至海拔1500米左右为干热河谷，有稀树灌草丛植被。

梁王山位于呈贡老城区东南18千米，是与澄江县的分界山。该山呈北东—南西走向，长约15千米，宽5000—7000米，古名罗藏山。因山顶曾有元代梁王屯兵营寨及校场而改称梁王山，又称小梁王山，以别于嵩明县境的梁王山。主峰海拔2820米，为滇池四周群山之冠。主要由二叠纪栖霞灰岩和峨眉山玄武岩构成，并有震旦纪和下古生代不同时期的碎屑岩和碳酸盐岩出露，属滇中湖盆高原内高大的断块侵蚀山地，为滇池所处的金沙江水系东南与抚仙湖、阳宗海所处的南盘江水系上源的分水岭之一部。植被为云南松林及次生性灌丛草地，山麓多辟为耕地和果园。顶部有80多米高的云南省电视转播塔和云南大学宇宙线观测站。登临峰顶，西观滇池，北看阳宗海，南眺抚仙湖、星云湖，可谓"一山观四海"。

西山位于昆明市区中心西15千米，为滇池西岸，古称碧鸡山，明代称太华山，元代后俗称西山。远眺形似巨佛长眠，亦名卧佛山；又如丰盈的少女躺卧碧水边，故有睡美人山的美称。该山北起碧鸡关，南至海口，绵亘35千米；东临滇池，西连安宁市东部的红岩山丘，东西宽3000—4000米；北部山势高耸，有碧蛲山、华亭山、太华山、太平山、罗汉山、挂榜山诸峰，以美女峰最高，海拔2511米，高出滇池水面620余米；以南山势较低，顶部海拔多在2200米左右；断层崖龙门绝壁海拔2300余米，高出滇池414米，为断块山地，大都由古生代地层构成。北部诸峰以二叠纪栖霞灰岩和峨眉山玄武岩为主；南部山地地质较复杂，有震旦纪及寒武纪、泥盆纪、石炭纪的碎屑岩和碳酸盐岩等，也有部分二叠纪灰岩和玄武岩出露。山地森林植被保存较好，北部有大片的半湿润常绿阔叶林、华山松林、云南松、滇栲松栎混交林保存，石灰岩山地有冲天柏及灌丛草地、半湿润常绿阔叶林等分布，被辟为西山森林公园，名胜古迹多在层林叠翠的山腰，有华亭寺、太华寺、三清阁、龙门、聂耳墓、张天虚墓、纪念华侨抗战功绩的南洋华侨机工抗日纪念碑，山顶有小石林及云南最早的高山气象站，山麓有升庵祠、西园，民间有"三月三，耍西山"的习俗。自高蛲至三清阁长6千米、宽11米的沥青路，南连各景点，北接昆畹公路。从大观楼码头可乘船到西山麓的山邑村，往上有登山的石梯千步崖。

长虫山在西山区东北部和官渡区西北部，为两区界山。又因山形似长蛇蜿蜒，民间也叫蛇山，南麓起自黄土坡一带，北至官渡区花鱼沟附近，东侧为盘龙江谷地，西侧为西白沙河谷地，南北长约10千米，东西宽3000—5000米，山脊海拔2200米以上，最高点海拔2365米，由古生代到中生代砂页岩、石灰岩组成，灰白色石灰岩和灰黑色白云岩出露在山脊部分。山上有铁峰庵、涌泉寺、虚凝庵等古庙宇。1927年12月，中共云南省临时工委曾在虚凝庵召开会议，推动云南人民革命斗争。龙泉公路沿山东麓通过。主峰东2千米有冷泉——白龙潭，涌出优质矿泉水。东西两侧山麓部分多为耕地及居民点。山上森林植被早年人为破坏十分严重，后经历年造林正在逐渐恢复中。

玉案山在西山区黑林铺西，曾名列和蒙山，唐代道南和尚诗曰："松鸣天籁玉珊珊，万象常应护此山"，由此得名玉案山。该山海拔2216米，山腰部分有寒武纪的筇竹寺组地层出露，富含三叶虫化石。山中筇竹寺和郊野公园为昆明附近的重要风景名胜。开山炸石、取砂、取土的"五小企业"对这一带山地的森林植被破坏比较严重，后全部关闭，植被正在恢复中。

观音山位于西山区东南隅的滇池西岸，为西山伸入滇池孤峰突兀的山丘，三面临湖，西北—东南走向，长近3千米，有小南海、普陀山之称，因山上建有观音寺，故名。该山距市区35千米，分大、小观音山，主峰大观音山海拔1926米，由古生代砂页岩及石灰岩组成，属侵蚀溶蚀山地。植被为松林及亚热带常绿阔叶林，有观音寺、观音塔等名胜；小观音山有工人疗养院。每年农历六月十九日，民间有规模盛大的观音庙会，后演变为弹琴对歌的调子会。高峣至海口公路和昆明至海口的客轮经此。

圆通山位于昆明市区北部，南与五华山、祖遍山相连，西临翠湖，东有盘龙江，海拔1935米，东西长1300米，南北宽250米，面积0.33平方千米，因山色深碧、旋如螺髻，故名螺峰山。"螺峰叠翠"昔为昆明八景之一。元延祐七年（1320）于山南麓建圆通寺，遂以寺名为山名。明初筑砖城时圈入城内。1936年辟为公园，1954年建成昆明动物园，是全国十大动物园之一。阳春三月，山上樱花、垂丝海棠竞相开放，灿如云霞，"圆通樱潮"为春城胜景。文物东有明城墙残段，南有接引殿，西有民国初年云南都督唐继尧墓，山顶布列各式亭阁。

五华山位于昆明市区中部，东连祖遍山、西俯翠湖、北接圆通山，方圆1.5千米，海拔1940米。元代中庆城的北城墙从山上通过，明初城墙北移至圆通山北麓，这里成为全城的中心。该山土为红色，又有五峰，像五朵红花开在城中。元至元十四年（1277）在山上建闵忠寺，主体建筑称五华大殿，明代称五华寺，山亦称五华山。明建五华书院，清初增建诸葛武侯祠，光绪三十二年（1906）改建为省优级师范学堂。辛亥云南"重九起义"后建光复楼，自此一直为云南省政府驻地。山顶有高110米的广播电视发射铁塔。

金马山位于官渡区金马镇金马寺村北侧，与西面的碧鸡山（西山）隔滇池相望，海拔2107米，俗称呼马山。史载金马山范围较大，北起鸣凤山，南至归化寺，统称金马山。经开垦占用后范围仅0.25平方千米。山麓有金马寺，山下有昙华寺公园，为游览胜地。

鸣凤山位于市区东北部7千米，海拔2204米，传说有凤鸣于此，故名鸣凤山，又名鹦鹉山。山上建有金殿风景名胜区，金殿重约250吨，为国内最大的铜殿，系全国重点文物保护单位，为道教胜地，正月初九玉皇生日时，此处有庙会。

凤凰山位于官渡区金马镇羊方凹，在海拔2030米的旱龙山顶建有云南天文台，是全国纬度最低、海拔最高的天文台，观测条件优越。

龙泉山位于昆明市区北12千米，海拔1915米，又名太极山、五老山。南麓有黑龙潭公园，山上有王德三、吴澄、马登云3位革命烈士墓，山下有中国科学院昆明植物研究所、著名植物学家蔡希陶纪念碑。

龙潭山在呈贡区龙城街道南9千米的昆洛公路东侧，海拔2004米，山呈椭圆形，面积0.5平方千米，由二叠纪石灰岩组成，因山麓有龙潭泉水而得名。1977年在山西南麓发现距今3.05万年的古人类遗址，

2枚中年人臼齿化石被考古工作者定名为"昆明人"。1983年，该处陆续发现了一个完整的人颅骨化石、多件体骨化石、一大批石器及伴生动物化石，为研究滇池地区旧石器时代人类活动提供了较好的实物资料，遗址为省级文物保护单位。

石寨山位于晋宁县昆阳镇东北11千米的滇池东岸，海拔1919米，南北长500米，东西宽200米，因形似鱼，古名鲸鱼山。明、清曾在此驻军，故名石寨山。1955—1960年发掘新石器时代遗址，先后发掘出战国至东汉早期墓葬50座、青铜器等物4000多件及"滇王之印"金印1枚。为省级文物保护单位。

月山位于晋宁县昆阳镇西部，海拔1951米，距昆明市区60千米、水程40千米。昆阳是明代航海家郑和的故乡，在月山建有郑和公园，设郑和纪念馆及其塑像，西坡有郑和父马哈只墓碑，为省级文物保护单位。

滇池流域的群山中，有的雄、险、奇、秀，成为旅游胜地；有的资源丰富，利于发展经济；有的系宗教名区；有的是革命圣地。

**滇池流域主要山峰一览表**

表1-2-2

| 山峰名 | 海　拔（米） | 所属县区 |
|---|---|---|
| 大尖山 | 2840 | 嵩明县 |
| 草白龙山 | 2833 | 嵩明县 |
| 三尖山 | 2825 | 嵩明县 |
| 药灵山 | 2627 | 嵩明县 |
| 五龙山 | 2569 | 嵩明县 |
| 大五山 | 2522 | 嵩明县、官渡区 |
| 西　山 | 2511 | 西山区 |
| 风摆山 | 2622 | 西山区 |
| 望海山 | 2527 | 西山区 |
| 玉案山 | 2216 | 西山区 |
| 棋盘山 | 2493 | 西山区 |
| 观音山 | 1926 | 西山区 |
| 老爷山 | 2730 | 官渡区 |
| 野猫山 | 2589 | 官渡区 |
| 长虫山（蛇山） | 2365 | 官渡区、西山区 |
| 鸣凤山 | 2204 | 官渡区 |
| 跑马山 | 1975 | 官渡区、呈贡区 |
| 金马山 | 2107 | 官渡区 |
| 笔架山 | 2537 | 西山区 |
| 谷堆山 | 2648 | 晋宁区 |
| 白龙山 | 2513 | 晋宁区 |
| 黑汉山 | 2494 | 晋宁区 |
| 大黑山 | 2435 | 晋宁区 |

续表

| 山峰名 | 海拔（米） | 所属县区 |
| --- | --- | --- |
| 月　山 | 1951 | 晋宁区 |
| 石寨山 | 1919 | 晋宁区 |
| 梁王山 | 2820 | 呈贡区 |
| 鸡叫山 | 2492 | 呈贡区 |
| 乌纳山 | 2242 | 呈贡区 |
| 龙潭山 | 2029 | 呈贡区 |
| 万寿山 | 2340 | 嵩明县 |

# 第三节　地　质

1925年，朱庭祜组织云南地质调查所开始在滇池流域的昆明地区开展中、小比例尺地质填图，首次对昆明附近地层作顺序划分。抗日战争爆发后，国内一些著名地质学家随西南联大迁移昆明，带领西南联合大学地质、地理、气象系的师生，会同当时的资源委员会矿产测勘处、云南省经济委员会地质调查组在昆明地区做了许多地层、古生物和地质构造研究，积累了较多的地质资料。1948年邓玉书等编测的1∶250000滇中北部地质图，集中反映了这一时期昆明地区的地质研究水平。中华人民共和国成立后，国家系统规划布置了基础性地质调查（测量）工作。1958年，地质部在云南省地质局建立了区域地质测量队，有关部门还在昆明成立了地质科学研究机构。1960—1965年，由贵州省地质局主编、云南省地质局协编完成的1∶1000000昆明幅区域地质图，填补了本区地质资料空白，首次印刷成彩图。60年代末到70年代初，云南省地质局按国际分幅布置了昆明地区的1∶200000区域地质测量，先后完成了覆盖昆明地区的武定幅（1969年，指调查时间，下同）、玉溪幅（1969年）、会理幅（1970年）、昆明幅（1971年）、宜良幅（1973年）、曲靖幅（1978年）的地质调查工作。1984年，为配合城市规划建设，又先后安排开展了1∶50000昆明市幅、大板桥幅、呈贡幅、仓前幅、小营幅、观音山幅、晋宁幅等图幅的地质调查，完成调查面积3262平方千米。1990年，为规划高速公路建设和开发旅游资源，相继开展了1∶50000路南幅、天生关幅、九乡幅、安宁幅、沙龙幅、嵩明幅、杨林幅等图幅的地质调查工作，取得了丰富的地质资料和成果。这些国家基础性系列地质调查图件的完成和相应的地质科学研究工作，加深了对昆明地区地层、岩石、构造事件及地质发展史的认识，规范统一了地层划分对比、构造运动确定。1990年，云南省地质矿产局组织开展的昆明地区地质环境综合评价研究，从地区实际出发，抓住与城市规划建设有关联的问题，综合研究分析多年积累的基础地质、水文地质、工程地质等资料和成果，采用定性与定量相结合的分析研究方法，阐述了昆明地区的地质环境质量问题，提出了可供规划建设的对策建议，为进行城市规划建设和加快城市化步伐提供了具有战略性、基础性、综合性的地质研究成果。

# 地 层

滇池流域内昆明地区的地层研究历时较久，专题研究成果较多。大量的资料表明，昆明地区地层发育较完整，古生物化石丰富。除早元古代的地层尚未发现外，从中元古代到第四纪地层均有出露分布，特别是昆阳群、寒武纪、第四纪等地层具有区域性、标志性、完整性的特点，成为区域地层对比的标志。

**元古代（界）**　元古代分早元古代、中元古代、晚元古代。在昆明地区尚未发现早元古代地层，发现的属于中元古代的昆阳群是昆明地区出露最古老的地层。

## 地层单位划分表

表1-2-3

| 使用范围 | 时间单位 | 地层单位 | 地方性岩石地层单位 |
|---|---|---|---|
| 国际性的 | 代 | 界 | |
| | 纪 | 系 | 群 |
| | 世 | 统 | 组 |
| 大区域性的 | 期 | 阶 | 段 |

## 地质年代表

表1-2-4

| 代（界） | 纪（系） | | 同位素年龄（亿年） | 生物进化记录 | |
|---|---|---|---|---|---|
| | | | | 植 物 | 动 物 |
| 新生代（界） | 第四纪（系） | 全新世（统） | 0.3 | 被子植物 裸子植物 蕨类植物 裸蕨植物 菌藻类 | 哺乳动物 人类出现 |
| | | 更新世（统） | | | |
| | 第三纪（系） | 上新世（统） | 0.40 | | |
| | | 中新世（统） | | | |
| | | 渐新世（统） | 0.70 | | |
| | | 始新世（统） | | | |
| | | 古新世（统） | | | |
| 中生代（界） | 白垩纪（统） | | 1.40 | | 爬行动物 鸟 类 |
| | 侏罗纪（统） | | 1.95 | | |
| | 三叠纪（统） | | 2.50 | | |
| 古生代（界） | 二叠纪（统） | | 2.85 | | 两栖动物 鱼 类 无颚类 |
| | 石炭纪（统） | | 3.30 | | |
| | 泥盆纪（统） | | 4.00 | | |
| | 志留纪（统） | | 4.40 | | |
| 古生代（界） | 奥陶纪（统） | | 5.20 | | 两栖动物 鱼 类 无颚类 |
| | 寒武纪（统） | | 6.00 | | |

续表

| 代（界） | 纪（系） | 同位素年龄（亿年） | 生物进化记录 | |
| --- | --- | --- | --- | --- |
| | | | 植　物 | 动　物 |
| 元古代（界） | 震旦纪（统） | 9.00 | | 无脊椎动物 |
| | 中元古代（界） | 19.50 | | |
| | 早元古代（界） | 26.00 | | |
| 太古代（界） | | 32.00 | | |
| 远古时期 | | 60.00 | | |

说明：此表根据地质出版社1983年版《地质辞典》资料改编而成。

**中元古代（昆阳群）**　昆明地区的中元古代地层以昆阳群为代表，主要分布在晋宁、安宁、禄劝等县境内。1926年，朱庭祜在昆明、呈贡、晋宁、昆阳等县地质调查时，将发现的一套浅变质板岩、千枚岩地层命名为寒武纪"昆阳层"。1942年，德国人米士发现"昆阳层"与"澄江砂岩"之间存在地层角度不整合，命名为晋宁运动，从此，"昆阳层"改为"昆阳系"，时代定在震旦纪早期。1956年，303勘探队将"昆阳系"划为前震旦纪。1958年，为配合在昆阳群中寻找铁、铜矿，一些科研、教学、生产单位从本身需要出发，对"昆阳系"进行了小范围划分对比，命名了许多地层名称。由于缺乏区域性研究对比标准，划分对比意见分歧很大。1962年，云南省地质局为统一昆阳群划分对比，组织由邓家藩负责的专题研究组，统一将昆阳群划分为上下2个亚群、8个组。1972年，孙家聪、蔡忠柏等重新对昆阳群各组界线、沉积结构、生物化石进行研究，初步解决了全区地层对比问题。1990年，吴懋德认为昆阳群顶部存在一套不归属于上下8组的地层，后来将这套地层单独划为一个组。根据生物地层和同位素年龄测定，昆阳群年龄在9亿—17亿年之间。

**昆阳群下亚群**　黄草岭组：零星分布在安宁县鸣矣河以西地带。以千枚岩、板岩为主组成，中部变质石英，可见厚度300—600米。1∶200000昆明幅区域地质调查时，根据1964年昆明工学院地质系在峨山建立的黄草岭组，将该地层对比为黄草岭组。黑山头组：主要分布在晋宁县，由石英砂岩、砂岩和粉砂岩组成，局部夹有板岩和中基性火山岩，厚度1600—3000米。1∶200000昆明幅、武定幅区域地质调查时，将该套地层与峨山黑山头组地层对比而定名。该组为安宁王家滩铁矿的成矿层位。美党组：1965年第二区域地质调查队在峨山建立美党组，1969年进行1∶200000昆明幅区域地质调查时，在昆明地区该组厚度变化大，从300—2600米，含微古植物化石，除以球形藻为主外，还出现了较多的船形、多边形藻群分子。

**昆阳群上亚群**　因民组：1939年，孟宪民在东川因民创建"因民紫色层"，1963年王可南改为因民组。该组由紫红灰紫色板岩、砂质白云岩、砂岩、角砾岩组成，厚度一般在300米左右。除分布在东川外，安宁市以西也有零星出露，该组为昆明地区的含铜矿层位。大营盘组：主要分布在禄劝县—东川汤丹的金沙江沿岸，在晋宁县、安宁市也有零星分布。为一套绢云母板岩、炭硅质板岩和铁质板岩、铁质粉砂岩、角砾岩组成，含微体古生物化石，厚度560—1220米。1942年，谭锡畴把安宁八街出露的这套地层定名"军硝含矿层"；1956年，303勘探队改为军哨组，含铁矿；1971年，第二区域地质调查队把晋宁出露的这套含铁矿地层定名为柳坝塘组，含铁矿；1965年，谢振西将东川出露的这套地层定名为大营盘组；1982年，云南省地质局组织编写《云南省区域地质志》时，统一改用大营盘组。

中元古代（昆阳群）是生命起源的时代，微体古生物从老到新，由纹饰简单向纹饰复杂过渡，个体由小向大发展，反映了生命进化的特征。

**晚元古代（震旦纪）** 震旦纪是全国30年代在湖北峡东地区建立的一个地质纪（系）名称。1938年熊秉信首先在昆明附近发现了震旦纪地层的存在，1963年，刘鸿允对滇东震旦纪作了专题研究，70年代末王宝琛、罗惠麟、曹仁关等深入研究了晋宁县王家湾震旦纪剖面，将该剖面确定为云南震旦纪标准剖面。该剖面从下至上依次为下伏地层昆阳群、上覆地层寒武纪和泥盆纪。

下伏地层昆阳群 下震旦世（澄江组）：源于谢家荣1941年在澄江县凤凰山所建的"澄江长石粗砂岩"，1963年，刘鸿允改为澄江组。王家湾剖面主要由灰紫红色细—粗粒长石砂岩、岩屑砂岩、夹泥质粉砂岩、砂砾岩组成，厚度298米。该组地层在安宁市、富民县及禄劝县普渡河北段也有大片分布。上震旦世南沱组：1949年，边兆祥在宜良县和嵩明县的震旦纪中发现冰碛层，并与湖北峡东地区的震旦纪南沱冰碛层对比，证明昆明地区也出现过南沱冰期。1963年，刘鸿允将冰碛层定为南沱组。王家湾南沱组主要由杂色页岩、细粒岩屑砂岩及砂岩组成，底部为冰碛砾岩，厚度26米。晋宁王家湾组：在此剖面出露的以细—中粒石英砂岩、粉晶白云岩、白云质砂岩、竹叶状石灰岩和钙质页岩组合的地层，云南省地质科学研究所将其命名为王家湾组。该地层含藻丝体、似红藻、叠层石等化石，厚度120米。东龙潭组（灯影组）：1942年，何春荪在澄江县建立了"东龙潭矽质灰岩系"，因王家湾剖面上的该套地层与其很相似，80年代初，云南省地质科学研究所将其对比为东龙潭组，过去一直采用湖北灯影组名称，区域上仍使用这一名称。该组地层为一套白云岩、硅质条带白云岩组成，含丰富的藻类化石，以似红藻为多，同时也出现大量藻、褐藻及其少量蠕形动物化石，厚度316米，含岩溶水。渔户村组：1942年，何春荪将澄江县渔户村出露的石英砂岩定名为"渔户村含燧石石英砂岩"，1963年，刘鸿允将上部地层改为渔户村组，划为寒武纪。后经研究，这是一套由震旦纪向寒武纪过渡的地层，由含磷硅质白云岩、磷块岩夹硅质条带磷块岩所组成，含褐藻、花纹石、叠层石及小壳化石等。王家湾剖面以出现大量小壳动物化石和遗迹化石为标志，划出震旦纪的顶界。

上覆地层寒武纪和泥盆系 上震旦世在昆明地区分布较广，从晋宁县到安宁市、从富民县到禄劝县金沙江、普渡河沿岸均有大片出露，局部地带含有铜、铁矿化及玻璃用石英砂，含岩溶水、裂隙水。由于受上部寒武纪碎屑岩、泥岩、页岩为主的隔水保温地层所覆盖，上震旦世碳酸盐岩层成为昆明市区地下热水的热储层，水温40°C—60°C。

**古生代（界）** 滇池流域周围的古生代地层发育比较完整，除寒武纪上世、奥陶纪上世和志留纪下世缺失外，大部地层层序清楚，化石丰富，先后发现了著名的梅树村动物群、澄江化石动物群。寒武纪主要分布在滇池周围及宜良县—嵩明县之间，其他县（市）有零星分布。

下寒武世 渔户村组：20世纪70年代末，罗惠麟、蒋志文在晋宁县梅树村研究震旦纪与寒武纪界线时，将梅树村剖面上渔户村组上部的中谊村段和大海段地层划为寒武纪。该地层为白云质磷块岩、含磷质砂质白云岩组成，小壳化石特别丰富，厚度20—30米。梅树村动物群发现于晋宁县梅树村，以此命名。70年代后，经过蒋志文、罗惠麟等的发掘，发现了大量带壳的多门类动物化石，共计12个类别、57个属、98个种。从上到下分为3个生物组合。有软舌螺纲、单板纲、双瓣纲、啄壳纲和腕足动物门、多孔动物门及似软舌螺类、管壳类、骨片类、齿形类、球形类等分类不明的化石。这是地球形成以来第一次大量出现的有矿化外壳的动物群遗址，国际地质科学联合会将梅树村地层剖面确定为国家前寒武—寒武纪界线标准层型剖面候选点，中国确定为震旦纪—寒武纪界线标准层型剖面。筇竹寺组：1941年，卢衍豪将昆明西山区筇竹寺出露的页岩命名为筇竹寺组。该组由黑色页岩、泥岩、钙质粉砂岩组成，以含各种三叶虫为主，其次含古介形虫、腕足类、腹足类、软舌螺等化石门类，厚度181米。澄江化石动物群：1984年，侯先光在澄江县帽天山筇竹寺组中发现了澄江化石动物群，这是一个多细胞动物群，以大量后生动物的出现为特色，被誉为"20世纪重大科学发现之一"。后来罗惠麟等围绕滇池四周寻找澄江化石动物群，在西山区海口找到相当丰富的澄江动物化石，共计18个门类、101个属、111个种。与澄江帽天山相比，有3/4的种属出现在本区，而有的动物种属在澄江没有发现，特别是较高等的"海口鱼""昆明鱼"的发现，在国内外引起重视，不但充实了生物大爆发的证据，并且把地球上脊椎动物出现的时间推前到5.3亿年，比传统认识提前了0.5亿年。沧浪铺组：1914年丁文江在马龙县建立了沧浪铺组。1941年，卢衍豪在西山区筇竹寺地层剖面中，将主要由砂岩、粉砂岩、砂质页岩组成的地层，根据含三叶虫、腕足类等化石，划为沧浪铺组。该组厚度181米，含裂隙水。龙王庙组：1964年卢衍豪在昆明西山区山邑村龙王庙建立龙王庙组。该组由白云岩组成，夹少量页岩和粉砂岩，含三叶虫、腕足类化石，厚度40米，含岩溶水。

中寒武世　分布于宜良县宏山—嵩明县新街一线。陡坡寺组：1939年卢衍豪等将宜良县沈家营出露的薄层灰岩和钙质粉砂岩、砂质页岩命名为陡坡寺组，厚度29—59米，含三叶虫化石。双龙潭组：沿用1944年张文堂在曲靖建立的地层名称。昆明地区为灰色白云岩夹紫色砂页岩，厚度168—300米，含少量三叶虫、腕足类化石。

上寒武统　上寒武也在昆明地区缺失。

**奥陶纪**　昆明地区奥陶系不发育，分布零碎，除下奥陶世外，中、上奥陶世基本缺失。

下奥陶统　汤池组：1936年，王日伦等将宜良县汤池凤鸣村出露的由砂岩、页岩互层组成地层命名为汤池组。该组厚度45—100米，含三叶虫、腕足类、瓣鳃类、笔石化石。该组地层零星分布在宜良县及官渡区小哨等地。红石崖组：1941年，郭文魁将昆明西山区二村红石崖出露的由砂岩夹页岩组成地层，命名为红石崖组。该组地层含三叶虫、笔石、腕足类、瓣鳃类等化石，厚度166—250米。零星分布于西山区沙朗及禄劝县普渡河一带。

中奥陶世和上奥陶统　中、上奥陶世在昆明地区大部缺乏，仅在禄劝县中屏一带发现有中奥陶世底部的白云岩、石英砂岩夹页岩，厚度146—200米，含三叶虫、海林檎、腕足类化石，被对比为上巧家组。

**志留系**　分布于宜良县七星村—嵩明县新街一线。地层发育不全，仅保留有中志留世上部的岳家山组、上志留世的关底组、妙高组、玉龙寺组。因这套地层从曲靖延伸而下，所有名称均用曲靖地区地层命名。

中志留统（岳家山组）　岳家山组为云贵石油勘探队1964年在曲靖所创建。昆明地区为页岩夹薄层灰岩组成，含腕足类、双壳类、头足类、珊瑚、三叶虫、介形虫等化石，厚度60—130米。

上志留统　关底组：关底组为王日伦1937年在马龙县所创建。昆明地区为钙质页岩、粉砂岩、泥质灰岩和白云岩组成，含腕足类、双壳类、腹足类、珊瑚、鱼类等化石，厚度929米。妙高组：妙高组为葛利普1926年在曲靖创立。昆明地区为薄层灰岩与钙质页岩互层组成，含腕足类、腹足类、珊瑚、牙形石、苔藓虫等化石，厚度384米。玉龙寺组：玉龙寺组为丁文江1937年在曲靖所创立。昆明地区为钙质页岩夹薄层灰岩组成，含腕足类、珊瑚、牙形石、无颌类、鱼类等化石，厚度339米。

**泥盆纪**

下泥盆统　主要分布于宜良县马街—嵩明县新街一线和嵩明县马街、禄劝县茂山等地。下西山村组：下西山村组为云南石油普查大队1961年在曲靖翠峰山所建立。昆明地区为砂岩、砂质页岩夹石英砂岩组成，含无颌类、多鳃鱼、棘鱼、腕足类、介形虫等化石，厚度37—312米。西屯组：西屯组为云南石油普查大队1961年在曲靖翠峰山所建立。昆明地区以钙质泥岩、粉砂质泥岩为主，夹泥质灰岩、泥灰岩组成，含瓣鳃类、腕足类、胴甲类、无颌类、棘鱼类等化石，厚度365米。该组地层在禄劝县境内称坡松冲组或下坡脚组。桂家屯组：桂家屯组为云南石油普查大队1961年在曲靖翠峰山所建立。昆明地区为钙质泥岩和石英粉砂岩组成，含蕨类、古孢子植物化石和胴甲类、无颌类动物化石，厚度361米。在禄劝县境内相当该组地层为坡脚组的中上部分。翠峰山组：翠峰山组为葛利普1924年创建于曲靖翠峰山。昆明地区为砂岩、粉砂岩夹泥灰岩、砾岩组成，含无颌类、胴甲类、介形类、腕足类动物及植物化石，厚度611—829米。在禄劝一带该套地层称边箐沟组。

中泥盆统　除宜良县外，中泥盆世分布基本与下泥盆世分布一致。穿洞组：沿用1978年第二区域地质调查队在沾益建立的地层名称。昆明地区为钙质泥岩夹石英砂岩，顶部夹白云岩组成，含沟鳞鱼、武定鱼、西冲鱼及介形类动物化石和原鳞木、似鳞木、小原始羊齿植物化石等，厚度65米。该组地层在禄劝县称渔子甸组，武定渔子甸铁矿延伸到富民和禄劝县境内。上双河组：沿用1978年第二区域地质调查队在沾益建立的地层名称。昆明地区为石英砂岩夹砂质泥岩，底部为白云岩夹白云质泥岩组成，含胴甲类、沟鳞鱼、介形类、鳞木等动植物化石，厚度324米。海口组：1941年谢家荣将昆明西山区海口出露的砂岩夹泥质岩，底部为砾岩、含砾砂岩地层，命名为海口组。该组厚度变化大，昆明地区为0.7—280米，含中华沟鳞鱼、湖南鱼、古鳞木等动植物化石。

上泥盆统　（宰格组）主要分布于宜良县万寿山、官渡区金殿等地。1940年边兆祥将宜良县万寿山出露的白云岩和白云质灰岩地层命名为下石炭统宰格灰岩，1956年龙祥符根据含珊瑚、腕足类、介形虫等化石，将其定为上泥盆世，地层名改用宰格组。该组厚度70—800米，含岩溶水。

石炭系　昆明地区石炭纪较为发育，除宜良县东部和禄劝县西部地区缺失外，其他地区均有分布。旧司组：沿用贵州省地层名称。昆明地区为灰岩、碎屑灰岩、硅质岩和页岩组成，含珊瑚等化石，厚度0—113米。上司组：沿用贵州省地层名称。昆明地区为灰岩、泥灰岩、硅质条带灰岩、局部夹页岩组成，含腕足类、珊瑚化石，厚度20—30米。摆佐组：沿用贵州省地层名称。昆明地区为生物碎屑灰岩、白云质灰岩、白云岩组成，含腕足类、珊瑚化石，厚度50—100米。中石炭统（威宁组）：昆明地区中石炭统沿用贵州省地层名称，称威宁组。为泥晶灰岩、鲕状灰岩、生物碎屑灰岩、含硅质条带灰岩夹白云质灰岩组成，含筵科类和珊瑚化石，厚度10—117米。上石炭统（马平组）：昆明地区沿用广西区地层名称，称马平组。为鲕状灰岩、生物碎屑灰岩、结晶白云岩组成，含筵科类化石，厚度由几米到199米不等。石炭纪含岩溶水，翠湖九龙池就是石炭纪地层中涌出的9个上升泉眼，后因地下水位下降，泉眼消失。

二叠系　二叠系在昆明地区分布广泛，层序完整。

下二叠统　倒石头组：1964年陈根保将呈贡县龙潭山倒石头地层命名为倒石头组。该组为铝土质页岩、铝土矿、黏土、煤层所组成，含筵科类、腕足类、苔藓类化石，厚度几米到20米。也有沿用外省名称称梁山组或矿山组。栖霞组：沿用华东地区地层名称。昆明地区为白云质灰岩组成，含筵科类和珊瑚化石，厚度数米到400米，含岩溶水。茅口组：沿用贵州省地层名称。昆明地区为虎斑状白云岩和生物碎屑岩组成，含筵科类、珊瑚、腕足类、瓣鳃类、菊石类化石，厚度100—500米，含岩溶水。

上二叠统　峨眉山玄武岩组：沿用四川省峨眉山地层名称。昆明地区为一套陆相基性火山熔岩夹凝灰岩、集块岩、火山角砾岩等组成，厚度由数米至数百米不等，在底部凝灰岩中含硅化木、沙郎木、节羊齿等植物化石。昆明西山区白鱼口附近在玄武岩中发现有高大裸子、蕨类硅化木15棵，直径0.7—0.8米，被称为"硅化木森林"，在国内尚属首次发现。玄武岩含裂隙水，大部为偏硅酸矿泉水。

圭山组：1940年王竹泉将路南县圭山含煤地层命名为圭山组。该组为细砂岩、砂质页岩、炭质页岩夹煤层组成，含大羽羊齿、瓣轮叶植物化石和腕足类、瓣鳃类动物化石，厚度1.7—240米，与顶部玄武岩接触带含黄铁矿。

### 中生代（界）

**三叠系**　昆明地区的三叠系分布极为零星，变化较大，层序很不完整。下三叠纪主要分布于路南县圭山和嵩明县山区。飞仙关组：沿用四川省地层名称。昆明地区为粉砂岩、含长石砂岩、泥岩夹粉砂岩、白云岩、灰岩透镜体组成，富含双壳类化石，厚度240—350米。永宁镇组：沿用贵州省地层名称。在昆明地区上部为页岩、细砂岩，下部为灰岩和白云岩组成，含双壳类和菊石他石，厚度200—300米。中三叠纪（个旧组）：中三叠纪分布基本与下三叠纪一致。为灰岩、白云岩、泥灰岩组成，化石稀少，仅见双壳类化石，厚度为2000米，含岩溶水。地层名称沿用1936年孟宪民在个旧创建的个旧组。上三叠纪：1936年路兆洽将一平浪含煤地层命名为"一平浪煤系"，60年代区域地质调查时，将该地层分解为普家村组、干海子组、舍资组。在安宁县西部和晋宁县东部出露的这套地层，缺失较多，很难划分到组。保存的泥岩、砂岩和粉砂岩、底砾岩含少量芦木、蕨类、杉类植物化石，厚度变化很大。

**侏罗系**　分布于安宁市和富民县者北，禄丰县大松树、马鹿塘一带，上、下侏罗统地层层序不全。下侏罗统（下禄丰组）：下侏罗统在昆明地区相当下禄丰组。1941年卞美年将禄丰县沙湾至大荒田地层命名为禄丰组，1：20万区域地质调查时，分解为上、下禄丰组。昆明地区下禄丰组为泥岩、粉砂岩夹石英砂岩、泥岩组成，底部常见薄层砾岩，含介形虫和新芦木化石，厚度100—200米。中侏罗统（上禄丰组）：中侏罗统在昆明地区相当上禄丰组。为泥岩、粉砂岩、石英砂岩组成，中部夹泥灰岩、灰岩、黑色页岩，含介形虫、双壳类、田螺、鳞齿鱼、软藻等化石，厚度800—1500米。

**白垩系**　下白垩世（马头山组）　主要分布于安宁市妥乐、晋宁县化乐、禄劝县多立等地，底部地层缺失，仅见上部地层马头山组。该组为一套泥岩、粗砂岩、细砂岩、粉砂岩组成，含双壳类、叶肢介化石，厚度272米，变化大。马头山组为区域地质测量队1962年在元谋县马头山创建，为含铜矿层位。

1982年昆明市文物考古工作者根据群众反映，在晋宁县夕阳发现恐龙足印化石600多个，经对200个足印研究，可能代表着3个恐龙新属、7个新种，时代定为1亿年以前。

### 新生代（界）

**第三系**　第三系从下至上分为5个世，昆明地区分布零星，层序不完整。

**中新统**　小龙潭组：沿用开远市小龙潭组地层名称。该地层在昆明地区主要分布于昆明、嵩明、宜良等坝子中，为黏土、炭质黏土、褐煤层组成，含植物及哺乳类动物化石，厚度50—1017米。石灰坝组：沿用禄丰县石灰坝地层名称。昆明地区分布于昆明、嵩明、宜良等坝子中，为砾砂质黏土、细砂岩、炭质泥岩夹褐煤组成，含哺乳类动物化石，厚度4.6—273米。

**上新统**　茨营组：该统下部地层缺失，上部地层在昆明称茨营组，系1941年郭文魁所建名，为黏土、砂质黏土夹褐煤组成，底部为砾岩，富含哺乳类动物、田螺等化石，厚度60—350米。主要分布于嵩明县杨林、宜良县可保和官渡区等地。

**第四纪**　为现代冰川、湖泊、河流阶地、洞穴堆（沉）积，分布零散，层序不清。1985年，云南省地质矿产局与成都地质矿产研究所合作，共同组织科研力量进行昆明盆地形成与演化研究。根据科研钻孔的揭露情况和岩心的系统测试研究，结合地表地层出露情况，对第四纪地层进行了系统划分。

**更新统** 滇池组：由江能人1985年建名。为细砂层、粉砂层、泥质夹砂质或草煤组成，属河湖相、沼泽相沉积，含介形类、腹足类动物化石及云杉、栎、雪松、水龙骨等植物化石，孢粉以松属为主。厚度46—347米，古地磁测年为距今73万年—248万年。分布在昆明盆地龙头街及普渡河、南盘江河谷的地层，多为冲洪积层。在滇池盆地周围的高地上，分布的含碎石砂质黏土和宜良县、富民县、安宁市及昆明龙头街一带分布的含有炭质及褐煤层的砂、砂砾和泥层，多为河流沼泽沉积或残坡积层；富民县河上洞、宝石洞、安宁白云洞为洞穴堆积。时代相当中营组。洞穴堆积中发现有灵长目、长鼻目、食肉目、奇蹄目、偶蹄目等多种大型动物化石。官渡组：官渡组由江能人1985年建名。为中细砂、钙质炭质黏土层夹草煤或泥炭透镜体组成，偶夹小砾石，以沼泽相沉积为主，含介形类、腹足类及松属孢粉等动植物化石，厚度48—200米，距今1.2万年—18万年。

在呈贡县龙潭山"昆明人"遗址堆积和大石坝花果山、小石坝野猫洞等洞穴堆积中，发现有大熊猫、猕猴、马鹿、竹鼠、狼、水牛、野猪等多种哺乳类动物化石。"昆明人"化石，根据古地磁和碳14测定，距今30500±800年。昆明地区河流两岸的二级阶地上堆积大量冲洪积砂砾层，官渡区金刚塔下的螺壳层，也为该组地层。大量螺壳堆积，为古人食螺活动的遗址。

更新世时期，由于湿热的气候影响，昆明地区地表岩石饱经化学风化，能迁移的元素均已析出，留下的土层物质富含氧化铁成分，形成红土型风化壳。红土型风化广泛分布于北纬24°—26°之间，海拔1500—2500米的中低山地，为云南红壤的母岩，云南故有"红土地"之称。

**全新统** 海埂组：为现代河流、湖泊沉积和山麓堆积层。1985年江能人将昆明海埂出露的细粉砂层、软泥层、炭质泥层命名为海埂组，厚度变化大，形成于1.2万年至今。在阳宗海、滇池及各大河流中，全新统至今还在进行着河流砂、泥物质的沉积。海口磷矿洞穴堆积层中发现狐、黑熊、野猪、斑鹿、水鹿、猕猴、豪猪等化石层，成都地质矿产研究所命名为海口动物群。

# 岩　石

**岩浆岩** 昆明地区岩浆岩积累的研究资料较多，在全省1∶1000000、1∶200000区域地质调查工作的基础上，1985年云南省地质矿产局区域地质调查队对岩浆岩进行了全面系统的总结和编图。

**火山岩** 晋宁期火山岩：晋宁期火山活动微弱，火山岩零星赋存于昆阳群中。1978年颜以彬在黄草岭组中发现夹有玄武岩；1983年昆明工学院发现黑山头组夹有安山玄武岩；1978年孙师舜报道因含有以玄武岩为主、安山玄武岩次之的火山角砾岩、熔岩；1985年申屠保润于鹅头厂组中发现火山碎屑岩。晋宁期火山岩分布于安宁市、禄劝县、东川区等地的相应地层中，从时间演化系列看，岩石性质由玄武岩向安山玄武岩演化，属拉班—钙碱性玄武岩系列。

**澄江期火山岩** 1983年颜以彬在禄丰县罗茨澄江组中发现碱性橄榄玄武岩、火山角砾岩、火山碎屑岩，属钙碱性玄武岩系列。在富民具澄江组中也有此类火山岩存在。

**华力西期火山岩** 昆明地区的华力西期火山岩大量赋存于上二叠纪中，以基性熔岩为主，厚度大，大面积分布。本期火山岩为四川"峨眉山玄武岩"向南延伸部分，几乎覆盖整个昆明地区，沿东川小江和禄劝县普渡河流域火山活动最为强烈。属拉班玄武岩系列。

**侵入岩** 晋宁期花岗岩：晋宁期花岗岩发现于安宁县大营的九道湾。岩体侵入在昆阳群大龙口组和美党组中，上部被上三叠纪和下侏罗统不整合覆盖。岩体中心为中粒斑状黑云母花岗岩，岩体边缘逐渐向中细粒黑云母花岗岩、细粒黑云母花岗岩过渡。岩石具花岗—文象结构，主要成岩矿物为黑云母、斜长石、钾长石、石英。岩体内接触带蚀变明显，有云英岩化、绢云母化；外接触带蚀变强烈，有大理石化、透辉石矽卡岩和堇青石化。岩体为附近小型砂锡矿形成的母岩。

**变质岩** 滇池流域变质岩种类少，变质程度低，主要是昆阳群地层受到区域低温动力变质作用，使原来沉积形成的页岩、砂岩、石灰岩变质为板岩、千枚岩、变质砂岩、大理岩等，受晋宁构造运动影响变质，属低变质的绿片岩相。其次在侵入岩接触带，由于热力作用，石灰岩变质为大理岩和矽卡岩。在断裂带附近岩石受挤压变为碎裂岩、糜棱岩等。

**沉积岩** 碎屑岩：岩石以碎屑物质组成为主，颗粒清楚，从粗到细分为砾岩、砂岩、细砂岩、粉砂岩等。主要分布于下震旦世、中下泥盆世及中、新生代地层中，反映了海陆交互相或陆地河流相成因的沉积岩石。

**黏土岩** 岩石组成以物质颗粒细小为特征，未固结的叫黏土，固结后呈薄层状的叫页岩，不具薄层特征叫泥岩。此类岩石主要分布于下昆阳群、寒武纪、志留纪及中、新生代地层中。中生代以前，这类岩石大多为浅海或深海相成因；中生代及其以后，多为大陆盆地、深水湖泊沉积。

**化学岩和生物岩** 岩石成因与生物及化学作用有关，主要岩石有石灰岩、白云岩、磷块结、煤、岩盐等。石灰岩、白云岩分布于昆阳群上亚群、上震旦世、上古生代，多为浅海和潟湖相成因；磷块岩分布于下寒武纪，为潟湖潮坪相所形成；煤产于石炭纪、二叠纪、三叠纪、第三纪，多为海陆交互的潟湖沼泽或陆地河湖沼泽形成；岩盐产于侏罗纪、白垩纪、第三纪，多为内陆干旱盐湖所形成。

# 构　造

从19世纪末到20世纪50年代初，先后有许多地质学者研究探索昆明地区的地质构造。1911—1914年，丁文江从地貌和构造的角度，第一次划分了滇东构造单元。20世纪30—40年代，孟宪民《云南高原的几种构造现象》、冯景兰《云南之造山时期及矿产区域》以及德国人米士的许多构造论述，都对昆明地区的构造进行了探索。尽管这些研究有局限性，但都为1950年以后系统开展地质调查工作提供了有意义的资料和成果。

**构造运动** 构造运动也称地壳运动，它表现在地壳变形、沉积作用、岩浆活动、岩石变质等方面。地壳总是在不停地运动之中，有时强烈、有时缓和。在一个地质历史时期，地壳运动从量变发展到质变的过程，叫构造运动旋回。而质变的那个时间，定为构造运动的时间。昆明地区构造运动有强有弱，各个时期的表现形式也不尽相同。

**晋宁构造运动（9亿年）** 20世纪40年代，德国人米士在晋宁县发现震旦纪澄江组不整合在昆阳群之上，米士认为这一地质事件是一次造山运动，故命名为晋宁运动。经后人研究认为在9亿年（指距今时间，下同）前后，运动之前云南地壳处于坳陷状态，正接受大量冒地槽的沉积，晋宁运动使地槽褶皱回返成山，成为地台，即扬子准地台。昆明地区出现在地台西部古陆边缘。

**澄江构造运动（7亿年）** 20世纪40年代，德国人米士在澄江县发现震旦纪澄江砂岩与上部南沱冰碛层存在微弱不整合，故将这一地质事件确定为澄江运动。大量的研究资料证明，这是一次局部的缓慢升降运动，使昆明地区出现大量山麓堆积（澄江组），之后气候剧变，昆明地区出现大范围大陆冰盖及冰川堆积（南沱组）。

**加里东（广西）构造运动（4亿年）** 在昆明地区表现不明显，主要是地壳上下脉动，出现频繁的海进海退现象，使泥盆纪的昆明地区曾一度出现大片陆地。

**华力西（澜沧）构造运动（2.5亿年）** 在昆明地区表现为东川、嵩明的小江断裂带和禄劝的普渡河断裂带张裂，二叠纪时期出现大量火山喷发，随后昆明地区开始升出海面，海水向东退去。

**印支构造运动（1.95亿年）** 发生于三叠纪晚期，在昆明地区表现为地壳大面积缓慢抬升，全面结束海水的侵入，出现大范围陆地。

**燕山构造运动（1.40亿年）** 发生于侏罗纪与白垩纪之间，在昆明地区主要表现为地壳不均衡升降，侏罗纪初期形成了安宁、晋宁、禄劝等地的陆相盆地、白垩纪浓缩为盐湖。

**喜马拉雅构造运动（0.7亿年以来）** 新生代以来，昆明地区受喜马拉雅构造运动影响，表现为地壳急剧上升和断块之间的不均匀升降。早第三纪地壳开始上升，形成云贵高原雏形；晚第三纪高原面上的侵蚀洼地潴水、断裂复活，断层两盘，一盘上升为山，受到侵蚀、剥蚀，一盘下降为湖，充填堆积了大量沉积物质，成为湖泊盆地；第四纪以来，地壳再次整体抬升，河流剧烈下切，形成高山峡谷。受普渡河断裂带控制的昆明坝子和滇池，受小江断裂带控制的嵩明坝子、宜良坝子和阳宗海受路南断裂控制的路南坝子，都经历了这个演变过程，只是发育和保存完整程度有所区别。

**断裂褶皱** 滇池流域断裂褶皱较发育，大部地层褶皱被断裂切割破坏，规律性比较明显。20世纪60年代初期，深大断裂概念引入后，地质部第四普查勘探大队、云南省地质局区域地质测量队按照断裂带规模大小，对本区断裂带进行了规模划分。

**区域性断裂带** 为长期活动的断裂带，控制着一个地区的地质发展历程。就地表看，仅仅出现一系列断层密集带，但分析研究断裂带两侧的地质情况，则有不同的变化。

小江断裂带：从四川进入东川小江，向南分为东西两支。西支经过嵩明县到宜良县阳宗海后，继续向澄江、江川方向延伸，到华宁消失；东支经寻甸到嵩明县新街、宜良县竹山后，沿南盘江而下，与个旧以南的红河断裂带相交。该断裂带为一南北向断裂带，在昆明地区西、东两支分别延长60千米和105千米。两支之间的北东向褶皱均被断裂挤压切割，改变了轴向。小江断裂带是一个长期活动断裂带，古生代时期地壳强烈拉开，使二叠纪火山岩流大量喷出，并控制了断裂带两侧的沉积岩相与地层。中、新生代时期表现为频繁的挤压、扭动，形成许多断陷湖泊和山间盆地，并伴随有地质灾害发生和热泉的活动。小江断裂带是云南强烈的地震活动带和泥石流多发区。据历史记载，自1500年以来，共发生5级以上地震14次，7级以上地震3次。1500年在宜良发生7.5级地震，1733年在东川发生7.5级地震，1883年在嵩明、宜良之间发生8级大地震。沿断裂带地形陡峻，岩石崩塌、滑坡发育，遇强烈地震和特大暴雨，往往导致泥石流发生。如东川泥石流规模大、爆发频率高、活动历史久，有大小泥石流沟107条，大的就有38条。沿断裂带还出露较多低温热泉，宜良县汤池为高中温热泉。

普渡河断裂带：从四川进入禄劝县普渡河后经东村延到滇池之下，向南逐步消失。为一南北向断裂带，纵贯昆明地区，全长200千米。该断裂带在古生代产生张裂，沿断裂带有大量火山活动，控制了中生代一些小型红色盆地和新生代盆地的形成发展。沿断裂带有热泉和地震活动。据历史记载，普渡河断裂带自1500年以来，共发生5级以上地震14次，6级以上地震3次，而发生在昆明地区仅有1次，即1985年禄劝县转龙6.3级地震。断裂带北段滑坡、泥石流活动强烈，1965年禄劝县普福发生特大崩塌型滑坡，约4.5

亿立方米的土石块坠落，筑起167米高的堆石坝和积水500万立方米的滑坡湖。普渡河断裂带南段，由于人为的不合理活动较多，加剧了岩石土层的崩塌、滑动，如1986年西山倒石头崩塌岩块10多万立方米；1990年西山区团结乡孙家箐发生滑坡，滑坡体17.61万立方米、崩塌砂石7.23万立方米。

师宗—弥勒断裂带：该断裂带从师宗到弥勒经过了路南县境内的圭山，呈北东向延伸，路南境内长30多千米，为一压、扭性断裂带，在晚古生代时期有火山活动，中生代控制了滇东南三叠纪盆地的西北边界和两侧的沉积岩相和地层。该断裂带5级左右地震活动较多，但都发生在滇池流域以外。

罗茨—易门断裂带：该断裂带总体为南北向，从禄劝县大松树断续经过撒营盘、团街后转向南西，延伸到禄丰罗茨，又转为南北方向经安宁禄脿伸向易门，全长160千米。为一张、压、扭性断裂，形成于震旦纪，对震旦纪火山岩和中生代多立盆地、禄丰盆地的东部边界有明显的控制作用。据历史记载，罗茨—易门断裂带从1644年以来共发生5—5.5级地震10次，而发生在昆明的有2次，即1893年发生在禄劝的5级地震和1986年发生在富民、禄劝之间的5.3级地震，波及滇池流域。

**地区性断裂** 这些断裂一般与褶皱伴生，是地层强烈褶皱后的产物。个别褶皱方向有所偏移，主要是受区域性断裂影响所致。南北向断裂：从东向西有嵩明县的白邑断裂，官渡区的黑龙潭断裂、蛇山断裂，禄劝县的大松树断裂等。东西向断裂：从北向南有西山区的海口断裂和晋宁县二家村断裂。北东向断裂：主要分布在昆明、嵩明和宜良之间，有草甸横冲断裂、一朵云断裂及嵩明县的阿子营到松华坝出现的北东方向断裂。北西向断裂：从南到北有晋宁县二街断裂、富民—官渡断裂、禄劝县转龙断裂等。转龙断裂有泉水涌出，由于地下岩溶管道的虹吸作用，形成转龙间歇泉。

**褶皱** 昆明地区的褶皱多被断层强烈破坏，褶皱方向变化较大。从总的迹象看，在普渡河断裂带以东仍保全了以北东向为主的背斜和向斜；而普渡河断裂带以西则以南北向背斜向斜为主，富民以南局部还出现了东西向背斜。

**北东向褶皱** 有嵩明县的阿子营向斜、白邑背斜、西山向斜、嵩明背斜、四营向斜，宜良县的宜良向斜、九乡背斜，路南县的路南向斜、圭山背斜。一般延长20—30千米。在小江断裂带内，由于受断裂扭动影响，四营向斜和宜良向斜被改造为近于南北向，从区域变形特征分析，仍属于北东向褶皱系统。北东向褶皱系统多为燕山期形成的褶皱。

**南北向褶皱** 有晋宁县晋宁背斜、晋城向斜等，一般延长20—30千米。多为晋宁期或燕山期形成的褶皱。

**东西向褶皱** 有青龙背斜、安宁向斜、磷矿站背斜，延长10—15千米，多为晋宁期或燕山期形成的褶皱。

**构造分区** 对构造分区不同学派历来有不同认识。20世纪50年代，黄源长、曹仁关用历史分析方法研究云南大地构造，提出昆明坳陷和康滇地轴等构造分区。70年代末80年代初，也有人从板块构造理论出发论述昆明地区构造。1990年云南省地质矿产局组织编写《云南省区域地质志》时，总结前人研究成果，根据沉积地层建造、岩浆活动、变质作用、构造形变、构造运动性质等特征，将昆明地区划为扬子准地台、川滇台背斜和滇东台褶带，并在此基础上，详细划分了三级和四级构造小区。所谓扬子准地台，包括了云南哀牢山、苍山以东至江苏省整个长江流域的广大地区，地壳具有典型基底和盖层的双层结构，基底为中元古代和早元古代地槽沉积，晋宁运动结束了地槽阶段，沉积建造全面褶皱回返，形成扬子准地台。在地台之上沉积了从晚元古代至中三叠世的一套盖层建造。晚三叠世中期，全部由海相沉积转化为陆相沉积。新生代全面上升隆起，形成准平原、高原和山间盆地。在扬子准地台西部，以普渡河断裂带为界，划分出川滇台背斜和滇东台褶带2个二级分区。两个分区不同之处是前者长期处于隆起状态，盖层沉积不发育，而后者多处于下沉状态，盖层沉积较厚，大部为地台型海相沉积地层。昆明地区在2个二级分区内的三、四级小区。

**川滇台背斜**　主要为武定—石屏隆褶束。指普渡河断裂带以西，北起金沙江，南到石屏的南北狭窄地带，根据沉积盖层的发育程度及构造特点，在这个隆起褶皱皱束范围内，可划分出落雪台穹、禄劝断凹、峨山台穹3个四级小区。落雪台穹：地处禄劝县北部大朵断裂以北的昆阳群分布区，晋宁运动后，基底地层褶皱近于东西向，长期处于隆起，未接受到盖层的沉积。禄劝断凹：位于大朵断裂以南、普渡河断裂带以西、罗茨—易门断裂带以东的禄劝县、富民县、安宁市、晋宁县大片地区。在断裂的控制下，昆阳群基底层出露较少，从震旦纪到中生代，本区处于长期相对坳陷，断续地接受了浅海相和内陆盆地相盖层沉积。南北向及东西向的褶皱断裂较为发育。峨山台穹：在安宁市禄脿以西，面积不足50平方千米，为昆阳群基底长期暴露地区，无盖层沉积。昆明地区只占峨山台穹北部的一小部分。

**滇东台褶带**　昆明台褶束：昆明台褶束，指普渡河断裂带到小江断裂带之间的滇东地区。在昆明地区只有一个四级分区——嵩明台凹。晋宁运动后，从震旦纪到三叠纪长期处于坳陷状态，接受了较厚的古生代盖层沉积，三叠纪后处于隆起状态，新生代发育许多断陷盆地，断裂和褶皱均发育。曲靖台褶束：位于小江断裂带西支以东的宜良县、路南县内，划分为3个四级小区。宣威凹褶：宣威凹褶从北向南延伸，在昆明地区为小江断裂带西支与陡坡寺断裂之间的狭长地带。未发现昆阳群基底地层出露。晋宁运动后长期处于坳陷状态，接受了较厚的古生代海相盖层沉积，印支期发生褶皱隆起，北东向褶皱断裂发育。牛首山隆起：位于陡坡寺断裂以东的路南县境内，属于牛首山隆起范围。本区出露有昆阳群基底地层，早古生代处于隆起状态，未能接受到沉积，晚古生代接受了海相碳酸盐盖层沉积，地层褶皱平缓，断裂发育不太明显。

## 地质演变

从1914年丁文江划分云南构造单元及地质发展历史开始，研究昆明地区地质发展史的学者甚多，都从不同角度论述了昆明地区地质历史演变过程。由于地质资料的大量积累和科学技术进步，20世纪70年代初，杨荆舟从地壳形变出发，划分了云南地壳构造变迁期；80年代末，云南省地质科学研究所编写的《云南省岩相古地理图集》和云南省地质矿产局编写的《云南省区域地质志》等，都涉及了昆明地区的沉积环境演化、地质作用和构造运动、历史变迁。综合分析各家对昆明地区地质发展历史的论述总体轮廓是：

**前震旦纪时期（17亿—9亿年前）**　昆明地区为滇中古陆核东部的一个海相冒地槽，形成了一套昆阳群复理石—碳酸盐沉积建造，火山活动很少。晋宁造山运动（9亿年前）结束了地槽历史，地槽沉积建造褶皱成山，出现了昆明古陆和牛首山古陆，以及两古陆之间的山间盆地，也就是普渡河断裂带以东、小江断裂带以西大片地带，堆积了大量澄江组磨拉石建造（山麓堆积）。

**震旦纪—志留纪时期（9亿—4亿年前）**　晋宁运动使昆明地区全部抬升为地台，7亿年左右发生的澄江运动，使昆阳群基底进一步固结、稳定。随后昆明地区受地壳上下脉动影响，海退时出现陆地，海进时成为陆表海，海进海退交替出现，形成了一套地台型以砂页岩为主夹碳酸盐的沉积建造。地壳升降频繁变化，环境的不断变迁，促进了生物的大发展。梅树村动物群、澄江化石动物群，都是在这一地质历史过程中形成的。

**泥盆纪—二叠纪时期（4亿—2.5亿年前）**　昆明地区从相对稳定的陆表海环境转化为大陆裂谷环

境，沉积了一套以碳酸盐岩和火山岩为主的盖层沉积建造。泥盆纪到二叠纪早期，地壳相对稳定。二叠纪中后期，一度沿小江断裂带、普渡河断裂带地壳发生裂开，大量基性火山岩浆从地壳深部喷出，形成厚大火山堆积。二叠纪晚期，海水缓慢向东退却，在路南县圭山以东残留有滨海沼泽，形成煤矿。这个时期主要以海相生物为主，而泥盆纪和二叠纪晚期出现大量陆生植物，表明了植物向陆地扩展以至占据了陆地。

**三叠纪时期2.5亿—1.95亿年三叠纪时期**　昆明地区结束了海相沉积的历史，海水已退出昆明地区，后来受印支运动影响，在昆明西部地区局部出现一些内陆河流沼泽相含煤沉积环境。

**侏罗纪—白垩纪时期（1.95亿—0.70亿年前）**　在晋宁县晋城、禄劝县多立形成多个内陆盆地湖泊，接受了一套红色碎屑岩沉积和含盐地层沉积，说明这个时期气候干旱，出现了大量恐龙类爬行动物。侏罗纪—白垩纪紫红色地层裸露地表，形成丘状原野，后受喜马拉雅运动抬升，成为丘状高原，故滇中有"红色高原"之称，禄劝县和安宁市有的地方仍保存完好的红色高原面。

**第三纪—第四纪时期（0.70亿年前至今）**　昆明地区受喜马拉雅运动影响，地壳不断抬升，形成高原地貌。昆明北部的拱王山为褶皱断块山脉，轿子山主峰海拔4247米，保存有完好的高原面和第四纪大理冰期的遗迹。褶皱断块山脉两侧受不同方向断裂影响，地表水强烈剥蚀冲刷，形成大大小小的河流、断陷湖泊和山间盆地。沉积了第三纪、第四纪地层，为哺乳类动物和人类生存繁衍提供了良好的环境。

# 第四节　水　质

## 水　域

滇池流域的水域主要是指滇池、松华坝两大水域和宝象河、大河、柴河等大、中型水库7座，小（一）型水库28座，小（二）型水库110座。

滇池位于昆明市城区西南，是云南最大的高原湖泊。湖体略呈弓形，弓背向东，南北长42千米、东西宽平均12.5千米，湖岸线长163千米，当水位在《滇池保护条例》确定的1887.4米（黄海高程）正常高水位时，平均水深4.4米，最大深度为11.2米（海眼），面积309平方千米，湖容为15.6亿立方米。滇池北部有一天然堤坝——海埂将湖分为南北两部分，中间以船闸和节制闸相通，南部滇池主体称为外海，面积为301平方千米；北部称为草海，面积为8平方千米。

松华坝水库是滇池流域内第二大水域，位于昆明市区北郊，离市区中心直线距离12千米。1946年在盘龙江上游修建谷昌坝水库，1959年建成松华坝水库，总库容量为6832万立方米，1995年加固扩建完成后，总库容为2.19亿立方米，兴利库容为1.05亿立方米，水面积8平方千米。

滇池和松华坝水库是昆明城市生活用水的主要水源。大、中型水库，小（一）型水库，小（二）型水库共蓄水2.47亿立方米，有效灌溉农田20万亩，滇池提水灌溉面积27万亩。

图1-2-4-1 滇池流域水系图（据冯均俶滇池流域环境遥感研究）

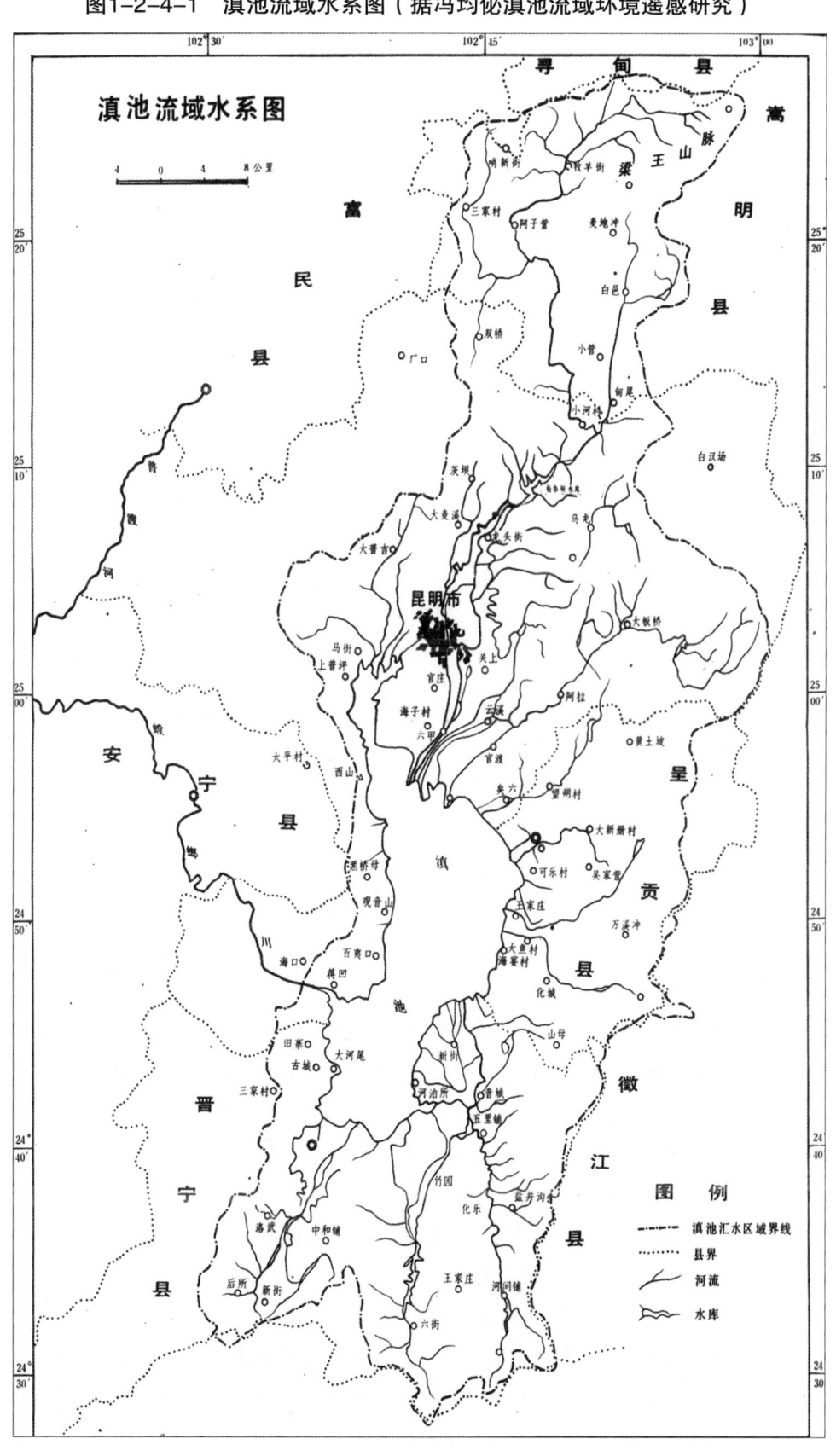

# 河　流

滇池流域内河水注入滇池的大、小河流一共有35条，其中径流面积大于100平方千米的河有盘龙江、宝象河、马料河、捞鱼河、洛龙河、梁王河、柴河、东大河、西北沙河9条，此外还有新河、运粮河、枧槽河、大清河、王家堆渠、船房河等纳污河流，这些河流总长度为359千米，从北、东、南三面流入滇池。出流河道为海口河。

**盘龙江**　盘龙江是滇池流域内最大的一条河流。主源为牧羊河，又称小河，源于梁王山北麓东葛勒山的喳啦箐，由黄石岩南流入官渡区小河乡，长54千米，径流面积373平方千米，最大过水流量122立方米/秒，源头高程2600米。支源为邵甸河，又称冷水河，源头在龙马寺山箐，穿白邑坝子、过甸尾峡谷，经苏家坟南流入官渡区小河乡，长29.4千米，径流面积149.5平方千米，最大过水流量67.2立方米/秒。两河在小河乡岔河嘴汇为一水后，始称盘龙江，东流穿蟠龙桥、三家村至松华坝水库，径流面积629.8平方千米（地表径流面积593平方千米、地下径流面积36.8平方千米）。出库后经上坝、中坝、雨树村、落索坡、浪口、北仓等村，穿霖雨桥，经金刀营、张官营等村进入昆明市区，过通济、敷润、南太、宝尚、得胜、双龙等桥至螺蛳湾村出市区，经官渡区南窑穿南坝走陈家营、张家庙、严家村、梁家村、金家村至洪家村流入滇池。主源到滇池全长95.3千米，径流面积903平方千米，多年平均年径流量2.66亿立方米，河道流域高程为1890—2280米，径流面积最宽处为23千米，最窄处为7.3千米。

盘龙江有许多支流，有的从主流中分出，有的汇入主流，主要的有马溺河、清水河、羊清河、金汁河、银汁河、东干渠、玉带河、永昌河、西坝河、采莲河、太家河、明通河、海明河13条河流，由于上游来水量和泉水的减少以及城市建设、道路扩大，有些河流如银汁河、金汁河的末端已经消失，玉带河、永昌河、西坝河、海明河、明通河的河段已被覆盖成暗河，河上面变成道路和建筑。

**东白沙河**　位于官渡区北部，主源发源于一撮云山，南流至岔河收汇鬼门关的山沟水后进入东白沙河水库（1956年建，库容438万立方米）。支源分两岔，一源于两面寺，一源于吾南山，两流在青龙村汇为一流后向西流入东白沙河水库。出库后主河道由龙池村向南流经十里铺、羊方凹、牛街庄、鸣泉村、自得邑、阿角村，于李家村入海河，向西南流入滇池。东白沙河水库以上的径流面积为22.5平方千米，以下为13.2平方千米，河道全长18.9千米。

**宝象河**　宝象河发源于官渡区东南部山兀纳山（又名老爷山）麓的阿底、二京两村的板壁山。主源小寨河源于西麓，经小寨村至三岔河收汇小河。支源小河源于阿底村，在三岔河汇入小寨河。两河汇合后，经热水河村至求雨山长10千米段称热水河，后进入宝象河水库（1958年兴建，库容2070万立方米），沿途纳杀猪山西南的秧田冲、岔河村等山箐水，源流长16千米。出库后经坝口村、大东冲、阿地村、红沙坡、高石头，在大板桥明应寺纳入槽河；在瓦角村黄牛山小龙潭水，在高坡村前纳白沙河（铜牛寺沟）水，向西流经白土、阿拉两村，过祭虫山至鸳鸯坝（分东、西鸳鸯沟），至高桥村穿安留桥（高桥）向西南抵达白泥湾，分出麻线沟、顺山沟、广济沟，往西北流至小板桥，这一段称宝象河，长19.3千米。该河流至宝象桥（又称老毛瓜桥）牛舌尖分为二流，一为六甲河，东分一支叫官渡河。六甲河沿西北流至永丰村前老坝头再东分一支叫五甲河。官渡河经官渡镇下马村、宝丰村至化龙桥入滇池，长9.5千米。五甲河在老坝头分六甲河（又名旧门河）后流经金钢村、余家村、熊家村、永胜村，在小河嘴入滇池，长9千米。六甲河在宝象桥东分出官渡河后，即称六甲河；在老坝头东分出五甲河后，流经永丰、云溪、九门里、中闸、七甲、六甲、新一、新二等村至福保村入滇池，长11千米。宝象河主流长48千米，径流面积344平方千米。

**马料河**　马料河发源于官渡区阿拉乡海子村附近的黄龙潭，经白水塘村入呈贡区境的果林水库。水库水出库后过大冲、倪家营、大倪家营，西流转望朔村、麻苴村、小机山再转入官渡区自卫村、矣六至圆龙村入滇池。另一支流经小新村、关锁村入滇池。河长20.2千米，径流面积81平方千米。

**洛龙河**　洛龙河旧名保保河，清代改名为洛龙河。该河发源于呈贡区黑、白龙潭。黑龙潭出水点自东向南西流1千米，白龙潭出水点自东向西北流3.7千米，2潭泉水相交于大新册，流经大洛龙村、新草房村、龙市桥、下古城至江尾村入滇池，全长13.7千米，流域面积115.52平方千米。1956年在白龙潭兴建白龙潭水库，库容156万立方米。1959年在小新册村建石龙坝水库，库容214万立方米。1973年，从大新册改河到龙市桥。1978年，新开龙市桥至江尾段，名东大河，并在江尾建成二级提水站，使东大河在栽插季节成为提水输水干渠。

**捞鱼河**　捞鱼河原称三板桥河，发源于澄江县响水，经流至烟包山脚入呈贡区境，经马寨子村、小松子园入松茂水库（1958年建，蓄水量800—1140万立方米）。出库后经刘家营、段家营、郎家营、郑家营、前卫营、下庄、雨花、大河口、王家营村入滇池。总长30.8千米，径流面积126.73平方千米。

**梁王河**　梁王河源于澄江县老母猪山南，流淌2.8千米后进入呈贡区境，经杨柳村进入横冲水库（1958年建，库容1000万立方米）。出库后流经上庄子、大营至月角村，向西南急转大渔村，在土罗村入滇池。全长22.85千米，流域面积65.5平方千米。1973—1978年间，将捞鱼河、梁王河改道在月角村下相交，新修3.2千米河道至土罗村入滇池，名胜利河。

**南冲河**　南冲河主要由呈贡区白云、哨山（原名大乡河）二支流交汇而成，流经美女山南，向北入白云水库（1958年建成，库容357万立方米）。出库后经白云村至林塘入哨山水库（1973年建，库容148万立方米），出库后流3千米至白云村，转向中卫、左所入晋宁县境，经安江街大河尾入滇池。河长14.4千米（呈贡区境内长11.20千米），境内径流面积50.63平方千米。

**大河**　大河旧称大坝河，发源于晋宁县化乐乡干洞，经关岭、大陷塘、菖蒲塘入大河水库（1958年兴建，总库容1850万立方米，兴利库容1600万立方米）。出水库后流经河涧铺、化乐、石碑至小寨，与柴河汇合。全长31千米，径流面积171.11平方千米。

**柴河**　柴河旧称大堡河，发源于晋宁县六街上游新寨、干海，经六街入柴河水库（1956年兴建，设计库容2200万立方米，因淹没问题，蓄水限于1600—1700万立方米，兴利库容1670万立方米）。出库后流经李官营、段七、观音、小朴、牧羊至小寨，与大河汇流，全长48千米，径流面积306.18平方千米。两河汇流后经河湾、城西大桥、王家坝、河西厂、吕家营、孙家坝、新街注入滇池，此段主河道也称柴河。经整治改道，流至观音村地界建茨巷河闸分为二流，一流经茨巷河、水泥厂、石将军、小渔村入滇池，另一流经小朴，在小寨拦河分洪闸下游左岸汇入大河。

**东大河**　东大河发源于晋宁县昆阳地区干海孜（海龙）白泥箐，流经清水河村、昌家营至双龙村与来自石官坡、后所山及挖矿坡山箐水流经小河口在双龙村相汇北下，流至大沙滩汇集洛武河山箐水，行至乌龙再汇集老王坝河山箐水，经小普家村、大乌龙、储英、兴旺入滇池。全长21千米，径流面积195.44平方千米。中华人民共和国成立后，在清水河村上游建大春河水库，库容330万立方米，兴利库容150万立方米；在挖矿坡村建团结、合作两水库；在双龙村建双龙水库，库容1244万立方米，兴利库容1216万立方米；在洛武河箐建洛武河水库，库容160万立方米，兴利库容150万立方米。使东大河干、支流基本被蓄水工程控制，河道仅容纳工程下游区间径流及工程泄弃水。

**西北沙河**　西北沙河又称左龙须河，发源于西山区西北清水塘，流经桃源、甸头、南流转河外、沙靠村入西北沙河水库（水库于1958年建成，蓄水259万立方米，径流面积11.5平方千米）。出库后经昆明市砖瓦厂，在大普吉村前汇麻园河，经普吉、上下沙河村、陈家营、大河埂、鸡舌尖汇黄龙潭泉水，转东流经新发村、黄土坡、洪家营、梁家河、海源庄、积善等村，由粪箕湾入滇池草海。全长21千米，径流面积106平方千米。由桃源至鸡舌尖一段称西北沙河；由鸡舌尖至梁家河一段称左龙须河；梁家河以下至积下村草海一段称海源河。汇入西北沙河的海源河发源于海源寺聚仙山脚黄龙潭，潭前建有左、中、右3座分水闸。其中，左闸名左龙须河，向北流灌溉莲花池秧田（今昆明市三水厂水泵房），东流1千余米至鸡舌尖汇入西北沙河；中闸水东流2500米许至板桥关漫水闸，西分一支设梁家营闸（梁家河），经海源桥入草海；右闸水向西南流，名右龙须河，灌溉班庄村、黑林铺、大团山、梁家河、沙沟尾、兴隆村、夏窑、积善、苏家村、大渔村农田，由柳树坝注入草海。

**海口河**　海口河是原滇池唯一的出流河道，1996年西园隧洞建成后，滇池增加了第二出水口沙河。由滇池西南的海口中滩起，流经老街村、里仁小村、中兴街、柴厂、新村、沙锅村、平地哨、大营庄、小海口至石龙坝为海口河。再经黄塘村入安宁市境，向北流经连城、草铺、温泉、青龙至箐门口再流入西山区谷律乡的律则、乐亩、蔡家村至石楼梯入富民县境，经永定大桥、麦电、秧田箐、龙发村、小河口、黄家庄、沙坪进入禄劝彝族自治县，经则黑区小河坪子东北1千米附近汇入金沙江。该河全长252千米，总落差1136米，径流面积11751平方千米，总称普渡河。其中，在西山区海口镇境内称海口河，长14.4千米；流经安宁、西山区谷律乡至富民永定大桥一段称螳螂川，长83.2千米；永定大桥以下经禄劝县境汇入金沙江一段仍称普渡河。

**排污河流**　滇池沿岸的主要排污河流有运粮河、船房河、大观河、新河。

**运粮河**　源头在昆明市大西门附近，上连老龙河（今新建设电影院附近）来水，东与菜海子（翠湖）水系相连，延伸到小西门，经西山区红联、积善、明波3个乡流入滇池。河中段有一水塘，名为菱角塘（今已干涸），河长9.5千米。运粮河历史上因滇池水面较广，物资军粮多靠船只水运，停靠茴香堆（原老篆塘，今仓储里）。后因滇池水位下降，运粮河逐渐淤浅，民国时期不能行驶大船。在小西门外大观河头开挖新篆塘，军粮改由大观河运送至小西门，运粮河只作排洪、灌溉之用。随着城市的扩大、工业的发展，运粮河已成排放市区西部污水的排污河道。

**船房河**　又名兰花沟，源于官渡区河南（村）、王家坝（村）、刘家营一带，位于永昌河与西坝河之间，担负排放市区西南部污水及排泄两河的渗漏水。因排放污水，又称臭水河。船房河从刘家营西南穿过成昆铁路至船房（村）汇集沿途污水，西流经郑家河（村）、鲤鱼坑（村），在新河村南侧入滇池，全长7千米。

**大观河**　清康熙十二年（1673）平西王吴三桂兴工由近华浦（大观楼）新开一条人工河直达小西门老篆塘（今仓储里，又称小西仓），以运送军粮（亦名新运粮河）。后因年久失修，老篆塘淤塞，民国二十一年（1932）云南省政府调集民工将鸡鸣桥至仓储里老篆塘填平，另从鸡鸣桥以下西坝河与玉带河分流开一条名篆塘的人工河直达大观路口新篆塘作为分洪河，属玉带河的分流河。大观河由西坝河分流处沿环城路转入新篆塘，经白马庙至大观楼入滇池草海，长10.12千米。现已成为市区西部的排污、排洪河道。

**新河**　又名新开河，发源于西山区海源河中闸及西北沙河分洪闸下游，流经旺水田，南流经昆畹公路桥、滇缅铁路桥（昆明至一平浪），经虾坝塘至梁家河抽水站进水沟，经兴隆村、积善、积中、积下至柳树坝抽水站入滇池草海，全长7.16千米。1949年兴建梁家河抽水站时，利用该河作进水沟。1960年以后，先后建水泵站10个。随着上游工业区的扩大，厂矿增多，工业排放的污水使新河成为污水河流，水质污浊，鱼虾绝迹。

# 水　质

**河道水质**　20世纪50年代前，滇池入湖河道水质清澈。后随着经济社会的发展和人口的增加，入滇河道的水质不断下降，特别是80年代后水质加速恶化。2003—2005年，有关部门对29条河的入滇河道的水质进行监测，监测综合评价均为劣Ⅴ类，为重度污染，年际间水质无明显变化，主要超标污染物指标为$COD_{cr}$、TN、TP。污染严重的河道为海河、乌龙河、茨巷河、大清河等，洛龙河、捞鱼河、白渔河等河道的污染相对较轻。所监测的29条河的入滇池水量年平均为6.7亿立方米，但各河道的水量差异较大，大清河、盘龙江等10条河的入滇池水量占监测河道入滇池水量的84%；29条入滇河道年平均向滇池输送的污染物中，悬浮物67018吨、$COD_{cr}$54477吨、$BOD_5$15084吨、TN11969吨、TP1107吨。

滇池水质20世纪50年代以前，滇池湖水清澈，水生动植物繁茂，湖水自然净化能力较强，有着良好的生态环境，渔民及滇池附近的村民常取滇池水作为饮用水，滇池草海是海菜花生长最繁茂的水域。60年代，无论是草海还是外海水质均为Ⅱ类。60年代后，滇池四周迅速发展为工业区，工厂规模、门类、数量快速发展，大量的工业和生活污水导致草海的水质和底泥逐渐受到污染，并向滇池外海蔓延开来，滇池的水质逐渐变坏，使藻类植物减少，土著鱼类锐减。70年代，草海和外海的水质均为Ⅲ类。70年代后期水质逐渐恶化。80年代初期，滇池海口以上流域内每年施用农药450吨、化肥约1.1万吨。80年代，草海的水质为Ⅴ类、外海水质为Ⅳ类。据1988年调查，每年进入滇池水域的酚588吨、氰983吨、砷120吨、汞4.7吨、铬10.7吨、总氮4703吨、总磷456吨、化学耗氧量20877吨。这些污染物进入滇池后，使一些水域中的有害物质超标几倍、几十倍、甚至几百倍，土著鱼类减少到30多种，海菜花绝迹，水葫芦大量繁殖，环境质量下降，且草海的污染状况比外海严重，外海污染西岸大于东岸。90年代，草海的水质变超Ⅴ类（劣Ⅴ类）、外海水质为Ⅴ类到劣Ⅴ类。

21世纪开年，滇池污染达到了顶峰，草海异常富营养化，水质为劣Ⅴ类；外海严重富营养化，全湖水质已是Ⅴ类到劣Ⅴ类的严重状况。此后，党中央、国务院和云南省委、省政府高度重视滇池污染治理工作，国家部委和省级部门从政策、项目、资金、技术等方面给予了大力支持和保障，昆明市委、市政府举全市之力，紧紧围绕"六大工程"措施开展滇池保护治理工作，滇池保护治理取得了显著成效，流域水环境、水生态和水资源状况明显改善，水质趋稳向好。"十二五"期间，滇池流域投入运行的污水处理厂数量增加，污染物削减能力显著提高。截至2015年，流域内昆明主城区投入运行的污水处理厂有11座和呈贡县污水处理厂、晋宁县污水处理厂及投入试运行的4座环湖截污水处理厂（洛龙河污水处理厂、古城河污水处理厂、昆阳污水处理厂和海口污水处理厂），新增日处理规模36万立方米；在160多个工业和民用建筑项目配套建设了雨水综合利用设施，日利用规模10.45万立方米；60多条城市道路采用了雨水生态断面技术；16条入湖河流中的13条河水质明显改善，11条河消除劣Ⅴ类水，河流水质及生态景观明显改善；滇池草海、外海主要水质指标浓度显著下降，由重度富营养转变为中度富营养；在湖滨一级保护区33.3平方千米范围内实施"四退三还"和生态建设，拆除防浪堤43.14千米，滇池新增水域面积11.5平方千米，历史上首次出现了"湖进人退"，为"十三五"期间滇池恢复生态良好与健康提供了基础。

# 第五节　土壤及土地利用

## 土　壤

**基　岩（母岩）**　各种母岩由于其理化性质不同而引起风化壳、土壤属性及植被类型发生差异，由于抗侵蚀能力的不同而导致水土流失量不同。滇池流域的母岩主要由石灰岩、玄武岩、泥质岩（包括砂岩和页岩）、紫色岩等组成。

**滇池流域各种母岩的特性与分布范围情况一览表**

表1-2-5

| 岩石名称特性 | 石灰岩 | 石英砂岩 | 泥质岩 | 紫色岩 | 玄武岩 |
|---|---|---|---|---|---|
| 岩石性质 | 结构微密岩石坚硬 | 岩石相对坚硬 | 岩石脆弱 | 岩石脆弱 | 结构微密岩相对僵硬 |
| 抗侵蚀能力 | 强 | 强 | 差 | 极易风化侵蚀强烈 | 极　强 |
| 地壳表现 | 峻峭山地直立崖壁陡坡 | 陡峭山地丘岗窄长沟谷 | 缓坡山地低缓丘陵 | 平岗缓丘地面破碎 | 低山地丘岗 |
| 水土流失特点 | 沟状冲刷和崩塌 | 面蚀沟状冲刷 | 面蚀洪水冲刷 | 面蚀钩状冲刷 | 面蚀沟状冲刷 |
| 风化壳特点 | 浅薄基岩堂裸露 | 较　厚 | 较　厚 | 较　厚 | 较　薄 |
| 分布范围 | 流域西部东部大量分部 | 流域南部量分部 | 流域西部东部大量分部 | 流域东部 | 流域北部和东部 |
| 面积（平方千米） | 945.86 | 85.32 | 439.50 | 107.38 | 212.71 |
| 占流域面积（%） | 32.40 | 29.2 | 15.05 | 3.68 | 7.28 |

**类　型**　根据流域的土壤组成，整个流域的土壤分为棕壤、棕红壤、山原红壤、紫色土、冲积土、沼泽土、水稻土7个土类。其中，台地和山地上的水稻土成因复杂，再进一步划分为红壤性水稻土、紫色土性水稻土和冲积土性水稻土3类。根据滇池流域的立地条件进行划分，第一级以地貌为依据，第二级以基岩为依据，第三级以土壤类型为依据，共划分为一级类型2个、二级类型9个、三级类型18个。滇池流域生态类型立地条件的划分顺序为：山地—石灰岩—山原红壤，山地—紫色岩—紫色土，山地—红壤性水稻土，山地—紫色土性水稻土，山地—冲积土水稻土；台地—石灰岩—棕壤，台地—石灰岩—棕红壤，台地—石灰岩—山原红壤，台地—玄武岩—棕红壤，台地—玄武岩—山原红壤，台地—泥质岩—棕壤，台地—泥质岩—山原红壤，台地—紫色岩—紫色土，台地—红壤性水稻土，台地—紫色土性水稻土，台地—冲积土性水稻土；湖滨平原—松散堆积物—水稻土，湖滨平原—松散堆积物—冲积土。

滇池流域的地带性土壤为山原红壤，垂直地带性土壤从上至下为棕壤、黄棕壤、红壤。各类土壤中以红壤、水稻土和紫色土的分布面积较大。其中，红壤占流域土壤总面积的73.8%，在整个流域范围内广泛分布；水稻土占14.6%，多分布于湖滨地区；紫色土占土壤总面积的7%，多分布于流域南部。

## 土地利用

**分　类**　滇池流域土地分类体系主要是采用1988年2月18日的TM彩色卫星图片解译进行分类。该分类现实性强、分辨率高、影像质量好、点位误差很小，保障了几何精度。经野外校正，判对率约达93%，具有很高的解译精度，真实地反映了土地利用现状。

滇池流域总面积2920平方千米（438万亩）。其中，水稻田毛面积801754亩（折净面积465974亩），旱地毛面积332824亩（折净面积237159亩，不包括果园内含的76473亩、但包括蔬菜地45075亩折净面积33806亩），园地152946亩，有林地832097亩，疏林地737536亩，灌木林地89788亩，灌丛草地122038亩，草地582397亩，城镇、工矿、村寨及交通用地149577亩，水域面积500467亩（滇池、水库、坝塘），特殊用地及旅游疗养用地23001亩，裸岩、裸土、裸沙55570亩。流域的土地垦植率（含果园内耕地）达27.65%，森林覆盖率19%，如连同灌木林计算则为21.20%。用1974年、1985年的卫片与1988年的影像比较，变化显著者主要有林地缩小，密（中）林变疏林，面积约2.1万多亩；城镇用地扩大；昆明周边菜地减少，但呈贡区的增大明显；滇池水域有两处明显变化，一是草海北端有约7900亩一片原已围海成陆，现恢复成湖泊及沼泽，另一片约800亩在滇池北沿半岛上福保村以东，1974年及1985年均为水体影像，1988年即成蔬菜地（北段）和稻田（南段）；海埂的国家体委冬训基地及其侧面大片鱼塘，1974年片上未见，1985年片上己见建成。

滇池流域土地利用类型的几条分布特征是：环状结构、放射结构、类型分布相对集中。流域内人口密度大，土地开发早，人文活动大，给环境带来了不利影响，局部造成严重破坏，突出的是宝象河及马料河2条小流域；其次是沼泽化的草海和萎缩衰败征象的出现。保护和改善流域自然环境刻不容缓，宜提高水源区的森林覆盖率，抓好坡地改梯地的建设，减少水土流失，增设防护水土下泻措施。

**利　用**　根据1988年2月18日的TM彩色卫星图片解译，滇池流域内共有水稻田毛面积801754亩（折净面积465974亩），其中谷地稻田56414亩、平地稻田391313亩、梯田18247亩；旱地毛面积332824亩（折净面积229159亩），其中平旱地60901亩、梯台地37840亩、坡旱地85840亩、轮闲地10772亩、蔬菜地33806亩；园地152946亩，其中主要是果园，大多数果园内间种旱作，即含旱地，以50%计约含76473亩；林地1659421亩，其中有林地832097亩、疏林地737536亩、灌木林地89788亩；灌丛草地122038亩；草地582397亩；城镇用地65761亩；工矿用地21681亩；村寨居民用地55381亩；交通用地6754亩；水域面积500467亩，其中滇池45万亩、其他4986亩、水库33063亩、水池水塘12410亩；特殊用地16941亩；旅游疗养用地6060亩；裸岩37794亩；裸土裸砂17776亩。

**变　化**　用1974年10月20日的卫星图片及1985年2月12日与1988年2月18日的卫星图片比较，经过14年，区域内的土地利用变化显著。

**林　地**　在松华坝水库西北边老白龙与水箐两个村子之间，1974年2月卫星图片上是一片茂密的云南松林，面积约7000亩，1985年卫星图片上则为覆盖度只有约0.3的疏林，1988年片子上有所好转，覆盖度约达0.5。在水箐以西、长岭干以南的一片，面积约4500亩，其变化情况与上相似，所不同的是，

1985年时只有2000亩成疏林。昆河铁路三家村站以东、广南卫之东南一片约2800亩的林子在1974—1985年卫星图片上均成长茂密，1988年的卫星图片上覆盖度降到约0.6—0.7。呈贡区横冲水库以东、上水节往北至十八台之间的约3700亩林子，1985年的卫星图片上尚表现良好，1988年却成了疏林。晋宁县柴河水库西侧洗澡塘和磨大山之间约9600亩中幼林与草地，在1985年2月12日以前被火烧毁，到1988年2月卫星图片上已见恢复。昆明城区北面铁峰庵东侧约1600亩的一片林地，在1985年2月及其以前的卫星图片上茂密可见，1988年的卫星图片上已萎缩到只剩1300亩疏林了。

**图1-2-5-1　1988年滇池流域遥感解译土地利用现状图（云南省遥感技术应用学会　提供）**

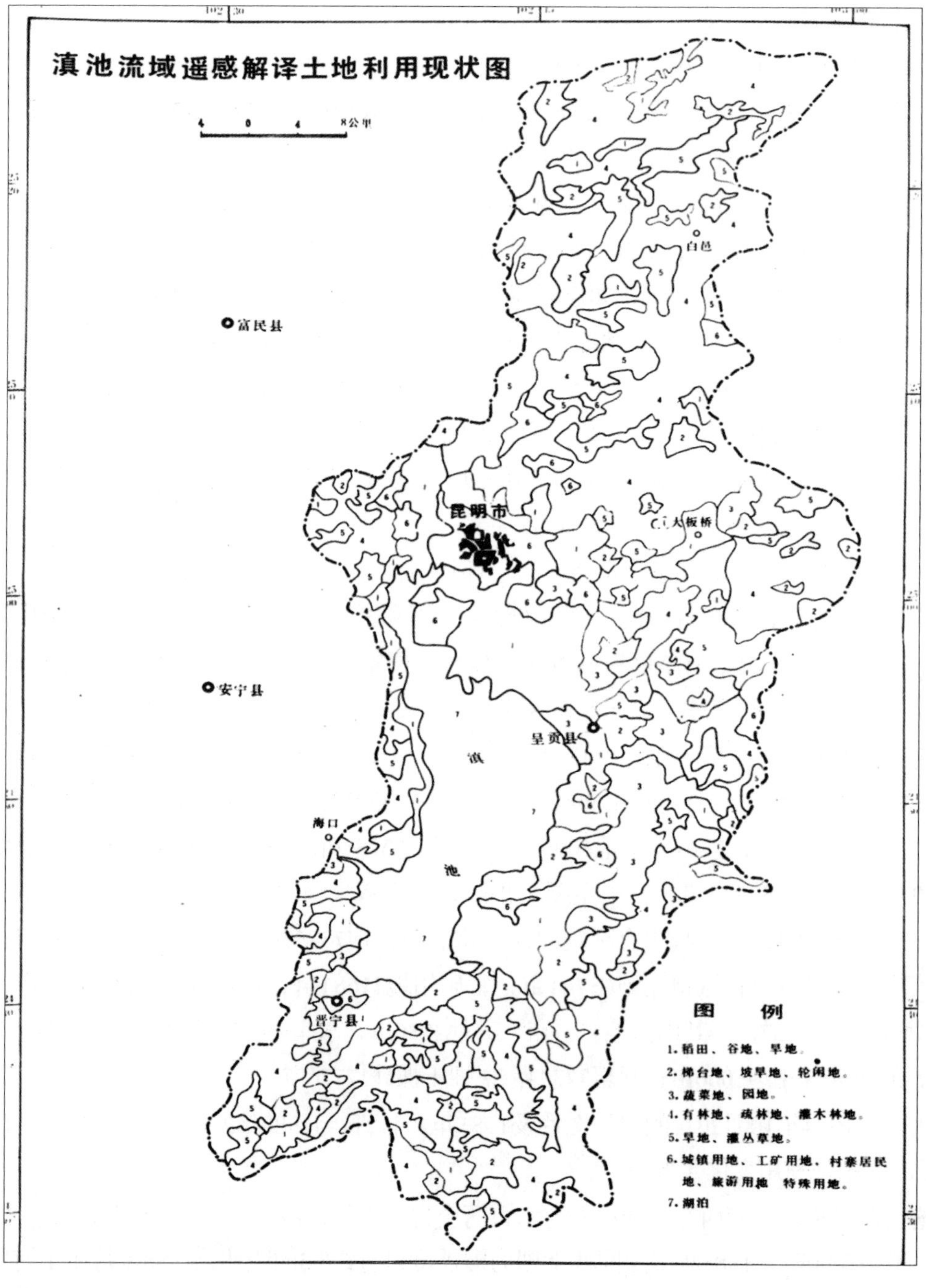

### 1988年滇池流域土地利用情况一览表（一）

表1-2-6　　　　　　　　　　　　　　　　　　　　　　　　　　　　　　单位：亩

| 所属县区 \ 土地利用类型 | 谷地稻田 面积 | % | 平地稻田 面积 | % | 梯田 面积 | % | 平旱地 面积 | % | 梯台地 面积 | % |
|---|---|---|---|---|---|---|---|---|---|---|
| 五华 盘龙 西山 官渡 | 18008 | 1.15 | 344288 | 21.97 | 6843 | 0.44 | 35083 | 2.24 | 11764 | 0.75 |
| 呈贡 | 14661 | 2.25 | 94671 | 16.45 | 3237 | 0.56 | 18288 | 3.18 | 15238 | 2.65 |
| 晋宁 | 31231 | 2.97 | 187861 | 17.84 | 20441 | 1.94 | 16666 | 1.58 | 30841 | 2.93 |
| 嵩明 | 31717 | 4.57 | 47857 | 6.9 | 948 | 0.14 | 16964 | 2.44 | 1282 | 0.18 |
| 合计 | 95617 | 2.18 | 674677 | 15.4 | 31460 | 0.72 | 87001 | 1.99 | 59125 | 1.35 |
| 折合面积 | 56414 | | 391343 | | 18247 | | 60901 | | 37840 | |

### 1988年滇池流域土地利用情况一览表（二）

表1-2-7　　　　　　　　　　　　　　　　　　　　　　　　　　　　　　单位：亩

| 所属县区 \ 土地利用类型 | 坡旱地 面积 | % | 轮闲地 面积 | % | 蔬菜地 面积 | % | 园地 面积 | % | 有林地 面积 | % |
|---|---|---|---|---|---|---|---|---|---|---|
| 五华 盘龙 西山 官渡 | 28495 | 1.82 | 485 | 0.03 | 33065 | 2.11 | 30740 | 1.96 | 395350 | 25.23 |
| 呈贡 | 9485 | 1.65 | 3328 | 0.58 | 9482 | 1.65 | 107565 | 18.68 | 14946 | 2.6 |
| 晋宁 | 64545 | 6.13 | 2442 | 0.23 | 2528 | 0.24 | 13115 | 1.25 | 113629 | 12.16 |
| 嵩明 | 19498 | 2.81 | 9133 | 1.32 | | | 1124 | 0.16 | 296083 | 42.67 |
| 合计 | 122023 | | 15388 | 0.35 | 45075 | 1.03 | 152946 | 3.49 | 832097 | 19.33 |
| 折合面积 | 85040 | | 10772 | | | | | | | |

### 1988年滇池流域土地利用情况一览表（三）

表1-2-8　　　　　　　　　　　　　　　　　　　　　　　　　　　　　　单位：亩

| 所属县区 \ 土地利用类型 | 疏林地 面积 | % | 灌木林地 面积 | % | 灌丛林地 面积 | % | 草地 面积 | % | 城镇用地 面积 | % |
|---|---|---|---|---|---|---|---|---|---|---|
| 五华 盘龙 西山 官渡 | 163826 | 10.45 | 50978 | 3.25 | 64662 | 4.13 | 211463 | 13.469 | 58795 | 3.75 |
| 呈贡 | 95987 | 16.67 | 971 | 0.17 | 16288 | 2.83 | 121119 | 21.04 | 1901 | 0.33 |

续表

| 土地利用类型 所属县区 | 疏林地 | | 灌木林地 | | 灌丛林地 | | 草地 | | 城镇用地 | |
|---|---|---|---|---|---|---|---|---|---|---|
| | 面积 | % | 面积 | % | 面积 | % | 面积 | % | 面积 | % |
| 晋宁 | 283628 | 26.93 | 34354 | 1.89 | 33000 | 3.13 | 171957 | 16.33 | 5065 | 0.48 |
| 嵩明 | 176389 | 25.42 | 2822 | 0.41 | 3858 | 0.56 | 74755 | 10.77 | | |
| 合计 | 737536 | 16.84 | 89788 | 1.72 | 119338 | 2.72 | 582397 | 13.3 | 65761 | 1.5 |

## 1988年滇池流域土地利用情况一览表（四）

表1-2-9

单位：亩

| 土地利用类型 所属县区 | 工矿用地 | | 居民用地 | | 交通用地 | | 湖泊 | | 水库 | |
|---|---|---|---|---|---|---|---|---|---|---|
| | 面积 | % | 面积 | % | 面积 | % | 面积 | % | 面积 | % |
| 五华 盘龙 西山 官渡 | 18211 | 1.16 | 26615 | 1.7 | 6103 | 0.39 | 2258 | 0.32 | 8092 | 0.52 |
| 呈贡 | 390 | 0.07 | 12630 | 2.19 | 651 | 0.11 | 2718 | 0.47 | 10228 | 1.78 |
| 晋宁 | 3080 | 0.29 | 11107 | 1.05 | | | | | 11801 | 1.12 |
| 嵩明 | | | 5029 | 0.27 | | | | | 2942 | 0.42 |
| 滇池 | | | | | | | 450000 | | | |
| 合计 | 21681 | 0.5 | 55381 | 1.26 | 6754 | 0.15 | 454976 | 10.54 | 33063 | 0.75 |

## 1988年滇池流域土地利用情况一览表（五）

表1-2-10

单位：亩

| 土地利用类型 所属县区 | 池塘 | | 特殊用地 | | 旅游用地 | | 裸岩 | | 裸土裸砂 | | 小计 | |
|---|---|---|---|---|---|---|---|---|---|---|---|---|
| | 面积 | % | 面积 | % | 面积 | % | 面积 | % | 面积 | % | 面积 | % |
| 五华 盘龙 西山 官渡 | 3452 | 0.22 | 13505 | 0.86 | 6060 | 0.39 | 24041 | 1.55 | 1868 | 0.12 | 1566993 | 100 |
| 呈贡 | 2451 | 0.43 | 2070 | 0.36 | | | 3223 | 0.56 | 14151 | 2.46 | 575680 | 100 |
| 晋宁 | 6515 | 0.62 | 694 | 0.07 | | | 6819 | 0.65 | 1757 | 0.17 | 1053077 | 100 |
| 嵩明 | | | 419 | 0.06 | | | 3093 | 0.45 | | | 14674 | 100 |
| 滇池 | | | | | | | | | | | 450000 | 100 |
| 合计 | 12418 | 0.28 | 16689 | 0.38 | 6060 | 0.14 | 37794 | 0.87 | 17776 | 0.41 | 4380000 | 100 |

**城镇用地**　城镇用地有所扩大，尤以昆明市区的周边及茨坝等处表现明显。

**菜　地**　城郊蔬菜地受到压缩，但郊区菜地面积显著增大，水田复种指数有所提高。

**水　域**　主要有2处发生大面积明显变化。其中，1974年滇池草海北端董家村东南一片已围海成陆，在1985年及1988年卫星图片上则只见围埂，埂内又成湖泊及部分长草的沼泽地；1974年滇池北缘福保村以东为浅水，1985年也为水域，但在1988年的影像上即成蔬菜地（北段）和稻田（南段）。海埂国家体委冬训基地及其西侧的大片鱼塘1974年的卫星图片上尚未见，1985年的卫星图片上已见建成。

**利用特征**　从土地利用现状图（着色）上可清楚地看到不同土地利用类型的几条分布特征。

**环状结构**　以滇池为底心的整个流域区，周边为中低山，向内逐渐降为丘陵而后盆地（滇池西岸的西山东侧陡峻，由盆地到山地没有丘陵过渡带），这一地貌展布规律决定了水土等物质运积规律，盆底堆积区必然是土层深厚、肥沃、平坦的农耕地分布区，与此相对应的周边山地则主要是林木分布区域，而它们之间处于过渡地段的丘陵和山麓一带常常是农林牧业交错地带，水田、旱地、果园、草地、灌丛草地、灌木林、疏林、森林、水库、塘坝等分布较多，利用结构复杂，也是水土流失较突出的区域。

**放射结构**　以滇池为中心，沿河流向盆地四周呈放射状伸展，以水稻田最为明显，河流两侧往往分布稻田、旱地和农村居民用地。主要利用类型的分布有各自相对集中的趋势。平地水稻田主要集中在滇池边和昆明坝子，谷地稻田主要分布在区域北部及南部的山谷之中，梯田多分布在南段河谷边山麓，轮闲地主要在北端三尖山的西侧，其他旱耕地则星散分布，蔬菜地过去集中在官渡、呈贡城以西及昆明近郊、海埂附近等几大片，园地分布在滇池以东晋城至大板桥的广大地区，有林地大部在东北部的主要产水区。其他类型的分布无明显的趋势性。

**土地利用与环境变化**　滇池流域的土地利用与环境变化成正比关系，土地利用越高，对环境的影响就越剧烈。2015年，滇池流域平均每平方千米约有10291人，是云南省人口密度最大的小流域区，也是先民们最早开发云南土地的地区之一，是云南省人文活动强度最大的地区。在这一背景下，由于采取不正确的农业行动，诸如乱伐森林、坡耕地种植、开山取土取石等，给环境带来了不利影响，在一些局部区域则造成严重破坏，其中最突出的就是滇池东北岸、宝象河及马料河两条小流域的水土流失。该区域甚少森林植被，大面积草地、疏林、园地、灌丛，草地几乎覆盖完这里的丘陵和山地，这些盖度较低的类型在具有一定坡度的条件下，就成为一个抗蚀力很差的区域，大量泥沙由此随水被运入滇池。接近城镇的滇池草海区域受人为活动的影响，快速都市化造成高层建筑林立、人口猛增，洗衣机、冲水型厕所普及，使富含水生生物所需养分的城市污水大量泻入滇池，加之草海内众多的网箱养鱼产生的代谢物，都迅速地增强了草海的富营养化过程，促进水生植物的繁茂生长，导致了草海的沼泽化和萎缩衰败征象的出现。要保护和改善滇池流域自然环境，需大力提高水源区的森林覆盖率、开展坡地改梯地的农田建设工作，以减少水土流失量。同时，增设防护水土下泻措施，严格控制城市建设用地，坚持"量水发展，以水定城"的原则，统筹考虑滇池流域环境承载力和城市发展的对策与措施。

# 第三章　气　候

## 第一节　气候概况

滇池流域位于云贵高原西部的亚热带气候带上，包括昆明市的盘龙区、五华区、官渡区、西山区、呈贡区、晋宁县、嵩明县。该流域南近海洋，北倚青藏高原，地处亚热带偏南纬度的高原，境内又有滇池的调节，故气候上有其自身的特点，不同于同纬度的亚热带低海拔地区。具有干湿季节分明、夏无酷暑、冬无严寒的典型气候特征，大部分区域属于低纬高原上的北亚热带季风气候区。流域内各地兼蓄季风气候、低纬气候、高原气候和山地气候的特点。

### 气候特征

**干、湿季节分明，是滇池流域的首要气候特征**　与全国东部大部地区相比，滇池流域季风气候是典型西部型的。冬半年与夏半年控制本地区的气团性质截然不同，形成了冬干夏湿、干湿分明的季风气候。每年11月至次年4月为干季，受大陆干暖气团控制，期间以晴朗多日照天气为主，气温相对较高、少雨，空气湿度小，有利于水分蒸发；5—10月为雨季，受热带海洋气团控制，在西南、东南两支暖湿气流影响下，雨量集中，雨季多雨、日照少、空气湿度大。雨季降水量占年降水量的86.4%，其中主汛期6—8月雨量占雨季降水量的66.9%，占全年降水量的59%。时长6个月的干季降水量仅占年降水量的13.6%，其中冬季3个月各月降水量都不足18毫米；3—4月两个月累计雨量也不足40毫米，仅占全年降水量的3.9%。受降水季节性差异的影响，滇池流域空气相对湿度雨季平均为78%，干季平均为65%。

**年平均气温偏低、春秋季长、年温差小，是滇池流域气候的主要特征**　由于地处低纬度高原，冬季受冷空气影响小，气温不低。同时，滇池流域太阳光能资源较丰富，尤其是干季的冬春季节，阳光灿烂，日照充足，是流域内冬春气温较高、春季气温回升快的重要原因。夏秋季，因海拔较高，平均气温典型偏低，极少有高温出现。气温的年内变化特点是春季升温迅速，夏季温暖而不炎热，秋季降温平缓，冬季温凉而不寒冷。全年的气候正如明朝诗人杨慎在《滇海曲》中所云："天气常如二三月，花枝不断四时春。"滇池流域大部分区域年平均气温14.3℃—15.5℃，最冷月平均气温7.3℃—8.2℃，最热月平均气温19.5℃—21.0℃，气温年相差仅11.8℃—13.0℃。一年中日平均气温≥10℃且<22℃的天数约255—270天，约占全年总天数的70%—74%。

昆明素有"春城"之称，全年平均气温14.5℃，最热月平均气温19.7℃，最冷月平均气温7.4℃，气候宜人，四季如春，在全国大中城市中颇有特色，在世界上也不多见。宜于发展旅游、种植花卉、烤烟、蔬菜等。

**高原山地气候特点鲜明，是滇池流域气候的重要特征**　滇池的东、西、南、北四面有山，中间区域为盆地坝区，湖面和坝区（包括昆明城区）海拔1886—1930米。因此，流域内气温日变化大，年平均气温日相差10.5℃—13.0℃，并且干季气温日相差大于雨季。同时，山区地带因海拔变化，气温垂直差异明显。如海拔2358米的太华山站，年平均气温比海拔1896米的昆明站低2.59℃，即滇池流域年平均气温垂直递减率为0.56℃/100米；在冬春季的一些时段，盆地坝区可出现逆温，山区低凹地气温低于周边海拔较高的地方。

**滇池流域气象灾害的地域性、周期性、季节性和突发性明显，其中干旱是影响最大的气象灾害**

首先是干旱灾害。干、湿季节分明，冬春气温相对较高且少雨多辐射，造成滇池流域冬春干旱年年有；西南季风爆发、结束的早晚影响云南的年际波动，导致滇池流域雨季开始和结束时间的年际差异较大，从而加剧一些年份干旱的危害。其次是低温冷害。冬、春季节北方较强冷空气南下侵袭影响云南时，滇池流域会出现低温、霜冻和降雪天气，给当地农业、工业生产和人民生活带来危害或不便。再次是出现在雨季的洪涝灾害。降水时空分布不均和短时强降水的出现，有时会造成滇池流域出现洪涝灾害，危害农业、工业生产，或引发城市内涝。最后是大风、冰雹灾害。由于地处副热带低纬高原，滇池流域对流性天气时有发生（主要出现在春、夏季），其危害不容忽视。还有一些灾害因气候因素引发，比如冬春季的干旱和气候干燥易引发森林火险，夏秋季的多雨洪涝可诱发山区局部出现泥石流和滑坡灾害。

## 气候形成的重要因素

**太阳辐射**　太阳辐射是一个地区近地面大气热量的主要来源，是影响气温、地温的高低和变化的首要因素。太阳辐射强弱主要取决于当地太阳高度角的大小和云雨天气的影响。太阳高度是由低纬向高纬递减的，据此地理气候上从低纬向高纬依次把地球划分为热带、亚热带、温带和寒带这些不同的热量带。滇池流域地处北纬24°29′—25°28′区域，是典型的副热带地区，太阳高度和太阳辐射强度较大。因此，滇池流域虽然平均海拔较高，其大部分区域仍属北亚热带。

**大气环流**　大气环流是一地气候的重要直接成因。滇池流域在干季（11月至次年4月，下同）期间，滇池流域高空从印度南部—中南半岛有一个带状暖性高压环流，它的北侧是一支较强的偏西气流。在这支气流控制下，对流层中低层维持着一支强劲的偏西风气流，它有阻挡北方冷空气南下的作用，也一定程度上抑制南支槽的活动，明显削弱向滇池流域的水汽输送；滇池流域经常受高压环流的控制，以下沉气流影响为主，导致降水明显减少。雨季（5—10月，下同）期间，高空副热带西风急流北退，热带天气系统和热带东风急流逐渐北上；对流层中低层上西太平洋副热带高压西伸北抬，热带辐合带天气系统如台风、孟加拉湾低压槽等和偏南暖湿气流也随之北上。西南暖湿气流和东南暖湿气流在副高西部边缘的云南上空汇合，并源源不断将热带洋面的水汽输送到云南地区，确保了滇池流域的正常降水。不过，当西太平洋副热带高压加强，西伸控制云南后，滇池流域上空为副高内部的下沉气流，该流域会出现少雨和较高气温天气。

**地理环境**　影响一地气候的地理因素包括地理位置、海拔、地势地形和离海洋的远近等。地理位置的影响主要是纬度，纬度越高，获得的太阳辐射量越小，气温就越低。海拔高度影响一地热量的散失速度，也影响云雨和降水。高海拔区风速较大且晴空辐射强，散失热量快，故气温较低。同时，山区一般随海拔高度增加降水增多。地势地形的影响主要表现为高山对冷空气和暖湿气流的阻挡、坡向对太阳辐射接收和降水的利弊影响、特殊地形（喇叭口、低凹地等）对气流运动和冷暖空气积聚的作用。此外，由于形成大范围降水的水汽主要来自海洋，所以当地离海洋的远近常常影响其某些季节的降水。

# 第二节　气候要素

## 温度和热量指标

**年和月气温**　滇池流域大部地区年平均气温14.0℃—15.5℃。其中，滇池湖面坝区区域平均的年平均气温15.1℃。各站点年平均气温太华山站最低，为12.30℃；嵩明站次高，为13.9℃；昆明坝区为14.9℃。

**滇池流域各气象站点历年平均气温一览表**

表1-3-1

| 站　点 | 昆　明 | 呈　贡 | 安　宁 | 晋　宁 | 嵩　明 | 太华山 |
|---|---|---|---|---|---|---|
| 海　拔（米） | 1892 | 1907 | 1848 | 1892 | 1920 | 2358 |
| 平均气温（℃） | 14.9 | 14.8 | 14.9 | 15.0 | 13.9 | 12.3 |

滇池流域各地最热月平均气温为19.2℃—21.0℃，出现在6月；最冷月平均气温7.0℃—9.5℃，出现在1月或12月。滇池所在坝区最热月（6月）平均气温为20.1℃，最冷月（12月）平均气温8.3℃。

滇池流域大部分地区年平均最高气温20.5℃—22.5℃，最热月（6月）平均最高气温24.0℃—26.3℃，最冷月（12月）平均最高气温14.6℃—16.8℃。其中，湖面坝区区域年平均最高气温21.5℃，最热月（6月）平均最高气温25.0℃。滇池流域坝区区域极端最高气温不是出现在6月而是5月雨季开始前，平均的年极端最高气温为32.0℃。流域大部分地区年平均最低气温8.8℃—11.5℃，最热月平均最低气温为15.8℃—17.8℃，出现7月；最冷月平均最低气温为0.8℃—4.1℃。其中，湖面坝区区域平均的年平均最低气温为10.4℃，最热月平均最低气温16.9℃，出现在7月；最冷月平均最低气温2.5℃，出现在1月。不过，滇池流域月极端最低气温并不出现在1月而在12月，其中滇池所在坝区区域平均的年极端最低气温为-8.9℃（12月），而出现在1月的区域平均极端最低气温为-4.2℃。

**图1-3-2-1　滇池各月气温年际变化情况图**

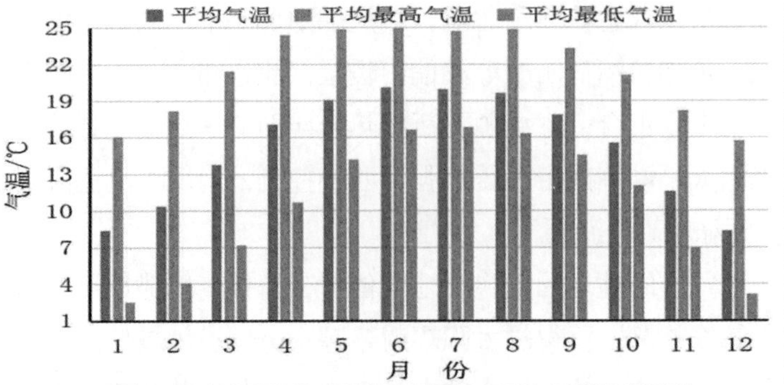

滇池所在坝区气温逐月变化（30年区域平均）

**气温的季节变化**　滇池流域气温年内变化的一个重要特点是春温显著高于秋温。3—5月（春季）正值干季或雨季来临前，云雨少，天气晴朗，日照充足，太阳辐射量多，地面干燥、蒸发耗热量少，因而升温迅速，气温高。秋季（9—11月）正处于雨季之中或雨季刚结束，阴雨天气多，空气湿度大，日照较少，太阳辐射量少，加之地面湿润、蒸发耗热多，气温相对低一些。春季气温比秋季气温高1.2℃—1.5℃，与同纬度的桂林相比，情况相反。以昆明站为例，一年四季的平均气温为春季（3—5月）16.2℃，夏季（6—8月）19.7℃，秋春（9—11月）14.9℃，冬季（12月至次年2月）8.7℃；春季平均气温比秋季高1.3℃，夏季平均气温只比冬季高11.0℃。

**气温的年际变化**　年内各月气温年际变化情况各不相同。雨季各月气温年际变化值小；而在干季各月特别是12月至次年3月，因各年冷空气影响次数和强度差异较大，因而各年之间同期气温年际变化较大。

以昆明站年平均气温为例。1928—1954年为偏暖期，5年滑动平均值在15℃以上，1955—1986年为偏冷期，5年滑动平均值均在15℃以下；1987—1992年6年中年平均气温为冷暖交替年（1987年15.2℃、1988年15.3℃、1989年14.9℃、1990年14.7℃、1991年15.2℃、1992年14.4℃）；1993—2015年又进入相对偏暖阶段，5年滑动平均值都在15℃以上。

**图1-3-2-2　1928—2015年昆明站年平均气温年际变化图**

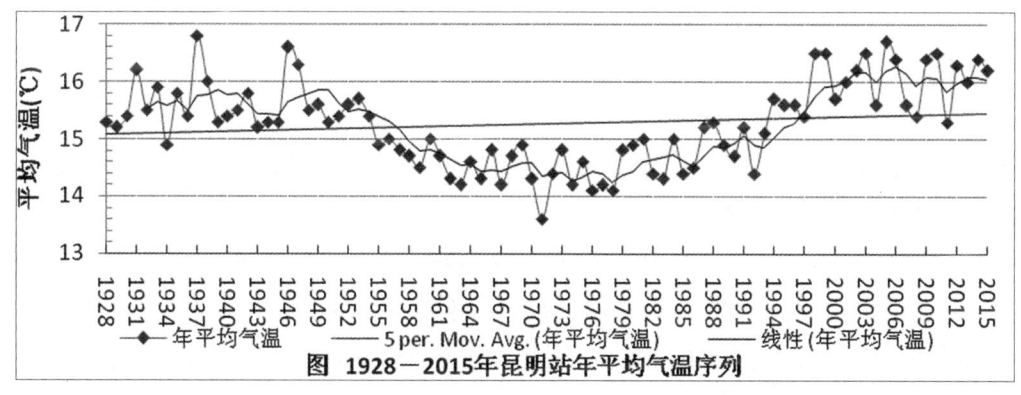

图　1928－2015年昆明站年平均气温序列

昆明冬季气温年际变化幅度大。1月平均气温最高年可达11.3℃（1928年、1947年），而最低年仅5.2℃（1963年），最高和最低相差6.1℃。20世纪20年代后期至50年代前期，1月平均气温多在9℃以上；50年代后期至80年代初期一般在8℃以下。昆明夏季气温年际变化幅度较小。7月平均气温最高年为21.7℃，最低年为18.8℃，最高、最低相差仅2.9℃。昆明年平均气温的年际变化主要取决于冬春季气温的年际波动。

**气温的日变化**　滇池流域气温的日变化幅度较大。日最高气温多出现在午后的14—15时，日最低气温视季节不同出现时间有所不同，冬季在日出前后的7—8时，夏季一般在凌晨5—6时。气温日较差是一日内最高气温与最低气温的差值，反映气温日变化的最大幅度。气温日较差影响植物对热量条件利用的效率，也影响人类和动物的生活舒适度。滇池流域大部分区域年平均的气温日较差为10℃—12℃，春季3—4月和冬季1—2月气温日较差最大，冬季12月和春季5月次之，夏季6—8月最小。流域内大部分区域1—4月各月气温日较差12.5℃—15.5℃，12月和5月各气温日较差为10℃—13.5℃，夏季各月仅为7.0℃—9.2℃。

气温日较差与海拔高度、阴雨天气和太阳高度角有关。滇池流域夏秋季雨日阴天多、冬春季晴天多，导致夏秋季气温日较差明显小于冬春季。但是滇池流域海拔较高，气温日较差年值明显大于国内东部低海拔地区。

**昆明与国内部分城市气温日较差比较一览表**

表1-3-2

单位：℃

| 地　名 | 昆　明 | 海　口 | 福　州 | 长　沙 | 广　州 | 桂　林 | 南　京 | 北　京 | 哈尔滨 |
|---|---|---|---|---|---|---|---|---|---|
| 平均日差 | 11.1 | 7.0 | 7.8 | 7.6 | 7.6 | 7.7 | 8.8 | 11.4 | 11.7 |

**四季长度和始止时间**　气候学上通常划分四季的标准是：候平均气温小于10.0℃为冬季，大于22℃为夏季，10℃—22℃为春秋季。按这个标准，滇池流域基本无夏季，春秋季相连长达9—10个月，冬季2—3个月。属"短冬无夏、春秋相连"型气候。

**春　季（3—5月）**　3月开始至5月底，季平均气温16.5℃，候平均气温11℃—20℃。初春3月，升温较快。但时因北方冷空气南下侵入，而出现长达数日的"倒春寒"天气。

**夏　季（6—8月）**　6月开始，滇池流域除河谷地带少数年份有短暂的3—5日夏天外，其他地区基本上无夏天。

**秋　季（9—11月）**　9月开始，季平均气温15.0℃左右，候平均气温20.0℃；到11月末，候平均气温降至10.0℃以下。

**冬　季（12月至次年2月）**　12月开始至次年2月底。季平均气温8.5℃左右，候平均气温11.0℃—7.0℃。

**高温日数和低温日数**　日最高气温≥30℃日数是反映夏半年高温影响程度的一个重要指标。滇池流域日最高气温≥30℃基本都出现4月、5月、6月和7月，流域内大部分地区日最高气温≥30℃的年日数为0.5—7.0天，其中4月0—1.2天、5月0.5—3.5天、6月0—2.0天、7月0—0.5天。湖面所在坝区区域平均日最高气温大于30℃的天数仅2.1天。高温天数与海拔高度关系密切，一般海拔越低越容易出现高温。滇池流域各地海拔高度都在1800米以上，因此日最高气温≥30℃日数比国内东部地区和滇南较低海拔地带大幅度偏少。

日最低气温≤0℃日数是反映冬半年低温影响程度的一个重要指标。滇池流域地区日最低气温≤0℃日基本都出现在冬季的12月、1月、2月，秋季的11月和春季的3月流域内大部分地区最低气温≤0℃的年日数为5—25天，其中1月和12月都约为2—10天、2月0.5—5天、3月0.1—1.5天、11月0.1—1.0天。湖面所在坝区区域平均最低气温<0℃的天数为12.9天。最低气温的出现与地形和海拔高度密切相关。

**极端最高（低）气温**　滇池流域年极端最高气温出现在雨季开始前的5月中、下旬。极端最高气温昆明站为31.5℃（1958年5月31日），其他站点极端最高气温都在32.6℃以下。对大多数农作物无高温之害。极端最低气温出现在12月至次年2月。坝区极端最低气温为−7.8℃（昆明站1983年12月29日），高海拔山区达−9.0℃（太华山站海拔2358.3米，1975年12月15日），东部低洼坝区极端最低气温为−15.8℃（嵩明站1983年12月29日），为最低值，其他站点为−6.0℃−−7.0℃之间。

**积温**　≥0℃积温是表征一地总热量条件的指标。滇池流域大部分区域全年日平均气温都≥0℃，年≥0℃积温为5200℃·d—5700℃·d。≥10℃积温是度量喜温植物生长发育可利用总热量多少的重要指标，≥10℃天数是喜温作物的生长时期。滇池流域大部分区域年≥10℃天数为254—278天，年

≥10℃积温为4300℃·d—4700℃·d。从≥10℃积温指标判断，滇池流域大部分区域属北亚热带气候，少部分地域属于南温带气候。

**无霜期**　霜是秋、冬、春季气温下降到一定程度出现的天气现象。入冬前后第一次出现的霜叫初霜，春季最后一次霜叫终霜。无霜期是指一年中终霜后至初霜前的一整段时间，常用来表示喜温作物生长不受低温危害的生长季长短，是表征一地热量条件的重要指标之一。无霜期越长，作物可生长期也越长。滇池流域大部分地区无霜期为225—285天，无霜期初日多出现在11月上中旬，终日一般出现在次年2月下旬至3月中下旬。滇池所在坝区区域平均的无霜期为248天。

# 降　水

**年降水量空间分布**　滇池流域多年平均年降水量约1006.5毫米。其中，太华山站为1201.5毫米，为全区之冠；最小是呈贡站为789.6毫米。降水量的地区分布总的特点是由东向西、自南向北、从高海拔到偏低海拔呈递减之势。滇池流域的降水量受地形影响明显。一般在暖湿气流的迎风坡雨量多、背风坡雨量少，山地雨量多、坝区雨量少，河谷地区雨量最少。据实测资料：海拔每升高100米，年降水量增多30—80毫米。滇池沿岸和太华山的南坡，年降水量1000—1200毫米，而北坡安宁站年降水量仅865毫米。

**降水时间分布**　滇池流域属低纬高原季风气候，冬半年和夏半年控制本地的气团性质截然不同，有明显的干季、雨季之分，从而形成了降水季节变化大、年际变化相对较小的特点。干季（11月至次年4月）受大陆气团控制，昆明站降水量为116毫米，占全年的11.6%；雨季（5—10月）受西南暖湿气流影响，降水量为888毫米，占全年降水量的88.4%。

**春　季**　流域内各站降水量差别不大，一般在100—130毫米，占全年降水量的13.8%。3—4月期间，在较强的南支西风干暖气流控制下，空气干燥、风速大，少雨易旱，月降水量10—25毫米，有"春雨贵如油"之说。5月中下旬，从孟加拉湾进入的西南暖湿气流逐渐控制滇中地区，在高空切变引导地面冷空气南下侵入时，形成大雨或暴雨天气，雨季开始，降水量增加。

**夏　季**　是一年中降水最多的季节。因为高空干暖气流的南支西风气流消失，滇中地区在西南季风控制下，降水猛增，雨量集中。夏季累计雨量550—620毫米，占年降水量的58.7%。

**秋　季**　累计雨量250毫米左右，占年降水量的24.1%。9月以后，南支西风气流重新逐渐建立，10月为雨季向干季的过渡时期，北方冷空气逐步增强，降水逐步减少。

**冬　季**　是一年中降水最少的季节，累计降水量约40毫米，仅占年降水量的4.1%左右。冬季当北方寒潮南下，"昆明准静止峰"加强西进，滇池流域会出现降雨或降雪天气。

### 图1-3-2-3 滇池所在地坝区区域平均降水量逐月变化图

单位：毫米

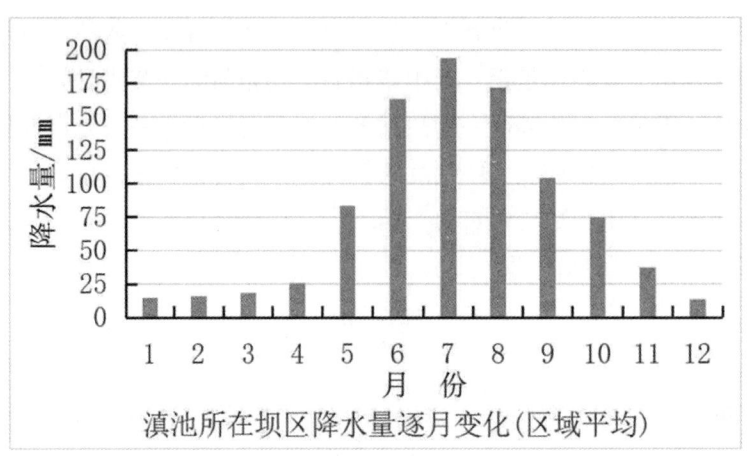

滇池所在坝区降水量逐月变化(区域平均)

### 滇池流域及周边站各月和年降水量一览表

表1-3-3

单位：毫米

| 站 名 | 1月 | 2月 | 3月 | 4月 | 5月 | 6月 | 7月 | 8月 | 9月 | 10月 | 11月 | 12月 | 全 年 |
|---|---|---|---|---|---|---|---|---|---|---|---|---|---|
| 昆 明 | 11.6 | 11.2 | 15.2 | 21.1 | 93.0 | 183.7 | 212.3 | 202.2 | 119.5 | 85.0 | 38.6 | 13.0 | 1006.5 |
| 太华山 | 15.1 | 12.6 | 15.9 | 23.6 | 101.7 | 203.0 | 241.6 | 263.7 | 149.0 | 108.3 | 50.3 | 16.7 | 1201.5 |
| 呈 贡 | 12.5 | 16.5 | 19.4 | 25.3 | 79.9 | 127.5 | 149.4 | 159.8 | 82.3 | 56.0 | 49.3 | 12.2 | 789.6 |
| 晋 宁 | 12.0 | 14.2 | 14.5 | 25.6 | 83.3 | 149.8 | 177.6 | 198.0 | 107.5 | 73.8 | 34.4 | 14.5 | 905.3 |
| 嵩 明 | 11.0 | 12.1 | 12.6 | 20.3 | 83.4 | 203.4 | 199.2 | 192.4 | 131.4 | 78.4 | 38.9 | 12.4 | 995.6 |
| 安 宁 | 10.3 | 9.5 | 12.8 | 23.2 | 74.3 | 145.4 | 188.3 | 192.5 | 98.6 | 76.1 | 36.5 | 11.8 | 879.2 |

　　滇池流域降水量年内变化属单峰型，峰值多在7月或8月，峰期月雨量200—250毫米。降水的日变化特点是夜雨多。昆明地区由于山地占90%以上，热力条件地理分布不均，容易产生局地对流和动力抬升。但因海拔较高，对流发展较慢，同时夜间气温较低，较白天有利于水汽凝结，所以夜雨较多。昆明站夜雨率达54%。

### 昆明站各月夜雨量占月降水量的比重一览表

表1-3-4

单位：%

| 月 份 | 1 | 2 | 3 | 4 | 5 | 6 | 7 | 8 | 9 | 10 | 11 | 12 | 全 年 |
|---|---|---|---|---|---|---|---|---|---|---|---|---|---|
| 比 重 | 54 | 61 | 42 | 55 | 60 | 48 | 50 | 56 | 55 | 49 | 47 | 75 | 54 |

　　**滇池流域降水年际变化**　昆明站1951—2015年中最多年降水量为1449.9毫米（1999年），最少年为565.8毫米（2009年），两者相差883.2毫米，最多年为最少年的2.56倍；历年平均降水量975.8毫米，年降水量平均年际波动幅度（标准差）达203.1毫米，年降水变率为20.8%。但与国内华南一些地区的年降水量年际变化相比，滇池流域降水量的年际波动相对较小。1919年以来，滇池流域年降雨量降水序列可划出6个干湿交替时段：1919—1926年为多雨期，1927—1937年为少雨期，1938—1949年为多雨

期，1950—1963年为少雨期，1964—1975年为多雨期，1976—1989年为少雨期，1990—1991年为多雨期，1992—1993为少雨期，1994—2008年为少雨期，2009—2013年为少雨期，2014—2015年开始进入多雨期。

图1-3-2-4　1951—2015年昆明站年降水量历年线性变化趋势图

单位：%

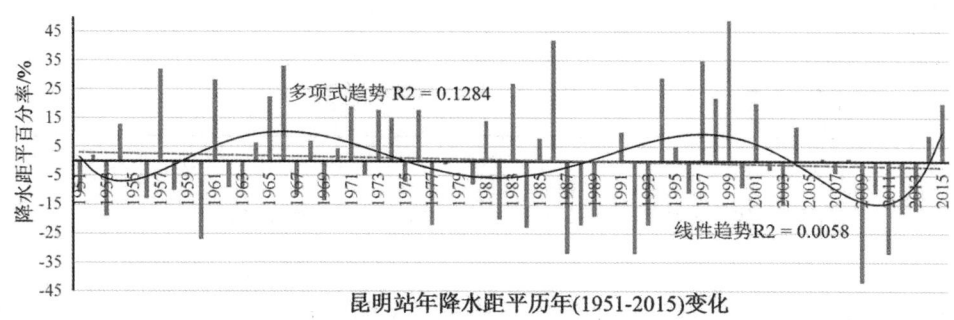

从上述年雨量年际变化可知，昆明站年降水量历年线性变化趋势不显著，但有显著的周期变化规律。2009—2013年，滇池流域出现极端严重的少雨干旱事件，其连续5年偏少和少雨幅度之大，都打破了滇池流域的气象记录，这与全球变暖引发气候变化异常密切相关。不过，2014年后，滇池流域又进入了年降水量多于历年平均的时期。

**降水日数**　降水日数（日降水量大于0.1毫米的天数）反映一年中降水的频次数和降水的时间分布，等级降水日数与洪涝、阴雨寡照等有关。滇池流域大部分地区年降水日数为120—136天，其中雨季降水日数占全年降水日数的74%—75.5%，夏季降水日数又占雨季降水日数的58%。昆明站年降水日数平均为134.6天，雨季雨日数112天，占年降水日数的83%，干季降水日数22.6天。

在各级降水日数中，小雨量级（日降水量小于10毫米）的年降水日数94—104天，占总降水日数的75.5%—79.3%；年中雨日数（日降水量10—24.9毫米）17.5—23.5天，占总降水日数的15.0%—17.3%；大雨（日降水量25毫米）及以上强降水的年降水日数6.8—9.2天，占总降水日数的5.7%—7.2%。各地降水日数与地形、坡向和海拔高度有关。

滇池所在坝区区域平均的年降水日数127天；其中小雨日数（日降水量小于10毫米）98.2天，占年降水日数的77.3%；中雨日数（日降水量大于等于10毫米且小于25毫米）20.6天，占年降水日数的16.2%；大雨及以上级别降水日数8.2天，占年降水日数的6.5%。

**图1-3-2-5　滇池所在坝区区域平均年降水日变化图**

单位：天

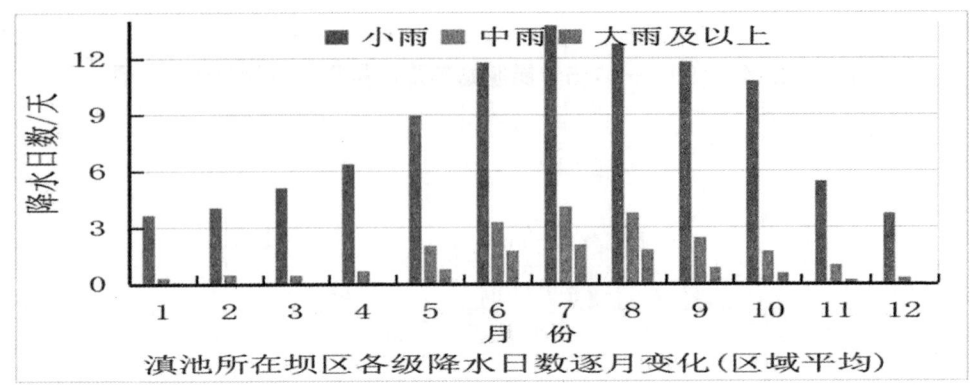

日降水量在50毫米以上为暴雨。昆明暴雨主要出现在5—10月雨季，一般每年1—2次，日最大降水量165.4毫米（1986年6月7日）。

昆明站年连续降水日数，最多年为25天（1971年7月27日—8月20日），太华山站为30天（1971年7月23日—8月21日），最少年仅5天（1975年1月10日—14日）。年最长连续无降水日数最多年为70天（1979年11月22日—1980年1月30日），最少年7天（1987年7月9日—15日）。

**雨季开始期和结束期**　由于滇池流域干、湿季节分明，干季长达6个月有余，季节性干旱常态化以及流域内生产生活需水量大，加之季风气候年际波动显著，雨季开始期和结束期备受社会各界的关注。滇池流域雨季开始期一般为5月中、下旬，历年平均为5月下旬第1候；最早出现在4月29日（1956年），最迟年出现在6月21日（1977年），两者相差达53天。雨季结束期一般出现在9月下旬至10月上中旬，历年平均为10月上旬；雨季结束最早年为8月28日（1963年），最迟年为11月3日（1965年），两者相差达67天。

## 湿　度

空气湿度是表征空气湿润度的重要指标，用绝对湿度和相对湿度两个指标表达。

**相对湿度**　日常应用中相对湿度最受关注，也是影响一地水分蒸发潜力和人们生活舒适度的重要指标。滇池流域各地年平均相对湿度为69%—74%，相对湿度年际变化不大，但季节性差异显著，雨季大，干季小。1—5月相对湿度明显较小，为53%—67%，尤以3—4月最小（53%—58%）；7—12月湿度明显较大，为73%—84%，尤以7—8月最大（80%—84%）。滇池湖面所在坝区区域年平均相对湿度为72%，其中7—10月各月平均相对湿度为80%—82%，以7月最大；2—4月各月平均相对湿度为56%—61%，以3月最小。

**图1-3-2-6 滇池所在坝区区域平均相对湿度变化情况图**

单位：%

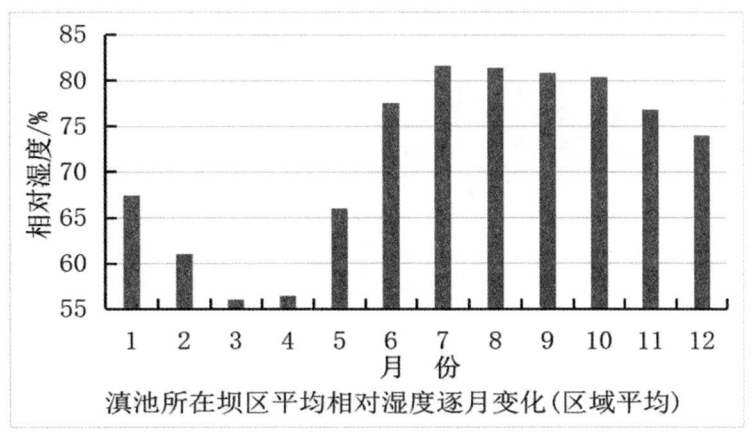

滇池所在坝区平均相对湿度逐月变化（区域平均）

昆明站历年年平均相对湿度为74%。相对湿度年内变化规律是：6—11月最大，为77%—84%，12月至次年5月最小，为58%—73%；年内最大时期是8月，月平均为84%，最小是3—4月，月平均为58%，最大、最小月平均相差26个百分点。年极端最小相对湿度为6%（1982年5月2日）。

**绝对湿度（水汽压）** 滇池流域年平均绝对湿度为12.4百帕。其地理分布特点是：随海拔升高而减小，即高海拔地区绝对湿度小，低海拔地区绝对湿度大。如太华山站海拔2358.3米，年平均绝对湿度为10.9百帕。绝对湿度年内变化规律是：干季小，雨季大。干季一般在6.7—10.1百帕，雨季在13.6—19.0百帕。月际变化是7月最大，月平均可达19.0百帕，月内最大值24.6百帕（1972年8月27日）；1月最小，仅6.7百帕，月内极小值只有2.4百帕（1979年1月7日）。

# 日 照

日照时数在相当程度上反映某地接收到的太阳辐射，是影响太阳直接辐射量的主要因素，它对温度（热量）、蒸发和气候湿润度有重要影响。一地年日照时的多少，与地理纬度、降水和云量等密切相关。滇池流域各地年日照时数为1950—2350小时，各地干季和5月月日照时数160—230小时，雨季6—10月日照时数110—150小时；各地3月日照时数最多，为238—272小时，9月日照时数最少，为100—139小时。滇池流域坝区区域平均的年日照时数2183小时，其中6—10月月日照时数122.7—147.1小时，1—5月和11—12月各月日照时数166.4—254.8小时；全年日照时数最多出现在4月，区域平均为254.8小时，最少出现在9月，区域平均为122.7小时。

### 图1-3-2-7　滇池所在坝区区域平均日照时数逐月变化图

单位：小时

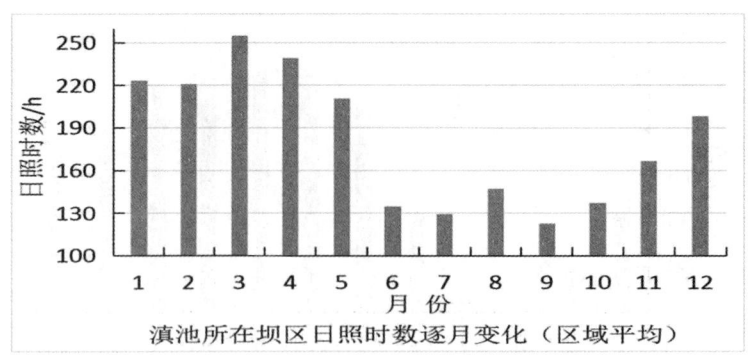

滇池所在坝区日照时数逐月变化（区域平均）

　　昆明站年日照时数在省内属高值区，历年日照时数在1950—2600小时，多年平均年日照时数在2206.2小时。滇池流域日照时数的年内变化特点是干季和雨季差异大。干季晴天多，日照充足，尤其2—4月，风高物燥，降雨特少，天空云量也很少，日照时间特别长。故干季各月日照时数多在190小时以上，有的年份一些月份平均每天日照时数可达10小时。昆明站历年平均干季日照时数1325.1小时，占年日照时数的60%。雨季因云雨天气多，日照时数减少，除5月外其余各月每天日照时数不足5小时。昆明站历年平均雨季日照时数880.6小时，仅占年日照时数的40%。日照百分率年内变化特点与日照时数年内变化特点相似。干季日照百分率较高，多年平均值在58%—73%；雨季较低，在37%—46%。昆明站多年平均年日照百分率为56%。

## 太阳辐射

　　太阳辐射即光能资源，是太阳直接辐射和天空散射辐射同时投射到地表水平面上之和。影响一地太阳总辐射的因素主要是纬度、云量和大气透明度等。滇池流域各地历年平均年总辐射为4897.5兆焦耳/平方米—5267.8兆焦耳/平方米，总辐射量春季最大，夏季次大，秋季最小；各月总辐射中，4月最大，11月最小。滇池所在坝区区域平均年总辐射5084.5兆焦耳/平方米，为全国太阳总辐射量较多的地区之一。其年内变化的特点是单峰型，即3—4月份是高峰值，4月总辐射580.7兆焦耳/平方米，为最大；5月开始下降，11月311.7兆焦耳/平方米，为最小；从次年12月开始又上升。

### 图1-3-2-8　滇池流域区域平均太阳辐射能量逐月变化图

单位：兆焦尔/平方米

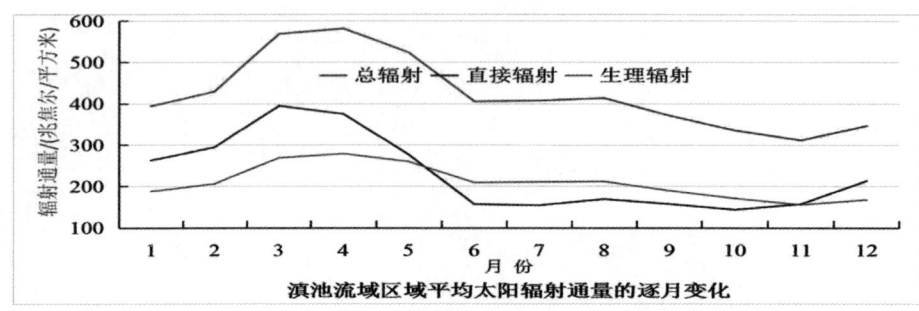

滇池流域区域平均太阳辐射通量的逐月变化

各季节总辐射平均月值中，春季最大，为557.3兆焦耳/平方米；夏季次大，为408.4兆焦耳/平方米；秋季最小，为339.3兆焦耳/平方米；冬季月总辐射389.8兆焦耳/平方米；干季月总辐射438.3兆焦耳/平方米，明显大于雨季月值409.1兆焦耳/平方米。

昆明站干季太阳总辐射量为2689.0兆焦耳/平方米，占全年总辐射量的52%，雨季太阳总辐射量为2477.0兆焦耳/平方米，占全年总辐射量的48%。昆明站太阳总辐射量的年际变化，20世纪50年代至60年代初，各年太阳总辐射量一般在5442兆焦耳/平方米左右；1970年代初降至5024兆焦耳/平方米，1971—1977年，各年均在5024兆焦耳/平方米以下；80年代后稍有增加，90年代为低谷期，21世纪后明显回升。

太阳辐射强度日变化大。一天内从日出至正午，辐射强度逐渐增大，从正午至日落又逐渐减小。一般在正午前后辐射强度达到最大。

**直接辐射** 直接辐射是指太阳辐射到达地表水平面上的太阳直接辐射通量。滇池流域各地年直接辐射量为2573.2兆焦耳/平方米—2974.9兆焦耳/平方米。受云雨时间分布的影响，直接辐射的季节分布与总辐射明显不同，其最大值仍出现在春季，但次大值出现在冬季，最小值出现在秋季。各月总辐射中，一般3月最大，10月最小。滇池所在坝区区域平均年直接辐射为2754.0兆焦耳/平方米，其中各季节直接辐射平均月值中，春季348.6兆焦耳/平方米为最大，冬季256.5兆焦耳/平方米为次大，秋季152.7兆焦耳/平方米为最小，夏季为160.1兆焦耳/平方米；干季月值282.7兆焦耳/平方米，明显大于雨季月值176.3兆焦耳/平方米；各月直接辐射中，3月394.6兆焦耳/平方米为最大，10月143.6兆焦耳/平方米为最小。

**生理辐射** 生理辐射对植物的光合作用、色素合成和光周期等生理过程中具有重要作用，波长在380—760毫微米范围内的太阳辐射通量。滇池流域各地年生理辐射2435.1兆焦耳/平方米—2587.9兆焦耳/平方米，各季节生理辐射比较，春季最大，夏季次大，秋季最小；干季生理辐射比雨季略大。滇池坝区区域平均年生理辐射2512.6兆焦耳/平方米，各季节平均月值中，春季268.9兆焦耳/平方米为最大，夏季210.4兆焦耳/平方米为次大，秋季172.0兆焦耳/平方米为最小，冬季187.1兆焦耳/平方米，干季平均月值210.7兆焦耳/平方米，略大于雨季月值208.5兆焦耳/平方米；各月生理辐射中，4月278.6兆焦耳/平方米为最大，11月155.7兆焦耳/平方米为最小。

# 风

滇池流域各地常年最多风向为西南风或西南偏南风或者是无风，少数区域部分时段盛行西风。

## 图1-3-2-9 滇池流域平均风速逐月变化图

单位：米/秒

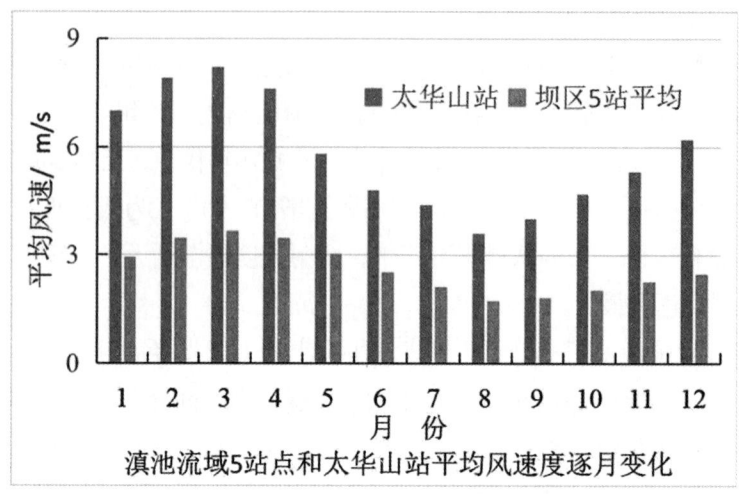

滇池流域5站点和太华山站平均风速度逐月变化

**滇池流域风速的季节性变化大，冬春季风速大，夏秋季风速小**　流域内大部分区域年平均风速为1.8—3.3米/秒，春季（2—4月）风速最大，月平均风速为2.4—4.3米/秒；冬季（12月和1—2月）次之，月平均风速为1.8—4.0米/秒；8—10月风速最小，月平均风速在1.4—2.5米/秒。滇池坝区区域平均的年平均风速为2.64米/秒，春季平均风速3.4米/秒，冬季平均风速3.0米/秒，夏季平均风速2.1米/秒，秋季为2.0米/秒。

滇池坝区区域雨季各月的平均风速，海拔高的山区在3.8米/秒以上，坝区一般在3.0米/秒以下。干季太华山站3月平均风速可达8.2米/秒，坝区在3.0—4.0米/秒之间。流域内月平均风速3月最大，为3.7米/秒；2月和4月次大，为3.5米/秒；8月最小，为1.7米/秒；9月次小，为1.8米/秒。

**滇池流域年平均风速随海拔高度增加而增大**　高海拔地带风速明显大于滇池坝区，高山顶部风速最大。比如，太华山站年平均风速为6.0米/秒，比昆明站大3.6米/秒。滇池流域各站点年平均风速为2.1—2.9米/秒。2200米高度风速是1900米高度风速的2.5倍，3000米高度风速是1900米高度风速的3.9倍。

### 昆明附近不同海拔高度年平均风速一览表

表1-3-5

| 海　拔（米） | 1692 | 1897 | 2000 | 2200 | 2358 | 2500 | 2800 | 3000 |
|---|---|---|---|---|---|---|---|---|
| 风　速（米/秒） | 2.1 | 2.4 | 4.2 | 6.0 | 5.9 | 7.1 | 8.6 | 9.4 |

滇池流域风速的年际变化幅度不大，一般在0.5—1.0米/秒。滇池流域风速日变化规律是：上午10时左右至夜间11时风速较大，尤其下午15—18时风速最大，达到最大值；后半夜至次日上午10时前风速较小，日出前后风速最小，甚至静风。

滇池流域地区地面风向受大气环流与地形条件的制约。在干季，受高空南支西风气流的影响，地面盛行偏西或西南风；雨季，受副热带高压西北侧西南暖湿气流影响，地面盛行西南风。昆明一年四季以西南风为主要风向。

滇池流域风的日变化明显，日间、午后风速略大，夜间、早晨常多静风。在全年风向频率中，静风频率达28%，西南风频率为18%。

**图1-3-2-10 昆明地区风向玫瑰图**

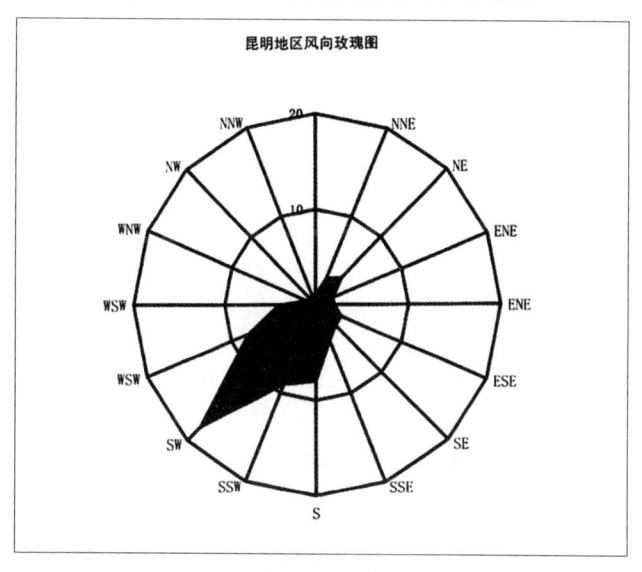

**昆明站多年平均全年风向频率表**

表1-3-6

| 风　向 | N | NNE | NF | FNE | E | ESE | SE | SSE | S | SSW | SW | WSW | W | NNW | NW | NNW | C |
|---|---|---|---|---|---|---|---|---|---|---|---|---|---|---|---|---|---|
| 频　率（%） | 1 | 3 | 4 | 2 | 2 | 3 | 3 | 4 | 8 | 9 | 18 | 8 | 4 | 1 | 1 | 1 | 28 |

滇池流域的大风主要由两种情况造成。一种是每年2—5月初的春季季节性的大风，多发生在白天，随着气温的升高，风速也逐渐增大；该时期每年会有5—6天大风天气（风速17米/秒）；另一类是强对流天气造成的大风，主要发生在4—9月，一般发生在午后到傍晚，时间比较短。

## 水面蒸发量

水面蒸发量是反映自然条件下一地潜在蒸发能力的重要指标，是自然水分平衡中的主要的支出分量。蒸发量的大小与气温、空气相对湿度、风速、太阳辐射和地温等因子关系密切。滇池流域大部分地区水面蒸发年值为1080—1230毫米，春季蒸发量最大，其次是夏季，秋季最小；各地春季月蒸发量130—150毫米，夏季月蒸发量95—115毫米，秋季月蒸发量60—80毫米，冬季月蒸发量55—75毫米。滇池所在坝区区域平均的水面蒸发量年值1154.1毫米，其中春季月蒸发量140.9毫米、夏季月蒸发量106.5毫米、秋季月蒸发量71.4毫米、冬季月蒸发量65.9毫米，并以4月蒸发量最大（149.0毫米），其次为5月（144.4毫米）和3月（129.3毫米），12月最小（51.7毫米），次小为11月（58.5毫米）。春季水面蒸发量为一年中最大的时期，原因是春季日照时数多、风速大，同时气温回升快，导致空气相对湿度小，从而有利于自然水分蒸发。

## 图1-3-2-11　滇池所在地坝区平均降水量和蒸发量月值图

单位：毫米

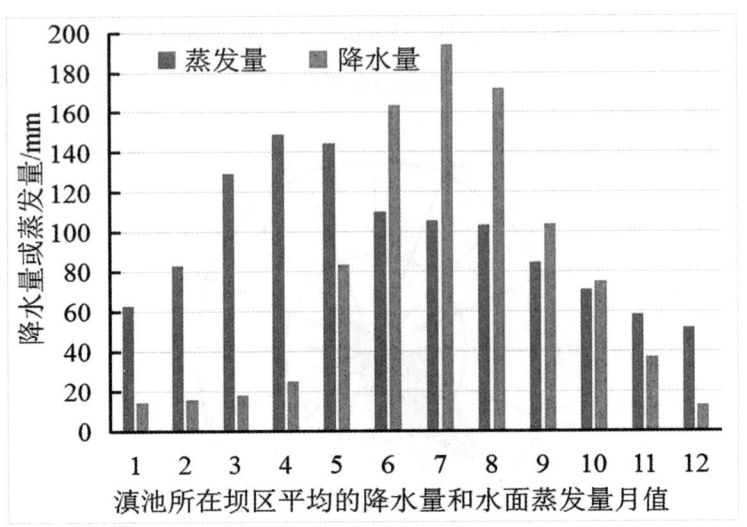

**滇池所在坝区平均的降水量和水面蒸发量月值**

### 地面温度

地面温度一般比当地气温明显偏高。滇池流域地面温度的空间分布与气温分布是一致的，即随海拔高度增高而递减，只不过在时间上有所滞后，变化幅度有所减小。比如，海拔高的太华山站年平均地面温度为14.7℃，昆明坝区为17.4℃；7月平均地面温度最高，太华山站19.3℃，昆明站23.2℃。年极端最高地面温度比年极端最高气温要高，其空间分布与极端最高气温分布大体一致，河谷、坝区数值大，高山、山区数值小。如太华山站为67.6℃，滇池沿岸有湖泊效应，数值稍小，一般在64℃—66℃之间。年极端最低地面温度比年极端最低气温要小，其空间分布与极端最低气温相似，即高海拔较低，河谷坝区较高。如太华山站年平均极端最低地面温度达-12.5℃，滇池所在坝区一般在-7.8℃—-9.3℃。

### 气　压

一般海平面气压为1000百帕左右。气压的地理分布特点是随海拔升高而降低。滇池流域海拔较高（1900米左右），坝区各站点年平均气压为808—815百帕，其中昆明站年平均气压为810.5百帕；太华山站海拔较高（2358.3米），年平均气压为765.7百帕。大体上海拔升高100米，年平均气压降低10百帕左右。气压的年内变化规律是夏季（5—8月）气压最低，昆明站平均气压为807.4—809.4百帕；冬季（12月至次年2月）气压最高，昆明站为811.7—814.2百帕，冬末春初（2—4月）介于两者之间，昆明站为811.3—810.0百帕。

### 天气现象

滇池流域出现的天气现象有降水、霜、降雪、积雪、大风、冰雹、雷暴、闪电、雾、雾凇、雨凇等。常见的天气现象是霜、雪、大风、冰雹、雾、雷暴和闪电，而雾凇、雨凇多出现在海拔较高的山区。霜、降雪、积雪、雨凇出现在冬季（12月至次年2月）；大风、冰雹、雾凇多发生在春季（3—5月），雷暴、闪电多出现在夏秋季（6—10月）。霜在坝区和低洼的山间盆地出现频率高，在高山、风口、峰顶和背风坡出现频率低。比如昆明、嵩明坝区，历年平均年霜日数分别为81.1天、57.1天；而海拔较高的太华山站，历年平均年霜日数为24.3天。降雪和积雪随海拔增高出现概率上升。如太华山站年平均降雪日数为5天、积雪2.5天，嵩明降雪年平均3.5天，积雪1.6天；而海拔较低的昆明、晋宁、呈贡等坝区历年平均年降雪日数为1.7—2.2天，积雪日数为0.7—1.0天。雾凇、雨凇在坝区出现的概率很少，在2300米以上的高寒山区出现概率较多。雾多出现在12月至次年1月，高山出现频次多于坝区。太华山站历年平均年雾日数157.1天，安宁站年雾日数54.3天，滇池沿岸及面积较大的坝区，年雾日数6.2—11.0天。

# 第三节　气候变化

在全球变暖的大背景下，1961—2015年滇池流域的年平均气温有明显变暖趋势，受到"城市热岛"效应影响很小的太华山站其年气温线性增长率为0.18℃/10a，稍高于同期云南区域平均的增温速率0.16℃/10a，略低于全国的增温速率0.23℃/10a。其中最低气温增温速率明显大于年平均气温和最高气温的升温速率。

滇池流域年平均气温在1960年代到1970年代偏低；在1980年代到1990年代中期，年平均气温基本稳定在平均值附近，年际振荡特征为主；1990年代中后期至2015年，年平均气温在振荡中持续升高，连续18年平均气温等于或高于气候平均值，并屡次改写平均气温极大值。2010年流域平均气温高达15.9℃，刷新了55年来的气温极大值；2014年平均气温仅略低于2010年。

1961—2015年，滇池流域不同季节的变暖幅度差别明显，平均气温雨季线性增温率0.14℃/10年，干季升温率为0.22℃/10年；春、夏、秋、冬四季的升温率也差别明显，冬季增暖的幅度远大于其他季节，秋季次之，春季增温幅度最小。年平均气温增加主要是由于冬季、秋季增暖的所致。

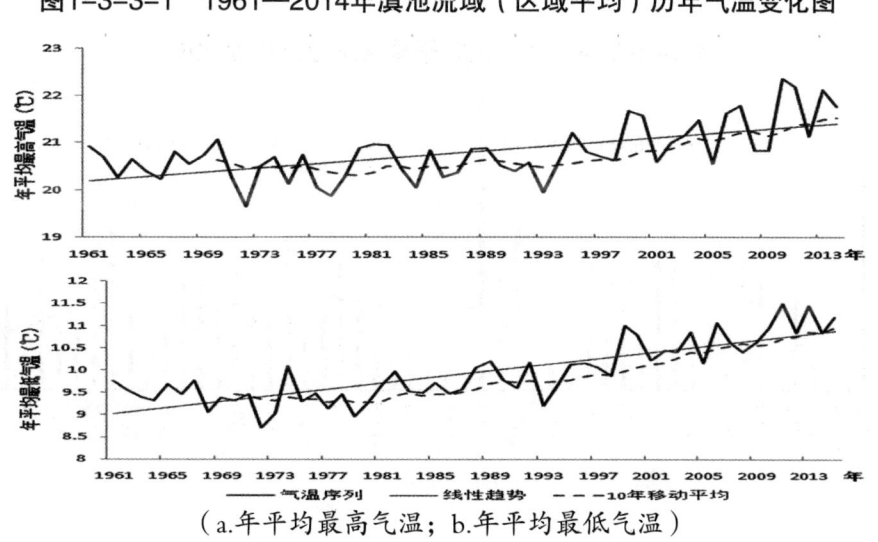

图1-3-3-1　1961—2014年滇池流域（区域平均）历年气温变化图

（a.年平均最高气温；b.年平均最低气温）

图1-3-3-2　太华山站干季、雨季和年平均气温变化图

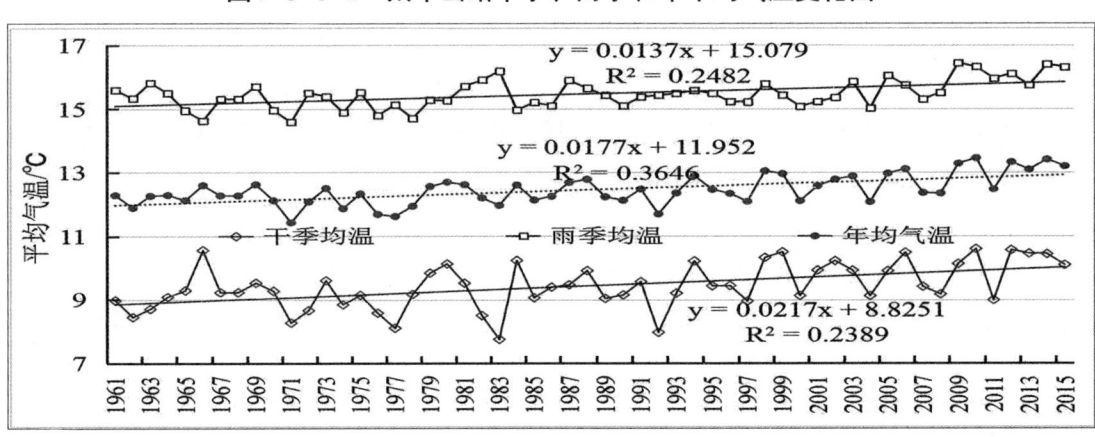

1961—2015年滇池流域区域平均的干季、雨季和年降水量变化趋势的倾向性都不明显，但有明显的周期性波动变化趋势，1980年和2009—2013年是年降水量的低谷期，1990年后期、1960年中期和1970年前期是典型偏多期。雨季降水量历年变化趋势与年降水量变化一致。干季降水量历年变化趋势也有周期性特点，但年际波动变化幅度更大。

图1-3-3-3　1961—2015年太华山站雨季和年降水量变化图

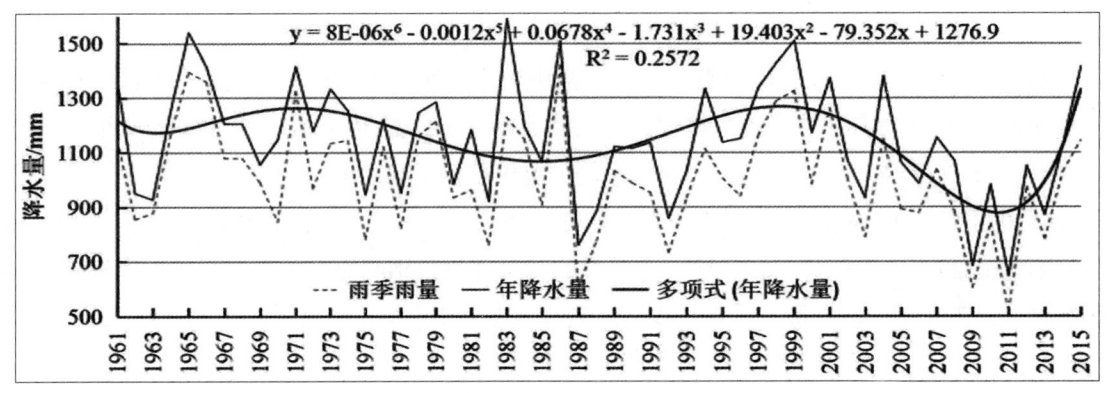

图1-3-3-4　太华山站干季降水量历年变化图

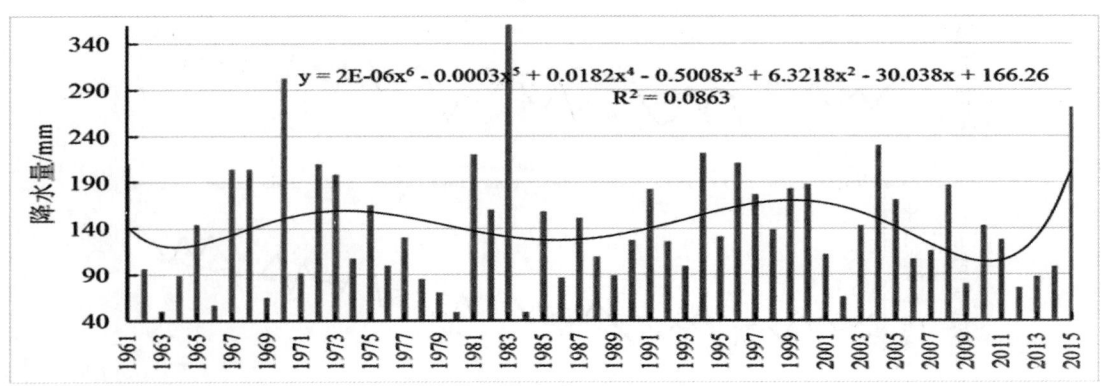

图1-3-3-5 太华山站干季、雨季和年日照时数变化图

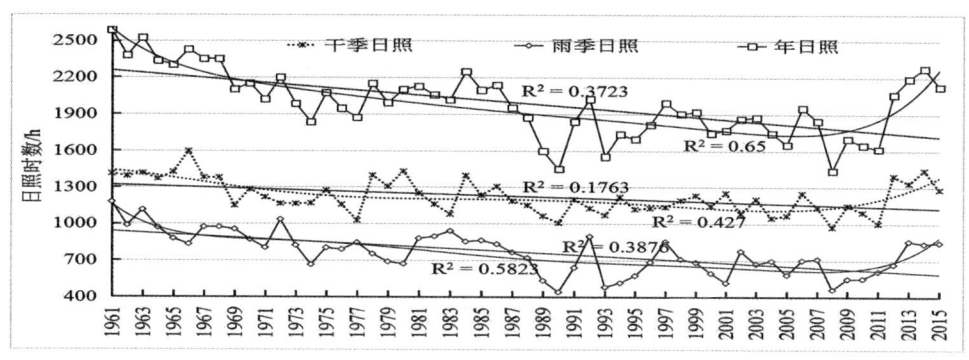

图1-3-3-6 太华山站年平均相对湿度的历年变化拟合图

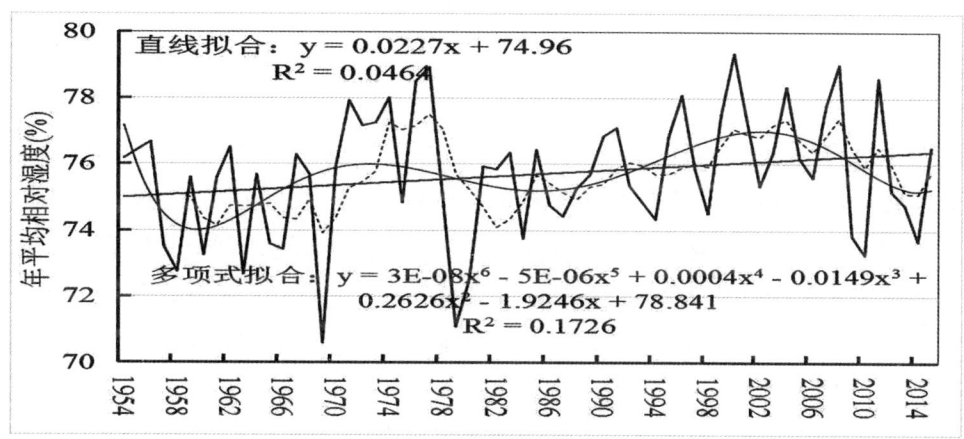

滇池流域历年日照时数有明显减少变化趋势和周期性变化趋势特点。1961—2015年年日照时数线性减少率达10.0小时/年，其中雨季日照减少率为6.4小时/年，干季日照减少率为3.6小时/年。不过自2012年开始，日照时数大于历年平均值，并且2013—2015年连续3年年日照时数大于历年平均值7%以上。

从滇池坝区站点的气候资料分析来看，1990年代中期以来滇池流域气候有暖干化趋势，进入21世纪以来云南气候干旱有所加剧。滇池流域干湿气候雨季有10—16年、6—8年和2—4年变化周期，干季以32年、16年和4—6年周期变化为主。该区域平均年降水量有26年、9—10年、4年和17年共4个变化主周期，其中26年和9—10年周期都较持续稳定。但是，根据太华山站资料分析，滇池流域1954—2015年年平均相对湿度没有显著的线性变化趋势，即不存在气候暖干化或变湿的变化趋势，而是周期性变化特点相当显著。鉴于太华山站几乎没有受到城镇化的影响，或许其分析结论更有可信度。

# 第四节　气候资源利用

## 作物与气候

**水　稻**　滇池流域主要粮食作物是一季稻。水稻各生长发育阶段对天气气候条件要求不同，农业生产管理上需要关注不同的农业气候问题。

**播种育秧期**　滇池流域3月中下旬一季稻播种，5月上旬移栽。育秧期最主要气候问题是一些年份有倒春寒天气，可能出现日平均气温低于10℃或最低气温低于5℃，连续阴雨3—5天，严重时可出现烂秧。

**移栽返青期**　滇池流域一季稻一般于5月上、中旬进入移栽返青期。这个时期流域各地平均气温17℃—19℃、光照条件好，都较有利水稻生产，水分保障条件是主要制约因素，确保在最佳节令移栽是当年水稻正常生长和产量形成的前提条件。

**分蘖至拔节期**　5月下旬至6月中旬是滇池流域一季水稻分蘖至拔节期，多数年份该时段流域各地平均气温大于19℃、光照条件较好，雨季也开始了，水分条件能满足水稻分蘖和幼穗分化要求。但一些年份雨季开始后多阴雨天气，某些时段最低气温可低于14℃—15℃，影响分蘖和幼穗分化，严重时可出现冷害。也会有少数年份雨季开始偏晚严重，出现干旱缺水，水分条件不能满足水稻需求。**抽穗开花期**　滇池流域一季水稻抽穗开花期出现在7月下旬至8月中旬。这个时段水稻需要气温较高、日照充足、水分有保证的气候条件。若出现日平均气温18℃以下或日最低气温14℃以下3天，有时伴有阴雨寡照5天以上，会引发水稻夏季低温冷害，造成空瘪率增加、减产，并易感染稻瘟病。历史上1974年、1986年、2002年滇池流域水稻都出现过严重夏季低温冷害。

**灌浆成熟期**　滇池流域出现在8月下旬至9月上中旬，该时段需要晴好为主的天气，每天日照5小时以上，日平均气温大于16℃，日较差较大，有利于灌浆和籽粒成熟。但一些年份该区域会出现阴雨寡照和低温天气，对灌浆成熟及收获有不利影响，需要加强田间水分管理和及时收晒。

**玉　米**　玉米是滇池流域主要旱地粮食作物。虽然玉米适应性较强，但其不同生长发育阶段天气气候的影响十分显著。

**播种出苗期**　主导滇池流域玉米播种期的主要气象条件不是气温而是水分因素。流域内4月上旬气温就达到14℃，适宜播种，但该适宜播种期只限于坝区有水源保证的地域，山区和半山区需要等待雨季开始前的透雨出现。4—5月的干旱缺水是该流域玉米生产的主要制约因素。山区半山区不少年份5月下旬才能播种出苗。

**七叶—拔节期**　滇池流域各地玉米于6月和7月上旬处于玉米营养生长后期，这个时段当地常年天气气候条件总体较好，主要气候问题是日照时数明显欠足，一些年份阴雨寡照天气突出，影响光合作用和干物质积累，若有低于17℃数天叠加影响，会造成抽雄延迟。拔节期是玉米的需水关键期，有少数年份出现因降水少、土壤缺墒，造成玉米空杆或缺粒而减产。

**抽雄吐丝期**　滇池流域玉米于7月下旬、8月上中旬抽雄吐丝，热量强度欠足、日照偏少是该时段主要气候问题，有时降水过多易致洪涝。若日平均气温连续3天低于18℃并伴有5天以上的阴雨天气，会造成夏季低温冷害而产量下降。

**乳熟成熟期** 滇池流域出现在8月中旬至9月下旬。这个时期流域内水分条件一般较好，但晴好日数偏少，气温偏低、日照时数明显不足，是限制当地产量水平的气候因素。阴雨寡照伴随平均气温16℃以下低温天气和多雨洪涝，是一些年份出现的不利天气气候条件，阴雨严重时还会影响收晒。

**烤　烟** 烤烟是滇池流域最主要的经济作物，烤烟生产是当地烟草支柱产业的基础。烤烟的生长发育、产量和品质与气候条件关系密切。

**育苗期** 滇池流域采用集中式大棚育苗，包括使用漂浮育苗等新技术。故育苗期烤烟生长与自然气候条件关系明显较小。一般2月至4月上旬为育苗期。

**移栽—伸根生长期** 一般4月上旬至5月上旬烤烟移栽，此时当地气温和光照条件好，但正值干旱缺水严重时期，需要多浇定根水、地膜覆盖等抗旱栽培。移栽后的还苗和伸根生长期要适时补浇水但要注意适量，过度灌水不利于根系生长壮大。

**团棵期** 一般5月下旬和6月上旬进入团棵期。此时滇池流域刚进入雨季不久，多数年份气温、日照和水分条件都较好。少数年份出现阴雨多雨寡照天气，要加强排水等水肥管理和病虫害防御。雨季偏晚年份会干旱严重，可致烟苗长势弱、根系生长不良，务必要定期浇水。

**旺盛生长期** 常年6月最迟晚至7月上旬为烤烟旺长期。这个时段烤烟要求水分多，且平均气温不低于18.5℃、日照平均每天4.5小时以上为宜；若干旱缺水对生长速度和产量影响大。日照5.5小时以上、平均气温大于21℃且不干旱缺水，有利于产量提高、烟叶化学成分协调和提高烟叶香气质及香气量。

**烟叶成熟采收期** 7月上旬至8月下旬是烟叶成熟期，期间烟农分批采收烟叶，也是烟叶品质形成的重要时期。优质烤烟生产要求成熟期平均气温大于19.0℃、日照时数5小时/天且无干旱危害。烟叶成熟期气温偏低、日照时数偏少同时雨水偏多，是滇池流域常年的烤烟气候条件，这一气候特点是烤烟"清香型"风格的主要成因。但是，阴雨寡照伴随低温影响、多雨洪涝是此时段当地烤烟气候的主要气候问题。气温偏高、日照充足有利于提高烟叶品质。

**小　麦** 小麦是滇池流域两大夏收作物之一，气候条件对小麦生产和产量影响显著。

**播种出苗期** 滇池流域10月下旬和11月上旬播种小麦。该时段平均气温为12.5℃—14.0℃，属略偏低水平，土壤湿度比较适宜；一般年份光照条件较好。主要不利气象条件是一些年份的秋季连阴雨天气，严重时若田间管理不善可致烂种而缺苗。

**三叶—分蘖期** 出现在11月中下旬至12月上旬，适宜生长的气候条件是气温11℃以上、田间持水量70%—75%的土壤湿度。常年此时段光照条件好，但气温偏低，一些年份秋旱或冬旱初显，影响分蘖速度和穗数；若有灌溉条件要适度，气温典型偏高和水分充足可致旺长分蘖过度。

**拔节孕穗期** 小麦于12月下旬至2月上旬拔节孕穗，这个时段较长并且易于受到强寒潮天气造成低温冻害，某些年份还出现雪灾。当最低气温低于−1.5℃时，幼穗分化会出现冻害。有些年份还出现明显的冬旱，造成成穗率降低、穗粒数减少。

**抽穗开花期** 滇池流域小麦于2月下旬和3月上旬抽穗开花。常年该时段平均气温适宜，光照条件好，但拔节孕穗至抽穗开花期的干旱缺水是制约小麦产量水平的主要因素，本发育期干旱导致不孕小穗大量增加。同时，一些年份这个时段易出现倒春寒天气，若出现平均气温低于12℃或最低气温0℃以下，会出现冷害或冻害，降低花粉活力。

**乳熟成熟期** 3月中下旬至4月中旬小麦处于灌浆乳熟期，4月中下旬进入黄熟和收获期。这两个生长发育期常年气温和光照条件适宜，但干旱缺水明显甚至严重，明显影响产量。生产管理上灌浆乳熟期适当灌溉并保持浅水或湿润可提高产量。

**蚕　豆**　滇池流域特别是坝区种植蚕豆作为夏收粮食作物。当地天气气候对蚕豆生长发育和产量影响显著。

**播种出苗期**　滇池流域于10月中下旬播种蚕豆，此时段多数年份光、温、水条件都比较适宜播种和出苗。但一些年份出现秋季连阴雨天气，加之正值雨季结束前后，可致土壤水分过多，易出现烂种缺苗。

**分枝生长期**　一般11月上中旬蚕豆进入分枝生长期。常年此时土壤水分条件尚好，光照充足，两者对蚕豆生长有利。但平均气温低至11℃—13℃，热量条件明显不利，蚕豆生长较缓慢。一些年份出现连阴雨天气且气温进一步偏低，是主要气候问题。

**现蕾开花期**　12月中下旬至1月下旬蚕豆处于该发育期。因正值强寒潮常发期，平均气温偏低，蚕豆生长发育缓慢，低温冻害和雪灾是该时期的主要不利气候因素，最低气温低于0℃就出现冷害或冻害。有些年份冬旱影响明显，也影响生长发育和产量。

**结荚和成熟期**　蚕豆一般在2月上旬至4月上旬结荚并形成产量，期间气温条件较好。一些年份2—3月仍有强寒潮低温天气，最低气温低于0℃时会出现冷害或冻害。干旱缺水明显偏重，是这个时期影响产量的主要气候问题，2—3月份适当灌溉并保持适当的土壤湿润度可显著提高产量。

## 旅游与气候

滇池流域四季如春，气候宜人，昆明因此被誉为"春城"。它是云南省的省会，全国著名的历史文化名城之一。这里自然条件优越，山水风光秀丽，名胜古迹众多，民族风情多姿多彩，是著名的旅游胜地。

昆明三面环山，南濒滇池，形成了湖光山色的天然环境。昆明位于东经103°40′，北纬26°22′，城市中心海拔高度1891米。属北亚热带气候。北部有乌蒙山等山脉天然屏障，抵御了冬季南下的寒流；南部受孟加拉湾等海洋季风温暖气流的影响，加之滇池湖面水体的调节，昆明全年温差较小，"冬不祁寒，夏不酷暑"。

**四季如春**　昆明一年四季如春，四季不分明，但却有明显的干、湿季节之分。每年5—10月雨季期间，由于受西南暖湿气流的影响，带来大量低云和降水，削弱了太阳辐射，雨水蒸发了不少热量，使昆明的夏季变得温和而不炎热。每年11月至翌年4月干季期间，昆明受干暖气流影响，云量少，晴天多，地面接收到大量太阳辐射，气温升高；加之滇西北、滇东、滇东北高原上的山脉，阻挡了相当多北方冷空气的南下，使得昆明冬季的寒潮少、冷空气变弱，降温不剧烈，冬天变得凉爽而不寒冷。

昆明的年平均气温为14.7℃，常年气温保持在8℃—20℃之间。最冷的1月，平均气温也在8.0℃以上，比北京初春3月平均气温4.6℃还高3℃左右，与具有海洋性气候特点的上海3月平均气温8.4℃基本相当。昆明夏季最热月7月平均气温为20.0℃，与北京、上海晚春5月的20.5℃、19.1℃不相上下。每年最热的时段，即雨季来临之前（5月中下旬）的10天，昆明日平均最高气温也只有26℃。按照历年各时段平均气温统计，昆明从2月下旬至11月中旬，各旬平均气温都大于10℃，最高旬平均气温仅20.2℃（6月下旬和7月上旬）。

**冬季的避寒之地**　昆明的冬天，常常万里无云，阳光灿烂，百花争艳，一派生机。与北国的严冬，北风呼啸，"千里冰封，万里雪飘"形成鲜明的对比。

昆明的冬季（12月至次年2月）平均气温为9.0℃，平均最高气温为16.3℃；平均最低气温平均为2.6℃。根据历年的气象资料，昆明冬季的极端最高气温为24.5℃左右；极端最低气温为-7.8℃（1983年12月29日）。

在冬季，昆明一天内的气温变化特点是：日出后气温上升很快。从早晨8点到下午14点，气温上升10℃多。日落后降温较慢，从夜间0点到早晨8点，气温只降低4℃—5℃。通常人们活动时间在清晨8点到午夜12点。昆明的这段时间人体感觉比较舒适，一般人穿毛衣即可。冬季很少有穿棉衣的时候。

昆明冬天的另一个特点是光照充足。冬季平均每天日照时数为6.8小时，是全国同期日照时数最多的地区之一，为全国旅游名胜区之冠。与同期桂林的3小时和上海的4.6小时日照相比，昆明的阳光相当充足。

### 11月至次年4月昆明、桂林、上海平均每天日照时数一览表

表1-3-7                                                     单位：℃

| 地 点 | 11月 | 12月 | 1月 | 2月 | 3月 | 4月 | 平 均 |
|---|---|---|---|---|---|---|---|
| 昆 明 | 7.1 | 7.2 | 7.4 | 6.2 | 9.0 | 9.3 | 7.7 |
| 桂 林 | 4.9 | 3.9 | 2.8 | 2.2 | 2.2 | 3.0 | 3.2 |
| 上 海 | 5.0 | 4.6 | 4.7 | 4.4 | 4.5 | 5.1 | 4.7 |

**夏季的避暑胜地** 夏季昆明正值雨季主汛期，月平均气温在19.2℃—20.1℃之间，期间历年极端最高气温为31.5℃。而全国广大地区夏季月平均气温都在23℃—28℃，极端最高气温常高达35℃—40℃。由于海拔较高、降水和滇池湖水的调节，人们在盛夏季节来昆明，确感凉爽如秋，好像进入了一个具有"天然"空调设备的消暑胜地，让人心旷神怡。

### 5—10月昆明月平均气温与北京、上海等地比较一览表

表1-3-8                                                     单位：℃

| 城 市 | 5月 | 6月 | 7月 | 8月 | 9月 | 10月 |
|---|---|---|---|---|---|---|
| 昆 明 | 19.2 | 19.9 | 19.9 | 19.7 | 18.0 | 15.7 |
| 北 京 | 20.5 | 24.3 | 26.1 | 24.8 | 19.4 | 12.4 |
| 上 海 | 19.1 | 23.0 | 27.8 | 28.1 | 24.1 | 18.1 |
| 桂 林 | 23.8 | 25.8 | 28.3 | 27.9 | 25.8 | 20.7 |
| 青 岛 | 16.9 | 20.8 | 24.8 | 25.6 | 20.4 | 14.5 |
| 广 州 | 25.8 | 27.1 | 28.3 | 28.2 | 27.0 | 23.8 |

### 5—10月昆明月极端最高气温与国内主要城市比较一览表

表1-3-9 单位：℃

| 城　市 | 5月 | 6月 | 7月 | 8月 | 9月 | 10月 |
|---|---|---|---|---|---|---|
| 昆　明 | 31.5 | 31.3 | 28.8 | 29.7 | 28.4 | 26.3 |
| 北　京 | 38.3 | 40.6 | 39.6 | 38.3 | 32.3 | 29.8 |
| 上　海 | 35.5 | 36.9 | 38.3 | 38.9 | 37.3 | 31.3 |
| 桂　林 | 35.0 | 37.4 | 38.3 | 39.0 | 38.5 | 35.2 |
| 青　岛 | 33.9 | 34.2 | 36.6 | 36.9 | 32.9 | 30.0 |
| 广　州 | 36.0 | 36.6 | 37.5 | 38.7 | 37.6 | 33.6 |

**独具特色的低纬高原气候**　由于纬度低，海拔较高，大气环流季节性影响不同，加之高原山地的地理环境特点，昆明气候条件独具特色。

**一天小四季**　昆明气候的另一个特点是气温日较差大，最大可达24℃，造成冬春季常常一天之中出现四季的气温，即凌晨气温10℃以下，有点冷，如冬天；上午10点后变暖如春天；午后气温可至22℃，较热如夏天；傍晚凉爽至15℃，如秋天。其气温日变化大的原因是昆明地处低纬高原，夜间天晴地面长波辐射强，导致降温快；其次昆明是盆地，四周有高山，夜间山上海拔高、降温快，冷空气顺着山坡下沉易堆积于盆地上，加上高原空气稀薄，太阳辐射穿过大气层到达地面过程中散射、反射和吸收很小，造成日间晴天气温上升较快，而晚间晴天地面长波辐射受到云层、空气反射和阻隔小，从而导致日夜温差加大。如：1979年2月20日，天气晴，午后气温为22.4℃，到了凌晨却降到1.9℃，昼夜温差达20.5℃。

昆明一天小四季的气候特点，加之冬春季阳光充足，造成冬春季中午和下午气温相对较高，提高了人体舒适度，而后半夜较冷时段人们在室内睡眠，并无寒冷之感。

**一雨成冬**　昆明高空接受到的太阳光能季节性差异并不太大，但受云雨的影响，地面上实际得到的太阳辐射季节性差别相当大。阴雨天，太阳辐射相当部分被云所遮，造成地面气温降低。晴天太阳辐射强，气温就迅速上升。1979年5月14日，天气晴，日平均气温23.9℃，极端最高气温为29.8℃；同月17日天气转为雨天，日平均气温为12.4℃，比14日下降了11.5℃。人的感觉是14日穿单衣还嫌热，可是事隔3天穿上毛衣还觉冷，有如初冬。这就是昆明地区特有的"一雨便成冬"现象。或者说阴雨天冷，晴天则暖，这是昆明一年四季皆有的现象。

一雨成冬的气候特点，是昆明夏天极少有高温出现的原因之一，因此夏季让人有春天气温舒适度之感。同时，冬春季一雨成冬虽让人感受到冬冷，但也因此增加了空气的相对湿度，减轻了长时段气候干燥对人体的不利影响。

## 花卉与气候

花卉种植与气候条件有着密切的关系。在气象条件的诸多要素中，温度、光照、光质、水分等尤为重要。

昆明是"植物王国"云南的省会。由于海拔高、纬度低，气候类型属北亚热带半湿润区，冬暖夏凉、气温季节性差别小，且太阳辐射强、雨量适中，昆明因此四季常青，鲜花盛开。在历史上昆明有"南疆花都"之称。滇池流域山茶的栽培始于隋唐，宋渐多，诗人杨万里赞曰："春早横遭桃李妒，岁寒不受雪霜侵。"元明已盛，诗僧担当描绘："冷艳争春喜灿然，山茶按谱甲于滇；树头万朵齐吞火，残雪烧红半个天。"到清代，山茶与红梅、紫薇并称"三花鼎甲"。山茶又与杜鹃、迎春、玉兰、兰花合称五大名花。花卉生产也较早。在清代，"石虎关（今关上一带）民争种菊，人肩车载而入于市"。菜海（今翠湖）边多花院子，各花具备，供予衙门及公馆。

昆明气候温和、无霜期长，冬无严寒，夏无酷暑，是国内寒潮危害较轻的地区之一。一年四季都可以种植花卉，可实行周年生产。由于气候条件好，冬季无需加温设备；夏季气温不高且夜间气温偏低，有利于花期延长，无需降温设备。故生产成本相对较低，可以做到少投入多产出。如呈贡区斗南社区用大田、大棚生产花卉，经济效益较高。

昆明积温相对较少，冬春气温较高、夏秋气温偏低，日较差大，很多球根花卉不易退化。又因海拔相对较高，阳光充足，光质好，紫外线强，植物花色格外鲜艳。茶花红似火，木兰白如玉。

昆明属于中高海拔区域，冬季温度较高，从高海拔和中低海拔植物引种，均易成功。尤其从高海拔地区引种，远较平原地区引种便于成功。如龙胆、绿绒蒿主要分布在滇西北高原，引种昆明以后，已入昆明八大名花之列。

昆明地区气候条件优越，花卉资源丰富。从1960年开始，在温室中栽培生产许多花卉品种，1980年代后期开始规模种植生产，国内外众多花卉公司落户昆明，花卉产业发展很快，成为昆明市新的优势产业。

## 景观与气候

滇池流域"一山分四季，十里不同天"。山麓、河谷地带气候暖热，雨量较少；山腰和坝区气候温和，降水较多；山顶气候偏冷，雨水多。从山麓到山顶有几种不同的气候类型，对应有不同的植被类型和自然景观，"立体气候—立体景观"相当明显。

立体气候造就植被的垂直分布。以昆明北部为例，海拔1600—2500米之间是常绿阔叶林、针阔混交林植被，林下生长有大白杜鹃、锈叶杜鹃、碎米花杜鹃等灌木。在海拔2600米以上地带是针叶林植被（典型的是急尖长苞冷杉林），林下生产有大白杜鹃、大叶杜鹃、锈叶杜鹃等灌木。白、黄、红、紫等不同颜色不同品种的杜鹃花，从低海拔到高海拔次第开放，起自元旦春节，一直开到端午节。

立体气候，形成立体景观。如在二三月，滇池流域昆明坝区早已蓝天白云、百花争艳，中山、丘陵也渐山花烂漫，而在海拔2300多米的太华山顶，常可见雾气缭绕，有时可见雪花飘零。

# 第五节　气象工作

滇池流域的气象工作，如果包括气象灾害的记载，可上溯到西汉始元六年（前81），其后历代都有气象灾害记录，明、清时期尤详，留下了大量有关昆明水、旱、低温、霜冻、风、雪、雹等气象灾害史料。近代气象工作始于1901年7月，是上海徐家汇气象台在云南府设立的临时测候所。1906年法国传教士普林在昆明自设气象测候所。1907年法国为建滇越铁路成立了云南府测候所，并于1918年在昆明宜良建立雨量站。1915年云南省立甲种农业学校兼设试测气象专业，1920年建气象观测所。1927年，陈一得在昆明市钱局街53号自己的住所创办"一得私立测候所"。1936年6月1日，经省政府批准，在太华山建立"省立昆明气象测候所"，陈一得任所长。同一时期，空军气象台在昆明巫家坝飞机场建立。

1950年3月，昆明军事管制委员会接管巫家坝机场气象大队，改为军区航空气象站和气象台。1952年6月，云南省军区司令部成立气象科，负责全省13个气象台站的管理工作。1954年云南省气象局成立。1958年，昆明市气象中心成立，负责管理昆明市属气象站工作。1960年，昆明市气象中心改为市农林局气象科。1963年8月，市农林局气象科撤销，市属气象站统一由云南省气象局管理。1984年，省气象局下设昆明市气象处，管辖市辖各县气象站。1990年，昆明市气象处改为昆明市气象局，下属各县气象站改为相应的县气象局。昆明市气象局内设办公室、业务科、服务科、政工科，下辖昆明气象站、气象台、太华山气象站、昆明农业气象试验站及安宁、富民、晋宁、呈贡等县区气象局。

## 气象观测

滇池流域有地面气象观测、高空探测和雷达探测、日射观测、农业气象观测4类气象观测项目。

**地面气象观测**　1901年7月至1903年底，上海徐家汇气象台在昆明设置临时测候所，进行雨量、气温观测。1906年法国传教士在昆明自设气象观测所，测候6年。1918年，法国在昆明、宜良建立测候所、雨量站，简易测量降水等要素。1920—1923年，中央气象台张祖荫、陈保仁在云南省立甲种农业学校建立气象观测所，测候3年。1927年7月至1936年6月，陈一得、陈秉仁在昆明市钱局街53号自家住所创办的"一得私立测候所"，进行了比较完整、系统、规范的地面气象观测。陈一得任所长的太华山气象观测所，观测项目有气压、气温（最高、最低）、地温、草温、雨量、蒸发、日照、云量、云状、风向、风速和天气现象（霜、雪、积雪、雾、露、雷暴、雾凇、雨凇、雨日等）；每日定时编发电报，交云南广播电台；出版《气象月报》《气象季报》《云南气象谚语》，发表《水灾与天气》《云南气象要素之分布》等论文。

1951年1月1日，云南省军区司令部在昆明西坝建立"昆明气象站"，开始观测气压、气温、湿度、降水、日照、风向风速、云状、云量、云高、蒸发、能见度、地温（5厘米、10厘米、20厘米、30厘米、0.5米、1.2米）、最高最低温度、最低草温、天气现象，观测时间为6时、14时、21时。1952年3月1日，昆明机场气象站（巫家坝）成立。1956年1月1日晋宁气象站成立。1958年，宜良、安宁、富民、呈贡、嵩明、禄劝、路南（今石林）等县气象站相继建成。观测仪器有气压用水银气压表人工测量，空盒气压计自动记录；气温用水银温度表和双金属温度计自动记录；降水用雨量器和虹吸式雨量计；湿度用干湿球温度表人工测量，毛发湿度计自动记录；风向风速在1971年前用苏式维尔达测风仪观测，1971年后用EL型电接风速仪自动记录风向风速；日照用暗筒式日照计；蒸发用小型蒸发皿（20厘米口径）观测；云状、云量、能见度、天气现象由观测员目测。2010年始与全国气象部门同步，逐步安装并使用自动气象站观测气温、气压、日照、降水、空气湿度、风向风速等大部分人工观测项目，2012年实现地面气象的自动观测和实时上传、资料汇总和观测记录的报表审核一体化，地面气观测进入全面自动化时代。

**高空和雷达探测**　1954年3月1日开始在昆明气象台用美式经纬仪探测百米至高空20千米左右的风速风向，用芬式无线电探空仪探测高空的气压、气温和湿度。1959年1月1日改用梳状芬式"四九"型探空仪，1966年改为910雷达测风，1969年1月1日改为"五九"型探空仪观测，1975年改为701雷达测风。探空仪由氢气球携带，能够从地面至高空30千米内自动发回不同高度上的气压、气温、湿度等气象要素数据。同时，利用701测风雷达测定计算出不同高度上的风向风速，以了解高空气流的变化。1984年，太华山气象站开始昆明地区713测雨雷达的监测。后来，新一代多普勒天气雷达在昆明棋盘山安装并投入观测和预报应用。

**日射观测**　1959年1月1日，根据云南省气象局通知，在昆明气象站增加地面日射观测，观测项目有总辐射、直接辐射、天空辐射、反射辐射和反射率；观测时间是6：30、9：30、12：30、15：30、18：30，每日最多次数从6：30—18：30共13次；最少观测次数从7：35—16：35共10次。1967年9月1日停止地面辐射表记录（仪器报废），改为遥测自动记录。

**农业气象观测**　滇池流域最早的农业气象观测于1954年在昆明大普吉气象站进行。由云南省试验农场的农业科学研究试验站进行水稻、小麦的物候观测。1959年，云南省气象局在昆明北郊桃园村成立昆明农业气象试验站，按照中央气象局"农业气象观测规范"，先后开展了水稻、玉米、小麦、油菜、蚕豆、果树的大田物候观测和农田土壤湿度、田间蒸发量的测定，并开展水稻、玉米、小麦、蚕豆等主要农作物的农业气象指标、高产农业气象条件、光能利用和引种育种的气候条件鉴定等农业气象试验研究。1979年，根据云南省气象局通知，晋宁、呈贡等县气象站进行水稻、小麦、油菜、蚕豆和果树的物候、生育状况观测。

## 天气预报

1954年以前，昆明的天气预报都用于军事部门，由中国人民解放军昆明航空站制作天气预报。1954—1958年，按照中央气象局有关规定，市、县气象台站不制作天气预报，由省气象台统一制作，通过广播电台和《云南日报》定时发布。1959年以后，市、县气象部门逐步开展各项天气预报工作。

**长期天气预报/气候预测**　指月、季、年时段的气候趋势预报，1990年代中期及以前称为长期天气预报，以后改称气候预测。60年代初，由省气象台负责发布昆明地区的长期预报。1984年4月昆明市气象处成立后，由气象处服务科制作，供市政府和有关部门使用。1990年由省气象台长期科与州市气象台共同会商发布气候预测报告。2010年中期开始，州市级气象部门不再承担气候预测工作，由云南省气候中心制作和发布全省范围的气候预测报告。

**中期天气预报**　指3—10天的降水、气温及主要天气过程预报。1964年以前，昆明市属各县气象站传递省气象台的预报。1965年，昆明地区组织预报改革会战，在总结以往经验的基础上，逐步建立本站的预报工具，增加了单站中、长期天气预报项目。20世纪80—90年代，省气象台和市气象台都做中期天气预报，省级预报产品是市气象台预报的重要参考。2000年后，随着数值天气预报的应用和走向成熟，各级气象台不再专门设立中期预报科或专职中期预报员，中期天气预报参照国内外数值预报产品向政府和社会发布滚动的中、短期结合的天气预报。

**短期天气预报**　指1—3天的天气预报。1959年在昆明召开全国单站补充预报会议后，市属各县气象站学习云南省镇雄县单站补充预报方法，建立自己的预报工具，调查总结群众经验，并收听省气象台的大范围天气系统分析，结合本地实际，制作当地的短期天气预报。1984年，太华山713雷达改装后，省气象台除提供、传输雷达监测图像外，同时提供大雨、暴雨、冰雹的监测动向信息，为市、县气象站提供大范围的云层变化信息，使短期预报的准确性有了进一步提高。

**短时临近天气预报** 短时天气预报指3—6小时内的天气预报，临近预报是针对3小时以内的天气预报。这两种预报都是针对局地性、小范围、强天气及灾害性天气的预报。1987年昆明太华山测雨雷达站正式对外广播，各县（区）增加气象雷达警报接收机，直接接收太华山测雨雷达站3小时1次的雷达回波实况和天气预报，它的监测可以覆盖方圆100千米范围。进入2000年代后，随着新一代多普勒天气雷达的安装使用和多个雷达的拼网监测，昆明市的短时临近天气预报水平得到明显的提高。

## 人工影响局部天气

**人工降雨/人工增雨** 2000年以前名为人工降雨，后称为人工增雨。滇池流域最早的人工降雨作业是在1959年7—8月间，由省政府人工降雨办公室组织，气象部门参加实施。当时用飞机播撒盐粉催化浓积云降雨，实际飞行2天，计4架次，取得一定效果。

1974年6月，由昆明市革委会人工降雨指挥部组织，气象、城建、水利和武装部等部门协同在昆明北郊松华坝水库上游阿子营一带实施人工降雨作业。由民兵用高炮发射碘化银炮弹催化浓积云降雨，效果明显。1987年后，在市人民政府人工降雨办公室统一领导下，市气象、水利、民航协同在滇池流域松华坝水库上游和旱情较重的县（区）开展大规模的人工增雨作业。此后，市属各县陆续开展以降低森林火险等级、增加库塘蓄水为主要目的人工增雨作业。1999年，为确保5月举办的世界园艺博览会开幕式的顺利圆满，由省气象局组织较大范围的人工消雨作业，取得成功。2011年后，省气象局组织在滇池流域主供水水库周围开展"常态化人工增雨"作业，都有一定的效果。2015年，滇池流域及周边共建成51个人工增雨作业点，其中常态化人工增雨作业点36个，主要开展以增加库塘蓄水、降低森林火险等级、改善土壤墒情等为主要目的人工增雨作业。

**人工防雹** 昆明市的人工防雹工作于1999年起步。2001年在板桥等地山头上扩大人工防雹范围。此后，开展人工防雹作业进入常年化，主要是在7—8月烤烟烟叶成熟期为防御冰雹灾害造成损失。2015年，滇池流域及周边地区共设置人工防雹点63个，进行防雹作业1738点次。

**人工防霜** 12月至次年1月是滇池流域常年气温最低的时段，期间当出现强寒潮冷空气过程时，会出现几天至十几天的低温天气，常伴随霜冻害。昆明站历年典型的强低温天气有：1961—1963年、1991年12月28日（最低气温-3.4℃），1993年1月30日（最低气温-2.7℃），1999年1月12日（最低气温-2.4℃），1999年12月25日（最低气温-2.4℃），2012年12月30日（最低气温-2.3℃），2013年12月19日最低气温（-3.6℃），2016年1月24日（最低气温-4.5℃）。气象部门对霜冻的成因和规律进行了很多研究，并总结了一些预测和化学烟雾法、灌水法等预防措施，取得了一定成效。

# 第四章 森林植被

## 第一节 主要特征

滇池流域顶极植物群落（或称地带性植被）是典型的亚热带西部半湿润常绿阔叶林类型，其代表性森林植物群落有滇青冈林、高山栲林和元江栲林等。由于流域人口众多，以及受长期的农业活动及樵柴放牧和滇池源头人们"吃穿住靠砍树"的人为影响，流域的原生态植被已寥寥无几，现状植被大都是次生植被类型，稀树灌草丛和云南松林的面积最大。

滇池流域常绿阔叶林优势树种是滇青冈、高山栲、元江栲、滇白栎、黄毛青冈、光叶石栎等，伴生有少量的樟科、木兰科等植物。森林群落的乔木层除了常绿阔叶树种外，往往混生有滇油杉、云南松等常绿针叶树种以及落叶阔叶树种。森林的旱生性特点，树干往往多弯曲，树皮厚而色深，叶形较小，革质化程度大。组成植被的植物区系成分以北温带和泛热带分布类型为主，占61%。植被类型有云南松林、华山松林、冲天柏林、滇油杉林、元江栲、滇石栎林、滇青冈、化香树林、马缨花、野八角林、旱冬瓜林、栎类萌生灌丛、南烛、多花杭子梢、野把子灌丛、小叶六道木、臭荚蒾、竹叶椒灌丛，铁仔、金花小檗灌丛、棠梨、火把果灌丛，地盘松灌丛，含有云南松的稀树灌草丛、水生植被等。

滇池流域植被类型图是该流域第一幅中比例尺的植被图件，运用卫星照片，参照1986—1988年的森林和植被等方面的图件，抽点核查编制而成，编制有18个图例类型，可提供流域的生态环境、水土流失等综合分析时应用。

图1-4-1-1　1988年滇池流域森林分布图（云南省遥感技术应用学会　提供）

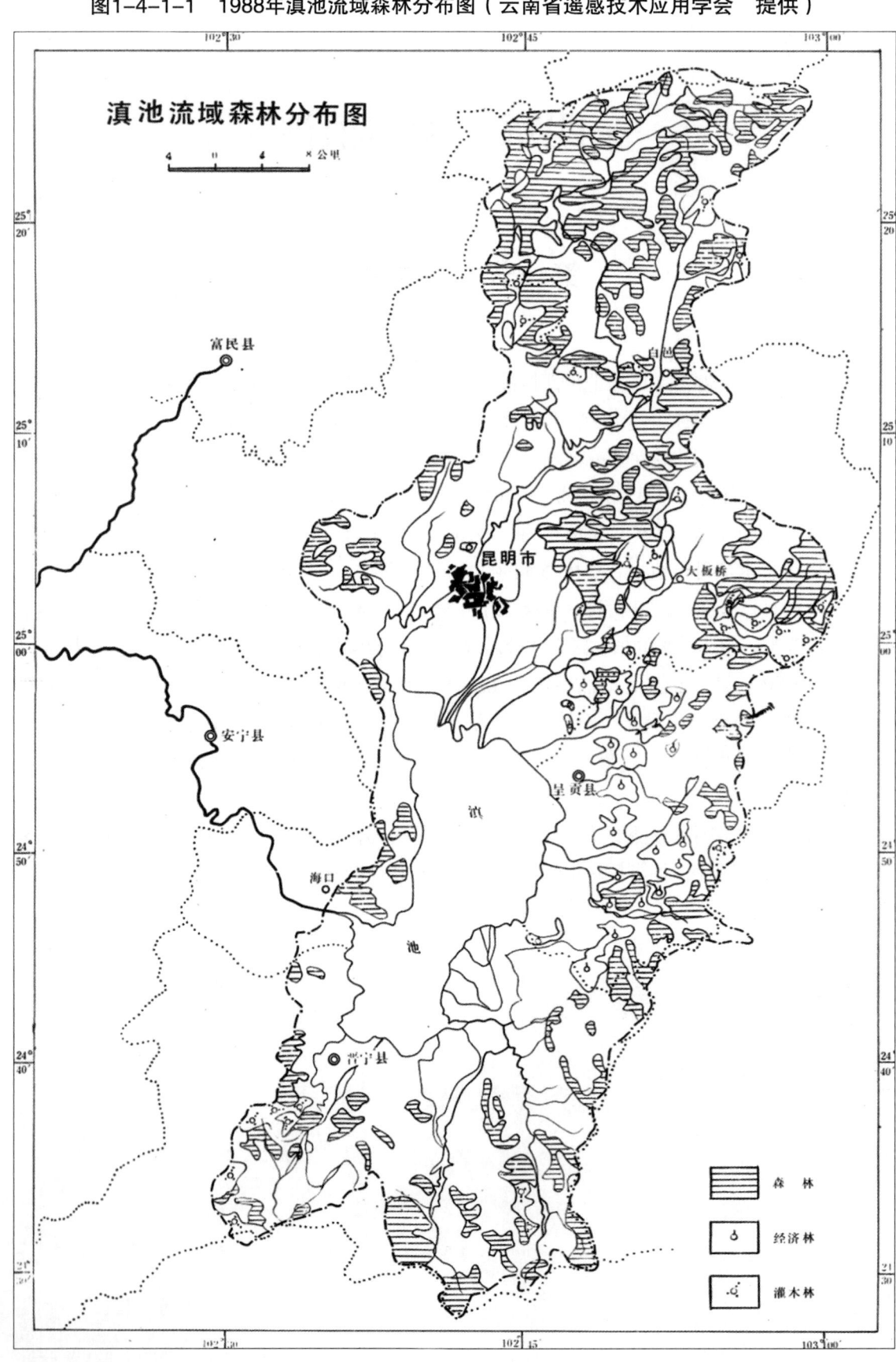

历史上，滇池流域原是一片茂密的亚热带森林植被。后因人为因素，常绿阔叶林植被减少，云南松和稀树灌木草丛面积扩大，造成水土流失，环境生态质量下降。滇池流域的地质、地貌、土壤和气候等自然环境条件决定了该地区的区域性植被特征，亚热带常绿阔叶林是流域的顶极植物群落，代表性森林植物群落有滇青冈林、高山栲林和元江栲林。

第一个特征是森林植被以亚热带常绿阔叶林的树种组成，乔木以壳斗科的常绿树种为优势，樟科、茶科、木兰科的植物种类较少；乔木层的主要树种是滇青冈、元江栲、高山栲、滇石栎、黄毛青冈、光叶石栎等，通常以其中的1种或2种树种组成森林植物群落的优势种。第二个特征是群落内乔木层往往伴生有一定的常绿针叶或落叶阔叶树种。常绿针叶树种有滇油杉、云南松、冲天柏等；落叶阔叶树种常见的有大叶栎、云南柞栎、滇朴树等，有时还伴生有一些硬叶栎类的树种如灰背栎等。第三个特征是在生态特征上反映一定程度的旱生性。在群落的结构层次中，乔木层树干的上部分枝多而枝叶比较茂盛，较为发达；乔木亚层通常不发达，随人为干扰的程度而变化，乔木亚层的主要植物，除乔木树种的幼树以外，有厚皮香、红果树、米饭花、细齿枸木、梁王茶等。灌木层在乔木层稀疏状态下出现，常见种类有梁王茶、小铁子、云南含笑、水红木、老鸦泡、二裂芒种花、黑果拔毒散、野把子、三棱枝杭梢等；草本植物变化很大，因素有三：一是时间，二是林内环境，三是人为活动干扰程度。

# 第二节 植 被

## 类 型

滇池流域的现状植被分为天然植被、栽培植被、水生植被3种类型。天然植被中云南松林及稀树灌木草丛的面积最大，其次滇油杉林、常绿阔叶林和萌生灌丛占有一定的面积，均为次生植被类型，都分布在滇池湖盆周围的山地。栽培植被以水稻和旱地作物为主，一年两熟制；其次是果园、经济作物和经济林有一定的面积，均分布在滇池湖盆坝区、河谷及附近低丘山地上。水生植被分布在滇池沿岸，如草海等湖湾及水塘。

**天然植被** 天然植被有阔叶林、针叶林、灌丛、稀树灌丛。具体树种有：滇青冈栎林（群系）滇青冈、滇石栎、炮仗花、杜鹃群落，元江栲林，高山栲林，马缨花、野八角、厚皮香顶矮林（除个别外），滇青冈栎、化香林，早冬爪林和栓皮栎林，云南松林、华山松林、冲天柏林和滇油杉林，常绿萌生灌丛、南烛灌丛、小铁仔灌丛、棠梨灌丛，禾草稀树灌丛（云南松、南烛灌草丛）。

**栽培植被** 有水稻作物、旱地作物、果园、经济林（包括经济作物）、竹林。

**水生植被** 有挺水植物群落（茭草植物群落、雀稗植物群落、芦苇植物群落、菖蒲植物群落），浮叶植物群落（荇菜植物群落、凤眼莲植物群落），沉水植物群落（苴草植物群落、狐尾草植物群落）。

图1-4-2-1　滇池流域遥感解译植被图（云南省遥感技术应用学会提供）

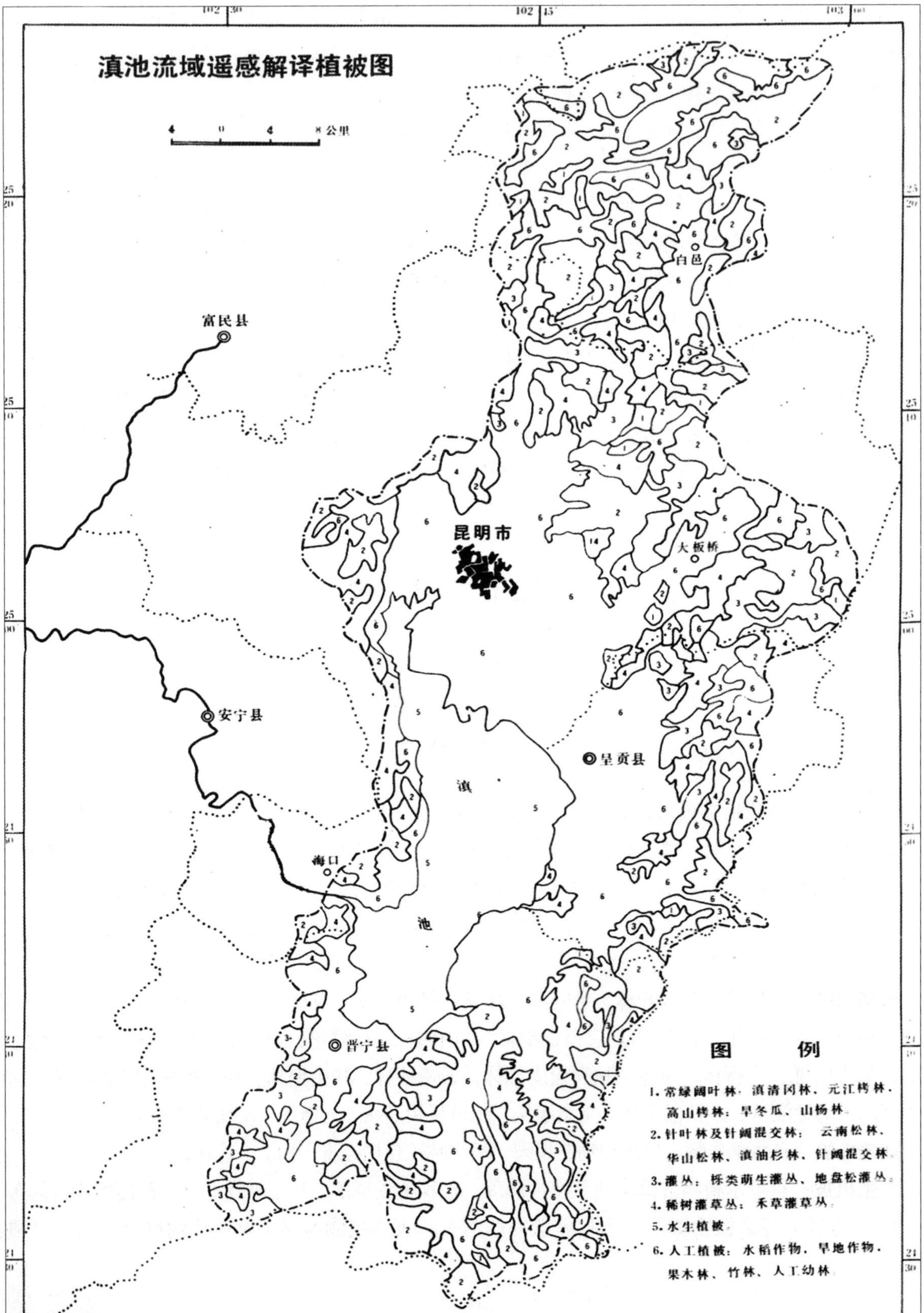
滇池流域遥感解译植被图
4 0 4 8公里
富民县
安宁县
海口
晋宁县
昆明市
白邑
大板桥
呈贡县
滇
池
图　例
1. 常绿阔叶林，滇清冈林、元江栲林、高山栲林：旱冬瓜、山杨林。
2. 针叶林及针阔混交林：云南松林、华山松林、滇油杉林、针阔混交林。
3. 灌丛：栎类萌生灌丛、地盘松灌丛。
4. 稀树灌草丛：禾草灌草丛。
5. 水生植被。
6. 人工植被：水稻作物、旱地作物、果木林、竹林、人工幼林。

# 第三节 森 林

## 种 类

**云南松林** 云南松林在滇池流域大都分布在海拔1900—2400米的山地，据云南大学彭监教授进行18个云南松林的样地调查，记录有55科、119属、151种植物，其植物属的地理分布成分的泛热带分布类型占14.6%，热带亚洲分布类型占1.8%，北温带分布类型占24.5%。

滇池流域的云南松林，其乔木层除了云南松以外，常混生有华山松、早冬瓜、元江栲、滇石栎、滇油杉等树种。林下灌木常见的种类有南烛、矮杨梅、厚皮香、云南含笑、铁仔、碎米花杜鹃等植物，草本植物较少云南松、南烛林，这类云南松林在松华坝水库流域，海拔2400米以下的红壤山地上有较大面积分布，大都为幼林阶段，树龄约15年左右。麦地冲、王半山以及邵门前等附近有小面积的云南松成熟林。

1988年麦地冲附近的云南松、南烛植物群落发育比较好，其云南松树龄在10—15年，树高7—12米，胸高直径8—16厘米，森林盖度75%，其种类组成基是云南松纯林，上层乔木混有极少量的滇油杉、黄毛青冈、槲栎等树种，林下灌木主要有南烛、铁仔、矮杨梅、碎米花杜鹃、老鸦泡、芒种花、棠梨、白牛筋等植物，草本植物有香青、杏叶防风、钩毛耳草、拉拉藤等。

**华山松林** 华山松是滇池流域现状植被中比较重要的一类森林植被，主要分布在海拔2100—2400米的山脊平台和缓坡，以及低凹的沟谷等水湿条件较好的地段，在滇池流域的东北部山地分布较多，如梁王山脉和金殿林场等地有较大的面积，但大都为华山松人工林。

华山松、嵩明山茶花林等类华山松林在梁王山脉海拔2400米以下的低山阴坡和山麓有一定面积的分布。其森林外貌整齐，盖度在85%左右，树龄25年左右，胸高直径约20厘米左右，最粗者达40厘米，树高一般在8—15米。森林群落的种类组成，乔木层以华山松占绝对优势。少量混生有光叶高山栎、黄毛青冈、早冬瓜等树种。

林下灌木有嵩明山茶花、昆明小檗、炮仗花杜鹃、马花、樟叶乌饭、柔枝莠竹、大黄连、板凳果等植物。草本植物主要有茜草、禾叶山麦冬、龙胆草、天门冬、缬草等等。

**冲天柏林** 冲天柏（又名干香柏、滇柏）主要分布于滇中高原的石灰岩地区。滇池流域的昆明西山和筇竹寺附近的旗盘山有一定面积的以践天柏为优势的冲天柏林分布。西山自高峣至观音山面临滇池的东坡上有冲天柏疏林分布，在西山华亭寺下紧靠滇池的山坡上有一片比较好的冲天柏林。昆明地区的冲天柏林绝大多数是中华人民共和国成立后恢复起来的天然人工幼年林，树高7—9米，有明显的乔木层，冲天柏为优势，偶然有刺柏混生，树木胸径比较一致，约20厘米，整枝现象明显，树冠集生于树干顶部。林内空旷透亮，林下常见的灌木有铁仔、帚枝鼠李、刺花椒、大花蔷薇、常绿蔷薇、金花小檗、毛叶野丁香、野把子、多花子稍、沙针、小叶枸子等等。草本植物有戟叶酸模、穗序野古草、戟叶火绒草、紫苏叶黄芩、细柄草、四脉金茅、云南娃儿草等等耐旱的种类。

西山筇竹寺附近旗盘山一带的冲天柏林，乔木层除了冲天柏以外，还混生有刺柏、云南松、华山松、滇青冈、麻栎、锐齿槲栎等其他乔木树种。

**滇油杉林** 滇油杉林在滇池流域海拔2000—2200米的低山有小面积的零星分布，如西山的华亭寺附近，以及松华坝水库流域的白邑乡油杉坡、小河村、阿子营的鼠街等地都有零星分布的滇油杉林。西山华亭寺附近的滇油杉林基本代表了滇池流域滇油杉林植被的种类组成和结构。滇油杉、高山栲林这类森林的乔木层，除了滇油杉以外，混生有高山栲和其他一些常绿、落叶树种。但是混生的乔木树种的总株数或其盖度一般有超过滇油杉的三分之一。

乔木层比较稀疏，林内透光明亮，灌林层植物比较发达，多见的是一些喜阳耐旱的种类，云南含笑是林内常见的灌木植物；其他常见的种类还有炮仗花杜鹃、铁仔、老鸦泡、臭荚迷、水红木、华山矾、南烛、白背叶下花等等植物。由于人为活动频繁，林内草本植物以附近荒山的禾本科植物为常见种类，如刺芒野古草、细柄草、四脉金茅、糙野青茅、白健杆等，其他种类有卵叶兔耳风、红花龙胆草、滇黄芩、干星菊等。

**常绿阔叶林** 滇池流域常绿阔叶林残存的面积很小，但其群落类型较多，主要为次生的天然林。元江栲、滇石栎林、西山筇竹寺前后的常绿阔叶林即为此类森林植物群落类型，分布在海拔2050—2250米之间。

森林群落的乔木层除了元江栲、滇石栎、滇青冈等栎类树种以外，还有石楠、云南樟、野樱、大果冬青、滇楸、滇油杉、云南松、银木荷等树种混生。乔木层一般高度在10—15米，水湿条件较好的地段，树高可达20米左右，林内树干弯曲，分枝较多而低矮，树冠硕大，盖度在75%左右。

林下灌木，除了乔木树种的幼树以外，常见的植物有厚皮香、细齿枸木、云南山茶、川鄂箭竹、矮杨梅、昆明山海棠、芒种花、亮毛杜鹃、炮仗花杜鹃、云南含笑、大白花杜鹃、滇假木荷等种类30多种。林内常见的草本植物有红果莎、野姜、刚莠竹、皱叶狗尾草、凤尾蕨、土牛藤等种类30多种植物。林内藤本植物有粉背菝葜、铁叶菝、香花崖豆藤、巴豆藤、象鼻藤、西南爬山虎、云南印度鸡血藤等10余种。

滇青冈、化香树林在嵩明县阿子营区的果冬附近的照壁山、昆明市西山的观音山，以及西山公园三清阁附近等地保留有小面积的群落，这是长期保留下来的"风水林"，因此，除了少量择伐的树木以外，基本保持了原来的群落状态。

群落的乔木层除了滇青冈、化香树以外，通常混生有云南泡花树、华榛、椴树、云南樟、元江栲、鸡嗉子、云南木犀榄、灰背栎、滇朴、黄连木、清香木、皮哨子等树种，乔木层的一般高度在15—20米间，胸高直径12—30厘米。

林下常见灌木植物种类有沙针、黄连刺、铁仔、野香橼、青刺尖、清香桂、竹叶椒、野丁香、小冻绿柴等。草本植物以具毛、具味、耐旱的种类为多，常见的植物有野姜、黄背草、小叶三点金草、芸香草、石椒草等种类。林内的藤本植物有多花勾儿茶、山乌龟、云南清风藤、象鼻藤等种类。

山顶常绿阔叶矮林是滇池流域山地上的特殊常绿阔叶森林群落类型，群落面积极小，都分布在海拔2600米以上的山峰，常以野八角、马缨花、厚皮香等植物中的某一种类形成小群聚，组成镶嵌性的矮林群落，其群落高一般在5米左右，乔木层植株的胸径在5—10厘米，林冠较厚，厚度约3米，树冠浓密，森林盖度约90%。

马缨花、野八角林在嵩明县的阿子营乡、梁王山附近白泥菁以及其主峰三尖山的北坡有小面积的分布，树龄在20年左右，树高约5米。矮林的乔木层除了马缨花、野八角以外，还有厚皮香、刺冬青、光叶高山栎、长叶女贞等树种混生。群落中常常散生有华山松，其树冠往往高出矮林冠许多，十分明显。林下灌木以箭竹为主，草本层极不发育。

**落叶阔叶林** 滇池流域的落叶阔叶林都是地带性常绿阔叶林遭受破坏以后形成的次生天然森林植被，如旱冬瓜林、栓皮栎林等，但面积较小，零星分布。

旱冬瓜林又名桤木林，是滇池流域具代表性的落叶阔叶林，其林下植物的组成种类不同，常见有旱冬瓜、蕨菜群落和南烛群落。在阿子营的岩峰哨一带和西山华亭寺背后山上海拔2400米以下有一定面积的旱冬瓜分布。

岩峰哨附近石灰岩的出露较多，旱冬瓜林地较为干燥，林木植株稀疏，群落低矮，乔木层以旱冬瓜树为优势，华山松、云南松、滇石栎、野樱桃等树种伴生其中，树龄约10年，树高7—12米，胸径8—18厘米，盖度约65%左右。林下灌木有火把果、华山矾、铁仔、南烛、淡红荚蒾、昆明小檗、山蚂蟥等植物。草本植物画眉草、野把子、苾草、香青等10余种。

灌木植物以多刺、多毛和小叶型的喜阳耐旱种类为主，有竹叶椒、岩椒、金花小檗、大花蔷薇、白花矮托托、毛叶野丁香等。草本植物以具味、具毛、耐干旱的种类为多，有石椒草、姜味草、牛至、驴臭草、多腺唐松草、戟叶火绒草、娃儿藤、莓叶委陵菜、川续断、旱茅、四脉金茅等。

**灌丛植被** 滇池流域的山地灌丛植被，就其发生和形成而言，大致有两大类：一类是常绿阔叶林长期以来遭受人为活动的影响形成的常绿阔叶萌生灌丛；另一类是常绿阔叶林遭受严重破坏以后形成的以灌木植物为优势组成的植物群落。滇池流域的灌丛植物群落的类型较多，但是每一种类型的群聚面积都不大，呈现镶嵌分布。

山地灌丛植被以黄毛青冈、滇石栎、光叶高山栎等为优势的常绿阔叶萌主灌丛，在茨坝后面的野毛山、梁王山以及西山等地都有一定面积的分布，它们是地带性常绿阔叶林长期被人们反复薪柴砍伐后形成的萌生灌木状群落。南烛、多花杭子梢、野把子为优势的灌丛，在双哨乡附近的阴坡见其分布，群落高2—3米，灌木植物除三种优势种类之外，还有大白花杜鹃、山蚂蟥等植物混生。小叶六道木、臭荚蒾、竹叶椒为优势的灌丛，是石灰山地上的旱性灌丛类型，多分布在石灰岩裸露较多，土壤比较干燥瘠薄地段，松华坝水库附近的小河乡一带有其分布。铁仔、金花小檗为优势的灌丛，它也是分布于石灰山地干旱瘠薄的地区，是耐干旱的一类灌丛群落。昆明附近的妙高寺、铁峰庵、玉案山、西山等一带都有分布。此群落的灌木和草本植物沿岩缝集生，呈现稀疏散生的灌丛外貌，群落分层不明显，灌草混生，其高度在50厘米左右，盖度20%左右。

棠梨、火把果为优势的灌丛，是多刺类灌丛，多分布于人为活动较多的缓坡地段。群落中的灌木植物除了棠梨、火把果以外，常有常绿蔷薇、大花蔷薇和蓬蘽等混生其中。地盘松灌丛是由于经常受人为砍伐、放牧等干扰后，形成以盘状生长的地盘松为优势的次生性植被。因此，一旦停止频繁的人为干扰，给予必要的保护，群落面貌几年以后可能改观，群落的进一步自然发展可成为云南松林。地盘松灌丛一般高80—100厘米，层盖度80%—90%。灌木层的植物约有8—14种，其分布较为均匀。常见的灌木植物除地盘松以外，还有金丝梅、野把子、铁仔、南烛、老鸦泡、碎米花杜鹃、矮杨梅、多花杭子梢等，草本植物中最常见的有华火绒草、杏叶防风、滇黄芩、滇香薷、云南挖耳藤、矛叶苾草、刺芒野古草等等。此类地盘松灌丛群落在昆明市官渡区的杨梅山西坡，以及曹家冲的北部和南部一带的山地上有一定面积的分布。

**稀树灌草丛** 滇池流域的稀树灌草丛是以草丛为主要层片的群落，由于经常性的放牧、践踏和啃食，草丛高约10—30厘米，其盖度约80%，草丛的植物种类比较混杂，多数是以阳性耐旱的多年生禾草植物为主。常见的禾草植物种类有刺芒野古草、云南知风草、四脉金茅、棕茅、马陆草、穗序野古草、变绿异燕麦、荩草、小菅草、颖草、黄背草等。除禾草植物以外，较多的是菊科植物，如火绒草属、青香属、千星菊属、鬼针草属、兔耳风属、假蓬属、蒿属、飞蓬属等植物。

灌木植物较为稀少，多数是矮小且散生，常见的植物种类有南烛、矮杨梅、棠梨、芒种花、羊耳菊、长叶珍珠花、马桑、华山矾、铁仔、水红木、多花杭子梢、红毛悬钩子等。

稀树是指其盖度极小（<10%）、零星散生于荒草坡的乔木树种，主要是云南松，一般生长不良，树干多扭曲，高在10米以下。其次还有滇油杉、云南柞栎、槲栎等树种。

## 森林资源演变

**森林资源**　历史上，滇池流域原是一片茂密的亚热带森林植被。清朝乾隆年间赵翼在《树海歌》中描述是一幅"绿荫连天密无缝，那辨乔峰与深洞，但见高低千百层，并作一片碧云冻"的景象。后因人口逐年增多，人们肆意地开垦和大量砍薪伐木，以及战争和自然灾害原因，森林植被遭到严重破坏，尤其是亚热带常绿阔叶林的面积急速减少，云南桦林和稀树灌木草丛的面积日益扩大，森林覆盖大幅度下降，森林植被对流域的水土保持、水源涵养、气候调节等生态功能明显减弱，流域的环境生态质量下降。1975年，滇池流域的森林覆盖率为25.1%。嵩明县的阿子营、白邑、大哨等地松华坝水库水源区的森林植被覆盖，1961年为49.6%，1975年为32.4%，14年内森林覆盖减少17.2%，平均每年下降1.13%；1975—1988年森林植被覆盖有所提高，1988年为37.7%，13年内增加森林覆盖5.3%，平均每年增加0.4%。此后，滇池流域森林植被中亚热带常绿阔叶林越来越少，仅在风景区和个别"龙潭"山残留；大面积山地被云南松和华山松针叶林所代替。

由于滇池湖盆的淤积，水体被污染，以及人为的"围海造田"等干扰，滇池湖区的水生植被也发生了极大地变化。20世纪70年代，滇池湖区的植物群落根据各地段的植物优势种可以划分出11个群落，按照群落和水体的关系归并为四大群落类型。80年代后，滇池水生植被继续变化，外海和草海又有很大的不同，外海的大部分地段保持70年代群落的分布格局，但由于水体中氮磷营养元素、有机污染物的增加、食草性鱼类的减少，某些群落盖度有所增加。如海口发育了比较兴旺的苦草群落，湖湾出现了极其茂密的金鱼藻群落等；晋宁县的大河尾一带湖湾原有的茭革群落部分已改变成人工栽培的"茭瓜群落"；草海中，原有的海菜花植物群落已灭绝，水葫芦群落替代了海菜花群落漂浮草海。

**逆行演替**　滇池流域地处低纬度、高海拔区，受季风影响，属暖温带夏雨温凉气候，地带性植被是以滇青冈、高山栲、元江栲等为主的常绿阔叶林。历史上的滇池流域是茂密的常绿阔叶林区。但是由于战争、自然灾害的破坏，人为无节制的垦伐，使原始的常绿阔叶林逐渐减少，生态环境也随之变化，云南松随之侵入逐渐代替了常绿阔叶林，到现在仅在西山公园寺庙附近还残存一小点，而云南松、华山松已占90%。云南松再遭破坏，形成疏林、灌木林。灌木林破坏后，演变为荒山，以至于光山秃岭，昆明长虫山就是例证。生境从半阴湿性向干旱贫瘠性演替。生境的变化反过来又影响林木的生长和演替。

**森林植被**　滇池流域内的森林资源的消耗量大于生长量，森林覆盖率大幅度下降。据查，民国二十六年（1937），滇池流域天然林面积为昆明37760亩、呈贡15000亩、晋宁8690亩、昆阳60020亩、嵩明17670亩。中华人民共和国成立后，经过清查，滇池流域森林覆盖率1951年约为37.5%，1975年为25.1%，1988年下降为21.2%；松华坝水源区（嵩明县的白邑、阿子营、大哨乡的大部分）的森林覆盖率1951年为62%。1961年为49.6%，1975年为32.4%。1978年后，昆明市以及嵩明县对松华坝水源区采取措施保护森林、退耕还林，使森林覆盖率回升到1988年的37.7%。

从各类林地面积变化情况看，1975—1988年，林业用地从64.1%下降为50.7%。非林地则由35.9%上升为49.3%。在林业用地中林分面减少，经济林、竹林面积增加；无林地、灌木林减少，疏林地、未成林造林地增加。

滇池流域森林蓄积量1988年与1975年相比，流域活立木总蓄积量从262万立方米下降为206万立方米，减少56万立方米，下降21.6%。林分每公顷蓄积量1975年平均为37.4立方米，1988年为34.8立方米，下降2.6立方米，下降7.0%。林分单位面积的蓄积量部分减少，而疏林面积增加，说明一部分有林地变成了疏林地，疏林地的一部分变为无林地。

地被物也遭破坏。由于过度放牧、割草，以及城市工矿的烟尘和有毒气体的污染，使活地被物（灌木、草本）减少，覆盖度下降。加上农民抓松毛、积肥料、烧火，使地被物被严重破坏，结果"山上不但拔了毛（砍树），而且剥了皮（破坏了地被物）"。面向昆明市区的山地和坝子总面积约13万公顷，森林更少，非林地占79.7%，森林覆盖率为8.8%，疏林为1.8%，灌木林为1.6%，新造林地1.7%，荒山荒地7.4%，农地建筑用地57.3%。有林地加上四旁树折算面积，并扣除滇池3万公顷，其森林覆盖率也只有14%。

# 第四节　森林资源对生态环境的影响

森林不仅能为社会提供木材产生直接经济效益，更主要的是具有保持水土、涵养水源、调节气候、净化空气、吸尘隔音、吸收二氧化碳、释放氧气等功能，改善生态环境使人们获得间接效益，它比直接效益往往要高几倍甚至几十倍。在流域总面积中，林业用地占50.7%，非林地占49.3%；有林地61963公顷，森林覆盖率仅为21.2%；活立木总蓄积量205.7万立方米，每公顷蓄积量为34.8立方米。森林覆盖率低，且分布不均，多数为中幼林，林分都幽闭度小，针叶林占90%以上，林种划分不合理。流域内森林呈逆行演替，森林覆盖率大幅度下降。如松华坝水源区1961年为49.6%，1975年为32.4%，1988年为37.7%；滇池流域1951年为37.5%，1975年为25.2%，1988年为21.2%。地被物也遭破坏，导致生态环境恶性发展。

**水土流失加剧**　如松华坝水源区随着森林覆盖率的逐年下降，进入松华坝的泥沙逐年增加，20世纪50年代平均为3.4万吨，60年代为5.2万吨，70年代为7.3万吨，80年代为13.2万吨。进入滇池的泥沙每年为39万吨，年平均水土流失量为106万吨，平均侵蚀模数为1233吨/平方千米。30年滇池湖底抬高了47厘米。

**改变了生态小气候**　大陆度由50年代19.76%，到80年代增大到22.132%。海洋性气候减弱，导致了各种灾害日益增加。大风日增加9.8天，冰雹日增加1.4天，雾日增加2.3天，霜日增加26天，初霜期提前9天，终霜期延后20天，相对湿度由77%降为73%。

**地下水库容量减弱**　如松华坝水库1958年旱季来水量占33.8%，而现在只占26.3%。滇池附近53个龙潭，有7个已于1982年前干涸。森林的大量砍伐导致水土流失、气候灾害日增多、生态环境恶化、生产下降的逆向退化、生产力下降又导致贫穷，上山砍树的恶性循环。

# 第五节　水土流失及其危害

## 概　况

滇池流域土地侵蚀程度级别共分为微度、轻度、中度、强度和极强度侵蚀5个级别。潜在危险程度有较险型和危险型2种。极强度危险型面积4平方千米，主要是滇池岸边的一些磷矿采掘场、采石场及一些陡山上的采石场、采砂场；强度侵蚀面积2.12平方千米，位于晋宁县境内的天湾山；中度侵蚀面积151.2平方千米，主要分布在晋宁县境内的磷矿采掘区；轻度侵蚀面积为807.64平方千米，主要分布在流域北部、东部和西部山区；其余部分为微度侵蚀，共1638平方千米。

在整个流域区，微度侵蚀面积占土地面积的62.5%，轻度侵蚀面积占31%，中度侵蚀面积占5.79%，强度和极强度侵蚀分别占0.07%和0.15%。根据以上不同侵蚀强度分级面积，乘以各分级强度的侵蚀模数值，计算累加得滇池流域区每年水土流失量约为106万吨，平均侵蚀模数大约为1233.29吨/平方千米，年平均侵蚀深度为0.68毫米。土壤侵蚀危险型面积约6.12平方千米，较险型面积963.2平方千米，无险型面积1638平方千米，水土流失的泥沙37%的随河流流入滇池，63%的泥沙淤积在河流上的水库内和河床上。土壤流失量集中在雨季，重点流失区是森林植被破坏严重的松华坝水库水源区的一部分，滇池东岸的宝象河、马料河、洛龙河、捞鱼河等河流的中上游流域区和晋宁县的大河、柴河流域区。大河、柴河流域区分布着大大小小的磷矿采掘场地，每年土壤流失量很大。比较1974年、1985年、1988年3个时段的卫星图片解译结果，可看出整个滇池流域区水土流失变化的趋势是侵蚀面积逐年扩大，侵蚀强度等级中的低等级向高等级演变面积扩大，土壤损失量逐年增加，发展趋势是令人担忧。

## 危　害

土壤中的有机质被冲走，水土流失造成土质向半风化状态和砂质化方向发展，土壤肥力下降，从而导致粮食产量下降。根据省营林队1982年对滇池面山的209个土壤剖面进行土层厚度调查，腐质层（A层）厚度大于30厘米的只占2.9%，厚度6—10厘米的占34%，而表土全失的竟占13.9%。水土流失严重的山区，粮食产量很低，长期徘徊在139.5千克/亩左右。

河流泥沙增多水土流失造成河床、水库、滇池泥沙大量淤积，使水库、滇池的水利工程效益大大降低。根据省水文总站监测，20世纪50年代进入松华坝水库的泥沙平均为3.4万吨/年，60年代为5.2万吨/年，70年代为7.3万吨/年，80年代增至13.2万吨/年。用1938年与1983年滇池水下地形图同水位相应库容相比较，在正常水位1886.3米高程线上，滇池库容减少0.57亿立方米；用1983年所测滇池湖底地形状况与1938年所测水下地形状比较，水深6.5米以下有近一半地方已被泥沙淤积，水深7.5米以下地方，90%以上被泥沙淤积。从1938至1983年45年间，滇池入湖泥沙量为1489.5万立方米（换算为吨即1785万吨），即平均每年淤积33.1万立方米（37万吨/年）。比较不同时期的卫星照片，也可以明显看出滇池东岸从盘龙江入湖口至呈贡县各入湖河流泥沙淤积方向已经改变。长此下去，滇池流域各水库、滇池本身防洪抗旱，调节气候的功能将以很快的速度被削弱掉，加速了滇池流域生态环境的恶化趋势。

# 原　因

引起水土流失的原因很多，归纳起来可分人为因素和自然因素两大部分。人为因素是指人类活动对生态环境的作用。人类为了生存繁衍，就要从自然界获取更多的生产和生活资料。人类对自然界的开发索取，就有可能破坏自然界的生态平衡。生态系统失去平衡，自然环境就会向恶劣趋势发展。自然因素主要是地形、岩性、构造、降雨特征等条件对水土流失的影响。这些条件都是与所处地理位置、地质背景有关，是一种难以改变的客观因素，无论在人类任何历史时期，它们都是在起着应有的控制作用。滇池流域水土流失现象也是在这两大因素共同作用下形成和发展的。

**自然因素**　由于滇池流域特殊的地理、地形，自然因素是流域水土流失的主要原因。

**岩性和土壤**　在土壤侵蚀过程中，土壤是被破坏的对象。所以土壤的性质就对土壤侵蚀的发育有着重要的影响。土壤性质与成土母质直接相关，主要表现在土壤的透水性和抗蚀性，而透水性和抗蚀性又决定于土壤的机械组成和结构。

滇池流域是滇东高原的一个组成部分，位于一级地貌区——滇中湖盆高原北部的断陷岩溶盆地，为在喜马拉雅构造运动的影响下形成的断陷盆地，接受大量沉积。断裂之西抬高遭受剥蚀，其后经历了多次相对稳定时期和上升时期，在频繁的构造运动、风化、溶蚀、剥蚀营力的作用下，形成今日的地貌景观。区内地层发育比较齐全，盆地四周山地及基底分布着元古宙、古生代、中生代地层，盆地上部为第三纪及第四纪地层，这些地层由碳酸盐岩、碎屑岩等组成。流域区内的成土母岩，多见为页岩、砂岩、玄武岩、石灰岩和古红土。土壤主要是由石灰岩、玄武岩风化而成的红壤，其次是页岩、砂岩风化而成的紫色土、羊肝土、砂土等。这类土壤在流域区干湿分明，日照充分，雨量充沛，蒸发量大而植被覆盖率低等特殊条件下，易风化，遇水易分解，加之本身肥力瘠薄，抗冲抗蚀能力弱，所以易形成水土流失。

**地　形**　地形是影响土壤侵蚀的重要因素之一。如坡长、坡度、坡型及相对高差，都直接对水土流失产生极大影响。由于构造作用的不均匀，滇池流域的地形是一个西高东低，北高南低，四面环山，中间为坝子和湖泊，呈南北向狭长的高原盆地。盆地内具有多层的垂直环状结构，以山地为主。流域内最高海拔为2668米，最低海拔为1887.5米，盆地北面与南面相对高差250米左右，北部山区山地与谷地间高差最大值为900米，不少地区超过500米。整个流域内坡度8—15度的土地面积约占总面积的26%，15—25度的土地面积约占总面积的30%，25—35度的土地面积约占总面积的14%，大于35度的土地面积约占总面积的4%，小于或等于8度的土地面积约占26%。滇池周围面山的平均坡度（按面积权重计算）为24度，整个流域地形的坡度大，相对高差大，是形成水土流失严重的重要因素之一。

**降　雨**　降雨是土壤侵蚀的基本动力，其强度大小和年内分配均匀程度直接影响到侵蚀形式和侵蚀量的大小。滇池流域属亚热带夏雨温凉高原气候，雨量较为充沛，年平均降水量为1000毫米左右。因受季风的影响，干湿季分明，雨季降雨历时天数多、强度不大，降雨量占全年降雨量的85%—90%；干季降水量仅占全年降水量的10%—15%，雨量小，且蒸发量很大。滇池流域降雨的另一个特点是受地形高度影响大。山区年平均降雨量为997.1毫米，平坝区为951.2毫米，湖区926.1毫米。降雨量的多少显示了一定的垂直差异，山区最大，坝区次之，湖区最小。整个流域区降雨量北部多于南部，西部多于东部。北部东、西白沙河水库、阿子营一带山区是滇池流域的暴雨中心。整个流域区年平均降水量29.8亿立方米左右；河川径流量年平均6.89亿立方米，年平均径流深235.8毫米。降雨的季节性特点造成干季降雨日数少，晴天日数多，日照充足，气温高，蒸发量大。地表经受长时间干燥，土壤和岩石风化强烈，土壤含水量低，耕地经过冬春翻耕，表土松散，自然植被和农作物尚未达到覆盖地表的能力却迎来了雨季。而雨季降水又集中，历时天数长，所以容易形成水土大量流失。降雨的垂直差异，暴雨区中心位于山区，也是造成水土流失的重要原因之一。因为北部山区森林植被覆盖率极低，坡度大，坡耕地多，且坡耕地土层薄，大雨一来，表土很易被冲刷走。

**人为因素**　水土流失与人类活动成正比例关系。古代，滇池流域由于人口少，对自然环境的影响有限。近代特别是中华人民共和国成立后，由于经济社会的不断发展，滇池地区人口急剧增长，1949年滇池地区人口总数才68万人，1981年增至164万人，1988年增至175万人，2015年又增至332万人。人口的剧增，工业的发展，导致了对能源、水资源、土地资源、粮食、油料等方面需求量的增长。人类对自然界资源的索取是过度的，有时是破坏性的索取，严重地破坏了生态平衡，并造成水土流失情况的发生。可以说，人为因素是造成滇池流域水土流失的主导因素。

**过度砍伐森林，加剧水土流失**　森林不仅能为社会提供木材产生直接经济效益，更主要的是具有保持水土、涵养水源、调节气候、净化空气、吸尘隔音、吸收二氧化碳、释放氧气等功能。改善生态环境使人们获得间接效益，它比直接效益往往要高几倍，甚至几十倍。林木阻止土壤侵蚀的作用主要表现在覆盖地表，截持降雨，减缓地表径流，保持水土，固结土壤和改良土壤等方面。

滇池流域由于阳光充足、雨量充沛、土地肥沃，自古以来森林密布，气候宜人，物产丰富。滇池面山范围内（指自观音山经西山、筇竹寺、蛇山、金殿、呼马山至跑马山，面积约136平方千米）1953年有林地占面山总面积的59%，1959年有林地面积下降到22.2%，1982年有林地仅占总面积的16.5%，流域范围内有林地仅为61963公顷，覆被率为21.2%，远低于能有效地减少水、旱、风、沙等灾害的森林覆盖率30%的标准，从而加剧了流域的水土流失。

**不断扩大山区耕地面积和对土地过度垦殖，加剧水土流失**　滇池流域2920平方千米的土地面积，扣去水面面积300平方千米，坝区平地58平方千米，余下的是约占流域总面积70%的丘陵山地。在这些丘陵低山、中山和高山山地上，共有94.42平方千米耕地，而且以旱地为主；轮歇地占坡耕地总面积的12.1%，约10.26平方千米。此外，还有101.964平方千米果园，30.32平方千米以库为主的水面。耕地占流域区土地面积的29%，远远超过全省平均垦殖率为7%的水平。滇池周围面山的平均坡度为24度，已达禁示垦耕的临界值。所有面山坡地上到处都是旱地。观音山一带的坡地多垦耕在35度以上的坡面上，这些坡耕地相当一部分土地瘠薄，水源不足，一年只种1季，旱季根本没有植被覆盖，风化剥蚀历害，雨季农作物覆盖率亦不高，坡度陡峭，遇雨即容易把土层冲刷走，容易形成水土流失。

**工程建设加剧水土流失**　滇池流域区分布有昆阳磷矿、晋宁磷矿、西山磷矿和大大小小采石场、采砂场和砖瓦厂几十处。它们当中的相当一部分采掘场地都建在坡度35度以上的陡坡上，这些采掘场地每年剥弃土地表面上的植被、土层上千万吨，丢弃废石和尾矿上百万吨，造成所在地区的水土流失相当严重。据有关单位测算，仅晋宁磷矿区一处，每年大雨可造成水土流失量为6000吨/平方千米。由此推算，以上所述采掘场地每年所造成的水土流失量是相当惊人的。

人为因素造成水土流失的因素除以上三方面外，尚还有农业生产结构不合理、垦殖技术不当、水土保持措施不力等方面。总之，由于人类不合理的社会活动，过度掠夺自然资源，使土壤侵蚀加速，破坏了生态平衡，形成了恶性循环。

### 图1-4-5-1　生态环境恶性循环示意图

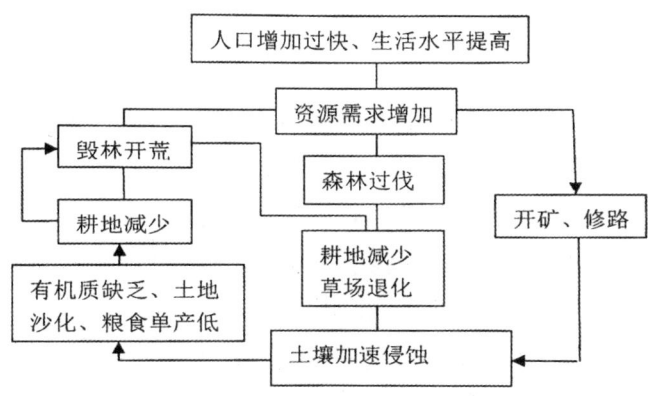

### 滇池流域入湖各河流面积及其年径流量一览表

表1-4-1

| 编号、河名 | 面　积（平方千米） | | | | | 年径流量 | |
|---|---|---|---|---|---|---|---|
| | 总面积 | 沿湖坝区 | 城区及郊区 | 其余面积 | 水库控制 | 亿立方米 | 万立方米／平方千米·年 |
| 新　河（含小河） | 112.5 | 5.3 | 7.9 | 99.3 | 27.5 | 0.434 | 38.58 |
| 运粮河（含麻园河） | 14.5 | 4.9 | 2.9 | 6.7 | | 0.052 | 35.86 |
| 盘龙江（含明通河） | 858.6 | 50.8 | 44.7 | 763.1 | 604.8 | 3.130 | 36.45 |
| 宝象河、东白沙河马料河 | 463.4 | 92.8 | 13.8 | 356.8 | 120.1 | 0.76 | 16.18 |
| 洛龙河 | 135.2 | 48.1 | | 87.1 | | 0.178 | 13.17 |
| 捞鱼河、梁王河南充河 | 280.8 | 85.8 | | 195.6 | 69.9 | 0.455 | 16.20 |
| 大　河 | 205.2 | 20.1 | | 185.1 | 45.6 | 0.437 | 21.30 |
| 柴　河 | 256.4 | 38.5 | | 217.9 | 106.5 | 0.480 | 18.72 |
| 东大河 | 180.4 | 32.9 | | 147.5 | 54.0 | 0.402 | 22.28 |
| 古城河 | 34.1 | 9.7 | | 24.4 | | 0.052 | 15.25 |
| 西山散流区 | 78.9 | | | 78.9 | | 0.24 | 30.42 |
| 沿湖平坝区 | | 388.3 | | | | 0.582 | 14.99 |
| 市区及郊区 | | | | | | 0.208 | 30.01 |
| 滇池水面 | 300 | | | | | | |
| 总　计 | | | | | 2162.4 | 6.610 | |

# 第六节　森林植被的恢复

　　1982年，昆明市委、市政府为迅速恢复滇池流域的森林植被，将每年六月定为全市植树月，在滇池流域内大力实施退耕还林、工程造林、封山育林，掀起植树造林高潮。1983年，建立了加强保护、发展森林资源的各级行政首长任期目标责任制，落实"谁造谁有"的政策，市委、市政府发布了《关于加强森林保护、大力发展森林》的通知，实施了以滇池为中心的"八片两线一个环湖圈"6.59万亩的重点造林工程，掀起第二次造林高潮。20世纪90年代初，市委、市政府提出了"七年消灭宜林荒山，十年绿化昆明大地"的奋斗目标，并制定了《昆明市造林绿化灭荒规划》，坚持发展与保护并重，以"1294"（一个中心、二江、九线、四基地）造林绿化项目工程为重点，加大工程造林比重，要求每年工程造林占造林总面积的70%左右，以此带动面山造林工作。1996年，实行森林经营区划，滇池流域划为公益林加以重点保护。1998年后，根据国家西部大开发战略部署，实施天然林保护工程，加大对滇池流域森林植被投入与保护。至1998年，滇池流域面山造林101.8万亩，松华坝水源保护林10.47万亩，小蠹虫迹地更新22.48万亩，世界银行贷款造林3.6万亩。2002年，在滇池流域内采取强硬的造林措施，一是加强森林防火宣传，强化火源管理，积极开展群防群治工作，实行重点专人看管，死看、死守，有效根除火灾隐患，使流域内森林火灾受害率控制在5‰以内；二是切实加强林政管理，加大林政执法力度，严厉打击林区违法犯罪行为，杜绝偷砍、盗伐林木现象；三是积极开展森林病虫害防治工作，采取有效措施，做到见病就治，见虫就灭。全年共完成各类项目造林17121亩，成活率超过95%。其中，滇池面山造林6800亩，松华坝水源保护区退耕还林10321亩，封山育林62645亩。经过"八五""九五""十五""十一五""十二五"的工程造林、退耕还林、封山育林，滇池流域森林覆盖率由1988年的21.2%提高到2004年的50.6%、2009年50.8%、2014年的53.55%、2015年的55.63%。

# 第七节　珍贵植物

　　滇池流域珍贵植物含珍稀濒危保护植物和珍贵的古树名木。

## 珍稀濒危保护植物

　　**攀枝花苏铁**　常绿灌木，偶然年份开花结果，系古老孑遗植物，为国家二级保护植物。盘龙区北京路震庄院内有2丛，树龄160年，雄株高3.5米，径42厘米；雌株高2.5米，径50厘米。

　　**云南梧桐**　落叶乔木，叶掌状三裂，生于海拔1600—3000米山地，黑龙潭龙泉观花圃有种植。

　　**华　榛**　俗名鸡粟子，为国家三级保护植物。嵩明县大哨乡、禄劝县轿子山等地有零星分布。

　　**宽叶水韭**　蕨类，属水韭科，叶形如韭菜，多生于沟边、沼泽淤泥地，属国家三级保护植物。昆明郊区有分布。

**扇　蕨**　蕨类，属水龙骨科，药用植物，嫩叶可食用，属国家三级保护植物。

**云南山茶**　观赏花卉，昆明有松子鳞、童子面等珍贵名种，为国家二级保护植物。

滇池流域珍稀濒危保护植物还有国家一级保护植物秃杉，国家二级保护植物水松、福建柏、篦子三尖杉、长叶竹柏、金铁锁、鹅掌楸、水青树、黄连及栽培植物龙棕、荔枝，国家三级保护植物厚朴、西康玉兰、雪上一枝蒿、黄牡丹、红椿、云南七叶树、香水月季、海菜花、雪莲花及栽培植物篦齿苏铁、云南苏铁等。

## 古树名木

滇池流域风景名胜区的古树名木有银杏、柳杉、昆明柏、山玉兰、云南山茶、梅、柏木、滇润楠、紫薇、蓝桉、云南梧桐、滇楸、皮哨子、流苏木、栓皮栎。

**银　杏**　西山森林公园太华寺银杏，树龄（至1990年的约数，下同）580年，树高20.2米，胸径144.2厘米。

**柳　杉**　俗名元杉。筇竹寺2株柳杉树龄510年，左株树高28.3米，胸径150.2厘米；右株树高24.6米，胸径109.2厘米。黑龙潭公园龙泉观2株柳杉树龄300年，一株树高29米，胸径123厘米；另一株树高15米，胸径107厘米。西山区黑林铺妙高寺有柳杉14株，树龄500年，寺门右侧最粗一株胸径130厘米，树高28厘米。

**昆明柏**　筇竹寺山门外的昆明柏，树龄278年，树高8.1米，胸径49厘米。金殿太和宫北门外的昆明柏，树龄300年，树高8米，胸径35厘米。

**山玉兰**　又名优昙花。筇竹寺2株山玉兰，树龄300年，树高均8米，基径73厘米左右。昙华寺大殿右侧山玉兰，树龄400年，树高9米，胸径36.7厘米。

**云南山茶**　华亭寺1株山茶，树龄100年，树高9米，基径30厘米。黑龙潭公园龙泉观1株"早桃红"山茶，树龄170年，树高9米，胸径31厘米。金殿太和宫1株"厚叶蝶翅"山茶，树龄160年，树高7米，胸径35厘米。官渡区龙头街棕皮营1株"狮子头"山茶，树龄150年，树高10米，胸径60厘米。呈贡区七甸街道马郎小村永丰寺1株"狮子头"山茶，树龄300年，树高6米，胸径33厘米。嵩明县白邑乡皮家营1株"狮子头"山茶，树龄300年，树高9米，胸径58厘米。晋宁县盘龙寺药师殿前1株"松子鳞"山茶，树龄640年，树高12米，基径50厘米。嵩明县白邑乡甸尾1株"早桃红"山茶，树龄270年，树高9米，胸径51厘米。

**梅**　西山森林公园太华寺1株"青芝玉蝶"梅，树龄400年，树高5米，基径60厘米。太华寺2株"红梅"，一株树龄300年，树高5米，胸径52厘米；另一株树龄110年，树高7米，胸径49厘米。太华寺1株"红萼梅"，树龄300年，树高6米，胸径60厘米。黑龙潭龙泉观"唐梅"（红怀抱子梅），树龄1100年，树高3.8米，胸径17厘米。黑龙潭龙泉观1株"淡晕官粉"梅，树龄250年，树高5米，胸径54厘米。龙泉观碑亭侧院1株"台阁绿萼"梅，树龄300年，树高4米，基径41厘米。晋宁县盘龙寺药师殿前1株"红怀抱子"梅，树龄600年，树高8米，胸径96厘米。

**柏　木**　黑龙潭龙泉观祖师殿前1株"宋柏"，树龄800年，树高24米，胸径190厘米。黑龙潭龙泉观玉皇阁前1株柏木，树龄500年，树高22米，胸径124厘米。黑龙潭龙泉观大门内1株圆柏，树龄

600年，树高21米，胸径124厘米。嵩明县黄龙山宗镜寺2株并列古柏，相传为五代后晋时所植，树高30米，胸径分别为182厘米和152厘米，树龄1050年。嵩明县地藏寺2株古吊柏，树龄近1000年，树高20米，胸径分别为152厘米和105厘米。呈贡县大渔街道海晏社区石龙寺1株古璎珞柏，树龄320年，树高20米，胸径95厘米。

**滇润楠**　黑龙潭公园龙潭边1株滇润楠，树龄430年左右，树高34.3米，胸径89厘米。

**紫　薇**　金殿太和宫2株明紫薇，树龄390年，北株树高7米，基径83厘米；南株树高6米，基径76厘米。黑龙潭黑龙宫外2株清紫薇，树龄150年，西株树高10米，胸径61厘米；东株树高10米，胸径52厘米。

**蓝　桉**　海埂公园上船处1株蓝桉，树龄80年，树高30米，胸径188厘米，为全国最粗植株。大观公园朱德手植蓝桉，树龄70年，树高25米，胸径143厘米。

**云南梧桐**　黑龙潭龙泉观花圃内1株云南梧桐，树龄130年，树高22米，胸径80厘米。

**滇　楸**　黑龙潭龙泉观山门外2株滇楸，树龄200年，一株树高30米，胸径88厘米；另一株树高21米，胸径75厘米。

**皮哨子**　黑龙潭龙泉观山门外1株皮哨子，树龄340年，树高23米，胸径114厘米。

**流苏木**　黑龙潭龙泉观山门前1株流苏木，树龄140年，树高14米，胸径50厘米。

**栓皮栎**　金殿净乐天宫前1株栓皮栎，树龄250年，树高26米，胸径117厘米。

滇池流域内的古树名木有油杉、华山松、云南松、黄杉、干香柏、黄连木、侧柏、厚皮香、灰背栎、头状四照花、臭椿、油橄榄、银杏、海枣、玉兰、沙梨。

**油　杉**　官渡区野猫冲村1株油杉，树龄100年，树高19.4米，胸径101厘米。西山区碧鸡镇马桑箐4株油杉，树龄100年左右，最大株高19米，胸径83厘米。

**华山松**　呈贡区七甸街道观音寺村南1株华山松，树龄300年，树高32米，胸径130厘米。嵩明县大哨乡竹箐口村汪家坟1株华山松，树龄200年，树高35米，胸径103厘米。

**云南松**　西山区谷律乡六岔路村南1株云南松，树龄300余年，树高33米，胸径82厘米。西山区碧鸡镇马桑箐1株云南松，树龄150年，树高19米，胸径83厘米。

**黄　杉**　西山区黑林铺妙高寺1株黄杉，树龄300年，树高13米，胸径120厘米。

**干香柏**　盘龙区拓东路市博物馆内干香柏古树群，树龄160年，树高在20米上下，胸径50厘米左右。官渡区穿金路小坝金汁河桥南干香柏古树群，树龄170年，树高在24米上下，胸径55厘米左右。

**黄连木**　官渡区大板桥龙泉寺1株黄连木，树龄560年，树高27米，胸径150厘米。西山区碧鸡乡白草村龙潭边1株黄连木，树龄300余年，树高23米，胸径120厘米。

**侧　柏**　呈贡区大渔街道海晏社区石龙寺1株侧柏，树龄320年，树高18米，胸径51厘米。

**厚皮香**　嵩明县阿子营乡鼠街1株厚皮香，树龄500年，树高18米，胸径74厘米。

**灰背栎**　嵩明县大哨乡竹箐口汪家坟1株灰背栎，树龄200年，树高30米，胸径260厘米。

**头状四照花**　嵩明县竹箐口村2株头状四照花，一株树龄200年，树高17米，胸径103厘米；另一株树龄100年，树高21米，基径130厘米。

**臭　椿**　西山区海口镇东风村1株臭椿，树龄100年，树高18米，胸径108厘米。

**油橄榄**　西山区海口林场宽地坝周恩来手植油橄榄，树龄30年，树高7米，基径37厘米。

**银　杏**　五华区平政街省卫生学校院内2株银杏，树龄100年，左株树高15米，胸径61厘米；右株树高16米，胸径80厘米。

海　枣　省卫生学校院内2株海枣，树龄160年，左株树高16米，胸径75厘米；右株树高14米，胸径70厘米。

玉　兰　嵩明县阿子营乡火烧营村2株古玉兰，树龄300年，南株树高15米，胸径105厘米；北株树高16米，胸径83厘米。呈贡区吴家营街道下庄社区万峰寺1株古玉兰，树龄180年，树高8米，胸径56厘米。

沙　梨　呈贡区吴家营街道万溪冲社区1株沙梨（宝珠梨），树龄180年，树高8米，基径95厘米。呈贡区马金铺街道横冲社区1株沙梨，树龄200年，树高9米，胸径105厘米。

# 第五章　矿　产

滇池流域探明的矿产共有21种，其中金属矿7种、化工原料矿3种、建筑材料矿6种、燃料矿5种，钛铁铝土矿、磷、盐、芒硝和石英砂为优势矿种，其储量皆占全省储量的一半以上。金属、化工、建材矿产主要分布在安宁市、富民县和西山区；燃料矿产主要分布于宜良和嵩明2县。

## 第一节　金属矿产

滇池流域金属矿产有铁、铝土、钛铁、铜、铅锌、锡、钴7个矿种，其中铁、铝土、钛铁是主要矿种。

### 铁　矿

滇池流域的铁矿主要产于晋宁县的上蒜，矿石储量分别为378.3万吨和172万吨。

上蒜铁矿位于晋宁县晋城镇，西距县城9千米，有公路通过。含矿地层是昆阳群美党组的灰岩，有上、中、下3个矿层，矿体长160—660米，厚度上矿层1.94—4.5米、中矿层8.16米、下矿层2.07—20.01米，矿石以赤铁矿为主，部分褐铁矿，呈块状、角砾状、结核状。矿石全铁（TFe）品位34.38%—50.48%，平均44.54%，含硫（S）0.009%—0.24%、磷（P）0.091%、锰（Mn）0.031%—0.04%、二氧化硅（$SiO_2$）16.5%—29.75%，为一小型矿床，探明D+C级矿石储量172万吨，含富矿93万吨。该矿埋藏浅，水文地质条件简单，但矿体分散，形态和品位变化大，含硅高，不易分选。

### 铝土矿

滇池流域有3处铝土矿产地，均为小型矿床，探明A+B+C+D级矿石储量468.7万吨，分别分布在西山区、官渡区、嵩明县。另外，尚有数处矿点。由于矿体形态变化较大，勘探程度低，一部分品位低，一时难以开发利用。

**嵩明县阿子营矿区**　位于嵩明县城之西25千米，南直距昆明市区33千米。含矿地层为二叠纪倒石头组的铝土页岩、铝土岩、粉砂岩14个矿体。矿体呈不连续透镜状，长80—900米，厚0.58—25米。矿石呈土状、豆状、鲕状及致密块状，含三氧化二铝（$Al_2O_3$）40.26%—73.55%、二氧化硅（$SiO_2$）26.53%、硅铝比（Al∶Si）2.1∶5，探明C+D级矿石储量114.1万吨。

**大板桥铝土矿区**　位于官渡区大板桥镇北东3.5千米，至昆明公路行程18千米。含矿地层为下二叠纪倒石头组，分大板桥、沙沟、清水沟3个矿段、16个矿体，矿体呈扁豆状，长80—1300米，宽30—500米，厚1—1.5米。矿石呈豆状、土状、致密块状，平均含三氧化二铝（$Al_2O_3$）58%、二氧化硅（$SiO_2$）15%、硅铝比（Al∶Si）2.6∶6.9，探明C+D级矿石储量215万吨。因矿体埋藏较深，水文地质条件复杂，地质勘探研究程度低，尚未开采利用。

**西山区筇竹寺铝土矿区**　位于昆明市区之西6.5千米。为沉积矿床，含矿地层是二叠纪下世倒石头组，有2个似层状矿体。矿体长320—920米，宽50米，厚1—1.95米。矿石为土状、豆状、致密块状。含三氧化二铝（$Al_2O_3$）44.14%—70.9%、二氧化硅（$SiO_2$）12.36%、硅铝比（Al∶Si）4∶33，探明C+D级矿石储量109.6万吨。

### 滇池流域铝土矿一览表

表1-5-1

| 区　县 | 矿区名称 | 储　量（万吨） | 品 $Al_2O_3$（%） | 矿床规模 |
|---|---|---|---|---|
| 嵩明县 | 阿子营 | 114.1 | 40.26—73.55 | 小 |
| 官渡区 | 大板桥 | 215 | 58 | 小 |
| 西山区 | 筇竹寺 | 109.6 | 44.14—70.9 | 小 |
| 合　计 | | 438.7 | | |

**钴　矿**　只发现1个钴矿点，位于呈贡区七甸村北西的中山。钴矿产于风化壳的红土和上二叠统玄武岩风化带中，呈条块或片状，钴（Co）含量0.004%—0.031%，品位低，无工业开采价值。

# 第二节　化工原料

滇池流域化工原料矿产有磷、盐、芒硝、石膏、黄铁矿5个矿种。其中磷、盐、芒硝为优势矿种，主要分布于西山区、晋宁县、呈贡区。这些县区离城市近，交通方便，经济发达，矿产便于开发。

## 磷　矿

磷矿是云南省优势矿种之一，而滇池流域又是云南省的主要产地。昆明磷矿主要分布在晋宁、西山以及呈贡、宜良、禄劝等县区。1988年，经地质勘探、详查、普查，流域内有大型磷矿床12个、中型矿床4个、小型矿床1个，共获得A+B+C+D级矿石储量220390.9万吨，占全省磷矿储量的1/2以上。滇池流域磷矿产于跨系的渔户村组，具有工业意义的磷矿层赋存于上部的中谊村段，一般有上、下2个矿层。矿层以白云质磷块岩为主，亦有硅质和砂质磷块岩，并夹黏土岩、白云岩和硅质岩等。磷块岩呈条带状、鲕状、假鲕状构造形态，矿石矿物主要是胶磷矿和微晶磷灰石，其他矿物有白云石、石英、方解石等。矿石品位五氧化二磷（$P_2O_5$）20%以上，富者高达32.58%。其他主要化学成分有$Fe_2O_3$、$Al_2O_3$、MgO、CaO等。上矿层较厚，工业累计厚度8—20米，下矿层较薄，平均厚3—9米。

**西山区磷矿** 探明5个磷矿床，其中大型2个、中型3个，A+B+C+D级矿石储量30776.4万吨，占全市储量的14.4%。磷矿品位五氧化二磷（$P_2O_5$）皆在20%以上，最高者32.83%。

**海口桃树箐磷矿区** 位于海口街道之西7.5千米，有公路通达。矿区属于香条冲背斜之北翼，面积10平方千米，分上、下2个矿层，厚度分别为7.36米、4.45米，倾角5度—70度。矿石为钙质磷块岩，品位五氧化二磷（$P_2O_5$）19.77%—32.83%。探明A+B+C+D级矿石储量15585.4万吨，保有储量15173.4万吨。埋藏浅，可露天开采。

**白塔村磷矿区** 西直距海口街道5千米，有公路通达。矿区位于香条冲背斜，矿层由白云岩、含磷白云岩及2层钙质磷块岩组成，累计矿层厚度7.94米。矿石品位五氧化二磷（$P_2O_5$）22.99%，探明A+B+C+D级储量2099.5万吨，为一中型矿床。

**双山磷矿区** 位于团结街道下冲的南部青龙寺背斜北翼的东部，南东直距昆明市区17千米。含矿岩层为白云岩、含磷白云岩和3个磷块岩组成，厚12.55米，矿层累计厚度3.98米。矿石为砂质和硅质磷块岩，品位五氧化二磷（$P_2O_5$）20.19%，探明D级矿石储量1284万吨，为一中型矿床。

**观音山磷矿区** 位于昆明至海口之间，北直距昆明21千米，南直距海口12千米，交通方便，含矿层由白云岩、含磷白云岩及两层磷块岩组成，厚12.8米，工业矿层累计厚度6.24米。矿石为砂质磷块岩，品位五氧化二磷（$P_2O_5$）32.58%，探明C+D级矿石储量1861.6万吨，为一中型矿床，保有储量1710.4万吨。

**尖山磷矿区** 西直距海口镇2.5千米，矿区位于香条冲背斜之北翼，倾角20度左右，构造简单。含矿地层为白云岩、含磷白云岩及两层磷块岩，工业矿层累计厚度19.69米。矿石为钙质磷块岩，品位五氧化二磷（$P_2O_5$）25%，探明A+B+C+D级矿石储量9945.9万吨，为一大型矿床。

**官渡区磷矿** 只有金马一个磷矿区。是一小型矿床，位于官渡区金马村，西直距昆明市区12千米，铁路、公路皆达。含矿岩层为含磷白云岩、白云岩及二层磷块岩，厚度12.55米，工业矿层累计厚度12.08米。矿石为砂质磷块岩，品位五氧化二磷（$P_2O_5$）23.09%，探明D级矿石储量983.3万吨。

**晋宁县磷矿** 共探明4个磷矿床，皆为大型矿床，品位五氧化二磷（$P_2O_5$）在24.4%以上，探明矿石储量63930.4万吨，为全市磷矿储量的28.55%。

**王家湾磷矿区** 位于六街镇王家湾村，北距晋城15千米，有公路通达。矿区面积76平方千米，单斜构造，岩层倾角20度—30度。矿层结构简单，富矿多产于矿段上部，厚度平均为11.81米。矿石为钙、硅质磷块岩，品位五氧化二磷（$P_2O_5$）26.21%。质地优良，宜作高效磷肥复合原料。探明A+B+C+D级矿石储量25070.5万吨。

**昆阳磷矿区** 南东直距县城昆阳7.5千米，北直距西山区海口镇5.5千米，均有公路通达，交通方便。矿区面积9.15平方千米，位于香条冲背斜之南翼，岩层倾角4度—16度，构造简单，有上、下2个磷矿层，累计厚度9.31米。矿石为钙、硅质磷块岩，品位五氧化二磷（$P_2O_5$）25.8%，探明A+B+C+D级矿石储量24144.2万吨。

**上蒜磷矿区** 属上蒜镇，北东直距晋城9千米，有公路通达。矿层由含磷白云岩及两磷块岩组成，累计厚度11.75米。矿石为钙、硅质磷块岩，品位五氧化二磷（$P_2O_5$）24.4%，探明C+D级矿石储量7964.1万吨。

**待云寺磷矿区** 位于二街镇鲁黑村，东偏南距县城16千米。矿区是一单斜构造，含矿岩层有白云岩、含磷白云岩及2层磷块岩，厚度23.21米。工业磷矿层累计厚度5.46米，矿石为钙质磷块岩，品位五氧化二磷（$P_2O_5$）27.87%，探明D级矿石储量5751.6万吨。

**呈贡磷矿** 有大渔村、吴家营、马金铺3个磷矿床，地质工作程度低，均为初查阶段。其中：大渔村磷矿为大型，马金铺磷矿为中型，吴家营磷矿为小型。

**大渔村磷矿** 位于呈贡区老城南9千米的昆洛公路旁侧，矿区面积24.3平方千米，磷矿赋存于渔户村组，矿段厚21.95米，由含磷白云岩和磷块岩组成，工业矿层累计厚度11.75米。矿石是钙质、硅质磷块岩，品位五氧化二磷（$P_2O_5$）21.5%，探明D级矿石储量3803.9万吨。

### 滇池流域磷矿一览表

表1-5-2

| 区县 | 矿区名称 | 储　量（万吨） | 品　位 $P_2O_5$（%） | 矿床规模 |
|---|---|---|---|---|
| 西山区 | 海　口 | 15585.4 | 19.77—32.83 | 大 |
| | 白塔村 | 2099.5 | 22.99 | 中 |
| | 观音山 | 1861.6 | 32.58 | 中 |
| | 双　山 | 1284 | 20.19 | 中 |
| | 尖　山 | 9945.9 | 25.00 | 大 |
| 官渡区 | 金　马 | 983.3 | 23.09 | 小 |
| 晋宁区 | 王家湾 | 25070.5 | 26.21 | 大 |
| | 待云寺 | 5751.6 | 27.87 | 大 |
| | 上　蒜 | 7964.1 | 24.40 | 大 |
| | 昆　阳 | 24144.2 | 25.80 | 大 |
| 呈贡区 | 大渔村 | 3803.9 | 21.50 | 中 |

### 黄铁矿

滇池流域的黄铁矿主要产位于吴家营街道的白龙潭，在呈贡区老城区南东11千米，有公路通达。含矿岩系是二叠纪上统峨眉山玄武岩底部的黏土、凝灰岩、凝灰质砂岩，厚7—8米，形成长约20千米的黄铁矿带。大小矿体20余个，呈不连续透镜状，其中较大的有3个，长100—3000米，厚1—2米，个别厚5—7米。矿石为黄铁矿，品位低，硫（S）8%—17%，估算的矿石储量494万吨。

## 第三节　建筑材料及冶金辅助原料

滇池流域建筑材料及冶金辅助原料有石英砂、石灰岩、白云岩、水泥黏土、耐火黏土和铸石6个矿种，多分布在昆明市区附近。石英砂产地多，规模较大，质地优良，为流域优势矿种之一。

### 石英砂矿

滇池流域的石英矿主要分布于西山区，呈贡区、晋宁县、安宁市亦有。矿床有西山区的白眉村、青山、棋台、锅盖山、龙潭，呈贡区的协和，安宁市的花红寺、三家村等8处，其中花红寺、青山、三家村为小型矿，余者皆是中型矿，合计C+D级储量1779万吨。另经填图检查西山区的孙家箐、章白村、鲁塔村，晋宁县的吴岗箐、大黑山、系腰山等，均为大中型矿，合计储量16142万吨，可视为远景储量。

**西山区石英砂矿** 含矿层位是上震旦统陡山沱组，分布较广，产地亦多。白眉、棋台是2个中型矿床，青山为小型矿床，合计C+D级储量938万吨。另有龙潭、鲁塔村、孙家箐、章白村、锅盖山5个未上表的产地，合计储量4840万吨。矿层是灰白色浅海相沉积的石英砂岩，诸矿床产地矿体长125—1500米，宽30—5000米。矿物以石英颗粒为主。化学组分氧化硅（$SiO_2$）92.92%—98.92%、氧化铝（$Ai_2O_3$）0.14%—2.56%、氧化铁（$Fe_2O_3$）0.08%—1.82%。

**白眉村矿** 位于昆明西郊，直距市区17千米，有公路通达。石英砂矿产于上震旦世陡山沱组上部的沉积成因的石英砂岩，为层状。矿体长1000米，宽500米，厚41—47米。矿物以石英为主，粒度0.34毫米左右，还有极少的电气石、云母、风化的长石。化学组分为氧化硅（$SiO_2$）97.5%—98.5%、氧化铝（$Ai_2O_3$）0.3%—0.7%、氧化铁（$Fe_2O_3$）0.05%—0.25%。探明C+D级储量448万吨，保有储量273万吨。是昆明市玻璃制品原料供应地。

**呈贡区协和石英砂矿** 位于呈贡区老城区之东，直距18千米，东邻阳宗海。矿层是石炭纪下统属寿山组沉积的中至细粒石英砂岩，长度1200—1500米，厚3.7—6.5米。以石英颗粒为主，化学组分为氧化硅（$SiO_2$）92.29%—96.36%、氧化铝（$Ai_2O_3$）1.27%—5.35%、氧化铁（$Fe_2O_3$）0.72%—2.8%。为一普查的中型矿床，C+D级储量430万吨。

**晋宁区石英矿** 晋宁区有吴岗箐、系腰山、大黑山3处石英矿床，位于县城西偏北，直距5千米。3矿相距近，均产于昆阳群变质的石英砂岩层，层状矿全长300—2500米，厚20—50米、个别达100余米。为检查的大、中型矿床，储量11462万吨。化学组分为含氧化硅（$SiO_2$）93.01%—97.83%、氧化（$Ai_2O_3$）0.39%—0.42%。

## 滇池流域石英砂矿一览表

表1-5-3

| 区　县 | 矿区名称 | 成　因 | 工作程度 | 规　模 | 品　位 $SiO_2$（%） | 储　量（万吨） |
|---|---|---|---|---|---|---|
| 西山区 | 白眉村 | 沉　积 | 勘　探 | 中 | 97.5—98.5 | 448 |
| 西山区 | 棋台眉 | 沉　积 | 勘　探 | 中 | 98.85 | 437 |
| 西山区 | 锅盖山 | 沉　积 | 检　查 | 小 | 98.92 | 160 |
| 西山区 | 青青山 | 沉　积 | 勘　探 | 小 | 94.6 | 53 |
| 西山区 | 鲁塔村 | 沉　积 | 检　查 | 大 | 79—99 | 4680 |
| 西山区 | 章白村 | 沉　积 | 检　查 | 大 | 95.04—98.56 | 2613 万立方米 |
| 西山区 | 龙　潭 | 沉　积 | 检　查 | 大 | 92.94—98.44 | 2150 万立方米 |
| 西山区 | 孙家箐 | 沉　积 | 检　查 | 中 | 97.35—98.14 | 201 万立方米 |
| 呈贡区 | 协　和 | | 检　查 | 中 | 92.29—96.36 | 430 |
| 晋宁区 | 吴岗箐 | | 检　查 | 大 | | 5400 |
| 晋宁区 | 大黑山 | | 检　查 | 中 | | 437 |

续表

| 区 县 | 矿区名称 | 成 因 | 工作程度 | 规 模 | 品 位 SiO₂（%） | 储 量（万吨） |
|---|---|---|---|---|---|---|
| 晋宁区 | 系腰山 | | 检 查 | 大 | | 5625 |

滇池流域内有5处黏土矿床，分别是官渡区的岗头村、西山泊，西山区的海口牛奶场、磨盘山和普坪村。A+B+C+D级储量共2340万吨。

岗头村矿是第四纪沉积的黏土，矿层犀10—20米，A+B+C+D级储量405万吨。海口磨盘山、牛奶场是第四纪残积成因黏土，似层状，长1000米，宽900米，厚9.92米，储量为磨盘山C级46万吨、牛奶场B+C+D级227万吨。西山泊是上三叠统禄丰组上部砂质泥岩、砂岩，层状，厚109.6—356.5米，C+D级储量208万吨。普坪村矿由泥质白云岩、泥质灰岩风化而成，矿体长300米，宽约200米，厚8—12米，红黄、红色残积黏土，B+C级储量1454万吨。

## 石灰岩矿

滇池流域下二叠统和中石炭统海相沉积的石灰岩分布广泛、厚度大，是石灰岩矿的产出层位。经地质工作评价的灰岩矿主要集中在西山和官渡两区，此外安宁市、禄劝县亦有分布，共11个矿床，储量共36680万吨，其中西山、官渡两区占87.5%。西山区石灰岩矿有中型矿2个、小型矿3个，储量5383万吨。海口街道的磨盘山、豹子山灰岩矿邻近海口水泥厂，平顶山、老青山、上普坪灰岩矿傍依昆明水泥厂。

**上普坪矿** 位于昆明城区南西，直距7.5千米，傍依昆明水泥厂。矿层为下二叠统灰岩，矿体长800米，厚115米，B+C级储量1455万吨，保有储量908万吨，在开采。灰岩化学组分为氧化钙（CaO）54.59%、氧化镁（MgO）0.53%、氧化铁（Fe₂O₃）0.14%、氧化铝（Ai₂O₃）0.08%、氧化硅（SiO₂）0.22%，烧失量43.72%。

**官渡区石灰岩矿** 小麦溪、大麦溪、小康郎3处灰岩矿，2个大型，1个中型，计A+B+C+D级储量22598万吨。小康郎位于大板桥镇北5千米。大麦溪和小麦溪在昆明北偏西直距13千米，邻近小麦溪白水泥厂。矿层皆为中石炭统灰岩。

**大麦溪矿** 矿体长1500米，厚77米，C+D级储量8584万吨，为大型矿。化学组分为氧化钙（CaO）55.09%、氧化镁（MgO）0.19%、氧化硅（SiO₂）0.91%、三氧化硫（SO₃）0.01%、氧化磷（P₂O₅）0.03%。用于水泥和电石。

## 白云石矿

滇池流域内有3处产地，C+D+E级储量13095万吨。层位均是下二叠统下段白云石，层状，矿体长300—3000米，厚4—92米。西山区西山东坡有观音山矿，C级储量767万吨；白鱼口矿，D+E级储量8100万吨。均有公路通达海口街道和昆明市区。安宁市大龙山矿，D+E级储量4228万吨，位于城区北西5千米。这3处白云石矿作冶金辅助用，化学组分为氧化镁（MgO）16.05%—19.05%、氧化钙（CaO）29.5%—37.59%。

西山区万佛白云石矿，C+D级矿石储量551万吨，位于昆明市区北西，直距10千米。

## 耐火黏土矿

滇池流域的晋宁县和西山区各有1处黏土矿，合计C+D级储量167万吨。另有10余处流域外矿点。

**西山区白玉口耐火黏土矿**　距昆明市区13千米。含矿层是下二叠统倒石头组，矿体为透镜状和似层状，最大者长127米，厚2.2米，矿石为软质—半软质及少量硬质黏土。化学组分为氧化铝（$Al_2O_3$）37.02%、氧化硅（$SiO_2$）41.80%、氧化铁（$Fe_2O_3$）2.49%、氧化钙（$CaO$）0.89%，烧失量14%—16%，耐火度1730℃。C+D级储量146万吨，已开采，保有储量118万吨。

**晋宁区牛恋村耐火黏土矿**　位于晋城至昆阳公路中段，北东直距晋城6千米，西偏南直距昆阳9千米。矿层是下二叠统倒石头组，夹于黏土矿带内有2个透镜状黏土矿，为小型矿床，储量49万吨。

## 铸石矿

滇池流域赋矿层是上二叠统峨眉山玄武岩组，昆明各区、县皆有分布，主要在中部和北部。至1988年，只在昆明近郊西山区的苏家村和普吉大象山两地对玄武岩、凝灰岩做了铸石矿的详查，求得C+D级矿石储量369万吨。

**苏家村铸石矿**　位于滇池西滨、昆明市区南面，直距10千米，有公路通达。矿体分上、下2层，上层为青灰色层块状凝灰岩，厚12—16米，氧化硅（$SiO_2$）含量39—44%；下层是灰绿、暗绿色中至粗晶碎屑凝灰岩，厚10—17米，氧化硅（$SiO_2$）含量29—40%。C+D级矿石储量315万吨。

**普吉大象山铸石矿**　位于昆明市区西，直距9千米。矿体是斑状、似斑状玄武岩，长241米，宽约45米，氧化硅（$SiO_2$）含量48.55%、氧化铁（$Fe_2O_3$）含量15.04%。C+D级矿石储量18万吨。

# 第四节　燃料矿

滇池流域的燃料矿产主要有煤和泥炭，油页岩和天然气只有一两个矿点。煤矿有褐煤、烟煤、无烟煤，储量55637.2万吨。其中，褐煤储量51125.3万吨，占全部储量的91.4%。煤矿产地在宜良、嵩明、路南3县以及官渡区，其中宜良为主要产区，储量42556.2万吨，占全区储量的76.54%。

## 褐　煤

滇池流域内产地6处，储量为8672.7万吨。其中官渡区松华煤矿位于昆明市区北东，直距13千米，有公路通达。煤系地层是上第三系中、下部，厚50—270米，有煤2—23层，累计厚度1.4—77米。可采煤5层，厚25.15米，探明A+B+C+D级储量7136.4万吨。灰分（Ag）16.56%，水分（Wt）11.96%，挥发分（Vr）55.72%，硫分（Sa）1.13%，发热量4395.4卡/克。属于低水分、中灰分低硫褐煤。嵩明县杨林煤矿位于嵩明县城南偏东，直距13千米，南西直距昆明市区40千米，有公路通达。煤系是上第三纪地层，厚300—400米。可采煤层4层，似层状或透镜状，累计厚5.2米。探明C+D级储量1536.3万吨。发热量3660卡/克，为富灰特低硫褐煤。

# 烟　煤

滇池流域内只有嵩明1处产地，为小型矿床，储量为902.5万吨。经多年开采，保有储量只有112.8万吨。

# 无烟煤

滇池流域内只有呈贡区和晋宁区各有1处产地，合计A+B+C+D级储量161.2万吨。含煤地层是下二叠系倒石头组。呈贡区协和煤矿位于昆明市市区之南东，直距28千米。煤系厚0—26米，有煤1层，为透镜和鸡窝状，厚0—3.5米。探明A+B+C+D级储量121万吨。晋宁区王家湾煤矿位于六街镇王家湾村，北西直距晋宁区城15千米，有公路通达。煤系厚4.48—24.08米。含煤1层，透镜状，厚0—2.5米。探明D级储量40.2万吨。灰分（Ag）53%，挥发分（Vr）8.52%—19.12%，硫分（Sa）8%，发热量3995卡/克。

## 滇池流域煤矿一览表

表1-5-4　　　　　　　　　　　　　　　　　　　　　　　　　　　　　　　　　单位：万吨

| 区　县 | 矿区名称 | 煤　种 | 探明储量 | 保有储量 | 规　模 |
|--------|----------|--------|----------|----------|--------|
| 官渡区 | 松华坝 | 褐 | 7136.4 | | 中 |
| 晋宁区 | 王家湾 | 无　烟 | 40.2 | | 矿　点 |

# 泥　炭

滇池流域泥炭有西山区和官渡区海埂及草海、晋宁区新街4处产地，皆为中型沉积矿，D+E级储量共996万吨。西山区海埂泥炭矿位于昆明市区南面，直距7千米。泥炭赋存于第四纪全新统滨湖相的黏土、砂砾之中，分布面积39.7平方千米，泥炭平均厚度4.37米，探明D+E级储量314万吨。灰分（Ag）23.95%，挥发分（Vr）68.94%，发热量4139卡/克。官渡区草海、晋宁区新街泥炭矿均是第四纪全新统或更新统湖泥沉积层，泥炭厚度草海3米、新街0.79—1.53米，储量皆为E级，分别180万吨、502万吨。

# 第六章　自然灾害

　　滇池流域地质结构及地势复杂，区域气候各异，是自然灾害频发之地。危害较大的自然灾害有地震、旱灾、水灾、大风、低温等。古代由于生产力特别是科学技术不发达，人们预防及抵御灾害能力低下，在自然灾害面前束手无策，加之历代统治者预防、救灾不力，往往一遇灾害，便饿殍载道，哀鸿遍野，惨不忍睹。

　　民国以后，特别是中华人民共和国成立后，昆明市各级党委、政府十分重视对自然灾害的监测、预防和预报工作，成立了地震、气象、水利等部门，建立科研机构并配置先进设备，建设地震、气象等监测、预报网络，大力进行水利工程建设，以防患于未然，减少灾害造成的损失。每遇灾害即动员全社会力量进行抗灾救灾，努力将灾害对人民生命和财产造成的损失降到最低限度。

## 第一节　地　震

　　滇池流域周边有小江断裂带、普渡河断裂带、师宗—弥勒断裂带、罗茨—易门断裂带等区域性断裂带。

　　小江断裂带从四川进入东川小江，向南分为东西2支。西支经过嵩明县到宜良县阳宗海后，继续向澄江、江川方向延伸到华宁消失；东支经寻甸到嵩明县新街、宜良县竹山后，沿南盘江而下，与个旧以南的红河断裂带相交。该断裂带为一南北向断裂带，在滇池流域西、东2支分别延长60千米和105千米。小江断裂带是强烈地震带和泥石流多发区，自明弘治十三年（1500）起，该断裂带共发生5级以上地震4次、7级以上地震3次、8级以上地震1次。

　　普渡河断裂带从四川进入禄劝县普渡河后经东村延至滇池之下，向南逐步消失。为南北向断裂带，纵贯滇池流域，延长达200千米。自明弘治十三年（1500）起，该断裂带共发生5级以上地震14次，6级以上地震3次，滇池流域属于地震波及区域。

### 110—2015年滇池流域及周边有感地震一览表

表1-6-1

| 序　号 | 年　份 | 地震情况 |
| --- | --- | --- |
| 1 | 东汉永初四年（110）十月三日 | 晋宁县、昆明、嵩明地震。 |
| 2 | 元至顺三年（1332） | 晋宁县地震。 |
| 3 | 明洪武十九年（1386）六月 | 昆明地震，十一月复震并伴有震声。 |

续表

| 序 号 | 年 份 | 地震情况 |
|---|---|---|
| 4 | 洪武二十五年（1392）五月丙寅日 | 云南府昆明县地震。 |
| 5 | 弘治十三年（1500）一月十三日 | 昆明地震。昆明慧光寺倒塌。震中位置在宜良，烈度9，震级7.5级。 |
| 6 | 弘治十八年（1505） | 昆明、宜良大地震。 |
| 7 | 正德元年（1506）四月癸丑日 | 昆明、宜良地震连日。 |
| 8 | 正德二年（1507）九月庚午日 | 昆明、安宁、富民、宜良、玉溪等地连震3日，摇撼民居，人有死者。震级5.3级。 |
| 9 | 正德十一年（1516）八月 | 昆明地震。 |
| 10 | 嘉靖十六年（1537）九月癸丑日 | 昆明、路南等县地震。 |
| 11 | 嘉靖十七年（1538） | 昆明、宜良等县连震3日，摇撼民居，有人员伤亡。 |
| 12 | 嘉靖四十四年（1565）冬 | 昆明地震，同时有大冰雹。 |
| 13 | 万历五年（1577），三月十四日夜 | 晋宁地震。自西北方，震声如雷。 |
| 14 | 万历十二年（1584）二月 | 昆明地震。 |
| 15 | 万历十七年（1589） | 昆明、宜良同日地震。 |
| 16 | 万历二十一年（1593）十二月 | 昆明、宜良地震。 |
| 17 | 万历二十四年（1596）八月 | 昆明、阳宗海等县地震。 |
| 18 | 万历二十八年（1600）十月 | 昆明、晋宁、嵩明等州县同日地震。 |
| 19 | 万历四十年（1612）二月 | 昆明等县地震。 |
| 20 | 万历四十四年（1616）正月 | 省城及昆明、宜良等县地震。 |
| 21 | 万历四十五年（1617）七月 | 晋宁县地震。 |
| 22 | 万历四十八年（1620）二月庚戌日 | 昆明地震。 |
| 23 | 天启元年（1621）冬十二月 | 昆明地震。 |
| 24 | 天启二年（1622）四月 | 昆明地震。 |
| 25 | 天启三年（1623）闰十月乙卯 | 昆明地震。十一月罗汉山崩塌30余丈。 |
| 26 | 崇祯五年（1632）十一月甲寅 | 昆明地震。 |
| 27 | 崇祯十年（1637）七月 | 昆明地震。 |
| 28 | 清顺治元年（1644）七月十八日 | 昆明地震不止，持续数日。 |
| 29 | 顺治三年（1646）正月 | 昆明地震有声。 |
| 30 | 顺治十一年（1654）六月 | 昆明地震。 |
| 31 | 康熙二年（1663）二月 | 昆明地震，发大水。 |
| 32 | 康熙十二年（1673）元月 | 昆明、宜良地震。 |
| 33 | 康熙三十五年（1696）七月七日 | 昆明发生5.75级地震。 |
| 34 | 康熙三十七年（1698）七月 | 昆明地震，太华山崩塌。 |
| 35 | 康熙五十二年（1713）二月初二 | 嵩明大地震，自东而北，终夜不止。房屋倾倒，地涌黑水，压死数百人。同时，昆明、晋宁等县地震。 |

续表

| 序　号 | 年　份 | 地震情况 |
|---|---|---|
| 36 | 雍正二年（1724）十一月二十四日 | 嵩明地震，震中在北纬25°1′、东经103°1′，烈度8，震级6。嵩明、杨林、官渡、呈贡、昆明、汤池、澄江、阳宗等处亦震。 |
| 37 | 雍正三年（1725）一月八日 | 宜良汤池地震，震级6.25级，波及昆明、呈贡、嵩明、宜良、澄江、阳宗等地。 |
| 38 | 雍正十年（1732）正月 | 昆明等县地震。 |
| 39 | 雍正十一年（1733） | 东川地震，震级7.5级，波及昆明等县。 |
| 40 | 雍正十二年（1734）七月 | 昆明等县地震。 |
| 41 | 乾隆十五年（1750）八月十五日 | 云南澄江地震，震中在北纬24°7′，东经102°9′，震级6.25级，波及江川、昆明、玉溪、路南、建水、晋宁等县。 |
| 42 | 乾隆二十年（1755）一月二十七日 | 易门发生6.5级地震，波及安宁、晋宁、昆明等地。 |
| 43 | 乾隆五十四年（1789）六月初七日夜 | 宜良大地震，屋舍人畜俱损伤，波及晋宁县。 |
| 44 | 嘉庆三年（1798）五月 | 昆明、路南等县地震。 |
| 45 | 嘉庆四年（1799）七月二十日 | 昆明、江川、路南、宜良等县地震（震中在石屏）。 |
| 46 | 道光十年（1830）六月 | 宜良、昆明同时地震。十月，昆明罗汉山崩塌。 |
| 47 | 道光十三年（1833） | 呈贡县大地震，房屋倒塌甚多，伤毙人民不计其数，人多惊惶，露宿旷野，三四日后始止。昆明大地震，房屋倒塌，死伤人口。晋宁县大地震，城垣房屋倒塌甚多，人有死伤。有打伤压毙者。同年九月六日，嵩明、宜良间，发生8级大地震，波及滇中各县，嵩明、杨林房屋倾塌，压死人无数。地裂而复合，黑水涌出。昆明城内房屋震倒无数，东、西寺塔和县衙门相继震倒，死伤数千人。 |
| 48 | 道光十四年（1834）甲午三月初三日 | 呈贡大地震，汤池万福寺戏台崩塌，优人（演员）被压死。 |
| 49 | 道光二十九年（1849）春三月 | 昆明地震，罗汉山山崩。 |
| 50 | 光绪九年（1883）十二月二十日子时 | 嵩明、呈贡县地震，震级8级波及昆明。 |
| 51 | 光绪十年（1884），正月二十日亥时 | 呈贡县地震。 |
| 52 | 光绪三十二年（1906）六月十日未时 | 晋宁县地震。 |
| 53 | 宣统元年（1909）三月二十一日亥时 | 晋宁等县地震。 |
| 54 | 民国二年（1913）9月 | 晋宁发生5级地震。 |
| 55 | 民国二年（1913）11月24日 | 晋宁、峨山间发生5.7级地震，震中在东经102°7′，北纬24°7′，波及昆明、呈贡、宜良、安宁等县。 |
| 56 | 民国二十七年（1938）11月29日 | 呈贡县发生5级地震，震中在北纬24°97′，东经102°87′。 |
| 57 | 民国三十二年（1943）12月15日 | 昆明发生5级地震，震中在北纬25°1′，东经102°7′，波及安宁、呈贡、晋宁、宜良等县。 |
| 58 | 1970年1月15日 | 峨山县发生7.7级地震，波及昆明、晋宁、呈贡、安宁等县。 |

续表

| 序　号 | 年　份 | 地震情况 |
|---|---|---|
| 59 | 1974 年 3 月 4 日 | 富民县、昆明以北发生 4 级地震，6 日复震，震级 2.1 级。同年 7 月 5 日发生 2.3 级地震。同年 11 月 1 日发生 2.7 级地震。 |
| 60 | 2015 年 03 月 09 日 17 时 59 分 | 昆明市嵩明县（北纬 25.3 度，东经 103.1 度）发生 4.5 级地震，震源深度 12 千米。昆明市区有震感。 |

# 第二节　洪　涝

　　昆明城东、北、西三面环山，南接滇池，中间地势狭窄，古代滇池出水口泄洪能力差，一遇暴雨，三面山上之水往中间流，再汇涌滇池，滇池水涨，时有倒灌入城之事发生。昆明民间有"久雨不晴而成涝，暴雨水涨易成洪"之说。大水时，城东、南两门几乎淹没，人坐城墙，可以洗脚。从元朝开始，历代治昆明者均重视盘龙江等 6 河修浚，大发军民疏浚滇池出海口。中华人民共和国成立后，进行大规模水利和城市排洪建设，标本兼治，使昆明抗御洪灾能力大大增强，虽遇大水年，损失亦大大降低。

　　洪涝灾分为一般水灾年、大水年和特大水年 3 类。一般水灾年为三四个县区发生大雨、暴雨，受灾面积 1 万亩以上，农作物歉收。从清顺治元年（1644）到 1988 年，滇池流域出现一般水灾年 57 次，平均 6 年左右出现 1 次。出现连续水灾的有 1829—1830 年，1871—1872 年，1892—1893 年，1938—1939 年，1948—1949 年，1964—1966 年，1985—1986 年。大水年为 5 个以上县区发生大雨、暴雨或淫雨，冲淹田禾庐舍，人畜漂溺，受灾减产面积 10 万亩以上，生命财产遭受损失。从清顺治元年（1644）至 1988 年，昆明出现大水年 20 次，平均 17 年左右出现 1 次。其中，从民国元年（1912）至 1988 年的 77 年中，出现 10 次，平均 8 年左右出现 1 次。特大水年为 8 个以上县区阴雨连绵或遭大暴雨，上千间庐舍被冲淹倒塌，人畜漂溺，成灾面积 10 万亩以上。明天启五年（1625）、清乾隆十三年（1748）、同治十年（1871）、民国七年（1918）、民国二十八年（1939）等年份均为特大水年。

## 1254—2015 年滇池流域较大水灾一览表

表1-6-2

| 序　号 | 年　份 | 概　况 |
|---|---|---|
| 1 | 元宪宗四年（1254） | 昆明发大洪水，滇池水漫至城脚。 |
| 2 | 至元二十年（1283） | 滇池出海口阻塞，湖水漫至城边，大田禾苗尽废毁。 |
| 3 | 泰定元年（1324）四月 | 云南中庆路昆明屯田水灾。 |
| 4 | 泰定四年（1327） | 昆明屯田水灾。 |
| 5 | 明洪武十九年（1386） | 洪灾，滇池水溢漫。 |
| 6 | 景泰元年（1450）秋 | 昆明大雨连绵，影响庄稼，粮价昂贵，斗米银四钱。 |
| 7 | 景泰六年（1455） | 昆明大雨不断，影响收成。 |

续表

| 序号 | 年份 | 概况 |
|---|---|---|
| 8 | 成化十五年（1479） | 昆明水灾。 |
| 9 | 成化十八年（1482） | 昆明水灾。 |
| 10 | 弘治五年（1492） | 昆明滇池水溢，造成灾害。 |
| 11 | 弘治九年（1496） | 昆明淫雨，河水骤涨，决堤，冲没田禾。 |
| 12 | 弘治十四年（1501） | 昆明淫雨连旬，滇池泛溢，官府发军民数万人疏挖海口河，遇石则焚而凿之，于是水落数丈，得池畔腴田数千顷。 |
| 13 | 正德四年（1509）七月 | 滇池水溢，筑堤数十里。 |
| 14 | 正德七年（1512）八月 | 滇池水溢，伤稼禾，水害冲击昆明、晋宁、呈贡、昆阳等州县，塌民屋百余所，溺死者无数。昆阳州大水泛滥，淹至州衙门，冲毁民居百余家，溺死五六十人。居民撑船入市，前所未有。 |
| 15 | 嘉靖十七年（1538）七月 | 晋宁大水灾，升米涨至银一钱五分。 |
| 16 | 嘉靖二十七年（1548）八月 | 晋宁大雨十余日，海口阻塞，滇池水溢，荡析昆阳州，冲毁民居百余所，溺死者以数百计。 |
| 17 | 嘉靖三十二年（1553） | 昆明大雨，淹没良田房屋无数。 |
| 18 | 嘉靖三十三年（1554） | 昆明大雨月余，淹没田地房屋。 |
| 19 | 隆庆六年（1572）七月十三日 | 呈贡县雷雨大作，良田顿成一片泽国。 |
| 21 | 万历元年（1573）七月 | 昆明淫雨十几天，滇池水溢，疾病流传、物价腾贵，斗米价银三钱。晋宁州大水灾，粮食无收。 |
| 22 | 万历十四年（1586） | 昆明大水成灾。 |
| 23 | 万历三十六年（1608） | 昆明大水成灾，冲塌民房。 |
| 24 | 天启四年（1624）七月 | 昆明大水成灾。 |
| 25 | 天启五年（1625）六月二十八日午时许 | 昆明松华坝山上洪水突发，浪涌数丈，其山崩裂三十余丈，将大石桥冲坏2孔，淹死过路人2人。城郊平地水深六七尺，水涌入城门，城内水高数尺。至29日，省城昆明共淹倒房屋2872间，淹死有姓名者15人。七月七日洪水复泛，又淹倒200多间屋舍。二月初二至二十三日，两旬内，大雨倾盆，昼夜不止，山水下流，滇池水上浸。全省16处大水，灾情奇重。 |
| 26 | 崇祯三年（1630）七月 | 昆明大雨成灾，水溢，官民庐舍被淹，冲走人口千余。 |
| 27 | 崇祯十一年（1638） | 淫雨连旬，昆明海口河暴涨。 |
| 28 | 清康熙二年（1663） | 昆明大水成灾。 |
| 29 | 康熙三年（1664） | 晋宁县风雨伤稼，稻谷无收，大闹饥荒。 |
| 30 | 康熙十年（1671）五月 | 昆明大水，淹塌营房千余间，坏堤坝、庐舍、人畜无数。 |
| 31 | 康熙三十年（1691）秋 | 昆明等十州县大水。晋宁七月大水，还有螟虫为害。安宁县洪水入城，冲倒民居，两岸田禾尽损，秋无收成。沿河盐房、盐土、盐具一半被漂没。 |
| 32 | 康熙三十五年（1696）八月三日 | 晋宁、昆阳两县，大雷雨，没田禾，水溢入城，鱼游衔市。 |

续表

| 序 号 | 年 份 | 概 况 |
|---|---|---|
| 33 | 康熙四十三年（1704）夏 | 昆阳县大水成灾。 |
| 34 | 康熙五十二年（1713）七至八月 | 昆明大水，史料记载道："铜牛寺外涨如川，白塔街头有鱼游"。嵩明、呈贡等县七八月大雨，倾倒房屋，淹没田禾，五谷腾贵。 |
| 35 | 雍正二年（1724）七月 | 大水，呈贡落水洞壅塞，水逆流，淹没田地。 |
| 36 | 雍正四年（1726） | 昆明大水，老丁田无收。 |
| 37 | 雍正七年（1729）六月 | 晋宁州大水成灾，河堤溃，庐舍田园淹没无数。富民县河水涨溢，冲损庄稼。 |
| 38 | 雍正九年（1731）夏 | 昆阳县水灾。 |
| 39 | 乾隆元年（1736） | 昆阳秋雨连绵，山水涨发，旧有河堤、闸坝、沟堤多坍塌。 |
| 40 | 乾隆三年（1738）五月 | 昆明等县大雨，洪水骤发，冲决河堤，濒海近海或低下田亩被淹，草房、土墙倒塌。 |
| 41 | 乾隆四年（1739）七月初 | 昆明雨后发大水，冲决宝象河堤，田亩被淹，坍塌草、瓦屋共249户。 |
| 42 | 乾隆十年（1745） | 呈贡县大水涨漫，高阜村寨民房淹坏，近海之村，灾情尤重。 |
| 43 | 乾隆十三年（1748）六月 | 昆明大水。呈贡暴雨，低洼田亩、庐舍多被淹倒。昆阳大水，田亩庐舍多被浸倒。安宁县大水。嵩明县山水涨发。 |
| 44 | 乾隆十六年（1751） | 呈贡县大水灾。 |
| 45 | 乾隆三十二年（1767）六月中旬 | 昆明连日大雨，河水泛滥，淹没田亩及兵民房舍。 |
| 46 | 乾隆三十四年（1769） | 昆明雨水过多，低洼田亩被浸。 |
| 47 | 乾隆三十九年（1774） | 昆明大水。同年，昆阳大水。 |
| 48 | 乾隆四十年（1775）六月中旬 | 昆明大水，毁民居无数，钱南园庐舍（今北京路）被冲毁。 |
| 49 | 乾隆四十二年（1777）五月二十五日至六月初间 | 昆明、昆阳大雨。 |
| 50 | 乾隆五十七年（1792） | 昆明大水。 |
| 51 | 乾隆五十九年（1794）五月 | 昆明淫雨十余日，海水漫溢。 |
| 52 | 嘉庆四年（1799）秋 | 昆明城东北十里许，跨盘龙江之霖雨桥，被急涨之水冲毁。 |
| 53 | 嘉庆七年（1802）五月 | 昆明大雨连绵，山水骤涨，田庐被冲淹。 |
| 54 | 嘉庆九年（1804）六至七月 | 晋宁县大水伤禾，被淹田亩被沙泥淤压后，只能补种杂粮。 |
| 55 | 嘉庆十年（1805） | 昆明大水。滇池水涨，呈贡县低洼田亩均被淹没。六月，昆阳大水。八月初旬，昆明阴雨连绵，九、十月大水。有诗形容昆明灾情云："去年霪雨六十日，金马碧鸡相对愁，禾苗漂没鱼上树，池水泛滥田行舟"。 |
| 56 | 嘉庆十一年（1806）九月十日 | 昆明大水。 |
| 57 | 嘉庆十六年（1811） | 呈贡县大水，伤禾稼。 |

续表

| 序 号 | 年 份 | 概 况 |
|---|---|---|
| 58 | 道光元年（1821） | 呈贡县中河之尾，海水涛涌，冲坏良田数顷。 |
| 59 | 道光三年（1823）五月 | 嵩明县大水淹禾。六月二十九日至七月，昆明低洼田亩被淹。 |
| 60 | 道光三年（1823）八月 | 金汁河堤被水冲刷倒塌。呈贡县低洼田亩被淹。 |
| 61 | 道光九年（1829）六月 | 晋宁、呈贡等县大水伤禾。 |
| 62 | 道光十年（1830）六月 | 昆明地震后大水。晋宁县大水成灾。 |
| 63 | 道光十三年（1833）八月 | 昆明大水。 |
| 64 | 道光十六年（1836） | 昆明大水，滇池泛滥成灾。 |
| 65 | 道光十九年（1839）五月二十六日 | 昆明大水，平地深及丈余。昆阳同日海水暴涨。 |
| 66 | 道光二十四年（1844）九月初旬 | 昆明阴雨连绵，山水涨发，官渡河堤决口八丈余，淹坏田禾数顷，堤塌九百余丈。 |
| 67 | 道光二十九年（1849）夏 | 昆明麦子吐穗期间，连遭淫雨，麦田成泽致灾。呈贡县、晋宁县等地，连遭阴雨，成泽致灾。 |
| 68 | 咸丰三年（1853） | 嵩明县大水，坏田屋。 |
| 69 | 咸丰五年（1855） | 昆明盘龙江水暴涨，霖雨大桥再次被冲毁。 |
| 70 | 咸丰七年（1857）五至七月 | 昆明淫雨。六月昆明大水灾，泛滥数十里，坏东南城内外民居无数，东南西城门皆被淹没，人坐城墙上可以洗脚。八月城中粮绝。"城外已灰烬，城中弥惨凄，十金易斗粟，百钱卖棘枝。""尸满六河全涨血，烟消万井已成灾。"呈贡县高阜村寨民房淹坏，近海之村，灾情最重。 |
| 71 | 咸丰九年（1859） | 晋宁县大水灾，河西厂溃堤，陷民房数间，田禾数百亩。 |
| 72 | 同治元年（1862）三月 | 晋宁县先旱后涝。 |
| 73 | 同治三年（1864） | 昆明大水，冲决各堤。 |
| 74 | 同治四年（1865）六月 | 昆明大水。 |
| 75 | 同治十年（1871） | 史料称"滇省从未有之奇灾"。昆明五至六月淫雨40余天，各河水涨，浸坏城鼓楼，出入城门需乘船。水浸六日始退。大东门城墙陷落，城楼坍塌，城内水涨至熟皮坡（今长春路西段）、双水塘（今青龙巷至威远街一带），绿水河一带皆成泽国，水与楼平，晋宁县均大雨成灾。呈贡县海水涨漫，淹坏田禾民居无数。 |
| 76 | 同治十一年（1872） | 昆明、晋宁等县，雨水过多，田地多被淹没。 |
| 77 | 光绪元年（1875） | 晋宁淫雨月余，柴河堤决于丁家湾，东西两乡田禾淹没八成。 |
| 78 | 光绪二年（1876） | 昆明大水，大观楼两廊皆塌，楼亦倾斜。 |
| 79 | 光绪三年（1877） | 昆明水灾、旱灾。 |
| 80 | 光绪五年（1879）夏季 | 昆明雨水过多，低洼田禾被淹伤。 |
| 81 | 光绪七年（1881）闰七月中、下旬 | 昆明阴雨连绵，河水涨漫，县属各河，冲坏堤埂多处，淹没房屋。晋宁县河堤决口，村居被淹。 |

续表

| 序 号 | 年 份 | 概 况 |
|---|---|---|
| 82 | 光绪九年（1883）七月 | 晋宁县文家河河堤溃决，禾苗淹没。 |
| 83 | 光绪十年（1884） | 久雨，滇池水涨漫。 |
| 84 | 光绪十二年（1886）六月中旬 | 昆明雨水过多，河水泛滥，河堤决，附近农田悉被淹没。嵩明县水势涌发，田亩多被淹没。呈贡等县亦遭水灾。 |
| 85 | 光绪十三年（1887）夏 | 晋宁县先旱后涝。 |
| 86 | 光绪十五年（1889）五月二十一日 | 昆阳州接连三夜大雨，山水海水同时陡涨，芭蕉着子河堤被山洪冲三十余丈，白塔、中庄各村洋塘共决堤百余丈。昆明县十月水灾。 |
| 87 | 光绪十六年（1890）五月二十八日至六月中旬 | 昆阳州阴雨十余日，河水涨发，田禾概被淹没。呈贡县多次大雨，湖水、河水同时涨发，淹没江安等村田2500多亩，冲倒房屋十余间。七月，昆明各河水涨，冲倒河堤千余丈，墙及茅屋半数倒塌，马村田亩被淹没。 |
| 88 | 光绪十七年（1891） | 昆明淫雨弥月，水涨。 |
| 89 | 光绪十八年（1892） | 昆明大雨，数昼夜滂沱不止，平地水深数尺，城中房屋倾倒甚多，城外各处山洪暴发，海、河同时猛涨，堤埂多被冲决，田禾概被淹没，庐舍亦多倒塌，一片汪洋。昆阳州、嵩明县等均大雨成灾，粮价腾贵，民不聊生。 |
| 90 | 光绪十九年（1893） | 昆明大雨月余，金汁河相公堤（今拓东路一带）一段河堤陷，金牛街、南校场（今宝善街金碧路一带）、白鹤桥（今护国路、威远街一带）等处房屋冲倒不计其数。呈贡县、昆阳县田禾被淹。嵩明县亦大雨成灾。 |
| 91 | 光绪二十年（1894）秋 | 昆明等地河湖水涨，冲决堤埂，淹坏田禾，冲倒民屋，淹毙人口。昆明西山石岩忽裂，倒入海中。河水倒流，淹沿海庙宇民房，冲没人口田谷。 |
| 92 | 光绪二十三年（1897）九月 | 昆明雨水过多，石闸村、官家屯一带河堤漫溢，先后淹没田谷，颗粒无收。 |
| 93 | 光绪二十四年（1898） | 昆明大水成灾。 |
| 94 | 光绪二十五年（1899）夏 | 阴雨十余天，昆明、呈贡、昆阳嵩明等县，久雨成灾。 |
| 95 | 光绪二十七年（1901） | 昆明等州县水灾。嵩明县连日大雨，山水涨发，将该县正厢及镰刀箐等四村田禾淹没，冲塌民屋3所，淹毙7人、牲畜数十头。 |
| 96 | 光绪三十一年（1905） | 昆明七月初八、九两日，大雨倾盆，昼夜不止，初十日，金汁河、盘龙江河堤同时溃决，东南门外数十里民居概被淹没，城东南隅各街水深数尺及丈余不等。 |
| 97 | 光绪三十三年（1907） | 昆明先旱后水，板桥等三十余堡均成灾。晋宁县，连日大雨，石寨河堤倒缺成灾。 |
| 98 | 宣统元年（1909） | 晋宁县、昆阳县田禾被淹没，房屋多倒塌。安宁县六、七月大雨连旬，溪河暴涨，所属八乡，田禾均被淹没，房屋亦多倒塌。 |
| 99 | 民国元年（1912） | 昆明大水，水淹到铁路上，宝象河堤倒塌，子君乡田谷全被淹没。晋宁县，先旱后涝成灾。 |

续表

| 序 号 | 年 份 | 概 况 |
|---|---|---|
| 100 | 民国四年（1915） | 昆明、晋宁、嵩明等县均大水。七、八两月大雨不断，河口至昆明铁路，崩塌多处。嵩明县当年为40年未遇大雨，河汪村百余人，除1人逃走外，余皆被冲走。 |
| 101 | 民国六年（1917） | 昆明大水成灾，灾后农民以马铃薯、米糠、野菜、树叶等充饥。是年免粮，并按人口每人发给米1升（16斤）。 |
| 102 | 民国七年（1918） | 昆明六月初大雨，水势汪洋，四郊悉成泽国，田禾全被洪水淹没，有些地区水深数尺，中高田地之禾黍也被洪水冲走。呈贡县斗南等34村被淹，成灾田8976亩。晋宁县水灾。省会昆明，米价猛涨，云南当局饬拨义社积谷3/10，成立省会办赈事务所，募捐购米赈济，官员带头捐廉倡助，计提拨义社积谷款14722元，收捐款9491元，收银行息银109元，购米400石，由各路按受灾人口领发，为特大水年。 |
| 103 | 民国十三年（1924） | 昆明暴雨，铁路倾塌，越南米无法适入，省城米价飞涨。呈贡县小河口等29村民田淹水，成灾7511亩。晋宁县水灾。 |
| 104 | 民国十七年（1928） | 昆明五月、八月暴雨成灾，西山高峣村全年降雨1743.3毫米。盘龙江河堤8处被水冲决，昆明及附近村庄全被淹没。八月，洪水泛滥，河堤溃决，省城东南及沿湖农田被淹，田禾无收。金汁河上、下游堤埂多处崩溃。呈贡县雨花等13村民田被淹，成灾4622亩。晋宁县杨家河、马家河堤溃，淹没田禾。 |
| 105 | 民国十八年（1929） | 滇池水涨，各河均有决堤，洪水泛滥成灾，灾民长食洋芋（马铃薯）、野菜度日。 |
| 106 | 民国二十年（1931） | 晋宁旱涝成灾。 |
| 107 | 民国二十一年（1932） | 昆明大雨十余天，城外水涨淹田，城里房屋倾倒。莲花池以东，羊坞里往北，白茫茫一片，直到黑龙潭一带。许多小村落东一堆西一堆地浸在泽国里，大厂村一带已浸在水中，村中道路，水已淹到膝盖。该年昆明全年降雨1489毫米。 |
| 108 | 民国二十二年（1933） | 昆明大水灾，农作物大减产，粮价猛涨。 |
| 109 | 民国二十五年（1936） | 昆明大雨滂沱，各河水涨。鸡鸣桥一带，洪水已淹至金碧公园，小厂村及白庙一带亦被水淹。 |
| 110 | 民国二十八年（1939）9月 | 昆明洪水泛滥，盘龙江沿岸自金刀营至大小白庙、小厂村及至交三桥一带均为洪水所淹。南坝、小街子及各河均发生河堤倒塌，防不胜防。安宁县螳螂川暴发洪水，水位1836.36米，超过警戒水位2.06米。洪水直入小桥街、盐场村一带，官厢街水深齐腰，倒房无数。温泉一带，澡堂、房舍全被洪水冲倒，淹死30人，56匹马。呈贡县，山洪暴发，海水上涨。田禾被淹。 |
| 111 | 民国三十三年（1944） | 昆明暴雨迭降，各河水位陡涨，9月20日，盘龙江敷润桥段水面涨至3.95米，距东岸顶仅0.85米。呈贡县化城高家庄遭洪水淹没，稻谷损失90%。 |
| 112 | 1954年 | 昆明6月23日大雨，三四两区低村被淹，水深2—3尺。9月，昆明、呈贡雨水过大，滇池水上涨，沿岸田地被淹。晋宁县冲淹田地1570亩。 |

续表

| 序 号 | 年 份 | 概 况 |
|---|---|---|
| 113 | 1957 年 9 月 | 昆明 2 次暴雨，盘龙江超过历史最高水位，淹田地 16150 亩，塌民房 1260 间。呈贡县洪灾，田地受淹 12447 亩，7 月上旬水库翻坝，冲淹农田 2000 多亩。 |
| 114 | 1958 年 | 昆阳、海口暴雨，16 小时降雨 123 毫米，山洪淹田 250 余亩。 |
| 115 | 1961 年 | 昆明洪涝成灾。呈贡县 7 月 26 日连续降雨 22 天，总降水量 337.4 毫米。嵩明县 10 月 19 日起，连降大雨，淹水稻、豆、麦 16000 余亩。 |
| 116 | 1964 年 | 呈贡县 8 月 2 日起连降大雨 20 日，总降水 272.8 毫米。 |
| 117 | 1965 年 | 昆明 6 月 27 日、28 日暴雨成灾。晋宁暴雨。 |
| 118 | 1966 年 | 先旱后涝，6—8 月各县区普降暴雨。8 月 22—30 日 22 时，昆明城区降雨 273.5 毫米，松华坝库容由 1585 万立方米，猛增至 5799.2 万立方米；盘龙江水位经城区段由 1.82 米猛增至 4.74 米。大小厂村及北站附近一片汪洋。省军区负责人亲自上河堤带领干部战士与洪水搏斗。到 8 月 31 日昆明地区解放军指战员、学校师生、企业职工、农村社员、机关干部 10 万余人，分段加固加高河堤，此次防洪共出动百万人次，运输土方约 5 万立方米。呈贡县，8 月 22 日起连续降雨 17 天，总降水量 222.1 毫米。晋宁县，8 月 22—30 日大雨，河水上涨，冲垮河堤数处并淹没稻田。8 月滇池水上涨，螳螂川水位达 1834.86 米，官厢街水深 0.46 米，两岸农田 4800 亩被淹。嵩明县，8 月 22—30 日连降大雨，山洪暴发，水位达 4.635 米，嘉丽泽倒塌房屋 1800 多间，16000 亩耕地被淹没，全县受灾面积 40000 多亩。 |
| 119 | 1970 年 | 呈贡县 7 月连续降雨 22 日，总雨量 213.5 毫米。 |
| 120 | 1973 年 | 呈贡县 8 月洪涝成灾，月降水 265.4 毫米。 |
| 121 | 1974 年 | 昆明 9 月 10 日前后大雨，福海公社淹田 4000 多亩。 |
| 122 | 1977 年 | 呈贡县 7 月 26 至 8 月 4 日淫雨连续 10 天。总降雨 139.5 毫米。 |
| 123 | 1978 年 | 昆明 1 月至 8 月共降雨 838.8 毫米，主要集中在五、六两月。 |
| 124 | 1979 年 | 呈贡县八九两月洪涝，总降水 421.9 毫米。嵩明县 7 月 2 日暴雨，农场玉米 550 亩被淹。 |
| 125 | 1986 年 | 昆明洪涝受灾，西山、官渡两区农田成灾面积 10246 亩。呈贡县 7 月夏洪，9、10 月秋涝。从 7 月 3 日起连续 28 天淫雨，降雨 341.7 毫米。从 9 月 28 日起连续淫雨 16 天，降雨 141.4 毫米，10 月，滇池周围有 3.8 万亩农田被淹。晋宁县洪涝成灾，受灾农田 5861 亩，成灾 2294 亩。滇池猛涨，超过正常水位 0.5 米。市长命令海口加大放水量，造成螳螂川安宁段大水，螳螂川水位已超过警戒水位 1 米左右，官厢街水深 0.86 米，淹倒民房数十间，虽造成局部损失，但降低了滇池水位。 |
| 126 | 1987 年 | 昆明、呈贡洪涝成灾，9 月 16—30 日连续降雨 15 天，共降雨 132.2 毫米，各处都有秋粮烂场发生。 |

续表

| 序 号 | 年 份 | 概 况 |
|---|---|---|
| 127 | 1997 年 7 月 31 日<br>至 8 月 1 日早上 8 时 | 昆明市 4 区 8 县普降大到暴雨及大暴雨,昆明站 12 小时降 83.2 毫米的大暴雨,安宁、嵩明县降 50—94 毫米的暴雨,盘龙江水位迅速升高,滇池出现 1986 年以来的最高水位。昆明城区有多条大小街道、住宅区、工厂、商店等被淹,积水深一般都在 30 厘米以上,全市大部地区交通受阻,部分地区交通短时中断;环城南部、学府路、东菊公路、东风东路等被淹严重,被淹持续时间在 6 小时以上;西郊马街、梁家河、黑林铺及北郊的部分地区也严重被淹。 |
| 128 | 1997 年 | 7 月 27—29 日滇池流域连降大雨、暴雨,使西山区的眠山、梁家河带出现 50 年未遇的洪涝灾害,局部地段积水达 3 米;北郊及城区出现 40 余处淹水点。8 月 1 日凌晨再遭暴雨袭击,五华、盘龙、西山、嵩明县灾情严重,低洼农田、街道被淹,交通阻断,老、旧民房倒塌。受灾人口 14 万人,损坏房屋 9150 多间,倒塌房屋 4570 间;受灾农作物 27 万多亩,成灾面积 21.3 万亩,绝收面积 5.5 万亩;死亡牲畜 1120 头,毁坏渠堤 30 多千米。 |
| 129 | 1998 年 6 月 3—4 日 | 昆明 2 次暴雨,淹没昆明市区和官渡区良田 5125.5 亩,东郊立交桥段的低洼区积水深度达 1.5 米。 |
| 130 | 1998 年 | 6 月 20 日嵩明降暴雨,阿子营雨量 103 毫米,河水漫堤,街上一片汪洋,县 8 个乡镇 119 个自然村受灾,损坏房屋 61 间,倒塌 25 间;农作物受灾面积 1.77 万亩,绝收 1890 亩,直接经济损失 300 万元。7 月 15 日、22 日又降暴雨,降雨量在 127 毫米,农作物受灾 2.7 万亩,绝收 5700 亩;8 个乡镇、179 个自然村受灾,经济损失 900 万元。 |
| 131 | 1999 年 | 7 月 17—19 日、30 日、31 日,8 月 7—8 日晋宁县连续遭受特大单点暴雨、冰雹袭击。7 月 31 日、8 月 7 日损失惨重,二街乡 1520 亩烤烟绝收。8 月 11—13 日、15—16 日,化乐乡、新街乡、晋城镇、中和乡又连续两次遭受特大单点暴雨袭击。化乐乡 8 月 11 日晚至 12 日夜间,降雨量超过 110 毫米;8 月 17 日 8—9 时 30 分降雨达 100 毫米,河道、沟堤、道路及库塘被冲毁,民房倒塌、进水,群众财产受到严重损害。全县累计农业受灾面积 9.37 万亩,损坏民房 312 间,倒塌 65 间,进水开裂 87 间,干渠、河埂冲毁 750 米,公路塌方 7.8 千米,毁公路桥梁 1 座,造成病险小(二)型水库 2 个、小坝塘 6 个,因灾死亡大牲畜 1.02 万头,受灾人口 10 万多人,累计经济损失 4500 万元。 |
| 132 | 2001 年 7 月 28 日凌晨 | 昆明一场大雨导致山洪暴发,将昆明市西山区马街镇石咀的云南粉末冶金厂给淹了,整个厂区一片汪洋,水最深处达 1.8 米,职工宿舍和办公大楼一楼和办公室里面的家具漂浮在水面上,经济损失超过 8 万元。 |
| 133 | 2001 年 7 月 30 日<br>晚 8 时至 12 时 | 呈贡县境内大部地区突降暴雨,降雨量达 67 毫米,全县大部地区受灾,灾情最严重的江尾、古城、下可乐等村农户家中进水深达 40—50 厘米。农田受灾面积 5810 余亩,成灾面积 1500 余亩,数十户农户房屋进水,少数农户危房严重,其中 1 户房屋倒塌。 |

续表

| 序　号 | 年　份 | 概　况 |
|---|---|---|
| 134 | 2001 年 9 月 16 日 | 呈贡县普降暴雨，测站降水量 84.4 毫米，县城上游果林水库降雨量达 115，4 毫米，造成全县农作物、蔬菜、花卉受灾，受灾面积达 11943 亩，其中苞谷 20 亩、豆类 50 亩、蔬菜 7864 亩、花卉 3812 亩、水果 200 亩，成灾面积 9563 亩，其中蔬菜 5967 亩、花卉 3596 亩，淹没抽水机 1 台，房子进水 73 户。 |
| 135 | 2002 年 6 月 13 日夜间 | 昆明市区降暴雨，降雨量达 72.0 毫米，暴雨造成昆明市区部分街道院落积水，民房被淹，学校停课，道路受阻。北京路延长线上的北站隧道下最深处水深已达 4 米，二环东路从小坝开始到菊花立交桥的两侧，有近 1000 辆车受阻。 |
| 136 | 2002 年 6 月 16 日 18 时 21 分至 20 时 | 呈贡县出现大暴雨天气，降雨量为 106.5 毫米。此次大暴雨 12 小时、90 分钟、60 分钟降雨量均突破历史记录。斗南镇 50%—60% 的农田被淹，城区附近有 3 间民房倒塌，电杆、树木也有倒塌。 |
| 137 | 2002 年 6 月 24 日晚 | 呈贡县境内普降大雨，24 小时降雨量达 99.5 毫米，该县斗南镇近万亩鲜切花生产基地顿成一片"汪洋"。 |
| 138 | 2003 年 6 月 1 日夜间 | 昆明滇池流域大部地区出现降雨过程。此次降雨量大，分布不均，昆明城区降雨主要集中在东部、中部和北部。昆明市部分道路、立交桥和居民房屋、住宅小区被淹，积水达 30—100 厘米，造成交通中断。 |
| 139 | 2003 年 6 月 22 日至 6 月 23 日 | 嵩明县普降大雨，降水总量 42.2 毫米，24 小时极大降水量 56.4 毫米。白邑等乡镇水稻被淹或被冲 2000 亩，15 间民房进水。 |
| 140 | 2004 年 5 月 23 日 17 时 10 分至 19 时 | 嵩明县白邑乡遭单点暴雨袭击，降雨量 70 毫米，发生洪灾，冲毁农田 10 余亩，过水面积 1000 亩，2 户民房倒塌，10 户民房进水，直接经济损失 100 万元。 |
| 141 | 2004 年 6 月 19 日 | 昆明市降大雨，降水总量 36.6 毫米，昆明西山区沙朗乡三多水库决堤，1 人失踪。 |
| 142 | 2004 年 7 月 9 日至 7 月 10 日 | 嵩明县阿子营乡降暴雨，闸坝水库降雨量 67.5 毫米，造成红星水库水位猛涨，洪水冲走养鱼人 1 人，造成 3 人受伤。烤烟受灾 533 亩、绝收 100 亩，花卉受灾 850 亩，水稻受灾 300 亩，玉米受灾 25 亩。鼠街河河堤倒塌 4 段共 100 米。 |
| 143 | 2004 年 7 月 9 日至 7 月 10 日 | 呈贡县降暴雨，24 小时降雨量 56.3 毫米。斗南镇、大渔乡、七甸乡受灾。农作物受灾 7954.5 亩，其中花卉受灾 7249.5 亩、水稻受灾 705 亩、经济作物绝收 3739.5 亩，沟渠塌方 30 米，房屋进水 125 户，倒塌房屋 12 间。 |
| 144 | 2004 年 7 月 9 日至 7 月 15 日 | 官渡区、西山区发生洪涝灾害。官渡区双哨、小河、大板桥 3 个乡镇受灾人口 2534 人，需转移安置人口 150 人，农作物绝收 1220 亩，民房倒塌 17 户 51 间，民房进水 26 户 78 间，受滑坡威胁 26 户，农业直接经济损失 350 万元。西山区厂口乡 5 个村 6105 人受灾，民房倒塌 5 户 8 间，农作物受灾 2187 亩，山体开裂下沉 7 个点（村），涉及农户 48 户，直接经济损失 85 万元。 |

续表

| 序　号 | 年　份 | 概　况 |
|---|---|---|
| 145 | 2004年8月3—4日 | 晋宁县持续降雨，2个乡镇受灾。双河乡农作物受灾800亩，绝收600亩，房屋倒塌2间，经济损失128.5万元；宝峰镇农作物受灾50亩，房屋倒塌1间。 |
| 146 | 2004年8月4日9时15分至11时20分 | 呈贡县洛羊镇降暴雨，全镇农作物被淹3500亩，绝收1900亩，直接经济损失280万元；房屋倒塌3间，房屋进水44户。 |
| 147 | 2004年8月27日22时 | 晋宁县二街乡朱家营村突降暴雨，引发泥石流灾害，受灾村民104户，受伤9人，其中重伤1人；过水房屋104间，其中被冲毁房屋34间、受损房屋70间，烤房受损15间；冲毁道路800米，冲毁拦沙坝2座；农作物受灾510亩，其中烤烟受灾170亩、西瓜受灾60亩、粮食作物受灾280亩，被淹烟叶1万千克，受灾牲畜1614头（只），冲毁各种车辆11辆，损毁树木400株。共造成直接经济损失1500万元。 |
| 148 | 2004年8月25日夜间至8月26日 | 呈贡县出现大到暴雨天气，观测站12小时降雨量45.0毫米，马金铺乡横冲水库降雨量60.2毫米，昆玉公路涵洞阻塞，造成中卫村100亩蔬菜被淹。 |
| 149 | 2006年7月7日20时至8日08时 | 呈贡县降119.7毫米大暴雨，造成洪涝灾害。281户农户房屋被水淹，4户房屋倒塌；农作物受灾1809.2公顷。 |
| 150 | 2008年7月2日 | 昆明市降大暴雨，造成城区多处发生严重内涝，多处交通中断受阻，部分商铺、民房进水，金汁河、中干沟等河道多处漫水。巫家坝机场因跑道积水，导致大量进出港航班延误。强降雨还造成呈贡等周边县区受灾。全市城乡民房进水619间，倒塌9间；农作物受灾面积1400公顷；沟渠倒塌27处1078米。 |
| 151 | 2009年6月29—30日 | 昆明市主城区金星立交、菊花立交、董家湾、船房小区、麻线河沿线、探矿机械厂等地段出现10—20厘米的积水。特别是6月30日，昆明市降49.7毫米大雨，造成洪灾。房屋倒塌40间，农作物受灾面积1469.7公顷，冲走大牲畜12头，河堤倒塌、决堤1498米；冲毁道路49处，主供水管受损，冲毁河桥、防洪拦沙坝、水电站及厂房各1处。 |
| 152 | 2010年8月16日 | 呈贡县降169.6毫米大暴雨，造成城市内涝，21596人受灾。4479户房屋进水，倒塌房屋67间；疏散群众631人；农作物受灾面积891公顷。直接经济损失5887万元。 |
| 153 | 2011年6月30日至7月1日 | 昆明市晋宁县发生暴雨洪涝灾害。7月17—19日，晋宁县再次发生暴雨洪涝灾害。 |
| 154 | 2013年7月19日 | 特大暴雨突袭昆明城，12小时降雨量190.6毫米（12小时累计降雨量大于140毫米为特大暴雨），造成昆明市区主要街道变河流，露天停车场成汪洋，大量航班延误、滞留，城市交通大面积瘫痪。共造成6.2万人受灾，损坏房屋292间，倒塌房屋111间；农作物受灾面积871.2公顷。 |
| 155 | 2014年8月26日和9月16—19日 | 受第15号"海鸥"台风登陆后减弱的热带低压影响，滇池流域累积雨量为100—250毫米，"海鸥"带来的强降水引发城镇内涝、农田渍涝、山洪、地质灾害，房屋倒塌。 |
| 156 | 2015年8月4日 | 官渡区滇池会展中心片区遭遇暴雨雷电天气，降雨局部达到大暴雨级别，西庄社区、官渡社区、中营社区和珥季路南连接线等区域形成大量积水，3个社区的500多栋民房进水。 |

# 第三节　干　旱

由于中纬度的西风带天气系统逐渐向南扩展，青藏高原南部的南支西风气流影响滇池流域上空，西风气流切断南部水汽来源，形成昆明地区少雨干旱天气。干旱天气对滇池流域影响较大，俗语称"水灾一条线，旱灾一大片"。古代，因水利设施较差，一遇大旱必造成颗粒无收，饥荒严重，饿殍当道。中华人民共和国成立后，党和政府进行大规模的水利建设，兴建了遍及滇池流域的蓄水、提水、引水工程，大大增强了抵御干旱的能力。同时，利用科技手段进行人工增雨，使干旱对生产生活的威胁大大减轻。

干旱是影响滇池流域农业生产的主要自然灾害，旱灾年可分为大旱、旱与小旱3类。大旱年为受旱而出现饥荒或赤地千里，年降雨量不足700毫米；受旱大春作物收成大减或旱地大春和小春作物无收；两季连旱或7月始雨；滇池流域受灾面积一半以上。小旱年为受旱使旱地部分作物减产，适宜播栽节令推迟；大春播栽后出现插花性干旱，水稻和旱地玉米等作物正常生长受影响。在大旱年与小旱年之间的称旱年。1300—2015年的715年中，滇池流域共出现大旱年91年、小旱年142年、旱年241年，平均3年一旱年、7年一大旱年、5年一小旱年。滇池流域的旱情分春旱、夏旱、秋旱、冬旱等类型。

**春　旱**　春旱（3—5月）是滇池流域的气候特点之一，几乎年年出现，只是受旱面积大小不同。干旱造成严重灾害的年份，春旱占70%。春季降雨少，满足不了大小春作物的需水要求，是造成春旱灾害的主要原因。

小春作物的需水量，在无灌溉条件下一般要求降雨量150—250毫米。实际上，小春作物主产区的自然降水量只能满足小春作物一半左右的需水要求。加上在春季日照多、气温升高快、空气湿度小、风速大，增加了土壤水分的蒸发，受旱面积比较广。历史上出现的大小旱灾年几乎大部或全部因春旱连续少雨而产生。

春旱的轻重程度，除因春季降水少的原因外，并与当年雨季开始和上年终止早迟有密切关系。雨季开始早或正常，春旱轻或不明显；雨季开始晚，春旱就比较突出；雨季开始越晚，出现春夏连旱便造成大旱年，如1954年、1958年、1959年、1987等年都因雨季开始较迟，春旱加重而造成春夏连旱。上年雨季终止早，再接连冬春干旱，也能造成大旱年，如1951年、1975年就因上年雨季终止早而造成秋季至春季连旱。如果上年雨季终止早，当年雨季开始又迟，这样的大旱年，受灾面积就更广，灾情更为严重，如1960年、1962年、1977年、1979年这4年是中华人民共和国成立后大旱年中最重的4年。

**夏　旱**　滇池流域全年的降水量50%—60%集中在夏季（6—8月），故夏旱的特点是持续时间较短，大面积夏旱多出现在夏初。夏初旱接着春旱而造成大旱年，在大旱年中80%以上是春夏连旱。盛夏（7—8月）出现的干旱，一般都是雨季开始后出现的插花性干旱。插花性夏旱持续时间短，一般只有10天半月左右。滇池流域的插花性夏旱出现概率高，平均每5—6年1次。

秋 旱 秋旱(9—11月)分初秋和晚秋旱2种,以晚秋旱影响较大。晚秋旱在近30年中的10个大旱年中占有6年,造成旱地小春作物出苗不整齐或出苗后缺水长势差而减产。另外,还造成水库蓄水不足,并增加小春灌溉耗水量而影响大春作物栽插面积。发生于9月份的初秋旱年有1951年、1962年、1963年、1973年。

冬 旱 冬旱(12月至次年2月)是云南全省(包括滇池流域)的气候特点。这个季节降雨为全年最少,仅占5%左右。由于冬季农田坝底墒好,且气温低、蒸发小、作物需水量少,故冬旱灾害不十分突出。

## 前 81—2014 年滇池流域干旱一览表

表1-6-3

| 序 号 | 年 份 | 干旱情况 |
|---|---|---|
| 1 | 西汉始元六年(前81) | 昆明、晋宁、昆阳等县大旱。 |
| 2 | 唐开成四年(839) | 昆明、晋宁、昆阳、呈贡等县大旱。 |
| 3 | 元中统元年(1260) | 昆明、呈贡、晋宁等县大旱。 |
| 4 | 大德八年(1304) | 大旱,昆明、晋宁、昆阳等县饥疫。 |
| 5 | 至治二年(1322) | 昆明春夏干旱,庄稼无法下种,居民流散,连云甫王、平西王二部卫士也挨饿,官府赈灾。 |
| 6 | 泰定三年(1326) | 中庆路等水灾、旱灾相连,中庆饥荒,官府赈济。 |
| 7 | 至顺三年(1332)五月 | 昆明等地春夏不雨,大饥,官府赈钞十万锭。 |
| 8 | 至正三年(1343) | 云南全省大旱、民饥。 |
| 9 | 至正十二年(1352) | 全省大旱,昆明地区的滇池流域属大旱区。 |
| 10 | 至正二十五年(1365) | 昆明大旱。 |
| 11 | 明景泰四年(1453) | 昆明大旱,饿死很多人。 |
| 12 | 景泰七年(1456) | 晋宁州春夏大旱,粮价腾贵,斗米银七钱。云南饥,饿殍载道。 |
| 13 | 成化六年(1470) | 云南特大旱,闹饥荒。 |
| 14 | 正德十二年(1517)秋 | 昆明等县大旱。 |
| 15 | 嘉靖六年(1527) | 晋宁州旱,无麦禾。 |
| 16 | 嘉靖二十九年(1550) | 省城及昆明夏秋不雨,大闹饥荒。 |
| 17 | 嘉靖三十八年(1559) | 昆明大旱。 |
| 18 | 隆庆三年(1569) | 昆明、嵩明大旱。 |
| 19 | 隆庆六年(1572)夏四月 | 晋宁县大旱。 |
| 20 | 万历二十九年(1601) | 昆明夏秋干旱,大闹饥荒。 |
| 21 | 万历三十八年(1610) | 昆明夏季大旱。 |
| 22 | 万历四十三年(1615) | 昆明、嵩明等县夏季大旱。 |
| 23 | 万历四十七(年1619) | 昆明夏旱。 |
| 24 | 天启元年(1621) | 昆明、嵩明正月至六月不雨,米价腾贵。 |

续表

| 序　号 | 年　份 | 干旱情况 |
|---|---|---|
| 25 | 崇祯二年（1629） | 昆明旱，造成饥荒。 |
| 26 | 崇祯八年（1635）五月 | 晋宁县旱。 |
| 27 | 清顺治四年（1647） | 昆阳旱，饥荒，病疫流行。次年大饥，百姓掘草根为食。 |
| 28 | 康熙四年（1665） | 昆明旱。 |
| 29 | 康熙二十七年（1688） | 昆明旱。 |
| 30 | 康熙二十八年（1689） | 晋宁旱。 |
| 31 | 康熙五十三年（1714） | 昆明旱，大闹饥荒。 |
| 32 | 康熙五十九年（1720） | 滇池地区四至七月无雨，螳螂川水涸。 |
| 33 | 雍正九年（1731） | 昆阳州春、秋大旱。 |
| 34 | 雍正十三年（1735） | 昆明夏旱。 |
| 35 | 乾隆十二年（1747） | 晋宁、昆阳等旱灾，民饥。 |
| 36 | 乾隆二十九年（1764） | 全省大旱，据载，连滇池水也涸了。 |
| 37 | 乾隆四十四年（1779） | 昆明等地大旱，据载，连北部金沙江水都干涸了。 |
| 38 | 乾隆六十年（1795） | 昆明等县大旱。 |
| 49 | 嘉庆元年（1796） | 旱，昆明大饥。 |
| 40 | 嘉庆十三年（1808） | 昆明等县旱。 |
| 41 | 嘉庆十六年（1811） | 昆明大旱。 |
| 42 | 嘉庆二十一年（1816） | 昆阳、晋宁、嵩明等县旱，百姓饥饿。 |
| 43 | 嘉庆二十二年（1817） | 昆明干旱。 |
| 44 | 道光二年（1822） | 昆明夏旱。 |
| 45 | 道光七年（1827） | 昆明旱灾。 |
| 46 | 咸丰元年（1851） | 晋宁大旱，沿山田亩及滨海田地改种荞，米价昂贵。 |
| 47 | 同治元年（1862）五月 | 晋宁县、嵩明县大旱。大饥荒，以致出现人相食。 |
| 48 | 同治四年（1865） | 昆明旱。 |
| 49 | 同治六年（1867） | 昆明大旱。 |
| 50 | 同治十三年（1874） | 昆明、晋宁夏大旱，稻田均改种荞。 |
| 51 | 光绪三年（1877） | 呈贡县秋冬二季旱，昆明等府、厅、州、县旱灾。 |
| 52 | 光绪十一年（1885） | 呈贡县春夏旱，各处井涸。晋宁县春季3个月不下雨，井泉皆涸。 |
| 53 | 光绪十三年（1887） | 晋宁县旱。 |
| 54 | 光绪二十一年（1895） | 昆明五月大旱。 |
| 55 | 光绪二十二年（1896） | 昆明东部春夏旱。呈贡县上年冬至本年春旱。 |
| 56 | 光绪二十六年（1900） | 昆明夏旱。 |
| 57 | 光绪二十七年（1901） | 昆明、呈贡县春夏旱，井泉涸。 |
| 58 | 光绪二十九年（1903） | 昆明大旱，秋收无望，受灾田24顷67亩。 |

续表

| 序 号 | 年 份 | 干旱情况 |
|---|---|---|
| 59 | 光绪三十年（1904） | 晋宁县河西乡，先干旱，继水灾。 |
| 60 | 光绪三十一年（1905） | 晋宁县夏大旱，四乡水田悉改种荞。 |
| 61 | 光绪三十二年（1906） | 雨季七月份始至，滇中大旱，昆明、呈贡、晋宁等县皆大旱，大旱造成大饥荒，百姓连树皮也食尽。 |
| 62 | 光绪三十三年（1907） | 呈贡、嵩明县均大旱，昆明盘龙江水干涸，米价猛涨，每升制钱800文。1905年至1907年连续三年大旱，灾区人民连树皮、草根都食尽。 |
| 63 | 宣统元年（1909） | 晋宁县夏旱，田地悉种荞。 |
| 64 | 宣统二年（1910） | 昆明县属五路，雨水过迟，改种杂粮。晋宁县先旱后涝，收成无望。 |
| 65 | 宣统三年（1911） | 昆明、晋宁先旱后水，秋收无望。 |
| 66 | 民国元年（1912） | 昆明五、六两月平均月降雨80.8毫米，属严重干旱。晋宁县旱，蝗虫成灾。 |
| 67 | 民国二年（1913） | 昆明五、六两月平均月降雨87.9毫米，严重干旱。晋宁县先旱后涝成灾。 |
| 68 | 民国三年（1914） | 昆明五、六两月平均月降雨70毫米，属严重干旱。 |
| 69 | 民国十二年（1923） | 昆明2—4月降水总量17.4毫米，属严重春旱。 |
| 70 | 民国十三年（1924） | 昆明春旱，2—4月总降雨26.8毫米，大旱。 |
| 71 | 民国十四年（1925） | 昆明2—4月总降雨量12.5毫米，属严重干旱，5—6月平均月降雨70.6毫米，属大旱。 |
| 72 | 民国二十年（1931） | 昆明2—4月总降雨量14.7毫米，属严重干旱；旱情持续8个月，全年降水量共有568毫米，比正常年少一半。晋宁县旱涝成灾。嵩明县旱。市郊农田十分干燥，市面饮水亦已缺乏，井干河涸，挑汲困难，每1挑水贵至滇币数角或1元。 |
| 73 | 民国二十七年（1938） | 昆明严重春旱，2—4月总降雨21.3毫米。 |
| 74 | 民国三十一年（1942） | 呈贡县严重夏旱。 |
| 75 | 民国三十二年（1943） | 昆明市属各县区均遭旱灾，属近代的一次特大旱灾。市内九龙池干枯。 |
| 76 | 1951年 | 呈贡区7月旱，全县粮食损失五六成。 |
| 77 | 1953年 | 昆明3月旱，6个乡受灾面积1561亩。呈贡县夏至未见透雨，1.3万多亩水稻田改种杂粮秋荞，4000多亩旱地复种后仍未出苗。晋宁县严重夏旱。嵩明县春旱严重，夏大旱，全县有57870亩稻田改种杂粮。 |
| 78 | 1960年 | 昆明冬春部分地区旱灾严重，受灾面积84742亩。嵩明县冬春大旱。 |
| 79 | 1961年 | 昆明冬春大旱，并有虫、雹等灾。 |
| 80 | 1962年11月至1963年5月 | 昆明地区6个水文站统计，降雨量仅20毫米左右，大旱。 |

续表

| 序　号 | 年　份 | 干旱情况 |
|---|---|---|
| 81 | 1963 年 | 呈贡区 2—4 月总降水量不足 50 毫米，5—6 月总降水量不足 124 毫米，严重春夏连旱。富民县大旱，连续 7 个月无雨，有 3000 多亩水稻被晒干，山村吃水困难。 |
| 82 | 1966 年 | 呈贡严重春旱，2—4 月总降水量不足 50 毫米。 |
| 83 | 1967 年 | 呈贡初夏旱，5—6 月份总降水量不足 166 毫米。 |
| 84 | 1969 年 | 呈贡 2—4 月总降水量不足 50 毫米，严重春旱。 |
| 85 | 1972 年 | 呈贡 2—4 月总降水量均不足 50 毫米，严重春旱。总降水量不足 100 毫米，严重夏旱。 |
| 86 | 1975 年 | 呈贡 2—4 月总降水量不足 30 毫米，严重春旱，9—11 月总降水量不足 113 毫米，秋旱。 |
| 87 | 1977 年 | 呈贡 5—6 月总降水仅 55.9 毫米，严重夏旱。晋宁严重初夏旱，水稻改种杂粮。嵩明县 6 月份总降水 57.7 毫米，严重夏旱，水稻大部分缺水保苗，部分干死；大春作物普遍补种二三次，6—7 月水稻粘虫特多。 |
| 88 | 1978 年 | 呈贡县 2—4 月总降水不足 50 毫米，严重春旱，9—11 月总降水 19.5 毫米，属最严重秋旱年。 |
| 89 | 1979 年 | 昆明从 1978 年 10 月 1 日起至本年 5 月底止总降水 75.6 毫米，比历年同期少 5%，是历史上少见的冬、春、夏持续性干旱。滇池水位猛降，大春栽种和城市工业用水困难。呈贡县 2—4 月总降水不足 50 毫米，严重春旱；9—11 月总降水 47.9 毫米，仅为多年同期平均数的 26%，严重秋旱。 |
| 90 | 1980 年 | 呈贡县 2—4 月总降水不足 50 毫米，严重春旱。 |
| 91 | 1981 年 | 呈贡县 2—4 月总降水不足 50 毫米，严重春旱。 |
| 92 | 1982 年 | 呈贡县 5—6 月总降水不足 113 毫米。 |
| 93 | 1983 年 | 呈贡县 5—6 月总降水不足 113 毫米，大春作物受损，饮水困难。 |
| 94 | 1986 年 | 呈贡县干旱，受灾 957 亩，成灾 331 亩。昆明旱，西山、官渡两区成灾农田 4826 亩。嵩明县旱灾，受灾农田 59500 亩，成灾 20705 亩。 |
| 95 | 1987 年 | 呈贡县严重干旱。晋宁县特大春夏连旱，2—4 月总降水 51.6 毫米，雨季迟至 7 月 20 日才开始 |
| 96 | 1997 年 | 入夏以来，滇池流域罕见的高温少雨天气。4 月下旬至 6 月上旬除局部地区有少量降雨外，滇池流域绝大部分地区均为持续高温天气，旱象长达 2 个月，造成全局性干旱的局面。农作物受灾，饮水困难。 |
| 97 | 2001 年冬季至 2002 年春季 4 月 | 由于持续高温少雨天气，导致大范围冬春连旱。到 4 月 20 日，水库坝塘蓄水比同期少，给农业、城市供水造成一定困难。 |
| 98 | 2005 年 5 月 12—31 日 | 滇池流域出现持续高温少雨天气，造成干旱灾害。旱育移栽大田进度比 2004 年慢 5.6%。 |

续表

| 序　号 | 年　份 | 干旱情况 |
|---|---|---|
| 99 | 2006年1月1日至4月4日 | 呈贡县降水量仅为7.0毫米，蒸发量为597.7毫米，高温少雨导致呈贡县发生干旱灾害，造成1673.3公顷已栽种的蔬菜缺水，636公顷蔬菜因缺水无法栽种。 |
| 100 | 2012年雨季前 | 全省就有400多条河流因为干旱而断流干涸。昆明2012年10月至2013年4月滇池流域降水量较常年同期偏少44%—85%，加之2009年秋季以来降水连年持续偏少，造成滇池流域发生冬春干旱并持续至5月，饮水困难，小春作物受灾面积91千公顷，成灾面积53.5千公顷，绝收面积23.4千公顷。直接经济损失48620.8万元，其中农业经济损失46928.2万元。 |
| 101 | 2014年春季 | 滇池流域平均降水量较常年偏少45%，滇池流域气象干旱严重，特别是5月中下旬至6月上旬初出现持续时间长、范围较大的极端高温。滇池流域突破历史最高气温极值，5月24—25日、6月24日最高气温5次超过历史极端最高气温31.5度的纪录，高温少雨天气造成滇池流域农作物栽插受影响，森林火灾频发，饮水困难。 |

# 第四节　低温霜冻

低温霜冻是滇池流域仅次于干旱的主要气象灾害，每年都有不同程度出现。低温霜冻天气对油菜、蚕豆造成冻害，对花卉、蔬菜、药材等设施栽培作物也会造成不同程度的冻害。

**倒春寒**　春末的倒春寒会使处于灌浆的小麦和成熟的蚕豆、播后出苗的小秧、烤烟秧苗受害。在倒春寒天气条件下，最低气温5℃以下，日平均气温10℃以下，干冷或持续阴雨，便会受到冻害。如1952年4月中旬、1959年3月下旬、1970年4月中旬、1984年4月上旬和1986年3月上旬的倒春寒，滇池流域小春、大春作物受灾面积达15万亩以上，有40%—90%颗粒无收。

**八月低温**　夏末秋初的八月低温，影响水稻抽穗开花和苞谷开花授粉灌浆。这期间日平均气温低于18℃，持续3—5天或以上的偏北风天气，水稻、苞谷的开花授粉不能正常进行，导致空壳增多，结实率下降，影响产量。1974年8月下旬出现的持续7天的阴雨低温，致使滇池流域水稻平均单产比正常年减少81千克，是有史以来减产幅度最大的年份。在1949—1990年的41年中，滇池流域八月低温灾害大约3年一遇，较重的年份有1953年、1958年、1962年、1965年、1968年、1971年、1972年、1974年、1976年、1979年、1983年、1985年、1989年，其中1965年、1971年、1974年、1983年、1985年、1990年尤为严重。

**霜冻灾害**　主要发生在冬春季节，年年都有发生，只是受害程度不同。20世纪50年代后，大范围的霜冻灾害最长的间隔7年，最短的连续出现或间隔1年，平均3年1次。比较重的霜冻灾年是1952年4月中旬、1955年2月下旬、1959年冬季、1960年3月下旬、1961年1月中旬、1970年4月中旬、1973年12月下旬至1974年1月上旬、1975年12月中旬至1976年1月上旬、1977年2月中旬至下旬、1978年4月上旬、1986

年3月上旬，尤以1973年末至1974年初、1975年末至1976年初霜冻比较严重，滇池流域小春作物受冻害面积20万亩以上；1986年3月上旬晚霜冻严重，官渡区、富民县的蚕豆、小麦损失达90%以上，呈贡县的蚕豆、小麦几乎全部被毁，水果损失近一半。

## 1736—2015 年滇池流域低温霜冻一览表

表1-6-4

| 序 号 | 年 份 | 低温霜冻情况 |
|---|---|---|
| 1 | 清乾隆元年（1736） | 昆阳、晋宁两县水稻扬花时遇冷雨，收成在四成以下。 |
| 2 | 道光二十八年（1848） | 云南府属各县稻谷扬花时节猝被凉飙，结实未能饱定，浆水不足，又遭重霜，粮食一律歉收，民饥，路有卖儿者。 |
| 3 | 咸丰八年（1858） | 呈贡等县八月初大霜杀禾，次年米贵如珠，价昂 10 倍。 |
| 4 | 光绪十二年（1886）九月初 | 昆明等县忽降黑霜，连宵不止，田禾萎折，概成空壳。 |
| 5 | 光绪十八年（1892）秋 | 昆明等县陨霜杀禾 |
| 6 | 光绪二十年（1894） | 昆明冬大寒，民有冻死者。 |
| 7 | 光绪二十六年（1900）十二月 | 晋宁等县雨霰、霜冻，瓦屋茅沿皆结冰条。 |
| 8 | 民国十四年（1925）3月下旬 | 嵩明等滇东地区严霜大降，冻死稼苗，所有豆麦杂粮一概无收，民食草根，饿殍盈野，凄惨至极。大量逃荒灾民流入昆明。 |
| 9 | 民国三十四年（1945） | 嵩明、小哨 3 月下霜，农作物全部无收。 |
| 10 | 1952 年 4 月 14 日 | 昆明晚霜，小麦受灾 19156 亩。嵩明县 4 月中旬龙海区大霜，各种农作物减产 70%。 |
| 11 | 1953 年 3 月 | 昆明、嵩明大霜，农作物损失 50%。 |
| 12 | 1955 年 | 昆明 1 月 9—11 日太华山雾凇，厚达 11 厘米。 |
| 13 | 1956 年 1 月 8.9.26.27 日 | 太华山雾凇，直径 6 厘米的水冬瓜树被压断；嵩明县 2 月 7 日、3 月 29 日大霜，蚕豆、马铃薯、豌豆均受损害。 |
| 14 | 1958 年 | 昆明 1 月 4 日太华山雾凇，山顶电线杆和松树被压弯，直径约 10 厘米的水冬瓜树有被压断者。嵩明县 1 月 9 日、21 日霜冻，蚕豆受损。 |
| 15 | 1959 年 | 昆明 2 月 28 日太华山雾凇，压断树枝很多。晋宁县 3 月 1—9 日雪后霜，严重倒春寒，最低气温零下 6℃。蚕豆较 1958 年减产 57.1%，油菜减产 20.5%，小麦减产 16.4%。 |
| 16 | 1961 年 | 昆明 1 月 16—17 日霜灾，蚕豆头道花受损。3 月下旬倒春寒连续 4 天。呈贡县 3 月下旬连续倒春寒，日平均气温在 10℃以下。8 月低温共 10 天，日平均气温在 18℃以下。 |
| 17 | 1962 年 | 昆明 1 月 19—20 日太华山雾凇，部分直径 10 厘米的松枝被压断。11 月 28 日至 12 月 1 日太华山雾凇，有 8 厘米直径的松枝被压断。呈贡县 3—4 月出现连续 3 天的倒春寒，日平均气温在 8℃以下。8 月下旬连续低温 6 天，日平均气温在 18℃以下。 |
| 18 | 1963 年 | 昆明 1 月 14 日太华山雾凇，直径 25—30 厘米的树枝被压断。呈贡区 8 月下旬连续 6 天低温，日平均气温不足 18℃。 |

续表

| 序　号 | 年　份 | 低温霜冻情况 |
|---|---|---|
| 19 | 1964 年 | 晋宁县 12 月 17 日至 1965 年 1 月 15 日出现连续 3 次雪后加霜的严重冻害。同时从 12 月 19 日至 1965 年 1 月 19 日连续出现低温霜冻，地面最低气温有 20 天低于 0℃，有 12 天地面连续结冰，最低气温零下 3℃至零下 5℃之间，蚕豆产量减产 18.9%。嵩明县 11 月 23 日霜冻，大田蚕豆受害率达 25%—63%，最低气温零下 4℃至零下 6.8℃。 |
| 20 | 1965 年 | 昆明 8 周低温。呈贡区 8 月出现严重低温 8 天。晋宁县 8 月 8—15 日、8 月 19—23 日出现严重低温，日平均气温在 11℃—17℃之间，收割推迟近 1 个月，水稻减产 31.6%。 |
| 21 | 1966 年 | 呈贡县 8 月上、中旬共出现 13 天严重低温。晋宁县 8 月 22—31 日，连续 10 天低温阴雨，日平均气温在 15.8℃—18.0℃之间，致使全县稻谷总产比 1965 年减产 323 万斤。 |
| 22 | 1967 年 | 呈贡县 3 月上旬连续 5 天倒春寒，日平均气温不足 10℃；嵩明县 1 月 16 日霜冻，蚕豆、豌豆受害，4 月 11 日霜冻，瓜、番茄秧受损。 |
| 23 | 1969 年 | 呈贡县 4 月上旬连续 2 天倒春寒，日平均气温不足 10℃。8 月中旬连续 3 天低温，日平均气温在 18℃以下。 |
| 24 | 1970 年 | 昆明、呈贡 4 月 12—14 日剧烈降温，最低气温 1.3℃，14 时晚霜，秧苗受冻害。富民县 4 月中旬晚霜，小春作物受损。嵩明县 4 月 13 日霜冻成灾，小春作物受害，有些地区受害率达 70%—80%。 |
| 25 | 1971 年 | 昆明、呈贡 3 月上旬连续 4 天倒春寒，日平均气温在 10℃以下；8 月上、中旬共出现 10 天低温，日均气温 18℃以下。晋宁县 3 月 13—19 日出现低温、霜冻、降雪等，全县小春蚕豆比 1970 年减产 14.8%。 |
| 26 | 1972 年 | 呈贡县 3 月上旬连续 4 天倒春寒，日均气温在 10℃以下。 |
| 27 | 1974 年 | 昆明从 1973 年 12 月 31 日至本年 1 月 8 日连续霜冻，小春作物受害；7 月份出现低温 8 天，8 月份出现低温 15 天，日均气温低于 16℃，造成水稻 40%—60% 空秕粒。呈贡县 3 月下旬、4 月上旬出现倒春寒 7 天，8 月份出现严重低温 16 天。晋宁县 3 月 26—29 日出现降雪、低温冻害，日均气温低于 12℃，其中 26—27 日普降大雪，致使蚕豆比 1973 年减产 63.4%。8 月 11—13 日低温，日均气温 17.3℃；8 月 24—31 日低温，日均气温 13.8℃，全县水稻产量比 1973 年减产 32.1%。 |
| 28 | 1976 年 | 呈贡县 3 月上旬连续 5 天倒春寒，8 月上旬连续 3 天低温。晋宁县 3 月 1—3 日全县普降大雪，雪后加霜，日均气温 0.5℃，最低气温 0.2℃，蚕豆减产；8 月 14—21 日连续低温阴雨，日均气温 16.1℃，水稻比 1975 年减产 25%。 |
| 29 | 1977 年 | 呈贡县 3 月上旬连续 5 天倒春寒；8 月上旬连续 8 天低温。嵩明县 11 月 16 日霜冻，山区未成熟荞子全部失收，秋马铃薯苗被冻枯。 |
| 30 | 1979 年 10 月上旬 | 全省出现低温，大部地区降温 6℃—10℃以上，昆明旬平均气温只 11.5℃，比历年同期气温平均值低 4.5℃，对晚稻和迟栽中稻有影响。 |

续表

| 序　号 | 年　份 | 低温霜冻情况 |
|---|---|---|
| 31 | 1982 年 | 晋宁县 12 月 25—26 日降大雪，雪后严霜，出现严重冷冻低温灾害，25—28 日日均气温零下 0.4℃，最低气温为零下 6℃，蚕豆冻死共 680 亩、小麦受灾 760 亩、甘蔗受害 140 亩，冻死牛 16 头。路南县 4 月 3—5 日持续倒春寒，日均气温 8.5℃。 |
| 32 | 1983 年 | 呈贡县 3 月 1—7 日、14—17 日出现倒春寒共 11 日，8 月 1—3 日低温。晋宁县 1 月 19—23 日雨夹雪，雪后霜，降温急剧，21—23 日平均气温 0.8℃，最低气温零下 2.7℃。 |
| 33 | 1986 年 | 昆明官渡、西山两区霜冻成灾，受灾面积 266415 亩。呈贡县霜冻成灾 92586 亩，3 月 2 日最低气温降到零下 5℃，2—3 日降小雪，4—6 日雪后复严霜，夏粮作物遭毁灭，水果损毁近半。晋宁县 3 月 1—3 日强寒潮侵袭，3 月 2 日最低气温零下 4.5℃，日均气温零下 0.1℃，雪后严霜，蚕豆损失 97%、小麦损失 90%、薯类损失 100%、油菜损失 70%、云南松受害面积 44.5%、幼林冻死为总株数的 69.75%、冻死耕牛 26 头、羊 22 只、冻坏水管 3150 米。滇池流域小麦、蚕豆绝收。 |
| 34 | 2002 年 7 月下旬 | 受北方冷空气和西南暖湿气流的共同影响，滇池流域持续出现阴雨天气，日照时数锐减，气温大幅度下降。 |
| 35 | 2006 年 5 月 16—17 日 | 嵩明县滇源镇、阿子营乡发生霜冻灾害，农作物受灾面积 398.5 公顷，花卉受灾 9.8 公顷，168 万株正处于花苞期的百合花受灾。直接经济损失 500 万元。 |
| 36 | 2008 年 1 月 28 日至 2 月 28 日 | 滇池流域相继出现降温、降雨雪天气，使水利工程、城乡供水、防汛抗旱工程设施受损，冻坏各型管道 345230 米、水表 14078 只、闸阀 4814 个、水龙头 6042 个，损坏渠道 2516 米，农村电力设施断线 26 处，倒/断电杆 4 根，防汛抗旱监测系统中继站 4 个站点、水文站点的太阳能电池受损，55.61 万人受影响。 |
| 37 | 2011 年 3 月 15—18 日 | 滇中及以东地区出现倒春寒天气，造成滇池流域嵩明等县（区）发生低温冷害，农作物大面积绝收。 |
| 38 | 2013 年 12 月 18 日 | 全省 70 多个县（市）的气温骤降至 0℃以下，滇池流域凌晨 3—6 时为零下 1℃，7—8 时为零下 2.1℃，大部分地区的最低气温都突破了近 10 年的极值，大范围的霜冻天气 10 年不遇。 |
| 39 | 2014 年 1 月 12 日 | 第一场寒潮光顾滇池流域及以东以北地区。 |
| 40 | 2015 年 1 月 11 日 16 时 30 分 | 昆明市气象台发布霜冻黄色预警信号：滇池流域大部地区有出现霜冻的可能，对农作物、林业育种要积极采取田间灌溉等防霜冻、冰冻措施，尽量减少损失；对蔬菜、花卉、瓜果要采取覆盖、喷洒防冻液等措施，减轻冻害。 |

# 第五节　雪　灾

滇池流域降雪较少，除境内海拔较高的禄劝轿子雪山积雪时间较长外，其余地方大都在 12 月至次年4月间偶有降雪。降雪和积雪概率随海拔增高而上升。如太华山的年平均降雪日数为2次，积雪日数为2.5天；嵩明年平均降雪3.5天，积雪1.6天；而海拔较低的昆明、晋宁、呈贡、官渡等坝区平均年降雪1.7—2.2天，积雪0.7—1.0天。特别是昆明城内降雪次数较少，偶有积雪就被当作奇观奇景欣赏。在各种自然灾害中，大雪是危害较少的一种。滇池流域史上特大雪只有元至正二十七年（1367）等为数不多的几次。因降雪少，防灾意识亦较淡，偶遇大雪，城内交通常被阻断。

## 1367—2015年滇池流域大雪一览表

表1-6-5

| 序 号 | 年 份 | 大雪情况 |
|---|---|---|
| 1 | 元至正二十七年（1367）二月 | 昆明等县雪深7尺，人畜均有死伤。 |
| 2 | 明洪武十二年（1379）二月 | 昆明雪深7尺，人畜均有死伤。 |
| 3 | 嘉靖二十年（1541）秋九月 | 昆明大雪。 |
| 4 | 万历二十九年（1601）九月 | 昆明大雨雪。 |
| 5 | 清雍正九年（1731）十二月 | 昆明大雪。 |
| 6 | 雍正十三年（1735）冬月二十八日 | 昆明等县大雪。 |
| 7 | 乾隆十一年（1746）一月三十日 | 昆明、晋宁等十余州县降雪，农作物伤，米价骤涨。 |
| 8 | 乾隆四十九年（1784）闰三月 | 昆明等县大雪。 |
| 9 | 光绪二十二年（1896）正月初 | 昆明大雨雪，雷电交作。晋宁县大雪，道路积雪有深至五、六尺者。昆阳县正月二日大雪。 |
| 10 | 光绪二十三年（1897）正月二十七日 | 晋宁县大雪深数尺。 |
| 11 | 民国二年（1913）11月13—14日 | 昆明、呈贡等县降大雪，深约3尺。 |
| 12 | 民国十七年（1928） | 昆明及附近各县普降大雪，深尺许，五六天后才融化完。 |
| 13 | 1956年 | 晋宁县，2月25日至3月1日降大雪，总降雪量27.6毫米，定时观测积雪深度为9.5厘米。 |
| 14 | 1959年 | 嵩明县小哨一带连续几天大雪，冻死羊90只。 |
| 15 | 1964年 | 晋宁县12月17日降雪，降雪量为10.5毫米；12月26日降雪6.5毫米。路南县12月下雪两次。 |
| 16 | 1965年 | 晋宁县1月15日降雪7.8毫米。 |
| 17 | 1971年 | 晋宁县3月19日降雪。 |
| 18 | 1974年 | 晋宁县3月26—27日普降大雪，降雪总量16毫米。 |
| 19 | 1976年 | 昆明、呈贡、嵩明等县3月2—4日降大雪，降雪量27.5毫米，积雪深20厘米。晋宁县3月1—3日降大雪，总降雪量33.7毫米，雪后霜，灾情严重。 |
| 20 | 1981年 | 昆明、呈贡等地12月19—20日降大雪，降雪量16.1毫米，平地积雪7厘米。 |
| 21 | 1982年 | 晋宁县12月25—26日降雪，总降雪量6.5毫米，雪后霜，灾情严重。 |

续表

| 序 号 | 年 份 | 大雪情况 |
|---|---|---|
| 22 | 1983 年 12 月 27—28 日 | 昆明连续降雪 32 小时，总降雪量 45 毫米，最深积雪 47 厘米，最低气温零下 7.8C，太华山积雪深达 49 厘米。呈贡县降雪量 28.5 毫米，积雪 5 天，平地积雪 26 厘米，交通受阻。晋宁县降雪 45 毫米，积雪深度 30—90 厘米，雪后严霜，灾情严重。 |
| 23 | 2000 年 1 月 29—31 日 | 滇池流域先后出现降雪或雨夹雪天气，其中局部出现了暴雪。1 月 31 日 08 时降雪量达 30.8 毫米，最大积雪深度为 28 厘米。嵩明、呈贡等县区均超过 20 毫米降雪量。1 月 30 日昆明国际机场被迫临时关闭，176 个航班被延误，15000 余名旅客滞留机场。30 日昆明火车站应发的车次全部晚点。省公路客运长途汽车全部停运，上万名民工被滞留昆明。昆玉、安楚、楚大公路等几条交通要道被迫关闭。昆明市内的交通也受到巨大影响；大雪给昆明世博园、翠湖公园、圆通山公园等园林均造成较大的损失。昆明市有 79 条供电线路被树枝打断或被雪压断。嵩明县 2000 个花卉、蔬菜大棚受灾，1350 亩烤烟大棚、3000 多棵树木、6000 多亩竹子被雪压倒，部分家禽被冻死，水管被冻坏。晋宁县蚕豆 6317 亩受灾，绝收 2169 亩；小麦受灾 10600 亩，油菜受灾 8742 亩，绝收 2720 亩；蔬菜受灾 4450 亩，大棚倒塌 273 个；花卉受灾 11715 亩，大棚倒塌 233 个。全市小春农作物受灾 79.86 万亩，其中蚕豆受灾 48.84 万亩、蔬菜受灾 11.97 万亩、花卉受灾 2，13 万亩、其他农作物受灾 16.9 万亩，因灾倒塌民房 28 户 64 间，损坏民房 182 户 546 间；受伤 26 人，死亡大牲畜 651 头（匹）。 |
| 24 | 2002 年 3 月 6—7 日 | 嵩明县降雪，积雪最深达 17 厘米，温度大幅度下降，日平均气温 1.8℃，极端最低气温 0.1℃。全县蚕豆受灾 57912 亩，小麦受灾 39052 亩，大麦受灾 5710 亩，啤酒大麦受灾 33193 亩，豌豆受灾 7860 亩，杂豆受灾 1500 亩，烟苗受灾 32.5 亩，蔬菜受灾 1550 亩，油菜受灾 100 亩，花卉受灾 1060 亩，大哨乡松包 80% 受到损害。 |
| 25 | 2004 年 2 月 6 日晚至 2 月 7 日 | 嵩明县境内持续普降大雪，坝区雪深 14.9 厘米，大哨乡雪深 20 厘米以上。全县蚕豆受灾 8.1 万亩，经济损失 680 万元；大麦受灾 3 万亩，经济损失 160 万元；花卉受灾 1000 亩，经济损失 60 万元。3000 多株树木折断。 |
| 26 | 2005 年 3 月 2 日 | 嵩明县气温骤降，3 月 4 日出现罕见的中到大雪天气。3 日 24 时至 4 日 8 时，县城降雪量 5.5 毫米，积雪深度 1.3 厘米，最低气温 0.1 度。4 日 8—10 时降 14.9 毫米大雪，积雪深度 1.1 厘米。造成小春作物受灾 2249 万亩，花卉受灾 22.1 万亩，大棚倒塌 59 个。 |

续表

| 序 号 | 年 份 | 大雪情况 |
|---|---|---|
| 27 | 2007年1月31日至2月3日 | 出现了一次入冬以来最强的降温降水天气过程。昆明市等9州市出现雪灾，滇中及以北地区交通受影响明显。导致高速公路封闭，航班延误，造成70.8万人受灾，房屋受损793间，倒塌193间，农作物受灾108.75万亩，死亡牲畜2427头。直接经济损失9886.9万元。 |
| 28 | 2008年1月中旬至2月中旬 | 发生了历史罕见的低温雨雪冰冻灾害。2月下旬又受强冷空气影响，使滇池流域再次出现强倒春寒天气。灾害持续时间之长、强度之大、损失之重都创下了50年来最严重的记录。低温雨雪冰冻灾害造成滇池流域农作物受灾，有的农作物绝收。 |
| 29 | 2013年12月中旬 | 滇池流域地区发生雪灾，影响范围超过2008年的大范围低温雨雪冰冻天气，雨雪过后又发生1999年以来最严重的低温冷害、霜冻灾害。 |
| 30 | 2014年2月18—19日 | 呈贡区出现雨夹雪和降雪天气，最大积雪深度10.1厘米。雪灾造成4356人受灾，分散安置6人，农田受灾面积59.2万亩，农房损坏16间，斗南花卉市场停车场停车大棚倒塌，造成60余辆车辆受损。直接经济损失2211.5万元，其中农业损失1799.5万元。 |
| 31 | 2015年1月上旬、12月中旬 | 2次寒潮过程降温幅度大，并伴有雨雪天气，昆明等13个州（市）65个县（市）发生低温冷害、雪灾、霜冻等灾害。 |

# 第六节　冰　雹

冰雹为滇池流域小范围灾害气象，12月至次年4月逐月增多，4月份达到全年高峰。按季度来分，以春季（3—5月）雹灾最多；夏季（6—8月）次多，其中以7月为高峰月份；再次为秋季（9—11月）；冬季（12月至次年2月）最少。一天内多发生在午后或傍晚，连续降雹时间10分钟以内，少数达15—30分钟。

俗话说"雹走老路"。滇池流域冰雹的移动路径大多是顺山谷低地移动，其总的方向为自北向南，常见移动路径为自东北向西南、自北向南或自西北向东南。强度较大降雹的冷空气，大多是顺山谷低地或山侧绕道而过，因此冰雹多降于山腰以下或坝区，落高山的机会较少。冰雹灾害一般面积小，"雹打一条线"。灾害性冰雹的长度和宽度，一般成正比，如1972年4月20日20时30分晋宁县一次冰雹，降雹自北向南移动，降雹落地长30千米、宽3千米。

## 1522—2014 年滇池流域冰雹记录一览表

表1-6-6

| 序 号 | 年 份 | 冰雹情况 |
|---|---|---|
| 1 | 明嘉靖元年（1522） | 昆明四月雨雹，大如鸡蛋，禾苗、房屋被伤者无数。 |
| 2 | 嘉靖四十年（1561） | 昆明大雨雹，伤禾稼。 |
| 3 | 万历十三年（1585） | 昆明、嵩明等县雨雹伤禾。 |
| 4 | 万历二十五年（1597） | 昆明三月雨雹伤麦。 |
| 5 | 万历四十六年（1618） | 昆明二月雨雹。 |
| 6 | 万历四十七年（1619） | 昆明十二月大雨雹，雷电交作，云气黄白。 |
| 7 | 清顺治十六年（1659） | 昆明三月大雨雹，雹大如卵、如拳，深两尺多，伤牲畜无数。 |
| 8 | 康熙十一年（1672） | 昆明冬至后三日，雷、电、雨、雹、风、雪并作。 |
| 9 | 康熙十九年（1680） | 昆明正月大雨雹，继而大雨多日。 |
| 10 | 康熙四十八年（1709） | 嵩明县四月大雨雹，大如拳头。八月邵甸等地雨雹如鸡蛋，伤秧、麦。 |
| 11 | 康熙五十一年（1712） | 晋宁县、昆阳县四月八日大雨雹，积地深尺余，损坏秧苗，伤牛羊无数。 |
| 12 | 康熙五十二年（1713） | 嵩明县九月雨雹伤禾，造成饥荒。 |
| 13 | 雍正五年（1727） | 晋宁县三月大雨雹，由河泊所至金沙之南一带田中小麦尽伤，颗粒无收，树木仅存老干，雹 10 日未消。 |
| 14 | 乾隆十七年（1752） | 昆明五月雹如球。 |
| 15 | 嘉庆三年（1798） | 昆明十二月大雨雹。 |
| 16 | 嘉庆二十年（1815 年） | 昆明雨雹。 |
| 17 | 道光九年（1829）春 | 呈贡、昆明、晋宁、昆阳大雨雹。 |
| 18 | 道光十七年（1837）二月三日 | 嵩明县邵甸雨雹，大如鸡蛋。 |
| 19 | 道光三十年（1850） | 晋宁县三月大雨雹，平地深尺许，大者如鸡蛋，小者如黄豆，鸟雀触之多死，菽麦无收，岁饥。 |
| 20 | 咸丰六年（1856） | 昆明大雨雹伤菽，雀鸟被击死无数。呈贡县二月四日大雨雹，有两尺深，豆麦受损。 |
| 21 | 光绪二年（1876） | 呈贡县二月大雨雹，庄稼受损，豆麦无收。 |
| 22 | 光绪十七年（1891） | 嵩明县二月三日邵甸雨雹，大如鸡蛋，小如蚕豆，损伤秧苗。 |
| 23 | 光绪二十年（1894）夏 | 昆明雨雹伤稼。 |
| 24 | 光绪二十五年（1899） | 晋宁县二月十九日午后，大雨雹，雹粒平地积深尺许，田中豆麦悉被伤，鸦雀亦被打死坠地。 |
| 25 | 民国二年（1913） | 昆明 3 月冰雹大如弹丸。呈贡县 3 月 31 日大雨雹约半小时许，归化一带尤甚，冰雹大如弹丸，豆、麦皆被打坏。 |
| 26 | 民国七年（1918） | 昆明南郊、呈贡县的小河口、斗南等 34 村降冰雹，伤害禾苗甚多。 |

续表

| 序 号 | 年 份 | 冰雹情况 |
|---|---|---|
| 27 | 民国十二年（1923） | 晋宁县冰雹成灾，雨雹伤荞、麦。 |
| 28 | 民国十三年（1924） | 晋宁县9月三多塘村、安乐村、上、下蒜村及宝安等地降冰雹，打落田中稻谷，千余亩受损。 |
| 29 | 民国十八年（1929） | 晋宁县9月降冰雹，打落梁王山、福安等地保水田中稻谷千余亩。 |
| 30 | 民国十九年（1930）9月， | 晋宁福安、梁王山、上下海埂各地降冰雹，打落田中稻谷千余亩。 |
| 31 | 民国二十年（1931） | 嵩明县小哨降雹，最大如鸡卵，农作物全被打坏，民食野菜草根度日。 |
| 32 | 民国二十八年（1939） | 嵩明县小哨降冰雹，大如拇指，玉米叶子被打碎，50%玉米受损。 |
| 33 | 民国三十一年（1942） | 晋宁、昆阳等地6月大雨雹，有粒大如碗者，自东至西遍百里，裂瓦摧甍，穿窗似弩，室内成流，行人多被伤，为百年所仅见。 |
| 34 | 1954年 | 昆明5月下旬冰雹。呈贡县7月冰雹。 |
| 35 | 1956年 | 昆阳降冰雹，大如蚕豆，积地1尺，3个乡受灾。 |
| 36 | 1957年 | 晋宁县昆阳坝子1月13日降冰雹，平均粒重0.4克，同时刮大风。 |
| 37 | 1960年 | 昆明冬、春降冰雹。晋宁县7月12日下午5时双河公社各生产队降冰雹约半小时，雹粒积地3寸厚，最大如鸡蛋，最小如蚕豆，农田受灾500余亩，打伤1人。同日下午6时，海晏、富有等地降雹约10分钟，烤烟、果树、蔬菜、养子受灾较重。嵩明县7月12日大风夹雹，玉米、烤烟受灾较重。 |
| 38 | 1961年 | 9月28日夜，晋宁县昆阳、新衡降冰雹，水稻受灾。 |
| 39 | 1962年 | 4月29日下午4时，晋宁县昆阳降冰雹，最大粒者直径3毫米，小秧受灾。 |
| 40 | 1964年 | 2月26日，呈贡县马金铺一带降冰雹，蚕豆受灾6000亩；4月30日，马金铺、吴家营、龙街和官渡区的矣六、六甲、先锋、前卫等地降冰雹达半小时，8个公社小春粮食作物受灾1.86万亩，水果受灾亦重。8月11日晚23时，矣六、洛羊、龙街3个公社降冰雹，受灾11530亩，水果损失2700担，打坏房屋313间，雷电击死1人。嵩明县2月5日降冰雹，蚕豆、油菜受损38%；5月23日15时降冰雹，粒大如黄豆，部分烤烟秧受损；8月16日，风、雨、冰雹同时发生，烟叶受伤。 |
| 41 | 1966年 | 昆明6月25日19时28—56分降冰雹，雹粒直径4毫米，局部地区农作物损失50%以上。 |
| 42 | 1967年 | 呈贡县4月13日降雹，全县有5697亩秧田受灾。晋宁县4月25日下午昆阳降雹，雹粒均重5克，最大直径5毫米，5个大队受灾。嵩明县4月13日降雹，雹粒大的如蚕豆，一般如玉米粒，局部农作物受损；4月23日、25日降雹，部分小秧受损。 |
| 43 | 1970年 | 晋宁县，9月23日15时降冰雹，干河大队的水稻70余亩受灾。 |

续表

| 序号 | 年份 | 冰雹情况 |
|---|---|---|
| 44 | 1971 年 | 呈贡县 7 月 23 日降冰雹，郎家营、中庄、下庄、万溪冲、横冲、大云等 6 个大队受害。 |
| 45 | 1972 年 | 晋宁县 4 月 20 日 20 时降雹，雹粒大的如核桃，小的如黄豆，宝丰公社等地受灾，小麦损失约 70%；8 月 15 日 21 时许，化乐、夕阳、二街等地降雹，雹粒最大 3 克，一般 1.5 克，水稻受灾 100 余亩。嵩明县 8 月 15 日 19 时 9 分至 18 分降冰雹，豌豆、苞谷、烤烟的叶子被打烂。 |
| 46 | 1973 年 4 月 19 日 1 时 20 分至 40 分 | 官渡区降冰雹，打坏小春作物 40000 多亩。嵩明县 3 月 24 日降冰雹，雹粒大的如鸡蛋。 |
| 47 | 1976 年 | 昆明 8 月底至 9 月初有 10 个公社 23 个大队遭冰雹，受灾面积 2.5 万多亩。 |
| 48 | 1979 年 | 晋宁县 2 月 9 日 14 时 34 分至 41 分降冰雹，雹粒最大者重量 4.2 克，对正在开花结荚的蚕豆、油菜影响大。 |
| 49 | 1981 年 | 晋宁县 6 月 17 日晚 11 时，狂风冰雹 20 余分钟，雨子雾、富有、安江、石龙、回龙、石寨、金沙等地受灾农田 3900 亩；9 月 4 日下午 4 时半至 5 时二街公社肖家营等 8 个生产队下冰雹，200 余亩农作物受损；9 月 14 日下午 5 时许夕阳公社的打黑等生产队下冰雹，损失粮食 14 万多斤。 |
| 50 | 1983 年 | 晋宁县 4 月 21.24 日双河公社 2 次下冰雹，5 个生产大队受灾，小秧损失较严重。 |
| 51 | 1984 年 | 晋宁县 7 月 19 日六街区、木干井下冰雹；8 月 17 日双河、大绿溪乡风、雨、雹齐下，玉米受损；8 月 24 日企鲁祖至保安一带下冰雹，稻谷损失较重。 |
| 52 | 1985 年 | 晋宁县 4 月 15.18.28 日夕阳、宝峰、上蒜、晋城、六街等地降冰雹，小秧、小春作物和水果受损；7 月 14 日下午 2 时 6—14 分，上蒜、下蒜、下石美等地降冰雹，最大雹粒直径 8 毫米，烤烟、水稻、苞谷受损；8 月 22 日 21 时双河、夕阳、新山等地降冰雹，农作物损失 2—3 成，山地小麦尤重。 |
| 53 | 1986 年 | 晋宁县 4 月 6 日下午 7 时和 7 日上蒜、化乐、昆阳、二街等地降雨雹和大风，小秧 1702 亩受灾，上蒜灾情最重；7 月 8 日晚六街区遭冰雹和暴风袭击，31 户烟农的 420 亩烤烟受灾。 |
| 54 | 2002 年 6 月 6 日 13 时 0 分至 13 时 05 分 | 嵩明县白邑乡麦地冲村遭受冰雹灾害，冰雹直径 6 毫米，造成 1010 亩农作物受灾。其中烤烟受灾 450 亩、绝收 100 亩，损失 7 成以上的 350 亩，蔬菜 400 亩绝收，玉米 160 亩叶片打光。 |
| 55 | 2002 年 6 月 24 日 16 时至 18 时 | 晋宁县二街、上蒜、化乐 3 个乡镇遭受单点暴雨、冰雹袭击，冰雹直径 8 毫米，致使农作物不同程度受灾。烤烟受灾 7334.5 亩、成灾 4980.9 亩、绝收 1313.6 亩，玉米成灾 169 亩，蔬菜受灾 50 亩、成灾 30 亩、绝收 20 亩。 |

续表

| 序　号 | 年　份 | 冰雹情况 |
|---|---|---|
| 56 | 2002 年 7 月 12 日下午至 7 月 14 日中午 | 晋宁县 7 月 12 日 15 时 40 分至 16 时，晋城镇五里、石碑 2 个办事处遭受冰雹袭击，烤烟受灾 300 亩、成灾 200 亩、绝收 100 亩；7 月 13 日 15 时化乐乡十里、八家 2 个办事处遭受冰雹袭击，降雹时间 10 分钟；7 月 14 日 14 时化乐乡八家、关岭、火石坡 3 个办事处再次遭受冰雹袭击，降雹时间 10 分钟。2 次降雹共造成 1000 亩烤烟绝收。 |
| 57 | 2003 年 3 月 21 日夜间 | 呈贡县 5 个乡镇降冰雹，持续时间 3 分钟，冰雹最大直径 10 毫米，农作物受灾面积 21674 亩，成灾面积 14397 亩，大棚受损 6007 亩。 |
| 58 | 2003 年 8 月 21 日下午 17 时 | 嵩明白邑乡发生冰雹、大风灾害，冰雹直径 5 毫米，大风风速 17 米 / 秒以上，白邑乡兴庵、化龙烤烟受灾 700 亩，8 成以上绝收。 |
| 59 | 2004 年 1 月 9 日上午 9 时 | 晋宁县化乐乡降冰雹，关岭村降雹时间 5 分钟，农作物受灾 480 亩，其中豌豆受灾 200 亩、蚕豆受灾 80 亩、油菜受灾 200 亩。 |
| 60 | 2004 年 7 月 2 日至 7 月 3 日 | 7 月 2 日 11 时 10 分晋宁县二街乡发生暴雨、大风、冰雹天气，冰雹持续时间 7 分钟，烤烟重灾 1901 亩，中等灾害 831.7 亩，轻灾 415 亩；玉米受灾 1510 亩，烤房 2 座受损；7 月 3 日 13 时化乐乡八家村发生暴雨、冰雹灾害，冰雹直径 4 毫米，持续时间 6 分钟，烤烟受灾 1000 亩、绝收 500 亩，玉米受灾 50 亩。直接经济损失 100 万元。 |
| 61 | 2011 年 4 月 17 日下午 17 点 30 分 | 昆明市西市区黑林铺下冰雹，冰雹约樱桃大小。 |
| 62 | 2013 年 | 昆阳下大如鸡蛋的冰雹。 |
| 63 | 2013 年 5 月 1—3 日 | 滇池流域发生冰雹灾害，造成较大经济损失。 |
| 64 | 2013 年 7 月 25—28 日 | 滇池流域发生冰雹、大风灾害。 |
| 65 | 2013 年 8 月 13—17 日 | 滇池流域发生冰雹、大风灾害。 |
| 66 | 2014 年 5 月 1—3 日 | 滇池流域发生冰雹、大风灾害，造成 15.1 万人受灾，2 人死亡；房屋受损 2790 间，倒塌 123 间；农作物受灾面积 24.2 千公顷，绝收面积 3.5 千公顷。直接经济损失 28251.1 万元，其中农业经济损失 14950.5 万元。 |
| 67 | 2014 年 10 月 20 日 | 滇池流域多地遭遇短时强降雨、雷电、冰雹等强对流天气，昆明上空电闪雷鸣，雨越下越大，同时伴随一个个豌豆大小的冰雹从天而降，此时正值农作物收获关键时节，一场突如其来的冰雹使农户地里的烟叶损失严重，果树、蔬菜、玉米等农作物也遭受不同程度损失。 |

# 第七节 大 风

风灾为滇池流域常见自然灾害中危害较小的一种，大多是局部小范围地面出现，对农业生产造成的灾害约占各种自然灾害的1%以下。出现时间在仲春和初夏干雨交替时期较多，持续时间短，但瞬时风速大，造成树木、农作物倒伏，或吹翻房屋、船只。大风出现时往往伴有雷和冰雹。

## 1503—2015 年滇池流域大风情况一览表

表1-6-7

| 序 号 | 年 份 | 大风情况 |
|---|---|---|
| 1 | 明弘治十六年（1503） | 昆明大风，贡院（今云南大学）腾蛟、起凤坊额被吹去十余里，山上麦吹移山下。 |
| 2 | 清康熙三年（1664） | 晋宁县风雨伤禾，稻无收，民大饥。 |
| 3 | 康熙五年（1666） | 昆明大风，有树木被吹拔。 |
| 4 | 康熙四十九年（1710）二月二十七日 | 晋宁、昆阳大风，有船翻于八仙湾，溺死30余县人及远近贸易者数十人。 |
| 5 | 乾隆十四年（1749）正月 | 昆明大雷电、狂风，大小官署门户洞开。 |
| 6 | 乾隆四十三年（1778）十二月 | 昆明昼大风，民居颠扑。 |
| 7 | 道光七年（1827） | 昆明三月大风，有树木被拔起。 |
| 8 | 光绪八年（1882）七月 | 呈贡县洛龙河、新册村界内有龙斗（龙卷风）果园中，果木尽拔，树飞二三里外。 |
| 9 | 光绪十一年（1885）七月 | 呈贡县大冲、倪家营界内龙卷风2次，果木被拔起千余株，大冲草屋一连三间被风吹去里许。 |
| 10 | 光绪十四年（1888）二月二十四日申时 | 晋宁县大风，州城瓦房瓦片悉为翻落，年久草房，茅盖绳枢悉被卷去，文昌官银杏树一棵，盘错多年，亦从中折断，村边山林大树亦被拔起，州人恐惧。 |
| 11 | 光绪二十年（1894）正月甲午 | 昆明大风吹断树木。晋宁县，望日大风，有房屋被毁，树木被吹断。 |
| 12 | 光绪二十三年（1897）正月十六日 | 晋宁县大风，屋瓦吹落。 |
| 13 | 光绪二十九年（1903）十二月十六日 | 晋宁县牛恋乡西三里诈，红焰腾空，似霞非霞，人感惊骇，奔走逃避，不久，暴风自红焰处骤至，合抱大树连根拔起，新砌双墙彻底摧翻，楼房瓦片纷纷坠落，雀鸦不胜风力，触死者不计其数，数十人遭瓦石击伤。 |
| 14 | 1955 年 | 昆明3月26日太华山大风，风速40米/秒，吹歪茅屋1间，吹断中等桃树1棵。嵩明县7月12日大风，吹断公路上大树数棵。 |
| 15 | 1957 年 | 1月3日晋宁县昆阳坝子大风，风力9级，宝峰区的新街乡刮倒房屋2间。 |

续表

| 序 号 | 年 份 | 大风情况 |
|---|---|---|
| 16 | 1958 年 | 1 月 22 日晋宁县新街区有 1 艘载重 4 吨的船由海口驶回，至距梁王岸口 1 华里处突遭暴风，将船吹翻沉没，船上共 55 人，淹死 48 人，计男 21 人、女 27 人，其中青壮年 30 人。 |
| 17 | 1964 年 | 8 月 11 日晚 23 时呈贡县倪家营、洛羊、渔村等地大风，吹坏房屋 313 间。 |
| 18 | 1966 年 | 4 月 16 日 6 时 12 分至 7 时晋宁县中和区储英乡大风刮倒大树 1 棵，打死小孩 1 人。 |
| 19 | 1972 年 | 呈贡县 5 月 23 日大风，瞬时风速大于 30 米 / 秒。 |
| 20 | 1973 年 | 昆明 4 月 5 日大风，风速 40 米 / 秒。呈贡县 4 月 12—13 日大风，最大风速 25 米 / 秒。 |
| 21 | 1974 年 | 呈贡县 3 月 2 日大风，最大风速为 21 米 / 秒。 |
| 22 | 1975 年 | 昆明 4 月 12 日大风。呈贡 2 月 12 日大风，最大风速 20 米 / 秒。 |
| 23 | 1977 年 | 呈贡县 4 月 10 日大风，瞬间风速为 25 米 / 秒。 |
| 24 | 1978 年 | 呈贡县 4 月 9 日大风，瞬间风速为 24 米 / 秒。 |
| 25 | 1981 年 | 6 月 17 日夜 11 时许，晋宁县晋城地区狂风夹雨，一抱粗的大树被吹倒，部分屋瓦被吹落；9 月 5 日，夕阳公社的高粱地、小石板河、木鲜等地大风，410 亩谷物被吹伏。安宁县 3 月 1 日狂风造成轻灾，极乐村停车场围墙被吹倒，县城石棉瓦屋顶被吹落。 |
| 26 | 1983 年 | 2 月 22 日晋宁县二街公社安基村受龙卷风袭击，全村共 27 户，有 25 户受灾，吹毁屋瓦 51 间，酒房烟囱被吹断，装满酒的酒罐被毁 10 余个，直径 20 厘米的山楂树被扭断并被刮到六七十米外的田中，树干周长 170 厘米的大树被连根拔起，15 厘米干径的柳树连同树上的高音喇叭被吹到 10 米以外的田中。 |
| 27 | 1986 年 | 4 月 7 日上午 10 时左右，晋宁县昆阳区安企村老王坝河遭大风袭击，全村共有 81 户有 42 户受灾，屋瓦被吹落上万片，有 2 棵大树被吹倒；二街区响水乡野马冲大风吹倒 10—20 厘米干径的树木多棵，屋瓦被吹飞千余片，8 户农民受灾，水果、蔬菜、烤烟等受损。 |
| 28 | 1999 年 | 8 月 30 日晚 6 点 10 分前后，呈贡县龙街乡上可乐、下可乐等办事处遭受到严重的"龙卷风"袭击，造成全县 80% 地区电力中断 6 小时，住房 78 间倒塌，93 间进水，2 头耕牛被雷电击死，1 人被击伤，农作物成灾面积 562 亩，直接经济损失 899.6 万元。 |
| 29 | 2000 年 | 12 月 12 日 21 时 07 分，晋宁县六街乡干海、青菜 2 个办事处突然遭到前所未有的龙卷风袭击，致使这 2 个办事处的部分村庄成灾。有的民房房顶横梁被掀飞出 200 多米外，风过处瓦片被卷落，20 多厘米直径的树木被扭断，电视接收天线（锅盖）被掀翻扭曲不能使用，一名即将分娩的孕妇被吹落的横木砸断了脚。这次龙卷风发生突然，来势凶猛，没有征兆。成灾的农户有 92 户 374 人，损坏房屋 420 间，重伤 1 人。 |

续表

| 序 号 | 年 份 | 大风情况 |
|---|---|---|
| 30 | 2002 年 | 4 月 9 日 16 时至 17 时 30 分，呈贡县出现强风天气，测站最大风速达 17 米 / 秒，造成大棚作物受损 9369 亩，成灾 322 亩；蔬菜受灾 3398 亩，成灾 260 亩；花卉受灾 1684 亩，成灾 185 亩；房屋倒塌 10 间，大型广告牌倒塌 2 个。 |
| 31 | 2002 年 | 8 月 4—5 日 2 天下午，呈贡县出现雷暴、强降水并伴有短时大风、冰雹灾害性天气，部分乡镇受灾严重。斗南镇农作物受灾面积 1080 亩，其中花卉受灾面积 390 亩、蔬菜受灾面积 690 亩，大棚被大风损坏 1080 亩，因冰雹受灾 250 亩；大风吹倒树木 41 棵，房屋进水 218 户，倒塌 1 户，经济损失 475 万元。8 月 5 日上可乐村被雷击死 1 人，击伤 1 人；洛羊镇花卉受灾面积 300 亩，蔬菜受灾面积 949 亩，大棚损坏 23 亩，合计受灾 1272 亩，成灾 1100 亩；七甸乡蔬菜受灾面积 120 亩，成灾 10 亩；龙城镇蔬菜受灾面积 700 亩，大棚损坏 100 亩，水池倒塌 1 个，房屋倒塌 1 间。 |
| 32 | 2004 年 | 7 月 30 日 17 时 10 分至 18 时，晋宁县化乐乡八家村委会发生大风、冰雹天气，农作物受灾 12 亩，直接经济损失 8000 元。 |
| 33 | 2005 年 | 3 月 21 日 17 时 10—28 分，晋宁县出现大风天气，最大风速 20 米 / 秒，造成 1 人死亡，2 人轻伤，损坏房屋 349 间，农作物受灾 468.9 公顷，花卉、蔬菜大棚倒塌 760 个，砸死种鸭 100 只，吹断树木 830 棵，毁坏电线杆 1 根，毁坏饮水管 1 根，毁坏太阳能热水器 1 套。直接经济损失 1000 万元。 |
| 34 | 2012 年 8 月 4—6 日 | 滇池流域发生大风、冰雹灾害。 |
| 35 | 2012 年 8 月 12—14 日 | 发生大风、冰雹灾害 |
| 36 | 2013 年 3 月 23 日 22 时许 | 受西南气流东移影响，昆明城区刮大风。 |
| 37 | 2015 年 3 月 7 日 | 昆明平均风力 4 级，最大时可达到 8 级。 |
| 38 | 2015 年 4 月 18 日 | 云南民族村旁滇池温泉花园酒店路段一棵 10 余米高的树被吹倒，造成路段断交。 |

# 第八节 雷 击

滇池流域地处低纬度地区，是强对流天气多发区域。据中国天气网发布的最"招雷"省会城市排名，昆明紧随海口、广州、南宁之后，排名第四。滇池流域35年雷暴资料显示，年平均雷暴日63.5天，最高年份达97天（1982年），最少年份35天；年最早雷暴初日是1月1日（1987年），年最晚雷暴日12月28日（1977年）；初雷一般在1—4月，终雷一般在9—12月。昆明城区雷暴主要发生在5—9月，月平均雷暴日数都超过6天，6—8月为年雷暴高发月，8月最强，最多时当月雷暴日可高达22天。多年平均13.8天。

**1986—2015年滇池流域雷击灾害记录一览表**

表1-6-8

| 序 号 | 年 份 | 雷击情况 |
|---|---|---|
| 1 | 1986年1月1日 | 呈贡县出现雷暴，吴家营和斗南击死7人、伤11人。 |
| 2 | 1990年7月27日 | 呈贡县出现大雷暴，前卫营和跑马山雷击身亡2人。 |
| 3 | 2002年8月4日晚8时许 | 昆明市龙泉镇羊肠大村1名28岁男子在家中遭雷击身亡。同时遭雷击的还有死者的妻子和2个孩子，3人昏迷1个多小时后苏醒，妻子和较小的孩子受了轻伤。 |
| 4 | 2004年7月30日 16时至20时 | 呈贡县出现雷雨天气，吴家营乡、马金铺乡发生雷击伤亡事故，死亡5人，伤1人。 |
| 5 | 2004年7月30日17时30分 | 晋宁县六街乡三印村有父女2人在山上遭雷击身亡。 |
| 6 | 2008年8月3日 | 晋宁县晋城镇发生雷电灾害，造成1人死亡，1人受伤，房屋受损6间。 |
| 7 | 2012年9月27日15时左右 | 昆明西山区海口镇一民房施工工地发生雷击事故，共造成人员1人死亡、1人受伤，1个电源插座被烧毁，1台电磁炉损坏。 |
| 8 | 2014年7月17日 | 昆明金实小区宏实园15栋A单元因为频繁遭遇雷电天气，一月内电梯坏了2次。 |
| 9 | 2015年 | 滇池流域及周边发生雷电灾害事故100次，涉及公园、学校、医院、电站、污水处理厂等单位。 |

# 第二篇　社会经济

# 简　述

　　水是生命之源，是经济社会发展的基础。滇池流域以滇池为依托，四面环山，依山傍水，土肥林茂，夏无酷暑，冬无严寒，四季如春，是人类繁衍生息的理想胜地。早在3万年前，昆明人的祖先就"逐水草而居"，开始在滇池流域生存繁衍。在漫长的农业生产中，昆明人的祖先逐渐发现了灌溉的优越性，并开始用水车、天车等简易提水工具提取滇池水灌溉农田，大大促进农业生产的发展。公元前3—4世纪，滇池流域已是"肥饶数千里"，农业生产已经有了相当程度的发展。随着农业和社会的发展，滇池流域逐步成为云南政治、经济、文化中心。战国至东汉初年，楚将庄蹻开滇，以滇池流域的晋宁为中心，"变服从其俗，以长之"，建立滇国，同时把楚国的先进文化和生产技术带到了滇池流域，促进了民族交流和融合，加速了滇池流域社会发展。自庄蹻至尝羌共十代滇王，历时189年，晋宁成为古滇都邑。战国到秦汉时期，滇池流域是整个云南经济发展最为先进的地区。可以说，滇人对滇池流域的开发、对昆明城市及经济社会发展起到了积极促进作用，使得昆明及早迈入了文明时代，创造了灿烂而悠久的滇文化。

　　公元前109年，西汉在滇池流域设益州郡，郡治在滇池县（今晋宁区），将滇池地区纳入中原王朝版图。765年，南诏国在滇池流域筑拓东城，为昆明建城之始。大理国时称拓东城为鄯阐城。拓东城、鄯阐城分别为南诏国、大理国的东京。著名的"西南丝绸之路"就是以滇池流域为主要转运站，内地的货物通过滇池流域辐射到东南亚，成为中国连接东南亚的纽带和重要节点。1276年，昆明首次被设为省会。赛典赤在滇池周边兴修水利，在昆明城东北地区清理水源，疏浚盘龙江；在滇池出水口海口修建排泄口。通过兴修水利，滇池流域的经济更为发达。明代，大量移民进入云南，昆明汉族人口首次超过本地土著居民。随着砖城的构筑，环城建水道相连，可通舟楫，经济发展与滇池更是密不可分。清代，昆明城街道、店铺密布，商业和手工业十分发达，滇池流域经济实力显著增强，加大了辐射全省的力度。1840年鸦片战争爆发后，云南开放通商口岸，昆明自辟商埠，成为对外开放城市，外国资本和商品的进入，使昆明城商业贸易活跃。商业贸易的扩大，商品市场的繁荣，不但促进了昆明城市的商业化发展和半殖民地半封建消费城市的形成，而且由于部分商业资本转而投资近代工业及其他产业，从而直接推动了昆明近代工业的发展，并使昆明向城市现代化方向迈出了重要的第一步。清中叶后，随着内外商业贸易的发展，昆明金融业有所发展，出现了票号，由山西帮的"百川通""宝丰隆"来昆明设分号，经营银两汇兑，分号资本各为1万两银。同治十一年至十二年间（1872—1873），云南弥勒人王炽在昆明创办"同庆丰"，省外业务以"天顺祥"为分号，经营汇兑和存放款项。1910年滇越铁路修通，滇池流域合资企业迅速兴起，机器工业逐渐得到发展，丰富和扩大了昆明的商品市场。后随着票号的逐渐衰落，银行业在昆明渐渐兴起，特别是清朝灭亡后，与昆明城市经济发展相适应的近代金融业很快发展起来，以昆明为中心的云南近代工商业网络形成，尤其是进出口贸易，出现了以昆明为中心的以对外进出口贸易为主导的云南省内统一的商品市场。

随着昆明城市的不断扩展和工业化步伐逐步加快，滇池在昆明的国民经济和社会发展中起着极其重要的作用。19世纪80年代初，昆明出现了近代工业，民族工业和手工业得到极大地活跃，经济发展水平不仅在全省大大领先，甚至曾一跃成为西南地区的领先者。抗日战争时期，内地企业、学校西迁，昆明的工业迅猛崛起，机械制造、光学电子、金属冶炼、化工等行业在滇池流域得以发展，创造了若干"中国第一"。1949年，工业总产值占全市工农业总产值的比重为42.67%。从中华人民共和国成立后的1956年"一五"时期开始到2015年"十二五"时期结束，国家对滇池流域进行了大规模的工业建设，新建和扩建了一批大中型骨干企业，形成了一个以机械、冶金、轻纺、化工、食品为支柱，包括冶金、电力、煤炭、化工、机械、建材、造纸等14个工业门类的产业结构和产品体系，成为昆明经济发展的主要支柱，同时也成为全省唯一规模最大的综合性工业基地。到"十二五"期末，占昆明全市国土总面积34.38%的滇池流域（含安宁市）经济总量占全市的87.3%，占云南省经济总量的28.70%。

文化是一座城市的灵魂。昆明在经济社会不断发展的同时，文化事业也不断发展。特别是改革开放后，党和政府十分注重文化的发展和城市形象的塑造，努力提升城市的品质，先后获得了世界著名的"春城"、中国历史文化名城、国家园林城市、国家卫生城市、国家节水型城市、全国绿化模范城市、全国双拥模范城、中国优秀旅游城市、联合国宜居生态城市、中国最具幸福感城市、中国最佳休闲宜居绿色生态城市、中国省会（含直辖市）十大活力城市、中国十佳和谐可持续发展城市、中国经济科学发展十佳城市、全国信息化五十强城市等数十项殊荣和城市名片，昆明已逐渐成为中国面向南亚、东南亚开放的门户城市、区域性国际交通枢纽、中西部重要的区域性进出口加工中心和新型工业基地、中国民族文化重要的展示中心和高原湖滨宜居城市。

# 第一章 建置沿革

3万年前的旧石器时代就有人类在滇池沿岸繁衍生息。距今7000年左右的古昆明人就已掌握了稻谷种植和简易衣物制作等技能。距今2800年左右，滇池周边出现了奴隶制城邦。公元前3世纪，战国末期的楚将庄蹻率部进入滇池地区，与当地民族融合，在今晋城一带筑城置都，建立滇国，并在今黑林铺附近修筑苴兰城，这是昆明历史上最早建筑的城池。公元前109年，汉武帝疆域扩至云南，当时的滇王尝羌臣服于汉，汉武帝封其为滇王，赐予金质"滇王之印"，并以滇池流域为中心设益州郡，辖24县。从此，滇池地区就纳入中央王朝的管辖之下，郡县制开始在滇池地区实行。至三国蜀汉时期，诸葛亮发兵南征，克益州郡改名为建宁郡。东晋时期又改名为晋宁郡，隋朝和唐初则改晋宁郡为昆州。唐、宋时期，南诏、大理地方政权在滇西崛起，公元765年，南诏政权在今昆明城区筑拓东城，781年改名鄯阐城，辟为"东都"。1275年，元朝设云南诸路行中书省，滇池地区置中庆路，改鄯阐城为昆明县，是为中庆路首府，时又称押赤（或鸭池、雅歧）城，并将统治中心从大理迁至昆明。从此，昆明成为云南省省会，并逐步成为全省的政治、经济、文化中心。明、清两代，昆明一直是云南省治所在地。1911年辛亥革命后废府存县。1928年正式设置昆明市，直隶云南省政府，成为省辖市至今。

## 第一节 先秦部落和秦朝置吏

先秦时期，滇池地区居住着不同的部落，他们与巴（在今川东）、蜀（在今川西）和中原地区都有联系。《禹贡》把中国的行政区划追溯到传说中的夏禹时代，昆明地区则属九州之一的梁州。商沿夏制，周朝合梁于雍，战国时期（一说楚威王时，一说楚顷襄王时），楚将庄蹻率兵经牂牁（在今贵州）入滇池地区。当时滇池周围"河土平敞，多出鹦鹉孔雀，有盐池田渔之饶，金银畜产之富"。可见滇池地区经济文化比较发达。庄蹻率兵入滇是"以兵威定属楚"。但在归楚途中，遇秦夺取楚巴郡、黔中郡，归路被阻，故返回滇池地区称王。"变服，从其俗"，率众王滇，在今晋城一带筑城置都，建立滇王国，并在滇池北岸（今黑林铺一带）建苴兰城。公元前221年，秦统一中国，创建专制的中央集权制，在全国推行郡县制，着手西南地区开发。派常頞开通五尺道，于夜郎、滇、邛都一些地方设置郡县，派遣官吏前往治理。由于秦王朝统治时间较短，昆明地区设郡、置吏的情况无文献资料可考。秦设官置吏为后来西汉王朝在云南全面设置郡县开辟了道路。

## 第二节　益州郡

公元前206年，刘邦建立西汉王朝。为恢复生产，实行了"休养生息"的政策，汉朝初期曾一度放弃秦朝对"西南夷"地区的经营。至汉武帝时，内地社会经济有很大发展，加之封国势力削弱，中央集权加强，封建统治日趋巩固，中央王朝已有条件、有能力处理四周边境问题。为打通到大夏诸国的道路，联合大夏诸国夹击匈奴，汉王朝决定开拓"西南夷"。元封二年（公元前109年）汉武帝派郭昌、卫广将军率领三辅罪人和巴蜀士卒数万之众征服劳浸、靡莫，直至滇池地区，滇国举国归附汉朝。汉武帝赐尝羌为"滇王"，并赐"滇王之印"，令其"复长其民"，汉朝对此地只实行羁縻统治。同时在原滇国的基础上设立益州郡，郡治滇池县（今晋宁晋城）。地域包括今曲靖地区中部和西部、昆明地区、玉溪地区、红河州中部以西往南至越南莱州西北、楚雄（大姚、永仁除外）、大理州往西南至保山东北一带，领24县，史载81964户、580463人。其中，益州郡所领24县中属今滇池流域的有滇池县，为益州郡首邑，郡治在今晋宁县晋城，县境范围为今晋宁县晋城镇及呈贡之地；谷昌县，县境范围约为清代昆明县；连然县，县治在今安宁市连然镇，范围为今安宁市；建伶县，县境在今晋宁县昆阳镇周围至易门一带；昆泽县，即今宜良县；牧靡县，县境在今嵩明县、寻甸县地；秦臧县，县境在今富民县、禄丰县地。

公元25年，刘秀建立东汉王朝。东汉王朝对益州郡又进行了调整，辖区由西汉时期的24县调整为17县，所辖地域只包括今曲靖地区中部和西部、滇中地区、玉溪地区、红河州中部和西部、楚雄州除大姚、永仁以外的地方。由于汉朝实施屯田戍边政策，大量汉族移民来到土肥水丰的滇池地区，他们与土著居民共同开发生产，推动社会经济向前发展。因汉族移民掌握先进的生产技术，逐渐殷富，其中不少人成为有权有势的"大姓"。随着社会经济的发展，郡县也得到巩固和发展，益州郡成为益州南部各郡中比较稳固的一个郡。

## 第三节　建宁郡

东汉末年，全国陷入了军阀豪强混战的局面。汉献帝建安十九年（214），刘备率军入成都，把益州牧刘璋迁往南郡公安（今湖北省公安县），自领益州牧，尽得益州所属郡县。益州郡按以往归属关系纳入刘备的统治范围之内。建安二十年（215），任邓方为庲降都督，驻南昌县（今镇雄县），对南中进行招抚。当年，庲降都督邓方卒，蜀汉另委派先前投蜀的益州郡俞元县（今江川、澄江）"大姓"李恢为庲降都督，驻平夷县（今贵州普安县），继续从事对益州南部四郡的招降。蜀汉章武三年（223），刘备去世。在此前后，南中各郡的"大姓"豪强开始叛乱。雍闿等南中"大姓"已成为南中的统治者，外与孙吴联络，内与本地少数民族头领"夷帅"合作，抗拒蜀汉。

益州南部四郡"大姓""夷帅"的叛乱，动摇了蜀汉的后方。诸葛亮为实现"北伐中原"以统一全国的战略部署，决定在北伐之前平定南中叛乱。建兴三年（225）春，诸葛亮率众征讨南中四郡，沉重打击了南中"大姓"，南中诸"大姓"皆降，四郡皆平。南中平定后，诸葛亮采取"和抚"政策，对"大姓"进行团结和利用，继续推行"羁縻"制，把有影响的"大姓""夷帅"迁到成都封官晋爵。重新扶持当地的"大姓""夷帅"，蜀汉王朝委派流官以治土官，封"大姓""夷帅"为土长以治民。鉴于大姓势力难制，又在两汉的基础上对郡县的设置进行了调整，把大郡划为小郡，把南中4郡调整为7郡，将益州郡改名为建宁郡，郡治从滇池县迁驻味县（今曲靖），隶庲降都督管辖。建兴十一年（233），马忠为庲降都督，平定"南夷豪帅刘胄"的叛乱后，把庲降都督的驻地从平夷县迁到味县。在屯兵驻守的同时，团结附近的"大姓"和爨氏等，通过他们招纳同区域内的"夷族"村社农民为"部曲"，把军事防守和屯田垦殖结合起来，蜀国在南中的统治才逐步稳定和巩固。

**建宁郡建置表**

表2-1-1

| 隶属关系 | 县 名 | 今地名 |
|---|---|---|
| 庲降都督所辖之建宁郡 | 味县（郡治） | 曲 靖 |
| | 滇 池 | 晋宁县晋城 |
| | 谷 昌 | 昆 明 |
| | 连 然 | 安 宁 |
| | 建 伶 | 晋宁县昆阳 |
| | 俞 元 | 澄江、江川、玉溪 |
| | 秦 臧 | 禄丰、富民 |
| | 双 柏 | 易 门 |
| | 同 劳 | 陆 良 |
| | 同 濑 | 马 龙 |
| | 昆 泽 | 宜 良 |
| | 牧 靡 | 嵩明、寻甸 |
| | 存马邑 | 宣 威 |
| | 新 定 | 宣威以东，北盘江上游 |
| | 修 云 | 通 海 |
| | 同 并 | 弥 勒 |
| | 毋 单 | 华 宁 |

# 第四节　晋宁郡

263年，魏灭蜀，蜀汉庲降都督霍弋以南中7郡降于魏。265年，晋代魏，仍以霍弋为都督，统兵镇守南中。晋武帝泰始六年（270）至泰始七年（271）间，晋王朝认为益州所辖郡县太多，不便管辖，遂将益州所辖南中7郡中的建宁、兴古、云南、永昌四郡划出，设置宁州，作为直隶晋王朝的地方一级政区，为全国19州之一。太康三年（282），又废宁州，把宁州所属的建宁、兴古、云南、永昌4郡仍归并入益州，但另置南夷府，管辖益州南部的原南中7郡。太安元年（302），西晋王朝再设宁州，又把建宁郡西部的滇池等7县划出来设益州郡（今滇中地区），郡治滇池县。永嘉二年（308），西晋王朝又把益州郡改名为晋宁郡。今昆明市的大部分县（区）属晋宁郡、建宁郡范围内。

**西晋建宁郡、晋宁郡建置表**

表2-1-2

| 隶　属 | 郡　名 | 县　名 | 今地名 |
|---|---|---|---|
| 宁　州 | 建宁郡 | 味（郡治） | 曲　靖、沾　益 |
| | | 同　濑 | 马　龙 |
| | | 昆　泽 | 宜　良 |
| | | 牧靡 | 寻　甸、嵩　明 |
| | | 存马邑 | 宣　威 |
| | | 新　定 | 宣威以东，北盘江上游一带 |
| | | 谈槀 | 路　南 |
| | | 毋　单 | 华　宁 |
| | | 漏　江 | 泸　西、师　宗 |
| | | 同并（公元279年废） | 弥勒北部至石林一带 |
| | 晋宁郡 | 滇池（郡治） | 晋宁区晋城镇及呈贡县 |
| | | 谷　昌 | 昆　明 |
| | | 连　然 | 安　宁 |
| | | 冷　丘 | 晋宁区昆阳至易门一带 |
| | | 俞　元 | 澄　江、江　川、玉　溪 |
| | | 秦　臧 | 禄　丰、罗　次、富　民 |
| | | 双　柏 | 易　门 |

说明：冷丘县即原建伶县，东晋后又改称建伶县。

东晋时期，晋宁郡仍领7郡，除西晋时的冷丘县复改称建伶县外，其余均沿袭西晋制。

# 第五节　昆　州

581年，杨坚夺取北周政权，建立隋王朝。隋文帝于开皇五年（585）左右任命韦冲（即韦世冲）为南宁州总管，"持节抚慰"。韦冲在南宁州设置总管府，并先后在南宁州设置恭州、协州、昆州（今昆明市）。隋朝按照"存要去闲，并小为大"的原则，省去郡级建制，以县直隶于州，结束了北周时期机构庞大、混乱的局面。隋朝委任爨翫为昆州刺史。开皇十七年（597）爨翫叛乱，隋朝派兵入南宁州，把爨翫及子爨宏达等押解至长安。隋因对昆州等地不能直接统治，最终"弃其地"，废昆州。昆州所管辖县名，史籍无详载，其范围大体包括今昆明、楚雄、红河、文山、曲靖等地区。

618年，唐王朝取代隋朝。当年，唐高祖李渊即以隋朝时期被俘至长安的爨翫之子爨宏达为昆州刺史，"令持其父尸归葬本乡"。武德四年（621），唐朝于味县（今曲靖）设南宁州总管府，管南宁（今曲靖地区）、昆州（今滇中地区）等州。武德七年（624）改南宁总管府为都督府，昆州仍隶属南宁州都督府。贞观六年（632）废除南宁州都督府，其所属的州、县隶属于戎州都督府（驻今四川宜宾），南宁州作为戎州都督府所属的羁縻州，昆州亦成为戎州都督府统辖的羁縻州之一。开元二十三年（735）前后，昆州刺史爨嗣绍又从戎州都督的管辖之下投向姚州都督府。姚州都督府各羁縻州县叛、服不常，影响了唐朝对吐蕃势力南下的防御。唐王朝利用南诏（今巍山）皮逻阁消灭了这部分势力，稳定了对洱海地区的统治。唐朝想打开一条南北纵贯爨氏地区的交通线（即"步头路"），遭到诸爨氏贵族们的反对而发生叛乱。天宝五至六年（746—747），唐王朝命令姚州都督府辖境内的"云南王"率领其他地方武装前往东部爨地镇压爨氏贵族的叛乱。南诏的势力便从滇西伸入滇中和滇东地带。天宝十至十三年（751—754），由于南诏企图摆脱唐朝牵制，唐朝派军对南诏进行镇压，发生战乱。唐朝三次征南诏失败，南诏便脱离唐朝，建立了南诏政权。

唐初复置的昆州管辖益宁（今昆明）、晋宁（今晋宁区晋城）、安宁（今安宁市）、秦臧（今禄丰、富民）等4县。州治益宁（今昆明）。唐武德初年至天宝末年的130多年内，有的州县初设而后废，有的州县分合不定，这与各地土著居民中贵族势力的兴衰有关。一部分土著势力削弱了，唐朝即取消其刺史、县令地位，甚至相关的州县也因此废止；新的地方贵族势力兴起了，唐朝又任命这些贵族分子为当地的刺史、县令。因此戎州都督府所属64个羁縻州，有很大一部分地理位置难以确定。

**唐代前期昆明地区州县建置表**

表2-1-3

| 都督府 | 州　名 | 县　名 | 今地名 | 备　注 |
|---|---|---|---|---|
| 南宁州都督府 | 昆　州 | 益宁、晋宁<br>安宁、秦臧 | 昆明、晋宁<br>安宁、富民、禄丰 | |
| | 朗州（南宁州） | 升麻、新丰 | 嵩明、寻甸、宜良、石林 | |
| | 钩州 | 望水 | 昆阳、易门 | |
| | 武镇州 | | 嵩明 | |
| | 求州 | 武定、禄劝 | 武定、禄劝 | |

# 第六节　拓东节度

唐朝初年，南诏为滇西"乌蛮"中的六诏之一。开元二十二年至二十五年（734—737），在唐王朝中央直接扶植下，南诏"合六诏为一"，统一了洱海地区。开元二十六年（738），唐王朝册封南诏王皮逻阁为云南王，统领今大理州地区。当时滇中地区为爨氏统治。爨氏政权以部、州为基础，部、州之上分东、西两地："东爨乌蛮""西爨白蛮"。滇池流域属"西爨白蛮"境内的晋宁郡管辖。爨宏达死后，由于唐朝实行"以夷制夷"的政策，爨氏宗族相互残杀，日渐衰亡。唐天宝七年（748），皮逻阁死，阁罗凤继任云南王后，即派遣杨牟利以兵胁迫东部诸豪西迁，以防止他们在原领地作乱。天宝十年至十三年（751—754），唐朝势力逐渐被驱逐出云南，南诏摆脱了唐朝的控制，在云南形成相对独立的地方政权。763年，阁罗凤视察滇池地区，认为此地"山河足以作藩屏，川陆可以养人民"，是定都筑城的理想地。765年，阁罗凤命其长子凤伽异筑拓东城，又称拓东节度城，为南诏的副都。后因拓东城地位重要，先后称为东都、东京、上京。当年，凤伽异便遣将破曲靖，然后用军事力量控制今建水县南部以北至昭通地区一带的原爨区。南诏筑成拓东城后不久，即设置了拓东节度。南诏前期拓东节度控制的范围，大体相当于今天的昆明市、曲靖市、昭通市、玉溪市、红河州、文山州。在拓东节度的军事防守区域内，南诏仍仿效唐设置府、州、郡、县。拓东城立为别都后，又设置了鄯阐府（驻今昆明市，拓东城亦称鄯阐城），与拓东节度同城。府领镇一、城三、赕一、部一，即安宁镇（今安宁），拓东城（今昆明市）、龙和城（今禄丰腰站）、呈贡城（今呈贡），次赕（今罗茨），强宗部（今呈贡东南的阳宗）。南诏行政区划多次变动，但拓东节度相对稳定，除通海都督府成立后，将通海及其以南地区划归通海都督府管辖外，其余一直未作变动。

## 拓东节度建置表

表2-1-4

| 隶属关系 | 名　称 | 辖区名 | 今地名 |
|---|---|---|---|
| 南　诏 | 拓东节度 | 拓东城 | 昆　明 |
| | | 官桥渡 | 官渡区高桥 |
| | | 螺　山 | 西山区大普吉 |
| | | 安宁镇 | 安宁市 |
| | | 龙和城 | 禄丰县 |
| | | 晋宁川 | 晋宁区 |
| | | 新丰川 | 石林县 |
| | | 龙封驿 | 玉溪市 |
| | | 求　州 | 武定县 |
| | | 量水川 | 江川县 |
| | | 石城川 | 曲靖县 |
| | | 龙河遇川 | 曲靖市 |
| | | 夔鹿弄川 | 陆良县 |
| | | 升麻川 | 寻甸县 |
| | | 曲轭川 | 马龙县 |

# 第七节　鄯阐府

唐天复二年（南诏中兴五年，902）南诏政权灭亡，共存在164年。随后的36年间有3个政权更替。一是长和国（902—928），为南诏权臣郑买嗣建立。二是天兴国（928—929），长和国权臣杨干贞杀国王郑隆亶，立清平官（宰相）赵善政为国王。三是义宁国（929—937），天兴国权臣杨干贞废国王赵善政，自立为国王。这3个政权更替期间行政划区划都沿袭南诏旧制，行政建置没有大的变化。

后晋天福二年（937），段思平推翻了杨干贞的义宁国，建立大理国，传14世。宋绍圣元年（1094），大理国权臣高升泰夺取政权，改国号大中国。宋绍圣三年（1096），高升泰之子高泰明还位段正淳，仍称"大理国"，史家称为"后理国"，传8世至段兴智，为元军所灭。前后两个时期同为段氏家族统治，同称大理国。

大理国的行政区划和政权机构，前期与后期不同。大理国前期沿袭南诏时的制度。与南诏不同的地方是设郡，郡隶属于节度或都督，与称为"部""赕"的行政单位并列；大理国后期则废节度、都督，而以府、郡统率部、赕。鄯阐府（亦作善阐，驻今昆明市）是大理国东部的政治、经济、文化中心，府城称为"东京"。南诏时期设拓东节度，与鄯阐府同城，府受制于节度。大理国前期设鄯阐节度，其辖境当略与南诏时期的拓东节度相同。大理国初期，封高方为岳侯，领地巨桥（今昆阳）。大理国后期，废拓东节度，鄯阐府成为大理国东部重镇，但所管辖地区仅只滇池四周，其境界与元代中庆路范围相同。宋嘉祐八年（1063），高方的后代高智升奉命平定杨允贤的叛乱有功，段思廉加封高智升为太保，之后，又晋封鄯阐侯，子孙世袭，鄯阐府成了高智升家族的世袭领地。鄯阐府辖区内，"白蛮"与"乌蛮"交错居住，或分别组成"部"，或共居于甸，或筑城自守。各部、甸、城以相当于县一级的行政区隶属于府。大理国东方乌蛮三十七部，其中的一部分即在鄯阐府辖区内，以些莫徒人（撒摩都、撒梅、撒尼的先民）组成的部最多。三十七部在大理国时期不断起事。

宋宣和元年（1119），乌蛮三十七部再度起事，攻陷鄯阐，全城几乎夷为平地，后称作"废城"。高氏鉴于鄯阐城废弃，扩大占地面积重建土城，称新城，沿称鄯阐城。到大理国末期，鄯阐城已发展成为一座"城大而名贵，商工甚众"的繁华城市。

## 鄯阐府建置表

表2-1-5

| 隶属关系 | 大理前期 | 大理后期 | 今地名 |
| --- | --- | --- | --- |
| 大理国 | 鄯阐节度 | | |
| | | 罗　部 | 禄丰碧城 |
| | 共　甸 | 罗婺部 | 武定、禄劝 |
| | 鄯阐府 | 鄯阐府 | 昆明市 |
| | | 黎灢甸 | 富民县 |
| | 长城堡 | 嵩明甸 | 嵩明县 |

续表

| 隶属关系 | 大理前期 | 大理后期 | 今地名 |
|---|---|---|---|
| 大理国 | 阳城堡 | 阳城堡 | 晋 城 |
| | 安宁城 | 安宁县 | 安宁市 |
| | | 禄琫甸 | 禄丰县 |
| | 巨桥城 | 巨桥城 | 昆 阳 |

# 第八节　中庆路

南宋宝祐元年（蒙古宪宗三年，1253），忽必烈率兵攻灭大理政权。第二年，忽必烈即率亲兵北返，留下兀良合台为主帅，继续平定大理国各部。经过两年多的战争，"平大理五城、八府、四郡，泊乌白等蛮三十七部"。为把蒙古帝国在大理的统治稳定下来，元朝在云南的行政区划，初设5城，之后改置万户府与总管府，继而建立行省。

兀良合台征服大理后，设鸭赤（亦写作鸭池、押池、鸭赤、雅赤等，今昆明）、哈刺章（今大理）、茶罕章（今丽江市）、金齿（今保山市）、赤秃哥儿（今贵州普定、水西等地）5城，进行军事统治，系元初设置云南行省以前的5个行政区域。鸭赤即鄯阐，为5大行政区域之一，包括大理国时期的鄯阐府、东川郡、河阳郡、石城郡、秀山郡以及三十七部之地。

蒙古宪宗五年（1255），元朝在大理段氏行政区划的基础上，根据其势大小，设置了19个万户府，各万户府之下又分设千户、百户所，递相统率。宪宗七年（1257），设大元帅府于大理，统帅19个万户府。1260年又把19个万户府合并为5个总管府。总管府分别管辖若干个万户所。其中鄯阐总管府（今昆明地区）范围，相当于今昆明市及易门县等地，管辖鄯阐万户府、阳城堡万户府、巨桥万户府、嵩明万户府。鄯阐万户府管辖昆明2千户、黎灢千户；阳城堡万户府管辖呈贡千户、安宁千户；巨桥万户府管辖㵎门（今易门）千户；嵩明万户府管辖羊林（今杨林）千户、邵甸（今嵩明白邑）千户、太池（今宜良县）千户。各总管府受大元帅府节制。由于元朝对云南的统治属于军事占领，蒙古统治者分封的宗王，对其封疆内有统治一切的权力，导致宗王与地方行政长官及军事统帅之间经常发生矛盾，形成军管民政、刑法苛乱、赋役繁重的局面。1270年，发生了以舍利畏为首的30万农民起义，攻克鄯阐、石城、新兴等城池。1271年，发生了三十七部都元帅宝合丁毒死忽必烈的儿子云南王忽哥赤的事件。1274年，元世祖忽必烈认为要稳定云南政局，必须委派得力的人选，即派赛典赤·赡思丁为云南行省平章政事。至元十三年（1276），云南开始建立行省，并将行政中心由今大理迁到今昆明。赛典赤在建立行省过程中，注意到了云南多民族的特点，采取了一些有利于民族团结的措施，废除了军管民政的制度，加强了云南与中原各省的联系，顺应了当时云南的社会发展。赛典赤撤销原来的万户、千户、百户等军事组织，改设路、府、州、县等行政机构。路设总管，府设知府，州设知州，县设县令或县尹。全省分设37路、2府、3属府、54属州、47县。在改设路、府、州、县过程中，普遍利用土著民族中的上层人物充当路、府、州、县的土官，对稳定云南行省政局起到了积极的作用。昆明地区设中庆路，领3县、4州，正式成为云南省政治、经济、文化的中心。

元代昆明地区建置表

表2-1-6

| 元初万户 | 元代郡县 | 今地名 |
|---|---|---|
| 善阐总管府 | | |
| 善阐万户府 | 中庆路 | 昆明地区 |
| 昆明千户 | 昆明县 | 昆明市 |
| 黎㵎千户 | 富民县 | 富民县 |
| | 宜良县 | 宜良县 |
| | 罗茨县 | 禄丰碧城 |
| 阳城堡万户府 | 晋宁州 | 晋宁区东部、呈贡区 |
| 呈贡千户 | 呈贡县 | 呈贡县 |
| | 归化县 | 呈贡归化 |
| 安宁千户 | 安宁州 | 安宁市、禄丰县 |
| | 三泊县 | 安宁三泊 |
| | 禄丰县 | 禄丰县 |
| 巨桥万户府 | 昆阳州 | 晋宁区西部、易门县 |
| 浿门千户 | 易门县 | 易门县 |
| 嵩明万户府 | 嵩明州 | 嵩明县、宜良县汤池一带 |
| 杨林千户 | 杨林县 | 嵩明杨林 |
| 邵甸千户 | 邵甸县 | 嵩明白邑 |
| 太池千户 | | 宜良汤池 |
| 北路总管府 | | |
| 罗婺万户府 | 武定路 | 武定、元谋、禄劝 |
| | 禄劝州 | 禄劝县 |
| | 易笼县 | 禄劝县北 |
| | 石旧县 | 禄劝旧县村 |
| 中路总管 | 曲靖路 | 曲靖地区 |
| 落蒙万户 | 路南州 | 石林县 |
| | 邑市县 | 路南邑舍 |

# 第九节　云南府

明洪武元年（1368），朱元璋在今南京建立明王朝。当时西南边疆的云南仍为元朝的梁王把匝剌瓦尔密所盘据。朱元璋先后5次派遣使臣至云南劝说梁王投降。劝降失败后，决定对盘据在云南的梁王诉诸武力。洪武十四年（1381），朱元璋任命傅友德为征南将军，蓝玉、沐英为左右副将军，率军征讨云南。十二月傅友德大败梁王派来抵御的蒙古兵于曲靖北郊的白石江。梁王把匝剌瓦尔密逃至晋宁投海自杀。蓝玉、沐英率主力于洪武十五年（1382）初占领昆明，明朝改元代云南行中书省为云南承宣布政使司，实行"三司"制。即承宣布政使司、都指挥使司和提刑按察使司，分掌行政、军事、司法。布政使司下辖府、州、县；都指挥使司统帅军队，其编制为卫、所；提刑按察使司分巡各道，并察诸府、州、县、司、卫、所及驿站。经两年征战招抚，明军占领云南各地。洪武十六年（1383），留沐英镇守云南，巩固对云南的统治。

洪武十五年（1382），明朝将元朝的中庆路改设为云南府，府治昆明县，布、都、按三司及随后的巡抚皆驻于此。云南府领4州9县。明代的州分散州和直隶州两种，散州隶属于府，直隶州与府平行，直属布政使司。县分3等，产粮7万石以上的为上县，4—6万石的为中县，3万石以下的为下县。上县直隶属于府，中、下县隶属于州。云南府所属4州9县，有的县直属于府，有的县隶属于州。云南府辖区已没有大土官，只有部分较小的土官。安宁州知州董氏，与流官知州并设；罗茨县土知县杨氏，与流官知县并设；昆明县赤水鹏（今官渡区浑水塘）巡检司土巡检马氏、清水（今富民县）巡检司土巡检李氏、宜良县汤池（今宜良县汤池镇）巡检司土巡检马氏、安宁州禄脿驿（今安宁县禄脿）巡检司土巡检赵氏、禄丰县南平关（今禄丰）巡检司土巡检李氏、罗茨县炼象关（今禄丰县大腰站）巡检司土巡检李氏、王氏，另有流官巡检与土巡检并设。昆阳州易门县设土县丞王氏。

## 明朝云南府建置表

表2-1-7

| 隶属关系 | 府　名 | 州　名 | 县　名 | 今地名 |
|---|---|---|---|---|
| 云南承宣布政司 | 云南府 | | 昆明县 | 昆明市 |
| | | | 富民县 | 富民县 |
| | | | 宜良县 | 宜良县 |
| | | | 罗茨县 | 禄丰碧城 |
| | | 晋宁州 | | 晋宁区 |
| | | | 呈贡县 | 呈贡区 |
| | | | 归化县 | 呈贡归化 |
| | | 安宁州 | | 安宁市 |
| | | | 三泊县 | 安宁三泊 |
| | | | 禄丰县 | 禄丰县 |
| | | 昆阳州 | | 晋宁昆阳 |
| | | | 易门县 | 易门县 |
| | | 嵩明州 | | 嵩明县 |

1647年，明末农民起义军张献忠、大西军余部李定国等4将军入云南抗清建立政权，于1650年把云南省改为云兴省，云南府改为昆明府，昆明县改为昆海县，以贡院为皇宫，称昆明为滇都。

清顺治十五年（1658），清兵由吴三桂、铎尼、赵布泰等人率领，分川、黔、桂三路入滇。清军占领云南之后改明代承宣布政使司为云南省，设巡抚，并设云贵总督在云南、贵州两省互驻。省辖府、州（厅）、县。云南府辖区基本沿袭明朝时期设置，共有4州，7县，府治昆明。与明朝不同的是康熙六年（1667），把三泊县并入昆阳州；康熙八年（1669），把归化县并入呈贡县；雍正三年（1725）又把三泊县改归安宁州。

**清朝云南府建置表**

表2-1-8

| 隶属关系 | 府 名 | 州 名 | 县 名 | 今地名 |
|---|---|---|---|---|
| 云南省 | 云南府 | | 昆明县 | 昆明市 |
| | | | 富民县 | 富民县 |
| | | | 宜良县 | 宜良县 |
| | | | 罗茨县 | 禄丰碧城 |
| | | 晋宁州 | | 晋宁县 |
| | | | 呈贡县 | 呈贡区 |
| | | 安宁州 | | 安宁市 |
| | | | 禄丰县 | 禄丰县 |
| | | 昆阳州 | | 晋宁县昆阳 |
| | | | 易门县 | 易门县 |
| | | 嵩明州 | 嵩明县 | 嵩明县 |

# 第十节　云南（昆明）市政公所

民国二年（1913）4月，云南省按民国政府的决策，裁去云南府，保留昆明县，由省政府直接领导。省会所地的城区在建制上仍属昆明县，但划归省会警察厅管辖。民国八年（1919），省长唐继尧"废督裁兵，实行民治"，把省会所在地划出来为市，设云南市政公所于翠湖的湖心亭，委任李宗黄督办其事，为市政机关萌芽。民国九年（1920），因顾品珍发动政变，撵走唐继尧，云南市政公所即撤裁。民国十一年（1922）春，唐继尧回云南，复掌省政，于同年8月1日复成立市政公所，划定省会区域，脱离昆明县，隶属于市，并按历史地理关系命名为昆明市。市政公所直接受省政府的监督，督办由省长任命。昆明市政公所管辖区域"暂以云南省会为范围，以后尚拟将东南及西北大加扩充之"。其位置于东经102°41′，北纬25°34′。行政上分为6个区。

# 第十一节　昆明市

　　民国十七年（1928），国民政府颁布《特别市组织法》和《普通市组织法》，昆明属于普通市。同年8月1日，昆明市政公所改组正式成立昆明市政府。市政府"依法受省政府及各厅厅长之监督指挥，市长为荐任制"。其辖区仍以"原有省会警察区域为范围"。民国十九年（1930）7月，国民政府颁布《修正市组织法》，规定"人口二十万人以上，其所收营业税、牌照税、土地税每年合计占该地总收入二分之一以上者为设市必要条件"。当时昆明市"人口仅一十六万有余，其营业税、牌照税、土地税等尚未举办"，不符合《修正市组织法》的规定，民国政府内务部"不准予备案"。

　　民国二十三年（1934），昆明市政府以"因市政日繁，甚感区域偏小，不敷设备"为由，"呈准将昆明县附近市郊村落大小27村划入市区管辖"。此时，昆明市人口超过20万，营业税、牌照税、土地税每年收入72.65万元，超过本市收入总额1/2以上。市辖区域界线东至席子营、苏家庄，东南至菊花村，南至佴家湾、刘家地，西至六合村、蔡家营，西南至白泥坡，北至林家凹、大马房，东北至小厂村，西北至王家坝，总面积77方里（19.25平方千米）。据此，云南省政府于民国二十四年（1935）2月，正式向国民政府内务部呈递建市备案报告。同年4月23日，国民政府内务部正式颁发昆明市政府暨昆明市参议会铜质印信各1枚。至此，成立5年多的昆明市正式办妥一切合法的法律手续。

　　抗日战争期间，昆明战略地位更显重要，加之人口剧增，云南省政府于1939年11月正式批准昆明市为云南省政府直辖市。至中华人民共和国成立前，昆明市的行政区划和管辖范围无重大变化。

**民国时期昆明市行政区划建置表**

表2-1-9

| 区　名 | 段　名 | 街及正巷 | 附属巷 |
|---|---|---|---|
| 第一区 | 第一段 | 正义东、西街、南月城、南大街、高山铺、天宁寺巷 | 永升巷、清真寺巷、康龄巷、小火巷 |
| | 第二段 | 文庙街、景星上街、甬道街、文明街、甬道横街、东西卷洞巷 | 海天阁巷、庆余巷、郭家曙光巷、质当巷、草纸巷玉泉巷 |
| | 第三段 | 龙王庙街、景星下街、万钟街、通城巷、吉祥庵巷 | 石灰巷耳巷、尤家巷 |
| | 第四段 | 南城脚、龙井街、华兴巷、龚家村巷 | 吕祖巷、华阳巷、小土主庙巷、龙井巷、涌泉巷 |
| | 第五段 | 光华街、甘公祠街、兴隆街、沙腊巷 | 石板巷 |
| | 第六段 | 西院街、如安街、五福巷 | 大厅巷、升平巷、石门坎巷、月宫巷、高石坎巷、围杆巷 |
| | 第七段 | 菜市街、东院街、三牌坊、南正街 | 宏昌巷、庆余巷、居仁巷、四知巷、邱家巷、孝子坊巷、大、小银柜巷 |
| | 第八段 | 象眼街、威远街、劝学巷、大树巷 | 六合巷、小柳树巷、三台巷 |
| | 第九段 | 青龙巷、财神巷、白鹤桥、双水塘 | 石门坎巷、豆豉巷、火腿巷、水井巷 |

续表

| 区　名 | 段　名 | 街及正巷 | 附属巷 |
|---|---|---|---|
| 第一区 | 第十段 | 绣衣上街、东城脚、穿城巷、启文巷 | 福昌巷、豆角巷、汲泉巷 |
| | 第十一段 | 南昌街、绣衣下街、团城脚 | 白果树巷、新平巷、财神官前、后巷 |
| | 第十二段 | 登什街、庆云街、端士街、大柳树巷、云兴巷 | 太平巷、翠花巷、际春巷、豆菜巷 |
| 第二区 | 第一段 | 西华上街、马市口、华山街、文庙西巷 | 华国寺巷、省议会东、西巷、翊灵寺巷、四矗巷、螃蟹巷、嵩呼巷、浙江巷、吉安巷 |
| | 第二段 | 永宁宫坡、楚姚镇巷、布珠巷、黄河巷 | |
| | 第三段 | 四吉堆、西华下街、好生巷、左家巷 | 豆腐巷、双梅树巷 |
| | 第四段 | 咸宁寺巷、柿花巷、五华坊、卫家巷 | 达理巷 |
| | 第五段 | 兴华下街、扁担街、报国寺街 | 磁碗巷、青宁巷、电报局巷、报国寺巷 |
| | 第六段 | 迎恩街、东升街、东月城、东门下街、裆裢巷 | 双龙巷、龙泉巷、麒麟寺巷 |
| | 第七段 | 东门上街、兴华上街、如意巷 | 花园巷、三光巷、魁星巷、土墙巷 |
| | 第八段 | 长春坊、文庙东街、四牌坊、文庙西巷 | 东道巷 |
| | 第九段 | 二矗街、三矗巷、文庙西街、义生巷 | 宽巷、东生巷、潇湘巷、小土巷、康寿巷、围墙巷 |
| | 第十段 | 土主庙下街、城隍庙、福照街、劝业场前街 | 保和巷、仁和巷、于巴巷、永国庵巷、上、下马庄巷、劝业场 |
| | 第十一段 | 武庙上街、三转湾、丰乐街、小富春街 | 饮甘巷、义兴巷、吉星巷、汲水巷、益兴巷、太阳巷、梅子巷 |
| | 第十二段 | 西城脚、富春下街、平安街 | 福兴巷、水井巷、庆和公馆、饮泉巷、石山公馆 |
| | 第十三段 | 富春上街、洪化桥、武庙下街 | 芭蕉巷、通济巷、三阳巷、咸阳巷、花红井巷、余家巷、交通巷、豆浆巷、提塘巷、连升巷 |
| | 第十四段 | 莆草田、水塘子、小西月城、小西门街 | 思源巷、料香巷、福升巷、福寿巷、正阳巷 |
| | 第十五段 | 钱局下街、承华圃、洗马河、蒲草巷 | 海源巷、打碑巷、石安巷、饰美巷 |
| | 第十六段 | 中和巷、大桑子巷、景虹上街、沈官坡 | 静云庵巷、清泉巷、吉云庵巷、曹家巷、小桑子巷 |
| | 第十七段 | 南海子边、磨盘山、景虹下街 | 小井巷 |
| | 第十八段 | 黄宫东、西街、一丘田、尽忠祠坡、宜兴庵巷 | |
| | 第十九段 | 卖线街、升平坡、登华街、铁局街、土主庙上街、土主庙巷 | 纸马巷、三棵树巷、竹子巷、四端巷、槐树巷、仙姑巷、天灯杆巷、炒豆巷、受福巷 |
| 第三区 | 第一段 | 北门下街、双眼井巷、北仓坡 | |

续表

| 区 名 | 段 名 | 街及正巷 | 附属巷 |
|---|---|---|---|
| 第三区 | 第二段 | 世恩坊、螺峰下街、圆通下街、积善街、大兴街 | 端拱巷、都成巷、缘忠巷 |
| | 第三段 | 圆通上街、圆通西街 | 初地巷 |
| | 第四段 | 小东正街、马家巷 | 打水巷、远照巷 |
| | 第五段 | 大、小东城脚、节孝后巷 | 竹园巷、金凤花园 |
| | 第六段 | 平政街、节孝前巷、皇城角 | 履和巷、羊角巷、新民巷、宝兴巷 |
| | 第七段 | 螺峰上街、高地巷 | 桂花巷 |
| | | 大、小梅园巷 | |
| | 第八段 | 水晶宫、青云街、祝国街 | 青云巷、石印巷 |
| | 第九段 | 皇华馆、青莲街、渔潮庵巷、础基街 | |
| | 第十段 | 海心亭玉龙堆 | 若园巷 |
| | 第十一段 | 北海子边 | |
| | 第十二段 | 钱局上街 | 木牌坊巷、敬节堂、染布巷、石牌坊巷、仓园巷、白衣庵巷 |
| | 第十三段 | 大西正街、荃麻巷、金鸡巷 | 忠烈祠巷、光巷 |
| | 第十四段 | 文林下街、府甬道、西仓坡 | 哑巴巷、软枣树巷 |
| | 第十五段 | 文林上街、先生坡、小吉坡 | 围墙巷、吉安巷、地藏寺巷、天君巷 |
| | 第十六段 | 龙门桥左哨街、贡院街、贡院坡 | 四方井巷、洋碱巷、裴家巷、蔡家巷、堆子巷、大、小井巷 |
| | 第十七段 | 北门上街 | 老马地巷 |
| | 第十八段 | 莲花池正街 | 居安巷、大昌巷、邓家巷、中巷、桂华巷 |
| 第四区 | 第一段 | 裕丰街、三合营、瓦仓庄 | |
| | 第二段 | 南北篆塘边、牛市巷 | |
| | 第三段 | 永丰街、庆丰街、外西城脚、东长村、西长村、大观楼、潘家湾 | 周家巷、打猪巷 |
| | 第四段 | 西城坡、长耳街、龙翔街 | |
| | 第五段 | 凤翥街 | |
| | 第六段 | 分三寺胜因寺村 | |
| 商埠一区 | 第一段 | 珠市下街、祥云上街、毡子街、毡子横街、宝善西街 | 廉泉巷、福生巷、崇德巷 |
| | 第二段 | 珠市上街、同仁街、三市街、凤凰桥、玉溪商业场 | 银碌巷、胭脂巷、二允巷、盐店巷 |
| | 第三段 | 顺城街、打带巷、崇仁街 | 云龙巷、孚佑宫、静帝庵 |
| | 第四段 | 烧珠街 | |
| | 第五段 | 敦义下街、鸡鸣桥、北岳庙、大梵官 | 三益里 |

续表

| 区　名 | 段　名 | 街及正巷 | 附属巷 |
|---|---|---|---|
| 商埠一区 | 第六段 | 敦义上街、羊市街、金碧街教子巷 | 知化巷、仁寿巷、金马巷、碧鸡巷 |
| | 第七段 | 东寺上街、鱼课司街 | 花椒巷 |
| | 第八段 | 东寺下街、石桥铺 | 西寺巷 |
| | 第九段 | 书林街奏功桥 | 司马第巷 |
| | 第十段 | 云津市场 | |
| | 第十一段 | 广聚街、崇善巷、德馨巷 | 香油巷、陕西巷 |
| | 第十二段 | 巡津下街、后新街 | |
| | 第十三段 | 新成铺、三义铺、巡津上街、护国下街 | 泰安巷 |
| | 第十四段 | 木行街、维新街、护国上街 | |
| | 第十五段 | 翠花街、头道巷、二道巷、宝善东街 | |
| | 第十六段 | 营门口、北后街、祥云下街、南强街、正义街、鼎新街 | 端仁街履善巷 |
| 商埠二区 | 第一段 | 岔街、后岔街、重关 | |
| | 第二段 | 聚奎街、三元上街 | |
| | 第三段 | 三元下街、盐行下街 | 白塔巷、石家庵巷 |
| | 第四段 | 云津街、盐行上街、塘子巷、太和上街、得胜桥北岸 | |
| | 第五段 | 太和下街、福德街、咸和下街、交三桥 | 杨家庄 |
| | 第六段 | 咸和上街、吹箫巷、卖米巷、打草巷 | |
| | 第七段 | 东正街、金牛街、珠玑下街 | |
| | 第八段 | 珠玑上街、丁字街、敷润上街、米厂心 | 屠兽场 |
| | 第九段 | 桃园街、敷润下街、灵光下街、薛家巷、南河埂 | 豆腐巷、米线场 |
| | 第十段 | 灵光上街、羊坞里、北河埂 | |

　　1949年12月9日昆明和平起义。1950年3月，中国人民解放军进入昆明，成立昆明军事管制委员会，同时成立昆明市人民政府。当时接管的8个区公所，均为市政府派出机构。1951年，市辖8个区调整为5个区，昆明县由武定专区划归昆明市。1953年，昆明市市辖区由5个区调整为4个区；撤销昆明县，将原县属8个区调整为5个郊区。全市共辖9个区。1954年，昆阳县第三区（海口）划归昆明市，设为第十区。1956年，第一、第三区合并设立盘龙区；第二、第四区合并设立五华区；第五、第六区合并成立官渡区；第七区改为龙泉区；第八、第九区合并设立西山区；第十区改为海口区；安宁县从楚雄专区划归昆明市，改设安宁区。1959年，撤销安宁区、海口区，辖区合并恢复安宁县；富民县从楚雄州划归昆明市；晋宁县从玉溪专区划归昆明市，全市管辖4区3县。1963年，将原属晋宁县的呈贡行政区域划出设立呈贡区，全市辖5区3县。1965年，撤销呈贡区，恢复呈贡县，全市辖4区4县。1983年，宜良县、嵩明县、路南彝族自治县从曲靖地区划归昆明市；禄劝县从楚雄彝族自治州划归昆明

市，全市辖4区8县。1985年，撤销禄劝县，设立禄劝彝族苗族自治县，仍属昆明市。1988年，昆明市共管辖盘龙、五华2个城区，官渡、西山2个郊区，呈贡、晋宁、宜良、路南、安宁、嵩明、富民、禄劝8个县（其中民族自治县2个）。两城区共设街道23个，8个县和2个郊区共设镇35个、乡67个、民族乡10个。市政府驻东风东路28号。1995年10月31日，经民政部审批并报国务院批准，安宁县改为安宁市（县级市）。同年，省政府批准西山区成立棕树营街道。1998年12月6日，经国务院批准，撤销地级东川市，成立昆明市东川区，将曲靖市的寻甸回族彝族自治县划归昆明市管辖。同年，国务院批准路南县更名为石林彝族自治县。至此，昆明市共管辖五华、盘龙、官渡、西山、东川区5个区，呈贡、晋宁、宜良、石林、嵩明、富民、禄劝、寻甸8个县，安宁1个县级市。

进入21世纪，随着昆明城乡经济社会的快速发展，昆明市城市规模日益扩大。由于受原区划的限制，五华、盘龙两区行政辖区面积狭小，官渡、西山两区呈环状包围着中心区，限制了城市中心区的外延发展，成为制约昆明市经济社会发展的重要因素。为此，2004年6月3日国务院批准了《昆明市五华、盘龙、官渡、西山四区行政区划调整方案》。调整后的五华区辖北门、虹山、西站、华山、武成、西坝、大观、崇仁、莲华、新村、长春、小南、南强、黑林铺14个街道和厂口、沙朗白族2个乡；盘龙区辖环城、珠玑、东华、董家湾、拓东、联盟、茨坝、龙泉8个街道和小河、双龙、双哨3个乡；官渡区辖关上、金马、东站、太和4个街道，大板桥、小板桥、官渡3个镇，小哨、矣六、六甲3个乡和阿拉彝族乡共4个乡；西山区辖棕树营、马街、金碧、土桥、永昌、福海、前卫7个街道，碧鸡、海口2个镇，团结彝族白族乡、谷律彝族白族乡2个民族乡。2009年7月，省政府批准昆明市主城4区撤销全部8个乡镇设立街道。即撤销西山区碧鸡镇、海口镇、团结镇，设立碧鸡、海口、团结街道；撤销五华区的沙朗乡、厂口乡，设立沙朗、厂口街道；撤销盘龙区的双龙乡、松华乡，设立双龙、松华街道；撤销官渡区的大板桥镇，设立大板桥街道。全市14个县（市）区共辖53个街道、59镇、21乡（含民族乡）。2011年5月国务院批准昆明市撤呈贡县设呈贡区，辖区乡镇也随之改设为街道。

为适应改革开放的需要，加强统一管理，自各类开发区设立后，昆明市实行了行政区划"托管"的体制。其中，昆明高新技术产业开发区（高新区）管理呈贡区马金铺街道75%的区域及五华区人民西路以北，昌源路以东，海屯路以南，二环快速以西的8个社区；昆明国家经济技术开发区（经开区）管理官渡区小板桥街道经济园社区、阿拉街道及呈贡区洛羊街道；昆明滇池国家旅游度假区（度假区）管理西山区盘龙江以西、广福路以南、船房河以东前卫街道的4个社区、福海街道4个社区的部分区域以及呈贡区的大渔街道；空港经济区管理官渡区大板桥街道。2009年，为加强昆明水源保护区统一管理，嵩明县滇源镇、阿子营镇交由盘龙区托管。2010年5月，为加强阳宗海水域的统一管理，玉溪市澄江县阳宗镇移交昆明市管辖。2010年成立的倘甸产业园区轿子雪山开发区管理东川区红土地镇、舍块乡，禄劝县的转龙镇、雪山乡、乌蒙乡，寻甸县的倘甸镇、凤合镇、联合乡、金源乡共9个乡镇，下辖94个行政村，面积1837.54平方千米，人口约22.3万人。2010年7月成立的阳宗海风景名胜区管理阳宗海周边的呈贡区七甸街道、宜良县汤池街道、澄江县阳宗镇共38个行政村（社区），总面积546平方千米，人口9.5万人；海口新区管理西山区海口街道；泛亚科技新区管理五华区黑林铺街道、普吉街道。市行政中心驻呈贡区洛龙街道。

2015年，昆明市辖6区、1县级市、7县（含3个民族自治县），129个乡（镇、街道），其中街道70个、镇43个、乡16个（含4个民族乡）。全市设有昆明高新技术产业开发区、昆明经济技术开发区、滇池国家旅游度假区、阳宗海风景名胜区、昆明倘甸产业园区和轿子山旅游开发区。

### 1953 年昆明市行政区划一览表

表2-1-10

| 区　名 | 驻地名 | 备　注 |
|---|---|---|
| 第一区 | 胜利堂 | 市　区 |
| 第二区 | 青云街 | 市　区 |
| 第三区 | 拓东路 | 市　区 |
| 第四区 | 崇仁街 | 市　区 |
| 第五区 | 官渡 | 郊　区 |
| 第六区 | 大板桥 | 郊　区 |
| 第七区 | 波罗村 | 郊　区 |
| 第八区 | 龙院村 | 郊　区 |
| 第九区 | 马街 | 郊　区 |

### 1965 年昆明市行政区划一览表

表2-1-11

| 县区名 | 驻地名 | 备　注 |
|---|---|---|
| 盘龙区 | 明通巷 | 市　区 |
| 五华区 | 崇仁街 | 市　区 |
| 官渡区 | 关　上 | 郊　区 |
| 西山区 | 马　街 | 郊　区 |
| 安宁县 | 连然镇 | |
| 富民县 | 永定镇 | |
| 晋宁县 | 昆阳镇 | |
| 呈贡县 | 龙城镇 | |

### 1983 年昆明市行政区划一览表

表2-1-12

| 县区名 | 驻地名 | 备　注 |
|---|---|---|
| 盘龙区 | 京　路 | 市　区 |
| 五华区 | 崇仁街 | 市　区 |
| 官渡区 | 关　上 | 郊　区 |
| 西山区 | 马　街 | 郊　区 |
| 安宁县 | 连然镇 | |
| 富民县 | 永定镇 | |

续表

| 县区名 | 驻地名 | 备 注 |
|---|---|---|
| 晋宁县 | 昆阳镇 | |
| 呈贡县 | 龙城镇 | |
| 嵩明县 | 嵩阳镇 | |
| 宜良县 | 匡远镇 | |
| 禄劝县 | 屏山镇 | |
| 路南彝族自治县 | 鹿阜 | |

## 1988 年昆明市行政区划一览表

表2-1-13

| 县区名 | 政府驻地 | 街 道（乡、镇）名 |
|---|---|---|
| 盘龙区 | 北京路 | 环城、珠玑、南强、太和、拓东、长春、金碧、小南、东华、东站、董家湾 |
| 五华区 | 崇仁街 | 崇仁、西站、华山、西坝、大观、北门、武成、新村、土桥、虹山、永昌、莲华 |
| 官渡区 | 关 上 | 关上、金马、茨坝、联盟、龙泉、官渡、前卫、小河、福海、六甲、矣六、双哨、小哨、双龙、小板桥、大板桥、阿拉彝族乡 |
| 西山区 | 马 街 | 马街、黑林铺、碧鸡、海口、厂口、团结彝族白族乡、沙朗、白族乡、谷律彝族白族乡 |
| 呈贡县 | 龙城镇 | 龙城、洛羊、龙街、大渔、七旬、吴家营、马金铺 |
| 晋宁县 | 昆阳镇 | 昆阳、晋城、古城、二街、新街、中和、宝峰、化乐、上蒜、六街、双河彝族乡、夕阳彝族乡 |
| 安宁县 | 连然镇 | 连然、八街、县街、温泉、草铺、一六、青龙、禄鸣、矣河、太平白族乡 |
| 富民县 | 永定镇 | 永定、大营、勤劳、散旦、款庄、者北东村、赤鹫、罗免彝族苗族乡 |
| 宜良县 | 匡远镇 | 匡远、狗街、南羊、汤池、蓬莱、草甸、马街、竹山、北羊街、北古城、耿家营彝族苗族乡、九乡彝族回族乡 |
| 嵩明县 | 嵩阳镇 | 嵩阳、杨林、杨桥、四营、白邑、小街、大哨、小新街、阿子营 |
| 路南彝族自治县 | 鹿阜镇 | 鹿阜、石林、板桥、大可、圭山、维则、西街口、北大村、路美邑、亩竹箐 |
| 禄劝彝族苗族自治县 | 屏山镇 | 屏山、转龙、茂山、翠华、团街、云龙、中屏、双化、皎西、汤郎、则黑、九龙、乌蒙、雪山、崇德、撒营盘、马鹿塘、大松树 |

## 2015 年昆明市行政区划一览表

表2-1-14

| 县市区名 | 政府驻地 | 街 道（镇、乡）名 |
|---|---|---|
| 盘龙区 | 北京路 | 拓东、鼓楼、东华、联盟、金辰、青云、龙泉、茨坝、松华、双龙 |
| 五华区 | 人民路 | 华山、护国、大观、龙翔、莲华、丰宁、红云、黑林铺、普吉、西翥 |
| 官渡区 | 关 上 | 关上、吴井、金马、太和、官渡、小板桥、大板桥、矣六、六甲、阿拉 |

续表

| 县市区名 | 政府驻地 | 街 道（镇、乡）名 |
|---|---|---|
| 西山区 | 西 苑 | 西苑、金碧、永昌、前卫、福海、棕树营、马街、碧鸡、海口、团结 |
| 呈贡区 | 龙 城 | 龙城、斗南、吴家营、洛龙、乌龙、雨花、洛羊、大渔、马金铺、七甸 |
| 安宁市 | 连 然 | 连然、金方、八街、县街、太平新城、温泉、草铺、禄脿、青龙 |
| 晋宁县 | 昆 阳 | 昆阳街道、晋城镇、二街镇、新街镇、上蒜镇、六街镇、双河彝族乡、夕阳彝族乡 |
| 嵩明县 | 嵩 阳 | 嵩阳街道、滇源街道、阿子营街道、杨林镇、小街镇、牛栏江镇 |
| 宜良县 | 匡 远 | 匡远街道、汤池街道、北古城镇、狗街镇、竹山镇、马街镇、耿家营彝族苗族乡、九乡彝族回族乡 |
| 石林彝族自治县 | 鹿 阜 | 鹿阜街道、长湖镇、圭山镇、西街口镇、大可乡。 |
| 富民县 | 永 定 | 永定街道、大营街道、罗免镇、赤鹫镇、东村镇、款庄镇、散旦镇 |
| 禄劝彝族苗族自治县 | 屏 山 | 屏山街道、撒营盘镇、转龙镇、茂山镇、团街镇、中屏镇、皎平渡镇、乌东德镇、翠华镇、九龙镇、云龙乡、汤郎乡、马鹿塘乡、乌蒙乡、雪山乡 |
| 寻甸回族彝族自治县 | 仁 德 | 仁德街道、羊街镇、柯渡镇、倘甸镇、功山镇、河口镇、七星镇、先锋镇、鸡街镇、凤合镇、六哨乡、联合乡、金源乡、甸沙乡 |
| 东川区 | 铜 都 | 铜都街道、汤丹镇、因民镇、拖布卡镇、乌龙镇、阿旺镇、红土地镇、舍块乡 |

# 第二章　城市建设

## 第一节　建城沿革

### 先秦至汉唐时期

　　滇池周边建城历史悠久，其可稽考资料可上溯到战国时期。据正德《云南志》和天启《滇志》记载，春秋战国时期楚将庄蹻王滇后在晋城筑城建都，在今黑林铺一带筑苴兰城。汉武帝时大将军郭昌置谷昌县，在金马山麓、黑土凹附近筑谷昌城，历经西汉、东汉、蜀汉、西晋、东晋、南北朝700余年，一直是滇中重镇。唐初设益宁郡，建益宁城。唐永泰元年（765），南诏王阁罗凤为加强对滇池地区的统治，命长子凤迦异到昆明筑拓东城，亦名拓东节度城，地位仅次于南诏都城羊苴咩城，故又有别都、上都之称。南诏拓东城为土城，周长约3千米，形狭长，南、北、东三面有城墙，河上有桥。城内有王宫、官署、馆驿、寺庙等，极像南诏太和城。范围在今盘龙江与金汁河之间，即今拓东路、和平村、塘子巷一带。

### 宋朝时期

　　宋代大理国时期，拓东城西面水域已发展成为城的附属部分。宋政和元年（1111），滇东三十七部起事，高泰明平服，命子高明清镇守鄯阐。宣和元年（1119），三十七部再度起事，攻克鄯阐，杀高明清，拓东城被毁坏，成为"废城"。鄯阐侯高氏第五代重新筑土城，称新城，沿称鄯阐城。该城"城际滇池，三面皆水，即险且坚"。新筑的鄯阐城面积比拓东城大，越过盘龙江向西北方向发展。城区约在盘龙江西岸，今文庙、长春路、东寺街一带。

### 元朝时期

　　元代在鄯阐城的基础上，向西北发展到现城区的中部，称押赤城，亦称鸭池、雅岐。又因中庆路治所设于此，所以又称中庆城。从此昆明城初具规模。中庆城是一座南北长而东西窄的土城。南端为土桥，北端为五华山，东在盘龙江西边一带，西在今沿福照街至鸡鸣桥一带。中庆城内有梁王府。至元四年（1267），忽必烈之子忽哥赤为云南王。后又封其曾孙松山为梁王，传至把匝剌瓦尔密，建府于此。城东有大德桥、至正桥、白塔；西南两面有护城河——玉带河；北城墙内外有悯忠寺和圆通寺。中庆城的中心是三市街，即今威远街口的正义路中段至金碧路一带。《马可·波罗游记》记载，13世纪80年代，马可·波罗到昆明时，对中庆城作如下描述："到达省会，名雅岐（鸭池，即昆明），系一壮丽的大城。城中有商人和工匠，为杂居之地，有偶象崇拜者、聂斯托利派基督教徒、萨拉森人或回教徒……"元代著名云南诗人王昇在《滇池赋》中写道："探华亭之幽趣，登太华之层峰；觅黔南之胜概，指八景之陈踪。碧鸡峭拔而岌葉，金马透逸而玲珑；玉案巍峨而耸翠，商山隐隐而攒穹；五华钟造化之秀，三市当闾阎之冲，双塔挺擎天之势，一桥贯日月之虹。千艘蚁聚于云津，万船蜂屯于城垠；致川陆之百物，富昆明之众民……"此赋写景状物，形象地勾画出中庆城的繁华壮丽。

## 明朝时期

明洪武十四年（1381），明王朝将中庆路改为云南府。云南府城于洪武十五年（1382）建，并开始用砖筑城，取代历代的土城墙。城周围10里，"三百三十四步，共一千九百六十七丈""高二丈九尺二寸，向南。城共有六门，上各有楼：南门曰丽正，楼曰近日（原名向明，清总督范承勋易今名）；大东门曰咸和，楼曰殷春；小东门曰敷泽，楼曰璧光；北门曰拱辰，楼曰眺京；大西门曰宝城，楼曰拓边；小西门曰威远，楼曰康阜。居南门西偏者为钟楼。环城有河，可通舟船。外有重关，跨隘街市……"明时，南关街道宽丈余，中间分3道，行走的人左边为仕官、右边为商旅，中间为王公贵人。明代的昆明府城已不是旧城规模，而是向盘龙江以西拓展。城内主要是衙署、官邸、寺庙，一般居民很少。近郊多是王公显贵及士大夫的园林别墅。黔宁王府、巡按察院、都察院、布政使司署、提刑按察司、都指挥使司都集中于今正义路、威远街一带。这座砖城的城区面积约有3平方千米。

## 清朝时期

清代是昆明城市发展的重要转折时期。为适应商业发展的需要，在明代所筑府城的基础上，先后对该城修理过23次，尤其街道有了较大的发展。城郊设3坊、18铺（或24铺），约有大小街道150多条，大小巷道400多条。3坊：一是崇政坊，南起南门，北至马市口；二是报功坊，南起马市口，北至圆通街；三是世恩坊，在北门街附近。24铺为：高山铺、忠爱铺、中端铺、羊马市铺、渔课司铺、土桥铺、鸡鸣桥铺、石桥铺、新城铺、云津铺、三义铺、嵩山铺、三元铺、十里铺、咸和铺、太和铺、金牛铺、敷泽铺、桃园铺、商山铺、螺峰铺、文林埔、胜应铺、龙翔凤翥铺。城内衙署亦较多，较著名的有：云贵总督署（今"胜利堂"）、云南巡抚署（原昆八中）、提督学政署（大兴街）、布政使司署（威远街）、按察使司署（原市中级人民法院）、交涉使司署（福照街）、粮储水利道署（文明新街）、盐法道署（万钟街）、劝业道署（景星街）、巡警道署（报国街）、云南府知府街（文林街）、府属南关通知署（新祥云街）、昆明县知县署（圆通街）、主考官公馆（翠湖南路）、贡院（今云南大学）、城守营参将署（大西门内）、抚标中军守备署（福照街）、接官厅（拓东路）。为维护社会治安，强化保甲制度，以10户为1排，若干排为1段，城内外共分为24段。光绪三十年（1904），昆明创设警察制度，将城内划为崇东、崇西、报功、世恩4区，仍设24段，城内16段，城外8段。宣统二年（1910），巡警道改为9区：城内5区，曰内中、内南、内东、内西、内北；城外4区，曰外南一、外南外、外东、外西。

清代昆明较为有名和繁华的街道，城内有南正街、三牌坊、四牌坊、马市口、辕门口、东院街、西院街、福照街、长春坊、树皮坡、东门正街、粮道街、书院街等，城外有城南的广聚街（金碧路）、南校场（宝善街一带），城东的咸和铺、米厂心、金牛街，城西的庆丰街、凤翥街、永平街都为商业闹市。南门外从三市街到塘子巷至得胜桥为商业中心，著名的"云津夜市"即在这一段。大西门外地台寺到北门的莲花池，原为吴三桂的安阜园所在地，吴叛乱结束后，这一带也成为繁华地段之一，以虹山角最为热闹。

随着经济的逐步发展，风景游览区也有增加。如9层11阁殿宇的龙门，滇池岸边的大观楼，城郊有唐梅、宋柏、明茶著称的黑龙潭，重铸了高6.7米、宽7.2米、深6.2米的鸣凤山金殿和雕塑了栩栩如生的筇竹寺五百罗汉，这些都是清代著名风景游览区。

## 民国时期

民国初年，由于连年战事，财政窘困，市政建设步履迟缓。1922年，市政公所成立，开始有计划地着手城市规划和建设。因建设需要，开始拆城墙。先是于1922年拆除南面一段城墙，开辟一门，建石墩柱3孔铁门，门两侧各建2层阁楼1座。当时正值护国首义成功，为纪念共和再造，命名此门为"护国门"（俗称小南门）。同时建二孔石桥1座，名护国桥。继之又拆除丽正门及附近民房，保留"近日楼"并加以改建。在月城旧址修筑环形块石路面，中间建有椭圆形广场。广场中央建有"会泽唐公再造共和纪念标"、4个喷水池、十字形步道并种植有花木，成为昆明中心广场。是年8月，昆明改为特别市，隶属云南省政府，云南府城从此改称昆明城。1930年拆除正义路以东、护国路以西的一段城墙，利用拆城土石填塞护城河，用城墙的砖块在南边人行道镶砌箱形沟，取名南屏街。1932年，在昆明市市长熊从周倡导下，昆明首修环绕昆明城垣的"长壹万零五百柒拾公尺，车道宽三丈六尺"的环城路。这一时期的昆明城市建设格外引人注目。1935年5月，蒋介石曾带领一批随从视察昆明，发现昆明与全国当时的大城市相比，是非常可爱的，没有给人乱糟糟的感觉。蒋介石夫人宋美龄也称赞"昆明街道十分干净整洁，建筑物都是同一色彩，和我们在其他地方见到的那些杂乱的建筑物相比，使人感到更舒服"。她甚至感叹道："昆明街头的行人已分左右两边行走，并以最有秩序的办法往返。"1941年，市区新辟靖国新村、篆塘新村、复新村、吴井新村等住宅区。到1949年，全城占地7.8平方千米，道路全长93千米，其中铺装路面长9.97千米，人口26.7万，各类房屋总建筑面积309.79万平方米，其中住宅建筑面积193万平方米。

## 中华人民共和国时期

中华人民共和国成立后，昆明市人民政府加强了城市建设，城区按总体规划的要求，一面改造旧城，一面开拓新区。1951年拆除护国门至昆明动物园长约1700米的城墙，利用城砖修建下水道，弃土填原护城河（臭水河），修建成青年路。1952年，拆除近日公园至小西门长约1300多米的城墙及钟楼1座，并同时陆续拆除大西门至昆明动物园的城墙，填平护城河。1951—1957年，拆除城墙，在城墙原址上修建青年路、东风西路、建设路，修建昆师路，新建跨盘龙江的南太桥，新建东风东路，开辟白塔路，构成新的城市道路骨架。同时，还改造了三市街、金碧路、护国路、武成路、长春路等，将原石块路面铺装成水泥路面，改造了油管桥和双龙桥。1958—1965年，铺装了青年路、东风路、翠湖环路和大观路等路的水泥路面；修建环城南路东段，架设环南桥，连接环城西路（今西昌路）与环城东路，形成新的环城系统，使原为环城马路东线的太和街、福德街成为城内的南北干道，并向南延伸，与建设中的新火车站衔接。在这条干道的交三桥口，向东修建了人民东路，城区东部新区基本形成了道路网络；在城市西部，修建了人民西路、大兴街等，并铺装了路面。郊区道路建设在此期间亦得以改建与扩建，兴建了羊方凹铁路编组站和黑土凹货场，改建了巫家坝机场，从而形成了较完善的城市对外交通体系。城区的工厂逐步迁往郊区，与在郊区的工厂构成各个工业区。在城市核心区建成了以省博物馆、省农展馆、艺术剧院、云南饭店、东风大楼、昆明百货大楼、邮电大楼、省体育馆、昆明饭店老楼和老翠湖宾馆等10大标志性建筑，东风路成为当时昆明最气派、最时髦的街道。期间，先后扩建和新建了云南大学、昆明工学院、昆明冶金工校等大专院校，调整充实了中小学教育，使昆明有了一个较完整的现代教育体系。一批颇具规模的图书馆、文化馆、体育场等文化体育设施相继落成，进一步强化了昆明作为全省现代科技、教育、文化、体育中心的地位。

"文化大革命"期间，昆明城市建设受到较大影响，但并未完全停滞，完成了全面整治盘龙江、疏浚大观河、整修明通河等重大工程。并新建了圆通桥，改建了溥润桥，铺装和平路、海埂路，修建了凉亭货场道路、金殿的道路。对外，修通了举世瞩目的成昆铁路。经过多年的建设，形成了城区—近郊工业小城镇—远郊工矿区的城市结构布局。城区保持着五华山、正义路、三市街中轴线和东、西寺塔、大德寺双塔、大理国经幢、圆通寺等名胜古迹。

1978年12月18日党的十一届三中全会的召开，正式宣告"文化大革命"结束，昆明城市建设又掀起高潮，先后改造了正义路、南屏街、北京路、东风路、人民东路、金碧路等主要街道，完成穿金路改建工程、老军用公路改扩建工程、环城南路北侧拓宽改造工程、白塔路北延长线工程、中环路工程、大观路东口拓宽工程、民院东路拓宽改造工程、拓东路扩建工程、滇池路加宽工程、老海埂路改建工程、书林街拓宽工程、青年路北延长线改扩建工程、环城南路改扩建工程等一批市政道路建设，昆明城区形成"二环九出口，城中六干道"的道路格局，即环城一环、二环路及北京路、人民路、东风路、金碧路、白塔路、青年路等干道。城区高楼林立、新房成片、道路纵横。五华山、弥勒寺一带驻着云南省党政机关；东风东路、盘龙路分布着市级党政机关；城郊接合部的莲花池、北校场、下马村扩建、新建了大专院校和科研机构；正义路、金碧路、南屏街、东风路成为繁盛的商业街区；北京路、昆明火车站一带为新兴的经济贸易区；董家湾、虹山、东华、和平村、前卫营、豆腐营、棕树营、席子营、黄瓜营和曙光等住宅小区相继建成，使昆明市民的居住环境和居住条件得到进一步改善，古城昆明焕发出了青春。同时，按"近郊抓配套"的原则，充实了普吉、茨坝、马街、金马等8个工业片区的配套设施，扩建了一些轻纺、卷烟、食品、机械、电力等工业企业。此时，昆明城区建成面积达28.8平方千米，居住人口达70余万人，成为全省政治、经济、科技、文化的中心城市。

20世纪90年代以后，随着改革开放的不断深化，昆明由中国开放的末梢走向开放的前沿，城市化进程加快，中心城市的功能更加突出。昆明成为云南省对外交通枢纽、中国进入东南亚、南亚地区的国际大通道，已形成公路、铁路和航空新型立体交通网络，对外连接越南、老挝、缅甸3国，对内连接成都、西安、兰州、北京、上海、福州等大中城市。先后创建了昆明高新技术产业开发区、昆明国家经济技术开发和昆明滇池国家旅游度假区3个国家级开发区，成功举办了第三届中国艺术节、昆交会和'99昆明世界园艺博览会，城市建成区面积大大扩大，促进了昆明城市跳跃式发展。2000年，昆明城市建成区面积达142.5平方千米，城市居民人均居住面积达12.76平方米，提前实现了小康社会居住面积9平方米的标准。

21世纪初期，云南省委、省政府，昆明市委、市政府做出了建设现代新昆明的战略决策，昆明城市建设进入了跨越式发展新阶段。城市建设主要围绕"一湖四片""一湖四环"展开。"四片"规划为以滇池为中心，建设滇池北部主城区，城市规划规模为人口220万人，用地220平方千米；滇池东部呈贡新城区，城市规划规模为人口95万人，用地100平方千米；滇池南部晋宁新城区，城市规划规模为人口75万人，用地80平方千米；滇池西部海口新城区，城市规划规模为人口60万人，用地60平方千米。"四环"即围绕滇池建设环湖新城、环湖截污、环湖生态带、环滇池公路。

**"城中村"改造**　2006年末，昆明市主城建成区内共有村庄336个，总人口约76万人，居住用地占地面积约19.5平方千米，占全市建成区面积的7.8%，人口密度约为3.9万人/平方千米，总建筑面积3817万平方米，"城中村"居住建筑平均容积率1.59。二环路以内共有"城中村"72个，总人口约21万人，居住用地面积1.94平方千米，占主城建成区45.3平方千米的4.3%，人口密度约为10.8万人/平方千米，总建筑面积约538万平方米，居住建筑平均容积率2.48。其中，一环路内"城中村"多为零星点状分布，主要有盘龙江旁的小菜园村、北河埂村，穿金路旁的水晶村与联盟镇，人民东路与白塔路延长线之间的栗树头村，省体育馆周边的唐家营与苏家塘，北京路铁路中心医院旁的双龙新村等。一环与二环之间的"城中村"多成片分布，特别是西山区尤为突出，赵家堆一带沿鱼翅路连续分布8个城中村，如红庙村、红联新村等；沿大观河及西坝路集中分布了白马庙村、西坝新村等规模较大的村庄；其他"城中村"主要穿插于居住区之间（如金康园旁的大白庙村、新迎小区附近的小龙村等）或成片分布于二环路旁（如大树营等）。随着建成区面积不断扩大，一些原来不是城中村的村庄也逐渐被城市所包围，主城4区、3个开发（度假）区又有一些建成区内的村庄成为城中村，总量增加到382个。这些"城中村"不仅数量大、分布广，用地所占比例高，而且村庄建筑密度大、容积率高，社会治安、环境卫生、安全问题突出。为了改善居民生活居住质量，提升城市形象，市委、市政府决定进一步加快城中村改造工作。在市委九届四次全会上确立了城中村改造遵循"政府主导、市场运作、村民自愿、企业参与，市级规划、区级实施、统一规划、各具特色，优化布局、完善功能、加快实施、改善民生"的原则，全面启动了城中村改造工程。同时，出台了《昆明市城中村改造征地补偿安置指导意见》《昆明市城中村改造土地公开交易办法》《昆明市主城区集体土地房屋拆迁安置管理办法》等一系列配套政策规定，确保了城中村改造工作的顺利展开。

2015年，全市共有258个城中村的改造专项规划（修建性详细规划）通过了市规委会审议，涉及改造的总用地面积约71679亩，净用地面积约46504亩，审议通过的地上建筑规模10621万平方米，地下建筑规模3584万平方米；商业建筑面积约1577万平方米，住宅建筑面积约5932万平方米，安置房建筑面积约1393万平方米。公共服务设施和城市基础设施也得到相应改善，其中配建中学31所、小学87所、幼儿园164所、社区医疗卫生设施49座、生鲜超市156座，建筑面积约48万平方米。通过旧城改造，城市形象有了较大提升。改造完成的"城中村"成为一批设施齐全、环境优美、交通便捷、管理有序的现代化居住小区，城市面貌发生了巨大变化，高层建筑星罗棋布。从建设150米高的佳华广场酒店大厦、140米的邦克大厦开始，昆明"高度"迅猛发展。2011年，南亚风情·第壹城168米高的写字楼和欣都龙城186米高的财智中心建成；2012年，219米高的昆钢科技大厦封顶；2015年，300米高的万达·昆明双塔封顶，位于北京路与东风路交叉口、主体建筑高度达350米的恒隆广场即将封顶，全新的昆明"高度"由此诞生。至此，昆明主城5区共有80多栋高度超过100米以上的建筑，总建筑面积达1452.39万平方米。其中，高100—199米的77栋，总建筑面积1333.2181万平方米；高200米以上的6栋，总建筑面积119.1739万平方米。昆明的区域形象、城市形象、经济能级站上全新的高度。

## 2015 年昆明主城区高层建筑一览表

表2-2-1

| 序号 | 项目名称 | 建筑物数量及建筑层数（地上／地下） | 建筑面积 | 建筑高度 |
|---|---|---|---|---|
| 1 | 科伦时代广场 | 1栋，33层/3层 | 总建筑面积352995.63平方米，其中地上建筑面积256713.95平方米、地下建筑面积96281.68平方米、超高层地上面积97086平方米 | 135米 |
| 2 | 普洱茶文化科技中心 | 1栋，38层/3层 | 总建筑面积225400.08平方米，其中地上建筑面积151079.14平方米、地下建筑面积74320.94平方米 | 151米 |
| 3 | "云智时代中心"（昆明联想科技城四期A13地块）一标段 | 1栋 | 总建筑面积130441.74平方米，其中地上建筑面积52252.67平方米、地下建筑面积78189.07平方米 | 203米 |
| 4 | 江东和谐世纪——和谐广场 | 2栋 | 总建筑面积209939.24平方米。 | 195.25米 |
| 5 | 银河北庭—北庭首座商务中心（五华区尚家营城中村改造项目A2地块） | 1栋，36层/3层 | 地上建筑面积37490.42平方米，地下建筑面积10318.7平方米 | 135.2米 |
| 6 | | 第2栋，44层/2层 | 地上建筑面积24057.00平方米 | 129.4米 |
| 7 | | 第4栋，44层/2层 | 地上建筑面积24017.00平方米 | 129.4米 |
| 8 | | 第7栋，44层/2层 | 地上建筑面积24017.00平方米 | 129.4米 |
| 9 | | 第5栋，44层/2层 | 地上建筑面积25388.00平方米 | 129.4米 |
| 10 | 中海荟景花园 | 第8栋，44层/2层 | 地上建筑面积25338.00平方米 | 129.4米 |
| 11 | | 第10栋，43层/2层 | 地上建筑面积24816.00平方米 | 126.50米 |
| 12 | | 第9栋，40层/1层 | 地上建筑面积23618.00平方米 | 117.8米 |
| 13 | | 第12栋，40层/2层 | 地上建筑面积23593.00平方米（以上8栋超高层建筑总地下建筑面积72457.62平方米） | 117.8米 |
| 14 | 世纪广场（主楼为超高层） | 1栋，42层/2层 | 总建筑面积179314平方米，其中地上建筑面积146396平方米（超高层地上面积64618.1平方米）、地下建筑面积32945平方米 | 188米 |
| 15 | 德润春城花园－润地商务中心（二期） | 1栋，32层/2层 | 地上建筑面积51986平方米，地下建筑面积189996平方米 | 117米 |

续表

| 序号 | 项目名称 | 建筑物数量及建筑层数（地上／地下） | 建筑面积 | 建筑高度 |
|---|---|---|---|---|
| 16 | 金色领域小区一期 | 3栋，34层/1层 | 总建筑面积179398.89平方米，地上建筑面积147405.69平方米、地下建筑面积31993.2平方米 | 100米 |
| 17 | 金色领域小区二期 | 3栋，34层/1层 | 总建筑面积98208.06平方米，其中地上建筑面积79303.46平方米、地下建筑面积18904.60平方米 | 100米 |
| 18 | 花香四季（二期） | 2栋，41层/1层 | 总建筑面积150488.41平方米，其中地上建筑面积117118.55平方米、地下建筑面积33369.86平方米 | 119.95米 |
| 19 | 中国水电顾问集团昆明院科研试验大楼 | 2栋，36层/3层 | 总建筑面积58959.43平方米，其中地上建筑面积44483.85平方米、地下建筑面积14475.58平方米 | 100米 |
| 20 | 龙湖水晶郦城 | 地上9栋建筑，分别为7栋层数为20—34层的高层住宅及1栋4层多层商业、1栋2层低层商业 | 总建筑面积189282.41平方米，其中地上建筑面积136425.68平方米、地下建筑面积52856.73平方米 | 100.45米 |
| 21 | 五华区沙沟埂、莲园村"城中村"改造（莲花池畔）J2012—008—07 | 建筑共5栋，其中住宅2栋、社区办公1栋、幼儿园1栋、垃圾中转站1栋 | 总建筑面积129248.42平方米，其中地上建筑面积72254.71平方米（含避难层非计容面积2864.68平方米）、地下建筑面积56993.71平方米 | 130.1 |
| 22 | 五华区赵、李家堆村"城中村"改造项目（红菱花园）A2地块 | 7栋，32.35.42.44层/2层 | 总建筑面积438925.02平方米，其中地上建筑面积343388.25平方米（含不计容建筑面积1351.64平方米）、地下建筑面积95536.77平方米 | 125.85米 |
| 23 | 五华区赵、李家堆村"城中村"改造项目（红联城市广场）A3地块二期 | 1栋，40层/2层 | 总建筑面积259083.57平方米，其中地上建筑面积148440.74平方米（含地上不计容面积5442.05平方米），地下建筑面积110642.83平方米 | 168米 |
| 24 | 五华区赵、李家堆村"城中村"改造项目（西园花园）A5地块 | 1栋，41层/2层 | 总建筑面积64100.17平方米，其中地上建筑面积48198.68平方米（含地上不计容面积561.34平方米）、地下15901.49平方米 | 119.35米 |

续表

| 序号 | 项目名称 | 建筑物数量及建筑层数（地上／地下） | 建筑面积 | 建筑高度 |
|---|---|---|---|---|
| 25 | 五华区黑林铺村城中村改造项目A5地块（建发曦城商业广场） | 2栋，34层／2层 | 总建筑面积118298.7平方米，其中地上建筑面积92608.88平方米（含不计容建筑面积3399.88平方米）、地下建筑面积25695.82平方米 | 119.7米 |
| 26 | 巨和齐泰城 | 1栋，42层／2层 | 46062平方米 | 128.6米 |
| 27 | 盛唐城D1地块 | 1栋，42层／2层 | 149386平方米 | 129米 |
| 28 | 七彩云南花之城 | 1栋，27层／2层 | 250664平方米 | 124.75米 |
| 29 | 恒隆广场 | | 659938.12平方米 | 350米 |
| 30 | 欣都龙城一期 | 1栋，45层／2层 | 289598.54平方米 | 188.8米 |
| 31 | 天宇佳苑 | 1栋，40层／2层 | 35353.65平方米 | 119.5米 |
| 32 | 天宇花园 | 1栋，43层／3层 | 201372.23平方米 | 133.4米 |
| 33 | 天宇盛苑 | 1栋，31层／3层 | 42133.55平方米 | 100.05米 |
| 34 | 城投湖畔四季城－上坝2号地块 | 1栋，43层／3层 | 221761.99平方米 | 130.7米 |
| 35 | 同德A6地块 | 1栋，53层／3层 | 126560.42平方米 | 234.8米 |
| 36 | 同德A7地块 | 1栋，47层／4层 | 117600.92平方米 | 221.3米 |
| 37 | 兴隆泉大厦 | 1栋，46层／3层 | 238876.52平方米 | 197.9米 |
| 38 | 万宏嘉园地块六 | 1栋，42层／3层 | 204561.39平方米 | 123米 |
| 39 | "溪畔丽景"小区 | 1栋，43层／3层 | 500541.01平方米 | 126.4米 |
| 40 | 七彩俊园一期 | 1栋，40层／2层 | 119164.58平方米 | 123.3米 |
| 41 | 山水锦园B2栋 | 1栋，44层／2层 | 37353.27平方米 | 128.1米 |
| 42 | 山水锦园B3栋 | 1栋，44层／2层 | 37353.27平方米 | 128.1米 |
| 43 | 山水锦园B4栋 | 1栋，44层／2层 | 37353.27平方米 | 128.1米 |
| 44 | 山水锦园B8-1栋 | 1栋，44层／2层 | 25295.34平方米 | 128.1米 |
| 45 | 山水锦园A1栋 | 1栋，34层／2层 | 29301.41平方米 | 99米 |
| 46 | 山水锦园A2栋 | 1栋，34层／2层 | 29301.41平方米 | 99米 |
| 47 | 兰都荟商业中心 | 1栋，地上38层 | 73368.23平方米 | 149.55米 |
| 48 | A2-3地块J1栋 | 1栋，地上32层 | 20454.03平方米 | 99.1米 |
| 49 | A2-3地块J2栋 | 1栋，33层／2层 | 27135.38平方米 | 99.5米 |
| 50 | A2-3地块J3栋 | 1栋，33层／2层 | 27167.74平方米 | 99.5米 |
| 51 | A2-3地块J4栋 | 1栋，33层／2层 | 27167.82平方米 | 99.5米 |
| 52 | A2-1地块G1栋 | 1栋，33层／2层 | 21099.16平方米 | 99.2米 |
| 53 | A2-1地块G2栋 | 1栋，43层／2层 | 34924.2平方米 | 129.3米 |

续表

| 序号 | 项目名称 | 建筑物数量及建筑层数（地上／地下） | 建筑面积 | 建筑高度 |
|---|---|---|---|---|
| 54 | A2-1 地块 G3 栋 | 1 栋，40 层 /2 层 | 24714.64 平方米 | 126.2 米 |
| 55 | 凤凰御景一期 | 1 栋，40 层 /3 层 | 32534 平方米 | 119.8 米 |
| 56 | 广福城 3 期 – 广福水城（A4 地块） | 4# 楼，38 层 /3 层 | 66374.59 平方米 | 146.95 米 |
| 57 | 广福城 3 期 – 广福水城（A4 地块） | 5# 楼，38 层 /3 层 | 65951.6 平方米 | 146.95 米 |
| 58 | 恒泰城 M 地块 | 1 栋，33 层 /3 层 | 136119.76 平方米 | 133.8 米 |
| 59 | 红星宜居广场 A 1 地块（西山区 24 号城中村改造片区二期） | 1 栋，35 层 /2 层 | 4800 平方米 | 139.8 米 |
| 60 | 云投商务大厦 | 1 栋，35 层 /3 层 | 196463.63 平方米 | 168 米 |
| 61 | 马军场顺康欣园 | 6 栋 | 总建筑面积182938.47 平方米，其中地上建筑面积 123003.87 平方米、地下建筑面积 59510.38 平方米 | 130 米 |
| 62 | 兴隆嘉园 | 2 栋，24—32 层 /2 层 | 总建筑面积164498.96 平方米，地上建筑面积 127797.36 平方米，地下建筑面积36701.6 平方米 | 130 米 |
| 63 | 昆明滇池国际会展中心 9 号地块 | 12 栋，地下 3 层 | 总建筑面积 521653 平方米，其中地上建筑面积 374343 平方米（地上 1—43 层）、地下建筑面积 147310 平方米（地下 1—3 层） | 130 米 |
| 64 | 昆明滇池国际会展中心 8 号地块 | 15 栋，地下 2 层 | 总建筑面积 860591 平方米，其中地上建筑面积 621146 平方米（地上 1—41 层）、地下建筑面积 239445 平方米（地下 1—4 层） | 130 米 |
| 65 | 春城时光花园（6-2 号地块） | 9 栋，3—24 层 /3 层 | 总建筑面积为 413205.89 平方米，其中地上建筑面积 264326.36 平方米、地下建筑面积 148879.53 平方米 | 120.5 米 |
| 66 | 春城时光花园（8-2 号地块） | 9 栋，1—20 层 /3 层 | 总建筑面积为 332312.2 平方米，其中地上建筑面积为 224586.56 平方米、地下建筑面积为 107725.64 平方米 | 121 米 |
| 67 | 春城时光花园（7-2 号地块） | 9 栋，3—20 层 /2 层 | 总建筑面积为 316789.07 平方米，其中地上建筑面积为 229340.41 平方米、地下建筑面积为 87448.66 平方米 | 120.75 米 |

续表

| 序号 | 项目名称 | 建筑物数量及建筑层数（地上／地下） | 建筑面积 | 建筑高度 |
|---|---|---|---|---|
| 68 | 春城时光花园（9-2 号地块） | 11 栋，2—10 层 /2 层 | 总建筑面积为 321000.2 平方米，其中地上 233439.13 平方米、地下 87561.07 平方米 | 120.75 米 |
| 69 | 青海省政协老干部昆明疗养小区（云青花园）A3 地块 | 1 栋，1—20 层 /3 层 | 总建筑面积为 216849.53 平方米，其中地上 130734.35 平方米、地下 86115.18 平方米 | 187 米 |
| 70 | KC2010-76-A-4 地块 | 7 栋，2—35 层 /3 层 | 总建筑面积 238749.95 平方米，其中地上建筑面积 191358.62 平方米、地下建筑面积 47391.33 平方米 | 153.4 米 |
| 71 | 融城金阶广场（A1 地块） | 7 栋，2—29 层 /2—3 层 | 总建筑面积 220681.45 平方米，其中地上建筑面积 155854.27 平方米、地下建筑面积 64827.18 平方米 | 129.1 米 |
| 72 | 融城金阶广场（A2 地块） | 2 栋，20 层 /3 层 | 总建筑面积 92762.15 平方米，其中地上建筑面积 65172.37 平方米、地下建筑面积 27589.78 平方米 | 120 米 |
| 73 | 云路中心 | 7 栋，2—23 层 /3 层 | 总建筑面积为 255872.76 平方米，其中地上 160465.10 平方米、地下 95407.66 平方米 | 130.8 米 |
| 74 | 昆明鼎杰兴都汇商务中心 | 由 5 幢塔楼组成，2—33 层 /2 层 | 总建筑面积为 389666.36 平方米，其中地上 226343.66 平方米、地下 163322.7 平方米 | 153.95 米 |
| 75 | 恒大名都 A3 地块 | 1 栋，40 层 /4 层 | 8 万平方米 | 130 米 |
| 76 | 悦尚西城 | 1 栋，35 层 /2 层 | 5 万平方米 | 100 米 |
| 77 | 海源财富中心 | 1 栋，41 层 /3 层 | 345462.1 平方米 | 201 米 |
| 78 | 实力心城 | 47 层 44 层 /3 层 | 601462.85 平方米 | 180.65 米 |
| 79 | 七彩云南第壹城 8 号地块 | 59 层 56 层 /3 层 | 703987 平方米 | 268 米 |
| 80 | 呈贡新都昌商业广场 | 50 层 46 层 /4 层 | 195083.07 平方米 | 185.1 米 |
| 81 | 大成金融商务中心 | 50 层 45 层 /5 层 | 251823.23 平方米 | 199.7 米 |
| 82 | 上海东盟商务大厦 | 27 层 25 层 /2 层 | 186560 平方米 | 123.8 米 |
| 83 | 新南亚风情园二期 | 36 层 32 层 /4 层 | 93325 平方米 | 128.454 米 |

## 大型场馆

**昆明滇池国际会展中心** 继"昆交会"和"昆明世界园艺博览会"场馆建设之后，昆明又一大型商品交易、展示场馆——昆明滇池国际会展中心于2014年建成并投入使用。该中心位于官渡区福保半岛区域内,是一个南北长2600米、东西宽1000米、平地架空12米的大体量、广布局、多层次的建筑群,规划总用地面积2280亩。中心分国际博览区、国际会议区、会展风情旅游区、会展配套生态社区4大功能区,地上总建筑面积404.8万平方米,地下建筑面积103.8万平方米,总投资344.62亿元,其中土地及基础设施投资20亿元、建筑工程投资287.62亿元,为国际会展、国际会议、旅游服务、商业文化娱乐等功能为一体的大型城市综合性公共建设项目,拥有30万平方米的室内展览面积、10万平方米的室外展览面积,位列全国第三、西南地区第一。首次在昆明举办的第十一届中国会展经济国际合作论坛(CEFCO2015)在该中心举行,并成功举办了第三届中国南亚博览会暨第二十三届中国昆明出口商品交易会。该中心在意大利第二十届国际(米兰)手工艺品展销会上获得"2014—2015年度中国最受关注新开业会展中心"和"2015年度中国会展最佳城市形象场馆"大奖。

**云南省博物馆新馆** 是云南省十大标志性重点文化设施建设项目之一,位于广福路6393号。该馆占地面积150亩,建筑面积6万平方米,建筑外形呈正方体,平面呈回字形,取意于云南彝族"一颗印"式传统民居建筑。主入口左右两侧分设一个景观水池,周边的植物花卉和水文景观展现了"春城"的特色和西山"睡美人"的风姿。地下2层、地面5层,高39米,由库房区、展览区、办公区、公共服务区、室外景观区等功能区构成。该馆展览空间如宝箱叠砌,象征文物盛载。建筑表皮如文物片断织聚,建筑造型蕴含石林风化形态,集传统与现代于一身。一楼布展《金色中国》,主要为南京、内蒙古和景东等地金器;当代艺术馆则布展《刘自鸣油画展》,主题为无声的艺术。二楼布展《远古云南》《南中大姓》。三楼布展《文明之光》《百年风云》《南诏大理国》等。

**云南大剧院** 位于广福路与官宝路交会处南侧,2010年动工建设,2016年12月底竣工,总投资7.7亿元,为昆明地标性建筑之一。大剧院外观为凹凸的外墙,像一个个音箱;两侧一排排由高而低组成的钢管,像管风琴;大厅非常通透,超高天花板上有白色的流云定制巨型灯饰;地面和墙体采用不同的大理石铺装而成,墙体看上去像是木板,实为木纹黄的大理石;大厅外层由玻璃构成,非常明亮;大剧院设备西南第一,灯光、音响都是国际超一流品牌,观众前方、侧方、上方有几十个音响,真正的立体声环绕效果。多功能小剧场有拼装舞台、拼装T型台、伸缩式座席,可以满足电影、小型演出、时装表演、流行乐演出、展览、会议等多功能要求。

**环湖生态圈** 2003年后,根据省委、省政府和市委、市政府决策部署,决定在滇池湖滨33.3平方千米的范围内全面开展"退田退塘、退人退房、还湖、还湿地、还林"的"四退三还"行动,建设湖滨湿地涵养带,强化湖泊自净修复能力。2011年10月底,总长160千米的滇池湖滨生态长廊实现闭合。61个企事业单位迁离湖滨,退塘退田4.5万亩,退房145.3万平方米,退人2.45万人,建成湖滨生态湿地5.4万亩,沿湖共拆除防浪堤43千米,增加水面面积11.5平方千米。进一步加大湖滨生态带的提升、完善工作。结合11个(块)湿地(湿地公园)的建设,强化湿地功能分区,提升湿地布水系统、完善配套服务设施,充分发挥湿地生态、环保及社会效益。至2015年,王官生态湿地、斗南生态湿地、海东湿地(二期)、晋宁东大河森林生态湿地、捞鱼河湿地、古滇王国生态湿地已完成建设并向市民开放;海埂公园提升改造、盘龙江西岸入湖口湿地、盘龙江东岸入湖口湿地正加紧建设;西华湿地、观音山南湿地、观音山北湿地正在开展施工前的准备工作。

**环湖公路** 滇池环湖公路建设是"一湖四环"中的重要一环。2006年12月28日,起于高跷枢纽立交、止于海口镇的环湖公路西段的高海公路建成通车。该公路主线长30.32千米,路基宽26米,为双向6车道的高速公路;辅道长27.5千米,路基宽12米,为二级公路。公路全线建设大桥(含特大桥)13座、中桥2座、小桥28座，总桥长17.6千米，占公路总长的58%；涵洞245道，通道35道，互通式立交3处，分离式立交5处，辅道平面交叉18处，人行天桥7座；建设绿地面积100.5万平方米、路灯线30.23千米。该公路的建成，对保护滇池、缓解昆明入城交通、过境交通及昆明东西出入拥堵等起到重要作用。

环湖公路东段起于广福路庄家塘立交，止于马金铺立交，全长26.52千米。道路红线宽分55米、40米、32.5米3种断面形式，双向4车道。景观道全长31.75千米，道路红线为宽8米断面形式。分3段建设：城区段，长3.41千米，项目业主为市住建局，2007年8月工程开工，2009年12月中上旬完成征地拆迁工作，2010年春节前竣工通车；环湖东路中段，长15.03千米，项目业主为省城投公司，2008年10月工程开工，2011年4月28日道路主体通车；度假区段，长8.08千米，项目业主为滇池国家旅游度假区，2008年10月工程开工，2011年4月28日道路主体通车。

环湖公路南段起于马金铺立交，沿滇池南岸经晋宁至滇池西岸与高海公路相连，主线道路全长40.47千米，道路红线分别为32.5米、24米。景观道路全长44千米，道路红线宽8米。环湖南路利用外资建设，项目业主为市城投公司，BT（建设—移交）方为捷运国际建设投资（香港）有限公司。2008年6月开始BT合同谈判，2008年10月开工，2011年4月28日全线道路沥青铺设完成，道路主体通车。环湖东路、环湖南路先后建成通车后，与高海公路、湖滨路形成围绕滇池的环路。

环湖路景观道路沿滇池湿地界桩外侧布线，路线全长75.5千米，景观道按城市III级次干道或园林景观步道标准设计，道路红线为宽8米断面形式，只设非机动车道。环湖路全路段采用了雨水生态化断面形式，使道路建设与周边滇池湿地相配套，体现生态的要求；全线采用风能互补太阳能路灯，突出昆明地处高原、太阳能资源丰富的特点，体现环保节能的理念；非机动车道采用彩色沥青混凝土路面，体现以人为本的建设指导思想。

**呈贡新区**　云南省委、省政府于2003年5月29—30日在昆明召开现场会，提出建设现代新昆明的战略决策。同年9月29日，市委、市政府成立昆明呈贡新城管委会，全面统领呈贡新区开发建设。同年11月12日，昆明市第八次党代会确定将呈贡新城建设作为现代新昆明建设的突破口和先行区，并决定将市级行政机关搬迁至呈贡新城。

2005年12月28日，呈贡大学城奠基启动建设，地址选在呈贡区吴家营街道辖区的吴家营、郎家营、缪家营、中庄、下庄、雨花社区地界内，占地面积43.15平方千米，距离昆明市老城区约24千米。至2010年，先后完成了云南大学、昆明理工大学、云南师范大学、云南民族大学、昆明医科大学、云南中医学院、云南艺术学院、云南职业技术交通学院、云南广播电视大学9所高校呈贡新校区的建设任务。2015年，9所高校入驻师生达15万人。

2005年6月15日，昆明市级行政中心完成征地，建设全面启动。2006年6月13日，国务院批准市级行政中心搬迁呈贡新区。2009年底，12个组团、总建筑面积40.7万平方米的市级行政中心项目建设完成。2010年，市级行政机关完成搬迁，开始在呈贡新区办公。至2015年，呈贡新区经过10年的建设，城市建设已初具规模，40平方千米的新城核心区基本形成；大学园区、市级行政中心、产业园区显现；马金铺、洛羊、大渔、七甸4个片区改造稳步推进，核心区与4个托管区统一布局、错位发展的格局基本形成，城市建设框架成型；交通、水、电、气等方面重大项目配套建设，云桂铁路、东南环线、昆明新火车南站东西广场项目加快建设；呈澄、黄马、东南绕城高速公路、国道213线改造顺利完成；轨道交通1号线呈贡段通车运营，1号线支线开工建设；完成200千米骨干路网建设，双向10车道的昆洛路（彩云路）与主城连接；昆三中、中华小学、云大附中、师大附中、师大附小、市体育学校等一批重点学校建成招生；昆医附一院呈贡医院、昆明市中医医院呈贡医院投入使用；百大新都会正式营业；洛龙公园、春城公园、中央公园等城市公园建成开园。全区地区生产总值180.42亿元，年均增长12.6%，提前实现国内生产总值比2010年翻番的目标；一般公共预算收入达17.49亿元，年均增长20.5%；规模以上固定资产投资210.94亿元，年均增长15.6%；社会消费品零售总额达38.3亿元，年均增长17%；城镇常住居民和农村常住居民人均可支配收入分别达34352元和15164元，年均增长12.2%和14.6%；三次产业结构比由2010年的10：51：39调整为2015年的2.7：54.82：42.48。连续三届跻身西部县域经济基本竞争力百强县，两次跨入全省县域经济十强县行列。

# 第二节　流域人口

## 古　代

滇池流域是人类文明的发祥地之一，距今3万年左右的"昆明人"就生活在今呈贡龙潭山一带。滇池周围发现的大量旧石器、新石器遗址，说明史前滇池地区就是人类活动频繁之地。最早见诸史书的昆明地区人口是战国时期的"庄蹻开滇""滇王者，其众数万人，其旁东北劳浸、靡莫，皆同姓相扶"。据有关专家估算，以今晋城为都城的滇国，时人口在20—30万人之间，但人口具体数字无史料可考。

西汉元封二年（公元前109），西汉在云南设置益州郡，郡治滇池县（今晋宁区晋城）。益州郡统24县，今昆明地区为益州郡的中心区。据《汉书·地理志》载："益州郡，户八万一千九百四十六，口五十八万四百六十三，县二十四。"当时，昆明是益州郡的首邑，是益州郡的核心地区，人口较为稠密，每户平均人口7.08人左右。据此估计，当时昆明地区人口当在15—20万人。汉王朝不仅设置郡县、派遣官吏，而且有规模地开发云南，兴办学校、兴修水利、移民垦殖，内地汉人大批入滇。东汉至三国时，历史上没有关于民族大迁徙的记载。诸葛亮南征时一部分内地汉人留落滇池地区。两晋南北朝是云南境内民族大迁徙和大融合时期。滇东的大姓和"叟帅"联合四川同族氏人成立汉政权，反对晋王朝的民族压迫政策，遭到晋王朝的镇压，使滇东北地区变为废墟。原居住在那里的大部分汉族屯民和叟人迁到滇中以至滇西地区，即史称晋民"入永昌"。此后很长一段时期内云南都处于民族融合和民族迁徙之中。史籍虽无具体的迁徙数量、族别记载，但昆明坝子土地肥沃、平坦，水利交通便利，当为人口稠密之区。

763年，南诏王阁罗凤来到滇池之滨，看到滇池地区物产丰富，环境优越，地势险要，认为此处"山河可以作藩屏，川陆可以养人民"，遂决定在今昆明市区筑拓东城。此后拓东城于南诏的地位越来越重要，逐渐成为南诏的东京、东都、上京。南诏国也大力经营拓东城，从大理地区移民实之，使之成为繁华之城。此外，唐朝对南诏国的几次用兵，使不少内地汉人流落云南；南诏到今成都及贵州、广西掳掠，带回十几万的技工，其中不少留在今昆明。大理国时期，鄯阐城（今昆明）地位一如南诏时期。蒙古平定云南后，不少外地人口随蒙古大军进入昆明，如"畏吾儿军""蒙古军"进入云南，并在当地屯田后，成为今天的回族、蒙古族。云南行省建立后今昆明成了省会城市。明朝征服云南后，对云南进行大规模移民屯田，成百万的内地军、民、商到云南屯田，并在此世代定居，成为云南人，因此现云南汉族大都说祖先来自"南京应天府大柳树湾石门坎"。大量移民的到来促进了昆明社会经济的发展，同时也改变了昆明人口的民族结构，汉族人口超过了土著民族成为主体民族。明代，先后从内地迁到云南的汉族人口远远超过当时云南境内的少数民族人口。西汉至元、明的1600余年间，昆明地区人口无完整资料记载。同时，古代的人口统计，在清乾隆以前，只统计"丁口"数，即纳税的男女劳动力数，而非总人口数。

## 清朝时期

清初后，昆明人口数量随经济的恢复和发展稳步上升。清乾隆七年（1742）至道光十年（1830）的88年间，云南府户口从89781户、213927人增加到266475户、1448101人，分别增加196.7%和576.9%。咸丰六年（1856），云南爆发了响应太平天国的各族人民大起义。咸丰七年（1857），马如龙率滇南起义军围攻昆明城，曾许诺"决不闭城"的督抚官员们束手无策，急令守城清兵关闭城门，城外众多居民不得入城，死伤不少。城内情况也好不了，"饥死无算，华山树皮，翠海浮萍，食俱尽"。由于战事不断，瘟疫流行，地震、水灾频仍，导致昆明人口大幅度减少。至光绪十年（1884），云南府实有民户下降到70912户、254295丁，比道光十年的人口减少了195563户、1193806丁，分别减少73.4%和82.5%。光绪年间，昆明社会相对安定，没有大的社会动荡，经济有了恢复和较快发展，人口遂又逐渐增多。到宣统二年（1910），整个昆明地区有民户87359户、422870人。昆明城内外居民有9751户、95235人，其中城内6127户、71614人，城外3624户、23621人，老幼妇女33694人，无职业成年人10772人。

## 民国时期

民国时期，昆明人口波动较大，且统计口径不一，统计结果不一致。抗日战争期间，全国有很多学校、企业、机关南迁至昆明，人口一时剧增，同时也使得昆明市、县人口中出现了常住的本籍人口和徙入的寄居人口不仅变动大，而且分布也很特殊的状况。1935年，昆明市从事工业的人口中，本籍为11517人，寄籍为1945人；从事商业的人口中，本籍为12837人，寄籍为1052人。就业人口中，本籍为67323人，寄籍为6018人，外籍为207人。1942年，昆明市和昆明县常住人口共计约58万人。其中，本籍人口占27%，昆明县寄居人口占17%，昆明市（盘龙、五华）寄居人口占60%。

## 中华人民共和国时期

中华人民共和国成立后，昆明市行政区划经历多次调整，滇池流域今包括五华、盘龙、官渡、西山、呈贡5区和晋宁、嵩明2县，人口为891479人。随着经济社会持续稳定发展，滇池流域人口数量逐年增多。1990年，滇池流域总人口达2287778人，较1949年增加了156.6%。进入21世纪后，昆明进一步加大了对外开放、对内深化改革的力度，实施全域城镇化、城乡一体化，昆明逐步成为中国面向南亚和东南亚的中心枢纽城市。优越的地理位置和丰富的自然资源，良好的投资环境，对昆明经济增长和人口集聚起到了巨大的拉动作用。"十二五"末期，滇池流域人口达430.4万人，约占全市总人口的64.5%。2016年，滇池流域人口增至433.59万人，占比略有减少，约占全市总人口的64.45%。

# 第三节　城市规划

昆明城市历史悠久，在不同的历史时期，有过不同的建设计划考虑或规划设想。如清光绪三十一年（1905），由于商业的发展，将南门外得胜桥一带辟作商埠；宣统二年（1910），勘定商埠界址，"东起重关，西抵三级桥，南起双龙桥，北抵东门外桃源口"，周围约"十二里有奇"，并由官府绘签为据。20世纪20年代后，曾对城区几条主要街道，如正义路、长春路、大观街、三市街及金碧路中段等进行拓宽改造，并拆除城墙，修筑游园和街市。20世纪30年代中期，还曾就建立市场的问题提出过一个布点方案，但都不是现代意义上的城市规划。昆明市真正意义上的城市规划是从抗日战争时期开始的。

## 《大昆明市规划图》

1937年抗日战争全面爆发，昆明作为后方重镇，内地的工厂、学校、政府机关、金融机构纷纷迁入昆明，其中有大量的知识分子涌入，如梁思成、赵琛、陈植、唐英、夏世昌等，他们留学回国，带回了关于城市规划的理论知识，深知城市规划的重要性，因此对昆明城市的发展提出过一些探索性的设想。同时，由于大量外来人口的涌入，使得昆明城市迅速膨胀，人口由10万人急增至30万人。为应对这种形势，1939年，昆明市工务局提出了一个"大昆明市计划"的设想，并组织技术人员绘制了《大昆明市规划图》，成为昆明城市史上第一个在近代城市规划理论指导下的城市规划。该规划图明确以滇池为中心，沿滇池周围各县均为大昆明市范围；修筑环湖道路与昆明市区及环湖各县区相联系并形成全市区的主要陆上交通网络，同时规定了沿滇池的重要码头位置和水上航线；扩大的市区范围，按原有县区作简单的功能分区，标明沿湖各主要名胜古迹与风景点，并明确认定沿湖为游览与疗养地，从而相应的对沿湖新建项目作必要的控制；标明滇池水源进出口的主要河流等。

## 《昆明市建设计划纲要》

1941年6月，昆明市工务局以国立同济大学教授、昆明市政府设计委员的名义提出了一个《昆明市建设刍议》，后又在《大昆明市规划图》的基础上，几经研究，于1943年提出了《昆明市建设计划纲要》，对昆明城区的市中心区作了初步功能分区和城区道路的规划。规划对整个城市进行了功能分区，工业主要布局在城市外围发展，道路系统采用环形加放射状的结构。同时，在居住、公用设施、防洪、市容整顿等方面都提出了许多规划设想。但由于历史原因，《大昆明市规划图》和《昆明市建设计划纲要》未经正式审议实施，但对昆明城市的发展，特别是对几个新村的建设、昆明老城历史风貌的保护都起到积极的指导作用。

## 《昆明市城市初步规划设计（草案）》

中华人民共和国成立初期，为适应经济社会发展的需要，昆明市建设局于1953年着手编制《昆明市城市初步规划设计（草案）》，该设计明确：城市人口发展规模为市区达80—90万人，其他郊外工业区、疗养区20—30万人，市区周围的仓库、车站等地区10万人；市区用地规模为36平方千米；城市划分为居住混合区、工业区、交通地区和市郊区4个主要功能区；市内道路交通规划采取蛛网棋盘式道路网络，开辟2条林荫大道。

## 《昆明市城市初步规划设计》

1954年5月，修改补充编写了《昆明市城市初步规划设计草案补充修正说明》。其中对规划人口、用地安排等进行了部分调整修改。1955年，又补充编写了生活居住用地定额、初步规划用地面积表等，并于1956年4月完成了《昆明市城市初步规划设计》的编制工作。主要内容为城市人口发展规模为市中心区为65.5万人，城市用地规模从14.03平方千米扩大到32.85平方千米，市内干线采用环形放射形式。

## 《昆明市城市总体规划》

1958—1959年，在"大跃进"热潮中，茨坝、小坝、马街、黑林铺等片区大搞工业基本建设，滇缅、穿金、龙泉等城市主要出口道路都在拓宽；城中区的近西路（今东风西路）两侧临街建筑也在加速建设。1956年编制的《昆明市城市初步规划设计》已不能适应城市建设发展的需要。1959年9月，国家建筑工程部接受昆明市政府邀请，派城市设计院的一个工作组来昆明协助编制完成了《昆明市城市总体规划》方案。主要内容：城市性质为云南省省会，全省政治、经济、文化中心；全省交通枢纽，国防重镇；以冶金、机械为主的综合性工业城市；全国性疗养基地。规划期限远期为20年，近期为3—5年。城市规模为城市人口从当时的54万人发展到远期的100万人，其中城区48.6万人发展到65万人，近郊工业区从5.4万人发展到35万人。城市用地规模将增至79.5平方千米，其中城区20.9平方千米。

## 《昆明市城市十年建设规划（1962—1972年）》

1962年，为贯彻党中央提出的"调整、巩固、充实、提高"的方针，昆明市城市规划部门在总结1959年编制的《昆明市城市总体规划》经验教训基础上，为纠正城市规划工作中规模过大、占田过多、标准过高、求新过急的"四过"问题，编制了"以近期为主"的《昆明市城市十年建设规划（1962—1972年）》。主要内容为：城市性质按1959年编制的《总体规划》内容不变。城市人口规模调整为1972年规划城市人口70万人，其中城区人口为44万人，近郊人口为12.5万人，安宁海口等人口为13.5万人。城市用地规模调整为52.9平方千米（人均74平方米），其中城区为20.24平方千米（人均46平方米）。

## 《昆明市城市总体规划（1981—2000年）》

"文化大革命"结束后，昆明城市呈加速发展态势，城市规划急需重新编制。1978年3月，市规划部门提出了《昆明市城市总体规划汇报提纲》。1980年，市人民政府成立昆明市城市总体规划领导小组及办公室，在广泛征求有关部门意见后，经补充修改，完成了《昆明市城市总体规划纲要》的编写，并于1981年6月经昆明市人大七届一次全会审议通过。按照审议通过的《总体规划纲要》，1982年2月，市政府组织有关部门的专业人员成立多个专业规划小组，集中力量编制完成了《昆明市城市总体规划（1981—2000年）》。主要内容为：城市性质是多民族省的省会，是全省政治、经济、文化、科研中心，是国家历史文化名城之一，是发展中的旅游城市。规划期限近期为1985年，远期为2000年。城市人口近期控制在207万人，其中城镇人口112万人；规划市区城市人口88万人，其中城区人口58万人、近郊区人口30万人；远期全市人口控制在239万人，其中城镇人口138万人；规划市区城市人口107万人，其中城区人口62万人、近郊区人口45万人。城市用地将由70平方千米扩展到98.6平方千米，其中城区用地将由22.12平方千米增加到33.5平方千米。城市主要工业基地在近郊区，由东、北、西3片构成。

## 《昆明市城市总体规划调整大纲（1981—2000年）》

随着城乡改革开放的逐步开展，1982年编的《昆明市城市总体规划》与经济形势发展已不相适应。为此，市城乡规划管理局于1986年9月成立了昆明市调整城市总体规划领导小组，下设人口经济、结构布局、工程规划、生态名城风景旅游4个工作组，于1987年3月完成《昆明市城市总体规划调整大纲（1981—2000年）》，并报经市第八届人民代表大会第三次会议审议通过。《昆明市城市总体规划调整大纲（1981—2000年）》的主要内容：城市性质为1982年编制的《总体规划》不变。城市总体规划范围由4区4县扩大为4区8县，总面积15561平方千米。2000年全市总人口将达406万人左右，非农业人口198万人，城市化水平将由37%上升到48.7%；城市人口由1982年规划的107万人调整到125—140万人，其中市中区由62万人调整到85—92万人。城市用地发展规模由98.6平方千米调整到129.9平方千米，其中市中区由33.5平方千米调整到52.7平方千米。

## 《昆明城市总体规划（1996—2010年）》

20世纪90年代后，随着改革开放的深入，昆明市由边疆城市变为面向南亚和东南亚的口岸城市，对城市的规划提出了新的要求。1996年编制了《昆明城市总体规划（1996—2010年）》。规划的主要内容：城市性质为云南省省会，西南地区重要的中心城市之一，国家历史文化名城，中国重要的旅游商贸城市。城市规模为2000年全市城镇用地217.0平方千米，城镇人口230万人，主城用地136.5平方千米，人口157.1万人。2010年全市城镇用地300.3平方千米，城镇人口293.9万人，主城用地164.3平方千米，人口172.9万人。城镇体系由主城—次级城市—县城—建制镇构成。第一次把滇池保护作为规划重要内容。主城道路结构体系为方格、环路加放射形式。

## 《昆明城市总体规划调整（2002—2010年）》

进入到21世纪后，昆明城市经济发展速度进一步加快，城市交通问题日益严峻，城市生态环境、水资源容量控制与城市发展协调不够。为解决主城结构布局调整和发展模式面临的重大转变，改善城市整体竞争条件，同时为探索城市持续发展与降低对滇池环境负荷的模式，2002年完成了《昆明城市总体规划调整（2002—2010年）》。调整的重点是确定都市规划区、主城规划区的范围和"五区三轴、一主三副，内疏、北引、南限、西优、东进"的轴向开拓、自然分隔、组团发展的动态城市布局结构；保护滇池，在主城东南绕城线外侧至滇池保留平均5千米宽的永久生态隔离缓冲带，确保流域可持续发展。其中：都市区规划范围含盘龙区、五华区、西山区、官渡区、呈贡县、晋宁县、安宁市、嵩明县、宜良县的全部或部分地域的53个乡（镇）、23个街道，总面积5031平方千米。主城规划区是指昆明主城建设区以及周边重大基础设施预留空间、与城市密切相关、需要加以保护控制的生态环境协调区，具体范围北至松华坝水库，西沿滇池流域界线，南至西山区的晖湾、富善及呈贡区的洛羊、王家营一线，东到官渡区的金马村、双龙乡一线，总面积500平方千米（含滇池水面45平方千米）。

城镇体系分主城、次级城市、县城和重要城镇、小城镇5级。主城人口规模为按环境容量，规划将在2002年主城区实际居住人口245万人、其中非户籍人口83万人的基础上，通过向郊区适当疏解、合理控制人口规模，2010年主城规划实际居住总人口调整为223万人；用地规模为在2002年昆明主城现状建设用地180平方千米、人均建设用地73平方米的基础上，按规划目标进行大量交通、绿化建设，适度增加主城建设用地，2010年主城规划建设用地调整为215平方千米，人均建设用地96平方米。主城空间结构按"五区三轴、一主三副，内疏、北引、南限、西优、东进"的轴向开拓、自然分隔、组团发展的动态城市布局结构，发展城市"五区"。其中，主城中心区为二环路以内的区域，规划面积46平方千米，集中担负昆明城市主中心功能；北市区为南接北二环，北到五老山和松华坝水库，东含世博园和穿金路，西到长虫山山脚的地区，规划面积40平方千米，主要功能为教育、文化、商务的副中心和城市向北的对外交通枢纽，也是烟草、光机电产业以及中高级住宅区集中的区域；西市区为北至老青山，东至长虫山、昆沙公路及二环路，南至草海及滇池，西至郊野公园、西山的地区，包括黑林铺、马街、普吉、昆明市高新技术开发区、西苑综合开发区、碧鸡等地区，规划范围110平方千米，主要功能以传统工业、高新技术产业、旅游度假、生活居住为主；南市区北至南过境干道，南到滇池，东抵昆洛公路，西达草海，包含关上、滇池路、春城路、滇池旅游度假区、机场等地区，规划面积119平方千米，为主城体育休闲、旅游度假、生活居住、行政办公和对外交通等功能集中的地区，也是滇池生态保护的关键地区；东市区北接松华坝水库，南到王家营昆明火车南站，东接官渡区大板桥乡，西边与世博园、城市东二环快速道路、昆洛公路相邻的地区，规划区面积107平方千米，为主城铁路、公路对外交通的枢纽，以现代工业、低密度住宅区及主题公园建设为主的生态开发，城市东部的绿色生态屏障。城市发展"三轴"，即北市区五老山、北京路延长线至南市区滇池路作为中部城市发展轴；人民东路延长线作为东部城市发展轴；自昆石高速公路至呈贡马金铺一带，沿平行昆玉高速公路的走向构成东南部城市发展轴。"一主三副"，即一环路以内形成金融贸易、商务办公、信息交换、文教卫生、历史文化等功能的城市功能主中心；以北市区公园绿地及标志性文化建筑和沿线商务建筑为依托，形成城市文化商务副中心；以省委、省政协、昆明市中级人民法院办公区、草海公园、民族村、海埂国家冬训基地等项目为依托，形成城市的行政与体育休闲度假副中心；在南市区与东市区交界的机场至东站之间的区域，形成城市的体育、会展、商务、对外交通副中心。在整个滇池汇水范围建设生态防护区，提高森林覆盖率，控制水土流失，建设湖滨带湿地系统；外流域引水济昆；对点污染源治理要实现清污分流，削减入湖污染物排放量；工业废水达标排放；减少农药和化肥残遗物进入滇池。

# 《昆明城市总体规划（2011—2020年）》

21世纪初，随着经济全球化的发展和世界经济一体化进程的加快，开放性、国际化已成为当今城市发展的主流。为适应这种世界经济发展的新趋势，着力实施大开放战略，大力发展开放型经济，建设面向南亚和东南亚的现代开放型城市，经国务院批准的1996年《昆明城市总体规划（1996—2010年）》面临着许多实际问题。因此，依据《中华人民共和国城乡规划法》及相关法规，重新编制了《昆明城市总体规划（2011—2020年）》。该《规划》的主要内容为：中心城区由主城区、呈贡新区和空港经济区构成。其中，五华区、盘龙区、官渡区、西山区、昆明国家高新技术产业开发区、昆明国家级经济技术开发区和昆明滇池国家旅游度假区的城市连片建设区为主城区范围，呈贡区的乌龙、洛羊、龙城、斗南、吴家营、雨花、大渔7个街道为呈贡新区范围，昆明长水国际机场所在地的大板桥镇为空港经济区范围，总面积为1722平方千米（含滇池草海水域10.7平方千米）。城市发展目标为将昆明建设成为中国面向南亚、东南亚开放的辐射中心和重要的区域性国际交通枢纽、信息枢纽；强化生态环境保护，推动产业转型升级；加快发展装备制造业、战略性新兴产业和现代休闲旅游度假业；强化科技创新、商贸物流、金融、信息、文化和综合服务功能，成为融历史人文和自然风光于一体的高原湖滨生态宜居城市。城市性质为中国面向南亚、东南亚开放的门户城市，国家级历史文化名城，全国重要的旅游、商贸城市，西部地区重要的中心城市之一，云南省省会。城市规模规划为2020年全市人口达到850万人，其中城镇人口达到620万人，城镇化水平达到73%；中心城区城市人口规模430万人。用地规模规划为2020年中心城区城市建设用地规模控制在430平方千米左右，人均规划建设用地规模100平方米，其中主城区规划建设用地规模为330平方千米，呈贡新区规划建设用地规模为85.8平方千米，空港经济区规划建设用地规模为15平方千米。城镇体系规划形成"中心城区—二级城市—三级城市（镇）—重点镇——般镇"5级配置的市域城镇等级结构体系。城市规划区将自然保护区的核心区和缓冲区、风景名胜区的核心景区、城镇饮用水水源一级保护区、坡度大于25%的丘陵山地、生态防护林地以及生态治理地区等区域纳入基本生态控制线；城市规划区基本生态控制线面积2504平方千米，占城市规划区总面积的61.7%，具体按照相关专项规划和城市规划区空间管制的要求实施控制。规划市域城镇空间形成"一核五轴，三层多心"的布局结构。其中：一核，即中心城区重点提升主城区功能，推进呈贡新区和空港经济区建设，形成昆明中心城区作为区域发展核心。五轴，即依托楚雄—昆明—红河交通轴，连接安宁、中心城区、宜良、石林等地区，形成市域东西向发展主轴；依托曲靖—昆明—玉溪交通轴，连接嵩明、中心城区、晋宁等地区，形成市域南北向发展主轴；沿禄劝—富民—安宁—晋宁方向，依托108国道、西北绕城公路和安晋公路等交通轴，在昆明市域西部形成次级发展轴，促进矿产资源的合理利用和产业发展，加强昆明与楚雄的区域合作；沿东川—寻甸—嵩明—宜良方向，依托龙东格公路、嵩待高速公路，改扩建嵩明至宜良、宜良至华宁、澄江道路为高等级公路，在昆明市域东部形成次级发展轴，加强昆明与曲靖、玉溪等区域的合作；沿寻甸—禄劝方向，在嵩待高速公路与108国道武定至昆明高速公路之间建设一条高等级公路，沿寻甸县城—倘甸—转龙—禄劝县城的走向，在昆明市域北部形成次级发展轴，促进以轿子雪山为龙头的旅游产业及市域北部特色产业的开发，并强化滇中北部区域的合作。三层多心，即在市域形成"中心城区—都市区—市域"三个发展层次。中心城区是区域发展的核心。都市区由中心城区和安宁、嵩明、宜良、晋宁、海口和富民等二级城市构成，构建交通联系紧密，经济社会发展一体的高度城市化地区。交通枢纽规划形成"一个编组站、两个客运站、若干货运站"的铁路客货运枢纽体系;客运枢纽体系由"七大客运站"构成,保留西客运站,新建、扩建"六大客运站",空间分布上分别位于主城区的东、西、南、北、中、西北6个方向,在呈贡新区南、北两端布置2个一级公路客运站;公路货运枢纽体系形成两级货运站场体系,并结合城市生产生活需要在核心区外围设置若干配送中心。公路交通中,高速公路由"两环、十四出口"高速公路系统构成,其中内环由南连接线、西北绕城线、昆曲高速及东连接线构成;外环由东南绕城线、昆曲高速、西北绕城线和安晋高速构成;"十四出口"由昆曲、昆武、昆楚、昆楚二通道、昆易、晋红、昆玉、晋江、呈澄、昆石、昆嵩、长广、机场高速及北出口高速组成。都市区快速路系统以"8字形绕城公路系统+一横两纵+半环"形成连接中心城区、安宁城市、海口、晋宁、宜良城市和嵩明城市的快速交通系统。8字形绕城公路系统由昆玉高速、昆曲高速、西北绕城线、安晋高速和南绕城线组成。昆安高等级公路—南绕城线—昆石高等级公路为"一横";昆武高速城区段—西二环—昆安高速城区段—高海高速,贵昆路—呈黄路及其延长线—呈贡新城快速路—晋宁快速路为"两纵";嵩明—宜良—澄江—晋宁的快速交通为"半环"。铁路规划形成"一环、七射"的布局结构,"一环"包括中轴线、南环线及昆明南至昆明东站客车联络线;"七射"包括成昆线、沪昆线、沪昆客运专线、南昆线、昆玉线、云桂线、渝昆线。市域轨道规划3条市域轨道线,分别为中心城区—安宁轨道线,中心城区—昆阳轨道线,中心城区—嵩明轨道线。民用航空昆明长水国际机场2020年规划旅客吞吐量达到5000万人次,成为"中国面向东南亚、南亚、西亚,连接欧洲、亚洲、美洲、非洲、大洋洲的国家门户枢纽机场"。港口和内河航运开展以滇池景观旅游功能为主的水上客运服务,建设大观楼、海埂、斗南、呈贡、海晏、白鱼口、海口、昆阳、郑和故里9个客运码头,小鼓浪、观音山、新街、大湾山4个停靠点。自来水,中心城区规划保留昆明市第一水厂、第二水厂、第三水厂、第四水厂、第五水厂、第六水厂、第七水厂、海源寺水厂、空港南水厂、空港北水厂、宝象河水厂、呈贡二水厂,扩建自卫村水厂、马金铺水厂、呈贡南水厂、呈贡北水厂。旅游,构建昆明"一心、一带、两环、三片和五线"的旅游发展空间格局。其中,"一心",即昆明中心城区;"一带",即石林—安宁黄金旅游带。"两环",即北部五县区旅游环线和环滇池旅游环线;"三片",即滇池旅游片区、轿子雪山旅游片区和石林喀斯特地貌旅游片区;"五线",即重点打造石林—安宁黄金旅游线路、环滇池文化观光旅游线路、昆明—轿子山生态旅游线路、昆明—东川特色地貌旅游线路、昆明—禄劝乡村旅游线路5条精品旅游线路。

# 第四节　能　源

## 燃　料

1909年以前,昆明的生活燃料以木柴、木炭、松球为主。1910年滇越铁路通车,开远小龙潭、宜良凤鸣村、可保村的褐煤开始进入昆明市场,部分行业和集体单位改烧煤炭。1936年,明良煤矿公司、兴源煤厂、复盛煤厂、裕通煤局、大发煤矿公司在昆明开设店铺,销售烟煤和焦煤。1941年,叙(叙府)昆(昆明)铁路曲靖至昆明段通车,曲靖东山焦炭、富源焦炭、师宗焦炭和一平浪煤、四营的柴煤先后销往昆明。1944年，沾益地区的煤炭也在昆明设点销售。但直到1949年仍有部分居民继续使用木柴、木炭为生活燃料。

1951年，国营昆明市零售公司开始经营燃料商品，当时的进货渠道是派人到各煤矿组织收购，再分别用汽车、火车运达昆明，门市主要销售的品种是煤炭和木柴。1953年，实行封山育林政策，煤炭供应量增加，木柴只做引火柴用。1954年，昆明市场的煤炭供应改由市煤建支公司经营。支公司在火车站将煤炭批发给私商、小摊贩，由私商和小摊贩经营零售业务。1956年，昆明市煤建公司成立，负责昆明生活用煤和部分生产用煤的供应。1957年，省煤建公司所属的四营、小龙潭、凤鸣村等煤矿的收购组划归市煤建公司所属，从此，市公司的收购改为按国家下达的煤炭分配计划，分别与各煤矿签订供货合同，并向运输部门申报运输计划，开始自己组织购进。同年，昆明市销售的煤种增加汤池褐煤、喷水洞烟煤、富源和曲靖焦煤。1958年12月，居民用煤和集体食堂用煤开始实行限量供应，每人一次购煤不得超过20千克。1959年，省经委成立"煤焦指挥部"，负责全省的煤焦平衡、调运和统一分配。当年，由于工业用煤量增加，市场货源不足，市煤建公司扩大销售各地小煤窑的煤，其中，褐煤有小哨、小新街、杨林、松华坝的煤，烟煤有红尖山、笔架山、富民、沙朗的煤，焦煤有宣威焦煤等。1960年，引火柴实行定量供应，单位、行业用煤实行分类、凭证、定量供应，居民用煤实行按人数限量供应，居民每户每月供应6千克，集体食堂每月供100—120千克。1961年，居民用煤实行敞开供应。1962年，工业生产用煤由省煤焦公司负责调拨，城镇居民的生活用煤由市公司组织购进。1964年，贵昆铁路昆明至沾益段通车，原向沾益一带购进的煤炭改由铁路运输。1965年，引火柴不再定量供应。1967年，城镇居民生活用煤又实行凭证、定量、定点的供应办法。1968年，市公司停止焦炭收购。同年，集体食堂用煤将以人计供改为以粮核实供应，饮食行业改为凭单位证明和实际需要供应，烤烟用煤改为按计划供应。1976年，对集体食堂、饮食服务行业发放购煤证，实行凭证、定量供应，集体食堂按1市斤粮食供煤1千克；饮食服务业则根据粮食耗用情况，参照历年供煤水平和营业额核实供煤数量。1983年，城镇居民供煤定量改为按季每户供蜂窝煤400块或褐煤400千克，季度内有效，过期作废。1987年，重新修改集体用煤定量，集体食堂100人以下的，每千克粮食供应煤2.4千克；100人以上的，每千克粮食供应煤2千克；大专院校食堂，每千克粮食供应煤2.4千克；幼儿园每人每月供应煤30千克；部队食堂每千克粮食供应煤2千克，以上定量可随时根据粮食变动更改。1990年，全市销售煤炭66.89万吨。1991年后，随着城市燃气使用的推广和普及，煤炭用量逐步萎缩，当年民用煤经销量为62.59万吨。

## 电　力

昆明地区供电事业源于清末，始于民国初年。清光绪三十四年（1908），云南"劝业道"招募商股成立耀龙电灯公司，在滇池出水口石龙坝建设中国第一座水电站，装机容量2×240千瓦。电站于1910年7月开工建设，1912年4月建成送电，开始了昆明用电的历史。电站建成的同时，由石龙坝电站至昆明的22千伏石昆线亦建成。送电之日，翠湖海心亭、三牌坊（正义路与威远街口）、金马碧鸡坊（正义路与金碧路交叉口）悬挂数盏500瓦锥形白炽灯泡，城乡男女老少争相进城观灯。1936年，玉皇阁1250千瓦电厂建成，并入耀龙电力公司。1937年抗日战争爆发，省外不少工厂迁入昆明，促进了昆明地区供用电的发展。1939年，2×2000千瓦马街子电厂建成。1943年，2000千瓦喷水洞电厂建成。到

1945年，昆明地区有电源点4个，共安装水力、火力发电机组11台，总容量10170千瓦；拥有22千伏输电线路51千米；主变压器容量12650千伏安，配电变压器3910千伏安；用户约9000户，年售电量为2991万千瓦·时，从事供电事业人员约300人。

1950年3月，中国人民解放军云南省军事管制委员会接管耀龙公司。同年7月1日，云南省电业管理局成立，昆明地区供电事业有了新的发展。1951—1954年，先后对玉皇阁、马街子、石龙坝等发电厂进行扩建，共增加发电容量6500千瓦。1958年成立昆明电业局供电所。1954—1959年，兴建普坪村发电厂（昆明发电厂），装机容量4×6000千瓦，阳宗海发电厂装机容量5×12000千瓦。到1960年，昆明地区有电源点6个，110千伏输电线路7条、35千伏线路20条、22千伏线路2条、10千伏线路4条、6千伏线路27条，输电线路总长度933.05千米，基本形成110千伏输电线路为主的高压输电网络；拥有变电站13座、露天变电塔4组、主变压器28台，变电总容量89.85万千伏安，年供电量43186.6万千瓦·时，年售电量40017.3万千瓦·时，供电事业初具规模。1964年1月，撤销昆明电业局，成立云南电力工业局昆明供电局，负责以昆明为中心的全省3个专州、23个市县区的供电及昆明电网的生产建设、运行检修和维护管理工作。1972年，随着昆明附近地区电站的相继建成，昆明地区已管有220千伏线路3条、110千伏线路24条、35千伏线路36条，输电线路总长1628.7千米；变电站增至24座，主变压器增至44台，总容量89.85万千伏安。1976年，年供电量为124976万千瓦·时，售电量114828万千瓦·时。1978年改革开放后，昆明城区工业迅速发展，人民生活水平逐年上升，电力需求量越来越大。1990年，昆明有主供城区的110千伏变电站4座、35千伏变电站1座，容量达27.8万千伏安；城区负荷发展为10.8万千瓦，共有48条10千伏配电线路供电；全年售电量41.88亿千瓦·时。

21世纪后，随着昆明经济社会的迅猛发展，对电力的需求增加，电网投入逐年加大。2005年，新投产220千伏上峰和110千伏岔街、龙头街、大板桥以及35千伏四方地等5座变电站，新投入厂口、500千伏1号、呈贡110千伏3号、海子头35千伏3号变压器，新投产110—500千伏架空线路10条、35—110千伏电缆14条。"十一五"电网建设共投入110亿元，是"十五"期间的1.5倍。投产110千伏以上输变电工程16个，建成清水海220千伏输变电工程、110千伏螺蛳湾输变电工程、35千伏及以下城网项目64个，电力供应跨上新台阶。2014年，昆明电网拥有35千伏及以上变电站193座（其中500千伏4座），35千伏以上输电线路7501.29千米、10千伏配电线路19428.45千米，用电客户212.77万户。

# 燃 气

**人工煤制气** 中华人民共和国成立后，昆明城区主要以固体煤作为燃料，每年生活用煤的消耗量约28万吨。但燃煤热效率低，污染大气，危害人体健康。1981年，经市人代会讨论决定，将煤气建设列为市政府为市民办的二十件好事之一。1983年1月成立"昆明市煤气建设指挥部"，设立了气源组（昆明焦化制气厂前身）。同年4月，国家计委批准昆明市煤气建设工程列入云南省1983年基本建设开工项目并于6月15日动工建设。同年7月，省计委将其列为云南省"六五"期间重点工程。次年3月，成立了以副省长朱奎任组长，副市长褚英豪、张朝辉、省城乡建设委员会副主任米兆伦任副组长，市煤气建设指挥部指挥长闫洪涛等11人为成员的昆明市煤气建设领导小组，下设焦化制气厂现场指挥组。1986年3月，市委、市政府相继批准成立昆明煤气建设指挥部焦化制气厂和中共昆明煤气建设指挥部焦化制气厂委员会。同年4月16日焦炉点火烘炉，市政府负责人和省建委负责人参加了点火仪式。7月

13日投料加煤，8月1日焦炉出焦，8月9日第一次向市区供气，实现了一次投料出焦成功、一次供气成功。从此，结束了昆明不生产煤气的历史，揭开了使用煤气的新篇章。1988年5月15日，昆明焦化制气厂建设工程通过国家验收，颁发了竣工验收证明书。昆明煤气一期工程由焦化制气和输配系统两项工程组成。焦化制气厂位于昆明市东郊官渡区大板桥镇山脚村，厂区占地面积为48.5公顷，建设项目为JN43-80型42孔焦炉1座，2万立方米和10万立方米储气柜各2座，化工产品回收系统及城区煤气管道、调压设施、虹山储配站，采用焦化制气工艺，设计年产焦炭26万吨、黄血盐169吨、煤气6580万标准立方米，可供5万户居民和部分工业、公用事业用气，建设投资2.35亿元。

随着昆明城市建设的迅猛发展，为加强煤气建设的领导，使煤气建设更好地适应昆明社会经济发展的需要，1989年底撤销昆明市煤气建设指挥部，成立昆明煤气总公司，并与市政府签订了为期3年的承包经营合同。当年共生产焦炭28万吨、煤气5644万立方米、化工产品18686吨，工业总产值3220万元，销售收入8670万元，销售税金547万元，降低亏损486万元。当年底，累计发展民用户69085户（点火67907户），安装煤气热水器17996台，工业用户5户，公用事业用户162户（点火154户），城区气化率达到30%左右，所生产的焦化产品本着"先省内，后省外"的原则，在优先满足省内用户的前提下陆续销往浙江、江苏、江西、广东、广西、湖南、贵州等省。为缓解煤气供求矛盾，1990年8月昆明煤气二期工程开工，增建JN43-80型42孔焦炉1座及相应生产、输配设施。1992年1月9日加煤、10日出焦。二期工程建成投产后，日供城市煤气32标立方米。至此，昆明焦化制气厂形成日外供煤气46万立方米，年产焦炭52.2万吨、化工产品4.7万吨的生产供气规模。1993年，利用加拿大政府混合贷款499万美元及国内配套资金折合人民币6066万元引进意大利NIGI制气技术建设煤气三期工程。1996年建成4台两段炉煤气发生炉，生产低热值煤气顶替出焦炉加热消耗的高热值煤气，增加城市煤气供应量，使得昆明市煤气供应达到日外供煤气56万立方米的能力。此后，根据昆明"逢雨即成冬"的气候特点和阴冷天、节假日的日用气量达到65万立方米以上的实际情况，又投资1092万元于2002年建成了机动调峰气源装置，形成短时最大日外供煤气量75万立方米的供气能力，基本满足了"九五"期间居民用气需要。

2000年，昆明焦化制气厂与昆明煤气总公司分离，实现了法人分设，成为真正意义上的生产经营实体和市场竞争主体。2004年，昆明焦化制气厂与昆明钢铁集团有限责任公司实现行业整合。同年12月，昆明煤气总公司改制为昆明煤气（集团）控股有限公司。2005年，昆明煤气（集团）控股有限公司拥有10万立方米气柜2座，中低压管网1365千米，调压站（箱）335座，发展民用用户50.5万户，公共工业用户1023户；全年煤气销售气量1.58亿立方米。2008年，民用用户为64.67万户，公共工业用户1334户，全年煤气销售气量24322万立方米。2011年，全市管道煤气用户达到77.9万户，公共用户1576户，工业用户43户。

昆明焦化制气厂在整体划转昆钢公司后，为配合新昆明城市建设的需要，2005年10月28日，煤气改扩建工程正式开工建设，续建的3.4号焦炉炉型均为2×50孔JNDK43-99D单热式捣固焦炉，长66米、宽14米，炭化孔高4.3米。建成后，年城市煤气供应能力将由1.76亿立方米增加到2.76亿立方米，年焦炭产能将由60万吨增加到130万吨。2006年11月，昆明焦化制气厂与昆钢焦化厂合并成立新的昆明焦化制气厂。2007年8月16日3号焦炉竣工投产，2008年6月20日4号焦炉竣工投产，同时建成了15万吨焦油加工装置及5万吨苯加氢加工装置，扩大了化工产品生产种类，增加了企业效益。同年12月，新的昆明焦化制气厂改制成为云南昆钢煤焦化有限公司。2009年，原昆明焦化制气厂改制为昆明焦化制气有限公司。2011年9月，云南煤业能源股份有限公司成立。当年，因原有的煤气供应能力不能满足昆明城市发展的需求，云南煤业能源股份有限公司安宁分公司投资1.1亿元建设城市煤气供应系统，并于2013年1月6日正式向昆明主城区供应煤气，供气能力为每天40万立方米。2014年，随着天然气入滇并于8月开始进行置换，昆明城市煤气供应逐步萎缩。昆明焦化制气有限公司预计将于2016年9月底停产，由安宁分公司配合天然气置换期间的城市煤气供应。待天然气全部置换完成，昆明煤气30年使命结束。

**液化气**　1982年，昆明铁路分局自外地运入液化石油气，用于改善本系统职工福利。随着需求量的不断增加，于1984年在市区东郊大板桥浑水塘建成昆明第一个液化气储配站——昆明铁路液化石油气公司，储气量可供3000余户使用。1989年2月昆明又建成了中闸液化石油气供应站。20世纪90年代初期，云南冶炼厂建成了液化气贮配站，云南省燃气公司等又建成液化气贮配站。至1990年底，全市已有供应站13个，其中经营型10个、福利型3个；昆明铁路分局、云南冶炼厂各建250立方米储配站1个；备建和在建储配站4个（昆阳液化石油气公司500—1000立方米，昆明静烈液化石油气供应站250立方米，昆明西山液化石油气供应站250立方米，昆明市液化石油气供应站200立方米）；拥有周转使用钢瓶9万余只。

1995年，昆明建成第一个管道液化气供应站，开始利用管道集中供气，全市有经营企业30多户。1996—2000年为全市液化气发展的转折期。这一时期，液化气供应从贮配站购进瓶装液化气再销售给用户，并于1998年制定出台了《昆明市燃气管理办法》。2000年，全市有液化气经营企业26户、液化气经营门市近300个。2005年，全市液化石油气总储量规模达1.1万多立方米，国营、合资、民营和私营液化气经营企业29户，贮配站、充装站33个（8座贮配站有铁路专用线，具备火槽装卸能力），主城区经营门市400多个，用户30余万户，年供气量10多万吨。同年6月，出台了《昆明市燃气管理条例》，使行业监管更加规范，全面提高了行业对社会的服务质量和水平。液化石油气源主要来源于全国各地的炼油厂，如沿江炼厂（广东茂名）、中原油田（荆门、洛阳、岳阳）、华北油田、西北油田（兰州、乌鲁木齐、格尔木）、东北油田等炼油厂，以及进口的液化石油气。"十二五"期间，昆明市液化气年用气量保持在11万吨，瓶装液化气供应站（点）由530个减少到470个，用户35万户。鉴于中缅石油管道即将开通，昆明加大了液化石油气设施的建设力度。2011年，在蓝龙潭建设400立方米液化石油气（LPG）站1座、液化天然气（LNG）应急调峰站1座，作为昆明主城区管道气置换完成前的气源保障。2014年，分别在富民昆禄公路五千米处及盘龙区北郊蓝龙潭建设储备（充装）站，极大地满足了市民需求。2015年，昆明市共建有石油液化气储备（充装）站32个。

**天然气**　2013年底，中缅天然气管道全线贯通，天然气进入昆明，成为昆明的新能源。2014年8月，昆明主城区率先启动了天然气置换人工煤气工作。为确保天然气置换工作的顺利开展，市政府成立了由市长任组长的昆明市天然气置换工作领导小组，下设指挥部负责对全市天然气置换工作实施统筹协调和监督管理。各区级政府也成立了区级指挥部，各燃气企业也成立了置换工作机构负责置换工作的实施。至此，形成了领导小组、市指挥部、区指挥部、燃气企业四级联动体制。为确保置换各项工作有章可循，市指挥部组织编制了《昆明市天然气置换总体方案》，为天然气置换工作提供技术支撑；编制了《昆明市天然气置换工程突发事件应急预案》《昆明市天然气置换工程安全保障工作实施细则（试行）》《昆明市天然气置换工作指挥部关于2014年置换周带班值班的通知》以及消防、卫生、民政、交通等多项专项应急预案，为天然气置换工作提供了安全保障。天然气置换工作遵循"置换条件不具备不置换，隐患整改未完成不置换，安全措施未落实不置换，流程未走完不置换"的原则，市财政投入600万元的补贴资金引导用户采取以灶具更新为主、改造为辅的方式实施置换，给予灶具更新的居民每户补贴100元（其中低保户每户补贴200元），有效地减少了灶具改造可能带来的安全隐患。当年，成功置换五华、西山和高新区行政辖区10个小片区73524居民户、53户商业用户、5户工业用户的天然气置换工作；完成12项天然气置换配套改造工程，置换中压燃气管道38千米、低压燃气管道120千米；供气范围涵盖西起碧鸡关末站，东至西园路，南至车家壁，北至滇缅大道约20平方千米的区域；天然气累计下载量达到113.58万立方米，有效缓解了昆明市冬春两季煤气供应紧张的局面。2015年，完成了26项天然气置换配套改造工程，置换中压燃气管道248千米、低压燃气管道577.5千米，成功置换呈贡、官渡、五华、经开、西山、高新6个行政辖区26个小片区的330349户居民用户、298户商业用户、27户工业用户的天然气置换工作，天然气下载量累计达1752万立方米。2016年上半年，昆明市已有超过67万户居民用户、645户商业用户和35户工业用户用上了天然气，置换天然气日供气量达到26万立方米。

# 第五节 交 通

## 公 路

昆明现代公路修建始于民国十三年（1924）6月23日。民国十四年（1925）10月10日，昆明至碧鸡关段15千米公路通车。抗日战争前夕，先后修通昆明至大理、玉溪、柳树河、贵州省盘县等几条干线公路。至1949年末，昆明市辖区已有公路680.4千米，市郊风景名胜区公路167千米。闻名世界的滇缅公路，又称昆瑞公路（昆明至瑞丽）、320国道滇西段、昆畹公路（昆明至畹町）、中美合作公路或抗日公路等，于1938年开始修建，动用民工15万人、工程师200人，是民国政府为抢运在国外购买的和国际援助的战略物资而紧急修建的，是中国与外部世界联系的唯一国际通道，也是一条滇西各族人民用血肉筑成的国际通道。

中华人民共和国成立后，贯彻党的"全党全民办交通"方针，昆明市公路建设获得持续快速发展。尤其是"十五"后，昆明把对内对外道路交通建设作为城市建设的重中之重，投入巨资打通断头路，拓宽建设主干道、次干道，建设立交桥和快速干道。先后改扩建城区道路41条，完成东风路近日公园路段下穿工程。"十一五"期间，重点建设了二环快速系统工程，东二环、南二环、西二环、北二环及其共同构成的快速系统全长26.6千米，全程高架、6车道，沿线建立交桥16座；构建了包括二环、三环、绕城高速内环、绕城高速外环、昆曲高速、昆石高速、昆玉高速、昆安高速、高海高速、昆武高速、机场高速、嵩昆高速、昆禄公路、老昆安公路、老贵昆公路、老昆石公路、老昆洛公路、王筇公路、昆肖线、龙泉线、金浑线的昆明主城四环十七射大交通体系。2015年，昆明市拥有过境国道7条，总里程801.8千米；省道7条，总里程343.7千米；昆明通往周边地州的公路已全部实现高速化，通往辖区内各县区的公路基本实现高等级化，通往乡镇全部实现油路化，成为全国重要的交通枢纽城市，同时也是通往东南亚、南亚的桥头堡。

# 铁 路

## 米轨铁路

**滇越铁路** 滇越铁路是云南省的第一条铁路，也是全国为数不多的"米轨"铁路（窄轨铁路）之一。原是法国殖民当局根据不平等条约修建的。因为起于原法属殖民地越南海防市，经老街进入云南河口至昆明，故称滇越铁路。河口至昆明段也称昆河铁路。滇越铁路全线分南北两大段。南段（海防至老街）在越南境内，称越段，长394千米；北段（河口至昆明）在中国境内，自老街跨越红河进入河口，经碧色寨到昆明，称滇段，长469千米（正线铺轨464.567千米），设置车站34个。越段于1901年动工，1903年建成。滇段于1904年动工，1910年竣工，有桥梁425座、隧道155座，占滇段全长的36%。1910年4月1日全线通车。1950年初云南解放后，人民政府接管了滇越铁路滇段。1957年12月，中止了17年的滇越铁路恢复通车。1958年2月，滇越铁路的滇段改名为昆河铁路（昆明—河口）。从此，滇越铁路真正成为铁路沿线各地区和各民族经济文化交流的大动脉。进入21世纪，随着蒙河高速公路的建成通车和泛亚铁路的修建，通往河口的客运货运更加快捷方便，米轨铁路利用率不高。

**昆（明）安（宁）铁路** 为民国二十七至三十一年（1938—1942年）修建的米轨铁路，长35.2千米。后因日本帝国主义入侵，安宁至石咀间路轨被拆除，仅保留昆明至石咀段。1958—1959年，铁道兵部队利用原先已完成的路基从石咀铺轨至楚雄一平浪，史称"昆一线"。1970年，成昆铁路通车以后又陆续拆除了昆一线。现仅遗存昆明北站至石咀的12.4千米线路，称为"昆石线"或"石咀线"。进入21世纪，石咀线仅为运行职工的通勤车线路，同时向市民开放，每逢周六、周日常有家长带孩子坐火车观光娱乐。

**准轨铁路** 中华人民共和国成立后，党和国家把修建发展云南铁路放到了重要的位置。20世纪60—70年代，是以昆明市为中心的准轨铁路建设大发展时期，先后建成通车贵昆、成昆铁路干线和羊场、东川、盘西、昆阳、罗茨5条铁路支线，线路全长达860.45千米。1992年，又相继建成通车南昆铁路，中宝（地方）、昆玉（地方）、广大（合资）铁路。2010年，泛亚铁路东线云南段准轨建设全面展开。2014年12月1日，昆明经玉溪新建的经蒙自至河口北站的准轨铁路全线货运通车。2016年12月28日，沪昆高速铁路全线开通运营。至此，已形成以昆明为中心的沪昆、成昆、广昆、盘西、昆阳、威红7条准轨电气化铁路，羊场、东川、安宁、东王4条准轨支线铁路网络。东边有贵昆线与贵州联通，南昆线与广西联通；南边有昆河线通往越南；北边有成昆线与四川联通；东北边有内昆线与内地联通。2015年，昆明铁路局完成旅客发送3786.40万人次。

**铁路枢纽工程** 昆明铁路枢纽承接成昆、沪昆、南昆、渝昆、昆河及沪昆客专等7条干线。2009年11月25日，昆明铁路枢纽改扩建工程正式开工建设。建成后与昆明枢纽东南环线工程连接，形成滇池环线通道，实现昆明"一湖四片"城市布局，极大缓解了铁路"瓶颈"的制约。该工程西起温泉站，连接既有线成昆线；东至昆明东站，连接既有线沪昆、南昆线，并经羊甫、王家营西站至规划的昆明南客站，与规划建设的云桂铁路、沪昆客运专线相连；南端通过昆阳至玉溪，与在建的玉蒙铁路、蒙河铁路和规划建设的玉磨铁路相连，形成"八入滇四出境"云南铁路网的重要枢纽。工程全长89.918千米，为I级电气化铁路，设计时速温泉至昆明120千米、昆明至昆明东80千米、读书铺至昆阳100千米，投资估算总额87.95亿元。枢纽通道实行客货分线，可利用沪昆客运专线、沪昆、成昆、昆玉铁路开行服务滇中城市群的城际列车，实现滇中城市群"1小时生活经济圈"；形成连接环滇池城镇北城（主城）、东城（呈贡新城）、南城（晋城—新街新城）、西城（昆阳—海口新城）和安宁市的快速轨道交通线，逐步改善昆明城市交通状况和出行方式，促进昆明新城快速发展。

**高铁昆明南站** 2013年6月16日，位于呈贡区吴家营街道的高铁昆明南站开工建设，是云南地区高铁入滇、铁路出境的重要枢纽车站。该站按16个站台30条铁道线规模建设，汇集国有铁路、地铁、公交、出租等多种交通方式为一体，北接沪昆客专、渝昆线，南连云桂线、昆玉线，并将作为"兰昆通道""沪昆通道""南部沿海及西南通道"和"泛亚铁路"四大通道汇合点，跻身全国区域性铁路枢纽之列。2016年12月28日，随着沪昆高铁的全线开通，高铁昆明南站投入运营。2017年春节，昆明南站日均接发高铁列车39对；5月1日，日均接发高铁列车增加到68对。

**轨道交通** 2008年3月，《昆明市城市轨道交通建设规划》上报国家发改委，并于次年6月17日获国家发改委批复，成为率先通过国家批复的第二批次城市之一，创下建设规划报批的"昆明速度"。昆明市地铁远景线网由6条线路组成，其中主城骨干线2条，主城与呈贡骨干线1条，辅助填充线2条，机场线1条，呈"三主三辅"的放封状结构，总长162,6千米。核心区内线网密度达到1.22千米/平方千米，中心区内线网密度达到0.67千米/平方千米，全线网共设置换乘站13座。2008年12月19日，昆明地铁首期工程试验段开工。2010年4月16日，昆明轨道交通有限公司组织召开了首期工程开工动员会，4月30日首期工程全线围挡，标志着全线开工建设。首期工程由1号线一期工程和2号线一期工程组成，线路全长41.9千米，其中地下线26.85千米、高架线15.05千米，高架线路在全线中所占比例为35.9%。首期工程共设车站31座，其中地下站22座、高架站9座。沿线经过的功能区分别为北部城区—商务区—老商业区—会展中心—南部新区—呈贡新城区—大学城。2012年6月28日，昆明地铁6号线首期工程（机场线）正式通车。2013年5月20日，昆明轨道交通1号线首期工程南段开通试运营；次年4月30日，昆明地铁1号线和2号线首期工程全线贯通。至此，昆明轨道交通运营线路达到3条。2015年，全年运送乘客8367万人次，日均客运量22.92万人次。

# 航 空

昆明民用航空事业始于1928年。20世纪三四十年代发展规模不大，机场简易，只能起降小型客机，航空运输量小。1951年，军委民航西南办事处昆明站成立，对昆明巫家坝机场环境及旧建筑物进行了改造，并开辟了昆明—保山航线。1958年，对机场主跑道进行扩建，成为可起降三叉戟、伊尔18等中型机的机场。1959年，民航昆明站扩编为中国民用航空云南省管理局。到"文化大革命"前，云南民航共有航线12条。其中省内航线3条，可通往保山、思茅、昭通3个城市；国内航线8条，通往北京、上海、广州等11个城市；国际航线1条，通往仰光。昆明机场已成为一个重要的国内和国际航线西南航空港。"文革"期间，云南民航在曲折中前进，到1978年，仅有运输飞机4架，其中伊尔14、安-24各2架，当年完成运输总周转量402.24万吨千米、旅客运输量89241人、货邮发运量1552.7吨。

1978年党的十一届三中全会后，随着改革开放的不断深入，昆明经济建设和旅游事业蓬勃发展，云南民航事业也跨入了一个新的时期。昆明机场经过3次改扩建，航站楼设计容量达到800万人次。1980年，云南民航开始走企业化道路，在国内省一级民航局中率先采用贷款和租赁方式，先后于1985年、1986年、1991年从国外引进3架波音737-300型客机，飞机座位数由144个增加到520个。1998年，云南民航已拥有波音737-300、波音767-300、波音737-700各型客机共21架，座位数达到3303个；从昆明出发的航线达到74条，航线里程12.9万千米，联结国内外54个城市和地区。当年，完成运输总周转量3.45亿吨千米，旅客运输量331万人次，货邮运输量7.27万吨。

由于云南航空事业的飞速发展，巫家坝机场已不适应航空运输的需要。2007年1月29日，经国务院、中央军委批复同意迁建云南昆明巫家坝机场，新机场定性为大型枢纽机场。2008年8月26日，国家发改委批复昆明新机场可行性研究报告；12月22日，中国民航总局、云南省政府联合批复昆明新机场总体规划。2009年2月24日，中国民航总局、云南省政府联合批复昆明新机场工程初步设计及概算。至此，昆明新机场正式拉开建设序幕。2012年6月28日，位于官渡区长水村的昆明长水国际机场建成投入使用，运营近百年的昆明巫家坝国际机场同时停止运营。昆明长水国际机场是中国面向东南亚、南亚，连接欧亚非的中国西南门户国际枢纽机场，也是全国继北京首都机场、上海浦东机场之后第三家实现双跑道独立运营模式的机场。2015年，昆明机场开通国内外航线387条，其中国内航线323条、国际地区航线64条，旅客吞吐量为3451.9万人次。

# 第三章　园　林

　　昆明的园林建设是在历代名胜古迹和私家庭园、别墅的基础上逐渐发展起来的。汉元封二年（公元前109年）建于龙泉山（黑龙潭上观）的黑水祠，被誉为"滇中第一古祠"。唐、宋以后，建塔修寺在昆明盛行起来，所建寺塔大多成为后来的风景名胜区。比较著名的有唐代的东西寺塔（长乐寺、慧光寺）、盘龙山万寿寺；宋代的地藏寺经幢、曹溪寺、法华寺；元代的筇竹寺、三清阁、华亭寺、太华寺、圆通寺、大德；明代的太和宫、昙华寺；清代的大观楼、翠湖湖心亭、莲华禅院；民国时期先后有近日楼、金殿、翠湖、圆通、大观、古幢、太华、龙泉、虚凝庵9个公园对外开放。20世纪50—60年代中期，是昆明园林恢复建设时期，在市内主要街道种植了大量的银桦、梧桐、蓝桉、三角枫、白杨等行道树，并整修了各公园名胜区，修建了游览步道、娱乐场所、动物笼舍等。"文化大革命"期间，成功保住了金殿、大观楼、翠湖、圆通寺、三清阁、龙门、华亭寺、太华寺、昆明动物园、筇竹寺大殿及五百罗汉等名胜古迹。改革开放后，昆明园林建设进入了一个崭新的历史时期，国家先后投资3645万元、自筹资金247万元对各公园名胜进行了全面维修和建设。

　　昆明园林具有浓郁的春城色彩、深沉的历史文化名城格调、和谐的民族情趣。山、湖、石、洞争奇，古树名花夺艳；诗词楹联增辉，民族风情添彩，正所谓"天气常如二三月，花枝不断四时春"。昆明城市园林已经成为城市居民的主要休闲游憩场所、传播精神文明、科学知识和进行科研与宣传教育建设的重要基地，同时在防止水土流失、净化空气、降低辐射、杀菌、滞尘、防尘、防噪音、调节小气候、降温、防风引风、缓解城市热岛效应等方面都发挥了良好的生态功能。

## 第一节　重点风景名胜区

### 国家级昆明滇池风景名胜区

　　国家级昆明滇池风景名胜区为大型的综合性风景名胜区，融滇池、滇池沿岸及滇池周围群山的风景名胜、自然资源、自然风貌和历史人文景观为一体，名胜区面积429平方千米，保护范围490平方千米，其中滇池水域309.5平方千米，于1988年列入国务院公布的第二批国家级风景名胜区名单。

　　滇池地区是古滇文化的发祥地。滇池风景名胜区范围涉及昆明地区的安宁市、西山区、官渡区、晋宁区、呈贡区及滇池国家旅游度假区等县区，滇池沿岸自然景色秀丽，山水胜境、风景名胜众多，文物古迹、文化遗址荟萃，有大观楼、西山、草海、海埂、西园、观音山、白鱼口、海口、石城、郑和公园、牛恋乡、石寨山滇王家族墓地、盘龙古寺、龙潭山古人类遗址、官渡古镇等，16个国家级、

30个省级、32个市级及128个区级重点文物保护单位，古树名木百余株，形成环湖风景旅游圈。由于滇池风景名胜区范围大，涉及面广，风景资源种类多，多年来没有明确的管理主体。昆明市园林绿化局作为城市风景园林管理的行业主管部门，对滇池风景名胜区进行了行业性宏观管理，并为滇池国家级旅游度假区的确立，进行了大量的基础性工作。进入21世纪，昆明市人民政府为了进一步加强对滇池风景名胜区的保护管理，于2003年成立滇池国家重点风景名胜区管理委员会，为市政府议事协调机构。

# 世界园艺博览园

位于昆明城以东鸣凤山麓，毗邻金殿名胜区，占地面积218公顷，游览面积180公顷，是在1999年A1级世界园艺博览会中国'99昆明世界园艺博览会会址上保留和发展起来的。该园于1997年5月开工建设，1999年5月1日建成开放，是历届同类世博会规模最大、参展国家最多、参展品种及展园最具特色的会址，也是世博会历史上唯一完整保留、持续经营、持续发展的园址。该园是多元文化参与的主题园，荟萃了世界各国的68个园区，尤其是中国各省、市、自治区的园林园艺精品，展示了各个时代、不同地域的造园技术，融汇了世界文化和中华民族文化，同时具有云南特色、中国气派。

园内建有一条长850米、宽40米，以300多万盆各色鲜花铺设而成的花园大道，1个世博湖，中国馆、国际馆、人与自然馆、大温室、科技馆5大室内展馆，竹园、茶园、蔬菜瓜果园、盆景园、树木园、药草园和名花艺石园7大专题园，迎宾广场、世纪广场、艺术广场、华夏广场4大广场及34个国际室外展园、34个中国室外展园等主要景点和来自世界和全国各地的数十万株各种植物，集中展示了世界各国和中国各地的园林园艺及其历史文化和民族风情，形式多样，内涵丰富，成为中国生物多样性和云南植物王国的窗口，成为世界多元园林园艺文化的集聚地。该园草木葱茏，鲜花遍地，荟萃了许多珍奇的植物品种，树木园里有"世界爷"之称的北美红杉、大名鼎鼎的云南红豆杉；竹园汇集了全世界竹类品种中的41属、318种，组成了这个世界上最大的"竹博物馆"，获得了"种植竹种最多的竹园"的大世界吉尼斯之最；大温室里的"跳舞草"、山乌龟、神秘果、鸡冠凤尾蕉、高山雪莲等，都堪称自然之珍。

**中国馆**　建筑面积19927平方米，采用中国传统汉、唐园林手法，形成院落式建筑群体，以南方园林特色的乐园，北方园林特色的安园和喻指春天的沁园，集中表现了中国园林的风采，安居乐业和庄严、肃穆、凝重的文化特色。

**国际馆**　建筑面积1.1万平方米，外形似一艘巨轮。展会期间有95个国家和国际组织参加展览。主要以图片、文字、活体植物、盆景模型和现代化展览及多媒体形式展出，充分体现了和睦的国际大家庭关系，象征着人与自然和谐发展的主题。

**人与自然馆**　建筑面积4953平方米，是该园的主题馆。建筑由大地中生长而出，给人以源于自然、发于自然、归于自然而又高于自然的感受。以人类的家园，人与自然的结合点——园艺、永远的绿洲为主线，反映人类面临的环境问题、人类环保意识的觉醒、人类改造自然的行动以及人与自然和谐发展的趋势，突出展示中国园林园艺史和广博精湛的园林文化。

**大温室**　建筑面积3630平方米，有高山厅、温带厅和热带厅，荟萃了热带、温带、寒带气候条件下的1400多种植物，奇花异树叹为观止，是世界园艺技术进行高水平交流与融汇的场所。展示、宣传人与自然、人与植物息息相关的科学知识，激发人们热爱植物、合理开发植物资源和坚持可持续发展的思想。

**科技馆** 建筑面积3604平方米，以序言、大自然的馈赠、历史回眸、智能营造的绿洲、生命的翅膀5个部分反映以生命科学为基础的生命技术对人类可持续发展所起的重要作用，展示植物资源的多样性及园艺科技的发展历程，突出表现以生物技术为中心的现代科技为人类生存质量的提高和人与自然达到更高层次的和谐所做出的贡献。

**竹　园** 位于世博园东南侧，占地2.5万平方米，收集竹类植物41属、319种、5000多丛，是一个日照有清荫、月照有清影、风吹有清音、雨来有清韵的雅苑，通过傣族式竹楼、竹牌坊、竹亭、竹门楼、竹筒加诗句及长廊等展示中国古今竹建筑文化。

**蔬菜瓜果园** 占地5000平方米，主题为蔬菜瓜果是人类赖以生存的重要食源，突出云南蔬菜瓜果特色以及生产的自然优势、区位优势及科技、生产水平，展示近300种丰富多彩的蔬菜瓜果，加上庭院建筑，反映出浓烈的农耕文化。

**盆景园** 占地6000平方米，主要展示中国各种流派、风格的盆景艺术，强化了庭园丰富、明快的盆景艺术，以及地窄景宽、以小见大的盆景艺术魅力。是植物栽培和造园艺术发展形成的具有民族、历史文化内涵及审美效果的民族瑰宝。

**药草园** 占地9000平方米，园内共种植460余种药用植物，利用阴阳太极、药葫芦、李时珍塑像来体现源远流长的中医学传统，并作为文化景观；药草植物根据其生态习性分类种植，形成旱生区、亚热带棕榈区、姜科植物区等，作为创意独特的生态景观，形成"株株是药材，棵棵能治病，月月有花开，步步是景点"的独特景观。

**茶　园** 占地1万平方米，以大面积的茶园为背景，以谦和的木结构建筑形式呼应环境，反映人性中拥抱自然的欲望，展示茶文化的起源、茶与文化、茶与民族团结、茶与人类健康、茶的综合利用。

**树木园** 占地2.3万平方米，分木兰科区、珍稀濒危植物区、经济林区、森林植物区，共移植栽培各类植物81属、2551种、200多万株，其中珍稀濒危植物112种、国家一级保护植物23种、二级保护树种25种。

**名花艺石园** 该园占地面积6万平方米，由艺石景区、名花景区、摩崖景区和七彩景区组成，以名花艺石为主景，以名花、艺石、摩崖、绿化为内容，以中国自然山水园林为形式，以云南民族文化和民族风情为特色，按生态学原理种植花木，形成上、中、下和地表多层人工植物群的生态园。

**中国室外展区** 占地面积4.8平方米，分别建盖的34个园及"长江、黄河"2条绿化带和华夏广场，展示了各地独具特色的造园艺术、园林景观以及园艺科技成果，荟萃了全国各流派的园林艺术。

**国际室外展区** 占地面积5.7万平方米，来自五大洲的35个国家和国际组织建造了34个富有特色的庭园，展示其丰富的园林园艺精品和园林科技发展成果、风格迥异的园艺精品。自然和谐相处的主题，表现现代企业为保护环境所做出的努力和取得的成果。

**艺术广场** 是一个汇集激光表演、水幕电影、音乐喷泉和歌舞表演的大型表演场所，具有高档次的音响设备，装有可开启的弯顶，具有升降、移动等功能，可满足全天候大型演出，可容纳3000多名观众。观众席雨棚可水平向上开启，犹如孔雀开屏，舞台雨棚可水平移动，宛如2只小孔雀翩翩起舞，成为园内的又一亮点，既是全天候、大中型和高水准的文艺演出的理想场所，又是一道亮丽的景观。

**夜　景** 除常规的园林照明外，采用大量国内仅有、世界一流的高新照明技术，使人工环境与自然景观进行有机的交融，给人们带来高品位的艺术感受。此外，夜景辅之以各项文艺表演、夜间游乐、彩车游演、水幕幻彩、音乐喷泉、激光表演等丰富多彩、五彩缤纷的配套活动，营造出若隐若现、神韵无穷、宛如人间仙境的神奇梦幻之夜，成为广大市民夜间观赏、游览和休闲的理想场所和最佳去处。

**水体景观** 水体景观遍布全园，主要有世博湖高80米的独柱喷泉，艺术广场音乐喷泉，摩崖瀑布、喷雾景观，茶园喷雾景观，科技馆喷泉，人与自然馆水体景观与喷泉，中国馆内水体景观，商业街水景观。另外还有国内展园水景观29处，国际展园水景观5处。

**珍稀植物** 园区共培育移栽了各类植物2551种、200多万株（丛），其中珍稀濒危植物112种。

# 云南民族村

位于滇池之滨，占地89公顷，东邻民族博物馆、国家体育训练基地及滇池高尔夫球场，南与海埂公园相接，西面是碧波浩瀚的滇池草海，与西山公园一水之隔，遥相呼应，北面相邻红塔体育基地，是全国著名的主题公园。云南民族村将云南少数民族的文化风情、建筑艺术、音乐舞蹈、宗教信仰、生活环境浓缩于湖光山色之中，融峻山秀水、玲珑景致和珍稀植物于园林绿化之中，是展示云南26个民族社会文化风情的窗口，国家4A级旅游景区，国家民委民族文化基地，CIOFF中国委员会民间传统文化基地，国家民委全国首批民族工作联系点之一。

该村于1992年2月建成部分民族村寨并开村。2005年，该村已建成傣族、白族、彝族、纳西族、佤族、布朗族、拉祜族、基诺族、藏族、哈尼族、德昂族、景颇族、壮族13个民族村寨及滇池大舞台、团结广场、音乐喷泉、水幕电影、风味食品城、普洱留香茶艺馆、亚洲群象表演馆等一批旅游服务配套设施。民族村寨采用复原陈列的手法展示云南各少数民族独有的民居建筑，并充分展示五彩缤纷的民族服饰、妙趣横生的婚俗礼仪、丰富多彩的民族节庆、原生态的民族音乐舞蹈等民风民俗。吉祥的傣寨白塔、巍峨的大理三塔、庄重的彝家图腾柱、丰富的纳西东巴文化、佤族的木鼓、布朗族的婚俗、基诺族的太阳鼓、拉祜族的芦笙舞、雪域高原的藏族佛寺、哈尼族的龙巴门、德昂族的龙阳塔、景颇族的木脑纵歌、壮族的铜鼓文化、古老的摩梭人母系氏族社会遗存及风趣的亚洲象表演、精美独特的民族风味美食、多元的民族文化、浓郁的民俗风情展示，令游客陶醉其间、流连忘返。2007年后，又完成了独龙族、布依族、蒙古族、苗族、水族、怒族、阿昌族、普米族、傈僳族、满族、回族、瑶族12个民族村寨的建设，把收藏品拍卖、文化夜市、灯会、赛歌会等各村寨活动同时进行开发，实现"一村一特色，一寨一亮点"的格局，让游客更好地感受到云南少数民族热情、好客的美德和深刻的民族文化内涵，使云南民族村成为真正意义上的"民族文化大观园"。

**白族村** 占地面积62.5亩。村内以飞檐斗拱、雕梁画栋的白族传统民居为主。"三坊一照壁""四合五天井""扎染坊""木雕屋""花园茶社""戏台""本主庙"及大理"崇圣寺三塔"等布局，使整座村寨院落鳞次栉比、宽敞整齐。一条以经营精美工业品的"大理街"贯通南北，沿街设有民俗馆和蝴蝶展馆。主要节目有充满喜庆欢乐气氛的民间艺术"霸王鞭""草帽舞""大本曲"和民俗节庆活动"三月街""绕三灵""迎新娘"等。

**彝族村** 占地面积50余亩，三虎浮雕墙与虎山造型表现了彝族虎文化特色。太阳历广场中央的图腾柱上有太阳、虎、火和八卦图形象，周围环绕着黑白面向不同的10个月球造型。广场外四周分布有12生肖石雕。依山而建的"土掌房"建筑群，真实再现了彝家与自然和谐相处的生活观。建筑中有土司院、文化楼、知青房、酒坊及织绣间等。村中建有斗牛场和茶山园，还有秋千等民间体育设施。彝族的节日主要有火把节、彝族年、拜本主会、密枝节、跳歌节等。"火把节"是彝族地区最普遍且最隆重的传统节日，一般在农历六月二十四日至二十六日晚上举行。每到火把节，彝族男女老少身穿节日盛装，打牲畜祭献灵牌，尽情跳舞唱歌、赛马、摔跤。

**傣　寨**　占地面积27亩，三面环水，绿树掩映。一幢幢"干栏式"傣家竹楼，通过蜿蜒的红砂石小径联向肃穆的缅寺。巍峨壮观的白塔、精巧玲珑的风雨桥以及风雨亭、水井、钟亭等建筑充满着傣家的浓郁风情，是傣寨真实的民间景观再现。一年一度的"泼水节"期间，有活泼欢快的"象脚鼓舞"（"嘎光舞"）和婀娜多姿的"孔雀舞"。傣族的重大节日有泼水节、关门节和开门节。泼水节是傣族最富民族特色的节日，时间是傣历六月（公历4月中旬），举行3天，头两天送旧，最后一天迎新。这天人们要拜佛，姑娘们用漂着鲜花的清水为佛洗尘，然后彼此泼水嬉戏，相互祝愿，认为这样可以不生疾病，四季平安，鼓声、锣声、泼水声、欢呼声响成一片。期间还要举行赛龙船、放高升、放飞灯等传统娱乐活动和各种歌舞晚会。

**藏族村**　占地面积21亩，村内有大小坡顶民居和雕楼式平顶民居。庄严神圣的藏传佛寺、壮观的迎宾白塔、象征吉祥和睦的"白牦牛"雕塑与独具风格的藏式建筑互为映衬、相得益彰。在节日期间，唱民间歌谣，跳锅庄舞、弦子舞，骑手们还进行跑马射箭比赛。主要节日有黄藏历元旦、正月十五日各大寺院的祈愿大法会、农历四月八日的转山会（沐佛节、敬山神）、五月端午赛马大会、七月"旺果"节、冬月二十九跳神会等，其中黄藏历元旦是藏族人民最重要的节日，要穿着盛装相互拜年，并到寺院朝拜祈福。

**瑶　寨**　由民居吊脚楼、平房民居及乡村道观、粮仓、寨门等建筑构成，错落有致；一些道教文化元素的渗入，使瑶寨颇具特色。瑶族音乐、舞蹈与其民间歌谣一样，起源于劳动与宗教。其著名舞蹈如长鼓舞、铜鼓舞系祭祀盘王、密洛陀的大型舞蹈。民间盛行的舞蹈还有狮舞、草龙舞、花棍舞、上香舞、求师舞等数十种。主要节日有盘王节、春节、达努节、中元节、社王节、清明节等。主要仪式由师公跳神祈祷、唱盘王歌、跳长鼓舞、祷告盘王（盘瓠）保佑赐福。盘王节，一般是自称"勉支"的瑶族的节日，十分隆重。

**阿昌寨**　以一幢合院系建筑为主体，与寨门、手工作坊等建筑互为呼应，青瓦砖墙，石础抬柱，颇具特色。阿昌族热情好客，尊老爱幼。有客来家小憩，主人要好酒好茶招待，吃饭礼让上座，如客人年轻辈分小可推辞坐边座或下方坐；遇敬酒倒茶，忌不礼让就接受。有劝饭习俗，无论会喝酒、喝茶否，忌讳客人不接受；遇劝饭时，无论已饱否都应伸双手捧碗相接；双手接递或起身行礼，视为恭敬。主要宗教节日有"进洼""出洼""白柴""水节"。除宗教节日外，户腊撒的阿昌族较大的几个节日如赶摆、蹬窝罗、会街节、尝新节、泼水节等，都与傣族相同。

**摩梭之家**　紧依"泸沽湖"畔建有摩梭人居住的"木楞房"。这座全部用原木建成的风格古朴的四合寨楼取名为"摩梭之家"。摩梭人居住在滇西北高原永宁地区的泸沽湖畔，人口约8万多人，至今还保留母系氏族和母系家庭的生活习惯。这一奇特的民俗引起了全世界人类学家的关注，给摩梭人增添了奇异、神秘的色彩。

# 第二节　公　园

## 西山森林公园

西山森林公园位于昆明西郊滇池西岸，距市区15千米，北起碧鸡关、南至灰湾，由碧鸡山、华亭山、太华山、太平山、罗汉山等山峰组成，由北向南逶迤起伏，最高峰海拔2507.5米，公园面积8.89平方千米。该公园始建于宋代，历代均有修葺。1984年后，新建了龙门隧道、回车道、小石林区、太华山庄、聂耳墓、南洋华侨机工抗日纪念碑和亭台楼阁、游览步道等设施，扩大游览面积2平方千米。

远眺西山森林公园群峰，既像一尊庞大的卧佛，又似一位仰睡的少女，故称"卧佛山""睡美人"。昆明西山与通海秀山、巍山巍宝山、宾川鸡足山合称云南四大风景名山。全山除岩石嶙峋的罗汉崖外，均为繁茂的次生林，随高度变化森林垂直带谱十分明显。山体下部有以栎类为主的亚热带常绿阔叶林，上部是云南松、华山松为主的针叶林，在海拔2150米以上的石灰岩地带分布有冲天柏林和多种落叶阔叶林。西山植物多而集中，分布有167个科、594个属、1086种乔灌木和其他植物，药用植物也多达90余种。还有一些珍稀树种如台桧、鹅耳枥、化香树、八角枫、滇紫荆、云南樟、长柄桢楠等四季常青的树木。1998年后，公园致力于恢复"碧鸡秋色"工程，连年栽种漆树、红枫树等季相彩色树木，森林覆盖率达94%。

西山森林公园曾建有鄯阐匡国侯别墅、梁王避暑宫、进耳寺、碧鸡寺、普贤寺、华亭寺、太华寺、太平寺、松隐寺、三清阁、龙门、张仙殿、如意观、朝圣庵、龙王庙等。有些寺庙道观倾圮后未重建。现存的华亭寺、太华寺、三清阁等古刹殿宇楼阁依山临海，掩映在茂林修竹深处及嵌缀在悬崖峭壁之上。公园内共有11处国家和省、市、区级文物保护单位，其中人民音乐家聂耳墓园为全国重点文物保护单位，龙门石窟为云南省重点文物保护单位，华亭寺、太华寺、三清阁等佛寺道观建筑群以及张天虚墓园等为市级重点文物保护单位。1996年公园被评为云南省AA级旅游景区，2001年被国家旅游局评定为国家AAA级景区，2004年顺利通过了ISO9001/ISO14001质量/环境双贯标认证。2006年10月被国家旅游局评定为国家AAAA级景区。每年农历三月初三，民间有"耍西山"、对唱山歌小调的传统习俗。

**三清阁**　坐落于太华山南面的罗汉山上，距太华寺2千米。罗汉山北连美女峰、太华峰，南接挂榜山千仞削壁，削壁下是浩瀚滇池。这里山崖险峭、石峰嶙峋、松柏苍劲。三清阁9层11阁建筑群高低错落修建在罗汉山与挂榜山之间的悬崖绝壁之上，高出滇池水面300多米。三清阁始建于元代，梁王曾筑避暑台于此，称凌虚阁。元末避暑台毁于兵燹。明宣德年间，沐氏捐资，无边禅师重建。明嘉靖年间，罗汉寺倾圮，道士赵炼在罗汉山辟道观。清乾隆五十五年（1790），道士杨来祥、何来昆募资增修，改称玉皇阁。清代至民国年间，三清阁灵官殿、玉皇殿、斗姆殿、太清宫又屡次修葺，均保持了道观建筑风格。

1972年后，三清阁各殿宇均陆续进行过维修，罗汉山北庵景区的9层11阁恢复历史原貌。1984年新凿罗汉崖回车隧道，1999年又新修了300多米的三清阁迂回游览步道，罗汉山麓滇池畔的龙门村有透迤曲折的1000多级"千步崖"石阶直达三清阁。罗汉崖山门前，72级陡峭的石阶达山门石坊，坊上正面题额"罗汉崖"，石刻联为"时出云烟铺下界，夜来钟磬彻诸天"。坊背面额曰"三清境"，联为"置身须向极高处，举首还多在上人"。进山门为石板铺就的平台，山门正对灵官殿。由灵官殿侧面俯视，平台下临深渊有一座桥，"桥架断崖间，上下皆嵌崖，此复崭崖中坠"，此桥名"朝天桥"。旁边为灵官殿，殿内泥塑赤面、三目、披甲执鞭的王灵官立像，即"玉枢火府天将"，是道教的护法神。王灵官左右，有侍从捧笔执印。由灵官殿西折向北，沿石阶达三清阁。三清阁依罗汉崖石壁危峙，楼2层，原供奉着三清像。三清阁上36级台阶就到真武殿，供奉着真武大帝和龟、蛇二将，北边一间现为《真武传奇》展室。真武殿后面石崖间有一滴水小泉，称"牛井"，又称"孝牛泉"。以三清阁为中心，悬崖峭壁上松柏苍翠，层楼叠宇，罗汉山北庵11阁分9层贴缀在绝壁之上，危奇险峭，体现了中国古典的道观建筑风格。

**龙　门**　位于三清阁南面，包括北由三清阁"别有洞天"石洞门起，南至达天阁止的整个在千仞削壁上的石窟石道工程。在罗汉山与挂榜山之间，削壁上由北向南原有4个岩洞。明嘉靖年间，北面靠三清阁的一个岩洞已开发，建了"穴石小楼"，当年登这个洞需攀铁索过栈道危磴。龙门、达天阁上接云霄，下临绝壁。石阁两侧，清末民初书法家赵鹤清撰刻对联"举步艰危，要把脚跟立稳；置身霄汉，更宜心境放平"。整个龙门石雕、石室、神像全在原生岩石上雕凿而成。崖壁上，历代文人留下不少题咏，是书法和摩崖石刻艺术珍品。

**华亭寺**　位于华亭山腰，北宋嘉祐八年（1063）鄯阐匡国侯高智升在华亭山竖楼台、建庭院，最早开发华亭山。高氏后代高贤、高政一日到别墅来游，"仰睇碧空，天朗日明，霄云霭霭，状如华盖"遂取名华亭山。元延祐七年（1320）秋，筇竹寺雄辩法师的高足弟子玄通、元峰来这里结茅庵驻锡。元至治三年（1323）募化创建大光明殿，供奉毗卢佛像及圆觉十二大士，寺称圆觉寺。明景泰四年（1453），明朝派驻云南的太监黎义重修圆觉寺。"拓其址而弘其规制"，题额大圆觉寺。明天顺六年（1462），明英宗敕赐该寺为华亭寺。清咸丰七年（1857），华亭寺建筑毁于兵燹。清光绪九年（1883）再次重修。1920年，湖南籍虚云和尚由宾川鸡足山到华亭寺住持，募捐再次大修华亭寺，工程持续五六年。开凿放生池、重塑罗汉、建藏经楼、修大悲阁、建海会塔、广植花木，修葺后改称靖国云栖禅寺。华亭寺坐西向东，山门外南北两侧原建筑有三重檐钟鼓楼。20世纪50年代初，鼓楼倾圮，仅遗钟楼。1978年，筑寺东面围墙、钟楼重新进行翻修，把钟楼下层作为华亭寺东面的入口。天王宝殿外是一圆形放生池。池中植莲，由天王宝殿至大雄宝殿再至原藏经楼，整个寺院建筑沿中轴线对称摆布，体现了佛教庄严肃穆的建筑风格。重檐歇山的大雄宝殿，屋面黄色琉璃瓦，殿门为三镂空雕刻格子门。殿内中间塑释迦牟尼佛、药师佛和阿弥陀佛塑像，大殿南北两厢，一堂五百阿罗汉。大雄宝殿后面，原藏经楼坍塌，辟为花园、天王宝殿。大雄宝殿南北两侧，对称建有2层木结构回廊厢房。方丈室与静室、经堂、万祖堂、僧厨与云房等佛寺建筑均呈对称构筑。华亭寺除殿宇、佛像、古树以外，厢房回廊墙上及各院落房屋墙上镶有元、明、清历次修建寺庙的碑记、诗词题咏及大量楹联匾额，均为珍贵文物。1986年4月10日，华亭寺全部财产由昆明市园林局移交昆明市宗教事务处管理。1995年2月15日（农历正月十五）凌晨，大雄宝殿毁于火灾，五百罗汉及佛像幸存，后募捐筹款于1996年5月重新修复了大殿、三世佛及五百罗汉。

**太华寺**　又名佛严寺，位于太华山腹华亭寺南面1.8千米处。元朝大德十年（1306）春，云南梁王命在此建梵刹，"一载而成，赐寺额曰佛严，山曰太华"，延请高僧玄鉴住持，玄鉴又名无照，是太华寺"开山第一祖"。山门外有古银杏1株，主干局部枯蚀，树身微倾，枝叶仍繁茂。民间传说明惠帝朱允炆流亡云南为僧时所植，距今已有600多年历史。

明代在佛严寺南面建碧莲室，北面建思召堂，东南面建一碧万顷阁。寺中藏黔宁王历代画像。清康熙二十年（1681），思召堂、碧莲室、一碧万顷阁部分毁于兵燹。清康熙二十六年（1687）重修，在大雄宝殿内铸铜佛19尊，新建大悲阁（藏经楼）。清咸丰年间，太华寺又部分毁于兵燹。清光绪九年（1883）士庶再次捐资重修。1974—1984年间，太华寺的天王宝殿、大雄宝殿、缥缈楼（大悲阁）、一碧万顷阁、碧莲室、思召堂及游廊大修，新凿碧莲室南面的观赏水池。天王宝殿殿额悬挂"气象万千"匾，殿内的四大天王塑像、泥塑、彩画风格与华亭寺迥然不同，泥塑古朴，彩画采用中国传统的石黛、石蓝、石绿等传统颜料，色泽淡雅，古朴素净。相传与筇竹寺五百罗汉同出泥塑大师黎广修之手。大雄宝殿为单檐大屋顶歇山建筑，保留了元代建筑的风格。殿中置有紫檀木雕刻重檐斗拱的"大雄殿"，高约2.5米，内置木雕三世佛。整个木雕殿堂精雕细镂，是件木雕艺术珍品。寺中广植玉兰、茶花、桂花。早春二月，白玉兰、紫玉兰、朱砂玉兰和茶花迎霜挂满枝头；金秋则桂香满园。"太华玉兰"是昆明园林一景。1999年，政府投资30多万元恢复修建了经华亭山、太华山连接华亭寺、太华寺的林间游路"太华古道"，古道全长2200米，用石条铺砌，蜿蜒于山林间，清幽静谧，沿途还建盖了亭子，安装了休息座椅。

**聂耳墓**　位于太华山与罗汉山之间的山坡，坐西向东，苍松翠柏掩映。1980年，聂耳墓由华亭山中段迁葬于罗汉山新墓园。1985年是聂耳逝世50周年，为了纪念这位伟大的人民音乐家，政府拨款50万元由昆明市园林局重修了聂耳墓。新整修的墓园占地面积1200平方米，背依青山，前临滇池。墓园呈月琴状，7个花坛表示7个音阶。墓穴位于月琴发音孔上，直径3.8米，由24块墨石叠砌，象征聂耳24岁生命。墓上安放着直径1.5米汉白玉雕刻的花圈，花圈上镶嵌聂耳的生卒年"1912—1935"的铜质金字。墓碑上刻郭沫若书"人民音乐家聂耳之墓"。墓园左右的石挡墙上，镶刻着郭沫若撰写的墓志铭和田汉的悼诗。墓前方有汉白玉雕刻聂耳全身立像1尊，高3.28米。墓园南侧，建有聂耳纪念馆及墓园管理用房。同年7月17日，文化部部长朱穆之、聂耳的亲属、在昆明的部分知名人士、省市有关领导及日本藤泽市的代表在西山聂耳墓园举行了隆重的纪念活动暨墓园落成典礼。1986年，新墓园移交昆明市文物管理委员会管理，被国务院公布为全国重点文物保护单位。

**小石林**　西山龙门石道狭窄，游人云集之时，道路阻塞，异常危险。为疏导游人，开发罗汉山上层游览线，1984年3月1日昆明市人民政府动工修建龙门至小石林迂回隧道，同年9月25日举行竣工剪彩仪式。迂回隧道由达天阁石室南侧开口，全长47.4米，称"穿云洞"，洞由东向西绕过悬崖断层，折而在洞内凿石阶向南，出口处辟平台，名"天台"。由天台折向西北，沿悬崖凿傍山隧道，上到比龙门高100米的"回峰台"。傍山隧道全长1076米，有石阶1193级，进入罗汉山巅千亩小石林。在盘旋陡峭的石道旁，兴建了烟雨亭、遥骎亭、晚照亭，依亭观景，滇海烟雨苍茫。1985—1986年，开发了罗汉山上层游览区。在罗汉峰顶新建了琉璃屋面、廊阁组合的"凌虚阁"，在美女峰巅新建圆形的"广寒亭"，两峰之间建"迎曦亭"。石阶、游路在小石林奇峰异石中迂回，上下连接各景点，在三清阁北面的清风亭辟为出口。登上凌虚阁，视野开阔，滇池全貌、四周群山、昆明城景尽收眼底。

**玉兰园**　为1999年昆明市人民政府投资650万元新开发的旅游景点，位于西山风景区华亭山东坡，西邻高峣至龙门的主干道旁，北侧为南洋华侨机工抗日纪念碑。该园占地面积66亩，突出西山"太华玉兰"的植物景观优势，为全国最大的玉兰专类园。园内种植白玉兰、紫玉兰、朱砂玉兰1000余株，配植杜鹃4000多株、云南山茶花等其他花木2000多株，保留了30余棵高大乔木和古树名木，如古梅、百年樱花、优昙花和大鳞肖楠等。园内每年还根据季节配置草本花卉5000多盆（株），自然式休息活动草坪1.2万多平方米。南洋华侨机工纪念碑、陈列室位于华亭寺东北约1千米的公路上方，1989年7月7日建成。纪念碑碑高9米，大理石贴面，刻有"赤子功勋"四字，碑顶有一个当年的南侨机工荣誉纪念章图案；陈列室位于纪念碑旁，由马中友好协会秘书长陈凯希在马来西亚华人界筹款，市园林绿化局负责组织施工，总面积2600平方米，其中建筑占地面积300平方米，采用仿古建筑形式和园林艺术相结合的手法，由一展室、二展室和多功能厅组成，于2005年底建成。陈列室内的实物展品均由当年新加坡、马来西亚、中国的南洋机工家属捐赠，供游人参观。

**龙门索道**　西山龙门索道，下站台位于太华山庄，上站台地处小石林，于1993年4月5日破土动工，9月底完工，10月1日试运行，10月20日正式投入运营。该索道为单线循环式固定吊椅索道，全长1100米，由24个塔架支撑，最高塔架15米，最低塔架4.5米。速度为1.25米/秒，逆时针运行。除主机启动外，另设有每秒0.5米速度的辅机系统，为检修和事故营救时使用。1999年1月更换了钢丝缆绳，对电器部分进行了改造，将原固定运行速度的主机交流电动机改造为可调式的直流电动机，实现速度可调，提高了运营安全系数，降低了设备噪音，改善了职工的工作环境。2005年2月18日，索道由昆明市园林索道管理处划归昆明市西山森林公园管理，2008年又划归西山区，实行属地管理。

## 金殿名胜区

金殿又名铜瓦寺、太和宫，1982年2月23日被国务院公布为全国重点文物保护单位。金殿名胜区坐落于昆明城东北隅鸣凤山，毗邻世界园艺博览园，占地面积118公顷。其山势嵯峨，"九龙奔朝，双凤联翼"，松柏苍翠，殿阁巍峨，空气清新，"一半青山一半云"。明代"鹦鹉春深"为昆明一景，清代称"鸣凤胜境"。1972年修筑7204战备公路，公路穿越鸣凤山东坡，占用金殿名胜区靠金殿水库一侧风景林地。1972—1983年，昆明市城建局、园林局逐年维修了3座天门及棂星门，重建雷神殿、老君殿、三丰殿，修葺紫禁城钟鼓楼、魁星楼，翻修环翠宫，修筑由山麓达太和宫公路等工程。1983—1986年，先后征用伍家村、云山村轮歇地、山林地273亩，收回被农民耕种的山地，依据历史档案，划定金殿名胜区山界林权，总面积达118公顷。1984—1991年建设昆明园林植物园，规划面积500亩，设12个专类花卉园区，其中茶花园占地150亩，系中国最大的山茶花专类园；杜鹃园占地60亩，以种植云南杜鹃为主。1992年评选昆明新十六景，一山具二景："金殿钟鸣""鸣凤山茶"。

名胜区内古树名木众多，一部分紫薇、梧桐、银杏均植于明代。庭院内外大量扁柏、银杏、梧桐、罗汉松、刺柏都是明清古树，老君殿南侧有一株云南省最大的麻栎树，风景林区大面积的云南油杉林里不少都是百年以上的古树。1997—1999年，为迎接世界园艺博览会，政府投资2000万元、市园林局自筹300万元进行了大规模整治修建，翻修了古建筑群，重建园林植物园温室花卉园、杜鹃园烨煌园、餐厅，开辟了蕨类植物园，修葺钟楼，新建钟楼服务区，开拓了青铜文化景点，建造了"中国金殿博览苑"微景观，铺装了太和宫广场，修筑了金殿西门牌坊及登山石磴通道，新竖了北门牌坊及绿化改造，园容园貌焕然一新。2001年，金殿名胜区被评为国家AAAA级风景名胜区，2002年通过ISO9001/14001质量、环境管理认证，同年还被命名为云南省科普教育基地。

**天门景区**　位于鸣凤山麓，有羊清河由东至西绕鸣凤山转南注入金汁河。1958年建金殿水库后河水干涸。明万历年间陈用宾在羊清河上建单孔石桥，名迎仙桥。蹑桥入山，竖一座四墩三门石牌坊，正面坊额"鸣凤胜境"，背面坊额"玉虚孔衢"。石坊东面有明代云南军门巡抚陈用宾所立"唐高风正节吕真人洞路"石碑。过胜境坊，沿石阶登山经一、二、三天门到太和宫，在全长240多米的松荫石级曲径上，建筑3座"天门"牌坊。"天门"均为四墩三门。一天门保持明代建筑风格，柱抬梁无斗拱；二天门和三天门斗拱装饰，雕梁画栋、巍峨壮观。

**环翠宫景区** 位于鸣凤山，太和宫居中，北面山腰悬崖之上为环翠宫，又称吕仙祠、鹦鹉宫，明万历年间始建。环翠宫是一组四合院建筑群，大殿坐南向北，东西厢房为2层民居式木结构建筑，北面门楼为歇山饯角屋面，二层木结构建筑与厢房回廊相通。前殿系"慈航殿"，楼上设展览室；大殿供奉道教三清、玉皇、吕真人等神像。2005年，对环翠宫进行翻修。

**太和宫景区** 太和宫山门为五间厅琉璃瓦屋面歇山门厅，红墙黄瓦，系1978年在原址重建。"太和宫"匾系清光绪甲午年（1894）遗物。山门外八字墙上重拓明代书法家所书"鹦鹉春深"4个大字，笔锋圆润丰满，为书法珍品。进山门，是斗拱飞檐、宏伟轩昂的四墩三门牌坊——棂星门。棂星门悬挂一副隶书对联："帝道满三千，上谷龙飞，无双玉宇无双地；天台高百尺，东林竹舞，一半青山一半云。"2003年，对棂星门进行翻修、彩画。由甬道向东上石台阶，即为明万历年间所筑紫禁城。紫禁城坐东向西，城围砖墙周长365尺。西门为正门。城西门外两侧，对称建有四方重檐琉璃屋面的钟鼓楼。紫禁城西门上，建有重檐歇山魁星楼，楼上有木雕魁星。

铜殿又称金殿，为清康熙十年（1671）重建的重檐歇山式铸铜建筑。殿高6.7米、宽7.8米、深7.8米，16根立柱为宝装莲花础。铜殿四面斗拱装饰，屋面正脊通体雕云龙纹，两端饰以龙吻，中间装饰龙纹火焰宝珠，饯脊饰人、马、鱼等。殿四壁为36扇格子门组合。正门铸浮雕云龙、龙凤呈祥；左右壁和后壁门铸"寿"字几何图案。殿内铸有八角云龙浮雕藻井。殿正梁上，镌有"大清康熙十年岁次辛亥大吕月十有六日之吉平西亲王吴三桂敬筑"楷体字一行。整个铜殿，包括神像、帷幔、匾联等全部用铜铸造，据有关史学家考证，铸铜殿用铜250余吨，是中国现存古代最大最重的铜殿建筑。殿内中铜铸真武祖师神像，两侧为铜铸金童、玉女和龟、蛇二将立像。神像前保存着一口清乾隆年间制作的大理石净水缸。2005年，重新制作精雕花梨木神案，神案前镶嵌清代铜铸云龙挡板。

铜殿安装在石砌的平台上。上层平台、栏杆、云龙阶石、地坪等全部用大理石镶砌，色泽温润如玉；下层平台基石、栏杆及云龙镂空阶石用墨石、砂石组合，基座及栏板浮雕飞禽走兽、花鸟及二十四孝故事，镌刻栩栩如生。两层平台均为明万历年间遗物。铜殿平台前北面竖有日月七星铜旗，系清康熙年间重铸铜殿时所建，清同治年间重制铜旗。七星旗之旗杆、旗斗、旗子全为铜制。旗呈三角形，旗边呈狼牙状，上方有镂空日月，一周镶二十八宿，中间镶有北斗七星。日月之间镂空镌刻"天下太平"四字，铜旗飘带上，镂刻"风调雨顺，国泰民安"。日月七星铜旗为全国唯一的珍品。

太和宫保留有不少明万历年间创建以来的重要碑刻。如明万历甲辰年（1604）的创建碑、功德碑，清光绪十六年（1890）的《重修太和宫碑记》等。还有明、清时期太和宫道观的楹联、古字画、铜器、瓷器等，都是珍贵的文物。

**钟楼景区** 钟楼位于鸣凤山最高点，海拔2058米，于1983年动工建设，次年10月建成。钟楼高29米，3层，平面呈"十"字形，每层12个饯角，3层36个饯角。因施工时不通车路，所有建筑材料均靠人力挑上山。

钟楼3楼穹顶下悬挂一口大铜钟。铜钟原挂昆明城南门宣化楼，铸于明永乐二十一年（1423），钟高3.5米，口径周长6.7米，重达14吨，是云南现存古铜钟中最大的一口。永乐大钟最初用于报时，后又用以报警。1953年拆宣化楼，将铜钟移至状元楼外古幢公园，1970年迁金殿名胜区。1984年铜钟挂上钟楼，是用3台"绞磨"提升悬挂。铜钟挂好后再盖屋面椽子和琉璃瓦。

**青铜历史文化园**　1998年，为迎接昆明'99世界园艺博览会，在秋园至钟楼开辟甬道，步道两侧铜铸昆明、江川等地出土牛虎铜案、滇王印等6组仿制青铜器，形成青铜文化景廊。2005年扩建青铜文化景廊，增加10组仿出土青铜器艺术作品，形成鸣凤山巅油杉林下的云南青铜文化园，具有浓郁的历史文化风韵。

**景区绿化**　景区主要以大片自然山林为生态园林景观。整个风景林区以云南油杉为主，同时结合昆明园林植物园各个专类花卉园区的特色，引种驯化云南野生及珍稀濒危植物、保护观赏植物种质资源。杜鹃园大量引种大规格露珠杜鹃、云南野生杜鹃，扦插繁殖锦绣杜鹃；茶花园引种睡美人、粉牡丹、雪娇等珍贵茶花品种，逐年扦插白秧茶，靠接各种茶花；温室花卉区引种30多个野生品种及20多个园艺品种的海棠，广泛搜集各种观叶植物；树木园在引种驯化乡土行道树种的基础上，大量繁殖三角枫、栾树、樟树，为丰富昆明行道树开展前期准备工作。

**年度花展**　该名胜区作为昆明重要旅游窗口，每年坚持办好花卉展览，花展与地方民族、民俗文化紧密结合，使花卉展览年年创新，富于文化内涵。

云南山茶花是昆明市花，金殿茶花园是中国目前最大的茶花园。每年冬末春初，公园均全力办好茶花展览，同时随季节变化，公园随时调整花展内容，使公园观赏花卉呈现琳琅满目、美不胜收的绚丽景观。夏季重点举办观叶植物展览、秋季举办秋海棠展览等，充分展示云南植物王国瑰丽的景色。

**历史文化**　公园依托名胜区拥有的全国最大的铜殿、云南最大的古钟，形成青铜文化主题。围绕青铜主题文化开发了"中国金殿博览苑"、"青铜文化园"、东川天南铜都"云南铜魂"展览馆等一系列青铜文化景区、展室。以吴三桂重建铜殿为依据，将秋园开发为陈圆圆文化园，充分展示和发掘金殿名胜区的历史文化内涵。

**金殿博览苑**　位于天师殿西面，1995年在北雷神殿花园的基础上新建"中国金殿博览苑"，将中国武当山、五台山、泰山及北京万寿山的古代铜建筑按比例缩小二分之一，木雕仿制，仿铜处理，荟萃一园。景区占地面积4000平方米，经挖池堆山、叠石理水、拱桥牌坊、栈道磴道、植物造景，形成殿阁辉映、小巧玲珑的中国古典式园林景观。

# 黑龙潭公园

黑龙潭公园位于昆明市北市区龙泉山，占地面积91.4公顷。公园由上观、下观古建筑群、龙泉探梅、杜鹃谷、红枫岭4大景区和烈士陵园组成。上观建筑群占地面积6480平方米，建筑面积2540平方米，为五进十三所大小院落，存有古石刻名碑33块及1961年1月22日郭沫若游黑龙潭时的题诗碑；下观建筑群占地面积1543平方米，建筑面积872平方米，黑龙宫内原有塑像在"文革"中被毁，殿宇经多次修缮，保存较好。黑龙潭以唐梅、宋柏、明茶"三异木"闻名于世，后又开辟了梅园景区和杜鹃谷景区，是云南省著名的风景名胜区和爱国主义教育基地。

**梅园景区**　位于上观古建筑群的西北面，占地面积520亩，一、二期梅园工程建设总投资450万元。该梅园始建于1991年9月，新建梅园28.5公顷，栽梅82个品种；2003年梅园北扩建设，栽梅品种近

150个、数量达到1.2万余株，为西南地区最大的山水梅园。梅园于1994年元旦正式对外开放，命名为"龙泉探梅"，为昆明新16景之一，并举办了四省五市梅花展。1995年举办第四届全国梅花展。1996年后每年举办一届昆明梅花展。2003年又成功举办了第八届中国梅展，是全国唯一举办了2次全国性梅展的梅园。

**赏梅区**　紧接公园大门后，景区前白瓷镶嵌的"梅"字面积达56平方米，并竖有"墙角数枝梅，凌寒独自开；遥知不是雪，为有暗香来"诗句石刻。赏梅区依山傍水，建有水榭和亭廊、喷泉。冬末春初入园赏梅，可领略到"且喜东湖春来早，红梅万树一齐开"的景观特色。

**梅花艺景区**　设在"龙泉探梅"入口西面的异石园，园内建有"文化斋"阁廊。艺梅区内以园艺古梅盆梅装点成景，赏梅观景，稀、老、瘦、奇一应并存。梅花品种区位于半山腰，上连红枫岭，下接艺景区。在品种区内建有梅花品种展厅，园内汇集了全国各地的珍稀梅花台阁绿萼、粉台阁、红怀抱子等12个品种，优良品种有"大宫粉""小朱砂""变绿萼"等70多个。

**果梅区**　建在梅园最北面，汇集了滇中、滇西、滇南果梅树2000多株，果梅花洁白芳香，花期早，连片栽种，花开时，雪梅香涛，令人浮想联翩。梅园四周遍植松竹，配景与梅花相映成趣，把梅的风骨、松的坚贞、竹的气节融于一园之中，形成"岁寒三友"特色景观。园内建有各种园林小品建筑16座。1997年为迎接香港回归，在梅园上方定风塔一侧营造了占地2公顷的"迎香港回归纪念林"，种植红枫树1997株，竖有高5.8米、宽1米的形似船帆的石刻纪念碑。2005年又新建秋色景观大道，种植季相植物2000多株，每逢秋季，半山红叶与满园桂花相映，形成"八月桂花遍地香，片片红叶随风展"的奇特景观。

**杜鹃谷**　位于"龙泉探梅"北面山谷，占地面积250亩，植有野生杜鹃、自然杂交种杜鹃、春鹃、夏鹃26个品种共5万余株，为昆明地区最大的观赏杜鹃园。每逢春季，满山杜鹃竞相开放，红、黄、白、粉红等各色花瓣重叠、争奇斗艳，呈现出花海人潮的景观。

**定风塔**　又名文笔塔，高13米，为七层八角密檐实心塔，始建于明代，清咸丰二年（1852）重修。七级塔身由白云石垒砌，雕琢精细，造型端正，塔上刻道教四方神名，还刻有《重修五老山定风塔记》及道教《玉皇心印妙经》等，传说此塔能把北来的寒风定住，黑龙潭才得以"四时烟雨半山云"。2000年重修。

## 大观公园

大观公园亦称近华浦、大观楼，位于滇池草海北岸，总面积47.8公顷，其中陆地23.1公顷、水面24.7公顷。公园分布主要有南园、西园和近华浦3大园区，公园以名楼、名联、名胜驰名中外。

**南园景区**　包括庾庄和鲁园，以民国年间兴建的中西融汇的园林景观为特色。庾庄为民国时期昆明市市长庾恩锡的别墅，其创办了当时省内规模最大的亚细亚烟草公司，至今还在云南流行的"大重九"香烟就是其为纪念重九起义而创建的品牌。1998年9月庾庄并入大观楼公园。鲁园为原国民党58军军长鲁道源的别墅，1980年11月收归大观楼公园，庭园广植月季，湖塘种植荷花。2009年8月鲁氏别墅被列为区级文物保护单位。

**西园景区**　1998年，省、市投资2500万元，新征土地197.4亩建成西园。该园位于楼外楼和大观楼湖面以西，西濒滇池草海，东南与大观南园（原鲁园、庾庄）毗邻，北面和西山区明波乡大观楼村接壤。西园主要反映现代造园艺术，内置现代游乐场。

**近华浦古典园林景区**　为公园核心区，以大观楼为代表的明清风格古典园林为其最大特色。大观楼始建于清康熙二十九年（1690），因其面临滇池、视野开阔、风帆烟树，擅湖山之胜，遂取名"大观楼"。乾隆年间，一生坎坷的布衣寒士孙髯翁挥就了惊世骇俗的180字长联。上联写登大观楼所见到的"五百里滇池"的壮美风光，下联抒发了对云南"数千年往事"的无限感慨，200多年来脍炙人口，被誉为天下第一长联，也成为大观楼最为宝贵的文化遗产。2013年5月大观楼被列为国家级重点文物保护单位。

大观楼是大观公园的主要景点，大观公园因楼而得名。该楼地处近华浦内，坐北向南面临滇池，与太华山遥遥相望。该楼除有著名的孙髯180字长联外，楼内外还有众多名人的匾额、楹联、碑刻、诗作。1983年，该楼被列为省级重点文物保护单位。1998年6月，为迎接'99昆明世界园艺博览会召开，对大观楼进行全面维修，翻修了屋面、大梁、椽子、裙板、楼板，新做了门窗等。1999年1月16日完成孙髯雕像，像高2.7米、重6吨，用花岗岩雕成，坐落在大观楼右前方，面对滇池。同年2月1日，孙髯生平图画正式对外展览；2月2日，长3.75米、弧宽0.45米、重达200多千克、蓝底金字、采用制模及电解铜工艺制作的铜制长联正式悬挂于大观楼大门两侧。在近华浦牧梦亭、观稼堂、催耕馆、涌月亭中设立了"文化斋""名楼馆"及书画摄影等文化展览。

# 昙华寺公园

昙华寺公园位于昆明市人民东路延长线金汁河畔，占地面积8公顷，分为前园、中园、后园三部分，以寺古花胜而出名，是一座仿江南古典园林的公园。园内"朱德赠映空和尚诗文碑"为省级文物保护单位。

寺院始建于明崇祯年间，因园内有一株树龄300多年的优昙树而得名昙华寺。自明代建寺以来，无数骚人墨客访奇石于小院，探众芳于幽圃，并留佳作无数，在昙华寺极美的景致中融入了丰富的文化底蕴。辛亥革命前后，方丈映空苦心经营，种花养寺，昙华寺"名花罗列，罗英飚空"，成为昆明禅院名蓝。20世纪50年代，昙华寺以花木繁茂、环境清幽吸引众多游客赏花、品茗。此后，昙华寺公园秉承以花养寺、以花传寺的传统，为恢复民间昙华寺赏花观花、"花海人潮"的传统文化，在保持公园"花木亭亭，四时不谢"的同时，专注打造名人名花名园，以名人承载公园文化，以名花促进名园发展，以名园带动名花赏植。

**前园景区**　前园为老寺院位置，占地面积1.2公顷，前临金汁河。山门为四墩三门牌坊式建筑，琉璃戗角宝顶屋面，牌坊中额上书"昙华寺"三个大字，为清康熙著名书法家阚祯兆草书手迹。两侧为封闭景窗红墙。进大门迎面正中建照壁式的艺术花坛，其上立着高矮两尊叠石，院两端月宫门上南书"碧园"，北题"金苑"。在中殿内，两壁上刻有十八尊罗汉像。中额上方挂"问花笑谁"匾额，与前殿中额匾上的"听鸟说甚"相互呼应，妙趣横生；这个庭院是爱鸟人常驻遛鸟调声的天地，故此院雅号"花鸟院"。兰茂园于1999年元旦落成，院中保存着明代的一株枇杷树，相传为《滇南本草》的作者兰茂亲手所植。兰茂为明初著名的音韵学家、医药学家，著作有《韵略易通》《滇南本草》等，相传曾在昙华寺一带为百姓治病，为纪念他，公园在原办公室与温室处辟兰茂园，园内回廊正中有兰公坐像，坐像背后嵌有晚清云南经济特科状元袁嘉谷书写的兰茂《乐志赋》碑文。回廊壁上刻石记载了他的生平、传说、诗词、山歌及历代名人题词。罗汉堂南面小院为名碑陈列院，竖有清康熙年间云南巡抚王继文的行草书法碑，历次修葺昙华寺的记事碑及朱德陈列馆，馆内藏有朱德赠映空和尚诗文碑。罗汉堂北面小院植有优昙树，主干已于明末枯死，清初又从根部重新萌发新枝，树龄已有300多年。园东北角是由层层红砂石叠砌而成的人形隧道，形成"瑞应洞天"石景，由此连通中园和后园。

**中园景区** 中园占地3.4公顷，园内树木繁茂，亭、廊、水榭依山傍水，景致独特，引人入胜。古滇联苑集刻有明朝至民国100多位云南名人的名联名句墨迹碑，其中有著名的孙髯大观楼长联、窦垿岳阳楼联、李因培南京随园联、陈宝裕黄鹤楼联、赵藩成都武侯祠联等100余幅。木兰园碧水涟漪，莲池内放养着各种鱼类，供游人观赏。辟有钱南园纪念廊，钱南园是清代乾隆时期监察御史、著名书画家，相传为考察昆明六河水患曾到过昙华寺。木兰园北面有重檐四角亭、双方亭、花廊、亭台、水榭，由曲廊相互连通，与树木、草坪、花卉融为一体，颇有江南园林风韵。

**后园景区** 后园占地3.4公顷，地势高踞前园之上。主要有瑞应塔、百花大舞台、乾坤亭等景点。在后园与中园的连接处，立有"瑞应胜景"巨石照壁，背面刻朱德赠映空和尚诗文。绕过照壁即是草坪园，园中广植贴梗海棠、山玉兰、雪松、滇朴等植物。每当春回大地，满山贴梗海棠争相怒放，数百只鸽子集散在草坪上，与人同乐。后园的东南侧是印尼爱国华侨陈性初先生的纪念亭。纪念亭由陈性初的后人为纪念陈性初先生而建，2002年7月开工建设，2003年1月竣工。后园东端的瑞应塔矗立在一池碧水旁。塔入口处摆放一石雕"九龙大茶碗"，九龙碗由外表5条栩栩如生的游龙与内部4条俯身翘首的潜龙组成，取白海棠石材，重达3.3吨，碗面直径2.2米、高1.1米，可盛"茶水"4立方米。该塔于1995年动工兴建，1996年5月竣工，塔高48.8米，为七层八角叠旋式观览塔。登临塔楼，内可观世界名塔、中国名塔展，了解中国传统的"天干地支"文化，外可瞰昆明城市风貌，市区林立的高楼及四周湖光山色尽收眼底。

## 翠湖公园

翠湖公园位于五华山西麓，占地面积22.1公顷。明代以前，翠湖是昆明城外"赤旱不竭"的一片沼泽，水面宽阔，可通滇池。当地人多在附近栽莲种菜，俗称"菜海子"。明洪武十五年（1382），沐英筑云南府城，把翠湖圈入城内，挖河引水出城。清康熙三十一年（1692），云南巡抚王继文在湖心岛中建碧漪亭，又称湖心亭，湖北岸建来爽楼，渐成风景地。清嘉庆元年（1796），工部右侍郎蒋予蒲、迤南道刘钰及昆明倪士元、倪瑗在湖心岛建莲华禅院，禅院西面建放生池。清道光十五年（1834），云贵总督阮元倡捐筑堤，称阮堤。阮堤贯穿湖心岛，堤北架听莺桥，堤南架燕子桥，中间架采莲桥。清代凌士逸撰对联"十亩荷花鱼世界，半城杨柳拂楼台"。民国八年（1919），唐继尧在翠湖又从东至西筑了一道长堤，与阮堤在湖心岛相交，名唐堤。堤东架铁桥，称卫东桥，堤西架石桥，称定西桥。阮堤、唐堤将翠湖15公顷水面分割为4块水域。龙云统治云南期间，拆除莲花禅院，建湖心亭建筑群。1952年后，市政府陆续拨款修整改造公园各岛路桥、亭栏及种植花木等。公园由观鱼楼、水月轩、西南岛、海心亭、竹林岛、九龙池等景点组成，堤畔柳树成荫，湖内轻舟飘荡，荷花摇曳，鸥禽嬉戏。公园历史上为"昆华八景"之"翠湖春晓"，是昆明市民游览休闲的场所。2002年9月25日后，该公园全日免费开放。

**观鱼楼** 观鱼楼建筑群，包括临水长廊、水榭亭阁、莲华禅院及湖心亭等古典园林建筑。莲华禅院宽阔的院宇，保留了原大戏台的格局，四周是琉璃瓦屋面，油漆彩画的建筑，是公园为游客提供休息品茶及举办民间文艺汇演和书画艺术展览的场所。

1980年大修观鱼楼建筑群时，将原木结构的观鱼楼建筑改建为两层砖混结构，其左右厢房由2层改为1层，其他格局照原样重建，形成廊、榭、亭、曲桥组合的古典园林建筑群。此后，曾多次对观鱼楼、莲华禅院、海心亭等建筑群进行维修和油漆彩画。1998年和2002年，为迎接'99昆明世界园艺博览会及公园免费开放，对观鱼楼及莲华禅院均进行过大的维修，庭园内广植树木草坪、应时鲜花，鱼池内新装彩灯喷泉1组，池中放养观赏红鱼、锦鲤，重现昔日"濠上观鱼"的历史景观。

**西南岛** 西南岛因形似葫芦，又称葫芦岛。原来这里地势低洼，1954年和1965年2次填土、植树、铺草建成西南岛。1985年，共青团昆明市委集资在岛上塑人民音乐家聂耳砂石雕像，开辟聂耳塑像广场，铺花岗岩砖，周边新栽海桐、红枫、塔柏，雕像在宽阔广场及红枫翠柏的衬托下，显得庄严肃穆。后岛年久失修，地面崎岖、土地裸露、步道积水，1995年回填红土，理平地面、砖铺游路、补栽棕榈、新植草坪；拆除岛东南面的旧铁棚，新建了面积为250平方米的重檐亭廊1组。岛上百株棕榈成林，形成一派热带风光景象。

**水月轩** 位于公园中心区，也是游人休闲锻炼的主要景区。园内种植大量垂丝海棠，树下配置石桌石凳，环境清幽，游人在此对弈、品茗，悠然自怡。向东过小桥即至金鱼岛，岛内绿树成荫，是游客纳凉喝茶的好地方。后开辟了儿童游乐园。

**九龙池** 九龙池曾是昆明地下水源之一。1917年曾在九龙池建昆明市第一自来水厂，当时的抽水泵房及设备现仍保留在园内。中华人民共和国成立初期，昆明市自来水主要还是由九龙池供给。1986年后逐渐将九龙池改建为盆景观赏园，并于1988年9月开放。九龙池中塑有9条巨大白龙戏水，池畔水榭、花架曲桥回绕，花坛草坪相连，是举办花卉、盆景展览的场所。1999年3月再次修整九龙池，拆除陈旧的白龙雕塑及管理房、围墙，搬迁苗圃，重新规划绿地、道路，整修亭廊，大面积铺设草坪，种植树木花卉，新建了一座形似钟楼的水塔，供自动喷灌花草用水。同年，市自来水公司在九龙池东南面翻新昆明首座自来水抽水泵房，充实陈列内容，使之成为昆明自来水历史博物馆，供游人参观。

**翠湖嬉鸥** 1985年11月12日，上百只海鸥第一次飞临翠湖，有游客向鸥群抛零食，群鸥争抢。数日后，鸥群增至数千只，翠湖畔围观者逐渐增多。此后，每年冬季，海鸥飞抵翠湖的景观一直不断，逐步形成了翠湖观鸥的一大景观。1992年，昆明市政府发布《关于进一步保护海鸥的通知》，昆明市民爱鸥、护鸥的意识更强了。1995年是海鸥进昆明10周年，由昆明日报社、翠湖公园共同主办，昆明明成传呼有限公司赞助，在水月轩置大理雪山石，镌刻"翠湖嬉鸥"碑记，形成新的景点，并列为昆明"新十六景"之一。1998年，在水月轩湖畔制作不锈钢质少女与海鸥雕塑1尊，以纪念海鸥飞临翠湖盛事。2005年是海鸥飞临昆明20周年，为体现市民与海鸥的情谊，将一位昆明老人护鸥的真实故事形象地雕塑于园内，以纪念他和昆明市民热爱自然、保护环境、关爱生命的博大胸怀。"翠湖嬉鸥"成为昆明市内一大特色景观。

## 昆明动物园

昆明动物园位于昆明古城东北隅螺峰山巅，因山"色深碧旋如螺髻"，故名螺峰山。元代山南麓建圆通寺，故螺峰山又称圆通山。民国二十五年（1936），圆通山开辟为公园，1953年开始建动物园，占地面积24公顷。该园分为动物展示区、樱花海棠区、孔雀园（鸟园）和游乐场四大游览区，是集野生动物移地保护、展示、科普和休闲娱乐四大功能为一体的综合性城市动物园，展出以亚洲象、滇金丝猴、绿孔雀、长臂猿、小熊猫五大优势种群为特色的云南特有珍稀动物，是云南动物王国展示园，展示的珍稀野生保护动物有500余种1万余只（头），是全国十佳动物园、全国科普教育基地、中国青少年科技教育基地、云南省科学普及教育基地和云南省"三生"教育基地。

**陆栖动物展示区**　建园初期仅有7种9只，1999年增至228种、2634只（头），2005年饲养展出的陆栖野生动物有182种、2472只（头）。分为大型、小型、鸣禽、飞禽、水禽等动物区。其中，大型动物有西双版纳野牛、亚洲象、勐腊虎、金钱豹、云豹、东北虎、华南虎、美洲狮、非洲狮、非洲斑马、角马、猩猩、骆驼、长颈鹿、梅花鹿、黑鹿、斑羚、黑熊、马熊等；小型动物有叶猴、长臂猿、小熊猫、熊猴、平顶猴、恒河猴、金丝猴、袋鼠、白眉长臂猿、白颊长臂猿等；鸣禽动物有孔雀、原鸡、鹦鹉、画眉、八哥、鹩哥、黄莺、棕颈犀鸟、鸵鸟、鹏鹊、火烈鸟、食火鸡、秃鹳等；水禽动物有丹顶鹤、鸳鸯、野鸭、黑天鹅、白天鹅、疣鼻天鹅等。园区西北部分布有动物饲料室、兽医院和繁殖场。2001年对繁殖场、隔离室和兽医院进行改扩建，兽医院加盖楼层，变1层为2层，恢复实验室工作，提高动物检测治疗质量。

**专类动物展示区**　由水族馆、孔雀园、鸟园、秀鳞苑、蛇园、蝴蝶园等组成。其中，水族馆于1995年4月建成，占地面积1886平方米，展出鱼类、企鹅等水生动物100多种，并设有海豹表演和潜水表演项目；孔雀园于1999年1月在原茶花园基础上建成，为占地面积1.4公顷的散放式孔雀饲养园，有绿孔雀、蓝孔雀、白孔雀百余只，1999年2月正式开放，游客可直接进入孔雀散放园内近距离参观；鸟园由原老苗圃改造而成，占地面积5600平方米，2003年2月建成，4月15日向游客免费开放，展示云南特有雀形目鸟类75种2000余只；秀鳞苑建于2002年，位于水禽区南面，是在原野猪笼舍基础上改造而成的露天金鱼园，占地面积3000平方米，展出3000余条锦鲤、金鱼等观赏鱼；蛇园于1997年9月拆除白天鹅池南面的旧蛇馆新建，展示爬行动物和两栖动物——黑尾蟒、扬子鳄等21种、85条（只）；蝴蝶园位于孔雀园的西北角，于2003年8月建成，展示各种活蝴蝶和昆虫标本20余种、2000多只。

**动物表演场**　位于大型动物区，于2002年6月25日建成，占地面积1611平方米，观众席有座位1000余个，全年免费为游客表演。

**景区绿化**　云南樱花、垂丝海棠区分布在公园中部，南北宽约100米、东西长200余米。主要种植云南樱花、日本樱花和垂丝海棠。阳春三月，千株樱花、海棠竞相开放，灿若红霞，形成"螺峰樱潮"，"昆明新十六景"称为"圆通花潮"。樱花区是动物园植物景观的重点，为此每年进行更新、补种、扩大。2005年，有樱花480株、垂丝海棠1200余株。

**明代城墙残段**　位于圆通山东北角，建于明洪武十九年（1386），1961年被确定为昆明市重点文物保护单位，现存城墙残段总长44米。

**唐继尧墓**　位于公园以西，建于1931年，为圆丘形石砌土堆墓，墓高5.8米，封土堆直径18米，为云南省重点文物保护单位。

**陆军第八军滇西战役阵亡将士纪念碑**　始建于1946年，1947年9月落成。碑体于20世纪50年代后期被毁，现仅存八角形基座及题记1方、碑石2块。基座边长33.6米、高1.5米、对角线长11米。2003年6月2日纪念碑遗址被列为五华区文物保护单位。

**亭阁瞭望亭**　又称遥岑亭，重檐八角亭，位于明城墙残垛上，建于20世纪60年代末期。

月石亭　又称明月亭、草亭，位于螺峰山南面，为单檐六角亭，因亭前的"明月石"而得名。

衲霞亭　又称八角亭、雨苍亭，为组合亭，位于月石亭东南面，因临于螺峰峭壁"衲霞屏"之上而得名，重檐八角顶，主亭由4个附亭簇拥环绕，入主亭必先入附亭。

三角亭　又称三叉亭、鹤阳亭，位于黑天鹅池东面，因三亭合一呈"Y"形而得名。

聂耳亭　单檐六角亭，临螺峰崖绝壁之上，1936年为纪念人民音乐家聂耳而建。

大方亭　又称四方亭、拥螺亭，位于圆通山最高处，为重檐四角斗拱，亭中央有4柱，四周有8柱支撑，高深大气、轻盈空透，亭内横放无字石碑1块。

枇杷亭　又称忠烈碑亭，位于阵亡将士纪念碑西北面，为单檐六角亭。

潇湘亭　又称德教碑亭，位于枇杷亭东。

孔雀园亭　在孔雀园内，原为唐公馆后花园中的八角亭，建造于20世纪20年代。

三石牌坊　位于圆通山最高处大方亭的东、南、西面，东为"贞孝慈祥"坊，西为"急公好义"坊，南牌坊上无题词。三牌坊呈品字形对称分布，结构、造型基本一致，均为四柱三开间牌坊，各宽9米、高6.5米，石柱、横梁由整石雕成，有青狮、白象相对，牌坊上有二龙戏珠的透雕以及鱼、童男童女等浮雕，下部为须弥座，坊上有袁嘉谷、赵鹤清、周钟岳等名士撰题的坊额楹联。2003年6月2日，五华区人民政府将三石牌坊列为区级文物保护单位。

## 云南野生动物园

云南野生动物园位于昆明城东北面原昆明金殿国家森林公园区域内，毗邻金殿名胜区，与世博园隔山相望，为云南首家以野生动物养殖、观赏、展示为主体，集观光旅游、科普教育、迁地保护为一体的综合性旅游景区。该园于2002年9月由浙江金洲集团与昆明金殿森林公园合作，并由金洲集团自主投资1.5亿人民币于当年底动工建设，2004年7月建成对外开放，同时组建云南野生动物园有限公司经营管理。园区占地面积2800亩，地势高低起伏，中部双乳山最高海拔为2158.8米，西侧清水河最低海拔为1997.8米。山顶较为平坦，登山眺望，可鸟瞰昆明市区和滇池。园区森林植被丰富，林木青翠，展现出一片自然、原始、野趣和纯朴的风貌。动物主要以散放式展示为主，实施自然化放养、混养，充分体现云南野生动物园"三分人工，七分自然"的建园宗旨，使游客能与野生动物较近距离接触，以体验回归自然，与动物和谐相处的乐趣。

动物展示区　园区设置动物广场、珍稀动物展区、亚洲和非洲食草动物展区、水禽湖、雉类园、白鹿园、澳洲动物展区、猕猴山庄、孔雀放飞场、大型动物表演场、蝴蝶谷、猛兽散放区等十几个动物展示区，展出野生动物100余种1万多头（只），其中世界性稀有种类和国家一、二级保护种类占70%。

珍稀动物区　位于园区北侧区域，按照山形地势建立了不同形式和风格的生态池、笼、馆、舍，主要放养黑猩猩、白额悬猴、金刚鹦鹉、亚历山大鹦鹉、大绊胸鹦鹉、狒狒、小熊猫、熊狸、大灵猫、白狮、白虎、川金丝猴、长臂猿、眼镜蛇、鳄鱼等数十种珍稀动物。

儿童动物乐园　在珍稀区西侧，占地面积约4000平方米，放养着大白兔、小山羊、小鸵鸟、小乌龟等动物幼仔，儿童可与动物亲密接触。

水禽湖　由大象表演场、水禽湖组成，占地面积4亩，主要有鹤类、雁鸭类水禽，人称三长（脚长、颈长、嘴长）的黄嘴鹤、白鹤、澳洲秃鹤、鸿雁、白鹈鹕、野鸭、白枕鹤等动物。

**猛兽区** 位于园区东北侧，占地面积约120亩，采用山地放养、林荫憩息等方式为狮、虎、熊、狼提供最佳的栖息地。整个区域为环形栈道游览，游客可从不同角度、不同侧面观赏到丛林中的狮、虎、熊、狼。

**非洲食草动物区** 位于园区南侧桉树林区，占地面积约80亩。此区为乘车观览区，游客乘坐电瓶游览车观赏来自非洲的长颈鹿、角马、大羚羊、跳羚、水羚，南美洲的羊驼、驼羊，澳大利亚的赤大袋鼠、灰大袋鼠、白袋鼠等。

**亚洲食草动物区** 采用散养方式展示，游客可直接进入与野生动物亲密接触、触摸和饲喂，主要放养有斑马、白骆驼、梅花鹿、马鹿、水鹿、绵羊、野山羊、白黄占鹿、麋鹿、东北马鹿、牦牛等十几种野生动物。

**孔雀放飞场** 场内放养了上千只绿、蓝、白孔雀，每天为游客表演3—5场精彩的"孔雀东南飞"，只要饲养员哨声一响，数百只蓝、绿、白孔雀便从高山上滑翔而下。在茵茵绿草坪上，它们或站、或卧、或信步闲荡、或与人嬉戏，或飞至高枝引颈长鸣，自由的孔雀，观赏的人群，展现一副人与自然和谐共处的景象。

**猕猴山庄** 位于园区东侧，林木青翠，这里放养了食蟹猴、红面猴、豚尾猴、恒河猴、懒猴等8种、50多只，它们穿梭栖息在丛林中，形成一幅独特的风景线。

**雉类园 白鹿园** 放养着白鹿、红腹锦鸡、白腹锦鸡、珍珠鸡、原鸡、白马鸡、红腹角难、孔雀堆等十几种、近2000只。

**科普展览馆** 占地面积200平方米，展示的动物标本有珍稀的哺乳、爬行、飞鸟3大类动物标本40多种、近100只。除大熊猫、孟加拉虎、东北虎、梅花鹿、斑马、云豹、金钱豹、豹猫、黑猩猩、大象、绿孔雀等珍稀动物标本外，还有4种犀鸟、蛇雕、高山兀鹫、巨型龟、蓝孔雀、小熊猫、羊驼、驼羊等动物标本，是青少年开展科普教育的理想课堂，是提高公众保护动物意识的最佳场所。

**侏罗纪园区** 位于园区北侧，占地面积约8亩，主要展示云南禄丰恐龙化石，游客可通过观看恐龙化石、触摸恐龙骨骼和牙齿，了解、认知和感受恐龙的生存环境和生活方式，了解恐龙有关的历史知识。

**休闲娱乐区圣诞林休闲区** 占地面积约30亩，主要在桉树林、翠柏、青松丛林下开设各种娱乐设施，配有桌椅、秋千供游客娱乐休闲。游客还可自带帐篷、食品在林中草地上自娱自乐。

**动物表演** 每天定时举行3—4场大象、鸟艺、大型猛兽和孔雀东南飞等表演。其中，大象表演每天定时3场，由4头亚洲象表演"大象打坐""大象点球""大象过独木桥""大象灌篮""大象骑三轮车"等精彩节目；鸟艺表演每天定时4场，由金刚鹦鹉、大葵花鹦鹉等8种鹦鹉表演"弹钢琴""打保龄球""清理垃圾""做算术题""叼钱"等节目，充分调动了游客的参与性；大型猛兽表演由6只老虎和6只狮子进行同台表演"狮虎过人桥""蹿火圈""滚铁轮"等节目。

# 郊野公园

郊野公园坐落于昆明市西北郊玉案山，距昆明市中心15千米，占地面积165.4公顷，其前身是昆明市筇竹寺名胜区的苗圃山林地，称"八工田"。1985年12月，筇竹寺由昆明市园林局移交昆明市宗教事务管理处管理使用。1986年5月，市政府决定将苗圃改建为公园，并于当年动工建设，新建亭、廊、桥、步道，增植花草树木等，于1990年1月25日建成开放。

**晴岚桥**　　建于1997年，飞越犀牛箐，跨度100余米，为倒张弓式铁索吊桥，把筇竹寺和郊野公园连为一体，为游人穿行公园与筇竹寺间提供方便。

**蘑菇亭　圆草亭**　　建在林间的游路上，采用乡情浓重的仿生手法，分别用竹、木、草、棕、树皮等山林素材制景造物，以突出山野风味，给游人以古朴典雅的感觉。

**铁索木板桥**　　以直径5厘米的铁索布网，其间铺有沥青处理过的厚木为桥面，游人行走其间，犹如荡起的秋千，晃晃悠悠。

**驼峰飞行纪念碑**　　在海内外航空界及各界人士的支持和赞助下，由省政府拨款25万元、省政协主持修建，1991年5月奠基，1993年3月竣工。该碑占地50平方米，高15米，呈飞机起飞流线型，由张爱萍上将题碑名。1999年10月4日，陈香梅女士率家人一行10多人专程到碑前敬献花篮，即兴挥毫写下"五十春秋家国，万里壮丽山河，驼峰追怀烈士，大众齐声高歌"的诗句。此碑为郊野公园增添了一处历史事件纪念景点，也是进行爱国主义教育的场所，每年均有中美友人前来举行瞻仰活动。

**民主林**　　占地20余公顷，为1990年由公园和昆明市政协共同建立的植树造林基地，称民主林。每年植树节，市政协均要组织各民主党派和机关干部上山植树。经过10余年的辛勤耕耘，共种植藏柏、广玉兰、圆柏等35万株；为配合民主林的景观建设，还兴建了惠然亭及民主长廊。昔日荒秃的山坡已是林木茂密、松荫蔽日，成为公园重要的游览景点。

**桃花园**　　为使公园观有特色、游有品位，从20世纪90年代开辟了桃花品种园区，大量种植观赏碧桃，并从北京植物园引进桃花品种栽植，经过几年的努力，桃花已渐渐成为公园的品牌。每至阳春三月，从大门路旁一直到公园服务中心的路旁和庭园到处是碧桃盛开，观光游客摩肩接踵，热闹非凡。2001—2015年，公园联合社会团体举办了15届春城桃花文化节，主要活动有民间歌舞、龙狮表演、风筝会、森林野餐会、赏桃花等。

## 西华园

西华园位于昆明城的西南方，占地面积8.3公顷，于1987年在具有35年历史的西坝苗圃和园林科学研究所的基础上投入300万元资金改、扩建而成。公园的建筑风格以云南白族民居为原型建造，体现"三坊一照壁，四合五天井"、斗拱飞檐的门楼、雕刻精致的木门窗、外墙舒展大方、色彩基调柔和的特点，独具民族风韵而舒展大方的外墙彩画在园内得以充分体现。公园以云南特有观赏植物为主，有植物品种100余个、乔木4000余株。公园以植物配植为功能分区，分为兰花区、木兰区、杜鹃区、裸子植物区、水生鸢尾示范区和大草坪区，各区独具特色。2000年，在创建园林城市活动中，种植茶梅45棵、杜鹃2714棵、蔷薇200棵、红枫13棵、栾树130棵、毛叶丁香300余棵、金竹5.1万棵，公园于每年2月、10月举办春、秋兰花展。

## 郑和公园

郑和公园位于滇池南端的晋宁区昆阳镇月山，为纪念明初伟大的航海家郑和而得名。郑和（1371—1435年），原姓马，名马和，字三保，"自幼有才志，事今天子，赐姓郑"。永乐三年（1405），明成祖命郑和为正使，率船队扬帆出使西洋，"通东南夷"，到海外各国聘问。在此后28

年间先后7次出使西洋，艰险备尝，为增进中国人民同亚非各国人民的友谊做出了巨大贡献。公园门额上饰有郑和七下西洋时古代船队扬帆海上的浮雕，园内建有郑和纪念馆。西面有郑和父亲的墓冢，墓前立有《故马公墓志铭》，俗称马哈只碑。碑系红砂石刻成，高1.6米、宽0.93米，碑文由当时的礼部尚书、著名大学士李至刚在京撰写，后由郑和1405年第三次出使西洋时带回家乡刻碑。虽年代久远，但至今绝大多数字迹清晰可辨。墓旁还立有《明史·三保太监郑和传》和《郑和太公墓志铭跋》碑。两碑均为民国二十四年（1935）重立。郑和纪念馆内有郑和像、航海图、远洋楼船模型、郑和七下西洋的图片展览和文字资料及《天妃应灵之碑》。纪念馆南侧建有郑和纪念亭，亭中有民国十七年（1928）立的《明七使西洋郑和之故里》碑。公园风景秀丽，山势玲珑，东临滇池，西辅群峦，森林郁葱。吕字山、凤仪山、小团山相与拱卫，有"三星捞月"之称，为滇池重要风景区之一。

## 海埂公园

海埂公园位于滇池北岸，埂南滇池，埂北草海，面积452公顷，沿滇池堤岸长4.5千米、宽60—300米不等，始建于20世纪60年代，有着"黄金海岸"之称。1970年"围海造田"，海埂公园撤销成立海埂农场，划归农场管理局管理。1980年恢复海埂公园，由昆明市农场局管辖。1991年筹建云南民族村，合为昆明民族文化风景旅游区建设管理处。1994年恢复海埂公园，隶属昆明滇池国家旅游度假区管理委员会。公园分为海滨游览区、古树名木观赏区、滇池渔港景区、百鸟生态景区、体育运动区、儿童娱乐区及水景园游览服务区7个景区，是集休闲、旅游、度假及运动为一体的湖滨公园。2015年公园免费对外开放。

**海埂沙滩**　位于公园南面，沿滇池水面有长达500米的缓坡沙滩，晶莹的湖沙松软洁净，滇池湖水泛着微波；沙滩北岸，蓝桉、绿柳葱郁成林。20世纪80年代前，每逢夏季，这里是市民游泳、休闲度假的胜地。80年代后，随着滇池水质污染逐年加重，游泳人数逐年减少乃至消失。

**湖滨游览区**　位于公园大门西面，是以水景为主题的游览区域。沿滇池湖岸砌筑了400米的石梯形防浪堤。沿岸百年桉树群、垂柳及梧桐错落有致，相互衬映。漫步于堤上，远可眺望浩瀚滇池及西山睡美人的婀娜身姿，近可感受四季鲜明的景观大道。位于公园西面的水景园游览区，荷塘畔建有仿北京颐和园石舫。由石舫向东，有伞亭、汀步、藤架……皆临荷塘参差点缀。荷塘内养殖大量观赏锦鲤，形成了"滇池观鱼"景观。

**百鸟生态园**　2000年兴建，占地30亩，内建8000平方米的巨型大网覆盖的鸟类活动区，收集了200余种、5000多只云南珍稀鸟类，并根据各种鸟类的生活习性，建有孔雀坎、鸣禽长廊、百鸟生态园及鸟艺表演馆。后因规划调整拆除。

**娱乐休闲区**　2002年在水景园周边建大型户外儿童游乐场。此外，园内还分别建有西门海景、金海岸、阳光码头、碧海茶楼等特色酒吧茶楼以及宠物乐园，开辟了4块标准网球场。

**水景园服务区**　位于公园中心服务区的水景园，建有可容纳百人同时就餐的风味小吃广场及综合服务楼。

## 宝海公园

宝海公园位于昆明市南片区，与国贸中心毗邻，占地250余亩，为'99昆明世界园艺博览会配套项目，为市政府投资新建的规模较大的现代城市园林，1999年建成并向市民开放。该园形状似"宝葫芦"形，立意为"宝海春登"，园内广植成片的冬樱花、天竺桂、银杏、小叶榕、黄槐、雪松以及水杉、杪椤，沿湖岸种植大量柳树，并植有大面积四季常绿的草坪，大量选用香樟、杜鹃等乡土植物造景，绿地率为61.3%，形成葱郁的植物景观，营造出"花枝不断四时春"的绿色环境，并建有棋牌茶室、游泳健身馆和儿童游乐场，集观赏和休闲为一体，是人们休闲娱乐的好去处。公园主入口位于宝海路和关兴路交叉口。园门前是宽阔的半圆形聚散广场，园门内是架空交错的风帆式天棚门厅，入园干道连接星座广场，星座广场东面临湖，花坛拱峙。广场四周环列石雕星象图腾，与四季花潮、池水碧波交相辉映。星座广场东北面为亲水广场，地处公园中心，自然式人工湖面与环形游路盘绕，临水建有望海楼。登上望海楼，整个公园绿树碧水尽收眼底。园东部于绿树林之中建有一座别具风格的日本园林东方园，园内茅舍石径、溪水潺潺，异国情调颇为浓厚。园东北片区建有茶山瀑布，茶山上茶树枝叶繁茂、层层绕山、层次分明，山顶有石桌石椅供游人小聚。瀑布下临池塘，塘内广植荷花，为"荷塘揽月"景点。园西北片区设有大型游乐场和童趣十足的玩沙池。公园设婚纱摄影基地、文化长廊，百亩水面上还有游船穿梭。大门东侧有健身游泳馆和网球场。

## 莲花池公园

莲花池公园位于昆明市区北部圆通山西北面的商山下，池侧有水口，水满时流入盘龙江。据史料记载：莲花池源于唐代，到了明朝初年就成为"滇阳六景"之一，有"龙池跃金"的美誉。传说池里有5个龙眼，百年来一直是清泉涌流。据明代《云南府志》载，商山之麓"下有冷泉，名莲花池，浴之可以去风疾"。也就是说人们还相信在莲花池里洗浴可以治病。

历史上莲花池周林木参天，池中碧波荡漾，一池的莲花在花开时节自然更是花红叶碧、美不胜收。曾是"十亩荷花鱼世界，半城杨柳拂楼台"的滇中胜景。这里曾有陈圆圆的梳妆台、永历帝陵等历史遗迹。更因与历史名人吴三桂、陈圆圆有重要关联，莲花池成为昆明自然风景与人文地理的"双料胜地"。据史料记载，吴三桂选中它兴建"安阜园"，专为宠妃陈圆圆住宅。园内，亭台楼阁、水榭假山、奇花异卉、书画奇珍应有尽有。吴三桂还令人修筑栈道，由五华山直通莲花池，供其往来于美人与政务之间。后随着城市经济社会的发展，莲花池周边被工厂占用、被城中村包围，脏、乱、差的环境污染让久负盛名的莲花池失去了往日的风采。2006年12月，五华区启动莲花池片区改造，重建的莲花池公园定位为历史文化名园，风格以江南园林风格为主，由北向南建造安阜园门、玉石玲珑、翠海妆楼、龙池跃鱼、莲池沉香、高山桃林、永历遗冢、长桥波飞、荷月黄昏、盛世花潮的"莲花十景"，其中湖中心的八角莲花阁为全园的主题建筑及标志性建筑，置身其中，将感受到安阜新韵、五华聚秀、四面荷风、妆楼倒影、商山梦痕、廊烟柳、龙池跃金、冷泉印月的"龙池八景"文化情愫。重建后莲花池公园占地81.7亩，总建筑面积1723平方米，湖面由30亩扩大为40亩，绿化面积约3万平方米，绿乔木覆盖率达90%，于2008年9月29日正式对外开放，成为"映日荷花别样红"的城市景观。

## 篆塘公园

篆塘公园位于昆明市大观河畔，占地面积0.6公顷。公园原址为大观河通往草海、滇池的水运码头，后改为公共汽车停车场，1987年改建为公园。公园以植物造景为主，建有廊亭、茶室等设施。2002年8月，为提高公园环境档次对公园进行改造，改造后的公园占地面积6000平方米，其中新增花坛257.4平方米、草坪1680平方米、嵌草砖320平方米、乔木37棵、竹子197丛、藤木140株、地被植物6平方米、钢筋结构临水驳岸168平方米，工程于同年9月25日完成，10月1日向市民免费开放，成为附近居民和广大群众对山歌、唱花灯、玩棋牌的休闲游乐活动中心。

## 昆明瀑布公园

昆明瀑布公园位于昆明北市区山水新区滇池补水盘龙江入口段，是充分利用牛栏江引水入滇工程而形成的人工瀑布及湖泊，是以打造盘龙江入水口生态景观、改善盘龙江防洪条件为目的而建设的水景观主题公园。该公园是集饮水通道、城市防洪、水质改善、河道整治、城市供水、景观提升等多功能于一体的综合设施建设项目，于2013年3月1日开工建设，2015年12月31日建成开放。主要建设内容包括出水口工程（包括上、下池及瀑布）、下池盘龙江河道段驳岸、金汁河改造、原有市政管线改造、园林景观、配套建筑等8个方面。瀑布景观区充分利用牛栏江引水入滇工程而形成人工瀑布及湖泊，利用约12.5米的地势高差建成宽幅约400米的人工瀑布。在瀑布前方的水面上建有观景桥，可近距离观景。该人工瀑布属国内幅宽最大、流量最大、规模最大的人工瀑布。园区道路宽阔，四周是用灌木和鲜花装饰的绿化景观带，并设置了2座水中栈桥和2座横跨盘龙江的人行桥，走在桥上可以感受到瀑布恢宏的气势。

## 官渡森林公园

官渡森林公园位于昆明市官渡区，北临日新路、东临关上东路、南临关景路，是一块由日新路、关上东路、关景路围合而成的三角形区域，在关上公园的基础上向外拓展，重现了坝潭烟柳、杏圃牧羊、螺峰叠翠等老官渡八景景观，园内建有占地7000多平方米的绿化中心广场、图书馆、博物馆以及青少年活动中心、老年活动中心、幼儿园等公共文化设施。

公园采取"一心两翼三轴"的总体规划结构。一心即围绕老关上公园水面配套建设公园的核心景观区，主要由漫步休闲区、和谐文化广场、仿古商业街及配套公共建筑组成。漫步休闲区结合原关上公园6400平方米的水面进行设计，空间景观以疏林草坪为主，布置少量的硬质广场、建构筑物和亲水栈桥，景观自然而开阔，突出"轻松自由"的特色。和谐文化广场沿关上南路布置，设有为市民聚会、休闲和晨练的场所。在核心景观区的东侧设置了仿古商业街区，再现昔日滇中大商埠的繁华景象。核心景观区西侧有运动休闲区、东侧有商业发展区，运动休闲区保留关上体育馆，改造原关上体育场为网球场或篮球场，并设置一些康体运动设施，为健康锻炼者恢复身体机能、进行各种有趣的日常健身活动及运动锻炼提供场所。公园东入口的商务中心为该公园的制高点。

## 西山碧鸡公园

西山碧鸡公园位于西山区西苑街道秀苑路以东、丽苑路以北、兴苑路以南、昆州路以西，净用地面积51575平方米，绿化面积3万平方米，2004年建成开放。公园内设有图书馆、地下停车场、茶楼、全民健身区、公厕等公共设施建筑，可容纳万名群众同时进行活动，是昆明市内最大的开放式森林公园。

# 第三节　国家园林城市创建

1950年以前，昆明城区仅有金汁河堤、西岳庙路、西坝路、护国路、金碧路等街道种有行道树，主要树种有国槐、桉树、柏树、梧桐、滇杨、女贞等300余株。公共绿地面积2402公顷，人均公共绿地面积0.8平方米。中华人民共和国成立后，党和政府十分重视城市园林绿化工作。1966年，城区公共绿地、专用绿地总面积为273.1公顷，人均公共绿地面积2.7平方米。1988年，市中区的公共绿地增至8498公顷，人均公共绿地面积1.17平方米；园林绿地总面积322.26公顷，绿化覆盖率12.54%；建成区公共绿地面积269.04公顷，人均公共绿地面积2.81平方米。1995年12月市委六届四次会议提出把昆明建设成为国家园林城市的目标后，全市按照城市园林化、城郊森林化、道路林荫化、水域林湿化、农田林网化、村镇（村庄）花园化的总体要求，从城市大环境入手，通过城市生态隔离林带建设工程、面山"五采区"植被修复工程建成风景林和郊野公园、"四环十七射"出入城口景观整治工程，在昆曲高速、昆楚高速、昆石高速、新机场高速、昆玉高速等高速公路出入城段建成50—100米宽的防护绿化带；围绕河道综合治理工程，完成盘龙江主城段、大观河、采莲河、乌龙河、西坝河、玉带河、船房河、宝象河、枧槽河、明通河城区段绿化带的建设；结合滇池"四退三环一护"综合治理工程，建设东风坝、西凉塘、五甲塘、海东、草海沿岸湿地，城市绿化工作上了新的台阶。2009年12月顺利通过国家住建部复核，2010年被授予"国家园林城市称号"。2015年，昆明城区绿地率为38.3%，绿化覆盖率为41.78%，人均公园绿地面积10.88平方米。

## 街道绿化

1924年前后，市内栽植较多的树种有扁柏、圆柏、蓝桉、水白蜡、柳、刺槐、桑、枇杷、苹果、梅、桃、李、樱桃、柿、梨、石梅、酸木瓜。金汁河畔有圆柏数万株，已经成林。圆通山上植有扁柏万余株。小西门外至大观楼马路旁植有柏树、蓝桉、水白蜡数千余株。翠湖公园阮、唐二堤畔植有柳、水白蜡数百株。金碧公园中植有梅、桃、李、梨、草果、槐树、白蜡树等千余株。机关、学校中空隙地栽柏树、蓝桉及各种果树，每处所植亦不过10多株或数十株。花卉类有茶花、白玉兰、紫玉兰、杜鹃、牡丹、木香、南天竹、金银花、凌霄、碧桃、夹竹桃及美人蕉、汉宫秋、金盏花、玉簪、紫茉莉、紫罗兰、珍珠花、绣球花、建兰、芍药、水仙、珠兰、千日红、晚香玉、雏菊、虞美人、迎春、白丁香、金凤花、翠菊、金银花、秋海棠、鸡冠花、百合、牵牛花等百余种。民国三十七年（1948）3月27日，昆明市在南屏街、护国路、正义路、宝善街、金碧路补植国槐295株，在篆塘至纺织厂河堤新植滇杨255株。1950—1959年，在公园、风景区、街道、河堤共计植树109.49万株。1964年3月21日，云南省发出《关于植树造林运动的通告》，昆明市各机关、团体在1个月内种植竹子、板栗、核桃、油桐、桑树等140多万株。市区总长36.5千米的41条街巷栽植了树木，占市区街巷总长的76.6%；在东风路、人民路新建路边和街心花坛84个，全部种上了花草树木。1966年，植树20.58万株。1971—1974年，市区主要街道、广场、小游园、街边花坛等进行了换栽和补栽，共种植乔灌木5000多株。1979—1988年，在全市城镇、公园、风景区以及各机关、部队、学校、厂矿、医院的庭院内共计植乔灌木1307万株、培植草坪84.84万平方米。21世纪后，城市新建道路绿化按照林荫化要求进行建设，建设了沣源路、珥季路、彩云路、锦绣大街等一批林荫路；为凸显春城特色，打造一路一景的城市道路景观亮点，自2012年起，对城市重要道路和重点区域按照绿化、美化、亮化、净化的"四化"目标，实施全面改造提升，形成以梅花为景观特色的龙泉路、以云南樱花为景观特色的穿金路、以广玉兰为景观特色的一环路、以银杏为景观特色的园博路及以常绿重阳木为景观特色的普吉路，以香樟、蓝花楹为景观特色的北京路，实现了城市道路绿化建设数量和质量的飞跃，新、老道路和街巷绿树成荫，形成林荫道系统。

## 居住小区绿化

1978年改革开放后，昆明城区居住小区绿化工作获得较大发展。市园林部门严格按照《昆明市城镇绿化条例》《昆明市规划技术管理规定》对公共设施绿地、居住区绿地进行审批，并实行"绿色图章"和"一票否决"制度，园林生态景观理念在新型居住区得到广泛应用，凡是能绿化的零星空地都栽树、种花，做到"寸土必争，见缝插绿"。居住区绿地在满足绿地率的要求下，努力做到四季有季相变化、有花香、有花色的四季景观，营造出安静、恬适的居住环境。1987年6月，市园林局在驻昆各单位开展花园式庭院（含居民院坝）绿化、美化达标的评比活动，全市评出了100多个花园式单位。2002年后，新建小区的绿地率需满足25%要求，2010年后新建的世博生态城、荷塘月色、香樟俊园、银海樱花语等居住小区绿地率均达到45%以上。

## 创建工作

1996年10月，为实现把昆明建设成为国家园林城市的目标，市政府出台了《昆明市创建国家园林城市实施方案》，提出了创建工作的思路和奋斗目标。1999年12月29日，市委七届二次会议决议中再次提出"进一步搞好城市规划、建设和管理，改善城市生态环境，建设园林城市"。2000年2月19日，市政协九届五次会议期间，市政协主持召开了"发扬世博精神，巩固世博成果，创建园林城市"专题协商会；2月22日，市第十届人大六次会议关于《政府工作报告》的决议提出"进一步加大城市规划、建设和管理力度，争创国家园林城市"；9月27日，市人大常委会做出《昆明市人民代表大会常务委员会关于进一步加强创建国家园林城市工作的决议》。2001年3月18日，市政府在市第十一届人大一次会议上所做的《关于昆明市国民经济和社会发展第十个五年计划纲要的报告》中明确提出要"构建城市绿化环境框架，创建国家园林城市"；3月25日，经市第十一届人大一次会议通过的《昆明市国民经济和社会发展第十个五年计划纲要》中明确提出"建设适宜人居环境，创国家园林城市目标"。2003

年11月，在市第八次党代会上，市委再次把创建国家园林城市工作纳入了全市的工作计划。2006年2月27日，市委、市政府召开全市"三创"工作动员大会，下发中共昆明市委、昆明市人民政府关于印发《昆明市"三创"工作及主城城市环境整治三年行动计划（2006—2008）》的通知，成立由市委书记任组长，市委副书记、副市长为副组长，各市委常委、区委书记为组员的工作领导小组。2007年5月，市委、市政府成立以市委常委、市委宣传部部长为指挥长的"四创"重点工作推进指挥部和一整套的保障机构，为申报国家园林城市提供强有力的组织保障。同年7月，昆明市正式申报国家园林城市，11月，国家住建部专家对昆明市园林城市创建工作进行实地考察，由于城市水环境、城中村、绿线控制等方面存在的问题，2008年初住房和城乡建设部下达了昆明市"创园"整改通知书，提出了五个方面的整改意见。接到整改意见后，市委、市政府高度重视，针对存在的问题认真研究制定整改工作方案，采取强有力的措施，全力实施整改。经过全市人民近两年的不懈努力，城乡园林绿化水平和人居环境质量得到进一步提升，"创园"整改工作取得了显著成效，于2009年12月顺利通过国家住建部复核，2010年被授予"国家园林城市称号"。

# 第四章　农　业

　　滇池流域河流纵横，水利资源丰富，土地肥沃，气候条件良好，物产丰富，人类在这里开发农业的历史悠久，滇池为昆明人的发展壮大做出了不可磨灭的贡献。据考古资料证明，新石器时代，滇池周围的居民以经营原始农业为主要生活来源，农作物主要是种植粳稻，在滇池中捕鱼和捞螺作为食物的补充。到青铜器时代，已使用犁、锄、镰等青铜农具从事锄耕，主要作物是稻谷。汉武帝时，在滇池地区移民屯田，兴修水利，修筑道路，发展农业生产。东汉时期，滇池地区已经使用牛耕。元代，云南平章政事赛典赤到滇后，挖渠浚河，对昆明以盘龙江为主干的6条河道进行清理疏通，减轻了水旱灾害的威胁，保证了农田及时灌溉，还从内地引进蚕桑技术发展丝织业。明朝初年，中原内地迁入的军民商人带来了先进的生产工具和耕作技术、优良籽种，促进了农业生产的进一步发展。清代将屯田并入民田，对新垦土地免交地价，缓免升科纳税，鼓励农民不断扩大耕地，推动了生产力的发展。

　　中华人民共和国成立后，坚持贯彻"农业是国民经济的基础""科学技术是第一生产力"的方针和一系列政策，滇池流域农业得到空前大发展。2015年，滇池周边的县区农村已提前全面建成小康社会。其中，位于滇池东岸的呈贡区已是享誉中外的滇中"花乡、菜乡、果乡"和中国花卉第一县，农村常住居民人均纯收入15164元；位于滇池北岸的官渡区，依托滇池流域良田沃土大力发展节约型农业，农村常住居民人均纯收入达到15677元；位于滇池湖畔的西山区，享有"半城山水半城湖、半城春色半城梦"的美誉，农业也实现了转型升级，农村常住居民人均纯收入达到15164元；位于滇池西南岸的晋宁区，是省商品粮基地、吨良田基地、优质米基地、商品猪基地，农村常住居民人均纯收入也达到了12081元。

## 第一节　耕　地

　　滇池流域耕地面积，随着历代对滇池地区的开发垦殖、农业的盛衰和辖区规模的调整而发展变化。战国楚顷襄王时期（前298—前262年），楚将庄蹻率领士卒入滇，征服滇池地区"靡莫之属"各部落，地方三百里，旁平地，肥饶数千里。汉代，在云南滇池地区实施屯田实边政策，王莽时，文齐任益州太守，造起蓄水池，开通灌溉，垦田两千多顷。元代以4000多"隐户"和寸白军从事军民屯田生产，军民屯田共有112295亩，占当时全省军民屯田面积338215亩的33.2%。明代大量移民屯田，垦种面积扩大，作物种类增多。昆明地区所设的前、后、中、左、右、广南等六卫的军屯面积共计302059亩，占全省军屯总面积的27.3%。云南府的官民田面积387500亩，约占当时全省官民田178.84万多亩的1/4。清代采取"招民开垦"的办法，规定免交地价，缓免升科纳税，鼓励农民不断扩大耕地面积。到道光年间，昆明、富民、安宁、昆阳、晋宁、呈贡等6州县田地面积总数666152亩，占当时云南全府11州县耕地总面积1031651亩的64.4%。

民国十八年至二十四年（1929—1935），云南省财政厅清丈处进行清丈土地，昆明所属各县清丈后，共有耕地面积2693585亩，均比清丈前的耕地面积增加。

### 1935 年滇池沿岸 3 县耕地面积一览表

表2-4-1　　　　　　　　　　　　　　　　　　　　　　　　　　　　　　　　　　单位：亩

| 县　别 | 清丈前面积 | 清丈后面积 | 增减比较 |
|---|---|---|---|
| 昆明县 | 178952.337 | 38502.4 | +206068.063 |
| 呈贡县 | 54081.527 | 253261.5 | +199179.973 |
| 晋　宁（含昆阳）县 | 115580.04 | 323494.8 | +207914.75 |

### 1935 年滇池沿岸 3 县人均占有耕地面积一览表

表2-4-2　　　　　　　　　　　　　　　　　　　　　　　　　　　　　　　　　　单位：亩

| 县　别 | 耕地总面积 | 人口数 | 人均耕地 |
|---|---|---|---|
| 昆明县 | 385020 | 184522 | 2.09 |
| 呈贡县 | 253262 | 77526 | 3.27 |
| 晋　宁（含昆阳）县 | 323494 | 113063 | 2.86 |

### 2-4-1-1　滇池流域土地利用状况（平方公里）

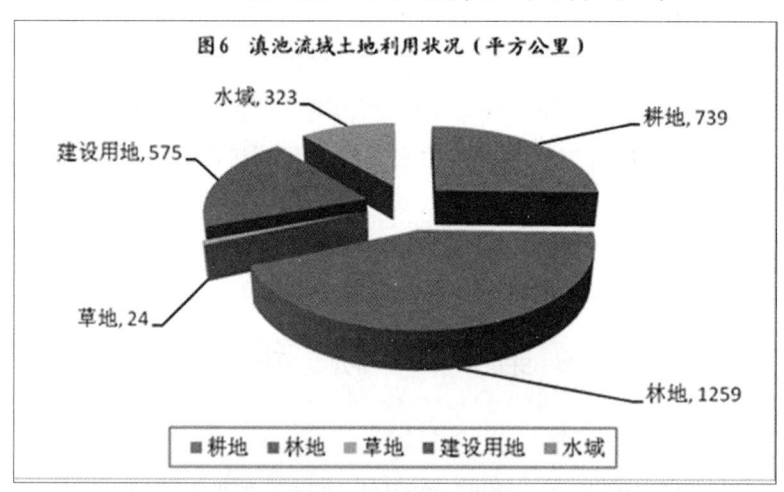

中华人民共和国成立后，随着滇池沿岸县区行政区划的调整和工业用地的增多，农业耕地面积发生了较大的变化。滇池流域土地总面积2920平方千米。据清华大学利用3S（遥感、地理信息系统、全球定位系统）对滇池流域的LandsatTM/ETM+（陆地卫星专题成像仪/增强型主题成像仪）摄影，2012年，滇池流域耕地面积739.10平方千米，占流域面积的25.31%；林地1259.07平方千米，占流域面积的43.12%；草地面积24.18平方千米，占流域面积的0.83%；建设用地面积574.71平方千米，占流域面积的19.68%；水域322.95平方千米，占流域面积的11.06%。

**2000—2012年滇池流域土地利用状况择年统计表**

表2-4-3　　　　　　　　　　　　　　　　　　　　　　　　　　　　　　　　　单位：平方千米

| 土地利用类型 | 2000 年 | 2005 年 | 2012 年 |
|---|---|---|---|
| 滇池流域土地合计 | 2920.00 | 2920.00 | 2920.01 |
| 耕　地 | 729.97 | 723.62 | 739.10 |
| 占滇池流域 % | 25.00 | 24.78 | 25.31 |
| 林　地 | 982.54 | 975.88 | 1259.07 |
| 占滇池流域 % | 33.65 | 33.42 | 43.12 |
| 草　地 | 583.93 | 580.30 | 24.18 |
| 占滇池流域 % | 20.00 | 19.87 | 0.83 |
| 建设用地 | 276.97 | 293.45 | 574.71 |
| 占滇池流域 % | 9.49 | 10.05 | 19.68 |
| 水　域 | 346.59 | 346.75 | 322.95 |
| 占滇池流域 % | 11.87 | 11.88 | 11.06 |

# 第二节　水利资源利用

　　滇池流域水利资源开发利用历史悠久，两千多年前的滇国已逐步由游牧、渔猎进入农耕社会，依靠自然降水和由河流引水灌溉，滇池周围出现了"沃野千里"的景象。西汉新莽时期地皇二年（21），益州太守文齐为解决栽插时少雨缺水的问题，在今呈贡、晋城一带倡导"造起陂池，开通灌溉"，建造陂池是滇池流域蓄水灌溉工程建设的开始。南宋大理国时，已有较大的人工开挖的金汁河引水工程。元代赛典赤修建松华坝、疏挖海口河、疏浚金汁河，筑土堤扩大灌溉，"均用闸座蓄池，灌溉万顷"，这一做法为历代治水所沿袭，"灌溉滋益，大有殊功"。明代，屯田制度建立，引水闸、坝、沟渠和蓄水堰塘等水利工程有了发展，滇池沿岸开始用木制龙骨水车由滇池或从流入滇池的河道内提水灌溉（此法在中华人民共和国成立初期仍在使用）。清末，在修建引水工程的同时，加快了小坝塘建设，滇池沿岸有小坝塘数百个。云贵总督伊里布在滇池出海口河上建屡丰石闸，因时启闭，增强调洪能力，扩大灌溉效益。民国元年（1912）全国第一座水力发电厂海口石龙坝电厂建成后，于民国二年（1913）在西山区积善乡建成全省第一座电力抽水站；民国三年（1914），晋宁县建成了滇池地区第一个蒸汽机抽水站。之后，相继建成明家地、小新村、下四甲、龙马、梁家河等电力和机械灌溉场（抽水站），灌溉滇池周边大片农田；民国三十五年（1946），在盘龙江上游建成谷昌坝水库，蓄水220万立方米。到1949年，滇池周边抽滇池水的抽水站共有20座，灌溉农田1万多亩。

　　中华人民共和国成立后，党和政府对发展水利建设事业极为重视，把发展水利作为关系国计民生的大事。1952年建成晋宁下石美抽水站，灌溉面积2万多亩，为全省第一座大型机械抽水站。1953—1957年，沿滇池的电力和机械抽水站共有31座、45台、1570千瓦，灌溉面积达4.5万亩左右。另用木制龙骨水车提滇池水灌溉的约5.3万亩。1958—1960年"大跃进"时期，重点进行滇池上游蓄水工程的建设。随着农业机械化的发展，1960年以后排灌机械得到迅速发展，昆明地区机电部门10多个工厂共同协作，将生产的电动机、变压器、水管、各种型号水泵等配套抽水机械送往农村，采取分片定点支援的办法由工厂帮助安装。同时，电力部门先后新建扩建普坪村、阳宗海等发电厂，建成了较完整的电力网。市农林局为发展电力排灌，于1961年建成阳宗海至三岔口变电站及输电线路，1964年修建了海口至下石美的35千伏线路及下石美变电站。到1966年，沿滇池各县区建成长245千米的高低压输电线路，安装大小变压器194台、总容量24195千伏安，建成电力排灌站185座，装机345台，灌溉面积约14万亩。下石美站、海晏站、乌龙站等全市较大的抽水站大多在这个时期建成或由机械站改为电力站。1966年后，电力排灌事业仍继续发展，1979年滇池沿岸的电力抽水站达到400多座、600多台，灌溉农田20多万亩。

1980年后，水利工作的重点转移到管理上来，大力进行挖潜配套、更新改造，乌龙、小新村、海晏、下石美等大型站经过彻底的改造，提高了效益。至1988年，沿滇池的600多台抽水机共灌溉农田23.2万亩，每年耗用滇池水约1.13亿立方米。其中，沿湖的小板桥抽水站、江尾抽水站、下石美抽水站等16座主要电灌站每年灌溉农田14万亩，占总电灌农田23.2万亩的59.29%，每年抽滇池水约0.67亿立方米。

2015年，滇池流域拥有大、中型水库7座，小（一）型水库28座，小（二）型水库110座。

# 第三节　滇池渔业

滇池渔业是开发利用滇池最早的项目。远古时期，古滇人即在滇池进行渔猎，滇池周围尚存的16个较大的螺壳堆，是古滇人捞食滇池螺蛳的遗物。晋宁石寨山、李家山出土的古铜鼓上的渔业捕捞图案鱼钩、石钻、石网坠等，从小古城天子庙出土的距今2800多年铜器的图纹，证明当时已能编织渔网、剜木为船，入滇池捕捞。元代意大利旅行家马可·波罗在游记中记载"滇池的鱼，大而味美"；明代大旅行家徐霞客在其游记中描述"海中细鱼，溯流入洞，是名金线鱼。鱼大不逾四寸，中腴脂，首尾金线一缕，为滇池珍珠"。滇池沿岸渔民除捕鱼自食外，还作为商品出售、交纳鱼课。清代渔业有了发展，"半江渔火"，晚捕早售。民国至中华人民共和国成立初期，草海中的小白荡、新河村一带还有在滇池专业捕捞的渔民，农民兼营捕捞的更多，大都沿袭过去的办法，夜间捕捞，清早上市出售。

20世纪40—50年代，滇池中的水藻较多，农民捞取晒干成饼状，叫"海粪"，作肥田之用，因含氮量高，农民乐用。"海菜"是滇池的特产，滇池曾被称作"海菜花型湖泊"。农民将捞取的海菜用盐、辣椒、米粉等佐料腌制，名叫"海菜酢"，为沿湖农民所喜食。捕捞的滇池鱼虾除上市出售外，大都做成虾酱、腌鱼自食。1949年前，滇池鱼类靠自然繁殖，只捕捞不管理。

1949年后逐步加强滇池渔业管理，投放鱼种鱼苗、推广人工养殖。20世纪70年代开始试验网箱养鱼，到1986年已发展网箱3600多只、面积150亩。其中，成鱼网箱2400多只、面积100亩；鱼种网箱1200只、面积50亩。滇池渔业的社会效益、经济效益不断增加。1988年后，由于滇池水质污染加重及水葫芦危害，草海网箱养鱼逐步走下坡路，网箱养鱼面积逐年减少。同时，市政府也逐步认识到网箱养鱼投放鱼饵、鱼粪等加重了滇池水体的污染，1997年市政府办公厅下发了《关于取缔滇池水域网箱养鱼的紧急通知》，滇池网箱养鱼走向消亡。

滇池的渔业产量逐步提升。元明时期，官渡、呈贡乌龙是当时的渔港，遂有"官渡渔火""渔浦星灯"之景。民国末期，滇池有大小捕鱼船只约300艘，其中昆明县属的100余艘，鱼年产量620吨。20世纪50年代，在滇池捕鱼的船只有800多艘，鱼年产量在700—800吨之间。80年代后，鱼年产量在8000—10000吨之间。2015年，渔业产量达22241吨。

# 第四节　种植业

滇池流域种植业历史悠久，据云南省文物工作队在滇池周围考古调查发现，官渡、古城、海源寺石碑村、团山、石寨山等14处新石器时代遗址出土文物中的泥质红陶器的内侧，均发现有很多夹有谷壳和芒的压痕，类似今天栽培的粳稻，表明昆明地区种稻历史至少在2000年以上。从呈贡小松山东汉墓中发掘的陶质水田模型和《后汉书·南蛮西南夷列传》记载，王莽执政时益州郡（滇池地区）已经开垦了大量水田种植稻谷。到南诏时期，已经以种植水稻为主，实行一年稻麦两熟的耕作制。元代，从内地引进蚕桑技术，发展栽桑养蚕、抽丝纺织。明初，由中原内地迁入的军民商人带来了先进的生产工具、耕作技术和优良种子，促进了昆明地区种植业的进一步发展，种植品种有稻谷、黍秫（玉米）、高粱、荞稗、麦类、蔬菜、瓜类、薯类、果子、药材等。清代中后期和民国时期，土地的租佃、买卖和兼并日益突出，广大农民深受重租盘剥，生产技术落后，水利设施缺少，耕作粗放，种植业处于停滞衰退的状态。

中华人民共和国成立后，种植业有了较大恢复和发展。1950—1957年是种植业生产迅速恢复时期，农村经过生产关系的变革和实行一系列正确的方针政策及有效措施，粮食总产量和种植业总产值分别以6%和7.3%的速度递增。1958—1965年是种植业曲折发展时期，由于政策上的失误和三年严重自然灾害，种植业遭到很大损失。1965年经过贯彻"调整、巩固、充实、提高"的方针，种植业生产又得到了一定的恢复和发展，粮食产量基本又恢复到1957年的水平。1966—1977年，由于"文化大革命"的影响及1974年遭受历史上罕见的低温冷害和其他自然灾害，种植业徘徊不前。党的十一届三中全会后，建立农村家庭联产承包责任制，开放农贸市场，调整种植业结构，靠政策、靠科学、靠投入促进了农村自给、半自给经济向商品经济转化。尽管这段时期也有过严重的自然灾害，但政策好，人努力，粮、菜、果等为主的种植业连续获得全面丰收，是历史上少有的好年成。"十五"以来，进一步巩固、完善和落实各项强农惠农政策，不断加大粮食生产投入，优化品种、品质结构，提高单产，有力地保障了农村人口基本口粮、饲料粮自给有余和农村社会稳定，经济全面发展。21世纪后，由于城市化进程的加快，滇池地区种植业出现了新的特点。

## 耕　地

滇池流域耕地面积经过历代民众开垦、围海（滇池）造田，经历了从少到多的过程。后随着经济社会的发展，水利建设、工业建设、城市建设等占用部分耕地，使得滇池流域的耕地不断减少。2000—2014年，滇池流域耕地面积由46070公顷缩减到27539公顷，减少18531公顷，减幅40.78%。

其中，2005年比2000年耕地减少2812公顷，减幅6.13%；2010年比2005年耕地减少6771公顷，减幅15.65%；2014年比2010年耕地减少8942公顷，减幅24.51%。

## 图2-4-4-1　2000—2014年滇池流域耕地面积变化图

单位：公顷

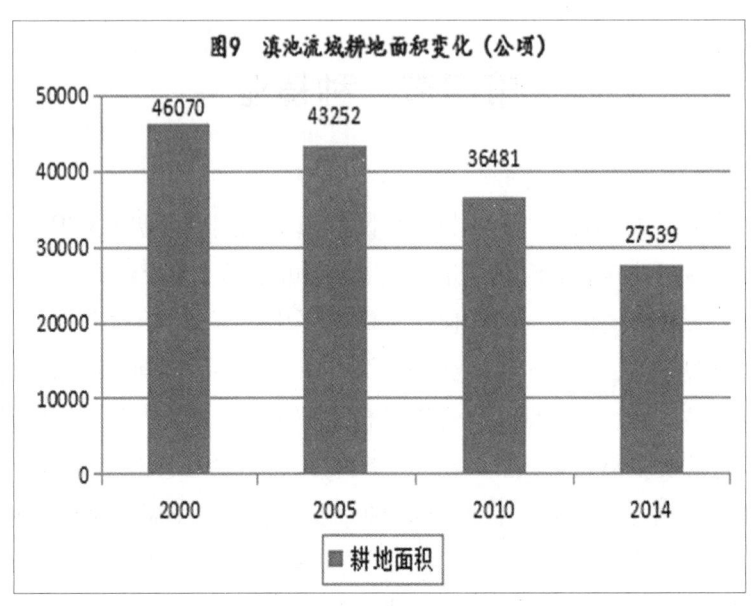

### 2000—2014年滇池流域各县区年末实有耕地面积择年一览表

表2-4-4
单位：公顷

| 县　区 | 2000 年 | 2005 年 | 2010 年 | 2014 年 |
|---|---|---|---|---|
| 滇池流域 | 46070 | 43252 | 36481 | 27539 |
| 五　华 | 0 | 1831 | 1692 | 1753 |
| 盘　龙 | 0 | 5288 | 5111 | 6533 |
| 官　渡 | 12240 | 6592 | 4344 | 3513 |
| 西　山 | 7168 | 4039 | 3330 | 3533 |
| 呈　贡 | 6698 | 6097 | 4143 | 1040 |
| 晋　宁 | 14499 | 13940 | 12396 | 11167 |
| 嵩明3个乡 | 5465 | | | |

注：数据来源于《昆明统计年鉴》，其中2014年的数据来源于农经站。

## 农作物播种面积

2000—2014年，滇池流域农作物播种面积由89057公顷缩减到62249公顷，减少22313公顷，减幅26.39%。其中，2005年比2000年农作物播种面积减少7382公顷，减幅8.73%；2010年比2005年农作物播种面积减少5462公顷，减幅17.48%；2014年比2010年农作物播种面积减少9469公顷，减幅13.20%。

图2-4-4-2 2000—2014年滇池流域农作物播种面积择年变化图

单位：公顷

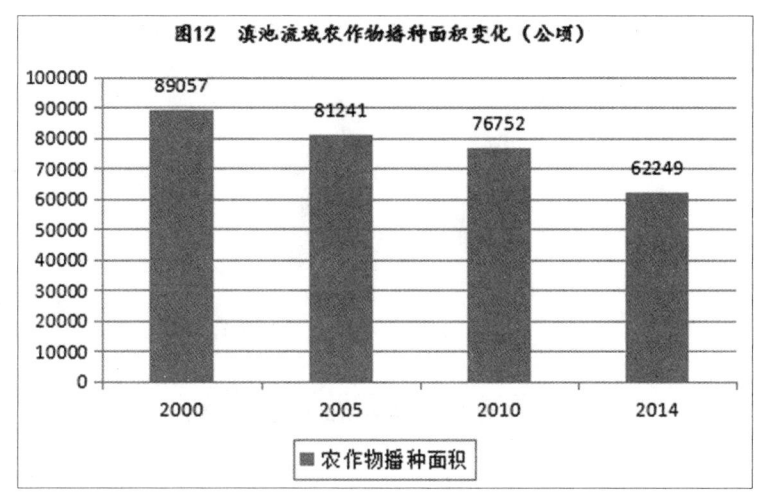

2000—2014年滇池流域各县区农作物播种面积择年一览表

表2-4-5

单位：公顷

| 县 区 | 2000 年 | 2005 年 | 2010 年 | 2014 年 |
|---|---|---|---|---|
| 滇池流域 | 89057 | 81214 | 76752 | 62249 |
| 五 华 | | 4144 | 3433 | 3801 |
| 盘 龙 | | 14414 | 14068 | 16323 |
| 官 渡 | 24264 | 12066 | 8921 | 1057 |
| 西 山 | 12856 | 8428 | 6917 | 6085 |
| 呈 贡 | 13510 | 12662 | 11297 | 7754 |
| 晋 宁 | 27966 | 29500 | 32116 | 27229 |
| 嵩明 3 个乡 | 10461 | | | |

　　2014年，3个县区农作物播种面积减少。其中，官渡区减少23207公顷，当年农作物播种面积1057公顷；西山区减少6771公顷，当年农作物播种面积6085公顷；呈贡区减少7452公顷，当年农作物播种面积7754公顷。2个区因行政区划调整农作物播种面积增加，其中盘龙区增加16323公顷，五华区增加3801公顷。至此，晋宁县、盘龙区成为滇池流域农作物播种面积大县，而官渡区农作物播种面积只剩1057公顷。

### 图2-4-4-3 2014年滇池流域各县区农作物播种面积比较

单位：公顷

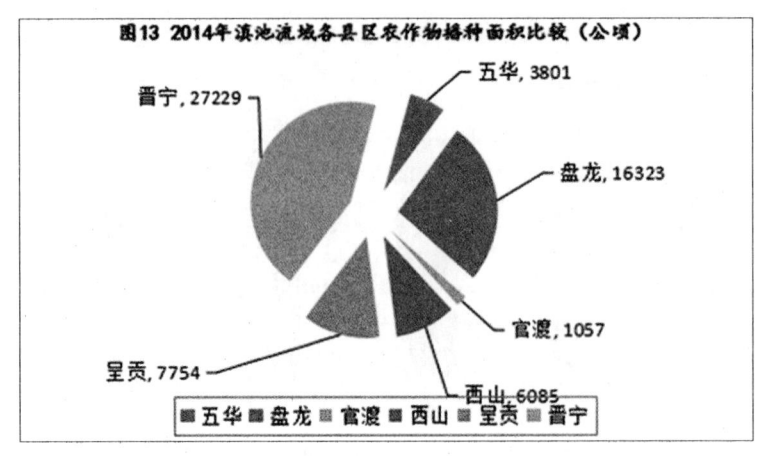

## 粮食作物种植

2000—2014年，滇池流域粮食作物播种面积由53192公顷缩减到24881公顷，减少28311公顷，减幅53.22%。其中，2005年比2000年粮食作物播种面积减少17815公顷，减幅33.49%；2010年比2005年粮食作物播种面积减少2383公顷，减幅6.74%；2014年比2010年粮食作物播种面积减少8113公顷，减幅24.59%。

### 图2-4-4-4 2000—2014年滇池流域粮食作物播种面积变化图

单位：公顷

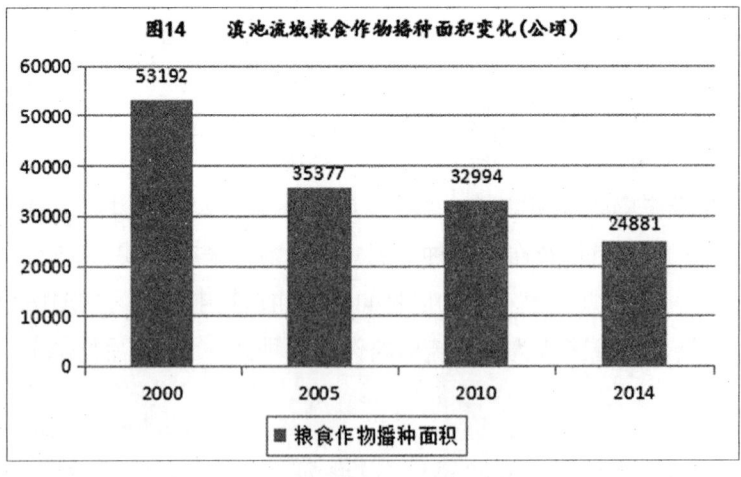

## 2000—2014年滇池流域各县区粮食作物播种面积择年一览表

表2-4-6
单位：公顷

| 县 区 | 2000 年 | 2005 年 | 2010 年 | 2014 年 |
|---|---|---|---|---|
| 合 计 | 53192 | 35377 | 32994 | 24881 |
| 五 华 | | 2749 | 1737 | 2202 |
| 盘 龙 | | 12013 | 12119 | 10320 |
| 官 渡 | 15142 | 4562 | 4977 | 126 |
| 西 山 | 9981 | 5081 | 4159 | 3052 |
| 呈 贡 | 3388 | 1018 | 1843 | 479 |
| 晋 宁 | 20002 | 14633 | 12838 | 8702 |
| 嵩明 3 个乡 | 4679 | | | |

2014年，4个县区粮食作物播种面积均大面积减少，其中官渡区减少15016公顷，当年粮食作物播种面积仅126公顷；晋宁县减少1.13万公顷，当年粮食作物播种面积8702公顷；西山区减少6929公顷，当年粮食作物播种面积3052公顷，呈贡区减少2909公顷，当年粮食作物播种面积479公顷。五华区、盘龙区因行政区划调整有了粮食作物种植，但粮食作物播种面积也有小幅减少。

### 图2-4-4-5　2014年滇池流域各县区粮食作物播种面积比较图

单位：公顷

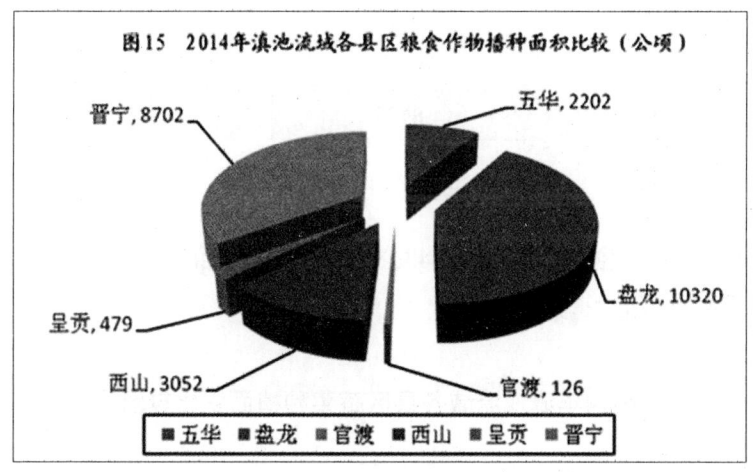

图15　2014年滇池流域各县区粮食作物播种面积比较（公顷）

晋宁,8702　五华,2202　盘龙,10320　官渡,126　西山,3052　呈贡,479

■五华　■盘龙　■官渡　■西山　■呈贡　■晋宁

## 蔬菜种植

2000—2014年，滇池流域蔬菜种植面积由22787公顷增加到28343公顷，增加5556公顷，增幅24.38%。其中2000年到2010年是蔬菜种植面积迅速增加时期，10年时间增加7285公顷，增幅31.97%，达到历史峰值30072公顷。2010年后，蔬菜种植面积开始减少，至2014年蔬菜种植面积减少到28343公顷。

图2-4-4-6 2000—2014年滇池流域各县区蔬菜种植面积择年统计图

单位：公顷

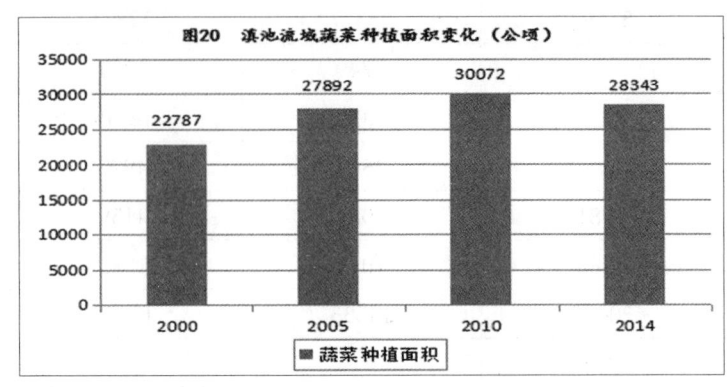

2000—2014 年滇池流域蔬菜种植面积择年一览表

表2-4-7

单位：公顷

| 县 区 | 2000 年 | 2005 年 | 2010 年 | 2014 年 |
|---|---|---|---|---|
| 合 计 | 22787 | 27892 | 30072 | 28343 |
| 五 华 | | 777 | 1132 | 1071 |
| 盘 龙 | | 1497 | 1539 | 3391 |
| 官 渡 | 6512 | 5294 | 2918 | 585 |
| 西 山 | 1929 | 2622 | 2049 | 2525 |
| 呈 贡 | 8711 | 9570 | 8963 | 6616 |
| 晋 宁 | 2544 | 8132 | 13471 | 14155 |
| 嵩明 3 个乡 | 3091 | | | |

2014年，滇池流域蔬菜种植面积减少到28343公顷，各县区蔬菜种植面积悬殊，其中晋宁县蔬菜种植面积已达滇池流域蔬菜种植面积的二分之一。

2014年滇池流域各县区蔬菜种植面积比较图

单位：公顷

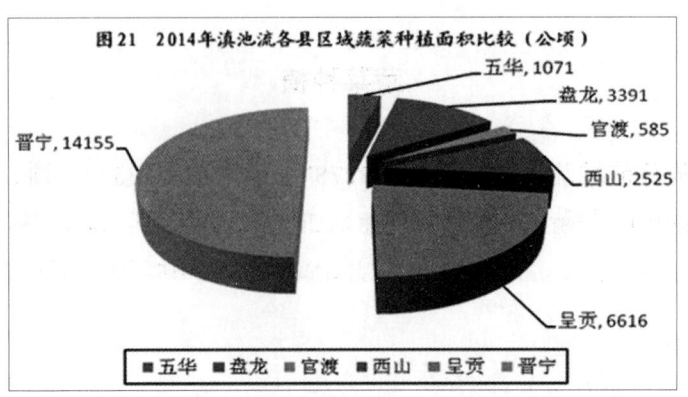

## 花卉种植

2000—2014年，滇池流域花卉种植面积由3000公顷增加到3892公顷，增加892公顷，增幅29.73%。其中，2000年到2005年是花卉种植面积迅速增加时期，5年时间增加1912公顷，增幅63.73%，达到历史峰值4912公顷。2005年以后，花卉种植面积开始减少。

### 图2-4-4-7　2000—2014年滇池流域花卉种植面积择年变化图

单位：公顷

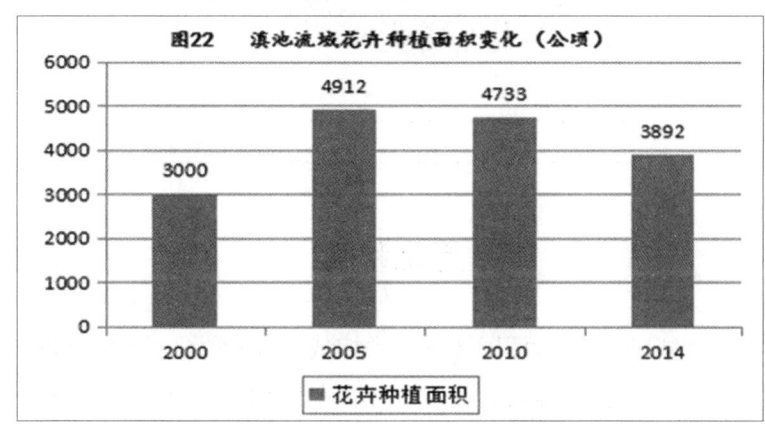

### 2000—2014年滇池流域各县区花卉种植面积择年一览表

表2-4-8　　　　　　　　　　　　　　　　　　　　　　　　　　　　　　　　　　单位：公顷

| 县　区 | 2000 年 | 2005 年 | 2010 年 | 2014 年 |
|---|---|---|---|---|
| 合　计 | 3000 | 4912 | 4733 | 3892 |
| 五　华 |  | 5 | 61 | 18 |
| 盘　龙 |  | 31 | 183 | 346 |
| 官　渡 | 589 | 923 | 428 | 360 |
| 西　山 | 143 | 47 | 182 | 175 |
| 呈　贡 | 1334 | 2064 | 838 | 419 |
| 晋　宁 | 447 | 1842 | 3041 | 2574 |
| 嵩明 3 个乡 | 487 |  |  |  |

2014年，滇池流域花卉种植面积减少到3892公顷，各县区花卉种植面积悬殊，晋宁县花卉种植面积已达滇池流域花卉种植面积的三分之二。

图2-4-4-8　2014年滇池流域各县区花卉种植面积比较图

单位：公顷

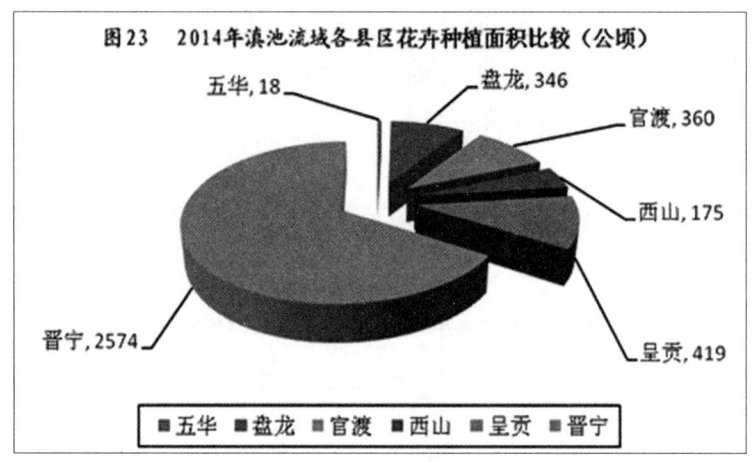

烤烟种植

2000—2014年，滇池流域烤烟种植面积由8299公顷缩减到3399公顷，减少4900公顷，减幅59.04%。其中，2000到2010年烤烟种植面积大幅度缩减，由8299公顷减少到2265公顷，减幅72.71%。

图2-4-4-9　2000—2014年滇池流域烤烟种植面积择年图

单位：公顷

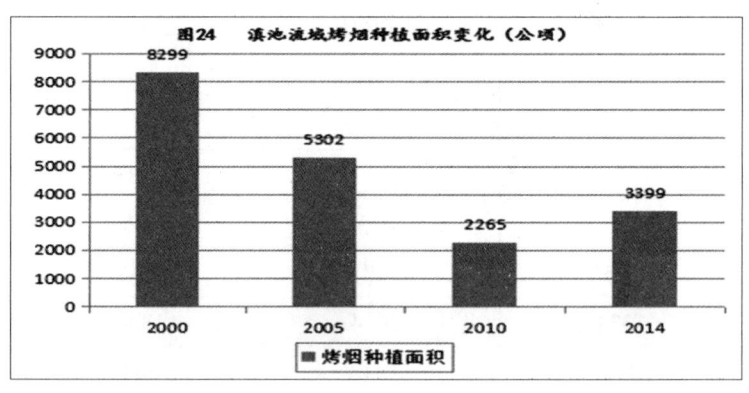

2000—2014 年滇池流域各县区烤烟种植面积择年一览表

表2-4-9

单位：公顷

| 县　区 | 2000 年 | 2005 年 | 2010 年 | 2014 年 |
|---|---|---|---|---|
| 合　计 | 8299 | 5302 | 2265 | 3399 |
| 五　华 | | 562 | 452 | 428 |
| 盘　龙 | | 414 | 160 | 1871 |
| 官　渡 | 1297 | 779 | 177 | |
| 西　山 | 694 | 267 | | |
| 呈　贡 | 21 | | | |
| 晋　宁 | 4083 | 3280 | 1476 | 1100 |
| 嵩明 3 个乡 | 2204 | | | |

2014年，滇池流域烤烟种植面积回升到3399公顷，增幅50.10%，年均减幅12.52%，主要分布在盘龙区、晋宁县、五华区，其余县区已无烤烟种植。

图2-4-4-10　2014年滇池流域各县区烤烟种植面积图

单位：公顷

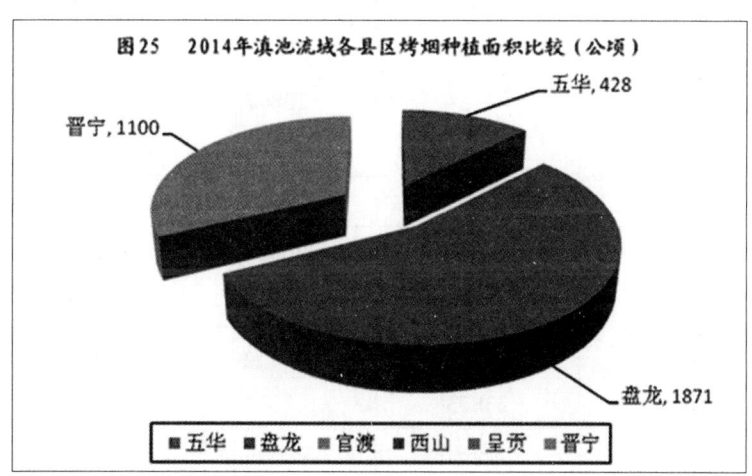

## 粮食生产

2000—2014年，滇池流域粮食作物产量由281062吨缩减到123261吨，减少157801吨，减幅56.14%，减幅高于粮食作物播种面积减幅，证明粮食生产力和地力在下降，也有可能是作物种植结构的调整所致。其中，2005年比2000年粮食产量减少127267吨，减幅45.28%；2010年比2005年粮食产量减少30931吨，减幅20.11%；2014年比2010年粮食产量增加595吨，增幅0.48%，基本算是平产。

图2-4-4-11 2000—2014年滇池流域粮食总产量及主要粮食作物产量择年图

单位：吨

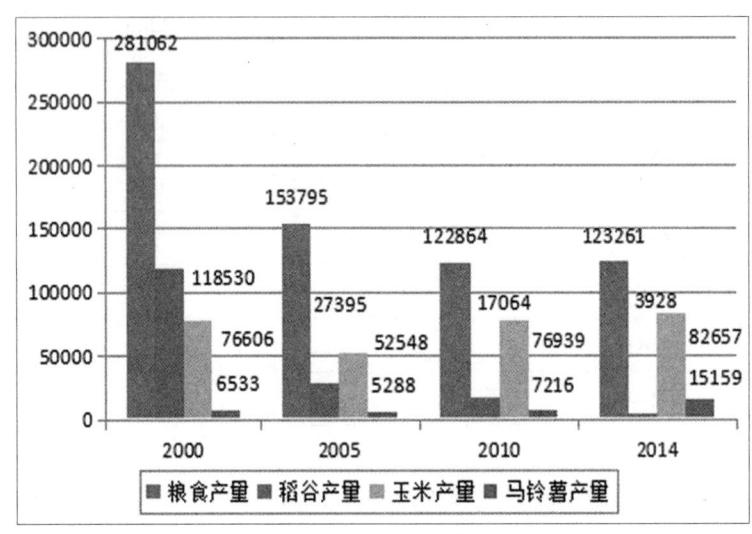

2000—2014滇池流域各县区主要粮食产量择年一览表

表2-4-10

单位：吨

| 县 区 | | 2000 年 | 2005 年 | 2010 年 | 2014 年 |
|---|---|---|---|---|---|
| 粮食产量 | 合 计 | 281062 | 153795 | 122864 | 123261 |
| | 五 华 | | 12807 | 7938 | 9666 |
| | 盘 龙 | | 10260 | 7757 | 43503 |
| | 官 渡 | 83695 | 22773 | 20173 | 707 |
| | 西 山 | 47621 | 26816 | 17086 | 18522 |
| | 呈 贡 | 17884 | 5696 | 10463 | 2993 |
| | 晋 宁 | 97989 | 75443 | 59447 | 47870 |
| | 嵩明3个乡 | 33873 | | | |
| 稻谷产量 | 合 计 | 118530 | 27395 | 17064 | 3928 |
| | 五 华 | | 3749 | 1069 | 43 |
| | 盘 龙 | | 3635 | | |
| | 官 渡 | 37320 | 541 | 91 | |
| | 西 山 | 17638 | 2629 | 4052 | 1305 |
| | 呈 贡 | 2950 | 15848 | 84 | |
| | 晋 宁 | 55694 | 993 | 17768 | 2580 |
| | 嵩明3个乡 | 4928 | | | |
| 玉米产量 | 合 计 | 76606 | 52548 | 76939 | 82657 |
| | 五 华 | | 4058 | 5202 | 5799 |

续表

| 县 区 | | 2000 年 | 2005 年 | 2010 年 | 2014 年 |
|---|---|---|---|---|---|
| 玉米产量 | 盘 龙 | | 5528 | 6471 | 27134 |
| | 官 渡 | 21613 | 12630 | 18077 | 560 |
| | 西 山 | 15573 | 11253 | 9139 | 12342 |
| | 呈 贡 | 9578 | 3769 | 9473 | 2847 |
| | 晋 宁 | 14347 | 15310 | 28577 | 33975 |
| | 嵩明 3 个乡 | 15495 | | | |
| 马铃薯产量 | 合 计 | 6533 | 5288 | 7216 | 15159 |
| | 五 华 | | 345 | 591 | 823 |
| | 盘 龙 | | 449 | 859 | 8204 |
| | 官 渡 | 2059 | 1466 | 1161 | |
| | 西 山 | 612 | 601 | 1024 | 756 |
| | 呈 贡 | 298 | 389 | 207 | 57 |
| | 晋 宁 | 617 | 2038 | 3274 | 5319 |
| | 嵩明 3 个乡 | 2974 | | | |

2014年，滇池流域各县区粮食产量上万吨的有晋宁、盘龙、西山3个县区，粮食产量分别为47870吨、43503吨、18522吨，五华粮食产量近万吨，呈贡粮食产量3000吨，官渡粮食产量不到1000吨。其中，稻谷仅有晋宁、西山、五华种植，产量分别为2580吨、1305吨、43吨。玉米全流域都有种植，产量上万吨的有晋宁、盘龙、西山，产量分别为33975吨、27134吨、12342吨，五华、呈贡、官渡产量分别为5799吨、2847吨、560吨。马铃薯官渡没有种植，除盘龙、晋宁马铃薯产量分别为8204吨、5319吨外，其余县区马铃薯产量均不到1000吨。

图2-4-4-12 2014年滇池流域各县区粮食作物总产及主要粮食作物产量对比图

单位：万吨

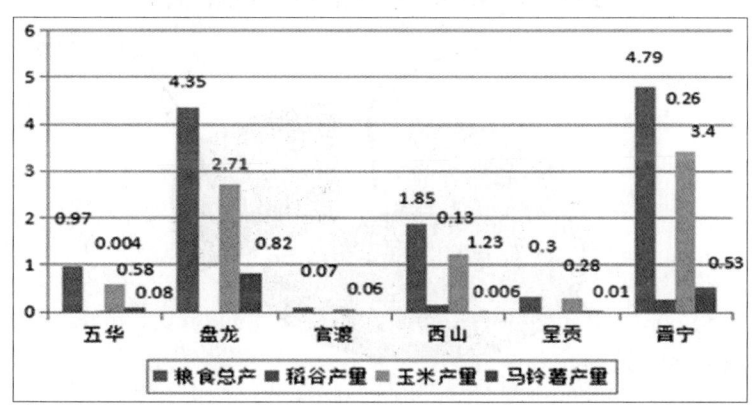

### 2014 年滇池流域各县区主要粮食作物产量一览表

表2-4-11 单位：吨

| 县 区 | 流 域 | 五 华 | 盘 龙 | 官 渡 | 西 山 | 呈 贡 | 晋 宁 |
|---|---|---|---|---|---|---|---|
| 粮食产量 | 123261 | 9666 | 43503 | 707 | 18522 | 2993 | 47870 |
| 稻谷产量 | 3928 | 43 | | | 1305 | | 2580 |
| 玉米产量 | 82657 | 5799 | 27134 | 560 | 12342 | 2847 | 33975 |
| 马铃薯产量 | 15159 | 823 | 8204 | | 756 | 57 | 5319 |

图2-4-4-13 2014年滇池流域各县区粮食总产对比图

单位：吨

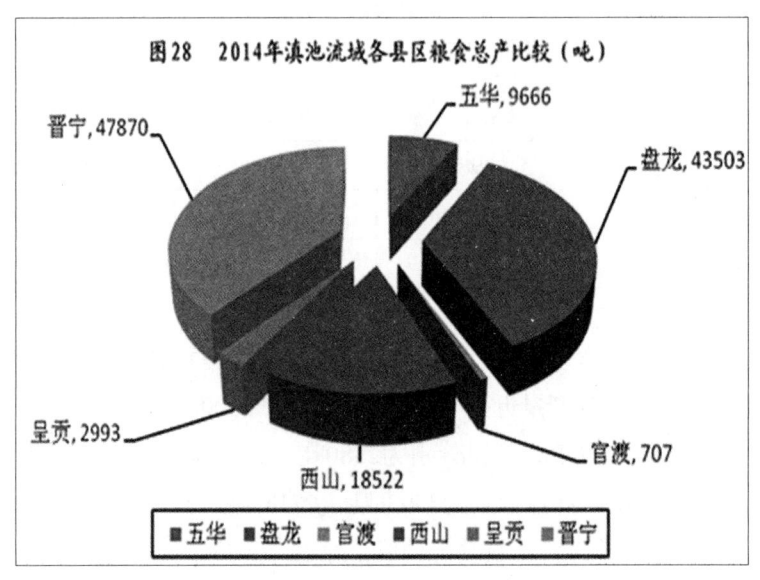

图2-4-4-14 2014年滇池流域各县区稻谷产量对比图

单位：吨

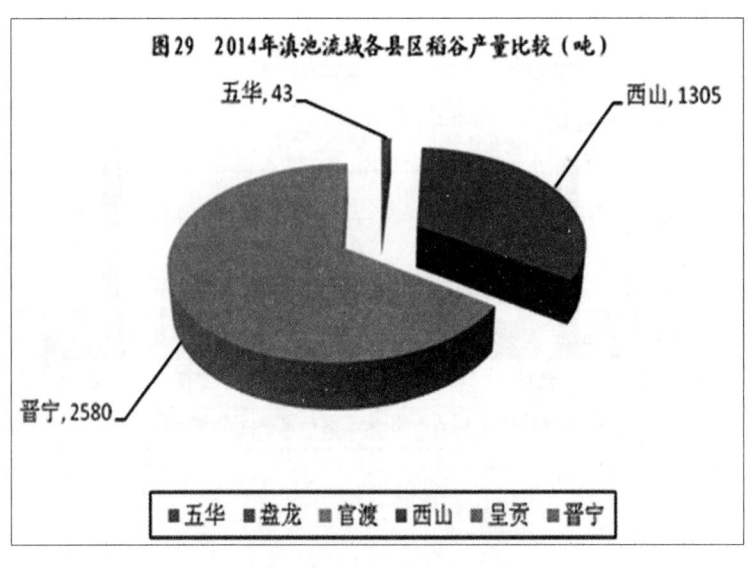

图2-4-4-15 2014年滇池流域各县区玉米产量对比图

单位：吨

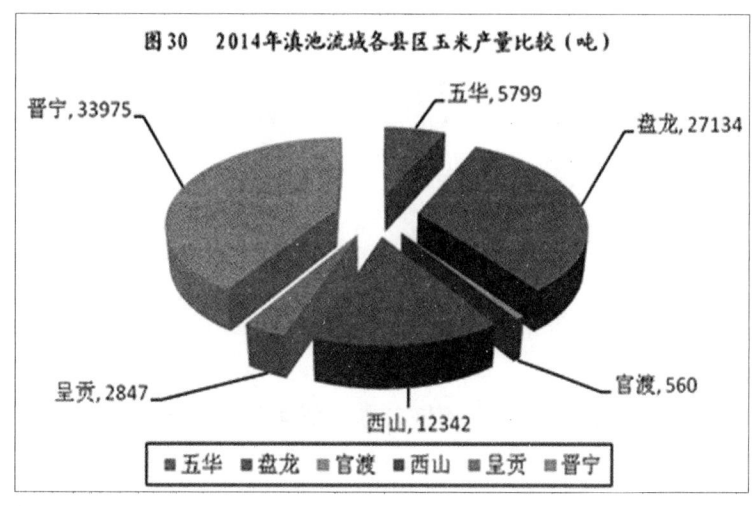

图2-4-4-16 2014年滇池流域各县区马铃薯产量对比图

单位：吨

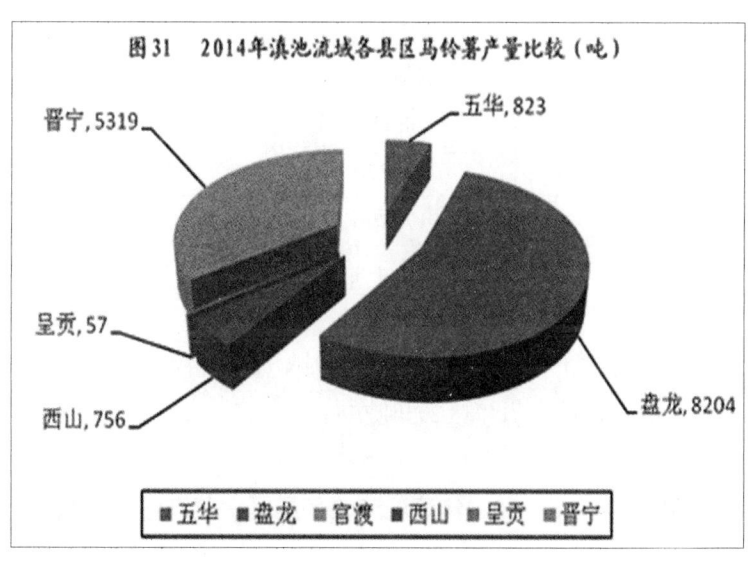

## 蔬 菜

2000—2014年，滇池流域蔬菜产量由812543吨减少到795499吨，减少17044吨，减幅2.10%，产量减少与种植面积增加相反，说明蔬菜生产力和地力在下降。其中，2005年比2000年蔬菜产量增加81761吨，增幅10.06%；2010年比2005年蔬菜产量减少42140吨，减幅4.71%；2014年比2010年蔬菜产量减少56665吨，减幅6.65%。

图2-4-4-17　2000—2014年滇池流域各县区蔬菜产量对比图

单位：吨

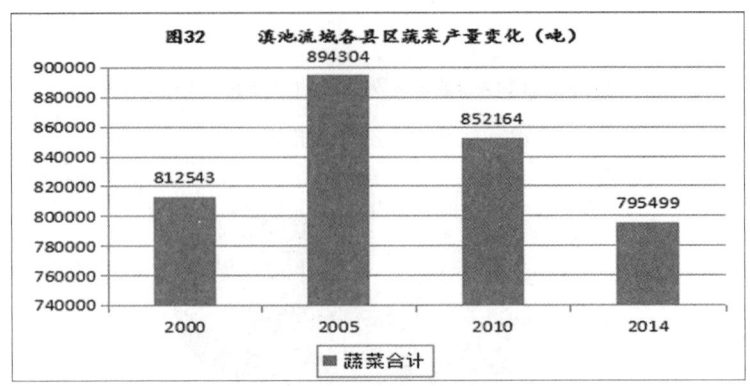

2000—2014年滇池流域各县区蔬菜产量择年一览表

表2-4-12

单位：吨

| 县　区 | 2000 年 | 2005 年 | 2010 年 | 2014 年 |
|---|---|---|---|---|
| 合　计 | 812543 | 894304 | 852164 | 795499 |
| 五　华 | | 13530 | 22131 | 18620 |
| 盘　龙 | | 58086 | 44466 | 84326 |
| 官　渡 | 332774 | 234781 | 94371 | 23671 |
| 西　山 | 59064 | 68346 | 55477 | 63660 |
| 呈　贡 | 261545 | 341770 | 260342 | 198063 |
| 晋　宁 | 62378 | 177796 | 375377 | 407159 |
| 嵩明 3 个乡 | 96782 | | | |

　　2014年，滇池流域各县区蔬菜产量为81万余吨。其中，晋宁县40余万吨，呈贡区近20万吨，盘龙区8万余吨，西山区6万余吨，官渡区、五华区2万吨左右。

图2-4-4-18　2014年滇池流域各县区蔬菜产量对比图

单位：吨

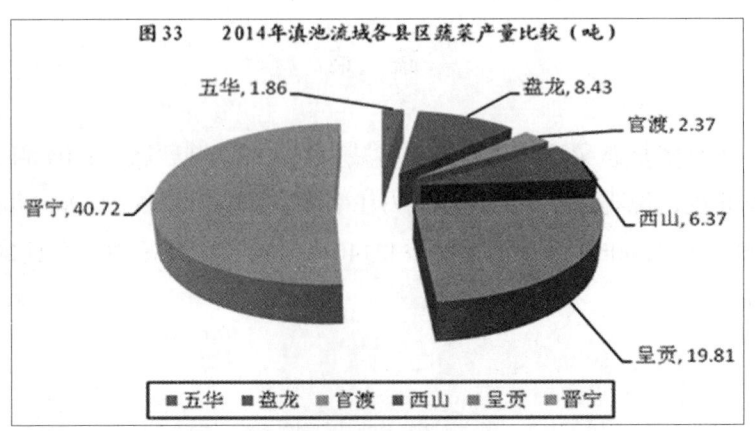

# 花　卉

2000—2014年，滇池流域花卉产量由201845万枝增加到349985万枝，增加148140万枝，增幅73.39%。其中，2000年到2005年增加95531万枝，增幅47.33%，是花卉年均增幅最快的时期。之后增速放缓，2010年比2005年增产30483万枝，增幅10.25%；2014年比2010年增产22126万枝，增幅6.75%。

图2-4-4-19　2000—2014年滇池流域花卉产量择年对比图

单位：万枝

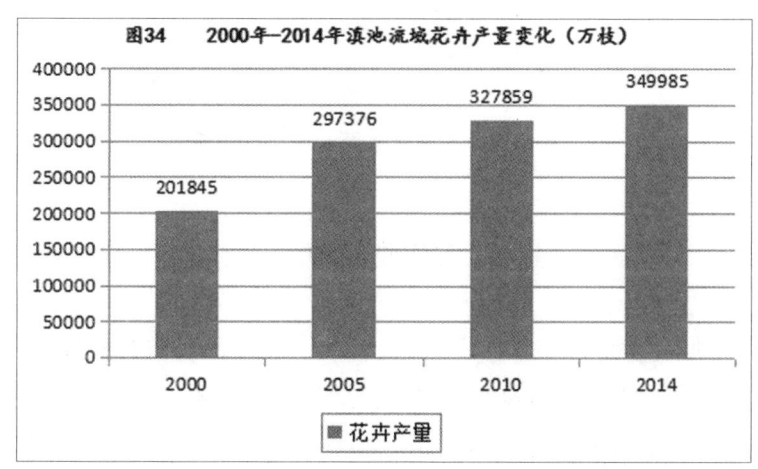

2000—2014年滇池流域各县区花卉产量择年一览表

表2-4-13

单位：万枝

| 县　区 | 2000 年 | 2005 年 | 2010 年 | 2014 年 |
|---|---|---|---|---|
| 合　计 | 201845 | 297376 | 327859 | 349985 |
| 五　华 | | 278 | 664 | 312 |
| 盘　龙 | | 1231 | 12219 | 7066 |
| 官　渡 | 53808 | 55064 | 23817 | 22582 |
| 西　山 | 226 | 625 | 545 | 3725 |
| 呈　贡 | 95973 | 142584 | 84829 | 46229 |
| 晋　宁 | 51838 | 97594 | 205805 | 270071 |
| 嵩明 3 个乡 | | | | |

图2-4-4-20 2014年滇池流域各县区花卉产量对比图

单位：万枝

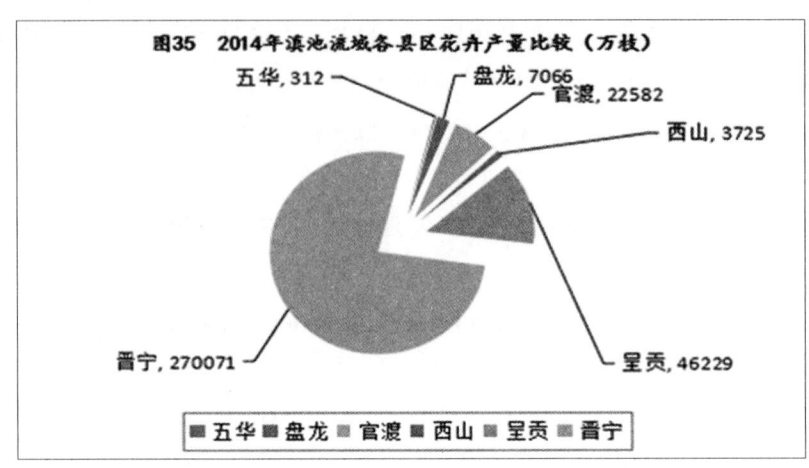

**农作物品种**

**水 稻** 水稻是滇池流域粮食作物中最主要的一种。主要品种有籼稻红、白吊、李子黄、李子红、老来黄、大白谷、红吊、黄牛尾等高秆大穗大粒型品种，山区、半山区种植小谷、小青芒、麻早谷、冷水谷等。滇池沿岸海排田种植水涨谷，亩产60—150千克，耕作粗放，产量不高不稳。中华人民共和国成立初期，在选用老品种中比较好的品种继续种植的同时，从外地购入新品种大白谷、小白谷，推广市农科所宝丰李子黄和大穗型麻线黄；山区、半山区推广马早谷、半截芒新品种，具有抗病虫、抗倒伏、耐肥、耐寒、生育期短、产量稳定等特点。20世纪70年代主要引进和推广省农科院选育的云粳系列品种云粳310，云粳136，云粳3号，云粳5号，云粳9号，滇愉1号，西南175，台北8号，6202，楚粳2号，楚粳3号、8126、6536，西红131、5488、129、125、217、晋红1号、滇协1号，使水稻种植品种由籼改粳，高棵变矮棵，迟熟变早熟、中熟，主栽粳稻品种。20世纪80年代，主栽品种是在引进省内外品种试验试种的基础上，经过生产栽培过程，筛选出具有适应本地区种植、抗逆性强、高产稳产的水稻良种，包括云粳系列、楚粳系列和市内育成品种在全市普遍推广种植，原有地方品种中生产性能好的品种仍有少量种植，亩产量一般可达到300—530千克。从1981年起，大力推广农业科学技术、薄膜覆盖栽培技术和良种，粮食单产有所提高。2015年，稻谷平均亩产量达到600—700千克。

**玉 米** 玉米是滇池流域山区、半山区主要粮食作物种植品种，是昆明地区旱地粮食作物主要品种之一，在隋唐五代时期滇池地区已有种植，主要种植品种是昆明黄玉米、昆明白玉米、黄二季早、白二季早、老憨青、糯玉米；高寒山区种植小黄玉米、小白玉米。1956年后，引种华坪白玉米、昭通二季早、普照黄玉米、金皇后等品种。20世纪60年代后，开始引进省内外玉米杂交种，试种云杂3号，亩产278.5—412千克；引进省外新双一号、双跃150、罗马尼亚、漾白罗文、吉双等双交、单交品种试种。20世纪80年代后，由种植省内玉米杂交种为主逐渐转向推广省外杂交玉米高产品种为主，主要有引进二号、73单交、美赛、引三顶、关岭白玉米等，外地良种种植面积扩大，本地品种种植面积缩小。1988年，外地良种种植面积占玉米总种植面积的80%以上，平均亩产量450千克左右。

**小 麦** 在距今1000多年前，滇池周围的官渡、呈贡、晋宁、西山等地就开始种植麦类作物，小麦只是在旱地种植，水田每年稻后种大麦。麦类品种有紫麦、春麦、猪屎麦等。20世纪50年代后，滇池地区引进六二白、南宿州、南大2419等品种推广种植。这些品种具有丰产性好、抗逆性强、品质好、面白、出面率高等优点，曾一度成为全市主栽品种。60年代后，引进省农科所从南大2419选育的778、抗锈一号、欧柔，引进印度798、宜麦一号以及阿尔巴尼亚的耐肥、耐水、高产的阿波、阿夫等品种，一般亩产可达250—300千克。1973年引进墨西哥墨查、4283、76-4等品种，具有矮秆、丰产、适应性强、成熟早、较抗锈等优良特性。80年代引进的高产品种有云麦29、昆麦2号，墨西哥0483、0230和攀麦一号以及省农科院培育的7023、1257等良种。

**蚕 豆** 公元前1世纪，滇池周围已有蚕豆种植，品种有大粒、小粒、中粒豆等。1950年，对原有豆种进行登记筛选，择优去劣，以昆明大白豆、昆明绿皮豆、澄江豆、款庄豆、晋宁小粒豆等10多个品种用于生产，同时与周边县进行换种，以供生产需要。20世纪60—70年代，引进江川豆、华宁豆、峨山大粒豆、武定大白豆、楚雄蚕豆、双柏小蚕豆等充实种源。1982年，有蚕豆品种40个。此后又不断引进新品种，淘汰老品种。

**油 菜** 原在西域少数民族地区种植，汉代传入中原，后传入滇池地区。油菜分田油菜和地油菜两类。田油菜主要为地方芥菜型品种，1962年引进甘蓝型品种云油8号、云油7号、湖北白菜型浠水油菜；1970年又引进甘蓝型品种云油49号、云油78号、云油9号、云油31号等。地油菜有萝卜型地方品种，主要在山区、半山区种植。

**蔬 菜** 昆明四季如春，蔬菜种植历史悠久，自清朝末年起，昆明近郊蔬菜开始商品化。在盘龙江一带，农民把高地辟为菜地，种植的蔬菜除自食外，还有出售。官渡下自水晶村起，上至穿心鼓楼止都种杂粮而兼种蔬菜。桃源街东段的大段地面稀稀疏疏辟成一些菜地。大厂、中厂附近约有百余亩的一大片地都种菜，故称"小菜园"。又有张官营、马洒营、大小马村、大涵洞、莲花池都有不少人经营菜地，五里一片也是菜园。在咸丰、同治年间，土地多荒，易于租到，时有善于种植和经营蔬菜的川人带蔬菜种子如莲花白、成都白萝卜、包包菜、灯笼椒在昆明种植，使蔬菜种植有了发展。抗日战争爆发后，大量外省人涌进昆明，蔬菜需求量大增，价格上涨，刺激了蔬菜生产的发展，单靠原有的近郊农民生产蔬菜已不能满足需要，中郊区的部分农民改粮田种蔬菜。到1949年，昆明商品菜地已发展到8000多亩，经营蔬菜的商贩也有1000人左右。

中华人民共和国成立后，党和政府十分重视蔬菜生产。特别是党的十一届三中全会以后，党和政府采取了一系列的富民政策，家庭联产承包责任制的建立，进一步调动了农民的生产积极性，蔬菜生产经营面向全国大市场，官渡、西山、晋宁、呈贡成为全省最大的蔬菜生产基地。昆明蔬菜生产以叶类蔬菜、精细蔬菜、稀有蔬菜为主，特别是上海青、油麦菜、芳芫荽、荷兰豆、甜脆豆、西芹、青花、结球生菜、意大利生菜、抱子甘蓝、芥蓝、高山娃娃菜等。蔬菜种植普遍引进先进科学技术，实行大棚生产，全年可以保证蔬菜供应。特别是呈贡区，2011年，全区年蔬菜播种面积达15万亩，总产量近3亿千克，外销量占总产量的80%以上，产品销往广州、深圳、北京、上海等全国30余个大中城市及日本、新加坡、美国等国家和中国香港、澳门、台湾等地区。呈贡蔬菜质量好、品种多，驰名中外，农业部授予呈贡区龙城蔬菜批发市场"全国重点农副产品批发市场"称号。

**花 卉** 滇池流域独特的自然条件，与南美安第斯山区的哥伦比亚、厄瓜多尔，东非高地的肯尼亚，并称为全球鲜切花生产气候条件最优越的宝地。滇池地区花卉品种多，花色艳丽。但滇池地区花卉实现商品化、规模化生产是从1991年开始的，最初只有玫瑰、满天星、康乃馨等几个品种。随着花卉种植面积和市场销量的不断扩大，外地客商纷纷来昆投资，建立了约3000亩的花卉生产基地，花卉产业呈现蓬勃发展趋势。2015年，全市花卉园艺种植面积达21.27万亩；鲜切花种植面积7.52万亩，品种发展到66个大类、1000多个系列，产量48亿枝，产值35.1亿元，花卉出口额7314.45美元，昆明成了中国最大的花卉集散中心，昆明花卉在国内86个大中城市的市场占有率已超过70%，出口已涵盖亚洲、欧洲、美洲、大洋洲的45个国家和地区，被誉为"亚洲花都"。呈贡区的花卉发展独占鳌头，全区花卉种植面积达1.1万亩。区内的斗南花卉市场占地100亩，内有50万枝鲜花的冷藏系统，其信息系统与农业部信息中心联网，具有信息、交易、储存、商住、金融、空运、技术咨询等多功能系统，是农业部确定的全国定点花卉批发市场，也是亚洲鲜花交易量最大的市场，交易大厅内有鲜花店500多户，本地产、外地产、国外的上市花卉达60个大类、300多个品种，各色香水百合、玫瑰、勿忘我、康乃馨、蝴蝶兰、香石兰、非洲菊、满天星及许多稀见的奇花异草成捆成担、万紫千红、芬芳醉人，成为名副其实的"花海"；有与国际著名的荷兰花卉拍卖交易市场接轨的昆明国际花卉拍卖交易中心，日鲜切花交易量达500万—600万枝，成为全国最大的鲜切花交易中心，主导着全国花卉批发价。全区95%的鲜切花销往全国包括台湾、香港等地区及日本、韩国、俄罗斯、新加坡、泰国，斗南鲜切花在香港市场占40%的份额，斗南已成为中国最大的鲜切花出口基地，呈贡区是名副其实的中国花卉第一区。

**烤　烟**　烤烟是昆明重要的经济作物，有悠久的种植历史，早在1914年2月就开始种植美式烤烟。由于独特的地理气候、良好的自然环境，使云南成为生产优良烟叶的圣地，"云烟"成为烟草的著名品牌。烤烟生产经过"七五"特别是"八五"时期的持续快速发展，烤烟收入已成为滇池流域农业中仅次于粮食、畜牧业的第三大产业。1998年国家对烤烟生产实行"双控"（控制面积、控制收购量），促使烤烟生产向减量增效的方向发展，滇池流域烤烟种植面积由2000年的8299公顷缩减到2014年的3399公顷。

**水　果**　昆明水果栽培历史悠久，早在北宋治平三年（1066）呈贡就有梨树栽培。到明代，果树有所发展，主要有杏、梅、桃、李、梨、柿、榴、花红、香橼、木瓜、樱桃、葡萄、杨梅、无花果。清代，呈贡县的果园面积发展到0.4万余亩，有桃、梨、李10个品种；晋宁县也栽有沉香梨、清水梨、宝珠梨、石榴等品种。民国二十七年（1938），官渡区的羊甫头、矣六村、广南卫（广卫村）、跑马山发展为水果主产区，品种以海东梨、宝珠梨、细把梨、麻梨、百雀梨、黄桃为主，每年产量100千克以上，单甫的小山头成为果品交易市场。其次是清水沟的海东梨、香面梨、黄桃，浑水塘、长坡、张家坡的花红，每年产量35万—40万千克。民国三十四至三十六年（1945—1947），晋宁的昆阳产石榴、梨、桃已成园栽培；呈贡县的果园发展到2.21万亩，所产品种以苹果最优，宝珠梨驰名全省，每年产量252.9万千克。

中华人民共和国成立初期，呈贡县有果园31427亩，晋宁县15486亩，官渡区33329亩，西山区6306亩。除农村集体和村民种植果树外，昆明还建设了一批国营农场果园，包括大板桥、光明、二街、红星、一农场、二农场等，这些果园多是20世纪50年代中期建的，由于技术力量强，管理水平高，所以产高质优。1984年，国营果园面积有9137亩，果树30.44万株，主要品种有梨树2832亩、7.08万株，苹果5397亩、17.81万株，葡萄320亩、3.2万株，桃588亩、2.35万株。

1978年十一届三中全会后，随着改革开放和农村经济的发展，水果需求量增加，水果生产进入新的发展阶段。全市大规模地进行商品水果生产基地建设，大办果树栽培培训班提高果农的科技水平，并对新开辟的果园给予经济、技术上的扶持，促进了水果生产的发展。"七五""八五"期间，在官渡、晋宁和呈贡等地建立了一批优质水果商品基地，以梨、桃、苹果、葡萄、大树杨梅、柿子等为主栽品种。以后又不断引种和推广新品种梨——红梨（满天红、美人酥、95-2等）、黄金梨、丰水、圆黄、黄冠等，桃新品种七月酥、晚秋、燕红、京玉等，葡萄新品种无核白、玫瑰香等。主要优良品种有宝珠梨、麻梨、黄肉桃、青丝桃、花红。其中，宝珠梨的主产区为呈贡，相传宋朝末年大理国段氏政权时期，高僧宝珠和尚来鄯阐城（今昆明）讲经，带来大理雪梨树苗与呈贡一优质梨嫁接而成，梨肉质雪白细嫩、汁多味甜、有蜜香味，人们为纪念这位和尚，把梨定名宝珠梨。麻梨为晚熟种，8月下旬至9月中旬成熟，果实呈短圆锥形，果肉白（微黄绿），质脆，味酸，微甜涩，汁中偏上，耐贮运，贮后果肉变乌发砂，甜味增高，汁少，也可用水浸泡，贮至次年2—3月。黄肉桃原产路南县水塘铺，栽培历史在300年以上，树形高大，树龄在100年以上，是晚熟种，耐贮运，是加工罐头的地方良种，也可鲜食，平均单果重300克、最大600克，盛果期平均单株产量300千克，最高产达500千克，1982年经昆明德和罐头厂加工后，被评为云南省加工良种第三名。青丝桃8月中旬成熟，果实为正圆形，两瓣对称，果顶卵圆，果皮底色黄绿，阳面红色粉霞，果肉橙黄色，近核处红色，平均果重156克，最大果重250克，黏核，含可溶性固形物12%左右，肉质紧密细韧，汁少，味酸甜，耐贮运。花红又名林檎、花红苞，果实似苹果而小，皮鲜红色，味沙甜。20世纪50年代以前主产于官渡区的浑水塘、长坡、张家坡，年产40万千克。

# 第五节　畜牧业

滇池流域的畜牧业早在2000多年前就有萌芽，但发展缓慢，在农业中所占比重较低。中华人民共和国成立后，畜牧业得到不断发展，特别是党的十一届三中全会以后，随着农村联产承包责任制的实行、农村经济体制改革的深入和产业结构的调整，贯彻执行"服务城市，富裕农民"的方针，畜牧业生产出现了持续、稳定的发展新局面，巩固了肉类食品自给的成果，丰富了社会物质生活，促进了相关产业的发展。滇池流域的晋宁县、呈贡县、官渡区成为云南省21个商品猪基地之一。同时，市级也建立了一批商品基地县，如晋宁水禽基地，官渡、晋宁、嵩明奶牛基地，官渡肉牛肉羊基地，出现了一大批畜牧饲养大户，为城市提供了丰富的肉、禽、蛋、奶，畜牧业成为农业中的支柱产业。进入21世纪后，昆明市认真贯彻落实《云南省人民政府关于把云南省畜牧业建成支柱产业的通知》《云南省人民政府关于加速畜牧业现代化进程的决定》等文件精神，调整和优化畜牧业结构布局，推进了畜牧业产业化发展。后由于贯彻落实《昆明市"一湖两江"流域水环境治理"四全"工作行动计划》，在滇池保护区实行全面禁养，滇池流域养殖业出现了向域外发展的趋势，域内养殖业逐年萎缩。

## 大牲畜

2000—2014年，滇池流域大牲畜年末存栏由762465头缩减到468301头，减少294164头，减幅38.58%。其中，猪减少226148头，减幅42.42%；牛减少45948头，减幅53.11%；马、骡、驴减少21433只，减幅82.69%，已基本没有养殖；羊减少635只，基本维持11万只左右。

**猪**　猪是大宗的畜产品。滇池流域养猪至少有2000多年历史，除回族外，农户历来都有饲养习惯。农户养猪品种以本地猪为主，属肉脂兼用型种，主要品种有上蒜猪。主产于晋宁上蒜乡，在晋宁、呈贡、安宁、官渡、西山等县区和乡镇都有饲养。优点是不拣食，利用青粗饲料能力强，在粗放饲养管理条件下，无论坝区、山区都能适应，饲料条件较好，尤其肯吃肯长；缺点是生长慢，增重小，母猪产仔不高，宰杀后的体躯率为88.2%，脂肪占胴体重的39.5%，瘦肉占38.5%，属肉脂兼用型。还有一个地方品种是普吉猪，主产于西山区黑林铺镇，因发源地在该镇普吉办事处而得名，属肉脂兼用型，是20世纪30年代由父本巴克夏、约克夏和本地土猪培育改良而成。20世纪40年代普及推广，由坝区到半山区再到山区发展成的一个地方性改良品种。优点是耐粗饲，积脂力强，不择食，肯吃肯长，即使粗放饲养也能良好生长，肥猪成长更快。缺点是育肥期长，母猪繁殖力低，多的一窝只有7头。

**牛** 水牛、黄牛是滇池流域农业生产的主要工具，水牛犁田、黄牛犁地。水牛、黄牛无论山区还是坝区都有饲养，有的地方还利用草场饲养不同数量的菜牛供食用及商品出售，有的农村也作拉车、驮运役用，成为城乡物资交流的一项重要工具。奶牛饲养始自1958年，官渡区福海公社永联大队引进荷兰品种奶牛26头、种公牛1头，日产鲜奶150千克左右。

**马** 滇中肥美的水草、广阔的山地宜于畜牧，多产良马。自古以来，滇马驰名全国，而云南又是山区，高山峻岭层层叠叠，江河交错，交通不便，历来都以役用为主，是坝区、山区农民生产和生活的主要交通工具，马在人民生活中占有重要地位。

**羊** 昆明流域以山羊为主，饲养历史悠久，是山区农户经济收入和农业生产有机肥料来源之一。

**图2-4-5-1 2000—2014年滇池流域大牲畜年末存栏择年变化图**

单位：头、只

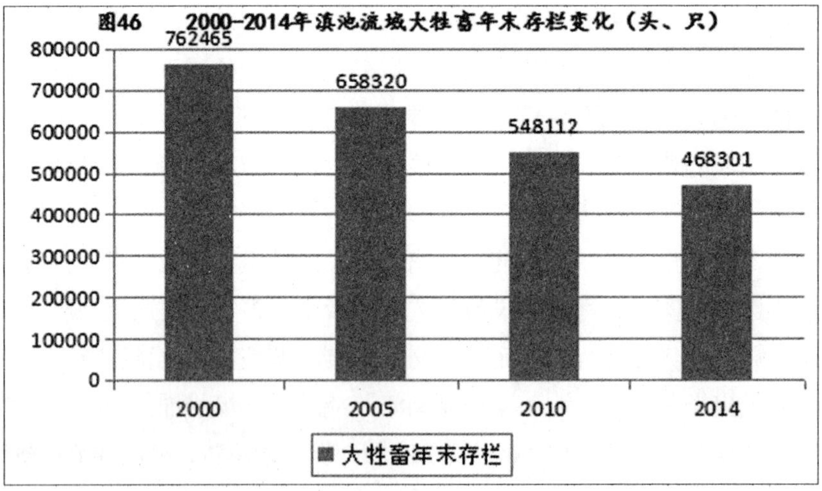

## 2000—2014 年滇池流域各县区大牲畜年末存栏择年一览表

表2-4-14　　　　　　　　　　　　　　　　　　　　　　　　　　　　　单位：头、只

| 牲畜名 | | 县　区 | 2000 年 | 2005 年 | 2010 年 | 2014 年 |
|---|---|---|---|---|---|---|
| 大牲畜 | | 合　计 | 762465 | 658320 | 548112 | 468301 |
| | | 五　华 | | 57563 | 81587 | 89027 |
| | | 盘　龙 | | 47015 | 46643 | 67868 |
| | | 官　渡 | 241515 | 163975 | 82887 | 10432 |
| | | 西　山 | 146921 | 125271 | 120423 | 117312 |
| | | 呈　贡 | 52965 | 45908 | 6915 | 9135 |
| | | 晋　宁 | 226832 | 191588 | 209657 | 174527 |
| | | 嵩明 3 个乡 | 88832 | | | |
| 大牲畜 | 猪 | 合　计 | 533063 | 468040 | 383830 | 306915 |
| | | 五　华 | | 37397 | 59261 | 66501 |
| | | 盘　龙 | | 28747 | 32490 | 36761 |
| | | 官　渡 | 184200 | 134855 | 64353 | 9967 |
| | | 西　山 | 90800 | 82770 | 80250 | 77214 |
| | | 呈　贡 | 44000 | 25349 | 2680 | 3798 |
| | | 晋　宁 | 169200 | 158922 | 144796 | 112674 |
| | | 嵩明 3 个乡 | 44863 | | | |
| | 牛 | 合　计 | 86508 | 72260 | 53548 | 40560 |
| | | 五　华 | | 6227 | 5736 | 5620 |
| | | 盘　龙 | | 5010 | 3529 | 6739 |
| | | 官　渡 | 22920 | 13336 | 5458 | 465 |
| | | 西　山 | 19717 | 13121 | 9393 | 4471 |
| | | 呈　贡 | 5047 | 9305 | 1448 | 953 |
| | | 晋　宁 | 24122 | 25261 | 27984 | 22312 |
| | | 嵩明 3 个乡 | 14702 | | | |
| | 羊 | 合　计 | 116975 | 104398 | 102676 | 116340 |
| | | 五　华 | | 11811 | 14709 | 15529 |
| | | 盘　龙 | | 11248 | 8914 | 23043 |
| | | 官　渡 | 26100 | 12802 | 11145 | |
| | | 西　山 | 32100 | 27575 | 30004 | 34716 |
| | | 呈　贡 | 6000 | 10122 | 2752 | 4369 |
| | | 晋　宁 | 28000 | 30840 | 35152 | 38683 |
| | | 嵩明 3 个乡 | 24775 | | | |

续表

| 牲畜名 | | 县　区 | 2000 年 | 2005 年 | 2010 年 | 2014 年 |
|---|---|---|---|---|---|---|
| 大牲畜 | 马、骡、驴 | 合　计 | 25919 | 13622 | 8058 | 4486 |
| | | 五　华 | | 2128 | 1881 | 1377 |
| | | 盘　龙 | | 2010 | 1710 | 1325 |
| | | 官　渡 | 8295 | 2982 | 1931 | |
| | | 西　山 | 4304 | 1805 | 776 | 911 |
| | | 呈　贡 | 3318 | 1132 | 35 | 15 |
| | | 晋　宁 | 5510 | 3565 | 1725 | 858 |
| | | 嵩明 3 个乡 | 4492 | | | |

图2-4-5-2　2000—2014年滇池流域主要大牲畜年末存栏择年对比图

单位：头、只

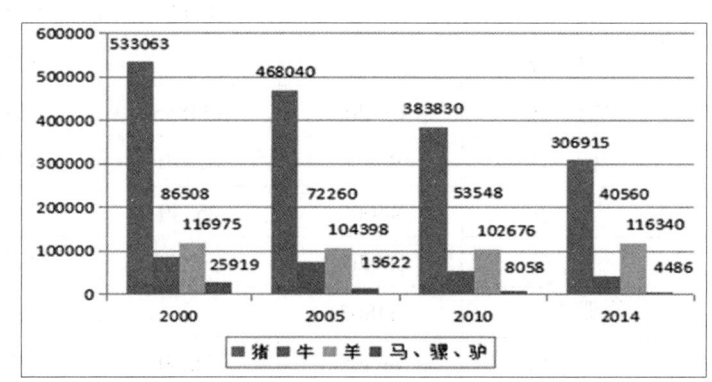

2014年，滇池流域各县区大牲畜养殖减少不一，减少最多的是官渡区，减少大牲畜养殖23万余头，其次是晋宁县，减少大牲畜养殖5万头，再次是呈贡区，减少大牲畜养殖4万余头，西山区减少大牲畜养殖3万头。按养殖数量多少排位晋宁17万头、西山11万头、五华9万头、盘龙7万头，而官渡、呈贡均只在万头左右。

图2-4-5-3　2014年滇池流域各县区大牲畜年末存栏对比图

单位：头、只

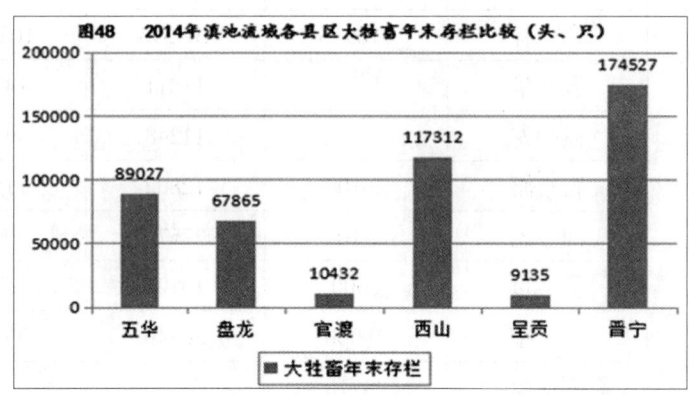

### 2015 年滇池流域大牲畜存（出）栏一览表

表2-4-15

| 类　别 | 猪 | | 牛 | | 羊 | |
|---|---|---|---|---|---|---|
| 县　区 | 出栏（只） | 存栏（只） | 出栏（头） | 存栏（头） | 出栏（只） | 存栏（只） |
| 呈贡区 | 4015 | 4476 | 69 | 1215 | 1080 | 264 |
| 官渡区 | 81839 | 87860 | 465 | 4364 | 3818 | 13443 |
| 西山区 | 109625 | 77979 | 1657 | 4191 | 14536 | 36240 |
| 盘龙区 | 42425 | 35757 | 2363 | 5995 | 5835 | 23672 |
| 五华区 | 124170 | 67458 | 1638 | 5475 | 5549 | 15663 |
| 晋宁县 | 250624 | 106905 | 7311 | 21255 | 20257 | 40127 |
| 嵩明县 | 323766 | 165019 | 18511 | 27318 | 19103 | 29909 |
| 合　计 | 936464 | 545454 | 32014 | 69815 | 70178 | 159318 |

# 家　禽

2012—2014年，滇池流域家禽年末存栏由4691306只缩减到3539266只，减少1152040只，减幅24.56%。

### 2012—2014 年滇池流域各县区家禽年末存栏择年一览表

表2-4-16

单位：只

| 县　区 | 2012 年 | 2014 年 |
|---|---|---|
| 合　计 | 4691306 | 3539266 |
| 五　华 | 164765 | 208298 |
| 盘　龙 | 260399 | 262172 |
| 官　渡 | 707798 | 221668 |
| 西　山 | 312960 | 241671 |
| 呈　贡 | 308628 | 188036 |
| 晋　宁 | 2936756 | 2417421 |

2014年，滇池流域各县区家禽养殖减少不一，晋宁县减少家禽养殖52万余只，官渡区减少家禽养殖48万余只，呈贡区减少家禽养殖12万余只，西山区减少家禽养殖5万余只，五华和盘龙家禽养殖略有增加。按养殖数量多少排位，晋宁县近240万只、盘龙区26万只、西山区24万只，官渡区22万只，五华区21万只、呈贡区19万只。

图2-4-5-4　2014年滇池流域各县区家禽年末存栏对比图

单位：只

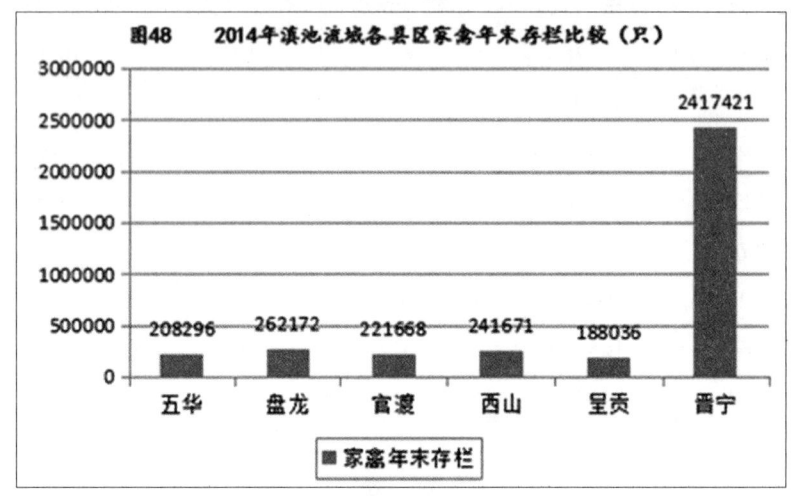

肉类产量

2000—2014年，滇池流域养殖业肉类产量由52438吨增加到69723吨，增加17285吨，增幅32.96%，养殖数量减少但产量增加，说明肉类生产力在上升。按种类分，猪肉产量由41470吨增加到55577吨，牛肉产量由1842吨增加到2145吨，羊肉产量由716吨增加到1335吨，禽肉产量由8748吨增加到10596吨。

图2-4-5-5　2000—2014年滇池流域肉类总产量择年对比图

单位：吨

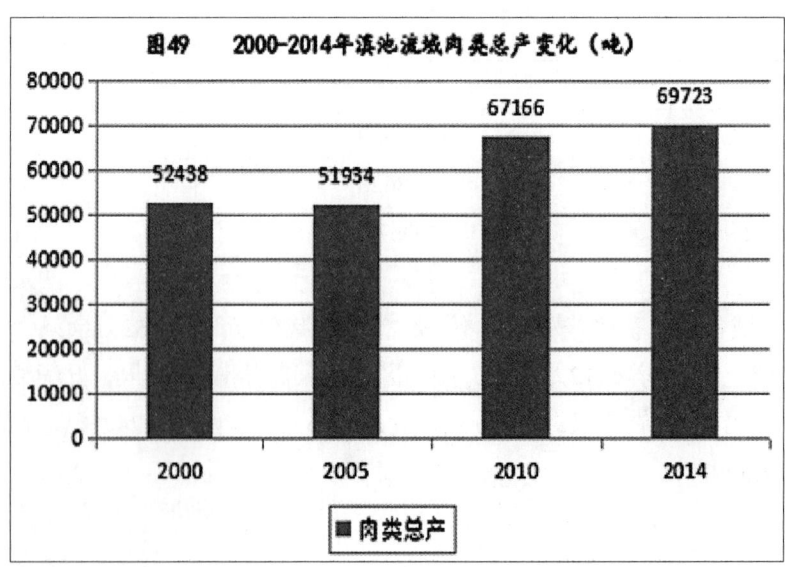

## 2000—2014 年滇池流域各县区肉类产量择年一览表

表2-4-17 单位：吨

| 种 类 | | 县 区 | 2000 年 | 2005 年 | 2010 年 | 2014 年 |
|---|---|---|---|---|---|
| 肉类 | | 合 计 | 52438 | 51934 | 67166 | 69723 |
| | | 五 华 | | 4102 | 8122 | 10386 |
| | | 盘 龙 | | 3029 | 2603 | 5863 |
| | | 官 渡 | 16535 | 1765 | 14156 | 10547 |
| | | 西 山 | 9966 | 10819 | 9859 | 10400 |
| | | 呈 贡 | 5863 | 6698 | 1534 | 859 |
| | | 晋 宁 | 20074 | 25521 | 30892 | 31668 |
| 肉类 | 猪 肉 | 合 计 | 41470 | 51174 | 49932 | 55577 |
| | | 五 华 | | 3458 | 7170 | 9611 |
| | | 盘 龙 | | 2654 | 2137 | 5111 |
| | | 官 渡 | 12775 | 12904 | 9816 | 9267 |
| | | 西 山 | 7440 | 9088 | 7908 | 8856 |
| | | 呈 贡 | 4515 | 3565 | 206 | 346 |
| | | 晋 宁 | 16740 | 19105 | 22695 | 22386 |
| | 牛 肉 | 合 计 | 1842 | 1514 | 2120 | 2145 |
| | | 五 华 | | 96 | 142 | 202 |
| | | 盘 龙 | | 69 | 84 | 278 |
| | | 官 渡 | 524 | 228 | 320 | 7 |
| | | 西 山 | 732 | 245 | 202 | 372 |
| | | 呈 贡 | 142 | 245 | 130 | 35 |
| | | 晋 宁 | 444 | 631 | 1242 | 1251 |
| | 羊 肉 | 合 计 | 716 | 837 | 1149 | 1335 |
| | | 五 华 | | 114 | 108 | 165 |
| | | 盘 龙 | | 78 | 77 | 241 |
| | | 官 渡 | 167 | 78 | 122 | |
| | | 西 山 | 312 | 228 | 360 | 359 |
| | | 呈 贡 | 43 | 52 | 18 | 21 |
| | | 晋 宁 | 194 | 287 | 464 | 549 |
| | 禽 肉 | 合 计 | 8748 | 14465 | 13764 | 10596 |
| | | 五 华 | | 426 | 692 | 404 |
| | | 盘 龙 | | 228 | 276 | 233 |

续表

| 种　类 | | 县　区 | 2000 年 | 2005 年 | 2010 年 | 2014 年 |
|---|---|---|---|---|---|---|
| 肉　类 | 禽　肉 | 官　渡 | 3034 | 4296 | 3866 | 1273 |
| | | 西　山 | 1932 | 1243 | 1298 | 750 |
| | | 呈　贡 | 1160 | 2813 | 1160 | 457 |
| | | 晋　宁 | 2622 | 5459 | 6472 | 7479 |

图2-4-5-6　2000—2014年滇池流域主要肉类产量对比图

单位：吨

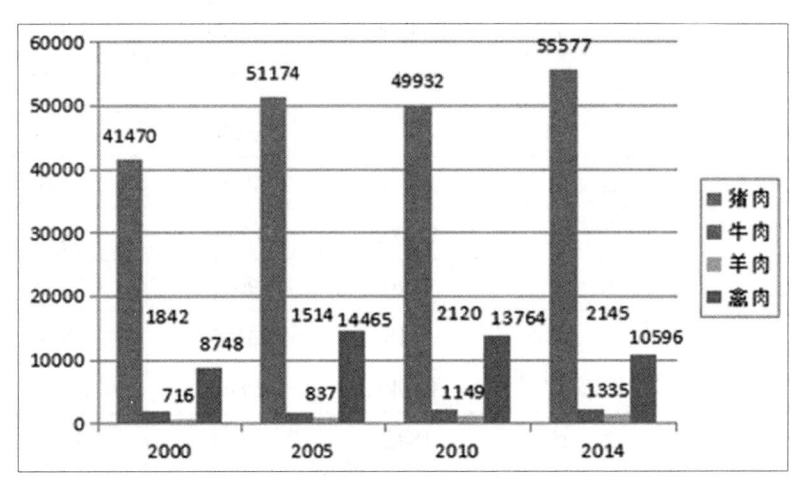

2014年，滇池流域各县区肉类产量悬殊，晋宁县达到3万余吨，五华、官渡、西山达到1万余吨，盘龙近6000吨，呈贡不足1000吨。

图2-4-5-7　2014年滇池流域各县区主要肉类产量对比图

单位：吨

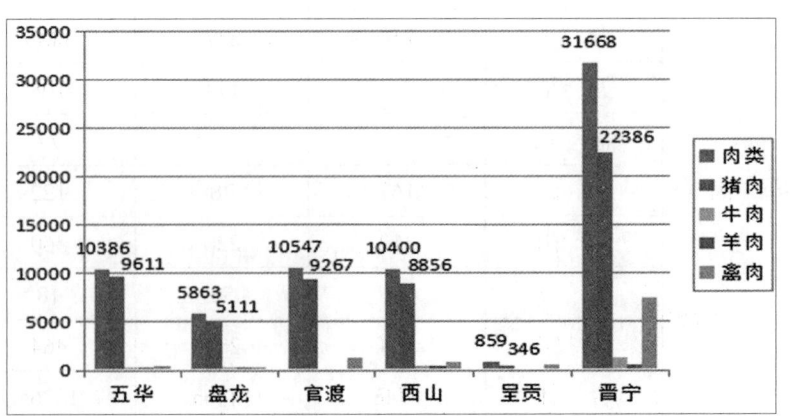

# 禽 蛋

2000—2014年，滇池流域养殖业禽蛋产量由20899吨增加到25074吨，增加4175吨，增幅19.98%，养殖数量减少但产量增加，说明禽蛋生产力在上升。

**图2-4-5-8 2000—2014年滇池流域禽蛋产量择年对比图**

单位：吨

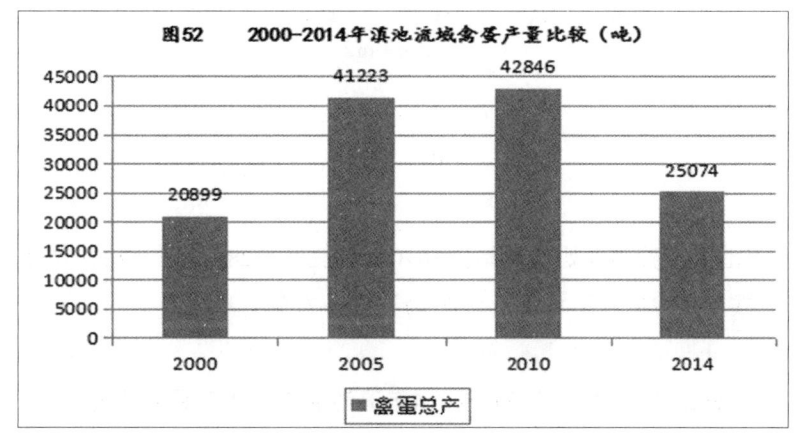

2014年，滇池流域各县区禽蛋产量悬殊，晋宁县达到1.78万吨，呈贡区、官渡区达到2000余吨，盘龙区达到1000余吨，西山区、五华区不足1000吨。

**2000—2014年滇池流域各县区禽蛋产量择年一览表**

表2-4-18　　　　　　　　　　　　　　　　　　　　　　　　　　　　　　单位：吨

| 县　区 | 2000 年 | 2005 年 | 2010 年 | 2014 年 |
|---|---|---|---|---|
| 合　计 | 20899 | 41223 | 42846 | 25074 |
| 五　华 |  | 822 | 994 | 620 |
| 盘　龙 |  | 1102 | 1246 | 1260 |
| 官　渡 | 15700 | 26648 | 28079 | 2071 |
| 西　山 | 1333 | 862 | 538 | 863 |
| 呈　贡 | 3039 | 9208 | 4850 | 2408 |
| 晋　宁 | 827 | 2581 | 7139 | 17852 |

### 图2-4-5-9  2014年滇池流域各县区禽蛋产量对比图

单位：吨

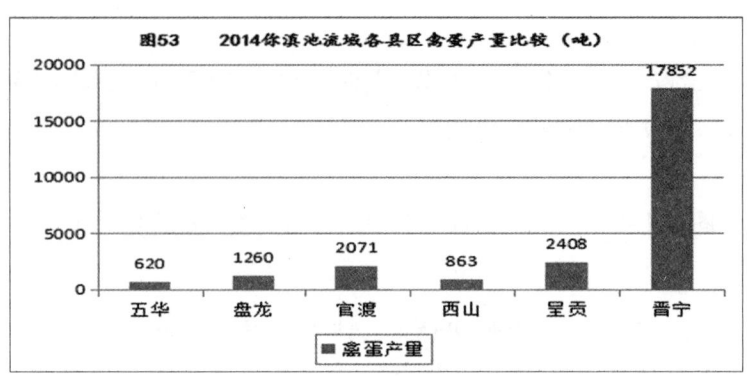

## 奶　类

2000—2014年，滇池流域养殖业奶类产量由16103吨增加到32887吨，增加16784吨，增幅104.23%，年均增幅7.44%，养殖数量减少但产量增加，说明奶类生产力在上升。

### 图2-4-5-10　2000—2014年滇池流域奶类产量对比图

单位：吨

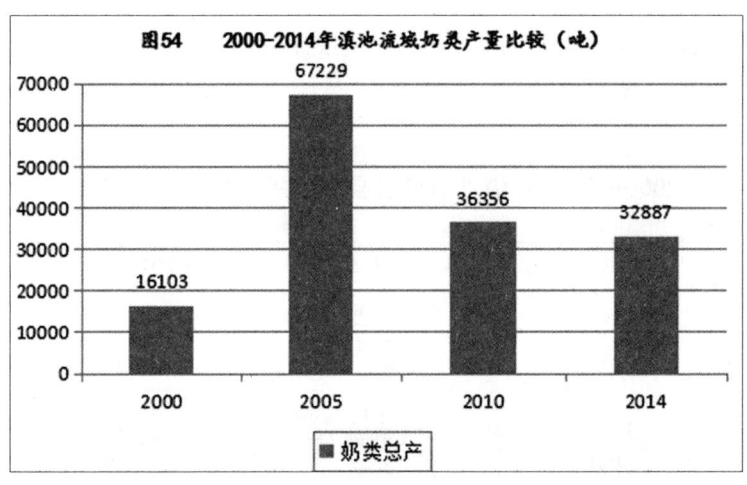

### 2000—2014年滇池流域各县区奶类产量择年一览表

表2-4-19

单位：吨

| 县　区 | 2000 年 | 2005 年 | 2010 年 | 2014 年 |
|---|---|---|---|---|
| 合　计 | 16103 | 67229 | 36356 | 32887 |
| 五　华 | | 10 | 1 | 60 |
| 盘　龙 | | 10115 | 20 | 160 |
| 官　渡 | 1893 | 19754 | 2294 | |
| 西　山 | 1424 | 4850 | 401 | 119 |

续表

| 县　区 | 2000 年 | 2005 年 | 2010 年 | 2014 年 |
|---|---|---|---|---|
| 呈　贡 | 667 | 12288 | 1743 | 1582 |
| 晋　宁 | 12119 | 20212 | 31897 | 30966 |

2014年，滇池流域各县区奶类产量悬殊，晋宁县达到3万余吨，呈贡区1000余吨，盘龙区、西山区、五华区近100吨，官渡区无奶类生产。

**图2-4-5-11　2014年滇池流域各县区奶类产量对比图**

单位：吨

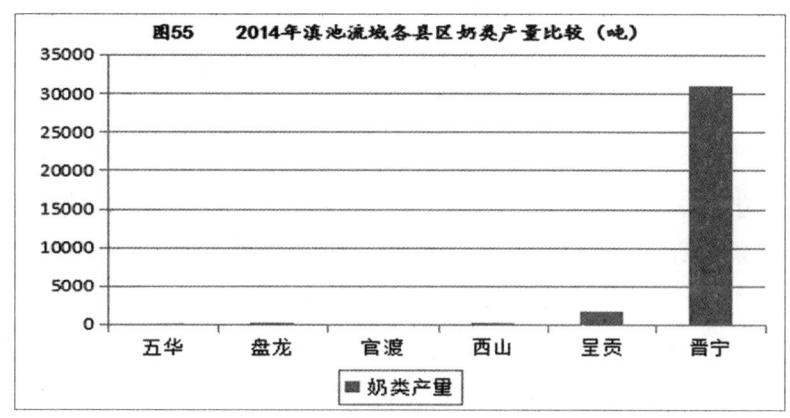

## 饲　料

昆明饲料工业是改革开放以后才出现和发展起来的，大体经历了三个阶段。1978—1984年是昆明饲料工业创业的起步阶段。昆明市饲料公司饲料厂从美国引进2.5万吨/年·班的全价配合饲料生产线1条，从意大利引进6000吨/年·班预混饲料、1.2万吨/年·班浓缩饲料生产线各1条，昆明始有了现代饲料工业。1985—2000年，昆明饲料工业进入快速发展的第二阶段。21世纪是昆明饲料工业整合提升的阶段。经过20年的发展，昆明饲料工业出现了产品过剩的情况。且随着城乡人民生活水平的不断提高、菜篮子不断丰富，对畜产品及饲料产品有了更高的要求，饲料产品逐步向高质量、高品质、高安全的方向发展。同时，市场竞争的深度、广度、强度都大大超过以前，企业的兼并重组随之加快，优胜劣汰，企业质量获得较大提高。

**昆明黄龙山（饲料）工贸有限公司**　始建于1979年，是全国第三家、云南省第一家起步早、规模大、品类全的饲料企业。2000年，公司改制组建为国有控股的昆明黄龙山（饲料）工贸有限公司，2004年改制为自然人控股的有限责任公司。公司拥有4套分别从美国、意大利、瑞士等国引进的设备和国产设备，装备处于国内领先地位，饲料年生产设计能力为43万吨，可向市场提供猪、鸡、鸭、鱼、牛等系列配合饲料、浓缩饲料、复合预混料8大系列、200多个品种，生产的黄龙山、千禧、福来顺、金满盆、红禧等品牌饲料受到广大养殖户的认可，曾是全国饲料工业企业五十强企业，全国饲料工业企业百强企业，全国饲料科技进步先进集体，中国标准、计量、质量技术完善知名企业，2010年被国家工商总局授予了中国驰名商标。

**昆明正大有限公司** 是泰国正大集团与昆明面粉厂合作经营并由正大集团为主管理的现代化农牧企业。公司成立于1991年10月，固定资产1.24亿元，年销售额4亿元。公司主要生产、销售各种全价饲料、浓缩饲料、饲料添加剂和肉雏鸡苗，经营饲料原料、畜禽、蛋类、食品、水产品、兽药并进行动物诊疗，集饲料生产、商品肉雏鸡苗生产、畜禽一条龙养殖和销售为一体，拥有年产饲料24万吨的饲料厂、年产1600万羽肉雏鸡苗的父母代种鸡场各1座，是云南省规模较大的现代化农牧企业。

# 第六节　国营农场

中华人民共和国成立初期，围绕滇池兴办了一系列农场，为城市服务，为市场服务。其中，一农场位于昆明市北郊下马村，距市中心3千米；二农场位于市东南郊昆呈公路右侧距市中心12千米处的跑马山地区；三农场（白沙河公司）实验鸡场在市东郊7千米白沙河水库边的呼马山下；海埂农场（后更名海埂公司）位于市西南郊10千米的滇池北岸，农场地处昆明有名的风景区，与西山龙门隔海相望，是旅游、疗养的好地方；海口农场（后更名为海口公司）位于昆明市区60千米的西山区海口白塔村，与云南磷肥厂相连，是为海口工矿区和疗养院服务的小农场。农场成立初期都是以国有资产组建而成，人民公社时期走"一大二公"的发展道路，农场附近农村集体资产划入农场，由农场经营管理，保留全民、集体两种体制。1961年八届九中全会提出国民经济"调整、巩固、充实、提高……"的16字方针后，农村集体资产又与农场国有资产进行分离，各自经营。

1978年党的十一届三中全会后，随着市场经济的发展，农场国有经济开始进行公司化运作，实行股份制改造，引进外资，组建股份制企业。1999年，在学习外地经验的基础上，组建了昆明市雪兰牛奶公司。21世纪后进一步深化股份制改革，国有农场该进的进，该退的退。2003年10月，农场进行股权转让改制，昆明雪兰公司与四川新希望公司强强联合，由四川新希望公司控股、持股51%。到2005年底，一农场、二农场、三农场等国企全部完成改制工作，国有资产从非主导型产业和小型企业中退出。2008年，昆明雪兰牛奶有限公司国有股权退出，昆明市海口公司完成国有企业改制工作。

**一农场** 1951年2月，昆明市财政局在北郊下马村接收原国民党陆军墓地的基础上，根据市场需要创建昆明市第一个国营农场——昆明市营农场。农场有土地43亩，经营水果、蔬菜。1952年初，该农场由市财政拨款从成都购入荷兰杂交奶牛24头、从昆明私营奶牛场购入12头奶牛开始饲养。1956年4月昆明市营农场更名为国营昆明市第一农场。1958—1959年，市乳畜公司第一、四2个乳畜生产合作社、官渡区北郊的云汁、虹山、和平3个高级农业生产合作社的23个自然村先后并入农场，主要生产粮食，其次是牛奶、水果、蔬菜等。1961年农场与社队按原体制和财产分开。党的十一届三中全会后，农场利用优势资源开发新产品，发展多种经营，引进昆明牙膏厂、珠海凤凰山制药厂合作办厂，建设零售批发市场。"八五"期间新开发的草莓酸奶、粒粒橙、北冰洋汽水、甜酸角一度占领市场，成为受欢迎的产品。后这些产品除鲜奶制品外都逐步退出市场。2005年农场完成改制。

**二农场** 位于跑马山地区塔密村，1956年3月由市农林局筹建，市政府从土地改革中留下的资产中提出35万元创建，为昆明市的蔬菜农场。同年4月更名为国营昆明市第二农场。同年8月市乳畜公司所属公私合营的第四奶牛场并入农场，10月与农场相连的杜家营、跑马山2村并入农场，并入后其所有制不变。1958年8月官渡区的广卫、高楼房等24个自然村并入农场,农场生产经营农、林、牧、副、渔五类齐全。1962年,将1958年并入农场的部分全部退出,原农场部分继续办农场。1964年1月,为解决农场奶牛的饲料问题,曾一度将划出的塔密大队大小2村、杜家营、跑马山划回给农场,农场一直保持着全民和集体两种所有制。1995年9月16日,农场投资1427.75万元对奶牛场实施技术改造,1999年2月1日通过验收,可日产鲜奶60—80吨,年产全脂甜奶粉、全脂淡奶粉、脱脂奶粉、婴儿奶粉等各类奶粉2500—3000吨,成为云南最大的乳制品企业之一。2005年农场完成改制。

**三农场** 1957年10月由分别位于市区北河埂、龙翔街的市服务局乳畜公司所属公私合营的第二、三牛奶场及原水产公司养鱼业务部分、官渡区红旗高级合作社的青龙乡5个自然村合并筹建国营昆明市东郊白沙河农场。1958年4月8日在白沙河水库东侧青龙村正式成立国营昆明市第三农场,时有职工263人、土地1440亩,其中耕地840亩。1958年7月1日官渡区方凹乡的7个村并入农场,1958年10月又将四农场(模范奶牛场)、七一农场(关上农场)、白龙寺等61个自然村、60个生产队及建筑队、农具厂、碾米厂、缝纫厂、窑厂及医院并入农场,并入后农场农户增至4745户、19519人(其中整半劳力8606人),土地53763亩(耕地26156亩)。1959年将席子营、小龙村、栗树头等地划给官渡区联盟农场,将菊花村划给403厂。划出后,农场内部包括54个自然村。1962年10月农场与并入单位按原数分开。分开后农场有土地1110亩,职工480人,奶牛1005头,果树9000株。1964年1月,为解决农场奶牛的饲料供应问题,将青龙大队5个自然村及白龙寺的长地埂并入农场。1966年4月1日,又将华侨庄建在白沙河水库边,并将在三农场中间的裕丰私营农场120亩果园和5名工人并入农场。自此,三农场主业是饲养奶牛,其次是水果生产、烤酒等。1988年,农场有土地1509亩(其中耕地979亩),职工856人,奶牛1392头,成为农(牧)业、工业(办有7个厂)、商业三业齐全、全面发展的综合性农场。20世纪90年代后,农场先后与香港佳丽塑胶电镀厂共同投资成立云龙食品工业有限公司,与美国佛罗里达州苗氏企业有限公司合资兴办云丽乳品工业有限公司,开发了雪糕、灵香草浸膏、酸角浸膏、皂角浸膏、三七浸膏、啤酒花町等新产品。2005年农场完成改制。

**海口农场** 1959年9月21日,为解决海口工矿区和疗养院鲜牛奶及副食品的供应,划出安宁县海星人民公社成立国营昆明市第四农场,后更名为昆明市国营海口农场,有土地300多亩,奶牛饲养是农场唯一的主业。1964年1月4日农场划归西山区,不久又划给市农林局。2008年农场完成改制。

**海埂"五七"农场** 成立于1970年5月7日,围海造田中的1万亩土地由农场经营管理。当年,按征兵条件分两期在市属6个郊县区农村青年、市区学生和五七干校知青中招收工人3800人,后又招收过一些。1971年,农场有职工4338人。农场场部设政工、生产、办事3个指挥组,下设3个营、13个农业连,另设采矿、采石、机械等7个直属连,配备干部126人。其中,农场党政主要干部由"三支两军"人员担任,其他干部由五七干校、市级机关、县区公社、转业退伍军人中抽调担任。农场生产经营方针是以粮为纲、多种经营,主业是农业,隶属市农林局。由于农场土地系围海造田而成,水位高,长年靠3台大功率抽水机抽水排涝,否则就无法进行生产。建场后种植过水稻、油菜、玉米、高粱、蚕豆等,另外还栽桑养蚕,结果都亏损,建场11年累计亏损1075万元。为保存农场、让职工能发出工资,1970年市革委会决定在海口马房村后山划出一片磷矿矿山给农场开采磷矿石,以维持农场生存。1980年前,农场的实际主业是磷矿石开采。1992年4月21日,昆明市春城农工商海埂公司划归昆明市城乡建设委员会旅游度假区,逐步成为滇池旅游度假区的一部分。

# 第五章　工　业

　　滇池流域近代工业的发展至今已有百余年的历史。1884年，清政府在昆明创立云南机器局制造军火弹药，拉开了昆明近代工业的序幕。之后，随着官僚买办资本的逐步扩展，由军事工业逐次扩展到其他相关领域，相继出现了造币厂、制革厂、官印局、邮政局、电报局等官办企业。官僚资本与民间资本相结合，出现了官商合办的股份型企业。1900年，昆明开始出现商办工业。1908年，滇池水运出现了商营小火轮，市内也开办了人力车公司。1910年创立的官商合办的耀龙电灯股份有限公司修建了全国第一座水力发电站——石龙坝发电站。1911年，滇池流域的民族轻、手工业已发展到包括火柴、面粉、玻璃、香烟、五金、制茶、药材加工、火腿罐头等行业，最多的火柴业已发展到4户，并有43处人工开采煤、铅、铜、铁、钴等小规模矿产企业。

　　辛亥革命后，随着商业的发展和内外市场的扩大，滇池流域的工业、手工业有了进一步发展。20世纪20年代，云南地方政府除开办兵工厂、造币厂、官印局、制革厂直接为军政当局扩军筹饷服务外，还开办了含五金、木器、电镀、搪瓷、毛织等5个专业的工艺厂。1935年创办的云南纺织厂成为当时规模最大的官办企业，后又设立了昆明电力厂，改模范工艺厂为云南五金器具厂。民族资本主要兴办了一些小型轻纺工业和日用品工业，火柴业、肥皂业发展较为迅速，药草工业颇有建树，本地火柴已全部取代了日产火柴，肥皂远销贵州、四川等地。当时的亚细亚药草公司、南华烟草公司也小有名气。抗日战争前夕，滇池流域采用机器生产的工厂已达50余个，分散的手工业作坊则达1200多户，一些手工行业如织布、织袜、毛巾、印染、成衣、皮鞋、印刷、木器、切黄烟、金银器皿，以及特种工艺品如滇缎、刺绣、牙雕、玉石工艺、斑铜器皿等曾一度兴旺。

　　抗日战争爆发后，外地工厂、学校内迁，大量资金、技术、设备和人才涌入昆明，促进了滇池流域工业经济的短暂繁荣，中央机器厂、炼铜厂、电工四厂、电工器材厂、53兵工厂、电力制钢厂、云南钢铁厂、光学仪器厂、昆湖发电厂、喷水洞电厂、裕滇纺织厂、云南烟厂等一批具有一定规模和设备的企业先后建立，民族资本开办的华新水泥厂、云丰造纸厂、元丰油漆厂、大光火柴厂、大成实业公司及所属的昆明化工厂、面粉厂、肥皂厂、炼油厂、电石厂等也相继出现，此外还从上海等地迁来了一批小厂小社，成为昆明工业的黄金时代。1940年，昆明地区主要的工厂企业（包括军工企业）已达80户，其中机器制造工业11户、冶炼工业6户、电器工业7户、化学工业25户、纺织工业18户、其他工业13户，对保证军需民用起到了一定的作用。抗日战争胜利后，随着工厂外迁，职工遣散，设备运走，资金和技术外流，滇池流域工业骤然走向低谷。1949年，全流域仅有工厂、作坊471户，工业产值仅5470万元。

　　中华人民共和国成立后，滇池流域开展了大规模的工业建设，取得了巨大的成就。1989年工业总产值比1949年增长148.5倍，年平均递增13.33%。2002年，昆明市做出进一步深化国企改革决定，用3年左右时间完成市属国有企业深化改革任务。以实现改制企业产权多元化为手段，把分立式改制企业规范为整体式改制；以减持改制企业国有股为手段，加快国有经济退出一般性竞争行业；以鼓励经营管理者持大股为手段，解决改制企业股权平均带来的行为短期化；以推进改制企业产权二次重组为手段，加快中小企业的民营化进程；以推进大中型企业上市、嫁接改造、破产重组为手段，实现企业股权结构的多元化；以落实职工配股让渡、设置经营者责任股等政策和鼓励非公经济参与国企改制为手段，实现国有股的有序退出。2003年，市八次党代会提出走新型工业化道路，实施工业强市的战略目标。2004年做出《关于推进新型工业化实施工业强市战略的决定》，颁布《昆明市推进新型工业化工业强市重点产业发展规划纲要》，明确重点发展烟草及配套、生物及医药、机械、能源、冶金、化工、光电子信息、农特产品加工八大产业，着力打造一批产业集群及产业基地。2008年后，昆明市委、市政府在工业园区建设、非公经济发展、新型工业化推进与发展新兴产业方面进行了大刀阔斧的改革，进行了一系列的制度创新，为昆明工业的跨越式发展提供了重要的制度保障。2015年，全市规模以上工业企业达到1013户，实现工业总产值2991.73亿元、增加值990.62亿元。

## 第一节　手工业

西汉初年，滇池地区各族人民已经掌握了纺织、制陶技术，青铜器的铸造已达到较高水平，手工业开始从农业中分离出来。唐、宋后，昆明作为祖国西南边疆的一个重要城市，手工业逐渐繁盛。明朝后，大量的江南和中原移民带来了先进的文化和生产技术，促进了当地手工业的兴起和发展。现存的金殿、永乐大钟、古幢和龙门石刻、圆通寺和曹溪寺的建筑，体现了元、明、清时代昆明手工业在金属铸造、木工建筑和雕刻造型等方面的精湛技艺和生产水平。清代，昆明手工业创造了许多生活用品和工艺品的名特产品如白铜面盆、铜锣锅、滇缎、乌铜走银、斑铜工艺品、象牙、玉石雕刻、羊皮金等，皆独具风格，享有盛誉。民国年间，昆明手工业有1924户，从业人数7209人。

中华人民共和国成立后，在党和政府的领导和扶持下，昆明手工业生产很快得到了恢复和发展，手工业的从业人数和产值从1950年的12887人、1792万元增加到1952年的14582人、2004万元。1954年，全市手工业发展到7358户、从业人员14085人、年产值3529万元，主要行业有粮食及副食品加工、日用化工、塑料制品、皮革及皮革制品、五金制品、铸造、文化体育用品、机械、电机、电器、汽车修理、木家具、农具、纺织、印染、印刷及装裱、纸制品、服装鞋帽、工艺美术、玻璃、石灰砖瓦、竹藤棕草制品等24个大行业，产值占全市私营和公私合营工业产值的30.65%。1961年后手工业进入一个黄金发展时期。1965年，手工业系统厂、社达到340个，职工有124232人，固定资产1991万元，花色品种增至3510个，产值为9374万元，占市属工业总产值的23.81%。1972年，手工业并入昆明市二轻局。

## 第二节　轻工业

1884年开办的云南机器局开始了滇池流域近代工业的萌芽。此后，云南官印局、制革厂等官办轻工业也相继出现。1910年滇越铁路的开通及洋货的进入，刺激了昆明轻工产品消费和生产，肥皂、日用玻璃、面粉、皮货加工、罐头食品加工等民办轻工业陆续建立。抗日战争时期，沿海一些工厂被迫迁来昆明，使轻工业有较快发展。

中华人民共和国成立后，接管、改造官僚资本和官商合办企业，同时大力扶持私营工业、手工业。1957年，轻工产品、产量均比中华人民共和国成立初期增长3—5倍，新建了电池厂、试制出保温瓶胆，生产门类增加。1962年，昆明市第二造纸厂在佴家湾成立。1964年1月，云丰造纸厂由公私合营企业改为地方国营企业。1978年党的十一届三中全会后，坚持创新驱动，以提升重点行业、龙头企业、主要产品的技术水平为核心，以做强做大、扶优限劣、抓特促精为重点，利用高新技术和先进适用技术改造和提高传统非烟轻工业，在造纸、橡塑、家具等重点领域加强对外合作和消化吸收，提高关键技术和装备水平，扩大现有优势，拓展市场领域，全面提升产业层次。强化质量品牌意识，引导企业科学制定品牌策略、广告策略、营销策略和价格策略，加大名牌创建力度，为名牌产品的市场开拓创造条件。积极采用新材料、新工艺、新装备，加强资源节约和综合利用技术的研究和应用，提高产品质量和档次，加快发展高附加值产品，培育新的经济增长点，创建一批具有市场影响力的知名品牌。2015年，滇池流域轻工业规模以上工业企业205户。其中，食品工业有云南嘉华食品有限公司、昆明统一企业食品有限公司、云南信威食品有限公司、云南绿华食品有限公司、昆明景润食品有限公司、昆明冠生园食品有限公司、昆明子弟食品有限公司、昆明冬冬食品有限公司、昆明珍茗食品有限责任公司、昆明恒沅食品工业有限公司等18户；包装印刷企业有云南华红印刷有限公司、昆明五彩印务有限公司、云南新华印刷实业总公司、云南福保东陆印刷股份有限公司、昆明市福保彩印包装厂、云南森翔包装材料有限公司、云南白象彩印包装有限公司、昆明喜之荣彩印有限责任公司、昆明富新春彩色印务有限公司等40户。

## 纺织业

滇池流域现代纺织工业始建于20世纪30年代。1934年云南地方政府开始筹建云南纺织厂，1938年建成投产。该厂设备从国外进口，拥有织布机60台、纱锭5200锭。抗日战争爆发后，棉布需求日增，1940年又建成裕滇纺织厂，总规模为纱锭2500锭；民族资本也纷纷投资开办小型纺织厂社和针织手工业作坊数十家。1949年，全市共拥有棉纺锭48196锭，织布机2114台，年产棉纱3.2万件、棉布1400万米、毛巾12万条，产量约居国内前十位，产值占全省纺织工业总产值的94%，占全市工业总产值的20%左右。中华人民共和国成立后，昆明纺织工业有了较大发展。1951年，首先扩建云南纺织厂，将原有3个简易厂房扩建为现代化的纺织车间，纱锭由原来的2.89万锭扩大到3万锭，织布机扩大到560台。同时，筹建云南印染厂，于1954年建成投产，漂染能力为1800万米，是全省第一个现代化印染厂，使纺织工业向前迈进了一大步。1957年纺织工业总产值达到7798万元，比1950年增长2.8倍，占全市工业总产值的19.44%。1960年纺织工业总产值达到1.18亿元，比1957年增长57.51%，1961年后，由于遇到暂时经济困难，纺织工业被迫大幅度调整。1965年纺织工业总产值比1960年增长9.1%。"文革"期间生产受到冲击，1976年纺织工业总产值比1959年减少7.8%。党的十一届三中全会后，昆明纺织工业发生了巨大变化，发展了化纤、涤纶产品，增加了棉纺、织机、毛纺、针织、羊毛衫等生产能力，使纺织工业发展成为棉纺、混纺、化纤、毛纺等行业基本齐全，化纤原料、纺织、针织、印染、加工基本配套，面料、装饰用布、床上用品、服装加工兼备的综合性工业体系。后轻纺受到市场经济激烈竞争的影响，大批企业停产、半停产甚至破产。2015年，滇池流域纺织企业仅存云南金花针织有限公司、云南纺织（集团）股份有限公司以及中轻依兰（集团）有限公司等为数不多的几户。

## 烟草加工业

**烤　烟**　1909年滇池流域开始烤烟种植。1940年，从山东、河南和南洋兄弟烟草公司引种美国弗吉尼亚金元品种，当年种植面积2000亩，总产1540担。1990年全市种植烤烟32万亩，1995年达到80万亩。1998年贯彻落实"双控两提高"精神，择优布局，扶优限劣，充分运用新技术、新科技，质量明显提高，全年种植烤烟53.73万亩，收购烤烟116.89万担，其中上等烟叶占22.5%、中等烟叶占66.6%、上中等烟叶占总量的81.2%，平均合格率为81.2%，被国家烟草专卖局评为全国烤烟生产先进地区。2015年，全市烤烟种植面积48.43万亩，收购烟叶141.06万担，国家局烟叶收购等级综合合格率83.44%。

**卷　烟**　由于云南烟叶质量高，带动了卷烟工业的发展。1922年创办了云南第一家机制卷烟厂——亚细亚烟草公司，生产"大观楼""大重九""公园"等牌号卷烟，但因工艺落后，多采用手工操作，年产卷烟仅数百箱，生产力十分低下。1942年，云南省政府批准组建云南纸烟厂，并于次年建成生产，成为当时技术、设备及生产规模相对较好的烟厂之一。中华人民共和国成立后，云南纸烟厂收归国有。1950年生产卷烟2.14万箱，上交国家税收41万元。1964年1月更名为国营昆明卷烟厂。昆明卷烟厂和春城卷烟厂生产的卷烟以"云烟"为龙头，包括"红山茶""茶花""大重九""春城""三七"等在内的10多个品牌，春城卷烟厂有"昆湖""环球"品牌。1981年5月国家对烟草实行专营，对烟草行业进行集中统一管理。1983年昆明市烟草公司、昆明市烟草专卖局成立。1987年昆明卷烟厂合并了昆明市烟叶复烤一厂（原云南烟叶复烤厂）。1991年"云烟"获得国优金奖称号，"云烟""红山茶""茶花""大重九"同时被列为全国首批名优卷烟；在全国首批14个名优产品中，昆明占了4个。1992年，根据市场竞争的需要，昆明市烟草专卖局、昆明市烟草公司、昆明卷烟厂实行"三合一"管理体制，3块牌子，一套班子，实现了农工商、产供销一条龙。1998年，生产卷烟129.3万箱，税收达56.83亿元，成为昆明最大的支柱产业和财政来源。2015年，烟草制品业完成工业总产值406.2亿元，同比增长2.7%；实现工业增加值318.14亿元，同比增长3.5%，占全市工业增加值的32.12%；利润总额290.75亿元，同比增长5.5%。

## 光学仪器

滇池流域的机械工业从清末开创至今已有百余年历史。抗日战争初期，内地迁往昆明滇池流域的中央机器厂和中央电工器材厂是国内制造工作母机和电器产品的重要企业，也是云南机床工业和电器工业的摇篮。2015年，滇池流域有光学仪器工业规模以上企业5户，分别是昆明远达光学有限公司、昆明晶华光学有限公司、北方夜视科技集团有限公司、昆明佳明光学有限公司以及昆明子创红外科技有限责任公司，主要集中在西山区。产品有显微镜、望远镜、微光夜视仪、变焦镜头等。

## 生物医药

云南药材资源丰富，享有"药材之乡"的美誉，已探明药材品种6559种，占全国药材种类的51.56%，其中植物药材6157种、动物药材372种、矿物药材30种，药材品种的数量和储量居全国之首。拥有一大批名牌生物产品，传统系列产品有云南白药散剂、云南白药胶囊、云南白药气雾剂、云南白药创可贴、云南白药片以及白药透皮吸收剂等剂型；三七系列产品有血塞通冻干粉针剂、注射剂、软胶囊等，络泰、健生灵、气血康、理血王等品牌；灯盏花素系列产品有灯盏花素注射液、灯盏花素片、灯盏花口服液、灯盏花冲剂、益脉康片等；青蒿素及蒿甲醚系列产品有蒿甲醚注射液、复方蒿甲醚片、蒿甲醚胶囊等。

1978年改革开放以后，滇池流域生物医药产业坚持总体布局、重点突破，依托研发和原材料优势，不断完善研发支撑服务，加快产品创新升级，强化品牌营销推广，支持企业跨国经营，以昆明国家生物产业基地为代表的一批生产、研发、创业等服务平台支撑体系不断完善。云南白药集团、昆明制药集团进入全国医药工业企业百强，滇虹药业、积大制药、圣火药业、龙津药业、生物谷药业等龙头企业具备了较强的技术和经济实力，一大批具有地方特色的三七系列、天麻系列、板蓝根系列、灯盏花系列、黄藤系列、丹参系列等云药知名品牌及优势产品再上新台阶。2015年，滇池流域生物医药制造业有规模以上企业58户，销售收入过亿元企业20户，昆明市已成为省内最重要的医药生产和流通基地。

# 第三节　重工业

## 磷、盐化工

滇池流域具有丰富的磷、盐矿产资源，已探明的磷矿资源储量22.77亿吨，占全省的58%；岩盐储量12.22亿吨、芒硝储量19.08亿吨，占全省的54.79%。经过多年的发展，昆明依托资源优势，巩固发展高浓度磷复肥，重点发展精细磷化工高端产品，在高浓度磷复肥、黄磷、热法磷酸、磷酸盐等磷、盐化工产品的开发方面已形成了完整的体系，建成了一批具有先进水平的大型化工生产装置，各项指标均处于国内领先水平，是全国重要的磷复肥生产基地。2015年，滇池流域有规模以上磷化工企业67户，培育了云南天安化工有限公司、云南磷化集团有限公司、云南三环中化美盛有限公司、云南南磷集团、云南祥丰金麦化工有限公司、昆明盐化股份公司等一批带动示范效应明显的龙头企业，使昆明成为全国重要的精细磷盐化工加工基地。

## 冶金工业

经过多年发展，滇池流域冶金产业形成了采选、冶炼、加工延压等全系列冶金企业集群，建成了以钢铁、铜、铝冶炼三业齐头并进的冶金产业发展格局，拥有昆钢、云铜、云铝、贵研铂业等一批国内外知名企业。着力推进冶金行业转型升级，重点推进高性能抗震钢生产建设，钢材产品结构得到改善；引导云铜集团、云铝股份、云锗高新等企业逐步向铜、铝、钛、锗等产品的深加工和延长产业链转变，形成上下游产品配套的产业体系。积极推进全市钢铁企业重组，钢铁行业冶炼企业从7户重组为2户大型钢铁集团。鼓励钢铁企业根据市场情况和自身发展需要调整企业发展战略，尽快退出已停产的产能。引导钢铁制造业与"互联网+"融合发展，与大众创业、万众创新紧密结合，实施钢铁企业创新改造发展。支持有条件的钢铁企业结合"中国制造2025""一带一路"建设契机，通过开展国内、国际产能合作转移部分产能，实现互利共赢。2015年，昆钢、云铜、云铝已分别形成年产钢600万吨、高纯阴极铜32万吨、电解铝40万吨的能力。

## 装备制造业

滇池流域装备制造业的发展有悠久的历史，早在1884年，清政府就在昆明创办了云南机器制造局，揭开了昆明机械制造工业的序幕。1949年，昆明官办的机械工厂有中央机器厂、中央电工器材厂、云南五金器具制造厂、裕云机器厂、五十三兵工厂、省建设厅示范工厂、救济院工厂7户企业。中华人民共和国成立后，国家对昆明机械工业给予了较多的投资，新建了一系列装备制造企业，机床、汽车、电工和内燃机等装备制造业有过辉煌的业绩，曾创造了全国制造业历史上的第一台2000千瓦发电机、第一台500匹马力发动机、第一台30—40吨锅炉、第一台电感应式坐标镗床、第一台电动仿形铣床和第一批光学仪器等。改革开放以后，昆明积极引进国内外先进技术和设备，装备制造业进入新的发展时期，形成了电机电器、仪器仪表、水电设备、汽车制造、重型矿山机械等具有比较优势、门类齐全的规模化装备制造产业。大型铁路养护机械、高效节能柴油发动机、数控机床、自动化物流设备、金融电子专用设备、光电子等高端领域产品的科技水平和市场占有率在国内外领先，创建了"云内牌"柴油机、"KEM电工牌"发电机组、"KH牌"精密轧机、"昆电工牌"电线电缆、"CY牌"和"昆机牌"机床、"昆船牌"仓储自动化物流系统以及"铁工牌"大型养路机械等一批国内知名品牌及云南省名牌产品。昆明云内动力股份有限公司企业技术中心被认定为国家级企业技术中心，有新能源汽车生产资质的企业2户，拥有24款新能源汽车车型，包括纯电动客车、油电混动客车、纯电动物流车、清洁卫生专用车等，年产能5000辆。昆明装备制造工业在坎坷曲折的发展历程中，为国家开发了大批新产品，形成了精密、节能、高效的特点，占据了国内外一定市场。在全国新开发的金属切削机床中，有138个品种规格是由昆明首先开发的。以精密为优势的数控、数显机床、低噪音车床、雕刻机、工具铣、精密测量设备和元件、精密板带轧机等产品在市场竞争中已形成一定能力。生产精密机床的昆明机床厂成为全国机床的两颗明珠之一。昆明机床厂为国家研发的洲际导弹制造了部分精密装备。激光计量技术的研究运用，使国家长度基准的精度达到国际先进水平。微电子技术和机电一体化产品（如加工中心、三坐标测量机、柔性制造单元等）具有一定的技术优势和基础，在精密机床制造、光学机械等方面处于全国领先地位。昆明烟草机械生产的发展也比较快，工业总产值达到全国同行业的51%，能进行成套生产，成为全国烟草机械四大生产基地之一，全国95%的烟厂使用了昆明生产的烟草机械。此外，重型机械成套设备、制糖设备、造纸机械、橡胶加工机械、建筑建材机械、人造板成套设备、矿山机械、化工机械等也展示出一定的优势。2015年，昆明有装备制造规模以上企业213户，被列为国家重要的装备制造基地。

# 第四节　工业园区

滇池流域的工业园区建设始于1992年。当年，设立了昆明高新技术产业开发区、昆明经济技术开发区和云南杨林县乡工业开发实验区，揭开了昆明市园区经济发展的序幕。2008年后，市委、市政府高度重视园区建设工作，制定出台《关于加快开发区及工业园区发展的意见》等一系列加快园区建设的政策措施，充分借鉴沿海发达城市规划建设工业园区的新理念、新体制和新机制，采取最特殊、最特别、最灵活的政策措施，强势发动，超常突破，全力以赴促进园区建设大突破、大跨越、大发展。无论是园区数量、开发面积、入园企业，还是园区的经济总量、经济效益、制度建设、运作机制、发展质量、社会效益等都步入快速发展轨道。坚持以调整优化工业布局为抓手，以提升园区承载项目能力为重点，以引导产业集聚为核心，推进园区基础设施改造提升，加快项目入园落地，推动园区提档升格。2015年，滇池流域拥有国家级高新区1个、国家级经开区2个、省级工业园区5个，其中昆明高新区、经开区在全省率先建成主营业务收入超1000亿元级园区，五华等园区主营业务收入超100亿元，呈贡信息产业园成为全省唯一的信息产业专业园区。

**昆明高新技术产业开发区**　昆明高新技术产业开发区成立于1992年，由5平方千米建成区和呈贡新区86.88平方千米高新技术产业基地2个片区组成。该区全面提出并打造服务受理零推托、服务事项零积压、服务部门零扯皮、服务质量零非议、服务对象零投诉和审批事项最少、交易成本最低、办事流程最优、创新环境最佳、高新效率最高的"五零五最"营商环境新举措，把优化服务环境作为重塑竞争新优势的重要突破口，投资创业的"磁石"效应日趋显现。2015年，新增各类市场主体3546户，其中新增企业1860户、新增个体工商户1686户。着力构建建设产学研柔性平台、孵化器催化平台、科技金融创新平台，推动园区发展，被科技部批准和认定为"创业苗圃—孵化器—加速器"科技创业孵化链条示范单位、国家技术转移示范机构、中国产学研合作创新示范基地。高新保税物流中心（B型）获国家海关总署等4部委批复。区内拥有高新技术企业180户，国家级创新基地17个，国家级工程技术研究中心、技术中心、重点实验室、研究院（所）国家地方联合工程研究中心共18个，院士工作站、专家工作站和博士后工作站24个，科技企业孵化器9个。"新三板"挂牌企业12户，上市企业10户。拥有中组部"千人计划"人选4人，云南省技术创新人才70人，获国务院特殊津贴人员12人，获云南省人民政府特殊津贴人员36人。积极推进园区特色产业集群发展。东方生物、名博包装、植物药业、生物谷灯盏花、理想药业、中国医学科学院医学生物学研究所（一期）等项目建成投产。以青蒿为原料的蒿甲醚系列产品，以灯盏花为原料的灯盏花注射液、滴丸等产品成为云南特色优势高技术生物医药的新锐。新材料及先进装备制造产业方面，国内3D打印领军人才卢秉恒院士在园区建立院士工作站，填补了云南省3D打印的空白；云南冶金集团创能铝空气电池落户高新区，填补了国家铝空气生产的空白。IT和现代服务业稳步发展，智能机器人、智能可穿戴设备、人脸识别、量子通信、卫星技术运用、云计算、无人飞机、电子商务等新兴产业的示范效应正在显现。2015年，全区实现营业总收入1680亿元，同比增长11.89%；一般公共预算收入18.05亿元，同比增长9.38%；规模以上固定资产投资116.85亿元，同比增长20.2%；规模以上工业增加值159亿元，同比增长9.8%。其中，园区生物医药、新材料及先进装备制造两大主导产业集群优势明显，营业收入分别占园区总收入的25%和53%；园区生物医药企业达247户，总收入达360多亿元。

**昆明经济技术开发区** 昆明经济技术开发区成立于1992年，2000年经国务院批准升级为国家级经济技术开发区，位于昆明主城、呈贡区、长水国际机场三角区域中心，国土面积11.8平方千米（含出口加工区2平方千米）。2008年5月托管阿拉、洛羊2个街道，实际管辖面积扩大到156.6平方千米，辖区总人口约17.7万人。经过20多年的发展，昆明经济技术开发区已开发建成面积34.5平方千米，形成了以开发区管理服务中心为核心，信息产业基地、出口加工区、现代物流园等"一核七园"的发展格局，集聚了以装备制造、电子信息、生物医药、食品饮料和烟草加工及配套为主导的产业集群，是云南省唯一集国家级经济技术开发区、国家出口加工区、国家科技兴贸创新基地和省级高新技术产业开发区于一体的多功能、综合性产业园区，在西部国家级经济技术开发区中已经跃居上游水平。2015年，实现营业总收入1320亿元，增长12.34%；工业总产值404亿元，增长5.76%；工业增加值117亿元，增长9.47%；规模以上固定资产投资137.01亿元，增长17.41%；一般公共预算收入29.81亿元，增长9.55%。

**嵩明杨林经济技术开发区** 嵩明杨林经济技术开发区的前身为嵩明杨林工业园区（1992年云南省人民政府批准设立的省级工业开发区），2013年1月经国务院批准升级为国家级经济技术开发区。园区距昆明主城34千米，距昆明长水国际机场直线距离仅12千米，是滇中新区和昆明空港产业基地的核心发展区。园区依托汽车制造及零部件配套产业、高端装备制造、新材料、食品饮料、信息产业等产业优势，重点发展航空枢纽服务、临空商贸物流及加工、跨境电子商务及离岸金融、先进装备制造、电子信息、新材料、生物技术、高原特色农业、医疗康体休闲和创新文化等产业，建成国家级产业基地2个、省级产业基地3个，"1+4"产业集群雏形初现。园区建成区面积达8.7平方千米，基础配套设施完备，已建成园区道路21条，总长35千米；建成标准厂房12.12万平方米，公租房1002套；引进了丹麦嘉士伯集团、康师傅集团、燕京啤酒等国内外企业219户，其中168户建成投产。2015年，全区一般公共预算收入完成1.86亿元，规模以上固定资产投资完成64亿元，规模以上工业增加值完成28.08亿元，进出口贸易额完成16500万美元，完成融资8.06亿元。

**五华科技产业园** 五华科技产业园由园西、红云、金鼎、泛亚科技新区、石盆寺、厂口6大片区组成，规划面积35.99平方千米，为省级重点工业园区。其中，园西、红云为建成区，石盆寺、厂口为待开发区，金鼎、泛亚科技新区为重点开发建设区域。园区通过科技、文化、智力和传统产业资源的有效聚集，推动产业集约化、集聚化、高端化发展，主要发展烟草加工及配套、软件和信息技术服务业、研发设计、文创等战略性新兴产业，形成了"一核、一带、五片区"的发展格局。现有国家高新技术企业54户，建筑生产企业64户，房地产企业58户，现代服务企业33户；有市级以上企业技术中心34个，专利申请量3000余项，园区企业250余个科技项目获得各级各类扶持资金9757万元。园区申报并通过了全省首家国家智慧城市试点、国家绿色生态城市、国家广告产业园，省级分布式光伏发电示范区，市级烟草加工及配套新型工业化产业示范基地，昆明国家级科技文化融合示范基地。2015年，园区规模以上工业主营业务收入360.07亿元，规模以上工业利税总额265.78亿元，销售收入888.14亿元。

**昆明海口工业园区** 昆明海口工业园区创建于2002年，是云南省70个省级工业园区之一。该园区辖12个社区，辖区面积174.37平方千米，总人口10余万人，规划建设用地面积55.91平方千米。海口是云南近代工业的摇篮，中国第一座水力发电站、第一挺机枪、第一架军用望远镜都诞生于此。海口磷矿资源丰富，磷矿石储量约3.4亿吨，矿体品位高、储量大和便于开采。海口风光秀丽，是有名的旅游疗养胜地。园区不断创新投融资机制,加快基础设施建设,优化发展环境,加快产业片区发展及结构调整,推动白鱼口旅游开发,力争把海口工业园区打造成为西部地区重要的精细磷化工、装备制造(含光机电)基地,云南统筹城乡发展和高端生态休闲旅游发展示范区。2015年,中以合作项目、云内动力新能源客车项目、玻璃深加工项目、中烟再生烟项目、正邦科技项目等一大批省、市、区重点招商项目入驻园区;园区(街道)地区生产总值41.61亿元,增长8.8%;规模以上工业总产值102.2亿元,增长13%;规模以上工业主营业务收入124.63亿元,增长13.67%;一般公共预算收入20851万元。

**官渡工业园区**　官渡工业园区位于官渡区东部和北部,由方旺片区(现代装备制造与物流产业园)、西冲片区(包装印刷产业园)、复兴片区(临空产业园)和小哨片区(航空保税产业园)4片组成,总体规划面积89.72平方千米;功能定位为西南最大的包装印刷产业基地、全国最大的航空保税港区和中国—东盟自由贸易先行区、亚洲最大的大型铁路专用设备生产基地和城市现代生态型工业园区,为省级重点工业园区之一。园区道路、水、电、气、通信、排污、骨干光纤网络等基础设施配套完善,重点发展大型铁路养护机械设备制造、临空产业和包装印刷3大主导产业,建设成为产业特色鲜明、配套设施完善、集约规模发展的现代工业园区,成为官渡区工业高端产业集聚区、民营创业区、工业要素承接区。2014年划归滇中新区管理。

**昆明呈贡信息产业园区**　昆明呈贡信息产业园区位于呈贡区大学城,规划面积约30.3平方千米,由万溪核心区、高校区、宝相科学区(含云白药片区)组成,呈"一园三区"开发格局,是云南省30个重点工业园区之一和全省唯一以大数据、云计算信息产业为特色的园区。园区具有交通、人才、医疗、生态优势,立足于国家"一带一路"倡议和发挥好"辐射中心"作用,依托高校产学研优势和呈贡新区产城一体化布局,着力打造辐射南亚、东南亚区域性国际信息服务中心、国家信息产业示范基地、云南省云计算中心和大数据中心、云南省信息产业发展高地和核心园区、云南省实施"云上云"计划的核心基地。2016年,园区有一批产业项目建成投入运营,主营业务收入达150亿元。

**晋宁工业园区**　晋宁工业园区成立于2008年3月,是省级重点工业园区,先后获批为国家农产品加工基地、云南省级新型化工业示范基地、云南省新型工业化精细磷化工产业示范基地、台湾农民创业园组成部分、云南省级生物产业示范基地、云南省五大物流基地、省级工业上山低丘缓坡示范点。2012年3月被省政府列入拟培育的30个销售收入超百亿元园区之一。同年8月被昆明市委、市政府列入拟培育销售收入超500亿的园区之一。2015年,有入园项目(企业)423个。其中,建成投产项目284个(规模以上工业企业户数达94户),在建和建成未投产项目75个,签约未开工建设项目64个;固定资产投资项目在库64个,其中工业固定资产投资项目58个;园区规模以上固定资产投资32亿元;规模以上工业总产值为123.5亿元;规模以上工业企业主营业务收入128亿元;规模以上工业企业利税总额15亿元;一般预算收入1.51亿元。

## 第五节　"中国第一"

1937年全面抗战爆发后,随着沿海和内地大批军事与民用工矿企业内迁云南,给云南工业提供了千载难逢的发展机遇,云南工业进入一个黄金时代,在省会城市昆明形成了海口、马街、茨坝、安宁四大工业区。为了支援前线,巩固后方,云南人民在极端艰苦的条件下,大力发展工业生产,创造出了中国工业发展史上若干"第一"的历史记录,填补了多项云南工业发展史上的历史空白。中华人民共和国成立后,昆明凭借相对先进的工业基础和人才集聚,又创造了多项"中国第一"。

## 中国第一座水力发电站

**石龙坝水电站**　是中国建设的第一座水电站，开创了中国水电建设的先河，被尊奉为中国水电站的鼻祖。该水电站位于滇池出水道螳螂川上段，距昆明市区70余千米，于光绪三十四年（1908）开始筹建，宣统二年（1910）开工建设，民国元年（1912）4月建成发电的1、2号机组共480千瓦，使用当时中国第一条自建最高电压23千伏、长35千米的线路送电到昆明市区。电站的主要工程有长55米、高2米的拦河石闸坝1座，长1478米、宽3米的石砌引水渠道1条及石墙瓦顶的机房1座，安装2台德国西门子公司生产的240千瓦水轮发电机组。电站建设前，工程由德商礼和洋行通过与美商慎昌洋行竞争获得承包权。云南省商会提出德商只负责引进勘测设计、建筑安装、施工管理等方面的技术及发送变电和装设电灯所需的设备器材，电站和输变电工程则在德国工程技术人员的指导下由中国工人自己建设。开工后，来自江苏、广东、广西、四川、湖南、江西、天津等省市的能工巧匠以及省内昆明、玉溪、通海、昭通等市县的汉族、白族、回族、彝族各族的土、木、石工共1000多人参加了建设。1911年10月30日工程建成并向昆明市区送电，结束了云南无电的历史。1923—1936年，石龙坝水电站又先后进行过4次扩建，装机容量扩大到2440千瓦。1943年5月开始再进行了第五次扩建，装机容量达到6000千瓦，机组的启动、调整、并列基本实现了自动化控制，石龙坝电站旧貌换新颜。

## 中国第一个大型机械制造厂

**中央机器厂（现昆明机床股份有限公司）**　于1939年9月在昆明茨坝建成投产，初设5个分厂，后扩大为7个分厂。抗战结束时拥有厂房40万平方米、设备623台、员工2500多人，是全国最大的重工业企业，主要从事机械制造和机床生产，被称为中国机床制造的摇篮，创造了中国机械工业历史上的280项第一。其中，生产了全国第一台最大的发电机（2000千瓦）、第一台最大的电动机（500马力）、第一台最大的发电锅炉（40吨），第一次完成装配制造汽车的工作，第一个建成铁合金炉炼制硅铁、锰铁，第一个制造出精密"块规"，第一个使用炉气氛控制技术进行高速钢淬火，第一个实现高强度铸铁工艺。此外，中央机器厂还培养出了大批第一流的机械工业人才。

## 中国第一根电缆

**中央电工器材厂（现昆明电缆集团股份有限公司）**　1939年在昆明马街正式成立。其生产的"电工牌"电线是中国自己生产的第一根电线，开创了中国独立生产电线电缆的历史，培养了一大批电工工业技术人才。该厂被称为中国电线电缆工业的摇篮，其产品包括电线、电机、电池、电灯泡4大类20余个品种。

## 中国第一架光学望远镜

**第二十二兵工厂（现昆明光学仪器厂）**　1939年1月在昆明南郊柳坝村建厂，后搬迁到昆明海口，员工最多时达1900人，是中国第一个军用光学仪器厂。该厂投产仅3个月，就试制成功一架6×30双筒望远镜,这是中国自制的第一台望远镜。之后,该厂又成功研制出炮兵用80厘米倒影测远镜、迫击炮瞄准镜、五角测远镜、指北针等军用产品,成为光学产品研制的基地,被称为中国军事光学事业的摇篮。

## 中国第一支青霉素

1944年9月5日,中国自行研制的青霉素在昆明高峣村诞生。第一批产品仅5瓶,每瓶5000单位,其中2瓶送往重庆,2瓶分送英、美两国鉴定均获好评,余下1瓶珍藏至今。第二批青霉素即进行了临床试验,由惠滇医院姚汉平医生选出外科创伤后血中毒症已治疗无望的数位病例注射青霉素后,均痊愈。以后又在昆华医院进行临床试验,效果甚佳。

## 中国第一飞机制造厂

抗日战争前,全国的10多家飞机制造厂和修理厂只能仿制一些飞机部件,利用进口发动机等机件进行组装。抗日战争爆发后,民国政府的航空委员会将这些工厂整合为4家全部迁往大后方,其中技术力量最强、设备最好、已成功试制出"复兴号"双翼轻型飞机的广东韶关飞机制造厂于1938年10月搬迁至昆明西郊眠山后昭宗村,成为中国第一飞机制造厂。抗战期间,该厂通过组装和仿制,制造出新复兴甲式初级教练机22架,并仿制苏联伊-15式双翼驱逐机30架、美式AT-6高级教练机3架,这些飞机都投入使用,同时还修理了一批战斗机和轰炸机。毕业于美国麻省理工学院航空工程专业的厂长朱家仁亲自主持研制了"研驱领"(XP-0)前掠翼战斗机,至抗战胜利共生产9架。同时,在朱家仁的主持下,该厂积极开展"蜂鸟"甲型单座直升机的设计制造工作,该机采用较为先进的共轴式双旋翼,后因材质不过关而失败。此后,该厂因生产任务渐少,人员陆续调离或回乡,朱家仁也调走,该厂于1948年底停产,厂内重要大型设备被运往台湾。1949年12月9日云南起义时,飞机厂留守处30人参加起义,第一飞机制造厂的历史画上句号。

# 第六章 商贸服务业

## 第一节 商贸业

明、清时期，随着社会生产力的不断发展，滇池流域在农业、手工业发展的基础上，城市商业和对外贸易逐步发展和兴盛起来。明代中叶以后，昆明亦成为各地矿产商云集贸易的城市。清代云南采矿业的规模较明代大得多，昆明手工业生产和商业又向前发展了一步，不仅是全省金属矿产的集散地，而且是大批金属制品的加工制作地，商品转售四方，贸易往来已相当活跃。自鸦片战争，特别是清光绪十一年（1885）中法战争后，法、英等帝国主义势力迅速侵入云南。清光绪三十一年（1905），清朝把昆明辟为商埠，昆明商务日益发达。清光绪三十二年（1906）云南省商务总会成立，入会的行帮计有59个，其中设有牙行的24个（旧社会介绍买卖从中取利的店铺称为牙行）、未设牙行的铺帮22个、外地客帮13个。行帮是商会的基层组织，一般由行业内组成，但有些行帮经营范围较广，并没有明确的行业界线。清宣统二年（1910）滇越铁路通车，随着商埠的开辟、海关的设置和铁路的通车，帝国主义势力长驱直入，昆明以丛山僻远之省一跃变为国际交通路线，外国商品大量倾销，"欧美全世界之舶来品，无不纷至沓来，炫耀夺目，陈列于市"。

1911年10月30日（辛亥年农历九月九日）云南举行"重九起义"，成立以蔡锷为都督的军都督府，结束了清王朝在云南的统治。1918年第一次世界大战结束后，欧、美、日等资本主义国家的商人纷纷来昆明开设洋行，倾销外国商品，"土货"生产日趋衰落，土杂货商店日减，洋杂货商店日增。民国十二年（1923），昆明有4000余家店铺（含84个自然行业），各类商业公司及商行36家，另有外商开办的洋行15家，商业从业人员约为1.5万人，占市区总人口的13%。后因云南军阀多次内讧，连年混战，兵连祸结，滇币贬值，市场紊乱，全省商业不振。民国十九年（1930）云南政局逐步稳定后，商业、贸易才转入正常发展。民国二十年（1931）省城（昆明）各行业帮改组成立同业公会并正式建立昆明市商会时，有同业公会80个，行号会员户数4450户，昆明的商品集散市场逐步形成，云南同外省及缅甸、香港（经越南）的贸易往来显著增加，洋货及上海、广州等地出产的商品如棉布、西药、煤油、五金、化工等日用百货源源运销昆明市场；云南的产品如大锡、石磺、皮毛、茶叶、猪鬃、药材、鸦片烟等外运数量也日益增多。民国二十六年（1937）7月抗日战争爆发，东北、华北大部分国土沦陷，作为西南重镇的昆明相对稳定，大量人口、工厂、企业、学校先后迁来昆明，城市人口骤增，工商业得到很大发展，云南一跃成为抗战后方唯一的国际通道，军需物资和进出口商品都集中于省会昆明，昆明的商业贸易顿时较前兴旺，食品、饮食、服务等行业的大小厂、店都有较大发展，一批与市场密切关联的工业如汽车修理、翻砂、铸造、五金、化工、建筑、建材、火柴、肥皂、纺织、卷烟等也应时兴办起来，促进了昆明商业的进一步发展。抗日战争中、后期，昆明作为大后方的重要地位日益显露，特别是民国二十九年（1940）太平洋战争开始后，美军进入昆明，国民党政府中央军也到滇西、滇南设防，昆明及滇西沿滇缅公路一线的工商业又有较快的发展，昆明与重庆、川中、广元、川东等地同时发展成为西南大后方8个工业中心区之一。1940年，昆明地区主要的工厂企业达80户，仅次于重庆和川中区，居西南第三位。在工业发展的同时，商业、贸易也有了较迅速的发展。随着滇缅公路的建成，打通了国际交通线，昆明成为与盟国保持国际联系的唯一通道，是西南大后方重要的交通枢纽，在很大程度上保障了抗战军需物资的供给和国际进出口贸易的往来。抗日战争时期，昆明的社会经济出现了跳跃式的发展，成为经济发展的黄金时期。抗战胜利后，随着工厂回迁、职工遣散、设备运走、资金和技术外流，昆明的经济骤然低落，市场开始出现萎缩、萧条。1946年，由于国民党发动内战，滥发钞票，通货恶性膨胀，投机倒把猖獗，民族工商业纷纷破产倒闭，大批工人、店员失业。1949年，云南民生凋敝、经济混乱，正当的商业只能维持惨淡经营，多数濒临破产。

中华人民共和国成立后，1950年，人民政府接管了昆明的官僚商业资本，对私营工商业进行改造，创立和发展社会主义商业，建立起来的国营商业是全民所有制性质的、新型的社会主义商业。初期的国营商业是在接管民国政府在昆明的中心信托局、茶叶公司、猪鬃公司、国货公司等官僚资本企业的基础上建立的"一揽子"经营的云南贸易总公司，其经营范围除由物资部门管理的重要生产资料外，几乎无所不包。同年，成立昆明市工商行政管理局。1954年成立昆明市商业局。后随着部门分工的发展，有些业务从商业局系统统一管理的国营商业中划出去，商业局系统的国营商业本身也进行专业划分，分别设置若干专业公司，逐步取代和控制了私商的批发业务，巩固和加强了国营商业的地位。

1953—1957年第一个"五年计划"期间，昆明市商业部门贯彻执行党在过渡时期的总路线，国营商业作为执行对私改造的主要业务部门，对私营商业实行了利用、限制、改造的政策，与有关部门密切配合，通过委托加工、计划订货、统购包销、经销代销、公私合营等形式，于1956年基本上完成了对私营工商业的社会主义改造，未组织起来的部分小商小贩仍保持自营。在坐商、行商中，有的自动停业，按归口改造和管理原则转到其他行业继续进行归口管理和改造。随着对私改造任务的基本完成，初步形成了以国营商业为主导、合作商业为助手、个体商贩及农村集市贸易为补充的社会主义商品流通体系。由于国民经济各方面的比例比较协调，工农业生产迅速发展，城乡商品购买力有较大增长，市场商品供应比较充裕，物价稳定，人民生活有较大改善。1958—1978年，昆明市的商业经历了艰难曲折的道路。由于受"左"的思想影响，国民经济长期徘徊不前，生产发展缓慢，商品供应不足。特别是在"大跃进"和"文化大革命"中，商业工作遭受了严重挫折，商业机构被大量撤并，撤销市级国营专业公司，成立商业、贸易、食品、福利、蔬菜、郊区商业6个局；集体、个体商业被急于"升级""过渡"，集市贸易被关闭，形成了国营商业实质上的独家经营；市场物资短缺，商品供应紧张，市场萧条，非国营商业的经济成分已经处于无足轻重的地位。

1978年党的十一届三中全会后，全党将工作重点转移到经济建设上来，昆明市的商业工作也进入了新的历史发展时期，放宽商业购销政策，调整社会商业结构，恢复和发展多种经济成分和多条流通渠道，对商品流通体制和商业企业管理体制进行了多方面的改革。1979年后，陆续提高农副产品的收购价格，调整收购政策。1979—1983年，全省农副产品收购价格水平提高了26.4%，平均每年递增4.8%。1981—1983年，省人民政府先后两次发出文件，缩小农副产品统购、派购品种的范围，合理规定收购基数，实行开放贸易，允许多渠道经营，完成国家统一派购任务以外的农副产品均可自由上市。1983年牛、羊退出派购，实行议购议销。1985年1月22日取消肥猪派购，放开价格，实行自由交易。后蔬菜取消统购包销、实行多渠道经营，直至全部农副产品的购销放开。1979年后，昆明市商业系统对流通渠道和商业体制逐步进行了改革。一是调整社会商业结构，在国营商业占主导地位的前提下，恢复和发展多种经济成分和多种流通渠道；二是改革商业批发体制，对部分三类工业品试行定购、选购。1980年后，取消对工业品的统购包销，根据商品的不同情况分别实行统购统销、计划收购、订购和选购，初步改变了国营商业大包大揽的状况。1982年后，商业接受工业委托，开展了代批代销业务，并同工业合作组织联营联销。1984年，根据商业部意见，适当缩小了指令性计划品种范围；为利于流通，在工业价格管理上也采取了固定价、浮动价和企业协商定价等多种灵活的方式。1985年后，突破一、二、三级批发到零售的商品流通顺序，改变固定供应区域、供应对象、倒扣作价率的"三固定"分配式的供应办法，实行开放经营；逐步改进和完善商业企业的经营机制，使企业成为相对独立的经济实体；在国营商业零售企业中划小核算单位，按照所有权与经营权适当分离的原则实行改、转、租的经营办法；改变长期实行的国营商业和供销合作社按城乡分工的老体制，实行城乡通开，初步解决画地为牢、流通不畅的问题；开辟新的流通渠道，开展多种形式的跨地区、跨行业的横向经济联合，实行开拓经营。将省管的百货、文化、针纺、五金交电和化工等5个二级批发站下放市管，与市属的百货、针纺、五交化公司对口合并，并按站、司合一，专业划细的原则组成百货、文化、纺织、针织、五金、交电、化工7个专业公司，在国营商业占主导地位的前提下，多种经济成分、多条流通渠道、多种经营方式并存和少环节、开放式的社会主义商品流通体系逐渐形成和不断完善，城乡市场呈现出一派繁荣景象。当年，工业品全部取消统购包销，计划分配商品由188种减为23种。

21世纪后，随着昆明城市建设步伐的加快，昆明大型零售商业体系、超市网络体系、批发市场体系、特色专业街区体系、专业市场体系、农产品市场体系、农场市场体系7大市场体系逐步完善并日益成熟，昆明市商业中心、贸易中心的功能不断增强。

## 第二节　现代城市综合体

随着城市的快速发展，滇池流域新的商业业态不断涌现，适应现代大众消费需求，集时尚购物、娱乐休闲、餐饮、商务为一体的现代城市综合体的建设成为一种必然。1978年改革开放后，这一商业业态得到极大发展。

### 新纪元广场

新纪元广场的前身为昆明百货大楼，位于东风西路近日公园。昆明百货大楼建成于1959年，简称"昆百大"，是中华人民共和国成立后国家兴建的第一批大型商业企业，业态是纯粹的百货卖场。根据昆明冬暖夏凉的气候特点，结合中国传统文化，该大楼被建成"八面风"样式的坐北朝南大楼，楼高4层，建筑面积1万平方米，是昆明市十大标志性建筑之一。1984年，昆明百货大楼进行了第一次大规模翻修，将原来的4层楼加建为5层。1978年改革开放以后，昆明百货大楼的业态和经营模式逐步进行改革。1993年，在老百货大楼对面新建了高28层的新百货大楼——新纪元广场。新的昆明百货大楼落成后，一种崭新的业态出现在消费者面前，这里不仅是购物的天堂，也是餐饮、娱乐的场所。

## 新西南广场

新西南广场的前身是西南商业大厦，位于昆明市繁华商业区长春路与青年路交会口，占地26亩，总建筑面积6.85万平方米，1994年10月1日建成营业，是云南最大的零售商场。后由于体制限制、设备陈旧、管理滞后等种种原因陷入经营危机，2000年开始衰败。2003年华夏西部投资公司收购了西南商业大厦，开始了向"百大新西南广场"的大转身。2005年2月5日新西南广场开业，它携百盛百货、肯德基、百大家电、百大珠宝、百大鸿城店重新亮相青年路。改造后开业的新西南广场规模超过10万平方米，在底层设有超市，内部还设有餐饮、娱乐、影院等设施，从原来的购物为主的大卖场发展为集购物、休闲、美食、娱乐为一体的综合性ShoppingMall（超级购物中心），新西南广场引领昆明CBD核心商圈的发展潮流，成为云南省第一个真正意义上的购物中心。

## 顺城购物中心

顺城购物中心位于昆明市中心，于2009年建成。该中心北临昆明东西向主干道东风西路，与南屏步行街相连，南邻金碧路，东侧为新纪元商务大酒店。顺城购物中心把原本比较分散的近日商圈、青年路商圈和昆都、小西门、三市街等连成片，真正形成一个核心商圈，成为集购物休闲、旅游观光、餐饮娱乐、高档公寓于一体的昆明城中之城、时尚之城、"昆明城市新名片"，引领整个昆明市中心的城市建设、商业、商务升级。

## 南亚风情·第壹城

南亚风情·第壹城建筑面积9.8万平方米，于2012年3月23日建成开业。H&M、优衣库、CK Jeans、GUESS等时尚大牌，Esprit、Columbia、VERO MODA、百丽等潮流休闲服装品牌，和以纯、生活几何、卡丹路、班尼路、佐丹奴等街头休闲品牌集中分布在1、2、3楼，4楼则是云南面积最大、集合度最强的儿童天地，分布着美吉姆、爱宝贝、天空之城等儿童业态。5楼是时尚餐饮，引入世界各地风味美食大赤门、莱茵春天、外婆桥、蒙自源等。娱乐休闲业态在6、7楼，有保利国际影城、TOP ONE KTV、胡润造型、博塑健身会所等。地下1层为家乐福超市大卖场，总面积2.1万平方米，是家乐福集团在云南的旗舰店，也是西南地区最大的店。

## 世纪金源购物中心

世纪金源购物中心是世纪金源集团倾力打造的第三家大型ShoppingMall（超级购物中心），位于昆明市官渡区，总建筑面积53.5万平方米，是西南地区单体面积最大的购物中心，总投资23亿元人民币，2009年9月29日建成开业。购物中心分为3大区域，A区在项目的左边，以居然之家、苏宁电器、茶叶市场、世纪数码广场等专业化卖场为主要业态；B区位于项目的中间位置，包含有"车立方"汽车专业卖场、世纪珠宝城、美食天地以及17.5影院等主要业态；C区则在项目的右侧，汇聚了家乐福、肯德基、华夏银行、万尚百货等知名商家。

## 北辰财富中心

北辰财富中心位于北京路与北辰大道交会处，2007年建成开业，是城市综合体，包括529套电梯公寓、近300套商务寓所、近3万平方米写字楼、近1.5万平方米商业街区和近1.7万平方米的文化休闲区。E、F、G栋是整个财富中心的核心地段，位于十字路口，在城市节点建设城市景观——水景广场及标志性建筑G栋，吸引及聚集人流，拉动了整个片区商业氛围。

## 昆明广场

昆明广场为昆明地铁商业综合体，建筑面积9万平方米，2014年12月12日建成开业。269米的世界百强摩天大楼——"昆明269"标志了昆明的高度，城市约会地型购物中心标志了昆明的潮流和时尚，为昆明第一个精致时尚前沿和独一无二的集休闲娱乐、时尚餐饮、购物体验为一体的超级购物中心，力求满足于区域性对于家庭、时尚、休闲、生活4大功能的需求，升级区域生活品质，成为北市区的生活中心。6楼有依佐拉烤肉、飞扬铁板烧、桃香日本料理、耀华力泰国菜等6大餐饮品牌；5楼则汇聚了俏江南、老东粥皇、表哥茶餐厅、汉拿山、曼越香等16个时尚餐饮品牌；4楼有海底捞，还有花生书屋、猫的天空之城以及悠游堂儿童游乐，其他还有Q+Life精品超市、无印良品、生活方式、玩具反斗城、迦南美容会所等品牌。

## 昆明西山万达广场

昆明西山万达广场位于西山前兴路（老海埂路）下穿隧道口，2014年10月31日建成开业，总建筑面积70万平方米，总投资100亿元。广场包括商业中心、超五星级酒店、城市步行街、超5A甲级写字楼等，总商业建筑面积10万平方米，引入万达百货、华润万家、万达影城、大玩家超乐城等主力店。购物中心拥有5000平方米室外广场，总面积2.2万平方米的城市酒吧街。项目南侧中央广场将由万达集团投资建设具有国际一流水准，同时也是昆明首个大型中央城市音乐喷泉。

## 爱琴海购物公园

昆明爱琴海购物公园位于南市区核心区域，地处广福路中段滇池板块省级行政区内，紧贴广福路、滇池路、前卫西路3条交通主干道，交通方便快捷，于2014年12月20日建成开业，集生活、购物、美食、休闲、娱乐、时尚、运动7大主题功能为一体，更多地融入了时尚化和国际化新元素，倡导精致生活和快乐体验，商业形态彰显时尚品位与优雅格调，引领全新的生活方式与消费潮流，为中高端时尚家庭购物中心。商业项目总建筑面积约16万平方米，其中11万平方米为购物中心主体建筑、5万平方米为周边商业街，与其周边商业、文化、休闲、观光功能互补和提升。内置家乐福超市、红星太平洋4D影城、特斯拉、ZARA、GAP、优衣库、Tommy Hilfiger、CK、歌友会KTV、世纪星真冰场、蚂蚁王国儿童天地、俏江南、星巴克、汉堡王、曼越香越南菜馆、汉拿山、黄记煌、飞阳铁板烧、年轮菜馆、那一家时尚餐厅、伊千零一夜、台北帮厨、卡芭纳意大利餐厅、都喜蕃居食屋、一朵云彩汽锅餐厅等。

## 欣都龙城

欣都龙城位居城市中轴北京路与北辰大道的黄金交会点，建筑面积10万平方米，包括财智中心、VCPark、创享生活寓所3大产品，是兼具商业、商务、商住等多功能的大型综合性地产运营项目于2013年12月16日建成开业，在L0层下沉式广场的两边，业态以品牌服饰为主，VERO MODA、H&M、佐丹奴、D.dot、热风等品牌由外向内依次可见。品牌服饰的主要集中区域则是L1层，阿玛施、MONKI、优衣库、M2M、ONLY、斯莱德、百丽map等品牌都分布在这一层。喜满客影城和天空之城占据了项目1栋的3层和4层，周边配以遇见书咖、百分号生活货栈等部分生活百货类业态。铁板先生、老东粥皇、拿渡麻辣香锅、味千拉面、卤婶汤太公、三根葱等30多个不同种类的美食品牌，在L0层2栋部分的中庭里面还有独具特色的美食城，有酸奶冰淇淋、快乐番薯、火山拉面、连沫泰国料理等特色小吃。

## 七彩ME TOWN

七彩ME TOWN位于昆明市核心区南北主干道白塔路两旁的七彩俊园，是七彩俊园的商业部分。项目东临一环路，西通北京路，南临人民东路，北至穿金路，地理位置优越，交通极为发达，为汇聚商务、居住、酒店、购物、餐饮、休闲、娱乐等多功能为一体的大型综合体项目，建筑面积8万平方米，2013年5月25日建成开业。一楼汇聚了优衣库、无印良品、MANGO、NewBalance等众多时尚主力品牌，同时还有ESPRIT、CK、天梭等时尚品牌助阵。二楼有杰克琼斯、ONLY、LaChapelle、HONEYS、热风等潮流风尚品牌。三楼则有卡通爱乐园、迪士尼生活馆、凯米宝贝、东方爱婴、时光机儿童摄影等儿童业态品牌。还有位于四楼的TOP街舞培训基地，以及位于五楼的耀莱成龙国际影城。另外还有伊佐拉巴西烤肉、曼越香越南菜馆、湘村馆、飞扬铁板烧、辣尚瘾、黄记煌、老东粥皇、龙门鱼府、仓家桥日式料理、小虎哥健康火锅、第一回清真菜、嫡炉火锅、赖客巴厘泰国餐厅、MELLOWER咖啡学院、茗记甜品等各具特色的餐饮品牌。

## 沃尔玛购物广场

沃尔玛购物广场由世界零售商业巨头美国沃尔玛公司于1999年建成经营。2015年，沃尔玛公司在昆明共有12家门店，门店大多都是占地1万平方米以上的大型卖场，除经营日用百货外，还经营超市。

## 家乐福购物广场

2002年9月27日，首家家乐福门店进驻昆明世纪广场。2015年，家乐福在昆明共经营10家门店。在世纪城开业的家乐福门店面积达2.6万平方米。零售业态主要包括大卖场、超级市场、折扣店、便利店、仓储式商店与电子商务。

# 第三节　批发及新兴市场体系

1979年后，滇池流域商贸业实行改革、开放、搞活的方针，市场日趋繁荣，大批新兴市场应运而生。1985年，昆明商业系统有工业品贸易中心8个、副食品贸易中心4个、贸易货栈1个和蔬菜交易市场4个，恢复和开办了120多个城乡农贸市场和工业品交易中心，省内有15个地州和部分县在昆明设立了各类商业贸易窗口126个。2009年，昆明主城区共有批发专业市场114个，总营业面积419.22万平方米。其中，消费品市场108个，生产资料市场6个。2015年，昆明建成农产品批发市场42个，其中国家级涉农产品重点批发市场8个。

## 昆明螺蛳湾国际商贸城

昆明螺蛳湾国际商贸城坐落在官渡区彩云北路与广福路交会处，地处衔接呈贡新城区与老城区的昆明东南板块，其前身为始建于1980年的螺蛳湾日用商品批发市场（含云纺商业区）。该商贸城由一、二、三期工程组成，作为2008年省、市重点招商引资项目，已成为面向西部地区和东南亚、南亚、中东，集中国乃至世界的名品、精品的特大型国际商贸展示中心、交易中心、流通中心。

一期市场于2008年9月28日开工建设，次年12月16日正式开业，总用地面积860.1亩，建筑面积150万平方米，有2.3万个商铺，约有7万人在市场经营、就业。该市场根据市场需求进行了全面的业态定位和划行归市，凸显专业规范。5层楼高的商铺汇集了服装、鞋、皮具箱包、针织、工艺品、日用百货等26种业态、数万种商品。其中，市场一楼主营服装零售和批发，包含牛仔服饰区、中老年服饰区、休闲运动服饰区和时尚潮流服饰区等分区；市场二楼由童装、品牌童装、鞋帽、西服、衬衫、皮具箱包、羊毛衫、旅游鞋、皮鞋皮靴及鞋类配件等业态组成；三楼市场提供服装、羊毛衫、工艺品、文体用品、玩具、日用杂货、饰品、护肤美容、小五金、电子电器、针织等十余种业态的货品采购服务；四楼则专营毛线、帽业等纺织品展售；五楼为商贸城各业态的综合品牌展厅，提供各种业态云南总代理的综合展示销售服务。市场呈现了商贸城365天天天参展的国际小商品博览会盛况，日均人流量达15万—20万人次，日营业额超过1.5亿元。

二期市场200万平方米主体市场于2010年12月开业，形成国际数码文化城、旅游购物中心、酒店用品城、国际风尚中心、海外国家馆等五大特色主题购物中心，以及综合商贸馆、厂家直销中心、名品商店街等多元商业形态。汇集家用电器、手机通信、钟表眼镜、珠宝玉器、民俗文化、云南特产、茶叶、花卉、酒店用品、品牌服饰、海外进口商品等逾20个大类、近2000个品种的数百万种商品集中展示、交流、贸易，初步实现了"打造泛东南亚第一商贸圈"的发展战略目标。同时，为提升整个商圈商业品质和功能体系，实现商圈往品牌化、都市化、国际化方向的战略提升和转型，建设了总建筑面积约90万平方米的5A甲级写字楼、铂金五星酒店、精装商务会馆及精品SOHO、二期配套仓储园区等一大批配套商业设施。

三期市场于2013年11月8日建成开业，是螺蛳湾国际商贸城的收官之作，总建筑面积约500万平方米，包括三期主体市场、中央商务区、回迁安置房项目三大板块。三期主体市场总建筑面积约230万平方米，吸纳来自全国约3万户商户、15万人入驻经营建材、陶卫、灯具、家居、家具、床上用品、中药材等20余个大类，将建成大型国际家居博览中心。此外，70万平方米物流仓储区和175万平方米生产加工区已建成投入使用。

## 昆明商品中心批发市场

昆明商品中心批发市场又称昆商市场，是1996年经贸易部、省政府批准成立的云南省唯一的国家级、综合性、高层次的商品批发市场。昆商市场从起步起就在食糖流通领域引入电子商务技术、统一管理制度、物流配送服务三者于一体的食糖电子交易模式，实现了食糖流通的经济、安全和便捷，全国有27个省、市的食糖客商参与交易，参与面是其他市场的2倍以上，食糖交易量占全国食糖销量的10%左右。

## 呈贡龙城蔬菜批发市场

呈贡龙城蔬菜批发市场坐落于呈贡区老城西南边紧靠昆洛公路旁，于1993年7月1日建成投入使用。该市场占地面积42135.5平方米，建筑面积（棚顶）3772平方米，建有高温、低温、恒温冷藏库7600平方米，大型电子屏幕、电子监控系统、信息网络、微机结算中心、快速农残检测等设备一应俱全，主要经营蔬菜批发，兼营干鲜蔬菜、水果、肉类零售。其中，蔬菜有13大类、140多个品种，日上市成交蔬菜25万—40万千克。1995年，市场蔬菜交易量为139511吨，成交金额8903万元，占昆明市区市场蔬菜销售量的40%左右，蔬菜除供应昆明市场外，还远销全国20多个省、市和香港等地区，是全省最大的蔬菜批发交易集散地。

## 昆明市活猪贸易中心

昆明市活猪贸易中心创建于1991年，位于昆明东郊金马寺。在激烈的市场竞争中，中心采取用放水养鱼、筑巢引凤的办法积极培育引导市场，引来大大小小执木杆称卖肉的肉老板，留住长途贩运屠宰批发的猪老板，率先打破国有食品企业一统天下的经营模式，展现了多种经济成分并存，国有、私营、个体在同一起跑线上公平竞争、共撑猪肉大市场的喜人景象。经过一期兴建，二期、三期改扩建工程，中心已逐步发展成为云南省规模最大的、立足省会中心城市、辐射全省、面向全国的，集屠宰、交易、加工、批发于一体的综合性猪肉批发市场，日屠宰能力1500头以上。

## 昆明粮油批发市场

昆明粮油批发市场是为了适应市场经济的建立和粮油购销体制改革的需要，经市政府批准兴建的一个以粮油交易为主、配套服务设施齐全的区域性粮油专业批发市场。该市场地处五里多，占地面积30余亩，设有200余个交易摊位，拥有2万平方米营业面积及3000余平方米仓容，于1993年6月建成开业，为昆明地区最大的粮油交易市场。市场坚持公开、公平、互利、互惠、高效的原则，以依靠全国、确保昆明、服务全省的经营宗旨，积极拓展粮油购销业务，与全省各地州市粮食部门结成了密切的购销网络，经营业务辐射至全国28个省市，为搞活流通、调节供求、平抑粮价、调控市场发挥着积极的作用。

## 昆明斗南花卉交易市场

昆明斗南花卉交易市场位于呈贡区斗南街道，占地面积74亩，于1998年8月18日动工建设，总投资近1亿元，建成了功能齐全的综合鲜切花交易大厅、玫瑰交易厅、车花交易厅、精品花交易区等。市场的建成和健康运行，为广大花农、花商和从事花卉产业的企业提供了一个较好的交易平台。每天约有1万人次进场交易，日上市鲜切花66个大类、300多个品种、400万—600万枝，日成交额350万—550万元。每天有280余吨鲜切花通过航空、铁路、公路运往全国60多个大中城市，部分出口日本、韩国及东南亚等周边国家或地区。

## 昆明国际花卉拍卖交易中心

昆明国际花卉拍卖交易中心位于呈贡区斗南街道，于2002年12月20日建成投入运行。该中心拥有2万多平方米的交易场馆、300个交易席位、3个交易大钟及相关配套设施，有信息、交易、储存、商住、金融、空运、技术咨询等多功能系统，已形成了以玫瑰、非洲菊、满天星、康乃馨为主，其他100多个品类为辅的鲜切花交易产品群，每天凌晨2—3点开始交易，6—7点达至高潮。交易产品已进入到以北京、上海、杭州、深圳、沈阳为中心的国内高端市场，以泰国、日本、新加坡、俄罗斯、澳大利亚等30多个国家和地区为主的出口市场，以福建、武汉、乌鲁木齐、济南、郑州为主的中低端市场。交易后的花卉由汽车运到机场、车站托运，最早的一批鲜花，每天早上就能运抵北京。2015年，斗南国际花卉拍卖交易中心鲜切花交易量超过57亿枝，日均1568万枝，有500吨—700吨的鲜切花销往全国80多个大中城市、出口到50多个国家和地区。

# 第四节 对外贸易

云南与缅甸、老挝、越南接壤，国境线长达4060千米，有国家级口岸17个、省级口岸7个，通道86条。滇池流域的昆明是云南省会，优越的地理位置使昆明从远古以来就成为中国西南地区重要的对外贸易通道和物资集散地。

## 古代贸易

公元前4世纪，中国就开通了一条由四川成都、雅安、西昌、宜宾等地经云南大姚、昭通、曲靖、昆明、大理、腾冲到达缅甸、印度的南方陆上丝绸之路，印度、大秦、缅甸等国经过昆明进入中国的商品有金、银、光珠、琥珀、轲虫、琉璃、孔雀、翡翠、大象等，从内地经昆明输出的主要商品有丝绸、蜀布、邛杖、金属制品等。随着对外贸易的发展，昆明逐渐成为物资集散地。

## 近代贸易

1840年爆发的鸦片战争，使中国开始沦为半殖民地、半封建社会。法国通过1883—1885年的中法战争取得了在云南开放通商口岸进入陆路通商的特权。光绪十五年（1889）8月25日，法国强迫清政府在蒙自开关。光绪二十三年（1897）1月2日在思茅开关，同年7月1日在河口开关。光绪二十八年（1902），英国强迫清政府在腾冲开关。光绪三十三年（1907）8月，昆明自辟商埠，设立商埠清查局，宣统二年（1910）改为商埠总局。商埠界址以原火车南站、得胜桥、塘子巷一带为中心，东边到状元楼外，西边到三市桥，南至双龙桥，北到桃源街口，周围约6千米，允许外国人在商埠界内租地居住。

开埠通商后，外国商品涌入，贸易量数倍、数十倍增长。从蒙自关进口的货物主要有棉纱、棉花、匹头、煤油、烟草、瓷器、纸张、海味、染料、干果等260多种。外国商品的倾销，给昆明传统市场带来无情冲击，传统手工业、传统商业贸易日渐萎缩，大量金钱滚滚流出。与此同时，开埠也使昆明对外贸易日益扩大，一些行业如昆明手工纺织业在洋货的刺激下发展起来，织布机大幅增加，促进了昆明手工纺织业的兴旺。1910年4月滇越铁路开通后，昆明"以从山僻远之省，一变而为国际交通路线""欧美全世界之舶来品，无不纷至沓来，炫耀夺目，陈列于世"，昆明取代蒙自成为全省对外贸易中心。昆明从传统的辐射力较小的区域性商业中心逐步变为中国西南地区与东南亚国家间的贸易枢纽和商品集散地，日渐成为店铺林立、商贾辐辏的繁富之区。市区人口从1910年的9.6万人增加到1936年的14.5万人。三市街、金碧路成为商业中心，市区范围得到拓展。到1935年，昆明有商号5542户，从业人员12586人。1936年，昆明全年贸易出口总额达到455万元（新滇币），而进口则为出口的10倍多。抗日战争期间，昆明成为全国沟通内外的重要战略枢纽。以昆明为起点的滇越铁路（在越南被占领前）、滇缅公路、中印公路以及在最艰难时期开辟的"驼峰航线"、中印输油管道成为中国与国际联系的重要通道，大批外国援华物资通过这些通道源源不断地运到昆明中转至全国。其中，1937—1941年滇越铁路货运量达150余万吨，运送人员300余万人；1939—1941年滇缅公路运入的物资达2215万吨；"驼峰航线"存在的3年多时间里，中美航空队共计运输物资72万吨，损失飞机468架，牺牲1500多人；中印输油管道开通的半年时间里，输送各类油料10万余吨。通过上述国际通道出口的主要商品有大锡、钨砂、生丝、皮革、猪鬃、桐油等；进口商品主要有棉货、油料、车辆、机械工具、建筑材料、香烟等。

## 现代贸易

中华人民共和国成立初期，昆明进出口贸易基本由私营企业经营。1952年后，随着国家对外贸易管制的实行，大部分由国营专业外贸进出口公司经营。20世纪50年代中期，社会主义改造完成后，进出口业务完全由国家统制，昆明地方产品大部分调往上海、广东等口岸出口，进口则由国家统一组织或由广东省有关进出口分公司代理。在计划经济时期，昆明外贸基本是按照指令性计划组织收购、调拨、供应出口。1955年，昆明私营进出口企业共有私商49户（其中坐商37户、行商12户），国内从业人员299人，全行业进出口贸易额120.9万美元，多数企业处于停顿状态。1956年1月20日，经昆明市委批准，对昆明私营进出口企业实行全行业社会主义改造，成立了公私合营昆明进出口公司，对外贸易获得迅速发展。同年8—12月，省外贸局和省进出口公司给公司下达进口33万美元、到货25万美元的任务，实际完成37.95万美元、到货29.45万美元，缴纳利润12.9万元人民币。1958年10月，公司合营昆明进出口公司部分人员、资金移交给省进出口公司，其余与省粮油进出口公司合署办公。从此，昆明进出口业完全走上了全民所有制经济的道路，实行计划管理，建立出口商品基地，大力扶持发展。1973—1978年，昆明市外贸机构共完成调供任务3271万元。20世纪90年代前，昆明对外贸易仍以组织昆明地区出口商品收购为主，但发展步伐加快，经营规模增大。1978—1987年连续超额完成年度出口商品收购计划，其中1987年收购总额达3185万元，比1978年增长2.2倍。1988年，昆明铣床厂成为省市第一户获得自营进出口权的国有生产企业。1990年，昆明市进出口公司获得进出口经营权，以此为转折点，昆明市属外贸企业开始大步走向国际市场。在业务上，仍经营出口商品收购和自营进出口，但自营比重越来越大。1991年，市进出口公司自营出口商品主要有原木、羊毛衫、拉链、塑料电线、牛肝菌、钢材、桉叶油、自行车、洗衣粉、电焊条、磷铁等36种。1996年，昆明已有44户市属企业获得进出口经营权，60多户外商投资企业出口创汇，150多户工业企业的产品出口。后随着外贸体制改革的推进，进出口经营权门槛不断降低，经营主体多元化的外贸队伍不断扩大，民营企业和生产企业、外资企业成为扩大出口的主力军。进入21世纪，昆明已同195个国家和地区开展贸易往来，成功举办了23届中国昆明商品进出口交易会和5届南亚商品博览会，荣获国家外贸转型升级专业型示范基地称号。2003年，全市已有外贸企业374户。2013年，全市外贸企业已增至3800余户，进出口总额达174.2亿美元。2015年，昆明市实现进出口总额123.64亿美元，比2014年减少30.4%。

# 第五节　金融业

滇池流域的昆明是云南省的金融中心，金融业有着较长的历史。唐、宋时期，货币均"以缯帛及贝市易"。元代，货币采用纯纸币制，禁止铜钱流通，但允许云南仍用贝。昆明虽有元代发行的纸币，但数量不多，限于少数城镇间流通，广大农村则不通行。贝币乃昆明公私通行的主要通货。明代，实行银、钱并行制的货币制度，大数用银，小数用钱，但云南仍以贝为主，这是沿元朝旧制的一种办法。明嘉靖三十四年（1555）至万历四年（1576），明王朝曾在昆明设局铸钱，因滇人不用，只得调往京师和贵州使用。明天启六年（1626）再次铸钱，时适贝币急剧贬值，昆明等较大城市同时以银、钱、贝等货币混同使用。清代，也推行银、钱并行的货币制度，但在云南尚有30多年明清政权交替的军事动乱时期，先后出现过3个地方性政权，各个政权均铸造过铜钱。1647年大西农民军占领昆明，起初铸"大顺通宝钱"，后铸"兴朝钱"，严禁民间使用贝币。南明永历帝逃亡昆明时，铸"永历通宝钱"。1673年吴三桂反清称周王，先后铸造过"利用通宝"和"洪化通宝"，1681年吴周政权败亡后，昆明开始流通清代历朝制钱。自鸦片战争和中法战争后，法帝国主义觊觎云南自然资源，逼迫清政府订立不平等条约，辟蒙自、河口、思茅、腾冲为对外通商口岸，设立海关，把持关税，开设银行，大量发行越南纸币，掠夺云南战略物资，控制垄断昆明的外汇市场，英帝国主义则以其纸币在滇西边境掠夺物资。同治、光绪年间，昆明先有典当业的出现，至光绪中期，商品经济有所发展，银钱业应市兴起，昆明曾出现兼销业数十家，经营银两存放和兑换业务。宣统元年，大清银行在昆明开业，发行银两票与银圆票两种面额的大清地钞。不到两年，清朝覆亡，大清地钞随着大清银行的停业被收回清理。

辛亥革命后，云南财政金融形成了地方性的独立体制。最初在昆明成立官办的富滇银行，并在各地设分支机构，成为军政府控制的金融工具。1914年后，唐继尧不断出兵川黔进行军阀战争，军费开支浩大，财政入不敷出，唯有依靠富滇银行滥发钞票以资弥补，终因币值日落，商民拒绝收用，该行只得于1931年停业改组，另行成立富滇新银行，发行新滇币。新滇币准备充足，可以随时兑现，因而获得社会信任。富滇新银行以集聚的资金主要投资和贷款支持地方企业发展。抗日战争爆发后，民国政府官僚资本4行2局先后在昆明建立分支机构，推行法币，昆明的货币逐渐以法币为主。因云南是全国大后方军事战略要地、对外交通的要冲，沿海和内地的许多工商企业、银行及大专院校纷纷迁入昆明，使得昆明经济曾一度繁荣，金融业急剧发展，昆明地区银行机构多达四五十家，市场游资充足，在法币急剧贬值的情况下，物价一日数变，金融十分紊乱。1948年8月又发行了金圆券，金圆券贬值的速度更快，人民拒用，国民政府的政治、经济、军事已经到了总崩溃的前夜，民间又使用旧时的各种硬币。1949年12月9日云南和平解放后，半殖民地半封建的金融货币历史终于彻底结束。

中华人民共和国成立后，人民政权接管了四大家族的中央银行、中国银行、交通银行、中国农民银行以及中国保险公司和地方官办的富滇新银行、云南省银行、兴文银行、劝业银行、昆明市银行、昆明县银行、广东省银行昆明办事处、云南省合作金库、云南铸币厂、宫滇保险公司等金融机构，对中国农工银行和新华储蓄银行昆明分行实行监督清理，中央信托局昆明分局和邮政储金汇业局昆明分局也分别被接管。被接管的这些金融机构，除中国、交通两行改组和继续营业外，其余各行均停业清理；法商东方汇理银行奉命停业撤走。1950年3月8日，中国人民银行云南省分行及其营业部在昆明成立；中国银行、交通银行、中国人民保险公司云南省分公司及省人行营业部所属各街道办事处相继建立；私营商业银行申请继续营业，经省人行批准的有上海、新华、聚兴诚、和成、建国5家，后建国银行因违反金融管理被责令停业。1950—1952年国民经济恢复时期，首先是推行人民币，禁用半开银圆、收兑金银、打击金银投机，使人民币迅速占领市场，稳定金融物价；同时建立国家财政金库和贸易金库。根据总行指示，实行现金管理，开展城镇储蓄，吸收私营工商企业存款，举办保险业务，尽力集聚社会资金支持财政、贸易，促进国营企业恢复和发展生产。发放农业贷款和私营工商业贷款，促进物资交流，解决生产、生活物资的需要，较快地稳定了市场物价，为有计划地开始经济建设创造了条件。1952年底，公私合营银行昆明支行成立，实现了全行业的社会主义改造。1953年，国家开始有计划的经济建设，昆明的金融事业发生了重要变化。在机构上，昆明及所属县区首次分设农业银行，各乡、镇建立信用合作社；省、市建设银行相继成立，接替交通银行担负昆明地区预算内基本建设拨款的监督工作；商业银行在合营的基础上并入市人行，全力开展城镇储蓄业务；各行都扩大基层处所开展业务。在资金管理上，财政资金和信贷资金实行分口管理，国营企业流动资金按定额比例由财政和银行实行双轨供应；中国人民银行建立了全国性的综合信贷计划管理体制，存贷计划由总行下达指令性指标，存款指标必须完成，贷款指标未经批准不得突破，推动了信贷工作的开展；同时加强现金出纳工作，增加结算方式，加速资金流转；确立了中国人民银行是全国信贷、结算、现金中心的地位，各项业务有了较快的发展。在"大跃进"和"文化大革命"时期，受极"左"思想的影响，否定商品、货币的作用，金融体系受到极大的冲击，金融业务停滞萎缩，金融管理分散混乱，金融队伍被严重削弱，银行失去了它应有的完整性和独立性，成为财政和计划工作的"记账、出纳部门"，金融工作处于被动局面，各项业务发展缓慢。

1978年党的十一届三中全会以后，全党工作重点转移到了以经济建设为中心的轨道上来。党中央、国务院提出"全党必须十分重视提高银行的作用，努力学会运用银行经济手段，促进国民经济的高速发展"。随着经济改革的发展和深入，昆明金融业进入蓬勃发展的新时期。市农行、市保险公司重新建立，市建行扩大了银行功能，工商银行由人民银行分出，实行专业化管理，交通银行重新组建为股份制的综合性银行，城市信用社、金融信托投资公司相继出现，形成了以人民银行为领导、专业银行为主体、多种金融机构并存的社会主义金融体系。在资金管理体制上，突破了80年代以前统收统支、统存统贷的体制，逐步走上存贷挂钩、差额包干的新体制，给信贷管理注入新的活力。1985年后，人民银行履行中央银行职能，专业银行信贷收支纳入国家综合信贷计划，信贷资金的管理又改进为"统一计划、划分资金、实贷实存、相互融通"的体制，促进各专业银行自主经营、重视信贷资金的使用效益，解决了资金"供给制"和"大锅饭"的问题，同时有利于人民银行加强宏观调控，也有利于专业银行提高资金管理水平，重视经济核算。在业务经营上，越来越重视多渠道地集聚资金、扩大贷款对象，贷款开始介入固定资产领域；同时改进资金供应，贯彻"区别对待、择优扶持""以销定贷"的原则，并实行浮动利率，促进企业提高经济效益；发展多种信用工具，试办消费信贷、信托代理、债券发行，引导各种集资活动，建立短期资金拆借市场，开展横向融通。在内部管理上，加强经济核算，试行行长（主任）负责制，开展多种形式的经营承包，贯彻责权利相结合的奖励制度；引进电子计算机用于计划统计和会计核算，提高工作效率。各行在自身的建设上，扩大机构网点、增加人员、提拔青年干部充实各级领导班子，采取多种途径培养人才，提高政治、文化和业务素质。

1993年后，金融体制改革进一步深化，人民银行彻底转换职能，工作重点转向金融监管、金融宏观调控和金融服务上来。按照把专业银行真正办成商业银行的要求，实行专业银行商业化转轨，1998年基本完成了4家国有商业银行省分行与省会城市分行合并这一商业银行管理体制的重大改革工作；分离政策性业务，组建政策性银行——农业发展银行云南省分行，并在全市设立4家农发行分支机构；农村信用社与农业银行脱钩；引入竞争性机制，打破国有商业银行独家垄断经营的局面，全国性股份制商业银行、地方性股份制商业银行、外国银行先后在昆明设立分支机构；取消了信贷资金计划管理模式，在逐步推行资产负债比例管理和风险管理的基础上，实行"计划指导，自求平衡，比例管理，间接调控"的新的信贷资金管理体制；金融市场发展迅速，特别是证券市场迅速壮大，货币市场和外汇市场在前进和改革中逐步走向规范化；外汇管理体制进行重大改革，形成了以市场供求为基础的、单一的、有管理的浮动汇率制度，实现了人民币经常项目下可兑换；对银行、证券、保险和信托实行分业经营、分业管理，银行业的监管得到进一步加强；证券市场进一步健全完善，保险业形成了平等竞争的新格局。

2015年，全市共有法人银行业金融机构36个，全国性银行业金融机构驻滇分支机构29个，地方法人银行业金融机构驻昆分支机构2个，各类营业网点1531个，从业人员30029人；金融机构人民币各项存款余额11879.49亿元，各项贷款余额11976亿元。资本市场逐步走向成熟，注册地在昆明地区的上市公司22户、证券公司2户、证券分公司10户、证券营业部71户、期货营业部18户、交割库3个。全市共有保险法人机构1户，保险省级分公司34户（其中外资保险省分公司1户），保险中支及以下机构435户，实现保费收入171.51亿元。

# 第六节　现代物流业

昆明地处祖国西南边陲，是中国面向东南亚、南亚乃至中东、南欧、非洲的前沿和门户，具有"东连黔桂通沿海，北经川渝进中原，南下越老达柬泰，西接缅甸连印巴"的独特区位优势和便利的交通，已形成由公路、铁路和航空组成的四通八达的交通网络。其中，公路建成了"两环十四出口"高速公路系统，铁路形成"一环七射"的结构布局，航空已建成中国面向东南亚、南亚、西亚，连接欧洲、亚洲、美洲、非洲、大洋洲的国家门户机场。昆明凭借优越的地理区位优势和交通基础设施条件、快速成长的经济基础，发展成为全国重要的物流枢纽和重要物流城市。

## 物流基地

2010年，昆明市被商务部授予中国流通领域现代物流示范城市称号。2011年5月6日，国务院出台《关于支持云南省加快建设面向西南开放重要桥头堡的意见》。2013年，市委、市政府将物流业列入"8185"产业培育提升计划重点培育，大力推进昆明国际陆港、昆明国际航空港，中缅、昆曼、中越、中缅孟印、昆明—上海、昆明—香港、昆明—乌鲁木齐、昆明—天津、昆明—拉萨国际陆港物流基地及呈贡铁路集装箱物流基地、空港国际物流基地、安宁物流基地、晋宁物流基地、嵩明物流基地的"2港口9通道5基地"建设，昆明螺蛳湾国际商贸城、晋宁云南泛亚商用车物流城、晋城工业品商贸物流中心、叁斗钢铁物流中心等商贸项目建设完成并投入使用，初步形成以昆明主城为中心的滇中城市群物流核心圈，使昆明成为带动全省、辐射大西南，连接中、西部，面向东南亚、南亚、西亚、南欧、非洲的国际陆港和国际区域物流枢纽城市。

## 物流企业

21世纪后，随着物流业的不断发展，滇池流域逐步形成了众多类型的物流企业群体，涉及公路、铁路、航空、联运、速递、货代、装卸搬运、仓储、流通加工、物资贸易、包装服务及设备、物流信息服务等领域。同时，中远、宅急送等国内外知名物流企业纷纷加入昆明的物流网络，这些物流企业的进入，带来了先进的经营理念、经营模式和管理技术，对于提高全省物流业现代化水平起到了重要的促进作用。2015年，昆明有物流企业集团7户、物流公司1.2万多户、个体经营户8000多户。

## 现代物流产业

21世纪后，随着经济社会的发展，滇池流域的现代物流业得到快速发展，中国—东盟商贸港、螺蛳湾国际商贸城、王府井商业片区、呈贡新区商业步行街、主城区批发（专业）市场搬迁改造的"一主三次"CBD大商业、大市场、大流通体系框架建设基本形成；昆明王家营铁路集装箱物流园区、腾俊国际陆港物流园区、昆明南亚国际陆港物流园区等一大批大型综合物流园区加快发展；云南交运集团、昆明南亚国际陆港有限公司、中铁联集、云南新铁物流、昆明阳都等一批现代化企业崛起；云南新丝路快铁有限公司于2015年11月开通首趟波兰到昆明班列。2015年，昆明完成公路货运总量26528万吨，货运周转量1571516万吨千米；铁路货运发送量5778万吨，货物周转量37182.8万吨千米；昆明长水国际机场完成货邮吞吐量35.56万吨，并开通了国内国际航线200多条。物流业实现产值196亿元。

# 第七章　旅游业

## 第一节　古代、近代滇池旅游业

　　早在3万年前，滇池周围就有了人类活动的踪迹。他们在滇池沿岸依山而住、择水而居，远足渔猎，与麋鹿共处，祭祀图腾。这不仅是古人类对生存环境和自然美景的理性选择，也是古人类在滇池旅游的滥觞。

　　公元前279年，楚顷襄王派将军庄蹻率兵到云南开疆拓土。庄蹻入滇前，滇池周边已经有彝族和哈尼族的先民"叟"部落在这里生活了。庄蹻来到滇池地区，以"兵威定属楚"，欲归报，秦国派兵断了其归路，于是庄蹻又回到了滇池地区，自主为王，建立了滇国，与其部众变更服饰，从滇人习俗。庄蹻是中国第一个从内地到滇池区域参与开发的人物，也是第一批从内地到滇池游览的先驱。西汉元狩元年（公元前122），张骞出使大夏（今阿富汗），归来时向汉武帝报告了一个惊人的信息：他亲眼见到那里有蜀布、邛竹杖，这些东西是从身毒（今印度）贩运到大夏的。中国至大夏，受匈奴阻隔，汉武帝便派部属到云南寻找出使身毒的道路，被滇王所阻。因滇国周围三面临水，雄心勃勃的汉武帝欲征服滇国，便在长安凿"昆明池"演习楼船，这就是孙髯《大观楼长联》中所写"汉习楼船"的来历。汉元封二年（公元前109），大汉王朝兵临滇池，滇王常羌举国投降，归顺汉朝，武帝赐"滇王之印"。后中原对滇池更加关注，人员往来频繁，历史文献开始对滇池及周边地理旅游资源有了较多的记载。太史公司马迁专门把滇池归入《史记》，写道："池方三百里，旁平地，肥沃数千里。"《华阳国志·南中志》也记载："滇池县郡治，故滇国也。有泽水，周回二百余里所以深广。"滇池的奇山秀水被中原更多的人关注。

　　唐代南诏时期，在滇池旁建拓东城后，西山高峣和官渡各修了一个水路码头，前者称西渡口，后者称东渡口，官绅商贾、渔民工匠在两渡口往来频繁，今官渡一带形成繁荣集市，"官渡"之名也因过往官员登船停舟得名。泛舟滇池，饮酒赋诗，被称为"停舟烟会"（见《创见官渡妙湛寺碑记》），文人雅士们争相效仿。"朝泛昆池艇，夜归官渡村"，从时髦渐变为习俗，开启了滇池一日游的新时尚。宋代大理时期，在金汁河东岸建地藏寺及寺内经幢，在安宁龙山建曹溪寺，在西山华亭峰竖楼台；宫观寺庙的兴建，使香客成为游客，促进了民间游人的增多。元初，赛典赤·赡思丁主政云南，兴修水利，修筑松华坝，疏通海口河，排除水患，治理滇池，改善了农田的水利条件，推动了农业的发展。但也使得滇池水位降低2米，湖面缩小为410平方千米，湖水退至今得胜桥、云津市场一带，官渡也远离了滇池边。官渡码头虽然风光不再，但云津码头（今得胜桥）却人气很旺。元代在西山建华亭寺、太华寺、梁王避暑台，玉案山建筇竹寺。来自意大利的旅行家马可·波罗是最早到过昆明的西方人，他称赞昆明是"一座壮丽的大城"，看到滇池大为感叹，"此有一湖甚大，广有百里，出产各种鱼类"。滇池的丰饶物产和秀美景色，令马可·波罗惊叹不已。元代王昇撰写的《滇池赋》中"千艘蚁聚于云津，万船蜂屯于城垠"就是当时热闹非凡的渔人码头和旅游商贸聚散地的写照。人们把王昇颂扬的景观碧鸡、金马、玉案、商山、五华、三市、双塔、一桥，称为"元代昆明八景"。

明、清两代，抒写滇池的诗词达到高峰，无论写景抒情、咏史凭吊都有佳作名篇，这映衬了滇池旅游的兴起和平民化。如大旅行家徐霞客在游记中描写滇池"出省城，西南二里下舟……是为草海"，还有李元阳的《高峣泛舟》、担当和尚的《昆明曲》、日本僧人机先的《滇池月夜》、杨慎的《滇海曲》，最著名的是孙髯撰写的《大观楼长联》，被誉为"天下第一长联"。明、清的滇池夜月、云津夜市、螺峰叠翠、商山樵唱、龙泉古梅、官渡渔灯、灞桥烟柳、蚩山倒影的"昆明八景"闻名于世。民国时期，昆明园林如圆通山、大观楼、翠湖等多修建提升，园林在风格上呈现中西结合、跨界融合。达官贵人多建公馆别墅，如震庄、唐家花园、卢汉公馆、庚庄、鲁园、磊楼、灵源别墅等。

昆明的历史是一部充满着移民足迹的历史，庄蹻入滇、平定南中、唐标铁柱、元跨革囊、明初移民、平叛削藩、抗日战争、解放战争、三线建设、上山下乡……从古至今，一批又一批内地人来到昆明，形成如今的"昆明人"，人流、物流形成了滇池之畔的旅游流。

# 第二节　现代旅游业

## 起　步

1978—1988年，是滇池流域旅游业的起步创业阶段。1978年党的十一届三中全会决定把全国工作重点转移到经济建设轨道上来，确定了改革开放、搞活的经济政策，昆明的旅游事业开始起步。当年，昆明市旅行社仅有国旅昆明分社，几家宾馆也大多为政府招待所，标准客房仅200多间，接待海外旅游者1299人次，大多数属于政府间友好往来，外汇收入83万元。1982年10月，昆明市成为国务院公布的首批开发城市。1985年12月，昆明市旅游局成立，昆明旅游起步开端良好。1988年，接待海外旅游者发展到12万人次，创汇1300万美元。但是整个旅游工作仍属单纯接待性的工作，旅游行业仍属"非经济性"的事业部门。

## 发　展

1988—1995年，是滇池流域旅游业加快发展的阶段。特别是1992年以后，在邓小平南方谈话和十四大精神的指引下，省委、省政府开始把旅游业作为国民经济的重要产业来培育和建设，明确提出要把旅游业发展成为一项重要经济产业，将云南建成旅游大省。昆明市委、市政府积极响应、认真落实，从而开创了昆明旅游业发展新局面。1995年，昆明旅游业实现了从"接待事业型"到"经济产业型"的历史性转变，并呈现出快速发展的势头。当年，全市共接待国内旅游人数710万人次，收入14.51亿元；海外旅游者397562人次，外汇收入9253万美元。

## 支柱产业

1995年，根据云南旅游产业发展的良好态势，省第六次党代会做出了把旅游业作为云南省新兴支柱产业培育的重大战略决策，滇池流域的旅游业开始进入建设支柱产业阶段。1998年12月，昆明市荣获"中国优秀旅游城市"称号。1999年，昆明市抓住举办中国'99昆明世界园艺博览会的契机，加快了旅游业的发展。当年，接待国内旅游人数1150万人次，收入105.7亿元；国际旅游人数54.9万人次，外汇收入1.45亿美元。2004年，昆明市接待国内旅游人数1708万人次，收入126.6亿元；国际旅游人数49.3万人次，外汇收入1.3亿美元。云南省接待海外游客和旅游外汇收入居西部第1位、全国第9位，旅游总收入居全国第13位、西部第2位做出了重要贡献。昆明旅游在全国、全省旅游大格局中的重要地位日渐突出，旅游业的外向型经济特征日益显现，成为昆明市吸纳社会就业人员的重要行业之一，在全市经济社会发展、对外开放和国际交往、全面建设和谐社会的作用日益增强。

## 旅游强市

2004年7月，云南省委、省政府下发《关于进一步加快旅游产业发展的若干意见》，全面指导和推进云南建设旅游强省的发展。昆明市委、市政府随后明确提出实施昆明旅游的"二次创业"，要求昆明旅游业以"优化结构、转型升级、提质增效"为主线，以大项目带动大发展为重点，建设旅游强市。2012年4月，为了推动云南旅游跨越发展，省委、省政府提出建设十大历史文化旅游项目的重大决策，打造昆明古滇历史文化旅游名城、广南县地母、西双版纳南传上座部佛教、大理国、巍山县南诏国、普洱市边三县茶祖、玉溪市帽天山古生物、禄丰恐龙、元谋古人类、曲靖三国10个历史文化旅游景区。2013年8月2日，昆明市旅游局更名为昆明市旅游发展委员会，以促进旅游部门职能由单一的行业管理向综合协调和行业管理并重转变。同年，省委、省政府和市委、市政府提出把昆明建设成为世界知名旅游城市的重大决策，市委、市政府相继出台了《关于加快建设世界知名旅游城市的决定》《关于加快旅游业发展推进世界知名旅游城市建设的实施意见》。为全面贯彻落实省、市党委和政府建设世界知名旅游城市的重大决策，明确建设世界知名旅游城市的任务和目标，昆明市旅游发展委员会与中国旅游研究院开展战略合作，首创出台了《昆明建设世界知名旅游城市指标体系》，为昆明旅游业的跨越式发展奠定了坚实的理论基础。2015年，昆明市旅游总收入呈现持续增长的良好态势。当年，全市接待游客总数为6911.40万人次，同比增长10.25%；旅游总收入723.46亿元，同比增长17.68%；接待国内旅游者6796.91万人次，同比增长10.53%；接待海外旅游者114.49万人次，同比下降3.96%。

# 第三节　旅游产品

为适应国际国内旅游消费需求及旅游发展的趋势，滇池流域的旅游产品做了由观光旅游到观光体验、休闲度假旅游的结构调整，初步形成了观光体验旅游、休闲度假旅游、特色专项旅游三大旅游产品系列。

## 观光体验旅游

滇池流域的观光体验旅游主要由自然风光、民俗风情、历史文化旅游产品组成。其中，自然风光旅游有自然生态、地质地貌及动植物资源形成的旅游产品；民族风情旅游有少数民族的文化艺术、生活习俗、喜庆节日、风味食品、竞技活动、生产劳动等民族风情文化形成的娱乐性、参与性、体验性旅游产品；历史文化旅游有云南独特的历史文化资源与自然风光相融合的历史文化形成的旅游产品。

## 休闲度假旅游

滇池流域的休闲度假旅游主要由绿色健康旅游、高原运动旅游、置业度假旅游、乡村旅游、环城游憩旅游等产品组成。其中，绿色健康旅游有以温泉、生物多样性为载体的森林、民族中医中药的神奇医疗保健和康复疗养功能的绿色健康旅游产品；高原运动旅游有以四季如春的气候和高原体育运动环境形成的高尔夫休闲度假旅游、高原体育训练、各种大型体育赛事和漂流、登山、攀岩、自驾车等户外运动的高原运动旅游产品；置业度假旅游有依托云南得天独厚的气候、自然景观、人文景观，面对商务人士、社会名流等异地和本地置业度假旅游者的不同需求开发第一居所、第二居所、产权酒店、分时度假、避暑避寒等不同形式的置业度假旅游产品；乡村旅游有依托观赏、考察、学习、参与、娱乐、购物、度假等乡村旅游资源，满足人们休闲度假需求而形成的旅游产品；环城游憩旅游有依托当地文化、自然风光，满足人们出游休闲娱乐的不同需求而形成的城市环城游憩的休闲度假旅游产品。

## 特色专项旅游

滇池流域的特色专项旅游主要由红色旅游、生态旅游、会展旅游、节庆旅游、农业旅游、工业旅游、修学旅游、科考旅游等产品组成。

滇池流域红色旅游资源丰富，特点鲜明，有红军长征系列景区、反映边疆人民爱国反帝反封建系列景区、记录边疆民族团结的景区、有关抗战悲壮历史的景区以及爱国民主运动的景区。根据国家发改委、中宣部、财政部、国家旅游局等14部门2011年联合公布，昆明市列入中国红色经典景区的有寻甸红军长征柯渡纪念馆、禄劝皎平渡、昆明西南联合大学旧址、云南陆军讲武堂旧址、"一二·一"纪念馆及四烈士墓。

生态旅游以依托石林、滇池度假区、阳宗海、轿子山、红土地等国家级、省级自然保护区和高山峡谷、高原湖泊、喀斯特地貌、森林草场等旅游资源形成的生态旅游为重点、国内外知名的动植物生态旅游基地形成的天然植物园旅游、高山峡谷旅游、高原湖泊旅游、自然保护区观光、红嘴鸥观赏等生态旅游产品。

会展旅游有依托中国南亚博览会、昆明进出口商品交易会、昆明中国国际旅游交易会、中国昆明国际花卉展览会、中国云南国际名人高尔夫邀请赛、中国云南国际民族服装服饰博览会等国际知名会展品牌形成的会展旅游产品。节庆旅游有依托中国昆明国际文化旅游节等国际性节庆品牌和特色鲜明的民族文化节庆，把旅游与文化紧密结合而形成的节庆旅游产品。

农业旅游有依托昆明花卉生产、斗南国际花卉产业园、农业公园、都市农庄、民宿客栈等农业旅游资源，展示农业栽培、种植技术、农产品生产过程，运用丰富的花卉资源开展天然的美容健身项目等观赏、考察、参与、娱乐、购物、度假等大众化的乡村旅游产品。

工业旅游有依托昆明烟草旅游、石龙坝水电工业旅游和云南白药集团、东川矿业旅游等工业旅游资源形成的鲜明地方特色和较强吸引力的旅游产品。修学旅游有依托昆明优良的自然环境和地区文化差异优势，以青少年为主要目标市场开发形成的主题多样化的修学旅游产品。科考旅游有依托昆明丰富的动植物、矿藏、地质地貌、天文、古生物化石、文物古迹以及省、市博物馆，"昆明博物馆城"等资源形成的科考旅游产品。乡村旅游从1998年西山区团结乡发展首批8家接待农户开始，经过20多年的发展，乡村旅游已形成近郊密集型圈层和远郊疏散型圈层及盘龙区麦冲村—双龙—官渡—嵩明带、安宁温泉—螳螂川—青龙峡带、西山区团结镇—富民—禄劝带"两圈、三带"的发展格局。

# 第四节　旅游景区景点

滇池流域山川壮美，文物古迹众多，自然景观与人文景观相映生辉，旅游资源极其丰富。昆明自古便有"春城"的美誉，明代杨升庵赞叹"天气常如二三月，花枝不断四时春"。滇池旅游资源具有规模大、类型多、特色鲜明等特点。

## 景　区

**历史文化名城昆明**　昆明是全国首批24座历史文化名城之一，远在旧石器时代，已有昆明人在滇池东岸生活。从公元前3世纪庄蹻在滇池地区建立王国算起，至今已有2000余年的社会发展史。自唐朝初叶南诏国在滇池北岸筑拓东城建立东都算起，至今也有1200余年的城市发展史。自元代成为云南首府后，至今已有700余年的省会历史。因此昆明是本土文化与中原文化交互发展的地区，遗留下大批历史文物古迹，形成了独具特色的滇文化。1911年辛亥革命后，昆明举行"重九起义"，1915年又成为护国起义的发源地。抗日战争时期是大后方的"民主堡垒"和重要根据地，抗战胜利后又是以"一二·一"运动为代表的反内战的学生民主运动的中心，留下了大量的历史文物和革命史迹。2015年，昆明有国家级重点文物保护单位5个，省级文物保护单位41个，市级文物保护单位24个，县（市）区级文物保护单位170个。其中，市级以上文物保护单位中，展示昆明悠久历史的文物遗址及古墓葬有一亿七千万年前的夕阳古生物化石保护区，旧石器时代"昆明人"发祥地龙潭山遗址，新石器时代至战国、汉代的石寨山遗址及古墓群，战国、汉代的天子庙古墓群，元代赛典赤·赡思丁墓，明代兰茂墓及兰公祠，清代钱沣墓等；碑刻石窟崖画有唐代王仁求碑、大理国宋代地藏寺经幢、宋代龙门石窟、宋代法华寺石窟、元代观音洞壁画、明代马哈只墓碑、晋宁北方天王摩崖石刻造像、清代筇竹寺五百罗汉塑像等；典型古塔有唐代东、西寺塔，明代金刚塔，明代大德寺双塔，清代文笔塔等；历史、革命纪念建筑有云南陆军讲武堂旧址，聂耳墓，朱德故居，中共云南省委建堂旧址，

"一二·一"四烈士墓，云南贡院，唐继尧墓，云南第一天文台，人民胜利堂，石龙坝水电站，一得测候所，朱德赠映空和尚诗文碑，王德三、吴澄、马登云三烈士墓，北门书屋旧址，"一二·一"四烈士殉难处纪念碑，闻一多旧居及殉难处，黄武毅公祠，杨杰墓，张天虚墓，灵源别墅等。

**滇池国家旅游度假区** 昆明滇池国家旅游度假区是1992年经国务院批准成立的全国12个国家级旅游度假区之一，也是国家级旅游度假区中唯一位于内陆省的旅游度假区，辖区面积为47.5平方千米，由海埂片区22.5平方千米和大渔片区25平方千米两部分组成。海埂片区位于昆明城区西南5千米的滇池之滨，为滇池环湖生态旅游圈核心区。该片区已建成逾百个以观光游览、度假休闲、商务会议、健身娱乐为主要内容的项目，有国家4A级景区1个、云南省规格最高和规模最大的会议中心1个、博物馆3座、18洞高尔夫球场2个、专业化体育训练中心2个、足球场26块、网球场45块、游泳馆10个、保龄球馆2个、五星级酒店1座和4个四星级酒店等，能够提供客房3289间、标准床位5874张、会议室156间。大渔片区位于呈贡西南部，紧临滇池东岸，湖岸线长14.7千米，距市级行政中心6千米。该片区已建成18洞高尔夫球场1个、道路5条、5.14千米环湖东岸截污干渠及日处理能力5万立方雨水处理厂和日处理能力4.5万立方污水处理厂各1座，大渔欣城一期2370套安置房和1140套公租房已建成。按照产业规划，大渔片区以旅游业为主导，重点发展高端旅游业、服务业和创意产业，打造成为国际一流生态标准的综合性旅游产业区。

度假区在改革开放政策的指引下，抓住旅游发展的黄金机遇期，实现了超常规、跨越式发展，已形成了以体验25个少数民族风情和高原体训、康体休闲度假为支柱的两大特色品牌，以及旅游度假、民族文化展示、高原体训、观光休闲、会议接待和总部经济六大产业，在全国国家级旅游度假区中独树一帜；建成区绿地率53.5%、绿化覆盖率为56.2%、人均绿地面积为61.3平方米，高居全市榜首，成为海内外游客体验"民族风情之旅"和"健康时尚之旅"的首选之地，先后荣获"国际最佳旅游度假胜地""中国最具投资价值旅游度假区"等荣誉称号。2015年，昆明滇池国家旅游度假区实现产业增加值173.9亿元，同比增长1.3%，其中第三产业增加值167.8亿元，同比增长3.5%；完成财政总收入33亿元，其中地方公共财政预算收入15.5亿元，同比增长9%；完成服务业总收入458.3亿元，同比增长5.6%；完成规模以上固定资产投资105.9亿元，同比增长11.1%；实现旅游接待收入13.1亿元，同比增长6.5%，累计接待游客1149.8万人次，占全市接待人次的16.6%；招商引资内外资分别完成30.8亿元和1.5亿美元；在2015年第四届中国旅游产业发展年会上荣获"美丽中国"十佳度假区称号。

**滇池风景名胜区** 1988年，滇池被公布为国家级风景名胜区。以滇池盆地为中心的滇池国家级风景名胜区海拔1900米左右，山峦起伏，有山有水，地形地貌独特；滇池形似弦月，南北长39千米，东西宽13.5千米，平均宽度约8千米，湖面面积300平方千米，湖岸线长约200千米。它既有湖泊的妩媚韵致，又兼有大海的壮阔气势，朝霞夕晖，朗月疏星，薄雾轻霭，细雨晴光、岸柳绿枝、白浪沙滩，一派南疆风光。沿岸风景点主要有西山森林公园、卧佛山、大观公园、海埂公园、郑和公园、云南民族村、云南民族博物馆、国家体育训练基地、观音山、白鱼口、古滇历史文化旅游名城、环湖湿地长廊等。1992年，国务院批准建立滇池国家旅游度假区，是当时12个国家旅游度假区之一，也是唯一建在内陆的国家级旅游度假区。2015年，滇池周边已形成宏大的"十八景"。其中，"高原明珠"烟波浩渺，佳景如练；"睡美人山"风姿绰约，月印澄波；"龙门飞峙"雕凿精奇，浑然天成；"海埂风情"旖旎秀美，民俗荟萃；"长联映月"情景交融，气势恢宏；"月山帆影"航海先河，乡情依依；"金殿钟鸣"宏穆雄阔，景幽春深；"鸣凤山茶"名品争妍，姹紫嫣红；"龙泉探梅"泉邃林茂，情趣盎然；"圆通花潮"流光溢彩，灿若红霞；"筇竹罗汉"惟妙惟肖，东方明珠；"曹溪印月"古木掩映，奇观称绝；"双塔烟雨"雄奇悠远，金碧交辉；"翠湖戏鸥"人鸟同欢，鱼荷成趣；"世博名园"洋洋大观，春意永驻；"古滇名城"旷古幽远，壮丽辉煌；"民族村寨"蔚为大观，风情醉人；"滇池湿地"草长莺飞，百里画廊。

**古滇王国文化旅游名城**　古滇王国文化旅游名城项目位于昆明市晋宁南城片区，为古滇文化的发祥地，建设范围北至滇池，西至淤泥河，东至昆玉高速公路，南至富有立交，为晋宁县晋城镇的红山、长腰山、马鞍山、海宝山片区，规划用地面积约12.38平方千米，环湖南路从城区穿过。该项目于2012年10月26日由昆明诺仕达企业（集团）有限公司作为项目实施主体投资、开工建设，拟用3—5年时间将"古滇王国"打造为5A级旅游景区，一个以古滇文化、民族文化、山水文化、都市文化为主题的文化名城，集文化体验、旅游观光、休闲度假、商务会展、旅游购物、娱乐展演、现代服务、商业商务、教育、医疗、居住等功能为一体的综合性文化旅游项目。整个项目由47个同期建设的文化旅游产业子项目构成：以红山为中心，打造十字形的古滇文化旅游核心轴线，南北向依次呈现古滇王宫、古滇民族部落风情商业街区，形成古滇文化展示和体验中心；东西向轴线向西延伸，打造民族团结广场，周边环绕古滇王国大剧院、古滇王宴餐厅以及七彩云南文化购物园区等，形成文化演艺休闲中心；由广场向北，以古滇王国大酒店为中心，以主题特色酒店群、古滇王国大码头和系列生态休闲娱乐设施，形成与滨湖湿地公园和长腰山康体休闲园有机融合的生态度假区，最终建设成为地域传统文化特征与山水环境资源相融合的具备精品文化项目、精品旅游景点、旅游集散等功能的国内一流、国际领先的5A级文化旅游景区。

2015年，项目完成投资80亿元。当年11月15日上午，2015中国国际旅游交易会系列活动之"七彩云南·起航古滇"古滇文化旅游名城首期项目开放仪式在晋宁县项目地举行。开放仪式上，除了文艺表演，还举办了以滇池环保和古滇文化为主题的系列知识展览、古滇美食一条街等活动，吸引了众多游客前往参观游玩。此次开放项目有古滇艺海大码头、古滇精品湿地公园等，游客可以乘坐"汉习楼船"领略滇池风光。古滇艺海大码头是依托滇池山水资源、1100亩湿地景观资源打造的特色文化休闲旅游项目，是集会务接待、休闲旅游、娱乐观光为一体的水上综合服务设施，是丰富古滇名城"水"文化内涵、展示古滇历史"渔"文化的核心载体。项目在保证游客贴近自然、保护自然，对滇池零排放、零污染的前提下，开创了滇池水上游艺行业的先河。古滇精品湿地公园占地1100余亩，以"环境提升、生态和谐"的发展理念，打造了5.6千米的环滇慢行步道，将原约200亩的湿地水面面积扩大到800余亩，在充分发挥保护滇池生态环境示范作用的同时，为民众打造一个全新的游玩度假胜地。

# 景　点

**自然景观游览区**　主要有滇池、西山森林公园、金殿、黑龙潭、大观楼、筇竹寺、昙华寺、安宁温泉等。

**人文景观游览区**　主要有云南民族村、世博园、古滇名城、云南陆军讲武堂旧址、国立西南联合大学旧址、"一二·一"四烈士墓、昆明老街、聂耳故居、抗战胜利纪念堂、省博物馆、昆明博物馆、大理国经幢、真庆观、圆通寺、常乐寺塔与慧光寺塔（俗称东寺塔和西寺塔）、妙湛寺金刚塔、郑和公园与马哈只墓碑、石寨山古墓群、晋城古镇、官渡古镇、石龙坝水电站、斗南国际花卉产业园、昆明花之城、滇池湿地公园长廊、高尔夫运动场、都市农庄。

# 第五节 旅行社与旅游饭店

## 旅行社

1956年5月成立的中国国际旅行社昆明分社，是滇池流域的首家旅行社。1958年10月1日该分社的接待基地（即现在的昆明饭店南楼）建成并正式挂牌营业，主要负责对外招徕并接待外国游客、港澳台同胞、华侨、外籍华人来华旅游团体及办理云南居民赴新、马、泰等国的旅游业务。此后，成立了云南海外旅行社有限公司，后与中国国际旅行社昆明分社合署经营，1989年经国家旅游局批准成为一类旅行社，1991年1月1日正式独立建制。此后，昆明的旅行社得到快速发展。2015年12月，昆明市有旅行社491户，其中具有出境组团业务资格的旅行社37户，具体为昆明春秋假日国际旅行社有限公司、昆明滇峰国际旅行社有限责任公司、昆明风光国际旅游有限责任公司、昆明风情国际旅游（集团）有限公司、昆明海外旅行社有限责任公司、昆明假日国际旅行社有限公司、昆明康辉旅行社有限公司、昆明旅行社（国际）有限公司、昆明太阳洲国际旅行社有限公司、昆明天涯旅行社有限公司、昆明铁路国际旅行社、昆明中北国际旅行社有限公司、昆明中国国际旅行社有限公司、云南宝中国际旅行社有限公司、云南海外国际旅行社有限公司、云南航空国际观光旅行社、云南华夏国际旅行社有限公司、云南佳缘国际旅行社有限责任公司、云南假日国际旅行社有限公司、云南科技国际旅行社、云南空港旅行社有限公司、云南旅游百事通国际旅行社有限公司、云南旅游商务国际旅行社有限公司、云南省国际旅行社、云南世博国际旅行社有限公司、云南四海国际旅行社有限公司、云南文华旅行社有限责任公司、云南熊猫国际旅行社有限公司、云南寻美国际旅行社有限公司、云南怡美国际旅游集团有限公司、云南永和旅行社有限公司、云南缘分国际旅游集团有限公司、云南招商国际旅行社有限公司、云南之路国际旅行社有限公司、云南中旅国际旅行社有限公司、云南中青国际旅行社有限公司及中旅总社云南有限公司；有导游管理公司4户，在册导游14820人。

## 旅游饭店

2015年，滇池流域共有星级饭店、旅馆等各类住宿设施6000多户，床位总数20.27万张。其中，星级饭店81户、经济连锁酒店70户、星级乡村旅游民宿客栈138户、其他住宿设施点5700多个。81户星级宾馆酒店中，五星级6户、四星级24户、三星级37户、二星级14户。

**翠湖宾馆** 翠湖宾馆于1954年11月动工建设，1956年5月1日建成开业，是云南省最早的旅游涉外酒店。1954年初，因昆明是中国通向东南亚的西南门户，中外使节频繁来往经过昆明，大批苏联和东欧援华专家来到昆明帮助建设云南省重点经济发展项目，为解决国内外客人在昆明的住宿问题，省、市政府决定建盖云南省最高级的翠湖宾馆。该宾馆曾先后接待过周恩来、朱德、董必武、贺龙等党和国家领导人，以及苏加诺、黄文欢、凯山·丰威汉、基辛格等许多外国重要客人。

**昆明饭店** 昆明饭店始建于1956年，1958年10月1日建成开业。1978年以前，昆明饭店是中国国际旅行社昆明分社的直属饭店和接待基地，与中国国际旅行社昆明分社实际上是一个机构、两块牌子。该饭店曾接待过越南国家主席胡志明、匈牙利主席道比、缅甸领导人奈温、柬埔寨国家元首西哈努克、几内亚总统杜尔等贵宾。周恩来、朱德、董必武、李先念、陈毅等党和国家领导人先后多次在该饭店举行国宴和接待活动。

**连云宾馆** 连云宾馆于1963年建成投入使用，隶属云南省政府办公厅。该宾馆建有别墅多幢，其中8号楼原为英国领事馆、9号楼原为美国领事馆、1号楼原为云南省博物馆。宾馆开业后，曾先后接待过周恩来、朱德、李先念等党和国家领导人及外国贵宾。

**震庄宾馆** 震庄宾馆前身是民国时期云南省主席龙云和卢汉的私人花园和住宅，始建于1936年。中华人民共和国成立后，成为云南省接待国家元首和重要宾客的国宾馆。该宾馆由震庄、翠湖11号、14号别墅院及西园组成，分外院和内院两部分，是宾馆对外接待的主要设施。内院是一组法式建筑别墅群，由一座石拱小桥和外院贯通，从空中俯瞰，这组建筑群是一个完整的八卦图造型，而楼层之间又是传统的四合院布局。建筑群既有中国古典园林的格调，又兼有欧式建筑的风格，内院的核心建筑是乾楼。

**金龙饭店** 金龙饭店于1988年1月建成开业，是昆明市也是云南省首批建成的硬件设施较完善和软件服务较为规范的高星级酒店。此后，昆明地区的旅游星级饭店便逐渐涌现。特别是1999年中国'99世界园艺博览会在昆明隆重举办，为迎接这一国际盛会，昆明地区相继建成了一批高星级的酒店。

### 2015年昆明市三星级以上宾馆酒店一览表

表2-7-1

| 星 级 | 数 量 | 名 称 |
|---|---|---|
| 五星级 | 6 户 | 昆明中维翠湖宾馆、昆明佳华广场酒店、昆明君乐酒店、昆明南亚风情园豪生大酒店、昆明世纪金源大饭店、云南绿洲大酒店 |
| 四星级 | 24 户 | 滇池大酒店、滇池温泉花园酒店、金龙饭店、高原明珠大酒店、官渡大酒店、金泉大酒店、经贸宾馆、昆明饭店、昆明海天酒店、昆明华地王朝酒店、昆明锦江大酒店、昆明朗威酒店、昆明怡景园度假酒店、昆明中凰酒店、昆明中玉酒店、泰丽国际酒店、泰隆宏瑞饭店、望湖宾馆、威龙饭店、希桥酒店、新纪元大酒店、昆明晟世仟和酒店、昆明星河温泉度假酒店、东川泰隆商务酒店 |
| 三星级 | 37 户 | 春城花园酒店、春城花园天鸿酒店、电网公司白云培训中心、方舟大酒店、桂花大酒店、海昆大酒店、海棠饭店、金孔雀大酒店、金茂大厦、金鹰大酒店、景谷大酒店、昆明大观酒店、昆明国际会展中心酒店、昆明华怡商务酒店、昆明景鑫兰坪酒店、昆明兴华国际度假酒店、昆明兴铁宾馆、昆明长水机场宾馆、昆明职工之家酒店、昆明耀龙饭店有限公司、莲花宾馆、龙腾大酒店、怡景园培训中心、银天大厦、云大宾馆、云华宾馆、云南德宏酒店、云南锦华国际酒店、云南锦泰大酒店、昆明寻甸红色庄园、昆明寻甸仁德惠邦酒店、昆明寻甸润天凯怡酒店、石林会议中心、石林大酒店、石林兴亚风情园有限公司、寻甸明欣园温泉酒店、晋宁三和大酒店 |

**2015年昆明市高端非星级酒店一览表**

表2-7-2

| 高端非星级 | 数 量 | 名 称 |
|---|---|---|
| | 7户 | 昆明洲际酒店、华邑度假酒店、昆明七彩云南温德姆至尊豪廷大酒店、万达文华酒店、中心皇冠假日酒店、花之城豪生国际大酒店、索菲特大酒店 |

## 第六节 旅游购物

昆明有丰富的旅游生物资源、矿产资源、文化资源、技术资源等，但在改革开放之前，生产的旅游商品是为满足外事接待的需要，旅游商品主要充当馈赠外宾的礼品、纪念品，是为满足接待的需要和创汇，没有考虑普通旅游者购物的需要。1978年党的十一届三中全会后，普通民众旅游逐渐兴起，出现了供旅游者选购的旅游商品。随着旅游业由"接待事业型"向"经济产业型"的转变，旅游购物成为旅游业六大构成要素之一，旅游商品才快速发展起来。

昆明早期的旅游商品为种类、数量较少的工艺品、土特产品，后发展到以工艺品、土特产品为主体，艺术品、旅游用品为补充的旅游商品体系，大致分为玉石类、木质类、纺织类、陶土类、金属类和综合类。主要旅游商品有珠宝玉石产品、金属工艺制品（斑铜、古铜、铜版重彩画等）、陶工艺品（黑陶、土陶、彩陶等）、石制工艺品（大理石、石林石品等）、木制工艺品（根雕、木雕、竹雕、竹编、草编、木贴画、木制拼板画等）、传统工艺品（云南围棋子即"云子"、昆明牙雕等）、纺织制品（民族包、蜡染、壁挂、民间绣品等）、民族民俗旅游商品（民族服装、服饰，民族工艺品，民族乐器，民族音乐声像制品）、花卉及花卉系列产品（鲜切花、盆花、盆景、水培花卉、干花制品等）、有地方特色的便携式包装旅游食品（土特产品、昆明传统风味食品、乳饼、野生食用菌、饮料、保健食品等）、药材（三七、天麻、虫草、云南白药等）、文物及文物监管仿制品（国家允许经销的文物及文物监管品、文物复仿制品）、美术制品（云南重彩画、版画、国画、书法、雕塑、民间剪纸、民间乡土绘画等）、旅游出版物、旅游纪念品（反映地区标志性纪念品、科普旅游品、徽章、景区景点纪念品）、旅游日用品等约1.5万个品种。2015年，昆明接待国内旅游者6796.91万人次，同比增长10.53%；接待海外旅游者114.49万人次，同比下降3.96%；旅游业总收入达723.46亿元，同比增长17.68%。

# 第八章　教科文卫体

## 第一节　教　育

　　滇池流域的学校教育始兴于东汉元和二年（85），晚于中原地区约2000年。滇池流域的旧制教育虽起步较晚，但到元代已与全国教育发展趋于一致。元至元十三年（1279），云南行省平章政事赛典赤·赡思丁在昆明城内建孔庙、明伦堂，兴儒学，让各族子弟学习中国经史。昆明"文风大兴"，逐步打破了昆明地区原有的南诏、大理文化体系，学术思想、教育思想同中原地区取得一致，教育体制纳入中央管理规范。明、清两代，昆明地区教育日渐发达。出于稳定边疆和使人民"知君臣、父子之道"，维护封建统治、加强中央集权的需要和对"兴学为变俗之方"的教育功能的认识，明、清两代统治者对云南的民族教育和基础教育都曾给予高度重视，并采取了一系列特殊政策，客观上促进了昆明教育的发展。明朝对边疆少数民族子女的优惠教育政策、清朝的"土民义学"至今仍有可供借鉴的积极意义。创建于明嘉靖三年（1524）的五华书院，共持续了379年，是云南省持续时间最长、培养人才最多、影响最大的书院。清光绪二十八年（1902），昆明开始选派学生出国留学，先后共选派了100多人。这批留学生中不少人成为辛亥革命、讨袁护国的重要人物。

　　戊戌维新后，在改良主义"变法图强"思潮影响下，昆明掀起改革旧制教育的热潮。清光绪二十九年（1903），在昆明五华书院基础上成立了云南省高等学堂，成为云南近代教育的开端。次年，云南省蚕桑学堂在昆明创立，开云南近代实业教育之先河。光绪三十二年（1906），昆明地区终止乡试、科考、岁考等科举考试，正式废除了在昆明地区实行600年之久的封建科举考试制度，结束了旧制教育的历史。光绪三十二年到宣统末年（1906—1911），是昆明地区近代教育的萌芽时期。在这一时期，相继成立了法政学堂、艺徒学堂、陆军讲武学堂、初级师范学堂、商业学堂等。到宣统末年，昆明城乡共设小学堂100余所、中学堂2所、两级师范学堂1所、县立师范学堂1所、初等商业学堂1所、初等工业学堂1所、女子师范学堂1所、女子职业学堂1所、法政学堂1所、蒙养园1所。在维新思潮影响下，以发展中、初级职业教育为主构建近代教育的基本框架，是昆明教育由科举制向"新学"过渡的突出特点。

　　昆明地区近代教育的产生和发展虽然同全国基本同步，但由于受省内军阀混战和地方经济的影响，举步维艰，总体上发展缓慢。民国元年（1912）9—10月间，民国政府教育部根据中央临时教育会议的决议，先后公布了小学、中学、师范、大学、专门学校的立法。"重九起义"后的云南军政当局对教育比较重视。民国元年至三年（1912—1914），在健全各级教育管理机构、划分学区、建立教学制度、整顿教师队伍、核拨教育经费等方面都采取了比较有力的措施，为发展近代教育奠定了基础。民国五年（1916）护国战争爆发，次年又发生"护法运动"，接着云南军阀内讧，战乱迭起、政局动荡、"时局不靖、灾祸频仍"，不是学校为军队所占驻，就是学校经费被地方团保挪用，学生星散，学校瓦解。"其能维持原状者，已属不可多得，更况论乎改革进步？"一些教育界人士慨叹："欲谋教育之进展，其必以革新政治为先决问题也。"从民国五年到民国十七年（1916—1928），昆明地区基础教育不论是学校数目，还是学生人数基本上没有发展。民国十七年（1928），云南军阀混战结束，政局趋于稳定，昆明教育事业逐步从衰退中复苏，时任省政府主席龙云和教育厅厅长龚自知比较重视教育，把全省的特捐和卷烟税收作为省的教育专款。20世纪30年代，省政府还将"南华烟草公司"收归省教育厅管理经营，并以其赢利充教育经费。从民国十七年到二十七年（1928—1938），由于教育经费比较充裕，省立各类学校的校舍、图书、仪器及各种教学用具得以建设和大量购置，国民教育、社会教育、少数民族教育等逐步展开，并取得相当成绩，是辛亥革命后昆明地区教育事业发展的鼎盛时期，昆华一中、昆华师范、昆华工校、昆华农校、昆华女中等名校的校舍和教学设备以及云南大学的较好的办学条件就是当时奠定的基础。民国二十六年（1937）全面抗战爆发，文化单位内迁，一时昆明人才荟萃。西南联大在昆明8年，不仅为昆明各级各类学校培养、培训了大批骨干教师，有力地推动了昆明地区教育事业的发展，而且带来了新鲜的民主空气，民主思想在学生中广为传播，为中华人民共和国成立前夕云南省的民主运动输送了大批骨干力量。这一时期迁入昆明的还有同济大学、中法大学、国立体专和同济附中、中法中学、粤秀中学、育侨中学等。抗战胜利后的"一二·一"运动，使昆明成为当时国统区的"民主堡垒"，其思想基础和干部准备就是在抗战时期奠定的。抗战胜利后，国民党政府推行法西斯独裁统治，挑起内战，通货恶性膨胀，教育事业发展受到严重影响。时昆明地区只有大专学校4所、省立师范学校2所、省立职业学校4所、省立中学4所、市立中学2所、私立中学15所、县立中学8所、县立师范学校4所、私立训练班2个、市立小学31所，规模都不大。1949年，昆明地区有大专学校4所，中等专业学校13所，普通中学33所。昆明市及昆明县和安宁、富民、呈贡、晋宁、昆阳6县共有大、中、小学在校生4.2万人，占地区总人口的5%；广大农村特别是山区、半山区很少有教育设施，53万农村人口中，各级各类学校在校生约为1.2万人，仅占总人口的2.3%；昆明地区小学适龄儿童入学率为30%左右。

中华人民共和国成立后，昆明教育事业取得了历史上从没有过的巨大发展。1978年，昆明地区共有高校9所，在校学生1.2万人；业余高等学校9所，在校生3038人；中等专业学校17所，在校学生4495人；技工学校8所，在校学生3593人；半工半读学校20所，在校生约4700人；半农半读学校97所，有学生5453人；普通中学239所，在校学生19.99万人；小学4402所，在校学生41.34万人；幼儿园242所，在园儿童3.144万人。全市每万人口中有大学生55.4人、中专生25.7人、高中生246.2人、初中生508.6人、小学生1267.2人。每万人口中的学生数约为1951年的3倍。全市财政支出1.32亿元，其中教育事业费支出1264万元，占总支出的9.59%。

党的十一届三中全会以后，昆明地区教育事业发展迅速。1998年，昆明地区有招收研究生的学校16所，其中普通高校9所，在校研究生1658人；普通高等学校16所，其中市属2所，在校学生近5万人；中等专业学校54所，其中市属13所，在校学生5.14万人；普通中学260所，在校学生15.95万人；农、职业中学34所，在校学生1.36万人；技工学校49所，其中市属13所，在校学生2.32万人；小学1465所、教学点1106个，在校学生32.98万人；幼儿园386所、学前班1195个，在园（班）儿童8.64万人；特殊教育学校3所、特殊教育班35个，在校残疾学生1680人；工读学校1所，在校学生26人。全市各级各类学校（不含幼儿园、学前班）共有学生62.92万人，占全市人口总数的16.15%，与昆明的经济社会发展基本相适应。全市适龄儿童入学率达到99.7%，小学毕业生升学率达到96.88%，初中毕业生升学率为68.46%（其中盘龙、五华两区达92.5%，已基本普及高中阶段教育）。全市每万人口中有大学生124.16人，中专生131.86人，高中生（含职业中学、技工学校）170.18人，初中生333.79人，小学生846.51人。每万人口中的大学生数、中专生数大幅度上升。当年，全市财政支出51.05亿元，其中国家财政性教育经费支出11.18亿元（不含省部属学校），占全市财政支出的21.9%。2015年，全市共有普通高等院校42所，在校生43.64万人，专任教师2.71万人；中等专业学校61所，在校生17.59万人，专任教师0.44万人；普通中学287所，在校生31.59万人，专任教师2.33万人；普通小学959所，在校生48.44万人，专任教师2.71万人；幼儿园1162所，在园幼儿20.74万人，专任教师1.19万人；特殊教育学校5所，在校学生565人，专任教师187人，残疾儿童入学率98.15%。学前教育三年毛入园率97.57%，小学学龄儿童毛入学率104.48%，普通初中毛入学率为112.11%，高中阶段毛入学率为92.5%。

# 第二节　科学技术

战国至西汉时期，滇池流域的冶炼技术在全国处于领先地位，所铸青铜器光彩夺目。东汉的"铜洗""南诏剑""大理刀"名著华夏。明、清至民国，昆明曾出现过一些有影响的人物。如兰茂编辑的中国第一部比较完整的地方性药物典籍《滇南本草》，比李时珍的《本草纲目》早百余年；近代名医曲焕章创制了"百宝丹"奇效良药，为祖国医药宝库增添了光彩，后成为饮誉世界的"云南白药"；熊庆来以其在数学上的突出成就，被列为中国近代数学先驱者之一；陈一得曾留学比利时，1925年创办"测候所"，在天文学、气象学、地震学诸方面成果累累；蔡希陶等人利用云南丰富的植物资源，在植物学领域获得丰收。

19世纪末期，现代机器制造技术开始传入昆明。1884年成立云南机器局，从事武器修理和制造。1886年，清朝政府在昆明设立云贵电报总局，架通昆明至广西的第一条电报线路，为云南电报的创始。1906年，废科举、办学堂，派人出国留学。1922年，创立云南第一所大学——东陆大学（云南大学前身）。1910年，滇越铁路通车，带来了工商业的兴旺。1912年，建巫家坝机场，并开办航空学校，同年中国第一座水力发电站石龙坝水电站建成发电，使昆明进入电时代。1917年，建成九龙池昆明自来水厂，市民饮上了自来水。1919年，建成昆明第一个无线电。抗日战争期间，内地一些大学、科研单位和工厂陆续迁昆，促进了昆明科学技术的进步和经济的发展，许多自然科学学会在昆成立，学术活动十分活跃，培养造就了一批人才。在内迁的院校中，西南联合大学规模最大、水平最高、影响最深，著名学者云集，在昆明办学8年，为国内外培育出4000多名精英，其中有两院院士171人和"两弹一星"功臣12人。迁昆的企业边引进设备和技术、边开工生产，试制成功车床、电线、望远镜等一批产品。1939年，毕业于德国柏林工业大学的周自新在昆明筹建了中国第一个光学仪器厂——云南光学仪器厂，成为中国兵工光学事业之始。1940年，在昆明兴建的中央机器厂，成为云南规模最大、设备最好、技术力量最强的综合机械制造厂。以中央机器厂、云南光学仪器厂为代表的一批工业企业，曾先后研究制造出中国第一台最大的2000千瓦发电机、第一台500匹马力的发动机、第一个精密块规、装配出中国历史上自己制造的第一部"资源牌"汽车、生产出中国第一根电线、制造出中国第一批光学仪器。1945年，除军工产品外，还生产了大批机械产品，且多为国内首创。抗战时期昆明地区崛起的机械工业，成为当时中国机床、电工、光学工业的摇篮。但由于多方面的原因，在中华人民共和国成立前夕，昆明的科学技术仍发展迟缓、基础薄弱。

中华人民共和国成立后，昆明地区的科技工作加快发展。中国科学院昆明凤凰山天文台、植物研究所昆明工作站、工学研究所昆明工作站、卫生部昆明生物制品所、省农业试验站5个科研机构在昆明建立，有职工100余人、科技人员30余人。1953年昆明机床厂试制成功仿德铣床，1954年又研制成功中国第一台T68型卧式镗床。1957年，全省科研机构发展到11个，其中9个在昆明；自然科学学会25个、会员1385人，也绝大多数在昆明。是年，中国科学院植物研究所昆明工作站和冶金陶瓷研究所昆明工作站的2个科研项目在全国第一次科学奖励大会上分别获得二、三等奖。1960年，中国医学科学院医学生物学研究所试制脊髓灰质炎疫苗取得成功，对全国控制小儿麻痹症发病率起到良好作用。1963年，市重化工局中心试验场试制成功橡胶补强剂氢氧化铝。1964年，中国科学院昆明植物研究所关于植物区系的研究在国际上产生影响。1965年，昆明地区独立科研机构发展到30多个，其中市属独立科研机构4个。

1978年党的十一届三中全会以后，科学技术是第一生产力以及科技兴昆的战略思想深入人心。各级党委、政府把科技工作列入重要议事日程，为科技与经济的结合创造了良好的大环境。主要行业和学科都有了专门的科技机构，初步形成适应昆明经济建设和社会发展需要的科研与技术开发体系，生物、冶金、地质、机械、天文等方面在全国具有一定水平和特色。全社会对科技的投入逐年增加。"十二五"期间，昆明市地方财政科技拨款由2010年的6.03亿元增长到2014年的12.68亿元，占地方财政一般预算支出的比重达到2.13%。"十二五"末，昆明地区拥有国家重点实验室6个、国家重点实验室分支机构1个、国家工程技术研究中心4个、云南省工程技术研究中心79个、云南省国际科技合作基地44个，初步建立了一支专业比较齐全，行业分布较为广泛的技术人才队伍，培养了一批学科带头人。2015年，昆明地区拥有国家级高新技术产业化（现代服务业）基地及集群9个、国家重点新产品39个，高新技术企业578户，各级科技企业孵化器25户；拥有"两院"院士8人、云南省科技领军人才21名、云南省中青年学术和技术带头人后备人才899名、云南省科技创新团队147个、云南省院士专家工作站118个、云南省科技特派员177名、昆明市中青年学术和技术带头人及后备人选686名、昆明市科技创新团队77个、昆明市院士工作站25个、昆明市科技特派员259名；全社会研发经费投入占GDP的比重达到1.75%，市级财政科技经费投入7699万元。

# 第三节　文　化

滇池流域的文化活动远古时期即有之。官渡区石虎滩出土的新石器时代文物——夹砂灰陶的肩沿上便有人类原始舞蹈图饰；在富民县和官渡区还发现了周代的陶制吹奏乐器；在呈贡天子庙、晋宁石寨山出土的大批春秋晚期至西汉的青铜器上，镌刻有各种舞蹈形象，以及各种乐器图案，反映出滇王国地区民族的能歌善舞及歌、舞、乐活动的盛行。西汉以后，滇池地区先后融入汉、唐、宋、元、明、清历代多民族文化，形成多元的文化结构。809年，南诏王与群臣唱和于都阐（昆明）避风台，形成了昆明地区最早见载的汉文诗篇。元初云南蒙古族中继续盛行儒家文化和汉诗的创作。明、清以后，大批汉族移民至云南屯田戍边，带来内地先进的文化和生产技术，促进了云南尤其是昆明地区文化艺术事业的繁荣和发展，并逐渐形成了具有地方、民族特色的风格和特点，且昆明地区的诗歌、书法、绘画等创作盛极一时，在全国颇具影响，出现了不少有名的诗人和书画家。花灯、滇剧等艺术的形成并迅速普及，使昆明地区文化生活极为生动活跃。川剧、京剧等剧种也在清代传入昆明。清末民初，受西方文化的影响，昆明地区文化事业的发展注入了新内容，电影、公共图书馆等也在此时产生，新的文学形式如新诗、小说等也相继出现。

抗日战争时期，内地大量工厂、企业、机关、学校及文化单位迁至昆明，促进、带动了昆明文化事业的空前活跃和繁荣，文学创作硕果累累，各种艺术表演活动频繁，其中尤以话剧和各种群众歌咏活动最为突出，昆明的群众歌咏团队数以百计，话剧社团仅机关、部队、群众文化团体组建的就有四五十个，还有众多的学校话剧社团。文化活动的活跃，又带动了思想、意识的活跃，昆明成为国民党统治区和抗日战争大后方的"民主堡垒"。

中华人民共和国成立后，文化工作纳入了政府有计划、有组织的管辖序列，昆明地区的文化艺术事业进入了一个新的发展阶段，各种文化机构、文化表演专业团体相继建立，各项活动开展得更加有声有色。2015年，昆明地区登记在册的业余文化表演团体2895个，专业文化表演团体2个、文化馆15个、图书馆15座、公共博物馆117座，其中注册的博物馆27座、挂牌博物馆90座，文化站135个、文化室1370个。

# 第四节　卫　生

滇池流域的医药卫生事业始于元朝。元朝建立云南行中书省，省会定于昆明，按元朝官制设置的"医学"为医学教育、培训机构，设置的"医学提举司"管理卫生行政，设置的惠民药局为昆明城郊贫苦百姓免费治病。明朝昆明近郊嵩明县人兰茂著的《滇南本草》，早于李时珍《本草纲目》120余年，还著有《医门揽要》。1901年，清朝云贵总督署在昆明设立官药局、检疫所、陆军医局等机构，并设置社会救济组织——养疾院、育婴堂，各有官医数名及种痘医生和接生员，另设施药公会。民国二十五年（1936），云南全省卫生实验处成立，主管全省卫生行政。省会城市昆明的公共卫生与医药管理通常由省卫生实验处牵头，会同昆明市、县政府及警务机关、医药团体、中西医开业医师组织开展每年夏秋季消毒灭鼠、清除垃圾、疏通沟渠河道等卫生运动，进行食品、娱乐、屠宰、理发、沐浴、旅店等卫生大检查。中华人民共和国成立后，人民政府十分重视和关心人民群众的健康。1950年8月，昆明市人民政府组建昆明市卫生局，医药卫生事业迅速发展。1979年，昆明地区医疗机构达到1059个，病床12197张，卫生技术人员16350人，分别比中华人民共和国成立前增长46倍、16.7倍和26倍。1978年党的十一届三中全会后，昆明地区的卫生防疫、保健、医药事业得到较快发展。城乡基本形成了卫生防疫、医疗、妇幼保健、药品监督管理的完整体系，三级医疗卫生保健网不断加强。1990年，昆明地区拥有各种卫生事业机构1485个，多种病床22661张，卫生技术人员27242人，平均每千人口有病床6.38张。

# 中　医

　　滇池流域的中医中药发展，明朝前以巫医、单医为主，散居山寨乡村或城镇。明朝时期云南各府州县均设医官，并有开业行医中医药店，府设正科、州设典科、县设训科各1人，诊病兼培养中医人才。嵩明兰茂创著的《滇南本草》成为传世的中药学珍贵名著。昆明药铺主要有3户。到了清代，开业行医者、医馆、药铺在昆明到处可见。乾隆到光绪时期，医药独立分开，昆明地区开设药店有70余户，能制造多种中成药膏、丹、丸、散等，诊治疾病分为男、妇、幼儿、眼科等。昆明城郊中医名医50余人，医学论著有17种之多，亦有外省来滇开药铺兼行医的。此外，昆明地区草医、民族医以及外省入滇走街串巷游医也比比皆是。民国时期，虽然从北洋政府到民国政府都对中医采取限制、取缔的政策，但昆明地区的中医药界人士奋起与国民政府扼杀中医的政策相抗争、自我发展，不断扩大在人民群众中的影响力，形成了以戴丽三、吴佩衡、姚贞白、康诚之、李继昌等人为代表的中医流派。为扩大影响，发展中医药事业，昆明地区中医药界还先后成立了"神州医药总会云南分会""神州医学会昆明分会""云南国医学术研究社""昆明市中医学社""云南中医师公会"，以及由这些组织所创办的《神州医学报》《国医周刊》，所举办的中医讲习班、天禄中医讲习班、云南省私立中医专科学校等，为提高中医医生的业务学术水平、交流和总结临床经验、推进中医医学的发展发挥了积极作用。尽管昆明中医对各种病症及杂病积累了丰富的临床经验，但医疗技术较落后，往往是经验式诊断，对症性治疗。

　　中华人民共和国成立后，党和人民政府十分重视中医药事业的发展，提出以"预防为主，面向工农兵，团结中、西医"的卫生工作方针，中医药事业得以振兴与发展。1950年，云南省卫生厅医政科增设中医股，后又单独改设为中医处。1955年昆明市卫生局医政科成立了中医研究小组、中药研究小组，1956年成立中医科，举办各类中医进修班，中药剂班及西医学习中医委员会，为培养中医人才及西医医生、护理人员学习中医打下了良好的基础。1958年组建了昆明市中医院，1966年昆明地区各医院都增设中医门诊和中医科。1980年后，又分别在五华、盘龙、安宁、宜良、嵩明、禄劝、官渡等县区成立中医医院，大多数企事业单位卫生所、室及厂矿医院也都开设了中医门诊。1990年，昆明地区的10所中医医院共有病床951张，中医卫生技术人员达63人；中医医疗技术逐步形成了内科、妇科、儿科、外科、骨伤科、针灸科、推拿按摩科的系统分科体系，诊断技术也逐步与西医医学的先进技术相结合，电子计算机在中医临床诊断、处方中应用。昆明市中医界中名望较高的医生为戴丽三、吴佩衡、姚贞白、康诚之、吕重安、李继昌等6人。1963年被省、市提名为昆明市著名中医的有姚贞白、李继昌、朗月秋、苏采臣、尹承之、陆巨卿、张禄仙、钟辅臣、牛少宾、夏仲鲁、代瑞安、姚仲逵、李伯明、卢仰之、罗之兴、高瑞堂、代古轩、晋子畏、朱少堂、罗济轩。20世纪70年代后，昆明地区的中医队伍中有丰富临床经验、在民众中享有极高威望的医家有所减少。1985年昆明市卫生局报送参选《全国名中医谱》的名中医有姚贞白、李继昌、苏采臣、钟辅臣、尹承之、代瑞安、陆巨卿、牛少宾、夏仲鲁、姚仲逵、张沛霖。1988年，昆明市所属医疗机构中有中医主任医师技术职称的18人、副主任医师职称的94人及主治、主管医师职称的347人。

## 西 医

滇池流域的西医医学始于清朝光绪二十七年（1901），由法领事署开设"大法施医院"而传入，西医体系的形成是在辛亥革命以后至抗日战争之前，这一时期昆明的西医医院相继建立，其中有1914年由当时云南警察厅厅长朱德创建的"宏济医院"，1920年英国教会（中华圣公会）创立的"惠滇医院"，1928年法国开办的"甘美医院"，万国红十字会创立的"万国红十字会医院"。这一时期西医技术人员队伍也随之壮大，成为昆明最早的一批西医技术骨干，为发展昆明西医理论技术和现代卫生事业做出了历史性的贡献。1937年抗日战争爆发以后，随着西医医院的新建和扩大，以及医疗业务的分科逐渐完善，西医技术队伍得到了迅速的发展，一支初具规模又有相当技术水平的卫生技术队伍已基本建成。1938年，"省立昆华医院"建成，同时昆明已出现一批开业医师及私人医院、诊所。20世纪40年代中期，昆明地区不仅开设了许多私人诊所，而且出现了不少私人筹办的医院或疗养院，对当时昆明西医的发展起着重要的作用。但当时昆明的医院一般病床设置在40—120张之间，规模小、设备简陋、医护人员少，只能开展内、外、妇、儿等科一般诊疗，做一般的常规化验、透视和一般拍片，且医疗机构都集中于城市，广大农村除了民间中草医外，根本没有医疗卫生机构。

中华人民共和国成立后，党和人民政府十分重视卫生事业发展和人民健康，逐步增建医疗卫生机构和设施，积极开展防病治病工作，城乡医疗卫生工作面貌发生了巨大的变化，医疗事业取得了前所未有的成就。20世纪50年代，改组重建、新建的省、市级以西医为主的综合性医院4所，20世纪60年代又增加6所，尤其是改建、组建、新建了6所专科医院。这些医院都分设有内、外、妇、儿、五官、中医等医疗科室及放射线、检验、病理、物理等医药科室，医疗技术水平进展较快。各县区级的人民医院也相继建立。昆明地区的厂矿、企事业单位也逐渐组建、新建了职工医院、卫生科（所）或医务室。20世纪60年代中期，昆明已基本形成了门类和设备比较齐全的医疗体系。1966年"文化大革命"开始后，昆明的医疗事业发展停滞不前。1978年党的十一届三中全会以后，全市各项医疗事业发展取得了显著的成绩。2015年，全市共有卫生机构4490个，其中医院282所、乡镇卫生院110所、社区卫生服务中心（站）347个、诊所（卫生所、医务室）2212个、村卫生室1283个，有卫生技术人员6.43万人，其中执业医师和执业助理医师24109人、注册护士28091人，医疗卫生机构实有病床55191张；全市有养老服务机构115个、社会服务床位27470张，社区服务中心114个，社区服务站1623个；居民平均期望寿命77.5岁，孕产妇死亡率24.76/10万，婴幼儿死亡率6.31‰。

# 第五节　体　育

远在石器时代，滇池流域昆明人的祖先已在滇池周围定居，繁衍生息。在滇池区域出土了石斧、石锥、砺石、石弹丸等证明了原始形式体育的产生。在滇池东岸晋宁石寨山出土的西汉时期青铜贮贝器上的人物群塑，展示了双方短兵鏖战的格斗场面，充分体现了技击的武术特征，并反映了古滇人尚武强悍的性格。在晋宁石寨山出土的1050件各式青铜器上铸刻了划船竞渡、斗牛、射弩、射箭、狩猎、游泳、舞蹈等古滇先民体育活动图案。元、明、清时武术技艺日趋成熟，一批著名武术家如一贯禅师、杨娥、殷娘娘、吴金州等威震武坛。武科举促使了一批竞取功名的有志之士习于弓马刀石，地方拳种、民族武术开始形成。昆明是一个多民族聚居的地区，居住在滇池区域的各族人民创造了具有地方特点和民族特色的体育活动。在彝族、苗族、白族、回族、傈僳族、哈尼族、壮族、傣族等民族中盛行射弩、竞渡、摔跤、爬杆、打磨秋、转秋、赛马、火药枪射击、斗牛、大运动量的舞蹈、民间棋类、陀螺、游泳等，这些民族体育项目与地域文化息息相关。清末，法、英势力进入云南，打破了云南封建闭关自守的状况，西方近代体育项目传入昆明。1906年，昆明设立新体操学堂，为全国最早开办体操师资的学堂之一，并在校内举办了全市最早的学校田径运动会。1910年滇越铁路全线通车后，网球、旱冰、自行车、棒球、乒乓球、台球、篮球、足球、排球、部分田径项目等近代体育先后由外国人和传教士传入昆明，先在教会学校中开展，后逐渐扩展到社会。近代体育项目在昆明传播的同时，民族民间传统体育项目特别是武术活动仍广泛开展，昆明国术团等一批国术社团相继成立。1913年，为纪念云南重九光复，省、市和政、军、学、警备等各界在承华圃（讲武堂）运动场联合举办了有史以来的首届综合运动会。到抗日战争前，云南省在昆明举办了6次全省运动会，地州的部分选手参加了运动会。

1937年全面抗战爆发后，昆明成为全国的大后方，内地一些重要机关、大型企业、著名学校相继迁到昆明，使昆明成为全国经济和文化中心之一，马约翰等一批中国的著名体育专家、教授、名人到昆明任教和工作。在体育名家的倡导下，昆明社会各界广泛开展体育活动，建立了20多个社会体育团体及各种球队，各级的体育活动和竞赛长年不断。1942年，驻昆美军在昆明多次举办田径、篮球等运动会，表演美式足球（橄榄球）。在同中国频繁的交往比赛中，把篮球、棒球、垒球、田径、网球、拳击运动技术带入昆明，促进了昆明体育运动技术水平的提高。1941—1945年，昆明市连续举办了5届综合性的全市运动会，这在抗日战争时期的中国是绝无仅有的。抗日战争结束后，内迁的学校和企业绝大部分迁回，美军撤离，昆明的体育活动随之减少。1947年，球王李惠堂父子来昆明举行冬赈足球义赛和网球表演，球王的精湛球艺表演，在昆明再度掀起对体育的热情。随后内战爆发，人们也无心去搞体育。

中华人民共和国成立后，党和政府十分重视体育工作，使体育的发展发生了根本变化，为人民参加体育运动开辟了广阔的天地。1950年10月4—6日在拓东运动场隆重举行了中华人民共和国成立后昆明市第一届人民体育大会，3000人参加了田径、篮球、排球、棒球、拔河、团体操的比赛和表演。这届运动会的召开，迅速推动了昆明体育的发展，广大工人、农民、解放军官兵、机关工作人员以饱满的热情，因陋就简、因地制宜开展各种体育活动。1954年，昆明市体育分会筹委会成立，团市委设立军体部，通过各级团组织发动和开展体育活动。1956年3月8日昆明市体育运动委员会正式成立，标志着体育事业纳入国家计划。同年，成立了篮球、排球、足球、田径、体操、游泳6个单项运动协会和市青少年业余体育学校。1958年，在"大跃进"思潮的影响下，全市大、中、小学在开展"四红""双红"活动中，有6.5万人达到《劳卫制》锻炼标准、2.7万人达到等级运动员标准；全市机关、学校、工厂建立了体育协会986个、协会分会602个，各级体育机构及体育协会的建立从组织上保证了昆明体育事业的发展。1955—1959年，全市共举办了4届全市工人运动会。学校体育教学走入正轨，体育锻炼蔚然成风，推行《准备劳动与卫国体育制度》，促进了学生德、智、体的协调发展。在全面普及学校体育的同时，农村体育逐步发展，一些地区建立了农民体育协会，1956年举办了首届昆明农民运动会。次年参加了省首届农民运动会，在篮球、足球、田径的比赛中取得较好的成绩。随着群众体育的蓬勃发展，专业训练和业余训练体制逐渐形成，运动技术水平得到了较大提高，体育人才辈出，向省、国家输送了一批优秀体育人才，如邱钟惠、戚玉芳、杨伯镛、马克坚、张健等，不少运动员在全国及世界性的比赛中获冠军。1962年9月因"精兵简政"撤销市体委，体育工作归市人委文教办公室兼管。1964年2月恢复市体委建制。1966年"文化大革命"开始后市体委受到冲击，体育场关闭，体育系统瘫痪，体育工作基本停顿。1970年，在毛泽东畅游长江的影响下，昆明市首次在海埂举办"纪念毛泽东畅游长江"盛大庆祝游泳活动，后规模逐年增大，这项庆祝活动一直延续到1978年。"纪念毛泽东畅游长江"群众游泳活动，一定程度上促进了昆明各项体育运动的恢复。1970年12月市体委改称市体育局。1973年8月军管结束后市革委决定恢复市体育运动委员会，同时市所辖4区4县除西山区外重新建立了体委并配备了专职干部，各项体育活动也逐渐恢复，全市有25%的职工经常参加体育活动。知识青年上山下乡后，带动了农村体育活动的开展。1975年推行《国家体育锻炼标准》，至1979年全市"达标"人数为14585人。市级比赛恢复并逐年增多，在参加全省第四、第五届运动会上，昆明市在金牌和团体总分上以较大优势领先。同时，昆明市还承办了一些全国比赛，并组队参加了一些全国性的比赛。

1978年党的十一届三中全会以后，全国进行了拨乱反正，极大地调动了昆明市体育工作者的积极性。在普及与提高相结合的前提下，侧重抓好普及，重点是坚持提高全民健康水平、努力提高竞技水平的昆明体育工作指导思想。1982年3月，冯全忠任昆明市体委专职主任，结束了市体委主任由市政府分管领导兼任的历史，体育机构改革纳入正轨。1979年12月，昆明市被国家体委命名为全国开展足球运动的16个重点城市之一，推动了各项体育工作的开展。同年，成立了昆明市第一支专业体工队，项目有足球、男女篮球。1979年后，学校体育在办学质量、教学设施、体育师资队伍等方面有了很大改观和加强，市属体校由2所增至3所。全市设立了省、市体育传统学校35所，10个县区成立了少体校班。专业、半专业、业余训练点和传统体校一条龙的四级训练体制日趋完善。《国家体育锻炼标准》得到进一步推行。1980年6月，成立了中华全国体育总会云南省昆明市分会，并建立了13个市级单项运动协会；建立由属地厂矿工会参加的职工地区体协20个。1983—1988年，全市举办4届少数民族传统体育运动会。1985—1988年，全市各县区举办农民运动会389次，普及促进了运动水平的提高，举办全市农民运动会2次。1988年，全市成立的单项运动协会达26个，会员发展到10万多人；协会举办和承办比赛65项次，近万人参赛；经常参加体育活动的职工为16.3万人，占全市职工总人数的39.5%；建立各项目男、女运动队6941个，8.43万名业余运动员参加市、地区体协和基层组织的各种比赛，体育运动打破了过去单一形式，集竞技、娱乐、健身为一体；嵩明县运动员王超在全国首届农民运动会自行车比赛中夺得银牌；全市达标学生累计达138.95万人，占在校适龄人数的80%；昆明市伤残运动员在残疾人国际比赛中获金牌18块、银牌4块，3人打破6项残疾人游泳世界纪录，6人17次破远东及南太平洋残疾人运动会纪录；在国内比赛中获11个全国冠军；在参加全国首届城市运动会比赛中，昆明市获得26块奖牌，其中金牌1块、银牌2块、铜牌2块，名列40个参赛城市中的26位。2013年，昆明市共建成农民体育健身工程点833个、文体活动广场141个、全民健身路径1050条。

# 第三篇　开发利用

# 简　述

　　自从人类在滇池流域出现以来，就在不停地对滇池进行开发利用。随着经济社会的发展，对滇池的开发利用经历了从最初的生活用水和捕捞、航运，到后来作为农业、工业生产用水和城市用水的过程。由于古代滇池流域水资源需求量小，人与水处于和谐的状态，对滇池的开发利用没有实施管理。到了近代，随着滇池流域人口增长和经济社会发展，水资源的需求量逐渐增大，对滇池水资源开发利用的力度不断加大，人与水的矛盾也日益突出。出于滇池保护和环境保护的需要，开始对滇池的开发利用实行管理，并逐渐走上了法制化管理的轨道。从滇池的开发利用过程，可以看出滇池开发利用经历了从初级利用到高级利用，从单领域利用到多领域利用，从无序开发到有序开发的过程。

　　滇池哺育了滇池地区的人类。根据考古发现，距今3万年前就有人类在滇池湖滨的呈贡龙潭山生活。从滇池湖滨挖出的大量螺蛳壳证明，4000多年前，滇池流域的居民已经在捕捞滇池里的螺蛳食用，并开始种植水稻，灌溉用水主要引自河流。西汉时期，木船已经成为滇池流域居民捕鱼和水上运输的工具，人们已能编织渔网，剜木为船，入滇池捕捞。西汉新莽时期，滇池流域建起小坝塘，这是滇池流域水利工程的开端。此后逐渐发展，从少到多，从小到大。南诏国在滇池流域建立拓东城前，滇池地区一直人口少、耕地少，人们对水资源的利用属于自然利用，修建的水利设施初级简陋，几乎未人为地改变河道、湖泊的自然状况，人与水和谐相处。唐代中期南诏国在滇池流域建成拓东城后，随着城市的发展和人口增加，为满足粮食需求，人们不断扩大农业耕种面积，人与水的关系发生了改变。一方面，农业生产需要水资源灌溉；另一方面，水患对农业生产、人民生活造成危害，治理水患成为头等大事，人与水的矛盾开始出现。从拓东城建立起，滇池流域开始实施具有一定规模的水利工程，一方面灌溉农田，另一方面治理水患。南宋大理国时期，滇池流域已有人工开挖的水利工程，其中有规模较大、具有永久性的金汁河引水工程。治理水患主要采取上疏下泄的方式，水利工程的重点放在盘龙江和海口河。宋代大理国时期滇池航运也获得了较大发展，不仅船只数量增多，而且还出现了许多繁华的码头。

　　元代，昆明成为云南的省会。赛典赤在云南任职期间，在滇池流域进行了大规模的水利建设。赛典赤主持疏挖海口河泄滇池水，得良田万余顷，减轻了水患。这是有史料记载滇池地区"涸水谋田"的开始。赛典赤还修建松华坝，疏浚金汁河，提高了滇池地区的农业灌溉能力。航运得到更大的发展，滇西、滇南的物资经滇池运往省会昆明。滇池航运在当时的经济社会生活中占有十分重要的地位。云津是十分繁忙的水陆码头，"云津夜市"成为当时昆明的八景之一。元明时期，滇池渔业有了很大的发展，官渡、呈贡乌龙是当时的渔港，有"官渡渔火""渔浦星灯"之景。元代到过滇池的意大利旅行家马可·波罗和明代到过滇池的旅行家徐霞客对滇池的鱼类进行了记述。

　　明代以前，滇池盈枯依自然规律进行，雨季水涨，旱季水落，未进行人为调节。明代，滇池地区大量屯兵，收纳移民，广开屯田。屯田垦荒需要水利作保障。于是，明代有效地实施了一系列水利工程，工程技术和工艺水平也较元代有了显著提高。从明代开始，滇池水利从侧重防水患进入到兴利除害并重，重要闸坝陆续改为砌石永久性工程，其水利建设的重要特点是注重管理，海口河、"六河"和松华坝等重要水利工程的管理都逐渐建立了完整的规章制度。同时，昆明与滇池周边地区的水路联系更加密切，滇池沿岸的许多地方因此成为运输口岸而日趋繁荣。且昆明城扩建后，护城河与滇池航道相通。由于滇池水位下降，云津码头已经不能容纳较大的运输船只停泊，于是开凿航运码头"篆塘"，便于船舶经过运粮河运送粮食至城内。

清代始建屡丰闸，发挥了旱涝调节水位的作用，开人工控制滇池之始。清代多次疏浚海口河，涸出大量耕地。在水利管理方面，清代沿袭了明代的做法，注重对水利工程的管理，并逐渐建立了完整的规章制度，对灌溉用水的管理达到了较高的水平。清代，滇池流域出现了水利专书《六河图说》和《晋宁水利论》，滇池出现了固定航线，新开了运粮河，新建了篆塘码头，且码头日趋繁盛，并取代了云津码头。

民国时期，由于清末滇越铁路开通，西方科学技术开始传入，使滇池流域成为全国较早吸收西方近代科学技术进行水资源开发利用的地区之一。1912年在滇池下游建成全国第一座水电站——石龙坝水电站，滇池水资源开始作为工业生产用水。利用电力在滇池西岸西山区积善村建起了云南省第一座电力抽水站。从国外购入的蒸汽轮也开始在滇池运营，改变了滇池运营由木船一统天下的局面，并出现了专营航运的轮船公司，滇池的运输条件大为改善。抗战时期，内地大量的院校、工业企业迁至昆明，带来了昆明短暂的繁荣，滇池的航运量增大，工业用水增加。1946年，在盘龙江上游建成谷昌坝水库，是当时全省最大的蓄水工程。

中华人民共和国成立后，人民政府十分重视水利建设，组织力量兴修水利，在入滇河道上游修建水库，提高对农田的灌溉能力和对城市的供水能力；对海口河进行疏挖，使其提高泄水能力。由于组织有力，加之工程技术水平提高，水利工程建设效果明显。尤其是1958年，滇池地区大兴水利建设，在原谷昌坝的基础上，修建了松华坝水库，其他主要河道上游都兴建了中型水库、小型水库等规模不同的蓄水设施，对出入滇池的河道进行了疏挖，城市用水和农业灌溉用水得到了较好的保证，水患问题也得到了较好地解决。但由于滇池围湖谋田活动增多，而且规模较大，造成滇池自净能力减弱和自然生态环境恶化，对滇池渔业、城市供水造成严重影响，并造成水质恶化、污染严重。

20世纪80年代后，随着城市人口的增长，松华坝水库水由灌溉农田为主转变为城市供水为主。到90年代，随着城市人口剧增，人均水资源量下降，加之滇池污染加重，滇池利用受到了很大限制，滇池流域出现了水资源供不应求的状况，昆明由历史上的水城变为缺水型城市，人与水的矛盾变得十分突出。为保护滇池水环境，滇池停止了航运，水产养殖变成了主要养殖以蓝藻为食的滤食性鱼类。对滇池流域的产业结构进行了根本性的调整，农业粮食作物种植面积逐渐转变为蔬菜、花卉等经济作物种植，耗水型工业逐渐迁出滇池地区，使农业和工业的用水量大量减少。生活用水主要由水库供给，直接取用滇池的水量减少了。1982年后，由于水资源紧缺，开源节流成为主要任务，节水成为滇池开发利用的重头戏。90年代后，昆明先后实施了流域内"2258"引水济昆，流域外掌鸠河引水、清水海引水和牛栏江—滇池补水工程，增加滇池地区的生活用水和补充滇池水。掌鸠河引水工程通水后，结束了生活用水取用滇池水的历史。滇池的开发利用逐渐走上法制化、科学化和生态化的轨道，2011年昆明成功创建为国家节水型城市。

21世纪后，由于滇池治理力度的加大，滇池水质不断好转。随着昆明建设面向南亚东南亚区域性国际中心城市进程的加快，滇池水资源开发利用正在进行着新的转型升级。滇池湖滨地区的生态资源和历史文化资源分布较多，滇池已成为国家级风景名胜区，每年都有数千万的国内外旅游者前来观光体验旅游。在滇池继续发挥防洪、调蓄、灌溉等传统功能的同时，人们已在重视对滇池生态、景观、旅游休闲功能的开发，推动着滇池水资源开发利用实现新的转型升级。

# 第一章　滇池水资源利用

古代，滇池主要是人类居民生活和农业生产用水水源。民国元年（1912）建成石龙坝水电站，滇池开始作为工业生产用水水源。随着滇池沿岸工农业生产发展和人口增多，对滇池的取水量由少到多不断增长，滇池已成为昆明主城区市民生活主要供水水源。1915年，昆明建成第一个自来水厂，城区居民开始使用取自滇池的自来水，由于自来水供水能力有限，城区居民仍主要利用水井取地下水使用。中华人民共和国成立至20世纪80—90年代，滇池始终作为自来水水源向城市供水。2007年掌鸠河引水补充昆明主城用水后，自来水厂停止使用滇池水，仅将滇池水作为干旱时期的备用水源，滇池水的开发利用主要是作为水产养殖、航运、旅游观光、农业灌溉用水和滇池沿岸及下游工业的生产用水。90年代后，随着滇池治理力度不断加大，耗水量大且污染严重的工业行业逐步迁出滇池地区，工业企业对滇池的直接取水量逐步减少，但滇池下游的工业企业发展比较快，滇池又成为下游工业企业的主要用水水源。现滇池水资源的利用，除了对水的直接利用外，不断拓展和深化在水产养殖、生态、景观、旅游休闲方面的利用。

## 第一节　农业用水

农业是滇池水资源最古老、最普遍的用水领域。早在4000多年前，滇池流域的先民们就开始种植水稻，他们取滇池及入湖河道的水灌溉农田。清末石龙坝水电站建成后，开始出现电力灌溉。中华人民共和国成立后，随着城市规模不断扩大，滇池地区的耕地不断减少，加之农业生产结构调整，水稻种植面积不断减少，而蔬菜、花卉种植面积不断增加，加上农业节水技术的推广，农业生产用水不断减少。

### 人力灌溉

据《史记·西南夷列传》载，庄蹻率兵至滇池，见"池方三百里，旁平地，肥饶数十里"。可见，在公元前3世纪，人们已经在滇池沿岸开辟农田，并取滇池水进行灌溉，形成"耕田有邑聚""肥饶数十里"的景象。西汉新莽时期地皇二年（21），益州太守文齐在今呈贡、晋城一带倡导"造起陂池开通灌溉，垦田二千余顷"。这是滇池流域蓄水工程建设的开始。南宋大理国时期，滇池流域已有人工开挖的较大的金汁河引水工程。元代赛典赤修建松华坝，疏挖海口河，疏浚金汁河，筑土堤，"灌溉滋益，大有殊功"。明代，云南大量屯兵，收纳移民，广开屯田，中原地区的先进农业技术不断传入云南，滇池沿岸用木制龙骨水车由滇池或注入滇池的河道提水灌溉。滇池流域的龙骨水车一直使用到20世纪50年代，而且还是提水灌溉的主要工具。1953年昆明大旱，滇池沿岸共有10多万张龙骨水车车水，最多的用15级水车提滇池水进行抗旱。

## 电力和机械抽水灌溉

石龙坝水电站建成后，云南工商界人士吴琯（昆明人，昆明商界知名人士，民初曾任电政总局局长）在西山区积善乡（现西山区马街街道积善社区）建海源河水龙公司电力抽水站，成为滇池流域及云南全省的第一座电力抽水站。积善乡位于滇池湖滨，海源河经此注入滇池。这一带地势平坦，土质肥沃。元、明时期，河源泉流充沛，可供部分农田灌溉之用，夏季山洪水发也可畅流入滇池。旱涝无忧，称得上是鱼米之乡。清代后，由于滥伐河源林木，泉流日渐枯竭。干旱季节，农田缺水很多。为保证农作物的适时栽种，村民除搞一些无效的祭龙祈雨迷信活动外，只能用水车车水，灌溉部分地势不高的农田。车水很费力，每一道水车，扬程仅1.0米左右，效益不高。1912年石龙坝水电站竣工后，水电站至昆明的输电线路经过积善村，为兴建电动抽水站创造了条件。宣统三年（1911）夏，吴琯为踏勘输电线路来到积善乡，适逢本年大旱，看到水车高挂，大片农田栽不上秧，询问了当地水利情况后，就产生了以电动水泵代替木制水车的念头。次年5月，昆明城内已用上了电灯，吴琯再次来到积善乡同士绅村民合议，士绅村民很赞成建抽水站（泵站），明确抽水站选定在积善乡积上村东边路口临近海源河入滇池处，建设资金由吴琯出七成，负责购置及安装机器设备；受益农户出三成，实际"以工代金"，承担挖修机沟、机塘、河道及建机房等工程，用建抽水站的劳动工抵投资。泵站定名为"海源河水龙公司"。泵站基建部分于1912年秋收后动工，各村积极出工，不到百日即先后完成了自积善乡至黄土坡的河堤加高，深挖了自滇池至机房的河道，修建了机房和以块石镶砌的机塘、机房墙基及进出水管支礅。与此同时，向德国西门子公司购买了电动机、水泵、铁管及其他相应设备。这些设备由滇越铁路运至昆明南站（今塘双路昆明铁路局一带），再用大船经盘龙江进入滇池运到工地。随后，请麦华德（建石龙坝水电站时聘请的德国电机工程师）指导安装。抽水站安装37千瓦电动机1台、18英寸水泵1台，水泵抽水扬程6米，于1913年5月安装完毕，接电试车，情况良好。试车的这天，前来观看的人很多，当水从大铁管口喷出几丈远时，人们欢呼跳跃，还燃放了鞭炮，气氛热烈，场面感人。"海源河水龙公司"建成后，积善乡至黄土坡一带约0.6万亩农田均可受益，有时还要抽保苗水。由受益各村选出代表共同管理抽水站工作，并商定了监察、巡水、收费等的人员及收费标准。抽水时，设有专人轮流值班，负责机器启动和安全运转。巡水人员则按顺序放水进田，并开票登记，作为收水费的依据。根据积善村民保存的几张当年的水费收据，其标准是：1932年每亩收费0.3元，1941年每亩收"国币"20元，1943年每亩收240元，1945年每亩收5600元。每年不用水时，则拆下泵站马达移作他用，到次年"立夏"前再搬回来安装抽水。1921年后，泵站马达不再拆搬了，就在本村加工碾米，碾房建在机房右边。这样，滇池湖滨远近村寨可以通过陆运和船运前来碾米，再不用到小西门，比以前方便多了。"海源河水龙公司"1953年更名为"积善抽水站"，后又更名"积善排灌站"。

民国三年（1914），晋宁安江村士绅秦子藩等从省富滇银行贷款1.2万元，从英商齐昌洋行购得1台40马力的火车头蒸汽机作为动力，配14英寸抽水机1台，建成钓鱼台机械抽水站，为滇池地区的第一个机械抽水站。该抽水站初期抽水效果不佳，开机后，三天三夜灌田1.2亩。直到民国十七年（1928）经改建后，一年能灌田2000余亩。自钓鱼台机械抽水站建成后的相当长时间里，滇池流域电力和机械抽水站建设处于停滞状态，农户仍多用水车车水灌溉农田。民国二十四年（1935），省经济委员会省垣农田水利工程处在昆明西郊建立明家地电力灌溉场（电力抽水站）。该灌溉场设置12英寸抽水机3台，扬程5米，当年灌田1380亩。民国二十六年（1937），在省垣农田水利工程处主持下，在滇池东边今官渡区马料河入滇池口处3千米的马料河岸边修建规模较大的马料河灌溉场，新开引水渠，引进滇池水，利用马料河河道输水灌溉，配有220马力柴油机1台、24英寸混流泵2台，当年灌田3460亩。该灌溉场于1949年安装了2台75千瓦的电动机，改为电力抽水站，由省水利局管理。1954年后该灌溉场交由昆明管理，更名为昆明市第五抽水站，后又更名为小新村抽水站。

民国时期，官渡镇地方士绅许义浚、缪嘉祥等组织成立了官渡水利协会。在省政府主席卢汉、建设厅厅长陇体要等支持下，由省政府拨款金圆券3000万元、官渡镇12保农民出工，于民国三十七年（1948）3月建成官渡抽水站，安装电机244千瓦、12英寸抽水机3台、8英寸抽水机1台。中华人民共和国成立后改名为昆明市第二抽水站，1954年更名为龙马抽水站，年可灌溉2000亩。1948年，士绅苏鸿纲、李鉴之、马彪等倡议，在昆明县长方国定的支持下，成立三合、云卫两乡水利委员会，修建三合、云卫抽水站。抽水站设在五甲塘边，由小河嘴引滇池水入五甲塘，由五甲河逆流入六甲河灌溉农田。工程于当年4月动工，1949年4月竣工，全部开支合大米11026公石，折合滇币半开银圆117914元，系由银行垫付（中华人民共和国成立后由军管会批准销账）。全站共装有12英寸离心泵4台，各配60马力电动机1台，100千伏安和200千伏安变压器各1台，架高压线3.6千米，开机第一年即灌田6000亩。中华人民共和国成立初期为昆明市第一抽水站，又名下四甲抽水站，后更名为小板桥抽水站。至中华人民共和国成立前夕，滇池沿岸共建有抽水站20座，灌溉农田1万多亩。

中华人民共和国成立后，在发展小型水利的同时，积极开展抽水工程建设。1952年，由省农林厅批准向国家贷款33.8万元建成晋宁下石美抽水站，1954年改为国家投资。下石美抽水站为全省第一座大型机械抽水站。该站用飞机引擎和汽车引擎作动力，装机容量780马力，共配带水泵18台，灌溉农田面积2万多亩。

1953—1957年第一个五年计划期间，滇池沿岸的电力和机械抽水站继续发展，官渡区新建了11站，晋宁县新建了9站，沿湖共有抽水站31站45台1570千瓦，灌溉面积为4.5万亩左右。此外，用木水车提滇池水灌溉的农田约5.3万亩。1958—1960年"大跃进"时期，重点进行滇池上游蓄水工程建设。随着农业机械化的发展，1960年以后排灌机械得到迅速发展。为了支援农业机械化，昆明地区机电部门10多个工厂共同协作，生产了成套的农业排灌设备，包括电动机、变压器、水管、各种型号水泵等配套抽水机械送往农村，采取分片定点支援的办法由工厂帮助安装，同时电力部门先后新建扩建普坪村、阳宗海等发电厂，建成较完整的电力网。市农林局为发展电力排灌，1961年建成阳宗海至三岔口变电站及输电线路，1964年修建了海口至下石美的35千伏线路及下石美变电站。到1966年，滇池沿岸各县区共建成长245千米的高低压输电线路，安装大小变压器194台，总容量24195千伏安；建成电力排灌站185座，装机345台，灌溉面积约14万亩。下石美站、海晏站、乌龙站等全市较大的抽水站大多在这个时期建成或由机械站改为电力站。

1966—1976年"文化大革命"期间，电力排灌事业仍得到了发展。"文革"结束后，在全市范围大搞农田水利基本建设，排灌站相继增加，到1979年，滇池沿岸电力抽水站达到400多座，抽水机达到600多台，灌溉农田达到20多万亩。1980年后，水利工作的重点转移到管理上来，对原有工程进行挖潜配套，机电灌溉工程实行经济指标考核制度，针对已建机电排灌工程机型老化、耗能高、不配套的情况，大力进行挖潜配套、更新改造，乌龙、小新村、海晏、下石美等抽水站都经过彻底改造提高了效益。至1988年底，滇池沿岸共有600多台抽水机，共灌溉农田23.2万亩，每年耗用滇池水约1.13亿立方米。其中主要电灌站有16座，每年灌溉农田14万亩，占总电灌农田23.2万亩的59.29%，每年抽滇池水约0.67亿立方米。

### 1988 年滇池沿湖的主要电灌站一览表

表3-1-1

| 总　数（座） | 名　称 |
|---|---|
| 16 | 小新村抽水站　龙马抽水站　小板桥抽水站（四甲中心站）<br>盘龙江五级抽水站　金太塘排灌站　乌龙三级站　海晏一二级站<br>梅子抽水站　中卫三级站　江尾抽水站　斗南抽水站<br>下石美抽水站　钓鱼台抽水站　积善抽水站　梁家河抽水站<br>明家地抽水站 |

随着昆明城市化进程的加快，滇池湖滨的农田耕地不断被征用为城市建设用地。加之滇池地区农业结构调整，农田大多数转变为种花和种菜的耕地，水田所剩无几，使农业灌溉用水量大幅减少，滇池沿湖的抽水站功能大为减退。从各年代看，20世纪60年代、70年代年均农业用水量增长最快，90年代年均农业用水较80年代减少，这主要是城市规模扩大、耕地面积减少、农业内部产业结构调整及农业节水灌溉技术推广的原因。从各年代的农业灌溉用水情况看，年均约有1000多万立方米灌溉水回流滇池，这些回流水带着大量化肥的氮、磷元素进入滇池，造成了滇池的面源污染。

### 20 世纪 50—90 年代滇池流域农业年均用水（耗水）量一览表

表3-1-2

| 年　代 | 年均用水量（万立方米） | 年均耗水量（万立方米） |
|---|---|---|
| 50 | 3358.1 | 2988.7 |
| 60 | 7643.4 | 6802.6 |
| 70 | 12126.1 | 10792.2 |
| 80 | 14818.9 | 13188.8 |
| 90 | 14187.1 | 12626.5 |

## 第二节　工业用水

19世纪70年代初，昆明开始出现近代工业，随之出现了工业用水问题。随着近代工业的发展，滇池水一度是滇池湖滨冶金、化工、建材、机电、火电工业的生产用水。20世纪90年代后，随着滇池治理力度的加大，以及城市发展的需要，滇池湖滨耗水量较大的冶金、化工、建材、火电等工业企业逐步关停或转移到工业园区发展，滇池流域的工业用水量逐步减少。进入21世纪后，滇池工业用水较多的是滇池下游的安宁市。

# 水力发电

利用滇池水力进行发电的电厂为建立在滇池出水口以下海口河的石龙坝水电站。海口河是滇池的唯一泄水通道，从滇池出口到平地哨一段，河道平缓；平地哨以下从滚龙坝到石龙坝一段，坡陡流急，集中落差30余米。石龙坝水电站就是以滇池为天然调节水库，利用该段较集中落差兴建的引水式水电站。

清宣统元年（1909），云南劝业道刘永祚主持官商合办石龙坝水力发电厂。云南最大的商户、"钱王"王炽之子王筱斋联络19位商业同仁，决定成立一家股份公司来办电业并获官府同意。1910年，石龙坝水力发电厂改名为商办耀龙电灯公司。石龙坝水电站于1910年8月21日（农历七月十七日）开工建设，开创了中国人自己建设水电站的历史。电站建设按国际招投标程序，成为中国最早进行全球招投标的股份制企业之一。当时聘请了德国水机工程师毛士底亚和电机工程师麦华德做技术指导。石龙坝水电站工程包括长55米、高2米的滚龙坝拦河石闸坝1道，设闸墩16孔，取水口设控制闸1座；由取水口开凿修筑长1480米、宽1.6米的引水渠1条，流量8.0立方米/秒；面积345平方米的机房1座，安装2台从德国西门子公司订购的单机容量为240千瓦的水轮发电机组，总装机容量为480千瓦；从石龙坝架设至昆明小西门的输电线路32千米，建降压所1座，用22千伏输电线路向昆明老城区供电，为当时我国电压等级最高、线路最长的输变电线路。工程历时21个月，实际耗资50余万银圆。1912年5月28日（农历四月十二日）晚，水电站开始向昆明老城区供电，昆明各界人士汇集翠湖海心亭，庆祝石龙坝水电站通电开灯。因当时市民装用电灯的较少，电厂以"免费装灯头"搞推销，才使得电灯照明在昆明市民中渐渐普及。电站所发电量除供照明用电外，还供应碾米、磨粉、五金、碾片等小工厂用电，并催生了滇池第一座农用电力抽水站——海源河水龙公司积善抽水站的诞生。水力发电站的全名为"耀龙电灯公司石龙坝发电厂"。

抗日战争期间，内迁昆明的工厂、企业、文教单位增多，电力供给不足的问题日益突出。民国二十七年（1938）6月，商办耀龙电灯公司与昆明电厂（建于1937）合并，改组为"云南耀龙公司"，由云南省经济委员会管理。抗日战争期间，日军曾在1939—1941年间先后4次轰炸石龙坝水电站，但未能破坏供电，电站为抗战胜利做出了贡献。

民国时期，滇池海口出流主要是满足石龙坝电站需要，平均每度电需水30立方米，每日发电4300千瓦·时，全年需水3亿立方米，海口闸30多年均由该厂管理，关闸蓄水除满足农业用水外，主要解决枯水季节的发电用水。民国三十四年（1945）9月因雨量大，电力公司未及时全部开闸，淹没农田1万多亩，后由省建设厅派人调查，由电力公司出款500万元雇民工清淤，全部取除闸枋，问题才得到解决。当年海口闸改交由省水利局管理。1949年中华人民共和国成立前，石龙坝水电站经过三四十年的新建、扩建和改建，总装机容量达到2920千瓦，是初建时的4倍多。

石龙坝水电站经过民国年间的4次扩建和中华人民共和国成立后的扩建，规模达到4个车间。其中，第一车间即为原电站一厂。民国二十三年（1934），新购1台720千瓦机组，换下第一车间的二号机组（240千瓦）。1935年又将第一车间的一号机组（240千瓦）拆除，换上1台720千瓦机组，使电站一厂的规模达到1440千瓦。第二车间建于1923—1926年，是石龙坝水电站第一次扩建的产物。由于第一车间只利用了落差15米，仅为河段总落差的一半，故第二车间利用第一车间的尾水，获取天然落差16米。民国十二年（1923）新建第二车间，安装德国西门子公司制造的2台276千瓦水轮发电机组。第二车间于1926年3月7日投产发电。民国二十四年（1935）在第二车间增加1台448千瓦水轮发电机组。整个工程由西门子公司指派丹麦籍工程师赖木生指导中国工人施工建成。第三车间于1942—1946年扩建，利用第二车间引水渠将其加宽、加高分水发电，利用天然落差16米。第三车间扩建时，处于抗日战争时期，设备无法运进，于是将原第一车间拆除报废的2台240千瓦发电机组修复安置于第三车间发电。从石龙坝至海口架设22千伏输电线路12千米。在屡丰闸前安装出流量均为5立方米/秒的轴流泵2台。第四车间建于20世纪50年代。1949年中华人民共和国成立后，对石龙坝水电站进行了彻底改造，另建新厂房，由原来的两级开发改为一级开发，将原来的7台小机组拆除，安装瑞士制造的1台3000千瓦发电机组（1954年12月31日投产发电）和1台国产3000千瓦发电机组（1958年6月30日投产发电），使电站总装机容量达到6000千瓦。同时，架设石龙坝至安宁、石龙坝至海口的2条35千伏线路。改建后的电站利用落差31米，引用流量24立方米/秒，至今仍在运行。

1961年，海口闸交由市滇池出流小组管理。此后，由于沿湖工农业用水增加，昆明电网建成，昆明用电不受石龙坝水电站的影响，海口出流不再以石龙坝水电站的需要而定，而是石龙坝水电站发电要根据出流情况而定，水量不能满足电站需要时，少发电或停止发电。

石龙坝水电站是中国第一座水力发电站，建成时间只比1878年法国建成的世界第一座水电站晚34年。由于其历史意义和价值，1993年成为省级重点文物保护单位，1997年成为云南省爱国主义教育基地。2006年5月25日，石龙坝水电站被国务院批准列入第六批全国重点文物保护单位名单。成为全国重点文物保护单位后，国家有关部门高度重视石龙坝水电站的管理保护工作，国家文物局下发了《关于石龙坝电站修缮方案的批复》，下拨专项资金200多万元对石龙坝水电站进行文物修缮。修缮工程包括：正房、东厢房、西厢房、东厢房耳房、倒座、东偏厦、东炮楼、西炮楼、过廊及其他修缮等工程。

2010年8月26日上午，由国家能源局、云南省人民政府主办，中国水力发电工程学会、中国电力报、中国水电工程顾问集团公司、云南省发展和改革委员会、云南省能源局承办，中国华电集团公司、中国长江三峡集团公司协办的中国水电100年纪念大会在昆明世纪金源大饭店举行，下午大会转场至石龙坝水电站为"中国第一座水电站"揭牌，为石龙坝水电博物馆授牌。100年过去了，现石龙坝水电站仍在发电，累计发电量已超过10亿千瓦·时。

## 工业企业用水

20世纪30年代前，滇池流域少有工业企业。抗日战争时期，内迁昆明的工厂增多，滇池流域的工业有了一定的发展，在滇池沿岸及下游螳螂川先后建立了昆湖电厂、云丰造纸厂、昆明冶炼厂、昆明电缆厂、海口水泥厂、云南印染厂、云南光学仪器厂、裕滇纱厂等工业企业，但生产规模小，年取水量不到1000万立方米。中华人民共和国成立后的第一、二个五年计划期间，滇池地区先后兴建了普坪村电厂（火力发电厂）、云南冶炼厂、昆明水泥厂、昆阳磷肥厂、云南轮胎厂、昆明化肥厂等规模较大的工业企业，用水量急剧增加，滇池滨湖地区（不包括螳螂川）工业取用滇池水量1952年为1016万立方米，1962年为1856万立方米，1972年为4320万立方米，1982年为8732万立方米，1985年为12450万立方米，每年增长率接近10%。1985年，利用滇池水资源进行生产的工矿企业总产值达52.5亿元，占全市工业总产值的95%以上；工业总用水量2.9亿立方米，平均万元产值用水量为550立方米，按滇池供水1.5亿立方米计算（不包括上、下游供水），环湖工业产值为27亿元以上，如包括下游用水将达30亿元。1988年，昆明市自来水公司第五水厂开始取用滇池水，年取水量1.5亿立方米。1990年，滇池环湖主要取水企事业单位有44个，年取水量13914万立方米，其中循环水量8728立方米又流回滇池，消耗水5186万立方米（以上数字系征收水费时统计的用水量，一般小于实际用水量）。其中，从滇池年取水量在100万立方米以上的单位有11个，取水量在100万立方米以下的单位有30多个。

**1990年工业企业取用滇池水量100万立方米以上的单位一览表**

表3-1-3

| 从滇池取水单位 | 年取水量（万立方米） | 消耗水量（万立方米） |
|---|---|---|
| 普坪村电厂 | 7000 | 350 |
| 昆阳磷肥厂 | 554 | 163 |
| 三聚磷酸钠厂 | 552 | 循环水排入螳螂川，未进入滇池 |
| 云丰造纸厂 | 320 | |
| 云南冶炼厂 | 250 | 90 |
| 昆明化肥厂 | 220 | |
| 云南轮胎厂 | 200 | 50 |
| 昆明水泥厂 | 200 | 64 |
| 昆明印染厂 | 260 | 65 |
| 福保造纸厂 | 150 | 30 |
| 云南光学仪器厂 | 100 | 55 |

位于滇池下游安宁市的安宁钢铁厂的生产用水和职工生活用水取自滇池出水口下游螳螂川。1958年该厂扩建并更名为昆明钢铁厂后，用水量大幅增加。20世纪80年代，该厂设有水泵11台250千瓦，年取水量4000多万立方米（1990年实际取水量4579.2万立方米）。该厂处于石龙坝水电站下游，其要求均衡取水与石龙坝水电站用水经常发生矛盾。1985年后经多次协商，决定海口河出流量在旱季不小于3.5立方米/秒，石龙坝水电站尾水出流量不小于1.5立方米/秒。这样，既保证了石龙坝水电站最低发电用水，又保证了昆明钢铁厂的用水需要。

20世纪90年代后，随着滇池地区产业结构调整和滇池污染治理力度的不断加大，滇池周边耗水量大和环境污染较严重的工业企业关停或外迁发展，工业企业对滇池水的取用越来越少。2007年掌鸠河引水工程通水后，昆明市停止将滇池水作为自来水水源，滇池水主要供滇池周边农业生产用水和钢铁、化工、水泥、发电等29个单位取用，并实行有偿使用。2009年以前，滇池水的水费及水资源费分别为每立方米0.06元和0.03元。为加强人们节约用水意识，提高水资源利用率，2010年以后，滇池水的水费及水资源费均涨为每立方米0.2元。自从水费及水资源费提高后，滇池水的取用量大幅下降，从原来的每年7000万立方米—8000万立方米下降到每年3000万立方米—4000万立方米，水资源利用率大幅提升。2014年，滇池为29户工业用水单位供水3900余万立方米，仅占滇池水资源年均流量的4%、滇池蓄水量的2.6%。滇池水体直接利用量很少，滇池水大部分都蒸发掉了。

# 第三节　自来水厂用水

从1915年12月20日，昆明与法商海防机械建设公司订立了承建自来水工程合同，至2015年昆明城市自来水已有100年的历史。100年来，昆明自来水经历了由小到大，由弱到强的发展历程。自来水厂由中华人民共和国成立前的1座、日供水能力1100余立方米、供水用户600余户发展到2015年的13座、日供水能力183万立方米、服务人口500万人。自来水水源20世纪主要是利用滇池及其流域的地下泉水和地表水。21世纪后，水源实现多元化，并开始利用滇池流域外的水源补充自来水水源。

## 五华山水厂

清末民初，昆明市民生活用水以井水为主、河水为辅，不少私人院内有水井，街巷之间有公用水井。盘龙江、玉带河、金汁河沿岸的居民多饮用河水。民国四年（1915），云南地方官员黄毓成、罗佩金、王灿、丁祖佑等人以"谋求都市人民之健康，及社会之消防安全"为名，倡议兴办自来水厂，得到云南都督唐继尧的赞同。次年集官商股本203430元，成立了"云南自来水股份有限公司筹备处"，办公地点在翠湖水月轩。在五华山西坡兴建五华山水厂，水源为翠湖九龙池泉水。工程由法商承建，1917年完工，1918年5月2日正式开机售水，日生产能力1000万立方米，供水管网22千米，供水面积5平方千米。中华人民共和国成立后，为挖掘水厂生产潜力，曾将部分慢滤池改为快滤池，并疏挖九龙池，增设机组。后来还在圆通山后小菜园设泵站抽盘龙江水进厂，使水厂日供水量在1958年超过了5000立方米。1973年因地下水位下降，翠湖九龙池水源干涸，五华山水厂被迫停产。

## 昆明市第三自来水厂

1955年，市财政拨款29.16万元筹建地方国营马街自来水厂（昆明市第三自来水厂），同年10月建成投产，原水取自滇池草海和石咀龙潭，是最早使用滇池水源的自来水厂，设计日供水能力为5000立方米。1962年，该厂以草海为水源进行扩建，日供水能力提高到1万立方米。1974年再次进行扩建，新建泵站于龙门村滇池外海取水，更名为昆明市第三自来水厂，日供水能力扩大到3万立方米。该厂是国内最早采用气浮工艺除藻的自来水厂，1979年获昆明市科技进步二等奖，1985年获云南省科技进步奖。后由于滇池水体污染，自来水水源增多，该厂于1994年停产。

## 昆明市第一自来水厂

昆明市第一自来水厂位于环城北路与龙泉公路交会处，始建于1957年，次年建成投产，设计日供水能力为1万立方米，水源为黑龙潭、白龙潭、蓝龙潭泉水及盘龙江地表水。经过1976年和1985年两次扩建后，水厂设计日供水能力达到8万立方米。由于水源不足，1988年投资500多万元，将松华坝水库的原水重力引至厂内。1997年扩建后，日供水能力为7万立方米。1998年，利用世界银行贷款第三次扩建，历经3年半，于2001年9月28日建成通水，设计日供水能力15万立方米。水处理采用絮凝、斜管沉淀、气水反冲滤池、自动投氯消毒等工艺。

## 昆明市第二自来水厂

昆明市第二自来水厂位于昆明市东北郊波罗村，始建于1960年，1962年建成投产，设计日供水能力为5万立方米，水源为松华坝水库水。1995年利用日本OECF贷款扩建后，设计日供水能力达到15万立方米。该厂采用机械混凝反应、斜板沉淀、虹吸滤池过滤、氯气消毒等净水处理工艺。

## 昆明市第四自来水厂

昆明市第四自来水厂位于龙泉公路8千米处蓝龙潭，1982年4月投资建设，1983年春竣工投产，设计日供水能力为5万立方米，水源是松华坝水库水。为保证枯水季节能正常供水，市自来水公司于1982年2月投资170万元建设了该厂提升泵站，日提升水10万立方米，最高日供水能力可达到8.5万立方米—8.7万立方米。该厂采用机械加速澄清池混凝沉淀、虹吸滤池过滤、氯气消毒等净水处理工艺。

## 昆明市第五自来水厂

为缓解昆明城区长期供水不足的状况，"七五"期间，国家计委和建设部批准建设昆明市第五自来水厂，并列为省重点建设项目。昆明市第五自来水厂位于昆明火车站南1千米处的福德村，1987年动工建设，1990年3月1日建成投产，设计日供水能力20万立方米。该厂水源为滇池水，取水泵站位于官渡区南部小罗家营村，离厂13.5千米。取水点伸进滇池2千米，引水管是2根直径为1400毫米的水下管道。1996年12月对水厂进行了扩建，设计日供水能力增加10万立方米。1998年5月1日"2258"引水济昆工程南线调水工程通水后，该厂又增加了晋宁县柴河、大河水库水为水源。牛栏江引水补充滇池工程通水后，2014年该厂又增加牛栏江水为水源，设计日供水能力为30万立方米。

## 昆明市第六自来水厂

昆明市第六自来水厂位于昆明市北部教场北路，2001年建成投产，设计日供水能力10万立方米，水源以松华坝水库水为主。该厂采用机械混凝絮凝、斜板沉淀、V形滤池过滤、氯气消毒等水处理工艺。

## 昆明市第七自来水厂

昆明市第七自来水厂位于昆明市北郊凤岭山，占地25.2万平方米，是昆明市掌鸠河引水供水工程配套建设项目。一期工程于2001年1月8日开工建设，2003年9月通过竣工验收，9月3日引入松华坝水库原水进行72小时连续运行，9月4日顺利实现与城市供水管网并网供水，设计日供水能力为40万立方米。该厂以云龙水库水为水源，拥有全新的生产技术和工艺流程。二期工程于2005年2月28日开工建设，2010年11月11日建成投入运行，设计日供水能力为20万立方米。二期工程完成后，第七自来水厂设计日总供水能力达到60万立方米，成为全省供水规模最大的自来水厂。同时，该厂具有3大特点：一是水厂采用重力式配水，建成了3座3.6万立方米清水池，设计水位高程为1950米，可自流向城市供水，不需水泵加压，降低了运行成本；二是采用世界先进工艺技术，滤池为瑞士苏尔寿翻板滤池，这在全国尚属首例；三是有较为完善的泥水回收系统，提高了水的重复利用率。此外，该厂地处昆明市北郊凤岭山，与松华坝水库毗邻，除利用云龙水库水外，还可从松华坝水库调水，增强了城市供水保障能力。经国家城市供水水质监测站取样检测，该厂处理后的水超过国家现行生活饮用水一类水厂的水质标准。

## 昆明市第八自来水厂

昆明市第八自来水厂位于大板桥镇，占地17.33万余平方米，2012年6月21日建成通水，设计日供水能力为50万立方米，水源为清水海水库水。主要承担昆明空港经济区、深圳工业园及呈贡区的自来水供应。供水方式以重力供水为主。该厂是全省规模最大的既有常规处理工艺，又有深度处理工艺的自来水厂。处理工艺根据清水海水库原水水质特征，采用网格混凝反应、平流沉淀、V形滤池、氯气消毒的常规工艺与臭氧处理、V形活性炭滤池的深度处理工艺对原水进行生产。同时，建立了完整的污水回收、污泥处理系统，达到了水厂对外零排放的要求。

## 小型自来水厂

除上述8座正常运行的大型自来水厂外，为充分利用滇池流域水资源，确保城市供水，昆明市还相继开发建设了一批小型自来水厂。海源寺自来水厂：设计日供水能力为3万立方米，水源为地下水；自卫村自来水厂：设计日供水能力为4万立方米，水源为沙朗河红坡水库水；宝象河自来水厂：经过1993年、1996年、2004年3次扩建，设计日供水能力达到8万立方米，水源为宝象河水库水，青龙洞、龙泉寺泉水；罗家营水厂：2004年2月建成，日供水能力6万立方米，水处理采用国内先进的气浮工艺、V形滤池过滤、引进臭氧——活性炭深度处理工艺，为国内第一家大规模使用气浮工艺进行自来水处理的水厂；马金铺自来水厂：2009年建成投入使用，设计日供水能力为4万立方米，水源为大河水库水、柴河水库水；雪梨山自来水厂：以黑龙潭涌泉为水源，2007年1月1日建成投入运行，日处理能力为2万立方米；灵源自来水厂：2013年建成投入运行，设计日供水能力为2万立方米，以清水海水为水源。

# 第四节　滇池水资源控制利用

　　清代以前，滇池盈枯依自然规律进行，雨季水涨，旱季水落，未施以人为调节。清道光十六年（1836），云贵总督伊里布始建屡丰闸，发挥旱涝调节水位的作用，开人工控制滇池之始。民国元年（1912）4月石龙坝水电站竣工后，为控制水流保证枯水季节发电，开始有计划地控制滇池水量。一般是7—9月开闸泄洪，10月逐渐关上闸枋蓄水，控制滇池出流量，保证发电。此后，屡丰闸的控制权由昆湖水利工程委员会下放给耀龙电力公司管理，开闸关闸，由公司报省建设厅核示。据1949年耀龙公司向省建设厅报送的关于海口闸开闸的报告，当年在7月20日开闸，开闸时水位为1885.2米（滇池水系高程）。中华人民共和国成立后，1950年，海口中滩闸启闭由省农林厅直接领导，对石龙坝水电站进行具体管理。1951年，省水利局局长龙志钧召集沿湖各县及省电业局等有关单位协商后，报省农林厅正式批准决定自10月12日起关闸。据当年省农林厅水利局报告，9月11日中滩水位1885.35米，10月12日关闸时水位为1885.2米。当时滇池开关闸时水位均在1885.2米左右，最高水位约为1886米。1954年省水利局组织有关单位提出滇池综合利用方案。1955年5月，省水利局组织省电业局、市农林局、市建设局对滇池进行勘察后，对滇池水位作了规定，确定上限水位1886.1米、下限水位1884.3米，以保证石龙坝水电站发电流量为10立方米/秒。此方案经省政府批准后，每年由市海口河管理委员会按规定提出逐月的控制运用计划，根据水位变化情况及时调整海口河的出流量。由于滇池受自然环境的影响，降雨量、蒸发量变化较大，防洪抗旱与农业灌溉的矛盾较突出，在控制运用中存在一些困难，一般9月下旬水位到达1885.8米时即发生淹田现象。其中，1957年10月9日水位到达1885.99米时沿湖农田受灾面积为17290亩，1961年水位1885.8米时淹田15598亩，1962年水位1885.5米时淹田44.17亩。滇池25年平均水位升降幅度为1.2米，第一年高水位控制在1885.0米时，次年低水位将达到1883.8米，对沿岸农田灌溉影响极大，多数抽水站抽不上水。1954年最低水位1883.85米，草海大部分干涸，航运停止，多数抽水机不能抽水（多数站按低水位1884.3米设计），25个抽水站用人工车水再供应抽水机，人工车水由1级增加到5级。1960年低水位到1883.85米，给工农业生产带来巨大损失。为此，1970年将下限水位提高到1884.5米，上限定为1885.8米，既防止水位过低又防止淹田。1974年在水文计算的基础上，根据工农业日益增长的用水需要，规定了上限为1886.0米、下限为1884.3米的滇池控制水位。据1954—1988年共35年的实际控制运用统计，1966年、1968年、1979年和1986年的高水位超过上控水位。1986年10月水位1886.0米，10月9日又起洪峰，总量达2.1亿立方米，而海口河只能下泄80立方米/秒，使10月14日、15日、16日水位达到1886.26—1886.30米，淹没大量农田，上下游损失达1000万元以上。但1957—1961年连续5年枯水位低于1884.3米，1960年仅1883.85米，影响了农业生产。另一方面水位虽未超过上下限水位，但因蓄水不足，也影响了第二年的供水。1984年10月未降雨，月底水位1885.6米，少蓄水1.05亿立方米。

　　20世纪80年代后，用水急剧增加。1985年，滇池湖滨地区农业净耗水量1.12亿立方米（灌溉面积23万亩），工业用水及生活用水净耗水量为0.7亿立方米（供水量为1.7亿立方米），总耗水量为1.82亿立方米。经多年运行实践，滇池汛后水位一般只能达到1886米，少蓄水6000万立方米，滇池水资源利用率为38%。根据这一情况，1987年市人民代表大会常务委员会和市人民政府委托市科学技术协会、市水利学会、市水利局于9月18—20日邀请省市水利厅局、省市水利勘测设计院（处）、水文总站及气象、地矿、市规划设计院及大专院校的专家学者80人对滇池水资源量、滇池水资源的开发利用与保护、滇池运行水位等专题进行科学论证。经过大会论证后，由专家组对大会的意见进行认真的研究和分析，以市科学技术协会和市水利局的名义正式向市人民代表大会常务委员会和市人民政府提出《滇池水资源量及控制运行水位的论证咨询报告》（以下简称《报告》）。《报告》认为，原定上、下限水位的含意不清，控制运用不便，往往因为防洪与蓄水存在矛盾，为了防洪需要而人为地减少蓄水，造成用水紧张；由于工农业用水增加，必须提高上限控制水位，如降低下限水位，将造成草海干涸，影响工农业用水、航运、旅游、渔业生产。《报告》提出分为5级控制水位。其中，正常高水位：采用工业用水保证率97%，农业用水保证率80%计算，建议定为1886.2米，比现行上限提高0.2米。最低工作水位：满足最低的工农业用水与航运、渔业、旅游需要的最低水位，建议为1884.3米，保持现在的最低水位不变。特枯年最低对策水位：在特大干旱年，为了向工农业生产、生活用水供给最低水量，暂时牺牲一定的航运、旅游、渔业效益而允许的极端最低水位，建议为1884米。汛期限制水位：为利用汛期后的滇池径流，汛期限制水位可略低于正常高水位，留有余地使汛末即能达到正常高水位，同时避免汛末淹没损失，建议定为1885.9米。20年一遇最高洪水位：建议定为1886.3米，以减少淹没损失。通过5级控制水位的运行，使滇池正常高水位至最低工作水位间的调节库容为5.7亿立方米，较原控制水位增加调节库容0.61亿立方米，供水量由2.2亿立方米提高到3.02亿立方米，提高50%。由于提高上限水位，为防止淹没损失，必须继续完成沿湖防护堤建设（堤顶高程1887米），同时疏挖海口河。上述论证建议最后被市人大常委会采纳并作为立法依据，写入了《滇池保护条例》。《滇池保护条例》于1988年2月10日经市第八届人大常委会第十次会议通过。1988年3月25日经省第六届人大常委会第三十二次会议批准公布实施，同年7月1日起执行。从此，新的滇池控制水位被列入地方法规。

1988年3月，市人民政府成立滇池综合治理领导小组及办公室，组织市城建、水利、环保、农业、林业等部门编写滇池整治方案。领导小组办公室根据各部门的治理方案，编写了《滇池综合治理大纲》。其主要内容是：涵养水源，增加调蓄水量。要求涵养区森林覆盖率由30%提高到50%以上；整治海口河，泄洪量由80立方米/秒提高到130立方米/秒；1988年前完成124千米防护堤建设；对入湖河道口、河段和内海进行清淤，使湖底标高降到1884米以下。防治污染方面，要求1990年前废水处理率达到50%，达标率达到55%；1995年废水处理率达到90%，达标率达到70%；新建5座污水处理厂。保护水源区。实行计划用水，节约用水，实行取水许可证制度；工业用水的重复利用率要提高到50%以上；合理发展滇池渔业，控制捕捞强度。同年7月26日，市政府第二十一次常务会议原则同意《滇池综合治理大纲》要求。8月17日市第八届人大常委会第二十九次会议审议了《滇池综合治理大纲》，要求市政府组织实施。

## 第五节 地下水及地热水开发利用

由于地质构造原因，滇池盆地地下水资源和地热水资源较为丰富。20世纪70年代滇池流域出现了对地下水过量开采的状况，导致地下水位下降、地面沉降和地下水质污染。80年代开始对地下水和地热水开采实施管理。2009年对地下水和地热水开采进行立法。此后，地下水和地热水开采得到有效控制。

## 地下水资源

滇池盆地属断陷岩溶盆地，昆明市位于滇池盆地北端，三面环山，南临滇池，山势除东部呈东北向外，多呈南北向展布，由北向南逐渐降低。地下水以及溢出地表的泉水由盆地边缘向中心汇集，再向滇池排泄。区内地下水的赋存、运动和分布受含水层岩性、地质构造、地貌及新构造的制约，根据其赋存形式分为孔隙水、裂隙水、岩溶水3种类型。其中，孔隙水赋存于第三、第四系湖积、冲洪积砂及砾石松散沉积岩孔隙中，主要分布于盘龙江两岸及古河床地段的篆塘—白马庙、塘子巷—昆明站、昆明医学院—棕树营一带；裂隙水主要赋存于寒武纪沧浪铺组、泥盆纪海口组的碎屑岩裂隙中，主要分布在金马寺、杨方凹、跑马山地段；岩溶水赋存于二叠系栖霞组茅口组石灰岩、石炭纪威宁组石灰岩、泥盆纪宰格组石灰岩、寒武纪龙王庙组白云岩及泥质灰岩、震旦纪灯影组硅质白云岩等碳酸盐岩的裂隙溶洞中，分布较广，约占全市面积的40%。岩溶水由于埋藏条件好，水量丰沛，是区内主要供水目的层，约占80%。其次是裂隙水，约占20%。孔隙水由于埋藏浅，易被污染，开采价值不大。滇池流域内有37个富水块段，其中位于松华坝水库以下的28个富水块段，多年平均补给量13912万立方米/年，理论可开采资源量为9181.26万立方米/年。松华坝以上的富水块段纳入松华坝以上地表水系统，为松华坝水源地的重要保护对象。根据区内地下水的补给、径流、排泄条件和埋藏开采条件可分为5个水文地质单元及8个含水块段（不包括大板桥、海口及安宁），运用用水量均衡法计算，市区及近郊有地下水开采资源量16.15万立方米/日。整个城市规划区有地下水开采资源量28万立方米/日。地下水有多个出水点，形成了星罗棋布的水池和龙潭。

**九龙池**　位于市区螺峰山下，五华山西麓的翠湖公园内。翠湖东北池曾有9个出水泉眼，"九泉所出，汇而成池，故名九龙池"。九龙池是翠湖的源泉，湖水经河道注入滇池。九龙池岩溶水系统分布于昆明盆地北部，岩溶含水层由蛇山裸露岩溶山区延伸至盆地底部松散土层覆盖区，在翠湖一带因上覆松散盖层薄，下游存在碎屑岩地层阻水，使地下水位壅高呈股状溢出地表，形成九龙池泉群。九龙池是昆明市自来水的第一个水源，1917年采用时，日出水量为1500—3000立方米，至20世纪70年代初，九龙池还为昆明市民供应着清泉。此后受干旱、工程建设、地下水开采影响，九龙池泉群流量骤减。1976年5月22日，九龙池已不出水，翠湖趋于干枯，还出现地面下陷、路面开裂的现象。1986年，昆明市政府拨款100多万元安装抽水设施，由盘龙江抽水入翠湖。翠湖补水工程自此开始。其后再添多处供水管，输水不断。现九龙池已经不再出水，翠湖里的水都是外补水。

**莲花池**　位于昆明市区北部商山下，池侧有水口，水满时流入盘龙江。莲花池又称"龙池""冷泉"，传说池里有5个龙眼，百年来一直清泉涌流，有"龙池跃金"的美誉。莲花池一年四季碧波荡漾，满池莲花风光无限，是昆明人赏莲休闲的胜地。人们还相信在莲花池里洗浴可以治病。据明代《云南府志》载，商山之麓"下有冷泉，名莲花池，浴之可以去风疾"。历史上莲花池周林木参天，池中碧波荡漾，一池的莲花在花开时节自然更是花红叶碧，美不胜收。曾是"十亩荷花鱼世界，半城杨柳拂楼台"的滇中胜景，明洪武时跻身著名的"滇阳六景"。20世纪60—70年代后，莲花池不再涌出泉水,而成了一个汇集城市污水的池塘。2007年8月,市政府投资5000余万元重修莲花池公园,次年9月29日莲花池公园建成并免费开放。

**昆明黑龙潭** 位于昆明北郊龙泉山麓,距离市区15千米。山麓涌出一泉汇为潭,碧绿清澈。传说云南龙王黑龙的龙宫就在此,这里的潭水终年不会枯竭,故后称"黑龙潭"。唐宋以来,昆明的老百姓就到黑龙潭祭祀求雨。明代以黑龙潭为水源修建银汁河,作为灌溉水源。松华坝水库建成后,1960年在盘龙江二号跌水处开挖渠道引盘龙江水入银汁河,此后黑龙潭不再作为银汁河水源。黑龙潭前后两池池水相通,中间以石桥为界。左边是浑水潭,面积2600平方米,水深50厘米。右边是清水潭,面积600平方米,平均水深7米,最深处11米,泉水由潭底涌出,日出水量3000立方米。黑龙潭曾一度为昆明第一自来水厂的水源,后由于附近一些厂矿单位纷纷引用该水源,导致水量减少而被放弃。

**昆明白龙潭** 位于昆明市北郊龙泉路上庄村龙潭山下,清泉由龙潭山脚石洞中自流而出,属于上等泉水。水质纯净无杂质、冬暖夏凉,水清如镜,入口回味甘甜。出名的金线鱼就产自此潭,白龙潭的水和鱼在昆明城乡享有盛名。早在宋元时期,上庄村村民就利用龙潭水源,开挖河沟,灌溉良田千余亩。龙潭水流入全村,人畜饮水极为方便。民国初期,村民在龙潭挖建龙池1个,池边建龙王庙。为保全村四季平安、五谷丰登,每年农历三月初三,村民就会到白龙庙举办龙王盛会。20世纪50年代,昆明第一自来水厂在此设置水泵,抽取部分水使用。1962年,在白龙潭旁建昆明啤酒厂,取白龙潭水制成啤酒,市民称其为"白龙潭啤酒",在昆明市和云南省享有盛名,直到20世纪80年代都还很畅销。1982年,第四自来水厂在此建取水点,将泵站管道与第一、第四两个自来水厂输水管道连通,以便相互调节供水,并对白龙潭进行保护。为更好地利用白龙潭水资源,1986年12月10日,经市公用局批准,市自来水公司自筹资金13.38万元,对抽水泵站再次进行翻修改造,更换机组,增装100—200毫米铸铁管2000余米,并对周围环境进行了美化。白龙潭水质好,正常情况下,日出水量达7000—8000立方米,最多的时候达上万立方米。随着环境、地质遭到破坏,白龙潭出水量越来越小,2010年,日出水量在1000立方米左右。由于受干旱影响,白龙潭水急剧减少,该泉水每天仅能供水1000立方米,逐渐退出供水水源。

**昆明蓝龙潭** 位于昆明北郊长虫山东麓龙泉路东侧,潭水面积约30平方米。因泉水色泽清湛而得名。在20世纪80—90年代,蓝龙潭出水量较大,水质清澈,为当地居民的生活用水水源。进入21世纪后,蓝龙潭泉眼出水越来越少,逐渐干涸。

**海源寺龙潭** 位于昆明市西郊玉案山东麓,距市区约10千米。"海源"即大海之源,亦即滇池之源,出水处在玉案山脚。该潭俗称海源龙潭,又称鸳鸯池,出水之洞称龙洞,洞内积水,水质清纯,后人工修建为龙潭。潭水进入海源河,流经团山、梁家河,蜿蜒数十里而汇集滇池。潭水曾灌溉良田万亩,养育一方百姓。该龙潭共有泉眼3个。龙潭的第三个泉眼为当地驻军使用。第一、二两个泉眼为海源寺水厂的水源,日出水量约4000立方米。1960年,以第一和第二个泉眼为水源建立泵站,安装20千瓦电机1台,每小时取水70立方米,经漂白粉消毒后,通过200毫米铸铁管供水至黑林铺、团山钢铁厂以及大普吉轻工机器厂一带使用。1979年,自来水公司投资20余万元对泵站进行扩建,先安装40千瓦电机1台,每小时抽水166立方米,后又安装60千瓦电机1台,每小时抽水216立方米,并改装了管道、泵房及围墙等附属设施,日供水量提高到5000立方米。进入21世纪后,由于受干旱影响,海源龙潭每天的供水量只有1000立方米。

**金线泉** 位于昆明市西南郊的西山区碧鸡街道观音山社区白草村。泉口由山腹泉流汇积而成小石潭，潭距地面约10余米，面积6平方米，清澈见底，因泉内旧时有金线鱼，故而得名。泉水流出叮咚作响，故当地亦称响水闸。

**呈贡黑龙潭**　位于呈贡区老县城以东6千米的龙潭山麓。因潭水含泥沙，水不清，民间传说为黑龙所居，故而得名。出水量0.7立方米/秒。水流至大新册村南与白龙潭水汇合后进入洛龙河注入滇池。

**呈贡白龙潭**　在呈贡区老县城东偏南7千米。潭内有石英砂，水呈白色，传说为白龙所居，故而得名。出水量为0.8立方米/秒，为白龙潭水库的主要水源。水出水库后进入洛龙河流入滇池。

**白邑黑龙潭**　位于嵩明县滇源街道白邑龙潭营村南，为盘龙江水源最大的龙潭。该潭有二泉，一泉由南出，一泉由北流，两泉并列相通，潭面积2.5亩，常年流量为0.25立方米/秒，每昼夜涌水量2.16万立方米。潭底呈青黑色，传说黑龙住此而得名。泉水涌流，当地百姓形容说"有牛身子大的一股水"。水从潭中涌出后形成一条小河，清澈的河水中，生长着海菜花，花瓣白色，花蕊黄色。此花品性高洁，只生长在水质优良的湖泊河流中。龙潭里自然生长着一种金线鱼。龙潭后山绿树成荫、林木苍翠。山脚修有寺庙1座，名"黑龙潭寺"，始建于明代。现存正殿3间，南北厢房各5间，南北配殿各3间，戏台1座，财神庙1座。正殿前有一块光绪皇帝题写的匾额，上书"盘江昭佑"四个大字，右题"钦命太子太保兵部尚书云贵总督部堂白山伊里布吉旦"，左边落款是"大清光绪十三年季春月下浣日吉旦"，中有一玺印"光绪御笔之宝"。当地百姓对黑龙潭极为敬重，每年正月都要在这里祭祀龙王，感谢龙王造福人间。白邑黑龙潭水向南流入冷水河后，进入松华坝水库。

**白邑青龙潭**　位于嵩明县滇源街道白邑猫耳箐西，由大小两潭组成，潭面0.5亩。泉水清澈，流量1.5立方米/秒。传说白邑坝子有青、黑、黄、白四龙，此处是青龙所在而得名。侧建有龙王庙，庙内有石龙，口吐清泉。庙外有冷水泉洞，洞口高2米余，洞内有钟乳石。

## 地热水资源

滇池流域位于地壳活动地带，地热资源较为丰富，有沿断裂带出露的天然温泉，也有通过钻探提取地下深部热储层的地下温泉。自1975年在昆明东郊土桥打出第一口热水井（井深659.39米，水温52.6℃，涌水量1594立方米/日）后，陆续探明了滇池盆地北起黑龙潭，南至呈贡，东起大石坝、牛街庄，西到西山，总面积约270平方千米的地层内蕴藏着成热条件好、水量丰富、温度适中、具有良好开发利用价值的中低温地热资源。热储层埋深为580—2500米，其中第一热储层厚1—208米、第二热储层厚114—196米、第三热储层厚200—400米以上，地热水资源净储量为42.9亿立方米，按25%的可采量计算，可开采的资源量为10.725亿立方米。20世纪90年代后，随着旅游业的蓬勃发展，滇池流域的地热水开发利用发展迅速，20多年来已开凿地热水井110余口，遍及昆明的大部分地区。由于地热水资源集矿、热、水为一体，其使用价值受到重视，逐步形成了一批以地热水为依托的相关产业，如疗养院、度假区、星级宾馆、温水游泳、水上娱乐、健康理疗等，有力地促进了经济社会特别是旅游业的发展。

## 地下水和地热水资源开发与管理

滇池流域地下水的开发利用历史悠久。1918年，昆明市区就以九龙池泉水为水源建成了昆明市第一座自来水厂，供城市居民用水。20世纪50年代，滇池流域的地下水平均采水量为1.05万立方米/日，60年代平均采水量为2.9万立方米/日。60年代以前，滇池流域地下水的利用主要是挖浅井取水和利用自然出露的地下水，民井和自然泉眼遍及城乡。这种天然条件下的开发利用，保持了地下水的自然平衡和水质的相对稳定状态。20世纪70年代后，随着城市扩大和人口增加，部分单位纷纷采取机械凿井的方式开采深层地下水来满足日益增长的用水需求，地下取水成为城市供水水源的重要组成部分。1974年以前，昆明市地下水资源的开发利用一般只局限于天然泉水和孔隙水。1975年后，由于其他工程的大量排水和市区陆续打了22眼供水井，开采量达3.36万立方米/日。1980年，采水量达到101498立方米/日。由于地下水被过量开采，导致了地下水位普遍下降，降落漏斗扩大，部分地区民井干涸、泉眼断流、岩溶塌陷，翠湖九龙池泉水断流，湖水干涸。

地下水过量开采导致的环境地质问题引起了社会和政府的关注。为此，市人民政府于1981年成立了隶属于市规划管理处的市地下水管理机构。1982年，市地下水管理机构实施了翠湖回灌工程，并封停了翠湖周边供水井24口，使部分下陷地面基础得以稳定，翠湖恢复了昔日的面貌。其后，开展了《金马寺地下水污染研究调查及治理》《马街地下水环境质量调查及对策》《昆明地下热水净化处理研究》及《昆明市规划区地下水资源及其保护规划》等工作，对促进地下水资源管理和保护、提高管理水平起到了明显的作用。

1982年，昆明地区172个用水单位拥有241眼供水井，采水量10.38万立方米/日，加上泉水用量4.24万立方米/日，其他工程抽水量1.53万立方米/日，总计16.15万立方米/日，占总供水量49.8万立方米/日的32.43%。1983年平均采水量高达16.56万立方米/日。这种随意盲目开采的结果，造成地下水位急剧下降，而且部分地段地下水受到污染。在有关部门的努力和专家、市民的呼吁下，1983年12月8日，市人民政府以昆政发文件发布了《昆明市地下水资源保护管理暂行办法》，明确规定各单位开采地下水资源由市规划建设管理局和市水利部门统一规划、集中审批，分别进行管理，使昆明地下水资源管理走上有章可循的轨道。依据有关法规，市地下水管理机构对全市的地下水资源进行调查、评价，实行统一规划，集中审批，并对开采单位下达采水指标，强化计量收费管理，这些措施收到了明显的效果。地下水资源开采量1984年降为15.37万立方米/日，1988年再降至12.40万立方米/日。

20世纪80年代，地下水的开采量占到了城市供水量的1/3，近郊区的工农业用水及部分城区的厂矿都以地下水为供水水源。昆明市自备水源用户近200户，仅深井水的开采量每天就达10万余立方米。在规定范围内已有43%的地下水块段过量开采，造成严重的地质危害。市计划供水节约用水办公室大力宣传地下水资源的宝贵性和节水的重要性，加强行政和立法手段，认真执行市人民政府节水领导小组1987年2月4日颁布的《昆明市城镇用水浪费处罚试行规则》，对自备水源采取装表计量，及时堵塞跑、冒、滴、漏等措施开展节水工作。按照市人民政府节水领导小组的决定，从1987年7月1日起，对自备深井用水单位分期分批统一纳入计划管理。第一批纳入计划管理的自备深井用水单位有51个，对这些单位下达计划用水指标。规定在自来水供水区域内，凡申请钻井、以地下水作为水源者，须由市节水办会签意见后，经市规划管理处审批方可办理钻井手续。

1988年1月21日《中华人民共和国水法》经六届全国人民代表大会常务委员会第二十四次会议审议通过，自1988年7月1日起施行。由此，昆明地下水管理逐步进入依法管理轨道。1994年5月24日，市人民政府以"昆政发"文件颁布了《昆明市地下水资源管理办法》，对全市地下水实行统一管理和分级分部门管理制度，明确规定市城市规划主管部门归口管理城市规划区内地下水的开发利用和保护，业务上接受市水行政主管部门的指导。该管理办法要求，对直接从地下取水的，实行取水许可制度，取水单位应向同级人民政府水行政主管部门申请办理取水许可证。需要取用城市规划区内地下水的，由市规划主管部门审批发证。根据《取水许可证制度实施办法》和市水利部门的授权，市规划部门向规划区内的248户地下水取水单位颁发了取水许可证，其中地下热水取水用户60户。至此，地下水资源的保护和管理逐步进入规范的管理阶段，建立了一套比较完整的地下水动态监测体系，对地下水水位进行定期监测，为城市地下水资源可持续利用提供了科学依据。滇池流域90年代的年平均地下水采水量稳定在10万立方米/日以内，地下水供水约占城市供水量的1/5。原来水位下降地区的地下水位普遍回升，使地下水的开采与保护处于一个均衡状态，地质灾害得到有效控制。但在城市边远地区和自来水管网未覆盖地区，地下水仍然是主要的生活、生产供水水源。

2005年10月初，市国土资源局向社会公布了《昆明市关于清理整顿地热水和矿泉水开发秩序的通告》，全面清理整顿地热水、矿泉水资源存在的无序勘查、过量开采、浪费资源等问题。清理整顿由市地热水、矿泉水清理整顿办公室负责组织实施，清理整顿时间从通告发布之日起至月底。清理工作重在摸清昆明地区地热开发的家底，实施严格审批管理。对在规定时间内未办理相关手续、未取得勘查许可证或采矿许可证的勘查、开采单位或个人，将由市国土资源行政执法监察部门依照《矿产资源法》和有关法律法规严肃查处，封停勘查开采设施，封停用水，并按规定给予行政处罚；造成地热水、矿泉水资源严重破坏的，将追究法律责任。凡开展地热水、矿泉水勘查，须向省国土资源行政主管部门提出申请，经市级国土资源行政主管部门审核、并取得省级国土资源行政主管部门核发的勘查许可证后方可进行。凡开采地热水、矿泉水，须向当地县级国土资源行政主管部门申请登记，经逐级审核，取得省级国土资源行政主管部门核发的采矿许可证，并持有水利部门核发的取水许可证，两证齐全方可开采。凡勘查、开采地热水、矿泉水，必须按规定及时足额缴纳地热水、矿泉水探矿权、采矿权使用费；开采地热水、矿泉水的还必须缴纳矿产资源补偿费。针对地下水无证开采、过量取水、税费征收困难等实际问题，2005年12月初，昆明市政府发出暂停地下水开采行政审批的通知，要求市、县两级水行政主管部门暂停对地下水（含地热水、矿泉水）取水许可的行政审批，市、县两级国土资源主管部门暂停对地下水（含地热水、矿泉水）勘察许可、采矿许可审批。

2007年，滇池流域有地下深水井（冷水井）754口，大部分分布于主城区，主要用于自来水管网未覆盖区域或供水管网末端压力不足地区的生活用水，少量用于医药等特种用水；热水井239口，主要分布于官渡区、西山区，主要用于酒店洗浴、桑拿、少量小区居民生活等；矿泉水井22口，主要分布于五华区、盘龙区、官渡区、西山区及呈贡新区，年开采地下热水和矿泉水434.33万立方米，其中，生活用水73.433万立方米，服务业用水360.897万立方米。由于昆明城市人口增加，城市用水增长导致地下水每天开采量达到30万立方米，占城市供水量的1/3左右，年均开采量达到13389万立方米。此外昆明对地下水的管理体制不顺、条块分割、多头审批、缺乏统一的规划和管理，一些企业和个人利用管理漏洞钻空子、私挖滥采，导致部分超采区域地下水位持续下降，对处于小江断裂带和普渡河断裂带之间的昆明是极大的灾难隐患。2007年4月25日，市政府召开地下水规范管理专题会议，提出"一口管理，一笔审批，只减不增，明确职责"的原则，并完善了54户取水单位的取水许可手续，同时严格按照用水定额核定取水量，使单井取水量在原有基础上核减20%以上。为了查处私挖滥采地下水行为，市水利局成立了昆明市水政监察支队，依法查处非法水井。从2007年至2008年3月，共查处非法取水井100多口，其中封填浅水井60多口，查处深水井37口（封停19口）；追缴地下水水资源费133.95万元；

完成了对自来水管网覆盖区内的22口地下冷水井的封停。

2008年4月29日，昆明市人民政府第七十九次常务会议讨论通过了《昆明市人民政府关于滇池流域及安宁市地下水清理整顿的公告》（以下简称《公告》）。该《公告》于2008年5月7日公布，自2008年6月10日起施行。《公告》明确规定：凡在五华区、盘龙区、官渡区、西山区、呈贡县、晋宁县、嵩明县滇池流域及安宁市范围内自来水管网覆盖区域，未经有关部门许可擅自开采的地下水井、开采地下冷水且自来水管网供水到户的必须封停。并强调在滇池流域及安宁市范围内自来水管网覆盖区域，除市政府统一规划的应急供水水源外，有关部门不得再新审批，任何单位和个人不得新凿供水水井，违者将依法查处。为进一步加强地下水的保护，保障地下水的可持续利用，2008年7月1日，昆明市第十二届人大常委会第十八次会议审议通过了《昆明市人大常委会关于加强地下水资源禁采管理的决议》，明确规定在滇池流域及安宁市范围内自来水管网覆盖区域一律禁采地下冷、热水。自来水管网还不能供水到户的，要经审核取得取水许可证后才能取水。有文物价值及特殊生产用途的地下水实行总量控制。2009年8月21日，昆明市第十二届人民代表大会常务委员会第二十七次会议通过，同年9月25日云南省第十一届人民代表大会常务委员会第十三次会议批准，10月15日昆明市第十二届人民代表大会常务委员会公告第21号公布了《昆明市地下水保护条例》（以下简称《条例》），自2009年12月1日起施行。该《条例》对蕴藏于地表以下的水体，包括地热水和矿泉水等特殊水体实施保护，地下水的保护、利用和管理遵循保护优先、统一规划、科学利用、严格管理的原则，对地下水依法实行取水许可制度和有偿使用制度。至此，昆明地下水保护开发进入法治轨道。

2008年以后，在对地下水井整顿过程中，昆明市对纳入取水许可管理的地下水取水户重新换发取水许可证，对未经批准擅自开采地下水的进行严厉查处，加大公共供水管网铺设，实施地下水置换工程，对双水源单位自来水或地表水能满足用水需要的取水井进行封停和封填，至2015年5月，全市共封停取水井411口。

# 第二章　引水、排水和调水设施

历史上滇池地区河道密布、水网交织，水资源十分丰富，用水和治水是历代的主题。滇池地区较大规模的水利设施建设就是从修建引水渠开始的。早在大理国时期，就在盘龙江中下游开挖修建金汁河和银汁河引水渠。修建引水渠，不但解决了农田灌溉问题，而且汛期还能发挥分洪的功能。由于滇池只有海口河唯一出水河道，雨季经常排水不畅，造成滇池地区的洪涝灾害。从元代开始，各朝代都把疏浚河道、治理水患作为滇池地区水利建设的一个重点。中华人民共和国成立后，昆明城市人口增长迅速，水资源供需矛盾开始出现。到了20世纪80年代，城市供水日益紧张。为了解决城市用水供需矛盾，从20世纪90年代开始直到21世纪，先后实施了"2258"引水济昆工程、掌鸠河引水工程、清水海引水工程，增加了城市用水供给，缓解了城市水资源供需矛盾。进入21世纪后，随着滇池治理力度的加大，实施了牛栏江—滇池补水工程，不但增加了滇池生态用水的供给，而且在城市供水紧张时，还可以作为城市供水使用。

## 第一节　引水设施

大理国时期，在盘龙江中下游开挖修建金汁河和银汁河，这两条河道既是盘龙江的分洪工程，又是引水工程，还兼可航运。此后，又修筑春登堤和云津堤。两堤对防止河水泄漏、提高灌溉效益发挥了重要作用。为利于灌溉，在金汁河和银汁河上筑坝抬高水位，这在当时是具有创造性的水利工程。元、明、清和民国时期，多次对金汁河和银汁河引水渠进行了扩宽、挖深和改造。中华人民共和国成立后，对金汁河和银汁河进行了整修。金汁河和银汁河现已无农田灌溉功能，但在汛期城市分洪中仍发挥着重要作用。明代在昆明西郊修建的"横山水洞"引水灌溉渠道，是滇池地区水利建设的一个创举，也是云南最早凿修的隧洞工程，至今仍在发挥着引水作用。

### 金汁河和银汁河

在唐代南诏时期，滇池地区的农业生产技术有了进一步提高。当时滇池地区已种植麻、豆、黍、稷、小麦等作物，而"土俗唯业水田"，十一月、十二月之交于稻田种大麦；三四月间收麦种稻，八月收获。这种水、旱轮作的田亩都是引泉水进行灌溉，引泉水必须开挖引水工程。950—1250年大理国统治时期，是滇池地区有记载的大规模兴修水利工程的起始阶段。首先在盘龙江中下游开挖了绕道金棱河和萦城银棱河。这两条河道既是盘龙江的分洪工程，又是引水工程，还兼作航运。北宋康定元年（1040）又修筑春登堤和云津堤。倪蜕《滇云历年传》载："康定元年……段素兴广营官室于东京（今昆明市南区一带），筑春登、云津二堤。有绕道金棱、萦城银棱之目。"其下倪蜕注释说："春登，今东门外里名，金汁河之所经，则春登堤，金汁河堤也。云津河即盘龙江，则云津堤乃盘龙江堤也。此二堤捍御蓄泄、灌溉滋益大有殊功。或素兴为之亦有深意，不仅为游观设也。"当时还在金棱上种植迎春柳，"黄花入河，如金汁然，故呼为金汁河"。银棱上种素馨，"白花入河，如银汁然，故呼银汁河"。河堤种树形成了河道的风景，加固了河堤。当时还"筑土各为二堰子河之要处，障其流以灌田，凡数十万亩"。可见在引水、分洪的河堤上，筑坝抬高水位用于灌溉，在大理国时期已开其端。从效益的亩积来看，工程的规模是相当可观的。这一工程对于解决盘龙江三角洲季节性河水泛滥，改造良田，发展农业经济，促进城市发展，有着重大作用。

大理国时期兴建的金汁河，由于沟线位于盘龙江东，海拔高程（渠首1912.8米）也较高，能控制的自流灌区面积达3万亩。元代赛典赤·赡思丁筑松华坝，抬高了盘龙江水位，使之可以分水入金汁河灌溉农田。元至元十三年（1276）赛典赤在建土木结构的松华坝的同时，对金汁河进行扩建。扩建的项目主要是：扩宽河埂河床，上段松华坝以下长度10千米，扩宽为"一丈六尺"，下段长度25千米，扩宽为"一丈二尺"；配设闸涵，一共造水闸10座、涵洞360个，以便轮序放水，自上润下，灌溉农田。同时，加强对这条重要灌渠的管理。据《咸阳王抚镇政绩》记述，赛典赤当政时曾"额立三百六十匹报马，三百六十名看水余丁，尚遇崩倒水浸，即时飞报上司，挑补修竣，不容怠缓"。这也是云南省首次见诸史料有关水利工程管理的记载。明代建立"大修岁修"制度。明成化十八年（1482），云南巡抚右副都御史吴诚规定每年拨银700两作为金汁河、银汁河的岁修经费。明弘治九年（1496），云南知府董复倡导疏浚金汁河，修东西长八十余里的石堤，金汁河灌溉农田达数万亩。明弘治十六年（1503）对金汁河进行疏挖。清康熙二十一年（1682），云南巡抚王继文倡导修复被战乱毁坏的闸坝。清康熙二十七年（1688），整修金汁河、银汁河闸坝。清乾隆十四年（1749），云南巡抚刘秉恬将金汁河的韩冕闸（位于城东北7.5千米，金汁河上段）改建为滚水石坝。从明代至清末，金汁河较大的整修有30多次。民国二十一年（1932），沿河84村出工7653个工日，将全河挖深3—8市寸。民国三十三年（1944）疏挖金汁河出工7670个工日。民国三十五年（1946）造石堤22处。从民国五年（1916）至民国三十五年（1946），共疏浚、整修金汁河18次，动用夫役67.74万人次，开支大洋233.69元、国币3823551元。

中华人民共和国成立后，党和政府高度重视对金汁河的治理。1951年整修石堤460米，新建涵洞25座。1953年，改建燕尾闸、大闸、羊青河地涵洞、菊花村分洪闸，翻修涵洞37座。1959年松华坝水库建成后，对金汁河进行了全面整修。经过整修，提高了金汁河的排洪灌溉能力。在1977—1980年的大搞农田水利基本建设高潮中，把金汁河沿岸原来使用木闸枋的204个放水涵洞全部改为螺杆启闭的铁闸门；组织动员城市30多个单位参加义务劳动，把渠首以下9040米的河床扩宽改直。

现金汁河源于盘龙江，从松华坝起沿莲峰山麓开挖，蜿蜒向西，经金马山麓流至城区，经状元楼、吴井桥、双龙桥流入枧槽河，最终流入滇池，全程28.1千米，流经盘龙、官渡两区。随着城市化进程的加快，金汁河成为流经昆明市区的河道，并由灌溉沟渠变为一条纳污渠，污染日渐严重，私搭乱建违章建筑侵占河道事件时有发生，河道失去了往日的风采。2008年后，盘龙区和官渡区投入巨资对金汁河进行综合治理，全面实施了河道截污治污、雨污分流、拆临拆违、河床清淤、修复生态、绿化美化、净化环境等重点工程，截污堵口300多个，实现了金汁河全线截污。综合整治工作取得明显成效。2013年牛栏江—滇池补水工程通水后，盘龙江河道主要作为牛栏江水进入滇池的通道，而原盘龙江的水则引入金汁河，使金汁河两岸林木茂盛，繁花似锦，再现水清岸绿的美丽景观。

明成化十八年（1482），云南巡抚吴诚奏折中说："云南（指昆明）东西三沟水，发源于松华坝、黑龙潭。"故明代把昆明北郊黑龙潭作为水源，蜿蜒于长虫山与盘龙江之间流入莲花池的人工河道称为银汁河。银汁河沿途还接纳了白龙潭、涌泉寺、五老山的来水。明、清时在两岸植树护堤，水流通畅。民国以后，上游水源林被砍伐，所剩无几，护堤树只剩零星几株。雨季土堤塌陷，河道壅塞，过水断面逐渐缩小；旱季来水不足，农田灌溉缺水，争水现象时有发生。1950年后，每年都组织受益社队进行岁修。因径流区内经济社会发展、新建扩建工厂企业和人口增加，原有水源用作生活饮用、制作饮料和工业生产用水后，农田灌溉用水更为紧张。1957年在尚家营、北仓建抽水站，提盘龙江水作为灌溉用水的补充。松华坝水库建成后，1959年12月在盘龙江二号跌水处开挖渠道引盘龙江水入银汁河，经雨树村前过落索坡，穿金（殿）黑（龙潭）公路，于蒜村与原银汁河相接，长2.7千米，于1960年2月建成，过流量2.5立方米/秒。同时，对银汁河老渠蒜村至岗头村段进行全面疏挖，过水量1立方米/秒。因河段与东干渠相对，又名西干渠。1963年兴修沿河配套工程，包括：蒜村分水闸，支砌过沙沟村和右营村的明渠为长75米的暗沟，建蓝龙潭、沙坝营渡槽2座，钢筋混凝土人行桥4座。1982年，省水利厅拨款30万元，向昆明烟叶复烤厂、昆明卷烟厂、昆明啤酒厂、昆明德和罐头厂、昆明拖拉机内燃机配件厂、火电处、蓝龙潭水泥厂7个排放污废水入河的单位集资100368元，整修河堤3836米；改建雨树村拦河闸，将木闸枋改为8孔机械闸；上段河道498米整修扩建，由过流量1立方米/秒扩建为2.5立方米/秒；工厂区的渠道扩宽后，用毛石支砌为"三面光"防渗渠道。银汁河作为盘龙江的支流沟渠，起于麦溪沟，止于云南省财经学校大沟，全长3400米。随着城市的发展，银汁河河道被覆盖，但水系仍然贯通，沿线流经上庄、右营、岗头等村，承担着片区防洪的任务。

## 东干渠

东干渠是松华坝水库建成后新开的一条输水渠道，灌金汁河以东高地。松华坝水库建成后，组成松华坝渠道工程委员会，统一领导金汁河、银汁河的整修和新建东干渠。由市农林局副局长焦德海任主任，官渡区区长王振武任副主任。委员会下按渠道分设指挥部。东干渠指挥部由官渡区人委抽调干部组成。

东干渠于1959年12月开工新建，1962年5月12日建成通水，1963年续修完工。渠道全长32.8千米，渠首高程1940米，是松华坝水库灌溉系统中最高的沟道，故又称高沟。干渠出水库后顺山蜿蜒，经大将村、竹园村、龙头村、波罗村、郭家凹、十里铺、虹桥村，进东白沙河水库，沿线设渡槽5座、横穿公路桥涵4座，分洪闸3座，泄洪涵洞7个，灌溉放水涵洞24座。沿途修建10个堰塘，形成"长藤结瓜""借塘过水"，建成钢筋混凝土渡槽4座、公路桥7座、十字闸2座、泄洪闸3座、暗沟3处、防坍工程6处、护岸工程2处、防渗工程1处、涵洞7个共35件单项工程。东干渠直接灌溉面积为水田3015亩、菜地5983亩。

东白沙河水库（1956年建成）最大库容438万立方米，因径流面积小，来水量不足，每年需由松华坝水库调水150万立方米—200万立方米进行补充，使东白沙河水库灌区的受益田地增加1570.3亩，水库灌溉面积达到9000亩，同时解决省农科院、金马矿山机械厂、云南砖瓦厂等10余个单位的生产生活用水。灌溉后水库还保留100万立方米库水养鱼。

全面整修后的东干渠位于盘龙区辖区，起自昆明市北郊松华坝水库，渠道沿莲峰山腰向南流，途经上坝、回龙、竹园、桃园、瓦窑、棕皮营、龙头街、大波村向西沿沣源路（7204公路），折南跨（立交）清水河、西穿越羊清河，向南流经云山、白龙寺、长地埂、省第一监狱、郭家凹、太平村、十里铺进东白沙河水库，全长28.4千米。随着昆明城市规模的扩大，东干渠灌溉的农田逐渐转化为城市建设用地，其灌溉功能逐渐退化，在继续发挥汛期分洪作用的同时，景观作用越来越明显。2009年5月，按照《昆明市滇池流域水环境综合治理指挥部办公室关于实施滇池流域河道支流（沟渠）综合整治及任务划分的通知》和入滇河道综合整治"158"工作要求，盘龙区投入资金568万元，对全长28.4千米的东干渠进行了综合治理，封堵沿河两岸排污口43个，拆除临违建筑3215立方米，清淤1208.1立方米，铺设截污管1500米，绿化种树269905平方米。2012年，盘龙区实施了东干渠水环境综合整治工程。其中，截污工程包含截污支管长度约7500米，截污干管长度约2万米，配套建设检查井600座、截流井200座；河道整治工程包含河道清淤1.2万立方米，砌体拆除5000立方米，土方开挖3.2万立方米，土方回填1.5万立方米，生态景观挡土墙10万平方米；生态修复工程包含绿化26万平方米，鹅卵石路面3.2万平方米；整修道路12千米、人行桥80座，水闸改造4座，渡槽改造5座。项目总投资2.45亿元。2014年，盘龙区水务局公开招标，对东干渠水毁边坡实施了赛鸽中心段边坡支护、西南林学院段边坡支护两个标段的修复工程。在昆明北部山水新城龙泉古镇的规划建设中，东干渠将打造为自然景观轴线。

## 横山水洞

明代隆庆四年（1570），在云南省布政使陈善的主持下，昆明西郊龙院村等8村修建了一条引水灌溉渠道，取名为"横山水洞"。这项工程是将西边的白石崖沟"泉水二十二道"汇集起来，通过凿修的横山水（隧）洞同东边"蜿蜒萦行"的盘山水渠相接，引水至龙院村一带灌溉数千亩农田。隧洞"长五十有八丈（实测为248米），洞高五尺，广（宽）二尺"。盘山水渠"长四千一百八十三丈，广（宽）盈尺，深踰咫"。这是滇池地区水利建设的一个创举，也是云南省最早凿修的隧洞工程。

龙院村等8村有地势平坦、土质肥沃的耕地4.5万余亩，虽临近滇池，但水低田高，难以利用滇池水进行灌溉。经多次查勘调查，8村村民屡有引白石崖泉水之议。隆庆三年（1569）即着手凿修此洞，虽8村通力合作，上阵劳力众多，终因工程艰巨，特别是凿洞的施工条件很差，洞内仅能容纳一人进去凿修，用传递畚箕的方法将凿出的石土递出，因而凿洞进展缓慢，仅凿通一半就停了下来。隆庆四年（1570），陈善主持此事以后，严格施工纪律，将业务不熟悉、工效较低的普工换下，由请来的易门矿夫20人代替施工，在掘进过程中使用镶木支撑，既保证了施工安全，又加快了掘进速度。经过2年多的艰苦施工，终于在石山中钻通了7.5千米隧道，于隆庆六年（1572）二月竣工通水，引水灌溉8村农田。横山水洞建设工程难度之大，村民付出劳动之艰辛实属罕见。清代康熙年间，因洞内坍塌堵塞，当地村民以卖柴集资，再次修复，并将规模扩大，历经数年后完工。中华人民共和国成立后，人民政府拨款加固加长山渠，用水泥做成洞壁，在原水库筑起大坝，增大蓄水量。横山水洞由于布局选线合理，一直延续至今仍效益不衰。横山水洞位于昆明市五华区黑林铺街道龙院村三里处的自卫村，已更名为长山沟。虽几经改建，但仍使用这个隧道，西边的泉水没有了，转为接引大坝水库的水。多年来，灌溉面积一直维持在2600亩左右，五华区自卫、龙院、漾田等8个村庄因此项工程而旱涝保收。

# 第二节　排水设施

滇池流域雨水集中在七月、八月，雨季来水量大，而滇池的唯一出水河道——海口河泄水不畅，经常造成湖滨地区严重的水患。元代赛典赤主政云南期间，为了保护城区及农田在雨季不受水淹，对海口河进行了疏浚。明代持续对海口河进行治理，并建立了岁修制度。清代进一步完善了岁修制度，并在海口河上修建了屡丰闸。屡丰闸建成后的100多年间，只进行过断续的修补。中华人民共和国成立后，从20世纪60年代初期至80年代后期，经过20多年的陆续施工，在屡丰闸的原址上建造了海口闸。进入21世纪，由于引牛栏江水补给滇池，使进入滇池的水量增加，海口河的泄水压力增大。为提高海口河的泄水能力，又在老海口闸上游500米处新建了新海口闸。

## 屡丰闸

赛典赤主政云南期间，大规模地进行了滇池水利设施建设，首先是疏浚滇池泄水河道——海口河。至元十年（1273），张立道以二三千人的专业队伍，用3年时间清理了海口到石龙坝、龙王庙一带河道的积沙和淤泥，又挖开了海口河内的鸡心、螺壳等处险滩，清理了螳螂川及以下普渡河的河道，大大降低了滇池的水位。海口河经此疏挖整治，虽受益不少，但也仅是一时之利。因限于技术和建材条件，当时只能是人工挖掘，堤闸建筑又多为土木结构，不坚不牢，加之海口河两岸流失的水土、泥沙，通过箐沟流入海口河淤积起来。因此，疏挖一次海口河，其功效持续不了多久。

海口河自元代疏浚治理后，每当大修时，均从河中筑拦水坝，打围堰，待施工完毕后，挖开拦水坝以泄水，无法即时调节、控制滇池水位，很难起到抗旱调洪作用。修筑拦水坝，消耗人力物力，开坝放水时，泥沙仍冲入河内，造成阻塞。每到夏秋季，雨水集中，洪水为害，"左右诸箐之水，挟沙石而奔赴正河，不数年即淤"。而治河时"又必于巨浸之中，筑坝断流，费甚钜而民亦劳"。

清雍正年间，云贵总督鄂尔泰等在海口河上"驾船巡视"，用竹竿测水深，掌握了第一手资料后，再加以分析研究。从而认识到，元、明两代虽多次治理海口河，有时以疏挖河床为主，有时以加高堤坝、增开子河为主，但都未触动横在江心的老埂、牛舌滩和牛舌洲这3块"硬骨头"。老埂系过去浚河筑坝之遗基，一滩一洲则是天然形成的"暗礁"。据测：滇池出口处"水深八九尺"，而下游牛舌洲处水深仅九寸，可见阻水之严重。雍正八、九年（1730—1731），实施了以挖除这三块"硬骨头"为主的大修，收到了很好的效果，"膏腴田亩渐次涸出"。元、明时期每次疏挖海口河，为了"逼海水涸出河心"以便于施工，采取在湖水出口处筑土坝挡水，"工完拆坝放水"。这种办法，既费工费料，而且在拆坝后，坝上的石土不能拆尽，仍旧淤塞。一些人评说，这是事劳而功半。清乾隆年间，地方士绅民众曾提出在海口河修石闸，"以闸代坝"，后因经费不足而未实现。道光十六年（1836），伊里布始任云南总督。伊里布为长白满族人，在道光六年（1826）任云南巡抚时，同总督阮元一道主持过大修海口河的工程，积累了不少经验。十年后，伊里布当上总督，他同巡抚颜伯焘、粮储道沈兰生倡建石闸，昆明、呈贡、晋宁、昆阳等滨湖四州县村民也迫切要求建闸，一些官绅也愿意捐助，建闸条件成熟，当年秋即动工兴建屡丰闸。屡丰闸工程动用了昆明、呈贡、晋宁、昆阳等州县民工2000多人，历时9个月完竣，用银1500多两。该闸采凿石料筑坝堵水，于川字河建立石闸3座，即北河、中河、南河共21孔，"凡为闸墩一十有八（指中墩），雁齿六（指边墩）。闸顶架石为梁，以次将正河支河疏浚深通"。工程竣工后，启闸放水之时"势若奔雷，积潦既去，淤田渐出，而闸座高张，峙立中流，即便役人永免筑坝，四邑之民鼓舞欢欣"。

该闸"南河闸墩十座，闸口九孔；北河闸墩五座，闸口四孔；中河闸墩十座，闸口九孔砌以巨石，联以铁锭，墩高二丈一尺，径丈三，上跨石梁，以便行旅"。闸建成后，发现闸板虽厚数寸，因"水力猛峻"而折断。因而又在闸孔内增加一道闸板。两道闸板间填以土。启闸时，"先除土净，然后起板"放水。这样启闭运行，虽然费事，但比起筑围堤施工来却省事多了。屡丰闸的建成，在当时是件大事，是水利建设技术和工艺的巨大进步，朝野都很重视，制定了严格的管理条例。原来照料筑坝、守坝的坝长张盛元等8人均改为闸丁，专管三河石闸。伊里布为之命名为"屡丰"，撰写了《大修海口新建屡丰闸记》，并刻石永记。屡丰闸建成后，虽比以前"打坝浚河"前进了一步，但问题也不少。因每闸孔系双闸槽，装置木闸枋两层，启动时，全用人力，手续既繁，且水量较大即无法启闭。1934年，水利局即拟定改闸计划，准备实施，又因"新式闸门工程巨大，需费亦多，若将全部改造，需款过巨"。结果，只将屡丰闸的南河闸五、六两孔改建为机械闸。

## 海口闸

中华人民共和国成立后，省、市人民政府在疏浚整治海口河的同时，将屡丰闸列为系统的水利工程进行治理改建。从20世纪60年代初期至80年代后期，经过20多年的陆续施工，在屡丰闸的原址上，重建中河闸，改建南河闸，恢复北河闸，并将屡丰闸命名为"海口闸"。

1964年，昆明市人民委员会提出《海口河疏挖及中滩闸（即海口闸）修理改建工程设计任务书》，经省人民委员会批复同意"海口河按最大泄流量60立方米/秒进行修挖及修复中滩闸闸墩，改装五孔机械闸门的设计方案"。改建工程委托昆明水电设计院负责设计，于当年2月6日开工，在南河闸上游修建围堰断水；整修闸墩、闸底、新建闸门启闭机操作台、启闭机配套电器电路安装等。将3—7号5座老式木闸门改建为电动、手动两用平板钢闸门。5台闸门由昆明市通用机械厂制造，5台启闭机由昆明市机器厂制造，省建安装公司安装。8月27日工程竣工验收，总投资30万元。1977年，改建中河闸，在原"屡丰闸"下游180米处另建新闸8孔（旧闸为7孔），建管理住房200平方米。昆明市革命委员会专门成立海口河治理工程指挥部，调用官渡区、晋宁县、西山区、呈贡县民工施工。工程于当年3月18日动工，次年4月25日完工，5月4日通过验收。主体工程为安装手电两用、一机多吊的8孔机械闸和400米毛石护岸。新闸建成后，滇池水位达1886.70米（海防高程1885.5米）时，8孔总宽24米，出流量可达到187立方米/秒。下游新村桥扩建增加1孔，缓解了阻水现象。1980年对北河及北河闸进行整修、新建工程，至1982年完工。建闸部分1982年1月开始，废除原4孔老式木闸，新建为3孔电动、手动两用平板钢闸。因1962年沿顺流右岸500米地段被用作公路建设，填河筑路，河床被占用大部分。加上此后一些单位和村民用河床作菜地，有的厂矿在河床中架设输水管道，使北河不仅滞流，几乎废弃。北河整修时，恢复325米河道，砌石护岸。1982年对南河闸进行第二次改建、续修工程，当年4月1日动工，12月底完工。主体工程为继续改建第1号、2号、8号、9号、10号5孔旧式木闸为机械闸，新建10孔机械闸的闸房685.2平方米。新建、改建后的21孔海口闸（机械闸）与清代建造的屡丰闸（木闸）闸门总数相等，但各河有所变动。南河闸旧闸为10孔，新闸仍为10孔；中河旧闸为7孔，新闸为8孔；北河旧闸为4孔，新闸为3孔。

为方便交通，海口河上由临时便桥逐步建设为固定的交通桥。明朝沐氏镇滇时，在后子河（又名"猴子河"）与海口河交汇处的柴厂村建石拱桥，称沐公桥（民间称"蜈蚣桥"）。清道光十六年（1836）建屡丰闸后，以闸墩作桥墩，建造中河桥、北河桥和南河桥。中华人民共和国成立后，海口河两岸工矿企业不断发展，成为昆明市的工业区之一，海口河上的桥梁逐渐增多。1955年建成老街大桥，1957年建成炭厂大桥，1967年建成磷矿大桥，1972年建成小海口铁路桥，1977年建成新村人行桥，1980年后相继建成五钠厂大桥、北河新桥、黄塘村大桥、中兴街人行桥、中滩村人行桥。上述13座桥梁把海口河两岸紧密联系起来，形成了海口地区交通网络的连接点，也利于海口河流水的畅通。海口河全长12.8千米，两岸一直都是土堤，每遇下大雨，松软的土堤就会受雨水冲刷而坍塌，造成泥土堵塞河道，影响河道泄洪。2008年，实施了海口河综合整治工程，河道两岸的土堤全部换成混凝土堤或石堤，避免了汛期河堤坍塌，缓解了海口河的防汛压力。但水闸老化、设备陈旧、闸门漏水、启闭困难，存在严重安全隐患。每年汛前，都要对防汛设施进行安全大检查，并对闸门启闭设施进行除锈、防腐。由于滇池水污染严重，对闸门的腐蚀程度加深。

## 新海口闸

进入21世纪后，由于牛栏江引水补滇池工程的实施，进入滇池的水量增加，滇池唯一的天然泄水通道海口河的泄水压力随之增大，海口闸也暴露出了水闸结构老化、设备陈旧、闸门漏水、启闭困难等问题，存在严重的安全隐患，已不能满足城市防洪要求。鉴于此，昆明市启动了新海口闸建设。新建的海口闸位于老海口闸上游500米处，新建6个过水孔，水闸按50年一遇洪水标准设计，按100年一遇洪水校核，最大泄洪量达140立方米/秒。工程项目包括闸门、管理房建设，闸后河堤支砌，防汛公路等。工程于2012年12月动工，2014年5月20日建成通水。至2015年1月，工程运行8个多月累计排出滇池水3.28亿立方米。新海口闸的建成，不仅有效提升了滇池地区的防洪能力；而且提高了滇池水位，有效降低滇池的水温，有利于抑制蓝藻生长，从而减轻滇池水体的富营养化程度。高水位使得滇池保持充足的水量，不仅可以增加滇池沿岸及下游企业可取用水量，而且还使滇池周边湿地含水量增加，更加有利于滇池湿地生态系统的修复。

# 第三节　调水工程

滇池流域位于长江、红河、珠江3大水系的分水岭，地表径流短小。随着20世纪80年代后城市化进程加快和人口增加，滇池流域人均水资源量越来越少，水资源供需矛盾日益突出，正常年景缺水1亿立方米，枯水年景缺水2亿立方米。加之滇池污染，使昆明不仅是资源性缺水，而且还是水质性缺水的城市，两三年就要闹一次水荒，成为全国14个严重缺水的城市之一。缺水成了昆明经济社会发展的制约因素，解决缺水问题成了社会各界关注的焦点，也是数百万春城人民热切而强烈的期盼。1993年后，昆明市先后实施了流域内的"2258"引水济昆工程及流域外的掌鸠河引水供水工程、清水海引水供水工程和牛栏江—滇池补水工程，极大地提高了昆明城市的供水能力，缓解了水资源供求矛盾。

## "2258"引水济昆工程

20世纪80年代后，1982年、1984年、1987年、1988年、1989年、1992年滇池地区干旱少雨。尤其是1987—1989年的连续3年大旱，使松华坝水库的上游来水大大减少，1989年度松华坝水库的蓄水量比往年少2100万立方米，意味着昆明城市要减少供水70多天，对昆明的经济社会发展和人民生活造成了很大的影响，从松华坝水库流域之外引水补充昆明城市供水迫在眉睫。1993年，省委、省政府和昆明市委、市政府做出了"外流域引水济昆"的战略决策。根据中央"开源与节流并重，资源合理配置"的精神，昆明市委、市政府提出了"多元取水、长短结合、优质供水、优水优用、节约用水、政策调控"的24字方针。经过专家及供水、水利部门对多个调水方案的论证比较，优选出东线、西线、南线三路调水的综合效益最佳方案。东线以宝象河水库为水源，建设日供水4万立方米的自来水厂；西线以沙朗河为水源，建设日供水4万立方米的配套自来水工程；南线从柴河水库、大河水库年调水3700万立方米。三路调水工程因计划用2年时间，投资2亿元，每年调5000万立方米洁净水，基本解决城区东部、南部和西部80万人饮用水的问题，而被称为"2258"引水济昆工程。这一工程被列为迎接'99昆明世界园艺博览会的重点配套工程，于1996年11月下旬举行开工典礼，分南线、东线和西线同时实施。1997年10月1日东线工程率先完工，1998年5月1日南线工程竣工通水，1998年6月30日西线工程竣工通水。至此，"2258"调水工程全线竣工。

**南线调水工程**　以晋宁县柴河、大河水库为水源取水点，通过输水管网将水输送到官渡区罗家营泵站，再经过第五自来水厂和宝象河水厂净化处理。工程规模为新增口径600—1200毫米混凝土预应力输水管道57千米。工程自1996年11月25日开工，历经柴河、大河水库增蓄、除险及农田用水替换工程后，于1998年5月1日提前3个月竣工通水，结算投资为1.26亿元。工程完工后每天可引水10万立方米自流至罗家营泵站调节水池，年调水3700万立方米，解决城区南部50万人的饮用水问题。

**东线调水工程**　以官渡区宝象河水库为水源取水点，通过口径600毫米输水管线将水调到阿地村新建的净水厂，经净化处理后再输配到用户。工程由官渡区投资3068万元兴建，昆明市自来水总公司承担施工，于1995年9月28日开工，1997年10月1日完工，总投资4500万元，分两期建成日供水4万立方米的配套供水，年调水超过800万立方米，解决官渡区范围内16万人的饮用水问题。

**西线调水工程**　以西山区沙朗河为水源取水点，工程规模为新建4万立方米/日的自卫村水厂及口径500—1800毫米配水管网14千米。工程于1997年2月开工，1998年6月30日正式完工通水，结算投资为3983.56万元。同时，西线海源寺水厂由1万立方米/日扩建为3万立方米/日，工程于1997年2月22日正式动工，同年8月28日正式建成并网供水，总投资1997.19万元。每年可调水1200万立方米，主要解决马街、黑林铺地区15万居民的饮用水问题。

"2258"引水工程提高了昆明西、南区域80万人饮水的保障程度。原来这一区域处于城市供水管网的末端，或高或远，每到缺水的春季用水高峰时，往往因水压低而送不到水，"2258"引水工程解决了这一问题。"2258"引水工程使昆明城市告别了饮用水主要靠松华坝水库供给、滇池水主要补给不足的历史，使昆明城市日供水能力从徘徊了多年的60余万立方米，一跃达到了日供水最高80余万立方米的水平，解决了昆明城市近、中期供水不足的燃眉之急。

# 掌鸠河引水供水工程

1987—1989年连续3年大旱，使云南省委、省政府认识到，云南的城市供水特别是昆明市的城市供水要从战略上考虑解决。1990年，省政府在昆明市召开省长办公会议，就昆明城市供水问题进行专题研究，指出：昆明市的供水问题要从战略上考虑，要看远一点，考虑到三四十年，编制长远规划，分步加以实施。同年4月10日，省政府召开省长办公会议，专题研究昆明城市供水问题。1993年4月14—15日，省委、省政府在滇池海埂召开治理滇池污染现场办公会。会议指出，整个滇池的治理由三部分组成，其中之一就是外流域调水解决城市供水问题。会议要求用3年时间，完成外流域引水济昆工程可行性研究并做出方案选择，争取"九五"时期动工。

1993年5月至1994年2月，省委、省政府组织有关专家对以昆明为中心200千米范围内的牛栏江、普渡河、南盘江、小江、金沙江干流等水系的14组引水方案进行论证，筛选出牛栏江和掌鸠河两组引水方案。首选方案推荐禄劝县云龙乡掌鸠河引水方案。而后，昆明市自来水公司提出了《利用第四批日元贷款建设昆明市外流域调水和七水厂工程项目建议书》。在具有前瞻性的决策和历时4年的勘察、反复比较论证后，1997年，省、市政府决定实施掌鸠河引水供水工程。同年6月2日，昆明市政府向省政府上报了《关于请求向国家上报〈昆明市掌鸠河引水供水工程项目建议书〉的请示》。7月28日，省政府办公厅行文，决定由省市共同成立昆明市掌鸠河引水供水工程前期工作领导小组，组长由副省长担任，副组长由昆明市市长等5人担任。同月，掌鸠河引水供水项目《预可行性研究报告》完成。经认真修改、完善，8月初报国家计委和建设部。1998年4月6日，国家计委批准了《昆明市掌鸠河引水供水工程项目建议书》。同年11月，正式批复了《昆明市掌鸠河引水供水工程可行性研究报告》。

1999年2月6日，成立由副市长任局长的昆明市掌鸠河引水供水工程建设管理局，作为项目的实施单位。同年11月，受国家计委委托，云南省计委批复了昆明市掌鸠河引水供水工程的初步设计。12月7日，省计委下达了《关于昆明市掌鸠河引水供水工程开工建设的通知》，同意掌鸠河引水供水工程开工建设。12月19日，昆明市掌鸠河引水供水工程开工典礼在云龙水库坝址举行。省委常委、昆明市委书记在开工典礼上讲话。此工程得到国家计委、建设部、财政部、国家环保局、中国国际工程咨询公司和日本国际协力银行的大力支持，被列入了日元贷款项目和国内的扩大内需项目。昆明市投入的前期工作经费为1.3亿元。2000年4月10日，国家计委将掌鸠河引水供水工程列为2000年国家重点建设项目。同年7月20日，经过招标，昆明市掌鸿河引水供水工程建设管理局与中国水利水电第十四工程局、中国水利水电建设工程咨询昆明公司分别签订了云龙水库大坝枢纽主体工程的施工合同和施工监理合同。2001年6月21日，国家计委下达云南省国债资金安排计划。至此，3年共安排国债资金5.55亿元。同年10月28日10时20分，掌鸠河胜利截流。2002年10月22日，掌鸠河工程首条输水隧洞顺利贯通。同年12月，掌鸠河引水供水工程移民搬迁安置工作完成。

2003年4月10日，云龙水库大坝主体填筑至百年一遇防洪度汛高程2061米，大坝整体上升44米，提前50天实现了市委、市政府提出的目标任务。同年11月13日，掌鸠河引水供水工程输水工程4标段全长7429米的放耳戈隧洞贯通，成为输水工程8个标段中第一个全面完成隧洞掘进任务的标段。2004年2月5日，历经3年的建设，掌鸠河水源工程云龙水库大坝封顶，一道雄伟的拦河大坝巍然屹立在掌鸠河上，工期比计划提前151天。同年3月1日，云龙水库下闸蓄水。7月19日，云龙水库临时通航首航成功。9月4日，七自来水厂实现了口径1600毫米双管与现有城市管网并网供水，进入试运行期，日供水24万立方米。12月18日，由中铁十二局承建的掌鸠河净水厂工程荣获中国市政金杯示范工程奖。2005年10月26日，云龙水库水位达到2085.04米，库容3亿立方米，标志着云龙水库2005年度蓄水任务圆满完成。

2006年4月19日，亚洲最大的倒虹吸——昆明市掌鸠河引水供水工程岔河倒虹吸和白石岩倒虹吸一次性试水成功，并通过国内外专家的技术鉴定。同年11月28日，输水1标上公山隧洞经过4年多的努力胜利贯通，标志着掌鸠河引水供水工程输水工程全线16条隧洞全部贯通，输水工程进入最后决胜收尾阶段，是工程建设中的一个重要里程碑。2007年3月8日，输水线路首部闸门开始开闸放水，掌鸠河工程试通水第一阶段充水工作正式开始。同年3月13日，云龙水库的原水历时6天，顺利到达第七自来水厂。至此，试通水第一阶段充水工作圆满结束。3月25日，历时3年多前期准备、7年建设施工的国家重点工程——昆明市掌鸠河引水供水工程全面竣工，正式向城区供水。工程竣工通水后，运行良好，效果明显，使昆明新增日供水60万立方米，每年向昆明自流调水超过两个松华坝水库供水量，能够满足昆明市未来20年城市供水需要。掌鸠河引水供水项目从1999年底动工建设到2007年3月基本完成项目建设试通水，前后经历了近8年时间。

由于时间跨度较长，在整个项目实施过程中因受建筑原材料价格上涨、输水隧洞工程地质条件变化大、水源项目原概算未考虑掌鸠河下游电站补偿等费用，以及银行贷款利率变动等诸多因素影响，致使项目投资超出了原批复概算。2009年，昆明市掌鸠河引水供水工程建设管理局委托中国长江水利委员会长江科学院负责项目的概算调整。次年7月完成了掌鸠河引水供水项目的水源、输水、净配水、移民4个分项的调整概算报告书，并报昆明市发改委。2010年末，省发改委正式下文同意昆明市掌鸠河引水供水项目的工程建设投资资金由原概算的38.03亿元调整为53.18亿元。其中，省市资本金21.475亿元，日元贷款209.03亿日元（折合人民币14.34亿元），其余部分为国内商业银行贷款。

1998年3月和8月，日本海外协力基金驻京首席代表丹吴圭一两次考察了掌鸠河引水工程。2001年3月，由外经贸部与日本驻华使馆联合组成中日政府经济合作记者考察团对掌鸠河引水供水工程项目进行考察，同时考察了利用第四批日元贷款建设的昆明市第七自来水厂。同年11月，日本外务省经济协力局局长西田恒夫率团考察了掌鸠河引水供水工程和建设中的第七自来水厂。2002年11月，日本国际协力银行北京代表处首席代表玉置知己和高级助理李家襄到昆考察掌鸠河引水供水工程和其他项目。2003年，日本国际协力银行北京代表处新任首席代表粕谷、日本国际协力办事业团日元贷款环保领域专家等一行4人赴昆对掌鸠河引水供水工程进行了年度中期考察。针对掌鸠河引水供水工程的进度、日元贷款使用情况及存在的问题与掌鸠河工程管理局进行了交流和沟通。根据2000年3月中国政府与日本政府签订的第四批日元贷款转贷协议，业主昆明自来水集团有限公司向日本国际协力银行贷款209.03亿日元（折合人民币14.34亿元）用于昆明市掌鸠河供水项目。实际提款中：转贷协议JP4P119-C21-A贷款207.63亿日元（折合人民币14.24亿元），年利率为1.7%，贷款期限30年；转贷协议JP4P119-C21-B贷款1.4亿日元（折合民币1000万元），年利率0.75%，贷款期限40年。截至2008年7月提款期结束，累计贷款205.26亿日元（折合人民币14.08亿元）。掌鸠河供水项目于2000年9月开始使用日元贷款，2001年4月支付第一笔利息。自2010年开始每年的3月和9月等额还本，预计至2030年，每年约归还本金10亿日元。随着本金的逐年归还，利息相应的会有1600万日元的逐年减少。截至2015年5月，贷款余额150.32亿日元，累计归还本息折合人民币6.36亿元。其中：累计归还本金54.94亿日元，折合人民币3.88亿元；累计支付利息34.93亿日元，折合人民币2.48亿元。

掌鸠河引水供水工程由水源工程、输水工程、净配水工程3部分组成。

**水源工程** 掌鸠河引水供水水源工程主要是建设云龙水库拦蓄掌鸠河河水，作为供水水源。掌鸠河径流面积1934平方千米，平均年产水量6.24亿立方米。云龙水库位于金沙江水系二级支流掌鸠河中上游，属禄劝彝族苗族自治县的云龙乡，有石板河、老木河、冬瓜河、金乌河、水城河5条主要汇入河流，控制径流面积745平方千米，直接淹没区总面积20.66平方千米，多年平均径流量3.02亿立方米，占流域径流量的48.4%。每年可以向昆明提供原水2.2亿立方米—2.5亿立方米。云龙水库属多年调节性水库，大坝长242米，离地面高度77.95米，水域面积21.04平方千米，库容4.84亿立方米，属大（二）型水库，功能定位是城市供水专用水库。云龙水库于1999年12月开工建设。2000年11月26日，全长629.87米的导流洞贯通。2001年10月28日实现了掌鸠河截流、大坝枢纽工程开工建设的目标。2002年3月30日，度汛坝体高程达到2057米，坝高39米，提前两个月完成了度汛坝体的填筑任务。2003年4月15日，大坝全断面填筑达100年一遇度汛高程2061米。2004年2月5日大坝提前151天实现封顶，高程为2094米。同年3月1日，水库顺利下闸蓄水，比原计划提前一年。2006年11月，经过3次水体置换，水库蓄水达到4亿立方米，水质Ⅰ－Ⅱ类，为试通水奠定了坚实的基础。2015年末，云龙水库蓄水18468万立方米，水质达到Ⅱ类，达标率100%，全年向昆明自来水厂供应原水1.206亿立方米。

**输水工程**　从水库引水到昆明市区的输水工程，是整个工程中最为艰巨，也是投资最大的部分。在工程的设计与施工方案的选择上，工程管理者、设计者与多家世界著名公司进行技术合作。工程设计一次次优化，使输水路线设计从180余千米缩短到97.72千米。在输水方式上，采用了当时国内尚不多见的全封闭低承压方式。该输水工程按引水60万立方米/日建设，输水线路全长97.72千米，为全封闭输水。工程于2001年11月开工，主要建设项目有隧洞87千米、倒虹吸4座及沟埋管11段。其中，位于禄劝县与富民县交界处的岔河倒虹吸高差达416米，工程投资74%利用日元贷款，分8个标段实行国际招标。该工程属中长距离外流域调水，具有承压输水（0.18兆帕）、长距离、小洞径的特点。输水线大部分在山地与沟谷相间的地形地貌中通过，高程1560—2560米，区内地质条件复杂，沿线通过61条宽度大于10米的断层，小断层不计其数，经常发生突然塌方、涌水、涌泥、泥石流，工程难度大，地质条件复杂，在全国同类工程中是少有的。输水工程全线共有大小隧洞16座，其中3千米以上的长隧洞有10座、5千米以上的隧洞有8座，倒虹吸4座、沟埋管11段及8个结合井。2006年末，制约试通水的关键性输水工程上公山隧洞全线贯通，4座倒虹吸分别一次性试压成功，得到国内外专家的一致肯定。

**净配水工程**　净配水工程核心是建设昆明市第七自来水厂。该水厂是当时云南全省已有或在建水厂中供水规模最大的一座净水厂，设计供水能力为60万立方米/日。该水厂采用重力式配水，2座4万立方米清水池高程为1951米，可直接向昆明市区供水，不需水泵加压，降低了运行成本；净水采用先进的工艺技术，经处理后的水，水质大大高于国家生活饮用水标准；地处昆明市北郊凤岭山，与松华坝水库毗邻，建成后可与松华坝水库联合调水，提高城市供水保障率；有较为完善的回收水系统，提高了水的重复利用率，建成后不排放污水。该水厂一期工程设计供水能力40万立方米/日。土建工程于2001年1月8日开工建设，次年6月30日全部完成，并于2003年9月通过了竣工验收，设备安装基本完成，2004年建成供水。为提前发挥效益，2004—2005年，该水厂利用松华坝水库丰水期水源进行调试供水，顺利实现了口径1600毫米的双管道与城市管网并网供水。二期工程设计供水能力为20万立方米/日，2005年2月由昆明自来水集团公司自筹资金8200万元后开工建设，2011年完工投入使用。第七自来水厂的城市配水管网总长93.4千米，在施工过程中采用了国内较先进的顶管施工方式，避免了城市道路的大面积开挖。第七自来水厂工程质量优良，获得了建设部市政工程最高奖金杯奖以及国家优质工程奖。

# 清水海引水工程

清水海引水工程项目是一个包含取、输、净、配四项工程的完整供水系统，它主要通过工程措施将清水海及上游几个水库的部分水量汇聚调往昆明，供呈贡新区和空港经济区的工业及城市生活用水。

清水海坐落在昆明市寻甸县仁德镇西14千米，以"水深碧，虽时雨后涨不能浊其清"而得名。古时因湖旁居住着姓车的大户人家，又叫车湖。又因位于寻甸县城西部，人称西湖。清水海是二类水，水质非常优良，甚至优于松华坝和云龙水库。清水海呈桶形，最深处达30米。1993年4月，省政府委托云南省水利水电勘测设计研究院进行外流域引水济昆水源选点工作，通过对14组水源方案较为全面地比选和论证，掌鸠河和清水海两组水源成为优先开发的方案。

2001年，在实施掌鸠河引水供水工程的同时，省委、省政府，市委、市政府就考虑到寻甸的清水海具有常年水质优良，距昆明市区近，水量丰富，自流供水，运行费低的优点，并将清水海引水工程项目列为滇中调水项目的先期启动工程，要求尽快立项实施。2004年7—11月，省水利水电勘测设计研究院完成了《昆明市清水海引水工程规划报告》。同年12月3日，市政府批复了《昆明市清水海引水工程规划报告》，并将该项目列入昆明市"十一五"规划。2006年12月27日，市人民政府以"昆政复"文件确定清水海引水工程项目的业主为昆明自来水集团有限公司。2007年1月15日，昆明自来水集团有限公司向市发改委上报《昆明市清水海引水工程项目建议书》。同年3月26日，省发改委主持召开了昆明市清水海供水及水源环境管理项目《项目建议书》评审会。《项目建议书》通过专家评审。4月6日，昆明市清水海供水及水源环境管理项目正式批准立项。4月11日，市政府颁发清水海项目封库令。7月18—19日，省、市有关部门对清水海引水工程进行实地调研，强调要从贯彻落实科学发展观的高度，切实把引水济昆工程作为一项惠及子孙后代的战略性工程来抓，尽快实施清水海引水工程，争取早日供水。10月29日，清水海供水及水源环境管理项目开工建设。12月12日，亚行董事会批准了清水海供水项目8000万美元的贷款。2008年12月17日，市政府召开清水海项目2009年动员推进会。2009年10月26日，土建工程13标大湖山隧洞顺利贯通并举行了贯通仪式，这是清水海一期项目土建工程第一条贯通的隧洞。11月5日，清水海水库大坝封顶。12月11日，净配水工程举行开工仪式。2010年5月6日，省、市领导深入调研昆明清水海引水工程，并召开了省政府清水海暨城市供水调研现场会，要求加快补水工程，全力实施治水工程，加大蓄水工程，全面实施节水工程。11月10日，塌鼻子龙潭引水箱涵完工通水，标志项目第一个完工水源向清水海补水。2011年6月6日，金钟山水库大坝填筑封顶。8月1日，净配水工程花菁隧洞全线贯通，取得净配水工程控制性工程中的一个关键性胜利。8月12日，石桥河水库大坝封顶。9月11日，金钟山水库大坝下闸蓄水。10月9日，清水海水库大坝完成单位工程验收。11月4日，板桥河大坝封顶。12月15日，新田河水库大坝封顶。12月20日，北水厂主体工程完工。12月25日，净配水工程原水1、2、3标完工。2012年3月31日，净配水工程主配水工程完工。4月1日，清水海向昆明主城供水。

清水海虽然库容不大，但供水能力却不小，这完全得益于上游多个水源、水库可以调蓄供水。清水海引水供水工程共有6座水库水源，其中4座主要收集河流来水后向清水海供水，清水海下游的金钟山水库，则可收储调蓄清水海来水，每座水库都保留了下游河流10%的水量，以延续河流生态。清水海水库被称为调蓄水水库，上游的4个水源、水库都将水输送到清水海水库，再转供昆明。因此，清水海是整个输水线路的取水口。上游4个用于收集来水的水库分别是：石桥河水库、板桥河水库、新田河水库、塌鼻子龙潭。其中，石桥河水库和板桥河水库是新建水库，都是依托原有的两条河建设。板桥河水库坝高达到63米。新田河水库和塌鼻子龙潭原来就有水坝，工程予以改扩建。在清水海下游官渡区的小哨改扩建金钟山调蓄水水库。金钟山水库用于储存调蓄清水海提供的来水，在上游隧洞或管道运行出现问题或需要检修时，它可以作为备用水库，保证1个月的供水。6个水库中，只有金钟山调蓄水工程位于官渡区，其余水源工程均位于寻甸县境内。工程按远期引水总量1.7亿立方米进行统一规划，分两期实施。一期工程引水1.04亿立方米。主要工程内容包括"五库一线"，即新建石桥河水库、板桥河水库，改扩建清水海水库、新田河水库和金钟山水库，新建和改造输水线路70余千米，工程各水源点、输水线路和净配水管网跨越了寻甸县、嵩明县、盘龙区、官渡区和昆明经济技术开发区。

一期水源工程于2007年10月29日开工建设。2011年，清水海、石桥河、板桥河、新田河、金钟山5座水库先后建成并开始蓄水。其中，清水海水库原库容为1.1亿立方米，改扩建后库容为1.54亿立方米，其功能为调蓄水库，汇聚上游水库来水，通过输水管线将水输送到昆明。金钟山水库用于储存和调蓄清水海提供的来水，在上游隧洞或管道运行出现问题或需要检修时，它可以作为备用水库，保证1个月的供水。清水海引水和输水工程由隧洞、箱涵、倒虹吸、渡槽、管道和分水闸组成。整条引水、输水线路有隧洞28条、箱涵10段、渡槽19座、倒虹吸4座，线路总长75.29千米，其中隧洞总长59千米。清水海输水线路全线封闭，以保证水质安全。但输水线路采用的是无压自流方式，线路顶端留有一定的空间。2012年4月1日上午项目试通水，流量达2.3立方米/秒，行进速度为1米/秒，行程约在20小时左右，每天可调22万立方米的原水至昆明。其中，每天向宝象河水厂提供原水8万立方米，以确保长水机场的供水。其余水进入松华坝水库。至当年末，清水海水库共向昆明主城、长水机场及呈贡新区供水超过2600万立方米，极大地缓解了昆明主城及空港经济区的缺水矛盾。2013年3月，项目全面建成，正式通水。清水海项目建成后，使昆明城市形成了三个主供水水源，即松华坝水库、云龙水库和清水海水库联合调度的格局，极大地提高了昆明城市供水的保障率，对缓解昆明城市的缺水状况，促进现代新昆明建设具有战略性意义。项目也对昆明市持续开展的抗旱保供水工作起到了重要的保障作用。二期净配水工程于2009年12月8日开工建设。2015年，建成了自金钟山水库到昆明空港经济区和呈贡新区的原水输水隧洞、原水管道和配水管网共80余千米，15万立方米/日的泵站1座，5万立方米的高位水池1座和27万立方米/日的净水处理厂2座及相关水质监测系统、运营及净配水信息化及服务管理系统等。2015年末，清水海水库蓄水11010万立方米，水质达到Ⅱ类，达标率100%。清水海项目概算总投资50.44亿元，其中一期水源工程概算投资27.56亿元、净配水工程投资22.88亿元。投资资金除省、市项目资本金8.3亿元，亚行贷款8000万美元（折合人民币5.23亿元）外，其余均为项目业主昆明自来水集团有限公司向国内银行贷款。

2008年3月，根据中国政府与亚洲开发银行签订的美元贷款转贷协议，昆明市自来水集团有限公司向亚洲开发银行贷款8000万美元用于昆明市清水海供水项目。亚行资金的引入，为项目带来了多方面的收益。外资项目对政府和业主都有较强的约束力，亚行贷款在这方面则更为严格。在亚行的项目检查和督促下，各级政府主要领导更加重视外资合作，在项目资本金的到位、水价改革、环境管理以及移民生恢复和后续扶持发展等方面都进行跟踪落实。在亚行的指导和帮助下，业主昆明市自来水集团有限公司对项目实现了从传统的工程建设管理向全过程、全方位的项目管理的转变。清水海项目历经6年顺利实施完成，亚行对该项目工程建设的快速推进以及项目管理的严格规范给予了高度赞赏，并表示要将亚行贷款清水海项目作为示范项目，向中国和其他国家使用亚行贷款的项目推广介绍。

清水海引水工程由水源工程、输水工程、净配水工程3部分组成。

**水源工程** 水源工程为新建或改扩建6座水库：上游的石桥河水库、板桥河水库、新田河水库、塌鼻子龙潭4座为水源水库，主要收集河流来水后向清水海供水；清水海水库为调蓄水水库，是整个输水线路的取水口，上游的4个水源水库都将水输送到清水海水库，再转供昆明；清水海下游的金钟山水库用于储存调蓄清水海提供的来水，在上游隧洞或管道运行出现问题或需要检修时，可以作为备用水库，保证1个月的供水。石桥河水库、板桥河水库为新建，清水海水库、新田河水库、塌鼻子龙潭水库和金钟山水库为改扩建。

**输水工程** 输水线路全长63千米，包括隧洞、箱涵、渡槽和倒虹吸。其中，隧洞26座，总长近54千米，占输水工程总长度的85%，最长的同心隧洞长6.9千米，埋深最大的隧洞达到了500米。清水海输水工程需穿过小江断裂带，容易产生不均匀位移，造成安全隐患。设计和施工中，输水工程选线尽量避开小江断裂带区域，而在小江断裂带又尽可能采用管道，以降低施工难度，便于维护。

**净配水工程** 为使清水海工程的原水尽快转换为生活生产用水，与一期工程配套的水厂、管网等净配水工程于2009年12月11日开工建设。净配水工程是昆明空港经济区、经济开发区、呈贡新区的市政配套工程，它将清水海的水经过水厂处理后供给昆明以上几个新区作为生产、生活用水。主要建设内容为新建净水厂两座，近期规模27万立方米/日，包括新建输、配水管线134千米、供水维护中心3座，以及相关水质监测系统，运营及净配水信息化及服务管理系统的建设等。设计概算总投资22.88亿元。水厂有较为完善的回收水系统，提高了水的重复利用率，不排放污水。

## 牛栏江—滇池补水工程

2007年6月30日，国务院"三湖"治理座谈会认为，"三湖"抓紧治理已经迫在眉睫，刻不容缓；"三湖"治理，太湖是重点，滇池是难点。会后，云南省委、省政府决定尽快实施牛栏江—滇池补水工程。围绕中央和省委、省政府提出的治污方略，相关专家"会诊"滇池治污开出治理"药方"：在力行全面截污控污和强化节水的基础上，对滇池流域及周边区域水资源进行优化配置，通过外流域调水补充滇池清洁水，加快水体循环和交换，恢复滇池流域良性水生生态，最终实现滇池水环境改善。经过一次次的调研、斟酌、论证、修改，最终确定了最优方案：让牛栏江在德泽龙回头，干河建泵站，让牛栏江水穿山越壑入盘龙江、进滇池。牛栏江是金沙江右岸一级支流，发源于昆明市寻甸县，流域面积13672平方千米，其中省境内流域面积11408平方千米，多年平均径流量49.5亿立方米。

牛栏江—滇池补水工程是一项水资源综合利用工程，近期重点向滇池补充生态水量，改善滇池水环境，并在昆明发生供水危机时，提供城市生活及工业用水；远期主要为曲靖市生产、生活供水，其次与金沙江调水工程共同向滇池补水，并作为昆明市的后备水源提供供水安全保障。该工程是云南省历史上投入规模最大、中央补助最多的重大水利工程，总投资84.26亿元。该工程主要由德泽水库水源枢纽工程、干河提水泵站工程及输水线路工程组成，即在德泽大桥上游4.2千米的牛栏江干流上修建坝高142米、总库容4.48亿立方米的德泽水库；在距大坝17.6千米的库区建设装机9.2万千瓦、扬程233米的干河提水泵站；建设总长为115.6千米的输水线路，由泵站将德泽水库水提送到输水线路渠首，输水线路终点在盘龙江松华坝水库下游2.2千米处，利用盘龙江河道将水输送到滇池。设计引水流量为23立方米/秒，多年平均向滇池补水5.72亿立方米。

2008年4月26日，云南省举行现场调研会，决定建设"牛栏江—滇池补水工程"。同时，成立牛栏江—滇池补水工程建设指挥部。从此，拉开了向滇池补水的大幕。同年12月，省组织有关部门按计划、按阶段推进勘测设计和前期立项审批工作。同年底，输水线路大公山隧道开工建设。2009年5月，国家发改委、环境保护部、水利部、住建部批复《滇池流域水污染防治规划（2006—2010年）补充报告》，水源工程德泽水库增列进全国大型水库建设规划（2008—2012年）。同年5月底，水利部批复《牛栏江—滇池补水工程规划》。9月，德泽水库大坝导流泄洪洞贯通，12月6日实现大坝截流。2011年9月，干河泵站最重要的地下厂房工程按合同工期完成开挖。设计方案中，单级扬程提水高度达到233.3米，被誉为"泵站工程中的三峡工程"。2012年9月18日，牛栏江—滇池补水工程中的核心工程——德泽水库正式下闸蓄水。2013年6月16日，输水线路最后一个节点——大五山隧洞9号支洞下游段和10号支洞上游段开挖贯通，全长115.85千米的输水线路全线贯通。9月25日，牛栏江—滇池补水工程试通水，牛栏江水经过干河泵站提升，通过输水线路到达松华坝水库下游2.3千米处的盘龙江东岸，通过盘龙江河道进入滇池。12月29日，牛栏江—滇池补水工程正式通水。为进一步优化滇池补水空间布局和水量分配，在牛栏江补水滇池外海的基础上，于2015年3月实施了"牛栏江—草海"补水通道应急工程。该工程对玉带河、篆塘河及西坝河进行了节点改造及清淤除障，建成草海生态补水通道，将流经盘龙江河道内的牛栏江水从双龙桥一带引入玉带河，再经篆塘河、大观河及西坝河进入草海。工程投资预算3254万元，于4月27日完工，从5月5日起，每天约52万立方米的牛栏江水流入草海。按照草海约2500万立方米的库容计算，理论上48天左右可置换一次草海水体。2015年，共引牛栏江水向草海补水1亿多立方米，实现牛栏江水同时补给滇池外海和草海。2015年12月31日，在牛栏江—滇池补水工程盘龙江入口处建成的瀑布公园举行完工开放仪式。该公园利用引来的牛栏江水进入盘龙江的入口处形成的12.5米的地势高差，建成宽幅约400米的人工瀑布，是国内幅宽最大、流量最大、规模最大的人工瀑布。公园总占地面积约480亩，由时尚滨水休闲区、瀑布景观区、入口滨水娱乐区、背景山林漫步区、滨水配套区、城市休闲广场区等7大特色景观功能区构成。该公园的建成，为昆明增添了一大景观，为市民提供了一个观光休闲的场所，改善了昆明北市区的生态环境。2015年，牛栏江补水工程向昆明供水6.26亿立方米。

根据"高水高用、低水低用、北水南下"合理配置水资源的建设目标，昆明自来水集团有限公司实施了牛栏江应急备用水源补给工程。即在牛栏江—滇池补水工程输水线路末端牛栏江公园瀑布取水口取牛栏江原水，通过配水管道重力供水将30万立方米/日的输水量分别分配至第五自来水厂及第一自来水厂。其中，15万立方米的水量通过盘龙江现有的口径1200毫米的原水管道输送至五水厂，由五水厂处理后，通过配水管网供至南片区；另外，15万立方米的水量在二环北路处新建一根口径1200毫米的管道，通过重力自流就近输送至一水厂，由一水厂处理后通过配水管网供至西片区。2013年2月19日，根据省、市政府积极推进项目建设的要求，昆明自来水集团有限公司组建了牛栏江应急备用水源补给工程项目指挥部，组织具有盘龙江江底施工经验的施工队于3月1日开始下江施工，同时进行管道材料生产。工程于2013年9月25日竣工通水。2014年4月1日牛栏江应急备用水源开封启用，牛栏江原水进入五水厂处理，日均原水量约13万立方米。2014年8月6日，根据市审计局下达的审计报告，该工程项目投资总额为1.5亿元。该项目的建成，对于调节昆明市可利用水源较为集中分布的现状，解决城区西部、南部用水困难的问题有着深远的意义和影响。

# 第三章　蓄水设施

　　滇池流域属于断陷盆地，流域地形复杂，山溪小河较多，流入滇池的主要河流有盘龙江、东白沙河、宝象河、马料河、洛龙河、捞鱼河、梁王河、大河、柴河、东大河、西北沙河、古城河、新河、运粮河等20余条，呈向心状注入滇池，流域面积2920平方千米，年平均径流量76803万立方米，为蓄水工程建设提供了十分有利的条件。西汉新莽时期，滇池地区建起陂池，这是滇池地区最早的蓄水设施。元代在盘龙江上游修建松华坝，明代修建松华闸，清代再修松华坝，民国时期在盘龙江上游修建谷昌坝水库。但直到中华人民共和国成立前，滇池流域修建的蓄水设施仍旧很简陋，经常被冲毁，毁了又重建，几乎没有建成永久性的蓄水设施，而且主要在盘龙江上游修建。中华人民共和国成立后，随着土地改革、互助合作运动的发展，蓄水工程的建设速度加快，在滇池流域内的入湖河道上游共兴建了松华坝水库、宝象河水库、松茂水库、东白沙河水库等规模不一的蓄水工程。滇池流域共建有水库136座，总库容4.03亿立方米，兴利库容2.47亿立方米。在这些水库中，大中型水库有8座，库容3.3亿立方米，兴利库容1.85亿立方米；小型水库有128座，库容7270万立方米，兴利库容6186万立方米。此外，滇池流域还有小坝塘500余座，总库容1100立方米，兴利库容1000立方米。随着20世纪90年代滇池流域城市化进程的加快，大量的耕地被征用作为建设用地，农业灌溉用水减少而城市生活用水增加。为适应这一用水需求的变化，松华坝水库、宝象河水库、大河水库、柴河水库等水库功能由当初供农业灌溉用水转变为供城市生活用水，果林水库、松茂水库、白龙潭水库等的农业灌溉功能也大为减退，而生态功能和防洪功能更加凸显。

## 第一节　陂　池

　　根据范晔《后汉书·南蛮西南夷列传》，在新莽时期（9—24），益州（郡治在滇池县）郡太守文齐在益州郡"起造陂池，开通灌溉，垦田两千余顷"。文齐，字子奇，四川梓潼人，是对云南早期水利建设有功的一位官员。据《华阳国志·南中志》记载，他在来益州前任朱提（今云南省昭通市）都尉时，就有"穿龙池，溉稻田，为民兴利"的记载。陂池即建立于山坡上或高地上的水池。由此可见，在西汉末年，滇池地区已会修造蓄水设施。

　　陂池可以蓄积落雨时的片流或小股间断性流水，以供天旱时或栽插时使用。这是云南最早的水利记载。新开垦的2000余顷耕地和新造的"陂池"，分散在益州郡各地，其中相当一部分集中于滇池地区。根据地形、水源等条件，陂池蓄水量大小不一，小的灌田一二亩，大的灌田几十亩。时至今日，西汉时期造的陂池已难觅踪迹，但在滇池地区的考古发掘中，有陂池和水田模型的实物发现。1973年，在呈贡县小松山东汉早期墓中出土了一件陶制的长方形水田池塘模型。从这件模型可以看到当年陂池的模样。这件模型的前半段纵分成两排，每排各有6个小方格表示水田；后半段为一大方格表明是陂池。陂池与水田之间有一条沟槽相通，明显是灌溉渠道。呈贡县七步场东汉墓中也发现过一件陶制的圆形水田池塘模型，与小松山出土的那件比较，不仅规模更大，而且结构也要复杂得多。该模型中水田与池塘各占一半，池塘中有荷花、水鸭、螺蛳、团鱼和青蛙等水生物，池塘外的一侧有几个排列整齐的小方格，表明是水田。池塘与水田之间有一条较宽的沟槽相连，表示灌溉渠道。渠上架设有一座简易的小桥，桥头上有一小鸟停留。该桥下仅竖立两柱，柱上平铺一块条形木板，立柱两侧各有一道人工筑起的堤防，与桥板连在一起。如此简易的桥梁显然是一种田间小桥，主要供耕作者行走。从池塘和灌溉主渠道的边沿笔直、齐整方面看，渠道可能是用夯土及框架结构的版筑方法建造的。水田池塘模型作为随葬品见于墓葬中，说明当时滇池地区已经出现水利灌溉。古代文献中陂池的记载，得到了出土的水田池塘模型的印证，说明在汉代滇池地区很重视水利建设。

文齐从四川来滇任益州太守，在云南造陂池，说明陂池是内地先进水利技术与滇池地区自然条件相结合的产物，它为当时滇池地区农业发展起到了积极的作用。随着水利事业和农业经济的发展，原有的土地状况发生了改变。在昆明市东郊塔密村出土的东汉延光四年（125）的地券石一方，上刻有"直青牛五头""北距西大道""古氏"等字样。这是云南历史上土地价值的最早文物佐证。土地的价值和买卖，也是与盘龙江三角洲地区的开发、水利事业的发展分不开的，说明这里的经济、生产已经有了很大的发展。

# 第二节　谷昌坝水库

谷昌坝水库位于昆明北郊盘龙江上游芹菜冲，初建时称"芹菜冲水库"，因昆明县过去曾称谷昌县，故建成后易名为"谷昌坝水库"。该水库于民国三十四年（1945）7月动工建设，民国三十五年（1946）6月建成。大坝为圬工卧基式溢流重力坝，或称水泥细石混凝土支砌块石溢流式重力坝，库容220万立方米，是当时全省第一座最大的圬工重力坝水库。

民国十八年（1929），龙云任云南省政府主席时，倡建谷昌坝，曾3次视察坝址。民国二十七年（1938），省建设厅请云南大学教授丘勤宝负责正式勘测芹菜冲坝址，设计13米高的拦河重力坝，后因经费无着落而缓建。民国三十三年（1944），云南省政府复议兴建，由省建设厅总工程师朱光彩、顾问工程师丘勤宝等复勘选定坝址。中央水利委员会101测量队进行松华坝以上盘龙江两岸地形地质勘测，绘制出1∶2000的地形图。选出松华坝、称勾湾、回流湾等坝址做比较。因芹菜冲坝址地质条件好，且占用耕地少，不需搬迁农户，经省政府议准，选定芹菜冲为坝位。水库建设由省建设厅负责，成立盘龙江水利工程处，由省水利局局长秦光华任处长，陈鸿仁为技术负责人。抗日战争胜利后，云南省政府改组，卢汉继任省政府主席。民国三十四年（1945）12月，省政府继续修建芹菜冲水库，对人事进行了调整。经过调整，陇体要任建设厅厅长，龙志钧任省水利局副局长兼盘龙江水利工程处处长，童锟为副处长。工程处下设工务股（主任李继湘）、工料股（主任杨绍）、运输股（主任黄景）。办公地点在回流湾钱家祠堂内，人事、会计、行政等工作由省水利局总务科兼办。水库测量由101测量队队长张汉杰负责，绘制了库区地形图和坝区断面图，作为设计的依据。大坝工程设计由丘勤宝教授负责，吴持恭、李榆仙、杨祖海等参加计算及绘图。闸门启闭机及涵洞的钢板衬砌，在云南大学工学院院长杨克嵘教授的指导下，由张鹤龄和杨祖海等设计，中央机器厂（后为昆明机床厂）承造。因技术落后，螺杆、涡轮均为手工锉出。

水库大坝于民国三十四年（1945）7月动工兴建，上海陆根记营造厂、复兴公司承包水泥工程，石料由河西、玉溪各地工头承包，宜良沙运输、挖基坑实行单项承包。施工时正值冬季枯水，流量约2立方米/秒，坝基挖深5米。在坝基前筑导流坝，顺流右侧山脚开导流沟排水，后挖坝基、浇灌混凝土。混凝土浇到涵洞高程后，即由涵洞向外排水，开挖左侧基础。先修通昆明至回流湾公路、豹子洞及回流湾各取料点至工地的马车路，铺设运石料的轻便铁轨。钉桩放线用经纬仪、水平仪控制。一面开挖基础，一面鉴定地质情况。顺流左岸岩石陡峭完整；右岸岩石破碎、裂隙发育，基础挖到基岩，清除风化层，达到不透水层，再深挖5米。两岸山坡挖深3—5米，挖成台阶形至基岩。基岩坚硬，开挖困难，采取火烧后浇水方法开凿。河床水面以下用混凝土浇灌，以上用毛石混凝土支砌，比例为混凝土40%、毛石60%。后因块石量大，充填不饱满，遂改为60%混凝土、40%块石。坝壳用皮石支砌，层高20—30厘米，坝心用块石，中用混凝土浇灌。水泥主要为由法国制造、经由滇越铁路运入的"红龙牌"水泥，海口水泥厂也提供一部分。施工至坝高2/3处，水泥供应不上，经技术人员研究，水泥中增加了石灰。施工人员经常有1000多人，工地狭窄，但组织配合好，秩序井然。

卢汉每月到工地视察1次，下令"贻误工期者，军法从事"。童锟、李继湘住工地指挥施工，在大坝上工作的工程技术人员多达30余人，每道工序都有技术人员监督质量，每天试水检查验收，发现问题，采取措施进行补救，并立即追究责任，从而保证了施工质量。

大坝于民国三十五年（1946）6月4日（端阳节）完工并由昆明县长主持举行了竣工典礼。因昆明古曾为谷昌县，又有谷丰昌盛之意，故将水库大坝命名为"谷昌坝"。该水库占地100多亩，主要为山地。工程结束时付给地价款。工程竣工时工务股主任工程师进行竣工结算，大坝混凝土砌石方8500立方米，涵洞边墙消力池、护坦等全部砌石方1.41万立方米，全部工程费预算为当时币制（国币）9亿余元，由于币制贬值改为黄金结算，共用去黄金4000余两。水库投入运行一星期后，上游暴雨，洪水直泻，水库一天涨水十二三米，大坝安然无恙。但消能问题考虑欠周，涵洞放水时流速流量大，消力池阻水，水柱冲跃空中高达8米，冲击右岸，使护岸翼墙倒塌多次。1950年，北岸翼墙冲毁18米，当年由昆明县人民政府修复后，两岸翼墙长25米，加高1米。1951年翼墙又被冲毁。1952年，省水利局将图纸送至西南水利部水工试验室做模拟实验，证实系水舌流速集中的影响。1953年，由省水利局、市建设局、昆明县抽调人员组成"谷昌坝水库修复工程委员会"，下设总务、工务、工料3个股，并有第四区区公所及农民协会委员参加，通过加筑扩散墩，问题才得到解决。2台启闭闸门因质量差，竣工后，南侧1部启闭时因受力稍大被损坏即停用3年，后由云南机器厂承包修理。1950年修好北闸门，1951年修好南闸门，耗大米1272千克。

谷昌坝坝型为水泥细石混凝土支砌块石溢流式圬工重力坝。坝高16.5米，坝底长13.7米，顶长55米，坝底宽13.98米，总库容280万立方米，兴利库容220万立方米。运行期间最高库水位1952米，最低水位1936.16米，约高出涵洞底板（1934.8米）1.35米。为了排泄洪水，在坝顶设6个溢洪孔，中轴线左右各3孔，每孔宽5米，总宽30米。底槛高程1951.3米，溢流面上设有工作桥，桥宽1.5米，桥面高程1955.1米，高出坝顶3.8米。在坝段中部同一平面上设输水涵洞2孔，中线距为4.5米。涵洞呈上圆下方形，宽1.6米、高2.4米，洞长16.8米，底面以上1.6米起半圆拱。2个涵洞在最高水位17米时，最大排水流量为112立方米/秒。涵洞进口装有2台平板闸门，用2台涡轮减速螺杆式启闭机起动。出口处各设机械闸1道，调节涵洞出水。灌溉农田时，水库放水入盘龙江，经松华闸再分入金汁河流进农田。库水实行有偿使用，受益田每年每亩收水谷6公升，半受益田收3公升，1946—1947年共收得水谷7150公升。水费主要用于水库的维修养护和支付管理人员工资。水费统一由金汁河水利委员会收取，盘龙江灌溉部分未收水费。因上游来水大，库容小，为保安全，一直采取空库的办法度汛，每年7月闸门全开，第四季度关闸蓄水。蓄满后，多余的水由溢洪孔排泄。水库建成后，由昆明县政府设水库管理所负责管理，有职工5人。中华人民共和国成立后，水库由昆明县人民政府建设科管理，派驻警卫部队1个班负责守卫大坝。1953年，昆明县并入昆明市，改由市农林局负责闸门启闭的指挥，市建设局负责养护、维修和职工管理；撤走警卫部队，改由当地民兵负责治安保卫工作。

1958年，昆明市人民政府在谷昌坝水库下游7.5千米处修建了松华坝水库，坝高47米，总库容6832万立方米，将谷昌坝水库库盆纳入水库内，在松华坝水库高水位蓄水时谷昌坝水库被完全淹没，与松华坝水库融为一体；但蓄水季节一过，随着水位下降，谷昌坝坝身仍会现出。谷昌坝虽然已淹没在松华坝水库中，但它对松华坝水库仍具有前置库作用，实际成了松华坝水库的沉沙池。以1993年进入松华坝水库的泥沙量27942吨、总氮117.03吨、总磷25.69吨计，被谷昌坝拦截的泥沙25821吨、总氮45.88吨、总磷21.4吨，分别占入库泥沙量的92.4%、入库总氮的39.2%、入库总磷的83.3%。根据1993年监测推算，谷昌坝淤积泥沙达10米以上，估计总淤积量达160万立方米，而每年新增入库的泥沙达4万多立方米。如不清除淤积的泥沙，在主库盆水位低于谷昌坝溢流堰顶面发生大洪水时，大量的泥沙将冲入主库区。因此，对谷昌坝进行定期清淤既能充分发挥其拦截泥沙及营养盐的作用，也对延长松华坝水库的使用寿命具有积极的作用。故于1996年3月确定谷昌坝以上至夹河全长3195米为疏浚范围，预计有淤泥79万多立方米，规划设置4个淤泥堆放场，并设置2个脱水池，可堆放淤泥70多万立方米，采用带有切割头的水力挖泥船设备，由切割头将底泥疏松，然后与80%—90%的水混合成泥浆，通过一横穿水库的管道将泥浆输送至库岸堆放场。泥沙自然沉淀，原来与泥沙混合的水则通过位于堆放场另一端的溢流口，大部分回流入水库。谷昌坝清淤工程被列为松华坝水库的岁修项目，计划每年利用4—7月水库的低水位期，清除10万立方米左右的泥沙。除把每年输入水库的泥沙清除外，还可以清除一部分原来沉积的泥沙。1996年6月到1999年8月，共疏挖淤泥38.33万立方米，疏挖深度6—7米。2009年，盘龙区将谷昌坝列为区级保护文物，使其成为昆明首个"水下文物"。

# 第三节　松华坝和松华闸

元代，昆明成为云南府治，农业生产得到大力发展。为解决农田灌溉问题，在盘龙江上游修筑了松华坝。但元代修建的松华坝基础不稳，结构差，很难正常和持久地运转。于是，在明万历年间，将松华坝原来的土木结构的放水涵闸改为石木结构的石闸，名为"松华闸"。清代重修松华坝。松华坝和松华闸的修建，不但解决了农田灌溉问题，而且对盘龙江防洪也发挥了显著的作用。

## 松华坝

元代，云南开始实行屯田。"寸白军"（乡兵，即地方武装）从事军屯，"漏籍民户"从事民屯。时"寸白军"和"漏籍民户"都是农业生产的主力。至元年间（1264—1294），滇池地区军、民屯田已达22459双，合112295亩，亩产粮食2.0石（100千克）左右。由于屯田的发展，需要解决农田灌溉问题，于是开始大规模地实施滇池水利工程建设。1273年，主政云南的赛典赤调熟悉滇池乡土地理情况的张立道任"巡行劝农使"，在盘龙江上游清理水源，防治潦水。1276年，把嵩明邵甸东北诸山的小河道引入盘龙江，选择在昆明北郊距城15千米处盘龙江流经风岭和莲峰二山之间的松华山谷箐口河段的最窄处（基岩是坚硬的玄武岩，利于筑坝）筑坝，坝因山谷名得名"松华坝"。该段河宽仅30米左右，以两岸地形地质条件推测，当时修建的土坝不高，应在3米以下。在坝右段设立"以时启闭"的闸门，可以人工控制盘龙江的部分流量。雨涝时关闸蓄水，以减少洪峰对昆明城乡的威胁。干旱时开闸泄水，以济栽插之需。建此坝，一方面抬高盘龙江水位，以便分水入金汁河灌溉农田；另一方面，在汛期又减少了盘龙江的泄量，按"分水则势弱"之理，提高了盘龙江的防洪效益。限于当时的经济和技术条件，这种土木结构的水工建筑是容易被冲毁的。但这种设想和工程布局是合理的，以至明、清两代以及民国时期对松华坝进行了多次改建和扩建，坝址均未变动。21世纪50年代末兴建的松华坝水库，大坝也是在老坝址处重新建成的。

## 松华闸

元初的大兴水利，并非一劳永逸。特别是到了元代中叶以后，统治集团十分腐败，水利松弛，水、旱灾害又趋频繁。明代滇池地区实行屯田垦荒，需要水利作保障。因此，明代的滇池水利从侧重防水患进入到兴利除害并重，水利工程技术和工艺也较元代有了显著提高，重要闸坝陆续改为砌石永久性工程结构，"水窗""漾沙塘"之类的治沙设施开始应用。明万历四十六年（1618），时任云南省水利道朱芹认为元代兴建的松华坝"支以木，筑以土而无闸，势若堵墙，遇浸辄败"。在他看来，松华坝是一项基础不稳，结构差，如一面堵墙遇水浸则容易垮塌的堵水土坝，很难正常和持久地运转。年年筑坝，年年冲毁是常有的事。于是，朱芹"条议大修"，将松华坝原来土木结构的放水涵闸，改为石木结构的石闸，闸口"高一丈余，长二丈余，广（宽）一丈七尺"，对闸身、闸墙的用料、工艺都严格要求，"皆选石之厚坚者，长短相制，高下相纽，如犬牙，如鱼贯。而钤以铁，灌以铅"（［明］江和新《新建松华坝石闸记》）。改建石闸工程于当年秋开工建设。由于这件工程费工，特别是需石料很多，施工艰巨，故花了两年多时间，至万历四十八年（1620）春方竣工，名为"松华闸"。工程投入资金、劳力不少，资金采取捐助的办法筹集。"受捐助银一百六十余金，潘公捐一百金，抚院河原李公亦捐二十金，新抚院归安沈公，按院南昌杨公至申请如前三公，皆如议交给以资，藩司嘉兴施公，阃司金陵尹公扣征停挖木桩之递负者，又得四百九十金，而世滇沐公又慨然以近阃石山，任其采用，于是吏人各如橄起程，募役伐坚，创闸口高一丈余（明时一丈为今3.11米），长二丈余，广一丈七尺、牛舌尖、中马头高一丈三尺，长二十六丈六尺，皆选石之坚厚者，长短相制，高下相纽，如犬牙、如鱼贯，而钤以铁，灌以铅，闸仿诸漕，扁以巨枋，启闭如式，东西两崖间，骈岷壁屹水龙若控"。用块石支砌、蚂蟥绊或蚂蟥钉连接，在连接孔灌注铅，使之牢固，为当时的先进技术。工程"计费凡八百七十七两有零，匠作田夫五万七千余数"（［明］江和新《新建松华坝石闸记》）。此为松华坝一次规模较大的改建工程。为了这件工程的顺利完成，作为一省专管水利官员的朱芹还想了一些办法，如选好办事人员，奖勤罚懒，"分劳功者赏，否则罚"；反复向上级及有关部门汇报，以得到支持和捐助。工程竣工后，朱芹还请了"三司"（布政司、检查司、指挥司）的官员到坝上参观，看到"壁如屹立，地有安流"的景象，大家都很高兴，甚至盲目乐观起来，说什么以后"天不能灾"了。在当时，这项工程质量好、效益广，得到许多赞誉。

清顺治十六年（1659），清军入滇，松华坝已倾毁。康熙五年（1666），巡抚袁懋功、李天裕"题请支盐课葺之"。康熙二十二年（1683）巡抚王继文、总督蔡毓荣题请捐修，康熙二十七年（1688）竣工。这次修建，坝矮库容小，虽"历年相继疏浚"，仍容易淤积，效益较差，后复壅。雍正八年（1730），云贵广西总督鄂尔泰、云南巡抚张允随题修。虽经又一次大修后，仍由于基础处理不好，闸墩渗漏较为严重，坝下一段河堤坍塌，"沿河壅淤太甚，近村田亩多致淹没"，成了病害较重的一件水利工程。同治二年（1863），一位叫黄琮的士绅曾筹款欲修复松华坝，但"经历三次，未竟厥功"。光绪三年（1877），云南省粮储道崔尊奕，云南府水利同知魏锡经，委员陈勋，绅士张梦龄、张联森等筹款，再一次重修"礁台闸坝河道"，历时4月而竣工。此次重修后的坝高约4.0米，坝长25米。至此，松华坝又发挥了"沿河田亩资灌溉"的效益。但闸墩漏水问题并未解决好，只不过没有以前严重了。光绪十六年（1890），云南省粮储水利道督同清军水利府动支库帑，又重修闸墩一次，漏水问题又减轻了一些。重建后的松华坝，实际上是以拦河石闸为主的金汁河渠首建筑。其配套工程还有金汁河锁水闸及滚水坝。石闸墩高3.9米，宽13米，长约25米，闸枋高6.0米。石闸墩将盘龙江分为左右两河道，右河道仍为盘龙江，左河道则为金汁河首，河宽10米左右。江水下流约90米至锁水闸，闸高3.6米，闸枋3.4米，以调节和控制金汁河渠首进水。当进水过多、漫溢闸顶时，又可通过滚水坝泄入盘龙江，以减少金汁河溃堤之虞。民国三十二年（1943）曾修砌松华水闸闸墙、翼墙，开支国币15640元。中华人民共和国成立后，人民政府不断对松华坝闸进行维修。1951年，曾拨大米25万市斤修松华坝闸，加固大闸墩脚及闸底凹陷部，改排洪闸为冲沙闸。当年2月6日开工，3月23日完工。1953年，改建松华坝木闸为机械闸，启闭机与铁闸由省水利厅设计，合丰铁工厂承建，当年4月2日完工。启闭机造价大米6220市斤，铁闸枋造价大米49978市斤。1958年，因兴建松华坝水库，松华石闸被毁。

# 第四节　松华坝水库

松华坝水库位于昆明市北郊，距离市区15千米，坝址在松华山的凤岭与莲峰之间，拦蓄盘龙江水，坝基比昆明市区高18米，是"昆明头上的一盆水"。松华坝水库于1958年动工建设，1959年8月1日完成。库区回水线长13千米，坝高47米，总库容6832万立方米，最大蓄水量6557万立方米（含死库容470万立方米），以防洪和农田灌溉为主要目的。由于不断提高科学管理水平，合理调度，使兴利的水量达到1.2亿立方米（不包括发电重复利用的6000万立方米）。1988年该水库扩建成大型水库，扩建后坝高61.7米，回水线长16.3千米，总库容2.19亿立方米，为以防洪和供城市生产生活用水为主的多功能水库，年供水量为1.1亿立方米—1.2亿立方米。该水库先后实施了4次较大的除险加固工程，兴修了电站和东、西干渠等配套工程，提高了工程安全标准，扩大了工程效益。

## 水库建设

为治理盘龙江水患，增加灌溉效益，在抗日战争时期，云南省建设厅曾两次对松华坝上游的地形、地质、水文及社会经济情况进行勘察、测量和调查分析。民国二十七年（1938）冬，省建设厅请云南大学土木工程系教授丘勤宝自松华坝沿江而上勘测寻找适合建水库的坝址。民国三十二年（1943）9月，省建设厅委托中央资源委员会第101测量队进行松华坝以上盘龙江两岸地形测量，设计人员提出苏家坟、岔河口、芹菜冲、回流湾、称勾湾、松华坝6个坝址。因松华坝坝址工程投资大、施工技术复杂而选用芹菜冲坝址修建谷昌坝水库。中华人民共和国成立后的三年经济恢复时期，省、市政府开始考虑昆明地区的水资源开发利用。1953年，省水利局对昆湖水资源开发利用进行了远景规划，由省水利局勘测总队测量绘制昆湖流域（包括盘龙江河谷和邵甸坝）的1∶10000地形图。1955年，省水利局、省水力发电工程局、云南电业局及市建设局等单位共同组成昆湖水利资源综合利用研究组，收集了流域规划所需资料，最后提出《昆湖水利资源综合利用研究报告》。其中包括盘龙江的综合利用。1956年8月，市建设局汇集有关盘龙江开发材料，会同有关单位再次勘测盘龙江水库。对岔河口和松华坝两个坝址进行分析比较，认为松华坝坝址较岔河口坝址为优，撰写了《修建盘龙江水库的方案意见书》。同年12月，省水利局提出《对于昆湖流域规划要点的初步意见》，具体提出4个不同坝址的蓄水量，要求对一级开发和二级开发进行技术和经济比较后再做确定。1957年1月，为配合国家建委云南区规划组进行昆湖流域规划工作，由省政府工业办公室召集市建设局、市农林局、市公用事业局、昆明电业局、省农业厅、省交通厅航道处、水利勘测处、省水利局8个单位对《对于昆湖流域规划要点的初步意见》进一步研究补充资料，由省水利局起草了《昆湖流域轮廓规划概要》（以下简称《概要》），《概要》考虑了国家建委提出的先修松华坝水库，然后再建上游第二级水库的分期分级开发意见。同年2月，省水利局就《概要》提出一份商榷意见，同意二级开发意见，先建松华坝水库，并对水库灌溉面积提出具体意见。三四月间，国家卫生部、城建部的专家来昆明，听取了昆湖流域规划概要的汇报，认为盘龙江分级、分期开发的意见是可行的，经济上也比较合理。7月，市建设局委托昆明水电设计院进行盘龙江水库地质勘测，经4个月工作，勘测范围80多平方千米，绘制自松华坝至白邑的地质图，提出各个坝址的地质图和坝轴断面图及分析报告。从地质和其他方面条件进一步分析苏家坟、岔河口、谷昌坝、下回流湾、称勾湾、松华坝6处坝址的优劣。认为苏家坟、岔河口两处地质情况不好，前者风化玄武岩与石灰岩融汇，后者有三层水平溶洞形成落水洞，漏水处理困难，在两处筑坝均要淹没白邑坝子2万余亩田地，迁移5000多农户，损失大。谷昌坝与称勾湾两处虽地形、地质条件好，但蓄水量小，工程投资大，施工技术复杂。下回流湾坝址，基础系坚硬的玄武岩，适合筑刚性高坝，但施工困难，投资大，仍要淹没白邑坝，若筑低坝，距谷昌坝仅1千米，库容太小。松华坝地质状况好，交通方便，投资小，库容可满足用水需要，淹没搬迁少；主要缺点是尚不足以拦蓄上游每年2亿多立方米的来水，需考虑将来作二级开发。经比较最后选定松华坝为新建水库坝址。市建设局提出修建松华坝水库方案及说明书，提出设计要求。1958年1月21日，昆明市人民委员会决定"首先修松华坝水库，将来分级开发根治盘龙江"，并向云南省人民委员会提交在盘龙江修建松华坝水库的报告，提出2月中旬把在宝象河水库开凿输水隧洞的全套设备调到松华坝开始开凿松华坝水库输水隧洞，争取雨季前完工，投资80万—100万元。松华坝水库主体工程设计由市建设局和市水利工程委员会负责，大坝工程设计人是吕筑生工程师和陆钟珉技术员等。输水隧洞检修闸门（混凝土闸门）和竖井、油压闸门室、低压旁通管以及消力池等单项工程的结构设计，由水电部昆明水电设计院负责。

1958年1月，经中共昆明市委批准，正式成立昆明市松华坝水库工区指挥部，下设办公室。办公室下设总务组、财务组、物资供应组、技术组、安全保卫组、渠道组及土工室、医务室、广播室，工作人员由市级机关和官渡区机关抽调。1月29日开始，动员组织水库附近龙泉区5个乡的民工共400人修整龙头街至上坝原有道路5千米，新建由上坝至施工现场道路1千米，进行施工准备。初期民工400人分2个中队、4个分队，金白乡民工编为一中队，银汁乡民工编为二中队。隧道入口施工为一分队，出口施工为二分队，备沙料人员为三分队，备石料人员为四分队。同年底开始大坝回填时，工地民工有5000多人，组成3个民工团。

1958年3月25日开始输水隧洞开挖，标志松华坝水库建设工程正式启动。输水隧洞位于顺流左岸，开挖时内径2.3米，衬砌后直径1.8米，要求最大出流量13.5立方米/秒。当年于7月底完成了长407米的输水隧洞及深28.34米的竖井，9月3日开始隧洞素混凝土衬砌，11月底完工。输水隧洞出口闸门为1.75米×1.75米的油压闸门，由抚顺市制作，昆明机床厂、昆明重机厂、云南省火电工程处等单位负责安装，于1960年1月完工。同时，完成了高14米的导流坝和截水槽。1958年12月11日，工区指挥部召开誓师大会，开始进行大坝、副坝、溢洪道等主体工程建设，抽调官渡区龙泉、前卫、先锋、阿拉各公社和市一、二、三农场民工5551人组成3个民工团。会后，掀起了施工高潮，运输工具有牛车600辆、轻便铁斗车80辆、木船31只、自制飞兜20架、敷设轻便铁轨2千米。施工期间正值冬季，民工住在简易工棚内，生活艰苦，劳动强度大，每天劳动时间在10小时以上，工地上人山人海、车水马龙，一片繁忙景象。1959年2月底，昆明突降大雪，天寒地冻，道路泥泞，民工冒雪奋战，施工进度慢而水位上涨快。最紧急时，水面离坝顶仅10厘米，指挥部号召民工"加紧突击与风雨搏斗，与水赛跑"，终于战胜了困难，保全了大坝。同年4月，为了加快大坝进度，中国人民解放军炮兵第四师1000余名官兵参加水库建设的义务劳动。同月底，市水利工程委员会组织市级机关干部140人，盘龙、五华两城区干部100人，建设局修公路民工500人和市属中学学生1000人（每周轮换一批）参加建设水库的义务劳动。至5月1日，坝高24米，已蓄水1000万立方米。为保证春耕用水，5月1日举行放水典礼，市长潘朔端剪彩放水，龙泉公社组织数千群众组成迎水队迎水，放水量为3立方米/秒，当年灌田4万余亩。同年7月19日，大坝回填顺利完工，溢洪道完成58%的工程量，指挥部于8月1日召开竣工大会。至此，先后参加水库工程建设者达到211991人次，用工1167765个工日（其中义务劳动122501个工日），参加劳动的民工由国家每日补贴伙食费0.4元，社队评工记分参加社队分配。按国家定额标准计算，水库的工程造价应为260.2万元，实际投资为110.63万元。其中，财政拨款96.43万元，社队投资14.2万元。

## 加固扩建

1959年8月松华坝水库竣工后，坝址以上多年平均来水为2.1亿立方米，水库最大库容为6832万立方米。虽水库实行合理控制运用，水资源利用达到1.2亿立方米以上，但由于来水大，而水库库容小，仍有大量来水没有得到蓄积而成为弃水，不利于水资源的充分利用。且随着昆明社会经济的发展，松华坝水库的水供不应求，急需更充分地开发利用盘龙江水资源。松华坝水库建成后，虽然避免了水库下游较大的洪旱灾害，但不能抗御特大洪水的袭击。为此，把松华坝水库加固扩建为大型水库势在必行。经过多年酝酿、论证，确定在采用"松滇联合调度"方案的条件下，对松华坝水库进行加固扩建。工程于1988年动工，1995年12月11—12日正式竣工验收。

1958年在建设松华坝水库时就有二级开发的考虑。1959年松华坝水库建成后，即准备筹建小迤者水库，组织100多人开挖输水隧洞，后因压缩基建而未实施。1977年大搞农田基本建设时，市委于11月22日正式向省委提出新建黄石岩水库与扩建松华坝水库的报告，要求在松华坝水库上游嵩明县与官渡区交界处新建黄石岩水库，蓄水1.5亿立方米。同时扩建松华坝水库，将大坝加高6米，库容增到1.05亿立方米。1978年9月2日，省水利局同意筹建黄石岩水库，由省水利勘测设计院和省地质局水文地质大队进行勘探设计。市水利水产局根据市委指示成立黄石岩水库筹备组，由王涤心任组长，工作人员10人。经两年多的勘探，基本查明了坝址及库区地质，共支出经费200万元。勘探结果为金钟村一带存在向邻谷渗漏的可能。1980年2月4日，水电部部长钱正英在视察云南水利工作时指出："对黄石岩水库我是摇头的，问题是控制径流面积太小，要和松华坝加坝方案比较一下，看是哪个合理。"于是，黄石岩水库筹备工作于1980年结束。

1980年7月，省水利勘测设计院即开始扩建松华坝水库的勘测设计工作，于1983年12月提出扩建松华坝水库可行性研究报告。1984年2月27—28日，省计委召集有关人员会议，对可行性报告进行审查。会议对提出的三个方案进行讨论。一是松华坝加高16.7米，库容增加到2.8亿立方米，造价8189万元，淹没1.08万亩，搬迁7454人。二是松华坝、黄石岩梯级开发方案。松华坝加高10.8米，库容1.7亿立方米；新建黄石岩水库，坝高77.5米，库容1.3亿立方米，造价1.33亿元，淹没4937亩，搬迁4329人。三是松华坝水库和滇池联合开发方案，将松华坝加高13.7米，库容增加到2.18亿立方米，主要向城市供水。灌区水量不足，则在盘龙江设三、四、五级泵站由滇池提灌农田5万亩，总造价5700万元，淹没3679亩，搬迁2566人。经讨论，基本同意松滇联合开发方案。同年3月，省水利水电勘测设计院向市政府提交设计任务书。市政府于6月30日将设计任务书正式报省政府。省政府于8月30日报国家计委，要求列入1985年国家基建计划。10月15日国家计委正式批复云南省人民政府："松华坝扩建工程属地方项目，建设资金由省安排，设计委托水电部审批。"12月28日，国家水电部审批设计任务书同意采用松滇联合开发方案，认为这一方案工程比较简易、投资省、移民淹地少、技术经济较合理，建议加快设计进度。1985年9月15日，根据中央和省的指示，市水利局提出松华坝水库加固扩建初步设计的安排意见，10月24日市政府市长办公会议讨论同意安排意见。即加坝主体工程设计请省水利水电勘测设计院负责，淹没搬迁调查规划设计由市政府负责，水库环境影响评价及对策研究由省环境保护科研所与云南工学院承担。以上经费共189万元，省、市各负担一半。同年11月1日，市水利局与省水利水电勘测设计院签订主体工程初设合同，要求于1986年7月31日提交初步设计。环境影响评价及对策研究由市和有关单位签订合同。淹没搬迁设计由市负责。1986年3月，市政府成立搬迁领导小组，组长由副市长孙淦担任，副组长由市水利局、市民政局、市计委及官渡区、嵩明县各有一领导担任，任务是库区4条淹没线测量埋桩、淹没公路改线测量设计、淹没村庄地形测量、输电线路改线、供排水工程和岸边再建工程测量设计、库区淹没搬迁调查及移民安置工作调查规划等，要求当年6月完成。同年8月，由省水利水电勘测设计研究院副院长吴有书主持设计，副总工程师苏梦麟为设计负责人的《松华坝水库加固扩建工程初步设计》完成。设计水库主坝加高14米，总库容2.29亿立方米，正常蓄水位1965.5米，年供水量1亿立方米—1.1亿立方米，淹没耕地2673亩，涉及人口安置5606人、房屋搬迁8万平方米，工程总概算7113万元。要求国家补助60%，其余由省、市负担各半，预计工期4年半，1992年竣工。10月24日，该设计由省政府正式上报国家计委和水电部，要求列入1987年基建计划。1987年3月，水利部副部长杨振怀视察松华坝水库，听取加固扩建工作汇报，表示同意加固扩建。设计方案经水利部批准，列入1988年国家计划。同年6月，国家拨款2300万元支援松华坝扩建工程。11月27日，省政府决定除中央投资外，其余由省、市各承担50%，并正式将扩建工程列入1988年云南省地方重点建设计划项目。1988年3月14日，省计划委员会将松华坝水库加固扩建工程列入1988年建设计划。省建委审查松华坝除险加固扩建工程初步设计后，确定该工程的设计总库容为2.29亿立方米，大坝加高14.0米，工程总概算（暂定）7113万元，建设工期四年半。同年4月11日，国家水利部、中国建设银行通知省有关部门："同意加固扩建松华坝水库工程。作为中央补助地方基建项目予以安排投资2300万元，分年实施，包干使用，其余投资由你省及昆明市安排解决。"

1988年6月，昆明市政府决定成立昆明市松华坝水库加固扩建工程指挥部，副市长何昆志任指挥长，水利局局长李金、李嘉富，副局长曾光宇、巫品德，松华坝水库管理处处长卢洪银任副指挥长，聘请原国家水电部昆明设计院副总工程师顾文学为技术总负责人。指挥部下设办公室、工程处和淹没区安置处。指挥部人员由有关单位抽调组成（最多时有35人），工资由原单位发，指挥部给予施工补贴。1991年3月市政府换届，改由副市长徐之信任指挥长。为不影响主体工程施工，指挥部建立后，即组织力量进行路通、电通、水通及施工场地的平整。

松华坝水库加固扩建工程按省、市招标的有关规定分类分项招标。招标前，指挥部派出调查组考察预选施工企业的资质、技术、设备、人员等情况，实地查看已承建的工程，进行全面考核，初选3—5户较好的施工企业作为议标对象，在编制好招标书的基础上发出邀请议标通知，发售标书。收到投标书后由有关单位组成评标小组进行评标并提出中标意见报市政府批准执行。主坝开挖回填（含输水隧洞改造）工程由云南省建筑机械化施工公司以652.71万元的最低报价和较优施工组织设计中标。1988年10月初签订施工合同。复合防渗体、溢洪道和副坝分别于1989年3—4月、8—10月、9—11月进行招标。云南省建筑机械化施工公司又中溢洪道和副坝两标，经指挥部同意将输水隧洞和溢洪道的混凝土工程分包给省建四公司滑模处和四〇四处施工；复合防渗体由水利部基础公司下属软基工程分公司中标，将帷幕灌浆分包给云南省水利水电工程总队。自动化系统观测设备由南京水科院承担。其他参加施工的还有昆明水利建筑安装公司二、三、四队和龙泉、小河、白邑建筑队，水电十四局钢管厂等单位，在施工过程中，淹没区道路建设、建新村场地"三通一平"、公用设施搬迁等工作逐步展开。

松华坝水库加固扩建工程自1988年10月开工。加固扩建工程分为主坝加固扩建、副坝及溢洪道改建两大部分。主坝加固扩建工程主要有：振冲加固背水坡、培厚加高、输水隧洞改造、主坝复合防渗体、滑坡体处理、观测仪器的设置、自动化系统等。工程指挥部按市政府关于"防洪、供水、施工"三不误的要求，于1988年10月3日，采用交叉平行、穿插施工方法的振冲加固开工，经过5年努力，于1992年底主坝加固扩建工程基本完工。副坝及溢洪道改建工程分为副坝改建、溢洪道改建、泄洪隧洞改造3项，由于大坝加高14米，副坝需相应加高，废除原有溢洪道和非常溢洪道，另新建溢洪道，改建溢洪隧洞，升高溢洪隧洞闸门室和检修平台。这3项工程与主坝加固扩建交叉进行。至1992年底，主体工程完工。经3年的试运行，1995年12月11—12日由省政府主持，省计委、省水利水电厅、市政府、市水利局等参加对工程的竣工验收。认为整个工程规划合理，技术先进，设计安全、经济，工程质量评定为优良，一致同意竣工验收。

松华坝水库加固扩建工程总投资13493.86万元，其中，中央补助2000万元、省投资4834.86万元、市投资5859万元、贷款800万元。

## 排灌工程

松华坝水库有盘龙江、金汁河、西干渠（银汁河）、东干渠4条灌溉主干渠道。

**金汁河** 金汁河为古老的人工引水工程。赛典赤修建松华坝后金汁河即是分盘龙江水灌溉的渠道，主要灌溉松华坝以下盘龙江以东农田约1.5万亩。松华坝水库建成后，为更好地发挥金汁河灌溉功能，1959年对金汁河进行了整修。

**西干渠（银汁河）** 银汁河由蒜村沿山脚蜿蜒行经麦溪、上庄、沙沟村、岗头村后西流至莲花池（后至岗头村即断流），原引黑龙潭水灌溉盘龙江以西农田1万亩左右，1957年后银汁河的水源黑龙潭水被工业部门占用。1959年，由盘龙江2号跌水处至蒜村新开2.7千米河道，名西干渠。在西干渠首建雨树村节制闸引盘龙江水入银汁河（后西干渠与银汁河统称西干渠）。

**东干渠** 为松华坝水库建成后新建的一条输水渠道，灌金汁河以东高地，渠底高程1940米，是水库位置最高的一条干渠，又称高沟。干渠出水库后经上坝村向南经大将村、回龙村、竹园村、瓦窑村、龙头街、大波村，西南流经云山村、白龙寺、郭家凹、太平村、十里铺入东白沙河水库，全程32.8千米。工程于1959年12月开工，1962年4月建成通水。除沿途灌溉田地1.2万亩外，每年调水300万立方米—400万立方米给东白沙河水库，增加受益面积约1570亩。东干渠位置高，松华坝水库水位低于1940米高程即不能由水库放水灌溉。为此，1962年修建了渠首抽水站，由金汁河头抽水入东干渠。东干渠建成后因经常塌方，渗漏大，1978年下半年至1979年3月进行了整修和防渗处理，全渠用混凝土块和毛石衬砌"三面光"。

**盘龙江** 盘龙江为天然河道，是松华坝水库的主要灌溉防洪输水渠道，灌溉下游5万多亩农田，盘龙江双龙桥分水的玉带河、永昌河、西坝河、杨家河、太家河、采莲河均为盘龙江分水灌溉农田的渠道。按松华坝水库的设计，每年供城市生产生活用水500万立方米。但随着昆明经济社会发展和城市规模扩大，需水量不断增长，城市用水不足的矛盾日趋严重。市政府经多次召开会议研究，1981年10月提出用松华坝水库的优质水增加城市供水量，水库下游灌溉用水则采取提滇池水倒灌。这项用滇池水还给灌区灌溉叫作"还水工程"，后称"松滇联合调度工程"。同年10月26日，市水利局、市公用事业局、官渡区政府共同商定了《城市与农业用水协调工程方案的报告》，确定松华坝水库水主要供城市自来水。为确保松华坝灌区下游南坝以下3.5万亩农田灌溉，有利于盘龙江的排洪、灌溉等的综合开发，建议在盘龙江下游的洪家村、南坝各建1座提水泵站，由市自来水公司设计。1982年10月8日，市政府在洪家村召开市长现场办公会，决定兴建洪家村和南坝2座泵站，抽滇池水入盘龙江，再沿江上抽灌溉农田3.5万亩。会后，由市自来水公司组织施工，1983年5月底竣工。2座泵站总流量为5.9立方米/秒，投资137.2万元，由昆明市自来水公司负责建设与管理。此后，城市用水急剧增加，城市与农村用水矛盾日益突出。在加固扩建松华坝水库时，确定松滇联合调度方案，每年由松华坝水库向城市供水1.1亿立方米，减少水库向灌区灌溉供水。农业灌溉除已建洪家村为一级、南坝为二级提水站外，再增建三、四、五级3座泵站抽水入盘龙江，再逐级提盘龙江水逆流而上入金汁河，倒灌原金汁河灌区农田2.5万亩。1988年9月市政府批准兴建三至五级泵站，于1989年4月底相继动工建设，1990年4月24日竣工。

其中，三级站在市区北部环城南路铁路桥旁，装机465千瓦，流量4.32立方米/秒；四级站位于罗丈村盘龙江7级跌水处，装机465千瓦，流量4.74立方米/秒；五级站位于羊肠村，由盘龙江抽水入金汁河进行灌溉，装机310千瓦，出流量2.34立方米/秒。5级泵站完工后，盘龙江既是松华坝水库泄洪河道又是5级泵站的输水渠道，实现了"松滇联合调度"的计划。

## 配套工程

**松华坝电厂** 松华坝电厂位于大坝输水隧洞后，为坝后式地面电站，利用松华坝水库输水隧洞放水供农业灌溉、排洪时发电。电厂于1959年12月29日开始施工，1960年1月电厂基础开挖与水库收尾工程同时完成，后因国家压缩基建项目而缓建。1961年底又上马建设，到1962年3月完成土建部分。因水库泄洪能力不足，泄洪隧洞未完工，仍需由电厂蜗壳放水，故电厂停建。1963年水库泄洪隧洞完成，1965年省电业局建议复工。1966年初列入省基建计划，5月开工复建，1966年进行设备安装，1967年试运行，1969年正式办理竣工手续。电厂建成后属省电力局管理，1979年划归昆明市水利水产局管理，1988年电厂并入松华坝水库管理处，成为水库管理处的下属单位。

该电厂由输水隧洞取水，在输水隧洞油压闸门后有长18.43米、直径1.8米的压力管，下端渐变段为1.75米的钢管，与伸缩节相连，设有蝴蝶阀，阀门后到蜗壳，最大静水水头60.57米，压力管全部用混凝土包裹。厂房位于输水隧洞出口处，有主副厂房，装有1台立式3000千瓦三相交流发电机及水轮机，均为浙江省萧山电机厂制造，1962年2月出厂，容量3460千瓦；天津发电设备厂1960年产P0-40型自动调速器1台。主厂房3层，底层为阀门室，二层为水轮机室，三层为发电机室。副厂房3层，一层为蓄电池室，二层为主控制室，三层为试验室与办公室。电厂建设工程总造价325万元。电厂在水库放水供工农业用水和排洪时发电，且放水流量须在2立方米/秒以上才能发电。因输水隧洞衬砌大部为素混凝土，存在安全隐患，为保证安全，1967年试机发电后，省建委、云南电力局、省水利勘测设计院、省水利局共同商定发电原则，即水库除供工农业用水与排洪外，不专供发电用水，供水与停水时间由市农林局与供电局共同商定。放水发电运行时，需按水库水位控制出力。水位在1942—1948米高程时电机可以全开，水位1950米高程时出力不超过1800千瓦，水位1953米高程时出力不超过1000千瓦，水位1954米时出力不超过700千瓦，水位高于1954米或低于1942米高程时停止发电。因此，电机利用小时不高，最高为1971年2126小时。1967—1980年14年中，利用小时达2000小时以上的仅1年，低于1000小时的有5年，其余8年均在1200—1800小时之间。发电量最高为1971年的667.9万千瓦·时，14年平均为每年344万千瓦·时。产值最高为1971年的43.4万元，最低为1977年的9.8万元，年平均收入18.4万元，多数年份处于亏损状态。1985年输水隧洞加固后，隧洞安全系数提高，发电已不再受高水位的限制，效益增加。1986年扩建松华坝水库，加宽坝脚需将副厂房拆除，在主厂房后50米处新建副厂房，建设期间电厂停止运行。扩建工程完工后，电厂继续发电。2003年后松华坝水库停止农灌供水，库水全部用于城市供水，电厂发电随之停止。

**水库航运** 1959年松华坝水库建成时，开辟了上游小河乡（今松华街道小河社区）回流湾村至下游松华坝溢洪道口处航线，水深63米，通航里程8千米。1979年前，拥有木船24只。1980年，回流办事处购置迎客号和珊瑚号机动客轮2艘、钢驳船1艘，每天往返营运2个班次。为控制水质污染，水库以客运为主，兼运的物资主要是水果、马铃薯、香椿、药材等山区土特产品，严格禁止运送农药、化肥及其他有毒有害物资。1986年前，年平均客运量约6万余人次，货运量200余吨。每年七八月份航运旺季时，日客运量高达800余人次。自龙泉至小河、白邑乡公路修通后，客货量逐年减少。1988年，年客运量约3.5万人次。1990年后松华坝水库主要功能变为城市供水，水库航运日渐消亡。2003年后松华坝水库停止农灌供水，从此只为昆明城区饮用水水源供水。2006年5月1日起施行《昆明市松华坝水库保护条例》，明确规定禁止与水源保护无关和产生污染的船只下水，水库航运全面停止。

## 水库管理

1959年松华坝水库建成后，建立松华坝水库管理所，有职工37人，1960年精简为20人。1964年改为松华坝水库管理处，职工恢复为37人。1980年后职工逐步增加，1985年达到50人。1987年水库与松华坝电厂合并，人员达到103人（事业编制63人，企业编制40人）。水库管理处下设办公室、工程管理科、综合经营科、财务供应科、绿化组、修配车间、发电车间。为加强水库保卫，1977年设松华坝水库公安派出所，设干警5人、经济民警10人。松华坝水库管理处为隶属于市水务局的自收自支事业单位，核定事业编制103人，核定领导职数4名，内设党政办、工程技术科、资产财务科、经营科、保卫科和库区管理所6个部门。2013年1月，全处有在职职工72名。其中，管理人员6名、专业技术人员16名、工勤人员50名，专业技术人员中有工程师4名、助理工程师5名，工勤人员中有技师2名、高级工42名、中级工6名。

由于松华坝水库位置和作用重要，1960年2月28日省委批转省委保密检查领导小组的报告，松华坝水库被列为禁区之一。规定不得随意参观游览，因工作需要应按规定办理审批手续。1961年12月，市委决定水库的保卫工作由市公安局和市水利工程委员会共同负责，参观者需由公安局进行审查、市水利工程委员会批准，外宾参观和拍照必须经省委批准。因水库附近工厂增多，难以控制。1963年七八月份，每逢星期天、星期三（北郊厂矿休假日），到松华坝水库钓鱼的多达四五百人，平时亦有200多人，有的人甚至野炊露宿，边钓边煮，鱼酒相伴。为此，市公安局曾派以副局长薛维岗为首的3人小组进行调查解决，后经派驻民警1人配合管理所、工区保卫干部（当时正在进行泄洪隧洞施工）组成小组进行劝阻取缔，才得到制止。此后，针对存在的问题，市政府及有关部门先后多次发布有关松华坝水库治安安全的通知、通报、公告、条例。其中，1968年，昆明市革委会下发了《制止在松华坝水库和盘龙江上段炸鱼的批示》；1974年，市防洪指挥部下发了《关于栾光祖、马武刚等人潜入水库炸鱼、破坏水产、破坏水库安全管理、危害工程的通报》；1975年，市革委发布了《关于加强松华坝水库安全管理的通知》；1978年，昆明市公安局下发了《松华坝水库派出所的任务和职责范围》以及水库管理处和派出所公布的《关于对松华坝水库治安管理规定》；1978年4月28日，市革委发布了《关于保护水产资源及发展渔业生产的通告》等。规定：不准在库区内乱砍滥伐森林，不准在水库钓鱼、违章捕鱼，严禁炸鱼，违者按治安管理条例予以拘留、罚款、行政处分等。1980年，处理了炸鱼、偷鱼、钓鱼100多人次，其中逮捕1人、行政拘留5人、罚款18人。库区治安情况有所好转。1983年后，随着改革开放、综合经营的开展，水库为方便群众游览、钓鱼，经市政府批准在溢洪道一侧的水域规划为钓鱼区，可购票进行垂钓。其他有关规定仍坚持执行。为加强工程枢纽部位保护，在大坝上及泄洪隧洞一侧均建有哨房，坚持24小时站岗执勤。建库初期由当地民兵执勤，1970年后由水库管理处工作人员执勤，水库派出所成立后由公安干警轮流执勤。2015年，松华坝水库一级保护区内实行封闭管理，水库的安全保卫工作根据水库设施、设备、要害目标等分布分为五个重点区域，对重点区域进行全天候值守，并对区域内的相关工程设施、设备、要害目标等进行定时巡逻巡查。水库管理处保卫科科室人员每天轮流进行24小时值班，护卫中队（为松华坝水库管理处在昆明市护卫管理支队和松华坝水务派出所的指导、支持、帮助下成立）对重点区域实行24小时轮流值班，并针对各个值班点守卫的目标、范围等制定了详尽的工作职责、巡逻巡查记录、进出人员车辆登记、交接班记录等工作制度和相关台账，值班人员严格按要求对重点区域进行巡逻巡查。同时，护卫中队设立机动班和备勤小组，对值班情况进行不定时监督检查，对管理处范围内的次一级守卫目标进行巡逻巡查，对随时可能发生的一切突发事件能够做到及时、有效的快速反应。

## 防洪与蓄水（控制运用）

松华坝水库来水量大，但扩建前库容小、建设标准低，下游河道泄洪能力差。随着灌区用水量不断增大，城市用水不断增加，既要保障水库安全，又要保障工农业用水需要，要解决好这一矛盾，水库的调洪控制运用十分重要。水库安危关系到下游的工农业生产与人民群众的生命财产安全，所以水库的防汛工作历来受到省、市党政领导机关的高度重视，每年水库的控制运用计划、起调水位、度汛措施都需要经过省防汛指挥部的批准。

水库建成后，在泄洪隧洞未开挖及未扩建溢洪道前，起调水位较低。1970年前因水库加固未完成，一般情况下6月份将水库腾空，放水使水面低至1925米（死水位），或在5月底或6月初把水位降至1940米高程以下（相应蓄水量为1500万立方米），腾库度汛。规定1954米为警戒水位，水位达到1954米时即排水下泄，以降低水位，确保大坝安全度汛。1961年5月24日市委发出通知，6月2日起由电厂蜗壳放水，6月12日前使库容降到1500万立方米以下，市委责成副市长经竹如全面负责此项工作，其他人不得轻易处理。一般10月关闸蓄水，因此7月、8月汛期来水未能充分利用，关闸蓄水时间短，每年蓄水量约5300万立方米。1970年后，由于松华坝水库加固工程不断完善，盘龙江泄洪能力提高，水库管理处每年根据气象部门提供的长、中、短期天气预报资料和水库多年收集的水文资料进行还原运算，提出控制运用计划，从而加强了蓄水，起调水位改为1944.5米。1975年河南大水后，国家水电部把松华坝水库列为全国重点防范水库之一。此后，水库的调洪蓄水成为水库管理的首要任务，松华坝防洪工作进一步加强。1970—1979年10年中，除1978年少蓄水1000多万立方米外，每年蓄水均达到6000万立方米以上，水库供应工农业用水量也由1960年前的每年6000多万立方米提高到每年7000万立方米—8000万立方米。

随着工农业生产和城市建设的发展，昆明地区使用水量大量增加，城市供水原设计为年供水500万立方米，实际60年代年供水达到1700万立方米，70年代末达到4000万立方米，1979年为4647万立方米。为了挖潜、增加蓄水量、提高水资源利用率，修改了原来的起调水位，将原定9月底起调水位1944.5米提高到1954.3米，并开展多年来水量预报工作，预报的准确性达到90%以上。运行中注意汛期来水控制，及时根据气象、来水、出流、库水位情况加强预算分析，按实际情况及时修正计划，尤其是掌握好8月份防洪蓄水的"关键月"，从而逐步掌握了控制运用的规律。1980年后，起调水位提高到1954.3米，年蓄水量多在6500万立方米以上，比60年代每年多蓄水1000万立方米—2000万立方米。水资源利用量由60年代的6000万立方米、70年代的8000万立方米，提高到1亿立方米—1.2亿立方米，达到库容6000万立方米的1倍以上。加上发电重复用水，水资源利用量最多时达到1.8亿立方米，为库容的3倍，在全省的水库中属利用率较高的水库之一。

在干旱蓄水不足时，松华坝水库实施库区人工降雨，增加水库蓄水量。1975年昆明干旱无雨，至7月30日松华坝水库水位为1935米，相应库容1100万立方米，比常年少蓄水近2000万立方米。8月经省委批准在库区实施首次人工降雨，市革委建立人工降雨指挥部，以市革委副主任肖持久为总指挥，共设高炮5门，炮阵地分设在双哨公社野毛山和阿子营公社大坡地，高炮由昆明水泥厂和云南汽车厂民兵操作。8月22日进阵地试炮，24日21时40分开始作业，发炮32发，阵地降雨11.1毫米；25日作业发炮46发，阵地降雨2毫米。人工降雨于10月初停止，共开支5万元。1976年7月，经省批准再次在松华坝水库径流区实施人工降雨，共调高炮6门，分设大哨、双哨、鼠街、阿子营、牧羊、小冲老君山6个阵地，各点配炮弹500发，经费由城建费支出，作业后效果不大。1980年5月9日，市委发出在松华坝开展人工降雨通知，决定由市水利局组织实施，由省调给高炮2门，由水库管理处民兵自行作业，昆明警备区、官渡区武装部给予协助，经费由抗旱防洪费中解决。

随着全球气候变暖，导致降水越来越呈现复杂性、突发性、不均匀性和非系统性。2009—2013年，昆明地区遭遇了连续5年的干旱，松华坝水库蓄水告罄，逼近死库容。2010年，市气象局创新思路，在全省率先开展以增加水库蓄水为主要目的"常态化人工增雨"，抓住一切有利于人工降雨的天气条件，积极实施人工增雨作业，实现时间上的连续性、空间上的全覆盖、作业上的精准化。松华坝水库人工增雨作业点由原有的3个增加到10多个。在人工降雨作业台上，由多个轨道组成的发射器，时刻监控云层情况。如云层出现黑云或黄云，形成人工降雨条件，工作人员便会向市气象台人工影响天气指挥中心汇报，在经中心同意后，再根据实际情况逐个发射弹药，弹头有效成分为3—5克碘化银粉末。一个增雨作业点至少4人，基本都是使用当地经过培训的民兵。平均一个点的具体费用包括火箭架、燃料动力需求、民兵工资补助、生活补助等25万元左右。从2010年开始的人工增雨，每次增雨作业发射弹药2—4次，每次至少2枚火箭弹，每枚火箭弹成本约1600元，一次作业成本为1万元左右，估算投入产出比平均在1∶50左右。2015年末，松华坝水库蓄水为7219万立方米，水质达标率100%。

## 用水管理

1958年兴建松华坝水库时，并未考虑城市供水。1962年水库进行加固设计，计划水库供城市生产生活用水每年为500万立方米。随着昆明城市的发展，工业及生活用水急剧增长，工业及生活用水与农业灌溉用水的矛盾日益突出。1990年，松华坝水库供城市用水8500万立方米，供农业用水738万立方米，供发电用水5267万立方米。

**灌溉用水管理** 自元代兴修松华坝以来，即建立了自上而下轮灌配水的灌溉管理制度，水权通常掌握在士绅地主之手，延续数百年。史载清雍正十三年（1725）轮灌配水制度是：松华坝起至韩冕闸（即大闸）为头排，放水1日；韩冕闸至波罗村为二排，放水2日；波罗村至小坝为三排，放水3日；小坝闸起至地藏寺为四排，放水4日；地藏寺至燕尾闸为五排，放水5日。半月一周，周而复始。清代、民国时期，松华闸平时贴上封条，擅自启闸者处以重刑。6月24日开闸枋3匹（约1米）。如遇洪水，闸枋全开。开闸枋多少由县政府直接掌握，派员通知。

民国三十六年（1947）建立金汁河水利协会，轮排工作由水利协会负责，并计收水费。中华人民共和国成立后，由昆明县政府建设科（后为市农林局）直接领导。灌溉用水实行轮排制度，分为上下

5排，以状元楼为界，以上为上5排，以下为下5排，各设巡水1人，专门管理。1951年成立金汁河水利委员会，由金泽任主任，设专职委员3人。在谷昌坝、松华闸分设2个养护小组（由兼职委员兼管）。1953年，金汁河水利委员会改称金汁河灌溉管理所，1956年改称昆明市第三灌溉管理所。灌溉管理沿袭轮排办法，各乡均有放水小组，由乡管生产的领导负责，各大队设1—2人放水。

银汁河水的管理办法与金汁河基本相同，黑龙潭至王公堰为上一排，王公堰至龙王娘娘堰为中四排，龙王娘娘堰至童子桥入盘龙江口为下六排，每半月轮回。清朝至民国时期金汁河、银汁河的灌溉面积约1万多亩，谷昌坝水库建成后扩大为2万多亩。放水分3段：松华闸至小坝为上段，利用松华闸放水，不够时谷昌坝放水2米。中段由小坝至状元楼用谷昌坝水。下段主要利用堰塘冬季蓄水解决。

松华坝水库建成后，经盘龙江、金汁河、银汁河直至滇池边，灌溉农田6.7万多亩。1961年东干渠修通后可灌溉农田1.5万多亩（含东白沙河水库灌区）。一般年小春需水500万立方米，大春栽插用水约需4000万立方米。灌区包括官渡区的龙泉、金马、联盟、前卫、福海、六甲、云溪7个公社，一、三两个农场及西山区东风公社的卢家营。1964年对灌区进行清查整顿，查清灌区包括59个大队、745个小队、21394户农户、自流灌溉水田57881.4亩、菜地9134.8亩。灌区内设有电动抽水机36站55台，其中抽水库水的24站33台（另外抽滇池水的11站20台，抽塘水的1站1台，有大小堰塘55个），以解决自流灌溉不能达到的高田、高地。1964—1985年，实际灌溉面积最低为1964年灌溉57880亩，最高为1975年灌溉73075亩，其余年在6.2万亩—7万亩之间。官渡区的东白沙河水库因来水不足，每年要由松华坝水库通过东干渠调水400万立方米—500万立方米补给，1976—1985年，其灌溉面积最高为1977年灌溉13878亩，最低为1985年灌溉9602亩。1983年，兴建洪家村、南坝2级抽水站，松华坝水库水不足时南坝以下的3.5万亩改由抽取滇池水回灌，水库水则大部分供城市生产生活用。农业供水每年由官渡区水电局根据各河渠的灌溉面积、河渠流量、栽种进度、节令要求等情况提出农田灌溉计划。灌溉用水的专管机构自建库起就一直为官渡区小坝灌溉管理所和南坝灌溉管理所。各灌区分片设有灌区代表会和管理委员会等群众性民主管水组织，代表会成员由受益区社队干部参加。各大队设有管水小组，由副大队长任组长，大队设有放水员，1964年全灌区共有放水员401人。1980年后，随着农村生产承包责任制的实行和农村行政机构的改变，以乡、镇建立灌区委员会，行政村设管水小组，自然村设管水员。每遇干旱及必要时，市、区还组织一定力量在放水栽插季节加强用水管理。

**城市用水管理** 兴建松华坝水库时，未考虑城市供水。1962年松华坝水库加固设计时，计划每年供城市生产生活用水500万立方米。随着城市的发展，昆明工业及生活用水急剧增加，□□年供水为600万立方米，1973年后为3000万立方米，1980年后超过5000万立方米，1988年为8900万立方米。城市用水的增加导致农业用水减少。1982年和1983年七八月昆明干旱，市政府做出决定，□□水位降至1938米高程时，只能保小坝片以上农田和城市用水；水库水位降至1934米时（蓄水量1000万立方米），停止农业用水，只保城市用水，农业用水由滇池倒灌解决；水库水位降至1932米时（库容□□万立方米），只保城市生活用水，停止生产用水。1983年"松滇联合调度工程"实施后，新建的□村、南坝泵站解决了下游3.5万亩农田用水。1990年建成三、四、五级泵站后，盘龙江共有5级泵站，7万亩农田改由提滇池水灌溉，松华坝直接供水灌溉的保灌面积仅有龙头街以上约1.5万亩。从此，松华坝水库水由灌溉农田为主变为供城市用水为主。1984年后，每年由官渡区、昆明市自来水公司分别提出用水计划，再由市水利局协调，对水量进行平衡，合理安排，报市人民政府批准后执行。一般情况1—6月自来水每月供水500万立方米，7月后主要供城市用水。农业用水1984年约4000万立方米，1985年后降至2000万立方米。

昆明的自来水始建于民国五年（1916），由翠湖九龙池取水，日供水2000吨。中华人民共和国成立后，城市用水量急剧增加，九龙池水不够用。1957年开始在小菜园建立昆明市第一自来水厂，引用黑龙潭、白龙潭水，设计供水量每日2.5万立方米，因与农业用水发生矛盾，日供水1万立方米左右。1963年建设昆明市第二自来水厂，以松华坝水库为水源，采取由水库放水到金汁河，再由自来水厂从金汁河取水，日供水2万立方米—3万立方米。后因金汁河输水损失大，水库放水2立方米/秒，仅能供水0.3立方米/秒，且沿途经5个村庄，水被污染，水质难以保证。1965年市政府同意改由水库输水隧洞旁通管接水，供水能力提高到日供6万立方米，水质得到保证。随着城市发展，供水仍不够用。1974年，第一自来水厂改为取用盘龙江水（亦为水库放水），供水能力由1万立方米增加到3万立方米。1980年建设昆明市第四自来水厂，仍由松华坝水库取水，由第二自来水厂引水管分接岔管，安装钢管7千米，日供水达7万立方米。1985年扩建第一自来水厂，日供水能力达到8万立方米。当年，市第一、二、四3个自来水厂日供水量达到20万立方米以上，月需水量500万立方米—600万立方米。3个自来水厂直接由松华坝水库和盘龙江取水，年供水量达到7000万立方米—8000万立方米，用水人口由中华人民共和国成立初期的7.25万人增加到113万人，自来水普及率达到88.5%。1993年，市自来水公司又建成了第六自来水厂北分厂，供水量由扩建前的20万立方米增加到40万立方米。1994年，全市自来水供水量为9952万立方米，比扩建前增长71.6%。

## 经营管理

**水费征收** 松华坝水库建成后，从1961年开始向自来水公司征收城市自来水供水水费和向松华坝电厂征收发电用水费。从1964年起，自来水公司水费按每立方米0.004元的标准缴纳，水费收入每年为4万—7万元。1970年后水费收入逐渐增加到每年15万—20万元。1980年后水费标准提高到每立方米0.005元，每年水费收入增加到30万元左右。1985年后每年水费收入达到40万—46万元。1987年后，贯彻国家水电部有关实行水费改革、以水养水的精神，为逐步过渡到按成本收费创造条件，经省、市人民政府批准，自来水公司水费缴纳标准为每立方米0.02元，每年的水费收入为150万元左右。1992年7月1日后，经市政府和省物价局批准，自来水公司水费按每吨0.07元的标准征收。1993年水库扩建后增加了自来水供水量，1994年供水收入达到696.64万元。

松华坝电厂发电水费自1979年开始征收，按每度电用水15立方米计算，每度电收水费0.00225元，1985年调整为0.005元。一般年份可计收水费8000元左右，最高的1979年收入为12187.1元，最低的1983年收入为2768.9元。1985年水费调价后收入为20374.9元，1987年电厂与水库合并后停征。城市自来水费与发电收入是松华坝水库管理处的主要经费来源，除管理处日常开支外，主要用于水库岁修与建设。1980—1985年，水库共开支岁修经费72万元。

1961年后，农业用水（包括自金汁河、盘龙江、银汁河直接取用的工农业生产用水）水费由官渡区水电局负责征收与管理，收入作为官渡区小坝灌溉管理所和南坝灌溉管理所的经费和渠道岁修之用，并有一部分被调往官渡区内其他水库灌区使用。农业用水的收费标准为：1962年水田大小春每亩0.6元，蔬菜每亩1元。1963年提高到水田大小春每亩0.8元，蔬菜每亩1.2元。1980年提高到水田大小春每亩1元，蔬菜每亩2元。工业用水每立方米五厘。因每年提取滇池水量不等，滇池水与水库水混淆，灌溉面积不实，实收水费与灌溉面积均不相符。1962年统计收水费的灌溉面积为54238亩，1963年降为47355亩。1964年，通过灌区清查整顿，落实面积为47016亩，应收取水费近7万元，实际收入为45198元；水费用于本灌区仅25109.59元，其余由官渡区水电局实行各水库统一核算，被用于其他灌区和抽水站亏损补贴。1960—1972年，松华坝灌区共收水费78万元，平均每年6.5万元。1973年后每年收入约8万元。1980年后，由于水费提高和灌区工业用水大大增加（每增加100万立方米即增加水费5000元），水费收入大量增加，1980年水费收入195298元。1983年洪家村、南坝泵站建立后，泵站抽水费用由自来水公司支付，水费仍由官渡区水电局按原规定征收。1988年提高水费标准，其中水稻每亩2元、小春作物每亩1元、蔬菜每亩5元、工业用水每立方米2分，当年各灌区水费收入为256308.82元。所收水费作为灌区内渠道整修费用及2个灌溉管理所的开支，多余部分由官渡区水电局统一安排使用。自建立盘龙江上5级泵站后，水费标准不变，抽水电费由市财政给予补贴。

**综合经营**　1961年，松华坝水库管理所即开始投放鱼苗，开展以养鱼为主的综合经营。1964年，松华坝水库管理处投资6万多元，投放鱼苗50万尾，整修了拦鱼设备，购置网具及渔船。后因水库水深、水冷、水质不肥，鱼生长慢，平均每年只能捕鱼约2000千克，最高的1971年为9000千克，年年亏损。1985年后，水库先后投放鱼苗30万尾，另外在水库开展网箱养鱼，4个网箱年养鱼近5000千克，收入1万多元。水库扩建后扩大了网箱养鱼，建立了虹鳟鱼养殖场，水产养殖总产值猛增，成为水库综合经营的主要收入。1993—1994年两年综合经营产值达123.64万元。

国家水电部提出狠抓"两个支柱（水费与综合经营）"，实行水库经费的良性循环以后，水库的综合经营逐步开展。1985年后，开展了钢筋混凝土防洪桩的制作、苗木栽培等。每年制作防洪桩约3000棵，培植营养袋树苗约5万袋，综合经营收入由1983年的1万元增加到1985年的3.2万元。90年代以后增加到10万元以上。

**发电及经济效益**　松华坝电厂自1967年起开始发电。因只能利用通过输水隧洞放水灌溉农田和排洪时的部分水量进行发电，加上管道长、支管多、水流分散、水量小、水头压力不足，发电量仅为2200千瓦（装机容量3000千瓦），平均年利用2000小时左右，处于出力低、利用小时低、经济效益不高的状况。1979年前，产值最高为1971年的43.4万元，最低为1977年的9.8万元，一般年在15万元左右。电厂收入在1979年前并入省电业局电网统一核算，1979—1986年为电厂单独核算，基本可以自给。1982—1984年输水隧洞加固时发电量受到影响，3年分别只发电226.7万千瓦·时、123万千瓦·时、175万千瓦·时，每年均由市水利局给予补贴。输水隧洞加固后，发电量增加，电厂收入自给有余。1987年松华坝电厂并入水库管理处，发电收入即为水库的综合经营收入。1989年松华坝水库扩建，电厂停止发电。1990年电厂恢复发电。1992—1993年因天旱缺水停止发电。1990—1995年，4年共发电1320万千瓦·时，产值79.2万元。2003年后松华坝水库停止农灌供水，库水全部用于城市供水，电厂发电随之停止。

# 第五节 中型水库

滇池流域共有宝象河水库、横冲水库、松茂水库、果林水库、大河水库、柴河水库、双龙水库共7座水库，多为20世纪50年代"大跃进"时期建成。这些水库为农田灌溉发挥了重要作用。随着昆明城市的发展，宝象河水库、大河水库、柴河水库的功能由为农田灌溉转变为向城市供水。由于这些水库坝型多为均质土坝，兴建时就存在先天不足，水库建成后不久便成为病险水库，在使用过程中不断进行着加固除险工作。

## 宝象河水库

宝象河水库位于宝象河上游，距市区29.3千米，坝址以上控制径流面积67平方千米。宝象河水库建设时是以灌溉、防洪为主的中型水利工程，建成后逐步变成以城市供水、灌溉、防洪为主的中型水利工程。该水库于1957年11月15日开工建设，1958年5月12日建成，总库容2070万立方米，兴利库容1840万立方米。

1995年9月，为解决小板桥、官渡、矣六、六甲、关上、阿拉、大板桥等乡镇的人畜饮水问题，官渡区人民政府投资新建了宝象河供水系统。1996年，该工程作为"2258"引水东线工程投入使用后，基本解决了官渡区边远村镇18万人口的饮水问题，部分成品水并入城市公共供水管网，缓解了昆明市东郊片区供水紧张的状况。从此，宝象河水库成为承担昆明主城区供水的"六库一站"之一，主要承担包括后来建设的长水机场、空港经济区在内的城市自来水管网难以覆盖的东片区。1996年8月28日，宝象河水厂一期工程完成，并与城市管网并网供水，每天向城市供水2万立方米。为确保城市供水需要，1997年增加了从青龙洞、沙井大河水库、沙井小河水库调水到宝象河水库工程。宝象河水库为多年调节供水，宝象河、青龙洞、龙泉寺合并正常日均供水4万立方米，主要为宝象河水厂提供水源。2003年，昆明遭遇十几年一遇的严重旱情，市政府决定实施度旱供水紧急工程，扩建了宝象河水厂。工程于2004年1月21日正式开工，5月18日通水。该工程以宝象河水库为水源，征地22亩，在原宝象河水厂旁西南方向扩建4万立方米/日净水厂1座，供水能力增加为8万立方米/日。2011年12月6日，宝象河水库除险加固工程项目开工建设。2013年5月13日项目竣工，同年12月3日完成竣工验收并投入运行。工程竣工后，水库总库容为2246万立方米，为中型规模，工程级别为3等，主要建筑物按3级设计，次要建筑物按4级设计。水库水质为三类水，符合国家饮用水水源标准，年供水量为1200万立方米。

## 横冲水库

横冲水库位于呈贡区梁王河上游，距呈贡老县城18千米，坝址以上控制径流面积28.5平方千米，其中外区引流2.5平方千米、本区引流26平方千米，多年平均产水量563万立方米。横冲水库坝高40.54米，总库容1000万立方米，兴利库容656万立方米，1957年11月动工建设，1958年7月完工。横冲水库除险加固工程于2003年12月17日开工，2005年3月8日完工，主要建设项目含大坝培厚整修、大坝帷幕灌浆、新建输水隧洞、原输水涵洞进行封堵、溢洪道改扩建。横冲水库为中型水利工程，工程级别为3等，主要枢纽建筑物为3级，配套工程为4级，地震烈度按7度设防，防洪标准按50年一遇洪水设计，1000年一遇洪水校核。除险加固工程完成后，水库年均可向下游提供26.4万立方米生活用水，解决6500人的饮水问题；提供农业灌溉用水602万立方米，改善1.58万亩农田灌溉，新增水库水产养殖面积200亩。

## 松茂水库

松茂水库位于呈贡区的捞鱼河上，距呈贡老县城12千米，坝址以上控制径流面积41.1平方千米，多年平均产水量1025万立方米。松茂水库于1957年10月开工建设，1958年8月完工，总库容1600万立方米，兴利库容973万立方米，设计灌溉面积2万亩，实际灌溉面积7000亩。2007年11月7日，水利部大坝安全管理中心以"坝函"文件核查同意松茂水库为三类坝鉴定结论，将松茂水库列入《全国病险水库除险加固专项规划》。2008年4月23日，省水利厅、省发展和改革委员会以"云水规计"文件对松茂水库《初步设计报告》进行了批复。初步设计批复除险加固的主要内容为：对主坝坝体、坝基进行防渗处理、下游坝坡增设排水棱体、重新修建输水隧洞、设置大坝观测设施和水情监测设施等。

松茂水库是全国第一个水上运动项目高原训练基地。由于昆明要举办1995年全国第五届少数民族运动会龙舟比赛，1993年11月开始在松茂水库建设龙舟赛场，云南省体委在水库大坝左侧建立省水上运动项目基地。2002年3月，省男女皮艇队在训练基地组建并参训。该基地海拔2100米，属低纬高原季风气候，年平均气温14.6℃，相对湿度74%，具有独特的高原"气质"，在这里训练可以利用高原特有条件增加训练难度，达到在平原地区所不能达到的训练效果。随着基地设施的不断完善，云南省松茂水上训练基地受到国家体育总局和水上运动管理中心领导的重视和支持，2004年雅典奥运会之前，国家男子皮划艇队曾5次来到松茂基地进行高原训练，并在体能和技战术水平方面取得突破。在此训练的孟关良、杨文军在雅典奥运会上获得了皮划艇男子双人划艇500米比赛金牌，松茂基地也由此扬名国内外。同年12月，基地被中国皮划艇协会授予"备战2004年雅典奥运会后勤服务先进单位"。2008年，孟关良、杨文军2位运动员组合又在北京奥运会上再次夺魁，金牌组合由此诞生，松茂基地功不可没。国家皮划艇队给松茂基地赠送了"水上第一高原"的牌匾，以感谢基地对国家队的大力支持。同年12月20日，在2008中国水上运动奥运颁奖典礼上，国家体育总局水上运动管理中心授予云南省水上运动项目训练基地"集体突出贡献奖"。通过多年的建设，松茂基地硬件和软件条件都有了很大改善。2014年2月，国家皮划艇队重上高原进行集训。1996—2015年，松茂基地接待参训运动员达1万余人次，其中不乏世界冠军、亚洲冠军和全国冠军。基地先后举办了全国第五届少数民族传统运动会龙舟比赛、全国半程马拉松越野赛、云南省皮划艇年度比赛等赛事。2015年末，基地占地面积500亩，设有运动员、管理人员公寓6栋，运动员餐厅2个，康体水疗中心1栋，综合训练馆2栋，专用船库1个，室内网球馆1个，观众看台区1个，看台能容纳2000名观众。过去的荒山秃岭被2万多棵树木、150多亩生态竹林、5000多平方米花草所取代。

## 果林水库

果林水库位于呈贡区境内的滇池一级支流马料河上，距呈贡老县城12千米，坝址以上控制径流面积30.6平方千米，多年平均产水量590万立方米。该水库于1958年6月开工建设，同年12月竣工，总库容1140万立方米，兴利库容395万立方米。因库区淹蓄矛盾未彻底解决，蓄水只能控制在405万立方米。设计灌溉面积1万亩，实际灌溉面积2265万亩。坝型为均质土坝。2007年，水利部大坝安全管理中心以"坝函"文件同意果林水库为三类坝，并纳入《全国病险水库除险加固专项规划》。2008年，省水利厅、省发展和改革委员会以"云水规计"文件对初步设计报告进行了批复，由呈贡县人民政府批准成立的呈贡县中型病险水库除险加固工程管理局为项目法人单位，具体负责水库除险加固工程。2008年后，由于果林水库所在的呈贡县洛羊镇由昆明经济技术开发区托管，果林水库因此托管到昆明经济技术开发区。

## 大河水库

大河水库位于大河上游晋宁县河涧铺村南面，距昆明老城区60千米，离晋宁县城40千米，坝址以上控制径流面积45.6平方千米，多年平均产水量1597万立方米，水库为以灌溉防洪为主的中型水利工程。该水库始建于1958年2月，1960年完成坝高33.1米，总库容1200万立方米，暂停施工。1975年12月开始续修工程，1977年10月建成。坝高40米，坝型为斜心墙坝，总库容1850万立方米，兴利库容1700万立方米，设计灌溉面积2.83万亩，实际灌溉面积1.065万亩。1997年6月28日，经省、市主管部门批准动工对大河水库采取帷幕灌浆处理进行防渗加固。工程同年9月3日完工。2008年4月，省水利厅、省发改委以"云水规计"文件下发了《云南省水利厅省发展和改革委员会关于晋宁县大河水库除险加固工程初步设计的批复》，同意实施大河水库除险加固工程项目。工程于2008年10开工建设，2010年9月全部完成。大河水库是昆明"2258"南线调水工程的水源，水质为三类水，符合饮用水水源标准，水库日均供水7万立方米，年供水量可达1617万立方米。1999年，水库开始向昆明市城区供水，到2005年共供水7273万立方米，平均每年供水1039万立方米。

## 柴河水库

柴河水库位于晋宁县七村附近的滇池一级支流柴河上，距晋宁县城26千米，坝址以上控制径流面积106.5平方千米，多年平均产水量2719万立方米。柴河水库枢纽工程于1956年9月1日开工，次年7月完工，总库容2290万立方米。主坝高26.9米，坝型为均质土坝。1997年，根据市水利局"昆水建发"号文件《关于晋宁县柴河水库增蓄工程设计的初审意见》，于1997年3月4日开工建设柴河水库增蓄工程，次年6月30日完工，总库容为2550万立方米，兴利库容1960万立方米。2008年11月21日水库除险加固工程开工，于2010年1月11日完工。柴河水库后来成为昆明"2258"南线调水工程的水源，水质为三类水，符合国家饮用水水源标准，年供水量可达2361万立方米，日均供水7万立方米，主要为昆明市第五自来水厂、罗家营水厂提供水源。1999—2005年，共向昆明城区供水18795万立方米，年均供水2685万立方米。

## 双龙水库

双龙水库位于滇池一级支流东大河上，坝址以上控制径流面积54平方千米，多年平均产水量1260万立方米。双龙水库是1956年7月建成的小（一）型水库，设计灌溉面积2万亩，城镇和农村供水380万立方米/年，防洪保护面积约3万亩。水库担负着下游县城及村庄的防洪保护任务，保护下游昆玉铁路及昆洛公路（国道213线）。

**除险加固** 双龙水库除险加固工程于2003年11月21日开工，2005年9月12日竣工。双龙水库除险加固后为中型水利工程，成为晋宁县城生活用水的主要水源，同时兼顾农田灌溉和防洪。洪水标准按50年一遇设计，1000年一遇校核。地震烈度按8度设防。复核总库容1101万立方米，兴利库容875万立方米，死库容75万立方米。主坝（拦河坝）坝高21.49米，坝型为均质土坝，坝顶长195米，坝顶宽4米，防浪墙高0.6米。

# 第六节　小型水库

滇池流域河流、水源分布广，为使滇池水资源得到充分有效地开发利用，共建成小型水库128座。这些水库最初的功能是农田灌溉，但随着昆明城市化进程的加快，城市周边的许多农田逐步转变为城市建设用地和开发区建设用地，而使水库的功能转变为生态保护和为人们提供休闲娱乐的环境。

## 源清水库

源清水库位于官渡区源清行政村的秧田坝村，坝址以上控制径流面积6.7平方千米，拟建坝址距原堰塘下游700米，堰塘始建于1973年，后经多次续建，蓄水库容达30万立方米。1991年雨季溃坝。1993年11月28日动工扩建，1995年4月30日竣工。源清水库扩建后为小（一）型水利工程，防洪标准按30年一遇的洪水设计，500年一遇洪水校核，工程地震烈度按7度设防。扩建后总库容158.0万立方米，兴利库容124万立方米。大坝高29.62米，坝型为黏土心墙坝，坝顶长105米。扩建后改善灌溉面积2180亩，水浇地500亩，解决2700人、1500头牲畜的饮水和乡镇企业的用水。

## 金殿水库

金殿水库位于金沙江水系普渡河上游盘龙江支流羊清河上，因水库位置近金殿名胜区，故名为"金殿水库"，坝址以上控制径流面积10.9平方千米。金殿水库于1957年11月11日动工兴建，1958年4月5日竣工，总库容236万立方米。金殿水库库区枢纽断裂极其发育，纵横10多条大小断裂分布于库区，致使库区及坝址区渗漏严重，水库自修建至1997年基本不能蓄水，仅起到防洪调节的作用。为解决'99昆明世界园艺博览园的花卉浇灌、清洁用水及景观用水，于1997年10月21日开工建设金殿水库防渗工程，1999年11月2日竣工。于坝后隧洞出口右侧建设水库抽水泵站，抽水供'99昆明世界园艺博览园的花卉浇灌、清洁用水和景观用水。水库防渗处理后，总库容为251.2万立方米，从1998年10月开始向世博园供水，截至昆明世界园艺博览会结束（1999年10月30日），累计向世博园供水230.2万立方米，超额完成供水任务130.2万立方米。

## 东白沙河水库

东白沙河水库位于金沙江水系普渡河支流西北沙河上游，坝址以上控制径流面积22.5平方千米，总库容438万立方米，兴利库容393万立方米。该水库于1956年2月1日开工建设，同年6月竣工，是中华人民共和国成立后昆明市兴建的第一座水库。该水库最大坝高15.7米，坝型为黏土斜墙均质坝，坝顶长634米，坝顶宽3.57米。配套工程中输水渠（高线沟）由高涵出口到羊方凹、白泥湾长7.8千米，设计过流量1立方米/秒，设计灌溉面积4000亩，1988年实际灌溉面积2262亩；输水渠（低线沟）利用原天然河道作输水渠，长12.6千米，灌溉金马镇的龙池、十里铺、羊方凹，新、老牛街庄及小板桥的鸣泉、土桥等地田地，设计灌溉面积6000亩，1988年设计灌溉面积5916亩。水库建成后，减少了金马镇、小板桥镇、六甲乡的洪涝灾害，消除了洪水对水库下游机场、铁路、公路、工厂企业的威胁。

## 铜牛寺水库

铜牛寺水库位于金沙江水系普渡河支流宝象河支流白沙河中游，坝址以上控制径流面积9平方千米，多年平均产水量161万立方米。该水库始建于1958年，总库容32万立方米。1976年11月动工对水库进行加固扩建，次年12月完工，建成坝高10米，总库容122.5万立方米，兴利库容101万立方米。1997年12月开工再次对水库进行加固扩建，次年11月完工，先后完成大坝灌浆、加固培厚加高工程、低涵更换管径改造工程、溢洪道加固改造工程，大坝增高为12.3米，总库容增加到133.6万立方米，兴利库容增加到112万立方米。

## 沙井大小河水库

沙井大河水库位于金沙江水系牛栏江支流沙井河上游，坝址以上控制径流面积9平方千米，多年平均产水量304.5万立方米。水库于1958年3月5日开工建设，同年12月5日完工。水库坝高35米，坝型为黏土心墙坝，总库容118万立方米，兴利库容108万立方米。沙井小河水库位于金沙江水系牛栏江支流沙井河烂泥箐，坝址以上径流面积4.5平方千米，多年平均产水量145.8万立方米。水库于1958年3月5日开工建设，同年12月完工。水库坝高35米，坝型为黏土心墙坝，总库容106万立方米，兴利库容93万立方米。沙井大、小河水库灌区为沙井、长水、新发3个村。1999年2月，对沙井大河水库进行除险加固和配套工程建设，次年6月完工。工程共完成大坝培厚加固，帷幕灌浆，新建溢洪道。工程完工后沙井大河水库坝高28.38米，坝顶长95.4米，总库容172.6万立方米，兴利库容113万立方米。2001年5月，开工建设沙井小河水库除险加固和配套工程，次年10月完成枢纽工程大坝培厚加固、帷幕灌浆，老涵加固处理，新建输水隧洞工程。工程建成后总库容127.1万立方米，兴利库容84万立方米。沙井大、小河水库除险加固和配套工程完成后，沙井大、小河水库的水外调至宝象河水库约210万立方米，解决沿途大板桥镇沙井、长水、新发、云桥4个村及小哨乡小哨村1.5万余亩水浇地及6600人的生产和生活用水，并确保了宝象河自来水厂供水。

## 西北沙河水库

西北沙河水库位于金沙江水系普渡河支流西北沙河上游，距昆明市区8千米，坝址以上控制江流面积11.5平方千米，多年平均产水量254.8万立方米，是以灌溉和防洪为主的小（一）型水利工程，担负着黑林铺镇2000余亩农田灌溉及下游农田、公路、铁路、厂矿、机关、学校、集镇、村庄防洪保护。该水库于1957年11月15日开工兴建，次年3月竣工。水库坝高23.5米，1966年加高大坝2.7米，最大坝高26.2米，坝型为均质土坝，总库容267万立方米，兴利库容259万立方米。1999年4月开工实施西北沙河水库除险加固工程，次年11月23日完工。工程等级为4等，主要枢纽建筑物级别为4级，防洪标准按30年一遇设计，500年一遇校核。

## 石龙坝水库

石龙坝水库位于呈贡区金沙江水系普渡河支流洛龙河上，坝址以上径流面积17.13平方千米，为1959年在原清代所建的石龙坝坝塘位置续建的小（一）型水库。水库坝高13.5米，坝型为均质土坝，总库容289万立方米，兴利库容264万立方米。该水库以灌溉和防洪为主，设计灌溉大洛羊、小洛羊、小新丹、洛龙4个村的7500亩农田，防洪保护水库下游洛龙河两岸村庄和农田。2010年9月4日，省水利水电工程技术评审中心下发"云水技审"文件《昆明经开区石龙坝水库除险加固工程初步设计报告审查意见》。次年11月23日，省水利厅、省财政厅以《云南省水利厅云南省财政厅关于经开区石龙坝水库除险加固工程初步设计报告的批复》文件批准石龙坝水库除险加固工程实施。建设项目包括坝体充填灌浆、坝基及两坝肩帷幕灌浆防渗处理，修整上游坝坡并铺筑砼预制块护坡、培厚下游坝坡、增设倒滤体，高、低涵闸阀更换、新建管理所等。

## 中坝塘水库

中坝塘水库位于呈贡区七甸村东北1千米处，坝址以上控制径流面积4.35平方千米。水库于1958年11月开工建设，次年12月建成。水库坝高23.6米，总库容55万立方米。中坝塘水库为小（一）型水利工程，工程等级为4等4级，防洪标准按30年一遇设计，500年一遇校核，地震烈度按8度设防。1996年12月1日，动工建设水库输水渠配套工程，次年4月21日完工。改善农田灌溉1000亩。1998年2月，中坝塘水库除险加固扩建工程动工建设，次年6月5日完工。工程分二期实施，一期工程为加坝扩容，二期工程为大坝防渗帷幕灌浆。一期工程于1998年2月17日开工建设，同年11月23日竣工。工程完成大坝加高培厚，坝高由23.6米增至28米，坝型为均质土坝，坝顶长172米，坝顶宽4米，总库容102.4万立方米，兴利库容83.4万立方米；完成溢洪道加固扩建。二期工程于1999年1月26日开工，1999年6月5日竣工。工程完成大坝帷幕灌浆。除险加固扩建工程完成后，控制灌溉农田3050亩，其中新增旱地浇灌面积2167亩。

## 意思桥水库

意思桥水库位于呈贡区七甸街道广南村东约600米处，坝址以上控制径流面积2平方千米。水库始建于1965年12月，20世纪70年代进行续建加固，最大坝高15.75米，坝型为均质土坝，总库容103.5万立方米，兴利库容100万立方米，设计灌溉面积2000亩。2002年3月10日，意思桥水库除险加固工程动工建设，同年8月13日完工。工程建设的主要内容为坝体加固，坝体、坝基帷幕灌浆，新建输水隧洞。

## 关山水库

关山水库位于呈贡区吴家营街道下庄村东南800米处，坝址以上控制径流面积16.27平方千米。其中，本区径流面积15.02平方千米，外区引流面积1.25平方千米。该水库建成于1958年5月，坝高20米，坝型为均质土坝，坝顶长320米，坝顶宽4.8米，总库容560万立方米，兴利库容230万立方米，设计灌溉农田5000亩，实际灌溉1000亩。1995年5月12日，关山水库除险加固工程开工建设，同年8月24日完工。工程改造加固输水涵洞全长99.85米。1998年5月14日，启动水库除险加固工程大坝及输水涵洞灌浆工程，同年7月28日完工。

## 马金铺塘

马金铺塘位于呈贡区昆洛公路边距马金铺村500米处，距呈贡老县城南13.5千米，坝址以上控制径流面积1.5平方千米。该塘始建于清光绪十一年（1885），坝高5米，蓄水40万立方米。经逐年续建，1952年塘坝加高至8米，坝型为均质土坝，总库容173.8万立方米，兴利库容87.2万立方米，设计灌溉农田2000亩。2010年，云南省水利厅、云南省财政厅以云水资财〔2010〕93号文批复实施马金铺塘水库除险加固工程。

## 白龙潭水库

白龙潭水库位于呈贡区吴家营街道白龙潭村下1千米处，坝址以上控制径流面积2平方千米。该水库1954年动工兴建，1956年4月竣工。水库坝高9米，坝型均质土坝，坝顶长233米，坝顶宽5米，总库容156万立方米，兴利库容145万立方米，设计灌溉农田5000亩，实际灌溉2000亩。2003年5月，呈贡县水务局完成了《呈贡县白龙潭水库大坝安全评价报告》，2004年12月，昆明市水利局组织专家对《呈贡县白龙潭水库大坝安全评价报告》进行了评审，出具了《白龙潭水库大坝安全鉴定报告书》。其结论为：白龙潭水库防洪标准为C级；主要建筑物结构安全等级均为C级，大坝抗滑、抗震及防渗稳定性差，水库不能正常运行，综合评定白龙潭水库大坝安全类别为三类坝，需要进行除险加固。市发改委以昆发改投资〔2007〕498号文对《昆明市呈贡白龙潭水库加固扩建工程可行性研究报告》给予了批复。2007年8月编制完成《白龙潭水库加固扩建工程初步设计报告》，市发改委以昆发改投资〔2007〕567号文对初设报告给予了批复。水库加固扩建后，总库容190万立方米。

呈贡白龙潭水库加固扩建（枢纽）工程在原有水库的基础上进行，主要建设内容为：大坝坝体加高加固，高低涵改建、新建溢洪道、坝基振冲碎石桩加固及防渗墙与帷幕灌浆防渗等几部分组成。工程于2008年3月17日开工，2010年1月20日完工。

## 大冲箐水库

大冲箐水库位于晋宁县金沙江水系普渡河流域滇池的一级支流柴河大冲箐上，距晋宁县城27千米，坝址以上控制径流面积4.2平方千米，多年平均来水量126.0万立方米，坝高27.2米，总库容107.8万立方米，兴利库容100万立方米。大冲箐水库是引水济昆一期回灌工程之一，设计灌溉农田2000亩，供乡镇人饮84万立方米/年。工程于1997年10月开工建设，次年4月竣工。该水库属小（一）型水利工程，水利枢纽工程等级为4等4级，防洪标准按30年一遇设计，500年一遇校核，地震烈度按8度设防。水库工程由主坝、副坝、输水涵洞、溢洪道组成。其中，主坝最大坝高27.2米，坝型为黏土心墙石渣坝，坝顶长100米，坝顶宽4米；副坝最大坝高5米，坝型为浆砌石坝，坝顶长27米，坝顶宽2米。1999年，对水库大坝右岸进行帷幕灌浆。

## 马鞍塘水库

马鞍塘水库位于晋宁县金沙江水系普渡河流域滇池一级支流大河上，坝址以上控制径流面积5.08平方千米，多年平均产水量142万立方米。该水库始建于1951年，后经多次扩建，坝高13.3米，库容10万立方米，属小（二）型水库。1990年4月开工扩建马鞍塘水库，次年10月9日竣工，属小（一）型水库工程，坝高33米，坝型为黏土心墙石渣坝，坝顶长97米，总库容118万立方米，兴利库容113万立方米，工程等级为4等4级，防洪标准按50年一遇设计，500年一遇校核，地震烈度按8度设防。供水管道工程铺设直径250毫米铸铁管道至晋城镇映山塘自来水厂，全长9.8千米，为化乐乡、晋城镇1000余亩农田提供灌溉用水和晋城镇集镇供水。

## 石门坎水库

石门坎水库位于晋宁县金沙江水系普渡河流域滇池一级支流柴河上游，坝址以上控制径流面积27.76平方千米，多年平均产水量830万立方米。该水库于1992年1月动工建设，1994年4月竣工，坝高23.5米，总库容139万立方米，兴利库容139万立方米。水库以灌溉为主，设计灌溉面积3800亩。该水库属小（一）型水利工程，水库主要枢纽建筑物等级为4等4级，防洪标准按30年一遇设计，500年一遇校核，地震烈度按8度设防。水库主要枢纽建筑物由大坝，高、低输水涵洞，溢洪道组成。其中，大坝坝高23.5米，坝顶长117米，坝顶宽4米，坝型为砌石重力坝。

## 洛武河水库

洛武河水库位于晋宁县金沙江水系普渡河流域滇池一级支流东大河洛武河上，坝址以上控制径流面积8.9平方千米，多年平均来水量267万立方米。该水库于1958年2月18日开工建设，同年7月22日竣工，坝高30.4米，坝型为黏土心墙坝，坝顶长153米，坝顶宽3.8米，总库容160万立方米，兴利库容150万立方米。水库建设时是以灌溉为主，设计灌溉昆阳坝子农田3821亩。随着城市建设的发展，该水库变为以城镇供水为主的小（一）型水库，工程等级为4等4级，防洪标准按50年一遇设计，200年一遇校核，地震烈度按8度设防。2002年7月18日，水库防渗处理工程开工建设，同年10月18日竣工，年供水量94万立方米。

# 第四章　渔业和航运

　　渔业和航运都是不需要改变水的物质形态就可以对水资源实施利用的生产生活活动。在社会生产力水平很低的远古时期，居住在滇池地区的人类就开始进行渔业生产和航运。早在4000多年前的新石器时代，滇池地区的人类就在取食滇池的螺蛳。在距今2800多年前的古滇国时期，人们就已经在滇池捕鱼。在2000多年前的西汉中期，滇池就有了木船，有的是渔船，有的是行船。在此后的各个历史时期，渔业和航运得到不同程度的发展，成为滇池地区人类生产生活中的重要活动，对滇池地区经济社会发展产生了巨大的推动作用。中华人民共和国成立后，滇池的渔业和航运得到较快发展，生产和管理水平不断提高。至今，渔业已发展到以滤食性鱼类养殖为主，不仅产量提高，而且对滇池污染治理发挥着重要的作用；航运的货运功能已被滇池周边的公路、铁路运输取代，客运功能也还在发挥着一定的作用，旅游功能日益增强，且已成为滇池航运的主要活动。

## 第一节　渔　业

　　滇池渔业是开发利用滇池最早的产业。远古时期，古滇人就在捞食滇池的螺蛳。捕捞一直是滇池地区重要的生产劳动，水产品是人们的重要食物。因滇池是一个较为封闭的高原湖泊，与其他大江大河没有水体交换，因而生活着许多土著鱼类，其中有些是独有的鱼类。直到中华人民共和国成立初期，滇池仅有土著鱼类。从20世纪50年代开始，滇池沿岸兴起水产养殖。20世纪50年代，昆明开始重视滇池渔业的发展，成立了"滇池渔业生产管理委员会"，滇池渔业生产有了专门的管理机构，渔业生产不断获得发展。1956年后，在滇池放养鱼种，引进了多种外来鱼类，使滇池的鱼类资源不断增加，水产品产量也随之不断增长。但外来物种的引进，改变了滇池的生态环境，使滇池土著鱼遭受灭顶之灾。从60年代后，省、市不断出台有关滇池渔业生产管理的办法、规定和条例，使滇池渔业逐步纳入依法管理的轨道。进入21世纪，滇池开始进行全面的水污染治理，投放的鱼类以生态效益为主，重点养殖滤食性鱼类，加强对外来鱼类的捕捞。

### 滇池水产资源

　　明代，滇池流域就有关于滇池鱼类的文字记载。明代大旅行家徐霞客到过滇池，他在游记中描述："海中细鱼，溯流入洞，是名金线鱼。鱼大不逾四寸，中腴脂，首尾金线一缕，为滇池珍珠。"据20世纪40年代北平动物所张玺来滇池进行调查的资料显示，当时滇池20种鱼类中鲤鱼、多鳞白鱼、银白鱼、安氏白鱼、乌鳢、鲶鱼、中臀鮡、长身刺鳑鲏等很普遍。50年代后，由于生态环境的变化，水产资源变动很大。1957年前，滇池鱼类组成有23种，分属7科18属，产量较高的有银白鱼（小白鱼）、云南鲴（油鱼）、多鳞白鱼（大白鱼）、杞麓鲤、鲫、鲶6种；产量一般的有乌鳢鱼（黑鱼）、黄鳝、中臀鮡（弯丝）、鳗尾泥鳅、小鲤（翅红鱼）、长身刺鳑鲏（糠片鱼）6种；其余产量低的有云南光唇鱼（马鱼）、金线鲃（金线鱼）、黑斑条鳅（小花鱼）、石扁头、昆明高原鳅、侧纹条鳅、光颌条鳅、昆明裂腹鱼（细鳞鱼）、中华倒刺鲃（青鱼）、云南盘鉤等。1963年，新增加了草鱼、鲢鱼、鳙鱼、青鱼，并混入了麦穗鱼、大刺鳑鲏、方氏付鳑鲏、鰕虎、黄鮡、花鳅、似乔、鳜鱼等15种鱼类，加上从本省引进的元江红尾鲤、江川大头鲤，共有17种鱼类；再加上原有土著鱼，鱼种增加到40种。60年代后，鲢鱼、鳙鱼、草鱼成为滇池主要的捕捞鱼类。1973年后，从省外引进鱼苗带入的日本沼虾（青虾）和秀丽白虾，占水产品总产量的50%—80%，形成鱼少虾多局面。1975年，滇池水产品产量达到最高峰，为9964吨，其中虾的产量为8008吨。1980年后，引进的太湖短吻银鱼形成种群，在1983—1989年间一度成为产量最高的鱼类，其中1984年产量达3200吨。1990年后，滇池鱼类增加到53种，其中长江流域的红鳍鲏在滇池开始大量增殖，产量仅次于高背鲫鱼。

2011年以后，滇池开始进行内源治理。渔政处协同昆明市水产科学研究所、滇池生态研究所联合进行调研，于2012年向昆明市委、市政府提交了一份"以鱼控藻"可行性研究报告，提出3年"以鱼控藻"行动，获得审批。2013—2015年，累计向滇池投放鲢鱼、鳙鱼种3589吨，高背鲫鱼苗10504万尾。此外，渔政处还向滇池投放了滇池金线鲃200万尾、云南光唇鱼10万尾，用于土著鱼种的"归位"，促进生物之间的相互制约，达到滇池生态的平衡和稳定。至2015年，根据监测情况，在滇池中采集到的渔业资源种类共有23种。这些鱼种大致分为3类：第一类为6大经济渔业资源，包括鲢鳙鱼、鲤鱼、鲫鱼、红鳍原鲌、太湖短吻银鱼及秀丽白虾；第二类为常见鱼类，如泥鳅和黄鳝等；第三类为珍稀鱼类，如金线鲃、银白鱼等。滇池主要经济鱼类资源结构发生了显著变化。2010年，滇池主要经济鱼类资源量最多的是秀丽白虾，占总数的36%，太湖短吻银鱼占26%，红鳍原鲌占16%，鲤鱼占15%，鲢鳙鱼占7%。而2015年滇池主要经济鱼类中，鲢鳙鱼占总数的51%，鲤鱼占22%，红鳍原鲌占19%，秀丽白虾占5%，太湖短吻银鱼占3%。

滇池鱼类资源已经形成以外来鱼类为主。5年之中，6大经济鱼类占比发生显著变化，其原因是2013年启动的"以鱼控藻"项目投放了大量的鲢鳙鱼，加上2014年和2015年滇池开湖都禁捕大型经济鱼类，使鲢鳙鱼形成一定的规模量，改变了以往滇池以小型鱼类为主的状况。

## 滇池水产养殖

1956年6月16日，为发展滇池养鱼，昆明市人民委员会与玉溪地区专署共同组建滇池渔业管理委员会，主任委员为省水产主管部门服务厅副厅长，副主任委员为昆明市副市长和玉溪专署副专员，委员有昆明市水产主管部门蔬菜局和官渡区、西山区、海口区、晋宁县、呈贡县服务局的负责人，并吸收渔业重点乡负责人共19人参加。会议决定向滇池放养鱼种1400万尾，实行国家放养、社队捕捞、比例分成的办法，规定社队按捕捞收入的二成交给滇管会。1958年8月12日开始在大观楼附近放养鱼种356320尾，同年8—9月从广西苍梧采购鲢鱼、鳙鱼、草鱼、夏花886万尾，用火车从苍梧、玉林经越南转河口运至昆明，放入滇池。1964年又放养3寸左右鱼种328758尾。"文化大革命"期间，湖管机构瘫疾，但市里渔政部门仍每年投放鱼种。滇池鱼产量由1958年700吨上升到1965年1500吨，放养的鲢鱼、鳙鱼、草鱼种长到10多千克，最大的40千克。70年代后，在滇池试验网箱养鱼。1975年，由陈修荣设计、董崇巍主持，市农林局水产组在滇池草海进行网围培育鱼种试验。1980年，省水产研究所杨鹤鸣等利用滇池草海丰富的浮游生物资源进行养殖鲢、鳙成鱼试验，在完全依靠天然饵料的条件下，养殖一年半，每亩获得成鱼8200千克。后省水产研究所林明武等利用网箱培育鱼种，当年每亩培育出10厘米以上大规格鱼种12万尾。试验成功后很快获得推广。1982年底，网箱养鱼逐步向海口、西华乡一带大水面发展。1984年，滇池网箱养鱼发展到103亩，其中成鱼网箱70亩，当年鱼产品上市量90吨。1985年后，又在滇池开展网箱投饵养鱼和围栏养鱼的试验。1986年，整个滇池、草海养鱼网箱发展到3600多只，面积150亩。其中，成鱼网箱2400多只，面积100亩；鱼种网箱1200只，面积50亩。1988年后，由于滇池水质污染加重，加上水葫芦危害，草海网箱养鱼逐步走下坡路，网箱养鱼面积逐年减少。同时，政府也逐步认识到网箱养鱼要投放鱼饵，鱼要排粪，相应地加重了滇池水体的污染，其负面作用不容忽视。1997年，市政府办公厅下发了《关于取缔滇池水域网箱养鱼的紧急通知》，滇池网箱养鱼停止。

## 滇池沿岸水产养殖

滇池沿岸水产养殖兴起于20世纪50—60年代。1954—1955年，先后建立了国营大观、昆湖两个渔场。1959年，盘龙、五华又建立了区办国营渔场，1963年合并为永昌渔场。1974—1978年，官渡、西山和晋宁等县区利用围湖造田后种粮不成的低洼地开挖鱼池7676亩。80年代后，池塘养鱼迅猛发展，从粗放粗养普遍转入投饵精养，并从小面积发展到大面积的精养。1982年9月，省人民政府召开全省渔业工作会议，提出了"以养殖为主，实行国营、集体、个体一起上"的办法，强调"大、中、小水面一起利用，以小水面精养为重点的方针"。根据这一指示精神，昆明市认真贯彻以"小水面精养高产为重点"，并确定以发展小水面精养鱼塘为主，主攻池塘精养高产。之后，池塘养鱼迅猛发展。1984年，随着农业生产责任制的落实和产业结构的调整，鼓励支持群众承包小水面，并积极推广家庭联产承包或大包干的渔业生产责任制，扶持重点户和专业户，有力地调动了群众养鱼的积极性。在水产部门的指导帮助下，许多农民把一部分低洼易涝的低产田和荒滩、荒水面开挖改造成精养鱼塘。

在养殖技术上，提高鱼种放养规格，增加放养鱼种重量，以放养二龄鱼种为主，平均亩放鱼种100千克以上，且草鱼、鲤鱼等优质鱼种比重逐步提高，除普遍养殖的草、鲢、鳙、鲤、鲫鱼外，有的地方还引进推广养殖尼罗罗非鱼、革胡子鲶、褐首鲶、荷包红鲤、白鲫、鲮鱼等鱼类，效果显著。同时，加强水产技术指导，推广精、粗饲料结合，改善饲养管理。因此，出现了一批又一批的精养高产典型。其中，1983年昆明市水产科学研究所在巫家坝机场边用2.7亩鱼池实验，在有微流水的情况下，亩净产350千克；官渡区金马镇云山办事处刘家营村养鱼户张喜的11亩高产塘，亩净产511.5千克；官渡区金凤龙在2.5亩鱼塘养鱼，亩净产923千克。1979年，市水产公司的董进才、段森和省水产研究所的邹伟章等首先在昆明发电厂附近的车家壁生产队利用昆明发电厂的温排水进行温流水养鱼的初步试验，在46平方米的椭圆形水泥池中放养10万尾莫桑比罗非鱼苗。饲养161天后，收获商品鱼1789千克，平均每平方米产鱼38.9千克，折合年亩产量25927千克，盈利260万元。1986年，车家壁生产合作社养鱼水面扩大到6亩，净产鲜鱼4.8万千克，净盈利5.5万元，人均创利5500元。1987年，车家壁生产合作社又自筹资金30万元扩建了12亩流水鱼池,使流水鱼池总面积达到18亩,年产商品鱼近10万千克,平均亩产近5000千克;西山区马街镇和碧鸡乡附近的温流水养鱼池面积发展到44亩,年产商品鱼20万千克。

## 鱼苗养殖

为了解决发展养鱼生产的苗种供应问题,滇池周边建立了多个鱼苗养殖基地。1954年,首先在草海边建立了水面166.48亩的国营大观渔场;1955年,建立了水面418亩的国营昆湖渔场;1959年,建立了水面370亩的五华渔场和水面125亩的盘龙渔场。1963年,五华、盘龙2个渔场合并为永昌渔场,水面合计495亩。1978年,建立国营草海渔场,直接利用草海养殖,养殖水面有1.15万亩。1984年,全市鱼苗、苗种生产点增加到42处,从业人员1363人,有亲鱼池175亩、苗种池1586亩,年培育鱼种4266万尾,其中3—6厘米的1843万尾、7—10厘米的1515万尾、10厘米以上的908万尾。此外,利用网箱培育鱼种16亩,生产鱼种268万尾。1998年,市渔政监督管理处与晋宁县水产站联合建立了滇池高背鲫鱼苗种繁育基地,每年都向滇池投放大量鱼苗。1996—2000年,该基地先后向滇池投放鱼种、鱼苗共计221.3万尾,投放食藻类大规格鲢鱼、鳙鱼共计10.51万千克。随着改革开放的深入,滇池鱼苗养殖由国营渔场为主体经营逐步走向市场化经营。

### 2002—2015年滇池鱼苗鱼种人工放流一览表

表3-4-1

| 年 份 | 鲢鱼、鳙鱼（吨） | 高背鲫鱼（万尾） | 滇池金线鲃（万尾） | 金 额（万元） |
|---|---|---|---|---|
| 2002 | | 1004 | | 35 |
| 2003 | 27 | | | 31 |
| 2004 | 20 | 250 | | 30 |
| 2005 | 56.28 | 270 | | 50 |
| 2006 | 65.7 | 1022 | | 100 |
| 2007 | 50.9 | 1145.6 | | 84.06 |
| 2008 | 58 | 1000 | | 75 |
| 2009 | 60 | 1000 | | 90 |
| 2010 | 107 | 鲫鱼 508/ 鲤鱼 375 | 10（50 万元） | 170 |
| 2011 | 336.939 | 1000 | 25.33（40 万元） | 400 |
| 2012 | 75.42 | 544.74 | 30.95（121 万元） | 240 |
| 2013 | 495.8 | 1834 | 18（85 万元） | 603.626 |
| 2014 | 1682.3 | 5712.31 | 26.2（83 万元） | 1630 |
| 2015 | 1300 | 2377 | 42.5（85 万元） | 1275 |

# 捕捞作业

远古时期，古滇人即在滇池进行渔猎。官渡石虎堆考古发现的陶制网坠，证明古人在5000年前已经在滇池凿木为舟，网罟捕捞。滇池周围尚存的16个较大的螺壳堆，是古滇人捞食滇池螺蛳的遗物。晋宁石寨山出土的古铜鼓上的渔业捕捞图案有鱼钩、石钻、石网坠等。从小古城天子庙出土的铜器距今已2800多年，铜器上的图纹显示，当时已能编织渔网，剽木为船，入滇池捕捞。元代，意大利旅行家马可·波罗曾到过滇池，他在游记中写道："滇池的鱼，大而味美。"元明时期，官渡、呈贡乌龙是当时的渔港，遂有"官渡渔火""渔浦星灯"之景。明代，滇池沿岸农民捕鱼除自食外，还作为商品出售，交纳鱼课。清代渔业有了发展，"半江渔火"，晚捕早售。民国时期直至中华人民共和国成立初期，草海中的小白荡、新河村一带还有在滇池专业捕捞的渔民，农民兼营捕捞的更多，大小船只约300只，其中昆明县属100余只，年产量620吨。捕捞大都沿袭过去的办法，即夜间捕捞，清早上市出售。民国末期，滇池沿湖4县渔村渔民中，昆明县有百余户、500余人，分布在大观楼、明家地、西坝、海埂、五里塘、清河；昆阳县有百余户、700余人，分布在坝埂村、亮沟林、大沟尾、大河咀、白山村、有馀村、青塘咀、独房子；呈贡县有百余户、500余人，分布在斗南村、江尾村、乌龙铺；晋宁县有百余户、500余人，分布在安乐村、余家沟、黄家地、老荒滩、沙堤村、江渡、佛墩、河泊所、下海埂。

中华人民共和国成立前滇池鱼类靠自然繁殖，只捕捞不管理。中华人民共和国成立后逐渐加强滇池渔业管理，投放鱼种鱼苗，推广人工养殖，滇池渔业的社会效益、经济效益不断提高。20世纪50年代滇池渔船约800多只，渔业年产量在700吨—800吨之间。1958年，昆明市政府成立了滇池渔业管理委员会。此后，为保护资源和鱼群繁殖地，开始实行定期封湖禁渔，并以渔业为目的开始向滇池投放鱼苗，主要是为了供应市场，同时带动周边村民增收。20世纪50—60年代，滇池放鱼以草鱼为主，渔业逐渐兴旺起来，1969年产量猛增到6169吨。70年代滇池放鱼以青鱼、武昌鱼、鲤鱼为主，捕捞船只大量增加，渔具不断改善，捕捞产量不断上升。1981年，在滇池中捕捞的专业捕鱼队有2个，渔船1954只，人员4000多人，渔业年产量为8000吨—10000吨之间，比50年代增长20多倍。当年，发出捕捞许可证1201本，以后逐年增加，1990年达到3789本。由于滇池水质污染，鱼产量也逐年下降。1990年渔业产量为8700吨，1993年降为7510吨，1995年降为5500吨。

在滇池内从事渔业的船舶主要有网船、加邦船、虾船、小船4类，有人力、风力、机械驱动3种，船体有木制、金属2类。在不同的时期渔船数量不同，鼎盛时期，仅机头船数量就超过2000只。因机头船都使用柴油机，会污染滇池，于1996年被取缔。

## 以生态效益为主的渔业生产

1979年4月，中国科学院南京地理研究所的科技人员对滇池进行了科学考察，认为滇池水质、水温、水生生物等条件适合银鱼生长，于是分别在海埂和观音山两个点投放了6800尾银鱼鱼苗。第二年，便收集到了银鱼的成熟亲体和幼鱼，说明银鱼在滇池中扎下了根，随即数十万尾的银鱼从太湖引种至滇池。三四年时间，银鱼呈几何数字增长，产量从几吨上升到几十吨，继而上升到几百吨；五六年时间，银鱼便上升成了滇池的优势品种，产量达到了1500吨。银鱼产量正如专家所料，超过了太湖。到1986年，滇池的银鱼产量达3600吨，上升到银鱼产量的最高峰。此后20年间银鱼数量基本保持在2000吨左右。银鱼的几何式增长，也促进了滇池周边农民的收入成倍增长。当时的官渡区矣六乡王官村，村民年收入从几百元上升到几千元，后来甚至一年就涌现出几十个万元户，成为昆明较富裕的乡村。

从20世纪50年代开始的滇池放鱼并没有考虑过生态因素，对滇池原生物种造成毁灭性打击。例如：以草为食的草鱼，因其生长迅速、饲料来源广，并且在市场上有良好的口碑而得到大力推广。但大量放流草鱼对滇池的水生植物造成严重破坏。尤其引入银鱼养殖，对滇池土著鱼造成毁灭性打击。银鱼作为外来物种，在滇池扎下了根，不断地扩大自己的地盘，构建起了强大的"银鱼帝国"。银鱼瞄准土著鱼产卵的高峰期，进入产卵场地，大量吞食鱼卵，导致土著鱼类数量迅速下滑。同时，银鱼和土著鱼类都是吃浮游生物，银鱼多了，浮游生物就被银鱼抢食了。这样一来，银鱼在食物和生存空间上都占有很大的优势。盲目放养银鱼导致滇池土著鱼遭受灭顶之灾。此外，银鱼属一年生鱼类，银鱼死在滇池中，就会对滇池水质造成二次污染。

到了20世纪90年代，滇池出现富营养化，昆明市政府开始调整放鱼计划，有意识地对滇池鱼类进行控制，草鱼、青鱼、武昌鱼等鱼类逐渐不再放流，放流鱼类的品种开始转向鲢鱼、鳙鱼。鲢鱼、鳙鱼以浮游动植物为主食，在富营养化的水体中能够吃掉大量的藻类和氮、磷元素，可以改善水体质量。2000年以后，滇池开始进行全面的水污染治理，滇池放鱼行动重新定位功能，成为恢复水生态环境的重要一环，投放的鱼类以生态效益为主，每年都会投放一定数量的鲢鱼、鳙鱼等。

在2010年对滇池实施常年封湖禁渔前，滇池鱼产量稳定在每年7000吨左右。2010年和2011年对鲢、鳙、鲤、鲫等大型鱼类禁捕，主要捕捞银鱼和虾。2012年和2013年对大型鱼类开捕。开湖捕捞的时间都定在暮秋季节，此时鱼虾最适宜打捞上岸。暮秋季节鱼体肥味美，而且天气较凉，渔民在海上作业几个小时打捞上来的鱼不会变质，上岸后仍然保持新鲜，能让市民买到新鲜的鱼，并且暮秋季节有国庆节和中秋节，市场需求量较大，鱼能卖到好价。由于封湖近3年把滇池的大型鱼养得膘肥体壮，使得2012年开湖后，捕上来的鱼个大肥硕，16天（9月25日至10月10日）的捕捞期共捕起3680吨鱼，所捕获的鲢、鳙鱼个体重量最大达到13千克，鲤鱼则达到17千克。由于鱼个大体肥，而且滇池鱼是野生放养，没有喂饲料，再加上开湖期遇上中秋节和国庆节，市场需求大，造就了滇池鱼类的高价格，鲢、鳙鱼的价格达到40—50元/千克，鲤鱼甚至达到了200元/千克。一般市场上卖的非滇池产的鲢、鳙、鲤鱼价格在20元/千克左右。滇池鱼比非滇池鱼的市场价格高出1倍甚至几倍。2013年为期17天（9月19日至10月5日）的捕捞期也正值中秋、国庆，开湖期间共捕鱼2735吨，滇池鱼类同样在市场卖出高价格。2011—2013年，对滇池封湖禁渔期特殊渔业资源（银鱼和虾）的捕捞权进行拍卖，有的公司花几十万元的高价获得捕捞权，请来大量的捕捞者，对滇池的银鱼和虾实行全方位、地毯式的毁灭性捕捞。

2014—2015年是滇池治理"十二五"规划实施的关键之年，也是"滇池内源污染生物治理（以鱼控藻）"项目实施的关键之年。经专家论证，滇池水体鱼类的保有量，关系到生态治理的效果。由于第一年（2013）放养的鱼种群结构低龄化，个体偏小，尚未达到最佳生长期，加之滇池传统大型鱼类的捕捞方式和网具对投放的鲢、鳙鱼种危害较大。为减少人为影响，创造鱼类良好的生长环境，保证生态治理效果，决定2014—2015年开湖捕捞期禁止捕捞鲢、鳙、鲤、鲫等大型鱼类，仅捕捞银鱼和虾，围剿外来物种。滇池开湖捕捞时间定在暮秋之际，这个季节对银鱼和虾大量捕捞后，可有效减少明年春季繁殖基数。2014年10月9日至11月7日，为期30天的滇池开湖捕捞期，每天捕捞时间为6时至18

时，仅允许捕捞银鱼和虾，禁止捕捞其他水产品，禁止超时段作业。对捕捞方式和捕捞工具也做了规定。捕捞方式为人力（风力）拖网作业，不能动用机动力捕鱼。人力拖网的方式速度较慢，很难捕捉到大鱼。对网具的要求也非常严格，网眼只能在0.6—1厘米左右，符合捕捞银鱼和虾的标准。同时，由市滇池管理局联合水上公安、地方海事处等多部门开展海上执法检查，每天出动60人次在水上巡查，一旦发现偷捕或违规捕捞情况，将依法抓捕。在滇池水域共有800多条渔船、3000余名渔民捕鱼。整个捕捞期间，共捕捞银鱼200吨、虾1300吨。2015年开湖捕捞期为10月20日至11月19日，依然只能捕捞银鱼和虾，参与捕捞的渔船有821条、村民约3000名，共捕捞银鱼和虾600多吨。随着滇池治理的大规模展开，渔业的市场功能已大大削弱，渔业的发展主要是为了治理滇池。滇池鱼供应市场的数量不到资源量的10%。在滇池周边的村里，大部分渔民已转业，或种地维持生计，或进城打工。

## 渔政管理

20世纪50年代，滇池由昆明市和玉溪地区两地市跨界管理。为加强滇池的统一管理，1958年成立了滇池渔业生产管理委员会，由省服务厅副厅长兼委员会主任，昆明市副市长和玉溪副专员兼副主任，委员由市蔬菜局和官渡、西山、海口、晋宁、呈贡5县区服务局负责人，以及渔业重点乡乡长共19人组成，委员会办公室设12人。自此，滇池渔业开始进行统一管理。1960年，晋宁县划归昆明市管辖，滇池管理权全部归昆明市。1964年4月，省编制委员会和省农业厅联合通知，正式成立有20人编制的滇池水产管理处，负责船网登记，颁发捕鱼证；划定禁渔区、禁渔期；有计划地推广捕捞工具，限制和逐步淘汰有害的渔具渔法；规定保护鱼类和捕捞网目；管理放养鱼种，社队捕捞分成，湖泊渔业生产秩序，水上治安等。1965年3月6日，昆明市颁布《滇池渔业生产管理暂行办法》。1980年，根据国务院《水产资源繁殖保护条例》制定《昆明市水产资源繁殖保护暂行规定（草案）》。此后，进一步建立健全了滇池渔业管理机构，沿湖官渡、西山、晋宁、呈贡4个区县成立了专管小组，沿湖15个公社成立了派出所。

市一级除充实加强滇池渔业管理委员会办公室外，还成立了市公安局直属海埂派出所，渔政、公安紧密配合。1982年太湖新银鱼移殖滇池形成产量后，市渔政处加强了科学管理，坚持定船只、定网具、定人员、定交售任务的"四定"，发放捕捞证制度（后将定交售任务改为收取资源补偿费）。根据不同网具合理制定收费标准。加强对捕捞队伍进行法制宣传教育，严格凭证入湖捕捞。对违章捕捞者，视情节轻重处以罚款、没收渔具直至吊销捕捞证；对无证捕捞者，没收全部渔具。同时，根据不同鱼类的繁殖生长合理调整禁渔期和开湖期。1988年，昆明市制定出台《滇池保护条例》。次年4月21日，市人民政府根据《滇池保护条例》和《滇池综合整治大纲》等有关规定和要求，撤销昆明市滇池渔业管理委员会和昆明市松华坝水库水源保护区管理委员会及其办公室，同时撤销昆明市滇池渔业管理委员会官渡、西山、呈贡、晋宁4个分会，统一成立昆明市滇池保护委员会，作为市人民政府对滇池及其流域进行保护和开发利用、实施宏观管理的职能机构。1989年5月，滇池渔政监督管理处升格为副县级，并于2002年隶属于昆明市滇池管理局管理，滇池渔政管理机构和生产秩序进入了新的发展阶段。2011年，省制定出台《云南省渔业管理条例》。2012年，省制定出台《云南省滇池保护条例》等法规，滇池渔政管理逐步走上依法治渔轨道。

# 第二节 航 运

滇池航运历史悠久。官渡石虎堆考古发现的陶制网坠，证明滇池地区的古人早在5000年前就已经在滇池凿木为舟，网罟捕捞。晋宁石寨山出土的西汉文物中，铜鼓上铸刻着引人注目的船的图像。铜鼓四晕上有大小木船6只，每船有裸体羽人2—4人。五晕上有2羽人相背而坐，两船左右端各有1羽人，作边走边舞状，表现了古滇人在滇池水上航运的情形。在唐代南诏时期和宋代大理国时代，滇池航运已经比较发达，滇池周围出现了许多以码头命名的地名。元代，昆明成为全省的政治中心，滇池航运随之兴旺起来。明、清滇池航运达到鼎盛期。但直至清末，在滇池航行的也只有木帆船。当时，陆路运输主要靠人背马驮，道路极为艰险，运输成本极高，水运无疑是便捷、经济的运输方式。1910年滇越铁路通车后，西方的蒸汽轮船进入昆明，从此滇池的机动船逐渐发展。中华人民共和国成立后，机动船舶发展迅速，原有的老式木船逐步被淘汰。20世纪40—50年代，昆明陆路不畅，航运很发达，昆明、昆阳、呈贡、晋宁、安宁都可以通过航运连通，昆明市民吃的粮食都从昆阳由水路运来，昆明的生活物资则运往其他地方，滇池堪称生命线，航运在滇池地区的经济社会发展中发挥着重要的作用。60年代后，随着滇池周边公路、铁路运输的不断兴起，滇池航运逐渐退出货运，客运也逐渐衰弱，而以滇池观光为主的乘船旅游体验却不断得到发展。为适应旅游需要，在滇池陆续投入了多艘比较豪华、舒适性较高的机动客运船舶。90年代后，随着滇池水质恶化，滇池水上客运量大幅下降。经过20多年持续不断的治理，滇池水质不断改善，乘船游览滇池的市民和来昆游客逐步增多，使航运客运量逐步回升。乘船旅游观光、体验成为滇池航运新的发展方向。

## 河流航道

**盘龙江** 元代以前，盘龙江上游河道弯弯曲曲。涨水时，河水经常冲出河道，造成昆明水患。元代初期，赛典赤治滇后，在盘龙江上游修建松华坝蓄水调节盘龙江水量，重修金汁河、银汁河分流水利工程，盘龙江的水道才开始固定下来。盘龙江的大规模航运也是这个时候开始的。元代，昆明文人王昇在《滇池赋》中写道"千艘蚁聚于云津，万船蜂屯于城垠"，描述的就是当时盘龙江上云津桥（现得胜桥）一带航运的壮观景象。到了明代，当时官府针对人口日益增加的昆明城，将滇池周边的晋宁、安宁、呈贡等地划为昆明的主要粮食产地，当时各种大小运粮船只经滇池沿盘龙江逆水北上，来到城边的云津桥，形成了老昆明八景之一的"云津夜市"，尽显昆明繁华。到了清代，粮船再经云津桥逆江而上到昆明城东门，在这里形成粮米交易中心，一些粮米加工作坊也在这里开张，米厂心的地名沿用至今。民国后，随着汽车运输的兴起及对盘龙江河道的多次改造，盘龙江的航运量逐渐下降。到了20世纪50年代，由于盘龙江上游松华坝水库的兴建，盘龙江流水量下降，航运随之衰落。但每年水涨的季节，盘龙江仍可通航，得胜桥俨然一个小小的港口，每天都会有很多船只停靠、过往。船的种类很多，有大、中、小篷船，双、单桨彩船，小汽船等。到了70年代，在盘龙江里航行的船只就只剩下下游农村来城区清运粪便的船只。80年代后，盘龙江航运消失。

**运粮河**　运粮河是用于运输粮食的河道。元代初期，滇池与翠湖相连，滇池水位约1892米，翠湖水由翠湖经菱角塘、红联、积善、明波流入滇池，全长12千米，滇池沿岸供应昆明的粮食经此河运入昆明。疏挖海口河后，滇池水位下降，经此河已不能运粮。明代沐英疏挖沼泽地，形成经过菱角塘的运粮河。后随着滇池水位继续下降，运粮河逐渐不能通航。元、明时代的运粮河现位于五华区、高新区及西山区，起于昆明西郊西站附近，穿过昆明西城区，止于草海，后成为昆明城区的防洪排涝河道。清康熙十二年（1673），吴三桂又开挖了一条运粮河，当时叫西门河，即现在的大观河。并在小西门外、现今的仓储里修建篆塘建盖粮仓，叫作小西仓。仓储里曾经是昆明水陆转运的码头。到了光绪年间，运粮河因年久失修而日益干涸。为了开通河道，以资挽运，光绪六年（1880）由善后局拨款疏浚"雍塞已百年"的"水程要津"——西门外运粮河（光绪《云南通志》）。但由于当时生产力低下，所以每当水枯季节，许多地段因航深不足，一二十吨的大木船就不能通行，往往要靠一二吨的小驳船来接运。航道条件的恶化，直接影响到水上运输业的发展。

**护城河**　明代，昆明城区范围扩大，明将沐英废弃历代土城，于明洪武十八年（1385）用砖修筑了昆明城墙。开挖护城河时，充分考虑了水路运输通道，使环城的河道通达盘龙江及其支流和其他河流，城内的翠湖、绿水河等水域和滇池沟通，舟楫可以从城内直接通往滇池沿岸。这些伸入市区的水道，延长了水运，减少了中转，具有很大的优越性，使昆明城市经济与滇池周围地区的经济通过水路密切联系起来。据明李元阳《云南通志·建设志》载："环城有河，可通舟楫，外有重关，跨隘衢市。"

## 滇池航线

滇池水域面积宽阔，舟船可以自由行驶。湖滨地区河渠交错，舟船可以由河渠驶入滇池。古代滇池航运主要利用滇池水道和天然河道，人工开挖、整治的运河、航道、水港仅有运粮河、护城河、篆塘等，其他诸如金汁河，虽然也可通行小船，但主要功能是排洪和灌溉。唐、宋时期，滇池地区为南诏国、大理国统治。当时大理为云南的政治中心，在滇池地区建拓东城、鄯阐城，分别为南诏国、大理国的东都，位置在今昆明拓东路一带。南诏国的官宦御使由大理到昆明必须从碧鸡关高峣乘船横渡滇池到达现今官渡，经过石虎关（现今关上）入城。因此，在唐宋时期，滇池就形成了碧鸡关高峣—官渡的航线。元代时，省治由大理迁至昆明，促进了滇池航运的发展。省内的粮食、木材、茶叶、皮货等物资，来自滇西的大都在海口、高峣码头上船，来自滇南的大都在昆阳码头上船，通过滇池水路逆盘龙江而上运至云津码头，形成了从滇池各码头至盘龙江云津码头的长距离客货运输航线。省城昆明的日用百货则由云津码头经盘龙江、滇池再经陆路转运至滇西、滇南，当时云津码头十分繁忙。今昆明碧鸡关还保留着一段古代通安宁、大理的石板古道。

明崇祯十一年（1638）十月，旅行家徐霞客来到昆明，他在游记中记叙了滇池的2条航线。他由昆明去晋宁州由"南坝下船，傍晚启行，先西南行三十里抵北圩口（今白鱼口），又折东南行二十里抵安江村"；游太华山时"出省城西南二里（今西坝）下舟，两岸平畴夹水，十里田尽，萑苇满泽，是为草海，十五里抵高峣，乃舍舟登陆"。从徐霞客的游记可以看到，明崇祯年间，滇池有南坝—白鱼口—晋宁安江村的航线及西坝—高峣的航线。据清朝康熙年间编纂的《云南府志》记载，至清康熙年间，滇池已形成东、西、南3条固定航线。其中，东航线由南坝河上船入滇池，经晏公庙、马村等处，行30千米至呈贡江尾村下船入呈贡县；行40千米至石子河下船入归化县（今呈贡区马金铺街道）；行

50千米至安江村上岸步入晋宁州（今晋城镇）。西航线由西坝河上船入滇池，经草海行15千米至高峣渡上岸，过碧鸡关步入安宁州。南航线由南坝河上船，经灰湾（今晖湾）、大小鼓浪山、观音山、白鱼口等处，行60千米至老塘咀上岸入昆阳州（今晋宁县）。

　　清代中后期及民国时期，滇池航线不但没有增加，反而由于滇池水位下降，河道泥沙沉积，许多渡口、码头废弃，航行条件更加恶化。中华人民共和国成立后，1952年，昆明市航运公司成立。从20世纪60年代开始，航运公司开通了昆明至昆阳，昆明至海口、白鱼口、观音山等不同的定班航线，客运量每年都在30万人次以上。1990年5月20日，根据市交通局发布的《昆明市内河航道、码头、渡口管理办法》，滇池航道为昆明至海口、昆阳航段；昆明至呈贡海晏航段；呈贡海晏至海口、昆阳、白鱼口、观音山、海埂航段。

　　21世纪后，经过多年持续不断的治理，滇池水质不断改善，乘船游览滇池成为市民休闲和来昆旅游者休闲旅游的热选，游客可以在11个乘船点乘坐游船。其中，草海有5个，外海有6个。草海的5个乘船点为大观公园2个、海埂大坝3个，其航线固定。大观公园内有2个乘船点，乘坐游船游览路线主要为大观楼至海埂大坝，航线单程，沿途可经过大观楼—明珠度假村—江南春赛马场—西山睡美人—海埂大坝，沿途景点有专人向游客讲解，票价为游船80元/人次、快艇100元/人次，乘船时间为9∶30—17∶00，游览时间约为1小时，游船无固定出航时间。大型游船可容纳300人，小型游船可乘坐50余人，每船坐满30人可出航。海埂大坝有3处乘船点，分布于海埂大坝前段、中段及后段。航线有2条。A线为往返线，海埂大坝—空中索道—万亩生态湿地公园—西山睡美人，原路折回起点。B线为海埂大坝至大观楼的单程线。A线票价比B线票价低20元。快艇可乘坐5—6名游客，游船可容纳50—60名游客。

　　外海6个乘船点沿西山索道站、海埂公园分布，其中海埂公园内2个、海埂公园西侧2个、海埂公园东侧2个，其航线不固定。根据滇池外海海域范围，大游船以时速12千米在外海往返航行1小时，载游客回到乘坐点。快艇速度较快，但费用较高，可根据游客需求到达睡美人、龙门、金宝山、观音山等景点。票价为淡季60元/人次，旺季80元/人次。快艇则按照出行距离计费，如从海埂公园中部码头乘坐，到达龙门景点位置，费用为每船180元。乘坐时间为9∶30—17∶00。外海可乘坐滇池最大、最豪华、设施最为齐全的环保型游船"滇池游艇壹号"，可在船内拍照留影、欣赏歌舞、听景点解说；也可包游船举行婚礼、宴会，乘坐按小时计价。乘坐游艇可更近距离地接触滇池。滇池水上客运船舶动力全部采用液化气发动机，符合国家环保标准，达到船舶油污水、生活污水、固体垃圾3个零排放，船舶尾气、噪音两项达到环保要求。

## 滇池渡口

　　宋代大理国时期，滇池地区经济社会有了进一步的发展，促进了商品流通，同时也促进了滇池航运的发展。滇池不仅船只数量增多，而且还出现了许多繁华的渡口。明、清和民国时期，滇池沿岸主要航运码头有篆塘、高峣、安江、河泊所、昆阳等处船舶停靠站点。中华人民共和国成立后，建立了五家堆、石咀、杨家村、海埂、西华街、观音山、白鱼口、海口、昆阳等码头。1988年，固定的常年航线为篆塘经海埂、西华街、观音山、白鱼口、海口至昆阳，全长56千米。

　　**官渡**　官渡因官府设置的官渡渡口而得名。南诏国统一云南后，大理成为云南的政治中心，昆明（拓东城）为东都（在现今拓东路一带）。南诏国的官宦御使由大理到东都必须从碧鸡关乘船横渡滇池到达官渡渡口，经过石虎关（现今关上）入城。为了船舶的安全停靠和官宦御使旅途方便，当时曾大兴土木，修建了颇具规模的渡口，官渡以此而得名。除了官宦在此摆渡游乐之外，还有大量的商船、渔船聚集于此，官渡变得十分繁荣。元晋祥撰《创建官渡妙湛寺碑记》记载：拓东演习高生世，常乘舟至"云水杳霭"的涡洞之乡，绳船于渡头，命之"官渡"。今官渡古镇曾是滇池水上要津，曾有"官渡渔火"之胜景。据当代云南史学家方国瑜考证，高生世的年代应在十二世纪后期，即宋时大理国后期，距今已有800多年。到元代初年，由于滇池水位下降，官渡成为陆地，不再是湖边的渡口。

**高峣渡**　高峣渡位于碧鸡山下，"位于形势险要，扼西路交通枢纽，兵家必争之地""地介水陆为四方转运码头，迤西（滇西）客货往来皆取道于此"。据《高峣志》载："高峣自明以来水陆交通之汇，市区繁盛。"明崇祯十一年（1638）十月，旅行家徐霞客来到昆明，他在游记中记叙了高峣渡口："出省城西南二里（今西坝）下舟，两岸平畴夹水，十里田尽，崔苇满泽，是为草海，十五里抵高峣，乃舍舟登陆。"

**安江渡**　安江渡位于滇池东岸，是一个重要渡口，明代出现了对安江渡口的记述。明代晋宁人唐晓官在《游海宝山记》中写道："郡（晋宁）水域（程）过省（昆明）必经安江，醝（通鹾：盐）估（贾）自海口来者，于兹登陆；铜估（贾）自路南来者，于兹登舟。"明崇祯十一年（1638）十月，旅行家徐霞客来到昆明，他在游记中记叙安江渡口："南坝下船，傍晚启行，先西南行三十里抵北圩口（今白鱼口），又折东南行二十里抵安江村。"

**金砂渡**　金砂渡位于晋宁金砂村，古为滇池渡口。据《晋宁州志》卷四记述："金沙渡，在城西七里村后，今淤废。"明代，由于湖水退缩，金砂渡淤废，把渡口移到距离三里的河泊所。由于湖水继续退缩，河泊所后来也成了陆地。

## 河道码头

**盘龙江云津码头**　宋元时期，滇池水位高，昆明是一个三面环水的滨湖城市，往来滇池及周围江河中的船只可终年航行直达云津等码头。

元时王昇（1284—1353）在其《滇池赋》中就生动地描绘了当时昆明城东南云津码头（今德胜桥一带）的繁忙景象。诗中写道："千艘蚁聚于云津，万船蜂屯于城垠。致川陆之百物，富昆明之众民。"环滇池地区的昆明、晋宁、呈贡、昆阳、海口、高峣、马街、观音山等地，以及相邻的滇西、滇南、滇东南地区的瓜果菜蔬、水产山货、农林畜产、手工制品、日用百货乃至原料、燃料等，均通过滇池及与滇池相连的水网河道运至云津码头上岸，再转运到省会供官府、兵营及市民消费。当时，人们生产、生活对水运的依赖超过了今天。究其原因是当时陆路运输主要靠人背马驮，道路极为艰险，时常晴通雨阻，而且运力缺乏，运输成本也极高，再加道途不靖，多有意外损失。因此，对小本经营者来说，水运无疑是较为便捷、安全、经济的选择。

城市的繁荣、需求的扩大，大大促进了商品经济和水运的发展；反过来，水运的发展也大大促进了城市的繁荣。原属荒郊水畔的码头地带盖起了许多仓廪、库房、店铺、食馆，酒肆，当时"云津夜市"成了昆明的八景之一。云津码头位于城东南盘龙江畔，离南门仅有百步之遥，各种货物由此转输十分便利，官府在附近还设有专收鱼课的机构，至今犹有鱼课司地名。当时滇池水位较现在高出许多，特别是淫雨时节流经市区的盘龙江时有泛滥。今昆明市之南郊和西南郊有相当部分当时还是滇池的一部分，从今圆通寺中一副对联可看到昔日昆明常遭水患的情形："衲霞屏下蛟栖幽谷洪害鸭池；螺峰山前佛镇潮音普济昆州。"联中的"鸭池""昆州"为昆明旧称。"衲霞屏"为山崖名称；"潮音""幽谷"均为崖下喀斯特溶洞名称。

明代唐晓官在《晋宁州风土记》中写道："郡（晋宁州）去会城（昆明）仅百里，商估陆行者少，暮挂帆朝达云津，可省负担之劳。"可见，明代云津码头在滇池航运中发挥着重要作用。清代，随着滇池水位的不断下降，云津码头逐渐被篆塘码头替代。

**篆塘码头** 篆塘为本地语，是水运码头的意思。历史上在昆明城西曾出现过4个篆塘。明代扩建昆明城时，护城河与滇池航道相通，从翠湖、绿水河出发的船舶可以直通滇池。随着滇池水位下降，云津码头已经不能容纳较大的运输船只停泊，明洪武十八年（1385），沐英征夫在茴香堆开凿水运码头，便于船舶经过运粮河，途径明波、红联、菱角塘运送粮食至城内。因为作为转运货物之用，这座码头民间就叫作"转塘"。又因文人喜欢高雅，文字上将"转塘"写作"篆塘"。清康熙年间，随着滇池水位继续下降，运粮河淤塞，明代建的篆塘也失去了转运功能，吴三桂只好开挖长5千米的大观河，并在小西门外现在的仓储里附近开凿水运码头，水面面积20余亩，水深5—6米，并建盖小西仓储藏粮食。虽然位置变了，但由于篆塘已经被赋予水运码头的寓意，新建的码头仍被称为篆塘。

另有史料说，早先滇池水位较高时，西门外是一片泽国，元代时就修建了大观河码头。经元、明两代多次疏通海口河，人为地降低了水位，沿湖涸出大片田土，西门外留下一河道用以行船运粮。后因河床日浅，河面变窄。吴三桂只不过是对大观河进行疏浚、深挖。民国二十一年（1932），滇池水继续西退，省政府又在现今的大观路与西昌路交叉处开凿水运码头，面积扩大至25亩，水深3米，虽然位置又变了，但仍称作篆塘。

中华人民共和国成立后，为适应滇池航运发展的需要，1957年，在民国开凿的篆塘西面790米处（今环西桥旁秋园的位置）修建新的篆塘码头。新建的篆塘码头总面积3.13万平方米，其中陆地面积1.42万平方米（包括货场面积9012.4平方米，仓库面积337.50平方米，货棚面积230.64平方米），水域面积为1.71万平方米，置有泊位10个，均可停靠40吨级船舶，港池能三面装卸作业。此篆塘被称为新篆塘，相应地民国时期修建的篆塘被称为老篆塘。20世纪60—70年代，昆明大搞土木建筑，需要的沙石、水泥等大都从滇池南岸的昆阳和西岸的海口运到篆塘码头，每年货运量达到3000多吨，篆塘的货场上沙石堆成了一个个小山头。1987年，省、市投资30余万元在篆塘新建候船楼1幢，装置水上通信设备，使篆塘具有年货运量40余万吨、客运量50余万人次的吞吐能力，初步形成滇池航运的枢纽。1990年，在大观河小岛村段建拦河坝，大观河航道及篆塘码头废弃。2006年10月，候船楼被拆除。篆塘经历了4次地理位置的变化，历经600多年，现今明代和清代修建的篆塘已被填平，遗迹已不存在，只有新篆塘和老篆塘存在，但已不是码头。

## 滇池码头

**航运公司码头** 航运公司码头位于大观公园东北侧小岛村，于1991年9月开工建设，同年12月31日建成客运候船楼。该码头占地25.2亩，设计规模为5561平方米，总投资521万元（包括综合候船楼、修造车间、船台、油库、港池等配套设施）。码头为挖入式港池结构（港池占地4亩，深3米，水面面积3600平方米，能停泊100吨级船舶6艘），拥有樱花号和郑和号2艘百人客位游船。码头同时停靠2艘游船，以接待游客出游为主，港池通过大观河航道从大观楼公园南侧通草海。该码头顺利完成了1992年昆明第三届中国艺术节期间滇池旅游接待工作。

**大观楼码头**　大观楼码头位于大观楼公园靠内草海一侧的大观河航道入海口处，于1991年末建成投入使用。该码头主要用于停靠6—11客位的小游艇，由此乘船可在半小时内到达海埂公园、民族村、西山风景名胜区等旅游景点，为滇池沿岸最繁忙的码头之一。

**五家堆码头**　五家堆码头原位于官渡区福海乡船房办事处五家堆村，故名。民国时期，篆塘至大观楼或庾家花园之间使用木船摆渡运送乘客。20世纪80年代，随着滇池旅游业的兴起和滇池水面客运的放开，五家堆村委会于1981年购买了有40个客位的"海燕号"机动轮率先开办旅游服务。此后，相继有村民个人投资购置机动客轮投入营运。1988年底，共拥有机动客轮28艘，其中村委会3艘，总客位130个；个体客轮25艘，总客位1205个。部分客轮经营大观楼至海埂、西山、观音山、白鱼口和昆阳郑和公园等地的旅游客运。1991年大观楼码头建成后，该码头废弃。

**彰美村码头**　彰美村码头位于滇池北岸彰美村，距大观公园约2千米，西面为草海主航道，有公路支线与海埂公路相连接，交通方便，是滇池唯一的专用货运码头。该码头于1991年7月始建，1996年底竣工。码头占地面积25亩，建筑面积603平方米，建成堆场4650平方米，码头前沿线长75.7米，泊位2个，年通过能力28万吨。后随着公路运输发展，滇池水上货运逐渐消失，该码头转为用于工程船舶和港航监督船艇的锚地和施工材料、机械的堆放场。2015年，该码头为昆明海事局所在地和昆明海事局公务泊位。

**西苑码头**　西苑码头位于大观楼公园新辟的西区草海南岸，岸线顺直，水域广阔、水较深，泊船条件良好，通往外海的航道顺畅。

**石咀码头**　石咀码头位于西山区马街街道普坪社区干沟尾的石咀，故名。1958年投资26万元修建码头设施，总面积为34725平方米。其中，陆地面积24845平方米，货场22510平方米，车辆通道1456平方米，仓库879平方米；水域面积9880平方米。码头建有联结石咀火车站的轻便铁轨1千米。1964年3月31日码头正式交付昆明市内河航管站开放使用，曾为水陆联运、缓解汽车运力不足发挥了重要作用。1970年因围海造田切断航道，码头报废。

**海埂码头**　海埂码头位于滇池东南岸的海埂公园西面，原为海埂至西山木帆船的摆渡口，1970年修建成码头，可停靠30吨级客、货船舶，是篆塘、大观楼至海埂、西山旅游客运和西山运送砂石料至海埂一带的客、货运码头。随着滇池水上旅游的兴起，海埂码头成为旅游船只的主要停靠点，40多年来一直保持兴旺的状况。

**格兰特游艇公司造船码头**　格兰特游艇公司造船码头位于海埂公园西南角，岸线约800米，内设造船坞1个，视野开阔，航线顺畅，是滇池外海码头的一个重要支撑点。

**海口码头**　海口码头原位于西山区海口镇海门村滇池出水口处，故名。水域正常时，水深4—5米，旱季水深2米，可停靠30—50吨级的船只装卸作业，可一次停靠客轮3—4艘。抗日战争时期，码头很兴旺。1956—1958年改造码头，建盖宿舍、票房，吞吐能力为日均货运量5000余吨，客运量2500多人次。1971年4月17日昆明至中谊村铁路通车后，该码头的客、货运输量大幅度下降，1988年乘客日平均不足300人次。1990年以后，随着周边铁路、公路运输的发展，码头逐渐废弃。

**白鱼口码头**　白鱼口码头位于滇池西岸的白鱼口，如一个半岛伸入滇池，这里林木葱郁，湖水明净，环境十分优雅。明崇祯十一年（1638）十月旅行家徐霞客来到昆明，他在游记中记叙了在滇池乘船曾到过白鱼口。可见，在明代白鱼口就是一个渡口。清代的滇池南航线经过白鱼口。1951年，在白鱼口兴建了云南省工人疗养院，白鱼口码头人往频繁。20世纪60年代，昆明市航运公司开通了昆明至白鱼口的定班航线。1971年，在白鱼口建成了云南省第一个造船厂。后来造船厂被废弃，在其厂址兴建了云南省交通疗养院。后在白鱼口湖边设有游艇码头，还有一条伸入滇池的石堤，既可泊船，也可观景。

**海晏码头**　海晏码头位于滇池东岸的呈贡县大渔乡，是滇池东岸规模较大的客货运码头。1986年，省、市、县三级交通部门共同投资35.8万元修建。1991年第一期工程完工后，省交通厅、市交通局拨款投入二期工程建设，二期工程于1991年9月13日验收后投入使用。在滇池航运中发挥着重要的作用。

**昆阳码头**　昆阳码头位于滇池南岸。明时始筑昆阳州城，并引滇池水作护城河，河可行船。昆阳自古以来为滇南交通要道、水陆码头集散地，船业十分发达，为滇池南岸的主要港口。昆阳兴旺、储英两村濒临滇池，州牧特准两村农民专操船业维持，因而两村成为明代兴起的船业之乡，明、清时已自然形成货物集散地，清嘉庆年间建成码头。1940年修建"储兴民船公帮码头"，建盖房屋4间，人有50名，大木船有9只。1950年后，因河道严重阻塞，船只不能进出，码头报废。1956年3月，在北门外张家村重新修建昆阳码头，于1957年春竣工投入使用。60年代后，随着滇池周边公路条件的改善，昆阳码头日益衰落。1984年，为开发昆明至昆阳郑和公园的旅游航线，由省、市投资40万元在原码头基础上新建了2644平方米具有综合服务功能的候船楼1幢。1989年，因修建中宝铁路占用原码头和港池，又在原码头北面征地10.9亩，投资89万元新建4428平方米的客货运码头、简易候船楼和港池，1991年竣工投入使用。该码头港池水深4米，水面面积2856.5平方米，可停泊100吨级船舶4艘。码头通过长约1300米、平均宽15米的航道与滇池相连。

## 航运船舶

明代后，在滇池及入湖河流上运输、摆渡、捕鱼的木帆船，从结构方面看，大致可分为合子船、加帮船、梭镖船三大类，沿袭达500余年，始终以风力和篙撑桨划推动，只在船形大小和制作的材质方面有所改进。到了清末，滇池航运才迎来第一艘蒸汽轮船。民国时期，滇池航运虽然蒸汽轮船不断增加，但仍以木帆船为主，蒸汽轮船仅在昆明至昆阳、昆明至观音山等少数航线上运营。1950年后，机动船舶才获得迅速发展，原有的老式木船逐步被淘汰。

**木帆船**　滇池航运的木帆船主要有铜鼓船形、合子船、加帮船、梭镖船、双桨彩船、虾船等。

铜鼓船形　晋宁石寨山一号墓出土的西汉中期铜鼓周围，铸刻有引人注目的船形图案，这些木船有的是渔船，有的是行船。船的形状多为长条形，中间较宽，两端较窄，首尾皆上翘。船上一般有2—4人持桨划动，1人掌舵，划桨动作整齐统一，是当时滇池地区的人们操舟捕鱼和龙舟竞渡的写实。铜鼓船形图案是迄今为止看到的滇池地区历史上最原始的水上运输工具。

合子船　滇池内自古以来独有的一种木船，亦称大篷船，相传有数百年历史。船长20米左右，载重20—40吨不等，因船中部形似长方盒子而得名。其船形特殊，结构简单，船侧垂直，首尾略翘并收拢呈钝锥形，底板、舷板、身板、搪浪板之间都为折角式连接，左右肋骨与舷甲板横托梁、站柱、脚梁，各组成一道道方形框架，以保证船体横向和竖向强度，桅为竖直式，使用2—3面软帆，稳定性好，能抗较大风浪，货物多装在舱面，乘客居于舱中。1988年底共保存有95只，改成小机挂桨机动货运船继续使用。

**加帮船** 船体首尾部窄长而上翘，形似雀尾，底平而宽，梯形剖面，有肋骨及数道隔舱板，因其舷侧顶板上多加一道帮而得名。亦称中、小篷船。有走舷外设板、自重轻、吃水浅、较轻便灵活等特点。此船多用于摆渡等。

**梭镖船** 船形相似加帮船，略窄小，没有加帮及走板、甲板，为全敞开式，载重1—2吨，多装置小机挂桨，操纵灵活，主要用于捕鱼及农副业运输。

**双桨彩船** 船长18米，宽2米左右，全靠人力持桨划行，以载客为主，分布在大观楼、草海一带，专供旅客乘坐游览。

**虾船** 滇池中最大的一种船形，长20米，宽4米，一般载重20吨，抗风浪能力强，专在深水区域捕鱼，不从事经营运输，常在滇池内抢救其他遇险船只。

**蒸汽机轮船** 在滇池航行的蒸汽机轮船有"飞龙"号（"福海"号）、"飞鹰"号（"镇海"号）、"西山"号、"济海"号。

**"飞龙"号** "飞龙"号为滇池历史上的第一艘机动轮船，由昆明商人张绍明从越南海防法国造船厂购买。宣统二年（1910）一月滇越铁路正式通车后，轮船运抵昆明组装，同年在滇池下水。"飞龙"号轮为蒸汽明轮推进，属客、货混合运输船，动力为25匹马力，设客位100座，载货10吨，航速15千米/小时。"飞龙"号轮主要包揽滇池南航道昆明至昆阳往返的客运。"飞龙"号因设计欠佳、稳定性不好，在滇池行驶中曾多次发生险情。民国九年（1920）8月3日（农历六月十九日），"飞龙"号轮载人前往观音山赶庙会，因严重超载，由大观楼起锚不久翻沉，死亡达数十人。"飞龙"号轮经修理后继续滇池行驶，几易其主后，改名"福海"号。该船行驶近20年，船体破旧，但船主奢求盈利，凑合行驶，甚至严重超载。1937年3月22日12时许，"福海"号轮由昆阳返程昆明，行至海口心（花猫咀）附近，遇大风浪，整船沉入湖底，死亡乘客139人，淹没茶叶、杂货72驮，造成滇池历史上最大的海难事故。

**"飞鹰"号（"镇海"号）** "飞鹰"号轮为云南实业司集股金2万法币向越南海防法国造船厂购买、运回昆明组装的轮船。"因该船身又短，危险甚大，又以三千元法币之费，将该船身加长一节，但仍不能行驶。"民国十三年（1924），"飞鹰"号下水行驶，易名"镇海"号，为滇池内的第二艘蒸汽机轮船。该船全长32米，宽3.5米，蒸汽动力50匹马力，系尾机型，明轮推进，航速15千米/小时，设客位200个，载货10吨，属客、货混合运输船。1924年下水行驶。为滇池内的第二艘蒸汽机轮船。因"镇海"号轮改造后仍有缺陷，未能正常行驶。"福海"号轮失事后，"镇海"号轮鉴于前车，修复后向中央信托局保险，但仍时开时停，经营运输约13年后，长期搁浅而报废。

**"西山"号** "西山"号轮是云南省航运史上第一艘在中国人自己开办的工厂、由中国工程技术人员和工人自行设计制造的滇产蒸汽明轮推进客船。民国十六年（1927），商人李凤祥发起筹建云南昆湖轮船股份有限公司，并向昆明华安机器厂（云南重机厂的前身）订购制造轮船1艘。华安机器厂成立于1920年，厂主施炽文是旅越华侨，第一次世界大战期间，国际市场铜、锡、钢铁等战略物资价格猛涨，刺激了生产。施炽文变卖其在越南的全部财产，回国在昆明创办了华安机器厂。其主要产品有抽水机、切面机、印刷机、压榨机、煤烟引擎、织布机、碾米机等民用产品。"西山"号轮的建造是该厂一次大胆而成功的尝试。该轮由本厂工程师莫星楼设计督造，用蒸汽机明轮推进，于民国十八年（1929）1月建成下水行驶，其造价为2.5万元法币。"西山"号轮船长30米，宽4.5米，马力60

匹，载重25吨，航速15千米/小时，"构造较他轮为优"（《云南经济》）。客轮舱位设客位200个，分特等、头等、二等3种舱位。"西山"号轮每日由昆明至昆阳往返1趟，耗用燃煤1500千克，日开支500元左右。所有载往昆阳的货物以洋纱为大宗，其次为杂货物，客货运抵昆阳后，即分发玉溪、通海、河西、思茅、普洱一带销售。1937年，因"福海"号轮失事，"西山"号轮停驶。民国二十九年（1940），"西山"号轮经过较大整修后复航。1944年莫星楼将船购买下独资经营。1948年转卖给何超然承顶营业。1952年，因违法经营，被昆明市人民政府没收后由昆明市公营轮船公司（昆明市航运公司）经营。1955年组成的地方国营昆明市航运公司将"西山"号轮改换船壳大修后，定名为"和平"号。1964年，对"和平"号轮进行船体更新后更名为"滇群"号，行驶至1972年淘汰报废。

"济海"号 "济海"号轮为小型蒸汽拖轮，于民国十八年（1929）前后下水。民国二十六年（1937）春，因"福海"号轮失事，滇池内所有轮船"奉令停驶"，"济海"号轮被迫停驶。民国二十九年（1940），"济海"号轮被转售于军政部第五十一兵工厂，售价国币3.8万元，但仍时开时停，最后闲置。1954年，昆明市航运公司从海口兵工厂购进"济海"号轮，大修后更名"建设"号投入运行。1962年该轮报废。

**内燃机轮船** 在滇池航行的内燃机轮船有"昆明"号、"昆湖"号、"红艳"号、"樱花"号、"孔雀公主"号、"郑和"号。

"昆明"号 1970年，昆明市航运公司委托武汉长江船舶设计院设计，并依靠自己的设备和技术力量，在其他厂的协助下建造了钢质客轮"昆明"号，为云南省制造的第一艘全电焊钢质客轮。该轮主机为2台6135型柴油机，240匹马力，船总长31米，水线长29米，宽5.4米，型深1.6米，吃水0.9米，满载排水量82.5吨，满载航速18千米/小时，续航力32小时，设客位300个。该船采用驾机合一，操作方便灵活，强度、稳性满足长江"B"级航区要求，航行昆明—海口—昆阳的线路，为每日定班客轮。

"昆湖"号 1976年，昆明市内河航运管理站自行设计了"昆湖"号航监船，委托市航运公司建造，船长27.64米，水线长23米，宽5.2米，型深1.5米，吃水1.15米，排水量69.98吨，主机为2台6135型柴油机，240匹马力，航速17千米/小时。下水航行后，因船形过大，不适合水上监理使用，1977年4月改造为客轮，设客位220个，同年9月19日移交市航运公司投入营运。

"红艳"号 1967年初，省委办公厅委托武昌造船厂建造专为接待宾客的船舶"红艳"号。该船长22.5米，宽4.5米，型深1.5米，主机为2台6135型柴油机，240匹马力，航速15千米/小时，设客位110个，总吨位52.94吨，并配有客运小拖驳1只，可拖挂航行。其船形构造、内部设施均采用较为先进的技术。同年底该船建成下水，时为滇池内较豪华的船舶。1985年，该船由省旅游局价拨给市航运公司，经整修后用于旅游服务。

"樱花"号 1984年，省交通厅航务处设计了"樱花"号，由市航运公司采用新工艺、新型材料自行建造。该船长30米，宽6.4米，动力150匹马力，航速16千米/小时，设客位240个，分上、下两层。上层建筑轻便，为观景甲板，置有小花圃；前部设有高级客厅，内有沙发、地毯、音响设备，四周均系活动玻璃窗，视野开阔，可观赏四面风光。下层甲板设有60余平方米的游艺厅，中部有服务部，船尾设有可供30人同时进餐的餐厅。该船1985年11月30日建成下水，为市航运公司领先开办旅游服务的第一艘大型豪华轮，开展环湖观光、滇池夜游等旅游项目。2005年企业改制后，该船属中石化航运公司经营。

"孔雀公主"号 "孔雀公主"号为昆明市五华区旅游服务部投资建造，为集体所有制企业开办的旅游服务业中较豪华的大型船舶，1988年8月15日正式投入营运。该船长30米，宽5.4米，型深1.5米，吃水0.97米，主机为1台6135型柴油机，150匹马力，航速15千米/小时，设客位250个，总吨位133吨。

**"郑和"号** "郑和"号为1991年由云南省航务管理局设计、昆明市航运公司自行建造的客轮，为20世纪90年代滇池较豪华的旅游船。该船总长29.5米，船长27米，宽6米，型深1米，吃水0.2米，动力150匹马力，航速16千米/小时，设客位120个。2002年因需要新装修报停。

**电力推进环保船** 2008年11月19日，滇池新型环保电力推进船舶正式开工建造。这艘科技含量较高的多功能环保船舶命名为"滇池游艇壹号"，为国内第一艘内河电力推进环保旅游船。该船是交通部支持西部地区科技发展和云南省"十一五"水运发展规划的实施项目，由上海海事大学与昆明滇池国家旅游度假区格兰特游艇有限公司合作研发，投资1600多万元建造，其中小功率电力推进系统关键技术的开发和研制填补了全国内河船舶电力推进系统的空白。2010年1月22日举行首航仪式。该船为双体客船，长38米，型宽9米，总高10米，共3层，载客量为200人，是滇池有史以来最大、最豪华、设施最为齐全的游船。"滇池游艇壹号"游船上设有会议室、宴会厅、VIP包房、卡拉OK、观景平台等设施，集会议、商务宴请、观光休闲为一体，能为商务、会议、旅游、观光提供服务。

## 航运企业

民国时期，随着滇池航运中蒸汽轮船的使用，航运经营公司开始出现。中华人民共和国成立前，从事滇池航运的为私营商行。中华人民共和国成立后，滇池航运主要由国营航运公司经营。改革开放后，民营企业也加入滇池航运的行列中，形成了国有、民营共同经营的局面。

**滇济轮船公司** 滇济轮船公司为滇池第一艘火轮航运经营机构。鸦片战争后，清朝封闭的大门被打开，西方先进科技逐步传入中国，云南的工商业资本家也在积极酝酿引进西方的轮船在滇池运营。"戊申（1908）……滇省绅商施有奎、张嘉麟等集资万元，禀请立案，在滇池行驶小火轮，经滇督批准"（《昆明历史资料汇辑》）。又"光绪三十四年十二月职商张绍明呈准办（轮船公司）"（《续修昆明县志》）。两段材料均指一事，即滇池内第一家轮船公司筹备、立项于光绪三十四年（1908）。轮船由昆明商人张绍明从越南海防法国造船厂购买，在当时省内尚无汽车公路、滇越铁路尚未竣工，而驮马又无法胜任此项运输任务的情况下，此项目便搁延。宣统二年（1910）一月，滇越铁路正式通车。同年，所购轮船在滇池下水。不久发生了云南"重九起义"，鉴于社会动荡，政权更迭，轮船公司未能成立。民国元年（1912），蒋楦以官商合营方式筹资开办滇济轮船公司，购原轮船公司的轮船，起名"飞龙"号，其余皆为木帆船运输。同年4月，"飞龙"号轮进行了从大观楼至西山的试航并获得成功。5月，公司正式营运。5月12日，昆明至昆阳的航线首次开通轮船航运，每日往返1次。观音山庙会期间，开通昆明至观音山航班，每日往返2次。1915年12月，该公司在观音山设码头。滇济公司的成立，在很大程度上改变了滇池的运输条件。轮船运输比马帮运输和木帆船运输效率更高，为公司创利不少。在1920年8月3日（农历六月十九日），"飞龙"号轮在驶往观音山的途中发生倾翻事故后，公司被勒令停业，"飞龙"号轮由实业司照实价九折收回。

**昆玉轮船公司** 民国十年（1921），有人发起成立昆玉轮船公司（仍属官商合办），实业司将发生过倾翻事故的"飞龙"号轮修理后作价入股继续行驶。1923年8月，公司又从越南购进电动轮船1艘，并对其进行扩装。于是，公司拥有新、旧轮船2艘，"载重约二十余吨，一用蒸汽发动，一用电力发动，每日由大观楼开驶，经西山、西华街、观音山、古城等处至昆阳，复由昆阳驶回，载运出入客货"（民国《昆明市志·交通》）。后来成立的云南昆湖轮船股份有限公司开驶"西山"号轮以后，昆玉轮船公司的轮船总是时开时停，不能正常营运。

**云南昆湖轮船股份有限公司**　民国十六年（1927），商人李凤祥发起筹建云南昆湖轮船股份有限公司，并向昆明华安机器厂订购"西山"号轮船。"西山"号轮开驶以后，信誉较好，每日由昆明至昆阳往返1次。而昆玉轮船公司轮船总是时开时停，不能正常营运，故客货多改乘"西山"号轮，使昆湖轮船公司生产日益兴隆。据1933年《义声报》透露，昆湖轮船公司"计廿一年度（1932），有盈余十万元左右"。民国二十四年（1935）2月，昆明至玉溪段公路建成通车。昆湖轮船公司购置汽车，实行水陆联运，公司改称昆湖轮船汽车股份有限公司。同年3月，公司"因股东无意经营"，经股东大会决议将公司全部财产作价让度与昆湖新记轮船汽车股份有限公司，共合滇币30万元。

**昆湖轮船商行**　民国三十三年（1944），原华安机器厂工程师莫新楼买下"西山"号轮独资经营，成立昆湖轮船商行。商行实行劳资合作，"全船员工给予劳力股，其他协助人员给予赞助股""股份为一千股，劳资两方各占半数"。其分配办法是"逐月提发股红、股息"。自民国三十三年（1944）11月至民国三十七年（1948），"经营四载，收支尚有盈余"。民国三十七年莫新楼去世，其子接任。此后，"西山"号轮因劳资纠纷停航。其原因是1947—1948年间的股红股息"未结算发清"，员工要求清查账目、补偿旧欠。资方单方面宣布停航，"意使全船员工无粮自散"。因而激起全体员工强烈反对，后经诸方排解，1948年"劳资协议将西山轮转让给商人何超然"承顶营业。公司仍称"昆湖轮船商行"。

**滇池民船委员会**　1950年2月在搬运工会中设立滇池民船委员会，下设9个支会，共有船650多艘，会员1630多名。其中，第一支会主要是大观河航运，有船32艘，会员60名；第二支会以运西山砂石料船为主，有船200多艘，会员500多名；第三支会以运松毛、柴草为主，有船40多艘，会员100多名；第四支会以运呈贡菜果船为主，有船120艘，会员300多名；第五支会为晋宁（晋城）的大船、渔船、粮船，共50多艘，会员200多名；第六支会以昆阳30多艘大船、30艘小船建立，会员100多名；第七支会以海口水泥运输船、民船为主，共60多艘，会员200多名；第八支会是高峣运输船，有60多艘，会员100多名；第九支会是得胜桥捞沙、卖草的30多艘船，会员70多名。1950年土改时，在农村有田地的会员均被动员回乡务农，专业航运者分设3个分队，下设大组、小组，职工共400人，共有船207艘，总吨位约979吨。这些船只并入航运公司后仍承担着滇池主要的运输任务，主要是砂石料的运输。1978年，公司所有木船全部报废。

**昆明市航运公司**　1952年7月1日，人民政府接管昆湖轮船商行，成立昆明市公营轮船公司，隶属于昆明市人民政府企业局。公司有"西山"号客货轮1艘，职工21人。1955年，昆明市公营轮船公司改为地方国营昆明市航运公司，隶属于昆明市公用事业局，为昆明市唯一的航运企业。1955年，在"三大改造"中，市人民政府批准将原昆明市民船委员会的大、中、小木船214艘（计1037个吨位）并包括全劳力、半劳力共518人合并为公私合营昆明市木船运输公司。次年1月，公私合营昆明市木船运输公司并入地方国营昆明市航运公司，管理体制实行"一套机构，两块牌子，分别核算"。该公司有职工659人，其中国营141人，合营518人。生产设备有"和平"号、"建设"号船舶2艘，木船223艘，总吨位1145.5吨。木船中，国营船只有9艘，总吨位108.5吨；合营船只有214艘，总吨位1037吨。该公司担负着昆明至海口、昆阳等地的建设物资、生活用品的运输。1956年，滇池航运全部划归航运公司管理。1957年9月，市委批复对公私合营昆明市木船运输公司进行改组,将7.3吨以上木船48艘、人员145人并入国营昆明市航运公司;将3—7.3吨船136艘(实有124艘)、人员215人组成昆明市木帆船运输第一、第二2个生产合作社;将3吨以下的客船30艘、人员47人组成客船合作小组。1959年1月,市公用交通局又将昆明市木帆船第一、第二运输生产合作社和木帆船合作小组与地方国营昆明市航运公司合并,使航运公司职工达到1084人,拥有拖轮5艘、木船188艘,总吨位2023.4吨,年上缴利润81万元,为该公司生产经营历史上的最高水平。1977年市航运公司抽出部分职工另组交通机械厂,1979年8月又抽出部分职工成立航运站。

1978年改革开放后,昆明市航运公司进入了新的发展时期。20世纪80年代初,公司客运船从1961年的1艘(180个客位)发展为拥有大、中、小旅游船18艘,1270个客位;货运船舶实现了以钢代木,有钢质驳船10艘,总吨位354吨,215匹马力;拖轮3艘,360匹马力。1980年3月又组建了小型汽车运输队,有运输汽车15辆、挂车5辆。1984年设计建造的"樱花"号豪华游轮,先后接待过缅甸总理、英国女王等宾客。1985年,市航运公司实有职工232人,拥有客轮6艘、拖轮3艘、机驳船10艘,货运量吨位为354吨,全年完成货运量35781吨,货运周转量1650373吨千米,客运量428140人次,客运周转量9278166人千米。货运以碎石、造纸原料、磷矿及煤炭为主,客运高峰多为节假日。1990年增加客车8辆,实现水陆联运。船舶修造技术由原来的"帆改机""木改钢"简单工艺转入设计、制造各种钢质机动驳船和旅游船。90年代后,由于滇池周边公路、铁路运输的发展,滇池航运逐渐衰弱,市航运公司由客货运输逐步转为旅游服务。1991年12月31日,为迎接第三届中国艺术节在昆明举办,根据市人民政府关于"大观河沿岸绿化、治理大观河,筑滚水坝"的艺术节工程规划和市计划委员会《关于航运公司搬迁重建投资的批复》,确定该公司搬迁重建艺术节重点工程项目。为确保艺术节前投产使用,通过半年多的昼夜施工,于1992年2月2日建成航运楼、港池、船台等工程。市航运公司从新闻路39号新篆塘搬迁到小岛村新址,开始了以滇池旅游服务为主的水上运输经营。2003年,市航运公司在企业改制中,为中炬石化企业集团兼并,更名为中炬石化航运公司,解除了与昆明市交通局的隶属关系。

**其他航运经营机构** 1979年,在交通部提出的"有水大家行船"的改革交通运输的号召下,个体、联户、集体买船、造船投入滇池运营,打破了滇池航运独家经营的局面。1988年8月,五华区旅游服务部的"孔雀公主"号投入滇池旅游客运之后,相继注册成立了集体、私营运输公司,滇池水上运输形成了百舸争流的局面。1992年后,先后成立了许多家滇池水上运输企业。2006年11月27日,市人民政府发出关于禁止营运性燃油机动船舶在滇池水域航行和作业的通告,要求营运性燃油机动船舶所有者在2007年1月1日零点前将船舶集中停泊到指定地点封存,并按有关规定处置。至同年12月,在滇池水上从事运输的民营企业主要有:1983年成立的滇池旅游客运有限公司,拥有大船21艘、快艇65艘、木船58艘;1999年成立的格兰特游艇有限公司,拥有大船2艘、快船16艘;2003年兼并市航运公司成立的中炬石化航运公司,拥有大船2艘;1980年昆明市大观公园,拥有大船2艘;昆明旅游索道开发有限公司游艇部,拥有快艇7艘;2002年成立的昆明迤海水上客运有限公司,拥有快艇8艘;2003年成立的昆明邦业水上客运有限公司,拥有快艇9艘。

## 航运经营

清初,滇池航运主要是木船,大约有850多艘。运输货物多是粮食、砖瓦、木石等。根据往来地点,这些民船又被分为西山船、高峣船、西门船、土坝船、九甲船、灰湾船、昆阳船、晋宁船、海口船、呈贡船、杂船等10多种，每日络绎不绝。滇西、滇南、滇东各州、县的商贾经水运中转至昆明的货物主要有粮食、食盐、生猪、烟、糖、茶叶、中药材、木料、生铁、铅块等。返程再由昆明采办棉布、棉纱、匹头、日用杂货等回销原地。平均每日进出货物300余吨。后随着水上运输业的发展，出现了一些民船公帮组织。其中，以昆阳帮最大，历史也最悠久。早在明代，当局就曾准予昆阳储英、兴旺两村享有船业专营权。延至清嘉、道光年间，已发展到四号船帮从事专业运输。"溯自昆阳明时建城，分乡立户，唯下宝储英舍兴旺村临居海滨，面积窄小又无森林，供不给求。是以当代州牧持准两村农民专操船业以维生活。"储英、兴旺两村以船为业，世代相传，专门从事滇池水上运输。据《昆阳县志》载："前清嘉道间有宏顺、荣顺、万泰、义泰四号船帮往来省县。"

清末民初滇池出现第一艘蒸汽机动船后，不到20年间就有四五艘机动船在滇池竞相从事水上运输，这对木帆船运输造成巨大冲击，昆阳储英、兴旺两村船衰落。民国二十六年（1937），"福海"号轮船失事，政府令滇池各轮船停运。不久，全面抗战爆发，内地工商企业、院校纷纷迁至昆明，使昆明人口猛增，加上日机轰炸昆明，城内居民纷纷向附近州县疏散，交通运输紧张。在此非常时期，滇池各民船纷纷起来填补轮船停运后的空白，昆阳民船公帮也重新崛起。当时，公帮成员主要是昆阳储英、兴旺两村船户，以船为股参加运输，一般富者一家有两三艘大船，中等之家1户1艘，平常者两三家合有1艘大船。公帮内设董事长、监事、经理、会计等各职。公帮大船最多时达32艘，每艘平均载重20吨。公帮码头建在昆阳镇东门外，离城很近，转运十分方便。大船经运河（亦称老城河）通向滇池。民船公帮组织的出现，标志着昆阳船户由零散单干走向结伙开号、专业运输的阶段，这对稳定船业、共建码头、集修河道具有一定的促进作用。同时，又因其垄断码头，限制了其他船只经营而束缚了船业在竞争中发展。清朝末年，滇池的航运十分兴旺。每天由西山运至昆明的大米、石、砖、瓦有百余船；由海口运往昆明的大米、木材约40船；昆明的日用百货也通过这些船运往滇池沿岸各地。滇西滇南与昆明的物资交换，也经滇池水路中转。来自滇南的粮食、茶叶、红糖、皮货、木材等物资大都在昆阳码头上船，通过50多千米水路运至昆明篆塘码头。一艘木帆船只能装载3—5吨货物，50多千米水路要行驶7—8个小时。

民国初期，蒸汽轮的出现和滇济轮船公司的成立，很大程度上改变了滇池的运输条件，滇池水道仍然是沿湖东西南北交通的重要通道。《新纂云南通志》载："玉溪、峨山、新平、思茅、普洱一带之货物以及迤西各井之食盐亦由此湖转运至省附近，滇越铁路之呈贡、澄江等亦大多舍铁路运，而改由湖运。"当时"飞轮"号仍是滇池内独一无二的机动船，故"唯在行期间，营业尚有获利"。滇池虽然出现了现代的轮船，但数量少，且主要经营长途，即昆明、海口、昆阳之间往来，而昆明至呈贡、晋城至呈贡、昆阳至晋城等短途航线仍以木帆船运输为主。1924年，滇池有船只710余艘。1937年，民间运输船有794艘（未包括昆阳、呈贡、晋宁等地的短途运输船只）。同年"福海"号轮船失事，政府令滇池各轮船停业。而不久国内全面抗战爆发，内地的许多工厂、学校纷纷迁至昆明，使昆明人口猛增，造成物资供应紧张，居住拥挤。加之日机轰炸昆明城，城内居民纷纷向周边州县疏散，交通需求迅速增长。在此非常时期，滇池各民船纷纷而起，承担起轮船停运后的航运，于是滇池航运呈现了繁忙的景象。抗战时期，在陆地运输不发达、能源供应短缺的情况下，滇池航运作为滇池地区运输，甚至作为昆明与滇西、滇南长途运输中的重要一环，具有十分重要的作用。1947年，《云南经济》统计滇池大小船只达到1325艘（其中小拔船1150艘、大船175艘），全年客运人数为18万人次，货运周转量为560万吨千米，其中昆明至昆阳客货运输占一半左右。火力蒸汽机轮进入滇池航运后，经营成本与当时社会物价密切相关。民国后期，云南通货膨胀对滇池航运造成很大影响。1947年2月，昆湖轮船商行给省府的报告说："近数月来本市物价狂涨，尤以月前为巨，至于燃料较前高涨一倍以上。"同年10月又说："物价再度猛涨，生活逐日增高，尤以日用所需煤炭、烧炭、机油等项价值更激增数倍。况炭一项，原由川滇、滇越两铁路运省，今该公司复于本月三日开始增加运费，较前业已超过两倍有余，职行开支竟亦激增两倍以上，致入不敷出，亏累甚巨。"旧中国风雨飘摇，滇池船业举步维艰。

1949年后，机动船舶发展迅速，原有的老式木船逐步被淘汰。1952年，"西山"号轮因违法经营，被市人民政府没收。同年7月1日，人民政府接管昆湖轮船商行，成立昆明市公营轮船公司，同时由政府出资3万元修复了破旧的"西山"号轮。当年的货运量为2460吨，货运周转量为142798吨千米，主要运输云丰造纸厂的原料及海口水泥厂的水泥等。1954年，轮船公司从海口兵工厂购进"济海"号拖轮，大修后更名"建设"号投入运行。1955年组成地方国营昆明市航运公司，将"西山"号大修后改名为"和平"号，新增了"建设"号蒸气拖轮，另有木船6艘。1954—1957年，上行运输以昆明市工农业生产、基本建设需要的磷矿石、磷肥、水泥、石灰、石料、耐火泥、耐火砖为主；下行运输以昆阳、海口工矿企业生产需要的原材料、燃料等为主。平均每年完成货运量33万余吨，货物周转量900余万吨千米，客运量为14万人次，乘客周转量为120余万人千米。1957—1959年，航运公司先后自建5艘机帆船下水，动力均为32马力，自航时速10千米/小时，拖船时速3.2千米/小时。1959年，航运公司的货运量上升到395644吨，为中华人民共和国成立后最高吨位，货运周转量达1319万吨千米，公司收入132万元。1960年后的客运量保持在每年十五六万人次。60年代后，市航运公司通过自己建造和从外地引进机动船，在滇池上开展了水上客货运输，开通了昆明至昆阳，昆明至海口、白鱼口、观音山等不同的定班航线，客运量每年都在30万人次以上。同时，航运公司还开展了船队运沙的货物运输，一艘240马力的机船后面拖上四五艘驳船，一次可运输100多吨沙石建筑材料。1963—1966年，市航运公司建造的"昆湖2号""滇民号""滇华号"3艘客轮先后下水。"昆湖2号"动力120马力，设100客位，时速16千米/小时，1966年改名为"滇兴号"，1972年转售给市滇池渔业管理委员会作渔政管理船。"滇民号"动力72马力，设35客位，于1970年报废。"滇华号"动力72马力，设40客位，于1970年报废。以上3轮停航后，代之营运的是"昆明号"大客轮。该轮由武汉船舶设计院设计，航运公司自己建造，于1970年10月下水，在昆明与海口间行驶。1970—1972年，木质结构的机帆船全部报废，由钢质货驳船替代。1977年9月，航运公司自制的"昆湖号"客轮下水。1978年9月，公司自制的"小机2号"客轮下水。1984年，公司自建的"滇池号"小客轮下水，动力24马力，设60客位，时速13千米/小时，主要作为旅游使用。

1988年，昆明市辖区内有各类船舶3612艘。其中，在滇池水面上的客轮、旅游船等客运机动船舶共有44艘，总动力2662匹马力，总客位3129个；机动货运船95艘，总载重量2612吨；渡口船53艘，总客位1032个；小型旅游船141艘，总客位705个；捕鱼船2952艘，农副业船293艘，管理船34艘。全年滇池航运完成客运量150.5万人次，乘客周转量1337.6万人千米，比1978年分别增长4倍和1.9倍。其中，国营企业运输为30万人次、991万人千米，集体企业运输为11万人次、79万人千米，个体企业运输为57.5万人次、252万人千米，渡口摆渡船运输52万人次、15.6万人千米。完成货运量25.3万吨，货物周转量579.4万吨千米，比1978年货运量增长7.4%，周转量下降33.8%。90年代后，随着滇池水质恶化，滇池水上客运量大幅下降，年客运量从1990年的60.7万人次下降到1996年的22.8万人次。1998年底，滇池仍有各类船舶3515艘，总客位4044个，吨位8700吨；有水上运输企业8户（国有4户、集体2户、个体2户）。进入21世纪，为进一步推进滇池治理，市人民政府发出关于禁止营运性燃油机动船舶在滇池水域航行和作业的通告，要求营运性燃油机动船舶所有者在2007年1月1日零点前将船舶集中停泊到指定地点封存。至此，在滇池上行驶的100多艘机动船全部停止水上运输。2008年后，在滇池运营的31艘液化气环保船、27艘手划船、3艘电瓶船和2艘仿古大木船，都是新研制的环保型、高科技船舶。航运年客运量为10万人次左右。经过多年持续不断的治理，滇池水质越来越好，风景越来越美，乘船游览滇池的市民和来昆游客不断增加，使航运客运量逐步回升。2014年，滇池航运安全运送旅客201945人次。2015年，在滇池从事水上旅游客运服务的8个公司共有客运船舶74艘，从业人员300余人。其中，56艘为可乘坐12人以下的快艇，18艘为可承载12人以上的游览船。这些船舶停泊在滇池草海和外海的11个码头及临时停靠点。

## 航运管理机构

**河泊所** 河泊所为元代在江苏建康，安徽安庆、池州等处设置的掌收鱼税的官署，到明代广为设置。明洪武十四年（1381）前后，滇池沿岸始设河泊所，负责检查往来船只，收取税捐，同时也是渡口。现在晋宁县上蒜乡仍留存有"河泊所村"地名。

**昆明市水运管理处** 航运对滇池地区的经济社会发展和人民生活发挥着重要作用，但长期没有设立专门的航运管理机构。民国时期，昆明市设有水上警察履行航政事务，但滇池周边的其他县区对航运缺乏管理。民国二十八年（1939）10月，昆明市政府设置水运管理处，直属于市府工务局，设主任1名，办事员2名，办公地点位于篆塘码头（今西昌路与大观路交界处）。该处负责办理轮船及木帆船登记、编号、发牌照等事宜，要求各帮船只一律报请水运管理处登记编号，按月缴纳月捐。管理处成立半年左右时间，在篆塘登记进港运输船只794艘。

**昆明市航务管理局** 昆明市航务管理局的前身为昆明市码头管理站。昆明市码头管理站成立于1951年，编制5人，先后隶属于昆明市建设局、五华区工交局、昆明市公用事业局、昆明市交通运输局领导。1965年4月1日昆明市码头管理站撤销，成立昆明市内河航运管理站，行政事业编制，隶属昆明市交通运输局。下设昆明、石咀、海口、昆阳4个分站，负责昆明市辖区内的航道、码头、水上运输、船舶及水上安全监督管理。1977年，昆明市内河航运管理站与昆明市航运公司合并，为公司内设航运安全科，代行航运安全管理职能。1979年2月，航运安全科从航运公司分出，恢复昆明市内河航运管理站。1988年10月，经市编委行文批准，昆明市内河航运管理站改称为昆明市内河航政管理处，编制39人，隶属昆明市交通局。下设船舶检验所、港航监督所、港务管理所。负责行使滇池及昆明市辖区内江河、湖泊的港航监督、船舶检验和航道、码头管理等职能。1998年，经市编委批准改名为昆明市航务管理处，同时加挂昆明市港航监督处牌子，实行一套机构、两块牌子，机构规格、隶属关系、人员编制不变。2003年，为适应水上运输管理需要，经市人民政府批准，昆明市航务管理处正式更名为昆明市航务管理局（昆明市地方海事局），实行一套班子、两块牌子，其职能不变。

## 航运管理规章

民国十一年（1922），昆明市政公所颁布《昆明市船舶取缔规则》，但并未认真实施，航运处于无管理监督状态，以致常发生航船倾覆事故。"福海"轮重大海难事故发生后，民国二十七年

（1938），省建设厅拟定了《云南省船舶管理规则》，共36条，为全省性的第一个船舶管理办法。同年，省建设厅曾聘请越南海防的法国造船专家戈兰来昆对滇池轮船的技术状况进行检验，也曾临时邀请有关专家（如莫新楼等）会同验船，但因技术落后、人才缺乏，船舶检验难以持续。民国二十八年（1939）10月，昆明市政府设置水运管理处。同年11月，颁布了《昆明市船舶管理规则》，共31条。民国三十一年（1942），省建设厅规定在滇池行驶的轮船必须填报《昆湖轮船逐日码头查验表》，将每天每趟装载情况如实登记，由公司日填2份，"送请水运管理处暨水上警察会同在昆明码头验明放行，沿途经观音山、海口、昆阳诸处，须由地方主管机关检查盖章"。同时，严令昆明、昆阳两县县长切实履行航运管理，以后轮船发生事故，即拿县长是问。

民国时期，对滇池航运的管理，更多地体现在对经营船只的收费上。民国十一年（1922），市政公所颁布的《昆明船舶取缔规则》规定，各类船舶每年缴纳一次牌照费。根据该规定，牌照费分机动船、木帆船、其他船只，并根据其运载能力收取。民国二十八年（1939）11月，新颁布的《昆明市船舶管理规则》规定，所有船只需缴纳登记费、牌照费和月捐。登记费、牌照费无论机动船还是非机动船，均为5元；执照费和月捐，轮船据其运载能力、船只据其大小缴纳。民国三十一年（1942）11月，市政府批准增收的船舶各费用比原数增加了4倍。原先除月捐外，其他如登记费、牌照费、执照费都是一年收一次，此后均规定按月征收。由于通货膨胀加剧，民国三十五年（1946），又将各项缴费提高数十倍。除了上述政府明文规定要征收的捐税外，沿湖地区土豪劣绅和军阀土匪还要对船民进行盘剥，船民还需要向他们缴纳岸口捐、灯捐、节礼钱、军费钱等五花八门的苛捐杂税。此外，还有诸如"渔会""青红帮""哥老会""大刀会""十弟兄"等封建组织拉帮结伙，欺负船民；有的被反动势力利用，横行霸道。再加上海盗水匪掳掠船只，洗劫钱财，广大贫苦船民经受着深重的压迫和剥削，生存在水深火热之中。

1990年5月20日，市交通局发布《昆明市内河航道、码头、渡口管理办法》，规定在滇池水域航行的一切机动船舶应按有关规定按时向昆明市内河航政管理处交纳内河航道养护费，并实行统收统支，支款专用，财政监督使用的原则，用于航道养护与管理。由此可见，在滇池水域航行的机动船舶是要交纳内河航道养护费的。

21世纪后，为了保护和治理滇池，控制、减少营运性燃油机动船舶对滇池的污染，市政府做出了滇池水域内禁开燃油机动船的决定。2006年11月27日，市人民政府发出《关于禁止营运性燃油机动船舶在滇池水域航行和作业的通告》（以下简称《通告》）。《通告》明确，凡在滇池水域内（包括草海、外海和通往滇池的河道）航行、作业和停泊的燃油机动船舶，其所有者和经营者应当自即日起10日内到昆明市滇池地方海事处进行登记；持有船舶所有权登记证、船舶国籍证书、船舶检验证书、船舶营业运输证、水路运输许可证、工商营业执照、税务登记证的，应当持证进行登记；营运性燃油机动船舶所有者应当在2007年1月1日零点前将船舶集中停泊到指定地点封存，并按有关规定处置；对经审核证照齐全、合法经营、自行处置船舶的所有者，按规定给予补偿；船舶所有者自行处置船舶的时间自即日起至当年12月31日止。《通告》同时明确，违反《通告》规定、逾期不进行登记和处置的营运性燃油机动船舶，将由有关部门依法撤销其经营许可，并不予补偿；自2007年1月1日起，仍在滇池水域内航行、作业和未按规定在指定地点停泊的营运性燃油机动船舶，由有关部门依法予以取缔；自本《通告》发布之日起，暂停办理入滇池船舶新增或改造的审批。此外，因滇池保护、治理和管理工作确需在滇池水域内使用的燃油机动船舶，必须符合有关防治污染的规定和标准，报昆明市滇池管理局批准后，方可在滇池限定水域内限期使用。经查，当时在滇池水域作业和航行的船舶涉及8个航运公司，229艘船舶，其中营运性燃油机动船143艘、工程船41艘、公务船45艘。

此次取缔的船舶主要是营运性燃油机动船。为照顾经营者的利益，对于经审核证照齐全、合法经营、自行处置船舶的所有者，政府按有关规定给予补偿。补偿款主要分为三个方面：一是经营者的损失；二是转岗就业费；三是响应政策，提前办理手续的奖励。经营者的损失主要指的是船舶停止使用后对经营者造成的成本和收入问题，这一笔补偿所占比例较大，由竞标选举产生的会计师事务所对船舶进行评估，按照评估出来的价格，给予50%的补偿，并将船舶退还给个人，采取集中停放或脱离水域自行保管的两种办法处理。对于船主的转岗就业费，客船每艘给予1万元、快艇每艘给予4000元的补贴。奖励为在2006年12月11日之前办理手续的船主，每提前一天，客船每艘给予300元、快艇每艘给予150元的补助。据统计，143艘船的补偿费用大概为650多万元。对逾期不进行登记和处置的营运性燃油机动船舶，由有关部门依法进行处理，不予补偿。

通过广泛宣传、动员，在滇池水域内的143艘营运性燃油机动船全部按规定归港。与此同时，对停航的营运性燃油机动船进行改造，改为燃气机动船，使滇池水域船舶数量进一步减少。2010年8月21日，市政府办公厅发出《关于进一步规范滇池营运船舶管理的通知》（以下简称《通知》）。该《通知》是在实施禁止营运性燃油机动船舶在滇池水域航行和作业的基础上出台的控制营运性船舶污染、规范滇池营运船舶管理的措施和意见。《通知》对滇池观光旅游船只的相关环保指标做出明确规定，要求2010年底前所有进入滇池的营运性船舶必须达到"三个零排放"（即船舶油污水、生活污水、固体垃圾零排放）和"两项达标"（即船舶尾气和噪音达标）；对营运船舶总量进行严格控制，2010—2011年度营运船舶运力控制总量为2000客位；对营运船舶航行的水域也做了划定，2011年12月31日前，滇池水上营运船舶航行水域划定为草海水域和滇池外海距海埂大堤500米以内水域或指定航区内；对于符合总量控制要求、船检合格的营运船舶，要向滇池船舶准入许可审批部门申请办理"滇池船舶准入许可证"；对违法营运船舶，实施"一次违法，永久退出市场"的制裁措施。该《通知》发出后，滇池航运相关单位和部门紧密关注国内外低碳环保动力的新技术、新成果，在滇池水域积极开展低碳环保动力船舶的引进和试验，取得了阶段性成果。

经过多年持续不断的治理，滇池水质越来越好，风景越来越美，乘船游览滇池的市民和来昆游客越来越多，使航运客运量逐步回升。在滇池游客越来越多的情况下，市滇池管理局滇池地方海事处对滇池航运船舶实行严格管理，严防各类安全事故发生。2015年，客运船舶进入滇池必须持有"船舶国籍证书""船舶所有权登记证""船舶营业运输许可证""船舶检验证书"和"滇池船舶入湖许可证（临时）"，5证齐全才能入滇池航行。前4个证书由市其他行政主管部门颁发，"滇池船舶入湖许可证（临时）"由市滇池地方海事处颁发。在客运船舶入湖许可工作中，市滇池地方海事处对滇池客运船舶逐条进行了实船检查，凡手续、证书不齐或过期、安全及防污设备设施不齐或失效的船舶，不予颁发"滇池船舶入湖许可证（临时）"。在获得以上5个证书进入滇池运营后，客运船舶还必须随船携带"航行日志""轮机日志""签证簿""安全检查记录簿""船舶垃圾与生活污水处置情况登记簿""船员适任证书"等并认真进行记载。除了取得各种证照外，客运船舶必须按一定的航道航行，各型船舶的离岸距离也有相应的规定，船舶出航时间也有要求。客运船舶主要有两片航行区域。一片是草海区域，游览船单程航行时长20—30分钟，快艇航行时长5—10分钟；另一片是滇池外海海埂片区，游览船单程航行时长45—60分钟，快艇航行时长10—20分钟。草海片区的航线为大观楼至草海湖口，海埂片区的航线为海埂至晖湾附近。按照相关要求，客运快艇离岸距离不允许超过500米，游览船离岸距离可根据船舶大小稍微放宽。

## 重大海难事故

滇池冬春季节西风较多，夏秋季节西南风较多，常年都有风浪，因而在滇池航行存在一定的危险。历史上滇池航运繁忙，舟船往来如梭，木帆船自身稳定性差，抗风浪能力弱，加之船上没有救生设备，因而船翻人亡是常有的事；只不过木帆船载客少，翻船死亡人数也少，对社会造成的影响不大。但有了轮船之后，翻船事故的死亡人数就会很多，对社会造成的影响也很大。民国时期，在滇池航运的轮船就发生了两起严重的海难事故，且两起事故都是发生在同一条轮船上。

昆明商人从越南海防购进的由法国制造的滇池第一艘蒸汽轮"飞龙"号存在设计欠佳、稳定性不好的问题。"飞龙"号轮的船舱有3层，底层载货越多，船就越稳。底层货少，则重心高，易倾覆。但轮船潜在的危险因素并未引起公司的注意，再加上当时没有相应的船舶检验部门，"飞龙"号轮在滇池行驶中曾多次出现险情。民国九年（1920）8月3日（农历六月十九日），时值观音山庙会，周边男女争乘"飞龙"号轮去赶庙会。"飞龙"号轮正常情况下载客不能超过200人，但这次载客超过300人。由于严重超载，再加上人们赶庙会很少会带货物，人都坐在船的上层观看滇池风景，造成船的重心较高，稳定性不好。船由大观楼起锚不久便翻沉，死亡数十人（具体溺亡人数，当时没有公布）。后沉船借用滇越铁路和兵工厂的起重机打捞出水。事故发生后，政府即勒令"飞龙"号轮停业，并由实业司"照实价以九折收回。"民国十年（1921），又有人发起成立昆玉轮船公司（仍属官商合办），将原"飞龙"号轮加以修理后继续行驶。至民国十一年三月因本省政变又再度停驶。

"飞龙"号轮几易其主后，改名"福海"号。从"飞龙"号到"福海"号，该轮船行驶近20年，船体破旧，政府曾多次勒令停驶检修，但终因"此修彼坏，修不胜修，补不胜补"，"各股东均退出"。民国二十一年（1932），商人周紫东承租单独经营。但由于当时"社会不景，生意冷落"，于是船主"对于开支，力求缩减，轮上应有救护制备，完全缺乏，掌舵者，薪工甚薄，开驶时，以脚随便代手……遇有修理，但求敷衍，而对于收入方面，则尽量希图增加"。如此种种，埋下了"福海"号轮的重大隐患。民国二十六年（1937）3月22日，"福海"号轮由昆阳返回昆明，途中遇上大风浪，整船沉没海底，乘客溺死139人，造成滇池历史上最大的翻船惨剧。据查，该轮本定头日（即21日）由昆阳驶往昆明，因当日客货不多，船主认为"开驶来省，殊不划算"，停航一日，于22日开船。这天适逢街期，人货拥挤，两日先后上船约140余人，另有布匹、茶叶、杂货共计72驮，"总计人货不下三万斤，实开福海轮载重之新纪录""当时海面距甲板仅只三寸，其危险可知"。"福海"号驶出昆阳约5千米至海口心（花猫咀）附近，"时已正午十二时，风浪大作，轮船旋转不已，乘客相顾失色，秩序亦随之大乱"。船员们慌忙把部分货物推进湖里，打算将船驶往六七里远的灰湾避风浪。但在这危急时刻，船又开始漏水，乘客们慌忙脱衣堵漏，乱作一团。但始终没有办法将船拨正舵位赶往灰湾。船在风浪的吹打下，渐渐向西侧倾覆并沉没。遇难乘客"虽嘶声呼救，无如声不及远，终属无效"。"福海"号轮出事后5分钟左右，"西山"号轮由昆明驶近，远见"福海"号轮还没有完全沉没，船顶上还聚集着几十名乘客，湖面上还有数十人紧抱木板等物漂浮着。"西山"号轮见风浪大，不敢驶近，便掉头开至附近的爬齿山，把客货卸下后再赶去救援。此时，湖面上漂浮的人已经沉没，只从船上救起紧紧抱住轮船烟囱没有完全沉入水中的2人。事故中淹死乘客139人，仅2人得救，淹没茶叶、杂货72驮，造成滇池历史上最大的海难事故。

　　"福海"号轮失事后，省政府即下令滇池内所有轮船停驶，"须经特别检查乃准营业"。当时"受累停业"的有"西山"号、"镇海"号、"济海"号等，运输约13年的"镇海"号停航后长期搁浅而报废。滇池轮船的停驶，无疑对滇池地区交通运输和社会生活产生较大影响，就当时而言，"迤南（即滇南）数十县货驮，全赖轮船以为运输"。时"汽车之价客货比船价贵至十倍左右"，汽车与轮船比较，"玉溪至省虽有汽车，而车费较昂，一般劳动阶级、小本经营者无力乘坐"。轮船与木帆船比较，"帆船运输迟滞行缓危险"。当时，因"西山"号轮停航而影响生计的王和祥、滇省荣顺祥、恒宝源等近50家商号给省建设厅的报告中，一再要求恢复滇池轮运。报告称："商民等经营生理工程，向由思茅、景谷、镇远、墨江、沅江、新平、通海、河西、峨山、玉溪、昆阳等处采办土货运省销售；复由省办货回销原地，其来往所经概以滇池为咽喉……亦自轮船行驶甚为便利，商业日渐发达，商民等直接以生意度日生活者不下数十万人。"由此足见滇池航运与人们的经济生活关系密切。轮船停驶，对于从事小本经营的商贩和其他劳动阶层是较大的打击。但是，由于当时昆明尚无正规的船舶检验机构，当局也派不出专家对各轮进行检验、鉴定，故而采取"因噎废食"的消极态度，一拖年余，引起各轮船公司的不满和责难。经过一年多的交涉，至民国二十七年（1938），省府才决定"延聘法国造船专家到滇指示修理"，其来往费用由各轮船公司凑集（旧滇币6000元）。当年底，各轮才相继复航。

# 第五章　涸、围湖谋田与防浪堤

滇池地区三面环山，一面临水，平坝面积有限。拓东城建立后，人口不断增加，导致人与水争地的矛盾出现。人们为了生存和发展生产，不断通过缩小滇池水面的办法来扩大陆地。元代昆明成为省会城市后，为满足城市发展和人口增长的需要，采取涸湖谋田的办法降低滇池水位，扩大农田面积；在局部水域则采取筑堤围湖的办法获取耕地。20世纪60年代末70年代初曾在滇池大规模地进行了围海造田运动。为保护湖滨的农田不受滇池水浪的侵袭，在湖岸修建防浪堤。防浪堤虽起到了防止风浪袭击滇池沿岸海田的作用，免除了水土流失，但修建防浪堤和围海造田使滇池的面积缩小，蓄水量减少，导致滇池自净能力减弱和自然生态环境恶化，对滇池渔业、城市供水和气候造成难以挽回的危害。

## 第一节　涸　湖

滇池涸湖，是指人们有目的地疏浚和开挖滇池出口（海口河），加大下泄水量，降低滇池水位，以利防洪和造田。滇池涸湖从元代疏挖海口河开始，明清两代都对滇池进行过涸湖。但由涸湖得来的农田由于地势较低，经常被湖水淹没，耕种效益不高。

### 元代涸湖谋田

宋宝祐二年（1254），在蒙古汗国大将兀良合台攻鸭赤城时，滇池水位约在1889米，出现"水及城市，大田废弃，正途壅底"的情况。据《元史》载，至元十年（1273），平章政事赛典赤命巡行劝农使张立道率众3000人疏浚海口河，泄滇池水，得壤地万余顷，皆为良田，减轻了水患。开挖海口河内的鸡心、螺壳等险滩，在海口修建3座水闸，共21孔，至今遗迹尚存。这是有史料记载滇池地区"涸水谋田"的开始，也是一次大规模的造田运动。

### 明代涸湖谋田

根据《明史》《明实录》《滇云历年传》《云南通志》等史书载，明代滇池地区有6次涸湖谋田，规模较大的有2次：明洪武十五年（1382），滇池溢，末流浅狭，霖雨泛滥，濒池之田不可稼。黔宁王沐英率万人疏池口入渠滥川中，浚而大之，垦田万余亩，无复水患。明弘治十四年至十五年（1501—1502），云南巡抚陈金动员民工和六卫军2万多人疏浚海口螺壳滩至青鱼滩间10余千米河道，通畅出水河道，使"池水顿落，得池旁腴田数千顷"。

## 清代涸湖谋田

清代疏浚海口河次数较多。康熙四十八年（1709）至光绪十一年（1885）进行过8次疏浚，涸出大量耕地，使滇池"涸水谋田"的面积增加到20多万亩，大都成为良田，对农业发展发挥了重要作用。涸出的这些农田多数被官绅占为己有，或为军队屯垦之田。清代涸湖谋田规模较大的有2次：雍正七至八年（1729—1730），总督鄂尔泰、巡抚张允道主持修海口水利，铲平老埂、牛舌洲、牛舌滩，并筑坝隔绝晋宁河水，不使其倒流，在石龙坝下另开引河，结果涸出腴田甚广。乾隆五十年（1785），巡抚刘秉恬主持修海口河龙王庙至石龙坝段，长9350米，深约0.3—1.7米，以资宣泄。经过不断疏挖，海口河泄洪能力增强，但滇池沿岸农田地势较低，"夏潦暴至"宣泄不及，沿海农田经常被淹，不少农田只能种大春一季，有的栽插抗涝性强的水涨谷，有的要等滇池水消退时才能栽种。收割时水涨，需乘船收割。民谚有"海水退，种田地，水齐腰，谷打包，秋撑船，割谷忙"之说。中华人民共和国成立初期，仅官渡区沿岸只能种大春的农田为34170亩，需划船收割的农田为1.45万亩。

# 第二节 围 湖

滇池围湖，是指人们在滇池近岸局部水域筑堤围出部分面积，排干积水获得农田。滇池围湖不迟于明朝。据《明实录》记载："滇池涨溢，筑堤数十里，以防水患，患遂息。"这是围垦滇池的第一次历史记录。据此，滇池围湖不迟于明朝正德四年（1509）。但大规模地围湖是在中华人民共和国成立以后，不仅围湖谋田活动增多，而且规模较大，滇池沿岸的官渡、西山、晋宁都进行了围湖谋田的活动。规模最大的一次是1969—1970年由省、市革命委员会组织的围海造田运动。据有关材料，从1938年到70年代初的围湖谋田，共使滇池水面减少38.8平方千米，减少约12%。

## 草海水面围湖造田

1969年，在"备战、备荒、为人民"的口号下，省、市革命委员会负责人组织人员经过对滇池沿岸的粗略踏勘，决定发动城市群众义务劳动，"大打一次围海造田的人民战争"。此次围湖北从臭水河口起，向南至海埂望云岛止，在长2700米的范围内筑堤，将草海水面1万多亩改造为农田，号称"围垦2万亩，造田1万亩"（围垦2万亩指将淤积海滩改造为田，造田指填平草海造田）。同年12月中旬，从市"五七"干校抽调60多名干部组成围海造田指挥部，市革委副主任黎韦任指挥长，下设办事组、政工组、群工组、后勤组，并在料场、水上和造田工地分设3个指挥分部。机关干部义务劳动大军组成3个大队：省、市级机关为第一大队；市航运公司为第二大队，负责运输；省、市公检法系统为第三大队，负责料场开采。同时，采取专业队与义务劳动相结合的形式，从全市1000多个单位中抽10%的人员，并动员农民6000人、大中学校"红卫兵"1.5万人参加劳动。开始时，每天参加劳动总人数达3.5万人，造田阶段每天参加义务劳动人数达到10多万人，全市各行各业几乎无一例外参加这项工程，其中有十二三岁的小学生，也有六七十岁的退休工人、城市居民。这场围海造田运动发动面之广，前所未有。12月28日，全市在东风广场召开有10万人参加的誓师大会，号召"向滇池进军、向滇池要粮"。围海造田工程于1970年元旦正式开工，同年8月11日停工，共计213天。

围海造田工程经历了筑坝、排水、造田、栽种、扫尾五个阶段。其中：一是筑堤坝。堤坝分主坝与副坝两段，主坝长2556.35米，副坝长610米。主坝最大水深3.1米，最浅0.5米，一般深2米。水下有3种情况，一般地段稀泥约1米，有的地段有螺壳和草煤深约0.7米；深水段水下有淤泥深3—4米。施工时以500米为一段，每段选几个点，在点上填石填土，出水后再向两端扩展连成线，然后抛石护坡、填筑碎石土料，堤出水面0.5米时再夯实。施工中，用矿兜车40台、电铲1台，开采毛石6万立方米；用推土机4台推土。各县区民工及航运公司主要负责水上运输，共有大中型船只210艘、小型船只450艘、拖轮5艘。此外，还有专人负责填塞原有沟道、新开排水沟和修路等工作。这一阶段是工程最艰巨的阶段，春节群众不下工地，从开工到2月9日，历时40天完成了筑堤任务，共用工日约200万个，每天上工地人数约5万人。二是排水。大坝筑成后，堤内有1700万立方米积水。为将积水排出，市革委在全市40个单位中调出抽水机200多台，由各单位负责运至工地排水。于2月10—28日将堤内的积水排完。排水时因水位下降，致北端大坝下沉，经抢修加固，保证了大坝安全。此段共用72万个工日，日均出工人数约4万人。三是造田。排水后露出的草煤和淤泥层无法耕作，故决定采取客土加磷肥的办法进行改良。在1万亩面积上铺一层10厘米厚的红土，共需土方45万立方米、劳动工日140万个，土料由西山运来。施工时，把围区分成5片，省级机关、市级机关、盘龙区、五华区、大中小学各负责1片，每日出动5—8万人参加义务劳动，星期日最高时达到13万人，调来100多辆汽车运土。自3月1日至4月底，用60天时间完成了任务，用工日474万个。四是栽种。为实现当年造田、当年栽种、当年收获的要求，造好的田全部播种，除围垦的2万亩分别拨给公社栽种外，1万亩新造田则组织人力栽种，并组成秧苗小组、自流灌溉小组和栽种小组，3个小组各负其责，于4月28—29日开办栽种学习班，参加的有呈贡大队、官渡大队、省农科所、市农科所各100人，新造的5片田各200人参加，共计1400人。因田内淤泥很深，拖拉机、耕牛均无法下田，全部使用人犁、人耙。从5月3日开始栽秧到5月25日结束，共栽下水稻7000多亩，点种苞谷1500多亩，平均日上工地人数达7万人，共用去工日161万个。五是扫尾。扫尾阶段的主要任务为加固大坝、整修排灌沟渠和围筑1个500亩的大鱼塘。工程从5月开始至8月11日全部工程完工，共77天，每天出工约3万人，共用工日231万个。8月13日向省、市革委会报捷，围海造田工程宣布完工。围海造田工程除义务劳动人员工资、补助、交通费不计外，仅机械设备、木材、钢材、油料工具、运费、民工工资及补贴共开支3550945元（其中工资、补贴522262元），共用工日1138万个。

此次围湖造田工程，修筑了底宽27米，顶宽6米，平均高度7米，长2700米的拦水堤坝。为截断臭水河、永昌河出口，筑主坝2.7千米，筑副坝0.7千米，围筑鱼塘坝1.1千米。附属工程完成新挖32米宽的河道长520米，挖排灌总渠16.8千米、排灌支渠38.7千米；修建进水闸7座、排洪闸3座、公路桥4座、排涝站4座、进水涵洞5座。围垦的3万亩淤积地中，2万亩拨给官渡区的福海、前卫、六甲3个公社栽种，新围的1万亩建立海埂"五七"农场。该农场4000余名职工中，除部分干部、知青外，多数是从昆明市近郊各县区抽来的年轻精壮的社员。当年，"五七"农场收获粮食1400吨，平均亩产140千克。

围造的土地在新垫薄土层下为草排和草煤，表面有一层白色碳酸盐，种稻谷碱性大，种小春霜害重，加之几年来不少地方逐渐下沉，有的地方有流沙，田内因为缺土，每年都要花钱运土增添，雨季一来又被冲刷。因大量填土，劳力和经费需求量大，造成很大困难。又因大堤渗漏，雨季积水，每年排涝电费即需8万多元，而种植的农作物亩产量逐年下降。至1974年，农场已精简职工3000名，保留1000多名，并在昆阳办了一个小磷矿。到1977年，农场共亏损9435210元，平均每年亏损150万元。1977年后，农场经过整顿，开展综合经营，发展畜牧、养鸡、养鸭、渔场以及服装、饮料、电器五金、饲料、基建队，并建立海埂公园发展旅游业、商业等，情况逐渐好转。1981年实现盈利14869.99元，1983年盈利485838元，1985年盈利超过100万元。

围海造田的副坝由于建设时基础未处理好，1979年9月，滇池水位上涨，副坝有200米地带下沉开裂，大坝下沉3.74米，位移3.56米。9月11日，副坝告急，省、市领导迅速组织抢险，驻昆部队、周围社队都派人支援，从西山运土来填筑堤坝，才转危为安。此次抢险经历时间1个月，投入劳动工日29327个（部队支援4500个），就地取土32034立方米，从西山运土9307吨，共用354船次，其中航运公司出动165船次，用去草席包8.5万个、杉松桩1659根。1983年8月，滇池水位上涨，副坝再次下沉50厘米，大坝开裂，大量渗漏，1600多亩农田被淹，经加固培厚后排除险情。1985年后，在围区内划一部分土地作海埂国家旅游度假区，7个国家部委在此建了疗养院，建立了海埂体育训练基地、云南民族村等。围海造田的土地逐渐被开发利用，农田荡然无存。

## 县（区）围湖造田

1970年，市革委组织了大规模的围湖造田后，沿湖的官渡、西山、呈贡、晋宁4个县（区）也掀起了围湖造田高潮，直到1972年3月中央明确指示"不要再搞围海造田"后才基本停止。共造田5000多亩。

**官渡区** 1958年，官渡区在大搞水利建设的同时，在滇池北岸从马家堆起经湖埂至呈贡彩龙村进行围湖造田。1958年3月2日，官渡区正式成立湖堤工区指挥部，4日动工。从沿湖的乡、社抽调民工7000人，其中5000人安排在大观楼至湖埂段，分取土、航运、装卸、西坝河堤、分洪河堤5个大队。航运大队调集大木船160艘、小船500艘、拖轮2艘、快艇2艘，在西山脚下取土。同年8月20日工程结束，历时168天，总共构筑湖堤长27460米，湖埂段640米湖堤顶宽6米，其余湖堤顶宽均为2米，堤顶高程1887米（湖防），迎水坡比1：2.5，背水坡比1：1.15。新增湖田约1.06万亩，并使原有的1.04万亩一堡田变为两堡田。在围湖筑堤的同时还新建了马房桥、新拨口、永昌河、洋干河4座闸门。洪家村至呈贡彩龙村段抽调矣六、宏仁、龙马、后所、团结、六甲6个乡民工2000人，完成大清河至六甲河嘴、六甲河嘴至小河嘴一段共长2222米。此后，因松华坝水库开工，民工被调走建设水库，使围湖造田停工。此次围湖新增湖田600亩，原有400亩一堡田改二堡田。

1958年后，官渡区曾在原大圩塘、五甲塘、渔村塘等滇池湖滨带围垦农田约6.6平方千米。1965年，福海公社大坝大队在农村社会主义教育运动中，为了改造沿湖一堡田、易涝田，广大群众自力更生，从当年12月28日开始至次年3月，仅3个月时间就筑起长5351米的围堤，其中围湖筑堤150米，造田400亩。全大队共有湖田1965亩，大春原亩产仅400市斤，一堡田占68%，其土地不但被湖水冲刷，并被采莲河、船房河、永昌河洪水淹浸。筑堤后，1300多亩一堡田改造为二堡田，还修建了200亩水面的鱼塘。

1970年7月后，官渡区福海、六甲两公社在北起马家堆至海埂新庙和洪家村至呈贡彩龙村进行围海造田，沿湖东岸的东亮塘、西亮塘、五甲上下塘、福保塘、杨家塘均排水造田。福海公社投资111057元。其中，吴井、河南、船房、永联、河北5个大队各自筹措经费1万元，共5万元；国家补助4万元；全社人口每人集资1元，共筹得21057元。组织全社5000名社员（占总劳动力的42%），出动船只180艘、板车50辆，自陆家沟口向西，经西坝河新冲头直至老冲头污泥水尾筑堤2820米。至年底完工，总计造田2500亩。1972年，由于滇池水位猛涨，所造之田又被淹没。1973—1974年，公社又投资139130元、投工579373个工日对围堤的大部分（长2050米）进行加固，围湖田中的270亩因土质差不能耕作而改建成鱼塘。六甲公社段筑堤2000米，造田2600亩。工程于1970年开工，次年上半年基本完成。出动7000多人，出动船只137艘、板车16辆，共用资金808130元。因湖堤被冲倒，实际受益的农田只有1600亩，不能耕作的农田有1000亩。

1980年后，对围湖的湖堤全面进行整修，用水泥沙浆砌石护岸，堤面夯土。至1988年，共完成海堤29082米（未支砌的750米）、河堤3859.8米，支砌石方123539立方米、土方226680立方米，共用经费3078267元，其中市拨14万元、城建局拨15万元，其余均由区自筹。

20世纪50—80年代，官渡区共在滇池围湖造田40115亩。其中，可耕作的34460亩（1.73万亩需经常排涝），无法耕作的5655亩后改建成养鱼塘。围湖造出的田均在滇池正常水位以下，需要经常排涝。为此，1965—1975年，投资69.89万元，其中国家投资37.54万元、社队自筹32.35万元，建成电力排涝站17座，装机39台，总容量1867千瓦，以保证围田的正常耕作。

**西山区** 1958年6月至1966年3月，西山区动用民工33675个，完成土石方17785立方米，筑堤15351米，围湖造田510亩，改一堡田为两堡田1300亩。1970年3月，西山区委决定在滇池草海北岸围湖造田5000亩，由云南冶炼厂水泵房进水沟口至王家堆筑堤坝，堤坝全长3321.5米。3月底成立了以区革委会主任郑效斌为首的指挥部，施工人员由各公社、企事业单位抽调4125人，编为7个营2个连，即东风营、海联营、碧鸡营、海口营、工交营、财贸营、学校营，机动连、直属连，同时组织义务劳动，工地劳动最多时达万人。围堤湖水最深处2.2米，平均1.8米，为有利排水，请昆明航管站用挖泥船在围湖区内开挖2条排水大沟，一条由王家堆至普坪村，一条由王家堆至柳树坝，共长1700米，深3米。工程于当年4月30日开工，由海口营担负开山炸石任务，木材由团结、谷律、沙朗、厂口4个公社供应，运输工具从东风、碧鸡公社调来大小木船359艘，航运公司拖轮3艘，架设由普坪大箐至王家堆的米轨铁路，各营负责运土运石、筑坝。1971年7月4日大坝合龙。大坝形成后，区排灌站派职工10人安装抽水机16台，装机容量730千瓦，在15天内排出堤内水3924万立方米。水排干后进行大坝加固，到1973年3月工程结束。总计出动77862人次，用工2026615个工日，筑土石方397639立方米，经测量共围湖4572亩。施工中死亡5人，工伤36人。1974年5月滇池水位急升，8月大坝下沉7处，决口共长340米，区领导亲临现场指挥，调来木船64艘，用手扶拖拉机559个台班，民工3927个工日，运土3735立方米，运石408立方米，打下杉松桩819棵，用席包7800个，抢险70天保住了大坝。

围海所得田地分给东风公社1821亩、海联公社806亩（后因路远不便耕作，转让给东风公社）、碧鸡公社1014亩，其余572亩分别划给市革委、昆明铁路局、区财贸、区工交、区人武部、区革委、昆明电机厂、昆明水泥厂等单位作副业生产基地，留下341亩未分配。土地划定后即由各单位平整垦种，仅东风公社即修机耕路3条，长3185米；排灌沟2条，长2351米；排水沟16条，长1166米。挖鱼塘220亩，并建盖了住房。围垦田地五六年中能种植的仅1000多亩，年产量1000吨。220亩鱼塘因塘底是草煤，鱼产量很低。因围湖受益不大，亏损严重，1983年底西山区委研究决定退田还湖，恢复水面，并拨款40

万元作为淹没区建设的赔偿费用。西山区围湖造田从建堤坝到赔偿损失共开支经费4305482元，其中，建坝费146万多元，建泵站费40.12万元，大坝抢险加固28.7万多元，赔偿费40万元，电费62万元，平整土地费83万元，其他费用30.6万多元。

**呈贡县** 1970年3月，在全市围湖造田高潮推动下，呈贡县计划在乌龙、斗南、江尾等大队约5千米长的湖岸线上筑堤围湖面积5000亩，造田2000亩。同年8月，围湖造田工程开工，由沿湖社队抽调民工参加建设。施工高峰时，工地日上民工约5000人，抽调沿湖各社队大船26艘、小船22艘、推土机2台、马车98辆参与施工，工程历时2年未完工。1972年3月，因中央明确指示停止围湖造田后工程停工。两年共投入劳动工日97.5万个、马车工日3.9万个、船工日8600个，占地17亩，伤残民工23人，造田未成还支付赔偿费105.12万元，加上围湖所用建筑材料费37.33万元，总计用去费用142.45万元，没有取得任何效益。

**晋宁县** 1953—1969年，晋宁县共围湖造田2.87平方千米，建成昆阳农场。1970年6月13日，晋宁县革委会发出关于围湖造田的通知。工程计划在滇池南端，由东岸的上蒜公社河泊大队大嘴头到西岸古城公社的甸心大队大河尾筑长堤6千米成一直线，计划造田5.5万亩，为滇池外海造田面积最大的一片。此片水深平均2米以上，最深达4.5米，围湖面积37平方千米，需排水1.5亿立方米。工程于1970年6月22日开工，县成立了围湖造田指挥部，由革委会副主任王明虎任总指挥，下设政工组、施工组、后勤组。参加施工的有新街、晋城、上蒜、昆阳、古城等公社的民工。开工时民工为1600人，11月以后达到6600人。公社成立营指挥所，大队编为连，小队编为排。民工报酬一律回社队分配，指挥部给予补助，每工日补助0.05—0.20元，停工后每工日补助0.30元。围湖造田施工分为古城公社甸心大队河泊一带和东岸的上蒜公社牛恋大队小渔村一带共2片，总指挥部设在甸心大队，分指挥部设在小渔村。在古城公社大河尾村与小渔村一带分别开挖土石料，从这2个点铺设轻便铁轨至滇池边，土石料运至滇池边后，分别装上由生产队抽调来的100多艘大小木船，沿堤线运至筑堤地点向湖内抛石料、土料。因堤长水深，至1972年3月大堤仍未出水面。后按中央指示精神停止施工。至此，晋宁县围湖造田共投入劳力4076012个工日，支出资金378万元（其中省、市拨款286万元，晋宁县自筹32万元，利用国家下拨水利款投资60万元）。此项工程最终未见效益。

## 围湖谋田的危害

滇池的造田，由自然的"沧海变桑田"逐步发展到元代以后的涸水谋田及中华人民共和国成立后的人为围海造田。据航空照片及有关材料显示，1938—1958年，滇池共围去水面15.5平方千米，折合23250亩，其中外海7.8平方千米、草海7.7平方千米。20世纪60年代末和70年代初进行的大规模围湖造田，共围去水面23.3平方千米，折合34950亩，其中外海9.9平方千米、草海13.4平方千米。总计滇池水面被缩小38.8平方千米，折合5.82万亩，约占1938年滇池正常水位湖水面积的12%，其中草海共围21平方千米，折合3.15万亩，约占原来面积的70%。围湖造田使滇池的面积缩小，减少滇池蓄水能力1.55亿立方米。剩余水面积只有古滇池的24.7%，蓄水量只有古滇池的1.9%，导致滇池自净能力减弱和自然生态环境恶化，对滇池渔业、城市供水和气候造成不良影响，并造成滇池污染严重、水质恶化。

# 第三节　防浪堤

在滇池湖岸修筑防浪堤可以防止风浪袭击滇池沿岸田地，免除水土流失。滇池修筑防浪堤最早可追溯到宋代云南大理国时期。但滇池大规模修筑防浪堤是在20世纪50—80年代，在滇池沿岸共修筑防浪堤113.147千米。

宋庆历元年（大理国正治十五年，1041），大理国王段素兴在拓东城南筑"耒镇堰"，以防湖水浸害"东都"（拓东城）。元朝时，梁王倡导在昆阳北筑玉带堤防御滇池浸水，由卧龙庄至渠东里，横亘十余里，堤上铺垫有螺甲白沙，莹如白玉环绕，故称"玉带堤"，后改称"锁堤"。堤上建有徵元阁。明弘治五年（1492），张泰在滇池筑堤，"以弥其患"。正德四年（1509）"七月滇池溢涨，筑堤数十里，患遂息"。但这些古代筑的堤事后大都坍塌。清咸丰七年（1857），呈贡县遭洪涝灾害，于是在斗南、安江村一带筑堤护田。"丁巳（1857）大涝异常，堤被风浪淘蚀，化为乌有，田变为沧海，村民既溺且饥。"咸丰九年（1859）"再筑新堤，植村保护"，后成为著名的"柳林"。尽管自大理国以后，历代都修建滇池防浪堤，但滇池风浪侵袭危害农业生产及居民日常生活的状况，一直持续到20世纪中叶。中华人民共和国成立后，为解除滇池风浪的侵袭，在1958—1988年，滇池沿岸的官渡、西山、呈贡、晋宁4县区共筑堤113.147千米（包括护河、护沟堤）。其中，官渡区32.94千米，西山区21.893千米，呈贡县25.96千米，晋宁县32.386千米。

## 官渡区防浪堤

官渡区位于滇池东北岸，河道纵横，堰塘众多。历史上一些浅滩洼地在滇池涨落过后而被围垦。区内有王家、张家、陈家、鱼堆等10多个被称为"堆"的滩涂地，农民隔水耕作。此外，官渡区还有内陆堰塘、河湾沟渠，为鱼类养殖水面。全区滇池自然湖岸线长72.461千米。1958年，官渡区成立海堤工区指挥部，开始围湖造田。经过全区5000民工168天的艰苦施工，在马家堆至韩家村、永昌河尾至渔户村、渔户村至海埂、东海堤段的大清河至六甲河嘴、六甲河嘴至小河嘴（福保段）分段筑堤29.68千米，共造田1.06万亩。1965年12月28日，福海公社在草海摆渡河与采莲河中、老马地至海埂围塘造田400亩，将1000亩水淹田变两堡田。1970年开始第三次围湖造田，自马家堆到海埂新庙，洪家村至呈贡彩龙村全面进行，将区内东、西亮塘，上、下五甲塘，福保塘，杨家塘等几个较大的堰塘排水为田。其中，福海公社筑堤2820米，六甲公社筑堤2000米。为确保海埂堤在风浪袭击下能够安全度汛，从1980年起进行分段治理，将一些抛石堆土的海堤采用水泥砂浆砌石护面夯土为堤，到1988年完成支砌堤长32942米，其中入湖河口护堤3709.8米，湖堤顶标高1888.2米（湖防1887米）。

1958—1988年，官渡区共投入劳力353.4万个工日，完成土方200余万立方米、石方64.4万立方米，耗资477.6万余元（国家投资363.2万余元，社、队集资114.3万余元），围湖、塘4万余亩，造田3.4万余亩，建鱼塘5655亩，改原水淹一堡田为两堡田11040亩。在滇池周边县区中，为修筑防浪堤历时最长、筑堤最长、耗资最多的区。

## 西山区防浪堤

1986—1987年，西山区共建成滇池防浪堤7862米，其中马街镇4446米、碧鸡镇3416米，共完成毛石支砌11542立方米。1989年，续建防浪堤14.031千米，其中马街镇10.615千米、碧鸡镇3.415千米，完成毛石支砌25376立方米。两次防浪堤建设共投入资金142.9万元，建成防浪堤总长21.893千米，完成毛石支砌36918立方米，挖土方2.5万立方米，保护农田4000亩、养鱼塘水面972亩。

## 呈贡县防浪堤

民国年间，呈贡县滇池沿岸线的村落即订立了乡规民约，明确村民不得追田开耕，只能沿岸种树，以防止水土流失，保护耕地。1982—1986年，斗南村、下可乐村、新村等地兴建高3米的混凝土防浪堤2.2千米。1987年，沿湖村庄全线动工，共挖土方16.84万立方米，砌石2.63万立方米，浇筑混凝土0.48万立方米，建成防浪堤9.352千米，护河护沟堤5.97千米，保护耕地2500亩，新增鱼塘260亩。江尾、乌龙排涝站除涝800亩。1988年，完成大堤5.891千米，护河沟堤8.05千米。至此，全县共建成防浪堤（包括护河沟堤）25.96千米，保护耕地4870亩。

## 晋宁县防浪堤

1987—1988年，晋宁县在县属滇池沿岸易受风浪浸渍的地区修筑防浪堤32.386千米。防浪堤迎水面用水泥沙浆砌毛块石料，堤顶宽0.6米，高程为1888.7米。堤砌石后还培厚土堤，顶宽不小于2.4米，堤后建鱼塘，工程耗资238.5万元。其中，市投资110.5万余元，县投资60万元，乡及办事处投资32.5万元，农民投资35.5万元。

# 第六章 节水与再生水利用

滇池流域的水资源十分有限，开展计划供水和节约用水，不仅是滇池流域经济社会发展的需要，也是人类文明生活的重要体现。抗日战争时期，由于电力供应不足，加上自来水厂4次被炸及用水人口激增等原因，昆明市区自来水供不应求。为缓和供需矛盾，1943年4月，市政府正式执行《取缔昆明市浪费用水办法》。同年6月，为保证节水工作的开展，水厂还向市政府、省主席呈报了节水实施步骤。1950年后，自来水厂规模逐年扩大，供水量有所增加，但由于用水人口增加缓慢及其他原因，节水工作一度松懈。1975年，由自来水公司自己编绘的第一张节约用水宣传画问世，由营业所抄表员送到每一个用水户。宣传画在社会上对节约用水的重要意义进行了一次广泛深入的宣传，取得一定效果。改革开放后，随着昆明城市经济社会的发展和人口不断增加，水资源供需矛盾开始出现。1982年6月10日，市人民政府以"昆政发"号文件批转市自来水公司《关于开展计划供水，节约用水工作的意见》，决定成立昆明市计划供水节约用水办公室。同年8月21日，市节水办召开了第一次工作会议，随即正式开展节水工作。昆明市计划供水节约用水办公室的成立，是昆明节水的重要标志，是昆明持续深入开展节水的新起点。节水工作经过多年的持续开展，取得了显著的成效，昆明的节水工作已经走在全国城市的前列。2011年，昆明市成功创建为国家节水型城市，成为昆明一张金光闪闪的城市名片。

## 第一节 节水设施建设

昆明市把节水设施建设作为节水的基础工作来抓，强化用水管理，凡用水单位都必须安装用水计量表，在新建住宅推行自来水一户一表，对老旧小区推进一户一表改造。通过在公园、道路实行渗透铺装，工业和民用建筑项目配套建设雨水集蓄利用设施，积极开展雨水收集利用，不但有利于解决城市水淹路面的问题，又增加了水资源的供给。收集的雨水，主要用于绿化用水和卫生、清洁用水。

### 用水计量表安装

长期以来，昆明城市居民小区水费收取基本上是自来水公司按照一个单元一个总表来收费。由于单元一些水管因使用时间过长，老化破损较严重，有滴水、漏水现象，造成单元总表计量的用水量超过各居民用户的分表计量的用水量之和，超过部分就由居民户分摊，导致居民用水户分担滴、漏水的水费问题，由此产生了许多矛盾。1982年，全市仅有几个单位安装了314支分户水表。当年，市人民政府批转市自来水公司《关于开展计划供水，节约用水工作的意见》的通知中，提出要推行安装分户水表，实行计量收费。至1989年12月底，全市共安装分户水表约11万个。通过计量收费，促进了节约用水，工业用水的重复利用率由原来的7%提高到44%，总节约用水量为880万立方米。2000年后，昆明主城区的新建住宅小区（多层）从设计到施工必须按照"一户一表、水表出户、抄表到户"的方式实施。2001年，全面推进老旧小区一户一表、改表出户工作，根本解决用户交费难、轮值收费的问题，全年改造用户5310户。2002年，推进抄表到户进程，完成新装及改表出户2.03万户。到2005年，改表出户6.81万户，累计有近10万户居民用水户改表出户，加上新建小区安装的一户一表，有34万用户实行一户一表收费。2006年后，对小高层（高层）居民住宅小区也要求按照"一户一表、水表出户、抄表到户"的建筑方式进行设计施工，并按照"用户申请改造、先易后难、逐步推进"的原则，对老旧小区推行"一户一表"改造。2009年7月1日，《昆明市城市供水用水管理条例》正式实施。该《条例》规定，新建住宅应当按照"一户一表、水表出户"的要求设计和建设供水设施。已建住宅未实行"一户一表、水表出户"的，城市公共供水单位应当有计划地实施改造。当年，昆明自来水公司投资2620万元推进一户一表改造，新增自来水用户立户数5.65万户（一户一表改造1.91万户，新建立户3.74万户）。改造后，居民自家使用多少水交多少水费，用水及交费明明白白。2010年，制定欠费小区一户一表改造行动计划，有序推进欠费催缴和户表改造，共新增用户立户数11.83万户（一户一表改造2.81万户，新建立户9.02万户）。2011年，通过改表出户及新装一户一表，共新增用户立户数7.58万户，2012年新增9.86万户，2013年新增6万户，2014年新增7.82万户，2015年新增9.26万户。

## 供水管网维护

自来水供水管网，由引水、输水、供水、配水干管和大小支管及阀门、附属设施组成。为确保供水输配系统安全运行，减少供水过程中的自来水漏损，节约水资源，自来水公司负责对供水管线及附属设施进行巡检维护保养，做好管网检漏，不断降低管网漏损率。1995年5月，根据国家建设部和统计局关于开展市政公用设施普查工作的部署，市自来水公司与瑞士苏黎世供水局合作成立给水项目办公室，下设工艺组和管网组。管网组主要进行供水管网普查和检漏以及供水管网自动化管理工作，组织精干的普查队伍，分城市供水状况、售水情况、供水管网状况三个部分开展普查工作，补绘了1∶5000给水管网图和闸门现状图42幅；按材质、管网口径、敷设年代细分，查清了50毫米口径以上管网89.11万米，并绘制了城市300毫米口径以上干管初步普查成果图。与此同时，积极做好管网维修、巡线工作，全年巡线干管1.73万千米，巡线率88.95%；主动检漏270次，检漏主动率10.93%。

1998年6月26日，市自来水公司"96106"管网维修中心在原"2805"报漏、报修热线电话的基础上，新开发了全自动电话服务系统，负责昆明城市供水管网抢修。"96106"专线维修报漏电话开通后，依托强大的电脑系统提供"人工"和"人机"两种服务方式，全方位地满足咨询、信息检索、业务连线、报漏报修和投诉等用户需求，成为市民与自来水公司交流沟通渠道。"96106"报修热线电话每天24小时昼夜值守，随时待命抢修。一旦发现或接到报漏，对口径100毫米以上的管道突发性损坏，若无特殊情况，市区每千米15分钟、郊区每千米10分钟抢修人员必须赶至现场止水，小修不超过24小时。这一年，实现昆明市110社会服务联动，成立管网维修调度中心，配备了2部报警电话和5辆管道抢修车。6月15日，又开通"2805"专线维修报漏电话。由于'99昆明世界园艺博览会临近，市政道路工程和基本建设集中，施工损坏供水管网的事故频繁发生，全年维修管道8534次，其中口径100毫米以上管道1467次；表前管网修漏及时率达到99.36%，表后管网修漏及时率达到100%，口径100毫米以上管道维修7556次。"九五"期间，昆明城市供水及管线维护质量不断提高，更新维修保养率等都逐年提高，管网修漏及时率达到97%以上，供水设施完好率达到95%以上。2014年，通过实施《2014年管网更新改造计划》，有效地降低了管道的维修率，减少了用户投诉，降低了爆管风险，保障了供水安全，管网服务压力合格率达到99%，对管网进行纠正性维护7632次。其中，对口径100毫米以上管网实施了1462次纠正性维护，对口径100毫米以下管网实施了6170次纠正性维护。全年管网维修及时率达到99.1%，管网漏损率16.14%。2015年，通过新旧管网建设及改造，新增口径100毫米以上的管道36千米，主城区昆明自来水集团有限公司所属供水管网总长达到3900千米。

## 再生水利用

推行城市污水再生利用不仅可以替代节约优质水资源，增加可利用水资源总量，还可以从源头就地部分截污和削减水污染负荷，因而对缓解城市水资源短缺和滇池水环境污染具有重要的作用。同时，再生水的利用还能给利用者节约水费支出，真正实现社会效益、环境效益和经济效益的有机统一。昆明市的再生水利用起步于20世纪90年代，采取政府补助的方式鼓励住宅小区、公交公司场站、企业自建分散式中水站就地收集污水处理回用。随着城市节水和再生水利用设施建设法规规章的颁布施行，分散式再生水利用设施建设也纳入了节水"三同时"管理，新建项目均按要求同期配套建设。在积极推进分散式再生水设施建设的同时，启动了城市污水处理厂尾水深度处理再生利用。但由于回用管网建设投资单一，供水范围小，供水量少，最早实施集中供水的第一、第五污水处理厂的再生水主要回用于绿化、景观、道路清洁及公共卫生间的冲厕用水。"十二五"期间，主城及呈贡区共建设分散式再生水利用设施235座，总设计处理规模7.11万立方米/日，再生水年平均回用量为24409.56万立方米（含回补城市河道生态环境用水），其中用于绿化、环卫、冲厕等杂用水达到每年1258万立方米。2015年末，昆明市主城区共建成分散式再生水利用设施521座，总设计处理规模达16.87万立方米/日；建成集中式再生水处理站9座，总设计供水能力为12.8万立方米/日；建成再生水供水主干管400多千米、加压泵站2座、取水点116个。集中式再生水用户达到242户，年再生水供水（售水量）达到610.04万立方米。

## 雨水综合利用

2009年后，市水务局、市节水办积极推进雨水综合利用工作。实施雨水资源化利用，从节水和社会经济的角度来看，可以有效增加城市可利用水资源的供给量，缓解城市水资源紧缺的状况，保障城市经济社会发展，同时节省市政和居民用水开支；从生态环境的角度来看，实施雨水资源化利用，能够涵养和补给城市地下水，缓解地面沉降，同时，还能够发挥削减城市径流雨水洪峰，减轻城市洪涝灾害、排水压力和面源污染，改善和修复城市水环境和生态环境等作用。因此，昆明市积极开展雨水综合利用设施建设，学习借鉴国外低影响开发模式，一方面建设入渗设施收集净化雨水，削减污染负荷；另一方面，因地制宜，结合建设项目，把一定汇水面积上的雨水通过收集系统收集起来，贮存于雨水收集池，经处理后用于绿化、冲厕、洗车等用途。2010年建成并免费开放的弥勒寺公园，是昆明市最早的雨水综合利用示范公园。园区内的主要道路铺设的是透水混凝土路面，收集到的雨水80%以上可用于绿化灌溉。而在公园西北端建有日处理污水100立方米的中水处理站，处理达标的中水用于绿化灌溉及景观补水，公园基本做到雨水、污水不排入市政管网。这些措施不仅使这个过去一下雨就被淹成重灾区的地方不再淹水，而且渗入地下的雨水改善了区域空气湿度，养育了繁茂的植被。至2015年末，昆明的黑龙潭公园、金殿公园、郊野公园等51个公园和市政绿地补建了雨水集蓄利用设施。

　　"十二五"期间，在主城及呈贡区的新建工业和住宅小区项目共建成151个雨水综合利用设施，设计控制规模10.45万立方米/日。这些雨水综合利用设施，主要是利用下凹式绿地、渗透铺装、植草砖、渗排一体化系统、地下建筑顶面与覆土之间滤水层、雨水收集池、模块水池及景观水体等低影响开发设施的组合应用方式对径流雨水进行控制，提高对径流雨水的渗透、调蓄、净化、利用和排放等能力。此外，为综合解决城市雨污混流及城区部分区域雨水淹水点问题，结合雨污分流改造工程在主城二环路以内开展了雨污调蓄池试点建设，共建成16座调蓄池，总容积为21.24万立方米，配套管网17.7千米。雨水收集利用设施已成为昆明节水设施的重要组成部分。2010年5月后，在全市新建和改建道路中推行生态道路建设。至2015年末，已有68条、约120千米道路采用了雨水生态断面技术与道路同步建设；在全市工业和民用建筑项目同期配套建成151个雨水综合利用设施，设计规模为10.45万立方米/日。

# 第二节　节水规章

　　20世纪80年代后，昆明市按照"向观念要水、向机制要水、向科技要水"的节水工作思路，先后出台涉及供水、节水、再生水、雨水等管理方面的法规、规章和规范性文件共20余部，基本形成了节水法规规章体系，使节水走上了规范管理的轨道。

## 管理法规规章

　　昆明市节水管理不断推进制度创新，建立健全政策法规，依法开展城市节水管理和节水设施建设，查处浪费用水行为，城市节水工作逐步走上了依法管理的轨道。

　　1982年6月10日，市人民政府以"昆政发"号文件批转市自来水公司《关于开展计划供水，节约用水工作的意见》。1983年后，为鼓励更多的用户节约用水，每年对计划用水、节约用水工作抓得好的单位、集体和个人进行表彰，以推动节水工作的持续开展。1987年2月4日，市人民政府节水领导小组颁发《昆明市城镇用水浪费处罚试行规则》，查处自来水供水跑、冒、滴、漏现象。此外，市节水办根据全市水资源、供水状况及城市发展等因素，分别制定了用水综合定额、产品单耗定额、万元产值定额、基建用水定额等标准，认真开展节水工作。对成效显著的单位，原则上不压缩其计划供水指标，避免"鞭打快牛"，挫伤其节约用水的积极性；对用水管理不善，甚至浪费用水的单位，则按10%扣减其供水指标。1992年，根据1988年全国人大六届人大常委会通过的《中华人民共和国水法》

和1989年1月1日建设部发布了《城市节约用水管理规定》，市人民政府制定出台了《昆明市城市节约用水管理办法》《城市浪费用水处罚细则》，对各种浪费用水现象和行为的处罚进行了界定。1996年11月28日，昆明市第十届人民代表大会常务委员会第四次会议通过了《昆明市城市节约用水管理条例》，并由1997年1月14日云南省第八届人民代表大会常务委员会第二十五次会议批准施行。2004年2月25日，市人民政府下发《关于〈昆明市城市中水设施建设管理办法〉的通知》，同年5月1日起施行。该《管理办法》规定，凡在昆明市城市规划区范围内建筑面积在2万平方米以上的宾馆、饭店、商场、综合性服务楼及高层住宅，建筑面积在3万平方米以上的机关、科研单位、大专院校和大型综合性文化体育设施，建筑面积在5万平方米以上或者可回收水量在150立方米/日以上的居住区或集中建筑区等，符合以上3个条件之一的新建、改建、扩建工程项目，建设单位应当同期建设中水设施，并与主体工程同时设计、同时施工、同时交付使用，其建设投资应纳入主体工程预、决算；符合上述规定条件的，相关管理部门及建设单位应严格遵循"三同时"的规定办理规划、建设项目审批手续；明确在中水设施建设和管理使用过程中做出成绩的单位和个人的表彰、奖励办法及违反办法规定的处罚措施。同年，为加强城市节约用水管理，切实落实节水"三同时"制度，推进再生水利用等工作，科学合理利用水资源，促进经济社会可持续发展，建设节约型社会，根据《中华人民共和国水法》《昆明市城市节约用水管理条例》等法律、法规，结合昆明市实际，对《昆明市城市节约用水管理条例》进行了重新修订，于2005年12月16日经昆明市第十一届人民代表大会常务委员会第三十二次会议通过，2006年3月31日由云南省第十届人民代表大会常务委员会第二十一次会议批准，同年5月1日起施行。该《条例》对节水提出了新的更高要求，规定：非居民用水单位（含生产、经营性的用水个人）实行计划与定额相结合的计划用水管理；非居民用水单位应当向市节约用水管理机构办理计划用水指标，签订计划用水管理责任书，并按照下达的计划用水指标用水；居民生活用水实行阶梯式计量水价管理；新建、改建、扩建建设项目应当制定节约用水措施方案，配套建设节水设施，并与主体工程同时设计、同时施工、同时投入使用；新建、改建、扩建建设项目，属于建筑面积在2万平方米以上的宾馆、饭店、商场、综合性服务楼及高层住宅，或者建筑面积在3万平方米以上的机关、科研单位、学校和大型综合性文化体育设施，或者建筑面积在5万平方米以上的居住区或者其他建筑区等，日可回收水量在45立方米以上，日再生水需水量在30立方米以上，建设单位应当在水量平衡计算的基础上同期自建相应规模的再生水利用设施。此外，市政府重新修订了《昆明市城市节约用水管理处罚办法》，先后制定出台了《关于加强城市节约用水工作的实施意见》《昆明市城市雨水收集利用的规定》和《昆明市再生水管理办法》等。

2009年，为规范城市再生水利用专项资金补助，促进城市再生水利用设施建设和再生水利用，替代和节约优质水资源，从源头削减污水排放量，治理和保护滇池，创建节水型城市，建设资源节约型、环境友好型社会，根据《昆明市人民政府关于印发加强城市节约用水工作实施意见的通知》，市人民政府办公厅印发了《昆明市城市再生水利用专项资金补助实施办法》，该《办法》是国内较早创新实施的再生水利用资金补助政策。2015年，重新修订了《昆明市城市计划用水管理工作规范》《昆明市再生水利用设施竣工验收规范》《昆明市企业（单位）水量平衡测试规范》《昆明市节水型小区创建考核办法》等规范性文件。

#### 雨水利用规章制度

2009年，根据城市缺水状况及滇池治理的需要，全市开始实施雨水综合利用。同年8月21日，市人民政府以规范性文件的形式，下发了《昆明市人民政府关于印发〈昆明市城市雨水收集利用规定〉的通知》，同年9月22日起施行，成为国内第一个以政府文件的形式强力推进雨水资源化利用的城市。该《规定》明确了雨水收集利用设施是节水设施的重要内容之一，对于民用建筑、工业建筑的建（构）筑物占地与路面硬化面积之和在1500平方米以上的建设工程项目，总用地面积在2000平方米以上的公园、广场、绿地等市政工程项目，城市道路及高架桥等市政工程项目，只要符合这三个条件中一个条件的新建、改建、扩建工程项目，均应按照节水"三同时"的要求同期配套建设雨水收集利用设施。2011年7月，昆明市出台了《昆明市人民政府关于加快推进雨水污水和城乡垃圾资源化利用工作的实施意见》，并同时下发《昆明市雨水和污水资源化利用工作方案》，以全面推进全市雨水资源化利用工作。为进一步规范和提高城市雨水综合利用工程设计和施工水平，市政府积极开展有关开发利用雨水资源方面的研究及标准制定工作，编制了《昆明市城市建筑与小区雨水收集利用工程（参考）图集》《昆明市雨水资源化利用生态道路设计、安装图集（DBKJT53-01-2010）》《昆明市建筑与小区雨水利用工程技术指导意见》等一系列有关城市节水、雨水综合利用的规范性文件，为雨水资源化利用提供理论和技术支撑。

为节约水资源，保护和改善城市生态环境，促进生态文明建设，国家和省相继提出要大力推进建设自然积存、自然渗透、自然净化的"海绵城市"。为落实国家和省的精神，昆明市在原有的工作基础上全面开展海绵城市建设，2015年，制定实施了《昆明市城市雨水收集利用设施竣工验收规范》，对新、改、扩建建设项目同期配套建设的雨水收集利用设施规定了竣工验收的依据、要求、验收工作的组织、验收程序和内容，进一步规范了验收工作，确保建成的设施能够良好运行，切实发挥效益。

# 第三节 节水宣传

1982年后，昆明市的节水宣传以政策法律为纲，以水资源现状、浪费用水现象、节水管理机构及工作等为主要内容，突出时效性、通俗性、趣味性。坚持每年召开一次全市节水工作会议，检查、评比、总结、交流节水经验。在每年5月15日所在的"全国城市节水宣传周"，通过全市报纸、电视、广播等大众传媒大力宣传节水，并开展大规模的街头宣传，掀起一个又一个节水宣传教育高潮。宣传周活动，旨在动员广大市民共同关注水资源，营造全社会节水氛围，树立绿色文明意识、生态环境意识和可持续发展意识，使广大市民在日常生活中养成良好的用水习惯，促进生态环境改善，人与水和谐发展，共同建设碧水家园。通过持续不断地宣传，提高了全民的节水意识。人们逐渐认识到节约用水、减少水资源浪费、减少污水排放，不仅减轻供需水的矛盾，而且对保护生态环境，治理滇池污染起到直接和间接的积极作用。

为贯彻实施节约用水的法律、法规，昆明市分不同对象有针对性地开展宣传教育工作。对中小学生进行节水宣传教育，以产生影响其一生的行为方式的效果；对用水单位的领导、管水人员、学校教师等进行节水宣传教育，让他们把信息传达到四面八方，再及时反馈各种有价值的信息；对用水管理干部队伍进行节水宣传教育，通过他们把节水工作落到实处，做到依法管水、科学管水；对一般用水个人进行节水宣传教育，让他们在日常生活中节水，针对用水个人数量众多、居住分散的特点，主要利用覆盖面广的电视、广播、报纸等大众传媒开展宣传。节水宣传教育采取以日常节水管理工作中的经常性宣传和全国城市节约用水宣传周期间开展集中式大规模宣传相结合的方式进行。"十一五"期间，昆明市全面开展创建国家节水型城市工作，城市节水管理工作深入实施，先后制作节水宣传专题电教片1部、再生水利用专题片1部，在《昆明日报》和《云南政协报》等报刊制作宣传专版近20个版面，编印发送《节约用水资料汇编》5000册、《昆明市城市节约用水管理条例》单行本5万册，印制中邮广告夹页10万份，印制发放节水宣传画5万张，印制餐桌张贴式节水公益广告1000张，发布大型节水公益广告牌1个，设计制作节水流动展板近30块，到学校社区广场等开展集中布展宣传活动10余次，到10余所学校进行节水知识专题宣讲。

2012年5月13日，全国城市节约用水宣传周昆明市启动仪式暨"抗旱节水保民生·昆明市民在行动"西山区专场活动在西山区碧鸡文化广场举行。住房和城乡建设部城镇水务管理办公室主任、城市建设司巡视员，省住房和城乡建设厅领导，分管副市长出席启动仪式。在仪式上宣布2012年全国城市节约用水宣传周昆明市启动仪式暨"抗旱节水保民生·昆明市民在行动"西山区专场活动启动，并对昆明市的城市节水工作给予了充分的肯定和高度的评价，认为昆明市的城市节水工作近年来走在全国前列，并向"城市节水·绿色流动宣传队"授旗。随后，主要领导和小朋友们一起以"美丽春城·爱我家园——城市节水从我做起"为主题，在现场开展绘画活动，共同描绘美丽春城，并参观了昆明用水大户节水成果展和节水器具展。西山区人民政府、市水务局、市创建办、市节水办、昆明报业传媒集团、昆明自来水集团公司等部门的有关领导及社区群众、学生和企业代表等参加了启动仪式。

2014年5月11—17日，是主题为"全面推进城市节水，点滴铸就生态文明"的全国城市节约用水宣传周。昆明以此为契机大力开展城市节水宣传活动，把节水宣传周变节水宣传月，营造良好社会节水氛围，让节约用水深入人心。活动围绕"节"字做文章，深入开展节水型城市建设，全面落实最严格水资源管理制度，深入推进水生态文明建设和节水型社会建设，加强区域用水总量、用水效率及水功能区限制纳污"三条红线"管理。同时，围绕"三条红线"控制指标管理，突出抓好"三个关键"，即强化用水需求管理，严格用水总量控制，突出抓好水资源论证、取水许可制度和严格地下水的管理和保护；强化用水过程管理，严格用水效率控制，突出抓好工业等非居民用水单位的计划用水及用水定额管理，启动取水许可管理、单位年度计划用水管理，严格落实节水"三同时"制度；强化再生水利用、雨水收集利用设施建设及监管，开展企业（单位）的水平衡测试，推进节水型企业（单位、小区）创建。为提高节水宣传月活动成效，采取在电视、报纸、网络等媒体开设专栏、专题、专页等多形式、多层面地进行宣传和报道，做到电视里有影像、报刊上有文字、广播里有声音；在全市7000余辆出租车车顶LED屏滚动播放节水宣传口号；设计制作节水专题公益广告片，在全市公交车多媒体液晶电视屏和全市写字楼、小区共300余块楼宇广告显示屏上循环播放，让节约用水深入人心，使节约用水成为每个单位、每个家庭、每个人的自觉行为。

2015年5月10—16日，全市开展了全国城市节约用水宣传周活动。宣传活动以"建设海绵城市促进生态文明"为主题，针对昆明城市面临的水资源短缺、水环境污染、水生态恶化的状况，广泛宣传海绵城市建设对于促进生态文明的重大意义，把推进城市节水工作与贯彻落实中央精神，践行"节水优先、空间均衡、系统治理、两手发力"的治水思路紧密结合起来，转变城市建设理念和发展方式，保护和改善城市生态环境，在确保城市排水防涝安全的前提下，最大限度地实现雨水在城市区域的积存、渗透和净化，促进雨水资源的利用，系统解决城市面临的水资源、水环境、水生态、水安全问题。在节约用水宣传周期间，全市通过电视、报纸、出租车顶灯、公交车载显示屏和网络等宣传媒介宣传海绵城市建设、再生水利用和雨水收集利用、节水型城市建设、节水技术、节水器具及节水产品；针对不同的受众群体采取不同的宣传方式，开展形式多样、内容丰富、涵盖全面的节水宣传活动，引导群众牢固树立珍惜水、爱护水、节约水的理念，提高群众对节水工作的知晓率和参与度，营造人人惜水、人人节水的良好社会氛围。

# 第四节　国家节水型城市创建

2004年，我国开始启动创建节水型城市工作，创建节水型城市成为昆明市的愿望，经过全市上下的共同努力，2011年昆明市成功创建为国家节水型城市，并且2015年顺利通过了国家节水型城市复查。

## 创建历程

2004年7月7日，国家建设部、国家发展和改革委员会联合下发《关于全面开展创建节水型城市活动的通知》，昆明市积极响应，及时成立了昆明市创建国家节水型城市工作领导小组，制定了创建工作实施方案，不断建立健全和完善政策法规，全面开展各项基础管理工作。根据《节水型城市目标考核标准》和《创建节水型城市考核工作程序和要求》，动员全市全面开展城市节约用水，努力创建节水型城市。此后，围绕创建国家节水型城市，积极开展全市城市节水专业规划及再生水利用专业规划的编制工作，强化规划的指导作用；切实加强计划用水管理，不断提高非居民用水单位的科学合理用水水平，同时认真落实节水"三同时"制度，从源头抓好节水设施建设工作。2006年12月后，节水措施方案审查正式纳入昆明市政府便民服务中心的工作职责，规定所有新、改、扩建的建设项目，建设单位都必须执行节水"三同时"制度。据统计，"十一五"期间，共审查新（改、扩）建工程项目795个。加强再生水利用设施建设和监管，努力确保所有符合建设条件的新建工程项目同期配套建设再生水利用设施。积极督促推进滇池入湖河道周边排污单位（小区）补建再生水利用设施，对外排污水未进入市政污水收集管网的单位、住宅小区，市有关部门和各县（市）区政府等督促、指导其采取自建或"拼户、拼区、拼院"方式建设再生水利用设施。开展主城二环路内单位（小区）雨污分流管网改造及再生水利用设施补建工作，引进再生水利用设施建设新工艺技术。

2008年1月，昆明市委九届四次全体（扩大）会议明确提出了"四创两争"的总体目标，创建国家节水型城市被列为昆明市"四创两争"的重要工作之一。同年4月8日，昆明市成立了由市委书记任政委、市长任总指挥长的市"四创两争"工作总指挥部及办公室，下设由分管副市长任分指挥长的创建国家节水型城市分指挥部，并在市"节水办"设立分指挥部办公室。在创建过程中，主城各区政府、市级各部门牢固树立全市一盘棋的思想，互相配合、齐心协力、积极行动、扎实工作，形成了"主要领导重点抓、分管领导亲自抓、部门领导具体抓、全社会积极参与"的工作机制和浓厚的创建氛围。当年底，提前完成了《滇池流域水污染防治"十一五"规划》中要求建设的33座再生水利用设施，新增设计处理规模1.65万立方米/日的目标任务。为提高已建再生水利用设施运行管理单位的积极性，2009年4月1日起，实施《昆明市城市再生水利用专项资金补助实施办法》，对符合再生水利用资金补助条件，且水质抽查合格的再生水设施给予0.70元/立方米的再生水利用补助资金。至"十一五"末，对符合再生水利用资金补助条件，且水质抽查合格的72个再生水设施共计下拨补助资金233.95万元。至"十一五"末，累计建成分散式再生水利用设施264座，总设计处理规模累计达9.03万立方米/日。切实加强对已建成再生水利用设施的监管，加强再生水利用设施运行管理人员的管理，加强水质监管，建立日常巡回检查制度。探索管理模式，创新管理方法，实施第三方监管，开展再生水利用设施信息管理系统开发和建设。通过多项监管措施的有力实施，已建成的分散式再生水利用设施的运行情况较好，实际运行率为95%以上。稳步推进水量平衡测试工作。通过开展水量平衡测试，全面了解用水单位庭院管网状况，及时查漏检漏，降低漏损，挖掘用水潜力。"十一五"期间，共完成87户用水单位的水量平衡测试工作，查找到漏损点多处，其中2009年完成测试22户，查到漏失水量每月近1.5万立方米；完成创建节水型企业（单位）40户，覆盖率达到18.78%，超过了节水型城市考核指标对于节水型企业（单位）覆盖率要达到15%的指标要求，为昆明市创建国家节水型城市奠定了扎实的基础。加大节水型器具的推广力度，从源头抓好用水节水管理工作；依靠科技实行科学管理，开发利用节水新器具，推广运用节水新技术、新工艺，节约用水的效果更加显著。探索和推进雨水收集利用设施建设，按照市有关规定及时将雨水收集利用设施建设纳入节水措施方案审查的内容，积极推进雨水示范工程建设，规范和指导全市城市雨水收集利用工程的设计和建设，使建设的雨水利用工程经济合理、安全可靠，设计规模达到要求，有效减少外排水污染负荷。切实加强城市非居民用水户的计划用水管理，并逐步扩大管理范围。

通过以上措施，全市节水取得了显著的效果。2009年底，昆明万元GDP取水量21.56立方米，万元工业增加值取水量10.38立方米，均低于全国平均值的50%以上。主城区建成污水处理厂8座，主城区污水处理厂日处理能力提高到110.5万立方米，出水水质全部提升为国家一级A标。城市再生水利用率达到64.9%，累计节水总量达到4.8亿立方米。主城区建成5个雨水利用示范工程和雨水收集利用设施，每年收集利用雨水1546万立方米。"十一五"期间，全市共完成节水量约1.2亿立方米，不但节约了水资源，还为滇池及入滇河道保护治理发挥了减排、截污、治污等重要作用。从1982年昆明正式开始节水至2010年的29年时间里，昆明累计节水约5亿立方米，这些节约出来的水相当于滇池三分之一的水量，按昆明日均供水90万立方米计算，5亿立方米水够昆明人用上555天。通过大力推进节水型城市创建活动，不仅产生了巨大的节水效益，也为推动转变用水方式、提高城市水资源利用水平、增强市民节水意识发挥了重要作用，创建国家节水型城市工作取得了阶段性成果，对照《节水型城市考核标准》，各项指标全部达到国家考核指标要求。

"十一五"期间，昆明市节水工作积极实行制度创新，不断建立健全政策法规，依法查处浪费用水行为，重新修订了《昆明市城市节约用水管理条例》和《昆明市城市节约用水管理处罚办法》，制定出台了《关于加强城市节约用水工作的实施意见》《昆明市城市再生水利用专项资金补助实施办法》《昆明市城市雨水收集利用的规定》和《昆明市再生水管理办法》，使城市节水工作逐步走上了依法管理的轨道。

2010年3月31日至4月1日，省住房和城乡建设厅与省发展改革委员会、省工业和信息化委员会共同组成昆明市创建国家节水型城市省级初审专家组，根据住房和城乡建设部、国家发展和改革委员新修订出台的《节水型城市申报与考核办法》和《节水型城市考核标准》，对昆明市创建国家节水型城市进行初审考核。在听取市政府汇报、审查相关资料、对用水单位和居民小区进行现场检查后，专家组认为：2004年昆明提出创建节水型城市目标，并先后出台《昆明市城市节约用水管理条例》等系列法规，保障了节水工作的顺利进行。专家组肯定了昆明市对新、改、扩建项目节水设施建设做出的严格规定，认为把关之严、节水制度落实程度在全国各城市中非常突出。专家组最后认为，经过昆明市委、市政府多年努力，节水工作取得成效，数据可靠，基础管理和定量指标考核达到国家《节水型城市考核标准》，再生水利用、"三同时"管理等达到国内先进水平，为全省节水型城市考核开展有着重要的示范和借鉴作用。此外，节水宣传使市民节水意识增强，也受到专家组好评。经过两天的现场考核，4月1日，昆明市创建国家节水型城市通过省专家组考核，专家组同意向国家住建部和发改委申报进行考核验收。8月初，昆明市正式向国家住建部和国家发改委等相关部门申报考核验收。

2010年12月18日，国家节水型城市考核组一行对昆明市创建国家节水型城市工作现场进行检查考核。在检查考核汇报会上，市委领导汇报了昆明市创建国家节水型城市工作。市政协、市人大常委会领导、分管副市长等领导参加汇报会。随后，考核组领导及中国城镇供水排水协会等专家一行查阅相关资料，并分三组实地、现场检查昆明在城市节水方面的做法和实效，核实数据。考核组组长在汇报会上指出：昆明市委、市政府对创建国家节水型城市工作高度重视，不仅在创建工作中，更在建设资源节约型、环境友好型城市中，实施了卓有成效的举措；昆明创建节水型城市工作启动早，相关法律法规和各项措施不断完善，尤其在节水管理以及再生水利用、雨水收集利用等基础设施建设方面取得突破性进展。2011年9月2日，昆明市成功创建为国家节水型城市，成为昆明一张新的金光闪闪的城市名片。

## 通过复查考核

2011年后，昆明市不断巩固国家节水型城市创建成果，将城市月用水量在100立方米以上的非居民用水户纳入计划管理。依据上一年度水资源状况及年度供水形势预测、用水定额和计划用户的节水设施建设、节水管理情况和近三年实际用水量等情况编制各年度的计划用水指标，报主管部门批准后及时下达各非居民用水单位。至2015年，已将主城区内5823个非居民用水户表纳入了计划管理。认真开展计划考核，通过经济杠杆较好地促进用水户加强用水管理，不断提高用水效率。通过几年的努力，昆明城市节水又取得了新的成效，主城区万元地区生产总值取水量和万元工业增加值取水量均低于全国平均值50%以上，城市污水处理率达到97.45%，非常规水资源利用率达到93.05%，城市供水管网漏损率下降到13.38%，节水型企业（单位）覆盖率21%，工业用水重复利用率87.42%，工业废水排放达标率100%，城市居民人均生活用水量为106.22升/人·日，各项指标达到或优于国家考核指标和要求。2015年是国家节水型城市复查年。6月29—30日，国家住建部和省住建厅组织专家对昆明市国家节水型城市巩固工作进行现场复查，专家们一致给予好评，认定昆明市达到和优于国家节水型城市标准，顺利通过了复查考核组检查。

# 第五节 节水管理机构与节水管理

1982年，昆明市成立了专门的节水管理机构，是全国成立节水机构和开展节水工作较早的城市。此后，在昆明市政府多次机构改革中，节水机构级别不断提升、人员不断充实、职能不断强化，在全市节水宣传、节水管理工作中发挥着重要的作用。从20世纪80年代开始，昆明市制定出台了一系列节水规章制度，在节水方面形成了较完善的制度，使节水走上规范管理的轨道。

## 管理机构

1982年6月10日，昆明市人民政府以"昆政发"文件批转市自来水公司《关于开展计划供水，节约用水工作的意见》，决定成立昆明市计划供水节约用水办公室（简称"昆明市节水办"或"市节水办"），办公室设在昆明自来水公司，人员由公司抽调组成。同年8月21日，市节水办召开了第一次工作会议，随即正式开展工作。1994年，市编办下文明确市节水办从昆明自来水公司分离出来，由市市政公用局直接管理，核定编制40人，单位性质为事业单位。1998年3月，市编办下文明确市节水办为参公管理事业单位。其主要任务是：宣传、贯彻执行国家关于计划供水、节约用水的方针政策；组织、督促机关、企业、事业单位和城乡居民实行供水计划和节水措施；努力提高全市的工业用水重复利用率，降低工业产品和万元产值的耗水指标。并与有关单位密切配合，互相协作，推广新型节水用水设备，促进各行各业选用节水型生产工艺，协调用水供需矛盾，以保护水资源。

2002年，《中共昆明市委、市人民政府关于印发〈昆明市市级机关机构改革实施意见〉的通知》和《昆明市人民政府办公厅关于印发〈昆明市计划供水节约用水办公室职能配置、内设机构和人员编制规定〉的通知》明确：市节水办是负责全市计划供水节约用水管理工作的机构，内设综合处、计财处、用水管理处、技术处、稽查处。2007年10月，市编办下文，将市节水办机构规格从正科级调整为副县级。2009年底，市级机关机构改革，市编办下文明确市节水办成建制划归市水务局管理。其主要职责是：贯彻执行国家、省、市城市计划供水、节约用水的法律、法规和方针、政策，拟订节约用水的规章制度和管理措施，并监督落实；编制城市节约用水发展规划和年度用水计划；核定、下达和调整非居民计划用水单位的计划用水指标和临时计划用水指标，并考核执行情况；负责城市规划区范围内再生水利用设施及雨水收集利用设施建设、运行的监管工作等。2012年，为加强县（市）区节水管理工作，由市编办和市水务局联合发文，要求市属14个县（市）区成立节水办，性质为全额拨款事业单位，规格为副科级，人员编制3—5人。到2013年，全市14个县（市）区都组建了节水管理机构，节水工作开始在市域范围内得到全面开展，其中，滇池流域的各县区都组建了节水管理机构，促进了滇池流域节水工作的开展。

## 节水管理

20世纪80年代前，昆明城市用水处于无计划、无定额状况。生产用水不考核用水单耗，加之水价太低，"长流水""跑冒滴漏"浪费严重。生活用水吃"大锅水"，实行"包费制"，用户内部的水管闸阀、龙头、卫生设备、屋顶水箱等用水设备缺乏管理、维修，造成水资源极大的浪费。每年春末夏初供水紧张，供不应求的问题日趋严重。1982年后，全市开始实施计划用水管理制度，对城市非居民用水户严格实行计划（定额）用水管理，节水工作从取消"生活用水包费制"、制定用水计划、检查"跑冒滴漏"等基础工作开始，不断完善，进而依靠科技开展用水户水量平衡测试工作，积极推广节水型器具。市节水办先后将每月用水量在2000立方米以上的用户纳入计划用水范围，并采用经济制裁手段实施节水管理。其办法是：第一，安装分户水表，实行计量收费。生产用水实行产品、产值耗水定额考核；生活用水取消"包费制"。第二，实行计划供水，对超计划的用水量实行加价收费。实施方法是以先行试点，逐步开展。对用水大户，经过共同分析，充分协商，而后安排供水计划，规定节约用水指标。对超过计划部分的用水量按2—3倍加价收费。自从对超计划的用水量实行加价后，节水问题立即引起各有关单位的重视，各用水大户纷纷成立计划用水、节约用水领导小组抓节水工作。为鼓励更多的用户节约用水，1983年及1986年后，市节水办每年召开城市节水工作会议，对计划用水、节约用水工作抓得好的单位、集体和个人进行了表彰，以推动节水工作的持续广泛开展。

1987年7月1日后，市节水办依据《城市节约用水管理规定》第三条及全市水资源、供水状况及城市逐渐发展等因素，分别制定了用水综合定额、产品单耗定额、万元产值定额、基建用水等定额。对节水成绩显著的单位，原则上不压缩其计划供水指标，避免挫伤其节约用水的积极性；对用水管理不善，甚至用水浪费的单位，则按10%扣减其供水指标。对五华、盘龙两城区和近郊机井月开采量在2000立方米以上的单位实行计划用水管理，规定取水指标，定期考核。对超过计划指标的取水量按1—5倍实行累进加价收费。其中，第一个月超计划用水量按2倍加价收费；第二个月超计划用水量按3倍加价收费；第三个月超计划用水量按5倍加价收费。1989年，为了进一步深化节水工作，从当年6月份起，又将月耗水2000立方米以上的265个新用户纳入计划管理，并要求所有用水大户生产、生活用水必须分开，并分别装表计量；生活用水取缔大包干，实行分户装表计量收费；生产用水重复利用、一水多用，做到科学用水、科学管理。由于节水机制强、工作实，全市节水工作走在国内城市的前列。20世纪90年代后，昆明把节约用水与加快转变经济发展方式结合起来。2005年，全市有39个单位被评为市节约用水先进单位，50个单位被评为市节约用水先进集体，103人被评为市节约用水先进个人。

1993年后，根据国家《评价企业合理用水技术通则》及建设部有关文件开始水平衡测试工作，为制定昆明市工业产品用水定额奠定了技术基础。同时完善了企业的用水档案，也为企业内部用水的计量考核提供了有利条件。开展中水试点工作，逐步在全市全面推广。加强用水管理，对新、改、扩建工程严格执行节水技术配套措施，把好设计、施工、验收关。推广国家推荐的各类节水器具，禁止使用明令淘汰的卫生器具和浪费用水的设备。完善技术力量，建立城市节水指标体系。全面开展对计划用水户的水平衡测试工作，加强中水工程技术的推广运用，努力提高城市计划用水率、工业用水重复利用率、间接冷却水循环率、工艺水回用率、万元产值取水量递减率、生活用水重复率等各项技术指标。开展节水咨询服务、管网探测、查漏堵漏工作，开展节水技术的改造工程，使节水工作向着依靠科技和法制化管理的轨道健康发展，实现水资源的可持续利用，保障经济社会的可持续发展。"十二五"期间，完成325户用水单位水平衡测试工作。其中，2012—2015年查出漏损300万立方米，为用户挽回损失1000多万元，创建节水型企业（单位）、小区190个，在全国、全省2014年最严格水资源管理制度考核中均被评定为优秀等次。2015年，昆明主城区已有5700余户月用水量在100立方米以上的非居民用水户纳入计划用水管理,市节水办每年分两次编制下发计划用水指标,按月考核,对超计划用水的严格收缴超计划用水累进加价水费;完成500多户企业和单位水量平衡测试工作;创建节水型企业(单位)162户,创建节水小区144个;呈贡区达到管理要求的用水单位也纳入计划用水管理。

2015年,主城区万元地区生产总值取水量为12.54立方米,万元工业增加值取水量为8.78立方米,均低于全国平均值的50%以上;城市污水处理率97.45%,非常规水资源利用率93.05%,节水型企业(单位)覆盖率21%,工业废水排放达标率100%,城市居民生活用水量106.22升/人·日。

# 第四篇　保护治理

# 简　述

　　滇池位于昆明城区的下游，为滇池流域海拔最低点，是流域污染物唯一的受纳体。20世纪70年代末开始，流域人口和经济的高速增长导致流域内污染负荷产生量大幅增加，滇池湖体和入湖河流水质迅速被污染。1988年后，滇池水质总体变差，富营养化严重，草海水质为劣 V 类，外海水质在 V 类和劣 V 类之间波动，滇池成为全国污染最严重的湖泊之一。

　　"五五"后，国家和省、市党委、政府开始关注滇池水污染问题，陆续出台了滇池保护相关条例和措施。1980年颁布了《滇池水系环境保护条例》，1981年省政府批准建立"松华坝水源保护区"。"七五"期间开始研究滇池水污染防治技术，陆续出台了一些滇池保护治理法规、政策，实施了国家"七五"科技攻关课题《中国典型湖泊氮、磷容量与富营养化综合防治技术研究（滇池部分）》；1988年市人大通过了《滇池保护条例》，1989年印发《滇池综合整治大纲》《昆明市松华坝水源保护区管理规定》等一系列的纲要、计划、条例和规定，明确了各个时期的保护与治理工作。

　　"八五"期间，提出滇池污染综合治理措施。从1992年开始，由省计划委员会、省环境保护委员会和市政府牵头，由市滇池保护委员会办公室和省环境科研所具体组织省、市有关单位于1993年4月前完成了《滇池污染综合治理方案》并经省政府审定，提出了"分流截污、防洪调蓄、优水优用、疏浚清淤、减污增容，植树造林、涵养水源，引水济昆、新辟水源"的滇池综合治理方针。1993年4月14—15日，省政府在海埂召开了治理滇池现场办公会议，决定"用18年时间，投入30亿元，分3个阶段完成滇池流域的根本治理"。"九五"期间，滇池被列为国家重点治理的"三河三湖"之一，根据国家环境保护总局（环保部）要求编制的"九五"至"十二五"4个滇池水污染防治五年规划（计划）经国务院或国家部委批复实施，滇池水污染防治走上了系统化、法制化的轨道。4个五年规划共规划实施项目290个，规划总投资712.46亿元，扣除续建、取消、暂缓的项目，实际实施规划项目240个，实际完成投资500.59亿元；规划外实施项目7个，完成投资8.59亿元。其中，"九五"和"十五"期间的滇池治理以点源污染控制为主，完成规划项目91个，完成投资47.6亿元，关停取缔了流域内污染严重的"十五小"企业，建成昆明主城排水主干管线948千米和城市污水处理厂8座，处理能力达到58.5万立方米/日；"十一五"和"十二五"为流域系统治理的阶段，在"削减存量"的同时"遏制增量"，开展了环湖截污、入湖河道整治、农业农村面源治理、生态修复与建设、外流域引水及节水、生态清淤"六大工程"为主线的流域治理，规划项目111个，完成投资442.8亿元，其中国家投资91.07亿元。"六大工程"的实施，使滇池治理从单一的工程措施向工程与生态修复相结合的综合治污措施转变，治理的区域从主城区向全流域转变，治理方式由专项污染治理向统筹城乡发展、积极调整经济结构的综合治理转变，治理的投入机制从政府投入向政府投入与市场运作相结合转变。

　　经过20多年的治理，滇池流域35条入湖河道水质明显提升，综合污染指数明显下降，原本超标严重的砷、铅、石油类等指标已低于检出限。2016年，35条入湖河道中，水质类别为 I —II 类的3条、III

类4条，Ⅳ类15条、Ⅴ类3条、劣Ⅴ类3条、7条断流；滇池湖体水环境持续稳步改善，水质企稳向好，蓝藻水华程度明显减轻，全湖由重度富营养转变为中度富营养，草海、外海水质均由劣Ⅴ类提升为Ⅴ类，有半年时间为轻度富营养，实现了20年来的首次突破。

# 第一章 滇池污染与富营养化

## 第一节 滇池污染进程及污染负荷

### 滇池污染进程

20世纪50年代以前，由于滇池流域上游昆明城区人口较少、工业规模小，流域经济主要以传统农业种植为主，排入滇池的污染物较少，加上湖水自然净化能力较强，使得滇池湖水清澈透亮，水质多在Ⅰ—Ⅱ类之间，水生动植物繁茂，岸边海菜花漂浮、金线鱼游动，渔民及滇池附近的村民常以滇池水作为饮用水、用海菜花做菜肴，市民也常下水游泳。进入60年代，随着滇池流域经济社会的发展和城市规模的日益扩大，大量的生活污水和工业废水排入滇池，加上流域森林植被遭大量砍伐，生态环境开始恶化，但尚未超出滇池自净能力，使得70年代滇池水质仍维持在地表水Ⅲ类范围内。80年代后，随着滇池周边磷化工、冶炼、印染、制革等企业的大量出现和以造纸、电镀为主导产业的乡镇企业的发展，城市人口急剧增加，加上居民生活方式的变化，大量污染物进入滇池，使得滇池水体污染逐步加重。其中，草海水质逐步变为Ⅴ类，到90年代已为劣Ⅴ类，水体发黑、发臭，沉水植物大部消亡，水葫芦疯长；外海水质80年代为Ⅳ类，到90年代后在Ⅴ类或劣Ⅴ类水质之间波动，蓝藻水华周年性爆发，最严重时近岸区蓝藻堆积如绿油漆。

### 污染负荷来源

据有关部门监测，滇池的污染负荷主要来自生活污水及流域的农业面源，其中面源污染是造成滇池外海水质恶化的重要原因。为明确滇池流域水污染特征并提出有针对性的污染控制对策，有关部门对流域污染变化规律及其组成和空间分布特征进行分析研究，研究表明近二三十年，滇池流域点源污染负荷的产生量和削减量显著增加，入湖量有所削减；城市面源污染入湖量随建成区面积的扩张而持续上升，农业面源污染入湖量在1990年出现峰值，随后下降。其中，滇池污染中的化学需氧量主要来源于城市面源，总氮主要来自污水处理厂尾水，总磷主要来自农业面源和未收集的点源，各控制单元入湖污染负荷已基本演变为以未收集的点源和城市面源为主。针对滇池污染存在的问题，应继续坚持点源污染治理，高度重视城市面源污染治理，加强农业面源治理，进一步完善流域截污治污体系，为滇池水质改善创造条件。

# 第二节　滇池流域水体富营养化

## 污染负荷

**点源污染负荷**　根据对滇池流域点源污染的监测，1988—2015年滇池流域点源污染产生总量呈持续上升趋势，增长了约4.6倍。

**图4-1-2-1　1988—2015年滇池流域点源污染负荷产生量择年变化图**

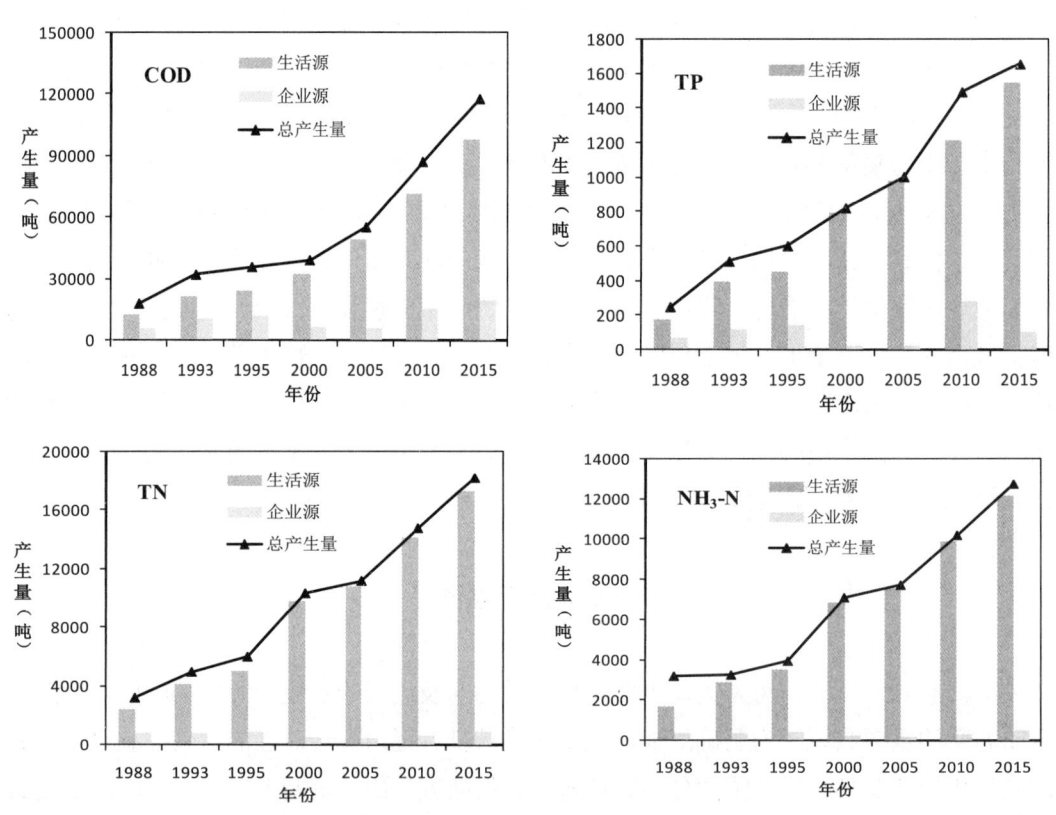

在污染源组成方面，生活源污染一直占主要部分，随着人口的增加和社会经济的发展，生活源污染负荷急剧增加，相较1988年，2015年城镇生活源污染负荷产生量增加了约6.7倍。企业污染负荷是滇池流域点源污染负荷的另一个重要组成，1988—2006年，随着滇池流域工业污染治理力度的加大，企业污染负荷产生量总体呈下降趋势。2008年后，通过对滇池流域第三产业产污情况进行普查，滇池流域第三产业企业源污染负荷产生量呈现上升趋势。2015年企业污染负荷中，第三产业产生的化学需氧量、总氮、总磷和氨氮污染负荷分别占92%、89%、100%和82%。其中，从工业污染负荷产生量看，随着滇池污染治理理念的转变和治理力度的加大，特别是1999年滇池治理"零点行动"启动对滇池253户

重点考核工业企业、128户非重点考核企业实施达标排放行动，极大地削减了流域工业污染负荷，使滇池流域2000年工业污染负荷产生量较1995年明显下降，化学需氧量、总氮、总磷的产生量分别下降42%、43%和81%。此外，随着滇池流域工业产业结构的调整，工业主导行业由化工和医疗卫生行业转变为饮料及食品制造业，逐步从高污染、高能耗向低污染、低能耗的良性局面过渡。在工业污染治理及产业结构调整双重作用下，滇池流域工业污染负荷产生量并未随GDP的增长而持续增长。

**图4-1-2-2　1988—2015年滇池流域工业污染负荷与GDP择年变化图**

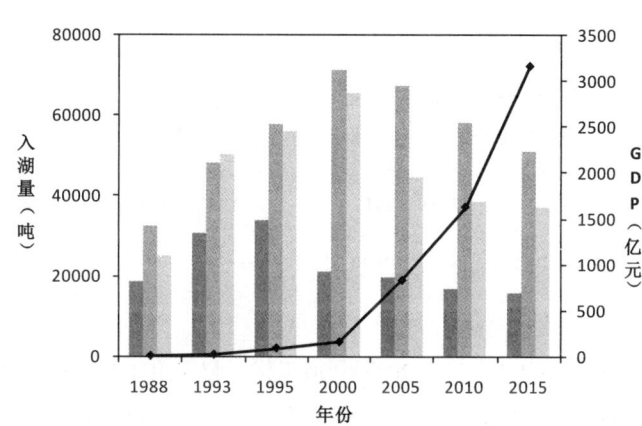

在流域点源污染负荷产生量逐年增大的情况下，滇池流域加大了污水处理设施建设力度。1991年滇池流域建成第一座污水处理厂，结束了滇池流域无污水处理厂的历史。随着经济的发展，1996—1997年间滇池流域又相继建成3座污水处理厂，2000—2005年，随着昆明主城区第五、第六污水处理厂以及呈贡、晋宁污水处理厂的建成，点源污染负荷削减量再次出现大幅上升趋势，同时也结束了外海东岸和外海南岸无污水处理厂的历史。2015年，滇池流域已建成并投产24座污水处理厂（包括2座县城污水处理厂，10座环湖截污污水处理厂），总处理规模达到205万立方米/天。随着污水处理厂的建成运行，滇池流域点源污染负荷削减量大幅提升，点源化学需氧量、总氮、总磷和氨氮的削减量分别达到了102910吨、13029吨、1320吨和8391吨，入湖量占产生量的比例分别为12%、29%、20%和34%。

**图4-1-2-3　1988—2015年滇池流域点源污染负荷削减量及入湖量择年变化图**

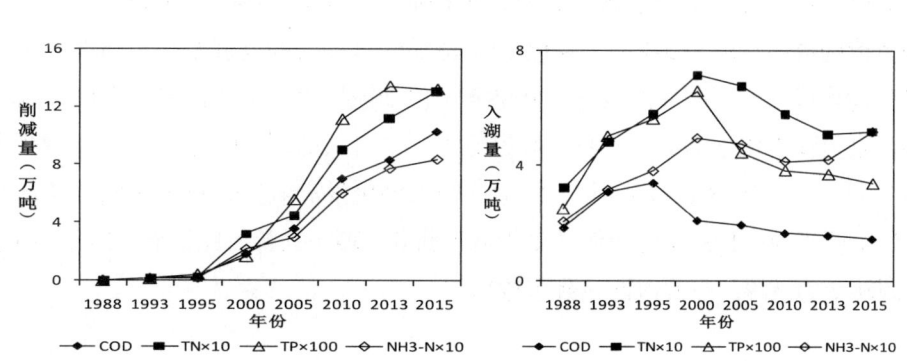

**面源污染负荷** 滇池流域面源污染主要来自城市面源和农村农业面源。1985—2015年，滇池流域农业面源和城市面源污染负荷入湖量呈现出不同的变化趋势。

图4-1-2-4 1985—2015年滇池流域面源污染负荷入湖量择年变化图

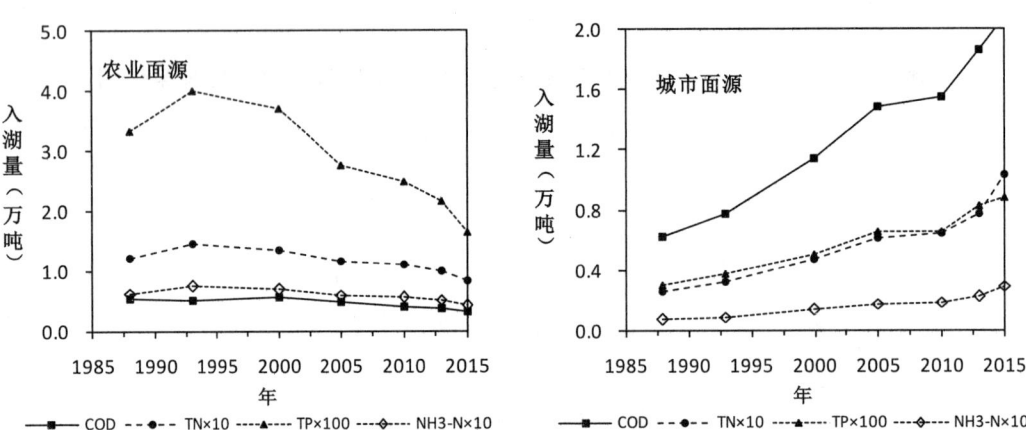

农业面源呈现出先升高后降低的趋势。20世纪90年代，随着滇池流域人口和社会经济的发展，农产品需求量日益增加，滇池流域农业从粗放型的传统有机农业逐渐转变为以农药、化肥为中心的现代化农业。农业生产中农药、化肥的大量施用并自然形成的氮磷流入滇池，加上滇池湖滨带脆弱的生态系统自然净化能力低下，造成滇池污染不断加重。进入21世纪后，随着滇池流域城镇化进程的加快，农村人口及耕地面积逐渐降低。2015年，滇池流域农村人口为366174人，实有耕地面积为225620亩，较1988年流域内农业人口降低约80%、耕地面积减少约39%。此外，随着滇池流域农业布局和结构的调整优化，尤其是"全面禁养""测土配方"、秸秆资源化利用及农村污水处理设施建设等措施的实施，使得滇池流域农业面源污染入湖量呈现出了明显的下降趋势，2015年农业面源化学需氧量、总氮、总磷和氨氮的入湖量分别为3132吨、845吨、166吨和432吨，较1988年减少了约39%。

与农业面源污染变化趋势相反，滇池流域城市面源污染入湖量呈现出明显的逐年升高趋势。1988年后，滇池流域城市建成区不断扩张，27年内城市建成区面积增加了约2倍，加上随着流域地表不透水率的增加，在降水的冲刷下导致大量污染物随降水径流进入水体，加之滇池流域城市面源污染防治方面比较薄弱，导致城市面源污染负荷的入湖量逐年提高。2015年，滇池流域城市面源污染化学需氧量、总氮、总磷和氨氮的入湖量分别为20815吨、1039吨、89吨和298吨，较1988年增加了约2.5倍。

**入湖污染负荷构成** 1988—2015年，随着滇池流域经济社会的发展及污染治理工作的不断深入，流域入湖污染负荷构成发生了明显的变化。1988年，滇池流域尚未建成污水处理厂，流域内污染全部排入滇池，各污染负荷中化学需氧量、总氮和氨氮主要来自点源，占比分别达70%、74%和74%，总磷主要来自农业面源，占比达48%。2015年，滇池流域入湖化学需氧量和总磷构成已经发生了明显的变化，化学需氧量主要来源由1988年的点源转变为城市面源，城市面源占比达到了54%；而总磷的主要来源则从农业面源转变为点源，点源占比达到了57%。

图4-1-2-5　1988年与2015年滇池流域入湖污染负荷构成对比图

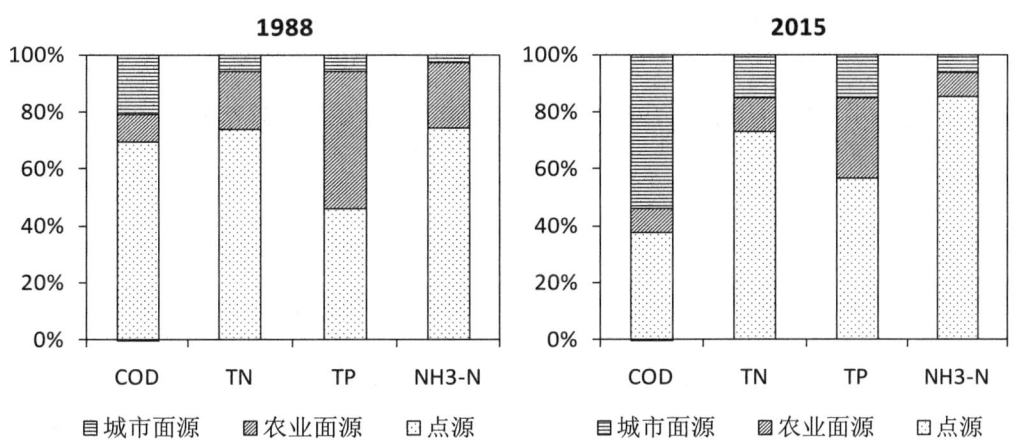

**人口及经济对滇池入湖污染负荷的影响**　1985年后，由于滇池流域污染治理力度的不断加大，流域单位人口及单位GDP与污染负荷入湖量成反比关系，在人口规模和GDP不断增长、污染负荷产生量随之增加的情况下，单位GDP污染负荷入湖量呈现明显的下降趋势，单位人口污染负荷入湖量也在2000年以后呈现逐步下降趋势。

图4-1-2-6　1985—2015年滇池流域单位人口及单位GDP污染负荷入湖量择年对比图

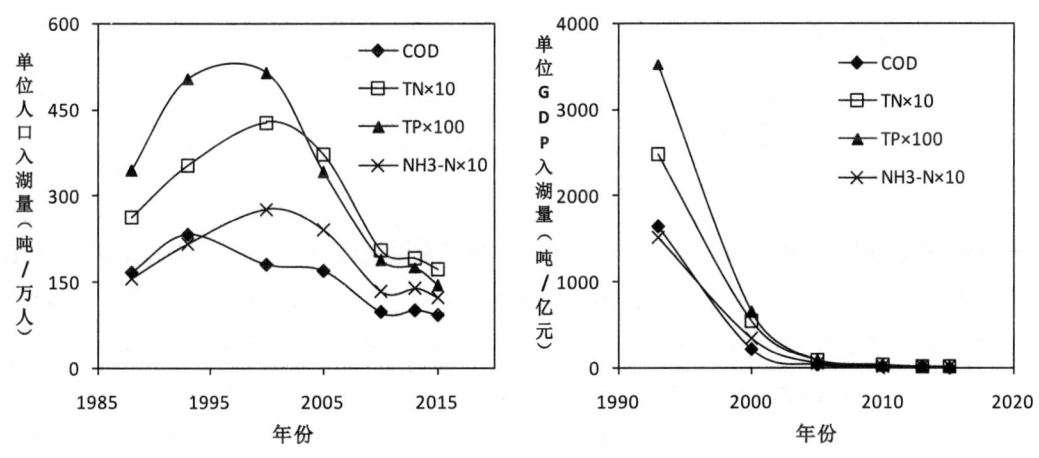

## 滇池水体水质

20世纪60年代滇池水质为Ⅱ类，70年代为Ⅲ类，80年代初期逐渐被污染，90年代滇池水质迅速恶化为劣Ⅴ类。1999年滇池污染达到最高峰，水华覆盖面积达到20平方千米，下风向岸边厚度达到几十厘米。草海水体黑臭，湖面盖满水葫芦；外海北部蓝藻堆积，湖水呈绿油漆状。经过20年的治理，2016年滇池水质恶化的趋势得到控制，水质持续稳步改善，氮磷浓度呈下降趋势。

1987—2016年，滇池湖体水质变化可分为3个阶段。1987—2000年为草海和外海水质迅速恶化阶段；2001—2009年为草海和外海水质缓慢改善阶段；2010—2016年为草海水质迅速改善阶段，外海水质则波动变化，但总体上各污染物浓度呈现出下降趋势。

**图4-1-2-7　1987—2016年滇池湖体水质变化趋势图**

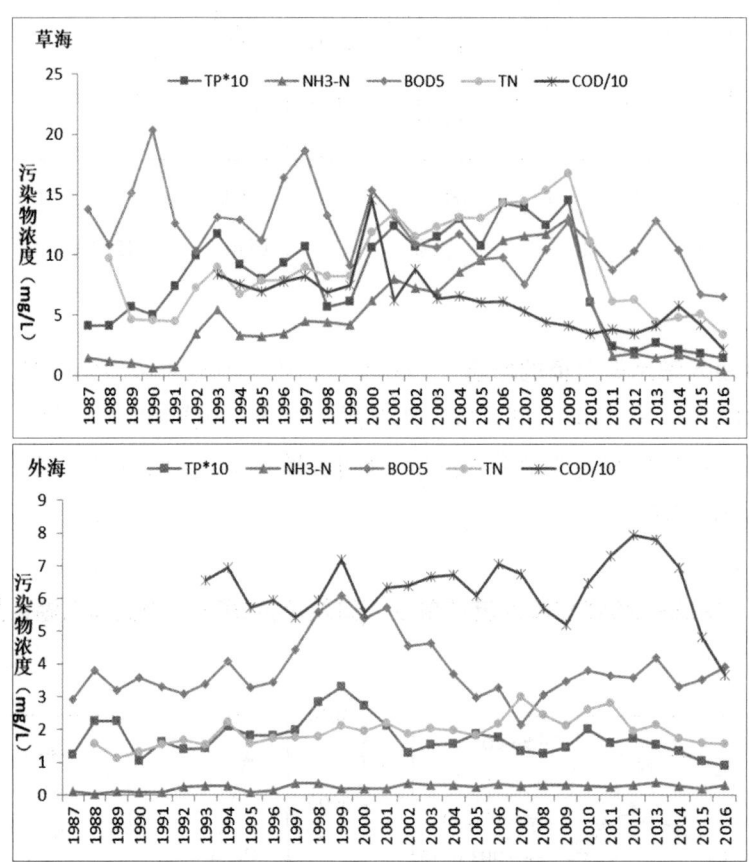

**迅速恶化阶段（1987—2000）**　　此阶段草海和外海水质迅速恶化，主要污染物浓度持续增大。草海总磷和氨氮增加最为明显，2000年分别较1987年增加了1.56、3.29倍；而化学需氧量、五日生化需氧量和总氮也分别增加了0.75、0.12和0.22倍（其中化学需氧量最早监测年份为1993年）。滇池外海总磷浓度增加最为明显，2000年较1987年增加了1.2倍；其次为五日生化需氧量增加了0.85倍；总氮和氨氮分别增加了0.2和0.6倍；化学需氧量浓度年均值约为62毫克/升，远高于其水环境功能要求的浓度。

**缓慢改善阶段（2001—2009）**　　2001年后，随着滇池治理力度的进一步加大，滇池草海和外海的水质得到缓慢改善。草海化学需氧量从2000年的145.9毫克/升下降到2009年的41.4毫克/升，下降了约72%；五日生化需氧量浓度有一定的波动，年均值为10.7毫克/升，较2000年的15.4毫克/升下降了31%；氨氮、总氮和总磷则呈波动上升趋势，较2000年分别上升了1.1、0.4和0.4倍。外海水质缓慢改善，化学需氧量、五日生化需氧量和总磷2009年较2000年分别降低了17.5%、35.6%和46.4%，其中五日生化需氧量在2007年出现历史最低值2.23毫克/升；总氮和氨氮则仍然呈现出一定升高趋势，2009年分别较2000年升高了0.1和0.6倍。

**快速改善阶段（2010—2016年）** 2010年后，滇池治理工程成效逐渐凸显，滇池湖体水质进入快速改善阶段。草海水质改善尤为明显，主要污染物显著下降，2011—2013年已经从多年的重度富营养状态转变为中度富营养状态，2014年出现一定波动后，2016年再次恢复中度富营养状态，营养状态指数为62.02；与2010年相比，化学需氧量、总氮、总磷和氨氮分别下降35.27%、69.48%、76.86%和95.16%。外海污染物浓度波动下降，总磷显著下降，营养状态多年稳定为中度富营养，2016年滇池外海营养状态指数为60.12，为中度富营养状态，比2010年下降了13.95%；与2010年相比，除氨氮略有升高外，主要污染物总磷、总氮和化学需氧量分别下降了55.06%、40.50%和43.52%。

## 人口及经济对滇池湖体水质的影响

通过对近30年滇池水质变化趋势分析研究，证实了人口及经济的快速增长对滇池水质的影响，其中2009年是滇池水质变化的转折年。

### 1992—2015 年滇池水质与流域人口相关性分析结果一览表

表4-1-1

| 年　份 | 草　海 | | | | 外　海 | | | |
|---|---|---|---|---|---|---|---|---|
| | 化学需氧量 | 总　氮 | 总　磷 | 氨　氮 | 化学需氧量 | 总　氮 | 总　磷 | 氨　氮 |
| 1992—2009 | −0.626 | 0.836** | 0.846** | 0.939** | 0.128 | 0.747** | −0.445 | 0.217 |
| 2009—2015 | 0.204 | −0.424 | −0.463 | −0.445 | −0.817* | −0.690 | −0.855* | −0.525 |
| 1992—2015 | −0.721** | −0.335 | −0.615** | −0.283 | 0.302 | 0.360 | −0.433 | 0.019 |

注：**在0.01水平显著相关；*在0.05水平显著相关。

### 1992—2015 年滇池水质与流域 GDP 相关性分析结果一览表

表4-1-2

| 年　份 | 草　海 | | | | 外　海 | | | |
|---|---|---|---|---|---|---|---|---|
| | 化学需氧量 | 总　氮 | 总　磷 | 氨　氮 | 化学需氧量 | 总　氮 | 总　磷 | 氨　氮 |
| 1992—2009 | −0.572 | 0.715** | 0.717** | 0.850** | 0.027 | 0.817** | −0.402 | 0.094 |
| 2009—2015 | 0.651 | −0.796 | −0.700 | −0.695 | −0.361 | −0.909* | −0.891* | −0.048 |
| 1992—2015 | −0.618** | −0.523** | −0.708** | −0.405 | 0.244 | 0.177 | −0.443 | −0.028 |

注：**在0.01水平显著相关；*在0.05水平显著相关。

从滇池水质与流域人口相关性分析结果和滇池水质与流域GDP相关性分析结果中可以看出，1992—2009年间，滇池草海的总氮、总磷和氨氮以及外海的总氮浓度均与流域人口和GDP呈现出显著的正相关关系，即在此阶段随着流域人口和GDP的增长，滇池水质向着恶化的趋势增长，人口和GDP对滇池水质影响明显，特别是与昆明主城区关系密切的草海，其相关性更加显著。2010—2016年间，草海水质逐渐好转，但受一些外在因素影响，如外海富藻湖区湖水混入，导致草海水质有一定的波动性，因此在此阶段草海各项水质指标与人口和GDP之间未表现出明显的相关性。而外海化学需氧量和总磷与流域人口具有显著的负相关，总氮和总磷与流域GDP具有明显的负相关关系。随着滇池治理力度的加大以及各项治理工程环境效益的逐渐发挥，特别是牛栏江—滇池补水工程通水后，滇池外海水质改善明显，由人口和经济增长带来的污染负荷增量基本得到控制。

# 第三节　污染形成的主要原因

湖泊富营养化是湖泊自然演变过程中的一种自然进程，而人类活动的强烈干预进一步加速了湖泊富营养化进程，成为导致湖泊富营养化的重要因素。滇池在湖泊自然演变与人类活动干预的双重影响下污染逐渐严重，富营养化程度逐渐加剧。

## 自然环境对滇池水体污染的影响

**滇池构造及地理区位导致污染物滞留**　滇池是典型的宽浅型半封闭高原浅水湖泊，平均水深仅4.4米，湖底平均坡度不足2%，属于陷落结构，水体交换很慢，大约4年才能全部置换一次。湖泊构造有利于光照，无分层现象；有利于水体营养盐混合及底泥再悬浮。滇池是典型的高原湖泊，是上游城市污水的唯一受纳水体，且湖体出水方式单一，湖体水流方向与盛行风的方向相反，进一步加剧了水体污染物的滞留。加之，湖区周边有大量的农业耕地和养殖场，每天都产生大量的农业面源污染。这些面源污染难以得到有效控制，进一步加剧了滇池污染的程度。滇池流域有48万亩农田，花卉作为流域的特色经济产业，种植规模大、复种指数高、施肥量大，大量未吸收、未降解化肥随回归水和雨水冲刷进入沟渠和湖泊；流域内农村每年还产生大量固体废物和废水。绝大部分未经处理就直接排进河道。

此外，滇池地处磷矿区，营养盐背景值较高，加之区域水土流失及土壤侵蚀严重，雨季地表磷素流失严重，磷矿开采区径流中总磷能高达447.22毫克/升，大量富磷地表径流会随河道进入滇池湖体，流经磷矿区的柴河暴雨期间总磷浓度曾高达30毫克/升以上，每年每平方千米可输入总磷355千克，因此滇池流域环境背景的脆弱是造成滇池富营养化的基础原因之一。

**独特的自然环境有利于藻类繁殖生长**　滇池流域地处云贵高原，属于低纬度高原山地季风气候，冬无严寒、夏无酷暑，年平均气温15.1℃，滇池年平均水温16.3℃，水温垂向分布均匀，年温差较小（11.7℃—13.3℃），日照时数为2081—2470小时，年日照率47%—56%，适宜的温度及充足的日照，为藻类光合作用及繁殖生长提供了有利的条件，是滇池水华暴发的基础条件之一。

**水资源短缺导致水体易污染**　滇池流域地处三江之源，源近流短，自然补水量有限，补给系数为8.38，水体更换缓慢，即便是在牛栏江—滇池补水工程每年向滇池补水约5.66亿立方米的情况下，滇池换水周期缩短至约2年，仍远高于国内其他湖泊。滇池调蓄自净能力差，加之蒸发量大，水资源极度缺乏，加剧了污染物在湖体的滞留和累积。

## 人为干预加速了滇池富营养化进程

**围海造田和乱砍滥伐损害了滇池生态环境**　人类对滇池生态环境的过度改造，导致滇池生态系统的演变和结构发生了变化，流域生态环境脆弱性凸显。20世纪60年代末，在"涸水谋田"思想的指导下，滇池流域开展了大规模的"围湖造田"运动，大面积地缩小了滇池水域面积，破坏了沿岸和湖底的水生植物，削弱了湖水净化能力，加速了湖底老化过程。40多年来，湖水面共减小了38.8平方千米，约占1938年湖水面积的12%，其中，内湖围去21平方千米，占原面积的70%以上，局部已出现沼泽化，滇池容量减少1.55亿立方米。湖面水生植被面积由20世纪60年代占滇池水面积的90%以上下降到2002年的1.8%。滇池容积的减少，直接导致其储水量下降，也减弱了滇池水体对流域气候的调节功能。同时，"围湖造田"运动对湖滨带以及湖体植被及水生生物造成了损伤，严重破坏了滇池水生生态系统，降低了湖体的自然净化能力。此外，20世纪50年代滇池流域乱砍滥伐现象严重，据调查统计，滇池面山有林地1953年占总面积的59.0%、1959年是22.2%、1982年下降至16.5%。森林的破坏，导致滇池流域水源涵养及水土保持能力下降，水土流失严重，雨季大量营养盐在泥沙的携带下随河道进入滇池，进一步加剧了滇池富营养化。

**人口增长加速流域点源污染负荷产生**　滇池流域是昆明市政治文化中心，20世纪80年代后，人口的快速增长成为滇池流域城市发展的重要特征之一。据调查，1949—1980年的32年间，滇池地区的人口由60万人增加到164万人，平均每年递增3.47万人，人口年增长率达到21.2‰（包括自然增长和机械增长）。1980年昆明市的人口自然增长率已控制到3.36‰，但机械增长率仍高达21.4‰，且城区人口高度集中，主城区人口密度已达3.91万人/平方千米。2015年，滇池流域5区1县的人口总数达到406.86万人，约为昆明市总人口的61%。在人口增加的同时，随着城市化进程的加快，滇池流域人口逐渐从以农业人口为主转变为以城市人口为主。同时，居民生活习惯也逐渐改变，20世纪80年代初昆明主城开始普及洗衣机，90年代末抽水马桶基本普及，2000年不锈钢水槽、陶瓷浴盆、整体浴室等相继进入普通家庭。随着人口的增长、人口结构的转变以及居民生活习惯的改变，流域内生活用水量持续增加，人均生活用水量年增长率达16%，随之而来污染负荷产生量也日益增加。在流域污染负荷产生量与污水处理厂处理能力不匹配的情况下，污染负荷大量入湖，导致了滇池水质恶化。统计数据显示，2000年进入滇池的污水总量为2.4亿立方米，其中城镇生活污水就占到1.8亿立方米，占总污水排放量的75%。2005年，全流域共排放污水2.61立方米，其中城镇生活污水2.27亿立方米，大量未经任何处理的污水直接排入滇池，给生态环境带来巨大压力。

**社会经济发展加大水环境压力**　20世纪30年代开始的抗日战争，迫使其他省一些工业企业迁入昆明，在沿滇池周边建立了中央机器厂、中央电工器材厂、中国电力制钢厂、昆湖电厂、昆明炼钢厂、昆明冶炼厂、昆明化工厂等，开启了现代工业废水对滇池及其河道水域的污染。到60年代，滇池四周迅速发展为工业区，大小工业企业达到5220多户，所产生的工业废水、废弃物进入滇池后，加速了对滇池水体的污染。1978年改革开放后，滇池流域的经济社会呈现出快速发展的态势，重工业在流域内快速发展，逐渐形成了烟草及配套、有色冶金、黑色冶金、化工、装备制造、医药、建材、能源等主导产业，光电子信息、新能源、新材料、物联网、节能环保等战略新兴产业快速崛起，导致用水量大幅提升。1985—1989年，滇池流域工业用水量年均增长值高达17.4%，1993年达到用水量最高值2.282

亿立方米。用水量的增加，与之对应的废水产生量也逐渐增加，流域内5000多户污染较重的冶金、造纸、印染、原料药制造、化工等企业每天排放42万多吨工业废水，在污染防治设施缺乏、污染治理能力低下的情况下大量工业废水的排放直接对滇池水质造成了严重的影响。后随着产业结构调整措施的实施，第三产业成为滇池流域的主导产业，但随着旅游人口数量的增加，大部分旅游景区污水处理能力缺乏，仍然给环境造成相当大的压力，而一些服务业如洗车业、桑拿洗浴业的快速发展，也导致了用水量和污水排放量、污染物产生量的增加，对滇池水质仍然具有一定的负面影响。

**快速扩张的城市带来新型污染**　随着城市化进程的加快，滇池流域建设用地及耕地面积发生了巨大变化，从滇池流域土地利用类型变化图中可以看出。1992—2014年，滇池流域建设用地面积增加350.2平方千米，耕地面积缩小539.8平方千米。城镇化建设一方面挤占了滇池流域内维持自然生态更新的空间，使得流域生态功能退化，另一方面随着土地利用结构的改变，流域不透水区域面积大幅增加，雨季在降雨冲刷作用下，大量的污染物会随地表径流进入滇池湖体，成为滇池污染的重要原因之一。

图 4-1-3-1　1992—2014年滇池流域土地利用类型择年变化图

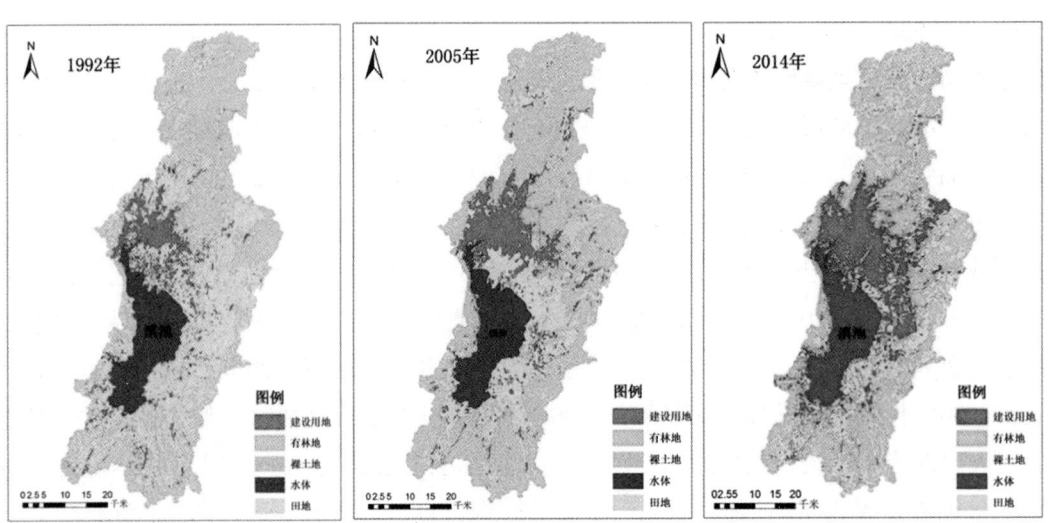

# 第二章　科研工作

中华人民共和国成立后特别是20世纪70年代后，滇池的保护与治理得到省委、省政府及市委、市政府高度重视，并受到国家级机构的关注。20世纪50年代，中科院即在滇池流域开展生态调查，70年代省内大学、科研院所在省环保厅、科技厅等部门支持下开展了多项课题研究。"七五"后的30年，国家在滇池流域设置了"七五""八五""十五"科技攻关、"863""973"及"水体污染控制与治理科技重大专项（简称水专项）"等项目，中国环境科学研究院、中科院南京地湖所、中科院武汉水生所、清华大学、北京大学、南开大学、同济大学及云南省环境科学研究院、昆明市环境科学研究院、云南大学等国内多个科研单位对滇池保护治理"开方抓药"，大量的科研成果是滇池流域水污染防治规划制定及保护治理工作开展的坚实技术支撑。

## 第一节　国家攻关课题

### 滇池"七五"科技攻关

国家"七五"科技攻关（75-60-02-01-06）"中国典型湖泊氮、磷容量与富营养化综合防治技术研究"课题由国家环保局、云南省科委和昆明市环保局主持，中国环境科学院牵头，南开大学、云南省环科所（现云南省环境科学院）、昆明市环境科研所等20个单位近200名科技人员共同参加。课题包括滇池环境调查与评价、滇池流域水土流失及淤积环境研究、滇池污染物与环境容量研究、滇池（草海）磷循环与反应过程方程研究、滇池（草海）磷碳循环与藻类生长规律的研究、滇池有机污染物降解、底泥释放与治理的研究、氮循环与过程方程研究、滇池生化基础理论研究、滇池生态动力学模型与湖流、滇池富营养化综合防治技术研究、滇池水污染控制系统规划、滇池流域水资源开发利用保护规划13个子课题，首次广泛、深入和系统地研究了滇池富营养化问题。该科研成果为滇池及其他湖泊的污染防治与水质管理提供了科学依据。

### 滇池"八五"科技攻关

1992年4月，国家环保局、国家科委、国家环科院考虑到滇池与昆明的实际，决定把滇池城市饮用水源地污染控制工程技术、滇池城市水源地面源污染控制技术、滇池水源保护区水质恢复技术和草海污染综合整治及优化生态系统作为国家"八五"科技攻关课题进行攻关。该课题经费为1180万元，由中央、省、市共同投资（其中中央245万元、省178.5万元、市756.5万元）。课题共包括水源地保护区防护带划分技术研究、水源地消浪带模拟研究、水源地农田径流污染控制工程技术研究、水源地生物防护带工程技术研究、水源地管理支持技术研究、水源地农田径流污染控制工程技术研究、水流域生态治理工程技术研究、控制面源污染前置库系统技术研究、滇池流域规划及湖滨保护带工程技术研究、滇池流域环境和水质动态监控系统研究、第一污水处理厂除磷脱氮技术研究、草海污染底泥疏浚工程适用技术方案及处理处置技术研究、滇池水域分隔及分洪排污可行性研究、草海大型水生生物恢复技术研究、草海污染综合整治系统工程规划预测及方案效益分析研究15个四级子专题和数十个五级子题以及草海底泥疏挖试点依托工程和豹子洞水流域治理、呈贡马料河生物池工程、200亩荒废农田建设、前卫营前置库建设4项面源治理依托工程、三水厂取水口生物防护带建设试验依托工程。

滇池"八五"科技攻关课题由中国环境科学院牵头，昆明市滇池保护委员会具体组织，云南环科所、昆明市环科所等十多个单位组成课题组，在市政府领导下，在各有关部门和单位的大力支持、协助下，经过4年多的艰苦努力，各子课题和各项依托工程和试验先后于1995年10月前完成了预期研究任务和工程建设任务。同年11月28—30日，国家科委、国家环保局和云南省科委在昆明主持召开了滇池"八五"科技攻关三级、四级和五级专题、子专题、子题鉴定验收会。滇池"八五"科技攻关课题的成果，为滇池污染治理提供了强有力的科学依据。

## 滇池"十五"科技攻关

2000年，国家科技部和云南省政府合作开展国家重大科技专项"滇池水污染治理技术研究"，分列"滇池蓝藻水华控制技术研究与示范"和"滇池流域面源污染控制技术研究与示范"2个课题。

**滇池蓝藻水华控制技术研究与示范** "滇池蓝藻水华控制技术研究与示范"课题由中科院水生生物研究所牵头，中科院南京湖泊与地理研究所、云南大学、昆明市环境科学研究所等单位共同承担，总经费2370万元，由藻类学家刘永定研究员出任首席科学家。示范试验区置于滇池外海东北部宝丰半岛两侧，2个湖湾相连，面积为6.01平方千米，由非封闭的高强度抗风浪柔性围栏与外湖分隔开来。在试验区内，进行了滇池有史以来规模最大的以湖泊环境整治为目标的实验湖泊学试验研究，在历时4年零2个月的试验中完成了18个子专题、24项研究任务，在基础调查、技术研究、技术应用试验和工程示范4个层次上取得了丰富的科学数据和试验成果。课题研究获得专利技术39项，发表论文106篇，成果不仅对扼制连年暴发的滇池蓝藻水华具有积极的意义，也为全国大型浅水湖泊环境整治提供了强大的科技支撑。

**滇池面源污染控制技术研究与示范** "滇池流域面源污染控制技术研究与示范"课题由清华大学环境系负责，云南省环境科学研究所、中国农业科学院、同济大学、昆明市环境科学研究所、北京大学、西南林学院、云南大学、云南省农业科学院等单位共同承担。课题组选择了具有代表性的滇池流域呈贡县大渔乡13.5平方千米范围作为农村面源污染控制研究与工程示范区。课题获取了几十万个面源污染特征数据，提出了"1236"的面源污染控制总体技术指导思想。即1个核心：以环境与农业的协调发展为核心；2个关键：以人为本和以提高农民的自身能力为关键；3个系统：面源的污染控制需要同时构建技术支持系统和政策管理支撑系统；把握面源污染的复杂性、长期性和不确定性三个特征，以水、土、肥3个要素的综合控制为主线，在3个空间层次构建面源污染控制系统；面山台地为生态稳定和水土流失控制区，主要通过植被恢复、合理的土地利用模式构建以及水土流失阻断工程措施等实现氮磷流失的长期和快速控制；在坝区的农业生产和农村生活区，主要通过综合手段实现农业废弃物循环或资源化利用，通过土地减肥等清洁生产，以及生活污水和初期雨水的收集和处理等实现区内的污染负荷减量控制；在沿湖区域的低洼地以及河岸带，通过构建各种因地制宜的湿地、生态隔离带和生态沟等实现污染物阻断和去除，建立污染物入湖前的最后控制屏障。6项原则为：源头削减、资源回用、因地制宜、技术实用、优化管理、总量控制。课题历时4年，获得专利16项，形成了一整套面源污染控制的集成示范技术，成果为全国未来大规模开展面源污染控制，在决策、技术和工程等多个方面提供了有益的借鉴。

## 国家"863"计划滇池项目

"十五"国家"863"计划重大科技专项"滇池入湖河流水环境治理技术与工程示范"课题2004年6月立项，2008年10月由国家科技部结题验收，历时4年多。昆明市人民政府为课题责任主体，昆明市滇池管理局为具体责任单位，昆明滇池投资有限责任公司为课题业主单位。课题采用了业主加责任专家组的组织管理方式。该课题分为5个子课题，其中"雨污合流调蓄及强化处理技术研究与示范工程"子课题负责单位为中国市政工程中南设计院、"城郊面源污水综合控制技术研究与示范工程"子课题负责单位为中国科学院南京土壤研究所、"河道水质强化净化技术研究与示范工程子课题负责单位为国家环保总局华南环境科学研究所、河口水质净化技术研究与示范工程"子课题负责单位为中国科学院南京地理与湖泊研究所、"受纳湖湾污染负荷有效削减和生态系统重建研究与示范工程"子课题负责单位为中国科学院水生生物研究所，课题总经费8780万元。其中，国家拨经费2780万元，云南省政府安排2000万元，昆明市政府安排4000万元。课题集聚了以子课题负责为首的35个单位（含业主单位）参加研究。课题最终完成研究任务共计151项。其中，应用基础性的技术原理、技术参数和关联技术耦合研究与因地制宜和推广应用需要的区域性环境生态特征研究计78项，解决大清河水环境治理中的问题而进行的技术研究和示范工程研究73项。课题完成集成技术组合示范工程为5项，含12项子工程，共由37项工程任务构成，从河流前端顺流向下，通过解决污水处理厂初期降雨混合污水联合调控与强化处理，再经面源减源截污、主河道水质净化、河口水质净化，到湖湾水环境治理，构成一个完整的入湖河流水环境治理技术系统。

课题实际科研产出：受理专利34项（其中发明专利31项），授权专利1项；完成论文138篇，核心期刊已发表论文117篇（其中SCI源刊18篇，EI源刊14篇）。

## 国家水体污染控制与治理科技重大专项滇池项目

水体污染控制与治理科技重大专项（简称水专项）是《国家中长期科学和技术发展规划纲要（2006—2020年）》设立的16个重大科技专项之一，是中华人民共和国成立以来投资最大的水污染治理科技项目，下设湖泊、河流、城市、政策、监控预警、饮用水6个主题，总经费概算300多亿元，分3个五年计划组织实施，第一阶段目标主要突破水体"控源减排"关键技术，第二阶段目标主要突破水体"减负修复"关键技术，第三阶段目标主要是突破流域水环境"综合调控"成套关键技术。

**滇池流域水污染治理与富营养化综合控制技术及示范（"十一五"水专项）** "十一五"期间，滇池流域主要涉及水专项湖泊主题和城市主题的项目（课题）。湖泊主题设立滇池流域水污染治理与富营养化综合控制技术及示范项目，项目负责为北京大学，针对滇池治理急需解决的技术问题分列6个课题。其中，"流域社会经济结构调整及水污染综合防治中长期规划研究"，技术承担单位是北京大学，责任单位是昆明市环保局；"滇池北岸重污染排水区控源技术体系研究与工程示范"，技术承担单位是云南高科环境保护工程有限公司，责任单位是昆明滇投公司；"城市重污染河流入湖负荷削减及水环境改善技术与工程示范"，技术承担单位是云南环科院承担，责任单位是昆明滇管局；"滇池流域面源污染调查与系统控制研究及工程示范"，技术承担单位是云南大学，责任单位是昆明市农业局；"湖泊生态系统退化调查与修复途径关键技术研究及工程示范"，技术承担单位是中科院武汉水生所，责任单位是昆明市滇管局；滇池流域水环境综合管理支撑技术研究与平台建设，技术承担单位是中国环境监测总站，责任单位是昆明市环保局。6个课题中央总投资7635万元，地方按照约1∶1.5的比例进行配套。

"十一五"水专项城市主题将昆明作为综合示范城市，于昆明设置1个子课题，即城市黑臭河道外源阻断、工程修复与原位多级生态净化关键技术研究，中央投资1226万元，地方配套投资4000万元。

"十一五"期间，水专项滇池项目启动了全流域、多尺度的系统大调查与监测，揭示了滇池富营养化的成因，首次系统全面总结了滇池治理的经验和教训，指明了滇池治理存在的难点和突破点，针对识别的关键问题开展中长期规划设计、技术研发集成与示范，形成了"1+4"的研究成果。其中，"1"即提出滇池流域水污染防治与富营养化控制的一整套中长期规划与路线图，为滇池"十二五"水污染防治规划和中长期治理奠定了坚实的科学基础；"4"即形成了包含高原湖泊流域营养盐迁移转化过程模拟、预测及优化调控整装成套技术，高原湖泊城市重污染排水区综合控源及河道沿程削减整装成套技术，湖滨区设施农业集水区内面源污染防控整装成套技术，高原严重受损湖泊的"分区生态系统修复—湖滨带建设—湖滨区基底修复"整装成套技术的4套高原重污染湖泊富营养化治理整装成套技术，并在滇池流域水污染防治"十二五"规划及治滇决策中发挥了重要的科技支撑和引领作用。研究成果多角度、多层次、尽可能多地渗透和应用到滇池流域水污染防治"十二五"规划的规划目标、思路、控制单元确定、方案设计和重点工程设计等环节，在数据、结论、模型、关键技术、思路、方案以及规划建议等方面发挥了全面的科技支撑作用。形成的4大版块整装成套技术已经在"十二五"滇池治理中得到规模化推广，提供了强有力的科技支撑，并在抚仙湖、杞麓湖等其他云南高原湖泊中得到应用，得到了云南省、昆明市相关部门的一致认可。2012年5月，环境保护部吴晓青副部长在昆明对"十一五"水专项滇池项目进行调研，指出"十一五"水专项滇池项目成效显著，攻克了一批关键技术，培养了一批环保科技人才，为滇池治污提供了强有力科技支撑，"十一五"所取得的技术成果已全面应用于治滇"六大工程"及滇池"十二五"规划的编制与实施。

**滇池流域水环境综合整治与水体修复技术及工程示范（"十二五"水专项）** "十二五"初期，在市人民政府、省环保厅及滇池流域专家组的共同努力下，国家和地方政府对水污染治理表现出较高积极性，有望在"十二五"期间取得示范流域水质显著改善等重大标志性成果的太湖、滇池、辽河、松花江4个流域作为水专项"十二五"实施的重中之重，加大水专项中央投资力度。"十二五"期间，水专项滇池流域涉及湖泊主题和城市主题。其中，湖泊主题设立滇池流域水环境综合整治与水体修复技术及工程示范项目。项目负责为云南省环境科学研究院，分列6个课题："全流域控源截污体系联合运用关键技术及工程示范"课题，技术承担单位是西南市政设计研究院，责任单位是滇投公司；"流域入湖河流清水修复关键技术与工程示范"课题，技术承担单位是云南省环科院，责任单位是市滇管局；"滇池流域农业及面山污染控制与水源涵养林保护关键技术及工程示范"课题，技术承担单位是云南大学，责任单位是市农业局；滇池水体内负荷控制与水质综合改善技术研究及工程示范课题，技术承担单位是中国环科院，责任单位是市滇管局；"滇池草海生态规模修复关键技术与工程示范"课题，技术承担单位是中科院武汉水生生物研究所，责任单位是市滇管局；"外流域补水工程水资源分配及湖泊水质改善技术与应用"课题，技术承担单位是北京大学，责任单位是市水务局。6个课题中央研究经费共计1.37亿元，地方配套经费约为3.37亿元。城市主题设立"滇池流域城市水环境改善技术研究与示范"项目，分列昆明主城区污染物综合减排与水质保障关键技术研究与示范、昆明市老运粮河水环境改善关键技术研究与工程示范2个课题，技术承担单位均为清华大学，责任单位均为滇投公司。2个课题中央研究资金共计8636万元，地方配套资金约为1.75亿元。至2016年"十二五"水专项滇池项目尚未结题。

## 第二节 其他主要科研工作

### 滇池污染与水生生物调查

1976年，省环境保护办公室组织省环境科学研究所、昆明医学院、云南大学、中国科学院昆明植物研究所开展了云南滇池、螳螂川水生生物调查，经过多年工作，获得大量资料。1978年，在云南滇池、螳螂川水生生物调查的基础上，省科委将一些滇池污染防治研究内容列为省重点科研项目下达给省环境保护局，省环境保护局牵头组织省环境科学研究所、昆明医学院、云南大学、中国科学院昆明植物研究所有关人员在云南大学曲仲湘教授、中国科学院昆明植物研究所冯国楣副研究员的指导下，继续对滇池污染与水生生物进行了多学科的研究。本课题主要从滇池的自然概况，滇池植物群落和污染，云南滇池水系的原生动物及其与水污染的关系，滇池污染与水生无脊椎动物的调查，滇池水系污染对鱼类影响的初步调查，滇池、螳螂川水生生物、水质、底泥污染状况的研究，云南滇池铬、镉污染的研究，滇池汞污染状况的调查研究，砷对滇池污染的初步探讨，滇池水系氟污染的初步研究，工业废水中有毒物质在水生生物体内转移规律的研究，工厂废水对黑藻光合色素的影响，洗衣粉水溶液对水生植物生长和叶绿素含量的影响，氯化汞对金鱼的急性毒性实验，水生生物样品中总铬和镉的测定，水质、底泥、水草、鱼类中总汞的冷原子吸收法测定，滇池水、底泥、水生生物中微量砷的测定，环境样品氟含量的测定等方面开展了研究。提交了《滇池水质、底泥、水生生物已受到汞、砷、氟、铬、镉的污染》《保护好滇池，抓紧滇池污染治理，势在必行》等意见、建议书。1980年11月，省科委委托省环境保护局在昆明召开了研究课题学术评定会。认为"此项研究是云南省第一次大规模、多学科地对滇池水生生物与环境污染关系的综合性研究，它对滇池污染的防治、水产资源的综合利用以及云南高原湖泊的研究和环境质量评价提供了一定的科学依据"。

## 滇池流域生态环境与经济综合考察

1982年，云南师范大学地理系、省环境科学研究所、省及市经济研究所、省林业厅营林勘测队、省水产研究所、省气象科研所、省地质局环境水文监测站、市环境保护局等单位组成滇池地区生态环境与经济综合考察课题组开展课题研究。经过一年的调研，课题组在前人的工作基础上，对滇池地区自然生态系统和社会生态系统的特点及相互关系进行分析，为合理开发滇池地区及滇池地区的现代化建设进行了必要的分析研究，取得了阶段性研究成果，形成了《滇池地区生态经济考察报告》《滇池流域自然环境及旅游资源》《滇池及其流域水平衡和水资源问题的初步探讨》《滇池地区地下水资源的初步探讨》《滇池地区农业土地环境的开发利用与保护》《滇池地区土地利用现状分析》《昆明城市热岛及大气质量探测报告》《滇池渔业资源的演变及其评价》《滇池地区森林效益探讨》《滇池地区经济、社会发展与生态环境问题》《滇池围湖造田经济效益评价的初步探讨》11个考察报告。

## 昆明市松华坝水源保护区多学科综合考察

1983年，省科学技术委员会和国家城乡建设环境保护部先后将松华坝区地下水专题研究及多学科综合考察列为部、省级重点科研项目，由市环保局主持承担，云南师范大学等8个单位和部门参与，于1986年12月全部结束。此次研究考察分为区域社会经济考察与研究、区域气象考察与研究、区域地貌条件及评价、区域地表水及水土流失分析、区域地下水专题研究、区域植被考察与研究、区域土壤侵蚀现状与区划、松华坝水库水质现状及评价8个子专题，各个子专题在考察过程中都采用了国内外较为先进的技术，边考察、边研究、边应用，考察获取科学数据10万余个，绘制图表284张，采取制作标本2000多份，撰写了80多万字的考察成果报告。1987年，各子专题考察报告先后通过专家审议鉴定。

## 滇池水污染防治综合调查研究

为积极推进滇池水污染防治工作，由省发改委牵头，省环保局、省经委、省水利局、省农业厅、省建设厅等部门参加共同组成滇池水污染防治调研工作组，于2006年9—12月对滇池水污染防治工作开展全面调研，旨在系统、全面了解滇池水污染及治理现状，分析当前面临的主要矛盾和困难，以及水污染防治中存在的突出问题，在总结经验教训的基础上，提出符合滇池治理保护实际和具有前瞻性的基本思路、目标和重点，并从技术、管理、政策、体制等方面提出有针对性的对策措施。调研本着实事求是、理论与实践结合和深入实际的原则，先后多次实地考察了城市污水处理厂、垃圾处理场、河道治理工程、人工湿地工程、面源污染治理示范工程和一些工矿企业的污染治理设施及运行情况，选择性地调查了城中村、养殖场、采选场、塑料加工厂、宾馆饭店等。结合典型调研，广泛收集和整理相关的资料、数据，针对一些特别关注的问题，如入湖负荷、体制改革等问题进行了深入的研究，形成了《滇池水污染防治综合调查研究报告》，为省委、省政府和市委、市政府开展滇池治理工作提供了决策参考。

## 滇池流域中长期综合管理总体规划

滇池流域中长期综合管理总体规划是世界银行贷款云南城市环境建设项目滇池流域综合管理子项目，项目业主为市滇池管理局。通过国际招标，评选出项目咨询单位是北京清华同衡规划设计研究院有限公司、云南省水利水电勘测设计研究院联合体。项目于2012年1月签订合同并正式实施，于2014年10月结束，总投资135.8万美元。成果报告（中、英文版）由《滇池流域中长期综合管理总体规划》和《滇池流域管理决策支持系统设计方案》组成。报告通过引进国际先进的流域综合治理理念和管理工具，以流域水资源综合开发和保护的需求为基础，以流域水土资源和生态环境综合承载力为约束，以保障流域资源的可持续利用、保持流域完整的生态功能、提高流域环境质量水平、促进流域经济可持续发展为目标，对流域的资源开发、环境治理、生态保护和经济社会发展进行战略性、全局性、前瞻性的规划和部署，提出了加强滇池流域综合管理体制和机制的建议、滇池流域整体布局和发展规划的建议和水污染防治措施项目评估机制与调整建议，并基于滇池流域中长期综合管理的理念，提出了各利益相关部门信息共享机制的方案、滇池流域基础综合数据库的设计方案和滇池流域管理决策支持系统方案。

## 中瑞国际合作"湖清水秀"滇池治理研究

2009年，为学习引进瑞士苏黎世湖等城市湖泊的治理经验，昆明市政府邀请瑞士水务专家参与滇池的水污染治理，帮助改善滇池水质，开展"湖清水秀"滇池研究治理项目。项目分三阶段开展，对滇池供排水管网规划、污水处理、城市水环境治理、湖泊治理和水资源保护等领域开展咨询，提出了多项控制滇池污染的客观和具有建设性的建议，为滇池治理提供了有益参考。

# 第三章 滇池流域保护治理规划

滇池保护与治理的思路是一个不断探索和深化的过程。"五五"计划以来，国家和省、市党委、政府就开始关注滇池水污染问题，陆续出台了滇池保护的相关条例和措施。"七五"期间就开始研究滇池水污染防治技术，陆续出台了一些滇池保护治理法规、政策。可以说，《滇池综合整治大纲》《松华坝水源保护区综合开发整治纲要》及《滇池综合整治方案》，是贯彻落实《滇池保护条例》和《昆明市松华坝水源保护区管理规定》的配套文件和行动纲领，是滇池流域保护与治理的综合性、系统性、前瞻性较强的原始文献，对后来编制的阶段性规划、计划都具有深远的影响。

"八五"期间开始实施滇池保护与污染治理工程。1993年编制完成了《滇池污染综合治理方案》并提交省政府审定。综合治理内容包括分流截污、防洪调蓄、优水优用，疏浚清淤、减污增容，植树造林、涵养水源，引水济昆、新辟水源。同年，省政府在海埂召开了治理滇池的现场办公会议，提出用18年时间，投入30亿元，分3个阶段完成滇池流域的根本治理。会后，昆明市在现有的第一污水处理厂基础上，分别新建了第二、第三、第四污水处理厂，启动滇池防洪保护及污水资源化工程。

"九五"和"十五"期间，开始实施以点源污染控制为主的控制工程。其中，"九五"期间重点实施了工业污染治理，组织实施外流引水济昆工程、滇池污染治理世界银行贷款项目、草海底泥疏浚工程、滇池防洪保护及污水资源化利用工程；"十五"期间全面启动点源、面源、内源、湖滨生态修复各项治理工作，实施全流域综合整治。重点实施了截污与生态修复工程，实现了污染控制与生态修复相结合、工程措施和监督管理相结合，为"十一五"工作打下基础。

"十一五"和"十二五"期间，开展了流域系统治理工作，是滇池污染治理的重要突破阶段。"十一五"期间，在认真总结多年来滇池治理经验的基础上，把滇池治理作为一项系统工程来推进，形成了以环湖截污及交通、外流域引水及节水、入湖河道整治、农业农村面源治理、生态修复与建设、生态清淤"六大工程"为主线的流域治理思路。"十二五"期间，提出"清污分流""分质供水"，在削减存量的同时遏制增量，治理区域从主城区向全流域转变；治理方式坚持统筹保护与发展的关系，由专项污染治理向统筹城乡发展、积极调整经济结构的综合治理转变；治理内容采取污染治理与生态修复相结合，削减负荷与增大环境容量相结合；治理的投入机制从政府投入向政府投入与市场运作相结合转变。

## 第一节 滇池污染综合治理方案制定

1991年，日趋严重的滇池污染问题引起了中央和省、市领导的高度重视和人民群众的极大关注。3

月，省环保委员会和省计划委员会联合下发《关于编制综合治理滇池污染可行性研究的通知》，经过半年的艰苦努力，完成了《综合治理滇池污染可行性研究报告》，为编制《滇池污染综合治理方案》和滇池污染治理项目建议书及长短期规划提供了一个科学的纲领性文献。

## 滇池污染综合治理方案

1992年开始，由省计划委员会、省环境保护委员会和昆明市人民政府牵头，市滇池保护委员会办公室和省环境科研所组织省、市有关单位于1993年4月前完成了《滇池污染综合治理方案》（以下简称《方案》）的编制工作，提交省政府审定。

《方案》的主要内容为分流截污、防洪调蓄、优水优用，疏浚清淤、减污增容，植树造林、涵养水源，引水济昆、新辟水源。主要开展点污染源治理、面污染源治理、湖内污染源治理和水资源优化调控、调度4大类共26项工程。其中，点源污染治理项目分城市排水系统工程建设、城市污水处理工程、城市垃圾处理厂、重点工业污染源治理，面源污染治理项目分绿化工程及农业生态建设、面源前置库系统工程，内湖环境治理项目分水生生物工程、草海底泥疏挖，水源开发项目分水资源优化调控、水资源优化调度、供水工程、外流引水济昆工程，科研。《方案》明确：滇池污染综合治理的总目标是用18年时间，投入30亿元，分近期、中期、远期3个阶段完成滇池流域根本治理；滇池污染综合治理的技术路线是针对不同环境问题，依据滇池水环境容量和功能，按照污染负荷总量控制原则，采用一系列的工程技术和生物技术，结合加强环境管理，达到综合治理的总目标；流域功能区分为松华坝水源保护区、滇池水源保护区、滇池风景旅游区、磷矿开发和生态农业保护区、城市及工业污染重点整治区；对城市生活及工业点污染源的治理采用工程技术结合管理的方法，在对污染源进行工程控制的同时，调整行业结构及城市、工业布局，推广清洁工业生产工艺，提高循环用水率，限制使用含磷洗涤剂，控制城市发展速度和规模，减少污染物产生量；对面污染源治理除采用工程技术和生物技术减少水土流失外，要推广少废农业技术，调整农、林、牧业结构，合理利用土地，减少土肥流失的系统工程措施；对湖内污染源的治理采用疏挖入湖河道和湖内底泥、水生生物净化、增加农业提灌的方法，减少底泥污染，使湖水水质得到改善；在水资源开发利用方面除采用工程措施建设一系列水利工程设施，保证水资源调控、调度正常运行外，还要制定一系列优化调控、调度方案及管理措施，达到水质、水量上中下游联合调控的目的。此外，采用流域绿化、生态农业技术、湖泊恢复技术和强化流域管理，达到恢复流域生态良性循环的目的。

## 省政府现场办公会

1993年4月14—15日，省政府在海埂召开治理滇池污染现场办公会议。会议由时任省长和志强主持。会议集中研究了由省计划委员会、省环境保护委员会、昆明市人民政府共同编制的《滇池污染综合治理方案》，统一思想，形成共识，部署工作。会议认为，滇池是昆明繁衍发展的摇篮，是具有多功能的高原湖泊，也是维持昆明城市生态系统平衡的重要条件。《滇池污染综合治理方案》是省、市各方面专家多年研究、辛勤劳动的成果，《方案》提出的三步实施步骤和量化目标是基本可行的。

会议决定：一是用18年时间，投入30亿元，分3个阶段完成滇池流域的根本治理。二是采取果断措施，加快治理滇池污染的步伐，尽快实现滇池流域生态的良性循环。按《方案》规划的内容组织实施外流引水济昆工程、新建大型污水处理厂、改建城市排水系统、兴建垃圾处理厂；开展草海底泥疏挖、滇池面源污染前置库工程、绿化及农业生态等一系列标本兼治的滇池治理工程项目；本着蓄清排污及利用的原则，实施滇池防洪保护及污水资源化利用工程，通过建设西园隧道排放滇池草海水体，消减污染物；滇池治理国内资金由省、市政府负责解决。三是涉外资金的筹措由省、市外经委负责统一对外，要组织专门机构负责筹集资金；要动员社会筹资用于滇池治理。四是要完善法规，加强执法，走依法治污的轨道，使庞大的滇池治理工程做到有法可依，以确保治理方案的稳定性、连续性、减少随意性，不因政府换届、人事变动而受影响。五是建立强有力的和权威性指挥机构，会议决定省政府滇池治理协调领导小组负责协调处理滇池治理有关事项，整个滇池治理方案的实施由昆明市人民政府全权负责，省政府同意昆明市政府成立滇池管理局，作为常设机构。会后，省环境保护委员会以云环综字〔1993〕第253号文将《方案》上报省人民政府。同年8月25日，省政府以云政复〔1993〕175号对《方案》作了正式批复，原则同意《方案》，并要求按程序上报国务院审批。

# 第二节　滇池流域水污染防治规划的制定与实施

## 《滇池水污染防治"九五"计划及2010年规划》

**编　制**　1996年10月30日，根据国家环境保护局环控〔1996〕847号《关于编制巢湖、滇池水污染防治规划》的要求，省政府办公厅转昆明市人民政府办公厅承办，市政府办公厅于11月15日批示由市滇保办和市环保局牵头组织编制。经协商，决定由市环境科学研究所为主组成《滇池水污染防治"九五"计划及2010年规划》（以下简称《计划及规划》）编制组开展编制工作。

市政府成立以副市长冯志成为组长、市各相关部门负责人为成员的领导小组，成立由中国环境科学院、省和市各有关部门专家组成的专家组开展工作。1996年12月9日规划编制大纲及工作大纲通过专家评审，1997年7月16日《计划及规划》完成送审稿，上报审定。1998年9月6日，国务院以国函〔1998〕75号文批准了省政府上报的《计划及规划》，原则同意《计划及规划》，要求结合实际情况认真组织实施，并在实施中逐步完善。

该《计划及规划》的指导思想是：以滇池水质达标、生态环境恢复良性循环为目标，突出饮用水源地这一重点，根据滇池流域入湖点、面污染负荷分担率及内源的影响，对滇池流域进行统一规划，综合整治；加强环境执法力度，先解决不需投资或少投资、加强管理就能解决的问题，严格执行《国务院关于环境保护若干问题的决定》《国家环境保护"九五"计划和2010年远景规划目标》的有关精神，坚决杜绝新污染的出现。近期以管理措施及点源治理工程措施（含工业源及城市污水）为主，远期以面源控制、流域生态恢复工程为主。规划目标是到1999年5月1日前，滇池流域工业污染企业（含规模养殖场、宾馆、饭店）排放的废水全部达到国家规定的标准，城市污水处理率达到80%，外海水质达到地面水环境质量Ⅳ类标准，草海水体旅游景观有明显改善；到2000年年底前，外海水质达到或接近地面水环境质量Ⅲ类标准，草海水质达到地面水环境质量Ⅴ类标准；到2010年年底前，外海水质达到地面水环境质量Ⅲ类标准，草海水质达到地面水环境质量Ⅳ类标准，恢复滇池流域生态环境的良性循环。总量控制目标为：1999年5月1日前，外海的高锰酸盐指数最大允许排放量为6390吨、总磷最大允许排放量为773吨、总氮最大允许排放量为7568吨；到2000年年底前，外海的高锰酸盐指数最大允许排放量为5007吨、总磷最大允许排放量为474吨、总氮最大允许排放量为3644吨，草海的高锰酸盐指数最大允许排放量为2352吨、总磷最大允许排放量为108吨、总氮最大允许排放量为1368吨；到2010年年底前，外海的高锰酸盐指数最大允许排放量为5007吨、总磷最大允许排放量为248吨、总氮最大允许排放量为3644吨，草海的高锰酸盐指数最大允许排放量为1747吨、总磷最大允许排放量为108吨、总氮最大允许排放量为1368吨。

该《计划及规划》的工程项目为103个，总投资为85.68亿元，分3期建设。1996年至1999年4月30日为第一期，71个项目，总投资为24.05亿元；1999年5月1日至2000年为第二期，13个项目，总投资为6.98亿元；2001至2010年为第三期，19个项目，总投资为54.65亿元。其中第一、第二期在"九五"期间，共计划完成84个项目，总投资31.03亿元。项目主要涉及以国务院规定的"十五小"企业的"关、停、禁、改、转"，其他为对超标排放的工业废水污染源进行限期治理为主要内容的工业污染源达标治理工程；以城市污水处理厂及相应的管网建设、滇池北岸截污、盘龙江沿线截污、昆明市城市排水管网改造为主要内容的城市污水治理工程；以水源保护区植树造林、水库前置沉沙池建设、湖滨农村面源污染控制示范为主要内容的面源污染控制工程；以草海底泥疏浚、藻类清除、草海入湖河道整治为主的内源污染治理工程；以及"2258"饮用水源调配、城市下水道定期清淤、城市垃圾清运及处理等工程。

**实施** 截至2000年底，《滇池水污染防治"九五"计划及2010年规划》提出的84个项目中，实际完成60项，正在实施17项，尚未动工7项，还完成了《计划及规划》外的项目5项，共完成投资25.3亿元，其中已竣工项目投资21.2亿元、在建项目投资4.1亿元。

"九五"期间，为贯彻实施《滇池保护条例》，建立了滇池综合治理目标责任制。滇池的污染治理以点源治理（含工业源及城市污水）及管理措施为主。滇池流域工业污染源基本实现达标排放；建成了4座污水处理厂，城市污水处理能力达36.5万吨；完成滇池北岸（大清河、船房河）截污工程，设计截污能力30万吨/日；完成了盘龙江中段、大观河等河道截污疏浚；完成草海底泥疏浚一期工程，清污面积430万平方米；取缔养鱼网箱5000多个、滇池机动捕鱼船1170多只、滇池面山采石点50多个；1998年10月1日起在滇池流域禁止销售和限制使用含磷洗涤用品；实施征收城市排水设施有偿使用费，以确保排污设施正常运行，促进节约用水。2000年，进入滇池的污水总量为2.4亿立方米，其中城镇生活污水1.8亿立方米，约占污水总量的75%；污染物入湖总量为化学需氧量43960吨、总氮10940吨、总磷1320吨。产生的污染物中，生活源所含的化学需氧量、总氮、总磷分别为32494吨、9835吨、796吨；面源所含的化学需氧量、总氮、总磷分别为23011吨、3786吨、662吨；工业源所含的化学需氧量、总氮、总磷分别为6944吨、534吨、28吨。草海水质为劣Ⅴ类，主要污染物为高锰酸盐指数、总氮、总磷。外海水质为劣Ⅴ类，主要污染物为高锰酸盐指数、总氮、总磷。纳入监测的14条入湖河流中，劣于Ⅴ类水标准的有10条，占71.4%；达到Ⅳ类水标准的有2条，占14.3%；达到Ⅲ类水标准的有1条，占7.1%；达到Ⅱ类水标准的有1条，占7.1%。入湖河流以总磷、氨氮、生化需氧量为主要污染物，主要污染河流为枧槽河、明通河、采莲河、盘龙江、乌龙河、船房河、新运粮河、老运粮河、西坝河等。

"九五"期间，滇池污染迅速恶化的趋势得到初步遏制，"九五"与"八五"比较，草海、外海高锰酸盐指数分别下降22%、28%；草海透明度由0.34米提高到0.47米，砷和重金属污染已得到有效控制，砷的浓度由劣Ⅴ类水质标准变为优于Ⅲ类水质标准。滇池流域工业污染源基本实现达标排放，主城区旱季污水处理率超过60%，草海水体黑臭状况得到明显改善。但由于《"九五"计划》制订时对滇池治理的长期性、艰巨性、复杂性和治理难度估计不足，计划目标偏高，导致规划期末水污染防治目标没有实现。

## 《滇池流域水污染防治"十五"计划》

**编　制**　为了编制好《滇池流域水污染防治"十五"计划》（以下简称《滇池"十五"计划》），省、市政府相关部门专门成立了修编工作领导小组及其办公室，负责对《滇池流域水污染防治"九五"计划及2010年规划》进行修编。2003年3月12日，国务院以国函〔2003〕40号下发《国务院关于滇池流域水污染防治"十五"计划的批复》，同意实施《滇池"十五"计划》。

《滇池"十五"计划》的指导思想是：以可持续发展为总要求，坚持科学观、综合观、系统观，从实际出发，坚持实事求是、环境效益优先的原则；注重目标的可达性及项目的可操作性，优先安排环境效益显著的项目和前期工作较充分的项目，治理与管理并重，突出城市雨污分流管网的配套建设，提高城市污水处理厂的处理效率；突出节水与水资源综合利用，加大节水措施的推广力度；突出内污染源治理、农村面源污染控制和湖滨带生态恢复与建设。提出了"污染控制、生态修复、资源调配、监督管理、科技示范"的工作方针。规划目标是到2005年底前，草海黑臭得到消除，外海水质恶化趋势基本得到控制，主要污染物入湖总量在2000年的基础上削减20%以上。主要工程项目包括12个"九五"续建项目，共投资14.23亿元；"十五"期间新建项目26个，计划投资77.99亿元。项目主要由城市雨污分流排水管网建设与改造、城市污水处理厂扩建及深度处理、节水及中水回用、城市9条入湖河道综合整治、湖滨带生态建设与恢复、滇池草海水生生态系统恢复、滇池底泥疏浚、农村面源污染治理、滇池周围面山绿化及水土流失整治工程、外流域引水工程以及研究与示范项目组成。

**实　施**　至2005年底，"十五"计划中"九五"12个续建项目全部完成并投入运行，"十五"计划26个新建项目（2005年经国家批准剔除4项不再实施）完成15项、在建5项、尚未动工2项，共完成投资22.32亿元，其中"九五"结转续建项目实际投资10.87亿元、"十五"计划新建项目完成投资11.45亿元。新建了昆明主城第五、第六污水处理厂及呈贡、晋宁2座县城污水处理厂，新增污水处理能力22万吨/日；完成了采莲河整治、盘龙江上段截污、枧槽河整治及明通河下段（大清河）截污整治主体工程；在流域内建成生态卫生旱厕50856座，在环湖16个乡镇建成了垃圾收集间700个，配备了清运车、保洁员，初步建立了农村垃圾清运处置机制；在流域内逐步推广平衡施肥，控制农药使用，推广"榕风1号"秸秆还田6万亩；草海污染底泥疏浚210万立方米；打捞滇池水葫芦82万吨，清除重点水域的富蓝藻水1295万立方米，基本做到滇池水面无成片水葫芦漂浮；完成滇池湖滨带生态恢复与建设3.4平方千米，草海东风坝及老干鱼塘退塘还湖3.3平方千米；在流域内治理水土流失325.5平方千米，植树造林7.6万多亩，森林覆盖率达到50.8%，比2000年增加了1.9%；在企业和住宅小区建成中水处理站42座，日中水用量约0.7万立方米，城市污水厂尾水用于河道和公园景观用水量为20万立方米，城市污水再生利用率达35.2%；完成以滇池面源污染控制技术研究、滇池蓝藻水华控制技术研究为代表的一批科技示范研究项目，为滇池保护与治理工作提供一定的科学指导。

2005年，滇池流域排放的化学需氧量、总氮、总磷分别为41986吨、9810吨、927吨。其中，工业源和城镇生活源共排放污水2.61亿立方米，化学需氧量、总氮和总磷排放量分别为2万吨、6750吨和445吨，与2000年相比，化学需氧量、总氮、总磷的排放量分别削减了4.5%、10.3%和29.8%，除总磷外，未实现"十五"计划目标。滇池草海仍处于重度富营养状态，水质为劣Ⅴ类，主要超标指标为生化需氧量、氨氮、总氮、总磷；外海处于中度富营养状态，水质为Ⅴ类，主要超标指标为高锰酸盐指数、总氮、总磷。滇池流域纳入监测的13条主要入湖河流中，进入草海的4条河流水质均为劣Ⅴ类；进入外海的9条河流中，除大河、东大河水质为Ⅴ类外，其余均为劣Ⅴ类，主要超标指标为化学需氧量、生化需氧量、总氮、总磷、氨氮。滇池流域7个主要地表饮用水源中，松华坝水库、宝象河水库、柴河水库、自卫村水库水质达Ⅳ类地表水标准，大河水库、双龙水库及洛武河水库水质达Ⅲ类地表水标准，主要超标指标是总氮、总磷。在流域经济增长、人口不断增加的情况下，滇池水质总体保持稳定。其中，草海水体基本消除黑臭，但未达到规划水质目标；外海达到水质规划目标，滇池水面基本无成片水葫芦漂浮，重点水域景观得到一定改善，滇池水体迅速恶化的趋势得到遏制。

## 《滇池流域水污染防治规划（2006—2010年）》

**编　制**　2004年3月，由市环保局牵头组织、市环境科学研究所负责启动《滇池流域水污染防治规划（2006—2010年）》（以下简称《滇池"十一五"规划》）编制工作，于2007年9月完成编制并上报。2008年4月经国务院同意，环保部、发改委、水利部、建设部印发了《关于印发〈淮河、海河、辽河、巢湖、滇池、黄河中上游等重点流域水污染防治规划（2006—2010年）〉的通知》（环发〔2008〕15号），批复同意《滇池"十一五"规划》实施。同年12月，为贯彻国务院"三湖"治理工作座谈会和国务院办公厅《加强重点湖泊水环境保护工作意见的通知》精神，早日实现滇池水质的根本好转，在全面完成《滇池"十一五"规划》的基础上，省、市政府组织编制了《滇池流域水污染防治规划（2006—2010年）补充报告》（以下简称《补充报告》）。次年5月，国家发改委、环保部、水利部、住建部发文批复了《补充报告》。

《滇池"十一五"规划》的指导思想是以科学发展观为指导，落实《国务院关于落实科学发展观加强环境保护的决定》，贯彻"污染控制、生态修复、资源调配、监督管理"的防治方针，实现以水环境保护优化流域经济发展，优先保证饮用水水源地水质安全。总体目标为滇池流域主要地表饮用水源水质明显改善，重点工业污染源实现稳定达标排放，城镇污水收集和处理水平显著提高，水污染物排放总量得到有效控制，流域生态系统有所改善，流域水环境监管及水污染预警和应急处置能力得到增强。远期目标为用20年左右的时间，通过全面、系统、科学的治理，从根本上解决滇池水污染问题，恢复滇池流域山清水秀的自然风貌，努力形成流域生态良性循环、人与自然和谐相处的宜居环境。水质目标为滇池流域水环境质量整体保持稳定。其中，滇池外海水质稳定达到Ⅴ类地表水标准，力争接近Ⅳ类地表水标准；滇池草海水质明显改善，力争接近Ⅴ类地表水标准；松华坝水库、宝象河水库、柴河水库、自卫村水库、大河水库、双龙水库及洛武河水库7个地表饮用水源水质基本达到地表水Ⅲ类标准；主要入湖河道水质有所改善。

**《滇池"十一五"规划》水质目标一览表**

表 4-3-1

| 水域名称 | 监测断面 | 水质目标 |
|---|---|---|
| 滇池外海 | 湖体监测点 | 稳定达到Ⅴ类，力争接近Ⅳ类地表水标准 |
| 滇池草海 | 湖体监测点 | 明显改善，力争接近Ⅴ类地表水标准 |
| 盘龙江 | 严家村桥 | 明显改善，COD 浓度低于 30mg/L |
| 新运粮河 | 积中村 | 明显改善，COD 浓度低于 100mg/L |
| 老运粮河 | 积下村 | 明显改善，COD 浓度低于 50mg/L |
| 海 河 | 范家村新二桥 | 明显改善，COD 浓度低于 100mg/L |
| 洛龙河 | 江尾村 | 明显改善，COD 浓度低于 30mg/L |
| 马料河 | 小古城桥 | 明显改善，COD 浓度低于 40mg/L |
| 护城河 | 昆阳码头 | 明显改善，COD 浓度低于 50mg/L |
| 乌龙河 | 明波村 | 明显改善，COD 浓度低于 100mg/L |
| 船房河 | 一检站 | 明显改善，COD 浓度低于 80mg/L |
| 金汁河 | 昆河铁路 | 明显改善，COD 浓度低于 80mg/L |
| 玉带河、篆塘河 | 篆塘河泵站 | 明显改善，COD 浓度低于 80mg/L |
| 捞鱼河 | 土萝村 | 明显改善，COD 浓度低于 50mg/L |
| 西坝河 | 金属筛片厂小桥 | 明显改善，COD 浓度低于 50mg/L |
| 松华坝水库 | 水库监测点 | 达到Ⅲ类 |
| 宝象河水库 | 水库监测点 | 达到Ⅲ类 |
| 大河水库 | 水库监测点 | 达到Ⅲ类 |
| 柴河水库 | 水库监测点 | 达到Ⅲ类 |
| 自卫村水库 | 水库监测点 | 达到Ⅲ类 |
| 双龙水库 | 水库监测点 | 达到Ⅲ类 |
| 洛武河水库 | 水库监测点 | 达到Ⅲ类 |

总量控制目标为到2010年，滇池流域化学需氧量、总氮、总磷的排放总量控制在37787吨、8827吨、834吨以内，其中工业源和城镇生活源经治理后排放的化学需氧量、总氮、总磷分别控制在1.8万吨、6075吨、400吨以内。

《规划》的工程措施是实施项目65个，总投资92.27亿元；《补充报告》规划项目2个，总投资91.03亿元。《规划》在秉承"污染控制、生态修复、资源调配、监督管理"的防治方针的基础上，提出了全面实施"环湖截污、农业农村面源治理、生态修复与建设、入湖河道整治、生态清淤等内源污染治理、外流域引水及节水"六大工程为主线的综合治污思路。65个规划项目中，城镇污水处理设施建设项目19个，规划投资39.67亿元；流域综合整治项目46个，规划投资约52.60亿元，其中饮用水水源地污染控制项目8个、投资2.98亿元，生态修复项目6个、投资14.3亿元，垃圾与粪便污染治理项目7个、投资9.80亿元，入湖河道水环境综合整治项目13个、投资23.99亿元，监督管理、研究示范项目12

个、投资1.53亿元。《补充报告》规划工程项目2个，总投资91.03亿元。其中，环湖截污工程由截污干渠、新建污水处理厂、雨水处理站组成，规划投资54.40亿元；牛栏江—滇池补水工程由牛栏江德泽水库水源枢纽、德泽干河提水泵站及德泽干河泵站至昆明（盘龙江）的输水线路组成，规划投资36.63亿元。

**实　施**　截至2010年12月31日，《滇池"十一五"规划》的65个项目已完成57个、在建8个，完成投资96.11亿元；《补充报告》的2个项目均已开工建设，完成投资75.66亿元，项目完成率为85.1%。其中，牛栏江—滇池补水工程完成投资35.35亿元。一是完成了昆明主城第一、二、四污水处理厂技术改造，第三、五、六污水处理厂改扩建，新建了第七污水处理厂，流域城镇污水处理厂处理规模从"十五"末的58.5万立方米/天提高到113.5万立方米/天，污水处理厂出水水质均达一级A标准；新建了城镇片区雨水、污水收集管251.66千米，次干管155千米，完成老城区1868个单位（小区）雨污分流改造；建设环滇池截污干渠工程96千米，东岸、南岸截污干渠实现闭合贯通，环湖建成8个雨（污）水处理厂。二是开展了盘龙江等13条河道水环境综合整治工程外，建立了"河（段）长负责制"；实施河道综合整治"158"工程，共计封堵排污口4971个，拆临、拆违和拆迁各类建（构）筑物258万平方米，沿河修筑道路659千米，河道两岸铺设截污管道353.35千米，绿化面积728.7万平方米，绿化长度725.8千米，建设湿地14992亩，河床清障、清淤179.72万立方米，改善了河道周边环境，主要入湖河道水质明显好转。三是在滇池湖滨33.3平方千米开展"四退三还"工作，完成退塘、退田4.5万亩，退房141.2万平方米，退人2.4万人；开展湖滨生态建设54305亩，其中湖内湿地11220亩、湖滨湿地19080亩、河口湿地3086亩、湖滨林带20919亩，首次实现"人退湖进"。四是在滇池流域全面实施禁止挖沙、采石、取土、烧砖、毁林、开垦、放牧、填河、围湖、擅采地下水"十个禁止"，开展绿化造林，实施"五采区"植被恢复，治理水土流失，滇池流域林木覆盖率达50.8%，城市建成区绿地率达36.8%。五是在滇池流域划定集中养殖区、禁养区和限养区域，至2009年末禁养区域关闭搬迁畜禽养殖户18124户，涉及畜禽684.24万头（羽、只）；实施"乡村清洁"工程，在滇池流域及水源区累计完成测土配方施肥推50.44万亩，共减少化肥施用量20323.56吨，建设农村户用沼气池10430口；完成流域内11个集镇和248个村庄污水收集处理设施建设；在流域建立"组保洁、村收集、乡（镇）转运、县（区）处置"的城乡生活垃圾无害化收运处置四级管理体系。六是推行雨水、污水、再生水、泔水和工业垃圾、农业垃圾、生活垃圾、建筑垃圾资源化利用、无害化处理，在全国率先制定城市雨水收集利用技术规范，引导和鼓励再生水利用，城市再生水利用率达到66.27%；主城万元GDP取水量降至19.33立方米，万元工业增加值取水量降至9.28立方米，低于全国平均值50%以上，节水型企业（单位）覆盖率达18.78%；加大再生水利用设施建设，累计建成265座再生水利用设施，日处理规模达到9.05万立方米。七是在草海南部及外海、盘龙江、大清河入湖河口疏浚污染底泥370万立方米；开展水葫芦、蓝藻打捞和水葫芦资源化利用研究示范工作。

2010年，滇池流域工业源和城镇生活源经治理后排放的化学需氧量、总氮、总磷分别为16619吨、5806吨、384吨，在2006年基础上分别削减了20.3%、14.0%、13.7%，完成削减10%的总量控制目标。当年，是昆明市连续遭遇百年一遇特枯年景的第二年，在降雨量减少41.5%的情况下，滇池水质总体保持稳定，水质类别不变，水质恶化趋势得到控制，水体景观明显改善，但外海水质为劣V类，化学需氧量未达到规划要求；草海水质为劣V类，氨氮、总磷和五日生化需氧量未达到规划要求；纳入规划考核的7个饮用水源地中大河水库、柴河水库、洛武河水库未供水，松华坝水库水质达到地表水Ⅱ类标准，双龙水库、宝象河水库、自卫村水库水质达到地表水Ⅲ类标准，均达到考核要求；纳入规划考核的13条河流中，除新运粮河、护城河2条河流外，其余11条河流达到考核要求。

## 《滇池流域水污染防治规划（2011—2015年）》

**编　制**　为巩固"十一五"前的治理成果，市委、市政府决定"十二五"期间加大滇池水污染防治的力度。2009年7月，市环境保护局通过公开招标，由中国环境科学研究院中标编制《滇池流域水污染防治"十二五"规划》。2009年9月至次年6月，中国环境科学研究院、市环境科学研究院、省环境科学研究院、北京大学联合完成了《规划》的编制并通过专家评审。2010年3月10日，国家环境保护部、发展和改革委员会、水利部联合下发《关于印发〈重点流域水污染防治"十二五"规划编制工作方案〉的通知》，《滇池流域水污染防治规划》作为环境保护部主持编制的八大流域规划之一，环境保护部办公厅下发《关于印发〈重点流域水污染防治"十二五"规划编制组织机构组成人员名单〉的通知》，明确中国环境科学研究院为滇池流域水污染防治"十二五"规划编制的组长单位。2010年6月至次年9月，中国环境科学研究院联合昆明市环境科学研究院在前期工作的基础上，根据国家下发的大纲要求完成了《滇池流域水污染防治规划（2011—2015年）》（简称《滇池"十二五"规划》）的编制，2012年4月由国务院批复实施，同年5月16日由环境保护部、发展改革委、财政部、水利部等4部委印发执行。

《滇池"十二五"规划》的指导思想是：坚持和落实科学发展观，走生态文明建设之路。以提高人民生活质量为根本出发点，以改善滇池生态环境为根本目的，以促进滇池流域经济社会可持续发展和把昆明建设成为高原湖滨生态城市为目标，以改善湖泊水环境质量为根本任务，以污染物总量减排为重要抓手，坚持"污染治理、资源保障、生态修复、发展减负、管理创新和技术支撑"的污染防治方针，通过调整产业发展结构、增加区域水资源供给量、进行工程污染治理和实施流域综合管理等手段，优先保障饮用水安全，改善滇池流域水环境质量，促进滇池流域生态系统健康，实现滇池休养生息和流域社会经济与生态环境的协调发展，为云南"桥头堡"建设和"滇中经济圈"发展保驾护航。总体目标为：到2015年，滇池湖体水生态系统明显改善，滇池湖体富营养化得到有效治理，饮用水源地水质稳定达标，主要入湖河流水质明显改善，城镇污水收集和处理水平显著提高，水污染物排放总量得到有效控制，风险防范水平全面提升，环境监管理能力显著加强。水质目标为：到2015年，滇池流域城镇集中式饮用水水源地水质稳定达到环境功能要求，松华坝水库水质稳定达到Ⅱ类，宝象河水库、柴河水库、大河水库、自卫村水库、双龙水库及洛武河水库水质稳定达到Ⅲ类。平水年条件下，滇池重度富营养化水平改善到中度富营养化水平，力争达到轻度富营养化水平。草海湖体水质明显改善，基本达到Ⅴ类；外海湖体水质基本达到Ⅳ类；湖体消除由大规模水华暴发引起的水体黑臭现象；主要河流水质基本消除劣Ⅴ类。

## 《滇池"十二五"规划》水质目标一览表

表4-3-2

| 控制区 | 控制单元 | 区县 | 水体 | 控制断面 | 水质目标 |
|---|---|---|---|---|---|
| 草海控制区 | 草海陆域控制单元 | 五华区高新区西山区度假区 | 新河 | 积善村桥 | 化学需氧量≤60mg/L, 氨氮≤10mg/L, 总磷≤0.9mg/L, 其余指标达Ⅴ类 |
| | | | 老运粮河 | 积下村（积中村） | 氨氮≤3mg/L, 其余指标达Ⅴ类 |
| | | | 西坝河 | 金属筛片厂小桥 | 氨氮≤5mg/L, 其余指标达Ⅴ类 |
| | | | 乌龙河 | 明波村 | Ⅴ |
| | | | 船房河 | 一检站 | Ⅴ |
| | | | 大观河 | 篆塘河泵站 | Ⅴ |
| | | | 自卫村水库 | 自卫村水库监测点 | Ⅲ |
| | 草海湖体控制单元 | | 滇池草海 | 草海中心 | Ⅴ, 总氮≤4.0mg/L（2013年阶段目标: 总氮≤6mg/L） |
| | | | | 断桥 | |
| 外海控制区 | 外海北岸控制单元 | 五华区盘龙区西山区度假区官渡区 | 宝象河 | 宝丰村 | Ⅴ |
| | | | 海河 | 范家村新二桥 | Ⅴ |
| | | | 金汁河 | 昆河铁路（王大桥） | 氨氮≤10mg/L, 其余指标达Ⅴ类 |
| | | | 盘龙江 | 严家村桥 | Ⅲ |
| | | | 松华坝水库 | 松华坝水库监测点 | Ⅱ |
| | | | 宝象河水库 | 宝象河水库监测点 | Ⅲ |
| | 外海东岸控制单元 | 呈贡区晋宁县 | 洛龙河 | 江尾下闸 | Ⅲ |
| | | | 捞鱼河 | 土萝村 | Ⅴ |
| | | | 马料河 | 小古城桥（回龙村） | Ⅳ |
| | 外海南岸控制单元 | 晋宁县 | 东大河 | 东大河入湖口 | Ⅳ |
| | | | 中河 | 昆阳码头 | Ⅴ |
| | | | 柴河 | 牛恋乡 | Ⅴ |
| | | | 大河水库 | 大河水库监测点 | Ⅲ |
| | | | 柴河水库 | 柴河水库监测点 | Ⅲ |
| | | | 双龙水库 | 双龙水库监测点 | Ⅲ |
| | | | 洛武河水库 | 洛武河水库监测点 | Ⅲ |
| | 外海西岸控制单元 | 西山区 | | | |

续表

| 控制区 | 控制单元 | 区 县 | 水 体 | 控制断面 | 水质目标 |
|---|---|---|---|---|---|
| 外海控制区 | 外海湖体控制单元 | | 滇池外海 | 灰湾中 | Ⅳ，总氮≤2.0mg/L（2013年阶段目标：总磷≤0.15mg/L） |
| | | | | 罗家营 | |
| | | | | 观音山东 | |
| | | | | 观音山中 | |
| | | | | 观音山西 | |
| | | | | 白鱼口 | |
| | | | | 海口西 | |
| | | | | 滇池南 | |

总量控制目标为：滇池流域化学需氧量排放量控制在1.82万吨，比2010年削减9.9%；化学需氧量（工业和生活）排放量控制在1.50万吨，比2010年削减10.0%。氨氮排放量控制在0.49万吨，比2010年削减9.3%；氨氮（工业和生活）排放量控制在0.44万吨，比2010年削减10.0%。总氮和总磷（工业和生活）排放量分别控制在0.52万吨和346吨，比2010年削减10.0%和9.9%。规划工程项目101个，总投资约420.14亿元。

**实 施** 至2015年12月末，完成了《滇池"十二五"规划》101个项目中的67个、在建项目25个、暂缓实施项目8个，累计完成投资289.79亿元，其中到位投资175.71亿元。

"十二五"期间，新建了第八、九、十、十一、十二污水处理厂，新增日处理规模46万立方米，污水日处理能力增加到146.5万立方米，出水水质均达到一级A标；建成97千米环湖截污主干渠（管）及10座配套雨污混合污水处理厂，处理规模为55.5万立方米/天；建成17座雨污调蓄池，调蓄能力为21.24万立方米；坚持"河（段）长责任制"，实施河道综合整治工程18项；继续实施"四退三还"及生态湿地建设，累计建成5.4万亩生态湿地，拆除滇池外海防浪堤43.12千米，增加滇池水域面积11.51平方千米；在滇池外海主要入湖河口实施第三期污染底泥疏浚工程，疏浚504万立方米污染底泥；在滇池流域及其补水区885个村庄建设村庄分散污水处理设施；完成测土配方施肥技术推广面积224.36万亩；建设IPM（病虫害综合防治）示范村（园区）42个，共50420亩；2013年12月29日，牛栏江—滇池补水工程正式通水，每年可补水5.66亿立方米；完成污水处理厂尾水外排及资源化利用工程，可将第二、第五、第七、第八、第十污水处理厂出水为主的77.5万立方米/天尾水由西苑隧道外排至安宁作为工业用水。

2015年，滇池流域纳入考核的33个断面中有21个断面水质达标。其中，16个河流水质断面有14个达标，河流水质达标率为87.5%，不达标河流为新运粮河和海河。滇池草海、外海均为劣Ⅴ类，属中度富营养状态，湖体10个水质断面均未达标；7个饮用水源地水质断面均达标，饮用水源地水质达标率为100%。滇池流域点源和农业农村面源化学需氧量入湖量为1.78万吨，比2010年削减12.75%；氨氮入湖量为0.48万吨，比2010年削减了13.03%。其中，点源化学需氧量入湖量为1.47万吨，比2010年削减11.63%；点源氨氮入湖量为0.43万吨，比2010年削减了11.97%；点源总氮和总磷入湖量分别为0.52万吨和340吨，比2010年分别削减了10.28%和11.46%。

# 第三节　滇池流域水污染防治专项规划

## 《环滇池生态保护规划》

2003年4月，市滇池管理局委托清华大学、市环境科学研究所和市水利水电勘测设计院合作编制了《环滇池生态保护规划》。

《环滇池生态保护规划》的编制原则是：优先考虑维持生态带稳定的原则；坚持以提高环境降解功能为重点的原则；兼顾生态景观功能的原则；与污水处理系统整体设计，因地制宜发挥对初期雨水的贮存调配功能；适当考虑生态系统的经济利益。规划范围为滇池最低运行水位1885.5米到1887.4外延500米之间的范围，涉及滇池沿岸13个乡镇，面积约84平方千米；以环滇池区域为重点，考虑滇池全流域，按5个片区分别规划。《规划》以2000年为规划基准年，分为2000—2010年的近期规划、2010—2020年的中期规划、2020—2030年的远期规划3个阶段。《规划》目标是通过工程手段恢复滇池历史上水陆相连的湖滨生态结构，促进湖滨带植被恢复；建成足够规模的湖滨人工湿地，使通过湖滨湿地进入滇池的地表水净化为Ⅳ类或Ⅲ类水，达到滇池水质保护目标。其中，近期目标是2010年总人口数为390万人，城镇总人口比重达85%，滇池水体总体达到Ⅴ类水标准，生态环境有所改善；中期目标是2020年总人口数为450万人，城镇总人口比重达90%，滇池水体总体达到Ⅳ类水标准，生态环境明显改善；远期目标是2030年总人口数为490万人，城镇总人口比重达92%，滇池外海达到Ⅲ类水标准，草海维持Ⅳ类水标准，全面建成适合滇池流域经济、资源、环境、社会条件和区域发展特征的现代化城市。

《环滇池生态保护规划》的总体框架是根据滇池流域土地利用现状、地形地貌特征、社会经济布局，借鉴昆明城市总体规划和滇池流域土地利用总体规划的成果，将滇池流域景观生态格局概括为"1核2类3区4廊5片"。"1核"，即一个生态核心区。将滇池水面以上1887.4米等高线外延100米范围内划为滇池生态核心保护区。其中，滇池水域面积292.59平方千米，陆域面积50.28平方千米，包括耕地20.44平方千米、林地3.98平方千米、园地和牧草地0.22平方千米、城镇居民点和工矿用地6.69平方千米、道路交通用地1.06平方千米。该区域内的耕地要有计划地逐步退耕，建设人工湿地，提高污染消减能力；城镇居民点、工矿、道路用地要严格限制进一步扩张，并有计划地迁出核心区。"2类"，即两大生态类型。分别指滇池流域的自然生态系统和人工生态系统。"3区"，即三大生态分区。其中，山地水源涵养保护区为滇池流域总面积1136.47平方千米的山地，占流域总面积的39.26%，在该区域重点加强林业保护和建设，提高森林郁闭度，严格控制城镇建设、工矿和农业开发活动对生态系统的扰动；开发建设控制区为总面积940.54平方千米的台地，占流域总面积32.21%，对该区域的土地进行合理的规划和控制，避免城镇之间的连片发展，以自然生态系统为屏障，形成分散组团式布局；湖滨平原开发建设区为由北部湖滨区、东部湖滨区、东南部湖滨区和西南部湖滨区4个小区组成，总面积522.82平方千米，占流域总面积的17.40%，湖滨区要严格控制强度和总量，在滇池生态核心区外围构建生态保护过渡区，形成滇池生态防护带。"4廊"，即4种生态廊道。其中，环滇池道路生态廊道是形成环滇池景观游览和生态防护带，提升环滇池的土地和景观利用价值，进而带动沿线城镇的生活经济发展和城市基础设施建设，吸引昆明市向外疏散的人口和产业，使整个流域的城镇体系和产业布局趋于合理；环滇池生态防护廊道是在环滇池道路内侧到滇池生态核心区边缘构建生态防护过渡带；环滇池截污廊道是防治滇池水污染；主要河流生态廊道是包括河道、漫滩、河岸、堤坝和部分高地，汇入滇池的9条河流生态廊道的宽度控制为河道两岸外延50米，构建防护林、灌、草。"5片"，即五个生态保护片。其中，湖滨生态控制区包括滇池生态核心区和环滇池生态防护过渡带，具体包括高海公路以东，广福路以南，呈贡、晋宁的临湖平原、部分山地、丘陵和台地，土地总面积为11734.90亩；滇池盆地生态农业发展区主要包括呈贡、晋宁和西山区的平原和中山、丘陵地带，土地总面积为403151.7亩；滇池盆地城市发展控制区包括昆明市主城区和主城规划区，是城市、城镇和经济活动布局的重点区域，土地总面积为535517.4亩；水土流失治理区主要包括滇池盆地以外西山、呈贡、晋宁3个县区的半山区和山区，土地总面积为1899448.2亩；松华坝饮用水源保护区面积629.8平方千米，其中山区、半山区占90%以上，是滇池流域的主要水源。

**滇池周边各片区湖滨带规划建设规模一览表**

表4-3-3

| 规划年 | 区域名称 | 湿地消纳的最大污水量（万吨／天） | 湿地消纳的最大雨水量（万吨／天） | 人工湿地规模（亩） | 防护林带面积（亩） | 自然湿地面积（亩） |
|---|---|---|---|---|---|---|
| 2010 | 滇池北岸 | 85 | 91.36 | 19050 | 1500 | 8400 |
| | 呈贡片区 | 20 | 27.33 | 630 | 7800 | 2250 |
| | 晋宁片区 | 10 | 36 | 7350 | 17250 | 10850 |
| | 昆阳片区 | 并入海口片 | 并入海口片 | 1050 | 13800 | 10500 |
| | 滇池西岸 | 15 | 17.09 | 1500 | 7950 | 1500 |
| 2020 | 滇池北岸 | 90 | 155.23 | 19050 | 1500 | 8400 |
| | 呈贡片区 | 35 | 48.11 | 6300 | 7800 | 2250 |
| | 晋宁片区 | 20 | 64.44 | 7350 | 17250 | 10950 |
| | 昆阳片区 | 并入海口片 | 并入海口片 | 1050 | 13800 | 10500 |
| | 滇池西岸 | 20 | 30.1 | 1500 | 17250 | 1500 |
| 2030 | 滇池北岸 | 90 | 200.52 | 19050 | 1500 | 8400 |
| | 呈贡片区 | 30 | 63.74 | 6300 | 7800 | 2250 |
| | 晋宁片区 | 25 | 86.65 | 7350 | 17250 | 10950 |
| | 昆阳片区 | 并入海口片 | 并入海口片 | 1050 | 13800 | 10500 |
| | 滇池西岸 | 25 | 41.05 | 1500 | 7850 | 1500 |

《环滇池生态保护规划》明确加强湖滨带管理。湖滨带管理含企事业单位搬迁、移民搬迁、退田还湖、人工湿地运行管理。其中，企事业单位搬迁是指界桩线外延100米范围内已经存在的污染企业要逐步搬迁出湖滨带外，污染较重需要逐步搬迁的主要企业有48户；退田还湖是指在湖滨带范围内实施

退田还湖，需要退出耕地8.19万亩、退出鱼塘11450亩，共需资金26.3亿元；移民搬迁是指为了在湖滨带腾出生态建设空间，减少湖滨区生活污染，除位于草海区域的碧鸡镇、马街镇、福海乡湖滨区的村庄外，其余位于湖滨区的村庄全部实施搬迁，搬迁人口5.66万人，共需资金28.3亿元；人工湿地管理是指为保证大面积建设的人工湿地真正发挥去除污染物的功能，达到规划设计的目标，各片区需要成立专门的湿地管理队伍，负责湿地植物维护、补植、病虫害防治及每年不少于2次的收割、运输、处理处置，对进出湿地的水质与水量进行常规监测，并负责调节湿地进出水水量。

## 《滇池湖滨生态湿地建设详细规划》

《滇池湖滨生态湿地建设详细规划》（以下简称《详规》）是在以2003年昆明市政府批准的《环滇池保护生态规划》作为总体框架下进行编制的。在《环滇池保护生态规划》界定的环滇池生态湿地恢复与建设的范围、界线及规模基础上，进一步深化、细化，并吸纳国内外的先进经验，增强滇池生态湿地建设项目的可操作性和可实施性。

2004年12月6日，由清华大学牵头，同济大学和云南省环境科学研究院、昆明南发滇池开发有限责任公司等单位组成的联合体通过招标，共同获得《详规》编制工作。《详规》力图以可持续发展战略为指导，以改善环滇池湖滨带生态功能为核心，以"多种生态湿地"的建设为主线，通过构建布局合理、功能协调的多功能生态湿地、生态村和典型景观的开发，在发展中增强流域生态保护的能力，促进流域生态环境的根本改善，开创经济发展与环境保护双赢的新的发展模式，实现区域的可持续发展。2005年5月26—27日，《详规》通过了省、市专家评审，成为滇池环湖生态湿地建设纲领性文件。

《详规》对环滇池最低运行水位1885.5米至湖滨带新界桩（和正常高水位1887.4米外延100米线基本一致）外延400米之间约51平方千米的区域进行总体研究，重点范围为滇池湖滨带新界桩内（大致在正常高水位1887.4米至外延100米）约13.9平方千米的生态湿地规划区。其中，选择总面积约2平方千米的4个点做景观规划典型设计，涉及主城片区、呈贡片区、晋宁片区、西山海口4个片区。规划期限为2005—2020年，划分为3个阶段。其中，2005—2006年是规划实施启动期，2006—2015年是规划的重点建设期，2016—2020年是规划的深化建设期。规划原则为多种规划协调的原则、科学合理性原则、费用效益最优原则、生态带稳定性原则、多种功能兼顾原则、分阶段实施原则。总体目标是通过统筹建设和恢复环滇池天然和复合湿地，与规划的截污和污染处理设施共同构成滇池流域完整的水污染防治体系，恢复滇池水陆相连的湖滨生态结构和功能，恢复滇池湖滨带的遗传多样性、物种多样性和景观多样性，有效控制规划区内自然村落与农村的面源污染，以期达到滇池水质保护、湖泊生态系统良性循环、国民经济持续发展的总体目标。主要规划成果《生态湿地规划》《生态村庄建设规划》《典型景观建设规划》等依据规划区污染负荷和防浪堤的空间分布、规划各地区段污染量分配指标、土地利用形式以及经济承受能力等要素，基于湿地规划方案的可比性和可选择性，制定了最大负荷方案和推荐湿地建设方案。其中，最大负荷方案是在规划区内最大限度规划湿地规模与面积，以实现区内污染负荷的有效削减、湿地生态的显著恢复、湿地净化和生态功能的充分展现等；推荐湿地建设方案则在湿地生态建设规划中，充分考虑了众多制约因素，尤其是水文条件、耕地类型、产业结构等因素对湿地规划规模、面积与空间布局具有的较强限制，因此在湿地生态建设规划中兼顾环境效益的同时考虑经济承受能力以及在湿地建设过程中对经济和社会发展的影响。

滇池湖滨生态湿地建设总投资估算一览表

表4-3-4

| 类　别 | 建设投资（亿元） | 征地补偿投资 | | 生态村投资（亿元） | 景观建设投资（亿元） | 维护费用（亿元／年） |
|---|---|---|---|---|---|---|
| | | 租　地（亿元／年） | 一次性征地（亿元） | | | |
| 方案 B 推荐方案 | 3.2 | 0.69 | 24.82 | 1.4 | 0.19 | 0.1024 |

## 《滇池流域水环境综合治理总体方案》

2008年，在继续执行国家已经批复的"十一五"滇池水污染防治规划的同时，省、市按照"更加重要、更加突出、更加紧迫"的要求，对滇池治理"十一五"后3年的任务进行调整，对"十二五"和"十三五"规划的综合治理思路和主要任务进行总体研究与部署，市政府委托中国国际工程咨询公司编制了《滇池流域水环境综合治理总体方案》（以下简称《总体方案》）。

《总体方案》从可持续发展的战略高度出发，将滇池水环境综合治理与城市发展规划、产业结构调整、城乡统筹一体化等宏观层面进行统筹协调，在"十一五"规划的基础上，方案期限为2008—2020年，治理范围涵盖滇池全流域2920平方千米。通过综合研究，进一步调整和完善了2008—2010年的任务，同时从中长期规划的角度对2011—2020年的工作进行系统规划，实现从专项治理向综合治理、从近期向中长期谋划的转变。《总体方案》是"十一五"规划的横向拓展和纵向延伸，对今后昆明经济社会发展和滇池水环境综合治理具有指导作用。

《总体方案》确定的近期目标为：到2010年，在执行好国家已批复的"十一五"水污染防治专项规划的同时，从综合治理要求出发，启动"四退三环一护"、环湖截污和外流域引水工程，力求实现滇池流域主要地表饮用水源水质明显改善，重点工业污染源实现稳定达标排放，城镇污水收集和处理水平较大提高，水污染物排放总量得到有效控制；稳步系统地启动流域生态系统修复和绿化，湖滨带生态环境有所改善；流域水环境监管及水污染预警和应急处置能力得到增强。中期目标为：通过持续整治，到2020年，有效控制城镇生活污水入湖量；进一步控制主城区规模和优化产业结构，减轻流域环境超载压力；有效控制面源污染，大幅度削减污染物排放总量；积极推进流域绿化，基本实现滇池3个层次保护带生态结构重建，使生态系统功能逐步恢复；有效降低湖体氮、磷浓度，基本恢复滇池水生态环境；建立完善的水环境监管及应急预警体系，力求滇池湖体富营养化水平降低一个等级。

《总体方案》突出综合治理，从源头抓起，将污染治理与产业结构、城乡布局调整相结合；以污染治理为重点，充分与已有工作相衔接，强调综合治理的系统性；构建了"五大任务""六大工程体系"。其中，"五大任务"包括转变发展方式、统筹城乡发展；点面结合，全面开展入湖污染治理；采用多种措施，修复和保护生态环境；通过水资源调配，解决流域缺水；加强科技示范和监管能力建设。"六大工程体系"包括环湖截污和交通工程、外流域调水及节水工程、入湖河道整治工程、农业农村面源治理工程、生态修复与建设工程、生态清淤工程。经初步匡算，《总体方案》总投资773.3亿元，为中近期438.4亿元、中远期334.9亿元。

## 《环滇池生态圈、文化圈、旅游圈规划》

为将昆明建设成世界知名的高原湖滨生态城市、历史文化名城、"中国春城"、西南开放城市，通过充分挖掘滇池"高原明珠"山水资源优势与历史文化优势，秉承可持续性、生态优先原则，按照"一湖四片""一湖四环"的要求，打造大山大水、湖光山色的城市景观，加快现代新昆明建设。恢复环滇池生态湿地的自然属性、挖掘社会属性、拓展经济属性。恢复环滇池闭合生态系统，强化服务设施生态设计，打造环滇池生态文明示范区，市滇池管理局委托北京清华同衡规划设计研究院编制完成《环滇池生态圈、文化圈、旅游圈规划》。2013年9月16日《环滇池生态圈、文化圈、旅游圈规划》经过反复论证修改后获市规委会审议。

《环滇池生态圈、文化圈、旅游圈规划》实现了4个"全国第一"，即全国第一个高原闭合湖泊生态系统、全国第一个高原湖滨低碳慢行系统、全国第一个环湖低影响开发示范区、全国第一个高原湖滨综合治理示范区。规划范围为滇池外海现状环湖公路面湖一侧76平方千米及草海片区（规划已批准），其中"四退三还"范围33平方千米，以生态湿地建设为主，除已批准的生态文化旅游项目规划用地（约13平方千米）外，剩余范围20平方千米区内适度布局文化旅游项目；发展定位为城市生态文明新窗口、城市创新文化新载体、城市综合旅游新地标；规划目标为恢复环滇地区自然属性、挖掘社会属性、拓展经济属性；布局原则为生态优先原则、功能多样原则、显山露水原则、动静协调原则。

《环滇池生态圈、文化圈、旅游圈规划》布局方案分昆明"大三圈"结构、环滇池小三圈结构和分区布局。昆明"大三圈"结构中，生态圈为环湖公路面湖一侧以生态建设为主，以生态湿地公园为载体，适度进行布局文化旅游项目；文化圈+旅游圈为在环湖路以外形成以"四板块、八组团"的文化、旅游发展格局。环滇池小三圈结构中，生态圈为33平方千米"四退三还"范围，以生态湿地建设为主；文化圈+旅游圈为在"四退三还"范围外至现状环湖路内之间，除已批准的生态文化旅游项目规划用地（约13平方千米）外，剩余范围20平方千米适度布局文化旅游项目。分区布局中，明确了"一湖四环、一湖四片"的现代新昆明战略构架下的5个分区与5项主题。其是，草海片区的主题为补充完善城市生态、文化及服务功能模式，北岸片区补充城市功能模式，东岸片区以市场和补充城市功能为导向模式，南岸片区以内为充分展示"春天"宜人、"春天"色彩、"春天"气息、"春天"意境和环湖历史文化遗产，维系历史文脉，提升城市文化气质，打造生态之湖、景观之湖、人文之湖，构建了"一带、多点"多彩串珠结构、5类主题、21个湿地公园，打造15个典型景观节点。同时，构建主次分明、主辅完善、配套齐全、形式多样的环滇池交通体系建设，包括环湖高速、环湖景观、环湖慢行系统。其中，环湖高速公路系统全长117.5千米；环湖景观交通系统96.7千米，对现状环湖公路进行优化调整，突出临水、亲水、近水，形成环滇池景观路；环湖慢行系统全长119.5千米，人行慢行道保证游人尽可能滨水，以"四退三还"线和湖水淹没线为基本线型，形成"有分有合"的人行绿道；自行车道以"四退三还"线型作为基本线型，通过自行车道建设实现"四退三还"物理边界清晰化，史文化资源为导向模式，西岸片区以自然资源和用地重组为导向模式；山水资源按照"五个分区、五项主题、五类模式"的总体思路，整体规划、有序开发、分步实施、科学建设，着力打造"一带多点、多彩珠串"的环滇池生态圈、文化圈、旅游圈，使之成为昆明城市生态文明新窗口、城市创新文化新载体、城市综合旅游新地标。通过3—5年的努力，基本建成"北岸以城市风貌展示和文化体验为主，西岸以湖滨观光和休闲度假为主，东岸以会展、商务、度假、商业休闲为主，南岸以湖滨游览观光和历史文化体验为主"的滇池环湖生态屏障、生态旅游区、文化旅游休闲体验区。

## 《滇池流域基本生态控制线规划》

2013年1月1日《云南省滇池保护条例》正式施行。条例第五条对滇池保护范围进行了划分，分为一、二、三级保护区和城镇饮用水源保护区，但没有规定具体边界。为了确保空间集约有序发展，确保滇池生态系统安全，市规划局组织开展了《滇池流域基本生态控制线规划》编制工作。通过对16类生态要素的分析，结合现场踏勘梳理，划定了生态底线区、城市建设区及生态发展区的控制范围，编制完成了《滇池流域基本生态控制线规划》，划定了一、二、三级保护区的具体范围。其中，生态发展区介于生态底线区与城市建设区之间，是自然条件较好的生态保护地区和生态较敏感地区，面积约493.9平方千米，是农村生态型社区、生态旅游项目建设与都市农业、绿色服务业的主要发展区，在满足项目准入条件的前提下，可以有限制地进行低密度、低强度建设，也是城市组团发展的有益补充；生态底线区是指生态要素集中、生态敏感的核心地区，是城市生态安全最后的底线和禁止建设开发区域，主要包括水源保护区、风景名胜区、森林公园及郊野公园的核心区，湿地、河流及其保护范围，以及为维护生态系统完整性、需要进行严格保护的基本农田、公益林地、山体、生态绿楔和生态廊道等，面积约1789.6平方千米；城市建设区是指集中成片建设的区域，是城市发展的主要空间，面积约636.5平方千米。按照该《规划》，滇池流域2920平方千米中有493.9平方千米生态发展区会区分为4种类型进行控制引导式发展，流域面积超六成成为生态底线区，将禁止新增城镇建设项目。

# 第四章 工业污染治理

　　滇池流域是昆明市辖区内主要的工业经济区域，全市国有及产值在500万元以上的非国有独立核算的规模企业中，约80%位于滇池流域内，其工业总产值占全市工业总产值的80%以上。随着滇池流域人口的增长和工业化、城市化的发展，排入滇池的生活污染源和工业污染源超过滇池水环境容量，致使滇池环境污染问题日益严重。1974年后，昆明市委、市政府开始重视工业污染防治工作，特别是在加大工业废水的处理方面积极开展试验研究和生产实践。1999年，全市实施了滇池工业污染"零点行动"，通过重点工业企业达标排放、加强工业企业现场监控、开展排污口规范化整治、实行污染物排放许可证制度、推进清洁生产等措施，工业污染源占滇池污染负荷总量比例逐渐下降。

## 第一节 工业污染治理起步实施

### 70年代工业污染治理

　　1970年后，随着滇池流域工业的迅速发展，每天有近20万吨工业废水排入滇池，由于大量耗氧物质的排入，导致水质和底泥的污染。1974年，昆明市成立环保工作机构，全市的环境保护工作开始起步，重点是开展滇池流域工业污染源的防治调查和研究。1978年成立了昆明市环境科学研究所，1979年12月成立昆明市环境保护局，是市政府主管全市环境保护工作的部门。市环境保护局成立以后，着手组织有关科研机构、院校开展污染源调查研究、监测工作。

### 80—90年代初期工业污染治理

　　1978年改革开放后，滇池流域的乡镇企业迅猛发展，工业污水、废渣等工业污染急速加剧；厂矿排出的废气，不仅污染了空气，而且随着大气降水而污染水体。80—90年代初期，分布在滇池流域及其沿岸的冶炼、造纸、印染、制革、化肥、农药等企业每天向滇池排放工业废水62.2万吨。其中，排入草海的约26.8万吨，占排入全水系的工业废水的43.08%；排入外海的约4.86万吨，占7.8%；其他排入海口河。这些废水中含有不少的有毒有害物质。其中，云南冶炼厂、昆明冶炼厂排出的废水中含有镉、砷、铅、氟、锌、铜等元素；电厂每天排出的约1000吨灰渣堆积在草海附近，致使草海水面逐步缩小。1980年，工业固体废弃物生产量147.6万吨，堆存量774万吨，占地面积20多平方米。1988年，工业废弃物产生量为219万吨，其中，利用量80万吨，利用率37%；处置量17万吨，处置率为8%；排放量为

122万吨，排放率为56%。历年堆存量为1474万吨，占地面积112万平方米。主要有煤矸石、锅炉渣、粉煤灰、钢渣、有色冶金渣、尾矿、工业粉尘、工业垃圾等。据1988年调查，每年进入滇池水域的酚588吨、氰983吨、砷120吨、汞4.7吨、铬10.7吨、总氮4703吨、总磷456吨、化学耗氧量20877吨。鉴于滇池流域的工业污染状况，全市采取了一系列措施开展工业污染防治工作。

**对重点污染工业企业进行排污控制**　1980年3月31日，昆明市革命委员会颁布《滇池水环境保护条例（试行）》《关于控制煤烟粉尘，防治大气污染的几项暂行规定》。1988年出台了《滇池保护条例》和《滇池污染综合整治大纲》，及时对重污染行业进行控制，流域内没有再新增造纸、印染、化工等重污染企业。1991年，市环保局组织拟定《昆明市排污许可证实施管理办法》，进行污水排放控制。

**控制乡镇企业污染源**　为加强对滇池流域乡镇企业污染源的控制，市环保和乡镇企业管理部门积极开展环境保护法规的宣传教育，建立环保工作例会制度，举办环境保护培训班；主持或参加新办企业、新上项目、老污染源环境保护、污染治理论证会，充分听取各方意见；对官渡区、西山区、呈贡县、晋宁县等濒临滇池的县（区）污染严重、无能力治理的企业实施关、停、并、转，其他企业实行限期治理或搬迁。

**积极开展工业污染源普查**　结合1986年全国工业污染源调查和1990年全国乡镇工业污染源调查，调查摸清了全市工业污染状况和污染分布状况、发展和变化情况，为全市工业污染治理提供了切实的依据。

**开展滇池流域污染调查研究**　1976—1980年，省环境保护办公室组织省环境科学研究所、昆明医学院、云南大学、中国科学院昆明植物研究所等单位开展了"云南滇池、螳螂川水生生物调查"。该项调查对滇池污染防治、水产资源的综合利用以及云南高原湖泊的研究和环境质量评价提供了一定的科学依据。1982年，云南师范大学地理系、省环境科学研究所、省及市经济研究所、省林业厅营林勘测队、省水产研究所、省气象科研所、省地质局环境水文监测站、市环境保护局等单位组成"滇池地区生态环境与经济综合考察"课题组开展课题研究，为合理开发滇池流域及滇池流域的现代化建设进行了必要的分析研究，取得了阶段性研究成果。1985年，完成了"六五"国家科技攻关项目"滇池地区磷资源开发研究"。1990年，由中国环境科学院牵头，南开大学、省环科所（现云南省环境科学院）、市环境科研所等20个单位的近200名科技人员共同完成了国家"七五"科技攻关课题《中国典型湖泊氮、磷容量与富营养化综合防治技术研究报告》。以上研究成果为滇池及其他湖泊的污染防治与水质管理提供了科学依据。

## 第二节　工业污染限期达标

为加大滇池污染治理力度，国务院自"九五"后连续3个五年计划都将滇池纳入国家"三河三湖"重点污染治理流域。20世纪90年代，工业污染治理主要实施了滇池流域工业污染源达标"零点行动"，通过实施污水达标排放、许可证制度、排污口规范化整治和推进清洁生产，对流域内重污染企业进行搬迁或关停，实施滇池水污染治理等措施，工业污染源占滇池污染负荷总量比例逐渐减少，化学需氧量、总氮和总磷呈下降趋势。

## 实施排污许可制度

1991年，市环保局组织拟定了《昆明市排污许可证实施管理办法》；同年11月19日，市政府制定了《昆明市水污染物排放许可证管理暂行办法》。1999年，在达标排放的基础上，市环保局对全市28户主要排放废水的企业发放了水污染物排放许可证，把总磷、总氮列为控制指标。当年，全市排放的12项污染物总量中，10项低于省下达的总量控制指标（1995年基数）。

## 市长环境保护目标责任书

1991年12月至1997年12月，市长与省长分别签订了《昆明市第九届政府环境保护目标责任书》《昆明市第十届政府环境保护目标责任书》，政府环境保护目标责任制全面实施。

## 加强对建设项目环境影响管理

按照国家的环保政策及1988年颁布的《滇池保护条例（试行）》的规定，对滇池流域内新建、改建、扩建以及技术改造项目实行环境影响评价制度和"三同时"制度，严禁审批国家明令禁止建设的"十五小"小企业和设备陈旧、工艺落后、排污量大的国家责令淘汰的建设项目；不得在流域范围内建设污染严重的钢铁、有色冶炼、基础化工、农药、电镀、制浆造纸、制革、印染、石棉制土硫黄土磷肥和染料等企业和项目，"八五"期间否决了拟建在滇池汇水区域内的建设项目33项，1996—1997年否定了拟建在滇池汇水区域内水污染严重的项目6个。坚持建设项目审批"以新代老""增产不增污""增产减污"的原则，切实使流域污染物排放总量得到控制。同时，建立了严格的建设项目竣工验收制度，确保"三同时"制度的落实；加强对已验收项目的监督管理，保障污染治理设施的正常运转。

## 加速老污染源治理

**污染限期治理**　1995—2000年的"九五"期间，国家下达给昆明的限期治理项目是昆明化肥厂和昆阳磷肥厂的废水综合治理。此2厂排入滇池的总氮、总磷占排入滇池外湖工业污染源总量的72%、84%，是滇池汇水范围内的重点工业污染源。此2项治理工程列为世行贷款项目。1988—1997年，滇池汇水范围内用于工业企业水污染防治方面的投资为12558.6万元。到1997年，已建成工业废水处理设施187台（套）、工业废水处理能力达到3500万吨/年，工业废水处理率由1988年的49%提高到1997年的80%；滇池流域工业废水排放量和1988年相比减少了2971万吨，CODcr排放量由1988年的16350吨削减到1997年的7907吨，重金属排放量由1988年的40吨削减到1997年的3吨。

**关停污染严重企业**　1988—1996年，对在滇池汇水范围内污染严重、治理无望的昆明木材厂、云南省省建木材厂纤维板生产线、云南植物药厂皂素生产线进行停产搬迁。停产搬迁后，每年减少向滇池排放CODcr1788吨，占滇池流域工业排放CODcr总量的36%；昆明冶炼厂搬迁出滇池流域、云南冶炼厂通过废水治理，外排废水量已下降到历年的最低水平，重金属废水基本不再排入滇池，大大减轻了滇池重金属污染的负荷，使滇池重金属实现达标。1996年，国务院下达了《关于加强环境保护工作的若干决定》，要求关停"十五小"企业，滇池流域内属"十五小"中水污染严重的企业中，取缔小制革4户、停产治理和限期治理电镀和小造纸企业17户。与治理前相比，工业废水排放量减少56%，工业废水中COD、总磷和总氮排放量分别减少了79%、79%和90%，工业污染得到初步控制。1999年，市政府批准执行《昆明市2000年工业污染源达标排放计划》，市环保局继续加强滇池流域工业污染源、"十五小"企业关停情况的重点检查，选择28户重点企业作为首批实施排污许可证的试点单位。

**实施污染物总量控制** 按照国家及省关于实施污染物总量控制的要求，在对国家规定的12种污染物实施总量控制的基础上，结合全市实际，增加了总磷、总氮2项控制指标。对第一批实行污染物总量控制的50户重点企业下达了以浓度为基数的排放总量控制指标，根据年度监督监测和检查核实的情况来看，多数企业基本完成了下达的指标。

**市区禁用燃煤** 1997年12月22日，为改善昆明市市区大气环境质量，防治燃煤（包括焦炭、烟煤、无烟煤、木炭及型煤）产生的大气污染，减少垃圾产生量，提高人民生活环境质量，市政府发出《昆明市人民政府关于昆明市市区禁用燃煤的通告》及实施意见，1998年2月1日，在市区二环路以内、滇池路旅游度假区、滇池路及西山、官渡等部分区域实施禁煤。9月又将穿金路、白云路片区划为禁煤区。由于省内生产技术水平低下，资源、能源浪费大，工业"三废"排放量大，1999年，昆明城区禁止使用燃煤。2000年与1995年比较，市区烟（粉）尘削减2621吨。

## 加强重点工业污染源监测

1992年，根据国家环保局的有关规定，将滇池流域19户等标污染负荷占全市排污总量65%以上的排污企业列为重点控制对象。其中，废水控制对象12户，排污量占全市等标污染负荷的83%。同年8月，市环保局召开重点工业污染源监督监测工作会议，对19户排污企业提出环境管理和监督工作要求，市环境监测中心就开展重点污染源动态数据库表有关技术问题进行培训。随后开展现场踏勘、调查，落实排污口及处理设施，以确保污染源监测工作取得实效。

**加强环境管理** 1996年，市环保局研究并报经市编委批准，在原排污收费监理所的基础上建立了专职环境监理队伍，其主要职能由单一的排污收费扩展为"三查两调一收费"。环境监理所成立后，对全市各类污染源实施现场检查280余次，检查污染治理设施198台（套），查处企业违法行为19起，依法罚款25万元。当年，市环境监理所排污收费征收总额为1668万元，比上一年增长18%。1997年进一步扩大征收面，加大了征收力度，收费总额达到1916万元，同年底，市环境监理所试点工作顺利通过省环保局环境监理工作会议验收。

**滇池流域工业污染源达标"零点行动"** 按照《国务院关于滇池流域水污染防治"九五"计划及2010年规划的批复》要求，滇池流域水污染防治工作分3个阶段实施。第一阶段的目标之一是"到1999年5月1日前，滇池流域工业污染企业（含规模养殖场、宾馆、饭店）排放的废水全部达到国家规定的标准"。根据省滇池污染综合治理领导小组的部署，借鉴国家环保总局在淮河、太湖流域的做法，昆明市成立滇池污染综合治理"零点行动"指挥中心。1999年2月2日，省环境保护局、市环境保护局联合发布《关于滇池流域排污企业限期达标排放的公告》，要求滇池流域内所有工业企业（含规模养殖场、宾馆、饭店）排放的主要污染物必须于1999年5月1日前达到国家和地方规定的排放标准，同时公布了经省政府第十四次常委会研究批准的253户滇池流域达标排放重点考核企业名录，以接受社会各界的监督，为"零点行动"做准备。同年3月1日，滇池流域253户达标排放重点考核企业中的88户未达标的企业在厂（单位）门前挂出了达标排放倒计时警示牌，有关企业主管部门、滇池污染治理领导小组办公室也在单位门前挂出了达标排放倒计时警示牌，标志着"零点行动"即将开始。

3月31日，滇池污染综合治理"零点行动"指挥中心启动仪式在昆明方舟大酒店举行。省、市人大领导为滇池治理倒计时揭牌，省、市政府领导为滇池污染治理"零点行动"指挥中心揭牌，标志着"零点行动"进入倒计时，滇池污染治理第一阶段目标进入冲刺阶段。4月1日零点，滇池达标排放"零点行动"准时启动，2个监督检查组正式对6个排污重点检查单位进行检查，一些新闻单位随行采访了突击检查活动。从此日起，对已公布的滇池流域达标排放重点考核单位进行拉网式检查。同时，开通了举报电话，24小时受理举报电话。到4月30日，列入滇池治理重点考核的253户企业中，有249户完成了治理任务，实现了达标排放；有4户企业不能做到达标排放，市政府责令其停产治理或搬迁。除253户属国家、省、市重点考核企业外，市环保局列出的31户非重点考核企业中，有1户自行停产，其余30户通过了达标排放验收。同时，滇池流域各县（区）排出的128户限期治理达标企业有127户通过了验收，有1户因不能达标而被责令停产治理。5月1日零点，"零点行动"倒计时结束，滇池流域253户达标排放考核对象除昆明市造纸厂、呈贡县下庄橡胶加工厂、福保造纸厂、昆明市电瓷电炉厂4户企业分别由市政府责令停产治理或搬迁转产外，其余249户企业均完成了治理任务，做到了达标排放，达标率为98.4%。滇池流域工业污染企业在"零点行动"中，共完成环保投资13598万元。其中，新增污水处理设施63台（套）。

1996—1999年4月30日，流域内工业污染企业年排废水量削减了2784万吨、化学耗氧量削减12931吨、总氮削减738吨、总磷削减132吨，削减量分别占1995年工业排放总量的56%、79%、79%、90%，圆满完成了国务院批复的第一阶段的目标。工业污染在滇池流域的污染影响已大幅度下降，其对滇池的影响程度已由第二位退居第三位。

# 第三节 工业污染治理提升达标

2000—2015年的"十五"期间，全市工业污染防治工作按照滇池治理"十五""十一五""十二五"规划目标，以调整产业结构，优化产业布局，提高流域内企业准入条件为主。滇池流域内除产业集聚区外，原则上不再布局新的工业项目，原有工业企业逐步搬迁；制定了严格的工业耗水标准，对于新建、改建、扩建的工业项目实行严格的用水管理，禁止超标准的高耗水型企业进入；加强工业企业大气污染防治、高污染燃料禁燃管理工作，区域空气环境质量在全国始终保持前列；开展整治违法排污企业保障群众健康环保专项行动，全市共出动环保执法人员5万余次。同时，建立了公安、检察院、法院等多部门参与的环保执法联动机制，开展了建设项目"未批先建"专项清查，环境法治建设进一步加强。

## 滇池流域工业企业现状及分布调整

2005年后，市政府对滇池流域工业企业实施"退二进三"的产业政策以及企业进园、集群化的政策导向，使企业归类布局、统一管理，形成了行业板块集聚的格局。工业固体废弃物排放量得到削减。2008年底，滇池流域共建设有高新区、经开区、度假区3个国家级开发区及晋宁、呈贡的4个省级工业园区，入园工业企业1万余户，规模以上工业企业约700户，占昆明全市的72%，形成了涵盖36个工业大类，以卷烟、冶金、装备制造、能源、化工、医药、食品为主的工业体系，完成工业增加值476亿元，约占流域GDP的33.8%，占昆明市GDP的29.7%。工业污染源主要分布在滇池流域的七个主要工业园区，分布相对均匀；第三产业90%集中在昆明主城区，也就是滇池北岸的主城区域，昆明的主城区已经成为昆明市乃至云南省的主要商业中心区。工业污染治理在近十年中采取了有效措施，在创建"全国环境保护模范城市"、"七彩云南"活动、"节能减排"行动的有力推动下，制定了《昆明市2009年惩治违法排污企业保障群众健康专项行动实施方案》等一系列措施和相关政策，工业污染得到了有效控制。2011年昆明市工业固体废物产生量及处置利用贮存等情况如下：

### 一般工业固体废物产生及利用情况

表 4-4-1

| 工业固体废物 | 单　位 | 数　量 |
|---|---|---|
| 产生量 | 万吨 | 2995.9340 |
| 综合利用量 | 万吨 | 1296.9646 |
| 处置量 | 万吨 | 1581.6887 |
| 贮存量 | 万吨 | 117.2368 |
| 排放量 | 万吨 | 0.04389 |

### 一般工业固体废物综合利用处置率

表4-4-2

| 县（市）区 | 一般工业固体废物综合利用处置率（%） |
|---|---|
| 昆明市 | 96.09 |
| 五华区 | 100.00 |
| 盘龙区 | 99.56 |
| 官渡区 | 100.00 |
| 西山区 | 97.22 |
| 呈贡县 | 100.00 |
| 晋宁县 | 89.47 |
| 昆明高新技术产业开发区 | 100 |
| 昆明经济技术开发区 | 99.98 |

"十二五"期间，全市以调整优化工业布局为抓手，以提升项目承载能力为重点，以引导产业集

聚为核心，改造提升园区基础设施，加快工业项目入园落地，实现园区提档升格，成功创建3个国家级、10个省级新型工业化产业示范基地。同时，积极开展工业固体废弃物综合利用。如：云南铜业股份有限公司开展冶炼铜废渣科学开发和利用建设项目，利用铜冶炼废渣浸取回收铜，冶炼尾渣和炉渣生产水泥、混凝土掺和料，合成低温陶瓷复合材料、路基等工程。2015年，全市拥有国家级高新区1个、国家级经开区2个、省级工业园区14个、市级工业园区1个。其中，昆明高新区、昆明经开区在全省率先建成主营业务收入超1000亿元级园区，五华等10个工业园区主营业务收入超100亿元，呈贡信息产业园成为全省唯一的信息产业专业园区。

### 2015年滇池流域工业企业分布一览表

表4-4-3

| 等　级 | 工业片区名称 | 行政辖属 | 主要行业 |
|---|---|---|---|
| 国家级开发区 | 昆明高新技术产业开发区 | 西山区 | 环保及新材料、生物医药、光机电及电力装备、电子信息及软件业 |
| | 昆明经济技术开发区 | 官渡区 | 光电子、电子信息及软件，烟草及配套、汽车及零部件、自动化物流设备等机械装备制造，贸易加工，现代物流产业 |
| | 昆明滇池旅游度假区 | 西山区 | 旅游度假、文化创意、体育训练、康体休闲及总部经济 |
| 省级工业园区 | 五华科技产业园 | 五华区 | 烟草及其配套、高档钛金为主的钛深加工、总部经济等都市型工业 |
| | 官渡工业园区 | 官渡区 | 航空运输物流、保税加工仓储、铁路专用机械、模具及配套、包装印刷 |
| | 呈贡工业园区 | 呈贡新区 | 以农特产品加工为主的绿色产业，生物资源开发，以铜、铝深加工为主的新型材料 |
| | 晋宁特色工业园区 | 晋宁县 | 精细磷化工，机床及汽车配件、铸造为主的装备制造，光学仪器 |

## 环保监督管理及制度建设

**排污申报登记、污染物总量控制和排污许可证制度**　2000年，市委、市政府在全省率先推行排污许可证制度，制定了《昆明市水污染物排放许可证管理暂行办法》，对滇池流域内工业污染源实施排污申报登记、污染物总量控制和排污许可证制度。《办法》明确规定："对申请领取许可证的单位，由昆明市环境保护局按照国家污染物排放标准及云南省下达的昆明市水污染物总量控制指标，核定各排污单位的排污总量控制指标后，经审核符合条件的，颁发排放污染物许可证。对超出排污总量控制指标的排污单位，发放排放污染物（临时）许可证，并限期采取有效措施削减排污量，在限期内达到排放总量控制指标。""暂不实行水污染物排放许可证制度的单位，只进行排污申报登记，不发放排放污染物许可证"，禁止无证排放水污染物。实行水污染物排放许可证制度的单位，应按环境保护行政主管部门的要求获得排放污染物许可证或排放污染物（临时）许可证，在规定期限届满后无许可证排放污染物的，属违法排污。持有排放污染物许可证的排污单位，不按要求排放污染物的，环境保护行政主管部门有权终止或吊销排放污染物许可证；持有排放污染物（临时）许可证的排污单位，逾期仍达不到限期治理要求的，也要中止或吊销排放污染物（临时）许可证。被中止排放污染物许可证的单位，在规定时间内达到获得排放污染物许可证要求的，环境保护行政主管部门准予恢复被中止的排放污染物许可证。被吊销排放污染物许可证的单位，必须重新申请排放污染物许可证，新建、扩建和改建项目（包括技术改造项目）应在试生产（营业）后3个月内按建设项目环境管理条例的有关规定向环境保护行政主管部门申请办理建设项目"三同时"竣工验收，并同时申请办理排放污染物许可证，待建设项目通过"三同时"验收和领到环境保护行政主管部门审核发放的排放污染物许可证后，方能正式生产（营业）。

为使排污许可证的发放工作落到实处，在滇池流域28户主要排废水企业实施水污染物排放许可证工作试点。对首批260户企业（含滇池流域企业152户）实行排污许可证制度，要求这些企业在达标排放和总量控制的基础上，于2001年10月15日前向环保部门提交排污许可证的申请资料，企业若没有环保部门核发的排污许可证，工商部门将对其营业执照不予年检。造成环境污染事故的单位，环境保护行政主管部门根据不同情况按有关规定予以处罚；构成犯罪的，依法追究刑事责任。2002年6月，市环保局召开动员大会，全面实施工业企业排污许可证制度。

2006年后，强化对重点污染企业的污染监管工作，对151户滇池流域重点污染企业实施排污许可证管理，并开展更加严格的总量控制管理；严格环评审批，实行排污申报登记，对重点污染企业实行在线监控，开展环保专项行动，共检查企业5700多户，查处环境违法案件270件，处罚金额254.3万元。对流域内年排废水量在4万吨以上的化工、机电、冶金、医药、建材、宾馆餐饮、卫生、科教等行业和生产型资源综合利用企业全面开展清洁生产审核工作。至2007年，对滇池流域787户（含第三产业，其中重点工业污染企业157户）排污单位发放污染物排污许可证。其中，滇池流域内国控企业12户（含8个污水处理厂），省控企业8户，对19户企业安装在线监控装置，96户企业完成清洁生产审核。通过综合治理，滇池流域工业污染源排放的主要污染物基本实现达标排放。2007年底，企业废水、化学需氧量、总氮、总磷排放量分别比1988年削减了36.43%、6.36%、49.24%和69.87%；滇池流域化学需氧量、总氮、总磷的削减能力分别达到40581吨、5193吨和677吨，比1993年增加25、28、48倍。随着治理能力的提高，入湖化学需氧量、总磷点源负荷出现下降趋势，入湖总氮点源负荷保持平稳，长期的增长趋势受到遏制。

**实施排污口规范化整治** 为加强对污染物排放的监督检查，加大环保执法力度，逐步实现污染物排放的科学化、定量化管理，促进企业加强环境管理，减少污染物的排放，节约和综合利用资源，保护和改善环境质量，市环保局进一步加强了企业排污口管理，强化工业污染源治理工作，原则上1户企业只能设置一个污水排放口，企业污水排放口必须经环保部门批准备案，不得另外私设排污口。对污染源安装在线监控设施，并建立规范化的排污口档案。到2000年底，对199户企业实施排污口规范化整治工作，整治排污口217个，安装污水流量计134台、环保监控仪103台，悬挂环保标志534块。2005年共完成188户企业排污口规范化的整治与改造，实现了188户污染源的在线监控，其中安装流量计121台、黑匣子136台、数据传输系统188套。

**整治违法排污** 2003—2007年，对省、市挂牌督办企业、工业园区、矿山采选、化工石化等重点污染、高风险行业以及旅游公路沿线、养殖畜牧等企业进行专项检查，立案查处违法企业数百户；发布《关于限制办理建设项目环保审批及验收通告》；对1995年以来的建设项目实施全面清理，实施了建设项目竣工环保验收公示制度。2008年8月，市滇管综合执法总队严格按照市委、市政府"一湖两江"水环境综合整治和"四全"工作目标要求，结合"七小行业"综合治理工作，对小企业、小作坊、小饭店相对集中的西坝河下段韩家小村、新河村片区进行执法检查，在对排污企业现场调查取证的基础上，下发了《行政调查通知书》和《责令整改通知书》，要求这些企业设置规范的沉淀池，产生的生产废水和生活污水需经过处理后达标排放；对堆放在河道边的生产垃圾立即进行清运，按门前三包的要求，确保责任范围内河道整洁，并且责令黄勇水发菜加工点、上关花食品厂停业整改。8月6日，执法人员对上述企业的整改情况进行回访检查，这些企业都按照整改要求设置了规范的沉淀池，产生的废水经过处理达标后二次回用。

2009年10月，按照市委、市政府对违法排污企业实行"一次性违法排污，永久性退出市场"的要求，体现铁腕治污、科学治水、综合治理，解决"违法成本低，守法成本高"的问题，市政府制定下发了《昆明市人民政府关于加强整治违法排污行为的实施意见》（以下简称《意见》），《意见》明确：严格市场准入制度。实行环保一票否决，本市范围内所有新改扩建工程建设项目，未取得环保部门批准的环评文件，任何行政管理部门不得对其颁发行政许可证照。无证照经营违法排污行为查处取缔制度。对于无照经营的违法排污行为，一经查实，坚决依法予以取缔，查封无照经营场所，没收其用于从事无照经营的工具、设备、原材料、产品（商品）等财物，并按上限处以50万元的罚款。建立违法排污企业从严查处和永久退出市场制度。根据现行法律法规，对于违法排污行为从重从严查处，实行强制退出市场。其中，对于在饮用水源保护区内设置排污口的，依法强制拆除排污口，实施停产关闭，并按上限处以100万元的罚款；对于违法排污企业发生重大或者特大污染事故造成严重后果的，一经查实，责令关闭，依法断水、断电，追究相关责任人的法律责任；对于私设暗管排放污染物的，一经查实，依法强制拆除私设的暗管，责令停产停业，断水、断电，并按上限处以50万元罚款；对故意拆除污染治理设施或者停止污染治理设施运行，直接排放污染物，造成超标排污或者超总量排污的，一经查实，依法实施限期治理，并按上限处以应缴纳排污费数额5倍的罚款，限期治理期满后，仍然不能达标排放的，依法强制实施停产、关闭，断水、断电。对于本市高污染燃料禁燃区内使用高污染燃料的企业，依法责令拆除、没收燃用高污染燃料的设施，情节严重的，依法责令停产、关闭；对于违反国家产业政策的排污企业，一经查实，依法予以取缔、关闭、淘汰；对于向环境排放毒害性、放射性、腐蚀性物质或者传染病病原体等危险物质的，坚决依法查处，责令停产、关闭，构成犯罪的，依据《中华人民共和国刑法》追究刑事责任。建立违法排污"黑名单"曝光制度。对于违法排污行为全部记入"黑名单"，在全市范围内通报，并设立"曝光台"定期在媒体上公开曝光。其中，对于无照经营的违法排污行为，一经查实，其业主身份信息记入"黑名单"，在本市范围内强制性退出市场，任何行政管理部门不得批准其再从事相同的业态经营。建立环境公益诉讼制度。对于引起环境公益受损或者威胁环境公益的，行政执法机关或者检察机关可以提起环境公益诉讼。

**推进重点工业污染全面达标及总量控制工作**　2007年，组织实施昆明市第一次污染源调查，实施污染减排及排污总量控制，依法进行污染申报登记，建立了污染减排目标责任制，分解落实"十一五"总量控制目标任务，全面实施结构减排、工程减排、管理减排等措施。

**推行清洁生产审核**　2007年，制定了《昆明市清洁生产审核实施办法（暂行）》，推行清洁生产审核，优化调整产业结构，淘汰落后产能，实现产污减量化、最小化。组织实施清洁生产推进计划，关停云南国资水泥等18户企业落后产能生产线，对103户企业进行清洁生产审核。2008年，主要开展优化调整产业结构、淘汰落后产能，实现产污减量化、最小化工作。加大对造纸、酿造、印染、医药、制革以及各类化工等行业落后生产能力的淘汰力度，严格新建项目环境准入，禁止新上排放氮、磷污染物的项目。要求新建和现有不在城市污水处理厂纳污范围内的工业园区和工业集中区必须配套建设污水集中处理设施，实施再生水综合利用和循环回用。引导滇池流域内重点工业污染企业持续开展清洁生产审核，对不能稳定达标排放的企业实施强制清洁生产审核和限期达标整改，完成157户重点工业污染企业开展清洁生产审核，完成20户国控、省控企业（含8个污水处理厂）在线监控装置建设并与市级环保部门联网。通过加强管理，减少滇池污染负荷，有效控制新污染源。当年，污染源总磷、总氮、化学需氧量产生量分别占流域总产生量的3%、10%和2%。

**加强新污染源控制**　严格执行《中华人民共和国环境影响评价法》《建设项目环境保护管理条例》《滇池保护条例》等法律法规，严格准入制度。规定流域内杜绝新上污染企业；新上项目的污染物排放指标严格控制在区域总量控制指标内，严禁无指标审批项目；新建工业集中区必须配套建设污水集中处理设施，实施中水综合利用和循环回用，实现废水污染物排放最小化。

**建立环境污染责任保险制度**　2009年，市政府以第51号公告发布《昆明市人民政府关于推行环境污染责任保险的实施意见》（以下简称《实施意见》），自同年10月1日执行。《实施意见》明确：滇池流域2920平方千米范围内从事生产、经营、储存、运输、使用危险化学品的企业，危险废物收集、运输及处置企业，以及钢铁、有色金属冶炼、电镀、化工、焦化制气、制药、皮革、制浆造纸、印染、酿造、铸造、电石、铁合金、柠檬酸、矿山开发、火力发电、食品加工、烟草制品加工、塑料加工、机械制造、橡胶制品加工、垃圾焚烧发电企业应当参与环境污染责任保险。经过广泛的宣传动员，滇池流域先后有72户企业参与了环境污染责任保险。

**限制发展高耗水、高污染和劳动密集型产业**　集中流域内主导产业到工业园区，执行严于国家规定的污染物排放标准。严把环境准入关。加强项目建设过程中的监督管理，督促企业按照项目环保批复要求，做好污染治理设施与主体工程同时设计、同时施工、同时投入使用的"三同时"工作。"三同时"不到位，治理设施不完善的项目不允许投入试生产。严把建设项目验收关。对提请验收的项目严格审查，对达不到环保审批要求的一律不予验收，并明确提出整改要求，确保环评要求的措施落到实处。

**制定实施相关法规、政策**　2007年，市政府制定并下发了《昆明市严厉查处违法排污行为的若干规定》。2008年，市人大常委会发布《关于推进磷钛资源节约与综合利用保护滇池流域生态环境的决议》。2009年，市政府下发《关于加强整治违法排污行为的实施意见》《昆明市危险废物污染防治办法》。2010年，市政府下发《昆明市工业园区环境保护管理办法》。2012年，市人大会常会审议通过《昆明市节约能源条例》等法规及政策。

**落实总量减排"一票否决"制度和污染物减排目标责任制度**　2011年，为进一步加强全市环境保护工作，切实解决"守法成本高，违法成本低"的问题，对违法排污企业实行"一次性违法排污，永久性退出市场"，依据《昆明市人大常委会关于整治违法排污建立健全环境监管长效机制的决议》等相关规定，结合实际，市政府制定了《昆明市严厉查处违法排污行为的若干规定》。

**合理确定工业发展布局、结构和规模**　充分考虑水资源、水环境承载能力，量水发展、以水定城、以水定地、以水定人、以水定产，重大项目原则上布局在重点开发区，严格控制滇池流域水污染严重地区高耗水、高污染行业发展，新建、改建、扩建重点行业建设项目实行主要污染物排放减量置换。严格控制石化、化工、有色金属冶炼等项目环境风险。

**加强工业水循环利用**　积极推广国家鼓励的工业节水工艺、技术和装备，鼓励工业企业运用工业节水工艺、技术和装备，促进企业废水深度处理回用。市经开区根据实际情况，积极推进园区内水的循环和梯级利用。2011年8月，位于马料河经开区中段的倪家营水质净化厂一期建成并投入使用，实现了区内信息产业基地、果林水库东片区、黄土坡片区、民办科技园、清水片区和大冲片区的工业废水及生活污水的有效处理和回用。2015年8月6日，经开区牛街庄—鸣泉片区、出口加工区及普照—海子片区重要的污水处理及回收利用工程普照水质净化厂工程竣工验收并交付使用，实现了3大片区污水全收集、全处理、全达标、全回用。至此，普照水质净化厂与倪家营水质净化厂共同承担起经开区156.6平方千米范围内的污水处理及再生水循环利用。

**促进工业生产再生水利用**　对具备使用再生水条件但未充分利用的钢铁、火电、化工、制浆造纸、印染等项目，不得批准其新增取水许可。大力推进《昆明市城市节约用水管理条例》的实施，严格落实节水"三同时"制度，要求符合再生水利用设施建设条件的所有新建、改建、扩建建设项目，应当配套建设分散式再生水利用设施或使用集中式再生水。

**建立企业法人履行环保责任承诺制**　为加强环保监管，提高企业主的环保社会责任感，西山区积极探索企业法人履行环保责任承诺制，即企业在办理环保审批手续取得环评批复时，企业法人必须签订《履行环保责任承诺书》（以下简称《承诺书》），向社会公开承诺企业要履行的环保责任。《承诺书》明示了企业要履行的环保设施建设责任、"三同时"验收时限要求、排污许可证办理要求、日常生产经营中对环保设施的维护管理和加强员工环保宣传教育等工作要求。同时，企业法人还要向社会做出守法承诺，对违背承诺的企业，环保部门将依法严厉查处。此举进一步从道德约束和法律监管两方面提高了企业严格遵守环保法律法规的自觉性和积极性，有效促进了企业严格自律。

**建立污染源动态数据库**　2011年后，在全市范围内推进污染源日常环境监管随机抽查工作，并建立污染源动态数据库。同年4月，市环保局印发《昆明市环境保护执法监督局关于填报污染源档案企业基本信息表的通知》，要求各县（市）区结合环境安全隐患大排查，建立"一企一档"，并根据本行政区环境承载力、污染总量控制指标等要求，确定本辖区内重点排污单位和一般排污单位，共确定市级重点监管对象151户、市级一般监管对象1240户、特殊监管对象58户、市级危废医废重点企业87户、市级危废医废一般企业537户、危废医废特殊监管对象25户。根据随机抽查方案，市级环保部门每季度至少对本行政区10%的重点排污单位进行抽查，县（市）区级环保部门每季度至少对本行政区30%的重点排污单位进行抽查；对于特殊监管对象，市级环保部门每季度至少按照25%的比例进行抽查，县（市）区级环保部门每季度至少按照50%的比例进行抽查。市环境监察支队环保通移动执法中心平台基于市环保局"数字环保"平台建立了以污染源档案为基础的污染源动态数据库，整合了污染源从环评批复、竣工验收、排污许可证、排污申报、排污收费、行政执法等方面的业务数据，包含了废水、废气、危险废物、核技术应用情况等各方面的信息，共录入各类污染源企业1147户，其中市级重点监管对象151户、市级一般监管对象996户。

# 第五章　利用世界银行贷款治理滇池

## 第一节　立项审批

### 项目由来

20世纪90年代中期，滇池流域经济社会及人口迅速发展，而城市基础设施严重不足，大量未经处理的城市、城镇、农村居民聚集地污水、工业废水和夹带着农业生产活动中过量使用而流失的化肥农药汇入滇池，严重污染滇池水体，加剧滇池富营养化。加上城市垃圾收集管理方式、设备落后，垃圾清运系统设施布局不合理，无规范的垃圾处置场，导致城乡接合部垃圾无序堆放、无害化处理率低，垃圾的不规范堆放，影响了城市环境卫生和市容，造成了二次污染，使滇池流域面临严重的水污染和水资源短缺。滇池水质的污染问题引起了国家和省、市党委、政府的高度重视，得到了国内外各界人士的关注和支持。

为了给云南经济社会发展提供一个可持续的环境条件，1993年4月，省政府召开了滇池污染综合治理现场办公会，提出了"用18年的时间，投入30亿元，分近、中、远3个阶段完成滇池流域的根本治理"的目标和任务，同时做出了加大投资力度、多方筹集治理资金的决定。省计委、省环保局、市政府开展了以滇池治理为主的云南省环境保护利用世界银行（以下简称世行）贷款项目的立项工作。1994年，昆明市确定了滇池治理项目建设内容和范围，并报请国家计委。同年7月22日，国家计委批复原则同意利用世行贷款1.5亿美元、国内配套资金13亿元，从政策上、融资渠道上和机构制度上通过利用世行贷款实施云南环境项目，加大云南省环境保护投资、解决城市基础设施不足的瓶颈问题，加强环境管理，同时从管理机构上，改善过去城市环境基础服务设施在管理上根本不收费或收费不足的状况，使城市基础设施建设的融资及资产运行管理面向市场。

### 组织形式

为确保项目的实施，经市政府批准成立了昆明市滇池污染治理世行贷款项目领导小组并下设办公室，主要负责市滇池污染治理世行贷款项目的组织、协调、管理和督促工作，代表市政府对本项目进行管理。同时，成立由负责全市城建口工作的副市长任组长的世行项目协调领导小组，负责解决项目实施中的难点、重点和焦点问题；成立昆明市滇池污染治理世界银行贷款项目专家咨询组，确保项目的技术质量要求。

在项目立项之初，明确了市自来水公司、市城市排水公司、市固体废弃物处置中心、市环境监测站、市土壤肥料工作站、呈贡排水公司、晋宁县排水公司、石林县固体废弃物处置中心等项目建设单位为项目业主，并在各项目业主单位设有子项目办公室，具体承担世行转贷的世行贷款在工程中的使用及贷款的偿还义务，负责项目工程建设的执行管理和项目实施后建成设施的运行管理。在市项目办的协调和指导下，按有关项目批复负责落实子项目的具体建设、营运管理工作，根据项目总体要求和具体情况制订有关计划，履行项目法律协定中的相关条款和义务。

## 项目目标

**滇池流域水质恢复**　为实现滇池水污染控制计划，项目通过投资昆明主城、呈贡、晋宁小城镇排水系统以增加城市污水收集能力及污水管网服务面积，大幅度提高污水处理能力；投资城市生活垃圾收集、转运及卫生处置服务系统以提高城市垃圾运输作业的机械化率和城市垃圾无害化处理率；在滇池流域非城区开展农村卫生等示范活动，探索农业面源污染治理的方法，为滇池农业面源污染综合治理积累经验，削减农村面污染源对滇池的污染负荷；通过对供水输水管线、自来水厂、配水管线的投资，以滇池和松华坝水库联合调度为基础，解决全市供水缺口，扩大城市供水能力，实现滇池流域内优水优用的合理水资源调配。

**工业污染控制**　为配合滇池流域和全省工业污染控制"零点"行动计划，在滇池流域对滇池污染负荷最显著的化肥工业企业的污水综合控制及利用硫黄代替硫铁矿制硫酸的清洁生产工艺进行投资，以减少化肥厂含磷、含氮及其他污染物废水对滇池富营养化的影响。

**环境管理及水质监测**　通过对项目城市环境监测及管理系统投资，更新环境监理、环境宣传、环境科研和信息等设备，提高对环境的日常监测能力及对突发事件的检查应变能力，增加利用高效的环境监测、科研、监理、宣教、信息管理系统支持环境规划与环境管理决策的能力。

**机构发展、培训、施工监理**　通过加强项目管理，结合项目实施进行财务、机构强化、施工监理、运营管理等培训或专项研究，保证项目顺利开展并持续稳定地发挥效益。

## 立项审批

1995年，省项目办完成了《总项目的环境影响评价》工作。同年10月，国家环保总局下发了《关于云南省环保工程利用世界银行贷款项目环境影响报告书审批意见的复函》。根据国家环保总局的要求，省有关部门对一些问题进行了补充后并再次上报国家环保总局。1996年，国家环保总局又下发了《关于云南省环保工程利用世界银行贷款项目环境影响报告书（调整版）审批意见的复函》；完成了《云南省环境保护项目利用世界银行贷款方案》，后《方案》得到了国家计委的批复，批准的项目总投资为25.2亿元，其中利用世界银行贷款1.5亿美元（含0.25亿美元软贷款），国内配套资金12.6亿元。在前期技术援助专家的帮助指导下，按照世行对项目评估的要求，从技术、经济、财务、环境、机构、社会各方面均可行的角度，完成了世行评估所要求的《项目报告》并于1996年3月顺利通过世行的评估，同年6月完成谈判、9月完成了以滇池污染治理为主体的云南环境项目签约工作，成功争取到由城市供水、排水、城市生活垃圾处置、昆明化肥厂、农村环境卫生示范及环境监测13个子项目组成的世行96财年1.5亿美元的贷款，其中软贷2500万美元、硬贷款1.25亿美元。

# 第二节 实 施

## 项目启动及法律协定的生效

1996年9月13日，财政部与世行签署了《贷款协定》《开发信贷协定》，云南省与世行签署了《项目协定》。同年12月，云南省与世行召开项目启动研讨会，项目法律文件于1997年3月12日生效，标志着滇池污染治理世界银行贷款项目前期工作圆满完成，顺利进入了项目实施阶段。在项目实施期间，根据工程的具体情况，在经得世行检查团批准的情况下对部分项目进行了修改和调整。2003年1月3日，云南省及财政部分别签署了《信贷开发协定修改函》和《项目协定修改函》。这些修改函在签字之日起生效，并先后将贷款关账期延长至2003年12月31日和2004年12月31日。

## 招标采购

根据《项目协定》和项目《职员评估报告》要求，云南环境项目的所有采购活动均按照世行的采购指南进行。采购方案分土建工程、货物和咨询服务采购3大类。其中，600万美元以上的土建工程和25万美元以上的货物采购采用国际竞争性招标（ICB）（400万美元以上的货物采购需进行资格预审），余下的为国内竞争性招标（NCB）；250万美元以上的土建工程和50万美元以上的货物采购采取事前审查，余下的为事后审查。为保证项目的有效管理和顺利执行，在《云南省环境保护利用世界银行贷款项目管理办法（试行）》对招标采购管理做出详细规定，实行省、市两级分工负责，即省项目办统一组织国际招标及相应代理的选择和委托，各市项目办负责组织国内招标及相应代理的选择和委托的方式。中标单位均由评标委员会根据评标结果按照世行"合理的最低价中标"原则，上报世行和有关部门审批，根据批复意见向中标商发出中标通知。至2004年12月，共完成75个项目合同包（设备20个、土建55个）中72合同包的招标采购工作，剩余3个合同经世行批准取消和合并（牧羊小流域综合治理、西郊填埋场进场道路工程取消，排水支管连接合同并入其他合同实施），累计授标合同金额103446万元人民币。

## 项目执行

2005年3月30日，项目累计使用资金13.7亿元，为概算批复资金16.6亿元的82.5%。其中，使用世行硬贷款4.52亿元，软贷款1.31亿元，国内配套资金7.86亿元。

**昆明排水项目** 昆明排水项目初设批复总投资97234万元，由东、北郊污水处理厂及配套管网，第一污水处理厂改扩建及配套管网，西郊、城中心区污水管网组成。新增污水处理能力19万立方米/天，使昆明城市污水处理能力由36.5万立方米/天增至55.5万立方米/天；新增城市中心区排水干管36千米及污水处理厂配套管网21.7千米，使昆明城区排水管网总里程达到400千米；新建成污水提升泵站3

座，新增设施后污水提升能力为88.5万立方米/天；新增服务范围130.1平方千米，规划区服务人口76.2万人。3座污水处理厂的出水质、废气和污泥中污染物均达到国家《城镇污水处理厂污染物排放标准（GB18918—2002）》要求。其中，东郊污水处理厂及配套管网工程于1999年4月开工建设，2003年5月完成并通水试运行，新建处理规模为5万立方米/天的污水处理厂1座，敷设配套管网6.4千米，累计完成投资14907.71万元（国内资金8046.29万元、世行硬贷款6861.42万元）；北郊污水处理厂及配套管网工程于1999年4月开工建设，2002年11月完成并通水试运行，新建处理规模为7.5万立方米/天的污水处理厂1座，敷设配套管网12千米，累计完成投资16552.7万元（国内资金8606.62万元、世行硬贷款7946.08万元）；第一污水处理厂改扩建及南郊管网工程初设批复总投资1.23亿元，于1998年11月开工建设，2003年9月完成并通水试运行，改、扩建后新增污水处理能力6.5万立方米/天，达到12万立方米/天，累计完成投资10498.76万元（国内资金4853.97万元、世行硬贷款5644.79万元）；西郊污水管网工程调整初设批复总投资1.599亿元，于2002年7月开工建设，2004年9月完成并通水试运行，完成干管敷设10.7千米，新建污水提升泵站2座（提升能力共计68万立方米/天），累计完成投资8721.13万元（国内资金5228.8万元、世行硬贷款3492.33万元）；城市排水管网工程初设概算批复投资27278.12万元，于2000年1月开工建设，2005年6月完成并投入运行，完成主城区污水干管敷设共计23.6千米，新建污水提升泵站1座（提升能力30万立方米/天），累计完成投资19670.74万元（国内资金12137.11万元、世行硬贷款7533.63万元）。

**昆明城市供水项目**　初设概算批复投资26383.53万元，建设总规模为17万立方米/天及16.5千米配套管网系统。其中，第一自来水厂改扩建规模为7万立方米/天，新建北教场自来水厂规模为10万立方米/天，初设批复总投资2.727亿元。工程于1997年12月29日开工建设，2003年6月竣工验收，新增净水能力17万立方米/天，新建原水管线12.994千米，配水管线4.662千米，使昆明城市供水能力由69.5万立方米/天增至86.5万立方米/天，保证了昆明城市供水需求。累计完成投资24817.万元，其中国内资金18627.87万元、世行硬贷款6189.83万元。

**城市生活垃圾清运及处理工程**　初设概算批复投资23389.62万元，工程于2001年5月1日启动建设，同时封闭4区原来使用的7个露天垃圾堆积场，新建东、西郊2座垃圾卫生填埋场一期工程，总库容498万立方米，设计日处理量1500吨；建成5座中型垃圾中转站及2座小型垃圾中转站。整个工程累计完成征地1794.27亩，完成投资24918.07万元。其中，国内资金11619万元，利用世行硬贷款2912.07万元、软贷款10387万元；征地费用2139.387万元；办理农转非剩余人员共85人。整个工程项目中，城东垃圾卫生填埋场位于官渡区阿拉乡白水塘，第一期工程占地面积755.36亩，实现库容180万立方米，计划使用年限为6—8年；城西垃圾卫生填埋场位于西山区沙朗乡红水塘，第一期工程占地280亩，实现库容318万立方米，计划使用年限为6—8年；大普吉、土桥、马军场、后所、孙家地5座中型中转站和龙头街、茨坝2座小型中转站新增垃圾中转能力3430吨/天，新增加2272吨（5056立方米）的垃圾运输能力。

**小城镇污水处理项目**　该项目由呈贡、晋宁污水处理厂及配套管网组成。其中，呈贡污水处理厂及配套管网工程初设概算批复投资4016.25万元，于2000年7月27日开工建设，2003年10月竣工进入调试运行，建成规模1.5万立方米/天处理能力的污水厂1座，敷设管网4.8千米，累计完成投资3786.15万元（国内资金1922.12万元、利用世行硬贷款1864.03万元）；晋宁污水处理厂及配套管网工程初设概算批复投资3701.66万元，于1999年10月26日开工建设，2003年10月20日完成进入调试运行，建成规模期1.5万立方米/天处理能力的污水厂1座，敷设管网3.5千米，累计完成投资4434.44万元（国内资金2786.78万元、利用世行硬贷款1647.66万元）。

**昆明农村环境卫生示范项目**　初设概算批复投资3100万元，在滇池流域斗南、乌龙、矣六、白邑、石碑、牧羊6个乡建设农村沼气池290口、农村生活污水净化（1500立方米/天）及垃圾处理（160吨/天）、农村供水（1500立方米/天）、小流域治理（近万亩）、少废农田建设等示范性工程建设，探索控制滇池面污染源的途径；建设农村面源监测实验办公楼1座（3382.8平方米）。工程于1999年10月开工建设，2004年底完成，累计完成投资3690.14万元。其中国内资金2542.41万元，利用世行软贷款1147.73万元。

**滇池流域环境监测系统工程**　项目由新建的监测实验楼土建工程、环境监测设备组成，初设批复总投资2061.45万元。工程于2000年7月开工建设，2002年10月完成，累计完成投资2401.23万元。其中，国内资金684.25万元、利用世行硬贷款147.97万元、软贷款1569.01。

**石林固体废弃物清运及处置项目**　初设批复总投资2281.12万元，工程于2001年2月开工建设，2004年10月完成，建成处理规模为80吨/天的垃圾填埋场1座及其进场道路等配套设施，累计完成投资2508.11万元。其中国内资金1574.75万元，利用世行硬贷款933.36万元。

### 云南环境项目征地搬迁实施情况一览表

表 4-5-1

| 序号 | 项目名称 | 机构名称 | 征地数（公顷） | 借地数（公顷） | 受影响人数 | 受影响企业面积数（平方米） | 征地搬迁总费用（万元） |
|---|---|---|---|---|---|---|---|
| 1 | 云南环境管理和监测系统 | 昆明市监测站 | 0.39 | 0 | 33 | 0 | 240.00 |
| 2 | 昆明第一污水处理厂改扩建工程 | 昆明市排水公司 | 3.11 | 0.53 | 261 | 7082.00 | 1321.43 |
| 3 | 昆明第四（北郊）污水处理厂 | | 8.08 | 14.78 | 231 | 0 | 1787.04 |
| 4 | 昆明第五（东郊）污水处理厂 | | 6.62 | 3.33 | 0 | 0 | 1376.96 |
| 5 | 昆明西郊污水管网 | | 0.21 | 3.07 | 12 | 4236.00 | 323.42 |
| 6 | 昆明市中区污水管网工程 | | 0.22 | 0 | | 2193.00 | 375.73 |
| 7 | 昆明第一自来水厂改扩建工程 | 昆明市自来水公司 | 0.63 | 0 | 17 | 6322.00 | 586.98 |
| 8 | 昆明第四（北教场）自来水厂 | | 6.67 | 0 | 156 | 0 | 1782.75 |
| 9 | 昆明固体废弃物工程 | 昆明市固废中转处置中心 | 120.03 | 0 | 341 | 0 | 2259.96 |
| 10 | 呈贡污水处理工程 | 呈贡县排水公司 | 2.39 | 0 | 134 | 0 | 1329.60 |
| 11 | 晋宁污水处理工程 | 晋宁县排水公司 | 4.07 | 1.27 | 82 | 0 | 1117.27 |
| 12 | 农村卫生项目 | 昆明市土肥站 | 0.33 | 0 | 0 | 0 | 152.00 |
| 13 | 石林县固体废弃物处理工程 | 石林县固废中心 | 14.74 | 0 | 107 | 0 | 186.57 |
| | 合　计 | | 167.49 | 22.98 | 1374 | 19833 | 12839.71 |

## 工程管理

在项目决策和实施过程中，昆明市世行贷款项目办公室制订了项目的总体进度计划，安排、落实国内配套资金计划，及时审核、上报提款报账资料，及时协调、解决项目实施中的难点、重点问题，建立、健全和完善项目业主责任制，充分发挥项目业主的积极性和主动性。各项制度和措施的落实，保障了项目的顺利实施。工程施工严格遵循"工期、质量、投资"三大控制原则控制工程造价，降低工程成本。一是严格执行世行招投标程序及原则，通过招投标节约资金；二是在合同执行过程中，监理公司及项目业主齐抓共管，严格加强合同管理，严格合同结算程序；三是取消了部分工程的实施。同时，省市财政、审计、计划部门加强和规范资金管理工作。项目实施初期就制定严格的资金管理制度，建立项目资金专户，定期或不定期对专项资金的使用和管理进行监督、检查，确保资金的合理使用。2004年底完成了对12个子项目的竣工结算审计。

# 第三节　资　金

## 资金构成

世行贷款项目是昆明市首次利用国外贷款实施的投资额较大的综合性项目，在项目的建议书阶段，经云南省要求、国家发改委批准，世行贷款/信贷资金占项目总投资的50%，其余的50%由国内配套资金解决。在项目运作机制上，世行贷款采用的是报账制，而国内配套资金是按照统一的宏观计划由项目业主根据工程进度和资金需求上报年度投资计划、市项目办汇总整理后上报同级和上级计委（发改委）作为编制各级财政拨款计划的依据，各级计委（发改委）将投资安排纳入年度投资计划，经各级人大审议批准后通过各级财政按项目进度逐步落实到位。到2004年底，累计到位资金14.51亿元，其中国内配套资金为8.68亿元人民币（省财政拨款2.4亿元，市财政拨款1.83亿元，省国债补助0.92亿元，市国债补助0.61亿元，省国债转贷0.04亿元，市国债转贷1.25亿元，政策性收费0.17亿元，国内贷款0.46亿元，其他资金1亿元），使用世行硬贷款4.52亿元、软贷款1.31亿元。

昆明市滇池污染治理世行贷款项目融资一览表

表4-5-2                                                                                     单位：万元人民币

| 序 号 | 项目名称 | 世行贷款 | | 国内配套合计 | 总 计 |
|---|---|---|---|---|---|
| | | 硬 贷 | 软 贷 | | |
| 1 | 城市排水管网工程 | 7533.6 | | 15889.06 | 23422.69 |
| 2 | 东郊污水处理厂及配套管网 | 6861.4 | | 8138.4 | 14999.82 |
| 3 | 北郊污水处理厂及配套管网 | 7946.1 | | 10383.48 | 18329.56 |
| 4 | 第一污水处理厂及配套管网 | 5644.8 | | 7643.39 | 13288.18 |
| 5 | 西郊配套管网工程 | 3492.3 | | 5791 | 9283.33 |
| 6 | 昆明供水项目 | 6189.8 | | 17811.35 | 24001.18 |
| 7 | 昆明市垃圾清运及处理 | 2912.1 | 10387.0 | 10009 | 23308.07 |
| 8 | 农村环境卫生示范项目 | | 1147.7 | 2238.5 | 3386.23 |
| 9 | 呈贡污水处理厂及配套管网 | 1864.0 | | 3302 | 5166.03 |
| 10 | 晋宁污水处理厂及配套管网 | 1647.7 | | 3116.72 | 4764.38 |
| 11 | 昆明市环境监测系统 | 148.0 | 1569.0 | 782 | 2498.98 |
| 12 | 石林县垃圾处理项目 | 933.4 | | 1727.5 | 2660.86 |
| | 总 计 | 45173.2 | 13103.7 | 86832.4 | 145109.3 |

## 资金使用

到2005年3月30日，项目累计使用资金13.69亿元，为概算批复的82.5%。其中，使用世行硬贷款4.52亿元，软贷款1.31亿元，使用国内配套资金7.86亿元。总费用中用于土建工程7.61亿元，设备2.94亿元，征地拆迁补偿费1.32亿元，技术援助、培训、考察费0.37亿元，管理费及其他1.45亿元。

# 第四节 效 益

昆明市滇池污染治理世界银行贷款项目的实施，带动和推进了相关环境综合治理的后续行动计划及资金的投入，加快了城市环境污染综合治理步伐，打破过去一直把城市供排水，垃圾处置作为社会公益事业来办，城市排水和污水处理设施由政府拨款建设，社会单位和家庭无偿使用，运行费用也全部由地方财政负担的格局，促进了全市公用事业服务机构向独立自主、自负盈亏、减少政府财政负担的良性管理、融入市场化的方面改革。

**有效地减少了污染物入湖量** 污水处理及收集系统的建设有效地减少了污染物入湖量，并建立和完善了污水收费制度。昆明排水项目的实施，在城市中心区、东郊和西郊片区、南市区、北市区建成的城市污水收集主干管和二级支管覆盖了城区211平方千米，服务人口217万人，每天收集污水的能力达到138万立方米；新建成污水处理厂2座、改扩建污水处理厂1座，每天新增污水处理能力19万立方米，使全市污水处理能力提高为55.5万立方米/天，污水处理率达由原来的约10%提高到70%以上。同时，成立了昆明市排水公司，公司从原事业单位会计制度转变为企业会计制。根据国家的相关政策和污染者付费原则，1995年昆明市按0.35元/立方米的标准向城市居民征收排水设施有偿使用费，此破冰之举开云南先河，同时也领先全国。后在国家有关部委对供水、排水、垃圾行业价格改革及推行行业产业化的宏观政策指导下，同时也为履行《项目协定》，昆明市先后多次调整包括污水处理费在内的价格，排水设施有偿使用费也改为城市污水处理费，2003年污水处理费上调到0.563元/立方米，2006年1月1日上调到0.80元/立方米，2009年5月上调到1.10元/立方米。2014年云南省将污水处理费指导标准由0.8元/立方米调整为了1元/立方米，上浮20%。2015年昆明主城区居民生活用水的污水处理价格为1元/立方米，非居民用水的污水处理价格为1.25元/立方米。呈贡、晋宁污水处理工程的建设，使2个县城的污水得到收集和处理，改善了县城周围的景观，入湖污染负荷量得到削减，为周边的农业灌溉带来收益。

**城市生活垃圾全部实现了无害化处理**　昆明市固体废弃物项目的实施使生活垃圾运输作业实现了原定中期机械化率95%的目标，城市生活垃圾全部实现了无害化处理，取代了过去滇池周围自发形成的数十个简易、其渗滤液形成对滇池湖泊水体潜在污染威胁的垃圾堆场，改善了过去城乡接合部垃圾肆虐、垃圾包围城市的局面；全市建立了一个比较完善的垃圾清运及处理系统，为全市城市垃圾清运及处理行业的可持续发展打下了良好的基础，建立起了一个环卫行业现代化的发展平台；开征垃圾处理费，2009年后城（镇）居民10元/户·月、流动人口2.5元/人·月，从2012年7月1日起，市城市管理综合行政执法局委托昆明通用水务自来水有限公司收取自来水费时一并代收生活垃圾处理费。2015年末，昆明主城区生活垃圾清运处理基本形成了以4区环卫部门为主体，以"集中投放—上门收集—小型中转—密闭运输—东、西郊填埋场处置"的链式清运处置格局。同时，成立了昆明固体废弃物管理中心，开展垃圾收集、清运、处置成本回收的研究和策划。

**缓解了城市供水供需矛盾**　全市自来水工程项目的建设不仅使日益增长的城市建成区面积和人口的供水供需紧张的矛盾得到缓解，最大限度地利用了优质的松华坝水库水（设计供水能力从原来的28万立方米/天提高到45万立方米/天），替代和减少了水质达不到国家对供水水源水质标准的要求的滇池水作为城市供水水源的依赖，使城市供水水质得到提高，实现了松华坝水库优水优用的目标。

**探索了农村面源污染控制的途径**　农村卫生示范子项目通过污水处理、固废处理、水土流失控制、生物、生态、农艺等18个示范工程的实施，探索了高原湖盆地区农村面源污染控制的工程途径，为今后推广或普及农村面源污染控制技术积累了一定的经验和教训。同时，示范工程本身也在各示范点产生了积极的社会、经济、生态环境效益。

**提高了环境监测的装备水平和监测人员的技术素质**　滇池流域环境监测系统项目的实施，为监测部门配备了必需的现代化分析测试仪器和水质、大气、工业污染源、固体废物监测采样与监测仪器及信息处理设备和软件，提高了环境监测站的装备水平和监测人员的技术素质；扩大监测范围，增加监测频率和指标；建立了先进的信息管理系统，使环境监测手段具备较高的技术水平，从而为政府管理部门的科学决策提供优质的服务，为全市环境管理部门贯彻国家和地方的环境保护法律、法规，强化环境监督管理，使滇池污染治理各项工程充分发挥效益提供了必不可少的技术支持，为政府部门的环境管理、环境规划与决策提供科学依据。

# 第六章　城镇污水治理

　　随着昆明城市规模不断扩大、人口迅速增长，特别是20世纪80年代后城市住宅水冲厕所的普及和洗衣机的广泛使用，城镇生活污染成为滇池流域的主要入湖污染源。从1988年10月开工建设昆明市第一座污水处理厂起至2015年底，滇池流域建成城市污水处理厂14座（主城12座污水处理厂、呈贡区1座、晋宁县1座），处理规模达到149.5万立方米/天；建成集镇污水处理厂11座，处理规模为1.283万立方米/天；建成园区污水处理厂7座，处理规模为16.35万立方米/天。污水管网收集系统也不断建设改造完善，至2015年底，昆明主城敷设市政排水管网5569千米，建成雨污调蓄池17座，调蓄容积为21.3万立方米；建成环湖截污干渠管97千米，雨污水处理厂10座、总设计规模55.5万立方米/天，出水水质均达到一级A标准。

## 第一节　城市水质净化处理

　　滇池流域城市水质净化处理始于1990年。"七五"期间建设了昆明市第一污水处理厂。"九五"至"十五"期间新建第二至第六污水处理厂、晋宁县污水处理厂、呈贡县污水处理厂，改扩建了第一污水处理厂，使流域污水处理能力达到58.5万立方米/天，出水水质达到《城镇污水处理厂污染物排放标准（GB18918—2002）》一级B标准，极大地削减了滇池入湖污染负荷总量，减轻城市生活污水对滇池水环境的破坏。"十一五"期间扩建了第三、五、六污水处理厂，新建了第七、八污水处理厂，共计增加污水处理能力55万立方米/天，使得流域污水处理能力达到113.5万立方米/天；完成了第一至第六污水处理厂污水处理技术的改造，使污水处理厂出水水质从一级B标提升至一级A标。"十二五"期间建成第九、十、十一、十二污水处理厂，新增污水处理能力36万立方米/天，流域污水处理能力达到149.5万立方米/天；更新改造了第一污水处理厂一二期二级处理系统，进一步提升了流域污水处理能力。滇池治理经过"九五""十五""十一五""十二五"4个五年规划的主城污水处理厂新建、改扩建，纳污面积374.77平方千米，主城建成区旱季污水收集处理率达到90%，出水水质均执行《城镇污水处理厂污染物排放标准（GB18918—2002）》一级A标准，部分水质指标优于一级A标准，提高了污染物的去除率，有效减轻了入滇池的污染物总量。至此，滇池流域城市污水处理厂共有14座，其中主城区12座，呈贡区、晋宁区各1座，处理规模为149.5万立方米/天。2014年，昆明主城12座污水处理厂更名为"水质净化厂"，平均出水水质全面达到《城镇水质净化厂污染物排放标准（GB18918—2002）》一级A标的国家排放标准，水质净化运营管理处于国内先进、省内领先水平，2013年2014年2015年连续3年昆明市污水处理在全国36个大中城市排名中稳居前十名。城市污水处理厂的建成，对削减入滇池的污染物总量，减轻城市生活污水对滇池水生态环境的破坏，改善和恢复滇池及其河系水环境质量及水体功能，推动滇池流域社会经济可持续发展起到了积极作用。

## 主城区水质净化

**昆明市第一水质净化厂（第一污水处理厂）**　1988年10月开工建设，1990年12月竣工并进行通水试车，是西南地区最早的污水处理厂之一。1991年3月投入运行生产。一期工艺为以卡鲁塞尔氧化沟为主体的巴登夫（Bardenpho）工艺，主要负责收集处理船房河水系的污水，纳污范围9平方千米，服务人口25万人，由西南市政工程设计院设计，设计规模5.5万立方米/天，总投资3300万元。二期改扩建工程（含4千米管网）于2002年8月开工，2004年1月完成，为昆明市利用世行贷款排水子项目之一，总投资1.23亿元，其中利用世行贷款820万美元，在原处理规模5.5万立方米/天的基础上挖潜改造为8万立方米/天（也称之为老系统），同时新建了一座日处理4万立方米的新系统（采用奥贝尔氧化沟脱氮除磷工艺），新老系统设计日处理规模提高到12万立方米/天。厂区占地面积182亩，服务人口59.96万人，纳污面积36.88平方千米，负责处理十里长街以北的西坝河、船房河以及广福路以北的杨家河、采莲河污水。

2008年12月，结合滇池北岸水环境综合治理工程对该厂进行提标改造，总投资4796万元，其中利用日元贷款4.84亿日元（折合人民币约3356万元）、内资1440万元新增深度处理系统，次年12月28日完工通水，使出水水质达到《城镇污水处理厂污染物排放标准（GB18918—2002）》一级A标准，提标改造完成后污水厂的尾水有4万立方米/天用于采莲河清水回补，其余8万立方米/天尾水回补船房河。2013年6月至2014年1月，国家水体污染控制与治理科技重大专项对该厂实施了雨季合流污水高效处理工程。通过一系列的曝气模式的改造并提升系统的二级处理能力，一期氧化沟由表面曝气改造为底部微孔曝气，提升处理能力至雨季11万立方米/天；二期氧化沟改造为底部微孔曝气，提升处理能力至雨季5万立方米/天；旱季12万立方米/天尾水排放执行《城镇污水处理厂污染物排放标准（GB18918—2002）》一级A标准，雨季流量16万立方米/天出水污染物削减总量不低于旱季万立方米/天的一级A标准。至2015年12月31日，该厂累计处理污水68727万立方米，削减COD192003吨、$NH_3-N$12296吨。

**昆明市第二水质净化厂（第二污水处理厂）**　位于官南路六甲乡张家庙盘龙江东侧，占地面积176亩，于1994年3月18日开工建设，次年11月8日建成投产，总投资1.388亿元。该厂采用瑞典E吨公司提供的多格厌氧池和同心圆BOD/N池为主体的表面曝气$A^2/O$处理工艺，处理规模为10万立方米/天，服务人口56万人，纳污面积36.8平方千米，负责处理主城东南片区盘龙江以东、穿心鼓楼以南、凉亭以西、小街以北的城市污水，处理后的尾水回补大清河。2008年12月，为了提升该厂出水水质，投资4590万元采用D型滤池过滤加紫外线消毒的处理工艺对该厂进行深度处理系统技术改造，2009年12月28日竣工通水，次年8月23日完成竣工验收。改造项目完成后，使10万立方米/天出水水质达到《城镇污水处理厂污染物排放标准（GB18918—2002）》一级A标准，处理后的尾水经大清河尾水外排管道排至滇池外流域螳螂川。2014年5月完成该厂节能降耗优化运行工程，平均出水水质全面达到《城镇水质净化厂污染物排放标准（GB18918—2002）》一级A标的国家排放标准。至2015年12月31日，该厂累计处理污水64881万立方米，削减COD116692吨、$NH_3-N$13612吨。

**昆明市第三水质净化厂（第三污水处理厂）**　位于西郊明波、运粮河南岸，分老厂区和新厂区，总投资1.88亿元，处理规模为21万立方米/天，负责处理华山西路以南、靖国新村以北、正义路以西、高新技术开发区以东的西城区范围内的污水，纳污面积26.94平方千米。老厂区于1996年10月利用澳大利亚政府贷款开工建设，次年10月试运行，采用澳大利亚BHPE公司提供的ICEAS处理工艺，处理规模为15万立方米/天。2007年8月，为提升该厂出水水质，投资22583万元对该厂进行了技术改造工程，新厂新增6万立方米/天处理规模，配套了21万立方米/天深度处理设施，新建了34.7万立方米/天雨季合流污水强化一级处理设施，工程于2009年10月30日完工通水，2010年4月28日完成竣工验收，出水水质执行《城镇污水处理厂污染物排放标准（GB18918—2002）》一级A标准。处理后的尾水每天约2万立方米回补乌龙河、约1万立方米回补大观公园，其余回补老运粮河下游进入滇池草海。至2015年12月31日，该厂累计处理污水110138万立方米，削减COD331465吨、$NH_3-N$22017吨。

**昆明市第四水质净化厂（第四污水处理厂）**　该厂位于北郊盘龙江油管桥附近，占地面积45亩，处理规模为6万立方米/天，服务人口28.8万人，纳污面积12.48平方千米，主要负责处理北二环以南、虹山以东、圆通山以北、东二环以西范围内的生活污水，工程于1997年5月建成投入使用，污水处理采用ICEAS工艺，总投资6000万元。"十一五"期间，为提升该厂出水水质，2009年投资490万元完成对该厂进行了技术改造，增加6万立方米/天辅助化学药剂除磷系统和紫外线消毒系统。2010年9月，为进一步提高污水处理厂出水水质，在北岸工程已实施改造工程的基础上采用MBR膜结构再次对其进行升级改造，增加臭氧消毒设备，出水水质执行《城镇污水处理厂污染物排标准（GB18918—2002）》一级A标准，出水水质除个别指标外达到地表Ⅳ类水标准，处理后的尾水一部分用于翠湖公园清水回补，其余排入盘龙江。至2015年12月31日，该厂累计处理污水39973万立方米，削减COD128214吨、$NH_3-N$8026吨。

**昆明市第五水质净化厂（第五污水处理厂）**　位于北市区金色大道盘龙江东岸，占地面积175.8亩，处理规模为18.5万立方米/天，分3期建设，总投资2.29亿元，负责收集处理松华坝水库以南、火车北站以北、长虫山以东、穿金路和北龙路以西的区域，以及银汁河、盘龙江和金汁河上段的汇水区域的生活污水，纳污面积50.64平方千米，服务人口37.51万人。一期工程为昆明市滇池污染治理世界银行贷款项目，于1998年1月开工建设，2002年6月竣工并试运行，2004年正常运行，污水处理采用$A^2/O$改进型脱氮除磷微孔曝气工艺。二期工程于2008年开始对原有系统挖潜改造，新增二沉池2座，更换和增加了部分设备，使污水处理能力增加到10万立方米/天，同年12月投入试运行。2008年5月，为提升该厂的出水水质，该厂投资22177万元进行改扩建工程建设，新增8.5万立方米/天二级生化处理及旱季18.5万立方米/天的深度处理、雨季38万立方米/天的一级处理系统，工程于2009年10月30日完工通水，2010年8月25日完成竣工验收，出水水质执行《城镇污水处理厂污染物排放标准（GB18918—2002）》一级A标，处理后的尾水一部分提供中水回用，其余排入金汁河进入尾水外排管道排至滇池外流域螳螂川。至2015年12月31日，该厂累计处理污水61205万立方米，削减COD190268吨、$NH_3-N$11643吨。

**昆明市第六水质净化厂（第六污水处理厂）**　位于东郊中营村宝象河东岸，占地面积99亩，处理规模为13万立方米/天，主要负责处理经济技术开发区、官渡镇、小板桥镇、羊方凹、牛街庄、金马镇等片区的生活污水，纳污范围50.63平方千米，服务人口38.8万人，投资1.87亿元。工程于1998年1月动工建设，2003年1月通水试运行，2004年投入运行。污水处理采用活性污泥法的$A^2/O$微孔曝气脱氮除磷工艺。一期工程为昆明市滇池污染治理世界银行贷款项目。

2008年12月，为提升出水水质，投资14775万元实施了该厂的改扩建工程。其中，挖潜1.5万立方米/天,使处理规模由5万立方米/天提高到6.5万立方米/天;扩建生化处理设施6.5万立方米/天,使总规模达到13万立方米/天,并在生化处理系统后增加深度处理系统,处理规模为13万立方米/天。工程于2009年12月28日完工通水,次年8月23日完成竣工验收。改扩后仍采用活性污泥法的$A^2/O$微孔曝气脱氮除磷工艺,并增加13万立方米/天的深度处理系统,出水水质执行《城镇污水处理厂污染物排放标准(GB18918—2002)》一级A标准,处理后的尾水排入新宝象河。至2015年12月31日,该厂累计处理污水28549万立方米,削减COD114682吨、$NH_3-N$7886吨。

**昆明市第七水质净化厂(第七污水处理厂)** 昆明市第七水质净化厂处理规模为20万立方米/天。位于湖滨公路北侧、金太河西岸的洪家大村,总占地面积185亩,纳污范围22平方千米,旱季处理规模20万立方米/天,预留10万立方米/天扩建用地,雨季总规模68万立方米/天,投资42949万元。工程于2008年5月开工,2009年12月28日完工通水,2010年8月完成竣工验收。污水二级处理采用$A^2/O$工艺,超过二级处理能力的雨季合流污染采用一级强化处理工艺(高效沉淀)。深度处理规模20万立方米/天,采用微絮凝直接过滤(D型滤池)。高效沉淀池雨季处理超过二级处理能力的合流污水,旱季作为二级处理前的一级处理设施。出水水质执行《城镇污水处理厂污染物排放标准(GB18918—2002)》一级A标准,处理后的尾水进入尾水外排管道排至滇池外流域螳螂川。

**昆明市第八水质净化厂(第八污水处理厂)** 位于滇池北岸湖滨公路北侧、金家河西岸原第七污水处理厂预留用地内,占地面积100.55亩,处理规模为10万立方米/天,服务范围为城东、城南、城东南片区,纳污范围10.5平方千米。工程投资11298万元,于2008年5月开工建设,2009年12月28日完工通水,2010年8月完成竣工验收。管理用房、污水处理控制中心等配套设施与已建成的第七污水处理厂共用,2厂污水处理运行统一管理。出水水质执行《城镇污水处理厂污染物排放标准(GB18918—2002)》一级A标准,处理后的尾水进入尾水外排管道排至滇池外流域螳螂川。至2015年12月31日,该厂与第七水质净化厂累计处理污水63054万立方米,削减COD187069吨、$NH_3-N$12247吨。

**昆明市第九水质净化厂(第九污水处理厂)** 昆明市第九水质净化厂位于高新区昌源北路旁,处理规模为10万立方米/天,服务范围西至西三环、北至北三环、南至滇缅大道——北二环一线,东至普吉街道辖区,纳污范围22.85平方千米,服务人口31.66万人。工程于2012年9月开工建设,次年12月底完成工程建设并通水试运行,项目投资64615.17万元。污水处理采用膜生物反应器(MBR)污水处理工艺,出水水质执行《城镇污水处理厂污染物排放标准(GB18918—2002)》一级A标准,该厂的尾水一部分作为再生水回用水源,其余排至西边小河作为河道补水,同时兼顾老运粮河的补水。至2015年12月31日,该厂累计处理污水1482万立方米,削减COD2765吨、$NH_3-N$302吨。

**昆明市第十水质净化厂(第十污水处理厂)** 位于石虎关立交桥,占地面积约59亩,处理规模为15万立方米/天,服务范围东至东三环、南止昆石高速、西起环城东路一东二环、北始穿金路,服务人口32.73万人,纳污范围20.34平方千米(不含拟转输的四污厂流量4万立方米/天范围),项目投资74724.51万元。工程于2011年8月开工建设,2013年7月1日完工并通水试运行,同年9月25日通过竣工预验收。再生水处理站规模0.8万立方米/天(远期规模4.5万立方米/天)。污水处理采用膜生物反应器(MBR)污水处理工艺,出水水质执行《城镇污水处理厂污染物排放标准(GB18918—2002)》一级A标准,尾水就近排至海明河后进入尾水外排管道排至滇池外流域螳螂川。至2015年12月31日,该厂累计处理污水7691万立方米,削减COD16280吨、$NH_3-N$1576吨。

**昆明市第十一水质净化厂** 位于虹桥立交以东、归十路以南、方旺片区"中心公园"地下,处理规模为6万立方米/天，服务人口为16万人，纳污范围19.30平方千米。项目于2012年12月开工建设，2015年9月30日建成通水投入试运行，批复投资5.2亿元。污水处理采用多模式A$^2$/O生物除磷脱氮活性污泥法工艺，深度处理采用过滤工艺，出水水质执行《城镇污水处理厂污染物排放标准（GB18918—2002）》一级A标准，尾水就近排至东白沙河。

**第十二水质净化厂**　位于经开区高桥村石安公路、小普路和宝象河三角地带，处理规模为5万立方米/天，服务范围为昆明经济技术开发区西北片牛街庄—鸣泉片区、出口加工区及普照—海子片区，纳污范围63.3平方千米，服务人口15.35万人，配套污水管28.05千米，厂外拟建污水提升泵站1座（提水能力2.5万立方米/天），土建按10万立方米/天的规模一次建成。项目初设批复投资49798万元。项目一期配套管网工程于2012年12月开工，2015年底投入试运行。污水处理采用MSBR工艺+深度处理工艺，出水水质执行《城镇污水处理厂污染物排放标准（GB18918—2002）》一级A标准，尾水就近排至宝象河。

## 县（区）城区水质净化

**呈贡水质净化厂（污水处理厂）**　位于呈贡老城西梅子村路口，占地面积35.86亩，服务于洛龙河系、呈贡老城区域，处理规模为1.5万立方米/天，处理工艺采用间隙式活性污泥法（SBR法），为云南省滇池污染治理项目利用世界银行贷款项目之一。工程于2000年7月开工建设，2003年12月完工进入调试运行，总投资3599万元。

深度处理及配套管网工程新建污水配套管网DN400—DN800总长5.96千米，新建雨水配套管网DN500—DN1000总长4.58千米，项目投资2896.68万元，服务范围为呈贡老城区规划建成区面积5.13平方千米，服务人口约8万人。工程于2009年10月5日开工建设，同年12月完工。出水水质执行《城镇污水处理厂污染物排放标准（GB18918—2002）》一级A标准，尾水就近排至洛龙河。

**晋宁水质净化厂（污水处理厂）**　位于晋宁县城东北官张路，占地面积61.36亩，主要接纳处理县城建成区9.86平方千米的生活污水，为云南省滇池污染治理项目利用世界银行贷款项目之一，规划投资3700万元，采用氧化沟工艺。一期项目建设规模为1.5万立方米/天，新建排水管网DN200—DN1000总长18.76千米，于1999年10月开工建设，2003年12月完工进入调试运行，2004年3月投入试运行，2005年6月正式投入运营，总投资4475万元（含征地费）。

### 滇池流域污水处理厂基本情况一览表

表4-6-1

| 污水处理厂 | 建成时间（年） | 处理工艺 | 设计规模（万立方米/天） | 纳污面积（平方千米） |
|---|---|---|---|---|
| 第一污水处理厂 | 1991 | BARDENPHO 氧化沟工艺 | 12 | 24 |
| 第二污水处理厂 | 1995 | A$^2$/O 同心圆氧化沟工艺 | 10 | 36.8 |
| 第三污水处理厂 | 1996 | ICEAS 工艺 | 21 | 26.94 |
| 第四污水处理厂 | 1997 | ICEAS 工艺 | 6 | 12.48 |
| 第五污水处理厂 | 2004 | A$^2$/O 改良工艺（UC 吨） | 18.5 | 50.64 |

续表

| 污水处理厂 | 建成时间（年） | 处理工艺 | 设计规模（万立方米/天） | 纳污面积（平方千米） |
|---|---|---|---|---|
| 第六污水处理厂 | 2004 | A²/O改良工艺（UC吨） | 13 | 50.63 |
| 第七污水处理厂 | 2009 | A²/O工艺 | 20 | 22 |
| 第八污水处理厂 | 2009 | A²/O工艺 | 10 | 10.5 |
| 第九污水处理厂 | 2013 | MBR工艺 | 10 | 22.85 |
| 第十污水处理厂 | 2013 | MBR工艺 | 15 | 20.34 |
| 第十一污水处理厂 | 2015 | A²/O工艺 | 6 | 19.3 |
| 第十二污水处理厂 | 2015 | MSBR工艺+深度处理工艺 | 5 | 63.3 |
| 呈贡县污水处理厂 | 2003 | 间隙式活性污泥法（SBR法）工艺 | 1.5 | 5.13 |
| 晋宁县污水处理厂 | 2003年 | 氧化沟工艺 | 1.5 | 9.86 |
| 合　计 | | | 149.5 | 374.77 |

## 工程实施效果

昆明市主城10座污水处理厂及呈贡、晋宁污水处理厂根据来水量保持全天24小时不间断运转，出水水质执行《城镇污水处理厂污染物排放标准（GB18918—2002）》一级A标准，其中$BOD_5$、$COD_{cr}$、SS、TN、TP、$NH_3-N$六项指标平均值达一级A标准。

### 2015年滇池流域污水处理厂实际运行情况一览表

表4-6-2

| 污水处理厂 | 设计规模（万立方米/天） | 规划期建成规模（万立方米/天） | | 2015年实际运行规模（万立方米/天） | 出水水质 |
|---|---|---|---|---|---|
| 第一污水处理厂 | 12 | "九五" | 5.5 | 13.43 | 一级A |
| | | "十五" | 12 | | |
| 第二污水处理厂 | 10 | "九五" | 10 | 11.42 | 一级A |
| 第三污水处理厂 | 21 | "九五" | 15 | 22.59 | 一级A |
| | | "十一五" | 21 | | |
| 第四污水处理厂 | 6 | "九五" | 6 | 5.66 | 一级A |
| 第五污水处理厂 | 18.5 | "十五" | 7.5 | 23.59 | 一级A |
| | | "十一五" | 18.5 | | |
| 第六污水处理厂 | 13 | "十五" | 5 | 13.38 | 一级A |
| | | "十一五" | 13 | | |
| 第七、第八污水处理厂 | 30 | "十一五" | 30 | 31.61 | 一级A |
| 第九污水处理厂 | 10 | "十二五" | 10 | 4.07 | 一级A |
| 第十污水处理厂 | 15 | "十二五" | 15 | 10.99 | 一级A |

续表

| 污水处理厂 | 设计规模（万立方米／天） | 规划期建成规模（万立方米／天） | | 2015年实际运行规模（万立方米／天） | 出水水质 |
|---|---|---|---|---|---|
| 第十一污水处理厂 | 6 | "十二五" | 6 | 试运行 | — |
| 第十二污水处理厂 | 5 | "十二五" | 5 | 试运行 | — |
| 呈贡县污水处理厂 | 1.5 | "十五" | 1.5 | 1.27 | 一级A |
| 晋宁县污水处理厂 | 1.5 | "十五" | 1.5 | 1.27 | 一级A |
| 合　计 | 149.5 | | | 139.28 | |

# 第二节　集镇污水处理

集镇是农村地区社会经济相对发达、人口多而集中、生活污染负荷排放较高的聚集区，集镇生活污水是农村区域水环境污染的主要来源之一。2008年，市委、市政府提出在滇池流域县级以上城镇和人口聚集的集镇、村庄开展污水垃圾处理设施建设，不断完善污水垃圾处理设施体系。2010年后，滇池流域未纳入污水处理厂纳污范围的11个集镇全面开展了集镇生活污水处理设施建设工作。通过建设以集镇为中心并辐射周边村庄的集镇污水处理工程，对从源头上有效控制滇池流域集镇建成区污水污染，削减农村生活污水入湖（河）污染负荷，改善滇池流域水环境起到了明显的作用。

**滇池流域集镇分布情况一览表**

表4-6-3

| 县（区） | 乡（镇、街道） | 集镇名称 | 村委会（个） | 自然村（个） | 人　口（人） |
|---|---|---|---|---|---|
| 盘龙区 | 阿子营街道 | 阿子营集镇 | 1 | 3 | 5667 |
| | 滇源街道 | 滇源镇集镇 | 1 | 1 | 6715 |
| | 双龙街道 | 双龙集镇 | 1 | 2 | 2786 |
| | 松华街道 | 松华集镇 | 1 | 1 | 1432 |
| 官渡区 | 大板桥街道 | 大板桥集镇 | 1 | 7 | 27000 |
| 西山区 | 团结街道 | 团结集镇 | 3 | 8 | 16000 |
| 晋宁县 | 昆阳街道 | 宝峰集镇 | 2 | 3 | 4198 |
| | 晋城镇 | 晋城集镇 | 4 | 5 | 15000 |
| | 六街镇 | 六街集镇 | 2 | 3 | 2521 |
| | 上蒜镇 | 上蒜集镇 | 2 | 2 | 2505 |
| | 晋城镇 | 新街集镇 | 1 | 3 | 2356 |
| 合　计 | | | 19 | 38 | 86180 |

## 集镇污水处理设施建设

2010年后，全市规划投资2.65亿元，先后完成了滇池流域11个集镇污水处理站及96千米污水收集管网等系统工程建设，设计处理能力1.28万立方米/天，形成了昆明主城区、县（区）城区、集镇污水全面收集处理的网络，有效减轻入湖污染物总量。

**阿子营集镇**　建设DN200—DN600污水管道2.1千米及相应管道附属设施、1200立方米调蓄池1座、900立方米调蓄池1座，污水处理规模为500立方米/天。

**滇源镇集镇**　建设1200立方米调蓄池1座、DN100—DN500污水管道5千米及相应管道附属设施，污水处理规模为1000立方米/天。

**松华集镇**　建设500立方米/天规模的污水处理厂1座及相应配套管网900米。

**双龙集镇**　建设500立方米/天规模的污水处理站1座及相应配套管网。

**大板桥集镇**　建设沿宝象河及漕河铺设截污引污管道5000米，建设污水调控处理站1座，处理能力旱季为2000立方米/天、雨季为5000立方米/天。

**团结集镇**　污水处理设施近期规模3000立方米/天，远期规模6000立方米/天。

**宝峰集镇**　建设污水处理规模为600立方米/天的污水处理站1座及相应配套管网。

**晋城集镇**　污水处理设施规模为1000立方米/天，污水处理采用人工湿地处理工艺。

**六街集镇**　污水处理设施规模为350立方米/天。

**上蒜集镇**　石将军污水处理设施规模为300立方米/天，污水处理采用CASS工艺。

**新街集镇**　总设计处理规模为230立方米/天，"十二五"期间完成一期80立方米/天。

集镇污水处理设施出水均按《城镇污水处理厂污染物排放标准（GB18918—2002）》一级A类标准设计，项目可研批复投资18707万元。

### 滇池流域集镇污水处理站及污水处理工艺一览表

表4-6-4

| 序　号 | 集镇名称 | 服务面积（平方千米） | 服务人口（人） | 处理能力（立方米/天） | 处理工艺 |
|---|---|---|---|---|---|
| 1 | 阿子营集镇 | 0.27 | 5667 | 500 | 采用CASS工艺 |
| 2 | 滇源集镇 | 0.26 | 6715 | 1000 | 采用MBR膜处理工艺 |
| 3 | 松华集镇 | 0.2 | 1432 | 500 | 采用沉淀—氧化塘生化—湿地处理工艺 |
| 4 | 双龙集镇 | 0.24 | 2786 | 500 | 采用DES吨工艺 |
| 5 | 大板桥集镇 | 0.51 | 27001 | 5000 | 采用A/O+EF工艺 |
| 6 | 团结集镇 | 1.2 | 16000 | 3000 | 采用ICEAS工艺+滴型滤池+紫外消毒处理工艺 |
| 7 | 宝峰集镇 | 0.55 | 4198 | 600 | 采用DS吨E+深度处理工艺 |
| 8 | 晋城集镇 | 2.4 | 15000 | 1000 | 采用ICEAS+深度处理工艺 |
| 9 | 六街集镇 | 0.56 | 2521 | 350 | 采用一体式净化槽+表流湿地处理工艺 |
| 10 | 上蒜集镇 | 0.19 | 2505 | 300 | 采用CASS处理工艺 |

续表

| 序　号 | 集镇名称 | 服务面积（平方千米） | 服务人口（人） | 处理能力（立方米/天） | 处理工艺 |
|---|---|---|---|---|---|
| 11 | 新街集镇 | 0.42 | 1582 | 80 | 采用一体式净化槽＋生态沟渠湿地处理工艺 |

## 工程实施效果

2015年末，滇池流域11个集镇污水处理设施均已完成工程建设，实际污水处理水量为0.41万立方米/天。

### 2015年滇池流域集镇污水处理设施运行情况一览表

表4-6-5

| 序　号 | 污水处理厂 | 设计规模（立方米/天） | 2015年实际运行规模（立方米/天） | 出水水质 |
|---|---|---|---|---|
| 1 | 松华集镇 | 500 | 450 | 一级A |
| 2 | 双龙集镇 | 500 | 490.3 | 一级A |
| 3 | 大板桥集镇 | 5000 | —— | |
| 4 | 团结集镇 | 3000 | —— | |
| 5 | 宝峰集镇 | 600 | 500 | 劣Ⅴ类 |
| 6 | 晋城集镇 | 1000 | 200 | 一级B |
| 7 | 六街集镇 | 350 | 120 | 低于一级B |
| 8 | 上蒜集镇 | 300 | 430 | 劣Ⅴ类 |
| 9 | 新街集镇 | 80 | 100 | —— |
| 10 | 阿子营集镇 | 500 | 650.5 | 一级A |
| 11 | 滇源集镇 | 1000 | 1150 | 一级A |
| | 合　计 | 12830 | 4090.8 | —— |

# 第三节　园区污水处理

为优化调整产业结构，依托现有的工业园区布局，实现流域内工业逐步向园区集中，建设园区产业基地污水处理设施，为产业基地的建设和发展奠定良好的市政基础，对开发区、工业园区的污水进行集中处理，使基地污水得到科学处理及处置，从源头上有效控制园区的污水污染，有效削减污染物的排放量及生活污水入湖（河）污染负荷。"十一五"期间完成昆明经济技术开发区（倪家营）污水处理及配套管网工程建设，设计处理规模5万立方米/天，项目于2012年4月投入使用。"十二五"期间完成昆明国际包装印刷产业基地污水处理站（二期）建设工程、昆明新城高新技术产业基地（含电力装备工业基地）污水处理厂工程、二街工业园区污水处理厂建设工程、昆明晋宁县工业园宝峰片区污水处理厂（含配套管网）以及昆明海口工业园新区污水处理厂（含配套管网）工程（一期）项目建设，设计处理规模8.35万立方米/天。2015年，滇池流域除昆明海口工业园污水处理设施项目二期工程暂缓实施外，其余园区污水处理厂均投入运行，实际处理污水量5.37万立方米/天。园区污水处理设施建设后，累计新增污水处理规模13.36万立方米/天，出水水质执行一级A标准。

**滇池流域园区污水处理厂规划建设一览表**

表4-6-6

| 序　号 | 项目名称 | 项目内容 | 规划期 | 规划投资（万元） |
|---|---|---|---|---|
| 1 | 昆明国际包装印刷产业基地污水处理站（二期）建设工程 | 污水厂处理规模0.15万立方米/天，采用ICEAS工艺 | "十二五" | 440 |
| 2 | 昆明新城高新技术产业基地（含电力装备工业基地）污水处理厂工程 | 污水厂处理规模3万立方米/天，采用Carrousel氧化沟+深度处理工艺 | "十二五" | 12650 |
| 3 | 二街工业园区污水处理厂建设工程 | 污水厂处理一期规模为0.35万立方米/天，采用$A^2/O$工艺，二期计划新建规模0.35万立方米/天。"十二五"期间完成一期工程建设和二期工程前期工作 | "十二五" | 6140 |
| 4 | 昆明晋宁县工业园宝峰片区污水处理厂（含配套管网）工程 | 污水处理厂一期规模为1万立方米/天，采用ICEAS工艺；2018年建设二期工程，规模2万立方米/天，总规模达3万立方米/天 | "十二五" | 18000 |
| 5 | 昆明海口工业园新区污水处理厂（含配套管网）工程 | 一期为污水收集管网工程建设（含工业污水专管建设），建设污水收集干管5613米；二期为计划建设污水处理厂，处理规模1.5万立方米/天。"十二五"期间完成一期工程建设和二期工程前期工作 | "十二五" | 6850 |
| 6 | 空港区污水处理厂及配套管网建设 | 建设空港片区污水处理厂及配套污水管网，污水处理厂规模共11.5万立方米/天（$A^2$/O+絮凝沉淀），配套管网长度243千米，建设提升泵站2座 | "十二五" | 63530 |
| 7 | 昆明市经开区污水处理厂及配套管网工程 | 建设一座5万立方米/天、再生水处理能力3.8万立方米/天的污水及再生水厂，建设15.14千米配套污水主干管及10.62千米再生水回用主干管 | "十一五" | 18929 |

## 污水处理厂建设

**昆明国际包装印刷产业基地污水处理站（二期）建设工程**　该项目于2010年3月开工建设，2011年7月竣工，2012年投入运行，处理规模0.15万立方米/天，规划投资440万元。项目采用"ICEAS+一体化高效净水器+CMF膜系统"的工艺，占地7.47亩，园区内的生产、生活废水经各入园企业自建废水处理设施处理后再循环利用作为园区的绿化、道路浇洒、冲厕和洗车入驻企业生产冷却循环等用水，旱季时出水水质达到《城市污水再生利用城市杂用水水质（GB/吨18920-2002）》标准中绿化用水水质标准，雨季时出水水质设计达到《地表水环境质量标准（GB3838-2002）》Ⅲ类标准，外排水质能达到《城镇污水处理厂污染物排放标准（GB18918—2002）》一级A标准。

**昆明新城高新技术产业基地（含电力装备工业基地）污水处理厂工程**　该项目处理规模3万立方米/天，于2009年4月开工建设，2010年5月完成单机联动试车并通过初验，2010年6月完成交工验收，2012年10月片区主管网打通，污水处理厂开始运行，项目投资7157万元。项目服务范围为高新技术产业基地23.44平方千米规划面积，服务人口10万人，采用卡鲁塞尔（Carrousel）氧化沟+深度处理工艺，深度处理采用直接过滤加化学除磷工艺，污泥处理采用机械浓缩脱水，泥饼外运卫生填埋，设计出水水质达到《城镇污水处理厂污染物排放标准（GB18918—2002）》一级A标准。

**二街工业园区污水处理厂建设工程**　该项目处理规模为0.7万立方米/天，分两期完成，一期处理规模为0.35万立方米/天，二期为0.35万立方米/天，2011—2012年完成一期建设，二期根据实际情况再建设，规划投资6140万元。项目位于晋宁县二街乡及规划工业区，规划在二街工业片区和二街乡及临近村庄新建DN400—DN800污水管28.6千米、DN400—DN1600雨水管23.22千米，采用A²/O工艺，出水达到《城镇污水处理厂污染物排放标准（GB18918—2002）》一级A类标准。2012年7月，二街工业园区一期主体工程及设备完成工程竣工初验收，出水水质达一级A标。

**昆明晋宁县工业园宝峰片区污水处理厂（含配套管网）工程**　该项目总规模为3万立方米/天，一期规模为1万立方米/天，二期规模为2万立方米/天，规划投资1.8亿元。一期工程污水收集管网按分流制收集系统进行设计建设，污水收集面积为宝峰基地除去水域用地的其余地区，总面积12.63平方千米，设计管长104.4千米，污水收集能力为3万立方米/天，采用以生化处理及除磷为主体的工艺对园区产生的污水进行处理，其中生化段采用ICEAS生化处理工艺，除磷工艺采用化学除磷方法，出水达到《城镇污水处理厂污染物排放标准（GB18918—2002）》一级A标准。在此基础上再对出水进行过滤、消毒处理，以达到《城市污水再生利用城市杂用水水质标准（GB/吨18920—2002）》。

**昆明海口工业园新区污水处理厂（含配套管网）工程**　该项目分两期进行建设，一期为污水收集管网工程建设（含工业污水专管建设），建设污水收集干管5613米；二期计划建设处理规模为1.5万立方米/天的污水处理厂。"十二五"期间，根据一期工程运行情况开展二期前期工作，规划投资6850万元。项目建设于园区北部，毗邻生活污水处理厂，总占地面积约38.23亩，采用平流沉砂+改良AO型氧化沟+絮凝沉淀过滤+消毒处理工艺，处理规模为1.5万立方米/天，服务范围为工业园区范围内的工业和厂区生活污水，出水水质达到《城镇污水处理厂污染物排放标准（GB18918—2002）》一级A类标准，尾水经深度处理充分利用后，余水排至螳螂川。后市政府批示二期污水处理厂工程暂不实施，项目调整为通过管网工程收集工业园区污水送至海口污水处理厂集中处理。

**空港片区污水处理厂及配套管网建设**　该项目污水处理规模为11.5万立方米/天（A²/O+絮凝沉淀），配套管网长度243千米，建设提升泵站2座，规划投资63530万元。项目分为南、北片区两部分，其中空港经济区南片污水处理厂规模7万立方米/天（根据污水量供应量分两期建设，一期3万立方米/天，二期4万立方米/天），配套管网长度158千米，污水提升泵站规模2.2万立方米/天；空港经济区北片污水处理厂总规模4.5万立方米/天，配套管网长度85千米，污水提升泵站规模2万立方米/天。工程采用

A²/O+絮凝沉淀工艺，出水达到《城镇污水处理厂污染物排放标准（GB18918—2002）》一级A类标准。南片一期工程初设批复投资7623.57万元，于2009年9月开工建设，2012年6月完工并通水试运行，与新机场同步运营。北片区污水厂正在开始前期工作，建设规模待定，配套污水管道建设规模总长361.2千米。

**昆明市经开区污水处理厂及配套管网工程** 位于昆明经济技术开发区洛羊镇倪家营社区，规划净用地面积为81.06亩，服务范围包括信息产业片区、民办科技园、果林水库东片、黄土坡片区、清水东片及大冲工业区（东）6个片区，纳污面积31.56平方千米，为利用德国政府贷款建设项目，项目总投资18838.52万元。主要建设内容包括建设一座日处理5万立方米、再生水处理能力3.8万立方米的污水及再生水厂，建设15.14千米配套污水主干管及10.62千米再生水回用主干管。项目于2009年9月开工建设，2012年4月投入使用，工程采用米SBR工艺，出水达到《城镇污水处理厂污染物排放标准（GB18918—2002）》一级A类标准。

### 2015年滇池流域工业园区污水处理设施运行情况一览表

表4-6-7

| 污水处理厂 | 设计规模<br>（万立方米/天） | 实际运行规模<br>（万立方米/天） | 出水水质 | 工 艺 |
|---|---|---|---|---|
| 昆明市经开区污水处理厂 | 5 | 2.1 | 一级A | 采用MSBR处理工艺 |
| 昆明国际包装印刷产业基地污水处理站 | 0.15 | 0.07 | —— | 采用"ICEAS+一体化高效净水器+CMF膜系统"处理工艺 |
| 昆明新城高新技术产业基地（含电力装备工业基地）污水处理厂 | 3 | 0.41 | 一级A | 采用Carrousel氧化沟+深度处理工艺 |
| 二街工业园区污水处理厂 | 0.7 | 0.32 | 一级A | 采用A²/O工艺 |
| 晋宁县工业园宝峰片区污水处理厂 | 3 | 2.47 | 一级A | 采用ICEAS+深度处理工艺 |
| 昆明海口工业园新区污水处理厂工程 | 1.5 | 二期污水处理设施建设暂缓实施 | —— | 采用平流沉砂+改良AO型氧化沟+絮凝沉淀过滤+消毒的处理工艺 |
| 空港南片区污水处理厂 | 3 | | 一级A | A²/O+絮凝沉淀 |
| 合 计 | 16.35 | 5.37 | | |

# 第四节 截污工程

1949年前，滇池流域的昆明城区主要依靠河道排水，有少量明、暗沟渠。1950—1980年为昆明城市排水管网建设初创阶段，修砌完成兰花沟、顺城河等合流制下水道，并沿用至今。1980年后，随着城市发展，排水管道逐渐取代明渠。1989年，昆明市编制《昆明市城市排水系统清污分流规划方案》，系统地规划了昆明主城雨水和污水管网。2009年，昆明主城区330平方千米范围内有公共排水管线总长约2675.8千米，其中雨水管线1016.8千米、合流管线1043.56千米、污水管线615.43千米，建成公共排水泵站85座。为进一步加快滇池水污染治理步伐，从根本上改善滇池水质，2009年12月1日市政府召开滇池流域污水全面收集处理工作会议，下发了《滇池流域污水全面截流收集处理建设工作方案》。此后，市规划局牵头编制《昆明主城二环路内排水控制性详细规划》《昆明主城老城区排水管网雨污分流工程方案》。2010年8月出台《昆明市主城二环路内市政排水雨污分流完善工程控制性详细规划》，要求2015年底建立二环内科学、完善的分流制排水系统，所有市政道路实现雨污分流，并消除错接漏接的问题，规划范围内市政道路分流制排水管道覆盖率达到100%。同年9月26日出台《昆明市主城市政雨污分流排水管网建设工作方案》。自"九五"后，市委、市政府从保护昆明城区水环境、城市防洪和滇池污染治理的长远利益出发，把城市排水设施建设放在重要位置，重点实施了世界银行贷款排水管网工程、滇池北岸截污工程、滇池北岸水环境综合治理排水管网建设、昆明主城雨污分流次干管及支管配套建设工程、昆明主城老城区市政排水管网及调蓄池建设工程、昆明主城排水管网完善与调蓄池建设工程（二环路外）、呈贡新城排水管网建设工程、昆明市经济技术开发区环境综合整治项目污水管网工程等一系列工程，并把城市排水设施（包括雨污合流、雨污分流管道和泵站等）纳入城市建设计划，共完成城镇污水处理厂及配套管网建设项目51个，完成投资165.5亿元。

## 排水管网及调蓄池建设

**昆明市世界银行贷款项目排水管网工程**　主要建设城市排水管网工程、东郊污水处理厂配套管网、东郊污水处理厂配套管网、西郊污水管网系统、呈贡污水处理厂配套管网、晋宁污水处理厂配套管网。

**滇池北岸截污工程**　将船房河和大清河接纳的城市污水通过泵站、输水管线从西园隧洞排出滇池以外的螳螂川。该工程新建拦污节制闸3座、污水泵站3座，在草海船闸附近新建直径6米、总高16米的调压井1座，敷设钢筋混凝土排水管道11037米。其中，南线大清河至调压井管道长4591米，管径1400毫米，接纳东片大清河的污水；北线船房河至调压井管道长3034米，管径1200毫米，接纳西南片船房河的污水；调压井至西园隧洞洞口管道长2407米，管径1600毫米，将城市污水通过西园隧洞排出；采莲河部分管道长1005米，管径分别为800毫米、900毫米，在隧洞出口沙河河段上建设梯级叠水曝气和加压站等工程，对污水进行一级处理，控制对下游的污染。该工程于1997年6月28日开工建设，次年8月8日竣工投入运行，截污流量3.5立方米/秒，旱季及汛期间隙截污量为6010万立方米/年，即上述工程每年可减少6000万立方米的城市污水进入滇池。

**滇池环湖截污工程**　按照"管渠结合、有缝闭合、分片截污、就近处理"的原则，环湖截污工程构建干渠（管）96千米，新建污（雨）水处理厂8座。其中，滇池北岸水环境综合治理排水管网由城东片区系统排水管网、城东南片区系统排水管网、城北片区系统排水管网、城南片区系统污水管网、城西片区系统排水管网组成，累计完成雨污水管网建设342.7千米。

**昆明主城雨污分流次干管及支管配套建设工程**　是滇池北岸水环境综合治理工程的延伸工程，建设目的是在实施北岸工程并形成主城污水收集主干管的基础上，与河道整治、规划道路建设、城中村改造等项目结合，新增配套城市污水收集次干管、支管，进一步提高主城旱季污水收集率。工程共敷设336.84千米的管网及其配套设施，概算投资141635万元。工程于2009年开工建设，2011年完工。

**昆明主城老城区市政排水管网及调蓄池建设工程**　为了实现昆明主城污水"全收集、全处理"，市委、市政府决定实施昆明主城老城区东北、东南、西北、西南片区市政排水管网及调蓄池建设工程及昆明主城二环外北片区市政排水管网完善工程，在二环内建设16个调蓄池（总容积20.44万立方米）及12.3千米配套管网，估算总投资约22亿元。

**昆明主城排水管网完善与调蓄池建设工程（二环路外）**　工程正在实施中，为"十二五"结转到"十三五"工程项目。

**呈贡新城排水管网建设工程**　2010年完成了呈贡新区一期路网全部和二期路网大部分的雨水管网建设，总长约180千米。

**昆明市经济技术开发区环境综合整治项目污水管网工程**　累计建设管网58.6千米，目前正在实施，为"十二五"结转到"十三五"工程项目。

### 滇池流域排水管网及调蓄池建设项目一览表

表4-6-8

| 规划期 | 序号 | 项目名称 | 项目内容 | 实施时限 | 规划投资（万元） | 实际投资（万元） | 备注 |
|---|---|---|---|---|---|---|---|
| "九五" | 1 | 昆明市城市排水管网改造工程（一期） | 建设第一、二污水处理厂及油管桥污水处理厂配套管网 | —— | 13700 | 5122.57 | "九五"结转到"十五"，续建为"十五"昆明市城市排水管网工程 |
| | 2 | 昆明市城市管网改造（二期） | 建设第二、三污水处理厂配套管网 | 1995—2000年 | 9400 | 4611.05 | |
| | 3 | 昆明市西郊污水配套管网 | 建设昆明市西郊排水管网 | —— | 8000 | 2991.28 | "九五"结转到"十五" |
| | 4 | 城市下水道清淤工程（1） | 雨季前城市下水道清淤 | 1997—1999年 | 2100 | 1557.50 | |
| | 5 | 城市下水道清淤工程（2） | 继续实施雨季前城市下水道清淤 | 1999—2000年 | 700 | 519.17 | |

续表

| 规划期 | 序号 | 项目名称 | 项目内容 | 实施时限 | 规划投资（万元） | 实际投资（万元） | 备注 |
|---|---|---|---|---|---|---|---|
| | 6 | 昆明市主城区排水管网改造与建设 | 完善昆明市主城区一环路以内范围截污管网建设，一环路以外雨污分流干管网系统建设 | —— | 122000 | —— | |
| "十五" | 7 | 昆明市城市排水管网工程（续建） | 建设昆明市城市排水管网 | —— | 23108 | 17428.96 | "九五"结转到"十五"，由"九五"昆明市城市排水管网改造工程（一期）项目续建 |
| | 8 | 昆明市西郊污水配套管网（续建） | 完成西郊片区污水主干管网建设 | 2002—2003年 | 10905 | 8882.26 | "九五"结转到"十五" |
| "十一五" | 9 | 城东片区系统排水管网建设 | 截至2010年12月31日，北岸工程城东片区管网已完成菊花村泵站出水压力管、菊花村泵站、石虎关泵站出水压力管、石虎关污水管、东二环雨污水管、金汁河截污管、光明路污水管、金马寺小村污水管、前卫西路截污管、人民东路延长线截污管等项目，累计完成管道铺设20.54千米 | 2008—2010年 | 27810 | 26272.00 | "十一五"结转到"十二五"，续建为"十二五"滇池北岸水环境综合治理工程 |

续表

| 规划期 | 序号 | 项目名称 | 项目内容 | 实施时限 | 规划投资（万元） | 实际投资（万元） | 备注 |
|---|---|---|---|---|---|---|---|
| "十一五" | 10 | 城东南片区系统排水管网建设 | 截至2010年12月底北岸工程城东南片区已完成（括号内为当前常用名称）：老昆洛路一段污水干管、贵昆公路污水干管、东白沙河截污管普小路污水管、昌宏路二段污水干管、珥季路污水管、环湖东路污水干管、官宝路污水干管、新昆洛路东侧截污干管、官小路污水干管、SE-规划10路北段污水干管、SE-规划10路南段污水干管、新宝象河补水管、东白沙河截污管、SE-规划2路雨污水管（官渡工业园2路雨污水管）、昌宏路一段雨水管、九雨路雨污水管、广福路污水管，累计完成管道铺设113.19千米 | 2008—2010年 | 47040 | 35076.00 | "十一五"结转到"十二五"，续建为"十二五"滇池北岸水环境综合治理工程 |
| | 11 | 城北片区系统排水管网建设 | 盘江东路合流污水转输管及盘江西岸截污管（四污厂至五污厂调水管线）、金汁河北段截污管（北辰大道以北金汁河截污管）、N-规划1-6路雨污水管、金色大道雨污水管、7204公路雨污水管、金华路截污管、霖雨路雨污水管、张官营泵站等项目，累计完成管网铺设29.52千米 | 2008—2010年 | 23520 | 11504.00 | "十一五"结转到"十二五"，续建为"十二五"滇池北岸水环境综合治理工程 |

续表

| 规划期 | 序号 | 项目名称 | 项目内容 | 实施时限 | 规划投资（万元） | 实际投资（万元） | 备注 |
|--------|------|----------|----------|----------|----------------|----------------|------|
| "十一五" | 12 | 城南片区系统污水管网建设 | 建设船房河系统雨污分流排水管网及配套泵站，"十一五"期间完工55千米 | 2007—2010年 | 43120 | 26020.00 | "十一五"结转到"十二五"，续建为"十二五"滇池北岸水环境综合治理工程 |
| | 13 | 城西片区系统排水管网建设 | 城西片区已完成（括号内为当前常用名称）：草海西路污水管B段（草海西岸截污管B段）、庄房村泵站、新运粮河、老运粮河截污管、第三污水处理厂尾水管、土堆泵站至三污厂压力管、庄房村泵站至三污厂压力管、科技路雨污水管（五华2路雨污水管、科技路高新段污水管）、W-规划2路污水管（西苑浦路污水管）、益宁路延长线污水管（益宁路污水管）、科普路雨污水管、乌龙河补水管、人民路污水管等项目，累计完成管网铺设44.22千米 | 2007—2010年 | 30560 | 20428.00 | "十一五"结转到"十二五"，续建为"十二五"滇池北岸水环境综合治理工程 |
| | 14 | 呈贡新城排水管网建设 | 已经完成呈贡新区一期路网全部和二期路网大部分的雨水管网建设，总长约180千米 | 2007—2010年 | 12600 | 18016.20 | |
| | 15 | 昆明主城雨污分流次干管及支管配套建设工程 | 截至2011年2月28日，该项目累计完成污、雨水管铺设约155.5千米 | 2007—2010年 | 48000 | 32069.00 | "十一五"结转到"十二五" |

续表

| 规划期 | 序号 | 项目名称 | 项目内容 | 实施时限 | 规划投资（万元） | 实际投资（万元） | 备　注 |
|---|---|---|---|---|---|---|---|
| "十二五" | 16 | 昆明主城雨污分流次干管及支管配套建设工程（"十一五"续建工程） | 截至2015年底，该项目已完工，累计完成雨污管网埋设约280千米 | 2011—2015年 | 109700 | 38831.66 | "十一五"结转到"十二五" |
| | 17 | 昆明主城西片排水管网完善工程（二环路外五华区） | "小路沟下游截污工程"已完成358米污水管顶管施工 | 2011年至今 | 33030 | 339.23 | "十二五"结转到"十三五" |
| | 18 | 昆明主城西片排水管网完善工程（二环路外高新区） | 截至2015年底，该项目已完工。铺设排水管线12.31千米，其中污水管总长6.57千米，雨水管总长5.73千米 | 2011—2015年 | 9660 | 4758.63 | |
| | 19 | 昆明主城西片排水管网完善工程（二环路外西山区） | 截至2015年底，兴苑路（西北三环—云冶铁路段）雨污水改造工程已完工，累计完成污水管道铺设约300米，雨水箱涵施工约380米 | 2011年至今 | 37600 | 2298.00 | "十二五"结转到"十三五" |
| "十二五" | 20 | 昆明主城南片排水管网完善工程（二环路外西山区） | 截至2015年底，南片西山区子项第一标段累计完成621.5米雨水箱涵施工，963米雨水管道铺设；西山区159号路排水工程因大商汇未同意进场施工，现已调整交由西山区负责实施。第二标段正配合道路建设同步实施配套管网，完成603米雨水管道铺设，720米污水管道铺设；第三标段已完工，累计完成462米雨水管道 | 2011年至今 | 36660 | 2443.00 | "十二五"结转到"十三五" |

续表

| 规划期 | 序号 | 项目名称 | 项目内容 | 实施时限 | 规划投资（万元） | 实际投资（万元） | 备注 |
|---|---|---|---|---|---|---|---|
| | 21 | 昆明主城南片排水管网完善工程（二环路外度假区） | 截至2015年12月底，南片度假区子项：第一标段、第二标段、第三标段已完工 | 2011年至今 | 44880 | 7315.00 | "十二五"结转到"十三五" |
| | 22 | 昆明主城北片排水管网完善工程（二环路外五华区） | 对主城北片区（二环外五华区）市政排水管网进行系统完善 | 2011年至今 | 9120 | 15.00 | "十二五"结转到"十三五" |
| | 23 | 昆明主城北片排水管网完善工程（二环路外盘龙区） | 2013年7月完工并投入运行，累计完成雨污管网埋设约11.4千米 | 2011年至今 | 60290 | 8015.00 | "十二五"结转到"十三五" |
| | 24 | 昆明主城东片排水管网完善工程（二环路外盘龙区） | 未动工 | —— | 5780 | 15.00 | 暂缓实施 |
| "十二五" | 25 | 昆明主城东片排水管网完善工程（二环路外官渡区） | 未动工 | —— | 22740 | 15.00 | 暂缓实施 |
| | 26 | 昆明主城东南片排水管网完善工程（二环路外官渡区） | 对主城东南片区（二环外官渡区）市政排水管网进行系统完善 | 2011年至今 | 19210 | 215.00 | "十二五"结转到"十三五" |
| | 27 | 昆明主城东南片排水管网完善工程（二环路外经开区） | 未动工 | —— | 47200 | 15.00 | 暂缓实施 |
| | 28 | 昆明主城东南片排水管网完善工程（二环路外盘龙区） | 完成前期工作 | 2011年至今 | 16860 | 215.00 | "十二五"结转到"十三五" |
| | 29 | 呈贡新区雨污分流排水管网建设工程 | 未动工 | —— | 25000 | 0.00 | 暂缓实施 |

续表

| 规划期 | 序号 | 项目名称 | 项目内容 | 实施时限 | 规划投资（万元） | 实际投资（万元） | 备注 |
|---|---|---|---|---|---|---|---|
| "十二五" | 30 | 昆明市经济技术开发区环境综合整治项目污水管网工程 | 截至 2015 年底，项目累计完成管网铺设 58.6 千米，石龙坝污水提升泵站和洛羊污水中途提升泵站完成竣工验收。民办科技园片区污水管网正在施工中，商贸大街排水管网正在组织借地并完成部分施工，广福路东延线一标污水管网正在施工 | 2011 年至今 | 22780 | 12178.52 | "十二五"结转到"十三五" |
| | 31 | 昆明主城老城区西北片市政排水管网及调蓄池建设工程 | 截至 2015 年底，该项目已完工，6 座调蓄池均已建成 | 2012—2015 年 | 69110 | 48515.00 | |
| | 32 | 昆明主城老城区西南片市政排水管网及调蓄池建设工程 | 截至 2015 年底，所有 6 座调蓄池均已建成，除乌龙河调蓄池由于出水管损坏暂停运行外，其余 5 座调蓄池运行正常 | 2012—2015 年 | 91670 | 60836.00 | |
| | 33 | 昆明主城老城区东北片市政排水管网及调蓄池建设工程 | 截至 2015 年底，2 座调蓄池均已建成，并投入运行 | 2012—2015 年 | 14960 | 12024.00 | |
| | 34 | 昆明主城老城区东南片市政排水管网及调蓄池建设工程 | 截至 2015 年底，海明河调蓄池及明通河调蓄池均已完成施工且正常运行 | 2012—2015 年 | 54250 | 38628.00 | |
| | 35 | 昆明主城西片调蓄池工程（二环路外） | 正在开展前期工作 | 2012 年至今 | 42700 | 100.00 | "十二五"结转到"十三五" |
| | 36 | 昆明主城南片调蓄池工程（二环路外） | 未动工 | 未动工 | 26300 | 50.00 | 暂缓实施 |

# 项目实施

昆明排水管网及调蓄池建设从"九五"计划实施后近20年时间，前10年建设进度相对缓慢，后10年是建设大规模开展的时期。"十五"期间，昆明主城系统地开展城市排水管网建设，实施清污分流。至"十五"末期，通过世界银行贷款项目昆明城市排水管网的建设，昆明市排水管网基本形成了船房河、明通和枧槽河、运粮河、银汁河、东白沙河宝象河5大排水系统，排水管网总长933.17千米，管网密度5.13千米/平方千米，污水收集率65%。"十一五"期间，依托滇池北岸水环境综合治理排水管网工程（以下简称北岸工程），在"世行"城市排水项目的基础上进一步完善主城区排水管网，新建雨污水管网342.4千米，改扩建及新建污水、雨水泵站6座。至"十一五"末，昆明主城区市政排水管网总长达到2652千米，各类排水泵站90余座，市政排水管网覆盖率约10千米/平方千米，主城区旱季污水收集率达92%。"十二五"期间，依托昆明市排水管网完善与调蓄池建设工程，在"十一五"基础上继续实施含环湖截污工程、老城区管网完善工程、雨污调蓄池建设、新城污水处理厂及配套管网工程等在内的排水系统建设相关工程，着力提高初期雨水、合流污水的收集处理能力，新建、改造区必须采用分流制排水体系，现状合流制排水系统建设雨污合流调蓄池，收集雨季点源污水及城市初期雨水，解决点源溢流问题，并在河道和沟渠两侧铺设污水收集管网。至"十二五"末，滇池流域市政管网总长达到5569千米，建成雨污调蓄池17座，其中已有10座投入运行。2015年，10座调蓄池累计运行433天，共截流调蓄合流污水222.01万立方米。

## 2015年滇池流域雨污调蓄池运行数据一览表

表1-2-5-2-1

| 调蓄池名称 | 运行天数（d） | 蓄水量（M³） | 运行时间（h） |
|---|---|---|---|
| 麻线沟调蓄池 | 24 | 95580 | 281 |
| 白云路调蓄池 | 71 | 441810 | 1176 |
| 大观河调蓄池 | 41 | 115800 | 386 |
| 海明河调蓄池 | 61 | 441283 | 754 |
| 明通河调蓄池 | 74 | 586924 | 1089 |
| 七亩沟调蓄池 | 10 | 37544 | 181 |
| 金色大道调蓄池 | 91 | 243394 | 365 |
| 采莲河调蓄池 | 23 | 69753 | 231 |
| 老运粮河调蓄池 | 15 | 33259 | 188 |
| 兰花沟调蓄池 | 23 | 154800 | 516 |
| 合　计 | 433 | 2220147 | 5167 |

## 滇池流域环湖截污系统建设与完善

为截流和处理滇池的外来污染源，在"十一五"至"十二五"期间，实施了环湖截污工程。该工程是国家和云南省及昆明市确定的滇池治理重点项目，也是批准列入滇池流域水污染防治"十一五"规划补充报告的重点项目。该工程由环湖东岸、南岸干渠截污工程和环湖北岸、西岸截污完善（干管）工程4大部分组成。按照"管渠结合、有缝闭合、分片截污、就近处理"的原则，对滇池周边污染进行总量控制和目标控制，布置截污管（渠）和建设污水处理厂。工程于2009年开工建设，2013年1月16日滇池环湖截污工程主管（渠道）全面完工通水。工程构建干渠（管）96千米、新建污水处理厂6座、初期雨水处理站7座，日处理污水17.25万立方米、初期雨水27.75万立方米，工程估算总投资约55亿元。"十二五"末，环湖截污系统建设与完善工程共建成干渠（管）96千米，污水处理厂10座，设计处理规模55.5万立方米/天。2015年，除捞鱼河混合污水处理厂和捞鱼河污水处理厂外，其余8座环湖截污污水处理厂均已通水运行，实际处理水量为9.9万立方米/天。滇池环湖截污工程建成后，通过截污干渠、污水处理厂将旱季片区截污合流制、分流制系统收集的剩余污水、农业农村径流河流（沟渠）汇集的面源污水以及雨季片区截污合流制系统收集的混合污水、分流制系统收集的初期雨水收集处理达标后排放，对削减入湖污染负荷，加速滇池水质改善，促进滇池水生态系统恢复起到了重要作用。

**淤泥河水质净化厂（原淤泥河污水处理厂，2014年更名）**　该厂于2015年11月进行带负荷调试，设计处理规模污水为5万立方米/天，雨水为5万立方米/天，采用$A^2/O$处理工艺，出水水质执行《城镇水质净化厂污染物排放标准（GB18918—2002）》一级A标的国家排放标准。至2015年12月31日，该厂累计处理污水65万立方米，削减COD6吨、$NH_3-N0.2$吨。

**昆阳水质净化厂（原昆阳雨污水处理厂，2014年更名）**　该厂于2013年5月进行带负荷调试，设计处理规模污水为2.5万立方米/天，雨水为5万立方米/天，采用$A^2/O$处理工艺，出水水质执行《城镇水质净化厂污染物排放标准（GB18918—2002）》一级A标的国家排放标准。至2015年12月31日，该厂累计处理污水1274万立方米，削减COD600吨、$NH_3-N43$吨。

**古城水质净化厂（原古城雨污水处理厂，2014年更名）**　该厂于2013年5月进行带负荷调试，设计处理规模污水为1.5万立方米/天，雨水为2.5万立方米/天，污水处理工艺采用氧化沟工艺，雨水处理工艺采用MBR工艺，出水水质执行《城镇水质净化厂污染物排放标准（GB18918—2002）》一级A标的国家排放标准。至2015年12月31日，该厂累计处理污水573万立方米，削减COD45吨、$NH_3-N2$吨。

**洛龙河污水处理厂**　该厂于2015年11月进行带负荷调试，设计处理规模为6万立方米/天，采用$A^2/O$处理工艺，出水水质执行《城镇水质净化厂污染物排放标准（GB18918—2002）》一级A标的国家排放标准。至2015年12月31日，该厂累计处理污水194万立方米，削减COD52吨、$NH_3-N11$吨。

**捞鱼河污水处理厂**　该厂于2015年12月进行带负荷调试，设计处理规模为4.5万立方米/天，采用$A^2/O$处理工艺，出水水质执行《城镇水质净化厂污染物排放标准（GB18918—2002）》一级A标的国家排放标准。至2015年12月31日，该厂累计处理污水5万立方米，削减COD共计7吨、$NH_3-N0.2$吨。

**白鱼河水质净化厂（原白鱼河污水处理厂，2014年更名）**　该厂于2014年9月进行带负荷调试，设计处理规模污水为5万立方米/天，雨水为5万立方米/天，采用$A^2/O$处理工艺，出水水质执行《城镇水质净化厂污染物排放标准（GB18918—2002）》一级A标的国家排放标准。至2015年12月31日，该厂累计处理污水407万立方米，削减COD26吨、NH₃-N5吨。

**海口水质净化厂（原海口污水处理厂，2014年更名）**　该厂于2013年5月进行带负荷调试，设计处理规模为3万立方米/天，采用氧化沟处理工艺，出水水质执行《城镇水质净化厂污染物排放标准（GB18918—2002）》一级A标的国家排放标准。至2015年12月31日，该厂累计处理污水644万立方米，削减COD245吨、NH₃-N9吨。

**白鱼口水质净化厂（原白鱼口雨污水处理厂，2014年更名）**　该厂于2014年6月进行带负荷调试，设计处理规模污水为0.25万立方米/天，雨水为0.25万立方米/天，采用CASS处理工艺，出水水质执行《城镇水质净化厂污染物排放标准（GB18918—2002）》一级A标的国家排放标准。至2015年12月31日，该厂累计处理污水112万立方米，削减COD15吨、NH₃-N1吨。

**洛龙河水质净化厂（原洛龙河雨水处理站，2014年更名）**　该厂于2013年9月进行带负荷调试，设计处理规模为5万立方米/天，采用A²/O+MBR处理工艺，出水水质执行《城镇水质净化厂污染物排放标准（GB18918—2002）》一级A标的国家排放标准。至2015年12月31日，该厂累计处理污水1416万立方米，削减COD793吨、NH₃-N196吨。

**捞鱼河水质净化厂（原捞鱼河雨水处理站，2014年更名）**　该厂于2011年6月完成初验，因大渔乡片区开发滞后，尚未进行带负荷调试。设计处理规模为5万立方米/天，采用MBR处理工艺，出水水质执行《城镇水质净化厂污染物排放标准（GB18918—2002）》一级A标的国家排放标准。

### 2015年滇池流域环湖截污系统建设与完善建设项目一览表

表4-6-9

| 规划期 | 序号 | 项目名称 | 项目内容 | 实施时限 | 规划投资（万元） | 实际投资（万元） | 备注 |
|---|---|---|---|---|---|---|---|
| "九五" | 1 | 滇池南岸截污工程 | 未动工 | 未动工 | 16000 | 0.00 | 取消实施 |
| | 2 | 滇池北岸截污工程（含外排污水的简易处理） | 9.7千米截污管及泵站，将第一、第二污水处理厂无法接纳的污水截出流域易地处理 | 1996—1999年 | 9200 | 6823.33 | |
| "十一五" | 3 | 南岸截污前期工作 | 完成滇池南岸截污前期工作 | 2007—2010年 | 600 | 476.60 | |

续表

| 规划期 | 序号 | 项目名称 | 项目内容 | 实施时限 | 规划投资（万元） | 实际投资（万元） | 备注 |
|---|---|---|---|---|---|---|---|
| "十二五" | 4 | 环湖干渠（管）截污工程 | ①环湖东岸干渠截污工程省城投段截污干渠主体工程已贯通闭合；洛龙河初期雨水处理站正抓紧土建工程施工；度假区段截污干渠已基本完工；捞鱼河初期雨水处理站已完成建安工程进度60.4%，主要设备和进口设备采购已到位。②环湖南岸干渠截污工程滇投贷款段古城截污干渠和老塘咀截污干管基本完工并完成初步验收，海口截污干管基本完工，南冲河、上蒜截污干管正抓紧施工，已完成管道埋设2千米；昆阳、古城、海口3座污水处理厂及2座初期雨水处理站土建工程已基本完工，设备供货及安装基本完成，已实现功能性通水。捷运B吨段晋城、昆阳截污干渠主体工程已贯通闭合；白鱼河污水处理厂及初期雨水处理站土建主体工程基本完成，淤泥河污水处理厂及初期雨水处理站土建工程完成75%。③滇池环湖西岸截污完善工程：已经完成西岸截污干管10.5千米；白鱼口污水处理厂及雨水处理站土建工程启动施工招标 | 2006—2015年 | 544000 | 403100.00 | "十一五"结转到"十二五"，续建为"十二五"滇池环湖干渠（管）截污工程 |
| | 5 | 呈贡城南、北污水处理厂及配套管网建设 | 呈贡城南（捞鱼河）污水处理厂土建及安装主体工程已完成，将进入试运行阶段；城北（洛龙河）污水处理厂因与其他项目冲突重新调整厂址 | 2007—2015年 | 25000 | 11412.13 | "十一五"结转到"十二五"，续建为"十二五"滇池环湖干渠（管）截污工程 |

续表

| 规划期 | 序号 | 项目名称 | 项目内容 | 实施时限 | 规划投资（万元） | 实际投资（万元） | 备注 |
|---|---|---|---|---|---|---|---|
| | 6 | 滇池环湖干渠（管）截污工程（"十一五"续建工程） | 截至2015年底，截污干渠（管）已全部贯通闭合，配套污水处理设施已全部完成，截至2015年12月底处于调试运行阶段 | 2011—2013年 | 150000 | 179291.00 | "十一五"结转到"十二五"，由"十一五"环湖干渠（管）截污工程和呈贡城南、北污水处理厂及配套管网建设工程续建 |
| | 7 | 环湖截污东岸配套收集系统完善项目 | 截至2015年底，东岸配套收集系统完善项目累计完成11597米各型管道的铺设，修筑明渠230米，广谱大沟截污管已经实现与截污干渠的连通，东岸农灌沟渠末端截污已基本完工，六厂转输管敷设工作已全部完工，委建部分也完成工程量的20.78% | 2012年至今 | 28000 | 9266.01 | "十二五"结转到"十三五" |
| | 8 | 环湖截污南岸配套收集系统完善项目 | 截至2015年底，南岸配套收集系统完善项目累计完成11552米各型管道的铺设，南岸农灌沟渠末端截污已全部完工，其余子项正在进行招投前期工作，委建部分完成工程量的6.88% | 2012年至今 | 28000 | 9302.85 | "十二五"结转到"十三五" |
| | 9 | 呈贡北污水处理厂二期工程（洛龙河污水处理厂） | 未动工 | —— | 24000 | 0 | 暂缓实施 |

图4-6-4-1　滇池流域环湖截污水质净化厂位置示意图

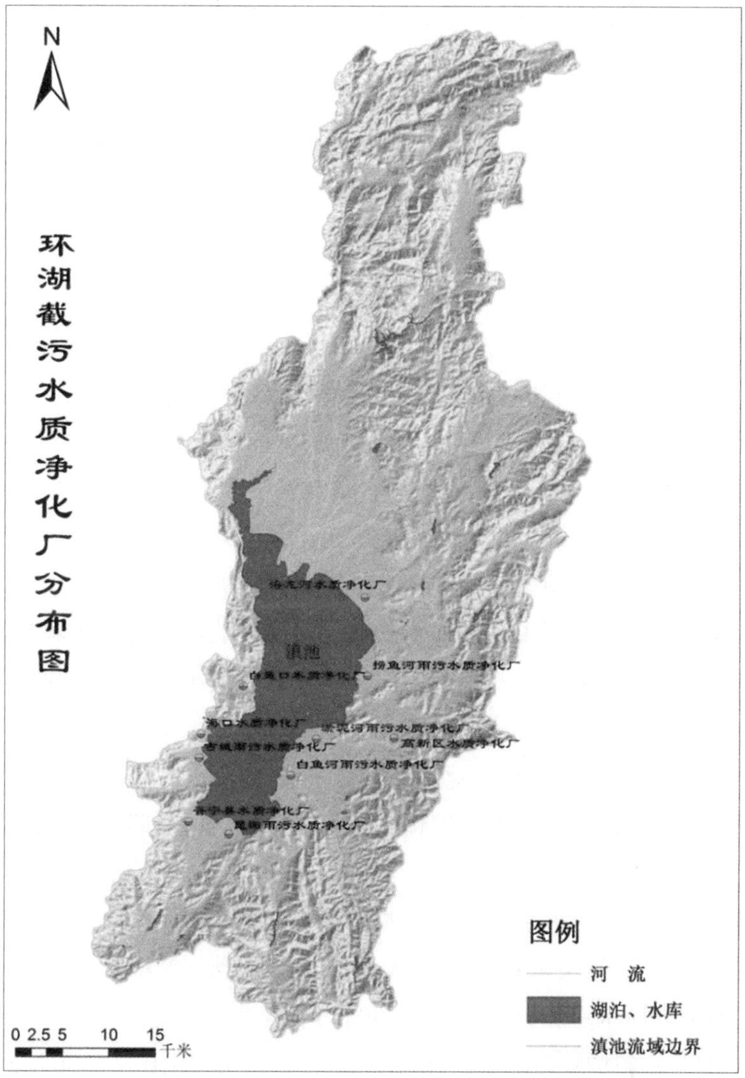

2015年滇池流域环湖截污污水处理厂运行情况一览表

表4-6-10

| 污水处理厂 | 设计规模<br>（万立方米／天） | 实际运行规模<br>（万立方米／天） | 出水水质 | 工　艺 |
|---|---|---|---|---|
| 洛龙河混合污水处理厂 | 5 | 1.7 | 一级B | 采用MBR膜工艺 |
| 洛龙河污水处理厂 | 6 | 1.6 | 一级B | 采用改良A²/O除磷脱氮工艺 |
| 捞鱼河污水处理厂 | 4.5 | 未运行 | —— | 采用A²/O工艺 |
| 捞鱼河混合污水处理厂 | 5 | 未运行 | —— | 采用MBR膜工艺 |
| 昆阳污水处理厂 | 7.5 | 1.8 | 一级A | 采用曝气氧化沟＋深度处理＋紫外线消毒工艺 |
| 古城污水处理厂 | 4 | 0.6 | 一级A | 采用改良A²/O活性污泥工艺 |
| 海口污水处理厂 | 3 | 0.7 | 一级A | 采用曝气氧化沟工艺 |

续表

| 污水处理厂 | 设计规模<br>（万立方米／天） | 实际运行规模<br>（万立方米／天） | 出水水质 | 工　艺 |
|---|---|---|---|---|
| 淤泥河污水处理厂 | 10 | 1.9 | 一级 A | 采用 A²/O+ 深度处理 + 紫外线<br>消毒工艺 |
| 白鱼河污水处理厂 | 10 | 1.3 | 一级 B | 采用 A²/O+ 深度处理 + 紫外线<br>消毒工艺 |
| 白鱼口污水处理厂 | 0.5 | 0.3 | 一级 B | 采用 CASS+ 滤布过滤 + 紫外线<br>消毒工艺 |
| 合　计 | 55.5 | 9.9 | —— | |

## 昆明主城区河道及管网清淤除障

随着城市化进程的不断加快，城市内河道的功能发生了改变，部分河道被挤占、覆盖，形成地下暗河，成为城市排水管网的一部分。这些暗河由于得不到有效的清淤除障，长期运行后淤积阻塞严重，加之全市地下排水系统管理体制机制不健全、不完善以及城市"热岛效应"，极端天气突出，造成城市内涝多发、频发，给市民生产生活带来了影响，对滇池的污染也相应增加。为提升昆明主城区防汛排涝能力，解决昆明"逢雨必淹"的问题，确保每年安全度汛，根据市政府的安排部署，各有关县（区）和部门分别在汛前组织开展城市排水管网、河道、明渠、暗河（沟）的清淤除障工作及防汛排涝应急整治工程，但昆明主城"逢雨必淹"的问题一直未解决。市委、市政府决定组织相关部门进一步理顺城市地下排水系统，健全完善管理体制，形成地下管网、暗河管理维护长效机制。2013年底，市政府投资1.5亿元对盘龙江全线进行了清淤。2014年初又投入1.5亿元对老运粮河水系、船房河水系、明通河（大清河）水系、海河水系淤积严重的区域进行清淤除障，河道清淤总长度为26.14千米，清除淤积8.62万立方米；对上述4条水系周边85.91千米排水不畅、淤积严重的排水管道进行清淤，清淤量为9913立方米；对部分淹水点和行洪、排水不畅的节点进行改造；对部分道路雨水落水口进行改造，新增单箅雨水口784个，新增双箅雨水口186个。至年末，市级组织实施项目共完成管网清淤10122立方米；河道清淤24854米，清淤84531立方米；新增雨水收集系统894套。由主城各区自行组织实施的23项应急工程完成管网清淤73450米、清淤量4571立方米；河道清淤长度9720米、清淤量26768立方米；完成1个节点改造；水毁修复426米；新增1套雨水收集系统，有效地缓解了城市内涝。

2015年，对西山、五华、官渡、盘龙4区的新、老运粮河、乌龙河、盘龙江、大清河、采莲河6条水系21.56千米的河道及206.7千米的淹水点关联市政排水管网进行全面清淤。其中，重点对篆塘河、玉带河两条隐患河道及昆明中铁集团西山分厂、新闻路片区、书林街片区、官渡区法院、雨龙路与昌宏西路交叉口、广福路虾坝河段、昌宏路与春城路延长线交叉口7个独立淹水点实施以河道清淤、淹水点片区关联管网清淤等为主的改造及建设工程。在实施24项部分淹水点、排水不畅节点改造工程，5项新建（恢复）和改造行洪工程过程中，主城区内新增雨水收集系统1202套、淹水点监控设施25套。此次清淤仅西坝河清淤工程就清出1800万立方米淤泥。

## 庭院雨污分流

2008年11月，全市开展主城区小区庭院管线排水普查和城市照明地下管线普查工作。本次普查范围延伸至小区居民楼，旨在查清小区庭院排水雨污混接、错接、乱接现状，对排水源头进行详细探查，管线探测完成排水管线长度10841千米、城市地下照明管线长度达960.6千米。2009年11月30日，市政府下发《昆明市人民政府关于批转滇池流域污水全面截流收集处理设施建设工作方案的通知》，在全市全面开展主城区二环路内雨污分流改造及再生水利用设施建设工作。盘龙、五华、西山、官渡4区通过展开筛查，确定二环路内首批有1868个单位（小区）的庭院排水需要进行雨污分流改造。

为确保庭院雨污分流改造工作的顺利推进，市政府成立了由市委副书记、市长任组长，副市长任常务副组长，4区和市级相关部门主要领导为成员的"滇池流域工业、生活及农业面源污水全面截流收集处理工作协调领导小组"。同时，根据市委、市政府整治建筑物立面挤占公共空间工作的要求，市政府先后出台了《昆明市庭院排水管网雨污分流技术指导意见》《庭院雨污分流工程质量管理基本规定》《昆明市主城二环路内庭院排水雨污分流改造出户支管接通市政排水管网连接方式的说明》，市滇池流域水环境综合治理指挥部办公室印发了《进一步加强昆明市主城二环路内庭院雨污分流改造及整治建筑物外挑设施排水管乱搭乱接工作方案》。按照统一规划、节水和雨水综合利用、排水设施统一配套原则，至2010年11月底，全市二环路内1868个单位（小区）中有1745个完成庭院雨污分流工作，完成率达93.4%。对51个单位涉及57个点还没有开展庭院分流改造工作的，市政府要求主城各城区政府和相关职能部门进一步明确责任，倒排工期，确保年内完成既定的建设任务。同时，要求对已暴露的工程问题要逐一查清，加强整改，年内编制完成主城区单位（小区）庭院雨污分流查缺补漏工程实施方案。

# 第五节　滇池北岸水环境综合治理

## 项目建设

滇池北岸水环境综合治理工程（以下简称"北岸工程"）是《滇池流域水污染防治"十一五"规划》的重要内容，也是2006年度全国最大的日元贷款项目。工程按照"二环路以内维持合流制，以外为分流制"和"系统设计、因地制宜、远近结合、突出重点"的原则，建设完善城市排水管网、改扩建和新建污水处理厂等。工程主要铺设污水、雨水干管385千米（污水管317.7千米，雨水管67.3千米），改扩建及新建污水、雨水泵站11座，改扩建现有污水处理厂6座、新建第七污水处理厂，增加处理能力41万立方米/天，使主城污水处理总规模达99万立方米/天，出水达到国家一级A排放标准。

### 滇池北岸水环境综合治理工程设计情况一览表

表4-6-11

| 片 区 | 雨污管（千米） | 泵 站（座） | | 污水处理厂（座） | |
|---|---|---|---|---|---|
| | | 改扩建 | 新 建 | 改扩建 | 新 建 |
| 草海（城西／城南） | 132.7 | 4 | 3 | 2 | 1 |
| 城 北 | 38.3 | 0 | 1 | 2 | 0 |
| 城 东 | 56 | 1 | 1 | 1 | 0 |
| 城 东 南 | 157.9 | 0 | 1 | 1 | 0 |
| 合 计 | 384.9 | 5 | 6 | 6 | 1 |

### 滇池北岸水环境综合治理工程污水处理厂改扩建和新建工程一览表

表4-6-12

| 污水处理厂 | 原设计规模（万立方米／天） | 实际最大处理规模（万立方米／天） | 新建工程规模（万立方米／天） | 总规模（万立方米／天） |
|---|---|---|---|---|
| 第一污水处理厂 | 12 | 12 | 0 | 12 |
| 第二污水处理厂 | 10 | 10 | 0 | 10 |
| 第三污水处理厂 | 15 | 15 | 6 | 21 |
| 第四污水处理厂 | 6 | 6 | 0 | 6 |
| 第五污水处理厂 | 7.5 | 8.5 | 8.5 | 17 |
| 第六污水处理厂 | 5 | 6.5 | 6.5 | 13 |
| 第七污水处理厂 | 0 | 0 | 20 | 20 |
| 合 计 | 55.5 | 58 | 41 | 99 |

草海（城西、城南）片区主要铺设污水、雨水干管132.7千米，扩建土堆污水泵站，新建庄房村污水泵站，扩建大清河污水泵站，改建白马庙雨水泵站，改建河南乡雨水泵站，新建昆三中雨水泵站，新建西坝河回补泵站，改造第一污水处理厂，改扩建第三污水处理厂，新建第七污水处理厂，增加处理能力26万立方米/天。城北片区主要铺设污水、雨水干管38.3千米，新建张官营污水泵站，改造第四污水处理厂、改扩建第五污水处理厂，增加处理能力9.5万立方米/天。城东片区主要铺设污水、雨水干管56.0千米，改建菊花村合流泵站、新建关上南路雨水泵站，改造第二污水处理厂。城东南片区主要铺设污水、雨水干管157.9千米，新建宝丰村污水泵站，改扩建第六污水处理厂，增加污水处理能力8万立方米/天。工程于2007年4月动工建设，2009年增加并完成第八污水处理厂，增加污水处理能力10万立方米/天。2009年末，昆明主城污水处理能力到达110.5万立方米/天。

根据2012年4月6日市政府会议纪要的要求，未能在2012年开工建设的路段，其雨污管线建设不纳入滇池北岸工程，相应调减约20千米。2014年，已开工的草海片区滨湖路、195号路（环湖路）、197号等总长的3条道路配套排水管网工程由于规划调整至滇池"十二五"管网建设计划中，由道路建设方负责，根据市政府会议纪要北岸工程相应调减约22.3千米。2015年6月，北岸工程累计完成雨、污水管网建设342.7千米，其中自建211.2千米、委建83.5千米、他建48千米；11座泵站改扩建完成7座，关上泵站正在进行设备安装，白马庙泵站、河南乡泵站与雨污调储池合建，西坝河泵站计划调减，主城3个污水处理厂的技术改造、3个污水处理厂的扩建和1座污水处理厂的新建工程均已完成。

## 项目运行

通过对昆明主城第一至第七污水处理厂运行数据统计分析显示，已经完成技术改造、改扩建和新建的污水处理厂运行良好，除总氮出水浓度在个别月份超过《城镇污水处理厂污染物排放标准（GB18918—2002）》一级A标准，其余指标均达标。

### 2014年主城第一至第七污水处理厂污染物平均出水浓度一览表

表4-6-13

| 单　位 | 出水平均值 | | | | | | | | | | | |
| --- | --- | --- | --- | --- | --- | --- | --- | --- | --- | --- | --- | --- |
| | $COD_{Cr}$ | | $BOD_5$ | | SS | | 吨 $-N$ | | 吨 $-P$ | | $NH_3-N$ | |
| | （毫克／升） | | （毫克／升） | | （毫克／升） | | （毫克／升） | | （毫克／升） | | （毫克／升） | |
| 年　度 | 2013 | 2014 | 2013 | 2014 | 2013 | 2014 | 2013 | 2014 | 2013 | 2014 | 2013 | 2014 |
| 一污厂 | 15.76 | 13.64 | 1.26 | 1.03 | 8.85 | 5.46 | 14.29 | 9.84 | 0.07 | 0.09 | 1.55 | 0.39 |
| 二污厂 | 13.67 | 12.14 | 1.23 | 0.89 | 8.08 | 4.94 | 10.55 | 10.67 | 0.11 | 0.10 | 0.34 | 0.19 |
| 三污厂 | 17.10 | 14.21 | 1.46 | 1.45 | 6.77 | 5.63 | 12.49 | 13.83 | 0.22 | 0.16 | 1.96 | 1.52 |
| 四污厂 | 11.26 | 10.50 | 1.51 | 1.36 | 5.10 | 4.27 | 9.88 | 9.44 | 0.27 | 0.17 | 0.60 | 0.45 |
| 五污厂 | 13.99 | 11.86 | 1.58 | 1.18 | 7.09 | 4.63 | 9.67 | 9.26 | 0.13 | 0.12 | 1.03 | 0.90 |
| 六污厂 | 17.22 | 14.12 | 1.24 | 1.07 | 8.78 | 5.39 | 11.71 | 10.33 | 0.37 | 0.17 | 0.38 | 0.48 |
| 七污厂 | 13.39 | 11.32 | 1.02 | 0.99 | 6.45 | 4.61 | 11.79 | 11.23 | 0.22 | 0.20 | 0.58 | 0.49 |

## 环境效益

北岸工程通过铺设污水、雨水干管，改建、新建雨水泵站，使北岸主城排水管网密度提高15%。污水管的建设可以提高污水收集率，截流进入主要河道的大部分污水，不让污水直接排入河道汇入滇池；雨水管的建设可改善主城内丹霞路沿线、书林街南段、省委大沟附近、东二环路及关上片区等部分区域的频繁淹水状况。工程增加服务面积124.1平方千米，可收集原为排入河道或沟渠的生活污水28.8万立方米/天，其中城北片区8.3万立方米/天、城东片区7.7万立方米/天、城南片区3.8万立方米/天、城西片区7.0万立方米/天、城东南片区2.2万立方米/天。

### 北岸工程新建污水管污水收集量一览表

表4-6-14

| 序　号 | 片　区 | 服务面积（平方千米） | 收集污水量（万立方米／天） |
|---|---|---|---|
| 1 | 城北片区 | 21.5 | 8.3 |
| 2 | 城东片区 | 23.7 | 7.7 |
| 3 | 城南片区 | 25.0 | 3.8 |
| 4 | 城西片区 | 31.1 | 7.0 |
| 5 | 城东南片区 | 22.7 | 2.2 |
| 合　计 | | 124.1 | 29 |

通过改扩建现有6座污水处理厂、新建第七污水处理厂，增加污水处理能力41万立方米/天，使主城污水处理总规模达99万立方米/天，出水达到国家一级A排放标准。根据各污水处理厂平均进水浓度与一级A出水水质计算，项目扩建的第三、五、六污水处理厂和新建的第七污水处理厂增加主城污水年处理量14965万立方米，可削减入湖污染物悬浮物48723吨、五日生化需氧量30708吨、化学需氧量39099吨、总氮4611吨、总磷824吨、氨氮2758吨。至2014年，第三、五、六、七污水处理厂年实际削减入湖污染物悬浮物71980吨、五日生化需氧量46855吨、化学需氧量61580吨、总氮8646吨、总磷1170吨、氨氮5546吨，实现了预期环境效益。

## 建设资金

北岸工程初设批复概算总投资为39.8亿元，其中利用日元贷款231亿日元（约合人民币16.9亿元）、国内配套资金22.9亿元（省、市财政各配套资本金5.8亿元，滇投公司筹集11.3亿元）。到2015年末，北岸工程项目整体到位资金30.3亿元人民币。其中，到位内资173639万元（中央资金46166万元，省级资金43773万元，市级资金43700万元，滇投自筹40000万元）；使用日元贷款191.15亿日元（一期、二期分别为126.47亿和64.68亿日元），按招标平均汇率折算，折合129366.38万元人民币。

# 第七章　入湖河道水环境治理

　　滇池流域有大、小河流几十条呈向心状注入滇池，主要入（出）湖河道为36条，其中入湖河道35条、出湖河道1条。入湖河道分别为新运粮河（西白沙河）、老运粮河、乌龙河、大观河、西坝河、船房河、采莲河、金家河、盘龙江（牧羊河、冷水河）、大清河（明通河）、金汁河、枧槽河、海河（东白沙河）、六甲宝象河、小清河、五甲宝象河、虾坝河、姚安河、老宝象河、新宝象河、广普大沟、正大河、马料河、洛龙河、捞鱼河（胜利河）、南冲河、大河（淤泥河）、白鱼河、柴河、茨巷河、东大河、中河（护城河）、古城河，出湖河道为海口河。径流面积大于100平方千米的河流有盘龙江、宝象河、运粮河、洛龙河、捞鱼河、大河、柴河、东大河等，河道主干长543千米，总径流面积为2500多平方千米，占滇池流域面积的87%；入滇池的年均水量近9亿立方米，约占滇池流域入湖水量的73%。2008年，入滇的主要河道水质除3条河道外，其余均为劣Ⅴ类，主要是总氮、总磷超标，属重度污染，年均向滇池输送的化学需氧量、总氮和总磷分别占滇池流域污染物负荷量的72%、79%和80%。

　　为截断河道污染源，市委、市政府对西山龙门村至官渡回龙村的滇池北岸、呈贡斗南村至海晏村的滇池东岸、晋宁大湾村至古城的滇池南岸的36条主要入（出）湖河道实施了河道综合整治工程。截至2015年，共完成河道综合整治230千米，完成截污及雨污分流改造河道排污口4100多个，铺设改造截污管网1300千米，河道清淤101.5万立方米，基本消除了黑臭水体，入湖河道水质明显提升，入湖河道生态功能逐步恢复。

## 第一节　滇池北岸入湖河道整治

### 盘龙江水系综合整治

　　**盘龙江综合治理**　盘龙江为滇池最大的入湖河流，全长104千米，流域面积761平方千米，其中松华坝以上593平方千米、以下168平方千米，平均年径流量约2.66亿立方米。历代对盘龙江主河道进行了频繁疏挖、筑堤、垒坝、截弯改直等治理工作。宋康定元年（1040），大理国国王段素兴征调役夫疏浚盘龙江，筑云津堤，在盘龙江上游开挖金汁河和银汁河对盘龙江进行分流，并设置专门机构管理滇池水利。1274年，元世祖忽必烈派赛典赤·赡思丁任云南省平章政事，面对"昆明池口塞，水及城市"的情况，决心对滇池进行系统治理。赛典赤·赡思丁亲自组织民夫首先疏浚河床并加固堤岸，又在松华山谷新建了松华坝，抬高盘龙江水位，分水入金汁河灌溉农田。1276年，赛典赤·赡思丁治理盘龙江源头，同时疏挖盘龙江河道，创建了土木结构的南坝闸，引水入各灌溉河道，工程历时3年完工。次年，赛典赤·赡思丁去世。后人们为纪念功勋昭著的赛典赤·赡思丁，在三市街建了一座"忠爱坊"。明景泰五年（1454），总兵沐璘、巡抚郑容改土木结构的南坝闸为石闸。明万历四十六年（1618），云南水利副宪朱芹倡导将土木结构的松华坝改建为石闸。清雍正七年（1729），总督鄂尔泰、巡抚张允随修浚盘龙江河身、河尾、驳砌石岸闸坝。乾隆五年（1740），"议准开浚盘龙江等六河修建桥闸堤岸"。乾隆四十八年（1783），巡抚刘秉恬奏准筑六河河工、堤工"现饬挑挖深通，并培堤、砌闸、筑坝"。光绪三十年（1904）修盘龙江北风湾石岸。光绪三十一年（1905）设河工局于昆明，重修六河，历时9月。光绪三十二年（1906）修南坝西岸。民国二十五年（1936），云南省政府动员义务工24.67万个工日疏浚盘龙江，并将北仓、马村段截弯改直，新挖河道216米。民国三十五年（1946）整修由城区临江里至张家庙一段共21处，支砌石堤。民国期间共整修盘龙江18次。

1951年，整修马洒营及小街子两段石岸。1953年，把双龙桥至南坝一段原长1750米河道截弯改直为1200米，花庄段原长820米改直为580米，支砌河堤420米，改建南坝闸及石拱桥1座，新建陈家营溢洪闸1座，整修涵洞24座。1958年，对盘龙江的河岸进行了加固，对河道进行了清理和拉直。同时，采取上蓄下泄的措施，修建松华坝水库，拦蓄了1/3的来水。1959年，松华坝水库建成后，虽减轻了盘龙江泄洪的压力，但松华坝库容小、来水大，河道断面不能满足泄洪要求。1966年8月连降大雨，实测松华坝洪峰流量达233立方米/秒，盘龙江水位急涨，几乎淹没了得胜桥和南太桥的桥洞，因河床宽窄不一、河道多弯曲，故溃堤淹田、漫溢市区。市委动员100多万人次对城区段进行防洪抢险，加高盘龙江河堤1.5米；省长周兴多次到南坝视察，并指挥炸毁花庄溢洪坝宣泄洪水；市委，市人民委员会决定拆除盘龙江上的得胜桥和南太桥的旧桥并建造了新桥，流量从40立方米/秒—60立方米/秒提高到100立方米/秒，达到防御50年一遇的洪水标准。同年，按百年一遇洪水的标准启动实施根治盘龙江防洪工程，确定松华坝至落索坡过流量为120立方米/秒、落索坡至五里湾为130立方米/秒、五里湾至铁路桥为140立方米/秒、北站至双龙桥城区为150立方米/秒、双龙桥至滇池140立方米/秒（玉带河分流10立方米/秒）。

整治工程分上、中、下3段进行。上段为松华坝至通济桥，长20.8千米，河道弯道有150个，河面最宽处400米，最窄处仅11米。整治采取截弯改直、调整坡底、放缓边坡，开挖新河12.8千米。整治后河道缩短3.6千米，顺直的河道长6千米，河宽32—36米，边坡为1:2，河床坡降为万分之三至万分之八点七，水深2.5—5米，沿途设跌水7座，两岸用混凝土预制块或毛石护坡，占用农田407亩。为防止洪水倒灌入田，设闸门53座。中段即城区段，由通济桥至双龙桥，长3.4千米，主要是扩宽河床，全面疏挖，坡降0.35%，过流量150立方米/秒，土堤处改建石堤，修建玉带河闸门使之过流量达到10立方米/秒。下段由双龙桥至滇池，全长11.8千米，双龙桥至花庄分洪闸段3.54千米，使东岸后移7米，将河床扩宽为32.2米，河底宽11米，水深5米。花庄分洪闸以下相应拓宽，过流量为140立方米/秒，坡降万分之三点一，并改南坝、洪家村2座大闸为电动机械闸。其中洪家村节制闸建设于1969年10月启动，闸分3孔，每孔宽5米，高4.3米，为铜平板闸，过流量130立方米/秒，1970年12月竣工；南坝节制闸建设于1971年10月启动，闸3孔，每孔宽6米，高3—8米，过流量130立方米/秒，为钢平板闸，1972年10月竣工。整治工作前后历时6年，前3年主要进行河道治理，后3年重点进行桥闸建设，工程完成土方186万立方米，混凝土方27864立方米，钢筋混凝土方5196立方米，新建、改建大小桥梁22座、跌水7座、节制闸4座、木板闸3座，河岸用毛石或混凝土预制板护坡。

"九五"期间（'99昆明世界园艺博览会前），市建设局、五华区、盘龙区实施盘龙江中段（北二环路至鼓楼路）整治工程，敷设DN600—DN1200截污管2.5千米，对沿江24个排污口进行了截污，片区合流污水进入第四污水处理厂处理。鼓楼路至南二环盘龙江段，依托沿江道路同步埋设了雨污水管道，污水收集输送至二污水处理厂处理。2002年，市城市排水公司实施了世行北郊污水管网工程，在盘龙江北二环至北三环段沿规划道路铺设DN500—DN1800截污干管5.03千米，对沿江27个排污口进行了截污，收集片区污水。2003—2004年，市滇池管理局实施了盘龙江上段（松华坝水库至第五污水处理厂）截污工程，沿东岸埋设管径为DN1000—DN1200截污管6.732千米，沿西岸埋设管径为DN800—DN2000截污管9.1千米，建设检查井255座，收集盘龙江沿线污水输送到第五污水处理厂处理，设计截污水量为6.536立方米/秒。2006年6月，市滇池管理局实施了盘龙江北二环至南二环中段水环境治理工程，完成截污管总长2700.6米，其中截污管1411米、污水转输干管1289.6米，改造排污口138个，新建上坝村污水提升泵站1座（Q=0.0278立方米/秒）、中段污水转输泵站1座（Q=0.72立方米/秒），清挖淤泥10.95万立方米，改造钢筋混凝土河堤长228米，新建29米长圆通高架桥橡胶坝1座，新建双孔南坝村水下卧倒门1座。工程于2009年3月31日竣工，总投资为9516万元。

2008—2010年，昆明滇池投资有限公司实施了盘龙江上段水环境综合整治工程，对盘龙江北段沿岸9个较大的污水口进行了改造，污水进入第五污水处理厂处理，截污量为1.649万立方米/天。同时，沿盘龙江东岸松华坝水库下段铺设DN600截污管道450米，沿盘龙江西岸在中坝村敷设DN600截污管道570米。"十一五"期间，昆明滇池投资有限公司实施盘龙江南段（南二环至入湖口）水环境综合整治工程，在盘龙江下段西岸埋设DN800—DN1000的污水截流管道约6千米，将污水送入新建的第七污水处理厂；对南坝村约50个零星排污点进行整治，敷设DN600截污管1710米，截污量约0.2万立方米/天，污水截流至明通河截污干管进入第二污水处理厂。2011年，昆明滇池投资有限公司在盘龙江沿岸建设了学府路、教场北沟、核桃箐、白云路、麻线沟、金色大道、圆通沟7座雨污水调蓄池，总容积7.01万立方米。2012—2013年，昆明滇池投资有限公司实施了盘龙江清水通道建设工程，分别对盘龙江农科院—沣源路、沣源路—二环北路、湖滨路—入湖口段，长度分别为1560米、6230米、425米的河段按照百年一遇防洪标准进行整治，并在松华坝水库下游2.3千米的牛栏江—滇池补水工程引水隧洞出口处建成宽360米、落差12.5米的景观瀑布，设计流量23立方米/秒，于2013年底正式通水。同时，实施了污水处理厂尾水外排工程，第五污水处理厂、第二污水处理厂、第七、第八污水处理厂尾水不再排放至盘龙江。"十一五""十二五"期间，五华区、盘龙区、西山区、官渡区和滇池旅游度假区实施盘龙江治理，共完成两岸拆临拆违拆迁35万平方米，道路通达42.4千米，畜禽禁养3.6万头（只），两岸绿化80.43万平方米，建设河口湿地1139亩。

**牧羊河治理**　牧羊河又称小河，为盘龙江正源，发源于梁王山西北嗻啦箐，至岔河汇入盘龙江，长54千米，径流面积346.82平方千米，历史最大洪峰流量122立方米/秒。该河道贯穿河谷及阿子营槽区，因河道狭窄、过流量小，汛期经常冲淹农田。1958—1963年，上游建库塘49座，可削减洪峰15%。1966年发大水，流量达118立方米/秒，毁堤200余处，淹田5000亩。1975—1977年曾两次疏挖河道，治理后的河道断面宽6—10米，深2—3米，过流量20立方米/秒—30立方米/秒，沿河建桥8座、灌溉闸6道，初步治理了支流羊街河8.5千米及鼠街河4千米，共用工45万个工日，国家投资25万元。因治理标准低，1983年8月暴雨，洪峰流量达100立方米/秒，石门坎水库溃坝，河堤被冲垮，平地水深1.5米。同年冬重建水库，1984年进行疏挖河道，砌护河堤。

**冷水河（甸尾河）治理**　冷水河又称甸尾河，为盘龙江的另一个源头，源于冷水洞，至岔河口长

20.8千米，径流面积111.4平方千米。河道贯穿白邑坝子，最大洪峰流量80立方米/秒，1966年实测最大洪峰流量67.2立方米/秒。因河道弯曲，河堤单薄，水流不畅，经常淹田。1958—1962年上游建库塘42座，拦截径流面积42平方千米，削减洪峰25%。1966年冬，白邑公社组织8个大队对主河道12千米进行截弯改直，扩宽河道，共用工15万个工日，国家投资23万元。治理后河道顺直，底宽6米、深3米，过流量27立方米/秒；河上建桥13座、跌水5座、拦河闸4座、输排水涵洞48座，同时治理支流东、西河9千米，两岸2.8万亩农田得以自流灌溉，宣泄自如。

**金汁河治理**　金汁河是重要的农田灌溉渠道，历史上对金汁河进行过多次治理。北宋康定元年（1040），段素兴征调夫役疏浚了金汁河，筑春登堤。元代赛典赤·赡思丁筑松华坝同时疏浚了金汁河，加固河堤"堤宽一丈二尺为度，上廿里宽一丈六尺，建小闸十座、涵洞三百六十座"。明弘治十六年（1503）对金汁河进行疏挖。清康熙二十一年（1682），巡抚王继文修复损坏的闸坝。清乾隆十四年（1749），巡抚刘秉恬将韩冕闸改建为滚水石坝。民国21年（1932），沿河84村出工7653个工日，将全河挖深10—26厘米。民国33年（1944）疏挖金汁河出工7670个工日。民国35年（1946）造石堤22处。

1951年，整修金汁河石堤460米，新建涵洞25座。1953年，改建燕尾闸、大闸、羊青河地涵洞、菊花村分洪闸，翻修涵洞31座。1959年，松华坝水库建成后对金汁河进行了全面整修，共完成土方284461立方米，提高了金汁河的排洪灌溉能力。1977年，大搞农田水利建设中对河首9千米一段进行扩宽及改直工程，同时把全河排洪闸全部改为机械闸，砌毛石护岸690米。2013—2014年，盘龙区、官渡区实施了东金汁河水环境综合整治工程，铺设主河道截污管12千米，支流截污15.1千米，沿河污水截至第十水质净化厂、第二水质净化厂处理，实现河道全面截污。

**银汁河治理**　银汁河原来由黑龙潭取水，后被附近厂矿引作生产用水，即在北仓村、尚家营设2级抽水站，抽盘龙江水入银汁河进行灌溉。1959年12月，在盘龙江二号跌水处开挖西干渠引盘龙江水入银汁河，经雨树村前过落索坡、蒜村交银汁河，长2.7千米，1960年2月完工，过流量2.5立方米/秒。1963年，兴修沿河配套工程，包括蒜村分水闸、暗沟75米、桥4座、上马村抽水站1座，支砌河堤500米。1982年，省水利厅拨款30万元进行银汁河整治，将雨树村闸改为机械闸，整修河堤3836米，改善了河道状况。

**明通河治理**　明通河源头是金汁河石闸立交桥附近的三元闸，原为分金汁河水灌溉东门一带田亩，共分3支，后在交三桥昆明纺织厂门口复汇为1支，穿东风路、市政府，过塘子巷、前卫营至火车南站（滇越铁路），再过小街、六甲乡入滇池，全长14千米，平均宽度5米，流量15立方米/秒，中华人民共和国成立前经常疏挖。1958年，市城建局将北段1596.16米全都改建为砖砌马蹄形暗沟。1959年冬至1960年初改直塘子巷至火车南站段1617.3米，全都覆盖成暗沟。1978年，将火车南站以下共3.1千米段进行截弯改直，新开河道比降为0.05%，河底宽6米，毛石护堤，兴建柿花闸、老黄沟闸、陈家闸、张家庙闸4座灌溉用的节制闸。1983年，城建局覆盖了前卫路铁路新村至环城南路一段长207.20米。1988年，将环城南路至南站米轨铁路段657米用毛石混凝土支砌沟边，钢筋混凝土预制板覆盖，把河道改成街道，取名明通路。至此，明通河城区段已全部覆盖完毕，成为排泄市区污水的下水道。

**玉带河、永昌河、西坝河治理**　玉带河由双龙桥分盘龙江水，西至马蹄桥折北经土桥、鸡鸣桥、靖国桥分为两支，一支为西坝河流入草海，一支为篆塘河，沿环城西路汇大观河入草海；由马蹄桥分1支为永昌河注入滇池。玉带河原为土堤，清代改为石堤，流量10立方米/秒。20世纪50年代，金碧路鸡鸣桥至靖国桥覆盖成街道。1983年，五华区将土桥至金碧路段筑石围堤，同时覆盖了永昌河马蹄桥至环南路段作为菜市。1986年，市城建局和五华区共同投资，把西坝至西华园段（即西坝河）全部覆盖成为暗河、街道，称西坝路。

**羊清河治理** 羊清河又称杨妈妈河，发源于今盘龙区松华街道西南朱家山，经庄科山，西流经麦冲村、五家村，过东干渠沿穿金路至席子营、灵光街汇入盘龙江，长14.2千米。河上游水土流失大，雨季山洪暴发，易泛滥成灾，1958年，在河上建成金殿水库。1974年10月，市革委发出通知，恢复羊清河为排洪河，1975年开始施工，新开河道由水库大坝脚五家村开始至小坝桥，长2.5千米，重点地段用毛石支砌，于小坝桥下注入金汁河。小坝桥以下至席子营段原河道已成一条小沟，席子营至盘龙江的河床已被覆盖。羊清河下段趋于消失。

**花渔沟治理** 2007年，五华区和盘龙区实施花渔沟截污整治，沿黑阿公路花渔沟村南至茨坝正街铺设管径DN400—DN500截污管，茨坝街至金凤桥埋设管径DN1000截污管，金凤桥以下埋设管径DN700—DN800截污管，污水经盘江西路截污管进入第五污水处理厂。

**马溺河治理** 2013—2014年，盘龙区实施了马溺河水环境综合整治工程，共埋设直径DN500—DN600毫米截污管2107.5米，清除河道淤泥6000立方米。

**黑龙潭沟治理** 以黑龙潭公园为起点，新建DN1200重力流排水管，沿7204公路将花渔沟清水输送至盘龙江截污管，新建排水管总长度2321米。

**西干渠治理** 封堵渠道周边排污口22个，采取分段截污方式开展截污工程建设。在雨树村段盘龙江八孔大闸附近埋设截污管126米，共拆除沿河临违建筑2687平方米，清除河道淤泥983吨，河道绿化21亩，种植乔木1740株。

**玉带河治理** 20世纪50年代，金碧路鸡鸣桥至靖国桥覆盖成街道。1983年，五华区将土桥至金碧路段筑石围堤，同时覆盖了永昌河马蹄桥至环南路段作为菜市。1986年，市城建局和五华区共同投资200万元把西坝至西华园段（即西坝河）全部覆盖成为暗河、街道，称西坝路。2008—2010年西山区实施了西坝河上段玉带河覆盖段（西昌路—西园路）、下段广福路延长线至入湖口段综合整治工程，共整治河堤5800米，淤泥5.2万立方米，完成拆迁5.83万平方米；沿河埋设截污管2690米，砌筑浆砌石护岸挡墙12943立方米，绿化面积13986平方米，堵口查污48个。污水进入船房河泵站，转输至第七、八污水处理厂。

**西坝河治理** 2015年，市建设局实施西坝路改造，同步完成了西坝河中段（西园南路—平桥村）的雨污水管建设。2015年5月，作为牛栏江—草海补水通道，从玉带河分引盘龙江水向河道及草海补水。

## 新运粮河及支流综合整治

运粮河为明代洪武十八年（1385）疏挖海沟、沼泽地形成的河道，为由滇池运粮到大西仓的通道，故称"运粮河"。清初吴三桂修了新运粮河（今大观河），此河船只减少，逐渐淤塞，又因滇池水位下降到老龙河，无水源。民国时期兴建西站，堵断上游，填平上游河道，下游成为排泄虹山、黄土坡一带山洪及工业、生活污水的排污河，河道全长9.5千米。1982—1984年对河道拓宽挖深，上段流量6立方米/秒，中段赵家堆至成昆铁路桥流量15立方米/秒，下段至积善与小路沟汇集处流量为24立方米/秒，并顺直了河道，治理全长5307米，增建人行桥8座、机耕桥5座，投资2045823元。

新运粮河高新区段主河道（主要为中干沟）是1993—2004年高新区建设期间新建的排洪干渠，从大石桥起，经高新区管委会沿海源路至人民西路，全长5070米，主河道平均宽度为6米，平均深度3.3米，主要承担高新区及周边片区的泄洪功能。新运粮河高新区段有海源河（长3384米）及董家沟（长850米）两条支流汇入。2008—2009年，西山区实施了新运粮河人民西路到草海入湖口段截污及水环境综合整治工程，完成河道两岸拆临拆迁14.8万平方米，道路贯通7000米，新建河岸绿化8.4万平方米，封堵排污口114个，埋设DN500—DN1200截污管道3858米，河道清淤6.3万立方米，建设生态河堤4.45千米，两岸禁养家畜1.22万头、家禽9.48万只，埋设再生水回补管道744米，通过第三污水处理厂向河道补水。2009—2010年，西山区实施了西边小河排水畅通工程，河道清淤1.38万立方米，整治河道1897.6米，埋设截污管道1426米，河岸景观绿化1040米，建设人行步道1432米。同时，实施了支流沟渠小沙沟西苑浦路至成昆铁路段259米，大沙沟西三环至新运粮河段1350米，渔村沟670米的整治。

2008—2010年，五华区完成了新运粮河主干渠西北沙河及7条支流沟渠（大沙沟长1800米、白龙河长3050米、海源河长1580米、边干沟长1500米等）水环境综合整治工作，拆临、拆违、拆迁面积62111.36平方米，新建截污管15175.38米，封堵排污口及雨污混流口15个，截污导流165个；新运粮河两岸200米范围内全部退出畜禽养殖，共退出畜类2.77万头，禽类12.58万只；疏挖河道底泥4820.23立方米，新修道路7.03千米，新增绿化面积27.33万平方米。"十二五"期间，五华区实施了新运粮河（上段）水环境综合整治工程，整治河道11.59千米，埋设截污管11240米，河道清淤5520立方米，新建管理维护道路11.346千米。

## 老运粮河及支流综合整治

2008年，高新区对麻园河进行雨污分流整治，将污水接入二环西路污水干管，雨水进入小路沟。2008—2011年，五华区投资1.034亿元完成老运粮河主干渠小路沟及2条支流沟渠麻园河、七亩沟水环境综合整治工作，拆临、拆违、拆迁面积22436.08平方米，新建直径300—1200毫米截污管41818.49米，截污导流排污口及雨污混流口183个，疏挖河道底泥31482.58立方米；新修道路1.35千米，实现沿河道路通达；新增绿化面积15.05万平方米；河道两岸200米范围内实现全部退养，清退畜类3251头、禽类1.7万只。2014—2015年，五华区实施老运粮河（上段）水环境综合整治工程，整治河道总长3.073千米，埋设截污管6977米，河道清淤55244立方米，新建管理维护道路6.146千米。

2008—2011年，西山区完成老运粮河人民西路至入湖口段综合整治工程及支流七亩沟段清淤，整治河道3476米，清淤5.8万立方米，封堵排污口120个，埋设截污管道3600米，两岸拆迁4.7万平方米，道路贯通5572米，绿化6.6万平方米，两岸禁养56户，铺设中水回补管道1221.6米。2011年，昆明滇池投资有限公司在近华浦路与云山路交叉口建设了容积1.2万立方米的老运粮河调蓄池，收集七亩沟和鱼翅沟合流污水送至第三污水处理厂进行处理。

## 乌龙河、大观河综合整治

**乌龙河整治**　2005年12月至2007年底，昆明滇池投资有限责任公司负责实施了乌龙河截污综合治理工程，敷设截污管道4075米，在二环南路口设置末端截污闸，新建抽排能力为每日2.82万立方米的污水提升泵站1座，将污水送至第三污水处理厂处理，并配套实施泵房远程监控系统1套。累计整治河道长度1860米，清除淤泥2.8万立方米，征地59.71亩，拆迁各类构（建）筑物2.16万平方米。2009年，西山区实施了乌龙河综合整治工程，封堵污水口、雨污混流口27个，铺设截污支次管道300多米，完善截污检查井20座；拆临、拆违及拆迁21户、1.2万平方米；搬迁养殖户12户，禁养家畜500多头、家禽6.3万余只；河道绿化面积4万余平方米，建成生态湿地1.2万平方米，铺设河道游园小路1.3千米；河道清淤2万立方米，疏挖河道1.7千米；铺设中水回补管道573米，由第三水质净化厂向河道补水约2万立方米/天。2010年，西山区实施乌龙河截污及水环境综合治理工程，封堵了乌龙河明河段全部污水口、雨污混流口25个。2011年，昆明滇池投资有限责任公司在二环南路与西苑浦路交叉口建设了容积1.1万立方米的乌龙河调蓄池，将二环路内丹霞路干管的污水和部分合流水截流至西苑浦路DN1200截污管，通过土堆泵站提升至第三水质净化厂处理。

**大观河整治** 大观河为清康熙十二年（1673）吴三桂所开，由大观楼直至仓储里作运粮水道，故又名运粮河、西门河。民国时期滇池水位下降，仓储里段淤塞。民国二十一年（1932），省政府拨款20万元进行整治，将原仓储里段填平，由鸡鸣桥至大观路口段挖通、挖宽，并在大观路口筑码头，即新篆塘。1956年，市政府发动全市群众义务劳动疏挖，在43医院门前建新码头，两岸支砌护坡、植树，因污染未解决，疏挖不久即又淤塞。1973年3月初，昆明市各界群众、民兵和驻昆解放军开展了治理大观河工程，经过40多天的义务劳动，完成河道长3500米、深1米左右的疏浚。1991年，市政府再次组织对该河进行大规模清挖。"九五"期间，随道路建设修整河堤，依托市政道路在大观河篆塘公园至环西桥段沿两岸埋设DN600毫米截污管529米，砌筑检查井22座。

2008—2009年，西山区实施了大观河环西桥至入湖口段长3200米的截污及水环境综合整治工程，埋设截污管1926千米，封堵46个雨污混流口；拆临拆违1.62万平方米，拆迁房屋4万平方米；清淤4.72万立方米，修复河堤240米；修建两岸滨河道路1814米，沿线绿化面积4.2万平方米，建设湿地公园57亩；禁养、搬迁家畜1万余头，家禽9.53万只。同期，还完成了大观河支流沟渠篆塘河、永宁河水环境综合整治工作，拆临、拆违、拆迁面积2688.3平方米，新建直径200—1200毫米截污管4739.4米。2011年，昆明滇池投资有限责任公司建设了容积0.7万立方米的大观河调蓄池。2014年，昆明滇池投资有限责任公司实施了大观河上段河道清污分流工程，在暗河段建设截污沟。2015年5月，通过分引盘龙江的牛栏江水回补大观河和草海，补水量10立方米/秒。

## 船房河、采莲河、正大河综合整治

**船房河整治** 2005—2007年，昆明滇池投资有限责任公司实施了船房河截污综合治理工程，整治河道长为6358米，概算总投资为43208万元。该工程共计埋设截污管10020米，新建截污泵站1座（近期抽排量13.05万立方米每天，远期26.09万立方米每天）；清除河底淤泥16.5万立方米，修建河道挡墙11.3千米，新建桥梁3座；新建清水回补泵站1座，由第一水质净化厂每天向船房河补水约8万立方米；建设河道绿化带15.5万平方米，栽种各类树木约2.4万株。2008—2010年，西山区实施船房河沿岸200米范围内的畜禽养殖取缔工作，共取缔养殖户130户，搬迁牲畜8000余头、禽类1.3万余只。2010年，五华区实施了兰花沟改造整治工程，共疏挖淤泥1479立方米。2011年，滇池旅游度假区在船房河入湖口建设了面积218亩的永昌湿地，清退鱼塘198亩，拆除原有防浪堤及鱼塘埂1900米。2012年，昆明滇池投资有限责任公司在二环南路与船房村路交叉口建设了容积1.9万立方米的兰花沟调蓄池，合流水进入第一污水处理厂进行处理。

**采莲河整治** 2002年，市建设局组织实施了昆明市入滇河道"清污分流"整治——采莲河工程。范围为南过境口至入湖口，河道按百年一遇洪水标准进行整治，完成生态河道整治6066米，埋设截污管长6144.67米，改扩建泵站2座，改建节制闸、分洪闸3座，新建桥梁10座；河道两侧绿化7万平方米，种植乔木及灌木1.1万株。该河生态用水由第一污水处理厂尾水补给，水量为4万立方米/天。2010年，西山区实施支流清水河截污及水环境综合治理工程，封堵污水口、雨污混流口42个，清淤734.43立方米，完成"河长林"及"交警林"建设。"十二五"期间，投资1.65亿元实施了其支流清水河、杨家河、太家河截污及水环境治理工程。其中，清水河整治了杨家河—广福路—滇池路段，长5.6千米；杨家河整治了海埂路—广福路段，长7.5千米；太家河整治了四道坝至滇池路段，长3.53千米，沿河道两侧埋设截污管4.82千米，清淤6093立方米。

**正大河整治** "十二五"期间，西山区、度假区实施正大河水环境综合整治工程，对正大河盘龙江到金家河6003.47米河段进行综合整治。沿河两岸铺设DN400截污管1876.1米，新开挖河道约500米，完成绿化面积1.45万平方米，完成河道清淤4.45万立方米。

## 大清河（明通河）综合整治

大清河上段为明通河，位于盘龙江东侧，起点为穿心鼓楼、终点为张家庙闸（大清河），全长8.9千米。二环路内多为暗河，主要接纳东风广场以南，北京路两侧至昆明火车站段的城市生活污水；二环路官南立交桥南坝截污闸至张家庙闸为明河，长4.4千米，平均断面为13米×3.5米，为重要的排水、防洪、景观河道。2000年，官渡区实施官南路改造工程，同步完成了南二环至廖家庙段明通河整治和绿化，沿河道两侧铺设了DN1000—DN2000截污管3.8千米，将污水输送至第二污水处理厂处理。2004—2006年，市滇池管理局实施了大清河截污综合整治工程（大清河廖家庙到入湖口段），在河道东岸埋设DN2500截污干管4011米，西侧沿河埋设DN600—DN1500截污管和DN1000过河管3620米；整治河道、建设生态河堤长5564米，疏挖及处置淤泥11.3万立方米；重建公路桥10座；河道两侧设置6—10米宽绿化带、防洪通道及步行便道。工程总投资35194.19万元。整治后该河满足百年一遇的防洪标准，河道最大过流能力达到115立方米/秒。

## 枧槽河综合整治

枧槽河源于金汁河菊花村分洪闸，为金汁河分流河道。由菊花村经五里多，过民航路、双桥村西南流汇海明河（源于今金马街道癞龙潭，是金马寺、黑土凹一带排洪河，长2.1千米），往西南流至5.5千米处，经向化村、张家庙汇入大清河，河长7.3千米，是东郊片区的排水渠道，过流量15立方米/秒。原枧槽河河道狭窄，弯曲多，河床淤积，一遇暴雨即淹农田。民国三十五年（1946）由关坡村等9村出工1742人进行疏挖。1958年，由官渡区组织疏挖了由王宝海到河尾段，泄涸王宝海为农田。1977年，再次彻底整治，废弃老河道，新开4.96千米新河，沿河新建改建桥闸12座。2004—2006年4月，市滇池管理局实施了枧槽河南二环——明通河交汇处6.8千米整治工程，共埋设DN1500—DN2200截污管10104

米，建设规模为Q＝4.47立方米/秒的污水提升泵站1座，按照城市百年一遇的防洪标准整治河道4663.5米，建设规模为Q＝0.23立方米/秒的清水回补泵站1座，埋设DN350补水管1835米。

## 海河综合整治

2010年，官渡区完成海河下段（彩云路至入湖口）截污及水环境治理工程整治，沿河埋设截污管道共17.4千米，取缔沿河200米范围内养殖户，取缔畜禽8400头（只），拆除建（构）筑近14万平方米，建设生态河堤11.1千米，清淤41628立方米，沿河建成绿地小游园3个，在入湖口新建复合湿地50亩。"十二五"期间，盘龙区、官渡区实施海河上段东白沙河水库至彩云北路整治，拆迁临河各类建筑4.1万平方米，铺设DN500—DN1000截污管道7.3千米，建设生态河道5.82千米，疏挖淤泥0.66万立方米，两岸绿化6.2万平方米。

## 宝象河水系综合整治

元至元十一年（1274），云南省平章政事赛典赤·赡思丁"调夫役建六河闸坝，修宝象诸河道，灌济全滇（指滇池地区）"。明崇祯八年（1635）修复小板桥分水闸，以七分水入官渡河，三分水入旧门溪河（五甲河）。清雍正十年（1732）议准增修两岸闸坝，清末至民国多次疏挖培堤防洪。

1955年，修筑分洪工程。在下段老坝头上200米处开分洪河，分五甲河洪水18立方米/秒由五甲塘至滇池，全长7千米。1958年后，在主河道上游求雨山修建宝象河水库，上游支流上建天生坝、铜牛寺、前卫屯、茨冲、复兴村5座水库，拦蓄洪水2295万立方米，洪峰减弱，洪涝灾害减轻。1978年为解决下段防洪，自小羊甫村宝象河南岸新挖排洪河即新宝象河，经官渡、龙马、宝丰村南侧入滇池，长9.2千米，宽13.5米，深3.5米，排洪量40立方米/秒，设节制闸6座，原分洪河下段成为小板桥抽水站引水渠。

**新宝象河治理**　2004—2006年，市水务局和官渡区实施宝象河水系防洪整治工程，整治宝象分洪河羊甫闸至滇池入口间河道8.8千米。河道由宽度5—17米拓宽到40米，河道防洪标准由10年一遇提高到50年一遇，过流量由20立方米/秒提高到132立方米/秒。"十二五"期间，官渡区和经开区实施了宝象河水环境综合整治工程，整治河道28.65千米，埋设DN500—DN800截污管28.65千米；经开区完成大花桥至寺瓦路段河道整治8.65千米，铺设DN800截污管1025米。"十二五"期间，北岸工程局实施了新宝象河寺瓦路—彩云北路段截污工程，沿河道两岸铺设DN800—DN1000截污管12.84千米，收集的污水进入第六污水处理厂处理。2010年，官渡区实施官宝路建设工程，同步实施了新宝象河彩云北路至第六污水处理厂段截污工程，沿河道两侧埋设DN800—DN1000污水管5.2千米，截留污水进入第六污水处理厂处理；第六污水处理厂至环湖东路段沿河道东侧埋设DN500—DN600截污管5.2千米。2015年，第六污水处理厂向宝象河补水约13万立方米/天。

**老宝象河治理**　2008—2009年，官渡区投入资金1823.63万元实施了老宝象河综合治理工程，拆除违章建筑8065平方米，道路贯通2720米；完成河道200米范围内畜禽禁养工作，搬迁养殖户22户，处置猪、牛1007头，禽类17028只；封堵排污口209个；沿河两岸绿化面积8260平方米，打造节点景观小游园2个。"十二五"期间，官渡区实施了老宝象河水环境综合整治工程，整治河道9.37千米，埋设

DN500—DN600截污管道13.17千米；新建生态河道3.29千米，改造现状河道5.95千米，新建桥涵6座；建设绿化带3.97万平方米，新建4米宽管理维护道路总长6200米。

**小清河治理** 2012—2013年，官渡区实施了小清河水环境综合整治工程，整治河道9.73千米，埋设截污管2.82千米；改建及新建桥涵11座，修建管理维护道路5.51千米；清除淤泥3.7万立方米，建设1万立方米污水提升泵站1座、水闸1座；建设绿化带22.1万平方米；拆迁16.76万平方米，征地22.95亩。永中路建设工程在广福路以上河道西侧布置DN1000截污管2.6千米；昆明主城雨污分流次干管及支管配套建设工程在广福路以下河道两侧布置DN800截污管10.44千米。

## 广普大沟综合整治

广普大沟全长6.9千米，起点位于老昆洛公路，流经新亚洲体育城、普自村、渔村，最后汇入滇池，流域面积21.1平方千米，其中老昆洛公路以上为11.4平方千米。2015年底，完成河道生态整治6.90千米、支流排洪沟整治2.34千米，在广福路至环湖东路段沿河道两岸埋设截污管10.28千米，支流排洪沟北侧埋设截污管2.34千米；河道清淤6.53万立方米，河道生态补水拟从新宝象河分洪闸埋设管道1.8千米引水回补。

## 马料河水系综合整治

马料河总长12.827千米，径流面积81平方千米，平均河宽4米。元至元十一年（1274），云南省平章政事赛典赤·赡思丁曾主持治理疏挖。民国时建小新村抽水站（原马料河灌溉场），用河流下段作进水、输水灌溉渠。中华人民共和国成立后，在上游建中型果林水库，支流上建小（二）型水库1座、小坝塘8座，蓄水1188万立方米。因该河中游曲折，下游河床高，堤单薄，易溃成灾，1978年，对果林水库以上2千米及水库以下6.5千米河段截弯改直，加宽砌堤，最大过流量15立方米/秒。果林水库以下河段宽4米，河堤高3米，过流量15立方米/秒，设2.5米×3米平板节制钢闸5座，使最大灌溉面积增到4270亩。"十一五"期间，实施马料河综合整治工程，埋设截污管道11.15千米，疏挖淤泥3.57万立方米；经开区、呈贡区、官渡区实施两岸拆迁、修建贯通道路、河堤绿化、建设小游园及生态湿地。"十二五"期间，官渡区实施马料河上段水环境综合整治工程，在犀牛龙潭—果林水库段铺设DN400—DN1000截污管5.55千米，建设生态河道4.6千米，河道及河堤绿化7.12万平方米，河道清淤3000立方米；果林水库—经开区托管边界（商贸大道）段共埋设截污管道27.98千米，实现河道全线截污，污水进入倪家营污水处理厂处理。河道由昆明市第十二污水处理厂尾水回补生态用水，水量为5万立方米/天。

# 第二节 滇池东岸入湖河道整治

## 洛龙河综合整治

康熙《呈贡县志》载"沿河（洛龙河）两边开沟分水，灌田千顷，呈之水利，大半资此"。光绪年间，洛龙河与东、西2沟已构成完整灌溉体系，东沟在观音山下分上、中2沟，上沟由龙街、石碑、可乐过乌龙浦到保山脚，灌溉4村农田；中沟由龙街小村流灌大古城、江尾、乌龙诸村；西沟流到老县城东门外，有子沟22条，再至斗南。1956年，在河道上游建小（一）型白龙潭水库、小新册建小（一）型石龙坝水库，并建成2级抽水站4座。1978年，因洛龙河上陡、中平、下多弯，雨季易涝，故逐年对黑龙潭以下至滇池段进行截弯改直、加宽护堤。治理后，平均河宽5米，堤高2.5米，过流量8立方米/秒，设钢板闸6道，使全河畅通无阻。黑龙潭以下1870米分别于1997年和2002年进行了河道两面光支砌，过流断面分别为上段2.5米×1.8米、下段4.5米×2米；河道上建有农用灌溉拦河闸3座。"十一五"期间，呈贡区实施白龙潭水库到入湖口13.5千米洛龙河河道整治，开挖土石方62万立方米，新修、改建桥梁8座，铺设DN500—DN1800截污管14.14千米，禁止畜禽养殖18户、搬迁畜禽养殖2户共124848头（只）；开展绿化美化、恢复湿地，植树23671株。

## 捞鱼河综合整治

中华人民共和国成立前，捞鱼河建有坝塘28座，蓄水138万立方米。1957年，在主河上建松茂水库，上游支流有三坝水库，下游支流有关山河水库、驴子箐水库及小（二）型水库7座，沿河小坝塘58座，蓄水2327万立方米。因下游水少，老河道水所剩甚小，1973年，将雨花至太平关段截弯改直3千米。1978年，将太平关至滇池4千米河段改直加宽至5米、堤高2米，过流量30立方米/秒，设钢板闸3道，命名为"胜利河"。自建水库后，该河洪涝灾害很少发生。2004年，呈贡区建设捞鱼河河口湿地241亩。"十一五"期间，呈贡区、滇池旅游度假区实施了全长17千米的捞鱼河水环境综合治理工程，在松茂水库至捞鱼河污水处理厂河道双侧埋设管径为DN600—DN1800的截污管29千米，污水最终排入捞鱼河污水处理厂。其中，松茂水库至梁王路3.6千米段沿河道两侧铺设DN600—DN800截污管7382米（左岸3733米，右岸3649米）；梁王路至万青路段沿河道两侧铺设DN1000截污管3010米；万青路至彩云南路段沿河道两侧道路（景明南路及规划路）铺设DN1200截污管3210米；彩云南路至昆玉路段河道北岸沿河堤布设DN1600截污管3970米，接收上游河道两侧污水管，河道南岸沿河堤布设DN700—DN800截污管，清淤泥117362立方米。在捞鱼河口建设了湖滨湿地公园569.7亩，在捞鱼河与梁王河交汇处建设湿地公园69亩。

# 第三节　滇池南岸入湖河道整治

## 梁王河、南冲河综合整治

**梁王河治理**　清代筑有界次塘、老李冲塘、敦化塘蓄梁王河水，后被废止。光绪年间筑马金铺塘，民国间筑化成塘，共蓄水60万立方米。1958年，在河中游建中型水库1座（横冲水库）、小（一）型水库3座、坝塘6座，共蓄水1258万立方米。1978年，对月角塘下3.2千米河段扩宽改直于土罗村入滇池，治理后平均河宽4米，堤离1.5米，过流量20立方米/秒。2002年后，呈贡县投资2400余万元对横冲水库进行了除险加固，完成了梁王河自横冲水库出口往下3800米河道治理，提高了防洪抗旱能力。2008—2013年，高新区完成了梁王河托管范围内长6338米的河道整治。其中，横冲水库至青溪公园段两侧生态护岸修筑约3283.75米，铺设截污管2386米、修建游路1620米、道路1754.73米、绿化5.95万平方米；青溪公园至高新大道段整治河道3千米，新修道路8118米，铺设截污管道约4284米，新增河道绿化面积约6.8万平方米，建设了占地652.55亩的渔浦寒泉湿地公园和占地104.9亩的青溪公园。

**南冲河治理**　2009年，晋宁县实施南充河综合整治工作，清理河道长度2千米，完成挡墙支砌2555立方米，道路通达3千米，清理畜禽9613头（只），建设入湖河口湿地565亩。2008—2014年，高新区完成主河道韶山水库—老昆洛路段5.76千米河道改扩建和老昆洛路—晋宁交界段2.18千米原河道综合整治，完成清淤量约5.2万立方米，建设污水管长5117.138米，建设环湖路截污干渠配套支管长515.97米。

## 大河、白鱼河综合整治

"十一五"期间，晋宁县实施白鱼河综合整治工程。完成清淤长度30.42千米，清除淤泥6.42万立方米，完成32个排污口堵口截污，拆除临时和违法建筑面积6833.9平方米，河堤恢复边27千米，道路通达边15千米，土方开挖44800立方米，土方回填6.16万立方米，植树43527株，清理畜禽养殖402户、畜禽199581头（只），建设入湖河口湿地1380亩。"十二五"期间，晋宁县实施了白鱼河（大河主河道）水环境综合整治工程，整治河道长度34.838千米，埋设截污管道44.2千米、土方及淤泥开挖68.2万立方米、河堤护砌43.5千米；种植乔木4.89万棵，种植灌木及地被植物15.54万平方米。

## 柴河、茨巷河综合整治

柴河流至观音村有茨巷河。民国年间，群众自发组织开了一条泄流量1立方米/秒的茨巷河分洪河。1951年12月，省水利局开挖分洪河，河长3.2千米，坡降四千分之一，流量50立方米/秒，河首至昆洛公路桥段靠石将军山脚桥下沿低洼地入滇池。1957年，柴河水库建成，茨巷分洪河年久失修而淤塞。1977年，大搞农田水利建设，由石碑村至小寨新开河道3399米，过流量60立方米/秒；小寨与大河汇合处设分洪闸，闸上左岸新开污泥分洪河，全长9630米，流量19立方米/秒，经石子河、晋城、马登桥、过安江村由郎家尾至滇池。小寨分洪闸下为白鱼河，经天成门、左卫、新村、海埂入滇池，全长6151米。白鱼河在天城门处设闸，开河分水至老柴河，新河引水流量10立方米每秒，白鱼河过流量31立方米每秒。工程于1978年5月完工，使22村免除了洪水威胁。1958年，在柴河右支大河（大堡河）上游建成了大河水库。1975—1977年，上蒜公社组织治理了水库以下至观音山段长8千米，按过流量50立方米/秒改直疏浚，建闸4座，机耕桥、涵洞30余座。大河水库大坝下河涧铺河段即被改为农田，于顺流左岸新开1河，因断面小，被泥沙淤塞，大河水库放水超过3立方米/秒即被淹，1964—1987年修建三面光渠道840米，可过水7立方米/秒。

"十一五"期间，晋宁县实施了柴河综合整治工作。完成河底清淤11.03千米，清除淤泥垃圾3.23万立方米；恢复生态河堤16.55千米；完成河道两侧200米范围内禁养工作，涉及农户323户，禁养畜禽50203头（只）；拆除违法和临时房屋建筑面积1176平方米；河堤铺设沙石路17.66千米，修建截污沟9000米；完成河道绿化长度13.09千米，植树23710株。茨巷河综合整治工作完成河底清淤4.4千米，清运淤泥13826立方米；拆除违章和临时建筑6715.81平方米；完成绿化长度4.38千米，植树13720株；取缔畜禽养殖户38户，禁养畜禽62880头（只）。"十二五"期间，晋宁县实施了茨巷河（柴河主河道）水环境综合整治工程，整治河道长13.365千米，埋设截污管14.9千米、土方及淤泥开挖28.7万立方米、河堤护砌24.9千米；种植乔木1.86万株、灌木及地被植物9.11万平方米。

## 东大河水系综合整治

东大河是晋宁昆阳坝区主要河道，右支发源于宝丰于海，建有大春河水库；左支发源于石官坡，建有双龙水库。大春河水库至滇池全长16千米，1975年，治理了中段小普桥村至新村段5200米，沿老河床截弯改直，建机械闸2座、机耕桥4座，过流量20立方米/秒。1977年，治理了上段大沙河及下段入海段。上段自大春河水库下500米处新开河道，顺右岸山脚过迎香村、龙泉村、莫家庄至双龙水库东干渠交旧河，长5.6千米，建拦河坝、水闸2座，渡槽1座，机耕桥2座，跌水4座；下段由新桥至滇池，沿旧河道截弯改直，长4940米，过流量20立方米/秒，建机械闸2座、机耕桥5座、跌水1座、渡槽1座、放水闸门10座。

"十一五"期间，晋宁县实施了东大河综合整治工程，清淤长度9.7千米，清除淤泥及垃圾13887立方米；拆除违章和临时建筑5080.65平方米，恢复生态河堤30.83千米，完成道路通达24.45千米，建机耕桥4座；河堤绿化长度17.13千米，植树40780株（丛）；清理养殖户40户，禁养畜禽173240头（只）；完成东大河河口前置库净化示范项目，建设湿地1709.43亩。"十二五"期间，晋宁县实施了东大河水环境综合整治工程，整治河道长11.805千米，新建河堤挡墙23.61千米，新建4米宽管理道路19.89千米；埋设截污管13.2千米，污水进入环湖南岸截污干管输至晋宁污水处理厂处理；土方及淤泥开挖8.9万立方米，河堤护砌27.9千米；乔木种植2.9万株。2015年，完成东大河入湖口湿地提升改造。

## 中河（护城河）、古城河综合整治

**中河（护城河）治理**　中河（含护城河）全长6.21千米，其中中河长5.11千米，护城河长1.1千米。

"十一五"期间，晋宁县对该河实施综合整治，完成河道两侧禁养畜禽10639头（只）；整治河道3.31千米，浇筑拱桥4座、框架桥涵2座，清除淤泥5.3万立方米，铺设DN500—DN800截污管6.88千米，建设污水检查井249座，污水通过河道截污干管进入晋宁污水处理厂处理后回补河道。

**古城河治理**　　"十一五"期间，晋宁县实施古城河综合整治，完成清淤1.1千米，排污口堵口截污45个，拆除建筑1431平方米，恢复河堤4.48千米，道路通达7.9千米，种植柳树1.01万株，清理畜禽15636头（只），建设入湖口生态湿地391.22亩。"十二五"期间，晋宁县实施了古城河水环境综合整治工程，整治河道长4.624千米，完成截污管理设6.9千米、土方及淤泥开挖5.8万立方米、河堤护砌8.7千米；种植乔木1.13万株、地被植物2.87万平方米。

# 第四节　滇池出湖河道整治

## 海口河治理

海口河位于昆明市西山区海门乡，是滇池唯一的天然出水口。海口河从出口至石龙坝一段水流缓慢，如遇有暴雨，两岸子河山洪直泄，泥沙俱下，造成正河淤塞，排水不畅，使滇池沿岸常遭洪涝灾害，因此历代均重视海口河的疏浚治理，使出水口不断降低，滇池水位不断下降。元至元十一年（1274），赛典赤·赡思丁调云南任平章政事，面对"昆明池口塞，水及城市，大田废弃，正途壅底"的情况，决心对滇池进行系统的、有规划的治理，具体由张立道负责治理海口河，清除海口到石龙坝一带河底中的积沙淤泥，挖开鸡心、螺壳等险滩，开凿正河1条，宽60余丈，长2775丈，使水顺畅流出，降低了滇池的水位。明代对海口河进行了数次大规模的整治，工程比元代浩繁，人数比元代众多。制定"大修、岁修之例"，岁修每年1次，年头3月须挖海口河，同时修挖子河，以障泥沙——将子河挖深疏浚，并在子河上筑泄水坝9座，防止沙砾淤泥充塞子河。清代曾8次大规模地疏浚海口河，其中清雍正九年（1731）把埂塞在海口河中的牛舌滩、牛舌洲和老海埂挖除，使河水顺畅下泄；清道光十六年（1836），修筑屡丰闸（川字闸），以闸代坝调节水位。民国二十六年（1937），石龙坝发电厂在平地哨海口河上建成调节闸，有6孔和1个溢水口。

1956年，省水利局、市农林局、电业局等单位组成"海口河工程委员会"，以省水利局局长为主任委员，调集昆明、安宁、昆阳、呈贡、晋宁等市、县（区）民工16617人，消耗工日39.3万余个，在10多千米长的正河上挖除土方17.5万余立方米，炸去河底岩石1000余立方米，砌筑临时性挡土墙1000余立方米；挖除子河土方1.59万余立方米，造林1.7万余亩。中滩至中兴街河段岩石层高出设计高程约20厘米，采用风镐和人工凿眼清除1000多米岩层面。工程完工后，成立"海口河管理委员会"，使管理工作经常化，并负责调节使用滇池水资源。

海口河虽经1956年大规模疏浚，但逐年淤积仍然严重，泄流能力逐年下降。1964年1月，市委决定采取疏挖河道、全面整修中滩闸（即屡丰闸）、更换木闸坊、改装5孔机械闸门、增设闸门启闭装置的方式继续对该河进行疏浚治理，工程于当年4月结束。工程投入22.3万个工日，疏浚河床9445米，疏挖及开凿土、石方13.2万余立方米；在3811米长的地段把基岩凿下40厘米、2183米的地段凿到基岩。1979

年8月，昆明地区连降大雨和暴雨，滇池水位急剧上升，最高水位达到1887.38米。省、市委采取紧急措施，昆明军区派出工兵部队对海口河阻水严重淤积土墩进行爆破清除，使滇池水位下降至1887.21米。1980—1982年，对海口河北河新建桥梁和河道进行整修，开挖河道长580米，挖填土方1.95万立方米，砌石方4740余立方米。2010年，西山区实施了海口河（海口段）截污及水环境综合治理工程，拆除房屋1.01万平方米，完成截污沟渠砌筑1125.6米。"十二五"期间，西山区实施了海口河综合整治工程，对12.5千米河道开展清淤、护岸、绿化、道路及桥梁建设、水闸、泵站改造工程，拆除房屋10.1万平方米，清淤7.7万立方米，铺设DN315—DN1000截污管约13.96千米，建设绿化34.85万平方米，新建道路63348平方米。

## 海口闸工程

海口闸又名屡丰闸，位于滇池出流河道川字河口，于清道光十六年（1836）建成。屡丰闸建成后，历经100多年只进行过断续的修补。1964年，省、市人民政府投资30万元实施"海口河按最大泄流量60立方米/秒进行修挖及修复中滩闸（即海口闸）闸墩，改装机械闸门"，在南河闸整修闸墩、闸底，新建闸门启闭机操作台，启闭机配套、电器电路安装等，将3—7号5座老式木闸门改建为电动、手动平板钢闸门。1977年，调集西山区海口公社民工改建中河闸，在原屡丰闸下游180米处另建新闸8孔（旧闸为7孔），建管理住房200平方米。经过一年多的施工，建成手电两用、一机多吊的8孔机械闸门和400米毛石护岸。1980—1982年，开展北河及北河闸整修、新建工程，废除原4孔老式木闸，新建为3孔电动（手动）平板钢闸，建闸房151平方米、管理房428.38平方米。1982年，对南河闸进行第二次改建、续修工程，继续改装第1、2号、8—10号5孔旧式木闸为机械闸，新建10孔机械闸的闸房685.2平方米。新建、改建后的海口闸（机械闸）21孔与清朝建造的屡丰闸（木闸）闸口总数相同，但各河有所变动。其中南河旧闸为10孔，新闸仍为10孔；中河旧闸为7孔，新闸为8孔；北河旧闸为4孔，机械闸为3孔。"十二五"期间，市滇池管理局实施了滇池外海水位调控枢纽（海口闸）除险加固工程，在西山区海口镇原老海口闸上游500米处重建设计流量为140立方米/秒的中型水闸，闸型采用液压启闭水下卧倒闸门，设置闸孔6孔，单孔净宽17.4米，总净宽104.4米，水闸总宽123.04米，闸底板顶高程1885.00米；闸上设检修桥接通南北两岸，桥净宽7米；管理区在南岸，占地7.1亩。同时，拆除南河旧闸、中河旧闸、北河旧闸，建设南岸防汛公路，并对新老闸之间连接段进行护岸，使海口闸防洪标准从20年一遇提高到50年一遇。工程概算总投资6354万元，于2012年12月开工建设，2014年6月主体工程闸门投入试运行。

# 第八章　农村农业污染防治

农村农业面源污染是滇池流域面源污染中的一个重要组成部分。市环境科学研究所早在"七五"期间开展《滇池富营养化调查研究》时就进行过对滇池流域面源污染（当时称之为非点源）的研究，但对农村农业面源污染的危害性是在"九五"期间才引起重视，而对其污染防治真正付诸实施是在"十五"期间，也就是说从研究到付诸实施走过了整整15个春秋。期间，投入研究的除国家、省、市环境科学研究机构外，还有省市环境监测、农业土肥、农业环境保护等机构。

**滇池流域农村农业面源污染控制项目一览表**

表4-8-1

| 序　号 | 项目类别 | 规划期 | 项目数 | 项目小计 | 项目分类投资（万元） |
|---|---|---|---|---|---|
| 1 | 减量施肥 | "十五" | 1 | 3 | 3342 |
| | | "十一五" | 1 | | |
| | | "十二五" | 1 | | |
| 2 | 农田固废处置 | "十一五" | 1 | 2 | 3456.18 |
| | | "十二五" | 1 | | |
| 3 | 畜禽养殖污染防治 | "十一五" | 1 | 2 | 16135 |
| | | "十二五" | 1 | | |
| 4 | 农村分散污水处理 | "十二五" | 1 | 1 | 5315.88 |
| 5 | 综合防治 | "十五" | 2 | 11 | 12308.58 |
| | | "十一五" | 3 | | |
| | | "十二五" | 6 | | |

"九五"期间，农村农业面源污染控制项目被列入了《滇池流域水污染防治"九五"计划》，但项目只是一个示范项目，且工程内容不明确、项目并未付诸实施。"十五"期间，《滇池流域水污染防治十五计划》提出了由呈贡、晋宁农村固体废弃物处理厂、沼气池建设、建设少废农田与平衡施肥、推广农村卫生旱厕4个项目组成的农村面源污染控制的大项目，其中农村固体废弃物处理厂项目未实施，其余3个项目均得到了实施。"十一五"期间，滇池流域的农业农村面源污染防治工程主要实施了水源区推广沼气池、畜禽养殖污染防治、农村秸秆粪便资源化利用等，包含水源地主要污染物减污示范工程、面源污染控制示范工程、测土配方施肥技术与面源减污控释化肥技术示范等，但大部分工作停留在示范阶段。"十二五"期间，新农村生活污染治理被纳入滇池流域的农业农村面源污染控制，治理项目由村庄分散污水处理工程、农业有机废弃物再利用工程、滇池流域及补水区有害生物综

合防治（IPM）工程、测土配方施肥技术推广工程和农田面源污染综合控制示范工程4个工程项目和1个示范项目组成。

# 第一节 减量施肥

农田化肥流失造成的污染是农村农业面源污染中的重要组成部分。1950—1970年，滇池流域农业肥料主要以人、畜粪尿、蚕粪、杂草、草木灰、豆萁、河泥等农家肥、堆肥、土杂肥为主，化肥、硫酸铔（硫酸铵）、硝酸铵、铵水、过磷酸钙开始在部分作物上施用，增产效果明显。1970—1980年，滇池流域种植结构仍以粮食为主，部分田地开始种植经济作物如烟草、油菜，尿素、碳铵、硫酸钾开始在水稻、玉米、油菜上施用，粮食单产显著提高。1983—1999年，随着土地家庭联产承包责任制的实行，极大调动了人们种田积极性，中量元素如硅钙肥、微量元素锌肥、硼肥等化肥大量开始在各种作物上施用。2000年后，种植结构发生了翻天覆地的变化，到2008年，蔬菜、花卉、水果成为滇池流域坝区的主要作物。随着城市的发展，流域耕地面积大幅度缩小，种植业也大幅度萎缩。至2014年，晋宁县、盘龙区成为滇池流域农作物播种面积大县，而官渡区农作物播种面积只剩15855亩。农作物播种面积中，水稻种植面积由2000年的231630亩降至2014年的8940亩；蔬菜种植面积呈缓慢增加再小幅减少的趋势，花卉种植面积呈快速增加再缓慢减少的趋势，晋宁县成为蔬菜、花卉生产大县，且化肥用量惊人。"十五""十一五""十二五"期间各实施减量施肥项目1个，规划总投资3.19亿元，主要内容为平衡施肥、推广测土配方等。

## 项目实施

**建设少废农田、平衡施肥** 2001—2005年，投入资金188万元，由市农业局土肥站牵头组织各县（区）政府和县级农业部门在滇池流域累计推广平衡施肥技术105万亩，推广"双室堆肥坑"2390个，其中官渡区2000个、呈贡县90个、晋宁县300个。

### 2001—2005 年滇池周边各县（区）平衡施肥推广情况一览表

表4-8-2                                                                                                           单位：亩

| 年份\县（区） | 官 渡 | 西 山 | 呈 贡 | 晋 宁 | 合 计 | 合计投资（万元） |
|---|---|---|---|---|---|---|
| 2001 | 10000 | 20000 | 20000 | 100000 | 150000 | 30 |
| 2002 | | 39000 | 20000 | 125000 | 184000 | 40 |
| 2003 | | 23725 | 20000 | 171000 | 214725 | 40 |
| 2004 | 22000 | 24795 | 25000 | 178496 | 250291 | 40 |
| 2005 | 31000 | 30555 | 50000 | 145000 | 256555 | 38 |
| 合 计 | 63000 | 138075 | 135000 | 719496 | 1055571 | 188 |

**测土配方施肥技术及面源减污控释化肥技术示范** 2005—2008年，寻甸县、嵩明县、晋宁县先后被农业部列为测土配方施肥的项目县。项目主要围绕"测土、配方、配肥、供肥、施肥指导"五个环节开展。土壤测试按照农业部统一的测土配方施肥技术规范和要求，丘陵山区每300—500亩、平坝区每500—800亩采集1个土样。土壤养分测定项目为有机质、有效磷、速效钾、pH值、缓效钾、碱解氮、部分中量和微量元素、土壤容重、土壤水稳性团聚体等土壤物理性状等。2007年，农业部门利用水资源经费启动了滇池流域松华坝水源保护区50个土壤监测点的定位监测工作，随后在滇池周边及云龙水源区分别设立了50个监测点。2009年新增大河、柴河水源区、宝象河流域、自卫村水库等重点水源区的测土监测点，之后逐步扩大至整个滇池流域，在水源保护区建立160个土壤养分长期监测定位点开展监测定位点和大田取土样5367个，实现了对滇池流域土壤养分的动态监测。在土壤养分监测的基础上，由各县（区）农业部门开展了玉米、水稻、蚕豆等作物田间肥料效应小区试验及肥效对比试验，共计完成试验11组。这些试验取得的成果结合土壤肥力监测数据用于指导农户对相应品种作物的配方肥参考。在具体推广实施中，按照每亩85元的标准对农户提供肥料补助，所供配方肥料包括化肥、有机肥和生物肥等。各县（区）成立水源区配方肥配送中心，肥料配方经市、县技术专家审核后，由各县（区）农业局提供给通过招投标选择确定的肥料生产厂家组织生产，所生产的配方肥以县供销社为主要供应渠道，在各乡（镇）每个行政村选择一个供肥点供应配方肥。根据审核通过的配方制作《配方施肥建议卡》，组织技术人员或村委会发放入户，并由户主签名确认。农户按《配方施肥建议卡》领取配方肥，并各自施用。至2010年，在滇池流域及水源区累计投资1760万元完成测土配方施肥推广50万亩，其中水源区16.9万亩

**测土配方施肥与每亩习惯施肥化肥用量对照一览表**

表4-8-3

| 作 物 | 测土配方施肥（千克） | | | 习惯施肥（千克） | | | 增 量（千克） | | |
|---|---|---|---|---|---|---|---|---|---|
| | N（纯） | P$_2$O$_5$ | K$_2$O | N | P$_2$O$_5$ | K$_2$O | N | P$_2$O$_5$ | K$_2$O |
| 玉 米 | 10.18 | 5.40 | 4 | 16 | 8.5 | 1.5 | −5.82 | −3.1 | +2.5 |
| 水 稻 | 5.5 | 3 | 3 | 8 | 8.5 | 1.6 | −2.5 | −5.5 | +1.4 |
| 小 麦 | 12 | 6 | 6 | 16 | 8.5 | 1.5 | −4 | −2.5 | +4.5 |
| 马铃薯 | 12 | 4.8 | 9.6 | 8.5 | 15 | 1.5 | +3.5 | 10.2 | +8.1 |

注：测土配方施肥亩用量为施肥建议卡按实施面积加权平均得出，习惯施肥为亩用量。

**滇池流域及补水区"十二五"测土配方施肥技术推广** 项目实施地点为滇池流域及牛栏江补水区，涉及官渡、西山、盘龙、呈贡、晋宁、嵩明、寻甸7个县（区）的主要农作物种植区。为顺利实施该项目，市农业局组织编制了《滇池流域及补水区"十二五"测土配方施肥技术推广工程项目实施方案》，采取广播、电视、报刊、现场会、讲师团等多种形式将测土配方施肥技术宣传到各村。通过培训、发放"测土配方施肥技术宣传挂图"和《昆明市测土配方施肥技术手册》，使农户一定程度上掌握了测土配方施肥技术。通过积极组织技术培训、取样测土、制定配方、通过招投标购买配方肥、发放肥料、指导施肥、抓中耕管理、测产、分析、总结等工作，完成推广面积224.36万亩，完成投资30175万元，其中中央资金219万元、省级财政资金150万元、市级财政资金1300万元，其他为农户自筹。

# 第二节　农田固废处置

## 农田固废污染治理

自古以来，滇池流域农田废弃物资源化利用程度低，加剧了滇池面源污染。在发展种植业的同时，应将农作物秸秆等农业有机废弃物资源化再利用、变废为宝，有效控制滇池面源污染，保护生态环境，减少部分标准煤使用及化肥流失，全市将农田固废处置及资源化利用列入滇池流域水污染防治"十一五""十二五"规划项目，规划总投资0.53亿元。到"十二五"期末，实际完成投资0.43亿元。主要内容是推广秸秆直接还田、机械破碎还田、堆沤还田等技术。其中，"十一五"期间实际实施项目1个，完成投资0.20亿元；"十二五"期间实际实施项目1个，完成投资0.22亿元。

为加快推进项目建设，根据《昆明市财政局关于下达2011年第二批三河三湖流域滇池水污染防治专项资金预算（拨款）的通知》《昆明市人民政府办公厅关于印发牛栏江流域（昆明段）水污染防治工作方案的通知》《牛栏江流域（云南部分）水环境保护规划（2009—2030年）》《昆明市农作物秸秆综合利用"十二五"规划》要求，市农业局积极组织项目建设的准备工作，编制了《农业有机废弃物再利用工程项目实施方案》报省农业厅进行审批。省农业厅组织专家组对方案进行了评审和完善后，以《云南省农业厅关于滇池"十二五"涉农项目实施方案的批复》批复实施。

秸秆还田及沤肥项目的实施可直接减少秸秆对水环境的污染、增加耕地的肥力，间接起到减少化肥用量的作用。在项目的实施过程中，因为有配套资金的支持，农户积极性相对好调动。

**农村秸秆粪便资源化利用**　该项目是"十一五"规划项目。2008年，按照国家发改委、农业部《关于印发编制秸秆综合利用规划的指导意见的通知》精神及省发改委和省农业厅的具体安排，开展了水稻、玉米、小麦等10种农作物秸秆资源调查，摸清了全市秸秆资源综合利用状况。市农业局通过与省农业厅环保站、"省九湖办"对接，协调资金100万元在西山区海口镇海丰村柴湾村、晋宁县石寨村上海埂村实施清洁农业生产示范工程，在大棚种植区域按1亩大棚配置1个三池（蓄水池、粪水池、秸秆和粪便堆沤池）系统的标准来建设，2村共建设双室和三室堆沤池148个，年可堆沤秸秆2960吨，工程在一茬秸秆处置后通过了验收。2009年5月，按照农业部办公厅《关于印发全国农作物秸秆资源调查与评价工作方案的通知》和省政府办公厅《关于加快推进农作物秸秆综合利用的通知》精神，根据省农业厅的具体安排开展了水稻、玉米、小麦、烤烟、油料、豆类6种主要农作物秸秆资源调查和评价，开展了全市秸秆资源综合评价工作。按照秸秆分类的不同，滇池流域内积极探索秸秆在能源、饲料、肥料、工业原料、食用菌等多方面的利用途径。在规模化畜禽养殖场建设大中型沼气池，项目通过争取中央、省级项目配套资金和市级配套资金及企业自筹等方式开展项目建设。至2010年12月，在滇池流域完成了8座大中型沼气池建设工程，项目共完成投资2017.88万元，其中中央795万元、省级132.6万元、市级200万元、县级30万元、企业投资860.28万元。

**农业有机废弃物再利用**　该项目为"十二五"规划项目。市农业局邀请四川省农业科学院编制了《农业有机废弃物资源化再利用工程项目实施方案》，2013年，云南由省农业厅组织农业环保、土壤肥料、水保治理方面的专家进行了省级评审，同年7月省农业厅下达了《云南省农业厅关于滇池"十二五"涉农项目实施方案的批复》。截至2014年12月，28个项目承担单位都已完成了项目建设和项目总结，并通过验收。其中，采用秸秆直接还田、机械破碎还田、堆沤还田、过腹还田等多项措施在滇池流域、补水区及农业产业承接区完成秸秆还田50万亩；在滇池流域、补水区及农业产业承接区完成双室堆沤池建设2610口。

**腐熟剂及秸秆还田试验**　"十二五"期间，在滇池流域、补水区及农业产业承接区完成腐熟剂试验6组、秸秆还田试验10组。

**生物质燃料**　任务数为加工玫瑰、油菜等高纤维秸秆8000—10000吨，生产生物质燃料颗料8000吨。实际加工玫瑰秸秆3000吨、油菜秸秆5000吨。

**秸秆及畜禽粪便加工生产有机肥**　通过有机肥厂对秸秆和畜禽粪便进行集中收集、运输、加工处置1.2万吨，生产有机肥1.2万吨。

**水葫芦加工处置**　对滇池及草海片区明波地块、外海白山湾、芦柴湾等处的水葫芦进行采收、晾晒、加工处理3.2万吨，完成投资3300万元。其中，中央财政资金1000万元，市级财政资金300万元，其他为农民投工投劳及土地资源占用等。

# 第三节　畜禽养殖污染防治

畜禽养殖污染是农村面源的一个重要组成部分。"十一五"期间，投资0.91亿元在滇池流域实施了畜禽养殖污染防治项目。"十二五"期间，投资0.27亿元实施了滇池补水区（牛栏江昆明段）畜禽粪便资源化利用项目。2008年9月12日，市政府以公告的形式公布《昆明市人民政府关于在"一湖两江"流域禁止畜禽养殖的规定》，于同年10月12日起施行。各县（区）成立了由县（区）委、政府主要领导负责，禁、限养区乡（镇）长及县属滇保、环保、财政、审计、农业、经贸、工商、公安、土地、城建规划等部门组成的滇池流域畜禽禁养、限养工作指挥部或领导小组，统一领导畜禽禁养、限养工作。在市级的统一协调下，各县（市）区农业（农牧、畜牧）部门按照"县不漏乡、乡不漏村、村不漏户、户不漏畜（禽）"原则对全市畜禽存栏和规模养殖场（户）的圈舍面积、占地面积等情况进行了地毯式的排查，对禁养区域内拟搬迁新建的规模养殖户实行登记备案，要求应搬迁的规模养殖户自愿提出搬迁申请，如实填报《规模养殖场（户）搬迁备案表》，对畜禽存栏、圈舍面积、搬迁地点和时间等数据和内容由辖区内县级农业（畜牧）局组织当地乡（镇）政府、街道办事处、村委会现场调查认可、层层签字盖章确认后登记造册备案。市、县、乡各级政府及业务部门采取会议、广播、电视、报刊、黑板报、标语、传单、主要道路口悬挂宣传横幅。将市政府公告发送到辖区内每一个养殖场（户）等多种宣传方式广泛宣传保护滇池、建设清洁家园、生态家园的重大意义，全面动员广大群众积极参与滇池生态建设，为禁养各项工作的开展营造了良好的社会氛围，取得广大养殖户对禁、限养工作的广泛理解和支持，促进了禁养工作的顺利开展。

## 畜禽禁养

该项目是"十一五"规划的重要项目。2008年，按照昆明市"一湖两江""四全"工作会议及"四退三还"工作要求，市政府相继出台了《昆明市人民政府关于在滇池流域范围内限制畜禽养殖的公告》（以下简称《公告》）《昆明市人民政府关于在"一湖两江"流域禁止畜禽养殖的规定》《昆明市人民政府关于昆明地区"一湖两江"流域范围规模畜禽养殖迁建扶持的指导意见》《昆明市人民政府关于进一步加快畜牧业发展的意见》等一系列文件。《公告》划定昆明主城城市规划区620平方千米范围内，呈贡县城城市规划区160平方千米范围内，滇池水体及滇池环湖公路面湖一侧区域（含湖面），36条出入滇河流及河道两侧各200米范围内，除主城规划控制区、呈贡新城规划控制区以外县（市）区的城区规划建城区范围及流经县（市）区城区的河流及河道两侧各200米范围内，城镇集中式饮用水水源地，上述区域内的湖泊和水库7个区域范围内实施禁养。同时，确定2009年6月30日前，五华区、盘龙区、官渡区、西山区、呈贡县、晋宁县、嵩明县滇池流域范围内（2920平方千米）凡存栏畜20头以上、禽200只以上的畜禽养殖场（户）、养殖小区必须搬迁或者关闭。同年12月31日，在滇池流域全面实施规模化畜禽禁养。

根据文件要求，市农业局按照禁养与发展并举的原则，编制完成了《昆明市畜牧产业发展规划（2009—2015年）》，积极指导各县（市）区结合自身实际，认真编制县级畜牧业发展规划。同时，各县（区）根据本地养殖业的特点，通过全民动员和广泛宣传，研究出台迁建扶持政策，组织引导和开展滇池流域禁养区域内的畜禽禁养工作。养殖业较为集中的官渡区还专门划定了养殖园区，引导生猪养殖场（户）搬迁到滇池流域外的大板桥镇小哨村生猪生态养殖基地，禽类养殖场（户）搬迁到大板桥镇矣纳村禽类养殖基地，奶牛饲养逐步退出官渡区，鼓励养殖户到滇池流域外从事养殖业，保证市场供应。至2009年末，禁养区域共关闭搬迁畜禽养殖户18124户，涉及畜禽684.24万头（只）。其中，规模养殖户855户，关闭搬迁畜禽491.9万头（只）；散养户17269户，涉及畜禽192.31万头（只）。共补偿迁建规模畜禽养殖场9143.69万元。

## 滇池补水区（牛栏江昆明段）畜禽粪便资源化利用

该项目是《滇池"十二五"规划》项目，由市农业局（牵头），嵩明县、寻甸县政府组织实施。项目设计建设5000立方米沼气池，采用以红泥塑料厌氧发酵工艺为核心的三段式猪粪污水处理工艺，年产沼气45.6万立方米、沼液1000吨、有机肥5000吨，建设猪舍及发酵床1万平方米，提高猪抗病能力，猪所排出的粪尿在垫料中利用微生物迅速降解、消化，从而达到免冲洗猪舍、粪尿零排放、无臭味等目标。项目分解为若干子项，对于获批准的各子项目严格按国家工程项目管理规定组织实施，投资50万以上项目都进行了招投标工作，中标企业均为农业部和国家发展和改革委员会推荐的有农业环保资质的企业，项目实施严格按省农业厅、省发展和改革委员会《云南省大中型沼气管理办法》进行施工管理。

项目于2011年开始实施，各子项目都严格按初步设计方案（项目实施方案）开展建设。获国家批准的云南省昆明羊甫联合牧业有限公司生态畜牧小区1968立方米、云南农生种猪科技有限公司种猪场809立方米、昆明广旭宇畜牧有限公司600立方米、云南海潮集团天牧肉生产业有限公司850立方米4个项目通过建设、试车、试运行后，于2014年10月前全部建成投入使用。市农业局立项的4个子项目中，寻甸振焜科技有限公司100立方米小型沼气工程于2012年建成并通过验收；兴瑞合500立方米中型沼气工程于2014年初建成，同年12月通过验收；寻甸塘子镇坝沟养殖场200立方米小型沼气工程2014年11月建成，同年12月通过验收；寻甸海嘎小锅酒厂养殖场200立方米小型沼气工程2014年11月建成，同年12月通过验收。上述8座沼气工程总容积5227立方米，储气装置1520立方米，有机肥生产车间、污水收集和后处理设施全部建成，同时建成三农公司有机堆肥车间500平方米、农生有机堆肥车间300平方米、海潮有机堆肥加工厂300平方米，总投资1600.83万元。其中，企业自筹资金788.13万元，占总投资的49.23%；省、市、县配套中央资金122.7万元，占总投资的7.66%；市滇池治理资金135万元，占总投资的8.43%；中央资金555万元，占总投资的34.67%。

# 第三节　村庄分散污水处理

村庄生活污水是构成农村面源污染的一个主要因素。由于点多面广、污水难收集，村庄生活污水治理一直是农村面源治理的一个瓶颈。2008年，市委、市政府提出了"滇池流域2920平方千米范围内主要集镇生活、企业污水收集及处理率达到90%，一级保护区内农村生活、企业污水收集率达到70%，一级保护区以外其他地区生活、企业污水收集及处理率达到40%"的工作目标。2010年，市委、市政府提出对滇池流域工业污水、城市生活污水和农村生活污水必须全收集、全处理的要求，制定出台了《滇池流域污水全面截流收集处理设施建设工作方案》，并进行全面安排部署和动员，明确要求加大城乡污水处理设施建设力度，全面实现滇池流域城镇、村庄污水分散式再生利用。在全市开展"一湖两江"流域水环境治理工作的同时，结合城乡一体化和新农村建设工作，有针对性地在县级以上城镇和人口聚集的集镇、村庄开展污水与垃圾处理设施建设，通过加大污水处理及配套管网设施、再生水利用设施建设和管理，实施雨污分流工程、农田径流污染示范工程，对滇池流域的工业污水、城镇生活污水和农业农村面源污水进行全面截流收集处理，实现城镇污水进污水处理厂、村庄污水进湿地，达到一级A标准排放的目标。

"十二五"期间，"村庄分散污水处理工程"被列为滇池流域水污染防治"十二五"规划的重要项目。项目拟在滇池流域及补水区开展村庄污水收集管网、分散式污水处理设施建设，以实现"在规划范围2015年村庄污水污染物排放量基础上，污染排放负荷削减30%以上"的目标，从源头上控制农村分散生活污水污染。按照昆明市政府《关于批转滇池流域污水全面截污收集处理设施建设工作方案通知》，在滇池流域村庄采取因地制宜的方式，根据村社经济收入情况，不设统一标准，不搞统一模式建设污水收集处理设施。

## 项目实施

2013年6月，省发改委批复了《村庄分散污水处理工程建设规划（2011—2015年）》，随后11个县（区、管委会）发改部门相继批复了辖区村庄分散污水处理工程实施方案。在工程建设过程中，各县（区、管委会）通过招投标（或竞争性谈判）程序确定施工单位并按照基本建设程序开展建设工作。为更好地推进该项目，市政府出台了《滇池流域农村环境综合整治方案》《村庄分散污水处理工程建设规划（2011—2015年）》，重点治理人口规模500人以上的村庄污水。此后又出台了《滇池流域村庄生活污水"三池"及深度处理设施建设技术指导意见》。为使项目建设更具有针对性及可操作性，由市滇池管理局牵头制定了《滇池流域村庄生活污水"三池"及深度处理设施建设技术指导意见》，明确农村生活污水处理设施建设的原则为："接管优先"，靠近城区、镇区且满足城镇污水收集管网接入要求的村庄，应将污水导入城镇污水收集处理系统。"因地制宜、一村一策"，根据村庄人口规模、经济水平、地理情况、排水状况选择建设"三池"或深度处理设施；以村庄原有的排水沟渠为基础，重新校核截污沟过流能力，清理并修缮原截污沟，避免重复建设，规范村庄污水排放，杜绝污水漫流现象发生。并规定：现状污水直接排入水库、河道的村庄必须建设污水深度处理设施；人口规模为1000人以上（包括1000人）的村庄必须建设深度处理设施；人口规模为1000人以下（不包括1000人）且出水不直接进入河道、水库的村庄，进行"三池"（隔油池、沉淀池、净化池）建设。在工程实施中，大部分村庄污水处理设施是采用建隔油池—沉淀池—净化池3级串联的氧化池的方式，借助村庄已有的沟渠来汇集污水。有的村庄在"三池"后又依据地形建设生物氧化塘或建后置湿地。因此，村庄污水处理的工艺主要包括"三池"、"三池"加后置湿地、生物氧化塘3种。

盘龙区滇源镇甸尾大村"三池"（沉淀池、漂油池、净化池）

盘龙区滇源镇甸尾大村"三池"（沉淀池、漂油池、净化池）出口

盘龙区滇源镇皮家营"三池"（沉淀池、漂油池、净化池）

盘龙区滇源镇皮家营"三池"（沉淀池、漂油池、净化池）进水沟

晋宁县上蒜镇洗澡塘村"三池"（沉淀池、漂油池、净化池）+后置表流湿地处理设施

晋宁县上蒜镇观音村生态浅型塘+后置表流湿地处理设施

晋宁县昆阳青龙村生态塘处理设施

晋宁县六街镇三印村"三池"（沉淀池、漂油池、净化池）

至"十二五"期末，滇池流域各县（区）因地制宜完成885个村庄生活污水收集处理设施建设任务（滇池流域完成557个村庄，滇池补水区完成328个村庄），其中建设村庄收集系统接入周边市政管网的村庄118个、村庄污水"三池"（沉淀池、漂油池、净化池）净化处理设施707座、其他处理设施60座。

## 第五节　农村农业面源污染综合防治

2004—2013年的"十五"至"十二五"期间，投资12308.58万元在滇池流域开展了农田污染负荷削减技术、农田径流污染控制技术、农田废水收集与处理技术、农田工程技术及农田废弃物低成本综合处置技术等11项目农业面源污染综合防治工作，构建连片农田面源污染控制体系，降低农田面源污染。

## 农村面源污染控制工程

该项目是滇池流域水污染防治"十五"计划项目。到"十五"结束时，滇池流域共新建了沼气池8922口，其中官渡区建502口、西山区建759口、呈贡县建4347口、晋宁县建3314口，项目建设投资890万元，其中国债110万元、省级投入240万元、市级投入540万元；推广节柴改灶19104眼，投资125.43万元；投资96万元建成300立方米秸秆气化站3座，供气686户，年节柴1029吨。

### 2001—2005年滇池流域农村能环建设情况一览表

表4-8-4

| 区　县 | 官　渡 | 西　山 | 呈　贡 | 晋　宁 | 合　计 |
|---|---|---|---|---|---|
| 沼气池（口） | 502 | 759 | 4347 | 3314 | 8922 |
| 节柴改灶（台） | 900 | 6500 | 300 | 4469 | 19104 |
| 秸秆气化站（座） | — | — | — | 3 | 3 |

## 水源地主要污染物减污示范

"十一五"期间，市环保局牵头实施了松华坝水库入库河流冷水河、牧羊河周边村镇生活污水及垃圾治理工程，项目于2009年7月25日通过验收，累计完成投资3861万元。

**集镇生活污水收集处理**　滇投公司投资2662万元建成滇源集镇、阿子营集镇2个污水处理厂，处理能力为2000立方米/天（估计值）。后因污水收集系统尚不完善，依靠已有的沟渠汇集污水，导致污水处理厂设施运行受影响。

**村庄分散污水收集处理**　盘龙区投入资金659万元，完成了牧羊河周边19个分散村庄、冷水河周边9个分散村庄污水收集处理设施建设。各村生活污水收集主要依托已有的村庄沟渠，在村外低洼处建设氧化塘。项目虽然实施完成，但在旱季时，沟渠基本无水，运行效果难以显现。

**生态湿地建设**　市级投资540.22万元，在牧羊河岸中上段建设生态湿地1148亩，除对周边部分村落污水进行净化外，主要接纳阿子营集镇污水处理厂处理后的尾水再净化。

**村镇垃圾治理**　建立起了"组保洁、村收集、乡（镇）运转、县处置"的模式。项目实施后，松华坝水源地的垃圾均由各乡镇收集运输到水源保护区外集中处置。

## 农村面源污染控制示范

该项目主要开展农田污染控制，实施建设农田固废、农田径流水等污染治理示范研究工作。

**先期示范项目**　2008年，市农业局通过与省级有关部门对接，在省"九湖办"的支持下，先期立项在西山区海口镇芦柴湾村、晋宁县上蒜乡石寨上海埂村启动了"滇池流域农业面源污染控制示范工程"的前期项目。该项目建设人工生态湿地11.67亩；建设双室堆沤肥池148座，年可堆沤秸秆2960吨（每池年堆沤20吨）；实施植保综合防治技术（IPM）工程，安置振频式杀虫灯16盏；实施测土配方施肥推广工程，实施面积1270亩。项目于当年通过了省"九湖办"的验收。

**农田径流水减排技术示范** 采取生物拦截工程和湿地处理相结合处理农田污水，在官渡区、西山区、呈贡县、晋宁县分别开展农田径流污染控制示范工程1个。其中，在官渡区矣六街道关锁村所辖官所村建设生态沟渠3000余米、生态沼泽湿地30余亩、示范控制面积300亩；在西山区碧鸡街道观音山完成生态沟渠建设1902.7米、示范控制面积320亩；在呈贡县七旬街道松茂社区建设生态沟渠540米、生态湿地10亩；在晋宁县柴河水库上游六街镇王塘村所辖龙王塘村建设生态沟渠533米、生态湿地22亩，示范控制面积296亩。

**实施植保综合防治技术（IPM）推广** "十一五"期间，农村面源污染控制示范工程在官渡、西山、盘龙、呈贡、晋宁等县（区）实施植保综合防治（IPM）推广11246亩，建设IPM示范区12个；开办国际化IPM农民田间学校7所，开办农民田间学校培训班64期，IPM农民学员辐射培训咨询农民6852人，示范区农民技术入户率达95%；建设农药放心门市4个；建立17类作物田间农药使用监测点33个，动态监控农药使用情况；完成杀虫灯安装96盏，建设农药包装回收站336个。"十二五"期间，滇池流域及补水区有害生物综合防治（IPM）工程项目共建设IPM示范村（园区）共42个、50420亩，推广辐射IPM技术20万亩，建设IPM农民田间学校44所，建立植保专业化防控组织31个，建设防虫灯设施1689个、农药废弃物收集池426口，开展农业有害生物综合治理技术培训3次，建立病虫害监测点42个、农药使用监测点16个，完成农作物种植宣传栏36个，发放粘虫板27.77万张。

## 水源区推广沼气池

2006—2010年，在滇池流域重点水源区按照"因地制宜、整体推进、多能互补、综合利用求效益、开发与节约并举"的原则，推广以沼气建设为核心，把"一池三改"农村沼气建设与农民生活、农业生产、生态环境保护、农业面源污染治理和农民增收结合起来。"十一五"期间，共建设农村户用沼气池10430口，总产气量达417.2万立方米，节约薪柴2.09万吨，处理人畜粪便、秸秆10.43万吨，同时提供了10.43万吨优质有机肥。项目累计完成投资2320.15万元。

## 滇池流域及补水区有害生物综合防治（IPM）

2012—2015年，为从源头上控制农业对滇池的污染，有效控制农作物重大病虫危害，减少高毒高残留农药的使用，降低滇池流域沿岸农药、化肥施用量及滇池流域面源农药施用量和使用风险，消除农业环境和农产品中农药残留污染，在滇池流域及补水区的主要农作物种植区推广集成使用IPM技术。2013年，昆明市编制了《滇池流域及补水区有害生物综合防治（IPM）工程项目实施方案》，计划分3年在滇池流域及补水区（官渡、西山、盘龙、呈贡、晋宁、嵩明、寻甸7县区）内主要农作物种植区建设IPM示范园区15个、示范村10个，推广IPM技术15万亩，建设IPM农民田间学校25所，建立植保专业化防控组织30个，引导IPM学员成立植保合作组织，设防虫灯设施1600个，建设农药废弃物收集池200座，在各县（区）开展农业有害生物综合治理技术培训会3次，项目批复投资4720万元。到2014年末，实际投资4782万元，其中省级财政资金120万元、市级财政资金700万元、结余资金92万元、其他为自筹、农民投工投劳及土地资源占用等共建设IPM示范村（园区）42个，面积50420亩；在粮食、蔬菜、花卉、果园等主要作物种植区推广辐射IPM技术20万亩；建设IPM农民田间学校44所；在主要农作物种植区建立植保专业化防控组织31个，建设防虫灯设施1689个；建设农药废弃物收集池426口，降低了农药使用的二次污染，改善农业种植环境；在主要农作物种植区开展农业有害生物综合治理技术培训3次；在滇池流域及补水区、主要农作物种植区建立病虫害监测点42个、农药监测点49个，建立宣传栏（牌）36个，发放粘虫板27.77万张，辐射面积9.13万亩；推广生物农药13.29万亩次；组织植保综合培训25147人次；安装性诱剂30100套，辐射3.915万亩；释放寄生蜂2.86万只，辐射1.3万亩；采取其他措施辐射面积约20.32万亩。项目的实施，一定程度减少了化学农药的施用，收到了预期的效果。

## 松华坝水库水源保护区水环境综合整治工程

2012—2014年，盘龙区实施了松华坝水库水源保护区牧羊河、冷水河流域实施清污分流、河道清淤、生态河道整治。到2015年，全面完成松华街道团结面源污染防治工程、松华街道高枧槽小流域治理工程、阿子营铁冲生态清洁型小流域治理工程，治理水土流失面积30.66平方千米；全面开展了牧羊河、冷水河两岸100米范围内生态修复工程，种植乔木、灌木共计5.3万亩；编制完成了《松华坝水源保护区保护与发展行动方案》，全面加强对街道、村饮用水源地保护工作，严格落实库（塘）长责任制，全区142座水库、坝塘库（塘）按照属地管理的原则落实了库（塘）长；完成了周边小流域水环境综合治理工程及滇源、阿子营集镇污水处理厂管网完善工程。累计完成投资15320.2万元。

## 柴河水库水源保护区治理工程

2012—2015年，晋宁县组织开展了柴河水库水源保护区生态系统修复及附属工程。在柴河水库一级保护区所有农田及二级保护区部分农田（共计6225亩）实施平衡施肥，合理施用农药，建双室沤肥池150套；建设水源涵养林抚育间伐3750亩，林分改造5250亩，混农林业经济林造林900亩，中幼林抚育7500亩，25度以上坡耕地退耕还林480亩，并开展病虫害综合防治，森林资源动态监测，森林生态系统建设与管护工作；推广农户家庭型循环经济，建设循环型生态村，开展"一池三改"、污水收集及处理回用、垃圾池建设等工程；建立入河道、入水库水净化系统。累计完成投资1249.87万元。

## 大河水库水源保护区治理工程

2012—2015年，晋宁县组织开展了大河水库水源保护区进行生态系统修复及附属工程。项目对大河水库入库河道进行整治，清理河道生活垃圾、淤泥、固废，完成入库河流沿岸生态护岸防护林、滩涂建设与恢复，建成大河生态防护体系，提高来水河道自净及输水能力，恢复河道生态管网效应；推广测土配方施肥等农田减污、控污技术；完善水源区水资源保护管理及保障体系建设。累计完成投资974.87万元。

## 双龙水库和洛武河水库水源保护区环境保护治理

2012—2015年，晋宁县组织开展了双龙水库和洛武河水库水源保护区进行生态系统修复及附属工程。在一级保护区修建界碑、桩基防护网，实施植被恢复、水土保持等生态工程措施，建设水源涵养林；在二级保护内调整农业产业结构，建设畜禽粪便的堆肥化处理设施，控制化肥、农药的投入，并建设农户分散式污水土地处理及农村生活垃圾收集清运处置设施；准保护区内建设生活污水处理站6个，推广新型农业种、养殖代替传统种植、养殖方式；加强水源地水质监测系统、水源地信息管理系统及水源地预警监测系统建设。累计完成投资619.66万元。

## 红坡、自卫村水库水源保护区治理工程

2012—2015年，五华区组织开展了红坡水库和自卫村水库水源保护区进行生态系统修复及附属工程，累计完成投资731.47万元。

## 农田面源污染综合控制示范工程

2012—2014年，在宝象河流域及部分柴河流域实施了农田面源污染综合控制工程。2013年，市农业局完成了《农田面源污染综合控制示范工程项目实施方案》的编制和报批工作，并获得省农业厅的批复。随后，市农业局组织编制具有指导意义的分片初步设计方案。课题组和项目实施单位将整个万亩农田示范区划为安乐、柳坝、观音山3个片区。安乐片区项目初设完成后进入招标程序，通过4个多月的施工，于2014年12月31日全部完成并通过专家验收。项目共完成水窖50座、Ⅰ型生态沟2000米、Ⅱ型生态沟3010米、排水沟1315米、生态集水井17眼、农药袋收集池100座、生态沤肥池50座；通过农业有机废弃物资源化再利用项目、农业有害生物综合防治（IPM）项目、测土配方施肥推广技术及水肥一体化技术完成农田面源污染综合控制示范工程1万亩、新型农业面源污染综合控制工程示范3000亩及湖滨退耕区面源污染综合控制示范工程规模2000亩。柳坝、观音山片区完成监理及施工合同谈判，于2015年10月20日签订了监理及施工合同，从11月1日进入施工阶段，工程主体部分于12月24日全面完工。项目共完成生态集水井建设80座、生态水窖50座、农药袋收集池110座、生态堆沤池450座、Ⅰ型生态沟建设5342米；建设台地收水系统集中收水池5个，容水量40立方米/座，总容水量200立方米；建成Ⅰ型堆肥桶安装15套、Ⅱ型堆肥桶安装250套、仿肾系统建设完成2个。项目总投资1222.43万元。

# 第六节　其他污染控制措施

## 设立县（区）乡（镇、街道）滇保所

2003年，根据市委、市政府要求，官渡、西山、呈贡、晋宁等县（区）相继成立了16个滇池管理所，建立区、镇（街道）、村（社区）、村（居）民小组"两级政府、三级管理、四级网络"的滇池保护及入湖河道管理体系。建立河道"门前三包"责任制（一包河道水面及河岸无垃圾和漂浮物，二包污水、垃圾不流、倒到河内，三包河岸无违章构建筑物），与沿河岸小区、住户、企（事）业单位签订责任书；建立河道日常保洁制度，并按照每1千米河道配备1名保洁人员的标准配建河面保洁队

伍，确保垃圾"日产日清"。

## 农业固体废弃物及垃圾收集清运系统建设

农村垃圾收集间建设按照"两级政府、三级管理"的管理机制，由市、县（区）政府投资，于2005年在沿湖16个乡（镇）建成垃圾收集间700个，配备清运车32辆，每个乡（镇、街道）招聘10—15名管理人员负责垃圾清运。各街道通过设置垃圾收集间、安装垃圾筒（箱）、购置垃圾清运三轮车、手推车、聘用保洁员等手段，实现了清扫保洁常态化、垃圾处理无害化、环境管理规范化。

## 建立垃圾收处机制

建立完善农村生活垃圾收集处理机制。沿湖县（区）各街道（镇）建立了"住户门前三包、村组保洁收集、街道（镇）转运、区处理"的农村生活垃圾集中收运处置系统。各街道办事处按照"有一名领导分管、有一支清扫队伍、有一套管理制度、有一个考核机制、有一笔经费保障"的工作要求，逐步建立区、街道办事处、社区（村）三级环境卫生管理网络，把环卫基础设施建到农村，把长效保洁制度延伸到农村，逐步形成城乡一体的垃圾集中收运处置网络。

## 农村生态卫生旱厕推广建设工作

为控制农村面源人粪尿对滇池水体污染，将滇池流域农村生态卫生旱厕科技示范工程作为面源污染控制项目中的一个内容纳入《滇池水污染防治"十五"计划》项目。2002年，市环保局在滇池流域农村开展了农村生态卫生旱厕的科技示范工作，选择晋宁县中和乡太史村及呈贡县大渔乡中和村、七甸乡胡家庄村进行示范。2004年，在滇池沿湖的太史村及中和村完成了300农户采用联合国推荐并在全国成功应用的一种新型的生态旱厕试点示范工作。官渡区拟定了《关于推进生态卫生旱厕使用的实施意见》，并在六甲、官渡、矣六各选一个自然村开展生态卫生旱厕的推广使用试点工作。2005年，市政府将农村生态卫生旱厕推广工作列入2005年为民办10件实事之一。市环保部门制定了农村生态旱厕建设管理办法，编制了《粪尿分集式生态卫生旱厕建设使用规范》，市财政局下发了《昆明市农村生态卫生旱厕推广工作建设资金使用管理办法》。至2005年底，滇池流域农村共建成生态卫生旱厕51049座、公厕106座。

## 滇池正常高水位外2千米范围内严格控制化肥用量

在滇池正常高水位线外2千米范围内严格控制种植蔬菜、花卉等单位面积施用化肥量大的农业活动，严禁施用高毒、高残留农药。同时，加强农药市场监管，开展农药使用动态监测。官渡区在矣六、大板桥、六甲设立了4个田间农药使用动态监测点，对农户田间农药使用情况进行跟踪调查，并对农产品农药残留进行检测。

# 第九章　固体废弃物管理

昆明市建成区三面环山，南临滇池，随着城市规模的不断扩大，固体废弃物连年递增。为建设生态文明城市，破解"垃圾围城"的危机，提升垃圾"减量化、资源化、无害化"水平，减轻垃圾对土地、大气以及地下水、滇池水环境的污染，保障居民身体健康，创造清洁、优美的工作、生活环境。多年来，昆明市认真总结经验，不断加强固体废弃物管理。2005年，先后建成并实施了生活垃圾、建筑垃圾、餐厨垃圾处理项目。被国家三部委列为33个餐厨废弃物资源化利用和无害化处理示范项目的试点城市之一，被云南省列为生活垃圾分类示范城市。2008年，市委、市政府提出了"全面覆盖、长效管理、不留死角、永久保洁"的环境卫生管理目标，按照城乡管理一体化的要求，各县（市）区积极建立完善"组保洁、村收集、乡（镇）转运、县（市）区处置"的城乡垃圾收运处置四级管理体制，实行统一规划跨区域整合资源的原则。垃圾处理项目，实现了从生活垃圾源头收运到终端处置各个环节的全过程的有效管理，初步推行分类收集，严格实行密闭运输，积极发展综合利用，推动生活垃圾的源头减量、无害化处理和资源综合利用的进程。2011年11月，昆明市荣获"国家卫生城市"称号。

## 第一节　城市生活垃圾

### 街道保洁

1980年，街道保洁要求实行夜间大扫，白天保洁。做到"五无"，即无砖瓦土石、无垃圾堆积物、无纸屑果皮、无痰渍、无污泥积水。"五净"，即路面净、落水口净、边角街沿净、树旁净、花坛净、围栏周围净。1988年，全市环卫职工增至1350人、民办公助清洁员805人，共计2155人。清扫面积达到412万平方米，生活垃圾清运量25.5万吨。1990年，五华、盘龙街道清扫面积385.6万平方米，西山、官渡达188万平方米，共573.6万平方米。1995年，全市4区共有环卫职工3901人，还组织了2350人的群众性环境卫生监督队伍。1998年，四区清扫面积871万平方米，建垃圾收集间756间，垃圾袋装花收集率平均达79%，推行7户连片制，片、路、段长责任制。2001年，四区街道清扫面积达1036.96万平方米，环卫工人（含临时工）6768人；2004年，四区环卫工人（含临时工）7262人，以"五无、六净、全日保洁"为标准，开展生活垃圾袋装、分类收集垃圾，城市街道垃圾做到日产日清；2005年，四区有环卫工人9769人，清扫面积1977.54万平方米；2009年，有环卫工人15862人，清扫面积4846.54万平方米；2011年，落实"卫生零死角申报"制度和定期抽检制度，加大环卫保洁力度。坚持对城市道路进行每日3次大扫，对一、二级道路进行全天候保洁，三、四级道路进行18个小时保洁。全年对主城和呈贡区每日清扫道路面积约6000万平方米，对主要道路每周冲洗不少于2次，每次冲洗面积约600万平方米，每天洒水不少于3次；2015年，加强对城市道路冲洗和洒水降尘力度，城市主要道路每周冲洗不少于1次，每天洒水不少于3次，累计冲洗道路1.52亿平方米，城市道路清扫面积7万余平方米。狠抓临街商铺、单位"门前三包"责任书签订、履约工作，补签"门前三包"责任书29784份，规范"门前场工程"61704起。加强公厕、垃圾房、果皮箱等环卫基础设施建设和维护，清理城郊接合部卫生死角4919个，清理乱倒垃圾242295吨。

## 生活垃圾清运处置

**收集清运**　1977—1978年，全市运输垃圾的马车全部淘汰，垃圾运输主要由机动车承担。1981年，开始用密闭垃圾自动装卸车和配套的金属有盖垃圾桶收集垃圾。1980—1986年。有各型垃圾运输车辆107辆。1986—1988年，市政府加大环卫事业经费投入，又购置各型垃圾汽车121辆，减轻了收运垃圾作业工作的劳动强度，增强了通输能力，垃圾清运基本上实现机械化运输。20世纪90年代以后，主城区生活垃圾清运处置基本形成以四区环卫部门为主体，形成"集中投放—上门收集—小型中转—密闭送输—东、西郊域理场处置"的链式清运处置格局。1988年，城区生活垃圾的年产生量为25.5万吨，年递增速率约为6%。1990年，城区面积30.6平方千米，日产生活垃圾750吨。1991年，全市4区共有环卫车辆93台。1992年，新建垃圾中转站6座。1994年底，五华、盘龙、西山、官渡四区环卫部门都采取措施，加强了清扫、保洁力量，主要街道都能全日保洁，清扫面积达670万平方米（比1993年增加31万平方米）。全年共清运垃圾402135吨，清运工作达到日产日清。1998年，四区日产垃圾1500吨，做到日产日清，清运率100%。有环卫车辆177台，压缩式垃圾车23台，新建垃圾中转站8座。2001年，主城四区清运生活垃圾70万吨。2004年，82.44万吨。2005年，91.5万吨，均做到垃圾日产日清，清运率达100%。2005年11月20日起，昆明开始逐步实行城市生活垃圾袋装收集和分类收集，从收集环节和处理环节，实现了垃圾的大类分类工作。2011年，主城和呈贡区新建垃圾中转站3座，完成环卫车辆购置更新55辆，安装果皮箱4500只。清运处理生活垃圾约120万吨。在美璟欣城小区、远洋风景小区、月牙塘小区、红云小区等17个居民小区开展垃圾分类试点工作。

**垃圾处置**　20世纪80年代以前，昆明市的城市生活垃圾一直是裸露堆放或直接运往附近农村供农民沤肥。80年代后，采取征地修建垃圾堆放场的方法。由环卫部门收集、运送郊区。一部分未经处理直接做农肥，一部分未经处理直接堆放。有老马山、弯龙箐、普照村、王家桥等裸露堆放场，占地125亩。其中，老马山垃圾堆放场地处城市的东北郊，占地45亩，1984年起用，裸露堆放盘龙区生活垃圾；弯龙箐垃圾堆放场地处城市西北郊，占地34.5亩，1984年起用，裸露堆放五华区生活垃圾。4个堆放场堆满，堆放场附近的地表水、浅层地下水、土壤、大气受到污染，雨季污水随着径流进入河道，流入滇池。为解决滇池水污染及堆放场附近的环境问题，相关部门开始对新建垃圾填埋场进行前期调研。为改善城市垃圾管理手段落后、设备落后、垃圾清运系统设施布局不合理、中转站规模小标准低、城郊接合部垃圾管理混乱、生活垃圾有偿服务制度不健全、垃圾无害化处理率低的状况，减轻城市生活垃圾对滇池的环境压力，改善滇池水质。垃圾清运及处理工程列为世界银行贷款云南环保程子项目之一。建设两座日处理分别为800吨和700吨的垃圾卫生填埋场，日转运225吨的5座中型中转站和日转运40吨垃圾的13座小型垃圾中转站，以及相配套的收集、转运车辆等。1998年，昆明市区日产生活垃圾1500余吨，做到了日产日清。生活垃圾主要清运到10千米以外的弯龙箐、两面寺等6座垃圾处理场，采取碾压、消杀、覆土方法实现垃圾的简易填埋处理。垃圾清运方式：一是在垃圾中转站服务半径范围内，用封闭式人力三轮车定时定点上门收集，运至中转站再用集装箱直接运往垃圾处理场；二是在城市主干道用后装压缩式垃圾运输车定时定点直接收运居民生活垃圾。垃圾收集实行袋装密闭运输，防止运输途中撒落飞扬，减少二次污染，进一步改善市容市貌。为改善人居环境加强，保护滇池，昆明市制定了《昆明市城市市容管理条例》，并报省人大常委会批准执行。1999年12月20日，西郊垃圾填埋场竣工；12月26日，东郊垃圾填埋场竣工。昆明市的生活垃圾运输作业实现了原定中期机械化率95%的目标；城市生活垃圾全部实现了无害化处理。垃圾卫生填埋，减少了过去滇池周围自发形成的数十个简易垃圾堆场，其渗滤液、垃圾对滇池湖泊水体污染，改善了过去城郊接合部垃圾肆虐的局面。

2001年5月1日，占地1778.49亩，日处理能力1500吨的东、西郊垃圾卫生填埋场投入运行，结束了昆明无城市生活垃圾无害化处理场的历史。西郊垃圾填埋场主要负担昆明市五华、西山、高新三区的生活垃圾处理。东郊垃圾卫生填埋场主要负责盘龙、官渡、经开区的生活垃圾处理。各区环卫处负责将辖区内垃圾的收集、清运，垃圾做到日产日清，清运率100%。同时，各区开展对原用的垃圾处理场做封场处理。东、西郊垃圾填埋场实际处理量2600吨/日。2001年，垃圾处理量70万吨；2004年，垃圾处理量82.44万吨；2005年，垃圾处理量91.5万吨；2015年，垃圾处理量121万吨。2007年，普吉垃圾焚烧发电厂建成后，五华、西山、高新三区的生活垃圾基本送至该焚烧厂进行处理，西郊垃圾填埋场定位调整为生活垃圾应急处理设施及垃圾焚烧厂飞灰堆场。自2014年起开始接纳昆明市五座垃圾焚烧厂（普吉、东郊、海口、空港、呈贡）所产生的飞灰。截至2017年10月30日紧急关停，西郊垃圾填埋场共接纳生活垃圾约420万吨、飞灰约25万吨。西郊垃圾填埋场根据地形分为南北两个库区，北库区已填埋垃圾（含垃圾焚烧发电厂飞灰）约400万立方米，垃圾堆体已达超出设计终场标高，南库区尚留有库容。昆明市东郊垃圾卫生填埋场，2010年1月停止接收生活垃圾，共处理生活垃圾376万立方米，超出原设计库容填埋量约180万立方。由于垃圾填埋产生的渗滤液存在对地下水环境造成污染的风险，加之滇池流域保护范围内禁止建垃圾填埋场的新规和填埋场的超负荷运行，昆明的垃圾处置和人民群众生活质量面临着严峻的挑战。2015年，呈贡区旧垃圾填埋场封场工程可研编制、场地测量、规划手续完成；晋宁县垃圾卫生填埋场渗滤液处理站工程建设完成投入运行。

"十二五"期间，昆明市加快推进"城乡一体、统筹规划、布局合理、设施完善"的城乡生活垃圾无害化处理系统建设，改进城乡生活垃圾收集清运方式，采用符合国家标准的技术装备和垃圾收集清运设施，提高垃圾收集清运的装备水平和运行效率，加快昆明市城乡生活垃圾收集清运系统的全面覆盖，逐步提高垃圾分类收集率，实现垃圾运输密闭化。垃圾处理由目前以填埋和焚烧为主转变为焚烧、综合处理、卫生填埋三种方式并存互补，进一步提高城乡生活垃圾的无害化处理率。

**垃圾焚烧发电厂**　2005年，市政府决定率先启动五华、东郊2座垃圾焚烧发电厂的建设。2008年，按照"全收集、禁填埋、全焚烧"的要求，相继建成东、西郊垃圾焚烧发电厂，并启动呈贡新区与晋宁县合建的日处理700吨的呈贡垃圾焚烧发电厂。在取得经验的基础上，先后续建、新建了西山、空港、呈贡3座垃圾焚烧发电厂。2012年，主城区生活垃圾基本实现全焚烧。2015年，生活垃圾日产量5100吨，其中1100吨分类收集无害化处置利用，近4000吨运至处理厂焚烧利用。5座垃圾焚烧发电厂日设计处理能力5300吨总装机容量达10.8万千瓦。运行中的5座垃圾焚烧发电厂投产至今累计处理垃圾600万吨。形成了与昆明市主城区生活垃圾产生量相匹配的无害化处理能力，并使昆明市主城区垃圾焚烧处理设施占比达到100%。据统计，昆明市主城五区2015年生活清运量151.83万吨，生活垃圾处理量为151.83万吨。

**项目投资产能概况表**

表4-9-1

| 名　称 | 投产时间 | 项目投资（亿元） | 设计处理能力（吨／日） | 实际处理量（吨／日） | 占用土地（亩） | 总装机容量（兆瓦） | 年发电（亿度） |
|---|---|---|---|---|---|---|---|
| 五华垃圾焚烧发电厂 | 2008年1月15日 | 3.23 | 1000 | 997 | 100 | 24 | 1.6 |
| 东郊垃圾焚烧发电厂 | 2010年1月1日 | 4.5 | 1600 | 1176 | 150 | 30 | 1.98 |
| 西山垃圾焚烧发电厂 | 2011年9月27日 | 3.31 | 1000 | 740 | 90 | 24 | 1.68 |
| 空港垃圾焚烧发电厂 | 2012年6月30日 | 3.6 | 1000 | 1106 | 100 | 18 | 1.15 |
| 呈贡垃圾焚烧发电厂 | 2012年12月完成点火，2014年12月投入试运行 | 3.5 | 700 | 试运行 | 107 | 12 | 0.75 |
| 合　计 | | 18.14 | 5300 | 4019 | 547 | 108 | 7.16 |

**启动了"8121工程"** 即全市要建成800个规范的垃圾分类资源再利用回收网点，新增1000辆垃圾分类流动回收车，20个垃圾分类资源再利用分拣中转区，建成1个垃圾分类资源化处置中心。主要在城市生活垃圾、建筑垃圾、餐厨垃圾中开展。2012年，在2011年17个居民小区垃圾分类试点工作基础上扩展至34个小区，24个街道办事处。按照每5000户居民的标准设立一个再生资源便民回收亭，已建成分类资源再利用固定回收点76个，流动回收点103个。推行七统一（规则、标识、着装、车辆、衡器、价格、管理统一），开展社区居民垃圾分类工作。有序组织垃圾分类收集进社区、进校园，通过垃圾换蔬菜、垃圾换牙膏，以及中小学生垃圾分类运动会等丰富多彩的活动，引导居民垃圾分类，倡导低碳生活。垃圾收集实现全覆盖和压缩式运输清运，垃圾密闭运输率、清运率、主城区1100吨生活垃圾分类收集无害化处置利用，无害化处理率均达到国家标准，生活垃圾减量化可达21%。主城区生活垃圾分类收集减量化达21%，全部用于无害化处置利用；餐厨垃圾示范项目日处理200吨，转化为汽车压缩天然气日均10000立方米，生物柴油30吨/天，产生的沼渣做成有机肥等资源产品；2个建筑垃圾资源化处理示范项目，年处理规模均为400万吨，生产新型墙材67.2万吨、新型透水砖31.2万吨、新型道路材料126万吨、再生骨料160万吨。2015年，全市建成423个垃圾分类回收网点。市城管综合执法局在中华小学、红旗小学、西坝小学、南站小学、东华小区、桃源广场、官渡古镇、永胜路社区等学校及社区开展垃圾分类宣传活动。

**污水处理** 建有垃圾渗滤液站，生活垃圾析出渗滤液全部收集，采用先进污水处理工艺处理合格后，不对外排放，全部回用于厂区卸料平台冲洗、绿化用水和循环冷却水系统补充水。

**废气处理** 针对垃圾焚烧过程中产生的各类污染物，设置石灰喷入装置、活性炭喷入装置、布袋除尘器，在烟囱中下部安装烟气在线自动监测系统，实现排放达标，保护空气质量。

**飞灰处理** 通过烟气净化设施捕捉燃烧产生的飞灰在灰库中存放，通过添加水泥和药剂固化达标后，送指定区域卫生填埋，保证厂区及周边不受污染。

**炉渣处理** 焚烧炉渣属于一般固体废弃物，通过制作免烧砖的方法进行综合利用，用于制造路缘石、人行道砖、道路基石等，为城市基础设施建设提供新型材料。

2015年，昆明主城区每天产生的生活垃圾达4800吨左右，加强城市生活垃圾分类管理，有利于提升城市生活垃圾减量化、资源化、无害化水平，改善人居环境，市级相关部门召开了城市生活垃圾分类回收管理培训工作会议，将垃圾分类处理作为提升管理水平的重要考量指标。主城区共建卫生公厕2241座，垃圾中转站131座，各类环卫车辆1483辆。

# 第二节 建筑垃圾

为维护市容市貌，加强建筑垃圾管理，推进建筑垃圾"减量化、资源化、无害化"（以下简称三化）进程，保护滇池。2006年7月1日起，昆明市开始执行《关于规范城市建筑垃圾管理的实施办法（试行）》，规定：在昆明规划主城建成区、呈贡新区和空港经济建设区内从事城市建筑垃圾运输、消纳的单位，必须取得《昆明市城市建筑垃圾处置资质许可证》，否则将按照相关规定依法处理。提出了建筑垃圾运输实行公司化、密闭化的工作思路，开始对全市的渣土运输车辆进行整合。2007年，按照行政许可的程序，设置了运输企业核准登记条件，先后核准登记了部分渣土运输企业资质，核发了资质证书，逐步将无序松散的建筑垃圾运输车辆纳入公司化管理的轨道。同时，对全市从事渣土运输的各类车辆分期强制进行密闭化改装并进行登记核准，基本实现了全市建筑垃圾运输车辆密闭改装、公司化运营。2008年，为便于管理、查处违章渣运车辆，要求凡在昆明从事渣土运输的车辆，必须转籍落户昆明，并统一车辆外观颜色，实现渣运车辆本地化。通过努力，2009年，昆明市实现了渣土运输车辆100%本地化、密闭化和公司化。2010年、2011年，对所有渣运车辆均要求安装了标识顶灯，同时通过招投标程序，确定了GPS安装企业，开始对全市渣运车辆安装GPS终端设备。并主城四区、三个开发（度假）区及呈贡区渣土运输管理办分别建立GPS一、二级监控平台，对渣运情况实行24小时全日监控，初步实现了渣土运输管理监控信息化；为实现建筑垃圾减量化、资源化、无害化的目标，对建筑垃圾实行了定点处置。2011年，全市经核准的建筑工程弃土消纳场有18个，建筑废弃物资源化处置利用示范项目2个，逐步遏制了乱拉乱倒的混乱局面。同时，推行保洁责任和代保洁有偿服务制度，要求各建筑施工工地出入口必须进行场地硬化和设置"三池一设备"、建筑施工场地的围栏必须达标，并对较大施工工地派员进行现场督察，督促落实渣运车辆的密闭措施和"三池一设备"的使用。先后下发了《加强渣土和建筑垃圾管理的通告》《建筑垃圾和散体物料运输管理的通告》《建筑垃圾运输管理办法》《昆明市建筑垃圾管理实施办法》《昆明市建筑垃圾管理办法实施细则》《关于建立昆明市建设工程施工工地代保洁制度的实施意见（试行）》等一系列规章制度，规范建筑垃圾运输处置。2012年，组织完成对主城建成区全部施工项目七个"百分之百"工作，即各施工工地监督员100%落实到位；施工工地"三池一设备"100%设置到位；建筑垃圾消纳场"三池一设备"100%设置到位；建筑垃圾运输车辆GPS定位设备100%安装到位；运输车辆执行定时清洁制度100%落实到位；采取记分管理办法强化渣土运输企业及运输车辆管理100%覆盖到位；渣土运输企业及从业人员组织定期教育培训、执证上岗100%落实到位。

经过多年的实践，昆明已经摸索出一条建筑垃圾资源化处理之路。建筑垃圾资源化处理可以将建筑垃圾加工成混凝土骨料、新型墙体材料的原料、道路基层填辅料。具有实现建筑垃圾减量化、资源化、节约天然资源、保护生态环境等优势，并具有较高的经济价值。如：高铁开挖原水泥路面，水稳层，其可就地再生减少运输成本及避免二次污染。据不完全统计，昆明周边几十家砖厂采用建筑垃圾为原料生产免烧砖，几乎所有高层建筑都使用了此类再生砖块。2010年，根据《城市建筑垃圾管理规定》，制定了《昆明市城市垃圾管理办法》《昆明市城市建筑垃圾管理实施办法》及实施细则。细则明确规定：建筑垃圾是指建设单位、施工单位或拆迁单位新建、改建、扩建和拆除各类建筑物、构筑物、管网等，以及居民装饰装修房屋过程中所产生的弃土、弃料及其他废弃物，包括建筑废弃物和工程弃土。建筑垃圾处置按照"谁产生、谁负责、谁付费"的原则，建设业主单位应当承担建设工程中建筑垃圾的资源化处理费用和建筑垃圾的运输费用。废弃土石方委托有资质单位清运处置。2011年，建筑垃圾资源化处理项目设备安装调试完成，并投入运行。2015年，昆明已经建立建筑垃圾处置站2个，建设城市垃圾分类资源再利用回收网点76个。

## 第三节 危险废弃物

全市危险废弃物主要是医疗废弃物、工业危险废弃物以及放射性废弃物。其中：工业危险废弃物的处理、处置由各企业自行负责，分散或集中处理。医疗废弃物、放射性废弃物由昆明市固体废弃物处置中心收集、运输、集中焚烧后，送垃圾填埋场进行卫生填埋。20世纪80年代，每天焚烧7—8吨。1988年，城区医疗固体废弃物生产量约1800吨，开始在安宁太平乡小河村建设焚化场进行处理。同年，云南省放射性废物处置站在安宁建成，送云南省放射性废物处置站集中处理。2004年，市级医疗机构产生的医疗废物2800吨。同年，成立昆明市危险废物监督管理所，完成医疗废物处理处置建设用地规划、用地手续、BOT营运招投标工作。2005年，市级医疗机构产生的医疗废物3157.5吨，全部交昆明市固体废弃物处置中心集中处置，集中处置率99.94%。"十五"期间，昆明市产生危险废弃物4.45万吨，其中：工业废弃物3.11万吨，放射性废物2400吨，医疗废物1.09万吨。危险废弃物综合利用量1.86万吨，处置1.35万吨，贮存1.24万吨。2007年2月，昆明市医疗废物集中处置中心投入试运行。该中心是《全国危险废物和医疗废物处置设施建设规划》的31个综合性集中式危险废物处置项目之一，同时被列入《滇池流域水污染防治"十五"计划》及昆明市"创模""创卫"重点项目，是云南省内第一个较大规模并具有示范性的重要环保项目。工程分两期建设，一期建设处理规模34000吨/年，二期建设处理规模80000吨/年。2011年11月28日，与医废中心签订处置合同的医疗卫生机构达2430家，处理医疗废物8280吨。共收集危险废物30828吨，涉及危险废物种类达16类。2013年，昆明市危废中心与935家危废产生单位签订了处置协议，共收集危险废物8290.6吨，已处置66.7吨，贮存16289吨。同年1月11日，将原贮存于云南双鹤医药有限公司化玻站仓库的24858千克废弃危险化学品全部清运至危废中心，已处置废弃危化品8085.50千克。2014年，昆明市对3553家医疗卫生机构所产生的9771吨医疗废物进行了集中收集处置。昆明市产生工业危险废569913.642吨，综合利用489395.207吨，处置80518.435吨，工业危险废物处置利用率为100%。2015年，市环保局督促昆明北方红外技术股份有限公司、云南昆船第一机械有限公司等62家单位279枚废旧放射源完成收贮；督促昆明理工大学完成其生命科学与技术学院14C非密封放射性物质完成收贮。自2013年5月起，核发211个辐射安全许可证；办理42家辐射工作单位辐射安全许可证延续手续、125起辐射安全许可证变更手续；注销30个辐射安全许可证；审批339个辐射项目环评；完成84个辐射项目竣工环境保护验收。做到危险废物申报登记管理工作全覆盖。昆明市危险废物处置利用率100%、医疗废物集中处置率100%。

# 第四节　垃圾处理费

1995年，为加强城镇生活垃圾的管理，逐步实现城镇生活垃圾处理的无害化、减量化、资源化，创造清洁、优美的城市工作、生活环境，促进我市改革开放的进一步发展，市政府出台了《昆明市城镇生活垃圾处理服务费征收管理办法》，于1996年1月1日起施行。2007年，为加快城市垃圾处理步伐，提高垃圾处理质量，改善城市生态环境，经市政府第三十次常务会议研究同意，下发了《昆明市城市垃圾处理收费管理办法》。办法规定本市主城规划区范围内全面实行城市垃圾处理收费制度。国家机关、社会团体、部队、企事业单位、个体经营者、城（镇）居民（含暂住人口）所有产生的城市垃圾，应当按照规定的时间、地点和方式投放，并按规定缴纳城市垃圾处理费。昆明市城市垃圾处理费收费标准：城（镇）居民10元/户·月，流动人口2.5元/人·月；国家机关、社会团体、部队、事业单位1.5元/人·月或180元/吨；生产经营单位、个体经营者：日产垃圾量1吨（含1吨）以上的，按垃圾量180元/吨计算。日产垃圾量低于1吨的，按垃圾日产生量计算。日产垃圾量0.005吨（含0.005吨）以下，每月30元。日产垃圾量0.005—0.01吨（含0.01吨），每月60元；日产垃圾量0.01—0.05吨（含0.05吨），每月120元；日产垃圾量0.05—0.99吨（含0.99吨），每月180元；商铺0.75元/月·平方米；餐饮业1.5元/月·平方米，或者双方协商计量收取；单位自清自运至垃圾中转站的，120元/吨，单位自清自运至焚烧发电厂的，处置费90元/吨；垃圾处置场（填埋）的处置费收费标准为60元/吨。焚烧发电厂的处置费收费标准为90元/吨；粪便属于生活垃圾，粪便清掏清运处置费180元/吨；建筑垃圾（单位、居民改扩建装修所产生的弃土、弃料及其他废弃物）150元/吨。2012年7月1日起，试行生活垃圾处理费由昆明自来水集团有限公司代收，提高了生活垃圾处理费收取率。2016年，中心城区共收取生活垃圾处理费1.75亿元，收取率超过85%。

# 第十章 生态修复

"九五"和"十五"期间，滇池被列为国家重点治理的"三河三湖"之一和云南省"九大高原湖泊"水污染防治之首，滇池流域水污染防治工作确定了"污染控制、生态修复、资源调配、监督管理、科技示范"的20字方针。其中，入湖污染源控制被列为滇池水污染防治工作的第一要务，生态修复首次被列为滇池保护治理工作的一项重要措施。"十五"期间，在滇池湖滨先后开展了东风坝退塘还湖及生态修复工程、捞鱼河口湿地建设一期工程、王家堆渠湿地建设、无耕作水稻推广及五甲塘湿地公园等一批湿地建设及生态修复措施。"十一五"和"十二五"期间，在总结前期工作的基础上，省、市确立的滇池保护治理工作围绕以环湖截污和交通工程、入湖河道整治工程、农业农村面源治理工程、外流域引水及节水工程、生态清淤工程和生态修复与建设工程为主要内容的"六大工程"全面展开。其中，修复滇池环湖生态、建设湖滨生态湿地以及恢复流域面山植被成为滇池保护治理工作中的重要一环。到"十二五"末，在环滇池湖滨已初步建成总面积约33.3平方千米、植被覆盖率超过80%的以自然生态恢复为主的高原湖滨闭合生态岸带，且部分区域通过景观改造建成了向市民开放的湿地公园。

## 第一节 规划及早期工作

2002年，市人大常委会批准实施《滇池保护条例》，其中明确规定滇池正常高水位1887.4米水位线向陆地延伸100米至湖内1885.5米之间的面积约为15.3平方千米区域（防浪堤外延100米）为湖滨带，属滇池水体保护范围，其间不得有围湖造田、围堰养殖及其他侵占湿地的行为，只能进行有关湿地恢复的生态建设工作。2003年4月初，市滇池管理局委托清华大学、市环境科学研究所和市水利水电勘测设计院联合编制《环滇池生态保护规划》。该规划以清华大学环境科学与工程系专家为课题负责人，开展了对滇池流域生态系统、水资源平衡、土地资源承载力、水环境容量、水污染控制能力和流域生态环境承载力的综合分析。在此基础上，以可持续发展战略为指导，以滇池水环境质量改善为核心，以"水体污染物排放控制体系"的工程建设为主线，规划建设结构合理、功能协调的区域生态系统，在城市发展的同时注意增强流域生态保护能力，改善生态环境，按照实现经济发展与环境保护双赢的新发展模式，提出滇池流域的生态保护总体战略决策。同年10月10日，规划编制组向市政府上报了经专家评审的规划文本，并于12月26日获市政府批准实施。

2004年，市滇池管理局在沿湖4个县（区）政府的配合下，进行了初步摸底调查，提出《进一步加强滇池面源污染控制和湖滨生态湿地建设工作实施意见》，为开展湖滨生态湿地建设提供了依据。呈贡县在大渔乡湖滨进行了241亩的捞鱼河生态湿地建设，按所定借地补偿标准逐户统计补偿经费，张榜公示后及时向农户兑现。官渡区完成原英人集团用地的规划选址意见、规划许可证、土地的勘测定界工作，将有关资料上报市土地储备中心，土地储备中心招拍挂后，湿地建设正式启动。西山区启动了蓝彩云温泉度假村107亩鱼塘及王家堆渠入湖口片区的96亩生态湿地建设。2005年，市滇池管理局为探索滇池湖滨生态湿地建设与农业产业结构调整有机结合的新路子，在2004年进行无耕作方式种植水稻试验的基础上，在晋宁县实施了1200亩无耕作水稻种植的规模化推广，为滇池湖滨湿地建设进行了有益探索。2006年，在无耕作水稻种植示范区加强宣传和科技示范推广力度，开展技术培训，并在晋宁县完成了2000亩"无耕作水稻"推广任务。

为了更好地指导滇池生态湿地建设，在《环滇池生态保护规划》的框架下，2004年11月，市滇池管理局通过公开招投标，最终确定由清华大学牵头承担完成《滇池湖滨生态湿地建设控详规》的编制工作，该规划对滇池湖滨自然、社会、经济和环境等现状进行进一步详细调查，对规划范围内的自然环境、土地和人口等综合因素进行科学分析，建立数据库；对社会经济发展的污染负荷和环境承载能力及规划区内的社会经济、产业布局、自然条件、防浪堤拆除、人口搬迁等要素进行研究。在此基础上确定湿地建设规模，明确湿地建设界线和各片湿地类型，提出建设资金的筹措方式和相关的政策保障体系。2005年5月26—27日，该详细规划通过专家评审，并经市政府审批实施。

2006年，依据《滇池湖滨生态湿地详细规划》，市滇池管理局牵头制定了各县（区）滇池湖滨湿地建设任务。各县（区）政府也根据安排开展滇池湖滨带现状调查及湖滨湿地建设"三退三还"的前期工作。2008年，按照市委、市政府的安排，市滇池管理局作为环湖生态建设前期工作的责任单位，按照基本建设审批程序要求，组织开展工程的前期工作。2009年1月10日，市滇池管理局根据市委、市政府的安排，委托清华大学等单位编制完成《滇池外海环湖湿地建设工程可行性研究报告》。报告按《滇池湖滨生态湿地建设详细规划》的思路，结合湖泊自然生态系统对湿地规模的基本需求、外流域引水对滇池水环境现状引起的变化、投资、效益和可操作性等因素，提出以滇池环湖生态建设的核心，在滇池保护界桩向陆地外延100米、总面积约33.3平方千米（5万亩）范围内开展"四退三还"（退塘、退田、退人、退房，还湖、还林、还湿地），建设湖岸亲水型湿地和湖滨林带。同时，在有条件的湖岸逐步拆除防浪堤，逐步健全和完善滇池湖滨良性生态系统。

滇池"四退三还"湖滨生态建设工作分两个阶段。第一阶段为"两退两还"，即对滇池外海沿岸耕地、鱼塘全面实施退田还林、退塘还湿工作。为此，市委、市政府下达了《滇池环湖生态建设两年闭合实施方案》和《滇池外海"两退两还"生态建设实施方案》。其中，北岸保留旅游度假区现状，其他区域以界桩外延100米为界；呈贡县（含旅游度假区）以界桩外延100米为界；晋宁县新街至上蒜段以界桩外延200米为界，其他区域以界桩外延100米为界；西岸以高海公路为界，结合景观路建设进行"两退"工作。第二阶段开展退人、退房，进行湿地提升改造，建设湖岸亲水型湿地和湖滨林带，逐步形成良性的湖滨生态系统。

图4-10-1-1　滇池环湖生态建设工程平面图

2009年，市政府下发《滇池湖滨"四退三还"生态建设工作指导意见》，进一步明确了滇池湖滨生态建设的工作原则和相关扶持政策。为进一步推进滇池生态修复与建设工作，在滇池"十一五"规划完成1.44万亩生态湿地建设任务的基础上，"十一五"期间在滇池保护界桩向陆域外延100米范围内组织实施了"四退三还"工程，并逐步开展湖滨生态建设。该工程涉及环滇池湖滨区面积为33.3平方千米，建设内容包括恢复湖内湿地10460亩，建成湖滨湿地18240亩、河口湿地2400亩、湖滨林带1.89万亩，并对滇池湖滨9个省属单位及驻昆部队搬迁进行逐一恳谈，开展环滇池"退人、退房"工作，明确搬迁的具体时间进度，推动、帮助、支持滇池湖滨生态建设。

# 第二节 退塘退田

2008年，按照市委、市政府的工作安排，市滇池流域水环境综合整治指挥部办公室制定并下达《滇池环湖生态建设两年闭合实施方案》和《滇池外海"两退两还"生态建设实施方案》，以沿湖各县（区）为主在滇池保护界桩向陆域外延100米范围内开展了大规模的退塘、退田行动。滇池湖滨的土地利用形式多为蔬菜、花卉种植，以及用作鱼塘养殖，各种形式的农业生产成为湖滨区的主要人为活动景观。

## 退塘退田前滇池湖滨常见湿地植物物种调查情况一览表

表4-10-1

| 生态类型 | 科 | 中文名 | 拉丁名 |
|---|---|---|---|
| 陆生植物 | 禾本科 | 狗牙根 | *Cynodondactylon* |
| | | 扁穗雀麦 | *Bromuscartharticus* |
| | 豆科 | 白花三叶草 | *Trifoliumrepens* |
| | | 天蓝苜蓿 | *MedicagoLupulina* |
| | 菊科 | 青蒿 | *Artemisiaannua* |
| | | 紫茎泽兰 | *Eupatoriumadenophorum* |
| | 藜科 | 土荆芥 | *Chenopodiumambrosioides* |
| | 十字花科 | 独行菜 | *Lepidiumapetalum* |
| | 茄科 | 龙葵 | *Solanumnigrum* |
| | 桃金娘科 | 蓝桉 | *Euca1yptusglobulws* |
| | 杨柳科 | 垂柳 | *Salixbabylonica* |
| | | 龙爪柳 | *Salixmatsudana* |
| | 马鞭草科 | 马鞭草 | *Verbenaofficinalis* |
| | 大戟科 | 蓖麻 | *Ricinuscommunis* |
| 湿生植物 | 禾本科 | 稻 | *Oryzasativa* |
| | | 双穗雀稗 | *Paspalumdistichum* |
| | | 稗子 | *Echinochloacrusgalli* |
| | | 薏苡 | *Coixlachryma-jobi* |
| | | 早熟禾 | *Poaannua* |

续表

| 生态类型 | 科 | 中文名 | 拉丁名 |
|---|---|---|---|
| 湿生植物 | 禾本科 | 芦竹 | *Arundodonax* |
| | 莎草科 | 莎草 | *Cyperusspp* |
| | 灯心草科 | 灯心草 | *Juncuseffuses* |
| | 天南星科 | 芋 | *Colocasia esculenta* |
| | | 马蹄莲 | *Zantedeschia aethiopica* |
| | 凤仙花科 | 水凤仙 | *Impatiensaquatilis* |
| | 蓼科 | 辣蓼 | *Polygonum hydropiper* |
| | 柳叶菜科 | 沼柳叶菜 | *Epilobium blinii* |
| | 苋科 | 喜旱莲子草 | *Alternanthera philoxeroides* |
| | 泽泻科 | 茨菇 | *Sagittaria sagittifolia* |
| | | 泽泻 | *Alisma plantago-aquatica* |
| | 木贼科 | 节节草 | *Equisetumramosissimum* |
| 挺水植物 | 禾本科 | 茭草 | *Zizania cadaciflora* |
| | | 芦苇 | *Phragmites communis* |
| | | 水葱 | *Scirpus validus* |
| | 香蒲科 | 香蒲 | *Typha orientalis* |
| | 天南星科 | 菖蒲 | *Acoruscalamus* |
| | 伞形科 | 水芹 | *Oenanthe javanica* |
| 漂浮植物 | 雨久花科 | 凤眼莲 | *Eichhornia crassipes* |
| | 浮萍科 | 紫背萍 | *Spirodela polyrrhiza* |
| | 槐叶萍科 | 槐叶萍 | *Salvinianapans* |
| | 满江红科 | 满江红 | *Azolla pinnata* |
| 浮叶植物 | 莲科 | 莲 | *Nelumbonucifera* |
| | 水鳖科 | 水鳖 | *Hydrocharis dubia* |
| 沉水植物 | 金鱼藻科 | 金鱼藻 | *Ceratophyllumdemersum* |
| | 眼子菜科 | 菹草 | *n crispus* |
| | | 篦齿眼子菜 | *P.pectinatus* |
| | 小二仙草科 | 狐尾藻 | *Myriophyllumspicatum* |

滇池外海"两退两还"生态建设区域涉及沿湖4个县（区）和滇池旅游度假区的12个乡（镇）、59个行政村。至2008年末，滇池周边沿湖各县（区）采用一次性补偿及租用等方式共计完成"两退两还"（退塘还湖、退田还湿）总面积约3万亩（含集体用地，但不含湖内湿地及部分湖滨陡岸带面积）。

**滇池环湖生态建设类型及规模任务一览表**

表4-10-2

单位：亩

| 片　区 | 湖内湿地 | 湖滨湿地 | 湖滨林带 | 合　计 |
|---|---|---|---|---|
| 西山区 | 3500 | 1800 | 11300 | 16600 |
| 官渡区 | 2560 | 3440 | 2000 | 8000 |
| 呈贡县 | 1400 | 2900 | 2200 | 6500 |
| 晋宁县 | 3000 | 12500 | 3400 | 18900 |
| 合　计 | 10460 | 20640 | 18900 | 50000 |

# 第三节　退人退房

1949年后，随着滇池流域水利工程的不断建设，滇池周边长期存在的水患问题逐渐减轻。特别是20世纪70年代大规模开展"围海造田"后，滇池湖滨不仅有村民居住，同时也是部分中央、省、市属企（事）业单位的所在地。

**滇池湖滨"四退三还"范围内中央、省、市属企（事）业单位一览表**

表4-10-3

| 序 | 县（区） | 单位名称 | 占地面积（亩） | 性　质 |
|---|---|---|---|---|
| 1 | | 武警黄金十支队 | 65 | 部　队 |
| 2 | | 78145 部队 | 70 | 部　队 |
| 3 | | 云南新华印刷五厂（原7217工厂） | 27 | 省　属 |
| 4 | | 云南国资水泥海口有限公司 | 119 | 省　属 |
| 5 | 西山区 | 云南省工人疗养院 | 615 | 省　属 |
| 6 | | 云南省交通疗养院 | 410 | 省　属 |
| 7 | | 昆明市滇池渔政处山邑村检查站 | 1 | 市　属 |
| 8 | | 高海公路管理处收费站 | 1 | 市　属 |
| 9 | | 昆明市工人疗养院 | 52.5 | 市　属 |
| 10 | 官渡区 | 昆明艺术职业学院 | 194.6 | 省　属 |
| 11 | | 云南省委机关印刷厂 | 13 | 省　属 |

续表

| 序 | 县（区） | 单位名称 | 占地面积（亩） | 性 质 |
|---|---|---|---|---|
| 12 | 官渡区 | 第五自来水厂罗家营分厂 | 40 | 市 属 |
| 13 | | 云南省监狱管理局农业科学研究所 | 338.5 | 省 属 |
| 14 | | 云南省第一女子监狱 | 3550 | 省 属 |
| 15 | 晋宁县 | 云南省警察协会培训基地 | 105 | 省 属 |
| 16 | | 云南省公安边防总队农场 | 105 | 省 属 |
| 17 | | 昆明化肥有限责任公司滇池提水泵站 | 4.3 | 市 属 |

2009年，按照市委、市政府关于"一湖三环，两年闭合"的要求，在滇池湖滨"两退两还"的基础上，结合"退塘、退田"工作成果，重点实施"退人、退房"工作。借鉴《无锡市征用土地补偿和被征地农民基本生活保障的办法》，参照《昆明市城镇房屋拆迁安置管理办法》，同年2月25日,市滇池流域水环境综合治理指挥部办公室下发《关于统计上报滇池外海保护界桩外延100米范围内建（构）筑物和人口的通知》，对环湖生态建设范围内的人口及建（构）筑物进行摸底排查，同时对滇池湖滨"四退三还"范围内中央、省、市属企（事）业单位进行调查统计，其后下达了滇池沿湖县（区）"退人、退房"任务。"退人、退房"工作采用包括货币安置、实物安置、企业搬迁等方式进行。至"十二五"末，滇池湖滨共完成退房145.3万平方米，退人2.5万人，搬迁省属及驻昆部队单位4个,市属、县（区）属及以下企事业单位46户。

**滇池沿湖县（区）"退人、退房"任务一览表**

表4-10-4

| 县（区） | 退人（人） | 退房（万平方米） | 备注 |
|---|---|---|---|
| 旅游度假区 | 3300 | 17 | |
| 西山区 | 8700 | 60 | 高海路以东 |
| 官渡区 | 1200 | 4.5 | |
| 呈贡县 | 1100 | 6.4 | |
| 晋宁县 | 11200 | 50 | |

# 第四节 防浪堤处置

为防止风浪袭击滇池沿岸海田，避免水土流失，从宋朝起便一直有在滇池湖滨修筑防浪堤的历史。近代的滇池外海防浪堤建设始于1958年福海公社组织村民"打海堤"，并以此拉开了滇池建堤围湖造田序幕。1958—1988年，官渡、西山、呈贡、晋宁4县（区）共筑堤（包括护河、护沟堤）113.147

千米，其中官渡区32.94千米、西山区21.893千米、呈贡县25.96千米、晋宁县32.386千米。筑防浪堤虽对减轻沿岸的洪涝灾害起到了较好作用，但也导致了水体与湖滨带的隔断，水陆间失去了自然的过渡而形成两种完全不同的生态环境，原先滇池生物多样性最丰富的浅滩已不复存在。为实现滇池水体与湖滨带陆域重新联通，恢复历史上水陆交错的湖滨生态结构，促进水生生态系统和陆地生态系统的物质和能量交换，增加滇池水面和蓄水量，发挥已建湿地和生态林带的净化功能，进一步改善滇池水质，保护"四退三还"成果，促进滇池生态系统的良性循环，从"十一五"末起，在滇池湖滨"四退三还"工作快速推进的同时，开展了防浪堤的处置工作。

## 前期工作

2005年，清华大学采用数学模型对滇池沿岸防浪堤拆除后不同水位高程情形下的淹没范围进行模拟。结果表明：在建成环湖路以后，滇池水位高程为1887.4米时淹没范围为17平方千米，1887.5米水位时淹没范围为19平方千米。2008年，经现场调查，滇池沿岸尚存沿岸防浪堤共116.87千米，主要为毛石与混凝土建成，其中以滇池北岸主城区下游的防浪堤建设规模最大；滇池东北岸官渡区与北岸呈贡县斗南镇的滇池水面普遍高于堤内耕地，防浪堤坚固完好；南岸晋宁县的古城镇、中和乡的防浪堤坚固完好，其余各乡（镇）的防浪堤都有不同程度破损。

鉴于滇池外海防浪堤较长，各段风浪差别较大，淹没影响各不相同，因此对滇池外海部分防浪堤拆除不是采取简单拆除，而是根据各段不同的具体情况，采取不同的处置方式。2009年，市滇池管理局制定了《滇池湖滨防浪堤生态化处置方案》，由市政府下发沿湖县（区）实施。对滇池外海部分防浪堤拆除按照"科学规划、因地制宜、一段一策、分步实施"的原则，紧密结合各地段的实际可实施条件，科学、有序推进。其中，对堤后为低洼的地段，拆除浆砌石、混凝土防浪堤实现水体交换，退后建设生态堤埂防浪防淹；对堤后为平地或坡地的地段，拆除浆砌石、混凝土防浪堤，原处建设生态护坡防浪；对河道、沟渠堤埂较低的地段，加高堤埂并设闸挡水防止淹没；对风浪较大的东岸，采取硬质护坡为主抵御风浪，风浪较小的西岸，采取软质护坡改善生态。

## 工程实施

按照市政府的安排，滇池外海部分防浪堤一期计划拆除48.6千米，分别由滇池沿湖的官渡区、西山区、呈贡区、晋宁县和昆明滇池国家旅游度假区作为责任主体负责实施。其中，西山区拆除10千米、官渡区拆除7.7千米、呈贡区拆除0.9千米、晋宁县拆除23.3千米、度假区拆除6.7千米。至2013年，滇池外海共完成防浪堤拆除36.54千米、开展生态堤埂建设22.06千米。其中，官渡区拆除防浪堤0.41千米、建设生态堤埂0.68千米（罗家营村段）；西山区拆除防浪堤12.09千米（龙门村段1.19千米、富善村段3.7千米、西华村段3.1千米、观音山村段2千米、海丰村段2.1千米）；呈贡区拆除防浪堤0.62千米（北江尾村段）；晋宁县拆除防浪堤17.82千米、建设生态堤埂21.38千米（晋城镇三合村、安乐村段拆除防浪堤0.75千米，建设生态堤埂2.18千米；晋城镇沙堤村段拆除防浪堤2.41千米、建设生态堤埂2.9千米；晋城镇团山村、海晏村、梁王村段拆除防浪堤3.75千米，建设生态堤埂3.4千米；上蒜镇石寨村、河泊村、牛恋村段拆除防浪堤3.23千米、建设生态堤埂3.34千米；昆阳街道渠东村、2814鱼塘、兴旺村段拆除防浪堤2.58千米，建设生态堤埂2.8千米；昆阳街道兴旺村、墩子村段拆除防浪堤2.7千米、生态堤埂建设3.38千米；昆阳街道甸心村、古城村、恢厂村、旧寨村段拆除防浪堤2.4千米、建设生态堤埂3.44千米）；滇池旅游度假区拆除防浪堤5.6千米（大渔片王家庄、罗家村段）。

# 第五节　湿地恢复与建设

## 总体湿地建设

2008年开始，全市开展了以湖内湿地、湖滨湿地、河口湿地、湖滨林带4种建设模式的生态建设，逐步恢复湖泊生态系统的良性循环。2013年，市委、市政府研究制定了《关于深入推进滇池湖滨生态建设工作的意见》《关于进一步加强滇池环湖路内新建、改（扩）建项目生态建设规划设计方案技术审查的办法》和《滇池外海部分防浪堤拆除生态斜坡及生态堤埂建设技术要求》等配套政策。至当年底，在滇池外海环湖湖滨完成48470亩湿地恢复与建设。其中，湖内湿地保护完成11124亩，河口湿地建设2533亩，湖滨湿地恢复16589亩，营造湖滨林地18224亩（包含陡岸带5611亩）。同时，按照建设世界知名高原湖滨生态城市的要求，编制完成了环湖路以内76平方千米范围环滇池生态湿地公园规划，进一步细化了滇池湖滨"四退三还"及生态建设中有关土地征用、流转、搬迁及安置房建设等项目的具体措施和相应政策。

2014年，完成了环滇池生态圈、文化圈、旅游圈规划、环滇池区域文化遗产体系提升利用规划、环滇池区域生态建设控制性详细规划指标体系研究以及11块生态湿地提升建设方案，海埂公园提升改造、盘龙江西岸入湖口湿地公园、盘龙江东岸入湖口湿地、官渡海东湿地公园、官渡王官湿地公园、呈贡斗南湿地公园、大渔捞鱼河湿地、晋宁东大河水上森林公园全面实施，滇池西岸观音山南、观音山北、西华湿地公园动工建设。至2015年底，在湖滨一级保护区33.3平方千米范围内全面实施"四退三还"，完成退塘退田4.5万亩、退房2174.5亩、退人2.5万人、拆除防浪堤43.14千米，恢复滇池水域面积11.51平方千米，建成湖滨生态湿地5.4万亩。其中，官渡区初步建成滇池泛亚国际城市湿地、五甲塘湿地成为滇池北岸的湿地公园，滇池旅游度假区开展湖滨生态建设4600亩，晋宁县建立总面积2万亩的滇池湖滨生态湿地25块，西山区建成2.5万亩的生态湿地，呈贡区建成斗南湿地、大渔捞鱼河湿地等。大小不一、点面结合的湿地星罗棋布地散落在滇池边，湖泊生态系统的良性循环得到逐步的恢复，历史上首次实现"湖进人退"，湖滨带生态功能和生物多样性逐步恢复，一些消失多年的海菜花等水生植物、金线鲃等土著鱼类、鸟类重新出现。

**图4-10-5-1 滇池外海环湖湿地建设图**

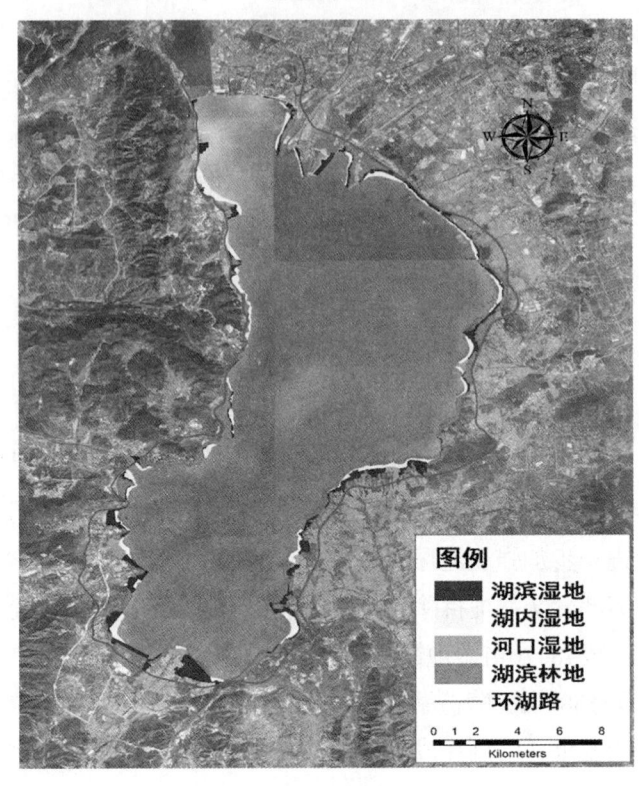

图例
- 湖滨湿地
- 湖内湿地
- 河口湿地
- 湖滨林地
— 环湖路

## 重点湿地建设

**宝丰湿地** 位于官渡区宝丰半岛，以湿地生态景观为特色，兼顾面源污染控制，总建设面积为1913亩。工程建设引种了部分香蒲和中山杉等植物，防浪堤内的鱼塘内沉水植物主要为穗状狐尾藻群落，防浪堤外滇池湖内有少量篦齿眼子菜零星分布。建成后共记录鸟类22种，包括国家Ⅱ级重点保护鸟类普通鵟、红隼。该湿地建设共实现退人176人、退田1007亩、退塘33亩，可直接削减污染负荷COD3.1吨、总氮1.5吨、总磷0.14吨，对上游农村面源污染具有一定消纳能力。

**王官、斗南湿地** 位于滇池东北岸环湖路至护岸线之间，在保留原有长势良好的乔木、道路、生态稳定的塘库系统基础上，实施相应防浪堤拆除，道路、塘库改造改善措施，新建功能性的道路、亲水平台、观鸟塔等。湿地建设初期，官渡区、呈贡区对现有水系进行梳理，增大水系面积，使其满足水质净化的需求。为恢复多样性的植被系统，营造物种生存空间，在本区域内采用了大量的具有典型性的乡土湿地植物，乔木灌草搭配，在满足湿地生态恢复的同时，实现了四季景观变化。官渡区王官湿地于2012年6月开工建设，总占地面积约715亩，总投资约3.14亿元，共栽种乔木3300余株，种植地被36万平方米，修建园路3400米，铺设栈道3800米。作为环滇池生态湿地之一，项目依据现有长条形的地形，通过拆除防浪堤增加湿地水体与滇池水体之间的连通，同时根据环滇池生态圈、文化圈、旅游圈的要求，配套建设自行车和人行慢行系统，于2016年元旦正式对公众开放。斗南湿地位于呈贡区斗南社区环湖南路面湖一侧，占地面积约1585亩。该湿地将洛龙河污水处理厂一级A标的尾水作为湿地来水，通过湿地净化至四类水后进入滇池。同时，恢复区域生态系统，提升景观效果和品质，配套自行车和人行慢行系统，项目规划投资9.3亿元，分两期建设。一期湿地于2014年5月开工建设，工程建设规模700亩，共种植乔木、灌木8950株、铺设景观石2.42万吨、地被25.76万平方米、建设观景平台6个、亲水平台15个，总投资1.4亿元，于2016年元旦正式向公众开放。

**捞鱼河湿地**　位于国家滇池旅游度假区大渔片区捞鱼河入湖口两侧，为表流湿地，由原来退出的水稻田、鱼塘改造而成，以控制农村、农业面源污染为主，兼顾退化生态系统的恢复。该湿地始建于2004年，由呈贡县组织实施，2005年完成建设241亩，是滇池湖滨较为早期的湿地项目。至2013年，该湿地建设共实现退人295人、退田673亩、退塘93亩，可直接削减污染负荷COD 5.5吨/年、总氮1.1吨/年、总磷0.1吨/年。湿地区域湖滨林带以中山杉为主，挺水植物以芦苇为优势物种，部分区域李氏禾、双穗雀稗、香蒲占优。建成后共记录鸟类33种，包括国家Ⅱ级重点保护鸟类普通鵟和黑翅鸢。2014年10月，国家滇池旅游度假区作为项目业主对湿地进行改扩建，将湿地靠近环湖路一侧的中山杉林一并考虑，通过河道滚水坝工程建设，抬高河道水位，将河道水与捞鱼河污水处理厂尾水全部截入湿地，并通过2级布水系统建设延长水停留时间，充分发挥了湿地的环境效益功能；建成开放生态停车场、水上森林景观、观景台、4.2千米慢行系统、游憩和管理栈道等主要景观。2015年2月26日，提升改造工程完工，成为一个以水体净化、生态修复、生态保育功能为主，同时兼具湿地保护、科普宣传教育、湿地观光游赏、湖滨休闲游憩、旅游配套服务等功能的环境保护型生态湿地，同年5月1日对市民开放。

**白鱼河湿地**　位于滇池南部晋宁县晋城镇白鱼河入湖口南侧。由于上游河水中泥沙含量大，常年的冲击使白鱼河入湖口形成了较为典型的扇形河口漫滩，有人工种植茭瓜的历史。滇池水位提高后，茭瓜种植被废弃，自然连片生长大面积茭草及芦苇。2005年，市环保局在该区域以原自然生长的茭草为基础，实施了面积122.75亩的湖内沼泽湿地建设。2009年后，随着滇池流域"四退三还"工作的开展，在该湿地开挖布水沟渠及水塘，种植水生、湿生植物及乔木，建成了具有一定规模的湖滨湿地。湿地挺水植物以芦苇、茭草为优势物种，部分区域李氏禾、双穗雀稗、香蒲占优，湿地来水为区间农田汇水和周边村落污水，总体水质为劣Ⅴ类，超标的指标为CODcr，来水中总氮、SS的削减率分别为37.1%和42.9%。

**东大河湿地**　位于晋宁县昆阳镇的兴旺半岛，以面源污染处理为主，兼顾湿地生态系统的重建，总建设面积为3170亩，其中湖滨湿地面积为2328亩。新种植的水杉、茭草、美人蕉等湿地植物与原有植物共同构成了河口生态群落，形成了自然的"河、沟、塘、湖"湿地生态系统。湿地内植被类型丰富，有6个植被型组、12个植被（亚）型、51个群系，植物有223种，隶属80科176属。建成后共记录鸟类64种，包括国家Ⅱ级重点保护鸟类普通鵟、黑鸢、黑翅鸢、红隼。该湿地建设共实现退人143人、退田533亩、退塘2310亩，每年可削减COD 412.1吨、总氮184.3吨、总磷3.9吨，对上游农村面源污染具有一定消纳能力。2014年，该湿地被列为滇池湖滨第一个国家试点建设的国家湿地公园项目，在原生态湿地的基础上按照国家湿地公园的标准进行湿地恢复和建设，当年5月启动建设。2015年5月28日，该湿地"云南晋宁南滇池国家湿地公园试点"一期建设工作完成，总投资2.33亿元（不含征地拆迁费用）。项目分为水上森林生态湿地公园及恢复湖滨沙滩两个部分。其中水上森林（一期）共完成景观水系4900米，种植乔木2800余株，完成中山杉移植18346株，打捞水葫芦713477平方米，滇池片石驳岸9000平方米，景石摆设16.5万吨；湖滨沙滩完成水下清淤14.8万立方米，水、岸交界处换填片石2888立方米、沙滩铺沙14950立方米，建设木栈道1070米、茅草亭8座、种植乔木1700株、灌木4500株，于2016年元旦正式对公众开放。

**西华湿地**　位于西山区西华村，以农村面源、生活分散源污染控制为主，同时构建湿地生态系统。该湿地总建设面积为1138亩，其中湖内湿地面积435亩。植被以茭草伴生水凤仙群落为主，靠湖侧伴生大漂、水葫芦、穗状狐尾藻及红线草；沉水植物水浅的区域以穗状狐尾藻群落为主，深水的区域以红线草群落为主，在近岸带发现有小撮苦草分布。建成后共记录鸟类25种，包括国家Ⅱ级重点保护鸟类普通鵟。湿地建设共实现退人209人、退田297亩、退塘30亩，可直接削减污染负荷COD3.6吨/年、N0.5吨/年、P0.05吨/年。

# 第六节　面山植树造林

森林是陆地生态系统的主体，对于保持水土，涵养水源、调节气候，养护物种具有不可替代的作用。滇池流域的陆生生态系统可分为以自然植被为主形成的森林生态系统和以农田植被为主形成的农田生态系统。其中，山地区以森林生态系统类型为主，代表性植被是亚热带常绿阔叶林，优势类型为暖性针叶林、落叶阔叶林、稀疏灌木草丛，部分高山及沟谷保留有天然的常绿阔叶林，主要树种为栲属、青冈属、石栎属和栎属；台地区以暖性针叶林为主，主要树种有云南松、南烛、华山松、灰背栎等，该地区处于森林生态系统与农田生态系统的过渡区域，优势类型可分为农田和果园地、稀疏灌木草丛和暖性针叶林。

中华人民共和国成立初期，滇池流域的森林覆盖率曾达55%左右。后由于开发利用，导致流域生态环境受到了不同程度的破坏，有的景观山地因开矿、取土、炸石等原因生态破坏严重，部分出现石漠化，森林覆盖率下降到20%左右。20世纪80年代后，昆明市划定了松华坝水源保护区、开展保护森林、植树造林、封山育林等活动，使滇池流域的森林覆盖率恢复到40.7%，其中松华坝水源保护区森林覆盖率达52.9%。"十二五"期间，流域内各县（区）政府、市林业和园林等部门根据市委、市政府的指示，牢固树立绿化是第一环境、第一基础设施、第一生态要素、第一景观要素的理念，着力推进滇池流域采石、采砂、采矿、取土、砖瓦窑"五采区"改造，力求将昆明建成集湖光山色、滇池景观、融人文景观与自然风光为一体的森林式、环保型、园林化、可持续发展的高原湖滨特色生态城市。经过多年的努力，滇池流域面山及其他重点区域"五采区"植被修复工程的实施虽取得了一定的成效，但大多采区受规划禁建区和地质灾害隐患区的制约，采区3%—8%的建设用地等配套政策落实不到位，加上采区大多为采石场，开采山体破坏严重，立面陡峭，严重缺水和土源，植物很难生长，植被修复难度巨大，工作推进没有完全达到预期目标。

## 林业生态建设营造林工程

"十二五"期间，围绕滇池流域面山、城市面山、主要出入城交通和河道沿线面山、松华坝水源保护区等重点区域，依托天然林保护工程、退耕还林及其配套工程、石漠化综合治理工程、造林补贴项目、木本油料林基地建设、陡坡地生态治理、森林抚育、低效林改造等一批国家和省、市级营造林重点工程项目的建设实施，滇池流域累计完成各类营造林任务91.88万亩（人工造林15.07万亩、封山育林61.87万亩、森林抚育改造等14.94万亩）。其中，天保工程公益林建设完成5.2万亩（人工造林0.5万亩、封山育林4.7万亩），巩固退耕还林成果及配套荒山造林项目完成1.25万亩，造林补贴及竹产业项目造林完成1.3万亩，石漠化综合治理林业项目完成44.9万亩（人工造林完成6.6万亩、封山育林完成38.3万亩），市级营造林项目任务28.6万亩，实施"五采区"等难造林地植被修复1.68万亩，封山育林18.81万亩，市级退耕还林0.64万亩，实施市级核桃产业基地建设3.1万亩，实施低效林改造和抚育14.67万亩（国家森林抚育8.8万亩、省级低效林改造1.4万亩、市级低效林改造4.47万亩），完成义务植树2299余万株。

## 滇池面山生态修复和保护示范工程

实施滇池面山及"五采区"生态修复建设工程营造林任务6.5万亩，其中难造林地人工造林植被修复0.5万亩、"五采区"植被恢复0.8万亩、封山管护3.5万亩、中幼林抚育1.7万亩。实施面山水源涵养与生态保护示范工程营造林任务10.5万亩，其中，次生水源保护林抚育7.5万亩、土壤薄层化石质山地造林2.1万亩、"五采区"及废弃地的生态重建及污染控制0.6万亩、山地经果林综合发展工程0.3万亩。

## 滇池流域面山及其他重点区域"五采区"植被修复工程

滇池周边蕴藏着丰富的磷矿、石灰石等资源。2007年前滇池流域"五采区"（采石、采砂、采矿、取土、砖瓦窑地等）有600多户企业，破坏山体逾3万亩，每年都有大量的磷质被带入滇池，还有不少工业污水直接排向滇池。滇池流域矿山开采不同程度地造成自然景观破坏、环境污染、诱发地质灾害等，直接威胁和破坏人居环境，加速生态环境的恶化，特别是严重破坏滇池流域及城市周边、风景名胜区、交通干道两侧可视范围内的旅游观瞻。特别是滇池西岸西山区范围内的马街、碧鸡镇、海口镇等沿湖村集体、个人先后在当地山上开办了大量采矿、采石、采砂、取土等矿山企业，对周边环境和自然景观造成了一定的破坏和影响，资源开发和环境保护的矛盾日渐突出。1994年后，西山区开始依法对位于滇池面山范围内的上述矿山企业陆续进行封停，但由于历史遗留问题和利益纠葛，执行中遇到重重阻力。2003年8月，时任国务院总理温家宝就滇池面山治理做出批示："滇池污染十分严重，治理难度很大，需要有一个科学的切实可行的综合治理方案，统筹规划认真落实。"批示引起了环保部、住建部和市委、市政府的高度重视，采取坚决措施，仅用近半年的时间就取缔和全面封停了滇池、西山风景名胜区和滇池自然保护区33个大、中型开矿、采石场和所有采砂、取土点等。2004年，为加强滇池面山的管理工作，成立昆明市滇管综合执法局，对滇池面山范围内各种开采行为进行查处，定期、不定期地开展检查，坚决查处取缔各种非法开采行为。2005年12月，市政府下发《昆明市人民政府关于批转市滇管局〈关于加强滇池面山管理工作的实施意见〉的通知》，对面山范围做了明确界定。为了加大对面山内各种非法开采行为的查处力度，市滇管、国土、公安、林业等相关部门对面山范围内的各种开采行为进行拉网式的查处取缔行动，发现一户封停一户。为加强滇池流域及其他重点区域的生态环境保护和治理工作，从2007年5月起，全市开展滇池流域和其他重点区域禁止挖砂采石取土工作，全面关停采石、采砂、采矿、取土、砖瓦窑地等"五采区"工作。2008年，市委提出力争用3年时间使城市（城镇）面山绿化率达85%以上，交通沿线面山绿化率达80%以上。当年，全市再次加大滇池面山的禁开禁采治理力度，先后让滇池边数户年代久远的国有企业停产搬迁。到年底，滇池流域共关停"五采区（点）"636个（为国土部门确定的办证采点）。在关停的636个采点中，因工程建设占用的有173个。自此，滇池流域及其他重点区域的"五采区"实现全面关停，转入修复治理阶段。

**配套政策和措施** 2008年8月，为切实推进滇池流域及城市面山植被生态环境建设，市第十二届人大常委会第十三次会议做出《关于在滇池流域及其他重点区域禁止挖砂采石取土的决定》。9月，市政府出台《关于贯彻落实〈昆明市人大常委会关于在滇池流域及其他重点区域禁止挖砂采石取土的决定〉的实施意见》《关于对滇池流域面山"五采区"植被修复工作的指导意见》等一系列政策和措施性文件，以推进实施滇池面山"五采区"生态修复建设及退耕还林工作。同时，实施磷钛资源节约与综合利用、地下水资源禁采管理的两项措施。2009年，市委、市政府先后制发了《中共昆明市委办公厅昆明市人民政府办公厅关于滇池流域面山植被修复暨郊野公园建设的实施意见》。2010年，下发《中共昆明市委办公厅昆明市人民政府办公厅关于印发全面推进滇池面山拆临拆违拆迁及绿化造林植被修复行动方案的通知》。同年8月，市人大常委会做出《关于进一步做好滇池流域和其他重点区域环境保护和生态治理工作的决议》；9月，市政府制定出台《关于在滇池流域和其他重点区域实施"十个禁止"加强环境保护和生态治理工作的实施意见》。2011年，下发《昆明市政府关于滇池流域郊野公园建设配套支持政策及相关工作的通知》《昆明市人民政府关于加强滇池流域及其他重点区域禁采区范围内关停的挖砂采石取土矿山生态环境保护与治理工作的通知》。2012年，市政府下发《昆明市加快森林城市建设大力开展"植树造林、靓丽昆明"三年行动方案》。2013年，市生态指下发《关于对滇池流域面山"五采区"重点区域植被修复工作的指导意见》等一系列规范性文件，为"五采区"修复治理提供了相应的配套政策和措施保障。2012年，为加强对"五采区"植被修复工作的组织领导和统筹协调，成立由分管林业工作的副市长为组长，市林业、规划、国土、住建、园林、审计、土储中心、水务、环保、城管等部门和单位负责人为成员的"五采区"植被修复暨郊野森林公园建设工作领导小组，下设办公室在市林业局，各县（区）也相应成立工作领导机构。为充分发挥和满足"五采区"修复治理的功能和效益最大化，遵循生态优先、植被修复的原则，针对各个"五采区"不同的区位和特点，通过政府主导，制定"一矿一策一方案"，大部分采区由属地政府部门投入进行纯植被修复；部分采区采取市场化运作机制，引入社会资本，通过实施郊野森林公园建设的方式进行植被修复，给予采区平面3%—8%的配套建设开发用地指标；部分采区规划列入片区开发，结合土地开发治理项目建设同步进行植被修复。

**滇池流域面山及其"五采区"植被修复实施** 针对滇池流域和城市周边存在的大量"五采区"严重影响城市生态景观的问题，通过市人大决议，对滇池流域等重点区域的"五采区"进行全面关停，同时开展植被修复治理。2011年，完成"五采区"植被修复99个、修复植被9412亩，剩余364个按照相对集中连片规划实施的原则，将滇池流域等重点区域的"五采区"整合为33个植被修复片区，由市委、市政府重点督查督办推进。通过纯植被修复政府投入、市场化运作社会投入、片区土地整理开发实体投入等方式开展33个"五采区"植被修复。至2015年底，滇池流域及其他重点区域"五采区"植被修复共完成9590亩。其中，纯植被修复治理的19个采区，完成植被修复面积3872亩（五华区锅盖山、老青山、平顶山，西山区白鱼、古莲，呈贡区白龙潭、郎家营，晋宁县爬齿山、昆阳磷矿、梁王山，经开区黑龙潭、大新册，高新区梁王山、尖山，阳宗海管委会三家村15个采区完成修复面积3794亩；呈贡区刘家营、缪家营，空港区杨梅山，晋宁县上蒜4个采区修复面积78亩）；采取市场化方式建设郊野森林公园进行植被修复采区6个，完成植被修复5718亩（五华区长虫山、石盆寺，盘龙区两面寺，官渡区子君山4个采区完成植被修复面积3923亩；五华区马料盘，盘龙区九龙湾和长虫山植被修复面积1795亩）；列入片区开发（土地一级整理开发）同步实施植被修复的采区7个（五华区西北沙河采区，西山区石咀、白沙地、普坪采区，经开区黄土坡采区，高新区高登采区，空港区石将军采区），采区面积1.15万亩；五华区海源寺采区以自然恢复为主，不再进行植被修复。

## 松华坝水源区植被恢复

1981年，省政府批准成立松华坝水库水源保护区，为市级重点水源保护区，位于昆明主城区东北部，距主城区14千米，东与嵩明县相邻，北与寻甸县接壤，西与富民县相汇，南北长36千米、东西宽24千米，保护区总面积629.8平方千米（含越流补给松华坝水库的岩溶地下水区域36.8平方千米），其中一级保护区27.02平方千米、二级保护区259.24平方千米、三级保护区343.54平方千米。"九五"后，为保护水源，在松华坝水源区开展了以植树造林、退耕还林、农改林为重点，以恢复水源区森林植被、提高森林覆盖率、加强生态湖滨带和水源涵养林等生态隔离带的建设与保护，逐步构筑起了水源区的生态防线。为把保护水源涵养林与发展山区生态经济结合起来，既不让水源保护区人民"守着青山、护着绿水、过着清贫的日子"，又告别"吃、穿、住，靠砍树"的历史，走上"若要富、多栽树"的富裕之路。1989年，市政府下发《昆明市松华坝水源保护区管理规定》。2005年，市政府下发了《关于印发昆明市松华坝水源保护区生产生活补助办法（试行）》。2006年2月10日，市第十一届人民代表大会常务委员会第三十三次会议通过了《昆明市松华坝水库保护条例》，经省第十届人民代表大会常务委员会第二十一次会议批准执行。依法划定饮用水源保护区范围，大力推进水源保护区"农改林"步伐，保护与建设水源涵养林，推进松华坝牧羊河、冷水河河道两侧外延100米区域约1万亩土地的经济林木种植、建设城市绿化苗木基地和生态隔离带等各项工作，严格禁止污染水源的生产经营活动，启动松华坝水源区测土配方技术推广工作，完成50个固定监测点的布点工作，实施测土配方4万亩，在水源区推广"一池三改"沼气池。

"十二五"期间，为实现松华坝水库水质2010年达到国家Ⅱ类水目标（GB3838—2002），根据《昆明市松华坝水库保护条例》《昆明市云龙水库保护条例》和《中共昆明市委昆明市人民政府关于进一步加强集中式饮用水源保护的实施意见》，在松华坝水库水源保护区实施了松华坝水源保护区水环境综合整治工程，开展了集镇及村庄生活污水处理工程、生活垃圾处置完善工程、一级区生态修复工程、二级区农田面源污染控制工程、周边小流域水环境综合治理工程、入库河道综合整治工程、清污分流改造工程，逐步构筑起了水源区的生态防线。到2015年底，整个松华坝水源区林地面积达到了72.1万亩，占到水源区土地总面积的55.5%；水源区森林覆盖率由水库建立初期的27.03%上升到68.12%。良好的植被覆盖成为涵养水源、保障水库水质的最有效屏障，而分布于水源区里的3634亩生态湿地仿佛40个大小不一的"生态肾"，成为保护水源的有效过滤网。在冷水河、牧羊河两岸100米及支流两岸50米范围内建设了24152亩永久生态林带，在二级区完成了27086亩"农改林"，退耕还林5.88万亩，种植杨树、核桃、中山杉、川滇桤木，植树造林2万余亩，封山育林2万余亩，实施天然林保护72.1万亩，低效林改造5000亩，建立起水质多重生态净化屏障。

在水源区加强生态林建设的同时，积极开展农业产业结构调整，在二、三级区建设中草药种植基地3000亩，在三级区实施有机农产品生产4万亩、发展经济林果种植1000亩，在水源区全面禁止花卉种植，蔬菜种植减少到3.5万亩，有效减少农药化肥的施用，库区水质提升到二类水。库区9万群众顾全大局，不惜牺牲个人和家庭利益，自觉用实际行动积极支持政府"退地还林、禁花减菜、禁养畜禽、搬迁一级保护区人口"等决策，为保护库区良好生态做出了重大贡献。

## 滇池面山绿化造林行动

按照省、市的安排部署，126个省、市联动单位在滇池面山联动植树造林1.1万亩，改造提升滇池面山重点区域绿化造林成效，实现乔木树种覆盖60%以上、灌木地被覆盖40%以上。遵循整体推动、突出重点的原则，滇池面山植树造林任务重点布局在高铁昆明南站所在的呈贡区和经开区的周边面山沿线、呈贡新城面山沿线及昆石、昆楚、昆玉、昆曲、昆武、绕城高速等主要出入城收费站面山沿线等重要节点，涉及五华区、盘龙区、西山区、官渡区、呈贡区、高新区、经开、度假区和晋宁县9个县（区）的29个山头、127个地块。

## 苗木基地建设和杨树产业发展工程

**固定式苗木基地建设** "十二五"期间，市财政每年投入专项资金1000万元在主要公路沿线和主城生态隔离带区域建设永久性或半永久性固定式苗木基地，在滇池流域的部分区域实施苗圃式造林9.6万亩。

**绿色生态林网和林带屏障建设** "十二五"期间，市级财政每年投入专项资金1000万元，结合绿色廊道、新农村和美丽乡村、村镇绿化、河道和湿地建设，在滇池流域新种植杨树面积7.49万亩，在流域内的昆玉高速、昆石高速、昆禄公路、西北三环、主城出入口等市域交通主干道沿线两侧初步形成绿色景观廊道，在滇池周边湿地、河道、重点水源区、乡村周边等区域形成各具特色的绿色生态林网和林带屏障。

**中山杉种植和苗木基地建设** 滇池湖滨生态湿地内的植物主要以芦苇等草本植物为主，存在植物种类单一、抵御病虫害能力弱且每年均需花费大量人力、物力进行收割等不利因素。2003年，为构建出湖滨生态湿地的乔灌、草植物立体结构，中山杉被作为具有耐水性、能快速吸收水体中富营养化物质的优质树种引进昆明，并首次在福保人工湿地进行实验性种植。通过对比发现中山杉具有耐水湿、生长速度快、树形美、色彩丰富、经济价值高等特点，除了能充分吸收二氧化碳释放氧气及有效吸附水体中的富营养化物质之外，其生长速度和材积率是水杉的3倍。2003—2008年，在滇池流域开展小范围中山杉试验种植。2011年，市委、市政府决定在滇池水体与陆地过渡带的湿地、入湖河口、河道沿线及水库、水源地周边和建城区适合的地方种植中山杉1万亩。至2012年4月，分3期在滇池湖滨及入湖河口种植中山杉12350亩、85.17万株，市滇管局在晋宁县昆阳镇云南省第一女子监狱建设了中山杉苗木基地275亩。

# 第十一章　内源污染治理

## 第一节　滇池底泥疏浚工程

1993年，为改善滇池底质及水质，促进水生生态恢复，增加滇池库容及防洪调蓄能力，延缓滇池老龄化进程，改善区域的综合投资环境，启动了滇池底泥疏浚工程。2015年，市委、市政府制定下发《滇池草海及周边水环境提升综合整治工作实施方案》，组织开展草海及入湖河口清淤工程，重点疏浚草海大观河、乌龙河、西坝河和船房河河口及苏家村、杨家村水域和武警医院前水域的污染底泥。到"十二五"末，先后完成了滇池草海底泥疏浚一期、二期、三期等疏浚工程，疏浚滇池草海、外海北部及主要入湖河口底泥18平方千米，清淤1213万立方米，去除总氮约2万吨、总磷约0.54万吨。

### 滇池草海底泥疏浚试点工程

1993年，市政府投入200万元，由市滇池保护委员会办公室选择污染较为严重的西郊老运粮河和小路沟入湖汇水区域葫芦塘，采用绞吸式疏挖工艺进行底泥疏浚试点。工程从当年7月23日正式开工，10月6日完工，开挖水域面积4.795万平方米，平均疏挖深度2.087米，共疏挖底泥10万立方米，并为滇池草海污染底泥全面疏挖积累了经验：一是在不造成二次污染的前提下，利用滇池环湖堤内低洼低产农田或鱼塘将底泥就地堆放，是处置底泥的基本出路；二是以长距离自然沉淀为主，辅以必要的滤水措施脱水是底泥处置的基本技术工艺；三是底泥疏浚与综合开发利用相结合，化害为利，变废为宝，滚动发展是解决滇池大面积疏挖工程投资来源的新路子；四是以绞吸式挖泥船为主，辅以其他挖掘设施，是大面积疏挖的理想工艺。

### 滇池草海底泥一期疏浚工程

1997年9月25日，国家环保总局批准了由中国环境科学研究院牵头组织完成的《草海底泥疏浚技术工作大纲》。同年9月，成立昆明市人民政府滇池草海底泥疏浚工程领导小组。同年11月1日，滇池草海底泥疏浚工程指挥部正式挂牌开始工作。工程位于内草海及外草海西北部，于1998年2月8日正式开工，1999年4月20日竣工，疏浚面积为2.828平方千米（占草海总面积的38%），实际疏浚底泥432.26万立方米，工程总投资2.5亿元。该项工程由底泥堆场围埝建造工程和水下疏浚工程两部分组成。通过招标由西山区云安建筑经营公司和官渡区华夏建筑经营公司负责施工。5个堆场围埝（明波、运粮河东、运粮河西、柳苑、东风坝）建造工程占地面积2650亩，有效堆放容积500万立方米，围埝总长13千米，土石方工程量64.7万立方米。水下疏浚工程采用环保型绞吸式水下疏浚方式，使用国际先进的荷兰海狸1600绞吸式挖泥船，泥浆通过管道输送至5个堆场。在堆场吹填完毕后，经过一段时间风干后，选用水陆两用车载人用手摇播种机撒播草籽，进行堆场植草作业。

2001年3月28日，在前期疏浚的基础上，又继续对草海底泥实施疏浚。该工程疏浚水域为外草海中部、大观河下段及运粮河、新河、船房河、王家堆渠4个入湖河口冲积扇，疏浚面积为1.9平方千米，占草海总面积的25%。该工程于同年12月28日竣工，实际疏浚工程量210万立方米，总投资11212.83万元，单位工程总投资为53.48元/立方米。

通过该期疏浚工程的实施，使滇池草海容积增大634万立方米，黑臭现象不断减轻，蓝藻暴发趋势开始减弱，水体透明度增加到水下1—2米，草海水质得到明显改善。部分水域水生植物已在逐渐恢复。

**大观河底泥疏浚工程** 该工程是草海底泥疏浚工程的一部分，于1998年实施，共清除大观河上段5万立方米底泥及下段6.2万立方米底泥，并新建日抽水5万立方米的泵站1座，埋设管径600毫米—1000毫米、长4428米的管道，每天可将第三污水处理厂处理后的3万多立方米清水抽入大观河，每7天可置换水体1次，大大改善了河水景观。

## 滇池污染底泥疏浚及处置二期工程

滇池污染底泥疏浚及处置二期工程涉及草海南部及盘龙江、大清河河口区域，总疏浚水域面积422万平方米，疏浚底泥370万立方米。堆场区占地面积1282.1亩（金家河西堆场占地595.23亩，东堆场占地686.89亩），设计容泥量405.19万立方米。堆场围堰内侧采用土工膜防渗，堆场底泥固结干化后，对尚未利用的堆存底泥采用植草覆盖措施。工程于2009年5月开工，采用了国际先进的环保疏挖法，从荷兰引进4艘环保型绞吸式挖泥船，利用全球卫星定位仪准确定疏挖的深度和面积，疏浚的超挖深度不会超过污染层下15厘米，实现了环保疏浚。疏浚底泥通过排泥管道分别输送到西山区柳苑、官渡区福保塘和福保湾3个基底修复区自然干化后，结合环湖生态带建设做生态林或湿地进行修复。该期工程最大的特点是淤泥的堆放采用了国际最先进的"土工管袋"围堰技术，即淤泥疏浚到管袋后所含的水会自行渗漏，待淤泥板结后便可形成坚固的坝体，因土工管袋本身就装进了3万立方米淤泥，相当于减少了3万立方米原本要用来筑土坝的砂石料。工程于同年9月30日完工并验收，总投资2.15亿元。该工程的实施，使草海水质营养状态由重度富营养变为中度富营养，综合营养状态指数较上年同期下降了15.9%，水体透明度平均值较上年同期上升了58.6%，高锰酸盐、总磷、氨氮、总氨等主要污染物平均值有明显下降。

## 滇池外海主要入湖河口及重点区域底泥疏浚三期工程

2011年，滇池外海主要入湖口及重点区域淤泥疏浚三期工程开工。工程疏浚面积895.21万平方米，总工程量为504万平方米，批复投资55791.68万元。其中，外海北部疏浚区水域面积约536.54万平方米，宝丰湾疏浚区水域面积184.45万平方米，宝象河河口疏浚区水域面积174.22万平方米。疏浚方式采用环保型绞吸式挖泥船进行水下环保疏浚，工程量482万立方米，其中65万立方米底泥疏浚后输送至福保塘堆场自然干化处置、其余417万立方米底泥在大咀子进行机械脱水后运至海口镇小黑荞存泥场进行干化底泥的安全堆储处置。至2015年12月，完成疏浚底泥量为296万立方米，约减少滇池氮、磷污染总量分别为2418吨和65吨，实现预期环境效益的50%。

# 第二节 滇池蓝藻清除工程

20世纪70年代，随着城市化进程的加快，大量含氮、磷、有机污染物排入滇池，致使湖内严重污染，草海呈重度富营养化、外海呈中度富营养化状态，滇池蓝藻水华爆发的次数也越来越多，面积越来越大。1999年滇池水华爆发到最高峰，不仅时间跨了年度，水华覆盖面积达到20平方千米，厚度达到几十厘米，市第三自来水厂因蓝藻而被迫停产。蓝藻大量繁殖、积累，改变了水体的理化环境，透明度降低，水体散发腥臭味，溶解氧减少；蓝藻大量死亡后，各种有害气体及蓝藻毒素大量释放，不仅破坏滇池水体生态环境，而且严重影响滇池旅游景观。当年，为了保证'99昆明世界园艺博览会的顺利召开，在滇池外海北部及草海片区重点水域实施了蓝藻应急清除措施，由中科院水生所牵头在滇池外海东北部水域进行了"滇池蓝藻污染控制技术"专项科技攻关，为滇池蓝藻控制提供了理论基础和实践经验。2001年后，市政府每年安排300万元专项经费用于滇池重点水域蓝藻清除和水面保洁，通过控制工业和城市污染源为主，采取建设污水处理厂、套配排水管网，对入湖河道进行截污综合整治等一系列治理措施，在人口持续增加、经济快速发展的情况下，初步遏制住了滇池水质继续恶化的趋势。

2005年，由上海水产大学主持的利用"食藻虫"控制滇池蓝藻中试项目完成验收，组织开展"锁磷剂"控制蓝藻、CBS生物菌水体修复技术、无耕作水稻示范研究、光合细菌污水处理的监测和研究及鲢鳙鱼控制蓝藻试验等一批科技示范项目，为新技术、新工艺的应用积累了经验和数据。2006年，配合清华大学、中科院武汉水生物研究所实施部、省合作的滇池面源污染控制及滇池蓝藻水华控制项目的科技攻关研究，在村镇固体废弃物和生活污水处理、台地水土流失与污染控制等方面取得一定进展，在生化药剂和生物除藻方面积累了一定经验。同时，应用Phoslock锁磷技术除磷、除藻示范项目，在大观公园7000多平方米的水面进行除磷试验，采用"食藻虫"在滇池北岸六甲乡境内的"神牛水乡"开展控制蓝藻的示范试验。

2008年5月，为积极妥善做好滇池蓝藻暴发应急处置工作，最大限度地避免和减轻蓝藻暴发对人民群众生存和生活环境的影响，确保蓝藻暴发应急处置工作的有序进行，市成立了以市政府分管领导为组长，市政府副秘书长、市滇池管理局局长、市环保局局长为副组长，市水利、财政、科技、气象、滇池旅游度假区管委会和沿湖4县（区）政府领导为成员的滇池蓝藻暴发应急处置工作领导小组，负责蓝藻大规模暴发应对处置的组织领导、指挥和综合协调工作，适时向社会公开发布信息。领导小组下设应急处置组、监测预测组、监督执法组、科技保障组。市滇管局、市环保局共同编制了《滇池蓝藻暴发应急处置预案》，经市政府同意下发执行。《预案》明确了滇池蓝藻重点防控区域为市第五自来水厂饮用水备用水源取水口、草海航运公司码头（闸门）至草海入口的大观河河段水域和南起船闸沿主航道至船房河入口水域、外海西北角龙门村沿海埂路过船闸至海埂公园东大门沿线水域、滇池北岸小河嘴村（蓝色庄园以东）附近，其他突发水域范围为滇池蓝藻聚集的环境敏感区。同时，明确了滇池蓝藻暴发级别的评定标准，以及蓝藻暴发达到严重级、危害公共安全级时将启用的应急处置及防范措施，对打捞后蓝藻的最终处置、环保执法监督、滇池流域内污水处理厂监督管理、主要湖湾大型围隔养殖滤食性鱼类、蓝藻处置科研成果的转化及应用示范、资金保障等均做了明确要求。

此后，每年采取固定式抽藻、移动式抽藻、流动式除藻及人工围捕、打捞等多项物理措施在滇池重点水域开展蓝藻清除和打捞水葫芦工作。在蓝藻富积高峰期的每日清除富藻水约为39550立方米，相当于去除352吨蓝藻（鲜重）。2005年，采取向社会公开招投标的方式来开展蓝藻清除和打捞水葫芦工作。2003年5月至2007年5月，共清除蓝藻富藻水1804万立方米，约清除蓝藻11万吨，削减总氮、总磷量分别为397吨和85吨。基本做到滇池无成片水葫芦漂浮，有效缓解了水面蓝藻水华堆积程度，改善了重点水域景观。2008年，组织滇池水葫芦（漂浮物）和违禁渔具（虾笼、虾杆）的打捞、拔除、清运及处置。至10月份，出动清理打捞船只15186船次，清捞保洁人员44160人次，清理打捞青苔、蓝藻、垃圾等各类漂浮物等共61805吨，清理虾笼42万多套，拔除虾杆13万根，实现了无2亩以上连片水葫芦等滞留超过6小时的现象。2009年3月后，组织开展了滇池蓝藻及水面漂浮物的清除工作，基本做到日产日清，保障重点水域无成片蓝藻严重堆积。至11月，在滇池外海机械清除蓝藻富藻水346.495万立方米，相当于清除蓝藻（湿重）27303.81吨，削减总氮、总磷量分别为237.35吨和29.45吨；打捞漂浮物86.3吨，清除沿岸垃圾13.86吨。

2010年，滇池蓝藻水华情势得到了党中央、国务院和省委、省政府领导高度重视，时任国务院副总理李克强批示"环保部注意指导地方加强监测，做好相关预案与处置工作"。环保部及时部署滇池蓝藻水华防控预警有关工作，省政府要求要抓紧制定和完善滇池蓝藻水华应急处置预案和预警监测方案，科学、有效控制蓝藻影响。市政府采取有力措施，积极推动滇池蓝藻应急处置、预警监测及其治理措施研究等工作，充分利用现有除藻设施（备）加大对蓝藻的清除力度，市滇管局与南京清波公司开展了《移动式蓝藻打捞处理船及综合利用示范项目》的研究，利用德林海公司海埂藻水分离示范项目开展蓝藻富集水的处理，开展外海西北部蓝藻富集区的蓝藻收集、处置，开工建设龙门藻水分离站2万立方米/天工程。"十二五"期间，滇池蓝藻治理及应急工程列入了《滇池流域水污染防治规划（2011—2015年）》项目之一。项目的实施对缓解滇池外海北岸、草海重点水域蓝藻水华富集、改善滇池外海北岸、草海水体景观具有重要的作用。

2011年，针对滇池北岸蓝藻水华暴发的特点及分布情况，在原有固定式机械抽藻的基础上，采用固定式藻水分离站和移动式蓝藻打捞船清除滇池重点水域蓝藻。其中，固定式藻水分离站建在滇池西岸的龙门村，采取二级混凝气浮、离心脱水进行藻水分离，日处理富藻水2万立方米（约130吨藻泥）；购置移动式蓝藻打捞处理船5艘，采取混凝气浮、压滤脱水进行藻水分离方式日产藻泥140吨。项目于2012年由市滇管局移交滇投公司负责运行管理。为确保工程的顺利完成，市滇投公司引入市场运作机制，探索内源污染物新型处理技术，采用藻水分离站、移动除藻船、机械除藻平台进行除藻。2012—2015年，累计处理富藻水5933.87万立方米，外运处置藻泥29953.22吨。

### 1999—2015 年滇池机械除藻一览表

表4-11-1　　　　　　　　　　　　　　　　　　　　　　　　　　　　单位：立方米

| 年份 | 1月 | 2月 | 3月 | 4月 | 5月 | 6月 | 7月 | 8月 | 9月 | 10月 | 11月 | 12月 | 合计 |
|---|---|---|---|---|---|---|---|---|---|---|---|---|---|
| 1999 | | | | | | | | | | | | | 7919 藻渣 |
| 2001 | | | | | | | | | 78 | 4198 | 2893 | 1227 | 8396 |
| 2002 | 10 | 9 | 16 | 240 | 29500 | 84000 | 102640 | 97950 | 428820 | 171545 | 66885 | 17930 | 999545 |
| 2003 | 29720 | 12310 | 21420 | 3181 | 8010 | 58689 | 34670 | 290472 | 350150 | 335020 | 391880 | 164840 | 1700362 |
| 2004 | | | | 125230 | 590300 | 1045120 | 814000 | 840000 | 780000 | 540000 | 825000 | 380000 | 5939650 |
| 2005 | | | | 200000 | 210000 | 600000 | 620000 | 620000 | 600000 | 620000 | 437300 | 21500 | 3928800 |
| 2006 | | | | 206880 | 635800 | 817200 | 801310 | 930000 | 688000 | 250000 | 260000 | | 4589190 |
| 2007 | | | 15000 | 340000 | 461000 | 610000 | 778000 | 751600 | 545000 | 540000 | 778000 | 100000 | 4918600 |
| 2008 | | | 25000 | 300000 | 620000 | 900000 | 930000 | 930031 | 490055 | | | | 4195086 |
| 2009 | | | | 4500 | 517050 | 751500 | 604300 | 414300 | 499000 | 404300 | 380000 | | 3574950 |
| 2010 | | | | 210600 | 568345 | 645130 | 571339 | 371457 | 181650 | 122900 | 54490 | | 2725911 |
| 2011 | | | 13500 | 2080 | 259650 | 573797 | 438319 | 484435 | 316515 | 361894 | 214950 | 158253 | 2823393 |
| 2012 —2015 | | | | | | | | | | | | | 3544000 |
| 合计 | 29730 | 12319 | 74936 | 1182111 | 3541910 | 6008651 | 5768369 | 5930127 | 5069075 | 3408607 | 3479808 | 898240 | 38947883 |

## "以鱼控藻" 项目

2001年，经市政府批准，市滇池水利管理处在富善村建富善滤食性鱼类养殖示范基地600亩，每年向滇池投放滤食性鱼类60多万尾。2004年，市滇池水利管理处与市滇池生态研究所联合，借鉴国内外建设湖滨带生态区的经验，在示范基地建设了20亩"无耕作水稻"示范区，开展为期3年的示范工作。示范基地建设后，在维持生物多样性、降解污染物等方面发挥了显著的作用。特别是在蓝藻暴发的季节，该生态湿地所具备的"生态陷阱"功能，将进入湿地区域内的蓝藻吸附限制于湿地范围内，防止蓝藻向外水域的扩散，并为后来的滇池治理提供了科学的经验及技术支撑材料。2003年4月，上海水产大学与云南广众公司在昆明联合启动了利用"食藻虫"技术控制滇池蓝藻中试项目。项目组在昆明建立了"食藻虫"保种室、"食藻虫"扩种室和水质测定3个实验室，并在池塘中进行了"食藻虫"治理蓝藻的实验。同年9月21日，科技部副部长、省政府领导等视察了滇池"食藻虫"生态修复中试基地。2005年7月，利用"食藻虫"控制滇池蓝藻中试项目通过验收。

2012年，滇池内源污染生物治理（以鱼控藻）项目列入昆明市"十二五"科技攻关课题之一，由市滇池管理局渔业行政执法处负责实施。项目于当年10月正式实施，至2015年末，累计完成投资3814万元，在滇池中投放鲢、鳙鱼种3589吨和高背鲫鱼苗10504万尾，新增可捕资源量14390吨，可消耗藻类70060.44吨。通过鱼类生长可转化出氮359.8—503.7吨、磷43.2—129.5吨。项目的实施，促进了滇池水体环境的改善，取得了明显的生态效益、社会效益和经济效益，全面完成了项目既定的各项任务。

## 增殖放流

2006年后，滇池治理进入内外并举阶段，在滇池开展"封湖禁渔"，保护渔业资源，充分发挥渔业的生态功能，削减内源污染，助力滇池治理，实现"以鱼控藻、以鱼减污、以鱼养水"的目的。至2009年，共投入放流资金349.06万元，平均每年放流鲢鳙鱼155万尾、鲤鲫鱼1000余万尾。2010年，放流滇池金线鲃10万尾、鲢鳙鱼210万尾、鲤鱼375万尾、高背鲫508万尾。"十二五"期间，共放流鲢、鳙鱼鱼种3883.66吨，高背鲫鱼苗11468万尾，滇池金线鲃鱼苗140.87万尾。

在科学实施增殖放流的同时，针对市民开展的放生活动拟定《滇池放生活动管理办法》。明确规定可放生鲢、鳙、滇池高背鲫、滇池金线鲃等鱼类及其他对滇池生态环境没有影响的物种，不得向滇池放生草鱼、巴西红耳龟、埃及塘鲺、美国青蛙、牛蛙、食人鱼等危险物种，以确保滇池水生生态安全。

## 蓝藻预警监测

市环境监测中心与省气象遥感中心针对原来单点有限频次监测滇池蓝藻的现状，联合开展了"滇池蓝藻遥感监测前期研究"工作。至2008年底，该研究取得了第一阶段成果，建立了滇池蓝藻水华初步模型，并结合水质监测结果和气象条件分析，探索开展滇池蓝藻水华监测业务试运行研究工作。为进一步提高滇池蓝藻暴发应急处理、处置服务的技术支持能力，最大限度地避免和减轻蓝藻暴发对人民群众生存和生活环境的影响，在前期研究工作的基础上，由省环科院牵头，省气象遥感中心、市环境监测中心向省环保厅申请"滇池蓝藻遥感监测预警研究"项目立项，拟进一步深入开展滇池蓝藻遥感监测预警研究。2010年4月1日后，按照预警监测方案的要求，省环保厅组织市环境监测中心和省农业气象与卫星遥感应用中心对滇池外海8个、草海2个监测点位开展每周1次的滇池蓝藻水华监测和卫星观察分析工作，发布滇池蓝藻水华监测周报。根据监测，蓝藻水华具有较强季节性，每年4—11月期间，由于持续高温，日照时间长，滇池水域即会有大量的蓝藻出现，其中7、8、9月是蓝藻繁殖的高峰期，在主导风向及滇池湖流的作用下，滇池外海水域产生的蓝藻主要聚集在滇池外海北部近岸水域。进入11月以后，随着气候的变化，蓝藻水华逐渐进入休眠期。随着风向变化，滇池外海东北岸、东岸水域也存在蓝藻水华现象。2012年，外海北部蓝藻的水华期为71天，其中中度水华60天、重度水华11天；2013年，外海北部蓝藻的水华期为63天，其中中度水华48天、重度水华15天；2014年，外海北部蓝藻的水华期为46天，其中中度水华39天、重度水华7天；2015年，截至11月1日，外海北部蓝藻的水华期为31天，其中中度水华22天、重度水华9天。

# 第三节　其他治理工程

20世纪80年代，昆明开辟了大观河—滇池—西山的水上旅游路线，游客可以从市内乘船游览滇池、西山。但90年代初，大观河和滇池里的水葫芦疯长成灾，覆盖了整个河面和部分滇池的水面，致使这条旅游路线被迫取消，在大观河两岸兴建的配套旅游设施只好废弃或改做其他用途，大观河也改建成地下河。2003年，为有效控制滇池水葫芦疯长的状况，改善部分敏感区域的水体及旅游景观，市滇池管理局结合沿湖河道管理、水葫芦分布和滇池综合治理目标责任制，与市水产公司和官渡、西山、晋宁、呈贡滇池管理局等8个单位签订目标责任制，要求各单位负责常年和突击打捞、处置、清运草海和外海各责任区范围内的水葫芦（漂浮物）。各责任单位根据水葫芦在滇池湖湾分布较广、季节性强及随风漂移等特性，安排船只和人员长期在滇池水面巡逻，发现一点清除一点。在每年春夏水葫芦暴发的季节再进行全面的突击清理。市滇池管理局成立监督检查组，定期对各单位进行日常监督检查和交叉检查，确保了各湖湾、入湖河口及重点水域水葫芦的及时清理。为提高工作效率，市滇管局购进昆明滇池国家旅游度假区格兰特游艇有限公司参与设计制作的专业水葫芦打捞船只，用机械清除与人工操作相结合的方式，使水葫芦得到了更为彻底有效的清理。2003年，在草海、外海及东风坝区域清理水葫芦约60万吨。2008年，共清理打捞滇池水葫芦、青苔、各类漂浮物等21万吨。2009年，出动清理打捞船只15186船次，清捞保洁人员44160人次，清理打捞青苔、蓝藻、垃圾等各类漂浮物61805吨，实现了无2亩以上连片水葫芦等滞留超过6小时的现象。

## 滇池水葫芦治理污染试验性工程

2009年4月10日，市政府下达《关于开展滇池水葫芦氮磷富集与资源化技术研究示范的通知》，旨在通过人为控制种养水葫芦及生物资源化利用的研究与示范，寻求滇池内源污染的综合治理途径。该项目将借鉴江苏省农科院利用水葫芦治理太湖的经验和技术，在滇池外海西南部白山湾水域内控制性种植1000亩水葫芦，建成沼气发酵1000立方米，实现沼液还田1000亩，形成水葫芦治污与综合利用产业化运作一条龙，达到逐步改善滇池水环境的目的。2011年7月，市发改委下发《关于滇池水葫芦治理污染试验性工程项目调整可行性研究报告的批复》，批准总投资3.5亿元在滇池草海、外海种养水葫芦9.26平方千米（13892亩），在滇池流域污染较重的河道、沟塘、湿地、公园和入湖河口水域种养水葫芦3.95平方千米（5925亩）。该项目以"科学规划、合理控养、全收集、全处置、全利用"为原则，以形成"水葫芦控养—全收集处理—资源化利用—削减内源污染"为目标，项目于当月启动实施。草海水体由重度富营养变为中度富营养，总氮、总磷等主要富营养化指标有所下降，其中东风坝和老干鱼塘2个封闭水体的水质改善效果最为明显。而水葫芦从外海水体中吸收的氮、磷只削减了当年入湖污染物负荷中的很小一部分，水葫芦种植并未改变滇池外海水体总氮、总磷浓度北高南低的分布规律，其净化作用对滇池外海整体水质的影响甚微。同时，水葫芦采收难度大、效率较低且成本较高，大规模控养水葫芦后，虽然采取了机械化采收方式，但受风力、风向等影响，仍需要投入大量的人工辅助，导致水葫芦采收难度大、效率较低、成本较高，特别是外海水域风浪大、控养和采收难度大，适宜大规模控养水葫芦范围非常有限，故滇池外海基本未进行水葫芦控养。至2013年，项目累计控养水葫芦43892亩，采收处置水葫芦129.9万吨，提取的总氮量为1775吨、总磷量为175.3吨。其中，从草海中提取总氮约1083吨、总磷约117.8吨；从外海中提取总氮约692吨、总磷约57.5吨。

## 东风坝、老干鱼塘退塘还湖综合整治工程

东风坝水域是滇池草海的重要组成部分，由于在20世纪70年代进行的"围海造田""由田变

潭"，造成东风坝与草海水体相对分割。在这片荒芜的水域，北部近一半的水面常年长满了水葫芦，腐烂的水葫芦根叶不断沉于水底形成淤泥，有的地方淤泥厚达1米以上，基本形成沼泽化状态；南部约40%的水域被网箱养鱼占据，坝上鱼棚杂乱无章。网箱养鱼和水葫芦的沉积不断污染水体，加速东风坝水域沼泽化进程，成为滇池草海又一大污染源。2003年，市委、市政府把东风坝、老干鱼塘水域退塘还湖综合整治工作作为恢复草海水生生态环境的关键措施之一。同年5月17日，一期工程正式启动，历时75天，共出动人力49675人次、船只3316船次、汽艇359艘次，打捞水葫芦2200余亩，清除淤泥32万多吨，还为二期生态恢复工程保护芦苇5180余蓬。同时，于7月底顺利完成清理拆除网箱等杂物和整治围区环境工作，清除网箱4360个、各种桩10万余棵、水下丝网6300平方米，垃圾1500余吨，达到清理整治目的。近500亩的老干鱼塘也清除50多亩水下围网，拆除岸边养殖棚1000多平方米。

2005年11月，完成东风坝及老干鱼塘1498亩的综合整治二期工程，主要实施了水域大型水生植物恢复与建设工程、北岸水域基底修复工程。根据水域特点，种植和恢复挺水、浮叶、漂浮植物等20种水生植物1410亩，栽种浮岛植物78亩。此外，采用吹填技术在北岸实施人工造滩120亩。为实现与草海通水，还在东风坝及老干鱼塘坝堤开口6个。工程竣工后，有关部门对1498亩水生植物进行病虫害防治、植物补种、收割等管理和维护，不断总结管理和维护经验，为滇池生态恢复工作提供真实、科学依据，也为滇池及富营养化湖泊生态修复提供宝贵经验和工程示范。

## 滇池岸边漂浮物打捞

1999年后，滇池周边各县（区）、乡（镇）组织民工对沿滇池岸边150米区域内沉积的淤泥、杂物进行打捞清理。

### 2001—2007年滇池沿岸清除垃圾一览表

表4-11-2　　　　　　　　　　　　　　　　　　　　　　　　　　　　　　　　单位：立方米

| 年份 | 1月 | 2月 | 3月 | 4月 | 5月 | 6月 | 7月 | 8月 | 9月 | 10月 | 11月 | 12月 | 合　计 |
|---|---|---|---|---|---|---|---|---|---|---|---|---|---|
| 2001 | | | | | | | | 208 | 4298 | 3145 | 1305 | | 8956 |
| 2002 | | | | | | | | 14865 | 193780 | 69732 | 16195 | | 294572 |
| 2003 | | | | | 293 | 251 | 358 | 495 | 2133 | 1437 | 1868 | 1732 | 8567 |
| 2004 | 91.6 | 28.7 | 27.9 | 51.4 | 233 | 325.7 | 104.4 | 134.3 | 139.3 | 224.4 | 28.8 | 24.5 | 1414 |
| 2005 | 26.4 | 28.4 | 25 | 27.7 | 37 | 55 | 158.1 | 163.6 | 58.7 | 49.7 | 38.8 | 15.4 | 683.8 |
| 2006 | 21.6 | 9.4 | 14.5 | 47 | 33.9 | 23 | 47 | 74.3 | 75 | 62.2 | 0.9 | 0.9 | 409.7 |
| 2007 | 0.63 | 10.46 | 17.4 | 9.2 | 17.4 | 14.2 | 10.2 | 23.1 | 14.2 | 17.4 | 8.7 | 2.24 | 145.13 |
| 合计 | 140.23 | 76.96 | 84.8 | 135.3 | 614.3 | 668.9 | 677.7 | 15755.3 | 196408.2 | 75820.7 | 21285.2 | 3080.04 | 314747.63 |

# 第十二章　滇池水循环体系建设

滇池流域先天性水资源短缺，为实现滇池流域水资源的科学、合理调度，可持续利用，水利、环保等方面的专家通过对滇池流域水资源、水环境的观测、分析、研究，提出"松、滇、螳"联合调度方案，积极实施外流引水、尾水外排等工程，利用枯丰水期进行科学调控，使滇池流域的水利工程也从单一的防汛抗旱、城乡供水、农村水利、城市水利、工程水利、资源水利、生态水利实现了新跨越新发展，形成了拦、蓄、引、提、排、灌、供、防的水利体系。水资源的开发利用、节约保护、供水的提高，为昆明市国民经济的发展奠定了坚实的基础。

## 第一节　滇池水体置换及控制运用

为解决滇池水资源短缺、水灾害威胁、水生态退化三大水问题，提升防洪能力和生态功能，确保水资源可持续利用、水生态体系完整、水生态环境优美的目标，市委、市政府转变水利发展模式，不断提高水资源配置和调控能力，用以保障水资源可持续利用，促进经济社会发展与水资源、水环境和水生态的承载力相匹配，以水资源的可持续利用保障社会经济的持续发展。

### 滇池外海水位调控枢纽（海口闸）除险加固工程

海口闸是滇池外海唯一蓄泄控制口门，始建于清道光年间，自20世纪60年代改建使用50年后，各项设施均显老化，多数设备已远远超出使用年限，水闸安全运行存在严重隐患。2009年1月，市滇池水利管理处根据《云南省水利厅转发水利部办公厅关于开展全国大中型病险加固专项规划编制工作文件的通知》精神，组织力量对闸门进行了安全鉴定，评定"海口闸为四类水闸"。2011年5月31日至6月5日，省水利厅组织成立的核查专家组对海口闸进行现场核查，确认该闸为四类水闸的鉴定结论意见，建议对海口闸进行择址重建。2012年3月，水利部长江水利委员会对闸门重建设计做了复核，同年5月省发改委、省水利厅批准重建，并要求尽快开工建设，彻底消除安全隐患。

2013年，海口闸重建工程纳入省政府20项重点督查的滇池治理项目和市委、市政府"滇池治理三年行动"确定的重点工程。2014年，《云南省发展和改革委员会云南省水利厅关于下达2014年中型病险水闸除险加固工程中央预算内和省级配套投资计划的通知》明确工程概算总投资6353万元，其中中央资金为5083万元、省级配套资金为635万元、市级配套资金为635万元。重建工程设置闸孔6孔，单孔净宽17.4米，总净宽104.4米，水闸总宽123.04米，闸底板顶高程1885.00米，为设计流量140立方米/秒的

Ⅲ等中型水闸,闸型采用液压启闭水下卧倒闸门,于当年开工建设,主体工程闸门建设于2014年6月16日投入试运行。至2015年底,闸坝建设、管理用房、管理区绿化工程、防汛公路、老闸拆除、老闸与新闸间连接段护岸建设等建设工作全部完成。

## 滇池防洪保护及污水资源化一期工程(简称西园隧道工程)

1993年,省发改委下发《关于滇池防洪保护及污水资源化工程可行性研究报告的批复》,同意实施滇池防洪保护及污水资源化工程,其中一期工程包括水域分隔工程、西园隧洞工程、沙河整治工程,二期工程包括马料河水库及其引水隧洞,预计总投资30407万元。实际只实施了一期工程。

滇池防洪保护及污水资源化一期工程(简称西园隧道工程)是滇池综合治理的重点工程,由水域分隔(船闸、节制闸)、西园隧洞、沙河整治三大项目组成。其上,水域分隔通过在海埂大泊口建成船闸和节制闸,将滇池分隔为外海和草海;隧洞穿越西山,全长4.8千米,洞身直径4.8米,为圆形无压隧洞,最大下泄流量为40立方米/秒;沙河为西园隧洞出口至螳螂川的泄水河道,全长13千米,在老沙河的基础上经裁弯改直和三面光支砌至螳螂川交汇口,最大过流量46.5立方米/秒—82立方米/秒。工程于1994年1月开工建设,1996年8月1日试通水,1997年3月19日竣工,总投资2.32亿元。工程的实施,改变滇池的流场和入流出流条件,加速了水体流动和换水周期。随着牛栏江—滇池补水工程、污水处理厂尾水外排及资源化利用工程、滇池外海北部水体置换通道提升改造工程的相继建成投入运行,西园隧洞承担起了排放水质净化厂尾水、外海北部富藻水的功能,最大排放能力达到22立方米/秒,可以有效削减进入滇池的污染负荷,减轻外海北部水体蓝藻富集,提升滇池水环境质量。同时,为滇池新增一个泄洪出口,使滇池的防洪标准从5年一遇提高到20年一遇。工程改变了滇池水体由草海向外海的流向,滇池草海、外海成为两个相对独立的水体。

## 西园隧洞防腐加固工程

2009年2月20日至5月5日,为解决排放水体对西园隧洞的腐蚀问题,实施了西园隧洞防腐加固工程。工程采取清除隧洞内表面受到腐蚀、碳化损坏的混凝土并进行修补,修补加固洞体表层裂缝,对外露钢筋进行除锈、阻锈处理,对洞壁的渗、漏、喷水、漏水部位进行处理,用高抗渗性能、耐腐蚀的环氧树脂砂浆层阻断污水及其挥发酸性气体对隧洞的腐蚀等措施,使隧洞的整体情况得到全面彻底的改善,安全运行年限可达10年,并具有可修复性且修复成本相对较低的特点。工程共完成碳化层清理74088平方米,砼表面修补2466.67平方米,渗漏点堵漏6336个,裂缝堵漏3250.58米,钢筋除锈1.616吨,环氧树脂改性砂浆防腐层74088平方米,总投资4072.2万元。

## 牛栏江—滇池补水工程

2009年,国家发改委、环保部、水利部、住建部联合批复实施牛栏江—滇池补水工程。工程于当年开工建设,2013年9月25日竣工并通水试运行,12月28日正式向滇池补水,总投资87.05亿元。此外,实施并完成了牛栏江—草海补水通道工程,对玉带河、篆塘河、大观河、西坝河进行清淤除障和节点改造，将牛栏江水从盘龙江通过玉带河、篆塘河引入大观河、西坝河补充草海生态用水，实现牛栏江向草海补水1.55亿立方米，有效改善了草海水质。至2015年12月，该工程共向滇池补水9.88亿立方米，其中2013年补水0.05亿立方米、2014年补水4.41亿立方米、2015年补水6.14亿立方米。

**图4-12-1-1 牛栏江—滇池补水工程输水线路图**

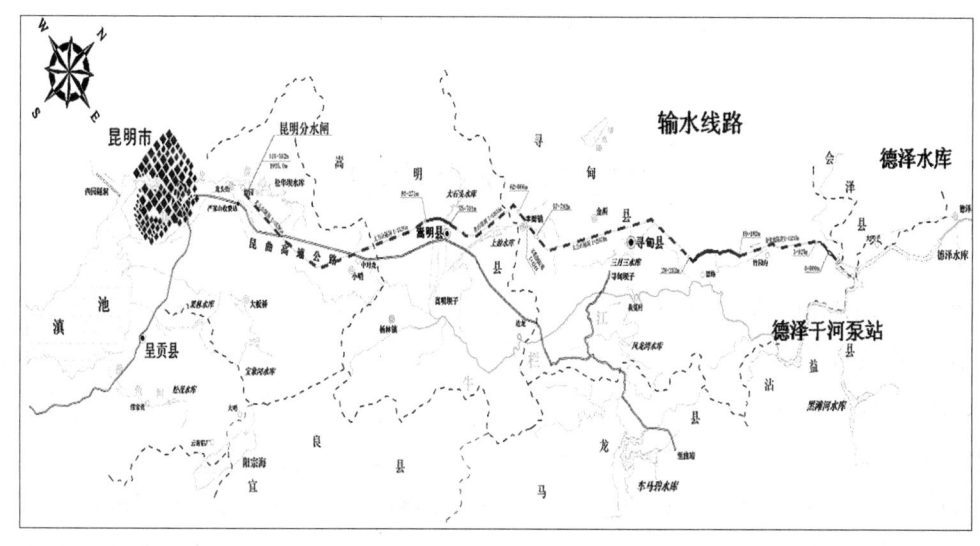

# 第二节 污水处理厂尾水外排及资源化利用

昆明主城污水处理厂尾水外排及资源化利用建设工程，是滇池流域水污染防治"十二五"规划项目工程。2013年前，昆明主城的生产、生活污水经各污水处理厂处理后进入滇池，尽管已达一级A标准，但仍属劣Ⅴ类水。2013年9月牛栏江—滇池补水工程实现全线贯通后，每年可为滇池提供约5.6亿立方米的清洁水源，结束了滇池无洁净补给水源的历史。为避免盘龙江内牛栏江清水与污水处理厂尾水混流，使牛栏江清水能够顺利引入滇池，决定将昆明主城区污水处理厂深度处理后的尾水（河流Ⅴ类）通过管道经西园隧道直排滇池流域外，以减少入滇负荷、提高下游河道的水质达标率及增加再生水的回用量，实现社会水循环的健康与可持续性。

该工程分两期进行。一期工程旨在配合牛栏江—滇池补水工程，新建设计规模为18.5万立方米/天的第五污水处理厂尾水外排提升泵站1座及配套尾水干管1700余米，将原排入盘龙江的昆明市第二、五污水处理厂尾水改线外排至金汁河和大清河，避免盘龙江内牛栏江清水与污水处理厂尾水混流。工程于2013年9月25日竣工并投入运行。二期工程以实现污水处理厂每天77.5万立方米尾水外排不进入滇池外海为目标，实施滇池北岸大清河至西园隧道尾水干管工程，将第二、五、七、八、十污水处理厂尾水及采莲河系统尾水引至西园隧道外排至下游安宁市，以此减少进入滇池外海污染物负荷，改善外海水环境质量，实现污水处理厂尾水下游资源化利用，解决安宁市因工业快速发展而工业用水水源不足的问题。工程在滇池北岸大清河至西园隧道敷设管道直径3—4米、长6.5千米的尾水干管，并在西园隧道口建设77.5万立方米/天尾水提升泵站。项目可研批复投资8.7亿元，其中一期1.7亿元、二期7亿元。

工程于2012年开工建设，一期工程于2013年11月投入运行，二期工程于2015年1月投入运行，累计完成投资74375.15万元。2015年，平均抽排水量为75.5万立方米/天，全年累计抽排水量2.53亿立方米。以滇池草海的容量为2200万—2500万立方米左右计算，相当于排掉了10个草海的水。

加强湖滨湿地布水系统配套工程建设，结合王官、斗南（一期）、捞鱼河入湖口、船房河入湖口等生态湿地提升改造，配套完善滇池湖滨生态湿地布水系统，将污水处理厂尾水以及沟渠回归水引入湿地净化后入湖，进一步发挥滇池湖滨生态系统的净化功能。

# 第三节　滇中引水

滇中引水工程是国务院确定的172项节水供水重大水利工程中的标志性工程，是西南地区迄今为止规模最大、投资最多的水资源配置工程，也是省委、省政府的重大决策部署。工程以迪庆州德钦县金沙江奔子栏河段为取水水源，最终选择水源工程地处丽江市玉龙县石鼓镇，受水区包括丽江、大理、楚雄、昆明、玉溪、红河6个州（市）的35个县、市、区。渠首设计流量为每秒145立方米，输水总干渠线路全长663.9千米，受益国土面积3.69万平方千米，惠及人口1112万人。工程建成后，可从水量相对充沛的金沙江干流引水至滇中地区，缓解滇中地区城镇生产生活用水矛盾，改善区内河道和湖泊生态及水环境状况，将有力促进云南经济社会可持续发展。

"滇中引水"的提出始于20世纪50年代初，时任副省长的张冲同志率专家实地考察，提出了"引金（金沙江）入滇，五湖通航"的设想，"滇中调水"称呼由此而来。1960年，国务院长江流域规划办公室完成的《金沙江流域规划意见书》中，明确滇中调水是金沙江流域综合利用任务之一。1986年，全国第一次水资源规划成果中又指出"滇池流域的缺水问题已到了必须从外流域调水补充昆明城乡生活和工农业需水的地步"。1990年，国务院批准的、长江委编制的《长江流域综合利用规划简要报告》（1990年修订）中，进一步明确了向滇中调水是金沙江综合利用任务之一。2003年，十届全国人大一次会议期间，云南团代表向时任国务院总理温家宝汇报了滇中调水工程情况，温总理要求切实做好工程前期工作，水利部将工程规划列为重大水利前期工作项目，给予了前期工作经费支持。滇中调水项目前期工作正式启动时，省始设"滇中调水工程建设前期工作小组办公室"，标志着"滇中调水"结束了长达半个多世纪的思想启蒙，进入到工程操作阶段。2015年4月2日，滇中引水工程项目建议书获国家批复。7月下旬《滇中引水工程可行性研究报告》编制完成，由省水利厅、省发展改革委联文上报水利部请求审查。8月中旬，水利部规划总院对滇中引水工程可行性研究报告进行了技术审查，并于12月16日出具了技术审查意见，初步确定了工程静态总投资为847.09亿元。同年9月29日，滇中引水工程勘察试验性工程动工仪式在丽江主会场和楚雄、大理分会场同时举行，标志滇中引水工程进入实施阶段。

# 第五篇　历史文化

# 简 述

滇池流域是中华文化发祥地之一。滇池荡漾在四周的大小群山之中，山环水抱、天光云影。因为独特的、适宜生命活动的自然地理条件，早在3万年前，"昆明人"就在滇池流域生息繁衍，3万年间，滇池流域的人们在追求进步、幸福、独立、自由的曲折历程中留下了浩渺博大、光辉灿烂而又独具地方特色和民族特色的历史文化。

滇池流域是历史大舞台，数千年间，庄蹻入滇、明末农民军据昆反清、云南陆军讲武堂创办、滇越铁路修建、西南联大迁驻、滇缅公路抢修、驼峰航线开通等历史大剧在此轮番上演。

滇池流域是风云际会的场所，它曾是滇国都城所在地、南诏大理国500多年的副都、明末永历政权的"滇都"、支撑抗战的重要基地和抗战决胜的桥头堡、闻名世界的"民主堡垒"。

滇池流域江山代有人才出，庄蹻、赛典赤、沐英、兰茂、郑和、徐霞客、杨升庵、孙髯、蔡锷、朱德、叶剑英、聂耳、史迪威、陈纳德、蔡希陶、李广田、杨振宁、李政道、邓稼先、缪云台等历史名人或生于此，或曾在此学习、工作。

滇池流域是具有光荣革命传统的英雄城市，"重九起义""护国首义""一二·一运动""昆明起义"等影响全国的重大历史事件发生在此，在中国近现代史上发挥了不可替代的作用。

# 第一章　滇池文化

## 第一节　历史文化

云南地处祖国西南边陲，与内地山阻河隔，以中原文化为标准的内地史籍，多将云南视作"蛮荒之域""蛮夷之地"。但晋宁梅树村界线层型剖面、澄江生物群、开远小龙潭出土的1400万年前的古猿牙齿化石、禄丰出土的800万年前的古猿牙齿化石，以及在元谋发现的170万年前的猿人牙齿化石，都证明了云南是人类起源地之一。在漫长的历史长河中，云南这块土地曾孕育出源远流长、光辉灿烂而又独具特色的历史文化。

滇池流域是地球生物起源地之一，云南晋宁梅树村界线层型剖面，中国震旦纪—寒武纪界线层型剖面、下寒武纪梅树村阶的建阶层型剖面，被国际地质联合会定为全球前寒武纪—寒武纪界线层型剖面和界线点。该流域整个地层构造连续，层次清晰鲜明，具有目前世界上最原始的小壳化石和地球史中最早的带壳化石动物群，揭示了5.65亿年前地球生物爆炸式的演化事件。科学家推测，鱼可能是所有脊椎动物包括人类的远古始祖。在昆明海口发现的"海口华夏鱼"和"中新鱼"，隐藏着人类生命起源的奥秘。

远古时期的滇池周围，很早就开始有了古人类活动的踪迹。在呈贡区龙潭山古人类遗址中，考古工作者发现了滇池周边迄今为止最早的人类颅骨、颌骨、体骨、牙齿化石，经科学测定，距今30500±800年，属晚期智人（现代人），专家们把他们命名为"昆明人"。当时，"昆明人"住在溶洞中，猎获山上的动物烤熟而食，辅之以滇池中捞取的鱼类和螺蛳。石制、骨制、蚌制的工具虽然简单、粗糙，却是他们极为珍异的家当。"昆明人"居住在此长达万余年。比"昆明人"时代稍晚的大板桥遗址、小石坝野猫洞遗址、石林板桥乡的旧石器遗址都发现了许多古人类的牙齿、头骨化石和大量的动物化石，以及古人制造的工具。

据考古显示，距今1.2万年前，滇池周围的居民已开始种植稻谷，进入原始农业时期。10000—4000年前的新石器时代，滇池流域文化遗存广为分布，彩龙村、小古城、石子河、关山等地新石器文化遗址的发现，说明滇池流域原始人群大为增加，生产范围扩大，生活内容丰富。此时滇池流域已有了定居的农业民族，从事"刀耕火种"的原始农业和捕捞、狩猎、采集、饲养畜禽等多种经营活动，并已能纺纱、织布。

2800年前，滇池流域已进入青铜器时代。先秦时期，滇池流域居住着不同的部落，其中"滇"部的规模最大。当时的滇池周围"河土平敞，多出鹦鹉孔雀，有盐池田渔之饶，金银畜产之富"。在春秋末叶至西汉初年，滇人已进入兴盛的青铜器时代。

滇池流域有文字的历史，最早始自司马迁《史记·西南夷列传》，当然还可以追溯得更远一些，比如在先秦的文献当中也有点滴的记载，但系统的记载当属《史记·西南夷列传》。除此之外，在《史记》的其他传记、本纪中也提到了云南的情况。《史记·西南夷列传》载："西南夷君长以什数，夜郎最大，其西靡莫之属以什数，滇最大；自滇以北君长以什数，邛都最大，此皆魋结，耕田，有邑聚。其外，西自同师，北至楪榆，名为嶲、昆明，皆编发，随畜迁徙，毋常处，毋君长，地方可数千里。"

《史记》还记载，战国时期，内地战国诸强争夺正酣，楚将庄蹻率兵经牂牁（在今贵州）入滇池地区。庄蹻率兵入滇，目的是"以兵威定属楚"。但在归楚途中，遇秦夺取楚巴郡、黔中郡，归路被阻。庄蹻遂返回滇池地区，"变服，从其俗"，率众王滇，建立滇王国（其区域大致在滇池、抚仙湖、星云湖周围），"滇王者，其众数万人，其旁东北有劳浸、靡莫，皆同姓相扶"。"庄蹻入滇"带来了楚国和内地先进的文化、技术，促进了当时以滇部落为主的滇池流域经济和社会发展。滇国的都城设在今晋宁县晋城。庄蹻之后的数百年间，历代滇王的都城均在这里。除在晋宁筑城建都之外，庄蹻还在今昆明市区修建过一座"苴兰城"，城址具体位置现已无法考证。"庄蹻入滇"也是内地文献第一次记载的中原和滇池流域交往事件，使滇池流域的历史从传说时代、考古时代进入了有文字记载的时代。期间，滇国各族创造出了享誉世界、独成体系、灿烂夺目的青铜文化——晋宁石寨山文化，是古滇池地区社会发展的一个辉煌时期。古滇青铜文化（简称滇文化），以晋宁石寨山、江川李家山墓地为代表。1955—1996年间5次发掘的晋宁石寨山墓地，是中国重要的考古发现之一。大量的考古成果，特别是"滇王金印"的出土，重现了一个消逝已久的王国。昆明晋宁石寨山古滇王国遗址及滇池沿岸地区出土的青铜器以绚丽的古滇文化神韵、浓郁的云南地方民族风格和先进的铸造工艺而自成独树一帜的文化体系，在中国青铜文化中占有独特而重要的历史文化地位。考古学界习惯上把战国时期到东汉时期在滇池地区出现的青铜文化称之为"滇文化"，由于它最早出现于晋宁县石寨山，因此，又把它命名为"石寨山类型文化"。灿烂而独具特色的古滇文化，为源远流长的中华民族文化添上了浓墨重彩的一笔，同时证明，滇池流域不仅是滇中文化的孕育地，也是中华民族文化的发源地之一。

秦朝，在西南地区开通五尺道，于夜郎、滇、邛都等地设置郡县，派遣官吏前往治理。由于秦王朝统治时间较短，滇池地区设郡、置吏的情况无文献资料可考。

汉元封二年（前109）汉武帝派郭昌、卫广将军率领三辅罪人和巴蜀士卒数万之众，征服劳浸、靡莫直至滇池地区，滇国举国归附汉朝。汉武帝赐尝羌为"滇王"，并赐"滇王之印"，令其"复长其民"。同时在原滇国的基础上设立益州郡，郡治滇池县（今晋宁晋城），从此滇池地区正式纳入中央王朝的版图。滇池地区成为云南的中心区。自此以后，中央王朝加紧对云南进行建设。如王莽新朝地皇四年（23）文齐任益州太守，文齐在任期间在昆明地区"造起陂池，开通灌溉"，开垦土地2000余顷，对滇池地区社会经济的发展贡献颇大。东汉元和二至四年（85—87），蜀郡王阜为益州郡太守，"始兴学校，渐迁其俗"。这些措施均促进了云南政治、经济、文化的各方面发展，加强了与中原地区的联系。但东汉时期，地方势力的叛乱在一定程度上削弱了中央王朝对云南的统治，减缓了云南发展的步伐。东汉末年，全国陷入了军阀豪强混战的局面，滇池地区的大姓、夷帅亦不时起事，动摇了蜀汉的后方。蜀汉建兴三年（225）春，诸葛亮率众征讨，平南中四郡。南中平定后，诸葛亮采取"和抚"政策，在屯兵驻守的同时，团结附近的大姓和夷帅，通过他们招纳同区域内的"夷族"村社农民为"部曲"，把军事防守和屯田垦殖结合起来，稳定和巩固蜀国在南中的统治。鉴于大姓势力难以控制，又在两汉的基础上对郡县的设置进行了调整，把大郡划为小郡，把南中四郡调整为南中七郡，将益州郡改名为建宁郡，郡治从滇池县迁驻味县（今曲靖）。

西晋时，晋王朝认为益州所辖郡县太多，不便管辖。晋武帝泰始六年（270）至泰始七年（271）间，遂将益州所辖南中七郡中的建宁、兴古、云南、永昌四郡划出，设置宁州，作为直隶晋王朝的地方一级政区，为全国十九州之一。建宁郡所辖县沿蜀汉之制，无甚变化。后因统治难以深入和巩固，太康三年（282）又废宁州，把宁州所属的建宁、兴古、云南、永昌四郡仍归并入益州，但另置南夷府，管辖益州南部的原南中七郡。太安元年（302），建宁、朱提二郡内地方大姓联合当地"夷族"中贵族进行叛乱。叛乱镇压下去后，西晋王朝再设宁州，又把建宁郡西部的滇池等七县划出来设益州郡（今滇中地区），郡治滇池县，滇池地区又成为云南的中心区。西晋末年至东晋初年，宁州名义上属李雄政权，实际上则为霍氏、爨氏等地方大姓所控制。此后，滇池地区建置，分分合合，更替频繁。557年，北周取代西魏，北周不能直接控制南宁州，任命土长爨瓒为南宁州刺史。从此以后到唐代初年，王朝任命爨氏为刺史、都督约200年，结束了自西汉以来土流并存的统治格局，南宁州完全为爨氏控制。

在中原政治动乱、民族纷争的形势下，爨氏对昆川（滇池地区）一隅的统治保持了"力役齐平，教化清静"的较为安定的社会局面，使滇池地区的社会经济有了新的发展，爨龙颜任建宁太守时达到了极盛，史料称南中地区"剖符本邦，衣锦昼游，民歌其德，士咏其风"。到梁末隋初爨瓒、爨震时代，滇池地区已是"户口殷众，金宝富饶""多骏马、犀象、明珠"，经济繁荣、社会稳定。爨氏统治区域又有东爨、西爨之分，今昆明属西爨地。

隋开皇五年（585）左右，在南宁州设置总管府，并先后在南宁州设置恭州、协州、昆州（以滇池地区为中心）。后因隋对昆州等地不能直接统治，最终"弃其地"，废昆州。618年，唐王朝建立，唐高祖李渊以爨翫之子爨宏达为昆州刺史。武德四年（621），唐朝于味县设南宁州总管府，其下的昆州管辖益宁（州治，今昆明）、晋宁（今晋宁县晋城）、安宁（今安宁）、秦臧（今禄丰、富民）四县。开元二十三年（735）前后，昆州刺史爨嗣绍又从戎州都督府的管辖之下投向姚州都督府。姚州都督府各羁縻州县叛、服不常，影响了唐朝对云南的统治及对吐蕃势力南下的防御。唐王朝扶植南诏（在今巍山）皮逻阁"合六诏为一"，统一了洱海地区，稳定了对洱海地区的统治。唐朝想打开一条南北纵贯爨氏地区的交通线（即"步头路"），遭到诸爨氏贵族们的反对而发生叛乱。天宝五至六年（746—747），唐王朝令"云南王"皮逻阁率部前往东部爨地镇压爨氏贵族的叛乱，南诏的势力便从滇西伸入滇中和滇东地带。天宝十年至十三年（751—754），由于南诏企图摆脱唐朝牵制，唐与南诏间发生天宝战争，唐朝三次征南诏失败，南诏便脱离唐朝，建立了相对独立的南诏地方政权。

737年，南诏统一了洱海地区，建立了南诏国。763年，南诏王阁罗凤视察滇池地区，认为此地"山河足以作藩屏，川陆可以养人民"，是定都筑城的理想地，765年，即命其长子凤伽异筑拓东城，又称拓东节度城，成为南诏的副都。后因拓东城地位的重要，先后称为东都、东京、上京。从拓东城开始，滇池北岸作为全省的政治、经济、文化、军事、交通中心之一，一直延续至今。

随着南诏势力的强大以及不断向东军事扩张，拓东城的战略地位越来越重要，得到统治者的大力经营，几任南诏王在此登基、驾崩。860年，南诏王世隆改西都（太和城）为中都，改东京（拓东城）为上都。871年，世隆在拓东城建鄯阐王宫，南诏的军政中心自丰佑、世隆后移于鄯阐。南诏在拓东城内外给后人留下许多遗迹，如829年，南诏弄栋节度使王嵯巅请中原工匠尉迟恭韬在拓东城西一里外滇池水滨建常乐、慧光二寺，并各建塔，俗称东、西寺塔。今二寺已毁，二塔仍存。此外，南诏王还修建了妙应寺和圆通寺。

后晋天福二年（937），段思平推翻了杨干贞的义宁国，建立了大理国，传14世。宋绍圣元年（1094），大理国权臣高升泰夺取政权，改国号大中国。宋绍圣三年（1096），高升泰之子高泰明还位段正淳，仍称"大理国"，史家称为"后理国"。传8世至段兴智，为元军所灭。前后两个时期同为段氏家族统治，同称大理国。

鄯阐府（亦作善阐，即南诏时的拓东城，驻今昆明市）是大理国东部的政治、经济、文化中心，府城称为"东京"。大理国前期设鄯阐节度，其辖境当略与南诏时期的拓东节度相同。大理国初期，封高方为岳侯，领地巨桥（今昆阳）。大理国后期，废拓东节度，鄯阐府成为大理国东部重镇，但所管辖地区仅只滇池四周，其境界与元代中庆路范围相同。大理国时期，鄯阐府成了高智升家族的世袭领地，鄯阐府辖区内，"白蛮"与"乌蛮"交错居住，或分别组成"部"，或共居于甸，或筑城自守。各部、甸、城以相当于县一级的行政区隶属于府。大理国东方乌蛮三十七部，其中的一部分即在鄯阐府辖区内，以些莫徒人（撒摩都、撒梅、撒尼的先民）组成的部最多。

南宋宝祐元年（蒙古宪宗三年，1253），蒙古大汗蒙哥派忽必烈与大将兀良合台率十万之众挥师南下，攻克大理城。大理国王段兴智逃到鄯阐府。第二年，忽必烈北返，留下兀良合台为主帅，继续平定大理各部；同年蒙古大军攻下鄯阐城，活捉段兴智。经过两年多的战争，蒙古人在攻克鄯阐城的当年（1254），就在大理国政区设置的基础上建立5个总管府。鄯阐总管府相当于今昆明市大部及易门县等地。时鄯阐万户府下设有昆明两千户（后来的昆明县），此为"昆明"在滇池地区作为地名首次见诸记载。1274年，元世祖忽必烈认为要稳定云南政局，必须委派得力的人选，即派赛典赤·赡思丁为云南行省平章政事（行省最高行政长官），建云南行省，行政中心在大理。至元十三年（1276），将行政中心由今大理迁到今昆明，昆明成为云南省的政治、经济、文化中心。赛典赤在建立行省的过程中，注意到了云南多民族的特点，采取了一些有利于民族团结的措施，废除了军管民政的制度，加强了云南与中原各省的联系，顺应了当时云南社会的发展。同时撤销原来的万户、千户、百户等军事组织，改设路、府、州、县等行政机构，并普遍利用土著民族中的上层人物担任路、府、州、县的土官，对稳定云南行省政局起到了积极的作用。昆明地区设中庆路，领3县、4州。当时昆明既是中庆路治所，又是省会所在地，故也被称为"中庆城"。设中庆路后，蒙古统治者为推动中庆路政治、经济、文化的全面发展，采取了一系列措施。赛典赤和中庆路总管张立道任内在鄯阐城的基础上对中庆城做了扩建。以后的历任平章政事对省城建设也用力颇多，中庆城不断发展、逐渐繁华。城内的重要建筑有：梁王府（今庆云街东段）、行中书省（今威远街）、梁王离宫（今五里多），城东万庆寺（今白塔路口），城内的观音寺（今三市街）、大灵庙（今武成路东边）等。更为难得的是当时已有了类似今天的居民小区——坊，仅见于记载的就有"止善坊"（城东北郊）、"利城坊"（城东部）。

中庆城的商业也有较大发展。其中工商业中心在三市街，即从今威远街口的正义路到金碧一段。各行工匠被编为"匠户"，统归"人匠提举司"管理。中庆城集中了大量的能工巧匠，其中还有人被征调到宫中服务。当时城内还专门设有"印染局"。另外，还有大批的建筑、木匠、雕塑、绘画、油彩和泥水工等工匠。也正是靠他们，才能将中庆城建设成"大而名贵"的"壮丽大城"。此间，中庆城中还出现了云南历史上的第一所官办医院——惠民药局。1280年，马可·波罗到达中庆时，眼前的省城是"大而名贵"的壮丽大城。

赛典赤·赡思丁在任内为地方兴事业、施仁政，如始修松华坝水库、大修昆明六河、疏挖海口河以解决昆明年年均遭受的六河泛滥、滇池水涨湖水倒涌入城之苦。1278年，发动官吏捐献俸禄在五华山之右建孔庙、明伦堂和学舍，购置图书，从四川延聘教师，建立起昆明历史上第一所有文献资料可证的官办学校。1279年，赛典赤·赡思丁卒于任上，昆明人非常悲痛，到处有"巷哭"者，甚至安南等地也对他感恩戴德，专门派使者前来吊唁。旧时城内还建有"咸阳王庙"，以纪念赛典赤，今恢复重建的"品字三坊"中的忠爱坊就是后人为纪念他而建的。

明洪武十四年（1381），朱元璋任命傅友德为征南将军，蓝玉、沐英为左右副将军，率军征讨云南。洪武十五年（1382）初占领昆明。经两年征战招抚，明军占领云南各地。洪武十六年（1383），留沐英镇守云南，巩固对云南的统治。

沐家镇守云贵期间，建立了卫所和移民屯田制度。卫所制度是明代创始的一项军事制度。卫所大都设在要害的地方，卫下有所，所下有堡、哨。根据明太祖"寓兵于农"的原则，卫所还是农业生产单位。今天昆明附近的卫、所、营的地名，即始自明代。鉴于昆明是省会，明代在昆明周围设了左、右、前、后、中、广南6卫及四五个千户所。建立卫所与屯田是同时进行的，屯田相当于农场开垦，可以部分解决军队的吃饭问题。屯田又分军屯、民屯和商屯。1386年，沐英正式向朝廷提出在云南全民屯田的奏章，得到朱元璋的肯定，继而在全国推行。要屯田就需要人，1387年至1396年间，沐英分三批从四川、湖南、陕西等地抽调10万余名精壮士兵到云南军屯。当时来云南军屯的大都带有家眷，没带家眷的也由官方出旅资将家眷从内地转来，家眷的数量远远超过军队数量。"民屯"人员一是由官方下令，用强制的办法将江南一带的豪强大姓迁徙到云南；二是把犯了法但罪不至死的犯人"吊销内地户口"，携其家属发配到昆明。因民屯而从内地来的人有几十万。1392年，沐英死后，其子沐春镇滇7年，子承父业进一步发展屯田事业，先后从南京迁30多万人到云南屯田。据考证，有明一代，先后从内地移民300多万到云南。

沐英刚入滇时，昆明还是"人民半杂夷"，少数民族还占相当大的数量。经移民屯田，几百万汉族军民先后迁来，滇池地区民族结构得到根本性改变，汉族人口全面超过了土著各族人民的人口，进一步推动了汉民族文化和滇文化的融合。作为中心城市的昆明，汉人留下的更多。故若问近现代昆明汉族或部分白族、彝族人士的祖籍在哪里，他们大都会脱口而出："南京应天府大柳树湾石门坎。"

1647年3月，明末农民起义军张献忠大西军余部在李定国、孙可望、刘文秀、艾能奇的领导下入滇，以昆明为反清根据地。大西军在滇的12年中，以昆明为基地，在云南各族人民的支持下，进行了一系列气壮山河的抗清斗争。明亡后，明残余势力在南方纷纷建立政权，史称"南明"，其中影响最大的有福王、鲁王、唐王、桂王4个政权。其中桂王后来得到大西军的支持，维持时间最久，昆明也一时成为全国反清复明的中心。

清顺治四年（1647），明末农民起义军在云南建立政权，于1650年把云南省改为云兴省，云南府改为昆明府，昆明县改为昆海县，以贡院为皇宫，称昆明为滇都。

清顺治十五年（1658），清兵由吴三桂、铎尼、赵布泰等人率领，分川、黔、桂三路入滇。李定国拥永历逃到缅甸。后永历帝被缅王出卖，送回昆明，被逼自缢于篦子坡（逼死坡）旁的金蝉寺前。清军占领云南之后改明代承宣布政使司为云南省，设巡抚，并设云贵总督在云南、贵州两省互驻。省辖府、州（厅）、县。云南府辖区基本沿袭明朝时期设置，共有4州7县，府治昆明。与明朝不同的是：康熙六年（1667）把三泊县并入昆阳州；康熙八年（1669），把归化县并入呈贡县；雍正三年（1725）又把三泊划归安宁州。

清朝后期，自鸦片战争后特别是1885年中法战争以后，法、英等帝国主义势力进入云南。光绪三十年（1904），昆明自辟为商埠（与约开商埠不同，自辟商埠有较大的自主权，可尽量减少西方列强的控制）。宣统二年（1910），滇越铁路修通昆明，昆明开放程度加大。光绪十年（1884），云南机器局创立，成为昆明近代工业的开端，昆明开始了近代化历程。

# 第二节　山水文化

滇池和滇池流域的山水人文自古以来就处于本地区的中心地位，在历史的发展过程中，开始有了属于自己的山水文化，其中有因景而现的传说故事，也有结合历史的轶事传闻，既吸引着文人墨客的再加工，也使山水意境更加的悠远绵长。其中最著名的传说故事则是形容山水之美的西山睡美人故事。

西山睡美人的传说因山水之形而来。昆明西山古称碧鸡山，是华亭山、太华山、罗汉山等山的总称。西山位于昆明西郊，滇池西岸，距市区15千米，隔滇池与金马山遥遥相对，在古代就有"滇中第一佳境"之誉。远看既像一尊庞大的睡佛，又似一个仰卧的少女，故称"卧佛山"，又称"睡美人"。元明以来，称太华山；因其在城西，群众习惯称它为西山。明嘉靖年间杨慎在《云南山川志》中赞美西山："苍崖万丈，绿水千寻，月印澄波，云横绝顶，滇中一佳境也。"在明代，昆明西山与通海秀山、巍山巍宝山、宾川鸡足山合称"云南四大风景名山"。

从昆明城东南眺望，西山宛如一位美女卧在滇池西岸。她的头、胸、腹、腿部历历在目，青丝飘洒在滇池的波光浪影之中，显得丰姿绰约，妩媚动人，所以又叫睡美人。西山风光之秀丽为昆明诸山之首，早已扬名天下。

此外，本地区还流传着许多有关于南诏凤伽异建拓东城、元代赛典赤·赡思丁治理滇池的故事，至于滇池边的观音山的由来、龙门的雕塑、真庆观和圆通寺等都有一些介绍其来源或形成的有趣故事。这些都成为滇池流域文化遗产的一部分，也成为滇池山水最有特色的民间文化。

# 第三节　生态文化

滇池形成至今约有340万年的历史，滇池的变化与昆明城市社会、经济、文化的发展有着紧密的联系。滇池东有金马山、西有碧鸡山、北有蛇山、南有鹤山，形成了昆明坝子的天然屏障。独特的地理环境，使这里土地肥沃，气候温和，水源充沛，有利于灌溉和航行。

与云南其他地方一样，滇池流域宗教文化蕴含着丰富的生态意味，主要表现在各民族对森林、植物、动物、山川大地及其各种相关神灵的崇拜，尤其以象征水的龙王崇拜最为普及。一方面，人们通过祭拜龙王祈求风调雨顺四季平安；另一方面，龙王崇拜也让人们敬畏自然，保护自然。历史上的滇池绵延五百余里，烟波浩渺，渔民众多，其附近曾修建了多个龙王庙，其中最著名的要数建有"黑龙宫"及

"龙泉观"的黑龙潭。虽然在各民族的传统宗教中尚未产生明确的生态与环保理念，但其宗教意识和宗教活动，已经蕴含了丰富的生态思想，在各民族的历史文化发展进程中发挥了重要的生态保护作用。

在滇池流域，群众有一种独特的养蜂方式，即把蜜蜂直接养在土基房的墙壁上，蜂箱就筑在墙里面，成为当地一个特色景观。这种墙壁养蜂比起木制蜂箱或蜂桶养蜂有不少好处：一是墙壁蜂箱保暖，不需要人工增设保温设施，蜜蜂就可顺利越冬；二是墙洞干燥通风，蜜蜂不易发生病虫害；三是滇池流域四季如春，花开不断，不需要饲喂，蜜蜂也能自行地采蜜繁殖。墙上养蜂，体现了农耕文明时代人们自给自足的生活方式，更体现出滇池流域居民与自然和谐相处的生态文化理念。

在滇池流域的官渡区彝族支系撒梅人中还流传着一种古老的会火活动——祭虫山，"祭虫俚俗，阿拉独有"。每年农历七月初七，人们都要聚集在位于昆明东郊干海子附近的祭虫山，在毕摩主持下举行祭祀活动，诉求虫王除治天下害虫，求得五谷丰收。"虫毒滋生成大害，燃火祭虫出无奈；驱你烧你又祭你，祈得风调雨顺态。"该段祭虫俚语生动描述了虫王节活动之缘由。虫王节之日，附近佛、道、撒梅西坡教等的僧侣、道士、毕摩等都要前往祭虫山上的三皇庙念经祈福。节日期间商贩云集，饮食摊点密布，撒梅青年男女口吹树叶、口弦，尽情对歌跳舞，热闹异常。后逐渐发展为由城乡各族人民参加的耍山、唱曲、对歌、花灯歌舞等活动。

"一颗印"民居是云南昆明地区汉族、彝族普遍采用的住屋形式，由正房、耳房（又叫厢房）、倒座组成四合院，平面方整呈正方形，方方正正好似一颗印章，俗称"一颗印"。滇中高原地区，四季如春，无严寒，多风。由汉、彝先民共同创造的"一颗印"民居顺应了当地人文、地理、气候和风俗，为今天滇池流域或其他地域的居住建筑设计、研究及实践提供了有益的参考。

# 第四节　民族与宗教文化

云南民族众多为其特色，即便是滇池流域也有不少民族共同居住，发展成各个不同的文化习俗。汉族虽是流域内人口最多的民族，但大多为迁徙而来并非土著，和汉族这种迁入情况相似的还有回族。回族移居昆明最早为唐代，据日本东亚同文会编纂的《支那省别地志》记载："唐代西藏之土蕃王，借兵回回，得三千人，率入云南，其子孙遂永住此地。"但回族大规模的移居昆明则是在元代，元世祖忽必烈率军革囊渡江，攻陷大理后，不少新疆等地来的回族军民便定居云南。此后，赛典赤·赡思丁来昆明任云南行省平章政事，又带来不少回族工匠，昆明回族的先辈，多系随赛典赤而来。

据史料记载，白族是滇池地区的土著之一，昆明市的白族多由大理地区迁来；彝族亦为昆明地区土著民族之一，其支系甚多，如昆明东郊一带的子君人、撒梅人，西郊一带的白保人、花保人等。目前，这两个民族由于长期与汉族聚居，在生活习惯，甚至语言文字方面都和汉民族相差不大。此外，滇池流域还有哈尼族、藏族、壮族、纳西族、布依族、傣族等民族的少量分布。众多民族在彼此聚居的条件下，生活习惯、语言文字又相互交融，形成了滇池地区独特的民族文化。

以昆明为中心的滇池流域，是云南佛教历史上两个兴盛地之一（另一地区是洱海流域）。公元765年，奉佛教为国教的南诏王朝遣使在今昆明东南盘龙江边筑拓东城，佛教因此从大理东传来并逐渐发展兴盛，一度庙宇曾遍及城乡各地，昆明城内的东、西寺塔就是这一时期由内地而来的工匠所建。清代以后，由于战乱和经济等原因，佛教在云南逐渐衰落，社会地位亦远不如从前，其影响也不及滇西北的藏传佛教和滇西南的南传佛教。尽管如此，时至今日的佛教之盛虽已不复当年，但众多的佛教名胜景点和传统习俗，却成为滇池流域的特色文化。其中历史悠久且至今仍香火绵延的寺庙，有华亭寺、圆通寺、筇竹寺、曹溪寺和盘龙寺等，它们后来逐渐演化为汉传佛教的禅宗寺院。如今，这些佛教寺院不仅闻名于滇池流域，甚至在全省、全国乃至对外文化交流活动中都占有一席之地。此外，清末至民国时期在其他汉传佛教派别相继衰落的情况下，昆明佛教却在戒尘、莲洲、虚云和平光等弘扬禅宗、净土法门的高僧引导下兴起，以社团的方式得到发展。当时的螺峰莲社、佛教会净业社、戒尘莲社和佛护莲社等组织的活动都有相当的规模，其中还不乏各界社会名士加入。

始建于元代延祐七年（1320）的华亭寺，是云南著名的汉传佛教禅宗寺院，坐落在昆明市西郊西山风景区。最初是筇竹寺雄辩大师的弟子玄峰和尚在此结庵驻锡，经多年募化后建成"大圆觉寺"。之后600年间经历无数的天灾人祸，后明英宗朱祁镇钦赐寺名为"华亭寺"。近代以来的中国历史，对佛教的发展不管是在宗教文化层面，还是在物质建筑层面都是巨大的考验，民国初期的华亭寺也不可避免地陷入了衰颓。1920年，时任云南省长的唐继尧请来当时的禅宗大师虚云主持水陆法会，以超荐护国、靖国阵亡的将士，此后在虚云的主持下，华亭寺得以翻修、扩建和整顿，并更名为"靖国云栖禅寺"，但信众并不习惯，仍称其为华亭寺。此后，华亭寺成为雄踞滇中的禅宗十方丛林，也是当时云南最大的禅宗寺院之一。

圆通寺初名"补陀罗寺"，是昆明市区最大的汉传佛教寺院，始建于南诏时期，距今已有1000多年的历史。该寺历经朝代更迭，最终则以一寺汇集中国三大教派之建筑，形成其独到之处。今天的圆通寺不但是昆明市区最大的佛教活动场所，也是云南省佛教协会所在地，1983年被列为全国重点汉传佛教寺院。

道教文化影响也显而易见。虽然历史上云南地区道教兴起较早，但较于佛教则一直处于相对弱势地位。至明清开始，受汉民移滇、张三丰入滇等因素影响，云南道教开始有较大发展。刘渊然是明代在云南龙泉观修道、传道的代表人物，因其道行高妙，在当地百姓中也有很大影响。《龙泉观长春真人祠记》载其"奏请立云南、大理、金齿三道纪司以植其教"，使云南道教声望大振，并主持对真庆观进行了大规模的扩建，"由是道日以滋，行日以茂"。

以滇池流域而言，受道教龙门派影响较大，目前龙门派道观有真庆观和龙泉观等，而昆明的三清阁和金殿等地曾有过张三丰祠及其塑像，似有"三丰派"（即武当派）流传过。同时，生活在昆明地区的彝族撒梅人的西波教也是受道教影响较深的一种民族宗教。总体而言，滇池流域的道教影响虽不如佛教，但从各处留下的道教文物古迹来看，在该地区也留下了深深的烙印。

此外，因为流域内回族的广泛分布，清真寺在本区域内也形成了特色。坐落在金碧路西段的永宁清真寺和正义路南城清真寺是滇池流域建寺最早的清真寺，南明及清光绪年间重建。明洪熙年间（1425—1426）在顺城街敦仁巷建的"顺城街清真寺"，是省内规模最大的清真寺之一。基督教传入则是较为近代的事，清光绪十八年（1892），基督教内地会首先传入昆明，其后则有基督教青年会、中华圣公会和五旬节会等有代表性的新教团体。1913年，五旬节会教会在昆明青云街建"福音堂"开始传教，1945年，与神召会合并。1919年，中华循道会传入昆明，1921年，在金碧路建锡安圣堂。近代昆明的天主教也较为活跃，1936年，在太和街（今北京路）比利时籍传教士雍守正通过向国内外募集经费建起天主堂和主教公馆，1948年，此教堂还升格为总主教座堂。

# 第五节　近代历史文化

近代的云南是其历史上浓墨重彩的一笔，清末讲武堂的新式军事教育，其后"重九起义"、护国、护法运动，直至全面抗战开始后，地处滇池流域的昆明在中国近代史上扮演了重要的角色。因这段近代史的开幕，昆明也在其城市的各个角落留下了相关的历史印迹，如相关的建筑遗址、名人宅邸或是学术文化。

在近代云南的历史上，有一文一武两所学校非常著名，"文"指西南联合大学，"武"指云南陆军讲武堂。前者培养了一大批杰出的科学家、教育家，后者培养一大批杰出的军事家、革命家。正因为如此，曾经是云南陆军讲武堂的学员，后来成为共和国元帅的朱德，称云南陆军讲武堂是"革命熔炉"。

云南陆军讲武堂是中国近代一所著名军事院校，创办于1909年（己酉年），与创办于1906年的北洋讲武堂（天津）和创办于1908年的东北讲武堂（奉天）并称"三大讲武堂"。讲武堂位于昆明城中心、著名风景区翠湖西。现今还存在着一幢米黄色砖木结构的四合院两层建筑，由东、西、南、北4座楼房组成。在辛亥云南起义和护国运动中，云南陆军讲武堂是培养革命力量的重要据点，团结云南革命力量的核心。辛亥革命后，云南都督蔡锷下令将云南陆军讲武堂改为云南陆军讲武学校，以云南讲武堂师生为骨干组建的滇军在护国、护法战争中战绩辉煌、声誉日隆、威名远扬。

1938年，该校按黄埔军校系列改名为"中央陆军军官学校第五分校"，分校主任由省主席龙云兼任。如今，历经百年风雨的老四合大院尚存，于1988公布为国家级重点文物保护单位。

抗日战争全面爆发后，全国沦陷区的机关、学校、工厂等单位大量迁至云南，因而在中国近代史的进程中，滇池流域，尤其是昆明留下了许多相关的历史文化遗产，其中以云南抗战的民主堡垒——西南联大的相关遗存最能代表滇池流域的抗战文化。此外，当时西南联大的校园生活丰富多彩，充满爱国民主精神，因其浓郁的民主氛围和民主精神，被赋予"中国思想界的前沿"和"民主堡垒"的光荣称号。今天，这些爱国的情怀和历史的记忆，都可以在云南师范大学校园内的西南联大旧址和博物馆中一一体会。

除了特殊历史背景而造就的西南联大传奇外，云南大学也是滇池流域在近代历史中不得不提的存在。云南大学始建于1923年，时为私立东陆大学，1934年更名为省立云南大学，1938年改为国立云南大学，是祖国西部边疆最早建立的综合性大学之一。1937年，著名数学家、教育家熊庆来出任校长，一大批著名学者受聘到校任教，奠定了学校较高的发展基点和深厚的学术底蕴，开创了云大办学历史上的第一个辉煌时期。20世纪40年代，云南大学已发展成为一所包括文、法、理、工、农、医等学科在内，规模较大、在国际上有影响的中国著名大学之一。1946年，《不列颠百科全书》将云南大学列为中国15所世界著名大学之一，这也充分说明云南大学在中国近代教育史上的重要地位。

此外，昆明的近代史还遗留了一些特殊的遗址文化，如位于西山区碧鸡镇山邑村的卢汉西园别墅。这一建筑整体风格以法式为主，占地面积达3.3万平方米，建筑面积约1600平方米，分内、外两院，主体建筑位于内院中，设计精巧，装饰豪华，保存完好。别墅内绿树成荫，园艺精美，颇有异域庄园之风。1986年，英国女王伊丽莎白二世访华时曾在此就餐小憩。

位于滇池南岸晋城西北的方家营村，还有方树梅"南荔草堂"，占地约1亩，为土木结构的重檐二层楼，房体量虽然较大，但没有繁复的装饰，十分简朴。"南荔草堂"的名称，来源于方树梅对清代为官清廉、为人耿直，又关注云南地方文献的大学者钱南园和师荔扉的景仰。这一普通的农村宅院遗存着厚重的文化气息，是方树梅一生致力于云南文献的抢救、收藏、研究和治学著述的所在地，赵藩、周钟岳、袁嘉穀等名士也曾到此居住游览。2002年，晋宁县人民政府将其列为文物保护单位并进行了修缮。

大观公园南园有一处鲁道源"子泉别业"，又称鲁家花园。鲁道源（1900—1985），字子泉，保山昌宁人。抗战爆发后被任命为第五十八军新十一师师长奔赴抗日战场，其作战骁勇，是著名的抗日将领。这一园林原由子泉别业馆、太华晚照廊、不系舟石舫、道源崖等园景组成，是中国传统园林的典型代表。同时，主体住宅建筑由法国人设计，使得鲁家花园具有浓郁的中西合璧的特色。

大观公园南园的庾恩锡庾庄和滇池西岸白鱼口的庾恩锡"磊楼"也都是非常有特色的近代建筑。前者是1927年庾恩锡在园林艺术家赵鹤清的帮助下设计建造的，以"晋侯楼"为主体，整体呈现出中西合璧的建构艺术；后者为庾恩锡私人别墅的主体建筑，整体方正简朴，呈"品"字结构，既有欧式古堡建筑的风格，又似西南少数民族的碉楼。20世纪50年代后，以庾氏磊楼为主体创建云南省工人疗养院，后来还曾经接待过周恩来、朱德、邓小平等党和国家领导人，2011年列为市级文物保护单位。

值得一提的是，在抗日战争中，来自马来西亚、新加坡等地的2300多名华侨青年机工，组成"南洋华侨机工回国抗战服务团"回国支援抗战，在滇缅公路上抢运军需、维护车辆，为抗战的胜利做出了重要贡献。为纪念在战争中献出年轻生命的1000余名侨胞，1989年在西山公园内特修建了南洋华侨机工抗日纪念碑，碑身高9米，碑座高3米，另还有南洋华侨机工抗日事迹陈列室。

这些和中国近代史密切相关的建筑文化构成了滇池流域异常珍贵的一段历史记忆，它们既是近代历史的载体，也传承了滇池流域的文化，成为云南和昆明一段峥嵘岁月不可代替的印记。

# 第六节 名人文化

滇池流域因其湖光山色而成一方美景，同时也因南诏东都和云南省治的地位吸引了大量历史名人的到来，他们或因文治武功而留名，或因笔墨山水、文采风流而名重一时。千百年来，这些历史名人来到昆明或居住昆明的原因各不相同，但正因他们的到来、留居使昆明的人文色彩更加悠远和多样。

元初赛典赤·赡思丁（1211—1279）主滇，他不但将行政中心从大理迁移到昆明，还治理滇池、兴修水利，提倡儒学、推行教育，滇池流域与之相关的松华坝、文庙建筑及五里多衣冠冢，松华坝咸阳王墓等便是其遗迹所在。明代谪居云南的状元杨慎（1488—1559），字用修，号升庵，在云南度过了30余年，足迹几乎踏遍云南的山山水水，滇池流域自然也是他的必到之处。他咏昆明的佳句"天气常如二三月，花枝不断四时春"广为流传；游西山则赞其"苍崖万丈，绿水千寻"，览滇池则有"锦纹浮漾，金碧映沧"之叹。除了歌咏唱和之外，杨慎还留下了大量关于云南和滇池、昆明的著作学说。至今，昆明西山高峣等地还保留有杨升庵故居和部分遗物。

明代另一位足迹踏遍云南，乃至全国的名人则是徐霞客。他的《游太华山记》详细记载了他游历滇池西岸太华山所见的寺庙宫观建筑和沿途山水风光，所谓"坪间梵宇仙宫，次第连缀""壁纹琼葩瑶茎，千容万变，皆目所未收"。

被誉为"滇中第一人"的唐泰（1593—1673），字大来，号担当，晋宁人。担当以"诗、书、画"闻名，其作品反映了明清之际的社会动荡和人民生活，尤为后世所重。

随着清代云南和内地的文化交流逐渐增多，开始涌现不少历史留名的诗画名家。钱沣（1740—1795），字东注，号南园，以居官不畏权势而"直声震海内"，同时他还善诗文，精于书法、绘画，尤精于画马，其传世作品往往被视为珍宝。他于乾隆五十七年（1792）周览六河源流，切究利弊，向昆明地方官献上昆明《六河图说》，倡议疏挖六河，以解除水患。

此外还有"才高八斗李因培，字压两江马汝为"——与精于书法的马汝为齐名的李因培（1717—1767），晋宁人，他和长女李含章皆以博学多才、文学出众而留名于世。

聂耳（1912—1935），出生于昆明市甬道街73号，他的作品《义勇军进行曲》，是中华人民共和国的国歌，是中国近代著名的"人民音乐家"，至今昆明市内还有聂耳出生的故居，西山风景区还有纪念他的聂耳墓及纪念馆等。

此外，西山景区的华亭寺，还有与之关联的两位近代名人。其一是近代禅宗高僧虚云（1871—1959）；另一位则是邀请虚云来昆的云南督军唐继尧。唐继尧（1883—1927），是滇军创始人和领导者，他参加过"重九起义"，指挥过"护国起义"，并与蔡锷等人联合宣布云南独立，自任中华民国护国军总司令，护国战争结束后，任云南督军兼省长。唐继尧从1913年开始在云南执政，在近14年的执政期间，兴办教育、筹办市政、发展实业做了若干件利民兴滇的大事，对云南的近代化事业有很大的促进作用。1935年，国民政府感念唐护国之功，明令褒扬，于1936年改公葬为国葬，补行国式，其墓今在昆明圆通山动物园内。

# 第二章 文物古迹

## 第一节 古人类遗址

### 龙潭山遗址

位于现呈贡区大渔街道月角社区东南1.2千米，遗址东西长0.3千米，南北长0.4千米，海拔1941米，由3个洞穴遗址组成。1977年，在此发现2枚人牙化石，属晚更新世中年个体。1982年，又发现1枚早期智人下第二乳臼齿，经鉴定为6岁幼童所有，碳－14测定距今30500±800年，同时还出土有下颌骨、颌骨化石，定名为"昆明人"，属旧石器时代。1983年，被列为昆明市第一批重点文物保护单位。1987年，又被列为云南省第三批重点文物保护单位。它的发现，表明3万年前的旧石器时代"昆明人"已在此劳作生息，是滇池地区迄今为止发现最早的旧石器时代人类活动的重要遗址。

### 王家墩遗址

位于昆明市西山区碧鸡镇王家墩近滇池边，原系螺壳堆积，面积约4万平方米。该遗址原在滇池草海水底，1969年围湖造田排水后露出地面。1979年3月出土有铜戈、器皿等。同年4月又在此出土了7000多年前新石器时代的干栏式建筑物遗址。1986年退耕还湖，遗址被湖水淹没。

### 大板桥遗址

位于昆明市官渡区大板桥鸡街子山南坡的旧石器文化遗址。遗址埋于一个被堆积填满、洞顶塌陷遭到剥蚀的洞穴内，海拔1963米，高出当地河水面约8米。1989年3月经试掘，地层层序清楚，文化层厚达2米以上，其中含有人类化石、脊椎动物化石、石制品和烧骨、灰烬、炭屑、烧过的树籽等用火遗迹。初步研究表明，它是一处有丰富文化遗存的石器制造场。

### 野猫洞遗址

位于昆明官渡区阿拉乡（现属昆明经济技术开发区）小石坝村附近。洞内有大量的第四纪堆积物，厚2.5米左右，上部为4厘米灰化"钙板"，下部为2米厚红褐色黏土层，含有丰富的2—3层哺乳动物化石及少量旧石器材料、星点状炭屑、烧骨等。黏土层近底部为暗红色砂岩。洞内的旧石器原料包括燧石、水晶、玛瑙、石髓等，可能采自附近灰岩结核。石器为锤制而成，主要为石核石器类型，共找到10件。其中1件为石核砍砸器，斧形，系将一扁平结核垂直打击形成刃口，装上把手，大小为70毫米×60毫米×26毫米，燧石质，较有代表性。洞内还有哺乳动物化石，包括中国犀、亚洲象、野猪、牛、羊、麂、鹿、巨貘、猕猴、竹鼠、豪猪、虎、熊、鬣狗14个属种，其中已经灭绝的占20%以上。

### 宝峰古冶铁遗址

位于晋宁县宝峰镇铁锁村，因元代在昆阳设立管理冶铁的"冶铁所大使"1员，故遗址应属于元代，共发现古采矿冶铁遗址3处。铁锁村南1500米林场上发现古采铁矿洞14个，为明槽挖采，一般槽深1—3米，宽3—5米，长10—20米，矿槽旁有赤铁矿堆积层露于地表。宝峰村南200米处山脚发现冶铁炉剖面1个，呈斗状，高1.36米，底宽1.5米，口宽1.28米，里面残留有炭屑、铁渣等，炉北面下方有2米厚的铁渣堆积层。宝峰村西北山脚有冶铁炉剖面4个，间距10—15米，炉宽3—4米，高4米，炉内残留有铁渣、炭屑。

# 第二节　古墓葬遗址

## 石寨山古墓群

属全国重点文物保护单位，位于晋宁县上蒜乡石寨村西、海拔1919米处，距滇池约1000米，是战国至汉代滇王及其家族臣仆的墓地，为滇池地区青铜文化的典型代表。山顶有新石器时代的贝丘遗址，面积约5000平方米。

1955—1996年，先后在这里进行5次大规模考古发掘，清理出古墓86座，出土文物5000余件，是1949年以来云南考古工作的最大发现。其中1955—1957年的第二次发掘尤为重要，共清理古墓20座，在第6号墓中出土了金质篆书的"滇王之印"，印面边长2.4厘米，厚0.7厘米，高约2厘米，背面有昂首蟠蛇纽，重90克。它印证了《史记·西南夷列传》记载的西汉元封二年（前109）武帝"赐滇王王印"的史实。今晋宁晋城一带是古滇国政治、经济、文化中心及益州郡治所在等史实。1965年，石寨山古墓群遗址及新石器时代贝丘遗址被列为省级重点文物保护单位。

石寨山墓坑都无规则，一般是选择山石之间的土壤掘坑，以为墓穴。墓葬分为4个类型。第一类为战国至西汉早期，第二、三类为西汉中期，第四类为西汉晚期。出土器物种类繁多，有青铜器、金器、银器、铁器、玉器、海贝等。青铜器多采用失蜡法铸造，其中镶嵌、鎏金、雕刻、锡合金已达到较高水平。青铜器种类有兵器、生产工具、生活用具、贮贝器、乐器、装饰品等。兵器有戈、矛、钺、剑、叉、斧、弩机、箭镞、头盔、甲胄等，生产工具有锄、铲、镰、凿、针、锥、鱼钩等，生活用具有壶、釜、洗、樽、甑、枕、镜、带钩、盒等，乐器有铜鼓、编钟等，还有悬挂在人身、用具、棺椁上的各种扣饰。此外，出土的特殊器物"贮贝器"上，铸有各种人物活动图，如祭祖、战争、纺织、农耕等场面。这些青铜器工艺精湛、造型优美、装饰华丽、雕铸生动、风格独具，是罕见的古代工艺品。2001年，石寨山古墓群遗址被列为国家级重点文物保护单位。

## 天子庙滇墓

位于呈贡区斗南街道小古城社区东1500米。1975年初次发掘，至1995年经5次发掘共计清理出140多座墓葬，均为竖穴土坑墓。出土春秋晚期至西汉时期青铜器、陶器、玉石、玛瑙器等文物数千件，著名者如"杀牛祭铜柱扣""铜房子""铜虎头""五牛储贝器""铜鼓""铜牛"等，还有"远足陶尊""直口陶罐"等陶器和一些玉石装饰品。41号墓出土的"隼嘴式双钺形戈"和3件提筒，均为云南首次发现。该墓墓主椁板经中国科学院古脊椎动物与古人类研究所用碳-14测定，并经树轮校正后的年代为距今2290±70年，约为西周昭穆时期。1983年，天子庙墓群被列为昆明市第一批重点文物保护单位。

## 石碑村滇墓

位于呈贡区南1.5千米龙街乡石碑村东侧，属西汉晚期。经1975年、1979年两次发掘墓葬182座，均是分布密集、排列成行的长方形竖穴土坑小墓，墓塘长1.7—2.3米，宽5—9米，基底浅至30厘米，无棺无椁。随葬品计739件，主要有青铜戈、矛、剑、斧、镞等。现为呈贡区级文物保护单位。

## 大团山墓群

位于五华区黑林铺镇团山街道，封土堆高约30米，1975年云南省博物馆在此清理出6座竖穴土坑墓穴，无葬具，骨架已朽，随葬品呈头西脚东放置。出土一些青铜器，如斧、矛、戈、臂甲、扣饰等，其中蜥蜴状扣饰、心圆凸纹陶盘等最为奇特，年代为春秋战国时期。墓址后被云南翻胎厂、云南汽车厂等单位占用。

## 羊甫头墓葬

位于官渡区羊甫村，面积约4万平方米。1998—1999年，在此发掘出西汉至东汉时期墓葬524座，出土各种文物4000多件。墓葬均为竖穴土坑墓，分大、中、小3种类型。大、中型墓葬多为一椁一棺。葬式有5种：合葬、解肢葬、叠葬、仰身屈肢葬、侧身屈肢葬。大型墓中发现人殉现象。随葬品一般为1—60件，最多的达391件。随葬品以青铜器为主，其次为陶器、漆木器，还有少量金器、银器、玉石器，种类有兵器、生产工具、纺织工具、生活用具、乐器等。陶器、漆木器的发现，为云南其他墓葬少见。漆器包括各种兵器的木柄和木雕漆器，木雕漆器在人面形或动物形头部后，均雕一"且"形器，别具特色。

## 小松山墓群

位于呈贡区北约3千米的小王家营村旁，占地1835平方米。1973年8月由云南省博物馆发掘，出土一座东汉早期的竖穴土坑墓，在全省首次出土了包括镌刻有隶书"二千石大徐氏"铭文的铜提梁壶、厚胎卷沿鼓肩罐、兽足釜，刻有"应龙"的陶制水田模型等。之后的29年间，先后对小松山进行了7次发掘。1976年，省博物馆文物工作队与四川大学考古班又在小松山山头发掘4座滇墓，都是竖穴土坑墓，但随葬品只有陶器，包括釜、壶等，没有铜器、玉器。1997年10月，昆明市博物馆在小松山西坡头发掘出23座滇墓、2座东汉竖穴土坑墓、2座砖室墓。1998年6月，呈贡县文化馆在西北坡头发掘出2座东汉竖穴土坑墓。2001年1月，昆明市博物馆在小松山北坡发掘出滇墓20座。2002年8—11月，昆明市博物馆在小松山山头发掘出166座滇墓、13座东汉墓、58座清代墓。至此，小松山共发掘出滇墓213座、东汉墓19座。

### 五台山墓群

位于昆明市北郊约3千米的上马村五台山，墓群时代约为春秋晚期至战国中期。1977年12月，云南省建机修厂在此修建宿舍，挖地基时发现古墓葬。云南省文物工作队在此共发掘13座古墓，均为长方形土坑竖穴墓，墓内填有褐色花土，墓口长2—4.6米，宽0.63—2.1米，深0.15—4.41米。各墓都有多少不等的随葬器物，多的26件，少的2件。组合分两种类型，一类随葬铜兵器、陶生活用具和装饰物，一类随葬陶纺轮和生活用具。13座墓共出土随葬品131件。

### 归化墓群

位于呈贡区马金铺乡大营村尖山，西向滇池。1965年8月，云南省文物工作队在此清理出两座砖室墓。墓葬有东西两个封土堆，相距约200米，大小相近，出土吹箫俑、抚琴俑、庖鱼俑和侍俑4件加彩陶俑。

### 王家营明墓群

位于呈贡区王家营东北，西临市级行政中心100米，为明代镇守云南西平侯沐英的第五、六、七、八代后裔沐详、沐崧、沐绍勋、沐朝宣等人的家族墓地。旧方志称："沐氏陵园，有祠堂翁仲、石马、石亭、林木荫翳"，出土金、银、铜、铁、锡、铅、玉、石、陶瓷器文物600多件，尤以嵌红、绿、蓝宝石的金发冠最为珍贵，出土的墓志记述了沐氏家族镇守云南的历史。

# 第三节　园林建筑

### 黑龙潭寺

踞盘龙宝象上流，为霖为雨；溉金马碧鸡全境，利物利人。

黑龙潭寺位于嵩明县白邑镇（今盘龙区滇源镇）龙潭营村南约200米处。白邑又名邵甸，亦称滇源，距昆明市区约50千米。这里是华坝水库上游，亦是盘龙江的源头所在。寺内有龙王殿（正殿）3间，坐东向西，为土木结构歇山式建筑，南北配殿各有3间。另有南厢房6间，北厢房5间，非对称布局。大殿正对面有戏台1座，坐西向东，楼上为戏台，楼下为通道。并有凉亭、长廊、拱桥、水池、沟渠、草坪、花木等设施。黑龙潭内,除罕见的金线鱼外,其清澈的河水中,还生长着海菜花。花瓣白色,花蕊黄色。金线鱼和海菜花一样,品性极高,只生长在水质优良的湖泊中。以前,滇池里就有金线鱼和海菜花,如今已不复存在。

该寺始建于明正德五年(1510),其后也多次修葺扩建。黑龙潭泉眼就在寺中的龙潭山下,分南北两潭,北潭泉盛,经水渠注入南潭。潭水清澈见底,呈青黑色,故名黑龙潭。水从南潭向外涌出,形成一条小河,汩汩向南流去,沿途可灌溉农田。注入松华坝后,经盘龙江流入滇池,故而称为"盘江之源"。黑龙潭后面的龙潭山,山势陡峭,形如屏障,且松柏挺拔,植被茂密,为龙潭水源提供了绝对保障。正殿前挂有光绪皇帝题写的"盘江昭佑"匾额,左边落款是"大清光绪十三年季春月下浣日吉旦",中有一玺印"光绪御笔之宝"。正殿上方还挂有"功符河润""嘘气为泽""威灵显佑"等匾额。寺内楹联众多,论其内容和书法,也颇为可观。而最具有代表性的,应是陈荣昌撰书的这一联:"踞盘龙宝象上流,为霖为雨;溉金马碧鸡全境,利物利人。"钱沣手书的"妙尽无为"匾额,也颇为珍贵。

## 青龙潭寺

盘江二潭映日月;邵甸百泉润乾坤。

青龙潭寺位于昆明市嵩明县白邑乡。寺内有老龙潭、新龙潭、格来龙潭,还有一出水溶洞。青龙潭出水量比较大,数个泉眼长年玉涌,清澈的泉水汇集成河,滚滚向南流去,注入松华坝水库后,经盘龙江流入滇池,故亦称"滇池源头"。

青龙潭寺始建于清乾隆四十一年(1776),清光绪三十二年(1906)、1926年先后扩建、修葺。龙宫殿外走廊上方悬挂着著名书法家陈荣昌书题的匾额"盘江之源"。寺内有汉唐式建筑大雄宝殿一座、龙王宫殿一座。龙宫殿有正殿三间,左、右厢房各三间,大门斗拱,飞檐翘角,四合院式的建筑,围成约60平方米的天井,正中置石鼎一只,左右各有一石砌花台。与龙宫大门遥相对望的三间楼房上辟有戏台,专供庙会时唱戏之用。青龙潭寺在"文化大革命"中遭受破坏,1978年,由村民集资修复。1985年,嵩明县人民政府公布为县级重点文物保护单位。2000年,经嵩明县政府批准为开放的宗教活动场所,2009年8月31日,由盘龙区托管。

## 黑龙宫

两树梅花一潭水;四时烟雨半山云。

黑龙宫位于昆明市城北12千米龙泉山五老峰麓,据《汉书·地理志》载:"益州有黑水神祠。"清朝云贵总督阮元经考证认为黑龙宫即在汉祠旧址。元初此地有庙,后遭兵难被毁。明洪武二十七年(1394)改建为龙神祠,景泰四年(1453)重修,至清康熙二十九年(1690)、光绪八年(1882)大修。

宫外有两水潭,一桥连接;南潭色黛,北潭色黄,桥下之水悠流不断而色不相混,潭中之鱼漫游嬉戏而从不过桥。潭水逢大旱之年而不干涸,《重修龙泉观记》言其是"滇民衣食之源,水旱祈祷之所"。有"滇中第一古祠"之称。

## 海源寺

阔天空一尘不染；清流洁万民沾恩。

有"草海源头"之称的海源寺，位于昆明西郊约10千米的聚仙山下，旁有大龙洞（古称横山水洞），常年出水，水质甘芳而清澈，常年涌流。且水源分南北两支，可灌溉班庄村、龙院村、黑林铺、洪家营、团山、麻园、梁家河、黄土坡等众多农田，然后经海源河流入滇池草海。《云南佛教史》载："海源寺始建于元代，平章（即省长）脱欢，（僧人）普化建造。"距今已700多年。明末清初毁于兵燹。至光绪三年（1877），由周边村民捐资重建，在寺后的大石壁下新建大悲阁，在大龙洞旁又新建了龙王庙。海源寺占地面积约54亩，殿堂靠西向东，依山势而渐高，属土木结构。前一层是朱红漆大山门，前有马鞍石平台，石栏围绕，上雕狮、象、虎、豹。山门前塑两位金刚（左为赤火，右为避水），门头上挂一大横匾，黑底金字，草书"海源寺"三字。

1999年，海源寺划归市宗教局，建设成为佛门（女尼众）修行场所，现正在恢复重建中。重建的海源寺规模宏大，为尼众修学道场。它将成为祖国西南地区面向东南亚与国际接轨的佛教圣地。

## 妙湛寺

废刹临官渡，香台夜景澄；僧言龙火焰，却是打渔灯。

妙湛寺位于昆明市官渡区官渡镇螺峰村内，为官渡"六寺之首"，因地面下螺壳累积，故妙湛寺亦称"螺峰寺"。初建时地处滇池边，其地原为滇池之一部分。该寺始建于元代至元二十七年（1290），1295年落成。因寺址贴近湖边，地基松软，一度倒塌。元泰定三年（1325）迁建于现址古镇的中央。明天顺二年（1458），云南镇守太监罗珪捐资大兴土木，于山门内建密檐式砖塔两座，同时又于山门外中轴线上，建金刚宝座式石塔一座，即金刚塔。1996年，国务院公布金刚塔为全国重点文物保护单位。

金刚塔，又名"穿心塔"，坐落于昆明市东郊的官渡古镇，它是中国现存年代最久的一处砂石构筑的典型喇嘛式佛塔。

## 圆通寺

百尺高楼，一片岗峦千点树；满城春色，半边海水四围山。

孙髯题此楹联的圆通寺，位于昆明市区东北隅的圆通山麓，为昆明最古老的寺院之一。该寺始建于唐南诏国时代（738—902），初名补陀罗寺，后毁于元世祖南征时期。元大德五年（1301）重建，至元延祐六年（1319）完工，改称圆通寺。明清两代又多次修葺，殿堂逐渐增多。清雍正时主张"三教合一"，故寺内建筑、碑刻、造像兼有佛、道两教元素。圆通寺与其他寺院不同之处是大殿低、山门高，其次八角亭在水中央，建筑是波浪起伏之势，最高处是山巅之接引殿，也叫万变不离其宗。1983年，圆通寺被定为全国汉地重点寺院。

据史料记载：公元8世纪前后，有一位叫圣宣的高僧，由山海关游方至昆明，见到城北螺峰山（也称盘坤山）景色宜人，便驻于此，募建"补特罗伽"寺。"补特罗伽"为梵语，意为"开满小白花的山"，也称"普陀罗伽"或"普陀罗"，是观世音菩萨修道的地方，原在印度南海岸。寺取此名，更因当时南诏均奉行印度来滇高僧赞摩伽陀所传"阿吒力"密教，而且"阿吒力"密教奉观音菩萨为"三本尊"之一。宋宝祐三年（1255）寺毁于兵火，元初曾任云南资善大夫、云南行中书省左丞的阿昔思与其叔父共同捐资重建，自大德五年（1301）动工，直到延祐六年（1319）历时18年方告竣工，并改"补特罗伽"寺为"圆通寺"以便记识，"圆通"亦为观音修道法门。新寺时为中庆府首刹，得到朝廷的嘉奖，颁赐藏经，天子玺书。

明永乐元年（1403），黔国公沐晟资助开辟"采芝径"直达山顶；成化十九年（1483），重建山门天王轮藏诸殿和两壁绘塑等。清康熙六年（1667），吴三桂捐助巨资重修大雄宝殿，新建"圆通胜境"石坊，将山门向外拓展。同治十年（1871）大水淹寺，殿堂、佛像均遭严重损坏，直到光绪十一年（1885）才得以全部恢复，并将原塑的观音、文殊、普贤"南海三圣"改塑为如今的过去、现在、未来"三世佛"。

近代云南都督唐继尧曾捐助住持平光上人重彩佛像，并把圆通寺与圆通山辟为公园。1956年，迎接出访缅甸回国的"佛牙舍利"在寺供奉3天，数十万人前来朝拜。1984年落实宗教政策，圆通寺归还佛教组织管理，成为省佛教协会直接管理的寺院，为全省佛教组织和寺院服务。此后，新建了泰式铜佛殿，内置泰国政府赠送的一尊重4吨的释迦牟尼佛铜像，并新建了藏传佛教经堂；2000年底，新的大雄宝殿竣工。作为全省三大语系佛教的中枢，圆通寺联络着全国以及周边佛教国家，发挥着极其重要的作用。

## 金　殿

金殿凤凰鸣晓日；玉阶鹦鹉醉春风。

金殿风景区又名铜瓦寺、太和宫，位于昆明城区东北的鸣凤山（又名鹦鹉山）上，占地面积1773亩。因其院内的金殿全部用铜铸就，熠熠生辉而得名"金殿"。

明万历三十年（1602），云南巡抚陈用宾仿湖北武当山太和宫形式，在鸣凤山创建吕仙祠、太和宫、三元宫等道教建筑群，并建一、二、三天门。太和宫内筑紫禁城，城内有铜铸的真武殿，故名"金殿"。明崇祯十年（1637），云南巡抚张凤翮将"金殿"移至宾川鸡足山天柱峰。清康熙十年（1671），平西王吴三桂重铸铜殿。殿为方形，坐东向西，边长6.2米，高6.7米，总重量250吨，占地面积约180平方米。结构上金殿既是仿木结构铸造，重檐歇山顶，七架梁，四面有格扇门装置，再加以装饰的云鹤、云龙、麒麟和花草、"寿"字等，完全就是传统木结构的外形。其殿梁上铸有"大清康熙十年岁次辛亥大吕月十有六日之吉平西亲王吴三桂敬筑"等文字。而殿内的真武铜像和殿前的铜质旗杆系咸丰八年（1858）增修。金殿正面柱上悬铜铸对联一副："金殿凤凰鸣晓日；玉阶鹦鹉醉春风"，不但对仗工整，且寓情于景，生动活泼。沿台基边的凭栏、台、阶、御路等皆大理石砌成，与金殿黄白相映，更加耀眼夺目。殿前方还立有高达10余米的铜质旗杆，上悬三角形铜质"镇山旌"一面。其建筑群曾多次损毁，也多次修葺和扩建。并在后建的天师殿里展出吴三桂大刀、真武七星剑等。1950—1958年，先后隶属于昆明市文教局、建设局和文化管理局管辖。1958年成立昆明市园林局后，正式移交给园林局管理。

金殿另一重点文物便是悬挂于钟楼的"永乐大钟"。该钟铸于明代永乐二十一年（1423），钟高3.5米，口径周长6.7米，重达14吨，是云南最大的铜钟之一。该钟原挂在昆明城南门宣化楼上，为报时报警之用。1953年拆宣化楼时，将其移至状元楼外的古幢公园，1970年移至金殿，1984年正式挂在钟楼。这一巧夺天工、气势雄伟的金殿，于1982年被国务院公布为全国重点文物保护单位。

## 筇竹寺

白昼浮岚浓且淡；高秋叠翠雨还晴。

筇竹寺位于昆明玉案山腹，为滇中著名古刹，是元代汉传佛教在云南较早的一座寺院，始建于元至元十七年（1280）。宋末元初，出生于昆明的雄辩，于元军破大理国后的第二年（1254）到内地修习佛法，至元十六年（1279）元世祖赐法名"洪镜"，遂回昆明在玉案山住持筇竹寺。元大德四年（1300），雄辩将"山门法席"传其弟子玄坚。次年，雄辩在寺内圆寂，圆寂塔在该寺后园中。随后屡遭火灾、兵燹，历代官员也每每修葺。现存的寺宇建筑大多是清末光绪年间修葺营造的。该寺1950年由昆明市军事委员会接收，1951年移交昆明市文教局管理，1958年成立昆明市园林局时为筇竹寺公园，归园林局管理，1985年正式移交昆明市宗教事务处管理。

筇竹寺坐南向北，依山而建，四进逐级升高。主要殿宇有山门、天王殿、大雄宝殿、华严阁（藏经楼）、梵音阁、天台莱阁及厢房等。天王殿正供弥勒佛、北供韦陀菩萨塑像，两侧塑四大天王。大雄宝殿内供元代塑造的跌坐莲台的释迦牟尼佛、药师佛、阿弥陀佛像，后塑关羽、关平和周仓立像。华严阁为两层殿堂，绘有十二观音图、南诏国王出行图和善财童子图等内容丰富的壁画。该寺最引人注目的是五百罗汉塑像，出自清光绪年间四川民间雕塑家黎广修之手。如同真人大小的泥质五百罗汉像分塑在三处：大殿两壁68尊，梵音阁和天台莱阁各216尊，形象生动且无一雷同，构思巧妙且工艺精湛，被誉为"东方雕塑艺术宝库中的明珠"，2013年，被国务院公布为第七批全国重点文物保护单位。

## 西山华亭寺

绕寺千章，松苍竹翠；出门一笑，海阔天空。

华亭寺位于西山华亭山山腹，是游览西山的第一站。寺院周围放眼碧色，茂林拥翠，修竹凌云；前临草海，后倚危峰，左枕太华，右带碧峣，自古以来就是游览胜地。

该寺依山势坐西向东，与内地寺庙坐北朝南的规则迥异，系华亭寺特色之一。它占地18亩，平面布局呈矩形，在佛教建筑中属中轴对称、封闭院落式类型。其建筑特色深受宫式法则和儒家文化中理性美的影响。沿中轴线排列立体建筑，纵轴线上有放生池、天王殿、八功德池、大雄宝殿、藏经楼；横轴线从大雄宝殿左右分设经堂、祖堂、方丈室、僧堂、客堂、浴堂、库房、香积厨等。全部建筑以大雄宝殿为中心，如众星捧月，规制严整，排列有序。

大雄宝殿金碧辉煌、巍峨雄伟，它是西山园林建筑中最大的殿宇。殿内幡幔叠垂，宝盖生辉。正中佛龛上供奉着五尊金光闪闪的佛像，均高丈余。中间为佛祖释迦牟尼，左右分别为药师佛和阿弥陀佛及迦叶、阿难两位尊者。佛龛背面塑有观音像及二十四天神像；同时，华亭寺将五百罗汉直接供奉于大雄宝殿之内，其含意耐人寻味。

该寺旧址原为宋代大理国时期鄯阐（今昆明）侯高智升别墅。元延祐七年（1320）被尊为"云南禅宗第一祖"的雄辩法师高足玄峰法师在此处建寺，初名"大圆觉寺"。元至元五年（1339）玄峰和尚亲往江南请回《大藏经》一部计有1465函，在寺内建多宝殿贮藏。玄峰苦心经营20余年，将圆觉寺建成一所初具规模的禅宗寺院。

明景泰四年（1453）驻云南的太监黎义主持重修。陈宜《敕赐华亭寺碑记》载："拓其址而弘其规制"。经过重修，"中为大光明五光佛殿，后为佛华宝阁，殿之左右为清隐殿、僧堂、齐堂，方丈、僧寮、设像崇严，彩绘鲜丽"。至"天顺间，钦赐名曰华亭寺"。明天顺六年（1462）明英宗钦赐寺名为"华亭山大圆觉寺"。明世宗嘉靖三十一年（1552）仍恢复"华亭寺"寺名。明、清两代该寺因兵燹，迭毁迭建。清康熙二十六年（1687），巡抚王继文重修华亭寺。咸丰七年（1857），华亭寺部分建筑毁于兵燹。光绪九年（1883）再度重修。

1920年，唐继尧请禅宗大师虚云来华亭寺主持水陆法会，超荐护国、靖国诸役阵亡将士。事后，募款重修华亭寺。经过10年努力，终将这座"殿宇倾颓，钟鱼绝响"的破寺，修建成一座庄严辉煌、香火兴旺的十方丛林。

20世纪50年代后，华亭寺划给昆明市园林局属下的西山公园管理，并经多次修理。原藏经楼因年久失修，整体倾斜，1970年经昆明市革命委员会批准，被西山公园拆除。

1986年，根据昆明市人民政府决定，华亭寺由昆明市园林局移交昆明市宗教事务处使用管理。随后在政府支持下，在原址上重建了藏经楼，后又修复了原有的方丈室。1995年2月14日因管理不善，大雄宝殿于凌晨2时被火烧毁，后在省、市政府支持下，社会各界鼎力相助重修了大雄宝殿，对罗汉、佛像等进行彩绘、贴金，使整个大殿更加雄伟、庄严，全寺面貌焕然一新。

## 西山太华寺

南浦绿波，西山爽气；春风落日，秋水长天。

太华寺位于昆明西山的太华山腹。太华山东临滇池，北接华亭山、碧鸡山，南连美人山、罗汉山，是西山的最高峰。太华寺依山傍水，掩映在绿树翠竹之中，巍然耸立，颇为壮观。

该寺又名佛严寺。元朝大德丙午年（1306），元梁王甘麻剌下令在此修建梵刹，"一载而成，赐封寺额曰佛严"，延请高僧玄鉴无照住持，玄鉴无照成为太华寺的"开山第一祖师"。

明代，镇守云南黔国公沐英的后代曾捐资增建碧莲室、思召堂、一碧万顷阁。清康熙二十年（1681），清兵进入昆明，碧莲室、思召堂、一碧万顷阁被毁。清康熙二十六年（1687）云贵总督范承勋重修太华寺，大殿内铸铜佛十九尊，增建大悲阁，随后又几经兵燹，几经修葺。

该寺坐西面东，规模宏阔，布局严谨，四柱三门石坊、天王殿、大雄宝殿、缥缈楼、一碧万顷阁、思召堂以及映碧榭，通过游廊、石阶，有机地连为一体。全寺建筑占地3562平方米。建筑艺术介于北京宫廷园林建筑和苏州人工园林建筑之间，万松环翠，鸟语花香，曲径通幽，令人耳目一新。

天王殿单檐歇山顶，面阔三间，进深两间，殿高近20米，占地367.5平方米。殿正中有一座木雕观音，双手合十，神态慈祥，站立在莲花佛龛上，高约2米，宽冠华服，璎珞蔽体，系清康熙年间遗物。大殿两旁为粉彩四大天王塑像，各高3米，神情安然，不怒自威。背面韦陀披金甲，手执金刚杵，展现了护法神的威严。

著名的大悲阁地处寺院的最高处，始建于清代咸丰年间，后遭兵燹毁坏，光绪九年（1883）大修，五开间，单檐歇山顶，占地582平方米。二楼檐前悬有"大悲宝阁"巨匾，是供奉观音的宝殿。大殿内有铜铸法身毗卢遮那佛、报身卢舍那佛、立身释迦牟尼佛，为康熙时期遗物。佛像面容慈善，金粉鎏身，各高2.8米。大理石台墀栏杆上雕刻着龙、狮、虎、象、孔雀、仙鹿等，体态逼真，神情各异，栩栩如生，系康熙年间从昆明城内吴三桂的王府里拆运来的。

寺内附属建筑颇多，大雄宝殿北侧面原为"思召堂"，为明初黔国公沐英修建，近年来已重建成冷饮店和茶室。南侧为"映碧榭"，侧楼南侧中部凸出，成为亭台，伸进碧池之中。"一碧万顷楼"后壁，有康熙帝御书"世济其美"和碑铭，其中"登楼远眺，东浦彩虹，西山苍翠"正是形容此处胜景之佳句。

## 西山三清阁

千寻危磴盘苍霭；半壁飞楼瞰积波。

西山三清阁位于太华山南面罗汉山上，山崖险峭，石峰嶙峋。三清阁有九层十一阁，嵌壁建筑群高低错落，高出滇池水面300多米。从峭壁下山邑村拾级而上，1000多级石阶蜿蜒，穿古柏入云间方上得此罗汉山崖。由于三清阁建筑在绝壁上，全靠锤凿而得立足之地，绿树贴壁探海，亭阁钩心斗角，俨然道家神仙的空中楼阁。

三清阁以下，即罗汉山与挂榜山的交界处，最初为元梁王松山的避暑宫，称为"凌虚阁"，元末避暑宫毁于兵燹。明宣德年间，沐氏捐资，无边禅师重修。明正德年间，了纯和尚在此结庵驻锡，称海涯寺，又名妙定寺。后有摆渡村李应举捐资扩建弥勒殿后，称罗汉寺。明嘉靖年间，罗汉寺倾圮，有道士赵炼在此开辟道观。

明末徐霞客游此，其游记中记述：北庵有"灵官殿、纯阳楼、玄帝殿、玉皇阁、抱一宫"；南庵有"雷神殿、三佛殿、寿福殿、关帝殿、张仙殿、真武宫"，并确认"昔梁王避暑于此，又名避暑台，为南庵尽处"。

清乾隆五十五年（1790），道士杨来祥、何来昆募捐增修后，改称"玉皇阁"，后又增建灵官殿、三清殿、斗姆殿等，统称"三清阁"。各殿缘山壁而上，层层叠叠，鳞次栉比，在建筑上颇具特色。从三清阁往上有龙门石窟，共有道教神像二十二尊，为全滇最大道教石窟。沿着蜿蜒石阶，越上越美，滇池景观尽收眼底。

## 大观楼

千秋怀抱三杯酒；万里云山一水楼。

中国"四大名楼"之一的昆明大观楼，位于昆明城西南部，地处滇池草海北滨，因与滇池西岸的太华山隔水相望，古称"近华浦"。明代初年，云南镇守国公沐氏曾在近华浦北面开辟花园，称"西园"。清康熙初年，平西王吴三桂统治云南时，疏挖从小西门至近华浦以通滇池的河道，称"运粮河"，即现在的大观河。

清康熙二十一年（1682），湖北籍和尚乾印在近华浦"始创一庵区"，称观音寺。由此游客渐多，遂成为昆明城郊一名胜之地。清康熙二十九年（1690），云南巡抚王继文"拓茅港池，种花植柳"，并于康熙三十五年（1696）建二层楼，取名"大观楼"。

乾隆年间，昆明寒士孙髯撰写180字长联，由昆明名士陆树堂书写刊刻，大观楼因长联而成中国名楼。道光八年（1828）修葺大观楼，增建为三层。咸丰三年（1853）咸丰帝题"拔浪千层"匾，咸丰七年（1857）长联与楼毁于兵燹。同治五年（1866）重建。清光绪二年（1876）近华浦"大水，两廊皆圮，楼亦倾斜，光绪九年（1883），总督岑毓英重修。"光绪十四年（1888）岑毓英请赵藩楷体重书孙髯的长联，刊刻悬挂。

民国八年（1919）唐继尧修葺大观楼及公园券拱牌坊式大门，将孙铸（字铁舟）同治年间榜书"大观楼"的石刻板，嵌于园门。1930年，昆明市长庾恩锡主持修建大观公园，以"西湖十景"为蓝本，建成现今的主要景观。民国年间，近华浦东面、南面临草海湖滨，建有一批中西合璧式私家花园别墅。1950年军事接管后人民政府将这批私家别墅花园划入大观公园，形成大观公园近华浦东南面的"东园""南园"景区。

历史上的大观楼虽然兴废交替，却始终是云南人心目中不可替代的文化圣地。大观楼的构造并无精巧独到之处，历史也并不悠久，之所以能与国内其他名楼齐名，实赖乾隆年间孙髯所撰的长联。该长联因气势宏大、构思精巧、含意深刻而被公认为"天下第一长联"。毛泽东主席再三品读之后对孙髯长联有"从古未有，别创一格"的高度评价。大观楼1983年被列为云南省文物保护单位。

## 昙华寺

雨过池边鱼鼓浪；风来花里蝶寻香。

昙华寺位于昆明市东约3千米金马山麓的金汁河畔，原为明代光禄大夫施石桥的别墅，崇祯年间（1628—1644）其曾孙施泰维捐赠建寺，清道光年间地震后重修。昙华寺内有一棵优昙树，相传来自印度，该寺因之得名。古树现依然耸立在昙华寺内藏经楼偏院内，墙上有石刻题有"优昙献瑞"四个大字。昙华寺历来以花木繁艳著称，民国初住持和尚映空"以善艺花名于滇中"，使昙华寺内"花木亭亭，四时不谢"，当年培植的牡丹、春兰、雪兰、虎头兰、缅桂花、垂丝海棠等花，曾名噪一时。

1981年，昙华寺被扩建成一座仿江南古典园林的公园，分为前园、中园、后园三部分。前园基本以原寺庙的三进院宇为主，亭台楼阁，假山水榭，花木竹林，回廊曲桥，错落有致。中园比前园稍大，建有一鉴轩、牡丹园、杜鹃园、山茶园、海棠樱花园和儿童娱乐园，中园中有各名家书法碑刻。前园大义厅右侧小园中，存有反映朱德早期进步思想的朱德赠映空和尚诗文碑。昙华寺前、中两园新增钱南园纪念碑、十八罗汉、五百罗汉石刻、全国名联碑园等。

1996年4月，在昙华寺后院的瑞应山上又新建成一座高48米、七层八角的螺旋式观览塔——"瑞应塔"，供游人登楼远眺。登临塔楼，昆明市区林立的高楼大厦以及四周的湖光山色尽收眼底。塔四周山地上遍植贴梗海棠、火把果、杜鹃花、雪松等花木，还有新建的长廊、小亭和垂钓池。昙华寺面积约与圆通寺相等，但圆通寺的建筑比较大方、壮观，而昙华寺的建筑则小巧玲珑。

## 观音寺

山势飞来，看轩鹜翔栖，宛似西天灵鹫；湖光俯映，任蜿蜒奔赴，恍兮北岭长虹。

观音山、观音寺位于滇池西岸的中部之滨，距离西山高峣大约18千米。观音山在明初以前称为石咀山，孤峰突兀伸入滇池。元代山巅曾建有土主庙，供奉白族"阿吒力"教的护法神——大黑天神。因山下风波汹涌，舟楫每毁于往来，明成化年间（1465—1487），黔国公沐琮命建观音殿一座，欲镇风浪，石咀山亦改名为观音山。

明嘉靖年间，当时有名的悟真和明全两位僧人修建了观音山的后殿，又重修了伽蓝殿，增建了圣僧殿。至隆庆辛未年（1571），观音殿已扩建为由前殿、伽蓝殿和后殿组成的三层院宇的观音寺建筑群，虽经历代修建，至今格局未变。现存建筑中，面阔三间、单檐歇山顶的大殿建筑物墙体全用不规则的石块镶砌而成，其"小南海"牌坊，单门两柱，却为重檐，皆为少见。佛寺南面建有"小南海"和"普陀山"牌坊，佛寺山门前有一副石刻对联："浩月光中，昆水静澄南海景；慈云影里，华峰叠拥普陀山。"

观音寺涵滇池的清莹，倚山势的挺拔，景色秀丽，附近居住着众多白族、彝族人民。每年农历六月十九日的观音成道之日，观音山上要连续举行三天民间调子会。1986年被公布为西山区文物保护单位。

## 盘龙寺

唐时遗构万松寺；哲学分宗三大师。

盘龙寺，亦名万松寺，位于滇池东岸盘龙山，距云南昆明市区约40千米，距晋宁县晋城镇东南3千米，为临济宗祖庭。寺门侧柱上一古联极言盘龙寺宗教地位之高："滇云万重山，此即灵鹫；曹溪一滴水，流到盘龙"。因此，盘龙山与昆明西山、宾川鸡足山同称云南三大佛教圣地。1983年公布为昆明市重点文物保护单位。

盘龙山方圆数十里，龙盘迂回，中峰突起，名称盘龙，寺因山得名。寺观庙宇依山而建，山门里有一、二、三天门、迎仙桥、睡佛殿、吕祖殿、祖师殿、大雄宝殿、玉皇阁、伽蓝殿、药师殿等20多座，供奉着儒（孔子）、释（释迦牟尼）、道（老子）三教诸神，其中盘龙祖师殿、药师殿、观音殿香火最为旺盛。寺宇四周树木枝繁叶茂，其中茶花和松柏最为著名。原盘龙寺中还有万松寺，现修建为高大的观海楼，登高可远眺滇池风光。

该寺于元至正十年（1350）由崇照禅师开建，初称"大盘龙庵"。崇照为宋大理国王段氏之后，也是禅宗临济宗传入昆明第一人大休禅师的再传弟子，号莲峰和尚。1350年，崇照与道友无文开创盘龙寺，继为大寺住持，立碑严格教规，远近闻风争相皈奉，该寺很快成为驻僧数百的十方丛林。

大雄宝殿内供奉释迦牟尼三世佛。院内有元代红梅一株，号"粉妆台阁"，相传为崇照祖师手植，今树干枯老，树丫之中却新发嫩枝，花繁叶茂，俗称"怀中抱子"。又有清代银桂1株，冬秋花发，丹华银蕾，清香浮动，雅号"两度银桂"。明代盘龙寺鼎盛之时，寺观多达数十院，庙宇450间，佛像千余尊，更有历代墨客骚人在此留下各种文墨，尤以元梁王、明永历帝、徐霞客、担当、钱南园、袁嘉谷等人的手迹弥足珍贵，惜今多毁。清雍正元年（1723），宗式法师从江南取得《南藏》一部，在盘龙寺建藏经楼珍藏，今楼已不可寻。大殿之后为盘龙祖师殿，"祖师"即崇照，1364年坐化寺中，被尊为"盘龙祖师"，视为神僧，后立僧塔安置遗体，又建大殿安置僧塔，是为祖师殿。祖师殿之后则有道教之玉皇阁，为原盘龙寺道观建筑中心，其始建于明嘉靖二十二年（1543），近年重建，规制宏伟。

寺内还多民间神祇，如元和宫旁老财神殿，祖师殿东南则有新财神殿，均供奉武财神赵公元帅。更有趣者是大雄宝殿背面释迦牟尼身后，除地藏菩萨、达摩祖师之外，还俨然立一关公塑像，释迦兼收并蓄，纳入自己大殿之中，可见其肚量。

600多年里，盘龙寺历尽大难，如清道光十七年（1837），晋宁发生八级地震，盘龙寺建筑多被毁坏。咸丰、同治年间，又有部分寺观毁于兵燹。20世纪60年代后期该寺再遭浩劫。80年代起陆续重修，盘龙古刹渐呈新姿。现盘龙寺已辟为公园，山中寺观逐年重修，焕然一新。

## 石龙寺古建筑

石龙寺位于昆明市呈贡区大渔街道海晏社区西南的滇池东岸悬崖上，始建于明初，清朝乾隆、嘉庆、道光年间重修和扩建，占地约4200平方米。该寺原为四进式建筑群落，后存第三、第四进及望海亭等建筑。第三进正殿为抬梁式木结构，单檐歇山顶，通面阔12.6米，通进深8.5米，前有14级石阶。砂石月台长13.75米，宽11.3米。西有望海楼，置于整个建筑群最高处，与西山遥望，系悬山顶抬梁式木构建筑，楼前有上下月台，悬岩边有青石栏杆防护。石龙寺内存有刻写着《国史纂修官昆明钱沣记》《重修石龙青碑》等的碑10通。望海楼原悬匾额"松风水月"，为明崇祯帝亲笔。抗日战争期间石龙寺曾作昆华女子中学校舍，1986年，公布为呈贡县文物保护单位。如今，望海楼已不复存在，明朝崇祯皇帝亲笔所题匾额"松风水月"也不知去向，只有正殿和自然风景犹在。

## 呈贡文庙建筑群

儒典仁经，日昭月朗千夫诵；礼门义路，水远山长万世尊。

呈贡文庙位于老县城东门街，坐北向南，现存建筑由南向北中轴线布局有泮池、棂星门、东西两庑、大成殿、崇圣祠等建筑，占地8.34亩。文庙原址在伽宗城（今古城），明洪武十六年（1383）建，明弘治五年（1492）迁建县城北门街，明万历四十三年（1615）迁建于现址，屡经兵燹损毁，经清代历次重修和增建，现已有600多年的历史。其规模壮观，古柏参天、环境清幽，是明清时期呈贡县各级官员、老百姓祭祀崇奉孔子的殿宇和科举考试选拔人才的重要场所，是呈贡区历史文化的重要标志。

抗战时期，国立清华大学国情普查研究所曾迁设于此。1951—1969年为县文化馆使用，1970年为县委党校使用。1987年，在大成门原址上建县幼儿园，将整个建筑群体拦腰截断。1993年，公布为县级文物保护单位。2011年1月，公布为市级文物保护单位。

## 昆明文庙

昆明文庙始建于元代。1276年，元代杰出的政治家赛典赤·赡思丁在昆明五华山右建成了云南第一座孔庙——昆明文庙。昆明文庙开云南庙学的风气。开始学生数量较少，连学长、官员都还得亲自去"劝士人子弟以学"，后来发展到每期招收150名学生，当地少数民族"虽爨僰亦遣子入学"，体现了孔子"有教无类"的办学思想。

今存文庙建于康熙二十九年（1690），清朝地方政府迁建于此，至今已有300多年历史。此后历经乾隆、嘉庆一直到清末都有修葺。当其盛时，方圆1.8平方千米，建筑面积5500平方米。原设东、西两道大门，两道大门都立着书有"文武官员至此下马"的"下马石"。两道大门分左、中、右三格，中间一格有皇帝赐匾，只有本省中状元的人才能打开通过，平时任何人只准走侧门。

棂星门原在大门后，是文庙唯一保存完整的建筑，有一坊、四柱、三门花岗石建筑。中门为棂星门，左右两门为礼门、义路。中门下为蟠龙抱柱，制作精巧，栩栩如生，具有相当的雕刻艺术价值。棂星门后为清代建筑碧水泮桥，桥下为泮池，又叫学海。清代要中了秀才才能称之为"入泮"，成为学海一粟。

辛亥革命以后，文庙辟为昆明老百姓的大众乐园，设有大众茶馆、棋艺室、报刊阅览室、戏曲花灯室和灯光露天球场。中华人民共和国成立后，有关部门曾多次修葺，一度易名"大众游艺园"和"昆明市群众艺术馆"。由于各种原因，旧有建筑逐步被拆毁改建，除棂星门、泮池上的碧水桥和1978年左右重建的桂香楼外，其他建筑包括碑刻、楹联、匾额均已无存。

## 官渡土主庙

神威在此，五谷丰登承惠露；鼎盛当前，一方兴旺起祥云。

历史悠久、别具一格的土主庙，是官渡古镇最大的佛教寺庙，始建于南诏（唐）时期，历经战乱，数度坍塌，又数度重修。现存土主庙系2002年大规模重建修复而成。

该庙始建于南诏时期，至今已有1200多年。据《云南通志》载，土主庙"蒙氏城滇时建，滇人奉为土神，各村邑奉之，独在官渡者灵异"。该土主庙供奉南诏三大保护神之一的摩诃迦罗大黑天神（另两尊是观音、毗沙门）。此神原型是古印度婆罗门教的宇宙大神湿婆，皈依佛教后成为一等护法大神。

土主庙大殿按当时最高规格兴建，清代光绪十四年（1888）重建，单檐歇山顶，前廊后厦，穿斗式七檩梁架结构。正面檐下那片密密麻麻的雕花斗拱共四层，层层累累，密密匝匝，组成一片巨大的斗拱网。所有拱头都雕刻成龙头、象首，施以五彩，使人眼迷神乱。大殿左侧的主君殿供奉送子观音，表达了人们希望族群昌盛的心愿。大殿右侧的岳王殿表达了人们对精忠报国的民族英雄岳飞的景仰。左右厢房分别供奉财神和地藏王菩萨，表达了人们希望在世时生活富足、去世后也能够得到菩萨的渡化而获得解脱的愿景。

## 昆明真庆观

尘世三清心耳目；苍生一道精气神。

真庆观位于盘龙区拓东路82号，占地2.13公顷，为昆明市道教协会所在地。该观始建于元代，初名真武祠，明宣德六年（1431）重建，更名"真庆观"，明正统九年（1444）增建了真庆观前殿及东西回廊，清乾隆五十四年（1789）重修。真庆观古建筑群主要由真庆观、盐隆祠和都雷府三组古建筑组成，是昆明市区现存占地面积最大、保存明清两代建筑较多、较完整的古建筑群，对云南的建筑史、艺术史、宗教史及云南与中原文化交流史的研究具有重要价值。

真庆观为明代著名长春道人刘渊然谪滇时的居所之一，在这里"奉迎朝廷使节"。洪熙初刘渊然被召还京，请求将昆明的龙泉道院改名龙泉观，真武祠改名真庆观。其后，刘的弟子蒋日和做了真庆观的住持，并主持了真庆观的重修及扩建。辛亥革命以后，昆明道教式微，真庆观一度成为云南省火柴专卖处第一制造厂厂址。1947，昆明市长曾恕怀颁布了保护真庆观的布告，并立告示碑，为昆明历史上第一块保护古建筑的碑文。中华人民共和国成立后，真庆观一度被工厂、单位占用，并演变为居民大杂院。1983年，昆明市政府以"真庆观古建筑群"的名称，将其公布为市级文物保护单位，1998年，升格为省级文物保护单位，2006年公布为国家级重点文物保护单位。

真庆观古建筑群的真庆观、盐隆祠、都雷府三殿均坐北朝南，由南至北建在同一轴线上，两侧是前殿与紫微殿连接的东西回廊。其中紫微殿为面阔三间的土木结构建筑，单檐歇山顶，占地面积320平方米，整个建筑保留了明代建筑风格，殿中供奉紫微大帝。1984年，昆明市及盘龙区政府拨款修复紫微殿。修复后的紫微殿面阔三间，土木结构建筑，单檐歇山顶，占地320平方米，正脊中立宝顶，戗脊上置走兽，殿内中顶置有藻井，以斗拱承载，井顶绘有八卦太极图，四周饰以图案，匀称精巧，为国内罕见的道家建筑，保留着明代建筑风格。

紫微殿东侧为都雷府，建于清康熙年间，正脊下题有"大清同治十二年岁次癸酉闰六月吉旦会城官绅士庶众善姓全住持等重修"。大门为单檐，四角翘起，斗拱承载。大门两侧有木刻对联。都雷府系真庆观附属建筑，祀雷神，又称雷公、雷师，是古代神话中司雷之神。道教认为雷神"主天之灾祸，持物之权衡，掌物掌人，司生司杀"，被称为"雷声普化天尊"。都雷府大殿北面古建筑为火神殿，供奉火神。都雷府古建筑保留了清代早期的建筑法式特征，完整地保留了精美的地方风格彩绘。

盐隆祠建于清光绪七年（1881），由清末云南盐商集资兴建，民国时期的盐行也设在这里。该祠位于都雷府北侧，坐北朝南，由戏楼、前殿、前殿东西厢房、大殿、大殿东西厢房、耳房等建筑组成，各建筑构件雕刻精美细致，外檐彩绘部分贴金，较好的保存了当时该地区建筑结构特征，也较完整地保留了精美的地方风格彩绘，特别是戏楼，具有较高的价值。真庆观古建群落的价值超过作为个别存在的古建，它以一个独立的地理文化单元，给昆明的城市景观带来一定的历史沧桑感，展示了丰富的时代变化，是对昆明历史文化名城形象的极大补充和具象化，是昆明历史文化名城的标志性建筑群之一。

## 昆明虚宁寺

以慈悲智慧之心，披肝沥胆，再造龙山景致；聚信众同修之力，茹苦含辛，平添佛国风光。

昆明虚宁寺位于昆明北郊之长虫山，其山形起伏跌宕，酷似一条石质的巨龙，故而又称龙山。它既是昆明四大名山之一，又是昆明主山，自古以来便居高临下地主宰着昆明的风水格局。自元代以来，因山形险峻，风景独特，一度成为儒释道三教的争居之地。曾有过铁峰庵、朝阳庵、虚凝庵、永丰寺、涌泉寺等寺院道观。千百年来，历经风雨剥蚀，"三庵两寺"虽已残破不全，但却丰骨不减，神韵依然。

虚宁寺（原名虚凝庵）居于龙山腹地，始建于元代。据《昊天通明殿碑记》载，远在元末明初，曾有游方道士张霞溪（俗称张真人）在此结庵修行，其道力深厚，广结善缘，故使虚凝庵成为"岗头三庵"之一。

据《云南府志》《昆明县志》载，明朝嘉靖年间，谪滇状元杨升庵在未到西山"碧峣精舍"前，曾在虚凝庵一小楼内读书、写作，史称"杨升庵读书楼"。据《云南通志》载，虚凝庵"林木深秀，瀑布飞流……"《昆明市志》载"翠巘丹崖，鸾停鹄立……"由明至清，虚凝庵因其特殊的地理位置及历史文化背景，一直香火旺盛，闻名遐迩。后因种种原因，"文化大革命"结束时，虚凝庵已是墙倾檐摧，名存实亡。

1998年，经政府批准，虚宁寺重建工程开始，大雄宝殿正式破土开工。2004年8月，遭遇特大洪灾造成工程重大损失，后经多方努力，虚宁寺重建工程已见规模。现已修建完毕的有山门、放生池、天王殿、大雄宝殿、药师殿、伽蓝殿、祖师殿、地藏殿、紫钦阁、龙王庙、财神殿等，以及以海会塔为中心的千佛堂、莲池会、三圣殿、极乐堂、般若堂等。相应的配套设施，如僧僚、斋堂、茶舍、海会塔管理中心等已修建完毕并投入使用。

# 第四节　佛塔建筑及其他

## 东西寺塔

"城南双塔高嵯峨，城北千山如涌波。"这句古诗描写的便是以东西寺塔为背景的昆明美景。西寺塔在今东寺街，塔前原有慧光寺，俗称西寺，今寺已不存。西寺塔是一座方形密檐式空心砖塔，共13层，高约30米，塔砖间有梵文，每层四方券洞中刻佛像一座。东寺塔在书林街，其形状与大理三塔中的主塔相似，比西寺塔略高。二塔一东一西"高嵯峨"，遥遥相对，造型古朴苍劲。

二塔的建造年代有多种说法，《景泰云南图经志》载："双白塔，在城之南……相对而立，蒙氏嵯巅所造。"《南诏野史》载，东寺塔高约40米，西寺塔高约28米，大匠尉迟恭韬造。这蒙氏嵯巅与尉迟恭韬是建造大理三塔的官员及工匠，而嵯巅卒于859年，因之推断东西寺塔约建于大理三塔完成之年（840）至嵯巅死前，如此推断距今已有1100多年。

东寺塔原址在东寺街旁，清道光年间地震倒塌，光绪九年（1883）重建时考虑到原址地基"土薄弗坚"，乃向东移。这就是常乐寺塔和慧光寺塔（东寺塔和西寺塔）不在东寺街而在今书林街的原因。据传原东寺塔顶还有4只"金鸡"，早年在冬春多风季节还会"喔喔"啼叫，声闻远近，2006年，被国务院公布为第六批全国重点文物保护单位。

## 地藏寺及经幢

地藏寺及经幢在昆明拓东路聚奎楼（状元楼）外，系大理国时期四川和尚永照、云晤所建。明宣德四年（1429），道真和尚重修地藏寺。清咸丰七年（1857）毁于兵燹，经幢裸露于残墙断壁之中。后由于金汁河水泛滥，经幢被河水冲击的污泥所掩埋，直到民国八年（1919）经幢从原地出土，得到有识之士的修整。1923年，昆明市政当局在地藏寺原址上修建了古幢公园，竖铁栅栏对经幢加以保护，供人参观。

中华人民共和国成立后，人民政府曾对古幢公园进行了重修。20世纪70年代，公园被一些工厂、单位所占用。"文化大革命"后，古幢的价值得到了政府文化部门和文物管理部门的高度重视，1982年2月24日，古幢被国务院公布为国家级重点文物保护单位。1987年，昆明市政府决定在古幢公园内建盖昆明市博物馆，对古幢加以重点保护。现经幢作为镇馆之宝被昆明市博物馆加以特别保护，博物馆入口大厅为一个下沉式的广场，经幢立于大厅正中，一入博物馆看到的第一件馆藏文物就是经幢。在钢架的屋顶下，古幢熠熠生辉，稳定、庄严、肃穆地放射着历史的光芒。

据记载，地藏寺经幢建造于（宋代）大理国时期，系大理国议事布燮（官名）袁豆光，为纪念鄯阐侯（当时昆明地区最高军政长官）高明生而建造的。经幢通体由砂石雕刻而成，高约6.5米，幢体呈七层八面的宝塔形，层级间有界檐。整个幢层次分明地雕满佛教密宗佛、菩萨、天王、力士、鬼奴诸神像共300余尊。大像高约1米，小像不足3厘米。幢身还用汉字和梵文刻有《造幢记》《般若波罗蜜多心经》《大日尊发愿》《发四宏誓愿》《陀罗尼经咒》等。在全国经幢中，地藏寺经幢的造像、文字之多均名列前茅，其造像之精美也无出其右者。研究者称赞地藏寺经幢"刀痕遒劲，备极精巧""滇中艺术极品""中国绝无仅有之杰作"，历史学家方国瑜教授评价古幢为"滇中艺术，此极品也！"是中国现存的古代建筑、石刻艺术中的稀世之宝，距今已有700多年的历史。

## 雄辩法师大寂塔

据筇竹寺内现存《雄辩法师大寂塔铭》载，雄辩法师是筇竹寺创建人。雄辩法师俗姓李，生于昆明，23岁出家。初习南诏大理佛教，后曾到中原学习大乘佛法25年，最后"登班集之堂，嗣坛主之法，其学大备"，元世祖赐法名"洪镜"。梁王甘麻剌（忽必烈之孙）受封云南时，雄辩回到云南，梁王以其道德学问过人，师事之。当时，云南地区主要流行上座部佛教，雄辩归乡后，至元年间（1264—1294）住持筇竹寺，用当时民族语言翻译、讲授《华严经》《维摩诘经》等大乘佛教经典，因讲经说教口才超群而被尊为"雄辩法师"。也因其弘扬禅法，促进内地与云南思想文化交流，使筇竹寺香火隆盛一时，成为内地佛教传到云南的第一个禅宗寺庙。

雄辩法师是筇竹寺第一位有文字记载的住持。元大德五年（1301）圆寂，享年73岁，火化后，有五色舍利露现。弟子玄妙、玄坚等于是起雄辩法师圆寂塔于玉案山之阳（即今筇竹寺后山）而葬之。塔式为喇嘛塔，内贮法师遗骨。藏传佛教传入昆明自元代始，彼时也最为盛行，故僧家大多以喇嘛塔贮骨，雄辩法师塔是昆明地区保存最好的一座喇嘛塔。塔通高3.5米，底座呈四方八面十二角，青砖砌成；围5米×3米，高0.5米，分档多面须弥座式，四面八角五十二棱。上为覆钵状塔身。塔刹基部为砖砌多面须弥座，上置砂石13天（相轮），再上伞盖宝珠（今已毁）。经过600多载岁月，塔已苔藓斑驳，风化疏松。塔前原有砂质石碑一块，额题《大元洪镜雄辩法师大寂塔铭》，惜今已失。

筇竹寺大雄宝殿后院僧塔林立，有三塔相连，片石砌筑，典型元塔建筑风格。明崇祯十一年（1638）徐霞客到筇竹寺，其《滇游日记》记载三塔："后为僧茔，有三塔，皆元时者。三塔各有碑，犹可读。"据《新纂云南通志》编者考证，居中之塔为雄辩塔，左为玄坚塔，此两塔系元塔。雄辩塔右边之塔系明景泰四年（1453）黄龙庵主无相大师大寂塔，是明塔而非元塔。塔前原有"雄辩法师宝塔铭"石碑，现已移至寺内华严阁中。雄辩、玄坚这两座元塔及无相明塔保存至今，是昆明佛寺中珍贵的文物。

## 妙湛寺东塔

妙湛寺在官渡区官渡镇螺峰村内,为官渡"六寺之首"。其地原为滇池之一部分,地面下螺壳累积,故妙湛寺亦称螺峰寺。该寺始建于元至元二十七年(1290),1295年落成,后因被水淹倒塌,1325年迁建于古镇中央的现址。东塔顶部四角各立一金翅鸟(迦楼罗),当地群众称为金鸡,故俗称金鸡塔。塔为13层密檐方形实心砖塔,塔基方形,边长5.5米,高17.5米。底部第一层塔身边长2.7米,高2.6米,往上各层高1.2米。塔身自12层以下四面皆有小佛龛1个,内有佛像1尊,塔刹已残损,目前仅存相轮和刹座外四角之金翅鸟,皆青铜制成。始建年代已难以考证。1957年,政府拨款维修塔基、塔顶的葫芦形宝瓶和周围四只金鸡。1961年,被列为市重点文物保护单位。

## 官渡金刚宝座塔

官渡金刚塔位于官渡古镇主街西头,原系妙湛寺建筑群的组成部分,又因是全石砌,也被称为妙湛寺石塔,在外形上和北京北海的白塔颇为相似。塔下部为约10米见方的石台,高约4米,下有十字形砖石结构的券洞,俗称"穿心洞"。塔基虽已下沉,但塔身仍平稳端正。

金刚塔之名系在公布其为重点文物保护单位时所用,因塔属于金刚宝座式类型,其形制和雕刻表现了佛教密宗金刚界五部的内容。塔上部中央建主塔,顶部嵌砌一铜质金轮,四角配以小塔,均高8.84米,形制相同,四周有石雕围栏。主塔的方形须弥座上置瓮形"经幢",顶上竖伞盖,塔座边长5.5米,高2.7米。四面都有雕刻,每面三幅,两端分别为金刚界五部佛之佛座,还有东狮、南象、西孔雀和北迦楼罗等动物形象,四角各雕力士像一尊。塔刹由宝座、覆钵塔身、摩尼珠和宝瓶组成。立于四角的小塔与主塔共同象征五部佛。此塔造型既表现了佛教密宗的内容,也保留着早期喇嘛塔的特点,造型古朴生动、庄严雄伟。

官渡金刚塔的基座上既无菩萨造像,也无法器的刻画,是典型的"法曼陀罗"。据有关专家考证,该塔为全国建造最早的金刚塔,而且是唯一全部用砂石砌成的"石塔",是研究云南宗教历史文化和建筑艺术的珍贵实物。塔西壁嵌有《造塔碑记》一方,记载此塔建于元至正年间(1341—1367年),明天顺二年(1458),云南镇守太监罗珪大事恢廓,于妙湛寺山门内建密檐式砖塔两座,同时又于山门外中轴线上建金刚宝座式石塔一座,即金刚塔。康熙年间塔又重修,从初建至今算起来已有600多年的历史,1964年和1983年政府拨款修葺一新,1996年,国务院公布金刚塔为全国重点文物保护单位。

## 大德寺双塔

大德寺双塔位于昆明华山东路五华山东侧的祖遍山巅今平政街大德寺内。和东、西寺塔一样,大德寺双塔是昆明古老文明的象征。双塔是昆明市区内著名古刹——大德寺的佛塔。建塔之后,大德寺又因塔得名,并称双塔寺。明清两代迭有修葺,成为昆明市区较大的佛寺之一。因与寺西的盐隆祠寺祠相连,前来烧香拜佛者及游览观光者终年不息,成为香火甚旺的古刹之一。大德寺双塔位于该寺接引殿和大雄宝殿之间,建于明成化十三年(1477),形制仿西安小雁塔,两塔高21米,东西相距

27米，均为密檐实心方塔，塔身每层四面均有佛龛，供奉佛像，并嵌有碑记。全塔朴素无华，自然庄重，已历经500余年沧桑。

大德寺双塔下原有大、小绿水河，塔水相映生辉，有"绿映双塔"之誉，与"双塔云中，一楼天际"一齐被人称道，明清时被誉为昆明十景之一，可惜楼（即松子楼）已无存，只有双塔如故，与东、西寺两塔遥遥相望。1983年，经昆明市人民政府批准，列为市级重点保护文物单位。

## 金马寺塔

昆明金马寺是云南名寺，也是昆明最早的寺院之一，初名"金马山神祠"，唐南诏时期所建，明正统六年（1441）重建后改名为"灵应寺"。樊绰《蛮书》载："印度阿育王派三太子来滇，见金马，乃立祠。"至明正统六年（1441）重修后大增其美，金马寺塔即于此时建立，此后兴废更替。明初，金马寺毁于战火。正统三年（1438），在黔国公沐晟，征南将军、都督沐昂的支持下，住持法坚与乡贤何仲渊、阮振主持修复了金马山灵应寺。据记载，修复后的灵应寺建筑雄伟、金碧辉煌；金马山上依次建有：三门殿、两庑厢房、中殿、大雄宝殿、祖堂、斋堂、禅堂、方丈室、僧寮、三贤祠。寺占地面积广，规模宏大，"金马朝晖"也成为昆明八大胜景之一。后神祠毁于清咸丰七年（1857），然塔尚留存于今，现存殿堂为同治十三年（1874）重建。

寺内碑刻记录了古滇国时期金马、碧鸡的传说，具有较高的历史、艺术价值。但由于屡次在战火中遭破坏，金马寺逐渐失去了往日的辉煌，"文化大革命"期间更是像毁僧散，只遗旧殿改为学校。所幸的是，金马寺最著名的佛塔在20世纪末修葺后，至今保存完好。1983年12月，昆明市官渡区人民政府公布金马山灵应寺的三太子殿、神骥亭和金马寺塔为重点文物保护单位。2010年7月初，昆明市官渡区文物保护管理所发出公告，官渡区将重建金马寺古建筑群，2011年金马寺被昆明市人民政府列为市级文物保护单位。

## 妙高寺塔

妙高寺位于黑林铺镇海源街道自卫村后的三华山脉，为大理国时期僧人广白所建，元代扩建，明、清曾多次修葺，距今已有700多年。明崇祯年间（1628—1645），著名地理学家徐霞客曾游过妙高寺，并在其游记中有所记述。妙高寺分前园、中园、后园，四周古柏参天，郁郁葱葱。其中，中园为正殿，进月宫门有一矩形花园，往北行百余步，有一黑龙潭，泉水潺潺，水清澈甘冽。寺因有神秘的"辟尘之术"驰誉滇中。所谓"辟尘之术"，并非某种人工施为的法术，乃是寺内清静洁雅无比，可谓"林高十丈无丝蛛，地阔千尺不见尘"，因而此寺声名远播。

该寺对面山冈上有宝塔笔立，便是妙高寺塔，因寺得名。塔为八级四方形密檐砖塔，四方台基，边长2.7米，高0.25米，上砌四方形须弥座，边长1.76米，高0.75米。塔身通高7.3米，塔刹已毁，不计在内。此塔特点是塔层为偶数，而偶数宝塔，全国只有16座，大理地区13座，昆明2座，重庆大足县1座。大足塔也系云南风格的塔，因而偶数层塔又称云南塔，2011年妙高寺被昆明市人民政府列为市级文物保护单位。

## 马掌山和尚塔群

马掌山和尚塔群在玉案山马掌峰之顶,与筇竹寺遥遥相对,共有石塔8座,各塔式样相同,均为仿木构阁楼式六攒尖顶塔。其中最大的一座高5.2米,六方形台基,周长7.2米,高0.7米;其上为须弥座基,高1.5米,上下浮雕莲瓣,束腰部位雕虬龙、花卉、石榴为饰;塔身为三层,层层缩小,各层之六角雕有假柱,出檐皆雕瓦桄,翼角起翘飞檐;塔刹为石雕葫芦;第二层南面有楷体阴刻之文,其云"曹洞正宗三十一世开建云品弘法司律沙门上见正贤常么大和尚寿塔",旁刻"大清嘉庆二十年岁次乙亥黄钟月",可知此塔为大和尚常么保存遗骸之灵塔,1815年11月建立。可见这位大和尚德高望重,门徒众多(塔上开列门人姓名若干)。尤为难得的是,佛门曹洞宗中人,仅此一处,对研究云南佛教宗派大有裨益。其余七塔皆为两层,高在4米上下。马掌山和尚塔群已列为重点文物保护单位。

## 镇海阁

虎跃龙腾,民康物阜;山辉川媚,人杰地灵。

镇海阁位于官渡区宝丰村最南端庆丰桥旁,始建年代不详。正殿大梁上有"民国十二年岁次癸亥季春月吉旦"等文字,应是1923年重建。平面方形,正面石砌;穿斗木构架,歇山顶,檐角上扬。"镇海"两字体现了滇池湖边的渔民期望风调雨顺、无水患之忧的美好愿望。镇海阁里面供奉的是伏羲、神农、有巢三神塑像,很是独特,属于云南省唯一供奉此三神的庙宇。目前镇海阁属官渡区文物保护单位。

## 呈贡大古城魁阁

古郡重辉,惠风永畅;魁星在此,文运必昌。

魁阁,全名魁星阁,其供奉的主神魁星是道教里执掌文运之神,自古有"魁星在此,文运必昌"之说。而位于呈贡区古城社区的魁阁是中国社会学的重要发源地之一。

大理国时期,岳侯高智升遣土官伽宗在此筑城(土城),故名伽宗城。元至元十二年(1275)置呈贡县,县治亦在此。明洪武十六年(1383),因伽宗城废旧倒塌而奉命迁建今县城。这里人杰地灵、民风淳朴,明末清初曾出了一位誉满江南、著有《南来堂诗集》的高僧读彻(赵苍雪)。

1938—1946年,为躲避战乱,费孝通将云南大学——燕京大学社会学实地调查工作站(魁阁工作站)迁到呈贡县古城村的魁星阁。工作站曾一度聚集了吴文藻、费孝通、张之毅、田汝康、林耀华、史国衡、许烺光、陶云逵等一批著名学者,并在呈贡、禄丰等地开展了一系列社会调查,产生了一批成果,其中费孝通与张之毅著有《禄村农田》《易村手工业》《玉村农业和商业》等,尤以1943年费孝通赴美讲学翻译改写的《乡土中国》和《云南三村》成效显著。这些成果成为中国社会学和人类学的基本文献,魁阁工作站的成果也得到了社会学界的广泛认可,"魁阁"被认为是中国现代学术集团的雏形。这种被中国社会学者及相关外国学者追崇的学术研究精神,被称为"魁阁精神"。

魁阁公园里,公园大门正对着魁阁楼。阁楼为三层建筑,是传统的亭台楼阁建筑类型,阁楼前有简要介绍的碑文。魁阁位于大古城中部,高13.4米,屋顶造型独特,线条流畅,陡面复翘,宛如古代武士头盔,整体造型在云南极为罕见,具有很高的人文价值和古建艺术价值。魁阁图样由邑人赵凤兆赴任陕西襄城县知事时提供，于清嘉庆二十三年（1818）由呈贡知县赵怀鄂主持倡建，1922年复修，2003年再次重修。"大古城魁阁·云南大学社会系研究室旧址"由费孝通于2002年8月亲笔题写。2011年，大古城魁阁被昆明市人民政府公布为市级文物保护单位。

## 化城穿心阁

一阁七寺古归化；三教九流八方神。

化城穿心阁位于呈贡区马金铺街道化城社区中部，地处化城老街中心地带，2011年被昆明市列为文物保护单位。马金铺街道拥有众多的历史地名和历史文物，因曾是元朝、明朝军队骑兵驻扎的地方，故旧称"马军铺"和"马军堡"，后改为现名。化城明末清初时被称为"归化县"，曾是云南省内最小的一个县。史书记载孙可望拆除呈贡城墙建盖永历皇宫，拆的就是归化县城墙。随着历史的变迁，归化县城变成了马金铺街道的化城社区。

化城穿心阁建于清光绪五年（1879），由归化24村村民捐资修建，占地99.96平方米。因阁内塑有魁星神像，故又称魁星阁。穿心阁高大雄伟，造型精美，主体为三重檐四角攒尖顶的砖木结构建筑。平面呈方形布局，长10.2米、宽9.8米、高18米。底层四面为街心，通道宽4.2—4.3米。四角均有铺面小室4间，每间有圆柱4根，其中阁的中部有4根通柱支撑整座建筑。沿东北角小木梯可上至顶层。楼上四面装置花格扇和槛窗，第三层四周设有回廊，阁内原有魁星塑像、匾额和屋甍飞禽走兽、铜铃，早年被毁。此阁为古归化县城的重要标志，如今的化成穿心阁，车、马、行人仍畅行无阻。

2008年，昆明市友好城市瑞士苏黎世市文物保护专家在考察古滇文化时，把修缮这一楼阁列为双方合作项目。苏黎世方面随后决定出资30万元专项资金，并派出专家进行指导，修缮范围包括楼阁的主体建筑和彩绘。

# 第五节　水利设施

## 海口屡丰闸

海口屡丰闸在昆明西南滇池出口海口河起点处，由南、中、北三座桥闸结合的石桥组成，亦名白鹤梁。

海口河是滇池唯一出水河道，有"滇池囊钥"之称。海口河河床平缓，水流缓慢，加之河的两岸还有自山箐流出的小河汇入，遇有暴雨，两岸山洪夹带沙泥石块而下，冲淤成滩，致使河流阻塞，排水不畅，从而导致滇池溢漫造成洪涝灾害。自元代平章政事赛典赤·赡思丁委派巡行劝农使张立道负责疏浚海口河开始，每隔数十年，官府就要征调劳力大规模疏浚海口河。疏浚之时，均先筑坝断流，待施工完毕后，再挖坝泄水。

明弘治十四年（1501）巡抚陈金调动6卫军队和昆明、呈贡、归化、易门4县民工共2万余人投入挖河工程。由于中心河道的深挖，海口河中的两个石滩浮出水面，陈金便沿石滩两侧开挖了宽1米的水渠，将出水口一分为三。这两个石滩当时叫牛舌洲和龙王庙洲，清代统称之为牛舌滩，即为后来的大中滩和小中滩。此后，嘉靖二十八年（1549）和万历三年（1575）大修时又分别对流入海口河的子河及石滩两侧的河道进行了疏挖，基本形成了一河三流的"川"字格局，从而使洪水期间的泄洪功能大大增强。

嘉靖二十九年（1550），云南巡抚顾应祥嘱杨慎撰书《海口修浚碑记》，碑文1630字，记叙了滇池源流、滨池州县和海口形势等，它是海口水利工程的重要历史资料。清道光十六年（1836），在总结前人经验的基础上，总督伊里布倡议在海口中滩"川"字河上建造石闸3座，共21孔，全长109米，名曰"屡丰闸"。屡丰闸桥闸结合，"砌以巨石，联以铁锭"，18个桥墩每个高6米、宽4米，桥面宽3米，两旁设拦马石，可以供人马通行。桥闸每孔两侧桥墩设沟槽，可启落木板。大规模疏浚海口时，即用双层木板夹土阻断水流，竣工后除土起板，水即畅流。既省筑坝之繁劳，也对保持滇池的水位发挥了关键作用。自屡丰闸建成后，河中的两个小岛便开始有人居住，逐步成为集镇"中滩街"。

屡丰闸一分为三，横跨于牛舌滩的两侧，就像两只展翅的白鹤，因此又名"白鹤梁"。屡丰闸建立的初衷，主要是为了免除每次疏挖海口河筑坝挖坝的麻烦，但它带来的另一个好处是增加了蓄水的功能，对保持滇池的水位发挥了巨大的作用，从屡丰闸建立至今170多年来，滇池水位一直没有大的变化，基本保持在1887米左右。

民国初年在石龙坝建成石龙坝水力发电厂，耀龙电灯公司为了调节水量，依"川"字闸南侧建了抽水站。中华人民共和国成立后的1964年成立"海口河工程委员会"，开始了全面整修海口闸的工程。先是将"屡丰闸"的木闸坊改装为机械闸门，后来又分别在中河、北河和南河上另建新的电动手动两用平板钢闸，并命名为"海口闸"。至今屡丰闸的南河闸及耀龙电灯公司抽水站还保持着清代的原貌。1964年后，人民政府分别在"川"字三河上另建电动平板钢闸——"海口闸"，取代了"屡丰闸"的闸水功能。2015年底，昆明市政府对平板钢闸实施了拆除，让清末海口"川"字闸的历史风貌得以重现。屡丰闸1986年被列为西山区文物保护单位，2011年，被列为昆明市文物保护单位，2012年，被列为云南省文物保护单位。

## 广济闸暨龙马抽水站

龙马抽水站位于官渡镇西3千米，民国三十七年（1948）建成，灌溉2000亩。中华人民共和国成立后历经12次改建、扩建，由宝丰一、二级站，龙马三级站和王家庄、后所两座四级站组成，1988年实灌溉11472亩，为始建时的5倍，2014年被昆明市人民政府列为市级文物保护单位。

## 得胜桥

得胜桥位于昆明城区南部，东接拓东路，西连金碧路，始建于元大德元年（1297）。明洪武二十六年（1393）重修，易名云津桥。清代康熙平定吴三桂，清将赵良栋带领2000多人猛攻云津桥，桥毁坏严重。道光八年（1828）重修为石砌三孔拱桥，改名为"得胜桥"，意为清将赵良栋在此打败吴三桂军队而得胜。这里是旧时昆明的水陆交通要道，商贾云集，市井繁荣，商业兴旺，自古有"一桥飞贯日之虹"的美誉，元人王昇赞叹"千艘蚁聚于云津，万船蜂屯于城垠；致川陆之百物，富昆明之众尾"。说的就是当年得胜桥的繁盛景象。

1952年，将桥面改修为混凝土桥面，1984年，在桥两侧架设临时装配式钢架桥，加宽桥身。1988年，拆除旧桥，重建柱墩式钢筋混凝土板梁桥。

## 龙川桥

龙川桥位于上坝村东侧，为盘龙江上的第一桥，桥北有"滚龙坝"，坝高河底，河水分三股穿桥而过，故称龙川桥。该桥始建于元至元年间（1264—1294），光绪十九年（1893）重修。为三孔石拱桥，桥长45米，桥面宽10.3米，中孔高5米，其他两孔各高3.2米。桥两边原有长方形石条护栏，桥身用长方形黄砂石砌筑。龙川桥是为了治理松华坝水库及盘龙江水流而建，其功用在于分盘龙江的水入金汁河，既利于灌溉，又能减少汛期滚龙坝下泻洪峰对昆明城郊的威胁。

## 柿花桥

柿花桥原名赐官桥，又名西石桥，位于西山区西岳庙社区内的玉带河上，始建于明代万历年间，为单孔砂石拱桥。该桥桥身长9米，宽5米，桥面被水泥铺盖，除护拱券局部损坏，桥主体基本完好。玉带河系宋代大理国时期人工开凿的人工河，作为古鄯阐城的南护城河，因水碧清，宛如玉带，绕城而过，故得其名。桥头原有戍楼，匾曰"镇海雄关"，与东面的"金碧雄关"相对应，同为南郊进出府城的重要哨卡。清咸丰年间戍楼毁于战火。

柿花桥虽然体量不大，结构简单，但该桥距今已有400多年的历史。柿花桥与玉带河上的鸡鸣桥、土桥等在老昆明人中印象深刻，有着丰富的历史故事，具有一定的历史、艺术、科学价值。2009年8月，被西山区人民政府公布为第三批区级文物保护单位。

## 四通大桥

四通大桥位于晋城南面，俗名城西大桥，为明代弘治三年（1490）知县熊宏修建，到万历五年（1577）知州赵时雍重修，均为木石结构。清嘉庆十二年（1807），李鼎元、李德元、赵升再次重修，并在桥上建盖木结构瓦屋面凉亭3间。民国二十四年（1935）再复重修，完工后桥长11米，宽4米。

## 霖雨桥

霖雨桥位于昆明城北约5千米的罗丈村。始建于明代，后被洪水冲损。清康熙四十九年（1710），郡人熊兆武等筹款重修；嘉庆四年（1799），云南巡抚初彭龄又重修，曾碑刻记此事（见《昆明县志》），现碑已遗失。

明、清年间，此桥为嵩明、寻甸两州州官百姓往返昆明必经之桥。元、明、清三代，桥两岸为军民屯垦之所，同时是昆明官府百姓到黑龙宫祈雨必经之桥。清朝末年，有法国人拍摄过此桥的照片。

## 安流桥

安流桥在昆明东南郊约9千米处的彝族撒梅人聚居的高桥村北，跨宝象河中流两岸，全长25米，桥面宽6米，高9.6米，拱宽10余米，近乎圆形。结构上安流桥为单孔拱桥，材质上则为全石质，桥拱为楔形石，桥面则用规格不一的石块铺筑，两侧护栏全为长条状青石砌成。整个桥身显得形状高大、气势雄伟。

桥西南角上原有两通高2米、宽0.7余米的碑，分别有篆书刻写的《重建安流桥记》和《安流桥功德记》，但碑文已大部被毁，留下的字迹也模糊难辨。桥的始建年代已难稽考，现桥则于清同治七年（1868）重建，且因原桥地址位于河湾，易被宝象河水冲毁，故拆除旧桥，选址南移约35米。后因年代久远，缺乏维修等原因，桥身已有崩裂和倾斜的现象，2011年被昆明市人民政府列为市级文物保护单位。

# 第六节　名人墓葬

## 赛典赤·赡思丁衣冠冢

赛典赤·赡思丁衣冠冢位于昆明市东民航路159号五里多小学门口的体育场内。赛典赤·赡思丁原墓在昆明城北20千米的松华坝马耳山，因遭兵燹而毁。该墓呈南北向，原高1.8米，宽1.4米，长2.6米。为长方形墓，下部石砌，上面封土。墓东、西、北三面为山峦环抱，东南面为松华坝水库，西南方是昆明城与滇池。民国初年，昆明的保延梁重修王墓时发现墓中并无尸骨，仅有铜壶、浴巾等，才知道这是专供后人瞻拜的纪念冢。衣冠冢为清康熙三十一年（1692）重修，建有寝陵；乾隆二年（1737）又建享堂三楹。今存者较原规模为小，民国时期又加以修缮，至1917年才竣工，这就是今天在五里多小学内的"元咸阳王赡思丁墓"。

墓主赛典赤·赡思丁（1211—1279），来自今乌兹别克斯坦布哈拉。元至元十一年（1274），元世祖任其为云南行省平章政事，在任6年，卓有治绩，忽必烈"思赛典赤之功，诏云南省臣尽守赛典赤成规"，之后追赠其为"上柱国·咸阳王"。该墓由青石砌成，长方形，高2.4米，宽约1.3米。正、左、右三面皆有镌刻。正面系唐继尧题额、袁嘉穀楷书阴刻的"元咸阳王赡思丁墓"青石墓碑，右面是袁嘉穀撰写并楷书的《重修咸阳王陵记》，墓后刻阿拉伯文，左面是袁丕钧楷书的《元史·列传·赛典赤》的节选。每年开斋节，回民前来此地游坟凭吊。1982年，列为省级文物保护单位。

## 钱沣墓

钱沣墓位于昆明城郊区龙泉镇羊肠村之北山，系钱沣与原配秦氏合葬墓，旁有钱沣侧室鞠氏墓。墓主钱沣（1740—1795），云南昆明人。清乾隆朝名臣，善书画，历任翰林院检讨、通政司副使、提督湖南学政、江南监察御史、值军机等职，曾与国泰、和珅等权臣做斗争。著有《南园先生遗集》。

"文化大革命"时墓被毁坏，修复后只残留直径5米，高2.4米的封土堆。1987年，被列为昆明市文物保护单位，1993年，升格为云南省文物保护单位。

## 唐继尧墓

唐继尧墓位于昆明圆通公园西后门的上方，俗称"唐坟"。墓主唐继尧（1883—1927），云南会泽人，自号东大陆主人，主政云南14年（1813—1927）。他在辛亥革命和护国战争中都有建树功劳，后期加入军阀混战。此墓修建于1932年，为石砌圆丘形封土堆墓，高6.1米，直径16.2米，面积1500平方米，在国内为较大的陵墓。墓前神道旁有石阙、石狮，周围广植松柏。墓前立孙中山、黎元洪的授勋、授职证书、贺电石刻，以及周钟岳撰写的墓志铭。1987年，被列为省级重点文物保护单位。

## 聂耳墓

聂耳墓位于昆明西山公园太华寺与三清阁之间的山坡上。聂耳骨灰1938年春安葬在高峣山腰，竖有徐嘉瑞撰《划时代的音乐家聂耳之墓》石碑1块。1954年重修时，郭沫若手书"人民音乐家聂耳之墓"，并撰写墓志铭。1980年5月13日迁葬现址。1988年，被列为全国重点文物保护单位。1992年初完成墓壁大型浮雕的修建。

聂耳（1912—1935），昆明人，中共党员，创作《大路歌》《新女性》《毕业歌》《义勇军进行曲》等30余首革命歌曲，是无产阶级革命音乐的先驱和奠基者。1935年7月在日本游泳溺水遇难，同年夏末运回昆明安葬。

墓背靠青山，前朝滇池，坐南向北，占地3000平方米。墓系青石镶砌，平面呈琴状，24级石阶象征他24岁生命历程。墓体及碑用墨石叠砌而成，墓体上安放汉白玉雕茶花花圈，中央用铜嵌铸聂耳生卒年"1912—1935"。墓壁用花岗岩石，以义勇军进行曲为主题，组成一组大型浮雕。墓地左侧建"聂耳纪念馆"。

## 张天虚墓

张天虚墓位于西山区高峣后山公路边。墓主张天虚（1911—1941），昆明呈贡人，左联青年作家，参加过台儿庄、武汉等对日作战。与聂耳交善，聂耳在日本遇难后，他将其骨灰带回国。创作有小说《铁轮》等，1941年病故，葬于呈贡，1981年迁葬西山。墓地东临滇池，北靠青山，占地144平方米。呈圆形，3级石阶层层收缩，最上一层正中立圆柱形墓碑，正面是张冲所题："青年文艺工作者张天虚墓"，洱源萧荣勋书。北面是张天虚墓志铭，楷书，13行，500余字，郭沫若撰。1983年，被列为市级重点文物保护单位。

## 陈一得墓

陈一得墓为夫妻合葬墓，原址位于西山区普坪村石咀白花山，1990年迁于太华山美人峰顶。墓主陈一得（1886—1958），云南昭通盐津县人，云南现代气象、天文、地震学科研究开创人。1927年7月，在昆明自费建立云南首家、也是全国第二家"私立一得测候所"，测得了大量气候天文资料，云南和平解放后全部交给政府。曾先后任云南省气象学会主任、云南省博物馆馆长，被誉为中国自然科学界的"鲁甸灵芝"。墓坐西向东，封土堆呈长方形，基部圈以毛石，墓高1.5米，宽2米，长2.5米，青石碑，楷书"陈一得先生之墓"。1986年，列为区级重点文物保护单位。

### 曲焕章墓

曲焕章墓位于西山区团结街道花红园小村后山上。墓主曲焕章（1880—1938），云南白药创始人，云南中草药名家。1938年5月，曲先生在重庆被国民党当局迫害去世，亡年56岁。同年，家属将其遗体安葬在现址。1991年其女又对墓地进行修整。墓用石块砌成圆形，其夫人墓陪葬在旁，墓长10.15米，宽8.5米，进深9.65米，占地约80平方米。2003年3月，被列为西山区第二批文物保护单位。

### 廖新学墓

廖新学墓位于昆明市西山森林公园内。墓主廖新学（1903—1958），云南富民人，国际知名美术家，云南现代美术的奠基人。墓为地穴墓，3级方形台阶上立长方形墓碑。1983年重修坟墓时，著名美术大师吴作人为墓碑题书"美术家廖新学之墓"。2009年8月，被列为西山区第三批文物保护单位。

# 第七节　古今碑刻与碑记

### 汉延光碑

该碑系1956年春在官渡区塔密苴村东面小路上发现，由于行人践踏，字迹已不易辨认，原始位置亦难确认，现收藏于省博物馆。该碑系黄砂石，形状为不规则的长方形，上窄下宽，厚薄不一，刻字的一面凸凹不平，原高1.15米、最宽0.57米、厚约0.13米，文字6行，每行字数不等，石面高低歪斜，字体大小不一。左边有几道弧形凹痕，右边沿则被践踏得较为光滑，因而损及第一行的右半部分。文字是汉代通行的八分书，间夹篆体，写得较为粗糙。碑文内容经有关专家鉴定是东汉墓地的地界标志，是汉代的石刻，延光四年为汉安帝的年号，但对碑文内容却有"用牛买地的凭据"和"祭祀用的祭礼"两种看法。汉代碑刻在云南省仅发现两块。东汉延光石刻的发现，对研究东汉时期昆明地区的情况有一定的史料价值。

### 晋代残碑

该碑原置于晋宁上蒜乡西河村田边，1940年移入晋城文庙保存，现为云南省博物馆收藏。碑体为青石，高1.6米，宽0.7米，额题"晋故振□将军"等残字隐约可见。碑文原有22行，多已残损剥落，不能句读。书体与《爨龙颜碑》近似。文献学家邑人方树梅据有关史料推测，为晋代宁州刺史王逊墓碑。

## 筇竹寺圣旨碑云南王藏经碑

该碑在昆明西郊玉案山筇竹寺大殿右壁，砂石，高1.5米，宽0.85米。正面用汉文刻元仁宗爱育黎拔力八达颁给住持僧玄坚的圣旨。碑背面用回鹘式的蒙文刻云南王阿兽颁发给筇竹寺的令旨，即《云南王藏经碑》。一为"圣旨"，一为"令旨"，级别、内容、刻碑时间皆不同。圣旨碑文20行，仅第十六行足刻67字，余则尊称提行，空字不足行。碑文采用当时的白话口语，融合汉、蒙、白各民族语言，反映出14世纪初云南各民族人民与内地的文化交流情况。

## 创修圆通寺碑

创修圆通寺碑在圆通寺内，砂石碑高1.45米，宽0.72米，额、座毁。文阴刻，颜体，23行，计796字，李源道撰，云南诸路儒学提举罗寿书丹，立于元延祐七年（1320）。碑文记载创寺始末，殿堂布局，并翔实记载了寺距元初中庆路城（省城、押赤城）的距离，为研究元代省城范围提供了可靠的依据。

## 太华山佛严寺常住田地碑

该碑放置于昆明市西山太华寺内，通体为砂石质，高1.35米，宽0.85米，直行楷书，文16行、行14字。碑记对如何购置田产作了翔实记载：元至元二十三年（1286）以银370两买到安登庄人李阿黑、张保、江茂等绝嗣民田三项，凡板田89亩7分，秧田55亩2分，共144亩9分，收租粒83石8斗。至元二十五年（1288）以银价315两买到和尚庄张阿四、杨春发、华文英、李美等绝嗣田二项，凡板田132亩3分，秧田38亩8分，共170亩1分，收租粒53石8斗……碑文里记载的田亩价格、租额以银两计价，对研究元代寺院经济有着相当重要的价值。

## 启建华亭山大圆觉禅寺碑

该碑今在昆明西山华亭寺内，高五尺四寸、宽二尺二寸，碑文分5列，列28行，行16字，正书，原碑刻为述律杰撰文，散散书丹，卜颜撰额。碑文追溯圆觉禅寺创建历程：寺之始，溯源于大理国主段思廉大臣匡国侯高智升；高氏后人常来此宴游休憩，"华亭"之名即高贤、高政兄弟所取；后筇竹寺雄辩法师的高足元峰禅师驻锡于此，首建大光明殿，供奉毗卢佛像及圆觉十二大士，故以"圆觉"题额；元峰禅师又亲往江南请回《大藏经》并建宝音殿藏经。碑立于元至正四年（1344）腊八日。原刻已佚，今见道光十一年（1831）恒明重抚文刻石。

## 大盘龙庵大觉禅师宝云塔铭

该塔铭嵌于晋城盘龙寺祖师殿前南侧墙上。原塔已毁，仅存塔铭。高1.2米，宽0.7米，碑体为浅绿砂石。铭文阴刻行书30行，每行50字，共1294字。元至正壬子年（1372）立，玉案山遍觉禅寺主持庆源撰文，何秋崖书。它是大盘龙庵（盘龙寺早期名称）创始人崇照圆寂后，其徒按佛教的葬制建塔刻铭余物。铭文内容丰富，字句精练，叙述了崇照生平事迹、元代佛教禅宗辗转传播、继承发展及云南与内地佛教密切关系的情况，云南平章政事段敏斋与佛教的往来联系等。碑阴刻有《盘龙禅庵诸人施舍常住记》，记述了该庵三十三项田地的来历、时间、面积、坐落等内容，对研究元明时期经济史有重要参考价值。今碑保存完好。晋宁县人民政府于1983年11月公布为晋宁县重点文物保护单位。

## 重建玉案山筇竹禅寺碑

该碑今在筇竹寺内，碑高五尺、宽二尺八寸，正书，宣德九年（1434）春三月吉日立，为昆明郭文撰，海昌居广书丹并篆额，住持道诣立。碑文记叙了筇竹寺创建及重修的经过。碑文开头记载了筇竹僧杖的传说，并记载了雄辩大师在此寺首倡讲宗，成为云南禅宗第一祖。其后碑文记载明初沐英入滇后筇竹寺的发展和变迁。永乐己亥年（1491），筇竹寺"罹郁攸之灾，始荡然为榛砾墟矣"。沐晟偕其弟沐昂带头捐资，并命专人负责重修。碑文最后写立碑缘起，有四言颂赞百余言。

## 盘龙寺具足禅院碑

该碑存于盘龙寺大雄宝殿东侧檐下，高1.99米，宽0.95米，为砂石碑，明代江武癸酉年（1393）刻制。额题篆书"具足禅院记"，正文阴刻正书23行，每行33字，共671字。碑文记叙盘龙寺创建始由及扩建更名经过，反映盘龙寺早期的一段历史。现保存完好。

## 故马公墓志铭碑

该碑位于晋宁县昆阳镇月山郑和公园内，石碑通高1.65米、宽0.94米、厚0.15米。碑额呈圆拱形，上书小篆"故马公墓志铭"6字，下为砂石龟座。石碑正文四周阴刻着缠枝蒂莲花纹，正文楷书14行，共284个字，字迹略有残损。碑文叙述了马哈只的先人家世、生卒年月、生平德行、家庭子女及郑和的情况。郑和的祖父和父亲均名"哈只"，按伊斯兰教的习俗，"哈只"是人们对朝觐过伊斯兰教圣地麦加的人的尊称。中文"哈只"由阿拉伯语音译而来，意为"巡礼人"，即朝圣者。马哈只去世时，郑和年仅10岁左右。父亲丧葬之事，皆由长兄马文铭经办料理。永乐三年（1405），郑和已升为内官监太监，请大学士礼部尚书李至刚撰写了父亲的墓志铭，但时逢第一次下西洋的前夕，郑和只得将碑文寄回云南昆阳镌凿于石，立在父亲墓前。关于郑和的家世出身，以往的文献史料盖不翔实。由于《故马公墓志铭》的发现，世人方知郑和是云南昆阳人以及郑和的家世出身等情况，补充了文献史料记载的诸多不足。此碑是郑和研究中不容忽视的、价值极高的实物资料。2006年6月，马哈只墓碑作为明代文物，被国务院公布为第六批全国重点文物保护单位。

## 《重建真庆观碑记》

该碑记为明宣德六年（1432）周叙撰并书丹，郑颙篆额。周叙是著名学者，时任翰林修撰、侍读学士。郑颙为碑记篆额时，是提刑按察司的佥事，景泰年间当过云南巡抚。碑记讲述真庆观"兴造之由"与"易名之故"。太傅黔国公沐晟及其弟都督公沐昂考虑在真武旧祠基础上"新而大之"，以利"朝廷诏命之颁布"及"奉迎朝臣使节""遂命令天下道教事渊然长春刘真人弟子道士蒋日和主之"。后刘渊然复蒙仁宗皇帝召回京师，并请皇帝将"真武祠"改为"真庆观"。

## 《真庆观兴造碑记》

该碑记为明正统九年（1444）中金问撰文、黄养正书丹，程南云篆额。碑文记述真庆观宣德六年（1432）后重新翻新扩建的经过。作为刘渊然道士的弟子，蒋日和主持修建真武祠，"于建阁之功，条件规画，劳勤居多"。后其师还朝受封，以真武祠为真庆观，复加日和"明真显道弘教法师"。蒋日和"既承奖异，益思有以自放"，于是对真庆观大力改造，"攻石累土，大其前殿，夹以两庑，障以重门……敻然仙圣之清都也"。工程竣工时，蒋日和即派道士邵以正求其同门金问撰文记述。

## 新建妙湛寺石塔记碑

此碑文系沐璘亲撰，明天顺二年（1458）四月妙湛寺住持信固所立。碑体为黄砂石，右下角残缺，高1.51米、宽0.71米，碑额高0.31米、宽0.87米，碑额刻篆书阳文"建石之记"4字。两旁饰云纹，四周饰工字形纹。碑文楷书，柳体，书法遒劲，刻工精细，正文16行，每行8—41字，共约390余字。内容主要介绍妙湛寺始建于元代，明天顺年间重修。重修时在"寺之前辟地复造浮屠一规"（即今之金刚塔），建塔倡导者首为沐璘。

## 龙泉观通妙邵真人祠堂记碑

该碑在今黑龙潭龙泉观，此堂记为商辂撰，户部侍郎华容程万里书，太常少卿湖南谢宇篆额，灵济宫住持喻道纯监造，指挥使武俊马铉、本观住持陆应真立石，曹伸镌字。高六尺、宽二尺四寸，23行，行53字，正书，成化十二年丙申（1476）十二月立，通妙，长春真人刘渊然弟子，名邵以正，明天顺七年（1463）卒，葬于京城西五华山之阳。

## 西寺塔建塔存功记碑

该功记在昆明市区南部东寺街104号西寺塔内，1984年修塔时发现。立于明弘治十六年（1503）。碑近似方形，长50厘米、宽46厘米，碑体为墨石。文阴刻，楷书，22行，计650字。文记西寺塔的位置、形制、特点及弘治十二年（1499）地震时塔损坏情况及本次重修经过。

## 《修海口河碑记》

刻有《修海口河碑记》的碑原在海口镇中滩街龙王庙中，已失，现存拓片。碑文记载明弘治十五年（1502）疏浚海口河的巨大工程，动用民夫2万余，为时3月余，河通水泄使滇池水面顿落数丈，拯救沿滇池农田百余万亩。此碑为研究昆明水利史提供了重要资料。碑立于弘治十五年（1502），陈金撰。

## 《修浚海口碑记》

该碑文记载了明嘉靖二十七年（1548）滇池水泛滥、海田无收，由巡抚顾应祥主持，运用人工2.2万人、耗银10万两，于嘉靖二十八年至二十九年（1549—1550）开挖子河、疏海口，水流往安宁、富民，使海滨之田复出。同时，还筑坝9座，引泥沙入子河，除黄泥滩之患。碑中记叙此次修浚海口一事，是昆明地区历史上著名的一次大规模水利工程。碑原在海口镇中滩街龙王庙内，立于明嘉靖二十九年（1550），杨慎撰文。此碑文与陈金的《修海口河碑记》、方良曙的《重浚海口记》，有海口三名碑之称。

## 《重浚海口记》

刻有该碑文的碑原在海口镇中滩街龙王庙中，为海口三碑之一。碑立于明万历元年（1573），碑文由布政使方良曙撰。碑文记录了又一次大规模浚挖海口工程，整个工程动用民夫1.5万余人，历时3年，耗资巨大，按地域分段修浚海口河，并筑坝闸，挖螺壳、黄泥两滩，但成效未及前两次。

## 重修瓦仓庄土主庙碑

该碑在东风西路中段瓦仓庄69号院内，系明思想家李贽为土主庙撰写的修建碑记。碑立于明万历九年（1581），高1.86米，宽0.6米，碑体为墨石。碑文分上下两部分，上为重修碑记，下为捐资功德记名。上部碑文19行、计420字，文记创建沿革，重修始末，系李贽卸姚安知府任，返乡逗留昆明期间应邀而撰。碑现基本保存完好。1983年，五华区人民政府批准列为区级重点文物保护单位。

## 松风庵记碑

该碑为杨慎于嘉靖十五年（1536）九月十八日撰并正书，今藏晋宁县城月山郑和公园玉皇阁内，其碑头、碑座皆失，铭文阴刻楷书8行、149字。碑述释真圆自建松风庵，"士流闻而贤之""相率为诗美之，诗盈卷帙。圆以请于予"。是僧凡心未泯，杨慎"故乐为之记"，书法尤为可观。

## 修关将军庙记碑

该碑存于化乐乡关岭村关将军庙内，碑长1.88米、宽0.79米，碑体为砂石，弧形碑额，篆书"修关将军庙碑"。碑文阴刻行书18行，每行13字到36字不等，共564字。进士王廷表撰文，董云汉书，沈芹镌刻。嘉靖三十三年（1554）十一月河阳县知县徐第、吏目刘昂、巡检黄廷用同立。碑文记述了此庙为早期创建，倒塌毁损后，嘉靖壬子年（1552）兵宪蒋虹泉为首主持修复。并叙述此庙的来由为三国蜀汉诸葛亮南征时，亮由越嶲入，关羽次子曾与庲降都督晋领交州刺史李恢率军向建宁，经过此处，后人建庙以志。

## 续建昙华寺碑

该碑体为青石，长2.1米、宽0.97米、厚0.15米，为官渡区除太和宫金殿所存陈用宾撰《鼎建太和宫碑记》碑外形制和规格最大的一碑。碑文自上而下共分6列，每列自右至左共18行，每行6—8字，最下一列16行，每行1—8字不等，全文共732字。此碑末题款为"大清康熙三十五年丙子长至督滇黔军少司马广宁王继文撰并书"，但据《滇南书画录》卷二记载，"阚祯兆……省垣王继文诗碑多出其手"。

## 汉风石刻

该石刻位于昆明城区北郊长虫山山麓，为蛇山蛇头。石刻分布在第二层至第四层之间的山路边石岩上，计10余处，多为清朝和民国时期所刻。最早的是清康熙三十二年（1693）云贵总督王继文重修铁峰庵竣工后在山门外题的"彩云第一洞天"，一、二、三层分别有"风磴""云门北登"石刻。清咸丰七年（1857）皖南广德文题"海阔峰高"4字，字大30厘米。光绪十四年（1888）昆明弟子罗东甲题刻"仙山万人潮"5字。光绪三十年（1904）昆明书法家李刊题的"铁峰"两字，宽1米、高1.2米，笔锋济，气势磅礴。贵州赵洲德赋律诗一首刻于石上。还有"核云磴目""堂观彩云"等石刻和民国时期张根培、马如龙等题刻的"陡岵崖""俨然南海"等。

## 西山那文凤诗刻

清嘉庆辛酉年（1801）彝族诗人那文凤写了两首《赠吴道士》诗，刻在慈云洞的石香炉上："万钻千锤显巨才，悬岩陡处辟仙台。何须佛洞天生就，直赛龙门禹凿开。紫竹荫书心里出，慈云霭露掌中来。昆池恰似观南海，不负当年梦几回。""凿石还超炼石才，竞追盘古辟天台。烟霞一破乾坤别，日月新分混沌开。世界壶中装得去，山河镜里照将来。休疑此地人间有，只许刘朗到这回。"

## 太华山李昇生墓幢

该幢原在西山太华寺，后移至省图书馆，现存省博物馆。幢高0.67米、圆周约1.3米，四面佛龛浮雕四方佛像。幢体为沙石，文13行，行17字，正书，梵咒16字横行。文为《佛顶尊胜宝塔记》，述陀罗尼行法，为李昇寿藏造作。所记人名有般若升、药师贵。以佛号入名，为大理时以来习尚。李昇居住中庆（昆明）止善坊，时年70余，泰定元年甲子（1324）夏四月杨护公书咒。

## 清净寺明护墓幢

该幢在昆明市西郊昭宗村清静寺内。此幢原埋于土中，仅露其顶，1925年西峰和尚来此做住持，被人掘出，始知乃该寺开山祖师、元代僧人明护的墓幢。幢高0.70米、圆周1.85米，由3段砂石凿成，上为宝顶、下有基座、中段突出如絧，上段刻梵汉陀罗尼经咒，下段刻《墓志铭》，铭文60行，行10字，正书，款为"至正二十一年三月滇城尹具瞻撰并书"（尹氏乃昆明儒学教授）。寺内另有《开山祖师舍利宝塔行业记》碑一通，亦至正二十一年（1361）立，所述明护事迹与墓志铭相同。明护为雄辩法师弟子，开山于清静寺。此幢是研究云南官职、历史地理的宝贵资料。1981年，清静寺倒塌，幢亦失。有见之者说埋土中。

## 汉益州郡滇池县治故址碑

该碑位于晋宁县晋城镇上东街南，碑为高1.69米、宽0.75米青石，周无纹饰，碑中坚刻大字"汉益州郡滇池县故址碑"颜体楷书，书法雄健，上款"石屏袁嘉穀题昆明陈荣昌书"，下款"民国十一年路月晋宁县知事袁丕镛暨阖邑公民立"。文献记载，晋宁县古名滇池县，从西汉设立益州郡开始，滇池县一名为汉、三国、晋、南朝所沿用，历时600余年，袁嘉穀确认滇池县治故址在晋城，故题字立此碑于旧县署前。

## 马街普坪李根源石刻

该石刻位于马街街道普坪社区"小石林"山崖石壁上，亦名李根源《翠峰十咏》石刻，是原任过北洋政府代总理、云南陆军讲武堂总办（校长）的著名爱国人士李根源于抗战时期在昆所写十首名为《翠峰十咏》的五绝诗，其随从将它刻于此处。普坪石刻是李根源先生题刻相对集中之地，《翠峰十咏》分散刻于"小石林"内的古翠庄、九老峰、豹隐洞、小腔峒、客安巢、凤凰峡、虎踞墩、白沙墙、霜镜堂、柱笋楼的石壁之上。另外，中国历史风云人物蒋介石的题刻"剑南忠愤"4字也刻于此。由于"普坪石刻"特殊的历史研究价值和极佳的书法艺术观赏价值，1986年，西山区人民政府公布为区级文物保护单位，2014年被昆明市人民政府列为市级文物保护单位。

## 张滇洲祠堂记碑

该碑位于晋宁县晋城镇官井街张滇洲祠堂南山墙上，由清末经济特科第一名"特元"袁嘉穀撰书碑文，碑体为高1.9米、宽0.81米的青石，碑文楷书14行，行32字，内容记述张滇洲故宅改建祠堂的经过，其中提道："晋宁之地，楚庄蹻、尝羌，晋李毅。逊诸贤之治所也。""滇中文化斯其首都，山川钟毓，如池南、于龙、担当、兰贞流增光史乘"，反映了晋宁在云南历史上的重要地位和人文荟萃的情况，是研究晋宁地方的重要资料，碑文书法清秀奇劲，刻工精湛，有很高的艺术价值。

## 马街义学碑刻

该碑刻位于西山区马街街道大渔村义观寺内，此碑于清朝乾隆二十年（1755）三月由昆明县渔李二村村民所立，吏部后选县左堂撰文并书。碑体为高约1.65米、宽0.65米的青石，碑首呈半圆形，线刻二龙抢宝，碑题正书《义学碑记》，记载了渔李二村在全国兴办义学的影响下，李氏将自家的楼房捐给村上办义学馆，后因无钱请老师被闲置。乾隆十六年（1751）县府经考察后，将海源河尾一段24亩的田租作为请老师的费用，后又陆续划出部分田收的亩租作为举办义学的永久性经费，立碑撰文，是为使这种善举流芳百世。该碑是了解、研究清代民间义学大致情况的重要历史资料，办学育人、重视教育是中华民族的优良传统，通过碑文记载的内容，可以窥见当时民间重视教育、注重人才培养教育的蔚然风气。2003年3月28日，被西山区人民政府公布为第二批区级文物保护单位。

## 团结乡多依村乡规民约碑

该碑位于西山区团结乡多依村大庙内，立于清朝道光二十二年（1842），碑宽26厘米，高24.1厘米，全文24行，共437字。碑文前半部分为序文，阐明订立乡规是为树立良好的民间风俗，消除盗贼，端正人心，并非是一纸空文。为此，乡规经过村民会议大家共同商定，订立此碑，制定相应的条规共同遵守，违反者报告官府，依照乡规追究责任给予惩治，决不宽容。碑文后半部分为乡规的主要内容，共有14条规定。当时各乡均根据本乡具体情况经公议而后订立乡规，并刻之于碑。从碑文可以看到距今140多年前，村民已经对保护森林的重要性有所认识，并为保护农林生产和农民的积极性采取了较为具体的措施。通过村民自行公议订正，对措施的实施就有了保证。此碑是研究团结乡当时当地社会发展和社会生活风貌的重要历史资料。2003年3月，被西山区人民政府公布为第二批区级文物保护单位。

## 晋宁象山书院诗并序碑

该碑现立于晋宁县晋城中学足球场南墙上，刻于清道光十三年（1833），青石质地，碑长1.33米、宽0.62米。碑文记述了建盖"晋宁象山书院"一事以及当时晋宁兴师重教、培养人才、文化教育较为兴盛的状况。2002年，公布为晋宁县重点文物保护单位。

## 大板桥《三元宫记》碑刻

该碑刻位于官渡区大板桥街道板桥社区五甲村十七中校内前后教学楼之间的花园内，通高2.3米，宽0.65米。碑正面记载明嘉靖二十五年（1546）新建三元宫记，背面记载嘉靖三十二年（1553）重修三元宫记。三元是上元天官（尧）、中元地官（舜）和下元水官（禹）三官，这说明三官神在道教中的崇高地位。由于道教吸收了民间对天、地、水的自然崇拜，奉天、地、水三官为主宰人间祸福的大神，是研究道教在人民群众中的影响的实物资料。

## 小板桥街场碑

该碑位于官渡区小板桥街道小板桥老街东侧万寿楼院墙上，最早立于向旭庵东配殿山墙上，1982年，第二次全国文物普查时发现，1983年，被官渡区人民政府公布为区级重点文物保护单位。碑体为长方形砂石，高1.72米、宽0.48米、厚0.20米，无碑额，四周饰云鹤纹，全文348字，楷书。碑系清康熙五十三年（1714）立，内容为珥琮和里乡耆李文秀等为便于农民贸易和生产，申请在小板桥设立街场，赶巳、亥街，经昆明县正堂于上一年批准，并给予减免赋税，禁止任何人以各种借口进行敲诈勒索，犹恐日后有所更改，故于康熙五十三年（1714）将批文勒石，晓喻大家遵守。小板桥的街场就这样保持到了现在，至今已有200多年历史，该碑对研究小板桥街场的起始及农村集市贸易情况是一份珍贵的实物资料，2011年小板桥万寿楼（含小板桥街场碑）被昆明市人民政府列为市级文物保护单位。

# 第八节　石窟摩崖及其他

## 西山龙门石窟

西山龙门石窟位于滇池北岸西山国家级森林公园，北起三清阁，南至达天阁，以"奇、绝、险、幽"为特色，是云南最大、最精美的道教石窟，国家AAAA级景区，是国家滇池旅游度假区核心，"龙门飞峙"入选"昆明十六景"，为云南省重点文物保护单位。因石道中"达天阁"石坊上题有"龙门"二字，人们故称之为龙门石窟。站在上面，五百里滇池尽收眼底。昆明有句俗话："一登龙门，身价百倍"，可见其在昆明人心目中的地位。亦有"不登龙门，枉来西山"之说。

该石窟是以道教为主兼有其他各种教派的石窟。道教建筑有三清阁、灵官殿、真武殿、慈云洞、云华洞、达天阁等。石壁上刻的"普陀胜景"4字以及孝牛泉，又体现了儒、释、道三教的相互渗透、互相包容。

## 西华洞石窟

西华洞石窟位于昆明西郊20千米黑林铺街道海源社区的聚仙山腹，分为双石洞、燕窝洞，洞内石峰犬牙交错，洞口西南有宽敞的大平台，山脚有龙湫、海源寺、龙王庙等。

石窟由天然石穴加工而成，高12米、宽10.3米，洞内顶高20米、深23米，钟乳石似芙蓉、牛肝、飞禽走兽等。洞内常年栖息八哥、蝙蝠、燕子、野鸽等。左侧两块石壁以石击之会发出钟鼓之声。洞中原有一座高4米的佛台，塑有一尊2.5米观音雕像，已毁。右侧塑吕洞宾石像，与后洞左右相通，四壁石崖有题刻11方，皆明清名人手笔。洞门正上方镌刻"西华云岛"4字，为嘉靖四十年（1561）黔国公沐朝弼题。洞门左右壁刻有"鬼斧开启龙虎窟，舟旷欲拔洞堂天"对联。清代云贵总督范承勋康熙二十八年（1689）在洞口左壁题写"五色芝房"4字。右壁有方源草书诗刻。明代旅行家徐霞客曾游此洞，并记于《徐霞客游记》。20世纪40年代曾作为富滇等4家银行的仓库。

## 晋宁北方天王摩崖

晋宁北方天王摩崖位于晋宁县上蒜乡牛恋村东石灰岩山体的石壁上，俗称石将军，是在巨大岩壁上雕刻的一尊多闻天王像，约造于元朝末期。石刻通高6.08米、通宽5.7米，像高4.3米、宽2.4米，为浅浮雕。北方天王面容狰狞，头戴宝冠，身披甲胄，右手持三尖叉，左手扶腰，腰佩双剑，左脚登龙，右脚踏虎。象左上方刻有大、小塔各1座，大塔高4.8米，为密檐式13级方塔；小塔高0.95米。两塔之间有"大圣毗沙门天王"题榜1通，榜高2.12米、宽0.5米，阳文颜体正书。

## 晋宁观音洞壁画

晋宁观音洞壁画位于晋宁县上蒜乡观音村西南观音山石灰岩溶洞内，洞口宽7米、高8米，距地面约100米，分上下两层，上层进深约20米，下层进深约8米。洞内内壁略为加工平整，使用矿物颜料软笔作画。壁画均为彩绘，绘有密宗佛像、诸天菩萨、罗汉、护法神等画像计7组、223躯，各式佛塔11座，宣光题记1方，画面共24平方米，当属元代作品。洞顶绘28星宿及日月图像。上洞纵深处1组壁画最大，高3.5米、宽4米，画像103躯，主像为释迦牟尼坐像，高1.7米。洞南北壁绘16罗汉及大菩萨，以观音最多。南壁绘1个绿底红色的"卐"号，大如人首。洞口右外壁画7个持笏板的官人，榜题"尊为过世七代先亡……"意在为其过世的7代先祖超度亡魂。上洞北面有元宣光五年（1375）行书题记11行，记载元御史桑哥实里奉梁王之命踏勘郡地，"联辔焚香到此"的历史。

## 西山碧鸡颂摩崖

据《汉书》记载，汉宣帝使王褒往益州求金马碧鸡，但王褒病死于道中。王褒虽未完成求金马碧鸡的使命，却留下了一篇《移金马碧鸡颂》，其中说金马碧鸡"处之南荒，深溪回谷，非土非乡"，而中原却是"汉德无疆，广乎唐虞，泽配三皇，黄龙见兮白虎仁"，因而，金马碧鸡应当"归来"。这篇颂，一方面盛赞汉王朝德比尧舜，恩比三皇，祥瑞数现；另一方面说南方荒芜，不是久留之地，希望金马碧鸡之神快点离开那里，回到国都。

## 圆通寺明清碑刻

**重修圆通寺碑记**　承德蒙化府通判致仕武林平宣撰，呈贡县义官海昌居谊书，云南左□卫义官东吴张高篆。该碑原在圆通寺内咒龙台，成化十一年（1475）刊，高五尺零五分，宽二尺五寸，计22行，689字，楷书。现立于圆通寺大雄宝殿西侧的碑林院廊内，碑文已残损严重。

**重修圆通寺□□□殿碑**　成化十九年（1483）前文林郎致仕知县和阳狄泉□，住持德澄立。此碑现立于圆通寺大雄宝殿西侧的碑林院廊内，碑文名称处缺损，故碑名处留下3个"□"。

**圆通寺伽蓝殿碑记**　嘉靖十四年（1535）石匠蔡子云镌，住持道坚、比丘、惠良、道成、智杲等立。此碑在圆通寺内，高三尺四寸二分，宽二尺零九分，计20行，586字，楷书。

**圆通寺祖师殿碑** 嘉靖十五年（1536）祖正撰，住山道坚、惠良、道成等立。此碑原在圆通寺内，高三尺四寸，宽二尺一寸四分，计21行，650字，楷书，现立于圆通寺大雄宝殿西侧的碑林院廊内。

**螺峰寺右壁悬岩新建玄天阁碑** 由于风化和脱层，碑面字迹已无法辨识，从篆额上辨别有篆字3行，15字。

**新修螺峰寺真玄天右悬壁帝阁碑** 天启二年（1622）云南巡按杨春茂撰，云南巡抚沈敬书，云南总兵沐昌祚篆额。此碑在圆通寺咒龙台，高五尺二寸，宽二尺八寸，27行，714字，楷书。碑文残缺难识。

**重修圆通寺观音阁碑** 崇祯十二年（1639）太仆少卿傅胤孙撰，高四尺九寸四分，宽二尺四寸五分，14行，436字，楷书。碑文残缺难识。

**《圆通寺常住地永远碑记》** 南明弘光元年（1644）立，只存拓片，碑刻实物已不存。拓片质量较差，难于释读。

**《重修圆通寺碑记》** 康熙八年（1669）吴三桂女婿、书法家胡国柱撰书，现只存碑文拓片，拓片封面有昆明文化名人李瑞老先生题跋，碑刻实物已不存。

## 石城许弘勋摩崖题刻

石城许弘勋摩崖题刻位于昆明滇池出水口螳螂川畔的西南仪器厂西南山麓。海口石城面积约17公顷，为岩溶地貌。内有一块约2亩的空地，周围被高约1—2米的峰壁环抱，如坚固的城堡，因而得名"石城"。《徐霞客游记》称其地："阖辟曲折，层沓玲珑，幻化莫测，钟秀独异。"清康熙二十九年（1690），云南提刑按察使许弘勋游石城时，草书题刻"湖天锁钥"并写五律两首于"大石城"，及"云庄"于"小石城"，笔力潇洒雄健、雄厚有力。1986年，被列为西山区重点文物保护单位。1988年，由中华人民共和国国务院批准为滇池国家重点风景名胜区石城景区。

## 金殿永乐铜钟

金殿永乐铜钟位于昆明金殿后山的望海楼三楼上，为纯铜铸的圆形铜钟。钟高3.5米，口径周长6.7米，钟壁厚约20厘米，重达14吨，是云南最大的铜钟，居全国第三位。钟上铸"大明永乐二十一年岁在癸卯吉日仲春造"，永乐二十一年即1423年，距今已有590多年。此钟原挂在近日楼西南面的城楼——丽正门宣化楼上，1953年拆宣化楼时，被移至状元楼外古幢公园，随后又移至金殿。铜钟能传音十余千米，当时铸造此钟，主要用于报时、报警。

## 官渡区高庙兴国寺彩塑

兴国寺位于官渡区矣六街道渔村社区高庙小组中部，始建年代不详。由于年久失修及一些自然和人为因素的破坏，兴国寺整个建筑群包括彩塑、油饰均出现了不同程度的破损。2011年，被列为市级文物保护单位。

## 筇竹寺五百罗汉彩塑群

筇竹寺位于昆明城西玉案山腰，为中原佛教禅宗传入云南的第一座寺庙。这里林木葱郁，流泉潺潺，旧属"滇阳六景"，有滇中"玉案晴岚"之称。古刹殿宇依山势而建，分大雄宝殿、天台莱阁、梵音阁三层。进门为两株高大的元代孔雀杉，大雄宝殿前匾联林立。此寺始由大理国鄯阐府的高光、高智兄弟所建，他俩打猎到此，见一高僧拄杖于地，任凭他们怎么也拨不出。翌日禅杖化成了竹林，二人以为宝山有灵，遂就地辟寺，取名"筇竹"。后经多次重修，现存寺院是清光绪年间（1885—1891）重修的。

寺内著名的五百罗汉群就是当时的雕塑成果。它由清代四川民间雕塑家黎广修和3个徒弟历时7年完成，陈列于大雄宝殿两壁（68尊）、天台莱阁（216尊）、梵音阁（216尊），分上中下三层。上下二层多为坐像，中间一层多为立像。塑像排列讲究对称，如左为降龙，右为伏虎；左为腾云，右为驾雾。五百罗汉形态各异，喜、怒、哀、乐等表情无一雷同，蔚为奇观。无论远观近看，这些罗汉塑像的人体比例、肌肉骨骼、服饰衣纹大体都与常人相仿。雕塑中还采用了镂空和圆雕等多种手法，立体呈现人物和环境、器物浑然搭配的关系。塑像上所用矿物颜料历时久远而不褪，衣饰的贴金系纯金打造，片薄纹美，胶粘熨贴，至今仍闪闪发光。在中国不少名寺中的五百罗汉泥塑像中，筇竹寺五百罗汉彩塑群被誉为"东方雕塑中的明珠"。

## 华亭寺彩塑群

华亭寺位于昆明市西山森林公园景区中心，它南枕太华，北带碧峣，东临滇池。沿中轴线排列立体建筑，纵轴线上有放生池、天王殿、八功德池、大雄宝殿、藏经楼；横轴线从大雄宝殿左右分设经堂、祖堂、方丈室、僧堂、客堂、浴堂、库房、香积厨等。有回廊相通，使院院相连。寺门两边原题明代杨慎所撰的对联："一水抱城西，烟霭有无，拄杖僧归苍茫外；群峰朝阁下，雨晴浓淡，倚阑人在画图中。"在"文化大革命"中被毁，现有对联为后来重新书刻。天王宝殿内悬挂清乾隆年间云南书法家钱沣的一副楷书联："青山之高，绿水之长，岂必佛方开口笑；徐行不困，稳地不跌，无妨人自纵心游。"

## 铜犴

铜犴位于昆明市区护国桥北盘龙江西岸，铜犴长2.3米，昂首向天，额前正中有一独角，原为古铜色，今已看不出来。它后蹄着地，前蹄一伏地一蜷立，胸腹中空，状若水牛，昆明人俗称"铜牛"，又称"金牛"，而实非牛。4条腿粗壮短小，圆蹄从中间分成两半，微微张嘴，含怒瞪视盘龙江水，似欲随时准备起立搏斗。铜犴原在一古寺中，寺因犴得名，称金牛寺，寺前小街亦名金牛街。犴为二十八宿之一，司水事，古人铸其于江边以镇水。

## 高峣升庵祠

高峣升庵祠位于昆明西山山麓滇池之滨的高峣村，为一座三院三殿的中式庭院，背靠西山，面临滇池。祠内古木参天，楼台亭阁巍然肃立，祠堂静谧。明万历元年（1573），布政使刘之龙首将明代著名文人杨慎的寓所"碧峣精舍"改建为"太史祠"，供奉杨升庵的塑像。清康熙二十八年（1689），云南总督范承勋重修。咸丰七年（1857）重建，改名升庵祠。1986年重修，占地2000平方米，辟为杨升庵纪念馆。该祠为砖木结构，由门楼、大殿、配殿构成四合院。天井有相传杨升庵所植的一对香橼树，春夏之季，香气飘溢。祠内尚存《规复太史祠原置波罗村田亩租石碑记》和海庄碑。1988年1月，公布为省级第三批重点文物保护单位。

# 第九节　近现代建筑文物

## 云南陆军讲武堂旧址

云南陆军讲武堂旧址位于昆明翠湖西路承华圃（今云南省农展馆一带），1988年，被列为国家级重点文物保护单位。讲武堂创办于1909年，占地面积1390平方米，主体为一幢米黄色砖木结构的四合院的两层建筑，由东、西、南、北4座楼房组成，南、北楼为学员宿舍，南楼中部突出为阅操楼，东楼是办公室，西楼是教室。各楼对称衔接，并设有通廊，楼端各设拱券门一道。这里培养了近现代一大批杰出的军事家、革命家，共和国十大元帅中的朱德、叶剑英都曾在此求学，朱德称它是"革命熔炉"。

## 昆明朱德旧居

朱德旧居有两处，分别位于昆明市华山西路水晶宫红花巷四号和小梅园巷三号，两者现在分别被云南记忆文化传播有限公司和韶山小学使用，内设朱德事迹陈列室，对外开放。红花巷四号旧居坐北朝南，为中式土木结构四合院。正房2层，面阔5间，进深5间，屋檐下有廊。耳房面阔3间，进深1间，到座面阔5间，建筑面积约380平方米，原是云南陆军讲武堂教官马标的私人房产，1921年朱德任云南省警察局长时得以受让此房，同时还购得房后空地和几间旧房，由朱德与其挚友李云谷设计建成中西式外走廊砖木结构楼房1幢，楼东面一间为朱德当年住房。楼后建一小花园，建成小梅园巷三号，为两层砖木结构楼房，楼上楼下全有走廊连接贯通，浑然一体，错落有致。朱德把这座花园住宅取名为"洁园"，表达了朱德对当时官场腐败黑暗的不满以及洁身自重的理念。

1957年，朱德和康克清夫妇来滇视察工作时，曾回旧居并在红花巷4号院中留影存念，李先念夫人林佳眉及朱德亲属来昆时也曾到此参观。1983年7月19日，被列为区级文物保护单位，1987年，被列为省级文物保护单位。

# 冰心默庐

位于呈贡区三台路广播站东侧区人民武装部院内。抗战时期著名作家冰心和其丈夫吴文藻、儿子吴平、女儿吴冰及吴青寓居于此，为它取名"默庐"。为三间六耳民居建筑，坐西向东，占地面积313.9平方米，现为区级文物保护单位。"默庐"原名"华氏墓庐"，为呈贡斗南村华氏守坟祭祀先辈使用的祠堂，冰心1938—1940年居住于此，她取"墓"的谐音字"默"，将它改名为"默庐"，创作《默庐试笔》赞美呈贡的风光景物。当时西南联大梅贻琦、罗常培、郑天翔、杨振声及居住呈贡的费孝通、陈达、戴世光、沈从文等人都是"默庐"的常客。1940年2月28日，《默庐试笔》在香港《大公报》上发表，"默庐"雅号流传至今。冰心曾应邀在呈贡县立中学义务任教，创作校歌歌词"西山苍苍滇海长，绿原上面是家乡；师生济济聚一堂，切磋弦诵乐未央；谨信弘毅，校训莫忘。来日正多艰、任重又道远，努力奋发自强；为己造福，为国增光"，由时任音乐教师林亭玉谱曲，一直沿用至今。冰心还题写了"谨信弘毅"的校训。1990年12月，她重回呈贡，又为呈贡中学增题"任重道远"的校训。

# 张天虚故居

张天虚故居位于呈贡区龙城街道龙街中段，始建于1890年，张天虚于1911年12月8日诞生于此，为纪念张天虚，人们将此地命名为张天虚故居。该故居坐东向西，占地面积193平方米，为前三后三中四耳土木结构民居四合院两层楼建筑，现被确定为区级文物保护单位。张天虚1930年到上海并加入"中国左翼作家联盟"，走上革命文艺创作的道路，1933年在上海加入中国共产党。他大力宣传党的政治主张，毛泽东、朱德曾送给他一支笔和一部留声机，以便于他开展工作。著有《铁轮》《运河的血流》等40多篇作品，共300多万字。1941年病逝，郭沫若在为其撰写的墓志铭中，把他与聂耳并列："西南二士，聂耳天虚，金碧增辉，滇海不孤。义军有曲，铁轮有书，弦歌百代，永示壮图。"2011年被昆明市人民政府列为市级文物保护单位。

# 黄武毅公祠

黄武毅公祠位于昆明市黄公西街今毓英小学校园球场北端，为六角琉璃"辛亥英烈黄毓英纪念亭"，亭内挂有孙中山题书的"乾坤正气"匾额，亭中立有青石碑一通，刻记黄毓英生平，亭周围有石阶。黄毓英（1885—1912），字子和，云南会泽人。早年为求救国御外之术东渡日本，肄业于东京弘文学校，追随孙中山从事革命活动，1905年，同盟会成立即为其成员，参与云南河口之役、永昌起义。担任云南新军的排长，参加昆明"重九起义"的决策，1911年10月30日夜，组织起义军在北教场打响"重九起义"的第一枪，为云南辛亥起义立下汗马功劳。

1912年5月，黄毓英率部从贵州返滇，在途中遭土匪偷袭身亡，年仅27岁。1913年8月28日，黄毓英的遗体运回昆明时，昆明军、商、绅、政、学、警各界万余人士出城迎接。为表彰他的功绩，云南军政府追赠谥号"武毅"，都督蔡锷亲自主持追悼会，亲笔撰写《黄武毅公墓志铭》，各团体代表恭送灵柩至圆通山安葬。云南各界人士集资兴建黄武毅公祠和黄公西街。孙中山先生对黄毓英的业绩做了高度评价，亲笔为黄武毅公祠题匾"乾坤正气"。1987年，被列为昆明市文物保护单位。

## 白鱼口磊楼

白鱼口磊楼位于滇池西岸西山区海口镇白鱼口村的云南省工人疗养院内。该楼于1935年由民国时期的昆明市长庾恩锡所建，主体建筑用方圆大小不等的天然岩石垒砌成楼，故名磊楼，是典型的仿法式建筑。整个建筑中间高，两边低，呈品字形，三层石结构，占地面积360平方米。磊楼面对滇池，其中西合璧的建筑形式和风格均为昆明市保存较为完好的近代优秀建筑。1951年，庾恩锡将磊楼无偿交给云南省总工会，改建为西南第三工人疗养院，是现在云南省工人疗养院的前身，曾经接待过周恩来、邓小平等党和国家领导人。2003年，被列为区级文物保护单位。2011年，被列为市级文物保护单位。

## 灵源别墅

灵源别墅位于昆明海源寺附近，为民国时期云南省主席龙云在昆明的居所。该别墅建于1932年，坐西向东，原占地面积1.1万平方米，现在仅存1800余平方米和四合五天井大院式样的主体建筑。正房燕喜堂为穿斗式木结构，通面阔五间17.6米，单檐歇山顶屋面上盖有琉璃瓦，前檐下有用整石雕就的6根龙抱柱。左右两厢房是书房和练武室，前院有水池，上有拱桥，院内植有松、柏、山茶等花木。一般认为龙云取名灵源，是因为别墅的位置在海源寺附近，背后的聚仙山有一条暗河流出，最终流入滇池，人们都认为那里是滇池的源头。

龙云相信风水，认为龙是不可以没有水的，于是糅合"聚仙之丽，滇池之源""水不在深，有龙则灵"，别墅便取名灵源。1939—1940年期间，龙云为了保证《新纂云南通志》编修工作如期完成，让云南通志馆搬到灵源别墅内，让编修的袁嘉穀、方树梅等学者住进别墅，静心工作，《新纂云南通志》在1944年完成定稿。1945年10月，龙云被蒋介石所迫离滇，灵源别墅逐渐破败。中华人民共和国成立后，灵源别墅长期为部队使用，1992年正式移交地方人民政府。1986年，被西山区人民政府列为区级文物保护单位。1987年，被列为昆明市重点文物保护单位。2008年12月，归国华侨马晓鸿投资保护灵源别墅，并兴办"灵源国学馆"。

## 北门书屋旧址

北门书屋旧址位于昆明市区北门街68—70号，为中式两层砖木结构，面积180平方米，原为工商界人士李琢庵私宅。1942年，民主人士李公朴先生迁居于此，楼上两间为卧室和书房，楼下两间临街铺面开设书店，取名"北门书屋"，在昆明经销三联书店、华侨书店、上海图书杂志公司等出版的进步文化书刊。1943年，李公朴、张光年等又在街对面建"北门出版社"，旨在解决北门书屋销售书刊的来源和进步文艺书刊的出版问题，先后出版了《枫叶集》《泪》《高尔基》《献给乡村的诗》等进步书籍，楚图南、闻一多、吴晗、潘光旦等人士也常来此商讨工作，现已损毁。1946年，李公朴、闻一多相继被害后，书屋被迫关闭。书屋房舍由原主李琢庵卖给国民党六十军团长钟光汉，1958年，原书屋店铺改作粮店，1983年，昆明市人民政府列为市级文物保护单位。

## 巡津新村裴氏楼

巡津新村裴氏楼位于昆明市金碧街道巡津新村5号，原系民国时期曾任军事参议院总务厅厅长、昆明市长、国民党云南省党部书记长裴存藩住宅。该楼建于1940年，为砖木结构的欧式建筑，平面布局呈十字交叉，占地约257平方米，建筑面积约550平方米；二层带阁楼，一侧带马蹄形的客厅；屋顶坡度为正三角，错落有致，平瓦铺就；阁楼窗突出于屋面；山墙设阳台、烟囱；长方形楸木窗框；马蹄形的客厅上为露台。建筑的墙体由青砖砌成，外敷沙灰，再涂以黄色涂料，逾1.5米墙基均为硬石砌成，石头经半打磨堆砌。内部客厅宽大，装饰图案典雅、弯曲的楼梯，壁炉精致。该楼为抗日战争时期迁昆的著名建筑商上海陆根记营造厂营造，质量良好，虽经70多年的风雨，整体结构及装饰部分仍基本完好。1950年后，为中共昆明市委管理使用。2009年，被西山区人民政府列为区级文物保护单位，2014年被昆明市人民政府列为市级文物保护单位。

## 晋宁八角楼

晋宁八角楼位于滇池南岸的晋宁县委大院内，始建于1940年，占地面积350平方米，为典型的欧式建筑，因三楼屋顶为8个角的造型，故称"八角楼"。建筑外立面采用青砖、青瓦、青石建成，色调古朴庄重，内部为木质结构，分别由两层和三层楼组成，共有14个房间。1962年6月2日，全国人大常委会委员长朱德到晋宁视察时，曾在八角楼小憩。2002年，被列为晋宁县文物保护单位。经多次重修，现为"当代晋宁陈列馆"所在地。

## 西山区鲁氏别墅

西山区鲁氏别墅位于昆明市大观公园南园内，系爱国抗日将领、国民政府陆军中将鲁道源的园林式别墅，又称"子泉别业馆"。该别墅建于1927年，当时鲁道源任滇军团长，后经不断扩建，成为园林式别墅，称为"鲁园"。鲁氏别墅紧临草海，为欧式平房，平面布局为"L"形，砖木石结构，墙基、墙角、窗套、门框均为石砌，其造型及装饰图案皆为欧式。平瓦屋面，前置台基露台，后建石桥，连接圆形观景台。鲁园池塘上还建有中式石舫和楼阁，是昆明地区近现代中西合璧的私家园林。抗日战争中，鲁道源任国民革命军第58军军长，在江西、湖北、湖南参加过多次重大战役。1945年8月14日，作为南昌受降主官接受日军投降。2009年，被列为区级文物保护单位。

## 石龙坝水电站

石龙坝水电站位于昆明市郊的螳螂川上，为中国第一座水电站，1908年，由昆明商人王筱斋为首招募商股、集资筹建，1910年7月开工，1912年5月28日建成发电。螳螂川是滇池的唯一泄水通道，从滇池出口到平地哨一段河道平缓，平地哨以下从滚龙坝到石龙坝一段坡陡流急，集中落差30余米。石龙坝水电站就是以滇池为天然调节水库，利用该段较集中落差兴建的引水式水电站。电站最初向德国西门子公司订购了2台单机容量240千瓦的水轮发电机组，用22千伏输电线路向距电站32千米的昆明市供电，其中1台至今仍在曲靖市富源县黄泥河水电站使用。

1926年3月7日，电站第二车间投产发电，在落成礼上，云南状元袁嘉毂题词："石龙地，彩云天；灿霓电，亿万年"，并勒石纪念。抗日战争期间，日军曾于1939—1941年先后4次轰炸石龙坝水电站，均未能破坏供电。中华人民共和国成立后，曾一度将弹坑开挖整平成藕塘，因其状似荷叶，曾叫"荷花塘"，又因曾在里面养过牛蛙，也叫"牛蛙塘"。1993年，加盖凉亭，建成公园，有云南书法家和启圣所书的对联，上联为"电站虽小历史悠久开中国水电之始"，下联为"水塘不大成因奇特记东瀛入侵之证"，横批"飞来池"。

鉴于石龙坝的历史意义和价值，1993年，被列为省级重点文物保护单位，1997年，被列为云南省爱国主义教育基地。2006年，石龙坝水电站被国务院批准列入第六批全国重点文物保护单位名单。2009年7月，石龙坝水电站更名为"华电云南发电有限公司石龙坝发电厂"。

## 人民胜利堂

人民胜利堂位于五华区护国街道景星社区云瑞西路49号，现为省级爱国主义教育基地。胜利堂建在原云贵总督府的旧址上，1944年动工兴建，最初名为"志公堂"，随后改为"中山纪念堂"，1946年落成时改为"抗战胜利纪念堂"，并由卢汉撰写《抗战胜利堂碑记》。1950年，云南省人民政府决定改"抗战胜利堂"为"人民胜利堂"。2008年，经国务院批准，"人民胜利堂"更名为"抗战胜利纪念堂"。1983年，被列为昆明市文物保护单位，1998年，被列为云南省文物保护单位，2006年，被国务院列为全国重点文物保护单位。

1950年12月，昆明市各界人民代表在胜利堂的广场为"云南人民英雄纪念碑"奠基，1995年2月24日建成。碑体通高27米，方形，基座为两层，并利用基座下的空间设云南人民英雄纪念展览厅，碑身底座四壁镶有反映云南人民斗争历史的浮雕。

## 滇越铁路西庄站旧址

滇越铁路西庄站旧址位于今官渡街道世纪城玉春苑内，因为建站之初位置在官渡古镇附近的西庄村，故名西庄站，距始发站云南府站大约9千米。滇越铁路通车初期并无此站，后由于官渡繁忙的客货运量的需要而增建。2002年，在昆明市组织的抗日战争和社会主义建设时期文物普查中，湮没了近半个世纪的西庄站旧址才得以重现于世，成为昆明近郊唯一留存下来的一个车站，2003年，被列为区级文物保护单位。现存的西庄站为砖木结构平房，长26.3米、宽5.6米，建筑面积约150平方米，正面及两端山墙用青砖砌筑，门窗上的横梁都用铁轨做拉筋，有些铁轨铸有英文字母，分别为英国威尔公司及法国托马斯公司生产。

## 红庙收话台、团山发话台旧址

红庙收话台旧址位于前卫街道红庙村358号，占地约4亩，建筑形式为"中式折角形一层平房，一大八小"。团山发话台旧址位于五华区黑林铺街道昭宗村团山的发信台，建筑形式为中西式结合砖木结构。

抗战爆发后，国民政府交通部在昆明设立"交通部昆明国际无线电台"。依照1937年8月"交通部训令电工字2606号文"令，云南电政管理局于1937年底开始建设昆明无线天线收发话台工程，包括红庙收话台、团山发话台及两台之间通信线路，1938年投入使用。两台分别承担接收和发送国际国内无线电报，承担拍发云南发往国内外的无线电报，为抗战的胜利做出了贡献。抗战胜利后，两台改作云南地方通信使用至2004年。2011年被列为市级文物保护单位。

## 甘美医院旧址

甘美医院旧址位于西山区巡津街35号昆明市第一人民医院内，法式建筑，砖木结构，占地1021平方米，建筑面积3062平方米，是昆明市现存保留最完整的民国时期外办医院。现存建筑除坡形屋顶改为平顶外，其结构基本保持原貌。甘美医院起源于1901年法国在昆明华山西路开办的"大法医院"，是昆明最早的西医医院，由法国领事馆直接管辖。1912年，在法国外交部驻云南交涉员公署和滇越铁路公司的支持下，法国人租用昆明市巡津街35号为院址，开办"甘美医院"。1931年门诊大楼建好后，将原"大法医院"的大部分人员及设备转移到"甘美医院"。病房主要集中在一楼和二楼，设有头等、二等，三楼还设有特殊房间，专供法、中、越上层人物疗养和住宿，被称为"贵族医院"。1950年由云南大学医学院接管，改名为云南大学附属医院，成为云南大学医学院的实习医院。1958年，昆明市人民医院与"甘美医院"合并后，于1963年改名为"昆明市第一人民医院"。2014年，被列为昆明市文物保护单位。2016年成为昆明学院附属医院。

## 晋宁国立艺专旧址

晋宁国立艺专旧址位于晋宁区安江村。1938年，为躲避日军侵略而内迁的北平国立艺术专科学校与杭州国立艺术专科学校在湖南沅陵合并而成的艺术专科学校，简称国立艺专。1939年辗转至原呈贡安江村（现属晋宁），借地藏寺、玉皇阁、土主庙、大佛寺、观音寺、龙玉寺、后稷宫、清真寺作各系室继续教学，一年后，日寇攻占越南威胁昆明，学校再搬迁至四川。在安江村的教师主要有潘天寿、常书鸿、吴茀之、张振铎、关良等知名画家，而学生当中如吴冠中、赵无极、朱德群、董希文等人后来都成为国际著名画家。由学生刘鸿达等人举办的安江民众夜校免费教育当地失学儿童。1945年抗日战争胜利后，国立艺专又重新分成北平、杭州两所艺专，也就是现在的中央美术学院和中国美术学院的前身，2014年被昆明市人民政府列为市级文物保护单位。

## 中央研究院天文研究所旧址

中央研究院天文研究所旧址位于昆明东郊的凤凰山，现为中国科学院云南天文台工作地点。1937年，为躲避日军，南京紫金山天文台工作人员后先辗转撤到长沙、桂林，最后迁至昆明。余青松所长发现昆明地高云薄，星光明显，适于天文观测，因此决定在此建设一座战时天文台继续天文观测研究。几经实地踏勘，最后选定昆明凤凰山为建台地点，委托也是因为战乱而迁到昆明的上海陆根记营造厂承建。1938年秋，凤凰山天文台正式破土动工，1939年春天即告落成，中断了2年多的天文观测得以恢复。凤凰山天文台共有4座建筑：第一座为办公室，附变星仪观测室、太阳分光仪观测室和图书室；第二座为中星仪室；第三座为职员宿舍；第四座为工友宿舍和厨房。这一时期最重要的一项工作就是1941年9月的日全食观测，这是中国人第一次在境内有组织的现代日食观测，2011年凤凰山天文台历史建筑群（含中央研究院天文研究所旧址）被昆明市人民政府列为市级文物保护单位。

## 中央电工器材厂一厂旧址

中央电工器材厂一厂旧址位于西山区春雨路615号昆明电缆厂内，钢混结构，由5幢单斜坡顶厂房连接组成，除内部机器设备有所改动外，其主体建筑结构和风貌依旧，现仍在使用中。

中央电工器材厂是当年国民政府资源委员会创办的大型工厂之一，1936年3月开始筹建，原址选在湖南湘潭，共设4个厂：第一厂为电线厂，第二厂为管泡厂，第三厂为电话机厂，第四厂为电机厂。抗日战争爆发后，工厂总部和第一、第四分厂于1938年迁到昆明马街，1939年7月建成投产。该厂主要生产电线、电缆，是中国最早的电线电缆生产企业，生产出中国第一根裸铜导线，从此开创中国自己独立生产电线电缆的历史，被誉为"中国电线电缆工业的摇篮"。1942年8月，电线厂遭到日机轰炸，经奋力抢修，仍坚持生产，至今房屋架上仍留有日机轰炸的痕迹。1939—1945年，共生产各类电线电缆4330吨，为抗战做出重大贡献。2009年8月，被列为区级文物保护单位，2014年被昆明市人民政府列为市级文物保护单位。

# 第三章 文学艺术

## 第一节 诗 词

### 唐代诗选

#### 滇池赤藤杖歌
##### 韩愈

赤藤为杖世未窥，台郎始携自滇池。

滇王扫宫避使者，跪进再拜语喔咿。

绳桥拄过免倾堕，性命造次蒙扶持。

途经百国皆莫识，君臣聚观逐旌麾。

共传滇神出水献，赤龙拔须血淋漓。

又云羲和操火鞭，暝到西极睡所遗。

几重包裹自题署，不以珍怪夸荒夷。

归来捧赠同舍子，浮光照手欲把疑。

空堂昼眠倚牖户，飞电着壁搜蛟螭。

南宫清深禁闱密，唱和有类吹埙篪。

妍辞丽句不可继，见寄聊且慰分司。

#### 四明山诗·云南
##### 陆龟蒙

云南更有溪，丹砾尽无泥。药有巴赛卖，枝多越鸟啼。

夜清先月午，秋近少岚迷。若得山颜住，芝篆手自携。

#### 奉和鲁望四明山九题·云南
##### 皮日休

云南背一川，无雁到峰前。墟里生红药，人家发白泉。

儿童皆似古，婚嫁尽如仙。共作真官户，无由税石田。

### 玉案山

#### 道南

松鸣天籁玉珊珊，万象常应护此山。

一局仙棋苍石烂，数声常啸白云间。

乾坤不蔽西南境，金碧平分左右班。

万古难磨真迹在，峰头鸾鹤几时还。

## 宋代诗选

### 送云南上人

#### 释行海

雁云蛮雨异乡秋，闻道君家水石幽。

时节飘零帆去好，路歧南北使人愁。

### 谢张文老饷酥

#### 晁公溯

清晨坐堂上，忽得故人书。近自玉垒州，远饷金城酥。

闻由筰都出，来与枸酱俱。开视静如练，缄题投比珠。

甚知故人厚，痾中怜老夫。岂唯减肺渴，兼可濡肠枯。

因之想风味，更过酪醍醐。致此未足言，公才可时须。

似传滇池君，愿献汗血驹。高有八尺龙，次有一丈乌。

论功当作颂，请歌马斯徂。

## 元代诗选

### 初到滇池

#### 李京

嫩寒初褪雨初晴，人逐东风马蹄轻。

天际孤城烟外暗，云间双塔日边明。

未谙习俗人争笑，乍听侏离我亦惊。

珍重碧鸡山上月，相随万里更多情。

### 题筇竹寺壁

#### 郭松年

南来作使驻征鞍，风景还惊入画看。

梵宇云埋筇竹老，滇池霜浸碧鸡寒。

兵威此日虽同轨，文德他年见舞干。

北望乌台犹万里，几回挥泪惜凋残。

## 昆明池
### 郭孟昭

昆池千顷浩溟蒙，浴日滔天气量洪；
倒映群峰来镜里，雄吞万派入胸中。
朝宗远会江淮迥，泽物常裨造化功；
圣代恩波同一视，却嗟汉武漫劳工。

## 滇池
### 乔坚

滇水不可涉，石戟森嵯峨。胡能宅蛟龙，但可藏鼋鼍。
渚风荡惊湍，乃尔泥滓多。我欲澄其源，应自昆仑阿。
才谬谅靡救，临流将奈何。商山紫芝曲，梁父沧浪歌。
斯人久不作，千载无清波。

## 碧鸡山
### 张雄飞

北阙辞丹凤，南云看碧鸡。紫苔移玉座，瑶草湿金泥。
雨霁龙归洞，风生虎渡溪。寻梅穿竹径，采药蹑松梯。
白日依山尽，青山入海低。寄书无雁过，择木有猿啼。
花映高低树，园分远近畦。飞星驰宝马，沉水吐银猊。
鱼戏莲房北，鸥鸣荻渚西。长歌汉颂罢，刻石纪新题。

## 愁愤诗
### 阿禧

吾家住在雁门深，一片闲云到滇海。
心悬明月照青天，青天不语今三载。
欲随明月到苍山，悮我一生踏里彩。
吐噜吐噜段阿奴，施宗施秀同奴歹。
云片波粼不见人，押不芦花颜色改。
肉屏独坐细思量，西山铁立风潇洒。

# 明代诗选

### 寄演此宗
#### 平显

秋风起江汉，纤月在西南。影落清滇水，凉生白石龛。
唱酬蔬笋气，梦寐葛藤谈。未遂依禅寂，徒惭雪满簪。

### 忆滇春
#### 平显

颗金螺贝马蹄盐，万井高甍裁层檐。
比屋弦歌春皞皞，笼街灯火夜厌厌。
风花献媚熏青眼，雪絮飞香点紫髯。
记得赋诗滇海上，砚池影蘸碧鸡天。

### 五华寺
#### 韩宜

五华之山山头上，俯视东海如浮沤。
岂无四万八千丈，亦有五城十二楼。
翠渠影落中天晓，玉柱含光大地秋。
何日相逢陪杖屦，西风林外一长讴。
楚水滇池万里游，使车重喜过巴丘。

### 滇阳六景
#### 机先
##### 滇池夜月

滇池有客夜乘舟，渺渺金波接素秋。
白月随人相上下，青天在水与沉浮。
遥怜谢客沧州趣，更爱苏仙赤壁游。
坐依蓬窗吟到晓，不知身尚在南州。

##### 碧鸡秋色

碧鸡西望水天虚，漠漠秋光画不如。
翠碧烟华摇浪处，丹崖树色著霜初。
前朝有阁今游鹿，落日何人独钓鱼。
却讶维舟溢浦上，芙蓉九叠看匡庐。

##### 玉案晴岚

山如玉案自为名，卓立天然刻画成。
白昼浮岚浓且淡，高秋叠翠雨还晴。

阴连太华千寻秀，影浸滇池万顷清。

杖策何当凌绝顶，滇南一览掌中平。

### 螺峰拥翠

螺峰近在滇城里，下有招提倚翠屏。

雨后光含僧眼碧，云中色拥佛头青。

层崖鸟度开天险，古洞龙潜闷地灵。

自是幽深回俗驾，不须重勒北山铭。

### 龙池跃金

路入商山境更奇，玉皇坛畔有龙池。

行逢柳色烟深处，坐看桃花水涨时。

映日金鳞鸣拔剌，含风翠浪动沦漪。

由来神物非人扰，变化云雷未可知。

### 金马朝晖

岩峣金马在城东，黛色苍凉淡墨中。

画角声消残月白，阳乌影动早霞红。

梁王去国荒丘在，汉将开边古道通。

岂料长为南窜客，朝朝相对独为翁。


## 碧鸡山

### 郑衍

中庆西南来，有山势雄奕。屏开障大荒，壁立数千尺。

晴峦叠奇峰，幽壑藏怪石，清风响松涛，老树森矛戟。

俯瞰滇池水，仰矗云霄碧。山灵得异境，庙貌存古迹。

君侯本世家，奉诏平叛逆。兹承宠光行，山迎马首怿。

镇遏良有谋，烟瘴似众释。从此边陲宁，殊勋书竹帛。


## 滇池泛舟

### 彭纲

招邀上画船，仿佛临瑶池。渐与城廓远，益觉川途移。

拨桨避芙蕖，击鼓惊凫鹥。笙歌发大泽，笑语乘良时。

乃知有具区，在此西南陲。波兴山欲摇，水阔天低垂。

鱼龙专窟宅，钱坤露端倪。汉家勤远略，凿池劳京师。

吾侪荷明口，稳赏清涟漪。殊方聊取适，佳会良亦稀。

谁能挽义和，为我迟斯须。

## 罗汉岩

### 刘寅

湖上飞岩映波绿，石壁插水山无足。

舣艇跻攀到上头，下见湖光洗寒玉。

寒玉汹涌动席前，二十万顷涵云烟。

冥冥一鹤飞不去，天际回翔似有缘。

我闻羡门与偓佺，常骑皓鹤凌茫然。

得无知我有奇骨，将期汗漫游先天。

须臾鹤去天鸡唱，长风吹予度层嶂。

路绝频经海鹘巢，袂轻不用仙翁杖。

岩际高低刻应真，游客何人是后身。

怅望云軿久延伫，六合有尽秋无垠。

古来贤达更何在，唯有此山常不改。

把酒临风酹白云，浩歌一曲声翻海。

声翻海，非世情，蛟鳄鲲鹏总失惊。

走却海若与山精，融融灝气虚空窄，

何必天台访赤城？

## 滇中词三首

### 范沨

#### 其一

秀海海边葭菼秋，滇池池上云悠悠。

人心恰似此中水，一道南流一北流。

#### 其二

鸳鸯浦绿水如苔，镜里人家向背开。

五目爨僮劙雪去，三冬僰女担花来。

#### 其三

迤西之西天一涯，四时长有三春花。

青帘飐处客沽酒，五岁女郎能数钯。

## 登太华寺

### 张紞

太华嵯峨一望遥，到门犹碍过溪桥。

慈云长见阶前起，孽火都来海上消。

屋近树阴晴亦暗，砚涵竹露夜还潮。

从今剩买游山屐，野客无妨屡见招。

昆明池歌

顾应祥

昆明池，延袤数百里。

千山万山直自昆仑来，诸山之水汇于此。

人云其水颠倒流，滇池之名从此始。

左有金马山，右有碧鸡峰。

弥漫浩瀚渺无际，但见洪涛巨浪日夕排苍穹。

青天忽惊霹雳起，白日震撼蛟龙宫。

天吴水怪，九首八足，不可以名状，时复出没于其中。

有时风恬波浪息，一碧万顷开青铜。

渔舟贾舶互来往，吞吐元气涵鸿蒙。

其广也如此，胡为乎不在九域之内，不得与五湖七泽相争雄？

神禹治水迹不到，穆王八骏难为穷。

汉武凿池徒彷佛，王褒将命何匆匆？

唐宋以来各僭据，声教不与中国通。

天开隆运圣人出，一扫海内群妖空。

五服之外更五服，俯首受命归提封。

侏离椎结，吾不知其几千万种，礼乐不异车书同。

渺余生当全盛日，观风两度来乘骢。

古来多少豪杰士，局于偏安之世，不得一洗块垒胸。

百年过眼一弹指，历览绝域真奇逢。

振衣独立太华顶，狂歌目断孤飞鸿。


滇海曲（选四）

杨慎

其一

梁王阁榭水中央，乌鹊双星带五潢。

跨海虹桥三十里，广寒宫殿夜飘香。

其二

碧鸡金马古梁州，铜柱铁桥天际头。

试问平滇功第一，逢人唯说颍川侯。

其三

昆明池水三百里，汀花海藻十洲连。

使者乘槎曾不到，空劳武帝御楼船。

其四

蘋香波暖泛云津，渔枻樵歌曲水滨。

天气常如二三月，花枝不断四时春。

## 春望　三首

### 杨慎

#### 其一

春风先到海东头，春兴催人独上楼。

最是晚来凝望处，曲堤烟柳似皇州。

#### 其二

滇海风多不起沙，汀州新绿遍天涯。

采芳亦有江南意，十里春波远泛花。

#### 其三

古岸新花金碧丛，昆池三百水烟通。

梁王阁道青芜国，渔父帆樯白鸟风。

## 滇春好

### 杨慎

滇春好，韶景媚游人。

拾翠东郊风袅袅，采芳南浦水粼粼。

能不忆滇春？

滇春好，百卉让山茶。

海上千株光照水，城边十里暖烘霞。

能不忆滇花？

滇春好，翠袖拂云和。

淡雅梳妆堪入画，等闲言语胜听歌。

能不忆滇娥？

滇春好，最忆海边楼。

渔火野星明北渚，酒旗风影荡东流。

早晚复同游。

## 高峣泛舟

### 李元阳

不到昆明三十年，重来今日已皤然。

担头诗卷半挑酒，水上人家都种莲。

山色满湖能不醉？荷香十里欲登仙。

碧鸡岩畔堪题字，欲把滇歌取次镌。

## 登罗汉寺歌

### 杨师孔

谁鞭太古一片石，缥缈下浸昆明坼。

防屼突兀古宿尊，袈裟静染天云碧。
云自鸿蒙入定来，日月跳波双眼开。
等闲一坐三千劫，风轮石火无纤埃。
携将托钵置天涯，一滴醍醐万顷霞。
浩浩惊涛翻不定，毒龙静制深无哗。
化城兰若逗空见，巨斧劈云开素练。
绀殿璇宫青壁巢，觉路天开争一线。
俯瞷虚无只见水，白毫隐映空明里。
钟声远激海鸥心，峰阴倒幻莲花蕊。
振衣卓锡抟空起，跨鹤飞来一万里。
旋采松花醉紫霞，指餐石窍青泥髓。
悟来且证酒中禅，芥子须弥未剖前。
无缝法门何用地，到来彼岸不须船。
个中消息向谁求，海月初生水倒流。
共君细话三生石，罗汉峰高亦点头。

## 太华寺

### 王元翰

孤峰倒影夕阳斜，摇落珠林翠欲遮。
昆海回澜吞日月，空王古殿锁烟霞。
鱼灯初照四三点，春色高凭十万家。
起灭不须悲世界，劫灰今已被桑麻。

## 昆池篇

### 雷跃龙

汉家欲拟昆明池，油幢绣鹄晚风吹。
于今池上波犹阔，枉度清宵鼓角时。
五更鼓角三更歇，石鲸骧首窥明月。
野凫画鹢寂无声，十里芙蓉连夜发。
芙蓉万朵柳千条，双堤一镜照花娇。
三三五五菱歌女，暮暮朝朝燕子桥。
燕子桥南烟馥馥，罳画楼台冰雾縠。
明霞水际郁空苍，绿鬓青黛潇湘竹。
潇湘昨夜雨茫茫，不分昆湖杜若芳。
日月悠悠闲出没，溪山历历自笙簧。
笙簧奏罢长天碧，晴雪喷崖螺髻白。
太华峰顶揖桐君，玉案山头淹羽客。

羽客淹流玉案愁，海风吹断五湖秋。
腻香春粉栖黄蝶，白鹿青莎傍彩鸥。
彩鸥初浴青波暖，荇带蘅裳流艳满。
九十七泉琼乳长，五千万顷瑶华短。
瑶华丹毂会轩朱，玉笋金莲槛凤雏。
绕遍碧扉仍雾锁，醉余红树倩烟扶。
烟扶红树岚扶鹤，露浥胭脂堆翠萼。
四百八十寺云横，飞来片片归晴壑。
晴壑霏微带远钟，曹溪钵底卧苍龙。
朱宫绛阙疑蛟室，银涛雪浪拍虬松。
雪浪银涛兰蕙沚，荻芦瑟瑟酬瑚紫。
靺鞨杯传白苎村，水晶帘挂桃花里。
桃花千树武陵溪，否亦罗浮月底迷。
鸳鸯锦水秋光冷，鹦鹉芳洲曙色低。
芳洲锦水伤南浦，十二峰西空暮雨。
解佩江皋忆楚妃，怀仙渡口思交甫。
渡口怀仙去不还，吹箫人在野萸湾。
我欲从之横别渚，微风落日水潺湲。
君不见辋川图，鉴湖曲，处士孤山梅萼绿。
又不见浔江悄，归帆杳，徒悲天际孤鸿绕。
何似泛星槎，歌窈窕，银河清浅寒光皎。
盈盈一水两心悬，年年照彻湖天晓。

### 大观楼

赵维垣

我从哀牢来，鸟译连亭障。一望楪榆城，宇宙何昭旷。
瑶峰冠白云，金鱼分玉浪。岫虎川途晖，涛鹭风烟向。
岂羡方壶游，可使天台让。元圣心幽冯，海若亦飙荡。
吾欲问山灵，无言空罔象。但睹岩壑闲，森森释门傍。

### 游太华

潘仁

天风吹鬓酒初醒，太华峰头且共登。
山色惯迎逃世客，水声常送渡溪僧。
定中云去龙生钵，梦里猿啼月在藤。
最爱石窗风雨过，蚤凉先到读书灯。

### 滇池夜月歌送何郎
#### 郭文

长天无云山四青，白月在水摇虚明。

冷涵万象镜光里，乾坤一色秋冥冥。

玉壶载酒游空碧，人在清凉水晶域。

坐中何郎湖海客，醉眼却嫌滇水窄。

飘飘书剑不可留！坐令乐事成离忧。

安得身如水与月，千里万里随君舟。

### 游太华寺
#### 郭文

晚晴独倚旃檀阁，烟景苍苍一望开。

湖势欲浮双塔去，山形如拥五华来。

仙游应有飞空舄，僧去宁无渡水杯？

不为平生仙骨在，安能得上妙高台。

### 游太华寺
#### 郑颙

弄鬖同登湖上山，劳生又得片时闲。

花枝不改年年色，鬓发唯添种种斑。

竹树烟云诗兴里，风帆沙鸟酒杯间。

跻攀木厌穷幽胜，日暮何妨秉烛还。

### 题太华寺一碧万顷楼
#### 张含

滇国地形唯此最，青霄楼阁迥招提。

山围雉堞笼金马，海撼龙宫浴碧鸡。

云里鹤巢松树遍，风前仙梵雨花迷。

诸天不在藤萝外，中夜起看星宿低。

### 太华寺次韵
#### 邹应龙

山僧遥住白云隈，为问何年卓锡来？

尘世几人趋凡界，仙郎谩自话天台。

渔舟隐见鸥千点，昆海微茫水一杯。

六诏风烟时在目，太平文物共徘徊。

### 高峣登舟
#### 闪应雷

湖光三百里，一棹界中流。碧汉衔波动，青山拍镜浮。
苇烟迷鹭渚，篙月挂渔舟。不待逢摇落，萧萧六月秋。

### 罗汉崖
#### 释禅

绝崖干云鸟道通，下临无地瞰滇中。
城头万灶高低雾，湖面千帆往来风。
汉相征蛮遗故垒，梁王避暑有高宫。
天开形胜伟华夏，玉斧如何惮远功。

### 昆明曲
#### 担当

昆明池小可容舟，划地休轻水一沤。
西望已辜炎汉想，南来空忆腐迁游。
百蛮洗甲星俱动，万马投鞭月不流。
莫道两关终外域，旌旗千古指神州。

### 滇曲
#### 担当

道入滇南迥不同，一年天气半西风。
杜鹃声里春犹浅，吹遍人家落叶红。

### 昆明池上劫灰亭
#### 担当

想象焉能得似滇，昔人开凿是何年?
劫灰再见须夷事，亭下依然寄酒船。

### 雨后同黄沂水、黄禹甸由太平寺山庄经升庵杨太史祠送友
#### 担当

数里虹桥隔水横，鸥鹭一拍雨初晴。
夕阳楼阁无钟鼓，春草池塘有弟兄。
弃产甘贫愁已破，衔杯吊古气难平。
赠行切莫攀杨柳，短笛声孤怕月明。

## 清代诗选

### 昆明竹枝词二首
#### 时亮功
##### 其一

芦浦几处翠成堆，遥见扁舟柳外来。

日暮泊船何太晚，太华山下打鱼回。

##### 其二

蓼叶红时鱼更肥，日斜收网晒蓑衣。

孙儿拍手忙携去，三市街头换酒归。

### 泛昆池
#### 傅之诚

好趁南风便，昆池泛小船。云移山寺雨，树豁海门天。

太华空青矗，高峣积翠连。闲看鸥矫翼，浩荡没长烟。

### 登大观楼
#### 傅之诚

荫阳丛绿柔，来上大观楼。树拥山光尽，波摇野气浮。

摩云双见塔，近海一维舟。岸帻依栏处，风烟入望收。

### 登安阜阁望金马碧鸡山
#### 鄂尔泰

碧鸡金马神仙窟，踏月梯云结构牢。

欲蹑尘踪访灵迹，汉廷旧已薄王褒。

### 西郊观禾四首
#### 鄂尔泰
##### 其一

青梭白板度红旆，一抹黄云海树交。

料是田家炊豆粥，湿烟细缕挂林梢。

##### 其二

荞麦登场稻偃塍，茅绹初引架溪棱。

坡田水牯萧闲在，米熟行将问老能。

##### 其三

手镰腰索正匆匆，赛鼓偷挝拾穗童。

笑问老农亲向说，今年尤较去年丰。

### 其四

对掌千家枕水居，谁从海上见鳀鱼。

果蔬麻菽皆熙景，不比寻常当喜书。

## 口占十八首（选五）

#### 尹继善

### 其一

万顷昆池万叠山，澄波倒影照云鬟。

华峰削出芙蓉面，仰止心殷未许攀。

### 其二

流水无心解送迎，湖边置酒趁初晴。

尘机到此都消尽，唯有清风满树声。

### 其三

参差掩映一房山，枫叶芦花隔水湾。

既说江南相似好，临风何事忆乡关。

### 其四

不辞前席再称觥，对景还期为写生。

谁识诗中先有画，湖山点染任纵横。

### 其五

曲曲回廊径转幽，风帆过影远来舟。

烟波更有极深处，坐看游鱼共泛鸥。

## 碧鸡关晚眺有怀

#### 段昕

碧鸡高峤海波平，暮色苍茫万感生。

太史声华新寝庙，黔宁家业旧金城。

半天风雨鱼龙梦，几度沧桑草木兵。

为语汉时持节者，不须望祠到昆明。

## 过滇池至暮始抵高峣

#### 段昕

归心催薄暮，一叶入天流。水砌芦花岸，风翻杜若洲。

渔人横棹望，鲛女弄珠游。何处高峣渡，星星灯火浮。

## 高峣野望

#### 段昕

雄关衔落日，水市易黄昏。客子初停辔，归舟自到门。

风涛低雉堞，烟火乱渔村。最爱波间月，平山露半痕。

### 昆明湖秋涛和韵（二首选一）

段昕

高秋云树入空蒙，万里南溟一气通。
渔碛炊烟新秫熟，江天晴日晚潮红。
汉家楼橹撑鲸浪，帝女机丝织海风。
我望美人停桂棹，洞箫谁和月明中。

### 松子楼和韵

朱昂

拂槛云烟坐可求，远瞻金马入层楼。
千山暮霭低残垒，一线寒江动碧流。
尘市几番惊聚蚁，人生空自叹浮鸥。
是谁冷眼窥双塔，肯为秋光更少留。

### 望西山（二首选一）

孙　鹏

山口吐山气，沉沉堕水中。湖心光一点，破雾出鸿蒙。
倒照太华晓，寒云一扫空。此时花有信，吹到几番风。

### 官渡访同年熊广文二首

孙鹏

其一

出廊沿滚去，篮舆曲绕畦。湾环千万水，尽人野桥曲。
咫尺故人在，潇潇烟雨迷。落花行满处，知是近幽栖。

其二

杨柳阴阳合，柴门向逆流。近湖无六月，疑客有层楼。
鸟与飞花落，舟随野渡浮。安能载樽酒，常共话青畴。

### 海宝寺次杨升庵先生韵

赵士英

侧身云际眺三州，怀古深寻得胜游。
才子新诗谁作碣，夕阳蓑草已无楼。
天涵水镜空中色，船借风樯夜半流。
醉眼频开飞逸兴，蓬莱图画不须求。

### 太华绝句

赵士英

云髻高梳碧落天，半规明月似初弦。

就中色相皆空有，唯见昆明一点烟。

### 登三台山凤翥宫晚眺

王思训

对山凭海驾芙蓉，排挞西来野色浓。

云锦秋屏盘凤鹄，桃花春浪奋鱼龙。

醉邀黄鹤仙人笛，渴采青莲玉女峰。

夜半天风步虚落，丹丘始信在伽宗。

### 登晋宁望海楼

师问忠

望海楼头望，沧波万顷长。凿应嗤武帝，溺却吊梁王。

舟去移山影，天来接水光。石鲸鳞甲在，把酒意茫茫。

### 秋晚登大观楼

许希孔

浮云卷尽海天横，独上高楼感易生。

山色西来连夕照，湖光一派变秋声。

碧峣旧迹霜钟冷，白荡仙踪月舸明。

指点昏鸦愁外去，疏槐秃柳不胜情。

### 大观楼

孙髯

月光拨作海门潮，屋涌椒兰水可掬。

半夜神灯波上走，三春画桨镜中摇。

笔床茶灶宜青草，酒市溪村接板桥。

听唱竹枝来山渚，醉看塔影忽双漂。

### 宿太华寺

钱沣

半壁苍烟拥薜萝，江禽啼处晚船过。

树交危磴盘青霭，天纵飞楼纳白波。

夜不分明花气冷，春间狼藉雨声多。

愁中不暇耽幽兴，佳水佳山奈尔何！

季弟沈同赴晋宁

钱沣

桂席盘江层，西山一抹横。风波无定准，星月独分明。

浩荡怜生事，扶持见汝情。同舟寂不语，应恐夜龙惊。


近华浦

钱沣

此地不来遽九载，楼馆摧剥不如昔。

苦旱湖水亦缩减，但欣芦翠柳仍碧。

故人厚意不可谢，抬来早饭烹鲜鲤。

望见四山云气发，金电乱掣滇故里。

顷刻雨至如倾盆，屋漏无干难措履。

行厨拨弃走佛舍，僧来款慰言辞美。

只道当筵客意索，不知秉来农声喜。

垂楼银溜鸣琅琅，阶墀起灭浮泼光。

此时想见龙公媪，张鳞奋鬣空中翔。

炉烟细篆沾微湿，花龛慢动凉风入。

白鸡报午一声已，自理霜毛傍客立。

寂居半晌得禅喜，太胜鸣弦吹管急。

请君无更陈壶觞，乐过哀来不易当。

拿舟冒雨早归去，笠屐东皋看插秧。


昆明池金线鱼

师范

欲泛昆明海，先问金线洞。洞水深且甘，嘉鱼果谁纵。

罟师向予言：秋风昨夜动，内腴体外热，衔尾游石空。

本畅清凉怀，转作羹脍用。或应上官需，或诣高门送。

我时获一二，不减熊蹯重。那羡瑶池仙，烹麟瀹紫凤。

产非大避远，拟向天庭贡。置之滦鲫前，坐看尹邢哄。


泛昆明池

陆艺

放眼无余障，飘然鼓棹归。岸烟秋瑟瑟，水月晚依依。

野阔山全远，天低树渐微。扁舟快吟望，轻浪溅人衣。

### 爨镜轩晚眺
#### 陆艺

爽气西轩好，凭栏意最闲。天光多是水，树色不分山。

孤鹤援藤卧，昏鸦啄翠还。遥知僧人定，松户昼常关。

### 雨中过爨镜轩晚眺
#### 袁文揆

招携竟蹑翠云隈，极目真同渡海来。

千古风涛生下界，一湖烟雨上高台。

鱼龙寂寞宵钟静，豺虎纵横画角哀。

莫问梁王沉石处，秋堤已卷暮潮回。

### 夜渡滇池
#### 罗觐恩

西日下滇海，云水忽成夕。南风夜来生，轻舟扬片席。

灯火冷归梦，渔商侣孤客。倚枕暗潮来，推篷远空碧。

天寒断岸高，月没舟路白。回望巨桥城，旅愁纷如积。

### 太华山
#### 罗觐恩

忽如跨东海，翘足巨鳌头。

湖山并不辨，一碧昆明秋。

昔阁太华胜，梦寐登飞楼。

金马卧东麓，碧鸡伏西洲。

苴兰万人家，半缕轻烟浮。

滇池五百里，坳水容芥舟。

挽回山下水，万古从东流。

### 春晓望太华山三首
#### 戴絅孙
##### 其一

镜天数点高峰出，瞳瞳晓镜上初日。

回风吹逐岫云孤，山光倒入昆明湖。

##### 其二

我家旧傍太华住，吟身久为烟霞痼。

谢安履齿未得闲，目成空与心相遇。

朝来怅望几凭栏，层峦瘦尽芙蓉寒。

石嵌径曲隐深窈，铁立面壁森巉屼。

其三

波涛下搏鲛宫紫，楼阁凌虚绛霄起。

万里空青开断烟，百丈悬崖照春水。

绿梦何处梁王宫，沐浦桃花绵浪中。

会凌绝顶眺城廓，俯视一气青蒙蒙。


## 昆明八景诗

### 张士廉

#### 滇池夜月

揽尽昆池胜，登临壮大观。楼台秋瑟瑟，烟水夜漫漫。

山转帆千片，波灯月一丸。凭栏思汉武，豪饮酒杯宽。

#### 云津夜市

云津桥上望，灯火万千家。问夜人沽酒，寻店客系槎。

城遥更漏尽，月圆市声哗。破晓阑游兴，疏钟传太华。

#### 螺峰叠翠

好山负成郭，螺髻拥千重。青霭松崖合，绿云芝径封。

鹤来寻大隐，蝶走塍仙踪。凉翠侵衣袂，登高一倚筇。

#### 商山樵唱

担荷月黄昏，商山古寺门。唱残樵夫曲，惊起玉人魂。

旧路回头认，新腔信口翻。莫嗤嘲哳调，渔笛又孤村。

#### 龙泉古梅

阅世一千载，开花三两枝，山空孤鹤泪。潭古老龙痴。

黑水欣留记，唐贤惜少诗。漫谈天宝事，玉笛且横吹。

#### 官渡渔灯

朝泛昆池艇，夜归官渡村。鱼穿杨柳叶，灯隐荻花根。

浦远星沈影，江空月吐痕，闲邀邻父饮，篝火醉清樽。

#### 灞桥烟柳

古道灞桥柳，阴深过往多，烟萦增妩媚，风洞舞婆娑，

碧乱离人意，丝牵游子哦，眉愁心有愧，为听唱骊歌。

#### 屼山倒影

滇池五百里，北靠屼山边，日丽壁沉水，岚浮镜里天，

只须风雨静，曾见琪瑶鲜，成趣辉相映，图画无此妍。


## 游近华浦登大观楼

### 李于阳

披露襟怀酒一杯，江山倍爱出群才。

烟波吞吐胸中阔，云树苍茫眼底开。

几点寒鸦依断岸，四围斜日下高台。

劳生不及渔人好，醉倚芦花问梦来。

### 游螺峰
#### 李于阳

最西则太华，宛立窈窕颜。美人不可即，微露云中握。

盈盈一水隔，欲渡舟楫艰。东则名呼马，林峦绝跻攀。

风雨晦冥处，神骏出其间。安能施控驭，万里驰天关。

低头忽见影，夕阳已在山。抠衣穿石罅，言寻飞崖还。

### 昆华纪游（五首选一）
#### 钱允济

缥缈飞楼上，秋光万顷空。山分秦地秀，池忆汉时功。

烟塔沧波外，兰城斜日中。夜来双岛月，不照废吴宫。

### 昆阳晚眺
#### 曹朴

何事秋尤爽，长天正晚晴。暮烟低远岫，潮气上孤城。

日共海天碧，凉从衣袂生。徘徊不觉晚，纤月出波清。

### 大观楼题壁
#### 谢琼

凭栏披满大王风，气象全收入座中。

西去水深奔万马，北来山势卧长虹。

楼台一带开烟雨，烽火千年冷段蒙。

几度酒酣难落笔，上头题句有髯翁。

### 碧峣别墅
#### 杜微之

草阁萧萧净夕晕，湿烧红叶茗烟微。

晴空翠扑千峰近，江淡云拖一雁飞。

松竹绕庭幽兴剧，琴书欹枕素心违。

年来久怙烟霞癖，不为莼羹鲈脍肥。

## 近华浦泛舟

**王毓麟**

柳花如雪杏花殷，共放扁舟下钓湾。
脆管哀丝浑聒耳，闲依舵尾看青山。

## 翠海春日杂诗

**王毓麟**

其一

离落香吹豆子花，一株柳杨映门斜。
游人若爱春酤好，燕子桥东卖酒家。

其二

玉龙祠畔草新齐，汀暖烟深浦树低。
六尺小船呼不应，水禽沙鸟向人啼。

## 太华山望昆池

**王寿昌**

空际俯汪洋，满目碧不了。浪翻万顷天，光摇百丈岛。
沙洲春树微，远浦归帆小。南去疑无地，西顾亦何渺！
第见一片明，中有千峰倒。隐约生寒烟，长空断飞鸟。

## 湖心亭晚眺

**朱衣**

沿堤芳草碧涵烟，暮色湖心断复连。
小雨舟横杨柳岸。斜阳人坐藕花天。
颜衰已近杯中酒，岁晚曾无郭外田。
不是灵均常被废，行吟虚傍楚江边。

## 鬟镜轩望月

**池生春**

万山送夕阳，一镜落烟霭。明月藏海中，不肯飞上界。
一啸起松声，忽在枝头挂。举杯试邀之，海天静相对。
世事等浮沤，清光留吾辈。危峰矗高轩，静游白云外。

## 大悲阁观日

**罗士瑜**

峻岭初探胜，登楼意欲仙。一轮飞晓日，万顷破苍烟。
直眺沧溟际，如凌泰岱颠。须臾耀金碧，花柳早春天。

### 初秋泛舟昆明湖遇雨

#### 法喜

水天一色浪不起，朵朵芙蓉落水底。

乘舟便欲采芙蓉，笑逐闲云听所止。

数声欸乃天地宽，浩荡真堪碎碧澜。

汉家旌旗渺何处？唯有渔歌空唱夕阳残。

山雨忽来云似墨，榜人欲归归不得。

大风卷浪入苍冥，一时雷霆怒斗蛟龙国。

时移势换，乐极悲多。

从来世事幻风波，苦海无边可奈何！

### 癸未九日偕魏云登螺峰

#### 尚游

登高何必定龙山，小阁凌云缥缈间。

一片雨丝浑不定，天风吹下碧鸡关。

### 秋日友人招集近华浦

#### 施炯

新凉如有获，兴逐遍舟来。况逢林下人，吟眺兼葭隈。

倚阑邀湖影，青山相低徊。微风咏疏蝉，薄日明高槐。

佳哉秋气清，极目净纤埃。我生感华发，节物为之催。

从兹老游钓，无使闲鸥猜。更语诸酒人，及时倾尊鼎。

### 游西山

#### 施炯

涧路有穷处，忽闻人语喧。遍舟云气人，触石浪花翻。

萍叶浮僧舍，鱼苗上水轩。悠然濠濮意，吟罢更谁论。

### 观音山道中

#### 杨戴星

山径缘溪曲，山花相间开。野桥横独木，老树上苍苔。

雨人前村歇，秋惊六月来。新凉侵客快，袖底带烟回。

# 民国诗选

### 题大观楼二首
#### 赵藩
##### 其一

近华浦上大观楼，高压滇南十四州。

此日筹边何限事，凭栏无语对闲鸥。

##### 其二

掀翻蒙段劫余灰，金碧丹青壮丽开。

都在髯翁凭吊里，更谁楼上赋诗来？

### 秋窗月夜
#### 陈荣昌

城居太湫隘，得月苦无多。不住翠湖畔，其如良夜何？

水边卷下帘，天上镜新磨。蚀我悲秋思，凭轩发浩歌。

### 与济西李主政游高峣
#### 袁嘉穀

湖山深处喜勾留，偶遇良朋便买舟。

僧塔红烧千岁劫，佛楼青拥一林秋。

高眠云上听铃语，新漉杯中醉石头。

何似山东李白好，六龙飞驾泰山游。

### 杂咏
#### 袁嘉穀

高峣渔友两三家，狂笑升庵醉兴赊。

渊底有人呼欲出，一船明月载芦花。

### 登五华山
#### 蔡锷

东风吹彻万家烟，迎面湖光欲接天。

千载功名尘与土，碧鸡金马自年年。

# 现代诗选

## 游昆明大观楼
### 董必武

昆明大观楼，一揽湖山胜。髯翁长联语，今古情怀馨。
昔日说大观，达官贵人兴。今日说大观，才具人民性。
碧鸡林木茂，金马亦苍峻。眺望神不疲，清幽境可咏。
巨浸淼茫茫，风帆南北运。秋空雁题字，秋水鱼群趁。
荇藻交纵横，没波鸥相竞。海埂辟公园，士女乐游泳。
宇宙未为溢，气感天地正。游人发浩歌，建设增干劲。

## 题大观楼诗
### 陈毅

滇池眼中五百里，联想人类数千年。
腐朽制度终崩溃，新兴阶级势如盘。
诗人穷死非不幸，迄今长联是预言。

## 题大观楼诗
### 郭沫若

果然一大观，山水唤凭栏。睡佛云中逸，滇池海样宽。
长联犹在壁，巨信笔如椽。我亦披襟久，雄心溢两间。

## 咏睡美人
### 邓拓

卧佛化身睡美人，满腔热血洒红尘。
海枯石烂情无尽，地久天长恨不泯。
色相如来观自在，慈悲未必免沉沦。
滇池万顷杨枝水，一送秋波一怆神。

## 滇池
### 于坚

在我故乡
人们把滇池叫做海

年轻人常常成群结伙在海岸
弹着吉他
唱"深深的海洋"

那些不唱的人
呆呆地望着滇池
想大海的样子
恋爱的男女
望见阳光下闪过的水鸟
就说那是海鸥

从前国歌的作者
也来海边练琴
渴了就喝滇池水
他从来没有想到
有一天他的歌
会被海一样多的人唱着

故乡许多人小时候
都在滇池边拣花石头
一代一代人
涌来又退去
滇池的花石头
永远也拣不完

有的人还学会了游泳
学会了驾船
后来就到远方去了
在轮船上工作

当过海员的人回到故乡
仍旧把滇池叫做大海

# 第二节 辞 赋

## 滇池赋
〔元〕王昇

晋宁之北，中庆之阳。一碧万顷，渺渺茫茫。控滇阳而蘸西山，瞰龟城而吞盘江。阴风澄兮不惊，玻璃莹兮空明。晴晖澹苍凉之景，渔翁作欸乃之声。蛟鼍载出而载没，鱼龙或变而或腾。岸芷兮馥馥，汀兰兮青青。粤穷其源，合众派而为溙。爰究其流，乃自西而之东。不假乎冯夷之力，不劳乎神禹之功。自混沌之肇判，经螳川而朝宗。电光之迅兮，不足以仿其急；雷声之轰兮，未足以拟其雄。此滇池气象之宏伟，难以言语而形容者也。

予归自于神州，寻旧庐与林丘。怀往日之壮游，泛孤艇于中流。薄雾兮乍敛，轻烟兮初收。晴光兮浴日，爽气兮横秋。川源渺兮莽苍，江山郁兮绸缪。鸿雁集于沙渚，凫鹭翔于汀州。睹景物之萧萧，纵一叶之悠悠。

少焉，雪波兮凌空，霜涛兮叠重。荡上下之天光，接灏气之鸿蒙。叹濯缨之靡暇，乃系缆于岩丛；发长啸于云端，寄尘迹于窈笼。探华亭之幽趣，登太华之层峰；览黔南之胜概，指八景之陈踪。碧鸡峭拔而炭巢，金马逶迤而玲珑。玉案峨峨而耸翠，商山隐隐而攒穹。五华钟造化之秀，三市当闾阎之冲。双塔挺擎天之势，一桥横贯日之虹。千艘蚁聚于云津，万舶蜂屯于城垠。致川陆之百物，富昆明之众民。

迨我元之统治兮，极覆载而咸宾。矧云南之辽远兮，久沾被于皇恩。唯朝贡之是勤兮，犀象接迹而骎骎。如此池之趋海兮，亘昼夜之靡停。因而歌曰：万派朝宗兮，海宇穿窿。神圣膺运兮，车书大同。

## 金马山赋
〔明〕刘寅

蓐收炳灵，房星聚精。超鸿蒙而合秀，倏凝结而成形。此金马之山，所以直訾陬而奠昆明也欤？在昔神禹受命，爰分九区，表岳镇之崇崇，隔方维之顿殊。有岱有华，抗东西以屹。若曰衡曰恒，界南北而截如。旷哉！梁益并包坤隅，功不假于疏凿，地独钟乎膏腴。起层峦之嵯峨，控南滇之故墟。嘶谺谽之岩谷，驾绵邈之方舆。造父固莫施其衔勒，王良亦难范以驰驱。观其蔓草垂鬃，尖峰批耳。白月悬瞳，青松掉尾。渍赤汧以湛露，流汗沟之逦迤。铸莫待乎棠溪，产非资于丽水。形类腾骧之骐骝，势似振鬣之骤骊。过日影之须臾，磨苍旻于尺咫。迨夫嘘气成云，喷沫起风。障泥炫荧荧之彩霞，鞶缨绕煌煌之流虹。迅雷张其猛烈，疾电助其威雄。泻甘澍以注下，卷拳毛之防茸。叠嶵益翠，巅崖增红。洞扉启厩闲之弘广，莺声响和鸾之玲珑。万骑仰观而辟易，群夷睨视而惊冲。至于炭巢峭巍，岩茗菶崒。或奔如惊，或骤若突。峻拔天脊，峭削风骨。蓊蘙森爽，隐辚罍郁。杏横亘于百里，拟长城之矹矹。是宜拱帝京之尊严，障大藩以宁谧也！

或有野老诘余而言曰：子徒见其小而不穷其大，知其名而不究其实，吾将为子陈之：玄黄肇分，氓生蚩蚩，若鱼若虫，无识无知。聪明间出，命为君师，立一代之典章，成四海之雍熙。嗟唯此邦，视为外夷。境荒荒而泯泯，水漫漫而弥弥。姚姒置之不即顾问，商周鄙之不遑保厘。俾昏迷而弗悟，竟风靡于侏离。

楚命庄蹻，劈地远来，自王于滇，顾瞻徘徊。君臣之分少定，天叙之典未谐。汉武奋志，劳民费财。命张骞而远出，弭使节而虚回。亦有孝宣，不务大体。慕神怪之慌惚，行裡祀之渎礼。王褒驰驿而西上，仅致一奠而乃已。遗祠庙于岩阿，谩冥搜而远纪。唐畏嵯颠之跳梁，宋限大渡之涯涘。元虽小康，亦何足齿！

猗欤皇明，抚有万方。圣武神文，巍巍堂堂。既底宁于华夏，遂有事于戎荒。命矫矫之虎臣，挥天戈而奋扬。直指云南，扫除欃枪。截长鲸之鬐鬣，刳妖狐之肺肠。显允黔宁，智勇忠良。威已宣于戡定，思复尽于胥匡。化强梗为礼义，变椎卉为冠裳。揖让之风济济，弦诵之声琅琅。绍述前烈，适有惠襄。招携贰以诚信，熔顽嚚以慈祥。国公继之，纲纪益张。载平安南，功业弥昌。总制仁贤，淑旆绥章。来镇来临，克柔克刚。致远人之尽服，迈前哲而有光。俾金马迥然而特立，与碧鸡相对而相望。小姑息之宋元，陋怯弱之汉唐。夫然后知皇明之盛德，冠古今而莫并。纪昭靖之殊勋，垂悠久而不忘。余闻其言，拜跪叹嗟。遂为之歌曰："金马之傍兮，有稻有粳，金马之阳兮，有郭有城。臣旬宣其善政兮，民勤事乎农耕。咸矢心而弗渝兮，愿永享夫千万年之太平！"

## 万松山赋

[清] 黄寅

圣主当阳，台衡秉宪。则山川效灵，草木成若，所必然者。会城左腋，晋代封疆，阳堡旧治，文献名乡。层峦迤逦而拥屏翰，乔木葱茏而壮金汤。维山特秀，正位东方。枕梁王之峰而西下，对望鹤多嶂而端庄。凤岭盘盘，爰着来仪之瑞；象麓蹲蹲，毕昭驯伏之祥。

其居尊也，龙江漾其怀抱；其度大地，昆水献其汪洋。控三台五马，而高自位置；俯金砂玉案，而镇中央。登斯山也，则见夫龙马蹑云，鲸鱼涌浪，镜花洲渚，水月渠塘。延庚凤鬵，秉曜龙翔，具瞻离焰，拱极琼浆。天女城高，不碍莲峰法界；唐仙谷应，常阐碧韵铿锵。

入定僧定，千载慧灯燃宝炬；坛灵神应，五龙蟠窟护灵堂。巍巍发东来之紫气，郁郁霭覆地之岚光。不骞不崩，祝皇图之巩固；出云兴雨，翊国运之隆昌。

山既美矣，木则如何？维松之盛，遑计其他？丛生涧底，布满山阿，根株深固，枝叶婆娑。络绎成材兮，来九皋之鹤唳；参差挺秀兮，抛出谷之莺梭；老干扶疏兮，万片龙鳞生动；丰棱青翠兮，一群鹿尾斜拖。

春日融融，细细黄花堆满地；秋风飒飒，纹纹绿浪漾清波。谡谡声幽，夏云染翠涛之湿；淙淙韵冷，东岭鸣苍玉之珂。

霜雪不侵，喜同盟于梅竹；性情直峭，绝依附于葛萝。陋汉朝之丛桂，小山何以如是其；比泰山之五树，秦封安能若此之多。或徂徕之遗种，岂景山之同柯。

丁固梦之而拜爵，陶潜抚之而啸歌；元裴摩之而东向，斯立仰之而吟哦。晚节同新甫之嘉植，清操异群卉之猗傩。独是人物之生，际迁何常，维山与松，寄迹遐荒。穆王之马迹不至，输班之斤斧莫张，纵崇窿之屹屹，徒秀色之苍苍。倘能甄收于嵩岳，俾获选任于栋梁。山兮得松而名世，松兮以山而用彰。否则，以不老之姿，常伴高人之箕踞，又或以孤芳之赏，乐同处士之徜徉，表表于风尘物色之外，亭亭于特立不拔之场，更何计知迁之光宠与声名之抑扬。

## 翠湖赋

〔清〕陈荣昌

苴兰城堞之间，有翠湖焉。錞岭枕其后，华山抱其前。地近市而能雅，人侪俗而欲仙。北地寒多，万象忽焉变态；南天暖甚，九龙各自安眠。我归乡里，五年于此。羌夺席而抗颜，匪沉渊而洗耳。出门一笑，揩倦眼以看花；竟日三餐，寄生涯而在水。初谓此间足乐，终岁皆春。下抱稚子，上慰衰亲。消寒则绿萼为伴，避暑则白鸥结邻。莲华之寺里，钟声屡惊残梦；燕子之桥边，柳影好憩游人。有月色风色、有云光水光、有燕语莺语、有书香酒香。朝朝暮暮，洒洒洋洋。

白社人来，尽入敲诗之座；紫衣客在，同归安砚之乡。今何风景依然，幽怀顿懒。登楼而愁听鼓鼙，隔水而厌闻箫管。将军谁是，苍茫细柳之营；举子空忙，寂寞皇华之馆。

岂不以遥望长安，心悲骨酸。车上之铃声乍起，舟中之指血难干。如此风波，孰挽滇池之倒；敢信地气，决无易水之寒。况复千古楸枰，几场傀儡。

汉唐之日月都湮，蒙段之山川易改。料梁王之画舫曾来游；问沐氏之名园，而今安在？风刁刁兮雨萧萧，水澹澹兮烟飘飘。寄迹则浮萍一片，抽心则乱絮千条。安所得红藕香中，涤尘襟之懊恼；碧漪亭畔，终身世以逍遥。

## 春城赋

〔现代〕周善甫

美哉昆明，爽适无伦！山横水颠，开川原之奇局；钟灵毓秀，见先民于鸿钧。南近回归，朔漠之寒流弗届；高拔千九，亚热之蒸暑不巡。四季无非艳阳，湖山莫不长春。况乃舒澄湖于高原，千顷似鉴；展绿野于山国，极目如茵。秀嶂环拱，爱雨林之畅茂；甘泉交注，喜物类之咸臻。

于是，阳和催百花，碧波跃锦鳞。孔雀舞，宝象驯。金马绝尘，碧鸡来宾。信人间之福地，伊甸之迩邻也！惜乎云山莽莽，轮鞅莫至；急流汹汹，舟棹难行。去蚕虫而尤远，五丁抚膺；叹南荒之广袤，诸葛息钲。金印徒颁，"不毛"之恶谥莫白；玉斧轻画，夜郎之讽刺如黥。

致令，长为戍客之哀牢，黄娥泪尽；久滋民族之纷扰，阿盖魂惊。但布裙荆钗，虽遭嗤嗤之轻，而幽资令质，终存颙颙之诚，璞玉真金，终待发煌其精英！是以开拓发展，历有俊杰之士夫；踵事增华，不无信实之录述。

草莱既辟，楚庄蹻始建且兰；池隍堂堂，凤伽异乃拓东都。尉迟恭韬之匠斧，双塔永峙，瞻思丁王之惠政，六河长哺。"壮丽大城"，马可波罗所目击；"凌云危构"，日僧昙演之羡诔。于焉，才俊继出，实至名孚。兰茂《本草》，先《纲目》而见重；三保远航，届东非以扬威。苍莽担当画，雄沈钱沣书，潇洒髯翁联，生动广修塑，沉痛石崇诗，务实矿工图，振奋聂耳曲，华美孔雀舞。灼灼南天，俱祖国文化之明珠。

世纪之初，略见繁庶。米轨接海隅，工矿乃得助。水电厂、无线电、自来水、航空署，领列省之先河；启引进于初曙。设堂讲武，振雄风于靡痿；联大办学，培桢干乎危遽。五华山上，奋举护国之义旗；至公堂中，怒呵反动之狂狙。有"抗战基地"之盛名；获"民主堡垒"之美誉。迨解放以迄今兹，遂乃脱颖而出。拨乱以还，发展尤速。天衢九达，号航空之大港；铁道三始，居陆行之会突。

攘往熙来，骈轮并辐；竞胜争华，高楼林矗。学府列北廓，弦歌连绵；厂区布西郊，轮机缠毂。既开放以交流，名产涌现于方物：非仅白药奇灵，云烟芬馥，云子铮铮，雨铜鹊鹊，即精密机床、光学仪器等高技产品，亦为世人所仰瞩。况乃聚磷盐以丰嘉禾；化云天而茂果蔬。引银鱼于太湖；交壮鸡以优属。织机繁响，毛棉充足。餐桌于焉丰腆；时装因衣文縠。故尔生计从容，民情雍睦。怡颜多见，暴戾少瞩。广路覆绿荫，深巷罗草木。丽日高悬，大楼之贸易欣荣；华灯炫彩，舞厅之笙歌鼎沸。廿六种民族优游，三百万居户淳笃。不愧"名城"之称，应中"文明"之鹄。

且也，美景如画，有口皆碑：岂离阛阓，即可掀翠湖之绿幛；只一旋踵，便克揽螺峰之林帏，细柳拂波，叹绿云之柔弱；繁樱蔽天，惜红雪之霏霏。赏荷柳荫，犹怜佳人袖薄；探梅崖畔，莫愁名士衣绨。忽若丛莽猎奇，猿啼虎啸；恍然田园逸兴，鱼出鸥归。见山林于城市，免尘嚣之可诽。至若，游艇南泛滇池，轻车西攀云栖，则湖山双绝，犹当信其奇瑰。人从危岩窦间出；山向平湖尽处稀。或也繁弦急管，满船果饵待秋月；或也疏钟缓呗，绕寺松楸迎春晖。殿阁干云，疑仙凡之无别；彩灯流波，似觉梦之俱非。西湖稍逊旷达；黄山略过块巍，并依而兼其秀健，或庶乎其可几。尚有，鸣凤密迩，五老非退。

看，铜殿巍峨、铜钟斑驳、铜旗高树、铜剑张夸。黑水祠中，矫矫前朝嘉木；植物园里，比比异卉奇花。信符"植物王国"之誉，合称"有色金属之家"。如欲尽其奇奥，请劳出以巾车，极尽皱、瘦、透、漏，应拜石林之嵯岈，享领软玉温香，当浴安宁之名沸。

"天下第一"果然；"世间无双"不差。胜慨美景，每兴难穷之叹嗟。加以艳阳常驻，霜雪稀加，遂令春风得意，春色修化：众卉争妍，果然名种皆汇；四物独绝，信乎并世无它，纷若绣锦，三十六品兰蕙；灿若卿云，七十二种山茶，杜鹃遍林壑；报春漫天涯。名园幽圃，固争奇以斗艳；小廊高槛，亦随意而堪夸。寻常无非胜慨；四时相继繁花。蝶追轮后芳躅；人醉杯中流霞。时际盛世有据；世称"春城"不差。漪欤兮，美哉昆明，爽适无伦！

## 翠湖赋并序

[现代] 张文勋

癸未之秋，翠湖宾馆修葺工程将竣，旧楼既拆，新楼矗起，取西方建筑之精华，存华夏文明之神韵，中西合璧，熠熠生辉。执事者欲立碑以颂翠湖之美，托友人求赋于予。予慨然应允，并笑谓友人曰：夫宾馆与翠湖，相距咫尺，浑然一体，复以湖命名，天时地利人和三者足具，则翠湖之美，亦即宾馆之美，无间然矣。今勒石颂之，宜也。然翠湖之美，实难言也。盖美在人心，可以意会而难以言传；凡天造地设之美，鬼斧神工之妙，尽在不言之中，可以言论者，仅其形迹而已，玄机妙道，岂敢妄言。虽然，亦可陈其大略，聊以助兴云耳！

观夫五华毓秀，滇海常春，双塔夕照，金碧交辉。复以柳营讲武，贡院修文，莲华布道，螺寺传经。翠湖居其间，得天独厚，涵山水之灵气，荟人文之菁英；昭三才之奥府，启黎庶之性灵。其初，此地乃深水曲港，时见舟楫帆影；九龙喷泉，直通万里南溟。几经沧桑，水晶宫变为平陆；时移世改，菜海子易名翠湖。及至沐氏建苑，老濞扩国，唐阮二公，先后修堤，历代人士，经营建造，楼阁亭台，规模大备。陵夷至于近世，区宇未宁，曾鸠居而伤神采，竭泽而损丰姿；然以天生丽质，真容宛在，寺宇桥梁，残迹犹存。今时逢盛世，运集休明，翠湖治理，焕然一新。修旧如旧，重现其往昔之风采；踵事增华，彰显我滇云之文明。其湖也，四面环水，堤贯东西南北；香飘四季，花开春夏秋冬。听莺桥下，轻舟缓缓；燕子桥边，笑语声声。更喜采莲桥畔，菡萏新开迎朝露；绿杨深处，睡莲初绽沐熏风。有亭翼然，碧漪摇碎芳影；曲径回廊，闲来寻觅游踪。柳岸风轻，花町水暖，游客披襟纳爽，鸭群嬉戏清波。鱼池鲤跃，湖上鸥翔，得濠梁之意趣，悟物我之逍遥。况复绿荫丛中，弦歌声不绝于耳；樱花树下，白发人舞步翩跹。香茗馥郁，隔帘幔窥华灯夜；雅座华堂，碧波倒映卖酒家。至若春和景明之日，新荷带雨之时，秋风落叶之夜，瑞雪飞扬之晨，景虽殊而俱美，情虽异而韵稠。凡斯种种，无不令人精移神骇，心醉魂销。士农工商，各自得其雅趣；骚人墨客，时或谱著华章。十亩荷花鱼世界，半城杨柳佛楼台，凌士逸早传佳句；新秋堕地几人拾，黄叶无声诗有声，袁嘉穀亦有名篇。迩来周边高楼迭起，争奇竞秀，翠湖宾馆，独领风骚。美轮美奂，平添湖光柳色之美；多彩多姿，倍增赏心悦目之情。浮雕碑刻，发古今之感慨；舞榭歌坛，抒时代之精神。而今门禁已除，万众抃踊，奔走相告，近悦远来。比肩继踵，未觉尘嚣之累；扶老携幼，尽享消暇之愉。紫陌红尘，难得此天人合一之趣；案牍劳形，永葆其返璞归真之心。神驰乎九霄之外，其趣也蔼蔼；徜徉于花草之间，其乐也融融。然翠湖之真美，尚在言意之外，得之深浅，唯人自知，此岂非庄生大美不言之谓欤？友人唯唯，笑而不语，此中有真意，欲辩已忘言，陶令之言，信不诬矣。

公元二千又三年岁次癸未之深秋

## 昆明赋

[现代] 汪叶菊

春城昆明，古今名城。高踞青藏高原南坡，山水称奇；俯瞰太平印度两洋，季风送暖。左翼云岭拱卫，右旋舞归太阳。毗邻东南亚、南亚诸国，襟带桂、黔、川、藏，前后通达，左右逢源。雄峙边陲，守望国疆。拥滇池浩渺碧水，驾彩云万里飞翔。古城壮丽兮，龟蛇深伏；气象景明兮，春润如常；高原明媚兮，花枝不断；人鸥相嬉兮，万物偕畅；孔雀翩跹兮，吉象威严；物类繁茂兮，资源富享；民族众多兮，色彩斑斓。美哉昆明，壮哉昆明！上苍馈我，我独优赏，兹以命笔，盛世记传，且咏且吟，多求酬唱。

历史昆明，熠彩卓然。梅树村，海口石鱼，惊现生命古史；龙潭山，人类稚齿，展示智人踪迹。听铜鼓声镗，古滇国瑰丽神秘；看金碧倏忽，云之南文明久远。金印灿灿兮，王滇映史记，蕴藉淳厚，言不尽精妙绝伦；青铜幢幢兮，红土藏古彝，涵盖深远，道不完卓越璀璨。庄跷初涉，变服从俗，叹环纹海贝通商埠；筇杖丝路，汉武惊悚，忆益州置郡费心机。遥想蜀汉诸葛，七纵施计，渡泸五月焚甲兵；又思爨氏大户，统领昆州，晋烟隋尘归杳然，唯南诏恃雄，东都呈祥，奉乐往返唐姬老，刀兵相煎诗翁怨；独大理释儒，佛国妙香，金银流汁润善鄯，马走赵宋只为书。射雕英雄席卷云南，铁骑革囊横跨大江，疏渠蓄水利农耕，路畅粮丰典赤功。名医兰茂，撰写《本草》先于《纲目》；滇人郑和，艟师远航名领天下，凭傲骨，钱御史惩贪剔蛀；绘瘦马，南园公着墨彰翰。升庵吟唱响三迤，长联舒卷叹大观。

往事钩沉，近代云涌：列强掳国，米轨屈辱辛酸；黎民涂炭，铜都何补国难。石龙吐珠，国中第一水电；辛亥雷动，潜龙讲武学堂。重九起义，砸碎腐朽；护国讨逆，炮轰复辟。旗飘飘，浩然正气传扬百代；剑闪闪，护国精神彪炳千秋。铁流铮铮渡金沙，巨人赋诗暖云崖，硝烟起，滇缅国脉系血线；壮国威，滇军喋血台儿庄。魂魄雄，南洋机工勇献精诚；当铭记，飞虎将士血洒碧空。西南联大俊杰多，呕心沥血思报国；义勇国歌聂耳创，民族振奋驱黑暗。喜迎解放，和平起义昆明城；雄师飞济，陈宋阅兵金马坊辊辏讹，新中国立，宇净岚清。民族团结，百业俱兴，洗江山新颜；古城千年，回望一瞬，迎沧桑巨变。锁钥开启，南天飞渡。一路成昆通天堑，十万铁兵胜天工。滇云万里不为远，古人嗟叹从此终。

改革开放，如沐春风。启宏图于盛世，开伟业于当前。大手笔绘就建设蓝图，新思路拉动城乡发展。有同志焉，则心存高远；结共道焉，乃同舟共济。为民政兮，重人本；谋民利兮，思民生。统筹协调，反哺三农。引掌鸠水以泽万民，架高海路不辞千难。循环经济保生态，和谐自然利苍生。旧城改造，世纪重振浩浩呼；新城建设，千载一新焕焕然，呵护滇池母亲湖，山水韵致还桑梓。流虹溢彩商贾集，一湖四片四环连。

矗国际都会于滇中，展宏业巨埠于西南。今我昆明，陆空八达，立体交通方便捷畅成网络；国际国内盛大展会缤纷络绎数风流。时逢盛世，自然人文媲美，旅游商贸两旺。原生态歌舞枕闻天籁，新创作诗文仰承星光。建国际空港于斯地，观民族歌舞于广场。满眼新居落成，举目秀美壮观。古称蛮荒弥瘴之地，今为繁荣文明之都。一片喜庆，满目辉煌。何等美妙，何等惬意，快哉快哉！我居昆明，足慰平生。我居昆明，永为心乡。

云烟醇，白药珍，云腿鲜，普洱香。鲜花缤纷四季，妩媚永驻春城。滇池泛舟嬉鸥可涤胸臆，西山远眺凭风能释襟怀。睡美人兮，万古一梦生诗话；石林幽兮，婀娜依然阿诗玛。亲故燕归兮，嘉语呢喃；游子来泊兮，羡称非常。问天下游人，可曾梦萦于斯？

锦绣昆明，世纪新梓。春融万物，和谐发展。更有前程，无比辉煌。当今之世，民颂德广。举杯把盏，咏吟千年盛举；笔走龙蛇，书写世纪华章。

壮哉，我之昆明，文明都市，无美不臻；

美哉，我之昆明，历史名城，殊荣同享。

# 第三节 楹 联

## 大观楼楹联选

### 大观楼长联
#### ［清］孙髯

五百里滇池，奔来眼底，披襟岸帻，喜茫茫空阔无边。看：东骧神骏，西翥灵仪，北走蜿蜒，南翔缟素。高人韵士何妨选胜登临。趁蟹屿螺洲，梳裹就风鬟雾鬓；更蘋天苇地，点缀些翠羽丹霞，莫孤负：四围香稻，万顷晴沙，九夏芙蓉，三春杨柳；

数千年往事，注到心头，把酒凌虚，叹滚滚英雄谁在？想：汉习楼船，唐标铁柱，宋挥玉斧，元跨革囊。伟烈丰功费尽移山心力。尽珠帘画栋，卷不及暮雨朝云；便断碣残碑，都付与苍烟落照。只赢得：几杵疏钟，半江渔火，两行秋雁，一枕清霜！

### 王继文联

突兀见楼台，到此开怀，洗净俗尘几许；

晶莹连水月，自他补耀，应增智慧三分。

### 宋湘联

千秋怀抱三杯酒；

万里云山一水楼。

### 阮元联

陶隐居有楼三层，至其下，处其上；

黄叔度若波千顷，淆不浊，澄不清。

### 马如龙集句联

曾经沧海难为水；欲上高楼且泊舟。

### 舒绍典联

群贤毕至乐无涯，有酒，有诗，有画；老子于斯兴不浅，此山，此水，此楼。

### 赵藩联

滇池非即昆明池，误认战习楼船，元人殊陋矣；汉县原为谷昌县，上溯疆开筰路，楚蹻实先之。

### 赵藩联

士女嬉游，更无风雨妨佳日；古今依旧，唯有江山极大观。

### 陈荣昌联

仆本恨人，吞大海一沤，焉得洗胸中块垒；

谁非乐土，卧高楼百尺，也应游梦里华胥。

### 由云龙联

与岳阳、黄鹤相衡，一样雄奇，各有大名垂宇宙；揽昆海、碧鸡之胜，同来眺赏，莫将佳日负春秋。

依然明媚山川，苍狗白云，人世几回伤往事；自笑婆娑风月，绿蓑青箬，江湖满地一渔翁。

### 王灿联

朝云起雨，暮霭飞烟，世事古今殊，只余无恙西山，随时在目；

雪浪吞天，风涛卷地，英雄淘泻尽，为问倒流滇水，何日回头？

### 周荃联

泛滇池五百里春波，系缆登高，此浦郁葱归画里；

醉太华十二峰明月，凭栏眺远，斯楼突兀立尊前。

## 西山楹联选

### 佚名题三清阁长联

半壁起危楼，岭如屏，海如镜，舟如叶，城郭村落如画。况四时风雨，朝暮晴阴，试问古今游人，谁领略万千气象？

九秋临绝顶，洞有云，崖有泉，松有涛，花鸟林壑有情。忆八载星霜，关河奔走，难得栖迟故里，来啸傲金碧湖山。

### 杨慎题华亭寺联

一水抱城西，烟霭有无，拄杖僧归苍茫外；群峰朝阁下，雨晴浓淡，倚栏人在画图中。

### 佚名联

绕寺千章，松苍竹翠；

出门一笑，海阔天空。

### 钱沣题华亭寺弥勒龛联

青山之高，绿水之长，岂必佛方开口笑；

徐行不困，稳地不跌，无妨人自纵心游？

### 李根源题华亭寺联

梵唱数声烟寺晓；渔歌一曲海天秋。

### 李棠阶题华亭寺联

南浦绿波，西山爽气；春风落日，秋水长天。

### 王灿联

收起闲愁，且听大海潮音，与竹韵松声互答；涵来妙相，试看中天月影，映山光水色皆空。

### 李湖题太华寺联

漫云有画有诗，即放胆如何落笔？

借问是月是海，且忘机试一凭栏！

### 太华寺石坊联

万树合参天，伫看坊表一新，长使名山留胜迹；八方齐向治，际此干戈永靖，愧无善政慰苍生。

### 太华寺石坊联

净扫烟尘，只关心千顷碧中，俨同无照；闲评风月，更放眼万峰青处，永怀岩栖。

### 佚名联

云气千峰出；烟霞一径通。

### 李安兰题太华寺联（一）

俯首一凭栏，看面临昆海，背枕华山，原不殊岳阳气象；

开怀且畅饮，赋四野桑麻，两堤烟柳，宛若是黄鹤风光。

### 李安兰题太华寺联（二）

啸则生风，吐则成云，胸次半尘不染；

泉乎涤砚，石乎砺剑，眼底一镜非闲。

### 三清阁门联（外）

时出云烟铺下界；夜来钟磬彻诸天。

### 三清阁门联（内）

置身须向极高处；举首还多在上人。

### 佚名题三清阁殿联

春水船如天上坐；秋山人在画中行。

### 佚名题三清阁殿联

极目太华高，偌大乾坤撑半壁；荡胸滇海阔，无边风月依层楼。

### 灵官殿集句联

浮光耀金，静影沉璧；层峦耸翠，飞阁流丹。

### 佚名联

千寻危磴盘苍霭；半壁飞楼瞰积波。

### 涂晫联

乾坤浮一镜；日月跳双丸。

### 李昔联

洞外云舒霞卷；海中日往月来。

### 张恩联

仰笑宛离天尺五；凭临恰在水中央。

### 雷宣题龙门联

高山仰止疑无路；曲径通幽别有天。

### 傅宗龙联

一径飞红雨；千林散绿阴。

### 陈荣昌题普贤寺联

自东汉以来，二千年变幻沧桑，重开古刹；
在西山之麓，五百里苍茫云水，一涤尘襟。

### 袁嘉毂题升庵祠联

经籍之光，古书浑浑灏灏尔；
湖山在抱，佳气郁郁葱葱然。

## 翠湖楹联选

### 阮元题放生池联

子产舍鱼，溯放生之始；
庄周知乐，开转偈之机。

### 李宗黄题水月轩联

一湖春水，共挹清风，相期温不争华，寒不易叶；
万里风云，若开怀抱，自当退思补过，进思尽忠。

### 袁嘉穀集句海心亭联

荷风送香气，竹露滴清响；

山光悦鸟性，潭影空人心。

### 佚名集句联

阆苑有书多附鹤；春城无处不飞花。

### 黄奎光集句联

有亭翼然，占绿水十分之一；

何时闲了，与明月对饮而三。

### 凌士逸集句联

十亩荷花鱼世界；

半城杨柳佛楼台。

### 李增蔚联

风雨动鱼龙，池影碎翻红菡萏；

丹青映楼阁，天光倒浸碧琉璃。

### 李霆锐联

赤鲤跃碧波，吞却三分明月；

红莲开翠海，托来一瓣馨香。

### 佚名题杨文襄祠联

名世五百年，文武经纶，公真不朽；

故乡七十里，湖山俎豆，神格来歆。

## 圆通寺/山楹联选

### 李棠阶题采芝径

步步小心，须念石头路滑；

层层着眼，方知峰顶人高。

### 李传题八角亭

水声琴韵古；山色画图新。

#### 赵式铭题聂耳亭联

酒罢客将归，一阁峥嵘斜照紫；
曲终人不见，数峰杳霭暮烟青。

## 昆明贡院/书院楹联选

#### 乾隆题云南贡院联

立政待英才，慎乃攸思，知人则哲；
与贤共大位，勖哉多士，观国之光。

#### 尹壮图题五华书院联

鱼跃鸢飞，活泼泼地；日华云烂，纪缦缦天。

#### 佚名题五华书院联

本修齐治平之道，成己成人，登斯楼也，坐而言，起而行，昆水华山，直可接鹅湖鹿洞；
萃经史子集之篇，有原有委，诵其书者，博以文，约以礼，牙签玉轴，岂徒供饰句寻章。

## 黑龙潭楹联选

#### 硕庆联

两树梅花一潭水；四时烟雨半山云。

#### 许弘勋题起云阁（薛尔望祠）联

寒潭千载洁；玉骨一堆香。

#### 袁嘉毅起云阁（薛尔望祠）联

扶一代纲常，秀才真以天下任；
奉千秋俎豆，伊人宛在水中央。

#### 唐继尧题起云阁（薛尔望祠）联

斯志与日月争光，允宜血食千秋，昭回云汉；
举目有山河之异，遥奉心香一瓣，克复神州。

#### 涂向仁题黑龙潭汉祠联

梵宫数院临黑水；古木千章盖碧阴。

## 金殿楹联选

### 陈用宾题环翠宫联

春梦惯迷人，一品朝衣，误了九寰仙骨。鸡鸣紫陌，马踏红尘，教弟子向哪头跳出？
空山曾约伴，七闽片语，相邀六诏杯茶。剑影横天，笛声吹海，问先生从何处飞来！

### 佚名题太和宫

画栋凌云，只占青山三亩地；
朱楼映日，别开绿野一重天。

### 吴崇仁联

铁笛无声，知音者忠言贯耳；
黄粱未熟，睡着的切莫翻身。

### 段金锷联

神府枕平川，水色拖蓝摇栋宇；
云峰标胜境，山光挹翠上楼台。

### 赵藩联

铜瓦一殿，肖若武当，此地升香同享帝；
铁壁诸关，屹然腾越，前代筹边大有人。

### 李明清联

金殿凤凰鸣晓日；玉阶鹦鹉醉春风。

### 李明清联

大道何私，风霆雨露无非教；
雷音普化，动植飞潜总是春。

### 赵藩题铜殿东柱联

北极玄天，灵物龟蛇驯玉座；
南滇福地，名山鹦凤拱金堂。

## 昙华寺楹联选

### 许弘勋联

白日寒泉丝管静；青霄野竹寺门低。

### 赵藩联

守五叶宗风，粥盂茶铫宜清净；
祝百花生日，宝马香车任去来。

### 袁嘉毅联

三竺我归来，片石犹留山外寺；
六尘人悟否，夕阳空映水中花。

### 赵藩联

贝叶三车，悟后本无文字；
昙华一现，空中偶有楼台。

## 筇竹寺楹联选

### 舒藻题天王殿联

地产灵山，白象呈祥，青狮献瑞；
天开胜境，犀牛表异，筇竹传奇。

### 钱沣联

锡驻即前因，地拥花宫，劫历百千万亿；
竹生含佛性，尘空梵境，欢同人鬼龙天。

### 熊才题大雄宝殿联

游来此地无双，古佛开山，高寺千年留拄杖；
传道名僧不一，英龙护宇，深林百尺挂飞云。

### 鲁班会蜀东隆昌帮联

煨芋留宾，共领略世态炎凉，深山清况；
焚香静坐，莫漫谈峨眉旧事，滇海新禅。

### 戴絅孙联

护门唯遣白云，听钟声何处？
倚杖却分青霭，话竹色当年。

### 赵藩联

解脱万缘，筇杖拨云收海镜；
游戏三昧，竹枝和月画山窗。

### 舒藻联

两手把大地山河，捏瘪搓圆，洒向空中毫无色相；

一口将先天祖气，咀来嚼去，吞在肚里放出光明。

### 黎广修联

大道无私，玄机妙悟传灯录；

仙缘有份，胜地同登选佛场。

### 佚名联

世外人法无定法，然后知非法法也；

天下事了犹未了，何妨以不了了之。

### 担当联

托钵归来，不为钟鸣鼓响；

结斋便去，也知盐尽炭无。

### 钱沣题华严阁联

已作真金，讵复成矿；

是惟狮子，乃解逐人。

## 青龙宫/黑龙宫楹联选

### 佚名联

盘江二潭映日月；

邵甸百泉润乾坤。

### 佚名联

兴云降雨三千尺；

饮水思源饶万家。

### 佚名联

滇池源三潭，一洞千山秀；

盘江头四龙，二坝万家春。

### 陈荣昌联

踞盘龙宝象上流为霖为雨；

溉金马碧鸡全境利物利人。

## 其他楹联选

### 佚名题五华楼联

六诏锁烽烟，望僰道苗疆，六服河山双眼底；

五华开画景，看雕甍绣户，五云楼阁半天中。

### 唐继尧集句近日楼联

高阁朝阳，寅宾出日；远部趋化，徒骑连云。

### 周钟岳联

目极云峦自高峻；步登城阙聊回翔。

### 袁嘉穀联

东西双塔，金碧两坊，云烂星辉，光于中夏；

灯火万家，湖山千里，忧先乐后，式是南邦。

### 吴琨联

日月丽中天，双塔面临文笔秀；

关山雄万里，五华背枕彩云多。

### 张维翰集句联

烟云相连，廓开九市；街衢洞达，旁流百廛。

### 张学智联

灯火万家，一楼俯瞰中外；云山四面，双塔远峙东西。

### 由云龙联

汉龙撒卫，日雄销声，怅万里神州，端赖南天擎一柱；

金马东骧，碧鸡西蠹，看四围山色，都呈佳气拥层楼。

### 王九龄联

星映滇海清，两汉名邦谷昌县；

日近长安远，五云深处筹边楼。

### 袁嘉穀题古幢公园联

地藏寺八百年旧迹犹存，誓度众生，誓成正觉；

昆明市十万人偕乐之所，如游化雨，如登春台。

### 秦光明题阿姑祠联

祸变起伦常，夫也何辜，父也何仇，泣尽千行血泪；

奇冤含肺腑，羌兮休怨，宝兮休怨，怜此一片贞心。

### 佚名题归化寺陈圆圆墓

尘劫中不昧本来，朗月生性海；迷阵里能开觉路，青莲净孽根。

### 李坤题吴井龙神祠

其清若镜，味甘如醴；有龙则灵，水不在深。

### 袁嘉毅题昆明聚奎楼联

帝曰无双士，惭愧臣心，励此生古谊忠肝，窃比魏国书云、元之应雨；

南来第一楼，潆洄乡梦，对当前画桥驿路，更愿长卿题柱、孟博登车。

## 第四节 散 文

## 游太华山记

徐弘祖

出省城，西南二里下舟，两岸平畴夹水。十里田尽，萑苇满泽，舟行深绿间，不复知为滇池巨流，是为草海。草间舟道甚狭，遥望西山绕臂东出，削崖排空，则罗汉寺也。又西十五里抵高峣，乃舍舟登陆。高峣者，西山中逊处也。南北山皆环而东出，中独西逊，水亦西逼之，有数百家倚山临水，为迤西大道。北上有傅园，园西上五里，为碧鸡关，即大道达安宁州者。由高峣南上，为杨太史祠，祠南至华亭、太华，尽于罗汉，即碧鸡山南突为重崖者。盖碧鸡山自西北亘东南，进耳诸峰由西南亘东北，两山相接，即西山中逊处，故大道从之，上置关，高峣实当水埠焉。

余南一里，饭太史祠。又南过一村，乃西南上山，共三里，山半得华亭寺。寺东向，后倚危峰，草海临其前。由寺南侧门出，循寺南西上，南逾支陇入腋，共二里，东南升岭，岭界华亭、太华两寺中而东突者。南逾岭，西折入腋凑间，上为危峰，下盘深谷，太华则高峙谷东，与行处平对。然路必穷极西腋，后乃东转出。腋中悬流两派坠石窟，幽峭险仄，不行此径不见也。转峡，又东盘山嘴，共一里，俯瞰一寺在下壑，乃太平寺也。又南一里，抵太华寺。寺亦东向，殿前夹墀皆山茶，南一株尤巨异。前廊南穿庑入阁，东向瞰海。然此处所望犹止及草海，若潆潆浩荡观，当更在罗汉寺南也。

遂出南侧门，稍南下，循坞西入。又东转一里半，南逾岭。岭自西峰最高处东垂下，有大道直上，为登顶道。截之东南下，复南转，遇石峰嶙峋南拥。辄从其北，东向坠土坑下，共一里，又西行石丛中。一里，复上蹑崖端，盘崖而南，见南崖上下，如蜂房燕窝，累累欲堕者，皆罗汉寺南北庵也。披石隙稍下，一里，抵北庵，已出文殊岩上，始得正道。由此南下，为罗汉寺正殿；由此南上，为朝天桥。桥架断崖间，上下皆嵌崖，此复崭崖中坠。桥度而南，即为灵官殿，殿门北向临桥。由殿东侧门下，攀崖蹑峻，愈上愈奇，而楼、供纯阳。而殿、供元帝。而阁、供玉皇。而宫、名抱一。皆东向临海，嵌悬崖间。每上数十丈，得斗大平崖，辄杙空架隙成之。故诸殿俱不巨，而点云缀石，互为披映，至此始扩然全收水海之胜。南崖有亭前突，北崖横倚楼，楼前高柏一株，浮空漾翠。并楼而坐，如倚危墙上，不复知有崖石下藉也。抱一宫南削崖上，杙木栈，穿石穴，栈悬崖树，穴透崖隙，皆极险峭。度隙，有小楼粘石端，寝龛炊灶皆具。北庵景至此而极。

返下朝天桥，谒罗汉正殿。殿后崖高百仞。崖南转折间，泉一方渟崖麓，乃朝天桥进缝而下者，曰勺冷泉。南逾泉，即东南折，其上崖更崇列，中止漾坪一缕若腰带，下悉颓坂崩崖，直插海底，坪间梵宇仙宫，雷神庙、三佛殿、寿佛殿、关帝殿、张仙祠、真武宫，次第连缀。真武宫之上，崖愈杰竦；昔梁王避暑于此，又名避暑台，为南庵尽处，上即穴石小楼也。更南；则庵尽而崖不尽，穿壁覆云，重崖拓而更合；南绝壁下，有猗兰阁址。

还至正殿，东向出山门，凡八折。下二里抵山麓，有村氓数十家，但网罟为业。村南即龙王堂，前临水海。由其后南循南崖麓，村尽波连，崖势愈出，上已过猗兰旧址。南壁愈拓削，一去五里，黄石痕挂壁下，土人名为挂榜山。再南则崖回嘴突，巨石垒空嵌水折成罍（裂缝），南复分接屏壁，雄峭不若前，而兀突离奇，又开异境。三里，下瞰海涯，舟出没石隙中，有结茅南涯侧者，亟悬仄径下，得金线泉。泉自西山透腹出，外分三门，大仅如盎，中椌峒，悉巨石歊侧，不可入。水由盎门出，分注海。海中细鱼溯流入洞，是名金线鱼。鱼大不逾四寸，中腴脂，首尾金一缕如线，为滇池珍味。泉北半里，有大石洞，洞门东瞰大海，即在大道下，崖倾莫可坠，必迂其南，始得透迤入，即前所望石中小舟出没处也。门内石质玲透，裂隙森柱，俱当明处。南入数丈辄暗，觅炬更南，洞愈崇拓。共一里，始转而分东西向，东上三丈止，西入窈窕莫极。惧火炬不给，乃出。

上山返抱一宫。问山顶黑龙池道，须北向太华中，乃南转。然池实在山南金线泉绝顶，以此地崖崇石峻，非攀援可至耳。余辄从危崖历隙上，壁虽峭，石缝多棱，悬跃无不如意。壁纹琼葩瑶茎，千容万变，皆目所未收。素习者唯牡丹，枝叶离披，布满石隙，为此地绝遘，乃结子垂垂，外绿中红，又余地所未见。土人以高远莫知采鉴，第曰山间野药，不辨何物也。攀跻里余，遂蹴巅，则石葩鳞鳞，若出水青莲，平散竟地。峰端践侧锷而南，唯西南一峰最高。行峰顶四里，凌其上，为碧鸡绝顶。顶南石葩骈丛，南坠又起一突兀峰，高少逊之，乃南尽海口山也。绝顶东下二里，已临金线泉之上，乃于耸崖间观黑龙池而下。

## 滇池恋

李人士

滇池古称滇南泽，又称昆池、昆明湖，是誉满中外的云贵高原上一颗璀璨明珠，是全国著名的淡水湖泊。滇池径流面积2920平方千米，有30多条河流的水汇聚其中，主要河道有13条。史料记载三万年前，古代"昆明人"就在滇池周围繁衍生息。西汉起在滇池周围兴水利垦田种殖，历代开发利用不断。元朝至元十一年（1274），云南省平章政事赛典赤倡导修凿海口河，以防洪患。涸田垦殖，在海口河建拦水坝，控制滇池水位，建立岁修制度。清道光十六年（1836）在海口建石闸，名"屡丰闸"。启闭自如，免除筑土坝的淤塞和繁杂。中华人民共和国成立后改建为机械闸，改称海口闸，年年增效。滇池周边镶嵌着许多秀丽的风景区和历史古迹，造就了"花枝不断四时春"的美丽春城，形成了旅游名胜。自古以来滇池都是昆明航运的重要通道，是昆明渔业的主产区。到20世纪90年代灌溉周围农田23万亩。为数百家厂矿企业提供生产水。如果说盘龙江是昆明市的母亲河，那么滇池就应是昆明市的母亲湖。她孕育着昆明的成长、繁荣，是昆明成为云南省政治经济文化中心的重要条件。

20世纪40年代我在昆明读书，不知多少次由篆塘乘坐农家的木船在大观河中划行，河水清澈见底，水草在摇晃，小鱼在水草中穿梭，口渴了捧上几捧水喝进口中，顿时感觉凉爽。由大观公园旁进入草海，海埂远远地横亘水上。我们几个游泳爱好者，脱下衣服，穿着游泳裤，跳入水中向海埂游去，有时踩着"鸭水"，转过身来，向对方击水，打起水战，是多么高兴，自由自在。爬上海埂，体验海埂"一线平分秋色"的动人画面，南面外海，一望无际，空阔无边。北面是草海，大观楼隐约可见。游泳兴致未了，走下外海，顺松软细腻沙滩走去，越走水越深，游完上岸，脚不沾污泥，抖抖细沙，就可穿上衣裤鞋袜。1949年离开昆明，1954年回到昆明，滇池的湖光山色依然是那么清秀，虽工作繁忙，仍不时去击浪一番。

1960年到远方工作，1973年再回还，滇池大变样！大观河的水变得乌黑，水草鱼虾没有了，一排排的木船不见了。乘车就可直达海埂，海埂南面仍然茫茫一片水，北面草海水面大部却已变成田地。那是因为从1969年起到1971年，当时的省市领导在滇池周围，重点在草海，组织发动各行各业干部群众"大打一场围海造田的人民战争"，将一万多亩水面改造为耕地，草海面积大大地缩小了，公路两侧围海造出的耕地，如今又建成了民族村公园、旅游度假村、商铺和住房。

滇池对人类的贡献很大很大，付出的太多太多，但是得到的回报太少太少。历代疏挖海口河，降低滇池水位，涸水谋田，围海造田，使滇池水体逐渐变小。据有关部门测绘表明，唐宋时代滇池水面510平方千米，元朝410平方千米，明朝350平方千米，清朝320平方千米，1983年实测309.5平方千米。加之淤积使滇池逐渐变浅，污染日趋严重，走向衰老，著名的金线鱼等土著鱼类，濒临绝迹，环境质量随之下降。人们"救救滇池"的呼声日愈广泛而强烈。

1976年，我被调到昆明市农田水利基本建设指挥部，参与了治理滇池的工作。1978年，我被安排在刚成立的昆明市水利局，滇池的水利水产工作直属市水利局领导，滇池的兴利除害，成为水利部门的重要任务。为了解滇池、认识滇池、治理滇池，滇池的水面、湖岸、周边的田园山川，留下了我工作的足迹、汗水，向农村干部群众访问，向市县工程技术人员学习。在海口滇池管理所不知开过多少次会，讨论治理滇池的问题。恢复了海口河的北河，修建了闸门，维修管理设备，蓄水、供水计划年年认真准备，适时蓄泄从来不敢粗心大意。我做水利工作，滇池总在我脑海中旋转，有时心血来潮，作诗词几首。

#### 1987年秋参加滇池环境保护会议有感
沧海桑田几度秋，湖水受污使人愁。
期盼明珠早洁净，还给春城一锦绣。

#### 咏滇池

碧波浩瀚三万顷，千年往事今犹存；稻麦撑起千层浪，要使昆明春常在；
四面美景映湖中，乘风破浪逐东风；工厂林立系水龙，保护利用显神通。

# 让高原明珠重放光彩

张　俊

滇池不仅是让人们赏心悦目之地，还是昆明市区域生态系统的核心，从某种意义上讲，滇池的存在是昆明市存在的前提，所以滇池是昆明人赖以为生的母亲湖。滇池的变化与昆明的政治、经济、文化的发展皆有着密切的关系。

令人心忧的是近60年，滇池缩小的速度更快了，现在的滇池面积大约只有300平方千米，1982年，有关专家分析滇池航拍片和历史资料，推断1938—1957年滇池缩小了15.5平方千米，1978年又比1957年减少23.3平方千米。从1938—1978年，湖水面积共减少38.8平方千米，平均每年减少近1平方千米。近些年平均每年入湖泥沙量约有40万吨，滇池内总淤积量约为5610万立方米，入湖泥沙使滇池湖盆变浅，生态环境日益恶化。因滇池污染严重，已被国务院列为重点治理的"三湖三河"之一。下面是20世纪不同时期对滇池水质的几项测试数据。

60年代滇池无论草海还是外海水质均为Ⅱ类，70年代为Ⅲ类，80年代草海和外海的水质分别为Ⅴ类和Ⅳ类，90年代水质进一步恶化，分别为超Ⅴ类和Ⅴ类。30年来，水质下降了3个等级。

50年代中期滇池尚有水生植物44种，而80年代中期减少到29种；滇池原有鱼类23种，其中土著鱼15种，现在土著鱼只剩下4种。

有民谣说："50年代淘米洗菜，60年代洗衣灌溉，70年代水质变坏，80年代鱼虾绝代，90年代还在受害。"这是滇池污染渐变过程的真实写照。1970年前的海埂是滇池最负盛名的海滩，每当夏日来临，十里海岸，人山人海，游泳的、划船的、垂钓的，热闹非凡。随着滇池污染的加剧，这样的场面已经多年不见了。

为了净化滇池的浑浊波涛，1988年之后，昆明相继成立了滇池综合治理办公室和滇池管理局、滇池管理综合行政执法局等机构；相继出台了《滇池保护条例》《滇池综合整治大纲》等文件，提出"分流截污、防洪调蓄、优水优用、疏浚清淤、减污增容；植树造林、涵养水源、引水济昆、新辟水源"的整治方针。

进入21世纪以来，我们欣慰地看到治理滇池已有转机。昆明有关部门自2008年以来，已封闭了滇池周边采石场，还准备从外流域引水置换滇池水。据2009年5月15日《春城晚报》载，为加速治理滇池进程，昆明已贷款40亿元，用于滇池环湖截污工程及滇池外海环湖生态湿地等项目建设。整治的总目标是：用15年或更长的时间，完成滇池流域根本治理，基本恢复滇池流域生态系统的良性循环。

2010年7月9日《春城晚报》报道：昆明对滇池主要河道整治推行河长制，实行了分段监控、分段管理、考核与监督。封堵了主要入湖河道排污口4103个，铺设截污管123千米，两年前，入滇池的主要河道水质除3条河道外，其余均为劣Ⅴ类，经过治理，现在达到了主要污染物减掉10%以上的目标。据最新监测，盘龙江、新宝象河、新运粮河、老运粮河、船房河等23条河道水质有所改善，其中17条明显改善，水质上升一至二个类别。前几年，大观河的水一度是黑色的臭水河。现在大观河已大变样，河水不再难闻，景观绿化带郁郁葱葱，令人赏心悦目。

昆明市自"十一五"以来，围绕"湖外截污、湖内清淤、外域调水、生态修复"四大目标进行治理，滇池规划及补充规划共67个项目，估算投资183.3亿元。截至2010年10月底，滇池"十一五"规划项目完成77.61%。据监测，通过治理，滇池草海、外海高锰酸盐指数、总氮等主要污染物指标都有所下降，滇池草海水体透明度上升到了0.79米。

湿地净化污水的作用很突出，有"地球之肾"之称，近几年昆明已兴建了五家堆湿地公园、西亮塘湿地公园、五甲塘湿地公园、西华湿地公园等多个湿地公园。据2011年8月18日《春城晚报》载，五家堆湿地公园是大观河截污及水环境综合整治项目的一个重要内容，它于2008年9月开始建设，总投资共8000万元，当时西山区在该片区开展了拆临、拆违、湿地建设、绿化等工作，五家堆村由过去的"河水发臭""鱼虾死绝"转变为如今的柳绿花艳、波光潋滟、鸟语花香的湿地。五家堆湿地把大观河的部分河水引入湿地，净化后再入滇池。通过监测，五家堆湿地净化过的河水，可达到Ⅳ类水。

"十二五"期间，昆明将力推四大措施：一、在滇池湖滨种植万亩中山杉，二、圈养10平方千米水葫芦并资源化利用，三、增加3台（套）蓝藻处置设施，四、底泥疏挖。拟投资400亿治理滇池，这是在治理滇池的几个五年计划中力度最大、规模最大、投资最大的一个五年计划。到2015年，昆明主要入湖河道水质稳定达到Ⅲ类至Ⅳ类水质标准，滇池水质有望明显改善。相信在不远的将来，滇池会重现"高原明珠"的光辉。

# 第五节　其　他

## 性天风月通玄记（山歌）

兰茂

滇池逆水海西头，昼夜滔滔不断流。
若个人吹无孔笛，一声吹过楚江秋。
盼高峣画栏，看官渡渔船，数叶轻舟浮水面，烟含攒攒。
妙堪浮图三星观，松影幽然，南庵现出灵光殿。
忆当年，驰骤金马上姚安。到如今，碧鸡只余嵩山畔。

滇海轻帆，滔滔风浪沿山响。
望眼茫茫，水连天一样！

人唤高峣渡，朝朝舟子忙。
只闻争渡人喧嚷，一篙撑入水云乡。

临千寻碧苔，驾一派孤航。
江空野旷无边岸，绿波舟渚，衰柳斜阳。

恍疑赤壁游，堪入舟舱上。
云迷海口，雾锁昆阳。

一江秋水来孤浪，顿忘却西湖景在苏杭！

涉滇池逆水河边，倒向西流，直下螳川。
两岸河车筒槽，搬运逆上丹田。
过曹溪三回九转，遇三潮圣水还元。

沸珠泉，珠浮呈盘。游人拍掌连珠泛。
卯酉门前，沐浴温泉。
逆水河见放箸，浮槎渡人河，哪得楼船?

### 滇池圆舞曲

黎剑 词 刘炽 子柏 曲

## 昆明山歌

吴祖光

秋来黄叶落纷纷，镇日里寻春不见春。

只说是春去无寻处，万千春色在昆明。

黑龙潭碧翠湖新，大丽花开照眼明。

海堂玫瑰排成阵，叶子花四季不凋零。

金殿上松柏绿荫荫，层层的云海绕龙门。

在昆明市上来相问，谁不知西山的睡美人

为情郎一去无踪影，美人肠断到如今。

相思泪化作滇池水，长发飘飘飘如云。

彩笔画不出这昆明景，山歌唱不完这锦绣城。

昆明的树呵是常青树，昆明的人情比海深。

自从一度在昆明住，年年岁岁想昆明。

## 怀念滇池

施慧　词　梁巨成　曲

我走在那滇池的岸边，亲吻着垂柳的芬芳，

金色的沙滩铺满斑斓的贝螺，蓝天上飘着那彩云朵朵。

啊——亲爱的母亲湖，啊——心灵的母亲湖，

我怀念你，我的母亲湖，何日还我一池清清的湖水！

我站在那滇池的岸边，青青的藤蔓瓜果稻香，

飞舞的蜻蜓正在点水游玩，渔夫在滇池上撒下渔网。

啊——亲爱的母亲湖，啊——心灵的母亲湖，

我怀念你，我的母亲湖，何日还我一池清清的湖水！

我躺在那滇池的岸边，聆听着草语和涛声涌浪，

凝视着西山这位温柔的睡美人，清清的草海里白花摇晃。

啊——亲爱的母亲湖，啊——心灵的母亲湖，

我怀念你，我的母亲湖，何日还我一池清清的湖水！

我沿着那滇池的岸边，海埂象神奇的绿色梦幻，

鸭群在水边嘎嘎蹒跚地奔跑，欢快的情歌在湖上回荡。

啊——亲爱的母亲湖，啊——心灵的母亲湖，

我怀念你，我的母亲湖，何日还我一池清清的湖水！

# 第六节 传 说

## 滇池的传说

从前滇池这个地方是一片荒漠，老百姓过着贫苦的生活。田里的庄稼因缺水而枯死，万顷田地到头来一无所获，真是"种一千毡帽，收一尖毡帽"。就连人畜饮用水都要到远处去挑。因此，这里的人大都背井离乡，到处流浪。

村里有个年轻人，总想着引一股水来才好，但是却想不出来。这天晚上，他睡在床上。忽然，一阵青烟飘过，他定睛一看，一个白衣少年站在床前说："我原是东海龙王的小王子小白龙，因为大黑龙怕我继承王位，对我百般陷害。我忍不住和他打了起来，他力气大，气势汹，一会儿就把我打败了，于是我逃出了龙宫。"他接着说："我逃了出来，但大黑龙还是在追杀我。如果你想要水，明天就到西山去一趟，如果你看到一只白羊和一只黑羊打斗，白羊不行了，你就去帮助它。"白衣少年说完就不见了。这青年农民一惊，立刻醒了，原来是梦，这时天已大亮，他想起了那白衣少年的话，就往西山走去。

青年半信半疑，边走边玩，终于在午时午刻赶到了西山顶。忽然听到了一阵犄角撞击的声音。他循声望去，看见不远的坡上有黑白两只羊在格斗。黑羊非常凶猛，一下就把白羊撞倒在地，接着用角向小白羊撞去。这青年一跃而上，几下就把黑羊打死了。这时，身后一阵清香，他回头一看，一个白衣少年站在自己的身后。原来小白羊就是他梦见的小白龙。青年又惊又喜，小白龙感激地说："你救了我的命，我一定帮你解决缺水的问题。你只要用一个篮子，待我变成小龙将我装在里面，然后回到你家，但每到一条沟河，你要告诉我。"说完便变成了小龙，农民用篮子把它装在里面提着往回走。到了一条沟，青年说："要跳沟了。"于是跳了过去，沟里的水一下子全没有了。他意识到是小龙吸了。这样过了一条条沟一条条河才回到了家里。小白龙说："你只要在你房后挖个坑，把我放在里面，要多少水就说。"青年照办了，站在坑前说"我要碗口粗的一股水"。果然就有一股水出来，他立即挑去浇田里的庄稼，过了不久庄稼长好了。可是他又想起了这里的劳苦大众。于是又跑到坑前说："这点水不够，能大点吗？好浇万亩田地。"这时，小白龙说："要大就是五百里大海了。"半夜里青年听到了一阵阵哗哗的水声，于是跑出去一看，果然看到了白茫茫的大海，就是现在的滇池。以后这里的农民世世代代都过上了幸福的生活。

## 滇池三件宝的传说

滇池三件宝，一宝不能少，如果少一宝，滇池水干了。

滇池沿岸，流传着四句顺口溜。云南有多个湖泊，其中较大的有滇池、洱海、抚仙湖、阳宗海、杞麓湖五个。五湖中又数滇池最大。玉皇老倌就封滇池龙王为总督，来管理各湖的龙王，刮风下雨，也要按照总督龙王的旨意来做。又把一口金钟和一面玉鼓，安放在滇池龙宫中，作为镇海之宝，来慑服各海龙王。这龙宫水府，建造得富丽堂皇，似天宫一样。滇池龙王虽官居五湖之首，但他很爱惜湖滨的黎民百姓。他行降及时雨，庄稼茂盛，使人们年年丰收，过着丰衣足食的生活。并且各湖泊的龙王都很佩服他，从来都不敢逆旨行事。不知过了多少年月，滇池总督龙王渐渐老了，他没有龙太子，只有个龙公主，这使他很苦闷：将来的王位传给谁？这样下去，各路龙王还听自己的指挥吗？会不会抢夺自己的总督王位？会不会来盗取龙宫的两件宝贝？他时常心惊胆战，只有命自己的心腹文武，虾兵蟹将，一刻也不松懈地守着金钟玉鼓，以防万一。

这位滇池公主，生得美丽聪明，而且练就一身好武艺。老龙王思之良久，把宫中二宝交付予她。他想只要有二宝在，滇池就不会干涸，王位也不会丢失，日后招赘个龙驸马，生下龙孙，就可以世代相传了。

西边洱海的龙王，海面也宽广，水府也富丽，他生有两个龙太子。那大太子生得英俊漂亮，是条黄龙。二太子却生得很难看，有两个头，一身乌黑，是条乌龙。乌龙性情粗暴，稍不如意，就要兴风作浪，乌风暴雨骤起直下，淹没良田，损害庄稼，沿湖百姓恨他入骨，但不敢得罪他，只有忍痛向他祈求、许愿。乌龙听说滇池公主生得美丽动人，又有天宫赐的金钟玉鼓两件宝物，因而时时都在想着把宝物夺到手。自己就能统管五湖，娶公主做妻，这岂不是"一箭双雕"的美事吗？成为总督龙王的诱惑，使洱海龙王终于同意乌龙率兵前往滇池抢夺两宝，并一改家规，许诺将王位传于乌龙。

霎时间，凶残的乌龙变成一个黑大汉，在苍山上的石洞中炉火修炼七七四十九天，炼成了具有神力的兵器。于是他携兵器来到滇池上空，口中念念有词，只见兵器上天入海，不过半个时辰，只见海水怒吼，波浪翻天，龙宫歪倒，滇池中的虾兵蟹将，魂飞魄散，喊爹叫娘，龙公主都吓坏了。金钟玉鼓被兵器提出龙宫，露出水面，说也奇怪，就是提不到空中来。把乌龙急得要死，滇池公主忙带着一众水族，围攻乌龙。乌龙寡不敌众，连忙收了兵器，腾空而逃。金钟玉鼓又自动回到滇池龙宫。

话说乌龙败到岸上，气呼呼地正思量宝贝提不上来的原因，突然见滇池龙公主在水面上空出现，乌龙挡住公主调笑，并叫她跟他做老婆……龙公主大怒，二人交手打了起来。到底是弱女，龙公主终不敌凶悍乌龙，打了一阵，身上受了好几处伤，边打边走一直打到澄江的西龙潭。恰巧抚仙湖的龙太子小金龙正在巡海，看见乌龙追着龙女打，就上来相助，叫乌龙放过龙公主，并说："男不跟女斗。"乌龙不但不听，还骂小金龙多管闲事，于是小金龙和乌龙打了起来。打了一阵，乌龙打不过金龙，只得败走。小金龙扶起公主，见她一身是伤，便劝她到抚仙湖龙宫去治伤。公主见他见义勇为，深受感动，就跟着太子下到抚仙湖龙宫。

滇池公主养好伤后，由金龙太子保护着到天宫上奏了玉皇大帝。玉皇老倌觉得乌龙敢盗二宝，罪不可恕，便下旨要南海观音把照龙宝镜给公主带回滇池，放在金钟玉鼓之间，成为滇池三宝。如果有哪个盗宝，都会照出原形。摇晃宝镜两下，就可以把妖精照死。属滇池所管辖的龙在行雨中若不听从总督龙王，晃一下就会从天空降掉下来。一直到现在，滇池岸边的人，在阴历五六七3个月中下大雨时，时常能在天空中看见一条一条的黑云，好像龙一样在天空中摆动，叫作"龙上天"，这就是照龙宝镜的威力。

那个乌龙呢，还是不死心。他在滇池岸边又修炼了两个多月，想来提取金钟玉鼓。但他的手还没有伸下来，就被照龙镜照出乌龙原形，公主把宝镜晃两下，乌龙就掉了下来，跌死在滇池东岸边上，变成了一座小山，就是呈贡的乌龙山。

那公主呢，自从小金龙救了她，彼此产生了爱慕之心。小金龙叫穿山甲将军由滇池的大湾打通一个落水洞，通到澄江的西龙潭，他俩从洞中互相往来，后来滇池老龙王把小金龙招为驸马。直到现在，滇池和抚仙湖山清水秀，平静美好，黎民百姓可饱览观赏。

## 昆明来历的传说（彝族）

古时候有个皇帝，他有两个女儿，长女是死去的皇后生的，次女是他宠爱的妃子生的。妃子常常在皇帝面前说大公主的坏话，皇帝听信了，就打发一匹马，给了点财物，把大公主撵出了皇宫，并命令她："随你的马儿去吧！走到哪里，你就嫁到哪里。"

大公主伤心地离开了京城，马儿信步走进了一座深山，径直走向一架小窝棚，吃起窝棚门前的干草来，再也不往别处去了。这时，从窝棚里走出个青年男子，公主赔过不是，把皇帝的话对他说了，他答应道："好吧，我们就搭伙成一家吧。我叫戈诗格拉，每天出入十二个大箐，砍竹子做扁担卖。"

公主就拿出一小粒皇帝给她的金沙来，叫他去买些粮食，安排好往后两人的日子。戈诗格拉拿着金沙端详了半天说："怎么？这东西能买粮食吗？"公主说："这是金子，用它可以买得一切。"戈诗格拉便拿出削好的扁担对公主说："你看，这扁担上是不是有金子？"公主接过来一看，每根扁担的两头都沾着金屑，便问他在哪里做扁担。戈诗格拉领公主走进一个山凹，指着悬岩说："我就在那块石头上做扁担。"公主一看，吃惊地叫起来："天呀，这哪里是石头？这是金山，难怪大家都抢着买你的扁担。他们不是买扁担，而是买扁担两头沾着的金屑。"

夫妻俩发现金山后富裕了，召来了天下的匠人，造了座城，比皇帝住的京城更富丽堂皇。这座城取名叫"戈扎"。在彝族撒尼话中，"戈"就是彝人（彝族的一个支系），"扎"就是彝族的后代。这个叫"戈扎"的地方，如今叫昆明。

## 拓东城由来的传说

唐朝初年，南诏在大理崛起，日益强盛，逐渐东进，达到滇池一带，到了唐代宗李豫广德年间，南诏王阁逻凤巡视滇池一带，认为当地土地肥沃富厚，山川雄伟，四野开阔，水陆称便，赞叹道："山河可以作屏藩，川陆可以养人民。"因此命王子凤迦异留驻其地，筑城郭，营宫殿，镇东土。

王子凤迦异虽然年轻，却是智勇双全，雄心勃勃。一心开拓东土。他带领能工巧匠，反复勘察地形，策划筑城位置。那时候，西北面的翠湖，东南边的五里多都是滇池水域，凤迦异决定筑城水滨，船舶往来，交通方便，然而，盘龙江常有洪水为患，这使凤迦异十分忧虑。

凤迦异勘察地形，来到伲家湾附近的南天台，看见一楹雅致清爽的竹篱茅舍，门外一个少女，年纪十五六岁，像开在篱边的花朵，艳丽如锦，光彩照人。凤迦异一见就迷得神魂颠倒，如痴如醉。

这姑娘在门口摆了三副磨子，一副磨米粉，一副磨荞粉，一副磨苞谷粉。说也奇怪，姑娘在旁边挥动莲藕般白嫩的巧手，三副磨子会自动转起来。凤迦异简直惊呆了，好一会儿才缓过神来问及姑娘的姓名和身世。

姑娘叫凤芝，无父无母，却是个能干的人，会种植水稻、苞谷和荞麦。她盛情地挽留凤迦异品尝她做的各类食品。凤迦异欢天喜地留了下来。

中午，凤芝姑娘用米浆做了一条龙，蒸成了玉龙粑粑；用苞谷粉做了一头狮子，蒸成了金狮糕糕；又用荞粉蒸了一个老虎荞糕，热气腾腾地摆在桌上，请凤迦异完全吃掉，他就会有一条龙、一只虎、一头狮子那么大的力气，而且，昆明坝子就会米多，荞多，苞谷多。姑娘问凤迦异喜欢吃热的还是吃冷的，凤迦异说他喜欢吃不冷不热的食品。所以，日后建起的城市不冷不热，四季如春。

凤迦异吃了凤芝姑娘蒸的玉龙米浆粑粑，就感到饱了，姑娘左劝右劝，他只是尝了一点金狮苞谷糕和老虎荞糕，所以，昆明坝子米多，苞谷少，荞麦少；而且，他也只有一条龙的力气。凤迦异爱上了凤芝姑娘，立姑娘为王妃。

凤芝姑娘建议，把城按照玉龙米浆粑粑的模型，建成龙形，制伏盘龙江的凶龙；同时，江对岸北边有长虫山，城市建成龙形，以龙制蛇，日后城市可以向西北方向扩展。

凤迦异采纳了王妃的建议，于唐代宗永泰元年（765），带领能工巧匠和当地百姓在盘龙江东岸建城。长长的一条拓东路是龙身，西至江边得胜桥（今名）是龙头，两个前爪是北边的尚义街、南边的塘子巷，两个后爪是玉川巷和北塔巷，龙尾直到今天的五里多附近。为了开拓东方，定名拓东城。

按照南诏王阁罗凤的吩咐，要在城中修建宏伟壮丽的王宫，但是，王子凤迦异爱民如子，王宫只占地一亩，街道却很长。因此，各族人民自四方来，日渐繁荣。后来房子不够住，才逐步向盘龙江西岸扩建，城市越来越大了。

由于地形地势选得好，后来的昆明城是：枕螺峰，卧盘龙，跨金马，携鸣凤；北有蛇山之险，南有滇池之秀，东有金马之雄，西有碧鸡之幽；鱼米之乡，交通四达，可攻可守，既固又富。当然就成为全省的中心了。

## 金马碧鸡的传说

昆明东面有一山叫金马山，西面有一山叫碧鸡山，史称"东骦神骏，西翥灵仪"，为昆明的象征。早在明代，"金马朝辉"与"碧鸡秋色"就已被视为昆明胜景。

流传于昆明的"金马碧鸡"传说其主要内容有二。其一，说古时昆明为荒凉贫瘠之地，山上无树木花草。一日太阳东升，在"隆隆"巨响声中，大阳里飞出一匹骏马；当天月亮出来，在"哗啦啦"响声中飞出一只碧玉雕成的雄鸡。于是，昆明处处金花开，满山结金果，坝子成碧海，鸟飞鱼虾跃。

其二则说：勇武的滇王同哀牢王美丽的公主联姻，金马碧鸡是哀牢王作陪嫁送给滇王的礼物。后来，滇王有了两位王子，却相互谦让王位。老滇王采纳宰相之谋，让两位王子都去寻找放到大山之中的金马碧鸡。结果两位王子去找金马碧鸡之后，一直不见返回，于是便成为昆明民间流传的纪念金马碧鸡的许多民俗事项的缘由。

## 观音山与观音寺的传说

滇池西面有个湖湾，常常风起浪急，时有船翻人亡的事发生，这儿行船极少，连岸边也很少有人来。一天，有条大船载运着观音塑像运往盘龙寺。来到这个湖湾时，忽然风浪大起，船在水里三起三落，摇摇晃晃，有翻船的危险。船家大声喊道："快把船靠岸，避一下风浪！"

船在岸边一停就是两天，浪越打越高，风越刮越大，直到傍晚才稍小一点，船家高兴地说："赶快起船，趁着风浪小，离开这个鬼地方。"老半天，船还没走动，船家急了，出舱一看，几个水手用尽全力摇桨，船仍纹丝不动。他心里一惊，不知是咋回事，只得向水手说："算了，等明天再看。"

这一夜众人睡得挺香，没有半点风声，待他们醒来时，一个个愣住了。原来他们的船停在沙滩上，水已经落了几丈远。就在众人不知所措时，沙滩上走过来一个和尚。他口里念念有词，朝众人一合掌，说："不走便不走，愿留此山中。"船家不解地问："老师父，此话怎讲？"老和尚笑了笑，说："你还不明白，这条船不是送观音菩萨到盘龙寺吗？"船家点头答应："是呀，是呀！"和尚说："观音菩萨一路见滇池风光如此美丽，不愿再往他处。想留此地，长期饱览滇池风光。善哉，善哉。"说罢扬长而去。

众人听了老和尚的言语，不敢怠慢，把观音抬上山，动手盖起寺庙来。远近十多里的百姓听说要建观音寺，纷纷赶来帮忙。没几天，先在山嘴上建起了一座观滇池风景的小楼，取名"望海楼"。在路口盖起一大座楼牌，取名"小南海"。最后在盖观音大殿时却停了工，人们围着议论纷纷。这时，那个老和尚又来了，问众人："为何歇手啦？""先盖的那些挺顺手，唯独这间观音大殿，今晚砌好的墙明早一来就是倒的。"老和尚说："倒了再砌啊。""我们已经砌了好几次了。""会有这么怪的事？让我来帮你们砌！"老和尚说着捡起乱七八糟的石块垒起来。一袋烟的工夫，大殿所有的墙齐刷刷地砌好了。

人们惊讶万分，等回过神来时，老和尚已不见踪影。传说老和尚是观音变的。从此，这山就取名为"观音山"，这寺就叫"观音寺"。每逢农历六月十九，这儿热闹非凡，是有名的一年一度的观音山庙会。

## 睡美人的传说

很久很久以前，天上有一位美丽的仙女，连最美丽的花见了她都会自惭形秽，她的心地就像菩萨一样善良。她有一个爱好，每隔两天就到滇池边游泳。每当她来到滇池边，水中就会漾起粉红色的光波，美丽极了。

在初夏一个风和日丽的日子里，仙女和她的侍女来到滇池金黄色的沙滩上。她用美丽的眼睛巡视着周围的一切，感到好奇和兴奋。她的侍女调皮地说："小姐，想不到人间竟是如此美丽，你看，那碧波荡漾的滇池水和大坝下的村庄，像一幅奇异的画卷。"仙女微微点点头说："是啊！这里有水，有大自然美丽的景色，但是没有山。要是有一座巍峨的高山就更美了，山水掩映，才是一个人间世外桃源。"

说完，仙女和侍女在沙滩上追逐戏闹，显得无比快活。突然，仙女神秘地说："我真想为人间做点什么……"

有一天，碧空如洗，突然间布满了阴云，随之而来的倾盆大雨一直下了一整天。这时，一件极其可怕的事情发生了：滇池水涨泛滥，湖堤决口，湖边的村庄一片汪洋。许多人都被狂涛吞没，有的爬到树上、有的爬到房檐上，人们的哭喊声与狂涛怒吼声交杂在一起，其惨状令人惨不忍睹。人们的叫喊声惊动了天上的仙女，她匆匆飞向人间。见此情景，她美丽的面孔变得惨白、阴沉。决口的洪水仍然四处奔流。仙女看着这一切，身体都在颤抖，她毅然走到倒塌的堤坝前，用自己的身躯堵住决口。

洪水堵住了，她知道，只要一起身，洪水仍会泛滥，人们会有更加不可想象的痛苦。她就静静地卧在那里，心里想：自己终于为人间做了一点事。看到人们在她堵住水后的快乐，她满意地睡着了，渐渐地，她变成了一座秀丽的山峦，永远睡在那里。

当你站在滇池边时，就会看到一座女子躺卧似的山，滇池水倒映着她美丽的身躯，相传这就是那位美丽、善良的仙女的化身，正如她所想的，这儿终于有了一座山。人们为了纪念她，把这座山称作"睡美人山"。

## 跑马山的由来

明朝初年，整个中国都是朱家的天下，只有云南还是蒙古人统治着。梁王在梁王山上安营扎寨，准备抵抗到底。于是明太祖派出平西侯沐英率大军进云南捉拿梁王。明朝大军团团围住了梁王山，梁王手下的兵将眼看大势已去，纷纷向明军投降。

梁王不投降，他至死都要效忠元帝国。于是，梁王骑着神马千里白兔驹从明军头上飞过，冲出了包围圈，来到滇池边，坐一只小船向湖心划去。明军眼见梁王已冲出重围，逃到滇池，又把整个滇池团团围住。梁王眼见完全没有办法逃出明军之手了，于是，仰天大叫一声："天灭我也。"纵身跳入滇池自杀。

梁王死后，他的坐骑千里白兔驹因为是神马，水淹不死，明朝军队也无法抓住它。千里白兔驹见主人死在滇池，不愿意回到天上，就在滇池东北角的一座山上不停地跑，不停地叫，好像是在寻找、呼唤它的主人梁王。可是，梁王终究是凡人，死了就再也不能回到人间来了。

后来，由于天神的命令不可违，千里白兔驹恋恋不舍地回到了天上，但是，每年的旧历六月二十四这一天，它还是要来到滇池东北角这座山上，狂奔、嘶叫，寻找和呼唤它的主人梁王。

从那以后，每到旧历六月二十四，当地的彝族便会看到这座山上有一匹白色骏马不停地跑，不停地叫。过一阵子，天下的马纷纷来到，跟在白马后边奔跑嘶叫。一直到深夜，都还可以听到狂风暴雨般的马蹄声。第二天，所有的马都无影无踪了，年年都是这样。

这匹马对主人的忠诚深深感动了人们，于是，每到旧历六月二十四，人们都到这座山来祭祀神马。从此，这座山便叫作"跑马山"了。

## 撒梅山看五个海的传说

昆明撒梅山的最高峰叫"老爷岭"，山头有个小石庙，供奉最远古的开山老祖爷。庙中神像披金甲，持巨斧，少年英俊，雄健威武。站在石庙附近，可以把山脚下的滇池一眼览尽，还可以看到百里以外的阳宗海、抚仙湖、杞麓湖和陆良海。五个海子像五面镜子，波光反射云天，闪烁晶莹，人们说它是五根擎天玉柱。特别是秋日晴天的早晚，彩霞照映水中，反射万道金光，蔚为壮丽奇观。这五个海子还有一个传说故事呢。

从前，有几个撒梅姑娘在老爷岭割草，休息的时候，大伙在石庙前做游戏。有几个姑娘说："庙里老爷年轻时候，开山立寨，为大家办好事，没有成家，如今孤孤单单怪可怜的……"她提议姑娘们把头上的鸡冠帽摘下来，大家都向老爷的石像丢帽子，谁的帽子丢在老爷头上，谁就是老爷的妻子，大伙就这样说好了。姑娘们望见老爷生得英武，一双明亮的眼睛望着她们，都争先抢后向老爷头上丢帽子，可惜都没有戴在老爷的头上。最后，最美丽的那苏姑娘，含情脉脉地望着老爷的石像，把自己的鸡冠帽向上一抛，正好端端正正地戴在老爷头上，姑娘们向她祝贺，说她是老爷的妻子。那苏姑娘满脸通红，娇羞地跑回家去。当晚，就有小伙子来到晒楼，跟那苏姑娘成了亲。从此，小伙子每天都是晚来早去。过了一年多，那苏姑娘生下一个男孩，生得眉清目秀，逗人爱。

那苏姑娘的阿爹认为没有出嫁的姑娘养孩子不光彩，悄悄把孩子埋在楼下的粗糠里。那苏姑娘以为是石庙里的老爷把孩子抱走了，跑到庙前去讨孩子，一边诉说，一边哭，眼泪浸湿了一块手帕，她顺手向山下一抛，手帕飘呀，飘呀，飘了几百里，落在地上化成了抚仙湖。那苏又拿第二块手帕揩眼泪，揩湿了，抛在山下化成了杞麓湖，第三块手帕化成了阳宗海，第四块手帕化成了陆良海。手帕揩完，那苏解下蓝色围腰揩眼泪，围腰揩湿了，又顺手往山下一丢，化成一大片海，就是现在的五百里滇池。所以，站在老爷岭上，一眼望见五个海。

## 天子庙的传说

很久很久以前，昆明坝子是一片白茫茫的海，也就是现在的滇池，滇池海水一直延伸到跑马山。有一天，不知从何方来了一条蛟龙，整天在滇池里兴风作浪，伤害过往的船只和百姓。害得滇池一带的老百姓不得安宁，整天过着提心吊胆的日子。一天，天子老爷到人间，乘着船到处观山游水，饱览人间的美景。正玩得高兴，突然狂风大作，天昏地暗，小山似的大浪向船打来，天子老爷忙命人将定风珠拿来，刹那间，风平浪静，一切都好像没发生似的。

蛟龙看打不翻船，就大动肝火，使出最凶狠的一招，想用尾巴把天子老爷坐的船打翻。天子老爷就叫人把火金砖拿出来，蛟龙看到火金砖，便掉头向它的老巢逃去。天子老爷把火金砖对准蛟龙，只听"嗤"的一声，一团红彤彤的烈火就向蛟龙烧去，接着一声惨叫，便什么都没有了。从此水就退到了现在的滇池水面。人们便从山里搬到了坝子里的平地上安家盘田，过着安居乐业的生活。后人为了纪念天子老爷的功德，就在马溺河中段建盖了天子庙，以纪念天子老爷。据说每年的农历九月十五日是天子老爷的生日，附近村里人到了这一天，都杀鸡宰羊到天子庙祝贺天子老爷的生日。

## 素馨花的传说

大理国时期，昆明城称东京，由大理国王段素兴驻此，统领其地。段素兴好游乐歌舞。有一绝妙佳人，名叫素馨，来自西域天山，能歌善舞。她一唱歌，百鸟和鸣，她一舞动，香风十里。段素兴百般宠爱，形影不离。当时有一汉族文士给段素兴说："王名素兴，歌女名素馨，素兴与素馨同音，此女若不改名，必然犯讳克主。"

段素兴听了，信了迷信，心中害怕，责令素馨女改名避讳。素馨女说："我名父母所命，死亦不改。"段素兴多次相逼，素馨女坚不从命。

一日，段素兴与素馨女同游盘龙江，舍舟登岸，素兴又逼令素馨女改名，素馨女依然不从。段素兴佯怒，按剑催逼，说道："汝若不改名，休怪我宝剑无情。"素馨女又急又怕，摘下头上金簪吞入腹中，自杀身死。素馨女死后，一时天色骤变，雷雨交加，等到雨过天晴，素馨女不见了，在她死的地方长了一株小白花，这株小花，听见歌声就开放，看见有人跳舞就摇动。段素兴万分悲痛，为了纪念素馨女，把此花取名素馨花，并采集花籽，遍种盘龙江堤，成了一条白色花堤，市民称为"昆明银堤"。

段素兴止不住悲伤，整日在花堤上饮酒狂歌，祭奠素馨女，不久就忧伤而死，所以，段素兴在位仅仅4年（1041—1044）。段素兴死后，遗命葬于盘龙江花堤上，次年，坟上也开出了花，与素馨花一模一样，不过是黄色花瓣。自此以后，云南素馨花有黄白两种，经常是连枝开放。

## 调子会的传说

段素兴少年即位，不解政事，好歌舞，爱种花，整日游乐，身边歌女近百人。这些歌女大多数只能陪段素兴唱歌跳舞，簪花饮酒，得不到真爱。她们认为长此下去，找不到知心的情郎，误了终身，断送了一生。不久，有一名叫莲姑的歌女，家住莲花池边，早有情郎，不由心生一计，叫她的情郎去约会唱歌的小伙子来求段素兴举办一场赛歌会。

段素兴最喜热闹，欣然同意，青年歌手提了个条件：小伙子唱歌，若是赛赢了就要把歌女带走，段素兴也同意了。于是昆明城大办赛歌会，当时称为调子会，从盘龙江一直唱到城西玉案山上。

多数歌女为了选情郎，故意赛输，跟小伙子走掉。段素兴感情脆弱，最爱哭。平时对众多歌女爱理不理，要走他又舍不得，每走一个歌女，他都要痛哭一场，这也是他短命的原因之一。不过，昆明从此有了调子会。

## 赛典赤微服私访的传说

忽必烈的大军占领了云南，由于军纪不严，骚扰百姓之事经常发生。百姓不得安宁，怨声载道，威胁着元朝的统治。

至元十一年（1274），忽必烈选派赛典赤出任云南平章政事。赛典赤到任之后，为了百姓安居乐业，他不是在府内深居简出认真办理政务，就是微服外出私访，打听民间疾苦，因此，许多人并不认识他。一日，他来到昆明东门外的金牛街，看见一个士兵在一家门口气势汹汹，大骂大嚷，手舞腰刀，声称要杀绝这一家人。

赛典赤走进了家门，见一年轻女子在一边嘤嘤啼哭，泪流满面。便问道："为什么吵闹？"那家人面面相觑，都不认识他，不敢言语。那个当兵的人高马大，仍然满不在乎地吵嚷不停。赛典赤靠近那个士兵和颜悦色地说："兄弟，好好地说，不必吓唬他们。"那个士兵听赛典赤是北方口音，误以为他是北方来的生人。于是，他乜斜了赛典赤一眼，开口说："不由你管，滚开！"

赛典赤马上把他的外衣脱掉，露出官服，那兵吓慌了，连忙跪拜在地。这家老妇也跪禀道："我的这个女儿明天就要出嫁了，这位兵爷按照他们的规矩，强迫女儿今晚要先与他同房。我祈求他饶过我们，他便说要杀死我们一家人。"

赛典赤听了，怒不可遏，便把这个士兵的腰刀夺过来，当场处决。赛典赤在云南主政六年，为百姓做了许多好事。他死后，官府封赠他为"咸阳王"。

## 滇池和睡美人山的传说

很早以前，昆明一带没有湖泊，也没有小溪，只有一片贫瘠的土地。成千上万顷土地都是靠天吃饭，不知从何时起，这里再也没有一滴雨，田野变得干裂荒芜。一个年轻的猎手，为了给昆明寻找水源，告别了新婚的妻子，走了不知多少年，终于来到了东海，他在海边看到了一只鹰从海面叼起一条小红鱼，他一箭射下老鹰，救了小红鱼，没想到这条小红鱼是东海龙王的三公主。龙王看青年猎手英武善良，就想把女儿嫁给青年猎手，青年猎手执意不肯，龙王硬将猎手变成了一条小黄龙。小黄龙忘不了妻子和家乡。一天，他趁龙王不备，放开量喝足东海水后，飞回了昆明。然而妻子由于思念过度而死，化作睡美人山，小黄龙悲痛欲绝，吐完肚中的海水，撞山而亡。他吐出的东海水汇成了滇池，从此，有了滇池水的昆明变得富饶而美丽。

## 滇池与长虫山的传说

传说在远古时候，滇池洋洋万里，浩瀚无边，水产资源极为丰富，养育着古滇国的数万渔民。有个渔家姑娘名叫阿秀，她不仅生得容貌端庄，体态丰满，而且心灵手巧，心地善良，简直可以说是仙女下凡。她和一个名叫阿根的渔家小伙相恋，可谓自幼青梅竹马，长大形影成双。正当花好月圆，准备成婚之际，却被一个渔霸搅散。这渔霸垂涎于阿秀的容貌，要强娶阿秀为妾。阿秀坚贞不屈，渔霸恼羞成怒，竟放出口风，要杀害阿根及阿秀父母。阿秀为了保全父母及恋人的生命，也是为了保持自己的名节，在万般无奈之下，含恨跳进了滇池。

阿根失去恋人，痛苦万分。他很想杀死渔霸为阿秀报仇，也很想找到阿秀好最后看她一眼，可是，面对有权有势的渔霸，面对浩瀚无边的滇池，他一个贫苦渔民，显然是无能为力的。然而，仇恨入心要发芽。阿根为了报仇雪恨，也是为了能找到阿秀，便愤然离家，四处学艺。

终于在几年之后，他学到了极高的武功和吞吐变化之术。他处决了作恶多端的渔霸之后，便化作一条巨蛇，伏卧在滇池北岸，他不惜吸干滇池之水，也要找到他心爱的阿秀。就这样，他年复一年，日夜不停地吞吸着滇池湖水，一边吞吸，一边排放在四川的嘉陵江里。于是，滇池越来越小，而西山则渐渐地露出头来，直到阿秀姑娘——西山睡美人，完全脱离水面，静静地躺在滇池西边。而阿根自己由于常年不息地劳累，也耗尽功力，于是他深情地望了阿秀一眼，便悄然无息地躺在了滇池北岸。

正因为有此传说，加上四周的山形地貌，孙髯在他的长联里才热情洋溢地写道："东骧神骏，西翥灵仪，北走蜿蜒，南翔缟素……"而当地的老百姓们却为阿根留下了这样一句话："昆明有个长虫山，吃云南，尿四川。"

而事也凑巧，若要全面地眺望滇池和西山的睡美人，其最佳位置，还要数长虫山。似乎冥冥之中，滇池、西山、长虫山，就存在着某种联系。

## 滇池与灯挂山的传说

在美丽的西山脚下，壮丽的滇池湖边，曾流传着这样一个故事：说在远古的时候，滇池西岸有一个村落，村里的男人们大多以打鱼为生，妇女们则在村后的山坡上种植水果蔬菜，日子过得舒适惬意。尤其是从西山睡美人胸部流下的那股山泉，既有日月的光华，又凝聚了山川的灵气，且周年四季宛转于浓荫之下、岩石之间，像甘美的乳汁一样，养育着这个村里的人们。在灵山秀水的熏陶下，这里的妇女不仅温柔善良，且容貌像睡美人一样丰姿绰约；男人们则勤劳勇敢，其胸怀像滇池一样宽广。

说某一年夏季鱼汛期，滇池里的鱼虾特别多，村里其他渔船不计较鱼虾的种类大小，所以到傍晚时分便满载而归。村里有一对中年夫妇，结婚多年没有生儿育女，夫妇俩常到村旁的云华寺里烧香拜佛，祈盼送子娘娘（观音菩萨）能大发慈悲，给他们一男半女。和尚师父看在夫妇俩虔诚礼佛的份上，便指点他们说："一味的烧香拜佛没有用，佛祖有好生之德，故而每个寺院里都设有放生池，目的是教化人们要爱惜动物，尤其要保护年幼动物。佛祖说'人相众生相'，即所有动物和人一样，都具有佛性。你们想啊，人活到七八十岁死去，很正常；但若是婴幼儿死去，大家都会觉得很伤心。你们捕鱼为生，并无大错，但若把出生不久的小鱼小虾也一网打尽，那就是罪过了……"

夫妇俩接受了和尚师父的教化后，男的出去捕鱼就特别留心，小鱼小虾即便挂在网上，也会耐心地把它们解开，让它们欢快地生活在滇池里，偶尔有些半大鱼来不及解开，则由妇人带到云华寺的放生池里，让它们继续存活。不久，他们果然有了第一个孩子，接着还有了第二个、第三个……

孩子有了，当然皆大欢喜，而他们养成的解放小鱼小虾的善举，却也成了习惯。这样一来，男的下海捕鱼的时间就越来越长，因为他每天都要花时间解开那些小鱼小虾；而女的经常到寺里的放生池安放那些半大鱼，久而久之的听经闻法，便成了虔诚的佛门弟子——在家居士。

也不知从什么时候起，每当那男的外出捕鱼天黑未归时，村后的山上就有一团火光，像灯笼一样高挂于山顶，似乎在照亮着他的回家之路。于是，从那时候起，这座山便有了一个正式的名字——"灯挂山"。

为何会有如此之怪的事呢？当年云华寺的和尚师父是这样解释的，他说：万物皆有灵性，皆有感恩之心，放生池里的鱼，有感于这对夫妇的放生之德，故将自身的鱼鳞之光汇成一团，好照亮恩人的回家之路；而滇池里出现万朵莲花，是那些被放生的小鱼小虾幻化而成的，在它们看来，它们的恩人为求子而拜佛，因拜佛而行善，因行善而得道，因而在恩人得道成佛的时候，汇聚在一起，摇头摆尾，幻化出万朵莲花，既表示对恩人的感激，也为他们得道成佛表示祝贺！

## 霖雨桥的传说

霖雨桥横跨盘龙江，长约37米，宽约10米，属三拱石桥，处盘龙江中游。

盘龙江是注入滇池最大的河流，在汉代以前，名昆川，后因小河村一盘龙桥而得名盘龙江。其源头在嵩明县西北10千米梁王山西部黄龙潭。潭水经牧羊河南流与甸尾河汇合自三家村北流入松华坝后纵贯昆明流入滇池，全长107.5千米，流域面积847平方千米。

霖雨桥始建于明代，后被洪水冲损，清康熙四十九年（1710），郡人熊兆武等筹款重修。嘉庆四年（1799），云南巡抚初彭龄又修碑刻记此事，现碑已遗失。

明清年间，此桥为嵩明、寻甸二州州官百姓往返昆明必经之桥。元、明、清3代，桥两岸为军民屯垦之所，同时是昆明官府百姓到黑龙宫祈雨必经之桥。清朝末年，有法国人拍摄此桥的照片。

据说，清朝太子少保云南总督岑毓英由京城来云南上任，途中遇一道士何光舟与其同行，途中道士得总督照应，与总督同吃、同住结为良友，到昆明分手时，道士感念总督路途照应，许诺："若岑毓英遇有难事可到黑龙潭来会，定相助。"

岑毓英到任后，云南连续3年天旱无雨，大地龟裂，百姓苦不堪言，各地百姓官员纷纷烧香求雨，但仍无滴雨。岑毓英总督深感焦虑，忽忆起3年前与何道士别时相许。即选吉日，号令全城斋戒3日，禁屠3日，其亲自到黑龙潭请何道士祈雨，至黑龙潭，见黑龙潭龙泉观主静虚道长相谈方知何光舟道士为云南龙王住黑龙潭。

总督即至黑龙潭观正殿上香，躬身祷告，至黑龙潭前会龙王金身，文武会龙王。总督打轿回府时，一路大雨随轿同行，抬轿者轿前烈日高照，晒得大汗淋漓，轿后电闪雷鸣，瓢泼大雨淋得轿后者喘不过气来，轿前人要赶回休息，轿后人要停下避雨，两轿夫一路吵嚷不休，行至一大石桥，轿内总督无奈，对轿外大声念道："谢谢龙王，免送！"此时轿行至石桥正中，大雨忽停，只见石桥一面为雨水洗得一尘不染，一面被太阳晒得石头发烫。自从岑毓英总督上香后，连降大雨，旱情解除。从此，昆明坝子连年风调雨顺，百姓丰衣足食。石桥因干旱逢大雨，而得名霖雨桥。

## 滇池之源匾额楹联的神奇故事

滇池之源就是盘龙江的源头。盘龙江是滇池35条入湖河道中最大、最长、流域面积最广的河流，其年径流量占全流域的42%。在该流域的源头有两座寺庙，庙里悬挂着众多匾额和楹联。其中挂在青龙宫寺庙的"盘江之源"和黑龙宫的"盘江昭佑"匾额，以及"踞盘龙宝象上游为霖为雨，溉金马碧鸡全郡利物利人"的楹联最为醒目、神奇和意义深远。

### "盘江昭佑"匾额的故事

盘龙江源头黑龙宫龙王殿悬挂着一块"盘江昭佑"的巨幅匾额，十分精致，精致到匾额边框上雕刻着7条龙，加上匾额正中御笔之宝上方玉玺周围的2条龙一共9条护着"盘江昭佑"4个大字，十分珍贵。其匾文是清朝光绪皇帝亲笔撰写，赐给云南省府，在全国来说，一国之君为一条河流的保护题词下诏实属罕见；其匾文意义十分深刻，深刻到向云南省宣布盘龙江在省府所在地昆明的地位十分显赫，它是这一区域各级官员、黎民百姓的生存、生活、经济发展的保护神。

据说，光绪皇帝的题词"盘江昭佑"，是时任云贵总督的岑毓英，回北京向清廷述职时，谈到了盘龙江对滇池和云南府所在地的重要性，是滇池的主要入湖河道，对昆明及其流域人民生活、社会经济有着直接影响。鉴于此情，请求圣上下旨；后来，光绪皇帝于光绪十三年季春下浣日（1887年3月下旬），撰写了"盘江昭佑"4个大字赐给云南省府，后经精心制作成一块九龙巨匾，送到盘龙江源头的黑龙宫黑龙殿悬挂至今。

### 陈荣昌对联的故事

民国十年三月（1921年4月），云南省著名的教育家、书法家陈荣昌先生，在光绪皇帝就盘龙江的重要性赐给云南省府的"盘江昭佑"匾额的感召下，在该匾额的两边撰写了"踞盘龙宝象上游为霖为雨，溉金马碧鸡全郡利物利人"的对联。这副对联的意思是：地处盘龙江、宝象河上游的泉水就像甘露甘霖一样，灌溉和滋润着昆明地区的土地，有利于这座城市和人民生存和发展。陈荣昌先生用高度概括、画龙点睛的手法，将盘龙江源头黑龙宫等地的清泉，对昆明国计民生休戚相关的重要意义，写得十分贴切和淋漓尽致，世人叫绝。这副对联就竖挂在"盘江昭佑"下方左右两旁，至今也有98年了。

### "盘江之源"匾额的故事

民国壬戌年三月（1922年4月），陈荣昌先生受当地42位地方绅士和名人的委托，为保护好滇池源头乃至盘龙江源头的水源，撰写了"盘江之源"4个大字，后被制作成一块巨匾，悬挂在青龙宫正殿上方，直至1966年"文革"期间作为"四旧"之物被拆下弃之，不知落到何处。

直到1983年，国家环保局、云南省科委联合开展对松华坝水源保护区多学科综合考察，这一课题是由昆明市环保局提出并承担组织实施。时任昆明市环保局大自然保护处处长李国春同志，是这一课题的主要负责人之一，他组织有关科技工作者对保护区源头的文物古迹、古树名木现场清理考察时，在青龙宫大门对面戏台下猪厩门口神奇地发现了已失落多年的重点文物陈荣昌先生的墨宝"盘江之源"（长335厘米、宽102厘米）匾额，字迹已被猪粪、污物黏糊的什么都看不清了。后来，李国春同志动员本处参加科考的同志，将这块匾额抬到青龙潭出水口，小心地用手和水清洗后，晒干，拍下了照片，并将匾额实物交给当地白邑乡政府修葺一新，悬挂在青龙宫正殿，使这块文物失而复得，悬挂至今。从民国十一年（1922）开始计算，至今已近百年。从1983年重新悬挂到2019年，也有36年时间了。

# 第四章 历史人物

## 第一节 秦汉人物

### 庄 蹻

庄蹻（生卒不详），楚国人。《史记·西南夷列传》载："始楚威王时，使将军庄蹻将兵循江上，略巴、黔中以西。庄蹻者，故楚庄王苗裔也。蹻至滇池，（地）方三百里，旁平地，肥饶数千里，以兵威定属楚。欲归报，会秦击夺楚巴、黔中郡，道塞不通，因还，以其众王滇，变服，从其俗，以长之……"即说：约公元前298年，庄蹻率一支数千人军队，从楚国（今湖北江陵）出发，选择"济湘沅以南征"的路线，由湘西入贵阳到贵州西部夜郎，再沿今滇黔路进入滇池地区。到达滇池地区时，当地的"靡莫之属"已在滇池周围开垦大片肥沃的土地。庄蹻"以兵威"降服了当地的"靡莫"等部落。正当要归报楚国时，公元前280年，秦将司马错攻克黔中，阻断了归路。庄蹻遂"变服从其俗，以长之"，定都晋宁，成为有史记载的"滇王"。庄蹻作为内地第一个开发西南边疆的历史人物，把楚国的先进文化和生产技术带到了滇池地区，加速了当地社会的发展，促进了民族交流，为秦汉时期在云南设置郡县创造了条件，推动了统一的、多民族国家的形成和发展。

### 尝 羌

尝羌（生卒不详），滇国人（一说为庄蹻后裔，无实证）。《史记·西南夷列传》载："天子乃令王然于间出西夷西，指求身毒国。至滇，滇王尝羌乃留，为求道西十余辈。岁余皆闭昆明，莫能通身毒国。滇王与汉使者言曰：'汉孰与我大？'及夜郎侯亦然。以道不通故，各自以为一州主，不知汉广大。使者还，因盛言滇大国，足事亲附。天子注意焉……元封二年，天子发巴蜀兵击灭劳浸、靡莫，以兵临滇……举国降，请置使入朝。于是以益州为郡，赐滇王王印，复长其民。"即说：汉元狩元年（前122），汉武帝遣王然于、柏始昌、吕越等人求通身毒（今印度）通道，至滇，羌时为滇王，派使十余人为其求道，皆为昆明部落（今洱海一带）所阻，未能如愿。元封二年（前109），汉兵临滇，举国降，获赐滇王金印，复长其民。尝羌任滇王时，为促进滇池地区的发展，顾全大局，同意在云南开拓通向身毒（印度）的商道。滇池羌人为中国南方丝绸之路的开拓，立下不朽功绩。尝羌在滇池地区完整保护地方文化的同时，亦吸收中原先进的华夏文化，学习先进的农业生产方法，着重引进手工业生产方面的先进技术，为滇池地区的农业发展、手工业制作，起到了推动作用。

# 王然于

王然于（生卒不详），西汉使臣。《史记·西南夷列传》载："上使王然于，以越破及诛南夷兵威风喻滇王入朝。滇王者，其众数万人，其旁东北有劳浸、靡莫，皆同姓相扶，未肯听。劳浸、靡莫数侵犯使者吏卒。元封二年（前109），天子发巴蜀兵击灭劳浸、靡莫，以兵临滇。滇王始首善，以故弗诛。滇王离难西南夷，举国降，请置吏入朝。于是以为益州郡，赐滇王王印，复长其民。"即王然于多次到达滇池，劝尝羌入朝归汉，但滇池东北的劳浸、靡莫两部落不愿听从，坚决反对。于元封二年，西汉王朝派巴蜀兵数万，征灭了滇国的劳浸、靡莫部落之后，已知四川、贵州等邻里羌人地区已经降服，尝羌便归顺了西汉王朝。西汉王朝其京都在陕西长安，对云南鞭长莫及，为安定云南，在滇池区域设置益州郡，封尝羌为滇王，统管云南的滇池地区，并赐予尝羌"滇王之印"。王然于多次出使滇国，对促使滇国归属汉朝做出过重大贡献。

# 郭　昌

郭昌（生卒不详），西汉云中人。曾以校尉身份随大将军卫青攻打匈奴。南粤叛乱时，任中郎将，率兵攻打南粤，平叛后时值且兰首领叛乱，于是和卫广在返还的途中，惩罚了隔绝汉朝通往滇国道路上的且兰，斩首好几万人。汉朝接着平定南夷，以其地作为牂牁郡。《汉书·西南夷两粤朝鲜传》载："及至南粤反，上使驰义侯因犍为发南夷兵。且兰君恐远行，旁国虏其老弱，乃与其众反，杀使者及犍为太守。汉乃发巴蜀罪人当击南粤者八校尉击之。会越已破，汉八校尉不下，中郎将郭昌、卫广引兵还，行诛隔滇道者且兰，斩首数万，遂平南夷为牂牁郡（今贵阳）。"传说滇池地区为纪念郭昌，曾将滇池东岸命名为"郭昌县"，并建有郭昌城。后来滇人认为不妥，遂改为谷昌县、谷昌城。

# 苏　文

苏文（生卒不详），又名苏文达，东汉人。据《先王先帝考碑》载，东汉建武丙辰年（56），东汉有将领苏文达，随伏波将军马援南征交趾（今越南），交趾事平，苏文因瘴气所袭，身染重病，便滞留滇中。次年，苏文路过新罗邑（今安宁），与郡主阿树罗相遇，彼此一见钟情，遂偕游于螳螂川畔。因见凤岭山下白气氤氲，蒸腾不已，便四处考察，终于在环云岩下发现温泉，于是召工开劈，修凿成可以洗澡的池塘，由此开创了一方名胜。近代考古学家郭沫若有诗言及此事："泉号安宁水甚温，汉时开拓忆苏文……"现今环云岩上刻有普明和尚的《醒世石》一诗，也有所记述。

# 第二节　魏晋人物

## 李　恢

李恢（？—231），字德昂，建宁俞元（今澄江）人。东汉末年，任都督邮，因犯事免官。托名郡使北谒刘备，备遣其至汉中，授功曹书助主簿。章武元年（221），为庲降都督，使持节领交州刺史，驻平夷（今贵州毕节）。时值高定、雍闿、朱褒等人叛乱，诸葛南征时，令其率军赴益州郡，被困于昆明，以计破敌后，乘胜追击，多方征讨。南中平定后，以军功封汉兴亭侯，加安汉将军。建兴七年（229），任建宁太守，还居曲靖。

## 李　毅

李毅（？—306），四川广汉人。晋初为广汉郡主簿，后任王逊部参军。太康三年（282），为南夷校尉，持节统兵镇守南中（即云南大部及川黔部分）。太安元年（302），犍为、朱提等大姓叛乱，征讨平息后，复置宁州郡于晋宁，为刺史，加龙骧将军，封成都县侯。后诸夷复乱，围攻郡城（晋宁古城），当时中原亦乱，救援不至，固守四年，劳苦成疾。当时，其女李秀（小字秀娘），代父披甲御敌，成为巾帼美谈。

## 爨　习

爨习（生卒不详），三国时建宁郡人。曾为建伶（今昆阳）县令，是建宁郡督邮李恢之姑父。爨习时有违犯之事，李恢欲请坐罪免官，太守董和以爨习为地方大姓，不宜治罪及坐罪。建兴三年（225），诸葛平定南中，收其俊杰，以之为官属，官拜领军。建兴六年（228），升为偏将军。街亭之败，诸葛请自贬，爨习亦随之自劾……由此之后，爨氏家族雄踞南中，对云南的统治，历经魏、晋、隋近400年，其中，以爨龙颜、爨瓒、爨震为代表人物。

## 爨龙颜

爨龙颜（生卒不详），晋代建宁郡人。是西晋时云南爨氏政权继承者，历任建宁、晋宁二郡太守及宁州刺史。爨氏对滇池地区的经营，至414年爨龙颜担任晋宁太守时，臻于极盛。《爨龙颜碑》载："考（爨龙颜），龙骧辅国将军八郡监军，晋宁、建宁二郡太守，追谥宁州刺史、邛都县侯。金紫累迹，朱黻充庭。"称此为"剖符本邦，衣锦昼游，民歌其德，士咏其风。"到隋朝初建，云南滇池地区正值其后裔爨瓒、爨震执政时代，"户口殷众，金宝富饶""多骏马、犀象、明珠"，是当时西南地区经济较为繁荣时期。

# 第三节　唐宋人物

## 阁逻凤

阁罗凤（？—778），亦作阁逻凤、觉罗凤，南诏王皮逻阁之子。其父皮逻阁在唐王朝扶持下统一六诏，唐朝封其为云南王。748年，皮逻阁死，阁罗凤继位，袭封。开元二十六年（738），唐朝授其右领军卫大将军兼阳瓜州刺史。天宝二年（743），迁左金吾卫大将军。后拜特进王，都知兵马大将。其间，曾纵马扬鞭于滇池地区，发出了"山河可以做藩屏，川陆可以养人民"的感慨，遂后命其长子凤迦异在现今的盘龙江东岸，修建拓东城。

## 凤迦异

凤迦异（733—？），南诏王阁罗凤之子。《南诏德化碑》载："天宝七载（748年），先王（皮逻阁）即世。皇上念功旌孝，悼往抚存，遣中使黎敬义持节册袭云南王。长男凤迦异，时年十岁，以天宝入朝，授鸿胪少卿，因册袭次，加授上卿，兼阳瓜州刺史，都知兵马大将。"765年，凤迦异奉命在现今盘龙江东岸修建拓东城。拓东城之名，寓南诏"开拓东境"之意。在南诏的经营下，昆明拓东城成为仅次于大理太和城的第二政治、经济、军事和文化中心，号称东都。拓东城地位十分重要，成为南诏控制滇中、滇西、滇南的门户。据《云南图经志》载，拓东城旧址大约是东起金汁河，西至盘龙江，北抵南太桥，南达佴家湾。凤迦异英年早逝，未能继承王位。

## 劝丰祐

劝丰祐（？—859），一作丰祐，寻阁劝之子，劝利晟之弟，南诏第七代国王。唐长庆四年（824），唐遣韦审规执节册立为南诏王。大和三年（829），命王嵯颠攻蜀，掠回经书、宝货及子女工匠数万人，四川工技文织，自此传入云南。次年上表谢罪，屡遣使入朝，复与唐通。太和六年（832），出兵掠骠国（今缅甸）民众3000余人充实拓东城（今昆明）。开成元年（836），立教官以教国人。大中十年（856），建五华楼，会西南夷十六国君长，树碑于金马山。大中十二年（858），遣段酋迁攻陷安南（今越南）都护府，发兵戍守。时值狮子国（今斯里兰卡）攻占缅甸，遣段宗版出兵救缅。后建东西寺塔及妙应寺塔于拓东城。在位35年，谥昭成王。

## 段素兴

段素兴（生卒不详），大理国王段素真之孙，祖父禅位为僧后，继立为帝。其人性好游狎，又好大喜功。史载："广营宫室于东京（昆明），多植花草，于春登堤上植黄花，名'绕道金棱'，云津桥上种白花，名'萦城银棱'。"即金汁河、银汁河的来历。且"每春月，挟妓载酒，自玉案三泉，溯为九曲流觞。男女列坐，斗草簪花，昼夜行乐"。据说素馨花就因他而得名，"花中有素馨者，以素兴爱之，故名"。段素兴喜欢花草，日子过得风流快活，"又有花遇歌则开，有草遇舞则动"，于是段素兴"令歌者傍花，舞者傍草"。"素兴在位，荒淫日甚"，结果被相国高氏所废，立段思平之玄孙段思廉为帝。

## 高智升

高智升（生卒不详），大理国岳侯高方后裔。宋嘉祐八年（1063），因镇压杨允贤有功，被赐予白崖、和甸地，世官世禄，管土管民。不久晋爵为鄯阐（昆明）侯，成为拥有昆明及周围地区的大领主。1063年，在西山修建别墅，其后人高贤命名为华亭山，由此成为高家游宴之地。宋元丰三年（1080），因另一权臣杨义贞刺杀第十二世国王段廉义并自称"广安皇帝"，遂命其子高升泰起兵灭杨，立段廉义之侄段寿辉为君，因功封"布燮"，其子高升泰为鄯阐侯，又乘势将子孙安置到"八府四郡四镇"为官。1081年，高智升与高升泰逼迫段寿辉退位出家，拥立段正明即位。高升泰被封为清平官（宰相），开始专政。1094年，其子高升泰废段正明，自立为帝，改国号为"大中国"，史称"大中"，高升泰即为"大中国正德皇帝"，简称"正德帝"。同时追谥其父高智升为"文戎天佑安邦皇帝"，庙号"太祖"。

## 高升泰

高升泰（？—1096），北宋时云南"大中国"国君，曾任大理国相国（宰相）、鄯阐侯。元丰三年（1080），起兵讨伐篡夺大理国君主之位的杨义贞，复立段氏为大理国主。绍圣元年（1094），自立为王，国号"大中"，在位两年，临终遗命还政于段氏。高升泰在位前后两年，某日晚饭后，忽觉头晕，次日仍没好转，反目斜口吃，四肢瘫痪，方知患了头风。高升泰自知难以康复，便嘱其子高泰明，要其归还段氏皇位。绍圣三年（1096），病重七日后去世，以国礼安葬。谥号"富有圣德表正皇帝"。其子高泰明遵从遗志，立段正明之弟段正淳为帝。此后，高氏家族世代为相，与段氏家族相始终。现存地藏寺经幢，便是大理国布燮（官名）袁豆光为纪念鄯阐侯之子高明生而建造的。

# 第四节　元代人物

## 忽哥赤

忽哥赤（生卒不详），元世祖忽必烈第五子。至元四年（1267），首封云南王，赐驼纽鋈金银印。九月，置大理等处行六部，以阔阔带、柴桢并为尚书，兼王傅府尉；宁源为侍郎，兼司马。奉诏抚谕大理、鄯阐（昆明）、察罕章（丽江）、金齿（保山）等处吏民；编户籍，俾出赋役，置达鲁花赤统治之。时大理等处三十七部宣慰都元帅宝合丁，忌恨忽哥赤来滇，某日宴请忽哥赤，使其中毒，一夕卒。宝合丁贿王傅、阔阔带及阿老瓦丁、亦速失等知事。而王府文学张立道密遣人至京师告变，世祖使断事官博罗欢、吏部尚书别帖木儿驰驺至云南，按之，宝合丁及阔阔带等皆伏诛。自忽哥赤以后，依次有南平王秃鲁镇守云南；至元十七年（1280），忽哥赤之子也先帖木儿封云南王；至元二十七年（1290），忽必烈之孙甘麻剌首封梁王；至元三十年（1293），甘麻剌之子松山封梁王；至大二年（1309），忽必烈七子奥鲁赤之孙老的（脱脱）封梁王、云南王……

## 赛典赤·赡思丁

赛典赤·赡思丁（1211—1279），一名乌马儿，中亚别庵伯尔之后。成吉思汗西征时，以部迎降，任御前侍卫。历任陕西、四川行中书省平章政事（省长）。至元十一年（1274），任云南行中书省平章政事。至滇，奏改万户、千户为令长，置路、府、州、县。建孔子庙，创明伦堂，且购经史，立学堂，教民礼义。兴农事，建屯田，倡水利，首建云南行省，首建松华坝大型水利工程并安抚交趾（越南），约为兄弟，交趾王亲自至云南谢罪，愿永为藩臣。释放夷之当诛者，各民族翕然款附。在滇6年，善政甚多。至卒，百姓哭巷。有诏敕云南省臣，尽守其成规，不得辄改。封上柱国，赠咸阳王，谥忠惠。

## 张立道

张立道（？—1298），字显卿，河北大名人。至元四年（1267），皇子忽哥赤封云南王，以其为王府文学，署大理等处劝农官兼领屯田事。巡使安南，定岁贡之礼。平宝合丁之乱，授大理等处巡行劝农使，佩金符。治滇池，得田万余顷，教民蚕桑，安抚边民。历任中庆路总管、临安广西道宣抚使兼管军招讨使。所至倡建孔庙，置学舍，教子弟，书清白之训于公廨，以警贪墨，风化大行。至元二十七年（1290），再使安南（越南），抚慰其王。大德二年（1298），拜云南行省参政。著有《效古集》《平蜀总论》《安南录》《云南风土记》《六诏通说》等传世。

## 纳速剌丁

纳速剌丁（？—1292），赛典赤之长子，元朝著名政治家。1260年随兀良哈台进入云南，先后任安南（越南）达鲁花赤、云南诸路宣慰使都元帅。1274年赛典赤任云南平章政事后，纳速剌丁为主要助手，对稳定元初云南局面有重要贡献。赛典赤去世后，纳速剌丁受命担任云南行中书省左丞，不久升为右丞。1284年任云南行省平章政事，对云南社会经济的进一步发展做出过重大贡献。1291年调任陕西行省平章政事。1292年卒，追封延安王。

## 雄　辩

雄辩（1228—1301），俗姓李，鄯阐（昆明）人。早期随大理国国师杨子云研习佛法，元宪宗五年（1255），至内地游学，研习禅宗教义，先后拜过4位高僧为师，成为博学的高僧，元世祖忽必烈赐其法号"洪镜"。游历15年回滇，梁王以师事之。在筇竹寺任住持时，曾以彝、僰语言讲解《法华经》《维摩经》等佛典20余年，有"云南禅宗第一师"之称。大德四年（1300），将"山门法席"——衣钵传给弟子玄坚。圆寂后，其弟子玄坚，建塔于筇竹寺后院。

# 王 昇

王昇（1285—1354），字彦高，号止庵，昆明晋宁人。其曾祖父王世系少数民族首领，祖父王连继承王世职位。在元兵进攻云南时率部归降，家也迁至昆明。其父王惠，在元朝先做屯田大使，后任昆明、宜良、寻甸等县尹。王昇年轻时寡言慎行，就学于多位来自中原的饱学之士门下，终于脱颖而出，被任命为仁德府（今寻甸）儒学教授，后来升任云南诸路儒学提举，主管云南全省儒学教育。王昇的《滇池赋》，对云南700多年前的"高原明珠"——滇池，有细致的描述，开篇就点明滇池的地理位置，接着用细腻的白描手法，为读者展现了滇池如画的美景。寥寥几笔之后，又从滇池的来源和流向展开一段壮烈奔腾的宏伟画面，电光石火，抑扬顿挫。文字优美、对仗工整、辙韵严谨、朗朗上口。"碧鸡峭拔而岌嶪，金马逶迤而玲珑；玉案峨峨而耸翠，商山隐隐而攒穹；五华钟造化之秀，三市当闾阎之冲；双塔挺擎天之势，一桥横贯日之虹"的景物描写，歌颂了滇池的美丽和昆明的繁荣，后人称之为"元代昆明八景"，影响至今。《滇池赋》一经问世，便在中国文坛上引起轰动，举国上下对云南文学刮目相看，云南人也以家乡出了王昇这样的作家而感到自豪。王昇由此成了云南文学的一个坐标。

# 玄 鉴

玄鉴（1276—1313），字无照，俗姓高，曲靖普鲁吉人。6岁时，随父至安宁（安宁时为州府所在地），并在虎丘寺出家。先拜云岩净和尚为师，又随雄辩法师学习教观。随后在20岁时便离开云南。"吴山楚水，两脚踏穿"，独自一人，远行一万八千千米，到浙江天目山参见高峰本祖……后在中峰妙祖门下修习禅宗心法……于1302年返回云南，先后在安国寺、正法寺宣讲《六祖坛经》，因而名声大振。大德十年（1306），云南梁王松山下令建梵刹，"一载而成，赐寺额曰佛严，山曰太华"。延请玄鉴无照住持，由此成为太华寺"开山第一祖"。

# 把匝剌瓦尔密

把匝剌瓦尔密（？—1382），最后一任梁王。1363年，四川红巾军将领明玉珍率兵3万人攻打云南，"屯兵金马山，虎视中庆城"，梁王被迫逃奔楚雄，向大理总管段功求助，段功和明玉珍大战于吕阁关，保住云南后，段功夜袭古田寺，用火攻击败明玉珍，并收复中庆路，夺回昆明城。战后，梁王保荐段功为云南省平章政事，并将女儿阿穄嫁予段功。2年后，梁王怀疑段功有并吞云南全境之野心，因而要阿穄将段功毒杀，阿穄不忍下手，并将一切告知段功。段功不信，最终被梁王派人刺杀，阿穄也殉情自尽。1382年1月，把匝剌瓦尔密从昆明逃至晋宁，焚毁了其龙衣（王袍），把妻儿赶入滇池赴死，自己和左丞达德、右丞绿尔等夜入草舍，自杀身亡。

## 阿蘩

阿蘩（生卒不详），元梁王把匝剌瓦尔密之女。因大理总管段功御红巾军有功，梁王保举段为云南平章政事，并将阿蘩许配段功。后梁王怀疑段功有"吞金马咽碧鸡之心"，令阿蘩以孔雀胆毒之。阿蘩不忍，劝段功速回大理，段功不以为然。次日，梁王邀段功赴寺演梵，行至通济桥时将段功暗杀。阿蘩闻之，痛不欲生，悲愤中作诗自悼："吾家住在雁门深，一片闲云到滇海。心悬明月照青天，青天不语今三载……"遂绝食而亡。后人在西寺塔旁建祠，纪念阿蘩与段功，称为"阿姑祠"。

# 第五节 明代人物

## 沐 英

沐英（1344—1392），字文英，安徽定远人，明洪武帝朱元璋之义子。18岁时被授帐前都尉，随后以副帅之职随邓愈征讨吐蕃，因军功卓著被封西平侯，赐丹书铁券。1381年，朱元璋命傅友德、蓝玉、沐英率兵征云南。云南平定后，沐英留滇镇守。期间，建"卫所屯田制"。卫所制即卫下有所，所下有堡，堡下有哨三级军事系统。其卫所还是农业生产单位，有事出征，无事务农。屯田制又分为军屯、民屯、商屯，在没有工业生产的当时，"卫所屯田制"的确是一项英明举措。其在滇10年间，大兴屯田，劝课农桑，礼贤兴学，传播中原文化，使边疆安定团结，因而受民众欢迎。他还以云南地多人少为由，先后分三次从四川、湖南、陕西等地抽调了10多万名精壮士兵来云南从事军屯，随士兵而来的家眷则安排从事民屯；并用强制手段将江南一带的豪商大贾迁至云南从事商屯，把各地犯了法但罪不至死的犯人"充军发配"来云南。这样，既增加了云南人口，又改变了云南民族结构，于军事、经济、文化的发展来说，可谓一举多得。1392年，病逝于云南任所，年仅48岁。

## 刘渊然

刘渊然（1351—1432），江西赣县人，道教长春派创始人，道号体玄子，明朝净明道第六代嗣师。据说幼年在祥符宫出家，得金火返还大丹之术，能呼召风雷。洪武二十六年（1393），被太祖朱元璋召入禁中，试以道术，果然灵验，遂赐号"高道"。永乐元年（1403），刘渊然得罪权贵，先谪龙虎山，再谪云南龙泉观（今黑龙潭）。在云南广收门徒，扩建真武祠（今真庆观）。后因被明仁宗朱高炽赏识，于洪熙元年（1425）召回北京，住洞阳观，赐"冲虚至道玄妙无为光范演教长春真人"。曾向朝廷奏请"立云南、大理、金齿三道纪司，以植根其教派"。明宣宗时晋"大真人"，赐法衣宝剑。现黑龙潭公园有刘渊然的"万物滋生"4字符章石刻。此符章游龙走蛇，一气呵成，在光线折射下，凹字被看成凸字，俗称"凸字碑"。原碑已毁，现碑为清嘉庆三年（1798）重刻，为道教重要文物。

# 沐 春

沐春（1363—1398），黔宁王沐英之长子，明初著名军事将领。1392年沐英去世后，沐春继任父职，先后从南京迁来30多万人到云南屯田，使云南外来的汉族人口猛增40万，屯田总数超过100万亩。其在任7年，修屯政、辟农田、凿池河、灌良田，受到民间称赞。1398年因病去世，享年36岁，无子嗣，谥惠襄。

# 沐 晟

沐晟（1368—1439），字景茂，明朝初期将领，黔宁王沐英次子。少年时深受明太祖朱元璋喜爱，后任后军左都督。建文元年（1399）封侯，讨伐平定麓川。永乐元年（1403），明成祖朱棣命沐晟为征夷左副将军，与朱能分兵进攻安南，沐晟从云南进攻，朱能从广西进攻，朱能在途中因病去世，由张玉之子张辅接替其职，2人在白鹤会师，打下重镇多邦，并擒拿黎季犛，论功封黔国公。

# 郑 和

郑和（1371—1433），原姓马，名和，小名三保，出生于云南昆阳宝山乡和代村，为赛典赤第六代孙。洪武八年（1375），明军围攻云南，马和因是"滇阳侯"的继承者，随家人欲逃往大理避难，在楚雄镇南（今南华）县被一姓郑的回民收养，改姓为郑。洪武十四年（1381），明军进攻云南至楚雄南华，郑和被明军副帅蓝玉掠至南京，阉割后送入朱棣燕王府做太监。在靖难之变中，郑和在河南郑州（一说在北京东坝村）为燕王朱棣立下战功。永乐二年（1404），朱棣提升郑和为内官监太监，官至四品，地位仅次于司礼监。郑和有勇有谋，知兵熟战，明成祖朱棣对他十分信赖。1405—1433年，郑和七下西洋，成为人类历史上的伟大壮举。宣德六年（1431），钦封郑和为三宝太监。宣德八年（1433）四月，郑和在印度西海岸古里去世，赐葬于南京牛首山。

# 兰 茂

兰茂（1397—1476），字廷秀，号芷庵，别号和光道人，嵩明杨林人，生性聪颖，勤奋好学，少通经史，旁及诸子百家。兰茂常年隐居乡里，采药行医，潜心著述，设馆授徒，人称"滇南小圣"，著有《玄壶集》《鉴例折衷》《经史余论》《韵略易通》《止庵吟稿》《安边策条》《声律发蒙》《医门揽要》《滇南本草》《性天风月通玄记》《山堂杂稿》等传世之作。其中《滇南本草》共载药物544种、附方剂500多种，为中国现存本草书籍中成书较早的一部。其诗词著作颇多，尤以《止庵吟稿》《玄壶集》为代表，或写景状物，或阐述人生哲理，或抒情言志，或讽喻现实，或评古论今，风格清新，脍炙人口。景泰五年（1454），写成南曲剧本《性天风月通玄记》。全剧通过一道人修行悟道之事，表达自己厌恶现实、追求自由的思想感情。全剧文辞优美，音韵和谐，反映了云南的山川风物，闪烁着云南高原的独特光彩，堪称云南最早的戏曲剧本。

## 杨一清

杨一清（1454—1530），字应宁，号邃庵，别号石淙，云南安宁人，明成化八年（1472）进士，曾任陕西按察副使兼督学。弘治十五年（1502），以南京太常寺卿都察院左题副都御史的身份出任督理陕西马政，后又三任三边总制，历经成化、弘治、正德、嘉靖4朝，号称"出将入相，文德武功"，才华堪与唐代名相姚崇媲美。其父杨景是化州同知，致仕后，居住于巴陵。后来因为父亲过世，搬到丹徒观音楼圆巷庵居住，原安宁印刷厂职工宿舍为杨一清故居。安宁温泉有杨一清回滇省亲时修建的"石淙别墅"。昆明翠湖北岸有纪念杨一清的"杨文襄公祠"，其楹联曰："名世五百年，文武经纶，公真不朽；故乡七十里，湖山俎豆，神其来歆。"后赠太保，谥文襄。

## 毛 玉

毛玉（？—1524），字国珍，一字用成，号琢庵，昆明西山人，为云南右卫屯田军人后代。毛玉自幼聪慧，很受乡人爱戴。弘治年间，毛玉捐资买地，在昆明创办书院教授学生，为昆明最早的民办书院之一。弘治十八年（1505），毛玉考中进士，初任行人司行人，正德五年（1510）升任南京礼科给事中（谏官，时称"给谏"）。此时，武宗信任太监，朝政污浊，盗贼四起。毛玉上疏弹劾华盖殿大学士焦芳、文渊阁大学士刘宇，指出焦、刘二人祸国殃民，"请显戮，以谢万姓"。为防备战乱，又建议加强南京防务。不久，焦、刘相继罢官，南京因戒备森严，"盗不敢犯"。此外，他所弹劾的还有40余人，所论皆较为客观恰当。嘉靖三年（1524），因"大礼议"之争，触怒嘉靖帝，被"廷杖"而死。隆庆元年（1567）毛玉始得平反，追赠光禄寺少卿。其子毛沂在西山普贤寺北侧修建琢庵祠以祀之。

## 杨 慎

杨慎（1488—1559），字用修，号升庵，四川新都人，正德六年（1511）状元，官至翰林院修撰，豫修《武宗实录》。武宗微行出居庸关，上疏抗谏。世宗继位，任经筵讲官。嘉靖三年（1524），因"大礼议"受廷杖，谪戍云南永昌卫所（今保山）。后从保山到大理、建水、安宁游历了一番后，最终落脚于毛玉之子毛沂为他建造的"海庄"，后被杨慎改称为"碧峣精舍"。"海庄"位于西山高峣普贤寺南侧，与普贤寺、琢庵祠并列。杨慎以被逐罪臣身份，凭自己苦学、实践、记忆，在云南时写出了不少笔记、选本以及许多注释性书籍，如《南诏野史》《云南通志》《云南山川志》《滇候记》《南中志》《滇载记》《记古滇说》等书。据《升庵年谱》载，杨慎平生著作有400余种。所以，《升庵外集》序称："国初迄于嘉隆，文人学士著述之富，毋逾升庵先生者。"为云南文化做出了重大贡献，昆明人耳熟能详的"蘋香波暖泛云津，渔枻樵歌曲水滨。天气常如二三月，花枝不断四时春"就出自他所撰写的《滇海曲》。

## 顾应祥

顾应祥（1483—1565），字惟贤，号箬溪，江苏吴县人，明弘治十八年（1505）进士，正德三年（1508）授江西饶州（今江西鄱阳）推官，嘉靖六年（1527）迁山东布政使，不久任察院右副都御史，巡抚云南。云南任上，极意经略，定永昌府（今保山）腾越诸卫署，添设永昌等府县师儒，颁王氏公约、申明射礼、行宽军职袭替例等善政20余事，滇人事事称便。顾应祥勤奋好学，手不释卷，且勤于著述。文史学方面有《传习录疑》《致良知说》《惜阴录》12卷；数理学方面有《测圆海镜分类释术》10卷、《测复算术》4卷、《弧矢算术》1卷、《勾股算术》1卷；涉及天文、法律、奏疏、诗词、围棋、方志等的著作有《南诏事略》《人代纪要》《重修问刑条例》《律解疑辩》等10余种。其中《南诏事略》为在云南任上所著，为少数民族史传。嘉靖三十八年（1559）为家乡纂修《长兴县志》。嘉靖四十四年（1565）病故，终年83岁，赐葬城西北灵山。所作《昆明池歌》，文辞典雅，气势恢宏，堪称一大佳作。

## 陈用宾

陈用宾（1550—1617），字道亨，号毓台，福建晋江人，1602年任云南巡抚。有《悟真篇注疏》《大道指南》《还真大旨》《道德经契心录》《还初笔记》《达意草》等著作传世。昆明北郊鸣凤山上那座熠熠生辉的金殿，始建于明万历三十年（1602），为陈用宾所创建，后由吴三桂重修。陈用宾巡抚云南时，即察滇形势，为抵御外来侵略、威定边疆，曾建铜壁关、巨石关、万仞关、神护关、铁壁关、虎踞关、汉龙关、天马关共8个关隘，调配重兵把守。前4关的圆柱石脚、残砖断垣至今犹存，为现今丽江、大盈江热门旅游景点，后4关因清朝无能，被划入缅甸境内。"春梦惯迷人，一品朝衣，误了九寰仙骨；鸡鸣紫陌，马踏红尘，教弟子向哪头跳出；空山曾约伴，七闽片语，相邀六诏杯茶；剑影横天，笛声吹海，问先生从何处飞来？"该联反映出作者陈用宾"为官不如为道"的复杂心理，可谓耐人寻味。

## 徐霞客

徐霞客（1587—1641），名弘祖，字振声，号霞客，江苏江阴人。徐自幼年受家庭影响，喜爱读历史、地理之类书籍，从小立志要遍游名山大川，并通过实际考察，撰写了"中国第一奇书"——《徐霞客游记》。《游记》所以珍贵，是因所记录的山川景物是经过亲身体验、实际考察、多方求证后才诉诸笔墨的，与那些从典籍到典籍的"大作"迥然不同。如长江源头在被人们奉为经典的《禹贡》中说是"岷山导江"，但其实际考察后，认为金沙江才是长江源头。而且还辨明了大盈江、澜沧江等诸多水道源流，纠正了《大明一统志》中有关这些水道记载的种种错误。在地理学的贡献中，最突出的是对石灰岩地貌的考察。他是中国、也是世界上最早对石灰岩地貌进行系统考察的先驱。欧洲人最早对石灰岩地貌进行考察和描述的是爱士培尔，时间是1774年；最早对石灰岩地貌进行系统分类的是罗曼，时间是1858年，两者都比徐霞客晚了一二百年。云南是徐霞客考察时间最长的一个省，也是他一生考察的终点。1636年，年过半百的他依然游历云南各地，足迹遍及曲靖、昆明、玉溪、红河、楚雄、大理、丽江、保山、德宏、临沧……且每到一处，或自然景观，或民族风情，或名山大川，或奇花异草均记之笔下、收入书中，对云南的贡献尤为突出。其中《游太华山记》是徐霞客游历昆明西山的游记，出自其《滇游日记》。《游太华山记》成为古代记西山最详尽的游记名篇。

## 刘文征

刘文征（1555—1626），字懋学，别号右吾，云南人。明万历十一年（1583）中进士，初任四川新都县令，后在广西、绍兴、蔺州、松州、吴兴等地为官，官至太中大夫、太仆寺卿。精通经史，才识过人，著述丰硕。加之不阿权贵，敢于直谏，清正廉洁，造福百姓，因而受到朝野称颂，被同僚傅宗龙（兵部右侍郎，昆明人）誉为"海内第一名流"。一生著述颇多，仅现存者有《松注》《滇志》《茶花馆集》《思母篇》等，其中影响最大的当数天启《滇志》。《滇志》为云南明代最后纂修的一部省志，补记了万历初年后50余年间的史实。全志含14（分）志、94目，自撰凡例5则，并录有李元阳《云南通志》序列6则，包见捷《滇志草》序列8则。此外，增设了"旅途""土司官氏"等其他旧志没有的类目，体例"颇称完备"。故该书对后世影响之大，可谓不同凡响，堪称研究云南明代历史、地理的重要文献。

## 雷跃龙

雷跃龙（1602—1661），字伯麟，号石庵，云南玉溪人。万历四十六年（1618），16岁时"领乡荐"（中举人），18岁中进士，选为翰林院庶吉士，为翰林院年纪最小的官员。当时，朝廷大权操纵在魏忠贤之手。他保持高尚节操，正直做人，对魏党实行三不原则：不巴结、不奉承、不与之交往，因而得到崇祯皇帝的分外器重。后由庶吉士擢升为吏部左侍郎、礼部尚书、太子少保、经筵日讲等要职。1644年，李自成攻入北京，崇祯在煤山自刎后，他拒绝在大顺朝做官，并乘乱乔装逃出北京回到云南，与黔宁王沐天波共商反清复明大计。永历十年（1656），农民军领袖李定国迎永历帝到昆明，雷跃龙任南明大学士。永历十三年（1659），清兵入滇，攻陷昆明，雷跃龙追随永历帝逃往缅甸。后死于咒水之难，享年59岁。所著《昆池篇》，文辞典雅，气势恢宏，尤其值得一读。

## 沐天波

沐天波（1618—1661），字玉液，黔宁王沐英第十一世孙。1628年，其父沐启元暴卒，年仅10岁便世袭黔国公一爵，担任征南将军。1645年，武定土司吾必奎发动叛乱，先后攻下大姚、定远、姚安，全滇震动。沐天波急令各路土司于九月间一举击败叛军，吾必奎及其党羽均被活捉。沙定洲原是王弄土司沙源之子，阿迷州土司普名声死后，其妻万氏改嫁沙定洲，两土司合而为一，势力大增，暗中筹划利用沐府同云南巡抚和三司官之间的矛盾发动政变。因事出意外，沐天波来不及组织抵抗，在几名心腹护卫下带着官印、铁券逃往西宁，母亲陈氏和妻子焦氏未能随行，仓促中分别逃入长虫山朝阳庵和普吉金井庵焚火自尽。明朝灭亡后，沐天波随朱由榔入缅，死于咒水之难。

## 担 当

担当（1593—1673），名普荷，又名通荷，字担当，云南晋宁人。担当自幼颖悟，13岁补博士弟子员，善为文，尤工诗赋。天启年间赴京应试不第，遂遍游南北，纵览名山大川，并学诗书画于董其昌、陈眉公、李本宁诸大家门下，刻苦发奋，学业精进，深受名家器重。后因母亲年老，归家奉养，路过会稽显圣寺时，参百门湛然禅师，面授禅理。回滇后，乡人以其学行兼优，荐为选贡，担当辞不受选，缴还荐书，抛弃科举功名。后诗、书、画日益精进，成为滇南名士。母亲去世后，明朝灭亡，悲慨无所寄，接着战乱相继，于是慨然离家，参水目山无住和尚受戒律。后在鸡足山宝莲庵建"罔措斋"养静参禅，深研佛理，一年阅藏，十年面壁，高卧山中，挥毫自如。来往于鸡足山与点苍山之间，与各地名流交游唱酬。

# 第六节 清代人物

## 吴三桂

吴三桂（1612—1678），字长伯，一字月所，明辽东人，锦州总兵吴襄之子。明崇祯时为辽东总兵，封平西伯，镇守山海关。崇祯登基时，开武科取士，夺得武科举人。不久，又以父荫为都督指挥。崇祯十七年（1644），因李自成部下杀其父吴襄，辱其妾陈圆圆，故而降清，在山海关一战中重创李自成部，被清廷封为平西王。顺治六年（1649），进驻云南，曾引兵入缅甸，迫缅王交出永历帝。康熙元年（1662），逼死永历帝于昆明，同年晋封为平西亲王。占据昆明时，因嫌旧王府太小，曾"填菜海子（翠湖）之半，更作新府"，且"柳营一带，皆珍馆崇台"，是"花木扶疏，回廊垒石"，可谓极尽奢华。但也曾重铸铜殿（现今金殿）于太和宫，从翠湖开挖运粮河（今大观河）以通滇池，并新开一塘（篆塘）以供船只停泊……并非一无是处。康熙十二年（1673），自称周王、总统天下水陆大元帅、兴明讨虏大将军，发布檄文，史称"三藩之乱"。康熙十七年（1678），在衡州（今衡阳）登基称帝，国号大周，建元昭武。同年秋在衡阳病故。

## 蔡毓荣

蔡毓荣（？—1699），字仁庵，号显斋，汉军正白旗人。清初任刑部侍郎，后出任湖广四川总督、湖广总督加兵部尚书。康熙二十年（1681），统兵进取云南，任云贵总督。当时，"三藩之乱"初平，云南百废待兴，其治滇颇有成效，如奏请宣谕达赖喇嘛归还中甸（今香格里拉），又针对吴三桂留下的种种弊端，上奏《筹滇十议疏》，力主招徕开垦、培育子弟、安抚逆属、清理财政、收缴军器、劝导捐输、整饬治安、奖励生产、兴学育才等事宜，均于民生有利；在昆明创立"育才书院"（后称五华书院）；所著《碧鸡山记》尽写西山与滇池之美，情景交融，构思奇巧，不失为一美文；任期曾纂辑康熙《云南通志》。后因私藏吴三桂妾、女为己有，触犯刑律被革职查办，最终老死故里。

## 范承勋

范承勋（1641—1714），字苏公，号眉山，自称九松主人，辽宁抚顺人，为汉军镶黄旗、大学士范文程第三子。康熙二十三年（1684）举廉吏，擢内阁学士。二十五年（1686）擢云贵总督。"三藩之乱"时，督运粮饷于湖广、云南有功，康熙三十三年（1694）迁都察院左都御史。康熙三十八年（1699）任兵部尚书，四十三年（1704）加太子太保。继蔡毓荣之后总督云贵时，在经济发展、文化建设方面颇有贡献。昆明现存的诸多寺院，如太华寺、华亭寺、圆通寺、升庵祠等均得以重新修葺，且留下不少诗文。所著《太华寺纪胜》尤其值得一读。康熙五十三年（1714）卒，享年73岁。任期与王继文修康熙《云南通志》30卷，并主持编纂康熙《云南府志》，亦颇有可取之处。

## 王继文

王继文（？—1703），字在燕，汉军镶黄旗人。自官学生授弘文院编修，迁兵部督捕副理事官。顺治十二年（1655）考选御史，巡按陕西。康熙三年（1664）调浙江宁绍台道。康熙十三年（1674）师讨吴三桂，命以候补道从左都御史多诺等如荆州督饷，旋授云南布政使。康熙二十年（1681），代辟为云南巡抚。二十一年（1682），与总督蔡毓荣疏言："会城东南旧有金汁河，引盘龙江水入昆明池，旧存坝闸涵洞，积水溉田。世璠毁为壕堑，令官吏捐资修治……"康熙三十三年（1694）擢升云贵总督。期间，为治滇池，曾写《请修河坝疏》等。任期与范承勋修康熙《云南通志》30卷。

## 倪 蜕

倪蜕（1668—1748），名鹏，字振九，上海松江人，工诗文，善画山水，精书法，喜戏曲，因仰慕古人刘蜕，故易名倪蜕，自号蜕翁。17岁时，因家道中落随堂兄经商。27岁时迫于生计，离开故乡外出谋生。康熙五十四年（1715）随云南巡抚甘国璧入滇，在巡抚衙门做师爷。康熙五十九年（1720），甘国璧因案革职，欲往西藏，邀其同行，倪蜕以尚未编成云南史书而婉拒。其入滇先后30余年，访遍滇省各地，做了大量的实地考察，晚年筑室于昆明的石鼻村（今西山马街鱼街子），专心整理云南地方史书。于乾隆二年（1737）完成《滇云历年传》（12卷）。其他著作还有《滇小记》（2卷）《蜕翁诗集》（6卷）、《蜕翁文集》，另有戏曲《秦楼梦》《情中侠》2种，均已不存。其墓位于西山区马街中村宝珠山麓，1986年被西山区政府公布为第一批区级文物保护单位。2011年1月被昆明市政府公布为第五批市级文物保护单位。

## 鄂尔泰

鄂尔泰（1677—1745），西林觉罗氏，字毅庵，满洲镶蓝旗人，康熙朝举人，任内务府员外郎，与田文镜、李卫并为雍正"三大心腹"。雍正元年（1723）正月出任云南乡试副主考，五月被越级提升为江苏布政使，成为地方大员。雍正四年（1726）调任云贵总督，兼辖广西。在云南实行设置州县、改土归流，加强中央对西南地区的统治，并屡次疏浚昆明六河及海口河，著有《修浚海口六河疏》《修浚海口奏疏》等。擅长诗文，任期内修雍正《云南通志》30卷。乾隆十年（1745）病逝，享年68岁。

## 孙 髯

孙髯（1685—1774），字髯翁，号颐庵，昆明人（祖籍陕西三原），传说因他生下来上嘴唇即有少许胡子，故以髯为名。其父以武职宦滇，遂在昆明安家。孙髯生而聪颖，"博学多识，诗、古文、词皆豪宕，有奇艺"，名重一时。成年参加科考，因进考场要搜身，孙髯愤然说道："这是以盗贼对待学子，我不能受辱！"于是掉头而去，从此不再应考。早年经济优越，常与名流交往，赋诗饮酒，笑傲山林。后家道中落，曾在圆通寺咒蛟台上以卜易、卖药为生，更号蛟台老人。著述有《永言堂文集》《金沙诗草》《孙髯翁诗残钞本》等。影响最大的是其撰写的大观楼长联，即被世人誉称的"天下第一长联"。此外，他还是一位讲求经世致用、关心滇池水利的学者。所著《盘龙江水利图说》对后来规划滇池水利建立排灌系统、改善滇池周围生态系统、进行综合开发利用仍有借鉴意义。

## 黄士杰

黄士杰（1729—1732），清雍正年间水利官。在任期间，曾对云南所有的河流水系进行全面勘察，著有《洱海图说》《金沙江图说》《昆明六河图说》《昆阳海口河图说》等。其中，在治理滇池方面，重点对流入滇池的6条河流及其他小河进行疏浚和建闸控制，并对滇池出口新开的泄水河道建闸调蓄。著有详尽地勘察和研究后整理的一整套治理滇池的方案，并总结了治理滇池水利的经验和教训。之后，清朝历代官员治理滇池或其他河流，莫不以上述图说为依据。

## 钱 沣

钱沣（1740—1795），字东注，号南园，云南昆明人。幼时家境贫寒，曾入五华书院学习，乾隆三十六年（1771年）中进士，历任翰林院编修、湖南学政、通政司副使、江南道监察御史、通政司参议加太子太保、吏部尚书、协办大学士。工楷书，字学颜真卿，又参以欧阳询、褚遂良等，笔力雄强，气格宏大，峻拔多姿。后之学颜者，往往以其为宗，如清末翁同龢、近代谭延闿等，皆学钱体而卓然成家。擅长画马，神俊形肖，世争宝之。其诗文苍郁劲厚，正气盎然，著有《南园先生遗集》。除书画艺术外，于楹联创作上也有独到之处，如筇竹寺联："锡驻即前因，地拥花宫，劫历百千万亿；竹生含佛性，尘空梵境，欢同人鬼龙天。"华亭寺联："青山之高，绿水之长，岂必佛方开口笑；徐行不困，稳地不跌，无妨人自纵心游。"从上述两联可以知道，南园先生也是好佛之人，至少对佛学、禅学有一定修养。

## 师 范

师范（1751—1811），字端人，号荔扉，又号金华山樵，大理弥渡人。21岁时，以本省乡试第二名入都，挑补剑川学博。后以军功保授望江县知县。素慷慨，有大节，重然诺。自幼倜傥多能，凡有关国计民生者，莫不考求实用。尤熟水利边防事宜，指陈古今，悉中利害。晚成《滇系》百卷，其他诗文集尚若干卷。其鸿篇巨制《滇系》是留给后人的一笔丰厚遗产。《滇系》共分12系（类）、40册，约45万字，全面、详尽载述清嘉庆以前云南一省疆域、职官、事略、赋产、山川、人物、典故、艺文、土司、属类、旅途、杂载等。本书于1806年开始编纂，嘉庆十三年（1808）成书，是研究云南历史的宝贵文献，已收入《云南丛书》。其墓在大理弥渡县名叫一碗水的地方。1983年，被弥渡县政府公布为县级第二批文物保护单位。

## 宋 湘

宋湘（1757—1826），字焕襄，号芷湾，广东嘉应人。乾隆四十三年（1778）中秀才，嘉庆四年（1799）中进士，任翰林院庶吉士。嘉庆五年（1800）还乡，主讲惠州丰湖书院，嘉庆十年（1805）授翰林院编修……嘉庆十八年（1813）起，历任云南曲靖、广南、永昌、大理、莫南等诸府太守。道光五年（1825），70岁时迁升湖北督粮道。《新纂云南通志·宋湘传》："才气豪迈，工书能文，诗尤敏捷，每有所作，落笔立就，时称'真才子'……"为人率真，襟抱豪迈，诗书双绝，世誉岭南才子。为官廉明，两袖清风，读书自乐，身后无余物，仅《红杏山房诗钞》传世。"千秋怀抱三杯酒，万里云山一水楼"，可谓大观楼名联之一。

## 阮 元

阮元（1764—1849），字伯元，号云台、雷塘庵主，晚号怡性老人，江苏仪征人。乾隆五十四年（1789）进士，先后任礼部、兵部、户部、工部侍郎，山东、浙江学政，浙江、江西、河南巡抚及漕运总督、湖广总督、两广总督、云贵总督等职。历乾隆、嘉庆、道光3朝，体仁阁大学士，太傅，谥号文达。在经史、数学、天算、舆地、编纂、金石、校勘等方面都有着非常高的造诣，被尊为三朝阁老、九省疆臣，一代文宗。道光六年（1826）任云贵总督，一方面罢免贪官污吏，加强对盐税的征收和管理；另一方面，组织偏远地区的百姓开荒种地，防御蛮族的进攻。道光十五年（1835）阮元被召回朝，拜体仁阁大学士，主管刑部，后调兵部……道光二十九年（1849年）卒于扬州康山私宅，享寿86岁，入祠乡贤祠、浙江名宦祠。任期与伊里布修道光《云南通志》216卷。

## 伊里布

伊里布（1772—1843），字莘农，满洲镶黄旗人，议政大臣巩阿岱六世孙，宗社党首领良弼的祖父，签署《南京条约》的中方代表之一。早年历任通判、知府、知州、按察使、布政使等职，以及陕西、山东、云南巡抚。道光十三年（1833）调任云贵总督、协办大学士，其间为根治滇池水患，采纳地方绅士意见，决定"以闸代坝"，在滇池出水口主持修建海口屡丰闸，并撰写《屡丰闸修建记》。任期与阮元修道光《云南通志》216卷。

# 林则徐

林则徐（1785—1850），字元抚，又字少穆、石麟，晚号俟村老人、俟村退叟等，福建福州人。道光十九年（1839）于广东禁烟时，派人明察暗访，强迫外国鸦片商人交出鸦片，并将没收鸦片在虎门销毁。道光二十七年（1847）调任云贵总督。任后不久，因维护云南边境安定得力加太子太保，赏戴花翎。期间，民间盛传他在黑龙潭祈雨之事，说那年天干无雨，昆明百姓争相到黑龙潭焚香求神，结果不见动静。林则徐知道后吩咐部下说他去试试。他乘轿到了黑龙潭时，既不敬香，也不上供，只是威严地在黑龙宫里喝道："黑龙，你给我听好，你是水中的龙王，我是地上的人王，我限你三日之内必须下雨，否则，我摧毁你的龙宫，砸碎你的龙潭！"结果就在林则徐转身上轿的那一刻暴雨突然而降，百姓欢呼雀跃……林则徐在滇2年，不论在民间还是在文人间均享有极高威望。

# 岑毓英

岑毓英（1829—1889），字彦卿，号匡国，广西西林县人，壮族，是壮族历史中的首位总督、头品顶戴的兵部尚书，与其弟岑毓宝、其子岑春煊被称作"一门三总督"。岑毓英1829年出生在西林县一壮族家庭，天资聪颖，4岁开蒙，9岁读经，12岁能作文，14岁独自徒步到云南广南县求学。天赋加勤奋，使他很快就在同龄人中出类拔萃，取得县试、府试、院试三连冠的佳绩，令考官赞叹不已。时太平天国运动在广西爆发，各地起义风起云涌，为巩固统治地位，清廷下令各地举办团练，遂被任命为西林县西乡团总。1856年云南回民起义，参与镇压回民起义的岑毓英从普通一兵连连升迁，由知县升知州、知府，青云直上，再担任按察使、布政使。1868年擢升云南巡抚，1874年为云贵总督，成为权倾一时的封疆大吏。现今悬挂的大观楼长联便是岑毓英重立的。任期修光绪《云南通志》242卷。

# 第七节　民国人物

## 赵　藩

赵藩（1851—1927），字樾村，一字介庵，别号蝯仙，晚年号石禅老人，大理剑川人。光绪元年（1875）中举人，曾任四川臬台，官至川南道按察使。早年参与清廷镇压杜文秀起义，后逐步认识到清廷的腐败和没落，便参加辛亥革命。1913年被选为众议员，入京主持临时议会，不久因作诗讥讽时事被袁世凯下命逮捕，避回云南，并参与蔡锷等发动的反袁护国运动。1917年代表唐继尧赴任广州护法军政府的交通部长，1920年辞职回滇任云南省图书馆馆长。其门下高足如李根源、蔡锷、周钟岳等分别为近代知名人士。晚年致力于文化事业，关心地方文献收集，总纂《云南丛书》，向全省各地征集地方文献，共收古今云南人著述211种、1631卷及不分卷51册。赵藩一生著述颇多，诗文有《向湖村舍诗初集》《向湖村舍诗二集》《向湖村舍杂著》等，楹联著述有《介庵楹句集钞》《介庵楹句续编》《介庵楹句正续合钞》等，在书法上造诣颇深，宗颜真卿、钱南园，深得南园刚劲灵动之气，结体用笔又有自己的风格，为清代滇中四书家之一。今悬挂在大观楼的"古今第一长联"便是赵藩38岁时应云贵总督岑毓英之请所书。

## 陈荣昌

陈荣昌（1860—1935），字小圃，号虚斋，晚号困叟，昆明人。早年曾中进士，历任翰林院编修、武英殿纂修官、国史馆协修官、顺天府乡试同考官、云南经正书院山长（院长）、云南高等学堂总教习（校长）、云南劝学所所长、云南教育总会会长等职。民国后避居不仕，主要从事学术研究和文化教育工作。1897年起任经正书院主讲，1900年任书院院长。1902年提议选送钱良骏、李培元、吴锡忠、李厚本等学生赴日本留学，开云南籍学生留学外国之先河。1903年，清廷开经济特科，其门人袁嘉毅名列榜首，成为云南历史上的首位特科状元。同年，又在经正书院基础上创办了云南高等学堂，任总教习。1904年，又禀呈云贵总督丁振铎、云南巡抚林绍年续选滇省学生130多名赴日本和北京深造，其中经他提名的有顾品珍、刘祖武、赵复祥、唐继尧、谢汝翼、李鸿祥、杨琼、赵伸、李根源、罗佩金、李曰垓、华封祝等。后来，这批人对云南近代历史产生了重大影响。陈荣昌博学多知，毕生致力于研究中国传统文化，对诗词章句、经史策论有较深造诣，著述甚丰，有《陈氏全书》《虚斋文集》《虚斋诗集》《桐村骈文》《困叟段净土集》《滇南陈荣昌诗册》《滇诗拾遗》《经正书院课艺》等传世；又以书法闻名于世，其字以颜体为宗兼学钱南园字，求书者络绎不绝，得其手迹者莫不视为至宝，故其字迹流传甚广。云南城市、乡村、名胜、古迹到处有他的墨迹。滇池、盘龙江源头青龙宫悬挂的一幅"盘江之源"的巨幅匾额就是陈荣昌先生的手迹。

## 柏 励

柏励（1864—1940），字西文，法名西蒙丹·尼尔·柏利，1864年生于广州，父亲是法国人，为法国驻广州领事，母亲是中国广东高州人。1872年被送到英国学习英文、德文、拉丁文以及史、地、数、理、医学等科目。他颇具音乐天分，钢琴弹得极好。16岁时返回中国。1912年应蔡锷之邀来到云南，支持护国起义。以后在昆明创办英语学会、达文学校，同时兼任云南大学英文教授，为云南培养了大批外语人才。护国起义中，他替蔡锷拟过文稿；抗战中，大力宣传中国必胜。1927年，他把《国际歌》乐谱第一次带到云南。同年，聂耳就读的云南省立高等学堂与艺专就一墙之隔，此时聂耳认识了柏西文，并与后来成为著名国画家的周霖等一道随其学习钢琴。柏西文曾鼓励聂耳坚持不懈学好音乐，给予聂耳极大的自信心。1940年11月，病逝昆明，临终前要求穿中式服装入殓，按中国方式安葬。其墓位于昆明西山风景区环山公路旁，为西山区文物保护单位。

## 袁嘉毅

袁嘉毅（1872—1937），字树五，号澍圃，自号屏山居士，云南石屏人。1891年至昆明就学于陈子潘、张竹轩门下，22岁入经正书院研习。1903年应经济特科试，列二等七名，复试列一等一名，授编修。1904年赴日本考察学务、政务，著《东游日记》4卷。1905年回国任国史馆协修，并在学部编译图书局专管教科书事。1909年升任浙江提学使。1911年辛亥革命后离浙归滇。1912年5月应蔡锷之聘任省参议员。1915年应唐继尧之聘为顾问，并修《云南丛书》……1937年"七七"事变后，北京、南京相继失守。袁嘉谷忧愤成疾，卧床不起，随即召集子女，说："人知爱国爱家必以学问经验立其根本，处心积虑者久矣。我则人民知识犹浅，不暇自顾，以大国自豪。人侵我，我不备，战事起，人民涂炭，吾不忍见之矣。"病中起草《责倭寇》一文，未脱稿，竟于1937年12月23日与世长辞，终年65岁。有《卧雪堂文集》《滇南文献备征录》《卧雪堂诗草》《卧雪诗话》等著作传世。

## 由云龙

由云龙（1876—1961），字夔举，号定庵，姚安栋川人。自幼聪明好学，早年参加科举中举人，随后考取京师大学堂，毕业后留学日本，归来后任学部主事。不久，应家乡父老之请回乡发展教育，任云南省优级师范监学，遂将云南各府、州、县立国民中学合改为师范中学，在迤西、迤东、迤南三迤中每迤设一学校，并亲任迤西（大理）师范中学监督。1908年在昆明与钱用中、赵式铭等人创办《云南日报》，并任编辑和撰稿人。辛亥革命后，先后任永昌知府、滇西军政府协理，而后投入唐继尧麾下，任护国军督府秘书厅厅长。护国战争后，荣获二等嘉禾勋章。1927年任云南省教育厅长，致力发展云南教育。后亲赴日本、美国考察工业，回国后致力于电力、自来水等公用事业的创建，颇见成效，并首度在云南成立电灯公司。历任云南省教育司长、云南省代省长。中华人民共和国成立后任第一、第二届云南省政协副主席。著作有《定庵题跋》《石鼓文江考》《滇故琐录》《东游日记》《北征日记》等。曾任国史馆纂修并兼姚安县志局长，曾纂《高峣志》，总纂民国《姚安县志》等。1950年被选为云南省人民代表，1955—1961年任第一、二届云南省政协副主席、云南省文史研究馆筹备委员会主任委员。1958年为协助周总理处理中缅划界事宜，不顾年事已高，查阅大量资料，几易其稿，最终做出了相当出色的文案。周总理返京后，特邀他到全国政协做文史研究工作，但此时由云龙已是病魔缠身，没有成行。1961年病逝，享年85岁。

## 周钟岳

周钟岳（1876—1955），字生甫，号惺庵，大理剑川人。出身贫寒，刻苦自励，某次边阅读边以荞饼蘸食蜂蜜，误入墨池，满嘴乌黑，传为佳话。光绪二十九年（1903）应乡试，中第一名，称解元。1904年至日本弘文学院留学，肄业师范。1905年复进早稻田大学习法政。曾汇编《师范丛编》10卷，辑译松村介石《中国教育制度变迁通论》1卷。后任云南杂志社总编，撰有《论云南对于中国之地位》及《滇越铁路赎回之时机及其办法》等论文。与范熙壬等人创建《新译界》杂志社，从事译述。博采中外图籍，写就《法占安南始末记》一书。1907年由日本回云南，任两级师范学堂教员、教务长。到职后，厘定规章，扩充校舍，编次学级，添聘教员，并函请云南留学北京、日本之教育人士还滇襄助，学校面貌焕然一新。1931年云南通志馆成立，任馆长，悉心擘画云南地方通志的编辑整理。1939出任国民政府内政部长，仍时时顾问通志馆事，为尽快编纂出版《新纂云南通志》出策出力。《新纂云南通志》266卷，皇皇巨著，照古腾今，洵为一部完整的地方通志。

# 李根源

李根源（1879—1965），字印泉，又字养溪、雪生，号曲石，别署高黎贡山人，梁河九保人。光绪二十四年（1898）中秀才，1903年考入昆明高等学堂，次年留学日本，先后毕业于振武学堂和士官学校。1905年加入同盟会，曾任云南留日学生同乡会会长、云南杂志社经理。1909年回国任云南讲武堂监督兼步兵科教官，旋升总办。武昌起义后，与蔡锷等发动新军响应，成立大汉军政府，任军政总长兼参议院长，继任陆军第二师师长。后参加"护国""护法"运动。1923年因反对曹锟贿选总统，退出政坛，隐居吴中，专心于史籍和金石的购藏，更留心地方文献。他好收藏金石，曾到江南搜集碑刻356种，写有《吴郡西山访古记》等。在重修《云南省志》时，他分纂金石卷，仿缪荃孙《艺风堂金石文字目》之例，编纂《云南金石目略初稿》4卷，被称为"山中宰相"。1937年抗战爆发后，即与张仲仁倡议组织老子军，并电请蒋介石，因国民党政府阻止而未能如愿，遂与苏州绅耆做了大量的支前工作。1942年日寇将战火引至滇西，李根源身负"云贵监察使"的特殊使命，奔波于滇西抗日前线。1950年6月应中央人民政府的邀请前往北京参加全国政协委员会第一届全体会议，任全国政协委员、西南军政委员会委员，此后定居北京。

# 蔡 锷

蔡锷（1882—1916），原名艮寅，字松坡，湖南宝庆（今邵阳）人，是近代杰出的军事将领。蔡锷一生中，做了两件大事：一是辛亥革命时，在云南领导了推翻清朝统治的"重九起义"；二是4年后参加了反袁称帝的"护国运动"。1915年袁世凯称帝，他与唐继尧等人于12月25日宣布云南独立，发动护国战争。唐继尧为云南军政府都督，组成护国军三个军，分别从四川、湘西和广西三个方向出师讨袁。蔡锷为第一军总司令，率4个梯团（旅）约8000人入川，拟对川边敌军突然袭击，出奇制胜，夺占叙州（今宜宾）、泸州诸要地，再北攻成都、东取重庆，尔后挥师东下，会师武汉……直至袁世凯毙命，护国起义成功。

# 唐继尧

唐继尧（1883—1927），字蓂赓，云南会泽人。1904年赴日留学，入东京振武学校第6期。1905年秋加入同盟会。1908年毕业于日本士官学校，次年回国。1909年返云南，在讲武堂担任教官并从事革命活动。辛亥革命爆发后，参加蔡锷指挥的昆明"重九起义"。随后接替蔡锷担任云南都督兼民政厅长。12月25日，与蔡锷、李烈钧等联名宣布云南独立，发布讨袁檄文，组成护国军政府，以唐为都督。1916年，护国军中央机构军务院宣告成立，以代行北京国务院职权，推唐为抚军长，以岑春煊为副抚军长。1918年被推为护法军总裁，并任滇川黔鄂豫陕湘闽8省靖国联军总司令，由此被誉为"南天一柱"。1927年5月23日病逝，享年44岁，云南当局举行公葬。抗战初期，感念唐继尧护国之功，国民政府于1935年明令褒扬，于1936年补行国葬仪式，其墓在昆明圆通山。

# 杨 杰

杨杰（1889—1949），云南大理人。早年在大理读私塾，天资聪慧，所读之书过目不忘。1900年入大理文学院就读，次年八国联军攻占北京，全国民怨沸腾。杨杰曾对同学说："海禁开后，军事外交，无一不败，若不改弦更张，就会像安南、缅甸一样亡国灭种。"1905年（16岁时）徒步到昆明报考京师大学，后转考云南陆军速成学堂。随后被选送日本陆军士官学校学习，2年后加入孙中山领导的同盟会，并升入日本陆军士官学校第10期炮科学习。1911年回国参加辛亥革命，次年任沪军第一团团长，授上校军衔。"二次革命"时因军功升任重庆道尹、四川省政务厅长、重庆警察厅长，受少将军衔。1916年任护国军第4军参谋长兼卫戍司令和第1梯团长，受中将，任北京大总统府军事咨议兼陆军部顾问。1931年当选为国民党中央执行委员，次年任军事委员会参谋次长兼陆军大学校长。曾撰写《大军统帅学》《战争要诀》等军事著作。1938年任军令部次长，5月任中国特命全权驻苏联大使。在苏联期间，他经常受到斯大林接见，争取到2.5亿美元的物资和贷款，有力地支援了中国抗战。1948年，已成为"民革"在西南地区的领导人，致力于策动云、贵、川、康地区实力派武装的起义。1949年7月，蒋介石下令逮捕杨杰。杨杰赴昆明得到省主席卢汉庇护，于是逮捕令改为密杀令。杨杰于9月9日化名杨漱石乘飞机逃往香港，最终被特务刺杀于香港。1950年10月，在党和政府的关怀下，杨杰子嗣专程赴港将其骨灰运回昆明葬于昆明西山。

# 龙 云

龙云（1884—1962），字志舟，原名登云，云南昭通人。1928年任云南省国民政府主席、国民革命军第三十八军军长、国民革命军第十三路军总指挥。全面抗战前夕，预感到倘若中日一旦开战，日军必然会从越南登陆，从而切断滇越铁路，以达到全面封锁中国的战略目的。于是于1937年8月向蒋介石提出《建设滇缅公路和滇缅铁路的计划》，建议各修筑一条从昆明出发，经云南西部到缅甸北部，最后直通印度洋的铁路和公路。蒋介石接受建议后，拨下专款，原则上是中央出钱，地方出力，尽快完成此项工程。在龙云的监督下，也是在沿线民众的无私奉献下，才有了支撑整个抗战的输血管道——滇缅公路。1941年，为疏浚海口河，龙云曾亲自到海口视察督导。抗战胜利后，因蒋介石意欲把昆明当成"反共基地"，龙云便逐渐支持反蒋民主运动。1945年被免职，调任军事参议院院长、战略顾问委员会副主任。1948年加入民革，1949年8月13日在香港与黄绍竑等人发表声明，表示拥护中国共产党的领导。1950年1月由香港回到北京。曾任国防委员会副主席、西南行政委员会副主席、中国国民党革命委员会中央副主席等职。

# 卢 汉

卢汉（1895—1974），原名邦汉，字永衡，云南昭通人。早年毕业于云南陆军讲武堂第4期步兵科，是龙云手下的重要人物。辛亥革命后随龙云加入滇军，2人受到唐继尧的重用。抗日战争时期任第60军军长，参加台儿庄战役。武汉保卫战时任第1集团军总司令，为抗战胜利做出巨大贡献。1945年入越南接受日军投降。1949年12月9日在昆明率部起义，和平解放云南，1955年被授予一级解放勋章。历任云南军政委员会主席，西南军政委员会副主席，国家体委副主任，国防委员会委员，全国人大二、三届常委，全国政协二、三、四届常委。1974年5月13日因患肺癌在北京病逝，终年79岁。卢汉的一生主要有两大功绩：抗日、起义。正如毛泽东慰勉他的话说："你在云南起义，为人民立了大功。你抗了日，又起了义，你就是菊香晚节。"

## 郑一斋

郑一斋（1891—1942），云南玉溪人。民国二年（1913），以第一名的成绩考入昆明师范学校国文科，毕业后因学习成绩优良受聘于昆明劝学所教书数年。此后因已有5个孩子，仅靠教师的微薄收入生活难以维持，就和妻子开一"夫妻纸烟店"，后经营发达，其"景明号"还到上海设立办事处，成了昆明的大商号之一。郑一斋经商成功，但为人仗义，乐善好施。如：李公朴1941年到昆明的活动经费，以及创办"北门书屋"和后来所办的印刷厂均得到过郑一斋的资助；又如光未然（《黄河大合唱》作者）1942年从缅甸到昆明时，一时找不到工作，也得到郑一斋的周济；1941年"皖南事变"发生后，西南局按照周恩来指示，决定将一部分党员由重庆疏散到昆明时，在食宿方面郑一斋也给予大力的援助；周培源（中华人民共和国成立后任北京大学校长）在困难时也得到过郑老先生的帮助。特别是平、津、沪、宁相继沦陷后，全国文学、艺术、教育界人士纷纷来滇，在职业无着，物价飞涨的情况下，云集昆明的穷学生、穷教授大多得到郑一斋的无私资助。1942年7月，郑一斋与朋友一起活动后，在返回大观楼住处路经篆塘边时，被飞驰而过的美军吉普车撞翻在地、头骨撞碎，次晨便与世长辞了，终年51岁，安葬于西山。

## 张维翰

张维翰（1886—1979），字季勋，号莼沤，云南大关人。早年毕业于云南法政学堂，1912年加入国民党，后为滇系领导人唐继尧的部下，历任云南省行政公署总务科长、黑盐井区盐务督煎总办兼盐兴县知事。1915年12月护国战争爆发后参加护国军，同袁党龙济光军交战时身负重伤。1916年7月入四川，被蔡锷任命为四川督军公署秘书长。1918年受唐继尧派遣出席广州军政府召开的地方行政会议，不久赴日本学习东京市政及地方行政。1922年3月回到云南，被任命为蒙自道尹，开始实施昆明市市政建设。同年8月设置昆明市，张维翰任第一任昆明市政公所督办（市长）。任职期间，曾三度亲赴日本考察东京关东大地震恢复状况及日本全国都市行政状况，主纂《昆明市志》。1950年张维翰去台湾，历任国民党中央纪律委员会委员、政策委员会委员、中央评议委员和监察院副院长。1979年在台湾病逝，享年94岁。主要著作有《都市计划》《法制要论》《行政法精义》《田园都市》等。

## 陈一得

陈一得（1886—1958），原名秉仁，字彝德，云南盐津人。16岁参加童子试，几次考试都名列前茅，到院试时因名额已满而未被录取。后来科举停考，学堂兴盛，陈一得被送入省高等学堂学习法文，以第一名的成绩录取，后从事教育工作。1926年，以任教10余年的积蓄自费赴南京气象台进修。

半年后由南京、上海、南通、武汉、北京、天津、青岛绕日本东京横滨，经香港、越南，遍访东亚各有名的天文气象、地震台，购置气象观测仪器后返回昆明。1927年7月，将气象观测台设在其宿舍屋顶上，家门口挂"一得测候所"的招牌，每天按时观测记录昆明的晴雨、温度、湿度、风向、云形等情况，并进行统计、整理，定期印行，除在国内进行交换外，还在国际间进行交换。这不仅对本地区，而且对全国性的、国际性的气象观测、预报都做出了一定的贡献。1936年，云南省政府在西山太华山顶上盖了一幢砖木结构的气象台，命名为"云南省立气象台"，请其担任台长。1946年，陈一得就以科学家的眼光，著文痛斥明清以来多次提出的"尽泄滇池，可得良田三百顷"的谬论，阐述涸湖谋田之颠狂十大罪状。其主要著述有《近30年昆明气象观测记录》（季、月报表）、《云南气象要素之分布》、《昆明水位之变迁》、《大理的风》、《云南地震史之观察》、《滇西地震带》等。1958年10月17日病逝于昆明。陈一得严谨的治学精神，钻研科学的毅力，朴实的作风，深得科学界推崇。

# 第八节　现代人物

## 朱　德

朱德（1886—1976），字玉阶，原名朱代珍，四川仪陇人。1909年考入云南陆军讲武堂，同年加入同盟会。1911年参加昆明"重九起义"，1915年参加护国运动。1917年任滇军旅长，在四川参加护法运动。1921年任云南陆军宪兵司令部司令官、云南省警务处长兼省会警察厅长等职。1922年与昙华寺映空和尚交往，并写下《赠映空和尚》一诗。当时，袁世凯虽已倒台，但军阀混战，生灵涂炭，有志之士，郁结于心，苦闷彷徨，为民生殷忧，替时局犯难。为此，他既羡映空"与野鸟为朋，结孤云为伴"的野老闲情，又放不下国家存亡的大事，忧从中来，辗转反侧。同年，离开昆明到德国寻求新的革命道路，由此揭开了崭新的人生篇章。1927年国共合作破裂后，参加领导八一南昌起义，任起义军第九军军长。1928年率部上井冈山同毛泽东部队会合，随即成立工农革命军第四军，任军长，并创建了井冈山革命根据地。1937年抗战爆发后，任国民革命军第八路军总指挥，率部开赴华北前线，协同国军对日作战，随后指挥部队深入敌后，开展游击战争，建立和扩大了许多抗日根据地。在解放战争中，任中国人民解放军总司令。1947年3月，同刘少奇等组成中共中央工作委员会，到华北进行中央委托的工作。在战略反攻阶段，协助毛泽东指挥了辽沈、平津、淮海三大战役。1949年和毛泽东一起签发向全国进军的命令，最后推翻了蒋介石在中国大陆的统治。是中国共产党、中国人民解放军和中华人民共和国的主要领导人之一，中华人民共和国十大元帅之首。

## 熊庆来

熊庆来（1893—1969），字迪之，红河州弥勒人。1907年考入昆明方言学堂，后升入云南英法文专修科和云南省高等学堂。1913年赴比利时学习采矿，因战乱转赴法国，在格诺大学、巴黎大学等大学攻读数学，获理科硕士学位。1915—1920年先后就读于法国格伦诺布尔大学和蒙彼利埃大学，并获得理学硕士学位。1937年抗战爆发，在缪云台、龚自知、方国瑜等人推荐下，接受云南省主席龙云聘请，出任云大校长，为云大的发展做出了巨大贡献。熊庆来主要从事函数论方面研究，其"无穷级函数"被国际上称为"熊氏无穷数"。1932年代表中国第一次出席了瑞士苏黎世国际数学家大会，1934年其论文《关于无穷级整函数与亚纯函数》发表，并以此获得法国国家博士学位，成为第一个获此学位的中国人。

## 华罗庚

华罗庚（1910—1985），出生于江苏常州金坛区，祖籍江苏丹阳，中国科学院院士，美国国家科学院外籍院士，第三世界科学院院士，联邦德国巴伐利亚科学院院士。中国第一至第六届全国人大常委会委员。1937年他回到清华大学担任教授一职，后来随学校迁至昆明直至1945年。1939—1941年，在昆明的一个吊脚楼上，他撰写了20多篇论文，完成了第一部数学专著《堆垒素数论》。他是中国解析数论、矩阵几何学、典型群、自守函数论与多元复变函数论等多方面研究的创始人和开拓者，并被列为芝加哥科学技术博物馆中当今世界88位数学伟人之一。华罗庚在多复变函数论、典型群方面的研究领先西方数学界10多年，是国际上有名的"典型群中国学派"。国际上以华氏命名的数学科研成果有"华氏定理""华氏不等式""华-王方法"等。

## 陈 达

陈达（1892—1975），又名邦达，字通夫，杭州市仓前镇里河人，著名社会学家。清宣统二年（1910）入杭州府中学堂，毕业后考入北京清华学堂留美预科班。1916年公费保送赴美国波伦市立德学院留学，后转入纽约哥伦比亚大学，翌年获硕士学位，后继续入哥伦比亚大学研究院，1923年毕业获哲学博士学位。回国受聘于母校（清华）任教。1929年任清华大学社会学系教授、系主任，主编《清华学报》。抗日战争时期随校南迁，在西南联大执教9年，期间还出任中央研究院院士、国际人口学会副会长、国际统计学会会员、太平洋学会会员兼东南亚部负责人等职。抗战胜利后回清华大学任教。中华人民共和国成立后，先后担任中央财经学院教授、中国人民大学教授、国务院科学规划委员会委员、中央劳动干部学校副校长、劳动部保护司副司长、文史资料委员会委员、联合国远东经济委员会顾问、北京市人民代表大会代表和第二至第四届全国政协委员。毕生从事人口和劳工问题的研究工作，著述颇多。主要专著有《人口问题》《解放区的工人生活状况》《抗日战争和解放战争时期运动史》等10余部。主要论文有《节育、晚婚与中华人民共和国人口》等30余篇。陈达在人口问题上以生存竞争与成绩竞争的理论说明人口数量与质量互相依存的关系，1931年就提出节制生育，做到每对夫妻只生一对子女，实行"对等更替"的意见。

## 潘光旦

潘光旦（1899—1967），生于江苏省宝山县罗店镇（今属上海市），字仲昂，原名光亶（后以亶字笔画多，取其下半改为光旦），又名保同，笔名光旦，西名Quentin pan，社会学家、优生学家、民族学家。1922年毕业赴美留学，入达特茅斯学院，1924年获学士学位；同年入哥伦比亚大学研究院，获理学硕士学位。1926年回国后至1952年，先后在上海、长沙、昆明和北京等地多所大学任教授，曾先后兼任清华大学及西南联大教务长、社会系主任以及清华大学图书馆馆长等职，毕生致力于爱国民主事业，倡导民主自由思想。1927年参与筹设新月书店。著作有《优生学》《人文生物学论丛》《中国之家庭问题》等外，另有译著《性心理学》等。1941年加入中国民主同盟，历任民盟第一、二届中央常委，第三届中央委员。中华人民共和国成立后，曾先后担任政务院文化教育委员会委员、政务院文化委员会名词统一委员会委员、全国政协第二、三、四届委员。

## 蔡希陶

蔡希陶（1911—1981），浙江东阳人。1930年进入北京静生生物调查所。1932年1月5日，蔡希陶到云南考察，采集植物标本上万种。1938年在昆明黑龙潭创办云南农林植物研究所（即中国科学院昆明植物研究所）。此外，还参加云南香料植物樟油、桉树油、香叶天竺油的开发。1958年，蔡希陶在西双版纳的葫芦岛筹建了中国第一个热带植物园——中国科学院云南热带植物研究所。先后主持了野生橡胶资源的考察、橡胶宜林地调查、云南野生植物资源调查及利用的研究，取得一批与国计民生密切相关的重要成果。历任昆明植物研究所副所长、所长，兼任云南省科委副主任、中国科学院昆明分院副院长。

## 费孝通

费孝通（1910—2005），江苏吴江人。1916年在吴江县城读小学，后随家人迁居苏州，转入振华女校（现苏州十中）。就读一年后转入东吴大学附属一中。1930年入燕京大学社会学系攻读社会学专业。1933年从燕京大学毕业后听从吴文藻教授指引考入清华大学研究院，1935年通过毕业考试并获得公费留学机会，次年到英国留学并完成了博士论文《江村经济》，获博士学位。1938年回国任教于云南大学社会学系，并主持社会学研究室的工作。期间撰写《禄村农田》《易村手工业》《玉村农业和商业》3篇调查报告，被称为"云南三村"。1943—1944年应邀到美国讲学。抗战胜利后转入清华大学任教。先后写出了《生育制度》《初访美国》《重访英伦》《乡土中国》《乡土重建》等一系列重要文章。1949年参加第一届中国人民政治协商会议。1952年分配到中央民族学院担任副院长。1979年起任中国社会学会会长，着手"重建中国社会学"。从1980年起，其学术成果屡次获得国际大奖。曾任第七、八届全国人民代表大会常务委员会副委员长，中国人民政治协商会议第六届全国委员会副主席，中国民主同盟中央委员会名誉主席。

## 冰　心

冰心（1900—1999），原名谢婉莹，福建福州人。1938年全面抗战时，与丈夫吴文藻携3子女经上海、香港辗转至云南昆明，曾在呈贡师范学校义务授课，住在呈贡县城内的三台山，有《默庐试笔》《摆龙门阵》等散文详说那里的环境、风情之美。作为著名诗人、作家、翻译家和儿童文学家，曾任中国民主促进会中央名誉主席，中国文联副主席，中国作家协会名誉主席、顾问，中国翻译工作者协会名誉理事等职。其散文和诗歌一度产生很大的影响。中华人民共和国成立后，任中国民主促进会中央委员会副主席，全国人民代表大会第一至第五届代表，中国人民政治协商会议第五至第七届全国委员会常委和第八、九届全国委员会委员。

## 沈从文

沈从文（1902—1988），原名沈岳焕，笔名休芸芸、甲辰、上官碧、璇若等，乳名茂林，字崇文，湖南凤凰县人。1925年发表第一篇小说《福生》，1926年出版第一个文集《鸭子》，从20世纪20年代起蜚声文坛，代表作有《边城》《长河》《中国古代服饰研究》。1938年春到昆明继续与杨振声编选中小学国文教科书，11月任西南联大中文系教授，住在呈贡县龙街。《云南看云》《记忆中的云南跑马节》等散文多述及滇池流域风土人情。1988年5月10日，沈从文因心脏病猝发在家中病逝，享年86岁。

## 林徽因

林徽因（1904—1955），福建福州人。1937年夏，她在山西五台山地区发现中国最古老的一座木结构建筑——建于唐代的佛光寺大殿，正要进行深入研究时"七七事变"爆发，被迫中断调查工作。不久北平沦陷，全家辗转于1938年1月到达昆明，先后借住巡津街"止园"、巡津街9号。当年底，所租房子被收回，于是与丈夫梁思成开始在龙泉镇自建住宅，为2人一生唯一为自己设计并亲手所建的居所。20世纪30年代初，林同丈夫一起用现代科学方法研究中国古代建筑，成为这个学术领域的开拓者，后来在这方面获得了巨大的学术成就，为中国古代建筑研究奠定了坚实的科学基础。文学上，著有散文、诗歌、小说、剧本、译文和书信等，代表作有《你是人间四月天》《莲灯》《九十九度中》等。其中，《你是人间四月天》最为大众熟知，广为传诵。

## 郑天挺

郑天挺（1899—1981），又名郑庆甡，字毅生，福建长乐人。1920年于北京大学国文系毕业后参与厦门大学筹建与教学，并兼任图书部主任。1922年入北京大学研究所国学门。1924年毕业后任教于北京大学、浙江大学。抗日战争爆发后任西南联合大学教授、总务长，北京大学教授、文科研究所副所长。1938年任昆明西南联大历史系教授。次年，北大在昆明恢复北京大学文科研究所，任副所长，主持该所日常事务。在此期间，他先后开设隋唐史、明清史、清史研究、中国目录学史等课程，并结合西南地区边疆的研究，发表了《发羌之地望与对音》《〈隋书·西域传〉附国之地望与对音》《〈隋书·西域传〉薄缘夷之地望与对音》《历史上的入滇通道》等论文，受到学术界的高度评价。中华人民共和国成立后，任南开大学教授、历史系主任、副校长，《中国历史大词典》总编。为第三、第五届全国人民代表大会代表，中国民主促进会中央委员，中国史学会主席团主席。

## 聂 耳

聂耳（1912—1935），原名聂守信，字子义（亦作紫艺），1912年2月14日出生于昆明市甬道街73

号。1919年进入昆明县立师范附属小学，后入昆明私立求实小学高小部学习，小学毕业后考入云南第一联合中学。1928年考入云南省立第一师范学校高级部外国语组，并开始学习钢琴、小提琴。作为学校的课余文艺活动的积极分子，经常参加校内外的音乐、戏剧等活动，与张庚侯、廖伯民等友人一起组织九九音乐社。同年10月，开始参加该校的戏剧研究会所举办的一系列中文话剧的演出活动。昆明发生大爆炸后，积极参与中共地下党领导的青年救济团的各项斗争，因而引起反动派的注意。在毕业（1930）前夕得悉有被捕的危险后，在其家庭的帮助下于7月10日随云南一商人匆匆逃离昆明到达上海，11月经朋友介绍参加由上海中共地下党所领导的群众组织——"反帝大同盟"。1932年进入联华影业公司工作，参加"苏联之友社"音乐小组，并组织"中国新兴音乐研究会"，参加左翼戏剧家联盟音乐组，1933年加入中国共产党，1934年4月加入百代唱片公司主持音乐部工作。1935年初，聂耳为《义勇军进行曲》作曲，1月任联华二厂音乐部主任。后为躲避日伪特务追捕，欲取道日本赴苏联学习。1935年7月17日，年仅24岁的聂耳在日本藤泽市游泳时不幸溺水身亡。所创作的数十首革命歌曲具有鲜明的时代感、严肃的思想性、高昂的民族精神和卓越的艺术性。《义勇军进行曲》被定为中华人民共和国国歌。他创作的《翠湖春晓》优美动人，广为流传。

## 汪曾祺

汪曾祺（1920—1997），江苏高邮人。1935年秋，汪曾祺初中毕业考入江阴县南菁中学读高中。1939年夏，汪从上海经香港、越南到昆明，以第一志愿考入西南联大中国文学系。大学期间，汪与同学创办校内的《文聚》杂志，并不断在杂志上发表诗歌、小说。作为中国当代作家、散文家、戏剧家、京派作家的代表人物，被誉为"抒情的人道主义者，中国最后一个纯粹的文人，中国最后一个士大夫"。汪在短篇小说创作上颇有成就，对戏剧与民间文艺也有深入钻研，作品有《受戒》《晚饭花集》《逝水》《晚翠文谈》等。作为度过了最重要的青年时代的地方，昆明给汪曾祺留下了不可磨灭的记忆，因而每每在文章里提及在昆明就读西南联大时的经历。除去只部分提到昆明的篇目不算，汪曾祺以昆明生活为描写对象的作品共有43篇，其中小说8篇、散文35篇。其散文《昆明的吃食》《昆明菜》《昆明的果品》《昆明的花》《昆明的雨》《翠湖心影》等尤为昆明人乐道。1996年12月，在中国作家协会第五次全国代表大会上被推选为顾问。1997年因病医治无效去世，享年77岁。

## 方树梅

方树梅（1881—1968），字臞仙，号师斋，一号雪禅，一号盘龙山人，云南晋宁人，文献学家、藏书家。1906年入昆明优级师范学堂攻读国学，后在云南通志馆、云南丛书处、云南日报社任编辑，又在昆华女中、云南大学任教。爱好藏书，既藏古籍善本，又收中外近代书籍，尤留心云南地方文献，如清抄本《孙髯公先生诗集》、稿本《谢石臞诗草》、嘉庆刻本《红茗山房诗序》等书均为少见之本。为广收博采，遍迹于昆明书肆；又自筹资金于1933年北游访书至12省，收获颇丰。家有藏书处所"学山楼"，藏书3万余卷。辑佚云南地方文献甚多，并加以系统整理，装订成帙。编辑的《明清滇人著述书目》《近代滇人著述书目提要》《滇南碑传集》《滇南书画录》《晋宁县志》《历代游滇诗钞》《滇南茶花小志》《乡贤事略》《钱南园年谱》《滇文丛录》等编入《龙盘山人丛书》，将生平所写文章编成《学山楼文集》10卷。数十年间编著共有36种。

## 潘朔端

潘朔端（1901—1978），字孝源，云南威信人，黄埔第四期学员。抗日战争时期任国民党第六十军团长，在台儿庄战役中战功卓著并身负重伤，被授予一级宝鼎勋章。1946年初调任辽宁海城。同年5月，在共产党尚处劣势之时便毅然高举义旗率部起义，成为内战第一个率部起义的国民党将领。同年10月加入中国共产党，历任东北民主同盟军军长，东北嫩江军区副司令员、中国人民解放军第四野战军十二兵团副参谋长、西南军政委员会委员，1955年中央军委授予其国家一级解放勋章。1950年3月28日主动请求降级任用主政昆明，被中华人民共和国中央人民政府任命为昆明市首任市长，连任7届，扣除因历史原因未能履职的时间，实际在任长达22年，直至病倒在一次现场办公会的路途中再也没有站起来，为昆明市人民和这座历史文化名城做出了杰出贡献，以"伺候老百姓为己任""老百姓才是政府的父母"的人民公仆的市长形象永远留在昆明人民心中。

## 李广田

李广田（1906—1968），号洗岑，笔名黎地、曦晨等，山东邹平县人。1935年毕业于北京大学，曾在济南某所中学任教并创作了《画廊集》《银狐集》《雀蓑记》等散文集。1946年夏秋间西南联大复员北上，他到天津南开大学任教。1947年秋，应朱自清邀请转往北平清华大学任教，后经由卞之琳介绍转至西南联大中文系教文学概论，为时5年之久。他与朱自清、闻一多、冯至、卞之琳等过从甚密，并同为联大学生中影响最大、活动时间最长的"冬青社"的导师。1949年7月出席中华全国文学艺术工作者第一次代表大会并当选为全国文联委员、文协（作协前身）理事。1952年任云南大学副校长，主持校务日常工作。1957—1959年任云南大学校长。1959年在党内反右倾斗争中被划为"右倾机会主义分子"，并由校长降为副校长。主要作品有散文集《西行记》《回声》《日边随笔》《灌木集》；短篇小说集《欢喜团》《金坛子》；长篇小说《引力》；论文集《诗的艺术》《文学枝叶》《创作论》《文艺书简》《论文学教育》《论文学》。其散文名篇有《花潮》《山色》《不服老》《同龄人》等。散文《花潮》通过记述昆明人一年一度到圆通山赏海棠花的盛况，寄寓了作者对美好未来的憧憬。

## 方国瑜

方国瑜（1903—1983），字瑞臣，丽江古城人。1922年毕业于丽江联合中学。1925年在京师大学预科毕业考试期间，因患重病回乡休养多年。1929年攻读音韵、训诂、目录、校勘、名物、金石、史地、语言等课程。毕业后曾在京师大学研究院、私立民国大学、洛阳师范学院和云南大学历史系从事教学与研究工作，历任编辑、教授、系主任、文法学院院长和云南通志馆的编审、审定、续修委员及云南省民委委员、全国人大民委委员、省博物馆筹委会副主任、云南省民族研究所副所长、云南省少数民族社会历史调查组副组长、九三学社云南省工委副主任等职。从20世纪30年代到80年代，方国瑜孜孜不倦地在云南史地学的田野里筚路蓝缕，开拓前进，是云南地方史、西南民族史、西南边疆历史地理诸方面不知疲倦、勇往直前的拓荒者和勤恳踏实的奠基人，撰写了《云南史料目录概说》《中国西南历史地理考释》《彝族史稿》《汉晋民族史》《滇史论丛》《抗日战争滇西战事篇》《方国瑜文集》等大量传世之作。

## 谭甫仁

谭甫仁（1910—1970），广东省仁化县人。1968年8月13日云南省暨昆明市革命委员会成立后，谭甫仁任省革命委员会主任。由于受"动乱"的影响，云南省许多企业处于停产、半停产状态，工农业生产大幅度下降，市场供应紧张，财政收入减少，人民群众基本生活难以保障。面对成堆的困难和问题，谭甫仁说："我们的制度，千好万好，没有饭吃就不好。我们的政策，千正确万正确，不能发展生产就不正确""民以食为天，首先要解决吃饭问题"。在谭甫仁领导下，昆明军区、云南省委派出了大批工作组深入农村各地调查摸底，切实落实群众口粮，组织农副业生产，帮助群众度过难关。1969年12月初，谭甫仁召集有关部门负责人会议，讨论如何扩大耕地面积，增加粮食产量问题。会后，全省军民掀起了"开山造地，围海造田"的热潮。同月28日，谭甫仁兴致勃勃地参加了昆明市10万军民参加的"围海造田"誓师大会，布置在滇池浅水边沿挖山运土，筑一条底宽30米、高6米的大堤，排水造田1.2万亩。在谭甫仁的亲自带领下，半年时间就在滇池草海边建成了海埂"五七"农场，由此带动滇池沿岸县（区）一年之内又围湖造田1万多亩。因围滇池造田这项工程没有经过严格的科学论证，结果既达不到工程实施的目的，又浪费了大量的人力、物力、财力，并给昆明地区的生态环境、滇池的生态功能等造成了很大的破坏和无可挽回的损失，这是谭甫仁始料未及的，也是"文革"期间普遍不尊重科学的一个典型事例。

# 第五章　民俗风情

## 第一节　节庆庙会

### 金殿庙会

正月初九，传说为玉皇大帝生日。旧时除拜城南玉皇阁外，主要在金殿举行庙会。届时在林木深秀的鸣凤山上，游人络绎不绝。走过迎仙桥，就可以看到庙会所组织的各种杂耍：有借舞十八兵器的卖艺，有以传统折子戏为内容而装饰的高跷，有勇健矫捷的狮舞，有妙趣横生的大头宝宝，有模拟轻舟荡漾的"车车灯"，还有古色古香的洞经乐。此时山上茶花盛开，烂漫如锦，吸引着众多的郊游爱好者。到金殿庙会进香的善男信女或一般游人都要自带饮食，在山上野餐。届时在鸣凤山上还进行对歌会。

### 三月三

"三月三，耍西山"是昆明民间传统的春游习俗。据史料记载，"三月三"最早始于春秋战国时期的"上巳节"，到三国时期把"上巳节"改为"三月三"，成为春游祭祀活动日。到了唐朝，这天已经形成大规模的春日乐游活动。旧时，昆明人家除在门上插荠菜花外，主要活动就是到西山游览，朝拜西山三清阁真武帝和龙门石崖的观音，以祈祷荠菜（祭财），朝拜真武、观音。在农村，"三月三"又称为"拴猪会"。当天，用完早饭后，各家带一只公鸡、一小袋米、一根新草绳到西山龙王庙去"挂功德"，即交了鸡、米，吃顿午饭，然后把草绳醮点猪血，买一炷香，回家之后把香点在猪圈门上，草绳垫在猪窝底，以求得养猪的顺利。此俗在民国时期就已被当局禁止。在朝拜、祭祀的同时，逐渐形成了对歌会，届时四面八方的歌手前来切磋，听众如堵。"三月三，耍西山"如今成为人们春游、对调子、唱花灯、休闲娱乐的活动。暮春的昆明，风和日丽，百花吐艳，春深似海，人们乘车坐船前往西山，遍游华亭寺、太华寺、三清阁，登龙门观海。不少喜爱民歌小调的人，前往滇池畔的观音山参加对歌会。对歌的曲调多样，内容广泛，妙趣横生。2005年"三月三"，经昆明市人民政府批准被列为昆明市第一批民族民间文化保护名录。

### 乞巧节

汉族民间传统节日，实为古代妇女节。中国古代神话传说牛郎织女于每年农历七月初七夜在天河相会，故谓之"七夕""双星"。是夜，妇女多陈瓜果于庭内敬牛郎织女，并作"乞巧会"，以向织女乞求智巧，故又称"乞巧节""女节"。旧时昆明城乡妇女例兴以绣花针放水盆内，看针之沉浮以定人之巧拙。然后取出针，穿线"乞巧"（求提高缝纫、刺绣技艺）。届时，也有人设置瓜果祈福，也有人置酒野游赏荷。有《竹枝词》咏道："七夕争得浴凤池，池中莲放漾涟漪，游人沽酒池边醉，直到弯弯月上时。"随着社会的进步，妇女逐步走出家门走向社会，女红已不再是衡量妇女能力的重要标志，此节已逐渐消失。

## 中元节

七月半中元接祖，昆明人最为重视。此节亦称"盂兰盆节""鬼节"。初为佛教节日，为追祭祖先而举行。"盂兰盆"是天竺语，意为"解救倒悬"。昆明地区传说这几天在冥间的祖先得回家探亲，作为子孙的便要做好迎来送往工作。俗语说："年年有个七月半，前人做给后人看。"即为了培养下一代的孝行，所以此节较为隆重。史书记载，是日昆明地区"礼祀先于家庙，无家庙者祀于中堂。"在该节中礼俗颇多，其中多有迷信成分，但其意为"慎终追远"，故一直得到重视。接祖分3个过程：接祖、祭祖、送祖。接送还有"新亡"和"旧亡"之别。新亡者十一日接，十四日送；旧亡者十二日接，十五日送。需要备办物品，敬香、焚化纸钱、叩头行礼、泼上浆水饭。此外，旧时过此节时，昆明还有2种特殊习俗：一是要煮糖莲子分送亲友近邻，为此清人朱庆椿在《竹枝词》中写道："七月中元接祖期，鸡冠掩映水红枝。糖莲献罢分邻里，花样谁家更入时。"另一特殊习俗是送祖时要放河灯，后已鲜见。中华人民共和国成立后，接祖节在农村尚盛行，城市居民中属于中、青年人组成的核心家庭对此俗已淡漠，但城中有六七十岁以上老人的扩大家庭中此俗仍兴。接祖送祖期间，昆明小巷中仍可看到许多老人在焚香化纸。由于印刷技术的发达，有人专门在此期间售卖纸钱、引泉等接祖期间用的物品。

## 跑马节

"跑马节"是官渡区矣六彝族子君人的特色传统节日，历史悠久。每年农历六月二十四日，子君人都要在昆明东郊的跑马山举行"跑马节"。相传，昆明古代以养能负重跋山涉水、日行百里不息的马著称于世，古籍称"矮马"。子君人知其马性，有饲养经验，且尚骑狩猎。每年，子君人都要到村后的跑马山上比试谁养的马毛光体壮、跑得快、耐力好，优胜者为族人称赞，逐渐形成"跑马节"，相传至今。2005年，经昆明市人民政府批准被列为昆明市第一批民族民间文化保护名录。

## 冬　至

冬至又叫过冬，时间在农历十一月冬至，昆明俗话称"冬至大过年"。冬至时必吃豆面团（裹黄豆炒面的汤圆）。豆面团的做法是：用糯米磨成的吊浆面包鸡油或猪油的豆沙馅，馅内加核桃、火腿丁、蜜钱等，或者分开包豆沙、白糖、麻仁、肉馅等。煮熟后裹上黄豆面，蘸稠红糖汁食用。俗称"牛打滚马翻身"。冬至最隆重的当是扫墓。旧时扫墓是"春冬两季"都要举行，春季为清明，冬季为冬至。冬至的扫墓、祭祖过程一如清明，不同的是冬至要带点豆面团去供奉。

## 土主庙会

每年农历二月十九日，分别在官渡螺峰村的土主庙、尚义村的观音寺、西庄村的五谷寺祭祀土主（彝族的祖先崇拜，"土主"即南诏主皮逻阁）、观音。五谷寺举办的土主庙会会期3天。相传农历二月十九日是观音菩萨的诞辰日，明代志书载"朝廷倡教，沐乐兴寺"。土主庙会可能是从明代兴起，清代后成为滇中驰名的庙会，也是昆明地区盛大的宗教活动，规模壮观。参会者多为昆明市民和郊区农民，邻近各州、县也有不少人前来观光、朝拜，会期约数万人汇集官渡。庙会活动以迎佛为主，兼有武术、文娱表演，还有仪仗队模仿帝王出行用的"銮驾"当先，以壮"佛威"。白天有送（供）酒、念经、祝"圣"寿等活动；夜间有各种灯、戏表演，宿庙等。迎佛前，将土主的塑像抬捧在选定的白毛水牛背上，到观音寺、五谷寺"约"观音、五谷神，抬着观音和五谷佛像依次在西庄、六谷、秀英、螺峰、尚义5村游行。游行时，仪仗队抬着"銮驾"在塑像前鸣锣开道，善男信女跟在"銮驾"后，手执法器，诵念经文，乐师、狮舞、龙灯、水族、灯戏等队伍紧跟其后。游行时，土主庙、观音寺、五谷寺里里外外挤得水泄不通。土主庙会以白毛水牛为土主的坐骑，在宗教活动中比较少见，具有独特的祭祀性。2005年，经昆明市人民政府批准被列为昆明市第一批民族民间文化保护名录。

## 盘龙寺庙会

盘龙寺是晋城镇东部盘龙山所有寺庙的总称。在民间，盘龙寺有"三照一圆通，正果在盘龙"之说。传说，盘龙祖师崇照曾在安宁觉照寺、玉溪灵照寺、昆阳普照寺和昆明圆通寺修行，但修成正果是在盘龙寺。崇照圆寂后，肉身经久不坏，供奉了500多年，使得晋宁的盘龙寺、普照寺声名远播。据《大盘龙庵大觉禅师宝云塔铭》和《徐霞客游记》载："莲峰名崇照，生于大德二年（1299）七月十七日，卒于元至正二十三年（1364）八月十八日。"为纪念这位盘龙寺开山祖师，人们把每年农历七月十七日至八月十八日定为"盘龙寺庙会。"在每年庙会期间，八月初一最为隆重，来自昆明、呈贡、江川、通海、峨山、玉溪等地的善男信女蜂拥而至，更有海外游客千里迢迢慕名前来朝山拜佛、祈求庇佑。寺庙内外人山人海，锣鼓鞭炮之声不绝于耳。期间，有传统花灯、歌舞、山歌小调等精彩的文艺节目表演，场面无比壮观。2005年，经昆明市人民政府批准被列为昆明市第一批民族民间文化保护名录。

## 宝峰镇调子会

晋宁县的民间山歌、调子对唱由来已久，是民间喜爱的一种娱乐形式。流传在宝峰一带的山歌小调很多，如昆明小调、大理调、八街调、四季腔、长腔对口、猜调等。1949年前，每逢节庆或庙会，人们便三五成群地聚在一起唱山歌、对调子，倾吐心中的爱恨之情，场面热闹非凡。中华人民共和国成立后，唱山歌、对调子的活动逐渐消失。1998年后，晋宁宝峰镇政府为弘扬民族文化传统、丰富群众文化生活，决定恢复调子会，10年间共举办了12届，来自玉溪、昆明、红河、楚雄、海口、安宁、宜良、石林、峨山等地歌手报名参加，历届调子会比赛都热闹非常。如今，宝峰调子会已成为晋宁县春节活动的重要部分，每届调子会观众达3万余人，并推出了一大批优秀的民间歌手，为丰富农村群众文化生活、促进民间文化交流搭建了平台。2005年，经昆明市人民政府批准被列为昆明市第一批民族民间文化保护名录。

## 观音山庙会

观音山庙会起源于元代，是当地人在长期的生活、生产过程中逐渐产生的一种习俗，年复一年，成为当地人上香、赶集、对歌的盛会。当地流传着这样一则传说：运往盘龙寺的观音塑像在滇池受阻，经一位老和尚的指点，该尊观音像就留在了当地。在建盖观音寺的过程中，大殿的大墙砌好了又倒，反复几次没有成功。又是这位老和尚随手拾了几块石块，殿墙才砌了起来。当地人都认为这位老和尚就是观音自己。观音主动在当地落户，这是当地人的福气，于是将寺庙所在的山命名为"观音山"，寺称"观音寺"，农历六月十九日大家都来上香，形成了现在的观音山庙会。观音山庙会随着观音寺的落成就开始兴起。庙会一般从农历六月十八日开始，周边地区的香客和商贩就开始上山进香和摆摊。六月十九日上香的人更多，这一日还有由西山区文化馆组织举办约2小时的"观音山调子会"。有组织的调子会结束后，人们开始任选地点，自由对调，直至第二天凌晨。每年此时，观音山就成了小型商品集散地、传统文化，特别是山歌对唱的舞台。2005年，经昆明市人民政府批准被列为昆明市第一批民族民间文化保护名录。

## 双河彝族火把节

彝族是一个崇拜火的民族，"火文化"是彝族文化的一个重要内容。相传，在很久以前的一个夏季，滇池南岸发生了一场特大的虫灾，害虫把田里的稻子苞谷都吃光了，农民们焦急万分，但始终没有一个好的办法能把害虫全部灭掉。农历六月二十四日的夜里，一个彝族妇女手持松枝火把到田边去查看虫害，无意间发现害虫撞上火把后就被烧死了。她把这个让人惊喜的发现告诉了乡亲们，大家纷纷效仿，抬着火把到自家的田边去消灭害虫，无数的火把形成了一条条看不到尽头的火龙。就这样，没过几天，害虫全部被消灭了。从此，彝族乡的乡亲们每年都在农历六月二十四的晚上举行集会，点燃火把消灭害虫，后来这个集会就演变成了彝族独特的"火把节"。每到火把节这天，滇池流域以双河为代表的彝乡人们杀鸡宰羊宴请亲朋宾客，每家都要有几桌客人；青年男女则点起火把汇聚在一起唱山歌小调、跳起"彝家乐"，表达彝族人民对美好生活的祈求和向往。2005年，经昆明市人民政府批准被列为昆明市第一批民族民间文化保护名录。

# 第二节　谚语民谣

## 俗　语

天干三年饿不死手艺人。

躲得了初一躲不了十五。

上梁不正下梁歪，三梁四梁倒下来。

老人的话当得药。

好马不吃回头草。

跟着好人学好人，跟着师嬢跳假神。

老鸹喜欢蛋打烂。

相因无好货，好货不相因。

人与人不同，花开十样红。

蛇有多粗，洞有多大。

牛吃波罗菜，各人心中爱。

## 谚　语

官清民顺，官贪民逆。

惯适儿不孝，惯适狗爬灶。

空花不结果，空话不成事。

天黄有雨，人狂有祸。

西山戴帽，雨就要到。

云走东，有雨变成风；云走南，有雨下不长；云走西，骑马披蓑衣；云走北，有雨下到黑。

笑脏不笑烂，笑烂不笑补。

人怕老来穷，谷怕秋夜雨。

出门看天色，进门看脸色。

越闲越懒，越吃越馋。

新三年，旧三年，补补连连又三年。

凑毛成毡，积少成多。

细水长流年年有，大吃大喝不长久。

娃娃爱过年，懒婆娘爱坐月。

粑粑好吃，磨难推。

生不带来，死不带去。

公鸡打架头对头，夫妻打架不记仇。

多衣多汗，少衣自然。

米汤搁盐，抵得过年。

吃药不忌嘴跑断太医腿。

涨水煮白菜，冷水煮萝卜。

十月萝卜小洋参。

树老心空，人老颠东。

立夏不下，犁耙高挂。

小满雨滔滔，芒种似火烧。

东虹热头，西虹雨。

## 歇后语

小葱拌豆腐——清二白

巫家坝的口袋——装疯（风）

绵羊不出角——假狗

马尾穿豆腐——提拿不上

麦楷草做吹火筒——小里小气

姑娘做媒——只会说别人，不会说自己

师孃婆掉来井以首——淘神

阎王爷出告示——鬼话连篇

公鸡屙屎——头截硬

牛屎拱拱戴眼镜——冒充地理先生

癞蛤蟆打哈欠——好大的口气

蚂蚁子在洞首磕头——天知地知

三张纸画个人头——好大的面子

## 城市歌谣（盘龙江）

盘龙江水浪滚沙，沙里掏金莫乱抓，

一淘淘到滇池去，找到妹子芙蓉花。

盘龙江水浪滚沙，金色鲤鱼摆尾巴，

哥哥不把鲤鱼钓，爱的妹子一枝花。

盘龙江水浪滚沙，木匠哥哥是行家，

哥修房子立主梁，妹在门枋来雕花。

## 猜 花

小娃娃，妹妹家，坐在花树下，拍掌来猜花，

墙根下，绕篱笆，挂起小喇叭，这是什么花？

墙根下，绕篱笆，挂起小喇叭，这是牵牛花。

2005年，经昆明市人民政府批准被列为昆明市第一批民族民间文化保护名录。

## 官渡区阿拉彝族民歌《薅谷调》

《薅谷调》，顾名思义即薅谷子时唱的调子，又叫《杨辣五调》，在彝族撒梅人聚居地区广为流传，是撒梅人男女老少最喜欢的一种曲调。它无时间、地点的限制，曲调优美动听，叙事性较强，

在田间地头、山林、场边生产劳动时有说有唱，寓教于乐。曲调或欢快喜悦，或高亢激昂，或铿锵有力，表现生产劳动的情景和薅谷子时长辈对晚辈的说教，讲解应该怎样薅出杂草等生产劳动知识，充分体现了撒梅人民热爱生活、勤劳朴实的特质。《薅谷调》一曲多用，曲调可以固定不变，歌词内容则可以随意变化，可以在劳动中歌唱，也可以在其他各种大小活动中演唱。《薅谷调》的歌词大意是：野慈菇，遮住秧，不拔掉，秧难长。长脚稗，绊住秧根，秧难长，把它们都拔光。稗籽粒，掺米里，不除掉，饭难吃。牙齿草，无嘴也会啃秧苗，把它也拔掉！秧毛草，干秧苗，一棵棵，都拔掉。风稗草，它把秧苗变成"草"，怎能不拔掉！《薅谷调》不论从历史、民族、艺术等方面对挖掘、研究撒梅人的民族文化都具有极其重要的价值。2005年，经昆明市人民政府批准被列为昆明市第一批民族民间文化保护名录。

## 官渡彝族（子君人）阿乌曲调《布啦哩》

彝族子君人的民间音乐主要以乐器"阿乌"和"阿乌"曲调《布啦哩》最具代表性。子君人住在坝区，靠雨水种田，干旱时不能适时栽种，村中男女老幼就吹起《布啦哩》，乞求苍天降雨，这一习俗几百年来一直传承下来。《布啦哩》至今保留着其古老朴实的韵味，具有鲜明的子君人音乐特色。"阿乌"乐曲《布啦哩》作为求雨时的祭祀音乐，整首曲子由一个大三度的3声音阶组成：1（do）在曲调进行中为稳定的主音，3（mi）为半稳定者，2（re）为不稳定音，3个不同特性的音构成完整曲调，子君人无论男女老少皆广为传唱，是子君人现有的音乐珍品。2005年，经昆明市人民政府批准被列为昆明市第一批民族民间文化保护名录。

## 《猜调》（彝族）

一

（问）　哪样团团团上天？哪样团团海中间？

　　　　哪样团团街前卖？哪样团团姐跟前？

（答）　月亮团团团上天，螺蛳团团海中间。

　　　　簸箕团团街前卖，粉盒团团姐跟前。

二

（问）　哪样弯弯弯上天？哪样弯弯海中间？

　　　　哪样弯弯街前卖？哪样弯弯姐跟前？

（答）　月牙弯弯弯上天，虾子弯弯海中间。

　　　　镰刀弯弯街前卖，梳子弯弯姐跟前。

三

（问）　哪样岩上跳梭梭？哪样岩下织绫罗？

　　　　哪样会打三更鼓？哪样会唱五更歌？

（答）　老虎岩上跳梭梭，蜘蛛岩下织绫罗。

　　　　金鸡会打三更鼓，小妹会唱五更歌。

四

（问）　哪点双双桑和柳？哪点双双莲和藕？

哪点双双鞋和袜？哪点双双小两口？

（答）　塘边双双桑和柳，塘中双双莲和藕。

床前双双鞋和袜，枕上双双小两口。

《猜调》是官渡区民间歌谣，歌词表现了对调者应用民间语言表达事物和心情的智慧。

2005年，经昆明市人民政府批准被列为昆明市第一批民族民间文化保护名录。

## 民间歌谣《情歌》

哥是天上花蝴蝶，哪里花香哪里歇，

借你花园歇一晚，不伤丫枝不伤叶。

小妹采花把家归，一对蜜蜂随后追！

上服（请求）蜜蜂莫追我，莫将小妹当花魁。

小妹采花把家回，一对蜜蜂紧相随，

若问蜜蜂追哪样？蜜蜂采花为酿蜜。

好田不消粪来堆，好墙不消刷石灰，

好花自有蜜蜂采，好妹才有好哥追。

筛掉糠皮留下来，别人不追专追你，

小妹若问为哪样？人才良心不如你。

2005年，经昆明市人民政府批准被列为昆明市第一批民族民间文化保护名录。

# 第三节　婚丧习俗

## 传统婚俗

旧时昆明也和内地一样盛行包办婚姻，青年男女没有婚姻自主权。婚俗较为复杂，并具有地方特色。但不论形式如何，总的来说是遵循了古代"六礼"，即纳采、问名、纳吉、纳征、请期、亲迎等6个程序。

**提　亲**　也称"说媒"，即古时之"纳采"。男方家看中某女子，便请媒婆前往女家，以"问名"之义提亲。女家心领神会，清楚来意。也有的人家到子女当娶、当嫁之时，直接请媒人寻找门当户对者提亲。提亲时需携带礼物，被提亲之家若收下礼物，即表示初步同意。

**合八字** 女家若初步同意，则发八字（将女子生辰八字交由媒人）给男家。男家连同当婚男子生辰八字交阴阳先生测算，看双方八字婚配是否吉利，无破败克损方可进入相亲仪式。旧时阴阳五行观念极重，有五行相生相克之说，又有属相相合相冲之说，一事不配，婚事便告吹，如"龙虎相斗，狗兔不合"。显贵之家除合八字外，尚需看面相、骨相。

**相亲** 若八字匹配，双方一般都要请至亲密友到对方家中，看看男方或女方家的家庭情况。

**下定** 双方中意后，男家以金首饰或银首饰作为信物，送往女方家。

**纳彩** 也称"过札"，亦即"六礼"中的"纳吉"之程序。旧时殷实之家的男方先请女家开出女方合家亲属如女子之祖父、祖母、父、母、伯、叔及兄弟中已婚者名单，然后男家列柬一一拜之，称"拜亲柬"。男家亦照此开出一串名单由女家一一列柬拜之。男方柬为"恳柬"，取其"恭恳允诺"之意；女方柬为"允柬"，取其"谨遵台命"之意。男方家还备"礼柬"，内列金、玉、银首饰，时新丝绸及青、蓝、红、绿等布，喜猪、喜羊、酒、果、纸烛、元宝、谢媒银封等，礼物用抬盒盛之，吹吹打打送至女家。礼物或全收，或半收，全听女家便。中等人家过礼仪式大致与上相同，不过礼物数量减少二三成而已。家境再差点的人家则不备礼物，全数折成钱币。过礼过程中，若女方家对彩礼不满意，便借口说女儿还小，男家心领神会，适当增加彩礼。过礼过程中，双方商定婚期。

**编猪** 即为订婚。至迎亲前一日，行"编（边）猪"礼。男家备已经宰杀烫煺好的猪、羊各1只（或半只），上午八九点钟雇抬盒1架及吹打班子吹吹打打送至女方家。女方家是日也将陪嫁妆送至男家。陪嫁物品有金、玉、银首饰，衣物成套罗列，其他如镜子、盒、门帘、枕头、被盖等，并附送衣箱、桌凳之类。送陪嫁物品时亦用礼柬及拜男家各亲戚柬，请一押盒人（需衣冠楚楚），媒人乘轿，一班人吹吹打打将抬盒（或彩亭）送至男家。男家请一福寿双全之人开盒，并填写庚帖。至此婚姻才正式确定。

**迎亲** 编猪仪式后的次日早晨，男家由母亲或姑母坐轿往女家迎亲。至女家后，女方父母携头戴喜花的女儿出来跪见，女方家设宴款待亲家母。返回时，坐蓝轿，由新娘之兄或之父将新娘抱入轿中，绕道返至男家。至男方家后，新郎须背向而立，由男家亲戚中一父母子女健康、齐全的妇女执发祝、红米饭由轿内携出新妇。新郎先入屋，新妇要头顶喜帕、足踏黄道入。入屋后，新郎坐左边、新娘坐右边。随后，一对新人向众亲朋揖谢。是夜闹房，凡姑姨表兄弟兴高采烈设计笑谈，以博新娘一笑以助兴。以上迎亲方式主要在城市。

另一种迎亲方式是正婚之前一天，男方家的接亲队伍来到女方家，女方的亲戚朋友也前来贺喜，女方家宴请宾客。接亲的队伍通常由10人组成，除新郎外，还有陪郎、媒人、挑礼物之人、一对儿女双全的夫妻、两位轿夫（缠黄布裹腿）、两位吹鼓手。到新娘家后，先到八仙桌旁坐下饮一杯清茶，再喝一碗糖开水，意为先苦后甜。然后新郎再逐桌作揖、斟酒、请安。次日早上，新娘在楼上请舅母帮助梳妆打扮，然后由兄弟背上轿，由舅父、舅母、弟弟、妹妹送嫁。接亲队伍回到家后，新郎要用双数的钱币给新娘的妹妹赎买下轿权，否则妹妹有权阻止姐姐下轿。新娘下轿后，轿夫要把黄裹腿布取下来铺在通往洞房的路上。陪嫁的一对木柜和一对木箱的钥匙全在新娘弟弟的手中，新郎又得用双数的钱币赎买开柜权。这些柜箱中，除装新娘的衣物外，还有少量的大米和糖。这些食品，婚后7天由全家分享，象征着新郎新娘将给全家带来甜美幸福的生活。

在农村，当把新娘接到大门口时，火药枪、鞭炮齐鸣，贺喜驱邪，并须由村中一位最有声望的长者念《进亲经》。念完《进亲经》，举行拜堂仪式。然后，新娘由两位少女陪同，从黄裹腿布上走进洞房，意思是黄道吉日。喜被要请父母健在儿女双全的妇女铺，被子的4个角各放一根筷子，意为快生贵子。新人进洞房后同坐一条长凳上，由一位中年妇女拿来2个用红线栓连的铜酒杯，再用锃亮的小铜壶斟酒，新郎新娘双手交叉把酒杯喂到对方口嘴边，共饮交杯酒。饮毕，新郎抢先坐在床头，表明他是家长。晚上闹房。次日早，新婚夫妇梳妆毕出来拜客。夫妇并立，请父母立堂中，新婚夫妇叩拜。然后新郎赴岳父家谢亲，亦需叩拜岳父、岳母及女方亲戚。

回　门　成婚的第三天回门。新娘先坐轿回娘家，新郎后至。新郎家先送槟榔、茶饼至女方家后，女家以三遵槟榔、三道茶待之。新婚夫妇向女家祖先揖谢后，开筵宴请。此日在女家或消遣或出游。傍晚，新郎先乘轿回，新妇随后乘轿回，女家抬盒内列鸡蛋糕、发烛、韭菜、鱼等各物相赠。回到家后，新娘手携铜盒入房，取同心合意之意。

旧时昆明婚事礼节繁多、奢侈浪费，一般都要大宴宾客3天，一来铺张浪费严重，二来给当事者造成极大的负担。因办婚事而负债累累者大有人在，更有一些家庭因无力操办婚事而耽误了子女的婚事。

清末，当局即提倡婚事从简，并有相应措施。宣统二年（1910）十一月，云南提学使叶尔恺、巡警道杨福璋曾发布"男婚女嫁，崇俭戒奢"的白话布告，但收效甚微。当时少数知识界人士亦提倡改良婚俗。宣统三年（1911）正月二十七日，讲武堂教习顾某与张姓女结婚时举行了昆明市第一次在餐馆中进行的婚礼。民国初，虽有"文明结婚"的号召，但未得到普遍响应。1915年10月，官方正式印制结婚证书，取代旧时"婚约""婚书"，公开发售，且有"结婚不购此种证书，处以五至十元罚金"之规定。此后，民间结婚，有新式、旧式之分，仍以旧式居多。民国十二年（1923），因早婚盛行，云南省曾设立"早婚劝诫会"，倡导"男子三十而娶，女子二十而嫁"，但系社会组织行为，无任何行政、法律约束力。民国《昆明市志》载："迩来行文明结婚礼，缛礼渐除，费用亦省，然因数千百年积习一时骤难改革，故行文明婚礼者仍居少数。特酬客较昔日为简，男家可以一日，或二日了之，女家亦只二日或三日即可竣事矣。"

1934年8月《新生活运动纲要》公布后，昆明曾先后举行过2次"集团（体）结婚"。即男女双方先登记，然后由主办单位——"新运促进委员会"定出日期，为参与婚礼的若干对新人举行结婚仪式。抗日战争爆发起至1949年，云南省社会处、云南省社会服务处、市政府、市社会服务处为倡导厉行节约、改革婚礼习俗，制订《集团结婚登记简章》，在昆明联合举办集团（体）结婚14届，每届平均10对左右。参加者交纳举办费用，报刊登载结婚"鸳鸯谱"，并请地方官绅证婚，发给结婚证书，参加婚前健康检查。对参加的公教人员实行八折收费。虽提倡婚事新办，但参加者为数不多，传统的婚俗仍盛行。

## 现代婚俗

1950年后，结婚的法律手续按《中华人民共和国婚姻法》执行。结婚统一由基层民政机关先期登记，领到结婚证书即确立夫妻关系，然后再择定日期宴请（或茶点、或举行晚会）亲友，流行上千年的烦琐婚俗逐渐在城市中被淘汰。1960—1963年国家遇到暂时困难，物资短缺，不少新婚夫妇领到结婚证后即行结合，不再举行任何仪式，最多给同事、朋友发点糖。"文化大革命"期间极"左"路线影响到各方面，结婚时念《毛主席语录》，参加婚礼的来宾也多送些《毛泽东选集》《毛主席语录》、毛主席像章等。农村中婚礼仍以传统婚俗为主，但受社会环境影响，程序和礼数已大大简化。

20世纪80年代后，随着经济的快速发展和物质生活的不断丰富，婚礼铺张之风又开始流行。政府和各有关组织为扭转此种风气，大力提倡集体结婚、婚事从简。80年代后期，随着人民生活水平的提高，夫妻双方登记后请客的风气依旧风行，但宴席一般在宾馆饭店预订，大多只请一顿晚餐。结婚前，新婚夫妇要进行婚前体检，登记领证，到像馆里照结婚相。结婚典礼时间大多选在假日、农历或公历的双数月、双数日，有些人家忌讳在本命年结婚。婚礼时间和地点选定后，广发请柬与亲朋好友、同事，恭请大家光临。城中人迎亲时，男方多租（借）几辆轿车（忌用白色轿车），组成迎亲车队。宴客当天新婚夫妇身着婚装（女一般着红衣或白婚纱，男着西装），胸佩写有新娘、新郎字样的红布条，站在门口迎接贺客；女傧相男傧相手持内盛糖、烟的托盘，贺客来时敬烟、敬糖（双数），由新娘给来客点烟；来客说一通贺词，然后将贺礼（称"红包"，内置现金）交由新婚夫妇；席间，新婚夫妇一一向各桌敬酒。晚上闹新房习俗仍在延续，大多数闹房能起到烘托气氛的作用，如要新婚夫妇介绍恋爱经过、表演"猪八戒背媳妇""挖地雷""滚鸡蛋""鬼子进村"等娱乐节目，但也有一些闹房者借着酒性出些很难让新婚夫妇在众人面前表演的节目，造成尴尬局面。

农村中多数婚事仍为自办婚宴，且大部分地区仍有吃3天之俗。随着时代发展，传统习俗逐渐淡化，结婚仪式也呈现多样化趋势：有的年轻人结婚只给同事朋友发一包喜糖、喜烟，登记领证即完成结婚手续；有的领结婚证后外出旅行结婚；有的甚至只在报刊上发个启示，称"广告结婚"。但因受传统观念影响，多数人觉得不宴一次客就不算结婚，一些人则迫于长辈压力而大宴宾客，一些人则因双方父母及自己之前已恭送出礼金无数，轮到自己不照规矩办则无法收回"投资"，因此发请柬、宴客者大有人在，有些人一个月内接五六个请柬，都需送红包，不堪重负。

## 丧葬习俗

昆明古代土著居民尚火葬，元代强令改行土葬，在长期的历史进程中形成了一套丧葬习俗礼仪。旧时，昆明有句俗话："父母为儿背上账，是为儿子讨新娘；儿为父母欠笔账，是为父母办丧葬。"清道光《昆明县志》记载："滇会城，婚嫁皆遵行六礼，仪物丰俭各称其力。丧礼则旧俗尚奢，凡吊客皆宴待，酬赠必丰，以致缺乏而有停丧不举者。"丧葬之礼因贫富而异。家底厚实者老人花甲前后即将棺椁及寿衣备好。富贵者棺外加椁。棺用杉木或阴沉之木为材。

## 民俗节日

滇池流域民俗节日众多。据旧志记载，昆明正月七日游东岳庙，九日金殿，二月二日张仙会，三月三日西山，三月二十三黑龙潭，四月八日浴佛会，五月五日螺峰山，六月十九日观音会，七月十五日放河灯，八月十五日放舟草海，二十六日古亭庵，九月十八日南天台等，视如定例。另有春秋游：每年春季，居民大都有郊游习惯。郊游时间多结合庙会，届时全家出游，携带食物，在郊外野餐。随着时代的变迁，春游范围不断扩大，到地州甚至省外、国外。除家庭春游外，不少单位、团体也组织职工春游，昆明的大中小学每年都组织学生进行春游。旧时，农历三月二十三日有"耍海会"，届时人们租乘渔船周游"草海"，20世纪30年代后此会渐废。80年代后，一些青年人，主要是一些大中学生常三五成群自发进行骑自行车环滇（池）游。重阳节登高由来已久，昔日登高以圆通山和铁峰庵为主。中华人民共和国成立后，节假日登山赏景蔚然成风，已不限于"重九"之日，市老龄委、市老体协、老干局常组织离退休人员开展登山活动。

# 第四节 戏曲歌舞

## 地方戏剧

**昆明滇剧** 滇剧发端于明末清初，起源于清康、乾之际，初成于清同治时期，成长于同、光之时，变革于辛亥前后，兴盛于抗战之前，复苏于中华人民共和国成立，虽经风雨，但一直延续至今。滇剧是内地移民文化与本土文化结合的产物，具有兼收并蓄的包容性。它吸收了北方的秦腔、昆腔、京剧、石牌腔，南方的弋阳腔、楚腔和川剧的各种特点，结合当地的发音和某些民族音乐旋律，形成了一种各种声腔兼而有之的表演较为程式化的地方戏剧。滇剧是在云南分布最广、影响力和表现力较强的规范化剧种，其鲜明的地方性，既体现了戏剧艺术的特点，又反映了地方文化的魅力，同时又对本地花灯戏、曲剧、彝剧、白剧的发展起到了一种样板作用，对地方戏剧艺术的发展有着一种指导性的作用和借鉴上影响力。它化外来声腔为地方化的程式化表演，确立了在地方戏剧中的主导地位。

滇剧是内地文化与边地文化结合而成的地方剧种。康、乾年间，由于"滇铜运京"，各省商帮纷纷进入云南滇东北采矿炼铜，来自北方、江南各地的戏班随商帮进入云南，诸种声腔汇集于云南，为滇剧的产生提供了条件。

进入云南的江西、两湖、陕西、江南、四川各帮均建立了自己的同乡会馆，随商入滇的梨园子弟在会所里开始唱戏谋生。由于各种声腔混杂和相互交流，又因要符合当地的社情民意，这些由内地入边的昆腔、秦腔、弋阳腔、吹腔、楚腔、川腔同本地元、明、清小曲的唱词调门结合起来，渐渐形成了滇剧的声腔和音乐的四大系统——丝弦系统、胡琴系统、襄阳系统和其他杂调，内地文化与边地文化的结合，使得滇剧至今仍保存了由多种古代戏曲的声腔和表演手法。艺术上的多元性是滇剧的另一个文化价值，有许多不同于其他剧种的独特之处。声腔上它融合了南北诸种腔调和本地声腔而成；音乐曲调上它的丝弦有悠扬柔和的风格，也能表现慷慨激昂的情绪。它的襄阳系统类似于京戏和汉剧的西皮，但又有反襄阳、昆倒板一类其他地方剧中罕见的曲调。滇剧中传统的吹牌和曲牌也较多，这类吹牌和曲调多来自昆曲、吹调和民间古调，由于受地方语言和民歌小调的影响，这些吹牌、曲牌又产生了特有的变异，从而更加增强了滇剧的地方性艺术表现力。最能代表和体现滇剧地方特色的则是念白对白方面。滇剧多用民间俚语方言土语入戏，且合音韵，这就使地方特色更为鲜明。

滇剧的唱腔流派众多，最为出名的当数"滇剧泰斗""云南叫天"栗成之遒劲苍凉、韵味醇厚的栗派唱腔。滇剧演出的方式主要有庙会戏、拉门戏、堂会戏、围鼓戏和专业舞台演出。滇剧剧目众多，中华人民共和国成立初期有1050多出，1986年统计有1490多出，有剧本的达573出。滇剧在中华人民共和国成立前曾由百代公司灌制过唱片，滇剧名角名票栗成之、郑文斋、刘海清、李松海、周锦堂、高竹秋先后录制唱片100多种。

滇剧理论研究著作主要有顾峰的《滇剧史》《古滇艺术新探索》。由昆明市滇剧团编排演出的新编历史剧《瘦马御史》曾荣获国家"五个一"工程奖、"文华奖"、"曹禺文学剧目奖";编排演出的新编少数民族历史剧《南诏奉圣乐》被拍摄为戏曲电视剧,并在中央台播出。2008年昆明滇剧被列入第二批国家级非物质文化遗产保护名录。

**呈贡滇剧**　呈贡滇戏活动分布在斗南、大洛羊、倪家营、小营、中卫等地,以斗南村最盛,有"滇戏窝子"之称。斗南滇戏活动约在清乾隆中后期就有,至今已有200多年的历史。"文革"时期一度中断,1978年后恢复斗南村的滇戏活动。斗南滇戏除了演出队伍较强外,还有着一支力量较强的创作队伍,他们为斗南滇戏演出提供了坚实的基础。斗南滇戏底蕴深厚,演出剧目丰富,角色行当齐全。2003年10月,斗南成立"斗南滇剧爱好者协会",会员有27人。2005年,经昆明市人民政府批准,呈贡滇剧被列为昆明市第一批民族民间文化保护名录。

**官渡滇剧**　据考证,官渡滇剧演唱活动约始于清代光绪年间。因官渡地处昆明近郊,农民农闲或进城办事到茶园听戏,逐渐发展为经济条件较好的村镇聘请滇剧艺人入村传授,或将原来一些灯会改为戏班,或新建戏班,并在新建重修寺庙建戏台(俗称万年台)演唱滇剧。如土桥班建于光绪三十年(1906)。至光绪中、后期,相继建立滇戏班15个、万年台17个。清末民初,土桥、牛街庄、小板桥、马村、羊方旺等村先后建立业余戏班,滇戏演唱十分活跃。民国初年,滇戏也十分时尚,节日各村都唱戏。滇剧表演代表性人物有昆明市第七届"春城歌咏节"金马奖得主赵美芳、牛街庄滇戏班第四代传人张勇、五腊村的郭利辉等。

**昆明花灯**　昆明花灯植根于特定的地域环境中,具有悠久历史和地方文化内涵,是一种较少受到官方文化和文人文化影响的深受老百姓喜爱、由民间歌舞发展而成的剧种。昆明花灯的传统曲调大多数是内地汉族移民带入云南的流行于明、清之际的小曲。这些汉民族的小曲进入云南后,经与本地少数民族的山歌小调与歌舞结合,渐渐形成了一种既有汉民族民俗文化特点又有本地少数民族歌舞特色,并向着戏剧化方向发展的民间歌舞小调戏。

花灯进入云南最早是以传唱明代汉民族的小调而出现的,它的许多曲牌都具有鲜明的内地文化特点。花灯保存着许多元、明、清时代的古老雅乐、俗曲和俚曲,刚由内地传入初期,它既有元散曲也有明代小曲。这些在内地已不大传唱的曲调却在昆明花灯中保存至今,从而使得昆明花灯具有了一种古代戏曲文献的文化价值。

昆明花灯是内地汉民族戏曲文化与边地少数民族歌舞山歌文化结合而成的戏曲,它的文化价值反映了汉文化与少数民族文化结合的多元性。它的曲调多为江南小曲,如湖南花鼓戏、江西采茶戏、江苏黄梅戏、福建山歌戏和各地的俗曲、杂调和民歌小调,在其与云南少数民族文化的融合过程中,从最初的传唱汉族小曲到明末清初的曲艺演唱阶段,进而与当地少数民族的舞蹈相结合,吸收了大量的彝族山歌(云南有彝族花灯)、白族小调、苗族民歌等曲调而渐成云南花灯。进入戏剧领域时期,花灯的发展过程体现了汉民族的戏曲文化与当地少数民族民间文化的融会贯通。

花灯在与当地少数民数文化的融合,特别是融入少数民族的宗教祭祀文化后,它显现的另一个文化价值是成为一种文化祭仪活动。在中华人民共和国成立以前,云南各地的花灯活动几乎都与宗教活动有关,每逢一些民族节日和民俗活动时,花灯都要参与其中,以唱灯跳灯耍灯酬神。昆明花灯是一种大众化的表演艺术,它的大众化以它的民间性和民俗性为基础,唱腔、曲调、剧情、音乐通俗易懂,表演手法受程式化影响较少,表演形式简单,易学易记,容易被广大群众所接受,尤其是受到农村群众喜爱,因而使其在发展过程中形成了一种分布面广、传播面广、影响力大的大众艺术。

花灯另一个文化价值还在于它是一个由民间歌舞小戏向戏剧化发展的剧种。花灯有由民间说唱小曲小调、表演民间歌舞向"灯夹戏"的戏曲化、戏剧化的发展过程，证明了作为主流表演艺术规范化和程式化的戏剧对民间表演艺术的改造力和影响力。昆明花灯名演员有熊介臣、袁留安、熊长林、王玉霞等，主要理论著作有戴旦的《怎样写花灯小戏》、昆明市文化局编著的《昆明花灯音乐》。新编现代花灯戏《小河淌水》入选国家首届舞台艺术精品工程。2006年，经云南省人民政府批准，昆明花灯被列入云南省省级非物质文化保护名录。

**官渡花灯** 官渡区的花灯演唱活动源远流长。明代谢肇淛《滇略·俗略》记载："元夕家家燃灯……游人歌舞达旦……节令礼仪大率与中土类，若元旦更桃符、贺岁、上元观灯……"清乾隆前后，这种松散、随意的歌舞形式逐渐衍变为一种独立的艺术样式，演唱形式亦发展为"择广场演唱，以资群众围观"。官渡花灯演唱有广泛的群众基础，可以说"有烟囱冒烟的地方就有花灯"。开展活动比较活跃的有大板桥镇的四甲、五甲、西冲、白汉场、乌西，小板桥街道的晓东村、金刚村、珥琮村，关上街道的福德村、双凤村、香条村，六甲街道新一、新二、永胜、盘龙、星海、福保，官渡街道的龙马、罗衙、中营，金马街道的大树营、马金厂等社区。1986—2004年，官渡区文化馆与乡镇文化站共举办花灯表演培训班82期，参加人数4000余人。官渡花灯表演、剧本创作代表人物有李成龙、褚思振、钱良仕，曹善、郭利辉等，所创作的作品多次参加省、市文艺调演并获奖。

**呈贡花灯** 呈贡素有"花灯之乡"的美誉，境内各村寨都有分布。呈贡花灯历史悠久，据有关史料记载，大约源于明末清初，形成于乾隆中后期。呈贡花灯以明清小曲为它的主要音乐，并以特有的背宫演唱法为特色，清新明亮，在云南花灯中独树一帜。中华人民共和国成立前，呈贡民间的花灯活动多在年节、庙会和农闲展开，春节期间达到高潮，民间常有"过年不唱灯，牛死马遭瘟"的说法。很多村子历来都有自己的花灯班子，这些灯班的班主和主要演员多数是世代相传，他们集合一批花灯艺人组成"灯棚"，多者30人，少的也有十八人。久负盛名的是可乐村，稍后一些的有江尾、松花、郎家营等地。中华人民共和国成立后，呈贡花灯受到政府、专家的重视，杨放出版的《云南民歌（二集）》就写到呈贡花灯。1957年，尹钊整理出版了《呈贡花灯》专集。1991年，呈贡花灯音乐并入昆明花灯音乐出版了《昆明花灯音乐》。该书共收录呈贡花灯音乐74首。20世纪90年代后，群众花灯队伍遍及全县65个自然村，青、中、老年花灯演出队共有100多支，在各项文艺演出中，花灯节目占80%以上。2005年，经昆明市人民政府批准，呈贡花灯被列为昆明市第一批民族民间文化保护名录。2008年，呈贡被文化部命名为中国民间艺术（花灯）之乡。

**昆明调子** 昆明调子流行于昆明市区及呈贡、晋宁等滇池周围的汉族地区，昆明附近部分少数民族中亦有传唱。昆明调泛指这一地区的汉族山歌、小调，民间有调子、民歌等多种称谓。昆明调多在山野田间歌唱，一般不受季节限制。除平时及插秧、薅秧时节的田间对唱外，大规模的歌唱活动常集中于当地每年举行的歌会（调子会），如传统的"三月三"山歌会、六月二十四"跑马山歌会""玉兰调子会""红石岩歌会""观音山调子会"等多以"赛歌"的形式出现，甲乙双方各有若干"歌师傅"指点策划，即兴编词，互相问答，体现集体智慧。歌词内容十分广泛，包括男女情爱、家乡风光、历史、地理、生产、生活等方面的知识、趣闻。昆明调曲目繁多，流传较广的有耍山调、猜调、大河涨水沙浪沙、掐鱼、赶马调、送郎调、放马山歌以及东门腔、西门腔、草海腔等。其中"掐鱼"在昆明西山区十分流行，乐曲为民族调式中的宫调式、四二拍，具有典型的民族调式风格。歌词内容虽然简单，但由于演唱时大量应用虚词，加强了小调的节奏感和韵律感。同时，唱念结合使整个小调节奏变化多，表达情感丰富，特别是增强了诙谐、幽默的情感氛围。

昆明调演唱开始常有呼唤式的引腔，曲调具有叙事性特点。曲中常出现"垛句"，民间称为"垛叶子"，音调近乎说唱，有的似快速"绕口令"，好的歌手每唱到此会得到观众满堂喝彩。猜调是昆明调的典型曲调之一，以56种事物相互猜答，想象力丰富，令人拍案叫绝。20世纪50年代后，昆明调的代表作就在全国广泛流传，影响甚广。其传承方式多为父传子、母传女、老歌手传新歌手，目前在昆明西山等地区仍十分流行。2006年，经云南省人民政府批准，昆明调子被列入云南省省级非物质文化保护名录。

**昆明洞经音乐**  昆明洞经音乐流传于昆明城区及周边地区，俗称为谈演洞经，因其主要谈演道教经典《大洞仙经》而得名。相传昆明洞经从大理传入，最早的文字记载见于官渡《文明会大洞经坛碑记》。它用唱、念、诵、讲、读、说等方式表达经文教义，表达过程中又以科仪（仪式）为载体。科仪由各种繁杂的小科目组成，进行中以器乐伴奏。

昆明洞经会所谈经文有10部，最常见的是洞经、皇经和雷经。洞经的科仪分为礼请、谈经、庆诞、送圣等。每个主项中含若干小项。洞经会每年都要举办若干盛大的谈经活动，常见者有文昌会、上九会、孔子会、关圣会等。至民国年间，昆明已有桂香学、保庶学、崇仁学、崇文学、宏文学、同仁学、文明会等10个洞经学会。昆明洞经音乐由经腔、曲牌、打击乐组成。经腔有四言、五言、七言、长短句、骈文等词体，伴奏形式分为大乐、细乐和雅乐3种。曲牌主要用于各种仪式或穿插于仪式中的礼仪项目的伴奏，因乐器不同分为大乐曲牌和细乐曲牌，前者以唢呐为主奏乐器，后者以笛子为主奏乐器。乐器分为文乐和武乐，分别指管弦乐器和打击乐器。曲牌中有唐宋词牌如浪淘沙、汉东山等，有道家音乐如上清宫、天公颂等，有宫廷音乐如南清宫、普天乐等，有江南丝竹如忆江南、叠落泉等，还有欢快活泼的民间小调如忆江陵、瑞雪飞等。目前已收集整理经腔、曲牌、打击乐等曲调132首，文字记录20余万字。

昆明洞经音乐曾一度消落，20世纪90年代在昆明市区的真庆观内恢复演奏。《老卦腔》《将军令》是洞经音乐的代表作品之一，随着时代的变化，洞经音乐的宗教成分逐渐减少，大众娱乐性和通俗化成为发展趋势。2005年，经昆明市人民政府批准被列为昆明市第一批民族民间文化保护名录。2006年，经云南省人民政府批准，昆明洞经音乐被列入云南省省级非物质文化保护名录。

## 民间歌舞

**彝族舞蹈"颠乐"**  晋宁县六街新寨的彝族倮人性情豪爽、能歌善舞。千百年来，倮人们的祖先在生产劳动和与大自然的斗争中创造了自己独特的文化艺术，民间舞蹈"颠乐"便是其中的一个组成部分。"颠乐"是彝族倮人的一种群体性广场舞蹈，是青年男女交流感情、建立友爱的一种传统舞蹈形式。从远古时代开始，每逢彝族的传统节日，彝族倮人青年男女就约定时间聚集在某村公房或林间广场上谈情说爱，随着月琴手们弹奏起的颠乐音乐，舞者们便合着音乐载歌载舞。"颠乐"套路较多，有"团场""刺地波勾勾脚""甸中八街有窝雀""噻呀喂""赶马鞭子""四合心""背背箩""傲乐""绕丹""鸽子度食"等20多种。舞蹈时，舞者们双手随节奏频频拍掌、动作干净利落、潇洒大方，动作欢快，气氛热烈。彝族倮人喜爱"颠乐"，从老人到小孩个个都会跳，尤其青年男女已把"颠乐"当作节日中走乡串寨交朋友必不可少的重要活动。2005年，经昆明市人民政府批准，彝族舞蹈"颠乐"被列为昆明市第一批民族民间文化保护名录。

**彝族舞蹈"跳乐"** "跳乐"是流传在晋宁县双河、夕阳、二街、六街等地彝族聚居村落中的一种民族民间广场舞蹈，亦称"彝家乐"和"挞乐"。"跳乐"在彝族乡村中比较流行，不存在表演的季节性，但都有特定的场合及时机性，通常是未婚男女青年夜晚相约，继而点燃篝火，围火成圈，同场而舞。不同家族、不同辈分的男女青年均可同场起舞，同家族、同辈分或不同辈分的则不能同场而舞。彝族的"跳乐"是一种适应性较强的舞蹈，其主要特点是舞者合着弦子或是月琴、树叶等乐器的节奏围成圆圈载歌载舞，人数不限，可多可少。"跳乐"有一定的歌舞曲，边唱边舞，歌舞一体，每首调子有其特定的舞步，如果不懂调子也就难以学会舞步。有些舞乐曲的偶数小节上的节奏和音调不同，以此来区别不同的舞步，但都是换头不换尾的变化与重复。过去，"跳乐"在晋宁县双河、夕阳、二街、六街等地流行盛广，如今逐渐被越来越多的年轻人所接受。2005年，经昆明市人民政府批准，彝族舞蹈"跳乐"被列为昆明市第一批民族民间文化保护名录。

**彝族（子君）舞蹈"金钱棍"** 彝族传统舞蹈"金钱棍"是彝族子君人传统的杂耍舞蹈，主要流行于官渡区矣六乡的子君村，子君人称"齐眉棍""链夹棍"。"金钱棍"用竹子制作，直径约2.5厘米，长1.2—1.6米，两头挖空，内装铜钱，棍头上系一个红绒球，有的在竹节之中装置小响铃。握棍用抓握式，以拇指和食指为主，转棍时用手腕和其他3指转动。棍分棍头、棍中、棍尾3个部分，舞蹈时打击身体手、腿、肩等部位发出"咔咔"的响声，欢快灵巧，别有韵味。民间舞蹈"金钱棍"按照吹奏乐和打击乐的旋律和节奏，踩拍节起舞，舞步有跳、踏、崴、颠，"金钱棍"从文化内涵到表演形式上都保留了彝族民间舞蹈原始古朴的艺术特点；舞蹈形式以双人舞和集体舞为主，单人舞和三人舞为辅，男女老少均可参加，人数不限。按子君人传统，谁技术高超，谁就可选为领舞者。2005年，经昆明市人民政府批准，彝族舞蹈"金钱棍"被列为昆明市第一批民族民间文化保护名录。

**汉族舞蹈《跑旱船》** 舞蹈《跑旱船》是典型的民间节庆表演节目，有喜庆和谐、幸福、平安、祝福吉祥等含义，一般在春节和传统节日期间表演，用以烘托节日气氛。《跑旱船》的道具——船用竹、木扎框，外饰以艳丽绸布，套系在女舞者的腰间，如坐船状，为坐船女，另一男演员手持船桨做划船状，为撑船老汉，两人合舞，模拟船行在水面的种种动作。主要舞蹈套路有跑场子、摆画面、亮把子等，模仿船在水中行驶的基本动作有起锚、开船、拨水、波浪行、卧船、翻身、跨船等，坐船女的基本动作有跑步、碎台步、蹲步、搓步、慢步等。坐船女的表演需要较高的艺术技巧，既要和撑船人密切配合又要表演好各种修饰动作，而且还要操纵船身，配上昆明地方民间特色的锣鼓音乐节奏，模仿船在水中行驶的各种形态，往来穿梭、彩绸飘舞，令人目不暇接。整个场面热闹欢快奇趣，深受群众欢迎和喜爱。2005年，经昆明市人民政府批准，舞蹈《跑旱船》被列为昆明市第一批民族民间文化保护名录。

**舞蹈"跑驴"** 舞蹈"跑驴"是典型的汉族民间喜庆表演项目，有和谐、幸福、平安等吉祥祝福的含义，在春节和传统节日期间表演，用以烘托节日的气氛。"跑驴"昆明人俗称颠毛驴，此舞蹈内容是表现一对乡下夫妻骑着毛驴进城赶街时一路上发生的趣事，先是毛驴从未进过城很好奇，东跑西窜，乱蹦乱跳，不听话的场面，后来表现夫妇二人怎样驯服毛驴，高高兴兴逛新城的场景。此舞一般为双人舞，丈夫扮演赶驴人，手持一条皮鞭；媳妇扮骑驴人，身套毛驴，表演毛驴的不同表现。如：不听话时的前俯后仰、乱蹦乱跳，用快步颠、勇颠、后踢跳等动作；顺服时用平颠，小碎步走等，加之赶驴人丰富的面部表情和动作，再配上昆明地方特色的锣鼓节奏，把此舞表现得神采逼真，诙谐风趣。后来改编为群舞,一人为赶驴人,其余的为骑驴人,加一些毛驴打架等情节,整个场面更加热闹欢快奇趣,深受群众欢迎和喜爱。2005年,经昆明市人民政府批准,舞蹈"跑驴"被列为昆明市第一批民族民间文化保护名录。

**秧佬鼓舞**　秧佬鼓舞又称花鼓,是一种祭祀性舞蹈,为彝族先民在长期的生产、生活过程中创造发展而来,最初为庆祝狩猎成功而跳的一种舞蹈,后逐步演变为祭祀神灵而跳的舞蹈。随着狩猎方式向农耕方式的转变,秧佬鼓舞逐渐演变为祈求丰收、祭祀祖先、节庆、婚丧等仪式上的舞蹈。秧佬鼓舞分为紧鼓、板鼓,节奏较快的称为紧鼓,节奏较慢的称为板鼓。它的舞步以丁字步为基础,融入"跳乐"的颠跳步。紧鼓有"团场""背靠背""拜财""四股头(拜堂和拜四方)""得儿鼓""打节""央吐吐(彝话)""万来哚(彝话)""车来哚(彝话)""喏喏腿(彝话)""穿花(对穿花和单穿花)"等20多种套路。板鼓节奏较慢,其套路分为"踩小狗""小牛斗踢壳""穿花跳""跐步""翻身(小翻身、大翻身、进三翻身)""打脚"等。

秧佬鼓舞用无旋律性打击乐伴奏,以大锣、小锣、大钗、小钗为伴奏乐器,紧鼓节奏欢快强烈、刚柔并济、动作变换多样,而板鼓动作则粗犷大方。在打击音乐的伴奏下,秧佬鼓舞者随龙头舞动,身体随脚步前俯后仰、起伏较大,舞者和着节奏明快的点子忽转忽跳、时蹬时颠、刚健有力、气氛热烈,使人精神振奋,足以将人们的情感引向难以抑制的忘我境界。秧佬鼓舞以双河为中心,辐射到全县各乡镇以及玉溪红塔区、峨山、安宁、西山区海口等地。

秧佬鼓舞这项民族民间舞蹈艺术富有浓厚的民族特点,是滇中彝族文化的一个重要组成部分,在省内有"威风锣鼓""金牌秧佬鼓"的美誉,它体现了彝族人民丰富多彩的民族文化特点,保留着彝族先民文化传承基因,体现出彝族人民丰富的民族文化艺术内涵,已成为彝族民间文化中的重要载体,是节庆日、丧葬及祭祀活动不可缺少的部分。2005年,经昆明市人民政府批准,秧佬鼓舞被列为昆明市第一批民族民间文化保护名录。

**呈贡马金铺小独龙舞**　小独龙舞属双人舞,表演时一人耍龙、一人舞宝,是呈贡区颇具代表性的主要舞蹈之一。关于它为什么会出现在呈贡区马金铺街道辖区内,现很难找到确切的文献资料,传说在唐朝就有小独龙舞存在。清至民国期间,小独龙舞在马金铺街道化古城、左所等地均有传承。小独龙舞小巧别致,舞动中舞者中上下翻滚,前后跳跃,见龙不见人,舞姿造型生动神奇,动作刚健有力。从舞蹈程式上看,无规定程序,即兴而舞,但却有一些别致有趣的造型动作,如"龙戏珠""龙吃珠""龙定珠""龙转身""龙盘结"等。

小独龙舞多在农村节日或喜庆时表演。20世纪50年代曾被云南省歌舞团编入民族舞蹈《万盏红灯》中。2005年云南民族出版社出版的《昆明人·民俗大观》一书中有图片及文章。现在只有马金铺街道辖区有此项活动,传承人也不太多。2005年,经昆明市人民政府批准,小独龙舞被列为昆明市第一批民族民间文化保护名录。

# 第五节　饮食文化

## 饵块类

**饵块/丝**　在"云南十八怪"中，有一怪曰"粑粑叫饵块"。昆明民谣唱道："远方客人莫奇怪，昆明粑粑叫饵块，圆圆月亮炉上摆，饵块本是天上来。"饵块为云南特产，以粳米和糯米配合蒸熟舂制而成。昆明人过年必吃饵块，有诗曰："门换新联户换米，还舂饵块备香厨。华堂草舍春都到，碧绿松毛迎地铺。"除夕守岁之时，老昆明人都要坐在青松毛上，一炉火烤饵块、一炉炭火煮皂角米，在饵块和皂角米的清香中辞旧迎新。大年初一，昆明人也多不吃饭，而吃炒饵块，如同北方大年初一之吃饺子。炒时先将饵块切成小片或细丝，多放猪油，配上火腿丝、甜咸酱油、腌菜、豌豆尖、油辣椒一锅爆炒，阖家老小一人一碗，洋洋乎天伦之乐，自不待言。大年初二开始，昆明人开始串门子，很多人家也用饵块待客，走亲戚的人也常常要扛上一筐饵块，挤车坐船，带给亲友一饱口福。

**官渡饵块**　官渡饵块盛行于清末民初，在昆明地区久负盛名。官渡饵块的制作工艺十分讲究，以其白腻、耐煮、经泡、爽口而远近闻名，制成后浸泡水里二三个月不会变质。其主要原因是第一先要选好用水，唯一条件是不带碱性，宝象河中的长流水最为合适；第二是米的好坏是制作饵块的先决条件，团颗米是制作饵块的首选米；第三是揉功过硬、蒸饭有度，饵块揉功的好坏决定着饵块浸泡时间的长短。平时舂饵块时需10余人操作（6人踩碓、1人拔碓、2人揉、2人打杂）。到每年农历腊月初十起即上大班，为两班制，踩碓者每班增加2人，轮流加工制作，昼夜不停共需26人。清末民初官渡饵块出名之后，带动了地方小手工产业的发展，一时间官渡饵块名声赫赫，成为受昆明人喜爱的传统食品。2005年，经昆明市人民政府批准，官渡饵块被列为昆明市第一批民族民间文化保护名录。

**卤饵块**　卤饵块之食，最有名者为小锅卤饵块。据说其起于清咸丰年间，由当时云南巡抚徐之铭的厨师胡某用官渡饵块配鸡丝，按"宫保鸡"的方法做成，深得巡抚大人喜爱，后传至民间。其选料认真，刀功火候和主配料的配搭十分严谨，成为昆明一大名吃。云南花灯《游春》唱词中就有"油漉漉的卤饵块最香"。旧时民间以原端仕街翟永安所烹最为有名。过去只要一提端仕街的卤饵块，昆明无人不晓。翟永安为玉溪人，民国初年到昆明谋生，后在端仕街经营小锅卤饵块、卤米线、卤面，并加罩脆臊、鲜豌豆等。翟氏小锅卤饵块选料认真，其用猪肉首选鲜嫩之小公猪肉，官渡冬吊米舂成之饵块，复兴村纳家榨之米线，威远街"丁腌菜"家之腌菜，张官营之韭菜、豌豆尖，玉溪之上等酱油。炒制之时还必用特制铜锅，火候、下料先后都有讲究。卤制饵块油亮红润、浓香扑鼻、油而不腻、鲜辣爽口、老少均宜，早、午、晚堂无不门庭若市。昆明民间有民歌曰："远方客人进城来，昆明山中有蕨菜，若是山珍不爽口，好吃不过卤饵块。"

**烧饵块**　烧饵块实为烤饵块，为饵块早期之吃法，方便实惠、味美可口。烧饵块先将饵块擀成片，又圆又薄，像个大饼，放在木炭火上烧烤。烤至两面皆黄、皮脆内软时，抹上甜酱或芝麻花生酱即可进食。抹酱很有讲究，酱分甜、咸、辣、香等六七种，放在烧饵块摊前。甜有甜酱油、甜面酱，咸有咸酱油、黄豆腐、路南卤腐汁，辣有什锦酱、丘北辣椒油，香有芝麻酱、花生酱等。其标准制法：第一道抹咸酱油，第二道甜酱油，第三道辣椒油或甜面酱，第四道抹芝麻花生酱，亦可按客人要求抹酱，或者干脆让客人自己随意抹，然后对折成半圆形递给买主，若在烧饵块中夹上一根油条或几片卤牛肉则又是一番风味，满口喷香回甜，昆明人多以之为早点，价廉物美，又快捷方便。就是过年之时，昆明人买到现舂的筒状饵块也爱把它切成片，放在栗炭火上烤熟，抹上芝麻花生酱和辣子酱，又香、又辣、又甜、又酥、又脆，味道极好。

**煮饵块**　将饵块切成小片或切成丝，或甜煮、或咸煮都是美味。甜饵块多配以甜白酒和炸麻花，咸饵块花样更多。汤有排骨、鸡鸭汤，又以猪、牛、鱼肉制成焖肉、畑肉、脆哨、炸酱等做成"臊子"。先烫饵块，加一瓢汤、一勺臊子即可得为余肉饵块、清汤饵块、爬肉饵块等，都是佳食。

## 米线类

**米　线**　米线为昆明人最常见之小吃。其制作须选用优质大米，经发酵、磨浆、澄滤、蒸粉、拼压、煮制等工序制成，状若长线，洁白柔韧，吃法多样，广东称之米粉，广西称之线粉、粉干，但最有名的还数云南米线。米线为一古老食物，古烹饪书《食次》之中记米线为"粲"。"粲"本意为精米，引申义为"精制餐食"。《齐民要术》中谓"粲"之制作，先取糯米磨成粉，加以蜜、水，调至稀稠适中，灌入底部钻孔之竹勺，粉浆流出为细线，再入锅中，以膏油煮熟，即为米线。以精米磨成精粉，又以精粉制成精致食品，因尊称米线为"粲"。又因其流出煮熟，乱如线麻，纠集缠绕，又称"乱积"。如今云南米线制作仍有两法：其一，取大米发酵后磨制而成，俗称"酸浆米线"，其工艺复杂，生产费时，然筋骨好，滑爽回甜，有大米清香，为传统制法。其二，取大米磨粉后直接放在机器中挤压，靠摩擦的热度使其糊化成型，称为"干浆米线"，其晒干后即为"干米线"，方便携带贮藏，食用时再蒸煮涨发，筋骨硬、咬口、线长，但香不及酸浆米线。

**过桥米线**　过桥米线为云南名小吃。其食法甚为独特：先烧制滚烫鸡汤一碗，因其汤汁至浓，上罩浮油，可以保持较高的温度（据称可达170℃以上），再以生肉片、乌鱼片、火腿片、腰肝片、玉兰片等放进沸汤内，待生菜变色，再加入豆腐皮、韭菜、辣椒、葱头等，最后放入米线拌食，或取米线在汤中涮过再食用，其味鲜甜异常，别具风味。过桥米线滋味独特，品格高雅，独有风味，在各类小吃中，独占鳌头。昆明有民谣曰："桌上抬来汤一碗，一层鸡油不冒烟。米线肉片烫得熟，过桥米线天下传。"过桥米线源于滇南蒙自，至今有200多年历史。蒙自有南湖，湖心有岛，岛上茂林修竹，有曲桥接岸。传说当地有位举人，立志于秋闱大考中独占鳌头，便至岛上发奋苦读。为使其专心读书，举人之妻每天按时送饭，但路远桥长，饭到已凉，举人所食甚少。夫人心焦，即杀一母鸡炖好送上岛去。举人正埋头读书，只是不食，过了时辰，鸡汤却滚热依旧，夫人大喜，仔细观察，原来一层厚厚的鸡油盖住汤面，因而热气不失。此事一时传为美谈，从此有滚油汤烫米线之进食方法，仿效者甚众。因举人妻送米线上岛要经过一座石桥，此食法得名"过桥米线"。蒙自过桥米线精品当数"菊花过桥米线"。蒙自人爱菊，又有食菊之俗，每至秋天，取鲜白菊花瓣入"过桥汤"，美色美汤美味，又频添许多诗情画意。冬、春两季，但食过桥米线，又配一盘油煎藕片，称"十七孔桥过桥米线"。还有素制清汤过桥米线，以菜油和豆腐、豆腐皮、黄豆芽、冬瓜等为佐食，称"白头翁"。清光绪年间，过桥米线传到个旧等地。1920年，个旧市人孙法到昆，开设仁和园，专售过桥米线，将此食法带入昆明。后"过桥米线"声誉鹊起，仅昆明市就有一二百家专营餐厅。

**小锅米线** 小锅米线又称小锅汆肉米线，为昆明人最好之小吃。其烹制须以特制小铜锅置于专门的灶眼上，注汤烧沸，放入肉茸，再入米线，然后下作料、韭菜、豌豆尖等，起锅时淋入辣椒油，一锅一碗，汤热味鲜爽口。至于小锅炒米线，则以小锅爆炒为要，鲜嫩麻辣，别具风味。其味多辣，有民谣曰："米线摊前吃米线，热的放汤凉加蒜，阿妹要的油辣子，嘴巴吃个红圈圈。"

**凉米线** 米线又可凉拌而食，称凉米线，在昆明十分风行。做法为取新鲜米线拌入芝麻酱、芝麻泥、香椿水、盐水、蒜汁、辣椒油等，再放韭菜、香菜、剁腌菜等即可食用，其味清凉酸辣，香郁鲜美，为夏、秋两季美食。又有特殊做法者，或配以鳝鱼，称"鳝鱼凉米线"；或配以特制之酸汤，称"酸汤凉米线"等。有民歌曰："米线摊上看热闹，头宗酸醋加花椒。一堆阿妹吃米线，嘴巴辣得吹哨哨。"传统滇味席上，也以凉米线做冷盘，放红（白）萝卜丝、韭菜段、水发木耳、海蜇丝、薄荷、鸡丝、香酥、卤鸡蛋等圆周配置，酸、辣、麻、甜、香，五味俱全，红、绿、黄、紫、黑五彩缤纷，以添喜庆之气。

## 咸菜类

**鲊** 本来为一种以盐和红曲腌制的鱼，昆明人为何称之腌菜，不得而知。其最常见者为茄子鲊，鲊条以团茄为好，晒干后上甑蒸熟，另用大米炒黄磨细即为鲊面，再备糟辣子、盐、八角、草果和鲊条拌匀入罐，以泥土密封，历一月乃成。食用时取出蒸熟再加油炒熟，香味醇厚，软腻适口。类似的咸菜还有萝卜鲊、芥菜鲊等，做法大同小异，只是不蒸不加鲊面，其味香辣脆甜。有趣的是，鲊不仅有素的，还有荤的，那就是猪头肉鲊，又叫萝卜丝鲊。制时先将肉煮烂，肉汤分开，以食盐、辣子面、八角、草果、红糖分别拌汤和炒米面，再以萝卜丝、猪头肉入汤，最后放入鲊面拌匀冷却即可入罐。此鲊可现做现吃、经年不坏。农村中有大年三十为之，吃至次年除夕之俗，取其常吃常有之意，以求吉利。

**黑大头** 玫瑰大头菜俗称黑大头，又叫黑芥，分玫瑰黑芥和甜味黑芥2种。云南咸菜最具名气者非其莫属。黑大头曰"黑"，出其颜色黑亮。制作时，精选昆明官渡特产上等新鲜芥菜根，削皮破块，又以磨黑盐多次腌制，再淋入陈年老酱浸泡，配入红糖、玫瑰糖、饴糖、老白酱、酷子酱等腌制七八十天而成。其色表里如一，切片透明，滋润脆嫩，咸而适口，鲜而回甜，兼芥菜冲香及酱香、玫瑰花香，营养丰富，长存不干。食法不拘一格，可切片，亦可切丝，可凉拌生吃，又可炒肉熟食、剁肉蒸食等。昆明人食凉面、凉米线，好配以黑大头丝，制作春卷、烧卖亦加少许，颇能抬味，且有增进食欲、开胃生津之效。大头菜已有300多年历史，曾在1911年巴拿马国际博览会上拿过大奖。《续修昆明县志》曰："大头菜，甘甜脆美，以三牌坊永香斋及西仓坡下和羹园所制最佳。"其中又以永香斋所制最佳，可惜产量少而价格高，平民百姓少有问津者。今永香斋还在，有新包装，处处可见。

**太和豆豉** 传说太和豆豉起源于江西太和镇，清康熙年间传到四川三台，后又传至昆明。百年之间，因地而异、因俗而异，太和豆豉也成了昆明的一大土特产。如今的昆明太和豆豉，用豆须选昆明所出乌嘴豆，用盐要用磨黑盐，另加糯米、上红糖、八角、茴香籽，经浸泡、蒸料、制曲、拌料、入罐、发酵，历时3月而成。其色红褐，酥化而分颗，味咸而回甜，美味鲜香，蒸炒荤素皆宜，营养丰富，食用方便，为人所好。

**家制咸菜** 昆明家制咸菜中，最简单者当数泡菜。做法为用开水冲一罐盐水，晾冷之后，将新鲜蔬菜洗净，切小放进罐中即可。可做泡菜的有鲜辣椒、白萝卜、红萝卜、黄瓜、嫩姜等，无不相宜，只是要注意放盐适量，多则不熟，过少则易腐，且不能沾油和生水，以免起花起雾。泡菜做起来简单，三五天即可取食，且鲜酸脆嫩，尤为夏季佳食。家制咸菜之上品则非油鸡枞莫属。鸡枞本来就是山珍，以之入席，便有数十种菜可做。若把鸡枞加盐，腌上1天，晒至六七成干，再以文火菜油一炸，即成油鸡枞，其香愈浓，其味愈鲜，且可存放经年，随时享其美味。昆明人好吃的清汤米线、饵块、面条，或拌凉菜加几滴鸡枞油，顿时大添鲜味，妙不可言。以菌入咸菜的还有干巴菌，掺上韭菜花、糟辣子，上红糖或再加苤蓝腌制而成，又叫干巴菌韭菜花，或干巴菌苤蓝丁。名称并不重要，最吸引人的是其香味，韭菜花之冲香和干巴菌之鲜香兼而有之，若加入剁肉炒吃，鲜美之极，无可言状。制作时，因各种原料需盐不等，须先分别腌制，三五天后再拌合在一起。好吃而又有特点的昆明家制腌菜还有腌香椿、腌韭菜、腌洋姜等等，品种繁多，风味各异，但鲜、甜、脆、辣是不变的。近年菜街子上、公园门口又悄悄兴起了一种无腌咸菜麻辣海带、豆腐丝等，其味浓烈，制作简便，颇受昆明人欢迎。还有玫瑰子姜，精选白露时节采收的玉溪沙地新姜，配以精盐、隔年老白酱、上红糖和玫瑰糖腌浸晾晒制成，其脆嫩鲜辣无渣，香郁回甜暖胃。还有玫瑰子瓜也久负盛名，其主要原料是官渡黑土下凹所出小黄瓜，须个儿小、色绿、质脆、肉厚、还带瓜刺，腌制之后，配以玫瑰糖，成品色深绿，呈半透明状，味美适口，脆嫩宜人，昆明人还以之为零食。昆明人有一句老话："姜开胃、蒜打毒、辣椒吃了走筋骨。"姜、蒜含辛辣素和芳香成分。蒜能解毒、抗菌、消炎、驱肠道寄生虫，姜有温中祛寒、健胃止呕、温肺化痰、发表解毒的功能，生病不思饮食或禁忌油荤，吃点腌姜、甜蒜能生津开胃，促进食欲、调理病体。昆明人一般不适应大蒜那辣冲味，说是吃了"口臭"，昆明所产甜大蒜，经腌制之后减少了辣冲味，保留了生蒜杀菌消炎的药用价值。甜大蒜分红糖大蒜和白糖大蒜2种，甜咸适中，又脆又嫩，南方人喜爱，北方人亦欢迎，每临夏天肠道病流行，昆明人特喜欢吃几瓣腌大蒜。

## 糕点类

**火腿坨、四两坨** 滇式糕点集京式、广式、西式糕点三者之长，重油、重糖，醇厚朴素，自成风味，富有地方特色。昆明特产火腿月饼精选宣威火腿为馅，其皮不分层，却酥松脆软，故称"硬壳"，称"坨"，为火腿坨。火腿坨又有奇大者差不多都有4两重，称"四两坨"。昆明人中秋节赏月、请客送礼，此"坨"不可或缺。清咸丰年间，巡抚徐之铭被参革职，其满族厨师胡增贵失业，即在三转弯口（今如安街）开"合香楼"，为昆明最早之糕点铺，尤以做火腿坨著名。每年中秋前3个月，合香楼即专门雇工，精心制作四两坨。传说合香楼老板苛待帮工，帮工制作月饼之时，多加火腿、糖、油，想让老板亏本，想不到做出之月饼大受欢迎，以为货真价实，争相购买，四两坨一时远近闻名，远销北京等地，全国闻名。据说老板曾将四两坨送至北京，慈禧太后吃了很赞赏，并题赐"合香楼"招牌。光绪末年，又有"吉庆祥"在马市口开张，亦生产火腿月饼。注册商标为一戟在右，一磬在左，取"吉庆"谐音。1928年中秋节前，吉庆祥做火腿坨时，一伙计将料配错，误将纯碱当作白糖和入馅内，店主发现后及时用大红纸写出启事，凡买了不合格月饼者都请来店退货，坐车的代付车钱，因此"吉庆祥"月饼声誉倍增，生意也大获发展，店铺亦从1个发展到4个。时为云贵总督岑毓英的太夫人最爱吃月饼，大小官员都争购进献，"吉庆祥"生意日隆，四两坨月饼质量亦日臻妙，甚至后来居上，超过合香楼。

**回饼** 回饼亦为昆明特产。传说清末"合香楼"有一师傅叫李清祥，其做面包之时，因醉酒将面和酸，急中生智，连忙渗入纯碱，以中和酸性，再加生面、白糖揉成面团，擀成小块，再行烘烤。

不想烤出之后柔和松软、甜中回咸、清香可口，畅销一时，成为合香楼又一当家产品。今制回饼，又添加适量的奶油、奶粉，所制之饼色呈乳白，更见清香，是谓奶油回饼。

## 菜肴类

**正　菜**　老昆明人家请客，都讲八大碗、十二大碗，贵重的如"燕菜烤席""海参全席""鱼翅全席"。一般食馆也讲究刀工火候，色香味俱全。常见的有什锦冻鱼、芙蓉鱼翅、锅巴海参、鸡腰竹笋、五香鸡、软炸鸡、乌鱼片、鸡丝虎掌、脆皮鱼、火腿夹乳饼、油淋鸡、气锅鸡、炸乳扇、螺黄汤等。

**补　膳**　云南中草药多，昆明人的荤食往往会加入一些草药，还有一个极文雅的名字：补膳。如"天麻炖鸡"即以云南昭通一带出产之野生天麻，配上尚未下蛋的嫩母鸡（昆明人称笋母鸡者）放在一起清炖。此菜不仅汁香味美，还可清火安神，对肢体麻木、神经衰弱、头昏失眠等有特殊疗效。又如"黄芪气锅鸡"可疗治胃虚弱、中气不足、脱肛、子宫下垂等；"山药枸杞蒸鸡"可益精血、健脾胃，治疗头晕、眼花、耳鸣、腰膝无力等；"虫草鹌鹑"能补肺气、培肾脾，尤宜于治疗肺肾虚弱引起的咳嗽、痰中带血及精神恍惚等虚症；再如"当归羊肉""党参排骨""茯苓包子""清蒸鲫鱼""鸡汁粥"等等均得民间推崇。

**"花"菜**　昆明多花，花不仅可观赏，还可食用，为昆明民间食俗一大特点。昆明市花山茶就得名于吃。据《本草纲目》载："山茶，其叶类茗，又可作饮，故得茶名。"

昆明民间吃得最多的是杜鹃花。每四五月间，昆明城乡菜市总有大白花杜鹃出售，成筐成担，沿街叫卖。市民称斤买回，先用沸水烫煮几分钟，再入冷水浸泡三数日洗除涩味方可炒食。人谓有鸡肉之味而清香还在鸡肉之上，堪称佳肴。能如此做菜的还有绣叶杜鹃、粗柄杜鹃、厚叶杜鹃等。至于一些杜鹃花还可提炼食用香精，那又别是一种吃法。

玉兰花也可食用。昆明有一道名菜叫樱桃肉烧玉兰，取鲜玉兰花洗净入沸水稍煮，又以凉水漂去涩味，然后与调味后蒸的五花肉丁入锅烧制勾芡而成。玉兰花瓣敦厚、脆嫩、清香，将其洗净，多裹面粉、白糖调糊，油煎之后便成玉兰饼，极香嫩可口；如取玉兰花瓣糖渍，又可提取上乘蜜饯，别具风味。此外，玉兰花还可以提取高级香精、浸膏，用以熏茶等，吃法颇多。

百合为昆明人宴席上必不可少的八宝饭中之一宝，采其鳞茎，或蒸煮食之，或捣制成粉调食，或加冰糖蒸水为夏季清凉饮料。昆明人之偏方，用其鳞片拌蜂糖蒸食可润肺止咳、清火散热、补中益气，不仅好吃，还可治气管炎，有良效。

至于金雀花，将其去蒂漂洗挤干后入鸡蛋清中拌匀，再入烧开汤锅，成片状后起锅，撒上熟云腿末而成，色白中带黄，花香宜人，鲜美可口，又是一道昆明名菜"鸡茸金鸡花"。

## 特色类

**金线鱼**　滇池金线鱼自古有名。明代大旅行家徐霞客游历到昆，在昆明城西太华山下见过金线鱼，并详记曰："舟出没石隙中，有结茅南涯侧者，亟悬仄径下，得金线泉。泉西山透腹出，外分三门，大仅如盅……水由查门出，分注海。海中细鱼溯流入洞，是名金线鱼。鱼大不逾四寸，中腴脂，首尾一缕如线，为滇池珍味。"《徐霞客游记》载滇池之产金线鱼还有一处在晋宁县牛恋乡西南湖岸的岩石洞下，清代文人师范有诗《金线鱼》曰："欲泛昆明海，先问金线洞"……金线鱼头小，长不盈尺，小口细鳞，脊背上拱，鱼鳞细腻，鱼肉厚嫩，味美异常，因其常年生长于洞中见不到阳光，鱼眼逐渐退化，鱼体呈半透明状。其吃法有4种：一是先油煎，然后撒上花椒末、细盐，鱼皮脆而肉嫩；一是将鱼配上鸡蛋清和云腿小片清蒸，色彩鲜艳，味道鲜美；或取金线鱼生活其中之泉水蒸食，味极鲜美；也可以金线鱼和豆豉蒸之，更别具风味。其味之鲜美，为鱼中之冠。后滇池环境改变，金线鱼极为鲜见，是为憾事。

**昆阳卤鸭**　昆阳卤鸭制作传统手工技艺流传于晋宁县昆阳镇。昆阳卤鸭因酥香味美、风味独特而闻名省内外，可考的历史约200多年。传说它是明朝时期从南京传入的制作技艺，卤鸭制作在清代的昆阳已相当普遍，到民国时期昆阳卤鸭已闻名滇中地区。改革开放后，卤鸭的制作和传承得到空前的发展，昆阳卤鸭有商铺40余家，比较有名的店面有"猫林卤鸭""尹氏卤鸭店""施氏卤鸭店""传统老包卤鸭"等，从业人员数百人，年销售量数十万只，总产值达上千万元，为晋宁县社会经济的发展做出了应有的贡献。昆阳卤鸭的制作技艺属祖传，选用百年卤水精心卤制，其选料严格，用料考究，配比得当，工艺独特。卤鸭色香味美，口味独特、骨香肉酥，皮薄肉瘦、肉质纯香、肥而不腻、回味悠长，具有独特的地方风味。2009年，经昆明市人民政府批准，昆阳卤鸭被列为昆明市第二批民族民间文化保护名录。

**官渡粑粑**　官渡镇是历史文化名城昆明古镇之一，明清时代已成为商业、手工业很发达的集镇。官渡粑粑又称荞麦粑粑，早在清朝年间就享有盛名，是官渡人最喜爱的面食之一，凡是本地人几乎家家都会制作。传统官渡粑粑是逢年过节或农闲时节官渡人在自己家里烧起松毛火，用家里新鲜磨的小麦面粉发酵约3—4小时，发酵后加入少许碱面揉至表面光滑，把磨细的糊麻用香油调成糊状，加入少许白糖制成糊麻馅，然后把面团摊成直径约12厘米的圆饼状埋入松毛火中烘烤大约15分钟即可，每个重约0.2千克，食用时口感香、脆、甜、蓬松又有嚼头，且带有松毛的清香味，能储藏十多天色味不变。从20世纪50年代到60年代，官渡人用背篓背着刚刚做好的官渡粑粑到昆明城走街串巷的去卖，因其口感好，真材实料，吃后不上火，解饥又润肺，价廉物美（每个约1角钱），很受老昆明人的欢迎。2009年，经昆明市人民政府批准，官渡粑粑被列为昆明市第二批民族民间文化保护名录。

# 第六节　民族服饰

## 汉族服饰

官渡区六甲街道福保村的汉族服饰较具特点，有昆明地区汉族服饰的代表性。清末、民国年间，城镇汉族男子穿长衫马褂，妇女穿镶边对襟齐膝衫或旗袍、裙子等；青年农民穿对襟短衣，青年妇女穿大襟衣，年长者衣较长，年轻者衣较短。男女均穿大裆裤，腰围宽大，腹前打褶系裤带，老年妇女有穿"统统眼儿"的裤子（小裤脚）以便缠足扎裤脚。衣裤用料多为蓝、黑、青色布和卡机布，年轻妇女喜穿各色布衫，尤以阴丹士林布、粉蓝布最为时髦。老年男女均喜束腰带，年轻妇女系花围腰，腰头及飘带精工绣花，镶金裹银，十分讲究。京绒领褂布衫，束花围腰是年轻妇女最漂亮的打扮。

妇女头饰以发髻别玉、金钗之外，尚有金银、象牙、玉制的花卉鸟兽等各种饰物插满发髻周围。

男性头饰多戴马街毡帽（半球形），老者戴卷边大毡帽（撮箕帽），殷实富户青壮年及新郎戴洋毡帽（厚呢博士帽）。已婚妇女戴箍或包蓝布头巾，正方形前面两角飘于腮边，后面两角系于发髻之下。未婚女青年只编发辫不戴帽。

鞋子主要以布鞋为主，由主妇手工缝制，用麻线纳底上帮，也有自制鞋帮请鞋匠上牛皮底及胶底的。妇女穿翘头鸡嘴绣花鞋和圆口单扣鞋。随着现代文明的发展，传统服饰仅见年老者穿着，年轻人服饰已时尚化。2005年，经昆明市人民政府批准，汉族服饰被列为昆明市第一批民族民间文化保护名录。

## 彝族服饰

撒梅姑娘戴鸡冠帽，称"沙尼麻堵"，随年龄的不同，鸡冠帽的绣花图案和佩戴均有区别。小女孩的鸡冠帽两侧不绣花，顶端绒球只用单一的红色或桃红色绒线。大姑娘的鸡冠帽特别讲究，两侧绣得花团锦簇，顶系色彩鲜艳的多色大绒球，正戴，帽尖正对鼻尖，表示尚未找到对象，小伙子们可以追求。若是歪戴鸡冠帽，帽尖偏右表示即将出嫁，帽尖偏左表示即将招亲，暗示小伙子们不可做第三者插足。姑娘的鸡冠帽戴到出嫁，婚后留做纪念。

撒梅妇女参加社交活动时，穿一身得体的民族服装，系腰带，羊皮披肩。上身着白布或青布衬衫，外罩黑绒布褂，衣前襟短至脐，后襟长至臀，外褂左襟扣纽，沿边镶一条波浪形花瓣，衣边全镶彩色瓣；下着长裤，腰肥大，裤脚宽大边镶花瓣；脚穿"鸡嘴绣花鞋"称"腊格摩克耐"，鞋尖似鸡嘴向内勾，勾尖上缀彩色绒线球，鞋后缝有绣花布"鞋拽巴"，不缠足。精心绣成的花腰带称"右俏皮"，选用多种针织面料，在一块宽约12厘米、长约1.2米的腰带上绣满奇花异草。有的妇女将自己值得铭记的事物构思成美妙的图案，精心绣在腰带上，平时珍藏在箱底，喜庆日才佩戴，并在腰间系一块上绿下蓝的新布围裙，以免弄脏腰带，只在腰下露出腰带头摆动在臀部。未婚女性的腰带两端缀绒线垂于腹前，还有一块精制的羊皮垫，称"褥根"，用纯白羊毛皮缝制成十分精美的披肩。

男性上着对襟白汗衫，外罩藏青色短褂，缀别致的小衣袋及12颗银币纽扣；下着用蓝色阴丹士林布双行白线缝纫的宽腰宽裤脚的长裤，束上绿缎子彩色绣花的宽裤带，吊着艳丽多彩的绣花荷包；脚踏牛皮绣花凉鞋（皮拉踏）走起来喀吱喀吱作响。2005年，经昆明市人民政府批准，彝族服饰被列为昆明市第一批民族民间文化保护名录。

## 回族服饰

昆明回族的民族服饰与云南省内各县相同。明代，男人戴白帽，穿白布圆领短衣。清代，除白帽外，有的男子用白布包在头上，叫缠头。民国时期，白帽、缠头并用，亦只限于男人。白帽为圆柱形，下宽上为圆顶，顶上绣阿拉伯文。缠头围长约2米，未折的一头将头顶蒙上，然后用折好的布裹在头的四周，前额裹成人字形。有的是戴白帽，复将缠头裹在白帽四周。女人戴盖头，盖头用白布制作，特点是戴在头上只能看到面部额、眼、鼻、口、腮，脖子被遮盖，脑后还拖一块白布遮盖到双肩下。此外，凡取得阿訇资格（阿文大学毕业）的人可以穿绿袍。绿袍用绿色毛呢缝制，为长对襟衣，胸前有一方形缀块，上绣阿拉伯文。民族服装一般要在节日或礼拜时才穿。昆明回族也是大分散、小聚居，平时穿戴的服饰基本上与汉族相同。清代，男人穿对襟衣、长衫、马褂、长裤，头戴小圆帽；

女人穿大襟上衣，系长裙或长裤，也有穿旗袍的。民国时期，男人多穿长衫，戴洋毡帽，青年则多穿中山装；老年妇女穿中长大襟衣、长裤，中青年女子多穿长旗袍、姊妹装。1950—1988年，民族服饰为男人头戴白帽，帽顶大都绣阿拉伯文，也有不绣的。在节日或聚礼时，有的阿訇穿绿袍。绿袍为绿呢缝制，形似长大衣，胸前不绣字。也有部分回民仍打白布缠头，妇女则戴盖头，平时服饰基本上同于所居地区的汉族服饰。

## 白族服饰

旧时，昆明白族男女服装多是棉、麻布制成。清代、民国时期，老年男子多穿对襟短衣，大襟长衫，大摆裆裤，头戴瓜皮小帽或撮箕毡帽，脚穿布制圆口虎头鞋、荷叶鞋；青壮年男子多穿蓝、白色对襟衣，套银纽黑褂，黑、蓝色普通裤，头戴毡帽或瓜皮金绒帽，系腰带，穿布制连绊鞋或叫底绣花"皮衲逼"（皮凉鞋）；未婚女青年留长辫垂于脑后，戴箍子，箍上缀有2朵红绸攻线花。龙潭地区白族姑娘头饰用1米长、六七厘米宽的黑色扁布条和一块蓝布绕戴头上，到民国期间仿照彝族姑娘改戴绣花鸡冠帽，身穿各色大襟姊妹装和花褂，图案均自制自绣，还配有各色宽窄"花边"在衣领、衣袖、衣襟上，显得鲜艳夺目；裤子多是黑、蓝、水红色普通筒裤，腰间系黑、蓝布花腰带；脚穿各式布底绣花鞋及叫底"皮衲逼"。白族姑娘喜戴银、玉耳环，手戴平扁银手镯及银戒指，家庭经济好的还有玉手镯。已婚中老年妇女则束后发髻，髻上衬有红头绳和银簪、玉簪，套网兜。随着年龄的增长，衣服的花纹逐渐减少，多穿长及膝的大襟衣，外套为满镶滚底大襟黑褂，系黑、蓝色系腰，脚穿鼻尖船形布鞋。安宁中老年白族妇女的襟褂分半镶滚、全镶滚、四银四滚，头戴箍帽、沙帕，顶蓝头巾，穿大摆裆裤，裤脚绽花边，脚穿绣花鞋。随着社会的发展，除西山部分白族中、老年穿戴旧式服饰外，青年男女服饰大有改变，多穿中山装、西装。

# 第七节　民间工艺

## 圣贤画

滇池流域是多元文化融合的区域，晋城镇圣贤画承载了多元宗教文化元素，有着2000多年历史，对当地社会的精神、道德、礼仪等方面有着重要影响。

晋城镇圣贤画是家庭祭拜的神灵牌位中的一种，主要分布于晋宁及周边地区。圣贤画在晋城古镇尤为盛行，常见于普通人家的厅堂和厨房。圣贤画是绘画形式的神灵牌位，一般悬挂于家坛，用于膜拜、寄托心灵和精神安慰。圣贤画像的神仙组合没有固定模式，可根据需要创造，主要有三轴一堂、两轴一堂、一轴一堂、大案等几种样式和规格，其表现内容主要有关公、龙王、文昌、帝君、天地水火、风云雷电、田公地母、灶君土地、观音、财神、牛王马祖、各行祖师、圣人贤士等，并根据轴数不同和内容不同来组合。其绘工精细，墨色清淡，色彩朴素，结构饱满，画面内容主次布局有序，结构严谨，内容丰富，折射出浓厚的生活气息，为民间百姓重要的精神寄托，具有丰富的民间艺术色彩。2009

年，经云南省人民政府批准，晋宁县晋城镇圣贤画被列入云南省第二批非物质文化遗产名录。

## 云子（围棋）

围棋起源于中国，其历史可追溯到《博物志》中"尧造围棋，以教子丹朱"的传说。"云子"是"云南围棋子"或"云南窑棋子"的简称，因其外形优美扁平较薄得名"云扁"。由于古"云子"以永昌（今保山）所产围棋子为其上品，故又称"永子"。永昌"永子"生产技艺早已失传。中华人民共和国成立后，凝聚着中华民族智慧的"永子"受党和国家领导人重视关注，昆明第十二中学校办工厂和省体委组建试制小组研制云子，经过200多次试验，生产出比"永子"品质更好的新"云子"，至20世纪80年代末又成功研制出无铅"云子"，成为国家工商总局批准注册的著名品牌。

云南围棋"云子"在继承传统的基础上，弘扬云南围棋制作工艺，有白子晶莹似玉、古朴浑厚、沉重扁圆、弧线自然；黑子乌黑碧透，犹如天然玉石精磨而成，对光照边缘现碧光，宛如清潭春水的特色，给人以清新悦目之感。围棋是中华民族传统文化"琴、棋、书、画"四大瑰宝其中之一宝，而云南围棋"云子"是历代文人雅士、墨客骚人陶冶情操、修身养性的休闲怡情之珍品。2009年，经云南省人民政府批准，"云子"被列为云南省第二批非物质文化遗产保护名录。

## 阿 乌

矣六街道子君村位于昆明市东郊滇池之滨。子君人自称"撒摩都"，属彝族的一个支系。子君人的民间音乐主要以乐器"阿乌"和"阿乌"曲调《布啦哩》最具代表性，距今已有3500多年历史。该村农业以旱田耕作为主，靠雨水种田，干旱时，不能适时栽种，男女老幼就吹起《布啦哩》，祈求苍天降雨，这一习俗几百年来一直延续传承下来。1981年，《人民音乐》第六期程迢的《阿乌与布啦哩》一文中，认为"阿乌"外形与周代的"埙"相似，可能比"埙"还古老，或许就是周代出土的"埙"的雏形。"阿乌"传承至今仍是纯手工泥制乐器，制作工艺原始古朴，没有经过任何改良。"阿乌"由3个音阶构成，音色古朴淳厚，有"人类古乐器活化石"之称，是彝族子君人历史文化的识别标志，反映了子君人在一定时空内的创造力及文化形态，"阿乌"有着较高的研究价值。

其制作方法为：选用有胶质的塘泥晒干，放在臼里舂碎后，用筛子去除杂质，加入米汤反复揉捏后，根据"阿乌"的大小，取泥团放在膝盖上，弯曲小腿与膝盖成90°，用手掌将膝盖上的泥团拍打成厚薄一致的凹圆形，将凹圆形的薄片取下来用手折拢（对折）、黏合，外形就像一个呈菱形的空心水饺，在"水饺"正中边沿上方用棕丝开一个直径0.2—0.3厘米吹孔，在正面腹部中间用小木棍开2个对称的音孔，用竹片刮光滑，阴干后即可吹奏。"阿乌"有大有小，大的音色浑厚、饱满、低沉；小的音色明亮、悠远、有穿透力。其演奏方法为双手执"阿乌"，两手食指或中指分别按2个音孔，嘴唇撮起对准吹孔吹气发音。"阿乌"传承至今只能吹出3个音，即do、re、mi。具体指法是：两手食指同时按住两个音孔即发do，放开其中一个音孔发re，双手食指同时放开发mi。"阿乌"吹奏最典型的曲调是《布啦哩》，据传有"阿乌"就有了《布啦哩》。"阿乌"制作及演奏传承主要以家传、师传为主。随着汉文化和现代文明的冲击，这一凝聚着百年彝族子君人的传统乐器面临着失传的窘境，2006年被命名为云南省民族民间音乐传承人的郭春泉年事已高，现今子君村只有一两人掌握"阿乌"的制作工艺及演奏。2005年，经昆明市人民政府批准，阿乌被列为昆明市第一批民族民间文化保护名录。

## 彩　扎

彩扎工艺相传始于西汉，唐代彩扎艺术开始盛行。艺人们用竹篾子做骨架，通过巧妙的构思和娴熟的技艺扎制成各种飞禽走兽、民间戏曲故事人物。彩扎工艺流传至今，已成为中国民间手工艺之一。近代的艺人们利用竹、木、藤、金属等材料制成龙、凤、狮虎等各色花灯，每逢过年过节和一些民俗喜庆盛会，到处都有彩扎制作的彩龙狮、彩花灯，它装点烘托了节日的喜庆气氛。彩扎工艺品的制作工序是：一是备料，准备好竹子、铁丝、棉线、纸张、绸、缎、绢等；二是捆扎，根据要制作的物体形状把篾条或铁丝扎成各种形状的骨架，再用绵线来捆绑，在结头处糊上一层糨糊加以固定；三是裱糊，根据形状用纸、绢、绸、缎、布料等裱糊；四是彩画，裱糊后开始彩画，动物都是先画头尾后画身子，其他的则是从头到尾顺序彩画；五是拼装，彩画完后，根据物体各个部位进行拼装，这样一件完整的彩扎工艺品就算制作完成了。彩扎工艺品已成为今天人们丰富文化生活、烘托节日气氛不可缺少的部分。2005年，经昆明市人民政府批准，彩扎被列为昆明市第一批民族民间文化保护名录。

## 菱　角

据编菱角的老艺人传说，菱角是唐代以来端午节时人们为金角老龙戴孝所用的纪念品。菱角为草编工艺品，是由多个用大麦秆皮编制小三角经染色后相串而成的似小灯笼样的装饰品，有狮子莲花灯、果盘莲花灯、麒麟送子灯、金鱼、绣球灯等。它造型精巧、内容丰富、美观大方，成为深受千家万户喜爱的民间工艺装饰品，具有独特的观赏效果。此项工艺，历史上只在呈贡区可乐社区流传，该社区王桂英为编制菱角的高手，她的菱角光滑明亮、色泽鲜艳，曾远销全省各地及四川、贵州等周边地区。菱角是源于唐代的小工艺品，见证了历史，历经了沧桑，发展到今天仍在延续，它匠心独具的装饰效果颇具民族民间文化内涵，富有吉祥如意的喜庆色彩。2005年，经昆明市人民政府批准，菱角被列为昆明市第一批民族民间文化保护名录。

## 剪　纸

民间剪纸主要分布于官渡区矣六、关上、六甲等地，有汉族剪纸和彝族剪纸两种类型，其历史可追溯到2000多年以前。代表人物有官渡区矣六乡的六代家传剪纸艺人罗竹香等。剪纸工具和材料简单易用，有纸、刻刀、剪刀和纸钉等。剪纸图案主要有花卉、鱼鸟、龙凤、狮虎、人物等。用于当地农村妇女、小孩的服饰，如鞋花、围腰花、腰带花、帽花、背被花、帐檐花、被面花等刺绣纹样，图案活泼而朴素，一般用于民俗年节、喜庆嫁娶等实用性装饰。2005年，经昆明市人民政府批准，剪纸被列为昆明市第一批民族民间文化保护名录。

彝族剪纸主要分布在官渡区阿拉彝族乡的阿拉、普照、石坝、海子、高坡等撒梅人聚居地。彝族剪纸主要是作为刺绣的纹样，再依纹样刺绣，剪纸和刺绣共为一体。剪纸图案主要用于鞋花、围腰花、腰带花、帽花、背被花、帐檐花、被面花等，也用于民俗年节、喜庆嫁娶的装饰。工具材料主要是绵纸，以二方连续、三方连续、四方连续几种方式把纸折叠好，钉上纸钉，根据不同喜好构思所需花样后开始剪样，一气呵成，剪出各种绚丽多彩的装饰品。这些图案大多反映人物和自然界中的花卉、动物、昆虫、果木等。代表有"童子站莲花"、撒梅妇女腰带的"系腰花"、妇女小孩鞋帮上的"鞋子花"等，代表人物有普照小村的张美凤、大高坡村的李茂秀、高桥村的张秀美等。彝族撒梅人剪纸工艺独特，造型生动，具有丰富的民族文化韵味。2005年，经昆明市人民政府批准，彝族剪纸被列为昆明市第一批民族民间文化保护名录。

# 甲 马

甲马是昆明晋城当地民间祭祀用的一种小版画，俗称甲马。甲马的种类约有100种，过去主要被用于民间丧葬、敬神、驱鬼避邪等活动。甲马的制作按民间传统定式图样进行刻板，印刷。因过去甲马在晋宁县晋城镇及周边乡镇被普遍使用，会做的人相对较多，这项工艺便在民间被流传下来。甲马作为民间祭祀活动使用的一种版画，其内容多以民间传说中的神灵为主，它是祭祀活动必不可少的祭祀用品，也是当地民间祭祀礼仪习俗的文化元素，是滇池区域民俗文化的组成部分。2005年，经昆明市人民政府批准，甲马被列为昆明市第一批民族民间文化保护名录。

# 第六篇　滇池管理

# 简　述

　　滇池是昆明的母亲湖，她见证着昆明的兴衰，历代执政者都比较重视对滇池的管理。20世纪80年代以前主要是对海口河的出流进行控制。为有利泄洪，明弘治年间（1488—1505），制定了海口河的岁修制度。清雍正十年（1732），设水利同知，驻扎海口负责治理河道。道光十六年（1836），屡丰闸建成，设闸丁8名，对滇池水位进行控制。至此，滇池才有了正式的管理机构。民国三年（1914），云南省民政司设云南省水利分局，附设省会水利分局管理屡丰闸。民国三十一年（1942）为加强滇池工农业用水管理，在云南省建设厅内设昆湖水利工程委员会。民国三十四年（1945）3月改为海口管理所。1949年中华人民共和国成立以后，逐步对滇池流域进行全面规划，采取上下游兼顾、城乡兼顾、统筹安排、分批治理的方法，较好的合理开发利用滇池水利资源。1956年7月，成立海口河管理委员会，组建海口河养护队，负责海口河及屡丰闸的维修。1961年，成立滇池管理小组，1974年，改为滇池管理所隶属市农林局，同时开始征收工业用水水费，按"以水养水"的原则，除管理所职工自给外，大多数用于治理滇池的工程建设。1978年，滇池水利管理所改隶属市水利水产局。主要负责对海口河的管理与维护，保证水流畅通，以及滇池控制运用计划的制定，实行合理调度等。1978年至1989年，滇池流域的水利建设、开发利用及其管理隶属昆明市水利局；滇池水体监测、入湖河道的监测和流域的点源污染、面源污染治理与控制工作隶属昆明市环境保护局。滇池源头松华坝水源保护区的保护和管理工作，1989年以前属昆明市环境保护局。1989年，依据《滇池保护条例》和《滇池综合整治大纲》等有关规定和要求，市政府成立了昆明市滇池保护委员会，下设办公室，负责办理具体事宜，办公室定为县处级机构。2002年，依据修订后的《滇池保护条例》，昆明市政府成立了昆明市滇池管理（综合执法）局，作为昆明市滇池保护委员会的办公室，并赋予了其在滇池水体保护区和主要入湖河道实施相对集中行政处罚权工作。

　　20世纪70年代初期，滇池生态环境十分优越，有许多天然湿地、水生植物和鸟类，生态系统和谐、稳定，物种丰富，水体清澈，水质好，一直作为饮用水使用。80年代，由于生态文明建设意识薄弱，环保设施的严重滞后，人口增长，致使大量的工业、生活污染物进入滇池。1988年以后，草海水质总体变差，滇池水质在Ⅴ类和劣Ⅴ类之间波动，水体富营养化导致蓝藻水华频繁爆发。滇池完全丧失饮用水功能，"高原明珠"失去了原有的风采，已经成为影响和制约昆明区域经济社会发展的重要因素。滇池的水污染问题得到了党中央、国务院的高度重视和关怀，得到了社会各界的广泛关注。1972年，国务院总理周恩来视察云南时指示："昆明海拔这么高，滇池是掌上明珠，你们一定要保护好。发展工业要注意保护环境，不然污染了滇池，就会影响昆明市的整个建设。"此后，滇池的保护与管理工作逐渐提到了国家和省、市党政领导的议事日程。从90年代开始，一场不见硝烟的"滇池保卫战"在昆明打响。党和国家领导人以及有关部委领导多次实地视察和调研滇池，对滇池保护与治理做出重要指示，并将滇池治理列为全国生态环境保护和水污染治理的标志性工程，从"九五"开始，国家连续4个五年计划将滇池纳入国家"三河三湖"治理重点；国家各相关部委从政策、资金、项目、技术等方面给予强有力的支持；云南省委、省政府把滇池治理工作列为事关全省经济、社会发展的全局性大事和生态文明建设的重点工程，制定颁布了《云南省滇池保护条例》。昆明市委、市政府坚持把保护治理滇池作为头等大事和"一把手"工程，尤其是"十一五"规划后，进一步理清了治理思路，制定了中长期治理规划，以前所未有的重视程度、力度，全面开展环湖截污和交通建设、外流域调水及节水、入湖河道整治、农业农村面源治理、生态修复与建设、生态清淤"六大工程"。确立"量水发展、以水定城"目标，形成"科学治滇、系统治滇、集约治滇、依法治滇"思路，实现"六个转变"，全面深化滇池治理工作。在滇池保护与治理工作实施进程中，省、市、县（区）各级党委政府不断总结经验，改进治理方式，创新治理模式，理顺管理机制，提高治理效果。建立和完善党委领导、政府主导、部门联动、公众参与、法治保障的滇池管理长效机制，强化动态监管，有效地推动了滇池保护治理工作向科学化、规范化和法制化转变。做到滇池、河道清洁有人管，湖岸、河岸绿化有人护，滇池流域违法行为有人查，确保了滇池保护治理工作有序推进。多年的实践证明，加强管理工作是滇池保护与治理的核心和基石。滇池保护与治理的成果充分体现了省市党委、政府坚持三分建设、七分管理的思路。

**设立并强化滇池管理机构，提高政府在滇池保护与治理方面的议事协调能力**。为加强对滇池流域的"统一规划、统一保护、统一开发、统一管理"等统筹协调工作，省委、省政府把滇池保护与治理工作列为事关全省经济社会发展的全局性大事和生态文明建设的重点工程，每年召开专题会议对滇池污染治理工作进行研究部署；省委、省政府领导多次赴京向国家发展和改革委员会、国家环保总局专题汇报滇池水污染防治工作，争取国家在资金、技术等方面的支持；省委、省政府、省人大、省政协每年都组织力量对滇池治理进行视察、检查、监督，有力地推进了滇池污染治理工作。1993年4月14日，省政府在海埂召开治理滇池污染现场办公会议，明确用18年时间，投入30亿，分近期、中期、远期3个阶段完成滇池流域根本治理。2000年9月23日，省政府在阳宗海召开现场办公会，对滇池等九湖保护与治理做出了全面部署；同年，成立了云南省九大高原湖泊水污染综合防治领导小组，由副省长担任九湖领导小组组长，并在省环保局设立了常设机构九湖办。2002年初，对云南省九大高原湖泊水污染综合防治领导小组进行了调整，由省长担任组长，常务副省长和分管环保的副省长担任副组长。2008年9月4日，省政府成立了云南省滇池水污染防治专家督导组，加强对滇池水污染防治工作进行督促、检查、指导、协调。昆明市的滇池水污染防治工作起步于80年代重点工业污染源治理，先后成立了昆明市环境保护局、昆明市滇池保护委员会及其办公室、昆明市滇池流域水环境综合治理指挥部、昆明市"一湖两江"流域水环境综合整治专家督导组、滇池治理三年行动领导小组、昆明市滇池管理局（昆明市滇池治理综合执法局）等领导及管理机构。同时，滇池流域各县（区）也成立了相应的滇池管理机构，形成了两级政府、三级管理、四级网络的管理机制。市委、市政府把滇池保护治理工作作为首要任务和"一把手"工程，扎实工作、狠抓落实。

**加强法律体系建设，依法管理滇池**。昆明市自1980年颁布实施《滇池水系环境保护条例（试行）》以来，不断完善滇池水资源开发利用与保护法规建设，加强与国家有关法律法规相配套的地方性法规的制定和修订，加快建立有效约束开发行为和促进绿色发展、循环发展、低碳发展的法律制度。围绕滇池流域水资源保护与治理工作，先后制定和颁布了《滇池保护条例》《滇池综合整治大纲》《昆明市松华坝水源保护区管理规定》《松华坝水源保护区整治纲要》《昆明市河道管理条例》《昆明市城市排水管理条例》《昆明市松华坝水库保护条例》《云南省滇池保护条例》等地方性法规。为滇池水污染防治、水资源开发利用和保护提供法律依据，有效地推进了滇池保护与治理工作。特别是《云南省滇池保护条例》（以下简称《条例》）的颁布实施，对于理顺体制、明确职责、建立滇池治理长效机制、举全省之力保护治理滇池，提供了强有力的法制保障。为贯彻落实《条例》，昆明市加强宣传，全面提升执行效能，将《条例》学习列入全市2013年普法教育内容及《2013年全民普法教育读本》，对全市干部进行普法考试；将宣传范围延伸到学校、企业、社区、乡镇（街道）及村社。

**建立健全政策法规体系，明晰责权，规范管理。** 为确保滇池保护与治理规划任务的顺利实施，市委、市政府制定出台了《关于在滇池流域禁止经销和限制使用含磷洗涤用品的通告》《昆明市河道沿岸公共空间保护规定》《云南省昆明市人民政府关于贯彻落实昆明市人大常委会关于在滇池流域及其他重点区域禁止挖砂采石取土的决定的实施意见》《昆明市再生水管理办法》《滇池湖滨四退三还一护生态建设工作指导意见》《滇池水体污染物去除补偿办法（试行）》《昆明市领导干部问责办法》等一批管理规定，为滇池水污染防治、水资源开发利用和保护提供了法律依据，有效地推进了滇池保护与治理工作。

**制度创新，强化提升管理水平。** 为构建行为规范、运转协调、公正透明、廉洁高效的行政体制，省、市党委政府建立和完善了工作统筹制度、目标责任制度、督导推进制度、专家咨询制度、项目督办制度、河（段）长责任制等。在全国率先实施滇池管理综合行政执法，组建了环境保护公安分局。建立了行政执法与刑事司法相结合的环境保护执法新机制。环保行政执法部门、公安机关、人民法院和人民检察院通过定期举行联席会议，进行交流、沟通和协调，加大昆明市环境保护联合执法的工作力度，诉诸法律严厉打击各类环境违法犯罪行为。提出了把滇池治理纳入城市管理体系，遵循"量水发展、以水定城"的原则，根据水资源量和滇池保护治理的需要，合理控制城市规模。

**建立投融资平台，拓宽资金渠道。** 多年来，省、市政府将滇池治理重大项目纳入经济社会发展规划和财政预算，并通过每年安排污水垃圾处理设施项目建设专项资金5亿元，设立九湖治理专项资金和七彩云南保护专项资金等措施，加大对滇池治理等重点环保项目的支持；积极争取亚洲开发银行、世界银行贷款，日本协力银行等国外政府和国际金融机构支持；加强与国内金融机构的合作，通过银政合作的方式争取国家开发银行贷款；成立昆明滇池投资有限责任公司等一批融资平台，承担市政府的滇池治理项目的投融资，实现了滇池治理投、融、建、管的一体化运作；成立了云南滇池保护治理基金会、昆明滇池保护治理促进会，在云南省内募集滇池保护与治理资金，开展滇池保护与治理公益活动，资助项目的论证和实施，广泛开展与有关社会团体的合作。

**强化宣传教育，动员全社会共同参与滇池保护治理。** 多年来，我市紧紧围绕法律法规知识宣传教育与培训，滇池保护与治理、管理等工作，采取群众喜闻乐见、通俗易懂的方式，面向社会公众开展形式多样的宣传教育活动。重点抓好社会宣传与新闻宣传两个方面。出台了《昆明市加大滇池保护治理宣传工作方案》，成立昆明市滇池保护治理宣传工作领导小组，明确宣传重点、宣传方式和工作要求，细化任务分工，形成部门联动的工作机制，使得滇池保护治理宣传工作有章可循；设立滇池治理工作电子信息发布平台，设立专门的信息员队伍；建立了《滇池治理工作电子信息发布制度》，利用新闻媒体平台做好信息发布；积极发挥主流舆论作用，组织中央和省、市新闻媒体，运用滇池微信公众号、网站、微博等新媒体编发《滇池舆情》《电子信息》《滇池动态》，全方位开展滇池保护治理宣传报道；建立舆情监控机制，及时处理网络舆情；建立群众举报污染环境制度，特别是对污染滇池水体的行为及时公开曝光。通过多年的广泛宣传，群众关心参与滇池保护的意识不断提高，逐步形成了群众自觉关心滇池、爱护滇池、参与滇池保护治理的良好氛围。

# 第一章　机　构

20世纪80年代后期，为强化滇池保护与治理工作，云南省及昆明市先后成立了多个滇池保护与治理的工作机构，加强对滇池流域水环境治理工作的统一领导、统筹协调的管理工作，为加快滇池水污染综合防治工作提供了组织保证。

## 第一节　省级机构

### 云南省九大高原湖泊水污染综合防治领导小组及办公室

2000年9月23日，云南省政府在阳宗海召开现场会，对滇池、洱海、抚仙湖、程海湖、泸沽湖、杞麓湖、异龙湖、星云湖、阳宗海九湖的保护与治理做出全面部署。同年10月28日，省政府成立由分管副省长任组长，由市政府办公厅、省发改委、省财政厅、省环保局、省旅游局、省经委、省科技厅、省国土资源厅、省建设厅、省交通厅等部门领导组成的云南省九大高原湖泊水污染综合防治领导小组。并在省环保局设立了云南省九大高原湖泊水污染综合防治领导小组办公室，简称"九湖办"。其主要职责是：负责省九大高原湖泊水污染综合防治领导小组的日常工作；协调和指导领导小组成员单位相关工作；负责监督、协调和指导九湖流域、重点流域水污染防治工作；组织指导编制九湖和重点流域水污染综合防治规划；组织拟定九湖和重点流域水污染综合防治政府目标责任书并监督执行；组织九湖和重点流域水体水质规范性环境监测，统一发布水质状况及防治情况公告；负责对九湖水污染防治实行统一监督管理。2002年初，根据工作需要对云南省九大高原湖泊水污染综合防治领导小组进行调整，由省长担任领导小组组长，常务副省长和分管环保的副省长担任副组长。

云南省九大高原湖泊水污染综合防治领导小组自2000年成立以来，每年召开专题会议对九湖水污染治理工作进行研究部署。不断完善治理思路，制定了"一湖一策"的治理思路，采取有力措施，加大保护与治理的投入。2001年，为明确九湖治理的责任，省政府与昆明市政府签订了《滇池水污染防治目标责任书（2001—2002）》，把湖泊治理的重点任务进行分解细化，落到实处。同年，省政府召开滇池污染治理现场办公会，实地考察了滇池入湖河道。会议再次强调，要继续抓好滇池治理五大工程：一是各级政府和有关部门要把滇池治理和保护纳入经济社会发展计划；二是搞好农村面源污染控制示范工程，投资700万启动示范点；三是搞好农村环境建设示范村；四是要加快世行项目进度，其中管网与污水处理厂建设要加速；五是对滇池治理目标进行深入调研，以确定切实可行的目标。2003年，国务院批复了《滇池水污染综合防治"十五"计划》，省政府又与昆明市政府签订了《滇池水污染防治目标责任书（2003—2005）》，昆明市也层层签订责任书，全面实施目标责任制管理。2006年省委、省政府做出了牢固树立生态意识、加快生态省建设，全面实施七彩云南保护行动的重大部署，并把以滇池为重点的九大高原湖泊综合防治工作纳入七彩云南保护行动的重要内容。2007年7月11日，省政府在昆明召开滇池治理调研汇报会，认真贯彻落实国务院"三湖"水污染治理工作座谈会精神，进一步推进滇池治理工作。要求，加强领导，明确责任，确保滇池治理工作落到实处。一要建立健全领导责任制和责任追究制。形成上下协调的领导体制，形成对滇池水污染治理工作强有力的领导。二要加强统筹，建立高度统一的管理体制。三要加强协调，共同做好滇池水污染治理各项工作。四要加强资金筹措，进一步加大对滇池治理的投入。2008年4月25日，省委、省政府召开牛栏江—滇池补水工程现场调研会，深入贯彻落实国务院"三湖"水污染治理工作座谈会精神，进一步研究论证工程方案。要求，铁腕治污，科学治水，综合治理，让滇池流域人民永享水利之益、远离污染之害。2010年3月24日，云南省九大高原湖泊水污染综合防治领导小组会议在昆明召开。要求，要坚持"一湖一策"的治理思路，以削减入湖主要污染物为核心，加大力度推进九大高原湖泊水污染综合防治，着力改善全省水环境质量。为加快九大高原湖泊水污染综合防治"十二五"规划实施，进一步落实水污染防治目标责任制，确保水环境保护目标的实现，省政府与五州（市）人民政府和省九湖领导小组成员单位签订《云南省九大高原湖泊水污染综合防治目标责任书（2011—2015年）》。2012年制定了《云南省九大高原湖泊水污染综合防治"十二五"规划目标责任书考核办法》。2015年12月，省政府组织召开了九大高原湖泊水污染综合防治工作暨滇池保护治理工作会议。要求以最严格的保护措施、最严格的执法监督、最严格的责任追究，坚持不懈抓好九湖保护治理工作。

多年来，省九湖领导小组各成员单位按照省委、省政府的统一要求，发挥各部门优势，积极筹措资金，相互支持配合，较好地完成了各自的工作任务。省发改委积极支持滇池治理重大项目的建设；省财政厅认真落实滇池治理资金；省环保局、省九湖办认真组织、协调、指导滇池治理项目的实施，监督滇池治理工作；省林业厅将退耕还林计划重点向滇池流域倾斜；省农业厅组织开展了农业面源污染治理技术的研究，加快滇池流域农业面源污染治理的步伐。做到了领导到位、责任到位、投入到位、措施到位、落实到位，有力地促进了滇池治理各项工作的开展。

## 云南省滇池水污染防治专家督导组

为加强对滇池水污染防治工作的指导、检查和监督，推进各项重点工作和重点工程顺利实施，2008年9月5日，省政府成立由省人大常委会原常务副主任牛绍尧任组长、省人大常委会原副主任高晓宇任副组长、省级有关部门（单位）人员为成员的滇池水污染防治专家督导组（以下简称专家督导组）。其主要职责是：协助省政府督促昆明市和省级有关部门认真落实省委、省政府对滇池水污染防治的重大部署；协助省政府督促责任单位落实好《滇池水污染防治"十一五"规划》《滇池水污染防治中长期规划》和《滇池水污染防治总体方案》，重点督促责任单位按时完成滇池水污染治理重大项目建设和重要工作；参与省政府组织的滇池水污染防治目标责任书检查考核；指导滇池水污染防治技术研究与推广应用；指导滇池流域"四退三还"等生态修复建设；指导滇池生态补水工程建设；其他需督导组参与的有关工作。2014年，根据工作需要和人员变动情况，对督导组部分成员进行了调整和增补。其中，专家督导组组长由省人大常委会原常务副主任晏友琼担任。专家督导组成立后，充分发挥其成员经验丰富、协调组织能力强的优势，坚决按照省委、省政府的要求，以高度负责的精神和严谨务实的作风，深入滇池沿湖各县区实地调研，对饮用水源地保护、牛栏江—滇池补水、环湖截污、污水处理厂建设生态修复等重大工程项目进行督促、检查、指导、协调，帮助我市解决了不少困难和问题，为滇池保护与治理发挥了不可替代的作用。

### 云南省滇池水污染防治专家督导组成员一览表

表6-1-1

| 年 份 | 职 务 | 姓 名 | 工作单位及职务 |
|---|---|---|---|
| 2008.9—2014.8 | 组长 | 牛绍尧 | 云南省人大常委会原常务副主任 |
| | 副组长 | 高晓宇 | 云南省人大常委会原副主任 |
| | 成 员 | 冯志成 | 云南省人大常委会环境与资源保护工作委员主任委员 |
| | | 谢承彧 | 云南省政协人口资源环境委员会主任委员 |
| | | 赵 钰 | 云南省人大财政经济委员会原主任委员 |
| | | 潘政扬 | 云南省人大常委会农业工作委员会原主任委员 |
| | | 张 淼 | 云南省人大常委会环境与资源保护工作委员会原主任委员 |
| | | 程政宁 | 云南省人大财政经济委员会原副主任委员 |
| | | 冯 毅 | 云南省人大财政经济委员会原副主任委员 |
| | | 贺 彬 | 云南省环境科学研究院院长 |
| | | 杨 良 | 云南省环境监测中心站站长 |
| | | 张乃明 | 云南农业大学资源与环境学院长、教授 |
| | | 胡开林 | 昆明理工大学教授 |
| | | 陈兴华 | 昆明规划设计院原院长 |
| | | 李作洪 | 云南省水利水电设计院设计大师 |
| | | 张 平 | 中国水电顾问集团昆明勘测设计研究院副总工程师 |
| | 联络员 | 陀正阳 | 云南省九大高原湖泊水污染综合防治领导小组办公室副主任 |
| 2014.8 | 组 长 | 晏友琼 | 云南省人大常委会原常务副主任 |
| | 副组长 | 高晓宇 | 云南省人大常委会原副主任 |
| | 秘书长 | 程政宁 | 云南省人大财经委原副主任委员 |
| | 成 员 | 冯志成 | 云南省人大工委原主任 |
| | | 马 坚 | 云南省人大教科文卫工委原主任 |
| | | 谢承彧 | 云南省政协人环资委原主任 |
| | | 赵 钰 | 云南省人大财经委原主任委员 |
| | | 潘政扬 | 云南省人大农工委原主任 |
| | | 张 淼 | 云南省人大环资工委原主任 |
| | | 冯 毅 | 云南省人大财经委原副主任委员 |
| | | 李培山 | 云南昆明市人大常委会原主任 |

续表

| 年 份 | 职 务 | 姓 名 | 工作单位及职务 |
|---|---|---|---|
| 2014.8 | 成 员 | 普朝和 | 玉溪市人大常委会原主任 |
| | | 赵 波 | 大理州人大常委会原主任 |
| | | 杨国清 | 丽江市人大常委会原主任 |
| | | 普绍忠 | 红河州人大常委会主任 |
| | | 何天淳 | 云南省人大环资工委主任 |
| | | 梁 钒 | 云南省人大常委会办公厅巡视员 |
| | | 张 玲 | 玉溪市人大常委会原主任 |
| | | 贺 彬 | 云南省环保厅副厅长 |
| | | 张乃明 | 云南农业大学教授、博导 |
| | | 胡开林 | 昆明理工大学教授、博导 |
| | | 陈兴华 | 昆明市规划设计院原院长 |
| | | 李作洪 | 云南省水利水电设计院原院长 |
| | | 张 平 | 昆明水电院副总、正高 |

# 第二节　市级领导机构及专家咨询机构

## 昆明市滇池综合整治领导小组

1988年3月，为加强滇池的保护与治理，昆明市人民政府成立了昆明市滇池综合整治领导小组及办公室。根据市委、市政府的要求，滇池综合整治领导小组办公室组织建设、水利、环保、农业、林业等部门编写完成《滇池综合整治大纲》（以下简称《大纲》）。《大纲》的主要内容：涵养水源，增加调蓄水量；防止污染；保护水源区，实行计划用水，节约用水，实行取水许可制度。同年3月26日，市政府第二十一次常务会议通过，原则同意《大纲》要求；8月17日，市人大常务委员会第20次会议审议了《大纲》，要求市政府落实实施。

## 昆明市滇池保护委员会

1989年4月21日，市人民政府根据《滇池保护条例》和《滇池综合整治大纲》等的有关规定和要求，以昆政发〔1989〕91号文下发《关于成立昆明市滇池保护委员会的通知》，决定撤销昆明市滇池渔业管理委员会及官渡、西山、呈贡、晋宁4个分会和昆明市松华坝水库水源保护区管理委员会及其办公室，成立昆明市滇池保护委员会，作为市人民政府对滇池及其流域的保护和开发利用、进行宏观管理的职能机构，并于次年1月24日举行了昆明市滇池保护委员会成立大会。其主要职责是贯彻实施《滇池保护条例》，制订滇池保护及开发利用规划、综合整治方案及有关法规、规章，组织协调和检查督促各有关地区、部门依法保护滇池，承办市政府交办的有关事项。

### 1989—2015 年昆明市滇池保护委员会成员一览表

表6-1-2

| 年 份 | 职 务 | 姓 名 | 工作单位及职务 |
|---|---|---|---|
| 1989 | 主 任 | 张朝辉 | 昆明市人民政府副市长 |
| | 副主任 | 李 金 | 昆明市水利局局长 |
| | | 熊 岳 | 昆明市环保局副局长 |
| | | 董瑞成 | 昆明市经委副主任 |
| | | 张殿宝 | 昆明市建委副主任 |
| | | 尚文利 | 昆明市计委主任 |
| | | 解 泉 | 昆明市公安局副局长 |
| | 委 员 | 王 忠 | 昆明市农业局副局长 |
| | | 华 秀 | 昆明市林业局副局长 |
| | | 平愚山 | 昆明市财政局副局长 |
| | | 张文德 | 昆明市土地局副局长 |
| | | 华国盛 | 昆明市交通局副局长 |
| | | 杨学强 | 昆明市乡镇企业局副局长 |
| | | 许建尧 | 昆明市规划院副院长 |
| | | 金发兴 | 官渡区人民政府副区长 |
| | | 熊廷章 | 西山区人民政府副区长 |
| | | 任宏明 | 呈贡县人民政府副县长 |
| | | 周 聪 | 晋宁县人民政府副县长 |
| 1990 | 主 任 | 张朝辉 | 昆明市人民政府副市长 |
| | 副主任 | 董瑞成 | 昆明市经委副主任 |
| | | 张殿宝 | 昆明市建委副主任 |
| | | 尚文利 | 昆明市计委主任 |
| | | 朱晓阳 | 昆明市农委副主任 |
| | | 李 金 | 昆明市水利局局长 |
| | | 熊 岳 | 昆明市环保局副局长 |
| | | 郎德山 | 昆明市公安局副局长 |
| | | 李国春 | 昆明市滇保委办公室副主任 |
| | 成 员 | 宋培义 | 昆明市科委副主任 |

续表

| 年　份 | 职　务 | 姓　名 | 工作单位及职务 |
|--------|--------|--------|----------------|
| 1990 | 成　员 | 段茂成 | 昆明市公用局局长 |
| | | 李秉光 | 昆明市城建局副局长 |
| | | 宋培义 | 昆明市科委副主任 |
| | | 段茂成 | 昆明市公用局局长 |
| | | 李秉光 | 昆明市城建局副局长 |
| | | 熊西峰 | 昆明市农业局副局长 |
| | | 马杰云 | 昆明市园林局副局长 |
| | | 华　秀 | 昆明市林业局副局长 |
| | | 平愚山 | 昆明市财政局局长 |
| | | 张文德 | 昆明市土地局局长 |
| | | 李厚坤 | 昆明市交通局副局长 |
| | | 杨学强 | 昆明市乡镇企业局副局长 |
| | | 许建尧 | 昆明市规划院院长 |
| | | 张承汉 | 昆明市滇保委办公室副主任 |
| | | 金发兴 | 官渡区人民政府副区长 |
| | | 熊廷章 | 西山区人民政府副区长 |
| | | 任宏明 | 呈贡县人民政府副县长 |
| | | 周　聪 | 晋宁县人民政府副县长 |
| | | 李忠文 | 嵩明县人民政府副县长 |
| 1997 | 主　任 | 张成寅 | 昆明市人民政府市长 |
| | 副主任 | 冯志成 | 昆明市人民政府副市长 |
| | | 刘绍忠 | 昆明市人民政府副市长 |
| | | 何有德 | 昆明市人民政府副市长 |
| | | 张凤保 | 昆明市滇保办主任 |
| | 成　员 | 杨翼雄 | 昆明市计委主任 |
| | | 胡　星 | 昆明市建委主任 |
| | | 李德昭 | 昆明市规划办主任 |
| | | 刘　瞳 | 昆明市经委副主任 |
| | | 孙启元 | 昆明市容委副主任 |
| | | 束荣堂 | 昆明市农委副主任 |
| | | 王　川 | 昆明市科委副主任 |

续表

| 年 份 | 职 务 | 姓 名 | 工作单位及职务 |
|---|---|---|---|
| 1997 | 成 员 | 刘沙丁 | 昆明市委宣传部副部长 |
| | | 平愚山 | 昆明市财政局局长 |
| | | 张文德 | 昆明市土地局局长 |
| | | 马杰云 | 昆明市园林局局长 |
| | | 刘维伟 | 昆明市乡镇企业局局长 |
| | | 李国春 | 昆明市滇保办副主任 |
| | | 李 云 | 昆明市公安局副局长 |
| | | 周 智 | 昆明市滇保办副主任 |
| | | 熊 岳 | 昆明市环保局副局长 |
| | | 陈 骏 | 昆明市政公用局副局长 |
| | | 许苏昆 | 昆明市水利局副局长 |
| | | 熊建霖 | 昆明市交通局副局长 |
| | | 华 秀 | 昆明市林业局副局长 |
| | | 惠肇祥 | 昆明市农业局副局长 |
| | | 梁晓谷 | 西山区人民政府区长 |
| | | 高劲松 | 五华区人民政府副区长 |
| | | 王云发 | 盘龙区人民政府副区长 |
| | | 孟少波 | 官渡区人民政府副区长 |
| | | 曹 超 | 呈贡县人民政府县长 |
| | | 李文清 | 晋宁县人民政府县长 |
| | | 马洪苍 | 嵩明县人民政府副县长 |
| 2001 | 主 任 | 章振国 | 昆明市委副书记、市长 |
| | 副主任 | 刘绍忠 | 昆明市常务副市长 |
| | | 李 江 | 昆明市副市长 |
| | | 何有德 | 昆明市副市长 |
| | | 胡 星 | 昆明市副市长 |
| | 成 员 | 许苏昆 | 昆明市滇保办主任兼市水利局副局长 |
| | | 杨翼雄 | 昆明市计委主任 |
| | | 刘 瞳 | 昆明市经委主任 |
| | | 陈松群 | 昆明市建设局局长 |
| | | 刘 学 | 昆明市规划局局长 |

续表

| 年　份 | 职　务 | 姓　名 | 工作单位及职务 |
|---|---|---|---|
| 2001 | 成　员 | 刘沙丁 | 昆明市委宣传部副部长 |
| | | 曹　超 | 昆明市环保局局长 |
| | | 戴　速 | 昆明市科学技术局局长 |
| | | 熊廷章 | 昆明市农业局局长 |
| | | 高常寿 | 昆明市林业局局长 |
| | | 谢自国 | 昆明市政公用局局长 |
| | | 金祖鑫 | 昆明市国土资源局局长 |
| | | 许建国 | 昆明市财政局局长 |
| | | 张思祥 | 昆明市公安局局长 |
| | | 刘维伟 | 昆明市乡镇企业局局长 |
| | | 杨清旺 | 昆明市城市管理局局长 |
| | | 瞿建国 | 昆明市园林绿化局局长 |
| | | 郑志超 | 昆明市交通局局长 |
| | | 王光华 | 昆明市旅游局局长 |
| | | 王爱中 | 昆明市工商局局长 |
| | | 陶　锋 | 昆明市技术监督局局长 |
| | | 张光兴 | 昆明市政府法制局局长 |
| | | 段永明 | 昆明市环保局副局长 |
| | | 周　智 | 昆明市滇保办副主任 |
| | | 高劲松 | 五华区人民政府区长 |
| | | 王道兴 | 盘龙区人民政府区长 |
| | | 张　辉 | 西山区人民政府区长 |
| | | 张　忠 | 官渡区人民政府区长 |
| | | 孟少波 | 晋宁县人民政府县长 |
| | | 黄云波 | 嵩明县人民政府县长 |
| | | 罗　波 | 呈贡县人民政府代理县长 |
| 2007 | 主　任 | 张祖林 | 昆明市人民政府市长 |
| | 副主任 | 高劲松 | 昆明市人民政府副市长 |
| | | 梁晓谷 | 昆明市人民政府副市长 |
| | | 许　云 | 昆明市人民政府副市长 |
| | | 王道兴 | 昆明市人民政府副市长 |
| | 成　员 | | 由市级相关部门及流域县（区）主要领导组成 |

续表

| 年　份 | 职　务 | 姓　名 | 工作单位及职务 |
|---|---|---|---|
| 2015 | 主　任 | 李文荣 | 昆明市人民政府市长 |
| | 常务副主任 | 王道兴 | 昆明市人民政府副市长 |
| | 副主任 | 何　刚 | 中共昆明市委常委、昆明市人民政府常务副市长 |
| | | 谢新松 | 中共昆明市委常委、昆明市人民政府副市长 |
| | | 何　波 | 昆明市人民政府副市长 |
| | | 阮凤斌 | 昆明市人民政府副市长 |
| | | 杨　晒 | 昆明市人民政府副市长 |
| | | 王春燕 | 昆明市人民政府副市长 |
| | | 杨勇明 | 昆明市人民政府副市长 |
| | 成　员 | 由市级相关部门及流域县（区）主要领导组成 | |

## 滇池环境污染治理项目领导小组

　　1992年5月14日，为加快滇池污染治理步伐，经市人民政府研究，决定成立滇池环境污染治理项目领导小组，负责统一对滇池环境污染治理的规划、立项及组织领导和协调工作。

### 滇池污染环境治理项目领导小组成员一览表

表6-1-3

| 职　务 | 姓　名 | 工作单位及职务 |
|---|---|---|
| 主　任 | 张朝辉 | 昆明市人民政府副市长 |
| 常务副组长 | 黄蔚民 | 昆明市政府市长助理 |
| 副组长 | 何有德 | 昆明市政府市长助理、昆明市计委主任 |
| | 束荣堂 | 昆明市农委副主任 |
| | 张崇冕 | 昆明市建委副主任 |
| | 李国春 | 昆明市滇保委办公室副主任 |
| 成　员 | 范东文 | 昆明市环保局局长 |
| | 李秉光 | 昆明市市政公用局局长 |
| | 段永智 | 昆明市林业局局长 |
| | 曾光宇 | 昆明市水利局副局长 |
| | 惠肇祥 | 昆明市农业局副局长 |
| | 刘雄 | 昆明市建委总工程师 |
| | 陈兴华 | 昆明市规划院院长 |
| | 段永明 | 昆明市计委副主任 |
| | 高朝俊 | 昆明市滇保委办公室干部 |

## 昆明市滇池流域水环境综合治理指挥部

2008年1月9日，市委、市政府下发昆通〔2008〕2号文件，决定成立昆明市滇池流域水环境综合治理指挥部。其主要职责是研究和部署滇池流域水环境综合治理年度工作计划；研究决定滇池流域水环境综合治理的重大问题；研究制定滇池流域水环境综合治理的政策、资金及保障措施；督促检查滇池流域水环境综合治理重点工作及重大工作进度；完成市委、市政府确定的其他相关重大事项。指挥部下设办公室，负责指挥部日常工作，办公室主任由王道兴兼任，副主任由和丽川、赵学农、马文森兼任。

## 昆明市"一湖两江"流域水环境综合整治专家督导组

2010年，为全面推进滇池污染治理进程，市委办公厅、市政府办公厅下发《关于成立昆明市"一湖两江"流域水环境综合整治专家督导组的通知》（以下简称《通知》）。《通知》明确，成立李培山任组长，杨丽、白家保任副组长，市级有关部门（单位）人员为成员的昆明市"一湖两江"流域水环境综合整治专家督导组。其主要职责是检查督促各县（市）区党委和人民政府、市属有关部门、各直属单位及相关单位认真落实党中央、国务院和省委、省政府，以及市委、市政府关于"一湖两江"流域水环境综合治理工作的决策、措施和重大部署；对如何抓好"一湖两江"流域水环境综合整治，结合检查督促工作，加强调查研究，向市委、市政府提出建议，当好参谋；完成市委、市政府交办的其他事项。

昆明市"一湖两江"流域水环境综合整治专家督导组成员一览表

表6-1-4

| 职　务 | 姓　名 | 工作单位及职务 |
|---|---|---|
| 组　长 | 李培山 | 昆明市人大常委会原主任 |
| 副组长 | 杨　丽 | 昆明市人大常委会原副主任 |
| | 白家保 | 昆明警备区原司令员 |
| 秘书长 | 曹　超 | 昆明市人大城环委主任委员 |
| 成　员 | 郑春荣 | 昆明市人大财经委原主任委员 |
| | 李国春 | 昆明市滇保办原副主任 |
| | 王文兴 | 昆明市审计局原局长 |
| | 钱　彪 | 昆明市环境科学研究院原主任 |
| | 王德斌 | 昆明学院生命科学与技术系主任<br>昆明滇池（湖泊）污染防治合作研究中心办公室主任 |
| | 曾广权 | 昆明市环境科学研究院生态中心原主任 |
| | 刘琍琍 | 昆明市环保局总工程师 |
| | 韩亚平 | 昆明市生态研究所副所长 |

续表

| 职　务 | 姓　名 | 工作单位及职务 |
|---|---|---|
| 成　员 | 徐晓梅 | 昆明环境科学研究院副院长 |
| | 王亦民 | 昆明市土壤肥料工作站原站长 |

## 滇池治理三年行动领导小组

2013年，为落实省委、省政府关于"滇池防治工作领导工作只能加强、不能削弱，资金投入只能增加、不能减少，治理工作只能加快、不能放慢"的要求，推动滇池治理实现新突破，市委、市政府决定紧紧围绕"六大工程"，突出"彻底截污、水体置换、生态工程"三大任务，全面实施滇池治理三年行动计划，成立滇池治理三年行动领导小组，以强力推动滇池治理各项工作。领导小组下设彻底截污、水体置换、生态工程三大任务工作推进指挥部，分别由杨远翔、田云翔、王道兴任指挥长。

昆明市滇池治理彻底截污工作指挥部主要工作职责是统筹协调彻底截污项目的整体推进，制订彻底截污项目工作计划，细化工作目标任务，做到任务倒排，目标倒逼；统筹协调管网规划建设与道路规划建设、"城中村"改造规划建设、片区开发的推进问题；组织审定"一河一策"河道整治方案，并督促实施；掌握彻底截污项目工程进度，及时分析工作推进中的问题，做好相关政策研究，提出解决措施及办法，对责任单位工作情况进行督促检查；建立彻底截污项目实施的例会制度、协调会商制度和情况报送制度。工作重点是抓好城市污（雨）水管网、污水处理厂建设和河道综合整治三大类"彻底截污"项目，加快未达标河道综合整治，进一步提高污水收集处理率，减轻入滇池污染负荷。同时，按规定时限完成主城区污（雨）水管网建设、雨污分流次干管及支管配套建设工程（续建），昆明主城老城区西北片、西南片、东北片、东南片市政排水管网及调蓄池建设，第九、第十污水处理厂建设工程（地下式），海河（上段）、小清河、金汁河（上段及下段）、广普大沟水环境综合整治工程，金家河水系截污及水环境综合整治工程等项目。

昆明市滇池治理水体置换工作指挥部主要职责是统筹协调水体置换项目实施的整体推进，制订工作计划，细化工作目标任务，做到任务倒排，目标倒逼；掌握水体置换项目工程进度，及时分析工作推进中的问题，做好相关政策研究，提出解决措施及办法；对责任单位工作情况进行督促检查；建立水体置换项目实施的例会制度、协调会商制度和情况报送制度。重点推进全面推进牛栏江—滇池补水工程盘龙江"清水通道"打造、主城污水处理厂尾水外排、底泥疏浚、海口闸建设及海口河整治、雨水及再生水利用等13个水体置换项目建设，进一步优化调配水资源，构建滇池健康水循环。其中，2013年完成牛栏江补水滇池盘龙江入口段防洪工程建设（牛栏江引水出水口景观瀑布公园）、海口河水环境综合整治工程以及城市公共绿地初期雨水处理及资源化利用工程。

昆明市滇池治理生态建设工作指挥部主要职责是负责滇池湖滨"四退三还"及环湖生态建设、滇池面山及"五采区"生态修复、环湖公路优化提升项目实施的组织协调，全力推进工程项目实施，加快环滇池"生态圈、文化圈、旅游圈"建设；及时分析工作推进中的问题，做好相关政策研究，提出解决措施及办法；负责生态建设项目中的统筹推进，对责任单位工作情况进行督促检查；建立生态建设项目实施的例会制度、协调会商制度和情况报送制度。工作重点是负责滇池外海环湖"四退三还"及生态建设、滇池面山及"五采区"生态修复建设工程、环湖公路优化提升项目等重大工程的统筹协调工作。

**昆明市彻底截污、水体置换、生态工程三大指挥部成员一览表**

表6-1-5

| 名　称 | 职　务 | 姓　名 | 工作单位及职务 |
|---|---|---|---|
| 昆明市滇池治理彻底截污工作指挥部 | 指挥长 | 杨远翔 | 昆明市人大常委会主任 |
| | 常务副指挥长 | 王道兴 | 昆明市人民政府副市长 |
| | 副指挥长 | 方兴国 | 市委常委、昆明警备区政委 |
| | | 宋黎明 | 昆明市人大常委会常务副主任 |
| | | 陆玉珍 | 昆明市政协副主席 |
| | 成　员 | 张　宁 | 昆明经开区管委会主任 |
| | | 罗建宾 | 昆明度假区管委会主任 |
| | | 叶亚光 | 昆明市人大常委会副秘书长 |
| | | 和丽川 | 昆明市人民政府副秘书长 |
| | | 柳　伟 | 昆明市滇池管理局局长 |
| | | 刘跃进 | 昆明市环境保护局局长 |
| | | 胡炜彤 | 昆明市发展改革委主任 |
| | | 周兴舜 | 昆明市国土资源局局长 |
| | | 王　忠 | 昆明市交通运输局局长 |
| | | 李　亮 | 昆明市规划局局长 |
| | | 焦延田 | 昆明市园林绿化局局长 |
| | | 傅　希 | 昆明市住房城乡建设局局长 |
| | | 尹家屏 | 昆明市城管综合行政执法局局长 |
| | | 储汝明 | 昆明市水务局局长 |
| | | 曾令衡 | 昆明市林业局局长 |
| | | 龙进波 | 昆明市土地矿产储备中心常务副主任 |
| | | 刘　刚 | 昆明市公安局交警支队支队长 |
| | | 李　彤 | 五华区人民政府区长 |
| | | 尹旭东 | 盘龙区人民政府区长 |
| | | 刘毓新 | 官渡区人民政府区长 |
| | | 郭希林 | 西山区人民政府区长 |
| | | 缪　军 | 呈贡区人民政府区长 |
| | | 岳为民 | 晋宁县人民政府县长 |

续表

| 名　称 | 职　务 | 姓　名 | 工作单位及职务 |
|---|---|---|---|
| 昆明市滇池治理彻底截污工作指挥部 | 成　员 | 郭　松 | 昆明高新区管委会常务副主任 |
| | | 徐增雄 | 滇池投资公司总经理 |
| | | 朱伟峰 | 昆明市城建投资开发公司总经理 |
| | | 金　炜 | 昆明市交通投资公司总经理 |
| | | 蔡继林 | 昆明新都投资公司总经理 |
| | | 陈振德 | 昆明市土地开发投资经营公司总经理 |
| | | 宗庆生 | 昆明轨道交通公司总经理 |
| | 办公室主任 | 和丽川 | 昆明市人民政府副秘书长 |
| 昆明市滇池治理水体置换工作指挥部 | 指挥长 | 王道兴 | 昆明市人民政府副市长 |
| | 副指挥长 | 戚永宏 | 昆明市人大常委会副主任 |
| | | 傅汝林 | 昆明市政协副主席 |
| | 成　员 | 张　宁 | 昆明经开区管委会主任 |
| | | 罗建宾 | 昆明度假区管委会主任 |
| | | 和丽川 | 昆明市政府副秘书长 |
| | | 柳　伟 | 昆明市滇池管理局局长 |
| | | 储汝明 | 昆明市水务局局长 |
| | | 刘跃进 | 昆明市环境保护局局长 |
| | | 胡炜彤 | 昆明市发展改革委主任 |
| | | 周兴舜 | 昆明市国土资源局局长 |
| | | 王　忠 | 昆明市交通运输局局长 |
| | | 李　亮 | 昆明市规划局局长 |
| | | 焦延田 | 昆明市园林绿化局局长 |
| | | 傅　希 | 昆明市住房城乡建设局局长 |
| | | 尹家屏 | 昆明市城管综合行政执法局局长 |
| | | 储汝明 | 昆明市水务局局长 |
| | | 曾令衡 | 昆明市林业局局长 |
| | | 龙进波 | 昆明市土地矿产储备中心常务副主任 |
| | | 刘　刚 | 昆明市公安局交警支队支队长 |
| | | 李　彤 | 五华区人民政府区长 |
| | | 尹旭东 | 盘龙区人民政府区长 |
| | | 刘毓新 | 官渡区人民政府区长 |
| | | 王剑辉 | 安宁市人民政府市长 |
| | | 郭希林 | 西山区人民政府区长 |

续表

| 名　称 | 职　务 | 姓　名 | 工作单位及职务 |
|---|---|---|---|
| 昆明市滇池治理水体置换工作指挥部 | 成　员 | 缪　军 | 呈贡区人民政府区长 |
| | | 郭　松 | 昆明高新区管委会常务副主任 |
| | | 徐增雄 | 昆明滇池投资公司总经理 |
| | | 朱伟峰 | 昆明市城建投资开发公司总经理 |
| | | 金　炜 | 昆明市交通投资公司总经理 |
| | | 蔡继林 | 昆明新都投资公司总经理 |
| | | 陈振德 | 昆明市土地开发投资经营公司总经理 |
| | | 宗庆生 | 昆明轨道交通公司总经理 |
| | 办公室主任 | 和丽川 | 昆明市政府办公厅副秘书长 |
| 昆明市滇池治理生态建设工作指挥部 | 指挥长 | 田云翔 | 昆明市政协主席 |
| | 常务副指挥长 | 王道兴 | 昆明市人民政府副市长 |
| | 副指挥长 | 应永生 | 市委常委、市纪委书记 |
| | | 张显忠 | 昆明市人大常委会副主任 |
| | | 李　喜 | 昆明市人民政府副市长 |
| | | 张建伟 | 昆明市政协常务副主席 |
| | 成　员 | 和丽川 | 昆明市人民政府副秘书长 |
| | | 刘志军 | 昆明市政协副秘书长 |
| | | 刘跃进 | 昆明市环境保护局局长 |
| | | 柳　伟 | 昆明市滇池管理局局长 |
| | | 郭焕波 | 昆明市农业局局长 |
| | | 曾令衡 | 昆明市林业局局长 |
| | | 李昆敏 | 昆明市政协经科委主任 |
| | | 高淑霞 | 昆明市发展改革委总经济师 |
| | | 刘　宁 | 昆明市国土资源局副局长 |
| | | 游　苇 | 昆明市交通运输局总工 |
| | | 肖　丁 | 昆明市环境保护局副局长 |
| | | 牟　辉 | 昆明市规划局副局长 |
| | | 张　磊 | 昆明市园林绿化局副局长 |
| | | 刘　鲁 | 昆明市住房城乡建设局副局长 |
| | | 邓卫东 | 昆明市城管综合行政执法局副局长 |
| | | 齐超英 | 昆明市农业局副局长 |
| | | 邱云生 | 昆明市水务局总工 |
| | | 杨国荣 | 昆明市林业局副局长 |

续表

| 名　称 | 职　务 | 姓　名 | 工作单位及职务 |
|---|---|---|---|
| 昆明市滇池治理生态建设工作指挥部 | 成　员 | 赵志德 | 昆明市滇池管理局副局长 |
| | | 徐艳波 | 昆明市文化广播电视体育局副局长 |
| | | 林克俭 | 昆明市旅游局副局长 |
| | | 龙进波 | 昆明市土地矿产储备中心常务副主任 |
| | | 李　彤 | 五华区人民政府区长 |
| | | 尹旭东 | 盘龙区人民政府区长 |
| | | 刘毓新 | 官渡区人民政府区长 |
| | | 郭希林 | 西山区人民政府区长 |
| | | 缪　军 | 呈贡区人民政府区长 |
| | | 岳为民 | 晋宁县人民政府县长 |
| | | 徐毅清 | 嵩明县人民政府县长 |
| | | 唐　琪 | 寻甸县人民政府县长 |
| | | 郭　松 | 昆明高新区管委会副主任 |
| | | 李丕方 | 昆明经开区管委会副主任 |
| | | 常荣华 | 昆明度假区管委会副主任 |
| | | 徐增雄 | 昆明滇池投资公司总经理 |
| | | 曾平华 | 昆明滇池投资公司副总经理 |
| | | 朱伟峰 | 昆明市城建投资开发公司总经理 |
| | | 金　炜 | 昆明市交通投资公司总经理 |
| | | 蔡继林 | 昆明新都投资公司总经理 |
| | | 陈振德 | 昆明市土地开发投资经营公司总经理 |
| | | 宗庆生 | 昆明轨道交通公司总经理 |
| | 办公室主任 | 和丽川 | 昆明市人民政府副秘书长 |

## 昆明市滇池治理问责工作组

为推动滇池治理三年行动计划及三大任务的顺利实施，加大对滇池治理各项目标任务完成情况的检查督促，确保按时、按质、按量完成滇池治理各项工作，市委、市政府于2014年7月17日成立昆明市滇池治理问责工作组。下设办公室在市纪委（市监察局）。

明确市委目标督促办公室、市政府目标督促办公室每月对滇池治理工作目标任务和时间节点进行梳理，提出需要监督检查的工作，并组织人员进行现场检查和明察暗访，查找各相关责任单位是否存在推诿扯皮、推进不力、行动迟缓、未按时限要求完成目标任务等情况，并根据检查发现的问题，理清责任，提出问责处理意见报问责工作组办公室。问责工作组办公室对市委目督办、市政府目督办提出的问责处理意见检查核实后进行分析汇总，形成问责工作报告报问责工作组领导，并按领导的决定办理落实。市委及市政府目督办对检查中发现的问题，情节轻微的，要督促其整改；情节严重的，可直接约谈或提请问责工作组组长、副组长约谈相关责任单位负责人，推动工作落实。对应予问责的，问责工作组将严格按照《昆明市领导干部问责办法》《昆明市入湖河道综合整治工作问责规定》《昆明市滇池管理综合行政执法问责规定》《昆明市环境保护行政执法问责规定》等制度规定对相关责任单位和责任人进行严肃问责处理。责任人不能胜任现职的，按干部管理权限，由组织人事部门对责任人进行岗位调整或改任非领导职务；责任人违反党纪政纪的，由纪检监察机关立案查处；涉嫌犯罪的，移送司法机关处理。

## 昆明市滇池治理问责工作组

表6-1-6

| 职　务 | 姓　名 | 工作单位及职务（职称） |
|---|---|---|
| 组　长 | 应永生 | 昆明市委副书记、昆明市纪委书记 |
| 副组长 | 柳文炜 | 昆明市委常委、昆明市委秘书长 |
| | 胡炜彤 | 昆明市政府秘书长 |
| 成　员 | 徐正林 | 昆明市委副秘书长、昆明市委目督办主任 |
| | 王敏俊 | 昆明市纪委副书记、昆明市监察局局长 |
| | 李　康 | 昆明市委组织部常务副部长 |
| | 郑剑秋 | 昆明市政府目督办主任 |
| 办公室主任 | 王敏俊 | 昆明市纪委副书记、昆明市监察局局长 |

### 滇池蓝藻与其他生物质废弃物清除与资源化利用工作推进协调领导小组

为进一步加快滇池蓝藻及其他生物质废弃物清除、处置与资源化利用项目的实施，2010年7月27日，市政府办公厅下发《关于成立滇池蓝藻与其他生物质废弃物清除与资源化利用工作推进协调领导小组的通知》（以下简称《通知》）。《通知》明确，经市政府研究，决定成立滇池蓝藻与其他生物质废弃物清除与资源化利用工作协调领导小组。领导小组下设办公室在市滇管局，由李昆敏兼任办公室主任，负责滇池蓝藻与其他生物质废弃物清除与资源化利用的联系协调工作，处理推进协调领导小组日常事务。

### 滇池蓝藻与其他生物质废弃物清除与资源化利用工作推进协调领导小组

表6-1-7

| 职　务 | 姓　名 | 工作单位及职务（职称） |
|---|---|---|
| 组　长 | 王道兴 | 昆明市政府副市长 |
| 副组长 | 和丽川 | 昆明市政府副秘书长 |
| 成　员 | 金相灿 | 中国环境科学研究院湖泊研究基地首席专家、研究员 |
| | 李昆敏 | 昆明市滇管局局长 |

续表

| 职　务 | 姓　名 | 工作单位及职务（职称） |
|---|---|---|
| 成　员 | 李贵霖 | 昆明市发改委副主任 |
| | 虎　龙 | 昆明市环保局副局长 |
| | 翟　斌 | 昆明市科技局副局长 |
| | 王　建 | 昆明市农业局能源处处长 |
| | 赵思东 | 昆明市滇投公司公共事业部经理 |
| | 钱　彪 | 昆明市环境科学研究院高级工程师 |
| | 张乃明 | 云南农业大学教授 |
| | 韩亚平 | 昆明市滇池生态研究所副所长 |

## 牛栏江流域（昆明段）水污染防治领导小组

为推动牛栏江流域（昆明段）水污染防治工作，2011年5月6日，市政府成立牛栏江流域（昆明段）水污染防治领导小组。主要工作职责是定期召开会商会议，通报牛栏江流域（昆明段）水污染防治工作相关信息；负责协调、检查、督办牛栏江流域（昆明段）水污染防治工作；负责目标责任考核，定期或不定期对牛栏江流域水污染防治各项工作推进情况进行检查、督办，每年一季度前完成上年度年目标责任考核。领导小组下设办公室在市环保局，由刘跃进兼任办公室主任，具体落实领导小组关于牛栏江流域（昆明段）水污染防治工作要求，按照领导小组的安排，负责日常工作协调、检查、督办，并组织目标责任考核。

## 牛栏江流域（昆明段）水污染防治领导小组

表6-1-8

| 职　务 | 姓　名 | 工作单位及职务（职称） |
|---|---|---|
| 组　长 | 王道兴 | 昆明市政府副市长 |
| 副组长 | 和丽川 | 昆明市政府副秘书长 |
| | 刘跃进 | 昆明市环保局局长 |
| | 陈　浩 | 昆明市工信委主任 |
| 成　员 | | 盘龙、官渡、嵩明、寻甸的区（县）长 |
| | | 昆明市工信、发改、财政、环保、滇管、城管、农业、水务、林业、安监等部门副职 |

## 昆明市滇池保护治理宣传工作领导小组

为认真贯彻落实省委、省政府和市委、市政府进一步加大滇池保护治理宣传工作力度的要求，着力营造舆论氛围，引导社会各界积极支持和参与滇池保护治理，2014年11月6日成立以省委宣传部副部长宣宇才、李茜为顾问，市委副书记、市纪委书记应永生为组长，副市长王道兴为副组长，市有关部门（单位）负责人为成员的昆明市滇池保护治理宣传工作领导小组，负责联系协调省、市相关部门，组织领导落实滇池保护治理的各项宣传工作。领导小组下设办公室在市滇池管理局，办公室主任由和丽川担任，负责日常工作。宣传工作重点为"十一五"以来滇池流域水污染防治的主要工作措施及成效，以及《云南省滇池保护条例》，及时宣传滇池治理项目实施的进展情况，科学宣传滇池保护治理，客观真实地宣传滇池治理面临的艰巨性、复杂性、长期性，合力宣传社会各界支持参与滇池保护治理活动的情况，强化报道滇池保护治理的社会监督、舆论监督情况。

## 滇池保护委员会专家咨询组

2002年1月22日，市成立了由省水利厅原副厅长、总工程师邓德仁任组长，市政、规划、水利、环保、生态、林业、农业等专业的21位知名专家组成的滇池保护委员会专家咨询组，负责对滇池流域水污染防治项目的咨询论证，为滇池治理提供科学依据，为滇池污染治理决策的科学化提供保障。

## 滇池保护治理专家咨询委员会

2008年2月25日，为推进滇池保护和治理工作，市政府成立以中国环境科学研究院院士刘鸿亮为主任委员，中国环境科学院院长、研究员孟伟，中国科学院工程研究所研究员张懿，中国环境科学研究院湖泊首席研究员金相灿为副主任委员的滇池保护治理专家咨询委员会，为滇池流域水环境保护治理工作的科学决策提供有力支撑，在工业水污染治理、农村面源防控、截污治污、生态修复等方面提供工作思路、技术咨询、论证指导及相关建议。

顾问专家组以中国环境科学研究院院士刘鸿亮为召集人，云南省环境科学研究院院长、高级工程师贺彬为副召集人。

统筹规划组统筹规划组以中国环境科学研究院湖泊首席研究员金相灿为召集人，昆明市环境科学研究院院长、高级工程师郝玉昆为副召集人。

城市污水组以同济大学环境工程学院院长、教授周琦为召集人，昆明滇池投资有限责任公司副总经理、高级工程师李斌为副召集人。

生态环境组以中科院水生所研究员刘永定为召集人，昆明市滇池生态研究所副所长、高级工程师韩亚平为副召集人。

农业农村组以云南农业大学资源与环境学院副教授吴建宇为召集人，昆明市滇池生态研究所副所长、高级工程师杜劲松为副召集人。

## 滇池保护治理专家咨询委员会成员一览表

表6-1-9

| 名　称 | 职务 | 姓　名 | 工作单位及职务（职称） |
|---|---|---|---|
| 滇池保护治理专家咨询委员会 | 主任委员 | 刘鸿亮 | 中国环境科学研究院院士 |
| | 副主任委员 | 孟　伟 | 中国环境科学院院长、研究员 |
| | | 张　懿 | 中国科学院过程工程研究所研究员 |
| | | 金相灿 | 中国环境科学研究院湖泊首席研究员 |

续表

| 名　　称 | 职　务 | 姓　名 | 工作单位及职务（职称） |
|---|---|---|---|
| 滇池保护治理专家咨询委员会 | 召集人 | 刘鸿亮 | 中国环境科学研究院院士 |
| | 副召集人 | 贺　彬 | 云南省环境科学研究院院长、高级工程师 |
| | 成　员 | 孟　伟 | 中国环境科学研究院院长、研究员 |
| | | 金相灿 | 中国环境科学研究院湖泊首席研究员 |
| | | 张　懿 | 中国科学院过程工程研究所研究员 |
| | | 殷瑞钰 | 原冶金部副部长、院士 |
| | | 季国标 | 原纺织部副部长、院士 |
| | | 金鉴明 | 原国家环保总局副局长、院士 |
| | | 李文华 | 中国科学院地理科学与资源研究所研究员 |
| | | 汤鸿霄 | 中国科学院生态环境研究中心、研究员 |
| | | 蔡道基 | 环保总局南京环科所、研究员 |
| | | 魏复盛 | 原中国环境监测总站副站长、研究员 |
| | | 周　琦 | 同济大学环境工程学院院长、教授 |
| | | 王　超 | 河海大学环境学院院长 |
| | | 吕锡武 | 东南大学环境学院院长 |
| | | 刘永定 | 中国科学院水生研究所、研究员 |
| | | 孔海南 | 上海交通大学教授 |
| | | 黄东宾 | 瑞士苏黎世联邦高等工业大学博士 |
| | | 松井三郎 | 日本京都大学教授 |
| | | 稻生悠平 | 日本国立环境研究所教授 |
| | | 加腾盛善 | 日本日水空环境咨询公司 |
| | | WalterRast | 世界湖泊学会副主席 美国德克萨斯州湖泊专家 |
| | | Sven.E.Jorgensen | 原世界湖泊学会主席、丹麦湖泊专家 |
| | 召集人 | 金相灿 | 中国环境科学研究院湖泊首席研究员 |
| | 副召集人 | 郝玉昆 | 昆明市环境科学研究院院长、高级工程师 |
| 统筹规划组 | 成　员 | 贺　彬 | 云南省环境科学研究院院长、高级工程师 |
| | | 孙佩石 | 云南大学环境与湖泊研究院教授 |
| | | 方大凤 | 国家电力公司昆明设计院教授级高级工程师 |
| | | 史其荣 | 云南省建设厅高级预算师 |
| | | 李作洪 | 云南省水利设计院高级工程师 |
| | | 李晓铭 | 市环境监测中心主任、高级工程师 |
| | | 李跃勋 | 昆明市环境科学研究院副院长、高级工程师 |
| | | 徐晓梅 | 昆明市环境科学研究院高级工程师 |

续表

| 名　称 | 职　务 | 姓　名 | 工作单位及职务（职称） |
|---|---|---|---|
| 滇池保护治理专家咨询委员会 | 城市污水组 | | |
| | 召集人 | 周　琦 | 同济大学环境工程学院院长、教授 |
| | 副召集人 | 李　斌 | 昆明滇池投资有限责任公司副总经理、高级工程师 |
| | 成　员 | 邵子杰 | 云南省水利水电咨询中心高级工程师 |
| | | 杨　英 | 昆明市环境科学研究院高级工程师 |
| | | 张琨玲 | 昆明市环境科学研究院高级工程师 |
| | 城市污水组 | 张宗伯 | 昆明市市政公用局高级工程师 |
| | 成　员 | 姜世凡 | 昆明市规划局高级工程师 |
| | | 郑一新 | 昆明市环境科学研究院高级工程师 |
| | | 何　咏 | 昆明市城市排水管理处高级工程师 |
| | | 梅益立 | 昆明城市污水处理运营有限责任公司副总经理、高级工程师 |
| | | 陈庆星 | 云南省设计院教授级高级工程师 |
| | 生态环境组 | 召集人 | 刘永定 | 中科院水生所研究员 |
| | 副召集人 | 韩亚平 | 昆明市滇池生态研究所副所长、高级工程师 |
| | 成　员 | 段昌群 | 云南大学生命科学院、教授 |
| | | 和树庄 | 云南大学生命科学院、高级工程师 |
| | | 杨　良 | 云南省环境监测站、高级工程师 |
| | | 张嘉滨 | 云南省现代林业研究所、教授级高级工程师 |
| | | 杨树平 | 昆明市环境监测中心副主任、高级工程师 |
| | | 寻良栋 | 昆明市林业科研所、高级工程师 |
| | | 支国强 | 昆明市环境科学研究院生态中心主任 |
| | 农业农村组 | 召集人 | 吴建宇 | 云南农业大学资源与环境学院副教授 |
| | 副召集人 | 杜劲松 | 昆明市滇池生态研究所副所长、高级工程师 |
| | 成　员 | 王亦民 | 昆明市土壤肥料站高级农艺师 |
| | | 夏　峰 | 云南省环境科学研究院副院长 |
| | | 钱　彪 | 昆明市环境科学研究院高级工程师 |
| | | 陈　静 | 云南省环境科学研究院高级工程师 |
| | | 刘蜀治 | 昆明市环境科学研究院高级工程师 |
| | 农业农村组 | 成　员 | 傅　杨 | 昆明市农业局植保站站长、研究员 |
| | | 杨　明 | 昆明官渡区福保乡福保文化城总经理 |

# 第三节　市级滇池管理机构

## 1989年以前的滇池管理机构

滇池管理机构始于海口河的治理，雍正十年（1732），云南府设有水利同治1人，滇池海口河岁修任务繁重，"昆明州添设水利州同知一员，驻扎海口，以专责成"，此为管理滇池设立专门机构的开始。乾隆四十五年（1780），裁撤海口水利州同知，其任务由昆阳州知州办理。

民国三年（1914），民政司下设云南水利分局，附设省会水利支局，屡丰闸改由水利支局管理，由石龙坝电厂负责启闭。民国十七年（1928），省建设厅下设水利局，屡丰闸的管理改隶水利局。民国三十一年（1942）3月，建立昆湖工程委员会，由省建设厅水利局局长赵乃广、耀龙电力公司经理金龙章和昆湖电厂厂长刘晋钰三人任常务委员，主管昆湖（滇池）水利工程的研究、设计、浚修、施工及水流管理等事项。翌年（1943），昆湖工程委员会改组为工程委员会，由建设厅长杨文清兼任主任委员，增设委员5人、顾问3人，在建设厅内办公。民国三十四年（1945），在建设厅水利局下设海口管理所，有职员3人、工人1人。民国三十六年（1947），海口管理所随省水利局一同裁撤。民国三十七年（1948），恢复省水利局，屡丰闸直接由省水利局领导，由石龙坝电厂具体管理。

1956年7月，昆明市人民委员会经报省人委同意重新建立海口河管理委员会，由副市长曾恕怀任主任委员，省水利局副局长宋辛未、市农林局副局长王振武、电业局副局长石亚夫任副主任委员，市工办主任及安宁区委、海口区委等各1人参加。1957年，在海口河管理委员会下设21人的海口河养护队，负责海口河的岁修维护。海口河管理委员会的具体工作由市农林局领导，养护队于1960年撤销。1961年7月，昆明市委批准成立滇池出流管理小组，由市建委李蕊兼任组长，市农林局张位中、市建设局张惠民任副组长，组员由市农林局、昆钢、石龙坝电厂、云丰造纸厂等单位各派1人组成，办公室设在云丰造纸厂内，日常工作由市水利局工程委员会管理，经费由水利经费中开支。1962年，市水利工程委员会撤销后，滇池管理小组改由市农林局领导，各厂所抽调人员回原单位，小组干部由市农林局委派。

1974年2月，经市编委批准，将滇池出流管理小组改为滇池水利管理所，编制8人，隶属市农林局，同时开始征收工业用水水费。1978年，昆明市水利水产局成立，滇池水利管理所改隶市水利水产局。1984年，滇池水利管理所编制扩大到15人。1990年，将管理滇池的经济民警纳入滇池水利管理所编制，管理所人员增至30人，其中中职技术干部4人、行政干部4人、工人7人、民警15人。滇池水利管理机构先后由李蕊、张位中、张惠民、张智、丰玉堂、周茂、刘培宗、束正龙、张兆义任负责人。滇池管理所属于事业单位，主要任务是负责海口河的管理与维护，保证水流畅通。其人员及经费开支由水利事业费中解决，所收水费上缴市财政，所需海口河整治经费由财政拨款解决。1983年，推行财务包干后，每年水费收入不再上缴，由市水利局逐年下达定收定支指标，实行超收分成，超收部分80%上缴市水利局，20%留作单位奖金及福利基金。工程维修费、基本建设费及设备购置费均由水利局核定批准开支。1975—1990年，共收缴水费733.76万元。1978—1989年，滇池流域的水利建设、开发利用及管理隶属市水利局；滇池水体监测、入湖河道的监测和流域内点源污染、面源污染治理与控制工作隶属市环境保护局。1989年前，松华坝水源保护区的保护和管理隶属市环境保护局。

## 昆明市滇池保护委员会及其办公室

1989年4月21日，市政府下发《关于成立昆明市滇池保护委员会的通知》，决定成立昆明市滇池保护委员会，为市人民政府负责滇池及其流域保护和开发利用、进行宏观管理的职能机构。委员会下设办公室，负责办理具体事宜。办公室为县处级机构，核定事业编制25名，其人员经费由市财政划拨。同年8月18日，成立由李金任组长，张承汉、李国春为成员的昆明市滇池保护委员会办公室筹备领导小组，负责滇池保护委员会办公室的具体筹备工作。同年10月20日，市编制委员会正式批复市滇池保护委员会办公室内设规划协调处、法规监察处、松华水源保护区管理处和综合秘书处。

昆明市滇池保护委员会及其办公室成立后，围绕滇池保护与治理工作，认真宣传贯彻和落实《滇池保护条例》《松华坝水源保护区管理规定》《滇池综合整治大纲》《松华坝水源保护区综合整治纲要》；组织省、市环境科研单位完成了《滇池综合整治方案》的制定，明确提出了"分流截污、防洪调蓄、优水优用、疏浚清淤、减污增容、植树造林、涵养水源、引水济昆、新辟水源"的滇池综合整治方针；筹措治理资金，争取世界银行贷款，多次陪同省、市有关领导到中央有关部门汇报滇池污染情况，积极参与和组织有关部门编写云南环保项目建议书中的滇池部分，争取世行贷款，组织完成"八五"滇池科技攻关项目；组织建立滇池基金会；组织在滇池流域内禁止经销和限止使用有磷洗涤用品；在滇池沿岸建设保护界桩、疏挖草海等方面开展了卓有成效的基础性工作。

## 昆明市滇池管理局

为了适应滇池保护和治理的需要，2002年，经市委、市政府批准在昆明市滇池保护委员会办公室基础上组建昆明市滇池管理局。当年4月18日，昆明市滇池管理局（昆明市滇池保护委员会办公室）迁入滇池路新址挂牌办公。7月26日，根据《中共昆明市委、昆明市人民政府关于印发〈昆明市级机关机构改革的意见〉的通知》（昆发〔2002〕1号），设置昆明市滇池保护委员会办公室（正县级），同时挂昆明市滇池管理局牌子，将昆明市滇池污染治理世界银行贷款项目领导小组办公室并入昆明市滇池保护委员会办公室，保留牌子。昆明市滇池保护委员会办公室（昆明市滇池管理局）既是市滇池保护委员会的常设办事机构，又是市政府主管滇池污染保护与治理和行政执法的职能部门。

昆明市滇池保护委员会办公室（昆明市滇池管理局）内设综合处、规划计划处、治理项目管理处、环境影响监督处、政策法规处、宣传教育处、财务处、外资项目管理处和人事处（纪检监察处）9个处，下辖昆明市滇池水利管理处、昆明市西园隧道管理处、昆明市渔政监督管理处（更名为昆明市滇池渔政监督管理处）、昆明市航务管理处涉及滇池航务管理的机构、昆明市水产总公司及其下属单位、昆明市城市排水公司及其下属单位。室（局）机关行政编制45名，其中主任（局长）1名、副主任（副局长）4名、总工程师1名、中层领导职数15名。其主要职能是：承担滇池水资源管理，西园隧道管理及滇池渔政管理，滇池航务管理，城市排水管理；在滇池水体保护区内和主要入湖河道集中行使水政、渔政、航务、水环境保护、土地、规划等方面的部分行政处罚权；在直接涉及滇池保护的五华、盘龙、官渡、西山、晋宁、呈贡、嵩明7个县（区）滇池保护范围内行使滇池保护方面的行政执法监督检查；管理滇池污染治理世行贷款项目；组织制定和实施滇池保护、开发利用与水污染防治总体规划、专项规划及综合整治方案；对滇池治理项目实行统一管理，负责滇池治理项目的组织实施，参与涉及滇池保护的7个县（区）滇池保护范围内开发项目的审批，对7个县（区）滇池保护范围内的建设项目提出审查意见，对影响滇池水环境、生态环境项目实行"一票否决制"；负责滇池治理项目对外合作及外资项目的引进、组织实施及管理工作。其主要职责是：组织制定和实施滇池保护、开发利用、水污染防治总体规划、专项规划及综合整治方案；组织编制并实施滇池水污染防治计划；负责编制、修订及上报滇池水污染防治总体规划实施方案；组织编制和审查相关专项规划实施方案；宣传贯彻国家有关法律、法规和《滇池保护条例》；协调、检查和督促各有关县（区）、部门依法保护滇池；承办滇池保护治理的对外宣传及新闻发布工作；指导有关县（区）、部门及基层开展滇池保护的各类宣传教育活动；拟订涉及滇池保护的7个县（区）和市级有关部门滇池综合治理的目标、责任，对各有关县（区）和部门目标、责任的完成情况进行检查、督促、考核；负责滇池污染治理项目的审查，参与项目业主的确定及项目的监督管理；组织开展或参与滇池治理工程项目建议书、可行性研究报告、初步设计及施工图设计审查等工作；参与涉及滇池保护的7个县（区）滇池保护范围内开发项目的审批工作，负责对7个县（区）滇池保护范围内所有建设项目的审查并提出审查意见，对影响滇池和水资源保护、水污染防治、生态环境等方面的建设项目实行"一票否决制"；负责滇池综合执法，在滇池水体保护区内和主要入湖河道集中行使水政、渔政、航务、水环境保护、土地、规划等方面的部分行政处罚权，对涉及滇池保护的7个县（区）滇池保护范围内行使监督检查职能；领导滇池综合执法队伍；组织制定7个县（区）利用外资项目发展规划，负责滇池治理对外合作及外资项目的引进并组织实施；拟订滇池保护的地方性法规、政府规章及相应的滇池保护管理配套办法，并督促贯彻执行；负责滇池治理世行贷款项目的管理并组织实施；负责筹集、管理和监督使用滇池治理基金及其他各项治理经费；负责滇池综合治理专家组的管理、联系并提供服务，对专家提出的意见、建议和课题研究报告负责收集、整理上报，对确定的科技攻关项目负责组织实施；负责滇池水资源的统一管理和科学调度，在市防汛抗旱指挥部的统一领导下，协同市防汛抗旱指挥部办公室、市水利局做好滇池防洪度汛工作；负责城市排水、污水处理、排放的管理，对滇池水污染防治工程项目实施监控；指导7个县（区）滇保办（滇管局）依法保护滇池；承办市委、市政府、市滇池保护委员会和上级机关交办的其他事项。

2010年1月28日，在政府机构改革中，设立昆明市滇池管理局，为市政府工作部门，正县级，加挂昆明市滇池管理综合行政执法局牌子，管理昆明市滇池管理局渔业行政执法处、昆明市滇池管理综合行政执法总队、昆明市滇池地方海事处、昆明市城市排水管理处、昆明市滇池生态研究所、昆明市城市排水监测站、昆明市西园隧道工程管理处、昆明市滇池水利管理处。局机关内设办公室、规划计划处、治理项目管理处、环境影响监督处、政策法规处、宣传教育处、财务处、对外合作及外资管理处、执法管理处、执法监督处、人事处（离退休人员办公室）11个内设机构（正科级）和机关党委，行政编制51名（含1名离退休工作人员编制），其中局长1名（正县级）、副局长5名（副县级，其中1名副局长兼任昆明市滇池管理综合行政执法总队总队长）、总工程师1名（副县级）、中层领导职数17名、机关党委专职书记1名、专职纪检监察员1名（正科级）、离退休人员办公室主任1名（正科级）。主要职责：按照国家和省、市的法律、法规，起草有关滇池管理的政府规章及规范性文件，经批准后组织实施；协调、督促有关部门单位履行滇池保护职责。拟定并组织实施滇池保护和滇池水污染防治总体规划、专项规划、年度计划及综合整治方案的配套办法、措施。落实滇池保护综合治理目标任务，并组织考核有关县区和部门完成滇池保护综合治理目标任务情况。负责审查滇池流域内的开发建设项目；指导县区有关部门对滇池流域内开发建设项目进行审查。依法履行滇池渔业行政主管部门职责，制定滇池渔业发展、捕捞控制计划，组织实施水生生物保护措施。负责滇池水体范围内水上安全管理及船舶污染水体防治工作。根据授权负责行使滇池水体范围内水政、渔业、航政、土地、规划、水环境保护、林政、排水管理等方面的部分行政处罚权；负责滇池管理综合行政执法；负责滇池管理综合执法相对集中行政处罚工作的管理、监督、指导、协调。负责滇池保护治理项目的审查、备案，参与项目业主的确定及项目的监督管理；组织开展或参与滇池治理工程项目建议书、可行性研究报告、初步设计及施工图设计审查等工作。负责滇池综合治理专家组的管理、联系并提供服务；负责对专家提出的意见、建议和课题研究报告进行收集、整理上报；组织滇池治理的科学研究，推广科技成果。负责滇池保护治理的对外宣传及新闻发布工作；指导有关县区政府和市级有关部门及基层开展滇池保护的各类宣传教育活动。负责滇池治理对外合作及外资项目的引进并组织实施。负责筹集、管理和监督使用滇池治理基金及其他各项治理经费。负责滇池水资源及滇池草海、外海出水口节制闸和调节闸的统一管理和科学调度，在市防汛抗旱指挥部的统一领导下，协同市防汛抗旱指挥部办公室、市水务局做好滇池防洪度汛工作；负责滇池出、入湖河道水环境综合治理的组织、监督和考核工作；负责全市城镇污水收集处理的管理、监督，对滇池水污染防治工程项目实施监控。负责全市城市排水行政管理工作，对各县（市）区排水工作进行监督和指导；负责昆明市　行政区域主城排水监督管理及排水许可审批工作；负责城市排水监测工作。指导监督有关县区和市滇池投资有限责任公司的工作。承办市委、市政府、市滇池保护委员会和上级机关交办的其他事项。

## 昆明市滇池管理综合行政执法局

2004年4月23日成立昆明市滇池管理综合行政执法局（与昆明市滇池管理局两块牌子，一套班子）。执法局下设滇池管理综合行政执法总队（副县级），内设2个大队和综合处（其中每个大队下设2个中队），行政执法专项编制40名，负责行使《滇池保护条例》《昆明市排水条例》所赋予的在滇池水体保护区和主要入湖河道集中行使水政、渔政、航政、水环境保护、土地、规划等方面的部分行政处罚权。

## 滇池国家级风景名胜区管理委员会及其办公室

2003年5月23日，市政府决定成立以副市长胡星为主任，市政府副秘书长杜林杠、昆明滇池国家旅游度假区管委会主任范立义、市滇池管理局局长许苏昆、市园林绿化局局长翟建国为副主任，市有关部门主要负责人为成员的昆明市滇池国家级风景名胜区管理委员会，下设办公室在市滇池管理局，由许苏昆兼任办公室主任。管委会的主要职责是：审核国家级滇池风景名胜区建设与管理规划；协调解决涉及景区建设、管理方面的重大问题；审批景区整治工作方案；对工作成绩突出的单位和个人进行表彰。办公室的主要职责是：起草有关管理办法和标准，报管委会审定，并对实施情况进行督促、检查；起草景区建设、综合整治规划（方案）并负责组织实施；研究日常管理中的问题，提出整改意见和方案，并负责监督、检查；定期不定期向管委会报告工作情况；对各单位工作情况进行考核，提出考核表彰意见。2005年8月3日，按照机构改革权责一致和合理划分事权的原则和要求，经市政府领导同意，将市滇池管理局承担的滇池国家级风景名胜区管理的职能及4名专项行政编制划归市园林绿化局。

### 昆明市滇池保护委员会办公室历任领导一览表

表6-1-10

| 职　务 | 姓　名 | 性　别 | 籍　贯 | 民　族 | 任　期 |
|---|---|---|---|---|---|
| 主　任 | 张凤保 | 男 | 昆　明 | 汉　族 | 1991.12—2001.05 |
| 副主任 | 李国春 | 男 | 保　山 | 汉　族 | 1989.11—1999.05 |
| | 张承汉 | 男 | 牟　定 | 汉　族 | 1990.05—1994.05 |
| | 周　智 | 男 | 昆　明 | 汉　族 | 1994.03—2003.01 |

### 昆明市滇池管理局（昆明市滇池保护委员会办公室）历任领导一览表

表6-1-11

| 届　数 | 姓　名 | 职　务 | 性　别 | 籍　贯 | 民　族 | 任　期 |
|---|---|---|---|---|---|---|
| 第一届 | 许苏昆 | 局　长（主　任） | 男 | 江　苏 | 汉　族 | 2001.05—2006.06 |
| | 杨忠平 | 副局长（副主任） | 男 | 昆　明 | 汉　族 | 2003.01—2008.02 |
| | 王延春 | 副局长（副主任） | 男 | 辽　宁 | 汉　族 | 2003.01— |
| | 吴泽宇 | 副局长（副主任） | 男 | 江　西 | 汉　族 | 2002.10— |
| | 董建平 | 副局长（总队长） | 男 | 宜　良 | 汉　族 | 2004.07— |
| | 柳　伟 | 副局长（副主任） | 男 | 昆　明 | 汉　族 | 2006.01—2006.07 |
| | 程经财 | 纪检组长 | 男 | 湖　北 | 汉　族 | 2004.07— |
| | 熊卫萍 | 机关党委书记 | 女 | 昆　明 | 汉　族 | 2003.02— |
| 第二届 | 马文森 | 局　长（主　任） | 男 | 河　北 | 汉　族 | 2006.07—2008.02 |
| | 杨忠平 | 副局长（副主任） | 男 | 昆　明 | 汉　族 | 2003.01—2008.02 |
| | 王延春 | 副局长（副主任） | 男 | 辽　宁 | 汉　族 | 2003.01— |
| | 吴泽宇 | 副局长（副主任） | 男 | 江　西 | 汉　族 | 2002.10—2007.11 |
| | 董建平 | 副局长（总队长） | 男 | 宜　良 | 汉　族 | 2004.07— |
| | 程经财 | 纪检组长 | 男 | 湖　北 | 汉　族 | 2004.07— |
| | 熊卫萍 | 机关党委书记 | 女 | 昆　明 | 汉　族 | 2003.02— |
| 第三届 | 李昆敏 | 局　长（主　任） | 男 | 玉　溪 | 汉　族 | 2008.02—2010.12 |
| | 王延春 | 副局长（副主任） | 男 | 辽　宁 | 汉　族 | 2003.01— |
| | 董建平 | 副局长（总队长） | 男 | 宜　良 | 汉　族 | 2004.07— |
| | 姜兴林 | 副局长（副主任） | 男 | 安　宁 | 汉　族 | 2010.02—2010.08 |

续表

| 届数 | 姓名 | 职务 | 性别 | 籍贯 | 民族 | 任期 |
|---|---|---|---|---|---|---|
| 第三届 | 邓文龙 | 副局长（副主任） | 男 | 晋宁 | 汉族 | 2009.04— |
| | 程经财 | 纪检组长 | 男 | 湖北 | 汉族 | 2004.07—2008.08 |
| | 王丽华 | 副局长（副主任） | 女 | 昭通 | 汉族 | 2009.08— |
| | 熊卫萍 | 机关党委书记 | 女 | 昆明 | 汉族 | 2003.02—2009.02 |
| | 潘家谷 | 机关党委书记 | 男 | 安徽 | 汉族 | 2009.12— |
| 第四届 | 柳伟 | 局长（主任） | 男 | 昆明 | 汉族 | 2011.01— |
| | 王延春 | 副局长（副主任） | 男 | 辽宁 | 汉族 | 2003.01— |
| | 董建平 | 副局长（总队长） | 男 | 宜良 | 汉族 | 2004.07— |
| | 邓文龙 | 副局长（副主任） | 男 | 晋宁 | 汉族 | 2009.04—2013.02 |
| | 潘家谷 | 机关党委书记 | 男 | 安徽 | 汉族 | 2009.12— |
| | 王丽华 | 副局长（副主任） | 女 | 昭通 | 汉族 | 2009.08— |
| | 赵志德 | 副局长（副主任） | 男 | 通海 | 汉族 | 2012.12— |
| | 沃磊 | 副局长（副主任） | 男 | 昆明 | 汉族 | 2013.03—2014.11 |
| | 但文德 | 副局长（副主任） | 男 | 安徽 | 汉族 | 2015.03— |
| 第五届 | 尹家屏 | 局长（主任） | 男 | 云南 | 汉族 | 2016.06—2019.01 |
| | 王延春 | 副局长（副主任） | 男 | 辽宁 | 汉族 | 2003.01—2016.10 |
| | 董建平 | 副局长（总队长） | 男 | 宜良 | 汉族 | 2004.07—2018.03 |
| | 潘家谷 | 机关党委书记 | 男 | 安徽 | 汉族 | 2009.12—2016.09 |
| | 王丽华 | 副局长（副主任） | 女 | 昭通 | 汉族 | 2009.08—2017.05 |
| | 赵志德 | 副局长（副主任） | 男 | 通海 | 汉族 | 2012.12—2019.03 |
| | 但文德 | 副局长（副主任） | 男 | 安徽 | 汉族 | 2015.03—2018.03 |
| | 陈志强 | 副局长（副主任） | 男 | 江西 | 汉族 | 2016.08— |
| | 余仕富 | 总工程师 | 男 | 镇雄 | 汉族 | 2016.08— |
| | 吴朝阳 | 副局长（副主任） | 男 | 湛江 | 汉族 | 2017.05— |

# 第四节 昆明市滇池管理局直属单位

## 昆明市滇池管理综合行政执法总队

2002年2月，经市政府批准，昆明市城管总队三大队成建制划入昆明市滇池管理局，成立昆明市滇池管理监察大队，编制20人。2004年4月23日，昆明市滇池管理综合行政执法局成立（与昆明市滇池管理局两块牌子，一套班子），同时以昆明市滇池管理局下属昆明市滇池管理监察大队为主体成立隶属昆明市滇池管理综合行政执法局领导的昆明市滇池管理综合行政执法总队，机构规格为副县级。执法总队内设级别为正科级的2个大队（每个大队下设2个中队）和综合处，行政执法专项编制40名（含市滇池渔政处划拨的10名和市滇池管理监察大队20名）。其中，总队机关6名，设总队长1名（由专职副局长兼任）、政委1名、副总队长1名、中层领导职数1名；直属一大队20名，直属二大队14名，大队领导职数4名，中队领导职数4名。负责《滇池保护条例》《昆明市排水条例》落实的执法检查，并在滇池水体保护区和主要入湖河道集中行使水政、渔政、航政、水环境保护、土地、规划等方面的部分行政处罚权。2006年11月，市机构编制委员会办公室核定昆明市滇池管执法总队机构编制，机构规格为副县级，隶属昆明市滇池管理局（昆明市滇池管理综合行政执法局）管理，单位性质为参照公务员管理，财政全额拨款。内设办公室、一大队、二大队，机构规格为正科级（各大队设立2个中队，机构规格为副科级）。专项行政执法编制46名，其中管理人员编制40名、工勤人员编制6名。主要职责是：负责查处向滇池水体、城市排水设施内排放超标污水、倾倒垃圾、固体废弃物等违法行为；查处侵占、损坏水利工程和环保、城市排水设施的违法行为；查处违反有关规定在滇池水体取水、违反有关法规设置排污口的行为；查处违反有关法规捕捞水产品，破坏渔业资源的行为；查处船舶污染水环境的行为；查处违法占用土地、改变土地使用性质和违法建设的行为；查处违反有关法规砍伐、损坏树木的行为；查处影响防洪安全、破坏水资源及水体保护区、违反《滇池保护条例》《昆明市城市排水管理条例》的违法行为；办理市政府和市滇池管理综合行政执法局交办的有关事项。

**昆明市滇池管理综合行政执法总队主要领导一览表**

表6-1-12

| 职　务 | 姓　名 | 性　别 | 籍　贯 | 民　族 | 任　期 |
|---|---|---|---|---|---|
| 总队长 | 董建平 | 男 | 宜　良 | 汉　族 | 2004.07—2018.02 |
| 政　委 | 张立力 | 男 | 山　东 | 汉　族 | 2005.09—2018.12 |

## 昆明市滇池管理局渔业行政执法处

昆明市滇池管理局渔业行政执法处的前身为昆明市滇池渔政监督管理处。1987年8月，昆明市滇池渔政监督管理处成立，核定正副处长各1人，党支部书记1人，内设渔政科、技术科、综合科、滇池渔政检查站，隶属昆明市水利局管理。1989年5月，市政府正式确定该处为副县级机构，并核定领导职数处长1人、副处长2人，内设机构增设监测站、财务科，原综合科改为办公室，事业编制50人。1990年11月，该处增加事业编制25人。1998年3月，市机构编制委员会办公室明确该处为参照国家公务员管理事业单位。2000年，市机构编制委员会办公室重新核定该处内设办公室、财务科、渔事监察科、市场管理科、渔业资源水域环境监测站、滇池渔业检查站。2002年，市政府明确该处成建制划入昆明市滇池管理局隶属管理。2003年6月，市机构编制委员会办公室确定该处为财政全额拨款单位。2006年11月，市机构编制委员会办公室批复该处机构规格仍为副县级参照公务员法管理、财政全额拨款的事业单位，内设办公室、财务科、渔事监察科、渔业资源水域环境监测站、滇池渔业检查站、滇池渔业船舶检验科、政策法规科,核定事业编制36名,其中管理人员编制27名、工勤人员编制9名,核定单位领导职数4名,中层领导职数7名。2008年,市编办批准该处更名为昆明市滇池管理局渔业行政执法处。2009年,省人社厅再次审核批准该处为参照公务员管理事业单位。其主要职责是:依照《中华人民共和国渔业法》《中华人民共和国行政许可法》《中华人民共和国行政处罚法》《中华人民共和国野生动物保护法》《中华人民共和国渔业法实施细则》《渔业行政处罚规定》《渔业捕捞许可规定》《中华人民共和国渔业船舶检验条例》《云南省渔业条例》《云南省滇池保护条例》等法律、法规,拟定滇池渔业资源增殖、保护、养殖、开发、捕捞、封禁和中长期渔政管理规划和年度计划;对滇池渔业生产进行日常渔政监督管理,维护渔业生产秩序,保护渔业生产者合法权益;组织实施捕捞生产使用许可证制度和渔业资源增殖保护费征收管理制度;负责对滇池渔业水域环境的监测、监督管理,滇池渔业科技推广,优良品种引进、投放,实行人工增殖渔业资源,维护生态平衡,促进滇池渔业健康发展;对从事滇池渔业捕捞生产单位和渔户的捕捞船只、网具按照国家规定的要求生产和制作进行监督管理;对滇池渔业捕捞船只进行登记、检验、审核,保障渔业捕捞船只作业安全;对违反滇池渔业行政许可未办理捕捞许可证擅自入湖捕捞滇池水产品、违反分阶段作业规定和作业时限规定捕捞、使用不符合规定标准的网具捕捞和捕捞中采取不正当行为(如炸鱼、毒鱼、电鱼等)、私自打捞滇池中的有益水生(动)植物的单位和个人进行查处;负责向滇池周边渔民进行法制宣传和教育,负责滇池渔业从业人员的业务培训;调查处理滇池渔事纠纷,指导县(区)渔政站开展业务工作。

**昆明市滇池管理局渔业行政执法处(滇池渔政监督管理处)历任领导一览表**

表6-1-13

| 届 数 | 姓 名 | 性 别 | 籍 贯 | 民 族 | 职 务 | 任 期 |
|---|---|---|---|---|---|---|
| 一 届 | 李嘉喜 | 男 | 云 南 | 汉 族 | 副处长(主持工作) | 1987.07—1988.11 |
| | 吴昭辉 | 男 | 贵 州 | 侗 族 | 副处长 | 1987.07—1988.11 |
| | 陈汝概 | 男 | —— | 汉 族 | 支部书记 | 1987.07—1988.11 |
| 二 届 | 郭绍雄 | 男 | 云 南 | 汉 族 | 处 长 | 1988.11—1991.10 |
| | 李嘉喜 | 男 | 云 南 | 汉 族 | 副处长 | 1988.11—1998.09 |
| | 吴昭辉 | 男 | 贵 州 | 侗 族 | 副处长 | 1988.11—1991.10 |
| 三 届 | 李宏基 | 男 | 云 南 | 汉 族 | 处长兼党支部书记 | 1991.11—1998.04 |
| | 吴昭辉 | 男 | 贵 州 | 侗 族 | 副处长 | 1991.11—1998.04 |
| | 夏奇星 | 男 | 云 南 | 汉 族 | 副处长 | 1995.07—1999.08 |
| 四 届 | 吴昭辉 | 男 | 贵 州 | 侗 族 | 处 长 | 1998.04—2002.08 |
| | 王 聪 | 男 | 云 南 | 汉 族 | 副处长 | 1998.04—2005.04 |
| 五 届 | 董健平 | 男 | 宜 良 | 汉 族 | 处长兼党支部书记 | 2002.12—2005.07 |
| | 欧春红 | 男 | 云 南 | 汉 族 | 副处长 | 2004.02—2005.08 |
| | 王 勇 | 男 | 云 南 | 汉 族 | 副处长 | 2005.07—2005.08 |

续表

| 届 数 | 姓 名 | 性 别 | 籍 贯 | 民 族 | 职 务 | 任 期 |
|---|---|---|---|---|---|---|
| 六 届 | 欧春红 | 男 | 云 南 | 汉 族 | 副处长（主持工作） | 2005.08—2007.01 |
| | | | | | 处 长 | 2007.01—2010.11 |
| | 徐 瑛 | 男 | 贵 州 | 汉 族 | 党支部副书记 | 2005.08—2012.02 |
| | 鲍跃明 | 男 | 云 南 | 汉 族 | 党支部副书记 | 2005.08—2012.02 |
| | 王 勇 | 男 | 云 南 | 汉 族 | 副处长 | 2005.08—2012.02 |
| 七 届 | 但文德 | 男 | 安 徽 | 汉 族 | 副处长（主持工作） | 2010.10—2012.10 |
| | | | | | 处 长 | 2012.11—2015.07 |
| | 鲍跃明 | 男 | 云 南 | 汉 族 | 党支部副书记 | 2012.11—2015.07 |
| | 王 勇 | 男 | 云 南 | 汉 族 | 副处长 | 2012.11—2015.07 |
| | 李勇云 | 男 | 云 南 | 彝 族 | 副处长 | 2012.11—2015.07 |
| | 李志铭 | 男 | 四 川 | 汉 族 | 副处长 | 2012.11—2015.07 |
| 八 届 | 李勇云 | 男 | 云 南 | 彝 族 | 副处长主持工作 | 2015.07—2017.05 |
| | | | | | 处 长 | 2017.05— |
| | 鲍跃明 | 男 | 云 南 | 汉 族 | 党支部副书记 | 2015.07— |
| | 王 勇 | 男 | 云 南 | 汉 族 | 副处长 | 2015.07— |
| | 李志铭 | 男 | 四 川 | 汉 族 | 副处长 | 2015.07— |

## 昆明市滇池水利管理处

1961年7月17日，中共昆明市委批准成立昆明市滇池管理委员会滇池出流管理小组。1974年2月12日，滇池出流管理小组更名为昆明市滇池管理所，核定事业编制8名，隶属市农林局。1978年，昆明市水利水产局成立后，市滇池管理所改隶市水利水产局。1984年，市滇池管理所增加编制7人后，编制数增至15人。1990年11月10日再次增加编制15人，使编制数增至30人。1992年9月12日，昆明市滇池管理所更名为昆明市滇池水利管理处，隶属市水利局管理。1997年1月，市政府决定将草海渔场网箱养鱼职工及退休人员14人分流到昆明市滇池水利管理处。2002年，经市政府批准，昆明市滇池水利管理处成建制划归昆明市滇池管理局管理。2003年3月21日，昆明市滇池水利管理处编制数增至44人。机构规格为正科级事业单位，内设办公室、财务科、技术科、水政管理科、稽查科、水费征收科、保卫科、水情测报科8个科室。主要职责：承担滇池泄洪闸（21孔）的守卫和滇池防汛、蓄水任务，拟定《滇池控制运行计划》，并按省、市防汛指挥部确定的计划科学合理调控滇池水位；保证闸门在任何情况下保持良好的运行状态；正常供给滇池上、下游工农业生产和生活用水；按《防洪法》《河道管理条例》规定，在委托执法范围内对闸前、闸后及滇池唯一泄洪河道进行管理和维护，协助执法单位查处水事案件；负责对取用滇池水的企业收取水利工程水费和水资源费（水费用于单位的事业性支出和闸门的正常运行和维护，资源费全额上缴市财政局）；承担职责范围内水利工程设施的管理、修缮及水毁工程的修复；负责滇池外海水位的观测、滇池出流的监测，水情、雨情资料的收集、整理上报。2018年2月27日，市编委昆编复〔2018〕16号《关于调整昆明市滇池管理局所属部分事业单位机构编制事项的批复》整合组建昆明市滇池水生态管理中心。将昆明市滇池管理局所属昆明市西园隧道工程管理处、昆明市滇池水利管理处整合组建昆明市滇池水生态管理中心。

### 昆明市滇池水利管理处历任领导一览表

表6-1-14

| 职 务 | 姓 名 | 性 别 | 民 族 | 籍 贯 | 任 期 |
|---|---|---|---|---|---|
| 处 长 | 张兆义 | 男 | 彝 族 | 云 南 | 1990.11—1999 |
| 处 长 | 武德芳 | 男 | 汉 族 | 云 南 | 2000.01—2003.12 |
| 副处长（主持工作） | 陈志伟 | 男 | 汉 族 | 云 南 | 2002.12—2004.12 |
| 处 长 | | | | | 2004.12— |
| 副处长 | 蔡跃军 | 男 | 汉 族 | 云 南 | 2002.12—2009.08 |
| 书 记 | | | | | 2009.08—2018.07 |
| 副处长 | 濮建锋 | 男 | 汉 族 | 云 南 | 2009.12—2018.07 |
| 副处长 | 杨志宏 | 男 | 汉 族 | 云 南 | 2011.11—2018.07 |

## 昆明市滇池生态研究所

昆明市滇池生态研究所成立于2003年9月，隶属昆明市滇池管理局管理，为正科级全额拨款事业单位，核定事业编制15名。其中，所长1名，副所长2名，总工程师1名；管理人员2名，专业技术人员12名，工勤人员1名。2004年5月27日，昆明市城市排水监测站与昆明市滇池生态研究所合并，实行一个机构，两块牌子的体制。昆明市城市排水监测站事业编制10名并入昆明市滇池生态研究所，机构合并后，昆明市滇池生态研究所（昆明市城市排水监测站）共有事业编制25名，其中领导职数5名。2006年，根据《关于印发昆明市滇池管理局所属事业单位机构编制方案的通知》，明确昆明市滇池生态研究所（加挂昆明市城市排水监测站牌子）隶属昆明市滇池管理局管理，机构规格为正科级全额拨款事业单位，内设机构6个，核定事业编制25名，其中管理人员编制4名、专业技术人员编制19名、工勤人员编制2名；核定单位领导职数5名（含总工程师1名），中层领导职数6名。2007年，根据《关于分别设置昆明市滇池生态研究所、昆明市城市排水监测站的批复》，昆明市滇池生态研究所与昆明市城市排水监测站机构分别设置，昆明市滇池生态研究所为昆明市滇池管理局下属的正科级全额拨款事业单位，内设综合办公室、湖泊生态室和工程规划室，核定事业编制15名，设所长1名，副所长2名，总工程师1名。其主要职责是负责滇池保护与治理的基础性研究；承担市政府和上级机关下达的有关滇池保护与建设的专业规划编制；根据《滇池流域水污染防治规划》制定相应的年度工作计划；滇池治理新技术的开发、利用及国内外技术合作与交流。

### 昆明市滇池生态研究所历任领导一览表

表6-1-15

| 职　务 | 姓　名 | 性　别 | 民　族 | 籍　贯 | 任　期 |
|---|---|---|---|---|---|
| 滇池生态研究所副所长（主持工作） | 杜劲松 | 男 | 白族 | 大理 | 2004.04—2008.05 |
| 滇池生态研究所所长 | | | | | 2008.05— |
| 滇池生态研究所副所长 | 韩亚平 | 男 | 汉族 | 昆明 | 2004.04— |
| 滇池生态研究所副所长 | 何洁 | 女 | 汉族 | 德宏 | 2004.10—2007.01 |
| 滇池生态研究所总工程师 | 黄育红 | 女 | 汉族 | 昆明 | 2011.11— |

## 昆明城市排水监测站

昆明市城市排水监测站（暨云南省城市排水监测站）成立于2000年8月，2001年12月，通过国家认证认可监督管理委员会的严格考核，被国家住建部列为全国20家城市排水监测网站之一。2004年成建制划入昆明市滇池管理局，属全额拨款的事业单位，与昆明市滇池生态研究所合并，实行一个机构，两块牌子的体制。2006年12月，经省住建厅批准加挂云南省城市排水监测站的牌子。2007年，根据《关于分别设置昆明市滇池生态研究所、昆明市城市排水监测站的批复》，昆明市城市排水监测站与昆明市滇池生态研究所机构分别设置，昆明市城市排水监测站为昆明市滇池管理局下属的正科级全额拨款事业单位，内设办公室、质量控制室、分析检测室，编制人数15人，实有在职人员12人，其中专业技术岗位9人、管理岗位2人、工勤技能岗位1人。其主要职责是贯彻执行有关排水监测的政策、法规和标准；制定城市排水年度监测计划并负责组织实施；负责对入滇池的主要河道、排入城市排水设施、城市污水处理厂的水质水量进行监测，为城市排水设施和入滇池污染物总量控制及滇池治理提供基础数据；对排水企（事）业单位的排水进行监督检测，参与滇池执法检测和城市排水事故调查，为政府提供调查分析报告；受委托牵头组织建设全市城市排水监测网，进行监督检测工作；负责对各监测网站进行人员培训、提供计量认证技术指导等咨询服务，并对全市监测情况进行汇总和统计分析。2018年2月27日，市编委昆编复〔2018〕16号《关于调整昆明市滇池管理局所属部分事业单位机构编制事项的批复》，同意将昆明市西园隧道工程管理处、昆明市滇池水利管理处合并组建昆明市水生态管理中心后，收回的16名空编调整充实到市滇池管理局所属其他事业单位。其中，将10名事业编制（均为专业技术人员编制）调剂到昆明市城市排水监测站。调整后，昆明市城市排水监测站核定事业编制25名，其中，管理人员编制3名，专业技术人员编制20名，工勤人员编制2名。

### 昆明市城市排水监测站历任领导一览表

表6-1-16

| 职　务 | 姓　名 | 性　别 | 民　族 | 籍　贯 | 任　期 |
|---|---|---|---|---|---|
| 站长 | 何洁 | 女 | 汉族 | 德宏 | 2008.05— |
| 副站长 | 肖丹 | 女 | 汉族 | 武汉 | 2011.11—2016.01 |
| 副站长 | 陈冬 | 男 | 汉族 | 华宁 | 2012.05— |
| 副站长 | 赵建勋 | 男 | 汉族 | 保山 | 2016.10— |

## 昆明市城市排水管理处

昆明市城市排水管理处成立于2004年4月24日，为昆明市滇池管理局所属全额拨款事业单位。2006年11月13日机构改革，再次明确为昆明市滇池管理局所属全额拨款事业单位，内设办公室、排水许可管理科、排水设施管理科，核定单位领导职数3名、中层领导职数3名，核定事业编制15名，其中管理人员编制5名、专业技术人员编制8名、工勤人员编制2名。2014年12月4日，该处划为公益一类事业单位。其主要职责是负责城市排水许可的管理和技术审查；负责城市排水设施维修、养护、更新改造计划的审定、组织实施及验收；负责城市排水管网、泵站及污水处理厂生产运行情况的监督、检查及目标考核；负责城市排水设施的统计、核查和排水信息管理；参与城市排水专业规划及新、改、扩建城市排水项目的方案论证、评审、图纸会审，对排水设施建设项目实施情况进行监督并参加竣工验收；参与城市防洪等相关工作。2018年2月27日，市编委昆编复〔2018〕16号《关于调整昆明市滇池管理局所属部分事业单位机构编制事项的批复》，同意将昆明市西园隧道工程管理处、昆明市滇池水利管理处合并组建昆明市水生态管理中心后，收回的16名空编调整充实到市滇池管理局所属其他事业单位。其中，将4名事业编制（均为专业技术人员编制）调剂到昆明市城市排水管理处。昆明市城市排水管理处核定事业编制19名，其中，管理人员编制5名，专业技术人员编制12名，工勤人员编制2名。

### 昆明市城市排水管理处历任领导一览表

表6-1-17

| 职 务 | 姓 名 | 性别 | 籍 贯 | 任 期 |
|---|---|---|---|---|
| 副处长（主持工作） | 何 伟 | 男 | 昆 明 | 2004.07—2004.12 |
| 党支部书记、副处长（主持工作） | | | | 2004.12—2008.05 |
| 党支部书记、处长 | | | | 2008.05— |
| 党支部副书记 | 王艳丽 | 女 | 湖 南 | 2004.12— |
| 副处长 | 何 咏 | 女 | 武 汉 | 2011.11— |

## 昆明市西园隧道工程管理处

1993年12月21日成立昆明市西园隧洞工程建设管理处，隶属昆明市水利局，为正科级事业单位，核定事业编制14人，经费从工程管理费中开支。建设工程结束后，转为对隧洞的管理，经费从船闸吊桥收费中自收自支。1994年7月2日，该处事业编制增至28人，同时将机构名称更名为昆明市西园隧道工程建设管理处，仍然隶属昆明市水利局管辖。2002年机构改革时，将该处由昆明市水利局划入昆明市滇池管理局。2003年3月21日，市政府取缔草海网箱养鱼后，将草海渔场的14名职工分流到昆明市西园隧道工程建设管理处，使该处的事业编制增加到42名。因2002年政府明令取消船闸吊桥收费，为有利于西园隧道管理工作的正常运行，该处于2004年2月6日被正式纳入为市财政全额拨款事业单位。2006年11月13日，昆明市西园隧道工程建设管理处更名为昆明市西园隧道工程管理处，内设办公室、技术科、财务科、草海水情测报科、船闸管理所、隧道进口管理所、太平投药站，核定事业编制42人，其中管理人员编制6人、专业技术人员编制17人、工勤人员编制19人，核定单位领导职数4人、中层领导8人。其主要职责任务：负责西园隧道工程设施的管理、检查、维护，确保正常运行；按省、市防汛办每年下达草海度汛计划汛限水位，对草海水情进行监测、控制，确保昆明城市防洪安全，并利用每年汛期排洪置换草海水体、改变滇池水体流向，改善草海水质，为昆明城市防洪及松—滇—螳联合调度提供翔实、科学的资料；负责对太平投药站的管理；对投药站设备进行维护保养，确保污水处理设施正常运行；负责对管辖范围内工程设施的修缮以及水毁工程的修复。2018年2月27日，市编委昆编复〔2018〕16号《关于调整昆明市滇池管理局所属部分事业单位机构编制事项的批复》整合组建昆明市滇池水生态管理中心。将昆明市滇池管理局所属昆明市西园隧道工程管理处、昆明市滇池水利管理处整合组建为为昆明市滇池水生态管理中心。

### 昆明市西园隧道工程（建设）管理处历任领导一览表

表6-1-18

| 职　务 | 姓　名 | 性　别 | 民　族 | 籍　贯 | 任　期 |
|---|---|---|---|---|---|
| 处　长 | 韦照华 | 男 | 汉族 | 南　京 | 1994.03—1999.06 |
| 副处长 | 董建平 | 男 | 汉族 | 宜　良 | 1994.03—2000.01 |
| 处　长 | | | | | 2000.01—2003.10 |
| 副处长 | 姚云辉 | 男 | 汉族 | 楚　雄 | 2000.01—2006.07 |
| 处　长 | | | | | 2006.07—2018.07 |
| 副处长 | 王树荣 | 男 | 汉族 | 路　南 | 2003.10— |
| 副处长 | 李　勇 | 男 | 汉族 | 昆　明 | 2003.10— |
| 副处长 | 李　波 | 男 | 汉族 | 昆　明 | 2011.10—2015.09 |
| 支部书记 | | | | | 2015.09— |
| 副处长 | 刘　波 | 男 | 汉族 | 禄　劝 | 2011.10—2018.07 |
| 技术负责人 | 淦家伟 | 男 | 汉族 | 江　西 | 2015.09—2018.07 |

## 昆明市滇池地方海事处（昆明市滇池航务管理处）

1963年3月4日，昆明市航运公司内设机构码头管理站划出，成立昆明市航运管理站，纳入市交通局事业编制，负责滇池港口、码头、航道及助航设施的建设与管理。1977年，市航运管理站划回昆明市航运公司管理。1979年8月，市航运管理站又从市航运公司划回市交通局管理。1988年，昆明市航运管理站更名为昆明市内河航政管理处，为隶属市交通局的一个正科级事业单位，负责昆明地区水域航区港口、码头、航道、助航设施的规划与管理，船舶登记，检验和水上安全监督管理工作。2003年9月1日，昆明市内河航政管理处更名为昆明市地方海事局（同时加挂昆明市航务管理局牌子），并从该局划出12名事业编制到市滇池管理局，成立昆明市滇池地方海事处（加挂昆明市滇池航务管理处牌子），将滇池地方海事和航务的职能调整到昆明市滇池地方海事处（昆明市滇池航务管理处），为正科级的参照公务员管理单位。其职能职责为负责滇池水上交通安全、滇池水面行驶船舶对水体污染的监督管理和滇池航政监督管理工作及市、局领导交办的其他事宜。2005年4月29日，通过昆明市滇池地方海事处与昆明市地方海事局共同协商，滇池地方海事（滇池航务管理）职能正式移交到昆明市滇池地方海事处（昆明市滇池航务管理处）。至此，滇池地方海事和滇池航务管理有了政府内设机构，滇池航运管理进入一个新的历史时期。2006年机构改革时再次明确成立昆明市滇池地方海事处（同时加挂昆明市滇池航务管理处牌子），为参照公务员管理的正科级单位。内设办公室、污染监督管理科、航政管理科、安全监督管理与水上救援科，核定事业编制14名，其中管理人员编制12名、工勤人员编制2名。核定单位领导职数2名，中层领导职数4名。其主要职责任务：负责滇池水上交通安全，具体任务是负责滇池水域船舶登记、发证及船舶进出港口签证管理及船舶载运危险货物及其他货物的安全监督；负责滇池水域内非机动船员及上级船员考试发证机关授权的机动船员考前培训、考试（考核）、发证工作；负责滇池水域内通航秩序、通航环境的管理工作；负责滇池水上安全监督检查工作，发生事故时，及时组织搜寻救助；负责调查处理滇池水上交通事故、船舶污染事故及水上交通违法行为，并实施相应处罚；负责监督滇池所有船舶按规定安装相应的防污设施；负责对滇池船舶排污的日常监督管理；负责滇池航政监督管理，具体任务是负责滇池水域内水路运输行业管理，维护滇池水域运输市场秩序；负责滇池水域内水路运输企业（船舶）的市场准入管理，核发入滇池船（艇）许可证和船舶营业运输证；制定滇池水域内船舶修造厂（点）的规划、布局；负责滇池水域内运政、航道、港口管理人员的业务培训工作及对滇池水域内水路运输经营者从业资格培训、组织工作；负责滇池水域内水路运管费、航养费、港务费及水上安全监督费等有关规费的征收管理及滇池航运情况统计、调查研究、上报工作，并定期发布信息；负责滇池水域港口（码头）、航道发展规划的编制和港口（码头）、航道的基础设施建设项目立项申报及组织实施工作；负责滇池码头（停靠站）的定点审批工作；负责滇池水域内航道维护、改造、航标的设置，维护好滇池水域航道畅通。

**昆明市滇池地方海事处（昆明市滇池航务管理处）历任领导一览表**

表6-1-19

| 职　务 | 姓　名 | 性　别 | 籍　贯 | 任职时间 |
|--------|--------|--------|--------|----------|
| 处　长 | 但文德 | 男 | 安　徽 | 2003.10—2012.04 |
| 副处长 | 陈　巨 | 男 | 重　庆 | 2005.02—2013.02 |
| 处　长 | 欧春红 | 男 | 云　南 | 2012.02— |
| 副处长 | 董金旺 | 男 | 峨　山 | 2012.06— |

## 昆明市城市排水有限公司

1994年7月1日，经市政府常务会议研究决定，成立昆明市城市排水公司，隶属昆明市市政公用局管理。2002年，昆明市城市排水公司及其下属单位成建制划入昆明市滇池保护委员会办公室（昆明市滇池管理局）。2004年3月25日，成立昆明滇池投资有限责任公司，成为昆明市人民政府滇池污染治理的投融资主体。承担昆明市人民政府的滇池治理项目的投融资，对市政府授权的国有资产、资源进行开发和经营管理。是以污水收集处理和再生利用为支柱的环境产业投资商、项目管理中介服务商和社会公益事业服务运营商，隶属昆明市人民政府国有资产监督管理委员会管理。

## 昆明市水产总公司

昆明市水产总公司成立于1963年，为昆明市国有企业，隶属昆明市水利局管理。2002年4月，昆明市水产总公司成建制划入昆明市滇池管理局管理。有职工160余人。2005年，经昆明市人民政府国有资产监督管理委员会、昆明市深化国企改革试点工作领导小组批复进行改制，改制后名称为昆明仟龙草海生态实业有限公司。2006年8月14日，昆明市深化国企改革试点工作领导小组办公室批复同意昆明仟龙草海生态实业有限公司分立为昆明康顺水产有限公司及昆明双浚草海水环境治理有限公司，为民营企业，不隶属昆明市滇池管理局管理。

# 第五节　县（区）滇池管理机构

1991年7月12日，昆明市机构编制委员会下发的《关于在五华、嵩明等七县（区）建立滇池保护所的通知》明确了在滇池流域的五华、盘龙、官渡、西山、呈贡、晋宁、嵩明7个县（区）建立滇池保护所；7个县（区）滇保所是所在县（区）滇池保护委员会的办事机构，级别为副科级；7个县（区）滇保所共有事业编制人员27人，其中五华、盘龙、嵩明滇保所的各5人，西山、官渡、呈贡、晋宁各3人；滇保所行政上以县（区）政府领导为主，业务上接受市滇池保护委员会办公室的指导。此后，各县（区）相继成立了滇池保护委员会及其办公室。

## 昆明市五华区滇池管理局

2004年，昆明市五华区水务局成立。在2010年的政府机构改革中，设置正科级的昆明市五华区水务局（加挂昆明市五华区滇池管理局牌子），为主管全区水务及滇池管理工作的区政府工作部门。局内设办公室（加挂审计科牌子）、规划建设科、水政水资源管理科、滇池管理科（加挂行政审批科、河道管理科牌子），行政编制15名。昆明市五华区滇池管理局的主要职责：按照国家、省、市、区的法律、法规，起草有关滇池管理的政府规章及规范性文件，经批准后组织实施；协调、督促有关部门（单位）履行滇池保护职责；拟定并组织实施滇池保护和滇池水污染防治总体规划、专项规划、年度计划及综合整治方案的配套办法、措施；落实滇池保护综合治理目标任务，并组织考核区属有关部门完成滇池保护综合治理目标任务情况，负责审查滇池流域内的开发建设项目，指导区有关部门对滇池流域内开发建设项目进行审查；负责入滇河道水体范围内水上安全管理及船舶污染水体防治工作；根据授权，负责行使滇池水体范围内水政、航政、规划、水环境保护、排水管理等方面的部分行政处罚权；负责滇池管理综合行政执法；负责滇池管理综合执法相对集中行政处罚工作的管理、监督、指导、协调；负责滇池保护治理项目的审查、备案，参与项目业主的确定及项目的监督管理；组织开展或参与滇池治理工程项目建议书、可行性研究报告、初步设计及施工图设计审查等工作；负责对专家提出的意见、建议和课题研究报告的收集、整理上报；组织滇池治理的科学研究，推广科技成果；负责滇池保护治理的对外宣传，指导区有关部门及基层开展滇池保护的各类宣传教育活动；负责滇池治理对外合作及外资项目的引进并组织实施，筹集、管理和监督使用滇池治理基金及其他各项治理经费；承办市滇池管理局、市滇池保护委员会和区委、区政府及上级机关交办的其他事项。

## 2004—2016年昆明市五华区滇池管理局历任领导一览表

表6-1-20

| 姓 名 | 性 别 | 籍 贯 | 职 务 | 任 期 |
| --- | --- | --- | --- | --- |
| 付 玮 | 男 | 云 南 | 局 长 | 2004.09—2005.07 |
| 王 涛 | 男 | 昆 明 | 副局长 | 2004.09—2013.03 |
| 朱晓荣 | 男 | 昆 明 | 党组书记 | 2010.03—2012.10 |
| 何光平 | 男 | 湛 江 | 局 长 | 2008.03—2010.07 |
| 姜乾宏 | 男 | 安 宁 | 副局长 | 2007.09—2012.11 |
| 魏 嘉 | 男 | 昆 明 | 局 长 | 2010.03—2014.10 |
| 杨继军 | 男 | 昆 明 | 党组书记 | 2013.03—2016.09 |
| 乔 兵 | 男 | 昆 明 | 局 长 | 2014.10— |
| 李晓艳 | 女 | 昆 明 | 副局长 | 2013.04— |
| 王俊涛 | 男 | 武 进 | 副局长 | 2014.10— |
| 张拾化 | 男 | 个 旧 | 副局长 | 2016.09— |

## 昆明市盘龙区滇池管理局

1991年7月，盘龙区滇池保护所成立后，与盘龙区环保局合署办公。2004年10月，成立盘龙区滇池管理局，盘龙区水务局与滇池管理局合署办公。内部设有滇管科（滇保办）和综合执法科或综合执法大队。2010年，成立昆明市盘龙区水务局，为区政府工作部门，正科级，加挂昆明市盘龙区滇池管理局牌子，不再单独设置昆明市盘龙区滇池管理局，内设综合科、水政水资源管理科、执法科（加挂昆明市盘龙区水政监察大队牌子）、规划建设科、滇池管理科，机关行政编制9名，其中局长1名（正科级）、副局长3名（副科级）；下辖昆明市盘龙区防汛抗旱指挥部办公室、昆明市盘龙区水土保持委员会办公室、昆明市盘龙区水利水资源管理所、昆明市盘龙区北站下穿隧道泵站，将全区渔业行政管理和渔业行政执法职责划入区农林局。盘龙区滇池管理局（盘龙区滇池保护委员会办公室）主要职责：按照国家、省、市、区的法律、法规，起草有关滇池管理的政府规章及规范性文件，经批准后组织实施；协调、督促有关部门单位履行滇池保护职责；拟定并组织实施滇池保护和滇池水污染防治总体规划、专项规划、年度计划及综合整治方案的配套办法、措施；落实滇池保护综合治理目标任务，并组织考核区属有关部门完成滇池保护综合治理目标任务情况；负责审查滇池流域内的开发建设项目；指导区有关部门对滇池流域内开发建设项目进行审查；负责入滇河道水体范围内水上安全管理及船舶污染水体防治工作；根据授权负责行使滇池水体范围内水政、航政、规划等方面的部分行政处罚权；负责滇池管理综合行政执法；负责滇池管理综合执法相对集中行政处罚工作的管理、监督、指导、协调；负责滇池保护治理项目的审查、备案，参与项目业主的确定及项目的监督管理；组织开展或参与滇池治理工程项目建议书、可行性研究报告、初步设计及施工图设计审查等工作；负责对专家提出的意见、建议和课题研究报告的收集、整理上报；组织滇池治理的科学研究，推广科技成果；负责滇池保护治理的对外宣传，指导区有关部门及基层开展滇池保护的各类宣传教育活动；负责滇池治理对外合作及外资项目的引进并组织实施。负责筹集、管理和监督使用滇池治理基金及其他各项治理经费；承办区委、区政府及上级机关交办的其他事项。

### 2004—2016 年昆明市盘龙区滇池管理局历任领导一览表

表6-1-21

| 姓　名 | 性　别 | 籍　贯 | 职　务 | 任期 |
|---|---|---|---|---|
| 李　虎 | 男 | 腾　冲 | 副局长 | 2004.10—2009.06 |
| | | | 局　长 | 2009.06—2013.12 |
| 赵长青 | 男 | 昆　明 | 副局长 | 2004.12—2009.12 |
| 李恒勇 | 男 | 昆　明 | 局　长 | 2005.01—2007.01 |
| 王明润 | 男 | 昆　明 | 副局长 | 2005.05—2010.12 |
| 刘　高 | 男 | 昆　明 | 局　长 | 2007.01—2009.06 |
| 赵吉春 | 男 | 玉　溪 | 副局长 | 2009.09—2015.06 |
| 姜以才 | 男 | 东　川 | 副局长 | 2010.11—2012.06 |
| 非　志 | 男 | 昆　明 | 副局长 | 2012.02— |
| 李崇祥 | 男 | 昆　明 | 党组书记 | 2012.10—2014.12 |
| 周　涛 | 男 | 昆　明 | 局　长 | 2014.12—2016.07 |
| 刘　波 | 男 | 昆　明 | 局　长 | 2016.07— |

## 昆明市官渡区滇池管理局

1991年7月，官渡区滇池保护所成立，为副科级单位，事业编制3人。2002年7月，正式组建官渡区滇池保护委员会办公室，同时加挂官渡区滇池管理局牌子。局（室）既是区滇池保护委员会的常设办事机构，又是区政府主管滇池污染治理、滇池保护、行政执法的职能部门。内设办公室、综合管理科。行政编制5名，机关工勤2名。下辖官渡区渔政监督管理站。2003年1月1日，官渡区滇池管理局（官渡区滇池保护委员会办公室）正式挂牌办公。同年5月30日，区渔政监督管理站纳入公务员管理事业单位，核定事业编制16名，经费实行财政全额拨款事业单位。2004年4月16日，设立级别为正科级的昆明市滇池管理综合行政执法总队官渡大队，下设2个中队，级别为副科级，行政执法专项编制16名，财政全额拨款。同年5月31日，区滇池管理局由议事协调机构的办事机构调整为区政府工作部门，组建昆明市滇池管理综合行政执局官渡分局（内设执法管理科、政策法规科），区滇池保护委员会办公室、区滇池管理局和昆明市滇池管理综合行政执法局官渡分局实行一个机构三块牌子的管理体制。昆明市滇池管理综合行政执法局官渡分局使用区滇池管理局编制，在区滇池管理局增设一名副局长职数，专门负责综合执法工作。同年9月7日，昆明市滇池管理综合行政执法局官渡分局正式成立，与官渡区滇池管理局实行一个机构、两块牌子、一套人员的管理体制，由区滇池管理局局长任执法分局局长；成立昆明市滇池管理综合行政执法总队官渡大队，级别为正科级，区滇池管理局局长（执法分局局长）任执法大队队长；区滇池管理局综合科更名为河道管理科，增设环境监督科、治理项目科；官渡区渔政监督管理站更名为官渡区滇池渔政监督管理站。

2005年3月28日，官渡区滇池管理局由议事协调机构的办事机构调整为区政府工作部门；官渡区滇池管理局、昆明市滇池管理综合行政执法局官渡分局实行一个机构、一套人员、两块牌子的管理体制，加挂官渡区滇池保护委员会办公室牌子，既是区政府滇池管理综合行政执法的职能部门，又是区滇池保护委员会的常设办事机构。内设党政办公室、环境监督科、治理项目管理科、政策法规科，核定行政编制4名（含副科以上领导），机关工勤人员2名，下辖官渡区滇池渔政监督管理站、昆明市滇池管理综合行政执法总队官渡大队。2006年11月27日，官渡区滇池渔政监督管理站为官渡区滇池管理局下属事业单位，原性质暂维持不变，内设办公室和滇池渔业检查科，核定事业编制16名，其中管理人员编制14名、工勤人员编制2名，经费形式为财政全额拨款；昆明市滇池管理综合行政执法总队官渡大队为官渡区滇池管理局下属事业单位，原性质暂维持不变，内设执法一中队、执法二中队、办公室，核定行政执法专项编制16名，经费形式为财政全额拨款。2010年7月30日，设立官渡区水务局，为区政府正科级的工作部门，加挂官渡区滇池管理局牌子，内设综合办公室、环境监督科、治理项目管理科、政策法规科，行政编制4名，其中局长1名（正科级）、副局长2名（副科级），1名副局长分管执法工作。

2011年4月2日，确定官渡区滇池管理局为部门管理机构，隶属官渡区水务局管理。2012年12月24日，设立官渡区滇池河道管理站，为官渡区滇池管理局下属事业单位，内设河道监督管理科、综合科，核定事业编制10名，由财政全额拨款。同年12月30日，官渡区滇池管理局下辖的官渡区滇池渔政监督管理站、昆明市滇池管理综合行政执法总队官渡大队、官渡区滇池河道管理站划入公益一类的事业单位。2015年8月7日，昆明市官渡区水务局加挂昆明市官渡区滇池管理局牌子，内设行政办公室、规划建设管理科、政策法规科、滇池综合管理科、水务综合管理科、防汛和安全科和党委办公室，机关行政编制16名，其中局长1名（正科级）、副局长4名（副科级）。其主要职责：贯彻执行国家、省、市水行政、渔政、滇池保护的法律、法规、方针、政策；拟订全区水务工作的中长期规划及年度计划、辖区滇池水污染综合防治规划、年度计划和滇池及入滇河道综合治理规划，并组织实施；落实辖区滇池综合治理目标，对辖区内滇池综合治理目标责任定期进行检查督促；组织宣传有关水环境保护的法律、法规、规章；负责水务、滇池保护的科技、教育和经济、技术合作交流；统一管理全区水资源（地表水、地下水），负责保障水资源的合理开发利用；统筹生活、生产经营和生态环境用水，合理配置水资源；组织实施取水许可制度、水资源有偿使用制度和水资源论证、防洪论证制度；负责城乡建设及重大建设项目中水资源配置和防洪的论证及监督工作。负责防治水患灾害，承担官渡区防汛抗旱的具体工作；组织、协调全区城乡防汛抗旱工作，组织制定城市防汛应急预案并监督实施；负责防治水土流失工作，组织实施水土流失的监督、监测和综合治理；负责工程建设项目水土保持方案的审批、监督实施及水土保持设施的验收工作；负责行业安全生产工作，组织实施水利、滇池治理工程质量和安全监督；负责全区计划用水节约用水工作，编制用水规划；负责指导新建工程项目节约用水措施方案的审查；指导和推动节水管理及节水型城市创建和节水型社会建设工作；负责监督指导辖区再生水、雨水收集利用。负责辖区城镇污水收集处理的管理、监督、协调；负责水利设施和水利国有资产的管理与保护，组织开展河道（堤）的整治、管理与保护，保障行洪安全；加强水利、滇池治理工程建设项目的管理，充分发挥已建或在建水利、滇池治理工程的效益；负责辖区内水行政执法和供水节水行政执法工作；负责涉水违法事件的查处，加强水行政管理队伍建设，依法治水，依法行政，协调水事纠纷；负责滇池管理综合执法相对集中行政处罚工作的管理、监督、指导、协调；根据授权，负责行使辖区内水政、土地、规划管理、水环境保护方面有关法律、法规、规章规定的部分行政处罚权；负责滇池湖滨生态建设和管理。承办区委、区政府和上级机关交办的其他事项。

### 2002—2015 年昆明市官渡区滇池管理局历任领导一览表

表6-1-22

| 姓　名 | 性　别 | 职　务 | 籍　贯 | 任职时间 |
|---|---|---|---|---|
| 杨天洲 | 男 | 局　长 | 昆　明 | 2002.08—2010.01 |
|  |  | 书　记 | 昆　明 | 2010.01—2013.02 |
| 熊生权 | 男 | 副局长 | 泸　州 | 2002.08—2007.09 |
| 赵智宏 | 男 | 副局长 | 昆　明 | 2003.04—2009.12 |
| 李利民 | 男 | 书记（正科） | 四　川 | 2006.07—2010.01 |
| 尹向群 | 男 | 副局长 | 大　理 | 2008.02—2009.10 |
| 梁　山 | 男 | 副局长 | 昆　明 | 2010.01—2010.05 |
| 沃　磊 | 男 | 局　长 | 昆　明 | 2010.01—2015.05. |
| 杨春云 | 女 | 副局长 | 昆　明 | 2010.04—2015.10 |
| 梁宏信 | 男 | 副局长 | 威　远 | 2010.05—2012.09 |
| 王云辉 | 男 | 局　长 | 昆　明 | 2011.05—2013.03<br>2014.02—2015.07 |
| 高树云 | 男 | 局　长 | 昭　通 | 2013.03—2014.02 |
| 李爱明 | 男 | 副局长 | 遂　宁 | 2013.09—2015.10 |
| 王德伟 | 男 | 书　记 | 昆　明 | 2013.12—2015.07 |

## 昆明市西山区滇池管理局

1991年7月，成立西山区滇池保护所。为副科级单位，事业编制3人。2002年9月12日，经西山区人民政府批复同意，成立西山区滇池保护委员会办公室（加挂西山区滇池管理局牌子），为区委、区政府议事协调机构的办事机构，规格为正科级，内设综合科，事业编制3名，其中领导职数1名。下设西山区渔政滇保所（含入滇池河道管理职能），为行使行政职能的事业单位，人员编制12名，纳入公务员管理，财政全额拨款。2003年3月机构改革时，成立西山区滇池管理局，为负责西山区辖区内滇池流域水源保护区、盆地区、湖滨带和滇池水体保护与管理的区政府办事机构。主要职能职责：负责入滇的3条主要河流、12条支流、总长54.9千米的河道保护和治理；72千米的湖岸线、滇池界桩的保护和管理；滇池渔政监督管理；辖区内滇池流域范围开发建设项目审查工作（2007年由市级收回该项审批权限）；责任区内滇池水面水葫芦及漂浮物的打捞清运工作；完成区委、区政府和市滇池管理局交给的各项工作任务。2004年，成立西山区滇池管理综合行政执法分局和滇池管理综合行政执法大队，下设2个中队，人员编制16—17人。

2010年6月24日机构改革时，将西山区滇池管理局的职责划入西山区水务局，在西山区水务局加挂西山区滇池管理局牌子，不再单独设置西山区滇池管理局。同年9月30日，设立昆明市西山区水务局，为区政府正科级工作部门，加挂昆明市西山区滇池管理局牌子。内设办公室、水利规划建设管理科、水资源开发利用科、水政综合管理科、法规科，局机关行政编制9名，其中局长1名、副局长3名、局党委书记1名、副书记2名。其主要职责：贯彻执行国家水行政、渔政、滇池保护的法律、法规、方针、政策；拟定全区水务和滇池保护工作的方针、政策、规范性文件；拟定全区水务工作的发展战略和中长期规划及年度计划，辖区滇池水污染综合防治规划、年度计划及河道综合治理规划，并组织实施；落实辖区滇池综合治理目标，对辖区内滇池综合治理目标责任定期进行检查督促；组织宣传有关水环境保护的法律、法规、规章；负责水务、滇池保护的科技、教育和经济、技术合作交流。统一管理辖区内空中水、地表水、地下水（含温泉水）资源；组织辖区内有关国民经济总体规划、城市规划及重大建设项目的水资源利用、保护和防洪的论证工作；组织辖区内实施取水许可及水资源费征收制度。拟定辖区内计划用水、节约用水方案，组织指导和监督检查节约用水工作；组织指导辖区再生水、雨水收集利用工作；按照国家关于资源与环境保护的有关法律法规和标准，拟定辖区水资源保护规划并组织实施及进行监督管理。组织、指导、实施辖区内水政监察和水政执法。拟定本区水务行业的经济调节措施；对水利资金的使用进行调节及监督；指导水务行业的供水及多种经营工作；研究提供有关水利的价格、信贷、财务等经济调节的意见；监督和管理水利行业的国有资产。组织编制并负责审查、审批小（二）型及以下的水利基建项目建议书、可行性报告、初步设计报告；组织水利科学研究和技术推广；贯彻执行水务行业技术质量标准和水利工程的规程、规范并监督实施。组织、指导辖区内水利设施、水域及其河岸保护区的管理和保护；组织指导辖区内河道的治理和开发；办理县（区）际河流西山区段的有关事务；组织指导辖区内水库的安全监管。主管辖区内农村水利、农村饮水和集镇供水工作；组织农田水利基本建设项目的实施；组织建设和管理辖区内的重要水利工程；指导农村水利社会化服务体系。负责辖区滇池渔业资源的管理、规划、计划和开发利用及渔业生产管理、渔业技术、品种推广。组织、协调、监管、指导全区防汛抗旱工作。根据授权，负责行使辖区滇池水体范围内水政、渔政、航务、水环境保护、土地、规划等方面的部分行政处罚权；负责滇池管理综合行政执法；负责滇池管理综合执法相对集中行政处罚工作的管理、监督、指导、协调。承办区委、区政府和上级机关交办的其他事项。

## 2002—2016 年昆明市西山区滇池管理局历任领导一览表

表6-1-23

| 姓　名 | 性　别 | 职　务 | 籍　贯 | 任职时间 |
|---|---|---|---|---|
| 余　祥 | 男 | 滇保委副主任（主持工作） | 昆　明 | 2002.08—2008.04 |
| | | 水务局党委副书记滇管局局长、大队长、"四退三还一护"办主任 | | 2010.07— |
| | | 水务局局长 | 昆　明 | 2010.07—2016.06 |
| 许建明 | 男 | 滇保办主任 | 昆　明 | 2003.03—2010.07 |
| | | 西山滇池水环境综合治理专家督导组组长 | | 2010.07— |
| 张　哲 | 男 | 综合执法局副局长 | 昭　通 | 2005.08—2010.07 |
| 欧秀川 | 男 | 西山区水务局局长 | 曲　靖 | 2003.04—2010.07 |
| 袁亭聚 | 男 | 滇保委副主任 | 山　东 | 2008.04—2010.07 |
| | | 党委委员 | | 2010.07— |
| | | 水务局副局长、"431"办主任 | | 2010.07—2011.09 |
| 李　昆 | 男 | 副书记 | 昆　明 | 2010.07— |
| 杨　艳 | 女 | 综合执法局西山大队中队长 | 昆　明 | 2009.04—2010.07 |
| | | 水务局党委委员 | | 2010.07— |
| | | 综合执法局西山大队副大队长 | | 2010.07—2013.03 |
| 谢贵银 | 男 | 水务局党委书记 | 昆　明 | 2010.07—2012.02 |
| 段　凤 | 男 | 水务局党委副书记、纪委书记 | 昆　明 | 2010.07—2011.03 |
| 陈　诚 | 男 | 水务局党委委员、水务局副局长 | 昆　明 | 2010.07— |
| 陈　喜 | 男 | 西山大队副大队长 | 昆　明 | 2010.07—2013.08 |
| | | 水务局副局长 | | 2013.08— |
| 田　丽 | 女 | 西山大队副大队 | 昆　明 | 2010.11— |
| 钟筱瑛 | 男 | 党委书记 | 昆　明 | 2012.02—2016.05 |
| 向　勇 | 男 | 综合执法局西山大队副大队长 | 昭　通 | 2012.10—2017.04 |
| 张枫林 | 男 | 西山水务局副局长 | 昆　明 | 2012.07—2013.03 |
| 王艳明 | 男 | 西山水务局党委委员、副局长 | 昆　明 | 2012.05—2015.10 |
| 陆　林 | 男 | 西山水务局局长、党委书记 | 昆　明 | 2016.08— |

# 昆明市呈贡区滇池管理局

呈贡区最早的滇池管理机构是1979年1月成立的呈贡县水利电力局下辖的滇管分会办公室（简称"滇保所"），有工作人员3—5人。1981年成立昆明市滇池渔业管理委员会呈贡分会。1988年呈贡分会撤销，成立副科级、财政全额拨款的呈贡县滇池渔政监督管理站，人员编制10人，其中站长1名，为县水务局下属事业单位。主要负责宣传贯彻执行渔业法律法规和《云南省滇池保护条例》，依法保护滇池渔业资源，维护国家与渔业生产者的合法权益，对违反渔业法律法规的单位和个人依法进行行政处罚，配合相关单位拟定滇池渔业资源繁殖保护、管理等有关渔业法规。1991年7月成立呈贡县滇池保护所，为副科级单位，事业编制3人。2003年7月23日，撤销呈贡县滇池保护所，组建呈贡县滇池保护委员会及其办公室（加挂呈贡县滇池管理局牌子），为县人民政府滇池流域综合治理及保护专门管理机构。同年9月，呈贡县滇池渔政监督管理站成建制划归县滇池保护委员会办公室（县滇池管理局）管理。呈贡县滇池保护委员会是呈贡境内滇池流域综合治理及保护的组织领导机构，负责县境内滇池流域的保护、治理重大问题的研究和决策。呈贡县滇池保护委员会办公室（加挂呈贡县滇池管理局牌子）在县滇池保护委员会的领导下，统一协调和组织实施呈贡境内有关滇池保护和治理的具体工作。主要职能是：宣传贯彻国家、省、市的有关法律、法规和《滇池保护条例》，协调、检查和督促各有关乡（镇）、部门依法保护滇池；组织制定滇池的保护、开发利用规划和综合整治方案，并负责组织和监督实施；拟定滇池综合治理目标责任，对有关乡（镇）、部门的目标责任完成情况进行检查、督促和考核；组织拟定相应的滇池保护和管理配套办法，并督促各有关乡（镇）、部门贯彻执行；在县域滇池水体保护区内和主要入湖河道集中行使水政、渔政、航政、水环境保护、土地、规划等方面的部分行政处罚权，设立滇池保护管理的专业行政执法队伍，实施滇池综合执法；在县域滇池水体保护区以外的滇池流域内行使涉及滇池综合治理及保护方面的行政执法监督检查职责；参与县域内滇池流域内开发项目的审批工作，提出审查意见；在县防汛抗旱指挥部的统一部署和市有关部门指导下，协助做好县域内滇池防洪度汛工作；办理县人民政府和县滇池保护委员会交办的其他有关事项。2004年，县滇池渔政监督管理站纳入国家公务员管理事业单位，人员经费纳入县财政全额拨款，预算外资金实行"收支两条线"管理。2010年10月政府机构改革，县滇池管理局与县水务局合并，设立呈贡县水务局，加挂呈贡县滇池管理局牌子，为县政府的工作部门。内设办公室、规划建设科、政策法规科、水政水资源科、滇池管理科，机关行政编制12名，其中局长1名、副局长2名。2011年5月，国务院批准呈贡撤县设区。同年11月1日，呈贡县水务局、呈贡县滇池管理局分别更名为昆明市呈贡区水务局、昆明市呈贡区滇池管理局，内设办公室、规划建设科、法规宣传科、水政水资源科、滇池管理科、河道管理科、行政审批服务科，有干部职工91人。

## 2002—2016 年昆明市呈贡区滇池管理局历任领导一览表

表6-1-24

| 名　称 | 职　务 | 姓　名 | 性　别 | 籍　贯 | 任职时间 |
|---|---|---|---|---|---|
| 呈贡县滇管局 | 局　长 | 山　林 | 男 | 呈　贡 | 2002.08—2010.07 |
| | 副局长 | 王云华 | 男 | 呈　贡 | 2006.08—2010.07 |

续表

| 名 称 | 职 务 | 姓 名 | 性 别 | 籍 贯 | 任职时间 |
|---|---|---|---|---|---|
| 呈贡县水务局（呈贡县滇池管理局） | 局 长 | 山 林 | 男 | 呈 贡 | 2010.08—2011.10 |
| | 副局长 | 王云华 | 男 | 呈 贡 | 2010.08—2011.10 |
| | 副局长 | 黄世健 | 男 | 广 安 | 2010.08—2011.10 |
| 昆明市呈贡区水务局（昆明市呈贡区滇池管理局） | 局 长 | 山 林 | 男 | 呈 贡 | 2011.10—2012.05 |
| | 副局长 | 陈 勇 | 男 | 会 泽 | 2011.10—2015.06 |
| | 副局长 | 王云华 | 男 | 呈 贡 | 2011.10—2012.07 |
| | 副局长 | 黄世健 | 男 | 广 安 | 2011.10—2016.07 |
| | 局 长 | 张庆非 | 男 | 呈 贡 | 2012.09—2016.02 |
| | 副局长 | 李锦龙 | 男 | 呈 贡 | 2015.11—2016.03 |
| | 局 长 | 杨 冬 | 男 | 呈 贡 | 2016.02— |

## 晋宁县滇池管理局

1991年7月，晋宁县滇池保护所成立，为副科级单位，事业编制3人。2002年8月19日，撤销晋宁县滇池保护所，组建晋宁县滇池保护委员会及其办公室（加挂晋宁县滇池管理局牌子），为县人民政府滇池流域综合治理及保护专门管理机构。室（局）为正科级，内设综合科、执法监督科，行政编制5名，其中主任1名、副主任1名、中层领导干部2名。2005年4月19日后，晋宁县滇池保护委员会办公室（晋宁县滇池管理局）与昆明市滇池管理综合行政执法局晋宁分局合署办公，实行一个机构、三块牌子的管理体制，内设办公室、执法监督科、项目管理科，行政编制7名，其中领导职数3名，工勤编制1名。2007年7月27日，晋宁县机构编制委员会下发《关于印发〈晋宁县滇池管理局下属事业单位机构编制方案〉的通知》，同意保留晋宁县滇池生态监测管理站，核定事业编制7名，其中专业技术人员编制7名，经费形式为财政全额拨款；晋宁县渔政监督管理站，核定事业编制10名，经费形式为自收自支；昆明市滇池管理综合行政执法总队晋宁大队，为正科级综合行政执法机构，下设2个中队，核定行政执法专项编制16名，经费形式为财政全额拨款。至此，晋宁县滇池管理局编制41人，其中机关8人、专业技术人员编制7人、事业编制10人、行政执法专项编制16人。

2010年9月29日机构改革，设立晋宁县水务局，加挂晋宁县滇池管理局牌子，为正科级的县政府工作部门；局内设滇池管理科，行政编制中设滇池管理局局长1名（由水务局1名副局长兼任，按正科级配备）；撤销晋宁县滇池生态监测管理站，原昆明市滇池管理综合行政执法总队晋宁大队、晋宁县渔政监督管理站整建制划入晋宁县水务局。2013年7月，昆明市滇池管理综合行政执法总队晋宁大队的事业编制调整为9名。2014年12月30日，昆明市滇池管理综合行政执法总队晋宁大队、昆明市晋宁县渔政监督管理站划入公益一类事业单位。2015年10月29日，按照晋宁县人民政府办公室《关于印发晋宁县水务（滇池管理）局主要职责内设机构和人员编制规定的通知》，设立晋宁县水务（滇池管理）局，为晋宁县人民政府正科级工作部门，加挂晋宁县滇池管理局牌子，内设滇池管理科，负责办理滇池污染治理建设工程项目计划的立项报批手续；组织滇池综合治理效果评估及工程项目后评价；参与滇池治理工程项目竣工验收；负责滇池流域范围内新、改、扩建项目的初步审查并提出审查意见，上报昆明市滇池管理局审查；负责组织实施涉及滇池治理项目组织协调工作；负责河道"三包"的督促检查工作；承办局领导交办的其他事项。

**2002—2015年晋宁县滇池管理局历任领导一览表**

表6-1-25

| 姓　名 | 性　别 | 职　务 | 任职时间 |
|---|---|---|---|
| 李悦福 | 男 | 副局长 | 2002.10—2007.11 |
| 朱本长 | 男 | 副局长 | 2002.10—2004.05 |
| 雷春 | 男 | 局长（滇保委办公室主任） | 2003.04—2006.03 |
| 吕丰 | 男 | 支部书记、局长（滇保委办公室主任）兼昆明市滇池管理综合行政执法局晋宁分局局长、昆明市滇池管理综合行政执法总队晋宁大队大队长 | 2006.03—2010.05 |
| 熊兆虹 | 女 | 副局长 | 2006.03—2007.10 |
| 魏荣琼 | 女 | 副局长 | 2008.03—2010.10 |
| 赵继宏 | 男 | 昆明市滇池管理综合行政执法局晋宁分局副局长 | 2006.03—2010.10 |
| 赵继宏 | 男 | 支部书记、水务局副局长兼滇池管理局局长、昆明市滇池管理综合行政执法局晋宁分局局长、昆明市滇池管理综合行政执法总队晋宁大队大队长 | 2010.10—2015.09 |

## 嵩明县滇池管理局

1991年7月，嵩明县滇池保护所成立，为副科级单位，事业编制5人。2002年8月，组建嵩明县滇池保护委员会办公室（简称县滇保办），加挂嵩明县滇池管理局牌子，行政编制为3名，其中局长1名，机关工勤人员编制1名，与县环境保护局合并办公。县滇保办（县滇池管理局）是嵩明县滇池保护委员会负责松华坝水源保护区工作的常设办事机构，昆明市松华坝水源保护区嵩明管理所职能从县林业局划入县滇保办（县滇池管理局）。其主要职责是：对松华坝水资源保护区森林植被及水资源进行保护管理；对松华坝水资源保护区环境污染进行控制与治理；对松华坝水资源保护区综合治理工程项目进行管理；负责组织制定和实施松华坝水资源保护区，开发利用与水污染防治总体规划，专项规划及综合整治方案；对松华坝水资源保护区工程建设项目提出审查意见，对影响水环境、生态环境的建设项目实行"一票否决制"；负责对松华坝水源保护区的河道管理；严肃处理破坏环境的不法行为；宣传贯彻执行国家《森林法》《水资源保护法》《环境保护法》《滇池保护条例》《松华坝水资源保护区综合整治纲要》以及省、市有关滇池、松华坝管理保护的有关法规、方针政策和措施；组织完成县委、县政府交办的其他事项。2010年，县属滇源镇交由官渡区托管。2010年根据嵩明县机构改革意见批复，设立嵩明县水务局，为县政府正科级工作部门，加挂嵩明县滇池管理局牌子，负责嵩明县滇池管理局的职责。2011年10月，县滇保办（县滇池管理局）的职责及相关部门整合划入县环保局，在县环保局加挂滇池管理局牌子，由县环保局成立相应的业务科室履行县滇管局的职能、职责，县滇保办（县滇池管理局）不再作为议事协调的常设办事机构单独设立，县滇管局2名职工调入县环保局工作。

同年12月6日，加挂在县水务局的嵩明县滇管理局牌子移至县环境保护局悬挂。牛栏江—滇池补水工程启动后，为加强牛栏江水环境保护工作，嵩明县委、县政府明确在嵩明县环境保护局加挂嵩明县滇池牛栏江管理局牌子，不再加挂嵩明县滇池管理局牌子。

**嵩明县滇池保护所（滇池管理局）历任领导一览表**

表6-1-26

| 职　务 | 姓　名 | 性　别 | 籍　贯 | 任　期 |
|---|---|---|---|---|
| 局长、书记 | 潘兴云 | 男 | 嵩　明 | 2005.04—2008.02 |
| 局长、书记 | 施凤武 | 男 | / | 2008—2010 |
| 负责人（主持工作） | 马富伟 | 男 | 嵩　明 | 2010— |

# 第六节　滇池沿岸乡（镇）管理机构

2004年，市政府对滇池沿湖的呈贡、晋宁、官渡、西山4县（区）的16个乡（镇、街道）辖区范围划分责任区，明确以各县（区）长、乡镇长（街道办事处主任）为责任区内农村面源污染治理的第一责任人，负责全面做好辖区内入湖河道保洁、农村固体废弃物清运及处置等工作，切实控制农村面源污染。为确保此项工作的落实，同年10月12日市机构编制委员会下发批复，同意4县（区）的16个乡（镇、街道）成立滇池管理所，为所属乡（镇、街道）下属事业单位，人员经费纳入同级财政预算。其中，同意呈贡县的龙城镇、斗南镇、大渔乡成立滇池管理所，核定龙城镇滇池管理所事业编制3人，斗南镇和大渔乡滇池管理所事业编制各4人；同意晋宁县的古城镇、中和乡、上蒜乡和新街乡成立滇池管理所，核定各所事业编制4人。10月16日市机构编制委员会下发批复，同意官渡区的六甲乡、官渡镇、矣六乡和西山区的海口镇、碧鸡镇、前卫街道、福海街道、马街街道和棕树营街道成立滇池管理所，核定各所事业编制各4人。据此，滇池沿湖4县（区）的16个乡（镇、街道）先后成立了滇池管理所。

# 第七节　社团及其他

## 昆明滇池研究会

1989年市政府印发《滇池综合整治大纲》，提出成立滇池研究会，依托于滇池管理机构，并与国内外湖泊研究组织挂钩，广泛开展学术研究活动的要求，并明确滇池研究会是经市科协、市民政局批准成立的昆明地区滇池保护与治理科技工作者的学术群团组织，是昆明市科协的组成部分，具有社会法人资格。1990年8月28日，昆明滇池研究会第一届会员代表大会在海埂省体委礼堂召开，150名代表参加会议，副省长李铮友出席会议并作重要讲话。大会选举产生了昆明滇池研究会第一届理事会、常务理事会组成人员和理事长、副理事长、秘书长、副秘书长，标志着昆明滇池研究会正式成立。第一届理事会内设滇池水环境保护、滇池流域植被保护、滇池水资源保护、滇池水生生物保护、滇池综合整治、滇池经济、社会环境等6个专业委员会和滇池法制监督、新闻科普2个工作委员会。同年9月26日，市科协正式下发了《关于"昆明滇池研究会"第一届理事任职的批复》。次年3月18日，市民政局下发《关于同意昆明滇池研究会登记的批复》，同意昆明滇池研究会登记注册。2000年9月12日，昆明滇池研究会在连云宾馆礼堂召开昆明滇池研究会第二次会员代表大会，206名代表和有关人员参加会议，省政府、市政协主要领导出席会议并作重要讲话。大会选举产生了昆明滇池研究会第二届理事会、常务理事会组成人员和理事长、副理事长、秘书长、副秘书长，聘请了名誉理事长和技术顾问。2005年5月18日，昆明滇池研究会在省化工厅招待所会议室召开了昆明滇池研究会第三次会员代表大会，选举产生了昆明滇池研究会第三届理事会、常务理事会组成人员和理事长、副理事长、秘书长、副秘书长，增聘了名誉理事长等。本届理事会决定成立滇池水环境生态专业委员会、滇池流域森林生态保护专业委员会、滇池流域生态农业专业委员会和滇池新闻科普工作委员会、滇池法制工作委员会、滇池综合治理咨询、调研工作委员会。

昆明滇池研究会集体会员单位为：昆明市滇池管理综合行政执法总队、昆明市滇池水利管理处、昆明市滇池管理局渔业行政执法处、昆明市西园隧道工程管理处、云南省昆明市滇池地方海事处、昆明市滇池生态研究所、昆明市城市排水监测站、昆明市城市排水管理处、云南省环境科学研究院、昆明市环境科学研究院、昆明市水利水电勘测设计研究院、昆明市农业科学研究院（土肥站）、昆明市松华坝管理处、五华区滇池管理局、盘龙区滇池管理局、西山区滇池管理局、官渡区滇池管理局、呈贡县滇池管理局、晋宁县滇池管理局。

**昆明滇池研究会理事会组成人员一览表**

表6-1-27

| 届 次 | 职 务 | 姓 名 |
|---|---|---|
| 第一届<br>（1990—2000） | 理 事 | 张朝辉 李国春 邓德仁 熊思禹 曾光宇 熊 岳<br>张琼芝 张殿宝 张承汉 何有德 董瑞成 李秉光<br>朱晓阳 熊西峰 杨学强 颜如芬 华志宏 陈修荣<br>沈成达 席素芬 卢升良 束正龙 何 芷 宋培义<br>彭少希 何玉林 杨鹤鸣 蒋维章 汪天翼 何继昌<br>杨树群 张嘉宾 袁 棠 李作洪 徐才俊 杨维昌<br>汪 骅 陈治国 黄静珍 钱 彪 郭绍雄 张士龙<br>杜明珠 寇子皓 杨文龙 豆劲鸣 杨筱华 刘云祥<br>王明册 李德炎 谢启芳 |
| | 常务理事 | 张朝辉 李国春 邓德仁 熊思禹 曾光宇 熊 岳 张琼芝 |
| | 理事长 | 张朝辉 |
| | 副理事长 | 李国春 邓德仁 熊思禹 曾光宇 熊 岳 |
| | 秘书长 | 李国春（兼） |
| | 副秘书长 | 张琼芝 |

续表

| 届　次 | 职　务 | 姓　名 | | | | | |
|---|---|---|---|---|---|---|---|
| 第二届<br>（2000—2005） | 理　事 | 张凤保　李国春　周　智　陈松群　任宏明　赵聚仁<br>张光兴　曾光宇　段永智　赵华深　刘　瞳　王　川<br>许苏昆　惠肇祥　诸中志　袁　兵　柳　伟　马洪苍<br>刘　学　刘昌良　倪　淼　郭焕波　段　文　李济伟<br>花泽飞　马杰云　岳卫平　金祖鑫　姜世凡　许建国<br>许　明　任光华　杨惠琼　张士龙　刘方林　曾广权<br>张　明　赵培仁　杨鹤鸣　肖　蔚　黄　越　熊卫萍<br>胡正良　赵利冰　杨曙文　秦　力　李世新　李　忠<br>杨学强　王联登　李　斌　蔡子棋　吴昭辉　徐伟毅<br>刘嘉麒　段昌群　陈同波　曾觉民　王达明　钱　彪<br>高朝俊　周天雄　袁　裳　施和平　王亦民　刘福灿<br>朱　江　席素芬　王　伟　张　韵　杨苏平　吴云志<br>孙　骥　张世辉　肖　荣　朱本昌　李明祥　尚德明<br>师东留 | | | | | |
| | 常务理事 | 张凤保　李国春　周　智　陈松群　任宏明　赵聚仁　张光兴<br>刘　学　曾光宇　段永智　赵华琛　熊卫萍　钱　彪 | | | | | |
| | 理事长 | 张凤保 | | | | | |
| | 副理事长 | 李国春　周　智　陈松群　任宏明　赵聚仁　张光兴<br>刘　学　曾光宇　段永智　赵华琛 | | | | | |
| | 秘书长 | 李国春（兼） | | | | | |
| | 副秘书长 | 熊卫萍　钱　彪 | | | | | |
| | 名誉理事长 | 陈勋儒　章振国　张朝辉　吴晓青　杨慈生　冯志诚<br>李正黄　张　正　薛惠新 | | | | | |
| | 技术顾问 | 刘邦瑞　邓德仁　李志远　赵丛礼　张嘉宾　王焕校　郭慧光 | | | | | |
| 第三届<br>（2005—） | 理　事 | 马文森　马慈明　马颖生　王文义　王海玲　王开绪<br>王先举　王延春　方向京　孔祥贵　宁　平　许建明<br>许苏昆　孙振凤　刘琍琍　刘元月　毕昆闻　宋　予<br>宗庆生　李国春　李子映　李杪林　李金华　李奕波<br>李济伟　李裕华　李希昆　李恒勇　汪天祥　余仕富<br>严晋婉　张立力　张乃明　张光兴　孟光寿　陈玉余<br>陈志伟　杜劲松　岳卫平　周天雄　杨亚平　杨天洲<br>杨红明　杨晓林　杨曙文　武德芳　和树庄　欧春红<br>赵　力　赵　毅　赵利冰　段昌群　段宗颜　钟明川<br>姚云辉　夏　静　贺　彬　袁健林　高　浒　高永生<br>高朝俊　席素芬　殷　丹　郭绍华　龚素萍　溥　伟<br>傅　骅　董健平　储汝明　雷　春　廖举云　潘兴云<br>魏　明　刘峻松　张　韵　杨晓辉　张　建　郝玉昆<br>李　霞　林昆霞　严庆华　李树青　但文德 | | | | | |

续表

| 届　次 | 职　务 | 姓　名 |
|---|---|---|
| 第三届<br>（2005—） | 常务理事 | 许苏昆　王延春　李国春　龚素萍　王开绪　贺　彬<br>张光兴　李金华　张立力　和树庄 |
| | 理事长 | 许苏昆（2005.5.26-2007.2.7）马文森（2007.2.8-） |
| | 副理事长 | 王延春　李国春　龚素萍 |
| | 秘书长 | 李国春（兼） |
| | 副秘书长 | 张立力　和树庄 |
| | 名誉理事长 | 陈勋儒　刘邦瑞　张朝辉　张　正　张　焱　刀爱民　杨树蔚<br>张凤保　董利华　夏　静　梁晓谷　雷晓明　许苏昆 |

## 昆明市环境保护联合会

2009年，为贯彻落实科学发展观，围绕实施可持续发展战略、建设生态昆明目标、维护公众环境权益，发挥政府与社会之间的桥梁和纽带作用，按照"大环保、大联合、大发展"的理念，由市环境宣传教育中心、云南亚太环保有限股份公司、昆明市公交集团总公司、众衡律师事务所、昆明日报社等单位联合发起，并报经市民政局批准，市环境保护局于同年6月22日组成筹备组，开展昆明市环境保护联合会成立登记筹备工作。2010年4月23日，昆明市环境保护联合会成立大会暨第一次会员代表大会在云安会都贵宾楼三楼宴会厅召开。来自122个企（事）业单位、党政机关及各行各业的会员代表近400人参加会议，中华环保联合会、云南省环境保护厅、市政府、市政协等领导莅临会议，市科协、市民政局领导到会指导。会议通过了《昆明市环保联合会章程》《昆明市环境保护联合会会费收取与经费使用管理暂行办法》；选举产生第一届理事会理事189人（团体89人、个人100人）；宣读了《昆明市环境保护绿色宣言》；参加成立大会的领导及会员代表在《昆明市环境保护绿色宣言》签名。在随后召开的昆明市环境保护联合会第一次理事会上，选举产生常务理事93人（团体44人、个人49人），选举市政协原主席张朝辉为会长、曾令衡等23人为副会长，通过了秘书长人选；聘请市长张祖林为顾问；聘请副市长王道兴为名誉会长。

昆明市环境保护联合会的主要任务是：组织和协调各方面的社会资源，共同参与环境事业，加强社会监督，维护公众环境权益，协助和监督政府实现昆明市环境保护目标，促进昆明环境事业发展；组织参加国内民间环境交流与合作，维护我市良好的环境形象，确立昆明环保社团应有的地位，推动环境事业的进步与发展。其具体业务范围为：围绕昆明环境与发展的目标和任务，充分发挥政府与社会之间的桥梁和纽带作用，组织会员及社会公众对破坏环境、危害人民群众利益的行为进行监督，为政府的环境保护决策提供咨询和建议。为公众和社会提供环境法律权益的维护；开展环境政策、法律、法规、咨询服务，推动维护环境权益的立法，建立健全环境权益保障体系，组织开展维护市民环境权益活动和环境法律援助及救助，维护人民群众对环境的知情权、参与权、监督权和享用权等合法环境权益。为社会提供公共环境信息，开展环境领域公众参与和社会监督；发挥联合会广泛接触市民的优势，多渠道多角度为市民与政府相互沟通、相互对话创造条件，搭建环境领域公众参与和社会监督的新平台，推进和谐社会的建设。提供相关的环境政策和技术咨询服务，组织环境技术开发、交流、转让和中介；为企事业单位推介先进的环境科技治理技术产品及服务；推动开展低碳标志认证及环境污染损害评估鉴定工作。开展环境保护方面的宣传教育活动，普及环境保护和维护环境权益知识，提高全民环保意识；开展多层次、多形式的环保学术交流和技术培训，举办环保技术、环保产品交易会、展览会等有助于环境保护的公益性活动。组织会员开展环境调查、调研、考察、学术交流，倡导循环经济、资源再利用等科学的环保理念，推行先进的生态保护措施和污染防治要求，促进全市环境质量的改善。积极引进环境保护宣传教育资金，促进环保项目的开展，创办有益环保的经济实体，为协会筹集活动经费。组织会员参加国际和国内民间环境保护方面的考察、交流与合作，维护昆明良好的国内、国际环境形象，为昆明的环境事业争取更多的国内、国际支持和实际利益，推动昆明环保NGO组织健康发展并确立其应有的国际地位。接受政府有关部门、主管部门、会员单位的授权与委托，组织开展可研论证、科技攻关、考察调研、成果推广、项目推进和污染事件的调查。团结、协调各行业的非政府组织，联合及凝聚各方面的力量，共同促进昆明环境保护事业的全面、健康发展。承办政府及有关组织委托的其他工作。2015年，昆明市环境保护联合会有团体会员单位140余个、个人会员400余人。

## 昆明滇池保护治理促进会

为保护母亲湖滇池，实施七彩云南保护行动计划提供很好的合作平台，2011年8月29日，昆明滇池保护治理促进会（简称促进会）第一次会员代表大会在昆明举行。大会通过了《昆明滇池保护治理促进会章程》，选举产生了促进会第一届理事会组成人员，确立了该会的基本方针和今后的发展方向和任务。该会是由昆明地区热心滇池保护治理工作的企（事）业单位、科技工作者、社会知名人士自愿组成的专业性、非营利性社会团体。会员分为团体会员和个人会员，凡昆明地区热心参与滇池保护治理事业、在滇池保护治理（行业、学科）领域内具有一定的影响、承认本会章程的企（事）业单位、社会团体和有关人士自愿申请并经本会批准，可成为本会的团体会员和个人会员。该会的业务主管单位为昆明市滇池管理局。其宗旨是遵守宪法、法律、法规和国家政策，遵守社会道德风尚，坚持环境保护基本国策，团结社会各方面力量，组织开展形式多样的滇池保护治理活动，为促进滇池治理保护事业的发展与全民环境意识的提高做出积极贡献。主要业务范围：促进滇池保护治理资金筹集，支持、协助有关团体做好滇池保护治理资金募集，并指导资金的管理、使用。开展滇池保护治理咨询、评估，滇池保护治理环保知识、先进技术的宣传、培训和滇池保护治理信息交流。开展滇池保护治理调查研究，交流经验，沟通信息，反映情况。承办政府和有关部门委托的事项。

### 昆明滇池保护治理促进会理事会成员一览表

表6-1-28

| 职　务 | 姓　名 |
|---|---|
| 名誉理事长 | 李培山 |
| 名誉副理事长 | 刘　耕　武　怡　谢昆或 |
| 理事长 | 王道兴 |
| 副理事长 | 张朝辉　李　江　董利华 |

续表

| 常务理事 | 和丽川　汪天祥　李旭东　徐　贞　张正平　王月冲　刘跃进　储汝明　郭焕波<br>柳　伟　徐增雄　姚　宏　许力为　邓文龙　王延春　董健平　王丽华 |
|---|---|
| 秘书长 | 柳　伟 |

## 昆明市环境科学研究院

　　昆明市环境科学研究院的前身成立于1978年。当年11月17日，经市革命委员会批准，成立昆明市环境保护监测站、昆明市环境保护研究所，为市环境保护局下属全额拨款公益型事业单位。1982年7月，昆明市环境保护监测站更名为昆明市环境监测中心站，昆明市环境保护研究所更名为昆明市环境科学研究所，两个单位合署办公，两块牌子一套班子。1983年4月，昆明市环境监测中心站和昆明市环境科学研究所由昆明市防疫站内搬迁至新闻路51号附1号新址开展工作。同年，昆明市环境科学研究所成立环境影响评价业务室，并获省建委颁发的环境影响评价乙级证书，开始编制环境影响报告。1984年8月，昆明市环境科学研究所成立环境工程设计研究室，专业从事环境工程设计与研究。1988年4月，昆明市环境科学研究所取得省建委颁发的专业设计执照，成为昆明市最早获得环境保护工程专业设计资格的单位。1996年10月30日，昆明市环境科学研究所增挂昆明环境工程技术研究中心牌子。同年，昆明市环境科学研究所环境工程设计许可证由丙级升为乙级。2000年10月13日，昆明市环境保护局批复同意昆明市环境监测中心站和昆明市环境科学研究所分离为2个独立运作的法人单位，各自独立承担自己的工作任务。次年1月1日，站、所正式分离，昆明市环境科学研究所编制40人，资产765.65万元。2001年12月，昆明市环境监测中心搬迁至新址办公，昆明市环境科学研究所留在原址办公。2002年，昆明市环境科学研究所成立无糖组织培养实验室，开展无糖组培实验与推广运用。2006年10月25日，市编委批复昆明市环境科学研究所更名为昆明市环境科学研究院。

　　2010年5月25日，经中共昆明市委机构编制办公室批复同意，昆明市环境科学研究院成立昆明低碳城市发展研究中心与昆明市环境污染损害鉴定评估中心。其中，昆明低碳城市发展研究中心为云南省第一个挂牌成立的以低碳城市建设基础研究为主要任务的政府下设研究机构，也是当时全国为数不多的低碳城市研究中心之一；昆明市环境污染损害鉴定评估中心为当时全国具有司法鉴定资质的3个中心之一。至此，昆明市环境科学研究院内设办公室、财务室、技术研究与管理室、湖泊水库研究中心、环境影响咨询研究中心、环境工程技术研究中心、生态研究中心、低碳城市发展研究中心、环境污染损害鉴定评估中心。科研团队编制52名。主要业务：湖泊、水库、河流水环境研究及规划；区域环境保护与生态文明建设；环境工程设计与方案编写；环境污染损害鉴定评估；建设项目环境影响评价与污染防治对策研究；低碳城市建设与发展；循环经济、清洁生产技术的研究与推广；环境污染控制技术试验、引进及推广；环境污染事故、损害等方面的调查评估；环境保护法律、法规、政策、标准的应用研究等。

### 昆明市环境科学研究院历任领导一览表

表6-1-29

| 姓　名 | 性　别 | 职　务 | 任职时间 |
|---|---|---|---|
| 范东文 | 男 | 负责人 | 1978.11—1982.07 |
| | | 副所长（主持工作） | 1982.07—1985.01 |

续表

| 姓　名 | 性　别 | 职　务 | 任职时间 |
|---|---|---|---|
| 李炳辉 | 男 | 副所长 | 1982.07—1985 |
| | | 所　长 | 1985.01—1995 |
| 陈明森 | 男 | 副所长 | 1982.07—1985 |
| 钱　彪 | 男 | 书　记 | 1985—1989；1995—2003.03 |
| | | 副所长 | 1982—1995 |
| | | 所　长 | 1995—2002.11 |
| 何宪民 | 男 | 总工程师 | 1985—2000.01 |
| 何琳晖 | 女 | 副所长 | 1985—1998 |
| 李德军 | 男 | 书　记 | 1989.02—1989.10 |
| 辜来章 | 男 | 书　记 | 1989.10—1995 |
| 李晓明 | 男 | 副所长 | 1998—2000 |
| 潘明琨 | 男 | 副所长 | 2000.01—2002.10 |
| 和树庄 | 男 | 总工程师 | 2000.01—2002.11 |
| | | 所　长 | 2002.11— |
| 郝玉昆 | 男 | 副所长 | 2002.11—2006.11 |
| | | 院　长 | 2006.11—2008.10 |
| 李跃勋 | 男 | 副院长 | 2006.11—2009.04 |
| | | 院　长 | 2009.04—2011.11 |
| 杨英 | 女 | 总工程师 | 2002.11—2008.12 |
| 陈嵩 | 男 | 副院长 | 2007.12—2012.06 |
| | | 院　长 | 2012.06—2015.03 |
| 徐晓梅 | 女 | 副院长 | 2009.06— |
| 支国强 | 男 | 副院长 | 2009.06—2013.07 |
| 郑一新 | 女 | 副院长 | 2012.10— |
| 杨洪福 | 男 | 书　记 | 2011.12.06— |
| | | 副院长 | 2015.04— |
| 何佳 | 女 | 院长助理 | 2015.04— |

## 昆明市环境监测中心

　　昆明市环境监测中心的前身为昆明市卫生局下属单位昆明市卫生防疫站的环境监测科。1976年11

月16日，经市编委批准，市卫生防疫站环境监测科对外挂昆明市环境保护监测站的牌子。1978年11月17日经市革命委员会批准，昆明市环境保护监测站与昆明市环境保护研究所合并，隶属市环境保护办公室领导。1979年，市编制委员会批准确定市环境监测站编制15人，市环境保护研究所编制10人。1994年，又成立滇池流域环境监测站。2001年1月，昆明市环境保护监测站与昆明市环境科学研究所正式分离，更名为昆明市环境监测中心。2002年，该中心被国家环境保护总局正式确定为"滇池流域国家环境监测网"组长单位。2010年，市委编办批复昆明市环境监测中心事业编制86人，行政级别为副县级，中心内设办公室、财务室、总工办、质量管理室、业务管理室、综合信息室、自动化监测室、中心实验室、有机分析室、现场监测室、污染事故应急监测室，是昆明市环境保护局直属的财政全额拨款的公益性事业单位，属全国二级监测站，是国家环境监测骨干网络成员之一，承担昆明市辖区内环境质量、企业排污、大气环境质量预测预报、以及环境污染事故应急监测等任务，负责为国家、省、市政府提供环境质量、污染源排污状况等监测数据资料，为政府环境管理与污染治理决策提供技术支持和技术服务。2015年，中心有职工82人，其中专业技术人员73人，正高级工程师2人，副高级工程师26人，工程师34人，助理工程师10人，已成建为一个技术力量较强、具有良好业务工作环境和拥有相当数量现代化仪器设备的监测站。

## 昆明市环境监测中心历任领导一览表

表6-1-30

| 任　期 | 行政领导 | | | 党支部 |
| --- | --- | --- | --- | --- |
| | 站长、所长（主任） | 副站长、副所长（副主任） | 总工程师 | 支部书记 |
| 1976.11—1978.08 | 侯治全（兼站长） | — | — | 侯治全 范东文 李炳辉 李德军 钱　彪 |
| | 李炳辉（科长） | — | — | |
| 1978.08—1981.06 | 侯治全（兼站长） 李炳辉（科长） | 钱　彪（副科长） | — | |
| 1981.06—1982.02 | 李炳辉、钱彪同为负责人 | | — | |
| 1982.02—1983.12 | — | 范东文　李炳辉 钱　彪　陈明森 | | |
| 1983.12—1988.06 | 李炳辉 | 钱　彪 | | |
| 1988.06—1991.11 | 李炳辉 | 钱　彪　何琳晖 | 何宪铭 | |
| 1991.11—1994.01 | 钱　彪 | 何琳晖 | 何宪铭 | |
| 1994.01—1995.02 | 钱　彪 | 何琳晖　李肇南 | 何宪铭 | |
| 1995.02—1998.01 | 钱　彪 | 何琳晖　潘明琨 | 何宪铭 | |
| 1998.01—1999.09 | 钱　彪 | 何琳晖　潘明琨 | 和树庄 | |
| 1999.09—2001.02 | 钱　彪 | 潘明琨　李晓铭 | 和树庄 | |

续表

| 任 期 | 行政领导 | | | 党支部 |
| | 站长、所长（主任） | 副站长、副所长（副主任） | 总工程师 | 支部书记 |
| --- | --- | --- | --- | --- |
| 2001.02—2006.09 | 李晓铭 | 杨常亮 杨树平 | 胡 平 | 李晓铭 |
| 2006.09—2006.12 | 李晓铭 | 杨树平 | 胡 平 | 李晓铭 |
| 2006.12—2009.03 | 李晓铭 | 杨树平 张 智 黄 俊 | 胡 平 | 李晓铭 |
| 2009.03—2010.12 | 李晓铭 | 杨树平 张 智 黄 俊 | 胡 平 | 张 智 |
| 2010.12—2013.03 | 李晓铭（副县） | 杨树平 张 智 黄 俊 | 胡 平 | 张 智 |
| 2014.12—2016.03 | 刘 川（正科常务副主任主持工作） | 黄 俊 房晟忠 杨 健 | 杨树平 | 张 智 |
| 2016.03—2016.06 | | 黄 俊 房晟忠 杨 健 | 杨树平 | 徐永梅 |
| 2016.06— | | 房晟忠 杨 健 李振宇 | 杨树平 | 徐永梅 |

## 昆明市松华坝水库管理处

元至元十三年（1276），赛典赤·赡思丁建松华坝后即配置管理人员和管理机构，建立管理制度。《咸阳王德政碑》记载："赛典赤命造上坝闸一座，造金汁河堤一条，造水闸十座、涵洞三百六十个，轮序放水，自上润下，灌溉全滇，额立三百六十匹报马，三百六十名看水余丁，倘遇崩倒水漫，即时飞报上司，齐集乡民挑补修筑，不容怠缓。"明万历四十六年（1618）朱芹重建松华坝石闸，民间称为"皇闸"，选定上坝村农民孙氏家族世袭看守，有闸丁十数人，直到民国初年孙氏后代孙寿仍负责管理，为松华坝管理组组长，设有闸丁2人。同时，在南坝闸、沈公闸各设闸丁4人，盘龙江巡水2人，其他金汁河、银汁河及分支各河各有巡水1人。民国三十五年（1946）谷昌坝水库建成后设有管理所，由昆明县政府领导。中华人民共和国成立后，松华闸沿袭过去管理办法，由孙寿的孙子孙家义任松华坝管理组组长。1951年，松华闸改为机械闸，用葫芦吊起闭，管理人员减为3人，每人每月报酬12万元（人民币旧币），管理人员由昆明县人民政府建设科领导，直到1958年松华坝水库修建时撤销。1959年8月松华坝水库竣工后，成立昆明市松华坝水库管理所，所长李再新，职工37人，辖小河、甸尾、松华坝3个水文站。1961年精简机构，管理人员精简为20人，1963年增至30人。1964年，昆明市松华坝水库管理所改为松华坝水库管理处，李士宗任处长，崔荣庭任副处长，李再新任办公室主任，职工恢复至37人。1967年10月，成立松华坝水库生产领导小组，姚平祖任组长。1968年10月15日，市革委批准成立昆明市松华坝水库革命领导小组，姚平祖任组长，有职工27人。1972年12月，由五七农场调入工人11人，管理人员增至36人（原减少2人）。1978年7月昆明市松华坝水库革命领导小组撤销，恢复松华坝水库管理处，姚平祖任党支部书记兼处长，内设秘书组、保卫组、修理组、技术组、渔业组、后勤组、工程养护组、绿化组，有职工39人。1982年9月姚平祖调离，由龙伟和任支部书记、卢洪银任副书记。1984年9月，李志能调任处长。1986年，松华坝水库管理处有职工50人。1987年7月30日，1967年5月29日成立的松华坝电厂并入松华坝水库管理处，唐家祥任党支部书记，卢洪银任处长，朱代平、刘学林任副处长，内设行政办公室、工程管理股、综合经营股、财务供应股、绿化组、修配车间及发电车间，核定事业编制63人、企业编制40人，干部职工增加到103人。设行政办公室、工程管理股、综合经营股、财务供应股、绿化组、修配车间及发电车间。水库扩建后，各股升格为科。1977年经市编委同意成立昆明市公安局松华坝水库派出所，配备公安干警5名，1980年编制扩大为15人（实际达到11人）。松华坝水库公安派出所行政上属昆明市水利局领导，指导员均由水库负责人兼任，经费由水费收入中列支，业务上由昆明市公安局指导。1990年，松华坝水源保护区办公室划归滇池保护委员会办公室管理。1997年，根据市政府办公厅"昆政办〔1997〕183号"《市政府办公厅关于印发昆明市滇池保护委员会办公室职能配置、内设机构和人员编制方案的通知》划归市水利局管理。隶属昆明市水务局的事业单位，经费形式自收自支。内设机构：党政办、防洪办、工程技术科、水文水情科、资产财务科、保卫科、库区管理所、库区水质监测站、库区保洁维护队、综合经营科。2015年，松华坝水库管理处有在职人员69人，其中管理人员7名、专业技术人员21名、工勤人员41名、离退休64人。松华坝水库管理处的主要职责：负责水库的防汛抗旱、蓄水供水；保证昆明市主城区的防洪安全、稳定、持续供水调度；水工建筑物、闸门启闭等机电设施、盘龙江泵站及闸门的安全运行监测维护和更新改造，确保水利枢纽工程安全运行；负责重点目标的安全保卫和预警工作，防止突发事件发生，确保水库安全；保护水资源，采取水库淤泥疏挖等工程治理措施，延长水库使用年限，防止外来物种的侵入；完成上级交办的其他工作。

### 昆明市松华坝水库管理处历任领导一览表

表6-1-31

| 姓　名 | 职　务 | 任职时间 |
| --- | --- | --- |
| 卢洪银 | 处　长 | 1987—2003 |
| 武德方 | 处　长 | 2003—2006 |
| 杨金仑 | 副处长 | 2003—2006 |
| | 党支部书记 | 2000—2011 |
| 陈辉阳 | 副处长 | 2003—2006 |
| 邓义颖 | 副处长 | 2003—2012 |
| 符　贤 | 副处长 | 2003— |
| 张　建 | 党支部书记 | 2003—2009 |
| | 处　长 | 2006—2009 |
| 邓义颖 | 副书记、副处长 | 2009—2011 |
| | 法人代表 | 2009—2011 |
| 杨　坚 | 代理处长 | 2011— |
| 王良才 | 党支部书记 | 2011— |
| 刘　波 | 副处长 | 2012— |
| 李海清 | 副处长 | 2012— |

### 昆明滇池（湖泊）污染防治合作研究中心

昆明滇池（湖泊）污染防治合作研究中心（以下简称"中心"）成立于2008年12月30日，是昆明市人民政府为治理保护滇池委托昆明学院与市环境保护局、市滇池管理局、市农业局、市科技局和市科协等相关职能部门及本土企业共同成立的针对滇池治理和保护的相关问题开展合作与交流的研究平台，为昆明学院的校级研究机构，内设省委宣传部哲学社会科学研究基地——滇池（湖泊）流域生态文化研究基地、云南省科协滇池保护与治理专家工作站、市科技局昆明市滇池水生态恢复重点实验室、昆明市陈子牛（插花艺术）名匠工作室。中心成立后，致力于滇池（湖泊）流域生态文化基础理论及应用、滇池（湖泊）流域生态修复、滇池（湖泊）流域信息数字化建设与应用等研究，建成了中央财政资金支持的国内首个以生态文化为展示主题、省内首个以湖泊为展示对象的滇池流域生态文化博物馆，在建的省科技厅资金支持的滇池流域花文化展示与体验馆、中央财政和地方配套资金支持的滇池（湖泊）流域生态建设与生态文化数字化信息平台。主任由昆明学院钱春萍教授担任。

# 第二章　法规建设

　　滇池是昆明赖以生存和发展的基础，它不仅是昆明城市生活用水、工农业生产用水的主要水源，而且还具有防洪、调蓄、旅游、航运、水产养殖、发电和调节昆明气候等多种功能，对维护区域生态系统的平衡起着至关重要的作用。20世纪80年代中期，滇池流域内农业总产值及工业总产值分别占昆明全市农业总产值及工业总产值的79.8%和82.2%，而昆明市的农业总产值及工业总产值又分别占全省的32%和44%。可以说，没有滇池就没有昆明。但随着滇池流域经济社会的发展，入湖污染负荷逐步增加，导致滇池水环境恶化。加强法规建设，立法保护滇池，实现有法必依、执法必严、违法必究，迫在眉睫、势在必行。

## 第一节　《滇池水系环境保护条例（试行）》

　　滇池为全国主要保护水系之一。20世纪70年代末，滇池周边分布着冶炼、造纸、化肥生产、制药、石棉制品等污染企业，已危及滇池的生态环境。为保护滇池，1980年4月1日，昆明市革命委员会根据《中华人民共和国宪法》第十一条关于"国家保护环境和自然资源，防治污染和其他公害"和《中华人民共和国环境保护法（试行）》的法规精神，制定和颁布了《滇池水系环境保护条例（试行）》（以下简称《条例》）。《条例》包括6个方面21条，自1980年5月1日起生效，执法主体为昆明市环保局。

　　《条例》规定了凡是向滇池水系排放污水的单位，均要向环保部门登记领取排污许可证，所排放的污水不符合规定标准的，需缴纳排污费。按照国家规定，工业废水排放标准分为两类：第一类，能在环境或动植物体内蓄积，对人体健康产生长远影响的有害物质，即含汞、镉、砷、铅、元素磷、放射性物质及其他无机化合物和六价铬化合物的废水；第二类，其长远影响小于第一类的有害物质废水。从1980年起，这两类废水按下列办法收费：第一类污水，以超过标准最高的一种毒物为依据，按其超标倍数收费。超标1倍以下，每吨每月收费0.1元；超标1—5倍，每吨每月收费0.2元；超标5—20倍，每吨每月收费0.4元；超标20—50倍，每吨每月收费0.8元；超标50—100倍，每吨每月收费1.5元；超标100—200倍，每吨每月收费3元；超标200—1000倍，每吨每月收费5元；超标1000倍以上，每吨每月收费10元。第二类污水，每排放1吨超标污水，每月收费0.1元。1981年后，上述两类超标污水每过1年，每吨每月加收费0.05元。对已有污水处理装置，经处理后仍超标的可酌情少收费。《条例》还规定：严禁使用渗坑、裂隙、溶洞、深井、漫溢式稀释等办法排放有毒有害废水，防止工业污水渗漏，确保滇池水系和地下水不受污染，违者根据用水量按第九条办法执行。严禁向滇池和滇池水系的河道、水库倾倒垃圾、废渣，防止滇池河道淤塞、污染。凡向滇池水系排放废渣，每吨收费120元。滇池中带有发动机的船只排放的污水，必须经过处理、达到国家排放标准。农田尽量少用和不用"六六六""滴滴涕"等残毒农药。禁止使用汞制剂、砷制剂等剧毒农药。严禁围湖造田改地，违者每亩罚款3000元，并限期恢复水面，过期不执行者加倍罚款。排污费由市环保局统一收取，收取的排污费50%用于综合防治、环保监测、科研等，由环保部门统筹使用；另50%由环保部门返给缴纳排污费的单位，用于建设污染治理设施等环境保护工作。

1989年12月26日《中华人民共和国环境保护法》施行后，《滇池水系环境保护条例（试行）》终止执行。

# 第二节　滇池保护条例及其配套规章

## 《滇池保护条例》

20世纪80年代中期，滇池及其流域的环境问题日益明显：一是水资源量不足，滇池地区年人均水资源量仅为302立方米，是世界年人均水资源量的1/33；湖盆变浅，每年流入滇池的泥沙量40多万立方米，近40年来湖盆平均抬高47厘米，蓄水量明显减少，加剧了昆明水资源不足的现状，水资源短缺的问题日趋突出。二是滇池水质日趋恶化，滇池周边建有5200户工厂，居住着180多万居民，据统计，1986年排入滇池的工业和生活废水1.53亿吨，其中工业废水为1.1亿吨、有机污染物质58484吨，随着这些工业废水排入滇池的有机污染物为27854吨，其中氨氮177吨、化学耗氧量8730吨、石油类54吨、硫化物23吨、重金属量为332吨；农业、畜牧业排入滇池的有机污染物不少于1.39万吨。由于大量污染物排入滇池，致使滇池水质日趋恶化，直接影响到城市生活用水和工农业用水，对城市和滇池沿岸人民的生产、生活造成很大的威胁。同时，滇池盆地的森林覆盖率由解放初期的40%下降为23%，松华坝上游水源区的森林覆盖率由65%下降为27%，水土流失面积达964平方千米，占滇池流域的36.83%；随着滇池流域人口迅猛增长和社会经济不断发展，滇池污染负荷不断加重；加上长期以来没有一个切合昆明地方特点的滇池保护法规来约束各种人为危害滇池的行为，导致在社会经济发展的同时没有采取有力措施防治滇池污染，重开发利用而忽略保护，造成滇池生态环境日趋恶化，制约了昆明经济和社会的发展，引起全社会的关注，专家、学者、各界知名人士多次在国内外报刊发表文章呼吁保护滇池。

1987年3月，全国人大常委会副委员长楚图南发出了"救救滇池"的号召，使采取法治手段加强对滇池的保护和开发利用成为全市人民的迫切愿望，制定切合昆明地方特点的地方性法规以约束人们的行为、立法保护滇池的时机已然成熟。同年4月，市人大成立由市人大常委会副主任张正任组长、副市长张朝辉任副组长的《滇池保护条例》（以下简称《条例》）起草领导小组。在《条例》的制定过程中，共组织100多位专家、学者和有丰富实践经验的人员269人次就滇池的主要功能、滇池水资源量及控制运行水位、滇池水质保护与社会经济发展、滇池水生生物保护与利用、滇池保护范围等进行调研，并在对确定的5个主要问题开展反复调查和科学论证的基础上，完成了论证（咨询）报告，为《条例》起草奠定了科学依据。此后，《条例》经多次征求省、市有关部门和社会各界人士意见并进行22次修改，于次年1月完成起草工作。1988年2月10日，《滇池保护条例》经昆明市第八届人民代表大会常务委员会第十六次会议通过，同年3月25日经云南省第六届人民代表大会常务委员会第三十二次会议批准，于7月1日正式施行。

该《条例》由8章43条组成。《条例》明确：滇池属国家重点保护水域，对维护区域生态系统的平衡有重要作用，是昆明城市生活用水、工农业用水的主要水源；以保护滇池流域内地表水和地下水资源为中心，将滇池水体为主的整个滇池汇水区域划分为滇池水体、滇池周围的盆地区、盆地区以外分水岭以内的水源涵养区3个区域进行保护。其中，水体保护明确了滇池正常高水位为1887.4米、最低工作水位为1885.5米、特枯年对策水位为1885.2米、20年一遇最高洪水位为1887.5米、汛期限制水位为1887.1米。5个控制运行水位中前3个控制运行水位相应的蓄水容积为15.6亿立方米、9.9亿立方米、9亿立方米；滇池水体的保护范围为正常高水位1887.4米的水面和湖滨带；滇池外海和草海水质分别按现行国家《地面水环境质量标准》二级和三级标准保护；树立界桩，改造滇池出口河道，清理入湖河道，疏浚滇池，禁止围湖造田、围堰养殖及其他缩小滇池水面的行为，禁止在湖堤两侧各100米范围内取土、取砂、采石、破坏湖泊保护有关设施，未经允许不得在界桩内构筑任何建筑物，禁止向滇池和通往滇池的河道倒固体废弃物、排放未达标或超标废水，船只不得向水体排放有毒有害污水、污物、废油，运输有毒有害物品的船只应当有防渗、防溢、防漏设施。盆地区保护实行合理调整工业结构，新改扩建企业和项目必须"三同时"，建后排污总量要低于建前，审批要报滇池管理部门备案；不得在区内新建污染严重的钢铁、有色冶金、基础化工、农药、电镀、造纸制浆、制革、印染、石棉制品、土硫黄、土磷肥和染料等企业和项目；禁止用渗井、渗坑等或稀释办法排放有毒有害废水；重金属或难以生物降解的废水应单独处理，不得排入城市排水管网或者河道；改造城市排水管网，城市垃圾粪便要逐步资源化、无害化，减轻化肥农药对滇池水域的污染；禁止在滇池西岸面山、风景名胜区取土、取砂、采石。水源涵养区则大力植树造林，绿化荒山；保护森林植被和野生动物、植物，禁止乱砍滥伐，禁止在25度以上陡坡开荒，已开垦的要限期退耕还林或种植牧草；解决能源，推广以煤代柴或以电代柴；保护泉点、水库、坝塘、河道；采矿必须妥善处理尾矿、矿渣，拦截、回填、复垦、恢复植被；从收取的滇池水资源费中确定适当比例返还水源区。合理开发利用滇池资源，对滇池水资源实行取水许可制度；保护、开发利用滇池主要水生物，科学合理发展渔业生产；保护流域自然景观和文物古迹；磷矿资源开发必须注意滇池环境保护；对滇池水资源实行有偿使用，收益应当缴纳水资源费，广开渠道筹集整治滇池资金，地方财政应拨出专款。在市政府领导下设立滇池管理机构；五华、盘龙、西山、官渡、呈贡、晋宁、嵩明7县（区）政府组建相应的滇池管理机构，有关乡（镇、街道）设置保护滇池专管人员；有关部门应各司其职，实施本条例；加强滇池治安管理工作，建立健全治安管理机构；在滇池保护中做出成绩的单位和个人分别由市政府、滇池管理机构给予表扬和奖励；对违反本条例的违法行为分别由市政府、滇池管理机构和其他有关部门给予行政处罚，奖励和处罚办法由市政府另行制定。《条例》的颁布实施，实现了滇池保护有法可依，使滇池的保护和开发利用进入法治阶段。

## 《滇池综合整治大纲》

1988年4月，市政府为认真贯彻执行经云南省人大批准的昆明市地方性法规《滇池保护条例》，组织市属有关部门制定了《滇池综合整治大纲》并于次年1月18日以市政府"昆政发"文件印发执行。《滇池综合整治大纲》明确滇池的综合整治目标是：1989—1995年为第一阶段，基本控制滇池流域生态环境恶化；1996—2005年为第二阶段，逐步改善滇池流域生态环境；第三阶段到2010年，基本恢复滇池流域生态系统的良性循环，从而发挥滇池维护区域生态系统平衡的重要作用，保障城市生活和工业用水，促进昆明经济、社会发展。分项目标中，水资源目标是实施《滇池保护条例》规定的滇池控制运行水位，通过建设和管理，"八五"期间滇池的多年平均可供水量达到3亿立方米；松华坝水库通过加固扩建，多年平均提供城市用水达到1.1亿立方米。水质标准是改善滇池水质，2010年实现《条例》的要求，按照现行国家《地面水环境标准》，外湖达到二级标准、内湖达到三级标准。分期目标为到1995年，滇池的水污染发展趋势基本得到控制；从1996年起，滇池水质逐年有所改善；到2010年，实现《条例》的要求，确保滇池水环境质量良好。森林覆盖率目标为：1600平方千米的水源涵养保护区的森林覆盖率2000年达到35%以上、2010年达到50%以上；1014平方千米盆地保护区的农村四旁植树2000年达到8500万株、2010年达到1亿株；城镇工矿区2000年绿化覆盖率达到25%、2010年达到30%。

《大纲》提出要采取广泛宣传、提高环境意识，统一规划、综合部署建设，健全法规、采取相应政策；广开渠道、筹集整治资金；设立机构、统一协调管理的综合整治措施，从增加水量、改善水质、合理利用资源等方面实施综合整治，以实现上述滇池综合整治目标。其中：以松华坝水源区为重点，从1989年起开展植树造林，涵养水源，防治水土流失；每年工程造林2万亩，保存率70%以上；到2000年森林覆盖率达到50%，2010年上升到65%。修建工程、优化调度、增加调蓄效益，加快松华坝水库加固扩建工程，库容增加到1.1亿立方米；为增加滇池调蓄效益，要修建沿湖工程，整治出水口河道，勘测划定滇池水体保护范围并树立界桩。有计划、有步骤地疏浚清淤，清理入湖河道；加强管理，禁止围湖造田、围堰养殖及其他侵蚀水体的行为，禁止向滇池和入湖河道倾倒土石、尾矿、垃圾、废渣，禁止在湖堤外侧100米以内取土、挖砂、采石，禁止在湖区界桩内擅自建设建筑物和构筑物，禁止损毁湖堤、护岸、闸坝、桥涵、航标、渔标、测量标志、水文监测和环境监测设施等。防治污染、改善滇池水质，工业污染防治方面要合理调整工业结构布局，在滇池保护区范围内发展节水型、无污染或少污染的工业，不安排新建污染严重的企业项目，保护区范围内的磷矿开发要采取先进的生产工艺和治理技术，要建立清污分流排水管网工程，实行沿河、环湖截污工程，保护滇池生态环境；在滇池保护区范围内新建、改建和扩建企业项目必须执行建设项目环境保护管理办法，办理审批手续并报滇池管理部门备案，以防止新的工业污染；按照"谁污染，谁治理"的原则治理老的工业污染，禁止采用渗井、渗坑、裂隙、溶洞或稀释的办法排放废水；对于污染治理难度大、代价高的企业，不能限期治理的，由政府决定分别予以关、并、转、迁；在滇池水域航行的一切船只，不得向水体直接排放有害污水、污物、废油等。城市污染防治采取完善排水系统，逐步实行清污分流；进行排水河道截污清淤；建设污水处理设施；城市垃圾、粪便采取无害化、资源化方式处理。农业污染防治要积极推广新技术，禁止使用低效高毒、高残留的农药，积极回收废弃农用塑料薄膜；组织有关部门收购废膜，"八五"期间逐步实行以废膜换新膜，以保护农田生态环境，减轻对滇池水域的污染。珍惜利用水资源，实行取水许可制度；保护利用水生动物资源；保护开发风景资源。

## 《滇池保护条例奖罚规定》

1996年11月23日，为贯彻落实《滇池保护条例》，根据《云南省环境保护条例奖惩实施办法》等有关法律法规规定，市政府以昆政发文件批转下发了由市滇池保护委员会组织市滇保办、市法制办等单位制定的《滇池保护条例奖罚规定》，自公布之日起执行。

《滇池保护条例奖罚规定》分总则、奖励、处罚、执行、附则共5章34条。其中，明确规定对下列7种情形进行奖励：对滇池保护管理范围内有污染已建企业或项目，采用水污染防治新技术、新工艺的，经县（区）、市环保部门考核并会同市滇管部门核准后，可以给予表扬，并按考核年度水污染防治设施运转费的5%—30%颁发奖金，最高不超过5万元；对在水污染防治工作中做出突出成绩的个人，经考核批准，由所在单位给予表扬并颁发300—1000元奖金。对在计划用水、节约用水、提高用水重复率方面成绩突出者，经单位申报，滇管机构核准，可参照《城市节约用水奖励暂行办法》及其补充规定给予奖励。对在滇池保护监测、科研、工程和生物治理方面成绩显著，数据翔实可靠，且为保护治理滇池起到重大作用的单位，经县（区）、市环保部门考核并会同市滇管部门审核，报市政府批准后，按被考核年度上述设施运转费或生物治理投资的10%—30%颁发奖金，最高不超过3万元；上述获奖项目贡献突出的个人经考核批准由市滇管机构给予表扬并颁发300—1000元奖金。对广泛宣传、贯彻《滇池保护条例》等法规，在社会效益、环境效益、经济效益三者统一方面成绩突出的单位，经市滇管机构审核、市政府批准给予表扬和奖励；获奖单位中成绩突出的个人，经市滇管机构审核批准给予表扬，并颁发500—1000元奖金。对保护滇池水资源、水利设施、水文设施、水产资源、森林植被、风景名胜、航道设施、测量设施、滇池水体保护界桩、环境监测设施成绩突出者，由市滇管机构会同相关行政主管部门审批后，按各部门有关规定及时给予表扬和奖励。对县（区）政府与辖区单位和个人签订《保护滇池目标责任书》并报市滇管机构备案，经考核卓有成效的单位给予表扬和奖励；在履行《保护滇池目标责任书》中成绩突出的个人由市滇管机构审核批准后给予表扬，并颁发300—1000元奖金。对检举、控告违反《滇池保护条例》行为的单位和个人，经市滇管机构会同有关部门核实后，给予有功者表扬并颁发300—800元奖金。规定对下列9种情形进行处罚：对污染滇池水域，或者用渗井、渗坑、裂隙、溶洞、稀释等办法排放有毒有害废水的行为，由环保部门处1万元以上5万元以下罚款。对违反计划用水、节约用水的有关规定浪费水资源的行为，由行业行政主管部门按照有关规定给予处罚。对盗伐、滥伐林木，破坏森林资源的，由林业部门予以处罚，构成犯罪的，依法追究刑事责任。对破坏水产资源，损毁自然景观、文物古迹、园林的行为，对损毁水利、航道、码头、航标、渔标、水文、测量、滇池水体保护界桩、环境监测设施的行为，由有关行政主管部门按规定予以处罚。对违反《滇池保护条例》第十二条、第二十一条规定，在滇池水体范围内围湖造田、围堰养殖及其他缩小滇池水面的行为，由水行政部门责令限期整改，据所占面积按每亩5000—10000元，最高不超过3万元以罚款；对在距湖堤两侧100米范围内取土、取砂、采石，在滇池面山、风景名胜区取土、取砂、采石、破坏自然景观的行为，由有关行政主管部门对所造成的经济损失评估后处以罚款。对违反《滇池保护条例》，未经滇管机构允许在界桩内非法占用土地构筑建筑物的，其批准文件无效；滇管机构责令其退还土地，限期拆除或没收非法建筑物和设施，并按每平方米500—1000元，最高不超过3万元处以罚款，同时提请县及以上土地部门依法查处非法用地行为。对违反《滇池保护条例》第十三条规定向滇池和通往滇池的河道内倾倒土、石、尾矿、垃圾、废渣等固体废弃物的，由水行政和其他部门按每立方米100—500元，最高不超过3万元处以罚款。对违反《滇池保护条例》第十三条、第十六条规定向滇池和通往滇池的河道排放未达标或超控制总量废水的，将含金属或难以生物降解的废水排入城市管网或河道的，由环保部门处以5000—50000元以下罚款。对违反《滇池保护条例》第十四条规定，船只向滇池水体直接排放有毒、有害污水、污物、废油等行为的，由交通、滇管和有关部门处以5000—

10000元，最高不超过3万元的罚款；对违反《滇池保护条例》第十五条规定在滇池盆地区新建污染严重的工业企业和项目的，除由环保部门按规定予以处罚外，工商、银行等部门还应采取有效措施，制止其违法行为。

2002年1月21日，修订后的《滇池保护条例》施行后，该《〈滇池保护条例〉奖罚规定》同时废止。

## 《滇池保护条例》修订

《滇池保护条例》自1988年7月1日颁布实施后，在保护和合理开发利用滇池流域资源、防治污染、改善生态环境、促进昆明市经济社会发展方面发挥了很好的作用。但是，随着昆明市社会和经济的快速发展，工业化、城市化进程的加快，城市规模的扩大和滇池流域人口不断增加，滇池环境压力也不断增大，滇池污染治理和滇池流域生态保护和建设的任务十分艰巨，颁布实施的《滇池保护条例》中如水资源量及控制运行水位和湖滨带划分不科学、水环境质量标准不明确、流域农业面源污染控制不力、管理机构不合理以及执法力度不够等内容已不适应滇池保护与治理的形势。面对不断出现的新情况、新问题，条例的部分条款滞后于经济发展和城市建设的速度，急需进行补充、修改、完善。1999年，根据国务院批准的《滇池流域水污染防治"九五"计划及2010年规划》中确定的《滇池保护条例》修订计划项目和《昆明市1999年地方法规和行政规章制定计划》，昆明市成立了以市人大常委会副主任为顾问、市政府分管副市长为组长，由市人大城环委、市政府法制办、市滇保办和市建设、市农业、市水利、市环保、市规划、市土地行政部门和滇池流域7个县（区）政府有关部门人员参加的《滇池保护条例修订草案》起草领导小组，由市滇保办牵头组织有关部门启动了《滇池保护条例》的修订工作。

为确保《滇池保护条例》修订草案制订的科学性和可操作性，修订起草工作班子拟订了"滇池水资源及控制运行水位和湖滨带划分""滇池环境水质量标准""滇池主城农村面源污染控制""怎样强化滇池管理机构和加大执法力度"4个课题，分别制定了课题《工作大纲》，委托市科协和昆明滇池研究会组织专家、学者进行专题论证。各课题承担单位按《工作大纲》开展了大量咨询论证工作，1999年底提交论证报告。《滇池保护条例（修订稿）》经过多次修改，于2000年初形成《滇池保护条例（报批稿）》。2001年11月7日，市政府第六次常委会讨论通过了《滇池保护条例》修订草案，并报市人大常委会审议。同年11月22日，昆明市第十一届人民代表大会常务委员会第四次会议通过了《昆明市人大常委会关于修改〈滇池保护条例〉的决定》，并呈请云南省人大常委会审批。2002年1月21日，云南省第九届人民代表大会常务委员第二十六次会议批准了《昆明市人大常委会关于修改〈滇池保护条例〉的决定》。修订后的《滇池保护条例》分8章52条，比原《滇池保护条例》多了9条，充分体现了加大力度从严保护和治理滇池的总的指导思想。与未修订前相比，一是强化滇池管理机构，明确昆明市滇池保护委员会是滇池流域综合治理的组织领导机构，负责滇池保护、治理重大问题的研究和决策。同时规定成立昆明市滇池管理局，作为昆明市滇池保护委员会办公室，在市滇池保护委员会的领导下统一协调和组织实施有关滇池保护和治理的具体工作，其职责主要是：宣传贯彻国家有关法律、法规和负责本条例的贯彻实施；协调、检查和督促各有关县（区）、部门依法保护滇池；组织制定滇池的保护、开发利用规划和综合整治方案，并负责组织和监督实施；拟定滇池综合治理目标责任，对各有关县（区）和部门目标责任的完成情况进行检查、督促和考核；组织拟定相应的滇池保护管理配套办法并督促贯彻执行；在滇池水体保护区内和主要入湖河道集中行使水政、渔政、航政、水环境保护、土地、规划等方面的部分行政处罚权，设立滇池保护管理的专业行政执法队伍，实施滇池管理综合执法；在滇池水体保护区以外的滇池流域内行使涉及滇池保护方面的行政执法监督检查职责；负责滇池污染治理项目的初步审查工作，参与项目法人的确定及对项目的实施进行监督；参与滇池流域内开发项目的审批工作，提出审查意见；负责筹集、管理和使用滇池治理基金；要求五华、盘龙、西山、官渡、呈贡、晋宁、嵩明7县（区）人民政府的滇池专管机构及滇池沿岸和水源涵养区内的有关乡（镇）人民政府在市滇池管理局统一协调、指导和监督下，按照确定的滇池综合治理目标责任，负责本行政辖区内滇池的保护、管理和行政工作，同时要求滇池保护委员会的成员单位和滇池旅游度假区管委会应当依法履行各自职责，配合市滇池管理局实施本条例。二是赋予市滇池管理局负责滇池污染治理项目的初步审查工作，参与项目法人的确定及对项目的实施进行监督；参与滇池流域内开发项目的审批工作，提出审查意见；在滇池水体保护区以外的滇池流域内行使涉及滇池保护方面的行政执法监督检查职责。三是赋予市滇池管理局在滇池水体保护区内和主要入湖河道集中行使水政、渔政、航政、水环境保护、土地、规划等方面的部分行政处罚权，明确设立滇池保护管理的专业行政执法队伍，实施滇池管理综合执法。四是为避免草海水位对城市排洪造成顶托，将汛期限制水位1887.1米降到1887.0米；草海的正常蓄水位为1886.8米，最低工作水位1885.5米。五是将原来外海和内湖分别按国家《地表水环境质量标准》二级和三级标准保护修改为外湖（外海）水质按Ⅲ类水标准保护，内湖（草海）水质按Ⅳ类水标准保护。六是明确湖滨带概念及其区域，划定滇池水体保护区范围为正常高水位1887.4米水位线向陆地延伸100米至湖内1885.5米之间的地带，对低于滇池最低工作水位1885.5米的低洼易涝、易积水区域，则到此区域外围边缘；在河流或沟渠入湖口为滇池20年一遇最高洪水位1887.5米控制范围内主泓线左右各50米的地带。七是增加了控制城市规模和人口过快增长、农业面源污染控制、实行污染物总量控制制度、湖滨带生态修复系统、加大科研和治理资金投入等方面相关内容，对合理开发利用滇池资源的内容进行调整，突出保护和管理并重。八是具体明确了行政处罚措施，在滇池水体保护区以内的违法行为由市滇池管理局实施处罚；在滇池水体保护区以外的分别由相关行政主管部门按有关法律法规规定给予处罚。其中，在滇池水体保护区内有围湖造田、围堰养殖及其他侵占或缩小滇池水面和湿地行为的，按每平方米50元处以罚款；未经批准在界桩内构筑建筑物的处以10000—50000元罚款；在滇池水体保护区内取土、取砂、采石的，损坏堤坝、桥闸、泵站、码头、航标、鱼标、水文、科研、测量、环境监测、滇池水体保护界桩等设施的，由滇池管理局责令限期改正，赔偿损失，可以处2000—5000元罚款，情节严重的可以处5000—10000元罚款；在滇池内网箱养殖水产品的，没收网箱等养殖工具，可以并处2000—10000元罚款，私自打捞对净化滇池水质有益的水草和其他水生植物的，处50—500元罚款；在滇池航行的船只向水体扔弃垃圾的，处100—500元罚款；向滇池水体保护区和主要入湖河道内倾倒土石、尾矿、垃圾、废渣等固体废弃物的，向滇池和通往滇池的主要入湖河道排放未达到排放标准或者超过规定控制总量废水的，在滇池航行的船只向水体排放、倾倒有毒有害的液体和固体废弃物的，由市滇池管理局责令限期改正，并视情节轻重，按照《中华人民共和国水污染防治法实施细则》第三十九条的规定处以10万元以下罚款。

# 《云南省滇池保护条例》

2007年1月，和丽川等20名省人大代表向云南省第十届人大常委会第五次会议提交《关于请求由省人大常委会制定〈云南省滇池保护条例〉的议案》，经省人大常委会、省人民政府同意，《云南省滇池保护条例》的立法工作被列入省人大常委会和省人民政府立法计划。2007年12月下旬，省政府法制办按照省人民政府领导批示，牵头组织昆明市人民政府、省水利厅、省环境保护厅等单位启动《云南省滇池保护条例》立法项目。为确保立法工作顺利进行，同时进行《滇池流域分级划界方案》及《滇池控制运行水位调整方案》的基础工作。经过大量调研，召开各种会议，听取有关部门、专家和管理相对人的意见，认真起草、修改、形成了《云南省滇池保护条例（草案）》，经采取书面征求意见、实地调查研究、上网公布和召开座谈会、协调会、论证会、听证会等形式，广泛听取社会各界的意见。与此同时，省人大常委会环资工委、法工委提前介入，多次参加《条例（草案）》的修改，在报经省人民政府领导审批同意后，于2010年3月28日在省人民政府第四十次常务会议讨论并原则通过。此后，根据省政府常务会议精神和省政府主要领导指示，省法制办商请昆明市委、市政府和省水利厅、环境保护厅对滇池一、二级保护区保护范围划分等问题进行充分讨论修改后，经省政府主要领导批准，2011年10月20日，《条例（草案）》作为省政府议案提请省人大常委会审议。省人大常委会环资工委和省人大法制委员会分别对《条例（草案）》进行了审议，并于2012年9月28日在云南省第十一届人民代表大会常务委员会第三十四次会议上审议通过。同年10月31日，昆明市第十三届人民代表大会常务委员会第十二次会议审议通过了《昆明市人民代表大会常务委员会关于废止〈滇池保护条例〉的决定》。同年11月29日，云南省第十一届人民代表大会常务委员会第三十五次会议批准《昆明市人民代表大会常务委员会关于废止〈滇池保护条例〉的决定》，决定《云南省滇池保护条例》自2013年1月1日施行之日起同时废止《滇池保护条例》。

《云南省滇池保护条例》分8章65条，分别为总则、管理机构和职责、综合保护、一级保护区、二级保护区、三级保护区、法律责任和附则。《条例》明确：滇池是国家级风景名胜区，是昆明生产、生活用水的重要水源，是昆明市城市备用饮用水源，是具备防洪、调蓄、灌溉、景观、生态和气候调节等功能的高原城市湖泊。对滇池运行水位进行了调整，其中滇池草海控制运行水位未变，滇池外海控制运行正常高水位为1887.5米，最低工作水位为1885.5米，特枯水年对策水位为1885.2米，汛期限制水位为1887.2米，20年一遇最高洪水位为1887.5米。滇池水质适用《地表水环境质量标准（GB3838—2002）》；外海水质按Ⅲ类水标准保护，草海水质按Ⅳ类水标准保护。滇池保护范围为以滇池水体为主的整个滇池流域，涉及五华、盘龙、官渡、西山、呈贡、晋宁、嵩明7个县（区）2920平方千米的区域，并将此范围划分为一、二、三级保护区和城镇饮用水源保护区。滇池保护工作遵循全面规划、保护优先、科学管理、综合防治、可持续发展的原则。各级人民政府应当将滇池保护工作纳入国民经济和社会发展规划，将保护经费列入同级政府财政预算，建立保护投入和生态补偿的长效机制。省人民政府领导滇池保护工作，负责综合协调、及时处理有关滇池保护的重大问题，建立滇池保护目标责任、评估考核、责任追究等制度，并加强监督检查；昆明市人民政府具体负责滇池保护工作，市政府设立的国家级开发（度假）区管理委员会应当按照规定职责做好滇池保护的有关工作；有关县级人民政府在本行政区域内履行滇池保护相关职责；有关乡（镇）人民政府、街道办事处职责；昆明市滇池行政管理部门职责；昆明市滇池管理综合行政执法机构职责；各级相关部门的职责；滇池保护规划；

滇池保护专项资金。滇池入湖河道实行属地管理，对主要入湖河道有关截污、治污、清淤、河道交界断面水质达标、河道（岸）保洁及景观改善等保护工作实行综合环境控制目标及河（段）长责任制，具体办法由昆明市人民政府另行制定。畜禽养殖污染防治措施；重点水污染物排放实施总量控制度，限制使用化肥、农药，禁止生产、销售、使用含磷洗涤用品；禁止将含重金属、难以降解、有毒有害以及其他超过水污染物排放标准的废水排入滇池保护范围内城市排水管网或者入湖河道。禁止在一级保护区内新建、改建、扩建建筑物和构筑物，确因滇池保护需要建设环湖湿地、环湖景观林带、污染治理项目、设施（含航运码头）的，应当经昆明市滇池行政管理部门审查，报昆明市人民政府审批。在二级保护区内的限制建设区应当以建设生态林为主及符合滇池保护规划的生态旅游、文化等建设项目，昆明市规划、住房和城乡建设、国土资源、环境保护、水利等行政主管部门在报昆明市人民政府批准前，应当有市滇池行政管理部门的意见。三级保护区内禁止向河道、沟渠等水体倾倒固体废弃物，排放粪便、污水、废液及其他超过水污染物排放标准的污水、废水，或者在河道中清洗生产生活用具、车辆和其他可能污染水体的物品；禁止在河道滩地和岸坡堆放、存贮固体废弃物和其他污染物，或者将其埋入集水区范围内的土壤中；禁止盗伐、滥伐林木或者其他破坏与保护水源有关的植被的行为；禁止毁林开垦或者违法占用林地资源、猎捕野生动物及在禁止开垦区内开垦土地；新建、改建、扩建向入湖河道排放氮、磷污染物的工业项目以及污染环境、破坏生态平衡和自然景观的其他项目。法律责任等共24项内容。

《云南省滇池保护条例》的颁布施行，提高了依法保护滇池的法律效力，有利于理顺体制，明确职责，建立滇池治理的长效机制，更有利于举全省之力保护治理滇池。

# 第三节　松华坝水源保护区管理法规

## 《松华坝水库水系水源保护区管理条例》

松华坝水库是滇池流域的主要产水区，是滇池和昆明市城市生活及工农业用水的重要水源。1981年以前，松华坝水库径流区涉及昆明、曲靖两地市范围。为保护松华坝水库水体及其水系不被污染和充分发挥这一水源的功能、作用，1981年5月18日，昆明市革命委员会向省人民政府上报了《关于建立松华坝水库水系水源保护区的报告》，提出建立松华坝水库水源保护区、请省人民政府制定和颁布《松华坝水库水源保护区管理条例》、建立松华坝水库水源保护区管理委员会及其人员组成的建议。同年8月14日，省政府正式批准了昆明市革委会《关于建立松华坝水库水系水源保护区的报告》，并授权昆明市人民政府和曲靖地区行政公署联合制定颁布实施《松华坝水库水系水源保护区管理条例》（以下简称《条例》）。此后，昆明市人民政府组织市环保、水利等有关部门的科技工作者经过3个多月的努力，完成了《条例》的制定工作。同年11月25日，在昆明市召开的由昆明市人民政府和曲靖地区行政公署组成的松华坝水库水系水源保护区管理委员会第一次会议审议通过了该《条例》。次年2月24日，昆明市人民政府和曲靖地区行政公署联合颁布了由5章19条组成的《条例》。该《条例》规定：凡排污超过国家规定标准的有毒有害气体、粉尘，有重点地分批实行排污收费。其中，未经改造和没有消烟除尘设施的各种炉窑（包括锅炉）任意排放黑烟者，按耗煤、耗油量计算收费，每烧1吨煤收费3元，每烧1吨油收费5元；积极治理"三废"，安装设施后仍未达到国家排放标准的，可根据消烟除尘效率酌情减免；工业、科研等单位所排放粉尘超过标准规定的，每千克收费1分；有毒有害气体每千克收费2—3分。不准在市区、风景名胜游览区及交通沿线乱倒废渣，违者责令其限期清除，并视情节轻重处以罚款，罚款金额按《昆明市道路及市政公共设施管理暂行办法》执行；如有致癌物质和严重危害身体健康的油泥渣、沥青渣、煤焦油渣，加重罚款。企事业单位已有治理污染设施闲置不用而继续排放污染物的以及虚报和隐瞒排污数量和监测数据的加倍收费。一切新建、扩建、改建工程必须严格实行"三同时"的规定，违者不准投产；治理措施项目未经验收批准擅自开工生产的，视情节轻重，分别予以罚款、停产治理，并追究企业领导和有关部门的责任。限期治理项目在限期内未达到排放标准的仍按规定标准收费；逾期未实现治理项目的加倍收费，情节严重的给予罚款。排污收费和罚款都是环境保护专用资金，主要用于治理污染的补助，不得任意挪用；罚款金额视情节轻重而定，一般在5000元至5万元之间，情节特别严重的也可以加重罚款。改变原规定把企业上缴排污费50%返回交费单位的办法，今后排污费全部缴到市环保局等。

## 《昆明市松华坝水源保护区管理规定》

1983年嵩明县划归昆明市管辖后，原来由昆明市人民政府和曲靖行政公署联发的《松华坝水库水系水源保护区管理条例》自动失效。1988年，昆明市人大八届四次会议通过决议，将松华坝水源保护区的立法列为重要议题。此后，在市人大常委会的帮助、支持下，市政府有关部门及有关县（区）的专家、学者经过深入细致的调查研究和分析论证，制定了《昆明市松华坝水源保护区管理规定》（以下简称《规定》）。《规定》经昆明市人民政府第四十一次常务会议原则同意后，报请市第八届人大常务委员会第二十九次会议审议通过。该《规定》共6章40条，主要内容包括：适用范围、水质标准、保护与管理、整治与开发、机构与职责等5个方面。于1989年12月29日以"昆政发"文件公布实施。

## 《松华坝水源保护区综合开发整治纲要》

《松华坝水源保护区综合开发整治纲要》是为使《昆明市松华坝水源保护区管理规定》得到贯彻落实而制定的综合性配套方案。该《纲要》经昆明市人民政府第四十一次常务会议同意，并报经市第八届人大常委会第二十九次会议审议通过，于1989年12月29日以"昆政发"文件下发施行。

该《纲要》明确松华坝水源保护区综合开发综合整治总目标是恢复和建立区内良好的生态环境，促进区内社会经济文化事业的发展，逐步提高人民群众的生活水平，确保全市生活、生产用水和防洪安全。具体为：区内森林覆盖率2000年达到50%、2010年达到65%。1993年完成松华坝水库加固扩建工程，总库容由0.7亿立方米增加至2.29亿立方米；每年平均向城市供水1.1亿立方米，水库水质达到国家地面水Ⅱ类标准，城市防洪标准提高到百年一遇。1995年区内农田有效灌溉面积6.5万亩，其中水田3.5万田、水浇地3万亩，基本解决人畜饮水困难。2000年基本控制区内水土流失，水土流失面积由50%降为25%左右。发展生态农业，提高保护区人民生活水平，2000年区内农民人均产粮450千克，人均纯收入力争达到600元。保护区内每年的人口自然增长率控制在9‰以下。

主要整治任务和措施为：开展生物防治工程。2010年将森林覆盖率从现有的27%（即森林面积25.6万亩）提高到65%（即森林面积达到61.6万亩）。其中，根据区内不同情况实施工程造林、群众造林、封山育林、飞播造林，以保证新增林地总面积的实施；保护区的森林主要是水源涵养林，属于防护林类，应按此要求进行造林、改造和扶育管理，以充分发挥水源涵养林的主功能；继续坚持搞好退耕还林；改善林业结构；搞好工程绿化；位于保护区东北端的梁王山区是水源区的主要产水区，可谓"源中之源"，必须采取果断措施重点整治与保护；根据总体规划加强林区道路、通信、防火设施等建设；林业发展和保护要在林业部门和滇池保护委员会办公室的统一安排下，实行各级行政领导负责制，松华坝水库库区面山的植树造林由水库管理部门负责实施，其余地区由所在的县（区）、乡、街道和自然村层层落实承包植树造林、森林保护、护林防火、病虫害防治和乱砍滥伐案件查处等各项工作责任制。加强工程治理。1993年完成松华坝加固扩建工程，并加紧实施松滇水资源联合调度方案，争取在1990年完成盘龙江一、二级泵站，新建三、四、五级泵站，提滇池水倒灌农田5万亩，使松华坝水用于城市；完善配套金汁河、东干渠，西干渠等主要灌溉渠系工程；治理保护区内主要河道，达到抗御10年一遇洪水的标准；改善水源区内水利条件；整治保护区内主要泉点；治理坡耕地；加强水工程管理；加强水利工程的水文和工程观测，积累资料，为合理调度和开发水资源提供科学依据。调整产业结构，发展生态农业，提高人民生活水平。其中，以粮食生产为基础，合理利用土地，发挥土地的潜在能力，在稳定水稻种植面积的基础上，推广良种、薄膜育秧、合理施肥、防治病虫害等技术，对热量不足种水稻的低产田逐步实行"水改旱"；烤烟生产是区内人民和财政收入的重要来源，鼓励多种田烟和水浇地烟，但应限制盲目开荒，同时做到烤烟燃料以煤代柴，减少林木消耗；大力发展以猪为主的畜牧业，同时发展家禽，适当发展肉牛和奶牛并注意防止畜禽损坏退耕还林后的幼林地；开发农村能源，1995年前要使保护区内50%的农户使用沼气池、100%的农户使用节柴灶；力争1992年前完成乡农科一级站、畜牧站、兽医站和办事处兽医室的建设，培养农村科技力量，提高种植业、养殖业技术水平；在有利于保护森林资源，不对大气、森林、农田、水体造成污染的前提下，有计划、有限度围绕林、农、牧发展副业，增加收入，做到生态效益、经济效益、社会效益相结合，资源保护与资源利用结合。

## 《昆明市松华坝水库保护条例》

由昆明市水利局牵头，在《松华坝水库水源保护区管理规定》基础上制定了《昆明市松华坝水库保护条例（草案）》，提请昆明市人大常委会第三十二次会议上审议。后根据各方面的意见对《条例（草案）》进行了研究和修改，形成了《条例（草案）》修改稿。2006年2月10日，昆明市第十一届人民代表大会常务委员会第三十三次会议对《条例（草案）》修改稿进行了专题讨论，在采纳了昆明滇池研究会提出的将松华坝水库径流区面积由历来用的593平方千米更改为629.8平方千米的建议后，审议通过了《昆明市松华坝水库保护条例》。同年3月31日，云南省第十一届人民代表大会常务委员第二十一次会议审查了《昆明市松华坝水库保护条例》，同意省人大法制委员会的审查报告，决定批准这个《条例》，由昆明市人民代表大会常务委员会公布，于2006年5月1日起施行。

该《条例》共6章39条。《条例》将松华坝水库水源保护区按照水域功能和防护要求划分为一、二、三级保护区。其中，一级保护区为水库正常水位线沿地表外延200米的水域和陆域内，冷水河、牧羊河河道上口线两侧沿地表外延100米的区域内；二级保护区为一级保护区外延1500米的区域内；三级保护区为一、二级保护区以外的径流区域。按照水域功能水质标准和防护要求，明令在三级保护区内禁止新建、扩建直接或间接向水体排放污染物的建设项目；禁止开垦区内开垦土地，盗伐滥伐林木，破坏水源涵养林、护岸林以及与保护水源有关的植被，禁止破坏水库枢纽工程、堤防、护岸和防汛、水文、水质监测、环境监测等设施，禁止使用对人体有害的鱼药、含磷洗涤用品及不可自然降解的泡沫塑料制品，禁止移动、破坏界桩、界碑等警示标志及可能污染水源的其他行为。在二级保护区内除遵守上述规定外，还禁止新建、扩建与供水设施、保护水源、改善水质无关的建设项目及新建、扩建排污口，禁止设置畜禽养殖场，禁止旅游、露营、野炊，禁止设置有害化学物品的仓库或者堆栈，禁止无防护措施运输强酸、强碱、毒性液体、有机溶剂、石油类、高毒高残留农药等危险物品的车辆进入，禁止洗矿、挖砂、采石、取土等破坏水质的活动。在一级保护区内除遵守上述规定外，还禁止设置排污口，禁止直接或间接向水体排放污水、废液及与水源保护无关和产生污染的船只下水，禁止向水域、陆域倾倒、堆放、掩埋废液、废渣、病死畜禽及其他废弃物，禁止在水域游泳，进行水上训练以及其他体育、娱乐活动，禁止在水体内或临近水源的地方洗刷车辆、衣物和其他器具，禁止毒鱼、炸鱼、电鱼、钓鱼、偷盗水生动物和猎捕水禽，禁止围滩造田、围库造塘、网箱养殖和放养畜禽，禁止设置商业、饮食、服务网点。在水源保护区实行封山育林、退耕还林、林分改造，发展水源涵养林和水土保持林，增强森林植被涵养水源功能，防治水土流失，改善生态环境，发展生态农业，推广平衡施肥和生物防治技术，提倡施用生物肥、有机肥和生物农药。

# 第四节　昆明市城市排水管理立法

## 《昆明市城市排水设施管理办法》

1996年，为配合滇池污染治理，改善滇池流域生态环境，保障排水设施安全运行，加强昆明城市排水设施管理，促进社会经济发展和城市环境改善，根据《中华人民共和国水污染防治法》《中华人民共和国河道管理条例》、国家建设部《城市排水许可管理办法》和《云南省城市排水设施有偿使用收费管理办法》等法规，结合昆明市的实际，昆明市市政公用局特制定了《昆明市城市排水设施管理办法》（以下简称《办法》）。1996年3月26日，市政府以"昆政发"文件将该《办法》下发，自公布之日起执行。

该《办法》共7章32条。《办法》所称城市排水设施，系指接纳、输送、处理城市生活污水、工业废水和雨水的管网、泵站、闸门、检查井、污水处理厂等设施。昆明市城市规划区范围内接纳城市污水的明渠、排水河道等视为城市排水设施。《办法》规定：昆明市市政公用局是昆明市城市排水设施的行政主管部门，负责城市排水设施行业的管理和领导。昆明市城市排水公司（以下简称排水设施管理部门）在市政公用局的领导下负责城市排水设施的日常运行管理工作。凡在昆明市城市规划区范围内的排水设施和在城市排水设施防护区内进行有关活动的单位和个人，均为《办法》执法范围。但单位和个人产权所有的建筑物连通城市排水设施的支管、检查井等设施，由产权所有者负责养护管理。

2002年6月1日《昆明市城市排水管理条例》正式施行后，该《办法》同时废止。

## 《昆明市城市排水管理条例》

1996年3月26日《昆明市城市排水设施管理办法》施行后，市委、市政府十分重视昆明的城市排水工作，多次召开会议专题研究城市排水问题，并通过多种形式投入巨资兴建了4座污水处理厂，实施了滇池北岸及盘龙江中段截污、翠湖水体置换等一批城市排水工程。截至2000年底，全市的排水管道达到659.52千米，其中市级排水部门管理的城市排水管线长度为377.62千米，全市城市排水状况得到一定的改善。此后，虽利用世界银行贷款在建昆明市东郊、北郊污水处理厂和第一污水处理厂改扩建工程，"3946"工程及城市排水清污分流管网改造工程也已启动，但全市仍存在原有排水系统已经发生很大变化，新的排水系统尚未形成和完善；在新区开发和基础设施建设过程中，存在任意提高或降低排水管线的标高和改变管径、走向的情况，造成一些地区雨季淹水不断，局部内涝；城市规划主城区内城乡防洪排水存在衔接协调不够以及城市排水设施数量不足、设施老化、布局不合理及私接、乱接城市排水管道；随地排放污水，将有毒、有害或未经处理的污水甚至粪便、油污直接排入排水设施；将建筑垃圾、施工泥浆直接倾倒或排入排水设施中；在建设过程中破坏排水管线，任意在管道上方搭建构筑物，占压管道，覆盖排水沟渠、河道等问题。因此，尽快制定地方性法规，依法规范各类排水行为，减少或杜绝破坏、危害排水设施的现象，十分必要。为此，2000年初，市人大、市政府将《昆明市城市排水条例（草案）》的制订纳入2000年度地方性法规的立法计划，并相应成立了市政府领导挂帅，市人大常委会领导担任顾问，由市人大城环委、市政府法制局、市政公用事业局、市规划局、市水利局、市环保局、市排水公司等有关部门参加的立法起草领导小组及其工作班子，拟定立法工作计划，组织有关人员到外地进行考察、学习，借鉴上海、天津、哈尔滨等地的立法经验，在此基础上对《昆明市城市排水条例（草案）》初稿进行了修改。经过相关部门和专家的多次论证修改并提请市政协协商，又邀请部分市人大常委会委员进一步论证，于同年11月提交市政府常务会议审议。由于《昆明市城市排水条例（草案）》的执法主体和管理体制涉及机构改革，故建议推迟进行。2001年，再次组织有关部门对《条例（草案）》进行了11次修改后，报经第十一届市人民政府第4次常务会议讨论同意，按地方立法程序提请市人大常委会审议。同年11月24日，《条例（草案）》经昆明市第十一届人民代表大会常务委员会第四次会议审议通过，并于2002年1月21日经云南省第九届人民代表大会常务委员会第二十六次会议批准，自2002年6月1日起施行。《条例》共7章51条，具体包括：适用范围、城市排水管理原则、排水管理体制和排水管理的行政职能划分、排水许可管理、水质水量管理、关于污水处理费的征收依据、城市排水设施的养护维修责任、关于对排水管理部门和行政主管部门的法律约束、法律责任9个方面的内容。该《条例》是全国继上海、天津、哈尔滨等地之后第四个在城市排水管理方面的地方立法，《条例》的颁布实施，对于加强昆明市城市排水管理，确保城市排水设施完好和正常运行，改善生态环境，减轻和防止滇池污染，保障城市生产、生活需要，依法规范各类排水行为，减少或杜绝破坏、危害排水设施的行为均有重要意义。

## 《昆明市城市排水管理条例》修订

自2002年6月1日《昆明市城市排水管理条例》（以下简称原条例）实施到2010年已有8年，原条例的实施对全市主城范围的城市排水规划、建设、设施养护管理等方面收到了一定成效。其中2004—

2010年实施排水许可事项4051项、立案查处各类违法案件2259件，对规范城市排水行为、减少污染物排放、保护和改善滇池水环境发挥了重要的作用。随着全市社会经济的快速发展和城乡一体化建设的推进，城市排水管理工作中出现了许多新的情况，原条例部分内容已经不适应当前全市排水管理体制和相关管理工作。一是原条例适用范围不适应全市城市排水管理和城乡一体化的需要；二是城市排水管理和城市排水设施管养体制经历多次改革，排水设施管养分离后，实行特许经营制度，政府需要加强对公共排水设施规划、建设、运营、养护等方面的监管；三是原条例缺乏对集中式污水再生利用的具体规定；四是原条例部分内容需要与国家近几年颁布的法律法规相衔接；五是市委、市政府对改善市域水环境、加强滇池治理的新要求需要通过法规予以固化。因此，为加强城市排水管理，实现依法治污，促进全市城市排水与污水处理事业的健康持续发展，有必要对原条例进行修订。

2010年，按照市人大立法工作计划，市政府成立由副市长挂帅，市人大常委会副主任担任顾问，市滇池管理局牵头，市政府法制办、市规划局、市水务局、市环保局、市住建局、市滇投公司、市排水设施运营养护公司、滇池流域各县（区）及各开发（度假）区等有关部门参加的立法起草领导小组及其工作班子，制订《条例》修订工作方案，起草组人员依据《中华人民共和国行政许可法》《中华人民共和国行政处罚法》《中华人民共和国水污染防治法》《云南省城市建设管理条例》《滇池保护条例》和建设部《城市排水许可管理办法》等法律法规及规章，深入调查研究，吸取外省、市的立法经验，广泛征求省、市有关部门及14个县（市、区）、3个开发区管委会的意见，并经网上公示，举行听证会、人大论证会和政协协商会，会同省、市人大专家共同对稿本进行了修改完善，并再次就个别问题征求市环保局、市交警支队的意见，七易其稿后，正式形成了《条例（修订草案）》。同年8月17日，《条例（修订草案）》经市政府第一百六十五次会议同意后，报市人大进行审议。10月28日《条例（修订草案）》获昆明市十二届人大常委会第三十五次会议通过。11月26日，云南省人大常委会第二十五次会议批准了《昆明市人大常委会关于修改〈昆明市城市排水管理条例〉的决定》，于2011年3月1日起施行。

修订后的《昆明市城市排水管理条例》与原条例均为7章51条，在结构上将原条例排水许可管理及水质水量管理章合并为排水管理章，增加了污水再生利用章的内容，分总则、规划与建设、排水管理、运营于与养护、污水再生利用、法律责任和附则，具体为调整适用范围，明确了排水管理体制、特许经营制度、城市排水设施的规划和建设、城市排水许可管理、城市排水设施运营养护、污水再生利用、法律责任等。

# 第五节　昆明市河道管理法规

## 《昆明市河道管理条例》

河道具有防洪、抗旱、输水、蓄水、生态和景观等功能，是维系生态系统平衡的重要因素和现代城市景观的依托。昆明全市共有各类河道170多条，其中流域面积100平方千米以上的河道70余条，总长度1984.44千米，分别占全市河道总数的41.2%和总流域面积47.93%。滇池是中国最大的淡水湖泊之一，地处长江、珠江、红河三大流域分水岭地带，径流面积2920平方千米，总人口470万人，是全省居民最密集、人为活动最频繁、经济最发达的地区。但人类活动的增多，导致河道成为雨、污水的排放通道，两岸乱搭乱建、乱倒垃圾、乱排污水等行为屡禁不止，造成河道水体污染严重，防洪标准降低，生态景观遭到破坏。市委、市政府高度重视河道保护和治理工作，在滇池治理中对出入滇池河道实施河（段）长责任制、"一湖两江"流域水环境综合整治"四全"（全面截污、全面禁养、全面绿化、全面整治）工作以及围绕堵口查污、截污导流等8个方面开展"158"河道综合整治工程，使河道治理取得了显著成效。为了巩固整治成果，创新管理制度，将综合整治的办法措施纳入法制化轨道，建立长效机制，切实保障防汛安全，保护和改善水环境，有必要制订《昆明市河道管理条例》。

2009年7月，根据市委、市人大、市政府领导的批示精神，市政府成立了以市人大常委会副主任为顾问，市政府副市长为组长的《昆明市河道管理条例（草案）》立法领导工作小组，由市政府法制办牵头组织市水利、滇管、环保等部门，结合多年管理经验，借鉴外地的做法，起草了《条例（草案）》初稿。在反复征求县（市）区和市属有关部门意见的基础上，对文本进行修改。其后，又召开了有省政府法制办、省水利厅、省环保厅、省城乡建设与住房保障厅，市、县（市）区有关执法部门工作人员及水利、环保、法学等方面专家学者参加的专题会议。同时，将《条例（草案）》提请市人大论证、市政协协商，登报公开向社会征求意见，并举行了听证会。会后，起草班子对文本进行了认真修改，形成了《条例（草案）》（送审稿）。同年12月11日，《条例（草案）》经市人民政府第一百四十六次常务会议讨论同意后，提请市人大常委会进行审议。2010年2月24日，《昆明市河道管理条例》经昆明市第十二届人民代表大会常务委员会第三十一次会议审议通过，并于同年3月26日经云南省第十一届人民代表大会常务委员会第十六次会议批准，5月1日起施行。该《条例》分为总则、制度与职责、规划与整治、保护和利用、法律责任和附则共6章41条。明确本《条例》适用于本市行政区域内河道（包括干渠、河槽、滩涂、湿地、堤防、护堤地）及其配套设施的保护与管理；河道治理可以按照政府投入与受益者合理承担相结合的原则，依法多渠道筹集资金；由水行政主管部门作为执法主体负责河道的统一管理、协调和监督，其中，出入滇池河道的管理、协调和监督由滇池行政主管部门负责；三级管理体系及河（段）长责任制是贯彻市委、市政府提出的"治湖先治水，治水先治河，治河先治污，治污先治人，治人先治官"治河原则的具体体现，是全市河道管理的重要制度创新；河道整治计划是实施河道综合整治的前提，也是落实整治责任和考核的依据；按照规划先行的原则，规定了流域规划、区域规划、防洪规划、水系规划的编制，并明确了禁止在河道两侧各200米范围内养殖畜禽等相应的法律责任，河道管理范围和保护范围的划定标准和程序，并分层设定了15类禁止性行为。为了保障条例的有效贯彻执行，《条例（草案）》将法律责任分为3类：一是列举了7种国家机关及其工作人员在河道管理中违法违纪行为的法律责任，体现了"治污先治人，治人先治官"的理念；二是结合正在制订的《云南省滇池保护条例》的有关内容，对河道管理和保护范围内的8大类禁止性行为，分层次创设了行政处罚；三是对于《条例》第十六条第二款第（四）项，第二十三条第（三）（四）项，第二十四条第（一）（二）（三）项，第二十五条第（三）项，第二十六条，第二十七条，第二十八条规范的行为，法律法规已有明确规定，因此《条例》不再设置法律责任等7个方面的内容。

# 第六节　滇池流域保护与治理决议、决定

## 《昆明市人大常委会关于加强松华坝水源保护区保护的决定》

2002年5月29日，昆明市第十一届人大常委会第七次会议听取并审议了市人大常委会视察组《关于对松华坝水源保护区整改情况进行视察的报告》和市人民政府《关于昆明市松华坝水源保护区保护工作情况的报告》。为进一步保护好松华坝水源保护区，保障昆明人民生活安全用水和生产用水，促进昆明经济、社会可持续发展，会议决定：市、有关县（区）、乡（镇）人民政府及有关职能部门要提高认识，加强领导，明确职责，开展调查研究，尽快制订水源区保护与发展的有效措施，建立健全责任制，狠抓落实；要严格依法行政、依法管理，认真履行职责，防止破坏水源区生态环境事件的发生，对渎职、失职或违法行政的，要依法追究直接责任人及有关领导人的责任。市、有关县（区）、乡（镇）人民政府要加强对《水污染防治法》《森林法》《云南省农业环境保护条例》《昆明市滇池保护条例》《昆明市松华坝水源保护区管理规定》等法律、法规和规章的宣传，使干部群众不断增强法制观念，做到知法、守法，提高干部群众保护水源区、保护昆明生命线和爱护好自己家园的自觉性。市、有关县（区）、乡（镇）人民政府要对水源保护区现有的旅游、度假违章建筑和荒山出让及采石、采砂等违规行为进行全面清理。对已出让的荒山，由县区人民政府按照《云南省荒山有偿开发的若干规定》，予以坚决纠正；对违规和越权审批的建筑，应予以拆除；对在水源保护区范围内建旅游、度假设施的不准营业。水源保护区范围内的各种建设项目，应严格执行环境影响评价制度，由市级有关部门统一管理和审批，未经市级有关部门审批同意的项目，不准建设。在水源保护区范围内，禁止兴办各种旅游、度假设施和有污染的企业；禁止销售、使用高残留农药；禁止在水库、河道、水渠、泉点毒鱼、电鱼、炸鱼；禁止乱倒乱丢垃圾、死畜禽、塑料制品等废弃物；禁止在林地、陡坡和水利工程安全范围内挖砂、取土、炸石；禁止在水源保护区出让荒山。市人民政府要对水源保护区农业产业结构调整进行专题研究，因地制宜，制订总体规划和近期、远期的实施计划，纳入市、县（区）国民经济和社会发展计划与财政预算。在人口集中、污染较重的乡、村，加快建设小型污水处理设施和垃圾无害化、资源化处理设施；加大天然林保护和退耕还林工程实施力度，加强林业基础设施建设；继续加大对水源保护区的农村能源、生态村（园）等方面的投入，解决水源保护区燃料问题；大力发展生态农业，促进农业产业化经营，提高经济效益，千方百计增加农民收入。市、有关县（区）及有关部门要根据各自职能，加大对水源区的扶持力度。市人民政府每年在补助水源区水费310万元的基础上，将水价提高后给松华坝的水费增加部分，主要用于水源保护区的发展，并研究制定具体的补助、使用办法。

## 《昆明市人大常委会关于在滇池流域和其他重点区域禁止挖砂采石取土的决定》

为进一步落实科学发展观，实施可持续发展战略，构建和谐社会，有效保护生态环境和自然景

观，推进宜居城市建设，促进全市经济社会又好又快发展，有必要对滇池流域和其他重点区域内的挖砂采石取土、破坏生态环境的行为进行整治，在滇池流域和其他重点区域设置禁采区，区域内禁止挖砂采石取土。根据《中华人民共和国矿产资源法》《中华人民共和国环境保护法》《中华人民共和国水土保持法》和《滇池保护条例》《昆明市松华坝水库保护条例》等法律法规的规定，2007年9月，昆明市第十二届人大常委会第十三次会议通过《昆明市人大常委会关于在滇池流域和其他重点区域禁止挖砂采石取土的决定》。《决定》明确：同意市人民政府提出的在滇池流域和其他重点区域内设置包括盘龙区、五华区、官渡区、西山区、呈贡县、晋宁县、嵩明县等7个县（区）的部分区域及重要交通要道两侧区域在内的挖砂采石取土的禁采区。在禁采区内不得进行经营性的挖砂采石取土，禁采区的范围界线由市人民政府公布。在禁采区内不得新办任何挖砂采石取土企业。2007年10月1日前，禁采区域内无证照、证照不全的挖砂采石取土企业，一律关停。逾期不自行关停的，由市人民政府依法取缔或督促有关县（区）政府依法取缔。对禁采区域内证照齐全的挖砂采石取土企业，市、县（区）人民政府要加强监督管理，根据实际情况，依法分别做出限期关停的有关决定，并认真落实。矿山关停后，市、县（区）人民政府要按照"谁开采、谁治理"的要求，做好环境整治工作，及时整合土地资源，科学规划，一山一策，制定环境整治生态恢复方案，严格监督企业在规定期限内完成环境整治和生态恢复，切实保障环境整治取得实效。市、县（区）人民政府要按照科学规划、合理布局、严格审批的原则，在禁采区外选择适合的区域，解决砂石料的供应，以满足建筑市场需求，并做到边开采、边整治、边绿化，切实防止产生新的水土流失和植被破坏。市人民政府要根据本决定制定具体的实施意见，深入细致做好各项工作，确保关停工作顺利实施。市、县（区）人民政府要深入做好群众工作；要帮助关停企业调整经营方向，扶持矿区群众发展替代产业；要对企业的补助和矿山修复，分别不同情况做出相应规定，落实资金；要因地制宜做好规划，盘活企业用地，广开就业门路。在滇池流域和其他重点区域内禁止挖砂采石取土，并对原矿山环境进行整治恢复，是功在当代、利在千秋的事业，全社会要广泛关注，共同参与。各级政府要认真执行本决议的各项要求，采取有力措施，坚持不懈地抓好落实，一抓到底，抓出成效。市、县（区）人大要充分发挥监督作用，确保禁采工作取得成功，为全市人民创造优美的生活环境。

### 《昆明市人大常委会关于推进磷、钛资源节约与综合利用保护滇池流域生态环境的决议》

为贯彻落实科学发展观，保护滇池生态环境，全面推进昆明市磷、钛资源的节约与综合利用，建设资源节约型社会和环境友好型社会，促进经济社会又好又快发展，2008年7月1日，昆明市第十二届人民代表大会常务委员会第十八次会议通过了《昆明市人大常委会关于推进磷、钛资源节约与综合利用保护滇池流域生态环境的决议》。《决议》明确：以科学发展观为指导，以优化资源开发和利用方式为核心，以保护滇池生态环境和提高资源综合利用水平为目标，在推进磷、钛产业结构调整中，建立适合本市市情的，有利于磷、钛资源节约与综合利用的调控体系和市场运行机制。坚持磷、钛资源开发与节能减排并举，把节能减排放在首位，提高资源利用效率。制定磷、钛资源节约与综合利用发展中长期战略目标和分阶段推进计划，建立完善资源节约与综合利用法规规章体系、政策支持体系、技术创新体系、指标评价体系和激励约束机制。磷、钛资源的开发要统筹规划整合，实现综合勘查、综合开发、综合利用。严格磷、钛资源勘查和开发的准入条件，实现资源的保护性开发。发挥市场优化配置资源的基础性作用，抑制多占、滥占和浪费资源的行为，防止过度开发和掠夺式开采。重点发展科技含量高、经济效益好、资源消耗低、环境污染少的磷、钛产业，在磷、钛资源的探、采、加工及综合利用方面开展技术攻关和创新，推广高效节能技术，提高资源综合利用水平，优化和提升传统产业，做大做强具有比较优势的特色产业。严格监控矿产资源开发的项目，对浪费资源、污染环境的落后生产工艺、技术、设备和产品坚决依法淘汰。昆明市人民政府要结合本市循环经济发展的实际，严格执行国家产业政策，制定昆明市磷、钛资源开发在环保、能耗、技术度量等方面的准入标准，明确资源生产率、资源消耗降低率、资源回收率、资源循环利用率、废弃物最终处理降低率等主要指标的评价体系。严格控制原矿外销，通过产业链的延伸和整合，实现磷、钛产业的纵向延伸、横向拓展和就地循环。昆明市人民政府要认真履行职责，制定落实本决议的实施细则，将磷、钛资源节约与综合利用指标作为人口资源环境指标之一，纳入目标责任制管理。行政执法部门要严格依法行政，强化执法监督，加强资源节约与综合利用专项检查，定期对在滇池流域开发磷、钛资源的企业进行监督检查，加强对节能减排执行情况的检查。严格奖惩措施，对成绩突出的企业给予奖励，对问题严重的企业依法查处。昆明市和有关县（市、区）人大及其常委会要加强对磷、钛资源节约与综合利用工作的监督，加大法律法规实施情况的监督力度并对重点、难点问题进行监督检查。发挥新闻媒体的舆论导向和监督作用，弘扬先进典型，曝光浪费磷、钛资源和污染环境的行为，把节能减排变成全社会的自觉行为。滇池生态环境的保护和资源节约事关全市长远发展，事关子孙后代福祉。要坚持以人为本，从贯彻落实科学发展观的高度，为全面推进昆明市能源、原材料、土地等资源的节约与综合利用，加快建立资源节约型社会和全面建设小康社会做出积极贡献。

### 《昆明市人大常委会关于设立滇池高原湿地保护区的决议》

为加快滇池治理，改善城市生态环境，保护滇池流域高原湿地、促进湿地资源的可持续利用，根据国家《环境保护法》和《滇池保护条例》等法律法规。2009年10月30日，昆明市第十二届人大常委会第二十八次会议通过了《昆明市人大常委会关于设立滇池高原湿地保护区的决议》。《决议》明确：设立滇池高原湿地保护区；将滇池周边规划范围内的湿地、出入滇池河道（含河道两侧一定范围）、饮用水源保护区内的一级保护范围等纳入滇池高原湿地保护区范围；将滇池高原湿地保护区建设成降解污染、调节气候、涵养水源、蓄洪防旱、补充地下水、控制土壤侵蚀、维护生态平衡、保持生物多样性的生态系统；市人民政府应当依据本决议和滇池治理的需要，划定湿地保护范围，设立保护标识，并向社会公布；市人民政府应将滇池高原湿地保护区的建设与保护纳入国民经济与社会发展规划，确定目标任务、颁布管理规章、配套相关政策、强化保护措施，认真组织实施，并积极申报国家级高原湿地保护区；要尽快建立和完善湿地保护区的管理体制、组织体系、运行机制、监管制度和服务队伍；任何单位和个人都有参与高原湿地保护的义务，市人民政府要加大对高原湿地保护的宣传教育，在全社会形成重视湿地建设与保护的良好氛围。

### 《昆明市人大常委会关于在滇池流域划定禁止建设区的决议》

为进一步做好滇池流域生态环境保护工作，增强全市的可持续发展能力，巩固滇池流域环境保护和生态治理的成效，优化空间发展格局，塑造优良的人居环境，根据《中华人民共和国城乡规划法》《中华人民共和国水污染防治法》和《滇池保护条例》等法律法规，昆明市人大常委会于2009年10月30日在昆明市第十二届人大常委会第二十八次会议上通过了《昆明市人大常委会关于在滇池流域划定禁止建设区的决议》。《决议》明确：市人民政府要按照昆明城市总体规划，加强城市规划区空间管制，在滇池流域范围内设立适宜建设区、禁止建设区，明确各区域界线并向社会公布；市人民政府应按照国民经济和社会发展规划，在城乡建设活动中，坚持环保优先，规划先行；对滇池流域的适宜建设区、禁止建设区，分别制定相关配套政策和规章，促进适宜建设区的健康发展、杜绝禁止建设区的违规建设；将责任层层落实到各县（市、区）、乡（镇、街道）、村庄，并认真贯彻执行；禁止建设区范围包括滇池水体、滇池流域水域和湿地、城市生态绿化隔离林带、基本农田保护区、各类水源保护区、各类森林公园、各类公园广场、滇池及主城面山一定等高线以上范围、滇池风景名胜区的规划控制区以及山体延绵、植被茂盛，生态状况良好的山林绿化区域范围；在禁止建设区内，严格禁止有损生态环境的各种活动；不得新建、扩建、改建与滇池保护和治理无关的任何建筑物、构筑物和设施；对原有的建筑物、构筑物和设施，应当逐步拆除或者搬迁；要尽快建立完善禁止建设区的管理体制、组织体系、运行机制、监管制度和服务队伍；适时将禁止建设区申报为国家级森林公园。市人民政府要加强对各县（市、区）禁建工作的指导、监督和协调，建立协调管理机制，形成工作合力，确保对禁止建设区的各项要求落到实处。

## 《昆明市人大常委会关于整治违法排污建立健全环境监管长效机制的决议》

为认真贯彻落实科学发展观，努力推进现代新昆明建设，实现把昆明建设成为最适合人类居住城市的目标，必须坚持不懈地做好环境保护工作，对违法排污行为从严整治。坚持预防为主、防治结合、综合治理。依靠制度创新，建立齐抓共管的长效机制。根据《环境保护法》《水污染防治法》和《滇池保护条例》等法律法规，2009年10月30日，昆明市第十二届人大常委会第二十八次会议通过了《昆明市人大常委会关于整治违法排污建立健全环境监管长效机制的决议》。《决议》明确：市人民政府要进一步强化环境保护的责任，采取有力措施，从严治污；要按照本决议要求，建立和完善整治违法排污、强化监督管理的规章制度，并切实将责任落实到人，执行到位，加强监督检查，确保取得实效；保护生态环境、防治污染公害、保障人体健康，是一项艰巨而长期的任务，必须常抓不懈，重在制度创新，形成长效机制；市人民政府要坚持环保优先，铁腕治污、科学治水、综合治理；把污染防治的责任落实到县（市、区）、开发（度假）区和各职能部门，实现污染防治全覆盖；充分发动群众，认真总结经验，依据法律法规、运用科技手段，相互支持配合，创造性地开展工作，实行污染防治"一票否决"；一切单位和个人都有保护环境的义务，都应当服从政府对环境保护工作实施的统一监督管理；要按照城乡建设总体规划和环境保护规划，结合全市产业结构调整、工业园区建设的要求，落实污染防治的各项责任；对在生产建设和其他活动中产生的废水、废气、废渣、噪声、震动、放射性物质等对环境产生污染和危害的行为，必须坚决禁止；对任何违法排污行为，都要进行最严厉的查处；建立违法排污强制性退出市场的机制；依靠法律和制度解决违法成本低、守法成本高的问题；市人民政府、市中级人民法院、市人民检察院要加强协调配合，建立联动机制，组织监督监测网络，加强对环境监测的管理，制定预防和查处环境违法犯罪的措施，解决环境保护执法中的问题；市人民政府、市中级人民法院、市人民检察院开展保护环境、整治违法排污的情况，要定期向市人大常委会报告。

## 《昆明市人大会常务委员会关于进一步做好滇池流域和其他重点区域环境保护和生态治理工作的决议》

为加强生态文明建设，保障城市生态资源和生态基础，保护和改善滇池流域及重点区域自然生态环境和景观，营造宜人气候，提高城市竞争力，打造森林式、环保型、园林化、可持续发展的高原湖滨特色生态城市，2010年8月27日，昆明市第十二届人大常委会第三十次会议审议通过了《昆明市人大会常务委员会关于进一步做好滇池流域和其他重点区域环境保护和生态治理工作的决议》，以加强滇池流域及其他重点区域山体植被和水域保护，在城乡开发建设中全面实施禁止挖砂、采石、取土、烧砖、毁林、开垦、放牧、填河、围湖、擅采地下水的"十个禁止"措施。《决议》明确："十个禁止"措施范围为滇池流域2920平方千米范围内；本市除滇池流域以外的昆明城市规划区范围及城市面山范围；本市滇池流域以外各县（市、区）城镇规划区及城市面山范围；市域内各城镇集中饮用水源地保护范围；市域内各河流、湖泊、水库的水体保护区及其面山；高等级公路、铁路、轨道交通等重要交通干线（昆曲、昆玉、昆楚、昆石、昆武高等级公路和成昆、贵昆、南昆铁路等）周边面山视线范围。"十个禁止"的主要内容：在规定的禁采区范围内一律不得再设置新的经营性的挖砂、采石、取土、烧砖企业，禁止新开垦耕地的行为；要综合运用行政、经济和法律手段，积极稳妥地推进禁止挖砂、采石、取土、烧砖工作，最终实现滇池流域及其他重点区域禁止挖砂、采石、取土、烧砖的目标。严禁在滇池流域及其他重点区域放牧家畜（禽），对已实行禁养的要进行彻底清查，发现复养情况的，依法依规坚决取缔。禁止填河、围湖，已经填埋的河道应当坚决实施清退；清退实施前，已经填埋的不得在现有的基础上加高、加宽地面，不得改变土地利用属性，不得转作他用；对擅自围垦、填湖、围湖造地、随意占用湖泊岸线及湖滨带等侵占或缩小水体保护区的行为，在湖泊、水库及城镇饮用水源保护范围内新建、扩建或者改建与水体保护无关的建筑物、构筑物，倾倒垃圾、渣土，在湖泊、水库弃置、堆放阻碍行洪的物体和种植阻碍行洪的林木及高秆作物，以及在水体围堰、网箱、围网养殖，暂养水生生物和在湖岸滩地搭棚、摆摊、设点经营等行为进行严厉查处。已经围垦或占用的，应当有计划地实施清退；清退实施前，已经填埋的，不得在现有的基础上加高、加宽，不得改变土地利用属性、不得转作他用。严禁违法开采地下水及新开凿取水井；进一步加强对取水井及取水单位的日常监督检查，发现问题及时处理，尤其对未经许可擅自开凿取水井的行为实行最严厉的处罚。对自来水管网覆盖区域范围内供水满足要求的取水井实施封停。禁止毁林，乱砍、乱伐，就砍伐、占用林地、加强林带、林地管护、古树的保护提出具体办法措施，并付诸实施。要加大执法力度，市、县（区）、实行实体化管理的开发区管委会、各有关行政执法部门要建立长效监管机制，严厉查处违反"十个禁止"的违法行为，切实解决违法成本低、守法成本高的问题；对违法的单位、企业和个人实行"一次违法，永久退出市场"的制裁措施；环保、水务、滇管、供水、电力主管部门可采取停止生产性供水、供电，不予办理供水、供电手续等措施；规划、国土行政主管部门不得补办规划、土地相关手续；未取得规划、土地合法手续的建设项目，有关部门不得办理房产、营业执照等手续。

# 第三章　政策与制度建设

为确保完成滇池水污染防治工作目标，实现滇池水污染防治工作政策制定和实施过程的科学化、民主化、法制化，有效提升工作效率。20世纪90年代后期，市委、市政府结合滇池流域水环境污染的现状，制定了一系列政策措施，不断加强点源、面源、内源污染治理，开展生态保护与修复，加强执法监管。坚持用制度管人，靠制度管理事，以制度化推进滇池保护与治理工作，实现了"十二五"末滇池外海湖体的总体水质趋稳向好、滇池富营养化程度由重度富营养向中度富营养的转变。

## 第一节　点源污染控制

### 取缔滇池流域"十五小"企业

1996年8月全国第四次环保大会召开后，按照《国务院关于环境保护若干问题的决定》关于取缔、关停"十五小"企业的要求，昆明市采取有力措施，积极关停取缔小造纸、小制革、小染料厂及土法炼焦、炼硫、炼砷、炼汞、炼铅锌、炼油、选金和农药、漂染、电镀、石棉制品，放射性制品"十五小"企业。至1997年底，全市共取缔了小制革企业4户、小造纸企业12户，责令17户"十五小"企业和30户国有企业停产治理或限期治理。

### 滇池流域工业企业限期达标"零点行动"

1998年，国务院批复了《滇池水污染防治"九五"计划及2010年规划》，并将滇池列入国家重点治理的"三湖三河"之一，使滇池治理上升到国家层面。1999年2月2日，云南省环境保护局、昆明市环境保护局联合发布《关于滇池流域排污企业限期达标排放的公告》，要求滇池流域内所有工业企业（含规模养殖场、宾馆、饭店）排放的主要污染物必须于5月1日前达到国家和地方规定的排放标准，同时公布了经省政府第十四次常委会研究批准的253户滇池流域达标排放重点考核企业名录和128户非重点考核企业名录。'99昆明世界园艺博览会前，按照国家环境保护总局的部署，昆明市开展了滇池流域工业企业限期达标"零点行动"，从4月1日0时至4月30日24时，对滇池流域的工业企业实行达标排放监督，未实现达标排放的企业，由政府向社会发布停产令，对企业进行停产治理。5月1日"零点行动"倒计时结束，滇池流域253户达标排放考核对象除昆明市造纸厂、呈贡县下庄橡胶加工厂、福保造纸厂、昆明市电瓷电炉厂4户企业分别由昆明市政府责令停产治理或搬迁转产外，其余249户企业均已完成了治理任务，做到了达标排放，达标率为98.4%。至2000年，列入省、市重点考核的399家工业企业实现达标排放。

## 《昆明市餐饮业环境污染防治管理办法》

为防治餐饮业造成的环境污染和对滇池水体的污染，保护和改善昆明市的生活环境与生态环境，促进全市社会经济的可持续发展，制定了《昆明市餐饮业环境污染防治管理办法》，自2004年1月1日起施行。《管理办法》明确规定：市、县（市、区）环境保护行政主管部门分别按规定的审批和管理权限，对辖区内餐饮业的环境保护工作实施统一监督管理。工商、城管、滇管、卫生等行政主管部门依据各自职责，做好餐饮业环境污染防治的相关工作。新办餐饮业经营场所的选址（点），必须符合环境保护要求。严禁在居民住宅楼内、饮用水源一级保护区内新办餐饮业。新建、改建、扩建餐饮业项目，建筑面积超过500平方米的，建设单位应当组织编制环境影响报告表；其余的应当填报环境影响登记表，须经环境保护行政主管部门审批同意后，餐饮业项目方能建设。餐饮业项目应当配置防治污染的环保设施。餐饮企业在经营活动中，产生的外排废水必须经处理后达到《污水综合排放标准（GB8978—1996）》的规定；产生的废气（油烟）必须经处理后达到《大气污染物综合排放标准（GB16297—1996）》《饮食业油烟排放标准（GB18483—2001）》的规定，油烟需通过专门的排气筒排放；噪声排放标准参照《工业企业厂界噪声标准（GB12348—90）》执行；产生的废弃物要做到分类收集、定点存放、日产日清，产生的废油必须交由有资质的单位处理；严禁向下水道、河道及街面倾倒废弃物；禁止使用一次性不可降解泡沫塑料餐饮具和不可自然降解塑料袋，在禁煤区范围内严禁使用非清洁燃料，在滇池、阳宗海流域严禁使用含磷洗涤用品；按照环境保护行政主管部门的规定办理《排污许可证》的年检；因经营范围、规模发生变更导致污染物排放种类和数量变化的，必须向环境保护行政主管部门另行办理报批手续，依法缴纳排污费。对违反规定的，责令限期治理；逾期未达标的，责令停业或予以处罚。

# 第二节　面源污染控制

## 禁磷限磷

为从源头上控制和削减输入滇池的磷总量，减轻对滇池末端治理的投资，体现"谁污染，谁治理，谁受益，谁补偿"原则。1996年5月，根据《滇池保护条例》《滇池综合整治大纲》的要求，在市法制局的大力支持下，由市滇池保护委员会办公室发起，市滇保办、市工商局、市公安局、市质监局等部门联合市人民政府上报了《关于昆明滇池流域内发布〈关于推广使用无磷洗涤用品的公告〉的请示》，并经市人民政府办公厅以"昆政办"复文件批复同意，以政府规章形式向全市公布，于同年10月10日起施行。《公告》号召滇池流域内的单位和个人从1997年1月1日起自觉推广使用无磷洗涤用品；从1998年起，滇池流域区内将禁止销售、使用含磷洗涤用品。在滇池流域内推广使用无磷洗涤用品《公告》取得经验的基础上，市政府责成市滇保办牵头制定了《关于在滇池流域内禁止经销和限制使用含磷洗涤用品的通告》（以下简称《通告》），并于1998年5月26日市政府以"昆政发"文件向全市公布。同年9月7日，市政府办公厅批转了《滇池流域内禁止经销和限制使用含磷洗涤用品的实施意见》，规定了禁销的重点主要是含磷洗衣粉及含磷较高的洗涤剂。同时，成立以市政府办公厅秘书长朱宝琛为组长的昆明市联合检查协调领导小组及其办公室，领导组织全市禁止经销和限制使用含磷洗涤用品的工作，并进行监督检查，综合协调；滇池流域7个县（区）也相继成立了由分管副县长（副区长）为领导小组组长的禁磷限磷领导小组及办公室，并明确了县（区）及市级相关部门的职责。9月28日，市禁磷限磷领导小组在连云宾馆召开了滇池流域内涉及禁磷限磷的部门、单位、县（区）领导和各大商厦、市百货采购供应站、宾馆、饭店负责人和驻昆新闻媒体代表共500多人参加的动员大会。10月1日，《滇池流域内禁止经销和限制使用含磷洗涤用品的实施意见》正式施行，使昆明市成为全国第一个推广洗涤用品无磷化的省会城市。10月6—21日，市联合检查协调领导小组办公室抽调市滇保办、市经委、市财委、市环保局、市工商局、市技术监督局、市市容管理局、市公安局的组成联合检查组，对滇池流域7个县（区）的禁磷限磷工作进行大检查，促进了各县（区）禁磷限磷工作的开展。1999年1月19—28日、4月21—27日，市滇保办先后组织全市性的禁磷限磷联合大检查，并配合新闻单位对禁磷限磷工作进行广泛宣传。2000年3月17日开始，在昆明市人民政府的统一领导和部署下，滇池流域7个县（区）统一联合行动，从生产、销售、使用渠道几个环节进行了大规模检查，全市共没收含磷洗衣粉13380包、罚款4400元。此后，市经委会同市滇保办、市技术监督局、市环保局、市乡镇企业局等组成无磷洗涤用品产品生产、销售检查组，多次对全市洗涤用品生产厂、大型商场、批发市场和宾馆、饭店、洗涤公司进行检查，组织洗涤用品生产企业和商家开展无磷洗涤用品宣传促销周活动，推进了全市洗涤剂用品无磷化的进程，基本做到了洗涤用品商品无磷化。2013年7月，该《通告》被《昆明市人民政府关于废止部分规章和规范性文件的决定》予以废止。

## 禁止挖砂采石取土

2007年9月，昆明市人大常委会出台《昆明市人大常委会关于在滇池流域及其他重点区域禁止挖砂采石取土的决定》，提出综合运用行政、经济和法律手段，全面开展滇池流域和其他重点区域禁采区范围内挖砂采石取土矿山的关停工作，以有效保护生态环境和自然景观，推进宜居城市建设。同年9月30日，为确保滇池流域和其他重点区域禁止挖砂采石取土工作依法、有序进行，市政府制定下发了《关于贯彻落实〈昆明市人大常委会关于在滇池流域及其他重点区域禁止挖砂采石取土的决定〉的实施意见》（以下简称《意见》）。《意见》明确：在滇池流域及其他重点区域禁止挖砂采石取土工作坚持全市统一部署、各县（市）区具体组织实施的原则。对禁采区范围内矿山企业的关停工作，坚持"全市统一部署、各县（市）区政府具体组织实施，因地制宜、分步推进，谁破坏、谁治理，上下联动、统一协调，以人为本、和谐发展、疏堵结合"的原则。禁止开采区范围为滇池面山及控制保护区、松华坝水源保护区、滇池国家级风景名胜区、昆明新机场保护区范围及滇池盆地区。禁采区界址点东部界线由空港经济区外围山峰山脊线至官渡区、呈贡县滇池保护控制区范围，标志性山峰有：葫芦地、老公山、云南省种畜场、官渡区与嵩明县行政界线、石龙箐、对角山、龙潭后山、碗花山、求雨山、小尖山、杨梅山、镇子山、老官山、马头山、大山（七旬乡）、风口山、拖磨山、杨家大山、大尖山、柴家坟、上天狮子、十八台、架子山、李家坟山、蘑菇山、苏家大山；南部界线接晋宁县滇池面山及控制保护区，标志性山峰有：苏家大山、盘龙山、马鞍山、望鹤山、大湾山、宝塔山、象头山、台子山、大乌龙、大黑山、山林果坡、大老山、砌石磨山、系腰山、菜籽山、垭口山、天子庙山、青山；西部界线由滇池面山及控制保护区界线接滇池国家级风景名胜区（西山区和安宁市行政界线为界），标志性山峰有：青山、金铜盆山、鞍山、山神庙、豹子山、耳山、红山、石头山、接西山区和安宁市行政界线、营盘山、金耳寺、笨本者、大风丫口（西山区）、皇帝坟、老奔山、土瓜山、象鼻山、宝华山、豹子山、大窑顶、老尖山、对门山、大官山、烟墩山；北部界线至松华坝水源保护区，标志性山峰有：烟墩山、五宝山、刺栗山、大尖山、老鸦山、大关山、岩峰哨、竹箐口哨、三尖山、大龙潭、嘎莎磨、麦来山、杨梅山、大五山、葫芦地，禁采区面积2321平方千米（含滇池湖泊面积）。在全面开展对禁采区内的挖砂采石取土矿山进行关停的同时，各县（市）区要按照《云南省矿山地质环境恢复治理保证金管理暂行办法》的规定，加大力度收取矿山地质环境恢复治理保证金，认真做好矿山地质环境恢复治理规划；监督矿山企业严格按照县（市）区矿山地质环境恢复治理规划的总体部署和统一要求，编制矿山生态恢复的具体措施，在规定期限内完成环境治理和生态恢复，全面开展生态恢复治理工作。

## 主要入湖河道综合环境控制目标及河（段）长责任制

为提速滇池保护治理工作，加大对入滇池河道的管理和治理力度，切实改善入湖河道的水环境质量。2008年3月28日，滇池流域水环境综合治理指挥部下发《滇池流域主要入湖河道综合环境控制目标及河（段）长责任制管理办法（试行）》。《办法（试行）》明确：综合环境控制目标主要包含河道截污治污措施、河道水质监控、河道（岸）保洁、景观改善等。按照属地管理的原则，层层建立目标责任制、签订目标责任书，实行河（段）长负责制，分段监控、分段管理、分段考核、分段问责；跨县（区）的河道由市级领导担任河长，各县（区）主要领导担任段长；不跨县（区）的河道由各县（区）主要领导担任河长，所属乡（镇、街道）主要负责人担任段长。河（段）长的主要职责是组织编制河（段）综合整治方案，分解河（段）综合环境控制目标，并认真组织实施；研究解决所负责的河（段）综合环境控制各项工作；组织检查和考核河道综合环境控制目标任务及河（段）长目标责任制落实情况。从2008年起，入湖河道综合环境控制目标及河（段）长责任制考核采用定性或定量的指标〔河道截污、断面水质、河道（岸）保洁、景观改善等〕分别与上年及上游断面相关指标对比，综合加权考核，具体考核细则另行制定。

## "一湖两江"流域畜禽禁养

为减少畜禽养殖污染对滇池生态环境的影响，昆明市委、市政府决定对滇池流域实行全面禁养。2008年5月11日，市政府公布《昆明市人民政府关于在滇池流域范围内限制畜禽养殖的公告》，决定自2008年6月30日起，禁止任何单位和个人在滇池2920平方千米流域范围内进行畜禽养殖。在滇池流域实行全面禁养的基础上，为加快昆明生态城市建设步伐，优化农业产业结构，保护和改善滇池、长江、珠江（简称"一湖两江"）流域环境质量，同年9月12日，市政府公布了《昆明市人民政府关于在

"一湖两江"流域禁止畜禽养殖的规定》，于10月12日起施行，《昆明市人民政府关于在滇池流域范围内限制畜禽养殖的公告》同时废止。《规定》明确："一湖两江"流域保护区范围是昆明主城规划控制区620平方千米范围内，呈贡新城规划控制区160平方千米范围内，滇池水体及滇池环湖公路面湖一侧区域（含湖面），盘龙江、新宝象河、大观河、大清河、枧槽河、冷水河、牧羊河、采莲河、乌龙河、船房河、洛龙河、中河、东大河、大河、金汁河、新运粮河、王家堆渠、马料河、西坝河、金家河、南冲河、五甲宝象河、虾坝河、姚安河、海河、捞鱼河（含上游梁王河）、柴河、白鱼河、茨巷河、老运粮河、古城河、小清河、六甲宝象河、老宝象河、老盘龙江、螳螂川36条出入滇池河流及河道两侧各200米范围内，除主城规划控制区、呈贡新城规划控制区以外县（市）区的城区规划区范围及流经县（市）区城区的河流及河道两侧各200米范围内，城镇集中式饮用水水源地，上述区域内的湖泊和水库。自规定施行之日起，在"一湖两江"流域保护区范围内禁止新建、扩建、改建畜禽养殖场（户）、小区；同年12月31日起，在"一湖两江"流域保护区范围内禁止散养畜禽；次年12月31日起，在"一湖两江"流域保护区范围内禁止规模畜禽养殖场（户）、小区的畜禽养殖〔能繁母猪存栏50头以上或生猪常年存栏200头以上，肉鸡、蛋鸡常年存栏5000羽以上，牛（包括奶牛）常年存栏50头以上，羊常年存栏200只以上，鹅常年存栏500只以上，鸭常年存栏5000羽以上，兔常年存栏500只以上〕，但经县级畜牧主管部门和环保、滇管部门审核验收，达到环境保护、滇池保护要求的，可以申请逐步搬迁或者关闭；由五华区、盘龙区、官渡区、西山区、东川区、安宁市、呈贡县、晋宁县、富民县、宜良县、嵩明县、石林县、禄劝县、寻甸县人民政府，3个开发（度假）区管委会，呈贡新城管委会，昆明空港经济区管委会负责《规定》的组织实施；市滇管、环保、农业等部门按各自职责负责禁止畜禽养殖的监督、管理工作，并依法查处违反本规定的行为；市农业部门负责禁养区域禁止畜禽养殖和扶持畜牧业实现圈养、规模化养殖的指导工作。为使《规定》得到贯彻落实，市先后出台了《昆明市人民政府关于昆明地区"一湖两江"流域范围规模畜禽养殖迁建扶持的指导意见》《昆明市人民政府关于进一步加快畜牧业发展的意见》，科学划定畜禽集中养殖区、禁养区和限养区，推进全市畜牧业科学合理布局，无障碍规划，有范围布局，有界面建设；鼓励建设规模化、规范化、工厂化的生态养殖场和养殖小区，不断提高规模化、集约化、生态化水平；建设畜禽养殖废弃物综合利用与污染治理设施，实现养殖废弃物的减量化、资源化、无害化。

## "一湖两江"流域水环境保护

为加快昆明生态城市建设步伐，保护和改善滇池、长江、珠江（简称"一湖两江"）流域水环境质量，2008年9月12日市政府以第29号公告公布了《昆明市人民政府关于加强"一湖两江"流域水环境保护工作的若干规定》。《规定》明确：在"一湖两江"流域保护区范围，禁止国家机关、社会团体、企（事）业单位、驻昆部队、个体工商户（以下简称排污户）新建直接向保护区排放氮、磷污染物的建设项目，向保护区排放未达标或者超过规定控制总量的废水（液）、污水，向保护区湖泊、水库、河流等水体倾倒渣土、垃圾、粪便和其他废弃物，在保护区湖泊、水库、河流等水体内清洗装贮过油类或者有毒污染物的车辆、容器，法律、法规、规章规定的其他违法行为。要求14个县（市）区人民政府和昆明高新技术产业开发区管委会、昆明经济技术开发区管委会、昆明滇池旅游度假区管委会、呈贡新城管委会、空港经济区管委会（简称"五个管委会"）及各工业园区管委会要确保于次年9月30日前完成城镇及工业园区集中式污水处理厂及配套管网的建设，次年底前投入使用。处理后排放的废水水质要达到《城镇污水处理厂污染物排放标准（GB18918—2002）》一级A标准；对于未完成集中式污水处理厂建设的区域，14个县（市）区人民政府项目审批部门及五个管委会不再批准新增化学需氧量排放项目的建设。要因地制宜开展农村污水、垃圾污染治理，有条件的小城镇和规模较大的村庄应建设污水、垃圾处理设施。在排污管网覆盖且排污管网能与城镇污水处理厂配套使用的区域，向保护区排污的排污户必须于2008年12月31日前将污水接入排污管网，其中工厂、宾馆、饭店、医院、洗浴、洗涤、洗车等企（事）业单位和个体工商户必须将污水处理至规定标准后，方能接入排污管网。2009年6月30日排污管网仍不能覆盖或者排污管网不能与城镇污水处理厂配套使用区域的排污户，必须于当年12月31日前自建处理系统，回用水的水质达到国家城市污水再生利用相关标准，经处理外排的废水水质必须达到《城镇污水处理厂污染物排放标准（GB18918—2002）》一级A标准。对保护区范围内超过规定控制总量排污的企业进行限产限排并停止新、改、扩建项目的审批。对城镇集中式饮用水源地依法从严保护。对违反本《规定》的排污户，按管理权限，由各个县（市）区人民政府相关部门和五个管委会根据有关法律、法规责令限期治理、停产停业；依法予以罚款的，一律按上限罚款；对逾期治理未达标排放，报经有批准权的人民政府批准，责令关闭，有关部门依法吊销相应证照，并建议有关单位停止其供水、供气、供电、贷款、证券融资和保险；适时在媒体上公开曝光，被曝光的排污户必须自费在媒体上刊登向社会公众道歉书并做出环保承诺；不公开道歉或者不履行环保承诺的，不得恢复生产经营。14个县（市）区人民政府相关部门、五个管委会应当在媒体公布举报方式、途径。社会公众举报环境违法行为，查证属实的予以奖励。

## 滇池流域主要入湖河道支流（沟渠）综合整治

为促进滇池流域水环境综合治理工作全面提速，市委、市政府决定在深入推进滇池流域36条主要入（出）湖河道综合整治的同时，全面开展滇池流域主要入湖河道支流（沟渠）综合整治工作，实现入湖河道水变清的目标。2009年5月13日，市委办公厅、市政府办公厅下发《关于开展滇池流域主要入湖河道支流（沟渠）综合整治工作的通知》。《通知》明确了滇池流域主要入湖河道支流（沟渠）综合整治任务划分，要求：按照主要入湖河道综合整治"158"工程的目标和任务要求以及"谁污染、谁治理"的原则，把堵口查污、截污导流、中水回用作为重中之重，实行河道综合整治"三包"（包截污、包处理、包零排放），做到全面覆盖，不留死角，准确认定，全面治理。各河（段）长要定期或不定期深入滇池流域主要入湖河道支流（沟渠）一线，组织协调入湖河道支流（沟渠）综合整治工作，及时督促检查各项工作的落实，确保滇池流域主要入湖河道支流（沟渠）综合整治工作按时完成。市政府各委办局要积极配合相关各县（市）区政府和市政府各直属机构积极开展滇池流域主要入湖河道支流（沟渠）综合整治工作，确保滇池流域主要入湖河道支流（沟渠）综合整治工作任务顺利完成。市纪委、市监察局和市委目督办、市政府目督办要按照滇池流域主要入湖河道综合整治要求，切实做好督促检查工作。

## 滇池流域农业产业结构调整

为从源头上根治滇池流域农业面源污染，确保滇池流域农业产业结构调整取得实效，2010年10月9日市政府制定下发了《昆明市人民政府关于滇池流域农业产业结构调整的实施意见》，提出：要把调整滇池流域农业产业结构，治理农业面源污染作为我市改善生态环境，保障和提高人民生活质量，提高城市综合竞争力，实现可持续发展的一项重要任务来抓。

意见要求自2010到2013年，滇池流域按年度分别调减现有耕地面积10%、20%、40%和30%（包括城市建设规划用地减少的耕地面积）。用三年半的时间将34.3万亩农业种植面积全部调整为园林园艺、苗木、经济林木种植、园林园艺景观和滇池湿地生态园区、农业休闲观光区。调整重点：滇池沿湖坝区调整为园林园艺、苗木种植和农业休闲观光等区域。根据林业面山绿化、水利河道绿化、城市园林绿化等，选择适宜在滇池流域种植的园林园艺、苗木品种。山区、半山区调整为以经济林木（果）、中药材、桑园为主的生产区。滇池流域五华、盘龙、官渡、西山、呈贡、晋宁现有23.5万亩蔬菜种植面积逐年调整到嵩明、寻甸、宜良、石林等县；滇池流域五华、盘龙、官渡、西山、呈贡、晋宁现有7.55万亩花卉种植面积逐年调整到宜良、嵩明、寻甸、石林等县；滇池流域五华、盘龙、官渡、西山、呈贡、晋宁现有粮食种植面积逐年调整到宜良、寻甸、石林、嵩明、禄劝、东川、富民等7个县区。严格控制滇池流域2920平方千米范围内的化肥农药使用。苗木生产禁止使用化肥和化学农药，采用物理及生物综合防治措施防治植物病虫害。

**扶持政策**　农业结构调整贷款贴息补助政策：市、县两级投融资平台按有关规定审批担保贷款。市政府设立碳汇基金，从碳汇基金中统筹安排专项扶持资金，用于滇池流域农业产业结构调整、发展园林园艺、苗木、经济林木（果）和滇池湿地生态园区、农业休闲观光区的贷款贴息。贷款贴息期限3年，贴息资金的贴息率不高于同期人民银行同档次贷款基准利率。种植业结构调整补助政策：现有的粮食、蔬菜、花卉种植产业，调整为园林园艺、苗木、经济林木（果）和滇池湿地生态园区、农业休闲观光园区的，每亩一次性给予补助1000元；到滇池流域以外租地种植补助政策：农户到滇池流域以外租用土地种植蔬菜、花卉连片5亩以上的，按每亩500元/年给予补助，连续补助3年；培训转移农村劳动力补助政策：加大对滇池流域农村劳动力转移培训的力度，区域内劳动力技能培训转移补助增加到800元/人；土地流转补助政策：根据《昆明市人民政府关于印发推进城乡一体化工作系列文件的通知》（昆政发〔2010〕8号）有关规定，执行土地承包经营权流转一次性奖励的政策（1000—2000亩的按每亩100元；2000—3000亩按每亩150元；3000亩以上按每亩200元的标准给予奖励）；其他配套措施：整合各类项目、资金，聚焦滇池流域农业结构调整。滇池流域农业结构调整的农业基础设施建设纳入中低产田改造、水利基础建设计划，给予重点倾斜。

**资金承担比例**　资金采取分级承担的办法筹措。市、县两级承担比例为：市级与五华区、盘龙区、官渡区、西山区、呈贡县、三个开发（度假）区管委会2∶8；与晋宁县为7∶3；与盘龙区滇源镇、阿子营镇为8∶2。

**责任**　滇池流域农业结构调整工作实行属地管理负责制，由各县（市）区负责本县（市）区的农业结构调整工作。市级农业、林业、园林、供销、水务、滇管、规划、国土等部门根据各自职责，做好滇池流域农业结构调整工作。建立滇池流域农业结构调整工作目标责任制，把农业结构调整工作作为地方和部门综合考核的重要内容，列入市政府年度工作考核。

### 在滇池流域和其他重点区域实施"十个禁止"

为认真贯彻《昆明市人民代表大会常务委员会关于进一步做好滇池流域和其他重点区域环境保护和生态治理工作的决议》，进一步加强滇池流域及其他重点区域环境保护和生态治理，2010年12月2日，市政府研究制定了《关于在滇池流域和其他重点区域实施"十个禁止"加强环境保护和生态治理工作的实施意见》，决定在滇池流域及其他重点区域全面实施禁止挖砂、采石、取土、烧砖、毁林、开垦、放牧、填河、围湖、擅采地下水"十个禁止"措施。其中：在规定的禁采区范围内一律不得再设置新的经营性挖砂、采石、取土、烧砖企业，禁止新开垦耕地的行为。严禁在滇池流域及其他重点区域放牧家畜（禽），对已实行禁养的要进行彻底清查，发现复养情况的，依法依规坚决取缔。禁止填河、围湖，已经填埋的河道应当坚决实施清退；对擅自围垦、填湖、围湖造田、随意占用湖泊岸线及湖滨带等侵占或缩小水体保护区行为严厉查处；已经围垦或占用的，应当有计划地实施清退；清退实施前，已经填埋的，不得在现有的基础上加高、加宽，不得改变土地利用属性、不得转作他用。严禁违法开采地下水及新开凿取水井；进一步加强对取水井及取水单位的日常监督检查，发现问题及时处理，尤其对未经许可擅自开凿取水井的行为实行最严厉的处罚；对自来水管网覆盖区域范围内供水满足要求的取水井实施封停。禁止毁林，乱砍、滥伐，就砍伐、占用林地、加强林带和林地管护及古树的保护提出具体办法措施，并付诸实施。对违反"十个禁止"的单位、企业和个人实行"一次违法，永久退出市场"的制裁措施；环保、水务、滇管、供水、电力主管部门可采取停止生产性供水、供电，不予办理供水、供电手续等措施；规划、国土行政主管部门不得补办规划、土地相关手续。严格督察考核，坚决把"十个禁止"工作开展的实际情况查实、查严、查到位；建立长期、系统的督察工作机制，坚持一月一督察、一月一报告。

## 第三节　生态保护与修复

### 松华坝保护区管理和保护

为进一步加强对松华坝水源区的保护，正确处理好发展与保护的关系，切实遏制松华坝水源水质逐渐恶化的趋势，依法强化水源保护区管理和保护工作，确保城市人民群众的饮用水安全、现代新昆明建设的顺利实施和全市经济社会的可持续发展，2005年5月26日，市政府以"昆政发"文件印发了《关于进一步加强松华坝保护区管理和保护工作的意见》（以下简称《意见》）。《意见》明确：松华坝水库是昆明主城供水饮水的重要水源之一，保护区面积629.8平方千米为重点水源保护范围，必须采取最严厉的管理、最严格的保护措施，对水源区实施重点保护；要坚持科学的发展观和正确的政绩观，正确处理保护与发展的关系，实现经济、社会、环境的和谐发展。通过采取行政、经济和法律措施，加大水源区保护的投入力度，"十一五"期间，水质达到《地表水环境质量标准（GB3838—2002）》规定的Ⅱ类标准内。成立昆明市重点水源区保护委员会，统一管理松华坝和其他重点水源区的保护工作；委员会主任由市人民政府市长担任，副主任由分管农口工作的副市长和分管城市建设的副市长担任。组建昆明市水源保护区综合执法局，对松华坝、掌鸠河等重点水源保护区进行依法管理，严格执法；充实和加强松华坝水库管理处，进一步加大管理力度。起草《昆明市重点水源区保护条例（草案）》，依法加强对全市重点水源保护区的管理与保护工作，划定松华坝水源一级保护区，依法对松华坝水源保护区严格控制污染，加强监督管理，推广科技措施，突出生态修复。严厉打击、依法查处乱砍滥伐、偷砍盗伐、毁林开荒、私挖乱采等破坏生态环境的违法行为；采取行政、经济和法律等措施，严格控制进入水源保护区的车辆、人员，减少污染源；严格审批，加强监管，依法有序取缔所有旅游设施；对未经审批的旅游设施坚决拆除，未建成的项目坚决停建；取缔、调整规模化养殖场及对水环境有污染的农作物种植。实施农村能源建设工程，建设沼气池，实施节柴改灶，规划布局设置液化气供应站，对保护区的农户给予补助，减少森林资源消耗量。在保护区内推广、建设农村生态卫生旱厕，减少人畜粪便污染；建设垃圾清运点、中转站，并将垃圾送至水源区外进行安全填埋；实施集镇污水处理，因地制宜开展多种形式的减污、截污和生态湿地建设；建立健全水质、农业生态环境监测体系，强化水质及生态环境的监测。提高水源区人口素质，加大培训力度，促进农村劳动力转移；以保护水源为目标，发展生态农业，大力培育林业经济。加大工程造林、退耕还林和封山育林；在水源保护区内实行生态公益林效益补偿机制，实施林分改造，抚育间伐，通过转移保护区内的农村劳动力，组建林产业队伍，开展人工造林，加强森林管护，建立健全森林消防体系。统筹建立松华坝水源保护专项资金，用于保护区群众生产、生活，并制定合理的长效补偿机制；提高原水价格，将水源保护专项资金占原水价格的比例由30%提高到50%，逐步建立起加大反哺水源区群众的长效机制，促进节水与水源区保护；水源保护专项资金由保护委员会下设的具体管理机构专管，直接用于水源区的保护管理工作，并制定管理使用办法。努力提高水源保护区内人民群众的生产生活水平，对水源保护区内的贫困人口实施低保，下决心用3—5年时间，对一级保护区范围内的群众实施易地搬迁；加大各级财政投入，建立直哺机制；对因水质、水源保护而放慢发展、造成一定经济损失的，由保护委员会组织有关职能部门测定后，实行财政转移支付或直补。水源区内实行保护目标责任制，每年由保护委员会与所辖县（区）、市级有关部门签订水质保护目标责任状，并交纳保证金，对在水质保护工作中做出突出成绩的给予表彰奖励；对于工作不力，管理不善，影响水源区保护的，除扣取保证金外，还要予以相应的惩处。盘龙、嵩明两县（区）政府要主动做好辖区内水源保护和管理的各项工作；水利、环保、农业、林业等职能部门要认真履行职责，密切配合，依法行政，切实做好保护和管理工作；对在保护和管理工作中不作为的单位和个人，严格按照《昆明市国家行政机关及其公务员行政不作为问责办法（试行）》等相关法律、法规的要求追究责任。

## 滇池流域植被修复

为着力推进滇池流域采石、采砂、采矿、取土、砖瓦窑地"五采区"、石漠化、难造林地的治理和昆明城市面山森林生态环境建设，努力促进滇池水污染治理、植被的快速恢复和发展，把昆明建设成为集湖光山色、滇池景观、春城新姿，融人文景色与自然风光于一体的森林式环保型、园林化、可持续发展的高原湖滨特色生态城市打下坚实基础，2008年9月3日，市政府制定并出台《关于滇池流域植被修复的实施意见》（以下简称《实施意见》）。《实施意见》提出：2009年12月31日前全面完成滇池流域范围内的"五采区"的封停，并负责关停后植被修复的各项工作。采取工程措施和生物措施相结合，对"五采区"、石漠化、难造林地进行治理，促进受损裸露山体景观生态系统的快速修复，全面推进滇池流域的森林生态环境建设，增加滇池环湖周边和昆明城市周边森林面积，切实改善和提高滇池流域的森林生态环境质量。主要任务是全面完成滇池流域内89454亩山体林地的植被修复治理，其中224个"五采区"47745亩、石漠化及难造林地41709亩；以主城为中心，以自然资源为依托，结合"五采区"、石漠化地区的治理，融自然景观和人文景观于一体，建设30个以上特色各异的郊野公园。植被修复坚持科学规划、合理布局、突出重点，统一规划控制，分步组织实施；坚持依靠科技，创新思路，突破传统造林设计的思想和模式，针对各种不同类型的地块采取超常规的、先进的、科学的技术手段进行植被恢复建设；要坚持生物多样性的原则，结合实际，宜乔则乔、宜灌则灌、宜藤则藤、宜草则草，乔、灌、藤、草相结合，全方位促进植被的快速恢复和发展；坚持因地制宜、适地适树，高标准、高质量、高规格使用苗木，并要与促进林产业发展相结合，大量选用以核桃等为重点的特色经济林树种，为加快林业产业发展打下良好基础。"五采区"植被恢复实行属地管理，根据总体规划将具体实施的任务落实到有关县（区），明确责任，由市政府与县（区）政府签订目标责任书，并列入县（区）领导政绩考核工作中；动员省、市党政机关、驻昆中央和省、市属企业参与"五采区"植被修复建设。按照"城郊森林公园化、城市公园森林化"的要求，根据滇池流域的现状，由市级规划部门统一规划，园林部门进行设计，县级组织实施，建设30个以上郊野公园。

**2009—2014年滇池流域"五采区"、石漠化及难造林地治理任务一览表**

表6-3-1

单位：亩

| 项　目 | 期　限 | 总面积 | 五华区 | 盘龙区 | 官渡区 | 西山区 | 呈贡县 | 晋宁县 | 嵩明县 |
|---|---|---|---|---|---|---|---|---|---|
| "五采区"植被修复 | 一期（2009—2010） | 23873 | 1322 | 2108 | 3698 | 525 | 5517 | 10634 | 68 |
| | 二期（2011—2012） | 14351 | 793 | 1265 | 2219 | 315 | 3310 | 6381 | 68 |
| | 三期（2013—2014） | 9522 | 529 | 843 | 1479 | 210 | 2207 | 4254 | |
| 石漠化及难造林地治理 | 一期（2009） | 20856 | 691 | 1672 | 4246 | 7074 | 1823 | 2300 | 3050 |
| | 二期（2010） | 12513 | 414 | 1003 | 2548 | 4244 | 1094 | 1380 | 1830 |
| | 三期（2011） | 8342 | 276 | 669 | 1698 | 2830 | 729 | 920 | 1220 |

## 河道沿岸公共空间保护

为加强河道沿岸公共空间管理，改善和保护城乡水环境，发挥河道综合效益，2008年9月12日，市人民政府以第31号公告公布了《昆明市河道沿岸公共空间保护规定》（以下简称《规定》），同年10月12日起施行。《规定》明确：河道沿岸公共空间是指河道两岸堤防之间的水域、河槽、沙洲、滩地（含可耕地）、行洪区、两岸堤防等以及两岸堤防背水面坡脚线外10—50米范围。在河道沿岸公共空间内，应当根据河堤的实际情况，建设宽度为10—50米的滨水游憩林荫带，依据绿化技术规范和绿化区域土壤、气候等条件，选择耐淹水、耐寒、速生类、抗病虫害强等乡土树种，突出景观和生态，做到适地适树，合理布局。河道沿岸公共空间范围内的土地优先安排河道整治、河道绿化以及其他有利于河道保护工程，严格限制各类建筑物的扩建；禁止损毁河道堤防、护岸、涵闸、提水站、排水渠系、防洪泵站等水利工程设施以及通讯、照明、水文水质监测等设施，在堤身及护堤地内扒口、取土、打井、挖坑、埋葬、建窑、垦种、放牧和毁坏护坡、林木草皮，在河道内设置拦河渔具、或者炸鱼、毒鱼、电鱼等活动，在河床内设置行水障碍物、建筑物或种植高秆植物，擅自填堵、覆盖河道，损坏建（构）筑物、绿化植物和绿化设施，其他损害公共空间利益、影响防洪安全和破坏河道水环境的活动等行为。2014年12月31日，因《昆明市河道管理条例》和《云南省滇池保护条例》先后施行，《规定》予以废止。

## 湖泊沿岸公共空间保护

为加强湖泊公共空间的保护，有效发挥湖泊功能，合理利用湖泊资源，维护湖泊生态环境，防治水害，2008年9月12日，市人民政府第33号公告公布了《昆明市湖泊沿岸公共空间保护规定》（以下简称《规定》），自同年10月12日起施行。《规定》明确：滇池沿岸公共空间是指滇池水体保护区以及水体保护界桩沿地表向外水平延伸100米的范围（水平延伸至山体25度以下区域），阳宗海沿岸公共空间是指阳宗海水域及最高运行水位水平距离100米内的范围（水平延伸至山体25度以下的区域）。湖泊水域不得使用燃油机动船和水上飞行器，但由湖泊管理机构审查通过，报经市政府批准进行科研、执法、救援、清淤除污的除外；湖泊水域的非机动船实行总量控制和集中管理。入湖非机动船的新增、改造、更新应当经湖泊管理机构批准，报上级业务部门备案，并办理相关证照；湖泊水域实行禁渔制度，禁渔区由湖泊管理机构确定，报经市人民政府批准，在禁渔区禁止一切捕捞活动；禁渔期由湖泊管理机构确定，在禁渔期禁止一切捕捞、收购和贩卖原产于湖泊鱼类的活动。在湖滨带内的鱼塘及耕地应当逐步还湿地、还林，原居住的住户应当逐步迁出；在湖滨带内不得新建、扩建或者改建与湖泊保护和治理无关的任何建筑物和构筑物（规划内的码头设施除外），原有的建筑物应当逐步拆除或者搬迁；与湖泊保护和治理有关的建设项目，应当经湖泊管理机构审查报市人民政府批准；市人民政府无权审批的，报有审批权的上级行政机关批准；上级行政机关直接确定的项目，应当征求市人民政府的意见。湖泊沿岸公共空间范围内禁止新建、扩建排污口和围堰、网箱、围网养殖及填湖、围湖造田、造地等侵占水体或缩小水面的行为，禁止炸鱼、毒鱼、电鱼和猎捕野生鸟类、蛙类等；禁止未经湖泊管理机构批准采捞对净化湖泊水质有益的水草和其他水生动植物，以及在水域内洗刷生产、生活用具等；禁止建设与湖泊保护和治理无关的项目，以及搭棚、摆摊、设点经营等；禁止损毁堤坝、桥闸、泵站、码头、水利、水文、航标、航道、渔标、科研、气象、测量、界桩、环境监测等设施；堆放和倾倒土石、尾矿、垃圾、废渣等固体废弃物，排放未达到排放标准或者超过规定控制总量的废水，倾倒残油、废液等废弃物；禁止砍伐水源涵养林、景观绿化林及零星林木；禁止其他破坏生态系统和污染环境的行为。鉴于《规定》管理内容已被2013年1月1日施行的《云南省滇池保护条例》和2013年3月1日施行的《云南省阳宗海保护条例》所涵盖，经2014年12月22日市政府第八十四次常务会议讨论通过，2014年12月31日，《规定》予以废止。

## "一湖两江"流域绿化建设管理

为加快昆明生态城市建设步伐，规范园林绿化建设管理，保护和改善生态环境，2008年9月12日，市政府公布了经2008年7月22日市政府第九十次常务会议通过的《昆明市"一湖两江"流域绿化建设管理技术规范》（以下简称《规范》），自2008年10月12日起施行。《规范》明确：昆明主城规划控制区620平方千米范围内；呈贡新城规划控制区160平方千米范围内；滇池水体及滇池环湖公路面湖一侧区域（含湖面），即广福路（六甲立交桥至西福路段）、西福路（西福路至西华园段）、石安公路（西华园至高峣段）、环湖东路现状与规划路、规划的环湖南路、高海公路辅道以内（含湖面）的区域；盘龙江、新宝象河、大观河、大清河、枧槽河、冷水河、牧羊河、采莲河、乌龙河、船房河、洛龙河、中河、东大河、大河、金汁河、新运粮河、王家堆渠、马料河、西坝河、金家河、南冲河、五甲宝象河、虾坝河、姚安河、海河、捞鱼河（含上游梁王河）、柴河、白鱼河、茨巷河、老运粮河、古城河、小清河、六甲宝象河、老宝象河、老盘龙江、螳螂川36条出入滇河道两侧各200米范围内；除主城规划控制区、呈贡新城规划控制区以外县（市）区的城区规划区范围及流经县（市）区城区的河道两侧各200米范围内；城镇集中式饮用水水源地；上述区域内的湖泊和水库保护区范围。

园林绿化包括：公园绿地，城乡中向公众开放的、以游憩为主要功能，有一定的游憩设施和服务设施，同时兼有健全生态、美化景观、防灾减灾等综合作用的绿化用地，包括综合公园、社区公园、专类公园、带状公园、街旁绿地等；生产绿地，为城乡绿化提供苗木、花草、种子的苗圃、花圃、草圃等圃地；防护绿地，城乡中具有卫生、隔离和安全防护功能的绿地，包括卫生隔离带、道路防护绿地、城市高压走廊绿带、防风林、城市组团隔离带等；附属绿地，城乡建设用地中绿地之外各类用地中的附属绿化用地，包括居住用地、公共设施用地、工业用地、仓储用地、对外交通用地、道路用地、市政设施用地和特殊用地中的绿地；其他绿地，对城乡生态环境质量、居民休闲生活、城市景观和生物多样性保护有直接影响的绿地，包括风景名胜区、水源保护区、郊野公园、森林公园、自然保护区、风景林地、城市绿化隔离带、野生动植物园、湿地、垃圾填埋场恢复绿地等。《规范》要求：河道绿化，城区段按城市规划要求建设，其余地段两侧建设10—100米宽的防护林；道路、居住区和附属机关、学校、医院、工厂等单位防护林及护堤树等的绿地指标，县（市）区人民政府和3个开发（度假）区、呈贡新城、空港经济区管委会负责本行政区域内的园林绿化工作，城市（镇）规划区域范围内的园林绿化工作由县（市）区园林绿化行政管理部门和三个开发（度假）区、呈贡新城、空港经济区管委会园林绿化管理机构具体负责；城市（镇）规划区范围以外的绿化工作，由各级林业部门负责。

## 滇池湖滨"四退三还一护"生态建设

在2008年全市"两退两还"（退塘、退耕与还湖、还湿）工作基本完成的基础上，为加快推进滇池湖滨"四退三还一护"（通过退塘、退田、退人、退房，实现还湖、还林、还湿地、护水）生态建设工作，2009年7月17日，市政府以"昆政发"文件下发《滇池湖滨"四退三还一护"生态建设工作指导意见》（以下简称《意见》）。《意见》明确：成立滇池湖滨"四退三还一护"工作协调领导小组，统一指导和协调全市"四退三还一护"湖滨生态建设工作。结合新农村建设和"迁村并点"的工作，按照统一规划、统一实施、因地制宜、市县联动、县区为主实施的工作原则，于年底前基本完成滇池保护界桩外延100米以内区域（如遇环湖公路在界桩外延100米范围内的，以环湖公路为界限）的环湖生态修复核心区5万亩（约33.3平方千米的区域）的"四退三还一护"工作。该范围主要是滇池外海，涉及滇池沿湖的官渡、西山、呈贡、晋宁4个县（区）和滇池旅游度假区共12个乡（镇）、59个行政村，迁移人口约2.5万人，房屋及建（构）筑物面积约160多万平方米。在"四退三还一护"工作中，要严格执行土地利用总体规划、城乡规划和滇池环湖生态建设规划，坚持保护耕地和节约、集约利用土地，通过产业结构、承包经营权调整，城乡建设用地增减挂钩、农村住宅统建安置等渠道，依法遵规、科学高效实施"四退三还一护"用地保障和管理；安置新区建设应当符合城镇总体规划、土地利用总体规划及村镇建设规划等专业规划，按照"三高、三化、三精"（高起点、高标准、高品位规划，标准化、规范化、工艺化建设，精心、精细、精品管理）的要求，遵循统一规划、合理布局、因地制宜、集中建设、集约用地、综合开发、配套建设、方便生活、有利生产的原则，按照建设新村置换旧村的方针，实行先规划后建设；原则上实行农业人口一次性转为城镇人口，并与城镇人口享有同等的权益和待遇；在实施范围内的机关和中央驻昆、省、市、区属企事业单位的"四退三还一护"搬迁工作按照"省级（及省级以上）省管、市级市管、其他县区（管委会）管"的原则自主负责实施搬迁，市级有关部门要切实做好迁建工作的选址、行政审批、土地置换等相关工作，辖区政府要帮助协调落实迁建方案，解决迁建中的相关问题，确保按期完成迁建任务；湖滨生态建设应遵循因地制宜、科学合理的原则，以自然恢复为主，适当增加湿生乔木比例，最终实现自然生态最大化、工程措施最小化、投入成本最低化、维护管理简约化的目标；资金投入比例根据各县区（管委会）"四退三还一护"的不同情况分摊。

## 滇池水体污染物去除补偿

根据"湖外截污，杜绝增量，湖内清污，减少存量"的滇池治理原则，为经济有效地实行"湖内清污，减少存量"，鼓励社会各界积极参与滇池治理工作，市滇池管理局在委托云南大学、滇池生态研究所的专家开展滇池水体污染物去除补偿标准研究的基础上，牵头拟定了《昆明市滇池水体污染物去除补偿办法（试行）》（以下简称《补偿办法》），经市政府常务会议研究同意后，2010年10月19日由市政府办公厅以"昆政办"文件下发施行。《补偿办法》明确：补偿范围为市政府统一组织的，单位或团体按照自愿原则，利用自筹资金（非政府投资）从事的采取市场化运作方式去除滇池水体污染物的内源污染治理项目；项目的实施必须将污染物从滇池水体中取出离开水体进行无害化、减量化和资源化处理，并不会造成二次污染及其他不良影响；项目必须按照程序申报并列入年度实施计划名单，并且已按有关规定及合同约定实施完毕、通过验收核准的项目。市政府成立以分管副市长为组长，分管副秘书长为副组长，市滇管、环保、发改、财政、审计、目督、监察等部门主要领导为成员的滇池水体污染物去除补偿工作领导小组；领导小组下设办公室在市滇管局，承办领导小组交办的各项工作任务，制定并发布年度项目指南，受理项目申请，组织专家进行评审，批准项目，管理和监督项目实施，按规定结算项目补偿资金。成立专家咨询组，负责污染物去除补偿工作中的技术咨询、评估，对项目的必要性、可行性、补偿资金、污染物去除量核定、去除效果、风险、效益等进行评审，提出切实可行的指导意见以及项目补助建议方案；专家咨询组实行项目评估、污染物去除量核准责任制；专家咨询组由领导小组根据具体项目的专业、技术等要求聘请专家组成项目专家组。成立项目监理组，实行第三方环境监理，认真执行监理程序，对列入年度实施计划的项目实行全方位、全过程的环境监理，有效控制新污染源、降低行政监管成本，提高工程建设水平，充分发挥投资效益及环保效益，同时对污染物去除量进行现场认定。滇池治理实施项目通过昆明市政府信息公开门户网站对外发出公告公开征选；符合项目要求范围的企业、团体，可按程序及要求进行申报，参与竞争。项目的取得可通过招标、拍卖等公开竞争的方式确定；对因客观条件限制难以通过招标、拍卖等方式的，经滇池水体污染物去除补偿工作领导小组办公室同意，可以采用协商、竞争性谈判、招募等方式取得。通过公开招投标确定具有资质的第三方组成监理组，建立过程监管的监管制度，科学、合理地对项目实施进行全方位、全过程的环境监理，确保项目承担单位严格按照批准的实施内容执行。项目实施完成后，由办公室组织专家咨询组，对申请补偿项目监测数据进行核准，并依据审查通过的核算方法，核定污染物去除量，提出补偿建议，由办公室通过昆明市政府信息公开门户网站对核定补偿项目基本情况公示20天，公示期满后，将公示的基本情况、意见和建议收集及采纳等情况书面上报领导小组，待领导小组审定后，将最终结果向社会公告。补偿标准为按照水污染防治的要求和治理成本，补偿资金以考核因子去除量作为补偿标准基数乘以等级系数计算（具体公式为补偿资金=补偿标准基数×等级系数）。其中，补偿标准基数和等级系数由滇池水体污染物去除补偿工作领导小组根据项目类型、去除区域、国民经济发展状况及社会承受能力等因素确定；考核因子可根据水质变化及实际需要适当调整。2010年试行的项目补偿标准采用以总氮（TN）、总磷（TP）作为双因子核算的补助标准，TN每吨补偿5万元、TP每吨补偿20万元，等级系数将根据滇池治理实际情况，由科研部门研究提出，报滇池水体污染物去除补偿工作领导小组确定。滇池水体污染物去除补偿资金纳入财政预算，设立专项，依法多渠道筹集。

## 滇池湖滨生态带管理维护

为加强滇池湖滨带的管理，2010年1月12日，昆明市出台《滇池湖滨生态带管理维护指导意见》（以下简称《意见》）。《意见》明确规定：滇池保护界桩外延100米以内区域（如遇环湖公路在界桩外延100米范围内的，以环湖公路为界限）的环湖生态修复核心区为生态带管护范围；生态带管护坚持辖区政府统一管理、保护生物多样性、可持续发展、科学性的基本原则；管护内容为植物保护、病虫害防治、植物收割、资源利用等。要求加强领导，明确责任，各县（区）政府（管委会）主要领导是第一责任人，对湖滨生态带管理维护工作负总责；要确定湖滨生态带自然保护区，并根据各县（区、管委会）的具体情况，出台相应的管理办法和条例，使滇池湖滨生态带管护工作步入法制化管理轨道；加强宣传，营造氛围，可利用录像、多媒体、电视纪录片、宣传手册等多种形式，在公众、当地居民和管理人员中开展生态带管护教育项目，建立小型的生态带保护教育中心，挑选具有一定审美价值的生态带环境作为基地，使公众有机会认识到生态带的生态环境效益和其他价值；加强组织管理及保护监督体系，加强管理队伍建设，建立联合执法和执法监督的体制，大力提高管理能力和水平，加大对生态带的保护执法力度，严格执法，依法处理各类违法违纪事件。

## 水源保护区扶持补助

为保障昆明城市饮水安全，确保松华坝水库、云龙水库水量稳定，水质优良，解决好水源保护区群众的生产生活问题，根据《昆明市松华坝水库保护条例》《昆明市云龙水库保护条例》和《中共昆明市委昆明市人民政府关于进一步加强集中式饮用水源保护的实施意见》的有关规定，制定了《昆明市松华坝云龙水源保护区扶持补助办法》（以下简称《办法》）。《办法》明确：扶持补助按有利于提高松华坝水库、云龙水库水质，推进环境保护和生态建设，改善水源区群众生产、生活条件，调动水源区干部群众保护生态环境和水资源的积极性的原则进行，具体分为生产扶持、生活和管理补助3类。其中：生产扶持是对水源保护区实施永久性退耕还林的，每年每亩补助现金300元、管理费20元；生态林补助期为16年，经济林补助期为10年，管理费补助期为5年；第一年种植生态林每亩一次性补助种苗费100元，种植经济林每亩一次性补助种苗费300元。松华坝水源一、二级区耕地由市政府统一租用，2011年每亩租金750元，年租金每亩递增30元。云龙水源区补助标准由禄劝县政府参照松华坝水源区政策，结合当地租用耕地的租金价格确定，报市政府审定后执行。对水源保护区马铃薯、豆类、中药材、食用菌等生产基地，连片500亩以上，符合水源地保护规划要求，制订生产和管理技术标准，按有机绿色无公害食品标准组织生产并通过相关产品认证，生产技术和设施先进，管理规范的，每年每亩给予种植户100元的良种补助。对水源保护区安装太阳能热水器（3平方米/户）的每户补助1500元；建设"一池三改"沼气池的每户补助2000元（含中央、省级补助1000元）。按全市农村劳动力转移培训计划，对水源区给予重点倾斜。对两县区在松华坝、云龙水源区实施的湿地建设、垃圾、污水处理、生态建设等项目适当给予建设和运行管理经费补助。生活补助是对水源保护区农业人口就读小学的小学生每生每年补助生活费1000元，初中生每生每年补助生活费1200元，高中（含职高）、中专（含技校）学生每生每年补助学费1500元，全日制普通高校正式录取的大学生每生一次性补助生活费3000元；对水源区农业人口每人每月补助能源费14元；对松华坝、云龙水源区农业人口自愿参加新型农村合作医疗的，每人每年补助国家规定个人应交纳部分的80%，其余20%由个人承担。管理补助是安排松华坝水源区护林人员工资160万元、松华坝水源区保洁人员工资100万元、市级水源保护监督管理经费50万元、松华坝水源区保护和管理工作经费70万元，云龙水源区护林工资、保洁工资和监督管理经费补助由禄劝县政府参照松华坝水源区标准核定。松华坝水源区补助对象为滇源、阿子营街道持有农村户口的居民；盘龙区松华、龙泉街道所辖水箐、新村、老白龙、倒座、三丘田、马家庵居民小组，双龙街道所辖三潮水、烧灰窑、蜜岭新村、旧关、小石桥、庄房居民小组持农村户口的居民，龙泉街道中坝社区的中坝、郑家、张家寺、雨树居民小组和上坝社区的竹园、上坝、回龙居民小组，茨坝街道花渔沟社区小哨居民小组持农村户口的居民。云龙水源区补助对象限定于云龙水库径流区禄劝县所辖的全部农业人口；云龙水源区对于村庄位于水源保护区外，有部分山林、耕地在水源保护区内的农村居民参照松华坝水源区政策给予能源补助。扶持补助资金实行总额核定，动态管理。生产扶持项目严格执行国家基本建设程序，50万元以下项目可适当简化。偷砍、盗伐林木，违法开垦土地，乱倒垃圾、污水的，视情节取消该户当月直至全年的能源补助、学生补助。松华坝、云龙水源保护区扶持补助资金纳入财政专户，实行收支两条线管理。松华坝水源区扶持补助所需资金列入市级财政预算；云龙水源区扶持补助所需资金列入禄劝县财政预算，云龙水库水资源费按相关规定返还后，不足部分市级财政给予补助。各项补助资金直接兑付给受益人员，属于"一折通"发放方式的，按"一折通"发放；非"一折通"发放的，按原渠道发放。扶持补助自2011年1月1日起实行，至2015年12月31日止，实施期限5年（退耕还林补助期限按本办法中的具体条款执行）。

## 入湖河道保护范围划定

2011年3月22日，昆明市滇池流域水环境综合治理指挥部批复同意市滇池管理局参照《中华人民共和国河道管理条例》《昆明市河道管理条例》《昆明市入滇河道综合整治指导意见》《昆明中心城市水系专项规划》《昆明市城市防洪总体规划》，结合河道功能，河道周边用地性质、环境条件拟定的入湖河道两岸控制线范围并予以公示。

### 昆明市主要入湖河道保护范围一览表

表6-3-2

| 序号 | 河 名 | 责任辖区河道长度（千米）及"河道保护界桩"设置数（棵） | 断 面 | 里程（米） | 现状河宽（米） | 河道两岸控制线范围 | |
|---|---|---|---|---|---|---|---|
| | | | | | | 河道规划宽（蓝线）（米） | 绿线控制范围（米） |
| 1 | 盘龙江★★（全长26.5千米） | 五华区（段）河道长10.7，河道设置界桩11；盘龙区（段）河道长17.3，河道设置界桩24；官渡区（段）河道长10.8，河道设置界桩11；西山区（段）河道长6.8，河道设置界桩7；度假区（段）河道长4.8，河道设置界桩5（河道责任辖区：松华坝水库坝底至大花桥左右两侧以及大花桥至得胜桥右侧均为盘龙区；大花桥至得胜桥左侧为五华区；得胜桥至入湖口右侧为官渡区；得胜桥至广福路左侧为西山区；广福路至入湖口左侧为度假区。） | 松华坝—7204公路 | 3870 | 18—45.4 | 18—45.4 | 40 |
| | | | 7024公路—霖雨桥 | 3440 | 26.9—35.8 | 26.9—35.8 | |
| | | | 霖雨桥—十里长街 | 11610 | 22—56 | 22—56 | 50 |
| | | | 十里长街—入湖口 | 6880 | 24—40 | 27.4—46 | |

续表

| 序号 | 河 名 | 责任辖区河道长度（千米）及"河道保护界桩"设置数（棵） | 断 面 | 里程（米） | 现状河宽（米） | 河道两岸控制线范围 | |
|---|---|---|---|---|---|---|---|
| | | | | | | 河道规划宽（蓝线）（米） | 绿线控制范围（米） |
| 2 | 新运粮河★（全长14.32千米） | 五华区（段）河道长4.8，河道两侧共设置界桩10；西山区（段）河道长4.45，河道两侧共设置界桩10；高新区（段）河道长5.07，河道两侧共设置界桩10 | 科技路 | 0 | 6.1 | 6.1 | 30 |
| | | | 科开路 | 385 | 6.1 | 6.1 | |
| | | | 科新路 | 851 | 6.1 | 6.1 | |
| | | | 科发路 | 1380 | 6.1 | 6.1 | |
| | | | 国际花园（科泰路） | 1829 | 6.1 | 6.1 | |
| | | | 昆瑞路 | 2136 | 6.1 | 6.1 | |
| | | | 科锦路 | 2619 | 6.1 | 6.1 | |
| | | | 科医路 | 3022 | 6.1 | 6.1 | |
| | | | 科光路 | 3349 | 6.1 | 6.1 | |
| | | | 米轨铁路 | 3448 | 6.1 | 6.1 | |
| | | | 人民西路 | 4056 | 12.3 | 12.3 | |
| | | | 兴苑路 | 4876 | 8 | 11 | |
| | | | 成昆铁路 | 5608 | 6.8 | 11 | |
| | | | 西边小河汇口（西部石材城1） | 5978 | 12.7 | 12.7 | |
| | | | 西部石材城2 | 6206 | 11 | 11 | |
| | | | 西部石材城3 | 6358 | 11.8 | 11.8 | |
| | | | 西部石材城4 | 6586 | | | |
| | | | 西部石材城5 | 6696 | 13.3 | 13.3 | |
| | | | 石安公路 | 6805 | 11 | 14.5 | |
| | | | 积善村1 | 6908 | 9.9 | 50 | 40 |
| | | | 积盛路（积善村2） | 7615 | 8.9 | 50 | |
| | | | 沙沟汇口下 | 8036 | 21.3 | 50 | |
| | | | 积善村3 | 8363 | 11.1 | 50 | |
| | | | 草海入口 | 8550 | 24 | 57 | |
| 3 | 大清河★（全长13.55千米） | 盘龙区（段）河道长3.45，河道两侧共设置界桩8；官渡区（段）河道长10.1，河道两侧共设置界桩20 | 张家庙 | 0 | 23.2 | 23.2 | |
| | | | 梁家村 | 2120 | 32.3 | 32.3 | |
| | | | 华商之家上界 | 2730 | 32.3 | 32.3 | |
| | | | 环湖东路 | 4250 | | | |
| | | | 入滇池口 | 6280 | | | |

续表

| 序号 | 河名 | 责任辖区河道长度（千米）及"河道保护界桩"设置数（棵） | 断面 | 里程（米） | 现状河宽（米） | 河道两岸控制线范围 | |
|---|---|---|---|---|---|---|---|
| | | | | | | 河道规划宽（蓝线）（米） | 绿线控制范围（米） |
| 4 | 海河★（全长16.21千米） | 盘龙区（段）河道长5.11，河道两侧共设置界桩10；官渡区（段）河道长11.1，河道两侧共设置界桩22 | 白沙河水库坝址 | 0 | 1.7 | 7 | 30 |
| | | | 东支连接线 | 380 | 3 | | |
| | | | 大桥村公路桥涵 | 796 | 3.1 | 8 | |
| | | | 浩宏物流 | 2301 | 9.2 | 10 | |
| | | | 铁路便桥上游坎 | 3132 | 5.1 | 13 | |
| | | | 铁路桥涵 | 3287 | 6.1 | | |
| | | | 米轨铁路桥涵 | 3642 | 6.8 | | |
| | | | 昆石公路坎 | 4695 | 11.9 | | |
| | | | 朱家村立交 | 5150 | 4.1 | | |
| | | | 旧货市场路口闸 | 5552 | 8.4 | | |
| | | | 飞机场上游桥 | 6248 | 5.1 | 14 | |
| | | | 飞机场上游坎 | 6929 | 4.7 | | |
| | | | 飞机场上段 | 7261 | 3.5 | | |
| | | | 飞机场中段 | 7862 | 13.2 | | |
| | | | 飞机场（中闸村） | 9397 | 12.2 | 16 | |
| | | | 七甲下 | 10767 | 8 | 17 | 40 |
| | | | 六甲电影院 | 12027 | 3.8 | 18 | |
| | | | 六甲闸 | 12631 | 7.4 | | |
| | | | 六甲下游 | 12853 | 5.3 | | |
| | | | 韩家村上 | 13046 | 4 | | |
| | | | 韩家村 | 13226 | 7.9 | | |
| | | | 华商之家项目入口 | 13344 | 18 | | |
| | | | 陶李村 | 13774 | 9.4 | | |
| | | | 下曹村 | 14302 | 4.7 | | |
| | | | 环湖东路 | 14622 | 8.5 | 18 | |
| | | | 入滇池口 | 15599 | 18 | | |

续表

| 序号 | 河名 | 责任辖区河道长度（千米）及"河道保护界桩"设置数（棵） | 断面 | 里程（米） | 现状河宽（米） | 河道两岸控制线范围 | |
|---|---|---|---|---|---|---|---|
| | | | | | | 河道规划宽（蓝线）（米） | 绿线控制范围（米） |
| 5 | 新宝象河★（全长35.2千米） | 官渡区（段）河道长21.6，河道两侧共设置界桩44；经开区（段）河道长13.6，河道两侧共设置界桩28 | 宝象河水库坝址 | 0 | 6 | 9 | 40 |
| | | | 小干河汇口前 | 4190 | 5.95 | | |
| | | | 小干河汇口后 | 4320 | 4.2 | 12 | |
| | | | 槽河汇口前 | 8167 | 9.66 | | |
| | | | 槽河汇口后 | 8257 | 6.29 | 16 | |
| | | | 白土村坎顶 | 12947 | 9 | 18 | |
| | | | 白土村坎底 | 12950 | 9 | | |
| | | | 海子大桥坎顶 | 13415 | 13.9 | | |
| | | | 海子大桥坎底 | 13418 | 13.9 | | |
| | | | 干海子水文站 | 14975 | 9.8 | 22 | |
| | | | 鸳鸯坝（上） | 16455 | 17.8 | | |
| | | | 鸳鸯坝（下） | 16507 | 19.4 | | |
| | | | 东绕城线坎顶 | 17815 | 12.9 | | |
| | | | 东绕城线坎底 | 17818 | 12.9 | | |
| | | | 老昆石公路 | 18945 | 13 | 22 | |
| | | | 昆石高速坎顶 | 20735 | 13 | | |
| | | | 昆石高速坎底 | 20738 | 13 | | |
| | | | 昆河铁路 | 23345 | 9.8 | | |
| | | | 羊甫分洪闸 | 23915 | 22 | | |
| | | | 叠坎1顶 | 24165 | 22 | | |
| | | | 叠坎1底 | 24165 | 22 | | |
| | | | 叠坎2顶 | 24400 | 22 | | |
| | | | 叠坎2底 | 24400 | 22 | | |
| | | | 昆洛路叠坎顶 | 24635 | 22 | | |
| | | | 昆洛路叠坎脚 | 24708 | 25 | 25 | 40 |
| | | | 彩云北路 | 26252 | 30 | 30 | |
| | | | 广福路 | 27447 | | | |
| | | | 向阳园小区上界 | 28108 | | 38 | 50 |
| | | | 向阳园小区下界 | 28795 | | | |

续表

| 序号 | 河名 | 责任辖区河道长度（千米）及"河道保护界桩"设置数（棵） | 断面 | 里程（米） | 现状河宽（米） | 河道两岸控制线范围 | |
|---|---|---|---|---|---|---|---|
| | | | | | | 河道规划宽（蓝线）（米） | 绿线控制范围（米） |
| 5 | 新宝象河★（全长35.2千米） | 官渡区（段）河道长21.6，河道两侧共设置界桩44；经开区（段）河道长13.6，河道两侧共设置界桩28 | 南连接线 | 29994 | 33 | | |
| | | | 环湖东路 | 31252 | 33 | 38 | |
| | | | 入滇池口 | 32240 | 33.4 | | |
| 6 | 马料河★（全长15.85千米） | 官渡区（段）河道长6.6，河道两侧共设置界桩14；呈贡新区（段）河道长1.87，河道两侧共设置界桩4；经开区（段）河道长7.38，河道两侧共设置界桩14 | 果林水库坝址 | 0 | | 5 | 40 |
| | | | 国际物流中心上界 | 2709 | 6.96 | | |
| | | | 铁路 | 2819 | 3.2 | 8 | |
| | | | 大张溪营 | 3899 | 8.3 | | |
| | | | 南昆铁路1跌坎上 | 4281 | 4.8 | | |
| | | | 南昆铁路1跌坎下 | 4281 | 4 | | |
| | | | 南昆铁路2 | 4530 | 4.7 | | |
| | | | 昆河铁路 | 4993 | 8.1 | | |
| | | | 新石桥 | 5088 | 5.4 | 8 | |
| | | | 四季桥 | 5732 | 4.8 | | |
| | | | 麻荽村闸跌坎上 | 7075 | 4.7 | | |
| | | | 麻荽村闸跌坎下 | 7096 | 8 | 10 | |
| | | | 昆玉高速路 | 7474 | 11.4 | 11.4 | |
| | | | 彩云路 | 9022 | 3.9 | 10 | |
| | | | 彩云路分洪闸（左支） | 9124 | 4.2 | | |
| | | | 入滇池口（矣六） | 12444 | 5 | 8 | |
| | | | 彩云洛路分洪闸（右支） | 9124 | 4.1 | | |
| | | | 入滇池口（关锁） | 12484 | 11.8 | 11.8 | |
| 7 | 洛龙河★（全长11.5千米） | 呈贡新区（段）河道长10.5，河道两侧共设置界桩22；经开区（段）河道长1，河道两侧共设置界桩4 | 石夹子隧洞 | 0 | 2.5 | 8 | 40 |
| | | | 白龙潭水库 | 0 | 2 | 4 | |
| | | | 黑白龙潭汇口上（左支） | 1645 | 2 | 5 | |
| | | | 黑白龙潭汇口 | 1661 | 4 | 12 | |
| | | | 石龙坝水库汇口上 | 3096 | 4.2 | | |

续表

| 序号 | 河名 | 责任辖区河道长度（千米）及"河道保护界桩"设置数（棵） | 断面 | 里程（米） | 现状河宽（米） | 河道两岸控制线范围 | |
|---|---|---|---|---|---|---|---|
| | | | | | | 河道规划宽（蓝线）（米） | 绿线控制范围（米） |
| 7 | 洛龙河★（全长11.5千米） | 呈贡新区（段）河道长10.5，河道两侧共设置界桩22；经开区（段）河道长1，河道两侧共设置界桩4 | 石龙坝水库汇口下 | 3408 | 3.9 | 12 | |
| | | | 彩云中路坎顶 | 4681 | 8.5 | | |
| | | | 彩云中路坎底 | 4781 | 8.5 | | |
| | | | 昆玉高速路 | 6742 | 9.3 | 9.3 | |
| | | | 昆洛路坎顶 | 9272 | 7.6 | 15 | |
| | | | 昆洛路坎底 | 9277 | 7.6 | | |
| | | | 下古城一 | 10122 | 6.4 | | |
| | | | 入滇池口 | 10252 | 11 | | |
| 8 | 捞鱼河★（全长15.044千米） | 呈贡区（段）河道长10.37，河道两侧共设置界桩20；度假区（段）河道长4.674，河道两侧共设置界桩10 | 段家营坎顶 | 1900 | 1 | 4—13 | 40 |
| | | | 段家营坎底 | 1900 | 1 | | |
| | | | 廖家营坎顶 | 3852 | 2.4 | | |
| | | | 廖家营坎底 | 3852 | 2.4 | | |
| | | | 郑家营汇口上 | 4837 | 3 | | |
| | | | 跌坎14坎顶（郑家营汇口下） | 4874 | 3 | 15 | |
| | | | 跌坎17坎顶（市招生办公室新址坎顶） | 5584 | 11.5 | | |
| | | | 跌坎17坎底 | 5584 | 11.5 | | |
| | | | 跌坎24坎顶（3号橡胶坝） | 8328 | 5 | 11.5—18 | |
| | | | 跌坎24坎底（3号橡胶坝） | 8348 | 5 | | |
| | | | 昆玉高速路下侧坎顶 | 10445 | 3.2 | 20 | |
| | | | 昆玉高速路下侧坎底 | 10445 | 3.2 | | |
| | | | 梁王河汇口下坎顶 | 11829 | 7 | 24 | |
| | | | 梁王河汇口下坎底 | 11829 | 7 | | |
| | | | 入滇池口 | 15459 | 10 | | |
| 9 | 梁王河★（全长10.14千米） | 度假区（段）河道长1.8，河道两侧共设置界桩4；呈贡新区（段）河道长1.8，河道两侧共设置界桩4；高新区（段）河道长6.54，河道两侧共设置界桩14 | 横冲水库坝址 | 0 | 3 | 4 | 30 |
| | | | 化城（分洪前） | 5000 | 4 | 6 | |
| | | | 昆玉高速路（石头村） | 8400 | 3.5 | 6 | |

续表

| 序号 | 河 名 | 责任辖区河道长度（千米）及"河道保护界桩"设置数（棵） | 断 面 | 里程（米） | 现状河宽（米） | 河道两岸控制线范围 | |
|---|---|---|---|---|---|---|---|
| | | | | | | 河道规划宽（蓝线）（米） | 绿线控制范围（米） |
| 10 | 老盘龙江（全长2.8千米） | 官渡区（段）河道长2.8，河道两侧共设置界桩6 | 洪家村—新河村入湖口 | 2800 | 6—12 | 6—12 | 30 |
| 11 | 大观河（全长4.2千米） | 五华区（段）河道长1，河道两侧共设置界桩4；西山区（段）河道长3.2，河道两侧共设置界桩6 | 大观分洪闸 | 0 | 22 | 22 | 30（东侧） |
| | | | 篆新桥 | 1159 | 20.3 | 20.3 | |
| | | | 环西桥 | 1451 | 19.4 | 19.4 | |
| | | | 清源桥 | 2098 | 19.8 | 19.8 | |
| | | | 东陆桥 | 2377 | 21.9 | 21.9 | |
| | | | 近华浦路桥 | 2675 | 22.8 | 22.8 | |
| | | | 大观河闸 | 3013 | 9.4 | 9.4 | |
| | | | 入草海口 | 3959 | 40.5 | 40.5 | |
| 12 | 西坝河（全长8.49千米） | 五华区（段）河道长0.77，河道两侧共设置界桩4；西山区（段）河道长7.72，河道两侧共设置界桩16 | 大观分洪闸 | 0 | 6 | 6 | 30 |
| | | | 西华园 | 2270 | | 暗河 | |
| | | | 阳光花园平桥 | 3920 | | | |
| | | | 新河村 | 6600 | 2.5 | 10 | 30 |
| | | | 入滇池口 | 7450 | 13 | 13 | |
| 13 | 采莲河（全长11.2千米） | 西山区（段）河道长6，河道两侧共设置界桩12；度假区（段）河道长5.2，河道两侧共设置界桩10 | 黄瓜营—南二环 | 0 | | 暗河 | |
| | | | 河尾村—河尾村泵站 | 4140 | 12—14 | 12—20 | 30 |
| | | | 河尾村—中泵站 | | | | |
| | | | 河尾村—东门泵站 | | | | |
| 14 | 金家河（全长7.9千米） | 西山区（段）河道长4.54，河道两侧共设置界桩10；度假区（段）河道长3.36，河道两侧共设置界桩6 | 四道坝 | 0 | 3 | 3 | 30 |
| | | | 环湖东路 | 3055 | 6 | 6 | |
| | | | 河尾小村桥 | 3648 | 4 | 4 | |
| | | | 入滇池口 | 5040 | 13 | 13 | |
| 15 | 船房河（全长11.4千米） | 五华区（段）河道长5，河道两侧共设置界桩10；西山区（段）河道长6.4，河道两侧共设置界桩12 | 凯旋利 | 0 | 8 | 8 | 30 |
| | | | 阳光小区 | 1710 | 18 | 18 | |
| | | | 入草海口 | 5670 | 20 | 20 | |

续表

| 序号 | 河名 | 责任辖区河道长度（千米）及"河道保护界桩"设置数（棵） | 断面 | 里程（米） | 现状河宽（米） | 河道两岸控制线范围 | |
|---|---|---|---|---|---|---|---|
| | | | | | | 河道规划宽（蓝线）（米） | 绿线控制范围（米） |
| 16 | 乌龙河（全长3.68千米） | 西山区（段）河道长3.68，河道两侧共设置界桩8 | 成昆铁路 | 0 | 4.1 | 5 | 30 |
| | | | 大观园餐厅 | 760 | 5.7 | 6 | |
| | | | 入滇池口 | 1440 | 5.7 | | |
| 17 | 金汁河（全长28.1千米） | 盘龙区（段）河道长18.6，河道两侧共设置界桩38；官渡区（段）河道长9.5，河道两侧共设置界桩20 | 松华坝水库—枧槽河老官南路 | 28100 | 2—6 | 2—6 | 30 |
| 18 | 枧槽河（全长5.8千米） | 官渡区（段）河道长5.8，河道两侧共设置界桩12 | 菊花分洪闸—宝海公园 | | | 暗河 | 30 |
| | | | 宝海公园 | 0 | | | |
| | | | 关兴路 | 535 | | | |
| | | | 国贸路 | 765 | 16 | 16 | |
| | | | 双桥路（上） | 1200 | | | |
| | | | 双桥路（下） | 1280 | | | |
| | | | 春城路（兴铁宾馆） | 1800 | 17 | 17 | |
| | | | 日新路 | 2100 | | | |
| | | | 向化桥 | 3931 | 20 | 20 | |
| | | | 张家庙 | 5715 | | | |
| 19 | 虾坝河（全长6.3千米） | 官渡区（段）河道长6.3，河道两侧共设置界桩12 | 南连接线 | 0 | 6.8 | 6.8 | 30 |
| | | | 华商之家上界 | 528 | 7.2 | 7.2 | |
| | | | 华商之家上界以南340米 | 868 | 11.5 | 11.5 | |
| | | | 小河嘴村 | 1828 | 6.7 | 6.7 | |
| | | | 进五甲塘生态公园公路桥 | 2123 | 10.9 | 10.9 | |
| | | | 昌宏路 | 2207 | 10.5 | 10.5 | |
| | | | 环湖东路 | 2413 | 20.7 | 20.7 | |
| | | | 入滇池口 | 2940 | 20 | 20 | |

续表

| 序号 | 河名 | 责任辖区河道长度（千米）及"河道保护界桩"设置数（棵） | 断面 | 里程（米） | 现状河宽（米） | 河道规划宽（蓝线）（米） | 绿线控制范围（米） |
|---|---|---|---|---|---|---|---|
| 20 | 姚安河（全长3.6千米） | 官渡区（段）河道长3.6，河道两侧共设置界桩8 | 南连接线 | 3060 | 8.7 | 8.7 | 30 |
| | | | 昌宏路 | 336 | 8.7 | 8.7 | |
| | | | 螺蛳堆村口 | 1023 | 6.8 | 6.8 | |
| | | | 华商之家上界 | 1316 | 8.89 | 8.89 | |
| | | | 华商之家上界以南30米 | 1346 | 8.9 | 8.9 | |
| | | | 环湖东路上游230米 | 1768 | 9 | 9 | |
| | | | 环湖路 | 1998 | 12 | 12 | |
| | | | 入滇池口 | 2490 | 18 | 18 | |
| 21 | 王家堆渠（全长3.5千米） | 西山区（段）河道长3.5，河道两侧共设置界桩8 | 普坪村电厂—东风坝 | 3527 | 1—8 | 1—8 | 30 |
| 22 | 老运粮河（全长10.55千米） | 五华区（段）河道长5.35，河道两侧共设置界桩10；西山区（段）河道长4.2，河道两侧共设置界桩8；高新区（段）河道长1，河道两侧共设置界桩4 | 二环北路 | 0 | 6.36 | 6.4 | 30 |
| | | | 市搪瓷厂 | 521 | 3.55 | 7 | |
| | | | 学府路 | 810 | 5.72 | | |
| | | | 兴苑路七亩沟汇口上 | 3685 | 6 | | |
| | | | 兴苑路七亩沟汇口下 | 3735 | 10.2 | 10.2 | |
| | | | 龙华仓储 | 5825 | 10.5 | 10.5 | |
| | | | 入滇池口 | 6495 | 16 | 16 | |
| 23 | 老宝象河（全长10千米） | 官渡区（段）河道长10，河道两侧共设置界桩20 | 广福路 | 0 | 5 | 5 | 30 |
| | | | 季官村分洪闸 | 706 | 5 | 5 | |
| | | | 华商之家上界上游430米 | 2513 | 6.1 | 6.1 | |
| | | | 华商之家上界 | 2943 | 8 | 8 | |
| | | | 环湖东路 | 3655 | 8.4 | 8.4 | |
| | | | 环湖东路下12米 | 3667 | 6.6 | 6.6 | |
| | | | 宝丰村 | 4652 | 5.6 | 5.6 | |
| | | | 严家村镇海阁 | 5526 | 8 | 8 | |
| | | | 入滇池口 | 5990 | 23 | 23 | |

续表

| 序号 | 河 名 | 责任辖区河道长度（千米）及"河道保护界桩"设置数（棵） | 断 面 | 里程（米） | 现状河宽（米） | 河道两岸控制线范围 | |
|---|---|---|---|---|---|---|---|
| | | | | | | 河道规划宽（蓝线）（米） | 绿线控制范围（米） |
| 24 | 五甲宝象河（全长8千米） | 官渡区（段）河道长8，河道两侧共设置界桩16 | 广福路 | 0 | 3 | 3 | 30 |
| | | | 昌宏路 | 676 | 3 | 3 | |
| | | | 永胜村 | 6289 | 3.5 | 3.5 | |
| | | | 南连接线 | 6420 | 3 | 3 | |
| | | | 华商之家上界 | 6549 | 3.5 | 3.5 | |
| | | | 华商之家中部 | 7549 | 5.8 | 5.8 | |
| | | | 小河嘴 | 8018 | 4.3 | 4.3 | |
| | | | 环湖东路上138米 | 8152 | 4 | 4 | |
| | | | 环湖东路 | 8290 | 6.3 | 6.3 | |
| | | | 入滇池口 | 9340 | 8.3 | 8.3 | |
| 25 | 六甲宝象河（全长9.7千米） | 官渡区（段）河道长9.7，河道两侧共设置界桩20 | 昌宏路 | 0 | 8 | 8 | |
| | | | 广福路 | 289 | 8 | 8 | |
| | | | 南连接线 | 8279 | 4 | 4 | |
| 25 | 六甲宝象河（全长9.7千米） | 官渡区（段）河道长9.7，河道两侧共设置界桩20 | 杨家小村 | 9983 | 3.3 | 3.3 | 30 |
| | | | 丁姚村 | 10394 | 5.5 | 5.5 | |
| | | | 东张村 | 10950 | 4 | 4 | |
| | | | 范家村 | 11297 | 3.5 | 3.5 | |
| | | | 环湖东路 | 11400 | 3.6 | 3.6 | |
| | | | 福保村口 | 12163 | 4 | 4 | |
| | | | 入滇池口 | 13149 | 4 | 4 | |
| 26 | 小清河（全长8.79千米） | 官渡区（段）河道长8.79，河道两侧共设置界桩18 | 广福路 | 0 | 5 | 5 | 30 |
| | | | 昌宏路（k0+240） | 236 | 5.3 | 5.3 | |
| | | | 张家沟 | 3190 | 6 | 6 | |
| | | | 华商之家上界 | 3407 | 6 | 6 | |
| | | | 南连接线 | 3780 | 6 | | |
| | | | 华商之家中部 | 4237 | 3.8 | | |
| | | | 环湖东路上69米 | 4998 | 8.5 | 8.5 | |
| | | | 环湖东路 | 5067 | 6.6 | 6.6 | |
| | | | 入滇池口 | 6370 | 8.3 | 8.3 | |

续表

| 序号 | 河名 | 责任辖区河道长度（千米）及"河道保护界桩"设置数（棵） | 断面 | 里程（米） | 现状河宽（米） | 河道规划宽（蓝线）（米） | 绿线控制范围（米） |
|---|---|---|---|---|---|---|---|
| | | | | | | 河道两岸控制线范围 | |
| 27 | 大河（淤泥河）（全长30.8千米） | 晋宁县（段）河道长30.8，河道两侧共设置界桩62 | 映山塘水库坝址 | 0 | 2.5 | 5 | 30 |
| | | | 江川公路 | 2070 | 4 | 6 | |
| | | | 小寨分洪闸入口 | 2670 | 4 | 8 | |
| | | | 昆洛路 | 4300 | 4 | | |
| | | | 环湖南路 | 12349 | 13.4 | 14 | |
| | | | 下海埂 | 12825 | 7 | | |
| | | | 景观道 | 13502 | 11.3 | | |
| | | | 入滇池口 | 13700 | 6.5 | | |
| 28 | 南冲河（全长10.91千米） | 晋宁县（段）河道长2.41，河道两侧共设置界桩4；高新区（段）河道长8.5，河道两侧共设置界桩18 | 白云水库坝址 | 0 | 2 | 6 | 30 |
| | | | 白云村 | 2600 | 2 | 8 | |
| | | | 昆洛路 | 5900 | 4 | 9 | |
| | | | 哨山河汇口 | 6700 | 4 | | |
| | | | 环湖南路上游78米 | 7355 | 9 | 15 | |
| | | | 环湖南路 | 7433 | 8 | | |
| | | | 景观道 | 8570 | 5.6 | | |
| | | | 入滇池口 | 8800 | 6.6 | | |
| 29 | 柴河（全长14.11千米） | 晋宁县（段）河道长14.11，河道两侧共设置界桩28 | 柴河水库坝址 | 0 | 5 | 10 | 30 |
| | | | 石头村 | 2020 | 6 | 16 | |
| | | | 观音山分洪闸 | 10900 | 8 | | |
| | | | 昆玉高速路 | 13860 | 12 | 18 | |
| | | | 环湖南路 | 14668 | 6.9 | 24 | |
| | | | 景观道 | 15181 | 4.3 | | |
| 30 | 东大河（全长17.13千米） | 晋宁县（段）河道长17.13，河道两侧共设置界桩34 | 双龙水库坝址 | 0 | 5 | 14 | 30 |
| | | | 昆洛路 | 410 | 6 | | |
| | | | 大春河水库出流汇口 | 540 | 5 | 16 | |
| | | | 洛武河水库出流汇口 | 2730 | 5 | 18 | |
| | | | 普家村昆玉铁路 | 3710 | 5.5 | 20 | |
| | | | 昆玉高速路匝道 | 8310 | 8.7 | 25 | |
| | | | 环湖南路 | 11987 | 11.6 | | |
| | | | 洪家村闸 | 12805 | 8.6 | | |
| | | | 入滇池口上游600米 | 13310 | 7.3 | 30 | |
| | | | 景观道 | 13766 | 11 | | |
| | | | 入滇池口 | 13910 | 13 | | |

续表

| 序号 | 河 名 | 责任辖区河道长度（千米）及"河道保护界桩"设置数（棵） | 断 面 | 里程（米） | 现状河宽（米） | 河道两岸控制线范围 | |
|---|---|---|---|---|---|---|---|
| | | | | | | 河道规划宽（蓝线）（米） | 绿线控制范围（米） |
| 31 | 茨巷河（全长4.38千米） | 晋宁县（段）河道长4.38，河道两侧共设置界桩8 | 晋宁小朴闸—入湖口 | 4380 | 8—25 | 8—25 | 30 |
| 32 | 中河（护城河）（全长5.11千米） | 晋宁县（段）河道长5.11，河道两侧共设置界桩10 | 东大河分洪闸（k0+000） | | 3 | 3 | 30 |
| | | | 东大河分洪闸—新区桥涵 | 525 | 3 | 4 | |
| | | | 新区桥涵（k0+525） | | 3 | 3 | |
| | | | 新区桥涵—瓦窑村 | 595 | 3—6 | 4—7 | |
| | | | 瓦窑村（k1+120） | | 6 | 6 | |
| | | | 昆洛公路（k2+380） | | 6 | 6 | |
| | | | 黑灰路（k2+680） | | 7 | 7 | |
| | | | 瓦窑村—外城河交口 | 2845 | 6—9 | 6—9 | |
| | | | 外城河交口（k3+965） | | 9 | 9 | |
| | | | 外城河交口—昆玉铁路 | 595 | 9—12 | 10—13 | |
| 32 | 中河（护城河）（全长5.11千米） | 晋宁县（段）河道长5.11，河道两侧共设置界桩10 | 昆玉铁路（k4+560） | | 5.8 | 12 | |
| | | | 昆玉铁路—环湖南路 | 880 | 12—24 | 13—25 | |
| | | | 环湖南路（k5+440） | | 24 | 24 | |
| | | | 环湖南路—景观道 | 330 | 24—26 | 25—27 | |
| | | | 景观道（k5+770） | | 26 | 26 | |
| | | | 景观道—入滇池口 | 280 | 26—30 | 27—31 | |
| | | | 入滇池口（k6+050） | | 30 | 31 | |
| 33 | 古城河（全长8.1千米） | 晋宁县（段）河道长8.1，河道两侧共设置界桩16 | 昆阳海口公路 | 0 | 5 | 5 | 30 |
| | | | 环湖南路 | 2169 | 6 | 6 | |
| | | | 景观道 | 2432 | 5.1 | | |
| | | | 入滇池口上游88米 | 2722 | 6 | | |
| | | | 入滇池口 | 2810 | 6 | | |
| 34 | 广普大沟（全长7千米） | 官渡区（段）河道长7，河道两侧共设置界桩14 | 老昆洛路广子路口—渔村入滇池口 | 7000 | 1—8 | 1—8 | 30 |

续表

| 序号 | 河 名 | 责任辖区河道长度（千米）及"河道保护界桩"设置数（棵） | 断 面 | 里程（米） | 现状河宽（米） | 河道两岸控制线范围 | |
|---|---|---|---|---|---|---|---|
| | | | | | | 河道规划宽（蓝线）（米） | 绿线控制范围（米） |
| 35 | 84条支流沟渠（全长301.965千米） | 五华区（段）支流沟渠总长49.46，河道两侧共设置界桩100；盘龙区（段）支流沟渠总长105.226，河道两侧共设置界桩210；度假区（段）支流沟渠总长19.465，河道两侧共设置界桩40；官渡区（段）支流沟渠总长20.3，河道两侧共设置界桩40；经开区（段）支流沟渠总长15.5，河道两侧共设置界桩32；高新区（段）支流沟渠总长6.195，河道两侧共设置界桩12；西山区（段）支流沟渠总长33.533，河道两侧共设置界桩68；呈贡新区（段）支流沟渠总长31.19，河道两侧共设置界桩62；晋宁县（段）支流沟渠总长21.096，河道两侧共设置界桩42 | | 1—5 | 3—6 | 15—25 |

蓝线：指按城市总体规划确定长期保留的河道规划线（河道上口宽度）；绿线：指按城市规划确定的绿地用地的规划控制线；水源区河道（冷水河、牧羊河）两岸控制线范围（绿线）不小于100米；★★为主要河道，★为重要河道，其他为一般河道，未列入此表中河道两岸控制线范围参照一般河道标准执行；"河道保护界桩"设置由各河道责任辖区政府组织实施，根据入湖河道实际情况采取疏密结合进行设置，原则上"河道保护界桩"间距为500—1000米，"河道保护界桩"应为混凝土浇注，地表以上部分尺寸为15（长）×15（宽）×70（高）。

## 滇池渔业资源捕捞权市场化运作

为切实加强滇池渔业资源和生态环境的保护，科学、合理地控制滇池封湖禁渔期内特殊渔业资源的捕捞强度，依法、有序地推进渔业资源捕捞权市场化运作，保障封湖禁渔期内滇池特殊渔业资源捕捞权规范出让，2011年8月2日市滇池管理局牵头制定并公布了《滇池渔业资源捕捞权市场化运作实施办法（试行）》自公布之日起施行。

## 滇池流域面山"五采区"重点区域植被修复

昆明市滇池流域"五采区"生态修复工作始于2007年。至2011年，全市共有99个"五采区（点）"实施了面积达9412亩的植被修复。在逐步修复治理中，滇池流域面山范围内的344个采点经过全面盘点后，按照植被修复项目连片规划管理的原则归整合为了33个采区，实施植被修复及郊野森林公园建设，并由市委、市政府重点督查督办推进。2013年初，昆明市出台《关于对滇池流域面山"五采区"重点区域植被修复工作的指导意见》，将33个"五采区"植被修复片区分为片区开发、捆绑开发、纯植被修复和不再采用植被修复4种类型，进行立项督办，并鼓励社会资本参与修复治理。其中：五华区西北沙河桃源，西山区普坪、石咀、白沙地，官渡区石将军，经开区黄土坡，高新区高登7个采区列为片区开发；五华区长虫山、石盆寺、马料盘，盘龙区九龙湾、两面寺、长虫山（与五华区长虫山相连为一个点），官渡区子君山6个采区列为捆绑开发；五华区锅盖山、老青山、平顶山，西山区白鱼、古莲，官渡区杨梅山，呈贡区白龙潭、刘家营、郎家营、缪家营，晋宁县上蒜、爬齿山、昆阳磷矿、梁王山，经开区黑龙潭、大新册，高新区梁王山、尖山，阳宗海管委会三家村19个采区列为纯植被修复治理；已自然恢复成型的五华区海源寺采区不再修复植被。2013年完成五华区锅盖山，西山区白鱼、古莲，晋宁县爬齿山、昆阳磷矿、梁王山，经开区大新册，高新区梁王山、尖山9个采区植被修复；2014年完成五华区长虫山、石盆寺、老青山、平顶山，盘龙区两面寺、盘龙区长虫山，官渡区子君山、杨梅山，呈贡区郎家营，晋宁县上蒜，经开区黑龙潭，阳宗海三家村12个采区植被修复；2015完成五华区马料盘，盘龙区九龙湾2个采区的植被修复，修复面积为2083亩；其余列入片区开发的7个采区和因国家铁路工程建设影响暂缓实施，2015年将全面完成滇池流域及其他重点区域"五采区"的植被修复工作。

## 滇池湖滨生态建设

滇池湖滨生态建设是滇池治理六大工程之一，是推进生态文明建设的重大举措。为进一步巩固和深入推进滇池湖滨生态建设和管理，按照《云南省滇池保护条例》和《昆明市城市总体规划》《环滇池生态保护规划》要求，2013年10月22日，市政府以"昆政发"文件下发了《关于深入推进滇池湖滨生态建设工作的意见》（以下简称《意见》）。《意见》明确：到2015年，基本完成滇池湖滨生态建设，逐步形成滇池湖滨良性生态系统，建立健全规范的长效管理机制，最大限度地发挥滇池湖滨生态在滇池治理和市域生态环境改善方面的重要作用。在保护滇池生态的前提下，科学做好滇池流域生态保护规划和环滇池区域开发建设规划，在保护中发展、在发展中保护，利用滇池独特的高原湖泊资源，打造环滇池生态圈、文化圈、旅游圈，努力实现人与自然的和谐。按照《云南省滇池保护条例》，滇池水域及保护界桩外延100米以内区域（如遇保护界桩在环湖路以外的，以环湖路以内的路缘线为界，含草海、外海）为滇池一级保护区，是滇池湖滨生态的核心区域，该区域严禁建设与生态建设保护无关的任何项目；一级保护区外延至环湖路以内区域，在加强生态保护的前提下，科学规划，适度布局生态旅游文化项目。滇池一级保护区土地只能用于生态建设，要通过土地使用权流转、集体土地征收、国有土地使用权收回等方式，依法遵规、高效合理地使用土地。其中，滇池湖滨生态建设需要使用的集体土地，可按土地承包经营权（其他集体土地使用权）流转的方式取得土地使用权，在保持土地所有权和农用地性质不变的前提下，开展滇池湖滨生态建设；确因滇池保护需要建设污染治理项目及生态管护设施（含航运码头）的，应当经市滇池管理局审查，报市人民政府审批，按相关规定和程序组织土地征收和农用地转用；明确了集体土地只征不转（一次性补偿）、国有土地使用权收回的办理程序。滇池一级保护区内单位及村庄拆迁安置工作以县区政府（管委会）为责任主体，按现行法律法规和政策，结合实际，制定房屋拆迁安置补偿方案并组织实施。房屋拆迁安置工作应结合"城乡建设用地增减挂钩"等相关政策实施；房屋拆迁后的土地使用，谁投资、谁受益；属市、县区政府（管委会）共同筹资补偿征收的，按"一地一策"的原则，协商处理；单位及村庄拆迁工作完成后，各县区政府（管委会）要尽快开展审计结算工作，明确土地权属，移交土地及相关资料，抓紧办理土地权属登记。安置房建设须按照城市居住区模式集中建设，由县区政府（管委会）统一选址、统一规划、统一组织实施；安置房建设所需土地原则上通过拍卖、挂牌等公开交易的方式获得；拆迁安置过渡期原则上不得超过24个月；对照房屋拆迁安置协议，确定安置房标准和建筑面积，依据县区政府（管委会）制定的房屋拆迁安置补偿方案中同类房屋拆迁补偿标准，确定货币补偿金额。一级保护区周边的建设项目，按照"谁建设谁保护、谁受益谁补偿"的原则，项目业主应按要求，将对应的一级保护区滇池湖滨生态建设与建设项目一并实施，或由项目业主筹资、县区政府（管委会）组织实施。纳入建设项目用地范围内的滇池湖滨生态建设用地，采用土地收储（预收储）的办法，由市、县级土地储备机构会同相关部门，根据相关规划，按照成片区的原则，将其纳入政府储备土地范围；规划部门划定储备土地红线，明确土地用途等基本规划建设条件；国土部门办理报批手续；土地储备机构筹集资金；县区政府（管委会）组织征地拆迁及补偿工作，实行征收（含一次性补偿）；一级保护区生态建设用地的土地使用权归属地政府（管委会），土地征收（一次性补偿）成本分摊到对应的出让地块，生态建设项目列入土地出让条件。在项目建设中，项目业主须将滇池湖滨生态建设规划（包含但不限于截污治污工程、防浪堤拆除、生态建设、慢行步道建设等市政配套设施）纳入建设项目规划报批并组织实施；滇池湖滨生态建设所需资金，由项目业主承担；建设项目实施前已由市、县区政府（管委会）完成的滇池湖滨生态建设，在今后建设项目实施时，其成本应纳入出让土地收储成本。建设项目范围内的滇池湖滨生态区域为公共区域，须对公众开放，其管理可由县区政府（管委会）委托项目业主实施，所需经费由项目业主承担。本意见执行前已完成土地出让工作的建设项目，由县区政府（管委会）牵头，会同相关部门和土地受让方，将相对应的滇池湖滨生态建设纳入该建设项目一并实施。滇池湖滨生态建设严格实行事前审查、建中监督、完工验收的管理制度。滇池湖滨生态建设方案须报市滇池管理局进行技术审查，生态建设完成后由市滇池管理局组织专项验收。滇池湖滨生态由各县区政府（管委会）实行属地管理，市、县区政府（管委会）滇池管理部门为滇池湖滨生态建设的行政主管部门，对滇池湖滨生态建设和管理行使行政管理职能；管理责任主体对滇池湖滨生态履行日常管理、维护、使用、处置、收益等权益和责任；在管理方式上可由各县区政府（管委会）直管，也可委托企业管理。鼓励各县区政府（管委会）通过招商引资、结合项目建设，提升滇池湖滨生态建设和管理水平。积极引进企业进行湖滨生态植物资源化利用。

## 滇池治理三年行动

为大力推进生态文明建设，全面推进滇池治理各项工作，2013年昆明市制定下发了《中共昆明市委昆明市人民政府关于开展滇池治理三年行动的意见》。《意见》明确：2013—2015年为完成滇池治理"十二五"目标任务的关键和攻坚阶段，通过彻底截污、水体置换、生态工程三大任务的实施，基本完成环滇池生态圈、文化圈、旅游圈"三圈"建设目标，形成滇池环湖生态屏障、生态旅游区、文化旅游休闲体验区。要求市、县（市）区各级领导，特别是党政一把手，在滇池治理工作上要亲自抓，既挂帅又出征，精心部署、周密安排，把滇池治理三年行动各项具体任务落到实处、务求实效。滇池流域内所有乡（镇、街道）要设立滇池管理所，做到县（区）、乡（镇、街道）滇池管理工作的机构、人员、职能、职责和经费"五落实"。从2013年起连续3年，市级财政预算每年安排2亿元，专项用于滇池治理项目市级补助资金。滇池流域县（区）、开发（度假）园区要在每年财政预算中安排一定专项资金，用于滇池治理。《意见》还对加大政策支持和资源配置，严格督办考核做了规定。

## 牛栏江流域（昆明段）水污染防治

为进一步加大牛栏江流域（昆明段）水污染防治工作力度，切实改善牛栏江流域（昆明段）水环境质量，市政府制定下发了《牛栏江流域（昆明段）水污染防治工作方案》。《方案》明确：按照堵口查污、截污导流、中水回用一个重中之重；突出堵口查污、截污导流，两岸拆临、拆违、拆迁、岸线公共空间贯通，沿岸禁养、杜绝面源污染，沿岸绿化、生态修复、恢复湿地，河床清障、清淤五个重点；开展堵口查污、截污导流，两岸拆迁、开辟空间，架桥修路、道路通达，河床清污、修复生态，绿化美化、恢复湿地，两岸禁养、净化环境，规划设计、配套设施，提升区位、有序开发八个方面的整治工作的"158"要求，开展河道综合整治工作，并进一步推进河长制。要求盘龙区、官渡区、嵩明县、寻甸县人民政府主要领导要亲自挂帅，分管领导要直接负责，成立牛栏江流域（昆明段）水污染防治工作专门机构。市级有关部门按照职责分工，加强指导、督促。牛栏江流域（昆明段）水污染防治领导小组每年对牛栏江流域（昆明段）的境断面水质、辖区内环境管理和责任书项目实施情况开展水污染防治工作实施考核。

## 陆生野生动物禁猎

2014年5月，市政府公布《关于禁止猎捕陆生野生动物的通告》（以下简称《通告》），自当年6月1日起施行。《通告》明确：禁止狩猎、捕杀列入《国家重点保护野生动物名录》《云南省省级保护陆生野生动物名录》《国家保护的有益的或者有重要经济、科学研究价值的陆生野生动物名录》的陆生野生动物，禁止破坏、干扰陆生野生动物生息繁衍场所及生存环境。2014年6月1日至2019年5月31日为全市禁猎期，禁猎期满后，根据执行情况决定是否延续禁猎期限。各县（区）人民政府，各国家级、省级开发（度假）园区管委会要按属地管理原则，切实承担保护陆生野生动物、建设生态文明的责任。各级林业、公安、滇管、工商等部门要认真履行职责，加强野生动物资源保护管理，依法打击破坏野生动物资源的违法行为。各级政府及其部门、新闻媒体应当加强对野生动物资源保护的宣传，提高公众的保护意识。公民有保护野生动物的义务。发现病弱、受伤、饥饿、受困、迷途的野生动物，应当向当地林业行政主管部门报告；对非法猎捕陆生野生动物、侵占或破坏陆生野生动物生息繁衍场所及其生存环境的违法行为，有权检举和控告。禁猎期间，因科学研究、疫病防控、保障航空安全等特殊情况确需捕猎野生动物的，必须依照《中华人民共和国野生动物保护法》《中华人民共和国陆生野生动物保护实施条例》《云南省陆生野生动物保护条例》等有关规定申请特许猎捕证和狩猎证，按核定的数量猎捕；因野生动物种群数量增加危害人民生命财产安全的，由市林业行政主管部门根据实际情况，采取应急措施。对违反规定猎捕陆生野生动物的单位和个人，由林业主管部门根据《中华人民共和国野生动物保护法》《中华人民共和国陆生野生动物保护实施条例》和《云南省陆生野生动物保护条例》等相关法律法规实施行政处罚，构成犯罪的依法追究刑事责任。

## 滇池分级保护范围划定

2015年11月16日，市政府公布了《滇池分级保护范围划定方案》（以下简称《方案》），自公布之日起施行。《方案》明确，除滇池主要出入湖河道两侧的二级保护区以外，滇池一、二、三级保护区具体范围、环湖路、滇池面山界线均以本《方案》为准，城镇饮用水水源保护区按照省政府已批准的主要集中式饮用水水源保护区划分方案执行。其中：滇池一级保护区是指滇池水域及保护界桩向外水平延伸100米以内的区域，但保护界桩在环湖路（不含水体上的桥梁）以外的，以环湖路以内的路缘线为界，面积为323.97平方千米，占滇池流域的11%。滇池二级保护区是指一级保护区以外至滇池面山以内城乡规划确定的禁止建设区和限制建设区，及主要入湖河道两侧沿地表向外水平延伸50米以内区域，面积为606.94平方千米，占滇池流域的21%。其中禁止建设区393.84平方千米，占14%；限制建设区213.1平方千米，占7%。滇池三级保护区是指一、二级保护区以外，滇池流域分水岭以内的区域，面积为1112.5589平方千米，占滇池流域的38%。环湖路是指昆明市城乡总体规划确定的环绕滇池水体的公路，分为环湖北路、环湖东路、环湖南路、环湖西路4段。其中，环湖北路由省武警总队医院到洪家村，线型由草海滨湖路（规划）、观景路、湖滨西路、湖滨东路组成；环湖东路由洪家村到海晏村，线型为现状环湖东路，不包括庄家塘立交至洪家村段；环湖南路由海晏村到芦柴湾，线型为现状环湖南路和正在建设的古城段；环湖西路由芦柴湾到省武警总队医院，线型为现状高海高速公路。滇池面山界线是滇池周边可视的最外层山体的山脊线，标志性山峰为长虫山、一撮云、梁王山、文笔山、豹子山、观音山、西山、棋盘山等。

# 第四节　执法监管

## 滇池管理行政处罚权

2003年9月9日，省政府印发《昆明市滇池管理开展相对集中行政处罚权工作方案的决定》。《决定》明确：批准昆明市人民政府在《滇池保护条例》确定的滇池水体保护范围以及主要入湖河道开展相对集中行政处罚权工作。原则同意昆明市人民政府上报的《昆明市滇池管理开展相对集中行政处罚权工作方案》。同意在市滇池管理局的基础上设立市滇池管理综合行政执法局及官渡、西山、晋宁、呈贡分局，分别与市滇池管理局及官渡、西山、晋宁、呈贡滇池管理局合署办公；机构的设立请按审批程序办理；综合行政执法机构人员的专项编制由昆明市专题报省编办另行审批；昆明市人民政府应当依照国发〔2002〕17号文件精神分别明确市滇池管理综合行政执法局及其分局的职责职能和事权关系，采取以市为主的管理模式。昆明市滇池管理局开展相对集中行政处罚权工作的职权范围为水政、渔业、航政、土地、规划、环保、林政、风景名胜区管理以及《滇池保护条例》《昆明市城市排水管理条例》等九个方面的部分行政处罚权。上述相对集中的行政处罚职权的具体权限，涉及土地、规划、环保、林政、风景名胜区管理方面的，按照《昆明市滇池管理开展相对集中行政处罚权工作方案》的附件条款执行；涉及水利、渔业、航政的，由省人民政府法制办公室召集昆明市人民政府和省级有关部门，根据本决定的精神和实际管理的需要具体确定；上述由昆明市滇池管理综合行政执法局及其分局集中行使的行政处罚权，昆明市及官渡、西山、晋宁、呈贡等县（区）的有关部门不再行使。由昆明市人民政府根据省人民政府的决定和《昆明市滇池管理开展相对集中行政权工作方案》制定实施办法并具体组织实施；实施中应衔接好滇池管理综合执法部门与其他有关部门的关系，明确各自的职权范围及责任；实施办法报省人民政府法制办公室备案；省水利厅、农业厅、交通厅、建设厅、林业厅、国土资源厅、公安厅、环保局等有关部门应当予以支持；省人民政府法制办公室应当加强监督指导；昆明市人民政府在组织实施中，要为市滇池管理综合行政执法局的执法人员配置、执法设施等方面创造条件，实施中的重要情况，请及时向省人民政府法制办公室反映。

## 滇池管理行政处罚权限范围确认

2004年9月，省政府下发《云南省人民政府印发关于昆明市滇池管理开展相对集中行政处罚权工作方案的决定》（以下简称《决定》）。《决定》就昆明市滇池管理综合行政执法局相对集中行使的有关法律、法规、规章规定的部分行政处罚权的具体区域范围和职权范围进行了确认：昆明市滇池管理综合行政执法局在《滇池保护条例》确定的滇池水体保护区以及主要入湖河道行使渔业管理方面的行政处罚权；行使除涉及船舶的建造、船舶登记、船舶安全、驾驶人员资格管理、港口码头、航道、助航设施管理方面以外的航政管理方面的行政处罚权；行使除《防洪法》规定以外的水利行政处罚权，但盘龙江的水利行政处罚权暂定于入湖口沿河道上溯500米以内。

## 违法排污举报奖励

为鼓励公众参与环境保护，充分发挥公众监督的作用，严厉打击环境违法行为，及时解决影响群众生产生活的突出环境问题，根据《中华人民共和国环境保护法》《中华人民共和国水污染防治法》等法律法规及《昆明市人大常委会关于整治违法排污建立健全环境监管长效机制的决议》《昆明市人民政府关于加强整治违法排污行为的实施意见》的规定，在废止2008年下发的《昆明市人民政府办公厅关于印发举报违法排放水污染物行为奖励暂行办法的通知》的基础上，2010年制定下发了《昆明市举报违法排污奖励暂行办法》（以下简称《办法》），于同年6月15日起施行。《办法》明确：适用范围为向市、县（市）区、3个开发（度假）区、阳宗海风景名胜区环保部门举报本市行政区域内国家机关、社会团体、企事业单位等排污单位和个人违法排污行为的举报人。市、县（市）区、3个开发（度假）区、阳宗海风景名胜区环保部门按属地管理原则，分别设立举报中心，开设举报电话受理举报；经核实为有效举报的，由属地环保部门依法查处，兑现奖励。举报及受理的违法行为有：向城镇集中式饮用水源地排放水污染物的；私设暗管，直接排放水污染物的；擅自拆除、闲置废水污染防治设施，直接排放水污染物的；未经批准，新（改、扩）建电镀、印染、造纸、制革、化工等重污染项目的；未经批准，收集、贮存、转移、处置、利用危险废物的；直接向滇池水体、滇池入湖河道（含沟渠）、牛栏江昆明段（含沟渠）、螳螂川、普渡河排放水污染物的；在昆明主城区及呈贡新区高污染燃料禁燃区域内生产、销售蜂窝煤的；小化工、小冶炼、小印染、小废旧塑料加工等小作坊无证经营污染环境的。对举报人的奖励金额最高不超过8万元。其中，举报人举报排污单位和个人向城镇集中式饮用水源地排放水污染物的，按照罚款额的80%从财政安排的专项资金予以奖励；举报人举报排污单位和个人私设暗管，直接排放水污染物的，按照罚款额的60%从财政安排的专项资金予以奖励；举报人举报排污单位和个人擅自拆除、闲置废水污染防治设施，直接排放水污染物的，按照罚款额的50%从财政安排的专项资金予以奖励；举报人举报排污单位和个人未经环保部门批准，新（改、扩）建电镀、印染、造纸、制革、化工等重污染项目的，按照罚款额的50%从财政安排的专项资金予以奖励；举报人举报排污单位和个人未经环保部门批准，收集、贮存、转移、处置、利用危险废物的，按照罚款额的50%从财政安排的专项资金予以奖励；举报人举报排污单位和个人，直接向滇池水体、滇池入湖河道（含沟渠）、牛栏江昆明段（含沟渠）、螳螂川、普渡河排放水污染物的，视情节轻重，从财政安排的专项资金中给予100元以上1000元以下奖励；举报人举报在昆明主城区及呈贡新区高污染燃料禁燃区域内生产、销售蜂窝煤的，视情节轻重，从财政安排的专项资金中给予100元以上1000元以下奖励；举报人举报小化工、小冶炼、小印染、小废旧塑料加工等小作坊无证经营污染环境的，视情节轻重，从财政安排的专项资金中给予100元以上1000元以下奖励。同时明确：举报人向环保部门举报排污单位和个人未经批准，直接向滇池水体及滇池入湖河道（含沟渠）排放水污染物的，由环保部门移交滇管部门依职责查处，滇管部门将查处结果反馈环保部门后，环保部门兑现奖励。举报人向环保部门举报昆明主城区及呈贡新区高污染燃料禁燃区域内销售蜂窝煤的，由环保部门移交工商部门依职责查处，工商部门将查处结果反馈环保部门后，环保部门兑现奖励。举报人向环保部门举报小化工、小冶炼、小印染、小废旧塑料加工等小作坊无证经营污染环境的，由环保部门会同工商部门查处后，环保部门兑现奖励。举报人向滇管部门举报排污单位和个人违法排放水污染物行为应当给予奖励的，举报奖励经费纳入财政预算安排，市级的由市滇管局向市财政局提出申请，据实结算；县区的由县区滇管部门向同级财政部门提出申请，据实结算。环保有奖举报中心及其工作人员对举报人负有保密责任，未经举报人同意，不得向外界泄漏举报人个人信息。

## 违法排污行为整治

2009年，市政府以"昆政发"文件下发《昆明市人民政府关于加强整治违法排污行为的实施意见》（以下简称《意见》），自下发之日起执行。《意见》体现了市委、市政府对违法排污企业实行"一次性违法排污，永久性退出市场"的要求和进行铁腕治污、科学治水、综合治理，以解决"违法成本低，守法成本高"的问题。《意见》明确：严格市场准入制度，实行环保一票否决，本市范围内所有新改扩建工程建设项目，未取得环保部门批准的环评文件，任何行政管理部门不得对其颁发行政许可证照；无证照经营违法排污行为查处取缔制度，对于无照经营的违法排污行为，一经查实，坚决依法予以取缔，查封无照经营场所，没收其用于从事无照经营的工具、设备、原材料、产品（商品）等财物，并按上限处以50万元的罚款；建立违法排污企业从严查处和永久退出市场制度根据现行法律法规，对于违法排污行为从重从严查处，实行强制退出市场；建立违法排污"黑名单"曝光制度，对于违法排污行为，全部记入"黑名单"，在全市范围内通报，并设立"曝光台"定期在媒体上公开曝光。其中，对于无照经营的违法排污行为，一经查实，其业主身份信息记入"黑名单"，在本市范围内强制性退出市场，任何行政管理部门不得批准其再从事相同的业态经营；建立环境公益诉讼制度，对于引起环境公益受损或者威胁环境公益的，行政执法机关或者检察机关可以提起环境公益诉讼。同时，为避免整治违法排污企业工作中的推诿、扯皮现象，《意见》将各执法部门在环保方面的职责进行明确和细化；建立了联动机制、督查机制。

## 严厉打击偷捕盗捕滇池鱼类违法行为

为切实有效地保护滇池渔业资源，严厉打击滇池偷捕盗捕的违法行为，维护滇池生态平衡，2011年5月，市滇池管理局、市公安局联合发布通告，明确：滇池水域中的鱼类属公共财产，任何单位和个人在禁渔区、禁渔期偷捕盗捕或者使用禁用的工具、方法实施非法捕捞滇池鱼类的行为均属违法行为。任何单位和个人偷捕盗捕滇池鱼类的，将由滇池管理综合行政执法部门依照《滇池保护条例》第46条第（三）项的规定予以行政处罚。偷捕盗捕滇池鱼类情节较重，构成盗窃公共财产行为的，公安机关将按照《中华人民共和国治安管理处罚法》第49条的规定给予治安拘留；符合采取强制性教育措施条件的，根据《中华人民共和国刑法》追究刑事责任。偷捕盗捕滇池金线鲃等国家重点保护的珍贵、濒危野生动物的，公安机关将依照《中华人民共和国刑法》追究刑事责任。鼓励广大群众对偷捕盗捕滇池鱼类的违法行为进行举报。

## 污染环境、非法捕捞水产品等刑事案件认定

为了切实加强环境保护，依法及时、准确打击污染破坏环境资源犯罪案件，2011年6月1日，市中

级人民法院、市人民检察院、市公安局联合制定下发了《关于办理污染环境、非法捕捞水产品等刑事案件若干问题的意见（试行）》（以下简称《实行》）。《意见（试行）》明确：投放毒害性、放射性、传染病病原体等物质，危害公共安全的，依据刑法第114条的规定，以投放危险物质罪定罪处罚。违反国家规定，排放、倾倒或者处置有放射性的废物、含传染病病原体的废物、有毒物质或者其他有害物质，严重污染环境的，依据刑法第338条的规定，以污染环境罪定罪处罚。其中，其他有害物质是指含重金属、氨氮、石油类、氟化物、二氧化硫等会导致环境污染的物质，以及会导致化学需氧量、高锰酸盐指数、粪大肠菌群、总磷、总氮、恶臭等指标超标的物质。严重污染环境的情形包括：致使公私财产损失30万元以上的；致使基本农田、防护林地、特种用途林地5亩以上，其他农用地10亩以上，其他土地20亩以上基本功能丧失或者遭受永久性破坏的；致使森林或者其他林木死亡50立方米以上，或者幼树伤亡2500株以上的；致使1人以上死亡、3人以上重伤、10人以上轻伤，或者1人以上重伤并且5人以上轻伤的；致使传染病发生、流行或者人员中毒达到《国家突发公共卫生事件应急预案》中突发公共卫生事件分级Ⅲ级情形，严重危害人体健康的；其他致使"人身伤亡的严重后果"或者"严重危害人体健康"的；致使水体、土地、大气受到污染，治理费用所需金额30万元以上的；对饮用水源地一级保护区排放、倾倒或者处置物质含重金属超标的；对饮用水源地一级保护区排放、倾倒或者处置含重金属以外的其他有害物质超标3倍以上的；对学校、医院、居民住宅区、村庄、其他公共场所排放二氧化硫、氮氧化物等物质超标5倍以上的，以及会导致恶臭等指标超标5倍以上物质的；在一年内因污染环境行为受过两次行政处罚又排放、倾倒或者处置上述污染物的。违反保护水产资源法规，在禁渔区、禁渔期或者使用禁用工具、方法捕捞水产品，情节严重的，依据刑法第340条的规定，以非法捕捞水产品罪定罪处罚。其中，情节严重的情形包括：非法捕捞水产品500千克以上或者价值5000元以上的；非法捕捞有重要经济价值的水生动物苗种、怀卵亲体50千克以上或者价值500元以上的；组织、指挥非法捕捞水产品的；在一年内因非法捕捞水产品行为受过二次行政处罚又非法捕捞水产品的。违反《矿产资源法》的规定，未取得采矿许可证擅自采矿，擅自进入国家规划矿区、对国民经济具有重要价值的矿区和他人矿区范围采矿，或者擅自开采国家规定实行保护性开采的特定矿种，情节严重的，依据刑法第343条的规定，以非法采矿罪定罪处罚。其中，情节严重的情形包括：非法采矿造成矿产资源破坏的价值数额在5万元以上的；非法采矿致使原有地貌被破坏面积达到20亩以上的；在一年内因非法采矿行为受过两次行政处罚又非法采矿的；其他情节严重的情形。以暴力、威胁方法阻碍环境资源执法人员依法执行职务的，依据《刑法》第277条的规定，以妨害公务罪定罪处罚。

## 严厉查处违法排污行为

2011年7月12日，市政府办公厅以"昆政办"文件下发了《昆明市严厉查处违法排污行为的若干规定》（以下简称《规定》）。《规定》明确：本市范围内所有新改扩建建设项目，其环境影响评价文件未经环保部门批准，建设单位不得开工建设，违反规定的，责令停止建设，处10万元的罚款。建设项目未通过环保设施竣工验收，该建设项目不能投入生产或者使用，违反规定的，责令停止生产或者使用，处10万元的罚款。对无证（照）经营的违法排污行为，一经查实，坚决依法予以取缔。对在饮用水源保护区内设置排污口的，依法强制拆除排污口，实施停产、关闭，并处以100万元的罚款。对私设暗管排放污染物的，一经查实，依法强制拆除私设的暗管，责令其停产停业，并处以50万元的罚款，强制实施生产（经营）性断水、断电。对故意拆除污染治理设施或者停止污染治理设施运行，直接排放污染物，造成超标排污或者超总量排污的，一经查实，依法实施限期治理，并按上限处以罚款；限期治理期满后，仍然不能达标排放的，依法责令其停产、关闭，强制实施生产（经营）性断水、断电等措施。

## 强化滇池管理综合行政执法

2011年7月，市政府制定并发布了《关于保护滇池流域水环境进一步强化滇池管理综合行政执法工作的实施意见》（以下简称《意见》）。《意见》明确：一是转变执法模式，由以市执法管理为主转变为以县（区）执法管理为主，建立市监督协调，县（区）级执法查处，乡（镇、街道）级协管辅助的滇池管理综合执法模式，以实现"以监督促查处，以联动推绩效"的目标。其中，市级滇池管理综合执法机构以发挥统筹协调、监督、指导职能为主，重点开展区域专项执法、横向联动执法；各县（区）级负责辖区内各类危害滇池水环境行为的查处工作。二是实现全流域综合执法权限和范围的统一，理顺各县（区）滇池管理综合行政执法机构的设置和人员编制，加快设立五华区、盘龙区滇池管理综合行政执法分局，将滇池管理相对集中行政处罚权按区域交由各县（区）、开发（度假）区行使。三是组建乡（镇、街道）滇池管理综合行政执法队伍和村（社区）协管员队伍，完善执法体系，扭转目前乡（镇、街道）缺乏执法队伍的被动局面，必须充实基层执法力量。四是实施"网格化"监管执法体制，将滇池流域陆地及水域划分为若干执法查处监管区域，将流域区内的日常巡查、执法查处、执法监管等纳入"网格化"管理，落实到人，实行定人员，定地段（水域、河段、街段、楼院），定标准，定责任，定时限，定奖惩的"网格化"管理岗位责任制；建立四级监管网格责任制，将各辖区执法区域划分为四级监管网格，明确各级责任人；严格落实"网格化"监管执法责任制，层层签订责任书，明确监管区域、监管单位、责任人、责任目标、监督人员姓名及联系方式，并将网格管理公示上墙，接受监督，确保"分区网格有人管、格内监督有人干"。强化执法协调与联动机制，加强与环保、水务、规划、土地、工商等有关部门的执法联动，建立并完善与公安机关的联动机制，开展联合执法、协同打击危害滇池水环境及非法捕捞滇池水产品等违法犯罪行为，构建互相配合、互相补充、互相支持的联动查处工作平台，完善滇管行政执法与刑事司法顺利衔接机制，保持高压态势，共同配合发力，形成多头并进、齐抓共管的管理机制。

# 第五节 其他管理政策

## 滇池流域规划建设管理

为加强滇池流域规划、建设和管理工作，2002年1月17日，市人民政府以"昆政通"文件下发了《昆明市人民政府关于加强滇池流域规划建设管理工作的通知》，对滇池流域的规划建设工作作出了明确规定。

规划建设管理范围滇池流域面积为2920平方千米，五华、盘龙两城区和官渡、西山、呈贡、晋宁、嵩明5个县（区）的部分行政区域均在流域范围内。滇池流域由水体及人工湿地生态区、滇池盆地区、水源涵养区组成，这3个区域均属本通知加强规划建设管理范围。

**滇池水体及人工湿地生态区** 该区域主要指滇池水面及与滇池相连的湖滨带，即人工湿地。在该区域内，禁止围湖造田、围堰养殖及其他缩小滇池水面的行为，禁止损坏堤坝、桥闸、泵站、码头、航标、渔标、水文、测量、环境监测等设施，禁止在滇池水体保护范围（1887.4米水位控制线）界桩内建设任何建筑物（滇池治理工程构筑物除外），禁止新建有污染的项目。

**滇池盆地区** 该区域南起宝峰及柴河水库、大河水库下游河谷，北止于龙凤山、长虫山山麓，东起梁王山山麓、大风丫口、干海子一线，西止高海公路、安晋线南段。对该区域划分为3个层次进行控制：城乡建设区包括昆明城市规划主城区、龙城一斗南、晋城一上蒜、昆阳、海口、官渡、矣六、碧鸡、吴家营、马金铺、大渔等主要居民聚集区。在该区域内，要依据生态、土地、水资源等环境容量，对城市（镇、村）规模进行合理控制，对点、面源污染进行全面综合治理，以建设"高效、清洁、安全、方便、舒适、人居环境优良的生态城市"为目标，积极优化产业结构，禁止建设有污染的工业项目；生态农田区包括蔬菜地、花卉地、水田等。在该区域内，推动农业向无害化、生态化方向发展。在入滇池河道两岸将规划确定的绿化带设为禁建区，对禁建区内的现有建筑物、构筑物，属于违法的，坚决拆除，属于合法的，将保留使用一定时期，待条件成熟时给予一定补偿后拆除。在生态农田区内禁止建设非农业生产设施。重要的城市基础设施和农业产业化配套设施建设项目占用耕地，必须严格按照《规划法》《土地法》规定的程序依法审批；丘陵生态绿化区包括荒山荒坡地、旱地等。在该区域内，禁止建工厂和陵园（对现有工厂，根据环保及产业政策，具体研究今后的生存及发展出路）；禁止开山采石、挖砂、伐林等，促进水资源的有效利用，提高土壤有机质，充分发挥土地生态效率和绿色植物"天然水库"的效能，以休闲农业等都市特色农业提高产业效益，促进农业耕作方式的改变。

**水源涵养区** 其范围是指水源保护区、水库汇水区和25度以上的荒山荒坡地。在该区域内要严格执行有关法律法规和《滇池保护条例》，大力植树造林，禁止开荒种地、伐林、建工厂，禁止建设陵园墓地、开山采石和挖砂等。

审批权限管理在滇池水体、人工湿地生态和滇池流域的城乡规划区内的开发区、各级政府、人民团体、企事业单位和个人，要认真执行滇池保护的有关法律法规，在该地区的在建项目，凡未经批准的，自本通知下发之日起，必须立即停工，并由项目所在地政府将在建项目的主要情况上报市政府，等待市滇保办和市有关部门处理；对计划新建、改建的项目，必须严格按照有关法律、法规、规章和本通知规定的程序和要求上报审批。各级政府要切实按照《滇池综合治理目标责任书》的要求，认真履行好保护滇池的职责。

在上述区域内，凡涉及计划、林业、民政、土地、城建、环保、公安、消防、文物等的行政审批权限，由市政府相关职能部门负责，行政管理由县区政府相关部门负责。相应的规划管理"一书两证"，属呈贡、晋宁、嵩明3个县范围内的，由县规划行政主管部门负责经办，报市规划行政主管部门审批；属盘龙、五华、官渡、西山四区范围的，由市规划行政主管部门直接审批办理。

违法、违规处罚管理滇池流域内各级政府、各部门、各单位要按照本通知要求，认真组织学习有关滇池保护的法律法规，增强法制观念和环境保护意识，提高保护滇池、依法行政、按规范程序办事的自觉性。对在建和新改扩建项目，各部门、各单位要自行认真清理，符合要求的，按本通知规定限期补办手续。不符合要求越权审批的，由上级主管机关从严查处，追究责任人和有关领导的行政责任，造成经济损失的，依法追究赔偿责任，触犯刑律的，依法追究其刑事责任。

## 禁止营运性燃油机动船舶在滇池水域航行和作业

为保护和治理滇池，控制和减少营运性燃油机动船舶对滇池的污染，2006年市人民政府以"昆政发"文件发布了《禁止营运性燃油机动船舶在滇池水域航行和作业的通告》（以下简称《通告》）。《通告》明确：自2007年1月1日零点起，禁止营运性燃油机动船舶在滇池水域内航行和作业。要求：凡在滇池水域内航行、作业和停泊的燃油机动船舶，其所有者和经营者应当自本通告发布之日起10日内，到昆明市海埂湖滨路7号滇池地方海事处进行登记；持有船舶所有权登记证、船舶国籍证书、船舶检验证书、水路运输许可证、船舶营业运输证、工商营业执照、税务登记证的，应当持证进行登记。营运性燃油机动船舶所有者应当在2007年1月1日零点前将船舶集中停泊到指定地点封存，并按有关规定处置；对经审核证照齐全、合法经营、自行处置船舶的所有者，按规定给予补偿；对逾期不进行登记和处置的营运性燃油机动船舶，由有关部门依法进行处理，不予补偿；对2007年1月1日后仍在滇池水域内航行、作业和未按规定在指定地点停泊的营运性燃油机动船舶，由有关部门依法予以取缔。自本通告发布之日起，暂停办理入滇池船舶新增和改造的审批。今后准许进入滇池水域的非燃油型环保船舶的标准和管理办法另行制定。因滇池保护、治理和管理工作确需在滇池水域内使用的燃油机动船舶，必须符合有关防治污染的规定和标准，报昆明市滇池管理局批准后，方可在滇池限定水域内限期使用。本通告所称的滇池水域包括草海、外海和通往滇池的河道；所称的燃油机动船舶指在滇池水域航行的以汽油或者柴油等为燃料的各类排水或者非排水的船、艇、筏、水上飞行器、潜水器、移动式平台以及其他水上移动装置。2013年1月1日《云南省滇池保护条例》发布施行后，《通告》废止。

## 城市雨水收集利用

2009年8月21日，市政府以"昆政发"文件下发《昆明市人民政府关于印发昆明市城市雨水收集利用规定的通知》（以下简称《通知》）。《通知》要求：在昆明主城规划控制区620平方千米、呈贡新区规划控制区160平方千米、空港经济区规划控制区160平方千米范围内的新、改、扩建建设工程项目，同期配套建设雨水收集利用设施；建设工程的附属设施应当与雨水收集利用设施相结合。景观水池应当设计建设为雨水储存设施，草坪绿地应当设计建设为雨水滞留设施；雨水收集利用系统除满足收集、处理和贮存回用外，还应当考虑调蓄排放功能，削减雨水洪峰径流量；建设工程项目的建设单位编制的《建设项目节约用水措施方案》中，应当有建设雨水收集利用设施的内容；处理后的雨水水质根据用途确定，除达到《建筑与小区雨水利用工程技术规范（GB50400—2006）》规定的水质指标外，其余指标应当符合国家现行相关标准的规定。

## 环境保护公众参与办法

2011年12月29日，为提升公众对环境保护工作的知晓度和参与度，推动环境保护公众参与，加强生态文明城市建设，市政府印发《昆明市环境保护公众参与办法的通知》（以下简称《通知》），自2012年1月1日起施行。《通知》明确规定：市人民政府建立环境保护公众参与工作机制。环境保护行政主管部门具体负责环境保护公众参与工作。滇池行政管理部门具体负责滇池环境保护公众参与工作。环境保护公众参与遵循广泛、平等、民主、公开和诚信的原则。环境保护公众参与的范围是：环境保护立法、政策的制定和规划编制；重点建设项目环境影响评价、规划环境影响评价和项目竣工环境保护设施验收工作；滇池及滇池入湖河道水污染防治、工业污染防治及生态恢复治理工作；滇池治理的科学研究、示范及相关科技成果应用、推广；环境保护和滇池保护宣传教育、社会实践、志愿服务及相关公益活动；对环境保护和滇池保护工作提出意见和建议，对环境违法行为进行监督、投诉和举报；对涉及环境保护工作的国家机关及其工作人员玩忽职守、滥用职权、徇私舞弊等行为进行检举和控告；法律、法规和规章规定的其他行为。同时，对公众参与的奖励措施、法律责任等进行了明确的规定。

## 滇池项目管理

2013年，市政府办公厅以"昆政办"文件下发《昆明市人民政府办公厅关于印发昆明市国家重大水专项滇池项目管理办法的通知》（以下简称《通知》），以保障水体污染控制与治理科技重大专项滇池项目的顺利实施，实现项目有序、高效、规范管理。《通知》明确：水专项滇池项目实行管理责任制。行政责任单位是项目（课题）的行政责任主体，项目（课题）技术承担单位是项目（课题）的实施及技术责任主体。并从组织机构与职责、实施过程与管理、信息档案和保密管理、惩奖机制等方面，明确了各环节责任主体及相关的行政责任、技术责任等，制定了水专项滇池项目管理组织机构框架以及实施过程与管理流程，将能更好地保障水专项滇池项目地方需求与国家需求的有机结合，促进水专项滇池项目的顺利实施，为滇池流域水污染防治提供较好的技术支撑。

# 第六节 滇池保护与治理制度

## 封湖禁渔制度

为有效保护和恢复滇池的渔业资源，实现渔业经济的可持续发展，根据《中华人民共和国渔业法》《滇池保护条例》等法律法规的规定，结合滇池渔业资源的现状，为减少滇池存量污染，让湖泊休养生息，保证渔业的可持续发展，从1985年起，滇池开始有计划地实施封湖禁渔，当年滇池的封湖禁渔期从3月1日开始，封湖禁渔半年。1986年封湖禁渔时间延长1个月。1988年，在广泛听取意见和调查研究的基础上提出了轮开、轮捕、轮封的管理办法，即把捕大鱼，拖银鱼、拖虾的开湖时间分开。1990年，市政府以"昆政发"文件发布《昆明市人民政府关于滇池封湖禁渔的通告》，决定每年从3月1日起至9月27日中午12时止，对整个滇池水面（包括草海）实行封湖禁渔。2004年起，每年开湖捕捞一个多月后，全部进入封湖禁渔期。2011—2013年，连续3年全年实行封湖禁渔，对一年生的银鱼和虾实施捕捞权市场化运作。2014—2015年全部开湖。封湖禁渔期间，沿湖县（区）政府、度假区管委会对辖区水域进行全天候、全时段巡查，建立24小时值班制度并接受举报，严厉打击违法违规的偷捕行为；相关职能部门加强对餐饮、农家乐、农贸市场等场所的检查和管理，截断滇池水产品的流通渠道；同期，开展鱼类人工放流工作，对其投放的水域生态环境变化情况进行实时监测。

## 取水许可制度

1990年2月，市水利局下属的滇池水利管理所发布《滇池用水通告》，要求从本年起实行滇池取水许可制度，明确对直接利用水利工程或者机械提水设施直接从江河、湖泊或者地下取水的，都必须按国家规定向水行政主管部门申请取水许可证，并依照规定取水。2014年，市政府以"昆政发"文件下发《昆明市人民政府关于印发最严格水资源管理制度实施方案的通知》（以下简称《通知》）。《通知》明确：要建立水资源管理"三条红线"控制指标体系，预计到2015年全市年用水总量将控制在25.7亿立方米以内，按滇池13亿—15亿立方米的蓄水量数据，这相当于接近2个滇池的水量。要将取水许可审批作为控制用水总量过快增长、落实水资源开发利用总量控制红线的重要抓手，凡是利用取水工程或者设施直接从江河、湖泊或地下取用水资源的行为，必须办理取水许可审批。取水许可实行区域限制审批制度，对取用水总量已接近或达到控制指标的区域，限制或暂停审批取水许可，新增项目取水只能通过区域再生水、雨水等非常规水资源利用或水权交易解决。强化取水许可审批验收，实行取水计量、退水处理、中水回用、水资源保护等设施现场核验。实行取水许可年度用水计划申报制度，未经取水许可单位批准，取水户不得改变取、退水方式，不得超计划取、退水。取水许可证到期需要延续的，实行评估续批制，从严核定取水许可量。建立证账相符、信息统一、便于监管的取水许可管理信息库。

# 设置滇池保护界桩

1995年，为依法保护滇池水体，经市政府批准并拨出专款，市滇保办组织实施了滇池界桩界定与建设工作。一是确定云南省测绘局第一测绘大队承担完成该工程的设计、测绘和施工任务；二是组织专家对《树立滇池水体保护范围界桩的技术实施方案》进行评审，确定实施方案；三是与市水利局共同拟定了《关于树立滇池水体保护范围界桩实施意见》并经市政府行文批转执行；四是召开了市属有关部门，沿湖县（区）政府及有关乡（镇）、办事处负责人参加了树立界桩宣传动员大会并举行界桩奠基仪式。当年12月，树立滇池水体保护范围界桩实施工程按时竣工，共埋设界桩418棵。

2002年修订的《滇池保护条例》第十一条新界定了滇池水体保护区范围为正常高水位1887.4米的水面和湖滨带，明确了湖滨带的具体范围为：正常高水位1887.4米水位线向陆地延伸100米至湖内1885.5米之间的地带；对低于滇池最低工作水位1885.5米的低洼易涝、易积水区域，到此区域外围边缘；在河流或沟渠入湖口为滇池20年一遇最高洪水位1887.5米控制范围内主泓线左右各50米的地带；滇池水体保护区的具体界线由市人民政府组织有关部门勘测后划定，树立界桩。此后，市滇池管理局牵头组织界桩建设工作，委托昆明市测绘院制定建设方案，按规范树立界桩并复核。按照建设方案，重建界桩布设为：原滇池防浪堤边缘向陆地延伸100米后，确定滇池水体保护区界线；无防浪堤的滇池岸边，以1887.4米高程线向陆地延伸100米确定滇池水体保护区界线；界桩间距以能有效制止滇池水面或湖滨带受到故意侵害为原则，保护区界线为直伸状的部分界桩设置间距较大，弯曲部分地段界桩设置间距较小，一般为500米；村庄或居民地区内可不设界桩。2004年11月29日，市滇管局在昆明海埂体育训练基地正大门右侧举行滇池水体保护界桩（一号界桩）重建工程启动仪式。工程至2005年2月完成。此次重建的界桩共352棵，分布在滇池流域范围的4个县（区），其中官渡区51棵、呈贡县41棵、晋宁县112棵、西山区（含度假区）148棵。新埋设的界桩高大、醒目，柱石高1.5米，粗0.3米，由大青石打制而成；柱石嵌入基座0.3米，基座为混凝土浇筑，基座地上部分为0.6米、地下为0.6—0.8米；柱石向水一面有"滇池水体保护界桩第××号"字样，背水一面字样为"昆明市人民政府立2004年6月"。

根据2013年1月1日正式颁布实施的《云南省滇池保护条例》第五条规定："滇池保护范围是以滇池水体为主的整个滇池流域，涉及五华、盘龙、官渡、西山、呈贡、晋宁、嵩明7个县（区）2920平方千米的区域。分为一、二、三级保护区和城镇饮用水源保护区：一级保护区，指滇池水域以及保护界桩向外水平延伸100米以内的区域，但保护界桩在环湖路（不含水体上的桥梁）以外的，以环湖路以内的路缘线为界；二级保护区，指一级保护区以外至滇池面山以内的城市规划确定的禁止建设区和限制建设区，以及主要入湖河道两侧沿地表向外水平延伸50米以内的区域；三级保护区，指一、二级保护区以外，滇池流域分水岭以内的区域。一、二、三级保护区的具体范围由昆明市人民政府划定并公布，其中一级保护区应当设置界桩、明显标识。城镇饮用水源保护区的具体范围由昆明市人民政府确定，报省人民政府批准后公布，并按照有关法律法规进行保护。"2013年7月，市滇池管理局与市规划局联合委托市规划设计院，拟订了《滇池分级保护范围划定方案》，划定时与相关城乡规划、滇池风景名胜区总体规划等进行协调，该方案于2015年7月20日市政府第九十五次常务会通过，于2015年10月10日，以市政府第88号公告正式公布施行。划定后，滇池一级保护区面积为323.97平方千米，占滇池流域11%。

《滇池分级保护范围划定方案》公布实施后，市滇池管理局委托昆明市测绘研究院制定《滇池一级保护区界桩点位分布设计及界桩设计方案》及《滇池一级保护区界桩设置项目实施方案》（以下简称《方案》）。《方案》于2016年7月25日获得市发改委批复。《方案》确定的滇池一级保护区界桩设置项目以滇池一级保护区范围线为基准，1号桩设在度假区观景路与迎海路交叉口处，按照顺时针方向，在滇池沿湖共设计埋设界桩335棵，其中官渡区28棵、西山区146棵、呈贡区17棵、晋宁县104棵、滇池旅游度假区40棵。

2016年初，滇池一级保护区界桩设置项目被纳入市委、市政府《2016年滇池流域水环境综合治理工作目标任务》确定实施的重点项目之一。牵头责任单位为市滇管局，责任单位为官渡区政府、西山区政府、呈贡区政府、晋宁县政府、滇池旅游度假区管委会。同年11月10日通过公开招标，滇池一级保护区界桩设置项目施工单位为云南省地矿测绘院。界桩设置于2016年11月14日正式开工，2017年8月，已完成342棵老界桩的拆除，完成新界桩埋设334棵。剩余的1棵位于西山区马街街道办，待西山区完成该片区的征地工作后再进行埋设。同时，组织开展新界桩的平面测量工作。

## 污水处理收费制度

为提高城市污水处理水平，改善城市环境质量，确保滇池水污染防治工作目标全面实现。1995年12月27日，省政府以"云政复"文件下发《云南省人民政府关于实施云南省城市排水设施有偿使用收费管理办法的批复》，次年1月1日起执行。1996年6月25日，省物价局、省财政厅联合下发《关于昆明市城市排水设施有偿使用费收费标准的批复》，同年7月1日起执行。1996年8月20日，市财政局、市物价局、市政公用局联合下发《关于贯彻执行〈云南省城市排水设施有偿使用收费管理办法昆明实施细则〉（暂行）的通知》。自此，昆明城市排水设施逐步走上有偿使用的轨道，对推进全市污水处理设施运营产业化、市场化，加快污水处理设施建设，促进环境污染治理与经济增长的协调发展起到了积极作用。

## 排污许可制度

2000年，昆明市制定了《昆明市水污染物排放许可证管理暂行办法》，并在28户主要排放废水企业开展了水污染物排放许可证试点，2001年全面实行。2013年1月1日实施的《云南省滇池保护条例》第24条规定滇池保护范围内实行排污许可制度，禁止无排污许可证或者违反排污许可的规定直接或者间接向水体排放废水、污水。第25条规定滇池保护范围内对重点水污染物排放实施总量控制制度，昆明市人民政府、有关县级人民政府应当严格控制排污总量，并负责行政区域内入湖河道水质达标，根据重点水污染物排放总量控制指标的要求，将控制指标分解落实到排污单位，不得突破控制指标和出境断面水质标准；对超过重点水污染物排放总量控制指标的地区，有关人民政府环境保护主管部门应当暂停审批新增重点水污染物排放总量的建设项目的环境影响评价文件。至2005年，全市共对滇池流域的821个排污单位发放了排污许可证。此外，还实行了排污许可证年检与环境监察、环境监测、企业达标排放和工商营业执照年检有机结合，研发了"排污许可证信息管理系统"，实现了许可证发证、年检的信息化管理，推动了排污许可制度和污染物排放总量控制管理。

## 排水许可制度

为配合滇池污染治理，改善滇池流域生态环境，保障排水设施安全运行，加强昆明城市排水设施管理，1996年3月26日，市政府颁布了《昆明市城市排水管理办法》（以下简称《办法》）。《办法》明确规定：排水户实施排水前，必须到市排水设施管理部门申请办理排水许可证。禁止无证将城市生活污水、工业废水排入城市排水设施。新建、改建、扩建的工程需要接通城市排水设施或变更排水条件的，除按规定办理相应手续外，还必须办理排水许可申报审批手续。2002年2月8日颁布的《昆明市城市排水管理条例》，进一步强化了实施城市排水许可制度的法律依据和规范排水许可审批工作。2004年以前，排水许可审批由市城市排水公司负责。同年7月27日，市城市排水公司改制后，排水管理行政管理职能从市城市排水公司剥离出来，在市滇池管理局成立昆明市城市排水管理处，排水许可证由市滇池管理局负责审批，昆明市城市排水管理处负责排水许可的技术审查和日常管理工作。2007年8月7日，市滇池管理局下发通知，明确由昆明市城市排水管理处具体承办排水许可行政审批权相关工作。2012年3月1日，市滇池管理局下发行政执法委托书，明确将城市排水行政检查权、行政许可权和提请行政处罚权委托昆明市城市排水管理处行使。全市实行排水许可的范围为昆明市主城区，涵盖新改扩建项目入网排水，建筑施工、餐饮、洗车、洗浴、洗涤、医疗及食品加工等行业排水。同时，坚持审批与监管并重，建立并完善各项管理机制，强化批后监管工作机制；采取宣传教育、定期不定期检查、随机抽查复查、专项检查等方式对排水户排水进行全流程跟踪管理，及时发现和纠正违法违规排水行为。

## 滇池治理领导风险抵押金制度

2002年，为加快滇池治理步伐，进一步完善滇池治理工作责任制度，增强各部门治理滇池的责任感，市委、市政府决定实行滇池治理领导风险抵押金制度。要求在"十五"规划中承担滇池流域水污染防治任务的政府和部门领导交纳风险抵押金，对完成任务好的退回风险抵押金并给以奖励，对未完成任务的扣除风险抵押金，使领导干部对"十五"计划任务的落实与自身的经济利益挂钩，促进滇池污染治理与管理措施的落实。当年，市政府与滇池流域内7个县（区）政府和市属有关部门签订《滇池综合治理目标责任书》，明确各县（区）滇保委主任、副主任及市政府有关部门主要领导和分管领导为目标考核的责任人，交纳风险抵押金并进行严格考核。受市政府的委托，每年由市滇管局牵头，市发改委、市财政局、市环保局、市建设局、市农业局、市林业局等部门人员组成考核组，邀请市人大城环委、市政协城环委有关领导参加，按照市政府批准的《滇池流域县（区）政府及市属有关部门滇池综合治理目标责任考核办法》分别对23个责任单位履行《滇池综合治理目标责任书》执行情况进行中期检查及年终全面考核，并将检查情况上报市政府。对完成目标任务的责任人，由市政府安排专项资金进行奖励；对未完成目标任务的责任人，所交纳的风险抵押金上缴财政，并不予发放年终考核奖金。2005年12月，市政府办公厅以"昆政办通"文件批转市财政制定的《滇池综合治理目标责任风险抵押金管理暂行办法》对风险抵押金的交纳范围、标准、管理等进行了明确规定。

## 水质监测与公告制度

为增加对滇池水污染防治情况及水质情况的透明度，完善水质监管措施，除国家对国控水质监测断面进行水质监测公告外，昆明市专门对草海水面及主要入湖河道每月进行一次水质监测，每季度发布水质公告，接受群众的监督和保障群众的知情权。此外，2003年后，市滇池管理局持续对滇池流域城市污水处理厂污水处理监测情况进行公告，接受社会监督。

## 专家咨询制度

为推进滇池保护和治理工作，在滇池流域水环境保护治理工作的科学决策方面提供有力支撑，2002年1月22日，市政府成立了由市政、规划、水利、环保、生态、林业、农业等专业的21位知名专家组成的滇池保护委员会专家咨询组。2008年2月25日，市政府在原有专家咨询组的基础上，成立了滇池保护治理专家咨询委员会。专家咨询委员会在工业水污染治理、农村面源防控、截污治污、生态修复等方面提供工作思路、技术咨询、论证指导及相关建议；专家咨询组主要对滇池治理的重大项目、重要措施进行科学论证，确保民主、科学决策。

## 滇池水污染防治省市联席会议制度

2007年，省委、省政府组织人员对滇池水污染综合防治工作进行了全面调研，建议在滇池水污染防治领导小组的基础上，建立一个由省、市相关部门参与的滇池水污染防治省市联席会议制度，根据具体需要不定期召开会议，及时沟通情况、协调解决滇池水污染防治中出现的相关问题，抓好各项工作的落实。省政府滇池水污染防治专家督导组成立后，具体落实了该项制度。截至2016年底，共召开省市联席会议29次。

## 集镇、村庄污水收集处理"三池"净化设施建设制度

2008年7月，市委、市政府针对滇池流域村庄生活污水的实际情况，提出滇池流域153座水库、各入湖河道汇水区的生活污水要在年底前完成深沉池、漂油池、净化池"三池"净化处理，滇池流域村庄生活污水及"三池"净化处理建设办公室随之成立，"三池"建设全面展开。2009年，按照市委、市政府要求和部署，全市各有关部门和滇池流域各县（区）在大力建设干管干渠截污的同时，大力开展流域内农业农村面源污染治理，因地制宜地在滇池流域内每一座村庄建设污水处理设施，处理农村生活污水污染。滇池流域的12个集镇、272个村庄开始实施生活污水收集处理建设，农户的生活污水汇聚到田间地头的污水处理设施内或滇池湿地中处理后最终注入河道、流入滇池。同时，在滇池周边建设垃圾集中收集间、卫生公厕、农村湿地、封闭式垃圾收集间、标准化自冲式公厕等。2011年，结合滇池流域村庄生活污水排放及处理的实际情况，市政府制定下发了《在滇池流域开展村庄生活污水处理沉淀池、漂油池、净化池设施建设的实施意见》，要求在滇池流域的五华区、盘龙区、官渡区、西山区、呈贡县、晋宁县，高新区、经开区、度假区辖区范围内，在全面实施并完成滇池流域村庄生活

污水处理设施建设的同时，于当年12月31日前全面完成153个滇池河道源头水库（坝塘）汇水区范围内的行政村、自然村、分散住户及滇池流域内零星分散村庄的生活污水"三池"净化设施建设，所排生活污水全部通过"三池"，有条件的经过湿地后再排放，实现村庄生活污水全收集、全处理。为此，市滇池流域工业、生活及农业面源污水全面截流收集处理工作协调领导小组统一组织和推进滇池流域村庄生活污水"三池"净化设施建设工作，要求滇池流域各县（区）、开发（度假区）要把村庄生活污水收集处理"三池"净化设施建设纳入重要议事日程，成立相应领导机构，以县（区）长、管委会主任为组长，配齐配强工作人员，按基本建设项目管理要求组织实施，按照《滇池流域村庄生活污水"三池"净化处理设施建设实施方案》，建立工作推进和落实检查机制，层层落实责任，确保任务按时保质完成。农村"三池"净化设施建设资金以县（区）政府、开发（度假）区管委会自筹为主，可采取预算安排、社会动员、投工投劳等多种方式筹措建设资金。村庄"三池"净化设施建设所需土地，由市滇管局负责组织各县（区）按基本建设项目管理要求，将滇池流域村庄生活污水"三池"净化设施建设列入《滇池"十二五"规划》村庄分散污水处理工程项目，积极争取上级资金支持。市级根据项目完成情况，以"先建后补""以奖代补"的方式予以补助。同时，研究制定农村生活污水长效运营管理机制，针对不同村庄生活污水处理类型，采取不同的运营管理模式，避免出现前期建设，后期停运的现象。"三池"净化设施建成后，应按照村民自治的原则，建立村规民约，确保设施正常运行。

## 环境保护执法协调机制

2008年10月，震惊全国的"阳宗海砷污染事件"催生了环境刑事司法新机制。当年底，由市委政法委牵头，市中级人民法院、市检察院、市公安局和市环保局联合制定了《关于建立环境保护执法协调机制的实施意见》，相继成立了"昆明市公安局环保公安分局""昆明市人民检察院环境资源检察处""昆明市中级人民法院环境保护审判庭"，安宁市、寻甸县、盘龙区、宜良县、石林县各人民法院分别成立了环保法庭和环保合议庭，在全国首创了司法与行政执法的相互衔接、协调配合、联动执法的环境保护执法新机制。环保行政执法和刑事司法相衔接新机制的建立，加大了行政执法和刑事司法衔接配合力度，规范了行政执法和刑事司法衔接的操作程序。新机制的建立，从过去的"单打独斗"转变为行政管理与司法深度介入的双重治理。2009年，联动机制单位由4个扩大到19个，市滇池管理（综合行政执法）局也参与其中，市人民检察院、市中级人民法院、市公安局、市环境保护局、市滇池管理局联合制定了《昆明市关于办理污染破坏环境违法犯罪案件的若干意见》《关于办理污染环境、非法捕捞水产品等刑事案件适用法律的意见（试行）》等，统一执法尺度，加大环境刑事司法打击力度。铁腕治污，以水环境保护为切入点，创新环保警察、环保法庭等环境刑事司法新机制，加大对环境犯罪行为的打击力度。

## "河道三包"责任制制度

2009年，西庄社区开始实行"河道三包"责任制。2010年，该社区制定了以"不向河道内丢弃垃圾、排放污水；不在河道内取水洗车、洗衣物、洗菜等；各家各户门前屋后河堤道路一日两次清扫；

不在河堤道路上摆摊设点；不破坏河堤绿化及市政设施；如遇到特殊情况，及时向社区和街道相关部门反映、及时整改"为主要内容的《入湖河道管理村民公约》。通过连续3年的努力，西庄社区实现了河道干净整洁，两岸绿树成排，治理成效明显。为使"西庄经验"得以在全市推广，2012年9月17日，市政府印发《昆明市全面推行滇池流域"河道三包"责任制的实施意见》，要求全面落实包治脏、包治乱、包绿化的"河道三包"责任制，做到河道清洁有人管、河岸绿化有人护、违法行为有人查。《实施意见》明确：以五华、盘龙、官渡、西山、呈贡、安宁、晋宁7个县（市）区及3个国家级开发（度假）区为管理主体，对滇池36条主要出（入）湖河道及84条支流沟渠实施网络化管理，全面落实包治脏、包治乱、包绿化的"河道三包"责任制。对纳入市级重点考核范围的36条主要出（入）湖河道，由市级按每年每千米补助7000元的标准对各县（区）和管委会进行补助。与此同时，市政府制定了《滇池流域"河道三包"责任制考核办法》，要求严格实施以完善组织机制，把组织机构延伸到社区；实行网格管理，把目标任务明确到小组；制定工作目标，把具体责任落实到户；强化监督考核，确保河道管理落到实处；充分发挥基层党组织作用，带动全民参与管理为主要内容的"河道三包"责任制，制定《河道管理村民公约》，及时解决河道管护中存在的问题。定期组织广大党员干部、群众疏挖河道，清除辖区河段内的石块、杂物、淤泥，补种缺塘林苗、草坪。大力推进滇池治理群众参与机制的建立。

## 滇池船舶入湖许可制度

2010年，为严格控制滇池船舶准入，减少船舶对滇池水体的内源污染，市政府办公厅以"昆政办"文件下发了《关于进一步规范滇池营运船舶管理的通知》。《通知》明确规定：凡不符合《云南省滇池保护条例》精神要求的，一律不办理滇池船舶入湖许可证，并不得进入滇池水域从事航行、停泊和作业以及与船舶污染防治有关的活动。此后，为贯彻落实《通知》精神，滇池海事部门制定出台了滇池环保船舶标准和《滇池船舶准入管理办法》，以规范滇池船舶准入管理。船舶入湖许可证实行一船一证制，有效期为3年。工程船舶、体育运动船艇的有效期由市滇池行政管理部门根据项目施工及活动情况确定，但不得超过施工及活动期限。未取得船舶入湖许可证的船舶不得在滇池水域航行、停泊和作业。未办理船舶入湖许可证擅自入湖的，由滇池管理综合行政执法机构责令停止违法行为，限期改正，补办船舶入湖许可证，可以处以罚款。2013年5月30日，滇池地方海事处向符合入湖条件的69条客运船舶首次发放了滇池船舶入湖许可证。

## 滇池营运船舶三个零排放制度

2010年8月21日，市政府办公厅下发了《关于进一步规范滇池营运船舶管理的通知》（以下简称《通知》）。《通知》要求：到2010年底，在严格控制滇池营运船舶总量的同时，所有进入滇池的营运性船舶必须达到船舶油污水、生活污水、固体垃圾"三个零排放"和船舶尾气、噪音"两项达标"，并实施"一次违法、永久退出市场"的制裁措施。

## 污水处理特许经营制度

2011年1月1日，市政府授权市滇池管理局与昆明滇池水务股份有限责任公司签订《昆明市污水处理特许经营权协议》（以下简称《协议》）。《协议》明确规定：特许经营期为2011年1月1日至2041年12月31日，共30年。特许经营区域范围为昆明市行政区域范围城市生产或生活所产生的污水、废水进行净化处理。特许经营权的内容为在特许经营权授予期限内享有特许经营区域范围污水处理的权利；对相关设施拥有管理、运营、处置、维护和更新的权利；在提供合格服务后获取合理服务费用的权利。在上述特许经营期限和特许经营区域范围内不再批准其他企业、事业单位及其他组织或个人提供污水处理服务。污水处理服务费单价首期为1.58元/立方米，执行时间为2011年1月1日至2014年12月31日。此后，每3年对污水处理服务费单价进行一次核定。污水处理量实行保底结算，若实际污水处理量<保底污水处理量，则结算污水处理量=保底污水处理量；若实际污水处理量≥保底污水处理量，则结算污水处理量=实际污水处理量。在特许经营期内的污水处理费的结算和支付方式为污水处理服务费=污水处理服务费单价×结算污水处理量。

## 全面推行滇池流域"河道三包"责任制

为全面推进滇池治理，认真落实滇池流域河（段）长责任制，扎实有效地抓好滇池流域河道水环境综合整治，2012年9月17日，市委办公厅、市政府办公厅印发了《昆明市全面推行滇池流域"河道三包"责任制的实施意见》（以下简称《意见》）。《意见》以科学发展观为指导，以层层落实"河道三包"［包治脏，确保不向河道排放（倾倒）污水、垃圾；包治乱，确保河道整洁，无乱搭乱建、乱堆乱放等情况；包绿化，确保河道两岸树木、花草、绿地等完整完好］为目标，树立"河道清、滇池清"和"河道治理、人人有责"的理念，按照"属地为主、部门协作、层层建立责任制"的要求，全面推行"河道三包"责任制，形成全民参与河道治理的新局面，推进滇池治理深入开展。《意见》明确：按照市级统筹、县级管理的原则，以五华区、盘龙区、官渡区、西山区、呈贡区、安宁市、晋宁县7个县（市）区及3个国家级开发（度假）区为管理主体，对滇池36条主要出（入）湖河道及84条支流沟渠实施网格化管理，建立县（市）区及开发（度假）区、乡镇（街道）、村（社区）、村（居）民小组、沿河单位（小区）及住户一层对一层、一层抓一层、层层抓落实的目标管理责任机制，全面落实包治脏、包治乱、包绿化的"河道三包"责任制，做到河道清洁有人管、河岸绿化有人护、违法行为有人查，实现"水清、岸绿、整洁"的目标。7个县（市）区、3个国家级开发（度假）区负责辖区内"河道三包"责任制的组织领导，与相关乡镇（街道）签订"河道三包"责任书，并纳入年度目标管理考核内容；划定辖区内各乡镇（街道）"河道三包"的具体范围，明确具体工作内容，确定责任人；按照"组保洁、村（社）收集、乡镇（街道）运转、县（市）区及开发（度假）区处置"的要求，做好辖区内生产、生活垃圾的收集处置工作；定期对辖区内各乡镇（街道）"河道三包"工作进行检查、考核，每季度以书面形式向市滇池流域水环境综合治理指挥部办公室及市滇管局报送辖区内"河道三包"工作落实情况。各乡镇（街道）贯彻落实市、所在县（市）区及开发（度假）区"河道三包"责任制各项工作部署，与相关村（社区）签订"河道三包"责任书，并纳入年度目标管理考核内容；划定辖区内各村（社区）"河道三包"的具体范围，明确具体工作内容，确定责任人；将"河道三包"纳入卫生监督岗监督范围，实行网格化管理；定期对辖区内"河道三包"工作进行检查、考核，按照要求向所在县（市）区、开发（度假）区及其有关部门报送辖区内"河道三包"工作落实情况。各村（社区）按照"河道三包"责任制的要求，与相关村（居）民小组签订"河道三包"责任书，并纳入年度目标管理考核内容；划定辖区内村（居）民小组的责任区域，明确具体工作内容，确定责任人；定期对辖区内"河道三包"工作进行督促、检查，按照要求向乡镇（街道）报送辖区内"河道三包"工作落实情况。各村（居）民小组按照"河道三包"责任制的要求，与沿河单位（小区）及住户签订"河道三包"责任书，并登记造册；划定辖区内沿河单位（小区）及住户"河道三包"的责任区域，明确具体工作内容，确定责任人；定期、不定期对辖区内沿河单位（小区）及住户落实"河道三包"工作情况进行检查，对存在问题督促整改；定期向村（社区）报送"河道三包"工作检查材料及报表。沿河的各级国家机关、事业单位、社会团体，各类依法注册的企业（公司）、个体工商户、民办非企业单位，外地驻昆单位、驻昆部队、小区、住户，应按照与村（居）民小组签订的"河道三包"责任书，在其居住、经营或生产区域周边河道范围认真做好"河道三包"工作。市、县（市）区及开发（度假）区滇管部门负责"河道三包"工作的指导、协调和检查，做好"河道三包"涉及滇管综合执法的相关工作，铁腕执法、重拳出击，对不履行"河道三包"责任或违反"河道三包"要求的单位和个人，会同相关部门依法查处；环保部门负责河道水质监测及通报，查处向河道违法排污企业，对不履行"河道三包"责任或违反"河道三包"要求的单位和个人，配合滇管部门依法查处；水务部门负责做好"河道三包"涉及水务管理及水政执法的相关工作，对不履行"河道三包"责任或违反"河道三包"要求的单位和个人，配合滇管部门依法查处；城管综合行政执法部门负责做好"河道三包"涉及城市管理及综合行政执法的相关工作，对不履行"河道三包"责任或违反"河道三包"要求的单位和个人，配合滇管部门依法查处；工商部门负责查处无照经营行为，对不履行"河道三包"责任或违反"河道三包"要求的单位和个人，配合滇管部门依法查处；园林绿化、卫生等部门按照各自职责，共同做好"河道三包"的相关工作。

## 落实河（段）长责任制

2013年12月20日，经市委、市政府领导同意，市委办公厅、市政府办公厅下发《关于切实落实"河（段）长责任制"进一步做好河长巡查各项工作的通知》（以下简称《通知》）。《通知》明确：河长的工作职责是严格执行《滇池流域主要入（出）滇河道综合整治"河长巡查日"制度》，进一步落实对分管河道的定期巡查工作，在每月最后一周内带队巡查河道综合整治工作和"河道三包"责任制落实工作；采取抽查、听取汇报等方式，不定期检查工作落实情况，并协调解决河道综合整治中存在的问题。河长助理的工作职责是每月不少于两次对所负责河道进行巡查，切实履职尽责做好滇池主要入（出）湖河道整治等各项工作，主动向河长汇报巡查情况，提出河道综合整治及"河道三包"责任制落实工作的意见和建议，积极发挥参谋助手作用；可采取抽查等方式，不定期检查河道综合整治工作落实情况。段长的工作职责是按照河长、省治污督导组成员和市"一湖两江"流域水环境综合整治专家督导组成员、河长助理、市级河道责任单位提出的整改要求及意见，认真研究并组织开展河道综合整治工作；对其责任范围内的河道水质负全责；及时掌握河道水质变化情况和"河道三包"责任制落实情况，分析、查找河道水质变化原因，落实整改措施，不断改善河道水质；每月中旬将所负责河道的水质监测情况及整治整改工作情况专报给河长；每月定期召开会议，落实河长确定的河道综合整治要求，研究解决所负责河段的综合整治及"河道三包"责任制落实工作中存在的问题。市水务局、市环境保护局、市滇池管理局为主要入（出）湖河道及支流（沟渠）市级责任单位，主要负责河长、省治污督导长、河长助理巡河的具体组织工作，单位主要负责人全程参加河长、省治污督导长巡河；收集整理各位河长及河长助理、省治污督导组、市"一湖两江"流域水环境综合整治专家督导组对河道综合整治工作和"河道三包"责任制工作提出的要求和意见，提出具体的处理意见和措施，要求市环境保护局每月中旬将河道水质通报排名表报各河长、省治污督导长，并分送各段长。滇池流域各县（市）区及3个开发（度假）区按照辖区负责制的原则，党政主要负责人对本地区河道水质达标负责。实行河长、省治污督导长、河长助理、段长四级联动巡查制度；实行河道水质目标倒逼各项工作落实制度，以水质目标倒逼河道综合整治的工作机制，通过强化河道水质监测，分析数据、查找原因、协调联动、落实整改措施，不断改善水质，实现水质达标；实行巡查记录和报告工作制度；实行严格的河道考核制度，层层落实包保责任，做到河道清洁有人管、河岸绿化有人护、违法行为有人查，实现"水清、岸绿、整洁"的目标。

## 主城区公共排水设施特许经营制度

2014年5月28日，市政府常务会议审议并原则通过《关于调整昆明市主城区公共排水设施运营模式的实施方案》，决定采用"政府特许+政府采购+企业经营"的模式，对昆明市主城区公共排水设施运行维护服务实行公用事业特许经营制度。同年11月26日，市政府授权市滇池管理局与昆明排水设施管理有限责任公司签订了《昆明市主城区公共排水设施特许经营权协议》（以下简称《协议》），授予昆明排水设施管理有限责任公司对昆明市主城区公共排水设施运行维护业务的特许经营权。《协议》明确：特许经营期为2014年10月1日至2034年9月30日，共20年。特许经营区域范围为昆明市主城区范围（不含滇中产业新区），包括五华、盘龙、官渡、西山、呈贡5个行政区的城市建成区域，以及3个国家级开发（度假）区的城市建成区域。特许经营权的内容为在特许经营权授予期限内享有特许经营区域范围公共排水设施运行维护的权利；对相关设施拥有管理、运营、处置、维护和更新的权利；在提供合格服务后获取合理服务费用的权利；在上述特许经营期限和特许经营区域范围内不再批准其他企业、事业单位及其他组织或个人提供公共排水设施运行维护服务。公共排水设施运行维护服务单价包含服务方提供的公共排水设施运行维护服务的合理成本+税金和法定规费+合理利润，由社会第三方造价机构核算，经市滇池管理局审核并报市财政局审定后，由市滇池管理局上报市政府执行。公共排水设施运行维护服务费单价首期执行时间为2014年10月1日至2016年9月30日，以市政府批复的分类单价表为准。此后，每2年对服务费单价进行一次调整。

## 滇池治理责任追究制度

《云南省滇池保护条例》规定，国家工作人员在滇池保护和管理工作中，有违反国家产业政策审批项目，或者违法审批环境影响评价文件，造成环境污染或者生态破坏的；对国家规定应当淘汰的落后生产技术、工艺、设备或者产品，不履行监管职责的；对严重污染环境的单位不依法责令限期治理或者责令关闭、停产的；未制定水污染事故应急预案，或者未按照应急预案的要求采取措施的；依法应当进行环境影响评价而未进行，或者环境影响评价文件未经批准，擅自批准该项目建设或者为其办理征地、施工注册登记、营业执照、生产（使用）许可证的；发现违法行为或者接到举报后不及时查处，或者不履行检查职责的；发现重大环境污染事故或者生态破坏事故，不按照规定报告或者不依法采取必要措施，致使事故扩大或者延误事故处理的等行为之一的，由上级主管机关或者监察机关对直接负责的主管人员和其他直接责任人员依法给予处分；构成犯罪的，依法追究刑事责任。

为推进滇池保护与管理工作，市委、市政府也先后制定了《昆明市领导干部问责办法》《昆明市入湖河道综合整治工作问责规定》《昆明市滇池管理综合行政执法问责规定》《昆明市环境保护行政执法问责规定》，明确对未完成滇池保护目标责任的人民政府，上级人民政府应当对其主要负责人通报批评，情节严重的，对有关责任人依法给予处分。对相关责任单位和责任人进行严肃问责处理，责任人不能胜任现职的，按干部管理权限，由组织人事部门对责任人进行岗位调整或改任非领导职务；责任人违反党纪政纪的，由纪检监察机关立案查处；涉嫌犯罪的，移送司法机关处理。2010年。市政府下发了《关于推行环境保护"一岗双责"责任制的实施意见》（以下简称《实施意见》）。《实施意见》明确：环境保护"一岗双责"是指县（市）区政府（管委会）及市级有关部门的领导班子和主要负责人在其职责岗位上，实行抓好业务工作和环境保护工作的双重责任制度。主要负责人是本行政区域、本部门职责范围内环境保护工作的第一责任人，对环境保护工作负全面领导责任；分管环境保护工作的负责人对环境保护工作负综合监管领导责任；其他负责人对分管业务工作范围内的环境保护工作负直接领导责任。要求按"属地管理"和"谁主管、谁负责""谁审批、谁负责""谁污染、谁治理""谁破坏、谁恢复"的原则，在履行本岗位职责的同时，履行所分管领域环境保护责任，切实做到"一岗双责"。

# 第四章　宣传教育

20世纪90年代后，市委、市政府结合滇池流域水污染防治工作，采取多种方式开展《滇池保护条例》《云南省滇池保护条例》等法律法规的宣传。特别是"十二五""十三五"期间，不断加大宣传工作力度，创新宣传方式，拓展滇池保护宣传渠道。通过及时发布滇池治理情况，主动展示滇池治理成效，大力宣传滇池保护理念，坚持正面引导社会舆论，广泛动员全民参与滇池保护治理，构建全民监督体系等工作，让"滇池清，昆明兴""保护滇池、从我做起"等理念植根于每一个市民心中，形成保护滇池人人参与的良好社会氛围。

## 第一节　滇池保护与治理相关法律法规培训

### 《滇池保护条例》宣传与培训

1992年，市政府在昆明召开为期5天的昆明市滇池保护工作会议。五华、盘龙、西山、官渡、呈贡、晋宁、嵩明7个县（区）政府、滇池保护所挂靠主管单位的领导及7个县（区）滇池保护所的工作人员参加会议。会议采取以会代训的方式学习《滇池保护条例》，使全体与会人员对保护滇池的重要性、紧迫性有了一定认识，深感责任重大，任务艰巨。1994年，市委、市政府把《滇池保护条例》纳入"二五"普法教育的内容之一。市滇池保护委员会办公室与市司法局、市委宣传部、市委组织部、市普法办联合发出《关于开展〈滇池保护条例〉宣传教育的通知》，配合市司法局、普法办制定工作方案，举办《滇池保护条例》"二五"普法培训班，滇池流域各县（区）和市属各部委办局200多人参加培训；编写并发放《滇池保护条例》宣传辅导材料2万多份；召开县（区）滇保所会议，传达布置《滇池保护条例》"二五"普法任务。"二五"普法期间，在市属机关，企（事）业单位和有关县（区）宣讲《滇池保护条例》11场，听讲人数达2万多人。同时，根据"二五"普法要求，编制试卷在全市副科级以上干部中组织考试，成绩纳入年终考核。2002年，经省人大批准、市人大修正后的《滇池保护条例》颁布施行后，市委、市政府又将新的《滇池保护条例》（以下简称新《条例》）列入2002年"四五"普法教育内容。为做好新《条例》普法教育，市滇池管理局印制新《条例》单行本1万册，编制、发行普法教材《全民普法教育读本》6万多册；召开宣传、贯彻和执行新《条例》情况通报会，有步骤、有计划地开展了以新《条例》为主的宣传、学习、教育活动。结合新《条例》的宣传，市滇管局积极配合市法制办开展法律六进活动。一是开展法律进机关活动，全市90%以上的机关、大型企（事）业单位的人员都参与了普法学习，年终接受了普法考试；二是开展法律进企业活动，通过新

《条例》的学习，不断提高企业法人、员工防治污染、保护环境的主动性和积极性，推进依法治企、依法保护滇池；三是开展法律进乡村活动，把滇池保护的相关知识与促进社会主义新农村建设相结合，切实提高农民的环境保护意识和观念；四是开展法律进社区活动。通过社区法制宣传教育队伍、宣传橱窗、图书角、夜校、社区、青少年宫等机构在法制宣传教育中的作用，把滇池保护工作融入社区工作中；五是开展法律进校园活动，通过进校园宣讲保护滇池知识，让在校学生了解从小事做起保护滇池的重要意义，从而影响家长，起到小手牵大手共同保护滇池的目的，为全民参与保护滇池起到了较好的宣传教育作用，逐步形成学校、家庭、社区"三位一体"的青少年法制教育网络；六是开展法律进单位活动，建立全民参与滇池保护的责任意识。同时，市滇池管理局与滇池流域各县（区）开展联动宣传，分别于5月20日、9月20日、11月28日在翠湖春晓广场、东风广场和金马碧鸡广场举行大型宣传活动，并组成宣传组到官渡、西山、呈贡、晋宁沿湖乡（镇、街道），深入社区、学校，围绕滇池保护知识开展普法授课，开展专题科普讲座；利用广播、电视、黑板报、宣传栏、橱窗、宣传车、发放宣传资料等方式宣传，累计发放宣传资料近10万余份、制作展板200多块。通过层层宣讲、培训、领导干部带头学习新《条例》，仅滇池流域五华、盘龙、西山、官渡、呈贡、晋宁6个县（区）就有100多万人（包括流动人口）参与此次活动。2003年，市滇池管理局进一步加大对新《条例》《昆明城市排水条例》及《水污染防治法》等法律宣传教育工作，制作有关滇池保护治理内容的宣传展板80多块，开展滇池环境保护知识普及、咨询、教育大型宣传活动9次，发放宣传资料5万多份；制作发放宣传画册《滇池——明天更美好》，与昆明电视台合作制作播放电视专题片4部，制作滇池保护治理内容的电视公益广告2个；在报刊上刊登8个专版，开辟专栏4个，平均每天都有滇池保护治理信息在媒体报道；在滇池流域各县（区）制作宣传橱窗42块，在滇池主要入湖河道制作宣传标牌270多块。2007年10月，市滇池管理局组织全市滇池保护与治理县（区）四级干部培训班，对滇池流域县（区）、乡（镇）、村（社）、组的四级干部320人进行集中培训，学习新《条例》及中央和省委、省政府关于滇池治理工作指示要求，进一步统一思想，提高认识，加强领导，强化责任，切实解决好农村面源污染和入湖河道管理，推进滇池保护与治理工作。2008年12月，市滇池管理局组织全市滇管系统干部职工，结合新《条例》学习，开展阳宗海砷污染事件讨论活动，要求各县（区）滇管局、基层单位和部门采取分散学习、集中座谈的形式，围绕监督管理责任，引以为戒、直面现实、举一反三，着力查找工作中存在的主要问题，促进滇池治理措施的落实。为贯彻落实2014年1月1日起实行的国务院《城镇排水与污水处理条例》。同年4月，市滇池管理局组织全市各县（区）城镇排水与污水处理相关部门人员参加了省住建厅组织的《城镇排水与污水处理条例》培训班。

## 《滇池保护条例》宣传周

为集中宣传贯彻《滇池保护条例》，1991年，市滇池保护委员会将每年的7月1日至7月7日定为《滇池保护条例》宣传周。宣传周的主要内容为宣传贯彻1988年省、市人大常委会颁布的《滇池保护条例》和2002年1月21日经省人大常委会批准、2月8日市人大常委会公布实施的修正后的新的《滇池保护条例》；配合市人大、市政协组织人大代表、政协委员视察滇池流域贯彻执行《滇池保护条例》和修正后的新的《滇池保护条例》的情况；印制和散发有关滇池保护的宣传材料；利用大型户外广告牌和出租车车身进行环境保护和滇池保护的公益宣传；在滇池流域7个县（区）制作宣传橱窗42块和入湖河道树立宣传标牌270块；在市区显著位置、人行天桥和各县（区）街道悬挂宣传布标，各县（区）利用宣传车、广播站进行宣传。

1998年7月1日，是《滇池保护条例》颁布实施10周年，市滇池保护委员会办公室开展了多种形式的宣传活动。其中，与市环保局、市妇联联合利用"六五"世界环境日在翠湖公园开展"保护环境，保护滇池从我做起"宣传活动，制作了以"保护滇池，造福子孙后代"为题的宣传展板，展示了10年来滇池保护工作所取得的成果和滇池污染现状，以唤起市民保护滇池的意识，活动中发放了宣传资料40多万份；市妇联、市滇保办、市环保局、昆明日报社联合组织了昆明市"妇女、家园、环境"知识竞赛，全市各行业的18支代表队共90名妇女参加了竞赛，间接参加竞赛的妇女达1000多人；组织开展了滇池保护先进集体和先进个人表彰活动，市政府下发的《关于对滇池保护工作给予表彰的决定》对全市30个先进集体和80名先进工作者给予了表彰和奖励；各新闻媒体对《滇池保护条例》颁布实施和10周年宣传活动作了系列报道。1999年，市滇保办与《滇池》杂志社筹划组织2000年第一期滇池保护专刊《滇池专号》，将滇保宣传与文学作品相结合，文章通俗易懂，并具资料性，吸引读者，增强读者的滇池保护意识。

2004年7月1日，是《滇池保护条例》颁布实施十六周年。为认真学习贯彻《滇池保护条例》，市滇池管理局制作并播映了有关滇池保护治理专题宣传片、公益广告片12部；编印、发送《滇池保护与治理知识读本》1.5万册、《滇池保护与治理信息》52期；开展各类宣传报道1180余次；在市区主要人行天桥、邮电大楼、金马碧鸡坊、滇池路电子彩屏悬挂标语横幅和发布公益广告；开通昆明市滇池管理局网站，制作和播放滇池保护专题片和系列片，在报上刊登滇池保护专版和专栏；利用30辆出租车车身和3块大型户外广告牌进行环境保护和滇池保护的公益宣传；邀请滇池保护委员会专家咨询组部分专家就滇池保护与治理的长期性、艰巨性和复杂性接受省、市新闻媒体专访。

## 《云南省滇池保护条例》宣传

2013年1月1日《云南省滇池保护条例》（以下简称《条例》）施行。为贯彻落实《条例》，分管副市长发表题为《以学习贯彻〈条例〉为契机加快推进全市生态文明建设向更高水平迈进》的署名文章，强调滇池流域各级人民政府要认真地将《条例》规定的要求贯彻落实到滇池保护工作的各个环节中去，各级司法部门要将《条例》知识纳入普法教育。为此，市滇管局印制《条例》单行本5万份，在报纸、网站登载《条例》文本，向广大市民解答滇池保护的有关政策和法规，《条例》系列解读内容被省、市报纸连续登载。市法制办将《条例》列入"六五"普法与依法治理工作，列入全市2013年普法教育内容及《2013年全民普法教育读本》，对全市干部进行普法考试。同时，在全市开展了法律进乡村、进学校、进机关、进企业、进单位、进社区活动，开展了青少年法制教育基础建设工作及普法分级培训工作。盘龙、五华、官渡、西山、呈贡、晋宁滇管部门举办了《条例》培训会，邀请市滇池管理局法规处领导到会指导并授课，重点围绕《条例》立法背景，滇池一、二、三级保护区范围界线划定，职责管理措施落实，对禁止性行为监督，法律责任等展开学习。培训结束后，组织参会人员进行了考试。随着《条例》的贯彻实施，滇池保护工作的领导体制、工作机制、保障机制进一步完善。2014年6月，市滇池管理局组织全局干部职工深入学习《条例》，围绕滇池一、二、三级保护区划界、滇池流域项目行政审批等内容，进行了详细解读，结合各处室职能职责及贯彻实施过程中存在的问题及应对措施开展交流发言。要求全局干部职工要学深学透《条例》及相关法律法规，进一步做好滇池的守护者。同时，组织五华区、盘龙区、官渡区、西山区、呈贡区、晋宁县滇管（水务）局，高新区滇管局，经开区、度假区环保局等部门进一步深入学习《条例》，加强对县（区）滇管部门的行政法律法规及滇管综合执法业务培训、辅导工作，规范行政权力运行，增强行政权力运行透明度。各县（区）又把《条例》宣传范围延伸到学校、企业、社区、乡镇（街道）及村社。2015年11月，市滇管局深入官渡、西山、晋宁、呈贡等滇池流域县区、街道、社区，开展"关爱滇池　亲近滇池"百万市民志愿活动，活动中发放《条例》《昆明市河道管理条例》等法律法规和滇池一、二、三级保护区相关规定宣传册3000余份，并结合群众关心关注的问题等做现场解答，引导社会各界积极支持和参与滇池保护治理。

## 《昆明城市排水管理条例》宣传

2002年6月1日《昆明市城市排水管理条例》公布实施。为加强城市排水管理，实现依法治污，促进城市排水与污水处理事业的健康持续发展，市滇管局确定每年的5月为《昆明城市排水管理条例》宣传月。为开展好此次活动，市滇池管理局在市区主要人行天桥、邮电大楼、金马碧鸡广场、滇池路电子彩屏悬挂标语横幅和发布公益广告；印制《昆明市城市排水管理条例》单行本，编印宣传材料；分别以展板展出、发放宣传资料、播放专题片等形式，向过往群众宣传保护滇池的重要性，共发放宣传资料近10万余份。同时，充分发挥新闻媒体的舆论监督作用，利用报刊、电台、电视等传媒进行广泛宣传，让广大市民和社会各界了解加强城市排水管理工作的重要性和意义。按照《昆明市城市排水管理条例》的要求，市滇池管理局积极推行排水许可工作，并结合工作开展城市排水管理宣传教育活动。一是在窗口、现场踏勘和排水技术咨询服务工作中开展《昆明市城市排水管理条例》宣传。2006—2015年，每年完成不少于200户排水户的排水水质取样和检测，根据监测结果，及时掌握排水户排水水质动态，督促超标排水户及时整改存在的问题，确保达标排水。二是采取专项检查和随机抽查的方式，对排水许可证在有效期内的排水户进行现场检查、回访面谈，发现违法排水行为及时督促整改；三是通过组织召开民情恳谈会、培训会等方式，积极宣传解释排水管理有关规定，不断提高排水户法律意识、环保意识，依法保护滇池。

# 第二节　国内外湖泊保护技术合作与交流

## 国际湖泊治理与管理学术交流

1992年4月，昆明滇池保护委员会办公室在国内专家的倡议下，在昆明成立了国内湖泊（水库）网络平台（下称网络）。为反映网络活动情况，交流各方面的治湖（水库）信息，网络不定期出刊《国内湖泊（水库）网络通讯》，刊登各网络成员单位领导、专家和科技工作者的工作经验、治湖技术以及科研成果。同年4月6—13日，国内湖泊（水库）协作网第一次工作会议在昆明市召开，上海、江苏、浙江、江西、吉林、云南、水利部长江流域水资源保护局、水利部太湖流域管理局，以及科研、教学等单位的专家学者和湖泊（水库）保护、管理等单位的代表共60多人出席了会议，未出席会议的西藏、新疆、四川等省、市、自治区湖泊（水库）保护、管理单位发来电函祝贺。1995年11月6日，国际湖泊面源污染治理与管理学术研讨会在昆明召开，来自加拿大、韩国、菲律宾和国内有关省、市的60多名专家学者参加会议，昆明市市长王廷琛在开幕会上致辞。会上，与会专家通过研讨交流，提出了许多滇池保护与治理的意见和建议，为借助国内外湖泊治理的先进经验，加快滇池治理步伐起到积极的推动作用。

2002年初，瑞士联邦环境科学研究院开始和昆明市人民政府积极探讨在水环境治理方面开展合作，为滇池治理在技术层面上提供决策支持。2003年8月25—26日，由昆明市人民政府、瑞士联邦环境科学研究院共同发起举办的昆明市水环境治理和可持续发展专题研讨会在官渡国际会议中心举行，来自瑞士联邦环境科学研究院的专家及昆明市相关部门专家和研究人员80多人参加了会议。市政府领导在会上做了《昆明的水环境保护与可持续发展》的报告；专家和科研人员通过学术交流，增进了了解，促进了合作，为治理昆明的水环境积累了技术和经验。2005年9月6—7日，由国际水历史学会、云南省社科院主办、西山区人民政府、昆明市滇池管理局承办的中国第一届水文化与水环境保护国际学术会议在昆明召开。来自美国、法国、德国、瑞士、澳大利亚等20多个国家的100多名中外专家学者就各国水文化和水文明、水环境保护以及滇池治理等问题进行了学术讨论。

2007年9月26日，为有效推进世行贷款云南城市环境建设项目中拟议的经济援助项目的实施，积极推进世行与云南省在滇池保护等环保项目的进一步合作，滇池国际专家咨询研讨会在昆明召开，副省长、分管副市长等有关省市领导参加会议。会上，世行高级湖泊流域管理咨询专家斯蒂芬·林耐就湖泊的生物多样、非物质及文化价值、主要的淡水储备、可持续性管理湖泊及其流域是水资源管理的中心等问题作了发言，与会人员各抒己见，建言献策，就国际流域管理经验、湖泊流域总体规划、滇池沿岸工业污染源的控制等问题进行了探讨，为世行贷款云南城市环境建设项目的实施打下了良好基础。

2011年4月25—29日，在中国科协海智办和中促会的支持下，昆明市科协邀请中国科协海智专家来昆推广生态农业和环保技术，助推昆明破解滇池治理难题。27日上午，由市科学技术协会、市滇池管理局和滇池保护与治理"百推计划"组委会共同主办，昆明滇池研究会、昆明留学人员联谊会承办的滇池生态保护与治理学术报告会在云南大学科学馆举行。来自昆明地区国家机关、学术团体有关人员以及大专院校、科研院所等的专家、学者和研究生共120多人参加了会议。会上，做了题为《益生菌技术在安全食品生产以及环境保护和污染水源治理上的应用》和《日本水环境保护与技术对策》的专题学术报告，中央、省、市驻昆10名相关知名专家进行了面对面的有关滇池生态保护与治理技术交流，深入切磋破解滇池保护治理中的难题。一致认为，日本霞浦湖的水环境保护治理上的一些方略，农村地区小规模居民区集中水处理设施，居民、企业、社会团体、行政机关在内的广泛协作环保管理机制，促进居民和社会成员单位参与环境保护活动的宣传教育模式，均可供昆明及其滇池流域水环境综合保护与治理借鉴，特别是净化槽和益生菌技术对解决农村面源污染更有借鉴意义，可在城乡进行试点试用。

2013年1月28日，由昆明学院、国际水历史学会（IWHA）、云南省社会科学院联合主办的主题为"水在历史上的角色：历史智慧与当代水治理"的2013年国际水历史学会区域国际学术会议在昆明召开，来自英国、法国、德国、美国、希腊、日本、韩国、越南、中国香港等20多个国家、地区和国内的100多位专家学者参会。在为期3天会上，围绕水在不同地区、国家文明形成与发展中的角色，水历史学科、水文化的理论与实践，人类历史上形成的水文化及其当代价值，乡村与城市水环境与管理史，河流、湖泊、湿地等水环境史，人类用水、管理水、治理水、保护水的历史经验与智慧，古代文明史的水技术及其对社会的影响，滇池水环境史，古代水利发展与昆明城市变迁，昆明滇池治理及其成效等议题展开深入讨论。为推进中德两国在环保领域特别是水污染治理及水资源利用等领域内科学技术的深入合作与交流，实现昆明可持续性水资源管理，提高滇池流域综合治理能力水平，中国科技部与德国联邦教研部共同签署了《关于就中国水体污染控制与治理科技重大专项开展科技合作的联合意向声明》并在其框架下开展合作研究。2015年11月，昆明市国家重大水专项滇池项目实施管理办公室与德国中国水项目管理办公室（SINOWATER）签订了《滇池水专项中德合作备忘录》。双方就今后在滇池水环境及生态治理方面加强合作进行了友好深入的交流。

## 国内湖泊治理与管理学术交流

2004年8月22—27日，为借鉴太湖先进的治湖经验，加快滇池治理，市政府组织考察团赴无锡考察学习。考察团详细了解了无锡五里湖治理前后的情况、治理规划措施，深入考察了五里湖湖滨生态带和新城建设、城镇生活污水处理、入湖河道整治和饮用水源地保护、梅梁湖泵站、"863"科技示范项目基地、拆迁安置的政策、办法、措施，重点学习了退渔（田）还湖（林）、移民搬迁安置、湖滨生态带建设及市场化运作方式等经验。2007年，2007中国滇池水污染控制与技术专题研讨会在昆明召开。来自中科院、北京大学等高校、科研院所及省、市20多位专家学者参加了研讨会。分管副市长，市滇池管理局、市环保局相关部门的负责人参加座谈，并听取了专家们对滇池治理的意见和建议。同年9月，省政协利用"云南企业家论坛"平台，在昆明举办了滇中调水恳谈会，邀请部分省政协常委、委员，省级各民主党派负责人，省直有关部门负责人，专家学者，知名企业家和各界人士，就滇中调水的必要性、紧迫性、科学性、可行性以及开发与保护等问题展开广泛座谈。同月，在昆明召开了滇池国际专家咨询研讨会，副省长、分管副市长等有关省、市领导参加会议。11月，在昆明举行了"滇池保护与治理，我有责"主题学术研讨论坛，这是昆明市首届学术年会中8个专题论坛中的一个。该论坛设有《滇池治理保护任重道远》《滇池治理：问题分析与对策初探》《偿还滇池清水，建设昆明水源》等7个专题报告。

2008年6月20日，市科协举办的昆明生态城市建设论坛在昆明召开。论坛为城市建设管理者、实践者和科研人员搭建了一个交流平台。中国科学院环境研究中心研究员王如松教授提出生态型城市应是宜居、宜业、宜民、宜行、宜久的城市，除加强管理、建设外，必须倡导生态文明，让市民树立生态的理念。这些观点、理念和建议对全市建设生态城市工作提供了有益的启示和依据。会后，市水利学会把专家学者的发言、建议汇编成《昆明生态城市建设论与水资源水环境论坛文集》，提供给相关决策部门参考。2009年11月1—3日，分管副市长率由市滇管局、市环保局及市相关专家学者20余人组成的代表团参加了在湖北武汉举办的第十三届世界湖泊大会暨湖泊治理成果展览会，并在市长论坛上作了以《保护湖泊、共商城市发展对策》为主题的演讲，并与各城市交流了湖泊保护的经验，探讨城市水资源保护和可持续利用新道路，同时向世界展示了昆明滇池污染治理的措施和成效。同年11月2—6日，环境保护部在昆明市举办了滇池、巢湖流域水环境管理专题研究班，分析讨论滇池、巢湖流域水污染防治面临的形势，进一步加大治污工作力度，促进两个流域经济又好又快发展。

2011年5月14日，由中华环保联合会和昆明市中级人民法院主办的水域污染司法和行政执法研讨会在昆明召开。此次研讨的主题包括水域污染的行政和司法地域管辖，水域污染司法和行政执法联动，水域污染治理基金（资金）的来源、运用及意义，水域污染事故损失的计算方法和诉讼鉴定等。来自全国水域污染治理的专家、学者、司法和行政执法人员等70余名代表参会。期间，参会人员到滇池湿地进行了调研，并查看了滇池污染的情况。同年8月4日，国家环境咨询委员会暨环境保护部科学技术委员会2011年暑期座谈会在抚仙湖畔召开，环保部副部长、常务副省长等领导出席会议。与会的环保部领导和"两委"委员对滇池、抚仙湖保护治理及"十二五"规划进行了热烈讨论，提出对高原湖泊水资源的保护不能仅仅把责任放在地方政府，而是要列入国有重大专项，上升为国家战略，把生态补偿和国家财政转移支付紧密结合起来，持续加强对云南2个湖泊的治理和保护力度。

2013年6月22日，第七届中国生物产业大会子论坛"中国生物产业环保科技发展论坛"在昆明举行。来自全国各地的专家、学者共同分享了最新的环保生态理念和技术手段，为发展生物环保事业、保护蓝天碧水、建设美丽中国献计献策。此外，依托国家"863"项目，与中科院南京地湖所合作完成大清河高负荷人工构筑湿地的设计、施工工作；借助"十一五"国家重大水专项城市主题"城市黑臭河道高负荷混合截污和综合治理关键技术研究与示范"的实施，与清华大学、北京市政工程设计院、北京航空航天大学、华东师范大学等国家顶级大专院校、科研院所共同探寻城市黑臭河道高负荷混合截污的治理对策；参与"十一五"国家重大水专项湖泊主题，与中科院武汉水生所共同完成了滇池湖周残存天然湖滨带的群落结构与物种资源调查；通过组织和参与编制《滇池流域水污染防治规划》《滇池湖滨生态湿地建设详细规划》《滇池外海生态建设可行性研究》《滇池外海生态建设初步设计》等专项规划设计，与清华大学、同济大学、中科院华南环科所等国家顶级大专院校、科研院所共同探寻湖滨生态修复的技术、途径；通过实施滇池水葫芦控制性种养工程，与江苏省农科院共同探索滇池污染治理内源清除的措施。

2015年9月13日，云南省首个湖泊领域院士工作站建立。院士工作站的建立，旨在充分利用院士工作站的在湖泊富营养化机理与生态修复原理及技术方面的优势，以及多年来在滇池、太湖、巢湖等国内相关水域开展工程示范取得的成果和经验，依托国家重大科技专项"滇池流域水环境综合整治与水体修复技术及工程示范"项目，以滇池水体内负荷污染控制与水质综合改善技术为切入点，研发基于内负荷形成条件及机制的过程控制技术，提出滇池内负荷控制总体方案，在控制蓝藻水华、改善滇池水质以及云南省富营养化水体污染控制和水质改善方面开展研究，并提供科技支撑。为学习和借鉴国内外的先进治湖经验，市级相关部门派员参加了世界湖泊大会，与国内外湖泊治理、研究人员共同交流、探讨湖泊治理新技术、新经验。组织人员参加了贵阳南明河、四川成都白鹭湾湿地、四川邛海湿地、大理洱海等的学习考察活动。通过交流学习和考察，形成了滇池水环境治理及生态恢复指导思想，为滇池保护及治理工作提供了技术和理论基础。与中国工程院院士刘兴土先生、美国 IES Abroad大学、德国污水处理专家布隆贝格、中国香港公务员、泰国国防学院院长阿塔诺·斯利撒、环保部东盟中心等国内外国院校、公司就滇池治理、生态建设等开展了20余次的技术交流，提高了技术人员的业务与科研水平。

# 第三节 滇池保护治理宣传月活动

为充分调动社会各界以实际行动支持参与滇池保护治理，在全社会牢固树立"滇池清，昆明兴"的理念，建立滇池保护治理宣传长效机制，市委、市政府决定创新宣传模式，从2012年起，每年将10月定为滇池保护治理宣传月。"滇池清，昆明兴"是每届宣传月永恒的主题。滇池保护治理宣传月活动由市委、市政府主办，市委宣传部、市滇池管理局等部门协办。实施范围为滇池流域的五华区、盘龙区、西山区、官渡区、呈贡区、晋宁县和高新区、经开区、度假区的行政区域。

## 2012年首届滇池保护治理宣传月活动

10月13日，首届滇池保护治理宣传月启动仪式暨"滇池清，昆明兴"——见证滇池百年照片摄影展在大观公园举行。活动围绕《云南省滇池保护条例》《昆明市河道管理条例》，滇池保护治理工作的规划、思路、措施、进展、成效、下步计划以及保护滇池、保护河道市民行为规范等内容，开展进学校、进企业、进乡镇（街道）、进社区、进社团、进村入户宣传活动和演讲比赛、知识竞赛、专题讲座等主题实践活动以及入湖河道专项整治等活动。同时，还开展见证滇池百年照片摄影展，《我和滇池的故事》纪录片展播。市委、市政府领导出席启动仪式，并为摄影大赛获奖者颁发证书。与会领导参观了见证滇池百年照片影展，市滇管局工作人员向市民和游人发放了保护滇池宣传画报、手册、环保袋、围裙等宣传资料1万余份。同年10月31日，滇池保护治理宣传月领导小组办公室（市滇池管理局）召开了宣传月活动工作推进会，要求各县（区）、单位建立沟通机制，实现互动，深入群众，围绕"河道三包"、综合治理、打击偷捕鸟类等专项行动深入开展宣传。

**市区妇联** 一直以来，昆明市妇联积极参与各种保护滇池母亲湖的宣传活动。特别是西山巾帼打捞队更是保护滇池的一面旗帜。2012年11月9日，市妇联与西山区妇联共同组织巾帼打捞队队员30名到海埂大坝向过往人员及游客发放了保护滇池的宣传手册、环保袋、围裙等宣传资料。用巾帼打捞队的影响力，带动广大市民自觉参与保护滇池的行动中来，让滇池母亲湖早日重现光彩。

**市团委** 组织领导五华、盘龙、官渡、西山、呈贡各团区委在入滇河道流经街道、社区分别设立了区青年志愿者保护滇池保护服务站，并开展了以"志愿服务总动员，携手保护母亲湖"为主题的春城志愿者保护滇池系列活动。通过志愿者活动向广大群众宣传保护母亲河对于绿色环保的重要性，在群众中积极传播环保理念。

**盘龙区** 10月28日在桃源广场举行了盘龙区首届滇池保护治理宣传月活动启动仪式，表彰了10名滇池保护宣传工作先进个人，并现场分组开展滇池保护宣讲及爱河护河活动。活动月期间组织发动各街道、社区、居民小区物管等基层工作人员入户宣传讲解3万人次，开展滇池治理保护宣传大型活动15次；开展入湖河道专项整治活动，疏挖河道、清除辖区河段杂物、河堤河岸义务植树等20余次，清运河道垃圾200余立方米；在辖区中小学校举办滇池保护治理征文活动，"滇池清，昆明兴"主题演讲比赛，滇池生态环境保护知识竞赛、主题班会、现场参观等少先队主题实践活动；开展环保、节水宣传工作。

**五华区** 组织辖区内小学开展以"河道清、滇池清,滇池清、昆明兴,小手牵大手共护滇池美"为主题的宣传活动。组织大观、红云、黑林铺街道办事处分别在篆塘河、盘龙江、海源河周边开展宣传活动,向广大群众普及保护滇池保护河道市民行为规范等。开展辖区内河道及两岸的生活垃圾清理,共清运垃圾2836立方米,杂草、漂浮物清理1080平方米,清除淤泥14325.3立方米。对河堤偷排、漏排的排污口进行强制性封堵并清洗排污口痕迹。同时,滇管部门加大河道综合执法,活动月期间共处理水事案件47件,现场处理17件,结案19件,罚款案件11件,结案率100%;查处钓鱼、偷钓案件116件,下达《水行政执法教育规范告知书》116份;查处盘龙江洗车案件50件(其中夜间查出洗车案件39件),发放了《河道管理条例》,做到了责任到人、监督到位。

**官渡区** 11月2日,官渡区宣传月活动在官渡广场正式启动。在启动仪式上,区滇管、环保、水务、农林、科协等部门共展出展板40余块,发放环保袋、滇保手册等宣传资料2万余份。市人大常委会原主任、市"一湖两江"专家督导组组长李培山,市滇管局和区委、区政府等领导出席了当天的启动仪式。11月6日,官渡区滇管局组织新闻媒体、网友参观了新、老宝象河和官渡区宝丰湿地,对入湖河道整治成效、生态治理成效进行宣传报道。11月15日,官渡区滇池管理行政综合执法分局全体执法人员对辖区内15条主要入滇河道及滇池水面进行了执法宣传活动,活动期间,共查处违规排水案件5件,发放宣传治理资料1.3万余份。

**西山区** 10月27日,西山区"爱我西山,保护滇池"2012年滇池保护治理宣传月活动启动仪式在盘龙江龙江公园小广场举行。整个活动紧紧宣传月活动主题,结合当前贯彻落实市政府河道"三包"责任制和滇池治理保护宣传主题"爱我西山,保护滇池"来开展。组织辖区1万余名机关干部、社区群众、企业职工、志愿者对辖区范围内的盘龙江、船房河、采莲河等入滇河道进行了一次全方位的"美容"。特别是河道保洁万人行系列活动,采取由社区及工作组分片包干的机制,清除河堤两岸绿化带、道路的杂草及垃圾,打捞河面漂浮物,全天共清除杂草、垃圾5立方米,有效改善了河道景观。

**呈贡区** 11月13日,呈贡区在呈贡老城区中心文化广场开展主题为"河道清、滇池清、昆明兴"的宣传活动。呈贡区水务局联合区环保局、区农林局(区森林公安局)、区园林局、区科信局、区城管局等单位参加了宣传活动。活动结合呈贡区当前的拆迁大棚、"河道三包"责任制、防浪堤拆除等工作重点向过往群众发放《爱我春城、护我滇池,共建现代新昆明美好家园》倡议书、《昆明市河道管理条例》、《节约用水知识》、《呈贡区环湖路以内消除面源污染修复滇池生态》、《全面推行"河道三包"责任制保护河道 减少入湖污染》等相关资料。活动日当天,共展出展板14块,发放宣传资料2万多份、环保袋3000多个,悬挂布标4条,现场答疑咨询10余人次。同时,在入湖河道、相关社区、湿地等地段制作永久性宣传牌。

**晋宁县** 11月1日,晋宁县制定《晋宁县2012年滇池保护治理宣传月活动实施方案》。向全县各级各部门及农户发放《情系滇池 携手共创秀美家园公开信》7万份,组织机关单位职工参与《晋宁县滇池保护治理知识竞赛题》测试,发放试卷5000份,并在晋宁县电视台开设专栏播放滇池治理过程中的优秀典型,举办"河道清、滇池清,滇池清、晋宁兴"滇池保护治理摄影比赛及在中、小学生中开展保护滇池作文比赛等方式,号召全县人民都投身到保护滇池活动中来。

**昆明经济技术开发区** 11月6日,在果林小学学生代表清脆而铿锵的表态声中,昆明经开区正式开展了2012年滇池保护治理宣传月活动。市滇管局,经开区管委会办公室、环保局、工委工作部、社会事业局、水务局、城管局,阿拉、洛羊街道办事处、社区居委会相关领导及工作人员,区内企(事)

业单位代表、果林小学学生代表、共青团团员代表、环保志愿者约200余人来到马料河边，和环卫工人一起护理沿河景观，并向行人发放宣传材料，号召周边居民都参与到河岸治理中来。共计发放宣传画报800份、手册500份、环保袋500个、围裙500个，发出了"从一点一滴做起，共同保护河道、保护滇池"的呼吁。

**昆明国家高新技术产业开发区**　11月19日，高新区在2012年滇池保护宣传月活动中，在区内公共区域电子显示屏上投放宣传标语；在区内人员密集区悬挂宣传标语；在建成区分3个点，现场组织观看圆舞曲，进行滇池保护知识解说及答疑，并派发了宣传画报、宣传手册、环保袋、围裙等宣传物料2500份；沿主要入滇河道增设河道宣传栏，粘贴河道宣传画册或更新河道宣传栏内容，以便市民在河道旁经过或游玩时查阅学习。

**昆明滇池旅游度假区**　11月6日，度假区管委会在滇池卫城社区广场举行了度假区2012年滇池保护治理宣传活动月启动暨"河道三包"责任书签字仪式。活动期间，对度假区4条水质未达标河道综合整治工作，层层分解任务并签订目标责任书；11月14日，借昆明电视台《街头巷尾》栏目与云南电视台等媒体组织的环滇骑行在度假区海埂大坝举行结束仪式的机会开展滇池保护宣传；11月15日配合市环保联合会在海埂大坝开展了关爱鸟类公益宣传活动，通过丰富的文艺表演、宣传资料发放、宣传展板展出等多形式号召市民、游客保护海鸥、保护滇池；在社区、街道辖区设置宣传横幅及宣传栏；在民族村、西贡码头两块噪声显示屏滚动播出"环境保护、滇池保护"等宣传口号累计1万余次。

**市滇管局、市环境保护联合会**　11月17日，市滇管局携手市环境保护联合会组织各界环保人士80余人开展了滇池保护治理一日游试点活动。活动以环境宣传教育基地为依托，以展示和宣传昆明市近年来的滇池保护治理成果为重点。组织参观团到昆明市泛亚滇池国际湿地公园认真听取昆明城市发展区位、总体规划、滇池治理六大工程、滇池36条主要出入湖河道水质变化情况、昆明滇池国际湿地文化等相关内容的介绍；参观湿地公园，了解湿地作用及其对保护滇池的重要性；参观了市第七污水处理厂，听取污水处理厂技术人员讲解污水处理厂运行、处理工艺、工作原理及目的，感受污水处理厂对环境保护重要作用和水的珍贵，感受市委、市政府近年来为环境保护做的大量工作和取得的环保成果。合唱团成员还献上了《滇池美》《七彩云南》等经典歌曲，以歌声表达他们对滇池的祝福和热爱。

**市教育系统**　滇池保护治理宣传月活动主要是在五华、盘龙、西山、官渡、呈贡、晋宁、高新、经开、度假9个滇池流域的主要县（区）400余所中小学校、30万中小学生中开展。2012年11月2日，全市教育系统2012年滇池保护治理宣传月启动仪式在滇池旅游度假区实验学校隆重举行，市"一湖两江"流域水环境综合整治专家督导组、市教育局、市滇管局、市环保局、市水务局、市文明办有关领导和学生代表、家长代表、教师代表100多人参加了当天的启动仪式。向全市青少年发出《关爱滇池，保护母亲湖的倡议书》《致全市青少年和家长朋友的一封公开信》。签署了《小手拉大手，保护滇池同参与全市青少年保护滇池行动公约》。宣传月期间全市教育系统以"爱家乡、爱滇池"为主题，开展一次主题班会、团队活动；以"保护滇池同参与"为主题，开展一次演讲比赛或讲故事活动；以"滇池美、家乡美"为主题，开展一次宣传画、手抄报比赛；开展"我是环保宣传员"社会实践活动；开展向家长、社区、社会发送倡议书、邀请书、宣传资料；开展滇池保护小新星评选活动；利用校园网站、黑板报、校报校刊、社团刊物、手抄报、招贴画等宣传载体开展滇池保护治理宣传教育活动；组织学生参加污水处理厂和滇池治理工程现场考察学习实践活动；把环境保护教育作为地方课程开设，义务教育阶段各年级每学年12课时，高中每学年8课时，普及率达到85%以上；循环使用市环保局、市教育局等相关部门共同编制的40万册《保护滇池》免费教材；将滇池治理保护活动开展情况和成效，纳入绿色学校创建工作考核的内容，与"爱我昆明，美在春城，做一个有道德的人弘扬雷锋精神"等系列主题实践活动和未成年人思想道德建设工作有机融合，作为常规性专题教育活动长期坚持。同时，共青团昆明市委、市教育局、市少工委联合在5城区的中小学少先队组织中开展了以"创建全国文明城市，保护母亲湖，喜迎党的'十八大'"为主题的漫画和手抄报征集活动。本次活动约有20万少先队员参加，共收到作品1534份，其中漫画618份、手抄报916份。活动评委会成员坚持优中选优，鼓励参与的原则，共评出获奖作品1000份。

**市工商局** 活动月期间，统一制作了《滇池保护治理倡议书》，在滇池流域（五华区、盘龙区、官渡区、西山区、晋宁县、高新区、经开区、度假区）工商（分）局的所有登记窗口进行发放。累计向办事群众和企业发放《滇池保护治理倡议书》4000余份。同时，组织驻昆各类企业参与并自行组织开展滇池保护治理宣传月活动。

**市农业局** 组织流域各县农业部门，通过媒体、黑板报、宣传栏、粘贴标语、举办培训班、组织简报宣传、发放宣传材料、开展文体活动等方式开展宣传活动。在各县区入湖河道两岸、沿河道路及部分入湖河口湿地内设置永久性宣传牌、宣传栏，以方便市民观看，让市民及时了解滇池保护与治理工作。

**市工信委** 根据市滇管局提供的信息内容，组织中国移动昆明分公司、中国电信昆明分公司、中国联通昆明分公司三大运营商在宣传月期间向全市手机用户发布滇池保护治理的相关短信。中国移动昆明分公司在10月份向全网用户发送宣传短信1次；中国电信昆明分公司在宣传月期间发送宣传短信5次，共321万条；中国联通昆明分公司在宣传月期间分段每周发送一条，做到宣传月覆盖全网用户。

**市园林绿化局** 11月5日，在大观公园开展"保护滇池，你我同行"的宣传活动。向广大游客发放《保护滇池市民宣传手册》《滇池清，昆明兴》宣传画、宣传购物袋，向游客宣传滇池是昆明人的母亲湖，维系着昆明的生存和可持续发展，保护滇池就是保护我们赖以生存的环境。

**市水务局、市节水办** 10月26日、11月9日，昆明市水务局、市节水办分别在嵩明县城崇阳镇农贸市场和晋宁县城郑和文化广场开展了节水宣传活动。节水宣传活动紧紧围绕"河道清，滇池清"主题，现场共计发放《保护滇池市民宣传手册》、《水及节约用水读本》、节水知识宣传单、环保购物袋等宣传资料、宣传品共计1万余份。宣传月期间在昆明火车站44台LED液晶显示屏、晋宁昆阳镇郑和文化广场户外LED屏播放节水宣传公益视频，在昆明主城区出租车LED顶灯位置发布为期1个月"节水减排，保护滇池及河道"公益广告。分别在11月8日、11月15日的《昆明日报》"四创两争"专版上登载节水专题报道。

## 2013年滇池保护治理宣传月活动

2013年滇池保护治理宣传月活动于10月8日正式启动，活动主题为"全民参与，实现滇池变清梦想"。五华区、盘龙区、官渡区、西山区、呈贡区、晋宁县，高新区、经开区、度假区等县（区）结合各自工作实际开展保护滇池宣传活动10余次，昆明滇池阳光艺术团配合各县（区）宣传活动开展23场文艺巡演。巡演从"保护滇池，人人有责，全民参与"的宣传理念入手，自创自编《奶孙同心护滇池》、花灯歌舞《滇池梦》等生动活泼、老百姓喜闻乐见的文艺节目。市滇管局组织来自社会各界的102位市民河长分批参观、体验滇池治理工作。市民河长们到新宝象河、老宝象河巡河查处河道排污，见证河道治理变化；到市第七污水处理厂，就滇池污水处理、水样检测进行专项体验；跟随市滇管局渔政处执法人员巡滇蹲守，亲身体验查处滇池周边偷捕、保护滇池鱼类资源的工作；到海东湿地公园报告厅观看了海东湿地建设与滇池治理宣传片，参观海东湿地公园，了解昆明湿地建设情况以及湿地对滇池治理、环境保护所起到的作用；向滇池放投放鱼苗，感受并见证滇池治理的成效。同时，开展了"第三届希望行动——千人徒步盘龙江"公益活动。教育系统在五华、盘龙、西山、官渡、呈贡、晋宁、高新、经开、度假等8个滇池流域的主要县区，400余所中小学校，30万中小学生中开展"爱我昆明、美在春城"系列主题实践活动，同积极推进"做一个有道德的人"主题实践活动和加强未成年人思想道德建设工作有机融合，扎实开展工作，务求实效，为滇池治理保护宣传教育工作做出教育系统应有的贡献。

## 2014年滇池保护治理宣传月活动

**市民体验活动** 2014年，"我为滇池发声，我为滇池出力"滇池保护治理宣传月活动于10月14日正式启动。此次活动由市滇管局联合云南网、云南日报、春城晚报、都市时报等省市媒体开展22场主题现场活动，邀请市民体验河道保洁员、巡桩员、污水处理工等8个一线岗位，带领市民走进滇池保护治理，体会滇池守护者的艰辛与不易。同时，集结各行各业的市民说出保护滇池的宣言、愿望，以此传递一支保护滇池的接力棒，将爱的声音集结，共同为滇池发声，共同为滇池出力。10月14日首场滇池湿地守护员岗位体验活动在度假区捞鱼河湿地举行。10余名市民志愿者和湿地管护员一起清除湿地杂草、打捞水面漂浮物等。五华区、盘龙区、西山区、官渡区、呈贡区、晋宁县、高新区、经开区、度假区在宣传月活动期间相继开展了滇池保护治理主题宣传活动。10月18日，由市滇管局主办，晋宁县滇管局牵头，昆阳街道配合，组织8名志愿者在内的55人在东大河及河口湿地开展了一次河道保洁员岗位体验活动。10月25日，巡桩员岗位体验活动在西山区海口举行，17名市民体验者在巡桩员的带领下，清除界桩周边杂草，检查界桩是否完好。10月28日晚，执法管理员岗位体验活动在官渡区新宝象河和官渡渔政码头举行。9名市民体验者冒着小雨，到新宝象河沿河检查是否有违法违规排污行为，乘执法艇巡查滇池水面。

**文艺巡演** 10月14—30日，昆明滇池阳光艺术团先后深入到五华区月牙塘公园、盘龙区桃园广场、西山区碧鸡广场、官渡区龙马社区、西山区碧鸡广场、呈贡区乌龙上可乐社区、晋宁县昆阳街道墩子村委会、高新区马金铺街道办、经开区高坡及清水社区、度假区大渔街道办等基层一线开展了12场文艺宣传巡演，巡演以滇池保护治理为主题，自编自创了《滇池颂》《牛栏江水滚滚来》《奶孙同心护滇池》《滇池梦》等歌舞、小品、花灯，现场演出互动性强，生动活泼、通俗易懂地宣传保护滇池的重要性。上万名市民观看了演出，活动现场发放宣传资料4万余份。

**其他活动** 市滇管局联合春城晚报开展"随手拍——滇池帆船摄影"活动，面向全社会征集滇池帆船摄影照片。最终由春城晚报在105幅征集作品中评选出40幅获奖作品。11月，组织14个家庭在滇池富善湿地开展保护滇池现场作画活动和环滇骑行活动。昆明电视台《昆明新闻》栏目展播《我为滇池出力》公益广告片和《守护滇池系列人物故事》，连续播出16个人的故事，他们中有湿地管护员、河道保洁员、污水处理工、海事船员、水质监测员、执法管理员等。

## 2015年滇池保护治理宣传月活动

2015年，第四届滇池保护治理宣传月活动于10月1日启动。滇池流域各县区、三个开发（度假）区及市级相关单位联合开展了以"我是滇池志愿者，我为滇池出力"为主题的第四届滇池保护治理宣传月活动。在宣传月期间，市滇管局联合昆明电视台、昆明日报、春城晚报等多家媒体开展了滇池保护志愿者招募、"守护滇池一线人物报道""市民河长团"系列宣传、滇池保护治理贴近群众系列文艺巡演等活动。滇池流域各县区、各相关单位结合实际及部门职能开展了主题宣传活动。应用"滇池"微信公众号、网站、微博等新媒体发布滇池保护治理信息及图片信息365条，编发《滇池舆情》92条，《电子信息》13条、《滇池动态》7期。

**组织滇池保护志愿者队伍**　10月24日，在市文明委的指导下，市滇池管理局联合昆明电视台开展滇池保护志愿者全城联动现场招募系列活动，昆明新闻对活动进行了现场直播。奥运冠军郭伟阳作为志愿者代表宣读了《滇池保护志愿者倡议书》，参加了公益跑步活动，并带领志愿者查看滇池水质。五华、盘龙、官渡、西山、呈贡、晋宁、高新、经开、度假9个县（区）也分别设立了志愿者招募点，当天共招募滇池保护志愿者2000余人。五华、盘龙、官渡、呈贡、晋宁、高新等县（区）还分别结合自身实际组织开展专场文艺巡演暨志愿者招募活动，通过精彩纷呈、通俗易懂的文艺宣传巡演带动村社市民参加志愿者代招募活动。同时，通过春城晚报、昆明电视台、昆明日报等媒体宣传，倡导、鼓励市民加入志愿者队伍。志愿者在活动现场向参与活动的市民发放滇池保护的相关宣传资料。广大市民还通过春城晚报、昆明电视台等媒体报名加入志愿者队伍。截至11月底，报名的志愿者人数已达5000多人。

**守护滇池一线人物系列报道**　依托都市时报、春城晚报、昆明电视台开展了守护滇池一线人物系列报道，对在滇池保护治理中涌现出来的12个先进单位、46名先进个人进行了系列采访报道。

**市民河长征集**　为广泛动员、全面参与滇池保护与治理工作，在2009年和2013年2届"市民河长"活动成功举办的基础上，市滇池管理局再次联合昆明日报社举办了"保护母亲湖——'市民河长'在行动"系列活动，共有17名个人、7个团体报名应征"市民河长"。

**文艺巡演**　宣传月期间，昆明滇池阳光艺术团深入到沿湖各县区街道、乡（镇）、社区开展了25场贴近群众系列文艺巡演，巡演以"滇池保护治理"为主题，自编自创了《滇池颂》《牛栏江水滚滚来》《奶孙同心护滇池》《滇池梦》等歌舞、小品、花灯，演出互动性强，生动活泼、通俗易懂地宣传保护滇池的重要性。现场发放滇池保护宣传资料共2万余份，上万名市民群众观看了演出。

# 第四节　执法宣传教育活动

## 在执法工作中开展宣传教育

2004年市滇池管理综合行政执法局成立后，为认真贯彻落实市委、市政府2004年8月6日召开的滇池污染治理工作会议精神，进一步加大滇池执法管理力度。在执法过程中，始终贯穿着宣传服务执法的理念，积极推行阳光执法、服务执法、换位思考等文明执法的办法措施，达到了查处一个案件、杜绝一个污染源、教育一方人员、交一方朋友的目的。在开展对违法行为进行查处的同时，强化现场宣传教育，坚持执法工作到哪里，宣传教育工作就跟到哪里的原则。2009年3月4日，市滇管综合执法局联合市公安局水务治安分局在船房河边的船房村开展了大规模的综合执法、宣传活动，现场与船房河沿线的凯旋利汽车市场、三友水洗厂等企业签订了《关爱滇池、保护环境承诺书》。沿河其他企业纷纷表示，要把保护滇池、爱护环境作为树立企业形象的大事来抓，除了承担起企业的社会责任外，还要教育员工从自身做起，从不乱丢乱扔垃圾的小事做起，自觉投入滇池保护和治理的行列。4月28日，市滇管综合执法局举行了保护生态环境，构建和谐社会，学习实践科学发展观现场观摩会，原来因污染滇池行为被查处的云南生物制药有限公司经认真整改后成了先进典型，市滇管综合执法局组织17户企业的负责人前来学习经验。这是市滇管综合执法局创新工作机制、把污染行为从发生后的被动查处转变为发生前的主动预防的一次尝试。观摩会还邀请了云南大学生命科学学院副院长、博士生导师段昌群教授做了关于《昆明发展命系滇池，滇池治理人人有责》专题讲座，与会人员还现场观摩了云南生物制药有限公司污水处理工艺和设施运行情况，云南植物制药厂、昆明铁路快洁洗涤公司、黄家医圈制药公司等企业代表结合本单位实际情况，做出了生产经营活动不污染滇池的承诺。6月3—5日，市滇管综合执法局组织全体执法人员和邀请到的12个行政相对人共70多人共同参加了第四次滇管系统行政执法人员执法培训班，云南大学生命科学学院副院长段昌群教授和省、市法制办领导全面系统地讲述了滇池的情况及相关法律法规。参加培训的行政相对人表示，这样的培训让他们更加了解相关的法律法规以及执法部门的执法意图，拉近了执法者与行政相对人的距离。通过参加培训，他们对执法工作表示理解和支持。针对目前昆明餐具消毒企业排水不规范的问题，市滇管综合执法局还组织27户企就污水达标排放及相关的法律法规进行了培训。2015年2月25日，市滇管执法总队组织40多名执法人员分两组对海埂公园沿线水域和盘龙江进行了全面检查，沿线开展宣传教育。重点查处了向水体乱丢乱扔垃圾、洗衣、洗菜、钓鱼等不文明行为。活动中取缔洗车2起，劝阻劝离洗衣、洗拖把、洗菜8起，劝阻制止钓鱼28起，收缴扳罾渔具2副，整个活动对维护盘龙江及海埂片区滇池水质和水体景观起到了积极的推动作用。3月5—7日，市滇管局执法人员在巡查马料河时，发现马料河海子新村至果林金谷段有偷排污水的痕迹，经排查确定附近有洗涤、加工企业利用执法单位下班的时间向主要入滇河道马料河偷排污水。3月10日组织20余名执法人员，对向马料河偷排偷放污水行为进行执法检查，现场叫停两家企业违法排污行为并提取水样送检，下发了行政调查通知书立案调查。请新闻媒体现场直播，对宣传教育沿河企业增强环保意识、遵纪守法，震慑不法分子起到了积极的促进作用。

## 传统节日期间的宣传教育

每逢"清明""中元节"（俗称"七月半"）"冬至"等传统节日，部分市民在河道河床及岸坡上随意焚烧各种纸钱，焚烧后的纸灰及鲜花、水果等祭品也随意丢弃在河道或河水中，不仅污染了河道水体及周边环境、影响城市卫生和市容市貌，而且纸灰等大量垃圾随河水漂流而下，最终对滇池水体造成污染。2006年8月，张官营附近的盘龙江两岸全是头天晚上烧纸留下来的灰堆，江中漂浮着一片连在一起的红色塑料袋。为提高市民关爱水环境的意识，共同参与保护环境，新东方烹饪学校近300名学子在市滇管综合行政执法局执法人员的带领下，对盘龙江十里长街至陈家营段2000米多长的江面及周边环境进行了清理，共清理各种垃圾15吨。从此，每年的"中元节"期间，市滇池管理综合行政执法局都要通过电视、报刊、广播等媒体呼吁广大市民文明祭祀，爱护入滇河道环境，减轻入滇河道污染负荷，维护市容市貌；在盘龙江边开展"文明祭祀、保护盘龙江"宣传活动，展出与滇池河道保护相关的典型案例展板40块，并向过往群众发放宣传材料。同时，加强对主要入湖河道的监督和检查，盘龙、五华、官渡、西山、呈贡、晋宁、嵩明7个县（区）在入湖河道设置大型户外公益性广告牌、河道综合治理情况简介宣传标牌，在每个社区、行政村设立保护滇池的宣传标牌和专栏。2009年8月31日，在农历"中元节"即将来临之际，为认真贯彻落实昆明市"四创两争"工作推进暨"创卫"攻坚动员大会精神，确保入滇河道的干净、整洁，维护市容市貌，减轻滇池的污染负荷，巩固河道综合整治的成果，市滇池管理局、市滇池管理综合行政执法局发出了《关于禁止在入滇池河道周边焚烧祭祀用品的通告》，明令禁止在入滇池河道河床、岸坡、河堤等周边地方进行焚烧祭祀用品、燃放烟花爆竹等各种祭祀活动，对违反规定的行为，将按相关法律法规的规定予以严肃处理。

## 严肃对待群众举报

2010年后，随着网络信息技术快速发展，市民通过手机发送微博、上传图片等形式向市长微博和"12345"反映问题的情况不断增加。为充分调动广大人民群众参与滇池保护与治理工作，市滇池管理局积极办理群众举报工作，做到有报必查，不推诿扯皮，接报后第一时间赶到现场调查处理。对群众举报案件处理后都要给举报人一个明确的答复，做到事事有落实，件件有回音。如：2010年11月15日，在接到群众反映在高海公路药物研究所旁冷水塘村生活污水流入滇池的举报后，市滇管执法总队立即派执法人员到实地进行察看。经现场调查发现，由于该村排水系统不完善，生活污水经村中排水沟汇入到原西山钢铁厂抽水泵站，抽水泵站回灌沟与滇池草海相连接，污水通过排灌沟流入滇池草海。16日，总队召集西山区水务（滇管）局、碧鸡镇滇管所、西岸截污治污工程指挥部、省建七公司等相关单位在冷水塘村召开现场办公会。会议决定由省建七公司负责挖出被填埋的截污干管检查井，西山水务（滇管）局负责开挖引水沟渠铺设污水管，将污水导入滇池西岸截污主干管。23日工程顺利完成。此次执法，既解决了冷水塘村污水排放问题，又杜绝了污水直排污染滇池水体，冷水塘村村民对市滇管执法总队高效、务实的工作作风给予了高度评价。

# 第五节　滇池治理视察和"感受滇池"活动

## 视察滇池活动

为使广大市民亲身感受滇池污染现状，了解市委、市政府治理滇池污染的工程及实施情况，激励市民为保护滇池建言献策，积极参与到滇池保护工作中，市、县（区）党委、人大常委会、政府、政协及相关部门多次组织开展了"走近滇池　亲近滇池"的视察活动和全市性的疏挖盘龙江、大观河、明通河、植树造林等义务劳动及"滇池保护治理一日游"活动。1990—2015年，市滇保办（市滇管局）先后50多次组织省、市离（退）休老领导、老干部、老红军，党代会的代表、教师代表、人大代表、政协委员、劳动模范、春城义工、驻昆部队官兵、滇池沿岸近100家工厂厂长、经理和市民等共3万多人实地考察了滇池水体污染现状、滇池草海底泥疏浚工程、西园隧道工程、污水处理厂、河道整治、截污工程、生态湿地、滇池水葫芦控制性种养、中山杉种植等工程，感受滇池治理取得的成效。市滇管综合行政执法局在组织滇池专项执法行动和重大活动时，除了邀请媒体全程监督外，还邀请市人大、市政协、市总工会派人民代表、政协委员、劳动模范参加，把执法工作主动置于人大、政协的监督之下。同时，也使他们亲身感受滇池治理的艰难和执法管理的艰辛，以得到社会各界的理解和支持。参加考察人员看到生态环境恶化的情况深感忧虑，对滇池污染与治理有了直观感受，对政府投巨资、上项目取得的阶段性成果给予充分肯定，对滇池存在问题加深了理解。其中，省林业厅领导在视察后当即指示有关部门起草滇池面山造林规划项目建议书，报请有关部门批准实施；有的厂长、经理表示，愿为滇池治理出钱、出力，许多老同志纷纷表示，他们要从正面鼓励、呼吁保护和治理滇池的重要性、紧迫性、艰巨性和长期性，让全社会都来关心滇池的保护与治理，支持滇池治理工作，形成公众参与的良好氛围，为滇池生态环境早日好转做出贡献。

## 市民"感受滇池"活动

1987年1月5—9日，市委、市政府动员全市人民义务劳动，疏挖盘龙江通济河至双龙桥段3.59千米河床淤泥，参加劳动73162人次，出动车辆16419车次，疏挖和清理土方47035.8立方米。为美化、净化春城，治理滇池入湖河道，1991年1月30日，市政府发动群众向滇池污染"宣战"，全市党、政、军、民、学参加了义务疏挖大观河、打捞水葫芦活动，投劳12万人次。在开展河道整治的同时，积极组织开展义务植树活动，启动了"爱我滇池大行动——2008万人共植爱心林""春暖盘龙江——2009保护母亲河环保公益行动"等活动。2006年，云南生物制药有限公司、昆明艺术职业学院、江氏兄弟桥香园及云南恒森房地产开发有限公司等10家曾因排污而受到处罚的单位，专门组织近200名志愿者参加市滇管综合行政执法局组织的到滇池草海景观大堤外的海岸边捡拾分布在海滩礁石上的各种垃圾，用自身的行动提醒广大市民和游客保护好"高原明珠"的美丽容颜需要大家共同参与。一位到滇池草海景观大堤参加捡拾垃圾的企业员工说："昆明市滇管局组织这样的活动，让我们切身感受到治理滇池的艰巨性和重要性，今后将提醒企业更好地做好排污系统的建设。"2007年7月20日，昆明阴雨绵绵，盘龙江下段六甲乡小街办事处陈家营村沿河两岸却是一派热火朝天的繁忙景象，省人大常委会机关160多名领导干部在省人大常委会主要领导带领下在这里开展"保护滇池 从我做起"活动，机关全体干部职工与市滇池管理综合执法局及当地群众近250人参与了此次清除河道垃圾义务劳动。省人大常委会主要领导在活动仪式上说，滇池是我们的母亲湖，保护滇池不仅是党委、政府的事，也是我们大家的事，每个市民都有义不容辞的责任。开展"保护滇池，从我做起"活动，目的在于推动各级各有关部门更好地把治理滇池的各项决定、措施贯彻好、落实好。同时，以实际行动，带动广大群众积极投入到保护滇池的行动中，争取早日让滇池这颗"明珠"重放光彩。2008年，市滇池流域水环境综合治理指挥部发动1万余人清理12条入滇河道。4月1日，滇池流域水环境综合治理河道义务清淤保洁活动正式开始。在明通河南段，市党、政主要领导等及五华区、盘龙区、官渡区、西山区、驻昆部队、大中专学校等3300人的清淤"大军"聚集在明通河官南立交桥南坝截污闸至小街的2200米河段。在众多忙碌的身影中，市领导们也下到河中参与清淤。同时，五华、盘龙、西山、官渡、呈贡、晋宁、嵩明7个县（区）在各自辖区内同步组织开展入湖河道清淤保洁活动，在海埂公园、盘龙江宝象河等地共同种下一片片"河长林"。通过多形式、多渠道的宣传教育，在全社会营造"全民动员爱护环境、治理滇池、建设新昆明"的良好氛围，形成"爱护河道人人有责，清洁河道从我做起"的自觉性，增强市民和社会各界爱河、护河的意识。2010年5月4日，官渡区入湖河道及支流（沟渠）综合整治行动暨"保护母亲湖，十万人在行动"启动仪式在公司沟举行，标志着官渡区拉开了入湖河道及支流（沟渠）综合整治行动的序幕。启动仪式后，2600多人集中对公司沟河段1000米的河道开展清淤、清除河堤垃圾和杂草。当天，20艘船在官渡辖区内盘龙江、宝象河、大清河、虾坝河、马料河入湖口打捞入湖口外延100米范围内的垃圾漂浮物；对官渡区的103个村庄污水收集处置的沟渠进行疏挖清理；对支流沟渠清淤、河道保洁、绿化、堵口截污、拆临拆违等。参加整治活动的机关干部、共青团员及青年志愿者、工会、妇联、驻区部队人员，还有各街道的工作人员和村民总人数达到了5万人，共打捞漂浮物50吨，没收违禁渔具400套，清除淤泥5000立方米、1.5万袋。至6月4日，全区共投入人员10万余人次。2011年5月6日，五华区举行了"清洁城乡万人大行动"，全区11个街道的1.2万余名干部群众积极响应号召开展清洁城乡大行动，清理生活垃圾70余吨、建筑垃圾18吨，清扫61条街，清掏沟渠6000多米、卫生死角23个，清刷小广告5000多条，整治了28个居民小区和100多堆农村"五堆"。同年，晋宁县围绕创建国家森林城市目标，积极开展滇池面山"五采区"企业关停及矿山地质环境恢复治理工作，关停矿山22座，恢复植被9512亩，完成人工造林5.52万亩；组织16.11万人参加义务植树，造林2094亩，植树141.68万株，林木绿化率达到60.7%。2012年5月，西山区组织辖区1万余名机关干部、社区群众、单位企业职工、志愿者在西山区范围内的盘龙江、船房河、采莲河等入滇河道开展两岸的生活、建筑垃圾清理，打捞河道内水葫芦等义务劳动。此次活动共封堵排污口215个，拆除临违建筑2.3万平方米，河底清淤1.4万立方米。同年7月6日，晋宁县组织了"万人植绿护荒山，军民共建双拥林"的义务植树活动，近千名部队官兵和晋宁县的干部群众掀起雨季植树热潮。2013年，盘龙区按照市委、市政府的部署和要求，以周末义务大扫除活动为契机，加强对河道沿岸、城中村、城乡接合部、老旧居民区、农贸市场背街小巷等卫生死角的清理，全区累计有5万余人参加了周末义务大扫除活动。2015年10月29日，在呈贡区开展"省市联动·绿化昆明·共建春城"义务植树活动，市委党校以及呈贡区各部门机关干部职工上百人在吴家营街道缪家营社区小尖山山脚参加植树活动。同年12月4日，在呈贡区斗南湿地公园举行"省市联动·绿化昆明·共建春城"城市公共绿地冬季义务植树暨省市区共建"司法林"活动。同年，晋宁县先后组织几千名机关党员干部、职工、青年团员开展迎"七一"义务植树活动。1990—2018年，市委、市政府发动群众向滇池污染宣战，全市党、政、军、民、学，全国、省部、市级劳模代表、外来务工人员代表，人大代表、政协委员，河道沿线乡镇发动干部群众、团员、妇女、春城义工参加义务劳动，开展了对盘龙江、金汁河、大观河、明通河、宝象河、捞鱼河、马料河、洛龙河、东大河、中河、古城河等入滇河道进行疏挖、清理污染物及打捞水葫芦等活动，累计投劳上百万人次。

## "春城义工"公益服务活动

2004年11月6日，昆明市"春城义工"保护滇池生态监护志愿者活动在官渡区六甲乡星海村（盘龙江入湖口）启动。团市委首批招募的800多名"春城义工"聚集滇池边，参加"以我所能，从我做起，保护母亲湖——滇池"生态监护志愿活动。同年12月11日，共青团昆明市委、市滇管局、市环保局发起了第二次大型"春城义工公益服务活动"，并现场招募志愿者，得到了市民的积极响应。当天下午，自愿注册成为"春城义工"的市民已达数千人，使该队伍总人数首次突破万人。来自官渡区、西山区、五华区的800名"春城义工"在寒风凛冽的呈贡县江尾村洛龙河入滇池口处开展义务植树活动，植下大批护堤柳，并清理了数吨河道内、岸边的垃圾漂浮物。"春城义工"的实际行动带动了一大批旁观市民、村民加盟，江尾村64岁的村民张时新刚戴上"春城义工"的帽子，就卷起裤脚到河中打捞垃圾。他说，由于受污染，洛龙河中的鱼虾在20年前就绝迹了，作为祖祖辈辈生活在河边的本地人，他深感痛心。现在，有人愿用实际行动保护这条河，净化滇池，他十分高兴，自愿加入其中。2005年，共青团昆明市委开展了"走进2005·春城义工新年大行动"，近1000名"春城义工"、团员青年多次参与了河道保洁、监督管理、垃圾打捞的义务劳动，并发放宣传材料，倡导文明卫生生活习惯，以共建现代新昆明美好家园。

## 爱滇池，昆明青年在行动

为进一步组织和动员广大青年及各界环保志愿者积极参与滇池治理和保护，在滇池保护与治理中充分发挥青年志愿者的带头作用，2010年11月1日，共青团昆明市委联合市滇管局在全市滇池流域范围内组织近万名青年和社会各界环保志愿者，开展以"爱滇池，昆明青年在行动"为主题的昆明青年保护母亲湖主题活动。启动仪式结束后，主会场志愿者分为城青系统志愿者自行车环滇骑行宣传队，武警、大学生湖滨步行保洁队两个方队出发进行布标彩旗宣传及湖滨（湿地）垃圾打捞，与此同时，官渡、西山、呈贡、晋宁、滇池旅游度假区的5个分会场的上万名青年志愿者分别在东大河、船房河、大清河、捞鱼河、盘龙江等入湖口湿地及湖滨带进行保洁、环保宣传、劝导捕鱼等活动，以实际行动支持号召全社会携手保护滇池。

## "滇池保护治理一日游"活动

为展示滇池保护治理成果，动员社会公众参与环境保护，2012年2月18日市环境保护联合开展了"滇池保护治理一日游"试点活动。各界环保人士，家庭共40人参与了此次活动。同年11月7日，市滇池管理局与市环境保护联合会共同举办"滇池保护治理一日游"第二期试点活动。80余人参观滇池泛亚国际湿地公园和市第七水质净化厂。2013年4月20日，由云南省滇池治理基金会资助，市环境保护联合会承办的"滇池保护治理一日游"活动正式启动。活动中，组织社区干部、居民和志愿者，昆明滇投公司组织职工、市民代表共150余人参观了市第七污水处理厂、滇池泛亚国际湿地、西华湿地等滇池保护治理工程，零距离接触和体验了滇池保护工作，感受到了滇池治理取得的成效。活动结束后大家表示道："以前，总感觉家里洗衣服、洗菜用过的废水直接排入下水管道后，就跟自己没有多大关系了，现在才知道，生活污水经处理后，还要排入滇池，与我们的生活息息相关。""污水要经过很多道工序处理，需要耗费大量的人力、物力才能达到一级A标，变成清水，这样太不容易了。我们要在日常生活中珍惜水资源，不乱排污水，为滇池治理出一份力。"2012—2015年共举办活动41期，参与人数达4430余人。

## 徒步环滇活动

2012年4月2—3日，由云南省登山户外运动协会、昆明市文化广播电视体育局主办，昆明市滇池管理局、晋宁县文体广电旅游局、云南红牛维他命饮料有限公司、昆明珍茗食品有限责任公司、云南跑吧及相关协会、俱乐部、户外用品店等单位协办的"美丽滇池，我是行动者"徒步环滇公益活动举行。徒步全程138千米约200余人参加了此次活动。2013年3月，200名来自社会各界的热心人士以志愿的方式，从昆明草海大坝出发，用三天的时间，步行环滇一圈，倡导节水的重要性，同时感召更多爱心人士、企业为云南省共青团希望水窖"1+X"公益活动筹款，为干旱地区农户援建希望水窖。2014—2015年，昆明市每年以"爱滇护滇+健身环保"为主题的徒步环滇公益活动均在4月中上旬至5月底举行，分7周走完行程，时间跨度一个半月。活动以政府主导、社会组织和公众参与相结合方式开展。据不完全统计，到2015年参加徒步环滇公益活动的市民累计达到2500余人。如今，"最美滇池"徒步环滇已成为宣传公益品牌。

## 环滇自行车赛

昆明环滇池高原自行车邀请赛由中国自行车运动协会、云南省体育局、昆明市人民政府主办，昆明市文化广播电视体育局、高新区管委会、滇池度假区管委会、呈贡区人民政府、晋宁区人民政府承办，上海万胜文化体育产业有限公司为执行机构。自2011年开办以来，已成功举办了8次，成为昆明的高原环湖精品体育赛事。每次均有近1000名自行车选手和爱好者参与竞技。该项赛事以"和谐、环保、高原体育休闲之都"为主题，表明市人民政府倡导绿色出行、低碳旅游，引导受众关注滇池生态保护的深刻寓意。

# 第六节　日常宣传教育活动

为在全社会牢固树立"创新、协调、绿色、开放、共享"的发展理念，充分调动社会各界以实际行动支持参与滇池保护治理工作。市滇管局在市委宣传部、县（区）政府和市级有关部门的积极支持和参与下，紧紧围绕滇池保护与治理工作，利用社区、群团组织的组织网络优势，广泛开展宣传教育活动。

## 保护滇池"巾帼行动"

2005年5月13日，市妇联、市环保局、市滇管局联合开展的保护滇池"巾帼行动"在官渡区六甲乡小河嘴正式启动。此次保护滇池"巾帼行动"围绕"爱我春城，护我滇池，共建现代新昆明美好家园"这个主题，计划用3年时间，在全市创建保护滇池"巾帼行动"示范村21个，建农村生态卫生旱厕3000个。倡导在城市点源和农村面源控制上充分发挥妇女在家庭"半边天"的主导地位，带动身边的家人、邻居节约用水，垃圾分类，少用一次性用品，推广生态农业、不乱倒垃圾污水、不在河堤堆放垃圾、杂物等绿色生活方式。在启动仪式上，小河嘴村被命名为保护滇池"巾帼行动"示范村，丁汝等20户村民被命名为保护滇池"巾帼行动"示范户。仪式后，小河嘴村的100多名巾帼志愿者对入滇池河道上的漂浮垃圾进行了打捞。市妇联按照《昆明市妇联保护滇池巾帼行动方案》要求，积极组织各区妇联巾帼志愿者参加入滇河道义务卫生清扫，发放《家庭公约》，印制《保护滇池巾帼行动》宣传手册等；市滇管局组织开展了滇池保护与治理进进社区、进校园宣讲活动，会同市委宣传部、市环保局、市总工会、市妇联、团市委等部门开展"爱我春城，护我滇池，共建现代新昆明美好家园"活动，启动了"以我所能，保护母亲湖——滇池"大型主题系列活动，开展滇池保护与治理进校园工作，努力形成滇池保护与治理全民参与的氛围。2015年12月17日上午，在雪花纷飞中，市妇联在篆塘公园开展保护滇池"巾帼行动"，组织动员500名巾帼志愿者和志愿家庭对滇池草海入湖的大观河、新运粮河、老运粮河、船房河和西坝河5条河道进行义务卫生清扫活动，用实际行动保护滇池环境。志愿者们不畏严寒的劳动精神打动了市民。市妇联主席说，通过组织义务劳动，希望大家学习巾帼打捞队志愿服务精神，从自己做起、从身边小事做起、从现在做起，为保护滇池贡献自己的一份力量。部分家庭代表还与市妇联签订《滇池保护责任书》和《家庭公约》。同时，度假区妇联、海埂街道妇联在海埂大坝组织保护滇池巾帼行动启动仪式及志愿服务活动，来自海埂片区10个社区的150余名志愿者及志愿家庭成员参加了活动。沿海埂大坝、船房河绿化带两侧道路开展义务清扫，为游客发放《争做巾帼志愿者创造美好生活》《滇池明天会更美好》宣传册近500份。

## 滇池保护与治理进"进社区""进校园"宣讲活动

2005年，市滇管局先后组织宣讲员到市属各中小学、在昆高校、市委党校中青班、中学小学夏（冬）令营等做专题讲座、主题宣传活动近30次，听众5000余人。同年11月，组成9个宣传小组分别到了五华、盘龙、西山、官渡4区的38个乡（镇、街道），以座谈会的形式开展滇池保护与治理进社区宣讲活动。12月市滇管局与市教育局联合在全市中小学生中开展了"保护滇池，从我做起"主题教育活动。通过发放《保护滇池从我做起——市民宣传手册》，各中、小学利用班会、课外活动和团队活动时间组织开展以"保护滇池，从我做起"为主题的夏（冬）令营、知识竞赛、演讲比赛、手抄报比赛、义务劳动、进社区宣讲等有意义的活动。至次年1月，共向昆明14个县（区）及市属重点学校发放手册21万余册，有近21万中小学生参加了活动，并带动了自己的父母参与到活动中来。

## "爱我春城，护我滇池，共建现代新昆明美好家园"活动

2005年3月，市委宣传部、市滇池管理局、市环保局、市总工会、团市委、市妇联在东风广场、金碧广场、官渡广场分别开展了"爱我春城，护我滇池，共建现代新昆明美好家园""倡导文明，从我做起，不向河道、滇池倾倒垃圾、乱排粪便、污水……"宣传活动，在东风广场主会场，过往的市民争相观看滇池保护与治理10个宣传展板，主动索取摆放在咨询服务点前的保护滇池市民宣传手册、《爱我春城、护我滇池，共建现代新昆明美好家园》等宣传资料，咨询滇池治理的进展情况。9月11—12日，省环保局、市滇池管理局、市城管局及"环滇网"共同举办了"追溯生命之源——关注保护水

资源"百人骑自行车环滇活动。10月，市滇管局与市委宣传部、都市时报联合开展了"爱我春城，护我滇池，共建现代新昆明美好家园"征文活动。在历时2个月的征文活动，共收到了文章283篇，并将其中48篇优秀文章编辑成册。投稿市民在文中回忆滇池曾经的风光，感慨滇池因人类肆意活动遭受破坏的现状，表示要用自己行动积极保护滇池。当年，共向全市人民发出了《爱我春城，护我滇池，共建现代新昆明美好家园倡议书》近18万份，倡议全市人民以实际行动为保护和治理滇池、推进现代新昆明建设做出新的贡献；向市民特别是具有一定代表性的滇池流域7个县（区）中小学师生和广大机关干部发放《宣传手册》20万册；借助各个大型宣传活动发放倡议书、市民手册、宣传折页、《滇池保护条例》等宣传材料50万份。同时，市滇池管理局与五华、盘龙、西山、官渡4区滇管局组成9个宣传小组，分赴所辖38个乡（镇、街道），通过召开座谈会、发放宣传资料、讲解滇池保护与治理相关知识等形式，开展广泛的宣传和征求意见建议活动，共召开座谈会38次，向来自300多个社区和村的900余名干部群众代表介绍了滇池保护与治理的情况。

## "以我所能，保护母亲湖——滇池大型主题系列宣传"活动

2006年10月30日，在认真总结前期开展进社区、进学校专题宣讲和培训的经验基础上，市滇管局与市总工会、共青团昆明市委、市妇联联合组织开展了"以我所能，保护母亲湖——滇池'百、千、万'（百人宣讲团、千场宣讲活动、数十万人听取讲座）进企业、进农村、进学校、进机关、进社区"宣讲活动启动仪式和首场宣讲。至12月31日，共开展滇池保护与治理专题宣讲活动465场，听众达5万余人。2007年，开展宣讲活动662场，有近6万余人听取宣讲活动；发放宣传材料20余万份，编印宣传材料11.33万册，编制工作简报43期；编印《2006年滇池保护与治理简报汇编》《2006年滇池保护与治理大事记》及《2007年滇池保护与治理报刊摘要》等各种宣传材料；组织新闻媒体对工作进展进行采访报道67次，报道、播出400篇（条）。呈贡县邀请10名民间艺术家开展主题为"关注母亲湖——滇池文艺创作"的系列活动，邀请民间作家集思广益进行创作，将滇池保护与治理知识及政策法规融入群众喜闻乐见的花灯、滇戏、歌舞中，创作出32件文艺作品，共演出19场，上万人观看了演出。2008年，市滇管局积极指导督促流域7个县（区）组织开展"以我所能，保护母亲湖——滇池'百、千、万'进企业、进农村、进学校、进机关、进社区"宣讲活动173场，结合纪念日等开展滇池保护与治理宣传活动60次，开展专题宣讲10次。晋宁县滇管局配合县文体广电局在郑和广场开展大型公益宣传活动1场，唱响《滇池圆舞曲》，用文化传播的形式将保护"母亲湖"的意识渗透到社会各阶层、各领域，吸引广大人民群众主动参与到保护滇池的行列中来。发送短信100万条，向广大市民公布"关爱滇池"热线电话、市滇管综合行政执法举报电话以及市滇池管理局网址，主动接受社会的监督，让市民享有更多的知情权、建议权和监督权，为滇池保护与治理积极的建言献策。

## 滇池保护与治理进校园活动

2006年，按照市委、市政府的要求，市滇管局与市教育局联合开展保护滇池，从我做起进校园活动，共向全市14个县（区）及市属重点学校发放《保护滇池从我做起市民宣传手册》21万余册；先后组织大、中、小学生近千人次开展走进滇池夏令营活动，带领学生分别参观了福保人工湿地、第一水

净化厂、第七水净化厂、滇池流域沙盘、西园隧道、滇池湿地；先后与市妇联、市教育局举办"我是环保小卫士，争做合格小公民"环保夏令营活动；配合盘龙区团委、盘龙区教育局组织"走进滇池"夏令营活动，并开展了相关知识讲座；与龙翔小学等学校举办了"保护滇池，呵护母亲湖"环保夏令营活动；会同官渡区在全区滇池流域的中小学开展了"关爱滇池，我们能行"签名承诺活动；配合云南中医学院大学生志愿者在校区内开展了各种宣传活动。同时，指导云南大学滇池学院团总支、学生会开展滇池杯知识竞赛，举办滇池保护相关图片展览；到昆十二中开展滇池保护与治理知识讲座；指导云南师范大学文理学院在翠湖开展保护滇池宣传活动及万人签名活动；到云南民族大学人文学院开展滇池保护与治理知识讲座等活动，并提供宣传资料；邀请昆一中数十名教师作为首批市民代表乘船感受滇池，听取滇池保护与治理工作情况介绍，在母亲湖上度过了一个有意义的教师节。把《滇池保护》教材纳入中、小学教育课程。2008年3月31日，40万册昆明第一部滇池保护教育中小学地方教材——《滇池保护》进校园活动在盘龙区明通小学启动。启动仪式上，分管副市长等市、区领导参加了授书发放仪式，把教材发到明通小学200多名学生代表手上。从此，以滇池保护为主要内容的环境保护教育正式成为全市中小学校课堂的教学内容。2012年11月19日，五华区在全市率先把"河道三包"责任制宣传进学校，组织春城小学的50名小学生以捡拾垃圾、发放宣传单、讲解"河道三包"知识的形式，宣誓义务当好"河道三包"小卫士，把"河道三包"责任制落实到大观河沿河每个社区、单位、商铺，形成全民参与保护河道的良好局面。11月22日，昆明市"一湖两江"流域水环境综合整治专家督导组对全区"小手拉大手，'河道三包'"进校园活动开展情况实地调研督导。2014年12月7日，市教育局、共青团昆明市委、市滇管局、市林业局、少先队昆明市工作委员会联合主办的"爱我昆明、美在春城，保护母亲湖、创建国家森林城市"儿童剧展演比赛在昆明青少年活动中心举行。本次活动以"保护母亲湖和创建国家森林城市"为主题，全市各县（市）区经过层层筛选，最终有13个节目入围决赛。比赛最终产生一等奖2名、二等奖4名、三等奖7名、最佳演出奖1名。2015年1月21日，市环保局、市教育局、市滇管局主办的"美丽春城、生态昆明——我和滇池有个约"昆明市第二届中小学生环保主题诗会和昆明市中小学生环保"绿视频"竞赛活动启动仪式在昆明市新工人文化宫举行。全市各县（市）区近200支中小学代表队和个人参赛。西山区第一中学、呈贡区城内小学等41所中小学分别荣获集体金、银、铜奖，官渡区云溪小学焦雯霏、东川区第二中学马金伦等38名同学荣获个人金、银、铜奖，胡梦琳等39名教师获优秀指导教师称号，支持本次活动的云南凤临高香茶业有限公司等2个单获得优秀单位荣誉称号。此次活动，涌现出了《滇池月夜》《我们的滇池》《梦回春城》《想望滇池》《海鸥的心愿》《我和滇池有个约》等融入了环保理念、环保文化、朗朗上口的优秀原创诗歌作品。同时，还开展了环保"绿视频"活动，孩子们能用自己的手机、便携DV机等方便快捷的工具记录身边的环境现象、环保行为，捕捉环境保护工作中的亮点、成效以及身边绿色环保的瞬间。

## 第七节　市民参与滇池保护平台搭建

为多途径、多方式加大滇池保护与治理的宣传，动员全社会的力量共同保护滇池，形成一种人人关心滇池治理、人人保护母亲湖的浓厚氛围，叫响"滇池清，昆明兴""治理滇池，人人有责""保护母亲湖，建设新昆明"口号。市级相关部门及昆明滇池研究会、云南滇池保护治理基金会、昆明滇池保护治理促进会、昆明市环境保护联合会等社会组织，积极为社会各界参与滇池治理搭建新的平台和途径。

## 建言献策论坛

2008年6月22日，由市滇管局、市科协联合主办，昆明滇池研究会承办的昆明生态城市建设与滇池保护治理论坛在连云宾馆举行。论坛以"铁腕治污、科学治水是拯救滇池的根本"为主题。关心滇池保护与治理的有关领导及专家、学者共65人参会，国家建设部城乡规划督察员陈加耘应邀参加本次论坛。参会的各位专家以认真负责的态度，紧紧围绕省委、省政府、市委、市政府为治理和修复滇池生态环境所实施的环湖截污、环湖公路、环湖生态、入湖河道治理、底泥疏浚、外流域引水六大工程，采取铁腕治污、科学治水、综合治理的办法，实现湖外截污、湖内清淤、外域调水、生态修复四大刚性目标和河长、路长、湖长、片长"四长制"的建立等一系列重大举措，从不同的学科出发，畅所欲言、各抒己见、争辩质疑、交流碰撞，激发新的思想火花，提出了若干真知灼见。

## 万人放鱼活动

遵循以鱼净水、以鱼养水、以鱼控水的生态修复理念，通过在自然水域中人工增殖放流鱼类，以达到净化水体、改善水质的目的，2010年11月14日，由市政府主办，市滇管局、春城晚报社、昆明滇池旅游度假区共同承办的"放鱼滇池，2010生态保护行动"正式启动。近1万名市民、企业职工、学生及社会各界代表共同向滇池投放鱼苗近10万尾。同月20日，在市政府的主导下，俊发地产与市滇管局、春城晚报社协力推出"放鱼滇池，2010生态保护行动"大型公益活动，放鱼苗的热心人排起百米长队，10万尾花白鲢鱼被放生滇池水中。同时，市民争相捐款上万元。"放鱼滇池，2010生态保护行动"是昆明市首个全民参与的治理滇池污染治理行动，打造了一个"关爱滇池、全民参与"的公益品牌。2011年12月3日，"2011放鱼滇池生态保护行动——记忆滇池影展"活动在昆明滇池泛亚国际城市湿地进行，300户环保爱心家庭将800尾鱼苗投入到城市湿地里，现场还展出了活动征集的热心市民珍藏的滇池老照片。2012年12月22日，由市政府主办，市滇管局、滇池旅游度假区管委会、春城晚报社承办，云南滇池保护治理基金会指导的第三届"放鱼滇池生态保护行动"在海埂公园启动，20万尾花白鲢由普通市民手中放流滇池。2013年11月3日，"2013放鱼滇池生态保护行动"在西山龙门索道旁的海埂龙王庙前广场正式启动，近万市民在滇池边将10万尾鱼苗亲手放入滇池。2014年12月28日，"2014放鱼滇池生态保护行动"在滇池湖畔海埂公园举行，虽然天公不作美，滇池湖畔寒风凛冽，气温只有3℃，滇池母亲湖却感受到了百倍热情，数千市民不顾天寒手冰，将20万尾花白鲢随着爱心之手放入滇池。2015年12月20日，第六届"放鱼滇池生态保护行动"在昆明举行，滇池保护志愿者、爱心市民等共向滇池投放鱼苗20万尾。该活动自2010年启动，到2015年续举办6次，累计向滇池投放鱼苗近百万尾。

## "市民河长"系列活动

2009年8月28日，由昆明日报社主办的"征集市民河长"活动在市新闻中心举行首次座谈会，从近600位报名者中甄选出来的35位"市民河长"聚集一堂，畅所欲言，表达了对治理入滇河道污染、重新恢复昔日清澈滇池的信心。入选的"市民河长"中，包括工人、教师、学生、公务员、律师、警察、退休老人等。在2009年和2013年2届"市民河长"活动成功举办的基础上，2015年，市滇池管理局再次联合昆明日报社举办了"保护母亲湖——'市民河长'在行动"系列活动。通过广泛动员，公开征集，发动热爱昆明、热爱滇池、热心环保、关心滇池保护治理的社会组织、团体、机构、企业或个人报名参与，以集体的形式担任各条河道的"市民河长"，感受、见证河道整治带来的变化，并给滇池保护治理工作提出意见和建议。到2015年底招募工作已经完成，共有17名个人、7个团体报名应征"市民河长"。"市民河长"已成为昆明市全民参与滇池治理保护的一项标志性活动。

## 滇池保护志愿者招募活动

2009年4月27日，盘龙区龙泉街道辖区内的90余名河道志愿者来到盘龙江畔，对辖区4.4千米的河道进行义务清洁。在盘龙江里，30多名负责河道保洁的志愿者挽起裤腿打捞水里的垃圾。同时，盘龙区河道管护志愿者服务队的150名"小红帽"则来到松华坝水源保护区，植下一棵棵树苗。2011年6月26日下午，团市委联合市滇管局在西山区碧鸡广场举行主题为"志愿服务总动员，携手保护母亲湖"的春城志愿者保护滇池系列活动启动仪式。在启动仪式上，分管副市长作了保护滇池动员讲话，给春城志愿者服务站授牌，颁发了志愿者证书；志愿者们宣读了昆明市"护滇大使团"宣言；团省委领导宣布活动启动。共青团官渡区委积极组织全区99个社区的100余名青年志愿者参加此次启动仪式。启动仪式后，组织青年志愿者分别到入滇河道开展巡河工作。

全市滇池保护志愿者招募和活动的开展，在全社会兴起了"关爱他人、关爱社会、关爱自然"志愿服务热潮，并使昆明市保护滇池志愿服务活动被列入全国100个关爱山川河流志愿服务重点项目。2013年8月15日，由市文明办牵头组织开展的"关爱山川河流·保护滇池"志愿服务活动在松华坝水库正式启动。在启动仪式上，志愿者代表宣读了《关爱山川河流·保护滇池志愿服务活动倡议书》；来自主城4区的200名志愿者代表面对松华坝水库进行了"关爱山川河流·保护滇池母亲湖"宣誓；有关领导为19支"关爱山川河流·保护滇池"志愿服务队授队旗；开展对松华坝水库周边进行安全巡查。启动仪式结束后，19支"关爱山川河流·保护滇池"志愿服务队将赴各县（市）区、各单位，根据市文明办会同团市委、市滇管局及其他有关部门共同制定的活动方案，在滇池流域及入湖河道流经社区设立春城志愿者服务站（点），依托社区共青团组织，在入滇河流经过的100个社区开展保护河流、环保宣传、巡河检查等志愿服务；开展丰富多彩的社区宣传教育；将滇池保护、志愿服务精神融入社区文化建设中；加大巡河及媒体监督力度，通过各类媒体向市民介绍36条主要入滇河道的污染治理、乱排乱放查处情况；建立昆明市滇池流域保护志愿工作联席会议制度，定期邀请相关部门、企业召开联席会，及时通报滇池流域保护志愿服务工作的进展及存在的问题。同时，在活动中选树典型，打造"雷锋号"优秀春城志愿者服务站品牌。2014年5月9日，民盟昆明市委举行"城乡清洁工程"民盟志愿者在行动启动仪式。市人大常委会、中共昆明市委统战部、中共五华区委统战部、五华区爱卫办、丰宁办事处及社区领导、民盟8个春城志愿者服务队和社区志愿者近200人参加启动仪式。在启动仪式上，志愿者谷润宣读了《民盟昆明市委开展"城乡清洁工程"活动倡议书》，号召全市1800名盟员积极响应中共昆明市委、市政府的号召，把参与和宣传"城乡清洁工程"作为全体盟员的义务和责任，争做实施"城乡清洁工程"的宣传者、清洁者、监督者和建言者。到2015年，全市共招募了1万名滇池保护志愿者，志愿者们积极参与和监督滇池保护治理，形成了强大的群防群治聚合力。

## 保护母亲河环保公益行动

2009年3月15日晨，"春暖盘龙江——2009昆明保护母亲河环保公益行动"在盘龙江源头青龙潭举行活动启动仪式后，活动组织单位邀请上百位市民代表在水源地、城区段和入湖口开展公益环保活动，见证盘龙江生态变迁；共有3000多名市民报名参加此次公益行动，最后有1000多名成为志愿者，在宣传《保护水环境市民公约》之余，市民们也在公约上签下了自己名字。同年3月30日，"春暖盘龙江——2009保护母亲河环保公益行动"最后一站来到滇池边，盘龙江"河长"等市委、市政府领导在海埂公园与40名志愿者共同种下了60棵郁郁葱葱的柳树。此后，全市结合河道综合整治工程，在滇池出入河道沿岸种植成片树木，永久性提升河道沿岸环境，在全社会营造造绿、护绿、爱绿的良好风尚。

## 千人徒步盘龙江活动

2011年10月22日，"希望行动——千人徒步盘龙江爱心检阅母亲河"活动在昆明举行。该项活动是团省委、省青联、云南青基会共同发起主办的希望行动满城关爱农民工（子女）的系列活动之一，也是团省委、省文化厅、省青联主办的"2011首届云南文化创意周"的分会场活动。参加此次活动的近2000名志愿者分3段，徒步28千米感受盘龙江沿岸风光，并用手机、相机、微博记录和宣传盘龙江治污成果。志愿者们在徒步过程中，志愿者们还对盘龙江水质进行实地监测，验证盘龙江的治污成果；盘龙江沿岸的桃源广场、江岸广场、龙江广场、双龙桥广场等地有四五十个民间文艺团体的2120余名乐行者、1060余名民间艺人、540余名志愿者参加义演，展现了春城文艺的魅力。当天，各团体累计演出京剧、武术、花灯、山歌小调以及红色经典歌舞等节目100多个、近15小时，把盘龙江打造成了一个民间文化长廊。

2012年12月30日，由团省委、省青年联合会、省青少年发展基金会、省志愿者协会、团市委、市滇池管理局、盘龙区委宣传部、昆明公交（集团）有限责任公司联合主办，云南鑫鲜龙泉饮品有限公司冠名主办，春城志愿者服务总站、共青团盘龙区委、省青少年发展基金会外围志愿团队AA乐行工作组和爱心手拉手工作组、省志愿者协会北斗星驿站/北斗星志愿者驿站等联合承办的大型公益活动第二届"希望行动——滇溢杯千人徒步盘龙江"在昆明举办。腾讯微博、春城晚报、云南电视台公共频道、云信《公益周刊》等作为主办媒体，可口可乐、年安保险超市、温莎KTV、爱因森教育、帮帮健康生活馆作为战略合作伙伴，另有数十家民间文艺团体、高校学生社团参与协办。此次活动结合"爱我昆明，美在春城"的主题，围绕"一点一线"开展。一线就是活动贯穿整个盘龙江沿线，组织1000名昆明市民、大中学生沿盘龙江徒步，亲身感受盘龙江变化、检测盘龙江水质，并用手机、相机、微博、微信纪录和宣传春城之美。徒步志愿者中，有60多名高校环保社团的志愿者专门承担盘龙江水质简易检测的任务，他们在盘龙江全线选取10个水质检测点，用简易仪器及试纸检测盘龙江水的总磷、氨氮、COD（化学需氧量）等8项指标，并绘制绿地图。

2013年10月10日，第三届"希望行动——千人徒步盘龙江"媒体见面会在省青少年发展基金会举行。活动除了延续前两届活动"检测母亲河水质，万人捐赠二手衣"的传统之外，此次活动的最大特色是以"公益我爱DIY"为理念。有13个公益组织参与了桃源广场主会场活动，10个公益组织参与徒步盘龙江沿途活动，另有近10个大学生公益社团在徒步盘龙江活动前后在大学校园开展了相关公益活动。

## 河道保洁周活动

2010年4月23日，按照省环保厅和市政府要求，市滇管局牵头组织开展的滇池流域"清洁河道、清洁湖滩、清洁村庄、清洁田园"为主题的河道保洁周活动正式启动。滇管执法队员、志愿者和清洁工人共计150余人参加启动仪式。滇池流域7个县（区）以河道为中心，以河堤两岸100米范围内为重点，组织机关、事业单位、厂矿、企业及社会团体、沿河（湖）街道及社区等对入滇河道实施垃圾、漂浮物及淤泥等污染物打捞、清除，河道两岸排查、封堵排污口等河道保洁行动，做到违法排污立即查、河道绿化有人护、河道保洁有人管，实行排污零申报，以达到"三无一堵"。通过清理保洁，入湖河道内及周边环境、湖堤、村庄、农田垃圾杂物明显减少，环境卫生质量明显改善，有效削减了入湖污染负荷。2011年5月16—22日，官渡区组织机关、事业单位、厂矿、企业及社会团体、沿河（湖）街道及社区人员等万余人开展河道保洁周活动，对辖区内23条河道进行清理，加强对河道两岸排水口、垃圾漂浮物、污染源状况的检查，坚持违法排污立即查，河道绿化有人护，河道保洁有人管，实行排污零申报，保持河道综合整治效果。2014年6月，官渡区在六甲街道新河村大清河举行河道保洁周万人行动启动仪式，全面掀起保洁河道、减少污染新热潮，还组织100名青年志愿者参加了河道清理整治工作。同时，各街道也积极行动起来，分别在辖区河道、沟渠展开河道清理整治工作。

## "爱我昆明，美在春城"主题实践活动

为优化城市环境，提升市民素质，彰显春城魅力，2012年市委、市政府在全市开展爱我昆明，美在春城主题实践活动，并下发了实施意见。市滇池管理局成立了"爱我昆明、美在春城"主题实践活动领导小组，制定了《昆明市滇池管理局深入基层开展"爱我昆明，美在春城"主题宣传活动工作方案》，将"爱我昆明，美在春城"主题实践活动细化为多个内容丰富、形式多样、参与广泛、与滇池保护治理相关的主题活动。利用市滇管局门户网站、新闻媒体、工作简报、宣传折页等多种渠道，及时上网发布各类工作信息，先后配合中央、省级、市级多家媒体记者对滇池水葫芦治污试验性工程、中山杉种植、河道整治、生态修复、"四退三还"、防浪堤拆除、污水处理、打击滇池偷捕盗捕、查处违法排污执法行动、海事执法检查、动员公众参与滇池治理以及开展"四群"工作等进行专题采访报道。3月2日，市滇池管理局与市文联联合组织著名书画家开展了"滇池清，昆明兴"大型采风创作活动，让艺术家们用自己的作品向社会展示新滇池、新气象、新希望，诠释"滇池清，昆明兴"的真

谛。昆明著名书法家赵翼荣、王家宁、马兆琴、李波、刘兴贵、尹雅丽、崔剑亮，著名美术家李能、谢晓东、王晶等深入到滇池沿岸进行了采风创作。艺术家们现场创作书画作品100多幅，用自己的作品展示了滇池保护和治理工作的蹒跚足迹。3月10日，由云南滇池保护治理基金会主办，昆明滇池保护治理促进会、春城晚报、昆明摄影家协会承办，市滇池管理局、市文联指导开展的"滇池清，昆明兴"见证滇池摄影大赛及影展大型公益活动正式启动。活动共收到了来自12个省、市约450位作者的作品5000余幅，作品时间跨度从1928年至2012年。同年7月5日，摄影大赛的214个奖项全部揭晓。其中，已故著名摄影家杜天荣的《滇池组照》和摄影发烧友高永顺《航拍滇池》分别获得大奖。在"三五"学雷锋活动月期间，市滇管局依托团市委招募各高校志愿者，组织开展了护滇抗旱信使传递行动，到滇池周边各个街道、社区和企业传递保护滇池，节水抗旱倡议书，向全市群众发出倡议，积极加入护滇抗旱的行列。4月21日，市滇管局携手中国昆明政务网，邀请20余名本土知名网友实地参观了污水处理厂、入湖河道、湖滨湿地，网友们还与滇池治理工作人员进行了交流互动，向网友赠送了市民宣传手册和《滇池圆舞曲》光碟。5月13日，市滇管局联合市摄影家协会、春城晚报，组织80位摄影家协会会员分水路、陆路东线、陆路西线开展了"爱我昆明，美在春城"快拍滇池24小时活动，用镜头诠释滇池全景，用独特的视角见证滇池治理带来的变化。5月26日，市滇管局与昆明电视台《第一直播间》栏目联合组织部分普通市民实地参观了污水处理厂、河口湿地、滇池污染底泥疏浚工程，了解滇池治理各项工作的进展情况。活动结束后，许多网友还在彩龙论坛、金碧坊、云南网上及时发布了《体验滇池治理成效》《滇池母亲滇池体验行》《关注滇池》等多篇图文帖。各县（区）则开展以"我爱昆明，美在春城"为主题的清洁家园行动，利用社区宣传栏开展宣传教育主题活动，将滇池保护治理法律法规或规章制度中与市民生活息息相关的禁止性条款、处罚性条款、滇池保护治理工作印制成宣传资料，定期分发到各县区乡（镇）、社区，并适时更新，方便市民随时阅读、浏览。动员社区力量手持扫把、铲子、火钳等劳动工具，分组对辖区盘龙江、金汁河河道内的漂浮物及河堤岸边的环境卫生进行综合整治，把自己的家园建设得更加亮丽。

同时，市滇管局与昆明电视台阳光频道合作开展了《我和滇池的故事》电视系列纪录片拍摄工作，用镜头真实记录滇池的变迁过程以及保护治理滇池中呈现的感人故事。与县（区）滇管、教育等部门联合在部分中小学校开展"滇池生态环境保护知识竞赛"；开展"小手拉大手"活动，到外来人员相对集中的城中村、农贸市场、河道沿岸的社区等地开展宣传；利用各学校定期开展少先队主题活动的机会，组织学生参观湿地并进行现场教育，提高学生的环保意识。

在市级媒体设置监督栏目，加强对违法排污等各种污染行为的曝光力度和频次，同时对实施该污染行为的单位或个人也一并予以曝光，通过社会监督来督促其认识错误，及时改正；制作拍摄节水、不污染河道、不乱倒污水等指导市民行为规范的滇池保护治理公益广告片或宣传视频，通过电视台公交车七彩频道等途径滚动播放；新建"滇池清，昆明兴"网站；开通市滇管局官方微博、滇池微信公众号，通过网站和微博及时发布权威信息，对滇池治理工作进行全方位的宣传；开展网民互动访谈，将与市民生活关系密切的一些禁止性规定或处罚条款编辑成言简意赅的短信，通过手机平台发送到手机用户上，以此来指导市民在日常工作、生活。2015年，共发布网站信息1200条、微博信息1371条、图片信息212条。市滇池管理局新浪官方微博"滇池清"共发微博524条，拥有粉丝20多万；围绕"滇池清"新闻在线、"滇池清"《云南省滇池保护条例》、"滇池清"环保知识、"滇池清"滇池语录、"滇池清"节日习俗5个话题，收到评论1万余条，实现微博与网友的良好互动。在云南网设立

"滇池网络博物馆",拍摄滇池弧幕汇报片,在海东湿地汇报厅向省内外来宾汇报滇池治理情况,每月播放近100次。在《昆明日报》、昆明电视台《昆明新闻》栏目设置"滇池清,昆明兴"专栏,定时刊登报道宣传月相关信息,在出租车顶灯LED屏上开展滇池保护治理宣传。市滇管局建立了舆情监控机制,及时关注网络舆情,对群众提出的问题及时调查处理,24小时内予以及时回应。

市滇管局工作人员在开展行政审批、排水许可、执法、项目管理等工作过程中,每一个工作人员都是义务宣讲员。他们在对行政相对人、申请人介绍讲解各项法律、政策,在检查、查处各种违法行为的同时,主动向相对人及周围群众宣传、讲解、普及滇池保护治理知识,发放相关资料,做到在日常工作中动员市民自觉支持参与滇池保护治理。同时,设计制作一些贴近群众生活、受群众欢迎且使用时间较长的小折页、市民日常生活用品环保袋、滇池及河道保护治理黄马夹等宣传用品发放给群众。2012年4月18日,在市滇管局成立十周年纪念日,全局组织开展了以"爱我滇池、努力奉献"为主题的演讲活动,以演讲的形式畅谈多年来在滇池治理工作中的感想和体会,抒发对滇管事业的热爱和激情。各县(区)滇管(水务)局及相关部门按照活动的总体工作方案,结合工作实际开展。

市环保局在"六五"世界环境日期间组织开展了主题为"天蓝水清昆明美"的系列宣传活动。完成10所绿色学校、10个绿色社区和1个环境教育基地创建目标任务。市城管综合执法局、市园林绿化局、市规划局等部门大力开展以环境卫生、占道经营、户外广告、城市照明、建筑施工、违法建设等为主要内容的市容环境综合整治,在盘龙江沿岸新建24座环保公厕,新增811只果皮箱;在全市组织开展环境卫生整治工作,主城区清理卫生死角1465个,清除垃圾1140.25吨,清除违法小广告90517个,维修果皮箱1294个,清运生活垃圾33850.74吨;严格落实"门前三包"责任制的各项规定要求,在辖区城管综合执法部门强化日常巡查整治的同时,由市数字城管监督员按照网格化管理工作要求,加大对在全市建成区广场、商业街区、主次干道两侧(路口)、背街背巷等地摆摊设点等违法占道经营问题的巡查、立案、派遣和督促整改力度。

## 一瓶滇池水牵动昆明心的保护滇池公益活动

2015年8月,都市时报推出"以一瓶滇池水牵动昆明心"为主题的保护滇池十大公益活动。活动以保护滇池我在行动、开通违法排污新闻110专线、骑行滇池环保公益行、滇池湿地探秘、滇池伴我成长、小记者滇池行、童心童愿画滇池、保护滇池我有高招、我和母亲湖征文、滇池百年大型图片展为内容,搭建了一个全民参与、爱护滇池的媒体平台。全民参与"爱我滇池"万人签名活动,有1.28万人签名,获得了近4000次转发,点击支持的读者超过2000余名。除通过签名方式支持全民参与保护滇池以外,许多市民还通过"我想说"的环节讲出了自己对于治理滇池的美好心愿。网友"野鹤闲云"建议:保护滇池,从我做起,从身边的点滴做起!而网友"飞翔"说,自己已70岁,爱好摄影也喜爱滇池。他曾经用相机记录下了滇池的过去和现在,也希望有生之年还能拍摄滇池。

# 第八节　主流媒体舆论宣传

充分发挥新闻媒体主流舆论导向作用，让广大市民和社会各界了解滇池保护的知识、法律法规、政府决策及滇池保护与治理工作各方面的进展，以"亮点"吸引受众眼球。通过宣传进一步提升全民懂法、守法意识，不断提高全社会治理和保护滇池的信心和决心，推动全市滇池保护与治理宣传工作的深入开展。

## 唱响滇池保护主旋律

1990年11月20日，市环保局、市滇保办与昆明日报联合举办"滇池杯"征文，广为宣传滇池及滇池保护情况，唤起民众保护滇意识。开展"救救滇池"沿湖岸周边采访、"滇池杯"有奖征文、领导专访、现场采访和"保护滇池人人有责，治理滇池全民参与"活动以及"发展中的城市建设"专题节目等多种形式宣传活动。1993年后，组织昆明滇池研究会新闻科普专业委员会的驻昆新闻工作者，先后对滇池上游松华坝水源保护区、滇池水体和滇池下游螳螂川沿岸工业区进行实地采访以及发动各有关单位撰写了2000多篇稿件，并先后在《人民日报》《中国环境报》《云南日报》《云南经济日报》《云南政协报》《云南法制报》《云南信息报》《昆明日报》《春城晚报》《都市时报》《生活新报》、云南广播电台、云南电视台、昆明电视台、昆明电台等报刊、电台、电视台刊载和播放。2004年后，市滇池管理局先后摄制了专题片《努力开创滇池治理新局面》、新闻系列片《保护治理滇池，焕发明珠光彩》《建设现代新昆明——滇池篇》，与省环保论坛组委会合作拍摄了专题片《拯救滇池》，与昆明电视台合作摄制了《滇池，我们的心脏，需要我们共同呵护》公益广告片，配合昆明电视台《直播昆明》栏目编导记者录制了《滇池保护治理》专访节目及滇池治理各项工程，并先后在昆明电视台播出；与云南人民广播电台合办《保护滇池，保护母亲湖》专题节目，每周上午在云南人民广播电台卫星广播中波576千赫、调频105.8兆赫早晨《云南新闻》、下午《全省新闻联播》中播出，并在云南广播电台开辟专栏以及公益广告；在《春城晚报》开辟专栏，每月定期报道滇池保护治理有关情况及公布污水处理厂运行情况；在《云南日报》刊载专版《努力开创滇池污染治理新局面》；在《昆明日报》刊载专题报道《治理滇池有条龙》和专版《加快滇池保护治理，推进现代新昆明建设》，开辟《治理滇池，保护母亲湖》专栏，刊载无锡五里湖考察材料《滇池治理学太湖》专版；在《云南经济日报》刊载《滇池污染恶化趋势得到遏制》专题报道；滇池晨报、云南信息报、生活新报、都市时报对滇池保护治理有关情况及重点工程开工、竣工及时进行了新闻报道。

## 发挥主流媒体优势

2004年，市滇管局等滇池管理的职能部门和单位协助中央电视台《聚焦三农》节目拍摄滇池保护与治理情况；协助央视十套节目《今日气象》对滇池保护治理情况及蓝藻问题进行了采访报道；协助云南电视台新闻中心拍摄专栏《日新月异新昆明（滇池治理篇）》；协助昆明电视台新闻中心拍摄《2004滇池治理回顾》电视专题系列片；协助云南电视台新闻中心《云南新闻》拍摄滇池治理专题新闻；协调、配合昆明电视台拍摄滇池保护治理系列宣传片《滇池的昨天、今天和明天》，并在《昆明新闻》中连续播出；与《梅子开讲》栏目联系并合作，于3月和5月录制了两期滇池保护治理的专题节目——《滇池守护者》《保护滇池，我们先行》。同时，在日常工作中，积极与昆明电视台《昆明新闻》《都市条形码》《街头巷尾》等栏目联系，及时将综合执法、工程开工竣工、滇池开湖等滇池保护治理有关情况及时、直观地传播给市民。与云南人民广播电台《百姓与社会》栏目联系并合作，先后在3月和4月做了3次滇池治理的直播节目，内容涉及草海治理、盘龙江整治、湿地建设等滇池综合治理的情况。与都市时报联合开展"谁污染了盘龙江"大型公益调查活动，调查从3月31日开始，历经两个多月，让更多的人全面了解了盘龙江污染治理的情况，对增强人们关爱入湖河道、关爱滇池的意识起到了很好的促进作用；定期在《都市时报》上刊登季度、年度滇池水质状况及治理情况公告，污水处理厂每月运行情况公告。

2006年"两会"期间，市滇管局相关领导分别做客春城晚报"时政会客厅"、都市时报、云南信息港"两会"网上会客厅，与网友进行交流，回答网友提出的关于滇池保护治理各个方面的问题；云南日报、昆明日报、春城晚报、都市时报、生活新报、云南信息报等省、市报纸持续对综合执法、重点工程、滇池开湖等滇池保护治理有关情况进行新闻报道300余篇次；昆明电视台《梅子开讲》栏目现场录制了《治理滇池，保护入湖河道是关键》《滇池生态科技治水》等滇池治理专题节目；组织新闻媒体对官渡区入湖河道监督管理工作情况进行专题采访报道，协调完成云南电台《百姓与社会》、昆明电台阳光频率《精彩昆明》的采访录制；联合市政公用局、节水办、昆明电视台拍摄并在《昆明新闻》中播出了《推广中水回用、加快滇池治理》系列专题片；在《拯救滇池》基础上改编形成《保护母亲湖，建设新昆明》电视专题片第一版，完善制作《保护母亲湖，建设新昆明》专题片第二版；向到访或致电市滇池管理局的新华社、中新社、人民日报、中国日报、南方都市报、经济日报、中国企业家杂志、大众科技报等媒体记者介绍滇池保护与治理相关工作情况；先后配合宣传部开展了"新昆明新变化"及滇池治理新举措、新进展采访报道活动，向采访团记者全面介绍滇池水污染防治"十五"计划执行情况和"十一五"工作重点，带领记者实地走访了东风坝、滇池水面、呈贡捞鱼河口湿地、大清河、枧槽河，对滇池生态湿地建设、渔政监督管理、河道综合整治进行采访报道。

## 开展法制宣传教育

2011年后，市属相关部门配合央视和省、市新闻媒体完成了《今日说法》《水问》《大家看法》《百姓与社会》《环境在线》《春城热线》《直播昆明》等专题节目的制作；完成了中国昆明政务网、滇池网站信息的上报和内容更新；配合昆明日报完成了《滇池特刊》开刊及相关采访、组稿工作；组织了滇池治理专家访谈和滇池治理工程措施提速、《云南省滇池保护条例》解读，开展了"守护滇池人物""我为滇池发声，我为滇池出力"等专题采访报道；协调配合中央电视台科教频道、财经报道拍摄播出滇池保护治理专题报道。2015年6月13日，中央电视台播出片长近1个小时的专题报道《天上的水人间的湖（滇池篇）》，全面、客观地展示滇池治理的历史变迁，对滇池治理工作给予了积极肯定。积极协调中央和省、市新闻媒体主动展示滇池治理各项工作和取得的阶段性成效；累计组织中央和省、市多家媒体对滇池治理日常工作及重点工作进行专题采访报道234余次，省、市电视台新闻宣传报道886余次，拍摄电视专题片8部，拍摄制作视公益广告片2部，开设专栏节目1个，在省、市新闻报刊新闻宣传报道6000余次，配合人民日报、中央电视台、新华社云南分社、中新社云南分社、经济日报、中国经济导报、云南电视台、昆明电视台、昆明日报、昆明人民广播电台等10余家中央和省、市媒体记者对滇池保护治理相关工作进行专题采访报道，并接待了多家境外媒体记者对滇池治理工作的采访，向世界展示滇池治理工作进展和成效。同时，通过市滇管局官方微博、官方网站等适时发布滇池治理信息，昆明电视台《昆明新闻》和《街头巷尾》两个栏目分别开设城市文明岗和街头曝光台，对一些危害滇池和入湖河道的不文明行为举止进行监督、曝光，公众通过电话、网络、新闻媒体关注和监督滇池保护治理。其中，市滇管局官方微博"滇池清"自2011年开通后，粉丝量突破20万。此外，在世界水日、地球日、世界环境日、全国城市节水宣传周、全国科普宣传月会员日等活动期间，市滇池管理局、昆明滇池研究会、市环保联合会都制作滇池保护成果展版或宣传资料，积极参与宣传教育、咨询活动。

## 滇池治理工作媒体恳谈会

2004年12月21日，省委宣传部和市委、市政府联合在兰花宾馆召开了昆明市滇池治理、交通整治工作媒体恳谈会，就如何做好滇池治理、交通整治工作新闻报道倾听新闻单位的意见和建议。会上，人民日报、新华社等中央驻滇新闻单位及云南日报报业集团等省新闻单位的领导表示，滇池治理和畅通工程是新昆明建设不可回避的问题，也是城市发展和区域经济发展所面临的问题。新闻单位将履行好自己的职责和义务，配合昆明市调动各方面的积极因素，把这两个难题解决好。市委宣传部、市滇管局、市环保局联合制定了《保护治理滇池，推进现代新昆明建设宣传工作实施方案》。2005年，市委宣传部、市滇池管理局共同组织召开2005年滇池治理工作媒体恳谈会，中央驻昆和省、市新闻媒体单位代表参加了恳谈会。会上，各媒体都表达了爱昆明、爱滇池的情感。表示通过恳谈会，进一步认识了滇池治理工作的艰巨性和长期性，今后将一如既往地关注滇池的保护和治理，并加大宣传力度，让市民知道政府治理滇池的决心，增强全民的参与意识、环保意识、责任意识、法律意识和自律意识。

## 滇池治理情况通报

1999年，为确保实现滇池污染治理第一阶段目标，决定实施滇池治污"零点行动"计划，对滇池流域的253户企业实行达标排放监督，凡在4月30日24时止没有实现达标排放的企业，企业主管部门将按干部管理权限对企业负责人进行处理，政府将向社会发布停产令，对企业进行停产治理。为此，当年2月26日，省环保局、省委新闻办公室举行在驻昆新闻单位负责人滇池情况通报会，通报了滇池污染治理情况及即将进行的"零点行动"宣传方案，要求各新闻部门要把滇池污染治理宣传报道工作当作一项重要任务，广泛深入开展宣传报道，形成强大的舆论氛围。4月30日夜，省环保局通报新闻界，滇池污染综合治理"零点行动"圆满结束。2004年，市委、市政府召开有关滇池保护治理新闻宣传报道工作专题研究会，对滇池保护治理新闻宣传提出了具体要求；市滇池管理局（市滇池管理综合行政执法局）召开昆明市滇池管理综合行政执法局成立新闻通报会，通报昆明市滇池管理综合行政执法局成立；向社会通报了9月20日的一起环卫人员向城市排水管网倾倒粪便的恶性污染事件处理结果；向省、市新闻媒体通报了滇池草海、外海水质情况；针对《昆明日报》刊登的《入滇河道之痛》报道中所反映的河道污染情况，市滇池管理综合行政执法局出动执法人员到各个点进行调查取证，并及时将调查处理情况通报媒体；召开新闻通报会，对昆明锦洋化工有限公司偷排有害工业废水被查处一案向新闻媒体进行通报。2006年3月13日，中央人民广播电台中国之声《今日论坛》"两会"特别节目邀请市委主要领导做客中央台，就滇池治理的最新举措、打造宜居城市、新城建设、老城改造、发展现代农业、加快改革开放等问题回答了记者的提问。2007年6月29日，针对网络媒体刊发《滇池污染严重，暴发蓝藻》新闻引发国内外、中央驻昆新闻媒体高度关注，市滇管局局长马文森就滇池年度蓝藻出现接受了人民日报、中国日报、中国新闻社等中央驻昆媒体的联合采访，并召开滇池蓝藻情况新闻通气会，就今年入夏以来滇池蓝藻情况向媒体进行通报。同年7月25日，市政府举行新闻通报会，宣布将举全市之力，用一年半左右时间，在滇池、长江、珠江流域开展全面截污、全面禁养、全面绿化、全面整治的水环境综合治理工作。12月，市滇管局在新闻媒体上做出"八个百分百"承诺，请社会各界和新闻媒体予以监督。2010年6月4日，省召开2009云南省环境状况公报新闻发布会，通报2009年云南省环境状况。同年6月28日，市政府召开庭院雨污分流新闻通报会。8月12日，市滇池管理局在省、市媒体上发布《关于取消2010年度滇池开湖捕捞期的通告》，明确滇池水域全面实施封湖禁渔。9月26日，市政府召开"十个禁止"新闻发布会，明确滇池流域及重点区域山体植被和水域全面禁止挖砂、采石、取土、烧砖、毁林、开垦、放牧、填河、围湖、擅采地下水。2013年3月8日，在滇池治理新闻宣传工作会上，分管副市长要求把"用多少钱、建设什么项目、发挥什么作用"向全社会公示，让大众知晓，接受社会各界监督，作为滇池治理新闻宣传必须做到的核心工作之一。同年7月16日，美丽云南绿色家园生态文明建设系列新闻发布会第一场美丽春城幸福昆明主题发布会在海埂会堂举行。市领导与新闻媒体进行了气氛热烈的沟通交流，并就记者关注的生态文明建设的有关问题做现场回答。2015年7月，市滇池管理局召开通报会，对滇池蓝藻水华情况及应急处置工作进行了通报，市滇池管理局副局长王丽华就蓝藻大量出现、为何会有死鱼出现等问题进行解答。

## 重大决策听证

2009年11月23日《云南省滇池保护条例（草案）》听证会在连云宾馆大礼堂举行，省法制办主任、省人大常委会环资工委主任、省人大常委会法制工委副主任、省政府滇池流域水污染防治专家督导组秘书长、副市长、省法制办副主任、省水利厅副代表、省政协委员、水污染防治工作者，院校、社区代表等22名听证代表参会。2011年5月19日，省水利厅、省环保厅、市政府等领导出席了会议，省、市人大、市环保局召开《昆明市环境保护公众参与办法（征求意见稿）》听证会，来自学校、社区及企业等单位的22位代表参加听证。2014年9月30日，市滇池管理局举行了《昆明市环滇池湖滨生态区保护规定（征求意见稿）》听证会。本次听证会应到听证委员和听证代表共计24人，实际到会22人。其中共邀请和确定听证代表19人，包括县（区）人大代表5人，政协委员1人，相关单位3人，法律专家（包括律师）代表1人，市民代表5人。19位听证代表参加了听证会并作了发言。2015年6月2日，市滇池管理局就《滇池分级保护范围划定方案》举行听证会，22名市人大代表、市政协委员、水污染防治工作者等参加听证。

## 建立滇池治理电子信息发布平台

2013年5月，为发挥主流舆论监督作用，搭建一个全民参与爱护滇池的媒体平台，经市政府批准，市滇池管理局成立了滇池新闻信息中心，建立了滇池治理电子信息发布平台，组建滇池治理信息员队伍，强化政务信息的传递和报送，正面引导网络舆论。2015年8月开通了"滇池"微信公众号，建立了滇池保护治理舆论监督问题解决的新媒体快速通道。至2015年末，应用"滇池"微信公众号、网站、微博等新媒体发布滇池保护治理信息及图片信息5665余条，编发《滇池舆情》600余条、《电子信息》1224余条、《滇池动态》228期。

# 第九节  其他宣传

## 编制滇池保护宣传读物

1989年后，为不断提高全民滇池保护意识和参与意识，增强市民滇池保护的紧迫感和责任感，市滇管局（市滇池保护委员会办公室）组织和参与组织有关部门和单位撰写、编辑滇池保护宣传读物。其中，画册类有《高原明珠滇池》《保护和治理滇池建设现代新昆明》《爱我滇池，护我滇池，共建美好家园》《保护滇池市民行为规范手册》《滇池复苏》；规划计划方案类有《滇池综合治理方案》《滇池流域水污染防治"九五"计划及2010年规划》《滇池流域水污染防治"十五"计划》《滇池流域水污染防治规划（2006—2010年）》《重点流域水污染防治规划（2011—2015年）》；科普类有《滇池保护与治理知识读本》《保护滇池市民手册》《保护滇池，从我做起》《全民科学素质行动科普知识500问》《滇池保护与治理知识读本》《保护滇池市民行为规范手册》《了解滇池，关爱滇池》宣传折页、《保护滇池行为规范》《保护河道行为规范》《"四全"重拳治理水环境》；治理工程类有《盘龙江中段水环境治理工程》《大清河截污综合整治工程》《东风坝及老干鱼塘综合整治一期退塘还湖二期生态修复工程》《枧槽河综合整治工作》；倡议书、公告、通告类有《爱我春城，护我滇池，共建现代新昆明美好家园》《关于推广使用无磷洗涤用品的公告》《昆明市人民政府关于在滇池流域内禁止经销和限制使用含磷洗涤用品的通告》及《滇池流域内禁止经销和限制使用含磷洗涤用品的实施意见》《滇池保护与治理宣传单》《爱我春城，护我滇池，共建现代新昆明美好家园倡议书》《昆明市滇池管理综合行政执法局致大观河沿岸的经营户的一封信》宣传折页；科研类有《松华坝多学科综合考察报告》《滇池流域的景观格局与面源污染控制》《综合治理滇池可行性研究报告》《滇池富营养化调查研究》；法规类有《滇池保护常用法规手册》、《滇池保护条例》单行本、《滇池流域内禁止经销和限制使用含磷洗涤用品的有关文件》、《昆明市城市排水条例》单行本、《滇池保护条例宣传纲要》《松华坝水源保护区管理规定》《松华水库水系水源保护区管理条例》《松华坝水库管理条例》《滇池综合整治大纲》《松华坝水源保护区综合整治纲要》《滇池执法实用手册》《滇池管理相对集中行政处罚权执法实用手册》《创新滇池综合行政执法模式研究》《云南省滇池保护条例》；资料类有《昆明环境》《国内湖泊（水库）协作网通讯》《滇池保护与治理信息》《滇池水质变化情况分析》《滇池主要入湖河道水质水量监测简况》《滇池综合执法简况》《滇池保护与治理信息》《2002—2015年滇池保护与治理大事记》《2005—2015年滇池保护与治理报刊摘要》《2005—2015年滇池保护与治理简报汇编》《昆明市环境状况公报》；其他有《爱我春城，护我滇池，共建现代新昆明美好家园获奖征文集》、滇池保护与治理宣传墙报、保护滇池宣传扑克。制作宣传橱窗42块和入湖河道树立宣传标牌、原创公益儿童魔幻舞台剧《湖畔奇缘》。

## 摄制宣传科教片

根据省政府关于向国内外宣传滇池精神，扩大宣传覆盖面的要求，市滇管局与云南省电视台、昆明市电视台、昆明市教育电视台联合摄制了系列电视片。其中，电视宣传片有《为了子孙后代的幸福》《滇池的希望》《东风坝和老干鱼塘的变迁》《2004滇池治理回顾》《滇池的昨天、今天和明天》《推广中水回用、加快滇池治理》《拯救滇池》《保护母亲湖，建设新昆明》《滇池守护者》《小小环保先行者》《努力开创滇池治理新局面》等，滇池系列片有《滇池——春城之源（上、中、下）》《春城春常在》《滇池备忘录（上、下集）》《呼唤》《海鸥老人》，聚焦滇池保护题材的公益影片《滇池牧歌》，滇池治理工程纪实片有《为了滇池的明天》《滇池草海疏浚工程》。

## 开通"关爱滇池"热线电话

为转变政府工作职能，建立与市民沟通的平台，让市民享有更多的知情权、建议权和监督权。2005年1月31日，市滇池管理局关爱滇池热线电话正式开通，诚邀广大市民共护滇池。同时，市滇池管理综合行政执法局也开设了举报投诉电话，接受市民投诉举报。2月23日，市滇管局通过移动公司发送关爱滇池热线开通和市滇管综合执法局举报电话手机短信100万条，欢迎社会各方面和广大人民群众通过各种途径积极建言献策。当年，市滇管局共接到关爱滇池热线及举报投诉电话776人次，其中举报电话549人次。做到了件件有答复，群众满意度达95％。建立了昆明市滇池管理局市长热线办理及关爱滇池电话接听工作制度，层层落实责任。

## 成立春城志愿者服务总站暨昆明志愿者工作指导中心

2011年4月2日，为弘扬奉献、友爱、互助、进步的志愿服务精神，在中豪·螺蛳湾国际商贸城成立春城志愿者服务总站暨昆明市志愿者工作指导中心。市委、团省委主要领导为春城志愿者服务总站、昆明市志愿者工作指导中心授牌。在成立仪式上，筹建云南中豪置业有限公司的15位股东向昆明市志愿者工作指导中心捐助春城志愿者项目资金，商贸城的15位股东分别与昆明四城区及呈贡区的15个社区结对，在昆试点建立15个春城志愿者社区工作站。昆明志愿者工作指导中心是在昆明市志愿服务活动协调小组领导下，负责统筹、规范和管理全市志愿者及各类志愿者团队的工作机构。主要职责是指导全市各级志愿者组织和其他公益性组织开展志愿服务活动，同时在全市范围内整合各类资源以支持开展志愿服务活动及其他各类公益活动开展工作，为春城志愿者及其团队搭建一个服务有平台、行动有组织、成效有彰显的"志愿者之家"。春城志愿者服务总站由昆明市志愿者服务协调小组、团市委、云南中豪置业有限公司共同组建，通过整合团市委的组织优势、企业的物质优势和志愿者服务协调小组的宣传优势，创立"三位一体"的志愿者工作运作模式。

## 组建昆明滇池阳光艺术团

2013年7月30日，昆明滇池阳光艺术团正式挂牌成立。该团由一批受党培养教育多年、忠诚党的事业、敢于担当重任、退休不退志、离岗不离党的工会系统退休的文艺骨干分子自愿组成的宣传滇池保护治理的志愿者文艺团队，其中68%为共产党员、40%为科级以上领导干部、1/3为复转军人。至2015年末，艺术团排练了花灯小戏《小院新风》、舞蹈《滇池颂》、歌曲《牛栏江清水滚滚来》《美丽春城我的家》《滇池湿地美》《滇池志愿者之歌》《海鸥又飞回来了》、小品《奶孙同心护滇池》《滇池清，昆明兴》、花灯歌舞《滇池梦》《我为滇池打捞忙》、群口快板《赞滇池卫士》等宣传滇池保护治理的法律、法规，歌颂人民群众中关心、保护治理滇池的好人好事，又批评漠视滇池保护治理、破坏生态环境的人和事等贴近生活、贴近民心、贴近现实的节目，在观众中引起强烈反响，达到了宣传群众、发动群众、调动群众参与滇池保护治理积极性的目的，演出127场次，直接观众累计达14万余人，出色地完成了市委、市政府交给的宣传巡演任务。许多观众观看了艺术团的演出后都高兴地说，我们在歌舞声中、谈笑声中就受到了教育，提高了认识；有的说，过去我们都认为滇池治理是政府的事，与我们老百姓无关，现在才知道，滇池治理人人有责，我们每个人都可以为滇池保护治理做贡献啊！有的说，过去我认为倒点污水、垃圾进河道是小事，现在才知道这是违法行为啊！以后我们再也不敢了。2013年4月，艺术团代表云南省老体协参加在烟台举办的全国老年人体育健身项目创新交流大会，民族健身舞《加林赛》荣获三个金奖。2014年、2015年参加省、市"庆七一"演出均获金奖。

## 创作《滇池》交响乐组曲

2014年初秋，由国家交响乐团团长关峡作曲的《滇池》交响乐组曲诞生，它承载着昆明人世世代代对滇池的赞美。9月25日，由中国国家交响乐团首席指挥李心草指挥的《滇池》交响乐组曲在海埂会堂拉开首演序幕。组曲由节日序曲、睡美人的传说、滇池恋歌、滇池之舞四个部分组成，其中包含《螃蟹歌》、"大三弦"等具有昆明地方特色的音乐语言。这部作品能够唤醒人们的环保意识，展示和弘扬昆明的生态之美、人文之美、和谐之美，进一步把昆明打造成享誉全球的生态之都、浪漫之都、幸福之都。

## "守护滇池"系列报道

2014年，市滇池管理局依托都市时报、春城晚报、昆明电视台开展了"守护滇池"一线人物系列报道，对在滇池保护治理中涌现出来的12个先进单位、46名先进个人进行了系列采访报道，先后报道了河道美容师李加兴、林秀芬、杨吉，湿地守护者陈国清、王田、胡晏林，船闸守护者李金何，污水处理工高峰等61名滇池一线守护者们的故事，让更多市民了解了滇池保护治理工作，进一步宣传了滇池保护理念。2015年2月10日，市滇池管理局举行了"守护滇池"一线典型人物、2014年度滇池保护治理好新闻表彰会，对李金何、李加兴等16名"守护滇池"一线典型人物进行了表彰，领导为受表彰人员颁发荣誉证书。2015年，市滇池管理局组织滇池流域各县（区）、3个开发（度假）区、相关委办局、市滇投公司、市水务公司上报了一批先进单位和一线典型人物，推荐了一批长期在滇池保护治理一线工作的基层人员及热心市民，并联合都市时报、春城晚报、昆明电视台从长期在滇池治理一线岗位工作人员中评选出刘永定等46名先进个人和五华区水务局等14个先进单位，并进行了表彰。

## 建立滇池博物馆

滇池博物馆位于棕树营街道小岛村内的大观河畔，是利用西山区区级文物保护单位"陈家花园"布展建设的一个小型博物馆。陈家花园始建于20世纪20—30年代，其建筑风格较为独特，是昆明地区受西方建筑风格影响的实物见证。2008年，为保护好这一文物，西山区政府结合"陈家花园"的地理优势，同时也为了增加大观河历史文化气息，展示人文景观，决定围绕滇池治理把"陈家花园"建成总展览面积为381.5平方米的滇池博物馆，让其成为广大市民和外来游客认识和了解滇池高原明珠的窗口和平台。滇池博物馆以滇池为布展内容，分滇池地质历史、文明历史、自然文化遗产、保护与治理4大部分，通过用图片、文物实物的展示，反映了数千年来人类在利用和治理滇池的同时创造的灿烂滇池文明，同时充分反映滇池污染的现实、治理和保护的决心和措施。2011年1月28日建成开馆，省、市、区相关部门的领导出席了开馆仪式。博物馆拥有藏品31件（套），主要包括石器、陶器和陶片、动物化石、青铜器、贝币等。这些藏品反映了人们在利用和治理滇池的同时创造的灿烂滇池文明。像石纺轮、陶器和陶片等，是滇池周边先民繁衍生息的古文明见证，而铜钺等典型的滇青铜文化的器物，则是滇池周边历史文明的见证。

## 建立滇池网络博物馆

2013年11月5日，由省环保厅、省九湖水污染防治领导小组办公室支持，市滇池管理局主办的滇池网络博物馆建成并在云南网上线。该网络博物馆以图文并茂的形式向市民展示滇池流域的自然演变、人文文化、经济社会与城市发展历程及治理进程、池流域地质地貌、水文气象、矿产资源、生态系统变化，与滇池相关名胜古迹、古诗词文化、碑刻及传说、民风民俗，使市民正确认识环境保护与经济发展的关系，摈弃传统的生存和发展观念，增进市民对滇池治理工作的理解。

## 建立滇池流域生态文化博物馆

2014年10月，滇池流域生态文化博物馆建成开馆。该馆由昆明学院昆明滇池（湖泊）污染合作研究中心承建并管理，为全国首家以生态文化为展示主题的博物馆，在运用传统博物馆建设方式的基础上，借鉴国内外生态博物馆建设理念，将整个博物馆分为校内馆和校外馆两大部分。校内馆由1个主题馆+8个分馆+1个信息平台+2个生态体验区组成；校外馆由滇池流域有关生态建设与生态文化的8大类生境现场构成，其中校内主题馆分为序厅、自然生态、社会生态、人文生态和结束语五个部分，通过图片、影像、实物、数字等多种手段和形式立体展示滇池流域自然生态、社会生态、人文生态，再现了滇池自然演进和流域社会人文历史变迁，深刻揭示滇池保护对区域经济社会发展的重要性。博物馆的建成开放，为普及生态知识、弘扬生态文化提供了一个有效载体，对于强化人与自然和谐发展的理念和生态文明意识产生了积极作用，大力促进了云南省生态文明建设排头兵的发展。至2015年末，共接待社会各界及校内外师生2万多人，在社会上引起强烈反响，成为云南省科普教育基地、云南省哲学社会科学普及示范基地、昆明市环境教育基地。

## 建立环保科普教育基地

2007年，昆明市滇池水利管理处为让广大市民亲身体验滇池湖滨湿地对控制污染源、改善水质、保护滇池有重要作用，结合滇池湖滨生态湿地建设的总体目标，把富善湖滨生态建设示范项目建设成为环境科普基地。目前，该基地不仅是滇池管理的科技示范实验基地，同时也成为市红旗小学、春城小学1万多名师生了解滇池、关爱滇池的环境保护教育基地。

2009年以来，全市共创建昆明滇池泛亚国际城市湿地、国际生态学校高新第一小学、昆明市第七水质净化厂、通球污水处理有限公司、滇池流域生态文化博物馆等环保科普教育基地29个，其中省级基地7个、市级基地22个。下方古城村是晋宁县的一个很普通的小村庄，为让环境卫生整治工作有序推进，村委会制定了《古城卫生管理制度》《古城村组干部卫生检查管理制度》等规章制度以规范村民行为；组织了一支由村里500多位老人组成的老年保洁队，一年365天天天上岗，风雨无阻地打扫村里的公共场所；建设了900余亩湿地，改进村落污水处理设施，加大公厕、沼气池、截污管网等基础设施建设，使污水进湿地、进环湖截污管网、进沉淀池，有效地保护了入滇河道和滇池。经过7年的努力，下方古城村已建设成为环境优美、整齐统一、居住舒适的村庄，成为了昆明市第一家村级环境教育基地。昆明滇池国际城市湿地是昆明市2010年首批创建的环境教育基地之一，是青少年科普教育示范基地。湿地内有茂盛的水、陆生植物和丰富的野生动物资源，不仅是昆明的"城市绿心"，更是进行生态研究和环境科普教育的重要场所，接待过来自全国及省、市各级政府以及社会团体、志愿者数百起参观考察，每年都会有来自全市中小学校的师生前来进行科普实地教学。昆明市第七水质净化厂在自身做好城市污水处理及环境保护工作的同时，积极开展环境教育宣传，通过互动方式为市民搭建起一个了解污水处理科普知识、水环境保护、水资源利用的平台，也给市民提供一个亲身感受生动活泼的"环保课"的机会。

# 第五章　日常管理

为切实解决违法成本低、守法成本高的问题，确保滇池保护法律法规及各项制度的贯彻落实，实现滇池水质的根本改善，市委、市政府及有关部门建立了滇池保护与治理日常管理工作长效监管机制。加强对滇池流域开发项目审查；强化滇池面山、湖体、入湖河道及重点污染源的监管，严查重处违规排放、偷排、偷放、偷捕等违法行为，对违法行为发现一个查处一个，决不手软；实施排水、取水许可制度，有效地巩固了滇池治理成果。

## 第一节　行政执法权

根据《云南省人民政府印发关于昆明市滇池管理开展相对集中行政处罚权工作方案的决定》和相关法律、法规，昆明市滇池管理局（昆明市滇池管理综合行政执法局）履行省政府和市委、市政府规定的行政处罚权；负责组织开展《滇池保护条例》《昆明市城市排水管理条例》及滇池水体、入滇池河道等纳入综合执法范围内企业违法排污行为的查处工作；负责对滇池流域建设项目选址审查、排水许可的审查等。以上项目以外涉及滇池流域的工作由昆明市环境保护局负责。其中：4项行政许可事项为滇池流域内新、改（扩）建项目审查，审批核发排水许可证，滇池渔业捕捞许可证核发，滇池水域通航安全、船舶污染防治、船舶准入审批及在滇池水域从事港口经营许可。2项行政征收为滇池渔业资源增殖保护费征收，受水行政主管部门委托征收直接从滇池取水的水资源费。134项行政处罚为负责查处向滇池水体、城市排水设施内排放超标污水、倾倒垃圾、固体废弃物等，侵占、损坏水利工程和环保、城市排水设施，违反有关规定在滇池水体取水，违反有关法规设置排污口，违反有关法规捕捞水产品、破坏渔业资源，船舶污染水环境，违法占用土地、改变土地使用性质和违法建设，违反有关法规砍伐、损坏树木，影响防洪安全，破坏水资源及水体保护区，违反《滇池保护条例》《昆明市城市排水管理条例》等所有违法行为；负责办理市政府和市滇池管理综合行政执法局交办的有关事项。

## 第二节　滇池流域开发建设项目审查

2002年10月以前，为严格控制新污染源的产生，市环保局在对滇池流域内新建项目的审批过程中，按《环境保护法》《水污染防治法》《滇池保护条例》的规定严格审批，实施环保第一审批权和一票否决权，严禁在滇池汇水区域内新、改、扩建污染严重的企业，仅1998年就"一票否决"在滇池汇水区建化工企业、城市禁烟区建燃煤锅炉等7个项目。同年10月，市滇池管理局正式开展对滇池流域开发建设项目的审查工作，将初审意见拟文上报市滇池保护委员会进行审批。同时，加强对精简合并行政审批项目和管理服务项目的后续监管。为规范审查程序和审查文本，市滇池管理局制定了《滇池流域开发建设项目审批事项告知单》《滇池流域开发建设项目选址意见书》及《滇池流域开发建设项目审查意见书》，并明确规定对滇池流域二、三级保护区内开发建设项目审批核发《滇池流域开发建设项目选址意见书》；对滇池流域一级保护区内项目提出审查意见，报昆明市人民政府审批。滇池流域开发建设项目审查及选址意见有效期为2年。同时，推行窗口服务制、社会承诺服务制。根据《昆明市市与四区政府城市管理职能权限责任调整方案（试行）》，市滇池管理局于2004年5月将五华、盘龙区、西山区、官渡区区域范围内的滇池流域建设项目审查工作下放给各县（区）滇池管理局，并指导和协助县（区）滇池管理局开展滇池流域开发建设项目的审查工作。2013年实施的《云南省滇池保护条例》对滇池流域各个保护区的建设项目设定了严格的项目审查程序，从严控制流域新、改、扩建向入湖河道排放氮磷污染物的工业项目以及污染环境、破坏生态平衡和自然景观的项目，使滇池项目的管理审批、技术审核工作有法可依。当年，市滇池管理局严格按照《云南省滇池保护条例》审批项目195件。2015年8月，市委常委会议审议通过的《滇池分级保护范围划定方案》进一步明确规定了滇池一级、二级、三级保护区范围及控制要求。滇池分级保护范围划定具体的保护"红线"，给滇池流域开发建设项目审查工作提供了政策依据和审查界限，让企业、单位、个人都不敢触碰这根红线，谁触碰谁将付出沉重代价。《云南省滇池保护条例》实施后，市滇池保护委员会对拟在滇池汇水区域建设的污染严重的项目实行项目建设环保"一票否决"。在批准的项目中，滇池汇水面积内多为第三产业，或排污量相对较小的精深加工建设项目，或科技含量高、能有效削减污染排放量的项目。至2015年末，市滇池管理局累计共开展滇池流域建设项目审查2260个。同时，严格把好建设项目竣工验收关，提高"三同时"执行率，加强对已验收项目的监督管理，有效控制了新污染源。

# 第三节　滇池综合行政执法

## 执法机构

为全面贯彻执行有法必依、执法必严、违法必究的原则，克服多头执法、权责分离、监督乏力、各部门之间互相推诿扯皮、形不成合力的弊端，有利于严格执法，降低执法成本，提高执法效率，2002年1月省、市人大常委会审议通过《滇池保护条例》修正案，市滇池管理局作为担负统一协调和组织实施有关滇池保护治理的具体工作部门，依法确定其职责，并赋予了在滇池水体保护区和主要入湖河道集中行使水政、渔政、航政、环保、土地、规划等方面的部分行政处罚权，并设立滇池保护管理的专业执法队伍，实施滇池管理综合执法。同年2月，按照《国务院关于进一步推进相对集中行政处罚权工作的决定》精神，昆明市滇池管理局正式成立，曾作为昆明市城市管理监察总队第三大队的14名执法人员被成建制地划入滇池管理局执法监察大队。2003年9月9日，省政府第八次常务会议讨论通过了《昆明市滇池管理开展相对集中行政处罚权工作方案》，根据《中华人民共和国行政处罚法》《国务院关于进一步推进相对集中行政处罚权工作的决定》和《国务院办公厅转发中央编办关于清理整顿行政执法队伍实行综合行政执法试点工作意见的通知》，批准昆明市政府在《滇池保护条例》确定的滇池水体保护范围以及主要入湖河道开展相对集中行政处罚权工作，相对集中行政处罚权工作的职权范围为水政、渔业、航政、土地、规划、环保、林政、风景名胜区管理以及《滇池保护条例》《昆明市城市排水管理条例》等9个方面的部分行政处罚权。同意在市滇池管理局的基础上设立市滇池管理综合行政执法局及官渡、西山、晋宁、呈贡分局，要求昆明市人民政府分别明确市滇池管理综合行政执法局及其分局的职责职能和事权关系，制订实施办法并具体组织实施，为综合行政执法局的执法人员配置、执法装备等方面创造条件。2004年4月23日，根据省政府《关于昆明市滇池管理开展相对集中行政处罚权工作方案的决定》，昆明市滇池管理综合行政执法局正式成立，与市滇池管理局实行两块牌子、一套人马的管理体制。依法授权滇池管理机构在滇池水体保护区内和主要入湖河道相对集中行使水政、渔业、航政、土地、规划、环保、林政、风景名胜区管理以及《滇池保护条例》《昆明市城市排水管理条例》等9个方面的部分行政处罚权。2005年，滇池沿湖的官渡、西山、呈贡、晋宁4县（区）相继成立了滇池管理综合行政执法分局，与县（区）滇池管理实行两块牌子、一套人马的管理体制。

## 执法队伍

市滇池管理综合行政执法局设专职副局长1名，专门负责滇池管理综合行政执法工作。综合执法局下设滇池管理综合行政执法总队（副县级），内设2个大队和综合处，每个大队下设2个中队，行政执法专项编制40名。滇池沿湖的官渡、西山、呈贡、晋宁4个县（区）滇池管理综合行政执法分局设专职副局长1名，各综合行政执法分局下设1个大队、2个中队，行政编制10—16人。

## 执法效能

建立制度，规范管理市滇池综合执法局成立后，围绕市委、市政府切实加快滇池治理步伐的精神，制定并实施了《昆明市滇池管理局（综合行政执法局）行政执法责任制度》《昆明市滇池管理局（综合行政执法局）行政执法评议考核实施办法》《昆明市滇池管理局（综合行政执法局）行政执法责任追究办法》《昆明市滇池管理局（综合行政执法局）行政执法错案追究办法》，明确分解落实执法职责。每年，市滇池管理局主要领导与分管领导、分管领导与执法处室负责人员层层签订依法行政、行政执法责任制目标管理责任书，将执法责任分解落实到处室、个人，明确了从一把手到普通执法人员的执法责任，树立了执法人员的责任本位意识，确保执法人员职责双到位，坚持既严格执法，又促进经济发展原则，做到查处一个案件，杜绝一个污染源，宣传教育一批人员，交一方朋友的执法理念，积极开展执法工作；执法重心由事后执法前移到事前事中执法；确立正确执法目的，变相对人他律为自律，变查处违法为教育守法；采用行政指导、行政救助、行政奖励、行政许可等柔性的执法方式，与排污企业签订《行政合同》，重点约定对守法行为的肯定、支持和奖励，特别是对入湖河道周边乱排污水、乱搭乱建以及各种非法占用或缩小湖滨带的行为严厉惩罚。在执法过程中，主动了解相对人情况和守法意识，掌握其生产、经营状况及其与滇池保护的关系；有针对性地宣传滇池保护的法律制度、保护措施，帮助相对人分析存在问题，提出行政建议，开展法制教育，评估违法风险和成本，教育、引导相对人争做守法模范；在相对人接受宣传教育的基础上，平等协商，达成行政协议，签订合同，明确守法的相对人获得免受执法烦扰等权利，承担违法重处后果；双方按照合同内容认真全面履行，不得反悔；相对人在履行合同时，可以免受执法烦扰，但须履行书面报告自我检查情况，执法人员虽然不进入相对人生产、经营场所检查，但不等于不对相对人进行重点抽查；执法人员每月轮流包片检查，实行网格状执法，检查有记录，执法不缺位，法制督察随时抽查执法者的执法情况，检查执法人员的执法记录，发现执法不到位或者乱作为要及时纠正或问责；对相对人不遵守、不履行行政合同的，一旦发现违法就重处重罚，并长期进入现场重点监控，对相对人遵守、履行行政合同的适时抽查监管，做到守法不扰；对相对人不诚信的建立黑名单，重点监督，对相对人遵守、履行行政合同的行为列入诚信的红名单，组织新闻媒体宣传、鼓励，并在政策许可范围内给予技术、法律等方面的支持；定期公布相对人违法处理及其整改情况，实现自觉他律。由于执法程序规范，文明执法措施落实，没有查不下去的案子，没有发生错案，案件准确率达100%。

案件查处多年来，市滇池综合行政执法局切实加强违法侵占滇池水体、违法排污行为的监管，在全市范围内形成齐抓共管、协调联动、打击违法排污行为的强大合力。形成对违法排污行为零容忍、严处罚的高压态势，有效地震慑了偷排污水行为，对减轻滇池及入湖河道污染负荷，在生态环境整治活动中起到了积极的作用。2002年2月至2004年4月，市滇池管理局执法监察大队严格按照《滇池保护条例》及其他相关行政规章，在滇池水体保护区和主要入湖河道的广大区域开展执法检查工作，共立案查处各类行政案件750余件、处理12345便民热线举报30余件、群众举报100件，取缔违章采石场9个，行政处罚罚款114万元，有效地查处和制止了大量违法违章行为。2004—2018年。市滇池管理综合行政执法局执法总队成立后，在滇池水体保护区和主要入湖河道范围内开展综合行政执法，共开展日常检查近63206人次，组织开展专项整治活动255次，开展巡查入滇河道20183人次，立案查处各类违法案件9174件，拆除临河违法建筑67940平方米，组织清理打捞河道内垃圾、杂物近7200吨，清挖河道内淤泥、土石1.2万立方米。2016—2018年完成处罚金额673.15万元。

如：2004年12月23日，市滇管综合行政执法局协同官渡区人民法院，将滇池水体保护区内的一幢650平方米砖混结构别墅强制拆除。这幢别墅位于官渡区六甲乡星海村盘龙江入湖口、盘龙江和金太河入湖河道口之间。距盘龙江西岸最近距离14.10米，距金太河东岸最近距离2.65米，距滇池防浪堤最近距离16.4米。这是自《滇池保护条例》颁布以来，第一起针对侵占滇池水体保护区违法行为进行的强制执行案件。2005年6月，昆明冷云食品饮料公司将生产污水直接排向入湖河道大清河，市滇管综合行政执法局在处罚后，专门邀请了排水、环保专家两次深入现场，帮助指导该公司咨询、设计、建设污水处理设施。2006年2月9日，昆明市滇管综合执法局执法人员对昆明冬冬食品有限公司进行检查时发现，该企业在生产过程中存在厂内未设置污水处理设备，生产车间产生的油污、废水未经处理通过两个排水口流入村内沟渠直接排入入滇河道金汁河，决定对其处以3万元罚款，并责令其设置规范的污水处理设备等。处罚决定做出后，该企业对初步处理提出异议。为此，昆明市滇池管理局就此案举行了听证会。省政府法制办行政复议处负责人表示，当事人能够申请召开听证会，利用法律形式来维护自己的合法权益，是向社会宣传法律、法制观念的一个良好过程，这说明了社会法律意识的普遍增强。此次听证会程序、内容和整个听证过程都非常规范，表明了执法部门执法的公开化、透明化，充分保证了当事人的合法权益。2007年，江氏兄弟桥香园配送中心把生产的污水直接排入入滇河道运粮河。经查处后，执法人员专门请排水、环保专家3次深入现场，帮助其咨询、设计污水处理设施。该公司深受感动，投资40多万元建设污水处理设施，并投入使用。该公司负责人说，上了污水处理设备，实行了中水回用，把中水用于冲洗车间地板、厕所以及绿化用水，降低生产成本，并解除了后顾之忧，使其能把精力都投入到生产经营上。2008年1月2日，市滇管综合行政执法局执法人员在对盘龙江油管桥以上河段拉网排查污源情况时发现，盘龙江北二环段马村桥下，截污干管检查井内溢出大量粪水。经查，该段截污干管主要收集金星小区以南、张官营以北区域的污水，输送到第四污水处理厂进行处理。由于截污干管堵塞，该片区的生活污水无法正常输送到污水处理厂，致使污水从检查井外溢出来，直接进入盘龙江。针对这一情况，执法人员积极与昆明市城市排水设施管理有限责任公司协商，研究制定解决方案。1月8日，市排水设施管理有限责任公司积极行动，组织20多名施工人员和管道疏通机械，清除了检查井内的淤泥和固体垃圾5吨，疏通了过江管道，解决了污水外溢盘龙江的问题。为了建立长效机制，避免类似的问题再次发生，市城市排水设施管理有限责任公司还采取工程措施，对检查井进行改造，增设栏栅，避免垃圾、漂浮物进入管道造成阻塞。同时，增加强日常检查，增大疏挖频率，建立应急处置预案，确保盘龙江不再遭受类似污染。2009年10月30日，群众举报，东风东路延长线曙光小区周转房后面金汁河边绿化带上有人种菜，一个幼儿园厕所向河道直排污水，接报后滇管综合行政执法总队立即安排执法人员赶赴现场调查处理。举报人同时也向昆明电视台、都市时报、云南信息报等几家媒体举报了该情况，媒体也相继到达现场。经查实，举报人反映的情况基本属实。执法人员随即通知幼儿园负责人到现场对其进行了批评教育，责令其加强对自己教师队伍的管理，增强河道保护意识，杜绝类似情况再次发生。对在河边种菜的流浪老人，责令其立即自行处理所种蔬菜，拆除临时窝棚后搬离。当天下午，在官渡滇管执法人员的督促和协同下，金马街道办事处组织人员对菜地进行了全面清理取缔，11月1日拆除临时窝棚、回填残留蹲坑、清除菜地及河岸沿线修复工作都已完成，并协调民政部门对流浪老人做了妥善安置。市政府分管领导看到报道后批示："对此问题反应快、处置快，值得表扬！"2010年7月8日，市滇管综合执法局联合官渡区滇管局、小板桥街道办事处永丰村委会等单位，组织执法人员、工作人员50名、挖掘机1台、垃圾运输车辆3辆对小板桥街道办事处永丰村段进行综合执法整治活动。重点对占压河道、河堤的永丰村村民小组搭建的临时公厕及部分临时违章建筑物、私自扩建的菜地以及河道、河堤内的垃圾漂浮物进行综合执法整治拆除和打捞清运。同时，执法人员还挨家挨户对在六甲宝象河河堤上搭建临时构筑物，在河堤内种植菜地的村民进行法律法规及河道保护的重要性的宣传，并向官渡区政府下发了《关于六甲宝象河小板桥街道办事处永丰村段存在脏乱差问题的函》，要求限期对违法构筑物、菜地进行拆除搬迁，清理铲除，确保河堤安全，恢复河道景观。2011年7月26日，执法人员对某肉业食品有限公司进行检查。由于该公司屠宰污水浓度极高，污水处理设备根本不能处理，为节约成本便将污水直接排入宝象河。执法局立即责令该公司停止生产作业，进行整改，并从重从快给予10万元的最高处罚。同年8月14日，执法人员在检查中发现铁路局职工宿舍、铁路仓储公司以及南窑新村周边片区污水渗透排入明通河。虽然没有查处到企业排放污水的行为，但本着"查处一个案件，杜绝一个污染源"的原则，现场责成昆明铁路局和官渡区滇管局立即对河道两岸的污水渗透点开挖查源，找准渗漏原因，立即进行修整或导流，并对渗漏点进行封堵，严禁污水再进入河道。同年9月1日，银利塑料加工厂将清洗塑料产生的废水直排金汁河，该厂负责人陈某受到了行政拘留15天的处罚。这是滇管综合执法局成立7年来联合昆明市公安局水上治安分局开出的首张行拘证。2012年3月13日，滇管综合执法局查处了云南宏昌天马汽车销售服务有限公司、昆明四维汽车维修服务有限公司将废机油渗入新运粮河支流郑和沟一案，除分别给予两家公司6万、10万元的罚款外，还责令两家公司从河中打捞出废机油360余千克。2013年8月27日，新闻媒体报道，入滇河道明通河被污染，河道变成"米汤色"一事，引起市委、市政府和社会各界的广泛关注。针对此事，市政府分管副市长率领有关部门夜查污水来源。8月28日，市滇池综合行政执法局会同市环保局、市滇投排水公司、官渡区水务局等相关部门进行了仔细的排查，查实"米汤河"系上海机械集团有限公司在进行"恒隆广场·昆明"项目施工中，将明通河覆盖段拱顶压塌，导致打桩的泥浆水进入河道，造成污染。在执法人员的多次督促下，该单位按照要求进行了认真的整改，达到了文明施工，规范排水，减轻了对河道的污染。同时，针对该单位污染明通河的行为，市滇管综合行政执法局根据《中华人民共和国水法》和《云南省滇池保护条例》的相关规定，对上海机械集团有限公司给予人民币10万元的上限处罚，并通过新闻媒体向社会各界进行了通报。2014年6月初，市滇管综合行政执法局执法人员发现在滇池一级保护范围内"滇池草海湿地检测站"旁新建两间简易房。经调查，该建筑是昆明双浚草海水环境治理有限公司所建，面积约为500平方米，无任何审批手续，属于违规建设。在执法人员的多次跟踪、督查下，该单位于6月30日自行拆除了在滇池一级保护区内的违规建筑，有效地改善了草海湖滨带的整体生态景观。2015年5月13日，市滇管综合行政执法局联合盘龙区水务滇管局、青云街道办事处，组织施工人员100多人，出动挖机2台，车辆3辆，对东白沙河区域河道保护范围内的临违建（构）筑物和堆积物进行依法拆除、清理；对在河堤上种菜的行为进行取缔。此次行动共拆除临违建（构）筑物39间，拆除、清理临违建（构）筑物和堆积物6000多平方米，取缔清理河堤上的菜地650平方米。事后，加强对各家单位的整改情况进行跟踪督促，并责令其严格落实"河道三包"要求，对拆除场地进行绿化美化，确保河道景观干净整洁。

**荣誉**　市滇池管理综合行政执法局执法总队先后被省建设厅授予"城建监察先进单位"荣誉称号，被省总工会授予"云南省五一劳动奖状"荣誉称号，被省人民政府授予"优秀行政执法单位"光荣称号。

# 第四节　滇池渔政管理

## 封湖禁渔

2002年，原属市水利局管理的市渔政监督管理处成建制划入市滇池管理局，成立昆明市滇池渔业行政执法处，对滇池进行渔政监督管理，依法行使渔业行政执法监督管理职能。1978年，昆明市对滇池实施封湖禁渔。当年，建立昆明市滇池渔业管理委员会办公室，负责滇池渔业管理。在封湖禁渔期间，不论国家、集体和个人，一律不准使用任何渔具（包括钓钩）捕鱼。1986年，滇池封湖禁渔时间从原来的半年延长到7个月，每年的3月1日起封湖至9月29日结束。1988年，在广泛听取意见和调查研究的基础上提出了轮开、轮捕、轮封的管理办法，即把捕大鱼、拖银鱼、拖虾的开湖时间分开。1990年，市政府发布《昆明市人民政府关于滇池封湖禁渔的通告》，决定每年从3月1日起至9月27日12时止，对整个滇池水面（包括草海）实行封湖禁渔。市滇池流域水环境综合治理指挥部发布《关于严厉打击偷捕盗捕滇池鱼类违法行为的通告》《关于办理污染环境非法捕捞水产品等刑事案件若干问题的意见（试行）》，与沿湖县（区）签订了《昆明市滇池流域水环境综合治理目标责任书》，明确了各相关单位的责任。在封湖禁渔期间，市渔政管理部门严格按照水面无渔船、岸边无渔网、市场无滇池鱼的要求，在滇池重点时期、重点水域不断加大对偷捕盗捕等非法捕捞行为的打击力度。为加强滇池保护与管理，控制滇池捕捞强度，实行了捕捞许可证制度，并逐步完善了"四定"发证制度。1988年调整了捕捞许可证的收费标准，每本单机拖网证收费由500元调整为800元；小丝网证由250元调整为400元；单机拖螺证收费300元，挂网或丝网使用单机者每本加收100元的机头污染费。开湖前，深入村社办理捕捞许可证，开展开湖捕捞的相关政策的宣传。其中，最高年1989年共办理捕捞许可证3300本，最低年2000年共办理捕捞许可证990本。

## 取缔机动捕鱼船

1988年，为降低滇池渔业捕捞强度，减少水体污染，提高银鱼加工质量，减少生产事故，市政府决定取缔双机头和12匹马力以上的单机头捕捞船，将原来223支双机头和12匹马力以上的单机头捕捞船全部改为12匹马力以下的单机作业船。1992年，为加强对滇池渔业资源的管理，市人民政府责成市农委、市滇保办、市物价局、市水利局、市财政局和沿湖县（区）水电局等部门20多人分别到滇池沿湖乡（镇、街道）和滇池水产品经营单位，就滇池渔业管理的政策、规定开展调查研究，提出改革滇池渔业资源的办法和意见，并以"昆政发"文件下发执行。文件明确规定滇池各种机动渔船，除2个捕鱼专业队外，一律从1993年1月起全部取消；对滇池水产品的购销政策实行放开搞活。1994年，市人民政府以"昆政办"下发《取消滇池各种机动船捕捞》文件。市政府、沿湖县（区）成立领导小组，市级相关部门组成工作组深入乡（镇）开展宣传，统一调查、造册登记，收缴传动轴、螺旋桨、皮带盘，与渔民签订遵守渔业法规协议书。至年底，全市共办理取消机动渔船1197艘，完成率88%，其中西山区、呈贡县达100%。2007年，为强化渔政管理，开展了渔船集中停泊管理工作，制定了滇池渔船实行集中停泊管理规定。

## 取缔网箱养鱼

滇池同全国众多湖泊一样，20世纪80年代网箱养鱼成风，人们争先恐后地到湖面上抢划"自留地"，特别是70年代滇池草海"由海变田"，接着又"由田变塘"，网箱养鱼虽然缓解了当时水产品紧缺的市场状况，但高密度围网养殖对生态环境的危害很快暴露出来：围网人为阻断网内外的物质交换，加之大量投放饵料，使天然湖泊变成了一个个人工池塘，丧失原来的生态功能。1993年，市政府下发"昆政发"文件，决定到1994年12月底以前全部取消滇池外海的网箱养鱼，共取缔养鱼网箱5000多个。1997年，市政府办公厅下发《关于取缔滇池水域网箱养鱼的紧急通知》，市、县（区）渔业管理部门依据滇池综合治理规划要求，将滇池草海和外海水域的网箱养鱼取缔工作作为滇池内源污染治理的项目实施，在历时2个多月中，共出动渔政管理人员500多人次、公安干警150多人次、船190多艘次、车辆60多辆次、渔船206只次、渔民412人次，清除和拆除滇池外海水域内的虾笼2.64万个、废网箱26个，拆除网箱、虾笼支架竹竿23995棵，木桩、水泥桩134棵。2003年，在实施东风坝退塘还湖工程中，将占东风坝水域面积达28万平方米的1200多个养鱼网箱和90个罾架全部取缔拆除，涉及养殖户168户。同时，拆除看守棚124个。

## 增殖放流

为增殖渔业资源，恢复湖泊水生生物多样性，2012年，滇池内源污染生物治理（以鱼控藻）项目列入了滇池治理"十二五"规划项目。同年10月开始实施增殖放流工作。"十二五"期间，共放流鲢、鳙鱼鱼种3883.66吨，高背鲫鱼苗11468万尾，滇池金线鲃鱼苗140.87万尾。

### 2002—2015年滇池历年鱼苗鱼种人工放流一览表

表6-5-1

| 年　份 | 鲢、鳙鱼（吨） | 高背鲫鱼（万尾） | 滇池金线鲃（万尾） | 金　额（万元） |
|---|---|---|---|---|
| 2002 | / | 1004 | / | 35 |
| 2003 | 27 | / | / | 31 |
| 2004 | 20 | 250 | / | 30 |
| 2005 | 56.28 | 270 | / | 50 |
| 2006 | 65.7 | 1022 | / | 100 |
| 2007 | 50.9 | 1145.6 | / | 84.06 |
| 2008 | 58 | 1000 | / | 75 |
| 2009 | 60 | 1000 | / | 90 |
| 2010 | 107 | 508（另投放）　鲤鱼375万尾 | 10 | 170 |
| 2011 | 336.939 | 1000 | 25.33 | 400 |
| 2012 | 75.42 | 544.74 | 30.95 | 240 |
| 2013 | 495.8 | 1834 | 18 | 603.626 |
| 2014 | 1682.3 | 5712.31 | 26.2 | 1630 |
| 2015 | 1300 | 2377 | 42.5 | 1275 |
| 合计 | 4335.399 | 18042.65 | 152.98 | 4813.686 |

## 捕　捞

滇池渔政处多年来坚持开展滇池水生生物资源调查监测工作，为滇池增殖放流、开湖捕捞、封湖禁渔提供了详实可靠的依据。科学划分鱼类品种、实行轮捕轮休的开湖捕捞方式，有效促进沿湖村民增产增收。2011年，为合理利用和保护滇池渔业资源，实现渔业资源可持续发展，在学习和借鉴其他省份做法后，结合滇池的特点制定了《滇池渔业资源捕捞权市场化运作实施办法》。2012年后，对滇池鲢鱼、鳙鱼、鲤鱼、鲫鱼等鱼类进行捕捞。当年，开湖捕捞时间为9月25日至10月10日，共捕捞滇池水产品3680吨。2013年，实行大型经济鱼类开湖分类控制捕捞，在9月19日至10月5日开湖期间，共捕捞鲢鱼、鳙鱼、鲤鱼、鲫鱼、红鳍鲌等大型经济鱼类2735吨，其中鲢鳙鱼1641吨、鲤鱼547吨、鲫鱼

273吨、红鳍鲌274吨。2014年，对近3年来一直采用公开拍卖捕捞权的银鱼和虾的捕捞方式调整为由沿湖持证村民按规定的作业时间、使用人力风拖作业网具入湖捕捞，做到了开湖期分类科学捕捞，即只捕银鱼和虾，并避免了开湖前提前入湖捕捞的情况发生。2015年根据省农业厅要求，分三批次续陆续完成了"三证合一"船、证、人的影像和数字信息的采集工作，共完成1296只船的信息登记及船检、登记。

## 放生活动管理

放生是中华民族的传统美德，是人们爱护生物的一种表达方式。为防止一些单位、团体和个人将大口鲶、食人鲳、巴西红耳龟、草鱼等不利于滇池治理的外来有害物种放入滇池，市滇池管理局渔业行政执法处结合《云南省渔业条例》，制定了《昆明市滇池水生动物放生管理规定》，并于2012年正式实施。《规定》科学合理地规范了市民在滇池及其入湖河道水域内的放生行为。"十二五"期间，共指导督查放生活动965次，让市民放生的善举和滇池治理有机结合，促进滇池渔业资源的增殖和保护，促使滇池水生生态的良性循环。

## "数字渔政"信息化建设

2013年底，市政府批准并安排330万元资金用于滇池"数字渔政"信息化建设，该系统含视频监控、定位跟踪、对讲通信，基本实现了对滇池水域的全覆盖。2014年底，滇池渔政应用卫星定位系统、地理信息系统等现代信息技术实现了对滇池95%水域的实时监控，成为全国内陆湖首家实现"数字渔政"的单位。

## 渔政执法

2010年，昆明市出台了《昆明市中级人民法院、昆明市人民检察院、昆明市公安局联合印发的〈关于办理污染环境非法捕捞水产品等刑事案件若干问题的意见（试行）的通知〉》，规定4种入刑的情形和标准：非法捕捞水产品500千克以上或者价值5000元以上；非法捕捞有重要经济价值的水生动物苗种、怀卵亲体50千克以上或价值500元以上；组织、指挥非法捕捞水产品的；在一年内因非法捕捞水产品行为受过行政处罚又非法捕捞水产品的。入刑的情形和标准的确立，使非法捕捞水产品罪便于定罪，从而使《刑法》第340条具有现实的可操作性。2014年8月24日，晋宁三合村民杨某某等3人驾驶违禁机动筏子偷捕滇池渔业资源，被市滇池管理局渔业行政执法处执法人员当场查获，由于其偷捕鱼达182千克，情节严重，当即移交公安机关。此案最终于2015年的4月29日成功审理，并审定为"非法捕捞水产品罪"。这一划时代的审理，对屡禁不止的滇池违法捕捞行为起到极大的震慑作用。"十二五"期间，共组织大型联合行动91次，出动执法船艇8561艇次、车辆14585辆次、执法人员67906人次，收缴了船只、轮胎筏子等偷捕工具2486个，劝阻钓鱼行为32867次，行政处罚6266人次；出动船只7027船次、作业人员20922人次，收缴取缔各类违法网具（主要是花篮、草排、地笼和虾笼等）482805余个，收缴取缔各类违法网具261289根，有效保护了滇池的渔业资源。

# 第五节　滇池海事管理

## 污染防控

为了保护和治理滇池，控制、减少营运性燃油机动船舶对滇池的污染，1994年市政府下发"昆政办"文件，决定取消滇池各种机动船捕捞。当年底，全市共办理取消机动渔船1197艘。2006年，市滇管局结合滇池实际制订了《禁止营运性燃油机动船舶在滇池水域航行和作业的实施方案》并上报市政府。同年11月28日，市政府发出《关于禁止营运性燃油机动船舶在滇池水域航行和作业的通告》，规定自2007年1月1日零点起禁止营运性燃油机动船舶在滇池水域内航行和作业；市滇管局按照《通告》要求在规定的时间、地点进行船舶资产登记核查、评估工作。经过市、县（区）两级滇管部门的调查，在滇池水域作业和航行的船舶涉及8户航运公司的229艘，其中营运性燃油机动船143艘、工程船41艘、公务船45艘。12月10日，由评估补偿组与船舶所有者签订补偿协议并兑现了补偿。次年1月1日，经过市、县（区）及各相关部门的共同努力下，在完成对146艘营运性燃油机动船舶的调查摸底、资产评估、经济补偿及归港工作的同时，开展了环保船舶的研讨和试验工作，并邀请有关专家对滇池水域船舶动力检测结果及滇池船舶准入条件进行了认证审查，淘汰两冲程快艇25艘，其他船舶按新标准进行改造；制定《入滇池船舶管理办法》和《滇池水域船舶控污试验与标准制定实施方案》，确定了液化气和电能作为今后滇池船舶的动力源。2010年8月21日，市政府办公厅下发《关于进一步规范滇池营运船舶管理的通知》，明确今后滇池船舶准入条件，要求营运船舶污染物的排放必须达到"三个零排放"（即船舶油污水、生活污水、固体垃圾）、"两项达标"（即船舶尾气和噪音）和达到国家船检技术法规的要求。6户尚在滇池水域航行和作业的水上营运公司的客运船舶均为液化气机动船和电力推进船，其中清洁环保型营运船舶66艘、其中液化气船舶65艘、电力推进船1艘。2015年，滇池共有各类船舶211艘（不含客运码头趸船12艘）。其中，客船74艘，救生艇8艘，在编公务船51艘，工程船舶78艘。

## 规范管理

滇池海事管理工作自2003年成立以来，进一步规范滇池水域营运船舶管理，严厉打击非法营运船舶，开展滇池船舶违章违规查处。客运船舶进入滇池，必须有船舶国籍证书、船舶所有权登记证、船舶营业运输许可证、船舶检验证书和滇池船舶入湖许可证（临时），前4个证书由其他行政主管部门颁发，滇池船舶入湖许可证（临时）由市滇池地方海事处颁发；每年昆明市滇池海事管理部门都要和各个客运船舶运营公司和每一条船舶签订船舶水上交通安全及防污染目标管理责任书，按照责任书内容对其进行定期、不定期的检查，平时检查和年终检查成绩相结合得出年终考核分数，最后给予奖励或处罚。严格落实航道、助航设施巡查制度，组织开展出航巡查。每周至少要开展3次日常巡检，在各个节假日、重大活动等重点期间也都要开展巡查巡检，每周每条客运船舶至少都要进行一次安全检查；为了确保游客、游船安全，海事处、客运船舶营运公司及游船都建立和完善了整套的《水上救援应急预案》《防止船舶污染水体预案》等各类应急预案，每年定期组织企业、船舶开展应急演练，并督促企业开展安全教育培训。2014年，市滇池海事部门还专门购置了9艘救生艇，并分配至各客运船舶营运企业停靠在航线附近码头，以便在事故发生时能立即开展救援工作；每年对滇池航道、助航设施进行巡查，对老化、损坏的航标进行修理、更换，对航道进行疏浚，确保航道畅通无阻，保障滇池水路运输安全，为水运企业安全发展提供了有效的服务保障；控制客运船航行距离和时间；开展航次签证工作；负责滇池水上、水下施工许可证核发，滇池通航水域禁航区、航道（路）、交通管制区、锚地和安全作业区划定审批许可证核发，滇池通航水域岸线安全使用许可证核发，船舶在滇池水域洗舱、清舱、使用化学消油剂及排放压舱、洗舱、机舱污水等其他残余物审批等多项服务工作；认真落实滇池船舶垃圾与生活污水处置登记制度，仅2018年督促处理垃圾3676千克，生活污水158吨；同时，积极配合有关部门加大水上环保船舶从业人员培训，打造滇池环保旅游观光品牌，促进滇池水上旅游健康、持续发展。

# 第六节　城市排水管理

## 排水许可证制度

为了加强城市排水管理，保障城市排水设施安全正常运行，防治城市水环境污染，根据《中华人民共和国行政许可法》《国务院对确需保留的行政审批项目设定行政许可的决定》、国务院《城镇排水及污水处理条例》、住房和城乡建设部《城镇污水排入排水管网许可管理办法》，1996年3月26日市政府颁布《昆明市城市排水管理办法》后，全市开始推行排水许可制度。2002年2月8日《昆明市城市排水管理条例》颁布，进一步强化了实施城市排水许可制度的法律依据和规范排水许可审批工作。2004年前排水许可审批由市城市排水公司负责，2004年昆明市城市排水管理处成立后，由市滇池管理局负责排水许可证的审批及排水许可的技术审查和日常管理工作。同年7月27日，市城市排水管理处与市城市排水公司完成相关档案、资料的移交工作，正式开展城市排水许可技术审查和管理工作。8月7日，市滇池管理局下发通知，由昆明市城市排水管理处行使排水许可行政审批权。2012年3月1日，市滇池管理局下发行政执法委托书，再次明确将城市排水行政检查权、行政许可权和提请行政处罚权委托昆明市城市排水管理处行使。排水许可范围为昆明市主城区，涵盖新改扩建项目入网排水，建筑施工、餐饮、洗车、洗浴、洗涤、医疗及食品加工等行业排水。2004—2015年，共审批核发排水许可证5800份。

在排水许可工作中，始终坚持审批与监管并重，建立并完善各项管理机制，强化批后监管。采取宣传教育、定期不定期检查、随机抽查复查、专项检查等方式对排水户排水进行全流程跟踪管理，及时发现和纠正违法违规排水行为。2006—2015年，每年完成不少于200户排水户的排水水质取样和检测，及时掌握排水户排水水质动态，督促超标排水户及时整改存在问题，确保达标排水。对排水许可证在有效期内的排水户进行现场检查、回访面谈，发现违法排水行为及时督促整改。

## 城市排水设施运行维护监督管理

加强城镇污水处理厂运行监管。昆明市城镇污水处理厂分别由昆明滇池水务公司和各县（市）区负责运营。按照市政府和市滇管局的有关工作要求，监管范围从滇池流域逐步扩大到全市范围。2004年后，市滇管局加强了污水处理厂在线监测监督检查工作，依据在线监测数据发现问题并及时协调、处理、上报，提高了排水设施管理的效率。为加强对污水处理厂运营情况的监督管理，同年10月，市滇管局牵头拟定并上报市政府批准印发了《昆明市城镇污水处理厂（水质净化厂）污染物减排工作联动方案》。2014—2015年，市、县（市）区两级相关单位开展城镇污水处理厂运行情况现场检查、督查300多厂/次，督促指导各污水处理厂正常运行，确保了减排任务顺利完成。全市城市排水管网、泵站等设施运行维护分别由排水公司和各县（市）区负责运行维护，由于主城区涉及多个运行维护责任单位并存在维护管理不到位的情况，为理顺主城区公共排水设施管理体制，2014年5月28日，市十三届市政府第七十三次常务会议通过了《关于调整昆明市主城区公共排水设施管理运营模式的实施方案》，同意并明确建立"一城、一头、一网"管理机制，由市排水公司对主城区公共排水设施进行统一运行维护管理。主城以外的城镇排水设施仍由各县（市）区负责运行维护。市滇管局负责对主城区公共排水设施运行维护情况进行监管，并指导各县（市）区排水主管部门开展各自辖区排水设施运行维护的监管工作。为认真落实"一城、一头、一网"的管理机制，市滇管局牵头拟定的《昆明市主城区公共排水设施运行维护及监督管理办法（试行）》经市政府常务会审议通过，2016年4月16日由市政府印发执行。为认真贯彻落实，市城市排水管理处会同市排水公司开展公共排水项目的技术审查工作，对主城区公共排水设施运行维护情况进行监督检查。按照《昆明市城镇污水处理厂（水质净化厂）污染物减排工作联动方案》，对城市管网、泵站、污水处理厂运营情况现场检查397厂（站）/次，针对问题较突出的污水处理厂及时下发了整改通知，并积极督促整改，对减排任务完成进度滞后的污水处理厂进行现场督查。

同时，拟定了《昆明市主城区公共排水设施运行维护及监督管理办法（试行）》《昆明市庭院排水管网雨污分流技术指导意见》，开展城市排水技术审查相关工作。2014年，启动昆明市建设工程施工排水污水处理费征收工作。

# 第七节　城市排水及环境监测

## 城市排水监测

2001年12月，昆明城市排水监测站经过国家认证认可监督管理委员会组织的严格考核，获国家认证认可监督管理委员会颁发的计量认证合格证，2006年10月再次通过国家认证认可监督管理委员会组织的复审、扩项评审，成为国家城市排水监测网站之一。昆明城市排水监测站根据ISO/IEC17025标准要求，建立了整套科学完善的质量管理体系，检测人员严格考核持证上岗，检测方法严格遵守国家标准和行业标准规范，具备水质、污泥检测能力和开展其他产品分析检测的能力，能检测《污水综合排放标准（GB8978—96）》《污水排入城市下水道水质标准（CJ3082—99）》《污水排入城市下水道水质标准（CJ343—

2010）》《地表水环境质量标准（GB3838—2002）》等7大产品214个项目，不重复项目为94个。

**污水处理厂进出水质监测** 开展对昆明市八座污水处理厂进、出水进行每月定期监测，对县区十座污水厂进、出水进行定期监测，按GB18918—2002《城镇污水处理厂污染物排放标准》的基本项目和部分控制项目进行检测，为污水处理厂的监管提供技术支撑。2016—2018年均完成人工监测水质数据近3286个，污泥数据近280个，采样144人次。

**主要污水管网进行定期监测** 在昆明主城四区共设监测排水节点17个，水质按《污水排入城市下水道水质标准（CJ3082—1999）》的项目进行检测，2010年后按CJ343—2010《污水排入城市下水道水质标准》检测。为排水管网在污水收集、削减入滇负荷提供科学、真实的基础数据。

**入滇主要河道水质监测** 每月对28条入湖河道、2个出水口的水质按《地表水环境质量标准（GB3838—2002）》的基本项目进行常规监测，建立和完善了主要出、入湖河道人工监测与自动化监测相结合的监测网络体系，为滇池保护和治理工作提供科学基础数据。2015年，根据市政府办公厅下发的《关于开展滇池入湖河道及支流沟渠断面水质、流量加密监测工作的通知》及市委督促检查组下发的《滇池草海主要入湖河道及支流（沟渠）建立精准治污识别建档立卡签约责任机制督查工作方案》，每月由市排水监测站对84条支流沟渠的86个监测断面进行一次检测，由市滇管局河道办，昆明城市排水监测站，市水文局及县（区）环保局、水务局一同对支流沟渠的52个监测断面进行实地勘察取样。2012—2018年，对13条河道支流沟渠（断面）进行监测，对入滇池草海的23条支流沟渠断面，每10天进行一次监测进行监测，年完成监测数据近3696个，采样96人次。对入滇主要河道大清河、新运粮河、老运粮河、船房河、老宝象河5个水质水量在线监测站的仪器设备（总氮、总磷、COD、流量在线分析仪）进行日常运行的维护和管理，保证系统的正常稳定运行和数据的准确可靠性。

**执法行动水质监测** 配合市滇池综合执法局及各县（区）滇池执法局的执法活动，对涉及餐饮、洗车、宾馆、医院、制药、食品加工、机械加工、化工、冶金等不同行业的执法样品进行检测，参与河道现场调查排污情况工作，为政府相关部门提供河道监测基础数据及科学技术依据。

**城市排水监督监测** 根据《昆明市城市排水管理条例》规定，加强城市排水管理，保障城市排水设施安全正常运行，排水户排放的污水符合《污水排入城市下水道水质标准（CJ3082—1999）》及《污水综合排放标准（GB8978—1996）》等有关标准和规定，按《地表水和污水监测技术规范管理条例》规定做好排水户的水质检测工作，配合好城市排水许可证的发放。

**城市利用水监督监测** 依据《昆明市城市再生水利用专项资金补助实施细则（HJ/T91—2002）》及相关会议要求，昆明市城市排水监测站受市计划供水节约用水办公室的委托，采取每月一次定期抽查方式对再生水进行检测，把检测结果作为是否给予该单位再生水利用资金补助的重要依据。同时，为加强对中水水质的年终抽查监督工作，根据市节水办提供的相关资料，按《城市污水再生利用景观环境用水水质（GB/T187921—2002）》及《城市污水再利用城市杂用水水质（GB/T187920—2002）》的标准对抽查的中水进行水质全分析检测工作，为节水行政主管部门提供监测基础数据。

## 环境监测

昆明市辖区内环境质量、企业排污、大气环境质量预测预报及环境污染事故应急监测等由市环境监测中心负责。该中心属全国二级监测站，是国家环境监测骨干网络成员之一，负责为国家、省、市政府提供环境质量、污染源排污状况等监测数据资料，为政府环境管理与污染治理决策提供技术支持和技术服务。2002年被国家环境保护总局正式确定为滇池流域国家环境监测网组长单位。在全市环境监测中，严格按照说清环境质量状况及变化趋势、说清污染源排放状况、说清潜在的环境风险的要求，以公正、科学、准确、规范为质量方针，全面开展全市空气质量、地表水、降雨、饮用水水源地、噪声、湖库、坝塘等环境要素的常规监测以及污染源监督性监测和应急预警监测工作。监测中心每月完成《昆明市环境质量月报》《滇池水质月报》《饮用水水质月报》《阳宗海水质月报》《国家重点流域水质月报》《九湖月报》《滇池出入湖河流水质月报》《污染源监测简报》《昆明市"城考"环境质量监测工作简报》《盘龙江水质月报》等各类水质月报，每季度完成《昆明市国控、省控重点污染源监督监测简报》等季报，每年完成《昆明市国控、省控重点污染源监督监测年报》《昆明市污水处理厂年报》等年报，提供各类环境监测综合数据近30万个、各类环境质量分析报告200余份，为政府决策和环境管理提供技术支撑，也为公众了解环境状况提供重要的环境监测信息。全市环境质量的例行监测和污染源监督性监测主要开展饮用水源水质、水环境质量、河流水质、滇池汇水区、全市污水处理厂进出口水质、功能区噪声及厂界噪声、降尘、酸雨等常规项目例行监测和国控、省控企业废气污染源监督性监测工作，每年平均获取例行手工监测数据约5.5万个，污染源监督性数据约2万个。

以发展自动化监测为契机，充分运用各种环境监测技术手段和新技术，切实提高环境监测的效率与质量。每年获取水质自动监测数据3.7万余组、各污染物监测数据75万余个，数据稳定传输到市环保局监控平台；每年按时向国家环境监测总站上报水质周报不少于48期。加强对全市11个空气自动监测站的运行维护，2011年以来所有自动站监测系统正常运行，国控点数据有效率为99%以上，每年获取空气自动监测数据约17万余组，各污染物及气象参数监测数据近70万个。强化应急监测能力建设，根据《国家突发环境事件应急预案》及省、市相关文件，修订和完善了《昆明突发环境事件应急预案》，保证了应急预案的科学性、实用性、有效性，实现了应急预案修订常态化。全市各县（市）区、3个开发区、重点排污企业也制定了相应的突发环境事件应急预案，建成了全面覆盖、动态管理、高效实用的应急预案体系，确保了在突发环境事件发生时响应及时、行动到位、结果准确、建议实用。2011—2016年，妥善处置环境突发事件40余件。市环境监测中心在完成全市环境监测的同时，积极参与国家重大水专项等相关科研项目，努力提高科研水平、科学监测能力，培养环境监测业务人才。1991年，市环境监测中心首批获得国家级优质实验室称号；1986—1990年的环境质量报告书被评为国家优秀质量报告书；1996—2000年度的环境质量报告书获中华人民共和国环境保护部颁发的三等奖；2001—2005年度、2006—2010年度环境质量报告书均获中华人民共和国环境保护颁发的一等奖。2015年，中心1名职工获中共中央、国务院授予的"全国先进工作者"荣誉称号。

# 第八节　滇池水资源管理

## 用水管理

1964年底，昆明市人民委员会批准下达水费征收规定。1973年，全市仅昆明电线厂、昆明冶炼厂、昆明铁合金厂、昆明耐火材料厂、云南冶炼厂、云南印染厂6个单位缴纳了水费。1974年成立滇池水利管理所后，滇池水利管理所开始承担水费收缴任务。水费收缴采取由滇池水利管理所与企业单位协商核定水量，年初签订用水合同，年底或第二年初进行水费收缴。当年全市应交水费单位16个（包括海口河下游用水单位）。1975年后，全市水费收缴工作逐步走向正常。1997年，为加强滇池水资源管理和保护，促进水资源的节约与合理开发利用，市政府下发了《关于贯彻执行〈云南省水资源费征收管理暂行办法〉的实施意见》，规定凡在全市行政区域内直接从江河、湖泊和地下取水的单位和个人，都应该缴纳水资源费。水资源费按取水设施的实际取水量计收。严格执行取水许可制度，将取水许可审批作为控制用水总量过快增长、落实水资源开发利用总量控制红线的重要抓手，凡是利用取水工程或者设施直接从滇池取用水资源的行为，必须办理取水许可审批。取水许可实行区域限制审批制度，对取用水总量已接近或达到控制指标的区域，限制或暂停审批取水许可，新增项目取水只能通过区域再生水、雨水等非常规水资源利用或水权交易解决。强化取水许可审批验收，实行取水计量、退水处理、中水回用、水资源保护等设施现场核验。实行取水许可年度用水计划申报制度，未经取水许可单位批准，取水户不得改变取、退水方式，不得超计划取、退水。滇池取水许可证到期需要延续的，实行评估续批制，从严核定取水许可量。建立证账相符、信息统一、便于监管的取水许可管理信息库。同时，增加调蓄能力，实现水资源的优化配置和调度，确保城市生活用水和工农业用水。2002年前，滇池取水许可证由市水利局负责，2002年后，滇池取水许可证由取水单位向市水务局申请，由市水务局委托市滇池管理局（昆明市滇池管理综合行政执法局）进行初审，市水务局审核后核发，水费由市滇池管理局（昆明市滇池管理综合行政执法局）负责征收，具体由市滇池管理局的市滇池水利管理处负责，按收支两条线的规定执行。2005年，市滇池水利管理处共监管取水单位43户（历史最高年份）。此后，由于产业结构调整，部分企业关停，到2015年，共监管取水单位33户，向企业供水3357.7万立方米，其中地表水3071.2万立方米、地下水286.5万立方米。

滇池沿岸历史上农业用水不收水资源费。2010年，市滇池管理局、市水务局联合发文，对滇池沿岸的78个农业用水单位实行计量管理，由滇管和水政执法部门联合对滇池沿岸私设乱建的小型泵站进行规范。对在滇池取水的所有用水户实现计量管理全覆盖的基础上，建立计量管理制度，并依制度加强取水计量设施的新装和监管。同时，组织完成滇池沿湖及海口河沿岸的农灌站点调查统计，完成190台取水计量仪的安装工作。2014年5月21日，为全面贯彻落实《中共中央国务院关于加快水利改革发展的决定》《国务院关于实施最严格水资源管理制度的意见》和《云南省人民政府关于实施最严格水资源管理制度的意见》的要求，结合昆明实际，市政府下发《昆明市关于落实最严格水资源管理制度的实施方案》，滇池水资源管理工作逐步实现了从管理到服务的转变，从费用的征收到上缴始终以《中华人民共和国水法》《取水许可和水资源费征收管理条例》《云南省取水许可和水资源费征收管理条例》等法律法规为依据，在确保滇池外海、草海安全度汛的前提下，科学合理调控滇池水位，确保草海水位始终控制在1886.70米以下，滇池外海水位保持在1887.21米。

## 水费征收及水价调整

1975年，滇池水费收费标准为消耗水0.01元/立方米，循环水0.002元/立方米，生活水0.0024元/立方米。1987年，根据1980年省政府《关于转发省水利水电厅、省物价局〈云南省水利工程供水水费征收办法〉的通知》精神，市政府调整了滇池、螳螂川、阳宗海、水库、坝塘、龙潭水水资源收费标准。其中，消耗用水中水力发电用水每立方米收费1厘、火力发电用水每立方米收费2分、其他工业生产用水每立方米收费2分；循环用水中水力发电用水每立方米收费0.4厘、火力发电用水每立方米收费4厘、其他工业生产用水每立方米收费4厘。凡使用滇池及螳螂川水的，水费由市滇池水利管理所征收。1992年，市政府调整全市水资源费。其中，松华坝城市供水每立方米由2分调为7分，滇池、螳螂川、阳宗海工业供水每立方米消耗水由2分调为6分，循环水（指用水后返还原来水体，且水质符合排放标准的水）由4厘调为1分，城市供水每立方米由5厘调为3分，农业供水每亩每年1.5元，鱼塘供水由1—1.5分调为2—4分、网箱每平方米水面1角/年。在海口以下螳螂川取水的，按滇池消耗水计收水费，水力发电用水水费按水电站集电电价的8%计收。凡使用滇池及螳螂川水的，水费由市滇池水利管理所征收。2005年，按"云政办"发《关于深化水价改革促进节约用水保护水资源的实施意见》精神对全市水资源费进行调整。其中，工业供水每立方米消耗水由0.03—0.05元调整为0.2—0.3元（其中限制内企业在统一标准上增加0.05元，禁止内企业增加0.01元），城市供水由每立方米0.015—0.03元调整为0.15—0.2元。2009年4月，按"云政办"发《关于深化水价改革促进节约用水保护水资源的实施意见》的规定对滇池水利工程水费和水资源费的征收标准进行了调整，综合水价定为0.4元/立方米（水资源费0.23元/立方米、水利工程水费0.17元/立方米），从5月起执行。2012年，对滇池取水价格再次进行调整。其中，工业取水0.20元/立方米—0.30元/立方米（其中，限制内企业在统一标准上增加0.05元，禁止内企业增加0.01元）；生活取水0.15元/立方米—0.25元/立方米；其他取水0.20元/立方米—0.40元/立方米。

# 第六章　资金筹措与管理

滇池保护与治理是一个长期、复杂的系统工程，资金需求量大。为全面实现滇池水污染防治各项目标，破解滇池污染治理资金不足的难题。市委、市政府在积极争取国家和省资金支持的同时，建立财政长效投入机制，争取国际金融机构支持，加强与国内金融机构的合作，探索市场化融资机制等多种方式筹集滇池治理资金。同时，成立昆明滇池投资有限责任公司等一批融资平台，发行滇池治理企业债券，引导社会投资参与滇池治理，保障滇池治理工作有效推进。

## 第一节　滇池水污染防治资金投入

"九五"至"十二五"期间，滇池治理规划实施290个项目，规划总投资712.46亿元，扣除续建、取消、暂缓的项目，实际实施规划项目240项，实际完成投资500.59亿元；规划外实施7个项目，完成投资8.59亿元。累计实际实施滇池治理工程247项，实际总投资509.18亿元。其中，1996—2000年"九五"期间，滇池治理累计完成投资25.3亿元（中央资金4.88亿元，省级资金4.6亿元，市级及其他资金15.82亿元）；2001—2005年"十五"期间，滇池治理累计完成投资22.32亿元（中央资金5.82亿元，省级资金2.05亿元，市级及其他资金14.45亿元）。2006—2010年"十一五"期间，滇池治理累计完成投资171.77亿元（中央资金23.36亿元，省级资金54.67亿元，其中牛栏江—滇池补水工程35.35亿元，市级及其他资金93.74亿元）；2011—2015年"十二五"期间，滇池治理累计完成投资289.79亿元（中央资金68.48亿元，其中牛栏江—滇池补水工程33亿元；省级资金52.14亿元，其中牛栏江—滇池补水工程18.7亿元；市级及其他资金169.17亿元）。

## 第二节　建立滇池治理基金

### 滇池保护基金委员会

1990年4月18日，市政府召开滇池保护委员会第一次全体委员会议，研究滇池治理资金筹集办法等有关事宜。根据《滇池综合整治大纲》中关于广开渠道，筹集整治资金和设立滇池保护基金会的要求，1992年2月24日，市政府办公厅以"昆政办"文件下发《关于成立滇池保护基金委员会筹备组的通知》，决定成立滇池保护基金委员会筹备组，开展滇池保护基金委员会及其办公室的筹备工作。

### 滇池保护基金委员会筹备组成员一览表

表6-6-1

| 职 务 | 姓 名 | 工作单位及职务 |
|---|---|---|
| 组 长 | 李国春 | 昆明市滇保委办公室副主任 |
| 副组长 | 李德昭 | 昆明市建委主任 |
| | 杨 宏 | 昆明市财政局局长 |
| | 何有德 | 昆明市计委主任 |
| 成 员 | 张光兴 | 昆明市政府办公厅法制办主任 |
| | 王道豪 | 昆明市经委主任 |
| | 束荣堂 | 昆明市农委主任 |
| | 曾光宇 | 昆明市水利局局长 |
| | 吴剑秋 | 昆明市物价局局长 |
| | 卓家麟 | 昆明市政公用局副局长 |
| | 李厚坤 | 昆明市交通局副局长 |
| | 阳 瑞 | 昆明市工商局副局长 |
| | 郭绍雄 | 昆明市渔政处处长 |
| | 吴庆尧 | 昆明市规划管理处处长 |

筹备小组在市政府领导下，经过一年零四个月的工作，完成了滇池保护基金委员会成立的筹备工作。同年12月18日，市政府第三十七次常务会议对《滇池治理基金筹集办法》《治理滇池集资公告》进行了研究，并原则通过了滇池治理基金委员会组成人员名单。1993年2月23日，市政府发布《昆明市人民政府治理滇池集资公告》，号召全市人民和社会各界，为治理和保护滇池筹集资金，提供赞助。同时，决定设立滇池治理基金委员会，制定《滇池治理基金筹集办法》。6月16日，市政府以"昆政发"文件向省政府上报了《关于筹集滇池基金有关问题的请示》。6月18日，省政府下发《云南省人民政府批转昆明市人民政府关于筹集滇池基金有关问题的请示的通知》。当年，市政府以"昆政发"文件下发了《关于成立滇池治理基金委员会及其办公室的通知》，标志滇池治理基金委员会正式成立。滇池治理基金委员会在市滇保办设办公室，受滇池治理基金委员会和滇池保护委员会双重领导。办公室主任由市滇保办主任张凤保担任，副主任由市计委副主任杨翼雄、市财政局副局长许建国担任，工作人员由市滇保办、市财政局、市建委等单位抽调人员组成。

### 1993 年滇池治理基金委员会组成人员一览表

表6-6-2

| 职 务 | 姓 名 | 工作单位及职务 |
|---|---|---|
| 顾 问 | 尹 俊 | 中共云南省委原副书记、云南省人大常委会原主任 |
| | 刘树生 | 云南省政协主席 |

续表

| 职　务 | 姓　名 | 工作单位及职务 |
|---|---|---|
| 顾　问 | 刘明辉 | 云南省人大常委会原主任、云南省人民政府原省长 |
| | 高治国 | 中共云南省委原副书记 |
| | 颜义泉 | 云南省人大常委会原副主任 |
| | 马文东 | 云南省人大常委会原副主任 |
| | 何　波 | 昆明市人大常委会原主任 |
| | 王希三 | 昆明市人大常委会原主任 |
| | 李岱昌 | 昆明市政协原主席 |
| | 许兴汉 | 昆明市人大常委会原副主任 |
| 名誉主任 | 和志强 | 云南省人民政府省长 |
| | 牛绍尧 | 云南省人民政府副省长 |
| 主　任 | 王廷琛 | 昆明市人民政府市长 |
| 副主任 | 李季兴 | 云南省水利厅厅长 |
| | 王任才 | 昆明市政协原主席 |
| | 字国瑞 | 昆明市人民政府副市长 |
| | 张朝辉 | 昆明市人民政府副市长 |
| | 付国英 | 昆明市人民政府副市长 |
| | 张凤保 | 昆明市滇保办主任 |
| | 何有德 | 昆明市计委主任 |
| | 杨　宏 | 昆明市财政局局长 |
| 委　员 | 汪孝平 | 云南省政府办公厅副处长 |
| | 王光中 | 云南省计委投资处处长 |
| | 樊进德 | 云南省环保委副处长 |
| | 魏晓雄 | 云南省财政厅处长 |
| | 陈松群 | 昆明市建委副秘书长 |
| | 王道豪 | 昆明市经委副主任 |
| | 李德昭 | 昆明市建委副主任 |
| | 束荣堂 | 昆明市农委副主任 |
| | 熊　岳 | 昆明市环保局副局长 |
| | 李国春 | 昆明市滇保办副主任 |
| | 曾光宇 | 昆明市水利局副局长 |
| | 谢自国 | 昆明市政公用局副局长 |
| | 焦振梅 | 昆明市海外联谊会 |
| | 吴剑秋 | 昆明市物价局局长 |
| | 李厚坤 | 昆明市交通局副局长 |

续表

| 职　务 | 姓　名 | 工作单位及职务 |
|---|---|---|
| 委　员 | 雷滇生 | 昆明市人民银行行长 |
| | 姚福恒 | 昆明市建设银行行长 |

## 云南滇池保护治理基金会

2008年2月1日，经省政府授权，市政府成立以副市长任组长的滇池保护治理基金会筹备工作领导小组，下设办公室在市滇池管理局。同年3月14日，分管副市长召集会议，专题研究滇池保护治理基金会筹备有关事项。此后，根据《基金会管理条例》，按照申请设立基金会的要求和程序，完成了《滇池保护治理基金会章程（草案）》《昆明市滇池保护治理基金会资金募集和使用管理办法》草拟工作，设立了接收捐赠款专户。明确滇池保护治理基金会的宗旨是致力于滇池的保护与治理，为改善滇池水质，防治滇池污染，加快滇池综合整治步伐，促进昆明市经济、社会的可持续发展；业务范围为在全省范围内募集滇池保护与治理资金，开展滇池保护与治理公益活动，加强对募集资金的使用和管理，资助项目的论证和实施。经基金会业务主管部门省民政厅批准并报省委组织部备案后，确定滇池保护治理基金会的法定代表人为李江，原始基金数额为400万元。同年3月14日，江苏洋河集团向滇池保护治理基金捐赠100万元人民币，市委主要领导、江苏省宿迁市委领导、洋河集团董事长等出席捐赠仪式；10月15日，红云集团向滇池保护治理基金捐赠1000万元。2009年3月4日，热心市民、云天化退休职工喻纯汉向滇池保护治理基金捐赠1000元；同年9月14日，江苏常熟虞山尚湖旅游度假区管委会向滇池保护治理基金捐赠100万元。

2010年4月1日，成立了云南滇池保护治理基金会，起草完成了《滇池保护治理基金会章程（草案）》《昆明市滇池保护治理基金会资金募集和使用管理办法》等制度；在建行昆明金碧路支行设立一个临时封闭账户（只进不出），接收捐赠款项；在基金会中心网上开设专门网页，用以对外公布基金会的相关信息和工作动态。云南滇池保护治理基金会属于地方性公募基金会。2011年8月29日，云南滇池保护治理基金会一届第一次理事会在怡景园度假酒店召开。会议审议通过了《云南滇池保护治理基金会章程》《云南滇池保护治理基金管理办法》。2013年1月，云南滇池保护治理基金会向社会公布了《云南滇池保护治理基金会倡议书》，倡议有心致力于滇池保护治理的有识之士关爱滇池，慷慨捐资，用实际行动为推动滇池治理进程献一份力。

# 第三节　利用外资

## 世界银行贷款

根据省政府1993年4月14—15日滇池污染治理海埂现场办公会议确定到2010年规划完成26项治理工程、完成滇池流域根本治理的总目标，省、市政府全面拉开了滇池治理的序幕。为了筹集滇池治理资金，省、市政府决定利用世界银行贷款治理滇池，分别于1989年、1990年、1992年和1993年向国务院、国家计委、国家财政部和国家环保局上报了利用世界银行贷款云南环保项目。1994年7月1日，国家计委正式批准将滇池污染治理项目为主的云南环保项目纳入中国的世行贷款项目中，并将云南环保项目、昆明滇池水源保护、污染治理列入利用世界银行国家1994—1996财年备选项目规划。市滇保委办公室、省环境科研所根据相关要求，重新编制了以治理滇池为主体的《云南环保项目建议书》。此项目共16个子项，总投资26.8亿元。其中：申请世行贷款1.5亿美元（13.1亿元人民币）占总投资的48.8%。在总投资中，滇池污染治理项目投资23.7亿元，占总投资的90%。为此，市政府批准成立昆明市滇池污染治理世界银行贷款项目领导小组和项目办公室，编制15人。同年9月12日，市滇池保护委员会办公室向市政府上报《关于成立昆明市滇保办世界银行贷款项目办公室的报告》，决定成立昆明市滇保办世行贷款项目办公室，下设计财、项目和综合3个处（科），主要负责全市滇池污染治理世行贷款项目的组织、协调、管理和督促工作，代表市政府对本项目的管理负有最高职责。1995年2月，市滇池保护委员会办公室以昆滇办文件下发《关于成立昆明市滇池保护委员会办公室世界银行贷款项目领导小组的通知》，决定成立昆明市滇池保护委员会办公室世界银行贷款项目领导小组及办公室。至2004年底，昆明市滇池污染治理世行贷款项目累计到位资金14.51亿元，其中国内配套资金8.68亿元人民币（省财政拨款2.4亿元，市财政拨款1.82亿元，省国债补助0.92亿元，市国债补助0.61亿元，省国债转贷0.04亿元，市国债转贷1.25亿元，政策性收费0.17亿元，国内贷款0.46亿元，其他资金1亿元），使用世行硬贷款4.52亿元、软贷款1.31亿元。

## 日元贷款

2003年，为推进《滇池流域水污染防治"十五"规划（2006—2010年）》项目的实施，决定利用日元贷款治理滇池。滇池北岸水环境综合治理工程是《滇池流域水污染防治规划"十五"计划（2006—2010年）》的重要内容，是昆明主城污染控制的根本措施，也是国家批准的利用日元贷款的滇池治理重点项目。为加强滇池北岸水环境综合治理工程建设管理工作，2004年4月29日市政府同意成立昆明市滇池北岸水环境综合治理工程建设管理局。同年，市机构编制委员会以昆编文件下发《关于成立昆明市滇池北岸水环境综合治理工程建设管理局的通知》，明确：昆明市滇池北岸水环境综合治理工程建设管理局是利用日本国际协力银行日元贷款进行滇池北岸水环境综合治理工程建设需要而成立的具有特殊性质的机构，负责滇池北岸水环境综合治理工程建设管理工作，具有对项目建设、管理的法人资格，工程建设结束后撤销。该局下设办公室、工程技术处（总工程师办公室）、征地拆迁处、工程管理处、物资管理处、财务计划处、监察审计室、合同预算处8个职能处室，设局长1名、常务副局长1名、副局长3名、技术总顾问1名、总工程师1名、总经济师1名、总会计师1名，中层领导干部12名。人员组成以滇池投资有限责任公司为主，少量从市环保、建设、规划、国土部门抽调；从滇池投资有限责任公司和其他单位抽调的人员（含领导干部）身份不变，工程结束后所有借调人员回原单位工作；局长由一位副市长兼任，常务副局长由滇池管理局局长担任，主持日常工作并担任该局的法人代表；从市规划、国土、滇池投资有限责任公司选派领导干部担任该局的副局长，分管相应的业务工作。按有关程序招聘5名专业技术人员，实行合同聘任制。同时，从有关部门抽调5人。其主要职责是根据国家有关基本建设和城市重大基础设施建设的法律法规，负责工程建设和管理工作；按照规定的工程建设项目审批程序，负责工程建设项目的报批工作，根据国家批准的工程建设规模、投资预算，组织工程建设、竣工验收、移交使用工作；根据国家对征地拆迁的政策规定，负责工程征地拆迁工作；根据有关法律法规的规定，负责对建设资金的管理和内部财务审计监督，确保建设资金的安全，厉行节约，合理利用建设资金；根据国家招投标法律法规，负责建设项目的工程设计、工程施工、工程监理、设备和物资采购等招投标工作，建立招投标监督制约机制，确保招投标合法、公正、透明，并按照公开、公正、公平择优的原则审定中标单位；按照《中华人民共和国合同法》，负责签订建设项目和施工中各种经济合同；负责制定工程质量领导责任制、项目法人责任制和建立工程质量终身负责制，并监督实施，确保工程质量和建设工期；负责制定安全生产领导责任制，并监督实施，监督检查施工单位安全生产措施和操作规程的落实，确保安全施工，杜绝各类重大事故发生；建立重大技术方案先咨询，后决策，再实施的制度，充分发挥技术专家、工程技术人员作用，确保工程建设顺利进行；完成市委、市政府交办的其他工作。滇池北岸水环境综合治理工程概算总投资39.8亿元，其中，利用日元贷款231亿日元（约合人民币16.9亿元），主要用于改造和建设城市排水管网，改扩建、新建污水厂，完善昆明主城排水和处理系统。

**2004—2016年昆明市滇池北岸水环境综合治理工程建设管理局历任领导一览表**

表6-6-3

| 姓　名 | 性　别 | 职　务 | 任　期 |
|---|---|---|---|
| 胡　星 | 男 | 兼任局长 | 2004.06—2005.03 |
| 梁晓谷 | 男 | 兼任局长 | 2005.03—2007.06 |
| 王道兴 | 男 | 兼任局长 | 2007.06— |
| 许苏昆 | 男 | 兼任常务副局长 | 2004.06—2007.12 |
| 柳　伟 | 男 | 兼任常务副局长 | 2007.12—2009.04 |
| | | 兼任副局长 | 2009.04—2010.01 |
| 李　斌 | 男 | 兼任常务副局长 | 2009.04— |
| 金祖鑫 | 男 | 兼任副局长 | 2005.03—2007.12 |
| 周峰越 | 男 | 兼任副局长 | 2005.03—2007.12 |
| 苏　晖 | 男 | 兼任副局长 | 2005.03—2009.7 |
| 焦延田 | 男 | 兼任副局长 | 2007.12—2009.12 |
| 吴泽宇 | 男 | 兼任副局长 | 2007.12—2008.12 |
| 徐增雄 | 男 | 兼任副局长 | 2008.12—2016.06 |

# 第四节　建立滇池投资融资平台

1993年5月5日，市政府召开了第五十五次常务会议，研究决定成立昆明市城市排水公司。同年9月2日，隶属于市重点工程建设指挥部的市第二、第三污水处理厂筹建处正式成立，人员编制分别为25人和10人。筹建处下设办公室、监理室、技术设备室、计划室。1994年5日11日，市机构编制委员会以昆机编办文件下发《关于将第二、三污水处理厂筹建处合并成立昆明市污水处理厂筹建处的批复》，批复在第二污水处理厂筹建处编制25人和第三污水处理厂筹建处编制10人的基础上再增加编制5人，自此昆明市污水处理厂筹建处正式成立，人员编制40人。筹建处与市排水公司筹备处合署办公，实行二块牌子一班人马的运作机制。在完成第二、三污水处理厂筹建工作的同时，积极筹备排水公司成立的各项前期工作和争取世界银行贷款昆明排水项目的各项基础性工作。同年9月27日，市机构编制委员会以"昆机编"文件下发《关于成立昆明市城市排水公司实施意见的批复》，昆明市城市排水公司正式成立，为具有独立法人资格的中型企业，公司下属昆明市污水处理厂筹建处、昆明市排水设施维修管理处、昆明市第一污水处理厂、昆明市第二污水处理厂、昆明市第三污水处理厂、昆明市第四污水处理厂。其主要职责是贯彻执行国家有关城市排水的法律、法规、法令，抓好城市排水产业政策的落实；根据城市总体规划、功能，所在地域的水环境容量和水质要求，制订城市排水事业中长期计划和年度计划，并组织实施，以逐步做到适应城市经济发展和人民生活的需要；制订排水设施管理办法，强化城市排水设施及运营管理，采取有效措施，提高城市排水管网普及率和城市污水处理率；使用好专项资金，积极引进外资，加快污水处理厂及排水设施建设；建立健全水质监测网络，掌握管理进出口的水质与流量，推行排水公司许可、增容许可制度；贯彻实施排水设施有偿使用制度，实行排水收费；大力发展城市排水科学技术，不断提高城市排水技术水平，加强人才培养和队伍建设工作，提高科学管理水平，使城市排水逐步走向科学化、现代化发展道路。2002年7月26日，根据《中共昆明市委、昆明市人民政府关于印发〈昆明市级机关机构改革的意见〉的通知》精神，市政府办公厅以"昆政办"文件下发《昆明市滇池保护委员会办公室（昆明市滇池管理局）职能配置、内设机构和人员编规定》，明确昆明市城市排水公司及其下属单位成建制划入昆明市滇池保护委员会办公室（昆明市滇池管理局）。2004年3月25日，为构建滇池污染治理的投融资主体，推进城市基础设施建设投融资体制改革，加快滇池污染治理步伐，促进昆明水污染治理市场化，市政府以昆政通文件下发《昆明市人民政府关于组建昆明滇池投资有限责任公司的通知》，批准在原昆明市城市排水公司基础上组建成立昆明滇池投资有限责任公司（下简称滇投公司，属国有独资公司），作为滇池污染治理的投融资主体。同年9月22日，滇投公司召开第一届董事会第一次会议。会议审议通过了《昆明滇池投资有限责任公司章程》《昆明滇池投资有限责任公司董事会议事规则》和公司运作初期董事会成员暂时分工和有关人员工作安排。9月30日，市政府同意成立昆明滇池投资有限责任公司。10月15日，昆明滇池投资有限责任公司举行挂牌仪式。原属昆明市滇池管理局的昆明市城市排水公司（800余人）成建制地划入昆明滇池投资有限责任公司。2004年10月，为确保滇池保护与治理工程项目的顺利实施，市委、市政府在原昆明市城市排水公司的基础上组建了昆明市滇池投资有限公司，作为市级滇池治理项目投融资主体、市场化运作主体、项目建设和资产运营、管理主体，搭建了滇池治理投融资平台。为拓宽融资渠道，吸引社会资本参与滇池污染治理，市政府国有资产监督管理委员会和市滇池投资有限公司积极向国家争取发行滇池治理企业债券。其中，2009年5月18日发行8亿元滇池治理企业债券，2013年2月6日发行滇池治理12亿元二期企业债券，2014年5月29日发行第三期滇池治理18亿元企业债券。截至2018年，昆明市滇池投资有限公司已为滇池治理项目融资到位资金超过500亿元，已发展成为一家拥有50亿元注册资本金，总资产超过600亿元的大型国有集团化企业。至2018年底，公司旗下现有8家全资子公司、3家控股公司、5家参股公司，各公司围绕所承担的滇池治理工作任务和业务范围，形成了投、融、建、管一体化统筹，系统内协作分工机制，构建了环保水务、市政排水、项目建设、土地开发、资产管理等产业版块。昆明滇池投资有限责任公司是代表市政府投资开展资本运作、资产经营的经济实体，主要经营市政府授权的城市污水处理产业，并受托作为出资人代表，承担由市政府确定的滇池治理项目的投资、建设和经营管理，同时开展基础性产业、高科技产业及其他产业的投资、经营和专业化资产管理。

### 1993—2015 年昆明市滇池投资有限公司历任领导一览表

表6-6-4

| 姓　名 | 性　别 | 任　期 | 职　务 |
|---|---|---|---|
| 马培舜 | 男 | 1993.11—1994.01 | 昆明市排水公司筹备处负责人 |
|  |  | 1994.01—1995.09 | 第二、第三污水处理厂筹建处处长 |
|  |  | 1995.09—1996.09 | 党委副书记，主持党委工作 |
|  |  | 1996.12—2004.10 | 党委书记、总经理 |
| 李　斌 | 男 | 1994.01— | 副处长、总工程师 |
|  |  | 1995.09—2004.09 | 党委委员 |
|  |  | 2005.03—2010.03 | 常务副总经理 |
|  |  | 2012.07— | 常务副总经理 |
| 许维纪 | 男 | 1994.01— | 副处长 |
| 梁子贵 | 男 | 1994.01— | 副处长 |
| 杨桂珍 | 女 | 1995.09— | 党委副书记 |
|  |  | 2002.03—2006.09 | 工会主席 |
| 张俊华 | 男 | 1995.09— | 党委委员 |
| 钱绍江 | 男 | 1996.12— | 副总经理 |
| 陈跃刚 | 男 | 2001— | 副总经理 |
|  |  | 2006.09— | 副书记、纪委书记、工会主席 |
| 马宁辉 | 男 | 2001— | 总会计师 |
| 金祖鑫 | 男 | 2004.05—2006.06 | 党委书记、董事长 |
| 陈昌勇 | 男 | 2004.09— | 董　事 |
|  |  | 2005.03— | 副总经理兼董事会秘书 |
|  |  | 2011.06— | 董　事 |
| 柳　伟 | 男 | 2006.06—2010.03 | 党委书记、董事长 |
| 姜兴林 | 男 | 2006.10—2010.08 | 党委委员、董事、副总经理 |
| 吴泽宇 | 男 | 2007.11— | 总经理 |
| 徐增雄 | 男 | 2010.04— | 执行董事、总经理 |
| 曾　锋 | 男 | 2011.03— | 书　记 |
|  |  | 2011.06—2012.07 | 董事长 |
| 郭玉梅 | 女 | 2011.06— | 董　事 |

续表

| 姓　名 | 性　别 | 任　期 | 职　务 |
|---|---|---|---|
| 郭俊涛 | 男 | 2011.06— | 董　事 |
| 王道兴 | 男 | 2012.07— | 党委书记、董事长 |
| 马跃基 | 男 | 2012.07— | 副总经理 |
| 曾平华 | 男 | 2012.07— | 副总经理 |
| 宋　红 | 女 | 2012.07— | 财务总监 |
| 王海玲 | 女 | 2012.07— | 总工程师 |

# 第五节　建立污水收费机制

1988年，根据昆政发〔1987〕258号文件，全市开始征收排水设施有偿使用费，单价为0.08元/吨×80%=0.064元/吨。1996年，根据1993年4月23日国家物价局、国家财政部印发的《关于征收城市排水设施使用费的通知》精神，全市排水设施有偿使用费改为城市污水处理费。市市政公用局以市政公字文件下发《关于贯彻执行〈云南省城市排水设施有偿使用收费管理办法昆明实施细则（暂行）〉的通知》，第一次调整排水设施有偿使用费，单价为0.3888元/吨×90%=0.35元/吨。征收的城市排水设施有偿使用费按收支两条线原则交同级财政作为预算外收支管理，根据预算由财政拨给排水公司作为经营排水行业的经营支出。2002年，根据昆计价经文件《关于调整昆明市地下水水资源费标准的通知》第二次调整污水处理费，单价为居民0.50元/立方米、非居民0.60元/立方米。2006年，根据"昆发改"价格文件《关于贯彻〈云南省发展和改革委员会调整昆明市主城区城市供排水价格有关问题〉实施意见的通知》第三次调整污水处理费，单价为居民0.75元/立方米、非居民0.90元/立方米、综合价0.8元/立方米。2009年，根据《昆明市发展和改革委员会关于实施昆明市主城区第二步供排水价格和调整污水处理价格有关问题的通知》第四次调整污水处理费，单价为居民1.00元/立方米、非居民1.25元/立方米、综合价1.10元/立方米。污水处理费的征收对全市城市污水及滇池的治理和城市水环境的改善起到了基础性的支撑作用和积极的推动作用。

# 第六节　资金管理

## 世行项目资金管理

1997年，根据中国政府与世界银行签订的项目法律协定以及世行有关规定，省政府以云政发〔1997〕166号文件下发《云南省环境保护利用世界银行贷款项目管理办法（试行）》，《办法（试行）》从管理机构及其职责，项目管理（包括项目计划、准备、建设管理、监测、竣工验收等），招标采购，技术援助与培训，项目财务管理及审计等方面都做出了具体规定，明确根据"集中统一、分级管理、分工负责"的原则进行项目管理。"实行投资项目法人责任制和投资包干责任制"。同时，省财政厅以"云财外"文件印发《世行贷款云南环境项目资金和财务管理暂行办法》，对国内配套资金和世行贷款资金的管理做出了明确的规定。省环保局和省财政厅制定下发了《云南省环境污染控制小额贷款管理办法》及其实施细则，对执行环境污染控制小额贷款的资金筹措、贷款使用范围、申请贷款的企业须具备的条件、申报材料、转贷条件及项目实施等进行了规定。

## 政府补助资金管理

2008年，国家及省、市财政通过以奖代补等方式对全市城镇污水处理配套管网设施项目建设进行补助。按照省财政厅、省建设厅《关于印发〈云南省城镇污水处理设施及配套管网建设项目前期补助资金以奖代补实施办法〉的通知》、省财政厅《关于印发〈云南省城镇污水处理设施配套管网专项奖励补助项目及资金管理实施办法〉的通知》《关于印发〈云南省城镇污水处理设施配套管网专项奖励补助项目及资金管理实施办法补充规定〉的通知》等相关文件要求使用补助资金，严格资金支付审批程序，做到专款专用，使补助资金落到实处，提高财政资金使用效益，规范资金使用。

## 专项资金管理

2013年，为规范滇池水污染综合治理专项资金的管理和使用，促进生态文明建设，建立健全专项资金使用效益评价体系和责任追究机制，市财政出台《昆明市滇池水污染综合治理专项资金管理暂行办法》。《办法》明确：专项资金的申报主体为昆明市滇池管理局，根据申请的专项资金性质，由昆明滇池投资责任有限公司配合提出资金申请方案或资金、融资需求计划，报经市政府批准后按程序申请；专项资金拨付严格执行基本建设资金拨付管理相关规定，明确责任，实行分级拨付；同一个建设项目，不论其建设资金来源性质，原则上必须在同一个银行、同一个账户分账核算和管理，并严格按照建设资金的用途拨付使用，必须严格按照批准的预算执行；滇池治理资金按照基本建设程序管理，严格执行建设项目法人责任制、招投标制、工程监理制和合同管理制，各项目业主是专项资金使用的责任人，对专项资金的安全负责，除特殊情况外一律不得调整资金用途，对未按规定使用的，市财政局有权收回资金及暂停拨付剩余资金。

# 第七章　管理与保护措施创新

滇池保护与治理工作是一项长期、艰巨、复杂的系统工程，涉及方方面面，需要社会各界的共同努力。为确保国家、省、市滇池保护与治理决策部署的贯彻落实，省、市党委政府不断改进工作作风，强化管理抓落实。采取专家督导、督查督办、河（段）长责任制和目标考核等多种措施，切实做到责任到位、措施到位、工作到位，确保各项工作稳步推进。

## 第一节　督查督办

为进一步提高机关工作效率，确保上级和本级机关重要决定、决策和全局性重要工作更好地贯彻落实，市委、市政府建立了督查督办制度。一是建立领导负责分管工作目标督查制度，分管领导不定期对分管工作开展情况进行督查；二是重要决定事项交由市委目督办、市政府目督办具体负责督查；三是进一步规范完善了重要督促检查机制。2001年7月13日，市政府召开昆明市滇池保护委员会全体会议，对滇池治理工作做出安排并提出明确要求，并将工作安排和具体要求进行分解立项，要求各级各部门结合各自的实际认真贯彻落实。同时，制定了滇池污染治理工作任务分解立项目录，由办公厅督办处负责督办。2008年，市政府制定了《昆明市2008年查处违法排污行为　实现环境违法违规排污零申报专项行动督查考核办法》，对督查考核内容进行细化。2009年，根据市委办公厅、市政府办公厅下发的《关于开展滇池流域主要入湖河道支流（沟渠）综合整治工作的通知》，市委目督办、市政府目督办按照滇池流域主要入湖河道综合整治要求，切实做好督促检查工作。10月，市政府下发《关于加强整治违法排污行为的实施意见》，自第四季度起，市政府按季组织对各县（市）区、三个开发（度假）区整治企业违法排污情况以及执法联动长效机制各项措施落实情况进行督查。

"十二五"期间，围绕滇池"十二五"规划项目、市党代会报告确定的滇池治理重点目标任务、市委专题会议研究决定的滇池治理的重点事项予以立项督查，确保工作任务、责任领导、责任单位、责任人、协办人、时限要求六明确，开展滇池治理任务督查工作，推动各重点目标任务的落实。2014年，根据市委办公厅、市政府办公厅联合下发的《关于成立昆明市滇池治理问责工作组的通知》，市委、市政府目督办每月对滇池治理工作目标任务和时间节点进行梳理，提出需要监督检查的工作，组织人员进行现场检查和明察暗访，检查各相关责任单位是否存在推诿扯皮、推进不力、行动迟缓、未按时限要求完成目标任务等情况，并根据检查发现的问题，理清责任，提出问责处理意见报工作组办公室。工作组办公室针对市委目督办、市政府目督办提出的问责处理意见检查核实后进行分析汇总，形成问责工作报告报领导小组，并按领导小组的决定办理落实。同时，按照《昆明市领导干部问责办法》《昆明市入湖河道综合整治工作问责规定》等相关问责办法和制度规定，对相关责任单位和责任人进行严肃问责处理。责任人不能胜任现职的，将按干部管理权限，由组织人事部门对责任人进行岗位调整或改任非领导职务；责任人违反党纪政纪的，纪检监察机关将立案查处；涉嫌犯罪的，移送司法机关处理。2015年1月14日，市委市政府召开2015年全市滇池流域综合治理工作会，为确保滇池保护与治理各项工作落实到位，市委决定对会议明确的33项工作任务进行分解立项督查，并下发了《关于对2015年全市滇池流域综合治理工作会议明确的33项工作任务进行立项督查的通知》。同年3月31日，为进一步推动政府机关转变作风，提高工作效率和质量，保证各级党委和政府重大决策部署的贯彻落实，经市政府同意，市政府办公厅下发了《关于进一步加强政府督促检查工作的实施意见》及配套文件，进一步完善和建立健全政府督促检查工作制度，确保市政府常务会议决策事项、市惠民实事、市政府领导批交办事项、市政府督查事项落实到位。同年9月，为多措并举积极治理滇池，成立了以市委书记、市长为指挥长的滇池草海及周边水环境提升综合整治指挥部，出台《滇池草海及周边水环境提升综合整治工作实施方案》，明确了各责任县（区）、管委会和各责任单位责任；成立草海整治指挥部相应的工作机构，对入草海的7条主要河道及23条支流沟渠划分了行政辖区交界水质考核断面，增加监测频次；成立草海整治专项督查督办工作组，采取常规督查、专项督查、专人督办、跟踪督办的工作制度，加强对草海及周边水环境提升综合整治实施专项监督执纪，特别是针对影响工作落实的突出问题和薄弱环节进行重点督查，对于工作推进缓慢、效能低下的进行问责等措施。同时，把督查通报与跟踪问效相结合，以水质达标为整改解决问题的唯一标准，做到督有成效、查有结果。对不能依法积极、认真全面履行岗位职责，工作中不担当、不作为、贻误工作的，按照《昆明市领导干部问责办法》和《昆明市治理为官不为实施办法》进行严厉问责处理。下发了《关于对市委工作会议确定的主要工作任务进行分解立项督查的通知》，制定了《滇池草海主要入湖河道及支流（沟渠）建立精准治污识别建档立卡签约责任机制督查工作方案》，构建了市、区、街道、村三委、社区（居民小组）五级分类责任体系以及河道门前三包责任制，形成精准治污五级联动工作机制和全民参与河道治理的新局面。2016年1月，按照《昆明市2015年目标管理考核办法》《昆明市2015年目标管理绩效考核工作方案》，市政府组成核查组对2015年确定的滇池流域水环境治理目标任务、水质情况进行督查和认定。2013—2015年，市委目督办共对滇池治理125项重点项目进行立项督查，交办率100%，反馈率100%。

# 第二节　河（段）长制

## 明确河（段）长

2005年后，全市严格执行"两级政府、三级管理、条块结合、以块为主"的方针，在滇池流域各县（区）实施辖区河道管理责任制，加强监督检查力度。市、县（区）滇池管理部门明确责任，加强入滇池河道管理、督促检查。市滇管局负责对盘龙江进行管护、保洁，对25条入湖河道进行监督检查。2007年，市滇池管理局针对河道现状，按照市委、市政府的要求，提出要治管并重，建立一套以考核为核心导向的入湖河道长效管理机制，使入湖河道管护工作经常化、制度化、规范化，并根据河道规模、纳污情况和所处位置，强化责任，明确目标，制定了《加强滇池主要入湖河道管理实施意见》并报请市政府批准执行。《意见》明确按照属地化管理的原则，坚持两级政府、三级管理、条块结合、以块为主的管理体制，将入湖河道管理作为关键性、基础性工作来抓。此后，市滇管局草拟了《入滇河道综合整治实施建议方案》，明确提出河道综合整治实施责任主体、资金筹措方式、保障措施等建议。同时，市滇管局与市规划局等部门共同编制完成《滇池入湖河道综合整治规划指导意见》《昆明入滇35条河道生态、湿地公园建设控制性规划》。滇池流域各县（市）区也制定了与之相配套的综合整治实施方案，对出入滇池的36条（入滇35条、出滇1条）河道及河道两侧各200米，除主城规划区、呈贡新区规划区以外的9个县（市）区城区规划区范围以及流经县（市）区城区的河流及河流两侧各200米范围内，集中式饮用水水源地开展了水环境治理"四全"（全面截污、全面禁养、全面绿化、全面整治）工作。

2008年3月27日，市委、市政府决定实行河（段）长负责制，由市级领导担任"河长"，河道流经区域的县（区）领导担任"段长"，对辖区水质目标负总责，对河道实行分段监控、管理、考核、问责，抓好河道综合整治和管理。当年，市滇池流域水环境综合治理指挥部下发了《昆明市滇池流域水环境综合治理指挥部关于印发滇池主要入湖河道综合环境控制目标及河（段）长责任制管理办法（试行）的通知》，以加强对滇池主要入湖河道流经区域综合环境目标控制及河（段）长责任制的管理。综合环境控制目标主要包含河道截污治污措施、河道水质监控、河道（岸）保洁、景观改善等，并按照属地管理的原则，层层建立目标责任制，签订目标责任书，实行河（段）长负责制，分段监控、分段管理、分段考核、分段问责。跨县（区）的河道由市级领导担任河长，各县（区）主要领导担任段长；不跨县（区）的河道由各县（区）主要领导担任河长，所属乡（镇、街道）主要负责人担任段长。

### 2008 年滇池主要入湖河道综合环境控制目标及河（段）长责任一览表

表6-6-5

| 序 号 | 河 名 | 流经区域 | 河 长 | 起 点 | 终 点 | 水质监测断面点位 | 责任单位 | 段 长 |
|---|---|---|---|---|---|---|---|---|
| 1 | 盘龙江 | 昆明主城 | 省委常委、市委书记 | 松华坝水库 | 得胜桥 | 得胜桥 | 五华区 | 区委书记 |
| | | | | | | | 盘龙区 | 区委书记 |
| | | | | 得胜桥 | 洪家村入湖口 | 十里长街桥头 | 官渡区 | 区委书记 |
| | | | | | | | 西山区 | 区委书记 |
| 2 | 宝象河 | 新宝象河 | 市委副书记、市长 | 坝口村 | 红泥沟滚水坝 | 翠竹园后面 | 官渡区 | 区 长 |
| | | | | 红泥沟滚水坝 | 路馨小区桥头 | 新昆洛路桥下 | 经开区管委会 | 主 任 |
| | | | | 路馨小区桥头 | 宝丰村入湖口 | 宝丰村入湖口 | 官渡区 | 区 长 |
| | | | | 小板桥分洪闸 | 小板桥大街新村 | 小板桥大街新村 | 经开区管委会 | 主 任 |
| | | | | 小板桥大街新村 | 宝丰村入湖口 | 龙马村 | 官渡区 | 区 长 |

续表

| 序号 | 河名 | 流经区域 | 河长 | 起点 | 终点 | 水质监测断面点位 | 责任单位 | 段长 |
|---|---|---|---|---|---|---|---|---|
| 3 | 大观河 | 大观福海 | 市委副书记 | 篆塘公园 | 环西桥 | 环西桥东侧 | 五华区 | 区委书记 |
| | | | | 环西桥 | 五家堆入湖口 | 入湖口（航运公司码头旁） | 西山区 | 区委书记 |
| 4 | 金汁河 | 小坝石闸昙华东华 | 市人大常委会主任 | 松华坝水库 | 王大桥 | 王大桥 | 盘龙区 | 区长 |
| | | | | 王大桥 | 南天集团 | 南天集团 | 官渡区 | 区长 |
| | | | | 南天集团 | 拓东路状元楼 | 状元楼交界处 | 盘龙区 | 区长 |
| | | | | 拓东路状元楼 | 枧槽河老官南路 | 枧槽河老官南路 | 官渡区 | 区长 |
| 5 | 新河（新运粮河） | 普吉高新区张峰梁源积善 | 市政协主席 | 西白沙河水库 | 大石桥 | 海屯路大石桥 | 五华区 | 区长 |
| | | | | 大石桥 | 人民西路 | 人民西路（神工家俱） | 高新区管委会 | 主任 |
| | | | | 昌源中路以北 | 人民西路 | 昌源河（神骏汽修旁） | | |
| | | | | 人民西路 | 积下村入湖口 | 积善村桥 | 西山区 | 区长 |
| 6 | 王家堆渠 | 马街碧鸡 | 市委常委、宣传部长 | 普坪村发电厂 | 东风坝入湖口 | 湿地管理房旁 | 西山区 | 区委书记 |
| 7 | 冷水河 | 滇源松华 | 市委常委、副市长 | 青龙潭 | 甸尾 | 甸尾桥 | 嵩明县 | 县长 |
| | | | | 甸尾 | 松华坝水库 | | 盘龙区 | 区长 |
| 8 | 马料河 | 阿拉斗南矣六 | 市委常委、市纪委书记 | 果林水库 | 倪家营南昆铁路桥 | 倪家营南昆铁路桥下 | 经开区管委会 | 主任 |
| | | | | 倪家营南昆铁路桥 | 照西村 | 照西桥 | 呈贡县 | 县长 |
| | | | | 新昆洛路照西村 | 矣六乡回龙村入湖口 | 回龙村 | 官渡区 | 区长 |
| 9 | 西坝河 | 金碧福海 | 市委常委、秘书长 | 玉带河鸡鸣桥 | 新河村入湖口 | 新河村入湖口 | 西山区 | 区委书记 |
| 10 | 船房河 | 金碧福海 | 市委常委、统战部长 | 玉带河柿花桥 | 新河村入湖口 | 船房五社桥头 | 西山区 | 区长 |
| 11 | 金家河 | 孙家湾金家村河尾大村 | 市委常委、政法委书记 | 四道坝 | 金太塘 | 金太塘泵站 | 西山区 | 区长 |

续表

| 序 号 | 河名 | 流经区域 | 河 长 | 起 点 | 终 点 | 水质监测断面点位 | 责任单位 | 段 长 |
|---|---|---|---|---|---|---|---|---|
| 12 | 乌龙河 | 棕树营 | 市委常委、警备区政委 | 昆明医学院 | 草海入湖口 | 西南建材市场东门桥头 | 西山区 | 区委书记 |
| 13 | 南冲河 | 古城村一组 洽村二组 三组 | 市人大常委会常务副主任 | 韶山水库 | 中卫村红山 | 中卫村红山闸 | 呈贡县 | 县 长 |
| | | | | 中卫村红山 | 滇池入湖口 | 滇池入湖口 | 晋宁县 | 县 长 |
| 14 | 五甲宝象河 | 小板桥 六甲乡 | 市人大常委会副主任 | 云溪太平寺 | 小河嘴入湖口 | 曹家村 | 官渡区 | 区 长 |
| 15 | 虾坝河 | 小板桥 官渡六甲 | 市人大常委会副主任 | 世纪城广福路边 | 姚安村入湖口 | 五甲塘 | 官渡区 | 区 长 |
| | | | | | 昆明艺术职业学院入湖口 | | | |
| 16 | 海河 | 金马小板桥六甲 | 市人大常委会副主任 | 东白沙河水库 | 福保文化城入湖口 | 海河桥 | 官渡区 | 区 长 |
| 17 | 中河 | 昆阳女子监狱 | 市人大常委会副主任 | 东大河普达闸 | 滇池入湖口 | 滇池入湖口 | 晋宁县 | 县 长 |
| 18 | 捞鱼河（含上游梁王河） | 吴家营马金铺大渔 | 市人大常委会副主任 | 松茂水库（横冲水库） | 大渔乡土罗村入湖口 | 土罗村湿地入口 | 呈贡县 | 县 长 |
| 19 | 大河（淤泥河） | 晋城新街 | 市人大常委会副主任 | 大河水库 | 晋城小寨白鱼河交接处 | 晋城小寨白鱼河交接处 | 晋宁县 | 县委书记 |
| 20 | 柴河 | 六街上蒜 | 副市长 | 六街乡甸头村 | 上蒜小朴闸茨巷河交接处 | 上蒜小朴闸茨巷河交接处 | 晋宁县 | 县委书记 |
| 21 | 白鱼河 | 晋城新街上蒜 | 副市长 | 晋城小寨 | 滇池入湖口 | 滇池入湖口 | 晋宁县 | 县 长 |
| 22 | 茨巷河 | 上蒜大朴村石将军村 | 副市长 | 上蒜小朴闸 | 滇池入湖口 | 滇池入湖口 | 晋宁县 | 县 长 |

续表

| 序 号 | 河名 | 流经区域 | 河 长 | 起 点 | 终 点 | 水质监测断面点位 | 责任单位 | 段 长 |
|---|---|---|---|---|---|---|---|---|
| 23 | 采莲河 | 永昌福海 | 副市长 | 螺蛳湾 | 采莲河4号闸 | 采莲河4号闸 | 西山区 | 区 长 |
| | | | | 采莲河4号闸 | 列侬溪谷桥头 | 列侬溪谷桥头 | | |
| | | 滇池旅游度假区 | | 列侬溪谷桥头 | 海埂公园西侧入湖口（水景园） | 海埂公园西侧入湖口（水景园） | 度假区管委会 | 主 任 |
| | | | | 海埂公园西侧入湖口（水景园） | 海埂公园正大门东侧入湖口 | 海埂公园正大门东侧入湖口 | | |
| 24 | 大清河（含明通河、枧槽河） | 石闸太和关上小板桥六甲 | 副市长 | 石闸立交桥 | 北京路塘子巷 | 塘子巷交界处 | 盘龙区 | 区 长 |
| | | | | 北京路塘子巷 | 新河村入湖口 | 大清河泵站 | 官渡区 | 区 长 |
| 25 | 洛龙河 | 洛羊吴家营龙城斗南 | 副市长 | 呈贡黑、白龙潭 | 江尾村入湖口 | 江尾下闸 | 呈贡县 | 县 长 |
| 26 | 老运粮河 | 普吉丰宁高新区龙翔明波积善 | 市政协常务副主席 | 普吉东方红水库 | 洪园居委会 | 洪园居委会旁 | 五华区 | 区 长 |
| | | | | 麻园村 | 泰和园围墙边高新界桩 | 泰和园围墙边高新界桩 | | |
| | | | | 洪园居委会 | 人民西路 | 西苑立交桥软件园旁 | 高新区管委会 | 主 任 |
| | | | | 虹山片区 | 人民西路 | 人民西路红联商场旁 | | |
| | | | | 人民西路 | 积中村入湖口 | 积中村入湖口 | 西山区 | 区 长 |
| 27 | 古城河 | 甸心古城 | 市政协副主席 | 古城镇牛洞箐 | 滇池入湖口 | 滇池入湖口 | 晋宁县 | 县 长 |
| 28 | 牧羊河 | 阿子营小河 | 市政协副主席 | 黄龙潭 | 松华坝水库 | 小河桥 | 嵩明县 | 县 长 |
| 29 | 小清河 | 小板桥六甲 | 市政协副主席 | 永丰村 | 小河嘴入湖口 | 新二村 | 官渡区 | 区委书记 |

续表

| 序　号 | 河名 | 流经区域 | 河　长 | 起　点 | 终　点 | 水质监测断面点位 | 责任单位 | 段　长 |
|---|---|---|---|---|---|---|---|---|
| 30 | 东大河 | 宝峰镇海龙古关箐 | 市政协副主席 | 宝峰乡海龙 | 滇池入湖口 | 滇池入湖口 | 晋宁县 | 县　长 |
| 31 | 六甲宝象河 | 羊甫分洪闸世纪城福保 | 市政协副主席 | 羊甫分洪闸 | 福保洋桥至新昆洛路口入截洪沟 | 东张村 | 经开区管委会 | 主　任 |
| | | | | 世纪城 | 福保海河（彩印厂） | | 官渡区 | 区　长 |

　　滇池主要入湖河道为29条，鉴于冷水河和牧羊河为盘龙江上游松华坝水源区的主要河道，因此也列入滇池主要入湖河道综合环境控制目标及河（段）长责任一览表管理和考核。其中，纳入市级河道管理目标责任制重点考核的河道有盘龙江、金汁河、大观河、采莲河、船房河、王家堆渠、西坝河、乌龙河、老运粮河、新运粮河、明通河（含大清河）、枧槽河、海河、宝象河、宝象分洪河、小清河、马料河、洛龙河、捞鱼河、梁王河、大河、柴河、东大河、古城河、护城河、牧羊河、冷水河。其他未列入主要入湖河道的支流、分叉等按属地管理的原则，由各县（区）政府负责管护及考核工作。涉及跨区域界限的河道责任区划分。盘龙江由市滇池管理局负责，大观河由西山区政府负责，老运粮河由西山区政府负责，新运粮河由西山区政府负责，金汁河由盘龙区政府负责；马料河仍按原属地管理的原则划分，即果林水库至小机山段由呈贡县政府负责，黄龙潭至果林水库、小机山自卫村至矣六乡回龙村入湖口由官渡区政府负责。

## 河长（段）制落实

　　2008年，按照市委、市政府《昆明市"一湖两江"流域水环境治理"四全"工作行动计划》的要求，市滇池管理局拟定《关于建立滇池流域主要河道联系人制度的意见》，在原来河道整治协调小组的基础上成立河道综合整治联系协调领导小组，负责协助河长完善段长单位制订河道综合整治方案，协助河长督促落实综合整治推进情况，协调解决推进中的困难和问题。领导小组下设办公室，具体负责汇总河道基础台账、协助河道联系人督促落实工作进度及工作进展汇总等相关工作。同时，为真实反映各条河道的污染现状，进一步明确各条河道河长及责任。年初，市滇管局出动执法人员385人次，历时2个多月，围绕"四个一"工程［即每条河道有一个《情况简介》单行材料，河道排水口情况一个明细表（雨水口、污水口、雨污混合流口等），每个排水口有一张图片资料，每条河道排水口有一张标识图］全面完成了滇池流域35条主要入滇河道的"立宗建档"工作，对查出的3408个排水（污）口进行逐一分类、登记、拍照，使每条河道形成一个单行本，为各河（段）长及时了解各河道的现状和对河道综合整治的决策提供一份全面、真实的第一手资料，并为市委、市政府决策和各县（区）政府及相关部门对河道"堵口查污，截污导流"及河道整治提供了翔实资料。同年9月，由市规划局牵头，市滇池管理局派人参加编制完成《35条入滇河道综合整治指导性方案》《主城区25条入滇河道综合整治指导性方案及图纸汇编》；完成市级四套班子领导对35条入滇河道整治进展情况的逐一检查工作任务；完成编制《滇池主要入湖河道综合环境控制目标及河（段）长责任制管理办法（试行）》《滇池流域主要河道断面水质控制目标及河（段）长责任制考核办法》《昆明市关于清理整顿城市排水管网混接、乱接、错接和漏接工作的行动方案》；完成盘龙江沿线雨污混接工作情况调查。2009年，为贯彻落实市委九届五次全体（扩大）会议精神，继续加大滇池治理力度，市滇池流域水环境综合治理指挥部下发《关于印发2009年滇池流域水环境综合治理工作方案的通知》，进一步明确目标、突出重点、强化措施、狠抓落实，奋力推进滇池流域水环境综合治理工作。在深入推进滇池流域36条主要入（出）湖河道综合整治的同时，全面开展滇池流域主要入湖河道支流（沟渠）综合整治工作，实现入湖河道水变清的目标，市委办公厅、市政府办公厅下发了《关于开展滇池流域主要入湖河道支流（沟渠）综合整治工作的通知》，提出了按照主要入湖河道综合整治"158"工程的目标和任务要求以及谁污染、谁治理的原则，把堵口查污、截污导流、中水回用作为重中之重，实行河道综合整治"三包"（包截污、包处理、包零排放），做到全面覆盖，不留死角，准确认定，全面治理。要求各河（段）长要定期或不定期深入滇池流域主要入湖河道支流（沟渠）一线，组织协调入湖河道支流（沟渠）综合整治工作，及时督促检查各项工作的落实，确保滇池流域主要入湖河道支流（沟渠）综合整治工作按时完成。

## 2009 年滇池流域主要入湖河道支流（沟渠）综合整治任务划分一览表

表6-6-6

| 序 号 | 河道名称 | 河 长 | 段 长 | 区 域 | 支流（沟渠）名称 |
|---|---|---|---|---|---|
| 1 | 盘龙江 | 市委书记 | 区委书记 | 五华区 | 花渔沟下段、麦溪沟下段（排洪暗沟）、财经大学防洪沟（排洪暗沟）、学府路防洪大沟（排洪暗沟）、财经学校大沟（排洪暗沟）、银汁河（未直接进入盘龙江）、教场中线防洪沟（排洪暗沟）、冶金研究所大沟（已完成截污工程） |
| | | | 区委书记 | 盘龙区 | 羊清河下段(已覆盖)、西干渠、麻蛇沟(在治理)、花渔沟上段、麦溪沟上段、老李山分洪沟 |
| | | | 区委书记 | 西山区 | 星海排洪沟 |
| 2 | 新宝象河 | 市 长 | 区 长 | 官渡区 | 广普大沟、槽河 |
| | | | 主 任 | | 海子奶厂排水沟、公家村排水沟、铁路机修厂排水沟、铁路党校技校排水沟、昆船排水沟 |
| 3 | 大观河 | 市委副书记 | 区 长 | 五华区 | 篆塘河、永宁河 |
| | | | 区委书记 | | |
| 4 | 金汁河 | 市人大主任 | 区 长 | 盘龙区 | 清水河、羊清河（上段）、东干渠 |
| | | | 区 长 | | 东干渠下段 |
| 5 | 新运粮河 | 市政协主席 | 区 长 | 五华区 | 西北沙河（在整治）、海源河、白龙河、西边小河（在综合整治中）、大沙沟、小普吉防洪沟、陈家营岔沟、上峰村防洪支沟 |

续表

| 序 号 | 河道名称 | 河 长 | 段 长 | 区 域 | 支流（沟渠）名称 |
|---|---|---|---|---|---|
| 5 | 新运粮河 | 市政协主席 | 区 长 | 西山区 | 大沙沟、小沙沟、卖菜沟、扁担沟、郑河路沟、昌源河、董家沟 |
| | | | 主 任 | 高新区 | 海源河、董家沟、洪家营防洪沟、白龙河 |
| 6 | 柴 河 | 常务副市长 | 县委书记 | 晋宁县 | 柴河水库东干渠、柴河水库西干渠 |
| 7 | 马溺河 | 市委常委 | 区委书记 | 盘龙区 | |
| 8 | 螳螂川 | 市委常委 | 区 长 | 西山区 | |
| | | | 市 长 | 安宁市 | |
| 9 | 马料河 | 市委常委 | 区 长 | 官渡区 | 公司沟、张基沟 |
| | | | 县 长 | 呈贡县 | 清水大沟、水龙沟 |
| | | | 主 任 | 经开区 | 坦克旅排水沟、大冲沟、民办科技园排水渠、军法处排水渠 |
| 10 | 西坝河 | 市委常委 | 区委书记 | 西山区 | 玉带河 |
| | | | 区 长 | 五华区 | 玉带河 |
| 11 | 船房河 | 市委常委 | 区 长 | 西山区 | 弥勒寺大沟、兰花沟 |
| | | | 区 长 | 五华区 | 兰花沟（排污水暗沟） |
| 12 | 金家河 | 市委常委 | 区 长 | 西山区 | 青苔河、正大河 |
| 13 | 乌龙河 | 市委常委 | 区委书记 | 西山区 | |
| 14 | 南冲河 | 市人大副主任 | 主 任 | 高新区 | |
| | | | 县 长 | 晋宁县 | |
| 15 | 五甲宝象河 | 市人大副主任 | 区 长 | 官渡区 | |
| 16 | 虾坝河 | 市人大副主任 | 区 长 | 官渡区 | |
| 17 | 海 河 | 市人大副主任 | 区 长 | 官渡区 | |
| | | | 区 长 | 盘龙区 | 东白沙河、呼马溪、凤凰河 |
| 18 | 中河（护城河） | 市人大副主任 | 县 长 | 晋宁县 | |
| 19 | 捞鱼河 | 市人大副主任 | 县 长 | 呈贡县 | 乌龙大沟、新河 |
| | | | 主 任 | 度假区 | 新河大沟、新河 |
| | 梁王河 | | 主 任 | 高新区 | |
| 20 | 大 河 | 市人大副主任 | 县委书记 | 晋宁县 | |
| 21 | 白鱼河 | 市委常委 | 县 长 | 晋宁县 | |
| 22 | 茨巷河 | 副市长 | 县 长 | 晋宁县 | |

续表

| 序　号 | 河道名称 | 河　长 | 段　长 | 区　域 | 支流（沟渠）名称 |
|---|---|---|---|---|---|
| 23 | 大清河 | 副市长 | 区　长 | 官渡区 | |
| | | | 区　长 | 盘龙区 | 明通河 |
| 24 | 洛龙河 | 副市长 | 县　长 | 呈贡县 | 江尾新沟、龙王庙沟、牛屎沟、第三沟、瑶冲河 |
| 25 | 采莲河 | 副市长 | 区　长 | 西山区 | 永昌河、杨家河、清水河、小尚河、太家河 |
| | | | 主　任 | 度假区 | 清水河、太家河 |
| 26 | 冷水河 | 副市长 | 县　长 | 嵩明县 | 干河、东小河、西小河、窑河 |
| 27 | 老运粮河 | 市政协副主席 | 区长 | 五华区 | 小路沟、麻园河、七亩沟 |
| | | | 区委书记 | 西山区 | 小路沟 |
| | | | 主　任 | 高新区 | 麻园河、小路沟 |
| 28 | 古城河 | 市政协副主席 | 县　长 | 晋宁县 | |
| 29 | 牧羊河 | 市政协副主席 | 县　长 | 嵩明县 | 鼠街河、铁冲河、石房子河 |
| 30 | 小清河 | 市政协副主席 | 区委书记 | 官渡区 | |
| 31 | 东大河 | 市政协副主席 | 县　长 | 晋宁县 | 大春河干渠 |
| 32 | 六甲宝象河 | 市政协副主席 | 主　任 | 经开区 | |
| | | | 区　长 | 官渡区 | |
| 33 | 老宝象河 | 市政协副主席 | 主　任 | 经开区 | |
| | | | 区　长 | 官渡区 | |
| 34 | 姚安河 | 昆明军分区司令员 | 区　长 | 官渡区 | |
| 35 | 老盘龙江 | 市法院院长 | 区　长 | 官渡区 | |
| 36 | 枧槽河 | 市检察院检察长 | 区　长 | 官渡区 | 清水河、海明河 |

**注：根据支流（沟渠）汇入主要河道及所处位置划分**

2010年2月24日，昆明市第十二届人民代表大会常务委员制定了《昆明市河道管理条例》，明确规定建立市，县（市、区），乡（镇、街道）3级管理和实行统一、分级、分类相结合的河道管理体系，实行市，县（市、区），乡（镇、街道）级领导负责的河（段）长责任制。其主要职责是巡查河道的保护和管理工作，监督河道治理计划和方案的落实，协调河道治理中的有关问题。将河长制纳入地方法规，形成了河道管理的长效机制。

为全力推进滇池流域水环境综合治理工作，全面落实环湖截污、农业农村面源治理、生态修复与建设、入湖河道整治、生态清淤、外流域调水及节水"六大工程"措施，实现2010年底35条滇池主要入湖河道达到地表水标准Ⅲ至Ⅳ类、滇池草海水质及外海水质达到Ⅴ类水标准的目标。2010年4月23日，市委办公厅、市政府办公厅下发了《关于印发〈2010年滇池流域水环境综合治理工作问责规定〉的通知》，明确规定问责遵循权责统一、实事求是、公平公正、罚当其责和教育与惩戒相结合、推进工作与追究责任相结合的原则，对未按分段治理、分段监控、分段管理要求完成入湖河道综合整治工作任务的；辖区河段水质未达到2010年滇池主要河道综合整治责任书水质标准要求的；未按要求完成出入湖河道河堤两岸道路、河坡、内侧区域绿化任务的；未按要求完成出（入）湖河道及支流（沟渠）清淤工作任务的；未建立河道日常巡查制度，河道出现垃圾漂浮物、水体污染、河道绿化和保洁无人管护的；未建立河道水质定期报告及公示制度，未定期向河（段）长报送水质监测情况、向社会公示河道水质情况的应当进行问责。同年4月30日，市滇池流域水环境综合治理指挥部制定下发了《关于市级相关部门对滇池主要河道及支流（沟渠）和牛栏江综合整治工作责任的通知》，明确市环保局、市滇管局、市水务局为滇池主要入（出）湖河道及支流（沟渠）、牛栏江综合整治工作的市级责任单位，负责收集整理各位河长及河长协调人、省政府滇池水污染防治专家督导组、市"一湖两江"流域水环境综合整治专家督导组对河道综合整治工作提出的要求和意见；按照滇池主要入（出）湖河道综合整治"158"要求和牛栏江流域水污染防治要求，检查指导、督促和协调各县（区）河道综合整治工作。同年5月，市人大通过并出台了《昆明市河道管理条例》，将河长制纳入地方法规，以法规的形式明确河长在河道整治中的责任。8月19日，为保证河长助理认真履行职责，协助河长做好河道治理的监督检查工作，市委组织部印发了《河长助理管理考核办法》。同年9月，16位省政府专家督导组成员获聘督导长，监督、检查、指导河道综合整治工作，"河长制"日臻完善。

2011年，为进一步推进滇池主要入（出）滇河道、支流（沟渠）综合整治工作，明确责任，市委办公厅、市政府办公厅下发《关于调整和明确滇池主要入（出）湖河道河（段）长的通知》及附表，市滇池流域水环境综合治理指挥部办公室制定并下发了《关于再次对滇池流域主要入（出）湖河道及支流（沟渠）综合整治进行阶段性专业技术验收的通知》，进一步规范入（出）湖河道及支流（沟渠）综合整治工作，统一整治标准，实现河床湿地化、河堤生态化、河岸景观化。《通知》要求：要狠抓堵口查污、截污导流、中水回用，确保没有工业污水和生活污水直接排放进入河道；要狠抓所有河道源头水库汇水区范围"三池"净化，保证行政村、自然村、分散农户的生活污水全部通过收集池、沉淀池、漂游池净化后再进入湿地；要狠抓所有河道、包括主干河道和支干河道河床湿地化、河坎生态化、两岸景观化，使每条河道生态最大化；要依法遵规抓好河道两侧的拆临、拆违、拆迁；要狠抓36条出入滇池河道、84条支干河道整治的规划设计和整治方案，近期提交市规委会研究；要狠抓滇池1887.5米最高水位蓄水，将防洪墙每隔50米打开一个缺口，保证雨季一来，第一时间使滇池外海水位能达到1887.5米，同时使这个范围内的所有湿地水位线也达到1887.5米；市、县（区）、乡镇（街道）三级要通力合作、三级联动，下决心确保滇池治理年度目标的实现。年末，全市35条入滇河流仍有24条河流未达到规划考核目标，河道整治形势依然严峻。为进一步推进滇池治理，按照"一河一策"的原则，市滇池流域水环境综合治理指挥部下发《关于印发滇池流域24条水质未达标河道综合整治方案的通知》。2012年，为进一步加强滇池流域主要入湖河道综合整治工作，切实有效地推进河长责任制，增强河长、督导长、河长助理、段长之间通力协作的责任感，依据《昆明市河道管理条例》等法律法规的规定，制定了《滇池流域主要入（出）滇河道综合整治河长巡查日制度》，规定河长在每月最后一周内带队巡查河道综合整治工作，重点是了解及掌握河道水质变化情况；巡查河道堵口查污、截污导流、河床清污、修复生态及绿化美化情况，按照生态最大化、工程最小化的原则，做到河床湿地化、河坎生态化、两岸景观化；巡查河道两岸拆临拆违、道路通达情况，按照《昆明市河道管理条例》确定的河道两岸控制线范围做好拆迁工作，实现两岸道路通达；巡查河道两岸禁养情况，河岸线外延200米范围内无畜禽养殖，巩固禁养成果，杜绝新增畜禽养殖；巡查河道日常保洁等长效机制的落实情况，采取河长每月最后一周内带队巡查、河长助理每月不少于两次巡查、河道责任单位（段长）及市级相关部门积极做好巡查的相关工作，并对河长巡查日实行登记和报告制度。通过巡查，督促河道责任单位按市委、市政府确定的整治目标和要求开展综合整治，逐步提升和改善河道水质；协调解决河道整治过程中存在的问题；督促河道责任单位进一步建立、完善河道长效管理机制，巩固河道整治成果。2013年，市委办公厅、市政府办公厅下发了《关于切实落实"河（段）长责任制"进一步做好河长巡查各项工作的通知》，市滇池管理局编制完成《河道综合整治工程"一河一策"实施方案》和《滇池流域"河道三包"责任制考核办法》。2014年，按照目标倒逼和分段监控、分段管理、分段考核、分段问责的要求，严格实行月通报、年考核制度，对不达标的监测断面立即查找差距、分析原因、有针对性采取措施整改。2015年，为认真贯彻落实市委、市政府2015年滇池流域综合治理工作会议精神，按照切实履行河长职责，加大河道巡查力度的要求，严格执行包保责任制和辖区负责制，全面落实包治脏、包治乱、包绿化的"河道三包"责任制，以钉钉子的精神狠抓工作落实，进一步加强滇池流域主要入（出）湖河道综合整治工作，市委办公厅、市政府办公厅下发《关于进一步落实"河（段）长责任制"做好河长巡查各项工作的通知》，明确规定按照辖区负责制原则，河道流经县（区）、开发（度假）区党委（党工委）、政府（管委会）是河道综合治理和河道水质达标的责任主体，党政主要负责人对本地区河道水质达标负总责。要求辖区政府（管委会）主要领导要亲自主抓，分管领导要直接负责，将河道管理领导和工作机构从县（区）、开发（度假）区延伸到乡镇（街道）、村（社）、村（居）民小组，全面落实"河道三包"责任制，层层落实包保责任，做到河道清洁有人管、河岸绿化有人护、违法行为有人查，实现水清、岸绿、整洁的目标。至年末，河（段）长及河长助理共巡河422次，发现并协调解决问题88个；出动河道保洁人员19.1万人次，打捞河道垃圾漂浮物13.6万吨；完成河道4100多个排污口的截污及雨污分流改造，铺设改造截污管道1300千米，河道清淤101.5万立方米；纳入滇池"十二五"规划考核的16条河流中，除新运粮河、海河2条河流水质未达到规划目标外，有14条河流水质达到规划目标。

# 第三节　专家督导

## 省政府滇池水污染防治专家督导组现场督导

为加强对滇池水污染防治工作的指导、检查和监督，推进各项重点工作和重点工程顺利实施，2008年9月4日成立了云南省政府滇池水污染防治专家督导组，并于9月16—17日在昆明组织专家督导组成员进行集中学习，研究滇池水污染防治督导工作并提出建议和意见。10月10日，专家督导组召开滇池水污染防治工作汇报会。10月21日—12月3日，专家督导组先后调研了宝象河和全市污水处理设施，并实地察看了第一污水处理厂、第二污水处理厂及第六污水处理厂污水处理运行情况；全线查看了大观河、马料河综合整治工作进展情况；调研了农村面源污染防治工作，听取市滇管局环湖生态湿地建设情况汇报；专题调研了全市城市排水管设施建设，听取滇池"十一五"规划污水处理及管网设施建设相关情况汇报；专题调研了机械除藻技术的推广应用。要求各相关部门要摸清项目前期工作家底，狠抓各项措施落实，扎实做好滇池水污染防治的各项工作。2009年，专家督导组实地调研了盘龙江综合整治、环湖截污及交通工程、宝象河入湖河口湿地建设情况，调研督察了昆明主城区8个污水处理厂新建和改（扩）建工程建设情况，对呈贡新区的滇池治理工作进行了专项调研。2010年，专家督导组实地调研了滇池治理重点工程进展情况和滇池环湖截污工程。同年11月9日，专家督导组和市"一湖两江"流域水环境综合整治专家督导组在呈贡联合召开滇池治理重点项目检查现场会，实地检查了第七、第八污水处理厂、市卫生学校、省中医院宿舍、滇黔桂石油勘探公司、昆明市卷烟厂的雨污分流、呈贡县垃圾焚烧厂、捞鱼河、洛龙河污水处理厂项目推进和滇池治理项目进展情况后，充分肯定了全市滇池治理工作所取得的成绩。要求昆明市对二环以内的庭院雨污分流工作要做到坚决彻底，相关部门要组织力量对已完成庭院雨污分流的小区和单位再次验收普查，看看有没有漏水的，有没有管道错接的，对于正在开工建设的要加大督查力度，对未动工的67个单位要列出明细表，根据清单督查督办。

2011年，督导组对第九、第十污水处理厂及昆明主城老城区18个调蓄池建设情况进行调研；对滇池水葫芦治理污染试验性工程项目进展情况进行实地调研；对牛栏江流域（昆明段）水污染防治工作进行调研；对牛栏江流域（昆明段）水污染防治工作进行调研，实地查看了造成牛栏江干流寻甸段磷超标的2户磷化工企业的环境治理情况，并召开会议，要求所涉及县区从根本上解决点、面源污染，绝不能影响明年牛栏江补水滇池。2012年，专家督导组对广普大沟、老宝象河、虾坝河、六甲宝象河、海河、金家河、老运粮河综合整治情况进行实地调研，并召开滇池主要河道调研现场会，提出要抓紧做好滇池36条入（出）湖河道综合整治工作，突出重点、难点，打好河道整治攻坚战；对昆明市的滇池水污染防治"十一五"结转项目进行现场调研，并召开滇池水污染防治"十一五"规划收尾四个项目现场会；对昆明主城二环路内排水管网及调蓄池建设工作进行实地调研，并召开省政府滇池专家督导组主城市政排水管网及调蓄池建设工作会；对广普大沟入湖口、大渔新村、东大河入湖口、晖湾和山邑村防浪堤拆除情况进行实地调研，并召开调研汇报会；专题研究2011年滇池水葫芦种养试验性项目和牛栏江—滇池补水清水通道规划建设、《云南省滇池保护条例》有关情况；专题听取盘龙江清水通道建设、主城区污水处理厂尾水外排及资源化利用及主城雨污分流排水管网建设工作情况汇报，并进行实地调研；对防浪堤拆除及湖滨湿地建设与管护情况进行实地调研，并召开汇报会；对阳宗海水环境保护工作、滇池外海4个省属单位及驻昆部队退人退房工作以及水葫芦试验性工程项目进行督导调研，并召开现场会。专家督导组强调，要加大力度、细化方案，确保各项工作顺利推进。10月9日，专家督导组再次召开阳宗海水环境保护和滇池生态保护治理工作推进会，专题听取阳宗海综合治理"十二五"规划和年内计划实施情况、滇池外海4个省属单位和驻昆部队退人退房工作及水葫芦试验性工程项目推进情况，并对相关问题进行协调；对2012年水质要达到考核目标要求的河道综合整治工作及环湖路提升改造进行现场调研，并召开省政府滇池督导组河道整治及环湖道路规划建设调研现场会。

2013年，专家督导组对主城调蓄池建设工作及水葫芦项目和蓝藻项目进行实地调研，并召开滇池水污染综合防治工作会议；对8条入湖河道综合整治工作进行了现场督导，提出要加大力度，千方百计推进水质不达标河道的综合整治；对盘龙江清水通道建设相关工程项目进行现场调研，对牛栏江—滇池补水工程进展情况进行调研督导，实地察看了输水线路普沙渡槽、大五山隧洞4号施工支洞和输水线路出口建设进展。要求各级政府和各有关部门还要再接再厉，进一步加强协调配合，形成合力；要切实营造良好的施工环境，工程沿线的2市6县（区）政府要进一步加大对工程建设的支持配合力度，积极、有效、稳妥地处理好局部较为突出的村民对施工的影响和干扰，切实抓好工程施工环境的维护，创造和谐稳定的工程建设环境；要加大中水回用力度，进一步削减进入滇池的污染负荷，确保牛栏江—滇池补水工程补水效益发挥；要千方百计确保引入牛栏江水质达到Ⅲ类水标准，各县（区）一定要实施好牛栏江流域水环境保护各项年度目标任务，有效削减流域内污染存量，设置新建工业园区准入门槛，实行环保一票否决，切实控制污染增量。2014年，专家督导组调研入滇河道综合整治情况时提出，要提高认识，坚定信心，全力推进入滇河道综合整治工作，为实现滇池治理"十二五"规划目标奠定坚实基础；对新建的市第九污水处理厂和在建的第十一、十二污水处理厂进行实地调研检查时提出，一定要确保年底完成污水处理厂建设目标任务；现场调研滇池出水口工程建设情况时提出，海口河整治和海口闸新建两大工程务必在上半年如期完工；调研滇池治理工作，要求加快推进牛栏江—滇池补水盘龙江入口段防洪工程、城市污水处理厂尾水外排等工程建设，确保完成年内目标任务；在调研官渡区主要入湖河道水环境综合整治工作时，要求年内务必实现11条不达标河道中的6条河道综合整治达标的目标任务，要落实"河道三包"责任制，加强沟通协调，多方筹措资金，巩固河道整治成果，抓紧辖区湿地工程建设，确保河道治理年度目标任务完成；在对西山区出入湖河道整治情况进行现场调研时强调，要加大力度推进各项工程建设，坚决完成出入湖河道"十二五"规划整治目标；对滇池环湖湿地建设工作进行现场调研，听取了《滇池分级保护范围划定方案》汇报并提出意见、建议；先后对滇池清水通道相关工程建设、晋宁县河道综合整治工作及盘龙区、度假区辖区内入湖河道水环境综合整治工作进行现场调研。2015年，对市第十一污水处理厂、第十二污水处理厂建设情况进行实地督查调研；对洛龙河、捞鱼河污水处理厂的建设管理运营各项工作进行现场调研；召开专题会议，听取滇池治理"十三五"规划编制情况汇报；对昆明主城区滇池流域"五采区"植被修复情况进行了现场调研；对2014年水质不达标的新运粮河、海河河道水环境综合整治工作进行现场调研，并召开工作会，研究如何采取措施改善河道水质问题。要求各级各相关部门要确保已实施的整治工程如期完成，认真研究并实施截污措施，尽快想办法解决尾水的补充问题，建立联系协调机制，及时解决各区交界段工作中发现的问题，努力完成2条河道的水质目标。

## 省政府滇池水污染防治专家督导组联席会议

2008—2015年，专家督导组共召开27次联席会议，对不同时期的滇池治理工作提出工作要求。2008年12月29日，专家督导组召开滇池水污染防治工作第三次联席会议，听取了市人民政府以及13个省级滇池水污染防治责任部门2008年滇池水污染目标责任落实情况和2009年工作思路的汇报，提出要增强滇池水污染防治的信心，增强滇池水污染防治的责任感和使命感；要扎实做好滇池水污染防治项目的前期工作，加快项目的实施结构；市政府及其有关部门要加强与省级相关部门的沟通；各相关责任部门对明年的工作要量化、细化、具体化，明确年度和季度的目标任务；要加强资金保障，确保滇池水污染防治整体工作顺利推进五点要求。2009年8月31日，省政府滇池水污染防治专家督导组第7次联席会议召开。会议强调，当前滇池治理有了明显成效，也进入了最艰难、最关键的时期，必须深入贯彻落实"三湖"水污染治理工作座谈会精神和胡锦涛总书记考察云南时对滇池治理提出的要求，进一步坚定信心，下更大的决心，采取更加有力的措施，尽最大的努力，以一往无前的精神，扎实推进滇池水污染综合治理工作。要求各部门按照省政府环湖生态建设现场办公会精神，各项工作有目标、有时限、有计划，坚决、扎实地推进滇池治理各项工作。2010年12月30日，省政府滇池水污染防治工作第九次联席会议在昆召开，会议对一年来市政府在滇池治理上所做的大量工作给予了肯定，对下一步滇池治理工作提出要坚定滇池治理必胜的信心；要突出重点，千方百计确保滇池治理"十一五"规划目标任务的完成；要进一步加强沟通协调，特别是省、市部门、市级部门、市、县部门之间的沟通、协调和配合；要按照科学性、系统性、长远性和针对性的原则，抓紧做好滇池治理"十二五"规划的编制工作；要高度重视国家相关部委对滇池治理的检查考核工作；要加大对滇池治理的宣传力度6项要求。2012年2月8日，省政府滇池水污染防治专家督导组召开滇池水污染防治工作第十七次省市联席会议，会议主要听取滇池水污染防治工作开展情况、牛栏江—滇池补水工程进展情况汇报，对当前各项工作存在的困难和问题进行研究，省政府滇池水污染防治专家督导组对今年各项工作的开展提出具体要求。同年7月3日，省滇池水污染防治工作第十八次联席会议召开。会上，专家督导组分别听取了昆明市政府、曲靖市政府、省发改委、省水利厅等关于滇池、牛栏江流域水污染防治工作以及牛栏江—滇池补水工程实施情况汇报，要求抓紧牛栏江引水工程相关配套项目建设，抓好牛栏江流域及盘龙江水环境整治工作，确保年底进入滇池的水达到类水质；要继续加大35条入湖河道综合整治，确保今年有7条未达标的河道达到水质考核要求；要切实加快第九、第十污水处理厂建设；要抓紧完善环湖截污及配套管网工程，确保明年全面发挥成效；年内集中完成环湖路内官渡、呈贡辖区大棚拆除工作，并实现土地收储；要加大滇池外海防浪堤拆除力度，确保年内完成48.6千米防浪堤拆除，加快生态湿地恢复和生态环境提升；年内再完成滇池外海2个省属单位搬迁工作，确保明年完成全部8个省属单位搬迁；要加强宣传教育，发动群众，探索环保责任到村到户，提高群众环保意识。2013年11月29日召开的滇池水污染防治工作第二十二次联席会议提出，要认真梳理今年目标任务，查找不足，抓紧今年最后一个月工作，确保今年年度目标任务完成；要始终把截污作为滇池治理之本，加大入湖河道综合整治力度，完成好河道整治目标任务；要结合开展群众路线教育活动，切实改进工作作风，增强服务意识，加强统筹协调，保障滇池治理各项工作顺利实施；要切实加大环境执法力度，坚持日常监管和专项行动相结合，加强联合执法，争取在滇池环境监管执法方面有新突破；要进一步创新投融资体制机制，千方百计确保资金投入进度；要认真总结"十二五"以来滇池治理经验教训，紧紧围绕治理目标，认真做好2014年滇池治理工作计划，分解任务，强化责任落实，确保治理工作扎实有序推进。2015年1月28日，省滇池水污染防治工作第二十五次联席会议召开。会议听取了联席会议成员关于去年滇池水污染防治工作的情况汇报，要求下一步的滇池治理工作要围绕深化滇池治理是生态文明建设重要组成部分的认识，攻克资金到位率较低这一难题，确保35个滇池治理项目全部完成；充分发挥已完工项目的作用，确保国家对滇池2014年治理考核合格；抓紧滇池"十三五"规划编制早完成、早主动，实现让滇池的水质三个基本达标的目标，齐心协力、同心合力做好滇池治理各项工作。同年7月7日，云南省政府滇池水污染防治专家督导组召开第二十六次联席会议。会议提出，2015年是滇池"十二五"规划收官之年，要充分认识滇池水污染防治工作的重要性、艰巨性和长期性，进一步增强责任感和紧迫感，把责任落实好，任务完成好，为滇池水污染防治做出积极贡献；要牢固树立全局思想、大局意识，昆明市政府、省级相关部门要各尽其职、各负其责，在滇池水污染防治工作中做到密切配合，同心协力；要切实解决存在困难，确保"十二五"规划项目基本完成，即项目完成率达到80%以上，投资完成率达88%以上，外海水质基本达到Ⅳ类，草海水质基本达到Ⅴ类，入湖河道水质基本消除劣Ⅴ类。

## 省政府滇池水污染防治专家督导组"退人退房"工作督导检查

2009年10月16日，省政府滇池水污染防治专家督导组对昆明市8个省属单位及驻昆部队"退人退房"工作进行督导和检查，认为8个省属单位及驻昆部队顾全大局，"退人退房"工作推进有序。2010年7月30日，专家督导组和市政府组织召开部分驻昆部队座谈会，协调解决昆明主城二环路内14家驻昆部队庭院雨污分流及河道周边区域再生水设施建设工作。同年9月6日，专家督导组对滇池外海湖滨8个省属单位及驻昆部队搬迁工作进行现场调研，现场查看了省委机关印刷厂、团结乡云南新华印刷厂五厂、武警黄金十支队、云南省第一女子监狱、省监狱管理局农科所搬迁新址，并听取了工作汇报。8个省属单位及驻昆部队搬迁工作取得实质性进展，有力推动了滇池湖滨湿地"四退三还一护"建设工作。11月30日，专家督导组对滇池外海湖滨8个省属单位及驻昆部队的搬迁进展情况进行实地调研。专家督导组为各单位各项工作的开展定出详细时间表，并要求必须在明年底前完成整体搬迁。2011年7月15日，专家督导组、"一湖两江"水环境综合治理督导组、分管副市长调研滇池湖滨"四退三还一护"工作，实地查看了省女子监狱、武警黄金十支队、云南新华印刷五厂的搬迁安置情况，并召开现场工作会。同年9月28日，专家督导组对滇池"四退三还"省属单位、驻昆部队搬迁及河道综合整治工作进行调研。12月19日，专家督导组调研滇池湖滨"四退三还一护"8个省属单位及驻昆部队搬迁工作进展情况，要求明年内，省、市、区涉及"四退三还一护"的搬迁单位必须全部完成搬迁。2012年5月23日，专家督导组实地调研滇池外海省属单位及驻昆部队安置情况，强调有关各方面要相互支持、密切配合，做好滇池外海"退人退房"搬迁安置各项工作。2014年1月24日，专家督导组现场调研省第一女子监狱及省监狱管理局农科所迁建工作时，提出要确保今年6月30日前全面完成省第一女子监狱及省监狱管理局农科所的搬迁工作。同年5月8日，专家督导组对滇池湖滨部分省级单位迁建工作进行现场调研。5月9日，专家督导组对滇池湖滨"四退三还"省属单位及驻昆部队搬迁情况进行调研，实地查看了4个单位搬迁工作的进展情况，听取了昆明市场及搬迁单位的情况汇报，明确了下阶段各项具体工作的完成时限，并提出了相关要求。2015年4月16日，专家督导组对滇池湖滨部分省级单位迁建工作进行现场调研，重点调研了武警黄金十支队迁建工作，并召开现场会议。

## 市"一湖两江"流域水环境综合整治专家督导

2010年，为推进滇池保护与治理工作，加强对全市"一湖两江"流域水环境综合整治工作的检查督促、调查研究，为市委、市政府全面推进滇池污染治理进程当好参谋，市委、市政府成立由15位专家组成的昆明市"一湖两江"流域水环境综合整治专家督导组（简称督导组）。在市委、市政府领导下，督导组根据《滇池"十二五"规划》所确定的水质目标和省、市滇池治理工作会议精神，逐年制定督导工作计划。在认真执行督导工作计划的同时，注意结合滇池治理各个时期的重点难点问题进行专题督导、专题研究，并将督导情况以《督导专报》的形式及时上报市委、市政府。至2015年，督导组组织集体督导和小组调研290次，召开专题会议41次，报送《督导专报》117期，提出督导工作建议372条。围绕全市滇池整治年度工作目标，督促各责任单位早计划、早安排，提高开工率；加强对重点项目和相关指标的调研督导，对工作推进中的困难和问题进行跟踪督导，提出加强及改进的工作建议，并力所能及地帮助责任单位协调、反映问题。

截污治污督导2011—2015年，督导组开展河道整治调研督导50多次，对大部分主要入湖河道都进行过步行巡查，及时掌握重点河道的问题，上报《督导专报》26期。针对16条"国考"河道水质达标问题，提出了利用牛栏江补水、河道沿岸中水站出水以及上游水库富余清水补入河道；污水处理厂尾水经深度处理，使主要指标达到Ⅴ类水标准后排入河道，促使河道沉水植物生长、净化水质；优化河道监测、加强河口湿地管理和城市下水道清淤等9条具体建议，并得到了市委、市政府的重视。经各责任部门的共同努力，取得较好的效果，从2014年起，16条"国考"河道中有14条水质稳定达标，主要入湖河道中劣Ⅴ类河道从22条减少为11条。督导组还以小组调研方式对广普大沟的污水追根溯源，查到某些企业的偷排现行，并建议采取特殊形式进行整治。针对主城西北部九污厂与三污厂污水调度平衡及老运粮河污水分配问题，督导组反复到现场查看、分析，向责任部门提出意见。对治理难度最大的海河、新运粮河，请省专家督导组帮助协调海河整治涉及到的一些省级单位，使工作不断推进。针对老宝象河整治方案与河道的实际情况不相符问题，提出了不必两岸全程埋管的建议并得到认可，使得河道整治工作节约了资金数千万元。在督导工业园区污水处理时，发现与海口工业园区污水厂选址位置一墙之隔已建有一座属于环湖截污工程的规模为3万立方米/日的污水处理厂，但年度计划中又要求再建一座污水处理厂的问题，督导组又及时建议海口工业园区不必再建一座处理工艺相同的新厂的建议并得到政府采纳，从而节约了数千万元建设资金。针对环湖截污干渠2010年分段闭合后污水管网不配套、管理制度未建立、管理人员不到位，使截污干渠的功能未得到充分发挥的问题，督导组提出"一段一策"、完善配套、加快移交、统一管理以及干渠和湿地两大系统衔接配合的建议。

饮用水源地环境安全督导饮用水源地的水质和环境状况，是关乎全市发展稳定的大事，又是滇池"国考"水质得分较为集中的板块。督导组对列入"国考"的7个饮用水源地和云龙水库的运行管理情况十分重视，每年雨季前和干旱严重时期都要到库区查看，了解情况，帮助解决问题，共编发了14期督导专报，提出相应的工作建议。2013年，曾有2座水库因蓄水不足和放牧等原因导致水质超标，督导组建议市自来水公司和市水务局科学调度、保持合理库容、完善相关设施、阻止牲畜入库，市水务部门和县（区）积极配合，落实各项措施，使得2014年、2015年列入"国考"的7个饮用水源地水质百分之百达标。禄劝县撒营盘镇污水处理厂的尾水原设计是经蛤蟆井沟流入石板河进入云龙水库，对云龙水库的水质产生极大的隐患。针对这一问题，督导组提出建议，并连续两年反复督促，与市水务局反复协调，多方集资，建成了输水管网，使污水厂尾水于2013年底全部引入山地灌溉，不再流入云龙水库，使云龙水库的一大污染隐患彻底清除，确保了云龙水库水质的稳定达标。同时，经过半年多的反复督促协调，督导组还争取省级相关部门支持在云龙水库的环库公路建防撞墙760米、挡墙1976.2米、防撞墩76个、警示桩216个，初步消除了环库公路的安全隐患。

牛栏江整治工作督导健康水循环是滇池"十二五"规划中改善滇池水质的关键性措施，前提是牛栏江清水补进滇池，补水期限确定在2012年底，牛栏江水质必须按预定时间达标。但是，2011年初牛栏江昆明出境断面水质为劣Ⅴ类，要让水质在两年内达标，任务十分繁重。为此，2011—2012年，督导组专家深入到嵩明、寻甸两县30多次，针对水质中超标污染物的特性，与市、县环保部门共同分析，找准重点污染源，并确定对杨林工业园区污水和寻甸长青树化工公司、中化云龙公司（原龙蟒集团）磷石膏渣场进行重点整治，并帮助企业研究制定磷石膏渣场的整治方案，采取稳定边坡、阻断径流、双层覆盖和覆土种草等措施封停整治老渣场。针对农业面源污染和集镇污水垃圾处理进行专题调研，撰写《督导专报》15期提出指导意见。经过大家的共同努力，杨林工业园区污水实现了"零排放"，牛栏江主要污染物总磷已由整治前的超标259.8倍降到Ⅲ类水的合格标准，终于使牛栏江水质如期达标，顺利实现了向滇池补水，并且连续3年水质一直稳定在Ⅱ—Ⅲ类。

环湖湿地建设与管理督导2011年初，督导组深入到滇池周边逐段督促，要求职能部门一段一策制定拆除防浪堤，并使拆堤与建湿地结合起来。针对湿地建设中存在的规划不到位、土地权属不清等问题有针对性地对技术、管理方面提出指导。在11期《督导专报》上，始终盯紧突出湿地净化水质的主要功能，反复建议要将河道水、滇池水通过湿地联通起来，形成完整的沿岸带、浮游带和底栖带生态系统，使环湖湿地阻断面源污染，净化河道及湖内水质、消减湖内污染负荷的作用得到发挥。到2014年底，督导组多年来一直倡导的自然生态湿地的代表形态——荒凉的浅滩已在滇池周边多处湿地当中形成。针对湿地植物的采收利用问题，督导组多次与有关企业协调，引导和支持企业利用湿地植物加工生物质燃料，进行资源化利用。与此同时，对滇池西岸3块湿地（西华、观音山南、观音山北）存在过度设计的问题提出不同意见，认为其设计方案中与改善生态、净化水质无关的设施安排过多，建设成本太高，3594亩湿地计划投资50多亿元，建议有关部门认真把关，从实际出发，精打细算，减少浪费。

督导"河道三包"责任制落实"滇池清，昆明兴"。滇池惠及千家万户，滇池保护与治理更迫切需要全社会的共同参与。在总结官渡区西庄社区对河道管护经验的基础上，提出的"河道三包"责任制建议。市委、市政府把"河道三包"责任制在全市的河道管理中推广，并把滇池治理、河道管理的任务层层分解到具体单位、具体责任人，形成了保护滇池、人人有责的强大的宣传声势。同时，督导组还专题对"河道三包"责任制在各县（区）贯彻落实的情况进行督导，推动责任制深入贯彻落实，促进群众参与的长效机制建立。同时，全力支持昆明滇池阳光艺术团的工作，积极配合市委、市政府的中心工作，编导了一大批保护滇池、热爱家乡、共建生态文明的文艺节目，深入到社区、街道、工厂、农村、学校、劳务市场宣传巡演，使"滇池清，昆明兴"的理念更加深入人心，更广泛地动员市民参与到滇池保护与治理的行动中。

## 第四节　目标考核

为加快滇池综合治理的步伐，1993年，市滇池保护委员会办公室根据《滇池保护条例》《滇池综合整治大纲》赋予各级政府的职责以及滇池"八五"期间的治理目标要求和省政府1993年4月15日治理滇池污染现场办公会议部署的滇池治理各项工作任务，完成了建立滇池流域县（区）政府和市属各有关部门滇池治理目标责任（1994—1995年）的分解工作。1993年底，市政府批准了滇池流域县（区）

政府和市属有关部门实行滇池治理目标责任制的工作。1999年，为加强对滇池的管理和污染治理，实现国务院对滇池流域水污染的防治目标，省政府与市政府签订《滇池水污染综合防治目标责任书》。市滇保办根据国家批准的《滇池流域水污染防治"九五"计划及2010年规划》和《滇池保护条例》，草拟了《1998—2000年滇池流域县（区）政府及市属有关部门滇池综合治理目标责任》和《目标责任的奖惩办法》，并报请市政府批准。同年4月10日，1999—2000年《滇池流域县（区）政府及市属有关部门滇池综合治理目标责任书》正式由各县（区）政府和市属有关部门领导与市政府签订。同时，市政府责成市滇保办牵头组织有关部门对目标责任的完成情况进行检查、督促和考核。《目标责任书》的签订，标志着滇池保护和治理的各项职责任务已分解落实至基层，形成了滇保工作统一协调、分口负责、分级管理、条块结合、各司其职、各负其责、齐抓共管的新局面。

2000年，省政府召开现场会，对以滇池为重点的九湖保护与治理做出全面部署，成立了省九大高原湖泊水污染综合防治领导小组及办公室。2001年，省政府与市政府签订了《滇池水污染防治目标责任书（2001—2002）》。省九大高原湖泊水污染综合防治领导小组多次组织滇池流域专题调研，总结经验，分析问题，不断加大保护治理力度。同年，市也成立了由主要领导担任组长的领导机构和市、县（区）滇池管理局，在沿湖4个县（区）16个乡（镇、街道）组建了滇管所，招聘了保洁员，为湖泊保护与治理工作提供了有力的组织保证；市政府与滇池流域内7个县（区）政府和市属有关部门签订了《滇池综合治理目标责任书》，滇池流域7个县（区）滇保委主任、副主任及市政府有关部门主要领导和分管领导作为目标考核的责任人，交纳风险抵押金并进行严格考核。未完成目标任务的责任人，所交纳的风险抵押金上缴财政，并不予发放年终考核奖金；完成目标任务的责任人，由市政府安排专项资金进行奖励。受市政府的委托，每年由市滇管局牵头，市发改委、市财政局、市环保局、市建设局、市农业局、市林业局等部门组成考核组，邀请市人大城环委、市政协城环委有关领导参加，按照市政府批准的《滇池流域县（区）政府及市属有关部门滇池综合治理目标责任考核办法》，分别对23个责任单位履行《滇池综合治理目标责任书》执行情况进行中期检查及年终全面检查考核，并将检查情况上报市政府，由滇池流域水环境综合治理指挥部办公室组织对责任书执行情况进行检查和考核。

2003年，国务院批复了《滇池水污染综合防治"十五"计划》，省政府又与昆明市签订了2003—2005目标责任书，市政府与流域县（区）政府及相关委办局层层签订责任书，全面实施目标责任制管理，确保了工作的落实。当年，结合省政府与市政府签订的《云南九大高原湖泊水污染防治目标责任书》及国务院《关于〈滇池流域水污染防治"十五"计划〉的批复》精神，市滇管局（市滇保办）于11月5日编制完成了新一轮的《滇池综合治理目标责任书》和《滇池流域水污染防治"十五"计划项目前期工作及实施任务目标责任书》，由市政府分管领导与全市各责任单位行政领导签订执行。为继续抓好责任制的贯彻落实，结合省政府与市政府签订的《云南省九大高原湖泊水污染防治目标责任书》，制定了《中共昆明市委、昆明市人民政府关于实施工作成果倒逼完善目标管理考核的意见（试行）》《中共昆明市委办公厅、昆明市人民政府办公厅关于印发〈昆明市县（市）区、开发（度假）区经济社会发展年度工作目标实行差别化考核办法〉的通知》《滇池主要入湖河道综合环境控制目标及河（段）长责任制管理办法（试行）》和《滇池流域主要河道断面水质控制目标及河（段）长责任制考核办法》，对滇池主要入湖河道实行河长制，明确各条河道的河长及责任。省政府专家督导组成员担任河道综合整治督导长，监督指导河道整治工作。建立了与总量控制相适应的统计、监测与考核体系，每年对规划实施进展、水质情况、排污总量和环境管理等情况进行评估与考核，将考核结果作为对领导班子和领导干部综合考核评价的重要依据，对未通过考核且整改不到位或因工作不力造成重大社会影响的，按照有关规定追究该地区相关责任人员的责任。目标管理考核坚持日常考评与年终考核相结合、定量考核与定性考核相结合，实行季度自查、半年抽查和年终考核，初步建立了主要领导负总责、分管领导具体抓、各职能部门密切配合的工作机制，确保责任明确，措施落实，奖惩分明，充分调动和发挥各级各部门的积极性，提高了工作效率，使各县（区）及责任单位的滇池综合治理工作走上程序化、规范化的轨道。

附　录

# "九五"至"十二五"滇池流域水污染治理项目实施情况一览表

表附-1

| 时 期 | 项目分类 | 项目名称 | 规划投资（万元） | 实际完成投资（万元） | 规划项目内容 | 项目完成内容 | 建设时期 | 是否属于规划内项目 |
|---|---|---|---|---|---|---|---|---|
| "九五" | 环湖截污与交通工程 | 昆明市第二污水处理厂 | 13800 | 13367.03 | 新建规模为10万立方米/天污水处理厂 | 完成 | 1994.03—1995.11 | 是 |
| | | 昆明市第三污水处理厂 | 18800 | 18210.17 | 新建规模为15万立方米/天污水处理厂 | 完成 | 1996.10—1997.10 | 是 |
| | | 昆明市油管桥污水处理厂（昆明市第四污水处理厂） | 6000 | 5811.75 | 新建规模为6万立方米/天污水处理厂 | 完成 | 1996—1997.05 | 是 |
| | | 昆明市第一污水处理厂改扩建工程（世行项目） | 12332 | 4611.06 | 扩建第一污水处理厂，先扩至8万立方米/天，再新增4万立方米/天 | 转至"十五"继续实施 | 1999—2003 | 是 |
| | | 昆明市东郊污水处理厂及配套管网（世行项目）（昆明市第六污水处理厂） | 18719 | 6999.22 | 新建规模为5万立方米/天污水处理厂 | 转至"十五"继续实施 | 1998.01—2003.01 | 是 |
| | | 昆明市北郊污水处理厂及配套管网（世行项目）（昆明市第五污水处理厂） | 22911 | 8566.66 | 新建规模为7.5万立方米/天污水处理厂 | 转至"十五"继续实施 | 1998.01—2002.06 | 是 |
| | | 呈贡县污水处理厂及配套管网（世行项目） | 3800 | 1420.86 | 新建规模为1.5万立方米/天污水处理厂 | 转至"十五"继续实施 | 2000.07—2003.12 | 是 |
| | 环湖截污与交通工程 | 晋宁县污水处理厂及配套管网（世行项目） | 3700 | 1383.47 | 新建规模为1.5万立方米/天污水处理厂 | 转至"十五"继续实施 | 1999.10—2004.03 | 是 |

续表

| 时　期 | 项目分类 | 项目名称 | 规划投资（万元） | 实际完成投资（万元） | 规划项目内容 | 项目完成内容 | 建设时期 | 是否属于规划内项目 |
|---|---|---|---|---|---|---|---|---|
| "九五" | 环湖截污与交通工程 | 昆明化肥厂 | 9000 | 5570.84 | 限期治理 | 完成 | 1996—2000 | 是 |
| | | 昆阳磷肥厂（世行项目） | 13000 | 8046.77 | 限期治理 | 完成 | 1996—2000 | 是 |
| | | 昆明啤酒厂改造现有治理设施 | 1500 | 928.47 | 限期治理 | 完成 | 1996—2000 | 是 |
| | | 云南省生物制药厂新上废水治理设施 | | | 限期治理 | 完成 | 1996—2000 | 是 |
| | | 昆明中药厂新上废水治理设施 | | | 限期治理 | 完成 | 1996—2000 | 是 |
| | | 昆明市造纸厂完善现有治理设施 | | | 限期治理 | 完成 | 1996—2000 | 是 |
| | | 昆明市桂美轩糕点厂新上废水治理设施 | | | 限期治理 | 完成 | 1996—2000 | 是 |
| | | 云南白药实业股份有限公司新上治理设施 | | | 限期治理 | 完成 | 1996—2000 | 是 |
| | | 昆明瓶酒厂新上治理设施 | | | 限期治理 | 完成 | 1996—2000 | 是 |
| | | 昆明市翻胎厂搬迁并新上治理设施 | | | 限期治理 | 完成 | 1996—2000 | 是 |
| | 环湖截污与交通工程 | 福保造纸厂搬迁造纸工段原地技改完善污水处理设施 | 4300 | 2661.62 | 限期治理 | 完成 | 1996—2000 | 是 |

续表

| 时 期 | 项目分类 | 项目名称 | 规划投资(万元) | 实际完成投资(万元) | 规划项目内容 | 项目完成内容 | 建设时期 | 是否属于规划内项目 |
|---|---|---|---|---|---|---|---|---|
| "九五" | 环湖截污与交通工程 | 金家纸厂重建污水处理系统 | 300 | 185.69 | 限期治理 | 完成 | 1996—2000 | 是 |
| | | 永胜纸厂重建污水处理系统 | 200 | 123.8 | 限期治理 | 完成 | 1996—2000 | 是 |
| | | 七甲纸厂重建污水处理系统 | 100 | 61.9 | 限期治理 | 完成 | 1996—2000 | 是 |
| | | 季官纸厂重建污水处理系统 | 200 | 123.8 | 限期治理 | 完成 | 1996—2000 | 是 |
| | | 晋宁昆阳造纸厂重建污水处理系统 | 200 | 123.8 | 限期治理 | 完成 | 1996—2000 | 是 |
| | | 昆明制胶厂完善治理设施 | 10 | 6.19 | 限期治理 | 完成 | 1996—2000 | 是 |
| | | 晋城卫生纸厂重建污水处理系统 | 30 | 18.57 | 限期治理 | 完成 | 1996—2000 | 是 |
| | | 盘龙卫生纸厂重建污水处理系统 | 30 | 18.57 | 限期治理 | 完成 | 1996—2000 | 是 |
| | | 盘龙卫生巾厂 | 30 | 18.57 | 限期治理 | 完成 | 1996—2000 | 是 |
| | | 昆明双凤电镀厂重建或改造治理设施 | 20 | 12.38 | 限期治理 | 完成 | 1996—2000 | 是 |
| | 环湖截污与交通工程 | 昆明四甲电镀厂重建或改造治理设施 | 20 | 12.38 | 限期治理 | 完成 | 1996—2000 | 是 |
| | | 昆明红波电镀厂重建或改造治理设施 | 20 | 12.38 | 限期治理 | 完成 | 1996—2000 | 是 |

续表

| 时 期 | 项目<br>分类 | 项目名称 | 规划投资<br>（万元） | 实际完成投资<br>（万元） | 规划项<br>目内容 | 项目完<br>成内容 | 建设<br>时期 | 是否属<br>于规划<br>内项目 |
|---|---|---|---|---|---|---|---|---|
| "九五" | 环湖截污与交通工程 | 昆明市广卫友谊民族服装厂 | 20 | 12.38 | 限期治理 | 完成 | 1996—2000 | 是 |
| | | 晋宁农机厂电镀分厂重建或改造治理设施 | 20 | 12.38 | 限期治理 | 完成 | 1996—2000 | 是 |
| | | 晋宁回龙电镀厂重建或改造治理设施 | 20 | 12.38 | 限期治理 | 完成 | 1996—2000 | 是 |
| | | 呈贡镀锌厂重建或改造治理设施 | 20 | 12.38 | 限期治理 | 完成 | 1996—2000 | 是 |
| | | 呈贡源远电镀厂重建或改造治理设施 | 20 | 12.38 | 限期治理 | 完成 | 1996—2000 | 是 |
| | | 呈贡同盛铸钢厂电镀车间重建或改造治理设施 | 20 | 12.38 | 限期治理 | 完成 | 1996—2000 | 是 |
| | 环湖截污与交通工程 | 昆明康福制药厂土霉素生产线停产 | 0 | 0 | 土霉素生产线停产 | 完成 | 1996—2000 | 是 |
| | | 云南印染厂关、停、禁、改、转 | 0 | 0 | 关、停、禁、改、转 | 完成 | 1996—2000 | 是 |
| | 环湖截污与交通工程 | 昆明木材厂纤维板生产线停产 | 0 | 0 | 纤维板生产线停产 | 完成 | 1996-2000 | 是 |
| | | 省建木材厂纤维板生产线停产 | 0 | 0 | 纤维板生产线停产 | 完成 | 1996—2000 | 是 |
| | | 昆明制革厂转产 | 0 | 0 | 转产 | 完成 | 1996—2000 | 是 |

续表

| 时　期 | 项目分类 | 项目名称 | 规划投资（万元） | 实际完成投资（万元） | 规划项目内容 | 项目完成内容 | 建设时期 | 是否属于规划内项目 |
|---|---|---|---|---|---|---|---|---|
| "九五" | 环湖截污与交通工程 | 昆明市日用化工厂转产 | 0 | 0 | 转产 | 完成 | 1996—2000 | 是 |
| | | 云南植物药厂搬迁皂素车间 | 0 | 0 | 搬迁皂素车间 | 完成 | 1996—2000 | 是 |
| | | 取缔晋宁大新制革厂 | 0 | 0 | 取缔 | 完成 | 1996—2000 | 是 |
| | | 取缔晋宁郑和制革厂 | 0 | 0 | 取缔 | 完成 | 1996—2000 | 是 |
| | | 取缔晋宁储英制革厂 | 0 | 0 | 取缔 | 完成 | 1996—2000 | 是 |
| | | 取缔晋宁县制革厂 | 0 | 0 | 取缔 | 完成 | 1996—2000 | 是 |
| | | 取缔呈贡桃源制革厂 | 0 | 0 | 取缔 | 完成 | 1996—2000 | 是 |
| | | 取缔呈贡南亚制革厂 | 0 | 0 | 取缔 | 完成 | 1996—2000 | 是 |
| | | 取缔昆明精锌冶炼厂（粗锌部份） | 0 | 0 | 取缔 | 完成 | 1996—2000 | 是 |
| | | 取缔青龙有色金属冶炼厂（粗锌部份） | 0 | 0 | 取缔 | 完成 | 1996—2000 | 是 |
| | 环湖截污与交通工程 | 关闭福保铸管厂机械分厂电镀车间 | 0 | 0 | 关闭 | 完成 | 1996—2000 | 是 |
| | | 关闭昆明先锋玛钢厂电镀车间 | 0 | 0 | 关闭 | 完成 | 1996—2000 | 是 |
| | | 昆明六甲纸厂转产 | 0 | 0 | 转产 | 完成 | 1996—2000 | 是 |
| | | 昆明长青电镀厂转产 | 0 | 0 | 转产 | 完成 | 1996—2000 | 是 |
| | | 昆明农药厂搬迁 | 0 | 0 | 搬迁 | 完成 | 1996—2000 | 是 |

续表

| 时　期 | 项目分类 | 项目名称 | 规划投资（万元） | 实际完成投资（万元） | 规划项目内容 | 项目完成内容 | 建设时期 | 是否属于规划内项目 |
|---|---|---|---|---|---|---|---|---|
| "九五" | 环湖截污与交通工程 | 昆明市城市排水管网改造工程（一期）（世行项目） | 13700 | 5122.57 | 建设第一、二污水处理厂及油管桥污水处理厂配套管网54.3千米 | 转至"十五"继续实施 | 1996—2004 | 是 |
| | | 昆明市城市管网改造（二期）（世行项目） | 9400 | 4611.05 | 建设第二、三污水处理厂配套管网36.7千米 | 完成 | 1996—2000 | 是 |
| | | 昆明市西郊污水配套管网（世行项目） | 8000 | 2991.28 | 西郊片区建设污水主干管网52.81千米 | 转至"十五"继续实施 | 1996—2003 | 是 |
| | | 城市下水道清淤工程（1） | 2100 | 1557.5 | 雨季前城市下水道清淤 | 完成 | 1997—1999 | 是 |
| | | 城市下水道清淤工程（2） | 700 | 519.17 | 继续实施雨季前城市下水道清淤 | 完成 | 1996—2000 | 是 |
| | | 滇池北岸截污工程（含外排污水的简易处理） | 9200 | 6823.33 | 9.7千米截污管及泵站，将第一、第二污水处理厂无法接纳的污水截出流域易地处理 | 完成 | 1996—1999 | 是 |
| | 农业农村面源污染治理工程 | 农业环境卫生示范工程（世行项目） | 3100 | 6396.9 | 建设斗南、乌龙、小河、渠东里等六个示范点，控制面源污染。 | 转至"十五"继续实施 | 1996—2004 | 是 |
| | 生态修复与建设工程 | 柴河—大河流域防护林工程 | 700 | 1444.46 | 工程造林20平方千米，封山育林30平方千米 | 完成 | 1996—1999 | 是 |
| | | 造林、退耕还林、封山育林及生态农业工程 | / | 30000 | / | 部分区域实施工程造林、退耕还林、封山育林，滇池面山森林覆盖率达到32.9% | 1996—2000 | 否 |
| | 生态修复与建设工程 | 松华坝水库汇水区工程造林工程 | 1000 | 2063.52 | 工程造林33.3平方千米（5万亩） | 完成 | 1996—2000 | 是 |

续表

| 时 期 | 项目分类 | 项目名称 | 规划投资（万元） | 实际完成投资（万元） | 规划项目内容 | 项目完成内容 | 建设时期 | 是否属于规划内项目 |
|---|---|---|---|---|---|---|---|---|
| "九五" | 生态修复与建设工程 | 昆明城市生活垃圾清运及处理工程（世行项目） | 23390 | 12000 | 日清1500吨生活垃圾清运系统及卫生填埋厂 | 转至"十五"继续实施 | 1996—2004 | 是 |
| | 入湖河道整治工程 | 草海入湖河道整治工程 | 3000 | 2250 | 船房河、运粮河、新河等河道清淤整治与河堤绿化 | 转至"十五"继续实施 | 1996—2003 | 是 |
| | | 滇池东北岸入湖河道清淤、整治及河堤绿化 | 5000 | 3750 | 盘龙江、大青河、宝象河、洛龙河、马料河等河道清淤整治及河堤绿化 | 完成 | 1996—2000 | 是 |
| | | 盘龙江沿线截污工程 | 2800 | 2100 | 开展盘龙江沿线截污工作 | 转至"十五"继续实施 | 1996—2004 | 是 |
| | | ★★柴河—大河前置沉砂池工程 | 1000 | / | 建设一座18万立方米河道沉砂池 | 完成 | 1996—2000 | 是 |
| | | 河道综合治理工程 | / | 9000 | / | / | 1996—2000 | 否 |
| | | 大观河截污疏浚与盘龙江城区段疏浚工程 | / | 3000 | / | / | 1996—2000 | 否 |
| | 内源污染治理工程 | 谷仓坝疏挖工程 | 900 | 855.51 | 疏挖对松华坝具有前置库作用的谷仓坝淤泥30万立方米 | 完成 | 1996—1998 | 是 |
| | | 谷仓坝疏挖工程（继续实施） | 400 | 380.23 | 疏挖对松华坝具有前置库作用的谷仓坝淤泥15万立方米 | 完成 | 1996—1998 | 是 |
| | | 草海底泥疏挖工程 | 25000 | 23764.26 | 疏挖草海污染底泥400万立方米，并进行妥当处置 | 转至"十五"继续实施 | 1998—2001 | 是 |
| | 内源污染治理工程 | 藻类清除景观改善应急工程 | 6000 | 1000 | 蓝藻清除及草海水体景观改善 | 转至"十五"继续实施 | 1996—2000 | 是 |

续表

| 时　期 | 项目分类 | 项目名称 | 规划投资（万元） | 实际完成投资（万元） | 规划项目内容 | 项目完成内容 | 建设时期 | 是否属于规划内项目 |
|---|---|---|---|---|---|---|---|---|
| "九五" | 内源污染治理工程 | 打捞水葫芦、取缔网箱养鱼工程 | / | 3000 | / | 取缔养鱼网箱5000多个、滇池机动捕鱼船1170多只 | 1996—2000 | 否 |
| | 外流域引水及节水工程 | "2258"饮用水源调配工程 | 20000 | 27000 | 为实施优水优用，投资2亿元，用2年时间，调5000万立方米/年优质水，解决80万市民饮用水问题。 | 完成 | 1996.11—1997.01 | 是 |
| | | 滇池防洪保护及污水资源化一期工程（西园隧道工程） | / | 24000 | / | 建成由水域分隔工程、西园隧洞工程、沙河整治工程组成的滇池防洪保护及污水资源化一期工程。通过在海埂大坝口建成的船闸和节制闸，将滇池分隔为外海和草海；开凿长4.8千米，洞径4.8米的西园隧洞，增加草海出水口，改变了滇池草海—外海的水体流向；整治沙河长9.47千米，满足水量下泄要求，实现滇池水体"蓄清排污"功能，提高昆明城市防洪标准 | 1994.01—1997.03 | 否 |
| | 研究与管理类工程 | 环境管理 | 5000 | 700 | / | 完成 | 1996—2000 | 是 |
| | | 滇池流域环境监测系统（世行项目） | 2000 | 300 | 建设能迅速反馈治理效果的监测系统 | "九五"结转到"十五" | 1996—2002 | 是 |

续表

| 时 期 | 项目分类 | 项目名称 | 规划投资（万元） | 实际完成投资（万元） | 规划项目内容 | 项目完成内容 | 建设时期 | 是否属于规划内项目 |
|---|---|---|---|---|---|---|---|---|
| "九五" | 研究与管理类工程 | ★昆明市第一污水处理厂改扩建工程（世行项目）续建 | 12332 | 6018.82 | 扩建第一污水处理厂，先扩至8万立方米/天，再新增4万立方米/天 | 完成 | 1999—2003 | 是 |
| | | ★昆明市东郊污水处理厂及配套管网（世行项目）（昆明市第六污水处理厂）续建 | 18719 | 10575.71 | 新建规模为5万立方米/天污水处理厂 | 完成 | 1998.01—2003.01 | 是 |
| | | ★昆明市北郊污水处理厂及配套管网（世行项目）（昆明市第五污水处理厂）续建 | 22911 | 11109.25 | 新建规模为7.5万立方米/天污水处理厂 | 完成 | 1998.01—2002.06 | 是 |
| | | ★呈贡县污水处理厂及配套管网续建（世行项目） | 3800 | 2986 | 新建规模为1.5万立方米/天污水处理厂 | 完成 | 2000.07—2003.12 | 是 |
| | | ★晋宁县污水处理厂及配套管网续建（世行项目） | 3700 | 2810 | 新建规模为1.5万立方米/天污水处理厂 | 完成 | 1999.10—2004.03 | 是 |
| "十五" | 环湖截污与交通工程 | ★★昆明市主城区排水管网改造与建设 | 122000 | / | 完善昆明市主城区一环路以内约14平方千米范围截污管网建设，一环路以外雨污分流干管网系统建设 | / | 2001—2005 | 是 |
| | | ★昆明市西郊污水配套管网（世行项目） | 10905 | 8882.26 | 西郊片区建设污水主干管网52.81千米 | "九五"结转到"十五" | 2002—2003 | 是 |

续表

| 时 期 | 项目分类 | 项目名称 | 规划投资（万元） | 实际完成投资（万元） | 规划项目内容 | 项目完成内容 | 建设时期 | 是否属于规划内项目 |
|---|---|---|---|---|---|---|---|---|
| "十五" | 环湖截污与交通工程 | ★昆明市城市排水管网工程（续建）（世行项目） | 23108 | 17428.96 | 昆明市城市排水管网工程建设总干管43千米 | 完成 | 2000—2004 | 是 |
| | 农业农村面源污染治理工程 | ★农业环境卫生示范工程（续建）（世行项目） | 3100 | 2442 | 建设斗南、乌龙、小河、渠东里等六个示范点，控制面源污染 | 完成 | 1996—2004 | 是 |
| | 农业农村面源污染治理工程 | 农村面源污染控制工程 | 43500 | 3852 | 沿湖15个乡镇农田废弃物资源化率达到60%，湖滨区生活垃圾收集清运率及处置率达到60%；推广平衡施肥、生态农业与农村卫生旱厕 | 呈贡、晋宁农村固体废弃物处理厂项目仅进入可行性研究、厂址选择阶段。新建沼气池8922口；累计推广平衡施肥105万亩；推广"双室堆肥坑"23完成90个；建设4000余座农村卫生旱厕 | 2001—2005 | 是 |
| | 生态修复与建设工程 | 滇池面山绿化 | 19000 | 2122 | 滇池周围面山造林79平方千米，林分改造41.7平方千米，封山育林补植补造24.7平方千米，森林管护321.8平方千米，中幼林抚育7.2平方千米 | 完成造林47981亩（按计划还差5.6万亩）；中幼林抚育35900亩（已完成计划）；低效林分改造595亩（按计划还差6.24万亩）；封山育林102981亩（已完成计划）；天保工程森林管护49.5万亩；流域森林覆盖率达50.6% | 2002—"十五"末在建 | 是 |

续表

| 时　期 | 项目分类 | 项目名称 | 规划投资（万元） | 实际完成投资（万元） | 规划项目内容 | 项目完成内容 | 建设时期 | 是否属于规划内项目 |
|---|---|---|---|---|---|---|---|---|
| "十五" | 生态修复与建设工程 | 水土流失整治 | 25000 | 4173 | 柴河、大河等流域水土流失整治，松华坝水库、宝象河水库、大河水库、柴河水库等水源区生态保护与建设，整治面积约300平方千米 | 整治水土流失面积325.5平方千米，其中坡改梯20143亩，水保林99115亩，经果林28831亩，封禁治理249035，种草3493亩，保土耕作87636亩等 | 2002—2004 | 是 |
| | 农业农村面源污染治理工程 | 草海生态区建设 | 40000 | 2000 | 截污、湿地、防护林、筑环湖路 | 截至"十五"末，项目基本未正式启动，在明波、运粮河东、运粮河西、东风坝北、柳苑等5个堆场植树约2100亩 | 2004启动 | 是 |
| | 生态修复与建设工程 | 草海水生生态恢复 | 12000 | 2546 | 草海6平方千米范围大型水生生物恢复 | 完成了草海东风坝及老干鱼塘退塘还湖及水域水生生态恢复二期工程，已实施人工造滩20万平方米，种植挺水、沉水及浮叶植物1404亩 | 2002—2005 | 是 |
| | | 滇池西岸生态恢复与建设 | 6300 | 8265 | 高海路沿线截污及生态恢复与建设工程 | "十五"结转到"十一五" | 2002—2006 | 是 |
| | | 湖滨带生态恢复与建设 | 76000 | 756 | 退田还湖3.3平方千米，建设湿地3.3平方千米，建设湖滨生态区6平方千米 | 启动湖滨生态湿地建设2100亩，外海湖滨推广无耕作水稻种植1200亩 | 2002—2005 | 是 |

续表

| 时　期 | 项目分类 | 项目名称 | 规划投资（万元） | 实际完成投资（万元） | 规划项目内容 | 项目完成内容 | 建设时期 | 是否属于规划内项目 |
|---|---|---|---|---|---|---|---|---|
| "十五" | | ★昆明城市生活垃圾清运及处理工程（续建）（世行项目） | 23390 | 5198 | 建设清运及处理能力1500吨/日垃圾填埋场，中转站及配套设施 | 完成 | | 是 |
| | 入湖河道综合整治工程 | 明通河、采莲河、枧槽河整治（续建） | 81500 | 66501 | 明通河、采莲河、枧漕河整治 | 完成 | | 是 |
| | | 盘龙江、乌龙河、船房河、新运粮河、老运粮河、小清河整治（续建） | 97000 | 10272 | 盘龙江、乌龙河、船房河、新运粮河、老运粮河、小清河整治 | 工程自北二环起，沿盘龙江至松华坝坝底，全长16.93千米，由东西两岸截污管道及其附属设施组成，主要接纳盘龙江沿岸污水并输送至昆明市第五污水处理厂处理。设计截污面积为19.96平方千米 | | 是 |
| | | 东、北郊入滇池河流截污工程 | / | 14428 | / | 开展河流截污工程 | | 否 |
| | | 采莲河整治度假区段 | / | 2450 | / | 进行河道综合整治 | | 否 |
| | 内源污染治理工程 | ★滇池草海底泥疏浚继续工程 | 13321 | 10700 | 滇池草海底泥疏浚191万立方米，面积1.91平方千米 | 完成 | | 是 |
| | | 滇池底泥疏浚二期工程 | 30000 | 641 | 疏挖面积5.26平方千米，其中：草海2.76平方千米、盘龙江入湖口1.5平方千米、外海1平方千米；清淤530万立方米 | "十五"结转到"十一五" | | 是 |

续表

| 时　期 | 项目分类 | 项目名称 | 规划投资（万元） | 实际完成投资（万元） | 规划项目内容 | 项目完成内容 | 建设时期 | 是否属于规划内项目 |
|---|---|---|---|---|---|---|---|---|
| | 内源污染治理工程 | 蓝藻清除及水葫芦综合利用 | 25000 | 2272 | 蓝藻清除及水葫芦采收、处置与综合利用 | 开展蓝藻清除工作 | | 是 |
| | 外流域引水及节水工程 | 外流域引水补给滇池生态用水工程 | 95000 | 0 | 完成板桥河—清水海引水济昆工程，开展金沙江引水补给滇池生态用水工程前期工作 | 开展前期工作 | | 是 |
| | | 节水及污水资源化工程 | 22000 | 133 | 城市污水资源化、城市节水 | 建成中水站39个，中水回用量约为6000立方米/天；污水处理厂尾水用于城市景观补水量近20万立方米/天 | | 是 |
| "十五" | 研究与管理类工程 | 完善滇池保护法律法规及地方标准 | 1300 | 200 | 完善《滇池保护条例》等法规体系，制定《滇池流域污水排放标准》等必须的地方标准，界桩的确定与定位 | 完成 | | 是 |
| | | 总量自动监控系统 | 7000 | 200 | 建立滇池外海、入湖河道、重点工业污染源、城市污水处理厂、北岸截污等工程的总量监控系统及水质在线自动监测系统 | 完成 | | 是 |
| | | 滇池流域环境信息中心 | 3000 | / | 完善原昆明市环境信息中心，加强环境信息管理，建立昆明市环境信息动态管理体系，实现环境管理信息卫星传输 | 完成 | | 是 |

续表

| 时 期 | 项目分类 | 项目名称 | 规划投资（万元） | 实际完成投资（万元） | 规划项目内容 | 项目完成内容 | 建设时期 | 是否属于规划内项目 |
|---|---|---|---|---|---|---|---|---|
| "十五" | 研究与管理类工程 | 滇池流域环保宣教中心 | 2000 | / | 建立昆明市（含滇池流域）环保宣教中心，加大环保宣传力度 | 完成 | | 是 |
| | | 调查与研究—环湖截污前期工作 | 5000 | 5498 | 环湖截污前期工作 | 完成 | | 是 |
| | | 调查与研究—滇池入湖污染物动态总量与滇池流域水土流失现状遥感调查 | 3000 | / | 滇池入湖污染物动态总量与滇池流域水土流失现状遥感调查、滇池流域资源与环境承载力研究、滇池流域产业结构调整、城市规模控制政策法规等研究 | 完成 | | 是 |
| | | 技术示范 | 21000 | 3325 | 河道减污、小流域治理、湿地恢复、雨水污水资源化利用、污水深度处理、秸秆粪便资源化、农村卫生旱厕、分散污水处理技术等示范 | 完成 | | 是 |
| | | 工程系统规划 | 1000 | / | 农村面源污染控制、滇池湖滨带调查与建设、生态农业建设、产业布局与产业结构调整等规划 | 完成 | | 是 |
| | | ★滇池流域环境监测系统工程（续建） | 2061 | 1976 | 建设滇池流域环境监测系统 | 完成 | | 是 |

续表

| 时　期 | 项目分类 | 项目名称 | 规划投资（万元） | 实际完成投资（万元） | 规划项目内容 | 项目完成内容 | 建设时期 | 是否属于规划内项目 |
|---|---|---|---|---|---|---|---|---|
| "十五" | 研究与管理类工程 | ★滇池蓝藻水华污染控制技术研究、滇池流域面源污染控制技术研究项目（续建） | 5000 | 5000 | 在6平方千米的范围内进行蓝藻清除示范研究；在12.5平方千米的小流域内进行面源污染控制技术示范研究 | 完成 | | 是 |
| | | 企业污染物总量控制系统 | 7000 | 9810 | 推行清洁生产，滇池流域主要工业污染源实现全面达标，实施总量控制计划 | 完成 | | 是 |
| "十一五" | 环湖截污与交通工程 | 第二污水处理厂技术改造工程 | 1903 | 4590 | 增加10万立方米/天深度处理系统 | 完成 | | 是 |
| | | 第六污水处理厂改扩建工程 | 3540 | 14775 | 新增污水处理能力8万立方米/天，使污水处理能力达到13万立方米/天 | 完成 | | 是 |
| | 环湖截污与交通工程 | 第五污水处理厂改扩建工程 | 18290 | 22177 | 新增污水处理规模9.5万立方米/天，使整个处理能力提高到17万万立方米/天 | 完成 | | 是 |
| | | 第四污水处理厂技术改造工程 | 841 | 490 | 增加6万立方米/天辅助化学药剂除磷系统和紫外线消毒系统， | 完成 | | 是 |
| | | 第七污水处理厂工程 | 44540 | 42949 | 新建处理规模20万立方米/天污水处理厂 | 完成 | | 是 |
| | | 第一污水处理厂技术改造工程 | 2135 | 4777 | 增加12万立方米/天深度处理系统 | 完成 | | 是 |

续表

| 时　期 | 项目分类 | 项目名称 | 规划投资（万元） | 实际完成投资（万元） | 规划项目内容 | 项目完成内容 | 建设时期 | 是否属于规划内项目 |
|---|---|---|---|---|---|---|---|---|
| "十一五" | 环湖截污与交通工程 | 第三污水处理厂改扩建工程 | 33467 | 22583 | 新增污水处理规模6万立方米/天，使整个处理能力达到21万立方米/天 | 完成 | | 是 |
| | | 呈贡城南、北污水处理厂及配套管网建设 | 25000 | 11412.13 | 建设4万立方米/天呈贡南（捞鱼河）污水处理厂；8万立方米/天呈贡北（洛龙河）污水处理厂及其配套管网 | 呈贡城南（捞鱼河）污水处理厂土建及安装主体工程已完成，将进入试运行阶段 | | 是 |
| | | 城市污水处理厂污泥处理处置一期工程 | 28000 | 5896.43 | 新建处理能力275吨/天（含水率80%），折合干污泥55吨/日的污泥处置工程 | "十一五"结转到"十二五" | | 是 |
| | | 城东片区系统排水管网建设 | 27810 | 26272 | 建设明通河—枧槽河系统雨污分流排水管网及配套泵站，管网总长60千米 | "十一五"结转到"十二五" | | 是 |
| | | 城东南片区系统排水管网建设 | 47040 | 35076 | 根据城市发展，建设东白沙河、宝象河系统雨污分流排水管网，管网总长103.2千米 | "十一五"结转到"十二五" | | 是 |
| | | 城北片区系统排水管网建设 | 23520 | 11504 | 建设银汁河系统雨污分流排水管网及配套泵站，管网总长41.1千米 | "十一五"结转到"十二五" | | 是 |
| | | 城南片区系统污水管网建设 | 43120 | 26020 | 建设船房河系统雨污分流排水管网及配套泵站，管网总长84.4千米 | "十一五"结转到"十二五" | | 是 |

续表

| 时 期 | 项目分类 | 项目名称 | 规划投资（万元） | 实际完成投资（万元） | 规划项目内容 | 项目完成内容 | 建设时期 | 是否属于规划内项目 |
|---|---|---|---|---|---|---|---|---|
| "十一五" | 环湖截污与交通工程 | 城西片区系统排水管网建设 | 30560 | 20428 | 建设运粮河系统雨污分流排水管网及配套泵站，管网总长61.8千米 | "十一五"结转到"十二五" | | 是 |
| | | 呈贡新城排水管网建设 | 12600 | 18016.2 | 在50平方千米新城范围内建设180千米污水管网 | | | 是 |
| | | 昆明主城雨污分流次干管及支管配套建设工程 | 48000 | 32069 | 昆明市主城区铺设雨污分流次干管及支管120千米 | "十一五"结转到"十二五" | | 是 |
| | | 南岸截污前期工作 | 600 | 476.6 | 开展滇池南岸截污前期工作 | 完成 | | 是 |
| | | 环湖干渠（管）截污工程 | 544000 | 403100 | 构建截污干渠（管）总长107千米，其中干渠46千米、干管61千米；新建污水处理厂4座（建设总规模50万立方米/日，一期建设规模20万立方米/日）、雨水处理站8座（建设总规模52.5万立方米/日，一期建设规模37.5万立方米/日） | "十一五"结转到"十二五" | | 是 |
| "十一五" | 农业农村面源污染治理工程 | 畜禽养殖污染防治 | 11400 | 9143.69 | 在滇池流域范围内划定集中养殖区、禁养区和限养区，并对集中养殖区进行污染防治 | 完成了禁养区的划定工作，关闭搬迁畜禽养殖户18124户，涉及畜禽684.24万头（只），完成任务数的108.91% | | 是 |

续表

| 时　期 | 项目分类 | 项目名称 | 规划投资（万元） | 实际完成投资（万元） | 规划项目内容 | 项目完成内容 | 建设时期 | 是否属于规划内项目 |
|---|---|---|---|---|---|---|---|---|
| "十一五" | 农业农村面源污染治理工程 | 测土配方施肥技术及面源减污控释化肥技术示范 | 1700 | 1760 | 流域土壤环境质量调查与评价、肥效田间试验、测土配方施肥地理信息系统建立、缓释配方肥研制及推广，减少化肥用量、控制农业面源污染。在流域区实施面积12万亩 | 至2010年，滇池流域及水源区已累计完成测土配方施肥推广50.4432万亩，其中，滇池流域水源区16.9万亩 | | 是 |
| | | 农村秸秆粪便资源化利用工程 | 2000 | 2017.88 | 在滇池流域实施农田秸秆直接还田及农村固体废弃物、粪便的资源化利用 | 建设双室和三室堆沤池148个，年可堆沤秸秆2960吨 | | 是 |
| | | 农村面源污染控制示范工程 | 7000 | 4030 | 实施建设农村垃圾、污水、农田径流水等污染治理工程，分散污水处理系统（一体化净化槽） | 建设滇池流域农田径流污染控制示范工程5个；实施植保综合防治（IPM）推广10000亩 | | 是 |
| | | 农村面源污染控制定量研究 | 300 | 185 | 选择流域内有代表性的2条小流域，开展农村面源污染控制定量研究，为流域面源污染定量与污染治理措施的效益分析提出可行的技术方法 | 完成 | | 是 |
| | 生态修复与建设工程 | 水土流失整治 | 3000 | 3190.8 | 实施水土流失综合治理，治理面积100平方千米 | 完成治理面积167.49平方千米 | | 是 |

续表

| 时 期 | 项目分类 | 项目名称 | 规划投资（万元） | 实际完成投资（万元） | 规划项目内容 | 项目完成内容 | 建设时期 | 是否属于规划内项目 |
|---|---|---|---|---|---|---|---|---|
| "十一五" | 生态修复与建设工程 | 流域面山绿化 | 670 | 509.2 | 造林20000亩、低效林分改造5000亩、封山育林20000亩、中幼林抚育10000亩 | 完成造林35767亩，占计划的178.8%；完成封山育林36171亩，占计划的181%；完成中幼林抚育10348亩，占计划的103%；完成低效林分改造5120亩，占计划的102% | | 是 |
| | | 外海南岸矿山生态修复 | 2300 | 3261.81 | 在滇池流域主要采矿区恢复矿山植被及改善矿区生态 | 完成 | | 是 |
| | | 滇池外海湖滨生态建设 | 63400 | 267173 | 滇池外海三退三还及湿地建设14400亩，涉及湿地建设需退塘3010亩，退田10300亩，退房67万平方米 | "十一五"结转"十二五" | | 是 |
| | | 滇池草海综合生态修复 | 24030 | 1495 | 建设湖滨湿地1950亩，营造不同群落类型林地3000亩，设暴雨沉淀塘6个、退塘1220亩，退田730亩，退房9万平方米 | 完成湖滨生态建设5384亩，其中湖滨林3524亩，湖滨湿地1318亩，入湖河口湿地542亩，栽种乔木类植物近50万株，种植水生植物106.5万丛 | | 是 |
| "十一五" | 生态修复与建设工程 | 滇池西岸生态恢复与建设（续建） | 1890 | 1232 | 高海路沿线截污及生态恢复与建设工程 | 完成 | | 是 |
| | | 滇池南岸自然湿地建设示范 | 400 | 250 | 在滇池南岸白鱼河口等地建设自然湿地300亩，恢复湿地生物多样性，研究湿地功能 | 在晋宁县滇池南岸白鱼河口先后共完成湿地保护与修复面积达301亩 | | 是 |

续表

| 时　期 | 项目<br>分类 | 项目名称 | 规划投资<br>（万元） | 实际完成投资<br>（万元） | 规划项<br>目内容 | 项目完<br>成内容 | 建设<br>时期 | 是否属<br>于规划<br>内项目 |
|---|---|---|---|---|---|---|---|---|
| "十一五" | 生态修复与建设工程 | 入湖河道水生生态修复技术应用工程示范 | 2000 | 914 | 在采莲河下段采用生物技术对入湖河道进行水生生态修复 | 完成 | | 是 |
| | | 水源地主要污染物减污示范工程 | 3000 | 3861 | 对入松华坝水库的冷水河、牧羊河周边村镇生活污水及垃圾进行治理 | 水源区建立"组保洁、村收集、乡（镇）运转、县处置"的垃圾收集处置模式；建成滇源集镇、阿子营集镇2个污水处理厂；在牧羊河岸中上段建设生态湿地1148亩；在牧羊河周边完成了19个分散村庄污水收集处理设施；完成了冷水河周边9个分散村庄污水收集处理设施 | | 是 |
| | 生态修复与建设工程 | 水源区推广沼气池 | 1000 | 2320.15 | 在昆明市重点水源区推广5000户农村沼气一池三改工程；每年实施1000口 | 建设农村户用沼气池10430口，超额完成计划任务 | | 是 |
| | | 呈贡垃圾处理厂建设 | 7000 | 17893 | 在呈贡新城区建设700吨/天规模的垃圾卫生填埋场 | 截至"十一五"期末工程土建主体已经基本完成，设备安装已进场 | | 是 |
| | | 垃圾填埋场渗滤液处理站建设 | 3000 | 2984 | 在东、西郊城市垃圾填埋场各建一座渗滤液处理站，每站规模250立方米/天 | 工程建设规模为东郊150立方米/天，西郊250立方米/天 | | 是 |
| | | 主城四区粪便无害化处理 | 3000 | 4449 | 主城五华、官渡、西山、盘龙四区粪便无害化处理 | 建成五华区和盘龙区共2座，总处理规模600吨/天 | | 是 |

续表

| 时 期 | 项目分类 | 项目名称 | 规划投资（万元） | 实际完成投资（万元） | 规划项目内容 | 项目完成内容 | 建设时期 | 是否属于规划内项目 |
|---|---|---|---|---|---|---|---|---|
| | 生态修复与建设工程 | 西山区垃圾综合处理厂 | 35000 | 12900 | 采用焚烧方式处理生活垃圾，日处理规模1000吨 | 完成工程土建部分，正在安装锅炉及脱硫除尘设备 | | 是 |
| | | ★★官渡区垃圾综合处理厂 | / | 38000 | 采用焚烧方式处理生活垃圾，日处理规模1000吨 | 全面完成项目生产建设，设计处理总规模1000吨/天 | | 是 |
| "十一五" | 生态修复与建设工程 | 五华区垃圾综合处理厂 | 20000 | 32000 | 设计垃圾填埋场日处理规模1000吨 | 项目由规划的填埋处理方式改为焚烧发电，实际建设内容包括主体工程400吨/天焚烧炉3台，额定总功率12MW凝汽发电机组2台，日处理垃圾1000吨 | | 是 |
| | | 县城垃圾处理设施建设 | 30000 | 1427.6 | 建设日处理量1500吨的县城垃圾处理场 | 项目服务范围包括晋宁县滇池流域内的所有乡镇。截至2010年底，县城生活垃圾处理场共处置生活垃圾110213吨，共覆土8次，14800立方米，进行药物消杀74次，无害化处理率达100% | | 是 |
| | 入湖河道综合整治工程 | 盘龙江水环境综合整治工程 | 37369 | 6524 | 南坝闸—洪家村入湖口，整治河道长度8.07千米，设置河口沉淀净化塘 | 对盘龙江全线26.19千米进行截污整治，对南二环至入湖河口的河道进行清淤，共计完成截污管道埋设1.75千米，清水管道埋设2.34千米，清除淤泥6万立方米 | | 是 |

续表

| 时　期 | 项目分类 | 项目名称 | 规划投资（万元） | 实际完成投资（万元） | 规划项目内容 | 项目完成内容 | 建设时期 | 是否属于规划内项目 |
|---|---|---|---|---|---|---|---|---|
| "十一五" | 入湖河道综合整治工程 | 新运粮河水环境综合整治工程 | 23457 | 17831 | 人民西路—积下入湖口，整治全长4.36千米，截污、清淤、生态河堤整治建设 | 对新运粮河人民西路口（神工家具店址）至张峰泵站共4.44千米河道进行综合整治，完成截污管道埋设3.86千米，清除淤泥6.3万立方米 | | 是 |
| | | 海河水环境综合整治工程 | 41250 | 32514 | 老昆洛公路—福保文化城入湖口，整治长度为11.25千米，截污、清淤、生态河堤整治、前置库、净化塘建设 | 对彩云北路东白沙河西侧至福保文化城入湖口全长11.10千米进行河道整治，完成截污管道埋设10.13千米，清除淤泥7.03万立方米 | | 是 |
| | | 西坝河水环境综合整治工程 | 16571 | 18400 | 南过境公路—柳苑度假村入湖口，整治河道长度5.4千米；截污、清淤、生态河堤整治建设 | 对广福路（平桥村）至入湖口段3.29千米河道进行综合整治，完成截污管道埋设2.9千米，清除淤泥1.89万立方米，整治河堤5.8千米 | | 是 |
| | | 老运粮河水环境综合整治工程 | 13896 | 13893 | 成昆铁路—积下村入湖口，整治河道长度2.22千米；截污、清淤、生态河堤整治建设 | 对成昆铁路至积下村入湖口1.62千米河道进行综合整治，完成截污管道埋设3.6千米，清水管道埋设1.1千米，清除淤泥4.05万立方米 | | 是 |

续表

| 时　期 | 项目分类 | 项目名称 | 规划投资（万元） | 实际完成投资（万元） | 规划项目内容 | 项目完成内容 | 建设时期 | 是否属于规划内项目 |
|---|---|---|---|---|---|---|---|---|
| "十一五" | 入湖河道综合整治工程 | 金汁河水环境综合整治工程 | 17014 | 4520 | 北辰大道—昆河铁路，河道整治约6千米，截污、清淤、生态河堤整治建设 | 对金汁河北辰大道至昆河铁路4.53千米河道进行综合整治，完成截污管道埋设4.64千米，河堤整治4.3千米，清除淤泥3.1万立方米 | | 是 |
| | | 玉带河、篆塘河水环境综合整治工程 | 12115 | 10354 | 盘龙江分洪闸口—大观河口，整治河道长度为3.3千米，截污、清淤、生态河堤整治建设 | 对盘龙江引水口至篆塘河暗涵出口3.29千米河道进行综合整治，完成截污管道埋设1.43千米，清除淤泥5.2万立方米 | | 是 |
| | | 洛龙河水环境综合整治工程 | 11164 | 10014 | 昆玉公路—入湖口10千米，截污、清淤、生态河堤整治、前置库、净化塘建设 | 洛龙河截污及水环境治理工程（B段）完成截污管道埋设8.38千米，河道整型治理2.25千米 | | 是 |
| | | 马料河水环境综合整治工程 | 12523 | 4475 | 老昆洛公路—入湖口5千米，截污、清淤、生态河堤整治、前置库、净化塘建设 | 对自老昆洛公路至入湖口5千米河道进行综合整治，迁坟1700多冢，清淤3.6千米，共征地15.632亩，拆除沿线临违建构筑物4000多平方米，铺设涵管20米，入湖口建设27亩生态湿地 | | 是 |
| | | 捞鱼河水环境综合整治工程 | 24504 | 32500 | 东外环中路—入湖口15千米，截污、清淤、生态河堤整治、前置库、净化塘建设 | 完成呈贡段截污管埋设17.3千米，清淤300余吨，度假区段完成截污管道埋设3.82千米 | | 是 |

| 时期 | 项目分类 | 项目名称 | 规划投资（万元） | 实际完成投资（万元） | 规划项目内容 | 项目完成内容 | 建设时期 | 是否属于规划内项目 |
|---|---|---|---|---|---|---|---|---|
| "十一五" | 入湖河道综合整治工程 | 护城河水环境综合整治工程 | 2980 | 5661 | 东大河汇入口—入湖口2.3千米，截污、清淤、生态河堤整治建设 | 对东大河汇入口至入湖口2.3千米河道进行综合整治，累计埋设截污管道6.78千米，清除淤泥3.5立方米 | | 是 |
| | | 乌龙河水环境综合整治工程 | 5328 | 6514.13 | 建设截污干管3425米，整治河道376米及其他配套工程 | 完成截污管道埋设4.1千米，清水管道埋设0.36千米，清除淤泥2.97万立方米，在乌龙河上游新建污水节制闸一座，在入湖口新建溢流污水前置塘一座 | | 是 |
| | | 船房河水环境综合整治工程 | 21696 | 35110 | 建设截污干管10718米，整治河道6358米及其他配套工程 | 对环城西路兰花沟至环湖路完成截污管道、箱沟埋设10.11千米，清除淤泥16.45万立方米，在下游新建截污泵站一座 | | 是 |
| | 内源污染治理工程 | 滇池外海主要入湖河口及重点区域底泥疏浚 | 37000 | 151.4 | 疏浚滇池外海主要入湖河口及重点区域8.9平方千米范围内的污染底泥 | "十一五"结转到"十二五" | | 是 |
| | | 滇池污染底泥疏挖及处置二期工程（续建） | 14508 | 21500 | 疏浚草海南部、盘龙江及大清河入湖口的污染底泥，疏浚面积4.5平方千米、疏浚量360万立方米 | 疏挖水域面积422万平方米，疏挖底泥370万立方米 | | 是 |

续表

| 时 期 | 项目分类 | 项目名称 | 规划投资（万元） | 实际完成投资（万元） | 规划项目内容 | 项目完成内容 | 建设时期 | 是否属于规划内项目 |
|---|---|---|---|---|---|---|---|---|
| "十一五" | 内源污染治理工程 | 水葫芦资源化利用示范 | 1000 | 440.95 | 采用太阳能中温沼气技术，利用水葫芦及农田秸秆生产罐装沼气，摸索和建立群众广泛参与的水葫芦打捞、运输、综合利用的长效运行模式。 | 完成 | | 是 |
| | 外流域引水及节水工程 | 牛栏江—滇池补水工程 | 366300 | 353500 | 包括德泽水库枢纽工程、德泽干河泵站工程、德泽干河—昆明输水线路工程 | 完成工程可行性研究报告及水土保持方案、环境影响评价、水资源论证及移民安置规划等专题报告的补充完善工作；开展征地拆迁、林木采伐、移民安置工作。项目开工 | | 是 |
| | 外流域引水及节水工程 | 污水处理厂再生水利用一期工程 | 1800 | 3247.64 | 完成昆明市第一、第四、第五污水处理厂再生水利用工程的建设，共新建再生水供水泵站3座，加压泵站1座；建设污水处理厂再生水处理站及加压泵站，建设各片区再生水利用主干管，处理后2.9万立方米/天的再生水用作市政用水 | 建成昆明市第一、第四、第五污水处理厂再生水利用工程，建成再生水利用主干管88.11千米，设置取水点38个，再生水用户167家，再生水供水能力达到3万立方米/天，出水回用于绿化用水、公园用水、环卫用水、城市杂用水 | | 是 |
| | | 城市再生水利用设施建设 | 3950 | 19743 | 在具备条件的机关、学校、住宅小区新建中水站33座，再生水回用于绿化及景观；新建中水站处理规模1.65万立方米/天 | 完成 | | 是 |

续表

| 时　期 | 项目分类 | 项目名称 | 规划投资（万元） | 实际完成投资（万元） | 规划项目内容 | 项目完成内容 | 建设时期 | 是否属于规划内项目 |
|---|---|---|---|---|---|---|---|---|
| "十一五" | 研究与管理类工程 | 污染物自动监控系统建设 | 2200 | 3188.87 | 滇池流域重点企业建设自动监控系统 | 完成 | | 是 |
| | | 总量监控系统建设 | 2568 | 1431 | 建立入湖河流总量监控在线监测系统，完善水质监测网络 | 完成 | | 是 |
| | | 流域内企业清洁生产审核及循环经济示范区建设 | 3500 | 954 | 滇池流域重点污染源开展节能降耗、清洁生产审核 | 完成 | | 是 |
| | | 规划执行情况评估 | 400 | 70 | 组织进行"十一五"规划中、末期评估，研究并提出科学合理的评估办法，制定管理办法及运行机制 | 完成 | | 是 |
| | | 环境保护宣传教育 | 2000 | 801.15 | 媒体及培训班等多种方式向社会各界以及公众宣传保护滇池，在水源区和沿湖农村开展农村面源污染控制宣传教育和知识讲座 | 完成 | | 是 |
| | 研究与管理类工程 | 滇池流域水环境保护长远规划研究 | 300 | 270 | 结合流域经济社会发展，在湖泊环境容量研究，流域污染趋势预测基础上，研究提出流域管理模式和工程治理方案，形成滇池流域水污染防治长远规划 | 完成 | | 是 |

续表

| 时 期 | 项目分类 | 项目名称 | 规划投资（万元） | 实际完成投资（万元） | 规划项目内容 | 项目完成内容 | 建设时期 | 是否属于规划内项目 |
|---|---|---|---|---|---|---|---|---|
| "十一五" | 研究与管理类工程 | 城市污水综合利用研究 | 100 | 120 | 寻找城市污水综合利用的难点问题，借鉴其他缺水城市已有的成功经验，研究制定有可操作性的滇池流域城市污水综合利用方案，提高水资源综合利用率 | 完成 | | 是 |
| | | 松华坝水库自动监测站建设 | 500 | 363.37 | 松华坝水库出、入库两个断面水质自动监测站建设，加强对松华坝水库的水质监测 | 完成 | | 是 |
| "十二五" | 环湖截污与交通工程 | 昆明市主城区城市污水处理厂污泥处理处置工程（"十一五"续建工程） | 31550 | 47956.78 | 新建处理能力140吨DS（干燥污泥）/天污泥处置工程 | 完成 | | 是 |
| | | 滇池北岸水环境综合治理工程（"十一五"续建工程） | 97000 | 105744 | "十二五"期间，完成市政排水主干管建设86千米，完成第二、六污水处理厂的挖潜改造，土堆泵站、昆三中泵站、关上雨水泵站建设、污水处理厂污泥储泥塔建设及北岸工程管网维护车辆包采购等 | 完成 | | 是 |
| | 环湖截污与交通工程 | 主城及环湖截污污水处理厂污泥处理及资源化利用工程 | 19500 | 1.21 | 新建3—4座规模为50吨DS/天，约含水率80%污泥量250吨/天的污泥处理处置厂 | "十二五"结转到"十三五" | | 是 |

续表

| 时　期 | 项目分类 | 项目名称 | 规划投资（万元） | 实际完成投资（万元） | 规划项目内容 | 项目完成内容 | 建设时期 | 是否属于规划内项目 |
|---|---|---|---|---|---|---|---|---|
| "十二五" | 环湖截污与交通工程 | 第八污水处理厂建设工程 | 13000 | 11298 | 新建处理规模为10万立方米/天污水处理厂 | 完成 | | 是 |
| | | 第九污水处理厂建设工程（地下式） | 59040 | 62736.56 | 新建处理规模为10万立方米/天污水处理厂 | 完成 | | 是 |
| | | 第十污水处理厂建设工程（地下式） | 75020 | 71464 | 新建处理规模为15万立方米/天的污水处理厂 | 完成 | | 是 |
| | | 第十一污水处理厂建设工程 | 58000 | 75556.49 | 新建处理规模6万立方米/天污水处理厂 | 完成 | | 是 |
| | | 昆明市普照水质净化厂（第十二污水处理厂）及配套管网工程 | 45390 | 40365.56 | 新建污水处理厂规模5万立方米/天污水处理厂 | 试运行 | | 是 |
| | | 第一污水处理厂雨季合流污水高效处理工程 | 6530 | 7058.14 | 对第一污水处理厂二级处理系统更新改造，雨季提高6万立方米/天处理能力 | 完成 | | 是 |
| | 环湖截污与交通工程 | 空港区污水处理厂及配套管网建设 | 63530 | 14000 | 建设空港片区污水处理厂规模共11.5万立方米/天，配套管网长度243千米，建设提升泵站2座 | 建成成南水厂一期，规模3万立方米/天；北片区污水厂正在开展前期工作，完成配套污水管道建设25千米 | | 是 |
| | | 集镇污水处理站及污水收集系统建设工程 | 26500 | 6076.6 | 建设滇源、阿子营、双龙、松华、大板桥、团结、宝峰、六街、晋城、上蒜、新街11个集镇污水处理站，设计处理能力1.75万立方米/天，污水收集管网96千米 | 完成 | | 是 |

续表

| 时 期 | 项目分类 | 项目名称 | 规划投资（万元） | 实际完成投资（万元） | 规划项目内容 | 项目完成内容 | 建设时期 | 是否属于规划内项目 |
|---|---|---|---|---|---|---|---|---|
| "十二五" | 环湖截污与交通工程 | 昆明国际包装印刷产业基地污水处理站（二期）建设工程 | 440 | 460 | 新建污水处理规模0.15万立方米/天污水处理厂 | 完成 | | 是 |
| | | 昆明新城高新技术产业基地（含电力装备工业基地）污水处理厂工程 | 12650 | 7933.1 | 新建污水厂处理规模3万立方米/天污水处理厂 | 完成 | | 是 |
| | | 二街工业园区污水处理厂建设工程 | 6140 | 2362.5 | 新建一期污水处理规模为0.35万立方米/天，二期污水处理规模0.35万立方米/天的污水处理厂 | 完成 | | 是 |
| | | 昆明晋宁县工业园宝峰片区污水处理厂（含配套管网）工程 | 18000 | 8300 | 新建一期污水处理规模为1万立方米/天，二期处理规模2万立方米/天，总规模达3万立方米/天的污水处理厂 | 完成 | | 是 |
| | 环湖截污与交通工程 | 昆明海口工业园新区污水处理厂（含配套管网）工程 | 6850 | 1500 | 一期建设污水收集干管5613米（含工业污水专管建设）；二期计划建设污水处理厂，处理规模1.5万立方米/天 | 完成一期，二期暂缓实施 | | 是 |
| | | 昆明主城雨污分流次干管及支管配套建设工程（"十一五"续建工程） | 109700 | 38831.66 | 在主城东、南、西、北及东南等5个片区新建及改建雨污管网共计约336.84千米；其中在"十二五"期间实施120千米 | 累计完成雨污管网埋设约280千米 | | 是 |

续表

| 时 期 | 项目分类 | 项目名称 | 规划投资（万元） | 实际完成投资（万元） | 规划项目内容 | 项目完成内容 | 建设时期 | 是否属于规划内项目 |
|---|---|---|---|---|---|---|---|---|
| "十二五" | 环湖截污与交通工程 | 昆明主城西片排水管网完善工程（二环路外五华区） | 33030 | 339.23 | 对主城西片区（二环外五华区）市政排水管网进行系统完善，实施排水管线总长75.022千米，其中污水管37.207千米，雨水管37.815千米 | "小路沟下游截污工程"已完成358米污水管顶管施工 | | 是 |
| | | 昆明主城西片排水管网完善工程（二环路外高新区） | 9660 | 4758.63 | 对主城西片区（二环外高新区）市政排水管网进行系统完善，实施排水管线及箱涵总长12.3千米，其中污水管总长6.57千米，雨水管总长4.47千米，雨水箱涵1.26千米 | 截至2015年12月底，该项目已完工。铺设排水管线12.31千米，其中污水管总长6.57千米，雨水管总长5.73千米 | | 是 |
| | | 昆明主城西片排水管网完善工程（二环路外西山区） | 37600 | 2298 | 对主城西片区（二环外西山区子项）市政排水管网进行系统完善，实施排水管线及箱涵总长100.38千米，其中污水管总长42.17千米，雨水管总长57.83千米，雨水箱涵0.38千米 | 截至2015年12月底，兴苑路（西北三环—云冶铁路段）雨污水改造工程已完工，累计完成污水管道铺设约300米，雨水箱涵施工约380米 | | 是 |
| | | 昆明主城南片排水管网完善工程（二环路外西山区） | 36660 | 2443 | 对昆明市南片区（西山区和草海东岸片区，东以盘龙江为界，南至广福路，西至草海，北至南二环）市政排水管网进行系统完善，实施排水管线及箱涵91.41千米，其中污水管41.29千米，雨水管49.2千米，雨水箱涵0.92千米 | 截至2015年12月底，南片西山区子项第一标段累计完成621.5米雨水箱涵施工，963米雨水管道铺设；第二标段正配合道路建设同步实施配套管网建设，完成603米雨水管道铺设，720米污水管道铺设；第三标段已完工，累计完成462米雨水管道 | | 是 |

续表

| 时 期 | 项目分类 | 项目名称 | 规划投资（万元） | 实际完成投资（万元） | 规划项目内容 | 项目完成内容 | 建设时期 | 是否属于规划内项目 |
|---|---|---|---|---|---|---|---|---|
| "十二五" | 环湖截污与交通工程 | 昆明主城南片排水管网完善工程（二环路外度假区） | 44880 | 7315 | 对主城南片区（二环外度假区）市政排水管网进行系统完善，实施排水管线总长94.31千米，其中污水管49.87千米，雨水管44.44千米；扩建金太塘泵站 | 截至2015年12月底，南片度假区子项：第一标段、第二标段、第三标段已完工 | | 是 |
| | | 昆明主城北片排水管网完善工程（二环路外五华区） | 9120 | 15 | 对主城北片区（二环外五华区）市政排水管网进行系统完善，涉及道路9条，新建排水管网总长度8.02千米，含污水管网6.48千米，雨水管网1.54千米 | 在建 | | 是 |
| | | 昆明主城北片排水管网完善工程（二环路外盘龙区） | 60290 | 8015 | 对主城北片区（二环外盘龙区）市政排水管网进行系统完善，涉及道路36条，实施排水管网总长度88.7千米，含污水管网41.9千米，雨水管网46.8千米；建设金色大道调蓄池，规模0.8万立方米 | 累计完成雨污管网埋设约11.4千米 | | 是 |
| | | 昆明主城东南片排水管网完善工程（二环路外官渡区） | 19210 | 215 | 对主城东南片区（二环外官渡区）市政排水管网进行系统完善，实施排水管线总长131.4千米 | 在建 | | 是 |
| | | 昆明主城东南片排水管网完善工程（二环路外盘龙区） | 16860 | 215 | 对主城东南片区（二环外盘龙区）市政排水管网进行系统完善，实施排水管线总长33.83千米 | 在建 | | 是 |

| 时 期 | 项目分类 | 项目名称 | 规划投资（万元） | 实际完成投资（万元） | 规划项目内容 | 项目完成内容 | 建设时期 | 是否属于规划内项目 |
|---|---|---|---|---|---|---|---|---|
| "十二五" | 环湖截污与交通工程 | 昆明市经济技术开发区环境综合整治项目污水管网工程 | 22780 | 12178.52 | 新建ＤＮ４００-DN1350的污水管网93.6千米及大冲泵站和洛羊泵站两座提升泵站 | 截至2015年12月底，项目累计完成管网铺设58.6千米，石龙坝污水提升泵站和洛羊污水中途提升泵站完成竣工验收。其他在建 | | 是 |
| | 环湖截污与交通工程 | 昆明主城老城区西北片市政排水管网及调蓄池建设工程 | 69110 | 48515 | 对主城老城区西北片区市政排水管网进行系统完善，分两期实施建设：子项目一新建1个调蓄池，总规模2.1万立方米，配套管网1.086千米；子项目二新建5个调蓄池，总规模4.69万立方米，配套管网3.751千米 | 完成 | | 是 |
| | | 昆明主城老城区西南片市政排水管网及调蓄池建设工程 | 91670 | 60836 | 对主城老城区西南片区市政排水管网进行系统完善，分两期实施建设：子项目一新建4个调蓄池，总规模4.8万立方米，配套管网3.94千米；子项目二新建2个调蓄池，总规模1.8万立方米，配套管网4.956千米 | 完成 | | 是 |
| | | 昆明主城老城区东北片市政排水管网及调蓄池建设工程 | 14960 | 12024 | 对主城老城区东北片区市政排水管网进行系统完善，新建调蓄池2座，总规模1.72万立方米，配套管网2.63千米 | 完成 | | 是 |

续表

| 时　期 | 项目分类 | 项目名称 | 规划投资（万元） | 实际完成投资（万元） | 规划项目内容 | 项目完成内容 | 建设时期 | 是否属于规划内项目 |
|---|---|---|---|---|---|---|---|---|
| "十二五" | 环湖截污与交通工程 | 昆明主城老城区东南片市政排水管网及调蓄池建设工程 | 54250 | 38628 | 对主城老城区东南片区市政排水管网进行系统完善，分两期实施建设：子项目一新建1个调蓄池，总规模2.532万立方米，配套管网0.132千米；子项目二新建1个调蓄池，总规模2.8万立方米，配套管网1.281千米 | 完成 | | 是 |
| | | 昆明主城西片调蓄池工程（二环路外） | 42700 | 100 | 在主城西片区排水管网完善工程的基础上，新建调蓄池6座，总容积7.4万立方米，配套相应的进、出水管线 | 完成前期研究 | | 是 |
| | | 滇池环湖干渠（管）截污工程（"十一五"续建工程） | 150000 | 179291 | 建设管网34.55千米，新增污水处理规模10.25立方米/天，初期雨水处理规模20.25立方米/天 | 完成 | | 是 |
| | 环湖截污与交通工程 | 环湖截污东岸配套收集系统完善项目 | 28000 | 9266.01 | 采取新建沿河截污干管、村镇污水收集管道，改建农灌沟渠等工程措施，建设完善滇池环湖东岸干渠截污工程的配套收集管网系统，建设污水管33.88千米，新建沟渠15千米 | 截至2015年12月底，东岸配套收集系统完善项目累计完成11597米各型管道的铺设，修筑明渠230米，广普大沟截污管已经实现与截污干渠的连通，东岸农灌沟渠末端截污已基本完工，六厂转输管敷设工作已全部完工 | | 是 |

续表

| 时　期 | 项目分类 | 项目名称 | 规划投资（万元） | 实际完成投资（万元） | 规划项目内容 | 项目完成内容 | 建设时期 | 是否属于规划内项目 |
|---|---|---|---|---|---|---|---|---|
| "十二五" | 环湖截污与交通工程 | 环湖截污南岸配套收集系统完善项目 | 28000 | 9302.85 | 采取新建沿河截污干管、村镇污水收集管道，改建农灌沟渠等工程措施，建设完善滇池环湖南岸干渠截污工程的配套收集管网系统，建设管网总长97.1千米 | 截至2015年12月底，南岸配套收集系统完善项目累计完成11552米各型管道的铺设，南岸农灌沟渠末端截污已全部完工，其余子项正在进行招投前期工作 | | 是 |
| | 农业农村面源污染治理工程 | 滇池补水区畜禽粪便资源化利用项目 | 1250 | 2746.07 | 加强畜禽粪便处理及资源化利用，建5000立方米沼气池，年产沼气45.6万立方米，沼液1000吨，有机肥5000吨 | 截至2014年底，已在寻甸、嵩明共建成大中型沼气示范工程8座，完成5227立方米厌氧发酵装置、1520立方米储气装置 | | 是 |
| | | 滇池流域及补水区"十二五"测土配方施肥技术推广工程 | 30180 | 8277.05 | 滇池流域及补水区每年实施测土配方施肥40万亩。 | 实施测土配方224.36万亩 | | 是 |
| | | 农业有机废弃物再利用工程 | 3300 | 2234.3 | 推广秸秆直接还田技术，堆沤还田，实施双室堆沤池1000套，将秸秆堆沤在池中，喷施生物菌种发酵后形成肥料还田；直接还田50万亩、堆沤还田实施1000个双室堆沤池建设 | 完成50万亩秸秆还田推广；建设双室沤肥池2610口；完成腐熟剂试验6亩，秸秆还田试验10组；加工玫瑰秸秆3000吨，油菜秸秆5000吨；生产有机肥12000吨等 | | 是 |

续表

| 时　期 | 项目分类 | 项目名称 | 规划投资（万元） | 实际完成投资（万元） | 规划项目内容 | 项目完成内容 | 建设时期 | 是否属于规划内项目 |
|---|---|---|---|---|---|---|---|---|
| "十二五" | 农业农村面源污染治理工程 | 村庄分散污水处理工程 | 67500 | 9337.48 | 采用微曝气湿地、一体化净化槽、生态桶、人工表流湿地、氧化塘、生态沟渠、土壤渗滤系统、蚕状藻生态处理、生物膜强化人工湿地、高效复合人工湿地、硅藻精土处理技术、三段式砾石生态床系统等成熟工艺及技术对村庄生活污水进行处理 | 共完成885个村庄生活污水收集处理设施建设任务，建设村庄收集系统接入周边市政管网的村庄118个，村庄污水"三池"净化处理设施707座，其他处理设施60座。其中滇池流域完成557个村庄，滇池补水区完成328个村庄 | | 是 |
| | | 滇池流域及补水区有害生物综合防治（IPM）工程 | 4720 | 918.09 | 调查滇池流域内农药使用情况，建立动态监测网；调查滇池流域农产品、农田土壤及排放水农药残留；引进、研究和推广应用替代减少农药使用量的IPM技术；建设IPM示范园区25个共3万亩，推广辐射IPM技术15万亩，植保专业化防控组织30个，防虫灯设施1600个，农药废弃物收集池200座 | 共建设IPM示范村（园区）共42个，共50420亩，推广辐射IPM技术200010亩，共建设IPM农民田间学校44所，建立植保专业化防控组织31个，建设防虫灯设施1689个，建设农药废弃物收集池426口，放粘虫板27.768万张 | | 是 |

续表

| 时　期 | 项目分类 | 项目名称 | 规划投资（万元） | 实际完成投资（万元） | 规划项目内容 | 项目完成内容 | 建设时期 | 是否属于规划内项目 |
|---|---|---|---|---|---|---|---|---|
| "十二五" | 农业农村面源污染治理工程 | 农田面源污染综合控制示范工程 | 6300 | 1070 | 实施万亩农田面源污染综合控制示范工程18000亩；流域新型农业面源污染综合控制工程示范3000亩；流域新型农业面源污染综合控制工程示范3000亩，湖滨退耕区面源污染控制示范工程规模3000亩，农业产业结构调整模式与面源污染综合控制管理服务面积15平方千米 | 完成 | | 是 |
| | 生态修复与建设工程 | 滇池流域水源涵养与生态保护示范工程 | 3000 | 1423 | 实施面山水源涵养与生态保护示范工程，规模70平方千米 | 在宝象河上游山地实施水源涵养林建设70平方千米 | | 是 |
| | 生态修复与建设工程 | 滇池面山及"五采区"生态修复建设工程 | 17710 | 61713 | 建设完成滇池面山营造林6.5万亩，其中：实施难造林地人工造林植被修复0.5万亩；"五采区"植被恢复（含郊野公园建设）0.8万亩；封山管护3.5万亩；中幼林抚育1.7万亩 | 完成 | | 是 |
| | | 滇池环湖生态经济试验区生态建设 | 100500 | 218796 | 在"四退三还一护"工作边界与环湖公路之间区域开展生态经济试验区的生态建设 | 完成 | | 是 |

续表

| 时　期 | 项目分类 | 项目名称 | 规划投资（万元） | 实际完成投资（万元） | 规划项目内容 | 项目完成内容 | 建设时期 | 是否属于规划内项目 |
|---|---|---|---|---|---|---|---|---|
| "十二五" | 生态修复与建设工程 | 滇池外海环湖湿地建设四退三还工程（续建） | 519450 | 322322 | 在"十一五"的基础上，继续在滇池外海滇池保护界桩外延100米（遇环湖路以环湖路为界）范围内实施退塘、退田、退房、退人，并以湖内湿地、湖滨湿地、河口湿地、湖滨林带四种建设模式开展生态建设；逐步实施滇池外海防浪堤拆除，同步开展相应生态湿地的完善工作 | 截至2015年底，整个滇池湖滨"四退三还一护"工作共完成退塘、退田44669亩，退房145.3万平方米，退人24514人；开展湖滨生态建设54305亩，沿湖共拆除防浪堤43.138千米 | | 是 |
| | | 滇池草海湖滨带扩增保育与湖内生态修复工程 | 10000 | 430.84 | 水专项示范工程，示范区面积6平方千米 | 至2015年12月底，滇池草海南部大泊口水域生态修复工程已完成40%工程量 | | 是 |
| | | 石板河综合治理工程 | 2480 | 2200 | 新建石板河村、火烧立村、安康村、三道河村、候补村人工湿地5座、垃圾房15座；封禁治理石板河两侧200米范围内原有林地13.79万平方米；营建无公害化经果林0.88万平方米、薪炭林0.40万平方米、生态林地0.47平方米 | 已完工，建谷坊13座，重力坝1座；建垃圾房15座，人工造林2657亩，建湿地320亩 | | 是 |

续表

| 时　期 | 项目分类 | 项目名称 | 规划投资（万元） | 实际完成投资（万元） | 规划项目内容 | 项目完成内容 | 建设时期 | 是否属于规划内项目 |
|---|---|---|---|---|---|---|---|---|
| "十二五" | 生态修复与建设工程 | 松华坝水库水源保护区水环境综合整治工程 | 18630 | 15320.2 | 清淤95310立方米，埋设截污管3000米，建成河口湿地2130亩；建设村庄截污沟130千米，完成污水收集池、沉淀池、净化池共750个；建成小型污水处理厂44座；建设滨岸缓冲带4万亩，坡地改造3万亩，生态坑塘1万亩，化肥减施3万亩，推广生态农业5万亩；集镇污水处理站敷设干管12.3千米，支、次管55千米；建设垃圾收集间228个；新建生活垃圾中转站3个 | 完成 | | 是 |
| | | 红坡、自卫村水库饮用水源地保护区治理工程 | 2000 | 731.472 | 在红坡、自卫村水库设标志牌、警示牌、水泥界桩、水泥桩、种植水冬瓜树、朴树、藏柏树、柳杉等 | 完成 | | 是 |
| | | 柴河水库水源保护区治理工程 | 6000 | 1249.874 | 一级保护区所有农田及二级保护区部分农田共计435公顷，实施平衡施肥，合理施用农药，建双室沤肥池150套；建设水源涵养林抚育间伐250公顷，林分改造350公顷，混农林业经济林造林60公顷，中幼林抚育500公顷，25度以上坡耕地退耕还林32公顷 | 完成7633个围网砼预制桩制作安装，刺铁丝网购运安装24655.8千克、库区河道机械清淤19675.5立方米、管理所进库道路围墙150米等工程任务 | | 是 |

续表

| 时 期 | 项目分类 | 项目名称 | 规划投资（万元） | 实际完成投资（万元） | 规划项目内容 | 项目完成内容 | 建设时期 | 是否属于规划内项目 |
|---|---|---|---|---|---|---|---|---|
| "十二五" | 生态修复与建设工程 | 大河水库水源保护区治理工程 | 5000 | 974.866 | 开展入库河道整治，清理河道生活垃圾、淤泥、固废，完成入库河流沿岸生态护岸防护林、滩涂建设与恢复，提高来水河道自净及输水能力，恢复河道生态管网效应；推广测土配方施肥等农田减污、控污技术；完善水源区水资源保护管理及保障体系建设 | 沿水库水淹线设置混凝土预制桩刺铁丝围网9220米，绿色围网1650米，完成水库管理所溢洪道边围墙1590.4平方米，设置水源标志牌1块；水源点干洞龙潭人工清淤214.75立方米 | | 是 |
| | | 双龙水库和洛武河水库水源保护区环境保护治理工程 | 2000 | 619.66 | 一级保护区修建界碑、桩基防护网，实施生态工程，建设水源涵养林；二级保护内调整农业产业结构，建设畜禽粪便的堆肥化处理设施，控制化肥、农药的投入，并建设分散式污水土地处理及农村生活垃圾收集清运处置设施；准保护区内建设生活污水处理站6个，推广新型农业。加强水源地水质监测系统、信息管理系统及水源地预警监测系统建设 | 双龙水库围网7.16千米，洛武河水库围网1.47千米；双龙水库库区割草面积14.7万平方米，库区清除草根及腐殖土（厚30厘米）47880.6立方米；双龙水库库尾三个副坝中间位置库区完成清淤15.96万立方米；双龙水库完成四副坝消力池人工开挖262.7立方米 | | 是 |
| | | 餐厨垃圾处理厂建设工程 | 22000 | 8420 | 建设昆明市东郊餐厨垃圾处理厂，一期工程处理规模为200吨/天，一期工程建成投产后，根据实际运行情况确定二期工程规模并建设 | 完成 | | 是 |

续表

| 时　期 | 项目分类 | 项目名称 | 规划投资（万元） | 实际完成投资（万元） | 规划项目内容 | 项目完成内容 | 建设时期 | 是否属于规划内项目 |
|---|---|---|---|---|---|---|---|---|
| "十二五" | 生态修复与建设工程 | 呈贡新区粪便无害化处置项目 | 5500 | 1200 | 建设呈贡新区粪便处理厂，处理规模100吨/天 | 已获得水保、节能、地灾和压矿评估批复、防震选址意见书和地震安全性评估 | | 是 |
| | | 空港垃圾焚烧发电工程 | 36000 | 30000 | 建设2×500吨/天机械炉排焚烧炉、1×18MW凝汽式汽轮发电机组及配套的垃圾焚烧主厂房、脱硫、除尘、供水及污水处理系统；三年内实际日处理生活垃圾量不低于600吨/天，第四、五年日处理生活垃圾量不低于800吨/天，第六年起处理垃圾量不低于1000吨/天 | 于2012年6月投入运行，截至2015年12月底实际垃圾处理量为900吨/天 | | 是 |
| | | 滇池流域农村生活垃圾收集清运设施建设工程 | 11380 | 5636.7 | 完善滇池流域农村生活垃圾收集、清运系统，初步计划新建垃圾收集间、垃圾转运站等设施 | 完成垃圾收集点（房）657个，垃圾收集车（人力、电动）1563辆，完成垃圾收运及运输车（机动车）共66辆，垃圾转运站13座 | | 是 |
| | | 滇池流域及补水区旧垃圾填埋场治理及生活垃圾综合处理项目 | 12180 | 602.9 | 对东郊、西郊垃圾卫生填埋场，呈贡县老垃圾堆场，寻甸县城老垃圾堆场，嵩明县城老垃圾堆场共5座垃圾填埋场进行封场；新建晋宁县垃圾卫生填埋场的渗滤液处理站，规模为30吨/天 | 完成晋宁县垃圾卫生填埋场渗滤液处理站工程及寻甸县城老垃圾填埋场封场工程 | | 是 |

续表

| 时 期 | 项目分类 | 项目名称 | 规划投资（万元） | 实际完成投资（万元） | 规划项目内容 | 项目完成内容 | 建设时期 | 是否属于规划内项目 |
|---|---|---|---|---|---|---|---|---|
| "十二五" | 入湖河道综合整治工程 | 新运粮河入湖负荷削减及水环境改善科技示范工程 | 3050 | / | 水专项示范工程，包含城市分流制排水区面源（初期雨水）滞留及处理技术示范工程，城郊径流面源治理技术示范工程，入湖河道水质改善原位净化技术示范工程，河道岸堤及两侧空地旁路处理技术示范工程，河口塘库水量调节缓冲、净化技术示范工程五部分内容 | 建成城市分流制排水区初期雨水滞留及处理示范工程面积约22公顷；城郊径流面源污水处理规模为350立方米/天；入湖河道岸堤及两侧空地旁路污水处理规模4000立方米/天 | | 是 |
| | | 新运粮河（上段）水环境综合整治工程 | 23800 | 32886 | 整治内容包括埋设截污管12.295千米，新建600立方米/天污水处理设施1座；河道清淤5520立方米；河岸生态修复8.9公顷；新建道路12.670千米 | 完成 | | 是 |
| | | 老运粮河（上段）水环境综合整治工程 | 20200 | 26589 | 整治内容包括埋设截污管4.181千米；河道清淤5.52万立方米，并建设淤泥干化场1座；河道断面河道建设长度为3.073千米 | 完成 | | 是 |

续表

| 时　期 | 项目分类 | 项目名称 | 规划投资（万元） | 实际完成投资（万元） | 规划项目内容 | 项目完成内容 | 建设时期 | 是否属于规划内项目 |
|---|---|---|---|---|---|---|---|---|
| "十二五" | 入湖河道综合整治工程 | 清水河、杨家河、太家河截污及水环境治理项目 | 21880 | 5470 | 治理南片区清水河、杨家河、太家河3条盘龙江支流，整治内容包括河道截污、清淤、绿化等。其中，清水河整治范围为前卫营村杨家河分水口至广福路交叉口，长度3.5千米；杨家河整治起于马洒营河望城坡分流口，总长7.45千米；太家河整治范围为四道坝至滇池路，长度3.53千米，沿河道两侧埋设截污管4.82千米，清淤6093立方米 | 在建 | | 是 |
| | | 金家河水系截污及水环境综合整治工程 | 36400 | 28424.45 | 金家河水系整治工程包含金家河整治工程和正大河整治工程两部分，全长17.6千米，沿河道两侧埋设截污管8.1千米，清淤57484立方米。其中：金家河河道清淤工程量约为25262立方米，正大河河道清淤工程量约为26129立方米，太家河河道清淤工程量约为6093立方米 | 完成 | | 是 |
| | | 西边小河、卖菜沟、小沙沟、大沙沟、郑河路沟、扁担沟水环境综合治理工程 | 47690 | 8562 | 治理西片区新运粮河支流，总长9.21千米，整治内容包括河道清淤，敷设截污管网等 | 在建 | | 是 |

续表

| 时　期 | 项目分类 | 项目名称 | 规划投资（万元） | 实际完成投资（万元） | 规划项目内容 | 项目完成内容 | 建设时期 | 是否属于规划内项目 |
|---|---|---|---|---|---|---|---|---|
| "十二五" | 入湖河道综合整治工程 | 海河（上段）水环境综合整治工程 | 27800 | 28278 | 整治范围为东白沙河水库至彩云北路，长5.82千米；整治内容包括新建截污管道9.42千米，新建生态河道5.82千米，清除淤泥6600立方米 | 完成 | | 是 |
| | | 小清河水环境综合整治工程 | 38300 | 45235.5 | 整治范围为小清河全段，长9.73千米（小清河环湖东路以南左支河道整治工作不纳入本项目建设范围）；主要整治内容包括新建截污管2.71千米，新建生态河道9.73千米，清除淤泥35665立方米，生态绿化工程面积194600平方米 | 完成 | | 是 |
| | | 金汁河（上段及下段）水环境综合整治工程 | 21000 | 47897 | 整治金汁河全段，长2.59千米；整治工程包括埋设截污管2.02千米，修复现状管道0.83千米，河道清淤量共计18900立方米，河道生态修复面积3.4公顷，河道断面整治8.69千米 | 完成 | | 是 |
| | | 马溺河水环境综合整治工程 | 4500 | 1080 | 工程范围为马溺河全段，起点为哨上村，止点为盘龙江，河道总长7.413千米，建设生态河道3.54千米，新建DN500—DN600截污管3510米，管理通道6440平方米，生态绿化恢复17240平方米 | 完成 | | 是 |

续表

| 时　期 | 项目分类 | 项目名称 | 规划投资（万元） | 实际完成投资（万元） | 规划项目内容 | 项目完成内容 | 建设时期 | 是否属于规划内项目 |
|---|---|---|---|---|---|---|---|---|
| "十二五" | 入湖河道综合整治工程 | 东干渠水环境综合整治工程 | 20000 | 12100 | 整治范围包括东干渠全段，上段起点为松华坝水库，止点为东白沙河水库，全长31.9千米，埋设DN500—DN600截污管8810米，对河道淤泥进行疏浚，清淤量共计4640立方米，现状河道断面修复长度22569米，生态断面河道建设长度3800米 | 完成 | | 是 |
| | | 新宝象河水环境综合整治工程 | 79000 | 37502.53 | 官渡区段包括河道整治工程和水专项示范工程2个子项。其中河道整治范围包括宝象河水库至大花桥，总长10.54千米，整治内容包括铺设截污管11.08千米，生态化河道建设10.54千米，清除淤泥1.55万立方米，新建管理维护通道总长2.35千米；水专项示范工程主要为新宝象河下段（昆玉高速至入湖口）污染再削减工程。经开区段包括河道整治工程和水专项示范工程2个子项。其中河道整治范围包括宝象河大花桥至羊甫分洪闸，总长12.1千米，整治内容包括铺设截污管1.03千米，生态修复17.66万平方米，河道清淤3.57万立方米，新建管理道路11.5千米 | 在建 | | 是 |

续表

| 时 期 | 项目分类 | 项目名称 | 规划投资（万元） | 实际完成投资（万元） | 规划项目内容 | 项目完成内容 | 建设时期 | 是否属于规划内项目 |
|---|---|---|---|---|---|---|---|---|
| "十二五" | 入湖河道综合整治工程 | 老宝象河水环境综合整治工程 | 40200 | 16698 | 整治范围为羊甫分洪闸至滇池入湖口，长9.37千米；整治内容包括新建截污管道16.39千米，新建生态河道9.24千米、清除淤泥4365立方米、生态绿化工程面积315423平方米 | 完成 | | 是 |
| | | 五甲宝象河、六甲宝象河水环境综合整治工程 | 42700 | 2560 | 五甲宝象河整治范围为金刚村至小清河交汇口，长11.23千米；六甲宝象整治范围为河永丰村至滇池入湖口，长9.72千米。整治内容包括埋设截污管32.1千米，河道清淤32801立方米，生态河堤建设17千米，河岸绿化工程面积约55005平方米，新建五甲宝象河湖滨湿地约226.5亩 | 完成 | | 是 |
| | | 广普大沟水环境综合整治工程 | 29500 | 17790 | 整治范围为广普大沟全段6.90千米以及一级支沟螺蛳湾国际商贸城排洪沟2.34千米；整治内容包括敷设截污管10.28千米，河道清淤65275立方米，生态河道修复6.90千米，新建上游引水管1.8千米 | 完成 | | 是 |

续表

| 时　期 | 项目分类 | 项目名称 | 规划投资（万元） | 实际完成投资（万元） | 规划项目内容 | 项目完成内容 | 建设时期 | 是否属于规划内项目 |
|---|---|---|---|---|---|---|---|---|
| "十二五" | 入湖河道综合整治工程 | 虾坝河、姚安河水环境综合整治工程 | 33400 | 16784.98 | 整治河道长9.88千米，包括广福路至滇池入湖口河道截污工程、河道生态建设工程、河道管理维护工程等。其中新建截污管10.58千米，新建生态河道9.88千米，清除淤泥49853立方米，生态绿化工程面积64151平方米 | 完成 | | 是 |
| | | 马料河上段水环境综合整治工程 | 39730 | 36596.97 | 整治范围为犀牛龙潭至经开区（洛羊镇）托管边界12.06千米，整治内容包括敷设截污管、生态河道修复等 | 完成 | | 是 |
| | | 南冲河水环境综合整治工程 | 52590 | 5777.36 | 整治范围包括南冲河主河道及支河共17.31千米；整治内容包括敷设截污管道约34.62千米，生态整治河道17.31千米，清淤16546立方米 | 完成 | | 是 |
| | | 茨巷河（柴河主河道）水环境综合整治工程 | 22650 | 17150 | 整治河道总长13.4千米；整治内容包括敷设沿河截污管道10.8千米，河道清淤30299立方米 | 完成 | | 是 |

续表

| 时 期 | 项目分类 | 项目名称 | 规划投资（万元） | 实际完成投资（万元） | 规划项目内容 | 项目完成内容 | 建设时期 | 是否属于规划内项目 |
|---|---|---|---|---|---|---|---|---|
| "十二五" | 入湖河道综合整治工程 | 白鱼河（大河主河道）水环境综合整治工程 | 66210 | 53166 | 整治范围为河间铺安晋公路桥—小寨分洪闸18.95千米，小寨分洪闸—小尾村入湖口9.74千米（淤泥河），小寨分洪闸—下海埂村入湖口6.15千米（白鱼河）；整治内容包括敷设沿河截污管道38.4千米，生态河道整治34.8千米，总清淤量136316立方米 | 完成 | | 是 |
| | | 东大河水环境综合整治工程 | 24670 | 18100 | 整治范围全长11.8千米；整治内容包括敷设沿河截污管道10.8千米，生态整治河道长度11.8千米，河道清淤16469立方米 | 完成 | | 是 |
| | | 古城河水环境综合整治工程 | 9900 | 7560 | 整治范围全长4.6千米；整治内容包括敷设沿河截污管道4.93千米，生态整治河道长度4.6千米，河道清淤16468.5立方米 | 完成 | | 是 |
| | | 海口河水环境综合整治工程 | 44000 | 50057 | 整治河道总长12.5千米；整治内容包括敷设截污管13.96千米，整治河道12.5千米，绿化总面积348463平方米 | 完成 | | 是 |

续表

| 时　期 | 项目分类 | 项目名称 | 规划投资（万元） | 实际完成投资（万元） | 规划项目内容 | 项目完成内容 | 建设时期 | 是否属于规划内项目 |
|---|---|---|---|---|---|---|---|---|
| "十二五" | 入湖河道综合整治工程 | 昆明主城区城市水环境污染治理技术示范工程 | 11600 | 6849.61 | 水专项示范项目，包括主城污水处理厂典型工艺运行优化与节能降耗示范工程，优化运行和节能降耗技术改造，雨污调蓄条件下污水处理厂运行应对技术示范，在第三污水厂汇水范围内建立厂网联合调度控制平台，建成翠湖生态建设示范工程，建成老运粮河湖滨湿地示范工程，大观公园封闭型景观水域水质改善示范工程，大观河及开放型河口景观水域水质改善示范工程，乌龙河及半开放型河口景观水域水质改善示范工程 | 在建 | | 是 |
| | 内源污染治理工程 | 滇池外海主要入湖河口及重点区域底泥疏浚工程（续建） | 54800 | 48740 | 在滇池北岸主要入湖河口及湖湾实施环保疏浚。疏浚范围为外海北部、宝丰湾、宝象河河口湖区及其湖岸周围地区961万平方米，疏挖污染底泥工程量为482万立方米 | 截至2015年12月底，完成宝丰湾及宝象河河口底泥疏浚施工，累计数据底泥234万立方米正在实施外海北部底泥疏浚及处置施工 | | 是 |
| | | 滇池蓝藻治理及应急工程 | 15000 | 8280.48 | 在滇池外海建设1座固定式藻水分离站，处理规模3万立方米/天；购置5艘移动式蓝藻打捞处理船、5艘藻泥运输船，建设临时码头1个；同时，对蓝藻无害化堆肥处理 | 截至2015年12月底，累计处理富藻水2922万立方米 | | 是 |

续表

| 时 期 | 项目分类 | 项目名称 | 规划投资（万元） | 实际完成投资（万元） | 规划项目内容 | 项目完成内容 | 建设时期 | 是否属于规划内项目 |
|---|---|---|---|---|---|---|---|---|
| "十二五" | 内源污染治理工程 | 滇池水葫芦治理污染试验性工程 | 35000 | 53638 | 在滇池草海和外海选取适宜水域控养水葫芦，通过生物手段提取水体中的营养物质 | 完成 | | 是 |
| | | 滇池流域河道及水面水葫芦治理污染试验性工程 | 13000 | 1660 | 在滇池流域河道、水库、坝塘、公园、小区等富营养化水体控养水葫芦6000亩，进行水葫芦生长期日常管理，完成采收期水葫芦打捞、收集及转运，并采取就近深埋、运入垃圾填埋场填埋及供给相关企业作为有机肥利用等方式进行水葫芦处置 | 截至2015年12月底，河道内种养的水葫芦全部打捞完成，打捞水葫芦鲜草131558.3吨 | | 是 |
| | | 滇池内源污染生物治理—以鱼控藻项目 | 3710 | 3741.5 | 建立鱼苗鱼种过滤基地，总计放流3000吨鲢鳙鱼和10000万尾高背鲫鱼苗 | 至2013年8月，共计放流鲢、鳙鱼种389381.94公斤、高背鲫鱼苗2320.19万尾 | | 是 |
| | 外流域引水及节水工程 | 牛栏江—滇池补水工程（续建） | 560000 | 517000 | 继续实施牛栏江调水补给滇池生态用水工程 | 2013年9月25日通水试运行，12月28日正式向滇池补水，建成德泽水库总库容为4.48亿立方米；干河泵站采取一级提水，安装4台机组，水泵单机功率22.5兆瓦，总装机90兆瓦，设计流量为23立方米/秒，设计扬程221.2米，最大提水扬程233.3米；输水线路：起点为干河隧洞进口，末端为松华坝下游盘龙江，输水线路总长115.85千米。年补水5.6亿立方米 | | 是 |

续表

| 时　期 | 项目分类 | 项目名称 | 规划投资（万元） | 实际完成投资（万元） | 规划项目内容 | 项目完成内容 | 建设时期 | 是否属于规划内项目 |
|---|---|---|---|---|---|---|---|---|
| "十二五" | 外流域引水及节水工程 | 牛栏江补水滇池入湖通道建设项目 | 26000 | 19901 | 结合牛栏江—滇池补水确定盘龙江作为近期入湖通道，项目包括盘龙江沿岸排口的清查、整治，盘龙江清水通道景观提升改造工程，清水河、海明河、枧槽河、大清河通道建设三方面内容 | 完成了清水河、海明河、枧槽河、大清河入湖景观河道工程，盘龙江清水通道提升改造建设工程以及绿化工程，枧槽河泵站工程均已全部完工，确保了牛栏江滇池补水工程顺利通水运行。 | | 是 |
| | | 滇池补水湖内水质改善示范工程 | 3000 | | 水专项示范工程，进行单点补水水质改善柔性水利设施设计及构建技术示范，规模0.1平方千米小实验；进行单点补水和多点补水情况下滇池补水柔性工程区水量水质动态监控调度技术示范，规模2平方千米的中型示范工程 | 2015年12月底开展前期工作 | | 是 |
| | | 污水处理厂尾水外排及资源化利用建设工程 | 150000 | 74375.2 | 项目以牛栏江—滇池补水工程为契机，建设北岸污水处理厂尾水外排管道，实现每天77.5万立方米尾水不进入滇池外海，通过西园隧道外排至下游安宁市作为再生水资源化利用 | 一期工程将原排入盘龙江的第二、五污水处理厂尾水改线排至金汁河，保障盘龙江清水通道水质，主要包括新建第五污水处理厂尾水外排提升泵站及配套泵站和管道工程；二期工程实施滇池北岸大清河至西园隧道尾水干管工程，管道直径3—4米，长度6.5千米，并在西园隧道口建设77.5万立方米/天尾水提升泵站，将第二、五、七、八、十污水处理厂尾水及采莲河系统尾水77.5万立方米/天尾水外排安宁资源化利用 | | 是 |

续表

| 时　期 | 项目<br>分类 | 项目名称 | 规划投资<br>（万元） | 实际完<br>成投资<br>（万元） | 规划项<br>目内容 | 项目完<br>成内容 | 建设<br>时期 | 是否属<br>于规划<br>内项目 |
|---|---|---|---|---|---|---|---|---|
| "十二五" | 外流域<br>引水及<br>节水<br>工程 | 主城再生水<br>处理站及配<br>套管网建设<br>工程 | 30000 | 20306.55 | 在昆明主城建设<br>再生水主干管网<br>44.8千米，取水点<br>36个。根据管网<br>建设及周边市场<br>需求情况，同步<br>在第一至第十二<br>污水处理厂新建<br>或改扩建配套再<br>生水处理站及支<br>次管网 | 在主城第一、二、<br>三、四、五、六、<br>十污水处理厂配套<br>建成再生水处理<br>站，铺设再生水管<br>网169.27千米，再<br>生水供水规模达到<br>5.2万立方米/天，<br>设置再生水取水<br>点116个，再生水<br>用户242家。再生<br>水主要用于绿化用<br>水、公园景观用<br>水和环卫用水 |  | 是 |
| | | 呈贡新城再<br>生水处理厂<br>及配套管网<br>建设工程 | 19200 | 1920 | 建设呈贡南、北<br>污水处理厂中水<br>处理站，规模10.5<br>万立方米/天，配<br>套再生水管网100<br>千米 | 建成洛龙河再生<br>水厂，并移交昆<br>明滇池水务股份<br>有限公司运行。<br>捞鱼河再生水厂<br>项目从2015年初<br>处于停滞状态 |  | 是 |
| | 外流域<br>引水及<br>节水<br>工程 | 昆明市经济<br>技术开发区<br>环境综合整<br>治项目再生<br>水管网工程 | 11280 | 7062 | 建设DN100-<br>DN800的再生水<br>管网132千米，再<br>生水泵站1座 | 在出口加工区、<br>信息产业基地、<br>果林水库东片、<br>黄土坡片区、大<br>冲工业片区、大<br>冲物流片区和洛<br>羊片区铺设再<br>生水管网89.79 7<br>千米 |  | 是 |
| | | 空港经济区<br>再生水处理<br>站及配套管<br>网建设工程 | 49810 | 1500 | 在滇池流域内昆<br>明主城区具备条<br>件的已建成公共<br>绿地建设雨水收<br>集利用设施 | | 2011.1<br>至今 | |
| | | 城市公共绿<br>地初期雨水<br>处理及资源<br>化利用工程 | 14110 | 22905 | 在滇池流域内昆<br>明主城区具备条<br>件的已建成公共<br>绿地建设雨水收<br>集利用设施 | | 2012.1—<br>2013.12 | |

注：1.带★项目为"九五"转接"十五"项目，规划投资未记入"十五"规划总投资；

2.带★★项目规划投资或完成投资无资料记载。

# 滇池流域水环境保护治理"十三五"规划（2016－2020年）2016－2018年实施情况

**编制**　"十三五"期间，滇池保护治理进入攻坚阶段。按照环境保护部《重点流域水污染防治"十三五"规划编制工作方案》（环办函〔2015〕1781号）和云南省环境保护厅《关于开展九大高原湖泊"十三五"水环境保护治理规划编制工作的通知》（云环通〔2015〕92号），在全面深入总结滇池保护治理4个"五年规划"的基础上，昆明市环境保护局于2015年1月委托中国环境科学研究院、环境保护部规划研究院完成了《滇池流域水环境保护治理"十三五"规划（2016—2020年）》（简称《滇池"十三五"规划》）的编制，经报请省政府同意，2017年3月13日市政府印发实施。

《滇池"十三五"规划》的指导思想是：按照党的十八大提出的生态文明建设的要求和十八届五中全会提出的"创新、协调、绿色、开放、共享"五大发展理念，按照国务院《水污染防治行动计划》部署和《长江经济带发展规划纲要》，以提高水环境质量为核心，以"区域统筹、巩固完善、提升增效、创新机制"为方针，在全流域统筹解决水环境、水资源、水生态问题，优化经济社会发展、城市建成区及流域生态安全布局，实现"山水林田湖草"综合调控；巩固"九五"以来滇池保护治理成效，进一步完善以流域截污治污系统、流域生态系统、健康水循环系统为重点的"六大工程"体系；提升流域污水收集处理、河道整治、湿地修复、水资源优化调度效能；建立健全和创新项目投入、建设、运营、监管机制。遵循以水定城、量水发展、科学治理、系统治理、严格管理、全民参与的基本原则，突出治理的科学性、系统性、精准性，加大管理创新和技术创新的力度，坚持环境保护"党政同责、一岗双责"的要求，把滇池综合治理纳入全市经济社会发展中、纳入城市建设及管理中、纳入全民参与中，以目标、问题、可行作为导向，做好推进经济结构转型升级、优化空间布局，完善污染物控制体系、削减污染负荷存量与增量，理顺健康水循环体系、提高水资源利用效率，开展水环境综合治理与保护、恢复流域生态功能，推进精细化管理、提升监管能力，加强科技攻关与成果应用、为滇池保护治理提供科技支撑，广泛动员全民参与、营造滇池保护治理良好社会氛围7个方面的重点任务，以滇池治理倒逼社会管理工作方式，努力实现滇池保护治理和全市经济社会协同发展。

规划目标为：到2018年，草海稳定达到Ⅴ类；到2020年，滇池湖体富营养水平明显降低，蓝藻水华程度明显减轻（外海北部水域发生中度以上蓝藻水华天数降低20%以上），流域生态环境明显改善，滇池外海水质稳定达到Ⅳ类（COD≤40毫克/升）；"十三五"期间，盘龙江、洛龙河稳定保持Ⅲ类，新宝象河、马料河、大河（淤泥河）、东大河稳定保持Ⅳ类，船房河、茨巷河、大观河、捞鱼河、金汁河稳定保持Ⅴ类；到2020年，西坝河等其他主要入湖河流稳定达到Ⅴ类；7个集中式饮用水源地水质稳定达标。

## 滇池"十三五"规划水质目标一览表

表附-2

| 序　号 | 水　体 | 控制断面 | 水质目标 |
|---|---|---|---|
| 1 | 滇池外海 | 白鱼口 | COD≤40mg/L，其他指标稳定达到Ⅳ类 |
| 2 | | 滇池南 | |
| 3 | | 观音山东 | |
| 4 | | 观音山中 | |
| 5 | | 观音山西 | |
| 6 | | 海口西 | |
| 7 | | 灰湾中 | |
| 8 | | 罗家营 | |
| 9 | 滇池草海 | 草海中心 | 稳定达到Ⅴ类 |
| 10 | | 断桥 | |
| 11 | 西坝河 | 新河村入湖口 | 稳定达到Ⅴ类 |
| 12 | 船房河 | 一检站 | 稳定保持Ⅴ类 |
| 13 | 大观河 | 航运公司 | 稳定保持Ⅴ类 |
| 14 | 新宝象河 | 宝丰村入湖口 | 稳定保持Ⅳ类 |
| 15 | 金汁河 | 王大桥 | 稳定保持Ⅴ类 |
| 16 | 盘龙江 | 严家村桥 | 稳定保持Ⅲ类 |
| 17 | 捞鱼河 | 土罗村入湖口 | 稳定保持Ⅴ类 |
| 18 | 洛龙河 | 江尾下闸 | 稳定保持Ⅲ类 |
| 19 | 马料河 | 回龙村 | 稳定保持Ⅳ类 |
| 20 | 东大河 | 东大河滇池入湖口 | 稳定保持Ⅳ类 |
| 21 | 茨巷河 | 牛恋乡 | 稳定保持Ⅴ类 |
| 22 | 大河（淤泥河） | 晋城小寨 | 稳定保持Ⅳ类 |
| 23 | 松华坝水库 | 松华坝水库监测点 | 稳定达到Ⅱ类 |
| 24 | 自卫村水库 | 自卫村水库监测点 | 稳定达到Ⅲ类 |
| 25 | 宝象河水库 | 宝象河水库监测点 | |
| 26 | 大河水库 | 大河水库监测点 | |
| 27 | 柴河水库 | 柴河水库监测点 | |

**实施**　至2018年12月末，完成了《滇池"十三五"规划》107个项目中的53个（含调试）、在建项目44个，9个项目开展前期工作，1个项目（篆塘河水环境综合整治工程）因地铁施工影响尚未启动。累计完成投资67.73亿元。2017年9月21日，市委书记在滇池治理河长会议上提出了要全力以赴打好滇池保护治理"三年攻坚战"的要求。在2016—2017年已完成《滇池"十三五"规划》项目30个（含调

试）、投资44.33亿元的基础上，为贯彻落实党的十九大提出的坚决打好污染防治攻坚战的要求，按照"量水发展、以水定城"的原则，遵循"科学治滇、系统治滇、集约治滇、依法治滇"的思路，以科学研究为支撑，以工程措施为手段，以生态恢复为目的，以监督管理为保障，突出源头重治、工程整治、标本兼治、河长主治、依法严治、社会共治，实现工作内涵由单纯治河治水向整体优化生产生活方式转变、工作理念由管理向治理升华、工作范围由河道单线作战向区域联合作战拓展、工作方式由事后末端处理向事前源头控制延伸、工作监督由单一监督向多重监督改进、河（渠）湖库保护治理由政府为主向社会共治转化，昆明市滇池管理局组织市环境科学研究院完成了《滇池保护治理三年攻坚行动实施方案（2018—2020年）》的编制，2018年2月5日市政府印发实施，该实施方案提高了水质目标，结转了《滇池"十三五"规划》未完工项目并增加了规划外项目，三年计划实施项目211个（其中市级重点项目64个、区级重点项目147个）、投资141.193亿元，力争2020年滇池外海、草海水质稳定达到Ⅳ类（外海CODcr≤40毫克/升）。同时，市委、市政府继续坚定不移地把滇池保护治理作为"一把手"工程、头等大事来抓，将滇池保护治理作为昆明转方式调结构的一面镜子、践行绿色发展理念的"试金石"来推动，成立了以市委书记程连元任指挥长、市长王喜良任常务副指挥长的滇池保护治理"三年攻坚"行动指挥部，坚持问题导向、目标倒逼、量化考核，通过采取控制城市雨季合流污染和农业面源污染、治理主要入湖河道及支流沟渠、完善流域截污治污系统、优化流域健康水循环、提升湿地生态环境效能等一系列措施，实行滇池及河道水质、污染负荷削减双目标考核，全力推进滇池保护治理"三年攻坚"行动。截至2018年12月末，2018年度实施的207个项目（其中市级重点项目62个、区级重点项目145个）有79个项目完成建设，85个项目正在实施，43个项目开展前期工作，完成年度投资43.8亿元（含滇池"十三五"规划项目年度投资23.39亿元）。

## 滇池"十三五"规划项目2016 – 2018年实施情况一览表

表附-3

| 项目类别 | | 城镇污水处理及配套设施类项目 | 饮用水源地保护类项目 | 区域水环境综合整治类项目 | 环境管理类项目 | 合 计 |
|---|---|---|---|---|---|---|
| 项目个数 | | 33 | 9 | 47 | 18 | 107 |
| 项目进度 | 完成 | 14 | 7 | 24 | 6 | 51 |
| | 调试 | 2 | 0 | 0 | 0 | 2 |
| | 在建 | 13 | 2 | 17 | 12 | 44 |
| | 前期 | 4 | 0 | 5 | 0 | 9 |
| | 未动 | 0 | 0 | 1 | 0 | 1 |
| | 项目完成率（%） | 42.42 | 77.78 | 51.06 | 33.33 | 47.66 |
| 投资情况（亿元） | 规划投资 | 78.53 | 1.55 | 71.84 | 7.32 | 159.24 |
| | 批复投资 | 84.1 | 1.31 | 75.63 | 7.27 | 168.31 |
| | 到位资金 | 27.53 | 0.6 | 25.3 | 1.3 | 54.73 |
| | 资金到位率（%） | 32.73 | 45.8 | 33.45 | 17.88 | 32.52 |
| | 完成投资 | 33.35 | 1.09 | 31.39 | 1.9 | 67.73 |
| | 投资完成率（%） | 39.66 | 83.21 | 41.5 | 26.13 | 40.24 |

转变滇池治理理念，推进经济结构转型升级。遵循"以水定城、量水发展"的原则，以生态保护红线、环境质量底线、资源利用上线为约束条件，把环境容量和城市综合承载能力作为确定城市定位和规模的基本依据，将城市规划、土地利用规划、环境保护规划等进行"多规合一"，编制完成滇池流域"多规合一"规划，统筹人口分布、经济布局、国土利用、生态环境保护，约束空间利用格局和开发强度，依托滇中新区建设，将主城区人口和产业向滇池流域外疏解和转移。加大新兴产业培育力度，推动制造业高质量发展，重点支持新能源汽车、新材料、电子信息等产业发展；加快发展现代服务业，以巫家坝、会展中心片区和北京路、人民路沿线为重点，打造总部（楼宇）经济聚集区；推进新型产业园建设，依托呈贡信息产业园，吸引了浪潮昆明云计算产业园、云上云云南省信息化中心等多个重大项目入驻，从源头上杜绝环境污染和生态破坏。

完善污染物控制体系，削减污染负荷存量与增量。昆明市第十三、十四污水处理厂和主城西片调蓄池工程（二环路外）郑河路沟、三污厂调蓄池开工建设；完成昆明空港经济区污水处理厂工程秧草凹污水处理厂建设，处理规模为1.0立方米/天；昆明经济技术开发区倪家营水质净化厂调节池工程完成建设，调蓄能力为1.0万立方米；昆明主城东南片排水管网完善工程（二环路外官渡区、盘龙区）、主城西片排水管网完善工程（二环路外五华区）、主城南片排水管网完善工程（二环路外西山区、度假区）、主城北片排水管网完善工程（二环路外五华区）、环湖截污东岸和南岸配套收集系统完善项目、昆明经济技术开发区环境综合整治项目污水管网工程完成建设，主城西片排水管网完善工程（二环路外西山区）、主城北片排水管网完善工程（二环路外盘龙区）抓紧实施，铺设排水管网551千米；主城及环湖截污污水处理厂污泥处理及资源化利用工程完成建设，处理规模为50吨/天；昆明市第一、第三、第九水质净化厂和环湖洛龙河、古城水质净化厂尾水超极限除磷试验示范项目完成建设，提标总处理规模为32.5万立方米/天，出水水质TP≤0.05mg/L。在滇池流域及补水区完成滇池流域及补水区废弃果蔬资源化利用项目建设，处理规模为1200吨/天；实施减肥减药技术推广，累计完成农田测土配方施肥108万亩次，建设病虫害绿色防控农药减量技术推广示范村（园区）8个，累计应用病虫害绿色防控50.99万亩次；实施农村生物质能源与农业有机废弃物资源化利用项目，累计完成秸秆直接还田96.8万亩次，饲料化利用16.5万吨。完善农村生活污水处理及垃圾收运设施，滇池流域各区22个涉农乡镇（街道）共建有28个生活污水处理厂（站），处理能力达到31万吨/日，276个建制村中有246个建设了生活污水处理设施，设施覆盖率达到89%，1307个自然村中有792个建设了生活污水处理设施，覆盖率为61%；共建有垃圾中转站31座，配置垃圾转运车114辆、垃圾收集车723辆，建有垃圾房3106座，生活垃圾收集、转运设施基本覆盖所有乡镇、村庄，基本能实现生活垃圾定点收集；滇池流域各区城乡生活垃圾日产生量约为6000吨，全部收集转运至生活垃圾焚烧发电厂、卫生填埋场进行无害化处理。完成紫根水葫芦净化滇池草海水体工程，开展滇池人工放流恢复和增殖渔业资源，2016至2018年共投放鲢、鳙鱼371吨，高背鲫鱼2212万尾，金线鲃61.7万尾，云南光唇鱼10万尾；继续实施滇池外海主要入湖河口及重点区域底泥疏浚工程，启动草海及入湖河口清淤工程，完成污染底泥疏浚283.3万立方米；开展蓝藻水华防控处置，明确22片水域为重点防控对象，防控水域约9.28平方千米，累计收集富藻水约6.52亿立方米，处置藻泥约1.7万吨。

理顺健康水循环体系，提高水资源利用效率。在牛栏江—滇池补水工程正式通水每年可补水5.66亿立方米的基础上，建成草海西岸尾水及面源污染控制工程，完成玉带河、篆塘河、西坝河清淤除障工程以及盘龙江南坝卧倒闸提升改造工程建设，实现牛栏江引水补水滇池草海和外海18.2亿立方米，加快滇池水体交换改善湖体水质。抓好再生水利用设施建设，呈贡信息产业园区再生水处理厂及配套管网工程中水处理站、昆明空港经济区再生水处理站及配套管网工程秧草凹再生水处理站完成建设，总处理规模为1.8万立方米/天；昆明经济技术开发区环境综合整治项目再生水管网工程、主城及环湖重点片区再生水处理站及配套管网工程完成建设，昆明经济技术开发区普照水质净化厂配套再生水供水管网工程正在实施，铺设再生水管网96.7千米；在主城区范围内新增分散式再生水利用设施71座、增加设计处理能力1.35万立方米/天。推进海绵城市建设，2016年成立了昆明市海绵城市建设工作领导小组，印发了《海绵城市建设工作方案》，2017年编制了涉及滇池流域范围的《海绵城市建设专项规划（2016—2030）》，出台了海绵城市规划建设管理办法及配套政策，制定了海绵城市建设技术导则、海绵城市建设工程设计指南、海绵城市建设标准图集，截至2018年12月底，开工建设面积为59.61平方千米，达到建设要求的有50.45平方千米。开展城市面源污染和雨季合流污水溢流污染治理的探索研究，将雨污调蓄池建设向城市面山、入滇池河道及支流沟渠等区域延伸，建成总容积74.77万立方米的雨污调蓄池75座，以及容积1.1万立方米的河道入湖口前置库1座。实施最严格水资源管理制度，健全取用水总量控制指标体系，加强用水效率控制红线管理，建立万元生产总值用水量、万元工业增加值用水量、农田灌溉水有效利用系数三项用水效率控制指标体系，分年度进行分解并考核；强化计划（定额）用水管理，继续实行居民用水阶梯水价，已将主城区月用水量在100立方米以上10600多只户表的城市非居民用水户纳入了计划用水管理，严格收缴超计划用水加价水费。

开展水环境综合治理与保护，恢复流域生态功能。强化饮用水源地环境保护，完成松华坝水库径流区龙潭、重点水库水源保护工程，建设围网、定桩、警示标牌、宣传设施；完成冷水河、牧羊河（阿子营段）沿岸村庄截污工程，在沿岸村庄埋设截污管，实施污水收集及处理；完成柴河水库、大河水库汇水区农村环境连片整治工程，对村落污水收集处理、生活垃圾收集处置；完成晋宁区水源地防护工程，在双龙、洛武河、大春河、团结、合作、马鞍塘、益州水库水源地建设围网、定桩、警示标牌、宣传设施；完成滇池一级保护区界桩设置项目，实施滇池一级保护区335棵界桩点位测量、界桩制作及埋设。按照"关口前移、中端疏通、就近治理、末端提升"的系统治理理念，实施主要入湖河道及支流沟渠"一河一策"综合整治，完成五甲宝象河、虾坝河、海河（铁路段）、堡孜河等14项河道水环境综合整治工程，正在实施新宝象河、海口河（下段）、沙河等7项河道水环境综合整治工程，通过强化源头城市面源和雨季合流控制、沿河实施截污纳管及内源清淤、就近布局设施处理污水、末端发挥河口湿地水质净化作用，改善入湖河道及支流沟渠水质。实施黑臭水体综合治理，采取"控源截污、内源治理、生态修复、活水保质"等措施，投资7.79亿元基本完成22个城市黑臭水体（总长度50.78千米）治理主体工程，制定了黑臭水体整治长制久清方案、专项督查方案，强化日常管理维护，基本消除水体黑臭。关停滇池流域及西山重点区域内的采矿采砂采石点72个，完成恢复治理1828.4亩，正在实施恢复治理3350亩，完成滇池面山造林补植及幼林抚育3万亩；继续实施"四退三还"及生态湿地建设，清退草海周边118个、929亩水塘（鱼塘），完成滇池一级保护区内海埂村、宝丰五组、王洪武鱼庄、彩龙村、乌龙村和西山区交运局、知青老年公寓房屋拆除15.45万平方米，搬迁2400人，建成古城河入湖口、白鱼河入湖口、星海半岛一期、海东三期、王家堆一期湿地2454.5亩，完成捞鱼河湿地提升800亩，恢复新、老运粮河入湖口水生植物1000亩，完成草海南部大泊口水域及外草海湖内生态修复示范1600亩。

完善制度推进精细化管理，提升环境监管能力。2016年，昆明市人民政府以第136号政府令公布实施《昆明市环滇池生态区保护规定》，对环滇池生态区规划、建设、管理与开发利用等方面进行了重点规范；同时，完成了《昆明市河道管理条例》修订。2018年，完成了《云南省滇池保护条例》修订，并将《昆明市城市排水管理条例》修订为《昆明市城镇排水与污水处理条例》。全面深化河长制，在总结2008年以来滇池流域推行河（段）长责任制的基础上，按照党中央、国务院和省委、省政府关于全面推行河长制的安排部署，2017年印发了《昆明市全面深化河长制工作的意见》《昆明市全面深化河长制工作实施方案》，在滇池流域全面建立了"四级河长五级治理"体系，设市级河长25名、县（区）级河长132名、乡镇（街道）级河长193名、村级（社区）河长462名，实现了河渠湖库河长全覆盖；创新河道生态补偿机制，2017年4月，制定并印发了《滇池流域河道生态补偿办法（试行）》及5个配套文件，2017年4月20日，在滇池流域新运粮河、西边小河、新宝象河三条河道开展生态补偿试点工作；2017年7月1日起，在前期试点的基础上，在入草海的5条河道（大观河、西坝河、王家堆渠、乌龙河、船房河）开展河道生态补偿工作；2017年8月1日起，在滇池流域34条主要入湖河道设置63个监测断面全面实施生态补偿，从2017年4月试点至2018年12月，滇池流域各区累计核算缴纳生态补偿金13.13亿元。完善监管体制机制，切实加强滇池管理综合行政执法队伍建设，增强综合行政执法力量，全面消除执法盲区，经市委、市政府同意，2018年1月市机构编制委员会以昆编〔2018〕1号文件通知，滇池流域六区设立滇池管理综合行政执法局及区滇管综合执法大队；强化滇池水量、水质统一调度管理，经市委、市政府同意，2018年2月市机构编制委员会以昆编复〔2018〕16号文件批复，昆明市滇池管理局所属昆明市西园隧道工程管理处、昆明市滇池水利管理处整合组建昆明市滇池水生态管理中心，核实事业编制为70人，级别由正科级升为副处级。加强环境监管能力建设，先后在滇池流域6个区建成环境监测站7个（其中市级站1个、区级站6个），完成滇池流域主要河道行政交界和入湖口断面63个水质自动监测站建设，在河道溢流口安装视频监控设施158个，建成了盘龙江智慧河道管理监控中心；建成滇池流域水环境监测网络及信息平台，建立滇池蓝藻水华预警监测体系，完成滇池流域河道生态补偿水质在线监测站点建设、昆明经济技术开发区排水管网地理信息系统建设、昆明主城排水系统联动增效决策支持系统建设、滇池综合管理信息平台建设等；加快完善市河长制信息系统平台，推广使用河长APP、河长制微信公众号，不断提高滇池流域河长制信息化和水环境精细化管理水平。加大滇池管理综合执法力度，在滇池一级保护区和主要入湖河道开展综合执法，与环保、水务、城管、公安、农业部门开展入湖河道联合执法，2016—2018年共开展日常执法检查13553余人次，巡查入湖河道1558条次，组织开展专项执法行动73次，受理举报631件，立案调查1579件，清除滇池一级保护区内的临违建（构）筑物、复耕种植面积14.2万平方米，其中查处并拆除临时建（构）筑物面积23684平方米。

加强科技攻关与成果应用，为滇池保护治理提供科技支撑。2018年5月，昆明市人民政府与清华大学联合成立"清华大学昆明滇池高原湖泊研究中心"，以充分利用清华大学在环境治理领域的科研优势，形成多学科交叉、优势互补的稳定技术力量；同时，为强化滇池治理与保护的科学研究力量，经市委、市政府同意，2018年11月市机构编制委员会以昆编复〔2018〕22号文件批复，昆明市滇池生态研究所调整设置为昆明市滇池高原湖泊研究院，核定事业编制为35人，级别由正科级升为副处级。依托国家和省级重大科技项目，研究解决滇池水污染治理关键问题；完成"滇池环湖截污治污体系联合运用关键技术及工程示范""滇池入湖河道清水修复关键技术与工程示范""滇池流域农田面源污染综合控制与水源涵养林保护关键技术及工程示范""滇池水体内负荷控制与水质综合改善技术研究及工程示范""滇池草海水生态规模化修复关键技术与示范工程""滇池流域水资源联合调度改善湖体水质关键技术与工程示范"等水专项课题研究；为应对和深刻把握滇池流域面临的新形势、新矛盾新特征，组织完成了滇池高原湖泊蓝藻、绿藻生长机理和影响要素，草海水体流动场，草海湖体不同季节水质水位变化规律，草海湖体垂直及水平水质变化等研究；完成了滇池流域生态环境监控与监测信息中心，滇池保护治理、展示、科普与宣教中心，滇池高原湖泊研究中心的建设；制定了《滇池湖滨湿地建设规范》《滇池湖滨湿地监测规程》地方标准；开展滇池流域水质目标管理和总量控制优化方案研究、滇池流域水污染控制工程评估及精准治污决策系统研究、滇池流域自然生态资产评估、滇池保护治理与城乡规划协调发展研究等，为滇池流域水环境保护治理提供了科研技术支撑。

广泛动员全民参与，营造滇池保护治理良好社会氛围。围绕滇池保护治理重点、河（湖）长制工作及阶段性成效，整合社会各方面的资源和力量，充分发挥新兴媒体和传统媒体作用，及时发布信息，组织媒体采访；积极搭建社会参与平台，策划组织了一系列主题互动活动和公益宣传活动，加大滇池保护治理宣传力度。2016—2018年，组织、配合媒体开展采访近60次，发布新闻报道1500余篇（条）；在网站发布信息近1000条，微博发布信息3000余条，微信公众号发布文章近400篇，收集整理发送滇池舆情1500余条；2018年3月起，在滇池大坝电子屏公示滇池流域河长制及主要河道水质情况。滇池阳光艺术团深入农村、社区、工厂、学校和广场、公园等群众较为集中的地方，开展滇池保护治理宣传巡演132场（次）；持续组织开展滇池保护治理宣传月系列活动、"放鱼滇池生态保护行动"和"美丽滇池徒步""环滇公益徒步"等活动，充分发挥"市民河长""爱湖志愿服务队""滇池卫士""滇池驴友"等作用，动员社会组织、学生社团、市民群众、外地游客等参与滇池保护治理，引导社会各界理解、参与、融入滇池保护治理，形成"滇池保护人人有责、治理成效人人监督"的良好氛围。

"十三五"期间，滇池流域实际纳入考核的断面为21个，2016年滇池草海、外海水质均上升为Ⅴ类，2017年滇池全湖水质保持Ⅴ类（其中草海水质为Ⅴ类、外海水质为劣Ⅴ类），2018年滇池草海水质类别达到Ⅳ类，水质较2015年明显好转，水质类别由劣Ⅴ类上升至Ⅳ类，水质状况由重度污染好转为轻度污染，营养状态由重度富营养好转为轻度富营养；滇池外海水质类别达到Ⅳ类，水质较2015年明显好转，水质类别由劣Ⅴ类上升至Ⅳ类，水质状况由重度污染好转为轻度污染，营养状态由中度富营养好转为轻度富营养，滇池草海、外海年均水质达到规划考核目标，为1988年建立滇池水质数据监测库30年以来最好的水质。生态环境部通报2018年全国地表水环境质量状况时指出，"'老三湖'中，滇池水质明显好转。"12个河流国控断面水质为轻度污染，其中9个河流国控断面水质达到规划考核目标，洛龙河、盘龙江、船房河、金汁河、西坝河、大观河、大河、东大河年均水质达到Ⅲ类，捞鱼河年均水质达到Ⅳ类；3个河流国控断面水质未达到规划考核目标，马料河年均水质为Ⅴ类，新宝象河年均水质为劣Ⅴ类，茨巷河年均水质为劣Ⅴ类；7个集中式饮用水源地松华坝水库、自卫村水库、宝象河水库、洛武河水库年均水质达到Ⅱ类，双龙水库、大河水库、柴河水库年均水质达到Ⅲ类。2018年，滇池流域点源和农业农村面源污染负荷产生总量为$COD_{cr}$185985吨、TN27094吨、TP3258吨、$NH_3-N$16285吨，与2015年相比，$COD_{cr}$、TN、TP、$NH_3-N$分别增加了12094吨、587吨、426吨、1007吨；滇池流域污染负荷削减总量为$COD_{cr}$142073吨、TN18740吨、TP2462吨、$NH_3-N$11671吨，与2015年相比，$COD_{cr}$、TN、TP、$NH_3-N$分别增加了9510吨、2960吨、454吨、1882吨；减去现有污染治理设施的处理量再经沿程衰减后，滇池流域污染负荷入湖总量为$COD_{cr}$34765吨、TN7218吨、TP513吨、$NH_3-N$4041吨，与2015年相比，$COD_{cr}$、TN、TP、$NH_3-N$分别减少了3869吨、2677吨、113吨、1022吨，分别削减了10.01%、27.05%、18.05%、20.19%。

# 文献资料

# 史志文献节录

## ［汉］司马迁《史记·西南夷列传》

西南夷君长以什数，夜郎最大；其西靡莫之属以什数，滇最大；自滇以北君长以什数，邛都最大：此皆魋结，耕田，有邑聚。其外，西自同师以东，北至楪榆，名为嶲、昆明，皆编发，随畜迁徙，毋常处，毋君长，地方可数千里。自嶲以东北，君长以什数，徙、筰都最大；自筰以东北，君长以什数，冉駹最大。其俗或土箸，或移徙，在蜀之西。自冉駹以东北，君长以什数，白马最大，皆氐类也。此皆巴蜀西南外蛮夷也。

始楚威王时，使将军庄蹻，将兵循江上，略巴、黔中以西。庄蹻者，故楚庄王苗裔也。蹻至滇池，方三百里，旁平地，肥饶数千里，以兵威定属楚。欲归报，会秦击夺楚巴、黔中郡，道塞不通，因还，以其众王滇，变服，从其俗，以长之。秦时常頗略通五尺道，诸此国颇置吏焉。十余岁，秦灭。及汉兴，皆弃此国而开蜀故徼。巴蜀民或窃出商贾，取其筰马、僰僮、髦牛，以此巴蜀殷富。

建元六年，大行王恢击东越，东越杀王郢以报。恢因兵威使番阳令唐蒙风指晓南越。南越食蒙蜀枸酱，蒙问所从来，曰"道西北牂柯，牂柯江广数里，出番禺城下"。蒙归至长安，问蜀贾人，贾人曰："独蜀出枸酱，多持窃出市夜郎。夜郎者，临牂柯江，江广百余步，足以行船。南越以财物役属夜郎，西至同师，然亦不能臣使也。"蒙乃上书说上曰："南越王黄屋左纛，地东西万余里，名为外臣，实一州主也。今以长沙、豫章往，水道多绝，难行。窃闻夜郎所有精兵，可得十余万，浮船牂柯江，出其不意，此制越一奇也。诚以汉之强，巴蜀之饶，通夜郎道，为置吏，易甚。"上许之。乃拜蒙为郎中将，将千人，食重万余人，从巴蜀筰关入，遂见夜郎侯多同。蒙厚赐，喻以威德，约为置吏，使其子为令。夜郎旁小邑皆贪汉缯帛，以为汉道险，终不能有也，乃且听蒙约。还报，乃以为犍为郡。发巴蜀卒治道，自僰道指牂柯江。蜀人司马相如亦言西夷邛、筰可置郡。使相如以郎中将往喻，皆如南夷，为置一都尉，十余县，属蜀。

当是时，巴蜀四郡通西南夷道，戍转相饷。数岁，道不通，士罢饿离湿，死者甚众；西南夷又数反，发兵兴击，耗费无功。上患之，使公孙弘往视问焉。还对，言其不便。及弘为御史大夫，是时方筑朔方以据河逐胡，弘因数言西南夷害，可且罢，专力事匈奴。上罢西夷，独置南夷夜郎两县一都尉，稍令犍为自葆就。

及元狩元年，博望侯张骞使大夏来，言居大夏时见蜀布、邛竹杖，使问所从来，曰"从东南身毒国，可数千里，得蜀贾人市"。或闻邛西可二千里有身毒国。骞因盛言大夏在汉西南，慕中国，患匈奴隔其道，诚通蜀，身毒国道便近，有利无害。于是天子乃令王然于、柏始昌、吕越人等，使间出西夷西，指求身毒国。至滇，滇王尝羌乃留，为求道西十余辈。岁余，皆闭昆明，莫能通身毒国。

滇王与汉使者言曰："汉孰与我大？"及夜郎侯亦然。以道不通故，各自以为一州主，不知汉广大。使者还，因盛言滇大国，足事亲附。天子注意焉。

及至南越反，上使驰义侯因犍为发南夷兵。且兰君恐远行，旁国虏其老弱，乃与其众反，杀使者及犍为太守。汉乃发巴蜀罪人尝击南越者八校尉击破之。会越已破，汉八校尉不下，即引兵还，行诛头兰。头兰，常隔滇道者也。已平头兰，遂平南夷为牂柯郡。夜郎侯始倚南越，南越已灭，会还诛反者，夜郎遂入朝。上以为夜郎王。

南越破后，及汉诛且兰、邛君，并杀筰侯，冉駹皆振恐，诸臣置吏。乃以邛都为越嶲郡，筰都为沈犁郡，冉駹为汶山郡，广汉西白马为武都郡。

上使王然于以越破及诛南夷兵威风喻滇王入朝。滇王者，其众数万人，其旁东北有劳浸、靡莫，皆同姓相扶，未肯听。劳浸、靡莫数侵犯使者吏卒。元封二年，天子发巴蜀兵击灭劳浸、靡莫，以兵临滇。滇王始首善，以故弗诛。滇王离难西南夷，举国降，请置吏入朝。于是以为益州郡，赐滇王王印，复长其民。

西南夷君长以百数，独夜郎、滇受王印。滇小邑，最宠焉。

太史公曰：楚之先岂有天禄哉？在周为文王师，封楚。及周之衰，地称五千里。秦灭诸侯，唯楚苗裔尚有滇王。汉诛西南夷，国多灭矣，唯滇复为宠王。然南夷之端，见枸酱番禺，大夏杖邛竹。西夷后揣，剽分二方，卒为七郡。

注：司马迁（前145—前90），字子长，西汉史学家、文学家，陕西韩城人。著有《史记》，又称《太史公记》，记载了上自上古传说中的黄帝时代，下至公元前122年，共3000多年的历史，使《史记》成为中国历史上第一部纪传体通史。公元前99年，他为投降匈奴的李陵求情，因其直言触怒了汉武帝，遭受宫刑。在狱中发奋图强，自强不息，忍受常人所不能忍受的痛苦，继续编写《史记》。公元前91年，《史记》完成。其《史记·西南夷列传》，首次涉及滇池，故列为第一。

## ［晋］常璩《华阳国志·南中志》节录

宁州，晋泰始六年初置，蜀之南中诸郡，庲降都督治也。南中在昔，盖夷越之地，滇、濮、句町、夜郎、叶榆、桐师、嶲唐，侯王国以十数，或椎髻耕田，有邑聚，或编发、左衽随畜迁徙，莫能相雄长。周之季世，楚顷襄王遣将军庄蹻，泝沅水出且兰以伐夜郎，植牂柯，系船于是。且兰既克，夜郎又降，而秦夺楚黔中地，无路得反，遂留王滇池。蹻，楚庄王苗裔也。以牂柯系船，因名且兰为牂柯国。

益州西部，金银宝货之地。居其官者，皆富及十世。孝明帝初，广汉郑纯独尚清廉，毫毛不犯。夷汉歌咏，表荐无数。上自三司，下及卿士，莫不叹赏。明帝嘉之，因以为永昌郡，拜纯太守。章帝时，蜀郡王阜为益州太守，治化尤异。神马四匹出滇池河中，甘露降，白乌见，始兴文学，渐迁其俗。安帝元初四年，益州、永昌、越嶲诸夷封离等反，众十余万，多所残破。益州刺史张乔，遣从事蜀郡杨竦将兵讨之。竦先以诏书告谕，告谕不从，方略涤讨。凡杀虏三万余人，获生口千五百人，财物四十余万，降、赦夷三十六种，举劾奸、贪长吏九十人，黄绶六十人。诸郡皆平。

建兴三年春，（诸葛）亮南征。由水路自安上入越嶲。别遣马忠伐牂柯。李恢向益州，以犍为太守，广汉王士为益州太守。高定元自旄牛、定筰、卑水多为垒守。亮欲俟定元军众集合，并讨之，军卑水。定元部曲杀雍闿及士等，孟获代闿为主。亮既斩定元，马忠破牂柯，而李恢困于南中。夏五月，亮渡泸，进征益州。生虏孟获，置军中，问曰：我军如何？获对曰：恨不相知，公易胜耳。亮以方务在北，而南中好叛乱，宜穷其诈。乃赦获，使还合军，更战。凡七虏、七赦。获等心服，夷、汉亦思反善。亮复问获，获对曰："明公，天威也！边民长不为恶矣。"

秋，遂平四郡。改益州为建宁，以李恢为太守，加安汉将军，领交州刺史，移治味县。分建宁、越巂，置云南郡，以吕凯为太守。又分建宁、牂柯，置兴古郡，以马忠为牂柯太守。移南中，劲卒、青羌万余家于蜀，为五部，所当无前，号为飞军。分其羸弱配大姓焦、雍、娄、爨、孟、量、毛、李为部曲，置五部都尉，号五子。故南人言四姓五子也。以夷多刚狠，不宾大姓富豪；乃劝令出金帛，聘策恶夷为家部曲，得多者奕世袭官。于是夷人贪货物，以渐服属于汉，成夷汉部曲。亮收其俊杰建宁爨习、朱提孟琰及获为官属，习官至领军，琰，辅汉将军，获，御史中丞。出其金、银、丹、漆、耕牛、战马，给军国之用，都督常用重人。

晋宁郡，本滇国也。元鼎初置吏，分属牂柯、越巂。汉武帝元封二年，叟反，遣将军郭昌讨平之。因开为郡治，滇池上号曰益州。汉属县二十四，户二十万。晋县七，户万。去洛五千六百里。韩说初开，得牛、马、羊属三十万。汉乃募徙死罪及奸豪实之。郡土大平敞，原田。皋多长松。有鹦鹉、孔雀、盐池、田、渔之饶，金、银、畜产之富。俗奢豪，难抚御，惟文齐、王阜、景毅、李颙及南郡董和为之防检，后遂为善。蜀建兴三年，丞相亮之南征，以郡人李恢领太守，改曰建宁，治味县。宁州建，分西七县别立为益州郡。后太守李易，恢孙也，与梁水太守董懂，建宁爨量共叛。宁州刺史王逊讨平之，表改益州为晋宁郡。

滇池县，郡治，故滇邑也。有泽水，周回二百余里。所出深广，下流浅狭，如倒流，故曰滇池。长老传言：池中有神马，或交焉，即生骏驹。俗称之曰"滇池驹"，日行五百里。有黑水神祠，亦有温泉，如越巂温水。又有白猹山，山无石，惟有猹也。

注：常璩（约291—361），字道将，蜀郡江原（今四川崇州市）人，东晋史学家。常璩出生于西晋末年。成汉时期，常璩曾担任散骑常侍。347年，东晋大将桓温伐蜀，常璩劝汉皇帝李势降晋。成汉灭亡后，常璩入晋，却受到东晋士族的歧视和轻蔑，因此专注于修史，撰成《华阳国志》。该志全书共十二卷，是全国现存最早、最完整的一部地方志，是研究中国西南地区山川、历史、人物、民俗的重要史料。

## ［唐］樊绰《蛮书·山川江源》节录

金马山在拓东城螺山南二十余里，高百余丈，与碧鸡山东南西北相对。土俗传云，昔有金马，往往出见，山上亦有神祠。从汉界入蛮路，出此山之下。螺山遍地悉是螺蛤，故以名焉。

碧鸡山在昆池西岸上，与拓东城隔水相对。从东来者冈头数十里已见此山。山势特秀，池水清澹，水中有碧鸡山石，山有洞庭树，年月久远，空有余本……

昆池在拓东城西南百余里，四十五里（案：此四字疑衍文）。水源从金马山东北来。拓东城北十数余里，官路有桥渡此，水阔二丈余，清深迅急，至碧鸡山下，为昆州，因水为名也，土蛮亦呼名滇池（案：今晋宁川中，自有大池，在东南，当是滇池。水不可呼池，乃蛮不能别）。滇池水亦名东昆池，西南绕山，又西北池流为河，过安宁城下。亘水东西，有桥三十一，阔长三百余步。徒行七日程与泸水合。又量水川在滇池南两日程，汉旧黎州也。川中有大池，其水东泄。流处出一石窦中，流水甚广，石窦甚狭。土蛮云，忽窦空，百姓忧溺。新丰川亦有大池甚广……

注：樊绰（生卒不详），从他所著的《蛮书》和宋司马光的《资治通鉴》中，略知一二。唐懿宗咸通三年（862），蔡袭代替王宽为安南经略使。其时樊绰为安南从事，是蔡袭的幕僚。咸通四年（863）

二月初，南诏攻陷交趾，蔡袭全家和随从七十余人战死。樊绰长子樊韬及家属14人，也一并陷没。樊绰于城陷时携带印信，浮水渡富良江出走。《蛮书》卷四和卷十，曾零星记载到交趾城陷时的情况。从所记载的片段事实推测，蔡袭诸人于城陷时战死，樊绰渡江后可能逃至海门，后来即由海门归国。咸通五年（864）六月左授夔州都督府长史。

## ［元］张道宗《纪古滇说集》节录

古滇，始自唐虞而前，渐渐有野人授土号，法外君长。唐分命仲宅西曰昧谷，虞导黑水至于三危，入于南海。大禹治水命神庚辰徇南海分派江河，流沙金色，故名金沙，入昧谷，见水多聚于山顶，溪池广远，谷岛高峙，乃曰滇水。滇水周三百里，其地万里，皆蛮夷所有。西穷极有大秦国、身毒国、义渠国、缴濮国，茶弼沙国有圣人名徂葛尼到此。诸国皆有君长，茶弼沙是日落之所，有大洋，日入其洋矣。外有缅夷诸国，西南滨海黑水所流八百、日南、占城、真腊、登流眉、宾童龙国，有王舍城中目连舍基，此南海滨也，与滇水相去不远。自此西南夷君长以十数，夜郎最大；其西靡莫之属以十数，滇最大；自滇以北君长以十数，邛都最大；此皆魋结，耕田，有邑聚。其外西自同师以东，北至楪榆，名为嶲、昆明，皆编发，随畜迁徙，毋常处，毋君长，地方可数千里。自嶲以东北君长以十数，冉駹最大。其俗或土著，或移徙，在蜀之西。自冉駹以东北君长以十数，白马最大。皆氐类也，此皆巴蜀西南外蛮夷也。

周宣王在位四十六年，时乃周室中兴，远闻西南有身毒国，即天竺国也。先昭王二十一年，有净梵王妃摩耶氏生太子悉多，不欲为君长，入山秃发也。至宣王时，西天竺亦有国曰摩耶提，乃王也，是净梵王摩耶之后裔也。摩耶提名阿育，生三子，长曰福邦，其名也，次曰弘德，季曰至德。三子俱健勇，因父阿育王有神骥一匹，身高八尺，红鬃赤尾，毛有金色，三子共争之，王莫能决。乃曰："三子皆一也，与一则偏一，而不爱于二也"。乃命左右曰："将我神骥纵驰而去，有能追获者主之。"乃一纵直奔东向而去。三子各领部众相与追逐，其季子至德先至滇之东山，而获其神骥，就名其东山以为金马山。长子福邦续至滇池之西山，闻季子以获其马，停憩于西山之麓，忽有碧凤呈祥，后误目山曰碧鸡。次子弘德后至滇之北野，各主之不回。王忧思，滇类众，恐未获归，乃遣舅氏神明统兵以应援。将归，不期哀牢夷君主阻兵塞道而不复返矣。哀牢国，永昌郡也，其先有郡人蒙迦独，妻摩梨羌，名沙一，居于牢山。蒙迦独尝捕鱼为生，后死牢山水中，不获其尸。妻沙一往哭于此，忽见一木浮触而来，旁边漂沉，离水面少许，妇坐其上，平稳不动。明日视之，见水沉触如旧，遂尝浣絮其上，若有感，因怀姙，十月孕，生九子，复产一子，共男十人。同母一日行往池边，询问其父。母指曰："死此池中矣。"语未毕，见沉木化为龙，出水上。沙一与子忽闻龙语曰："若为我生子，今俱何在？"九子见龙惊走，独一小子不能去，母固留之，此子背龙而坐。龙因舐之，就唤其名曰："习农乐。"母因见子背龙而坐，乃鸟语谓背为九，谓坐为隆，因其名池曰九隆。习农乐后长成，有神异，每有天乐奏于其家，凤凰栖于树，有五色花开，四时常有神人卫护相随。诸兄见有此异，又能为父所舐而与名，遂共推以为王，主哀牢山下。哀牢山又有一人唤奴波息者夫妇，复生十女子，因与习农乐兄弟皆娶以为妻。奴波息见习农乐有神异，遂重爱之，而家大旺。邻有禾和者，嫉欲害之，习农乐奉母夜奔巍山之野，躬亲稼穑，修德惟勤，教民耕种。其九弟兄有妻，后渐相滋长，种人皆刻画其身，象龙文，衣着尾。习农乐在于巍山之野，主其民，咸尊让也。有梵僧续旧缘，自天竺国来乞食于家，习农乐同室人细密觉者，勤供于家。而饷夫耕，前则见前僧先在耕所坐向。问其言，僧曰："汝夫妇虽主哀牢，勤耕稼穑，后以王兹土者无穷也。"语毕，腾空而去，乃知是观音大士也。复化为老人，自铸其像，留示其后，今阿蹉观音像者是也。大将军张乐进求后来求会诸首，合祭于铁柱，凤凰飞上习农乐之左肩，乐进求等惊异，尚其有圣德，遂逊位其哀牢王，孙名奇嘉者，以蒙号国也。

前哀牢王兵阻其道，阿育王三子不复返矣，遂归滇，各主其山。后值楚庄王遣将庄蹻总兵循江上，略巴、蜀、黔中以西。蹻至滇也，见池方三百里，旁平地，肥饶数千里，以兵威定，滇民服焉。欲归报，会秦并六国，击夺楚巴、黔中郡，道塞不通，因还以其众王滇。其阿育王三子并神明四甥舅之遗众与蹻兵同诸夷杂处。蹻为滇王，崇信佛教，不忍杀生，迁居白崖、鹤拓、浪穹。后众推仁果者为张姓新君之滇王，蹻传世卒矣。仁果肇基白崖，尚粉业之祥于兹，遂以地号国曰白，操存五常之固有，不昧一真之虚灵，坚守三纲，修明六艺，本戒法于天竺，枝姓文于汉唐，言从善间于诸语，服随世俗于时宜，号年法古，正朔从夏，采撷诸家之善，自集成于一枝，而为白氏国也。

秦灭汉兴，汉武帝元狩元年夏五月，遣博望侯张骞请通西域，自大夏使还。大夏在汉西南，慕中国，患匈奴隔其道，诚通蜀身毒国道使近，又无害，骞还谓帝前言。又曰："身毒国乃天竺国也，去蜀不远。"帝再遣骞道通滇为益州，亦曰昆明，册张仁果为滇主。通商贾，贸易用贝。于是汉天子再遣王然于、柏始昌、吕越人等十余辈，间通西南夷，指求身毒国。至滇，滇王张仁果尚在白崖，彼骞虽奉命册之，而张仁果仍白氏国也。王然于等所会滇王尝羌，亦庄蹻之遗也。乃留然等求道四年余，皆闭昆明，莫能通。滇王与汉使者言曰："汉我孰为大？"及夜郎侯亦然。各自以一州王，不知汉广大。使者还，因盛言滇大国，足事亲附，天子注意焉。后王然于以粤破及诛南夷兵威风谕滇王入朝。至元狩三年作昆池，以习水战。元鼎六年，汉平西南夷，置五郡。元封二年秋，汉遣将军郭昌，发巴蜀兵，击灭劳浸、靡莫，以兵临滇，滇王降，以其地为益州郡，赐王王印，复长其民。是时汉灭两越，平西南夷，置初郡十七，而初郡时时小反，杀吏，发卒诛之。六年，郭昌将兵击昆明，又有中郎将卫广者，同昌讨平滇国。

孝昭帝始元元年夏，益州夷反，募吏民发犇击破之。四年秋，又反，复遣兵击之。

神爵元年春三月，汉宣帝遣谏议大夫王褒，求滇金马、碧鸡之神，神乃阿育王之仲季子也，因收金马，见碧凤腾翔，各以山主之，及兄福邦、舅神明俱为神矣。又见后。王褒由川之来，路道险远弗果，在蜀而望滇赛之。

汉平帝元始元年春正月，滇王献白雉于朝。

王莽天凤元年秋，益州蛮夷杀其大尹，莽发兵击之。三年冬，莽大发兵击益州，滇王领率诸蛮会兵迎敌，莽兵败回。蛮夷亦杀其太守，莽遣宁始将军廉丹发巴、蜀吏人及转兵谷卒徒十余万众击之，吏卒疫，连年不能克而返。莽以文齐为太守，开通路道，灌溉垦田三千余顷，率厉兵马，修障塞，降集群夷，甚得其和。及公孙述据益土，文齐固守据险。述拘其妻子，许以封侯，齐遂不降。闻光武即位，乃间道遣使自闻。蜀平，征为镇远将军，封成义侯，于道卒，诏起祠堂立庙祀之。建武八年，滇王属夷渠（师）（帅）栋蚕与姑复、楪榆、桥栋、连然、（滇）池、建宁、昆明诸种反叛，杀长吏，益州太守繁胜与战而败，退保朱提。十九年，光武帝遣武威将军刘尚等，发广汉、犍为、蜀郡兵及朱提夷合一万三千人击之，尚军遂渡泸水入益州界，群夷闻大兵至，皆弃垒奔走。二十年，连与栋蚕等大战数月，滇王退兵昆明，刘尚追栋蚕至不韦，斩之，虏七千余人，得生口五千七百，马三千匹，牛羊二万余头，夷遂平。汉明帝永平十二年春，哀牢王内附。章帝建初元年，哀牢王反，伐滇，滇王兵及郡兵击斩之，并哀牢也。安帝元初五年，卷夷大牛种封离等久叛，遂杀守令。次年永昌、益州诸夷皆叛，诏遣益州刺史张乔、从事杨竦将兵击破之。竦病死，乔痛惜之，乃刻石勒铭，图画其像，时有神马四匹出滇池。

三国蜀汉丞相诸葛亮南征自越巂，乃建兴三年春至南中，所在战捷，由是斩雍闿等。雍闿者乃益州郡之耆帅，阻拒汉兵，亮斩之，遂平。时孟获僭为蛮王，诱扇诸夷，牂牁、越巂皆应孟获。其人素为夷、汉所服，占据昆明、东川、武定以及乌撒、沾蒙数千里地，其众数万，亮经会川，历三绛、武定也。弄栋姚安也。而抵永昌，断九隆山脉以歇王气，遂将孟获生擒于营，使观营垒，七纵七擒，以知亮有天威也。回兵白崖，立铁柱以纪南征，改益州郡曰建宁，以仁果十七世孙张龙佑领之。别遣将略兴古、曲靖也。牂牁、顺元也。朱提、乌蒙也。等郡。晋光熙元年春三月，五苓夷寇宁州，刺史李毅卒。太宁元年，宁州刺史王逊死之。八年春三月，宁州降于成。四川也。太元二年春，西南夷遣使朝于秦。

注：张道宗，元代昆明人，生卒不详。著有《纪古滇说集》，该集所录，上自古唐虞，讫于南宋咸淳。明朝沐朝弼说："虽其文不雅驯，而凿凿传信不可删，以迷其真也。其纪金马事，大与《汉书》所谓金形似马、碧形似鸡之说迥异。文儒信史者多疑之。余谓是书本偏方所录，自言风土，当得其实。汉使王褒祭金马、碧鸡之神，望其地不至，又安能必其说为信？而此所录可疑乎？并存之可。"

## ［明］宋濂《元史·地理》节录

云南诸路行中书省，为路三十七、府二；属府三、属州五十四、属县四十七。其余甸寨军民等府，不在此数。马站七十四处，水站四处。云南诸路道肃政廉访司，大德三年，罢云南行御史台，立肃政廉访司。

中庆路（上），唐姚州。阁罗凤叛，取姚州，其子凤伽异增筑城曰拓东，六世孙劝（劝）丰祐改曰善阐。历五代迄宋，羁縻而已。元世祖征大理，凡收府八，善阐其一也。郡四，部三十有七。其地东至普安路之横山，西至缅地之江头城。凡三千九百里而远；南至临安路之鹿沧江，北至罗罗斯之大渡河，凡四千里而近。宪宗五年，立万户府十有九，分善阐为万户府四。至元七年，改为路。八年，分大理国三十七部为南北中三路，路设达鲁花赤并总管。十三年，立云南行中书省，初置郡县，遂改善阐为中庆路。领司一、县三、州四。州领八县。本路军民屯田二万二千四百双有奇。

录事司。

县三：

昆明（中），倚郭，唐置。元宪宗四年，分其地立千户二。至元十二年，改善州，领县。二十一年，州革，县如故。其地有昆明池，五百余里，夏潦必冒城郭。张立道为大理等处劝农使，求泉源所出，泄其水，得地万余顷，皆为良田云。

富民（下），至元四年，立黎灢千户。十二年，即黎灢立县。

宜良（下），唐匡州，即其地。蛮酋罗氏于此立城居之，名曰罗裒龙，乃今县也。元宪宗六年，立太池千户，隶嵩明万户。至元十三年，升宜良州，治太池县。二十一年，州罢为县，后废太池来属。

州四：

嵩明州（下），州在中庆东北，治沙札卧城，乌蛮车氏所筑，白蛮名为嵩明，昔汉人居之。后乌、白蛮强盛，汉人徙去，盟誓于此，因号嵩盟；今州南有土台，盟会处也。汉人尝立长州，筑金城、阿葛二城。蒙氏兴，改长州为嵩盟部，段氏因之。元宪宗六年，立嵩明万户。至元十二年，复改长州。十五年，升嵩明府。二十二年，降为州。领二县：杨林（下），在州东南，治杨林城，乃杂蛮枳氏、车氏、斗氏、麽氏四种所居之地，城东门内有石如羊形，故又作羊。唐有羊林部落，即此地。元宪宗七年，立羊林千户。至元十二年，改为县。邵甸（下），在州西，治白邑村，无城郭，车蛮、斗蛮旧地，名为束甸，以束为邵。宪宗七年，立邵甸千户。至元十二年，改为县。

晋宁州（下），唐晋宁县，蒙氏、段氏皆为阳城堡部。元宪宗七年，立阳城堡万户。至元十二年，改晋宁州。领二县：呈贡（下），西临滇泽之滨，在路之南，州之北，其间相去六十里，有故城曰呈贡，世为些莫强宗邵蛮所居。元宪宗六年，立呈贡千户。至元十二年，割诏营、切龙、呈贡、雌甸、塔罗、和罗忽六城及乌纳山，立呈贡县。归化（下），在州东北，呈贡县南，西宾滇泽，地名大吴龙，昔吴氏所居，后为些莫徒蛮所有，世隶善阐。宪宗六年，分隶呈贡千户。至元十二年，割大吴龙、安江、安（沏）立归化县。

昆阳州（下），在滇池南，僰、爨杂夷所居，有城曰巨桥，今为州治。阁罗凤叛唐，令曲旂蛮居之。段氏兴，隶善阐。元宪宗并罗瑀等十二城，立巨桥万户。至元十三年，改昆阳州。领二县：三泊（下），至元十三年，于那龙城立县。易门（下），在州之西，治市坪村，世为乌蛮所居。段氏时，高智升治善阐，奄而有之。至元四年，立浧门千户。十二年，改为县。县西有泉曰浧源。讹作易门。

安宁州（下），唐初置安宁县，隶昆州。阁罗凤叛唐后，乌、白蛮迁居。蒙氏终，善阐酋孙氏为安宁城主，及袁氏、高氏互有其地。元宪宗七年，隶阳城堡万户。至元三年，立安宁千户。十二年，改安宁州……

注：宋濂（1310—1381），初名寿，字景濂，号潜溪，别号龙门子、玄真遁叟、仙华生、元贞子等。汉族，祖籍金华潜溪，至宋濂时迁居金华浦江。明初著名政治家、文学家、史学家、思想家。与高启、刘基并称为"明初诗文三大家"，又与章溢、刘基、叶琛并称为"浙东四先生"。被明太祖朱元璋誉为"开国文臣之首"，学者称其为太史公、宋龙门。元末辞朝廷征命，修道著书。明初时受朱元璋礼聘，被尊为"五经"师，为太子朱标讲经。洪武二年（1369），奉命主修《元史》。累官至翰林学士承旨、知制诰。

# ［明］谢肇淛《滇略》节录

金马碧鸡二山，在滇省城外，西为碧鸡，东为金马，相距五十里许，中隔滇池。汉宣帝时，方士言其有神可祠而致，遣谏大夫王褒求之。颜师古曰："碧形如鸡，金形如马，故名。"一云："以有凤凰及龙马，隐见于上名之。"颜说："非也。"元张雄飞诗："北阙辞丹凤，南云看碧鸡。紫苔移玉座，瑶草湿金泥。雨霁龙归洞，风生虎渡溪。寻梅穿竹径，采药蹑松梯。白日依山尽，青天入海低。寄书无雁过，择木有猿啼。花映高低树，园分远近畦。飞星驰宝马，沈水吐银猊。鱼戏莲房北，鸥眠荻渚西。长歌汉颂罢，刻石纪新题。"

五华山在省城中，雄瞰千雉，四望无际。其上有寺，楼阁宏丽，为滇诸刹之最。都御史钱塘郑颙诗：："上人栖迹云霞中，楼居背倚青芙蓉。映帘花木四攒绕，深幽雅称金仙宫。古闻滇阳称佳丽，五华特秀西南丛。沧波远引势吞吐，城闉俯瞰烟溟蒙。楼台万井互参列，浮图百尺高凌空。面前冈峦总奔附，嵯峨宛若君山峰。"

太华山在碧鸡西北，俯瞰滇池，迥出远近诸峰之上，绝顶有寺，元僧玄鉴建。永昌张含诗："滇国地形惟此最，青霄楼阁迥招提。山围雉堞笼金马，海撼龙宫浴碧鸡。云里鹤巢松树遍，风前仙梵雨花迷。诸天不在藤萝外，中夜起看星宿低。"铜梁张佳胤诗："石床横架万峰西，海上双明入户低。自是山中无玉漏，朝来还有碧鸡啼。"又："焚香高卧大华烟，鹤唳松涛夜不眠。欲向此中寻住着，海心月在白云天。"

螺山在省城之北，山无草木，石皆青色，盘旋若螺髻焉。其下有潮音洞，深黑莫测，有人燃炬，行两日阻水而还。前为圆通寺，依岩谷为之，穷极幽险。都御史吴兴顾应祥诗，有"云拥数峰环寺立，烟开一径傍城湾"之句。

滇池即昆明池也，在省城西南，周广五百余里，合盘龙江、黄龙溪诸水，为南中巨浸。其水源广而末狭，有似倒流，故曰滇。汉武帝欲伐西南夷，于长安穿昆明池象之，以习水战。其上为太华、金碧诸山。其外有金棱、银棱、澄清诸河，菰蒲、蒲荇、鱼蠃、菱芡之产，不可殚穷。元李京诗："嫩寒初褪雨初晴，人逐东风去棹轻。天际孤城烟外暗，云间双塔日边明。未谙习俗人争笑，乍听侏僚我亦惊。珍重碧鸡山上月，相随万里更多情。"明顾应祥《昆明池歌》："昆明池，延袤数百里。千山万山直自昆仑来，诸山之水汇于此。人云其水颠倒流，滇池之名从此始。左有金马山，右有碧鸡峰。弥漫浩瀚渺无际，但见洪涛巨浪日夕排苍空。青天忽惊白日起，霹雳震撼蛟龙宫。天吴水怪，九首八足，不可以名状，时复出没于其中。有时风恬波浪息，一碧万顷开青铜。其广也如此，胡为乎不在九域之内，不得与五湖七泽相争雄？神禹治水迹不到，穆王八骏难为穷。汉武凿池徒彷佛，王褒将命何匆匆？唐宋以来各僭据，声教不与中国通。天开景运圣人出，一扫海内群邪空。五服之外更五服，俯首受命归提封。侏僚椎结之类，吾不知其几千万种，礼乐不异车书同。眇余生当全盛日，观风两度来乘骢。古来多少豪杰士，局于偏安之世，不得一洗块垒胸。百年过眼一弹指，历览绝域真奇逢。振衣独立太华顶，狂歌目断孤飞鸿。"

滇池西二十里，有海源洞，中可容数百人，四壁削立，石乳倒垂，凝成幻象千状万态，不可数计。其下有龙湫，流水清浅四时不竭，雨旱祷之辄应。

玉案山在滇池北十余里，一名列和蒙山，秀丽多泉石。山北有三泉，如盆池，上有玉案，远近佛刹攒列，其最胜者，为筇竹寺，花木幽翳，静室清绝，游俗罕至。寺僧皆修头陀行，守戒苦节，其得道者，终身未尝下山。山椒有碁局，相传有仙人奕于此。唐道南和尚诗："松鸣天籁玉珊珊，万象常应护此山。一局仙碁苍石烂，数声长啸白云闲。乾坤不蔽西南境，金碧当分左右班。万古难磨真迹在，峰头鸾鹤几时还？"

高峣关在昆明县东，云津桥之北，旧有城。嘉靖初，成都杨慎，谪戍永昌，来往滇池，相其地卜筑焉。乐其胜概，为作十二景诗，后竟卒于此，今其庄亦荒废。张佳胤《高峣吊杨太史》诗："君自投荒日，飘零瘴海间。风云辞玉署，岁月老红颜。著述愁中尽，诗篇病后删。大名留死谏，前席阻生还。石表何因折，泉台不可攀。知无封禅草，谁问碧鸡关？僮仆将孤榇，文章遍百蛮。空余载酒处，寂寞锁青山。"

注：谢肇淛（1567—1624），字在杭，福建长乐人，号武林、小草斋主人，晚号山水劳人。明万历二十年（1592）进士，历任湖州、东昌推官，南京刑部主事、兵部郎中、工部屯田司员外郎。天启元年（1621）任广西按察使，官至广西右布政使。入仕后，历游川、陕、两湖、两广、江、浙各地所

有名山大川。曾与徐𤊀重刻淳熙《三山志》，所著《五杂俎》为明代一部有影响的博物学著作，《太姥山志》亦为其所撰。曾出任云南参政，著有《滇略》10卷。

## ［明］刘文徵《滇志·山川》节录

府城北二十里曰岣山，一曰商山，俗又称蛇山。由东北而来，以开西南滇之望也。其高数十仞，多崖穴卷石、撮土。可刊为洞隐，可诛茅为室。枯槁所居，又多药草紫芝、黄独之属。有泉焉，可取以浴，可以已疾。樵歌牧唱，谷神应之如响。其下多桃花林，共新柳碧沙，相错而成景。秋冬之交时苦野烧，相传负盐出井之地，潜使人为之，此山焚而斥卤盛，不敢知也。前志首碧鸡、金马，而此顾寥寥，盖入品藻芯先名山耶？

《汉书·地理志》："岣在滇池之来惟山。"杨太史谓在今罗次县，谬为沙龙，今二山不载旧《志》。

由商山而南，其山曰螺峰，滇城北郭倚以为枕，睥睨占此山之阴。其崖曰盘坤，曰补陀。曲磴跻攀而上，多奇石。其特立可徙倚而迟月者，曰明月石。江陵张楚城藩伯题。其麓有二洞，曰潮音，曰幽谷，皆有景，见别卷。

由螺山叠巘而下，曰五华山，乔林葱菁，管领众山，咸在仙掌之上，厥土赤色，可以缎金。海外百里为晋宁，其耸拔相向，以为宝山。祖遍山，在五华之左，并峙城中。碧鸡山，在郡城之西，滇池之外。《一统志》云："苍岩百仞，绿陂千顷。月印澄波，云横绝顶。"可以貌兹山矣。由碧鸡而西南曰太华山，在西山中，如笋如冠玉，左环右拥，苍秀而端严。由太华而下，曰太平山，可望滇海。太华之左，为华亭山。远望，微觉欹斜而迥然独秀，登临乃知之。卓立海岸者，曰罗汉山。山分南北庵：其南峭壁千仞，时见白云依危石而飞；其北夷险相埒，每一游目，第绿海一方耳。碧鸡关下，曰高峣山，昔杨庄介公侨寓处。

沿滇池而南，曰大鼓浪山、小鼓浪山，渔者居之。又五里许，曰观音山。万顷中一峰突起，晦翁"天风海涛"之题，可移山阁。南十里曰万德山，上有安国寺。佳丽之地，盘水沉澜。

赤甲壁山，在城西十里。旧称石鼻，讹也。此乡为石鼻，因以名其村耳。又十里曰进耳山，天外三峰，可以阁笔，故又曰笔架山。聚仙山，即西华洞，在城西二十里黑林堡。三华山，去聚仙山五里许，巃嵸回合，如掩袍袖，盘峻岭而上，其寺为妙高，其泉为玉峰。

玉案山，在城西二十里，又名列和蒙山。远望，其形方广，出西南诸峰之上。有石棋枰，因又曰棋盘山。镌"玉案晴岚"四字。其下有泉，曰菩提泉。

金马山，在城东二十里。山势蜿蜒，林壑幽异，绵亘数十里，至于古城，乃为息壤。有泉出于山椒。相传此山昔有金马隐现，故名。

按："此山又曰呼马"，相传前代取经，以马负经至此山，马绕呼而得之，故曰呼马。左思赋曰："金马骋光而绝景，碧鸡倏忽而跃仪。"颜师古曰："金形如马，故曰金马。碧形如鸡，故曰碧鸡。"碧诚有之，如鸡未前闻也。金则无矣，况如马乎？汉宣帝时，方士言益州有金马碧鸡之神，可祭而致，遣王褒来求，即此。

距金马山三里，曰鸣凤山，旧名鹦鹉。巡抚晋安陈用宾易今名，因评其胜曰："山光灵异，景物葳蕤。远之九龙奔朝，近之双凤翔舞。玉泉环带，碧潭绾縠。"皆实录也。东北二十里，曰龙泉山，上有真人之宫，龙湫在其下。由龙泉而东，五里曰松华山，水由东北来者，此为潮宗之径路。其山联络若十二峰，当山川水口，一一深秀。

……

府城内，曰九龙池，清迥秀澈，菜圃居其半，故又曰菜海。其平者为稻田，下者为莲池，又半之。沿五华之右，贯城西南陬。入顺城桥，汇盘龙江，达滇池。世镇有别业在其上，曰柳营。

西南曰滇池，周遭五百余里，又名滇南泽。合盘龙江、黄龙溪诸水。《史记》载，滇水源广而末狭，有似倒流。汉武帝凿池于长安习水战，仿此也。池北受水，而倾西南为海口，北入富民县，汇广翅塘，赴金沙江。

或曰《南华》所云："鹏海运将徙于南冥，南冥者，天池也。"《齐谐》曰："水击三千里，抟扶九万里，去以六月息。"南冥天池，即滇池也。非特始于《庄子》，实始于《齐谐》。见郭笃周氏琐言，必有所祖。

西湖，在滇池上流，又名积波池。周五里许，荇藻长青，兰桡画舸所之。多产衣钵莲花，千叶蕊，分五色。外丰葭菼，内阜川禽，俗曰青草湖。近城可一里，有亭榭曰鱼池，实莲池也，颜其亭曰"君子"。

东五里，曰盘龙江。发源自嵩明州故邵甸县山中，凡九十九泉，合流西注，曲折而南入滇池。

西南八十里，曰海口。以滇池潴诸川之水，至西惟此一河泄之，若咽喉然。沿海财赋，岁以万计，其利害由于海口之通塞，诚要津也。岁一浚之，在田赋之正供，曰海夫。

西二十里，曰澄清河。在清草湖内，七八月间，潢潦泛涨，斯水独清。东十里，曰金棱河。元赛典赤·赡思丁筑堤分盘龙江水，由金马山麓流经春登里东乡，灌溉实多，堤上旧植黄花，故名。今土人呼曰金汁河。

西十里，曰银棱河。引乌龙潭水，由商山麓流过沙浪里南。昔堤上多白花，今呼银汁河。

此河存其名，其实渴谷也。相传胜国时，赡氏开金汁河成，有人效之为银汁，欲引黑龙潭水而使北流，然高不善下，迄无成功，后见杀。

南曰宝象河，源出上板桥，分泻至此，注于滇池。北二十五里，曰黑龙池。其水深黝，鲦鱼数百，人莫敢取，天旱，请祷辄应。

又有三龙泉：一出商山下，傍有祠有亭，扁曰"第一泉"；一出城西勒甸山中，水分青白二色；一出碧鸡山下，洞内产金线鱼，又名金鱼泉。

东十里又有二泉，皆曰白龙。

西二十里，曰海源，在聚仙山下。其水流入清水湖，为内池；滇水为外池，又曰鸳鸯池。

西有瀑布泉，在玉案山间，流至宝珠寺后，崖高数十丈，泉自崖顶流于溪涧，喷沫溅珠，声彻里许。多名人题咏。

北有文殊泉，流过松埂堰。又有涌泉，出涌泉山寺腹，一弘清迥，甃为曲池，以供觞咏。

寒泉二：其一在城北上庄村，寒气彻骨；其一在城西高峣里普贤寺右。二泉浴之，皆已风疾。

东三十八里板桥堡有山，皆奇石，两龙湫叠出焉，水由石隙接流而下，为观音塘，山顶为真武阁。

北城外二里，曰莲埂池。池可一里许，四时之水不竭。有亭临于上，祀大士。

府城隍庙中有阛侯井，取于浣丝，其色鲜。

螺山下有石崖井。又有广佛井，宜煮茶。

吴井，在府治南菊花村。其水独重，汲而贮之，久藏而不腐；以烹茶，其气清迥，其味若得水而甘，弥久如故。

五华书院前，泳有石井，名与诸泉并著。以在山麓、民居山冈者，艰于得水，功倍寻常什百矣。

阿泥井，在城北二十里江头村，环村而居者，取汲焉。

南城外有胭脂巷井，作酒而美。

海眼井，在觉照寺大殿内佛座下；相传为滇池水眼，每岁佛日，取以浴。

……

呈贡县北十里，曰洛龙河。源从黑白二龙潭流出，灌溉田亩，下江尾村入滇池，其上有天生石室。

昆阳东南五里，曰渠滥川，由东北流入滇池。

三泊治北，曰资利河，自北而南，交汇于县，复北流入滇池。其县得名以此。

晋宁州，曰大堡河，源出新兴州，经晋宁永兴乡，分注滇池……

注：刘文征（1555—1626），字懋学，别号右吾，明嘉靖三十四年（1555）出生于云南。万历十一年（1583），中进士，被委任四川新都县令。尔后，在苍梧、绍兴、蔺州、松州、吴兴等地为官，官至太中大夫太仆寺卿。精通经史，才识过人，著述丰硕，加之不阿权贵，敢于直谏，清正廉洁，造福百姓，因而受到朝野称颂，被同僚傅宗龙（兵部右侍郎，昆明人）称誉为当时的"海内第一名流"。一生著述颇多，仅现存者（今云南省图书馆收藏）就有《松注》《滇志》《茶花馆集》《思母篇》等。《滇志》对后世影响之大，可谓不同凡响，堪称研究云南明代历史、地理的重要文献。

## ［清］张毓碧《云南府志·地理》节录

滇池，一名昆明池，在城西南，周五百余里。汇盘龙江、黄龙溪诸水，望之一碧万顷。《史记》：田滇水源广末狭，有似倒流，故曰滇池。一说凡水皆东，此独徂西而下也。

九龙池，即菜海子，在城内。清迥秀澈，莲花荇藻，苍翠盈池。沿五华右贯城西南陬，达滇池。昔为沐氏别业，名柳营。康熙三十一年，总督范承勋、巡抚王继文构亭建楼，备极清雅，详《亭榭志》。

绿水河，在城内祖遍山左。

西湖，一名积波池，俗名青草湖，在滇池上流。荇藻长青，兰桡竞泛。中产衣钵莲花，内有近华浦，废址尚存。康熙二十九年，王继文构亭其上，详《亭榭志》。

盘龙江，在城东，源出旧邵甸县，凡九十九泉合流，而南会入滇池。

海口，在城西南八十里，泄滇池之水，由安宁、富民，汇广翅塘，入金沙江。沿海财赋，岁以万计。其利害由于海口之通塞。诚要津也……

注：张毓碧，江陵人，贡生，官至云南知府。康熙二十九年（1690）"来刺云郡"任云南知府，"遂访求遗老，裒集旧章"，本着"稽历代之兴废，合本朝之善美"，进行纂修。属儒学教授谢俨，同为增订，《云南府志》，于康熙三十四年（1695）成书。

## ［清］师范《滇系·疆域》节录

滇池在云南府城南，一名昆明池，亦曰滇南泽。战国时楚将庄蹻灭夜郎至滇池，以兵威略定其地，又使部将引兵收伏西南诸蛮。汉元封中，欲讨昆明，以昆明有滇池方三百里，乃于长安西南穿昆明池象之，以习水战。汉蜀建兴三年，诸葛武侯征南中至滇池。

常璩《南中志》：滇池县有泽水，周回二百余里，所出深广，下流浅狭如倒流，故曰滇。长老相传，池有神马交，则生骏驹，俗称之曰滇驹，日行五百里。

《南行录》：滇池又名积波池，周广五百里，盘龙江黄龙溪诸水之所汇也，称南中巨浸焉。池中大小卧纳二岛。水之下委，为螳蜋川，萦回安宁州治，过富民县而北达武定东北界，注于金沙江。今城西南八十里，为海口大河，即滇池导流处也。

《滇记》云：郡城金马碧鸡二山，东西夹护，旁山北来而环列于前，中开一大都会。滇池受邵甸、牧羊山诸水，汇为巨浸，延袤三百余里。军民田庐，环列其旁。而泄于稍西一小河，又折而北，不见其去，故又名滇海。

《元史》：至元中，张立道为云南劝农使，以昆明池夏潦，必冒城郭，乃求泉源所出，泄其下流，得良田万余顷。明初，傅友德、沐英驻守云南，皆事屯田，而滇池之水，皆为灌溉之利矣。

注：师范（1751—1811），字端人，号荔扉，又号金华山樵。官至望江县知县。自幼倜傥多能，凡有关民生国计者，莫不考求实用。尤熟于水利边防事宜，指陈古今，悉中利害。晚成《滇系》40卷，固为研究西南舆地所必不可少之书，更眷眷于表章遗逸，多足订补史乘，盖合亭林、梨洲两先生之才识为一，非徒推方志善本已也。馀诗文集尚若干卷。

## ［清］顾祖禹《读史方舆纪要》节录

滇池，在云南府城南。一名昆明池，亦曰滇南泽。战国时，楚将庄蹻灭夜郎，至滇池，以兵威略定其地，又使部将小卜引兵收滇西诸蛮，是也。汉元封中，欲讨昆明。以昆明有滇池，方三百里，乃于长安西南穿昆明池象之，以习水战。蜀汉建兴三年，诸葛武侯征南中，至滇池。常璩《南中志》：滇池县有泽水，周回二百余里，所出深广，下流浅狭如倒流，故曰滇。长老相传，池有神马，交则生骏驹，俗称之曰滇驹，日行五百里。《南行录》：滇池亦名积波池，周广五百里，盘龙江、黄龙溪诸水之所汇也，称南中巨浸焉。池中有大小卧纳二岛，水之下委为螳螂川，萦回安宁州治，过富民县而北，达武定府东北界，注于金沙江。今城西南八十里为海口大河，即滇池导流处也。《滇记》云：郡城，金马、碧鸡二山东西夹护，商山北来而环列于前，中开一大都会。滇池受邵甸牧羊山诸泉及黑白龙潭、海源洞诸水，汇为巨浸，延袤三百余里，军民田庐环列其旁。而泄于稍西一小河，又折而北，不见其去，故又名滇海。《元史》：至元中，张立道为云南劝农使，以昆明池夏潦必冒城郭，乃求泉源所出，泄其下流，得良田万余顷。明初，傅友德、沐英驻守云南，皆事屯田。而滇池之水皆首为灌溉之利……海源洞在城西二十里。中容数百人，四崖削立，石乳奇幻。下有龙湫，其水清浅，四时不竭，流入鸳鸯池，又注为黑龙潭。潭深不可测，一名黑鱼池。志云：池在府西北二十五里。又西为白龙池。自白龙池西十里曰横山水洞。一山横立如墙，凿山凹为东西洞，引泉以灌八村之田。洞高五尺，广二尺。自西跨东，五十有八丈。得泉二十二道，宛延萦迂四千一百八十三丈，奇胜不一。《滇纪》：横山水洞，隆庆六年左布政陈善始成是役。溉田四万五千六百余亩。

滇池在府城南。府西南八十里为海口，池水縓此北入富民县，汇于广翅塘，通金沙江处也。海口财赋，岁以亿计。咽喉通塞，利害最大。元至元中，张立道浚之，以泄滇池之泛溢。明弘治十四年，抚臣陈金亦浚治之，岁一疏浚，在田赋正供，谓之海夫。余详大川昆明池。

西湖在府城西，即滇池上游也，亦名积波池，俗曰草海子，又曰青草湖。周五里，蒲藻常青，为游赏之胜。又九龙池在城内，中多废圃，亦曰菜海。其平者为稻田，下者为莲池。沿五华之右，贯城西南，流入顺城桥，汇于盘龙江，达滇池。

盘龙江在府东五里。源出嵩盟州故邵甸县之东，西二山，凡九十九泉，合流西注，曲折而南，入于滇池。

金棱河在府治东十里，俗名金汁。引盘龙江水，縠金马山麓流经春登里，灌溉东乡之田，为利甚广。蒙、段时，堤上多种黄花，名绕道金棱。元赛典赤·赡思丁复修筑为堤，今废。又府西十里有银棱河，俗名银汁。亦引盘龙江水，縠商山麓流过沙浪里，南绕府治。蒙段时，堤上多种白花，名萦城银棱。明弘治中，尝浚二河，亦谓之东、西沟，今涸。宝象河，在府治南，源出杨林县之上板桥。分泻至此，注于滇池。

松华坝在府城东北，为滇池上流。元赛典赤·赡思丁增修二堰，灌田万顷。又有南坝闸，在府城南。东北诸泉，旧縠银棱河入滇池，恐其泛溢，故筑此障之。元赛典赤尝增修，今废。

## ［民国］周钟岳《新纂云南通志·湖泽》节录

滇池，以居全国之巅得名。跨昆明、呈贡、晋宁、昆阳四州。而距昆阳城最近，故一名昆阳湖。为盘龙江及桃源、宝象、马料、洛龙、捞鱼、梁王、大坝、渠滥诸小河所汇。盘龙江发源嵩明，属邵甸、黑龙潭。南流，右会自朵革东南来之牧养河，为盘龙江。又南流，入昆明境。至龙头村，左分一支为金棱河（以古时堤上遍植黄花得名，现改称金汁河）。又西南流，至会城南，与金棱河皆分为数岔，两入滇池。桃源河，一名沙河。发源昆明县北桃源村，南流至会城西，左会翠湖水，入滇池。海源河，发源昆明西聚仙山。南流至马街子，入滇池。宝象河，发源嵩明岈岘山小龙潭。西南流，入昆明境，至板桥，右纳板桥龙湫水，又西南至官渡，入滇池。马料河，发源呈贡七甸水海子。西流，入昆明境，折西南，流入滇池。洛龙河有三源，均出呈贡东境：曰黑龙潭，西南流；曰黄龙潭，西流；曰白龙潭，西北流，三源会于城东南，为洛龙河。又西流，分数岔入滇池。捞鱼河，发源宜良西北宝洪山。西南流，入呈贡境，又西流，入滇池。梁王河，发源呈贡梁王山。西流入滇池。大坝河，发源江川县北关索岭。北流，入晋宁境，至石碑村，左会由新兴北来之大堡河，又北流，至小寨，右纳自盘龙西来之石子河，又北流，分为多岔，北入滇池。渠滥川，发源昆阳西南境，名清水河。东流，纳数小水为渠滥川，东北流，至城东南入滇池。周三百余里，东西狭而南北长。碧鸡山之罗汉岩，斜入湖中，分湖为二部；北部曰草湖，小而清；南部曰大湖，阔而浊。湖中饶鱼类，以金线鱼为著名。小汽船由省会通昆阳，帆船兼通晋宁。灌溉、交通、发电，均资其利。碧鸡山今名西山，在其西岸；大观楼，在其北岸，并称名胜。吐口在西，名石龙坝。历代疏浚，今并用以发电。下流西北入安宁境，为螳螂川。见《河流·普渡河》，归于金沙江。

注：周钟岳（1876—1955），字生甫，号惺庵，云南剑川人，白族。光绪二十九年（1903）应癸卯科乡试，中第一名，称解元。1904年，至日本弘文学院留学，肄业师范。1905年复进早稻田大学，习法政。曾汇编《师范丛编》10卷，辑译松村介石《中国教育制度变迁通论》1卷。云南同学创设云南杂志社，任总编，撰有《论云南对于中国之地位》及《滇越铁路赎回之时机及其办法》等论文。与范熙壬等人合办《新译界》杂志社，从事译述。博采中外图籍，写就《法占安南始末记》一书。1919年，代理省长，

主持滇政，欲修明内政，稍苏民困。有《新纂云南通志》等书传世。

## 民国·张维翰《昆明市志·河湖泉》节录

盘龙江，为昆明县属之巨流，昆池之正源也。江出嵩明县西北六十里之东葛勒山、西南朵格卧宗龙、黄龙潭。南流经牧养河，又南流六十里至高仓左，会源出嵩明县西北三十里东葛勒山，西南旧邵甸县之甸头冷水洞、龙泉之邵甸河，遂名盘龙江。曲折流至市东北约三十里之松华坝，分一支东出为金汁河。又西流至市东北，纳源出黑龙潭之银汁河水，南流经小厂村至市东南分水岭，分一支西出为玉带河。又南流经猪集街、金牛街、德胜桥至螺蛳湾，又分一支西出为采莲河。又南流至五岳庙，分三支入于昆池。

金汁河，为盘龙江支流，自市东北三十里之松华坝分盘龙江水。东出西南流至桃源村，由戴金箔关分水入盘龙江。又南流至漫水闸左，纳清水河水，折西流由大小韩、冕二闸分水，入盘龙江。又折南流纳青龙潭、黄龙潭、杨妈妈河诸水，由小坝分流入盘龙江。又南流纳杨清河水，由小坝南闸分流合小坝河入盘龙江。又南流纳白龙潭水，由三元石闸分一支为明通河。又南流至金马山西麓，折西南流经漫水闸，分水南流入王宝海。又西流分支，南流为广南冲沟。又由迎恩桥折北流，又折西南流至东南旧地藏寺前桂灵桥，折南流二里至吴井桥。又西南流，由金汁闸分支西出为小金汁河，与明通河汇流入盘龙江。其正支更南流，与发源于马军堡洗布龙潭之枧槽河会，分二支流入昆池。

银汁河，源出市北二十五里龙泉山之黑龙潭，西流分东西龙头二沟入盘龙江。又西流至蒜村由大闸分流入盘龙江。其正支又西流纳五龙山水，由流沙闸分水入盘龙江。又西流分一瓦水、牛吃水二沟入盘龙江。又西流纳白龙潭水，由白龙闸分水入盘龙江。又折东南流、更西流、更西南流，经文殊寺闸分水闸，又南折西流，至市东北汇莲花池水，南入盘龙江。

玉带河，亦盘龙江支流，自市东南分水岭分盘龙江水西流。又分一支西流为永畅（昌）河，折北流与源出小东门外珍珠泉之护城河分支凑水河，汇至中和宫后，分一支西流为中沟，又分一支为龙头河，西北流至蜈蚣岭前，分一支流为覃家沟，又西北流至柿花桥，分一支西流为板凳河。又北流，分一支西流为摆渡沟。又北流至鸡鸣沟，分一支北流为西坝河。又自盐店后北流，经顺城街至烧珠桥，与护城河会。更北流过瓦仓庄，至小西门西楼外分三支，一支右纳九龙池水为老篆塘河，经菱角塘与左龙须河汇流入昆池。一支为涌莲河，西北流经白马庙、大观楼入昆池。正支西北流至红庙为鱼翅河，西流至土堆西南入昆池。

护城河，发源于小东门外珍珠泉，绕市城东南闸面至西南隅之烧珠桥，与玉带河会，分流入昆池。

凑水河，为护城河支流，由大南城外珠市桥，分护城河水南流至五岳庙西，入玉带河汇归昆池。

昆池，为云南省会城外大泽，在城西南十余里，斜长一百余里，东西广三四十里不等。历昆明、呈贡、昆阳、晋宁四县境。周围约三百余里，为昆明县诸水之尾闾。其形上广下狭有如倒流，古亦称滇池，池之上流为草海，一名西湖，又曰积液池，俗呼青草湖。近华浦即在其中。由篆塘河泛舟可直达昆阳、晋宁等处。现昆玉船车公司，购有小汽轮两艘，由大观楼驶抵昆阳，客货皆赖以转运，为省会与西南各县交通之孔道。水产有蒲苇鱼螺等类，滨居之民获利至鸿。

九龙池，即翠湖，一名菜海，在市中五华山右，清水冽，堪作饮料。现自来水公司之压水机，即设于其旁，取供全市之饮用焉。为有河，曰通城，穿城垣西流至小西门外楼西楼下，与老篆塘河汇流入昆池。

翠湖之滨，有温泉一缕，迸自地隙，惟混于他水，颇难确定。昔有李姓者管，在翠湖东北岸禹门寺巷住宅内。凿池将此温泉引入沐浴，特温度颇低，入冬难供沐浴。现翠湖公园经理处，复将此温泉寻出，砌池与冷水隔离，俾仍供沐浴之用。

莲花池，在市北商山下。广可十亩，水清如镜，相传浴之可愈风疾。东侧开闸口一道，池东田亩，赖以灌溉。下流则与银汁河汇流，入盘龙江，归于昆池。

菱角塘，在市西约二里周围，一里有奇。与老篆塘河通，会左龙须河流入昆池。塘中村人复种菱角，入秋则采而售诸市，中获利恒厚。

篆塘，在小西门外，形如篆字故名，又称转塘。有河直通昆池，为赛典赤治滇时所开。明时为运粮河，运输昆池四周之粮食，供会城之需。今晋宁、昆阳、高峣、西山，往来船支均泊于此，游大观楼者，亦于此泛舟焉。

注：张维翰（1886—1979），字季勋，号莼沤，云南大关人。早年毕业于云南法政学堂。1929年8月兼云南省民政厅长。1931年任国民政府立法院委员兼秘书长。1939年6月调内政部任政务次长。1946年1月被派为云贵区监察使。1947年12月当选为监察委员。1948年返昆明，任云贵区监察行署委员。1949年受聘于香港新亚书院，教授文史。著有《都市计划》《田园都市》《法制要论》《行政法精义》《莼沤类稿》等书，并主编《昆明市志》。

# 国家级文献

## 国家计委关于云南环境保护工程利用世界银行贷款项目建议书的批复
### （1994年7月25日国家计委办公厅以"计投资〔1994〕988号"文件印发）

云南省计委：

云计投资〔1994〕274号文收悉。现批复如下：

一、云南省昆明市的滇池是我国著名的高原淡水湖泊，是昆明市饮用水及工农业用水的重要水源，滇池位于昆明城市下游，成为该市唯一的纳污水体，大量的污染物和营养物的排入，致使滇池水质恶化，水体富营养化异常严重，对该市居民的工作和生活构成严重的危害。滇池的污染治理已迫在眉睫。因此，利用世界银行贷款实施以昆明滇池污染综合治理为主的云南环境保护项目是完全必要的。

二、云南环境保护项目主要包括：昆明市污水处理及管网工程、滇池草海底泥疏浚工程、滇池污水资源化工程、滇池流域重点工业污染源治理工程等。

三、原则同意利用世界银行贷款1.5亿美元，国内配套投资13亿元，世界银行贷款本息由你省负责偿还，国内配套投资由你省自筹解决。国家视项目的具体情况和可能，考虑是否给予适当支持。在对外提出项目时，要有选择、有重点。应集中使用贷款，保证滇池治理工程的资金安排。1.5亿美元贷款限额不得突破。世界银行贷款和国内配套投资分别纳入国家下达给你省的基本建设利用外资和自筹投资规模内。

四、请抓紧做好该项目的可行性研究工作，对项目的具体实施方案和内容要进行充分论证和比选，落实项目的建设条件和建设资金以及外资的偿还安排，并按基本建设程序报批可行性研究报告。

该项目国外贷款项目编号为：X94000303016号。

# 国务院关于滇池流域水污染防治"九五"计划及2010年规划的批复

### （1998年9月6日中华人民共和国国务院以"国函〔1998〕75号"文件印发）

云南省人民政府，国家计委、国家经贸委、财政部、建设部、水利部、农业部、环保总局：

云南省人民政府《关于〈滇池流域水污染防治"九五"计划及2010年规划〉的请示》（云政发〔1998〕26号）收悉。现批复如下：

一、原则同意《滇池流域水污染防治"九五"计划及2010年规划》（以下简称《计划及规划》），请结合实际情况认真组织实施，并在实施中逐步完善。

《计划及规划》是滇池流域水污染防治和水资源保护工作的重要依据，滇池流域的经济建设活动必须符合《计划及规划》的要求。云南省人民政府及其有关部门要按照《计划及规划》的要求，尽快制定本省、本系统的滇池流域水污染防治实施计划和规划。

二、同意《计划及规划》关于滇池流域两个重点保护区、六个重点污染整治区域的划分，以及滇池流域水污染防治工作分三个阶段实施的总体安排。防治工作的重点是治理城镇生活污水、工业废水和农业面源污染，严格控制总氮、总磷和化学需氧量（COD）的排放量，重视湖泊生态修复和内源治理，坚持工程治理和管理措施并重。

三、同意滇池流域水污染防治工作分三个阶段实施的规划目标。即到1999年5月1日前，滇池流域工业污染企业（含规模养殖场、宾馆、饭店）排放的废水全部达到国家规定的标准，城市污水处理率达到80%，外海水质达到地面水环境质量Ⅳ类标准，草海水体旅游景观有明显改善；到2000年年底前，外海水质达到或接近地面水环境质量Ⅲ类标准，草海水质达到地面水环境质量Ⅴ类标准；到2010年年底前，外海水质达到地面水环境质量Ⅲ类标准，草海水质达到地面水环境质量Ⅳ类标准，恢复滇池流域生态环境的良性循环。

四、同意滇池流域水污染物排放总量控制目标。其中，1999年5月1日前外海的高锰酸盐指数最大允许排放量为6390吨、总磷最大允许排放量为773吨、总氮最大允许排放量为7568吨；到2000年年底前，外海的高锰酸盐指数最大允许排放量为5007吨、总磷最大允许排放量为474吨，总氮最大允许排放量为3644吨，草海的高锰酸盐指数最大允许排放量为2352吨、总磷最大允许排放量为108吨、总氮最大允许排放量为1368吨；到2010年年底前，外海的高锰酸盐指数最大允许排放量为5007吨、总磷最大允许排放量为248吨，总氮最大允许排放量为3644吨，草海的高锰酸盐指数最大允许排放量为1747吨、总磷最大允许排放量为108吨、总氮最大允许排放量为1368吨。云南省人民政府要按照总量控制的要求，制定滇池流域水污染物总量控制分年度实施方案。

五、云南省人民政府要抓紧制订滇池流域城镇污水处理设施和排水管网建设的分阶段计划，并抓紧实施。请建设部加强指导和监督。为建立城市污水集中处理的正常运行机制，滇池流域城镇可进行污水集中处理收费试点。收取的费用要专项用于污水集中处理设施的建设和运行，不得挪作他用，具体办法可参照财政部、国家计委、建设部和原国家环保局《关于淮河流域城市污水处理收费试点有关问题的通知》（财综字〔1997〕111号），由云南省人民政府组织实施。

六、云南省人民政府要采取措施，控制面源污染，加快污水截污工程建设步伐，减少营养物质入湖；加快湖底清淤工作，减少污染底泥对滇池水质的影响；要结合调整产业结构，实施清洁生产，推广生态农业，严格控制新污染源；要加强环保实用技术的推广应用。巩固治理效果，确保滇池流域生态环境的良性循环。

七、要抓紧进行有关水污染防治项目前期工作，按照"谁污染，谁治理"的原则，实行多渠道、多方面筹集水污染防治项目的资金，确定项目要突出重点，搞好论证，分期分批按基本建设和技术改造项目审批程序列入地方、部门和国家的国民经济和社会发展的年度计划和长期规划。对列入年度计划的水污染防治项目，云南省人民政府、国务院有关部门和有关单位要确保资金按期到位。请国家计委、国家经贸委等有关部门加强对项目管理工作的指导和监督。.

八、滇池流域水污染防治工作搞好了，不但对云南省、昆明市和1999年世界园艺博览会是一大善举，而且可以摸索出一套标本兼治、土洋结合的符合我国国情的治理湖泊水污染的办法，云南省人民政府要高度重视，切实加强对滇池流域水污染防治工作的领导，加大执法检查力度。健全监督管理机构，下大力气把滇池流域水污染防治工作做好。国务院有关部门要切实履行职责，大力支持滇池流域水污染防治工作。环保总局要会同有关部门加强监督检查。

# 国务院关于昆明市城市总体规划的批复

（1999年7月10日中华人民共和国国务院以"国函〔1999〕81号"文件印发）

云南省人民政府：

你省《关于昆明城市总体规划复核报告的请示》（云政发〔1997〕156号）收悉，现批复如下：

一、原则同意修订后的《昆明市城市总体规划（1996年至2010年）》（以下简称《总体规划》）。

二、昆明市是云南省的省会，西南地区的中心城市之一，我国重要的旅游、商贸城市。昆明市的建设和发展要坚持人口、经济、社会、环境和资源相协调的可持续发展战略，不断完善城市功能，积极发展第三产业，把昆明市建设成为经济繁荣、社会文明、设施完善、生态环境良好的现代城市。

三、同意《总体规划》确定的3085平方千米城市规划区范围。在城市规划区内，实行统一的规划管理，严格控制城市向滇池方向发展。主城要坚持新区开发与旧城改造并重的方针，在合理发展主城的同时，积极发展外围城镇，改善城市整体环境。要进一步深化市域城镇体系规划，在市域城镇体系规划指导下做好县域城镇体系规划，促进城乡经济、社会协调发展。

四、严格控制城市人口和用地规模，保护耕地，节约用地。到2000年，城市实际居住人口控制在152万人以内，建成区建设用地控制在136.5平方千米以内；到2010年，城市实际居住人口控制在173万人以内，建成区建设用地控制在164.3平方千米以内。

五、加强基础设施规划建设。要保护好巫家坝机场的净空，控制好铁路站场和公路主枢纽建设用地，积极发展城市公共交通，统筹规划城市铁路与城市轨道交通的建设。要进一步完善城市道路系统，抓好交通设施的建设，逐步形成功能完善、管理先进的综合交通体系。要重视解决城市缺水问题，坚持开源和节流并重的原则，保护好水源，节约用水，限制发展高耗水工业，建设节水型城市。加强城市防灾设施建设，建立以抗震为主，包括防洪、消防、人防等在内的城市综合防灾体系。

六、加大历史文化名城的保护力度。昆明市作为国家历史文化名城，要正确处理好历史文化名城保护与城市现代化建设的关系，重点保护好胜利堂等历史街区和金殿等文物保护单位及其周围环境。要重视城市设计和建筑设计，在城市建设中充分体现昆明的地方特色。

七、加强城市环境综合治理，切实保护和改善滇池的生态环境。要抓紧治理大气、噪音及生产、生活废弃物，特别是水体的污染。要建立完善的城市污水处理系统，整治滇池各水系河道。要大力植树，抓好园林绿化工作，进一步提高绿化覆盖率，创造良好的城市居住环境和生态环境。

八、严格实施《总体规划》。《总体规划》是昆明市发展、建设和管理的依据，要按照《总体规划》的要求，抓紧编制分区规划、详细规划并深化有关的专业规划，进一步建立和健全城市规划、建设和管理的各项法规，强化全社会遵守城市规划的意识。城市规划行政主管部门要依法对城市规划区范围包括各类开发区在内的一切建设用地与建设活动实行统一、严格的规划管理，切实保障《总体规划》的实施。市级规划管理权不得下放。驻昆明市的所有单位都要遵守有关法规及《总体规划》，齐心协力，把昆明市规划好、建设好、管理好。

昆明市人民政府要根据本批复精神，认真组织、实施《总体规划》，任何单位和个人不得随意改变。你省和建设部要加强对《总体规划》实施的指导、监督和检查工作。

# 国务院关于滇池流域水污染防治"十五"计划的批复
### （2003年3月12日中华人民共和国国务院以"国函〔2003〕40号"文件印发）

云南省人民政府，国家计委、国家经贸委、科技部、财政部、国土资源部、建设部、交通部、水利部、农业部、人民银行、环保总局、林业局、旅游局、开发银行：

环保总局、国家计委《关于请批准〈滇池流域水污染防治"十五"计划〉的请示》（环发〔2003〕27号）收悉。现批复如下：

一、原则同意《滇池流域水污染防治"十五"计划》（以下简称《计划》），请你们认真组织实施。滇池流域水污染防治目标是，到2005年底前，草海黑臭得到消除，外海水质恶化趋势基本得到控制。在平水年景条件下，草海和外海高锰酸盐指数、总氮、总磷浓度低于2000年的水平。主要污染物入湖总量在2000年的基础上削减20%以上。

二、《计划》是滇池流域水污染防治工作的重要依据，滇池流域的经济建设活动必须符合《计划》的要求。云南省人民政府和国务院有关部门要根据《计划》要求，抓紧制定本行政区域和本部门的滇池流域水污染防治计划，按基本建设和技术改造项目审批程序列入地方、部门和国家的国民经济和社会发展年度计划，逐项落实，认真组织实施。

三、滇池流域水污染防治主要责任在云南省人民政府。云南省人民政府要将滇池流域水污染防治工作目标和措施纳入省、市、县（区）行政领导责任制，建立总量控制指标和环境质量指标完成情况考核制度，切实加强对滇池流域水污染防治工作的领导。要适应防治水污染的需要，对食品、医药、轻纺和化工等行业提出产业结构调整计划，大力推行清洁生产，有效控制入湖污染物排放总量。要加强对《计划》实施的指导和监督，做到资金到位，措施落实，任务具体，责任明确，确保《计划》按期完成。云南省人民政府要建立严格的责任追究制度，每年对《计划》实施情况进行检查总结，对逾期未能完成任务的，要查明原因，认真整改。

四、国务院有关部门要根据各自的职能分工，加强对《计划》实施的指导和支持。《计划》中提出的一些需国家支持的项目，请国家计委加强对项目前期工作、年度投资计划的指导和督促，会同财政部落实补助资金后按程序报批。有关产业结构调整、企业技术改造、推行清洁生产等方面的工作，请国家经贸委指导和检查。有关城镇污水处理厂（含配套管网）的建设和城市节水工作的实施等，请建设部加强指导和监督。有关流域水资源合理配置、统一调度和调水、清淤、水土保持工程的实施，请水利部加强指导和监督。有关农业面源污染控制和生态农业等农业环保项目，请农业部会同有关部门加强指导和组织。有关污染治理、生态用水等科技攻关和示范工程的研究和建设，请科技部予以支持。有关土地利用和土地使用管理，请国土资源部加强指导和监督。有关船舶污染防治工作，请交通部加强指导和监督。有关防护林带建设、湿地修复等工程的建设，请林业局加强指导和监督。有关旅游、餐饮、住宿设施和旅游景区污染防治计划的实施，请旅游局加强指导和监督

五、加强对滇池流域水污染防治工作的执法检查。环保总局要加强环境执法统一监督。进一步发挥滇池流域水污染防治联席会议的作用，督促云南省人民政府落实好《计划》，对流域重大环境问题要加强组织协调，提出解决方案并加以落实。要进一步加强和完善日常监督管理工作肃查处罚各种违法行为。

六、要多方筹集水污染防治资金。"十五"期间，滇池流域水污染防治资金由地方人民政府负责筹集，国家适当给予支持。云南省要建立污水处理收费机制，加大污水处理费的征管力度，逐步提高污水处理收费标准，推进污水处理产业化，增强水污染治理项目的融资能力，吸引社会资金投向水污染治理项目。对符合条件的工业污染治理项目，在企业落实治理资金后，国家给予贴息补助。

七、云南省人民政府和国务院有关部门要顾全大局，密切协作，团结治污，确保滇池流域水污染防治目标的实现。

# 国家发展改革委、环境保护部、水利部、住房和城乡建设部
# 关于国家发展改革委、环境保护部、水利部、住房和城乡建设部
# 关于滇池流域水污染防治规划（2006—2010年）补充报告的批复

### （2009年5月7日以"发改地区〔2009〕1188号"文件印发）

云南省发展改革委、云南省环境保护厅、云南省水利厅、云南省住房和城乡建设厅：

报来《关于上报〈滇池流域水污染防治规划（2006—2010年）补充报告〉的请示》（云发改地区〔2009〕425号）收悉。经研究，现批复如下：

一、为加快推进滇池流域水污染治理工作，原则同意你们提出的《滇池流域水污染防治规划（2016-2010年）补充报告》（以下简称《补充报告》）。

二、《补充报告》建设范围为昆明市主城区（包括五华、盘龙、官渡、西山四区）、呈贡县、晋宁县、嵩明县、寻甸县和曲靖市沾益县、会泽县。

三、《补充报告》主要建设内容为环湖截污工程和牛栏江—滇池补水工程。环湖截污工程包括截污干渠（管）、污水处理厂和雨水处理站建设，"十一五"期间全部建设完成；牛栏江—滇池补水工程由德泽水库水源枢纽、德泽干河提水泵站及德泽干河泵站至昆明（盘龙江）的输水线路组成，"十一五"期间在前期工作具备条件时实施部分工程建设。

四、《补充报告》"十一五"期间估算总投资91.03亿元，其中，环湖截污工程投资54.40亿元，牛栏江—滇池补水工程投资36.63亿元。《补充报告》中涉及的建设项目，要按照基本建设程序逐项报批，投资规模在项目审批时进一步核定。

五、《补充报告》实施要求

（一）加强组织领导，推进《补充报告》实施。地方政府是实施《补充报告》的责任主体。你们要在认真组织实施《滇池流域水污染防治规划（2006—2010年）》（以下简称《滇池"十一五"规划》）的基础上，切实承担起《补充报告》实施的组织协调工作，明确职责、细化责任、强化监督，按照控污优先、标本兼治、综合治理的原则，进一步优化论证工程方案和规模，做好建设项目环境影响评价，最大程度预防或减轻不良环境影响，确保实现治理目标。

（二）采取有效措施，全面控制入湖污染物。要以控污减排为重点，加强雨污分流系统、沿湖（河、港、渠）截污干管和污水处理设施的建设和改造，着力提高污水处理厂排放标准和运行负荷率，切实加大河道整治力度，确保实现《滇池"十一五"规划》确定的目标。

（三）加强论证研究，科学实施调水工程。进一步明确牛栏江—滇池补水工程是滇池治理的辅助性措施，充分研究论证调水工程对调出区和调入区的生态影响，尽可能减少调水带来的负面影响，加强工程成本效益分析和风险评估，按照"三先三后"原则，论证调水先用于昆明城市工业和生活，排水处理达标后入滇池的可行性，重视工程效益的分析，科学合理确定工程方案和规模，做好方案的比选工作。

（四）拓宽融资渠道，加大投入力度。要创新工程运营机制，拓宽融资渠道，充分调动全社会特别是企业的积极性，建立"政府引导，地方为主，市场运作，社会参与"的多元化筹资机制，认真落实水污染防治项目建设资金。

附件：《滇池流域水污染防治规划（2006—2010年）补充报告》（略）

# 省级文献

## 云南省人民政府治理滇池污染现场办公会议纪要
### （1993年4月15日）

1993年4月14日至15日，时任省长在昆明海埂主持召开现场办公会，集中研究和部署治理滇池污染的工作。参加会议的有省政府主要领导，昆明市委、市政府领导，有关方面负责人和专家学者共200余人。会议通过现场察看、听取汇报、集中讨论，统一了思想，达成了共识，做出了部署。现纪要如下：

一

会议认为，滇池是昆明繁衍发展的摇篮，是具有多功能的高原湖泊，也是维持昆明城市生态系统平衡的重要条件。由于种种原因，滇池正面临着严峻的水体污染和水资源短缺的危机。治理滇池污染，引起了各级领导的极大关注；拯救高原明珠，已成为全省人民的共同愿望。"救救滇池"的呼声很高。通过实地考察，看到了污染的严重情况，听到了人民的呼声，增强了治理滇池污染的责任感和紧迫感。

会议指出，长期以来，党中央、国务院和省委、省政府对滇池的保护工作极为重视，云南省和昆明市针对滇池流域环境污染问题，采取了一系列措施，包括法律的、行政的、经济的、技术的和宣传教育等手段，开展了积极的治理工作，收到了一定成效。

但是，滇池的污染依旧日趋严重，以致发展到了非下决心采取更大工程措施扭转不可的地步。会议认为，问题的关键在于污染蔓延的速度快于我们治理污染的速度。随着经济的发展、社会的进步、人民生活的改善，既增强了我们创造物质财富的能力，同时又加剧了对自然资源的消耗和对生态环境的污染。滇池流域属于水资源贫乏地区，随着城市的发展和工农业生产的增长，用水量急剧增加，造成了流域内水资源供需矛盾十分突出。滇池流域有大中小企业5000多个，其中有168个是主要的污水排放源，各种废物、废气、废水排放总量大大增加。随着人口的增长和近10年来卫生设备的改善，人均生活用水量翻了一番，洗衣机的普及、含磷洗涤剂用量增大，居民水冲厕所使用面扩大，使生活污水中的营养物质明显增多，生活污水负荷日益加重。由此就造成了这样一种局面，水资源紧缺，回归水重复利用率提高，污染源增加，给滇池及其流域的环境带来了巨大压力。这是污染速度加快的主要原因。相比之下，我们对滇池污染的治理虽然做了努力，但步伐就显得过于缓慢，治理措施显得不够有力，使污染日趋严重的状况未能得到有效控制。为此，会议决定，对原来的治理方案做一些调整，采取新的重大措施，尽快改变污染速度快于治理速度的局面。否则再过二三年，就会出现难以收拾的局面，从而危及当代、愧对子孙。

二

会议认为，综合治理滇池的总体方案，是省市各方面专家多年研究、辛勤劳动的成果，经过省内外专家上百次的咨询，为综合治理滇池提供了较为翔实的资料和可靠的依据。方案提出的分三步实施的步骤和量化目标是基本可行的。

会议确定：综合治理滇池的总目标是，从现在起，用18年时间，投入30亿元，分三个阶段（近期、中期、远期），完成滇池流域的根本治理。

近期目标是，在"八五"期间集中力量实施几大工程，把60%的污水进行处理，扼制住滇池水质恶化的趋势；中期目标是，在"九五"期间继续进行几项重要的工程，使污水处理率达到80%以上，从根本上解决滇池污染的问题；远期目标是，后10年花更大的功夫继续治理，使滇池的生态环境得到恢复，开始转向良性循环。

### 三

会议指出，整个滇池的治理应由三部分构成：一是滇池流域的生态环境治理；二是污染的治理；三是外流域调水解决昆明供水问题。会议对十多年来研究的一个重要成果，即治理污水的基本思路表示赞成。这个思路是：（1）实行水域分割，改变水流方向，变蓄污为排污、治污。滇池既是昆明市的主要水源地，又是城市污水的唯一受纳体。水流由北向南，大量污染物进入滇池北部，向南蔓延，污染滇池南部主体水面。这种特点决定了一般的治理措施难以改变整个滇池的水污染状况和水质状况。因此，必须实行水域分割，蓄污变排污。（2）分流阻截污染源，建厂处理污水，坚持达标排放。（3）引水济昆，解决昆明供水矛盾。滇池流域目前每年需供水量6.5亿立方米，而水资源量仅5.4亿立方米，缺水达1亿立方米，水资源的供需平衡完全靠城市生活污水、工业废水及农田回归污水的重复利用才得以实现。为了改变这种状况，引水济昆，势在必行。

### 四

会议在充分分析滇池污染现状和发展趋势基础上，一致认为，在"八五"期间必须完成一批重大项目，作为综合治理滇池污染的第一个战役。

1. 进行草海隧洞输水工程。这是一举三得（防洪、排污、解决昆钢工业用水）的工程，具有很大的综合效益，也是治理滇池污染的重大措施。决定立即组织实施，省计委要在4月底以前批复这个项目。按照分期实施的原则，第一期的项目是船闸、截制闸和西园隧洞，以及沙河整治，必须于今年8月底以前把初步设计上报省政府；9月开始第一期工程的技术设计和施工设计；10月底以前完成主体工程的施工图，并编制标书；12月初正式破土动工；1995年以前建成。

2. 建立两个污水处理厂。进度要求是：第二污水处理厂各项工作已准备就绪，现在立即动工，1995年上半年竣工，日处理污水10万吨；第三污水处理厂设计日处理15万吨，要求今年上半年完成"商务谈判"，做好"三通一平"的准备工作，今年底开工，1995年建成。

3. 进行第一污水处理厂的管网配套建设。要先做前期调查研究，提出方案。改造后的能力要从现在日处理3万吨污水提高到7万吨的水平。

4. 抓紧重点污染源的治理。不论是中央、省属、市属或乡村办的工业企业进行一次完整的调查，提出"八五"期间达标的方案，结合技术改造逐步实施，"八五"时期，污染严重、又无法治理的企业，视情况实行关、停、并、转。

5. 完成外流域引水济昆工程的可行性研究和前期工程。会议听取了4个调水方案（柴石滩水库调水、抚仙湖调水、金沙江调水、牛栏江调水）的汇报，要求花3年时间，组织力量进行可行性研究并做出方案选择，进行前期工程，争取"九五"时期动工。

6. 完成一批相关的重大科研项目。会议指出，治理滇池涉及自然科学的许多领域，需要组织研究一批科研项目。由省科委牵头，列出若干项目，组织科研单位，包括中央的、省属的、国外的，集中力量组织攻关，争取早出成果，以适应治理滇池的需要。

7. 完成工程造林的大部分任务。昆明市已有规划，并纳入了市政府社会经济发展规划。会议同意按此计划实施，作为"八五"时期的一个重要项目完成。

8. 严格控制不再增加新的污染源。在工业布局上省计委要从严审批，新上项目必须按国家的标准和要求进行污水处理。

会议要求对整个滇池治理工作，要落实到项目，排出名单和建设进度表，保证重点工程的按期完成。

五

治理好滇池流域要投入巨额资金，需要多方集资，基本上争取：从国外借10亿元，通过不同的渠道向国家各部门争取支持10亿元，省、市筹措10亿元。会议还明确了以下几点：

1. 涉外资金的筹措由省、市外经委负责，统一对外，要组织一定的机构，专门负责筹集这笔资金。

2. 集中有关资金用于污水处理，包括城市的排污费，城市建设维护费的一部分等，资金要相对集中，专款专用，不能挪作他用。

3. 省、市政府每年要拿出一笔治理滇池污染的资金，纳入预算，一直坚持到2000年，具体数额专题研究。

4. 要按工程项目逐一落实，通过项目来争取多方投入。几个大的项目现在要把它的预算定下来：隧道项目第一期工程要落实1.2亿元的资金，争取贷款5000万元，请金融部门大力支持；向中央申请补助一点；剩下的由省、市各承担一半，污水处理厂（包括管网配套建设资金）也采取参照隧道工程办法集资。

5. 动员社会筹资用于滇池治理。国外贷款、赠款要积极争取但不能强加于人，不宜公开动员个人捐钱。重要的社会集资活动要报批，不能各行其是。

六

会议认为，要使治理滇池污染的方案落到实处，必须采取以下八项措施：

1. 完善法规，加强执法，真正走上依法治污的轨道。省市政府法制局、法规处，要针对新的情况，根据新的需要，研究制定、完善有关法规，使整个庞大的滇池治理工程做到有法可依，以确保治理方案的稳定性、连续性，减少随意性，不因政府换届、人事变更而受影响。

2. 建立强有力的权威性指挥机构。会议决定成立省政府治理滇池污染协调领导小组，领导小组的职责就是负责总体方案和一些重大项目的审批，协调昆明市不能协调的滇池治理方案的实施，由昆明市政府全权负责。省政府同意昆明市政府成立滇池管理局，作为常设机构。

3. 省的协调领导小组要与市的工作紧密配合，省环保委的工作重点要放到改善全省的环保工作上。滇池治理是项大的工程，涉及面很广，需要按照协调领导小组和昆明市政府的统一部署，各部门按照分工，负责完成有关工作。

4. 编制完善滇池流域治理的总体方案。会议要求在可行性报告和现有治理方案的基础上，根据这次会议精神，编制比较完整的滇池流域治理总体方案。此项任务由即将新成立的昆明市滇池管理局负责，在省环保委等部门的指导下完成，经市政府审查后，报省政府批准，作为今后工作的基本依据。

5. 继续加强有关项目的前期工作。按工程内容、规模分别列为省市计委的规划，安排一定的前期费用。

6. 正确处理几个关系。滇池治理涉及面广、情况复杂，必须坚持辩证施治。要处理好近期与远期、生物治理与工程治理、群众性治理与专业队伍治理、治标与治本等关系。既要看到治理滇池的急迫性，增强紧迫感，又要考虑到任务的艰巨性和长期性。在抓紧重大项目的建设，立足于从根本上解决污染问题的同时，昆明市又要以只争朝夕的精神制定在工程完工前的几年中控制污染的新措施。

7. 这次会后，由省政府领导带队，昆明市政府、省计委、环保委等部门参加，到北京汇报，争取把滇池治理列入国家大江大河治理的重点工程之一。由省环保委和昆明市准备材料。材料要有一定的科学性、准确性，数据要确切。

8. 调动各方面力量投入滇池治理。首先要组织社会各界，特别是党政机关、企事业单位、部队、武警等方面的力量来关心支持滇池治理工作。为了强化全社会的生态意识、环境意识，增强治理滇池的紧迫感、责任感，请新闻宣传部门采取各种形式，大造舆论，形成强大的声势。同时需要组织拍摄一批专题片，供国内外宣传用。

会议强调，生态环境是全球关注的重大问题，保护环境是我国的一项基本国策，治理滇池污染是我们这一代人的历史重任。要依靠省市各方面的共同努力，打好治理滇池总体战，还滇池的本来面目，让高原明珠重放异彩，交给后代一个洁静而美丽的滇池，以完成历史赋予我们这一代人的历史使命。

# 云南省人民政府关于加强滇池水污染治理工作的意见

## 云政发〔2007〕123号

各州、市人民政府，省直各委、办、厅、局：

省委、省政府对滇池治理工作历来十分重视。2007年2月25日，省委、省政府召开滇池污染治理调研情况汇报会，研究滇池水污染治理工作。为深入贯彻落实国务院"三湖"水污染治理工作座谈会精神，2007年7月10日至11日，省委副书记、带领省市有关领导和相关部门负责人，深入滇池各主要工程点进行调研，并召开滇池水污染治理专家座谈会和调研座谈会，听取专家对滇池水污染治理工作的意见和昆明市人民政府的汇报，研究加快滇池水污染治理的有关工作。为进一步加快滇池治理步伐，根据国务院"三湖"水污染治理工作座谈会及我省2次专题会议精神，现就加强滇池水污染治理工作提出如下意见。

一、进一步增强搞好滇池水污染治理工作的紧迫感和责任感

1. 继续解决好思想认识问题。滇池是我国第6大淡水湖，搞好滇池流域的环境保护和水污染防治，对于全省实施可持续发展战略和建设现代新昆明都具有十分重要的意义。党中央、国务院高度重视滇池水污染治理，连续3个五年计划将滇池纳入国家"三河三湖"重点污染治理范围，为滇池治理提供了强大的政策和资金支持。2007年6月30日，温家宝总理主持召开太湖、巢湖、滇池"三湖"水污染治理工作座谈会，对进一步加强"三湖"治理工作做出重要指示。现代新昆明建设4年以来，省委、省政府每年都到昆明市进行调研，推进滇池治理等相关工作。从2006年下半年开始，省委、省政府组织省市有关部门，就滇池治理"十一五"规划进行调研，对滇池治理的思路、项目、资金做了重大调整。作为滇池的受益者和滇池治理的责任者，我们必须以国务院"三湖"水污染治理工作座谈会作为一个新的起点，全力落实好国务院的部署和要求，以对历史高度负责、对人民高度负责、对子孙后代高度负责的态度，把滇池环境综合整治摆到更加重要、更加突出、更加紧迫的位置，进一步增强责任感、使命感和紧迫感，下最大决心、花最大功夫、尽最大努力，力争滇池污染治理在较短时间内取得实质性进展，让这颗高原明珠重放光彩。

二、认真抓好滇池治理"十一五"规划重大建设项目和重点工作的推进实施

2. 突出抓好近期草海治理这个重点。以滇池北岸水环境综合治理工程为突破口，改造和建设城市排水管网，完善昆明主城区排水和处理系统，提高污水收集处理能力。巩固草海一期底泥疏浚工程成果，抓紧启动针对草海南部进行的二期疏浚工程，进一步清除草海内源污染，改善湖泊水环境。加快实施环草海截污工程，积极推进环草海公路建设，为实施环草海截污打下基础。积极引进战略投资者，结合绿色社区、绿色学校、绿色企业、绿色家庭创建活动等，对草海周围的居民社区进行大规模改造，提高草海周边的环境质量。积极探索，推进利用现有水资源给草海补水的工作。

3. 突出抓好环湖截污这个关键。把环湖截污作为滇池治理的一项重要措施，切实抓紧抓好，抓出实效。在环湖西段高海公路通车的基础上，尽快启动或加快环湖东段、环湖南段等环湖公路建设，以环湖公路为基础，以战略的眼光加快规划建设环滇池截污总干渠，截断污水直接排入滇池的渠道。抓好城镇片区的截污工作，以完善城镇管网为重点，大幅提高管网覆盖率和污水收集率，提高生活污水处理率，有效削减入湖污染物。抓好29条主要入湖河道的截污，全面启动城市雨污分流的排水管网建

设，形成完善的管网系统。

4. 突出抓好入湖河道环境整治。按照"突出重点、分步实施"的原则，加快入湖河道综合整治项目的前期工作。有计划地组织实施好入湖河道水环境综合整治工程，优先治理盘龙江等污染负荷大、群众较为关切的入湖河流，做到治理一条河，截断一个污染源。按照建设生态河的要求，采取科学的治理办法抓好入湖河流环境整治，发挥项目的环境效益，改善水质和景观。加强监控，不断整改，防止完成整治的河流出现污染反弹。

5. 突出抓好底泥疏浚工程。把底泥疏浚作为滇池常规性维护措施，优化工程和投资方案，改善疏浚技术和设施设备，并根据疏浚的条件、预期效果和时机，经常性地组织实施。重点抓好草海底泥疏浚二期工程和重点河道入湖口的底泥疏浚工程。同时，对滇池外海的底泥淤积情况进行系统科学地调查，做好疏浚规划，加快推进疏浚项目前期工作，对滇池外海重点区域开展底泥疏浚。对底泥的综合利用进行研究，变废为宝，努力降低疏浚成本。加强对底泥疏浚工程的管理，增强责任意识，切实组织实施好底泥疏浚工程。

6. 突出抓好污染源治理。要抓好城市污染源治理。针对新老城区的不同排水特点，开展管网普查，着力解决管网错接漏接问题，将所有排污口接入城市排污管道，进行集中处理。充分发挥现有污水处理设施作用，切实提高污水处理厂的运行效率。要抓好工业污染源治理。滇池流域要制定严于国家要求的产业政策和技术政策，提高流域内产业准入门槛；制定严于国家要求的主要水污染物排放标准和污水处理厂出水水质标准，提高流域内污染治理水平；制定严于国家要求的惩治措施，严厉打击违法违规排污行为。加大对工业污染源的监测监管，进一步完善工业污染源总量控制制度，全面推行排污许可证制度，加大力度惩治环境违法行为，提高流域内的达标排放水平。要抓好农村农业面源污染治理，科学制定农业面源污染控制工程项目的目标、指标、考核体系、考核办法和政策措施，有效推进农村农业面源污染防治工作，筛选一批先进实用的农业面源污染控制技术，在全流域范围内推广。研究提出流域内农业产业结构调整的措施和方法，优化农业产业结构，有效解决集中式畜禽养殖和城市近郊畜禽养殖带来的畜禽粪便污染问题。

7. 突出抓好湖滨生态带建设。进一步明确湖滨生态带的范围和功能布局，下决心实施退田、退塘、退房、还湖、还林、还湿地等"三退三还"工程。环湖公路以内主要是恢复湿地，环湖公路以外主要是抓好环境保护和植树造林，逐步建立起一个完整的湖滨生态系统。加大城市森林建设，通过城市森林和高等级公路将"一湖四片"各个城市片区连接起来。加强对饮用水源地的保护，依法划定水源保护区，制定实施规划，加强监管，坚决取缔在水源地的排污口。

8. 突出抓好滇池治理科学研究。进一步加强科学论证和科技攻关，组织专家对湖泊治理方面取得的科研成果进行总结和评估，建立湖泊治理和保护技术项目库，加大科技成果的转化力度，切实提高湖泊治理的科技水平，研究解决滇池污染的重大政策和技术方案，指导污染治理工程的实施。抓紧完善"滇池蓝藻清除工程方案"的制定和技术论证工作，使蓝藻清除实现科学化、规范化、标准化。研究完善《滇池水域蓝藻大规模暴发应急处置预案》，增加滇池水质监测频次，加大蓝藻监控力度，做好滇池草海、外海藻类水华预警，发现问题及时处理。积极争取将"滇池流域水污染及富营养化控制与治理关键技术示范"列入国家水体污染控制和治理重大科技专项。

9. 突出抓好节水型城市建设。研究制定有利于节水、中水回用和污水资源化的技术和经济政策，依靠体制机制推进全社会的节水工作。制定地方性节水法规，强制使用节水产品和技术，推进节约用水，大幅提高中水回用和二次水的使用量。研究采取一些新举措，今后所有新建小区都要建设污水处理和中水回用系统。

10. 突出抓好外流域引水工程。通过外流域引水向滇池补水，逐步置换污染水体，是从根本上解决滇池水污染问题的有力措施。要综合考虑滇中调水工程和向滇池补充生态水的工作，进一步深化认识，完善调水方案，在继续抓紧金沙江调水方案前期工作的基础上，组织多方案、多水源点调水研究，把近期、中期、远期调水结合起来。当前，特别要加快推进滇池流域引水等项目的前期工作。

**三、完善体制机制，确保滇池治理工作取得实效**

11. 加强领导，建立健全领导责任制和责任追究制。进一步明确和强化昆明市作为滇池治理责任主体和实施主体的地位，调整和完善昆明市滇池保护委员会，明确市级有关部门和县（市、区）、乡（镇、办事处）、村（居委会）各级各部门在滇池治理中的责任，完善横向到边、纵向到底的目标责任制，建立责任追究制，形成统一协调的领导体制，形成对滇池水污染治理工作强有力的领导。昆明市要用统筹的思想、系统的思维和长远的观念来指导滇池治理，防止治理工作的盲目性，提高治理成效。加强滇池治理指挥系统的权威性，增强协调统筹能力，确保在滇池治理上做到令行禁止。

12. 加强统筹，建立高度统一的管理体制。昆明市要进一步加强统筹协调，尽快改变目前存在的多头管理状况，加快建立职能清晰、权责统一、运转协调、管理有效的滇池污染治理管理体制。理顺滇池管理体制，对市滇管局、滇池北岸工程局、滇投公司、市环保局的职责进行重新定位和整合。理顺城市供排水和农村水利建设管理体制，实行城乡统一的供排水管理体制。赋予昆明市负责滇池治理的领导更大的权力，加大对滇池治理工作的协调力度。

13. 加强协调，共同做好滇池水污染治理各项工作。省级有关部门要强化大局意识，强化工作职责，加强协调配合，积极主动地做好服务，对涉及滇池治理项目的立项审批、用地审批等都要给予最大的帮助和支持。积极做好向国家有关部委的汇报衔接工作，争取国家在政策、资金等方面的支持。

14. 加强资金筹措，进一步加大对滇池治理的投入。积极争取国家对滇池治理重大工程项目，以及日元贷款项目的配套等，给予更大的支持。全力落实省、市在滇池治理重大项目上的配套资金，确保项目按计划推进。积极推进市场化运作，尽快开展滇池水污染防治市场化机制创新研究，推进建立滇池治理专项基金和发行债券，抓紧建立完善与市场化相适应的投融资体制，开放环保基础设施建设与运营市场，吸纳社会资金投入滇池的治理与保护。

二〇〇七年八月二日

# 云南省滇池保护条例

（2012年9月28日云南省第十一届人民代表大会常务委员会第三十四次会议通过，2013年1月1日起施行）

## 第一章 总 则

第一条 为了加强滇池的保护和管理，防治水污染，改善流域生态环境，促进经济社会可持续发展，根据《中华人民共和国环境保护法》《中华人民共和国水污染防治法》《中华人民共和国水法》等法律、法规，结合实际，制定本条例。

第二条 在滇池保护范围内活动的单位和个人，必须遵守本条例。

第三条 滇池是国家级风景名胜区，是昆明生产、生活用水的重要水源，是昆明市城市备用饮用水源，是具备防洪、调蓄、灌溉、景观、生态和气候调节等功能的高原城市湖泊。

滇池分为外海和草海。

滇池外海控制运行水位为：正常高水位1887.5米，最低工作水位1885.5米，特枯水年对策水位1885.2米，汛期限制水位1887.2米，20年一遇最高洪水位1887.5米。

滇池草海控制运行水位为：正常高水位1886.8米，最低工作水位1885.5米。

第四条 滇池水质适用《地表水环境质量标准》（GB3838—2002）。外海水质按Ⅲ类水标准保护，草海水质按Ⅳ类水标准保护。

第五条 滇池保护范围是以滇池水体为主的整个滇池流域，涉及五华、盘龙、官渡、西山、呈贡、晋宁、嵩明7个县（区）2920平方千米的区域。

滇池保护范围分为下列一、二、三级保护区和城镇饮用水源保护区：

（一）一级保护区，指滇池水域以及保护界桩向外水平延伸100米以内的区域，但保护界桩在环湖路（不含水体上的桥梁）以外的，以环湖路以内的路缘线为界；

（二）二级保护区，指一级保护区以外至滇池面山以内的城市规划确定的禁止建设区和限制建设区，以及主要入湖河道两侧沿地表向外水平延伸50米以内的区域；

（三）三级保护区，指一、二级保护区以外，滇池流域分水岭以内的区域。

一、二、三级保护区的具体范围由昆明市人民政府划定并公布，其中一级保护区应当设置界桩、明显标识。

城镇饮用水源保护区的具体范围由昆明市人民政府确定，报省人民政府批准后公布，并按照有关法律法规进行保护。

第六条 滇池保护工作遵循全面规划、保护优先、科学管理、综合防治、可持续发展的原则。

第七条 省人民政府，昆明市人民政府，五华、盘龙、官渡、西山、呈贡区和晋宁、嵩明县人民政府（以下简称有关县级人民政府）应当将滇池保护工作纳入国民经济和社会发展规划，将保护经费列入同级政府财政预算，建立保护投入和生态补偿的长效机制。

第八条 各级人民政府应当通过教育、宣传等活动，普及滇池保护知识，提高社会公众的环境保护意识，发挥新闻媒体和社会监督的作用。

鼓励社会力量投资或者以其他方式参与滇池保护。

鼓励开展有利于滇池保护的科学探索和技术创新，运用科学技术手段，加强滇池保护和治理。

第九条　任何单位和个人都有保护滇池的义务，并有权对违反本条例的行为进行劝阻和举报。

县级以上人民政府应当对在滇池保护工作中做出显著成绩的单位和个人给予表彰或者奖励。

## 第二章　管理机构和职责

第十条　省人民政府领导滇池保护工作，负责综合协调、及时处理有关滇池保护的重大问题；应当建立滇池保护目标责任、评估考核、责任追究等制度，并加强监督检查。

第十一条　昆明市人民政府具体负责滇池保护工作，履行下列职责：

（一）编制并组织实施滇池保护规划、综合整治方案；

（二）指导、协调、督促所属部门和有关县级人民政府履行滇池保护的职责；

（三）安排下达滇池综合治理工作任务，组织实施滇池保护目标责任制、评估考核制、责任追究制；

（四）组织实施滇池流域水污染防治规划及重点水污染物排放总量控制制度；

（五）制定滇池水量年度调度计划和取水总量控制计划；

（六）管理滇池保护专项资金的使用；

（七）统筹安排城镇污水集中处理设施及配套管网的建设；

（八）法律、法规和省人民政府规定的其他职责。

昆明市人民政府设立的国家级开发（度假）区管理委员会，应当按照规定职责做好滇池保护的有关工作。

第十二条　有关县级人民政府在本行政区域内履行下列职责：

（一）指导、协调、督促所属部门和乡（镇）人民政府、街道办事处履行保护滇池的职责；

（二）具体实施滇池流域水污染防治规划、综合整治方案和主要污染物排放总量控制计划，制定具体保护措施，落实目标责任；

（三）组织建设城镇污水集中处理设施及配套管网；

（四）制定入湖河道污染治理方案，负责河道截污、清淤、保洁、生态修复等综合整治工作；

（五）制定并实施入湖面源污染控制措施；

（六）建立农村生活垃圾处置制度和农村垃圾、污水、固体废弃物收集处置系统；

（七）组织实施一级保护区内的生态修复工作，建设和保护生态湿地、生态林地；落实还湖、还湿地、还林工作。

（八）法律、法规和昆明市人民政府规定的其他职责。

第十三条　有关乡（镇）人民政府、街道办事处在本行政区域内履行下列职责：

（一）落实滇池保护治理的计划和措施；

（二）具体落实滇池综合整治方案、入湖河道污染治理年度计划，组织完成河段综合环境控制目标任务；

（三）控制面源污染和滇池沿岸污染源；

（四）按规定处置农村生活、生产垃圾及其他固体废弃物；

（五）承担入湖河道日常保洁管护工作，落实专人清运水面漂浮物及河堤杂物、垃圾；

（六）负责管护地段和河道日常巡查检查，制止并协助查处违法行为。

第十四条　昆明市滇池行政管理部门履行下列职责：

（一）宣传、执行有关法律、法规和本条例，对县（区）滇池行政管理部门实行业务指导，协调、督促市级有关部门履行滇池保护职责；

（二）拟定并实施滇池保护规划、综合整治方案的配套办法、措施；

（三）参与编制并监督实施有关滇池保护和治理的专业规划；

（四）落实滇池保护综合治理目标任务，组织考核有关县级人民政府和部门完成情况；

（五）负责对涉及滇池保护工作的有关建设项目提出审查意见；

（六）组织滇池治理的科学研究，推广科技成果；

（七）制定滇池渔业发展、捕捞控制计划，组织实施水生生物保护措施；

（八）登记、检验和管理渔业船舶，实施捕捞许可制度，规定捕捞方式和网具规格，发放捕捞许可证，征收渔业资源增殖保护费；

（九）管理滇池草海、外海出水口节制闸和调节闸，组织清除滇池漂浮物，指导、监督县级人民政府开展主要入湖河道保洁工作；

（十）负责水上交通安全及船舶污染水体防治工作，发放船舶入湖许可证；

（十一）负责滇池保护范围内的城市排水行政管理和城市排水监测工作；

（十二）依法筹集、管理和使用滇池治理资金；

（十三）受水行政主管部门委托，收取直接从滇池取水的水资源费。

县（区）滇池行政管理部门应当根据本级人民政府规定的职责，做好滇池保护的有关工作。

第十五条　昆明市滇池管理综合行政执法机构按照省人民政府批准的范围和权限，相对集中行使水政、渔业、航政、国土、规划、环境保护、林政、风景名胜区管理、城市排水等方面的部分行政处罚权。

县（区）滇池管理综合行政执法机构按照昆明市人民政府批准的权限和范围，相对集中行使部分行政处罚权。

第十六条　省人民政府、昆明市人民政府、有关县级人民政府应当对其所属的发展改革、财政、水利、环境保护、农业、林业、工商等有关行政主管部门在滇池保护工作中的职责做出具体规定，并监督实施。

# 第三章　综合保护

第十七条　昆明市人民政府应当组织编制滇池保护规划，报省人民政府批准后实施。

滇池保护规划应当与昆明经济社会发展相适应，与滇池流域水污染防治规划、城乡总体规划、土地利用总体规划、环境保护规划、水资源综合规划、风景名胜区规划相衔接。

滇池管理、环境保护、规划、水利等有关部门应当按照滇池保护规划制定并落实专项保护措施。

第十八条　昆明市人民政府设立滇池保护专项资金，用于滇池的保护和治理。资金来源包括：

（一）各级财政专项资金；

（二）从滇池取水缴纳的水资源费、渔业资源增殖保护费；

（三）贷款、捐款、赠款；

（四）其他资金。

第十九条　滇池入湖河道实行属地管理。

对主要入湖河道有关截污、治污、清淤、河道交界断面水质达标、河道（岸）保洁及景观改善等保护工作，实行综合环境控制目标及河（段）长责任制，具体办法由昆明市人民政府另行制定。

昆明市人民政府对主要入湖河道的管理实施统一监督考核，其他河道由有关县级人民政府监管。

第二十条　滇池保护范围内的河道综合整治应当满足防洪要求，兼顾生态、景观的综合统一，建设生态河堤。

河道或者河段的疏浚、绿化、美化，由所在地县级人民政府组织实施。

第二十一条　省人民政府组织实施跨流域调水，应当全面规划、科学论证、合理调度，优先保障滇池保护的水质、水量需求。

水行政主管部门应当加强调水工程的管理，根据调水计划，实施水量统一调度。

环境保护行政主管部门应当对跨流域调水水污染防治工作实施统一监督管理。

昆明市滇池行政管理部门应当维持滇池合理水位，逐步恢复水体的自然净化能力。

第二十二条　昆明市人民政府、有关县级人民政府应当加强滇池保护范围内环境保护和生态建设，防止水污染和水土流失，加强对自然景观、文化遗产、自然遗产、古树名木的保护。

第二十三条　昆明市人民政府、有关县级人民政府应当加强滇池保护范围内畜禽养殖污染防治工作，划定禁养、限养区域，对限养区域的畜禽废水和粪便进行资源综合利用。

第二十四条　滇池保护范围内实行排污许可制度。

禁止无排污许可证或者违反排污许可证的规定直接或者间接向水体排放废水、污水。

第二十五条　滇池保护范围内对重点水污染物排放实施总量控制制度。

昆明市人民政府、有关县级人民政府应当严格控制排污总量，并负责行政区域内入湖河道水质达标，根据重点水污染物排放总量控制指标的要求，将控制指标分解落实到排污单位，不得突破控制指标和出境断面水质标准。

对超过重点水污染物排放总量控制指标的地区，有关人民政府环境保护主管部门应当暂停审批新增重点水污染物排放总量的建设项目的环境影响评价文件。

第二十六条　昆明市人民政府、有关县级人民政府应当统筹规划和建设城镇污水处理、污水再生利用、污泥处置、配套管网等设施，改造或者完善排水管网雨污分流体系。

第二十七条　滇池保护范围内新建、改建、扩建的建设项目，应当配套建设节水设施，落实节水措施。

新建城镇、单位、居住小区等应当按照规划及相关规定建设雨污分流的排水管网，再生水利用和雨水收集利用设施；已建成的城镇、单位、居住小区应当逐步实施雨污分流排放，有条件的应当建设再生水利用和雨水收集利用设施。

大中型企业及其他用水量较大的建设项目，应当建设雨污分流的排水管网，采用循环用水的工艺和设备，提高水循环利用效率。

第二十八条　重点排污单位应当安装水污染物排放自动监测设备，与环境保护行政主管部门的监控设备联网，保证监测设备正常运行，并保存原始的监测记录。

重点排污单位处理后排放的污水应当达到《城镇污水处理厂污染物排放标准》（GB18918—2002）一级A标准或者地方有关标准规定。

第二十九条　昆明市环境保护行政主管部门应当会同滇池管理、水利等部门建立滇池水环境质量和水污染物排放监测网络，开展日常监测工作，实现数据共享，并将监测结果及时报昆明市人民政府和省环境保护、水行政主管部门。

省、昆明市环境保护行政主管部门应当定期发布滇池水环境状况公报。

第三十条　滇池保护范围内的单位应当采取有效措施，控制氮、磷等污染物的排放，逐步实现生活污水、粪便、垃圾的减量化、无害化、资源化。

第三十一条　有关县级人民政府应当逐步建设农村生产、生活污水和垃圾处理设施，鼓励施用农家肥，限制使用化肥、农药，科学防治面源污染，发展循环经济和生态农业，营造薪炭林，支持清洁能源建设。

有关县级人民政府应当建立和完善农村保洁及生活垃圾处理机制，实行收集、清运和处置责任制。

第三十二条　滇池保护范围内禁止生产、销售、使用含磷洗涤用品和不可自然降解的泡沫塑料餐饮具、塑料袋。

禁止将含重金属、难以降解、有毒有害，以及其他超过水污染物排放标准的废水排入滇池保护范围内城市排水管网或者入湖河道。

不得引进严重污染环境的项目；不得将污染环境的项目转移给无污染防治能力的企业。

## 第四章　一级保护区

第三十三条　滇池水量调度应当保证湖水水位不低于最低工作水位，并且满足沿湖居民的生活、生产及河道生态用水流量。特殊情况需要在最低工作水位以下取用湖水的，应当经昆明市人民政府批准，并报省水行政主管部门备案。

第三十四条　禁止在一级保护区内新建、改建、扩建建筑物和构筑物。确因滇池保护需要建设环湖湿地、环湖景观林带、污染治理项目、设施（含航运码头），应当经昆明市滇池行政管理部门审查，报昆明市人民政府审批。

本条例施行前，在一级保护区内已经建设的项目，由昆明市人民政府采取限期迁出、调整建设项目内容等措施依法处理；原有鱼塘及原用土地应当逐步实现还湖、还湿地、还林，原居住户应当逐步迁出。

第三十五条　滇池行政管理部门应当会同林业及相关行政主管部门加强滇池湿地生态系统建设和保护，在湖滨带建设、营造、管护滇池环湖湿地和环湖景观林带。

第三十六条　有关县级人民政府应当有计划地在滇池水体和湖滨带内科学种植有利于净化水体的植物，并对各类水生植物的残体进行及时清除。

昆明市滇池行政管理部门应当有计划地放养有利于净化水体的底栖动物和鱼类。

引进、推广水生生物外来物种，应当经昆明市滇池行政管理部门组织有关专家论证，并按照规定报省渔业行政主管部门审批。

第三十七条　滇池水域不得使用燃油机动船和水上飞行器，但经昆明市滇池行政管理部门审核，昆明市人民政府批准进行科研、执法、救援、清淤除污的除外。

第三十八条　从严控制滇池水域航行的电力推进船和其他非燃油机动船只数量，实行严格的准入制，由昆明市滇池行政管理部门负责审批。

滇池水域的非机动船只实行总量控制。入湖非机动船只的新增、改造、更新应当经昆明市滇池行政管理部门批准，并办理相关证照。

第三十九条　经批准驶入滇池和主要入湖河道的机动船只应当有防渗、防漏、防溢设施，对其残油、废液应当封闭处理；船舶造成污染事故的，应当及时采取补救措施，并向滇池行政管理部门报告，接受调查处理。

第四十条　在滇池从事渔业捕捞的单位和个人，应当向所在地的滇池行政管理部门申请办理渔船登记、渔船检验和捕捞许可证，缴纳渔业资源增殖保护费，并按照捕捞许可证核准的作业类型、场所、时限和渔具规格、数量进行作业。

捕捞许可证、渔船牌照不得涂改、买卖、出租、转让或者转借。

第四十一条　滇池实行禁渔区和禁渔期制度。禁渔区由昆明市人民政府划定，在禁渔区禁止捕捞活动；禁渔期由昆明市滇池行政管理部门确定，在禁渔期禁止捕捞、收购和销售滇池鱼类的活动。

第四十二条　从事科研、考古、影视拍摄工作和大型水上活动的，应当经昆明市滇池行政管理部门审核，报昆明市人民政府批准后方可进行。

第四十三条　昆明市滇池行政管理部门应当有计划地组织实施滇池湖底清淤工程，做好淤泥堆放、处置等有关工作。昆明市有关部门和有关县级人民政府应当予以配合。

鼓励单位和个人开展淤泥资源化的研究和利用工作，推进淤泥减量和无害化、资源化处置。

第四十四条　除在二级、三级保护区内禁止的行为外，一级保护区内还禁止下列行为：

（一）填湖、围湖造田、造地等侵占水体或者缩小水面的行为；

（二）在湖岸滩地搭棚、摆摊、设点经营等；

（三）擅自取水或者违反取水许可规定取水；

（四）围堰、网箱、围网养殖，违反规定暂养水生生物；

（五）使用机动船、电动拖网或者污染水体的设施捕捞；

（六）使用禁用的渔具、捕捞方法或者不符合规定的网具捕捞；

（七）炸鱼、毒鱼、电鱼；

（八）使用农药、化肥、有机肥；

（九）擅自采捞对净化滇池水质有益的水草和其他水生植物；

（十）损毁水利、水文、科研、气象、测量、环境监测及码头、航标、航道、渔标、界桩等设施。

## 第五章　二级保护区

第四十五条　在二级保护区内的限制建设区应当以建设生态林为主，符合滇池保护规划的生态旅游、文化等建设项目，昆明市规划、住房城乡建设、国土资源、环境保护、水利等行政主管部门在报昆明市人民政府批准前，应当有昆明市滇池行政管理部门的意见。

在二级保护区内的限制建设区禁止开发建设其他房地产项目。

第四十六条　滇池环湖路向陆地延伸一侧需要规划建设为保护滇池搬迁居民安置点的，建设单位应当设置隔离缓冲区。隔离缓冲区域内应当有计划地营造生态公益林带，建设前置塘（库），保护环滇池生态圈。

第四十七条　从事外来生物引种和物种繁殖的，应当将有关物种种类试验成果和咨询论证情况报昆明市滇池行政管理部门，由昆明市滇池行政管理部门会同林业、农业、水利、环境保护等行政主管部门审查后并经昆明市人民政府批准后方可实施。

第四十八条　除三级保护区禁止的行为外，在二级保护区内还禁止下列行为：

（一）新建、扩建排污口、工业园区、陵园、墓葬；

（二）爆破、取土、挖砂、采石、采矿；

（三）利用渗井、渗坑、裂隙和溶洞排放、倾倒含有毒污染物的废水、含病原体的污水和其他废弃物；

（四）利用无防渗漏措施的沟渠、坑塘等输送或者存贮含有毒污染物的废水、含病原体的污水和其他废弃物；

（五）在河道中围堰、网箱、围网养殖，违反规定暂养水生生物；

（六）规模化畜禽养殖。

# 第六章　三级保护区

第四十九条　规划、住房城乡建设等行政主管部门对新建、改建、扩建项目应当控制审批。涉及项目选址的，批准前应当征求滇池行政管理部门等有关部门的意见；对可能造成重大环境影响的项目，立项前或者可行性研究阶段应当召开听证会。

不得建设不符合国家产业政策的造纸、制革、印染、染料、炼焦、炼硫、炼砷、炼油、炼汞、电镀、化肥、农药、石棉、水泥、玻璃、冶金、火电以及其他严重污染环境的生产项目。

第五十条　有关县级人民政府应当对宜林荒山统一规划，组织植树造林，绿化荒山，提高森林覆盖率，保护森林植被、植物资源和野生动物，防治水土流失。

鼓励社会力量以资金、技术、知识产权等形式参与植树造林、湿地建设、水土保持等事业，改善流域生态环境。

第五十一条　林业、农业行政主管部门应当对25度以上的坡耕地限期退耕还林还草。

有关县级人民政府、市级有关行政主管部门应当加强对泉点、水库、坝塘、河道的保护，对没有水源涵养林、护岸林带的泉点、水库、坝塘、河道周围，限期植树造林，封山育林。

第五十二条　从事采石、采矿、取土、挖砂等活动，应当按照批准的范围、时间作业，采取措施妥善处理尾矿、废渣，回填复垦土地，并在规定的期限内恢复表土层和植被。

第五十三条　三级保护区内禁止下列行为：

（一）向河道、沟渠等水体倾倒固体废弃物，排放粪便、污水、废液及其他超过水污染物排放标准的污水、废水，或者在河道中清洗生产生活用具、车辆和其他可能污染水体的物品；

（二）在河道滩地和岸坡堆放、存贮固体废弃物和其他污染物，或者将其埋入集水区范围内的土壤中；

（三）盗伐、滥伐林木或者其他破坏与保护水源有关的植被的行为；

（四）毁林开垦或者违法占用林地资源；

（五）猎捕野生动物；

（六）在禁止开垦区内开垦土地；

（七）新建、改建、扩建向入湖河道排放氮、磷污染物的工业项目以及污染环境、破坏生态平衡和自然景观的其他项目。

## 第七章　法律责任

**第五十四条**　国家工作人员在滇池保护和管理工作中有下列行为之一的，由上级主管机关或者监察机关对直接负责的主管人员和其他直接责任人员依法给予处分；构成犯罪的，依法追究刑事责任。

（一）违反国家产业政策审批项目，或者违法审批环境影响评价文件，造成环境污染或者生态破坏的；

（二）对国家规定应当淘汰的落后生产技术、工艺、设备或者产品，不履行监管职责的；

（三）对严重污染环境的单位不依法责令限期治理或者责令关闭、停产的；

（四）未制定水污染事故应急预案，或者未按照应急预案的要求采取措施的；

（五）依法应当进行环境影响评价而未进行，或者环境影响评价文件未经批准，擅自批准该项目建设或者为其办理征地、施工注册登记、营业执照、生产（使用）许可证的；

（六）发现违法行为或者接到举报后不及时查处，或者不履行检查职责的；

（七）发现重大环境污染事故或者生态破坏事故，不按照规定报告或者不依法采取必要措施，致使事故扩大或者延误事故处理的；

（八）其他违反法律法规的行为。

未完成滇池保护目标责任的人民政府，上级人民政府应当对其主要负责人通报批评；情节严重的，对有关责任人依法给予处分。

**第五十五条**　违反本条例第三十二条第一款规定的，由滇池管理综合行政执法机构和其他有权机关按照职权责令改正，没收非法财物，对生产、销售企业可处2万元以上20万元以下罚款；对销售个人可处50元以上500元以下罚款。

**第五十六条**　违反本条例第三十二条第二款规定的，由滇池管理综合行政执法机构责令其限期整改，并处10万元以上50万元以下罚款。

**第五十七条**　违反本条例规定，将污染环境项目转移给没有污染防治能力的企业的，由滇池管理综合行政执法机构或者环境保护行政主管部门按照各自职权责令其限期整改，处5万元以上20万元以下罚款。

**第五十八条**　违反本条例规定，在一级保护区范围内有下列违法行为之一的，由滇池管理综合行政执法机构予以处罚：

（一）新建、扩建、改建建筑物、构筑物的，责令限期拆除；逾期不拆除的，依法拆除，并处20万元以上100万元以下罚款；

（二）填湖、围湖造田、造地等侵占水体或者缩小水面的行为的，责令限期恢复，并处每平方米200元罚款；逾期不恢复的，处每平方米1000元罚款；

（三）在湖岸滩地搭棚、摆摊、设点经营的，责令撤除并没收违法所得，可处100元以上1000元以下罚款；

（四）围堰、网箱、围网养殖，违反规定暂养水生生物的，责令改正，处5000元以上5万元以下罚款；

（五）擅自采捞对净化滇池水质有益的水草和其他水生植物的，处50元以上500元以下罚款；

（六）损毁水利、水文、科研、气象、测量、环境监测及码头、航标、航道、渔标、界桩等设施的，责令改正，赔偿损失，并处1万元以上5万元以下罚款。

第五十九条 违反本条例规定，在二级保护区范围内有下列违法行为之一的，由滇池管理综合行政执法机构或者其他有权机关按照职权予以处罚：

（一）新建、扩建工业园区的，责令改正，并处50万元以上100万元以下罚款；

（二）开发建设其他房地产项目或者擅自建设其他项目的，责令限期拆除；逾期不拆除的，依法拆除，并处10万元以上100万元以下罚款；

（三）新建、扩建排污口，修建陵园、墓葬的，责令限期恢复原状，并处1万元以上10万元以下罚款；

（四）爆破、取土、挖砂、采石、采矿的，责令改正，并处1万元以上10万元以下罚款；

（五）在河道围堰、网箱、围网养殖，违反规定暂养水生生物的，处500元以上5000元以下罚款；

（六）规模化畜禽养殖的，处1万元以上10万元以下罚款。

第六十条 违反本条例规定，在三级保护区范围内有下列违法行为之一的，由有权机关按照职权予以处罚：

（一）向河道、沟渠等水体倾倒固体废弃物、粪便及其他超过水污染物排放标准的污水、废水，处5000元以上5万元以下罚款；

（二）在河道中清洗生产生活用具、车辆、排放粪便或者其他可能污染水体的物品的，处50元以上500元以下罚款；

（三）在河道滩地和岸坡堆放、存贮固体废弃物和其他污染物，或者将其埋入集水区范围内的土壤中的，处1000元以上1万元以下罚款；

（四）其他破坏与保护水源有关的植被的行为，处1000元以上5000元以下罚款；

（五）新建、改建、扩建向入湖河道排放氮、磷污染物的工业项目以及污染环境、破坏生态平衡和自然景观的其他项目的，责令停止违法行为，处10万元以上50万元以下罚款，并报经有批准权的人民政府批准，责令停产停业或者依法关闭。

第六十一条 违反本条例规定，未达到国家和地方水污染物排放标准的单位和个人，由县级以上人民政府责令限期治理，并处应缴纳排污费数额2倍以上5倍以下的罚款；逾期未完成治理任务的，责令关闭。

第六十二条 违反本条例规定的其他行为，依照有关法律、法规的规定予以处罚。

## 第八章　附　则

第六十三条　本条例所称环湖路是指昆明市城乡总体规划确定的环绕滇池水体的公路。

滇池主要入湖河道是指滇池保护范围内的盘龙江、新运粮河、老运粮河、乌龙河、大观河、西坝河、船房河、采莲河、金家河、大清河（含明通河、枧槽河）、海河（东北沙河）、宝象河（新宝象河）、老宝象河、六甲宝象河、小清河、五甲宝象河、虾坝河（织布营河）、马料河、洛龙河、捞鱼河（含梁王河）、南冲河、大河（淤泥河）、柴河、白鱼河、茨巷河、东大河、中河（护城河）、古城河、牧羊河、冷水河等河道及其支流。

滇池面山具体范围由昆明市人民政府划定并公布。

第六十四条　滇池保护范围内的地下水、河流、沟渠的保护和管理制度，由昆明市人民政府另行制定。

滇池主要出湖河道的保护和管理，参照本条例有关河道的管理规定执行。

第六十五条　本条例自2013年1月1日起施行。

# 云南省滇池保护条例

（2012年9月28日云南省第十一届人民代表大会常务委员会第三十四次会议通过；2018年11月29日云南省第十三届人民代表大会常务委员会第七次会议修订通过）

## 第一章　总则

**第一条**　为了加强滇池的保护和管理，防治水污染，改善流域生态环境，促进经济社会可持续发展，根据《中华人民共和国环境保护法》《中华人民共和国水污染防治法》《中华人民共和国水法》等法律、法规，结合实际，制定本条例。

**第二条**　在滇池保护范围内活动的单位和个人，必须遵守本条例。

**第三条**　滇池是国家级风景名胜区，是昆明生产、生活用水的重要水源，是昆明市城市备用饮用水源，是具备防洪、调蓄、灌溉、景观、生态和气候调节等功能的高原城市湖泊。

滇池分为外海和草海。

滇池外海控制运行水位为：正常高水位1887.5米，最低工作水位1885.5米，特枯水年对策水位1885.2米，汛期限制水位1887.2米，20年一遇最高洪水位1887.5米。

滇池草海控制运行水位为：正常高水位1886.8米，最低工作水位1885.5米。

**第四条**　滇池水质适用《地表水环境质量标准》（GB3838—2002）。外海水质按Ⅲ类水标准保护，草海水质按Ⅳ类水标准保护。

**第五条**　滇池保护范围是以滇池水体为主的整个滇池流域，涉及五华、盘龙、官渡、西山、呈贡、晋宁、嵩明7个县（区）2920平方千米的区域。

滇池保护范围分为下列一、二、三级保护区和城镇饮用水源保护区：

（一）一级保护区，指滇池水域以及保护界桩向外水平延伸100米以内的区域，但保护界桩在环湖路（不含水体上的桥梁）以外的，以环湖路以内的路缘线为界；

（二）二级保护区，指一级保护区以外至滇池面山以内的城市规划确定的禁止建设区和限制建设区，以及主要入湖河道两侧沿地表向外水平延伸50米以内的区域；

（三）三级保护区，指一、二级保护区以外，滇池流域分水岭以内的区域。

一、二、三级保护区的具体范围由昆明市人民政府划定并公布，其中一级保护区应当设置界桩、明显标识。

城镇饮用水源保护区的具体范围由昆明市人民政府确定，报省人民政府批准后公布，并按照有关法律法规进行保护。

**第六条**　滇池保护工作遵循全面规划、保护优先、科学管理、综合防治、可持续发展的原则。

**第七条**　省人民政府，昆明市人民政府，五华、盘龙、官渡、西山、呈贡区和晋宁、嵩明县人民政府（以下简称有关县级人民政府）应当将滇池保护工作纳入国民经济和社会发展规划，将保护经费列入同级政府财政预算，建立保护投入和生态补偿的长效机制。

第八条　各级人民政府应当通过教育、宣传等活动，普及滇池保护知识，提高社会公众的环境保护意识，发挥新闻媒体和社会监督的作用。

鼓励社会力量投资或者以其他方式参与滇池保护。

鼓励开展有利于滇池保护的科学探索和技术创新，运用科学技术手段，加强滇池保护和治理。

第九条　任何单位和个人都有保护滇池的义务，并有权对违反本条例的行为进行劝阻和举报。

县级以上人民政府应当对在滇池保护工作中做出显著成绩的单位和个人给予表彰或者奖励。

## 第二章　管理机构和职责

第十条　省人民政府领导滇池保护工作，负责综合协调、及时处理有关滇池保护的重大问题；应当建立滇池保护目标责任、评估考核、责任追究等制度，并加强监督检查。

第十一条　昆明市人民政府具体负责滇池保护工作，履行下列职责：

（一）编制并组织实施滇池保护规划、综合整治方案；

（二）指导、协调、督促所属部门和有关县级人民政府履行滇池保护的职责；

（三）安排下达滇池综合治理工作任务，组织实施滇池保护目标责任制、评估考核制、责任追究制；

（四）组织实施滇池流域水污染防治规划及重点水污染物排放总量控制制度；

（五）制定滇池水量年度调度计划和取水总量控制计划；

（六）管理滇池保护专项资金的使用；

（七）统筹安排城镇污水集中处理设施及配套管网的建设；

（八）法律、法规和省人民政府规定的其他职责。

昆明市人民政府设立的国家级开发（度假）区管理委员会，应当按照规定职责做好滇池保护的有关工作。

第十二条　有关县级人民政府在本行政区域内履行下列职责：

（一）指导、协调、督促所属部门和乡（镇）人民政府、街道办事处履行保护滇池的职责；

（二）具体实施滇池流域水污染防治规划、综合整治方案和主要污染物排放总量控制计划，制定具体保护措施，落实目标责任；

（三）组织建设城镇污水集中处理设施及配套管网；

（四）制定入湖河道污染治理方案，负责河道截污、清淤、保洁、生态修复等综合整治工作；

（五）制定并实施入湖面源污染控制措施；

（六）建立农村生活垃圾处置制度和农村垃圾、污水、固体废弃物收集处置系统；

（七）组织实施一级保护区内的生态修复工作，建设和保护生态湿地、生态林地；落实还湖、还湿地、还林工作；

（八）法律、法规和昆明市人民政府规定的其他职责。

第十三条　有关乡（镇）人民政府、街道办事处在本行政区域内履行下列职责：

（一）落实滇池保护治理的计划和措施；

（二）具体落实滇池综合整治方案、入湖河道污染治理年度计划，组织完成河段综合环境控制目标任务；

（三）控制面源污染和滇池沿岸污染源；

（四）按规定处置农村生活、生产垃圾及其他固体废弃物；

（五）承担入湖河道日常保洁管护工作，落实专人清运水面漂浮物及河堤杂物、垃圾；

（六）负责管护地段和河道日常巡查检查，制止并协助查处违法行为。

第十四条　昆明市滇池行政管理部门履行下列职责：

（一）宣传、执行有关法律、法规和本条例，对县（区）滇池行政管理部门实行业务指导，协调、督促市级有关部门履行滇池保护职责；

（二）拟定并实施滇池保护规划、综合整治方案的配套办法、措施；

（三）参与编制并监督实施有关滇池保护和治理的专业规划；

（四）落实滇池保护综合治理目标任务，组织考核有关县级人民政府和部门完成情况；

（五）负责对涉及滇池保护工作的有关建设项目提出审查意见；

（六）组织滇池治理的科学研究，推广科技成果；

（七）制定滇池渔业发展、捕捞控制计划，组织实施水生生物保护措施；

（八）登记、检验和管理渔业船舶，实施捕捞许可制度，规定捕捞方式和网具规格，发放捕捞许可证，征收渔业资源增殖保护费；

（九）管理滇池草海、外海出水口节制闸和调节闸，组织清除滇池漂浮物，指导、监督县级人民政府开展主要入湖河道保洁工作；

（十）负责水上交通安全及船舶污染水体防治工作，发放船舶入湖许可证；

（十一）负责滇池保护范围内的城市排水行政管理和城市排水监测工作；

（十二）依法筹集、管理和使用滇池治理资金；

（十三）受水行政主管部门委托，收取直接从滇池取水的水资源费。

县（区）滇池行政管理部门应当根据本级人民政府规定的职责，做好滇池保护的有关工作。

第十五条　昆明市滇池管理综合行政执法机构按照省人民政府批准的范围和权限，相对集中行使水政、渔业、航政、国土、规划、环境保护、林政、风景名胜区管理、城市排水等方面的部分行政处罚权。

县（区）滇池管理综合行政执法机构按照昆明市人民政府批准的权限和范围，相对集中行使部分行政处罚权。

第十六条　省人民政府、昆明市人民政府、有关县级人民政府应当对其所属的发展改革、财政、水利、环境保护、农业、林业、工商等有关行政主管部门在滇池保护工作中的职责做出具体规定，并监督实施。

# 第三章　综合保护

第十七条　昆明市人民政府应当组织编制滇池保护规划，报省人民政府批准后实施。

滇池保护规划应当与昆明经济社会发展相适应，与滇池流域水污染防治规划、城乡总体规划、土地利用总体规划、环境保护规划、水资源综合规划、风景名胜区规划相衔接。

滇池管理、环境保护、规划、水利等有关部门应当按照滇池保护规划制定并落实专项保护措施。

第十八条　昆明市人民政府设立滇池保护专项资金，用于滇池的保护和治理。资金来源包括：

（一）各级财政专项资金；

（二）从滇池取水缴纳的水资源费、渔业资源增殖保护费；

（三）贷款、捐款、赠款；

（四）其他资金。

第十九条　滇池入湖河道实行属地管理。

对主要入湖河道有关截污、治污、清淤、河道交界断面水质达标、河道（岸）保洁及景观改善等保护工作，实行综合环境控制目标及河（段）长责任制，具体办法由昆明市人民政府另行制定。

昆明市人民政府对主要入湖河道的管理实施统一监督考核，其他河道由有关县级人民政府监管。

第二十条　滇池保护范围内的河道综合整治应当满足防洪要求，兼顾生态、景观的综合统一，建设生态河堤。

河道或者河段的疏浚、绿化、美化，由所在地县级人民政府组织实施。

第二十一条　省人民政府组织实施跨流域调水，应当全面规划、科学论证、合理调度，优先保障滇池保护的水质、水量需求。

水行政主管部门应当加强调水工程的管理，根据调水计划，实施水量统一调度。

环境保护行政主管部门应当对跨流域调水水污染防治工作实施统一监督管理。

昆明市滇池行政管理部门应当维持滇池合理水位，逐步恢复水体的自然净化能力。

第二十二条　昆明市人民政府、有关县级人民政府应当加强滇池保护范围内环境保护和生态建设，防止水污染和水土流失，加强对自然景观、文化遗产、自然遗产、古树名木的保护。

第二十三条　昆明市人民政府、有关县级人民政府应当加强滇池保护范围内畜禽养殖污染防治工作，划定禁养、限养区域，对限养区域的畜禽废水和粪便进行资源综合利用。

第二十四条　滇池保护范围内实行排污许可制度。

禁止无排污许可证或者违反排污许可证的规定直接或者间接向水体排放废水、污水。

第二十五条　滇池保护范围内对重点水污染物排放实施总量控制制度。

昆明市人民政府、有关县级人民政府应当严格控制排污总量，并负责行政区域内入湖河道水质达标，根据重点水污染物排放总量控制指标的要求，将控制指标分解落实到排污单位，不得突破控制指标和出境断面水质标准。

对超过重点水污染物排放总量控制指标的地区，有关人民政府环境保护主管部门应当暂停审批新增重点水污染物排放总量的建设项目的环境影响评价文件。

第二十六条　昆明市人民政府、有关县级人民政府应当统筹规划和建设城镇污水处理、污水再生利用、污泥处置、配套管网等设施，改造或者完善排水管网雨污分流体系。

第二十七条　滇池保护范围内新建、改建、扩建的建设项目，应当配套建设节水设施，落实节水措施。

新建城镇、单位、居住小区等应当按照规划及相关规定建设雨污分流的排水管网，再生水利用和雨水收集利用设施；已建成的城镇、单位、居住小区应当逐步实施雨污分流排放，有条件的应当建设再生水利用和雨水收集利用设施。

大中型企业及其他用水量较大的建设项目，应当建设雨污分流的排水管网，采用循环用水的工艺和设备，提高水循环利用效率。

第二十八条　重点排污单位应当安装水污染物排放自动监测设备，与环境保护行政主管部门的监控设备联网，保证监测设备正常运行，并保存原始的监测记录。

重点排污单位处理后排放的污水应当达到《城镇污水处理厂污染物排放标准（GB18918—2002）》一级A标准或者地方有关标准规定。

第二十九条　昆明市环境保护行政主管部门应当会同滇池管理、水利等部门建立滇池水环境质量和水污染物排放监测网络，开展日常监测工作，实现数据共享，并将监测结果及时报昆明市人民政府和省环境保护、水行政主管部门。

省、昆明市环境保护行政主管部门应当定期发布滇池水环境状况公报。

第三十条　滇池保护范围内的单位应当采取有效措施，控制氮、磷等污染物的排放，逐步实现生活污水、粪便、垃圾的减量化、无害化、资源化。

第三十一条　有关县级人民政府应当逐步建设农村生产、生活污水和垃圾处理设施，鼓励施用农家肥，限制使用化肥、农药，科学防治面源污染，发展循环经济和生态农业，营造薪炭林，支持清洁能源建设。

有关县级人民政府应当建立和完善农村保洁及生活垃圾处理机制，实行收集、清运和处置责任制。

第三十二条　滇池保护范围内禁止生产、销售、使用含磷洗涤用品和不可自然降解的泡沫塑料餐饮具、塑料袋。

禁止将含重金属、难以降解、有毒有害，以及其他超过水污染物排放标准的废水排入滇池保护范围内城市排水管网或者入湖河道。

不得引进严重污染环境的项目；不得将污染环境的项目转移给无污染防治能力的企业。

## 第四章　一级保护区

第三十三条　滇池水量调度应当保证湖水水位不低于最低工作水位，并且满足沿湖居民的生活、生产及河道生态用水流量。特殊情况需要在最低工作水位以下取用湖水的，应当经昆明市人民政府批准，并报省水行政主管部门备案。

第三十四条　禁止在一级保护区内新建、改建、扩建建筑物和构筑物。确因滇池保护需要建设的环湖湿地、环湖景观林带、污染治理项目、航运码头，以及防汛抗旱、执法监管、宣传教育设施，应当经昆明市滇池行政管理部门审查，报昆明市人民政府审批。

本条例施行前，在一级保护区内已经建设的项目，由昆明市人民政府采取限期迁出、调整建设项目内容等措施依法处理；原有鱼塘及原用土地应当逐步实现还湖、还湿地、还林，原居住户应当逐步迁出。

第三十五条　滇池行政管理部门应当会同林业及相关行政主管部门加强滇池湿地生态系统建设和保护，在湖滨带建设、营造、管护滇池环湖湿地和环湖景观林带。

第三十六条　有关县级人民政府应当有计划地在滇池水体和湖滨带内科学种植有利于净化水体的植物，并对各类水生植物的残体进行及时清除。

昆明市滇池行政管理部门应当有计划地放养有利于净化水体的底栖动物和鱼类。

引进、推广水生生物外来物种，应当经昆明市滇池行政管理部门组织有关专家论证，并按照规定报省渔业行政主管部门审批。

**第三十七条** 滇池水域不得使用燃油机动船和水上飞行器，但经昆明市滇池行政管理部门审核，昆明市人民政府批准进行科研、执法、救援、清淤除污的除外。

**第三十八条** 从严控制滇池水域航行的电力推进船和其他非燃油机动船只数量，实行严格的准入制，由昆明市滇池行政管理部门负责审批。

滇池水域的非机动船只实行总量控制。入湖非机动船只的新增、改造、更新应当经昆明市滇池行政管理部门批准，并办理相关证照。

**第三十九条** 经批准驶入滇池和主要入湖河道的机动船只应当有防渗、防漏、防溢设施，对其残油、废液应当封闭处理；船舶造成污染事故的，应当及时采取补救措施，并向滇池行政管理部门报告，接受调查处理。

**第四十条** 在滇池从事渔业捕捞的单位和个人，应当向所在地的滇池行政管理部门申请办理渔船登记、渔船检验和捕捞许可证，缴纳渔业资源增殖保护费，并按照捕捞许可证核准的作业类型、场所、时限和渔具规格、数量进行作业。

捕捞许可证、渔船牌照不得涂改、买卖、出租、转让或者转借。

**第四十一条** 滇池实行禁渔区和禁渔期制度。禁渔区由昆明市人民政府划定，在禁渔区禁止捕捞活动；禁渔期由昆明市滇池行政管理部门确定，在禁渔期禁止捕捞、收购和销售滇池鱼类的活动。

**第四十二条** 从事科研、考古、影视拍摄工作和大型水上活动的，应当经昆明市滇池行政管理部门审核，报昆明市人民政府批准后方可进行。

**第四十三条** 昆明市滇池行政管理部门应当有计划地组织实施滇池湖底清淤工程，做好淤泥堆放、处置等有关工作。昆明市有关部门和有关县级人民政府应当予以配合。

鼓励单位和个人开展淤泥资源化的研究和利用工作，推进淤泥减量和无害化、资源化处置。

**第四十四条** 除在二级、三级保护区内禁止的行为外，一级保护区内还禁止下列行为：

（一）填湖、围湖造田、造地等侵占水体或者缩小水面的行为；

（二）在湖岸滩地搭棚、摆摊、设点经营等；

（三）擅自取水或者违反取水许可规定取水；

（四）围堰、网箱、围网养殖，违反规定暂养水生生物；

（五）使用机动船、电动拖网或者污染水体的设施捕捞；

（六）使用禁用的渔具、捕捞方法或者不符合规定的网具捕捞；

（七）炸鱼、毒鱼、电鱼；

（八）使用农药、化肥、有机肥；

（九）擅自采捞对净化滇池水质有益的水草和其他水生植物；

（十）损毁水利、水文、科研、气象、测量、环境监测及码头、航标、航道、渔标、界桩等设施。

# 第五章 二级保护区

**第四十五条** 在二级保护区内的限制建设区应当以建设生态林为主。符合滇池保护规划的健康养老、健身休闲等生态旅游、文化项目，以及公共服务、市政基础设施项目，昆明市规划、住房城乡建设、国土资源、环境保护、水利等行政主管部门在报昆明市人民政府批准前，应当有昆明市滇池行政管理部门的意见。

在二级保护区内的限制建设区禁止开发建设前款规定以外的项目。

**第四十六条** 滇池环湖路向陆地延伸一侧需要规划建设为保护滇池搬迁居民安置点的，建设单位应当设置隔离缓冲区。隔离缓冲区域内应当有计划地营造生态公益林带，建设前置塘（库），保护环滇池生态圈。

**第四十七条** 从事外来生物引种和物种繁殖的，应当将有关物种种类试验成果和咨询论证情况报昆明市滇池行政管理部门，由昆明市滇池行政管理部门会同林业、农业、水利、环境保护等行政主管部门审查后并经昆明市人民政府批准后方可实施。

**第四十八条** 除三级保护区禁止的行为外，在二级保护区内还禁止下列行为：

（一）新建、扩建排污口、工业园区、陵园、墓葬；

（二）爆破、取土、挖砂、采石、采矿；

（三）利用渗井、渗坑、裂隙和溶洞排放、倾倒含有毒污染物的废水、含病原体的污水和其他废弃物；

（四）利用无防渗漏措施的沟渠、坑塘等输送或者存贮含有毒污染物的废水、含病原体的污水和其他废弃物；

（五）在河道中围堰、网箱、围网养殖，违反规定暂养水生生物；

（六）规模化畜禽养殖。

# 第六章 三级保护区

**第四十九条** 规划、住房城乡建设等行政主管部门对新建、改建、扩建项目应当控制审批。涉及项目选址的，批准前应当征求滇池行政管理部门等有关部门的意见；对可能造成重大环境影响的项目，立项前或者可行性研究阶段应当召开听证会。

不得建设不符合国家产业政策的造纸、制革、印染、染料、炼焦、炼硫、炼砷、炼油、炼汞、电镀、化肥、农药、石棉、水泥、玻璃、冶金、火电以及其他严重污染环境的生产项目。

**第五十条** 有关县级人民政府应当对宜林荒山统一规划，组织植树造林，绿化荒山，提高森林覆盖率，保护森林植被、植物资源和野生动物，防治水土流失。

鼓励社会力量以资金、技术、知识产权等形式参与植树造林、湿地建设、水土保持等事业，改善流域生态环境。

**第五十一条** 林业、农业行政主管部门应当对25度以上的坡耕地限期退耕还林还草。

有关县级人民政府、市级有关行政主管部门应当加强对泉点、水库、坝塘、河道的保护，对没有水源涵养林、护岸林带的泉点、水库、坝塘、河道周围，限期植树造林，封山育林。

第五十二条　从事采石、采矿、取土、挖砂等活动，应当按照批准的范围、时间作业，采取措施妥善处理尾矿、废渣，回填复垦土地，并在规定的期限内恢复表土层和植被。

第五十三条　三级保护区内禁止下列行为：

（一）向河道、沟渠等水体倾倒固体废弃物，排放粪便、污水、废液及其他超过水污染物排放标准的污水、废水，或者在河道中清洗生产生活用具、车辆和其他可能污染水体的物品；

（二）在河道滩地和岸坡堆放、存贮固体废弃物和其他污染物，或者将其埋入集水区范围内的土壤中；

（三）盗伐、滥伐林木或者其他破坏与保护水源有关的植被的行为；

（四）毁林开垦或者违法占用林地资源；

（五）猎捕野生动物；

（六）在禁止开垦区内开垦土地；

（七）新建、改建、扩建向入湖河道排放氮、磷污染物的工业项目以及污染环境、破坏生态平衡和自然景观的其他项目。

# 第七章　法律责任

第五十四条　国家工作人员在滇池保护和管理工作中有下列行为之一的，由上级主管机关或者监察机关对直接负责的主管人员和其他直接责任人员依法给予处分；构成犯罪的，依法追究刑事责任。

（一）违反国家产业政策审批项目，或者违法审批环境影响评价文件，造成环境污染或者生态破坏的；

（二）对国家规定应当淘汰的落后生产技术、工艺、设备或者产品，不履行监管职责的；

（三）对严重污染环境的单位不依法责令限期治理或者责令关闭、停产的；

（四）未制定水污染事故应急预案，或者未按照应急预案的要求采取措施的；

（五）依法应当进行环境影响评价而未进行，或者环境影响评价文件未经批准，擅自批准该项目建设或者为其办理征地、施工注册登记、营业执照、生产（使用）许可证的；

（六）发现违法行为或者接到举报后不及时查处，或者不履行检查职责的；

（七）发现重大环境污染事故或者生态破坏事故，不按照规定报告或者不依法采取必要措施，致使事故扩大或者延误事故处理的；

（八）其他违反法律法规的行为。

未完成滇池保护目标责任的人民政府，上级人民政府应当对其主要负责人通报批评；情节严重的，对有关责任人依法给予处分。

第五十五条　违反本条例第三十二条第一款规定的，由滇池管理综合行政执法机构和其他有权机关按照职权责令改正，没收非法财物，对生产、销售企业可处2万元以上20万元以下罚款；对销售个人可处50元以上500元以下罚款。

第五十六条　违反本条例第三十二条第二款规定的，由滇池管理综合行政执法机构责令其限期整改，并处10万元以上50万元以下罚款。

第五十七条　违反本条例规定，将污染环境项目转移给没有污染防治能力的企业的，由滇池管理综合行政执法机构或者环境保护行政主管部门按照各自职权责令其限期整改，处5万元以上20万元以下罚款。

第五十八条　违反本条例规定，在一级保护区范围内有下列违法行为之一的，由滇池管理综合行政执法机构予以处罚：

（一）新建、扩建、改建建筑物、构筑物的，责令限期拆除；逾期不拆除的，依法拆除，并处20万元以上100万元以下罚款；

（二）填湖、围湖造田、造地等侵占水体或者缩小水面的行为的，责令限期恢复，并处每平方米200元罚款；逾期不恢复的，处每平方米1000元罚款；

（三）在湖岸滩地搭棚、摆摊、设点经营的，责令撤除并没收违法所得，可处100元以上1000元以下罚款；

（四）围堰、网箱、围网养殖，违反规定暂养水生生物的，责令改正，处5000元以上5万元以下罚款；

（五）擅自采捞对净化滇池水质有益的水草和其他水生植物的，处50元以上500元以下罚款；

（六）损毁水利、水文、科研、气象、测量、环境监测及码头、航标、航道、渔标、界桩等设施的，责令改正，赔偿损失，并处1万元以上5万元以下罚款。

第五十九条　违反本条例规定，在二级保护区范围内有下列违法行为之一的，由滇池管理综合行政执法机构或者其他有权机关按照职权予以处罚：

（一）新建、扩建工业园区的，责令改正，并处50万元以上100万元以下罚款；

（二）开发建设第四十五条第一款规定以外项目或者擅自开发建设第四十五条第一款规定项目的，责令限期拆除；逾期不拆除的，依法拆除，并处10万元以上100万元以下罚款；

（三）新建、扩建排污口，修建陵园、墓葬的，责令限期恢复原状，并处1万元以上10万元以下罚款；

（四）爆破、取土、挖砂、采石、采矿的，责令改正，并处1万元以上10万元以下罚款；

（五）在河道围堰、网箱、围网养殖，违反规定暂养水生生物的，处500元以上5000元以下罚款；

（六）规模化畜禽养殖的，处1万元以上10万元以下罚款。

第六十条　违反本条例规定，在三级保护区范围内有下列违法行为之一的，由有权机关按照职权予以处罚：

（一）在河道中清洗生产生活用具、车辆、排放粪便或者其他可能污染水体的物品的，处50元以上500元以下罚款；

（二）在河道滩地和岸坡堆放、存贮固体废弃物和其他污染物，或者将其埋入集水区范围内的土壤中的，处1000元以上1万元以下罚款；

（三）其他破坏与保护水源有关的植被的行为，处1000元以上5000元以下罚款；

（四）新建、改建、扩建向入湖河道排放氮、磷污染物的工业项目以及污染环境、破坏生态平衡和自然景观的其他项目的，责令停止违法行为，处10万元以上50万元以下罚款，并报经有批准权的人民政府批准，责令停产停业或者依法关闭。

第六十一条　违反本条例规定，在滇池保护范围内向河道、沟渠等水体倾倒固体废弃物，排放污水、废液及其他超过水污染物排放标准的污水、废水的，责令改正，并处5000元以上5万元以下罚款；情节严重的，处5万元以上20万元以下罚款。

第六十二条　违反本条例规定，未达到国家和地方水污染物排放标准的单位和个人，由县级以上人民政府责令限期治理，并处应缴纳排污费数额2倍以上5倍以下的罚款；逾期未完成治理任务的，责令关闭。

第六十三条　违反本条例规定的其他行为，依照有关法律、法规的规定予以处罚。

## 第八章　附则

第六十四条　本条例所称环湖路是指昆明市城乡总体规划确定的环绕滇池水体的公路。

滇池主要入湖河道是指滇池保护范围内的盘龙江、新运粮河、老运粮河、乌龙河、大观河、西坝河、船房河、采莲河、金家河、大清河（含明通河、枧槽河）、海河（东北沙河）、宝象河（新宝象河）、老宝象河、六甲宝象河、小清河、五甲宝象河、虾坝河（织布营河）、马料河、洛龙河、捞鱼河（含梁王河）、南冲河、大河（淤泥河）、柴河、白鱼河、茨巷河、东大河、中河（护城河）、古城河、牧羊河、冷水河等河道及其支流。

滇池面山具体范围由昆明市人民政府划定并公布。

第六十五条　滇池保护范围内的地下水、河流、沟渠的保护和管理制度，由昆明市人民政府另行制定。

滇池主要出湖河道的保护和管理，参照本条例有关河道的管理规定执行。

第六十六条　本条例自2018年11月29日起施行。

# 市级文献

## 昆明滇池水系环境保护条例（试行）

（1980年4月1日云南省昆明市革命委员会印发，同年5月1日起执行）

滇池是我国重要水系，列为全国主要保护水系之一。遵照《中华人民共和国宪法》第十一条关于"国家保护环境和自然资源，防治污染和其他公害"和《中华人民共和国环境保护法（试行）》的规定精神，为加强滇池水系水源的保护管理，特制订本条例。

### （一）总  则

**第一条**  滇池是滇中地区调节气候的主要湖泊，是昆明地区工农业生产和生活用水的主要水源，是发展我市事业的主要基地。要认真贯彻"全面规划，合理布局，综合利用，化害为利，依靠群众，大家动手，保护环境，造福人民"的方针，搞好滇池水系的环境保护。

**第二条**  保护滇池，防治污染，人人有责。凡滇池水系沿岸地区的国家机关、企事业单位、驻军、人民公社、人民团体、人民群众等必须遵守和执行本条例，对违犯本条例者大家有权进行监督和检举。

**第三条**  必须保护滇池水系，防止滇池生态破坏。在发展工农业生产和开发利用水资源的同时，要密切注意，防止供水、用水和排水对滇池水系的影响。

### （二）加强管理的范围和要求

**第四条**  我市水资源属于全民所有。滇池水系河流（盘龙江、金汁河、大观河、船房河、明通河、采莲河、运粮河、新河、王家堆渠等）、湖泊、水库等，均按本条例规定予以保护。

**第五条**  凡使用滇池水系水资源的单位，必须向所在地区水利部门提出申请，经批准方可使用。严禁任意开发地下水，防止水源枯竭和地面沉降。确需开发使用的，须向所在地区的水利部门提出申请，经批准方可开发使用。

**第六条**  各单位要合理用水，节约用水，尽量减少对水资源的污染。水利部门对用水单位实行收费制度（包括地下水）。

**第七条**  滇池水系应加强植树造林，保护水土，涵养水源。严禁乱砍滥伐，乱开发矿业，防止水土流失。

第八条　严禁在滇池沿岸和水系上游建立污染环境的企业、事业单位。

## （三）对排放污物实行收费制度

第九条　凡是向滇池水系排放污水的单位，必须向所在地区环保部门登记并领取排污许可证。所排污水必须符合国家规定的排放标准，不符合标准的实行收费。按照国家规定，工业废水排放标准分为两类：第一类，能在环境或动植物体内蓄积，对人体健康产生长远影响的有害物质，即含汞、镉、砷、铅、元素磷、放射性物质及其他无机化合物和六价铬化合物的废水。第二类，其长远影响小于第一类的有害物质的废水。这两类废水从1980年起按下列办法收费：第一类污水，以超过标准最高的一种毒物为依据，按其超标倍数收费。超标准一倍以下，每吨每月收费一角；超标一倍以上、五倍以下，每吨每月收费两角；超标五倍至二十倍，每吨每月收费四角；二十倍至五十倍，每吨每月收费八角；五十倍至一百倍，每吨每月收费一元五角；一百倍至二百倍，每吨每月收费三元；二百倍至一千倍，每吨每月收费五元；一千倍以上，每吨每月收费拾元。第二类污水，每排放一吨超标污水，每月收费一角。上述两类超标污水，一九八一年后，每过一年，每吨每月加收费五分。对已有污水处理装置，经处理后仍超标的可酌情少收费。

第十条　严禁使用渗坑、裂隙、溶洞、深井、漫溢式稀释等办法排放有毒有害"废水"，防止工业污水渗漏，确保滇池水系和地下水不受污染。违者根据用水量按第九条办法执行。

第十一条　严禁向滇池和滇池水系的河道、水库倾倒垃圾、废渣，防止滇池河道淤塞、污染。从1980年5月1日起，凡向滇池水系排放"废渣"，每吨收费一百二十元。

第十二条　滇池中带有发动机的船只的污水，必须经过处理，达到国家排放标准；超过标准的，按第九条收费办法执行。

第十三条　农村人民公社和社队企业要做好化肥、农药以及所属企事业单位的防污治理工作。农田尽量少用和不用"六六六""滴滴涕"等残毒农药。禁止使用汞制剂、砷制剂等剧毒农药。严禁围湖造田改地，违者每亩罚款三千元，并限期恢复水面，过期不执行者加倍罚款。

第十四条　排污量及有毒物质含量，由排污单位自行按月测定，报送所在地区监测站认可。发生异议时，由市环境保护监测站仲裁。

## （四）奖励与惩罚

第十五条　认真执行本条例，有下列事迹之一者，由市革命委员会（人民政府）和有关县、区革命委员会（人民政府）给予荣誉或物质奖励：

1. 对综合利用、治理滇池水系污染有显著成绩者；

2. 在水资源保护和科学研究、监测中有所发现和发明创造成绩显著者；

3. 发现水系水质污染事故能及时报告、检举并与之做斗争有成效者。

第十六条　违反本条例，有下列行为之一者，按以下情况分别处理：

1. 纯属责任事故而排放污物的，应作为生产事故处理，追究有关人员责任，给予必要的经济制裁。

2. 有"三废"处理设施不坚持使用，环保部门勒令其限期恢复使用，到期仍不使用，让"三废"

继续排放的，要追究责任，给予必需的经济制裁。把环保投资、设备、材料挪作他用，经教育不改的，追究有关人员责任，给予必要的经济制裁。

3. 对造成环境污染，危害工农业生产和人民身体健康的单位，各级环境保护机构要分别情况，报经同级人民政府批准，予以批评、警告、罚款，或者责令赔偿损失、停产治理（一次罚款五千元至五万元）。

4. 对严重污染和破坏环境，引起人员伤亡或者造成农、林、牧、副、渔业重大损失的单位的领导人员、直接责任人员、或其他公民，要由各级环境保护部门报经同级人民政府和政法部门追究行政责任、经济责任、法律责任。

## （五）排污费的交纳及使用方法

第十七条　当月排污费应于下月内向所在地人民银行交纳，入市环境保护局账户。过期不交纳的，按月累计罚滞纳金10%，由该单位流动资金开户行从该单位的流动资金中如数扣缴。企业交纳的排污费，摊入成本；被罚款项目只能在企业基金中支出。

第十八条　排污费是地方环境保护的专用资金，应全部用于环境保护，不得挪用。经费的使用范围：工矿企事业的"三废"治理；环境污染区域性综合防治；奖励环境保护工作的先进单位和个人；环境保护监测、科研费用的补助。使用办法：排污费由市环保局集中掌握，统筹分配合理使用，一般以百分之五十分配给交费单位用于环境保护，百分之五十由市环境保护局统一安排使用。各主管部门和环保部门对以上款项的使用，要严格按使用范围和国家有关的财务管理规定办理。年终有结余的可结转下年度继续使用。上述用于环境保护建设项目的经费，所需材料、设备等，请计委予以安排。

## （六）附　则

第十九条　螳螂川沿岸各企业按省革委云革发〔1979〕243号"关于颁发《螳螂川水域保护暂行条例（草案）》的通知"执行。

第二十条　本条例今后如与国家颁布的有关环境保护的条例、规定有不符合时，以国家颁布的为准。本条例解释权属市环境保护局。

第二十一条　本条例自一九八〇年五月一日起执行。

# 关于控制煤烟粉尘、防治大气污染的几项暂行规定

**（1980年4月1日云南省昆明市革命委员会印发，同年5月1日起执行）**

为了消除烟尘污染，改善城市环境，保护人民健康，促进生产发展，根据《中华人民共和国宪法》第十一条关于"国家保护环境和自然资源，防治污染和其他公害"以及《中华人民共和国环境保护法（试行）》的有关条文，结合我市情况，特作如下规定：

一、各种锅炉、工业炉窑和其他排烟装置，都要采取有效的消烟除尘措施。烟尘浓度及有害气体的排放，必须符合国家规定的标准。

二、凡在昆明地区新建、扩建、改建的各种锅炉、炉窑，必须合理布局，严格执行消烟除尘设施与主体工程同时设计，同时施工，同时投产的规定。否则，不准建设，不准投产。各种锅炉、炉窑必须采用先进的燃烧方式，提高燃烧效率，降低烟尘浓度，并选用适宜的除尘设备。新装、改造各种蒸汽锅炉，须报经市劳动局、市环境保护局审批准，联合发给使用登记证。新建、扩建、改建的各种炉窑须市环境保护局批准，颁发使用执照，方能运行投产。无照运行的，供煤单位不供给燃料，情节严重的，给予必要的经济制裁。

三、服务行业和集体单位的生活炉灶，要发动群众搞技术革新，消除烟尘。

四、原来使用的各种锅炉、炉窑，应按照本规定的要求，于1980年三季度以前报主管县、区、局、司审核，办理登记手续，领取登记证，纳入管理范围，才能继续使用。凡没有办理登记手续的，从1980年10月1日起停止运行生产，供煤单位停止供煤。

五、锅炉生产单位新出厂的锅炉，必须有消烟除尘装置配套，否则不准出厂。

六、各单位现有使用的各种锅炉、炉窑，其主管部门应制订规划，采取有效措施，分期分批进行改造，督促所属基层，限期实现消烟除尘。昆明地区市环境保护部门限期治理的单位，应抓紧治理。到期不治的，停止运行，治理好再生产。违章运行的，停止供煤，情节严重的要给予必要的经济制裁。

七、消除烟尘污染是有锅炉、炉窑单位的责任。各级环保机构、人民团体、街道基层组织和居民群众，均有权对造成环境污染的单位实行监督和检举。

八、对于消烟除尘，防止大气污染有显著成绩的单位和个人，以及积极检举烟尘污染危害，与之斗争有成效者，均给予表彰或物质奖励。本暂行规定从五月一日起执行，如今后上级有统一规定，按上级规定执行。

# 松华坝水库水系水源保护区管理条例

## （1981年12月昆明市革命委员会公布实行）

第一条　为保护松华坝水库水系的水源水质，严格防止水体污染，确保生活饮用水源的安全可靠，根据《中华人民共和国宪法》第十一条"国家保护环境和自然资源，防治污染和其他公害"以及《中华人民共和国环境保护法（试行）》的规定精神，制定本条例。

第二条　松华坝水库水系水源保护区的范围包括：昆明市官渡区的小河、双哨、双龙、龙泉，曲靖地区嵩明县的白邑、阿子营等六个公社境内的松华坝水库汇水面积线以内地区。

第三条　凡在第二条所指地区内的企业、事业单位、生产以及机关、部队等单位和个人，都必须遵守本条例。对违反本条例者，人人有责进行监督和检举。

第四条　严格执行《中华人民共和国森林法（试行）》，保障国家、集体和个人的林木所有权不受侵犯。保护现有林木，严禁乱砍滥伐、毁林开荒以及放火烧山。薪炭林统一划分，水源涵养林用材林的更新统一规划，要有计划地继续进行植树造林，保护水土，涵养水源。

第五条　保护区内严禁乱开矿业和建立有污染的企事业单位。社队企业不得进行有破坏资源，污染环境的产品的生产。

第六条　现有企业事业单位的污染，应积极组织治理，做到废水不排放或达到地面水水质标准后排放。严禁在保护区内使用渗坑、裂隙、枯井、溶洞或稀释办法排放有毒有害废水，确保地下水不受污染。

第七条　保护区内提倡生物防治，严禁使用汞制剂、砷制剂等剧毒农药和六六六等低效高残毒农药，对高效低残毒的农药以及化肥也要控制使用。

第八条　严禁在水库内运载农药、化肥和其他有毒有害物质。

第九条　严禁在保护区内堆放、掩埋、销毁有毒有害物质，不准将有毒物品，人、畜粪便等各种污染物和动物尸体抛入水系、水体内。

第十条　严禁投放毒品和麻醉品捕鱼。

第十一条　严禁在水体内冲洗有毒有害物质。

第十三条　昆明市环境保护监测站和曲靖地区行政公署环境保护监测站分别组织有关单位，负责保护区内的监测工作。

第十四条　对松华坝水库水系的水源水质保护有显著成绩或及时报告水库保护区乱砍滥伐和水系水质污染事故并与之作斗争有成效的单位和个人，由管理委员会和当地人民政府给予表扬和奖励。

第十五条　凡违反本条例第四条至第十一条之一的，视情节轻重和危害程度，给予批评、警告或处以罚款。对情节恶劣，后果严重以及有意破坏的要追究有关人员的刑事责任。对单位的罚款一百元以上，对个人的罚款二元以上。

第十六条　罚款一千元以下的由保护区管理委员会办公室和公社决定；罚款一千元到一万元的，由保护区管理委员会办公室和县、区人民政府决定；罚款一万元以上的，由保护区管理委员会报昆明市人民政府、曲靖地区行政公署决定。

第十七条　罚款用于保护区内的水土保护、植树造林、污染治理以及奖励先进单位和个人。

第十八条　本条例自公布之日起实行。今后如与国家颁布的条例、规定有不符合时，以国家颁布的为准。

第十九条　本条例的解释权属松华坝水库水系水源保护区管理委员会。

# 滇池保护条例

**（1988年2月10日，昆明市第八届人民代表大会常务委员会第十六次会议通过，1988年3月25日**
**云南省第六届人民代表大会常务委员会第三十二次会议批准，1988年7月1日施行）**

第一条　滇池是著名的高原淡水湖泊，属国家重点保护水域之一，它对维护区域生态系统的平衡有重要作用，是昆明城市生活用水、工农业用水的主要水源。

第二条　为保护和合理开发利用滇池流域资源，防治污染，改善生态环境，促进昆明市经济、社会发展，根据有关法律，法规的规定，特制定本条例。

第三条　本条例以保护滇池流域内的地表水和地下水资源为中心。加强水污染防治工作，保护和改善水质。滇池水资源应当实行科学管理，在保护的前提下，合理开发利用。

第四条　本条例保护范围是以滇池水体为主的整个滇池汇水区域。按地理条件和不同的功能要求，划分为三个区：滇池水体，滇池周围的盆地区，盆地区以外、分水岭以内的水源涵养区。

第五条　保护滇池的原则是：全面规划，统一管理，综合整治，合理利用，协调发展。实现经济效益、社会效益和环境效益的统一。

第六条　一切在滇池保护范围内开发、利用、保护、管理资源的单位和个人都必须遵守本条例。

第七条　在滇池保护范围内的各级人民政府，应认真贯彻实施本条例，定期向同级人民代表大会及其常委会报告。

第八条　为保证国民经济发展和人民生活的需要，适当增加蓄水量。按照优化调度的原则，确定滇池控制运行水位为：

正常高水位1887.4米（黄海高程，下同），相应蓄水容积为15.6亿立方米。

最低工作水位1885.5米，相应蓄水容积为9.9亿立方米。

特枯水年对策水位1885.2米，相应蓄水容积为9亿立方米。

二十年一遇最高洪水位1887.5米，汛期限制水位1887.1米。

第九条　滇池水体的保护范围为正常高水位1887.4米的水面和滨岸带。经勘测划定范围，树立界桩，修建湖堤，营造环湖林带。

第十条　滇池外湖（外海）水质按现行国家《地面水环境质量标准》二级标准保护，内湖（草海）水质按三级标准保护。

第十一条　要有计划、有步骤地改造滇池出口河道，清理入湖河道，疏浚滇池。

第十二条　禁止在滇池水体范围内围湖造田、围堰养殖及其他缩小滇池水面的行为；禁止在湖堤两侧各一百米内取土、取砂、采石；禁止破坏堤坝、桥闸、泵站、码头、航标、渔标、水文、测量、环境监测等设施；未经允许不得在界桩内构筑任何建筑物。

第十三条　禁止向滇池和通往滇池的河道内倾倒土、石、尾矿、垃圾、废渣等固体废弃物。禁止向滇池和通往滇池的河道排放未达到排放标准或者超过规定控制总量的废水。

第十四条　在滇池水域航行的一切船只不得向水体直接排放有毒有害污水、污物、废油等；运输有毒有害物质的船只，应当有防渗、防溢、防漏设施。

第十五条　合理调整区域工业结构，发展节水型、少污染或者无污染的工业。

一切新建、改建和扩建的企业和项目的污染防治设施，必须与主体工程同时设计、同时施工、同时投产。达不到"三同时"要求的，不得试车投产。扩建、改建后的排污总量要低于扩建、改建前的排污总量。审批程序按照国家的规定执行外，并报滇池管理部门备案。

不得在滇池盆地区新建污染严重的钢铁、有色冶金、基础化工、农药、电镀、制浆造纸、制革、印染、石棉制品、土硫磺、土磷肥和染料等企业和项目。

第十六条　对在滇池盆地区排放或倾倒废水、废气、废渣的单位和个人，应按照"谁污染、谁治理"的原则，根据滇池综合整治的要求，限期治理或者改造，禁止用渗井、渗坑、裂隙、溶洞或者稀释办法排放有毒有害废水。

含重金属或者难于生物降解的废水，应当在本单位内单独进行处理，不得排入城市排水管网或者河道。控制排入滇池的氮、磷量数，缓解滇池富营养化程度。

第十七条　对污染严重而治理技术难度大、代价高的现有企事业单位，按隶属关系，由环境保护部门报经同级人民政府批准，限期关、停、并、转、迁。

第十八条　一切新建、改建、扩建和转产的乡镇、街道企业，应当执行国家《建设项目环境保护管理办法》的规定。

市、县（区）、乡人民政府应当加强乡镇、街道企业的管理，对造成环境污染的乡镇、街道企业，应当认真进行整治，限期达到国家或者省的污染物排放标准，到期达不到治理要求的，环境保护部门有权停止其生产。

禁止一切单位和个人将有毒、有害的产品委托或者转移给没有污染防治能力的乡镇、街道企业生产。

第十九条　新建卫星城镇、居住小区、大中型企业，要建立清污分流制的排水管网，污水处理设施应与城市其他基础设施同步配套建设。老城区应结合旧城改造，同时改造排水管网。

为减轻对滇池的污染，城市垃圾粪便要逐步进行资源化、无害化处理。

第二十条　滇池流域内种植农作物应当增施有机肥，合理施用化肥、农药，积极推广农业综合防治和生物防止措施，减轻化肥、农药对滇池水域的污染。禁止生产、销售和使用国家禁止的低效高毒、高残留农药。

第二十一条　禁止在滇池西岸面山、风景名胜区取土、取砂、采石，防止水土流失、破坏自然景观。

第二十二条　滇池保护范围内的森林分别定为城市环境保护林和水源涵养林。应当大力植树造林，绿化荒山荒地，提高森林覆盖率，涵养水源，防治水土流失。

认真保护森林植被和野生动物、植物资源、禁止乱砍滥伐，偷砍盗伐林木及乱捕滥猎野生禽兽；禁止在二十五度以上的陡坡地新开荒种地，已经开垦的要限期退耕还林或种植牧草。

第二十三条　采取有效措施解决能源问题，有计划地营造薪炭林，积极发展沼气、太阳能、节柴灶、小水电，创造条件推广以煤代柴或者以电代柴。

机关、部队、企业事业单位和以烧柴为主要能源的农村工副业，应当以煤代柴或者以电代柴。

第二十四条　保护泉点、水库、坝塘、河道，禁止直接或者间接向水体排放未达到排放标准的污水和倾倒固体废弃物；禁止在岸坡堆放固体废弃物和其他污染物。对没有水源涵养林、河堤树的泉点、水库、坝塘、河道周围，应当限期植树造林。

第二十五条　在滇池保护范围内的采矿，必须妥善处理尾矿、矿渣；禁止乱挖滥采；因采矿使自然环境受到破坏的，采矿者必须采取拦截、回填、复垦、恢复植被等补救措施。

第二十六条　为保护水源涵养区的森林植被，必须从收取的滇池水资源费中，确定适当比列返还到水源涵养区，用于恢复和发展森林植被，保持水土。

第二十七条　滇池流域资源的开发利用，要与国土整治规划相结合，根据这一地区经济和社会发展的要求，以建立综合生态系统为目标，维护湖泊生态环境良性循环为准则，充分发挥滇池的综合效益。

第二十八条　对滇池水资源实行取水许可制度，实行计划用水，厉行节约用水。增加调蓄能力，实现水资源的优化配置和调度，确保城市生活用水和工农业用水。

第二十九条　保护、开发利用滇池的主要水生动植物，科学合理发展渔业生产。

第三十条　保护滇池流域的自然景观和文物古迹、历史遗址、园林名胜。合理开发利用风景资源，发展旅游事业。

第三十一条　滇池保护范围内磷矿资源的开发，必须注意滇池的环境保护，应当采用先进的生产工艺、治理技术和现代管理技术。

第三十二条　各企业事业单位应通过技术改造和工艺改革，提高资源的利用率；对废水、废气、废渣开展综合利用，实现资源化。

第三十三条　对滇池水资源实行有偿使用，受益地区、单位、个人应当缴纳水资源费，水资源费的征收办法按国家和省的规定办理。整治滇池的资金，除收取的滇池水资源费外，应广开渠道筹集资金，地方财政还应拨出专款统一列入预算，专款专用。

第三十四条　为加强对滇池的统一管理，在市人民政府领导下，设立滇池管理机构，其主要职责是：

（一）制定滇池的保护、开发利用规划和综合整治方案；

（二）制定相应的管理、监测等制度；

（三）制定滇池水资源收费标准及办法；

（四）制定滇池流域水量的科学调度分配方案；

（五）负责本条例的实施，协调和检查、督促各有关地区、部门依法保护滇池；

（六）办理市人民政府交办的有关事项。

第三十五条　西山、官渡区，呈贡、晋宁、嵩明县人民政府，应当有相应的滇池管理机构，滇池沿岸和水源涵养区内的有关乡人民政府，应有保护滇池的专管人员，在市滇池区管理机构统一协调下，负责本行政辖区的保护和管理工作。

第三十六条　滇池保护范围内的有关部门应当在滇池管理机构的统一协调下，各司其职，实施本条例。

第三十七条　为适应滇池保护开发利用的需要，应当加强滇池的治安管理工作，建立健全治安管理机构。

第三十八条　符合下列条件之一的单位和个人，分别由市人民政府、滇池管理机构和有关部门给予表扬和奖励：

（一）积极防治水污染、成绩显著的；

（二）在计划用水、节约用水、提高用水重复利用率方面成绩显著的；

（三）对滇池保护和开发利用在监测、科研、宣传等方面成绩突出的；

（四）对保护水资源、森林植被、水产资源、风景名胜、水利设施、航道设施、水文、测量、环境监测等设施成绩突出的；

（五）依法管理滇池卓有成效的；

（六）检举、控告违反本条例行为有功的；

（七）其他对保护和开发利用滇池有特殊贡献的。

第三十九条　违反本条例规定和其他有关法律、法规、有下列行为之一的，分别由市人民政府、滇池管理机构和有关部门给予行政处罚：

（一）违反环境保护的有关法规，污染滇池水域或者用渗井、渗坑、裂隙、溶洞、稀释等办法排放有毒有害废水的；

（二）违反计划用水、节约用水的有关规定，浪费水资源的；

（三）偷砍、滥伐林木，破坏森林植被、破坏水产资源，损毁自然景观、文物古迹、园林、水利、航道、水文、测量、环境监测等设施的；

（四）对检举和控告人员进行打击报复的；

（五）其他破坏滇池水资源的。

奖励和处罚的具体办法，由市人民政府另行制定。

第四十条　凡违反本条例，情节严重构成犯罪的，由司法机关依照刑法的规定追究刑事责任。

第四十一条　当事人对行政处罚决定不服的，可以在接到处罚通知之日起15日内，向做出处罚决定的机关的上一级机关申请复议；对复议决定不服的，可以在接到复议决定之日起15日内，向人民法院起诉。当事人也可以在接到处罚通知之日起15日内，直接向人民法院起诉。当事人逾期不申请复议或者不向人民法院起诉，又不执行处罚决定，由做出处罚决定的机关申请人民法院强制执行。

# 滇池综合整治大纲

（1989年1月18日昆明市人民政府以"昆政发〔1989〕16号"文件印发执行）

## 前　言

滇池是著名的高原淡水湖泊，属国家重点保护水域之一，它对维护区域生态系统的平衡有重要作用，是昆明城市生活用水、工农业用水的重要水源。

随着经济社会活动的发展，滇池的自然发展过程受到人为的干预。近三十多年来，滇池湖面由320平方千米减少到306平方千米，湖盆平均抬高了47厘米，致使调蓄水量减少了5000多万立方米。现在昆明市区每年排入滇池的工业废水和城市生活污水达1.538亿吨，有机污染物质5.8484万吨，重金属332吨，致使滇池水体日益受到污染，内湖已达严重污染和重富营养化程度。滇池水源涵养区的森林覆盖率，从20世纪50年代初期的50%—60%下降到现在的27%—30%。滇池生态环境的恶性发展，影响了人民的生产、生活，制约着经济、社会的发展。保护滇池，已成为一项十分紧迫的历史任务。

昆明市第八届人民代表大会常务委员会于1988年2月10审议通过了《滇池保护条例》（以下简称《条例》）并报经云南省第六届人民代表大会常务委员会批准，从1988年7月1日起施行。《条例》的施行，将滇池保护工作提上了法制的轨道，为滇池环境的改善奠定了坚实的基础。

为贯彻实施《滇池保护条例》，保护和合理开发利用滇池流域资源，防治污染，改善生态环境，促进城乡经济和社会发展，特根据《条例》和有关政策法规，制订滇池综合整治大纲。

## 一、综合治的目标

滇池的综合整治，用二十年多一点的时间，分为三个阶段。第一阶段从1989年至1995年，基本控制滇池流域生态环境的恶化；第二阶段从1996年至2005年，逐步改善滇池流域生态环境；第三阶段到2010年，基本恢复滇池流域生态系统的良性循环。从而发挥滇池维护区域生系统平衡的重要作用，保障城市生活用水和工农业用水，促进昆明经济、社会发展。分项目如下：

（一）水资源目标

实施《条例》规定的滇池控制运行水位，通过建设和管理，"八五"期间滇池的多年平均可供水量达到3亿立方米，松华坝水库通过加固扩建，多年平均提供城市用水达到1.1亿立方米。

（二）水质目标

改善滇池水质，2010年实现《条例》的要求，按现行国家《地面水环境质量标准》，外湖达到二级标准，内湖达到三级标准。

分期目标为：到1995年，滇池的水污染发展趋势基本得到控制；从1996年起，滇池水质逐年有所改善；到2010年，实现《条例》的要求，确保滇池水环境质量良好。

（三）森林覆盖率目标

1. 水源涵养保护区（1600平方千米）的森林覆盖率，2000年达到35%以上，2010年达到50%以上。其中，松华坝水源保护区的森林覆盖率，2000年达到50%，2010年达到65%。

2. 盆地保护区（1014平方千米）：农村四旁，2000年绿化林木达到8500万株，2010年达到1亿株。城镇工矿区，2000年绿化覆盖率达到25%，2010年达到30%。

## 二、综合整治的任务

为实现滇池综合整治目标，必须从增加水量、改善水质、合理利用资源三大方面，实施下列综合整治的任务：

### （一）涵养水源、增加调蓄水量

1. 植树造林、涵养水源、防治水土流失

在滇池的水源涵养区（1600平方千米），分布着中型水库8座，小（一）型的23座，小（二）型的80座，控水蓄水2.55亿立方米。对这百余座水库汇水区乃至整个滇池流域，都必须大力植树造林，涵养水源，保持水土。

规划将水源涵养区划分为十二个片区，有重点、有计划地植树造林，加强保护管理，使森林覆盖率从现在的27%—30%，保持发展到2000年的35%以上，2010年达到50%以上。

十二个植树造林片区中，松华水源区是重点。从1989年起，每年工程造林2万亩，保存率70%以上，到2000年增加有林地10万亩，新造林地7万亩。从1991年起，分两期，每期五年，封山育林5万亩，成功率70%，到2000年，成林7万亩，并争取在明、后年飞播造林15万亩，从而将该区森林覆盖率从现在的27%，保持发展到2000年的50%，到2010年上升到65%。

松华水源区，目前产业结构不够协调，能源短缺，山林遭受破坏每年达6000多亩。为了扭转这个局面，要搞好土地利用规划，固定耕地面积，控制烤烟面积，禁止毁林开荒。已开荒种植的25度以上坡地，要退耕还林还草，给以一定补偿；开山采矿的，要赔偿森林损失，负责恢复植被。要在退耕的和其他宜林山地上，扶持村社、农户连片种植经济果木林。要扶持发展生猪、禽蛋等专业户。要扶持建设沼气池，推广节柴灶。机关部队、企事业单位和以柴为主要能源的工业，要实行以煤代柴或以电代柴，要帮助乡镇修建道路，改善交通，通过各种措施和优惠政策，合理调整产业结构，开发农村新的能源，发展商品经济，建设生态环境。

水源涵养区的其他十一个片区："七五"后两年，继续以海口、观音山、碧鸡关、马街、普吉、蛇山、花鱼沟、呼马山等八片为重点，每年新造林1万亩；"八五"期间，以呈贡、晋城、昆阳三片为重点，每年新造林1万至1.5万亩；"九五"期间每年营造2万亩。造林成活率达到85%，保存率达70%以上。同时对森林虫害迹地实行救灾措施，从1989年起，每年迹地更新造林3万亩，五年（到1998年）完成。这样，到2000年，在十一个片区内，新增有林地5万亩，迹地更新林地10万亩，新造林地3.5万亩，森林覆盖率从现在的27%—30%保持发展到2000年的35%，2010年上升到50%。

在滇池地区，要加强城镇和农村的绿化。

城市规划区的建成区，1990年的公共绿地面积，要从1985年的244.52公顷发展到635.10公顷，人均公共绿地达到5.97平方米，绿化覆盖率达到14.75%。市中区（即城区）公共绿地，1990年要从1985年的64.4公顷发展到109.65公顷，人均面积由1.04平方米提高到1.50平方米。绿化覆盖率由9.8%上升到

13.09%。"八五""九五"期间，沿市中区发展范围的边缘，规划建设100米左右宽的绿化防护林带或果园经济林带；在主要街道、河道沿线，特别是市中区通往近郊各风景名胜区的道路上，规划建设林荫道或多排行道树；大力发展各单位的专用绿地；市郊各片区充分发挥现有公园名胜的优势，扩大绿化游览面积，到2000年或更多一些时间，城市规划区的建成区，绿化覆盖率达到30%，人均绿地7平方米。

官渡、西山两区和呈贡、晋宁两县政府所在城镇，各个建制镇、工矿区和城市型居民点，都要搞好绿化造林，"九五"期间，人均公共绿地要在7平方米以上，绿化覆盖率在30%以上。农村要搞好四旁绿化，每年植树300万株以上，保存200万株以上。坚持不懈，到2000年，绿化林木的拥有量从现有的6000万株，增加到8500万株；2010年达到1亿株。公路、铁路两旁也都要绿化成林。

在滇池沿岸，营造环湖林带。

环湖林带要结合湖堤建设，进行统一规划设计，从当地自然环境和建设条件出发，确定不同地段林带的规模、宽度、树种。林木的功能，分别形成防护林、风景林、经济林等区段。从1989年开始，五年完成，并不断发展，以减弱风速、降低蒸发、保持水土、美化景观，既保湖又护田。

2. 修建工程、优化调度、增加调蓄效益

加快进行松华坝水库加固扩建工程，用五年时间，即到1993建成，将现高47米大坝再加高14.7米，总库容从0.7亿立方米扩大到2.29亿立方米（兴利、调洪各一半）。与此同时，建成滇池提水工程，实施松滇联合调度方案，借道盘龙江倒灌农田5万亩。松华坝水库扩建后，向城市供水从现在的每年0.8亿立方米，增加到1.1亿立方米。松华坝水源区在增加森林植被、加强生物治理的同时，要采取工程措施，整治牧羊河、甸尾河等河道，整治泉点、水库、坝塘和沟渠修建拦沙工程。松滇工程的建设，不仅增加城市供水，保证农田灌溉，而且增强城市防洪能力，达到百年一遇的标准。

为增加滇池调蓄效益，还要建沿湖工程，整治出口河道：

1988年，基本建成全长124千米、高程1888.2米的湖堤工程。在此基础上，勘测划定滇池水体保护范围，树立界桩。统筹林带营造、路网修建、风景点建设、低洼地改造等建设，在"八五"期间先后完成。为发挥湖堤功能，要同时修建主要入湖河道的河堤、涵闸等配套工程，建设低洼地区的排灌泵站；并按照运行水位的要求，改造现有沿湖农用泵站和工业泵站。

整治出口河道——海口河，是增强滇池蓄水、调洪能力的重点工程。要使河道的泄洪流量，从现在80立方米/秒提高到130立方米/秒。工程分两步进行，第一步进行中滩闸至小海口12千米河道的整治，并对海口工业废水实行渠化排放，适应新建马料河水库的需要。工程从今年开始，"八五"期间完成，使滇池沿岸的防洪能力达到二十年一遇的标准。第二步进行小海口至温泉段的整治工程，"九五"期间完成。

上、中、下游水利工程的建设，为采用科学化、现代化管理手段，实行滇池水资源优化调度，创造了物质基础，要随着工程的竣工，全面实施《条例》规定的滇池控制运行水位；从而使滇池的多年平均供水量从1985年2.2亿立方米达到3亿立方米。在此之前，水行政主管部门要提出运行调度方案，报经市人民政府批准执行。

3. 疏浚清淤、加强管理、保持湖盆容积

有计划有步骤地疏浚滇池，清理入湖河道，以保持湖盆蓄水容积，并改善湖区生态环境。"七五"后两年，开始清理滇池内湖的入湖河道，重点是入湖河段和河口，疏挖富集污染物质的淤泥，清除排水行洪的障碍。"八五"初期，开始有重点地疏浚内湖，并继续清理入湖河道。"九五"期间，继续疏浚内湖，达到湖底标高1884米；并开始疏浚外湖。外湖主是清理入湖河口、海埂、龙门村和海口等污染淤积严重的水域，有重点地进行。下世纪初再扩大范围。要在疏浚清淤的基础上，及时建立新的岁修制度，巩固发展疏浚的综合效益。

滇池和河道的疏浚清理，要同航道的整治、渔区的合理安排结合，相辅相成。污泥的处理要防止二次污染，尽可能就地利用，与园林的培修、洼地的改造、氧化塘的围建等相结合，变害为利。因此，工程要统一规划、综合部署，工作要条块结合、协同进行。河道的清理，以县区政府为主，市水利、城建部门为辅；滇池的疏浚，以市水部门为主，县区政府、交通航运部门为辅；环保、农业、水产、旅游、园林等部门和有关企事业单位，乡村厂社，都必须通力配合，各尽其责。

为保持湖盆容积，一方面疏浚清淤；另一方面还要加强保护管理，禁止围湖造田，围堰养殖及其他侵蚀水体的行为；禁止向滇池和入湖河道倾倒土石、尾矿、垃圾、废渣；禁止在湖堤外侧百米以内取土、挖砂、采石；禁止在湖区界内擅自建设建筑物和构筑物；禁止损毁湖堤、护岸、闸坝、桥涵、航标、渔标、测量标志、水文监测和环境监测设施等。

### （二）防治污染、改善滇池水质

#### 1. 防治工业污染

合理调整工业结构布局。在滇池保护区范围内，发展节水型、无污染或少污染的工业；不安排新建污染严重的钢铁、有色冶金、基础化工、农药、电镀、造纸制浆、制革、印染、石棉制品、土硫磺、土磷肥和染料等企业项目。保护区范围内的磷矿开发，要采取先进的生产工艺和治理技术，保护滇池环境。

防止新的工业污染，符合在滇池保护区范围内新建、改建和扩建的企业项目（包含乡镇、街道企业项目），必须执行建设项目环境保护管理办法，在办理基建审批手续时，要报请滇池管理部门备案。企业的污染防治设施，必须同主体工程同时设计、同时施工、同时投产。达不到"三同时"要求的，不得试车。改建、扩建后的排污总量，不得高于以前的水平。

治理老的工业污染。一切有污染的工业企业（包括乡镇、街道企业），都要按照"谁污染，谁治理"的原则，限期治理"三废"，特别是治理废水。必须按照现行排放标准，建设废水处理设施。工业废水的治理，主管部门不但要给每个企业确定治理项目，分别实施，还要求一个片区、一条水系的企业，制订综合治理规划，共同实施；特别是对西郊片的工业废水和生活污水，要尽快制订并实施综合治理规划，全市工业废水处理率，"八五"期间，要达到60%，达标率达到55%。"九五"期间，废水处理率达到90%，达标率达到70%。与此同时，要开展环境容量研究，逐步实行排污总量控制。禁止采用渗井、渗坑、裂隙、溶洞或者稀释办法排放废水。含重金属或者难于生物降解的废水要在企业内单独进行处理，不得排入城市下水道或入湖河道。对于污染严重而治理难度大、代价高的企业，不能限期治理的由政府决定分别予以关、停、并、转、迁。在滇池水域航行的一切船只，不得向水体直接排放有毒有害污水、污物、废油等。

#### 2. 防治城市污染

根据环保部门多年监测表明，城市生活污水是造成滇池有机污染和富营养化的主要原因。因此：

一要完善排水系统，逐步实行清污分流。新建居住小区、风景旅游区、疗养区、卫星城镇、大中型企业，要建立清污分流的排水管网。老城区要结合旧城改造，"七五"期间，改建破损的箱形沟。

开始新建改建一批泵站；"八五""九五"期间，水管网的新建改建，都要适应滇池控制运行水位的要求。

二要进行排水河道的截污和排污河的疏浚。"七五""八五"期间，建设玉带河、大观河和盘龙江城区段的截污工程，充分利用盘龙江泄洪弃流，引灌玉带河、大观河，组织疏挖明通河、船房河、运粮河等河道，并建立养护疏挖的岁修制度。"九五"期间，建设盘龙江上段的截污工程。

三要建设污水处理设施，多种方法治理污水。按照城市排水系统，有计划地建设污水处理厂。正在筹建的兰花沟日处理5.5万吨的污水处理厂，要在"七五"末期投产，使城市污水处理率达到10%。"八五"期间，将建东郊片明通河系统污水处理厂。城市污水处理率1995年达到40%以上，2000年达到60%以上。污水处理后，要作为资源使用。城市新建小区、大中型企业、医疗单位等，也要分别或联合建设小型污水处理设施。处理设施的建设，实行大型与小型、集中与分散相结合，调动各方面的积极性。

近郊各片区、盆地区各城镇（龙城、晋城、昆阳等）工矿区（海口、昆阳等）、风景疗养区（海埂、观音山、白鱼口等）也都要搞好排水管网和污水处理设施的规划建设。特别是风景疗养区，污水必须100%的处理。新建疗养院必须建好处理设施后才能使用。其他地区的污水处理率，2000年要达到50%以上。

城市垃圾、粪便要进行无害化、资源化处理。"七五"后期进行垃圾无害化处理试验工作，"八五"期间，建设三至四座垃圾处理设施。医院的固体废弃物，要到郊区设焚化炉集中处理。各单位的化粪池，要及时养护维修，保持正常运转。环卫部门要加强检查监督工作。

3. 防治农业污染

滇池盆地区的农业，在决不放松粮食生产的同时，努力增加菜、果、肉、奶、禽、鱼的生产，发展无污染、少污染的工副业。注重经济效益、社会效益和环境效益。

要试验水稻节水栽培技术，逐步加以推广。并组织农户定期整治灌渠，防治渗漏。要加强对国营、集体和专业户养殖场的污物处理。继续建设沼气池，多层次地利用养殖业、种植业的废物，既解决能源，又增加有机肥料。

鼓励增施农家肥、有机肥。合理施用化肥，推广中层或全层施肥技术，提高化肥利用率，减少流失量。加强对农药生产、销售、使用的管理，积极推广生物防治新技术，禁止使用低效高毒、高残留的农药。积极回收废弃农用塑料薄膜，要组织有关部门收购废膜。"八五"期间逐步实行以废膜换新膜，以保护农田生态环境，减轻对滇池水域的污染。加强市、县两级植保植检部门，并组建农业环境监测站，统一管理这方面的工作。

盆地区农业仍坚持"服务城市、富裕农民、活跃市场、方便群众"的方针，努力发展城郊型农业生态经济系统。为此，"八五"期间，各县都要组织坝区生态农业建设的试点工作，逐步加以推广，走农村生态环境建设的道路。

**（三）保护资源，合理开发利用**

1. 珍惜利用水资源

滇池水资源实行取水许可制度。不论开采地下水或者使用地表水，从1989年开始，一律报经主管部门批准，领取许可证后，方可用水，原用水户没有领到取水许可证的，要补办手续。新用水户，要事先报批。用水量大的基建项目，需先取得水资源管理部门的同意。否则，计划部门不批准立项，规划部门不批准建设。

实行水资源的优化配置。根据上年末水库蓄水量、滇池蓄水量和地下水开采量，本着地表水优质优用，地下水合理开采，上下游统筹兼顾、以上游为主，生产生活用水兼顾、以生活为主的原则，制订并实施当年用水分配方案，以确保城市生活用水和工农业用水。

在用水分配方案的指导下，全面实行计划供水、节约用水。不论是城市生活用水，还是工业生产、农业灌溉用水；也不论是开采地下水，取用地表水，还是利用自来水，都要实行计划供水。并通过行政的、经济的手段，厉行节约用水。工业用水的重复利用率，"八五"末期要从现在的35%提高到50%以上。

有偿使用水资源。要适时调整水费、水资源费和自来水费。并理顺三者之间的比价关系，要根据国家和省的有关规定，制订水资源管理收费办法和水价调整方案，尽快付诸实行。

2. 保护利用水生动植物资源

保护发展对滇池有益的水生动植物。在晖湾、西华湾、芦柴湾、北山湾、太史湾、鸽子湾、乌龙湾等湖湾水域，建立水草保护区。增强净化湖水能力，改善鱼类繁育条件。在湖堤外侧的低洼地带，发展菱、藕、芦苇、茭瓜种植业和鱼类养殖业，增加商品生产。

科学合理地发展滇池渔业。实行以自然增殖为主、人工投放为辅的方针，保护、发展优良地方鱼种，引进适合滇池生长繁殖的优良外地鱼种。根据水域容量和保护水质的要求，有控制地、合理地安排箱网养鱼。采取法制、行政和经济手段，保证合理捕捞，控制捕捞强度。

3. 保护开发风景资源

滇池湖光山色秀丽，周围名胜古迹较多。要规划好沿岸地区的用地功能，合理安排环湖交通和游览区（点）的布局，在现有的文物古迹、历史遗址、园林名胜周围和待开发的风景区（点），划定保护区和建设控制地带。在保护控制范围内，不得破坏原有植被和地形地貌，禁止取土、挖沙、采石，不得建盖破坏景观和水体环境的建筑和设施。

"八五""九五"期间，集中开发大观楼、西山，海埂三个景区组成的内湖风景区。继续以海埂为重点，按照"退田、还湖、造景"的原则，以自然景观为主，建设具有民族风格和地方特色的文化公园，并结合体育、博览、游乐、旅游、度假、休养、会议和服务等内容，把海埂建设成为综合性的风景游览胜地。在开发建设海埂的同时，对西岸的观音山等景点，南岸的石城、月山等景区，东岸的柳林露天浴场等，逐步创造条件，进行综合开发。

积极发展旅游事业。旅游设施基地，可在海埂和环湖的合适地点安排。污染防治设施要同旅游主体设施配套建设，防止旅游污染，一切利用风景资源的旅游收益部门，要按收益的一定比例，向滇池管理部门交纳资源费，用于风景资源的保护和开发建设。

以上二十多年的综合整治，第一阶段是决定性的。在第一阶段，要确保完成松华坝水源区十万亩工程造林；对西郊片的污水进行截流、综合治理；完成海口河的第一步整治工程。这是三项关键性任务。第一阶段任务的如期完成，将使滇池流域生态环境的恶化得到控制。并为改善生态环境、进而恢复良性循环，奠定坚实的基础。

## 三、综合整治的措施

为保证综合整治任务的完成，采取下列主要措施。

### （一）广泛宣传、提高环境意识

滇池是云南高原上的明珠，滇池良好的生态环境和丰富的自然资源，培育了昆明千百年来的物质文明和精神文明；而滇池生态的破坏和环境的污染，又制约了我们经济和社会的发展。事实告诉我们：滇池流域属于贫水地区，只向滇池索取，而不去保护环境，必然受到自然的惩罚；而加强滇池保护、合理开发利用，又必然会对生产力的发展，对经济、社会的发展起到巨大的推动作用。"救救滇池"，综合治理滇池，实是振兴昆明的当务之急，是造福人民的历史任务。要在全市人民群众中，广泛宣传保护滇池、综合整治滇池的重要意义，宣传《条例》和有关政策法规，提高人民的环境意识；并发动全市人民展开讨论，为综合整治滇池献计献策，形成保护滇池人人有责的良好社会风尚。各级领导同志，特别是负责经济工作的同志，必须充分认识保护滇池对我市社会主义现代化建设的重要作用，增强保护滇池的责任感和紧迫感，把综合整治滇池的工作列入自己的任期目标和年度考核指标。在组织生产建设中，既要有生产观念，又要有生态现念；既要抓经济建设，又要抓环境建设，做到经济效益、社会效益和环境效益三者的统一。

### （二）统一规划、综合部署建设

滇池流域的环境建设，是一项综合性很强的系统工程，必须进行统一规划。要结合昆明经济、社会发展和城市总体规划的调整，编制"滇池流域工业布局规划""滇池流域生态农业建设规划""环境保护规划""市排水防洪规划""滇池水资源开发利用规划""滇池风景区总体规划""滇池流域绿化造林规划""松华坝水源区综合整治规划"。还要制定编绘"滇池三大保护区范围图"等等，在统一规划的综合指导下，有关地区、有关部门协调行动，配套建设，收到综合整治滇池的成效。

### （三）健全法规、采取相应政策

实施《条例》，综合整治滇池，需要制定相应的行政法规和配套政策。为了保证区域工业结构的合理和对污染的有效防治，要制定"昆明市建设项目环境保护管理办法""滇池流域污水综合排放标准""滇池流域污染源管理办法""农药、化肥生产、销售、使用管理办法"；为了防治城市生活污染，要制定"城市排水管理办法""垃圾粪便管理办法"；为了保护利用资源，要制定"滇池流域取水许可制度""水费和水资源费征收办法""滇池水生动植物保护办法"；为了发展绿化造林，要有"城市绿化管理规定""林政处罚规定"；为了发展生态农业、改善生态环境，要在农村特别是水源涵养区采取一系列优惠政策，如鼓励使用农家肥、有机肥的政策，鼓励退耕还林的政策，鼓励开发农村新能源的政策，鼓励发展畜禽养殖业的政策，鼓励发展经济果木林的政策等；为了保证《条例》的切实贯彻实施，还要制定奖励和处罚的具体办法；建立健全治安管理机构和水利、林业、环保、城建、渔业等执法监察队伍，强化管理。

### （四）广开渠道、筹集整治资金

滇池的综合整治，需要大量资金，粗略估算，约需十亿元以上，全靠昆明市的财力，是无法负担的。省、市地方财政都要拨给专款，统一列入预算；还需要国家的支持，并争取国际上的合作与援助。此外，还要广开渠道，筹集整治资金。

1. 实行资源有偿使用。向水资源受益地区、单位、个人征收水资源费；向滇池水产品的捕捞者和经营者征收渔业资源费；向旅游受益单位征收风景资源费；在水源涵养保护区，向烤烟收购部门和以柴为能源的企事业单位收取育林费等。

2. 征收整治资金。各项建设事业，都受益于滇池及其水系。因此，今后在滇池流域内的一切基建项目，都要按照总投资的一定比例，缴纳滇池整治资金，要制订具体办法，由规划管理部门执行，不得减免。

3. 确立建设项目，列上国家或省的计划，如水源涵养区工程造林计划，虫害迹地救灾更新计划，城市污水处理设施建设计划，海口河整治工程计划等，要像松华水库加固扩建工程那样，列上国家或者省的建设计划，取得国家和省级财政的支持。还有在农村发展生态经济、建设生态农业等试验，要求列上省环保委和省科委的科研课题。

4. 依靠县（区）、乡（镇），共同落实资金。如湖堤的建设，河堤闸坝配套工程，泵站的改造建设，河道的整治疏浚，城市垃圾处理设施等，实行市里补贴，县（区）、乡（镇）分级负担。

5. 设立基金会，滇池综合治理是裨益当代、造福子孙的大事，必定会得到昆明地区各个单位和广大群众的支持。可考虑设立"滇池保护基金委员会"，制订具体办法向社会筹集资金。

组织有关单位的人力、物力和财力进行建设。如入湖河道的疏挖，排污的厂矿单位应当出钱出力。灌溉渠道的整治，应组织受益的农户和单位投工投料，至于植树造林、防洪清障，更应组织全市人民积极参加。

当前，要通过多种渠道，落实资金，要安排水源区工程造林、城市污水处理和海口河整治等重点工程。从1989年开始，将滇池综合整治的重点工程项目纳入国民经济计划。

**（五）设立机构、统一协调管理**

为贯彻实施《条例》，加强对滇池的统一管理，开展综合整治工作，要设立滇池管理机构，负责对滇池及其水系的保护和开发利用，进行统一规划和宏观管理。

成立"滇池研究会"，依托于滇池管理机构，成为滇池问题的科研咨询组织，并与国内国外的湖泊研究组织挂钩，广泛开展学术研究活动。

滇池保护区范围内的有关部门、县（区）政府，要在滇池管理机构的统一协调下，各司其职，各尽其责，共同实施《条例》；要根据各自的职责，制订专业方案，有重点、有计划地开展综合整治工作。

滇池综合整治的各项工作（如造林、护林、防汛、清障等），要实行各级行政首长负责制，保证每年办成几件实事，切实把滇池保护好。

# 昆明市松华坝水源保护区管理规定

（1989年12月21日经昆明市八届人大常委会第二十九次会议通过，
1989年12月29日昆明市人民政府以"昆政发〔1989〕274号"文件印发执行）

## 第一章　总　则

第一条　为保护好松华坝水源区，保证人民生活和工农业生产用水，维护昆明城乡的防洪安全，促进昆明市的经济、社会发展，根据《中华人民共和国水法》《中华人民共和国森林法》《中华人民共和国环境保护法》《中华人民共和国水污染防治法》和《滇池保护条例》等法律、法规，结合本市实际，特制定本规定。

第二条　松华坝水源保护区的范围是松华坝水库和松华坝水库汇水面积中嵩明县的大哨乡、白邑乡、阿子营乡，官渡区的双哨乡、小河乡、双龙乡的麦地塘办事处和乌龙、庄房办事处的11个村，龙泉镇上坝办事处和中坝办事处在松华坝水库以上的山地。

第三条　松华坝水源保护区的管理与综合整治应纳入市、县（区）的国民经济和社会发展计划与财政预算。

第四条　松华坝水源保护区的管理与保护、增加森林植被和保持水土为中心，以保护水质为重点，以维护生态环境良性循环为目标，坚持保护水源与开发整治并重，上、下游统筹兼顾的原则，实现经济、社会、环境三大效益的统一。

第五条　松华坝水库的水质按照国家《地面水环境质量标准》（GB3838—88）I类标准进行保护。

第六条　一切单位和个人都有保护松华坝水源保护区的义务，并有对破坏、损害松华坝水源保护区的行为进行监督、检举和控告的权利。

## 第二章　保护与管理

第七条　松华坝水源保护区的林木主要为水源涵养林。原有的林木和今后新种的林木，国家、集体、个人产权不变，谁种谁有，任何单位和个人都不得擅自砍伐、任意侵占和损坏。

第八条　保护区内采伐林木必须坚持林木的消耗量低于生长量的原则，由市林业局制定年度采伐限额，逐级下达执行。并由县（区）林业部门负责监督检查，不得突破。农户因建房需要砍伐林木时，在采伐限额内由县（区）、乡办事处核定，并做到伐一种十，先种后伐，经验收合格后发给砍伐证方可砍伐。

第九条　有计划地营造薪炭林，积极发展沼气、节柴灶、太阳能，以减少用作燃料的林木的消耗。保护区内的机关、部队、企事业单位和以烧柴为主要能源的农村工副业，应当实行以煤代柴。

第十条　任何单位和个人不准在坡度为二十五度以上的禁垦地区开垦，已经开垦的，应当限期退耕还林或还草。需要在坡度二十五度以下的地区扩大耕地面积时，五亩以下由农户提出申请，乡人民政府或办事处审核后，报县（区）人民政府批准；超过五亩的由县（区）人民政府审核后，报市人民政府批准。

第十一条　不得在幼林地、封山育林区和松华坝水库正常蓄水线以上200米范围内放牧。

第十二条　在保护区内，不得进行烧山、烧灰积肥、野炊、烧蜂、放火驱兽和出售腐殖土等破坏植被的活动。

第十三条　建立专业护林防火和群众护林防火相结合的队伍，平均每万亩林地配置五至十名专职和兼职的护林防火人员。在林业治安工作繁重的地方，设立林业公安派出所，依法加强管理。

第十四条　禁止在林地、陡坡和水工程安全区范围内挖砂、取土、炸石。确因建设需要的，须经保护区管理机构批准，由申请单位负责采取生物措施和必要的工程措施。以恢复地貌和植被，并按规定交纳资源补偿费和育林保证金。

第十五条　保护区的水资源属于国家所有，即全民所有。农村集体经济组织所有的水塘、沟渠、小水库中的水属集体所有。保护区内的水资源实行统一管理与分级管理相结合的制度。松华坝水库由市水利局负责管理，河道由县（区）水利局负责管理，沟渠、泉点（龙潭）、坝塘、小水库由乡政府、办事处负责管理。

第十六条　不得在保护区内新建基础化工、农药、电镀、造纸制浆、制革、印染、石棉制品、硫磺、磷肥等有污染的企业和项目。

第十七条　松华坝水源保护区不得开辟为旅游、疗养区，不得兴建各种旅游、疗养设施。

第十八条　禁止向河道、水库排入未按排放标准处理的工业废水；不得向水库或水库上、下游河渠倾倒土、石、垃圾、死畜等废弃物；不得在距泉点（龙潭）100米、河道两岸各50米和水库周围200米范围内堆放和存贮化肥、农药、石油制品等有毒有害物品。

第十九条　保护区内不得销售、使用国家禁止的低效高毒、高残留农药。废弃的农用塑料膜、瓶、袋、箱应回收处理，不得任意弃置或擅自掩埋。

第二十条　市、县（区）环保局，松华坝水库管理处、乡（镇）人民政府、办事处应共同加强对保护区的环境保护，环保部门应定期监测，做出环境评价。积极治理老污染，严格控制新污染。

第二十一条　在松华坝水库内禁止从事下列活动：

（一）运送农药、化肥、石油类产品及其他有毒有害物质；

（二）清洗装贮过油类或者有毒、有害污染物的车辆、容器；

（三）游泳和进行其他水上体育活动；

（四）毒鱼、电鱼、炸鱼；

（五）在非指定区域捕鱼、钓鱼或网箱养鱼。

第二十二条　保护野生动物资源，禁止到保护区狩猎、捕杀濒危的陆生、水生动物和有益的或者有重要经济、科学研究价值的鸟、兽、虫。

第二十三条　禁止损坏水工程、堤防、护岸和防汛、水文监测、环境监测、通讯、交通、护林防火等设施。

## 第三章　整治与开发

第二十四条　保护区的整治与开发以生物防治为主，工程治理为辅，进行全面规划布局，调整产业结构，发展生态经济，使经济与环境相互协调。

第二十五条　保护区内实行工程造林与群众造林并重的原则，按照"乔、灌、草"结合和针阔混交的种植方针，以营造水源涵养林为主，兼顾薪炭林、经济林和用材林。对原有的疏林和灌木林分期进行抚育改造，对新造的幼林地实行封山育林。继续推行退耕还林，自退耕之年起按已定的补偿政策连续补偿十年。

第二十六条　保护区内人均应稳定一亩以上耕地面积，提高单产，做到粮食自给有余。保护区内林业开发与整治的近期目标为：力争在本世纪内人均拥有一亩以上经济林，形成果品基地，增加经济收入；人均一亩以上薪炭林，加上推广节柴灶、沼气池、太阳能等，就地解决生活能源；人均一亩左右用材林，解决区内必要的用材自给。造林应把水源涵养林、经济林、薪炭林、用材林结合起来，以经济林为先导，长短结合，兴林致富、实现经济效益和生态效益的统一。

第二十七条　防治农业污染。鼓励农户施用农家肥、少用化肥、合理施用农药，积极推广生态农业和生物防治新技术。

第二十八条　保护区水资源的开发利用和水害防治，由市水利局进行统一规划，市、县（区）、乡、办事处分级负责进行建设和维修。在提高城乡防洪和供水能力的同时，首先应满足保护区人畜饮水的需要，并逐步扩大水浇地面积。

第二十九条　松华坝水源保护区综合开发整治的具体要求与目标，由滇池和松华坝保护区专管机构拟定《松华坝水源保护区综合开发整治纲要》，报市人民政府后，按年度组织实施。

第三十条　为搞好保护区的整治、开发与保护，各级政府、各部门应针对保护区的实际，实行特殊扶持政策和措施，逐年实施。

## 第四章　机构与职责

第三十一条　在昆明市滇池保护委员会及其办公室的领导下，设立松华坝水源保护区管理处。其主要职责是：

（一）贯彻并监督执行有关保护环境和自然资源的法律、法规、规章和本规定；

（二）会同市政府有关部门及有关县（区）制定保护、整治开发计划和实施方案，督促检查其执行；

（三）负责多渠道组织筹集资金和监督、检查资金的使用情况；

（四）会同市政府有关部门和有关县（区）审查上报或批准建设项目；

（五）按照规定的权限处理违反本规定的单位和个人，奖励成绩显著的单位和个人；

（六）组织开展保护、整治、开发的科研工作；

（七）办理上级机关交办的其他事项。

第三十二条　保护区内的县（区）、乡（镇）人民政府及其办事处，应将保护区的保护、管理与整治工作纳入任期目标责任制，保证本规定在本行政区域的有效实施。

第三十三条　市人民政府各有关部门应对保护区的管理、整治开发积极予以支持和帮助，结合本部门的业务，按照综合整治纲要的要求，分年度制定具体措施和办实事项目，并确保落实。

## 第五章　奖励与处罚

第三十四条　对执行本规定成绩显著的单位或个人，符合下列条件之一的，由市、县（区）人民政府和保护区管理机构给予表彰和奖励：

（一）个人或每户成片植树造林五亩以上，单位植树造林三十亩以上，经验收合格的；

（二）在保护森林、植被，防治水土流失，降低林木消耗，防治森林病虫害等方面取得明显效果的；

（三）检举、控告乱砍滥伐、毁林开荒，污染水源，破坏水利设施及其他违反本规定行为有功的；

（四）报告山林火警、扑救山火有功的；

（五）连续五年无重大山林火灾事故的；

（六）以科学技术帮助保护区发展经济，在监测、科研、宣传普及等方面做出显著成绩的；

（七）对保护区的管理、建设有其他突出贡献的。

对单位的奖励可发给奖金1000元至10000元，对个人的奖励可以发给奖金100元至1000元。对单位奖励5000元以上的由市人民政府批准；其他奖励由县（区）人民政府或保护区管理机构批准。

第三十五条　对违反本规定的单位或个人，依照有关法律、法规和规章制度予以处罚；有关法律、法规和规章未做明确规定的，依照本规定第三十六条予以处罚。

第三十六条　违反本规定，有下列行为之一的，除责令其立即停止违法行为和承担相应的民事责任外，由保护区管理处对单位处以1000元至10000元的罚款；对个人处以100元至1000元的罚款，对负有责任的人员，由所在单位或上级主管机关给予行政处分：

（一）乱砍滥伐林木，毁林开荒、违反封山育林规定的；

（二）引起山林火灾不扑救、不报告造成损失的；

（三）对已发生的森林病虫害，不积极组织防治、扑救，使森林资源造成损失的；

（四）用渗井、渗坑、裂隙、溶洞或稀释等办法排放有毒有害废水，或用其他方法污染水源的；

（五）损害水库枢纽工程、河道闸坝，损坏防汛设施和水文监测、通讯、护林防火等设施的；

（六）擅自进行爆破，打井，挖砂、采石、取土造成水土流失或危害水工程安全的；

（七）狩猎，毒鱼、炸鱼、电鱼造成危害的；

（八）有关工作人员玩忽职守、滥用职权、徇私舞弊、违反规章制度造成损失的；

（九）对检举、控告人员进行打击报复的；

（十）对执行公务的人员进行阻挠和殴打的。

第三十七条　违反本规定，依照《中华人民共和国治安管理处罚条例》应受处罚的，由公安机关予以处罚；构成犯罪的，依法追究当事人的刑事责任。

第三十八条　当事人对行政处罚不服的，可以在接到处罚通知之日起15日内，向做出处罚决定的机关的上一级机关申请复议；对复议决定不服的，可以在接到复议决定之日起15日内，向人民法院起诉。当事人也可以在接到处罚通知之日起15日内直接向人民法院起诉。当事人逾期不申请复议或者不向人民法院起诉，又不执行处罚决定的，由做出处罚决定的机关申请人民法院强制执行。

## 第六章　附　则

第三十九条　本规定具体应用的问题由昆明市滇池保护委员会办公室负责解释。

第四十条　本规定自发布之日起执行，过去发布的有关规定与本规定不符的，以本规定为准。

# 松华坝水源保护区综合整治纲要

（1989年12月29日昆明市人民政府以"昆政发〔1989〕273号"文件印发执行）

## 一、前　言

松华坝水源保护区总面积约630平方千米，占滇池汇水面积的五分之一。松华坝多年平均径流量为2.1亿立方米，正常年来水量占滇池年交换量的42%以上，是昆明市的最佳饮用水源，松华坝水源保护区抗洪、防洪建设的好坏，还直接关系到昆明城市的安危。因此，松华坝水源保护区的建设对昆明市国民经济、社会发展和生产生活至关重要。

多年来，由于人为活动的干预，使松华坝水源保护区生态环境日趋恶化。目前，水源保护区存在的主要问题是：

（1）森林面积大幅度减少，森林覆盖率由20世纪50年代初期的60%锐减到如今的27%左右，林分结构单一，病虫灾害严重，森林蓄积量和质量均在下降；

（2）由于森林覆盖减少，造成水土流失，基岩裸露，水库河道淤塞严重，水量蓄存和调节功能减弱，与20世纪50年代初期相比，来水量减少四分之一至三分之一，并且水质已经受到污染；

（3）区内社会经济、文化落后，商品经济不发达，人口不断增加，人民生活水平较低，这些情况加剧了乱砍滥伐，进一步导致生态环境的恶性循环。

总之，松华坝水源保护区的生态环境已经到了不进行综合整治和开发就难以为继的程度，大力加强对该区的管理和综合整治已是当务之急，势在必行。1981年，云南省人民政府批准建立松华坝水库水系水源保护区，1983年国家城乡建设环境保护部和云南省科委将"松华坝水源保护区多学科综合考察"列为重要课题，对保护区进行了全面考察，考察成果已于1988年4月通过部（省）级鉴定。1988年省、市人大常委会通过了《滇池保护条例》，将松华坝水源保护区纳入滇池保护区进行统一管理；昆明市人民政府又制定了《松华坝水源保护区管理规定》，并报经市人大常委审议通过后公布实施，这就为松华坝水源保护区的综合整治提供了必要的科学、法律和法规依据。

为认真贯彻落实《滇池保护条例》和《松华坝水源保护区管理规定》，逐步恢复保护区的生态环境，特制定《松华坝水源保护区综合整治纲要》。

## 二、综合整治目标

松华坝水源保护区综合整治的目的是治水，治水之本在于治山，治山之本在于治穷。本着以生物防治为主，工程治理为辅，调整产业结构，发展生态农业，全面规划布局，加强科学管理的指导思想，保护区综合整治的总目标是：恢复和建立区内良好的生环境，促进区内社会经济文化事业的发展，逐步提高人民群众的生活水平，确保昆明市生活、生产用水和防洪安全。

（一）森林覆盖率2000年达到50.95%，2010年达到65%。

（二）1993年完成松华坝水库加固扩建工程，总库容由0.7亿立方米增加至2.29亿立方米。向城市供水每年平均1.1亿立方米，水库水质达到国家地面水Ⅱ类标准，城市防洪标准提高到百年一遇。

1995年区内农田有效灌溉面积6.5万亩，其中水田3.5万田，水浇地3万亩，基本解决人畜饮水困难。

2000年基本控制区内水土流失，水土流失面积由50%降为25%左右。

（三）发展生态农业，提高保护区人民生活水平。2000年区内农民人均产粮450公斤，人均纯收入力争达到600元。

（四）保护区内每年的人口自然增长率控制在千分之九以下。

## 三、综合整治的措施和任务

### （一）生物防治工程

生物防治的根本目的就是将森林覆盖率从现有的27%（即森林面积25.6万亩），经过努力到2010年提高到65%（即森林面积达到61.6万亩）。21年中，平均每年增加森林面积1.7万亩，按照新造林成活率85%和第三年保存率不低于70%的要求。以及弥补一定面积的森林消耗，每年至少要新造林三万亩左右。为实现本目标，关键在2000年前全区需新增有林地22万亩，为此需采取以下措施：

1. 分别根据区内不同情况实施工程造林、群众造林、封山育林、飞播造林，以保证新增林地总面积的实现。在水库面山、主要泉点周围以及梁王山的宜林荒山实施工程造林，每年新造林1.5万亩，成活率85%以上，保存率70%以上，至2000年增加有林地10万亩，增加新造林地7万亩；在疏林地灌木林地实行封山育林，"八五"至"九五"期间分别封育5万亩，成功率不低于70%，至2000年成林7万亩；对保护区内其他集中连片的荒山，在1992年前飞播造林10万亩，播后实行封山育林，按成功率50%计算，到2000年增加林地5万亩。

2. 保护区的森林主要是水源涵养林，属于防护林类，应按此要求进行造林、改造和扶育管理，以充分发挥水源涵养林的主功能。按国家二类森林资源调查方法于1990年进一步查清全区森林资源，编制林区总体规划和林木经营方案，在总结完善两山责任制的基础上，深化改革、强化管理，稳定现有山林权属，组织集体经营，实行以乡为单位办集体林场，统一安排林、农、牧、副生产，以林为主、多种经营、综合利用、全面发展。大体上按6：1：1：1的结构，因地制宜，划定和安排水源涵养林种、经济果木林种，薪炭林种和用材林种。

3. 继续坚持搞好退耕还林。为纠正过去陡坡垦种，在已退耕4万亩的基础上，将保护区内尚有的近万亩25度以上坡耕地，于1995年前全部退耕还林、还草。

4. 改善林业结构。水源保护区现有林业结构比较单一，目前以云南松、华山松为主，这对于涵养水源、保持水土和防止病虫害等都很不利，必须加以改造。在水库面山、主要泉点周围及梁王山产水区应植造以常绿阔叶、针叶树为主的混交林、灌木林和草被；在村庄、居民点附近的平缓坡地发展成片的经济果木林；在土质较差的山坡地段营造速生丰产树种的薪炭林；在水土流失不严重的山坡营造部分用材林；在甸尾、牧羊河流经的深山峡谷荒山草山上提倡种植栎、樟、秋、杉、泡桐等树；在平坝和宽谷地带提倡种植华山松、旱冬瓜、园柏、女贞、滇杨、栎类等树种；在疏林地区要补种针、阔叶林树种；在所有的地区都要注意保护和利用原有的野生果树、杂灌木及其他植被。

在建立果园时,要本着统一规划,联片种植,分户管理的原则和不同类型地区的自然特点,分别建立苹果园、梨园,山楂、柿、桃、李、杏、葡萄和板栗、核桃、花椒等经济林。在山地种植果树时,一定要按照等高带状穴坑技术规范进行。提倡在坡地果园里种草,防止水土流失。

5. 搞好工程绿化。凡是水工程管辖范围内必须植树造林、实行封山育林,以工程绿化带动和促进整个水源区的绿化。在主要河道两岸,沟渠沿线、小(二)型以上水库的面山和枢纽周围以及泉点周围,于2000年前都要建立防护林。

6. 位于保护区东北端的梁王山区是水源区的主要产水区,可谓"源中之源",必须采取断然措施。重点整治与保护,具体保护措施是:

(1)在荒山草地上坚持"乔、灌、草"三结合的方针,实行工程造林,大力种植针、阔混交水源涵养林;

(2)在疏林区域实行封山育林,科学补种;

(3)禁止砍伐,当森林覆盖恢复到65%以后,也只能适当间伐和淘汰劣种树木;

(4)为解决当地农民林户烧柴的实际需要,扶持当地人民种植速生丰产薪炭林;

(5)任何单位和个人不准到保护区内购买木材和烧柴,林业主管部门不准下达木材、烧柴外调指标;

(6)当地气候及土壤条件适宜种植苹果等果树,扶持当地农户种植以苹果为主的经济林木;

(7)根据该区特点,要有针对性地发展牧业,但应以村为单位划定地段,种草圈养。

7. 根据总体规划加强林区道路、通讯、防火设施等建设。按《管理规定》的要求配备林业管护人员,大力开展科学造林、经营管理和保护工作。新建瞭望台3座,木材检查站5个,在阿子营和小河各建森林派出所1个,嵩明县和官渡区境内分别修防火线200和100千米,乡和办事处的管护人员从当地农民中选择选聘,进行检查,胜任者续聘,不合格的适时更换,聘期内的工资和口粮由国家补助。

8. 林业发展和保护要在林业部门和滇池保护委员会办公室的统一安排下,实行各级行政领导负责制,松华坝水库库区面山的植树造林由水库管理部门负责实施;其余地区由所在的县(区)、乡,办事处和自然村层层落实承包植树造林、森林保护、护林防火、病虫害防治和乱砍滥伐案件查处等各项工作责任制。

**(二)水、土工程治理措施**

近40年来,由于人口增加,林木减少和大量开荒导致了水源保护区内水土流失加剧,流失面积达50%,其中属中度侵蚀面积约50平方千米,属微度侵蚀面积约250平方千米,使水源在时空分布上更趋于不平衡,汛期洪水增大,暴雨后汇流时间短,洪水陡涨陡落;主要泉点枯季流量大幅度减少以至断流。水旱灾害频繁,人为活动已经引起水质污染。因此,在进行生物防治的同时,必须加强工程治理。

1. 1993年完成松华坝加固扩建工程,并加紧实施松滇水资源联合调度方案,争取在1990年完成盘龙江一、二级泵站,新建三、四、五级泵站,提滇池水倒灌农田五万亩,使松华坝水用于城市;完善配套金汁河、东干渠、西干渠等主要灌溉渠系工程。

2. 治理保护区内主要河道,达到抗御10年一遇洪水的标准。1990年,重点治理牧羊河上段,疏浚冷水河段。调整河道比降,整治河床断面,加固护堤,修理部份跌水、桥、涵,尽快将水闸改为机械闸。配合生物治理,进行沿河绿化,控制两岸水土流失;上游沟岔打坝筑堤,拦沙拦泥,防止河道淤积,减少进入水库的泥沙量,延长工程寿命。

3. 改善水源区内水利条件。（1）搞好现有水利设施的除险加固和挖潜配套，扩大效益，重点放在白邑、阿子营和小河灌区，1992年前完成黄龙、闸坝、大石坝3座小（一）型水库和胜天、小石咀等11座小（二）型水库的加固配套。（2）1995年到2000年内，力争新建灌溉干渠200千米、小（二）型水库8座、引水工程10项、拦水工程2项。

4. 整治保护区内主要泉点。进行工程整修，建池绿化，定期疏挖，防止盲目上乡镇企业过量用水或污染水源，恢复泉点出水量。要求在2000年前全部治理完毕。

5. 治理坡耕地。保护区内，除25度以上的陡坡种植应按《管理规定》坚持退耕还林、还草以外，尚有8度至25度的坡耕地58000余亩，且多为顺坡垦种，水土流失相当严重。为改变这一情况，对这部分坡耕地要有计划分期分批改造为台地并整治排水系统，从1990年开始准备，力争强2010年改造完毕。

6. 加强水工程管理。水源区内水工程实行统一管理与分级管理相结合的制度。小（二）型以上工程必须设立专管机构或专职专人管理，一般小型工程可设专人兼职管理；所有水工程都要依法划定工程保护范围。

依法治水，建立用水许可制和有偿使用制。凡需在保护区内取水的企事业单位均要办理用水许可证，交纳水费或水资源费。实行用水分配制，大力推行计划用水和节约用水。

建立工程维修制度，小型水工程的建设和维修实行国家补助与群众集资、投劳相结合。受益社队，每个农业劳动力每年用于水利的积累工日不少于10个，争取达到20个。

7. 所有水工程要搞好水文和工程观测，积累资料，为合理调度和开发水资源提供科学依据。除充实加强现有的小河、甸尾、松华坝三个水文站外，所有小（二）型以上的水利工程都要建站建点进行水位、流量、雨量、蒸发、气温、风速、风向、水温、泥沙、水质等项目的观测。同时，建立地震和农业环境等监测站，逐步实现管理科学化。

**（三）调整产业结构，发展生态农业，提高人民生活水平**

目前，保护区内人均产粮及人均收入比较低，有相当比例的农户还在贫困线以下，这是导致区内自然环境连续受到破坏的重要原因之一。要保护好水源就必须建立一个良好的农业生态系统，把保护区建设成为文明，富裕的社会主义新农村。

1. 以粮食生产为基础，合理利用土地，发挥土地的潜在能力。在稳定水稻种植面积。提高单产的基础上，主攻旱粮生产，以保证粮食生产有较大幅度的增长，到2000年区内人均年粮达到450公斤，在水稻生产上，推广良种、薄膜育秧、合理施肥、防治病虫害等技术，对热量不足种水稻的低产田，应逐步实行"水改旱"。

有计划地改造中低产田，增加水浇地面积，1995年达到3万亩。逐步试验和推进生态农业，鼓励多使用有机肥，增加土壤肥力，减少农药、化肥的施用，减轻水体的污染。

充分利用现有耕地，提高复种指数，改轮闲耕作为轮作，需轮闲的地种绿肥或牧草。

2. 烤烟生产已是区内人民和财政收入的重要来源。今后仍给予一定的重视，但应限制盲目开荒。全区烤烟种植面积控制在1.5万亩以内，努力在科学种植上下功夫。提高单产，增加中上等烟比例。鼓励多种田烟和水浇地烟。同时做到烤烟燃料以煤代柴，减少林木消耗。

3. 大力发展畜牧业，保护区有发展畜牧业的条件。畜牧业的发展应以猪为主，同时发展家禽，适当发展肉牛和奶牛并注意防止畜禽损坏退耕还林后的幼林地。力争2000年生猪存栏达6.5万头，1995年内发展养猪专业户1000户，禽蛋专业户2000户。

4. 开发农村能源。1995年前，使保护区50%的农户有沼气池，100%的农户使用节柴灶。

5. 力争1992年前完成乡农科一级站、畜牧站、兽医站和办事处兽医室的建设，培养农村科技力量，提高种植业、养殖业技术水平。

6. 在有利于保护森林资源，不对大气、森林、农田、水体造成污染的前提下，有计划、有限度围绕林、农、牧发展副业，增加收入。发展副业要做到生态效益、经济效益、社会效益相结合，资源保护与资源利用相结合，做到永续利用不断发展。

## 四、加强领导，明确职责，搞好有关社会保障工作

加强对松华坝水源保护区的领导，搞好松华坝水源保护区的社会保障工作，是实现该区域综合整治纲要的关键所在。

1. 市、县（区）人民政府应加强对松华坝水源保护区管理机构的领导。滇池保护委员会办公室及所属松华坝水源保护区管理处代表市人民政府对松华坝水源保护区依法实施管理及牵头组织进行综合整治，负责协调和处理好各有关方面在水源保护区的工作。为加强管理，保护区内各乡有必要根据实际需要设置水源保护专职机构或专职人员，属管理处和当地乡政府双重领导，所需编制和经费由滇委会办公室会同所在县（区）政府协商解决，其职责范围由滇委会办公室与当地乡政府协商后制定。

2. 加强宣传教育工作。要经常通过各种形式，请各新闻单位向全市人民，特别是各级领导宣传水源保护区在昆明市国民经济中的重要地位，提高全民的环境意识，牢固树立春城与松华坝水源保护区共存亡的环境观念，自觉地投入到综合整治松华坝水源保护区的活动中去，为保护好昆明市的水源做出应有的贡献。

3. 松华坝水源保护区综合整治工作应纳入市、县（区）政府和市级国家机关各委办局的任期目标责任制，分年度进行考核。各部门、各单位应结合自己的职责范围制定为水源保护区办实事、尽职尽责尽力的措施方案，逐年付诸实施。

全市扶贫工作应将水源保护区作为一个重点，市级国家机关各委、办、局要到水源保护区挂钩扶贫，每年办几件实事，为保护水源做贡献。

4. 搞好水源保护区内的计划生育，严格控制区内人口盲目发展。为了有效地发展区内经济，减少区内人力资源、能源消耗，必须严格控制区内人口的增长。经预测，保护区内人口按国家农村人口控制比例，到2010年将增加近两万人，这对水源保护区是一个很大的压力。因此，要使水源保护区的人口到2010年控制在八万人以内，将是一项十分重要的工作。市、县（区）乡计划生育部门要切实抓好计划生育管理工作，将每年的人口自然增长率严格控制在全市人口平均增长幅度以内，与此同时，保护区各级政府都要严格户口管理，防止人口机械增长失控。

5. 对保护区实行特殊政策。要使保护区在短短的20年内改变现状，全面实现综合整治目标，除依靠投入和科学技术外，还必须在本区域内实行一些特殊政策。

（1）继续执行已带来显著效果的退耕还林政策。每退耕还林一亩每年由国家补助大米12.5公斤，自退耕还林之日起暂定10年不变。保护区内8度到25度以下坡耕地改台地，实行5年内不增加粮食订购任务的政策。

（2）对保护区内人民生活、生产（烤烟）的用煤供应和补贴以及扶持发展薪炭林的补助问题，直接关系森林覆盖能否按本纲要目标得到迅速恢复，应纳入全市计划通盘考虑，妥善解决。

（3）逐步减免保护区内除公粮任务以外的合同定购粮，对因退耕而出现的缺粮户给予粮食返销。今后，区内粮食生产的主要任务是提高人均口粮水平，减轻国家负担。努力增加畜牧业的饲料自给率。

（4）因区内国家定购粮任务少，农用物资三挂钩政策难于实现的实际，区内农用物资实行专项戴帽下达；同时，为帮助发展养殖业，优先供应饲料。

（5）市劳动部门、教育部门和各用工单位要优先帮助保护区内解决剩余劳动力的出路和提高劳动者的素质，加强中、小学校教育和科技教育。

6. 广开资金渠道，为综合治理积累资金。1990—2010年所需经费估算如下：

（1）林业、生物整治经费3924万元；

（2）工程治理经费9040万元；

（3）调整产业结构，发展生态农业经费2660万元；

（4）基本建设经费1580万元；

（5）教育经费400万元；

（6）用煤补贴2300万元。

合计19904万元。

资金来源：

（1）以水养水。按规定核算水费成本，报经批准后适时调整现行水费标准。同时，收取水资源费。建立松华坝水资源保护资金，专款专用，全部用于保护区的生态环境和经济建设，真正做到取之于民，用之于民。

（2）根据财力和实际需要，市、县（区）政府应每年在地方财政预算中安排一笔保护区建设的专项经费。

（3）将松华坝水源保护区列为省、市水土保持重点，要求省政府和省财政每年安排一定数量的水土保护经费和工程造林经费。

（4）有关部门给予专款经费扶持。如从1990年起每年安排一定数额的贴息贷款，扶持养猪专业户、禽蛋专业户和集体饲养场等。

（5）县（区）、乡、办事处、村自筹，投资投劳，社会集资。

（6）其他可以争取到的资金。

上述资金如能按年度计划逐步落实，各部门应该出台的政策逐步兑现，加上科学技术和严格依法管理，松华坝水源保护区就一定能在20年内发生巨大的变化。

# 昆明市河道管理办法

（1992年6月20日昆明市人民政府以"昆政发〔1992〕125号"文件印发执行）

## 第一章　总　则

第一条　为加强河道管理，保障河道安全畅通无阻，发挥昆明市河道的综合效益，根据《中华人民共和国河道管理条例》，特制定本管理办法。

第二条　本办法适用于昆明市五华区、盘龙区、西山区、官渡区城建管理部门所管辖各天然河道、人工河渠及堤防、闸坝、护岸、码头、引、排水设施等。

跨河的道路、桥涵，同时适用《昆明市城市道路桥涵管理办法》。

第三条　河道管理要服从防洪的总体安排，实行"安全第一，常备不懈，以防为主，全力抢险"的方针，一切单位和个人都有保护河道、堤防安全，参加防汛抢险和疏挖河道的义务。

第四条　昆明市市政公用局是昆明市城市河道管理的行政主管部门，负责本办法的组织实施和监督执行。规划、水利、交通、航运、环保等部门配合执行。

## 第二章　河道建设与整治

第五条　河道建设与整治，必须执行昆明市总体规划要求的防洪标准，保证堤防安全和行洪排洪畅通。

第六条　修建桥梁、码头和其他设施，必须按昆明市规定的防洪标准所确定的河宽进行，不得缩窄行洪通道。

桥梁和栈桥的梁底必须高于设计洪水位，并按照防洪和航运要求，留有一定超高。设计洪水位，由河道主管部门根据防洪规划确定。跨越河道的管道、线路净空高度，必须符合防洪和航运的要求。

第七条　河道的建设与整治，包括跨河、穿堤、穿河、临河的桥梁、码头、道路、管道、缆线等建筑物及设施建设，建设单位必须将建设项目方案报送昆明市市政公用局审查同意后，方可实施。

第八条　在堤防上新建桥梁、码头、道路、管道、缆线等建筑设施，必须按设计要求有防护措施。竣工后必须经河道主管部门参与验收合格后方可启用，并服从河道管理部门的安全管理。

第九条　堤防上原已修建的涵洞，泵站和埋设的穿堤管道、缆线等建筑设施，不得随意移动，河道管理部门应当定期检查，对不符合工程要求的，应限期进行改建。

第十条　在堤防上新建和原在堤防范围内已建的公路、桥涵，其管理和维护必须符合河道的整治与建设管理要求。不符合要求的，应限期整改。

第十一条　城镇建设和发展不得占用河道及所属范围。城镇规划的临河界限，由河道主管部门会同市规划等有关部门确定。编制和审查沿河地区的城镇规划时，应事先征求河道主管机关的意见。利用河道及其岸线进行建设时，应当事先征得昆明市城市河道主管部门的同意后，方可审批。

第十二条  河道清淤和加固堤防按照防洪规划进行整治。因修建、整治河道所增加的可利用土地属于国家所有。未经河道主管部门批准，任何单位和个人不得擅自填堵、占用或拆毁河道的古道、旧堤和原有工程设施等。

## 第三章  河道保护

第十三条  昆明市的堤防河道，其管理保护范围为两岸堤防之间的水域、滩地（包括可耕地）行洪区，两岸堤防及护堤地，堤防外侧管理保护范围根据河道的现状由河道主管部门会同规划部门确定。盘龙江、大观河为堤防岸外侧（距离河堤）各15公尺，金汁河、玉带河为堤防岸外侧各10公尺，一般河渠为堤防岸外侧各5公尺。

第十四条  凡经划定的河堤用地，均由河道堤防管理部门主管。原已占用的应按本办法规定，重新办理手续。

第十五条  禁止任何单位、个人损毁堤防、护岸、闸坝等水工程建筑物和防汛设施，水文监测和测量设施，河岸地质监测设施以及通道、照明等设施。

第十六条  河道上的涵洞、闸门等设施，由市政公用局河道主管部门指定专门单位进行管理。禁止任何单位和个人损坏、偷盗和擅自拆除。

第十七条  禁止在河道范围内堆放、倾倒、掩埋、排放污染水体的物质及宰杀牲畜；禁止在河道内清洗装贮过油类或有毒污染物的物体和容器。

第十八条  在河道管理范围内，禁止修建围栏、阻水渠道、阻水道路，种植农作物、放牧，设置拦河渔具，禁止向河道内弃置矿渣煤灰、建筑材料、泥土、垃圾、粪便等。

禁止在堤防和护堤地建盖永久性、半永久性建筑物或临时棚点，原已建盖的，要限期清理取缔。禁止任何单位个人在河堤地开渠、打井。挖窖井，葬坟、晒场、存放物品、开采地下资源、考古发掘，以及开发集市贸易活动。

第十九条  遇有特殊情况需在河道范围内进行下列活动，必须经河道主管部门批准，办理手续，并按附表标准缴纳费用后，方可施工：

（1）钻探、破堤建桥；

（2）建盖临时货亭棚屋或其他建筑设施，在河堤岸滩地存放物件；

（3）挖砂、取土；

（4）在河道、堤防开采地下资源及进行考古发掘。

第二十条  护堤林木由河道主管部门组织和委派其他单位营造和管理，任何单位个人不得侵占、砍伐或者破坏。

第二十一条  排污单位设置和改造河道排污口，在向其他部门申报前，应事先征得河道主管部门同意，原已设置的排污口、排污单位应向管理部门重新办理手续。

## 第四章  河道清障

第二十二条  河道管理范围内的阻水障碍物以及违章建筑物，按照"谁设障、谁清除"的原则，由设障部门在规定的限期内清除。逾期不清除的，由河道管理部门派人清除。所发生的费用由设障者全部负担。

第二十三条　对原壅水、阻水严重的桥梁、引道、码头和其他跨河工程设施，根据规定的防洪标准，由产权单位在规定的期限内改造或者拆除。

第二十四条　凡属历史原因在河堤护岸所规定的范围内建盖的永久性、半永久性的建筑物，在向规划及其管理部门办理改造、修建、设置等批准前，应及时向河道管理机关申报备案办理有关手续。未经河道主管部门批准的，均视为违章行为。

## 第五章　经　费

第二十五条　河道堤防的维修、养护及防汛抢险等岁修费用，按照分级管理的原则，由市、区财政列入年度财政预算。每年河道建设、整治和维修等的计划，由市河道管理部门按设施量下达，各分管部门组织实施。

第二十六条　受益范围明确的堤防、护岸水闸、泵站等，河道管理部门可以采取集资的方法向受益单位、集体、个人收取河道工程修建维护管理费。收费标准按国家规定的《市政工程定额》或河道工程修建和维护管理所发生的实际费用确定。

第二十七条　河道管理机关收取的专项经费，用于河道堤防工程建设、管理维修和设施的更新改造，专款专用。结余部分可以结转使用，任何部门（个人）不得截取挪用。

## 第六章　奖励与惩罚

第二十八条　符合下列条件之一的单位和个人，由河道管理部门给予奖励：

1. 模范执行本办法或同违法行为作斗争有显著成绩的；

2. 在防汛抢险中做出成绩的；

3. 保护开发和科学利用江河资源做出显著成绩的；

4. 发动和组织单位和群众搞好河道堤防管理取得显著成绩的。

第二十九条　对违反本办法规定的单位和个人，由河道管理部门视情节轻重分别给予批评教育，限期改正，赔偿损失，承担有关费用、罚款、取缔、通报等处分。

损坏堤防、护岸和河道设施或造成河道淤积的，除给予处罚外，由责任单位（人）负责修复、清淤并承担所发生的费用。

第三十条　凡拒付应缴纳的费用，属单位的，由其开户银行根据市政公用局及委托的河道管理部门的通知代扣；属个人的，由其所在单位代扣。银行及各有关单位应协助办理。对责任单位或个人的经济赔偿和罚款，要从其自有资金中支付。

第三十一条　不服处罚决定的，可在接到通知之日起十五日内向做出处罚决定的机关的上一级机关申请复议。对复议不服的，可直接向人民法院起诉。期满不起诉又不履行的，由做出处罚决定的河道主管机关申请人民法院强制执行。

第三十二条　河道管理机关工作人员玩忽职守，滥用职权，徇私舞弊的，由其所在单位或上级主管机关给予行政处分。触犯刑律的，依法追究刑事责任。

## 第七章 附 则

第三十三条 本办法处罚的具体办法和标准，由昆明市市政公用局另行制定。

第三十四条 八个郊县可参照本办法执行，或根据本办法精神结合本地实际，制定本县的管理办法。

第三十五条 本办法自公布之日起执行，由昆明市市政公用局负责解释。原昆政发〔1987〕120号文《昆明市人民政府关于河道管理的通告》同时废止。

### 占用河堤建盖临时设施（货亭、棚屋等）收费标准

表文献-1

| 种 类 | 每天每平方米／元 | |
|---|---|---|
| | 批准期限内 | 批准延期 |
| 河堤货亭 | 0.15 | 0.25 |
| 河堤工棚 | 0.10 | 0.15 |
| 河堤堆放建筑材料 | 0.075 | 0.12 |
| 河堤施工围栏 | 0.06 | 0.10 |
| 备 注 | 现场清理预备金（每平方米20元）。超出批准限期获延期的，按收费标准加收60%的占堤费 | |

### 占用河道开采地下资源收费标准

表文献-2

| 种 类 | 单 位 | 单 价（元） |
|---|---|---|
| 破堤新建桥 | 每天每平方米 | 15 |
| 新建码头、排污口 | 每天每平方米 | 20 |
| 采砂、取土、弃置砂石和淤泥 | 每天每平方米 | 10 |
| 钻探、开采地下资源，考古发掘 | 每天每平方米 | 25 |
| 备 注 | 现场清理预备金（每平方米） | 30 |

# 昆明市人民政府治理滇池集资公告

**（1993年2月23日昆明市人民政府以"昆政发〔1993〕46号"文件印发）**

滇池水系是我国十三个重点保护水系之一，古往今来，滇池对维护昆明的繁荣和发展发挥了不可替代的作用。但是，长期以来，由于多种原因，造成滇池水质日趋恶化，已危及昆明城市用水，制约着昆明市国民经济、社会的发展。为加快综合整治滇池的步伐，根据《滇池保护条例》有关规定，特公告如下：

一、增加投入，加快滇池治理步伐，保护好滇池，是全市人民面临的一项紧迫而重大的任务。为此，需要尽快实施滇池防洪保护和污水资源化工程，外流域引水济昆工程，城市污水处理和供排水管网改造工程、草海底泥疏挖工程和滇池流域环境防护林体系建设等项重大治理项目，遏制滇池水源恶化趋势，为昆明加快经济发展和全方位对外开放提供更多的水资源和创造良好的自然环境。

二、实施滇池治理和保护措施是一个庞大的系统工程，需要巨额资金，仅靠财政投入是远远不够的，为最广泛多渠道筹集资金，昆明市人民政府决定设立滇池治理基金委员会，制定《滇池治理基金筹集办法》，接受赞助并发行集资奖券。

三、治理滇池，保护滇池，是利在当代，功垂千秋的大业。凡驻昆明的机关、企事业单位、部队、学校、其他组织和常住、暂住、寄住人口，都有治理和保护滇池的责任和义务。滇池治理基金委员会竭诚欢迎和接受国内外各类组织、各界人士、台港澳同胞和海外侨胞为治理和保护滇池提供赞助。

四、市人民政府和滇池治理基金委员会将根据赞助金额（实物作价计算）的多少，分别情况，对提供赞助的组织和个人给予立碑铭记、颁发奖章和荣誉证书等奖励。具体办法由滇池治理基金委员会另行公布。

五、凡在本公告公布前各有关单位已接受赞助用于滇池治理的现金和实物，请与滇池治理基金委员会办公室联系办理移交手续，列入滇池治理基金。

办公室地点：市政府大院四号楼二楼，电话：3131150

特此公告

# 滇池污染综合治理方案

**（1993年3月3日云南省计划委员会、云南省环境保护委员会、昆明市人民政府研究制定）**

滇池是昆明人民繁衍发展的摇篮，是具有多功能的高原湖泊，也是维持昆明城市生态系统平衡的重要条件。1972年，周总理视察昆明时，曾将滇池喻为云南高原的掌上明珠。然而，目前，滇池正面临着严峻的水体污染和水资源短缺危机。长期以来，党中央、国务院和省委、省政府、昆明市政府对滇池的治理和保护十分重视，云南省和昆明市对滇池流域的环境污染问题，采取了许多措施，包括法律的、行政的、经济的、技术的和宣传教育等手段，开展了积极的治理和保护工作，收到了一定成效。

但是，由于我们治理滇池污染的速度远远跟不上污染发展的速度。我们对滇池污染的治理虽然做了努力，但步伐仍显得过于缓慢，治理措施显得不够有力，污染的状况未能得到有效控制，滇池的污染依旧日趋严重。为此，我们决定采取重大措施，加大投资强度，尽快扭转治理速度慢于污染速度的局面。否则再过三五年，就会出现难以收拾的局面，从而危及当代，愧对子孙。对此，省、市政府十分重视，于1993年4月15—16日和志强省长在昆明海埂主持召开现场办公会，集中研究了治理滇池污染问题，统一了思想，达成了共识，部署了工作，并指出，综合治理滇池的总体方案是省市多部门、多学科科技工作者、专家多年研究、辛勤劳动的成果，经过省内外专家上百次的咨询，为综合治理滇池提供了较为翔实的资料和可靠的科学依据。方案提出分三步实施的步骤和量化目标是基本可行的。

生态环境是全球关注的重大问题，保护环境是我国的一项基本国策，治理滇池污染是我们这一代人的历史重任。要依靠全社会各方面的共同努力，打好治理滇池总体战，还滇池的本来面目，让高原明珠重放异彩，交给后代一个洁净美丽的滇池，完成历史赋予我们这一代人的历史使命。

## 一、国内外水资源概况

水资源紧缺是对当前和今后人类社会发展的一个严峻挑战。世界水资源分布不均衡、人口增长和都市化发展、生活和工农业用水的不断增长以及世界人口分布不均，是造成这种危机的主要原因，而日趋严重的环境污染更加剧了水资源供需的矛盾。

全球有9000立方千米（$9 \times 10^{12} m^3$）的水可供人们使用。目前，全球年用水量已经起过4000立方千米（$4 \times 10^{12} m^3$），平均年增长率为6%。发达国家工业用水量占总用水量的40%，而在发展中国家绝大部分水是用于农业灌溉。我国水资源总量约2.8亿立方米，人均水资源量约2400立方米，只有世界人均的1/4。我国水资源时空分布很不均匀，降水量和径流量年内、年际变幅很大，降低了可利用程度，而且容易造成旱涝灾害。

当今，世界水资源正遭受着来自多方面的污染，而水域的污染和河流、湖泊的富营养化降低了水资源的可利用程度。估计现在约有450立方千米（$4.5 \times 10^{12} m^3$）的污水不断地流入世界各地河流，大部河流已遭到污染。由于水的短缺，人们常常使用劣质水去弥补短缺。全世界有12亿人（占世界总人口的24%）缺少安全饮用水。水污染问题不仅威胁着人类健康，而且也制约了社会、经济的发展。我国大部分河流已受到不同程度的污染，大部分湖泊水库不同程度地出现富营养化现象，饮用水源地受污染的程度也十分严重。目前，解决水资源紧缺和水污染问题已成为世界各国保障社会经济协调发展的一个关键性问题。

滇池地区是全国水荒、水污染和富营养化问题最严重、最突出的地区之一。尤其是滇池位于昆明城市下游，又用作城市重要的饮用水源地，污染物种类多，污染负荷强度大，既存在严重的水资源紧缺，又发生了严重的水污染和水体富营养化，情况十分严峻，已到了非解决不可的时候了。

## 二、滇池流域背景材料

### 1. 滇池流域概况

滇池是我国著名的高原淡水湖泊，位于中国云南省昆明市城市南端，地处长江、红河、珠江三大水系分水岭地带，入湖河渠二十余条。滇池仅有一个出水河口，湖水经人工闸门控制流入螳螂川至普渡河，最后注入金沙江。上述入湖河渠、滇池水体及螳螂川构成了滇池水系，该水系为中国十三个重点保护水系之一，其流域面积为2920平方千米。

滇池湖体略呈弓形，弓背向东，南北长为40千米，东西最宽处12.5千米，湖岸线长163千米，当水位在1886.5米（黄海高程）时，平均水深4.4米，最大水深10.9米，水面300平方千米，库容为12.9亿立方米，滇池北部有一天然湖堤，将其隔为南北两区，中间仅有一航道相通，南部为滇池主体称外海，北部支体称草海。

昆明市是以滇池为依托而演变和发展起来的，由于水资源供需矛盾的日趋严重，自1990年开始，滇池已被作为昆明市的城市饮用水源地，而且还具有工、农业用水、调蓄、防洪、旅游、航运、水产养殖、调节气候和水力发电等多种功能。

滇池流域包括昆明市所辖的三个县，四个区，三十三个乡，十个国营农场，1988年，滇池流域总人口为180.4万人，其中非农业人口109.6万人，占流域总人口的61%。除水面外，人口密度达689人/平方千米，是云南省人口密度最高的地区，流域内人口出生率13.33‰，死亡率5.38‰，人口自然增长率为7.95‰。

昆明是多民族的云南省省会，是全省政治、经济、文化和交通的中心，是全国历史文化名城之一，又是一座以滇池为依托而四季如春、景色秀丽、古迹众多、闻名中外的旅游城市。

昆明市的经济在全省具有重要地位，其工农业总产值及工业总产值分别占全省的32.1%和44.4%。目前，流域内拥有机械、电力、建材、食品、冶金、化工和轻纺企业5000多个。

### 2. 滇池流域水资源状况

滇池流域地处长江、红河、珠江三江分水岭地带，属水资源贫乏地区。随着城市的发展和工农业生产的增长，用水量急剧增加，流城内水资源供需矛盾十分突出。

滇池流域水资源状况主要有以下三个特点：一是流域水资源贫乏。若从人均水资源看，滇池流域人均年径流量仅为302立方米，是世界人均年径流量的1/33，我国的1/9，全云南省的1/23。二是流域内水资源年际变化大，存在着连续枯水和连续丰水的长周期变化。在枯水年，流域缺水靠松华坝水库和滇池的蓄水补充，但在连续枯水年的干季，已出现过几次城市用水只能维持几天的告急。在连续丰水年，由于流域蓄水库容不够，调蓄能力极弱，往往出现泄洪不畅。滇池水位偏高，淹没周围村舍、农田，城市排水不通的情况。三是水资源年内分配极不均匀。滇池水资源的分配主要取决于流域2920平方千米的降水，因而受到年内降水季节变化的制约。雨季水资源占全年的81%，干季占19%。7、8、9三个月竟占全年的60%。最大值出现在8月，占全年的25%，最小值出现在4月，仅占全年的1.2%。

滇池流域多年平均水资源量为5.5亿立方米。目前，年需供水量为6.5亿立方米，其中农业4.63亿立方米，工业1.37亿立方米，生活0.5亿立方米，分别占71.2%、21.1%和7.7%。流域目前缺水1亿立方米，靠松华坝水库和滇池上年蓄水补充。此外，滇池作为循环用水池，在流域水资源重复利用中起着重要作用，其回归水重复利用率达32%。因此流域水资源供需平衡更需要靠多年调节才能得以维持。

近年来城市用水量剧增，原以农灌为主的松华坝水库已成为城市供水水源，原松华坝水库灌区已逐步由滇池提灌代替。同时，以滇池为水源的城市供水量正逐年增加。

**3. 滇池流域污染源状况**

滇池在湖泊自然演替过程中已进入衰老期，湖盆变浅，湖水滞留时间长，水体自净能力弱。滇池处于流域的最低处，其地理位置使得滇池成为流域的最终纳污场所。

目前，滇池的污染类型属有机污染和富营养化类型，污染物主要是生化需氧量、化学耗氧量和氮、磷。

滇池污染源由三部分组成，一是由城市生活污水和工业废水形成的点污染源，主要分布于滇池北部、东部和西南部；二是由降雨径流，湖面降水、降尘及其他人为活动形成的面污染源；三是由沉积底泥形成的湖内污染源。据1988年调查，每年入湖水量为1.53亿立方米，入湖污染物量为26036吨。其中城市和工业污染源占84.2%，面源占15.8%。

流域内共有5000多家工厂，工业污染源占31%。其中20家所排出的污染物占工业污染源的75%以上，成为重点工业污染。

在点污染源中，总氮、总磷、化学耗氧量和生化需氧量分别占入湖总量的69%、55%、88%和90%。在面污染源中，总氮占入湖总氮的31%，总磷占入湖总磷的45%，化学耗氧量占12%，生化需氧量10%。由数据看出，氮、磷营养物质在面源中占有较大的比例，主要由水土流失而造成的。

在湖内污染源中，占滇池面积2.7%的草海，接纳的污水量占45%，污水中40%以上的污染物沉积为底泥，富含有机物营养物，而外海南部受湖滨磷矿开采、加工的影响，底泥含磷较高。草海10cm厚的底泥中，有氮9700多吨，磷4650多吨，外海底泥中的氮、磷多达10多万吨。滇池中底泥在一定条件下向湖水释放污染物，形成巨大的湖内污染源，尤以草海最为严重。

滇池污染预测表明，如果污水排放不加控制，2000年进入滇池的总氮、总磷、生化需氧量、化学耗氧量，将分别比1988年增加92%、85%、140%和147%。草海的水体污染更为严重，将大大超过V类地面水水质标准；外海的水质也将超过V类地面水水质标准，并向严重富营养状态发展，滇池诸多的使用功能将受到全面破坏。

**4. 滇池流域的主要环境问题**

（1）水荒突出

昆明属贫水地区，人均径流量仅302立方米/年，比北京等地还缺水，处于全国极低水平。

滇池流域目前每年需水量6.5亿立方米，而水资源量却只有5.5亿立方米，缺水1亿立方米，靠城市污水和农田回归水直接或间接排入滇池后多次循环使用来弥补。

（2）污染严重

滇池处于昆明城市下游，是昆明城市的唯一纳污水体。目前，每天排入滇池的城市生活污水22万立方米，工业废水20万立方米。大量污染物和营养物的排入，致使滇池水质恶化，水体富营养化异常严重。

目前，滇池草海水体发黑、发臭，丧失了旅游观赏、水产养殖和工业用水的最低功能；而作为使用水源的滇池外海，检测出有机污染物72种，致癌、致突、致畸"三致"污染物12种，严重地威胁着昆明市人民的使用水安全。

（3）生态环境恶化

近三十年来，流域森林资源遭到严重破坏，森林覆盖率已由1951年的37.5%下降到1988年的21.2%。滇池上游的松华坝水源区森林覆盖率由1961年的49.6%下降到1988年的37.7%，生态环境破坏严重。

由于森林破坏、水土流失加剧，侵蚀强度由低等级向高等级演化，水土流失面积已达964.96平方千米，占流域面积的36.83%。水土流失加剧，导致湖泊水库淤积严重和水质恶化，破坏农业生态环境，影响农业生产，并制约流域水资源的开发利用。

（4）城市防洪标准偏低

目前，昆明城市和滇池的防洪标准只达到20年一遇，下游滇池出口河螳螂川只达到10年一遇，流域调洪蓄水能力极弱，抗御自然灾害能力极差。

综上所述，水荒严重、水资源紧缺是昆明面临的重要问题，而滇池污染严重和水土流失、生态环境恶化又加剧了水资源供需矛盾。因此，有效控制滇池污染，改变流域生态环境，是解决滇池水资源供需矛盾，解除由此而给昆明市社会、经济发展，对外开放和投资环境造成威胁和制约的关键。

## 三、综合治理总体方案

### 1.综合治理指导思想和治理目标

（1）指导思想

综合治理滇池的指导思想是以工程治理为主、生物治理为辅，依据生态规律，采取相应的综合整治措施，使受到破坏的滇池流域生态系统得以改善和恢复，并按照目标导向，总量控制、全面规划、系统设计、分步实施、加强管理的原则，在社会经济发展和环境保护战略目标指导下，制定滇池综合治理总体方案。

（2）治理目标

滇池综合治理的目标是：从现在起，用18年时间，投入30亿元，分近期、中期、远期三个阶段，完成滇池流域的根本治理。

近期（1993—1995）目标是，减缓滇池水质及流域生态环境恶化的速度。城市污水处理率达60%；完成流域内重工业污染源（20个）的治理；改善饮用水水质；实现滇池水域分隔，改变流向，滇池水质控制在国家地面水环境质量标准Ⅳ类以内；使滇池面山森林覆盖率达30%；流域水土流失面积减少到20%。

中期（1996—2000）目标是，基本控制住滇池污染和流域生态环境的恶化趋势。城市污水处理率进一步提高到80%以上；滇池水质基本达到Ⅲ类；松华坝及其上游水资源利用率达80%以上，实现分质供水，优水优用，保证使用水的安全；实现流域水资源在水质水量上的上中下游联合调控及优化调度；滇池面山森林覆盖率达35%；松华坝水源保护区森林覆盖率达54%；流域水土流失面积减少到18%。

远期（2001—2010）目标是，进一步改善滇池水质，恢复流域生态环境。滇池水质达到Ⅲ类；完成小流域生态农业工程和面污染源控制工程；滇池面山森林覆盖率达到45%；松华坝水源保护区森林覆盖率达60%；流域水土流失面积减少到15%；基本实现流域生态系统良性循环综合治理总体方案。

（3）技术路线

综合治理滇池污染的技术路线是针对不同环境问题，依据滇池水环境容量和功能，按照污染负荷总量控制原则，采用一系列的工程技术和生物技术，结合加强环境管理，达到综合治理的总目标。

综合治理滇池工程项目的布局，按流域不同的环境保护区划来安排。按照不同的社会经济发展状况，自然地理特征和环境功能，流域共分为5个功能区：松华坝水源保护区，滇池水源保护区，滇池风景旅游区，磷矿开发和生态农业保护区，城市及工业污染重点整治区。依照各功能区的开发利用方向和保护目标，实施不同的工程技术及管理措施对城市生活及工业点污染源的治理，采用工程技术结合管理的方法，对污染源进行工程控制的同时，调整行业结构及城市、工业布局，推广清洁工业生产工艺，提高循环用水率，限制使用含磷洗涤剂，控制城市发展速度和规模，减少污染物产生量。

对面污染源的治理，除采用工程技术和生物技术减少水土流失外，要推广少废农业技术，调整农、林、牧业结构，合理利用土地，减少土肥流失的系统工程措施。

对湖内污染源的治理，用疏挖入湖河道和湖内底泥、水生生物净化、增加农业提灌的方法，减少底泥污染，使湖水水质得到改善。

在水资源开发利用方面，除采用工程措施，建设一系列水利工程设施，保证水资源调控、调度正常运行外，还要制定一系列优化调控、调度方案及管理措施，达到水质、水量上中下游联合调控的目的。

此外，采用流域绿化——生态农业技术、湖泊恢复技术和强化流域管理，达到恢复流域生态良性循环的目的。

**2.综合治理总体方案**

综合治理滇池总体方案的工程项目安排基本方法包括："分流截污、防洪调蓄、优水优用；疏浚清淤、减污增容，植树造林、涵养水源，引水济昆、新辟水源"，据此要开展的工作，包括点污染源治理、面污染源治理、湖内污染源治理和水资源优化调控、调度四大类共二十六项工程。这些工程的实施是解决滇池及其流域的环境问题，实现滇池流域生态亲统良性循环的基本保证。

综合治理滇池工程项目总体设计见图1。

**3.综合治理工程建设的理由**

造成湖泊污染和富营养化的因素很多，它包括人为因素和自然因素。对于情况更为复杂多样的滇池，其污染和富营养化的控制，采取任何单项治理措施都是达不到目的的，只有采取多种途径的治理，才能改善和恢复滇池生态环境。因此，滇池污染的治理是个系统工程，综合治理项目建设的理由如下：

（1）滇池既是昆明市的主要水源地，又是城市污水的唯一受纳体。由滇池北部进入水体的大量污染物，由北向南流动、蔓延，从而污染了整个滇池水体。这种特点决定了一般的治理措施难以改变整个滇池的水污染状况和水质状况。因此，必须实行水域分割改变水流方向，实施滇池防洪保护污水资源化工程（草海隧洞输水系统工程），变蓄污排清为蓄清排污，增大滇池调蓄能力，以提高城市防洪标准，改善滇池水质。

（2）目前昆明城市污水是以合流制河渠方式排入滇池，成了滇池的主要污染源。点源日均排污水量42万立方米，年排污1.53亿立方米，占入湖总水量的21%，但输入生化需氧量、化学耗氧量、总磷和总氮却分别占入湖总负荷的90%、88%、55%和69%。因此，削减点污染源入湖污染负荷是治理滇池污染的关键。

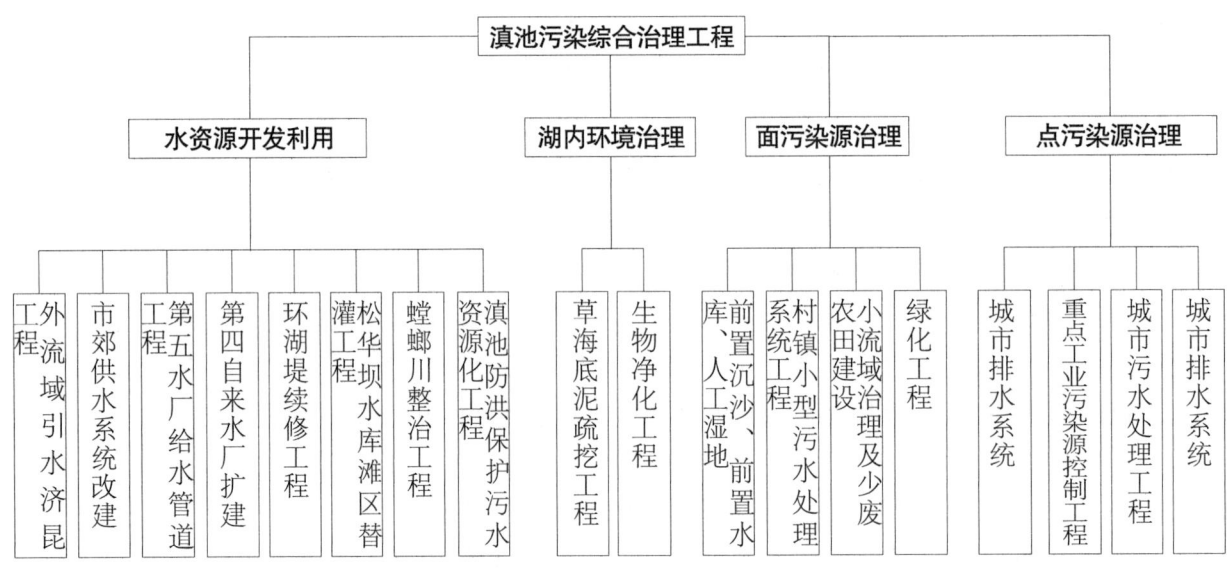

图1 综合治理滇池工程项目总体设计框图

昆明市至今只建设了一座日处理规模仅为5.5万立方米的城市污水处理厂，污水处理系统的建设远远不能满足治理目标的要求。

（3）滇池水体的污染主要是有机污染和富营养化，尤以富营养化更为突出。为改善滇池水质，必须控制磷、氮营养物，特别是控制向湖泊水体的输入。所以，要治理入湖污水，其处理系统工艺必须以削减磷、氮营养物，特别是以削减磷负荷为主要控制目标。

（4）现在昆明市排水系统的服务人口130万，2000年将发展为180万。全市现有九个合流制排水系统，均由历史上农业灌溉河渠逐步演化而成，水力条件极差；另外，由于多年失修，洪水季节排水更为困难。因此，对排水管网的改造与完善，实行清污分流，是污水处理系统工程的重要内容。

（5）滇池流域陆地径流面积有2920平方千米。五十年代初期，森林覆盖率为37.5%，现下降到21.2%。其中松华坝水源保护区的森林覆盖率历史上高达过65%，现在下降为37.7%。上游植被减少，水土流失问题严重。经调查，每年入湖泥沙40万吨，其中最严重的是滇池南部和北部，输入量分别占总量的56.3%和24.7%，三十多年来湖床平均被抬高了47厘米。

另外，由于水土流失和降雨产生的农田径流（面源）年输入滇池的总磷、总氮、化学耗氧量和生物需氧量数量分别为204吨、1469吨、2440吨和908吨，分别占总输入负荷的45%、31%、12%和10%。所以面源污染负荷对滇池富营养化的加重也是相当突出的。

鉴于上述，为涵养水源，减少泥沙流失，削减磷、氮营养物的输入，必须建设绿化、沉沙和除磷除氮的面源控制工程，并建立村镇小型污水处理系统，控制滇池沿岸村镇生活污水对滇池的污染。

（6）排入滇池的城市污水有60%注入草海（内湖），致使过去清澈见底、水可饮用的草海严重污染，水色绿黑、透明度极低、味腥臭、藻类疯长，水体异常富营养化。注入草海污水中的总磷约有70%沉积湖底，富含氮、磷和重金属的底泥通过再厌氧分解等生化作用，使底泥成为向湖水扩散、释放污染物的内污染源。因此，滇池底泥疏挖工程需尽快开展。

（7）目前，昆明市年清运垃圾30万吨，未经任何处理，而仅实施集中裸露堆放措施。垃圾的成分复杂，含有多种重金属、营养物、有机物和有害微生物等等。这些物质经降雨淋溶，不仅溶出而且发生复杂的生物化学反应，由此产生的污染物，不仅对土壤造成严重的污染，而且随地下水和地表径流最终大部分进入滇池。从防治污染扩散和保护滇池考虑，对城市垃圾采取无害化处理势在必行。

（8）滇池流域是一个贫水地带，水资源量的短缺制约着昆明市经济与社会的发展。然而，滇池是一个多种功能的湖泊，必须在有限的水资源条件下，首先考虑保证饮用水的功能，又还必须协调好防洪、蓄水、工农业用水、养殖、旅游和航运等功能问题。这些问题，有的直接涉及滇池水体、有的涉及昆明城市市政公用建设、有的涉及滇池流域、有的又涉及滇池下游地区等等。因此，水资源的合理开发利用是综合治理滇池污染的一个重要内容，工程建设的目的在于从区域水资源合理分配入手，对滇池流域水资源充分地实行科学调度、调控，在以保护为主、开发利用与治理并重的原则下，让不同水质的水服务于不同用户，达到"分质供水、优水优用"，实现水资源多年调控，从而使水资源短缺、水质恶化的矛盾得到合理的解决。

## 四、综合治理工程项目及实施安排

### 1.综合治理工程项目内容

综合治理工程项目名称、规模、工艺及投资见表1

**滇池综合治理项目表**

表文献-3

| 项目类别 | 项目编号 | 项目名称 | 规　模 | 工　艺 | 投　资（万元） |
|---|---|---|---|---|---|
| 1. 城市排水系统工程 | （1） | 城市污水系统 | 80 万 $m^3$/ 天 | | 36000 |
| 2. 城市污水处理工程 | （2） | 第二污水处理厂 | 10 万 $m^3$/ 天 | $A^2/O$ | 10000 |
| | （3） | 第三污水处理厂 | 15 万 $m^3$/ 天 | 间歇式生物处理 | 15000 |
| | （4） | 北郊污水处理厂及土地处理系统 | 13 万 $m^3$/ 天 | $A^2/O$ 土地处理 | 15000 |
| | （5） | 东郊污水处理厂 | 7.5 万 $m^3$/ 天 | $A^2/O$ | 10000 |
| | （6） | 第一污水处理厂扩建及排水管网改造 | 7 万 $m^3$/ 天 | 氧化沟 | 3000 |
| 3. 城市垃圾处理 | （7） | 城市垃圾处理厂 | 2400t/ 天 | | 7200 |
| 4. 工业污染治理 | （8） | 重点工业污染治理 | 共 20 家 | | 10000（自筹资金） |
| 小　计 | | | | | 96200 |

注：表格左侧竖排文字为"一点污染源治理项目"

续表

| 项目类别 | | 项目编号 | 项目名称 | 规 模 | 工 艺 | 投 资（万元） |
|---|---|---|---|---|---|---|
| 二面源污染治理项目 | 5. 绿化工程及农业生态建设工程 | （9） | 环湖林带 | 240 公顷 | 工程造林 | 120 |
| | | （10） | 小流域治理及少废农田治理工程 | 20000 公顷 50 万亩 | 工程造林 | 11000 |
| | | （11） | 滇池流域绿化工程 | 84975 公顷 | 工程造林 | 25000 |
| | | （12） | 前置水库、前置沉池和人工湿地系统 | 133.3 万 $m^3$ 19 万 $m^3$ | 重力沉降、人工湿地、生物净化 | 9500 |
| | | （13） | 村镇小型污水处理系统工程 | | 生物工艺 | 10000 |
| | 小 计 | | | | | 55620 |
| 三湖内环境治理项目 | | （14） | 滇池大型水生态植物恢复工程 | 300 公顷 | | 1000 |
| | | （15） | 水葫芦工程 | | | 200 |
| | | （16） | 草海底泥疏挖 | 1000 万 $m^3$ | | 25000 |
| | 小 计 | | | | | 26200 |
| 四水资源开发利用项目 | 9. 水资源化调控 | （17） | 环湖堤续修工程 | 40km | | 3310 |
| | | （18） | 螳螂川整治工程 | 40km | | 10000 |
| | 10. 水资源优化调度 | （19） | 松华坝水库灌区替灌工程 | 5 万亩 | | 700 |
| | | （20） | 盘龙江整治工程 | 49km | | 1600 |
| | | （21） | 滇池防洪保护污水资源化工程—草海隧洞输水系统工程 | 40$m^3$/s | | 28000 |
| | 11. 供水工程 | （22） | 第四自来水厂扩建 | 50000$m^3$/ 天 | | 600 |
| | | （23） | 第五自来水厂松华坝给水管理 | 32km | | 1800 |
| | | （24） | 市郊供水系统改造 | | | 12000 |
| | 12. 外流域引水济昆工程 | （25） | 引水工程 | | | 52000 |
| | 小计 | | | | | 110510 |
| 五 | 科研监测 | （26） | 科研监测系统 | | | 7309 |
| | 总 计 | | | | | 295330 |

（1）城市排水系统工程建设

城市排水系统工程是对城市建设规划区范围内的排水系统实行清污分流，排水系统管网化，以利于污水处理厂发挥其处理效率的一项工程。城市排水系统的总建设规模为80万$m^3$/日，均按污水和雨水，进行分流制管道建设。实施进度与污水处理厂的建设同步进行，总投资为3.6亿元。

（2）第二污水处理厂

第二污水处理厂是为处理明通河水系污水而建设。明通河污水直排入滇池外海，对滇池饮用水源区水质造成直接影响。该厂规模为10万$m^3$/日，总投资1亿元，采用$A^2$/O氧化沟工艺。

（3）第三污水处理厂

第三污水处理厂处理运粮河系统污水，规模为15万$m^3$/日，工程投资1.5亿元，采用ICEAS（间歇生化）工艺。

第二、三污水处理厂的建成，将使城市污水处理率提高到60%，有效地减缓了城市污水对第五自来水厂水源地的污染。

（4）北郊污水处理厂和土地处理系统

北郊污水处理厂处理茨坝片污水，规模为13万$m^3$/日，投资1.5亿元，采用厌氧—好氧生化处理和土地处理工艺。

（5）东郊污水处理厂建设

东郊污水处理厂处理东白沙河水系污水，规模为7.5万$m^3$/日，投资1亿元，采用厌氧—好氧生化处理工艺。

北郊、东郊污水处理厂的建设，将使城市污水处理率达到80%以上。将可以进一步控制滇池水质恶化，使其富营养化状态得以改善。

（6）第一污水处理厂扩建及排水管网改造

第一污水处理厂处理船房河系统污水，原设计规模为5.5万$m^3$/日。由于管网不配套等原因，目前仅达到3万$m^3$/日规模。改造后的能力要从现在的3万$m^3$/日提高到7万$m^3$/日，该项目总经费为3000万元。

（7）城市垃圾堆肥厂

建设5个城市垃圾堆肥厂，日处理规模2400吨，实现城市垃圾分类处理、综合利用。工程投资为7200万元。

（8）重点工业污染源治理

对污染严重的20家企业及流域内的其他工业企业进行一次完整的调查，提出"八五"期间达标的方案，结合技术改造逐步实施。"八五"时期，污染严重，又无法治理的企业，视情况实行关、停、并、转、迁。由企业自筹经费1亿元。

（9）环湖林带工程

沿滇池环湖堤，以工程造林方式，建成240公顷环湖林带，达到防风固堤，防止上游水土流失的目的。工程投资120万元。

（10）小流域治理和流域少废农田建设工程

完成大河、柴河小流域生态治理工程，控制水土流失。在滇池沿岸农业区，实施生态农业计划，推广高效低毒和少废农业生产方式；发展农村沼气，推广太阳能。工程建设补助投资为11000万元。

（11）滇池流域绿化工程

滇池流域绿化工程总规模为84975公顷，其中新造防护林、用材林、炭林、经济林48942公顷，占总规模的58%；疏林地补造13596公顷，占总规模的16%；幼林地和灌木林地管护21597公顷，占总规模的25%；矿区复土植被和侵蚀植被恢复840公顷，占总规模的1%；绿化工程造林面积将占宜林地面积的

29.1%，加上原有林地，流域的林地面积将占宜林地面积的100%。

绿化工程在近期主要完成松华坝水源保护区绿化工程，滇池沿岸环湖林带工程和大河、柴河小流域治理绿化工程，面积达27950公顷，占总绿化工程的33%；中期完成滇池东部上游水源保护区绿化工程和城市近郊、远郊面山绿化工程，面积20000公顷，占总绿化工程的24%；远期完成滇池风景旅游区和磷矿开发生态农业保护区的疏林地补造工程和灌木林地、幼林地管护，面积37024公顷，占总绿化工程的43%。工程总投资2.5亿元。

（12）前置水库、前置沉沙池和人工湿地系统工程

在点污染源得到有效控制之后，面源的问题将显得突出，建设前置水库、前置沉沙池和人工湿地系统控制面源对滇池的污染。在滇池沿岸建设2个沉沙池和3个前置库，并结合人工湿地，有效地去除面源污染。工程总投资为9500万元。

（13）村镇小型污水处理系统工程

该工程主要控制滇池沿岸人口和对集中的村镇直排入滇池的生活污水，如官渡、呈贡、昆阳、白鱼口、龙门村、西苑一带对滇池水质影响较大的污染源，以及在昆明城市排水系统之外的海埂疗养区、度假村等直排污染源。该项目在近期建成一批示范工程，中期、远期逐步实施。村镇小型污水处理系统采用高效节能的生物净化工艺和规范化成套设备。总投资1亿元。

（14）滇池大型水生植物恢复工程

滇池大型水生植物恢复工程对于开发滇池水环境容量、提高水体自净能力起着重要的作用。该工程恢复草海和外海中以大型沉水植物为主的水生植被。该工程措施是恢复滇池生态环境的重要组成部分。工程投资为1000万元。

（15）水葫芦工程

水葫芦工程由草海水葫芦工程和外海水葫芦工程组成，分别布置在内草海、外草海船房河口和外海大青河口。其中，草海规模150公顷，为草海总面积的18.3%，外海大青河口150公顷，共计300公顷。包括养殖和加工两部分。投资200万元。

（16）草海底泥疏挖工程

截污工程实施后，为尽快恢复水质，提高草海水域环境的自净能力，必须对草海底泥进行疏挖，清除水体内污染源，实施草海底泥疏挖工程。草海底泥疏挖量为1000万立方米，工程投资为2.5亿元。

（17）环湖堤续修工程

滇池湖岸线长163千米，现已建成砌石防护堤123千米（包括部分入湖河道的护砌），还需修整防护堤25千米，新建15千米以及一些节制桥闸、各种排洪涵洞，排涝泵站等配套设施。投资为310万元。

（18）螳螂川整治工程

螳螂川中滩闸至滚龙闸间的12.5千米河段，目前仅有泄洪能力80m³/s。滇池实行五级控制水位运行后，按五十年一遇洪水，此河段应有泄洪能力95m³/s，所以需要整治，扩大泄洪能力。此外，通仙桥至温青闸河段17.5千米和瓦窑至麦龙闸河段10千米均属坝区河床，河段曲折，坡度较缓，只要遇到大于十年一遇的洪水时，将淹没周围农田，危及昆钢正常生产和安宁县城安全，故也需要进行整治。投资为1亿元。

（19）松华坝水库灌区替灌工程的目的是为了实现优水优用，通过建设龙江12级泵站，调用滇池水灌溉原松华坝水库灌区5万亩农田，使松华坝水库的水用于城市供水，实现松华坝滇池联合调度。工

程现已实施，还需补充投资700万元。

（20）盘龙江整治工程

为了实现松滇联合调度，必须对盘龙江进行加固、清淤、扩宽等综合整治工程，以提高排洪能力，保证松华坝水库安全运行。该工程整治河道共49千米，工程投1600万元。

（21）滇池防洪保护污水资源化—草海隧洞输水系统工程

本工程建设的目的是改变滇池水流方向，变排清蓄污为排污蓄清，改善滇池的水质，提高滇池的防洪能力，增加滇池的调蓄水位，使沿湖防洪保证率从5年一遇提高到20年一遇的标准。草海外排水供下游工业用水和螳螂川沿岸农灌用水。

该项目一期工程包括船闸、节制闸和西园隧洞以及沙河整治。

二期工程包括集中截污、葡萄桥隧洞、马料河水库三部分。集中截污与城市污水处理厂结合实施。葡萄桥隧洞、马料河水库工程实施后可增加昆钢供水量及提高用水保证率，实现污水资源化。该项目总投资为2.8亿元。

（22）第四自来水厂扩建工程

为了充分利用松华坝水库优质水作为城市供水水源，以松华坝为水源的第四自来水厂在松华坝加固扩建后，将其规模从现在的5万m³/日扩大到10万m³/日。总投资为600万元。

（23）第五自来水厂松华坝给水管道工程

目前，以滇池为水源的第五自来水厂水质尚不能满足饮用水源的水质要求，影响了水厂正常运行和供水水质。在松华坝扩建加固工程完工后，一般年份汛期仍有大量优质水经盘龙江泄入滇池。修建第五自来水厂松华坝水源给水管道后，第五水厂可在汛期使用松华坝水库的水，保证水厂正常运行，改善供水水质。该供水管道长约33千米，最大日供水能力20万立方米。工程投资1800万元。

（24）市郊供水管网改建工程

按优水优用、分质供水的原则，实现库水入家，使松华坝及上游供水量达到每年1.7亿立方米；另一方面在除市中心区及海埂外的马街、普吉、金马、茨坝、羊方凹、石坝几个市郊工业区进行供水系统改造，实现生活、工业分系统供水。将目前以松华坝水库为水源的二、四水厂扩建后作为饮用水水厂，而将以滇池为水源的三、五、六水厂作为工业用水水厂。工程投资1.2亿元。

（25）外流域引水济昆工程

从长远发展的观点来看，为使滇池水量保持平衡，实行良性循环，抑制和改变水质恶化状况，保证昆明生活、生产用水，需要研究从外流域引水济昆工程问题。引水工程现已提出四个方案，即从金沙江、牛栏江、南盘江（柴石滩）或抚仙湖调水入昆，并在松华坝水源保护区内修建调水增容的调节水库。引水济昆工程估计投资5.2亿元。近期应尽快安排前期可行性研究。

（26）科研监测系统建设

该项目包括自动监测控制中心及水质监测船等建设费用，包括近期保护滇池应急措施的费用，并安排部分急需的科研项目以及引进技术和设备，投资为7300万元。

**2. 治理工程项目的实施安排**

综合治理滇池污染既是一项非常紧迫的任务，又是一项长期而艰巨的工作。治理工程项目的安排既要分轻重缓急，有步骤分阶段进行，又要注重工程项目的有机结合，抓住主要矛盾，从解决目前面临的迫切问题入手，重点突破，有针对性地和有序地实施各项工程，并做好一些工程的前期准备工作，治标和治本统筹兼顾，逐步解决流域的环境问题，实现流域生态系统的良性循环。

滇池综合治理工程项目的实施安排分为近期、中期和远期三个阶段。近期实施项目共6个，投资为4.8亿元，占三期总投资的16%；中期实施项目共18个，投资为15.611亿元，占总投资的53%；远期实施项目共7个，投资为9.122亿元，占总投资的31%。除上述工程项目的实施安排外，还应即时安排一些用作为后续工程项目的准备阶段费用。如外流域引水济昆工程和第四、五污水处理厂等，应在近期尽快安排一定的资金开展前期工作，并做好科研及项目申报工作。

治理工程项目实施安排见表2。

一批近期急需建设的项目时间安排如下：

滇池防洪保护污水资源化——草海隧洞输水系统工程第一期工程8月底上报初步设计，今年9月开始技术设计和施工设计，10月底以后完成主体工程施工图，并编制标书，12月初正式破土动工，1995年建成。

第二污水处理厂现在立即动工，1995年上半年竣工；第三污水处理厂今年上半年完成"商务谈判"，做好"三通一平"准备工作，今年底开工，1995年建成；第一污水处理厂扩建及排水管网改造项目，1994年底完成。

重点工业污染源（20家）尽快提出一次完整调查结果和"八五"期间达标方案。

绿化工程造林项目作为"八五"时期的一个重要项目来完成。

外流域引水济昆工程在"八五"期间完成可行性研究。

此外，尽快完成一批相关的重大科研项目，争取早出成果，适应治理滇池的需要，同时要安排资金，制定工程完工前几年控制污染的应急措施。应急措施初步提出以下几项：

（1）开展湖泊杀藻剂的应用研究。研究和引进美国国家环保局批准采用的两种杀藻剂，如能适用于滇池，则很有可能成为一项较好的抑制藻花暴发，保证城市供水的应急措施。

（2）采用人工降雨的方法缓解滇池地区水资源短缺造成的严重供需矛盾。作为一项应急措施，人工降雨有投资省、见效快、效益显著的特点。可以选择适当的地区和规模，适当的季节和气象条件加以实施。

（3）立即开展滇池水体有机毒物污染研究及供水除臭工艺研究。

（4）研究制定适用于滇池的地方水质标准，特别是饮用水有机污染物标准。

（5）制定滇池周围城市排水系统之外的村镇直排分散生活污染源的治理方案，并尽快建成示范工程，为今后的实施打下基础。

综合治理滇池工程前期工作及科研项目具体安排见表3。

## 五、工程效益分析

滇池污染综合治理工程项目实施后，入湖污染总量将得到削减。其中，总磷削减率达68%，总氮削减率达58%，生化需氧量削减率为74%，化学耗氧量削减率为73%。预期到2010年左右，草海将从现在的国家地面水环境质量标准超 V 类水质逐步达到 V 类水质标准（满足农业用水和一般景观要求）；外海将从现在 IV 类水质达到 III 类水质标准（能满足饮用水源、渔业、工、农业用水功能），基本达到综合治理水质目标的要求。水土流失将得到控制，土壤侵蚀总量每年将削减32167万吨；入湖泥沙量每年可减少23.65万吨（按多年平均计算），增加草海库容1000万立方米。

**1. 水污染控制项目效益**

水污染控制项目共16项，其中有点污染源治理项目8项，面污染源治理项目5项，湖内环境治理项目3项。总投资163020万元，工程效益见表4。

除表4所列治理工程项目外、还对湖区20余家重点工业污染源进行治理和改造，使其真正做到不排污或达标排放

### 滇池综合治理工程项目实施阶段安排表

表文献-4

| 时　期 | 项目名称 | 规　模 | 投　资（万元） |
|---|---|---|---|
| 近期（1990—1995） | （21）滇池防洪保护污水资源化一期工程 | 40m³/s | 12000 |
| | （2）第二污水处理厂 | 10m³/天 | 10000 |
| | （3）第三污水处理厂 | 15m³/天 | 15000 |
| | （6）第一污水处理厂扩建、排水管网改造 | 7m³/天 | 3000 |
| | （8）重点工业污染源治理（共20家） | | 10000（自筹资金） |
| | （11）绿化一期工程 | 28000 | 8000 |
| | 合计（6项） | | 48000 |
| | 占总投资比例（%） | | 16 |
| 中期（1996—2000） | （24）市郊供水系统改造 | | 12000 |
| | （1）城市排水系统工程 | | 36000 |
| | （4）北郊污水处理厂及土地处理系统 | 13万m³/天 | 15000 |
| | （5）东郊污水处理厂 | 7.5万m³/天 | 10000 |
| | （15）水葫芦工程 | | 200 |
| | （16）草海底泥疏挖 | 1000万m³ | 25000 |
| | （17）环湖堤续修工程 | 40km | 3310 |
| | （18）螳螂川整治工程 | 40km | 10000 |
| | （19）松华坝水库灌区替灌工程 | 5万亩 | 700 |
| | （20）盘龙江整治工程 | 49km | 1600 |
| | （26）科研监测系统 | | 7300 |
| | （22）第四自来水厂扩建 | 50000m³/天 | 600 |
| | （23）第五自来水厂松华坝给水管理 | 32km | 1800 |
| | （9）环湖林带 | 240公顷 | 120 |
| | （21）滇池防洪保护污水资源化工程—草海隧洞输水系统工程 | 40m³/s | 28000 |
| | （11）滇池流域绿化工程 | 84975公顷 | 25000 |
| | （13）村镇小型污水处理系统工程 | | 10000 |
| | （10）小流域治理及少废农田治理工程 | 20000公顷 50万亩 | 11000 |

续表

| 时 期 | 项目名称 | 规 模 | 投 资（万元） |
|---|---|---|---|
| | 合计（18项） | | 156110 |
| | 占总投资比例（%） | | 53 |
| 远期<br>（2001—<br>2010） | （7）城市垃圾处理厂 | 2400t/天 | 7200 |
| | （12）前置水库、前置沉沙池和人工湿地系统 | 133.3万m³19万m³ | 9500 |
| | （10）小流域治理及少废农田治理工程（二期） | 30万亩 | 6000 |
| | （14）滇池大型水生态植物恢复工程 | 300公顷 | 1000 |
| | （25）外流引水引水工程 | | 32000 |
| | （11）滇池流域绿化工程 | 37000公顷 | 10520 |
| | （13）村镇小型污水处理系统工程（二期） | | 5000 |
| | 小计（7项） | | 91220 |
| | 占总投资比例（%） | | 31 |

## 综合治理滇池工程项目前期改造安排表

表文献-5

| 项 目 | 前期工作经费（万元） | 时间安排 |
|---|---|---|
| （1）外流引水引水工程 | 200 | 1993.10—1996.10 |
| （2）滇池流域绿化及少废农田建设 | | 1993.12—1994.12 |
| （3）市郊供水系统建设 | | 1994.04—1994.12 |
| （4）第四、五污水处理厂 | 50 | 1994.04—1994.12 |
| （5）科研项目 | 200 | 1993.06—1994.02 |
| （6）应急措施制定实施 | 600 | 1993.06—1995.06 |
| 合 计 | 1200 | |

## 水污染防治工程污染物去除量

表文献-6

| 工程项目 | 污染物去除量（t/s） | | | | | |
|---|---|---|---|---|---|---|
| | TN | TP | COD | BOD$_5$ | 泥 沙 | 垃 圾 |
| 城市污水处理 | 3819 | 597 | 60388 | 23036 | | |
| 草海水葫芦工程 | 316 | 89 | | | | |
| 绿化工程 | 339 | 30 | | | 131200 | |
| 前置水库 | 89 | 18 | 448 | 281 | 3431 | |
| 前置泥沙池 | | | | | 101944 | |
| 人工湿地 | 613 | 31 | 1168 | 508 | | |

续表

| 工程项目 | 污染物去除量（t/s） | | | | | |
|---|---|---|---|---|---|---|
| | TN | TP | COD | BODS | 泥沙 | 垃圾 |
| 草海底泥疏挖 | | | | | | |
| 城市垃圾处理厂 | 5179 | 765 | 62004 | 23825 | 876000 | 2400t/天 |

### 2. 水资源开发利用项目效益

水资源开发利用项目共计9项，其中水资源优化调控工程3项，水资源优化调度工程3项，供水工程3项，外流域引水济昆工程1项。水资源开发利用项目的建设，充分体现了优水优用的原则。使松华坝增加供水量0.662亿立方米/年，滇池增加供水量1亿立方米/年，使昆明市目前水资源供需矛盾得到解决。实现水资源的多年调节，城市防洪标准从20年一遇提高到百年一遇，加强了流域调洪蓄水能力和抗御自然灾害能力。节省自来水厂运行费800万元/年。

### 3. 生态效益和环境效益

大面积的工程造林使滇池流域的森林覆盖率从现在的21.2%提高到44.6%，提高23.4%；土壤侵蚀指数从449.4下降到24.7，下降率为27.7%；水土流失面积下降46.6%；流域内的水土流失得到控制，大幅度减少了对滇池的面源污染。

垃圾处理厂的建设使城市垃圾处理率达100%，基本实现垃圾无害化，日产日清，改善了城市环境，同时解决了城市垃圾对地下水和地表径流的污染。

随着水污染控制的逐步实施，流域污染状况逐步好转，滇池水质将得到明显的改善和提高，流域生态系统将逐步恢复良性循环。

### 4. 社会效益和经济效益

昆明城市依托滇池而发展，没有滇池就没有昆明。滇池污染综合治理项目从根本上解决了滇池和昆明市的生存和发展问题。工程项目顺利实施后，将获得巨大的经济、社会效益。它不仅治理了滇池污染，改善了滇池水质，增加了滇池流域的水资源开发利用率，保障了昆明市工、农业用水和城市生活用水，而且还提高了昆明的防洪标准，增强了流域抗灾能力。众多工程项目的建设，为待业人员增加了就业机会，随着生态环境的改善，滇池地区投资环境得到改善，第三产业将得到迅速发展。

本建设项目让高原明珠重放异彩，解除了滇池污染对昆明市乃至云南省经济和社会发展的威胁，开创了物质文明建设和精神文明建设的新局面，投资环境的改善将加快云南省和昆明市改革开放的步伐，对云南省经济腾飞和"富民兴滇"战略目标的实现具有重大的现实意义。

## 六、资金筹措及管理

为使滇池综合治理工程得以顺利实施，必须抓好资金筹措和管理这两项工作。

### 1. 资金筹措

按照"从现在起，用18年的时间、投入30亿元，分三个阶段完成滇池流域的根本治理"总体目标，采用多渠道集资办法筹集治理工程所需的30亿元，向国际筹款10亿元，争取中央各部门支持10亿元，省、市筹集10亿元。具体做法是：

（1）织极争取国际金融组织、外国政府和国际财团的优惠贷款。涉外资金的筹措由省、市有关部门负责，成立专门机构负责项目可行性研究工作，将争取国际贷款的事务落到实处。

（2）逐一落实工程项目，通过项目争取多方投资，请求将滇池治理工程纳入国家大江大河治理重点工程计划，争取中央有关部委的支持和国家投资。

（3）请中央批准超计划生产10万箱名优卷烟，其全部利税用于滇池治理。

（4）1987年，国务院明文规定城市维护建设税作为城市市政基础设施的专项资金。昆明市名优烟提价后增加的城市维护建设，请中央批准返给云南专项用于治理滇池。

（5）省、市政府每年拨出一笔治理滇池专项资金纳入预算，坚持到2000年，具体数额经专题研究后再做决定。

（6）动员社会集资用于治理滇池。积极争取国外赠款。重要的社会集资活动应报省、市政府批准。资金筹措方案详见附件。

**2.管理措施**

综合治理滇池污染方案涉及的单位和部门较多，为使各项治理工程落到实处，并得以顺利实施，在工程建设过程中，管理和协调尤为重要。工程建成之后，为了获取最佳工程效益，真正实现治理工程的总体目标，也还必须有一系列管理办法与之配套，滇池污染治理工程的最终成效，将通过科学管理的形式得到充分体现。

具体管理措施如下：

（1）成立省政府治理滇池污染领导小组，作为强有力的权威性指挥机构，负责总体方案和重大项目的审批，协调昆明市不能协调的有关问题，检查、督促治理规划执行情况。整个滇池治理方案的实施，应由昆明市政府全权负责。昆明市政府成立滇池管理局，作为常设机构。

（2）各职能部门应按照省领导小组和昆明市政府的统一部署和分工，负责完成有关工作。省领导小组要与昆明市政府紧密配合，各职能部门和单位之间应该加强团结和协作。

（3）根据新的需要，研究制定和完善有关法规，使滇池治理工程做到有法可依，以确保治理方案的稳定性、连续性，减少随意性，不因政府换届、人事变动而受影响。

坚持依法治湖，进一步修改和完善《滇池保护条例》，制定《滇池保护条例实施细则》，使之成为滇池保护的主要法律依据之一。

（4）滇池流域综合治理总体方案经批准后，将作为今后滇池治理工作逐年实施的基本依据。

（5）抓紧做好各项工程前期工作。依据工程的内容、规模、投资、实施时间顺序分别列入省、市计委的规划、计划之中，前期工作费用必须落实。目前急需开展前期工作的项目有：外流域引水济昆工程，黄石岩水库工程，草海底泥疏挖工程，第四、第五污水处理厂工程，城市管网改造工程等。

（6）在抓紧重大建设项目的同时，要制定工程完工前几年内控制污染的应急措施方案，并开展必要的科学研究工作。

（7）磷是造成湖泊水体富营养化的重要因素。由于含磷污水处理工艺复杂、投资巨大，为保护滇池和我省众多的高原湖泊，应吸取国外先进经验，尽快立法限制含磷洗涤剂的销售，推行无磷洗涤剂的生产和使用。

（8）在昆明市试行城市垃圾分装袋装制，开展对城市垃圾的综合利用研究，改善城市环境、减少对滇池的面源污染。

（9）积极开发环保新技术，加快现有环保科研成果采取指令性、指导性与技术市场相结合的多种形式，将这些新技术尽快推广到滇池污染防治的工作中去。

（10）建立湖泊的环境自动监测系统，加强湖泊环境科研机构，配备先进设备仪器，立题开展对滇池的深度研究。建立滇池流域环境科研和管理数据库，为滇池科学管理提供依据。

（11）调动社会的力量投入滇池治理工程的建设。首先，要组织社会各界，特别是党政机关、社会团体、企、事业单位、部队、武警等多方面的力量来关心支持滇池治理工作。

（12）为使滇池综合治理工程得到广大群众的关心和支持，要加强全民环境意识教育。通过广播、电视、电影、展览、宣传画、小册子、文艺活动、环保夏令营、学术活动等多种形式，广泛宣传滇池污染综合治理工程的重大意义和紧迫性、必要性，提高广大群众的参与意识。

摄制一批以滇池为题材的专题影片和电视片，供国内、外宣传之用，扩大滇池在国内、外的影响，争取各方面的支持。

（13）治理滇池资金必须集中、统一安排使用。由昆明市负责组织治理工程的实施，统一接收和集中管理各个渠道的滇池综合治理资金。凡国际友人、港澳台同胞和海外侨胞捐赠给省、市各有关单位作为治理滇池的资金，都应归口移交昆明市滇池治理基金委员会，以利统一管理使用。

（14）根据生态系统负载定额的观点，城市发展规模应与资源量相适应。在滇池流域这样一个水源不足地区，应适当限制城市规模、控制人口、控制耗水量大的工业、农业的发展。

# 昆明市城市排水设施管理办法

（1996年3月26日昆明市人民政府以"昆政发〔1996〕13号"文件批转执行）

## 第一章 总 则

**第一条** 为配合滇池污染治理，改善滇池流域生态环境，保障排水设施安全运行，加强昆明城市排水设施管理，促进社会经济发展和城市环境改善，根据《中华人民共和国水污染防治法》《中华人民共和国河道管理条例》、国家建设部《城市排水许可管理办法》和《云南省城市排水设施有偿使用收费管理办法》等法规，结合昆明市的实际，特制定本办法。

**第二条** 本办法所称城市排水设施，系指接纳、输送、处理城市生活污水、工业废水和雨水的管网、泵站、闸门、检查井、污水处理厂等设施。昆明市城市规划区范围内接纳城市污水的明渠、排水河道等视为城市排水设施。

**第三条** 昆明市市政公用局是昆明市城市排水设施的行政主管部门，负责城市排水设施行业的管理和领导，昆明市城市排水公司（以下简称排水设施管理部门）在市政公用局的领导下负责城市排水设施的日常运行管理工作。

**第四条** 凡在昆明市城市规划区范围内的排水设施和在城市排水设施防护区内进行有关活动的单位和个人，均适用本办法。

**第五条** 单位和个人产权所有的建筑物连通城市排水设施的支管、检查井等设施，由产权所有者负责养护管理。

## 第二章 排水设施的规划与建设

**第六条** 昆明市城市排水设施专业规划的编制，由市规划办统一负责，市政公用局、市水利局、市城市排水公司等部门参与，报经市政府批准后实施。市政公用局和市城市排水公司对城市规划区内排水工程项目的设计、施工质量可进行监督检查，并参与工程竣工验收。

**第七条** 在进行新区开发或旧城改造时，必须按照国家《室外排水设计规范》，配套建设城市排水设施，配备排水设施管理用房，所需工程投资应纳入新区开发或旧城改造建设工程项目内。

**第八条** 按城市排水规划要求，对新区开发、旧城改造以及新建、改建、扩建的建设项目应实行雨水和污水分流。新建、改建、扩建的项目必须同步建设排水设施，并与主体工程同时投入使用。

## 第三章 排水许可管理

**第九条** 城市排水设施实行有偿使用。凡直接或间接向城市排水设施排水的机关、团体、部队、企业、事业单位、个体工商户及城市居民（以下简称排水户），均应按照省政府云政复〔1995〕108号

《云南省城市排水设施有偿使用收费管理办法》的规定缴纳城市排水设施有偿使用费。我市的具体征收、管理、使用办法由市政公用局会同财政、物价部门另行制定实施。

第十条 排水户实施排水前，必须到市排水设施管理部门申请办理排水许可证。禁止无证将城市生活污水、工业废水排入城市排水设施。

新建、改建、扩建的工程需要接通城市排水设施或变更排水条件的，除按规定办理相应手续外，还必须办理排水许可申报审批手续。

第十一条 工程施工期间向需城市排水设施临时排水的，应向市排水设施管理部门申请办理临时排水许可证，交纳保证金（标准另定），并妥善处理泥沙、杂物等。工程结束经检查验收未造成排水设施堵塞损坏的，退还保证金。

第十二条 暂不具备规定的排水条件，但对城市排水设施正常安全运行尚不致构成严重影响，且具备整改条件的排水户，可申请办理临时排水许可证，并在限期内整治。在规定期限内完成整治，经检查验收合格后正式申请办理排水许可证。

对不符合本办法规定，对城市排水设施构成严重危害的排水户，不予发证。

第十三条 负责办理排水许可证的部门在接到排水户申请时，应尽快告知申报人的申报资料是否齐全、有效，对资料齐全的应在十五天内予以办理或给予答复。

第十四条 排水户在排水许可证有效期满前三个月内，应重新申办换证。

排水户在排水许可证有效期内需要变更排水条件的，必须提前一个月办理排水变更登记手续。

第十五条 排水许可证申请表和排水许可证，使用国家建设部统一规定、云南省建设厅统一印制的标准文本。排水许可证有效期限最长不得超过三年；临时排水许可证有效期限最长不得超过一年，因施工排水而发放的临时排水许可证有效期限原则上不超过施工期限。

## 第四章 排水设施管理

第十六条 禁止下列损害排水设施的行为：

（一）占压排水设施搭建房屋、棚亭及堆放物品；

（二）损坏、穿凿、挪动、堵塞排水设施；

（三）私自取用井盖、井蓖等排水设施；

（四）向排水河道、排水管网及检查井、雨水井内倾倒粪便、垃圾或设置障碍物；

（五）在排水管网覆盖面上取土、植树、埋设电杆及其他无关标志，在检查井、雨水井、井蓖上支砌街沿石、流水石；

（六）在排水管网及检查井、雨水井上擅自扒口，连接支管或乱泼乱倒污水；

（七）将未经处理的含油污水及对排水管网有腐蚀性的污水排入排水设施；

（八）其他损害城市排水设施的行为。

第十七条 埋设对排水设施有影响的其他管线时，应事先通知排水设施管理部门，并按照国家《室外排水设计规范》或商定的办法施工。因建设需要改动或影响原有排水设施时，应按管理部门的要求进行设计和施工，所需费用由建设单位负责。

第十八条 排水管网总下水道两侧各3米以内，干管两侧各2米以内，支管两侧各1.5米以内，以及其他设施防护范围内不准新建房屋和其他地上构筑物。确需建设的，须征得规划和排水设施管理部门同意。

第十九条　需要连通城市排水设施的排水户，须按排水设施管理部门指定的部位和确定的管径、标高连接，所发生的费用由排水户承担。连通城市排水设施的接口处必须设置沉淀井，支管设施应保持完整无缺，定期进行疏通保养。单位排放污水的出口处应设闸井，其规格应符合国家建设规范标准。

第二十条　不得擅自占压城市排水设施。经有法定权限部门批准使用道路设立市场，占压排水设施的，由占压使用单位负责安排排水设施管理部门和要求疏挖维护。

## 第五章　水质水量管理

第二十一条　向城市排水设施排放污水的，其水质应符合《污水排入城市下水道水质标准》及《昆明市下水排放标准》。

医疗卫生、生物制品、科学研究、肉类加工等含有病原体的污水排入城市排水设施，必须经过严格消毒处理，除达到上述标准外，还必须符合专业水质排放标准。

第二十二条　凡向城市排水设施排放污水的排水户，除接受环保、卫生防疫部门的水质监测和检查外，须向排水设施管理部门申报排放的水质水量。

排水设施管理部门应定期或不定期检查排水户的水质状况。排水量大、水质经常发生变化的排水户，应定期按排水设施管理部门的规定报送有关排水水质和水量等数据资料。

第二十三条　因扩建、改建、改变生产工艺等原因致使排放污水的水质水量发生变化，排水户应及时报告排水设施管理部门并重新办理排水许可手续。

第二十四条　在污水排放量超过城市排水设施排放能力的区域，排水户应服从排水设施管理部门的调度，采取限制排放量和调整排放时间的措施。

排水设施发生故障进行抢修或发生紧急特殊情况时，沿线有关排放单位应按排水设施管理部门的通知，暂停排水并协助抢修。

第二十五条　排水户应按照排水设施管理部门的规定，在连通城市排水设施接口处提供采样、检测流量的条件和设置排水控制装置。

## 第六章　奖励与处罚

第二十六条　对保护城市排水设施有下列情形之一的，由排水设施管理部门或行政主管部门给予表彰和奖励：

（一）认真执行本办法，在排水管理工作中做出显著成绩或有重大贡献的；

（二）检举揭发违反本办法的行为并积极协助排水设施管理部门处理的；

（三）制止违反本办法的行为，使国家财产免受损失的。

第二十七条　违反本办法各项规定的，由排水设施管理部门或行政主管部门分别不同情况予以下列处罚：

（一）批评教育，责令补办手续，补交城市排水设施有偿使用费或限期改正并恢复原状；

（二）限期拆除违章设施并按被损坏设施的1—6倍赔偿经济损失；

（三）罚款一千至一万元；

（四）终止或吊销排水许可证或临时排水许可证，停止使用城市排水设施；

（五）强制制止违法行为，扣收其违法用品，并采取暂停供水措施；

（六）触犯刑律，造成恶性事故或人身伤亡的，提请司法机关追究其法律责任。

第二十八条　排水设施的监察管理人员执行公务时，应主动出示行政执法证件，罚款必须开具财政部门统一监制的收据，罚没收入按规定上缴财政。

第二十九条　当事人对行政处罚不服的，可依据《行政复议条例》或《行政诉讼法》申请复议或依法提起诉讼。

## 第七章　附　则

第三十条　本办法由昆明市市政公用局负责解释，昆明市城市排水公司负责组织实施。

第三十一条　昆明市市政公用局可根据本办法制定具体实施细则，市辖各县（市）人民政府在县（市）辖区内实行排水设施有偿使用时，可参照本办法执行。

第三十二条　本办法自公布之日起执行。

# 昆明市人民政府关于在滇池流域内禁止
# 经销和限制使用含磷洗涤用品的通告

**（1998年5月26日昆明市人民政府以"昆政发〔1998〕46号"文件印发）**

为了加快滇池污染综合治理步伐，减少生活污水对滇池的磷污染，实行源头控制，根据《滇池保护条例》和《滇池综合整治大纲》的有关规定，特通告如下：

一、凡在五华、盘龙、官渡、西山、呈贡、晋宁、嵩明七县（区）滇池流域范围内的单位和个人，要增强滇池保护意识，自觉经销和使用无磷洗涤用品。自1998年10月1日起，禁止向上述区域内经销含磷洗涤用品。

二、自本通告发布之日起，凡在上述区域内经销洗涤用品的单位和个人，应积极处理库存含磷洗涤用品，并于9月1日前向辖区工商行政管理部门进行申报登记。

三、凡在上述区域内的单位，禁止使用含磷洗涤用品。

四、昆明地区各有关部门、各新闻、宣传单位，要积极配合做好无磷洗涤用品的宣传和推广。各专业广告公司和市属各新闻单位，不得再在上述区域内设置、刊登、播放和散发含磷洗涤用品的广告。

五、自1998年10月1日起，违反本通告，有下列行为之一的，由有关部门依照有关法律、法规予以处罚：

（一）仍在禁销区域内批发含磷洗涤用品的，由工商行政管理部门会同有关管理部门视情节轻重给予警告，没收违法所得，封存含磷洗涤用品，可以并处2000—5000元罚款。

（二）仍在禁销区域内零售（含批零兼营）含磷洗涤用品的，由辖区工商行政管理部门视情节轻重，给予警告，并会同市滇池保护委员会办公室没收或封存含磷洗涤用品，可以并处500—20000元罚款。

（三）仍在禁销区域内使用含磷洗涤用品的单位，由环保部门会同市滇池保护委员会办公室责令改正，视情节轻重，给予警告，可并处1000元以下的罚款，对单位的直接责任人，可并处200元以下的罚款。

（四）以含磷洗涤用品冒充无磷洗涤用品，或者无磷洗涤用品达不到规定的质量标准，以次充好，假冒伪劣的，由技术监督管理部门依照《中华人民共和国产品质量法》的有关规定予以处罚。

（五）擅自在禁销区域内设置、散发、张贴含磷洗涤用品广告的，由工商行政管理部门会同市市容管理局等有关行政主管部门依照《昆明市户外广告管理条例》的规定予以处罚。

（六）仍在禁销区域内刊登、播放含磷洗涤用品广告的，追究其单位领导的行政责任，并对责任人给予经济处罚。

六、本通告由昆明市滇池保护委员会办公室负责解释，并会同市环保局、市工商局、市技术监督局、市市容管理局组织实施。

# 昆明市城市排水管理条例

（2001年11月24日昆明市第十一届人民代表大会常务委员会第四次会议通过，2002年1月21日经云南省第九届人民代表大会常务委员会第二十六次会议批准，2002年2月8日昆明市人民代表大会常务委员会以第4号公告公布，自2002年6月1日起实施）

## 第一章 总 则

**第一条** 为加强城市排水管理，确保排水设施完好和正常运行，改善生态环境，减轻和防止滇池污染，保障城市生产、生活需要，促进经济、社会发展。根据有关法律、法规，结合本市实际，制定本条例。

**第二条** 本条例适用于昆明市城市规划主城范围内城市排水的规划、建设、管理和城市排水设施的保护、养护、使用。

**第三条** 本条例所称城市排水是指对城市的产业废水、生活污水（以下统称污水）和雨水的排放、接纳、输送、处理、利用。

**第四条** 城市排水管理实行以下原则：

（一）统一规划、配套建设；

（二）集中与分级管理相结合；

（三）设施建设和养护、管理并重；

（四）污水实行集中处理为主。

**第五条** 昆明市人民政府排水行政主管部门，主管全市城市排水工作。其所属的排水管理部门负责具体管理工作。区人民政府排水行政主管部门负责所管辖范围内城市排水的管理工作，并接受市排水行政主管部门的监督、检查、指导。市规划、水利、环保、滇保等部门应当按照各自的职责协助排水行政主管部门共同做好城市排水管理工作。

**第六条** 排水许可审批、污水处理收费、城市污水处理厂及其相关设施实行市级集中管理。排水泵站、排水管网实行市、区分级管理。具体的管理权限和范围由市人民政府划定。

**第七条** 积极推行城市排水的科学研究，鼓励城市污水及污泥处理后的再利用，引进和推广先进技术，努力采用新工艺、新材料，提高城市排水的科学技术水平。

**第八条** 任何单位和个人都有保护城市排水设施的义务，有权对违反本条例的行为进行制止和举报。市、区人民政府或排水行政主管部门对在城市排水工作中做出突出贡献的单位和个人，应当给予表彰和奖励。

## 第二章　规划和建设

**第九条**　市排水行政主管部门会同市规划行政主管部门根据昆明城市总体规划、滇池流域水污染防治规划，编制本市城市排水和污水处理专业规划，报市人民政府批准后实施。

市排水行政主管部门负责本市城市排水和污水处理专业规划的组织实施和监督管理。

**第十条**　城市排水规划，必须按照雨水、污水分流的要求编制。建设工程的排水系统，必须按照规划实施雨水、污水分流。排水行政主管部门、产权单位对原有的城市排水设施，应当按照规划要求，逐步进行雨水、污水分流改造。

**第十一条**　在城市规划和建设时，应当对排水泵站、污水处理厂、养护道班点、污泥转运站、污泥处置场等城市排水设施的规划用地予以预留和控制。

**第十二条**　新、改、扩建的工程项目，必须按照城市排水专业规划同步配套建设排水设施，并同时投入使用。

**第十三条**　建设施工场地、餐饮场所、厕所、洗车场等的排水管道与城市排水设施连接的，业主应当按规定设置沉沙井、隔油池、化粪池。

**第十四条**　城市排水设施建设资金按下列渠道和方式筹集：

（一）各级政府投资；

（二）收取的污水处理费；

（三）国内外贷款；

（四）社会捐赠；

（五）受益者出资；

（六）其他。

**第十五条**　城市排水工程的设计、施工、监理应当按规定实行招标、投标。禁止无相应资质的单位承担城市排水工程的设计、施工、监理。承担城市排水工程设计、施工、监理的单位应当严格执行国家和地方的有关规范、规定及标准。

**第十六条**　城市排水工程的图纸会审、施工质量监督检查及竣工验收应当有排水管理部门参加。建设单位应当按档案管理规定建立完整的档案，并在竣工验收后按规定时限将排水项目档案交排水管理部门存档。

**第十七条**　城市排水工程竣工后建设单位应当按国家规定组织验收。验收不合格的，建设单位应当负责返修或者重建。公共排水设施验收合格、竣工资料齐全的，排水管理部门方予接管。尚未移交给排水管理部门的城市公共排水设施，由建设单位负责维护管理，并承担相应的法律责任。

## 第三章　排水许可管理

**第十八条**　排水户实施排水前，必须办理排水许可证或临时排水许可证。属市管理权限和范围内的，向市排水管理部门提出申请，属区管理权限和范围内的，向区排水行政主管部门提出申请。排水管理部门自接到排水户申请之日起，应当在十五个工作日内提出是否上报的书面意见。市排水行政主管部门自接到市、区排水管理部门上报意见之日起，应当在七个工作日内核发排水许可证或者做出不予许可的书面答复。

第十九条　符合下列条件之一，可以核发临时排水许可证：（一）不影响城市排水设施正常运行，经治理可达到排放水质标准；（二）经沉淀处理达到排放水质标准的建设施工临时排水。

第二十条　排水许可证有效期限为五年，实行年检制度。临时排水许可证有效期限不超过一年。

第二十一条　排水户在许可证有效期满后还需排水的，应当在有效期满前一个月内重新申报换证。排水户在许可证有效期内需要变更排水许可内容的，应当提前申请办理变更排水许可手续。

第二十二条　取得许可证的排水户，必须按照许可内容排放污水。禁止排水户无证排水。

## 第四章　水质水量管理

第二十三条　城市排水行政主管部门所属的城市排水监测机构负责对排水户排入城市排水设施的污水水质、水量进行监测和检查，并建立排水监测档案。排水户必须接受城市排水监测机构的监测和检查，如实反映情况，提供必要资料。

第二十四条　排水户排入城市排水设施的污水水质应当符合国家和地方有关排放标准。医疗卫生、生物制品、科学研究、肉类加工等含有病原体的污水排入城市排水设施前必须经过严格消毒处理，达到专业水质排放标准后，还必须符合前款规定。排水户排放污水中含有重金属、难于生物降解、有毒有害物质的，必须进行处理并达到有关排放标准后方可进入城市污水集中处理设施处理。

第二十五条　在污水排放量超过公共排水设施受纳量的地区或者在汛期，排水管理部门应当采取控制排水水量和调整排水时间的调度措施。排水户必须服从调度，不得强行排水。

第二十六条　排水户应当按照规定设置排水控制装置并为监测部门提供采样、检测流量的条件。

第二十七条　收取的自来水水费中所包含的污水处理费以及自来水用户缴纳的污水处理费，必须专款专用，不得挪作他用。污水处理费的管理及使用办法，由市人民政府另行制定。

第二十八条　市排水行政主管部门负责对城市污水处理企业的污水处理工作进行监督、检查，建立和健全各项监督、检查制度。污水处理企业应当如实提供有关资料和数据。

第二十九条　城市污水处理企业应当按照国家有关技术规范，定期对污水处理设施进行维护，确保污水处理设施的正常运行。处理后的出水水质应当符合排放标准。

第三十条　城市污水处理企业不得擅自停止污水的处理。因设备故障需停运检修的，须报市排水行政主管部门批准。因不可抗力导致停运的，应当立即组织抢修，同时报市排水行政主管部门备案。

第三十一条　城市污水处理企业因故导致出水水质及水量达不到规定标准，应当及时上报市排水行政主管部门调查处理。

## 第五章　排水设施的养护及管理

第三十二条　城市排水设施养护、维修责任按下列规定划分：

（一）公共排水设施由排水行政主管部门指定或委托的单位负责；

（二）自建排水设施和其连通公共排水设施的支管、检查井、隔油池、化粪池等由产权人负责；

（三）住宅小区内的排水设施，由开发建设单位或小区管委会负责。

第三十三条　城市排水设施养护、维修责任单位应当按照国家和本市有关排水管道、泵站等的养护、维修技术标准，定期对排水设施进行养护、维修，确保排水设施完好和正常运行。抢修排水设施时，有关单位和个人应当支持、配合。

第三十四条　城市排水设施养护、维修责任单位发现污水外溢、管道堵塞后，应当立即采取措施修复、疏通。修复、疏通管道时，公安、道路、绿化、电力、通信等有关部门应当积极配合。

第三十五条　排水管理部门应当对养护、维修责任单位履行养护、维修责任的情况进行监督检查。

第三十六条　城市排水设施的建设、养护、维修工程作业现场必须设置明显标志和采取安全措施。城市排水设施管护专用车辆应当使用统一标志，执行紧急抢险任务时，可以不受行驶线路、行驶方向和时间的限制。

第三十七条　养护、维修责任单位在抢修排水设施或者特殊维护作业需要暂停排水时，应当及时向沿线排水户通告暂停排水时间。对生产、生活环境可能造成严重影响的大范围暂停排水，应当报经市排水行政主管部门批准，并且发布通告。沿线排水户应当按照通告的要求暂停排水。养护、维修责任单位应当尽快修复，及时通知沿线排水户恢复排水。

第三十八条　在城市排水设施防护范围内埋设其他管线时，必须征得排水行政主管部门同意，并按照城市地下管线规划进行施工。

第三十九条　禁止任何单位或个人有下列危害城市排水设施的行为：

（一）损害、阻塞、填埋城市排水设施；

（二）擅自拆除、改动、穿凿、连接、占压城市排水设施或改变其功能；

（三）在排水管网覆盖面取土、植树、埋设电杆等设施，在检查井、雨水井、井箅上支砌街沿石、流水石；

（四）擅自在城市排水设施防护范围内修建房屋、构筑物，搭设棚亭、爆破、打桩、设障及堆放物品；

（五）向城市排水设施倾倒垃圾、粪便、渣土等废弃物；

（六）向城市排水设施排放易燃易爆等物质；

（七）将油污、施工泥浆等直接排入城市排水设施；

（八）在已实施雨水、污水分流的区域私自将雨水、污水管混接；

（九）其他危害城市排水设施的行为。

第四十条　建设工程需要改动或者迁移原有城市排水设施的，应当经排水行政主管部门批准，所需费用由建设单位负责。

第四十一条　因意外原因，使含有毒、有害或易燃易爆物质排入城市排水设施的，责任人、责任单位应当立即报告排水管理部门，影响排水设施安全正常运行或由此可能引发事故的，责任人、责任单位和排水管理部门必须立即采取应急措施。

## 第六章　法律责任

第四十二条　违反本条例的，由排水行政主管部门按照下列规定处罚：

（一）违反本条例第十二条、第十三条、第十七条第一款规定的，责令限期整改，逾期不改的，对建设单位或者业主按照配套排水设施工程总造价或返修、重建费用处以罚款；

（二）违反本条例第十五条规定的，责令限期整改，对责任单位处五千元以上一万元以下罚款；

（三）违反本条例第二十二条规定的，责令限期整改或补办排水许可手续，逾期不整改的，处一千元以上一万元以下罚款，并可吊销排水许可证或者临时排水许可证；逾期不补办排水许可手续的，处三千元以上三万元以下罚款；

（四）违反本条例第二十四条、第二十五条第二款规定的，责令限期整改，可并处三千元以上三万元以下罚款；

（五）违反本条例第二十三条第二款、第二十六条规定的，责令限期改正，逾期不改正的，处一千元以上一万元以下罚款；

（六）违反本条例第二十八条第二款、第二十九条、第三十条、第三十一条规定的，对单位处五千元以上五万元以下罚款，对责任人处五百元以上二千元以下罚款或者给予行政处分；

（七）违反本条例第三十三条第一款、第三十四条第一款、第三十八条、第四十条规定的，责令改正，可并处一千元以上一万元以下罚款；

（八）违反本条例第三十九条第（一）、（二）、（三）、（四）项规定之一的，责令改正，并处五千元以上五万元以下罚款。其中，擅自占压排水设施或在排水设施防护范围内修建建筑物、构筑物的，并责令限期拆除；

（九）违反本条例第三十九条第（五）、（六）、（七）、（八）、（九）项规定之一的，对个人处五百元以上五千元以下罚款，对单位处五千元以上五万元以下罚款。造成设施阻塞的，责令疏通；造成损坏的，责令修复或赔偿；

（十）违反本条例第四十一条规定造成事故的，根据有关规定对责任者给予相应的行政处罚；造成损失的，依法赔偿；构成犯罪的，依法追究刑事责任。

第四十三条　盗窃、故意损害城市排水设施或者阻碍排水管理人员依法执行检查、监测、维修或抢修作业等的，由公安机关依照《中华人民共和国治安管理处罚条例》予以处罚，构成犯罪的，依法追究刑事责任。

第四十四条　对单位罚款超过二万元，对个人罚款超过一千元，以及吊销排水许可证、临时排水许可证的，在做出处罚决定前，应当告知当事人有要求举行听证的权利。

第四十五条　当事人对行政处罚决定不服的，可以依法申请复议，或者向人民法院起诉。逾期不申请复议、不起诉，又不履行处罚决定的，由做出处罚决定的机关申请人民法院强制执行。

第四十六条　违反本条例规定，造成排水设施损坏或者阻塞的，应当依法承担疏通、维修责任以及相应的赔偿责任。因养护维修责任单位过错造成他人损失的，应当依法承担相应的赔偿责任。

第四十七条　排水管理部门或排水行政主管部门未履行本条例规定的职责、违法审批或者做出其他错误决定的，由上级行政机关责令其纠正，或者予以撤销；造成直接经济损失的，依法赔偿。

第四十八条　排水管理人员玩忽职守、滥用职权、徇私舞弊，未构成犯罪的，给予行政处分；构成犯罪的，依法追究刑事责任。

# 第七章　附　则

　　**第四十九条**　本条例有关用语的含义：城市排水设施是指排水管网（含城市排水的沟河、渠道）及其附属设施、泵站、城市污水处理厂及相关设施，包括由排水管理部门管理的公共排水设施和产权单位自行投资建设和管理的自建排水设施。排水管网的附属设施是指检查井、雨水井、闸门等。城市排水设施防护范围是指总下水道两侧各三米以内，干管两侧各二米以内，支管两侧各一点五米以内。城市污水处理厂的相关设施是指污泥处置设施、中水回用设施等与污水处理及利用业务相关的设施。排水户是指将污水管接通城市排水设施的单位以及从事餐饮、沐浴、游泳、洗车、汽车修理等行业的经营者。

　　**第五十条**　市辖各县（市）、东川区的城市排水管理可参照本条例执行。

　　**第五十一条**　本条例按公告确定的时间施行。

# 滇池保护条例

（根据2002年1月21日云南省第九届人民代表大会常务委员会第二十六次会议批准的《昆明市人民代表大会常务委员会关于修改〈滇池保护条例〉的决定》对1988年2月10日昆明市第八届人民代表大会常务委员会第十六次会议通过、1988年3月25日云南省第六届人民代表大会常务委员会第三十二次会议批准的《滇池保护条例》进行修正，2002年2月8日昆明市人民代表大会常务委员会以第3号公告公布实施）

## 第一章　总　则

第一条　滇池是著名的高原淡水湖泊，属国家重点保护水域之一，对维护区域生态系统的平衡有着重要作用，是昆明城市生活用水、工农业用水的主要水源。

第二条　为保护和合理开发利用滇池流域资源，防治污染，改善生态环境，促进昆明市经济、社会可持续发展，根据有关法律、法规的规定，特制定本条例。

第三条　本条例以保护滇池流域内的地表水和地下水资源为中心，加强水污染防治工作，保护和改善水质。滇池水资源应当实行科学管理，在加强保护和治理的前提下，合理开发利用。

第四条　滇池保护范围是以滇池水体为主的整个滇池流域。按地理条件和不同的功能要求，划分为三个区：滇池水体保护区；滇池周围的盆地区；盆地区以外、分水岭以内的水源涵养区。

第五条　保护滇池的原则是：全面规划，统一管理，严格执法，综合整治，合理利用，协调发展。实现环境效益、社会效益和经济效益的统一。

第六条　在滇池保护范围内开发、管理、保护、利用资源的所有单位和个人都必须遵守本条例。

第七条　在滇池保护范围内的各级人民政府，应认真贯彻实施本条例，定期向同级人民代表大会或者常委会报告本条例的执行情况。

## 第二章　管理机构和职责

第八条　昆明市滇池保护委员会是滇池流域综合治理的组织领导机构，负责滇池保护、治理重大问题的研究和决策。

昆明市滇池保护委员会办公室（昆明市滇池管理局，下同）在昆明市滇池保护委员会的领导下，统一协调和组织实施有关滇池保护和治理的具体工作，主要职责是：

（一）宣传贯彻国家有关法律、法规和负责本条例的贯彻实施，协调、检查和督促各有关县、区、部门依法保护滇池；

（二）组织制定滇池的保护、开发利用规划和综合整治方案，并负责组织和监督实施；

（三）拟定滇池综合治理目标责任对各有关县、区和部门目标责任的完成情况进行检查、督促和考核；

（四）组织拟定相应的滇池保护管理配套办法，并督促贯彻执行；

（五）在滇池水体保护区内和主要入湖河道集中行使水政、渔政、航政、水环境保护、土地、规划等方面的部分行政处罚权，滇池保护管理的专业行政执法队伍，实施滇池管理综合执法；

（六）在滇池水体保护区以外的滇池流域内行使涉及滇池保护方面的行政执法监督检查职责；

（七）负责滇池污染治理项目的初步审查工作，参与项目法人的确定及对项目的实施进行监督；

（八）参与滇池流域内开发项目的审批工作，提出审查意见；

（九）负责筹集、管理和使用滇池治理基金；

（十）办理市人民政府和市滇池保护委员会交办的其他有关事项。

前款第（五）项的具体实施方案由市人民政府另行制定。

**第九条** 五华、盘龙、西山、官渡区，呈贡、晋宁、嵩明县人民政府的滇池专管机构，滇池沿岸和水源涵养区内的有关乡（镇）人民政府，在市滇池管理局统一协调、指导和监督下，按照确定的滇池综合治理目标责任，负责本行政辖区内滇池的保护、管理和行政执法工作。

**第十条** 滇池保护委员会的成员单位和滇池旅游度假区管委会应当依法改造各自职责，配合市滇池管理局实施本条例。

## 第三章 滇池水体保护

**第十一条** 滇池水体保护区是正常高水位1887.4米（黄海高程，下同）的水面和湖滨带以内区域。

湖滨带为滇池水域的变化带和保护滇池水域的过渡带，是滇池水体不可分割的水陆交错地带。其具体范围是：

（一）正常高水位1887.4米水位线向陆地延伸100米至湖内1885.5米之间的地带。对低于滇池最低工作水位1885.5米的低洼易涝、易积水区域，到此区域外围边缘；

（二）在河流或沟渠入湖口为滇池二十年一遇最高洪水位1887.5米控制范围内主红线左右各50米的地带。

滇池水体保护区的具体界线由市人民政府组织有关部门勘测后划定，树立界桩。

**第十二条** 为保证国民经济的可持续发展和人民生活的需要，适当增加蓄水量。按照优化调度的原则，确定滇池外湖（外海）控制运行水位为：

正常高水位1887.4米，相应蓄水容积为15.6亿立方米；

最低工作水位1885.5米，相应蓄水容积为9.9亿立方米；

特枯水年对策水位1885.2米，相应蓄水容积约9亿方米；

二十年一遇最高洪水位1887.5米。

汛期限制水位1887.0米。

内湖（草海）控制运行水位为：

正常蓄水位1886.8米；

最低工作水位1885.5米。

**第十三条** 滇池水质执行国家GHZB1－1999《地表水环境质量标准》及滇池水环境质量标准。外湖（外海）水质按Ⅲ类水标准保护，内湖（草海）水质按Ⅳ类水标准保护。

第十四条 保护和恢复滇池入湖河道的自然生态，有计划、有步骤地清理、治理、改造滇池出入湖河道，疏浚滇池。

第十五条 禁止在滇池水体保护区内围湖造田、围堰养殖及其他侵占或缩小滇池水面的行为；禁止在湖滨带范围内取土、取沙、采石；禁止损坏堤坝、桥闸、泵站、码头、航标、渔标、水文、科研、测量、环境监测、滇池水体保护界桩等设施；未经市滇池保护委员会批准，不得在界桩内构筑任何建筑物。

第十六条 禁止在滇池网箱养殖水产品。禁止在滇池禁渔区、禁渔期内进行捕捞。禁止使用小于最小网目尺寸和其他限制使用的网具及捕捞方法进行捕捞。禁止私自打捞对净化滇池水质有益的水草和其他水生植物。

第十七条 禁止向滇池水体保护区内和入湖河道内倾倒土石、尾矿、垃圾、废渣等固体废弃物。禁止向滇池和通往滇池的河道排放未达到排放标准或者超过规定控制总量的废水。

第十八条 从严控制在滇池水域航行的机动船只数量。经允许在滇池水域内航行的一切船只，应当有防渗、防溢、防漏设施，不得向水体排放、倾倒有毒有害的液体、固体废弃物和扔弃垃圾。

## 第四章 滇池盆地区保护

第十九条 合理调整区域工业结构，鼓励发展节水型、无污染的工业。

经批准新建、改建和扩建的企业和项目的污染防治设施，必须与主体工程同时设计、同时施工、同时投产。达不到"三同时"要求的，不得试车投产。

严禁在滇池盆地区新建钢铁、有色冶金、基础化工、石油化工、化肥、农药、电镀、造纸制浆、印染、石棉制品、土硫磺、土磷肥和染料等污染严重的企业和项目。

第二十条 按照"谁污染、谁治理"的原则，排放超标废水和倾倒固体废弃物的单位或个人，应根据滇池综合整治和限期治理的要求进行整改，禁止用渗井、渗坑、裂隙、溶洞或者稀释办法排放有毒有害废水。

含重金属或者难以生物降解的废水，应当在本单位内单独进行处理，未经处理达标的，禁止排入城市排水管网或者河道。

第二十一条 一切新建、改建、扩建和转产的企业，应当执行国家建设项目环境保护有关法律法规的规定。禁止一切单位和个人将有毒有害的项目和产品委托或者转移给没有污染防治能力的企业生产。

市、县（区）、乡（镇）人民政府应当加强对企业的管理，对造成环境污染的企业，限期达到国家或者地方的污染物排放标准；到期达不到治理要求的，依法停止其生产。

第二十二条 新建卫星城镇、居住小区、大中型企业，要建立清污分流制的排水管网，污水处理设施应当与其他基础设施同步配套建设。老城区应当结合旧城改造，同时改造排水管网。

第二十三条 滇池流域内种植农作物，主要施用有机肥，合理施用化肥，积极推广施肥新技术和农业综合防治措施。禁止销售和使用国家禁止的高毒、高残留农药和除草剂。滇池流域内的城市及农村的固体废弃物必须进行资源化、无害化处理。

第二十四条 禁止在滇池面山、风景名胜区取土、取沙、采石及新建陵园、墓葬，防止水土流失和破坏自然景观。

## 第五章 水源涵养区保护

**第二十五条** 在滇池保护范围内应当大力植树造林,绿化荒山荒地,提高森林覆盖率,禁止在二十五度以上的坡耕地,要限期退耕还林还草,防治水土流失,改善生态环境。禁止毁林垦殖和违法占用林地资源。

保护森林植被和野生动物、植物资源,禁止乱砍滥伐、偷砍盗伐林木及乱捕滥猎野生动物。

**第二十六条** 采取有效措施解决能源问题,有计划地营造薪炭林,积极发展农村沼气、秸秆气化、液化气、节柴灶、太阳能,推广以煤、电代柴,有计划地实现生态农业的目标要求。

**第二十七条** 排放标准的污水和倾倒固体废弃物;禁止在岸坡堆放固体废弃物和其他污染物。对没水源涵养林、河堤树的泉点、水库、坝塘、河道周围,应当限期植树造林。

**第二十八条** 在滇池保护范围内的采矿,必须按照国家有关规定处理尾矿、矿渣,采取拦截、回填、复垦、恢复植被等措施;禁止乱挖滥采。

**第二十九条** 为保护水源涵养区的森林植被,必须从滇池流域范围内收取的滇池水资源费中,确定适当比例返还到水源涵养区,用于恢复和发展森林植被,保持水土。

## 第六章 综合治理和开发

**第三十条** 加大滇池污染综合治理的力度,增加水量,改善水质。合理控制城市规模和人口机械增长,调整产业结构。

**第三十一条** 实行污染物总量控制制度,严格控制排入滇池的氮、磷数量。禁止在滇池流域范围内使用含磷洗涤用品及不可自然降解的泡沫塑料餐饮具和塑料袋。

**第三十二条** 有计划地在湖滨带内建设生态修复系统,逐步恢复湿地。对湖滨带内的耕地和鱼塘要因地制宜逐步退耕还湖、退塘还湖,建设前置塘、前置库,营造环湖林带。

**第三十三条** 对污染严重、治理技术难度大、代价高,限期治理又达不到要求的企事业单位,按隶属关系,由环境保护部门报经同级人民政府批准,限期关、停、并、转、迁。

**第三十四条** 广开渠道,加强对滇池污染治理的科学研究和科普宣传。积极推行生物治理,建立污染治理新技术推广运用制度,增强全社会对滇池污染治理的环保和科学意识。

**第三十五条** 滇池流域资源的开发利用,要符合国土整治和昆明市城市总体规划的要求,根据经济和社会可持续发展的要求,以维护湖泊生态环境良性循环为准则,充分发挥滇池的综合效益。

**第三十六条** 对滇池流域水资源实行取水许可制度,实行计划用水,厉行节约用水,采取中水回用措施,提高水的重复利用率和污水处理能力及效果。增强调蓄能力,实现水资源的优化配置和高度,确保城市生活用水和工农业用水。

**第三十七条** 保护开发利用滇池的主要水生动物,科学合理发展渔业生产。

**第三十八条** 保护滇池流域的自然景观和文物古迹、历史遗址、园林名胜。合理开发利用风景资源,发展旅游事业。

第三十九条　滇池保护范围内磷矿资源的开发，必须符合滇池保护的原则，应当采用先进的生产工艺、治理技术和现代管理技术。

第四十条　各企业事业单位应当通过技术改造和工艺改革，提高资源的利用率；对废水、废气和固体废弃物开展综合利用，实现资源化、无害化。

第四十一条　对滇池流域水资源实行有偿使用，受益地区、单位、个人应当缴纳水资源费。水资源费的征收办法按国家和省的规定办理。

第四十二条　保护、治理滇池的资金，按下列渠道和方式筹集：

（一）各级政府投资；

（二）收取的滇池水资源费及污水处理费；

（三）滇池治理基金；

（四）国内外贷款；

（五）社会捐赠及其他。

## 第七章　奖励和处罚

第四十三条　符合下列条件之一的单位和个人，分别由市人民政府、市滇池管理机构和有关部门，给予表扬和奖励：

（一）积极防治水污染，成绩显著的；

（二）在计划用水、节约用水、提高用水重复利用率方面成绩显著的；

（三）对滇池保护和开发利用在监测、科研、宣传等方面成绩突出的；

（四）对保护水资源、森林植被、水产资源、风景名胜、水利设施、航道设施、水文、测量、环境监测、滇池水体保护界桩等设施成绩突出的；

（五）依法管理滇池卓有成效的；

（六）检举、控告违反本条例行为有功的；

（七）其他对保护和开发利用滇池有特殊贡献的。

第四十四条　违反本条例，有下列行为之一的，由市滇池管理局责令限期改正或限期拆除，并可以视情节轻重，按下列规定给予行政处罚：

（一）在滇池水体保护区内有围湖造田、围堰养殖及其他侵占或缩小滇池水面的湿地行为的，按每平方米50元处以罚款；

（二）未经批准在界桩内构筑建筑物的，处以10000元以上50000元以下罚款。

第四十五条　违反本条例，有下列行为之一的，由滇池管理局责令限期改正，赔偿损失，可以处2000元以上5000元以上罚款；情节严重的可以处5000元以上10000元以下罚款：

（一）在滇池水体保护区内取土、取沙、采石的；

（二）损坏堤坝、桥闸、泵站、码头、航标、鱼标、水文、科研、测量、环境监测、滇池水体保护界桩等设施的。

第四十六条　违反本条例，有下列行为之一的，由市滇池管理局视情节轻重，按下列规定给予处罚：

（一）在滇池内网箱养殖水产品的，没收网箱等养殖工具，可以并处2000元以上10000元以下罚款；

（二）在滇池禁渔区、禁渔期内进行捕捞的，没收捕捞工具，可以并处50元以上5000元以下罚款；

（三）使用小于最小网目尺寸和其他限制使用的网具及捕捞方法进行的，没收捕捞工具，可以并处50元以上1000元以下罚款；

（四）私自打捞对净化滇池水质有益的水草和其他水生植物的，处50元以上500元以下罚款；

（五）在滇池航行的船只上向水体扔弃垃圾的，处100元以上500元以下罚款。

第四十七条　违反本条例，有下列行为之一的，由市滇池管理局责令限期改正，并视情节轻重，按照《中华人民共和国水污染防治法实施细则》第三十九条的规定处以10万元以下罚款：

（一）向滇池水体保护区的主要入湖河道内倾倒土、石、尾矿、垃圾、废渣等固体废弃物的；

（二）向滇池和通往滇池的主要入湖河道排放未达到排放标准或者超规定控制总量废水的；

（三）在滇池航行的船只向水体排放、倾倒有毒有害的液体和固体废弃物的。

第四十八条　违反本条例规定，其违法行为在滇池水体保护区以外的，分别由相关行政主管部门视情节轻重，按有关法律法规的规定给予处罚。

第四十九条　违反本条例，情节严重的，对有关责任人员可以由其所在单位或上级行政主管部门给予行政处分。构成犯罪的，依法追究刑事责任。

第五十条　市滇池管理局和有关行政主管部门工作人员在滇池保护和管理工作中玩忽职守、滥用职权、徇私舞弊的，由其所在单位或上级行政管理部门给予行政处分；构成犯罪的，依法追究刑事责任。

不履行本条例规定或越权审批、违法审批的单位，由其上级行政主管部门对主要责任人和单位主管领导给予行政处分。

第五十一条　当事人对行政处罚决定不服的，可以依法申请行政复议或提起行政诉讼。

逾期不申请行政复议的，不向人民法院起诉，又不履行行政处罚决定的，做出处罚决定的机关可以申请人民法院强制执行。

# 第八章　附　则

第五十二条　本条例自一九八八年七月一日起施行。

# 昆明市滇池保护委员会办公室（昆明市滇池管理局）
# 职能配置、内设机构和人员编制规定

**（2002年7月26日昆明市人民政府办公厅以"昆政办通〔2002〕101号"文件印发）**

根据《中共昆明市委、昆明市人民政府关于印发〈昆明市市级机关机构改革实施意见〉的通知》（昆发〔2002〕1号），设置昆明市滇池保护委员会办公室（正县级），同时挂昆明市滇池管理局牌子。将昆明市滇池污染治理世界银行贷款项目领导小组办公室并入昆明市滇池保护委员会办公室，保留牌子。昆明市滇池保护委员会办公室（昆明市滇池管理局）既是市滇池保护委员会的常设办事机构，又是市政府主管滇池污染治理与滇池保护和行政执法的职能部门。

## 一、职能调整

### （一）划入的职能

1. 昆明市水利局承担的滇池水资源管理、西园隧道管理及滇池渔政管理职能。

2. 昆明市交通局承担的滇池航务管理职能。

3. 昆明市市政公用局承担的城市排水管理职能。

### （二）增加的职能

1. 在滇池水体保护区内和主要入湖河道集中行使水政、渔政、航务、水环境保护、土地、规划等方面的部分行政处罚权；在直接涉及滇池保护的五华区、盘龙区、官渡区、西山区、晋宁县、呈贡县、嵩明县（以下简称七个县区）滇池保护范围内行使滇池保护方面的行政执法监督检查职能。

2. 滇池污染治理世行贷款项目管理职能。

### （三）强化的职能

1. 负责组织制定和实施滇池保护、开发利用与水污染防治总体规划、专项规划及综合整治方案。

2. 对滇池治理项目实行统一管理，负责滇池治理项目的组织实施，参与涉及滇池保护的七个县滇池保护范围内开发项目的审批，对七个县区滇池保护范围内的建设项目提出审查意见，对影响滇池水环境、生态环境的项目实行"一票否决制"。

3. 负责滇池治理项目对外合作及外资项目的引进、组织实施及管理工作。

## 二、主要职责

根据以上职能调整，昆明市滇池保护委员会办公室（昆明市滇池管理局）的主要职责是：

（一）组织制定和实施滇池保护、开发利用、水污染防治总体规划、专项规划及综合整治方案；组织编制并实施滇池水污染防治计划；负责编制、修订及上报滇池水污染防治总体规划实施方案，组织编制和审查相关专项规划实施方案。

（二）宣传贯彻国家有关法律、法规和《滇池保护条例》；协调、检查和督促各有关县区部门依法保护滇池；承办滇池保护治理的对外宣传及新闻发布工作；指导有关县区、部门及基层开展滇池保护的各类宣传教育活动。

（三）负责拟订涉及滇池保护的七个县区和市级有关部门滇池综合治理的目标、责任，对各有关县区和部门目标、责任的完成情况进行检查、督促、考核。

（四）负责滇池污染治理项目的审查，参与项目业主的确定及项目的监督管理；组织开展或参与滇池治理工程项目建议书、可行性研究报告、初步设计及施工图设计审查等工作。

（五）参与涉及滇池保护的七个县区滇池保护范围内开发项目的审批工作，负责对七个县区滇池保护范围内所有建设项目的审查并提出审查意见，对影响滇池和水资源保护、水污染防治生态环境等方面的建设项目实行"一票否决制"。

（六）负责滇池综合执法，在滇池水体保护区内和主要入湖河道集中行使水政、渔政、航务、水环境保护、土地、规划等方面的部分行政处罚权，对涉及滇池保护的七个县区滇池保护范围内行使监督检查职能；领导滇池综合执法队伍。

（七）组织制定七个县区利用外资项目发展规划，负责滇池治理对外合作及外资项目的引进并组织实施。

（八）拟订滇池保护的地方性法规、政府规章及相应的滇池保护管理配套办法，并督促贯彻执行。

（九）负责滇池治理世行贷款项目的管理并组织实施；负责筹集、管理和监督使用滇池治理基金及其他各项治理经费。

（十）负责滇池综合治理专家组的管理、联系并提供服务，对专家提出的意见、建议和课题研究报告负责收集、整理上报，对确定的科技攻关项目负责组织实施。

（十一）负责滇池水资源的统一管理和科学调度，在市防汛抗旱指挥部的统一领导下，协同市防汛抗旱指挥部办公室、市水利局做好滇池防洪度汛工作；负责城市排水、城市污水处理、排放的管理，对滇池水污染防治工程项目实施监控。

（十二）指导七个县区滇保办（滇管局）依法保护滇池。

（十三）承办市委、市政府、市滇池保护委员会和上级机关交办的其他事项。

## 三、内设机构

根据上述职责，昆明市滇池保护委员会办公室（昆明市滇池管理局）设9个职能处：

### （一）综合处

负责各处的综合协调工作；负责文秘、档案、保密、会议、接待、信访工作；承办提案、议案工作；负责办（局）领导交办事项、机关内部执行规章制度和各处目标责任完成情况的督促检查工作；组织全办（局）的政治理论、普法及有关业务学习；负责信息化建设的有关工作；负责行政、后勤、保卫工作。

### （二）规划计划处

负责组织编制、修订及上报滇池水污染防治总体规划及相关专项规划；组织编制、修订、审查总体规划和相关专项规划实施方案；组织编制及实施滇池水污染防治五年计划及年度计划；负责滇池治理项目的计划管理工作；负责滇池治理基建项目综合统计工作；负责组织开展滇池综合治理专家咨询工作；负责滇池治理科技攻关项目的组织实施工作；建立七个县区的滇池基础数据平台，负责组织和管理滇池基础数据库工作；负责拟订滇池综合治理目标责任书，并对目标责任完成情况进行检查、督促和考核；协助市级有关部门筹措滇池治理项目资金。

**（三）治理项目管理处**

组织开展滇池治理项目的前期工作和技术论证、评审工作；负责滇池治理项目的组织实施和质量跟踪监督；按国家有关规定参与项目业主的确定，负责滇池治理项目的建设管理和开工预审工作；组织滇池综合治理效果评估及工程项目后评价；参与滇池治理工程项目竣工验收工作。

**（四）环境影响监督处**

协调、配合各有关部门贯彻实施滇池保护、生态恢复规划；负责滇池保护范围内的所有建设项目对环境影响的审查并提出审查意见；会同市级有关部门对在滇池保护范围内的建设项目的立项进行审查、审批和报批工作；负责各级、各部门、社会各界关于滇池环境保护信函的回复，并对有关问题组织开展调研和技术咨询工作；负责滇池渔政的管理和滇池水量调控、城市排水、城市污水处理及排放的管理工作。

**（五）政策法规处**

贯彻执行《滇池保护条例》和相关法律、法规；研究滇池保护工作的方针、政策，提出法制建设规划；组织拟订滇池保护地方性法规、政府规章；组织检查有关法律、法规和政府规章的贯彻执行情况；负责滇池管理综合行政执法工作的业务指导和培训工作，负责本办（局）有关行政诉讼应诉、行政复议和行政执法监督、检查工作。

**（六）宣传教育处**

负责组织实施有关滇池保护和治理的宣传教育工作；负责有关滇池保护治理的对外宣传及新闻发布；指导协调基层及有关部门开展滇池保护的各类宣传教育活动；负责搜集、整理滇池保护治理的相关信息，编发内部信息资料、刊物。

**（七）财务处**

贯彻执行国家、省、市财务工作方针政策，拟订和完善本部门财务管理规章；根据批准的建设项目计划负责组织编制资金年度使用计划，协调和落实资金拨付并实施监督和管理；负责本办（局）和直属单位财务预算、国有资产管理、社会集团购买力及政府采购商品的申报工作；负责工资统发、医疗保险、养老保险、失业保险和内部审计，指导、监督下属单位的财务工作；负责滇池治理基金使用的管理、监督。

**（八）外资项目管理处**

根据国家鼓励外商投资的有关方针政策，研究提出滇池流域内利用外资项目发展规划和滇池污染治理外资项目的管理制度及利用计划；负责滇池流域内外资项目的审查管理；分析、研究国（境）外对滇池污染治理的投资情况，定期报送有关动态；负责国际合作、交流等工作。

**（九）人事处（纪检监察处）**

负责职工人事、劳资、福利方面的工作；负责办理全办（局）公务员的年度考核、任免、调动、奖惩、培训等工作；研究制订本办（局）职工管理的规章制度，并监督实施；负责党风廉政建设目标责任制的贯彻落实和党员、干部、职工的党风廉政教育，承担党的纪律检查和行政监察工作。

机关党委。负责本机关及所属事业单位的党群工作。

纪检、监察机构。按有关文件规定执行。

## 四、人员编制

昆明市滇池保护委员会办公室（昆明市滇池管理局）机关行政编制为45名。其中：主任（局长）1名，副主任（副局长）4名，总工程师1名，中层领导职数15名。

机关工勤人员编制7名。

为离退休干部服务的工作机构和人员编制，按有关规定另行核定。

## 五、其他事项

划入单位名单：

1. 昆明市滇池水利管理处。

2. 昆明市西园隧道管理处。

3. 昆明市渔政监督管理处（更名为昆明市池渔政监督管理处）。

4. 昆明市航务管理处涉及滇池航务管理的机构、编制及人员。

5. 昆明市水产总公司及其下属单位成建制划入。

6. 昆明市城市排水公司及其下属单位成建制划入。

## 六、与有关部门和七个县区的关系

1. 市滇池保护委员会办公室（市滇池管理局）在涉及滇池安全度汛、城市防洪方面，应加强与市防汛抗旱指挥部办公室和市水利局的联系和配合，在市防汛抗旱指挥部的统一领导下，做好滇池的水体置换、水量调度管理工作。

2. 滇池水量调度控制应用计划，由市滇保办报市水利局，由市水利局上报省水利厅批准后实施。滇池取水许可证由市滇保办向市水利局申请，由市水利局审核后委托市滇保办核发。

水费由市滇保办征收，按收支两条线的规定执行。

3. 市滇保办（市滇管局）要按照统一领导、统一规划、分级负责的原则，合理划分市与县区的职责分工，以确保滇池治理的责任落到实处。

# 昆明市城市节约用水管理条例

（2005年12月16日昆明市第十一届人民代表大会常务委员会第三十二次会议通过，2006年3月31日云南省第十届人民代表大会常务委员会第二十一次会议批准）

## 第一章 总 则

第一条 为加强城市节约用水管理，科学合理利用水资源，促进经济社会的可持续发展，建设节约型社会，根据《中华人民共和国水法》《城市供水条例》等法律、法规，结合本市实际，制定本条例。

第二条 本市城市规划区范围内的城市公共供水企业，使用城市公共供水和自建设施供水的单位和个人，适用本条例。

第三条 城市节约用水应当遵循统一规划、总量控制、计划用水、综合利用、讲求效益的原则，大力推行节水措施，推广节水新技术、新工艺，发展节水型产业，建设节水型城市。

第四条 市城市节约用水行政主管部门主管城市节约用水工作，市节约用水管理机构具体负责城市节约用水日常管理工作。

市人民政府相关职能部门按照各自的职责配合做好城市节约用水工作。

第五条 城市节约用水专业规划由市城市节约用水行政主管部门会同有关部门编制，并纳入水资源综合规划，报市人民政府批准后实施。经批准实施的城市节约用水专业规划，未经批准机关同意，任何单位和个人不得随意变更。

第六条 各级政府应当广泛开展城市节约用水的宣传教育，提高全民节约用水意识。

第七条 单位和个人符合下列条件之一的，由市人民政府或者市城市节约用水行政主管部门给予表彰奖励：

（一）非居民用水单位通过采取节水措施，实际用水量明显下降的；

（二）城市再生水利用做出显著成绩的；

（三）研究推广节水技术、工艺、设备、器具等有突出贡献的；

（四）节约用水宣传教育、管理工作成效明显的；

（五）举报和制止严重浪费用水行为属实的；

（六）其他对城市节约用水做出突出成绩的。

第八条 任何单位和个人对违反本条例的行为，都有权予以劝阻、制止和举报。

## 第二章 计划用水

第九条 市节约用水管理机构根据水资源和供水状况、用水需求以及用水定额，组织编制非居民用水单位年度计划用水指标，报市城市节约用水行政主管部门批准后执行。

第十条　非居民用水单位（含生产、经营性的用水个人）实行计划与定额相结合的计划用水管理。具体纳入计划用水管理的非居民用水单位的范围，根据国家节约用水的有关要求及非居民用水单位月用水量确定。

居民生活用水实行阶梯式计量水价管理，城市公共供水企业应当抄表到居民生活用水户。

第十一条　非居民用水单位应当向市节约用水管理机构办理计划用水指标，签订计划用水管理责任书，并按照下达的计划用水指标用水。

第十二条　需要增加用水量的，应当向市节约用水管理机构提出增加计划用水指标的申请。

需要临时用水的，应当向市节约用水管理机构申请临时计划用水指标，并接受使用期内的计划用水指标考核。

市节约用水管理机构接到非居民用水单位增加计划用水指标的申请，应当受理，并根据计划用水指标管理规范要求，在10个工作日内做出批准或者不批准的决定；接到临时计划用水指标的申请，应当受理，并根据计划用水指标管理规范要求，在3个工作日内做出批准或者不批准的决定。

第十三条　计划用水指标的核定、下达和调整，应当遵循公开、公正、便民和效率的原则。

计划用水指标应当满足非居民用水单位合理用水的需要。

第十四条　水资源紧缺时，在确保城市居民基本生活用水的前提下，经市人民政府批准，可以采取限制用水措施。

第十五条　对取用地下水资源的单位和个人按照国家规定实行取水许可制度。严格控制并逐步压减地下水井开凿和地下水开采量，提高地下水资源费征收标准。在城市公共供水管网覆盖区域内禁止新凿地下水井，城市公共供水管网覆盖区域外严格限制新凿地下水井。具体办法由市人民政府另行制定。

第十六条　经批准开凿的地下水井，取用地下水应装表计量，缴纳地下水资源费和污水处理费，纳入计划用水管理。

第十七条　市节约用水管理机构应当建立健全用水和节约用水统计制度。

供水企业应当在每月10日前向市节约用水管理机构报送上月非居民用水单位的用水量和相关用水资料。

非居民用水单位应当做好用水和节约用水统计工作，建立健全用水原始记录和统计台帐，并定期向市节约用水管理机构报送月（年）统计报表。

第十八条　非居民用水单位超计划用水实行累进加价收费制度。超出计划用水指标的用水量，除据实交纳水费外，由市节约用水管理机构根据该单位实际执行的水价标准收取超计划用水累进加价水费。

第一个月超计划用水指标用水的，超出部分水量按水价（不含污水处理价格，下同）的0.5倍收取；第二个月仍然超计划用水指标用水的，按水价的1倍收取；第三个月及以上继续超计划用水指标用水的，按水价的1.5倍收取。

第十九条　超计划用水累进加价水费交同级财政专户储存，专项用于节水技术示范推广、宣传、奖励，补助城市供节水设施建设，行业管理和城市水资源保护等，不得挪作他用。

## 第三章　节约用水

第二十条　建设项目实行用水节水评估制度。年设计用水量在3万立方米以上的新建、改建、扩建建设项目，应当在可行性研究阶段编制用水节水评估报告，其他建设项目的可行性研究报告应当包括用水节水评估的内容。

用水节水评估报告编制和审查的具体办法，由市城市节约用水行政主管部门制定，报市人民政府批准后实施。

第二十一条　新建、改建、扩建建设项目应当制定节约用水措施方案，配套建设节水设施，并与主体工程同时设计、同时施工、同时投入使用。

第二十二条　建设项目节约用水措施方案应当经市城市节约用水行政主管部门审查，市城市节约用水行政主管部门应当自受理之日起5个工作日内做出审查意见。建设单位在申办建设工程规划许可证时，应当向规划行政主管部门提交建设项目节约用水措施方案的审查意见。

建设项目设计单位应当按照国家和本市的节水标准和规范进行节水设施设计，施工图审查单位应当严格审查节水设施相关内容。

第二十三条　建设项目竣工后，市节约用水管理机构应当对节水设施进行验收。未申请验收或者验收不合格的，有关部门不予办理竣工验收备案手续，市节约用水管理机构对该非居民用水单位不予下达计划用水指标，所用水量可以按超计划用水收取加价水费。

第二十四条　供水企业应当加强对供水设施、设备的维护和管理，防止漏水损失。

供水企业管网供水漏失率、供水产销差率以及水厂生产自用水比率应当符合国家或行业标准。

第二十五条　非居民用水单位应当建立健全节约用水规章制度，并指定部门或者专人具体负责节约用水工作。

第二十六条　非居民用水单位应当加强对用水及节水设施、设备、器具的管理和维护，保持完好和正常运行，避免漏水损失。

未经市节约用水管理机构批准，不得擅自停止使用节水设施。

已安装使用国家明令淘汰用水器具的非居民用水单位，应当按市节约用水管理机构的要求限期更换。

鼓励居民生活用水户使用节水型器具。

第二十七条　市城市节约用水行政主管部门应当会同市质量技术监督行政主管部门确认"节水型用水器具名录"和"明令淘汰用水器具名录"，并向社会公布。

工商、质量技术监督行政主管部门应当加强监督管理。禁止生产和销售国家明令淘汰的耗水量高的设备、产品。

第二十八条　建设工程开工前，建设单位和施工单位应当查明地下供水管网情况，管线管理单位应当给予配合，避免施工中损坏供水管道，造成漏水损失。

供用水管道、设施、设备、器具漏水的，供水企业、非居民用水单位或者物业管理单位在发现后应当立即组织抢修，市节约用水管理机构在接到漏水报告后应当责令限期修复。

第二十九条　工业用水应当采用先进技术、工艺和设备，增加循环用水次数，提高水的重复利用率。以水为原料的生产企业应当采用节水生产工艺和技术，减少损耗。

冷却水应当循环使用，循环使用率应当按城市节约用水专业规划要求达到国家节水型城市标准。

第三十条　使用公共供水的非居民用水单位应当按规定安装计量仪表；自建设施供水的非居民用水单位应当安装计量总表并按规定定期校验。

第三十一条　从事洗车、洗浴、游泳、水上娱乐等业务的，应当安装节约用水设施、设备，提高水的利用率。

第三十二条　积极采用低洼草坪、渗水地面等雨水收集利用方法节约用水。

第三十三条　非居民用水单位应当每三年进行一次水量平衡测试，并根据测试结果及时改正用水浪费问题，提高合理用水水平。

市城市节约用水行政主管部门应当制定水量平衡测试的具体规范要求并予以公布。

非居民用水单位的水量平衡测试，可以委托具有相应技术力量的专业单位进行，也可以按照市城市节约用水行政主管部门制定的规范要求自行测试。

## 第四章　城市再生水利用

第三十四条　城市再生水是指城市污水和废水经处理净化后，水质达到国家城市污水再生利用分类标准，可以在一定范围内使用的非饮用水。

再生水利用设施是指再生水的集水、净化处理、供水、计量、检测设施及其他附属设施。

再生水主要用于厕所冲洗、园林绿化、道路清洁、车辆冲洗、基建施工、景观环境、设备冷却、工业生产等可以接受其水质标准的用水。

第三十五条　新建、改建、扩建建设项目，日可回收水量在45立方米以上，日再生水需水量在30立方米以上，且符合下列条件之一的，建设单位应当在水量平衡计算的基础上同期自建相应规模的再生水利用设施：

（一）建筑面积在2万平方米以上的宾馆、饭店、商场、综合性服务楼及高层住宅；

（二）建筑面积在3万平方米以上的机关、科研单位、学校和大型综合性文化体育设施；

（三）建筑面积在5万平方米以上的居住区或者其他建筑区等。

第三十六条　原已建成使用的工程项目，日可回收水量在75立方米以上，日再生水需水量在50立方米以上，且具备建设场地等条件的，产权单位或者物业管理单位应当按照市节约用水管理机构的要求建设相应规模的再生水利用设施。

第三十七条　符合第三十五、三十六条规定，但可以使用其他再生水利用设施供水的，经市节约用水管理机构核实后，可以不单独建设再生水利用设施，但需配套建设再生水用水管道及其附属设施和使用再生水。

第三十八条　再生水利用设施的设计、施工由建设单位委托具有相应资质的单位承担。建设单位组织专家对设计方案论证后，应当到市节约用水管理机构办理建设备案。再生水利用设施竣工后，必须经市节约用水管理机构组织验收合格后方能投入使用。

第三十九条　再生水的管道、水箱等外部设施表面应涂成浅绿色，并严禁与自来水、地下水供水管道直接连接，出水口必须标有"非饮用水"字样和其他明显标志。

第四十条　鼓励单位和个人以独资、合资、合作等方式建设再生水利用设施和从事再生水经营活动。

第四十一条 再生水的价格应与自来水价格保持适当差价，按低于自来水价格的一定比例确定，具体的价格标准由价格主管部门制定。

第四十二条 再生水运营管理单位在经营过程中，应当做到装表计量，按量收费，不得擅自间断供水或者停止供水。因设施检修等原因需要停止供水的，应当提前二十四小时通知用水户。

第四十三条 再生水利用设施的产权单位或运营管理单位应当建立健全再生水管理制度和工作规程，保证再生水利用设施正常运行，同时按规定对出水水质进行日常化验；市节约用水管理机构委托具有检测资质的单位定期检测，确保再生水水质符合国家城市污水再生利用分类标准。

第四十四条 已建、新建、改建、扩建的污水处理厂，应当按照城市节约用水专业规划建设相应的城市污水处理再生利用设施。

第四十五条 园林、绿化、景观、洗车、环卫及建设施工用水，应当首选使用再生水。

## 第五章 法律责任

第四十六条 违反本条例规定，有下列行为之一的，由市城市节约用水行政主管部门责令限期改正，逾期不改的，视情节轻重，按下列规定予以处罚：

（一）纳入计划管理的非居民用水单位未按规定报送统计报表或者拒不签订计划用水管理责任书的，或者供水企业未按要求报送非居民用水单位的用水量和相关用水资料的，处300元以上1000元以下罚款；

（二）使用公共供水或者自建设施供水的非居民用水单位未按规定安装计量仪表的，处500元以上2000元以下罚款；

（三）建设单位未办理再生水利用设施建设备案的，处1000元以上2000元以下罚款；

（四）非居民用水单位或者物业管理单位擅自停止使用节水设施，或未按规定进行水量平衡测试的，处3000元以上5000元以下罚款；

（五）再生水利用设施产权单位或者再生水运营管理单位的再生水水质未达到国家城市污水再生利用分类标准的，处2000元以上5000元以下罚款；

（六）从事洗车、洗浴、游泳、水上娱乐业务的单位或者个人未安装节水设施的，处5000元以上1万元以下罚款；

（七）再生水利用设施的产权单位或运营管理单位擅自停止运行或者供水的，处5000元以上2万元以下罚款。

第四十七条 违反本条例规定，有下列行为之一的，由市城市节约用水行政主管部门责令限期改正，并视情节轻重，按下列规定予以处罚：

（一）单位或者个人将再生水管道与自来水、地下水供水管道连接的，处5000元以上1万元以下罚款；

（二）新建、改建、扩建建设项目符合再生水利用设施建设条件但未按相应规模同期建设，或者可以使用其他再生水利用设施但未配套建设再生水用水管道及其附属设施和使用再生水的，对建设单位处5万元以上10万元以下罚款；

（三）已建成的建设项目符合再生水利用设施建设条件但未按相应规模组织建设，或者可以使用其他再生水利用设施但未组织安装再生水用水管道及其附属设施和使用再生水的，对物业管理单位处

5000元以上1万元以下罚款，对产权单位处3万元以上5万元以下罚款，并核减计划用水指标；

（四）新建、改建、扩建建设项目竣工后，节水设施没有建成或者没有达到国家规定要求，擅自投入使用的，对建设单位处5万元以上10万元以下罚款。

第四十八条　违反本条例规定，有下列行为之一的，由市城市节约用水行政主管部门责令限期修复，逾期不修复的，处损失水量总价20倍以下罚款，罚款总额不超过5万元：

（一）供水企业和非居民用水单位因失修、失养或者人为造成供、用水设施、设备、器具损坏漏水的；

（二）施工单位因施工损坏供水管网造成漏水的。

第四十九条　非居民用水单位未按要求更换原已安装的国家明令淘汰的用水器具的，由市城市节约用水行政主管部门按每套（件、只）处30元以上100元以下罚款，罚款总额最高不超过3万元。

第五十条　工业企业的工业用水重复利用率未达到国家和行业标准的，由市节约用水管理机构核减计划用水指标。

第五十一条　逾期不缴纳超计划用水加价水费的，从期限届满之日起，由市节约用水管理机构除按日加收滞纳部分千分之二的滞纳金外，同时核减计划用水指标。

第五十二条　违反本条例规定，擅自开凿地下水井取用地下水的单位或者个人，由相关部门依法处罚，直至封井。

第五十三条　市城市节约用水行政主管部门、市节约用水管理机构和相关职能部门及其工作人员有下列行为之一的，由所在单位、上级主管部门或者监察部门依照管理权限给予批评教育，责令改正；情节严重的给予行政处分：

（一）不履行职责，行政不作为的；

（二）在核定计划用水指标时，故意压低或者增加计划用水指标的；

（三）在国家、省及本条例规定之外乱收费、乱罚款的；

（四）接到供水管道漏水报告后，不及时责令相关责任人修复的。

# 第六章　附　则

第五十四条　本条例自2006年5月1日起施行。1996年11月28日昆明市第十届人民代表大会常务委员会第四次会议通过，1997年1月14日云南省第八届人民代表大会常务委员会第二十五次会议批准的《昆明市城市节约用水管理条例》同时废止。

# 昆明市松华坝水库保护条例

（2006年2月10日昆明市第十一届人民代表大会常务委员会第三十三次会议通过，2006年3月31日云南省第十届人民代表大会常务委员会第二十一次会议批准，2006年5月1日起施行）

## 第一章 总 则

**第一条** 为加强松华坝水库的保护，防止水体污染，保障居民饮用水安全和身体健康，根据《中华人民共和国水法》《中华人民共和国水污染防治法》《云南省实施〈中华人民共和国水法〉办法》等法律、法规，结合本市实际，制定本条例。

**第二条** 松华坝水库径流区629.8平方千米及水库枢纽工程为松华坝水库水源保护区（以下简称水源保护区）范围。

**第三条** 在水源保护区从事活动的单位和个人，应当遵守本条例。

**第四条** 水源保护区的保护和管理遵循统一规划、保护优先、预防为主、防治结合的原则，实行领导责任制、过错追究制、贡献奖励制。

**第五条** 市人民政府应当将水源保护纳入国民经济和社会发展规划，建立水源保护投入机制和补偿机制，加大对水源保护区的扶持力度，加强基础设施建设，改善人民群众的生产、生活条件。

**第六条** 市水行政主管部门负责水源保护区的管理和监督；市环境保护行政主管部门负责水源保护区水污染防治的管理和监督。水源保护区管理机构负责日常的保护和管理。市级有关行政主管部门，盘龙区、嵩明县人民政府及其有关部门，按各自职责，共同做好水源保护区的保护和污染防治工作。

**第七条** 对保护水源有显著成绩和贡献的单位和个人，由县级以上人民政府和市级有关行政主管部门给予表彰和奖励。

## 第二章 水源保护区划定

**第八条** 水源保护区范围按照水域功能和防护要求，划分为一、二、三级保护区：

（一）一级保护区为水库正常水位线（黄海高程1965.5米）沿地表外延200米的水域和陆域内；冷水河、牧羊河河道上口线两侧沿地表外延100米的区域内；

（二）二级保护区为一级保护区外延1500米的区域内；

（三）三级保护区为一、二级保护区以外的径流区域。

**第九条** 水源保护区的地理界线，由市环境保护行政主管部门会同盘龙区、嵩明县人民政府及市级有关部门提出，按法定程序批准后实施，并由市水行政主管部门按分级保护的地理界线，设置界桩、界碑等警示标志。

**第十条** 水源保护区水质按照国家《地表水环境质量标准》执行。

## 第三章　水源保护

**第十一条**　在三级保护区内禁止下列行为：

（一）新建、扩建直接或间接向水体排放污染物的建设项目；

（二）在禁止开垦区内开垦土地；

（三）盗伐滥伐林木，破坏水源涵养林、护岸林以及与保护水源有关的植被；

（四）破坏水库枢纽工程、堤防、护岸和防汛、水文、水质监测、环境监测等设施；

（五）使用对人体有害的鱼药；

（六）使用含磷洗涤用品及不可自然降解的泡沫塑料制品；

（七）移动、破坏界桩、界碑等警示标志；

（八）可能污染水源的其他行为。

**第十二条**　在二级保护区内除遵守第十一条规定外，还禁止下列行为：

（一）新建、扩建与供水设施、保护水源、改善水质无关的建设项目；

（二）新建、扩建排污口；

（三）设置畜禽养殖场；

（四）旅游、露营、野炊；

（五）设置有害化学物品的仓库或者堆栈；

（六）无防护措施运输强酸、强碱、毒性液体、有机溶剂、石油类、高毒高残留农药等危险物品的车辆进入；

（七）洗矿、挖砂、采石、取土等破坏水质的活动。

**第十三条**　在一级保护区内除遵守第十一、第十二条规定外，还禁止下列行为：

（一）设置排污口，直接或间接向水体排放污水、废液；

（二）与水源保护无关和产生污染的船只下水；

（三）向水域、陆域倾倒、堆放、掩埋废液、废渣、病死畜禽及其他废弃物；

（四）在水域游泳，水上训练以及其他体育、娱乐活动；

（五）在水体内或临近水源的地方洗刷车辆、衣物和其他器具；

（六）毒鱼、炸鱼、电鱼、钓鱼、偷盗水生动物和猎捕水禽；

（七）围滩造田、围库造塘、网箱养殖和放养畜禽；

（八）设置商业、饮食、服务网点。

**第十四条**　在二、三级保护区内现已设置排污口的建设项目，污染物排放应当符合国家《污水综合排放标准》规定。

**第十五条**　按照水域功能水质标准和防护要求，对进入水源保护区的外来人员及车辆实行有效控制。

**第十六条**　水源保护区实行封山育林、退耕还林、林分改造，发展水源涵养林和水土保持林，增强森林植被涵养水源功能，防治水土流失，改善生态环境。

**第十七条**　水源保护区发展生态农业，推广平衡施肥和生物防治技术，提倡施用生物肥、有机肥和生物农药。

第十八条　直接从水源保护区取水的单位和个人，应当依法向水行政主管部门申请领取取水许可证，并按规定缴纳水资源费。

第十九条　市人民政府及盘龙区、嵩明县人民政府应当设立水源保护财政专户，统筹专项资金，建立稳定的投入机制和能源替代、医疗保险、生活补助、生态保护等补偿机制。应当提取一定比例的水资源费，扶持水源保护区群众的生产和生活。具体办法由市人民政府制定。

## 第四章　管理与监督

第二十条　市人民政府应当制定水源保护专项规划，领导水源保护区保护和污染防治工作，引导二、三级保护区农户调整产业结构，有计划地组织劳动力转移，安排一级保护区农户易地安置。

第二十一条　盘龙区、嵩明县人民政府在水源保护区管理中履行下列职责：

（一）依照本条例加强对本行政辖区内水源保护管理工作的领导，落实领导责任制，保护水源；

（二）按照水源保护专项规划，拟定本行政辖区内水源保护实施方案、综合整治方案及保护管理配套办法，并组织实施；

（三）建立健全实施本条例的各项责任制度，监督检查本辖区有关部门落实责任制度的具体情况；

（四）组织制定本行政辖区内水源重点污染物的总量控制实施方案，做好水源保护区生活污水和垃圾处理设施的建设和管理工作，防止污染水源；

（五）严格控制水源保护区人口机械增长，按照市人民政府的统一安排，有计划地组织实施一级保护区农户的搬迁工作，并妥善安排其生产生活；

（六）进行水源保护的法律、法规和本条例的宣传教育。

第二十二条　市水行政主管部门在水源保护区管理中履行下列职责：

（一）与相关部门共同拟定水源保护专项规划，报昆明市人民政府批准后，负责监督实施；

（二）协调有关部门和县（区）依法保护水库水源；

（三）制定年度蓄水、供水计划及水库工程运行调度方案和防洪预案；

（四）做好供水服务，确保用水安全；

（五）负责水源保护区及枢纽工程、设施、设备的保护和管理。

第二十三条　市环境保护行政主管部门在水源保护区管理中履行下列职责：

（一）按照水源保护专项规划，编制水源保护区水污染防治方案，并指导和监督实施；

（二）组织协调水源保护区环境污染防治工作，做好水源保护区建设项目的环境管理和监督工作；

（三）依法实施水污染物排放许可证制度，调查处理水污染纠纷和事故；

（四）负责水源保护区环境质量和水质状况的监测，建立和完善水源保护区水体水质监测网络，汇总监测资料，定期向市人民政府报告水质情况；发现重点污染物排放总量超过控制指标或者水质未达到饮用水水源水质标准的，提出防治污染的对策措施，及时向市人民政府报告。

第二十四条　水源保护区管理机构履行下列职责：

（一）宣传贯彻水源保护法律法规和本条例；

（二）负责水源保护区及枢纽工程的保护和管理；

（三）会同有关部门编制和实施水源保护的规划；

（四）依据职权或者在受委托权限内制止和查处水源保护的违法行为。

第二十五条　市林业、农业行政主管部门按照水源保护专项规划和本条例第十六条、第十七条的规定，制定具体的实施方案，并负责指导、监督和实施。

第二十六条　有关行政主管部门对在水源保护区的建设项目，从严控制，依法审批，加强日常监督管理工作。对按规定可以在水源保护区建设的项目，其规划选址、定点应当有市水、环境保护行政主管部门的审核意见，重大项目应当举行听证会。

第二十七条　市水、环境保护行政主管部门与其他有关行政主管部门建立信息通报制度和定期联系制度，建立执法联动机制。

第二十八条　环境保护行政主管部门对造成或者可能造成水源保护区水体污染的单位和个人，按照谁污染谁治理的原则，监督其治理。

第二十九条　因突发性事件、公共卫生事件，造成或者可能造成水源保护区水污染的责任单位和个人，应当立即采取应急措施，减轻、排除污染危害，同时报告当地人民政府及水、环境保护、卫生等有关行政主管部门，及时通报可能受到污染危害的村庄、单位和个人。

# 第五章　法律责任

第三十条　违反本条例第十一条第（一）项，第十二条第（一）（二）项，第十三条第（一）项，第十四条规定的，由县级以上人民政府依法责令停业或者关闭。

第三十一条　违反本条例第十一条第（二）（三）（四）项，第十二条第（五）（六）（七）项，第十三条第（三）（六）（七）项规定的，由县级以上水、环境保护、林业、农业、公安等行政主管部门依照有关法律法规的规定给予处罚。

第三十二条　违反本条例第十二条第（三）（四）项和第十三条第（二）（四）（五）项规定的，分别由县级以上水行政主管部门、环境保护行政主管部门责令其停止违法行为，采取补救措施，并对责任单位处以5000元以上2万元以下的罚款，对责任人处以200元以上2000元以下的罚款。

第三十三条　违反本条例第十一条第（五）项规定的，由县级以上水行政主管部门责令其停止违法行为，可以并处5000元以上3万元以下的罚款。

第三十四条　违反本条例第十一条第（七）项规定的，由县级以上水行政主管部门责令其停止违法行为，可以并处500元以上3000元以下罚款。

第三十五条　违反本条例第十三条第（八）项规定的，由县级以上环境保护行政主管部门责令其停止违法行为、限期改正。

第三十六条　从事水库水源保护管理的行政部门及其工作人员玩忽职守、滥用职权、徇私舞弊的，依法给予行政处分；构成犯罪的，依法追究刑事责任。

# 第六章　附　则

第三十七条　本条例未作规定，国家法律、法规和《滇池保护条例》已有规定的，从其规定。

第三十八条　宝象河水库、大河水库、柴河水库水源的保护，可参照本条例执行。

第三十九条　本条例自2006年5月1日起施行。

# 昆明市河道管理条例

（2010年2月24日昆明市第十二届人民代表大会常务委员会第三十一次会议通过，2010年3月26日云南省第十一届人民代表大会常务委员会第十六次会议批准，自2010年5月1日起施行）

## 第一章　总　则

第一条　为加强河道管理，保护和改善水环境，保障防汛安全，发挥河道综合效益，根据《中华人民共和国水法》《中华人民共和国水污染防治法》《中华人民共和国防洪法》《中华人民共和国河道管理条例》等法律、法规，结合本市实际，制定本条例。

第二条　本条例适用于本市行政区域内河道（包括干渠、河槽、滩涂、湿地、堤防、护堤地）及其配套设施的保护与管理。

法律、法规已有规定的，从其规定。

第三条　河道管理遵循科学规划、综合治理、严格保护、合理利用的原则。

第四条　市、县（市、区）人民政府、国家级开发（度假）区管理委员会应当加强对河道管理工作的领导，将河道管理纳入国民经济和社会发展计划，所需资金纳入财政预算，对所属区域内的河道防洪安全和水环境质量负责。

河道治理可以按照政府投入与受益者合理承担相结合的原则，依法多渠道筹集资金。

第五条　水行政主管部门负责河道的统一管理、协调和监督；其中，出入滇池河道的管理、协调和监督由滇池行政主管部门负责。

发展和改革、住房和建设、城乡规划、环境保护、国土资源、城市管理、农业、林业、园林绿化等行政管理部门按照各自职责做好河道管理工作。

第六条　任何单位和个人有权对破坏河道及其配套设施、危害河道生态环境的行为进行劝阻、制止和举报。

各级人民政府应当对在河道的保护和管理中做出突出贡献的单位和个人，给予表彰和奖励。

## 第二章　制度与职责

第七条　建立市、县（市、区）、乡（镇、街道办事处）三级管理和实行统一、分级、分类相结合的河道管理体系。

第八条　实行市、县（市、区）、乡（镇、街道办事处）级领导负责的河（段）长责任制。其主要职责是：

（一）巡查河道的保护和管理工作；

（二）监督河道治理计划和方案的落实；

（三）协调河道治理中的有关问题。

第九条　水行政主管部门和滇池行政主管部门按照各自职责，组织、指导河道的规划编制、治理、开发和利用工作，对修建开发水利、治理河道的工程和跨河、穿河、穿堤、临河的桥梁、道路、缆线、管道等建筑物及设施进行审查、批准和验收。

第十条　市、县（市、区）有关行政管理部门的主要职责是：

（一）发展和改革行政管理部门负责河道治理工程项目的立项审批工作；

（二）城乡规划行政管理部门负责组织、参与水系规划等河道规划的编制工作，并依据规划对河道综合治理工程设计方案进行审批；

（三）环境保护行政管理部门负责对河道水污染防治实施统一监督，监测河道的水质状况，将监测结果及时报送相关部门，定期向社会公布；

（四）住房和建设行政管理部门负责河道综合治理中市政建设工程的审批及监督管理；

（五）农业行政管理部门负责组织实施农业面源污染防治及河道周边畜禽禁养区域内的禁养工作；

（六）城市行政管理部门负责组织实施流经城市区域内河堤两岸道路的保洁及垃圾清运，河道保护范围内公厕、垃圾收集点合理布局和垃圾无害化、资源化处置；

（七）林业、园林绿化行政管理部门参与河道保护区域内绿化规划的编制，河道护堤林、护岸林的建设和管理。

第十一条　乡（镇）人民政府、街道办事处负责河道的日常保洁管护和巡查检查，制止和协助查处污染河道的违法行为，并接受县（市、区）水行政主管部门、滇池行政主管部门的业务指导和监督。

## 第三章　规划与治理

第十二条　水行政主管部门、滇池行政主管部门、城乡规划行政管理部门应当组织编制流域综合规划、区域综合规划、防洪规划、水系规划等河道规划，报同级人民政府批准后公布实施。

河道的治理、保护以及涉及河道的各类工程方案应当符合河道规划控制线要求。

有关部门编制或者修改其他规划涉及河道的，应当事先征求同级水行政主管部门或者滇池行政主管部门的意见。

第十三条　河道规划控制线范围内的土地，经国土资源、城乡规划和水行政主管部门核定，报经县级以上人民政府批准后，划定为规划控制区，并予以公告。

第十四条　水行政主管部门或者滇池行政主管部门根据河道的功能定位，按照河道规划和国家规定的防洪、排涝、环境保护标准以及有关技术规范，制定河道治理计划，经同级人民政府批准后实施。经批准的河道治理计划需要修改的，应当按照编制程序报经原批准机关批准。

跨行政区域的河道治理，由上一级水行政主管部门或者滇池行政主管部门按照河道治理的统一标准，做好有关组织、协调和指导工作。

第十五条　河道治理计划应当包括雨污分流、截污导流、防洪排涝、清淤保洁、工程防护、生态修复及保护等基本内容，明确责任单位和任务分工。

出入滇池河道的治理计划，除前款规定内容外，还应当包括再生水利用、两岸拆迁、临河空间开辟、架桥修路、道路通达、绿化美化、湿地建设、环境净化、配套设施建设等内容。

第十六条　河道治理过程中应当注重保护、恢复河道及其周边的生态环境和历史人文景观。河道治理选用的材料应当符合国家环保标准。

出入滇池河道的治理，除遵守前款规定外，还应当符合下列要求：

（一）建设沿岸片区和城乡干渠的截污、污水处理、再生水利用等基础设施，做到污水无害化，再生水资源化；

（二）建设滨水游憩林荫带，做到因地制宜、适地适树；

（三）河道两侧管、线入地；

（四）禁止在河道两侧各200米范围内养殖畜禽。

第十七条　河道治理需要占用土地的，由当地人民政府协调解决，并依法办理用地手续。河道治理完成后所增加的土地，除依法办理用地手续外，还应当按照有关规划安排使用。

第十八条　水行政主管部门或者滇池行政主管部门应当根据保障生活、生产和生态环境用水的需要，制定和实施水量调度方案，调节河道生态所需要的水量，提高自然净化能力，改善水环境。

第十九条　水行政主管部门或者滇池行政主管部门应当对责任单位治理情况进行考核，并向社会公布；责任单位未按照要求落实的，向社会公开承诺定期整改。

## 第四章　保护与管理

第二十条　河道的管理范围为：已划定规划控制线的为河道绿化带外缘以内的范围；尚未划定河道规划控制线的为两岸堤防之间的水域、湿地、滩涂（含可耕地）、两岸堤防及护堤地。护堤地的宽度为堤防背水坡脚线水平外延不少于2米的区域，无背水坡脚线的为堤防上口线水平外延不少于5米的区域。

河道的保护范围为河道管理范围以外100米以内的区域。

第二十一条　河道的具体管理和保护范围，由水行政主管部门或者滇池行政主管部门根据河道管理的需要，会同同级城乡规划、国土资源、环境保护等行政管理部门划定，经同级人民政府批准并公布。

河道管理和保护范围划定后，由水行政主管部门或者滇池行政主管部门设立标志。

第二十二条　在河道保护范围内禁止下列行为：

（一）建设排放氮、磷等污染物的工业项目以及污染环境、破坏生态平衡和自然景观的其他项目；

（二）倾倒、扔弃、堆放、储存、掩埋废弃物和其他污染物；

（三）向河道排放污水；

（四）毁林开垦或者违法占用林地资源，盗伐、滥伐护堤林、护岸林；

（五）爆破、打井、采石、取土等影响河势稳定、危害河岸堤防安全和妨碍行洪的活动。

第二十三条　在河道管理范围内，除遵守第二十二条规定外，还禁止下列行为：

（一）清洗装贮过油类、有毒污染物的车辆、容器及包装物品；

（二）设置拦河渔具，或者炸鱼、电鱼、毒鱼等活动；

（三）围垦河道，或者建设阻碍行洪的建筑物、构筑物；

（四）擅自填堵、覆盖河道，侵占河床、河堤，改变河道流向。

第二十四条　在出入滇池河道管理范围内，除遵守第二十三条规定外，还禁止下列行为：

（一）洗浴，清洗车辆、衣物、卫生器具、容器以及其他污染水体的物品；

（二）设置排污口；

（三）倾倒污水、污物；

（四）堆放、抛洒、焚烧物品；

（五）擅自捕捞水生动植物和猎捕野生水禽。

第二十五条　禁止侵占和毁坏堤防、护岸、涵闸、泵站、水利工程管理用房、水文、水质监测站房设备和工程监测等河道配套设施设备。

因公共利益需要占用或者拆除河道配套设施设备的，按照有关法律法规的规定进行迁建、改建或者补偿，其费用由占用或者拆除单位承担。

第二十六条　在城乡截污管网已覆盖的区域，不得设置入河排污口；未覆盖的区域，应当达标排放。

第二十七条　建设单位确需在河道管理范围内建设以下工程项目的，工程建设项目应当符合河道规划，其建设方案应当经水行政主管部门或者滇池行政主管部门审查同意并按照基本建设程序办理审批手续：

（一）修建开发水利、防治水害、治理河道的各类工程；

（二）建设跨河、穿河、穿堤、临河的桥梁、码头、道路、渡口、管道、缆线、取水口、排水口等工程设施。

第二十八条　施工围堰或者临时阻水设施在影响防洪安全时，建设单位应当按照防汛指挥机构的紧急处理决定，限期清除或者采取其他紧急补救措施；施工结束后，应当及时清理现场和清除施工围堰等遗留物。

## 第五章　法律责任

第二十九条　国家机关及其工作人员在河道管理活动中有下列行为之一的，应当予以问责，依法给予行政处分；构成犯罪的，依法追究刑事责任：

（一）未完成河道管理目标责任的；

（二）未按要求编制流域综合规划、区域综合规划、防洪规划、水系规划等河道规划的；

（三）未按要求制定河道治理计划或者未按河道治理计划实施治理工作的；

（四）对不符合法定条件的单位和个人实施行政许可的；

（五）不履行巡查、检查职责，或者发现违法行为和接到举报后不及时查处的；

（六）发现重大环境污染事故或者生态破坏事故，不按照规定报告或者不依法采取必要措施处理的；

（七）其他玩忽职守、滥用职权、徇私舞弊的。

第三十条　违反本条例第二十二条第（一）项规定的，由滇池行政主管部门或者环境保护行政管理部门责令停止违法行为，处以10万元以上50万元以下罚款，并报有批准权的人民政府批准，责令拆除或者关闭。

第三十一条　违反本条例第二十二条第（二）项规定的，由滇池行政主管部门或者环境保护行政管理部门处以5000元以上2万元以下罚款。

第三十二条　违反本条例第二十二条第（五）项规定的，由水行政主管部门或者滇池行政主管部门责令改正，并处1万元以上5万元以下罚款。

第三十三条　违反本条例第二十三条第（四）项规定的，由水行政主管部门或者滇池行政主管部门责令停止违法行为，限期恢复原状或者采取其他补救措施，并处1万元以上5万元以下罚款。

第三十四条　违反本条例第二十四条第（一）项规定的，由滇池行政主管部门处以200元以上1000元以下罚款。

第三十五条　违反本条例第二十四条第（三）项规定的，由滇池行政主管部门对非经营性的单位和个人处以200元以上1000元以下罚款；对经营性的单位和个人处以1万元以上5万元以下罚款。

第三十六条　违反本条例第二十四条第（四）项规定的，由滇池行政主管部门责令改正，并处200元以上1000元以下罚款。

第三十七条　违反本条例规定的其他行为，由有关部门依照相关法律、法规予以处罚。

第三十八条　本条例第三十条、第三十一条、第三十二条、第三十三条规定的处罚权，属出入滇池河道的，由滇池行政主管部门负责行使；其他河道的，由环境保护或者水行政主管部门负责行使。

## 第六章　附　则

第三十九条　本条例所称出入滇池河道是指滇池流域范围内的螳螂川、盘龙江、新运粮河、老运粮河、乌龙河、大观河、西坝河、船房河、采莲河、金家河、大清河（明通河）、枧槽河、金汁河、海河（东白沙河）、宝象河（新宝象河）、老宝象河、六甲宝象河、小清河、五甲宝象河、虾坝河（织布营河）、马料河、洛龙河、捞鱼河（胜利河）、南冲河、大河（淤泥河）、柴河、白鱼河、茨巷河、东大河、中河（护城河）、古城河、王家堆渠、牧羊河、冷水河、姚安河、老盘龙江等河道及其支流。

第四十条　本条例自2010年5月1日起施行。

# 昆明市城市排水管理条例

（2010年10月28日昆明市第十二届人民代表大会常务委员会第三十五次会议审议通过，2010年11月26日云南省第十一届人民代表大会常务委员会第二十次会议批准，2010年12月6日昆明市第十二届人民代表大会常务委员会以第34号公告公布，2011年3月1日起施行）

## 第一章　总　则

第一条　为了加强城市排水管理，确保城市排水设施完好和正常运行，防治水污染，改善水环境，保障生产、生活需要，根据有关法律、法规，结合本市实际，制定本条例。

第二条　本市城镇规划区的城市排水及相关规划、建设、运营、养护和管理等活动适用本条例。滇池流域内非城镇规划区、城镇规划区外产业园区的排水管理工作参照本条例执行。

第三条　本条例所称城市排水是指城市产业废水、生活污水和大气降水的排放、接纳、输送、处理、利用。

第四条　各级人民政府应当将城市排水纳入国民经济和社会发展规划；多渠道筹措资金，提高城市排水管网的覆盖率和污水的收集、处理、再生利用率。

第五条　市城市排水行政管理部门对全市城市排水实行统一监督管理，并具体负责滇池流域的城市排水工作。

滇池流域以外的县（市、区）人民政府确定的城市排水行政管理部门负责本辖区范围内的城市排水工作，并接受市城市排水行政管理部门的指导和监督。

其他行政管理部门按照各自职责，协助排水行政管理部门做好城市排水工作。

第六条　城市排水实行排水许可和污水处理收费制度。

城市排水设施建设应当遵循统一规划，配套建设，雨污分流，污水集中处理与分散处理相结合、以集中处理为主的原则。

第七条　城市公共排水设施实行特许经营制度，鼓励投资者依法参与城市排水设施的建设、运营、养护。

第八条　积极推广城市排水的先进实用技术，鼓励城市污水、污泥的再利用，提高城市排水的科学技术水平。

第九条　任何单位和个人有保护城市排水设施的义务，有权对违反本条例的行为进行制止和举报。

各级人民政府或者排水行政管理部门对在城市排水工作中做出突出贡献的单位和个人给予表彰和奖励。

## 第二章　规划与建设

第十条　各级规划行政管理部门应当会同城市排水行政管理部门，依据城市总体规划，统一组织编制排水专项规划，报同级人民政府批准后实施。

第十一条　在城市规划和建设时，应当对排水泵站、污水处理厂、养护道班点、污泥转运站、污泥处置场等城市排水设施的规划用地及防护间距予以预留和控制。

城市排水设施用地未经法定程序调整，不得改变用途。

第十二条　新建、改建、扩建的建设项目，应当按照城市排水专项规划同时设计、同时建设配套城市排水设施，并同时投入使用。

第十三条　新建城市排水设施应当实行雨水、污水分流；除楼顶公共屋面雨水排放系统外，新建住宅的阳台、露台排水管道应当接入污水管网。

对原有城市排水设施进行雨水、污水分流改造过程中涉及的有关排水户及居民住户应当予以配合。

具有转输功能的自建排水设施，应当保证上游雨水、污水的排放，不得擅自阻塞、填埋、缩小断面、改变功能和高程。

第十四条　规划行政管理部门在核发建设工程规划许可证前，对涉及排水设施的项目应当事先征求城市排水行政管理部门意见。

第十五条　污水处理厂应当按规定同步建设安装污水处理实时监测设备，其设计方案应当报城市排水、环境保护行政管理部门备案。

污水处理实时监测设备经城市排水、环境保护行政管理部门联合验收合格后，由污水处理运营单位委托具有相应资质的单位维护。污水处理监测数据纳入环境保护行政管理部门的污染源监测系统。

第十六条　公共排水设施新建、改建、扩建工程在初步设计、施工图设计审查时应当有城市排水行政管理部门参加。

公共排水设施工程完工后，建设单位应当按照有关规定组织城市排水行政管理部门及排水设施运营、养护等单位进行竣工验收。未经验收或者验收不合格的，不得交付使用。

公共排水设施验收合格后，建设单位应当与排水设施运营、养护单位办理移交手续，并向城市排水行政管理部门报告；尚未移交的，由建设单位负责维护和管理。

第十七条　公共排水设施建设单位应当建立完整的排水设施建设项目工程档案资料，在竣工验收后3个月内移交给城市排水行政管理部门和排水设施运营、养护单位。

## 第三章　排水管理

第十八条　排水户排入城市排水设施的污水水质，应当符合国家排放标准；地方标准高于国家标准的，执行地方标准。

禁止将含重金属、放射性物质的污水排入滇池流域范围内的城市排水设施。

有下列情形之一的排水户应当建设相应的污水处理设施进行处理：

（一）医疗卫生、生物制造、科学实验、肉类加工等所产生的含有病原体的污水；

（二）含有强酸、强碱或者有毒物质的污水；

（三）含有重金属或者放射性物质的污水。

第十九条　工程建设、餐馆、洗浴场所、农贸市场、洗车场、汽修厂、加油站等排水户，应当按技术规范建设相应的沉沙、隔油、化粪等处理设施，并定期清疏、维护，保证其正常运行、外排水质达标。

第二十条　城市排水行政管理部门应当委托具有相应计量认证资质的排水监测机构，对向城市排水设施排放污水的排水户进行排水水质、水量监测，建立监测档案，并根据排水的水质、水量情况，确定重点排水户，定期向社会公布监测结果。

排水户应当配合做好水质、水量监测和检查工作。

第二十一条　在污水排放量超过公共排水设施受纳量的地区，城市排水行政管理部门应当采取控制排水水量和调整排水时间的调度措施。

第二十二条　公共排水设施覆盖的区域，自建排水设施应当接入公共排水设施；公共排水设施未覆盖的区域，应当自建污水处理设施或者自建排水管网接驳公共排水设施，并承担建设费用。

未经城市排水行政管理部门同意，任何单位或者个人不得将雨水、污水管道接驳到城市排水设施。

在饮用水水源保护区范围内，禁止设置排污口向自然水体排放污水。

第二十三条　排水户向城市排水设施实施排水前，应当办理排水许可证。城市排水行政管理部门自受理排水户申请之日起15个工作日内，对符合条件的排水户，核发排水许可证。对不符合条件的排水户，做出不予核发的书面决定并说明理由。

申请排水许可证应当符合下列条件：

（一）雨水、污水排放口的设置符合批准的接驳要求；

（二）已按规定建设相应的污水处理设施；

（三）已按规定在排放口设置专用检测设施；

（四）排放的污水符合规定的水质标准。

第二十四条　排水许可证有效期限为5年。建设工程施工排水的，有效期不超过施工工期。取得许可证的排水户，应当按照许可内容排放污水。

排水户在许可证有效期满后还需排水的，应当在有效期满前1个月内申报换证。排水户在许可证有效期内需要变更排水许可内容的，应当提前申请办理变更排水许可手续。

第二十五条　建设工程施工范围内有城市排水设施的，建设单位应当在施工前采取有效保护措施。因建设工程需要拆除、迁移或者临时改变公共排水设施的，经城市排水行政管理部门、设施产权单位同意后，先建设后拆迁，所需费用由建设单位承担。

第二十六条　在城市公共供水和自建设施供水范围内的用水户，应当交纳污水处理费。

污水处理费的征收、管理和使用办法，由市人民政府依照有关规定制定。

第二十七条　禁止下列危害城市排水设施的行为：

（一）擅自占压、拆卸、穿凿、挖掘、堵塞、填埋城市排水设施及其附属设施；

（二）在检查井、雨水口上支砌街沿石、流水石；

（三）擅自在城市排水设施防护范围内修建建筑物、构筑物，实施爆破、打桩或者在排水管道、沟渠内布设其他管线；

（四）将污水排入雨水管或者将雨水排入污水管；

（五）向城市排水设施倾倒垃圾、粪便、渣土等废弃物；

（六）将油烟、油污、泥浆等直接排入城市排水设施；

（七）将含易燃、易爆物质的污水排入城市排水设施；

（八）向排水管道、沟渠直接加压排水；

（九）其他危害城市排水设施的行为。

## 第四章　运营与养护

**第二十八条**　公共排水设施的运营、养护单位由城市排水行政管理部门依法确定。

自建排水设施由产权单位或者使用单位负责运行维护。

**第二十九条**　排水设施运营、养护单位应当建立并完善经营管理和安全生产责任制度，做好运营、养护的工作记录，定期向城市排水行政管理部门报送有关资料和数据。

自建排水设施运行维护责任单位应当建立养护制度，配备相应的人员，或者委托有资质的专业单位养护。

**第三十条**　公共排水设施污水外溢、管道堵塞、设施缺损时，排水设施运营、养护单位应当及时维修、疏通，恢复正常运行。

城市排水设施的建设、养护、维修工程作业现场应当设置明显标志并采取安全措施。城市排水设施抢险专用车辆应当使用统一标志，执行紧急抢险任务时，在确保安全的前提下，可以不受行驶路线、行驶方向和时间的限制。

抢修、疏通城市排水设施时，有关单位和个人应当积极配合。

**第三十一条**　排水设施运营、养护单位在抢修城市排水设施或者特殊维护作业需要暂停排水时，应当及时通知沿线排水户。需大范围暂停排水，可能严重影响生产、生活的，应当报经城市排水行政管理部门同意。沿线排水户应当按照通知要求暂停排水。

**第三十二条**　污水处理运营单位应当按照相关技术规程做好污水处理设备、设施的维护，定期进行水质、污泥等的检测分析，保证处理后的水质、污泥等符合标准，并建立信息档案。

污水处理运营单位不得擅自停止污水的处理或者降低排放等级。因维护污水处理设施需要停止污水处理的，应当经城市排水、环境保护行政管理部门同意。

**第三十三条**　城市排水行政管理部门应当制定突发排水安全事件应急预案。

## 第五章　污水再生利用

**第三十四条**　污水处理厂应当按再生水利用规划补建或者配套建设集中式再生利用设施和再生水输配设施。

**第三十五条**　公共排水管网未覆盖区域的单位，应当根据有关规定，建设、运营分散式污水再生利用设施。

**第三十六条**　集中式污水再生利用设施的运营、养护单位应当具备相应的条件。污水再生利用设施经营企业应当保证再生水的水质符合国家有关标准。

**第三十七条**　下列情形应当使用再生水：

（一）城乡绿化、环境卫生、车辆冲洗、建筑施工等用水；

（二）冷却、洗涤等工业生产用水；

（三）湿地、观赏性景观等环境用水；

（四）单位、住宅小区适宜使用再生水的；

（五）适宜农、林灌溉用水的；

（六）其他适宜使用再生水的。

## 第六章　法律责任

第三十八条　国家工作人员在城市排水管理活动中有下列行为之一的，依法给予行政处分；构成犯罪的，依法追究刑事责任：

（一）未按要求编制排水专项规划的；

（二）对不符合法定条件的单位和个人准予行政许可的；

（三）对符合法定条件的单位和个人不予行政许可或者不在法定期限内做出准予行政许可的；

（四）未履行巡查、检查职责，或者发现违法行为和接到举报后不及时查处的；

（五）发现重大环境污染事故，不按照规定报告或者不依法采取必要措施处理的；

（六）其他玩忽职守、滥用职权、徇私舞弊的。

第三十九条　违反本条例第十二条规定的，由城市排水行政管理部门责令改正，处以5万元以上10万元以下罚款。

第四十条　违反本条例第十五条第一款规定的，由城市排水行政管理部门责令限期改正；逾期不改正的，对责任单位处以1万元以上5万元以下罚款。

第四十一条　违反本条例第十六条第二款规定的，由城市排水行政管理部门责令停止使用，对建设单位处以5万元以上10万元以下罚款。

违反本条例第十六条第三款规定，排水设施运营、养护单位擅自接受移交的，处以1万元以上3万元以下罚款。

第四十二条　违反本条例第十七条规定的，由城市排水行政管理部门责令限期改正；逾期不改正的，处以5000元以上1万元以下罚款。

第四十三条　违反本条例第十八条第一款、第十九条规定的，由城市排水行政管理部门责令改正，处以5000元以上2万元以下罚款。

违反本条例第十八条第二款规定的，由城市排水行政管理部门责令改正，处以10万元以上50万元以下罚款。

违反本条例第十八条第三款规定的，由城市排水行政管理部门责令改正，处以5万元以上20万元以下罚款。

第四十四条　违反本条例第二十二条第三款规定的，由县级以上人民政府责令限期拆除，处以10万元以上50万元以下罚款；逾期不拆除的，强制拆除，所需费用由违反者承担，处以50万元以上100万元以下罚款，并可以责令停产整顿。

第四十五条　违反本条例第二十四条规定，排水户未取得排水许可证向公共排水设施排放污水的，由城市排水行政管理部门责令改正，处以1000元以上5000元以下罚款；排水户未按照许可的内容排放污水的，由城市排水行政管理部门责令限期改正，逾期不改正的，处以5000元以上2万元以下罚款，吊销《排水许可证》。

第四十六条　违反本条例第十三条第三款、第二十二条第二款、第二十五条、第二十七条规定的，由城市排水行政管理部门责令改正，对个人处以500元以上2000元以下罚款，对单位处以1万元以上5万元以下罚款。造成设施阻塞的，责令疏通；造成经济损失的，依法赔偿。

第四十七条　违反本条例第二十九条第一款、第三十二条规定的，由城市排水行政管理部门责令改正，对单位处以5000元以上2万元以下罚款，对直接责任人处以500元以上2000元以下罚款。

第四十八条　违反本条例第三十条第一款规定的，由城市排水行政管理部门责令改正，对单位处以1万元以上5万元以下罚款，对直接责任人处以500元以上2000元以下罚款；造成经济损失的，依法赔偿。

第四十九条　违反本条例，有下列行为之一的，由公安部门依法予以处罚；构成犯罪的，依法追究刑事责任。

（一）盗窃、故意损害城市排水设施的；

（二）阻碍相关部门依法进行检查、监测、维修、抢修作业的；

（三）造成重大环境污染事故，危害公共安全，致使公私财产遭受重大损失或者人身伤亡的。

## 第七章　附　则

第五十条　本条例所称的排水户，是排放污水的单位、个体经营者和住宅小区的建设单位或者管理单位。

本条例所称的城市排水设施，包括排水管网（含具有城市排水功能的河道、沟渠）及其附属设施、泵站，污水、雨水处理利用厂（站）及相关设施。

本条例所称的城市排水设施防护范围，是主干管两侧各3米以内，干管两侧各2米以内，支管两侧各1.5米以内。

第五十一条　本条例自2011年3月1日起施行。2001年11月24日昆明市第十一届人民代表大会常务委员会第四次会议通过，2002年1月21日云南省第九届人民代表大会常务委员会第二十六次会议批准的《昆明市城市排水管理条例》同时废止。

# 昆明市人民政府关于印发昆明市环境保护公众参与办法的通知

**昆政发〔2011〕96号**

各县（市）、区人民政府，市政府各委办局，各国家级、省级开发（度假）园区，各直属机构：

《昆明市环境保护公众参与办法》已经市政府研究同意，现印发给你们，请认真遵照执行。

二〇一一年十二月二十九日

## 昆明市环境保护公众参与办法

### 第一章 总 则

**第一条** 为提升公众对环境保护工作的知晓度和参与度，推动环境保护公众参与，加强生态文明城市建设，依据《中华人民共和国环境保护法》《中华人民共和国政府信息公开条例》和《环境信息公开办法（试行）》等有关规定，结合本市实际，制定本办法。

**第二条** 市人民政府建立环境保护公众参与工作机制。各县（市）区人民政府、国家级开发（度假）区管委会应当采取措施，鼓励、引导公众参与环境保护。

环境保护行政主管部门具体负责环境保护公众参与工作。滇池行政管理部门具体负责滇池环境保护公众参与工作。

**第三条** 环境保护公众参与遵循广泛、平等、民主、公开和诚信的原则。

**第四条** 环境保护公众参与的范围是：

（一）环境保护立法、政策的制定和规划编制；

（二）重点建设项目环境影响评价、规划环境影响评价和项目竣工环境保护设施验收工作；

（三）滇池及滇池入湖河道水污染防治、工业污染防治及生态恢复治理工作；

（四）滇池治理的科学研究、示范及相关科技成果应用、推广；

（五）环境保护和滇池保护宣传教育、社会实践、志愿服务及相关公益活动；

（六）对环境保护和滇池保护工作提出意见和建议，对环境违法行为进行监督、投诉和举报；

（七）对涉及环境保护工作的有关国家机关及其工作人员玩忽职守、滥用职权、徇私舞弊等行为进行检举和控告；

（八）法律、法规和规章规定的其他行为。

## 第二章　公众获取环境信息

第五条　环境信息是社会公共信息资源，除涉及国家秘密、商业秘密和个人隐私外，环境保护行政主管部门和滇池行政管理部门应当主动向公众公开环境信息。

第六条　环境信息主要包括下列内容：

（一）环境保护的法律、法规、规章和有关文件；

（二）环境政策、环境保护规划和计划、滇池水污染防治规划、环境功能区划和生态功能区划；

（三）环境质量状况；

（四）环境标准；

（五）环境保护费用征收的项目、依据、标准、程序和使用情况；

（六）重大环境治理、环保补助资金项目；

（七）建设项目环境管理情况；

（八）滇池污染治理重要工程及项目进展情况；

（九）经调查核实的公众对环境问题或者对企业污染环境的信访、投诉、举报案件及其处理结果，有奖举报受理及兑现奖励情况；

（十）违法排污的企业名单，发生重大、特大环境污染事故或者事件的企业名单，拒不执行已生效的环境行政处罚决定的企业名单；

（十一）查处违法排污案件行政执法情况，包括行政处罚依据、标准、程序和查处违法行为所得罚没收入上缴情况；

（十二）环境保护的创建工作情况；

（十三）依法认定的环境保护技术目录以及污染防治设施运营资质情况；

（十四）环境保护行政主管部门、滇池行政管理部门的主要职责、机构设置、办事程序、办事时限、服务承诺和联系方式等情况；

（十五）法律、法规和规章规定应当公开的其他环境信息。

第七条　公众获取环境信息的主要方式：

（一）公开免费发放的环境保护宣传资料；

（二）以书信、电子邮件、传真、电话、登门等方式向有关行政管理部门查询，或者查阅有关环境信息刊物和政策法规汇编；

（三）各级人民政府及其有关行政管理部门的门户网站公布的环境信息；

（四）报纸、电视、广播、网络等新闻媒体公布的环境信息；

（五）其他便于公众知晓的方式。

第八条　公众使用公开的环境信息，不得损害国家利益、公共利益和他人的合法利益。

第九条　公众以书信、电子邮件、传真、电话和口头形式提出获取环境信息要求的，有关行政管理部门应当在接到要求后15个工作日内予以答复，特殊情况下经部门主要负责人批准可延长至30个工作日。

第十条　发生突发环境污染事故，对公众健康、安全和公共环境可能造成威胁的紧急情况下，各级人民政府及其相关行政管理部门应当依法迅速向可能受到影响的公众发布能够帮助公众采取预防措施和减少损害的信息。

## 第三章  公众参与政策法规制定

第十一条  市、县（市）区人民政府、国家级开发（度假）区管委会及相关行政管理部门在制定有关环境政策、环境规划过程中，应当公开征求公众的意见，但涉及国家秘密的除外。

第十二条  在环境保护地方性法规草案和政府规章草案起草过程中，负责起草工作的有关行政管理部门应当在其门户网站和本市主要媒体上公布立法草案，召开专家代表论证会、公众听证会，征求公众意见。

第十三条  按照本办法第十一条、第十二条规定公开征求意见的，公众可以根据公布的时限、程序、方式等要求，提出意见和建议，有关行政管理部门对公众提出的合理意见应予以采纳，不予采纳的，应当给予答复并说明情况。

## 第四章  公众参与环境管理

第十四条  根据环境保护网格化管理体系工作要求，乡（镇）人民政府、街道办事处、社区应当配合环境保护行政主管部门、滇池行政管理部门做好公众参与环境管理工作。

第十五条  对环境有可能造成重大影响的建设项目，建设单位应当向公众公开建设项目信息，包括项目名称、拟选地址、项目性质、可能对环境造成的影响和采取措施，并且召开专家代表论证会、公众听证会，公开征求公众意见。

第十六条  在规划环境影响评价编制过程中，编制单位应当举行专家代表论证会、公众听证会，公开征求公众意见。

第十七条  建设项目、规划环境影响评价文件中应当对专家代表意见、公众意见是否予以采纳情况进行说明。

第十八条  环境保护行政主管部门在受理建设项目或者规划环境影响报告书后，以及滇池行政管理部门在受理有可能对滇池水环境保护造成较大影响的滇池流域开发建设项目审查申请后，应当向公众公示环境影响报告书受理和项目审查的有关信息，征求公众意见；在做出审批或者重新审核决定后，应当将审批或者审核结果向公众公告。

第十九条  公众在建设项目信息公开后的15个工作日内，可以向建设单位、负责审批或者重新审核环境影响报告书的环境保护行政主管部门、滇池行政管理部门，提交书面意见和建议。

第二十条  环境保护行政主管部门在建设项目竣工环境保护设施验收、重点工业污染防治及生态恢复治理时，应当征求公众意见，并对公众提出的合理意见予以采纳。

## 第五章  公众参与环境监督

第二十一条  市、县（市）区人民政府、国家级开发（度假）区管委会应当聘请环境保护专家、学者以及离退休同志，对环境保护工作进行督导和咨询；聘请市民担任环境保护义务监督员，监督排污治污行为。

第二十二条　县（市）区人民政府、国家级开发（度假）区管委会应当建设环境保护教育基地和场所。

第二十三条　县（市）区人民政府、国家级开发（度假）区管委会应重视青少年环境保护教育，不断深化绿色学校创建工作，在中小学及幼儿园开展环境保护宣传教育。

第二十四条　环境保护行政主管部门、滇池行政管理部门应当指导和规范环境保护社会团体开展的环境保护公益活动、咨询服务、维权保护、违法监督和法律援助，引导环境保护社会团体有序参与环境政策的制定与实施。

第二十五条　公众向人民法院提请环境污染损害赔偿民事诉讼时，环境保护行政主管部门应当对环境污染、损害取证给予支持。

第二十六条　公众有权通过正当渠道对环境保护工作提出批评和建议，有权直接向环境保护、滇池管理等部门投诉和举报污染、破坏环境的单位或者个人。

第二十七条　公众参与环境监督途径：

（一）通过各级人大代表、政协委员及环境保护义务监督员向有关行政管理部门提出意见、建议，或者投诉、举报；

（二）通过书信、电子邮件、传真、电话、登门等方式向有关行政管理部门提出意见、建议，或者投诉、举报。

第二十八条　对公众提出的意见、建议，或者投诉、举报，有关行政管理部门应当及时调查处理，并按照规定时限书面反馈处理结果。

## 第六章　奖励措施

第二十九条　按照属地管理原则，县（市）区人民政府、国家级开发（度假）区管委会应当建立环境保护公众参与评优创先工作机制，安排专项资金，设立环境保护奖项，对先进单位和个人予以表彰和奖励。具体奖励办法另行制定。

第三十条　对举报本市行政区域内违法排污行为的单位和个人，举报情况属实的，环境保护行政主管部门应当给予举报人奖励，并对举报人负有保密责任。

第三十一条　对遵守环境保护法律法规、公开环境信息、主动接受公众监督情况较好的企业，环境保护行政主管部门依照有关规定优先推荐清洁生产示范项目或者安排环保专项资金补助。

## 第七章　法律责任

第三十二条　公众在参与环境保护过程中捏造事实诬告陷害他人、侵害他人合法权益，或者散布谣言、扰乱公共秩序的，由有关行政管理部门依法追究责任。

第三十三条　建设单位在项目建设时未按照规定公开涉及环境保护信息或者在征求公众意见时弄虚作假的，由有关行政管理部门依法予以处罚。

第三十四条　国家机关及其工作人员在公民参与环境保护工作中违反本办法规定，有下列情形之一的，依法给予处分：

（一）未按照规定发布环境保护信息的；

（二）在发布环境信息过程中违反规定收取费用的；

（三）对群众举报、投诉违反环境保护有关规定的事项，在规定时限内未予答复和处理的；

（四）在审批建设项目时对公众提出的合理意见未充分考虑擅自审批的；

（五）违反本办法规定的其他行为。

# 第八章　附　则

第三十五条　本办法自2012年1月1日起施行。

# 昆明市人民政府办公厅
# 关于昆明市农村污水治理行动的实施意见

## 昆政办〔2016〕156 号

各县（市）、区人民政府，市政府有关委办局，各国家级、省级开发（度假）园区管委会：

为贯彻落实全省城市工作暨城乡人居环境提升行动推进会议、全市城市规划建设管理工作暨城乡人居环境提升行动电视电话会议精神，按照《云南省进一步提升城乡人居环境五年行动计划（2016—2020年）》（云办发〔2016〕48号）、《云南省农村污水治理及乡镇供水设施建设行动方案》以及《昆明市进一步提升城乡人居环境五年行动计划（2016—2020年）》（昆办发〔2016〕29号）的有关要求，结合昆明市实际，经市委市政府研究同意，特制定本实施意见。

一、指导思想

以党的十八大提出的经济建设、政治建设、文化建设、社会建设、生态文明建设"五位一体"总体布局和创新、协调、绿色、开放、共享五大发展理念为引领，根据云南省进一步提升城乡人居环境行动的部署，结合昆明市农村实际，按照"因地制宜、分类实施、突出重点、注重长效、齐抓共管、统筹推进"的原则，建设农村生活污水收集和处理设施，建立运行维护长效机制。到2019年，全市实现乡镇生活污水治理设施全覆盖，村庄生活污水治理设施基本覆盖，为提升农村人居环境，加快推进昆明市生态文明建设，努力争当全省生态文明建设排头兵奠定基础。

二、基本原则

（一）因地制宜、分类实施

按照不同的区位条件、地形地貌、人口规模及经济发展水平，采用适合农村特点的生活污水收集处理工艺，靠近城镇的农村生活污水尽量纳入城镇污水处理厂集中处理。按照不同的环境敏感程度，进行区域划分，提出不同的要求及进度，分类实施农村生活污水治理。

（二）突出重点、注重长效

以集中式饮用水源保护区、滇池流域、牛栏江流域（昆明段）、阳宗海流域为重点，优先解决重点区域内农村生活污水问题。建立健全长效管理机制，落实运行维护的责任主体和经费来源，做到责、权、利相统一，保障治理设施发挥实效。

（三）齐抓共管、统筹推进

各县（市）区人民政府、开发（度假）园区管委会是农村生活污水治理的责任主体，市级牵头部门和配合部门要齐抓共管，形成合力。与城乡发展，社会经济，土地利用等规划相衔接，兼顾重点区域和非重点区域、近期和远期、建设和管理的关系，统筹推进农村生活污水治理工作。

三、区域划分

将全市农村地区（含涉农街道、社区）分为集中式饮用水源保护区、重点流域和其他区域。其中，集中式饮用水源保护区和重点流域为农村生活污水治理工作的重点区域，并以滇池流域和牛栏江流域（昆明段）为先行示范区，带动全市农村生活污水治理工作。

（一）集中式饮用水源保护区

集中式饮用水源保护区包括7个市级集中式饮用水源保护区（云龙水库、松华坝水库、宝象河水库、自卫村水库、清水海水库、大河水库以及柴河水库）和11个县级集中式饮用水源保护区（吴家营地下水水源地、洛武河水库、双龙水库、拖担水库、小鱼洞水源地、九龙池水库、大菜园水源地、黑龙潭水库、大石头水库、桂花箐水库、车木河水库）。

（二）重点流域——滇池流域、牛栏江流域（昆明段）、阳宗海流域

滇池流域涉及五华区、盘龙区、官渡区、西山区、呈贡区、晋宁县、高新区、经开区及滇池度假区的23个乡镇（街道）。

牛栏江流域（昆明段）涉及寻甸县、嵩明县及空港经济区的10个乡镇（街道、片区）。

阳宗海流域涉及阳宗海管委会的3个乡镇（街道）。

（三）其他区域

集中式水源保护区，滇池流域、牛栏江流域（昆明段）以及阳宗海流域以外的农村地区。

四、工作目标

围绕市委、市政府的部署和要求，按照省、市关于进一步提升城乡人居环境五年（2016—2020年）行动计划和云南省农村污水治理设施建设行动方案要求，结合实际，突出重点，全力攻坚，到2019年底前，全市实现乡镇生活污水治理设施全覆盖，村庄生活污水治理设施基本覆盖。

到2016年12月31日，完成滇池流域及牛栏江流域（昆明段）农村集镇和村庄生活污水治理工作。

到2017年12月31日，完成集中式饮用水源保护区和阳宗海流域完成农村集镇和村庄生活污水治理工作。

到2019年12月31日，完成其他区域农村集镇和村庄生活污水治理工作任务。

五、工作职责

各县（市）区人民政府、开发（度假）园区管委会是农村生活污水治理工作的责任主体，负责"投、融、建、管、运"全过程的工作。

市滇池管理局是全市农村生活污水治理工作的主管部门，负责统筹、协调、指导，督促各县（市）区、开发（度假）园区开展农村生活污水治理工作，并具体组织开展滇池流域、牛栏江流域（昆明段）农村生活污水治理工作。

市环境保护局是全市农村生活污水治理环境监管的主管部门，负责督促污水治理单位建立健全岗位责任制和设施运行管理制度，组织水质抽测比对，进行技术指导。同时，积极向上级环保部门争取有关项目资金支持，参与有关督促检查及考核验收工作。

市委农办、市住房城乡建设局、市水务局、市财政局是农村生活污水治理的市级配合单位。其中，市委农办负责结合农村"七改三清"工作，指导统筹相关资金用于农村生活污水治理，组织和参与有关督促检查及考核验收工作；市住房城乡建设局负责协调、对接上级住建部门，争取农村生活污水治理项目资金支持，参与有关督促检查及考核验收工作；市水务局负责结合水源地保护和农村供水保障，安排相关资金用于农村生活污水治理，并争取上级水务部门项目资金支持，参与有关督促检查及考核验收工作；市财政局负责筹措安排市本级农村生活污水治理资金，指导开展PPP、EPC、政府购买服务等市场化运作方式，监督市本级资金使用，参与有关督促检查及考核验收工作。

六、治理要求

（一）收集处理

乡镇（辖区内最大中心村）生活污水收集处理服务人口达到中心村人口的90%以上，新建污水管网要实现雨污分流。

村庄以行政村及自然村为单元计算生活污水收集处理服务人口占比，重点区域内一级保护区生活污水收集处理服务人口达到90%以上，二级保护区达到80%以上，三级保护区达到70%以上，其他区域达到60%以上。周边有市政（集镇）管网的村庄，优先考虑将生活污水接入管网统一处理。

（二）水质标准

乡镇污水处理设施出水水质达到《城镇污水处理厂污染物排放标准》（GB18918—2002）中一级A标。

在重点区域的一级保护区内，行政村及自然村的村庄污水处理设施出水水质达到《城镇污水处理厂污染物排放标准》（GB18918—2002）中一级A标；在二、三级保护区和其他区域，有动力（有曝气装置）的设施执行一级B标，无动力的设施执行二级标准。

七、保障措施

（一）强化责任、严格考核

各县（市）区人民政府、开发（度假）园区管委会要在2016年10月底前，结合本实施意见制定辖区内农村生活污水治理行动工作方案，加强组织领导，明确职责，细化工作目标和任务。将农村生活污水治理工作列入市县年度目标任务进行考核，日常督促检查及考核验收由市滇池管理局牵头组织。

（二）创新机制、多方筹资

以县（市）区、开发（度假）园区为单位，采用PPP、EPC、政府购买服务等市场化运作方式，对农村生活污水治理设施进行建设、运营和管理，并鼓励与自来水供水设施整体打包建设运营。

在积极争取上级资金支持，市县两级财政加大投入的同时，运用国家开发银行、农业发展银行等政策性贷款，把各渠道投入农村生活污水治理设施形成的资产进行整合评估，作为政府与社会资本合作的投入资本，拓宽资金来源和使用效益。

（三）长效管理、保障运行

制定农村生活污水处理设施运行有效及长效的管理办法，建立政府出资，专业运维，严格监管的机制，同时利用互联网和在线监测技术，建立农村生活污水治理监控信息系统，保证设施的正常运行和管理。

昆明市人民政府办公厅

2016年10月20日

# 中共昆明市委办公厅、昆明市人民政府办公厅关于推进农村"七改三清"工作的实施意见

## 昆办通〔2016〕86号

根据《中共昆明市委办公厅、昆明市人民政府办公厅关于印发〈昆明市进一步提升城乡人居环境五年行动计划（2016—2020年）〉的通知》（昆办发〔2016〕29号），为扎实推进我市农村"七改三清"各项工作，结合实际，提出如下实施意见。

一、指导思想

深入贯彻落实党中央、国务院关于改善农村人居环境和省、市进一步提升城乡人居环境的决策部署，按照省市农村"七改三清"环境整治行动要求，以改路、改房、改水、改电、改圈、改厕、改灶和清洁水源、清洁田园、清洁家园为重点，推进农村垃圾治理，加快农村环卫设施建设，着力改善农村生产生活环境，进一步提升农村环境质量，努力建设美丽宜居乡村。

二、工作目标

通过5年的综合治理，基本实现以下目标：

（一）农村道路。到2017年，100%建制村实现通村硬化路；到2020年，自然村公路通达率达到100%，通畅率达到50%，100户以上自然村公路硬化率达到100%。

牵头单位：市交通运输局

配合单位：市规划局、市发展改革委、市委农办、市财政局、市农业局、市扶贫办、市旅游发展委、市住房城乡建设局

责任单位：各县（市）区、开发（度假）园区

（二）农村民房。到2018年，农村建房规划许可覆盖率达到80%以上，完成D级危房的改造；到2020年，农村建房规划许可覆盖率达到100%，完成D级危房的加固改造和重点区域、重点乡镇、特色小镇和各类示范试点村庄违法违规建筑治理工作。

牵头单位：市住房城乡建设局、市规划局

配合单位：市委农办、市城管综合执法局、市国土资源局、市发展改革委、市财政局、市金融办、市扶贫办、市农村信用社

责任单位：各县（市）区、开发（度假）园区

（三）农村饮水。到2020年，基本实现全市乡镇自来水厂供水设施全覆盖，农村集中供水率达95%以上。

牵头单位：市水务局

配合单位：市发展改革委、市住房城乡建设局、市农业局、市财政局、市委农办、市环境保护局

责任单位：各县（市）区、开发（度假）园区

（四）农村用电。到2017年，农村实现通电率100%，1户1表改造率100%，加大行政村通宽带覆盖率，全市行政村100%通光纤，接入能力达到50Mbps。

牵头单位：昆明供电局

配合单位：市工业和信息化委、市农业局、市委农办、市发展改革委、市财政局

责任单位：各县（市）区、开发（度假）园区

（五）农村牲畜养殖圈舍。到2017年，禽类规模养殖比重达80%，畜类规模养殖比重达40%，畜禽规模养殖场粪便资源化利用率达80%。到2020年，禽类规模养殖比重达85%，畜类规模养殖比重达45%，畜禽规模养殖场粪便资源化利用率达85%。

牵头单位：市农业局

配合单位：市委农办、市环境保护局、市林业局

责任单位：各县（市）区、开发（度假）园区

（六）农村厕所。到2017年，每个乡镇政府所在地建成2座以上公厕，每个建制村村委会所在地建成1座以上公厕。力争到2020年，基本完成农村户厕无害化建设改造。

牵头单位：市城管综合执法局、市卫生计生委

配合单位：市委农办、市财政局

责任单位：各县（市）区、开发（度假）园区

（七）农村炉灶。有计划推进天然气使用和清洁能源的推广，做好边远山区电炊具、气炊具、节能灶、节柴灶改造，到2020年，力争改造率达60%。

牵头单位：市住房城乡建设局、市农业局

配合单位：市委农办、市发展改革委、市规划局、市国土资源局、市政府新闻办、市财政局、昆明煤气集团公司等燃气企业

责任单位：各县（市）区、开发（度假）园区

（八）清洁水源。到2017年，县级以上重要饮用水水源地达标率达95%以上，到2020年，县级以上重要饮用水水源地达标率达96%以上。

牵头单位：市水务局

配合单位：市环境保护局、市委农办、市滇池管理局、市农业局、市林业局、市城管综合执法局、市住房城乡建设局

责任单位：各县（市）区、开发（度假）园区

（九）清洁田园。到2020年，基本实现农村畜禽粪便资源化利用，农作物秸秆综合利用率达85%以上，农膜回收率达80%以上，农村工业危险废物无害化利用处置率达95%。

牵头单位：市农业局

配合单位：市委农办、市环境保护局、市扶贫办

责任单位：各县（市）区、开发（度假）园区

（十）清洁家园。到2017年，乡镇生活垃圾处理设施覆盖率达到80%，60%的村庄生活垃圾得到有效治理，到2018年，基本实现生活垃圾处理设施全覆盖，到2020年，95%以上的村庄垃圾得到有效治理。

牵头单位：市委农办

配合单位：市城管综合执法局、市水务局、市环境保护局、市发展改革委、市园林绿化局、市住房城乡建设局、市滇池管理局、市财政局、市农业局、市林业局、市金融办、中国人民银行昆明中心支行、国家开发银行云南省分行昆明营业部、农业发展银行云南省分行昆明支行

责任单位：各县（市）区、开发（度假）园区

三、重点任务

（一）有序推进农村"七改"行动

1. 改路。以自然村公路路面硬化工程和路基改造工程为重点，大力推进农村公路网络化建设。加快推进异地扶贫搬迁新村道路通畅建设、整村推进道路建设，2020年完成"异地扶贫搬迁'十三五'规划"内的易地扶贫搬迁新村道路通畅工程。加快改善村庄内部交通及出行条件，实现主要道路硬化亮化，支次道路铺设硬化到户。加强农村公路养护、危桥安保建设，推进城乡客货运输体系建设，形成较高服务水平的农村公路网络。

2. 改房。突出村庄规划引领，因地制宜科学制定村庄规划。强化规划落实管控，认真落实《城乡规划法》及《昆明市城乡规划条例》，建立健全农村建房规划许可管理，推行农村土地规划建设专管员制度，规范农房建设管理，改变农村违规建房乱象。实施农房改造，推进农村危房改造和抗震安居工程建设，提高农房抵御自然灾害的能力。编制和完善具有民族特色、地域特点、时代风貌、绿色环保的民居设计方案和施工图，加大推广应用力度，促进农村建筑与乡土文化、自然生态相协调。

3. 改水。推进城乡供水水源和供水设施建设，加快乡镇自来水厂建设，到2020年，基本实现全市乡镇自来水厂供水设施全覆盖。实施农村饮水安全巩固提升工程，进一步提高农村饮水集中供水率、自来水普及率、供水保证率和水质达标率。

4. 改电。大力推进农村电网改造升级工程，新建和改造110千伏变电站、35千伏配电变压器、农村低压线路，实施1户1表改造。实施村庄亮化工程，大力推广太阳能路灯和节能灯具。开展"宽带乡村"和电信普遍服务试点工程，深入开展固定宽带和4G高速移动通信网建设，同步提高城乡通信基础设施。

5. 改圈。按照"人畜分离、厨卫入户，集中建圈、科学养殖"的要求，改进畜禽饲养方式，大力推进畜禽集中养殖点建设，引导农民单独建设畜厩等附属用房或集中养殖区，结合产业发展，推进标准化、规模化畜禽养殖，提高畜禽集中圈养率和养殖场畜禽粪便资源化利用率。

6. 改厕。按照"数量充足、布局合理、干净无味、使用免费、有效管理"的要求，加快推进乡镇政府所在地公厕建设。加快农村无害化卫生厕所建设进程，力争到2020年，基本完成农村户厕无害化建设改造。

7. 改灶。结合全市新农村建设，统筹开展"燃气下乡"工作，推动乡镇及农村燃气事业发展。选择人口相对集中的村镇进行试点，向农村推广利用天然气、液化石油气，替代燃煤烧柴的炉灶；推进边远山区节柴灶改造工作。加大对农村燃气管线、设施等燃气基础设施的建设投入，分期分片向人口较为集中符合供气条件的农村供应燃气，同步推广使用节能燃气具。

（二）着力抓好农村"三清"工程

1. 清洁水源。按照村庄不同区位条件、地形地貌等因素，因地制宜开展分散式村庄生活污水治理。滇池流域、阳宗海及城市集中式饮用水水源保护区范围内的村庄要实施农村污水治理，加快建设和完善农村生活污水收集处理设施，确保正常运营维护，真正发挥效用；其他区域的村庄，参照云南省污水治理相关技术工艺，积极推广建设，至少建成氧化塘或生物塘等简易污水处理设施。大力清理乡村水库、河流、溪流、池塘、沟渠等周边各类垃圾、水面漂浮垃圾和沉积污泥，保持水面清洁、水系畅通。

2. 清洁田园。以清除田间地头农业生产废弃物为重点，清捡农业生产废弃物，对农药化肥包装物、农用薄膜、秧盘等生产废弃物分类存放、集中收运处理，减轻农业面源污染。控制农药化肥等过量使用，鼓励使用有机肥，控制养殖污染、控制农业面源污染，实现农业生产投入品减量增效。推广清洁生产实用技术，重点推广农业节能减排、生态循环农业、绿色植保、测土配方施肥、水肥一体化滴灌和农业废弃物综合利用等清洁生产实用技术。

3. 清洁家园。以乡镇"两污"处理项目建设为重点，按照农村生活垃圾治理有齐全的设施设备、有成熟的治理技术、有稳定的保洁队伍、有长效的资金保障、有完善的监管制度的"五有"要求，加快推进农村生活垃圾、重点村庄污水治理工作。开展村庄环境综合整治，加大对公共场地、沿路沿河、住家院落等区域脏、乱、差的整治。加强面山绿化、封山育林，防治石漠化和水土流失。以乡镇进出口等门户节点、水库四周、河道沟渠两侧、村庄道路、村内空地为重点，开展增绿补绿，积极创建园林乡镇和绿色村庄。到2020年，70%以上建制村达到绿色村庄要求。

（三）深入开展农村垃圾专项治理

1. 推进垃圾源头分类减量。结合农村生产生活实际，按照"简便易行、分类减量"的原则，全面推进农村垃圾源头分类就地减量化，按可回收垃圾、可堆肥垃圾、有害垃圾和其他垃圾的"四分法"进行分类，实现垃圾处理的源头减量。

2. 加快农村废弃物资源化利用。推广适合不同区域特点的经济高效、可持续运行的畜禽养殖废弃物综合利用模式。加强秸秆综合利用，推进秸秆机械化还田和饲料化利用；加快推进可降解地膜研发和试验示范，扶持地膜回收网点和废旧地膜加工能力建设；建立农资包装物回收机制，回收处置农药、化肥等农资包装物。加强工业固体废物生产单位的监督管理，坚决查处在农村非法倾倒、堆置工业固体废物的行为。因地制宜推进工业固体废物能源化、建材化等综合利用。

3. 加快农村环卫设施建设。以垃圾收集处置和污水处理等基础设施为重点，加强农村环卫设施建设。原则上每个乡镇建设1座垃圾转运站，或配置压缩式垃圾清运车；每个村庄建有垃圾房、垃圾箱。建立健全以"户分类、组保洁、村收集、镇运转、县处理"为主、其他处理方式为辅的农村生活垃圾集中收运处置体系。

4. 加强村镇环卫队伍建设。各县（市）区、开发（度假）园区要结合本地区农村人口数、自然村落数和财力保障等因素，合理配置农村环境卫生保洁员。50户以下居住较集中的自然村，可配备1名保洁员；对50户以上居住较集中的自然村，按50户有1名保洁员的标准配备一定数量的保洁员，逐步建立一支稳定的乡村环境卫生保洁队伍。

5. 注重试点示范带动。各县（市）区、开发（度假）园区每年要确定1个乡镇或重点区域作为村庄生活垃圾整治示范试点，各乡镇要确定1个村庄作为生活垃圾整治示范村，切实加大整治力度，突出示范带动。

四、工作要求

（一）加强组织领导。全市各级各有关部门要充分认识提升城乡人居环境的重要性，特别是要把农村人居环境提升作为工作的重点、突破点，将农村"七改三清"行动列入重要议事日程，切实加强组织领导。市农村"七改三清"工作办公室要加强综合协调及日常督查通报等各项工作；市级相关职能部门要按照责任分工，切实抓好牵头、指导、协调、推进等各项工作具体实施；各县（市）区、开发（度假）园区作为责任主体，对辖区"七改三清"工作负总责；各乡镇、村作为实施主体，负责组织好、实施好辖区内的"七改三清"工作。

（二）落实工作责任。"七改三清"市级牵头部门要负责制定该项工作推进落实的具体措施，提出年度计划任务并分解落实到各县（市）区、开发（度假）园区，配合单位要全面配合、通力支持，做好相关工作。各县（市）区、开发（度假）区园要认真制定本地推进农村"七改三清"行动计划的具体工作方案，进一步细化本地农村"七改三清"工作任务，量化指标。同时，从明年起，"清洁乡村"工作将同步并入农村"七改三清"行动，不再单列。市级牵头部门具体方案和各县（市）区、开发（度假）园区"七改三清"工作方案要于2016年10月底前通过党政机关电子公文交换系统报市委农办（联系电话：64108908）。

（三）严格督查考评。建立督促检查制度，市农村"七改三清"工作办公室会同市委目督办、市政府目督办牵头对全市各级各有关部门工作开展情况进行督查，并通报工作开展情况。各牵头单位要定期组织开展专项检查，确保牵头负责工作取得实效。将农村"七改三清"行动计划开展情况纳入全市目标管理考核内容，严格督查考核。对工作开展不力、工作进度缓慢、不能按期完成目标任务的，按相关规定严厉问责，并在项目申报等方面减少相应项目数量和资金。

（四）强化舆论宣传。充分发挥电视、报纸、广播、网络等媒体的作用，采取悬挂、张贴宣传标语、宣传画和宣传单，编制发放农村"七改三清"工作手册等，广泛宣传。鼓励村民参与"七改三清"行动义务劳动，通过开展环境提升进家庭、进校园等活动，引导村民养成良好卫生习惯。各级宣传文化部门要结合本地实际，创作、传播一批农村群众喜闻乐见、老少皆宜的文艺作品，引导群众参与"七改三清"行动的积极性和主动性。

（2016年10月21日）

# 昆明市河道管理条例

（2016年11月1日昆明市第十三届人民代表大会常务委员会第四十次会议通过，2016年12月15日云南省第十二届人民代表大会常务委员会第三十一次会议批准，2017年3月1日起施行）

## 第一章　总　则

第一条　为了加强河道管理，保护和改善水环境，保障防洪安全，发挥河道综合效益，根据《中华人民共和国水法》《中华人民共和国水污染防治法》《中华人民共和国防洪法》《中华人民共和国河道管理条例》《云南省滇池保护条例》等法律、法规，结合本市实际，制定本条例。

第二条　本条例适用于本市行政区域内河道（包括干渠、支流、河槽、滩涂、湿地、堤防、护堤地）及其配套设施的保护与管理。法律、法规已有规定的，从其规定。

第三条　河道管理遵循科学规划、综合治理、严格保护、合理利用的原则。

第四条　市、县（市、区）人民政府、国家级开发（度假）区管理委员会应当加强对河道管理工作的领导，将河道管理纳入国民经济和社会发展计划，所需资金纳入财政预算，对所属区域内的河道防洪安全和水环境质量负责。

河道治理可以按照政府投入与受益者合理承担相结合的原则，依法多渠道筹集资金。

第五条　水行政主管部门负责河道的统一管理、协调和监督；其中，出入滇池河道的管理、协调和监督由滇池行政管理部门负责。

发展改革、规划、环境保护、住房城乡建设、国土资源、城管综合执法、农业、林业、园林绿化、工业和信息化、交通运输等行政管理部门按照各自职责做好河道管理工作。

第六条　任何单位和个人有权对破坏河道及其配套设施、危害河道生态环境的行为进行劝阻、制止和举报。

各级人民政府应当对在河道的保护和管理中做出突出贡献的单位和个人，给予表彰和奖励。

## 第二章　制度与职责

第七条　建立市、县（市、区）、乡（镇）及街道办事处三级管理和统一、分级、分类相结合的河道管理体系。

第八条　本市行政区域内河道实行河（段）长责任制。其主要职责是：

（一）巡查河道的保护和管理工作；

（二）监督河道治理计划和方案的落实；

（三）协调河道治理中的有关问题。

第九条　水行政主管部门和滇池行政管理部门按照各自职责，组织、指导河道的规划编制、治理、开发和利用工作，对水利开发、河道治理工程及修建跨河、穿河、穿堤、临河的桥梁、道路、缆线、管道等建筑物及设施进行审查、批准和验收。

第十条　市、县（市、区）有关行政管理部门的主要职责是：

（一）发展改革行政管理部门负责河道治理工程项目的立项审批工作；

（二）规划行政管理部门负责组织、参与水系规划等河道规划的编制工作，并依据规划对河道综合治理工程设计方案进行审批；

（三）环境保护行政管理部门负责对河道水污染防治实施统一监督，监测河道的水质状况，将监测结果及时报送相关部门，定期向社会公布；

（四）住房城乡建设行政管理部门负责河道综合治理中市政建设工程的审批及监督管理；

（五）城管综合执法行政管理部门负责组织实施流经城市区域内河堤两岸道路的保洁及垃圾清运，河道保护范围内公厕、垃圾收集点合理布局和垃圾无害化、资源化处置；

（六）农业行政管理部门负责组织实施农业面源污染防治及河道周边畜禽禁养区域内的禁养工作；

（七）林业、园林绿化行政管理部门参与河道保护区域内绿化规划的编制，河道护堤林、护岸林的建设和管理；

（八）工业和信息化行政管理部门在产业布局、设立工业园区时应当符合河道保护要求；

（九）交通运输行政管理部门负责河道保护范围内道路及其附属设施的管理和维护。

第十一条　乡（镇）人民政府、街道办事处负责河道的日常保洁管护和巡查检查，制止和协助查处污染河道的违法行为，并接受县（市、区）水行政主管部门、滇池行政管理部门的业务指导和监督。

## 第三章　规划与治理

第十二条　水行政主管部门、滇池行政管理部门、城乡规划行政管理部门应当组织编制流域综合规划、区域综合规划、防洪规划、水系规划等河道规划，报同级人民政府批准后公布实施。

河道的治理、保护以及涉及河道的各类工程方案应当符合河道规划控制线要求。

有关部门编制或者修改其他规划涉及河道的，应当事先征求同级水行政主管部门或者滇池行政管理部门的意见。

第十三条　河道规划控制线范围内的土地，经国土资源、城乡规划和水行政主管部门核定，报经县级以上人民政府批准后，划定为规划控制区，并予以公告。

第十四条　水行政主管部门或者滇池行政管理部门根据河道的功能定位，按照河道规划和国家规定的防洪、排涝、环境保护标准以及有关技术规范，制定河道治理计划，经同级人民政府批准后实施。经批准的河道治理计划需要修改的，应当按照编制程序报经原批准机关批准。

跨行政区域的河道治理，由上一级水行政主管部门或者滇池行政管理部门按照河道治理的统一标准，做好有关组织、协调和指导工作。

第十五条　河道治理计划应当包括雨污分流、截污导流、防洪排涝、清淤保洁、工程防护、生态修复及保护等基本内容，明确责任单位和任务分工。

出入滇池河道的治理计划，除前款规定内容外，还应当包括再生水利用、两岸拆迁、临河空间开辟、架桥修路、道路通达、绿化美化、湿地建设、环境净化、配套设施建设等内容。

第十六条　河道治理过程中应当注重保护、恢复河道及其周边的生态环境和历史人文景观。河道治理选用的材料应当符合国家环保标准。

出入滇池河道的治理，除遵守前款规定外，还应当符合下列要求：

（一）建设沿岸片区和城乡干渠的截污、污水处理、再生水利用等基础设施，做到污水无害化、再生水资源化；

（二）建设滨水游憩林荫带，做到因地制宜、适地适树；

（三）河道两侧管、线入地；

（四）禁止在河道两侧各200米范围内规模化养殖畜禽。

第十七条　河道治理需要占用土地的，由当地人民政府协调解决，并依法办理用地手续。河道治理完成后所增加的土地，除依法办理用地手续外，还应当按照有关规划安排使用。

第十八条　水行政主管部门或者滇池行政管理部门应当根据保障生活、生产和生态环境用水的需要，制定和实施水量调度方案，调节河道生态所需要的水量，提高自然净化能力，改善水环境。

第十九条　水行政主管部门或者滇池行政管理部门应当对责任单位治理情况进行考核，并向社会公布；责任单位未按照要求落实的，向社会公开承诺定期整改。

## 第四章　保护与管理

第二十条　河道的管理范围为：已划定规划控制线的为河道绿化带外缘以内的范围；尚未划定河道规划控制线的为两岸堤防之间的水域、湿地、滩涂（含可耕地）、两岸堤防及护堤地。护堤地的宽度为堤防背水坡脚线水平外延不少于2米的区域，无背水坡脚线的为堤防上口线水平外延不少于5米的区域。其中，主要出入滇池河道的管理范围为河道两岸堤防上口外侧边缘线沿地表向外水平延伸50米以内的区域。

河道的保护范围为河道管理范围以外100米以内的区域。

第二十一条　河道的具体管理和保护范围，由水行政主管部门或者滇池行政管理部门根据河道管理的需要，会同同级城乡规划、国土资源、环境保护等行政管理部门划定，经同级人民政府批准并公布。

河道管理和保护范围划定后，由水行政主管部门或者滇池行政管理部门设立标志。

第二十二条　在河道保护范围内禁止下列行为：

（一）建设排放氮、磷等污染物的工业项目以及污染环境、破坏生态平衡和自然景观的其他项目；

（二）倾倒、扔弃、堆放、储存、掩埋废弃物和其他污染物；

（三）向河道排放污水；

（四）毁林开垦或者违法占用林地资源，盗伐、滥伐护堤林、护岸林；

（五）爆破、打井、采石、取土等影响河势稳定、危害河岸堤防安全和妨碍行洪的活动。

第二十三条　在河道管理范围内，除遵守第二十二条规定外，还禁止下列行为：

（一）清洗装贮过油类、有毒污染物的车辆、容器及包装物品；

（二）设置拦河渔具，或者炸鱼、电鱼、毒鱼等活动；

（三）围垦河道，或者建设阻碍行洪的建筑物、构筑物；

（四）擅自填堵、覆盖河道，侵占河床、河堤，改变河道流向。

第二十四条　在出入滇池河道管理范围内，除遵守第二十三条规定外，还禁止下列行为：

（一）洗浴，清洗车辆、衣物、卫生器具、容器以及其他污染水体的物品；

（二）在非指定区域游泳；

（三）设置排污口；

（四）倾倒污水、污物；

（五）堆放、抛洒、焚烧物品；

（六）擅自捕捞水生动植物和猎捕野生水禽；

（七）利用船舶、船坞等水上设施从事餐饮、娱乐、住宿等活动；

（八）悬挂、晾晒有碍景观的物品。

第二十五条　禁止侵占和毁坏堤防、护岸、涵闸、泵站、水利工程管理用房、水文、水质监测站房设备和工程监测等河道配套设施设备。

因公共利益需要占用或者拆除河道配套设施设备的，按照有关法律法规的规定进行迁建、改建或者补偿，其费用由占用或者拆除单位承担。

第二十六条　在城乡截污管网已覆盖的区域，不得设置入河排污口；未覆盖的区域，应当达标排放。

第二十七条　建设单位确需在河道管理范围内建设以下工程项目的，工程建设项目应当符合河道规划，其建设方案应当经水行政主管部门或者滇池行政管理部门审查同意并按照基本建设程序办理审批手续：

（一）水利开发、水害防治、河道治理的各类工程；

（二）修建跨河、穿河、穿堤、临河的桥梁、码头、道路、渡口、管道、缆线、取水口、排水口等工程设施。

第二十八条　施工围堰或者临时阻水设施在影响防洪安全时，建设单位应当按照防汛指挥机构的紧急处理决定，限期清除或者采取其他紧急补救措施；施工结束后，应当及时清理现场和清除施工围堰等遗留物。

# 第五章　法律责任

第二十九条　国家机关及其工作人员在河道管理活动中有下列行为之一的，应当予以问责，依法给予行政处分；构成犯罪的，依法追究刑事责任：

（一）未完成河道管理目标责任的；

（二）未按要求编制流域综合规划、区域综合规划、防洪规划、水系规划等河道规划的；

（三）未按要求制定河道治理计划或者未按河道治理计划实施治理工作的；

（四）对不符合法定条件的单位和个人实施行政许可的；

（五）不履行巡查、检查职责，或者发现违法行为和接到举报后不及时查处的；

（六）发现重大环境污染事故或者生态破坏事故，不按照规定报告或者不依法采取必要措施处理的；

（七）其他玩忽职守、滥用职权、徇私舞弊的。

第三十条　违反本条例第二十二条第（一）项规定的，由滇池行政管理部门或者环境保护行政管理部门责令停止违法行为，处以10万元以上50万元以下罚款，并报有批准权的人民政府批准，责令拆除或者关闭。

第三十一条　违反本条例第二十二条第（二）项规定的，由滇池行政管理部门或者环境保护行政管理部门处以5000元以上2万元以下罚款。

第三十二条　违反本条例第二十二条第（五）项规定的，由水行政主管部门或者滇池行政管理部门责令改正，并处1万元以上5万元以下罚款。

第三十三条　违反本条例第二十三条第（四）项规定的，由水行政主管部门或者滇池行政管理部门责令停止违法行为，限期恢复原状或者采取其他补救措施，并处1万元以上5万元以下罚款。

第三十四条　违反本例第二十四条第（一）（二）（八）项规定的，由滇池行政管理部门处以50元以上500元以下罚款。

第三十五条　违反本条例第二十四条第（四）项规定的，由滇池行政管理部门对非经营性的单位和个人处以200元以上1000元以下罚款；对经营性的单位和个人处以1万元以上5万元以下罚款。

第三十六条　违反本条例第二十四条第（五）项规定的，由滇池行政管理部门责令改正，并处200元以上1000元以下罚款。

第三十七条　违反本条例第二十四条第（七）项规定的，由滇池行政管理部门责令改正，处以1万元以上5万元以下罚款，并没收违法所得。

第三十八条　违反本条例规定的其他行为，由有关部门依照相关法律、法规予以处罚。

第三十九条　本条例第三十条、第三十一条、第三十二条、第三十三条规定的处罚权，属出入滇池河道的，由滇池行政管理部门负责行使；其他河道的，由环境保护或者水行政主管部门负责行使。

## 第六章　附　则

第四十条　本条例所称主要出入滇池河道是指滇池保护范围内的螳螂川、盘龙江、新运粮河、老运粮河、乌龙河、大观河、西坝河、船房河、采莲河、金家河、大清河（含明通河、枧槽河）、金汁河、海河（东白沙河）、宝象河（新宝象河）、老宝象河、六甲宝象河、小清河、五甲宝象河、虾坝河（织布营河）、马料河、洛龙河、捞鱼河（含梁王河）、南冲河、大河（淤泥河）、柴河、白鱼河、茨巷河、东大河、中河（护城河）、古城河、牧羊河、冷水河等河道及其支流。

第四十一条　本条例自2017年3月1日起施行，2010年2月24日昆明市第十二届人民代表大会常务委员会第三十一次会议通过，2010年3月26日云南省第十一届人民代表大会常务委员会第十六次会议批准的《昆明市河道管理条例》同时废止。

# 昆明市人民政府关于印发昆明市主城区公共排水设施运行维护及监督管理办法（试行）的通知

## 昆政发〔2016〕22号

各县（市）、区人民政府，市政府各委办局，各国家级、省级开发（度假）园区管委会：

《昆明市主城区公共排水设施运行维护及监督管理办法（试行）》已经市人民政府同意，现印发给你们，请认真遵照执行。

昆明市人民政府

2016年4月16日

# 昆明市主城区公共排水设施运行维护及监督管理办法（试行）

## 第一章 总 则

**第一条** 为了加强昆明市主城区公共排水设施运行维护和监督管理工作，全面提高城市排水综合管理和保障服务能力，根据国务院《城镇排水与污水处理条例》、住房和城乡建设部《城镇污水排入排水管网许可管理办法》和《昆明市城市排水管理条例》等法律法规，制定本办法。

**第二条** 本办法所称的昆明市主城区是指昆明中心城区建成区，包括：五华区、盘龙区、西山区、官渡区、呈贡区五个行政区的城市建成区域，以及昆明国家经济技术开发区、昆明国家高新技术产业开发区、昆明滇池国家旅游度假区的城市建成区域。

**第三条** 本办法所称的城市排水设施，包括排水管网（含具有排水功能的沟渠）、泵站、闸门、雨污水调蓄池及其附属设施。

按照设施的服务范围和功能，城市排水设施分为公共排水设施和自用排水设施。公共排水设施是指由各级人民政府投资建设的、供公众使用的排水设施；自用排水设施是指由单位或者个人自行投资建设的、供本单位或者个人使用的排水设施。

**第四条** 昆明市滇池管理局（以下称市排水主管部门）负责主城区公共排水设施运行维护监督管理工作。

五华区、盘龙区、官渡区、西山区、呈贡区政府（以下简称"区政府"）及高新区、经开区、度假区管委会（以下简称"管委会"）确定的区排水主管部门负责本区域内自用排水设施运行维护的监督管理，配合市排水主管部门开展公共排水设施运行维护的监督管理工作，并接受市排水主管部门的指导和监督。

**第五条** 昆明市主城区公共排水设施运行维护实行特许经营制度，市排水主管部门按照市政府授权与公共排水设施运行维护单位签订特许经营协议。

## 第二章　排水技术审查

**第六条**　市排水主管部门负责公共排水设施建设项目和市政工程、建筑工程所涉及的排水项目，以及自用排水设施接驳公共排水设施项目（以下统称"排水项目"）的技术审查工作，会同公共排水设施运行维护单位开展技术审查，出具《排水技术审查意见》。

市、区政府（管委会）发改、规划、住建、环保等部门按照各自职责，协助做好城市排水技术审查工作。

**第七条**　排水技术审查内容主要包括：公共排水设施项目执行排水规划情况，公共排水设施之间以及公共排水设施与自用排水设施的系统匹配性；指导公共排水设施和自用排水设施的规划、设计和建设，从源头控制和减少雨、污水排放量，强化雨、污水的资源化利用。

**第八条**　环保、规划、住建等部门在对排水项目环境影响评价文件、规划方案进行审查，以及施工图审查备案和竣工验收备案时，必须征求市排水主管部门的意见，充分采纳和依据市排水主管部门提出的《排水技术审查意见》。

## 第三章　公共排水设施验收接管

**第九条**　公共排水设施建设项目开工一个月内，建设业主必须向市排水主管部门通报工程概况，并填写昆明市主城区公共排水设施移交登记表。

市排水主管部门须及时通报区排水主管部门和公共排水设施运行维护单位。公共排水设施运行维护单位须根据工程预计竣工时间和基本工程量，做好接收、运行维护准备工作。

**第十条**　公共排水设施建设项目初验时，市排水主管部门和公共排水设施运行维护单位必须全程参加。运行维护单位负责对初验中发现的工程前期资料、工程具体建设资料、实体质量等问题，及时向建设单位提出书面整改意见。

**第十一条**　公共排水设施建设单位在组织竣工验收前，必须督促施工单位按项目初验书的意见完成整改，并由公共排水设施运行维护单位复检合格后，方可进行项目竣工验收。

**第十二条**　公共排水设施竣工验收合格之日，须由市排水主管部门和公共排水设施运行维护单位签署竣工验收报告，并于竣工验收合格起15日内，将竣工验收报告及相关资料报市排水主管部门和公共排水设施运行维护单位备案。市排水主管部门负责监督公共排水设施建设单位与运行维护单位签订移交接管协议，办理移交手续。

验收不合格的公共排水设施，不得交付使用，运行维护单位不得接收，擅自接收的，不予核拨运行维护经费。

**第十三条**　公共排水设施运行维护单位自签订移交接管协议之日，履行运行维护职责。新改建设施保修期内出现的工程质量缺陷问题由建设单位负责及时修复。

**第十四条**　市排水主管部门按程序及时通报公共排水设施建设项目验收移交接管情况。

## 第四章 运营维护及监督管理

**第十五条** 主城区公共排水设施运行维护由获得特许经营权的单位负责。尚未向获得特许经营权的单位移交的公共排水设施，由区政府（管委会）排水行政管理部门依法确定其运行维护责任单位，并接受市排水主管部门统一监管。

尚未完成竣工验收并交付使用的城市排水设施，由产权单位或建设单位负责运行维护和管理。

**第十六条** 公共排水设施维护标准严格按照《云南省城镇排水设施运行维护及安全技术规程》（DBJ53/T-33-2011）、《云南省城镇排水设施运行维护及安全评定标准》（DBJ53/T-34-2011）执行。

**第十七条** 每年9月30日前，公共排水设施运行维护单位应当编制下一年度公共排水设施运行维护量工作计划上报市排水主管部门，市排水主管部门审定并报昆明市人民政府批准后执行。

每年9月30日后新增的公共排水设施，运行维护设施量并入下年度计取。

**第十八条** 市排水主管部门负责每季度对公共排水设施运行维护情况进行考核，考核结果上报市政府，同时抄送市级相关部门。

每年12月底前，市排水主管部门根据公共排水设施运行维护季度考核情况，并征求各区政府（管委会）意见后，对公共排水设施运行维护单位年度运行维护情况进行评定，评定结果上报市政府。

**第十九条** 公共排水设施运行维护单位要建立健全安全生产和质量考核管理工作机制，定期向市排水主管部门报送有关资料和数据。

## 第五章 排水设施运行维护经费

**第二十条** 主城区公共排水设施运行维护经费由市、区两级政府采购资金和社会采购资金两个部分组成。政府采购资金应当纳入市、区财政年度经费预算，并随维护运行设施量逐年增加。

**第二十一条** 公共排水设施运行维护单位负责委托具有相应资质的社会第三方造价机构核算公共排水设施运行维护服务分类单价，经市排水主管部门和昆明市财政局审定后，报昆明市人民政府批准执行。

主城区公共排水设施运行维护服务分类单价每两年审定一次，公共排水设施运行维护单位应当在价格核定期满前三个月向市排水主管部门提交价格核定申请，新的公共排水设施运行维护服务分类单价未批准前，按照最近一次经核定的公共排水设施运行维护服务分类单价执行。

**第二十二条** 每年10月31日前，公共排水设施运行维护单位按照昆明市人民政府批准的公共排水设施运行维护服务分类单价以及运行维护设施量，编制下一年度公共排水设施运行维护财政预算经费，经市排水主管部门和昆明市财政局审核，报昆明市人民政府批准执行。

**第二十三条** 市排水主管部门应当严格考核公共排水设施运行维护工作，并按季度和年度出具考核报告。考核报告作为公共排水设施运行维护单位编制经费结算的重要依据。经费结算由市排水主管部门审核、昆明市财政局审定后，报昆明市人民政府批准执行。

**第二十四条** 主城区公共排水运行维护经费应当设立专用账户，用于支付公共排水设施运行维护费，做到专户管理、封闭使用。每年5月底前和11月底前由昆明市财政局以及所涉各区政府（管委会）分两次拨付至公共排水专用账户。

第二十五条　市级审计机关负责对主城区公共排水设施运行维护经费的筹集、管理和使用情况进行监督审计，并公布审计结果。公共排水设施运行维护单位必须接受审计，并严格执行审计意见。

## 第六章　附　则

第二十六条　本办法自发布之日起施行。

# 昆明市环滇池生态区保护规定

《昆明市环滇池生态区保护规定》已经2016年3月21日昆明市人民政府第111次常务会议讨论通过，于2016年4月27日公布，自2016年6月1日起施行。（市政府令第136号）

**第一条** 为加强环滇池生态区的保护，根据《中华人民共和国水污染防治法》《云南省滇池保护条例》等法律、法规，结合本市实际，制定本规定。

**第二条** 本规定所称环滇池生态区是指滇池一级保护区和环湖路临湖一侧以内的滇池二级保护区中的禁止建设区。

**第三条** 在环滇池生态区内从事相关活动的单位和个人应当遵守本规定。

**第四条** 环滇池生态区的保护应当遵循保护优先、科学规划，合理利用、持续发展的原则，实行市级统筹、属地管理。

**第五条** 市人民政府，官渡、西山、呈贡区和晋宁县人民政府（以下简称"沿湖县区人民政府"），昆明滇池国家旅游度假区管委会（以下简称"管委会"）应当加强对环滇池生态区保护工作的领导，将环滇池生态区的保护纳入国民经济和社会发展规划。

**第六条** 市人民政府，沿湖县区人民政府、管委会应当加大环滇池生态区保护的经费投入，建立多层次、多渠道、多元化的投入机制，鼓励和引导社会资本以独资、合资、合作、特许经营、项目融资等形式参与环滇池生态区的保护工作。

**第七条** 鼓励单位和个人以捐资、志愿服务等方式参与环滇池生态区保护工作。

**第八条** 市人民政府负责统筹环滇池生态区保护工作，依法建立健全环滇池生态区生态资源有偿使用制度和生态补偿机制，建立目标责任、评估考核、责任追究等制度，加强指导、督促和检查。

**第九条** 沿湖县区人民政府、管委会具体负责本辖区内环滇池生态区保护工作，根据市人民政府确定的目标责任制定保护措施，编制并组织实施生态建设方案。

**第十条** 市滇池行政管理部门对环滇池生态区保护实施统一监督管理，并履行下列工作职责：

（一）会同有关部门编制环滇池生态区保护规划；

（二）对环滇池生态区保护工作进行业务指导，协调市级有关部门履行生态区保护职责；

（三）对生态建设方案提出审查意见并报市人民政府审批，对方案的实施进行监督、检查、验收；

（四）制定环滇池生态区重点区域定期封闭、轮休方案；

（五）组织环滇池生态区生态环境的调查、监测、评估及科学研究工作。

**第十一条** 发展和改革、城乡规划、财政、国土资源、环境保护、水务、林业、农业、园林绿化、住房和城乡建设等部门应当按照各自职责，共同做好环滇池生态区的保护工作。

**第十二条** 市滇池行政管理部门应当按照《云南省滇池保护条例》和本规定确定环滇池生态区具体范围，并设置明显标识。

任何单位和个人不得擅自移动或者损毁环滇池生态区的标识和保护设施。

第十三条　市滇池行政管理部门应当会同相关部门编制环滇池生态区保护规划，报经市人民政府批准后向社会公布，任何单位和个人不得擅自变更；确需变更的，应当按照原编制和批准程序办理。

第十四条　市人民政府，沿湖县区人民政府、管委会收储环滇池生态区周边土地时，按基础设施配建原则，将环滇池生态区土地相关费用纳入土地储备及土地一级开发成本。

第十五条　市滇池行政管理部门应当建立科学、规范的环滇池生态区生态监测体系，有针对性地提出保护和修复的具体措施。

第十六条　环滇池生态区植物配植应当按照本土化、多样性、经济性的原则进行。

市滇池行政管理部门应当及时公布环滇池生态区植物物种推荐名录。

第十七条　环滇池生态区可以采用自然湿地及湿地公园等形式进行保护，建立科学完善的湿地布水系统，沟通生态保护区内河、沟、渠、塘等水力联系，利用低洼地带扩大湿地水面面积和容积，发挥湿地对水体的净化作用。

第十八条　环滇池生态区内的湿地公园和有条件的自然湿地应当对公众开放。

市滇池行政管理部门应当根据生态容量和生态平衡的需要，制定并实施环滇池生态区定期封闭、轮休措施。

沿湖县（区）人民政府、管委会应当严格执行定期封闭、轮休措施。

第十九条　市人民政府依法划定滇池禁渔区、鸟类保育区及土著、稀有水生植物保护区具体范围，并由滇池行政管理部门设置明显标识，加强对野生动物及水生植物的保护。

滇池禁渔区、鸟类保育区及本土、稀有水生植物保护区范围内，除经批准开展的科研、勘测、考古、清淤治污等活动外，禁止开展其他与保护无关的活动。

第二十条　市滇池行政管理部门应当合理确定休闲垂钓、动物放生区域，并采取有效措施，对上述行为进行规范管理。

禁止在前款确定的区域外休闲垂钓、放生动物。

第二十一条　沿湖县区人民政府、管委会应当加强辖区内环滇池生态区的生态资源保护和环境卫生管理，做好日常的病虫害防治、植物收割、湿地防火、布水系统疏通、道路和设施维护等工作。

第二十二条　环滇池生态区内禁止擅自砍伐、移植树木；确需砍伐、移植的，有关行政管理部门在依法审批时，应当征求滇池行政管理部门的意见。

第二十三条　进入环滇池生态区的单位和个人，应当服从管理机构的管理，禁止野炊、损坏花木、倾倒污水污物、乱扔垃圾等破坏生态环境的行为。

第二十四条　沿湖县区人民政府、管委会应当按照满足防洪防浪、控制水流、水体交换和生态恢复的要求，因地制宜地依法拆除或者改造防浪堤。

第二十五条　违反本规定，擅自移动或者损毁环滇池生态区的标识和保护设施的，由滇池行政管理部门责令改正，处以2000元以上10000元以下的罚款；造成损失的，应当依法予以赔偿。

第二十六条　违反本规定，在环滇池生态区指定区域外放生动物的，由滇池行政管理部门责令停止违法行为，处以200元以上1000元以下罚款。

第二十七条　违反本规定，在环滇池生态区内野炊、损坏花木，倾倒污水污物、乱扔垃圾等破坏生态环境的，由滇池行政管理部门责令改正，拒不改正的，处以50元以上200元以下的罚款；造成损失的，应当依法予以赔偿。

第二十八条　本规定所称的禁渔区是指滇池鱼虾常年栖息、产卵、繁殖的主要场所，包括西山区芦柴湾、西华湾和晖湾，呈贡区乌龙湾，晋宁县太史湾、北山湾、鸽子湾。

本规定所称的鸟类保育区是指滇池鸟类繁殖、栖息的主要场所，包括滇池草海，外海西山区海门—海丰湿地及近岸水域、西华—红映湿地、富善湿地，官渡区福保湿地、宝丰湿地，呈贡区斗南—乌龙湿地、捞鱼河湿地，晋宁县白鱼河湿地、东大河湿地、古城河湿地、茨巷河湿地等的部分区域。

本规定所称土著、稀有水生植物保护区是指滇池土著、稀有及需要保护物种的集中分布区域，包括西山区晖湾、西华—红映湖湾、浪泥湾、海丰湾，呈贡区大海晏湖湾、乌龙湾，晋宁县东大河河口区、茨巷河河口区、白鱼河河口区、古城河河口区等的部分区域。

第二十九条　本规定自2016年6月1日施行。

# 昆明市人民政府关于印发昆明市水污染防治实施方案的通知

各县（市）、区人民政府，市政府有关委办局，各国家级、省级开发（度假）园区管委会，相关直属机构：

《昆明市水污染防治实施方案》已经市政府研究同意，现印发给你们，请结合实际，认真遵照执行。

昆明市人民政府

2016年8月1日

# 昆明市水污染防治实施方案

水环境保护事关人民群众根本利益和经济持续健康发展，市委、市政府高度重视，人民群众普遍关注。为贯彻落实国务院《水污染防治行动计划》和《云南省水污染防治工作方案》，结合滇池治理和全市环境保护与生态建设"十三五"规划，制定本方案，本方案适用于昆明市及滇中新区。

一、指导思想和总体要求

（一）指导思想。全面深入贯彻落实党的十八大和十八届二中、三中、四中、五中全会及习近平总书记考察云南重要讲话精神，以生态文明理念引领，坚持"节水优先、空间均衡、系统治理、两手发力"的治水方针，按照"量水发展、以水定城、科学治理、系统治理"的原则，以水环境质量改善为核心，强化源头控制，水陆统筹，河湖兼顾，系统推进水污染防治，坚持政府市场协同，注重改革创新；坚持全面依法推进，实行最严格环保制度；坚持落实各方责任，严格考核问责；坚持全民参与，推动节水洁水人人有责。加快形成"政府统领、企业施治、市场驱动、公众参与"的水污染防治新机制，实现环境效益、经济效益与社会效益多赢，为把昆明建设成为云南省生态文明建设的排头兵提供良好的水环境保障。

（二）总体要求。按照"保护好水质优良水体、整治不达标水体、全面改善水环境质量"的总体思路，以水环境质量改善为核心，强化源头控制，实施科学治理，系统推进水污染防治、水生态保护和水资源管理，切实维护好云龙水库、清水海、松华坝水库等水质优良湖库和长江、珠江两大水系优良水体的水生态环境质量；逐步消除滇池、西坝河、鸣矣河、螳螂川等劣V类水体，恢复水环境使用功能；着力提升阳宗海、牛栏江等河湖水环境质量，提高优良水体比例；加强南盘江等重点流域污染治理和环境风险防范，保障水环境安全；整治城市黑臭水体，确保饮用水水源安全和地下水环境质量稳定，不断提升昆明市水生态环境治理，积极推动以滇池治理为首要任务的水污染防治工作实现新突破。

二、工作目标和主要指标

（一）工作目标。到2020年，全市水环境质量得到阶段性改善，优良水体水环境质量稳中向好，长江流域、珠江流域、以及滇池、阳宗海、牛栏江、螳螂川—普渡河、南盘江等重点流域水环境质量不断改善提升。滇池主要污染物得到有效控制，富营养化水平持续降低。阳宗海砷污染物浓度进一步降低，湖体水质稳定达标。螳螂川、鸣矣河、西坝河等污染较重水体逐步恢复使用功能。全面推进消除城市黑臭水体整治工作。饮用水安全保障水体持续提升，云龙水库、清水海、松华坝水库等7个市级集中式饮用水水源地和11个县级集中式饮用水水源地水质稳定达标。地下水质量保持稳定。水生态环境状况明显好转。到2030年，全市水环境质量总体改善，水生态系统功能初步恢复。至本世纪中叶，全市生态环境质量全面改善，生态系统实现良性循环。

（二）主要指标。到2020年，纳入国家和省考核的地表水优良水体（达到或优于Ⅲ类）比例由32.0%提升至40.0%以上，珠江流域优良水体比例达100%，长江流域优良水体比例达31.8%以上。金沙江蒙姑等3个断面水质维持在Ⅱ类水以上，牛栏江崔家庄等2个断面水质提升达到或优于Ⅲ类。消除滇池草海等4个劣Ⅴ类水体，丧失使用功能（劣于Ⅴ类）的水体断面比例由20.0%下降到4.0%以内。市级考核的105个地表水考核断面达到水质目标。完成建成区黑臭水体治理目标任务。市、县级集中式饮用水水源水质达到或优于Ⅲ类水的比例达到100%。地下水质量考核点位水质级别保持稳定，且极差比例控制在4.3%以内。

（三）年度目标。到2016年底，纳入国家和省考核的水体断面中地表水优良水体比例达到32.0%以上，珠江流域和长江流域优良水体比例分别达到66.7%和27.3%以上。劣Ⅴ类水体断面比例下降到20.0%以内。城市建成区黑臭水体有所减少。集中式饮用水水源水质稳定。地下水质量保持稳定。

到2017年底，纳入国家和省考核的水体断面中地表水优良水体比例达到36.0%以上，珠江流域和长江流域优良水体比例分别达到100.0%和27.3%以上。劣Ⅴ类水体断面比例下降到20.0%以内。城市建成区基本消除黑臭水体。集中式饮用水水源水质稳定。地下水质量保持稳定。

到2018年底，纳入国家和省考核的水体断面中地表水优良水体比例达到36.0%以上，珠江流域和长江流域优良水体比例分别达到100.0%和27.3%以上。劣Ⅴ类水体断面比例下降到16.0%以内。集中式饮用水水源水质稳中趋好。地下水质量保持稳定。

到2019年底，纳入国家和省考核的水体断面中地表水优良水体比例达到40.0%以上，珠江流域和长江流域优良水体比例分别达到100.0%和31.8%以上。劣Ⅴ类水体断面比例下降到16.0%以内。集中式饮用水水源水质稳中向好。地下水质量保持稳定。

到2020年底，全面完成《昆明市水污染防治目标责任书》工作目标，水环境质量得到阶段性改善。

三、防治任务和责任分工

（一）全力保障水生态环境安全

1. 深化重点流域污染防治

编制实施昆明市涉及到的重点流域（滇池流域、牛栏江—普渡河流域、阳宗海流域）水污染防治规划。根据国家建立的流域水生态环境功能分区管理体系，深化分区、分级、分类防治，提升流域精细化管理水平。针对环境容量较小、生态环境脆弱、环境风险高的滇池、螳螂川等重点流域，研究提高水污染物排放标准，适时执行特别排放限值，加强小江流域涉重企业的日常监管。（市环境保护局、市滇池管理局牵头，市发展改革委、市工业和信息化委、市财政局、市水务局等配合，各县区政府，各国家级、省级开发（度假）园区管委会，滇中新区安宁市、嵩明县政府，空港经济区管委会负责落实。以下均需县（市）区政府、管委会落实，不再列出）

加强水质优良水体保护。坚持保护优先和自然恢复为主的方针，到2017年底，对现状水质达到或优于Ⅲ类的优良水体开展生态环境安全调查与评估，制定实施生态环境保护方案。严格控制主要污染物总量。进一步加强生态保护建设和修复，防止生态环境退化。（市环境保护局牵头，市发展改革委、市财政局、市水务局、市林业局等配合）

开展提升良好水体水质工作。重点推进牛栏江崔家庄断面内农业农村面源污染控制，做好阳宗海流域水污染防治工作，全面提升优良水体比例。（市环境保护局牵头，市发展改革委、市工业和信息化委、市财政局、市农业局、市水务局等配合）

实施劣Ⅴ类水体综合整治。深化滇池流域治理，对首要污染因子化学需氧量和总磷采取针对性措施，加大入湖河流污染负荷削减，统筹水资源调配、水污染防治和水生态修复，促进流域水质持续好转。强化富民县螳螂川富民大桥断面、安宁市鸣矣河通仙桥断面流域内城镇生活污染、农业农村面源和工业污染治理。2018年消除滇池草海劣Ⅴ类，2020年消除螳螂川、鸣矣河、西坝河劣Ⅴ类。（市环境保护局、市滇池管理局牵头，市发展改革委、市工业和信息化委、市财政局、市农业局、市水务局等配合）

2. 强化滇池和阳宗海等湖泊保护与治理

编制实施滇池流域和阳宗海流域水污染防治规划。突出"一湖一策"，以问题为导向，按预防、保护、治理分类施策。对污染较重的滇池，通过全面控源截污、入湖河道整治、农业农村面源治理、生态修复及建设、污染底泥清淤、生态补水等措施进行综合治理，有效控制入湖污染负荷，促进湖体水质改善；对纳入国家水质较好湖泊保护的阳宗海和云龙水库，做好预防和保护工作，继续强化污染监控和风险防范，全面提升水环境质量。（市环境保护局、市滇池管理局牵头，市发展改革委、市财政局、市住房城乡建设局、市农业局、市水务局、市林业局、市国土资源局等配合）

开展流域控制性环境总体规划试点。划定并严守滇池和阳宗海流域生态保护红线、基本农田红线和发展基线，控制开发利用对湖泊生态环境及水质的影响。进一步完善流域生态环境监测网络。（市环境保护局牵头，市发展改革委、市工业和信息化委、市财政局、市住房城乡建设局、市水务局、市农业局、市滇池管理局等配合）

3. 保障饮用水水源安全

加强饮用水水源环境保护。划定集中式饮用水水源保护区，开展饮用水水源规范化建设，依法清理饮用水水源保护区内违法建筑和排污口，强化饮用水水源水质监测。到2017年底，对县级以上集中式饮用水水源地一级保护区实行防护隔离。加强农村饮用水水源保护和水质检测。（市环境保护局、市水务局、市卫计委牵头，市发展改革委、市财政局、市住房城乡建设局等配合）

强化饮用水供水全过程监管。地方各级人民政府、开发（度假）园区管委会要建立行政区域内从水源地到水龙头的全过程监管体系。定期监测、检测和评估本行政区域内饮用水水源、供水厂出水和用户水龙头水质等饮水安全状况，昆明市城市饮水安全状况信息自2016年起每季度向社会公开。自2018年起，所有县级城市饮水安全状况信息都要向社会公开。（市环境保护局、市水务局、市卫计委牵头，市发展改革委、市财政局、市住房城乡建设局等配合）

4. 防治地下水污染

到2016年底，完成地下水污染状况调查，确定地下水污染治理重点区域，制定治理方案。开展加油站地下油罐防渗设施调查。到2017年底，加油站地下油罐全部更新为双层罐或完成防渗池设置。将双层油罐作为新建加油站的审批条件。到2020年底，对报废矿井、钻井、取水井实施封井回填。督促石化生产存贮销售企业和工业园区、矿山开采区、高尔夫球场、垃圾填埋场等区域应进行必要的防渗

处理。（市国土资源局、市环境保护局、市商务局牵头，市财政局、市城管综合执法局、市水务局、市安全监管局等配合）

5. 整治城市黑臭水体

采取控源截污、垃圾清理、清淤疏浚、生态修复等措施，加大黑臭水体治理力度，每半年向社会公布治理情况。昆明市建成区应于2015年底前完成水体排查，公布黑臭水体名称、个数、责任人及达标期限；到2017年底，实现河面无大面积漂浮物，河岸无垃圾，无违法排污口，建成区基本消除黑臭水体。（市滇池管理局牵头，市住房城乡建设局、市环境保护局、市水务局、市城管综合执法局、市农业局等配合）

6. 保护水和湿地生态系统

严格湿地红线保护。科学确定湿地红线总量，制定红线管控措施，建立湿地保护红线制度。配合省级部门组织开展省级重要湿地认定，力争2018年底完成省级重要湿地认定；启动一般湿地认定工作，完善湿地保护体系。（市林业局牵头，市滇池管理局、水环境保护局、市财政局、市国土资源局、市农业局、市水务局等配合）

加大高原湿地的保护与恢复。开展退耕还林、还草、还湿，湿地生物群落恢复与重建工作，逐步扩大湿地面积，恢复湿地生态结构和功能。加快推进湿地公园建设，建立保护管理、科普教育、生态恢复、湿地资源合理利用示范区。探索建立湿地保护小区和乡村湿地管理模式，抢救性保护好有重要价值的小块湿地。完成省下达的自然湿地保护率、保护面积和退化湿地修复面积任务。到2020年底，湿地总面积不低于60455.52公顷，新增国家和省级湿地公园至少各1处。（市林业局牵头，市滇池管理局、市环境保护局、市财政局、市水务局、市农业局等配合）

加强湿地资源监管。加快建立湿地监测体系，力争2020年底，基本建成湿地监测网络，建立和完善湿地资源数据库，对湿地资源实行动态管理。组织开展湿地生态服务功能评估。对自然湿地面积和保护率变化进行核查。（市林业局牵头，市滇池管理局、市环境保护局、市水务局、市农业局等配合）

（二）推动经济结构转型升级

1. 调整产业结构

依法淘汰落后产能。按照国家有关产业技术政策，分年度制定重点行业淘汰落后产能工作方案，按期完成淘汰落后产能任务，定期向社会发布淘汰名单、工作计划及任务完成情况。未完成淘汰任务的地区，暂停审批和核准其相关行业新建项目。（市工业和信息化委牵头，市发展改革委、市环境保护局等配合）

严格环境准入。严禁建设不符合国家产业政策、严重污染水环境的生产项目。建立水资源、水环境承载能力监测评价体系，适时启动承载能力监测预警试点工作。到2020年，组织完成市、县域水资源、水环境承载能力现状评价。（市环境保护局牵头，市水务局、市住房城乡建设局等配合）

2. 优化空间布局

合理确定发展布局、结构和规模。充分考虑水资源、水环境承载能力，量水发展、以水定城、以水定地、以水定人、以水定产。重大项目原则上布局在重点开发区。鼓励发展节水高效现代农业、低耗水高新技术产业以及生态保护型旅游业。严格控制滇池、鸣矣河、螳螂川等水污染严重地区高耗水、高污染行业发展，新建、改建、扩建重点行业建设项目实行主要污染物排放减量置换。长江、珠江两大水系干流沿岸和滇池、阳宗海流域，要严格控制石化、化工、有色金属冶炼等项目环境风险，合理布局生产装置及危险化学品仓储等设施。（市发展改革委、市工业和信息化委、市农业局、市旅游发展委、市商务局牵头，市国土资源局、市环境保护局、市安全监管局、市住房城乡建设局、市水务局、市滇池管理局、市科技局等配合）

推动污染企业退出。到2016年底，完成城市建成区内现有钢铁、有色金属、造纸、印染、原料药制造、化工等污染较重企业的排查。到2020年底，依法关闭或完成搬迁改造。（市工业和信息化委牵头，市城市更新改造办、市环境保护局、市发展改革委、市规划局、市国土资源局、市住房城乡建设局配合）

积极保护生态空间。严格城市规划蓝线管理，城市规划区范围内应保留一定比例的水域面积。新建项目一律不得违规占用水域。严格水域岸线用途管制，土地开发利用应按照有关法律法规和技术标准要求，留足河道、湖泊的管理和保护范围。到2016年底，完成水域岸线现状调查，对非法挤占的，制定限期退出计划。逐步建立生态空间保护的评价考核追责制度。（市国土资源局、市规划局牵头，市住房城乡建设局、市环境保护局、市水务局、市滇池管理局等配合）

3. 推进循环发展

加强工业水循环利用。推进矿井水综合利用，具备条件的企业，应优先使用矿井水作为生产用水和周边地区生产、生活及生态用水。督促煤矿企业加强洗煤废水循环利用，提高重复利用水平。推广国家鼓励的工业节水工艺、技术和装备。鼓励工业企业运用工业节水工艺、技术和装备，促进企业废水深度处理回用。加快推进省级工业园区水循环利用改造建设重点工程。（市发展改革委、市工业和信息化委牵头，市水务局等配合）

促进再生水利用。完善再生水利用设施，工业生产、城市绿化、道路清扫、车辆冲洗、公共卫生间冲厕（非坐便器）、建筑施工以及生态景观等用水，要优先使用再生水。推进高速公路服务区污水处理和利用。具备使用再生水条件但未充分利用的钢铁、火电、化工、制浆造纸、印染等项目，不得批准其新增取水许可。推进《昆明市城市节约用水管理条例》实施，严格落实节水"三同时"制度，所有新建、改建、扩建建设项目，符合再生水利用设施建设条件的，应当配套建设分散式再生水利用设施或使用集中式再生水：（1）在市政排水管网和集中式再生水供水管网都通达区域的建设项目，可以不自建分散式再生水利用设施，但应当配套建设再生水用水管道及其附属设施，使用再生水；（2）在市政排水管网未通达区域的建设项目，应当自建分散式再生水利用设施，将污水全部收集处理和再生利用；（3）在市政排水管网已通达但集中式再生水供水管网未通达区域的建设项目，应按照再生水需求量设计建设相应规模的分散式再生水利用设施。城镇污水处理厂配套建设再生水厂（站）及再生水输配设施。到2020年底，昆明市城市再生水利用率达到30%以上，再生水水质符合国家相关标准。（市水务局、市交通运输局、市滇池管理局牵头，市住房城乡建设局配合）

（三）全面控制污染物排放

1. 狠抓工业污染防治

取缔"十小"企业。到2016年9月底，完成装备水平低、环保设施差的造纸、制革、印染、染料、炼焦、炼硫、炼砷、炼油、电镀、农药等小型工业企业的排查工作。到2016年底前，依法取缔不符合国家产业政策的小型炼焦、造纸、炼油、炼砷等严重污染水环境的生产项目。（市环境保护局、市工业和信息化委牵头，市国土资源局、市发展改革委等配合）

专项整治重点行业。在焦化、氮肥、造纸、有色金属、农药等行业开展专项环境治理，新建、改

建、扩建上述行业建设项目实行主要污染物排放等量或减量置换。（市环境保护局负责）

实施清洁化改造。到2017年底前，造纸行业力争完成纸浆无元素氯漂白改造或采取其他低污染制浆技术，推进钢铁企业焦炉干熄焦技术改造，氮肥行业尿素生产完成工艺冷凝液水解解析技术改造，印染行业实施低排水染整工艺改造，制药（抗生素、维生素）行业实施绿色酶法生产技术改造。（市工业和信息化委负责）

集中治理工业集聚区水污染。在2016年起，开展经济技术开发区、高新技术产业开发区、出口加工区等工业集聚区污染治理状况调查。新建、升级工业园区应同步规划和建设污水、垃圾集中处理等污染治理设施。现有工业集聚区2017年底前应规划建成污水集中处理设施，并安装自动在线监控装置。逾期未完成的，一律暂停审批和核准其增加水污染物排放的建设项目。同时，督促集聚区内企业将工业废水预处理达到集中处理要求后，进入污水集中处理设施。（市环境保护局、市工业和信息化委牵头，市科技局、市商务局、市城管综合执法局等配合）

2. 强化城镇生活污染治理

加快城镇污水处理设施建设与改造。滇池流域内城镇污水处理设施应于2017年底全面达到一级A排放标准。到2020年底，全市城镇污水处理设施全面达到一级A排放标准。到2020年底，所有县城和重点镇具备污水收集处理能力，昆明市主城区和安宁市污水处理率达到95%，县城污水处理率达到85%。（市滇池管理局牵头，市住房城乡建设局、市发展改革委、市环境保护局、市滇投公司、滇池水务公司等配合）

全面加强配套管网建设。强化城中村、老旧城区和城乡结合部污水截流、收集。现有合流制排水系统应加快实施雨污分流改造，难以改造的，应采取截流、调蓄和治理等措施。新建污水处理设施的配套管网应同步设计、同步建设、同步投运。城镇新区建设应实行雨污分流，有条件的地区要推进初期雨水收集、处理和资源化利用。到2017年底，昆明市建成区污水基本实现全收集、全处理。（市滇池管理局牵头，市住房城乡建设局、市发展改革委、市环境保护局、市滇投公司等配合）

推进污泥规范处理处置。到2016年底，完成污泥处置状况调查。污水处理设施产生的污泥应进行稳定化、无害化和资源化处理处置，处理处置不达标的污泥禁止进入耕地。非法污泥堆放点一律予以取缔。到2017年底，现有污泥处理处置设施基本完成达标改造，市、县污泥无害化处理处置率应于2020年底前达到90%以上。（市滇池管理局牵头，市发展改革委、市工业和信息化委、市环境保护局、市农业局、市滇投公司、滇池水务公司等配合）

3. 推进农业农村污染防治

防治畜禽养殖污染。巩固滇池流域、阳宗海流域、牛栏江流域和饮用水源地禁养工作，到2017年底，全面依法关闭或搬迁禁养区内的畜禽养殖场（小区）和养殖专业户。推行标准化规模养殖，配套建设粪便污水贮存、处理、利用设施，改进设施养殖工艺，完善技术装备条件，鼓励和支持散养密集区实行畜禽粪便污水分户收集、集中处理利用。推广畜禽粪便污水综合利用技术模式，规范和引导畜禽养殖场做好养殖废弃物资源化利用。自2016年起，新建、改建、扩建规模化畜禽养殖场（小区）要实施雨污分流、粪便污水资源化利用。到2020年底，规模化畜禽养殖场（小区）配套建设废弃物处理设施比例达70%以上。（市农业局牵头，市环境保护局配合）

推进生态健康养殖。到2016年底，制定完善滇池、阳宗海、牛栏江等重点流域禁养区、限养区划定方案。加强水产健康养殖示范场建设，实施水产养殖池塘标准化改造，鼓励有条件的渔业企业开展集约化养殖，推广工厂化循环水养殖、池塘生态循环水养殖及大水面网箱养殖底排污等水产养殖技术。加强养殖投入品管理，依法规范、限制使用抗生素等化学药品，开展专项整治。（市农业局负责）

控制农业面源污染。制定实施全市农业面源污染综合防治方案。推广低毒、低残留农药使用补助试点经验，开展农作物病虫害绿色防控和统防统治。实行测土配方施肥，推广精准施肥技术和机具。新建高标准农田要达到相关环保要求。未达到水质目标要求的区域大中型灌区，要利用现有沟、塘、窖等，配置水生植物群落、格栅和透水坝，建设生态沟渠、污水净化塘、地表径流集蓄池等设施，净化农田排水及地表径流。农作物病虫害统防统治覆盖率逐年提高。到2020年底，测土配方施肥技术推广覆盖率达到80%以上，农作物病虫害统防统治覆盖率达到30%以上，肥料、农药利用率均达到40%以上，秸秆综合利用率达到60%以上，农膜回收率达到50%以上。（市农业局牵头，市发展改革委、市国土资源局、市环境保护局、市水务局、市质监局等配合）

调整种植业结构与布局。大力发展节水农业，在缺水地区试行退地减水。地下水易受污染地区要优先种植需肥需药量低、环境效益突出的农作物。在水资源问题突出的地区，适当调整种植结构，减少用水量较大的农作物种植面积，改种耐旱作物和经济林。（市农业局、市水务局牵头，市发展改革委、市国土资源局等配合）

加快农村环境综合整治。以县级行政区域为单元，实行农村污水处理统一规划、统一建设、统一管理，有条件的地区积极推进城镇污水处理设施和服务向农村延伸。深化"以奖促治"政策，实施农村清洁工程，开展河道清淤疏浚，推进农村环境连片整治。到2020年，完成国家和省下达的建制村新增环境综合整治任务。（市环境保护局、市滇池管理局牵头，市住房城乡建设局、市城管综合执法局、市水务局、市农业局等参与）

4. 加强船舶码头污染控制

积极治理船舶污染。依法强制报废超过使用年限的船舶，规范拆船行为。到2016年底，依据内河船舶污染现状和船舶及其设施设备有关环保标准执行情况，提出船舶污染治理目标及工作要求。（市交通运输局、市滇池管理局牵头，市环境保护局、市质监局等配合）

增强港口码头污染防治能力。到2016年底，编制实施全市港口、码头污染防治方案。到2020年底，内河港口、码头及船舶修造厂达到建设要求。督促港口、码头经营人制定防治船舶及其有关活动污染水环境的应急计划。（市交通运输局、市滇池管理局牵头，市住房城乡建设局、市农业局等配合）

（四）着力节约保护水资源

1. 控制用水总量

实施最严格水资源管理。建立健全取用水总量控制指标体系。开展取用水总量全面调查，对取用水总量已达到或超过控制指标的地区，暂停审批新增取水许可。对纳入取水许可管理的单位和其他用水大户实行计划用水管理和超计划（定额）累进加价制度。再生水、雨水等非常规水源纳入水资源统一配置。建立健全昆明市水资源保护考核评价体系，节水目标任务完成情况纳入各级政府政绩考核。新建、改建、扩建项目用水要达到行业先进水平，节水设施应与主体工程同时设计、同时施工、同时投运。到2016年底，建立重点监控用水单位名录。到2020年，全市用水总量控制在33.88亿立方米以内。（市水务局牵头，市发展改革委、市工业和信息化委、市住房城乡建设局、市农业局等配合）

严控地下水超采。在地面沉降、地裂缝、岩溶塌陷等地质灾害易发区开展排查，在地质灾害易发区开发利用地下水，应进行地质灾害危险性评估。严格控制开采深层承压水，地热水、矿泉水开发应严格实行勘查许可、取水许可和采矿许可。依法规范机井建设管理，到2016年底，完成已建机井登记排查。对未经批准的和公共供水管网可到达区域的自备水井，一律予以关闭。编制地面沉降区地下水压采方案。超采区内禁止工农业生产及服务业新增取用地下水。到2017年底，完成地下水禁采区、限采区和地面沉降控制区范围划定工作。（市水务局、市国土资源局牵头，市发展改革委、市工业和信息化委、市财政局、市住房城乡建设局、市农业局等配合）

2. 提高用水效率

抓好工业节水。执行国家鼓励和淘汰的用水技术、工艺、产品和设备目录。开展节水诊断、水平衡测试、用水效率评估，严格用水定额管理。到2020年，电力、钢铁、纺织、造纸、石油石化、化工、食品发酵等高耗水行业达到先进定额标准。万元工业增加值用水量降低到40立方米以下，工业用水重复利用率力争达95%以上。（市工业和信息化委、市水务局牵头，市发展改革委、市住房城乡建设局、市质监局、市统计局等配合）

加强城镇节水。禁止生产、销售不符合节水标准的产品、设备。公共建筑必须采用节水器具，限期淘汰公共建筑中不符合节水标准的水嘴、便器水箱等生活用水器具。鼓励居民家庭选用节水器具。到2016年底，对使用超过50年和材质落后的供水管网进行排查，制定更新改造方案。到2017年底，全市公共供水管网漏损率控制在12%以内；到2020年，控制在10%以内。落实"海绵城市"建设要求，积极推进试点工作，推行低影响开发建设模式，综合采取"渗、滞、蓄、净、用、排"等措施，最大限度减少城市开发对生态环境的影响。新建城区硬化地面，可渗透面积要达到40%以上。按照《昆明市城市雨水收集利用的规定》，所有新建、改建、扩建工程项目，建设单位应当按照节水"三同时"的要求同期配套建设雨水综合利用设施：（1）民用建筑、工业建筑的建（构）筑物占地与路面硬化面积之和在1500平方米以上的建设工程项目；（2）总用地面积在2000平方米以上的公园、广场、绿地等市政工程项目；（3）城市道路及高架桥等市政工程项目。加大节水工作力度，不断巩固昆明市"国家节水型城市"创建成果。（市水务局、市工商局牵头，市住房城乡建设局、市发展改革委、市工业和信息化委、市质监局等配合）

发展农业节水。加强节水灌溉工程建设和节水改造，推广保护性耕作、农艺节水保墒、水肥一体化、渠道防渗、管道输水、喷灌、微灌等节水灌溉技术，完善灌溉用水计量设施。在重要的粮食生产区，推进规模化高效节水灌溉，推广农作物节水抗旱技术。到2020年底，大型灌区、重点中型灌区续建配套和节水改造任务基本完成，全市节水灌溉工程面积达到90万亩左右，农田灌溉水有效利用系数达到0.55以上。（市水务局、市农业局牵头，市发展改革委、市财政局等配合）

3. 科学保护水资源

加强江河湖库水量调度管理。建立健全水量调度方案。加强长江、珠江两大水系生态流量保障工程建设，采取闸坝联合调度、生态补水等措施，合理安排闸坝下泄水量和泄流时段，维持河湖基本生态用水需求，重点保障枯水期生态基流。加大水利工程建设力度，发挥好控制性水利工程在改善水质中的作用。（市水务局牵头，市环境保护局、市滇池管理局等配合）

加强生态补水。加强牛栏江—滇池补水工程的运行管理。科学确定生态流量。在金沙江等流域试点生态流量核定和配套管理方案，并作为流域水量调度的参考。（市水务局牵头，市滇池管理局、市

环境保护局等配合）

四、制度保障和工作措施

（一）充分发挥市场机制作用

1. 理顺价格税费

加快水价改革。加快建立完善居民阶梯水价制度，提高水资源利用效益。县级及以上城市应于2015年底前全面实行居民阶梯水价制度。到2020年底前，全面实行非居民用水超定额、超计划累进加价制度。认真落实深化农业水价综合改革试点要求，深入推进农业水价综合改革。（市发展改革委、市水务局牵头，市财政局、市住房城乡建设局、市农业局等配合）

完善收费政策。一是配合省级有关部门修订城镇污水处理费、排污费、水资源费征收管理办法，合理提高征收标准；做到应收尽收。二是配合省级有关部门制定地下水水资源费征收标准；制定用水限额，并通过价格政策提高地下水用水成本，有效控制地下水超采区农业用水。三是完善计量设施，配合省级有关部门制定农业用水价格；推行终端水价计量收费制度，对试点区农业用水实行计量供水、计量收费。（市发展改革委、市财政局、市水务局牵头，市环境保护局、市住房城乡建设局、市滇池管理局等配合）

健全税收政策。依法落实环境保护、生态建设、节能节水、资源综合利用等方面税收优惠政策。对符合规定条件的市内企业为生产国家支持发展的重大环保技术装备和产品而确有必要进口的关键零部件及原材料，配合上级有关部门免征进口关税和进口环节增值税。按照国家和省的总体部署，配合做好环境保护税立法、资源税税费改革等工作。（市财政局、市国税局、市地税局牵头，市发展改革委、市工业和信息化委、市商务局、市质监局等配合）

2. 拓宽投融资渠道

引导社会资本投入。在水污染防治领域探索建立健全运用政府和社会资本合作（PPP）模式和机制，开展环境绩效合同服务试点。加快构建政府、金融机构和企业的融资协调机制，通过政银企合作、设立引导基金等多种方式，形成"政府投资+金融资本""政府投资+民间资本"等多种融资机制，进一步推进投资向投融资转变。鼓励金融机构进一步探索创新信贷服务，支持开展排污权、收费权等担保创新类贷款业务。积极推动设立融资担保基金，推进环保设备融资租赁业务发展。（市发展改革委、市财政局牵头，市金融办、市滇池管理局、市环境保护局、市城管综合执法局配合）

增加政府资金投入。根据事权划分，逐年加大水环境保护支持力度，合理承担部分属于中央和地方共同事权的水环境保护项目，积极争取中央、省财政支持。各级政府要重点支持污水处理、污泥处理处置、河道整治、饮用水水源保护、畜禽养殖污染防治、农村环境综合整治、水生态修复、应急清污等项目和工作。对环境监管能力建设及运行费用分级予以必要保障。（市财政局牵头，市发展改革委、市环境保护局、市住房城乡建设局等配合）

3. 建立激励机制

落实节水环保"领跑者"制度。按照国家发改委等六部委印发的《水效领跑者引领行动实施方案》等方案，开展节水环保"领跑者"制度，在工业、农业和生活用水领域开展水效领跑者引领行动，发布水效领跑者名单，树立先进典型。鼓励节能减排先进企业、工业集聚区在用水效率、排污强度等方面达到更高标准，支持开展清洁生产、节约用水和污染治理等示范。（市发展改革委牵头，市工业和信息化委、市财政局、市环境保护局、市滇池管理局、市水务局等配合）推行绿色信贷。配合银行、证券、保险等部门和单位开展绿色信贷工作。严格限制环境违法企业贷款。开展涉及重金属污染物产生和排放等高环境风险企业环境污染责任保险试点，逐步完善环境污染责任保险制度。加强环境信用体系建设，构建守信激励与失信惩戒机制。（市环境保护局、市金融办牵头，市工业和信息化委、市水务局等配合）

实施跨界水环境质量补偿。在南盘江等跨界河流开展水环境质量补偿试点，探索建立流域上下游补偿机制。（市财政局牵头，市发展改革委、市环境保护局、市水务局等配合）

（二）严格环境执法监管

1. 完善法规

加强与国家有关法律法规相配套的地方性法规的制定和修订，加快建立有效约束开发行为和促进绿色发展、循环发展、低碳发展的法律制度。研究起草水污染防治地方性法规、规章，起草制定《昆明市环滇池湖滨生态区保护规定》，加强环滇池湖滨生态保护区管理，巩固湖滨生态建设成果；开展《昆明市河道管理条例》修订；开展《昆明市城市排水管理条例》修订，适应排水管理新形势的需要。（市滇池管理局、市法制办牵头，市水务局、市发展改革委、市工业和信息化委、市国土资源局、市环境保护局、市住房城乡建设局、市交通运输局、市农业局、市卫计委等配合）

2. 加大执法力度

所有排污单位必须依法实现全面达标排放。逐一排查工业企业排污情况，排污单位应采取措施确保稳定达标；对超标和超总量的企业予以"黄牌"警示，一律限制生产或停产整治；对整治仍不能达到要求且情节严重的企业予以"红牌"处罚，一律停业、关闭。自2016年起，定期公布环保"黄牌""红牌"企业名单。定期抽查排污单位达标排放情况，结果向社会公布。（市环境保护局负责）

完善市县区检查的环境监督执法机制。定期开展环境执法监督检查。强化环境保护、公安、监察等部门协作，积极推进环境执法与刑事司法的工作衔接，完善协调通报、案件移送、重大案件会商和联合督办等机制，对有案不移、以罚代刑等行为，依法追究有关单位和人员的责任。加大环境执法个案监督力度。加强对各县（市）区人民政府、开发（度假）园区管委会和有关部门环境保护工作的监督。（市环境保护局牵头，市工业和信息化委、市公安局、市检察院、市法院、市监察局等配合）

全面落实环境执法责任制。加强环境执法资格管理，依法审查、确认环境执法主体资格并向社会公布，环境执法人员未经执法资格考试合格，不得授予环境执法资格，不得从事环境执法活动。依法梳理环境执法依据、执法职权、执法责任，严格确定环境保护主管部门及其机构的执法职权、岗位执法责任。定期开展环境执法案卷评查工作，规范环境执法行为，提高环境执法办案质量。（市环境保护局牵头，市法制办、市编办等配合）

严厉打击环境违法行为。依法重点打击私设暗管或利用渗井、渗坑、溶洞排放、倾倒含有毒有害污染物废水、含病原体污水，监测数据弄虚作假，不正常使用水污染物处理设施，或者未经批准拆除、闲置水污染物处理设施等环境违法行为。对未完成停产整治任务擅自生产的，依法责令停业关闭。对造成生态损害的责任者严格落实赔偿制度。严肃查处建设项目环境影响评价领域未批先建、边批边建、越权审批等违法违规行为。对构成犯罪的，要依法追究法律责任。（市环境保护局牵头，市公安局、市住房城乡建设局等配合）

建立环境保护重大案件法制审查制度。强化主管部门及其执法人员的程序意识，严格遵守环境执法中的回避、公开、告知、听证、说明理由等制度，切实保障行政相对人的权利。充分发挥法制部门作用，对重大、疑难的环境执法案件，实行法制审查和集体审议决定制度，确保环境执法的公正，提高环境执法质量。（市环境保护局牵头，市公安局、市法制办等配合）

3. 提升监管水平

完善流域协作机制。建立健全跨部门、区域、流域水环境保护议事协调机制。流域上下游各级人民政府和有关部门之间要加强协调配合，定期会商，实施联合监测、联合执法、应急联动、信息共享。建立水污染防治联动协作机制。建立严格监管所有污染物排放的水环境保护管理制度。（市环境保护局牵头，市滇池管理局、市交通运输局、市水务局、市农业局等配合）

提高环境监管能力。落实环保机构监测监察执法垂直管理制度。制定并实施环境监管能力建设方案。加强环境监测、环境监察、环境应急等专业技术培训，严格落实执法、监测等人员持证上岗制度，加强基层环保执法力量，具备条件的乡镇（街道）及工业园区要配备必要的环境监管力量。自2016年起，逐步推行环境监管网格化管理。（市环境保护局负责）

4. 加强环境监测能力建设

优化调整水环境质量监测断面（点位），完善水环境监测网络。加强水环境监测能力建设，在跨区域断面建设水质监测自动站。全面提升县级以上集中式饮用水水源水质全指标监测、地下水环境监测及环境风险防控和突发事件应急监测能力。到2020年底，建成全市统一的水环境监测网络，形成水环境质量监测预报预警体系。（市环境保护局牵头，市水务局等配合）

（三）切实加强水环境管理

1. 深化污染物排放总量控制

完善污染物统计监测体系。将工业、城镇生活、农业等各类污染源纳入调查范围。选择对水环境质量有突出影响的化学需氧量、氨氮、总氮、总磷、重金属等污染物，研究纳入滇池流域、阳宗海流域和其他重点地区污染物排放总量控制约束性指标体系。（市环境保护局牵头，市滇池管理局、市发展改革委、市工业和信息化委、市水务局、市农业局等配合）

2. 严格环境风险控制

防范环境风险。按照国家和省的环境和健康风险评估体系，定期评估沿江河湖库工业企业、工业集聚区环境和健康风险，落实防控措施。评估现有化学物质环境和健康风险，按照国家发布的优先控制化学品名录，对高风险化学品生产、储存、销售、运输、使用进行严格限制。加强尾矿库隐患排查和综合治理。建立健全重大危险源分级监控制度，将建在禁建区内、涉及有毒有害污染物、下游有集中式饮用水水源地和其他敏感点的尾矿库，列为重大环境安全隐患，建立尾矿库环境安全管理台账，加强对隐患登记、整改、销号的全过程管理。（市环境保护局牵头，市工业和信息化委、市卫计委、市安全监管局等配合）

稳妥处置突发水环境污染事件。各县（市）区政府、开发（度假）园区管委会要制定和完善水污染事故处置应急预案，落实责任主体，明确预警预报与响应程序、应急处置及保障措施等内容，依法及时公布预警信息。（市环境保护局牵头，市住房城乡建设局、市水务局、市农业局、市卫计委等配合）

3. 全面实施排污许可制

纳入排污许可证制度管理的排污单位应依法申领排污许可证。加强许可证管理，以改善水质、防范环境风险为目标，将污染物排放种类、浓度、总量、排放去向等纳入许可证管理范围。依法查处无证排污、超证排污等行为。深化排污权有偿使用和交易试点。到2016年底，建设完善市级重点污染源动态管理系统信息平台建设。（市环境保护局负责）

（四）强化科技支撑

1. 推广示范适用技术

加快技术成果推广应用，建立和完善适合昆明实际的环保技术评价体系，加强环保科技成果共享平台建设，推动技术成果共享与转化。依据国家技术指导目录，开展节水治污水生态修复等先进适用技术的示范推广工作；依托重点流域水污染防治重大工程，加快水污染综合治理技术成果应用，推广水污染治理、水生态修复、畜禽养殖与重金属污染防治等适用技术；在缺水型区域重点推广节水、城市地表径流污水收集与处理利用等适用技术；围绕新型城镇化建设，重点推广农业面源污染防控、村镇生活污水与农村垃圾固废物处理等适用技术，建立一批示范点。发挥企业的技术创新主体作用，推动水处理重点企业与科研院所、高等学校组建产学研技术创新战略联盟，在水污染防治重点区域和重点行业示范推广控源截污和清洁生产先进技术。（市科技局牵头，市发展改革委、市工业和信息化委、市环境保护局、市水务局、市农业局、市滇池管理局等配合）

2. 加强科技攻关研发

加快研发湖泊富营养化治理、蓝藻治理、重点行业废水深度处理、生活污水低成本高标准处理、饮用水微量有毒污染物处理、地下水污染修复、危险化学品事故应急处置等技术。积极争取国家、省科技计划（专项、基金），加大对昆明市科技计划的支持力度，以滇池和阳宗海流域水污染防治为重点，加快高原湖泊截污治污系统联合高效运转、流域水资源自然循环恢复、湖泊健康生态系统修复、湖泊径流区水污染控制等关键技术的开发与集成创新，开展流域生态价值评估技术体系研究。围绕发展水电、水运、水生、水游、水岸"五大经济"，开展水资源优化配置与综合开发利用、新型污染物风险评价及污染控制、水环境监测及环境污染预警等关键技术研究。针对冶金、化工等重点重污染行业，实施废水（重金属、高盐、高浓度有机废水等）深度处理、全过程治理、循环利用等关键技术研究。加强水生态保护、农业面源污染防治、水环境监控预警、水处理工艺技术装备等领域的对外交流合作。（市科技局牵头，市发展改革委、市工业和信息化委、市国土资源局、市环境保护局、市水务局、市农业局、市卫计委、市滇池管理局等配合）

3. 大力发展环保产业

规范环保产业市场。到2016年3月底，全面梳理涉及环保市场准入、经营行为规范的法规、规章和规定，形成目录及清理意见并上报。健全环保工程设计、建设、运营等领域招投标管理办法和技术标准。通过实施节水改造项目和重大水污染治理工程，推进先进适用的节水、治污、修复技术和装备产业化发展。（市发展改革委牵头，市科技局、市工业和信息化委、市财政局、市环境保护局、市住房城乡建设局、市水务局等配合）

加快发展环保服务业。明确监管部门、排污企业和环保服务公司的责任和义务，完善风险分担、履约保障等机制；鼓励发展环保服务总承包模式、政府和社会资本合作（PPP）模式；以污水、垃圾处理和工业园区为重点，积极申报国家环境污染第三方治理试点并组织实施，推进环保设施建设和运营市场化、专业化、产业化。（市发展改革委、市财政局牵头，市科技局、市工业和信息化委、市环境保护局、市住房城乡建设局等配合）

五、组织实施和考核监督

（一）强化组织领导、严格考核奖惩

1. 组织领导

市政府成立以分管环境保护工作的副市长为组长，分管环境保护工作的副秘书长为副组长，市环境保护局、市滇池管理局、市水务局、市编办、市城改办、市发展改革委、市工业和信息化委、市教育局、市科技局、市公安局、市监察局、市财政局、市国土资源局、市交通运输局、市规划局、市园林绿化局、市住房城乡建设局、市城管综合执法局、市农业局、市林业局、市商务局、市卫计委、市统计局、市旅游发展委、安全监管局、市法制办、市金融办、市国资委、市工商局、市质监局、市国税局、市地税局、市法院、市检察院、市滇投公司、滇池水务公司等部门（以下简称"市级成员单位"）为成员的水污染防治工作领导小组。领导小组负责统筹水污染防治工作，及时协调解决水污染防治工作中的重大问题。

领导小组办公室设在市环境保护局，主要负责水污染防治相关日常工作，定期或不定期召集市各成员单位分管负责人，研究水污染防治工作中的相关问题。（市环境保护局牵头，市级成员单位配合）

2. 强化政府责任

各县（市）区政府和开发（度假）园区管委会是水污染防治责任主体，是实施本方案的责任主体，政府及管委会主要领导是第一责任人。应细化《昆明市水污染防治工作实施方案》工作内容，制定各自辖区的水污染防治工作实施细则，同时针对市级不达标断面，编制各自辖区的水体达标方案，实施细则和水体达标方案应于2016年9月底前公布实施，并报市政府备案。要建立健全定期协调、定期检查的水污染防治工作机制，落实以资源环境承载力为约束、以水环境质量改善为核心的责任制，完善政策措施，加大资金投入，统筹城乡水污染治理，强化监管，确保各项任务全面完成。（市环境保护局牵头，市级成员单位配合）

3. 加强部门协调联动

建立全市水污染防治工作协作机制，定期研究解决重大问题。各有关部门要认真按照职责分工，切实做好水污染防治相关工作。到2016年9月底，市级有关部门要根据职责分工，研究制定水污染防治重点工作部门实施方案。市环境保护局要加强统一指导、协调和监督，工作进展及时向市政府报告。（市环境保护局牵头，市级成员单位配合）

4. 落实排污单位主体责任

排污单位要严格执行环境保护有关法律法规和制度，加强污染治理设施建设和运行管理，开展自行监测，落实治污减排、环境风险防范等责任。工业集聚区内的企业要探索建立环保自律机制。（市环境保护局牵头，市国资委等配合）

5. 严格目标任务考核

昆明市政府与各县（市）区政府、开发（度假）园区管委会签订水污染防治目标责任书，分解落实目标任务，切实落实"一岗双责、党政同责"。每年对各县（市）区政府、开发（度假）园区管委会行政区域内水污染防治目标责任和任务完成情况进行年度考核，考核结果向社会公布，作为对领导班子和领导干部综合考核评价的重要内容。（市环境保护局牵头，市委组织部等配合）

将考核结果作为水污染防治相关资金分配的重要依据。（市财政局、市发展改革委牵头，市环境

保护局等配合）

对未通过年度考核的，要约谈各县（市）区政府、开发（度假）园区管委会及其相关部门有关负责人，提出整改意见，予以督促。对未按时完成水质达标任务的区域实施挂牌督办，必要时采取区域限批等措施。对因工作不力、履职缺位等导致未能有效应对水环境污染事件的，以及干预、伪造数据的，要依法依纪追究有关单位和人员责任。对不顾生态环境盲目决策，导致水环境质量恶化，造成严重后果的领导干部，要记录在案，视情节轻重，给予组织处理或党纪政纪处分，已经离任的也要终身追究责任。（市环境保护局、市委组织部、市监察局负责）

（二）强化社会监督，推进公众参与

1. 依法公开环境信息

综合考虑水环境质量及达标情况等因素，每年公布各县（市）区、开发（度假）园区水环境状况。对水环境状况差、整改后仍达不到目标要求的地区，不得参评生态文明、环境保护、节水、园林、卫生等方面的荣誉称号。（市环境保护局牵头，市发展改革委、市水务局、市园林绿化局、市卫计委等配合）

各县（市）区政府、开发（度假）园区管委会要定期公布行政区域内水环境质量状况。建立排污企业环境信息公报制度，依法向社会公开其产生的主要污染物名称、排放方式、排放浓度和总量、超标排放情况，以及污染防治设施的建设和运行情况，主动接受监督。（市环境保护局牵头，市发展改革委、市工业和信息化委等配合）

2. 加强社会监督

为公众、社会组织提供水污染防治法规培训和咨询，邀请其全程参与重要环保执法行动和重大水污染事件调查。公开曝光环境违法典型案件。健全举报制度，充分发挥"12369"环保举报热线和网络平台作用。限期办理群众举报投诉的环境问题，一经查实，可给予举报人奖励。通过公开听证、网络征集等形式，充分听取公众对重大决策和建设项目的意见。积极推行环境公益诉讼。（市环境保护局负责）

3. 构建全民行动格局

树立"节水洁水，人人有责"的行为准则。加强宣传教育，提高公众对经济社会发展和环境保护客观规律的认识。依托中小学节水教育、水土保持教育、环境教育等社会实践基地，开展环保社会实践活动。支持民间环保机构、志愿者开展工作，建立健全专家参与机制，加强媒体环保宣传的重要纽带作用。倡导绿色消费新风尚，开展环保社区、学校、家庭等群众性创建活动，推动节约用水，鼓励购买使用节水产品和环境标志产品。（市环境保护局牵头，市滇池管理局、市教育局、市水务局等配合）

水污染防治工作任重道远，各县（市）区政府、开发（度假）园区和有关部门要切实处理好经济社会发展与水环境保护的管理，严格贯彻落实《水污染防治行动计划》《云南省水污染防治工作方案》和本方案要求，以水环境质量改善为核心，着力解决群众看得见、摸得着的水环境问题，攻坚克难，确保全市水环境治理与保护目标如期完成，努力成为云南省生态文明建设排头兵。

# 昆明市人民政府办公厅关于印发昆明市海绵城市规划建设管理办法的通知

## 昆政办〔2017〕29号

各县（市）、区人民政府，市政府有关委办局，各国家级、省级开发（度假）园区管委会，各直属机构：

为贯彻落实《国务院办公厅关于推进海绵城市建设的指导意见》（国办发〔2015〕75号）和《云南省人民政府办公厅关于加快推进海绵城市建设工作的实施意见》（云政办发〔2016〕6号），昆明市海绵城市建设工作领导小组办公室按照国务院和省政府出台的文件及昆明市海绵城市建设工作方案，制定了海绵城市建设的规划、管理制度和机制。经市人民政府同意，现将《昆明市海绵城市规划建设管理办法》印发给你们，请认真遵照执行。

昆明市人民政府办公厅

2017年3月15日

# 昆明市海绵城市规划建设管理办法

## 第一章 总 则

**第一条** 为加强海绵城市规划建设管理工作，改善城市水环境，增强城市防涝能力，利用雨水资源，提高城市可持续发展能力和新型城镇化建设质量，根据《中华人民共和国城乡规划法》《中华人民共和国建筑法》《中华人民共和国水法》《中华人民共和国防洪法》《城镇排水与污水处理条例》《昆明市城乡规划条例》《昆明市城市节约用水管理条例》《昆明市城市排水管理条例》等相关法律、法规，以及《国务院办公厅关于推进海绵城市建设的指导意见》（国办发〔2015〕75号）、《云南省人民政府办公厅关于加快推进海绵城市建设工作的实施意见》（云政办发〔2016〕6号），结合我市实际，制定本办法。

**第二条** 昆明市行政区域内海绵城市建设的规划、项目立项、土地利用、项目建设、竣工验收、移交、运营维护管理等适用本办法。

**第三条** 海绵城市建设应当遵循科学规划、生态优先、因地制宜、统筹建设的原则，注重规划建设的整体性和系统性，通过综合采用渗、滞、蓄、净、用、排等措施，推进新老城区海绵城市建设。

城市新建区、成片开发区、各类园区应全面落实海绵城市建设相关要求；城市建成区应强化区域整体治理，并结合旧城改造、城中村改造、老旧小区的有机更新，最大限度地控制城市雨水径流和面源污染，治理和保护城市水环境，综合利用雨水资源，缓解城市内涝。

**第四条** 市海绵城市建设工作领导小组办公室负责统筹协调组织、指导、监督全市海绵城市规划建设管理工作。

市发展改革、财政、规划、住房城乡建设、园林绿化、滇池管理、水务、节约用水、防汛抗旱、环境保护、国土资源、气象、水文水资源、城管综合执法、交通运输等部门应按照各自职责，负责海绵城市建设和管理的相关工作。

各县（市）、区人民政府，各国家级、省级开发（度假）园区管委会应按照海绵城市建设专项规划和年度建设计划，负责本区域内海绵城市建设和管理工作。

第五条　按照政府主导、社会参与的原则，积极推广运用政府购买服务、政府和社会资本合作（PPP）、特许经营等模式，吸引社会资本多渠道、多形式参与海绵城市投资、建设和运营维护管理。

第六条　各级政府鼓励和支持海绵城市建设的科学研究和先进适用技术、设备及材料的推广应用；积极开展海绵城市建设宣传教育，提高全社会对海绵城市建设的意识。

## 第二章　规划、立项与土地利用管理

第七条　市规划局应当会同有关部门负责组织编制昆明中心城区和晋宁区（东城和南城）海绵城市建设专项规划，报市人民政府批准后公布实施；其他县（市）区政府，国家及省级开发园区管委会应结合实际，组织编制本区域海绵城市建设专项规划，按规划报批程序批准后公布实施，同时报市海绵城市建设工作领导小组办公室备案。

第八条　城市总体规划编制或修编时，应将雨水年径流总量控制率、年径流污染削减率等控制指标纳入城市总体规划，将海绵城市专项规划中提出的自然生态空间格局作为城市总体规划空间开发管制要素；控制性详细规划编制或修编时，应将雨水年径流总量控制率等指标落实到基本地块；城市水系、排水防涝、水污染防治、绿地、道路交通等相关专项规划，应与海绵城市专项规划充分衔接，落实海绵城市建设内容和有关控制指标。

第九条　政府投资项目在项目建议书中应当对海绵城市建设设施适宜性进行阐述明确；在可行性研究报告中应提出海绵城市建设的目标及措施，对技术和经济可行性进行全面分析，并提出投资估算。

社会资本投资项目在项目申请报告中应当提出海绵城市建设的目标、措施、主要建设内容和规模，以及各项社会效益满足情况。

第十条　海绵城市建设改造项目的建设单位应当在项目可行性研究报告审批前根据汇水分区，按照海绵城市建设的整体性和系统性、绩效考核的科学性、项目实施的可操作性原则，组织编制分区的海绵城市建设总体方案，落实海绵城市建设专项规划的相关指标要求，并报市海绵城市建设工作领导小组办公室或项目所属辖区海绵城市建设工作管理部门会同有关主管部门和专家进行技术审查。

第十一条　新建项目土地出让时，市规划局和县（市）区规划管理部门应按照法定控规确定的海绵城市管控要求核定建设项目规划条件。市规划局和市国土资源局应当监督土地使用权人在开发和利用土地的过程中落实相应指标要求。

第十二条　城市道路与广场、公园与绿地、水系等基础设施用地选址时，应当兼顾其他用地、综合协调设施布局，优先考虑利用或保留原有绿地、河湖水系、自然坑塘、闲置土地等用地，项目选址应当符合土地利用规划。

海绵型城市道路与广场、公园与绿地等基础设施用地，未经批准，不得改变用途。

## 第三章　建设管理

第十三条　市规划局和县（市）区规划管理部门应将海绵城市建设指标和要求落实到控制性详细规划的管控内容，纳入昆明市城乡规划管理相关技术规定中，并依据法定控规的相应要求核定建设项目规划条件，审批建设项目选址意见书、建设用地规划许可和建设工程规划许可。

第十四条　建设项目修建性详细规划或建设项目规划方案审查时，市规划局和县（市）区规划管理部门应要求设计单位依据建设项目条件提出落实海绵城市建设的措施说明，并予以审查。

第十五条　新建、改建、扩建工程项目应当按照下列要求同期配套建设海绵设施：

（一）建筑与小区工程项目应当按照节水"三同时"、海绵城市建设专项规划和建设技术要求，同期配套建设海绵设施。

（二）城市道路与广场市政工程项目应按照海绵城市建设专项规划和建设技术要求，因地制宜配套建设海绵设施。

（三）城市公园与绿地市政工程项目应结合周边水系、道路、市政设施等，按照海绵城市建设专项规划和建设技术要求，配套建设海绵设施，增强公园绿地系统的城市海绵体功能，为滞蓄和净化周边区域雨水提供空间。

第十六条　既有建筑与小区、城市道路与广场、公园与绿地等项目，具备条件的，应当纳入海绵城市建设等相关规划和年度实施计划，并按照昆明市海绵城市建设相关技术要求统筹有序进行提升改造。

第十七条　城市排水防涝设施的建设，应当重点加强城区易涝点整治和雨水管渠、泵站、雨水调蓄等相关基础设施的建设与改造；实施城市雨污分流管网建设改造，排入自然水体的雨水须经过净化，控制初期雨水污染。加强城市防洪排涝体系与海绵城市建设各项措施的衔接，增强雨洪径流调控能力。

第十八条　城市河道水系整治应注重保护和恢复河湖水系的自然连通，实施河道生态修复，重塑健康自然的弯曲河岸线，保护现有湿地，构建良性水循环系统，改善水环境质量，提高城市河道水系输排水能力。

第十九条　新建、改建、扩建工程项目配套建设的海绵设施建设资金，应当纳入项目主体工程总投资，并与主体工程同时规划设计、同时施工、同时投入使用。

既有建筑与小区、城市道路与广场、公园与绿地纳入海绵型改造的项目，以及城市排水管网建设、防洪排涝、河道水系整治等项目的投资应由相应的实施主体列入海绵城市建设或水污染防治等投融资计划。

第二十条　市海绵城市建设工作领导小组办公室应当指导、督促涉及海绵城市建设的各相关职能部门在新建、改建、扩建工程项目时全面落实海绵城市建设要求。住房城乡建设、园林绿化、滇池管理、节约用水主管部门应当按照各自职能加强对新建、改建、扩建工程项目海绵设施同期配套建设的监督管理。

第二十一条　新建、改建、扩建工程项目应当按照海绵城市建设专项规划、规划条件及相关技术标准，编制海绵设施建设专项设计方案或者在项目初步设计文件中编制海绵设施设计专篇，并在项目初步设计阶段报相应的主管部门审查或备案。住房城乡建设、园林绿化、节约用水主管部门应当定期向同级海绵城市建设工作领导小组办公室报送审查或备案情况。

城市道路与广场工程项目在项目初步设计文件中应当编制海绵设施设计专篇；住房城乡建设主管部门在项目初步设计审批时应当对海绵设施设计方案进行专项审查，初步设计审批意见应当有海绵设施设计专项审查的内容。

城市公园与绿地工程项目在项目初步设计文件中应当编制海绵设施设计专篇，或者编制海绵设施建设专项设计方案；园林绿化主管部门应当对设计专篇或方案进行审查，并出具审查意见。

建筑与小区工程项目应当编制海绵设施建设专项设计方案，通过专家评审后，报节约用水管理部门进行备案。

第二十二条　住房城乡建设主管部门应当组织海绵城市建设相关部门和专家，对既有项目海绵设施提升改造初步设计方案进行审查，并出具审查意见。既有项目海绵设施提升改造初步设计方案应满足汇水分区海绵城市建设总体方案的相关要求。

第二十三条　各相关主管部门按职能职责指导、督促列入海绵城市建设年度计划的城市排水设施、防洪排涝、河道水系整治等项目建设，全面掌握项目建设进度情况，并定期向市海绵城市建设工作领导小组办公室报送项目建设进度。

第二十四条　住房城乡建设主管部门应在新建、改建、扩建工程项目施工图审查阶段，将海绵设施专项设计纳入审查范围，与主体工程同步审查。对不符合海绵城市建设要求的，施工图审查不予通过，不予核发施工图审查合格书。

第二十五条　市滇池管理局和县（市）区排水管理部门在进行排水技术审查时，应当审查项目是否符合海绵城市建设及区域雨水排放管理要求。

第二十六条　建设单位应当委托具有相应资质的单位承担海绵设施的设计、监理或施工。

第二十七条　建立海绵城市动态监测考核及一体化管控平台，对入滇河道断面、地下水和区域管网排放口的水量、水质以及降水等进行监测，为海绵城市建设绩效评价与考核提供技术支撑。

## 第四章　竣工验收和移交

第二十八条　新建城市道路与广场、公园与绿地等市政工程项目配套建设的海绵设施竣工后应当纳入主体工程项目统一验收；新建建筑与小区工程项目配套建设的海绵设施竣工后应当纳入新建项目节水设施竣工验收。

住房城乡建设、园林绿化、节约用水等主管部门在验收过程中，应当按照各自职责对项目是否按照审查通过的设计方案、海绵城市相关技术规范、标准，对配套建成的海绵设施进行验收，验收不合格的，应当要求建设单位限期整改。

住房城乡建设、园林绿化、节约用水主管部门应当健全完善统计台账，并定期向市海绵城市建设工作领导小组办公室报送新建海绵设施信息。

第二十九条　既有项目海绵设施提升改造完成后，建设单位应当组织设计、施工、监理及与海绵设施提升改造项目相关的主管部门参加验收。未按审查通过的设计方案、海绵城市相关技术规范、标准提升改造的，不予通过验收，并限期整改。

第三十条 在申报新建、改建、扩建工程项目规划核实时，建设单位应当将住房城乡建设、园林绿化、滇池管理、节约用水主管部门出具的海绵设施建设相关验收材料作为必要的申请材料，市规划局和县（市）区规划管理部门对不符合海绵城市建设规划条件和要求的，不予出具建设工程规划核实意见。

第三十一条 海绵设施竣工验收合格后随主体工程同步移交相关单位。

城市道路与广场市政工程项目的海绵设施应当移交城市道路主管部门、广场管理部门等相关部门。

城市公园与绿地市政工程项目的海绵设施应当移交园林绿化主管部门或公园绿地的实际权属部门。

建筑与小区工程项目的海绵设施应当移交产权单位或物业服务企业。

以上项目中采取PPP模式建设的海绵设施竣工验收合格后按照PPP合同约定进行移交管理。

## 第五章　运行维护管理

第三十二条 城市道路与广场项目的海绵设施由负责城市道路与广场管养的管理部门进行日常维护管理。

公园与绿地项目的海绵设施由园林绿化主管部门或公园绿地的实际权属部门负责日常维护管理。

建筑与小区项目的海绵设施由产权单位或物业服务企业负责日常维护管理。

以上项目中采取PPP模式建设的海绵设施，在合同约定的运营期内由海绵城市PPP项目公司负责设施运营和维护。运营期期满后，海绵设施移交相关管理单位负责维护管理。

第三十三条 负责海绵设施维护管理的单位应当做好设施的维护和管理，确保海绵设施正常运行：

（一）建立健全设施的维护管理制度和操作规程，配备专人管理，并定期对管理人员进行培训；

（二）对设施进行定期巡查、维护和维修，避免擅自占用、堵塞、拆改、废除海绵设施和向海绵设施倾倒垃圾等废弃物；

（三）落实安全管理制度和各项安全操作规程；

（四）建立健全设施运行管理台帐，并做好记录和统计。

第三十四条 在海绵设施上或者周边进行施工作业可能损坏设施或者影响设施正常运行的，建设单位和施工单位应当制订保护方案，并在建设前通知设施运行管理单位；施工作业损坏设施的应当按照设施原有功能及时修复。

## 第六章　附　则

第三十五条 本办法所称的海绵城市是指通过加强城市规划建设管理，充分发挥建筑、道路和绿地、水系等生态系统对雨水的吸纳、蓄渗和缓释作用，有效控制雨水径流，实现自然积存、自然渗透、自然净化的城市发展方式。

海绵设施包括城市雨水的入渗、滞蓄、收集、净化、利用、调蓄、排放等设施。

第三十六条 本办法自下发之日起执行。

# 昆明市人民政府办公厅关于印发昆明市城市区域雨水排放管理暂行规定的通知

### 昆政办〔2017〕30号

各县（市）、区人民政府，市政府有关委办局，各国家级、省级开发（度假）园区管委会，各直属机构：

经市人民政府研究同意，现将《昆明市城市区域雨水排放管理暂行规定》印发给你们，请按照要求，认真抓好贯彻落实。

昆明市人民政府办公厅

2017年3月15日

# 昆明市城市区域雨水排放管理暂行规定

## 第一章　总　则

**第一条**　为了加强城市区域雨水排放管理，控制和减少雨水径流量及面源污染，提高城市防洪排涝能力，确保城市雨水年径流总量控制在海绵城市建设的要求范围内，根据《中华人民共和国防洪法》《城镇排水与污水处理条例》《昆明市城市排水管理条例》等法律、法规的规定，结合滇池及市域水环境保护与治理的要求，制定本规定。

**第二条**　本规定所称区域雨水排放管理，是指基于海绵城市建设专项规划中对排水的分区要求，展开建设项目规划、审批、建设、验收等建设管理工作。

**第三条**　昆明市行政区域内的新建、改建、扩建建设项目的城市区域雨水排放规划建设管理活动适用本规定。

**第四条**　市滇池管理局负责新建、改建、扩建建设项目雨水排放的监督管理工作，并具体负责主城范围雨水排放管理工作，市海绵办协助开展相关工作。主城范围外的县（市）区的排水行政主管部门负责各自辖区范围内的雨水排放管理工作。

各相关部门按以下分工做好雨水排放的有关工作：

市规划局具体负责雨水排放规划管理工作；

市住房城乡建设局具体负责市政道路、广场等市政工程项目的雨水排放建设管理工作；

市水务局具体负责工业和民用建筑项目雨水综合利用设施建设的管理工作；

市园林绿化局具体负责公园、市政绿地等雨水排放建设管理工作；

市发展改革委、市财政局、市国土资源局、市环境保护局、市交通运输局等部门，按照各自职责，做好雨水排放管理相关工作。

**第五条**　区域雨水排放管理以年径流总量控制为核心控制要求，并在城市总体规划阶段研究确定，在控制性详细规划阶段分解落实，并作为前置条件纳入城市规划许可严格实施。

## 第二章　规划与控制

第六条　城市总体规划编制或修编时，应当确定各区域的年径流总量的控制目标（径流总量和水质的控制目标）。

第七条　控制性详细规划编制或调整时，应当将所在区域的径流总量控制目标分解为建筑与小区、道路与广场、公园与绿地的径流总量控制指标，并纳入地块规划控制指标，合理确定雨水滞渗、收集、调蓄、储存、利用、排放等设施，减少不透水面积，提高雨水调蓄与滞渗能力，减少雨水径流量。

第八条　新建、改建、扩建建设项目的雨水滞渗、收集、调蓄、储存、利用、排放等设施建设，应符合《昆明市海绵城市建设技术导则》《昆明市海绵城市建设工程设计指南》《昆明市海绵城市建设专项规划》和《昆明市城市排水（雨水）防涝综合规划》要求，并与项目同时设计、同时建设、同时投入使用。

## 第三章　审批与建设

第九条　新建、改建、扩建建设项目土地出让和划拨环节，市规划局应将地块年径流总量控制指标作为规划条件的重要内容。

第十条　市规划局在办理规划条件时，应要求建设单位按照有关规定采取雨水径流控制措施，使建设后的雨水径流量符合年径流总量控制目标，且不超过建设前的雨水径流量。

第十一条　公共排水设施建设项目和市政工程、建筑工程所涉及的排水项目，以及自用排水设施接驳公共排水设施项目，应报市滇池管理局进行技术审查。项目建设单位报送审查的设计方案，应当包括雨水径流控制内容。

第十二条　市规划局、市住房城乡建设局在审批规划许可证、施工许可证时，要重点审查地块年径流总量控制指标对应的相关工程设施的设计，并征求市滇池管理局的意见。

第十三条　建设工程竣工验收环节，住建部门应当会同相关部门核实雨水排放及径流控制相关工程措施的落实情况。

## 第四章　监督与管理

第十四条　雨水排放及径流控制设施由产权单位或者运营维护单位按有关规定负责养护、维修和日常管理。

第十五条　相关单位和个人应当按本规定的要求使用雨水排放及径流控制设施，不得将雨水排放及径流控制设施挪作他用，或者阻挠、妨碍雨水排放及径流控制设施的管理、保护和养护维修。

禁止以下损害雨水排放及径流控制设施的行为：

（一）堵塞雨水排放及径流控制设施，妨碍排水；

（二）擅自占压、拆卸、填埋雨水排放及径流控制设施；

（三）向雨水排放及径流控制设施倾倒垃圾等废弃物；

（四）向雨水排放及径流控制设施倾倒、排放超标污水和腐蚀性、放射性、易燃易爆等有毒有害物品；

（五）其他损害雨水排放及径流控制设施的行为。

第十六条　相关行政管理部门及其工作人员不履行或者不正确履行本规定，滥用职权、玩忽职守、徇私舞弊的，依法给予行政处分；涉嫌犯罪的，移送司法机关依法追究刑事责任。

# 第五章　附　则

第十七条　本规定自2017年4月1日起施行。

# 中共昆明市委　昆明市人民政府关于全面深化河长制工作的意见

为认真贯彻落实《中共中央办公厅、国务院办公厅印发〈关于全面推行河长制的意见〉的通知》（厅字〔2016〕42号），按照省委、省政府全面推行河长制的安排部署，结合昆明实际，全面深化河长制，建立科学规范的河长制体系，现提出以下意见。

一、重要意义

江河湖泊是地球的血脉、生命的源泉、文明的摇篮，也是经济社会发展的重要基础支撑。保护江河湖泊，事关人民福祉，事关民族长远发展。全面推行河长制，是党中央、国务院为加强河湖保护治理管理做出的重大决策部署，是推进生态文明建设的必然要求，是解决我国复杂水问题、维护河湖健康生命的有效举措，是完善水治理体系、保障国家水安全的制度创新。

昆明市自2008年以来，在滇池流域推行河（段）长责任制，取得了一定成效。但河（段）长责任制尚不完善，缺乏系统性约束性，未形成有效的长效治理监管机制，重建轻管问题不同程度存在；部分河道整治不彻底、偷排乱排、侵占河道等问题较为突出；特别是流域内的过度开发利用已经超出水资源的承载能力，导致河道萎缩、生态退化等问题依然突出。为此，切实加强河（渠）湖库保护治理刻不容缓。按照《中共中央办公厅、国务院办公厅印发〈关于全面推行河长制的意见〉的通知》（厅字〔2016〕42号），结合昆明实际，需全面深化河长制。在范围上，由滇池流域推广到全市域的河（渠）湖库范围；在内容上，从水污染治理为主，转变到保护水资源、防治水污染、改善水环境、修复水生态的全面综合治理；在体系上，建立市、县（市）区和开发（度假）园区、乡镇（街道）、村（社区）、村小组"四级河长五级治理"责任体系；在格局上，构建分级管理、属地负责，各级各部门各司其职、齐抓共管的工作格局。维护河（渠）湖库健康生命，确保河（渠）湖库功能永续利用，实现河长制的新突破和市域河（渠）湖库全覆盖。

二、总体要求

（一）指导思想

全面贯彻落实党的十八大和十八届三中、四中、五中、六中全会精神，深入贯彻落实习近平总书记系列重要讲话及考察云南重要讲话精神，省第十次党代会和市第十一次党代会、市委十一届二次全会精神，按照省委、省政府的工作部署和要求，紧扣"十三五"规划，遵循节水优先、空间均衡、系统治理、两手发力的治水思路，将河长制的深化与全市经济社会发展、城市建设及管理、全民参与融合起来，突出河长主治、坚持源头重治、工程整治、标本兼治、依法严治、社会共治，提高河（渠）湖库保护治理的科学化、系统化和精准化水平。在工作内涵上，由单纯治河治水向整体优化生产生活方式转变；在工作理念上，由管理向治理升华；在工作范围上，由河道单线作战向区域联合作战拓展；在工作方式上，由事后末端处理向事前源头控制延伸；在工作监督上，由单一监督向多重监督改进；在工作机制上，由政府保护治理为主向社会共治转化。使全面深化河长制工作步入制度化、规范化、常态化轨道，确保河长制工作取得实效。

（二）基本原则

——坚持生态优先、绿色发展。牢固树立绿水青山就是金山银山的发展理念，把深化河长制与转方式、调结构结合起来，处理好河（渠）湖库保护与经济社会发展的关系，强化规划约束，推动产业转型升级，倡导绿色、低碳、健康的生产生活方式，促进河（渠）湖库休养生息、维护河（渠）湖库生态功能。

——坚持党政领导、部门协同。建立健全以党政领导负责制为核心的责任体系，明确各级河长职责，河长不仅要管好河（渠）湖库综合治理，还要督促流域范围内产业结构调整和生产生活方式转变，推动产业转型升级，强化工作措施，协调各方力量，形成一级抓一级、层层抓落实、部门协同有力的工作格局。

——坚持属地管理、区域联动。全面落实属地管理主体责任，强化属地管理意识，加强流域相关、地理相连的河道之间区域协作，探索建立流域水污染防治联动机制，加强区域内河（渠）湖库问题会商会办，协调解决重点难点问题，实现共治共管。

——坚持问题导向、因地制宜。根据全市滇池流域内、外区域不同要求，不同河（渠）湖库实际，以问题为导向，实行一河（渠）一策、一湖（库）一策，增强保护治理工作的针对性、有效性，解决好河（渠）湖库保护治理中存在的问题。

——坚持系统治理、综合施策。统筹河（渠）湖库上下游、左右岸、干支流，岸上岸下标本兼治，实现山水林田湖系统治理，整体推进河（渠）湖库保护治理管理工作，确保河（渠）湖库水生态环境整体改善。

——坚持强化监督、严格考核。综合运用行政监督、法律监督、民主监督、社会监督等方式，强化河（渠）湖库的监督管理。建立健全河（渠）湖库保护管理考核和责任追究机制，严格考核、严厉追责。

——坚持政府主导、市场运作。按照政府主导、社会参与、市场运作的原则，努力形成河（渠）湖库保护治理的多元化投入机制，率先在滇池流域实行河道生态补偿和河道维护管理市场化运作。落实各级责任主体，调动社会力量积极参与，共同推进河（渠）湖库保护治理。

（三）工作目标

2017年4月初，市委、市政府召开深化河长制工作会，出台全面深化河长制工作的实施方案，对全市深化河长制工作进行全面安排部署；4月底以前，各县（市）区和开发（度假）园区制定出台相应的全面深化河长制工作实施方案，建立河长制责任体系；6月底以前，制定出台深化河长制相关配套文件，建立完善相关工作机制。2017年年底前，实现市域深化河长制工作全覆盖，推进河长制工作步入制度化、规范化、常态化轨道。到2020年，确保市域水环境质量明显改善，水生态系统功能得到恢复，水环境安全得到有力保障。

三、主要任务

（一）加强水资源保护

全面落实国务院和省政府关于实行最严格水资源管理制度意见的相关要求，严守水资源开发利用控制、用水效率控制、水功能区限制纳污三条红线，强化各级政府责任，严格考核评估和监督。实行水资源消耗总量和强度双控行动，防止不合理新增取水，切实做到以水定需、量水而行、因水制宜。坚持节水优先，全面提高用水效率，水资源短缺地区、生态脆弱地区要严格限制发展高耗水项目，加快实施农业、工业和城乡节水技术改造，坚决遏制用水浪费。严格水功能区管理监督，根据水功能区划确定的河流水域纳污容量和限制排污总量，落实污染物达标排放要求，切实监管入河湖排污口，严格监管和控制入河湖污染总量。严格管控地下水开采，全面限制小水电开发。

（二）加强河湖库水域岸线保护管理

科学编制河湖库水域岸线规划。严格水域岸线等水生态空间管控，依法划定河（渠）湖库管理范围。落实规划岸线分区管理要求，强化岸线保护和节约集约利用。严禁以各种名义侵占河道、围垦湖泊、非法挖山采石和取土采砂，对岸线乱占滥用等突出问题开展清理整治，恢复河湖库水域岸线生态功能。

（三）加强水污染防治

全面落实国务院和省政府水污染防治工作要求，结合《云南省滇池保护条例》和《昆明市河道管理条例》等法规规定，全面加强重要水功能区排污口监督管理，排查入河（渠）湖库污染源，建立完善河（渠）湖库截污治污管控机制和考核体系。加强河（渠）湖库流域污染综合防治，严格治理工矿企业污染、城镇村庄生活污染、畜禽养殖污染、水产养殖污染、农业面源污染，改善水环境质量。

（四）加强水环境治理

强化水环境质量目标管理，提升城乡人居环境质量。按照水功能区确定各类水体的水质保护目标，切实保障饮用水水源安全，开展饮用水水源达标规范化建设，依法清理饮用水水源保护区内违法建筑和排污口。加强河（渠）湖库水环境综合整治，推进水环境治理网格化和信息化建设，建立健全水环境风险评估排查、预警预报与响应机制。结合城乡总体规划，因地制宜建设亲水生态岸线，加大黑臭水体治理力度，实现河（渠）湖库环境整洁优美、水清岸绿。以生活污水处理、生活垃圾处理为重点，综合整治农村水环境，推进美丽乡村建设。

（五）加强水生态修复

强化山水林田湖系统治理，推进河（渠）湖库生态修复和保护，禁止侵占自然河湖、湿地、林地等水源涵养空间。在规划的基础上稳步实施退田还湖还湿还林、退渔还湖，恢复河湖水系的自然连通，加强水生生物资源养护。加大江河源头区、水源涵养区、生态敏感区保护力度。加强水土流失预防监督和综合整治，建设生态清洁型小流域，维护河（渠）湖库生态环境。积极开展河湖健康评估工作。

（六）加强执法监管

建立健全法规制度，加大河（渠）湖库保护治理管理监管力度。建立健全部门联合执法机制，完善行政执法与刑事司法衔接机制。建立河（渠）湖库日常监管巡查制度，实行河（渠）湖库动态监管。落实河（渠）湖库保护治理管理执法监管责任主体、人员、设备和经费。严厉打击涉河（渠）湖库违法行为，坚决清理整治非法排污、设障、捕捞、养殖、采矿、采砂、取土、围垦、侵占水域岸线等行为。

四、责任体系

（一）成立河长制工作领导小组

市、县（市）区和开发（度假）园区、乡镇（街道）成立河长制工作领导小组，各级党委主要领导担任组长。

昆明市河长制工作领导小组组长由市委书记担任，第一副组长由市委副书记、市长担任，常务副组长由市委副书记担任，其他市级河长和市级相关部门主要领导为成员。各县（市）区和开发（度假）园区、乡镇（街道）参照市级成立河长制工作领导小组。

各级河长制工作领导小组负责推进本级河长制工作，负责相关制度和办法的研究制定，推进管理机构的建设，审核年度工作计划、河长制有关规划，统筹协调重大争议、综合考核等重大事项。

昆明市河长制工作领导小组办公室设在市水务局，由市水务局总负责。同时，按照相关法规规定，滇池流域外由市水务局负责，滇池流域内由市滇池管理局负责。县（市）区、开发（度假）园区设立相应的河长制办公室，各级河长制办公室负责本级河长制的日常工作。

（二）全面建立四级河长五级治理体系

全面建立市、县（市）区和开发（度假）园区、乡镇（街道）、村（社区）、村小组"四级河长五级治理"体系。市、县（市）区和开发（度假）园区、乡镇（街道）分别设立总河长、副总河长、河长；村（社区）设河长，村小组设专管员。

市级总河长、副总河长分别由市级党政主要领导担任，滇池流域内河道按"一河一长"的原则由市级领导担任河长，滇池流域外按责任区域由市级领导担任区域河长。

县（市）区和开发（度假）园区、乡镇（街道）的总河长、副总河长由本级党政主要领导担任，河长按"一河一长"的原则由本级领导担任。

各级总河长、副总河长是领导本级河长制工作的总负责人，各级河长是本级河长制工作的直接责任人。

市级河长负责指导、协调责任区域的河长制工作，督促协调市级有关责任部门和责任区域县（市）区和开发（度假）园区河长的工作。

县（市）区和开发（度假）园区河长负责指导、协调责任区域的河长制工作，督促协调本级有关责任部门和乡镇（街道）河长的工作。

（三）建立三级督察制度

全面建立市、县（市）区和开发（度假）园区、乡镇（街道）三级督察。

市、县（市）区和开发（度假）园区、乡镇（街道）三级督察分别由党委副书记任总督察，人大常委会主任、政协主席担任副总督察。各级总督察、副总督察协助总河长、副总河长对本级有关责任部门履职情况和下级河长制实施情况进行督察、检查。各级人大常委会、政协分别成立河长制督察组。

市人大常委会河长制督察组负责督察滇池、阳宗海流域河长制工作的实施；市政协河长制督察组负责督察滇池、阳宗海流域以外区域河长制工作的实施。各县（市）区和开发（度假）园区、乡镇（街道）根据辖区实际明确各自督察组的工作。

（四）建立三级专项督导制度

全面建立市、县（市）区和开发（度假）园区、乡镇（街道）三级专项督导制度。

市级成立昆明市河（渠）湖库保护治理管理日常工作专项督导组。各县（市）区和开发（度假）园区、乡镇（街道）成立相应的日常工作专项督导组。

五、工作机制

河（渠）湖库保护管理是一项复杂的系统工程，涉及上下游、左右岸、不同行政区域和行业，为了确保全市深化河长制工作真正落到实处，建立长效工作机制。

（一）建立联席会议机制

各级总河长、副总河长、河长召集联席会议，听取全市或责任区域河长制工作情况汇报，研究解决涉及全市或责任区域河（渠）湖库保护管理中的重点难点问题。联席会议根据需要适时召开，原则上每年不少于2次。

（二）建立协调会办机制

各级河长召集协调会办会议，专题研究会办、协调解决责任区域河（渠）湖库涉及的突出问题。协调会办根据情况适时组织，及时有效解决问题。协调会办原则上不少于每季度1次。

（三）建立日常巡查机制

各级河长牵头，对责任区域河（渠）湖库定期不定期开展现场巡查，及时发现问题，一线督促落实。原则上市级河长不少于每季度1次，县（市）区和开发（度假）园区级河长不少于每两月1次，乡镇（街道）级河长不少于每月1次，村（社区）级河长不少于每半月1次。

（四）建立动态监测机制

加强市、县（市）区和开发（度假）园区水环境监测中心（站）建设，统一技术要求和标准，统筹建设与管理，建立体系统一、布局合理、功能完善的河（渠）湖库水质监测网络，逐步建立完善水文水资源监测体系。加强河湖跨界断面、主要交汇处和重要水功能区等重点水域的水质水量水环境监测，强化突发水污染处置应急监测。实行水质恶化倒查，追溯污染源，严格落实整治责任和限期整改措施。按规范开展水质水量监测评价，按规定发布有关监测成果。

（五）建立信息化管理机制

遵循统一规划、统一平台、统一接入、统一建设、统一维护的原则，建设全市河（渠）湖库管理大数据信息平台，建立河（渠）湖库管理信息系统，逐步实现信息上传、任务派遣、督办考核、应急指挥数字化管理。建立河（渠）湖库管理地理信息系统平台，加强水域环境动态监测，实现基础数据、涉河工程、水域岸线管理、水质监测等信息化、系统化。建立实时、公开、高效的河长即时通信平台，将日常巡查、问题督办、情况通报、责任落实等纳入信息化一体化管理，提高工作效能，接受社会监督。

（六）建立考核评价机制

根据河（渠）湖库不同的情况和问题，实行差异化绩效评价考核，将领导干部自然资源资产离任审计结果及整改情况作为考核的重要参考。县级及以上河长负责组织对相应河（渠）湖库下一级河长进行考核，考核结果作为地方党政领导干部综合考核评价的重要依据。实行生态环境损害责任追究制，对造成生态环境损害的，严格按照有关规定追究责任。

建立各级河长制绩效考核评价体系，制定切实可行的河长制考核办法。

（七）建立激励问责机制

根据考核办法，建立各级切实可行的激励问责机制。将河长制工作情况纳入市委、市政府对县（市）区和开发（度假）园区及市级相关部门年度目标考核内容。根据考核结果，按照年度目标管理绩效考核和相关规定进行激励问责。

（八）建立市场化治理机制

按照政府主导、社会参与、市场运作的原则，推进水环境治理专业化、市场化。加快建立治污设施运行维护、河道保洁清淤、河道保护管理等新机制，积极探索第三方专业运行维护管理模式，在滇池流域率先实行水环境区域（河道）生态补偿和河道维护管理市场化运作机制，并逐步向滇池流域外推行；在水环境治理、水资源保护、河（渠）湖库整治工程中积极吸引社会资本参与，采用PPP、BOT等模式，多渠道筹措建设、治理、保护、管理资金。

（九）建立社会监督机制

建立健全河（渠）湖库保护治理公众监督、举报、受理、公示的制度和平台，畅通公众参与河（渠）湖库保护治理的渠道。发动群众、组织群众关心爱护河（渠）湖库，聘请市民河长、社会监督员对河（渠）湖库保护治理管理效果进行监督和评价，加快形成政府主导、全民参与、专业治理、协调联动的河（渠）湖库保护治理新格局。

六、 保障措施

（一）加强组织领导

全市各级、各部门要充分认识深化河长制的重要意义，把全面深化河长制作为推进我市生态文明建设的重要举措，切实加强领导，狠抓责任落实。各县（市）区和开发（度假）园区、市级各职能部门要紧密结合自身实际，按照职责分工，制定工作方案，明确工作措施和进度安排，做好全面深化河长制的各项工作，推进全市河长制工作迈上新台阶、实现新突破、取得新成效。

各级人大常委会要定期不定期对河长制工作开展情况进行督察，对治理保护工作进行调研，并提出督察意见。

各级政协要定期不定期对河长制工作开展情况进行督察，同时，要发挥政协的优势，组织专业人士对保护治理工作进行调研，并提出督察意见和建议。

（二）落实经费保障

各级财政部门要将开展河长制工作所需经费纳入财政预算，确保河长制工作的顺利开展。相关职能部门要加强与上级主管部门的对接协调，积极争取上级资金支持。多渠道筹集社会资金，为河（渠）湖库保护治理提供保障。

（三）广泛宣传动员

加强宣传舆论引导，精心策划组织，充分利用报刊、广播、电视、网络等各种媒体和传播手段，以及群众喜闻乐见的方式，广泛宣传我市全面深化河长制的工作，不断增强公众对河（渠）湖库保护的责任意识和参与意识，营造全社会关心、支持、参与河（渠）湖库保护治理工作的浓厚氛围。

2017年3月9日

# 中共昆明市委办公厅、昆明市人民政府办公厅关于印发滇池流域河道生态补偿办法（试行）的通知

各县（市）区党委和人民政府，各国家级、省级开发（度假）园区，市委和市级国家机关各部委办局，各人民团体，市属企事业单位，大专院校：

《滇池流域河道生态补偿办法（试行）》已经市委、市政府领导同意，现予印发，请结合实际认真贯彻执行。

中共昆明市委办公厅
昆明市人民政府办公厅
2017年4月11日

## 昆明市滇池流域河道生态补偿办法（试行）

第一条 为全面深化河长制，强化滇池流域水环境保护治理工作，落实滇池流域河道保护治理主体责任，改善水环境质量，实现水环境资源可持续利用，根据《中华人民共和国环境保护法》《中华人民共和国水污染防治法》《云南省滇池保护条例》《昆明市河道管理条例》等相关法律法规和市委、市政府《关于全面深化河长制的工作意见》（昆通〔2017〕4号），制定本办法。

第二条 本办法适用于滇池流域河道（含支流沟渠）水质、水量断面考核及污水治理任务考核的生态补偿。

第三条 滇池流域各县（市）区、开发（度假）园区（以下统称"被考核单位"）是河道水环境保护治理的责任主体，要采取有效措施，确保完成市级有关部门下达的水质考核目标和年度污水治理任务。未达到断面水质考核标准或未完成年度污水治理任务的应缴纳生态补偿金；考核断面水质达标且提高一个及以上水质类别的给予适当补偿。

第四条 市滇池管理局统筹负责滇池流域河道生态补偿的管理工作，组织年度污水治理任务的考核。

市环境保护局负责滇池流域河道生态补偿的水质监测管理工作。

市水务局负责滇池流域河道生态补偿的水量监测管理工作。

市财政局负责滇池流域河道生态补偿金的结算使用管理工作。

市委目督办、市政府目督办负责将滇池流域河道生态补偿工作纳入年度目标考核管理。

第五条 河道考核断面为被考核单位之间河道交界断面及入湖（库）口断面（以下统称"考核断面"），考核断面的设置由市滇池管理局会同市环境保护局、市水务局和被考核单位明确，报市政府批准后执行。

第六条 河道断面考核水质和水量。

水质目标依据国家和省、市对河道水质的考核要求确定，考核指标为化学需氧量、氨氮、总磷；

水量为通过考核断面的水量。

第七条　污水治理任务考核内容为污水治理设施建设、运营管理、河道综合治理等工作。

第八条　考核断面水质数据为自动或人工监测的月均值，水量数据为自动或人工监测的月总量。水质、水量监测方法按照国家相关标准和技术规范执行。

第九条　考核断面生态补偿金计算方法及标准。

单个指标补偿金=断面水量×（断面水质监测值—断面水质考核标准值）×水质超标系数×补偿标准。

水质超标系数=断面水质监测值÷断面水质考核标准值。

补偿标准为化学需氧量2万元/吨，氨氮15万元/吨，总磷200万元/吨。

考核断面补偿金为3个指标计算的补偿金之和。

第十条　同一辖区内所有超过水质考核标准的断面按月累加计算补偿金。

河道为行政辖区界河的，考核断面左右岸所涉辖区平均分摊计算生态补偿金。

考核断面出现非自然断流的，按照每个断面30万元/月缴纳生态补偿金。

第十一条　未完成年度污水治理任务的，按年度未完成投资额的20%交纳生态补偿金。

第十二条　水质净化厂出水污染物浓度应当符合国家及地方相关水污染物排放标准。水质净化厂出水水质未达标的，按有关规定处罚。

第十三条　由市滇池管理局会同市环境保护局、市水务局对被考核单位按月通报断面水质监测结果。对当月水质、水量监测数据有异议的，应在通报后一周内分别报请市环境保护局、市水务局进行复核，复核结果报市滇池管理局备案。

第十四条　生态补偿金缴纳和使用。

（一）交界断面水质未达到考核目标的，由上游被考核单位缴纳生态补偿金，分配给下游被考核单位用于滇池流域河道水环境保护治理。

（二）入湖（库）口断面水质未达到考核目标和污水治理年度任务未完成的，由被考核单位缴纳生态补偿金，市级统筹用于滇池流域河道水环境保护治理。

（三）考核断面水质类别优于考核目标一个及其以上类别的，从市级统筹的生态补偿金中安排资金对被考核单位给予补偿，用于河道水环境保护治理。

（四）市滇池管理局、市环境保护局和市水务局于每月对各被考核单位考核断面水质生态补偿金按月考核、按月结算、按月通报、按年度清算，年底将考核断面清算结果及污水治理任务考核结果的生态补偿金汇总，报经市政府批准，由市财政局对被考核单位进行年度清算。

第十五条　按照环境保护"党政同责"的要求，对被考核单位的党政主要领导和分管领导，根据辖区所有考核断面中年均水质不达标断面比例，同比例扣减个人年度目标管理绩效考核兑现奖励。各县（市）区、开发（度假）园区对同级相关领导及下级党政主要领导和分管领导，参照本办法扣减个人年度目标管理绩效考核兑现奖励。

第十六条　严格生态补偿金监管，不得以任何理由和形式截留、挤占、挪用生态补偿金。

生态补偿金应当专款专用，建立资金使用台账。市财政局、市审计局、市滇池管理局等相关部门定期组织对各单位生态补偿金管理使用情况进行监督检查，对违反规定的，由相关部门依法依规追究有关单位和人员的责任。

第十七条　市滇池管理局、市环境保护局、市水务局将各县（市）区政府、开发（度假）园区管委会的年度考核情况以适当方式向社会公布。

第十八条　本办法由市滇池管理局会同市环境保护局、市水务局、市财政局负责解释。

第十九条　本办法自发布之日起施行。

# 中共昆明市委办公厅、昆明市人民政府办公厅关于印发《昆明市全面深化河长制工作实施方案》的通知

各县（市）区党委和人民政府，各国家级、省级开发（度假）园区，市委和市级国家机关各部委办局，各人民团体，市属企事业单位，大专院校：

《昆明市全面深化河长制工作实施方案》已经市委、市政府领导同意，现印发给你们，请认真贯彻执行。

中共昆明市委办公厅
昆明市人民政府办公厅
2017年4月21日
（此件发至县级）

## 昆明市全面深化河长制工作实施方案

为认真贯彻《中共中央办公厅、国务院办公厅印发〈关于全面推行河长制的意见〉的通知》（厅字〔2016〕42号），按照省委、省政府全面推行河长制的安排部署和《中共昆明市委、昆明市人民政府关于全面深化河长制工作的意见》（昆通〔2017〕4号）的要求，结合昆明实际，全面深化河长制，建立科学规范的河长制体系，落实深化河长制的各项工作，制定本实施方案。

一、工作要求

全面贯彻落实党的十八大，十八届三中、四中、五中、六中全会精神，深入贯彻落实习近平总书记系列重要讲话精神和治国理政新理念新思想新战略以及考察云南重要讲话精神，按照国家和省的要求，紧扣"十三五"规划，坚持节水优先、空间均衡、系统治理、两手发力，结合我市实际，全面深化河长制工作。

一要推动河长制工作内涵由单纯治河治水向整体优化生产生活方式转变。把生态优先、绿色发展作为全面深化河长制的出发点和立足点，按照"量水发展、以水定城"的发展思路，统筹规划流域经济社会发展，不断优化流域生产力和人口空间布局，把尊重自然、顺应自然、保护自然的理念贯穿到河（渠）湖库管理保护与开发利用全过程。加快推动生产方式转变，积极发展低碳经济、循环经济，加快发展节能环保绿色产业，综合运用搬迁、升级、淘汰等多种方式提升现有产业形态，着力形成节约资源能源、保护和改善生态环境的生产方式。加快推进生活方式转变，结合文明城市创建、人居环境提升等工作，大力倡导绿色、低碳、健康的生活方式，从源头上减轻污染负荷，促进城乡生态环境质量的全面提升。

二要推动河长制工作理念由管理向治理升华。采取多元主体管理，参与式、互动式管理，深刻改变工作理念。搭建公众参与平台，充分运用互联网、物联网等多种技术手段，实时反映全市河长制工作情况，畅通公众参与渠道。积极做好志愿者的宣传发动工作，引导群众关心爱护河（渠）湖库，加

快形成政府主导、全民参与、专业治理、协调联动的河（渠）湖库保护治理新格局。加大新闻宣传和舆论引导力度，提高社会公众对河湖保护工作的责任意识和参与意识，营造全社会关爱河湖、珍惜河湖、保护河湖的浓厚氛围。

三要推动河长制工作范围由河道单线作战向区域联合作战拓展。树立全局观念，统筹上下游、左右岸、干支流，系统推进各项工作。加强流域相关、地理相连的河道之间区域协作，明晰管理责任，加强系统治理，实现联防联控。建立联席会议机制，研究解决区域河（渠）湖库保护治理管理中的重点难点问题。加强区域内河（渠）湖库问题会商会办，协调解决涉及的突出问题。充分利用信息化手段，实现基础数据、涉河工程、水域岸线管理、水质监测等信息化、系统化，实现信息共享。

四要推动河长制工作方式由事后末端处理向事前源头控制延伸。山水林田湖是一个生命共同体，保护河湖必须统筹兼顾、系统治理，把破坏和污染河（渠）湖库的行为控制在源头、遏制在萌芽。坚持源头治理和重点整治相结合，推动水域、陆地共同发力，区域、流域联合行动，多部门、多行业携手，实施工矿企业、城镇生活污水、畜禽养殖、农业生活垃圾及污水、农业化肥农药污染的综合防治，实现对污染源头的全面管控。坚持治标与治本相结合，综合运用工程技术、生物技术、信息技术、自动化控制技术等多种技术方式，深入开展水质净化厂出水提质、生态修复和城市修补、海绵城市建设等源头提升工作，全方位多角度地创新和改进保护治理方式。加大环境执法力度，深入开展河湖突出问题专项整治，严厉打击各类环境违法犯罪行为。

五要推动河长制工作监督由单一监督向多重监督改进。全面深化河长制涉及经济社会发展的方方面面，不仅需要全社会的共同参与和大力支持，更需要综合运用多种监督方式，回应群众关切、引导群众参加，确保河长制取得实效。加强行政监督，积极构建市县乡三级专项督导体系。加强法律监督，严格执行《昆明市河道管理条例》，进一步压实河长制责任，各级人大常委会定期不定期对保护治理工作进行调研，对河长制工作的开展情况进行督察。加强民主监督，各级政协对河长制的开展情况进行督察，发挥政协智力富集、联系广泛的优势，组织专业人士对保护治理工作进行调研。加强社会监督，建立河（渠）湖库管理保护信息发布平台，在河道岸边设置河长公示牌，积极引入第三方评价等多种形式，对河（渠）湖库保护治理工作进行监督。

六要推动河（渠）湖库保护治理由政府为主向社会共治转化。认真落实最严格的水资源管理制度，严守水资源三条红线，建立健全河道生态补偿机制。发挥市场机制作用，创新保护治理投入机制，通过特许经营等方式，吸引企业和社会资金参与建设、管理、运营。按照政府主导、社会参与、市场运作的原则，实行河道维护管理市场化运作，调动社会力量积极参与，形成河（渠）湖库保护治理多元化投入机制。

二、工作目标

2017年4月初，市委、市政府召开深化河长制工作会，出台全面深化河长制工作的实施方案，对全市深化河长制工作进行全面安排部署；4月底以前，各县（市）区和开发（度假）园区制定出台相应的全面深化河长制工作实施方案，建立河长制责任体系；6月底以前，制定出台深化河长制相关配套文件，建立完善相关工作机制；12月底前，全面实现市域河长制工作全覆盖，推进市域深化河长制工作步入科学化、规范化、制度化、常态化轨道。2020年底，重要江河湖泊水功能区水质达标率提升到70%以上；县级以上饮用水源地水质达标率提升到100%；纳入国家和省考核的地表水优良水体（达到或优于Ⅲ类）比例提升到60%以上。消除海河、枧槽河、新运粮河、广普大沟、鸣矣河、螳螂川等劣Ⅴ类水体，滇池富营养化水平持续降低，湖体水质达到Ⅳ类，阳宗海水质达到Ⅲ类，全面消除城市建成区黑臭水体，自然湿地面积保护率达到75%以上。确保市域水环境质量明显改善，水生态系统功能得到恢复，水环境安全得到有力保障。

### 三、责任体系和职责分工

#### （一）建立责任体系

**1. 成立河长制工作领导小组**

市、县（市）区和开发（度假）园区、乡镇（街道）成立河长制工作领导小组，各级党委主要领导担任组长。

昆明市河长制工作领导小组组长由市委书记担任，第一副组长由市委副书记、市长担任，常务副组长由市委副书记担任，其他市级河长和市级相关部门主要领导为成员。成员单位由市委组织部、市委宣传部、市委政法委、市委编办、市委目督办、市委农办、市发展改革委、市工业和信息化委、市教育局、市科技局、市公安局、市财政局、市国土资源局、市环境保护局、市住房城乡建设局、市交通运输局、市农业局、市林业局、市园林绿化局、市水务局、市卫生计生委、市审计局、市旅游发展委、市规划局、市城管综合执法局、市滇池管理局、市法制办、市政府目督办、市工商局、市水文水资源局等组成。

昆明市河长制工作领导小组办公室（以下简称"市河长制办公室"）设在市水务局，由市水务局总负责。市河长制办公室主任由市水务局局长兼任，副主任由市水务局、市滇池管理局、市环境保护局分管副局长兼任；滇池流域河长制办公室设在市滇池管理局，办公室主任由市滇池管理局局长兼任，副主任由分管副局长兼任。按照相关规定，滇池流域内由市滇池管理局负责，滇池流域外由市水务局负责。市河长制办公室工作人员由市级相关成员单位抽调组成。

各县（市）区和开发（度假）园区、乡镇（街道）结合各自实际，参照市级设立相应的河长制工作领导小组和河长制办公室。

**2. 建立四级河长五级治理体系**

全面建立市、县（市）区和开发（度假）园区、乡镇（街道）、村（社区）、村小组"四级河长五级治理"体系。市、县（市）区和开发（度假）园区、乡镇（街道）分别设立总河长、副总河长、河长；村（社区）设河长，村小组设专管员。

市级总河长、副总河长分别由市级党政主要领导担任，滇池流域内河道按"一河一长"的原则由市级领导担任河长，滇池流域外按责任区域由市级领导担任河长（详见附件）。

河（渠）湖库所在县（市）区和开发（度假）园区、乡镇（街道）党委、政府及村级组织为河（渠）湖库保护管理的责任主体。县（市）区和开发（度假）园区、乡镇（街道）的总河长、副总河长由本级党政主要领导担任，河长按"一河一长"的原则由本级领导担任。河长名单由各地具体确定后报市河长制办公室。

村（社区）按河（渠）湖库分别设立河长，村（居）民小组设立专管员，实现河长制工作全覆盖。

**3. 建立三级督察督导制度**

全面建立市、县（市）区和开发（度假）园区、乡镇（街道）三级督察督导制度。各级由党委副书记任总督察，市、县人大常委会主任、政协主席担任副总督察，人大、政协分别成立河长制督察组；各级党委政府成立河（渠）湖库保护治理日常工作专项督导组。

各级日常工作专项督导组由各级党委政府研究确定，并送本级河长制办公室。

（二）明确责任分工

1. 各级河长制领导小组职责

负责推进本级全面深化河长制工作的组织领导，推进管理机构的建设，负责统筹相关制度和办法的研究制定，审核河长制有关规划、年度工作计划，统筹协调重要工作、综合考核等重大事项。

河长制办公室负责全面深化河长制工作的具体组织实施，负责本级河长制的日常工作，落实河长制领导小组交办的工作，落实总河长、副总河长和河长确定的事项，落实总督察、副总督察交办的工作，承接上级河长制办公室交办的事项。

2. 各级河长职责

市、县（市）区、乡镇（街道）总河长负责本级河长制工作的组织领导、统筹协调、决策部署，解决深化河长制过程中的重大问题。

市、县（市）区、乡镇（街道）副总河长负责各级河长制工作的落实推进，组织制定辖区内河长制工作方案，建立健全河（渠）湖库保护管理长效机制，对同级河长、责任部门履职和下级河长制实施情况进行督导，确保完成河长制各项工作目标任务。

市级河长负责责任区域河长制工作的落实，推进河（渠）湖库保护治理，督促协调市级有关责任部门和责任区域河长制的工作。

各县（市）区和开发（度假）园区河长按照属地管理原则，负责辖区内河长制工作的落实，做好河（渠）湖库具体管理保护工作，围绕水资源保护、水污染防治、水环境治理、水生态修复和水域岸线管理保护等主要任务，督促协调本级有关责任部门和乡镇（街道）河长的工作，协调解决具体问题，落实社会监督、群众参与机制，积极发动、组织辖区内广大群众参与河（渠）湖库管理保护。

乡镇（街道）、村（社区）河长及村小组专管员职责由所在县（市）区和开发（度假）园区予以明确。

3. 各级督察督导职责

（1）督察职责

各级总督察、副总督察协助总河长、副总河长对同级河长、有关责任部门履职情况和下级河长制实施情况进行督察、检查。

各级督察组负责对同级责任部门和下一级总河长、副总河长、河长履职以及河（渠）湖库整治、管理、保护等河长制工作落实情况进行督察，并提出督察意见，督促整改落实。

市人大常委会河长制督察组负责督察滇池、阳宗海流域河长制工作的实施，市政协河长制督察组负责督察滇池、阳宗海流域外河长制工作的实施。各县（市）区和开发（度假）园区、乡镇（街道）根据辖区实际明确各自督察组的工作范围。

各级人大河长制督察组要定期不定期的对治理保护工作进行调研，对河长制工作的开展情况进行督察；各级政协河长制督察组要发挥优势，组织专业人士对治理保护措施进行调研，对河长制的开展情况进行督察，提出技术性建议，为党委政府决策提供依据。

（2）督导职责

市级河（渠）湖库保护治理日常工作专项督导组负责结合河长制工作实际和市级河长制领导小组成员单位职责，督促、指导各县（市）区、开发（度假）园区及市级相关部门各司其职、各负其责、协同推进全域河长制各项工作落实。

各县（市）区和开发（度假）园区、乡镇（街道）参照市级明确督导组工作职责，认真开展督导工作。

四、主要工作任务

（一）加强水资源保护

1. 落实最严格水资源管理制度。控制用水总量，实行水资源消耗总量和强度双控行动，严格水资源论证和取水许可管理，实行重点区域和重大规划水资源论证制度，强化水资源承载能力刚性约束，加强水资源监控计量，实行计划取用水管理，严格水资源用途管制，到2020年，全市用水总量控制在33.88亿立方米以内；提高用水效率，推进节水型社会建设，水资源短缺地区、生态脆弱地区严格限制发展高耗水项目；限制水功能区纳污，实行水功能区分类管理、分类开发，制定《昆明市水功能区纳污能力核定和分阶段限制排污总量控制方案》，严格入河湖排污口设置审批和监管；落实最严格水资源管理责任，定期组织开展最严格水资源管理制度考核，强化各级政府责任，严格考核评估和监督。

牵头单位：市水务局

责任单位：各县（市）区、开发（度假）园区

2. 加强工业节水。推广节水工艺、技术和装备，促进企业废水深度处理回用，提高工业用水循环利用率。到2020年底，万元工业增加值用水量降低到40立方米以下，工业用水重复利用率力争达95%以上。

牵头单位：市工业和信息化委、市水务局

责任单位：各县（市）区、开发（度假）园区

3. 加强农业节水。推进农业节水灌溉，推广工程节水技术和生物农艺节水技术，推进灌区干支渠配套建设，到2020年底，全市节水灌溉工程面积达到90万亩左右，农田灌溉水有效利用系数达到0.55以上。

牵头单位：市水务局、市农业局

责任单位：各县（市）区、开发（度假）园区

4. 加强城镇生活节水。推进居民用水户"一户一表"改造，扩大非居民用水户计划用水管理范围，实行居民阶梯水价和非居民用水户超计划累进加价制度，全面推广使用节水型器具，加快非常规水资源开发利用，创建节水型企业、单位、小区等节水载体。改造城镇供水管网，到2017年底，全市公共供水管网漏损率控制在12%以内；到2020年底，控制在10%以内。积极推进"海绵城市"试点建设，新建城区硬化地面可渗透面积要达到40%以上。

牵头单位：市水务局、市工商局

责任单位：各县（市）区、开发（度假）园区

5. 实行水资源红黄绿分区管理。2017年4月底前制定出台《昆明市水资源红黄绿分区管理实施细则》，强化水资源红区、黄区的管理、保护、治理和修复工作。

牵头单位：市水务局

责任单位：各县（市）区、开发（度假）园区

6. 严格管控地下水开采保护。2017年底编制完成《昆明市地下热水、地下冷水禁采区限采区范围划定报告》。按照"一井一档"原则，全面完成地下水清理普查，严格控制开采深层承压水，严格执行取水许可制度和计量、计划管理。

牵头单位：市水务局、市国土资源局

责任单位：各县（市）区、开发（度假）园区

7. 全面限制小水电开发。按照国家水利部、云南省人民政府对绿色小水电发展的工作部署开展各项工作，"十三五"期间，原则上不再核准审批新开工所有类型的中小水电项目，所有新增中小水电装机容量的规划及项目核准审批均上报省人民政府批准。

牵头单位：市发展改革委、市水务局

责任单位：各县（市）区、开发（度假）园区

（二）加强河湖库水域岸线管理保护

1. 完善岸线规划。2017年制定《昆明市城市蓝线管理办法》，2018年编制完成《河湖库水域岸线管理办法》，2020年划定河湖岸线管理范围并建立管控制度。

牵头单位：市水务局、市滇池管理局、市规划局

责任单位：各县（市）区、开发（度假）园区

2. 规范涉河项目活动管理。严格执行水工程建设规划同意书、涉河建设项目审查、河道采砂许可以及新改扩建入河排污口审批等制度，健全涉河建设项目审批公示制度。对侵占河道、围垦湖泊、非法挖山采石和取土采砂、占用岸线等行为进行清理整治，保障河道安全、保护水生态环境，规范岸线资源利用。

牵头单位：市水务局、市滇池管理局、市国土资源局

责任单位：各县（市）区、开发（度假）园区

（三）加强水污染防治

1. 加强水环境管理。全面落实国家、省、市水污染防治相关文件要求，推动形成"统一监管、分工负责"的水污染防治工作新格局，在河道治理单线作战的基础上，向流域相关、地理相连的河道之间区域联合作战拓展，建设完善重点污染源动态管理系统信息平台。深化污染物排放总量控制、严格环境风险控制、全面实施排污许可等措施，严格污染管控，逐步完善入河湖排污管控机制和考核体系，将污染事后、末端处理向事前、源头控制延伸，将破坏和污染环境的行为消除在源头。

牵头单位：市环境保护局、市滇池管理局、市水务局

责任单位：各县（市）区、开发（度假）园区

2. 加强重要水功能区排污口监管。全面加强重要水功能区排污口监督管理，排查入河（渠）湖库污染源，建立完善河（渠）湖库截污治污管控机制和考核体系，实施入河湖排污口整治，优化入河湖排污口布局，按年度统计入河排污口设置、污染物排放情况，加强入河湖排污口的监管，严格控制入河湖排污总量。

牵头单位：市水务局、市滇池管理局、市环境保护局

责任单位：各县（市）区、开发（度假）园区

3. 加强工业污染源防治。集中治理工业集聚区水污染，确保集聚区内工业废水进入污水集中处理设施。新建、升级工业园区应同期规划和建设污水、垃圾集中处理等污染治理设施，现有工业集聚区2017年底前应规划建成污水集中处理设施，并安装自动在线监控装置，逾期未完成的，一律暂停审批和核准其增加水污染排放的建设项目。

牵头单位：市工业和信息化委、市环境保护局、市城管综合执法局

责任单位：各县（市）区、开发（度假）园区

4. 加强农业污染源防治。防治畜禽养殖污染，推进生态养殖及标准化养殖，在滇池流域等重点区域实行规模化畜禽禁养，饮用水源一级保护区全面禁养畜禽，二、三级保护区规范养殖畜禽，规范做好养殖废弃物资源化利用。制定实施全市农业面源污染综合防治方案，控制农业农村污染，提高农业的组织化程度，推进农业产业结构调整，发展绿色有机农业、减少农药化肥施用、净化农田排水及地表径流、推广农村清洁能源、开展清洁乡村建设。

牵头单位：市农业局

责任单位：各县（市）区、开发（度假）园区

5. 加强生活污染源防治。强化城中村、老旧城区和城乡结合部污水截流、收集，加快实施雨污分流改造，新建污水处理设施的配套管网应同步设计、同步建设、同步投运。到2020年底，全市城镇污水处理设施全面达到一级A排放标准，滇池流域执行更加严格的地方排放标准。实现全市集镇及行政村生活污水设施全覆盖，昆明主城区和安宁市建成区污水处理率达到95%，县城污水处理率达到85%，实行农村污水处理统一规划、建设和管理。

牵头单位：市滇池管理局、市住房城乡建设局

责任单位：各县（市）区、开发（度假）园区

（四）加强水环境治理

1. 强化目标管理。按照水功能区确定各类水体的水质保护目标，针对水质不达标考核断面，2017年12月底前编制各辖区的水体达标方案，确保水污染防治目标如期实现。

牵头单位：市环境保护局、市水务局

责任单位：各县（市）区、开发（度假）园区

2. 保障饮用水水源安全。划定市、县、乡、村集中式饮用水水源地保护范围。开展饮用水水源地安全保障达标建设，在饮用水水源保护区内依法清理违法建筑和排污口、设立地理界标和警示标志，到2017年底，县级以上集中式饮用水水源地一级保护区实现防护隔离。

牵头单位：市水务局、市环境保护局

责任单位：各县（市）区、开发（度假）园区

3. 加强河（渠）湖库水环境综合管理。推进水环境治理网格化和信息化建设，建立健全水环境风险评估排查、预警预报与响应机制。2017年底，完成城镇应急备用水源地名录、突发水污染事件及防汛抗旱应急预案的编制，建立预警机制和技术、物资、人员保障系统，定期演练。

牵头单位：市水务局、市环境保护局

责任单位：各县（市）区、开发（度假）园区

4. 消除城市建成区黑臭水体。加大城市建成区黑臭水体治理力度，2017年底，基本消除城市建成区黑臭水体。2020年，全面消除城市建成区黑臭水体。

牵头单位：市滇池管理局、市环境保护局、市水务局、市住房城乡建设局

责任单位：各县（市）区、开发（度假）园区

5. 综合整治农村水环境。采取"一村一策"综合整治农村水环境，2017年底前，集中式饮用水源地和阳宗海流域行政村污水处理设施全覆盖，2020年底前，实现全市集镇及行政村生活污水设施全覆盖。

牵头单位：市滇池管理局、市环境保护局

责任单位：各县（市）区、开发（度假）园区，昆明滇池水务股份有限公司

6. 开展农村清洁家园工作。加快农村环境综合整治，实施农村清洁工程。开展农村生活垃圾治理、村庄绿化美化等工作，2017年，乡镇生活垃圾处理设施覆盖率达到80%，60%的村庄生活垃圾得到有效治理。2018年，基本实现生活垃圾处理设施全覆盖。2019年，全市90%的村庄生活垃圾得到有效治理。2020年，95%以上的村庄垃圾得到有效治理；70%以上建制村达到绿色村庄要求。

牵头单位：市委农办、市城管综合执法局

责任单位：各县（市）区、开发（度假）园区

（五）加强水生态修复

1. 推进河（渠）湖库生态修复。开展河湖沿岸绿化造林，重点实施饮用水水源保护区、水源涵养区生态修复，到2020年县级以上饮用水水源一级保护区内适宜绿化的陆域植被覆盖率达到80%以上，二级保护区陆域植被覆盖率逐年提高。

牵头单位：市林业局

责任单位：各县（市）区、开发（度假）园区

2. 加强河湖生态涵养。2017年10月底前编制滇池流域河道（支流沟渠）水系规划，2018年12月底前编制完成滇池流域河湖水系连通方案。稳步实施退田退塘退房退人还湖还湿还林，恢复河湖水系自然连通，加强水生生物资源养护，保证河流生态流量和湖泊、水库生态水位。积极开展河湖健康评估工作。

牵头单位：市滇池管理局、市水务局

责任单位：各县（市）区、开发（度假）园区

3. 强化山水林田湖系统治理。强化流域相关、地理相连河（渠）湖库之间的区域协作，加大江河源头区、水源涵养区、生态敏感区保护力度，建立城乡饮用水水源地、河道、库塘分级管护制度。2017年底前编制完成《昆明市水土保持"十三五"规划》，落实建设项目水土保持"三同时"制度，大力推进坡耕地、生态清洁型小流域治理。

牵头单位：市林业局、市农业局、市水务局

责任单位：各县（市）区、开发（度假）园区

（六）加强执法监管

1. 健全执法监管制度。健全河（渠）湖库管理法规制度，2017年在滇池流域健全河（渠）湖库管理多部门联合执法机制，完善行政执法与刑事司法衔接机制。

牵头单位：市滇池管理局、市水务局、市环境保护局、市公安局

责任单位：各县（市）区、开发（度假）园区

2. 建立河（渠）湖库日常监管巡查制度。2017年4月底前制定河（渠）湖库日常监管巡查制度，实行河（渠）湖库动态监管，建立各级河长及河（渠）湖库监管部门的日常巡查机制，落实管理保护执法监管责任主体、人员、设备和经费。

牵头单位：市水务局、市滇池管理局

责任单位：各县（市）区、开发（度假）园区

3. 打击涉河（渠）湖库违法行为。不定期组织开展河（渠）湖库"乱占乱建、乱围乱堵、乱采乱

挖、乱倒乱排"专项整治，清理查处破坏河（渠）湖库生态环境的违法犯罪行为。结合全面深化改革的要求，加强环保、水政、滇管等监察执法队伍建设，建立环保、水政、滇管与公安涉河（渠）湖库违法行为联合执法机制。

牵头单位：市水务局、市环境保护局、市滇池管理局、市公安局

责任单位：各县（市）区、开发（度假）园区

**五、健全工作机制**

**（一）建立河（渠）湖库名录**

根据河（渠）湖库自然属性和跨区域情况，2017年4月底前完成市、县（市）区、乡、村河（渠）湖库及水源地现状调查，建立名录，分级分类明确相应的河长制责任领导，并向社会公告，形成社会监督管理机制，接受社会监督。

责任单位：市河长制办公室，各县（市）区、开发（度假）园区

**（二）建立市级河长联席会议制度**

2017年4月底前建立市级河长联席会议制度。各级总河长、副总河长、河长召集联席会议，听取全市或责任区域河长制工作情况汇报，研究解决涉及全市或责任区域河（渠）湖库保护治理管理中的重点难点问题。河长联席会议根据需要适时召开，原则上每半年不少于1次。各县（市）区、开发（度假）园区结合各地实际参照制定并组织实施。

责任单位：市河长制办公室，各县（市）区、开发（度假）园区

**（三）建立市级协调会办制度**

2017年4月底前建立市级协调会办制度。加强区域内环境问题会商会办，每个季度由总河长召开一次现场会办会，针对涉河（渠）湖库管理保护过程中的重点难点问题，召集相关成员单位研究会办。各级河长通过现场会办会、专题研究会议等形式，定期或不定期进行协调会办，及时解决责任区域河（渠）湖库保护治理涉及的突出问题。强化流域相关、地理相连的跨区域河道之间的协作，加强流域河（渠）湖库保护治理联动，实现共治共管。

责任单位：市河长制办公室，各县（市）区、开发（度假）园区

**（四）制定完善河长日常巡查制度**

2017年4月底前制定完善河长日常巡查制度。明确河长日常巡查要求，市级河长对河道日常巡查每季度不少于1次，县（市）区、开发（度假）园区级河长日常巡查每两月不少于1次，乡镇（街道）级河长每月不少于1次，村（社区）级河长每半月不少于1次。通过各级河长对责任区域河（渠）湖库开展现场巡查，及时发现问题，一线督促落实。

责任单位：市河长制办公室，各县（市）区、开发（度假）园区

**（五）完善水质水量监测网络**

2017年12月底前完善建立市级考核断面的水质水量监测网络，制定河（渠）湖库、重要水源地及跨界水域水质、水量监测方案，确定监测断面（点），完成市对县考核断面的监测能力建设。按照统一的标准规范开展水质水量监测和评价，按规定及时发布有关监测成果。建立水质恶化倒查机制。县级及以下考核断面的建立和水质水量监测能力建设也要在2017年年内完成。

责任单位：市环境保护局、市水务局、市滇池管理局、市水文水资源局，各县（市）区、开发（度假）园区

（六）建立完善信息管理系统

结合智慧昆明建设，2017年12月底前，基本建成全市河（渠）湖库管理大数据信息平台。建立河（渠）湖库管理信息系统，逐步实现信息上传、任务派遣、督办考核、应急指挥数字化管理。建立河（渠）湖库管理地理信息系统平台，加强水域环境动态监测，实现基础数据、涉河工程、水域岸线管理、水质监测等信息化、系统化。建立实时、公开、高效的河长即时通信平台，将日常巡查、问题督办、情况通报、责任落实、信息公开等纳入信息一体化管理。

责任单位：市工业和信息化委、市水务局、市滇池管理局、市环境保护局

（七）制定河长制工作考核办法

根据河（渠）湖库不同的情况和问题，实行差异化绩效评价考核，将领导干部自然资源资产离任审计结果及整改情况作为考核的重要参考。上级党委、政府负责组织对下级党委、政府落实河长制情况进行考核，上级河长负责组织对相应河（渠）湖库下一级河长进行考核。考核结果作为地方党政领导干部综合考核评价的重要依据。实行生态环境损害责任追究制，对造成生态环境损害的，严格按照有关规定追究责任。

根据以上要求，2017年8月底前制定出台市级河长制工作考核办法。市河长制工作领导小组对各县（市）区、开发（度假）园区和市级责任部门河长制工作进行考核，具体考核工作由市河长制办公室牵头组织。各县（市）区和开发（度假）园区参照制定相应的考核办法。

责任单位：市河长制办公室，各县（市）区、开发（度假）园区

（八）建立河长制工作激励问责机制

根据考核办法，2017年11月底前建立河长制工作激励问责机制。将河长制工作情况纳入市委、市政府对县（市）区和开发（度假）园区及市级相关部门年度目标考核内容。对年度工作任务完成、成绩突出、成效明显的在年度目标管理绩效考核中兑现；对年度工作任务未完成的按照考核办法进行处理。对工作不力、不作为、失职失责的按照相关规定进行问责。

责任单位：市委组织部、市委目督办、市政府目督办、市监察局、市河长制办公室

（九）制定河道生态补偿及市场化管理制度

2017年4月底前制定出台滇池流域河道生态补偿办法，5月底前制定河道维护管理市场化运作管理办法，在滇池流域内率先实施河道生态补偿和河道综合管理市场化运作，并逐步向滇池流域外推行。

责任单位：市滇池管理局、市水务局、市环境保护局、市财政局

六、保障措施

（一）制定实施方案

2017年4月底前，各县（市）区、开发（度假）园区按照属地负责、分级考核的原则，围绕河长制工作内容要求，完善组织机构，制定本辖区深化河长制工作的实施方案，根据市级工作进度安排，年内完成河长制工作配套制度。

（二）细化年度工作任务

市级各牵头单位每年年底前向市河长制办公室报送年度工作总结及下一年度工作计划，明确工作任务，督促指导各责任单位，抓好任务的落实。各县（市）区、开发（度假）园区每年按照市级下达的工作任务及河长制相关工作要求细化工作任务、落实工作责任，将各项工作任务分解落实到具体责任单位、责任人，确保完成年度目标任务；每季度末向市河长制办公室报送工作进展情况，每年12月

15日前向市河长制办公室报送年度工作总结及下一年度工作计划。

（三）加强督促检查

市级督察组、日常工作督导组按照《中共昆明市委、昆明市人民政府关于全面深化河长制工作的意见》和本方案，加强对同级有关责任部门和下级河长制工作情况的督察、督导和检查，以问题为导向，突出工作重点难点，推动单一巡查监督向行政监督、法律监督、民主监督、社会监督等多重监督的转变，确保督查、监管、治理三到位。

（四）落实经费保障

各级财政部门要将开展河长制工作专项经费纳入财政预算，确保水质水量监测、规划编制、信息平台建设、河湖划界确权、河长制办公室等日常工作经费及水资源保护、水环境治理、水污染防治、水生态修复等专项治理资金得到落实。市级各相关部门要把开展河长制工作所需经费纳入部门年度预算申报。相关职能部门要加强与上级主管部门的对接协调，积极争取上级资金支持。同时，多渠道筹集社会资金，为河（渠）湖库保护治理提供保障。

（五）接受社会监督

向社会公布各级总河长、副总河长、河长名单，在河（渠）湖库岸边显著位置竖立公示牌，明确河长姓名、职务、职责、联系方式、责任范围、管护目标等内容。建立健全河（渠）湖库保护治理公众监督、举报、受理、公示的制度和平台，通过信息化方式，畅通公众参与渠道，接受群众监督和举报。加大新闻宣传和舆论引导力度，突出深化河长制工作亮点的宣传，通过设立"市民河长"、聘请社会监督员、招募志愿者等多种形式，引导群众关心爱护河（渠）湖库，在不断增强人民群众获得感的同时，提高社会公众对河（渠）湖库保护工作的责任意识和参与意识。

# 昆明市第十四届人民代表大会常务委员会公告

## （第8号）

《昆明市城镇排水与污水处理条例》于2017年12月22日经昆明市第十四届人民代表大会常务委员会第六次会议审议通过，并于2018年5月30日云南省第十三届人民代表大会常务委员会第三次会议批准。现予公布，自公布之日起施行。

昆明市人民代表大会常务委员会

2018年6月4日

# 昆明市城镇排水与污水处理条例

（2017年12月22日昆明市第十四届人民代表大会常务委员会第六次会议通过，2018年5月30日云南省第十三届人民代表大会常务委员会第三次会议批准）

## 第一章 总 则

**第一条** 为了加强对城镇排水与污水处理的管理，保障城镇排水与污水处理设施完好和正常运行，防治城镇水污染和内涝灾害，改善水环境，保障公民生命、财产安全和公共安全，根据《中华人民共和国水污染防治法》《城镇排水与污水处理条例》等有关法律、法规，结合本市实际，制定本条例。

**第二条** 本市城市、镇规划区内城镇排水与污水处理的规划，设施的建设、维护运营与保护，向城镇排水设施排水与污水处理，以及城镇内涝防治，适用本条例。

**第三条** 城镇排水与污水处理应当遵循尊重自然、统筹规划、配套建设、建管并重、雨污分流、综合利用、保障安全的原则，提高城镇内涝防治水平和雨水资源化利用能力，以及污水收集、处理、再生利用率。

**第四条** 市、县（市、区）人民政府应当将城镇排水与污水处理工作纳入国民经济和社会发展规划，并将所需经费纳入同级财政预算。

**第五条** 本市排水与污水处理实行分流域管理。市滇池行政管理部门是滇池流域内的城镇排水与污水处理主管部门（以下简称城镇排水主管部门），其所属的城镇排水管理机构具体负责日常监督管理工作；市住房城乡建设行政管理部门是滇池流域外的城镇排水主管部门。

县（市、区）人民政府应当确定城镇排水主管部门，统一负责本行政区域内的城镇排水与污水处理工作。

相关主管部门依照本条例和其他有关法律法规规定，在各自的职责范围内，负责城镇排水与污水处理监督管理的相关工作。

第六条 政府鼓励社会资本以多种合作形式，参与城镇排水与污水处理设施的投资、建设和维护运营。

## 第二章 规划与建设

第七条 城镇排水主管部门应当会同规划、自然资源、水务、生态环境等有关部门编制城镇排水与污水处理规划。城镇排水与污水处理规划应当包含内涝防治专项规划。

城镇排水与污水处理规划报同级人民政府批准后组织实施，并报上级城镇排水主管部门备案。

新建、改建、扩建工程项目，应当符合城镇排水与污水处理规划。

第八条 城乡规划和城镇排水与污水处理规划应当对污水处理、排水泵站、雨水调蓄、养护道班、污泥转运与处置等城镇排水与污水处理及污泥处置设施的建设用地和防护距离予以预留和控制。

经城乡规划确定的城镇排水与污水处理设施建设用地，不得擅自改变用途。

第九条 市、县（市、区）人民政府应当按年度安排专项资金，用于排水与污水处理设施建设、更新改造、维护，以及防涝应急工程建设和专用设备购置。

第十条 新建、改建、扩建建设项目配建的城镇排水与污水处理设施，应当与建设项目同步设计、同步施工、同步验收，并同时投入使用。

城镇排水与污水处理设施建设项目，以及需要与城镇排水与污水处理设施相连接的新建、改建、扩建建设工程，生态环境、规划、住建等相关业务部门在环境影响评价文件、规划方案、施工图审查时，应当征求城镇排水主管部门的意见。

城镇排水主管部门应当会同城镇排水与污水处理设施维护运营单位就排水设计方案提出意见。建设单位应当按照排水设计方案建设连接管网等设施。

第十一条 建设项目的排水设施应当实行雨水、污水分流；除楼顶公共屋面雨水排放系统外，新建住宅的阳台、露台排水管道应当接入污水管网。

具有转输功能的自建排水设施，其产权单位或者使用单位应当保证上游雨水、污水的排放，不得擅自阻塞、填埋、缩小断面、改变功能和高程。

第十二条 污水处理厂应当按照规定同步建设污水处理在线监测系统，其设计方案应当报城镇排水主管部门、生态环境主管部门备案。

污水处理在线监测系统建成后，建设单位应当组织城镇排水主管部门、生态环境主管部门等进行验收，验收合格后由污水处理运营单位自行维护或者委托第三方维护。

污水处理厂应当按照国家有关规定和监测规范，保证在线监测系统正常运行，并与生态环境主管部门的监控系统联网。

第十三条 城镇排水与污水处理设施建设工程竣工后，建设单位应当依法组织城镇排水主管部门等进行竣工验收。竣工验收合格的，方可交付使用，并自竣工验收合格之日起15日内，将竣工验收报告及相关资料报城镇排水主管部门备案。

第十四条 本市主城区城市建成区域的城镇排水设施维护运营实行特许经营，由依法确定的单位作为维护运营责任主体。

其他区域的城镇排水设施，由县（市、区）人民政府采取特许经营等多种形式明确维护运营责任主体。

专用排水设施和自建排水设施由产权单位或者使用单位负责维护运营。

第十五条　本市城镇污水处理设施维护运营实行特许经营，由依法确定的单位作为维护运营责任主体。

第十六条　城镇排水与污水处理设施竣工验收后，建设单位应当与城镇排水与污水处理设施维护运营单位办理移交手续，并向城镇排水主管部门报告；尚未移交的，由建设单位负责维护和管理。

## 第三章　排　水

第十七条　市人民政府设立城市防汛指挥机构，指挥、协调城市防汛排涝工作，其办公室具体负责指挥部的日常工作。

城镇排水主管部门负责组织制定、实施城市排水管网年度清淤除障计划，在汛前对城镇排水与污水处理设施进行全面检查。

城镇排水设施维护运营单位应当按照防汛要求，做好巡查、维护、清疏工作，确保设施安全、正常运行。

第十八条　雨水、污水合流的区域，应当按照城镇排水与污水处理规划，在实施项目建设时同步进行雨水、污水分流改造；已完成雨水、污水分流的区域，禁止将雨水管网、污水管网混接。禁止将污水排入雨水管网。

对城镇排水与污水处理设施进行雨水、污水分流改造时，涉及的排水单位和个人应当予以配合。

新建、改建、扩建建设项目应当按照海绵城市建设的相关规定和技术要求，同期配套建设低影响开发雨水系统，加强对雨水的收集利用、排放调控和污染防治。

第十九条　检查井建设应当按照国家有关规定，满足结构强度、承载力和稳定性等要求，并具备防坠落功能，井盖应当具备防盗窃功能。

第二十条　城镇排水设施覆盖的区域，排水单位和个人应当将自建排水设施接入城镇排水设施。

城镇排水设施未覆盖的区域，排水单位和个人应当自建污水处理及再生利用设施，或者自建接驳城镇排水设施的排水管网，并承担建设费用。

未经城镇排水主管部门同意，任何单位或者个人不得将雨水、污水管道接驳到城镇排水设施。

第二十一条　排入城镇排水设施的污水水质应当符合国家排放标准；地方标准高于国家标准的，执行地方标准。

有下列情形之一的排水单位和个人，应当建设相应的污水处理设施进行处理，并达到排放标准：

（一）医疗卫生、生物制造、科学实验、肉类加工等所产生的含有病原体的污水；

（二）含有强酸、强碱或者有毒、有害物质的污水；

（三）含有重金属或者放射性物质的污水；

（四）其他未达到排放标准的污水。

第二十二条　从事工业、建筑、餐饮、医疗等活动的企事业单位、个体工商户（以下称排水户）向城镇排水设施排水的，应当向城镇排水主管部门申请办理污水排入排水管网许可证（以下称排水许可证）。

集中管理的建筑或者单位内有多个排水户的，可以由产权单位或者其委托的物业服务企业统一申请办理排水许可证，并由持证单位对排水户的排水行为负责。

禁止无证排水或者不按排水许可内容排水。

第二十三条　排水户申请办理排水许可证应当具备下列条件：

（一）排水口的设置符合城镇排水与污水处理规划和接驳要求；

（二）按照国家有关规定建设相应的预处理设施和水质、水量检测设施；

（三）排放的污水符合国家或者地方规定的有关排放标准。

第二十四条　城镇排水主管部门及其所属的排水管理机构，应当对排水户的排放口设置、连接管网、预处理设施和水质、水量检测设施的设计和施工进行指导和监督。对不符合规划要求或者国家有关规定的，应当督促排水户采取措施，限期整改。

第二十五条　施工场地、食品加工、餐饮、餐具洗涤、洗浴场所、农贸市场、洗车场、汽修厂、加油站等排水户，应当按技术规范建设相应的沉砂、隔油、化粪等处理设施，并定期清疏、维护，保证其正常运行。

第二十六条　排水许可证有效期限为5年。因施工作业需排水的，排水许可证的有效期不得超过施工期限。

第二十七条　排水户在排水许可证有效期届满后还需排水的，应当在有效期届满30日前向城镇排水主管部门提出延期申请。

排水户在排水许可证有效期内，按照许可内容排放污水，且未发生违反本条例规定行为的，有效期届满30日前，排水户提出延期申请，经原许可机关同意，排水许可证有效期延期5年。

第二十八条　排水户在排水许可证有效期内，需要变更排水许可内容的，应当按照本条例规定，重新申请办理排水许可证。

排水户的名称、法定代表人等其他事项变更的，应当在工商登记变更后30日内向城镇排水主管部门申请办理变更。

第二十九条　城镇排水主管部门应当委托具有相应计量认证资质的排水监测机构，对向城镇排水设施排放污水的排水户进行排水水质、水量监测，建立监测档案，并根据排水的水质、水量等情况，确定重点排水户，定期向社会公布监测结果。

排水户应当配合做好水质、水量监测和检查工作，如实提供有关资料，并接受城镇排水主管部门监管和社会公众的监督。

第三十条　城镇排水主管部门实施排水许可不得收费。

实施排水许可所需经费列入部门预算，由本级财政予以保障。

第三十一条　城镇排水主管部门应当将排水许可资料按户整理归档，对排水户档案实行信息化、标准化管理。

## 第四章　污水处理

第三十二条　城镇污水处理设施维护运营单位应当按照标准做好污水处理设施的维护运行，保证出水水质符合国家和地方规定的排放标准，并接受城镇排水主管部门、生态环境主管部门的监督检查和考核。

第三十三条　城镇污水处理设施维护运营单位应当按照国家有关规定做好水质、泥质等的检测分析，定期向城镇排水主管部门、生态环境主管部门报送水质水量、泥质泥量、主要污染物削减量等信息，并按规定向社会公开。

城镇污水处理设施维护运营单位应当按监管要求向城镇排水主管部门提供生产运营成本信息。

第三十四条　城镇污水处理设施维护运营单位在出现进水水质和水量发生重大变化可能导致出水水质超标，或者发生影响城镇污水处理设施安全运行的突发情况时，应当立即采取应急处理措施，并向城镇排水主管部门、生态环境主管部门报告。

城镇排水主管部门或者生态环境主管部门接到报告后，应当及时核查处理。

第三十五条　排水单位和个人应当按月足额缴纳污水处理费。

第三十六条　使用公共供水的单位和个人，由公共供水企业代征污水处理费。公共供水企业应当在发票上列明代征的数额，与水费收入分账核算，并及时足额上交。

使用自备水源的单位和个人，建设施工临时排水的单位，由城镇排水主管部门委托的机构负责征收污水处理费，并及时足额上交。

第三十七条　污水处理费应当纳入地方财政预算管理，专项用于城镇排水与污水处理设施的建设、运行和污泥处理处置，不得挪作他用。征收的污水处理费不能保障城镇排水与污水处理设施正常运营的，地方财政应当给予补贴。

第三十八条　城镇排水主管部门应当根据城镇排水与污水处理设施维护运营单位履行合同的情况，以及生态环境主管部门对城镇污水处理设施出水水质和水量的监督检查结果，核定相应的维护运营服务费。

第三十九条　鼓励城镇污水处理再生利用，下列情形应当优先使用再生水：

（一）城乡绿化、环境卫生、车辆冲洗、建筑施工等用水；

（二）冷却、洗涤等工业生产用水；

（三）湿地、观赏性景观等环境用水；

（四）单位、住宅小区适宜使用再生水的；

（五）适宜农、林灌溉用水的；

（六）其他适宜使用再生水的。

## 第五章　设施维护与保护

第四十条　城镇排水主管部门应当会同相关部门，建立城镇排水与污水处理设施信息系统，整合各方资源，实现信息共享。

第四十一条　城镇排水与污水处理设施维护运营单位应当建立健全安全生产管理责任制，加强日常巡查、维护，做好工作记录，保障设施安全运行，接受城镇排水主管部门的监督、检查，并定期报送有关资料和数据。

第四十二条　城镇排水与污水处理设施污水外溢、管道堵塞、设施缺损时，维护运营单位应当及时疏通、维修，确保设施正常运行。

城镇排水与污水处理设施的建设、养护、维修工程作业现场应当设置明显标志并采取安全措施。城镇排水与污水处理设施维护和抢修的专用车辆，应当统一标识；执行抢险抢修任务时，在保证安全的前提下，可以不受行驶路线、行驶方向和时间的限制。

维护、抢修城镇排水与污水处理设施时，有关单位和个人应当积极配合。

第四十三条　禁止下列危及城镇排水与污水处理设施的行为：

（一）损毁、盗窃城镇排水与污水处理设施；

（二）穿凿、堵塞、填埋城镇排水与污水处理设施，或者在城镇排水设施内布设其他管线；

（三）建设占压城镇排水与污水处理设施的建筑物、构筑物或者其他设施；

（四）向城镇排水与污水处理设施排放、倾倒剧毒、易燃易爆、腐蚀性废液和废渣；

（五）向城镇排水与污水处理设施排放、倾倒油污、油烟、垃圾、渣土、施工泥浆、粪便等废弃物；

（六）擅自向城镇排水设施直接加压排水；

（七）擅自启闭闸门、开启检查井井盖；

（八）其他危及城镇排水与污水处理设施安全的行为。

第四十四条　城镇排水主管部门应当会同有关部门，按照国家有关规定划定城镇排水与污水处理设施保护范围，并向社会公布。

在保护范围内，有关单位从事爆破、钻探、打桩、顶进、挖掘、取土等可能影响城镇排水与污水处理设施安全的活动的，应当与设施维护运营单位等共同制定设施保护方案，并采取相应的安全防护措施。

第四十五条　新建、改建、扩建建设工程，不得影响城镇排水与污水处理设施安全。

建设工程开工前，建设单位应当查明工程建设范围内地下城镇排水与污水处理设施的相关情况。城镇排水主管部门及其他相关部门和单位应当及时提供相关资料。

建设工程施工范围内有排水管网等城镇排水与污水处理设施的，建设单位应当与施工单位、设施维护运营单位共同制定设施保护方案，并采取相应的安全保护措施。

因工程建设需要拆除、改动城镇排水与污水处理设施的，建设单位应当与设施维护运营单位共同制定拆除、改动方案，报城镇排水主管部门审核，并承担重建、改建和采取临时措施的费用。

城镇排水与污水处理设施维护运营单位应当加强施工场地巡视检查，对危及或者可能危及排水与污水设施安全的施工活动，应当立即制止并责成施工作业单位采取相应的安全防护措施，同时向排水主管部门报告。

第四十六条　城市道路改造、轨道交通建设等市政工程，自开工之日起工程施工范围内城镇排水与污水处理设施的维护保护责任由建设单位承担。建设单位应当确保其功能完好，并在工程完工后与设施维护运营单位办理移交手续。

# 第六章　法律责任

第四十七条　国家工作人员在城镇排水与污水处理管理活动中有下列行为之一的，依法给予处分；

构成犯罪的，依法追究刑事责任：

（一）对不符合法定条件的单位和个人准予行政许可的；

（二）对符合法定条件的单位和个人不予行政许可或者不在法定期限内做出准予行政许可的；

（三）未履行巡查、检查职责，或者发现违法行为和接到举报后不及时查处的；

（四）发现重大环境污染事故，不按照规定报告或者不依法采取必要措施处理的；

（五）其他玩忽职守、滥用职权、徇私舞弊的。

第四十八条　违反本条例第十一条第二款规定，具有转输功能的自建排水设施的产权单位或者使用单位，擅自阻塞、填埋、缩小断面、改变功能和高程的，由城镇排水主管部门责令限期改正，处5万元以上10万元以下罚款。

第四十九条　违反本条例第十八条第一款规定，在雨水、污水分流区域，建设单位、施工单位将雨水管网、污水管网混接的，由城镇排水主管部门责令改正，处5万元以上10万元以下的罚款；造成损失的，依法承担赔偿责任。

违反本条例第十八条第一款规定，在雨水、污水分流区域，将污水排入雨水管网的，由城镇排水主管部门责令改正，给予警告；逾期不改正或者造成严重后果的，对个人处2万元以上10万元以下罚款，对单位处10万元以上20万元以下罚款；造成损失的，依法承担赔偿责任。

违反本条例第十八条第一款规定，在未完成雨水、污水分流的区域，将污水排入雨水管网的，由城镇排水主管部门责令改正，对个人处1000元以上5000元以下罚款，对单位处1万元以上5万元以下罚款；造成损失的，依法承担赔偿责任。

第五十条　违反本条例第二十条第三款规定，未经城镇排水主管部门同意，个人和单位将雨水、污水管道接驳到城镇排水设施的，由城镇排水主管部门责令改正，对个人处500元以上2000元以下罚款，对单位处1万元以上5万元以下罚款。造成设施阻塞的，责令疏通；造成经济损失的，依法赔偿。

第五十一条　违反本条例第二十一条第一款规定，排入城镇排水设施的污水水质不符合排放标准的，由城镇排水主管部门责令改正，处1万元以上5万元以下罚款。

违反本条例第二十一条第二款规定，未建设相应的污水处理设施进行处理，由城镇排水主管部门责令改正，处5万元以上20万元以下罚款。

第五十二条　违反本条例第二十二条第三款规定，排水户未取得排水许可证向城镇排水设施排放污水的，由城镇排水主管部门责令停止违法行为，限期采取治理措施，补办排水许可证，可以处50万元以下罚款；造成损失的，依法承担赔偿责任；构成犯罪的，依法追究刑事责任。

违反本条例第二十二条第三款规定，排水户未按照排水许可证的内容排放污水的，由城镇排水主管部门责令停止违法行为，限期改正，可以处5万元以下罚款；造成严重后果的，吊销排水许可证，并处5万元以上50万元以下罚款；造成损失的，依法承担赔偿责任；构成犯罪的，依法追究刑事责任。

第五十三条　违反本条例第二十五条规定，未建设相应的处理设施、处理设施未正常运行的，由城镇排水主管部门责令改正，可以并处5000元以上2万元以下罚款。

第五十四条　违反本条例第四十三条规定，有危及城镇排水与污水处理设施安全行为的，由城镇排水主管部门责令停止违法行为，限期恢复原状或者采取其他补救措施，给予警告；逾期不采取补救措施或者造成严重后果的，对单位处10万元以上30万元以下罚款，对个人处2万元以上10万元以下罚款；造成损失的，依法承担赔偿责任；构成犯罪的，依法追究刑事责任。

第五十五条 违反本条例第四十四条第二款、第四十五条第三款规定，有关单位未与施工单位、设施维护运营单位等共同制定设施保护方案，并采取相应的安全防护措施的，由城镇排水主管部门责令改正，处2万元以上5万元以下罚款；造成严重后果的，处5万元以上10万元以下罚款；造成损失的，依法承担赔偿责任；构成犯罪的，依法追究刑事责任。

第五十六条 违反本条例第四十五条第四款规定，擅自拆除、改动城镇排水与污水处理设施的，由城镇排水主管部门责令改正，恢复原状或者采取其他补救措施，处5万元以上10万元以下罚款；造成严重后果的，处10万元以上30万元以下罚款；造成损失的，依法承担赔偿责任；构成犯罪的，依法追究刑事责任。

第五十七条 违反本条例规定，城镇排水与污水处理设施维护运营单位有下列情形之一的，由城镇排水主管部门责令限期改正，给予警告；逾期不改正或者造成严重后果的，处10万元以上50万元以下罚款；造成损失的，依法承担赔偿责任；构成犯罪的，依法追究刑事责任：

（一）未按照国家有关规定履行日常巡查、维修和养护责任，保障设施安全运行的；

（二）未及时采取防护措施、组织事故抢修的；

（三）因巡查、维护不到位，导致检查井盖丢失、损毁，造成人员伤亡和财产损失的。

## 第七章 附 则

第五十八条 本条例有关用语的含义：

（一）城镇排水，是指城镇产业废水、生活污水和大气降水的排放、接纳、输送、处理、利用。

（二）城镇污水，指城镇居民生活污水，机关、学校、医院、商业等服务机构及各种公共设施排水，以及允许排入城镇污水收集系统的工业废水和初期雨水等。

（三）城镇排水与污水处理设施，是指排放、接纳、输送、处理雨水和污水的设施，包括排水管网（含具有排水功能的沟渠）、泵站、闸门、调蓄池、城镇污水处理设施等及其附属设施。

自建排水设施，是指由单位或者个人自行投资建设的、供本单位或者个人使用的排水设施。

专用排水设施，是指与城镇道路衔接的公路、城市高架道路、轨道交通等附属的排水设施。

第五十九条 本市非城市、镇规划区的排水与污水处理管理工作参照本条例执行。

第六十条 本条例自公布之日起施行。2010年10月28日昆明市第十二届人民代表大会常务委员会第三十五次会议通过，2010年11月26日云南省第十一届人民代表大会常务委员会第二十次会议批准的《昆明市城市排水管理条例》同时废止。

# 后 记

# 编纂始末

　　滇池是云南省最大的淡水湖，也是中国第六大淡水湖，兼有城市供水、工农业用水、旅游、航运、水产养殖、气候调节、防旱防涝等功能，是滇文化的发祥地，曾被周恩来总理誉为"掌上明珠"。长期以来，为滇池创志是昆明人的共同心愿。2005年，昆明滇池研究会将编纂出版《滇池志》作为工作目标之一，并着手收集滇池流域的有关资料。2007年，滇池研究会向昆明市滇池管理局正式上报了编纂《滇池志》的请示，得到了昆明市滇池管理局和昆明市地方志办公室的大力支持。2008年2月20日，昆明市地方志办公室同意立项编纂《滇池志》。2015年12月25日，昆明市政府批准编纂《滇池志》。至2019年8月告罄付梓，历时13年有余，终于圆了昆明人的梦，填补了云南湖泊志书的空白。

　　《滇池志》的编纂出版大体经历了以下几个阶段：

　　2007—2008年，为《滇池志》立项审批阶段。2007年，昆明滇池研究会按照国家修志的有关要求，在听取方方面面意见的基础上，以"昆滇研〔2007〕10号"《关于编纂滇池志》的请示向市滇池管理局提出编纂《滇池志》立项申请，得到市滇池管理局的大力支持，并以"昆滇管综〔2008〕5号"《关于编纂滇池志的函》致函昆明市地方志办公室，市地方志办公室立即以"昆志办文〔2008〕17号"复函昆明市滇池管理局，表示"完全同意，并积极支持《滇池志》的编纂"，至此，《滇池志》编纂出版工作正式立项。

　　2009—2015年，为《滇池志》编纂准备阶段。在昆明市志办的指导下，昆明滇池研究会按照志书的篇目设置和编纂要求，组织人员从已出版的《昆明市志》《昆明年鉴》《昆明市水利志》《昆明市园林志》《昆明自来水志》《昆明市情》《昆明蓝皮书》等多种文献中搜集资料，到省、市图书馆和县（区）各有关部门收集与滇池有关的文献、碑文、石刻、传说及实物影像等资料，到有关部门、科研机构收集关于滇池保护与治理的档案资料，共收集、抄录各种资料数千万字、图片资料3000余幅。2015年12月25日，分管副市长召集市政府办公厅、市志办、市滇池管理局、市水利局、市农业局、市林业局、市环保局、市园林绿化局、市环科院、昆明滇池研究会、市生态研究所、滇池投资公司、滇池水务公司、排水公司等相关部门和单位的领导、专家共商《滇池志》编纂工作。在听取了昆明滇池研究会《滇池志》编纂工作方案汇报后，经过认真讨论，统一了编纂指导思想、内容、时限、疆界，通过了编纂规划并落实了编纂经费。

　　2016年1至3月，为《滇池志》编纂机构组建阶段。2016年4至5月，为《滇池志》编纂人员培训阶段。2016年4月29日上午，市政府副秘书长和云南省滇池治理基金会理事长共同主持召开了《滇池志》编纂工作座谈会，市志办、市滇池管理局、市水务局、市农业局、市林业局、市环保局、市园林绿化局、市环科院、昆明滇池研究会、滇池生态所、滇投公司、滇池水务公司、排水公司等部门的领导、专家及《滇池志》各篇的负责人出席会议。会议对《滇池志》编纂工作进行了具体部署。陈江、李江分别强调了创志的意义，并将《滇池志》定位为专业书、文献书、典藏书和有关滇池的百科全书，提出了编纂《滇池志》的具体要求，强化了创志意识，统一了编纂思想，增强了编好、编实、编精《滇池志》的信心。同年5月25日，《滇池志》编委会办公室组织参与《滇池志》各篇、章编纂的20余人参加为期1天的《滇池志》编纂工作培训班，由市志办字应军、马颖生2位编审详细讲解了志书编纂的基础理论、编纂方法、写作要领等内容，并对《滇池志》的编纂格式、体例、各篇文章序号及注意事项提出具体要求。

2016年6至11月，为《滇池志》文稿撰写阶段。为保证编纂《滇池志》所需资料，市政府办公厅于2016年5月31日发出了《关于报送〈滇池志〉相关文稿素材的通知》。各部门按照《通知》要求，安排人员进一步为资料收集、文章撰写积极提供支持。编写组全体人员根据收集到的资料，按志书的体例要求，认真进行梳理，加班加点，夜以继日地工作，至11月底，编写组完成了共6篇43章227节，约150万字的《滇池志》初稿，经4次修改后形成送审稿。同时，收录了古代文献、现代文献、大事记约50万字和上百幅珍贵图片。

2016年12月至2017年3月，为历史事件、传说和重点文物实地核查阶段。《滇池志》初稿完成后，编写组为确保所记历史事件、传说和重点文物的真实性，从2016年12月开始，组织7名相关专家先后多次考察了"昆明人"遗址龙潭山、"滇王之印"遗址石寨山、中国第一座水电站——石龙坝水电站、海口川字闸、赛典赤建立的松华坝和谷昌坝水库、长虫山3个码头的历史传说以及滇池最早的出口刺桐关等现场，在考察证明了"古滇王国"存在的"滇王之印"出土的石寨山时，找到了60年前发掘"滇王之印"的见证人王从行。2017年3月21日，又对滇源镇黑龙宫匾额、对联进行了再次考察，发现悬挂于黑龙宫正殿上的"盘江昭佑"九龙匾上有重大错误。这块匾额内容是光绪皇帝亲笔题写的"盘江昭佑"，30年前这块匾只有左边款"大清光绪十三年季春月下浣日吉旦"，不知何人何时又在匾额右边增添了"钦命太子太保兵部尚书云贵总督邢堂白山伊里布吉旦"，使这块光绪皇帝御笔之宝失去了可靠性、真实性。伊里布1772年出生，满洲镶黄旗人，早年历任通判、知府、知州、按察使等职以及陕西、山东、云南巡抚，是道光年间人士，就任云贵总督时间是道光十三年（1833），为根治滇池水患，采纳地方绅士意见，决定以闸代坝，在滇池出水口主持修建屡丰闸，并撰写了《屡丰闸修建记》，任期内与阮元共修《云南通志》216卷。道光二十三年（1843）病逝，伊里布病逝28年后光绪帝才出生，病逝32年以后，光绪帝才登基，病逝44年以后，光绪帝才开始亲政。因此，光绪帝题匾，伊里布赠匾是不可能的。在辨伪的基础上，编写组找到了原悬挂匾额照片，为恢复历史文物的真实性提供了可靠依据。

2017年5月至2018年10月，为《滇池志》文稿审查、论证、完善阶段。2017年5月19日，编写组按照评审工作方案，将《滇池志》文稿送交评审组14位评委进行技术审查。6月30日，评审组召开了《滇池志》书稿审查、评审会。与会专家畅所欲言，各抒己见，在充分肯定志稿在布局谋篇上有所创新、在内容上比较全面、在史实上比较精准、图文并茂、十分珍贵的同时，指出了志稿存在体例不够规范，文字叙述零乱、随意，字、词使用不规范、不统一，史实表达不够准确等近100条具体修改意见。副主编、《滇池志》策划者李国春同志十分重视大家的意见，不顾80岁高龄，没有星期天，没有节假日，不辞辛劳，逐字逐句审改，终于累倒在工作岗位上，不幸于2017年12月2日病逝。此后，由本志专家评审组组长字应军、成员唐荣华负责在原有志稿基础上按志书的体例要求进行改写、精炼，其中字应军负责大事记和第五篇，唐荣华负责综述、第一至四篇、第六篇和附录。最后，由唐荣华负责全志的统稿。

由于文稿审查、论证、完善阶段费时较长，特别是2016—2018年，随着滇池保护治理工作的不断深入，市委、市政府提出"科学治滇、系统治滇、集约治滇、依法治滇"的思路以及实施"滇池保护治理攻坚行动"等一系列的措施，滇池保护治理工作取得阶段性成效，2016年全湖水质达到Ⅴ类，

2017年水质稳定达到V类，2018年水质达到Ⅳ类，作为滇池保护治理历程的重大转折点，这一阶段的工作应该在《滇池志》中有所体现。为了保持原编纂《滇池志》成果不变，市政府决定将2016—2018年滇池保护治理实施情况和成效分别放入附录和附件，以飨读者。

2019年7月30日，彰显着滇池人文历史、地理现状、资源特色、治理保护等内容的全景式志书《滇池志》通过终审，全志分6篇44章235节，加上序言、综述、大事记、滇池记忆和文献资料、附录等共约150余万字。经《滇池志》编委会主任签发付印。

在本志的编纂过程中，市政府办公厅、市志办、市统计局、市住房和城乡建设局、市旅游发展委员会、市规划局、市工业和信息化委员会、市商务局、市园林绿化局、市林业局、市水利局、市农业局、市城市管理局、市滇池管理局（市滇池管理综合行政执法局）、市滇池管理综合行政执法总队、昆明市滇池渔业行政执法处、市滇池水利管理处、市滇池生态研究所、昆明城市排水监测站、市城市排水管理处、市西园隧道工程建设管理处、云南省昆明市滇池地方海事处、五华区水务局、盘龙区水务局、西山区水务局、官渡区水务局、呈贡区水务局、晋宁区水务局、嵩明县水务局、市环保联合会、市环境科学研究院、市环境监测中心、市松华坝水库管理处、昆明滇池（湖泊）污染防治合作研究中心、市博物馆、市自来水公司、昆明滇池投资有限责任公司、云南滇池保护治理基金会、昆明滇池保护促进会等单位和个人提供了许多宝贵资料，云南滇池保护治理基金会给予80万元的资金支持，确保了整个编纂工作的顺利开展。本志凝结着全体参与编纂单位和人员的心血，是集体智慧的结晶。在此，谨向所有关心、支持本志编修工作的单位和个人表示诚挚的感谢！

本志内容时跨5000年，事涉诸多行业，内容纷繁，资料浩瀚。由于我们水平有限，虽几经锤炼，但疏漏和舛误在所难免，恳请专家学者、各方人士不吝指教。

编 者

2019年10月